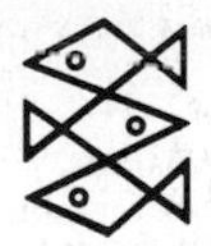

Der **Fischer Weltalmanach**, alljährlich überarbeitet und auf den neuesten Stand gebracht, liefert eine Fülle von Zahlen, Daten, Fakten und Hintergrundinformationen für jeden, der die Vorgänge in der Politik, in der Wirtschaft, im kulturellen Leben und im Umweltbereich verfolgen will. Er informiert über aktuelle Grunddaten zur Landesstruktur, zum politischen System und zur Wirtschaft aller 193 Staaten, der Arktis und Antarktis sowie der abhängigen Länder und Gebiete.
Eine den einzelnen Staaten vorangestellte Kurzinformation enthält vergleichbare Angaben zu Fläche, Einwohnerzahl und Bruttosozialprodukt. Den meisten Staaten ist eine aktuelle Chronik wichtiger politischer Ereignisse der letzten zwölf Monate angefügt. Die deutschsprachigen Staaten werden besonders ausführlich behandelt.
Biografien bedeutender politischer Persönlichkeiten des In- und Auslands geben Auskunft über ihren Werdegang.
Eine jährlich wechselnde Auswahl internationaler Organisationen liefert Angaben über deren Ziele und Aktivitäten, Mitglieder, Organisationsstruktur und Sitz. Die Europäische Union (EU) wird in einem eigenen Kapitel behandelt.
Der Wirtschaftsteil dokumentiert umfassend die aktuellen weltweiten Entwicklungen in Handel, Wirtschaft und Arbeit. Die gesamtwirtschaftlichen Strukturen und Entwicklungstendenzen sowie die Situation in den einzelnen Sektoren (Landwirtschaft und Ernährung, Bergbau und Rohstoffe, Industrie, Energiewirtschaft, Handel, Verkehr und Kommunikation, Tourismus) werden für die großen Staatengruppen der Erde (Industriestaaten, »Reformstaaten« Ostmittel- und Osteuropas, dynamische »Schwellenländer« und arme Entwicklungsländer) detailliert erläutert.
Ein Umwelt-Kapitel geht ausführlich auf die durch menschliche Einflüsse verursachten globalen Veränderungen des planetarischen Ökosystems (Atmosphäre, Böden, Wälder, Wasser und biologische Vielfalt) ein. Der Umweltsituation in Deutschland ist ein eigener Abschnitt gewidmet.
Kultur- und Wissenschaftspreise sowie ein Nekrolog sind weitere Kapitel des Buches.
Sonderbeiträge beleuchten Hintergründe und Entwicklungen von Problemfeldern. Zahlreiche zweifarbige grafische Darstellungen, Karten und Tabellen sowie 24 Farbtafeln veranschaulichen die Textbeiträge.
Durch Sachlichkeit, Themenvielfalt und Aktualität ist dieses Jahrbuch nicht nur als Ergänzung zu jedem Lexikon, sondern auch als eigenständiges Nachschlagewerk seit 38 Jahren unentbehrlich.

Baratta, *Dr. Mario von*, geb. 1936; Studium der Zeitungswissenschaften. 1964–82 stellvertretender bzw. Chefredakteur des »Archiv der Gegenwart«, 1983–90 freier Journalist und Publizist, 1991–96 Verlagsleiter in Rheinbach/Bonn. Herausgeber des »Fischer Weltalmanach« und als Autor verantwortlich für das Kapitel »Internationale Organisationen« (ohne Vereinte Nationen).

Baumann, *Dr. Wolf-Rüdiger*, geb. 1948; Studium der Wirtschaftswissenschaften (Diplom-Ökonom). 1983–93 wissenschaftlicher Referent, seit 1993 Hauptgeschäftsführer eines Wirtschaftsverbands. Verantwortlich für das Kapitel »Biographien«.

Borcherding, *Marit*, geb. 1960; Dipl.-Bibliothekarin, M. A.; 1984–95 Bibliothekarin und freie Mitarbeiterin verschiedener Verlage, seit 1996 Verlagslektorin. Verantwortlich für den Abschnitt »Vereinte Nationen« im Kapitel »Internationale Organisationen« und für das Kapitel »Europäische Union«.

Brander, *Sibylle*, geb. 1955; Diplom-Volkswirt. Länderrisikoanalystin bei einer Großbank in Frankfurt am Main. Verantwortlich für die Länderchroniken der Staaten Amerikas (ohne USA und Kanada) sowie der Nachfolgestaaten der ehemaligen Sowjetunion im Kapitel »Staaten, Länder und Gebiete«.

Eschenhagen, *Wieland*, geb. 1944; Studium der Politologie und Geschichte; 1973–92 Verlagslektor, seitdem freier Lektor und Publizist. Verantwortlich für die Chroniken aller Staaten Europas (mit Ausnahme der baltischen Staaten und der europäischen Nachfolgestaaten der ehemaligen Sowjetunion) sowie Nordamerikas und Asiens (mit Ausnahme der islamisch geprägten Staaten) im Kapitel »Staaten, Länder und Gebiete«.

Gerhardt, *Ricarda*, geb. 1968; Studium der Ethnologie, Vor- und Frühgeschichte und Germanistik. Studienaufenthalte in Afrika. Seit 1995 Mitarbeit in der Schlußredaktion der Zeitung »Die Woche«. Verantwortlich für die Chroniken der Staaten Afrikas südlich der Sahara im Kapitel »Staaten, Länder und Gebiete«.

Jung, *Wolfgang*, geb. 1966; Studium der Physik. Seit 1993 Wissenschaftlicher Mitarbeiter in der Abteilung Klimapolitik des Wuppertal Instituts für Klima, Umwelt, Energie im Wissenschaftszentrum Nordrhein-Westfalen. Gemeinsam mit Reinhard Loske verantwortlich für das Kapitel »Umwelt«.

Lakemeier, *Ulrike*, geb. 1941; nach Sprachstudium Redakteurin beim »Archiv der Gegenwart«, seit 1980 in der Alexander von Humboldt-Stiftung in Bonn zuständig für Presse und Information. Verantwortlich für die Kapitel »Kultur-, Wissenschafts-, Friedens- und Nobelpreise« sowie »Verstorbene Persönlichkeiten«.

Loske, *Reinhard*, geb. 1959; Studium der Volkswirtschaftslehre und Politikwissenschaften in Paderborn, Nottingham, Bonn und Kassel. Seit 1992 Mitarbeiter des Wuppertal Institut für Klima, Umwelt, Energie im Wissenschaftszentrum Nordrhein-Westfalen, derzeit als Leiter der Studiengruppe »Zukunftsfähiges Deutschland« und Projektleiter für internationale Klimapolitik. Gemeinsam mit Wolfgang Jung verantwortlich für das Kapitel »Umwelt«.

Paesler, *Dr. Reinhard*, geb. 1942; Studium der Geographie, Geschichte, Anglistik und Amerikanistik; Akademischer Direktor am Institut für Wirtschaftsgeographie der Universität München. Seit 1979 verantwortlich für das Kapitel »Wirtschaft«.

Peinelt, *Edgar*, geb. 1949; Studium der Sozialwissenschaften, seit 1986 freier Journalist und Übersetzer. Verantwortlich für die Chroniken aller islamisch geprägten Staaten (mit Ausnahme der Komoren) im Kapitel »Staaten, Länder und Gebiete«.

Der Fischer Weltalmanach 1998

Begründet von Prof. Dr. Gustav Fochler-Hauke †

Herausgegeben von Dr. Mario von Baratta

Autorinnen und Autoren:
Dr. Mario von Baratta
Dr. Wolf-Rüdiger Baumann
Marit Borcherding
Sibylle Brander
Wieland Eschenhagen
Ricarda Gerhardt
Wolfgang Jung
Ulrike Lakemeier
Reinhard Loske
Dr. Reinhard Paesler
Edgar Peinelt

Karten: bitmap, Mannheim
Grafiken: Christiane von Solodkoff, Neckargemünd

Redaktionsschluß: 1. 9. 1997

Fischer Taschenbuch Verlag

Redaktion: Eva Berié, Heide Kobert, Martin Rethmeier, Felix Rudloff

Anschrift der Redaktion:
Fischer Taschenbuch Verlag
Postfach 70 03 55
60553 Frankfurt am Main

Originalausgabe
Veröffentlicht im Fischer Taschenbuch Verlag GmbH,
Frankfurt am Main, Oktober 1997

Herstellung: Jutta Hecker
Satz: Fotosatz Otto Gutfreund GmbH, Darmstadt
Druck und Bindung: Clausen & Bosse, Leck
Printed in Germany
ISBN-3-596-19098-3
ISSN 0430-5973

Vorwort des Herausgebers

Der **Fischer Weltalmanach** erscheint 1998 im 39. Jahr. Eine Umfangerweiterung auf 672 Seiten ermöglichte ausführlichere Chroniken im Staatenteil sowie zusätzliche Farbkarten zu den wichtigsten Themen und Ereignissen des Berichtszeitraums.

▸ Das Kapitel **Staaten, Länder und Gebiete** enthält die aktuellsten abgesicherten Grunddaten zu den 193 Staaten der Welt und den abhängigen Ländern und Gebieten sowie Chronikbeiträge und Hintergrundberichte, u. a. über die Herrschaft der Taliban in Afghanistan, das Ende des Guerillakriegs in Guatemala, den festgefahrenen Friedensprozeß zwischen der israelischen Regierung und den Palästinensern, die dramatische Verschlechterung der Versorgungslage in Nord-Korea und den gewaltsamen Machtwechsel in Zaire, aber auch über die Auseinandersetzung um die Goldgeschäfte Schweizer Banken mit dem nationalsozialistischen Deutschland und ihren Umgang mit den »nachrichtenlosen« Vermögen überwiegend von Opfern des Holocaust.

▸ Im Kapitel **Biographien** sind in Auswahl politische Persönlichkeiten des In- und Auslands berücksichtigt, die bis zum Ende des Berichtszeitraums 1996/97 hohe Staats- und Regierungsämter bekleideten oder auf andere Weise im Vordergrund des öffentlichen Interesses standen, wie z. B. der UN-Generalsekretär *Kofi Annan*. Vollzählig aufgenommen wurden diesmal die Staatschefs Afrikas.

▸ Den Schwerpunkt des Kapitels **Internationale Organisationen** bildet die Sicherheitspolitik. Um die Beilegung der nach dem Ende der globalen Ost-West-Konfrontation sprunghaft angestiegenen regionalen Konflikte bemühen sich die Vereinten Nationen (UN), u. a. durch ihre zahlreichen Friedensmissionen. In Europa arbeiten NATO, OSZE und WEU – aber auch Europarat und EU – an einem Konzept für Stabilität, Sicherheit und Frieden auf dem Kontinent. Die bisherigen Schritte zur Abrüstung und Rüstungskontrolle, darunter das 1997 in Kraft getretene Übereinkommen zur Ächtung chemischer Waffen, werden in Sonderbeiträgen behandelt.

▸ Das Kapitel **Europäische Union (EU)** befaßt sich ausführlich mit der Wirtschaftsentwicklung in der Gemeinschaft, der Vorbereitung der Wirtschafts- und Währungsunion und den Bemühungen um eine weitere Reform der Union (Vertrag von Amsterdam).

▸ Das umfangreiche Kapitel **Wirtschaft** geht auf die zunehmend durch Tendenzen der Internationalisierung und Globalisierung gekennzeichneten weltweiten Entwicklungen ein. Die gesamtwirtschaftlichen Strukturen und Entwicklungstendenzen sowie die Situation in den einzelnen Wirtschaftssektoren werden für die großen Staatengruppen der Erde detailliert erläutert (Industriestaaten, »Reformstaaten« Ostmittel- und Osteuropas, dynamische »Schwellenländer« und arme Entwicklungsländer). Für die wichtigsten Produktgruppen und Erzeugnisse wurden wieder die aktuellsten Produktionsziffern und Vergleichszahlen zusammengestellt. Besondere Beachtung findet die Welternährungslage.

▸ Das Kapitel **Umwelt** geht ausführlich auf die durch menschliche Einflüsse verursachten globalen Veränderungen des planetarischen Ökosystems (Atmosphäre, Böden, Wälder, Wasser und biologische Vielfalt) ein und zieht eine kritische Zwischenbilanz der Erfolge und Rückschläge bei der Umsetzung der Beschlüsse der Umweltkonferenz von Rio de Janeiro 1992 (Rio+5). Sonderthemen sind die Wasserversorgung und -qualität weltweit sowie die Umweltschutzprobleme der VR China. Das Unterkapitel »Umwelt in Deutschland« wurde durch Beiträge zur Abfallproblematik und zum Thema »Arbeit und Umwelt« ergänzt.

▸ Im Kapitel **Kultur-, Wissenschafts-, Friedens- und Nobelpreise** kann nur ein Bruchteil der jährlich weltweit vergebenen Preise berücksichtigt werden. Statt dessen werden bedeutende Preise – wie die Nobelpreise – und die Fördertätigkeit von Stiftungen – wie die der Alfried Krupp von Bohlen und Halbach-Stiftung – ausführlicher vorgestellt.

Die im Januar 1998 erscheinende **CD-ROM** des »Fischer Weltalmanach 1998« enthält zusätzliche Beiträge und Daten – so die Biographien aller Staats- und Regierungschefs und Außenminister der Welt und über 50 weitere internationale Organisationen – sowie umfangreiches Karten- und Bildmaterial.

Anregungen und Hinweise, die der Verbesserung künftiger Ausgaben des Fischer Weltalmanach dienlich sind, werden stets begrüßt und soweit wie möglich berücksichtigt. Besonderer Dank gilt diesmal Herrn *Werner Hieronimus* (Gütersloh).

Bonn, im September 1997 Mario von Baratta

Inhalt

Vorwort des Herausgebers 9

Glossar 15
Erläuterungen wichtiger Begriffe

Die Welt im Überblick: Basisdaten . . . 25

Staaten, Länder und Gebiete 51
mit allen wichtigen Daten zu Land, Bevölkerung, politischem System, Regierung und Wirtschaft sowie Chroniken zu den Ereignissen 1996/97

Deutschland 165

Österreich 537

Schweiz 625

Sonderbeiträge:
Die Taliban: Koranschüler des Westens – 53
Hochwasser an der Oder – 227
Stichwort Energiekonsens – 251
Kurden – Türkischer Einmarsch in den Nordirak – 351
Palästinensische Autonomiegebiete – 375
»Nazigold« und nachrichtenlose Konten – 631

Biographien politischer Persönlichkeiten 769

Internationale Organisationen 871
Aufbau, Entwicklung und Aktivitäten 1996/97
Schwerpunkt: Sicherheitspolitik
Sonderbeiträge:
Kooperation Asien – Europa – 875
Vereinbarungen zur Abrüstung und Rüstungskontrolle – 879
Europäischer Wirtschaftsraum (EWR) – 888
NATO-Vereinbarungen mit Rußland und der Ukraine – 899
Der Vertrag von Tlatelolco – 909
C-Waffen-Übereinkommen – 915

Vereinte Nationen 919
Sonderbeiträge:
Die Tätigkeit von UNICEF – 933
UN-Organisationen mit Hauptsitz in Deutschland – 943

Europäische Union 953
Entstehung und Aufbau, Mitglieder und Außenbeziehungen, Organe und Institutionen, wirtschaftliche Entwicklung und Chronik wichtiger Ereignisse 1996/97
Sonderbeitrag:
Der Vertrag von Amsterdam – 957

Wirtschaft 995
Entwicklung nach Staaten und Regionen, aktuelle Daten und Produktionsziffern aus Landwirtschaft, Bergbau und Industrie, Energiewirtschaft, Welthandel, Verkehr und Kommunikation
Sonderbeitrag:
Der Welternährungsgipfel – 1031

Umwelt 1173
Globale Umweltveränderungen in Atmosphäre, Böden, Wäldern, biologischer Vielfalt, Wasser und Bevölkerungsentwicklung
Sonderbeiträge:
Rio + 5 UN-Sondergeneralversammlung – 1176
Chinas Industrialisierung und die Folgen – 1185

Die Umwelt in Deutschland 1215
Sonderbeitrag:
Arbeit und Umwelt – 1223

Kultur-, Wissenschafts-, Friedens- und Nobelpreise 1227
Sonderbeiträge:
Die Alfried Krupp von Bohlen und Halbach-Stiftung – 1287
Nobelpreise 1996 – 1291

Verstorbene Persönlichkeiten 1295

Register 1311

Glossar

Erläuterung wichtiger, im WELTALMANACH benutzter Begriffe

Allgemeine Probleme bei der Erstellung und Beurteilung statistischen Datenmaterials
Leserbriefe weisen manchmal auf vermeintliche Unstimmigkeiten in den Zahlenangaben des WELTALMANACHs hin. Diese Differenzen resultieren meistens aus der Vielfalt der von der Redaktion benutzten Quellen. Auf einige Probleme beim Umgang mit statistischem Datenmaterial soll deshalb hier näher eingegangen werden.
Auf nationaler wie internationaler Ebene bestehen zahlreiche Institutionen, die statistische Daten ermitteln. In der **Bundesrepublik** ist diese Aufgabe dem **Statistischen Bundesamt**, den **Statistischen Landesämtern** und nachgeordneten Stellen übertragen. **Statistische Ämter** unterhalten u. a. auch die EU, OECD, Weltbank und UNO. Um möglichst zuverlässige Daten über Staaten, Organisationen und Wirtschaft zu erhalten, zieht der WELTALMANACH vorrangig **amtliche Statistiken** heran. Deshalb können die jeweiligen Bezugsjahre vor allem bei Staaten mit geringer entwickelter statistischer Infrastruktur auch länger zurückliegen. Da in vielen Staaten (auch mit hohem statistischem Erfassungs- und Bearbeitungsstand) und internationalen Organisationen unterschiedliche statistische Konzepte zugrunde liegen, ist das Datenmaterial meist nicht ohne weiteres vergleichbar. Einige Hinweise zu besonders auffälligen Abweichungen finden Sie im folgenden Glossar.

Agglomeration (=Ballungsraum) (A.), darunter versteht man ein Stadtgebiet mit seinen Umlandgemeinden. International ist allerdings die Definition der Stadt.
Agenda 21: von der UN-Konferenz über Umwelt und Entwicklung (UNCED) 1995 in Rio de Janeiro verabschiedete Absichtserklärung, die 115 Programme zur Lösung der in Rio diskutierten Umweltprobleme beschreibt. (»21« verweist auf das kommende Jahrhundert.)
Amtssprache: offizielle → Sprache in einem Staat (bei Behörden, Gerichten etc.) oder einer internationalen Organisation.
Analphabetenrate (Erwachsene): Anteil der Erwachsenen über 15 Jahre, die einen kurzen, einfachen Text ihres alltäglichen Leben weder lesen noch schreiben noch verstehen können. Verdecktes Analphabetentum (auch in Industrieländern) erlaubt zumeist nur Schätzungen.
Arbeitslosenquote: amtlicher Hauptindikator für die Arbeitsmarkt- und Beschäftigungslage. Man unterscheidet die allgemeine von der speziellen Arbeitslosenquote. Letztere bezeichnet den Anteil der registrierten Arbeitslosen an der Gesamtheit aller abhängig beschäftigten Erwerbspersonen. Die allgemeine Arbeitslosenquote (die genauer als die spezielle ist) bezeichnet den Anteil der registrierten Arbeitslosen an der Gesamtheit aller Erwerbspersonen, zu der auch Selbständige und mithelfende Familienangehörige zählen.
Die hier genannte offizielle Arbeitslosenquote berücksichtigt weder die verdeckte Arbeitslosigkeit (z. B. nicht arbeitslos gemeldeter Personen) noch den Anteil der Unterbeschäftigten (Personen, die weniger als 15 Stunden in der Woche arbeiten).
Armutsgrenze: die absolute Armutsgrenze ist definiert als Einkommens- oder Ausgabenniveau, unter dem sich die Betroffenen eine angemessene Mindesternährung und bestimmte lebenswichtige Artikel des täglichen Bedarfs nicht mehr leisten können. Die Weltbank bezeichnet Menschen, die mit weniger als 1 US-$ pro Tag um ihr Überleben kämpfen, als arm.
Auslandsschulden: Sammelbegriff für alle kurz-, mittel- und langfristigen Verpflichtungen eines Staates gegenüber dem Ausland aus dem Handels- und Kapitalverkehr sowie aus politischen Verpflichtungen wie z. B. Reparationen. (→ Staatsverschuldung)
Auslandsverschuldung: Forderungsrechte des Auslands gegenüber einem Staat. Die hier genannte Summe schließt neben privaten und öffentlichen Krediten auch staatliche Entwicklungshilfezahlungen sowie Kredite des Internationalen Währungsfonds (IWF) und der Weltbank mit ein.
Außenhandel: grenzüberschreitender Handel, wichtigster Bestandteil der Außenwirtschaft. Er umfaßt Ex- und Importe von Gütern (Waren und Dienstleistungen), die in der Außenhandelsstatistik in tatsächlichen Werten erfaßt werden.
Beschäftigte: Die hier genannten Zahlen entstammen der amtlichen Erwerbsstatistik oder der Sozialstatistik. Erstere erfaßt alle abhängig beschäftigten Erwerbstätigen wie Angestellte, Arbeiter, Auszubildende, Beamte und Soldaten, Selbständige als Eigentümer, Pächter oder freiberuflich Tätige sowie unbezahlt arbeitende Familienmitglieder ohne Haushaltsführende. Die Sozialstatistik erfaßt alle sozialversicherungspflichtig beschäftigten Arbeitnehmer.

Bevölkerung → Einwohner

Bevölkerungsdichte: Verhältnis der Bevölkerung eines Gebietes zur Fläche dieses Gebiets in Quadratkilometern. Diese Durchschnittszahl gibt keinen Aufschluß über die unterschiedliche Besiedlungsdichte aufgrund geographischer Gegebenheiten (unbewohnbare Gebiete) und vermittelt deshalb für Länder wie Algerien mit seinem hohen Wüstenanteil kaum Erkenntnisse.

Bevölkerungswachstum: Anteil der Gesamtbevölkerung, um den die Bevölkerung eines bestimmten Raumes im jährlichen Schnitt wächst. Das Wachstum geht auf Geburtenüberschüsse, auf einen positiven Wanderungssaldo oder eine Kombination beider Möglichkeiten zurück.

Biodiversität (auch biologische Vielfalt)**:** Bezeichnung für die Verschiedenheit und die Eigenart aller Tier- und Pflanzenarten ebenso für die Vielfalt an Ökosystemen wie für die gesamte genetische Vielfalt; einfach gesagt: die Vielfalt des Lebens auf der Erde überhaupt. (→ Ökosystem)

Bodendegradation: Zerstörung der natürlichen Merkmale des Bodens durch menschliche und natürliche Einflüsse wie Erosion (klimabedingte Abtragung), Verdichtung (durch Einsatz von Maschinen), intensive Landwirtschaft oder die Anreicherung von Schadstoffen.

Brutto(inlands)investitionen: Alle finanziellen, sachlichen und immateriellen Vermögensanlagen einer nationalen Wirtschaft zum Erhalt und Ausbau der Produktionskapazitäten (im Inland). Die Bruttoinvestitionen setzen auf dem bestehenden Anlagevermögen (Gebäude, Maschinenpark u. a.) auf und umfassen Ersatzinvestitionen (zur Aufrechterhaltung der betrieblichen Leistungsfähigkeit) und Erweiterungsinvestitionen (zum Ausbau der Produktionskapazitäten) sowie Nettoveränderungen der Inventurbestände.

Bruttoinlandsprodukt (BIP): Wachstumsindikator für die volkswirtschaftliche Gesamtleistung eines Staates. Das BIP umfaßt die Summe aller von In- und Ausländern innerhalb einer Volkswirtschaft für den Endverbrauch produzierten Güter und erbrachten Dienstleistungen. BIP nominal (zu laufenden Preisen) bedeutet, daß die Preise des Erhebungsjahres zugrundegelegt werden; BIP real (zu konstanten Preisen) basiert auf den Preisen eines bestimmten Bezugsjahres; es erfaßt die tatsächliche Wirtschaftsleistung besser, da zwischenzeitliche Preissteigerungen berücksichtigt werden. Die nominale Zuwachsrate eines BIP kann daher positiv sein, während sie real negativ ist.

Die Vergleichbarkeit des BIP ist bei unterschiedlichen Wirtschaftssystemen problematisch. Eine weitere Unschärfe bringt die Umrechnung in US-$ mit sich, weil Wechselkursschwankungen, Kaufkraftunterschiede und Unterschiede zwischen binnenländischem und außenwirtschaftlichem Preisniveau nicht berücksichtigt sind. (→ Bruttosozialprodukt)

Bruttoregistertonne (BRT): Maß für den Gesamtraum (Verdrängung) eines Schiffes. 1 BRT = 2,8316 m³. (→ Dead weight ton)

Bruttosozialprodukt (BSP): jährliche von den Bürgern eines Staates erbrachte volkswirtschaftliche Gesamtleistung. Sie setzt sich zusammen aus dem BIP sowie den von Inländern im Ausland aus Arbeit und Kapital erwirtschafteten Einkommen, abzüglich der von Ausländern im Inland bezogenen Einkommen. Leistungen und Güter, die in Privathaushalten oder durch → Schattenwirtschaft oder → Subsistenzwirtschaft erbracht werden, bleiben unberücksichtigt. (→ Bruttoinlandsprodukt)

Bruttosozialprodukt (BSP) pro Kopf: absoluter Betrag des BSP geteilt durch die Bevölkerungszahl eines Staates. Ein im Vergleich zu Industriestaaten niedriger Betrag kennzeichnet ein Land als wirtschaftlich unterentwickelt, gibt aber nur begrenzt Auskunft über die tatsächliche Lage der Bevölkerung. Ein genauerer Indikator ist das Pro-Kopf-Einkommen. (→ Armutsgrenze)

cif (cost, insurance, freight): Wert einer Handelsware inkl. der Versicherungs-, Verlade- und Frachtkosten bis zur Grenze des Importlandes.

Dead weight ton (DWT): Maß für die Tragfähigkeit eines Schiffes (in Tonnen). Es bestimmt damit das Gesamtgewicht der Zuladung (Ausrüstung, Betriebsstoffe, Fracht).

Desertifikation: Entstehung bzw. Vordringen von Trocken- oder Wüstengebieten als Folge der Zerstörung des ökologischen Gleichgewichts durch menschliche Einwirkung wie Waldrodung oder Übernutzung von Böden und Weideland.

Dienstleistungen: immaterielle Güter bzw. wirtschaftliche Leistungen, bei denen Produktion und Verbrauch zeitlich zusammenfallen und die daher nicht übertragbar, lagerfähig und transportierbar sind (z. B. Arzt-, Bank- oder Handelsleistungen). Im Außenhandel versteht man darunter alle wirtschaftlichen Leistungen, die nicht durch den Warenverkehr bedingt sind (z. B. Deviseneinnahmen und -ausgaben). Dienstleistungen entstehen auch aus der Warenbewegung selbst (z. B. Frachten, Provisionen, Versicherungen). (→ Tertiärer Sektor)

Direktinvestitionen: Kapitalanlagen im Ausland durch Erwerb von direkten Eigentumsrechten an Immobilien, Geschäftsanteilen, Unternehmen und Tochterunternehmen sowie Reinvestitionen aus Direktinvestitionen.

ECU: seit der Einführung des Europäischen Währungssystems (EWS) 1979 die Währungs- und

Verrechnungseinheit der EG (jetzt EU). Der ECU wird aus den Währungen der EU-Staaten ermittelt, die in einem gemeinsamen Währungskorb je nach wirtschaftlicher Bedeutung gewichtet werden.

Einschulungsquote (Brutto-, Netto-): Die Brutto-Einschulungsquote vergleicht die Anzahl der auf allen Bildungsstufen eingeschulten Schüler und Studenten, gleich welchen Alters, mit dem Bevölkerungsanteil der für die jeweilige Bildungsstufe relevanten Altersgruppe. (Sie kann deshalb auch über 100% liegen.) Die Netto-Einschulungsquote berücksichtigt nur die altersgemäß eingeschulten Schüler und Studenten.

Einwohner: bezeichnet alle in einer Stadt, einem Gebiet, Land oder Staat wohnenden, d.h. im wesentlichen ständig anwesenden Menschen. Diese Definition schließt in einem Staat ständig wohnende Ausländer mit ein. Statistische Probleme entstehen aus unterschiedlichen Definitionen der Wohnbevölkerung und verschiedenen Berechnungsmethoden der Fortschreibung. Im WELT-ALMANACH werden – sofern vorhanden – angegeben: die Ergebnisse der zuletzt durchgeführten Volkszählung (Z) sowie eine aktuellere Fortschreibung (F), die auf der Basis der letzten Zählung ermittelt wird. Schätzungen (S) sind nur Annäherungswerte mit hoher Fehlerquote.

Energieträger (Primär-, Sekundär-): feste, flüssige, gasförmige und radioaktive Stoffe, die Energie in sich speichern. Sie dienen der Energieerzeugung. Primärenergieträger werden im wesentlichen in ihrer natürlich vorkommenden Form genutzt (Erdöl, Erdgas, Kohle, Uranerz, Wasserkraft). Sekundärenergie entstammt dagegen einem Umwandlungsprozeß (Benzin, Heizöl, Strom, Fernwärme).

Energieverbrauch → Kommerzieller Energieverbrauch

Erwerbspersonen: Zusammenfassende Bezeichnung für → Erwerbstätige und Erwerbslose (registrierte und nicht registrierte Arbeitslose).

Erwerbstätige: Erwerbspersonen, die eine unmittelbar oder mittelbar auf Erwerb gerichtete Tätigkeit ausüben. Dazu zählen Selbständige, abhängige Beschäftigte und mithelfende Familienangehörige. Statistiken unterscheiden nicht immer eindeutig zwischen Erwerbstätigen, Erwerbspersonen und Beschäftigten.

Fläche: Landgebiet und Binnengewässer, Angaben können aus mehreren Gründen erheblich schwanken: je nach Quelle (Weltbank, UNO, nationale statistische Jahrbücher) unterschiedliche Zuordnung politisch umstrittener Gebiete, verschiedene Abgrenzung von Binnengewässern, Neuvermessungen, Rundungsfehler u.ä. Hinter der Flächenangabe ist in Klammern die Rangstelle in-

nerhalb der bis 1. 10. 1996 unabhängigen 193 Staaten angegeben.

Flüchtlinge: Menschen, die ihr Heimatland verlassen haben, weil sie dort wegen ihrer Rasse, ihrer Religion, ihrer Nationalität oder politischen Überzeugung bzw. Zugehörigkeit verfolgt werden. Als Binnenflüchtlinge bezeichnet man Menschen, die in ihren Landesgrenzen bleiben, aber vor Bürgerkriegen, Naturkatastrophen oder Umweltschäden geflüchtet sind.

fob (free on board): Warenwert eines Handelsguts einschließlich Versicherungs-, Verlade- und Transportkosten bis zur Grenze des Exportlandes.

Fortschreibung (F): im weiteren Sinne in der amtlichen Statistik die Weiterführung eines statistischen Verzeichnisses (→ Einwohner).

Fruchtbarkeitsrate (insgesamt): durchschnittliche Zahl von Kindern, die eine Frau im Laufe ihres Lebens lebend gebären würde, wenn sie in jeder Altersstufe in Übereinstimmung mit der altersspezifischen Fruchtbarkeitsrate Kinder zur Welt bringen würde.

Gesamte Auslandsverschuldung: das Schuldenberichtssystem der Weltbank versteht darunter die Summe aller öffentlichen, öffentlich garantierten, privaten nicht garantierten langfristigen Auslandsschulden, der kurzfristigen Schulden und der in Anspruch genommenen IWF-Kredite.

Grundschüler: Grundlage dieser Angabe ist zum einen die (geschätzte) Zahl aller Kinder, die in einem Land die Grundschule besuchen, zum anderen die Zahl aller Kinder dieses Landes im grundschulfähigen Alter (vielfach zwischen 6 und 11 Jahren).

Index der Nahrungsmittelproduktion pro Kopf: Verhältnis der durchschnittlichen Menge der jährlich pro Kopf produzierten Nahrungsmittel zu der im erfaßten Jahr produzierten Gesamtmenge.

Inflationsrate: Meßzahl für die Geschwindigkeit der Preissteigerung. Sie wird für einen definierten Zeitraum (in der Regel 1 Jahr/5 Jahre/10 Jahre) berechnet, indem der BIP-Wert in laufenden Preisen durch den BIP-Wert in konstanten Preisen in der jeweiligen nationalen Währung dividiert wird. Abweichungen ergeben sich durch unterschiedliche »Warenkörbe« als Berechnungsgrundlage.

Informeller Sektor: wirtschaftlicher Sektor, der sich dem offiziellen Markt entzieht. In den Industrieländern wird damit der Bereich der → Schattenwirtschaft erfaßt. In den Entwicklungsländern umfaßt der informelle Sektor die kleinbäuerliche → Subsistenzwirtschaft, »Hinterhofproduktion« und Dienstleistungswirtschaft der armen städtischen Bevölkerung.

Infrastruktur: Sammelbegriff für alle langlebigen Grundeinrichtungen personeller, materieller und institutioneller Art, die das Funktionieren einer arbeitsteiligen Volkswirtschaft garantieren. Dazu gehören Verwaltungs-, Verteidigungs-, Versorgungs-, Verkehrs-, Telekommunikations-, Gesundheits- und Bildungseinrichtungen.

Kaufkraftparität (PPP-$): internationale Kaufkraft der Währung eines Landes. Sie gibt an, wieviel Einheiten der jeweiligen Währung erforderlich sind, um den gleichen repräsentativen Waren- und Dienstleistungskorb zu kaufen, den man für 1 US-$ in den USA erhalten könnte.

Kindersterblichkeit: Anteil der Kinder, die im Zeitraum von der Geburt bis zum fünften Lebensjahr sterben, bezogen auf 100 Lebendgeburten.

Klimamodelle: Modellrechnungen, die das Klimageschehen annäherungsweise vorausberechnen.

Kohlenstoffkreislauf: eigentlich Kohlendioxod (CO_2)-Kreislauf. Als Endprodukt aller organischen Substanzen wird das CO_2 im Rahmen der Photosynthese der Pflanzen zum Aufbau von organischen Verbindungen (z. B. Kohlenhydraten) verwendet (Assimilation), die als Nahrung im Tierkörper wieder in CO_2 umgewandelt werden.

Kommerzieller Energieverbrauch: inländische Versorgung mit kommerzieller Primärenergie vor ihrer Umwandlung in andere für den Endverbrauch bestimmte Brennstoffe wie z. B. Strom. Der Verbrauch setzt sich zusammen aus der einheimischer Produktion plus Importen und veränderten Lagerbeständen. Traditionelle Brennstoffe wie Brennholz oder getrockneter Tierdung werden trotz hohen Gebrauchs in Entwicklungsländern wegen unzuverlässiger und lückenhafter Daten nicht berücksichtigt (→ Energieträger).

Lebenserwartung bei der Geburt: Anzahl der Jahre, die ein Neugeborenes leben würde, wenn die bei seiner Geburt bestehenden Lebensumstände und Sterblichkeitsraten während seines ganzen Lebens unverändert blieben.

Leistungsbilanz: Teil der Zahlungsbilanz eines Staates. Sie erfaßt den Export und Import von Waren (Handelsbilanz), von Dienstleistungen aus den Bereichen Reiseverkehr, Transport- und Versicherungsleistungen und Kapitalerträgen (Dienstleistungsbilanz) sowie die geleisteten und empfangenen privaten und öffentlichen Übertragungen, also Überweisungen von ausländischen Arbeitnehmern in ihre Heimatländer, Beiträge an internationale Organisationen oder Entwicklungshilfe.

Lohnnebenkosten: Arbeitgeberanteil zur Sozialversicherung (Renten-, Kranken- und Arbeitslosenversicherung).

Name des Staates: der WELTALMANACH führt hier die offizielle deutsche Bezeichnung nach Angaben des Auswärtigen Amtes, Bonn, und – falls vorhanden – weitere gebräuchliche Bezeichnungen sowie die offizielle Bezeichnung in der/den offiziellen Landessprache(n) auf.

Ökosystem: Grundbegriff der Ökologie, der sowohl in der Bio- als auch in der Geoökologie verwendet wird. Er beschreibt kleinste räumliche Funktionseinheiten, die durch das Zusammenwirken und die Wechselwirkungen von Energiefluß, Stoffkreislauf und genetischen Informationen gekennzeichnet sind (z. B. ein See).

Öleinheit (ÖE) (auch Rohöleinheit/RÖE): Maß für den Energieverbrauch. 1 kg ÖE = 42 000 kJ (Kilojoule) = 10 000 kcal (Kilokalorien) = 1,4 SKE kg (→ Steinkohleeinheit).

PPP-$ → Kaufkraftparität

Primärer Sektor: volkswirtschaftlicher Begriff für den Bereich Land-, Forstwirtschaft, Fischerei und Bergbau.

Primärrohstoffe: neue, meist aus der Natur gewonnene Stoffe, die dem Produktionsprozeß zugeführt werden (z. B. Eisenerz).

Privater Verbrauch: Marktwert aller zum Ge- und Verbrauch bestimmten Waren und Dienstleistungen, die von privaten Haushalten und gemeinnützigen Einrichtungen zur Befriedigung des Konsumbedürfnisses gekauft werden oder die diese als Sacheinkommen erhalten.

Realeinkommen: preisbereinigtes, d. h. um die Geldentwertungsrate verringertes Nominaleinkommen, das als Indikator für die tatsächliche Kaufkraft des Einkommens dient.

Religion: Der WELTALMANACH führt hier Angaben zu den wichtigsten religiösen Bekenntnissen eines Staates auf. Da solche Daten bei Volkszählungen nicht immer (oder gar nicht) erfaßt werden, sind nur in Ausnahmefällen einigermaßen aktuelle und verläßliche Angaben zu erhalten.

Säuglingssterblichkeit: Anzahl der Säuglinge pro Jahr, die zwischen Geburt und 1. Lebensjahr sterben, bezogen auf 100 Lebendgeburten.

Schattenwirtschaft: alle wirtschaftlichen Tätigkeiten, die nicht in die Berechnung des → BSP eingehen. Dazu gehören: Nachbarschaftshilfe, Schwarzarbeit, Alternativökonomie, Selbstversorgung und kriminelle Wirtschaftsaktivitäten. Der Anteil der Schattenwirtschaft am BSP kann nicht exakt ermittelt werden.

Schätzung (S) → Einwohner

Schuldendienst: Höhe der Zins- und Tilgungsleistungen, die ein verschuldetes Land jährlich an private und öffentliche Kreditgeber im Ausland zu transferieren hat.

Schuldendienstquote: Anteil des gesamten Schuldendienstes (Zinsen und Tilgung) eines Staates an seinen Exporterlösen im Berechnungsjahr. Die volkswirtschaftlich kritische Grenze wird bei einer Quote von 15–20 % angesetzt.

Sekundärer Sektor: volkswirtschaftlicher Begriff für das produzierende und verarbeitende Gewerbe.

Sekundärrohstoffe: Rohstoffe, die durch Aufbereitung von Abfall, insbesondere Altmaterialien oder Reststoffe gewonnen werden.

Sozialversicherung: In Deutschland ist damit die staatliche Zwangsversicherung zum Schutz der Arbeitnehmer vor den Folgen von Krankheit, Erwerbs- und Berufsunfähigkeit gemeint. Sie umfaßt unter anderem die Arbeitslosen-, Kranken-, Pflege- und Rentenversicherung. Die erforderlichen Mittel werden durch die Beiträge der Versicherten und deren Arbeitgeber (Ausnahme: Pflegeversicherung) sowie durch öffentliche Zuschüsse aufgebracht.

Sprachen: der WELTALMANACH führt hier neben der → Amtssprache die wichtigsten gesprochenen Sprachen auf, wobei in einigen afrikanischen und asiatischen Ländern nur Sprachengruppen angegeben werden. Verläßliche und aktuelle Angaben sind für kaum ein Land zu erhalten.

Staatsverschuldung: die von den Gebietskörperschaften in einem Zeitraum neu aufgenommenen Kredite, die zu einer entsprechenden Erhöhung des Schuldenstandes führen. Staatsverschuldung dient nicht nur der Beschaffung öffentlicher Einnahmen (»Einnahmen aus Krediten«), sondern wird vom Staat auch als finanzpolitisches Instrument genutzt.

Städte: Der WELTALMANACH nennt bei den Städtenamen zuerst die inländische Schreibweise, in Klammern folgt die in deutschsprachigen Zeitungen übliche Schreibweise.

Städtische Bevölkerung: Anteil der Bevölkerung in städtischen Gebieten entsprechend der nationalen Definition für die zuletzt durchgeführte Volkszählung. Da es keine international einheitliche Definition gibt, sind diese Angaben meist Schätzungen.

Steinkohleeinheit (SKE): hauptsächlich in Mitteleuropa gebräuchliche Maßeinheit für den Vergleich des Energiegehaltes von Primärenergieträgern. 1 kg SKE entspricht der Energiemenge, die beim Verbrennen von 1 kg Steinkohle frei wird. 1 kg SKE = 8141 KWh (→ Energieträger)

Sterberate: Maßzahl für den Anteil der Sterbefälle an der Gesamtbevölkerung in einer bestimmten Periode; bestimmt zusammen mit der Geburtenrate die Rate des → Bevölkerungswachstums.

Subsistenzwirtschaft: landwirtschaftliche Produktionsform, die der Eigenversorgung dient und nicht in den Geldkreislauf (und damit nicht in die Berechnung des → BSP) eingeht. Die Subsistenzwirtschaft wird inzwischen auch dem → informellen Sektor zugewiesen.

Subventionen: an eine bestimmte Verwendung (z. B. Preisstützung) oder ein Verhalten (z. B. Produktionsverzicht) geknüpfte direkte (finanzielle) oder indirekte (steuervergünstigende) Leistung des Staates an Unternehmen.

SZR (Sonderziehungsrecht): 1969 eingeführtes Finanzierungsinstrument (»Kunstgeld«) des Weltwährungsfonds (IWF), das jährlich auf der Basis der fünf wichtigsten Handelswährungen (Dollar, Yen, DM, britisches Pfund, französischer Franc) neu berechnet wird.

Terms of Trade (ToT): Austauschverhältnis; spiegelt die reale Stärke der Wirtschaft eines Landes wider. Das Verhältnis der Ex- und Importpreise wird mit Hilfe gewichteter Preisindizes ermittelt. Steigen die Ausfuhrpreise stärker als die Einfuhrpreise, so verbessern sich die ToT, da aus den Erlösen der gleichen Ausfuhrmenge größere Einfuhrmengen bezahlt werden können. Da weltweit meistens in US-Dollar fakturiert wird, weisen die ToT je nach Dollarkurs Schwankungen auf.

Tertiärer Sektor: Volkswirtschaftlicher Begriff für das Dienstleistungsgewerbe. (→ Dienstleistungen)

Volkseinkommen: auch Nettosozialprodukt zu Faktorkosten oder Nettoinländereinkommen; die Summe aller von Inländern im Laufe eines Jahres aus dem In- und Ausland bezogenen Erwerbs- und Vermögenseinkommen (Löhne, Gehälter, Zinsen, Mieten, Pachten, Vertriebsgewinne). Es entspricht der in Geld ausgedrückten Summe aller produzierten Güter und Dienstleistungen einer Volkswirtschaft, die verbraucht, investiert oder gegen ausländische Erzeugnisse eingetauscht wurden.

Währung: innerhalb eines Staates das durch Gesetz (Geldverfassung) bestimmte Geldsystem. Es hat sich eingebürgert, national von Geldeinheit, international von Währungseinheit zu sprechen. Im WELTALMANACH ist der Kurs für den Verkauf der jeweiligen Währung notiert. Die Mittelkurse bzw. die z. T. errechneten Vergleichskurse basieren ausschließlich auf Angaben der Deutschen Bundesbank.

Zählung (Z) → Einwohner

Zahlungsbilanz: wertmäßige Gegenüberstellung aller außenwirtschaftlichen Transaktionen während einer bestimmten Periode (→ Leistungsbilanz).

Zugang zu Gesundheitsdiensten: Anteil der Bevölkerung, der die entsprechenden örtlichen Gesundheitsdienste in höchstens einer Stunde zu Fuß oder mit öffentlichen Transportmitteln erreichen kann.

Zugang zu sauberem Wasser: Anteil der Bevölkerung, der in einer Entfernung von höchstens 15 Gehminuten angemessenen Zugang zu gesundheitlich unbedenklichem Wasser hat.

EUROPÄISCHE OECD-Staaten auf einen Blick

	Einwohner in Tsd.		Bev.-Anteil unter 15 J. in %		Kindersterblichkeit (in % der Lebendgeburten)		Öffentliche Erziehung	
	1985	1995*	1960	1995	1985	1995	BIP-Anteil 1996 in %	Schüler/Studenten 1996 je Tsd. Ew.
Belgien	9 858	10 146	23,5	18,1[b]	0,98	0,76[b]	..	251
Dänemark	5 114	5 220	25,2	17,2[b]	0,79	0,55	7,2	219
Deutschland	61 024[a]	81 869	21,3[a]	15,9[b]	0,89	0,53	5,9	204
Finnland	4 902	5 110	30,4	19,1[b]	0,63	0,40	7,3	224
Frankreich	55 284	58 060	26,4	19,5	0,83	0,58[b]	6,1	254
Griechenland	9 934	10 467	26,1	17,3[b]	1,41	0,81	..	194
Großbritannien	56 685	58 533	23,3	19,5[b]	0,94	0,62[b]	..	236
Irland	3 540	3 586	30,5	25,2[b]	0,89	0,63	5,8	286
Island	241	268	34,8	24,7[b]	0,57	0,61	5,3	250
Italien	57 141	57 204	23,4	15,3[b]	1,05	0,66[b]	5,1	195
Luxemburg	367	410	21,4	18,5	0,90	0,53[b]	..	..
Niederlande	14 484	15 460	30,0	18,4[b]	0,80	0,55	5,0	236
Norwegen	4 153	4 354	25,9	19,4[b]	0,85	0,40	..	244
Österreich	7 555	8 054	22,0	17,6[b]	1,12	0,54	5,4	199
Polen	37 203	38 612	..	22,8	..	1,36	..	243
Portugal	10 014	9 927	..	18,0[b]	1,78	0,74	5,4	235
Schweden	8 350	8 830	22,4	18,8[b]	0,68	0,40	6,9	221
Schweiz	6 533	7 039	23,5	16,5[b]	0,69	0,50	..	189
Spanien	38 507	39 199	27,3	17,2[b]	0,89	0,6[b]	5,3	252
Tschech. Rep.	10 337	10 332	..	18,6	1,25	0,77	..	216
Türkei	50 306	61 058	41,2	32,3	7,53	4,68[b]	3,3	205
Ungarn	10 579	10 229	..	18,1	2,00	1,10	6,6	215

* Stand Mitte 1995; [a] nur alte Bundesländer; [b] 1994
Quelle: OECD in Figures 1997

	BIP in Mio. $[a] 1996	Jährl. Veränd. in % 1995/96	BIP je Ew. in $[a] 1995	BIP-Entstehung 1995 in %			BIP-Verwendung Privater Endverbrauch 1995 in %[b]
				Landwirtschaft	Industrie	Dienstleistungen	
Belgien	264 000	1,3	26 556	1,3	28,5	70,2	62,3
Dänemark	174 300	1,9	33 144	3,3[c]	23,9[c]	72,8[c]	53,6
Deutschland	2 354 200	1,1	29 542	1,1	30,9	68,1	57,1
Finnland	123 400	2,5	24 468	3,7	31,4	64,9	54,2
Frankreich	1 544 700	1,3	26 445	2,4	26,5	71,1	60,2
Griechenland	122 700	2,2	10 936	12,7[c]	21,2[c]	66,1[c]	74,5
Großbritannien	1 140 200	2,4	18 777	1,7[c]	27,1[c]	70,7[c]	63,7
Irland	69 200	7,0	17 964	6,8[d]	35,3[d]	57,9[d]	54,9
Island	7 400	5,4	26 366	9,5[e]	22,7	67,8[e]	60,2
Italien	1 204 300	0,8	18 983	2,9	31,6[e]	65,5	61,4
Luxemburg	17 200	2,4	42 298	1,4[f]	33,7[f]	64,9[f]	53,8
Niederlande	392 500	2,7	25 597	3,4[c]	26,9[c]	69,7[c]	59,9
Norwegen	156 000	5,1	33 535	2,4	30,1	67,5	49,4
Österreich	228 100	1,1	28 997	2,2[c]	34,3[c]	63,5[c]	55,2
Polen	134 400	5,5	3 057	..	..	..	64,6
Portugal	104 600	2,6	10 060	3,7[d]	33,4[d]	62,9[d]	65,4
Schweden	253 400	1,7	26 096	2,0[c]	27,5[c]	70,5[c]	52,4
Schweiz	292 900	–0,3	43 233	3,0[f]	33,5[f]	63,5[f]	58,8
Spanien	584 500	2,1	14 272	3,5[e]	32,7[e]	63,8[e]	61,9
Tschech. Rep.	52 400	4,8	4 420	4,8[e]	41,1[e]	54,1[e]	57,8
Türkei	182 500	7,5	2 747	15,5[c]	33,2[c]	51,4[c]	70,7
Ungarn	44 000	0,5	4 273	..	..	..	54,5

[a] zu laufenden Preisen und Wechselkursen; [b] zu laufenden Preisen; [c] 1994; [d] 1993; [e] 1992; [f] 1991

EUROPÄISCHE OECD-Staaten auf einen Blick (Forts.)

	Staatseinnahmen in % des BIP 1995	*Staatsausgaben in % des BIP 1995*	*Endverbrauch des Staates in % des BIP 1995*			
			Gesamt	*Verteidigung*	*Erziehung*	*Gesundheit*
Belgien	50,8	53,3	16,7[f]	2,6[f]	6,2[f]	0,5[f]
Dänemark	59,1[a]	61,1[a]	26,3[b]	2,0[b]	5,8[b]	5,3[b]
Deutschland	45,9	46,7	20,1[c]	1,8[c]	3,7[c]	6,5[c]
Finnland	53,2	56,3	22,3[a]	1,8[a]	5,8[a]	4,7[a]
Frankreich	46,8	50,9	19,8[b]	3,1[b]	5,2[b]	3,4[b]
Griechenland	44,2[a]	52,7[a]	19,8[d]	4,9[d]	3,1[d]	2,3[d]
Großbritannien	37,3[a]	42,3[a]	21,7[a]	3,5[a]	4,5[a]	5,7[a]
Irland	38,9[b]	40,4[b]	..	..	..	..
Island	35,4[a]	34,4[a]	20,6[a]	0,0[a]	3,9[a]	6,5[a]
Italien	44,5	49,5	17,1[a]	1,8[a]	4,5[a]	3,6[a]
Luxemburg	52,9[f]	45,0[f]	..	..	..	..
Niederlande	51,6[a]	52,8[a]	15,3[g]	2,7[g]	4,6[g]	..
Norwegen	50,5	45,7	21,5[d]	3,2[d]	5,5[d]	4,9[d]
Österreich	47,3[a]	47,8[a]	19,0[b]	0,9[b]	4,3[b]	5,1[b]
Polen	..	..	..	..	..	..
Portugal	39,8[b]	42,5[b]	18,1[b]	1,9[b]	5,4[b]	3,4[b]
Schweden	57,4[a]	66,4[a]	28,1[b]	2,7[b]	5,4[b]	5,1[b]
Schweiz	37,4	36,7	..	..	..	..
Spanien	39,1[a]	42,6[a]	16,2[d]	1,5[d]	3,2[d]	3,9[d]
Tschech. Rep.	51,9[c]	42,3[c]	..	..	..	..
Türkei	..	..	..	..	..	..
Ungarn	..	..	..	..	..	..

[a] 1994; [b] 1993; [c] 1992; [d] 1991; [e] 1990; [f] 1986; [g] 1989; [h] mit Hilfe für Osteuropa

	Erwerbs-personen in Tsd. 1994	*Veränderung seit 1984 in %*	*Frauen-Erwerbs-quote in % der weibl. Bev. 1994[a]*	*Beschäftigung nach Sektoren in %*			*Teilzeitarbe in % der Gesa erwerbstätig 1995*
				Landwirt-schaft[b] 1994	*Industrie 1994*	*Dienst-leistungen 1994*	
Belgien	4 273[d]	3,3[j]	55,1[d]	2,6[e]	27,7[e]	69,7[e]	13,6
Dänemark	2 777	2,1	73,8	5,1	26,8	68,1	21,6
Deutschland	39 646	38,3[c]	61,8	3,3	37,6	59,1	16,3
Finnland	2 502	–2,8	69,9	8,3	26,8	64,9	8,4
Frankreich	25 373	6,3	59,6	4,9	26,7	68,4	15,6
Griechenland	4 193	8,4	44,6	20,8	23,6	55,5	4,8
Großbritannien	28 433	4,3	66,2	2,1	27,7	70,2	24,1
Irland	1 424	9,0	47,2	12,0	27,6	60,5	12,1
Island	145	22,9	80,0	9,4	26,1	65,2	30,7
Italien	22 727	–2,6	42,9	7,7	32,1	60,2	6,4
Luxemburg	213	32,3	65,5	2,9	..	..	7,9
Niederlande	7 184	24,4	57,4	4,0	23,0	73,0	37,4
Norwegen	2 151	5,8	71,1	5,3	23,4	71,3	26,5
Österreich	3 876	15,3	62,1	7,2	33,2	59,6	13,9
Polen	17 132	..	62,0	23,8	31,9	44,1	10,5
Portugal	4 769	5,3	62,2	11,5	32,8	55,7	7,5
Schweden	4 266	–2,8	74,4	3,4	25,0	71,6	24,3
Schweiz	3 917	17,9	67,5	4,0	28,8	67,3	28,3
Spanien	15 701	12,9	44,1	9,8	30,1	60,2	7,5
Tschech. Rep.	5 179	..	65,6	7,0	42,9	50,1	6,5
Türkei	21 904	19,3	33,7	44,8	22,2	33,0	16,6
Ungarn	4 203	..	53,0	9,0	34,0	57,1	5,0

[a] Frauen im Alter zwischen 15 und 64 Jahren; [b] mit Forst- und Fischwirtschaft; [c] nur alte Bundesländer; [d] 1993; [e] 1992; [f] 1991; [g] 1983; [h] 1982; [i] 1981; [j] 1983–93; [k] 1982–92; [l] 1981–91; [m] 1994; [n] 1984

atsbedienstete 95 in % aller werbstätigen	Steuer 1994 Gesamteinnahmen in % des BIP	Steuer auf das Einkommen 1994 in %		Öffentliche Entwicklungshilfe 1995		
		Minimalsatz	Höchstsatz	in Mio. $	in % des BIP	
19,4[b]	46,6	25,0	55,0	1 034	0,38	Belgien
30,5	51,6	14,5	40,0	1 623	0,96	Dänemark
15,9	39,3	19,0	53,0	7 524	0,31	Deutschland
25,1	47,3	7,0	39,0	388	0,32	Finnland
24,8	44,1	12,0	56,8	8 433	0,55	Frankreich
..	42,5	5,0	40,0	152	0,13[h]	Griechenland
14,4	34,1	20,0	40,0	3 157	0,28	Großbritannien
13,4[a]	37,5	27,0	48,0	153	0,29	Irland
19,6[b]	30,9	33,1	34,3	..	..	Island
16,1	41,7	10,0	51,0	1 623	0,15	Italien
11,0[b]	45,0	10,0	50,0	65	0,36	Luxemburg
12,7[a]	45,9	7,1	60,0	3 226	0,81	Niederlande
30,6[a]	41,2	9,5	13,7	1 244	0,87	Norwegen
22,4[a]	42,8	10,0	50,0	767	0,33	Österreich
..	43,2	20,0	40,0	..	..	Polen
15,5	33,0	15,0	40,0	271	0,27	Portugal
32,0	51,0	20,0	20,0	1 704	0,77	Schweden
14,0	33,9	1,0	13,2	1 084	0,34	Schweiz
15,2	35,8	20,0	56,0	1 348	0,24	Spanien
..	47,3	15,0	44,0	..	..	Tschech. Rep.
..	22,2	25,0	50,0	96	0,07[h]	Türkei
22,9	41,0	25,0	40,0	..	..	Ungarn

Arbeitslosigkeit in % aller Erwerbspers.		Arbeitslosigkeit in % aller weibl. Erwerbspers.		Arbeitslosigkeit in % aller männl. Erwerbspers.		Jugendarbeitslosigkeit (unter 25 Jahren)		
						Frauen	Männer	
1985	1995	1985	1995	1985	1995	1995	1995	
13,2[g]	12,0[d]	18,3[g]	16,1[d]	10,0[g]	8,9[d]	23,7	19,7	Belgien
8,5[n]	8,0[m]	9,6[n]	9,0[m]	7,6[n]	7,1[m]	12,3	7,8	Dänemark
7,9[c,n]	8,4[m]	8,8[c,n]	9,9[m]	7,3[c,n]	7,2[m]	8,2	8,7	Deutschland
5,2[n]	18,2[m]	5,0[n]	16,7[m]	5,3[n]	19,5[m]	28,1	26,5	Finnland
10,2	11,6	12,9	13,9	8,3	9,7	32,2	21,0	Frankreich
8,1[n]	9,6[m]	12,2[n]	14,9[m]	6,0[n]	6,5[m]	37,7	19,4	Griechenland
11,1[n]	9,6[m]	8,3[n]	7,3[m]	13,0[n]	11,4[m]	12,2	17,9	Großbritannien
15,6[n]	14,7[m]	12,2[n]	14,8[m]	17,0[n]	14,7[m]	17,4	20,6	Irland
1,3[n]	5,3[m]	..	5,6[m]	..	4,9[m]	10,0	14,1	Island
9,9[n]	11,9[m]	16,3[n]	16,1[m]	6,5[n]	9,4[m]	36,5	28,6	Italien
1,6	2,3	2,2	2,8	1,3	2,1	7,8	6,7	Luxemburg
11,9[n]	6,8[m]	14,0[n]	8,1[m]	10,9[n]	6,0[m]	13,7	12,0	Niederlande
3,1[n]	5,4[m]	3,2[n]	4,7[m]	3,1[n]	6,0[m]	11,8	11,9	Norwegen
3,8[n]	3,6[m]	3,5[n]	4,0[m]	3,9[n]	3,3[m]	6,2	5,7	Österreich
..	13,3	..	14,7	..	12,1	33,8	29,0	Polen
8,4[n]	6,9[m]	12,2[n]	8,0[m]	5,8[n]	6,1[m]	17,2	15,7	Portugal
3,1[n]	8,0[m]	3,3[n]	6,7[m]	3,0[n]	9,1[m]	14,0	16,7	Schweden
1,1[n]	3,6[m]	1,3[n]	4,5[m]	0,8[n]	3,2[m]	5,3	5,7	Schweiz
19,7[n]	23,8[m]	22,8[n]	31,2[m]	18,4[n]	19,5[m]	49,1	37,0	Spanien
..	3,9[m]	..	4,7[m]	..	3,2[m]	6,6	6,9	Tschech. Rep.
7,4[n]	7,9[m]	..	7,7[m]	..	8,1[m]	10,8	17,7	Türkei
..	10,2	..	8,7	..	11,3	15,6	20,7	Ungarn

Die Staaten der Welt im Überblick: Basisdaten*

	Fläche in 1km²	Waldfläche in % der Gesamtfläche 1993	Einwohner in Tsd. (Stand Mitte 1995)	Fruchtbarkeitsrate (Geburten je Frau) 1995	Anteil der Grundschüler in % der Altersgruppe 1994 m/w[5]	Öffentliche Ausgaben für Erziehung und Bildung in % der Gesamtausgaben 1992–1994 (Industriestaaten 1992–1995)	Anteil der Bevölkerung mit Zugang zu Gesundheitsdiensten in % 1994–95	Anteil der Bevölkerung mit Zugang zu sauberem Wasser in % 1994–95	Energieverbrauch (jährl. Zuwachsrate in %) Ø 1980–1994
Afghanistan	652 255	2,9	23 481	..	..	..	..	..	..
Ägypten	997 739	..	57 800	3,4	105/89	11,0	99[a]	84[a]	5,7
Albanien	28 748	36,5	3 260	2,6	95/97	..	100[a]	..	–4,8
Algerien	2 381 741	1,7	27 959	3,5	111/96[a]	17,6	..	..	4,9
Andorra	468	..	64	..	..	..	..	..	..
Angola	1 246 700	41,6	10 772	6,9	..	10,7	16	32	0,3
Antigua u. Barbuda	442	11,4	65	..	..	..	..	..	..
Äquatorialguinea	28 051	46,3	400	..	..	5,6	..	..	..
Argentinien	2 766 889	18,4	34 665	2,7	108/107[a]	14,0	89[a]	64[a]	1,6
Armenien	29 800	14,1	3 760	1,8	87/93	..	..	..	1,6
Aserbaidschan	86 600	11	7 510	2,3	91/87	..	..	..	–2,7
Äthiopien[1]	1 133 380	22,7	56 404	7,0	27/19[a]	13,1	10	27[a]	5,2
Australien	7 682 300	18,8	18 054	1,9	108/107	7,6	90[a]	95[a]	2,3
Bahamas	13 939	23,3	276	..	..	16,3	..	..	..
Bahrain	695	..	577	..	..	..	..	..	..
Bangladesch	147 570	13,2	119 768	3,5	128/105	8,7	30	83	7,7
Barbados	430	11,6	266	..	..	18,6	..	..	..
Belgien	30 518	..	10 146	1,6	99/100[a]	..	100	100	1,5
Belize	22 965	91,5	216	..	..	15,5	..	..	..
Benin	112 622	30,2	5 475	6,0	88/44[a]	..	22[a]	70[a]	–3,5
Bhutan	46 500	66	695	..	..	..	..	..	..
Bolivien	1098 581	52,8	7 414	4,5	..	11,2	44[a]	60	1,6
Bosnien-Herzeg.	51 129	..	4 383	..	..	..	..	..	..
Botsuana	582 000	45,6	1 450	4,4	113/120[a]	..	55[a]	70[a]	2,6
Brasilien	8511 996	57,3	159 222	2,4	..	..	73[a]	87	3,9
Brunei	5 765	78	285	..	..	..	..	..	..
Bulgarien	110 994	35	8 409	1,2	87/84	3,3	99[a]	..	–2,7
Burkina Faso	274 200	50,4	10 377	6,7	47/30[a]	11,1	14	..	1,1
Burundi	27 834	3,1	6 264	6,5	76/63	12,2	48[a]	58[a]	6,8
Chile	756 626	21,8	14 225	2,3	99/98	13,4	32	96	5,0
China, Rep.	36 000	..	21 400	..	..	..	..	..	..
China, VR	9 572 384[b]		1 206 431[b]	1,9		..	..	83[a]	5,0
Costa Rica	51 100	30,7	3 399	2,8	106/105	19,2	99	100	2,3
Dänemark	43 094	10,3	5 220	1,8	97/98[a]	10,6	100[a]	100[a]	0,8
Deutschland	356 974	30	81 869	1,2	97/98	0,8	100[a]	..	–0,1
Dominica	750	66,7	73	..	..	..	..	..	..
Dominik. Rep.	48 422	12,3	7 822	2,9	95/99	12,2	85	79	1,4
Dschibuti	23 200	0,3	634	..	..	11,1	..	..	..
Ecuador	272 045	55	11 477	3,2	124/122	..	64	70	2,7

* Quellen: Weltentwicklungsbericht 1997 der Weltbank; Flächenangaben: Europa World Year Book 1997; .. keine Daten verfügbar oder Daten unveröffentlicht oder zu komplex (westl. Industriestaaten); [1] alle Angaben (bis auf die Fläche) noch inkl. Eritrea; [2] und Nordirland; [3] ohne Westjordanland (West Bank); [4] BSP-Angaben nur für Festland von Tansania; [5] Anteil kann 100% überschreiten, da es Grundschüler über und unter

Die Staaten der Welt im Überblick: Basisdaten*

BSP pro Kopf 1995 in US-$	Kaufkraftparität (PPP) pro Kopf in internationalen US-$ 1995	Nahrungsmittel in % des Imports 1993	Leistungsbilanzsaldo in Mio. US-$ 1995	Bruttowährungsreserven in Mio. US-$ 1995	Schuldendienst in % des Exports von Waren und Dienstleistungen 1995	Terms of Trade 1995 (1987 = 100)	Öffentliche Verteidigungsausgaben in Mio. US-$ 1995 (Preise von 1995)	Öffentliche Verteidigungsausgaben in % der Gesamtausgaben 1995	
nter 765	..	..	..	..	..	..	..		Afghanistan
790	3 820	24	-956	1 722	14,6	95[a]	2 417	8,7[a]	Ägypten
670	..	..	-12	265	1,0	..	49	7,1	Albanien
1 600	5 300	27	-2 310	4 164	38,7	83[a]	1 234	..	Algerien
er 9 386	..	..	..	..	..	..	..		Andorra
410	1 310	..	-769	..	12,5	86[a]	300	..	Angola
ter 9 385	..	..	..	..	..	..	3		Antigua u. Barbuda
380	..	..	..	..	..	..	2		Äquatorialguinea
8 030	8 310	5	-2 390	1 579	34,7	120[a]	3 732	..	Argentinien
730	2 260	..	-279	..	2,9	..	79	..	Armenien
480	1 460	..	-379	84	..	..	109	..	Aserbaidschan
100	450	16	-93	815	13,6	74[a]	111	..	Äthiopien[1]
18 720	18 940	5	-19 184	14 952	..	101	8 544	16,8	Australien
11 940	14 710	..	..	..	..	..	19		Bahamas
7 840	13 400	..	..	..	..	..	261		Bahrain
240	1 380	16	-1 029	2 376	9,2	94[a]	500	..	Bangladesch
6 560	10 620	..		..	..	..	13		Barbados
27 710	21 660	11	14 960	24 120	..	101[b]	4 570	7,0	Belgien
2 630	5 400	..	..	..	..	..	14		Belize
370	1 760	..	36[a]	202	8,4	110[a]	24	..	Benin
420	1 260	..	..	..	..	..	..		Bhutan
800	2 540	9	-218[a]	1 005	28,9	67[a]	146	8,2[a]	Bolivien
nter 765	..	..	..	..	..	..	..		Bosnien-Herzeg.
3 020	5 580	..	342	4 764	3,2	152[a]	225	..	Botsuana
3 640	5 400	10	-18 136	51 477	37,9	101[a]	6 890	..	Brasilien
er 9 386	..	..		..	..	..	268		Brunei
1 330	4 480	8	334	..	18,8	106[a]	387	6,3[a]	Bulgarien
230	780	..	15[a]	352	11,1	103[a]	68	..	Burkina Faso
160	630	..	-6	216	27,7	52[a]	47	..	Burundi
4 160	9 520	6	157	14 860	25,7	94[a]	1 936	8,8[a]	Chile
..	..	3	6 059	..	..	..	..		China, Rep.
620	2 920			1 618	9,9	105[a]	31 731	12,4[a]	China, VR
2 610	5 850	8	-516	-143	16,4	92[a]	21	0,0	Costa Rica
29 890	21 230	14	5 086[a]	11 652	..	100	3 124	4,0	Dänemark
27 510	20 070	10	-20 976	121 816		96	41 815	..	Deutschland
2 990	..	..	..	..	..	..	..		Dominica
1 460	3 870	..	-125	373	7,8	123[a]	111	4,7[a]	Dominik. Rep.
ter 3 035	..	..	..	..	..	..	22		Dschibuti
1 390	4 220	5	-822	1 788	26,7	71[a]	550	..	Ecuador

der willkürlich festgelegten Altersgrenze gibt; [a] Daten für einen älteren Zeitraum als den in der Rubrik angegebenen; [b] mit Luxemburg; [d] 1985–1993; [i] ohne Handel mit den GUS-Staaten

Staaten

Die Staaten der Welt im Überblick: Basisdaten*

	Fläche in 1km²	Waldfläche in % der Gesamtfläche 1993	Einwohner in Tsd. (Stand Mitte 1995)	Fruchtbarkeitsrate (Geburten je Frau) 1995	Anteil der Grundschüler in % der Altersgruppe 1994 m/w[5]	Öffentliche Ausgaben für Erziehung und Bildung in % der Gesamtausgaben 1992–1994 (Industriestaaten 1992–1995)	Anteil der Bevölkerung mit Zugang zu Gesundheitsdiensten in % 1994–95	Anteil der Bevölkerung mit Zugang zu sauberem Wasser in % 1994–95	Energieverbrauch (jährl. Zuwachsrate in %) Ø 1980–1994
Elfenbeinküste	322 462	22	13 978	5,3	80/58	..	54	82[a]	1,4
El Salvador	21 041	4,9	5 623	3,7	79/80	..	73	62	4,0
Eritrea	121 144	..	3 574	..	..	..	..		..
Estland	45 227	44,8	1 487	1,3	84/83	8,8	..	..	..
Fidschi	18 376	64,9	775	..	..	18,6	..	..	..
Finnland	338 144	68,6	5 110	1,8	100/100	11,3	100[a]	..	1,7
Frankreich	543 965	27,1	58 060	1,7	107/105	7,0	96[a]	100[a]	2,0
Gabun	267 667	74,3	1 077	5,2	132/136[a]	..	76[a]	67[a]	–0,4
Gambia	11 295	24,8	1 113	5,3	84/61	12,9	34	61	0,9
Georgien	69 700	38,7	5 400	2,2[a]	..	..	..	..	..
Ghana	238 537	33,1	17 075	5,1	83/70[a]	24,3	29[a]	56	2,5
Grenada	345	8,8	91	..	..	..	..	..	..
Griechenland	131 957	19,8	10 467	1,4	..	8,5	96[a]	..	3,3
Großbritannien[2]	241 752	10	58 533	1,7	112/113	3,3	96[a]	100[a]	0,8
Guatemala	108 889	53,4	10 621	4,7	89/78	12,8	71[a]	64[a]	3,2
Guinea	245 857	58,8	6 591	6,5	61/30	..	6	49	1,3
Guinea-Bissau	36 125	29,6	1 070	6,0	..	..	20	27[a]	2,1
Guyana	214 969	76,8	835	..	..	..	..	..	..
Haiti	27 750	5	7 168	4,4	..	20,0	24	28	1,2
Honduras	112 088	53,5	5 924	4,6	111/112	16,0	68	70	2,1
Indien	3 287 263	20,8	929 358	3,2	113/91	11,5	29	63	6,6
Indonesien	1 904 443	58,7	193 277	2,7	116/11[a]	..	55[a]	63	8,3
Irak	438 317	0,4	20 097	..	..	..	..	..	..
Iran	1 648 000	6,9	64 120	4,7[a]	109/101	18,1	..	..	..
Irland	70 285	4,6	3 586	1,9	103/103[a]	12,8	100[a]	..	2,2
Island	10 300	1,2	268	..	..	12,2	..	..	..
Israel	21 946	6	5 521	2,4	95/96[a]	13,6	70[a]	99[a]	4,9
Italien	301 302	22,5	57 204	1,2	98/99	..	100[a]	..	1,4
Jamaika	10 991	16,8	2 522	2,4	109/108	..	74[a]	70[a]	2,3
Japan	377 750	66,4	125 213	1,5	102/102	6,0	85[a]	95[a]	2,8
Jemen	536 869	3,8	15 272	7,4	..	20,8	51[a]	52[a]	4,1
Jordanien[3]	88 946	0,8	4 212	4,8	94/95[a]	10,5	30	89	5,2
Jugoslawien	102 173	..	10 518	..	..		..	..	..
Kambodscha	181 035	64,1	10 024	4,7	..	..		13[a]	2,2
Kamerun	475 442	75,5	13 288	5,7	..	..	40[a]	41[a]	2,6
Kanada	9 958 319	49,5	29 606	1,7	106/104	3,0	85[a]	100[a]	1,5
Kap Verde	4 033	0,2	380	..	..	19,9	..	..	..
Kasachstan	2 717 300	3,5	16 606	2,3	86/86	..	..	..	–2,3
Katar	11 437	..	642	..	..	..	..	..	..

* Quellen: Weltentwicklungsbericht 1997 der Weltbank; Flächenangaben: Europa World Year Book 1997; .. keine Daten verfügbar oder Daten unveröffentlicht oder zu komplex (westl. Industriestaaten); [1] alle Angaben (bis auf die Fläche) noch inkl. Eritrea; [2] und Nordirland; [3] ohne Westjordanland (West-Bank); [4] BSP-Angaben nur für Festland von Tansania; [5] Anteil kann 100% überschreiten, da es Grundschüler über und unter

Die Staaten der Welt im Überblick: Basisdaten*

BSP pro Kopf 1995 in US-$	Kaufkraftparität (PPP) pro Kopf in internationalen US-$ 1995	Nahrungsmittel in % des Imports 1993	Leistungsbilanzsaldo in Mio. US-$ 1995	Bruttowährungsreserven in Mio. US-$ 1995	Schuldendienst in % des Exports von Waren und Dienstleistungen 1995	Terms of Trade 1995 (1987 = 100)	Öffentliche Verteidigungsausgaben in Mio. US-$ 1995 (Preise von 1995)	Öffentliche Verteidigungsausgaben in % der Gesamtausgaben 1995	
660	1 580	..	–269	546	23,1	81[a]	98	..	Elfenbeinküste
1 610	2 610	13	–70	940	8,9	89[a]	126	5,2	El Salvador
nter 765	..	..	..	..	..	..	40		Eritrea
2 860	4 220	..	–184	583	0,8	..	101	3,1[a]	Estland
2 440	5 780	..		..	..	..	27		Fidschi
20 580	17 760	7	5 642	10 657	..	95[a]	2 113	3,9[a]	Finnland
24 990	21 030	11	16 443	58 510	..	106	48	..	Frankreich
3 490	..	..	378	153	15,8	90[a]	95	..	Gabun
320	930	..	–8	106	14,0	111[a]	15	..	Gambia
440	1 470	..	..	..	..	..	92	..	Georgien
390	1 990	11	–414	804	23,1	64[a]	92	4,9[a]	Ghana
2 980	..	..	..	..	..	..	..		Grenada
8 210	11 710	6	–2 864	16 119	..	111[a]	5 056	8,9[a]	Griechenland
18 700	19 260	11	–4 632	49 144	..	102	34 154	..	Großbritannien[2]
1 340	3 340	11	–572	783	10,6	93[a]	140	15,2[a]	Guatemala
550	..	..	–197	87	25,3	91[a]	52	..	Guinea
250	790	..	–41	20	66,9	92[a]	8	..	Guinea-Bissau
590	2 420	..		..	..	..	7		Guyana
250	910	..	–67	106	45,2	52[a]	35	..	Haiti
600	1 900	13	–201	270	31,0	77[a]	47	..	Honduras
340	1 400	3	–5 830	22 865	27,9	150[a]	8 289	14,5	Indien
980	3 800	7	–7 023	14 908	30,9	79[a]	2 751	6,2[a]	Indonesien
ter 3 035	..	..	..	..	..	..	3		Irak
ter 3 035	..	..	..	..	..	..	2 460		Iran
14 710	15 680	10	1 379	8 770	..	90	688	3,0[a]	Irland
24 950	20 460	..	..	..	..	..	..		Island
15 920	16 490	7	–5 491	8 123	..	109	7 197	19,4[a]	Israel
19 020	19 870	13	25 706	60 690	..	107[a]	20 042	..	Italien
1 510	3 540	14	–245	681	17,9	105[a]	27	..	Jamaika
39 640	22 110	18	111 246	192 620	..	127	50 219	4,1[a]	Japan
260	..	..	146	638	3,2	84[a]	345	30,3[a]	Jemen
1 510	4 060	20	–476	2 279	12,6	128	440	20,7[a]	Jordanien[3]
ter 3035	..	..	..	..	..	..			Jugoslawien
270	..	..	–186	192	0,6	..	126	..	Kambodscha
650	2 110	16	–171	15	20,1	79[a]	158	9,4[a]	Kamerun
19 380	21 130	6	–8 693	16 369	..	100	9 004	10,8	Kanada
960	1 870	..		..	..	..	4		Kap Verde
1 330	3 010	..	–519	1 660	4,6	..	426	..	Kasachstan
11 600	17 690	..		..	..	..	326		Katar

der willkürlich festgelegten Altersgrenze gibt; [a] Daten für einen älteren Zeitraum als den in der Rubrik angegebenen; [b] mit Luxemburg; [d] 1985–1993; [i] ohne Handel mit den GUS-Staaten

Die Staaten der Welt im Überblick: Basisdaten*

	Fläche in $1km^2$	Waldfläche in % der Gesamtfläche 1993	Einwohner in Tsd. (Stand Mitte 1995)	Fruchtbarkeitsrate (Geburten je Frau) 1995	Anteil der Grundschüler in % der Altersgruppe 1994 m/w[5]	Öffentliche Ausgaben für Erziehung und Bildung in % der Gesamtausgaben 1992–1994 (Industriestaaten 1992–1995)	Anteil der Bevölkerung mit Zugang zu Gesundheitsdiensten in % 1994–95	Anteil der Bevölkerung mit Zugang zu sauberem Wasser in % 1994–95	Energieverbrauch (jährl. Zuwachsrate in %) Ø 1980–1994
Kenia	582 646	28,9	26 688	4,7	92/91	..	43[a]	49[a]	3,1
Kirgisistan	198 500	3,5	4 515	3,3	..	..	53[a]	75[a]	..
Kiribati	811	..	79	..	..	..	..	..	..
Kolumbien	1 141 748	43,9	36 813	2,8	118/120	12,9	70	96	..
Komoren	1 862	17,7	499	..	..	..	..	..	..
Kongo	342 000	61,7	2 633	6,0	..	..	0	60[a]	3,7
Kongo, Dem. Rep.	2 344 885	74,1	43 848	..	..	8,7	..	..	..
Korea, Dem. VR	120 538	61,7	23 867	..	..	..	..	..	..
Korea, Rep.	99 392	65,2	44 851	1,8	100/102	16,0	100[a]	89[a]	9,5
Kroatien	56 538	..	4 778	1,5	87/87	6,7	68[a]	96[a]	..
Kuba	110 860	23,5	11 011	..	..	12,3	..	..	..
Kuwait	17 818	0,1	1 664	3,0	65/65	11,0	..	..	0,3
Laos	236 800	52,8	4 882	6,5	123/92	..	30	41	2,6
Lesotho	30 355	..	1 980	4,6	90/105	..	35	57	..
Lettland	64 589	44	2 516	1,3	83/82	14,5	..	..	–0,2
Libanon	10 452	7,7	4 005	2,8	..	..	..	..	13,4
Liberia	97 754	17,4	2 733	..	..	..	..	..	..
Libyen	1 775 500	0,5	5 407	..	..	..	..	..	..
Liechtenstein	160	..	31	..	..	..	..	..	..
Litauen	65 300	30,7	3 715	1,5	95/90	7,0	..	..	3,5
Luxemburg	2 586	..	410	..	..	8,6	..	..	..
Madagaskar	587 041	39,5	13 651	5,8	75/72	13,6	17	32	1,7
Malawi	118 484	31,2	9 757	6,6	84/77[a]	..	63	54	1,5
Malaysia	329 758	67,6	20 140	3,4	93/93	15,5	94[a]	90[a]	10,0
Malediven	298	3,3	253	..	..	13,6	..	..	..
Mali	1 240 192	5,6	9 788	6,8	38/24	13,2	44	44	1,8
Malta	316	..	372	..	..	12,4	..	..	..
Marokko	458 730	20,1	26 562	3,4	85/60[a]	22,6	63[a]	59[a]	4,1
Marshallinseln	181	..	56	..	..	..	..	..	..
Mauretanien	1 030 700	4,3	2 274	5,2	76/62	..	64[a]	41[a]	0,5
Mauritius	2 040	21,6	1 128	2,2	107/106	..	100[a]	100[a]	2,8
Mazedonien	25 713	..	2 119	2,2	88/87	..	..	..	..
Mexiko	1 958 201	24,9	91 831	3,0	114/110	..	70	87	2,6
Mikronesien	700	..	107	..	..	..	..	..	..
Moldau	33 700	12,5	4 344	2,0	78/77	..	50[a]	..	..
Monaco	2	..	34	..	..	..	..	..	..
Mongolei	1 565 000	8,8	2 461	3,4	..	..	..	..	2,0
Mosambik	799 380	17,5	16 168	6,2	69/51	..	23	28	–2,5
Myanmar	676 552	47,9	45 106	4,0[a]	..	14,4	..	..	..

* Quellen: Weltentwicklungsbericht 1997 der Weltbank; Flächenangaben: Europa World Year Book 1997; .. keine Daten verfügbar oder Daten unveröffentlicht oder zu komplex (westl. Industriestaaten); [1] alle Angaben (bis auf die Fläche) noch inkl. Eritrea; [2] und Nordirland; [3] ohne Westjordanland (West-Bank); [4] BSP-Angaben nur für Festland von Tansania; [5] Anteil kann 100% überschreiten, da es Grundschüler über und unter

Staaten

Die Staaten der Welt im Überblick: Basisdaten*

BSP pro Kopf 1995 in US-$	Kaufkraftparität (PPP) pro Kopf in internationalen US-$ 1995	Nahrungsmittel in % des Imports 1993	Leistungsbilanzsaldo in Mio. US-$ 1995	Bruttowährungsreserven in Mio. US-$ 1995	Schuldendienst in % des Exports von Waren und Dienstleistungen 1995	Terms of Trade 1995 (1987 = 100)	Öffentliche Verteidigungsausgaben in Mio. US-$ 1995 (Preise von 1995)	Öffentliche Verteidigungsausgaben in % der Gesamtausgaben 1995	
280	1 380	14	-400	384	25,7	98	206	6,2	Kenia
700	1 800	..	-288	..	4,8[a]	..	56	..	Kirgisistan
920	..	..	..	..	..	..	..		Kiribati
1 910	6 130	8	-4 116	8 205	25,2	124	1 195	8,7[a]	Kolumbien
470	1 320	..	..	..	..	..	..		Komoren
680	2 050	..	-570	64	14,4	93[a]	49	16,1	Kongo
120	490	..	..	..	..	..	125		Kongo, Dem. Rep.
er 3 035	..	..	-4 304	..	..	..	5 232	25,2	Korea, Dem. VR
9 700	11 450	6	-8 251	32 804	..	102	14 359	18,1	Korea, Rep.
3 250	..	7	-1 712	2 036	5,7	..	1 894	21,1	Kroatien
er 3 035	..	..	..	..	..	..	335		Kuba
17 390	23 790	15	4 198	4 543	..	88[a]	3 147	25,5	Kuwait
350	..	..	-224	99	5,8	..	73	..	Laos
770	1 780	..	108[a]	457	6,0	..	33	..	Lesotho
2 270	3 370	..	-27	602	1,6	..	121	2,6	Lettland
2 660	..	..	-5 092	8 100	13,1	95[a]	407	..	Libanon
nter 765	..	..	..		..	..	..		Liberia
er 9 385	..	..	..	..	..	..	1 401		Libyen
er 9 386	..	..	..	..	..	..	..		Liechtenstein
1 900	4 120	11	-614	829	1,4	..	68	1,9	Litauen
41 210	37 930	..	..	..	..	..	141		Luxemburg
230	640	14	-276	109	9,2	82[a]	49	..	Madagaskar
170	750	8	-450	115	25,9	87[a]	21	..	Malawi
3 890	9 020	6	-4 147	24 699	7,8	92[a]	3 514	12,7	Malaysia
990	3 080	..	..	..	..	..	..		Malediven
250	550	..	-164[a]	330	12,6	103[a]	56	..	Mali
er 9 385	..	..		..	..	..	31		Malta
1 110	3 340	17	-1 521	3 874	32,1	90[a]	1 347	..	Marokko
er 3 035	..	..	..	..	..	..	..		Marshallinseln
460	1 540	..	-27	90	21,5	106[a]	28	..	Mauretanien
3 380	13 210	14	-22	887	9,0	103	14	1,5	Mauritius
860	..	..	..	275	11,8	..	..	..	Mazedonien
3 320	6 400	..	-654	17 046	24,2	92[a]	2 676	..	Mexiko
er 3 035	..	..	..	..	..	..	..		Mikronesien
920	..	..	-95	240	8,0	..	45	..	Moldau
er 9 386	..	..	..	..	..	..	..		Monaco
310	1 950	..	39	158	9,1	..	19	11,5[a]	Mongolei
80	810	..	..	..	35,3	124[a]	58	..	Mosambik
nter 765	..	..	..	..	..	..	1 880		Myanmar

der willkürlich festgelegten Altersgrenze gibt; [a] Daten für einen älteren Zeitraum als den in der Rubrik angegebenen; [b] mit Luxemburg; [d] 1985–1993; [i] ohne Handel mit den GUS-Staaten

Die Staaten der Welt im Überblick: Basisdaten*

	Fläche in 1km[2]	Waldfläche in % der Gesamtfläche 1993	Einwohner in Tsd. (Stand Mitte 1995)	Fruchtbarkeitsrate (Geburten je Frau) 1995	Anteil der Grundschüler in % der Altersgruppe 1994 m/w[5]	Öffentliche Ausgaben für Erziehung und Bildung in % der Gesamtausgaben 1992–1994 (Industriestaaten 1992–1995)	Anteil der Bevölkerung mit Zugang zu Gesundheitsdiensten in % 1994–95	Anteil der Bevölkerung mit Zugang zu sauberem Wasser in % 1994–95	Energieverbrauch (jährl. Zuwachsrate in %) Ø 1980–1994
Namibia	824 292	21,8	1 545	5,0	134/138	..	36[a]	57[a]	13,4
Nauru	21	..	10[a]	..	..	..	..	..	..
Nepal	147 181	40,8	21 456	5,3	129/85	13,2	6[a]	48	8,7
Neuseeland	270 534	27,2	3 601	2,1	102/101	15,2	..	..	4,1
Nicaragua	120 254	24,5	4 375	4,1	101/105	12,2	..	57[a]	3,3
Niederlande	41 865	9,4	15 460	1,6	96/99	10,1	100[a]	100[a]	1,3
Niger	1 267 000	2	9 028	7,4	35/21[a]	10,8	15	57	2,1
Nigeria	923 768	12,2	103 912	5,5	105/82[a]	7,3	63[a]	43	3,8
Norwegen	323 877	25,7	4 354	1,9	99/99	9,7	100[a]	100[a]	1,6
Oman	212 457	..	2 196	7,0	87/82	15,5	72	56	9,1
Österreich	83 857	38,6	8 054	1,5	103/103	9,5	100[a]	..	1,6
Pakistan	796 095	4,4	129 905	5,2	80/49	..	30	60	7,4
Palau	508	..	17	..	..	..	..	..	..
Panama	75 517	48,2	2 631	2,7	..	20,9	87[a]	82	4,4
Papua-Neuguinea	462 840	90,7	4 302	4,8	80/67	..	26	31[a]	2,4
Paraguay	406 752	31,6	4 828	4,0	114/110	..	30[a]	..	6,9
Peru	1 285 216	66	23 819	3,1	..	..	47	60	3,5
Philippinen	300 000	45,3	68 595	3,7	..	..	75	84	3,5
Polen	312 685	28,1	38 612	1,6	98/97	..	100[a]	..	..
Portugal	92 270	35,7	9 927	1,4	122/118[a]	..	100[a]	..	4,7
Ruanda	26 338	20,9	6 400	6,2	50/50	..	..	..	–0,4
Rumänien	238 391	28,1	22 698	1,4	87/86[a]	9,7	49[a]	..	–3,1
Russische Föd.	1 7075 400	45,6	148 195	1,4	107/107	3,2	..	..	..
Sahara	252 120	..	208[a]	..	..	..	..	..	..
Salomonen	27 556	84,8	375	..	..	7,9	..	..	..
Sambia	752 614	38,1	8 978	5,7	109/99	8,7	42	47	–2,6
Samoa	2 831	47,2	165	..	..	10,7	..	..	..
San Marino	61	..	24 a	..	..	..	..	..	..
São Tomé u. P.	1 001	..	129	..	..	..	..	..	..
Saudi-Arabien	2 240 000	0,8	18 979	6,2	78/73	..	86[a]	93[a]	5,5
Schweden	449 964	62,2	8 830	1,7	100/100	5,0	100[a]	..	1,3
Schweiz	41 285	30,3	7 039	1,5	100/102	..	100[a]	100[a]	1,7
Senegal	196 722	53,1	8 468	5,7	67/50	..	..	..	–0,1
Seychellen	454	11,1	74	..	..	..	..	..	..
Sierra Leone	71 740	28,4	4 195	6,5	..	..	..	..	0,5
Simbabwe	390 757	22,5	11 011	3,8	123/114	..	58[a]	74[a]	3,9
Singapur	641	4,8	2 987	1,7	..	24,2	100[a]	100[a]	9,9
Slowakei	49 036	40,6	5 369	1,5	101/101	..	51[a]	..	2,3
Slowenien	20 255	..	1 992	1,3	97/97	..	90[a]	..	..

* Quellen: Weltentwicklungsbericht 1997 der Weltbank; Flächenangaben: Europa World Year Book 1997; .. keine Daten verfügbar oder Daten unveröffentlicht oder zu komplex (westl. Industriestaaten); [1] alle Angaben (bis auf die Fläche) noch inkl. Eritrea; [2] und Nordirland; [3] ohne Westjordanland (West-Bank); [4] BSP-Angaben nur für Festland von Tansania; [5] Anteil kann 100 % überschreiten, da es Grundschüler über und unter

Die Staaten der Welt im Überblick: Basisdaten*

BSP pro Kopf 1995 in US-$	Kaufkraftparität (PPP) pro Kopf in internationalen US-$ 1995	Nahrungsmittel in % des Imports 1993	Leistungsbilanzsaldo in Mio. US-$ 1995	Bruttowährungsreserven in Mio. US-$ 1995	Schuldendienst in % des Exports von Waren und Dienstleistungen 1995	Terms of Trade 1995 (1987 = 100)	Öffentliche Verteidigungsausgaben in Mio. US-$ 1995 (Preise von 1995)	Öffentliche Verteidigungsausgaben in % der Gesamtausgaben 1995	
2 000	4 150	..	50	225	25,2	..	65	..	Namibia
..	..	..	..	..	..	..	..		Nauru
200	1 170	9	–375	646	7,8	85[a]	44	..	Nepal
14 340	16 360	8	–3 778	4 410	..	108	918	3,6	Neuseeland
380	2 000	23	–706	142	38,7	95[a]	34	0,0	Nicaragua
24 000	19 950	15	16 191	47 162	..	101	8 520	3,9	Niederlande
220	750	..	–126[a]	99	19,8	101[a]	21	..	Niger
260	1 220	6	–510	1 709	12,3	86[a]	1 233	..	Nigeria
31 250	21 940	7	3645[a]	22 976	..	95	3 755	..	Norwegen
4 820	8 140	19	–979	1 251	7,5	77[a]	1 840	36,5[a]	Oman
26 890	21 250	..	–5 113	23 369	..	87[a]	2 106	3,7	Österreich
460	2 230	14	–1 965[a]	2 528	35,3[a]	114	3 642	..	Pakistan
..	..	10	..	..	..	..			Palau
2 750	5 980	..	–141[a]	782	3,9	86[a]	95	5,4[a]	Panama
1 160	2 420	..	674	267	20,8	90[a]	66	3,3[a]	Papua-Neuguinea
1 690	3 650	11	–1 473	1 040	..	101[a]	107	10,7[a]	Paraguay
2 310	3 770	..	–4 223	8 653	15,3	83[a]	817	..	Peru
1 050	2 850	8	–1 980	7 757	16,0	114[a]	1 151	10,6[a]	Philippinen
2 790	5 400	11	–4 245	14 957	12,2	109[a]	2 551	..	Polen
9 740	12 670	14	–229	22 063	..	104	2 797	..	Portugal
180	540	..	–129[a]	126	..	75[a]	57	..	Ruanda
1 480	4 360	14	–1 342	2 624	10,6	111[a]	872	6,2	Rumänien
2 240	4 480	..	9 604	18 024	6,6	..	82 000	16,4[a]	Russische Föd.
..	..	..	..	..	..	..	..		Sahara
910	2 190	..		..	..	..	..		Salomonen
400	930		..	192[a]	174,4	85[a]	62	..	Sambia
..	..	..	..	..	..	..	..		Samoa
..	..	..	..	..	..	..			San Marino
350	..	..	..	..	..	..	..		São Tomé u. P.
7 040	..	..	–8 108	10 399	4,6	92[a]	13 215	..	Saudi-Arabien
23 750	18 540	7	4 633	25 909	..	102[a]	6 035	5,6	Schweden
40 630	25 860	7	21 622	68 620	..	60[a]	5 093	15,2	Schweiz
600	1 780	29	0	283	18,7	107[a]	74	..	Senegal
6 620	..	..		..	..	..	14		Seychellen
180	580	..	–89[a]	52	60,3	89[a]	41	..	Sierra Leone
540	2 030	11	–425[a]	888	25,6[a]	84[a]	233	..	Simbabwe
26 730	22 770	6	15 093	68 695	..	89	3 970	37,4	Singapur
2 950	3 610	..	648	3 863	9,7	86[a]	434	..	Slowakei
8 200	..	8	–37	1 821	6,7	..	279	..	Slowenien

der willkürlich festgelegten Altersgrenze gibt; [a] Daten für einen älteren Zeitraum als den in der Rubrik angegebenen; [b] mit Luxemburg; [d] 1985–1993; [i] ohne Handel mit den GUS-Staaten

Die Staaten der Welt im Überblick: Basisdaten*

	Fläche in 1km[2]	Waldfläche in % der Gesamtfläche 1993	Einwohner in Tsd. (Stand Mitte 1995)	Fruchtbarkeitsrate (Geburten je Frau) 1995	Anteil der Grundschüler in % der Altersgruppe 1994 m/w[5]	Öffentliche Ausgaben für Erziehung und Bildung in % der Gesamtausgaben 1992–1994 (Industriestaaten 1992–1995)	Anteil der Bevölkerung mit Zugang zu Gesundheitsdiensten in % 1994–95	Anteil der Bevölkerung mit Zugang zu sauberem Wasser in % 1994–95	Energieverbrauch (jährl. Zuwachsrate in %) Ø 1980–1994
Somalia	637 657	25,1	9 491	..	..	..	..	..	..
Spanien	504 782	32	39 199	1,2	104/105	4,4	97[a]	99[a]	2,8
Sri Lanka	65 610	32	18 114	2,3	106/105	9,4	66	57	1,9
St. Kitts u. Nevis	262	16,7	41	..	..	..	..	..	..
St. Lucia	616	12,9	158	..	..	..	..	..	..
St. Vincent u. G.	389	35,9	111	..	..	13,8	..	..	..
Südafrika	1 219 080	6,7	41 457	3,9	111/110	22,9	46	..	2,1
Sudan	2 505 813	17,7	26 707	..	..	..	..	..	..
Suriname	163 265	91,9	410	..	..	..	..	..	..
Swasiland	17 363	6,9	900	..	..	17,5	..	..	..
Syrien	185 180	3,5	14 112	4,8	109[g]	12,5	78[a]	87	6,1
Tadschikistan	143 100	3,8	5 836	4,4	91/88	..	..	..	..
Tansania[4]	945 087	35,4	29 646	5,8	71/69	11,4	86[a]	49[a]	0,7
Thailand	513 115	26,3	58 242	1,8	98/97[a]	18,9	87[a]	81[a]	1,2
Togo	56 785	15,8	4 085	6,4	122/81	21,6	20	67	1,8
Tonga	748	..	104	..	..	..	..	..	..
Trinidad u. Tob.	5 128	45,8	1 287	2,1	94/94	..	56[a]	82[a]	2,9
Tschad	1 284 000	25,2	6 448	5,9	80/38[a]	..	32	29	0,6
Tschechische Rep.	78 864	33,3	10 332	1,3	99/100	11,2	..	..	45,2
Tunesien	163 610	4,1	8 987	2,9	123/113	..	72[a]	86[a]	..
Türkei	779 452	25,9	61 058	2,7	107/98[a]	..	94[a]	92[a]	–2,0
Turkmenistan	488 100	8,2	4 508	3,9[a]	..	..	..	..	..
Tuvalu	26	..	10	..	..	..	..	..	..
Uganda	241 139	28,3	19 168	6,7	99/83	15,0	60	42[a]	1,3
Ukraine	603 700	17,1	51 550	1,5	87/87	..	49[a]	97[a]	–1,4
Ungarn	93 030	19	10 229	1,6	94/94	3,3	94[a]	..	–0,9
Uruguay	176 215	5,2	3 184	2,2	109/108	13,3	82[a]	83[a]	3,2
Usbekistan	447 400	2,9	22 771	3,7	78/79	..	18[a]	..	..
Vanuatu	12 190	75	169	..	..	..	..	..	..
Vatikanstadt	unter 1	..	93[a]	..	..	..	..	..	..
Venezuela	912 050	32,9	21 671	3,1	95/97[a]	22,4	55[a]	88	2,6
V. A. Emirate	77 700	..	2 460	3,6	112/108	16,3	95[a]	98[a]	6,3
V. S. Amerika	9 809 155	29,2	263 119	2,1	107/106	1,6	85[a]	90[a]	1,6
Vietnam	331 114	29,1	73 475	3,1	..	..	21	38	3,1
Weißrußland	207 595	33,7	10 339	1,4	96/95	17,6	100[a]	..	–2,6
Zentralafr. Rep.	622 984	75	3 275	5,1	92/51	..	..	..	2,7
Zypern	9 251	13,3	734	..	..	14,2	..	..	..

* Quellen: Weltentwicklungsbericht 1997 der Weltbank; Flächenangaben: Europa World Year Book 1997; .. keine Daten verfügbar oder Daten unveröffentlicht oder zu komplex (westl. Industriestaaten); [1] alle Angaben (bis auf die Fläche) noch inkl. Eritrea; [2] und Nordirland; [3] ohne Westjordanland (West-Bank); [4] BSP-Angaben nur für Festland von Tansania; [5] Anteil kann 100 % überschreiten, da es Grundschüler über und unter

Die Staaten der Welt im Überblick: Basisdaten*

BSP pro Kopf 1995 in US-$	Kaufkraftparität (PPP) pro Kopf in internationalen US-$ 1995	Nahrungsmittel in % des Imports 1993	Leistungsbilanzsaldo in Mio. US-$ 1995	Bruttowährungsreserven in Mio. US-$ 1995	Schuldendienst in % des Exports von Waren und Dienstleistungen 1995	Terms of Trade 1995 (1987 = 100)	Öffentliche Verteidigungsausgaben in Mio. US-$ 1995 (Preise von 1995)	Öffentliche Verteidigungsausgaben in % der Gesamtausgaben 1995	
nter 765	..	..	..	..	..	..	..		Somalia
13 580	14 520	14	1 280	40 531	..	114	8 460	6,8	Spanien
700	3 250	14	–546[a]	2 088	7,3	88	624	2,6	Sri Lanka
5 170	9 410	..	..	..	..	..	..		St. Kitts u. Nevis
3 370	..	..	..	..	..	..	..		St. Lucia
2 280	..	..	..	..	..	..	..		St. Vincent u. G.
3 160	5 030	6	–3 500	4 464	..	111	3 720	..	Südafrika
nter 765	..	..	..	..	..	..	389		Sudan
880	2 250	..		..	..	..	14		Suriname
1 170	2 880	..		..	..	..	..		Swasiland
1 120	5 320	..	440	..	4,6	78[a]	2 026	28,2[a]	Syrien
340	920	..	..	..	..	..	69		Tadschikistan
120	640	..	– 629	270	17,4	83[a]	87	..	Tansania[4]
2 740	7 540	5	–13 554	36 939	10,2	100	3 896	..	Thailand
310	1 130	22	–57[a]	135	5,7	90[a]	28	..	Togo
1 630	..	..	..	..	..	..	..		Tonga
3 770	8 610	15	294	379	14,8	86[a]	82	..	Trinidad u. Tob.
180	700	..	–38[a]	147	5,9	103[a]	34	..	Tschad
3 870	9 770	..	–1 374	14 613	8,7	86[a]	1 108	5,7	Tschechische Rep.
1 820	5 000	8	–737	1 689	17,0	91[a]	369	..	Tunesien
2 780	5 580	6	–2 339	13 891	27,7	109[a]	6 004	15,8	Türkei
920	..	..	..	..	..	..	96		Turkmenistan
..	..	..	..	..	..	..	..		Tuvalu
240	1 470	..	–428	459	21,3	58[a]	126	..	Uganda
1 630	2 400	..	–1 152	1 069	5,3	..	1 005	..	Ukraine
4 120	6 410	6	–2 535	12	39,1	97[a]	612	..	Ungarn
5 170	6 630	8	–358	1 813	23,5	112[a]	320	7,3[a]	Uruguay
970	2 370	..	–8[a]	..	6,0	..	385	..	Usbekistan
1 200	2 290	..	..	..	..	..	..		Vanuatu
..	..	..	..	..	..	..	..		Vatikanstadt
3 020	7 900	11	2 255	10 715	21,7	82[a]	683	..	Venezuela
17 400	16 470	11	..	7 778	..	93[a]	1 880	37,1[a]	V. A. Emirate
26 980	26 980	5	–148 230	175 996	..	102	277 834	18,1[a]	V. S. Amerika
240	..	..	–2 021	3	5,2	..	910	..	Vietnam
2 070	4 220	..	–254	377	..	..	459	..	Weißrußland
340	1 070	..	–25[a]	238	6,8	91[a]	24	..	Zentralafr. Rep.
ber 9 386	..	..	..	..	..	..	354		Zypern

der willkürlich festgelegten Altersgrenze gibt; [a] Daten für einen älteren Zeitraum als den in der Rubrik angegebenen; [b] mit Luxemburg; [d] 1985–1993; [i] ohne Handel mit den GUS-Staaten

Afghanistan *West-Asien*

Islamischer Staat Afghanistan; Di Afġānistān Islāmī Dawlat (paschtu); Dowlat-e Eslâmî-ye Afqânestân (dari) – AFG (→ Karte IV, C 3)

Fläche (Weltrang: 40.): 652 225 km²

Einwohner (40.): F 1995 23 481 000 = 36 je km²

Hauptstadt: Kābol (Kabul)
S 1994: 400 000 Einw. (S 1995, A: 2,034 Mio.)

Amtssprachen: Paschtu, Dari

Bruttosozialprodukt S 1995 je Einw.: unter 765 $

Währung: 1 Afghani (Af) = 100 Puls

Botschaft des Islamischen Staates Afghanistan
Liebfrauenweg 1 a, 53125 Bonn, 0228/25 19 27

Landesstruktur **Fläche**: 652 225 km² – **Bevölkerung**: Afghanen; (Z 1979) 13 051 358 Einw. – (S 1992) 40% Paschtunen, 25% Tadschiken, 15% mongolstämmige Hesoren, 5% Usbeken; außerdem Aimak, Nuristani, Balutschen, Turkmenen, Kirgisen u. a. – **Flüchtl.** Ende 1996: 1,2 Mio. Binnenflüchtlinge; 1,4 Mio. im Iran, 1,2 Mio. in Pakistan, 18 600 in Indien, 7600 in Kirgisistan, 3000 in Usbekistan, 2200 in Tadschikistan, 2000 in Kasachstan, 2000 in Turkmenistan; 18 900 aus Tadschikistan – **Leb.-Erwart.** 1995: 45 J. – **Säugl.-Sterbl.** 1995: 16,5% – **Kindersterbl.** 1995: 25,7% – Jährl. **Bev.-Wachstum** ∅ 1985–95: 2,6% (Geb.- und Sterbeziffer 1995: 5,2%/2,1%) – **Analph.** 1995: 69% – **Sprachen** 1992: 50% Dari (Persisch der Tadschiken), 40% Paschtu, 5% Usbekisch; Sprachen der anderen Ethnien – **Religion** 1992: fast 100% Muslime (84% Sunniten, 15% Schiiten, Minderh. von Ismailiten) – **Städt. Bev.** 1995: 20% – **Städte** (S 1997): Mazār-i Sharīf 2 500 000 Einw., (S 1988) Qandahār 225 500, Herāt 177 300; (S 1982) Jalālābād 58 800, Kondūz 57 100, Baghlān 41 200, Meymaneh 40 200

Staat Islamische Republik seit 1990 – Verfassung von 1987 mit Änderung 1990 – Krieg seit 1979, seit 1992 Bürgerkrieg – 6köpfige Übergangsregierung unter Vorsitz von Mullah Mohommad Rabbani seit 27. 9. 1996 (Einzelheiten → Chronik) – Nationalversammlung (Meli Schura) aus 2 Kammern, seit 1992 aufgelöst – **Verwaltung**: 31 Provinzen – **Staatsoberhaupt**: Burhanuddin Rabbani (Führer der Dschamiat-i-Islami), seit 1992 – **Regierungschef**: N. N. – **Äußeres**: Abdul Malik – **Parteien**: Letzte Wahlen 1988 – **Unabh.**: Wiederherstellung der Zentralgewalt und des modernen Staates unter Abdur Rahman

Khan (1881–1901); Unabhängigkeit von Großbritannien im Vertrag von Rawalpindi (8. 8. 1919) – **Nationalfeiertage**: 27. 4. (Tag der Revolution von 1978) und 18. 8. (Unabhängigkeitstag)

Wirtschaft (keine neueren Ang. verfügbar) – **Währung**: keine Devisenkurse erhältlich – **BSP** 1987: 3156 Mio. $ – **BIP** 1988: 2800 Mio. $; realer Zuwachs ∅ 1980–88: 2,9%; Anteil (1990) **Landwirtsch.** 52%, **Industrie** 33%, **Dienstl.** 15% – **Erwerbstät.**1993: Landw. 53% – **Arbeitslosigkeit**: k. Ang.; Kabul S 1997: 90% – **Energieverbrauch** 1994: 114 kg ÖE/Ew. – **Inflation** ∅ 1983–91: 27,6% – **Ausl.-Verschuld.** 1987: 1501 Mio. $ – **Außenhandel** 1991: **Import**: 411 Mio. $; Güter 1989: 40% Maschinen und Anlagen, 7% mineral. Brennstoffe und Erzeugnisse; Länder 1989: 55% UdSSR, 9% Japan; **Export**: 140 Mio. $; Güter 1989: 52% Erdgas, 8% Nahrungsmittel und Früchte; Länder 1989: 63% UdSSR, 12% EU-Staaten (u. a. 6% BRD)

Chronik Nachdem die von Pakistan unterstützten Taliban-Milizen am 27. 9. **1996** die Hauptstadt Kabul eingenommen haben, erklärt ihr Führer Mullah *Mohommad Rabbani* Afghanistan zum **islamischen Staat** und setzt einen sechsköpfigen regierenden Übergangsrat ein. Staatspräsident *Burhanuddin Rabbani* und die Übergangsregierung unter dem Ministerpräsidenten *Gulbuddin Hekmatyar* haben sich nach Norden zu ihrem Verbündeten, dem tadschikischen Militärführer *Ahmed Massud*, abgesetzt. In der Nacht nach dem Einmarsch entführt ein Taliban-Kommando den früheren kommunistischen Präsidenten *Mohammed Najibullah* und seinen Bruder *Shahpur Ahmedsi*, den ehemaligen Sicherheitsminister, vom Gelände der UN-Sondermission in Afghanistan (USMA), wo beide seit ihrem Sturz 1992 Zuflucht gefunden hatten. **Najibullah** und sein Bruder werden unverzüglich **hingerichtet**, ihre Leichen vor dem Präsidentenpalast öffentlich aufgehängt. – Im Verlauf ihrer Machtübernahme haben die Taliban in ihrem Herrschaftsgebiet ein streng islamisches Regime errichtet (→ Kasten). Seit der Einnahme Kabuls kontrollieren sie vier der fünf wichtigsten Städte des Landes, zwei Drittel des Territoriums und die Hälfte der Bevölkerung, bleiben aber militärisch unter Druck, vor allem von seiten des usbekischen Militärführers *Abdul Rashid Dostum*, dem sich Anfang Oktober die Kräfte der gestürzten Regierung anschließen. *Dostums* National-Islamische Bewegung beherrscht den Norden und kann den weiteren Vormarsch der Taliban zunächst stoppen. Nachdem von Pakistan vermit-

Die Taliban: Koranschüler des Westens

Die Bewegung der Taliban (»Koranschüler«) spielt erst seit knapp drei Jahren eine Rolle im afghanischen Konflikt. Als sie im **September 1994** überraschend in das politische und militärische Geschehen eingriffen, gab es sofort Mutmaßungen, daß diese neue Kraft vom pakistanischen Geheimdienst gesteuert und von Saudi-Arabien und den USA finanziert werde. Es handelt sich bei dieser neuen Bewegung um junge Militante, die in Pakistan aufgewachsen sind, wohin sich viele **Paschtunen** aus dem Südosten Afghanistans geflüchtet hatten. Sie wurden in Koranschulen erzogen, die unter der Obhut der pakistanischen religiösen Bewegung Jamiat-e-Ulama Islami entstanden waren, die von dem paschtunischen Geistlichen *Mawlawi Fazlur Rahman* geführt wird und enge Beziehungen zum pakistanischen Geheimdienst ISI unterhält. Dieser sorgte für die militärische Ausbildung der Taliban. – Aus der Sicht ihrer westlichen Gönner besteht der entscheidende Vorzug dieser Bewegung darin, daß es sich zum einen nicht um Islamisten der schiitischen Richtung, sondern um **sunnitische Fundamentalisten** handelt, die der strengen wahhabitischen Auffassung des Islam folgen, wie sie vor allem in Saudi-Arabien vertreten wird. Zum anderen können sie als paschtunische Erneuerungsbewegung in Afghanistan auf großen Zuspruch in der Bevölkerung rechnen. Pakistan und die USA verfolgen in der Region seit längerem das geostrategische Projekt, einen politisch stabilen Korridor zu schaffen, der Handelsverbindungen und Zugang zu den großen Öl- und Erdgasvorkommen und Erzlagerstätten der zentralasiatischen Republiken gewährt. In diesem Rahmen sind von verschiedenen westlichen, aber auch russischen, pakistanischen und iranischen Konsortien Abkommen getroffen worden. Pakistan hat z. B. im September 1995 mit Turkmenistan einen Vertrag über die Einfuhr von Erdgas geschlossen, der Investitionen im Wert von 3 Mrd. $ vorsieht. Westliche Investoren, u.a. der US-Ölkonzern Unocal, haben Vorleistungen in Milliardenhöhe erbracht, um das Vorhaben einer **Pipeline** voranzubringen, die von Zentralasien durch Afghanistan an den Indischen Ozean führen soll. – Als die Taliban in den afghanischen Konflikt eingriffen, fielen ihnen tatsächlich viele Provinzen kampflos zu, das übrige tat die Logistik und Luftunterstützung, die ihnen von **Pakistan** zuteil wurde. Während ihres Vordringens führten sie überall eine neue Ordnung ein, die eine Mischung aus dem wahhabitischen Islam und dem Paschtuwali, dem paschtunischen Stammesgesetz, darstellt. Ihre Wirkungen sind allerdings im Westen erst zur Kenntnis genommen worden, als sie in Kabul Geltung erlangt hat, obwohl bereits in eroberten Städten wie Herat Steinigungen und Amputationen ausgeführt worden sind. Nach Maßgabe des islamischen Sittengesetzes, der **Scharia**, dürfen Mädchen die Schule nicht mehr besuchen, Frauen keinen Beruf ausüben und sich nur in der Öffentlichkeit zeigen, wenn sie den Körperschleier, die Borkha, tragen, der nur einen Schlitz für die Augen freiläßt. Auch die Männer sind gezwungen, die traditionelle Tracht zu tragen und sich nicht mehr zu rasieren. Für die Einhaltung dieser Regeln sorgt eine Truppe von Sittenwächtern nach dem Vorbild der saudi-arabischen Mutawin. Einige Vorschriften sind in der Folge wieder aufgehoben worden, zum einen, weil sie nicht praktikabel waren (so sind etwa 70% der Lehrer Frauen, und auch in den Krankenhäusern ist das Personal überwiegend weiblich), zum anderen, weil die Schutzmacht Pakistan die Taliban zur Mäßigung aufgerufen hat. – Die Regionalmächte scheinen nach den jüngsten Entwicklungen eine **politische Lösung**, d.h. eine Teilung des Landes, der militärischen Lösung, d.h. dem Sieg der Taliban, vorzuziehen. Damit wäre die bizarre Allianz zwischen westlichen Interessen und einer extrem fundamentalistischen islamischen Bewegung in Frage gestellt.

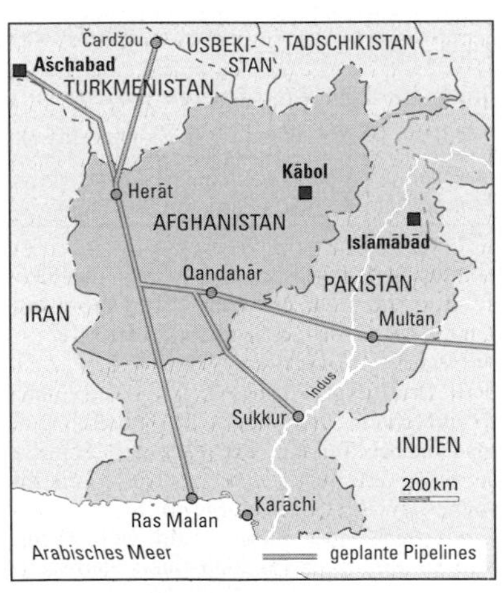

telte Verhandlungen über einen Waffenstillstand gescheitert sind, kommt es Anfang Oktober zu einer **Gegenoffensive** der Anti-Taliban-Allianz aus den Kräften *Dostums*, des Tadschiken *Massud* und der schiitischen Hesb-i-Wahdat-Miliz unter *Karim Khalili*, die zu Geländegewinnen im Westen (am Salang-Paß) und im Osten (im Pandjir-Tal) führt. Erneute Waffenstillstandsverhandlungen zwischen *Dostum* und den Taliban scheitern. Die Taliban nützen die Wintermonate jedoch zu weiteren regionalen Vorstößen, u. a. dringen sie über pakistanisches Gebiet nach Badakshan im Nordosten ein. Im Mai **1997** beginnen sie eine neue Großoffensive, ermutigt durch eine Revolte des usbekischen Generals *Abdul Malik Pahlewah* gegen seinen Oberbefehlshaber *Dostum*, der ins türkische Exil flieht. *Malik* schlägt sich für wenige Tage auf die Seite der Taliban, wendet sich dann wieder gegen sie und vertreibt ihre Einheiten aus Mazar-i Sharif, der Hauptstadt des Nordens, die sie am 24. 5. für wenige Stunden besetzt hielten. Seither geraten die Taliban an allen Fronten in Bedrängnis. Anfang August stehen Verbände des Nordens wieder kurz vor Kabul. – Mit der Flucht des Generals *Dostum* ist eine der bestimmenden Figuren des Afghanistan-Konflikts vorerst aus dem politischen Spiel ausgeschieden; ihm war es nicht zuletzt durch seine engen Beziehungen zum benachbarten Usbekistan gelungen, dem rohstoffreichen, aber lange Zeit unterentwickelten Norden des Landes eine eigene halbstaatliche Einheit zu geben. – General *Malik*, ebenfalls ein Usbeke, bemüht sich um eine neue Nordallianz gegen die Taliban. Anfang Juni 1997 wird die **Front zur Rettung Afghanistans** gebildet. Sie besteht im wesentlichen aus den Truppen *Maliks*, den Kräften des Tadschiken *Massud*, der schiitischen Miliz Hezb-i-Wahdat und den Hezb-i-Islami des früheren Ministerpräsidenten *Hekmatyar*. Für die Taliban hat sich der Vorstoß auf Mazar-i Sharif als ein verlustreiches Abenteuer erwiesen, 400 ihrer Kämpfer sind getötet, rd. 3000 gefangengenommen worden. Obwohl sie nach wie vor große Teile des Landes kontrollieren, sind die Taliban stärker denn je auf logistische Unterstützung aus Pakistan angewiesen: Von dort kommt nicht nur der Nachschub an Waffen, sondern es werden auch Freiwillige rekrutiert. – Bei den Staaten der Region hat die jüngste Entwicklung in A. erhebliche Unruhe bewirkt. Bereits nach der Einnahme der Hauptstadt trafen sich am 4. 10. 1996 die Staats- und Regierungschefs Rußlands und fünf zentralasiatischer Staaten in Almaty, um die Gefahr eines grenzüberschreitenden Vordringens der muslimischen Kräfte zu diskutieren; eine

ähnliche Krisensitzung der GUS-Staaten fand am 27. 5. 1997 in Moskau statt, als die Eroberung von Mazar-i Sharif die Grenzen Usbekistans und Tadschikistans zu bedrohen schien. Kurz darauf, am 16. 6., kommen der pakistanische Regierungschef *Nawaz Sharif* und der iranische Präsident *Rafsandschani* zusammen, um über eine politische Lösung zu beraten. In Pakistan, das am 25. 5., nach der Flucht *Dostums*, die Taliban als legitime Regierung Afghanistans anerkannt hat, wendet sich inzwischen die öffentliche Meinung gegen die Herrschaft der »Koranschüler«. Das bereits bestehende Angebot der Taliban an den General *Malik*, die Herrschaft im Norden zu teilen, könnte von Pakistan inspiriert sein und auf eine Verhandlungslösung unter der Schirmherrschaft der UNO oder der Organisation der Islamischen Konferenz (OIC) hinweisen. Der im September 1996 aus Kabul geflohene Präsident *Burhanuddin Rabbani*, Usbekenführer *Malik* und eine Fraktion der schiitischen Hesb-i-Wahdat-Milizen bilden Mitte Juni eine Gegenregierung; zum Ministerpräsidenten wird *Abdulrahim Ghaforzai* am 15. 8. ernannt, am 21. 8. kommt er bei einem Flugzeugunglück ums Leben.

Ägypten *Nordost-Afrika*

Arabische Republik Ägypten; al-Ǧumhūriyya al-Miṣriyya al-ʿArabiyya – ET (→ Karte IV, B 3)

Fläche (Weltrang: 29.): 997 739 km²

Einwohner (20.): F 1995 57 800 000 = 58 je km²

Hauptstadt: Al-Qāhirah (Kairo)
F 1992: 6 800 000 Einw. (S 1993, A: 15,0 Mio.)

Amtssprache: Hocharabisch

Bruttosozialprodukt 1995 je Einw.: 790 $

Währung: 1 Ägypt. Pfund (ägypt£) = 100 Piaster

Botschaft der Arabischen Republik Ägypten
Kronprinzenstr. 2, 53173 Bonn, 0228/95 68 30

Landesstruktur Fläche: 997 739 km² – **Bevölkerung**: Ägypter; (Z 1996, vorl. Erg.) 61 500 000 Einw. – (S) Ägypter; Sudanesen, Syrer, Beduinen, Nubier, Palästinenser u. a.; Berber, Beja; Minderh. von Griechen, Italienern u. a. – Anteil unter **Armutsgrenze** ∅ 1981–95: 7,6 % – **Flüchtl.** Ende 1996: 40 000 Palästinenser, 3500 aus Somalia, 1500 aus dem Sudan, 1000 andere – **Leb.-Erwart.** 1995: 65 J. – **Säugl.-Sterbl.** 1995: 4,0 % – **Kindersterbl.** 1995: 5,1 % – Jährl. **Bev.-Wachstum** ∅ 1985–95: 2,2 % (Geb.- und Sterbeziffer

1995: 2,8%/0,8%) – **Analph.** 1995: 49% – **Sprachen**: Arabisch (Ägyptisch, Sudanesisch u.a.); nubische Sprachen; Berbersprachen; Englisch und Französisch als Handelssprachen – **Religion** (Islam ist Staatsreligion) 1992: 90% Muslime (fast nur Sunniten); 6 Mio. Kopten, Minderh. von Orthodoxen, Katholiken, Protestanten und Juden – **Städt. Bev.** 1995: 45% – **Städte** (F 1992): Al-Iskandarīyah (Alexandria) 3 380 000 Einw., Al-Jīzah (Gise) 2 144 000, Shubrā al-Khaymah 834 000, Būr Sa'īd (Port Said) 460 000, Al-Maḥallah al-Kubrā 408 000, As-Suways (Suez) 388 000, Ṭanṭā 380 000, Al-Manṣūrah 371 000, Asyūṭ 321 000

Staat Präsidialrepublik seit 1953 – Verfassung von 1971 – Notstandsgesetze seit 1981 in Kraft – Parlament: Rat des Volkes mit 454 Mitgl. (davon 444 für 5 J. gewählt und 10 vom Staatsoberh. ernannt) und Schura als beratendes Organ mit 210 Mitgl. (davon 57 vom Staatsoberh. ernannt) – Direktwahl des vom Parlament designierten Staatsoberh. alle 6 J. – Wahlpflicht ab 18 J. – **Verwaltung**: 26 Provinzen – **Staatsoberhaupt**: Mohamed Hosni Mubarak (NDP-Vorsitzender), seit 1981 – **Regierungschef**: Kamal Ahmed al-Gansuri, seit 1996 – **Äußeres**: Amre Mohamed Mussa – **Parteien**: Wahlen zum Rat des Volkes vom 29. 11./6. 12. 1995: Nationaldemokratische Partei/NDP 316 Sitze (1990: 409), Wafd-Partei 6 (–), Sonstige 7 (5), Unabh. 115 (30); 99 der Unabh. schlossen sich nach der Wahl der NDP an; Wahlen zur Schura 1995: Mehrheit für die NDP – **Unabh.**: 28. 2. 1922 – **Nationalfeiertage**: 23. 7. (Tag der Revolution von 1952) und 6. 10. (Tag der Streitkräfte)

Wirtschaft **Währung**: 1 US-$ = 3,40 ägypt£; 1 DM = 2,00 ägypt£ – **BSP** 1995: 45 507 Mio. $ – **BIP** 1995: 47 349 Mio. $; realer Zuwachs ∅ 1990–95: 1,3%; Anteil (1995) **Landwirtsch.** 20%, **Industrie** 21%, **Dienstl.** 59% – **Erwerbstät.** 1992: Landw. 33%, Ind. 21%, Dienstl. 46% – **Arbeitslosigkeit** 6/1996: 9,4% – **Energieverbrauch** 1994: 600 kg ÖE/Ew. – **Inflation** ∅ 1985–95: 15,7% (1995/96: 7,1%, S 1996/97: 6,2%) – **Ausl.-Verschuld.** 1996: 31 Mrd. $ – **Außenhandel** 1995: **Import**: 17 400 Mio. $; Güter: 23,0% Maschinen und Ausrüstungen, 20,9% Nahrungsmittel, 9,5% Eisen und Stahl, 6,2% Erdölprodukte, 5,3% Kfz und -teile, 3,9% chem. Erzeugnisse; Länder: 18,9% USA, 9,6% BRD, 7,6% Italien, 7,5% Frankreich, 5,1% Japan, 3,8% Großbritannien; **Export**: 5350 Mio. $; Güter: 48,3% Erdöl und -produkte, 13,5% Garn und Textilien, 8,6% Metallprodukte, 5,2% Agrarprodukte; Länder:

18,6% Italien, 11,1% USA, 6,8% BRD, 6,6% Großbritannien, 6,2% Rumänien, 4,1% Frankreich – **Tourismus**: (S) über 3 Mio. Auslandsgäste (1995), 3 Mrd. $ Einnahmen (1992)

Chronik Am 7. 4. **1997** finden **Kommunalwahlen** statt. Obwohl die Gemeinderäte in Ägyptens stark zentralisiertem System nur wenig Befugnisse haben, gibt der Ablauf der Wahl Aufschluß über den Zustand des politischen Systems. Für die 47 382 Sitze werden insgesamt 59 000 Kandidaten aufgestellt, davon gehören 47 000 der Regierungspartei NDP (Nationaldemokratische Partei) unter Führung von Präsident *Mohamed Hosni Mubarak* an. Die Hälfte der Kandidaten ist ohne Gegenkandidaten, in anderen Fällen treten

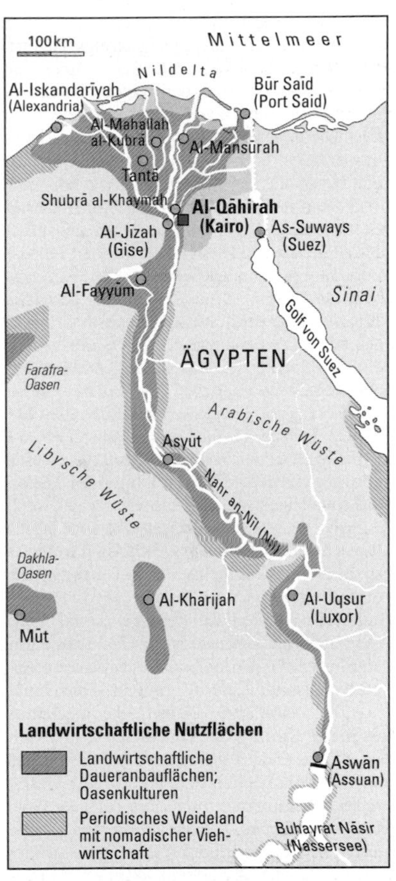

Ägypten: Landwirtschaftliche Nutzflächen

»Unabhängige« an, die aber sofort nach ihrer Wahl der NDP beitreten. Folglich ist der NDP der Wahlsieg sicher. Die größte Oppositionspartei Al-Wafd beteiligt sich daher nicht an den Wahlen. – Wie im Vorjahr gibt es zahlreiche **Opfer von Attentaten**, vor allem in den oberägyptischen Provinzen Asyut und Minya. Betroffen sind oft Ausländer oder koptische Christen, wie bei einem Massaker am 12. 2. **1997**, das in einer koptischen Kirche verübt wird und bei dem 9 Menschen sterben. Weitere Anschläge folgen. Die Regierung schreibt die Täterschaft stets militanten Islamisten zu. Die Gamaat Al-Islamiye, die sich häufig zu Attentaten bekennt und ausländische Reisende auffordert, das Land zu verlassen, distanziert sich jedoch in anderen Fällen von Anschlägen und macht die ägyptischen Sicherheitskräfte verantwortlich. Gegen militante Islamisten werden zahlreiche Prozesse vor Militärgerichten geführt, wobei einige Personen zum Tode, andere zu Haftstrafen und Zwangsarbeit verurteilt werden; es kommt jedoch auch zu Freisprüchen. – Im Dezember 1996 werden Mitglieder verschiedener Oppositionsparteien wegen »geplanter Verschwörung zum Sturz der Regierung« verhaftet. Auch die Presse- und Meinungsfreiheit wird immer wieder eingeschränkt, die staatlichen Zensurbehörden arbeiten dabei oft Hand in Hand mit der konservativen islamischen Geistlichkeit. – Ägyptische Menschenrechtsorganisationen berichten Mitte 1997 über die Beschlagnahme von 50 Buchtiteln wegen »Verstoßes gegen die öffentliche Moral und Verspottung der Religion«. Andererseits zeichnet sich seit Ende 1996 eine Tendenz zur Liberalisierung im Bereich Kultur und Medien unter dem Schlagwort Aufklärung (tanwir) ab, die als der Versuch der Staatsmacht gesehen werden kann, gegen den wachsenden Einfluß der Islamisten eine Allianz mit den nasseristischen Intellektuellen zu schließen, die seit den 70er Jahren vom nationalen Diskurs ausgeschlossen waren. – Ein im Juli 1997 im Rahmen einer Gesamtreform verabschiedetes Gesetz, das am 1. 10. 1997 in Kraft tritt, revidiert die 1952 von *Gamal Abdel Nasser* durchgeführten sozialistischen Landreformen, bei der Großgrundbesitzer teilweise enteignet, teilweise ihr Land in Erbpacht geben mußten. Die betroffenen Pächter, die Regierung nennt eine Zahl von 100 000, die linke Opposition – insbesondere die Nasseristen – sprechen von 6–7 Mio., befürchten, die Pacht zu »Marktpreisen« nicht bezahlen und ihre Familien nicht mehr ernähren zu können und haben, unterstützt von der Opposition, Widerstand angekündigt. Im Rahmen der Reform sollen auch Unternehmen wieder privatisiert werden.

Albanien *Südost-Europa*

Republik Albanien; Republika e Shqipërisë, Kurzform: Shqipëria – AL (→ Karte III, F/G 3/4)

Fläche (Weltrang: 140.): 28 748 km²

Einwohner (126.): F 1995 3 260 000 = 113 je km²

Hauptstadt: Tiranë (Tirana)
F 1995: 427 000 Einw.

Amtssprache: Albanisch

Bruttosozialprodukt 1995 je Einw.: 670 $

Währung: 1 Lek = 100 Qindarka

Botschaft der Republik Albanien
Dürenstr. 35–37, 53173 Bonn, 0228/35 10 44

Landesstruktur **Fläche**: 28 748 km² – **Bevölkerung**: Albaner; (Z 1989) 3 182 417 Einw. – 98 % Tosken (im S) und Gegen (im N), 58 758 Griechen, 4697 Mazedonier u. a. – etwa 1,76 Mio. Albaner im ehemaligen Jugoslawien (davon 1,5 Mio. im Kosovo), 450 000 in westeuropäischen Staaten (davon etwa 200 000 in Griechenland) – 1990–95 (S): Auswanderung von mind. 400 000 Albanern (v. a. nach Italien, Griechenland, USA, Deutschland) – **Leb.-Erwart.** 1995: 72 J. – **Säugl.-Sterbl.** 1995: 3,4 % – **Kindersterbl.** 1995: 4,0 % – Jährl. **Bev.-Wachstum** ∅ 1985–95: 1,0 % (Geb.- und Sterbeziffer 1995: 2,3 %/0,6 %) – **Analph.** : 28 % – **Sprachen**: Albanisch (Toskisch und Gegisch), Griechisch, Mazedonisch u. a. – **Religion**: 70 % Muslime (fast nur Sunniten, auch Bektaschiiten), 20 % Orthodoxe, 10 % Katholiken – **Städt. Bev.** 1995: 37 % – **Städte** (F 1990): Durrës (Durazzo) 85 400 Einw., Elbasan 83 300, Shkodër (Skutari) 81 900, Vlorë (Vlonë, Valona) 73 800, Korçë (Koritza) 65 400, Fier 45 200, Berat 43 800

Staat Präsidialrepublik seit 1991 – Übergangsverfassung von 1991; neue Verfassung in Ausarbeitung – Parlament (Volksversammlung/Kuvendi Popullor) mit 155 Mitgl., Wahl alle 4 J.; wählt das Staatsoberh. – Wahlpflicht ab 18 J. – **Verwaltung**: 27 Distrikte – **Staatsoberhaupt**: Rexhep Mejdani (PSS), seit 24. 7. 1997 – **Regierungschef**: Fatos Nano (PSS), seit 25. 7. 1997; Koalition aus PSS, PSDS und DA – **Äußeres**: Paskal Milo – **Parteien**: Wahlen vom 29. 6./6. 7. 1997: Sozialistische Partei Albaniens/PSS 101 von 155 Sitzen (1996: 10 von 140), Demokratische Partei Albaniens/PDS 27 (1996: 122), Sozialdemokratische Partei/PSDS 8 (–), Demokratische Allianz 2 (–), weitere Parteien 17, u. a. Republikanische

Partei/PRS 5, Union für Menschenrechte/PMDN (griech. Minderheit) 3 – **Unabh.**: 28. 11. 1912 – **Nationalfeiertag**: 28. 11. (Unabhängigkeitstag und Tag der Befreiung 1944)

Wirtschaft Währung: 1 US-$ = 178,74 Lek; 1 DM = 102,50 Lek – **BSP** 1995: 2199 Mio. $ – **BIP** 1995: 2192 Mio. $; realer Zuwachs ∅ 1990–95: 1,4%; Anteil **Privatsektor** 1994: 50%; Anteil (1995) **Landwirtsch.** 56%, **Industrie** 21%, **Dienstl.** 23% – **Erwerbstät.** 1993: Landw. 50%, Ind. 30%, Dienstl. 20% – **Arbeitslosigkeit** 12/1995: 13,1% – **Energieverbrauch** 1994: 341 kg ÖE/Ew. – **Inflation** ∅ 1985–95: 29,7% (1996: 17,4%) – **Ausl.-Verschuld.** 1995: 709 Mio. $ – **Außenhandel** 1995: **Import**: 670 Mio. $; Güter: 28,4% Nahrungsmittel, Getränke und Tabakwaren, 22,5% Maschinen und Ausrüstungen, 15,8% Textilien und Schuhe, 11,1% Brennstoffe, Rohstoffe und Energie, 8,2% chem. Erzeugnisse, 7,4% Metallwaren und Baumaterialien, 1,7% Holz- und Papiererzeugnisse, 1,4% Lederwaren, 3,5% Sonstige; Länder: 37,9% Italien, 26,8% Griechenland, 8,0% Bulgarien, 4,6% BRD, 4,1% Türkei, 2,5% Mazedonien, 2,0% Österreich; **Export**: 188 Mio. $; Güter: 40,9% Textilien und Schuhe, 15,8% Brennstoffe, Rohstoffe und Energie, 13,9% Nahrungsmittel, Getränke und Tabakwaren, 9,9% Metallwaren und Baumaterialien, 7,4% Holz- und Papiererzeugnisse, 3,0% Lederwaren, 1,4% Maschinen und Ausrüstungen, 1,3% chem. Erzeugnisse, 6,4% Sonstige; Länder: 51,5% Italien, 9,9% Griechenland, 6,2% Türkei, 6,1% BRD, 4,0% Mazedonien, 3,4% USA – **Sonstiges**: 1995 (S): ca. 477 Mio. $ Überweisungen von rd. 350 000 im Ausland arbeitenden Albanern

Chronik Nach dem Zusammenbruch von 7 Kapitalanlagegesellschaften kommt es zwischen Mitte Januar und Anfang Februar **1997** zu Protestaktionen, die sich zum Aufstand ausweiten. Er erfaßt einen Großteil des Landes und führt bis Mitte März zum Zerfall der öffentlichen Ordnung. Die von der Organisation für Sicherheit und Zusammenarbeit in Europa (OSZE) organisierten Neuwahlen zum Parlament am 29. 6. spiegeln die Zerrissenheit des Landes am Rande des Bürgerkriegs wider.

»Pyramiden-Betrug« führt zum Aufstand: In Erwartung hoher Renditen (bis zu 200% pro Quartal) hatten Kleinanleger – etwa ein Drittel der Albaner – ihre Ersparnisse in »Sparpyramiden« angelegt, die nach dem Schneeballprinzip organisiert waren und für die von – dafür offenbar bezahlten – prominenten Politikern geworben worden war. Neben dem Anlagebetrug sollen die Investmentsysteme auch zur Geldwäsche von Einnahmen aus dem Waffen-, Drogen- und Menschenschmuggel gedient haben. Parlamentsbeschlüsse zur Kontrolle der Geldhäuser, die seit 1992 als Katalysatoren der neuen Marktwirtschaft von der Regierung gefördert worden waren, hatte die Regierung nicht wirksam umgesetzt. Die Gesamtsumme der verlorenen Ersparnisse wird auf über 3 Mrd. DM geschätzt. – Nach der **Plünderung von Kasernen und Militärbasen**, öffentlichen Einrichtungen und Lebensmittellagern durch bewaffnete Aufständische verliert die Regierung die Kontrolle über den Süden mit Vlorë als Zentrum. Gefordert werden die Auszahlung der Ersparnisse und der Rücktritt von Präsident *Salih Berisha*. Die Verabschiedung eines Gesetzes zur Teilentschädigung betrogener Anleger, die Verhängung des Ausnahmezustandes und der Rücktritt der Regierung von Ministerpräsident *Aleksander Meksi* (PDS) am 1. 3. **1997** beruhigen die Situation nicht, zumal sich *Berisha* am 3. 3. vom Parlament – unter Boykott der Opposition – bei einer Gegenstimme für eine 2. fünfjährige Amtszeit bestätigen läßt. Unter Vermittlung des am 4. 3. von der OSZE ernannten Sonderbeauftragten, dem ehem. österreichischen Bundeskanzler *Franz Vranitzky*, vereinbart *Berisha* am 9. 3. mit dem »Forum für Demokratie« – einem am 30. 1. 1997 gegründeten Bündnis der meisten der oppositionellen Parteien unter Führung der Sozialistischen Partei (PSS) – die Bildung einer **Allparteien-Regierung der nationalen Versöhnung**, die bis zu vorgezogenen Neuwahlen zum Parlament im Juni 1997 amtieren soll. Unter *Bashkim Fino* (PSS) als neuem Ministerpräsidenten sollen in ihr die Vertreter von 10 Parteien zusammenarbeiten, wobei *Berishas* bisher allein regierende PDS den oppositionellen Parteien gleichstark gegenübersteht. *Berisha* amnestiert den PSS-Parteivorsitzenden *Fatos Nano*, nachdem dieser von Parteifreunden nach vierjähriger Haft aus dem Gefängnis befreit wurde. Den Rebellen im Süden bietet *Berisha* eine Generalamnestie an, wenn sie die Waffen niederlegen. Diese gehen auf seine Ultimaten nicht ein. Bis zum 10. 3. bringen sie den größten Teil des Südens in ihre Gewalt und bilden ein »Nationales Komitee zur Rettung des Volkes«. Zugleich greift der Aufruhr auf den Norden und auf die Hauptstadt Tirana über. Militärische Einsatzkommandos u. a. Italiens, der USA und Deutschlands (14. 3.) evakuieren Ausländer. Bis Ende Juni fordern die Auseinandersetzungen mind. 1600 Todesopfer.

Fluchtwelle und Intervention: Im März **1997** fliehen rd. 13 000 Albaner nach Italien, dessen

Kriegsmarine der Fluchtwelle schon in albanischen Gewässern Einhalt zu gebieten versucht (→ Italien). Bei der Kollision eines Flüchtlingsschiffes mit einem italienischen Kriegsschiff am 28. 3. ertrinken 85 albanische Flüchtlinge. – Angesichts der faktischen Entwaffnung und Auflösung der Armee und von Teilen der Polizei **ersuchen Berisha und Fino die europäischen Mächte um eine Militärintervention** zur Verhinderung des Bürgerkriegs (13. 3.). Die Außenminister der Europäischen Union (EU) lehnen ein militärisches Eingreifen ab (16. 3.) und sind auch nicht bereit, ersatzweise eine europäische Polizeitruppe zu stellen. Sie befürworten schließlich eine humanitäre Aktion im Rahmen der OSZE unter Leitung des OSZE-Sonderbeauftragten *Vranitzky*. Am 28. 3. billigt der UN-Sicherheitsrat die Entsendung einer multinationalen **Schutztruppe** von 6000 Mann unter italienischem Kommando zur Absicherung (→ Karte) von Hilfslieferungen nach Albanien. Das bis zum 30. 7. befristetete Mandat wird im Juni bis Mitte August verlängert. Die ersten 2700 Soldaten werden am 15. 4. nach Albanien verlegt: »Operation Alba« (Morgengrauen). Am 20. 4. beginnt in den zugänglichen Gebieten die Verteilung von Lebensmitteln durch das Welternährungsprogramm (WFP) der UNO.

Wahlkampf im Ausnahmezustand: Unter Vermittlung des OSZE-Sonderbeauftragten *Vranitzky* einigen sich die 10 in der Regierung vertretenen Parteien am 22. 5. **1997** auf ein Wahlgesetz, nach dem 115 der 155 Parlamentssitze nach dem Mehrheits-, 40 nach dem Verhältniswahlrecht über Parteilisten bei Bevorzugung der kleinen Parteien vergeben werden sollen. Trotz des Ausnahmezustands steht der Wahlkampf im Schatten von Kämpfen zwischen rivalisierenden bewaffneten Banden und zahlreicher blutiger Zwischenfälle. Am 4. 6. entgeht Präsident *Berisha* knapp einem Mordanschlag. 500 in 14 Städten stationierte OSZE-Wahlbeobachter unter Schutz von Eskorten der auf 7000 Mann verstärkten internationalen Schutztruppe suchen – mit begrenztem Erfolg – in ausgewählten Bezirken für eine reguläre Durchführung der Wahlen zu sorgen. Nach dem sich schon nach dem **ersten Wahlgang am 29. 6.** abzeichnenden klaren Sieg der oppositionellen Parteien **gesteht Präsident** *Berisha* **am 30. 6. die Niederlage ein** und kündigt indirekt seinen Rücktritt an. – Bei den **Stichwahlen am 6. 7.** gewinnen die Sozialisten in weiteren 16 der 32 Wahlbezirke, in denen im ersten Wahlgang kein Kandidat die absolute Mehrheit erzielt hatte. Nach dem Endergebnis (11. 7.) verfügen sie bei einem Stimmenanteil von 52,8% allein über 101

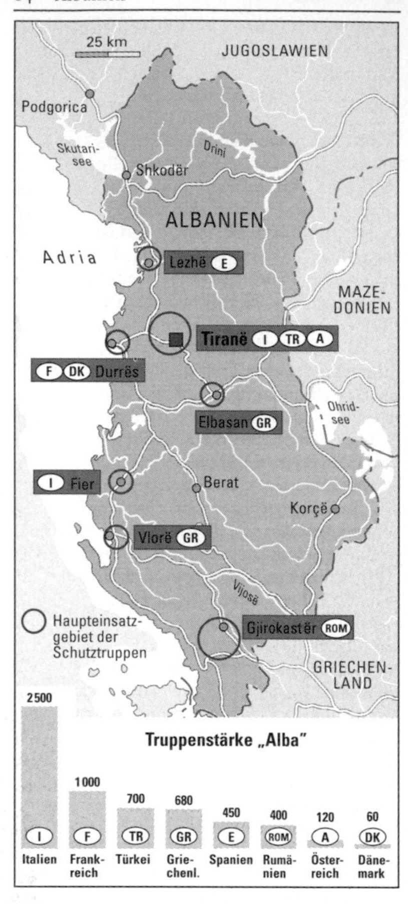

Albanien: Standorte der Schutztruppen

Sitze im Parlament, zusammen mit ihren kleineren Bündnispartnern über 117 Sitze und damit über eine Zweidrittelmehrheit. Die Demokraten (25,7%) gewinnen 27 Mandate.

Referendum über Staatsform: Bei dem am 29. 6. **1997** gleichzeitig mit der Parlamentswahl abgehaltenen Referendum über die Wiedereinführung einer konstitutionellen Monarchie haben sich nach Angaben der Wahlkommission 40% der Abstimmenden für die Monarchie entschieden.

Neue Machtverteilung: Am 23. 7. **1997** tritt *Berisha* von seinem Präsidentenamt zurück. Unter Boykott der PDS wählt das Parlament den bisherigen Generalsekretär der PSS, *Rexhep Mej-*

dani, mit den Stimmen von 122 Abgeordneten (2 Enthaltungen, 3 Gegenstimmen) zum **neuen Staatspräsidenten**. Zuvor hoben die Parlamentarier einstimmig den Ausnahmezustand auf, obwohl in einigen Regionen noch Kämpfe rivalisierender Banden stattfinden. Neuer **Regierungschef** wird der PSS-Vorsitzende *Fatos Nano*, dessen Kabinett am 25. 7. vereidigt wird; Außenminister ist *Paskal Milo*, stellv. Vorsitzender der Sozialdemokratischen Partei/PSDS. Neben kurzfristigen Maßnahmen wie der Wiederherstellung der öffentlichen Ordnung kündigt *Nano* die **Umwandlung Albaniens in eine moderne Gesellschaft** nach dem Vorbild westlicher Demokratien an. – Kurz vor Ende des Mandats der multinationalen Streitkräfte der Operation »Alba« am 12. 8. treffen italienische Truppen in Albanien ein, um bei der Neuorganisation des albanischen Militärs zu helfen.

Algerien *Nord-Afrika*

Demokratische Volksrepublik Algerien
al-Ǧumhūriyya al-Ǧazā'iriyya ad-Dimuqratiyya aš-Ša'biyya; – DZ (→ Karte IV, A/B 3/4)

Fläche (Weltrang: 11.): 2 381 741 km²

Einwohner (34.): F 1995 27 959 000 = 11,7 je km²

Hauptstadt: El Djazaïr (Algier)
Z 1987: 1 687 579 Einw. (S 1995, A: 3,7 Mio.)

Amtssprache: Hocharabisch

Bruttosozialprodukt 1995 je Einw.: 1600 $

Währung: 1 Alger. Dinar (DA) = 100 Centimes

Botschaft der Demokrat. Volksrepublik Algerien
Rheinallee 32–34, 53173 Bonn, 0228/8 20 70

Landesstruktur Fläche: 2 381 741 km² – **Bevölkerung**: Algerier; (Z 1987) 23 038 942 Einw. – (S 1992) 70% Araber, 30% Berber (Tamazight, Kabylen u.v.a.); franz. Minderheit – Anteil unter **Armutsgrenze** ∅ 1981–95: 1,6% – **Flüchtl.** Ende 1996: 10 000 Binnenflüchtlinge; 80 000 aus Sahara, 15 000 aus Mali, 15 000 aus Niger, 4000 Palästinenser – **Leb.-Erwart.** 1995: 68 J. – **Säugl.-Sterbl.** 1995: 5,1% – **Kindersterbl.** 1995: 6,1% – Jährl. **Bev.-Wachstum** ∅ 1985–95: 2,5% (Geb.- und Sterbeziffer 1995: 2,8%/0,6%) – **Analph.** 1995: 38% – **Sprachen** 1992: 70% Arabisch (Algerisch), 30% Berbersprachen (Tamazight, Kabylisch u.a.); Französisch als Handels- und Bildungssprache – **Religion** (Islam ist Staatsreligion) 1992: fast 100% Muslime (Sunniten); Minderheit von Katholiken und Protestanten – **Städt. Bev.** 1995: 56% – **Städte** (Z 1987): Wahran (Oran) 598 525 Einw., Qacentina (Constantine) 449 602, Annaba 227 795, Stif (Setif) 185 786, Batna 184 833, Sidi bel Abbès 154 745, El Boulaida (Blida) 131 615, Beskra 129 611, Skikda 128 503, Bejaïa 118 233, Mestghanem 115 302, Tbessa 111 688, Tilimsen (Tlemcen) 108 145

Staat Präsidialrepublik seit 1962 – Neue Verfassung vom 28. 11. 1996 – Parlament: Nationalversammlung mit 380 Mitgl., Wahl alle 5 J.; Rat der Nation mit 144 Mitgl. (96 von Kommunalräten gewählt, 48 vom Staatsoberhaupt ernannt.), Wahl alle 6 J., Teilwahlen alle 3 J. – Direktwahl des Staatsoberh. alle 5 J. (einmalige Wiederwahl) – Wahlrecht ab 18 J. – **Verwaltung**: 48 Bezirke – **Staatsoberhaupt**: Liamine Zéroual (RND), seit 1994 (auch Verteidigungsminister) – **Regierungschef**: Ahmed Ouyahia (RND), seit 1995; Koalition aus RND, FLN und MSP – **Äußeres**: Ahmed Attaf – **Parteien**: Wahlen vom 6. 6. 1997: Rassemblement National Démocratique/RND (Regierungspartei) 155 von 380 Sitzen, Mouvement de la Société de la Paix/MSP (gemäßigte Islamisten) 69, Front de Libération Nationale/FLN (ehem. Einheitspartei) 64, An-Nahda (Renaissance, gemäßigte Islamisten) 34, Front des Forces Socialistes/FFS (sozialdemokratisch, regimekritisch) 19 (25), Rassemblement pour la Culture et la Démocratie (sozialdemokratisch, laizistisch) 19, Parti des Travailleurs (Linkspartei) 4, drei kleinere Parteien und Unabh. 16 – Front Islamique du Salut/FIS (Islamische Heilsfront), deren Wahlsieg Ende 1991 bereits im 1. Durchgang absehbar war, wurde im März 1992 verboten – **Unabh.**: 5. 7. 1962 – **Nationalfeiertage**: 5. 7. (Unabhängigkeitstag) und 1. 11. (Tag der Revolution von 1954)

Wirtschaft Währung: 1 US-$ = 56,5576 DA; 1 DM = 33,9135 DA – **BSP** 1995: 44 609 Mio. $ – **BIP** 1995: 41 435 Mio. $; realer Zuwachs ∅ 1990–95: 0,1%; Anteil (1995) **Landwirtsch.** 13%, **Industrie** 47%, **Dienstl.** 41% – **Erwerbstät.** 1993: Landw. 23%, Ind. 26%, Dienstl. 51% – **Arbeitslosigkeit** ∅ 1996: 28% (40% Jugendarbeitslosigkeit) – **Energieverbrauch** 1994: 906 kg ÖE/Ew. – **Inflation** ∅ 1985–95: 23,1% (1996: 19,0%, S 1997: 10%) – **Ausl.-Verschuld.** 1995: 32,61 Mrd. $ – **Außenhandel** 1995: **Import**: 10,64 Mrd. $; Güter: 30,1% Agrargüter, 25,9% Investitionsgüter, 22,9% Halbfabrikate, 13,6% Verbrauchsgüter; Länder: 29,6% Frankreich, 10,5% Spanien, 10,2% Italien, 8,0% USA, 5,6% BRD, 3,0% Kanada; **Export**: 11,07 Mrd. $; Güter 1991:

96,6% Kohlenwasserstoffe, 0,9% Metalle und -erzeugnisse, 0,4% Phosphate, 0,3% Wein; Länder: 18,8% Italien, 14,8% USA, 11,8% Frankreich, 8,0% Spanien, 7,9% BRD, 7,5% Niederlande

Chronik Mitte September **1996** versucht die Regierung, im Vorfeld der geplanten Volksabstimmung, die legalen Oppositionskräfte in die Regierung einzubinden. Doch sowohl die Front der Sozialistischen Kräfte (FFS) als auch die von Berbern bestimmte Vereinigung für Kultur und Demokratie (RCD) boykottieren die **Nationale Versöhnungskonferenz** und lehnen auch weiterhin die Mitarbeit im Nationalen Übergangsrat (CNT) ab, der nach der Annullierung der Wahlen Anfang 1992 gegründet worden ist. Gegenstand des Referendums vom 28. 11. ist eine **neue Verfassung**, nach der der Islam als Staatsreligion, das Araber- und Berbertum als Grundlage der nationalen Identität betrachtet werden. Außerdem wird die Bildung von Parteien mit religiösen, ethnischen und regionalen Zielen verboten. Vorgesehen ist die Einrichtung einer zweiten Parlamentskammer (Rat der Nation), deren Abgeordnete zu einem Drittel vom Präsidenten ernannt werden und die gegen jede Entscheidung des Abgeordnetenhauses ihr Veto einlegen kann. Der Präsident erhält überdies eine Reihe von Sonderbefugnissen: So kann er hohe Verwaltungsbeamte (etwa den Präsidenten der Zentralbank) nach eigenem Ermessen einsetzen und in den Bereichen der Staatsfinanzen, der Information, der Verteidigung und des Parteiwesens »organische Gesetze« erlassen. Trotz einiger Bombenanschläge und Polizeieinsätze, denen mind. 26 Menschen zum Opfer fallen, vollzieht sich die Abstimmung, die unter einem massiven Aufgebot von Sicherheitskräften stattfindet, relativ ruhig. Am Tag darauf wird die Wahlbeteiligung offiziell mit 79,8% und die **Zustimmung zur neuen Verfassung** mit **85,8%** angegeben. Vertreter der Opposition sprechen von Beeinflussung und Wahlbetrug. Die Berberpartei RCD, die zum Boykott aufgerufen hatte, weil sie die Unterdrückung der kulturellen Identität und Sprache der Berber befürchtet, schätzt die tatsächliche Wahlbeteiligung auf 31,6%. In der kabylischen Provinzhauptstadt Tizi Ouzou weisen selbst die offiziellen Zahlen nur eine Beteiligung von 25% aus. – Obwohl die Regierung ihr Informationsmonopol in Sicherheitsfragen nutzt, um das Ausmaß der Mordanschläge und wechselseitigen Vergeltungsaktionen zwischen bewaffneten Islamisten und Sicherheitskräften zu verschleiern, und nach wie vor den Terrorismus als ein »Restproblem« bezeichnet, wird aus zahlreichen Berichten deutlich, daß sich die **Spirale der Gewalt**

Staaten

weiterdreht. Schätzungen der Zahl der Opfer seit Beginn des Bürgerkriegs Ende 1991 reichen von 50 000 bis über 100 000. Ziel der Bombenanschläge und Mordaktionen islamistischer Terroristen, v.a. der Bewaffneten Islamischen Gruppen (GIA), aber auch des bewaffneten Arms der Islamischen Heilsfront (FIS), der »Armée Islamique de Salvation« (AIS), sind häufig Dörfer, die in Zusammenarbeit mit den Sicherheitskräften sog. lokale Selbstverteidigungsgruppen gebildet haben, ebenso jedoch regionale Zentren sowie Einzelpersonen, vorwiegend Vertreter der Linken und des Regierungslagers, aber auch Journalisten oder westlich gekleidete Frauen. Am 28. 1. **1997** wird in Algier der Führer des regierungsnahen Gewerkschaftsverbandes UGTA, *Abdelhak Benhamouda,* erschossen. Einen neuen Höhepunkt erreicht der Terror während des Fastenmonats Ramadan vom 9. 1. – 4. 2.: mind. 400 Menschen werden getötet. – Eine **Konferenz der** algerischen **Oppositionskräfte** am 12. 1. in Madrid ruft zu einer friedlichen Lösung des Konflikts auf; zugleich distanziert sich auch die Islamische Heilsfront von der Strategie des Terrors. Die GIA dagegen kündigt im Februar 1997 eine Verschärfung ihres Kampfes an. Die Regierung beantwortet die Anschläge mit zunehmender Härte und setzt maskierte Spezialeinheiten ein (sog. Ninjas). Oft kommt es zur Zerstörung ganzer Dörfer, auch in der Hauptstadt finden (z.B. Anfang Januar in der Kasbah) Kommandoaktionen statt, in deren Verlauf zahlreiche Zivilisten getötet werden. – **Menschenrechtsorganisationen** führen seit langem Klage über die Praktiken der algerischen Staatsorgane. *Abdenour Ali Yahia*, der Vorsitzende der Algerischen Liga für Menschenrechte, erklärt im April 1997, daß Tausende seiner Landsleute unter der Folter von Polizei und Armee gestorben seien. Mißhandlungen seien ebenso gängig wie die Entführung angeblicher Islamisten, die dann als »verschwunden« gelten. Die Internationale Föderation der Menschenrechte spricht in einer Erklärung vom Mai 1997 von mind. 2000 Menschen, die in den vergangenen drei Jahren in algerischen Gefängnissen verschwunden seien. In Berichten vom November 1996 und März 1997 macht auch amnesty international der Regierung den Vorwurf, unter dem Deckmantel der Terrorismusbekämpfung schwere Verbrechen gegen die Zivilbevölkerung zu begehen, u.a. Hinrichtungen ohne Urteil, Folter und Verschleppung. Diese Praktiken werden durch die Bestimmung begünstigt, daß Angehörige der Streitkräfte nicht unter die Strafverfolgung fallen. – Im Februar 1997 wird ein **neues Wahlgesetz** beschlossen. Um zugelassen zu werden, müssen Parteien bis zum 21. 4. in 25 der 48 Provinzen mind. 2500 Mitglieder nachweisen, überdies dürfen sie keine religiösen oder ethnischen Ziele verfolgen. Von den großen Parteien erfüllt diese Bedingungen nur die am 21. 2. gegründete Nationaldemokratische Sammlungsbewegung (RND), die als die Partei des Präsidenten gilt und von der Gewerkschaft UGTA gestützt wird. Die staatstragende frühere Einheitspartei FLN ist von den Bestimmungen ausgenommen. Während die gemäßigt islamistische Hamas unter *Scheich Nahnah* ihre Statuten ändert und nun als Bewegung für eine Gesellschaft des Friedens (MSP) auftritt, bleibt die wichtigste Oppositionskraft FIS weiterhin verboten. – Aus den **Parlamentswahlen** am 5. 6. 1997, zu denen zuletzt auch FFS und RCD antreten und die erstmals nach dem Prinzip der Verhältniswahl durchgeführt werden, geht mit 33,6% erwartungsgemäß die RND als Sieger hervor. Zweitstärkste Kraft wird mit 14,6% die MSP. Die Wahlbeteiligung liegt bei 65,5%. Nach der Abstimmung, die unter großem Sicherheitsaufgebot und in Anwesenheit internationaler Beobachter stattfindet, sprechen Oppositionsvertreter erneut von massiver Wahlfälschung. – Am 24. 6. 1997 stellt der bisherige Ministerpräsident *Ahmed Ouyahia* sein **neues Kabinett** vor, dem Vertreter der RND, der FLN und der MSP angehören. Zu den wichtigsten Aufgaben der neuen Regierung werden Wirtschaftsreformen, u.a. die Privatisierung von Staatsbetrieben, gehören. – A. erlebt, u.a. wegen des anhaltend hohen Rohölpreises, seit Anfang 1996 einen gewissen wirtschaftlichen Aufschwung, der es für Partner im Westen zunehmend interessant macht. Die Schritte zur formalen Demokratisierung erleichtern die offizielle Kooperation. Bereits nach dem Verfassungsreferendum unterzeichnet EU-Mittelmeerkommissar *Manuel Marin* am 2. 12. **1996** in Algier ein Hilfsabkommen über 300 Mio. DM. Am 4. 3. **1997** werden in Brüssel Gespräche über ein Assoziierungsabkommen und die Einrichtung einer Freihandelszone bis zum Jahr 2010 aufgenommen. – Der seit 6 Jahren inhaftierte Führer der FIS, *Abbasi Madani*, wird am 15. 7. unter Auflagen aus der Haft entlassen; am 8. 7. war bereits der dritte Mann der FIS, *Abdelkader Hachani*, freigelassen worden.

Ali Belhadj, die Nummer 2 der FIS-Führung, der auch beim bewaffneten Arm der FIS, der AIS, Ansehen genießt und dem enge Verbindungen zur GIA nachgesagt werden, bleibt dagegen in Haft. Obwohl *Madani* am 18. 7. zur Beendigung des Terrors aufgerufen hat, setzt sich die neue Welle der Gewalt fort, die nach den Parlamentswahlen begonnen hat. Zahlreiche Massaker islamischer Kommandos vor allem in den Dörfern um Algier haben bis Ende August erneut weit über 500 Todesopfer gefordert, während bei der am 14. 7. begonnenen Regierungsoffensive gegen die GIA bis Anfang August mehr als 300 Rebellen getötet worden sind. – In einem am 12. 8. der Menschenrechtskommission der UNO vorgelegten Bericht der Internationalen Föderation für Menschenrechte wird Algerien erneut wegen schwerer Menschenrechtsverletzungen kritisiert. – Am 20. 8. protestieren vor allem auf dem Land Zehntausende gegen den Terror; in Algier folgen nur 300 Personen dem Aufruf der Gewerkschaft UGTA.

Amerika → Vereinigte Staaten von Amerika

Andorra *Südwest-Europa*

Fürstentum Andorra, Talschaft Andorra; Principat d'Andorra, Valls d'Andorra (katalanisch); Principado de Andorra, Valles de Andorra (spanisch); Principauté d'Andorre, Vallées d'Andorre (französisch) – AND (→ Karte II, E 3)

Fläche (Weltrang: 178.): 467,76 km²

Einwohner (183.): F 1995 64 000 = 137 je km²

Hauptstadt: Andorra la Vella
F Ende 1995: 21 984 Einw.

Amtssprache: Katalanisch

Bruttosozialprodukt S 1995 je Einw.: über 9386 $

Währung: Franz. Franc (FF) u. span. Peseta (Pta)

Diplomatische Vertretung:
Botschaft des Königreichs Spanien
Schloßstr. 4, 53115 Bonn, 0228/91 17 9-0
Botschaft der Französischen Republik
An der Marienkapelle 3, 53179 Bonn,
0228/9 55 60 00

Landesstruktur **Fläche**: 467,76 km² – **Bevölkerung**: Andorraner (Z 1996) 63 859 Einw. – 1990: 28,6% ethn. Katalanen, 49,6% Spanier, 7,6% Franzosen, 4% Portugiesen, 10,2% Sonstige – **Leb.-Erwart.** 1992: 77 J. – **Säugl.-Sterbl.** 1992: 1,1% – Jährl. **Bev.-Wachstum**: keine Angaben – **Sprachen** 1990: 58% Spanisch, 35% Katalanisch, 7% Französisch – **Religion**: 94% Katholiken; Minderh. von Juden, Zeugen Jehovas, Protestant. u.a. – **Städt. Bev.** 1990: 63% **Städte (F 1996)**:

Andorra

Escaldes-Engordany 15 260 Einw., Encamp 9360, St. Juliá de Lòrio 7446, La Massana 5544

Staat Souveränes Fürstentum seit 1993 – Verfassung von 1993 – Parlament (Generalrat/Consell General) mit 28 Mitgl. (je 4 pro Tal), Wahl alle 4 J.; wählt den Regierungschef – Wahlrecht ab 18 J. (nur für Katalanen) – **Verwaltung**: 7 Täler als Gemeindebezirke (Paroisse) – **Staatsoberhaupt**: 2 Co-Fürsten (Co-Princeps): Präsident Frankreichs und Bischof von Seu d'Urgell (Spanien) – **Regierungschef**: Marc Forné Molne (UL-Vorsitzender), seit 1994 – **Äußeres**: Manuel Mas Ribo – **Parteien**: Wahlen vom 16. 2. 1997 (Wahlbeteiligung: 81,6%): Unió Liberal/UL 18 der 28 Sitze (1993: 5), Agrupació Nacional Democrática/AND 6 (8), Nova Democracia/ND 2 (5), Initiatíva Democratica Nacional/IDN 2 (2) Coalició Nacional Andorrana/CNA – (2), Sonstige – (6) – **Unabh.**: 8. 9. 1278 (Paréage-Vertrag der Co-Fürsten, vom Papst bestätigt); von Frankreich und Spanien am 3. 6. 1993 als souveräner Staat anerkannt – **Nationalfeiertag**: 8. 9.

Wirtschaft (keine neueren Ang. verfügbar) – **Währung**: 1 US-$ = 5,6435 FF bzw. 147,495 Pta; 1 DM = 3,3680 FF bzw. 84,598 Pta; eigenes Geldzeichen in Umlauf – **BSP** 1990: 1062 Mio. $ – **BIP** 1992: 1231 Mio. $ – **Erwerbstät.** 1992: Landw. 1%, Ind. 24%, Dienstl. 75% – **Arbeitslosigkeit**: k. Ang. – **Energieverbrauch**: k. Ang. – **Inflation**: k. Ang. – **Ausl.-Verschuld.** 1995: keine – **Außenhandel** 1995: **Import**: 131 602 Mio. Pesetas; Länder: 40% Spanien, 31% Frankreich; **Export**: 6095 Mio. Pesetas; Länder: 48% Frankreich, 47% Spanien – **Tourismus** 1995: (S) 8 Mio. Auslandsgäste

Angola *Südwest-Afrika*

Republik Angola; República de Angola – ANG
(→ Karte IV, B 5)

Fläche (Weltrang: 22.): 1 246 700 km²

Einwohner (65.): F 1995 10 772 000 = 8,6 je km²

Hauptstadt: Luanda S 1990: 1 544 400 Einw. (S 1995, A: 2,2 Mio.)

Amtssprache: Portugiesisch

Bruttosozialprodukt 1995 je Einw.: 410 $

Währung: 1 Kwanza Reajustado (Kzr)

Botschaft der Republik Angola
Kaiser-Karl-Ring 20 c, 53111 Bonn, 0228/55 57 08

Landesstruktur (Karte → WA '97, Sp. 39f) **Fläche**: 1 246 700 km²; davon Exklave Cabinda 7270 km² mit (F 1991) 163 000 Einw. – **Bevölkerung**: Angolaner; (Z 1970) 5 646 166 Einw. – (S) rd. 100 Ethnien: hauptsächlich Bantu (etwa 37% Ovimbundu, 22% Mbunda, 13% Kongo), außerdem Luimbe-Nganguela, Humbe, Chokwe, Lunda, Ambo (Ovambo), Naneka u. a.; weiße Minderh. (meist Portugiesen) und etwa 150 000 Mischlinge – **Flüchtl.** Ende 1996: 1,2 Mio. Binnenflüchtlinge; 220 000 in Anrainerstaaten; 9300 aus Dem. Rep. Kongo (ehem. Zaire) – **Leb.-Erwart.** 1995: 48 J. – **Säugl.-Sterbl.** 1995: 17,0% – **Kindersterbl.** 1995: 29,2% – Jährl. **Bev.-Wachstum** ∅ 1985–95: 3,0% (Geb.- und Sterbeziffer 1995: 5,1%/1,8%) – **Analph.** 1990: 58% – **Sprachen**: Portugiesisch und Bantu-Sprachen (Umbundu, Kimbundu, Chokwe, Lwena, Kikongo u. a.) – **Religion** 1992: 88,5% Christen (v. a. Katholiken); Anhänger von Naturreligionen – **Städt. Bev.** 1995: 32% – **Städte** (S 1983): Huambo 203 000 Einw., Benguela 155 000, Lobito 150 000, Lubango 105 000, Namibe 100 000

Staat Republik seit 1975 – Verfassung von 1975, zuletzt geändert 1995 – Parlament mit 220 Mitgliedern, Wahl alle 4 J. – Direktwahl des Staatsoberh. alle 5 J. – Wahlrecht ab 18 J. – **Verwaltung**: 18 Provinzen – **Staatsoberhaupt**: José Eduardo dos Santos (MPLA-Vorsitzender), seit 1979 – **Regierungschef**: Fernando José França van Dúnem, seit 1996; seit 11. 4. 1997 Regierung der Einheit und nationalen Versöhnung aus MPLA und UNITA – **Äußeres**: Venâncio da Silva Moura – **Parteien**: Erste freie Wahlen seit der Unabhängigkeit unter UNO-Aufsicht vom 29./30. 9. 1992: Movimento Popular de Libertação de Angola/MPLA 129 Sitze, União Nacional para a

Independencia Total de Angola/UNITA (Vors. Jonas Savimbi hat Sonderstatus als Führer der größten Oppositionspartei) 70, Partido Renovador Social/PRS 6, Frente Nacional de Libertação/FNLA 5, Sonstige 10 – **Unabh.**: 11. 11. 1975 (ehem. portugies. Kolonie) – **Nationalfeiertag**: 11. 11. (Unabhängigkeitstag)

Wirtschaft **Währung**: 1 US-$ = 209 099,00 Kzr; 1 DM = 124 626,89 Kzr; Bindung an US-$ – **BSP** 1995: 4422 Mio. $ – **BIP** 1995: 3722 Mio. $; realer Zuwachs ∅ 1990–95: -4,1%; Anteil (1995) **Landwirtsch.** 12%, **Industrie** 59%, **Dienstl.** 28% – **Erwerbstät.**1993: Landw. 69% – **Arbeitslosigkeit** ∅ 1990 (S): 2,2% – **Energieverbrauch** 1994: 89 kg ÖE/Ew. – **Inflation** ∅ 1985–95: 169,5% – **Ausl.-Verschuld.** 1995: 11 482 Mio. $ – **Außenhandel** 1991: **Import**: 1971 Mio. $; Güter 1988: 28% Maschinen, elektrotechn. Erzeugn. und Fahrzeuge, 11% Nahrungsmittel und leb. Tiere, außerdem bearb. Waren und Fertigwaren, chem. Erzeugn.; Länder 1988: 56% EU-Staaten (v. a. Portugal, Frankreich, Niederlande), ferner Brasilien und USA; **Export**: 3091 Mio. $; Güter 1990: 90% Rohöl, 6% Diamanten, Erdölerzeugn. und Erdgas; Länder 1991: 61% USA, ferner Frankreich, Brasilien und Niederlande

Chronik Der nach Beendigung des 20jährigen Bürgerkriegs eingeleitete Friedensprozeß (→ WA '97, Sp. 37 f.) verläuft wegen des Mißtrauens zwischen der regierenden Volksbewegung für die Befreiung Angolas (MPLA) und der oppositionellen Nationalunion für die völlige Unabhängigkeit Angolas (UNITA) weiterhin schleppend. – Im November **1996** verlängert die MPLA-Regierung unter Präsident *José Eduardo dos Santos* eigenmächtig ihr Ende Dezember auslaufendes Mandat um 2 bis 4 Jahre, bis Neuwahlen politisch möglich seien. Die Bildung der bereits 1992 beschlossenen »Regierung der Nationalen Einheit und Versöhnung« (GURN) wird seit Januar **1997** dreimal verschoben, da keine Einigung über den Status des UNITA-Führers *Jonas Savimbi* erzielt werden konnte. Die ihm angebotene Vizepräsidentschaft lehnte *Savimbi* ab. Erst nach internationalem Druck und angesichts des drohenden Zusammenbruchs des *Mobutu*-Regimes in Zaire – wichtigster Verbündeter der UNITA – ist die **Opposition zum Einlenken bereit**. Am 9. 4. **1997** beendet die UNITA ihren Parlamentsboykott, und am 11. 4. wird die GURN vereidigt. Die UNITA stellt 4 Minister (Bodenschätze, Handel, Gesundheit und Tourismus) sowie 7 stellv. Minister in der Regierung. Ministerpräsident bleibt *Fernando França van Dúnem*; **Savimbi erhält**

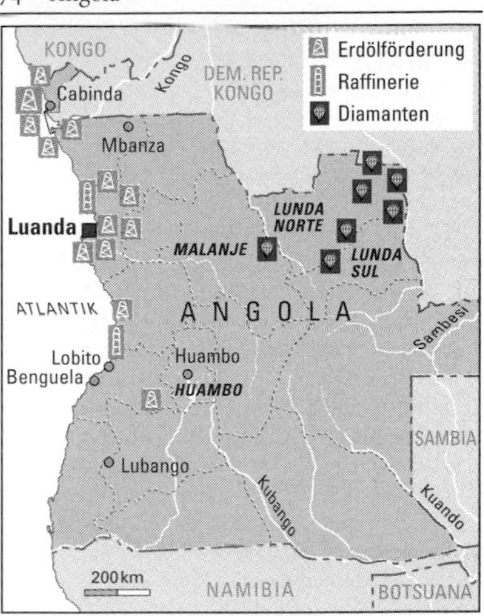

einen Sonderstatus als »Führer der größten Oppositionspartei« und Berater des Präsidenten. Er bleibt der Vereidigung in Luanda, bei der neben internationalen Delegationen die Staatschefs von Portugal und Südafrika, *Jorge Sampaio* und *Nelson Mandela*, anwesend sind, fern. Wichtigste Ziele der Regierung sind die endgültige Befriedung des Landes, die Bildung einer gemeinsamen Armee und Polizei sowie der Übergang zur freien Marktwirtschaft. – Das **Mandat der UN-Friedenstruppe** (UNAVEM III) wird seit Dezember 1996 nur eingeschränkt verlängert, gleichzeitig beginnt der Abzug der ersten Einheiten. UN-Generalsekretär *Kofi Annan* drohte zum 15. 4. 1997 gar mit der Aufhebung des Mandats, worauf es zur Regierungsbildung kam. Nach Abzug der verbliebenen 4700 Blauhelme wird auf Vorschlag von *Annan*, vom Sicherheitsrat akzeptiert, eine Beobachtermission (United Nations Observer Mission in Angola/MONUA) mit 625 Mann nach A. entsandt, deren Mandat zunächst bis zum 31. 1. 1998 läuft. – Die **Demobilisierung** der rd. 70 000 Mann starken UNITA-Truppe gilt offiziell als beendet. 19 000 UNITA-Anhänger sind jedoch aus UN-Sammellagern desertiert. – Nach dem Machtwechsel im ehemaligen Zaire kommt es Anfang Juni 1997 zu **schweren Zusammenstößen im Norden Angolas**, wo ehem. zairische Soldaten von der UNITA rekrutiert werden. In einer UN-Resolution vom 4. 8. wird die UNITA aufgefordert, bis zum 15. 8. ihre militärische Stärke offenzulegen und die von ihr kontrollierten Gebiete v. a. im diamantenreichen Norden des Landes der Regierung zu unterstellen.

Antarktis *Südpolargebiet*

Großlandschaftsbezeichnung ohne staatsrechtl. Bedeutung; »Gegen-Arktis«, »Land im Süden« (→ Farbkarte XVI Karte VII)

Fläche (Antarktika): 12,5 Mio.km², mit Schelfeismassen 14 Mio.km²; 98% der Fläche sind immer mit Eis bedeckt (größte Eisdicke: 4770 m); 90% der gesamten Eismassen der Erde liegen in der Antarktis, 10% in der → Arktis – **Bevölkerung:** keine; derzeit über 40 größere Überwinterungs-Forschungsstationen, darunter eine der USA mit – im Sommer – bis zu 1800 Beschäftigten, 7 deutsche Forschungsstationen – **Wirtschaft:** Fang von Meerestieren durch den Antarktisvertrag (→ unten) stark eingeschränkt; geschätzte Rohstoffvorkommen: 45 Mrd. Barrel Erdöl, 115 Bill. m³ Erdgas, ferner Titan, Chrom, Eisen, Kupfer, Kohle und Uran sowie Platin und Gold.

Ansprüche: auf rd. 80% des Gebiets haben 7 Staaten völkerrechtl. nicht anerkannte Ansprüche geltend gemacht:
Argentinien: Antártida Argentina, 1 231 064km²
Australien: Austral. Antarctic Territory, rd. 5 896 500km²; nur Forschungsstationen; Territorium Heard und McDonaldinseln, 359km²
Chile: Antártida Chilena, 1 205 000km²
Frankreich: Adelieland (Terre Adélie), 432 000km², Dauersiedlung Dumont-d'Urville
Großbritannien: British Antarctic Territory/ B.A.T., rd. 1 710 000km², Verwaltung durch Foreign and Commonwealth Office, London
Neuseeland: Ross Dependency, 750 310km² (davon 336 770km² Schelfeis)
Norwegen: Königin-Maud-Land (Dronning Maud Land), 2 500 000km²

Antarktisvertrag: Durch den 1959 von 12 Staaten unterzeichneten Antarktisvertrag (in Kraft seit 1961) sind die Souveränitätsansprüche im Vertragsgebiet (es umfaßt die Bereiche südl. des 60. Breitengrades und schließt die Schelfeisgebiete mit ein) eingefroren; das Vertragsgebiet ist entmilitarisiert und entnuklearisiert (erste Vereinbarung über eine kernwaffenfreie Zone), die friedliche wissenschaftliche Forschung ist frei. Dem Vertrag beigetreten sind 42 Staaten: 26 Staaten mit Konsultativstatus (Voraussetzung: Einrichtung einer wissenschaftlichen Station): (* = Unterzeichnerstaaten 1959; Rußland als UdSSR): *Argentinien, *Australien, *Belgien, Brasilien, *Chile, VR China, Deutschland, Ecuador, Finnland, *Frankreich, *Großbritannien, Indien, Italien, *Japan, Rep. Korea, *Neuseeland, Niederlande, *Norwegen, Peru, Polen, *Rußland, Schweden, Spanien, *Rep. Südafrika, Uruguay und die *Vereinigten Staaten von Amerika – 16 Staaten ohne Konsultativstatus (ohne Stimmrecht): Bulgarien, Dänemark, Griechenland, Guatemala, Kanada, Kolumbien, DVR Korea, Kuba, Österreich, Papua-Neuguinea, Rumänien, Schweiz, Slowakei, Tschechische Republik, Ukraine und Ungarn. – Ergänzend wurden folgende **Übereinkommen** geschlossen: Erhaltung der antarktischen Fauna und Flora durch Schutzzonen und Artenschutz (in Kraft: 1964); Erhaltung der antarktischen Robben (in Kraft: 1978); Erhaltung der lebenden Meeresschätze der Antarktis durch ein Kontrollsystem und ggf. eine Begrenzung ihrer Nutzung, z.B. bei Krill, Fischen (in Kraft: 1982) sowie ein Protokoll betreffend den Umweltschutz von 1991 (in Kraft: 1992), das die Antarktis als »ein dem Frieden und der Wissenschaft gewidmetes Naturreservat« bezeichnet.

Antigua und Barbuda

Mittel-Amerika; Karibik
Antigua and Barbuda – AG
(→ Karten VI, L 8, und VIII a, E 3)

Fläche (Weltrang: 180.): 441,6 km²

Einwohner (182.): F 1995 65 000 = 147 je km²

Hauptstadt: St. John's (auf Antigua)
Z 1991: 22 342 Einw.

Amtssprache: Englisch

Bruttosozialprodukt S 1995 je Einw.: unter 9385 $

Währung: 1 Ostkarib. Dollar (EC$) = 100 Cents

Honorarkonsulat von Antigua und Barbuda
Van-der-Smissen-Str. 2, 22767 Hamburg,
040/3 80 55 80

Landesstruktur (Karte → WA '96, Sp. 74) **Fläche**: 441,6km²; davon Antigua 280km², Barbuda 160,5km² und Redonda 1,5km² – **Bevölkerung**: Antiguaner; (Z 1991) 62 922 Einw. – 94,4% Schwarze, 3,5% Mulatten, 1,3% Weiße – **Leb.-Erwart.** 1995: 72 J. – **Säugl.-Sterbl.** 1995: 1,9% – **Kindersterbl.** 1995: 2,3% – Jährl. **Bev.-Wachstum** ∅ 1985–95: 0,5% (Geb.- und Sterbeziffer 1993: 1,8%/0,6%) – **Analph.** 1990: 5% – **Sprachen**: Englisch, Kreolisch – **Religion**: überwiegend Anglikaner, etwa 14 500 Katholiken – **Städt. Bev.** 1993: 36% – **Städte**: Codrington (auf Barbuda), English Harbour (auf Antigua)

Staaten

Staat Parlamentarische Monarchie (im Commonwealth) seit 1981 – Verfassung von 1981 – Parlament: Repräsentantenhaus mit 17 für 5 J. gewählten Mitgl. und Senat mit 17 ernannten Mitgl. – Wahlrecht ab 18 J. – **Verwaltung**: 6 Bezirke und 2 Dependencies (Barbuda und Redonda) – **Staatsoberhaupt**: Königin Elizabeth II., vertreten durch einheim. Generalgouverneur Sir James B. (Sam) Carlisle, seit 1993 – **Regierungschef und Äußeres**: Lester Bryant Bird (ALP), seit 1994 – **Parteien**: Wahlen vom 8. 3. 1994: Antigua Labour Party/ALP 11 Sitze (1989: 15), United Progressive Party/UPP 5 (2), Barbuda People's Movement 1 (–) – **Unabh.**: 1. 11. 1981 (davor mit Großbritannien assoziiert) – **Nationalfeiertag**: 1. 11. (Unabhängigkeitstag)

Wirtschaft **Währung**: 1 US-$ = 2,7169 EC$; 1 DM = 1,5578 EC$; Bindung an US-$ – **BSP** 1994: 453 Mio. $ – **BIP** 1992: 1009,8 Mio. EC$; realer Zuwachs ∅ 1985–90: 6,9% (1992: +2,8%); Anteil (1991) **Landwirtsch.** 4%, **Industrie** 18%, **Dienstl.** 78% – **Erwerbstät.**: k. Ang. – **Arbeitslosigkeit** ∅ 1984 (S): 21% – **Energieverbrauch** 1994: 2017 kg ÖE/Ew. – **Inflation** ∅ 1985–95: 4,4% – **Ausl.-Verschuld.** 1992: 338 Mio. $ – **Außenhandel** 1992: **Import**: 261 Mio. $; Güter: Fertigwaren, Rohstoffe; Länder: USA, Großbritannien, Kanada; **Export**: 55 Mio. $; Güter: Erdölprod.; Länder: USA, Großbritannien, Kanada – **Tourismus** 1995: 462 114 Auslandsgäste, 318,9 Mio. $ Einnahmen

Äquatorialguinea *Zentral-Afrika*

Republik Äquatorialguinea; República de Guinea Ecuatorial – GQ (→ Karte IV, B 4)

Fläche (Weltrang: 141.): 28 051 km^2

Einwohner (161.): F 1995 400 000 = 14,3 je km^2

Hauptstadt: Malabo (auf Bioko)
S 1994: 40 000 Einw.

Amtssprache: Spanisch

Bruttosozialprodukt 1995 je Einw.: 380 $

Währung: CFA-Franc

Honorarkonsulat der Republik Äquatorialguinea
Flinger Richtweg 60, 40235 Düsseldorf,
021/2 30 51 99

Landesstruktur (Karte → WA '97, Sp. 43) **Fläche**: 28 051 km^2; davon Festlandgebiet Río Muni mit Elobey-Inseln insg. 26 017 km^2; Inseln Bioko

2 017 km^2 und Annobón (Pagalu) 17 km^2 – **Bevölkerung**: Äquatorialguineer; (Z 1983) 300 000 Einw. – (S) 80% Bantu (u.a. Fang bzw. Pamúes, Benga), 10% Bubi (v.a. auf Bioko); etwa 3000 Mischlinge (Fernandinos) und 4000 Weiße (v.a. Spanier) – **Leb.-Erwart.** 1995: 49 J. – **Säugl.-Sterbl.** 1995: 11,3% – **Kindersterbl.** 1995: 17,5% – Jährl. **Bev.-Wachstum** ∅ 1985–95: 2,5% (Geb.- und Sterbeziffer 1994: 4,3%/1,8%) – **Analph.** 1990: 50% – **Sprachen**: Fang, Bubi, Noowe sowie Spanisch und kreol. Portugiesisch; auf Annobón Pidgin-Englisch – **Religion**: 99% Katholiken; Protestanten, Anhänger von Naturreligionen – **Städt. Bev.** 1993: 40% – **Städte** (S 1986): Bata (in Río Muni) 40 000 Einw., Luba (auf Bioko) 15 000

Staat Präsidialrepublik seit 1982 – Verfassung von 1991 – Nationalversammlung (Cámara de Representantes del Pueblo) mit 80 Mitgl., Wahl alle 5 J. – Direktwahl des Staatsoberh. alle 7 J. – Wahlrecht ab 21 J. – **Verwaltung**: 7 Provinzen – **Staatsoberhaupt**: Oberst Teodoro Obiang Nguema Mbasogo, seit 1979 – **Regierungschef**: Angel Serafin Seriche Dougan (PDGE), seit 1996 – **Äußeres**: Miguel Oyono Ndong Mifemu – **Parteien**: Erste Wahlen seit der Unabhängigkeit am 21. 11. 1993 (Boykott durch Opposition): Partido Democrático de Guinea Ecuatorial/PDGE (ehem. Einheitspartei) 68 der 80 Sitze, Convención Socialdemocrática Popular/CSDP 6, Unión Democrática y Social/UDSGE 5, Convención Liberal Democrática/CLD 1 – Oppositionsparteien: Plataforma de la Oposición Conjunta/POC, Partido del Progreso/PP u.a. – **Unabh.**: 12. 10. 1968 (ehem. span. Kolonie) – **Nationalfeiertag**: 5. 3. (Unabhängigkeitstag)

Wirtschaft **Währung**: 1 US-$ = 587,77 CFA-Francs; 1 DM = 337,12 CFA Francs; Wertverhältnis zum französischen Franc: 1 FF = 100 CFA-Francs – **BSP** 1995: 152 Mio. $ – **BIP**: k. Ang.; realer Zuwachs ∅ 1985–90: 2,4% (S 1993: +10,0%); Anteil (1993) **Landwirtsch.** 47%, **Industrie** 7% – **Erwerbstät.** 1993: Landw. 52% – **Arbeitslosigkeit**: k. Ang. – **Energieverbrauch** 1994: 80 kg ÖE/Ew. – **Inflation** ∅ 1985–95: 4,1% – **Ausl.-Verschuld.** 1993: 268 Mio. $ – **Außenhandel** 1991: **Import**: 113,5 Mio. $; Güter: 58% Maschinen und Transportausrüstungen, 8% Erdöl und -prod., 7% Nahrungsmittel und leb. Tiere; Länder: 29% USA, 26% Kamerun, 19% Liberia, 10% Spanien; **Export**: 86,2 Mio. $; Güter: 39% Re-Export von Schiffen, 21% Holz, 11% Textilfasern, 10% Kakao; Länder: 55% Kamerun, 14% Spanien, 10% Nigeria

Argentinien *Süd-Amerika*

Argentinische Republik; República Argentina – RA (→ Karte VII, B-D, 6-9)

Fläche (Weltrang: 8.): 2 766 889 km^2

Einwohner (31.): F 1995 34 665 000 = 12,5 je km^2

Hauptstadt: Buenos Aires Z 1991: 2 960 976 Einw. (S 1995, A: 10,990 Mio.)

Amtssprache: Spanisch

Bruttosozialprodukt 1995 je Einw.: 8030 $

Währung: 1 Argent. Peso (arg$) = 100 Centavos

Botschaft der Republik Argentinien
Adenauerallee 50-52, 53113 Bonn, 0228/22 80 10

Staaten

Landesstruktur **Fläche**: 2 766 889 km^2 – **Bevölkerung**: Argentinier; (Z 1991) 32 615 528 Einw. – (S) über 90% Weiße (v. a. europäischer Herkunft, u. a. 36% italien. und 29% span. sowie etwa 0,5 Mio. deutscher Herkunft), 5% Mestizen, etwa 35 000 indian. Ureinwohner; außerdem etwa 2,3 Mio. Ausländer (v. a. Italiener und Spanier) – **Leb.-Erwart.** 1995: 73 J. – **Säugl.-Sterbl.** 1995: 2,4% – **Kindersterbl.** 1995: 2,7% – Jährl. **Bev.-Wachstum** ∅ 1985–95: 1,3% (Geb.- und Sterbeziffer 1995: 2,0%/0,8%) – **Analph.** 1995: 4% – **Sprachen**: Spanisch, Sprachen der indian. Ureinwohner – **Religion** 1992: 91% Katholiken, 2% Protestanten; Minderh. von Juden und Muslimen (je rd. 300 000) – **Städt. Bev.** 1995: 88% – **Städte** (Z 1991): Córdoba 1 148 305 Einw., Rosario 894 645, Morón 641 541, Lomas de Zamora 572 769, La Plata 520 647, Mar del Plata 519 707, Quilmes 509 445, San Miguel de Tucumán 470 604, Lanús 466 755, General San Martín 407 506, Salta 367 099, Avellaneda 346 620, Santa Fe 342 796, San Isidro 299 022, Vicente López 289 142, Corrientes 257 766, Bahía Blanca 255 145, Resistencia 228 199, Paraná 206 848, Posadas 201 943

Staat Bundesrepublik seit 1853 – Verfassung von 1994, letzte Änderung 1997 – Parlament (Congreso de la Nación): Abgeordnetenhaus mit 257 Mitgl. (Wahl jeweils der Hälfte der Mitgl. alle 2 J.) und Senat derzeit mit 48 Mitgl. (ab 1996 mit 72 Mitgl.) Wahl für 9 J. durch die Provinzregierungen; Neuwahlen von ⅓ der Sitze alle 3 J.) – Direktwahl des Staatsoberh. alle 4 J. (einmalige Wiederwahl) – Wahlrecht ab 18 J. – **Verwaltung**: 22 Provinzen, Bundesdistrikt Buenos Aires und Nationalterritorium Tierra del Fuego (Feuerland) – **Staatsoberhaupt**: Carlos Saúl Menem (PJ-Vor-

sitzender), seit 1989 – **Regierungschef**: Jorge Alberto Rodríguez (PJ), seit 1996 – **Äußeres**: Guido di Tella – **Parteien**: Teilwahlen zum Abgeordnetenhaus am 14. 5. 1995: Partido Justicialista/PJ (Peronisten) 131 (1993: 122), Unión Cívica Radical/UCR (Radikale Bürgerunion) 70 (83), Frepaso (Koalition aus Parteien der linken Mitte) 28 (13), Modín 3 (4), Unión del Centro Democrático/UCD 3 (4), Gruppe Renovador de Salta 3 (3), Fuerza Republicana 2 (3), Partido Demócrata Progresista/PDP 2 (2), Movimiento Popular Neuquino/MPN 2 (2), Autonomista de Corrientes 2 (2), Liberal de Corrientes 2 (2), Demócrata de Mendoza 2 (1), Sonstige 7 (16); Verteilung im Senat (Stand Mitte 1995/Nov. 1993): PJ 30 (30), UCR 11 (10), MPN 2 (2), Sonstige 5 (6) – **Unabh.**: 9. 7. 1816 – **Nationalfeiertage**: 25. 5. (Tag der Revolution von 1810) und 9. 7. (Unabhängigkeitstag)

Wirtschaft **Währung**: US-$ = 1,00 arg$; 1 DM = 0,55 arg$; Bindung an US-$ – **BSP** 1995: 278 431 Mio. $ – **BIP** 1995: 281 060 Mio. $; realer Zuwachs ∅ 1990–95: 5,7% (1996: 4,3%); Anteil (1995) **Landwirtsch.** 6%, **Industrie** 31%, **Dienstl.** 63% – **Erwerbstät.** 1993: Landw. 10%, Ind. 34%, Dienstl. 66% – **Arbeitslosigkeit** 8/1996: 18% (hohe Unterbeschäftigung) – **Energieverbrauch** 1994: 1504 kg ÖE/Ew. – **Inflation** ∅ 1985–95: 255,4% (1996: 0,2%) – **Ausl.-Verschuld.** 1995: 89,747 Mrd. $ – **Außenhandel** 1996: **Import**: 22 162 Mio. $; Güter 1995: 40% Kapitalgüter, 36% Rohstoffe und Zwischenprodukte, 16% Konsumgüter, 4% Kraftstoffe, 4% Kraftfahrzeuge; Länder 1995: 21% USA, 21% Brasilien, 6% BRD, 6% Italien, 5% Frankreich, 4% Japan, 3% VR China; **Export**: 23 774 Mio. $; Güter 1995: 23% Agrarprodukte, 36% Industriegüter landwirtschaftl. Ursprungs, 10% Kraftstoffe; Länder 1995: 26% Brasilien, 9% USA, 7% Chile, 6% Niederlande, 4% Italien, 3% Spanien, 3% BRD

Chronik Im Berichtszeitraum 1996/97 kommt es v. a. wegen der anhaltend hohen, überwiegend strukturell bedingten Arbeitslosigkeit von 17–18% (einschl. Unterbeschäftigung über 30%) landesweit immer wieder zu **Protestaktionen gegen** die vom Internationalen Währungsfonds (IWF) unterstützte **neoliberale Wirtschafts- und Sozialpolitik** der Regierung von Präsident *Carlos Saúl Menem*. – Die von beiden Kammern des Parlaments am 18. bzw. 25. 9. **1996** verabschiedeten Sparmaßnahmen sollen zur Verringerung des Defizits im Staatshaushalt beitragen; vorgesehen sind u. a. eine Erhöhung von Mineralöl-, Einkommen- und Körperschaftsteuer. –

Im Rahmen eines 36stündigen **Generalstreiks**, zu dem der ursprünglich regierungsnahe Gewerkschaftsdachverband CGT aufgerufen hatte und der in weiten Landesteilen befolgt wird, demonstrieren am 26. 9. in Buenos Aires rd. 100 000 Menschen gegen die Sparpolitik der Regierung. Am 12. 9. hatten die beiden größten Oppositionsparteien, die Radikale Bürgerunion und die Front für ein solidarisches Land (Frepaso) sowie weitere Organisationen eine abendliche Demonstration mit vorübergehendem Löschen der Lichter sowie Hup- und Trommelkonzerten organisiert. Der dritte Generalstreik binnen weniger Monate am 27. 12., an dem sich nach Gewerkschaftsangaben über 80% der Beschäftigten und nach Regierungsangaben weniger als ein Drittel beteiligen, richtet sich gegen die neuen Gesetze zur Entlastung der Arbeitgeber. – Der vom Senat Mitte Dezember verabschiedete **Staatshaushalt** 1997 sieht ein Defizit von 3,3 Mrd. arg$ (1996: 6 Mrd. arg.$) vor und entspricht damit den Vorgaben des IWF; u. a. sollen 30 000 Stellen im öffentlichen Dienst abgebaut werden. Die durch die Währungskrise in Mexiko im Dezember 1994 ausgelöste Rezession ist überwunden. – Angesichts der sozialen Notlage weiter Bevölkerungsschichten muß der regierende Partido Justicialista (Peronisten), deren Vorsitz Präsident *Menem* Mitte April **1997** übernommen hatte, befürchten, bei den Teilwahlen zum Kongreß am 26. 10. seine parlamentarische Mehrheit zu verlieren. Nach einem Aufruf der Opposition und zweier Bischöfe protestieren am 11. 7. 30 000 Menschen in Buenos Aires gegen die Politik der Regierung und die hohe Arbeitslosigkeit. Kritik kommt auch aus den Reihen der Peronisten; so spricht sich der Gouverneur der Provinz Buenos Aires, *Eduardo Duhalde*, für mehr soziale Gerechtigkeit aus.

Skandale: Im Oktober **1996** werden eine Reihe weiterer Skandale (→ WA '97, Sp. 46) bekannt, darunter Korruptionsaffären, in die viele Personen des öffentlichen Lebens verwickelt sein sollen, und eine als »Jahrhundertschmuggel« bezeichnete Affäre um gefälschte Zollerklärungen, die Beamte betrifft, die den Staat um mind. 3 Mrd. US-$ betrogen haben sollen. – Im Zusammenhang mit der Ermordung von *José Luis Cabezas*, einem Fotografen des Wochenmagazins Noticias, der am 25. 1. **1997** in Pinamar getötet worden war, tritt Justizminister *Elías Jassan* am 26. 6. wegen seiner telefonischen Kontakte zu dem mächtigen Großunternehmer *Alfredo Yabrán*, dem mutmaßlichen Drahtzieher des Mordes, zurück. Anfang Februar hatte der ehem. Wirtschaftsminister *Domingo Cavallo* Präsident *Menem* beschuldigt, das organisierte Verbrechen gewähren zu lassen und nicht als eines der vordringlichsten Probleme anzuerkennen.

Menschenrechte: Die Regierung entschädigt am 30. 10. **1996** erstmals Angehörige von Argentiniern, die während der Militärdiktatur 1976–1983 spurlos verschwanden. Menschenrechtsorganisationen schätzen die Zahl der Verschwundenen auf 30 000. Seit 30. 4. 1977 demonstrieren auf der Plaza del Mayo in Buenos Aires vor dem Regierungspalast Mütter gegen das Verschwinden ihrer Kinder und fordern die Aufklärung der Fälle; noch heute erscheinen jeden Donnerstag zumindest einige Frauen auf der Plaza del Mayo. Finanzminister *Pablo Guidotti* teilt am 19. 8. mit, daß die Regierung zur Entschädigung von Opfern der Militärdiktatur eine Staatsanleihe auflegen will.

Arktis *Nordpolargebiet*

Großlandschaftsbezeichnung ohne staatsrechtl. Bedeutung; von griech. árktos = Bär; Land unterm Sternbild Großer Bär, »Land im Norden« (→ Karte II)

Fläche: ca. 26 Mio. km², davon 8 Mio. km² Land und 18 Mio. km² Meer. Im Zentrum liegt das vereiste Nordpolarmeer. – **Bevölkerung:** ca. 2 Mio. Einw., u. a. Inuit (Eskimos), Samit (Lappen) und Jakuten

Ansprüche: Kanada (Kanadisch-Arktischer Archipel), Rußland (Sibirien), USA (Alaskasektor), Dänemark (Grönland) und Norwegen (Spitzbergen, Jan Mayen und Bäreninsel) – **Wirtschaft:** u. a. Pelztierjagd und -zucht (Kanada, Rußland); Fischerei (Gewässer um Dänemark, Kanada, Rußland, USA), Bergbau: Erdöl (USA), Erdöl, Erdgas, Zink, Silber und Gold (Kanada), Zink (Dänemark), Kohle (Norwegen und Rußland), Eisen (Norwegen), Apatit und Nickel (Rußland), Erdöl, Erdgas, Buntmetalle, Gold und Diamanten (Rußland)

Arktischer Rat: Gründung am 1. 10. 1996 durch die 8 Arktis-Anrainerstaaten Dänemark, Finnland, Island, Kanada, Norwegen, Rußland, Schweden und die USA; ständige Teilnehmer: 3 Ureinwohnerorganisationen mit Mitspracherecht; Sekretariat in Ottawa (Kanada); Grundsatzerklärung über Art und Umfang künftiger Zusammenarbeit. Ziel: reibungsfreie Abstimmung aller Erschließungsvorhaben unter Berücksichtigung der hohen Störanfälligkeit nordpolarer Ökosysteme.

Armenien *Vorder-Asien*

Republik Armenien; Hayastani Hanrapetut'yun, Kurzform: Hayastan – ARM (→ Karte III, J 3/4)

Fläche (Weltrang: 139.): 29 800 km²	
Einwohner (119.): F 1995 3 760 000 = 126 je km²	
Hauptstadt: Jerevan (Eriwan) F 1991: 1 283 000 Einw. (A: 1,45 Mio.)	
Amtssprache: Armenisch	
Bruttosozialprodukt S 1995 je Einw.: 730 $	
Währung: 1 Dram (ARD) = 100 Luma	
Botschaft der Republik Armenien Viktoriastr. 15, 53173 Bonn, 0228/36 63 29	

Landesstruktur Fläche: 29 800 km² – **Bevölkerung**: Armenier; (Z 1989) 3 304 776 Einw. – 93,3% Armenier, 2,6% Aserbaidschaner, 1,7% Kurden, 1,6% Russen, 0,8% Sonstige – **Flüchtl.** Ende 1996: 50 000 Binnenflüchtlinge; 197 000 in Aserbaidschan, 150 000 aus Aserbaidschan – **Leb.-Erwart.** 1995: 73 J. – **Säugl.-Sterbl.** 1995: 2,6% – **Kindersterbl.** 1995: 3,1% – Jährl. **Bev.-Wachstum** ∅ 1985–95: 1,2% (Geb.- und Sterbeziffer 1995: 1,9%/0,6%) – **Analph.** 1990: 1% – **Sprachen** 1989: Armenisch (93,4%), Russisch (44,3%), Sprachen der Minderheiten – **Religion**: Armenisch-apostol. Kirche (»Gregorianer«); Minderh. von Orthodoxen, Protestanten u. a. – **Städt. Bev.** 1995: 69% – **Städte** (F 1991): Kirovakan 159 000 Einw., Kumajri (ehem. Leninakan) 120 000; (F 1989) Razdan 61 000, Ečmiadzin 61 000, Abovjan 59 000

Staat Präsidialrepublik seit 1991 – Verfassung von 1995 – Parlament mit 190 Mitgl. (131 Mitgl. ab 1999), Wahl alle 4 J. – Direktwahl des Staatsoberh. alle 5 J. – Wahlrecht ab 18 J. – **Verwaltung**: 37 Distrikte – **Staatsoberhaupt**: Levon H. Ter-Petrosjan, seit 1990 – **Regierungschef**: Robert Kotscharjan, seit 20. 3. 1997 – **Äußeres**: Alexander Arsumanjan – **Parteien**: Wahlen vom 5. 7. 1995: Republikanischer Block (Armenische Nationale Bewegung und 5 kleinere Parteien) 170 der 190 Sitze, Frauenpartei Schamiram 8, Kommunisten 6, National-Demokratische Union/NDU 3, Bürgerunion 3; oppositionelle Traditionspartei Armenische Revolutionäre Föderation (Daschnak) von Wahlen ausgeschlossen – **Unabh.**: Ausrufung der 1. Armenischen Republik am 28. 5. 1918; Unabhängigkeitserklärung am 23. 8. 1990, formell seit 20. 10. 1991 – **Nationalfeiertag**: 28. 5.

Wirtschaft Währung: 1 US-$ = 509,75 ARD; 1 DM = 295,13 ARD – **BSP** 1995 (S): 2752 Mio. $ – **BIP** 1995: 2058 Mio. $; realer Zuwachs ∅ 1990–95: –21,2%; Anteil **Privatsektor** 1994: 40%; Anteil (1995) **Landwirtsch.** 44%, **Industrie** 35%, **Dienstl.** 20% – **Erwerbstät.** 1992: Landw. 26%, Ind. 33%, Dienstl. 41% – **Arbeitslosigkeit** ∅ 1995: 8,1% – **Energieverbrauch** 1994: 384 kg ÖE/Ew. – **Inflation** ∅ 1985–95: 179,4% (1996: 20,2%) – **Ausl.-Verschuld.** 1995: 374 Mio. $ – **Außenhandel** 1993: **Import**: 188 Mio. $; Güter 1991: v.a. Prod. der Leichtindustrie, industr. Rohstoffe und Energieprodukte; Länder 1991: 81% GUS-Staaten (u.a. Rußland 48%), ferner USA; **Export**: 29 Mio. $; Güter 1992: 44% Maschinenbau- und Metallprodukte, 25% chem. Prod. und Erdölprodukte; Länder 1991: 96% GUS-Staaten (u. a. Rußland 62%, Ukraine 18%)

Chronik Bei den umstrittenen **Präsidentschaftswahlen** am 22. 9. **1996** (Wahlbeteiligung 58,2%) setzt sich im ersten Wahlgang Amtsinhaber *Levon Ter-Petrosjan* mit 51,75% der Stimmen gegen seinen früheren engen Vertrauten, den von Teilen der Opposition unterstützten ehem. Ministerpräsidenten *Wasgen Manukjan* von der National-Demokratischen Union (41,3%), durch; der Vorsitzende der Kommunistischen Partei, *Sergej Badaljan*, erhält 6,3% der Stimmen und der frühere Sicherheitsberater *Ter-Petrosjans*, *Aschot Manutscharjan*, 0,6%. *Manukjan* und zahlreiche weitere Oppositionspolitiker sowie Mitglieder der Zentralen Wahlkommission erheben den **Vorwurf des massiven Wahlbetrugs** (u. a. Druckausübung von Behörden, nachträgliche Fälschung von Stimmzetteln und Mehrfachwähler). Auch die OSZE zweifelt an der Rechtmäßigkeit von *Ter-Petrosjans* Wahlsieg: Nach einem Bericht vom 2. 10. wurden u. a. 22 013 Stimmen mehr ausgezählt als abgegeben; *Ter-Petrosjan* hatte 21 941 Stimmen mehr als die erforderliche absolute Mehrheit erhalten. Ab 23. 9. protestieren Tausende von Menschen in Eriwan gegen die Wahlmanipulationen. **Schwere Zusammenstöße** zwischen Anhängern der Opposition und Sicherheitskräften fordern mind. zwei Menschenleben. Nachdem Demonstranten am 25. 9. versuchten, das Parlamentsgebäude zu stürmen, läßt Präsident *Ter-Petrosjan* in der Hauptstadt Armee-Einheiten auffahren; die Innenstadt wird mit Panzern abgeriegelt. Am 26. 9. verhängt *Ter-Petrosjan* ein Versammlungs- und Kundgebungsverbot. Das Parlament hebt am selben Tag die Immunität des untergetauchten *Manukjan* und sieben weiterer oppositioneller Abgeordneter auf; ihnen wird die Planung eines Staatsstreichs vorgeworfen. Ende September beruhigt sich die Lage wieder. Die Panzer werden abgezogen. Die meisten der rd. 250 im Zusammenhang mit den teilweise gewalttätigen Protesten festgenommenen Personen, darunter Abgeordnete, werden wieder freigelassen. Seit September boykottieren alle Oppositionsparteien die Sitzungen des Parlaments. – Der seit Februar 1993 amtierende Ministerpräsident *Grant Bagratjan*, der Architekt der Wirtschaftsreformen, tritt am 4. 11. 1996 zurück. Noch am selben Tag ernennt Präsident *Ter-Petrosjan* den Diplomaten *Armen Sarkisjan* zum **neuen Regierungschef**. Zugleich wird Außenminister *Vagan Papasjan* von *Alexander Arsumanjan* abgelöst. – Die Bevölkerung des rohstoffarmen Landes leidet weiterhin unter den Folgen der schweren **Wirtschaftskrise** und der von Aserbaidschan und der Türkei wegen des Konflikts um Nagorno Karabach (→ Aserbaidschan) verhängten Wirtschaftsblockade. Nach Angaben des Osteuropa-Instituts München betrug das reale Wirtschaftswachstum 1996 rd. 4,5% (1995: 6,9%). Seit 1994 wurden auch bei den Strukturreformen große Fortschritte erzielt. Die Privatisierung der Landwirtschaft ist weit fortgeschritten, die im gewerblichen Bereich liegt jedoch hinter den Planungen zurück. – Seit 1991 haben rd. 680 000 Armenier überwiegend aus wirtschaftlichen Gründen das Land verlassen; die Zahl der v.a. seit Herbst 1995 zurückgekehrten Personen ist jedoch unbekannt. – Nach nur viermonatiger Amtszeit reicht Ministerpräsident *Sarkisjan* am 6. 3. **1997** nach offiziellen Angaben aus gesundheitlichen Gründen seinen Rücktritt ein. Zum **neuen Ministerpräsidenten** ernennt Präsident *Ter-Petrosjan* am 20. 3. *Robert Kotscharjan*, den Präsidenten der Enklave Nagorno Karabach; Aserbaidschan kritisiert diese Personalentscheidung heftig. – Am 18. 4. demonstrieren in Eriwan erneut rd. 20 000 Menschen gegen Präsident *Ter-Petrosjan*; sie fordern dessen Rücktritt und Neuwahlen.

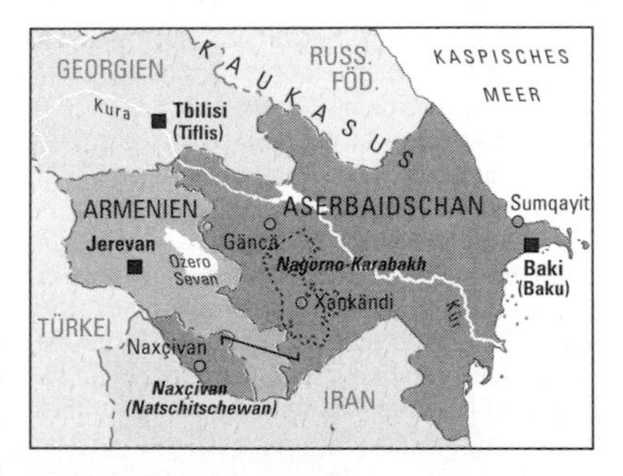

Aserbaidschan *Vorder-Asien*

Aserbaidschanische Republik; Azarbaycan Respublikasi – AZ (→ Karte III, J 3/4)

Fläche (Weltrang: 112.): 86 600 km^2

Einwohner (87.): F 1995 7 510 000 = 87 je km^2

Hauptstadt: Baki (Baku)
F 1991: 1 080 500 Einw. (A: 1,66 Mio.)

Amtssprache: Aserbaidschanisch (Azeri)

Bruttosozialprodukt 1995 je Einw.: 480 $

Währung: 1 Aserbaid.-Manat (A.M.) = 100 Gepik

Botschaft der Aserbaidschanischen Republik
Schloßallee 12, 53179 Bonn, 0228/94 38 90

Landesstruktur Fläche: 86 600 km^2; davon Berg-Karabach 4400 km^2 und Nachitschewan 5500 km^2 (→ unten) – **Bevölkerung**: Aserbaidschaner; (Z 1989) 7 021 178 Einw. – (F 1993) 85,4% Aserbaidschaner, 4% Russen, 2% Armenier; Tataren, Lesgier u.a. Minderheiten – **Flüchtl.** Ende 1996: 550 000 Binnenflüchtlinge, 238 000 in Anrainerstaaten, 197 000 aus Armenien, 52 000 aus Usbekistan – **Leb.-Erwart.** 1995: 71 J. – **Säugl.-Sterbl.** 1995: 3,4% – **Kindersterbl.** 1995: 5,0% – Jährl. **Bev.-Wachstum** ∅ 1985–95: 1,2% (Geb.- und Sterbeziffer 1995: 2,1%/0,6%) – **Analph.** 1992: unter 5% – **Sprachen**: Aserbaidschanisch (Azeri, seit 1992 latein. Schrift); Russisch, Armenisch, Lesgisch u.a. Sprachen der Minderheiten – **Religion**: 90% Muslime (65% Schiiten, 35% Sunniten); christl. Minderheiten – **Städt. Bev.** 1995: 56% – **Städte** (F 1991): Gäncä 282 200 Einw., Sumqayit (Sumgait) 236 200, Mingäçevir 90 900, Şeki 63 200, Naxçivan (Nachitschewan) 61 700, Äli Bayramli 61 500

Staat Präsidialrepublik seit 1995 – Verfassung von 1995 – Nationalversammlung (Milli Medschlis) mit 125 Mitgl. – Direktwahl des Staatsoberh. alle 5 J. – Wahlrecht ab 18 J. – **Verwaltung**: 54 Distrikte und 9 bezirksfreie Städte; zum Territorium gehören das Autonome Gebiet Berg-Karabach und die Autonome Republik Nachitschewan (→ unten) – **Staatsoberhaupt**: Hejdar A. Alijew, seit 1993 – **Regierungschef**: Artur Rasisade, seit 26. 11. 1996 – **Äußeres**: Hassan A. Hassanow – **Parteien**: Wahlen vom 12. 11./26. 11. 1995 und 4. 2. 1996: Mehrheit für die Partei Neues Aserbaidschan (Regierungspartei); ebenf. im Parlament vertreten: Partei der nationalen Unabhängigkeit, Nationale Volksfront (Istiklal) und Muslimische Demokratische Partei (Musavat), 1 Sitz vakant; genaue Sitzverteilung unbekannt – **Unabh.**: Ausrufung der 1. Aserb. Republik am 28. 5. 1918; Unabhängigkeitserklärung am 30. 8. 1991, formell seit 18. 10. 1991 – **Nationalfeiertag**: 28. 5. (Tag der Republik)

Wirtschaft **Währung**: 1 US-$ = 4020 A.M.; 1 DM = 2400 A.M. – **BSP** 1995: 3601 Mio. $ – **BIP** 1995: 3475 Mio. $; realer Zuwachs ∅ 1990–95: –20,2%; Anteil **Privatsektor** 1994: 20%; Anteil (1995) **Landwirtsch.** 27%, **Industrie** 32%, **Dienstl.** 41% – **Erwerbstät.** 1992: Landw. 33%, Ind. 25%, Dienstl. 42% – **Arbeitslosigkeit** ∅ 1992: 27% – **Energieverbrauch** 1994: 2182 kg ÖE/Ew. – **Inflation** ∅ 1985–95: 279,3% (1996: 20%) – **Ausl.-Verschuld.** 1995: 321 Mio. $ – **Außenhandel** 1993: **Import**: 241 Mio. $; Güter: (S, ohne sonst. GUS) 48% Nahrungsmittel, 38% Industriegüter, 14% Rohstoffe ohne Brennstoffe; Länder 1992: (nur GUS) 41% Rußland, 35% Ukraine, 7% Kasachstan, 6% Weißrußland; **Export**: 351 Mio. $; Güter: (S, ohne sonst. GUS) 80% Industriegüter, 19% Brennstoffe, Mineralien und Metalle; Länder 1992: (nur GUS) 47% Rußland, 18% Ukraine, 8% Georgien, 7% Turkmenistan

Autonomes Gebiet Berg-Karabach (Nagorno-Karabakh)

Fläche: 4400 km² – *Bevölkerung* (Z 1989): 189 085 Einw., (F 1991): 193 300 – 145 450 Armenier u. 40 688 Aserbaidschaner (fast alle vertrieben od. geflohen) – *Hauptstadt* (F 1991): Xankändi (ehem. Stepanakert) 55 200 Einw. – Eigene Verfassung, Gesetzgebung u. Parlament mit 33 Mitgl. (Wahlen zuletzt im Frühjahr 1995) – *Präsident*: Arkadi Gukasjan, gewählt am 1. 9. 1997 – Ausrufung der Republik (Unabh.-Erklärung) am 10. 12. 1991

Autonome Republik Nachitschewan (Naxçivan)

Fläche: 5500 km² – *Bevölkerung* (Z 1989): 293 875 Einw., (F 1991): 305 700 – 95,9% Aserbaidschaner, 1,3% Russen, 1,1% Kurden u.a. – *Religion*: mehrheitl. schiit. Muslime – *Hauptstadt* (F 1991): Naxçivan 61 700 Einw. – Eigene Verfassung, Parlament u. Regierung

Chronik Präsident *Hejdar Alijew* ernennt am 26. 11. **1996** den bisherigen stellv. und seit der Entlassung von *Fuad Gulijew* am 19. 7. amtierenden Regierungschef *Artur Rasisade* zum **neuen Ministerpräsidenten**. – Die Regierung schließt Mitte Dezember 1996 bzw. Januar 1997 mit zwei weiteren internationalen Konsortien, an denen neben der staatlichen aserbaidschanischen Erdölgesellschaft Socar Unternehmen aus den USA, Japan, Saudi-Arabien und Frankreich mit 80 bzw. 75% beteiligt sind, Verträge zur **Erschließung der Erdölvorkommen** im Kaspischen Meer. Dessen internationaler Status ist noch immer umstritten. Aserbaidschan und Kasachstan bestehen auf einer Definition als See (sektorale Aufteilung und Ausbeutung der Bodenschätze in nationaler Regie); Rußland und der Iran sowie das bis Mitte November 1996 in dieser Frage neutrale Turkmenistan sind für eine Definition als Meer (gemeinsame Ausbeutung durch alle fünf Anrainerstaaten). – Die Regierung gibt am 28. 1. **1997** die Verhaftung von über 40 Oppositionellen bekannt; sie stehen im Verdacht, in Umsturzpläne des 1992 gestürzten ehem. Präsidenten *Ajas Mutabilow* und des früheren Ministerpräsidenten *Surat Husseinow* verwickelt zu sein (der 4. Putschversuch seit Oktober 1994). Am 27. 3. wird *Husseinow* in Rußland festgenommen und an Aserbaidschan ausgeliefert. – Präsident *Alijew* und Georgiens Präsident *Eduard Schewardnadse* unterzeichnen am 18. 2. in Baku u.a. eine Erklärung über strategische Zusammenarbeit und einen Rahmenvertrag im Bereich Erdöl und Erdgas, der den Transit von aserbaidschanischem Erdöl sowie kasachischem und turkmenischem Erdgas über georgisches Territorium vorsieht.

Wirtschaft: Nach mehreren Jahren mit einem jeweils zweistelligen Rückgang des realen BIP wurde **1996** mit +1,2% erstmals ein Wirtschaftswachstum erzielt (1995: –17,2%). Die Strukturreformen kommen jedoch nur langsam voran. Die Privatisierung der fast 60 000 Staatsbetriebe begann erst im April 1996. Bis Ende 1996 wurden 4000 kleinere und mittlere Unternehmen privatisiert. Die Privatisierung der Großunternehmen, von der vorerst die Erdölindustrie, die Energiewirtschaft und die Eisenbahn ausgenommen sind, beginnt am 1. 3. **1997** mit der Ausgabe von Vouchers an die Bevölkerung. Die Beteiligung ausländischer Investoren ist erwünscht, jedoch auf 49% der Anteile beschränkt. Zur Unterstützung der Wirtschaftsreformen gewährt der IWF im Mai weitere Kredite von 230 Mio. $.

Berg-Karabach: Obwohl die aserbaidschanische Regierung einen unter Vermittlung der OSZE zustande gekommenen Friedensplan vom 17. 5. 1994 nicht unterzeichnet hat, wird ein Waffenstillstand weitgehend eingehalten. – Bei den ersten direkten **Präsidentschaftswahlen** am 24. 11. **1996** (Wahlbeteiligung 78%) wird Amtsinhaber *Robert Kotscharjan* mit 86% der Stimmen in seinem Amt bestätigt. Die von Aserbaidschan nicht anerkannten Wahlen werden auch von Rußland und der Türkei kritisiert; die OSZE äußert Bedenken und verweist auf die noch immer fehlende Einigung über den politischen Status des Gebiets. Am 20. 3. **1997** wird *Kotscharjan* Ministerpräsident von → Armenien. – Das Gipfeltreffen der 54 Staats- und Regierungschefs der OSZE vom 2.–3. 12. 1996 in Lissabon (Portugal) droht am Konflikt um Berg-Karabach zu scheitern. Die zwischen Armenien und Aserbaidschan umstrittenen Textpassagen, die eine friedliche Regelung im Rahmen der territorialen Integrität Aserbaidschans und einen gesetzlich festgelegten Selbstverwaltungsstatus für die Enklave fordern, werden deshalb aus der Abschlußerklärung herausgenommen und als Anlage beigefügt. – Nach Zwischenfällen im April 1997 suspendiert die OSZE ihre Beobachtertätigkeit.

Äthiopien *Nordost-Afrika*

Demokratische Bundesrepublik Äthiopien; Ityop'ya – ETH (→ Karte IV, B/C 4)

Fläche (Weltrang: 26.): 1 133 380 km²

Einwohner (22.): F 1995 56 404 000 = 50 je km²

Hauptstadt: Adis Abeba (Addis Abeba)
S 1995: 2 209 000 Einw.

Amtssprache: Amharisch

Bruttosozialprodukt 1995 je Einw.: 100 $

Währung: 1 Birr (Br) = 100 Cents

Botschaft der Demokrat. Bundesrep. Äthiopien
Brentanostr. 1, 53113 Bonn, 0228/23 30 41

Landesstruktur **Fläche**: 1 133 380 km² – **Bevölkerung**: Äthiopier; (Z 1984) 39 868 501 Einw. – (S) insg. etwa 80 Ethnien: 40% Oromo, 28% Amharen, 9% Tigre (Tigriner), außerdem Afar, Somali, Benshangui, Gambella, Harrar, 45 Sudan-Völker (u.a. Niloten); etwa 10 000 Italiener – Anteil unter **Armutsgrenze** ∅ 1981–95: 33,8% – **Flüchtl.** Ende 1996: 240 000 aus Somalia, 70 000 aus Sudan, 10 000 aus Dschibuti, 8 000 aus Kenia; 55 000 in Anrainerstaaten – **Leb.-Erwart.** 1995: 49 J. – **Säugl.-Sterbl.** 1995: 11,4% – **Kindersterbl.** 1995: 19,5% – Jährl. **Bev.-Wachstum** ∅ 1985–95: 2,6% (Geb.- und Sterbeziffer 1995: 4,7%/1,7%) – **Analph.** 1995: 65% – **Sprachen**: Amharisch (Amharigna); ca. 50% semitische und 45% kuschitische Sprachen, Englisch, Italienisch, Französisch und Arabisch als Bildungs- und Handelssprache – **Religion** 1994: 45% Muslime (Sunniten), 40% Äthiopisch-Or-

thod. Kirche, 1,5 Mio. Äthiopisch-Evangelische Kirche, 247 000 Katholiken, 10% Anhänger von Naturreligionen; Minderh. von Hindus und Sikhs – **Städt. Bev.** 1995: 13% – **Städte** (Z 1994): Dire Dawa (Diredaua) 164 851 Einw., Harer 131 139, Nazret 127 842, Gonder (mit Azezo) 112 249, Dese 97 314, Mekele 96 938, Bahir Dar 96 140, Jima 88 867

Staat Bundesrepublik seit 1994 – Verfassung von 1995 – Parlament (Shengo) mit 548 Mitgl.; Wahl alle 5 J. – Wahl des Staatsoberh. durch das Parlament alle 5 J. – Wahlrecht ab 18 J. – **Verwaltung**: 9 Regionen, Hptst. mit Sonderstatus – **Staatsoberhaupt**: Negasso Gidada (OPDO), seit 1995 – **Regierungschef**: Meles Zenawi (EPRDF), seit 1995 – **Äußeres**: Seyoum Mesfin – **Parteien**: Wahlen vom 7. 5., 18. 6. und 28. 6. 1995 (Boykott durch wichtigste Oppositionsparteien): Ethiopian People's Revolutionary Democratic Front/EPRDF 540 der 548 Sitze, Sonstige 8 (u.a. Oromo People's Democratic Organization/OPDO) – **Unabh.**: Schaffung des neuzeitlichen Staates nach Friedensabkommen von Addis Abeba 1896 – **Nationalfeiertag**: 6. 4. (Siegestag)

Wirtschaft (alle Ang. inkl. → Eritrea) **Währung**: 1 US-$ = 6,643 Br; 1 DM = 3,9489 Br – **BSP** 1995: 5722 Mio. $ – **BIP** 1995: 5287 Mio. $; realer Zuwachs ∅ 1980–93: 1,8%; Anteil (1994) **Landwirtsch.** 57%, **Industrie** 10%, **Dienstl.** 32% – **Erwerbstät.**1993: Landw. 73% – **Arbeitslosigkeit** ∅ 1991: ca. 40% – **Energieverbrauch** 1994: 22 kg ÖE/Ew. – **Inflation** ∅ 1985–95: 5,9% – **Ausl.-Verschuld.** 1995: 5221 Mio. $ – **Außenhandel** 1995: **Import**: 1360 Mio. $; Güter 1993/94: 32,8% Konsumgüter, 26,9% Investitionsgüter, 22,0% Erdölprodukte, 18,3% Sonstige; Länder 1995: 16,3% Italien, 12,0% USA, 9,1% BRD, 8,8% Japan, 6,8% Großbritannien, 4,8% Frankreich; **Export**: 450 Mio. $; Güter 1994/95: (S) 63,6% Kaffee, 13,6% Häute und Ledererzeugnisse, 4,2% Ölsaaten, 3,2% Erdölprodukte; Länder 1995: 34,5% BRD, 12,4% Japan, 10,6% Italien, 6,9% USA, 5,1% Großbritannien

Chronik Im Grenzbereich zu Somalia kommt es Anfang **1997** zu **erneuten Kämpfen** zwischen äthiopischen Regierungstruppen und der islamisch-fundamentalistischen Itihad al-Islami (Islamische Union), gegen deren Stützpunkte in Süd-Somalia Mitte 1996 eine Strafexpedition durchgeführt worden war (→ WA '97, Sp. 598). – Im Februar 1997 wird **Anklage gegen 5198 Anhänger des Mengistu-Regimes** erhoben. Die Prozesse hatten bereits Ende 1994 (→ WA '96,

Sp. 86) begonnen, waren aber unterbrochen worden. Westliche Geberländer und Menschenrechtsorganisationen hatten wiederholt eine Fortsetzung angemahnt, da 2246 Personen z. T. seit 1991 in Untersuchungshaft sitzen. Den Angeklagten werden Völkermord und Folterungen vorgeworfen. – Der Internationale Währungsfonds (IWF) und die Weltbank sehen die **wirtschaftliche Entwicklung** Äthiopiens als positiv. Wichtige Schritte zur Liberalisierung der Wirtschaft seien vollzogen worden. Für den Zeitraum 1996–99 werden 2,5 Mrd. US-$ zugesagt, eine halbe Milliarde mehr als von Äthiopien erbeten. Die Verteidigungsausgaben wurden von 31% des BSP auf 2% reduziert, das Wirtschaftswachstum lag 1995 bei 7,7%.

Australien *Ozeanien*

Australia – AUS (→ Karte V, D/E 5-7)

Fläche (Weltrang: 6.): 7 682 300 km²

Einwohner (51.): F 1995 18 054 000 = 2,4 je km²

Hauptstadt: Canberra F 1993 (A): 325 400 Einw.

Amtssprache: Englisch

Bruttosozialprodukt 1995 je Einw.: 18 720 $

Währung: 1 Austral. Dollar ($A) = 100 Cents

Australische Botschaft
Godesberger Allee 105–107, 53175 Bonn,
0228/8 10 30

Landesstruktur Fläche: 7 682 300 km², davon Tasmanien 67 800 km² (Außengebiete → unten) – **Bevölkerung**: Australier; (Z 1991) 17 284 036 Einw. – (S) 95% Weiße (v. a. brit. und irischer Herkunft), 1,6% = 303 260 Ureinwohner (Aborigines), 1,3% Asiaten (v. a. Chinesen und Vietnamesen); 1995/96: 99 139 Einwanderer (12,4% aus Neuseeland, 11,4% aus Großbritannien, 11,3% aus VR China) – **Leb.-Erwart.** 1995: 78 J. – **Säugl.-Sterbl.** 1995: 0,7% – **Kindersterbl.** 1995: 0,8% – Jährl. **Bev.-Wachstum** ∅ 1985–95: 1,4% (Geb.- und Sterbeziffer 1995: 1,5%/0,7%) – **Analph.** 1995: unter 5% – **Sprachen**: Englisch, austr. Sprachen – **Religion** 1992: 71% Christen (davon 26% Katholiken, 24% Anglikaner, 14% versch. protestant. Kirchen), 3% Griechisch-Orthodoxe; etwa 76 000 Muslime, 62 000 Juden, 35 000 Buddhisten; Anhänger von Naturreligionen – **Städt. Bev.** 1995: 85% – **Städte** (F 1993): (A) Sydney 3 719 000 Einw., Melbourne 3 187 500, Brisbane 1 421 700, Perth 1 221 300, Adelaide

1 070 200, Newcastle 455 700, Gold Coast 300 200, Wollongong 250 100, Hobart 193 300, Geelong 151 800, Sunshine Coast 133 500, Townsville 121 700

Staat Parlamentarische Monarchie (im Commonwealth) seit 1901 – Verfassung von 1901 – Parlament: Repräsentantenhaus mit 148 auf 3 J. gewählten Mitgl. und Senat mit 76 Mitgl. (je 12 pro Bundesstaat und 2 je Territorium; Wahl für 6 J., alle 3 J. Neuwahlen für die Hälfte der Mitgl.) – Wahlpflicht ab 18 J. – **Verwaltung**: 6 Bundesstaaten und 2 Territorien (Einzelheiten → WA '96, Sp. 88); Außengebiete (→ unten) – **Staatsoberhaupt**: Königin Elizabeth II., vertreten durch einheim. Generalgouverneur Sir William Deane, seit 16. 2. 1996 – **Regierungschef**: John Winston Howard (LP-Vors.), seit 1996 – **Äußeres**: Alexander Downer – **Parteien**: Wahlen zum Repräsentantenhaus vom 2. 3. 1996: Wahlbündnis von Liberal und National Party 75 bzw. 18 Sitze (1993: 49 bzw. 16), Austral. Labor Party/ALP 49 (1993: 80), Country Liberal Party 1 (–), Unabhängige 5 (2) – Senat: Sitzverteilung seit 1. 7. 1996: ALP 29 (1993: 30), Liberal und National P. 37 (35), Austral. Democrats 7 (7), Grüne 2 (2), Sonstige 1 (1) – **Unabh.**: 1. 1. 1901 de facto, 11. 12. 1931 nominell (Westminster-Statut) – **Nationalfeiertag**: 26. 1. (Eintreffen erster weißer Siedler 1788)

Wirtschaft (Einzelheiten → Kap. Wirtschaft) **Währung**: 1 $ = 1,35 $A; 1 DM = 0,78 $A – **BSP** 1995: 337 909 Mio. $ – **BIP** 1994: 348,8 Mrd. $; realer Zuwachs ∅ 1990–95: 3,5%; Anteil (1995) **Landwirtsch.** 3%, **Industrie** 28%, **Dienstl.** 70% – **Erwerbstät.** 1993: Landw. 5%, Ind. 24%, Dienstl. 71% – **Arbeitslosigkeit** ∅ 1996: 8,5% (S 1997: 8,4%) – **Energieverbrauch** 1994: 5 341 kg ÖE/Ew. – **Inflation** ∅ 1985–95: 3,7% (1995/96: 4,2%, S 1996/97: 2,3%) – **Ausl.-Verschuld.** 1995: 180,7 Mrd. $A – **Außenhandel** 1996: **Import**: 78,4 Mrd. $A; Güter 1995/96: 46,9% Maschinen und Transportmittel (10,3% Kraftfahrzeuge), 28,4% Industrieerzeugnisse, 11,5% chem. Erzeugnisse, 11,5% Brennstoffe und Schmiermittel; Länder 1995/96: 22,6% USA, 13,9% Japan, 6,3% BRD, 6,3% Großbritannien, 5,2% VR China, 4,6% Neuseeland, 3,4% Singapur, 3,3% Rep. China; **Export**: 77,2 Mrd. $A; Güter 1995/96: 16% Kohle, Öl und Gas, 16,6% Metalle (7,6% Gold), 16,5% Industrieerzeugnisse, 12,8% Maschinen und Transportmittel, 12,1% Metallerze, 6,5% Getreide, 4,8% Wolle, 4,4% Fleisch; Länder 1995/96: 21,6% Japan, 8,7% Rep. Korea, 7,4% Neuseeland, 6,1% USA, 5,0% VR China, 4,7% Singapur,

4,5% Rep. China, 1,5% BRD – **Tourismus** 1995: 3,7 Mio. Auslandsgäste (v.a. aus Japan, Neuseeland, Großbritannien, USA), 13,1 Mrd. $A Einnahmen

Außengebiete

Weihnachtsinsel *Indischer Ozean*
Christmas Island (→ Karte V, D 5)
Fläche: 135 km² – *Bevölkerung*: (Z 1991) 1275 Einw. – *Religion*: 55% Buddhisten, 15% Christen, 10% Muslime – *Admin.*: Merrilyn Ann Chilvers – Seit 1958 bei Australien – Tourismus u. Phosphatexport

Kokos- bzw. Keelinginseln *Indischer Ozean*
Territory of Cocos Islands (→ Karte V, D 5)
Fläche: 14,2 km² – *Bevölkerung*: (F 1994) 670 Einw.; vorw. Cocos Malays – *Religion*: 57% Muslime, 22% Christen – *Admin.*: Jarl Andersson – Kopra, Kokosnüsse

Norfolkinsel *Südpazifik*
Norfolk Island (→ Karte V, F 6)
Fläche: 34,6 km² – *Bevölkerung*: (F 1993) 1896

Einw.; Bounty-Meuterer-Nachkommen (Islanders) u. Zugewanderte (Mainlanders) – *Religion*: 38% Church of England, 16% Uniting Church, 10% Katholiken – *Admin.*: Alan Gardner Kerr, seit 1992 – Parlament mit 9 Mitgl., Wahl alle 3 J. (letzte Wahl am 27. 4. 1994); *Außenhandel* 1991/92: Import: 24,38 Mio. $A; Export: 2,09 Mio. $A – Tourismus 1993: 27 187 Auslandsgäste

Lord Howe Island (→ Karte V, E 6), im Südpazifik; unbewohnt

Territorium Korallenmeerinseln (Coral Sea Islands Territory) (→ Karte V, E 5), im Pazif. Ozean, rd. 780 000 km², von Norfolk aus verwaltet, versch. Wetterstationen

Ashmore- (1,89 km²) u. **Cartierinseln** in der Timor-See, zum North. Terr. gehörend, unbewohnt

Chronik Die bei der Parlamentswahl im März **1996** ins Repräsentantenhaus gewählte unabhängige Abgeordnete *Pauline Hanson* entfacht mit ihrer Jungfernrede im September eine heftige **Auseinandersetzung über den Rassismus** in Australien. Mit ihrer Ansicht, die finanzielle

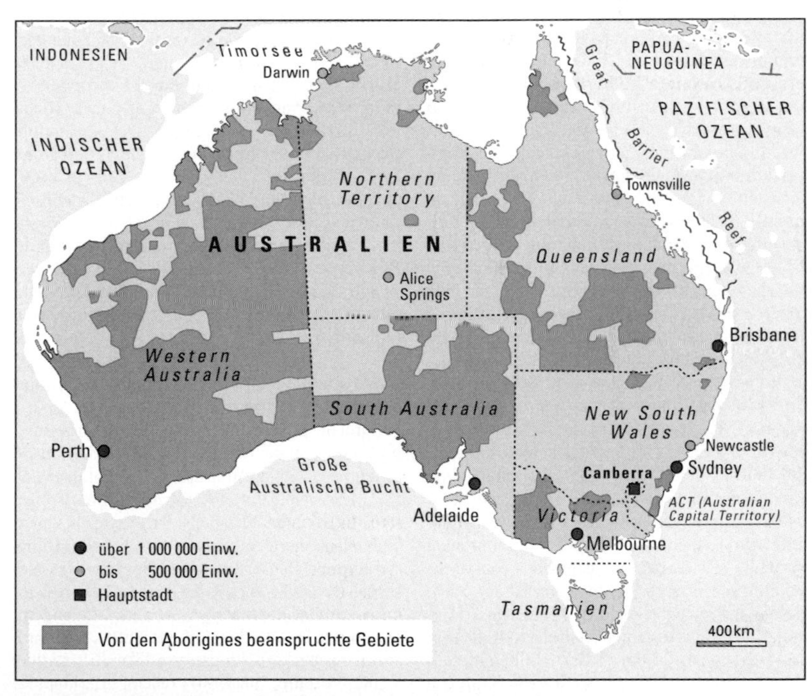

Australien: Gebiete, die von den Aborigines beansprucht werden

Unterstützung der Aborigines müsse eingeschränkt und der weiteren Einwanderung von Asiaten Einhalt geboten werden, provoziert sie den Boykott fast aller Abgeordneten. Sie verweist darauf, daß Umfragen zufolge fast 70% der Australier ihre Meinung teilen. Im April 1997 gründet *Hanson* die Partei One Nation. – Auf Antrag zweier Aborigines-Stämme anerkennt der Oberste Gerichtshof am 23. 12. 1996 ihr **Besitzrecht (»native title«) auf Staatsterritorium**, das verpachtet wurde. Die Aborigines müssen jedoch ihre ununterbrochene Verbindung zu dem reklamierten Land nachweisen können. Das Urteil bekräftigt einen Entscheid aus dem Jahr 1992, den der 1993 verabschiedete Native Title Act faktisch unterlief, indem er vom Staat an Farmer oder Bergwerke verpachtetes Weideland von Besitzansprüchen ausnahm. Bei den potentiell umstrittenen Flächen geht es um 42% der australischen Landmasse (→ Karte). – Ende Mai **1997** erregt das Ergebnis einer vom Justizministerium bei der Kommission für Menschenrechte und Chancengleichheit in Auftrag gegebenen Untersuchung Aufsehen: Ihr zufolge wurden zwischen 1910 und 1970 durch staatliche und kirchliche Institutionen, angeblich im Rahmen eines Assimilierungsprogramms, etwa 100 000 **Kinder von** weißen Vätern und schwarzen Müttern **von ihren Familien getrennt**; hellhäutige wurden häufig zur Adoption durch Weiße freigegeben, dunkelhäutige in Pflegeheimen untergebracht. Die Kommission unter Vorsitz des früheren Richters am höchsten Gericht, Sir *Ronald Wilson*, spricht in ihrem Bericht von einer »gestohlenen Generation« und fordert die Regierung auf, den Opfern für die »Verbrechen gegen die Menschlichkeit« Entschädigung zu leisten. Premierminister *John Winston Howard* bittet die Aborigines während des Australischen Versöhnungskongresses am 26. 5. (30. Jahrestag der Zuerkennung der australischen Staatsbürgerschaft für die Aborigines) für das ihnen angetane Unrecht persönlich um Verzeihung, lehnt aber eine offizielle Entschuldigung im Namen der Regierung sowie eine Entschädigung der Opfer ab. Anfang Juni gehen bei den Gerichten die ersten von mehr als 1500 Klagen von Aborigines gegen die Regierung ein, denen ihre Kinder weggenommen wurden. – Nach dem Beschluß des Repräsentantenhauses am 10. 12. 1996 macht der Senat am 25. 3. 1997 vom Recht der politischen Kontrolle der Bundesstaaten Gebrauch und hebt das **Gesetz zur aktiven Sterbehilfe** auf, das am 1. 7. 1996 im Northern Territory in Kraft trat (→ WA '97, Sp. 57 f.).

Bahamas *Mittel-Amerika; Karibik*

Commonwealth der Bahamas; The Commonwealth of the Bahamas – BS
(→ Karten VI, K 7, und VIII a, B/C 1/2)

Fläche (Weltrang: 155.): 13 939 km²

Einwohner (166.): F 1995 276 000 = 19,8 je km²

Hauptstadt: Nassau (auf New Providence)
Z 1990: 171 542 Einw.

Amtssprache: Englisch

Bruttosozialprodukt 1995 je Einw.: 11 940 $

Währung: 1 Bahama-Dollar (B$) = 100 Cents

Botschaft des Commonwealth der Bahamas
10 Chesterfield Street, GB – London W1X 8AH,
0044-171/4 08 44 88

Landesstruktur (Karte → WA '97, Sp. 59 f.) **Fläche**: 13 939 km²; 690 Inseln, davon 29 bewohnt; Hauptinseln: New Providence (mit 68% der Bevölkerung), Grand Bahama, Andros, Eleuthera, Abaco, Cat Island, Exuma, Inagua, Long Island, Mayaguana – **Bevölkerung**: Bahamaer; (Z 1990) 254 685 Einw. – 72% Schwarze, 14% Mulatten, 12% Weiße – **Leb.-Erwart.** 1995: 74 J. – **Säugl.-Sterbl.** 1995: 2,3% – **Kindersterbl.** 1995: 2,8% – Jährl. **Bev.-Wachstum** ∅ 1985–95: 1,7% (Geb.- und Sterbeziffer 1994: 1,8%/0,5%) – **Analph.** 1995: unter 5% – **Sprachen**: Englisch und Kreolisch – **Religion** 1980: 32% Baptisten, 20% Anglikaner, 19% Katholiken, 6% Methodisten, 6% Church of God; Minderh. von Juden und Muslimen; Anhänger von Naturreligionen – **Städt. Bev.** 1993: 85% – **Städte** (S 1990): Freeport 26 600 Einw., High Rock 8100, West End 7800 (alle drei auf Grand Bahama), Cooper Town 5500 (auf Abaco)

Staat Parlamentarische Monarchie (im Commonwealth) seit 1973 – Verfassung von 1973 – Parlament: Abgeordnetenhaus (House of Assembly) mit 40 gewählten und Senat (Senate) mit 16 ernannten Mitgl.; Wahl alle 5 J. – Wahlrecht ab 18 J. – **Verwaltung**: 18 Distrikte – **Staatsoberhaupt**: Königin Elizabeth II., vertreten durch einheim. Generalgouverneur Sir Clifford Darling, seit 1992 – **Regierungschef**: Hubert Alexander Ingraham (FNM-Vors.), seit 1992 – **Äußeres**: Janet Gwennett Bostwick – **Parteien**: Wahlen vom 14. 3. 1997: Free National Movement/FNM 34 Sitze (1992: 33 von 49), Progressive Liberal Party/PLP 6 (16) – **Unabh.**: 10. 7. 1973 (ehem. brit. Kolonie) – **Nationalfeiertag**: 10. 7. (Unabhängigkeitstag)

Wirtschaft Währung: 1 US-$ = 1,0125 B$; 1 DM = 0,6055 B$ (Bindung an US-$) – **BSP** 1995: 3297 Mio. $ – **BIP** 1993: 3056 Mio. B$; realer Zuwachs ∅ 1965–88: 1,0%; Anteil (1991) **Landwirtsch.** 5%, **Industrie** 11%, **Dienstl.** 86% – **Erwerbstät.** 1993: Landw. 7%, Ind. 12%, Dienstl. 81% – **Arbeitslosigkeit** ∅ 1993: 13,1% – **Energieverbrauch** 1994: 6864 kg ÖE/Ew. – **Inflation** ∅ 1985–95: 3,2% – **Ausl.-Verschuld.** 1992: 1196 Mio. B$ – **Außenhandel** 1992: **Import**: 2800 Mio. $; Güter 1989: 52% Rohöl, 12% Erdölprodukte, 7% Industriegüter, 7% Nahrungsmittel und leb. Tiere; Länder 1989: 40% Saudi-Arabien, 34% USA, 7% Nigeria; **Export**: 1500 Mio. $; Güter 1989: 66% Rohöl, 19% chem. Produkte, außerdem Krustentiere, Fisch, Gemüse, Holz, Zement, Rum, Salz; Länder 1989: 93% USA sowie Kanada, Großbritannien, Japan – **Tourismus** 1994: 3,45 Mio. Auslandsgäste, 1263 Mio. B$ Einnahmen

Bahrain *Vorder-Asien*

Staat Bahrain; Dawlat al-Baḥrayn – BRN
(→ Karte IV, C 3)

Fläche (Weltrang: 174.): 695,26 km²

Einwohner (157.): F 1995 577 000 = 830 je km²

Hauptstadt: Al-Manāmah (Manama)
Z 1991: 136 999 Einw.

Amtssprache: Hocharabisch

Bruttosozialprodukt 1995 je Einw.: 7840 $

Währung: 1 Bahrain-Dinar (BD) = 1000 Fils

Botschaft des Staates Bahrain
Plittersdorfer Str. 91, 53173 Bonn, 0228/95 76 10

Landesstruktur (Karte → WA '96, Sp. 93) **Fläche**: 695,26 km²; 33 Inseln, u. a. Bahrain 572 km², Al-Muḥarraq 17,4 km² und Sitrah 9,9 km² – **Bevölkerung**: Bahrainer; (Z 1991) 508 037 Einw. – 323 305 Bahrainer und 184 732 Ausländer (= 36,4%), davon etwa 75% Araber, 16% Inder, 5% Pakistaner, 2% Europäer (v. a. Briten) – **Leb.-Erwart.** 1995: 72 J. – **Säugl.-Sterbl.** 1995: 1,7% – **Kindersterbl.** 1995: 2,0% – Jährl. **Bev.-Wachstum** ∅ 1985–95: 3,1% (Geb.- und Sterbeziffer 1994: 2,4%/0,4%) – **Analph.** 1995: 15% – **Sprachen**: Arabisch; Englisch weit verbreitet – **Religion** 1991: 90% Muslime (65% Schiiten, 35% Sunniten); Minderh. von Christen, Hindus u. a. – **Städt. Bev.** 1993: 89% – **Städte** (Z 1991): Al-Muḥarraq 74 245 Einw.; (F 1987) Jidd Ḥafṣ 46 750

Staat Emirat (absolute Monarchie) seit 1971 – Verfassung von 1973 – Nationalversammlung mit 30 gewählten Mitgl. und 14 Kabinettsmitgl. seit 1975 aufgelöst – Konsultativrat (Madschlis al-Schura) mit 40 vom Staatsoberh. ernannten Mitgl. seit 1996 – **Verwaltung**: 11 Regionen – **Staatsoberhaupt**: Emir Scheich Isa Ibn Salman Al-Khalifa [Chalifa], seit 1961 – **Regierungschef**: Scheich Khalifa Ibn Salman Al-Khalifa, seit 1971 – **Äußeres**: Scheich Muhammad Ibn Mubarak Ibn Hamad Al-Khalifa – **Parteien**: nicht zugelassen – **Unabh.**: 14. 8. 1971 (Proklamation) – **Nationalfeiertag**: 16. 12. (Unabhängigkeitstag)

Wirtschaft Währung: 1 US-$ = 0,3780 BD; 1 DM = 0,227001 BD – **BSP** 1995: 4525 Mio. $ – **BIP** (keine Angaben); realer Zuwachs ∅ 1980–90: 0,7%; Anteil (1993) **Landwirtsch.** 1%, **Industrie** 38%, **Dienstl.** 61% – **Erwerbstät.** 1993: Landw. 2%, Ind. 28%, Dienstl. 70% – **Arbeitslosigkeit** 6/1992: 6,4% (S 1995: 30%) – **Energieverbrauch** 1994: 10 268 kg ÖE/Ew. – **Inflation** ∅ 1985–95: 0,4% – **Ausl.-Verschuld.**: k. Ang. – **Außenhandel** 1993: **Import**: 3825 Mio. $; Güter 1992: 40% Maschinen und Transportausrüstungen, 37% Rohöl; Länder 1991: v. a. Saudi-Arabien (Erdölprodukte) sowie USA, Großbritannien, BRD, Japan (Nicht-Erdölprodukte); **Export**: 3689 Mio. $; Güter 1992: 76% Erdöl und Erdölprodukte, 5% Aluminiumprodukte; Länder 1991: v. a. Saudi-Arabien, Japan, USA, Republik Korea – **Tourismus** 1993: 1,76 Mio. Auslandsgäste, über 50 Mio. BD Einnahmen

Chronik Am 1. 10. **1996** tritt die Schura zusammen. Mit der Ernennung der 40 Mitglieder dieses **Konsultativrats**, der zur Hälfte aus Schiiten besteht, hat der Emir, Scheich *Isa Ibn Salman Al-Khalifa*, eine Forderung der Opposition erfüllt, die im Namen der schiitischen Bevölkerungsmehrheit seit Ende 1994 mit teils gewaltsamen Widerstandsaktionen gegen das sunnitische Herrscherhaus aufbegehrt. Die Nationalversammlung bleibt jedoch weiterhin aufgelöst. Die politische Führung Bahrains sieht hinter den anhaltenden regimefeindlichen Unruhen den **Einfluß des Iran**. Am 26. 3. **1997** werden nach einem Schauprozeß mit Geständnissen vor laufenden Fernsehkameras 28 muslimische Aktivisten wegen Umsturzversuchs zu hohen Gefängnisstrafen verurteilt. Die beiden Hauptangeklagten sind schiitische Geistliche, die im iranischen Qom ausgebildet wurden. – Dem jährlichen Gipfeltreffen der Mitgliedstaaten des Golf-Kooperationsrates (GCC), das vom 7. bis 9. 12. **1996** in Doha stattfindet, bleibt Bahrain wegen des anhaltenden **Territorialstreits mit** dem Gastgeberland **Katar** um die kleinen Inseln Hawar und Fasht al-Dibal fern. Ausdruck dieses Konflikts ist auch ein Spionageprozeß, der am 4. 12. in Manama beginnt. Den beiden Angeklagten wird Zusammenarbeit mit dem Geheimdienst von Katar vorgeworfen. Eine Lösung der Krise deutet sich im März **1997** an, als die beiden Länder, nach einem Besuch des katarischen Außenministers in Bahrain, die Aufnahme diplomatischer Beziehungen ankündigen. – Die internationale Föderation für Menschenrechte macht Mitte August auf Menschenrechtsverletzungen, darunter Folter und Übergriffe der Polizei mit tödlichem Ausgang, aufmerksam; selbst siebenjährige Kinder, die Graffitis gesprüht haben, werden mit einem Jahr Gefängnis bestraft.

Bangladesch *Süd-Asien*

Volksrepublik Bangladesch; Gaṇ Prajātantrī Bāṃlādeś – BD (→ Karte V, D 3)

Fläche (Weltrang: 92.): 147 570 km²
Einwohner (9.): F 1995 119 768 000 = 812 je km²
Hauptstadt: Dhaka Z 1991: 3 637 892 Einw. (S 1995, A: 7,832 Mio.)
Amtssprache: Bengali
Bruttosozialprodukt 1995 je Einw.: 240 $
Währung: 1 Taka (Tk.) = 100 Poisha
Botschaft der Volksrepublik Bangladesch Bonner Str. 48, 53173 Bonn, 0228/35 25 25

Landesstruktur Fläche: 147 570 km² – **Bevölkerung**: Bangladescher; (Z 1991) 109 876 977 Einw. – (S) 95% Bengalen, 1% Bihári und zahlr. Minderheiten – **Flüchtl.** Ende 1996: 40 000 aus Myanmar; 53 000 in Indien – **Leb.-Erwart.** 1995: 57 J. – **Säugl.-Sterbl.** 1995: 8,5% – **Kindersterbl.** 1995: 11,5% – Jährl. **Bev.-Wachstum** ∅ 1985–95: 2,0% (Geb.- und Sterbeziffer 1995: 3,5%/1,1%) – **Analph.** 1995: 62% – **Sprachen**: Bengali, andere indoarische sowie tibetobirmanische, Munda- und Mon-Khmer-Sprachen; Englisch als Handels- und Bildungssprache – **Religion** (Islam ist Staatsreligion) 1992: 87% Muslime (meist Sunniten), 12% Hindus; buddhist. und christl. Minderheiten – **Städt. Bev.** 1995: 18% – **Städte** (Z 1991) Chittagong 1 566 070 Einwohner, Khulna 601 051, Rājshāhi 324 532, Rangpur 220 849, Bhairab Bāzār 180 014, Jessore 176 398, Comilla 164 509, Sylhet 114 284, Saidpur 110 494

Staat Republik (im Commonwealth) seit 1991 – Verfassung von 1972, letzte Änderung 1996 – Parlament (Jatiya Sangsad) mit 330 Mitgl., davon 300 direkt gewählt, 30 für Frauen reserviert (von den 300 Mitgl. gewählt); Wahl alle 5 J. – Wahl des Staatsoberh. durch Parlament alle 5 J. (einmalige Wiederwahl) – Wahlrecht ab 18 J. – **Verwaltung**: 4 Provinzen mit 21 Bezirken – **Staatsoberhaupt**: Shahabuddin Ahmad, seit 8. 10. 1996 – **Regierungschefin**: Sheikh Hasina Wajed (AL), seit 1996 – **Äußeres**: Abdus Samad Azad – **Parteien**: Wahlen vom 12. 6. 1996: Awami League/AL 147 Sitze (1991: 88), Bangladesh National Party/BNP 116 (138), Jatiya Party/JP 31 (35), Jamaat-e-Islami 3 (18), Sonstige 2 (18) – **Unabh.**: 26. 3. 1971 (Proklamation), endgültig seit 17. 12. 1971 – **Nationalfeiertage**: 21. 2. (Tag der Märtyrer) und 26. 3. (Unabhängigkeitstag) und 16. 12. (Verfassungstag)

Wirtschaft Währung: 1 US-$ = 43,30 Tk.; 1 DM = 25,7738 Tk. – **BSP** 1995: 28 599 Mio. $ – **BIP** 1995: 29 110 Mio. $; realer Zuwachs ∅ 1990–95: 4,1%; Anteil (1995) **Landwirtsch.** 31%, **Industrie** 18%, **Dienstl.** 52% – **Erwerbstät.** 1993: Landw. 67%, Ind. 15%, Dienstl. 19% – **Arbeitslosigkeit** ∅ 1989 (S): 1,2% (S 1990: 50% Unterbeschäftigung) – **Energieverbrauch** 1994: 64 kg ÖE/Ew. – **Inflation** ∅ 1985–95: 6,4% – **Ausl.-Verschuld.** 1995: 16,370 Mrd. $ – **Außenhandel** 1993: **Import**: 4001 Mio. $; Güter 1991/92: 21% Maschinen und Transportausrüstungen, 20% Textilien und -fasern, 16% Brennstoffe, 12% Nahrungsmittel und leb. Tiere; Länder 1991/92: 11% Japan, 7% USA, 7% Hongkong, 7% Singapur, 6% Indien, 6% VR China; **Export**: 2272 Mio. $; Güter 1991/92: 22% Jute und -produkte, 8% Fisch und Fischereiprodukte, 7% Häute, Felle und Lederwaren, 3% Tee; Länder 1991/92: 29% USA, 8% Großbritannien, 5% Italien, 5% Belgien, 4% Singapur, 3% Japan – **Sonstiges**: Überweisungen von Bangladeschern im Ausland 1993: 900 Mio. $

Chronik Am 9. 1. **1997** wird der frühere Staatschef **Hussain Muhammad Ershad**, der 1982 durch einen Putsch an die Macht gelangt und nach seinem Sturz 1990 wegen Betrugs zu 13 Jahren Gefängnis verurteilt worden war, gegen Kaution **aus der Haft entlassen**. Opposition und Menschenrechtsgruppen protestieren gegen die Freilassung des Ex-Generals. *Ershad*, der im Juli 1996 bei den Parlamentswahlen aus dem Gefängnis heraus kandidierte und einen Parlamentssitz errang, ist Vorsitzender der Jatiya Party, die als Koalitionspartner die regierende Awami-Liga stützt. – Unter Ministerpräsidentin

Sheikh *Hasina Wajed* bemüht sich die pakistanische Regierung um eine Verbesserung der **Beziehungen zu Indien**, die seit dem Putsch gegen die indienfreundliche Regierung von *Mujibur Rahman* (1975) getrübt waren. Bereits am 12. 12. 1996 wird ein Abkommen über die Aufteilung des Ganges-Wassers (das Indien durch ein System von Staudämmen kontrolliert) geschlossen: Bangladesch erhält in den Trockenmonaten März bis Mai Zugang zum Wasserreservoir des Farraka-Stausees. Nach mehrmonatigen Verhandlungen kommt es am 9. 3. 1997 auch zu einer Einigung mit den von Indien unterstützten Aufständischen in den Chittagong-Bergen im Südosten des Landes. Vertreter der Stämme und der Rebellenbewegung Jana Shangati Samity (JSS) verzichten auf ihren Unabhängigkeitsanspruch und stimmen einem Plan zu, der **lokale Autonomie** vorsieht und eine Rückkehr der rd. 50 000 Flüchtlinge ermöglichen soll, die seit Jahrzehnten in Lagern in Indien leben. Der Konflikt war nach der Unabhängigkeit Bangladeschs 1971 entstanden, als die buddhistische Bevölkerung des Gebiets sich durch Ansiedlungs- und Industrialisierungsprojekte der Regierung bedrängt sah.

Bangladesch

Barbados *Mittel-Amerika; Karibik*

BDS (→ Karten VI, M 8, und VIII a, F 4)

Fläche (Weltrang: 181.): 430 km²

Einwohner (168.): F 1995 266 000 = 619 je km²

Hauptstadt: Bridgetown – Z 1990: 6070 Einw.

Amtssprache: Englisch

Bruttosozialprodukt 1995 je Einw.: 6560 $

Währung: 1 Barbados-Dollar (BDS$) = 100 Cents

Honorarkonsulat von Barbados
Am Karlsbad 11, 10785 Berlin, 030/2 54 67–258

Landesstruktur **Fläche**: 430 km² – **Bevölkerung**: Barbadier; (Z 1990) 257 082 Einw. – 92% Schwarze, 3,2% Weiße, 2,6% Mulatten – **Leb.-Erwart.** 1995: 76 J. – **Säugl.-Sterbl.** 1995: 0,9% – **Kindersterbl.** 1995: 1,0% – Jährl. **Bev.-Wachstum** ∅ 1985–95: 0,5% (Geb.- und Sterbeziffer 1994: 1,5%/0,9%) – **Analph.** 1995: unter 5% – **Sprachen**: Englisch; Bajan als Umgangssprache – **Religion**: 40% Anglikaner, 8% Pfingstbewegung, 7% Methodisten, 5% Katholiken; versch. andere christl. Kirchen und Sekten; Minderh. von Juden, Muslimen und Hindus – **Städt. Bev.** 1993: 46% – **Städte**: Speighstown, Bathsheba

Staat Parlamentarische Monarchie (im Commonwealth) seit 1966 – Verfassung von 1966 – Parlament: Repräsentantenhaus (House of Assembly) mit 28 gewählten und Senat mit 21 ernannten Mitgl.; Wahl alle 5 J. – Wahlrecht ab 18 J. – **Verwaltung**: 11 Distrikte – **Staatsoberhaupt**: Königin Elizabeth II., vertreten durch einheim. Generalgouverneur Sir Denys Williams – **Regierungschef**: Owen Arthur (BLP), seit 1994 – **Äußeres**: Billie Miller – **Parteien**: Wahlen vom 6. 9. 1994: Barbados Labour Party/BLP 19 Sitze (1991: 10), Democratic Labour Party/DLP 8 (18), Sonstige 1 (–) – **Unabh.**: 30. 11. 1966 (ehem. brit. Kolonie) – **Nationalfeiertag**: 30. 11. (Unabhängigkeitstag)

Wirtschaft **Währung**: 1 US-$ = 2,0388 BDS$; 1 DM = 1,2042 BDS$; Bindung an US-$ – **BSP** 1995: 1745 Mio. $ – **BIP** 1992: 3166 Mio. BDS$; realer Zuwachs ∅ 1980–88: 1,1% (1993: +1,0%); Anteil (1991) **Landwirtsch.** 6%, **Industrie** 17%, **Dienstl.** 77% – **Erwerbstät.** 1993: Landw. 6%, Ind. 20%, Dienstl. 74% – **Arbeitslosigkeit** 6/1994: 22,8% – **Energieverbrauch** 1994: 1375 kg ÖE/Ew. – **Inflation** ∅ 1985–95: 2,5% – **Ausl.-Verschuld.** 1993: 566 Mio. $ – **Außenhandel**

1993: **Import**: 573,7 Mio. $; Güter 1992: 23% Maschinen und Transportausrüstungen, 19% Industriegüter, 16% Nahrungsmittel und leb. Tiere; Länder 1991: 36% USA, 11% Großbritannien, 10% Trinidad und Tobago, 6% Japan, 6% Kanada; **Export**: 178,8 Mio. $; Güter 1991: 28% Industriegüter, 28% Zucker, Melasse, Sirup und Rum, 16% chem. Produkte, 14% Maschinen und Transportausrüstungen; Länder 1991: 20% USA, 16% Großbritannien, 16% Trinidad und Tobago, 6% Jamaika – **Tourismus** 1995: 927 302 Auslandsgäste, 1200 Mio. BDS$ Einnahmen

Staaten

Belarus → Weißrußland

Belgien *West-Europa*

Königreich Belgien; Koninkrijk België (flämisch); Royaume de Belgique (französisch) – B (→ Karte II, E 2/3)

Fläche (Weltrang: 137.): 30 518 km²

Einwohner (73.): F 1995 10 146 000 = 333 je km²

Hauptstadt: Brussel/Bruxelles (Brüssel) F Ende 1994 (A): 951 580 Einw.

Amtssprachen: Flämisch, Französisch, Deutsch

Bruttosozialprodukt 1995 je Einw.: 24 710 $

Währung: 1 Belg. Franc (bfr) = 100 Centimes

Botschaft des Königreichs Belgien
Kaiser-Friedrich-Str. 7, 53113 Bonn, 0228/20 14 50

Landesstruktur **Fläche**: 30 518 km²; davon Flandern 14 603 km², Wallonien 15 754 km²; Hauptstadtregion Brüssel 161 km² – **Bevölkerung**: Belgier; (Z 1991) 9 978 681 Einw. – 5 765 856 Flamen, 3 258 795 Wallonen, 66 445 Deutschsprachige; 904 528 Ausländer, davon 60% aus EU-Staaten – **Flüchtl.** Ende 1996: 6000 aus Bosnien-Herzegowina, 12 200 aus anderen Staaten – **Leb.-Erwart.** 1995: 77 J. – **Säugl.-Sterbl.** 1995: 0,8% – **Kindersterbl.** 1995: 1,0% – Jährl. **Bev.-Wachstum** ∅ 1985–95: 0,3% (Geb.- und Sterbeziffer 1995: 1,2%/1,1%) – **Analph.** 1995: unter 5% – **Sprachen** 1991: 57% Flämisch (Flamen im N), 42% Französisch (Wallonen im S), 0,6% Deutsch – **Religion** 1992: 88% Katholiken; 250 000 Muslime, 40 000 Protestanten, 35 000 Juden – **Städt. Bev.** 1995: 97% – **Städte** (F 1994): Antwerpen/Anvers 459 072 Einw. (mit Deurne u. a. Vororten), Gent/Gand 227 483, Charleroi 206 491, Liège/Luik (Lüttich) 192 393, Brugge/Bruges (Brügge) 116 273, Namur/Namen 105 014, Mons/Bergen 92 666, Kortrijk/Courtrai 76 040, Mechelen/Malines (Mecheln) 75 718, Oostende/Ostende 68 858, Hasselt 67 486

Staat Parlamentarische Monarchie seit 1831 – Verfassung von 1831, letzte Änderung 1993 – Bundesparlament: Abgeordnetenhaus (Chambre des Représentants bzw. Kamer van Volksvertegenwoordigers) mit 150 Mitgl. und Senat (Sénat bzw. Senaat) mit 71 Mitgl. (40 direkt gewählt und 31 durch Regionalparlamente ernannt); Wahl alle 4 J. – Wahlpflicht ab 18 J. – **Verwaltung**: 3 Regionen mit Parlamenten: Flandern, Wallonien und die Hauptstadtregion Brüssel; außerdem Rat der französischen Gemeinschaft und Rat der deutschsprachigen Gemeinschaft; 10 Provinzen, Hauptstadtregion Brüssel – **Staatsoberhaupt**: König Albert II., seit 1993 – **Regierungschef**: Jean-Luc Dehaene (CVP), seit 1992; Koalition aus CVP, PSC, PS und SP – **Äußeres**: Erik Derycke (SP) – **Parteien**: Wahlen vom 21. 5. 1995: Abgeordnetenhaus: Christlijke Volkspartij/CVP 29 der 150 Sitze (1991: 39 von 212), Parti Socialiste/PS 21 (35), Vlaamse Liberalen en Demokraten/VLD 21 (26), Socialistische Partij/SP 20 (28), Parti Réformateur Libéral-Front Démocratique des Bruxellois Francophones/PRL-FDF 18 (23), Parti Social-Chrétien/PSC 11 (18), Vlaams Blok/VB 11 (12), Ecolo (wallon. Grüne) 7 (10), Anders Gaan Leven/Agalev (fläm. Grüne) 5 (7), Volksunie/VU 5 (10), Front National/FN 2 (1), Sonstige – (3) – Senat: CVP 7 der 40 Direktmandate (1991: 20 von 106), SP 6 (14), VLD 6 (13), PS 5 (18), PRL-FDF 5 (10), PSC 3 (9), VB 3 (5), Ecolo 2 (6), VU 2 (5), Agalev 1 (5), Sonstige – (1) – **Unabh.**: 4. 10. 1830 – **Nationalfeiertag**: 21. 7. (Amtseid des 1. Königs Leopold I. 1831)

Wirtschaft **Währung**: 1 US-$ = 35,98 bfr; 1 DM = 20,63 bfrs – **BSP** 1995: 250 710 Mio. $ – **BIP** 1995: 269,1 Mrd. $; realer Zuwachs ∅ 1990–95: 1,1%; Anteil (1995) **Landwirtsch.** 2%, **Industrie** 29%, **Dienstl.** 69% – **Erwerbstät.** 1994: Landw. 3%, Ind. 28%, Dienstl. 69% – **Arbeitslosigkeit** ∅ 1996: 12,9% (S 1997: 12,7%) – **Energieverbrauch** 1994: 5120 kg ÖE/Ew. – **Inflation** ∅ 1985–95: 3,1% (S 1996: 2,0%, S 1997: 1,9%) – **Ausl.-Verschuld.** 1995: k. Ang. – **Außenhandel** 1995: (alle Ang. zus. mit Luxemburg) – **Import**: 4546 Mrd. bfrs; Güter: 16,2% Maschinen und Ausrüstungen, 13,1% Transportmittel, 11,3% leb. Tiere, Nahrungs- und Genußmittel, 10,8% chem. Produkte, 8,6% Eisen- und Stahlprodukte, 7,6% Mineralölerzeugnisse, 7,4% Schmuck, Edelsteine und -metalle, 6,1% Kunststoffe und Gummiartikel, 5,7% Textilerzeugnisse; Länder: 21% BRD, 17% Niederlande, 16% Frankreich, 9% Großbritannien, 6% USA, 4% Italien; **Export**: 4962 Mrd. bfrs; Güter: 15,1% Transportmittel, 13,1% chem. Produkte, 12,4% Maschinen und Ausrüstungen, 11,1% Eisen- und Stahlprodukte, 10,7% leb. Tiere, Nahrungs- und Genußmittel, 8,2% Kunststoffe und Gummiartikel, 7,0% Schmuck, Edelsteine und -metalle, 6,3% Textilerzeugnisse, 3,3% Mineralölprodukte; Länder: 22% BRD, 18% Frankreich, 13% Niederlande, 8% Großbritannien, 6% Italien, 4% USA – **Tourismus** 1993: 13,05 Mio. Auslandsgäste

Chronik Die Verhaftung des mutmaßlichen Hauptverantwortlichen für die **Ermordung mehrerer entführter und sexuell mißbrauchter Kinder** und Schlüsselfigur eines Rings von Kinderpornohändlern *Marc Dutroux*, am 13. 8. **1996**, sowie die Entdeckung der sterblichen Überreste von 4 Mädchen am 17. 8. und 3. 9. stürzen das Land in eine moralische und politische Krise. Die Nachrichten über das – im April 1997 durch einen parlamentarischen Untersuchungsausschuß bestätigte – Versagen von Polizei- und Justizbehörden bei der Suche nach den verschwundenen Kindern bzw. den Ermittlungen gegen Verdächtige nähren Spekulationen über ein Komplott von einflußreichen Hintermännern in Politik, Polizei und Justiz. Querverbindungen zwischen der Kinderschänderbande und Verdächtigen im Mordfall *Cools* (→ unten) werden von der Staatsanwaltschaft abgestritten. Sie erhalten neue Nahrung nach der Abberufung des Ermittlungsrichters im Fall *Dutroux*, *Jean-Marc Connerotte*, am 14. 10., die in der Öffentlichkeit heftige Empörung auslöst. Dem Richter, dem 1994 die Zuständigkeit im Fall *Cools* entzogen worden war, attestiert das Kassationsgericht mögliche Befangenheit, weil er an einer Wohltätigkeitsveranstaltung für die Familien der Opfer teilgenommen hatte. Unter dem Eindruck massiver Proteste, begleitet von Arbeitsniederlegungen und Angriffen auf Justizgebäude, kritisiert auch König *Albert II.* am 18. 10. Justiz- und Polizeibehörden und bezeichnet die Ereignisse um die Aufklärung der Taten als nationale Tragödie. Am 20. 10. gedenken auf dem »weißen Marsch« – der größten Demonstration in der Geschichte des Landes – zwischen 200 000 und 350 000 Menschen in Brüssel der ermordeten und verschwundenen Kinder. – Der Untersuchungsausschuß des Parlaments, der sich mit den Ermittlungspannen im Fall *Dutroux* befaßt, unterbreitet Mitte April **1997** Vorschläge zur Reform des Justizapparats; zu personellen Konsequenzen führen seine Beratungen vorläufig nicht. Auch der Vorschlag, eine landesweite Einheitspolizei zu schaffen, trifft auf Widerstand.

Eine **Welle von Skandalen** erschüttert die **Sozialistische Partei Walloniens** (PS) und verschärft die Krisensituation. Am 6. und 8. 9. **1996** erfolgen 5 Verhaftungen, darunter die des früheren wallonischen Regionalministers *Alain Van der Biest* (PS), der verdächtigt wird, Auftraggeber des Mordes am Vorsitzenden der PS und Ex-Staatsministers *André Cools* 1991 zu sein. Letzterer hätte zur Aufklärung des Agusta-Bestechungsskandals Ende der 80er Jahre beitragen können (→WA '97, Sp. 68). Im Zeichen der aufgeheizten öffentlichen Stimmung nimmt die Justiz im November Ermittlungen gegen den wallonischen Wirtschaftsminister und Vizepremier *Elio Di Rupo* (PS) und den Bildungsminister der Regionalregierung Walloniens, *Jean-Pierre Grafé* (PSC), wegen mutmaßlicher Sittlichkeitsdelikte auf. Während ein Sonderausschuß des Parlaments *Di Rupo* am 12. 12. entlastet, will die Staatsanwaltschaft gegen *Grafé*, der am 9. 12. von seinen politischen Ämtern zurücktritt, Anklage erheben. Am 22. 1. **1997** werden 2 Mitglieder der wallonischen PS, *Merry Hermanus* (ehemals PS-Fraktionsführer im Landesparlament) und *François Pirot* (Ministerpräsident Walloniens 1992–94), unter dem Verdacht verhaftet, an Korruptionsgeschäften mit der französischen Rüstungsfirma Dassault 1989 beteiligt gewesen zu sein. Von *Hermanus* der Mittäterschaft beschuldigt, tritt Anfang Februar der frühere SP-Vorsitzende und Ministerpräsident Walloniens, *Guy Spitaels*, als Präsident des Regionalparlaments zurück und wird Ende März wegen Bestechlichkeit angeklagt. Auch andere Politiker, u. a. *Busquin*, *Spitaels* Nachfolger als Parteivorsitzender (1992), geraten unter Verdacht, Schmiergeldzahlungen Dassaults entgegengenommen oder von ihnen gewußt zu haben. Untersuchungsrichter *Jean-Louis Prignon* bestätigt am 13. 7., daß der französische Industrielle *Serge Dassault* in Belgien nicht mehr Gefahr läuft, bei einem Grenzübertritt verhaftet zu werden.

Wirtschaft, Unternehmen: Am 4. 10. **1996** billigt das Parlament den **Haushaltsplan für 1997**, der im Zeichen der Erfüllung der Maastricht-Kriterien für den Beitritt zur Europäischen Währungsunion steht. Er sieht – vor allem in den Bereichen der Sozialleistungen und der öffentlichen Verwaltung – eine Etatkürzung von rd. 80 Mrd. bfr (rd. 4 Mrd. DM) und Goldverkäufe der Notenbank vor, die das Haushaltsdefizit unter 3% des BIP senken sollen. Aufgrund der Sondervollmachten, die der Regierung im Mai 1996 vom Parlament erteilt wurden (→ WA '97, Sp. 69), kann sie die geplanten Sparmaßnahmen zügig realisieren. Am 10. 7. stimmt das Parlament dem Verkauf von jährlich 26 Tonnen Gold aus den Goldreserven des Landes in Form von Gedenkmünzen zu. Die Einnahmen dürfen nur zur Rückzahlung von Auslandsschulden verwandt werden. – Heftige Reaktionen in der Öffentlichkeit und durch die Belegschaft erfährt die Ankündigung des französischen Autokonzerns Renault im Februar 1997, seinen seit 1925 bestehenden Betrieb in Vilvoorde bei Brüssel mit 3100 Beschäftigten zum Jahresende schließen zu wollen.

Belize *Mittel-Amerika*

BH (→ Karte VI, J 8)

Fläche (Weltrang: 148.): 22 965 km²

Einwohner (170.): F 1995 216 000 = 9,4 je km²

Hauptstadt: Belmopan – F 1996: 6490 Einw.

Amtssprache: Englisch

Bruttosozialprodukt 1995 je Einw.: 2630 $

Währung: 1 Belize-Dollar (Bz$) = 100 Cents

Honorarkonsulat von Belize
Lindenstr. 46-48, 74321 Bietigheim-Bissingen, 07142/39 25

Landesstruktur Fläche: 22 965 km², einschließlich 820 km² kleiner Inseln (Cays) – **Bevölkerung**: Belizer; (Z 1991) 189 392 Einw. – 43,6% Mestizen, 29,8% Kreolen, 11% Indianer (überw. Maya), 6,6% Garifuna; ferner Asiaten, Europäer – **Flüchtl.** Ende 1996: 5900 aus El Salvador, 2150 aus Guatemala, 650 andere – **Leb.-Erwart.** 1995: 69 J. – **Säugl.-Sterbl.** 1995: 3,2% – **Kindersterbl.** 1995: 4,0% – Jährl. **Bev.-Wachstum** ∅ 1985–95: 2,6% (Geb.- und Sterbeziffer 1994: 3,4%/0,5%) – **Analph.** 1991: 7% – **Sprachen**: Englisch und engl. Creole; 15% Spanisch; Garifuna (Carib), Maya, Ketchi, deutscher Dialekt (Mennoniten) – **Religion** 1993: 58% Katholiken, 28% Protestanten (u. a. 12% Anglikaner, 6% Methodisten, 4% Mennoniten); Minderh. von Muslimen, Hindus, Juden und Bahai – **Städt. Bev.** 1995: 47% – **Städte** (F 1996): Belize City 52 670 Einw., Orange Walk 14 960, San Ignazio/Santa Elena 11 315, Corozal 8020, Dangriga 6560, Benque Viejo 5990

Staat Parlamentarische Monarchie (im Commonwealth) seit 1981 – Verfassung von 1981 – Parlament: Repräsentantenhaus mit 29 alle 5 J. gewählten und Senat mit 8 durch den Generalgouverneur ernannten Mitgl. – Wahlrecht ab 18 J. – **Verwaltung**: 6 Distrikte – **Staatsoberhaupt**: Königin Elizabeth II., vertreten durch einheimischen Generalgouverneur Colville Norbert Young, seit 1993 – **Regierungschef**: Manuel Esquivel (UDP), seit 1993 – **Äußeres**: Dean O. Barrow – **Parteien**: Wahlen vom 30. 6. 1993: United Democratic Party/UDP und National Alliance for Belizean Right/NABR zus. 16 der 29 Sitze (1989: 13 von 28), People's United Party/PUP 13 (15) – **Unabh.**: 21. 9. 1981 (ehem. brit. Kolonie, bis 1973 Britisch Honduras) – **Nationalfeiertage**: 10. 9. (Schlacht von St. George) und 21. 9. (Unabhängigkeitstag)

Wirtschaft Währung: 1 US-$ = 2,0175 Bz$; 1 DM = 1,2025 Bz$; Bindung an US-$ – **BSP** 1995: 568 Mio. $ – **BIP** 1993: 673,4 Mio. Bz$; realer Zuwachs ∅ 1980–93: 5% (1994: +1,6%); Anteil (1993) **Landwirtsch.** 19%, **Industrie** 27%, **Dienstl.** 54% – **Erwerbstät.** 1993: Landw. 27%, Ind. 21%, Dienstl. 52% – **Arbeitslosigkeit** ∅ 1994: 13,1% – **Energieverbrauch** 1994: 417 kg ÖE/Ew. – **Inflation** ∅ 1985–95: 3,5% – **Ausl.-Verschuld.** 1993: 184,5 Mio. $ – **Außenhandel** 1993: **Import**: 561,8 Mio. Bz$; Güter: v. a. Maschinen und Transportausrüstungen, Industriegüter, Nahrungsmittel und leb. Tiere, Brennstoffe; Länder: 57% USA, 10% Mexiko, 10% Großbritannien; **Export**: 229,2 Mio. Bz$; Güter: 40% Zucker und Melasse, 12% Zitrusfrüchte, 12% Fischereiprodukte, 11% Bananen; Länder: 41% USA, 36% Großbritannien, 7% Kanada, 3% Mexiko – **Tourismus**: 328 760 Auslandsgäste (1995), 150 Mio. Bz$ Einnahmen (1994)

Benin *West-Afrika*

Republik Benin; République du Bénin – DY
(→ Karte IV, B 4)

Fläche (Weltrang: 100.): 112 622 km^2

Einwohner (99.): F 1995 5 475 000 = 49 je km^2

Hauptstadt: Porto Novo – Z 1992: 179 138 Einw.

Regierungssitz: Cotonou – Z 1992: 536 827 Einw.

Amtssprache: Französisch

Bruttosozialprodukt 1995 je Einw.: 370 $

Währung: CFA-Franc

Botschaft der Republik Benin
Rüdigerstr. 10, 53179 Bonn, 0228/94 38 70

Landesstruktur (Karte → WA '97, Sp. 72) **Fläche**: 112 622 km^2 – **Bevölkerung**: Beniner; (Z 1992) 4 915 555 Einw. – (S) rd. 60 Ethnien: über 80% Kwa-Gruppen (u. a. 39% Fon, 12% Yoruba, 11% Adja, 8% Bariba, 7% Somba, Gun u. a.), 6% Fulbe, Haussa; 3000 Europäer – **Flüchtl.** Ende 1996: 10 000 aus Togo – **Leb.-Erwart.** 1995: 48 J. – **Säugl.-Sterbl.** 1995: 8,5% – **Kindersterbl.** 1995: 14,2% – Jährl. **Bev.-Wachstum** ∅ 1985–95: 3,0% (Geb.- und Sterbeziffer 1995: 4,8%/1,7%) – **Analph.** 1995: 63% – **Sprachen**: Französisch; 60 afrikan. Sprachen, u. a. Ewe, Fon, Gun, Yoruba (im S); Mina (im W); Somba, Bariba, Dendi, Haussa, Fulani (im N) – **Religion** 1992: 65% Anhänger von Naturrel. (v. a. Voodoo), 18,5% Katholiken, 15% Muslime; 62 000 Methodisten – **Städt. Bev.** 1995: 42% – **Städte** (Z 1992): Djougou 134 099 Einw., Parakou 103 577

Staat Präsidialrepublik seit 1991 – Verfassung von 1990 – Parlament (Assemblée Nationale) mit 82 Mitgl., Wahl alle 4 J. – Direktwahl des Staatsoberh. alle 5 J. (einmalige Wiederwahl) – Wahlrecht ab 18 J. – **Verwaltung**: 6 Provinzen und 78 Distrikte – **Staatsoberhaupt**: Mathieu Kérékou, seit 1996 – **Regierungschef**: Adrien Houngbédji (PRD), seit 1996 – **Äußeres**: Pierre Osho – **Parteien**: Wahlen vom 28. 3. 1995 mit Nachwahlen vom 28. 5. 1995: Mouvement Présidentielle insg. 38 Sitze (1991: 37 von 64): Parti de la Renaissance du Bénin/RB 20, Union pour la Démocratie et la Solidarité Nationale/UDS 5, weitere 10 Parteien 13 Sitze; Opposition insg. 44 Sitze (27): Parti du Renouveau Démocratique/PRD 19, FARD-ALAFIA 10, Parti Social-Démocrate/PSD 8, Notre Cause Commune/NCC 3, Sonstige 4 – **Unabh.**: 1. 8. 1960 (ehem. franz. Kolonie, bis 1975 Dahomey) – **Nationalfeiertag**: 1. 8. (Unabhängigkeitstag)

Wirtschaft Währung: 1 US-$ = 587,77 CFA-Francs; 1 DM = 337,12 CFA-Francs; Wertverhältnis zum französischen Franc: 1 FF = 100 CFA-Francs – **BSP** 1995: 2034 Mio. $ – **BIP** 1994: 1522 Mio. $; realer Zuwachs ∅ 1990–94: 4,1%; Anteil (1994) **Landwirtsch.** 34%, **Industrie** 12%, **Dienstl.** 53% – **Erwerbstät.** 1992: Landw. 60%, Ind. 7%, Dienstl. 33% – **Arbeitslosigkeit** ∅ 1990 (S): 30% (Städte) – **Energieverbrauch** 1994: 20 kg ÖE/Ew. – **Inflation** ∅ 1985–95: 2,9% (S 12/94: 55%) – **Ausl.-Verschuld.** 1995: 1646 Mio. $ – **Außenhandel** 1993: **Import**: 360 Mio. $; Güter 1992: 45% Industriegüter, 25% Nahrungsmittel, 21% Maschinen und Transportausrüstungen, 7% Brennstoffe; Länder 1989: 19% Frankreich, 9% Niederlande, 7% USA, 7% Ghana, 6% Thailand, 6% Elfenbeinküste; **Export**: 115 Mio. $; Güter 1989: 60% Baumwolle, 21% Erdöl und -produkte, 5% Palmprodukte; Länder 1989: 21% USA, 12% Portugal, 11% VR China, 6% Nigeria

Bhutan *Süd-Asien*

Königreich Bhutan; Druk Gyal Khab, Kurzform: Druk-Yul – BHT (→ Karte V, D 3)

Fläche (Weltrang: 129.): 46 500 km^2

Einwohner (154.): F 1995 695 000 = 14,9 je km^2

Hauptstadt: Thimphu – F 1993: 30 300 Einw.

Winterhauptstadt: Punakha
S 1985 (Distrikt): 16 700 Einw.

Amtssprache: Dzongkha

Bruttosozialprodukt 1995 je Einw.: 420 $

Währung: 1 Ngultrum (NU) = 100 Chhetrum

Bhutan-Himalaya-Gesellschaft e. V.,
Postfach 19 03 27, 50500 Köln, 02204/2 20 60

Landesstruktur Fläche: 46 500 km^2 – **Bevölkerung**: Bhutaner; (F 1996) 684 000 Einw., davon ca. 100 000 in Nepal – (S) 60% Bhutija, Indoarier, v. a. Nepalesen (ca. 20%) – **Flüchtl.** Ende 1996: 121 800 in Anrainerstaaten – **Leb.-Erwart.** 1995: 52 J. – **Säugl.-Sterbl.** 1995: 12,2% – **Kindersterbl.** 1995: 18,9% – Jährl. **Bev.-Wachstum** ∅ 1985–95: 2,6% (Geb.- und Sterbeziffer 1995: 3,9%/1,5%) – **Analph.** 1995: 58% – **Sprachen**: Tibetobirmanische Sprachen (Bumthangkha, Sarchopkha, Tsangla, Dzongkha u. a.); indoarische Sprachen (v. a. Nepali) im S – **Religion** (Buddhismus ist Staatsreligion): 72% Buddhisten, etwa 20% Hindus, Muslime – **Städt. Bev.** 1995: 6% – **Städte**: k. Ang.

Staat Konstitutionelle Monarchie seit 1969 – Souveräner Staat seit 1971, wird von Indien außenpolitisch beraten und in den Bereichen Verteidigung und wirtschaftl. Entwicklung unterstützt – Ständeparlament (Tshogdu) mit 150 Mitgl., davon 105 Dorfnotabeln (alle 3 J. direkt gewählt), 33 Regierungsbeamte (z. T. vom König ernannt), 12 Vertreter buddhist. Klöster – Königlicher Rat (Lodoi Tsokde) mit 9 Mitgl. – Wahlrecht (1 Stimme pro Familie) für die Wahl der Dorfnotabeln – **Verwaltung**: 18 Distrikte – **Staats- und Regierungschef**: König (Druk-Gyalpo = Drachenkönig) Jigme Singye Wangchuk, seit 1972 – **Äußeres**: Lyonpo Dawa Tsering – **Parteien**: keine – **Unabh.**: Altes Fürstentum; Außenvertretung durch Indien 1949–1971; völlig unabh. seit 12. 2. 1971 – **Nationalfeiertage**: 17. 12. (Thronbesteigung des Königs Ugyen Wangchuk 1907) und 11. 11. (Geburtstag des Königs)

Wirtschaft **Währung**: 1 US-$ = 36,09 NU; 1 DM = 21,40 NU; 1 NU = 1 indische Rupie (ebenf. gesetzl. Zahlungsmittel) – **BSP** 1995: 295 Mio. $ – **BIP** 1992: 238 Mio. $; realer Zuwachs Ø 1980–91: 6,9 %; Anteil (1993) **Landwirtsch.** 40 %, **Industrie** 30 %, **Dienstl.** 30 % – **Erwerbstät.** 1993: Landw. 90 %, – **Arbeitslosigkeit**: k. Ang. – **Energieverbrauch** 1994: 33 kg ÖE/Ew. – **Inflation** Ø 1985–95: 8,4 % – **Ausl.-Verschuld.** 1993: 85 Mio. $ – **Außenhandel** 1988: **Import**: 1108,7 Mio. NU; Güter: v. a. Maschinenteile, Dieselöl, Reis; Länder 1993/94: 60 % Indien; **Export**: 989,8 Mio. NU; Güter 1989: v. a. Zement, Holz und Strom; Länder 1993/94: 87 % Indien – **Tourismus** 1994: 3968 Auslandsgäste, 3 Mio. $ Einnahmen

Birma → Myanmar

Bolivien *Süd-Amerika*

Republik Bolivien; República de Bolivia – BOL (→ Karte VII, C/D 5/6)

Fläche (Weltrang: 27.): 1 098 581 km²

Einwohner (88.): F 1995 7 414 000 = 6,7 je km²

Hauptstadt: Sucre – F 1993: 144 994 Einw.

Regierungssitz: La Paz – F 1993: 784 976 Einw. (A: 1,2 Mio.)

Amtssprachen: Spanisch, Ketschua, Aimará

Bruttosozialprodukt 1995 je Einw.: 800 $

Währung: 1 Boliviano (Bs) = 100 Centavos

Botschaft der Republik Bolivien
Konstantinstr. 16, 53179 Bonn, 0228/36 20 38

Landesstruktur **Fläche**: 1 098 581 km² – **Bevölkerung**: Bolivianer; (Z 1992) 6 420 792 Einw. – (Z 1982) 42 % Indianer (25 % Ketschua, 17 % Aymará; lt. S 1994 Indianer-Missionsrat/Cimi: insg. 71 %), 31 % Mestizen, 27 % Weiße und Kreolen – Anteil unter **Armutsgrenze** Ø 1981–95: 7,1 % – **Flüchtl.** Ende 1996: 500 aus Peru – **Leb.-Erwart.** 1995: 60 J. – **Säugl.-Sterbl.** 1995: 7,3 % – **Kindersterbl.** 1995: 10,5 % – Jährl. **Bev.-Wachstum** Ø 1985–95: 2,3 % (Geb.- und Sterbeziffer 1995: 3,5 %/1,0 %) – **Analph.** 1995: 17 % – **Sprachen**: Spanisch; Ketschua (etwa 40 %) und Aymará (über 30 %), im Tiefland Guaraní – **Religion**

1995: 92,5% Katholiken; etwa 50 000 Protestanten (u.a. 12 000 Mennoniten), Bahai – **Städt. Bev.** 1995: 58% – **Städte** (F 1993): Santa Cruz de la Sierra 767 260 Einw., Cochabamba 448 756, El Alto 446 189, Oruro 201 831, Potosí 123 327, Tarija 90 113 (1992)

Staat Präsidialrepublik seit 1967 – Verfassung von 1947 mit zahlr. Änderungen – Parlament: Abgeordnetenhaus (Cámara de Deputados) mit 130 und Senat (Senado) mit 27 Mitgl.; Wahl alle 5 J. – Direktwahl des Staatsoberh. alle 5 J. (keine Wiederwahl) – Wahlpflicht ab 21 J. (Verheiratete ab 18 J.) – **Verwaltung**: 9 Departamentos – **Staats- und Regierungschef**: Hugo Bánzer Suárez (ADN), seit 6. 8. 1997; Koalition aus ADN, MIR, UCS und Condepa – **Äußeres**: Javier Murillo de la Rocha (ADN) – **Parteien**: Wahlen vom 1. 6. 1997: Abgeordnetenhaus: Wahlbündnis Compromiso por Bolivia (Acción Democrática Nacionalista/ADN 32, Movimiento de la Izquierda Revolucionaria/MIR 23, Unidad Civica Solidaridad/UCS 21 und Conciencia de Patria/Condepa 19) 95 von 130 Sitzen, Movimiento Nacionalista Revolucionario/MNR 26, Movimiento Libre/MBL 5, Izquierda Unida/IU 4 (1993: MNR 52, Acuerdo Patriótico/AP [ADN und MIR] 35, UCS 20, Condepa 13, Movimiento Bolivia Libre MBL 7, Sonstige 3) – Senat: Wahlbündnis Compromiso por Bolivia (ADN 11, MIR 7, Condepa 3, UCS 2) 23 Sitze, MNR 4 (1993: MNR 17, AP 8, Condepa 1, UCS 1) – **Unabh.**: 6. 8. 1825 (ehem. span. Kolonie) – **Nationalfeiertag**: 6. 8. (Unabhängigkeitstag)

Wirtschaft Währung: 1 US-$ = 5,23 Bs; 1 DM = 3,00 Bs – **BSP** 1995: 5905 Mio. $ – **BIP** 1994: 6131 Mio. $; realer Zuwachs ∅ 1990–95: 3,8%; Anteil (1994) **Landwirtsch.** 16%, **Industrie** 32%, **Dienstl.** 52% – **Erwerbstät.** 1993: Landw. 40%, Ind. 13%, Dienstl. 46% – **Arbeitslosigkeit** ∅ 1994: 18,8% (Städte; rd. 25% Unterbeschäftigung) – **Energieverbrauch** 1994: 373 kg ÖE/Ew. – **Inflation** ∅ 1985–95: 18,5% (1996: 8%) – **Ausl.-Verschuld.** 1995: 5266 Mio. $ – **Außenhandel** 1996: **Import**: 1635 Mio. $; Güter 1995: 43% Kapitalgüter, 37% Zwischenprod. und Rohstoffe, 20% Konsumgüter; Länder 1995: 19% USA, 17% Brasilien, 11% Japan, 10% Argentinien, 7% Chile, 5% Peru, 4% BRD, 4% Belgien; **Export**: 1326 Mio. $; Güter 1995: 44% Erze, 13% Erdöl und Erdgas; 11% Sojabohnen, 7% Schmuck und Edelsteine, 7% Holz; Länder 1995: 24% USA, 12% Argentinien, 14% Großbritannien, 14% Peru, 5% BRD, 5% Kolumbien, 4% Niederlande und Belgien, 3% Frankreich – **Tourismus** 1993: 607 000 Auslandsgäste, 74 Mio. $ Einnahmen

Chronik Nach jahrelangen Verhandlungen wird am 4. 9. **1996** ein Vertrag über Bau und Betrieb der **ersten Erdgaspipeline von Bolivien nach Brasilien** unterzeichnet; 20% der Investitionskosten von rd. 2 Mrd. US-$ entfallen auf Bolivien. – Mit Protestmärschen nach Cochabamba und La Paz demonstrieren im September Kokabauern gegen die Politik der Regierung, die im Chapare, einem der weltweit größten Koka-Anbaugebiete, die Kokaplantagen vernichten und die Bauern zu Viehzucht und zum Anbau alternativer Produkte bewegen will. – Während des Besuchs von Präsident *Gonzálo Sánchez de Lozada* in Bonn wird am 16. 10. ein Umschuldungsabkommen unterzeichnet, das den Erlaß von bis zu einem Drittel der Gesamtforderungen von rd. 245 Mio. DM sowie einen langfristigen Zahlungsaufschub vorsieht. Deutschland gewährte Bolivien bisher 1,45 Mrd. DM Entwicklungshilfe. – Ein im Oktober vom Parlament trotz der Proteste von Grundbesitzern und Bauern verabschiedetes **Gesetz zur Landreform** sieht u.a. vor: Einführung einer neuen Vermögensteuer für landwirtschaftliche Nutzflächen, die das Halten von Land aus Spekulationsgründen einschränken soll und v.a. die Großgrundbesitzer in den östlichen Tiefebenen von Beni und Santa Cruz betrifft, Enteignung brachliegenden Agrarlandes sowie Vergabe von Landtiteln an Kleinbauern und indigene Gemeinschaften (am 15. 5. 1997 vergibt die Regierung die ersten 28 Landtitel). – Mit der **Kapitalisierung großer Teile der** in mehrere Unternehmen aufgeteilten **Erdölgesellschaft YPFB** endet am 5. 12. 1996 nach 59 Jahren das Staatsmonopol im Erdölsektor. Drei internationale Konsortien werden den Kaufpreis von 835 Mio. US-$ in diese neuen Firmen investieren und erhalten 50% der Anteile sowie die unternehmerische Kontrolle. Die anderen 50% gehen in zwei private Pensionsfonds, an dem alle Bolivianer, die an einem bestimmten Stichtag mindestens 18 Jahre alt waren, zu gleichen Teilen beteiligt sind (→ unten). – Die von Sicherheitskräften unterdrückten Proteste von Bergleuten in zwei Goldminen im Norden von Potosí fordern Ende Dezember elf Menschenleben. – Ein Treffen der Konsultativgruppe für Bolivien, an dem 15 internationale Organisationen und 17 Geberstaaten teilnehmen, endet am 11. 4. **1997** in Paris mit neuen Hilfszusagen für 1997 von 650 Mio. US-$, v.a. langfristige Kredite zu Vorzugsbedingungen; unterstützt werden die 1985 eingeleiteten, von dem seit 1993 amtierenden Präsidenten *Sánchez* vorangetriebenen und mit sozialen Härten verbundenen Bemühungen um eine soziale und wirtschaftliche Umstrukturierung sowie die langfristigen Maßnahmen zur Armutsbekämpfung. 70% der Bevölkerung leben in Armut. – Am 1. 5. wird die **Altersversorgung** vom bisherigen staatlichen Umlageverfahren auf ein privatwirtschaftliches Pensionssystem umgestellt, das auf dem Kapitaldeckungsverfahren basiert; das staatliche Pensionssystem und die parastaatlichen Zusatzkassen werden in die neue Altersversorgung integriert. Der Anfangsbestand der beiden jeweils von Konsortien unter spanischer Führung verwalteten, der staatlichen Kontrolle unterstellten, privaten Pensionsfonds beträgt 1,7 Mrd. US-$ aus der Privatisierung und Kapitalisierung von Staatsunternehmen. Das neue Rentengesetz war Ende November 1996 trotz heftiger Proteste von Arbeitern, Gewerkschaften und Pensionären verabschiedet worden. – Bei den **Parlamentswahlen** am 1. 6. 1997, bei denen als Folge einer Wahlrechtsreform u. a. erstmals die Hälfte der Parlamentarier des Abgeordnetenhauses direkt gewählt werden und für die Parteilisten eine Frauenquote gilt, erhält das erst wenige Tage vor den Wahlen gebildete Parteienbündnis Compromiso por Bolivia, dem von den bisherigen Oppositionsparteien die konservative Acción Democrática Nacionalista (ADN), die sozialdemokratische Movimiento de la Izquierda Revolucionaria (MIR) und die populistische Conciencia de Patria (Condepa) sowie die an der bisherigen Koalitionsregierung beteiligte populistische Unidad Cívica Solidaridad (UCS) angehören, zusammen 95 von 130 Mandaten im Abgeordnetenhaus und 23 der 27 Sitze im Senat. Auf die regierende Movimiento Nacionalista Revolucionario (MNR) entfallen 26 bzw. 4 Mandate. Bei den gleichzeitig stattfindenden **Präsidentschaftswahlen** erreicht keiner der zehn Kandidaten die absolute Mehrheit. Der ehem. Diktator General *Hugo Bánzer Suárez* (ADN), der 1971 nach einem Militärputsch an die Macht gekommen und 1978 durch einen Militärputsch zum Rücktritt gezwungen worden war, erhält rd. 22% der Stimmen und der ehem. Senatspräsident *Juan Carlos Durán* (MNR) 17,7%; auf den ehem. Präsidenten *Jaime Paz Zamora* (MIR), den Unternehmer *Ivo Kuljis* (UCS) und die Aymara-Indianerin *Remedios Loza* (Condepa) entfallen je 16–17% der Stimmen. Bei den Stichwahlen im Parlament am 4. 8., die erstmals zwischen den beiden Erstplazierten stattfinden müssen, kann sich *Bánzer* mit 115 von 157 Stimmen gegen *Durán* durchsetzen. Bei seiner Vereidigung am 6. 8. spricht sich Präsident *Bánzer* für eine grundsätzliche Fortsetzung der Reformen in Wirtschaft und Politik aus; Priorität habe jedoch die Armutsbekämpfung. Die Amtszeit des Präsidenten und der Parlamentarier beträgt künftig

fünf (bisher vier) Jahre. In der neuen Koalitionsregierung werden *Javier Murillo de la Rocha* Außenminister und *Fernando Kieffer Guzman* Verteidigungsminister (beide ADN).

Bosnien-Herzegowina

Südost-Europa

Republik Bosnien-Herzegowina; Republika Bosna i Hercegovina – BIH (→ Karte III, F 3)

Fläche (Weltrang: 125.): 51 129 km²

Einwohner (110.): F 1995 4 383 000 = 86 je km²

Hauptstadt: Sarajevo – S 1993: 383 000 Einw.

Amtssprachen: Bosnisch, Kroatisch, Serbisch

Bruttosozialprodukt S 1995 je Einw.: unter 765 $

Währung: 1 Bosnisch-herzegowinischer Dinar (BHD) = 100 Para

Botschaft der Republik Bosnien u. Herzegowina St. Augustin-Str. 21, 53173 Bonn, 0228/31 60 45

Landesstruktur **Fläche**: 51 129 km²; davon Bosnien 42 010 km² und Herzegowina 9 119 km² – **Bevölkerung**: Bosnier; (Z 1991) 4 364 574 Einw. – 43,7% Bosniaken (ethn. Muslime), 31,4% Serben, 17,3% Kroaten, 5,5% Jugoslawen (Eigenbezeichnung), 0,3% Montenegriner u. a.; (S 1994): insg. 2,9 Mio., davon 1,2 Mio. Bosniaken, 892 000 Serben, 511 000 Kroaten, 230 000 Sonstige – **Flüchtl.** Ende 1996: 1 Mio. Binnenflüchtlinge; 320 000 in Deutschland, 250 000 in Jugoslawien, 160 300 in Kroatien, 73 000 in Österreich, 55 000 in Schweden, je 25 000 in der Schweiz und in den Niederlanden, 19 000 in Dänemark, 13 000 in Großbritannien, 12 000 in Frankreich, 11 000 in Norwegen, 10 300 in Slowenien, 10 000 in Italien – **Leb.-Erwart.** 1995: 73 J. – **Säugl.-Sterbl.** 1995: 1,5% – **Kindersterbl.** 1995: 1,7% – Jährl. **Bev.-Wachstum** ∅ 1985–93: 0,1% (Geb.- und Sterbeziffer 1995: 1,4%/0,8%) – **Sprachen**: Bosnisch, Kroatisch (latein. Alphabet), Serbisch (kyrill. Alphabet) – **Religion** 1991: 44% Muslime (v. a. Sunniten), 31% Serbisch-Orthodoxe, 17% Katholiken – **Städt. Bev.** 1995: 49% – **Städte** (Z 1991): Zenica 145 577 Einw., Banja Luka 142 644, Mostar 126 067; (S Mitte 1995) Tužla 230 000, Bihać 200 000

Staat Republik seit 1992 – Neue Verfassung seit 1995 in Kraft – Zweikammerparlament: Abgeordnetenhaus mit 42 direkt gewählten Mitgl. (28 aus der Bosniakisch-Kroat. Föderation/BKF und 14 aus der Serb. Republik/RS; Wahl alle 4 J.) und Kammer der Völker mit 15 für 4 J. gewählten Mitgl. (5 Bosniaken, 5 Kroaten, 5 Serben) – direkt gewähltes 3köpfiges Präsidium (aus je 1 Bosniaken, Kroaten, Serben), Wahl alle 2 J. – Wahlrecht ab 18 J. – **Verwaltung**: 2 Gebietseinheiten und gemeinsam verwaltete Hauptstadt – **Staatsoberhaupt**: Alija Izetbegović (Vorsitz aufgrund der höchsten Stimmenzahl), Krešimir Zubak, Momčilo Krajišnik, seit 23. 10. 1996 – **Regierungschef**: Haris Silajdžić und Boro Bosić (wechseln sich wöchentlich ab), seit 3. 1. 1997 – **Äußeres**: Jadranko Prlić (Kroate) – **Parteien**: Parlamentswahlen am 14. 9. 1996: Demokratische Aktionspartei/SDA (Bosniaken) 19 Sitze, Serb. Demokratische Partei/SDS 9, Kroatische Demokratische Gemeinschaft/HDZ 8, Vereinigte Liste/ZL (u. a. Sozialistische Demokratische Partei [ehem. Kommunisten] 2, Partei für Bosnien-Herzegowina/SBiH 2, Liga für Frieden und Fortschritt/SMP 2 – **Unabh.**: Souveränitätserklärung am 15. 10. 1991; Ausrufung der Republik am 9. 1. 1992 – **Nationalfeiertag**: 1. 3. (Unabhängigkeitsreferendum 1992)

Wirtschaft **Währung**: 1 US-$ = 173,17 BHD; 1 DM = 100,25 BHD – **BSP**: k. Ang. – **BIP** 1995: 1000 Mio. $ – **Erwerbstät.**: k. Ang. – **Arbeitslosigkeit** ∅ 1995 (S): 80% – **Energieverbrauch** 1994: 348 kg ÖE/Ew. – **Inflation** ∅ 1995: 30% (S) – **Ausl.-Verschuld.** 1995: 3361 Mio. $ – **Außenhandel** 1991: **Import**: k. Ang.; **Export**: 2187 Mio. $; Güter: Eisenerze, Holzkohle, Steinsalz, Blei, Zink, Mangan, Bauxit, Baryt, landwirtschaftl. Prod. (Tabak, Früchte) u. a.

Gebietseinheiten

Bosniakisch-kroatische Föderation (BKF): Gründung am 31. 5. 1994 – Verfassung vom 31. 5. 1994 – Parlament: Abgeordnetenhaus mit 140 für 4 J. gewählten Mitgl. und Kammer der Völker mit 74 Mitgl. – Wahl von Präs. u. Vizepräs. durch beide Kammern [rotierende Mandate für jeweils 1 J.], Min.-Präs. muß jeweils der and. Volksgruppe als der Präs. angehören) – *Präsident:* Krešimir Zubak (Kroate), seit 1994 – *Vizepräsident:* Ejup Ganić – *Regierungschef:* Edhem Bicakcić, seit 20. 12. 1996 – Wahlen vom 14. 9. 1996: SDA 78 Sitze, HDZ 35, ZL 11, SBiH 11, Demokratische Volkspartei/DNZ 3, Sonstige 2

Serbische Republik (Republika Srpska/RS): Proklamation durch Serben am 27. 3. 1992 – Verfassung von 1992 mit Änderungen von 1996 – Parlament (Nationalversammlung) mit 83 für 4 J. gewählten Mitgl. mit Sitz in Banja Luka – Staatsführung mit Sitz in Pale – *Präsidentin*: Biljana Plavšić (Serb. Demokrat. Partei/SDS), seit 30. 6. 1996 – *Regierungschef*: Gojko Klicković, seit 18. 5. 1996 – *Äußeres:* Aleksa Buha – Wahlen vom 14. 9. 1996: SDS 45 Sitze, SDA 14, SMP 10, Sonstige 14

Chronik Die Wahlen am 14. 9. 1996 und die Einsetzung der politischen Institutionen im Rahmen einer brüchigen Konstruktion des gemäß dem Friedensvertrag von Dayton (→ WA '97, Sp. 87f.) neu konstituierten Staates Bosnien und Herzegowina gegen Ende des ersten Nachkriegsjahres manifestieren den Übergang zu einer **Normalität des kalten Krieges** zwischen den weiterhin auseinanderstrebenden Volksgruppen der Bosniaken, Kroaten und Serben und ihrer Gebietseinheiten, der Bosniakisch-kroatischen Föderation (BKF) und der Serbischen Republik (Republika Srpska/RS). Während letztere sich vertraglich an den serbischen Bundesstaat der BR Jugoslawien zu binden sucht (→ unten), streben auch die herzegowinischen Kroaten nach wie vor besondere Beziehungen zu Kroatien mit dem Ziel der Vereinigung an. Von den Garantiemächten des Dayton-Vertrages mit Nachdruck verlangte Ansätze einer institutionellen Konsolidierung finden keine Entsprechung in der sozialen Integration des Gesamtstaats. Von der formell garantierten Bewegungs- und Niederlassungsfreiheit über die Grenzen ihres Teilstaats hinaus können die Bürger nach wie vor faktisch keinen Gebrauch machen; Flüchtlinge können nicht in ihre Heimat zurückkehren, wenn sie der dort dominierenden Volksgruppe nicht angehören; die unsichere politische Lage verhindert vielerorts den Wiederaufbau. Angesichts der militärischen Präsenz der IFOR bzw. SFOR (→ unten) kommt es jedoch nicht zu massiven Zusammenstößen oder gegeneinander gerichteten militärischen Bewegungen der früheren Kriegsparteien. – Die Bemühungen, mutmaßliche Kriegsverbrecher vor den Internationalen Gerichtshof in Den Haag zu bringen, gewinnen an politischer Priorität, je näher der Abzugstermin der SFOR-Truppen naht, die allein politisch und sicherheitstechnisch heikle Festnahmen absichern können.

Wahlen: Entsprechend dem Dayton-Friedensabkommen finden am 14. 9. **1996** Wahlen für das **Präsidium und das Parlament des Bundesstaates** statt. In der RS, die noch vor den Wahlen ihre Verfassung geändert hat und dabei die Bestimmungen Unabhängigkeit und Souveränität gestrichen hat, werden neben den 14 der 42 Mitglieder des gesamtstaatlichen Parlaments auch die Abgeordneten des Landesparlaments (Nationalversammlung) und der Präsident gewählt. In der BKF sind neben den 28 Abgeordnetenmandaten des Bundesstaats die der 1. Kammer des Landesparlaments sowie der 10 Kantonsvertretungen zu besetzen (der Präsident der BKF wird vom Parlament bestellt). Trotz zahlreicher Unregelmäßigkeiten bei der Durchführung werden die Wahlen von dem Vorsitzenden der Organisation für Sicherheit und Zusammenarbeit in Europa (OSZE), *Flavio Cotti*, am 30. 9. für gültig erklärt. Bei der Wahl für das **Staatspräsidium**, das aus je einem Repräsentanten der Serben, der Kroaten und der Bosniaken besteht, erzielt der amtierende bosniakische Staatspräsident *Alija Izetbegović* (Partei der Demokratischen Aktion/SDA) als Vertreter der größten Volksgruppe am meisten Stimmen vor dem Serben *Momčilo Krajišnik* (Serbische Demokratische Partei/SDS, Parlamentspräsident der RS) und dem Kroaten *Krešimir Zubak* (Kroatische Demokratische Gemeinschaft/HDZ, zugleich Präsident der Bosniakisch-kroatischen Föderation). *Izetbegović* übernimmt für die Dauer der Amtsperiode bis Ende 1998 den Vorsitz des Gremiums. Unter den 29 Parteien, die zur Wahl für das **Parlament** antreten (17 in der BKF, 12 in der RS), verzeichnet das Wahlergebnis die bisher dominierenden nationalen Parteien der 3 Volksgruppen auf der Bundesstaats- wie auf der Landesebene als Sieger: die bosniakische SDA, die als einzige der großen Parteien in beiden Teilstaaten kandidiert (Gesamtstaat: 37,9%, BKF: 55%, RS 17,8%); die serbische SDS (Gesamtstaat: 24,1%, RS 54,4%); die kroatische HDZ (Gesamtstaat: 14,1%, BKF 23%).

Politische Institutionen: Die Feindschaft der drei Volksgruppen prägt auch den Aufbau und die Arbeit der Gremien des Bundesstaats sowie der BKF nach den Wahlen. Erst diplomatische Interventionen der internationalen Bosnien-Kontaktgruppe unter Führung der USA und die Drohung mit der Einschränkung der Wiederaufbauhilfe veranlassen die 3 Mitglieder des Staatspräsidiums, sich auf Modalitäten ihres Umgangs miteinander und die Sitzungsorte zu verständigen sowie gemeinsam an der internationalen Bosnien-Konferenz am 14./15. 11. **1996** teilzunehmen. – Am 1. 12. billigt das Staatspräsidium die **Struktur der ersten Nachkriegsregierung**, die vom Bundesparlament auf seiner konstituierenden Sitzung am 3. 1. **1997** bestätigt wird. Vorsitzende des Ministerrats, die sich wöchentlich als Regierungschefs abwechseln, werden der Bosniake *Haris Silajdžić* (Partei für Bosnien-Herzegowina/SBiH, Ministerpräsident 1993–96) und der Serbe *Boro Bosić* (SDS). Beider Stellvertreter ist

ein Kroate. Der bisherige Ministerpräsident, der Bosniake *Hasan Muratović* (SDA), wird Minister für Wirtschaft und Außenhandel. Zu einem politischen Zusammenwirken der drei Volksgruppen in den gesamtstaatlichen Gremien kommt es faktisch nicht. So wird u. a. keine Einigung über Gesetze zur Bildung einer Zentralbank, zur Staatsbürgerschaft und zum Paßwesen erzielt. Am 8. 8. gelingt es dem amerikanischen Sondergesandten *Richard Holbrooke* in Sarajevo, das Staatspräsidium zu einer Einigung über die Besetzung von rd. 30 Botschafterposten zu bewegen, nachdem die USA und EU ihre Kontakte zu den amtierenden Botschaften Anfang August abbrachen.

Friedenssicherung, Wiederaufbau: Am 20. 12. **1996** löst die **Stabilization Force (SFOR)** die Implementation Force (IFOR) (→ WA '97, Sp. 87) als neue internationale Friedenstruppe in Bosnien-Herzegowina ab. Sie wird nur von NATO-Staaten gestellt, ist um fast die Hälfte kleiner (31 000 Mann, unter ihnen 3000 der deutschen Bundeswehr) und mit einem Mandat des UN-Sicherheitsrats (13. 12.) für 18 Monate ausgestattet. – Angesichts der geringen Fortschritte bei der Umsetzung des Friedensabkommens kündigen die Außenminister der Garantiemächte am 30. 5. an, nur noch den ehem. Bürgerkriegsparteien die versprochene materielle Hilfe zu gewähren, die ihrerseits aktiv den Friedensprozeß und den gemeinsamen Wiederaufbau fördern. 1996 wurden Bosnien-Herzegowina rd. 2 Mrd. US-$ für den Wiederaufbau zur Verfügung gestellt. Die **Kosten für** das gesamte **Aufbauprogramm** werden für den Zeitraum 1996–99 auf 5,1 Mrd. US-$ geschätzt. Die serbische Republik wird von der weiteren Wiederaufbauhilfe ausgeschlossen, solange sich die dortigen Behörden weigern, mit dem Internationalen Kriegsverbrechertribunal ITCY in Den Haag zusammenzuarbeiten.

Serbische Republik (RS): Auf internationalen Druck hin entläßt die Präsidentin der RS, *Biljana Plavšić*, am 9. 11. **1996** den bosnisch-serbischen Oberbefehlshaber *Ratko Mladić* und weitere hohe Offiziere. Die Auslieferung von *Mladić* und des früheren Präsidenten und nach wie vor einflußreichen bosnischen Serbenführers *Radovan Karadžić* als Hauptangeklagte an den Internationalen Militärgerichtshof in Den Haag (ITCY, → WA '97, Sp. 871) lehnt *Plavšić* ab. Unterstützt vom Generalstab, gibt *Mladić* den Widerstand gegen seine Abberufung erst Ende November auf. – Im März 1997 schließen Jugoslawien und die RS ein Abkommen über die **Herstellung »besonderer Beziehungen«** u. a. mit dem Ziel eines Gemeinsamen Marktes. Staatspräsident *Izetbegović* und

Staaten

Regierungschef *Silajdžić* sowie der Internationale Beauftragte für den Wiederaufbau in Bosnien-Herzegowina, *Carl Bildt*, erklären das Abkommen für ungültig, weil es nicht vom Parlament des Gesamtstaats Bosnien-Herzegowina ratifiziert wurde. – Der Machtkampf zwischen *Karadžić*, der sich auf das Parlament und die Regierung in Pale stützen kann, und der in Banja Luka residierenden Präsidentin *Biljana Plavšić* spitzt sich zu, seit die Präsidentin ihre Bereitschaft signalisiert hat, sich gegenüber den Forderungen der Garantiemächte des Dayton-Abkommens kompromißbereit zu zeigen. Nach der von ihr dekretierten Entlassung des Innenministers der RS, des *Karadžić*-Vertrauten *Dragan Kijać*, der sich geweigert hatte, mit der Internationalen Polizeitruppe IPTF (verantwortlich für die Festnahme mutmaßlicher Kriegsverbrecher) zusammenzuarbeiten, stellt *Plavšić* sich am 1. 7. unter den Schutz der SFOR und wirft der Regierung *Klicković* in Pale Mißwirtschaft und Korruption vor. Auf die Einleitung eines Mißtrauensvotums gegen die Präsidentin durch das Parlament reagiert sie am 2. 7. mit dessen sofortiger Auflösung und setzt Neuwahlen zum 1. 9. an. Die Regierung ruft daraufhin das Verfassungsgericht an, das die Erlasse der Präsidentin am 15. 8. anulliert, während sich der Generalstab vorläufig für neutral erklärt. Am 5. 7. erklärt das Parlament die Präsidentin, die der Verfassung nach nur durch einen Volksentscheid gestürzt werden kann, mit einfacher Mehrheit für abgesetzt. Der Vertreter der OECD, *Robert Frowick*, der Hohe Repräsentant für Bosnien-Herzegowina, *Carlos Westendorp*, und der US-Sondergesandte für das ehem. Jugoslawien, *Robert Gelbard*, erklären *Plavšić* für die legale Repräsentantin der Republika Srpska und sichern ihr uneingeschränkte Unterstützung in der Auseinandersetzung mit den Machthabern in Pale zu. Nach einem Treffen mit *Krajišnik*, einem engen Vertrauten von *Karadžić*, droht *Gelbard* mit »schwersten nur denkbaren Konsequenzen«, sollte sich die Politik gegenüber der Präsidentin nicht ändern.

Bosniakisch-kroatische Föderation: Am 31. 12. 1996 läuft die **EU-Mission in Mostar**, Gebietshauptstadt Herzegowinas, aus (→ WA '97, Sp. 83). Während sie den Wiederaufbau der Stadt durch die Mobilisierung von öffentlichen und privaten Hilfsgeldern aus den europäischen Staaten erheblich gefördert hat, verfehlt sie ihr weiteres Ziel, die politisch-ethnische Teilung der Stadt zu überwinden. Die »ethnische Säuberung« des kroatischen West-Mostar von muslimischen Mitbürgern ist weit fortgeschritten und wird auch **1997** fortgesetzt.

Brčko: Die internationale Schiedskommission verschiebt am 14. 2. **1997** den endgültigen Entscheid über die **Zugehörigkeit der Stadt Brčko**, seines (mehrheitlich bosniakisch bewohnten) Umlandes und des Posavina-Korridors, der die beiden Teile der RS verbindet, um 13 Monate. So lange soll die serbische Verwaltung unter der Kontrolle eines US-amerikanischen Supervisors weiterarbeiten, der die Durchsetzung der Bestimmungen des Dayton-Friedensvertrages gewährleisten soll. Der Spruch wird im allgemeinen als De-facto-Anerkennung des serbischen Besitzanspruchs interpretiert.

Kriegsverbrechen: Das Internationale Kriegsverbrechertribunal in Den Haag (ITCY) verhängt in seinem ersten Urteil nach einem sog. Vorurteilsverfahren gegen den **bosnischen Kroaten** *Dražen Erdemović* am 29. 11. **1996** eine zehnjährige Haftstrafe wegen Beteiligung an der Ermordung von etwa 1200 Menschen im Juli 1995 bei Srebenica. Den ersten regulären Prozeß schließt es mit einem Schuldspruch am 7. 5. **1997** gegen den **bosnischen Serben Duško Tadič** ab, gegen den die Verteidigung Revision einlegt. Am 1. 7. bemißt das Gericht die Strafe für *Tadič* auf 20 Jahre Haft. – Im ersten deutschen Prozeß wegen eines Kriegsverbrechens in Bosnien und im ersten Völkermordprozeß in Deutschland seit den Nürnberger Prozessen (1945/46) verurteilt das Bayerische Oberste Landesgericht am 21. 5. den **bosnischen Serben Novislav Djajić** u. a. wegen

Bosnien-Herzegowina: Streit um Posavina-Korridor

Beihilfe zum Mord in 14 Fällen zu 5 Jahren Haft. Der ITCY hatte das Verfahren wegen Überlastung an das Gericht in München abgegeben. – Am 24. 6. eröffnet der ITCY den Prozeß gegen den ehem. Kommandeur der Truppen des bosnischen Kroatischen Verteidigungsrates (HVO), **General Tihomir Blaskić**. Der bisher ranghöchste Angeklagte vor dem Gericht, der sich nach internationaler Intervention im April 1996 dem Gerichtshof selbst gestellt hatte (→ WA '97, Sp. 86), wird beschuldigt, im April 1993 im Zuge »ethnischer Säuberungen« Verbrechen gegen die Menschlichkeit, Verstöße gegen das Kriegsrecht und die Genfer Völkerrechtskonvention begangen zu haben. *Blaskić* bestreitet die Vorwürfe. – Nach der Festnahme des ehem. serbischen Bürgermeisters von Vukovar in Kroatien durch ITCY- Ermittler und UN-Soldaten am 27. 6. (→ Kroatien) teilt die Chefanklägerin des ITCY am 30. 6. mit, das

Tribunal habe begonnen, mit nichtöffentlichen Anklagen zu arbeiten, um mehr mutmaßliche Kriegsverbrecher vor Gericht stellen zu können. Auf dieser Basis nehmen britische SFOR-Soldaten bei der ersten Razzia im serbischen Teil Bosniens am 10. 7. den Krankenhausdirektor von Prijedor fest und töten den früheren Polizeichef des Ortes, der sich seiner Verhaftung mit Waffengewalt zu entziehen versucht hat.

Rückkehr der Flüchtlinge: Das UN-Flüchtlingshilfswerk (UNHCR) und die westlichen Staaten verständigen sich am 16. 12. **1996** in Genf darauf, daß ab 1997 bosnische Flüchtlinge auch zwangsweise in ihre Heimat zurückgeführt werden können, wenn sie dort in die von ihrer eigenen Volksgruppe kontrollierten Gebiete gelangen. Nach Angaben der UN-Hochkommissarin *Sadako Ogata* soll dies 1997 insgesamt rd. 200 000 Flüchtlinge aus westlichen Staaten und

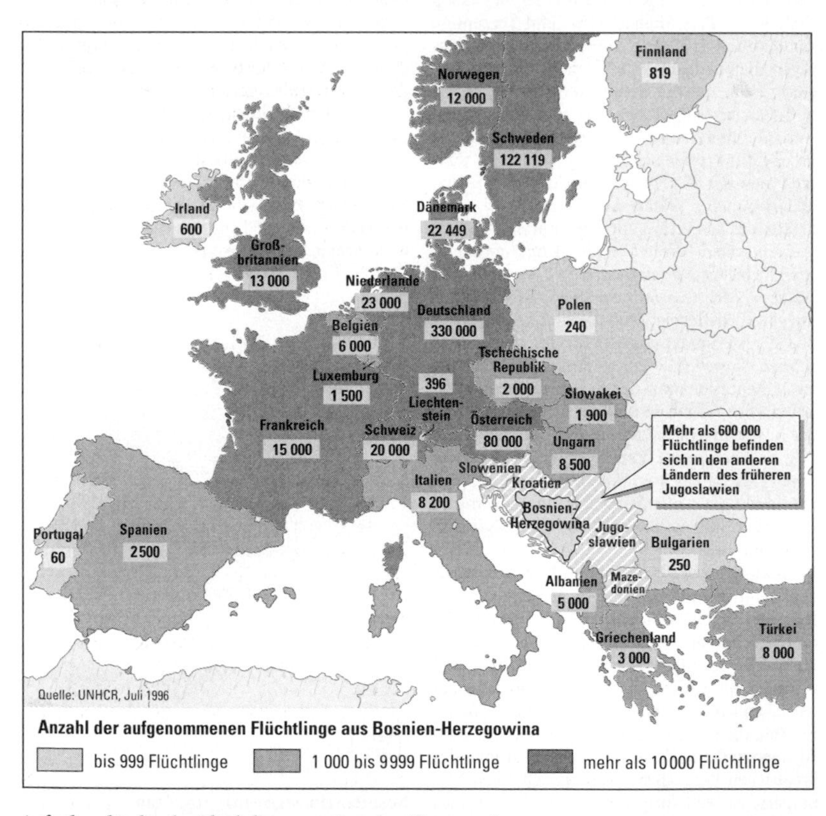

Aufnahmeländer der Flüchtlinge aus Bosnien-Herzegowina

Staaten

je 30 000 aus der BR Jugoslawien und Kroatien betreffen, nachdem 1996 250 000 zurückgekehrt seien. Bis Ende 1998 soll die **abgestufte Repatriierung aller Flüchtlinge** und Vertriebenen (zwischen 2,15 und 2,3 Mio.) abgeschlossen werden. Die Rückkehr gemischter Familien, ehem. Häftlinge und Opfer von Gewalttaten soll zuletzt erfolgen. – Nachdem seit dem Dayton-Friedensabkommen nach Schätzungen der Bundesregierung zwischenzeitlich rd. 30 000 der ursprünglich rd. 324 000 bosnischen Flüchtlinge aus freien Stücken und mit staatlichen Finanzhilfen aus Deutschland in ihre Heimat zurückgekehrt sind, beginnt Bayern im Mai **1997** mit der **zwangsweisen Abschiebung der ersten Flüchtlinge** aus Bosnien nach Sarajevo. Am 7./8. 6. beschließen die Innenminister von Bund und Ländern, die etwa 150 000 bosniakischen und kroatischen Flüchtlinge aus Gebieten der Republika Srpska (RS) zunächst nicht abzuschieben, weil sie dort akut gefährdet wären. – Mit den im Sommer 1997 zunehmenden **Vertreibungen und Gewalttaten gegen Rückkehrer** auf dem Gebiet der Bosniakisch-kroatischen Föderation droht der Rückführungspolitik der Zufluchtsländer auch für diese Region ein Rückschlag. Anfang August vertreiben bosnische Kroaten rd. 500 muslimische Rückkehrer in der Nähe der von Kroaten kontrollierten Stadt Jajce und zerstören ihre Häuser. Nach den Vorfällen friert die deutsche Bundesregierung die für den Wiederaufbau von Jajce bestimmten Hilfsmittel (rd. 1 Mio. DM) ein.

Sonstige wichtige Ereignisse: Am 12./13. 4. **1997** holt **Papst Johannes Paul II.** seinen im September 1994 verschobenen Besuch in Sarajevo nach. Unter dem Beifall der 45 000 Besucher im Kosevo-Stadion rügt er in seiner Ansprache die europäischen Staaten, die in der Vergangenheit nicht immer verantwortlich gehandelt hätten, und wirbt mit Bezug auf die gemeinsame Geschichte von Muslimen und Katholiken für religiöse Toleranz in Bosnien. – Nach dem **Rücktritt von Carl Bildt**, der wieder politische Aufgaben in Schweden wahrnehmen will, **vom Amt des Hohen Repräsentanten** für Bosnien betraut der Lenkungsausschuß zur Umsetzung des Friedensabkommens von Dayton am 30. 5. 1997 den ehem. spanischen Außenminister *Carlos Westendorp* mit der Aufgabe des Chefkoordinators der Friedenshilfe in Bosnien (Amtsantritt: 19. 6.). Der bisherige Stellvertreter *Bildts*, der deutsche Diplomat *Michael Steiner*, reicht nach der Ernennung *Westendorps* seinen Abschied ein.

Botsuana *Süd-Afrika*

Republik Botsuana [Botswana]; Repaboliki ya Botšwana (setswana); Republic of Botswana (englisch) – RB (→ Karte IV, B 5/6)

Fläche (Weltrang: 46.): 582 000 km²

Einwohner (144.): F 1995 1 450 000 = 2,5 je km²

Hauptstadt: Gaborone Z 1991: 133 468 Einw.

Amtssprache: Englisch

Bruttosozialprodukt 1995 je Einw.: 3020 $

Währung: 1 Pula (P) = 100 Thebe

Honorarkonsulat der Republik Botsuana
Berzeliusstr. 45, 22113 Hamburg, 040/7 32 61 91

Landesstruktur **Fläche**: 582 000 km² – **Bevölkerung**: Botsuaner; (Z 1991) 1 326 796 Einw. – (S) 95% Bantu, bes. Sotho-Tswana (u.a. Bamangwato, Bakwena) und Schona, 2,4% San (Buschmänner), 1,3% Sonstige (Weiße, Inder und Mischlinge) – Anteil unter **Armutsgrenze** Ø 1981–95: 34,7% – **Leb.-Erwart.** 1995: 66 J. – **Säugl.-Sterbl.** 1995: 4,1% – **Kindersterbl.** 1995: 5,2% – Jährl. **Bev.-Wachstum** Ø 1985–95: 3,0% (Geb.- und Sterbeziffer 1995: 3,6%/0,6%) – **Analph.** 1995: 30% – **Sprachen**: Setswana u.a. Bantu-Sprachen; Englisch – **Religion**: überw. Anhänger von Naturreligionen, 30% Christen; Minderh. von Muslimen und Hindus – **Städt. Bev.** 1995: 31% – **Städte** (Z 1991): Francistown 65 244 Einw., Selebi Phikwe 39 772, Kanye 35 170, Mochudi 29 950, Lobatse 26 052; (F 1991) Serowe 46 600, Mahalapye 40 700, Molepolole 33 500

Staat Präsidialrepublik (im Commonwealth) seit 1966 – Verfassung von 1966 – Parlament (Nationalversammlung) mit 40 alle 5 J. gewählten Mitgl.; außerdem beratendes House of Chiefs mit 15 Mitgl. – Wahl des Staatsoberh. alle 5 J. durch das Parlament – Wahlrecht ab 21 J. – **Verwaltung**: 11 Distrikte – **Staats- und Regierungschef**: Ketumile Masire (BDP), seit 1980 – **Äußeres**: Generalleutnant Mompati Merafhe – **Parteien**: Wahlen vom 15. 10. 1994: Botswana Democratic Party/BDP 26 von 40 Sitzen (1989: 31 von 34), Botswana National Front/BNF 13 (3); 1 Sitz vakant – **Unabh.**: 30. 9. 1966 (ehemaliges britisches Protektorat) – **Nationalfeiertag**: 30. 9. (Unabhängigkeitstag)

Wirtschaft **Währung**: 1 US-$ = 3,5436 P; 1 DM = 2,1119 P – **BSP** 1995: 4381 Mio. $ – **BIP** 1995: 4318 Mio. $; realer Zuwachs Ø 1990–95: 4,2%;

Anteil (1995) **Landwirtsch.** 5%, **Industrie** 46%, **Dienstl.** 48% – **Erwerbstät.**1993: Landw. 61% – **Arbeitslosigkeit** ∅ 1994 (S): 29% – **Energieverbrauch** 1994: 387 kg ÖE/Ew. – **Inflation** ∅ 1985–95: 11,6% – **Ausl.-Verschuld.** 1995: 699 Mio. $ – **Außenhandel** 1993: **Import**: 2390 Mio. $; Güter 1992: 19% Maschinen und elektrotechn. Ausrüstungen, 19% Nahrungsmittel, Getränke und Tabak, 11% Metalle und -produkte, 10% Transportmittel und -ausrüstungen, 9% chem. Prod. und Kautschuk; Länder 1992: 85% SACU (v. a. Südafrika), 6% übriges Afrika, 4% Europa; **Export**: 1725 Mio. $; Güter 1992: 79% Diamanten, 7% Kupfer-Nickel-Konzentrate, 4% Fleisch und -produkte; Länder 1992: 87% Europa, 7% SACU, 6% übriges Afrika – **Tourismus** 1991: 899 015 Auslandsgäste, 65 Mio. $ Einnahmen

Staaten

Brasilien *Süd-Amerika*

Föderative Republik Brasilien; República Federativa do Brasil – BR (→ Karte VII, B-F 3-7)

Fläche (Weltrang: 5.): 8 511 996 km²

Einwohner (5.): F 1995 159 222 000 = 18,7 je km²

Hauptstadt: Brasília Z 1996: 1 817 000 Einw.

Amtssprache: Portugiesisch

Bruttosozialprodukt 1995 je Einw.: 3640 $

Währung: 1 Real (R$) = 100 Centavos

Botschaft der Föderativen Republik Brasilien
Kennedyallee 74, 53175 Bonn, 0228/95 92 30

Landesstruktur **Fläche**: 8 511 996 km² – **Bevölkerung**: Brasilianer; (Z 1996, vorl. Erg.) 156 803 300 Einw. – (Z 1980) 53% Weiße (u. a. 15% portugiesischer, 11% italienischer, 10% span. und 3% deutscher Herkunft), 34% Mulatten und Mestizen, 11% Schwarze, 2% Sonstige (u. a. über 1 Mio. Japaner); (S 1994) 300 000 Indianer (rd. 200 Ethnien) – Anteil unter **Armutsgrenze** ∅ 1981–95: 28,7% – **Leb.-Erwart.** 1995: 67 J. – **Säugl.-Sterbl.** 1995: 5,1% – **Kindersterbl.** 1995: 6,0% – Jährl. **Bev.-Wachstum** ∅ 1985–95: 1,6% (Geb.- und Sterbeziffer 1995: 2,4%/0,7%) – **Analph.** 1995: 17% – **Sprachen**: Portugiesisch mit brasilianischen Eigenarten; rd. 180 Idiome der Indianer (Tupi, Guarani, Gê, Arwak, Karib u. a.) – **Religion** 1994: 85% Katholiken, 8% Protestanten u. a. christl. Gemeinschaften (Pfingstkirchen); Minderh. von Buddhisten, Bahai, Muslimen und Juden; Naturrel. der Indianer und afrobrasilian. Kulte (Candomblé, Umbanda u. a.)

– **Städt. Bev.** 1995: 78% – **Städte** (Z 1996): São Paulo 9 811 776 Einw. (S 1995: A 16,42 Mio.), Rio de Janeiro 5 533 011, Salvador 2 174 072 (F 1993), Belo Horizonte 2 091 770, Fortaleza 1 967 365, Curitiba 1 465 698, Recife 1 314 857 (F 1993), Pôrto Alegre 1 286 251, Belém 1 142 258, Manaus 1 158 265, Goiânia 998 520, Campinas 907 996, São Gonçalo 827 967, Nova Iguaçu 801 036, Guarulhos 972 766, São Luís 781 068, Duque de Caxias 712 370, Maceió 668 071 (F 1993), Natal 639 160 (F 1993), Teresina 636 904 (F 1993), Santo André 625 294

Staat Bundesrepublik seit 1988 – Verfassung von 1988 mit Änderungen, zuletzt von 1997 – Parlament (Congresso Nacional): Abgeordnetenhaus (Câmara dos Deputados) mit 513 für 4 J. gewählten und Senat (Senado Federal) mit 81 für 8 J. gewählten Mitgl. (Teilwahlen nach 4 J. von ⅓, nach weiteren 4 J. von ⅔ der Senatoren) – Direktwahl des Staatsoberh. alle 4 J. (einmalige Wiederwahl) – Wahlpflicht ab 18–69 J. (wahlberechtigt ab 16 J.) – **Verwaltung**: 26 Bundesstaaten und Hauptstadt-Bundesdistrikt (Einzelheiten → Tabelle) – **Staats- und Regierungschef**: Fernando Henrique Cardoso (PSDB), seit 1995 – **Äußeres**: Luiz Felipe Palmeira Lampreia – **Parteien**: Wahlen vom 3. 10./15. 11. 1994: Abgeordnetenhaus: Partido do Movimento Democrático Brasileiro/PMDB 107 der 513 Sitze (1990: 109 von 503), Partido da Frente Liberal/PFL 88 (92), Partido da Social-Democracia Brasileira/PSDB 64 (37), Partido Progressista Reformador/PPR 52 (–), Partido dos Trabalhadores/PT 49 (34), Partido Progressista/PP 36 (–), Partido Democrático Trabalhista/PDT 33 (46), Partido Trabalhista Brasileiro/PTB 31 (33), Partido Socialista Brasileiro/PSB 14 (12), Partido Liberal/PL 14 (15), Partido Comúnista do Brasil/PCdoB 10 (5), Partido da Mobilização Nacional/PMN 3 (1), Partido Social-Democrata/PSD 3 (40), Partido Social Cristão/PSC 3 (5), Partido Popular Socialista/PPS 2 (3), Partido Verde/PV 1 (–), Partido Republicano Progressista/PRP 1 (–), Partido da Reconstrução Nacional/PRN 1 (41), Sonstige 1 (30) – Senat (nach letzten Teilwahlen von 54 Mitgl. 1994): PMDB 22, PFL 19, PSDB 10, PPR 6, PDT 6, PT 5, PP 5, PTB 5, PSB 1, PL 1, PPS 1 – **Unabh.**: 7. 9. 1822 – **Nationalfeiertage**: 7. 9. (Unabhängigkeitstag) und 15. 11. (Ausrufung der Republik 1889)

Wirtschaft **Währung**: Freimarktkurs: 1 US-$ = 1,075 R$; 1 DM = 0,6407 R$ – **BSP** 1995: 579 787 Mio. $ – **BIP** 1995: 688,1 Mrd. $; realer Zuwachs ∅ 1990–95: 2,7% (S 1996: +3,5%); Anteil (1995) **Landwirtsch.** 14%, **Industrie** 37%, **Dienstl.**

49% – **Erwerbstät.** 1993: Landw. 23%, Ind. 23%, Dienstl. 52% – **Arbeitslosigkeit** 12/1995: 4,4% – **Energieverbrauch** 1994: 718 kg ÖE/Ew. – **Inflation** ∅ 1985–95: 873,8% (1996: 18,2%) – **Ausl.-Verschuld.** 1995: 159,13 Mrd. $ – **Außenhandel** 1996: **Import**: 53 290 Mio. $; Güter 1995: 28% Maschinen und Elektrotechnik, 15% chem. Erzeugnisse, 12% Fahrzeuge und -teile, 7% Nahrungsmittel, 5% Rohöl, 4% Erdölprodukte; Länder 1995: 24% USA, 11% Argentinien, 10% BRD, 5% Japan, 5% Italien; **Export**: 47 750 Mio. $; Güter 1995: 14% Metalle und -erzeugnisse, 9% Fahrzeuge und -teile, 8% Sojabohnen, -öl und -mehl, 7% chem. Erzeugnisse, 7% mechan. Maschinen, 6% Erze, 6% Papier und Zellstoff, 5% Kaffee, 4% Zucker; Länder 1995: 19% USA, 9% Argentinien, 7% Japan, 6% Niederlande, 5% BRD, 4% Italien, 3% Großbritannien, 3% Para-

guay – **Tourismus** 1992: 1,47 Mio. Auslandsgäste, 1307 Mio. $ Einnahmen

Chronik Landreform: Der seit 1. 1. 1995 amtierende Präsident *Fernando Henrique Cardoso* hat im Rahmen der Agrarreform bisher über 100 000 Familien zu einem eigenen Stück Land verholfen, indem er Großgrundbesitzern Teile ihres Landes abkaufte. Die über 4 Mio. Familien, die auf der Suche nach einem Stück Land durch Brasilien ziehen, drängen jedoch auf eine Beschleunigung der Agrarreform. In Brasilien besitzen 20% der Bevölkerung 88% des Grund und Bodens; 182 Mio. ha liegen brach. Bewährtestes Mittel der 1985 gegründeten Bewegung der Landlosen (Movimento dos Sem Terra/MST) ist die Besetzung brachliegenden Landes und die Errichtung provisorischer Lager. Die Bewegung hat

Brasilien: Fläche, Bevölkerung und Bevölkerungsdichte nach Bundesstaaten

Regionen, Bundesstaaten/Hauptorte sowie Bundesdistrikt	*Fläche in 1000 km²*	*Einwohner in Tsd. Z 1991*	*Z 1996* [1]	*Einw. je km² 1996*
Norden				
Rondônia/Pôrto Velho	238,4	1 131	1 221,3	5,1
Acre/Rio Branco	153,7	417	483,5	3,1
Amazonas/Manaus	1 568,0	2 103	2 390,1	1,5
Roraima/Boa Vista	225,0	216	247,7	1,1
Pará/Belém	1 246,8	5 182	5 522,8	4,4
Amapá/Macapá	142,4	289	374,0	2,6
Tocantins/Palmas	277,3	920	1 049,7	3,8
Nordosten				
Maranhão/São Luis	329,6	4 929	5 218,4	15,8
Piauí/Teresina	251,3	2 581	2 676,1	10,6
Ceará/Fortaleza	145,7	6 363	6 803,6	46,7
Rio Grande do Norte/Natal	53,2	2 414	2 556,9	48,1
Paraíba/João Pessoa	54,0	3 201	3 305,6	61,2
Pernambuco/Recife [2]	101,0	7 123	7 404,6	73,3
Alagoas/Maceió	29,1	2 513	2 637,8	90,6
Sergipe/Aracaju	21,9	1 492	1 617,4	73,9
Bahia/Salvador	567,0	11 855	12 531,9	22,1
Südosten				
Minas Gerais/Belo Horizonte	586,6	15 732	16 660,7	28,4
Espírito Santo/Vitória	45,7	2 599	2 786,1	61,0
Rio de Janeiro/Rio de Janeiro	43,7	12 784	13 316,5	304,7
São Paulo/São Paulo	248,3	31 546	34 055,7	137,2
Süden				
Paraná/Curitiba	199,3	8 443	8 986,0	45,1
Santa Catarina/Florianópolis	95,3	4 538	4 865,1	51,1
Rio Grande do Sul/Porto Alegre	280,7	9 135	9 623,0	34,3
Mittelwesten				
Mato Grosso do Sul/Campo Grande	357,5	1 779	1 922,3	5,4
Mato Grosso/Cuiabá	901,4	2 023	2 228,0	2,5
Goiás/Goiânia	340,2	4 013	4 501,5	13,2
Bundesdistrikt/Brasília	5,8	1 598	1 817,0	313,3
Insgesamt	*8 511,9*	*146 919*	*156 803,3*	*18,4*

[1] vorläufige Ergebnisse, [2] einschl. Insel Fernando de Noronha
Quelle: Fundacão Instituto Brasileiro de Geografia e Estatística, 1995

bisher insg. über 1000 Opfer zu beklagen, die von Polizei und Großgrundbesitzern ermordet wurden. – Der Kongreß billigt am 18. 12. **1996** auf einer gemeinsamen Sitzung ein Gesetz, das die Erhöhung der jährlichen Steuern auf brachliegendes Agrarland von über 5000 ha auf bis zu 20% des Bodenwerts vorsieht; die Steuerbelastung für genutztes Agrarland beträgt dagegen unter 0,05%. Ein von Präsident *Cardoso* am 25. 12. unterzeichnetes Gesetz zur Verkürzung der Enteignungsverfahren soll ebenfalls die Großgrundbesitzer zur Veräußerung von Brachland bewegen und die Landreform vorantreiben. – Ein von der MST organisierter und von der katholischen Kirche unterstützter zweimonatiger Sternmarsch »für Agrarreform, Arbeit und Gerechtigkeit« endet am 17. 4. **1997** in der Hauptstadt Brasília mit der bisher größten Protestkundgebung gegen die Politik der Regierung von Präsident *Cardoso*. An der Abschlußkundgebung, die am ersten Jahrestag der Erschießung von mind. 19 Landlosen im Amazonasgebiet (→ WA '97, Sp. 93) stattfindet, nehmen rd. 100 000 Menschen teil. Am 18. 4. empfängt Präsident *Cardoso* eine 25köpfige Delegation von Landlosen und Indianern sowie Bischöfen und einem Gewerkschaftsvertreter; er verspricht erneut, die Agrarreform zu beschleunigen. In einer Mitte April auf der 35. nationalen Bischofskonferenz Brasiliens (Confêrencia Nacional dos Bispos do Brasil) veröffentlichten Untersuchung des bischöflichen Forschungsinstituts Ibrades werden der Mitte-Rechts-Regierung aktive Korruption (→ unten), ein zunehmendes Regieren per Dekret, die Vernachlässigung der Sozialpolitik und fehlender politischer Wille bei der Umsetzung der Agrarreform vorgeworfen. – Ein Geschworenengericht in Pedro Canario verurteilt am 11. 6. *José Rainha Junior*, einen der bekanntesten MST-Führer, wegen Beteiligung an zwei Morden bei einer Farmbesetzung vor acht Jahren zu 26½ Jahren Haft. In einer zwei Tage später veröffentlichten Erklärung betont amnesty international dessen Unschuld; bei dem Prozeß seien nicht einmal die juristischen Mindestregeln eingehalten worden, es handele sich um ein politisches Verfahren. Das Berufungsverfahren soll im September beginnen.

Indianerreservate: Der Indianermissionsrat der katholischen Bischofskonferenz Brasiliens (CIMI) kritisiert in einer im Januar **1997** veröffentlichten Erklärung, die Regierung von Präsident *Cardoso* betreibe gegenüber den Ureinwohnern weiterhin eine autoritäre und willkürliche Politik und berichte über Markierungen von Indio-Gebieten, die nicht stattgefunden hätten. Eine Folge von

Cardosos Dekret vom 9. 1. 1996 (→ WA '97, Sp. 93), wonach Interessierte gegen öffentlich bekanntgegebene Markierungen von Indio-Gebieten Einspruch erheben und Entschädigung verlangen können, sei, daß die Gewalttaten, das Eindringen von Goldschürfern, Holzfirmen und Großgrundbesitzern in Stammesgebiete und die Konflikte um Reservate zugenommen hätten. – Der Pataxó-Häuptling *Galdino Jesos dos Santos*, der seit Jahren für die Rückgabe von im Süden des Bundesstaats Bahia gelegener Pataxó-Gebiete gekämpft hatte, die sich Großgrundbesitzer angeeignet hatten, wird am 20. 4. 1997 in Brasília von fünf Männern aus den sog. »besseren Kreisen« der Hauptstadt ermordet. Nach der Beerdigung am 23. 4. werden Journalisten und der Vorsitzende der staatlichen Nationalen Indianerstiftung Funai, *Julio Gaiger*, gezwungen, die Pataxó zur gewaltlosen Besetzung von 788 ha Land zu begleiten, das ihnen von der Justiz zwar zugesprochen, aber nie übergeben worden war. Wegen mangelnder Unterstützung durch die Regierung tritt *Gaiger* im Juli zurück.

Verfassungsänderung zur Wiederwahl des Präsidenten: Abgeordnetenhaus und Senat billigen am 25. 2. bzw. 4. 6. **1997** jeweils mit der erforderlichen Dreifünftelmehrheit eine von Präsident *Cardoso* angestrebte Verfassungsänderung, die erstmals eine direkte Wiederwahl des Staatspräsidenten, der Gouverneure und der Bürgermeister ermöglicht. Vor der Abstimmung im Senat hatte das Oberste Gericht in Brasília einen von der Opposition eingebrachten Antrag auf einstweilige Verfügung gegen das Inkrafttreten der Verfassungsänderung zurückgewiesen, da die Vorwürfe des Stimmenkaufs nicht belegt seien. Mitte Mai hatte die Tageszeitung »Folha de São Paolo« Auszüge aus Telefonmitschnitten veröffentlicht, wonach Kommunikationsminister *Sérgio Motta* (PSDB), ein enger Freund von Präsident *Cardoso*, an Parlamentarier Geld habe auszahlen lassen, damit sie für die Verfassungsänderung stimmten.

Politische Skandale: Im Zusammenhang mit einem Skandal um die Herausgabe gefälschter Staatsanleihen von insg. 10 Mrd. US-$, von dem die Bundesstaaten Alagoas, Santa Catarina und Pernambuco sowie die Stadt São Paolo betroffen sind und der immer weitere Kreise zieht, ordnet die Zentralbank am 21. 2. **1997** die Schließung von zwölf Börsenmakleragenturen und zwei Banken an. – Der parlamentarischen Untersuchungskommission zur Aufklärung der Unregelmäßigkeiten bei der Emission öffentlicher Anleihen liegen im März erste Beweise vor, daß auch der ehem. Finanzsekretär von São Paolo und

1996 neu gewählte Bürgermeister, *Celso Pitta*, in den Skandal verwickelt sein soll. Die Kommission vermutet, daß landesweit bei der Emission öffentlicher Anleihen insg. mind. 6 Mrd. US-$ Bestechungsgelder im Spiel waren.

Polizeistreik: Die Ende Juni **1997** im Bundesstaat Minas Gerais begonnenen Streiks und Protestaktionen von Angehörigen der Polizei, die Lohnerhöhungen fordern, weiten sich bis Ende Juli auf neun Bundesstaaten aus. Dabei kommt es auch zu gewalttätigen Zusammenstößen zwischen Polizisten und Soldaten, die zur Aufrechterhaltung der Ordnung eingesetzt werden. Im Bundesstaat Alagoas, dessen Gouverneur Mitte Juli zurücktritt, war die Zahlung der Gehälter aller Staatsangestellten vor acht Monaten eingestellt worden.

Menschenrechte: Nach einer Anfang **1997** veröffentlichten Untersuchung der UNESCO ist Brasilien neben Thailand und der Dominikanischen Republik das bevorzugte Ziel von Sextouristen aus Europa, Japan und Nordamerika; Nichtregierungsorganisationen schätzen, daß in Brasilien jährlich eine Mio. Kinder und Jugendliche zur Prostitution gezwungen werden, v. a. Mädchen aus extrem armen Verhältnissen. Kurz darauf startet die Regierung eine großangelegte Kampagne gegen Kindersextourismus, der künftig mit einer Haftstrafe von 1–4 Jahren bestraft wird. Tatsächlich handelt es sich aber bei den Freiern zu weit über 90% um einheimische Männer v. a. aus der Mittel- und Oberschicht. – Die nationale Bischofskonferenz widmet ihre Brüderlichkeitskampagne 1997, die traditionell nach dem Karneval beginnt, den 150 000 Menschen in den 511 Gefängnissen; verurteilt werden die extrem inhumane Unterbringung in den völlig überfüllten Zellen sowie Folter und andere Menschenrechtsverletzungen. Nach offiziellen Angaben sind über 20% der Häftlinge mit dem Aids-Virus infiziert. – Nach Angaben der katholischen Kirche, ai und Human Rights Watch gehören Mord und Mißhandlung durch Polizisten sowie die Aktivitäten illegaler Todesschwadronen noch immer zum Alltag. Im Zusammenhang mit den von der Fernsehanstalt TV Globo im März bzw. April ausgestrahlten Videos über den brutalen Umgang von Polizisten mit Bewohnern von Armenvierteln in São Paolo und Rio de Janeiro kritisiert Human Rights Watch, die Prämien für Polizisten förderten deren tätliche Übergriffe. In São Paolo sei die Zahl der Tötungen durch Polizisten jedoch von 3772 (1992) auf 318 (1996) zurückgegangen.

Wirtschaft und Soziales: Mit dem von der Regierung am 12. 10. **1996** vorgelegten Maßnahmenpaket zur Verringerung des Defizits im

Staatshaushalt sollen 1997 6,5 Mrd. US-$ eingespart werden; vorgesehen sind u. a. Stellenabbau, Reform der öffentlichen Verwaltung und Reduzierung berufsbezogener Privilegien. Die für die Sanierung der öffentlichen Finanzen notwendigen Reformen scheitern jedoch am Widerstand von Parlament und Interessengruppen. – Nach Regierungsangaben betrugen die Privatisierungserlöse 1996 3,9 Mrd. US-$; insgesamt belaufen sich die Einnahmen aus der Privatisierung von 52 Unternehmen in den letzten fünf Jahren auf 13 Mrd. US-$. Am 6. 5. 1997 verkauft die Regierung 41,7% der Stammaktien (über ¼ des gesamten Kapitals) der Companhia Vale do Rio Doce, des weltweit größten Bergbauunternehmens, für 3,3 Mrd. R$ (rd. 3,1 Mrd. US-$). – Gesundheitsminister *Adib Jatene* tritt am 5. 11. 1996 zurück; er kritisiert, Präsident *Cardoso* setze entgegen seines Wahlversprechens deutlich weniger Mittel für soziale Zwecke ein als seine Vorgänger. Nach einem Bericht des Obersten Rechnungshofs hat die Regierung die Sozialausgaben 1996 gegenüber dem Vorjahr weiterhin drastisch gekürzt: Mittel für das öffentliche Gesundheitswesen –52,9%, für Wohlfahrtszwecke einschließlich Betreuung von Obdachlosen, Straßenkindern und Häftlingen –42,5%, Bildung und Kultur –12,6%; nur 1% aller Bildungsausgaben seien für Alphabetisierungskurse und Grundschulen verwendet worden, obwohl die Verfassung mind. 50% vorsehe.

Brunei *Südost-Asien*

Brunei Darussalam; Negara Brunei Darussalam – BRU (→ Karte V, D 4)

Fläche (Weltrang: 162.): 5765 km²

Einwohner (165.): F 1995 285 000 = 49 je km²

Hauptstadt: Bandar Seri Begawan
Z 1991: 21 484 Einw.

Amtssprache: Malaiisch

Bruttosozialprodukt 1995 je Einw.: über 9386 $

Währung: 1 Brunei-Dollar (BR$) = 100 Cents

Botschaft von Brunei Darussalam
Kaiser-Karl-Ring 18, 53111 Bonn, 0228/67 20 44

Landesstruktur (Karte → WA '97, Sp. 95 f.) **Fläche**: 5765 km² – **Bevölkerung**: Bruneier; (Z 1991) 260 482 Einw. – 174 317 Malaien (66,9%), 40 621 Chinesen (15,6%), 15 665 sog. Protomalaien,

29 879 Sonstige (Europäer, Indonesier, Thailänder, Inder u. a.) – **Leb.-Erwart.** 1995: 75 J. – **Säugl.-Sterbl.** 1995: 0,8 % – **Kindersterbl.** 1995: 1,0 % – Jährl. **Bev.-Wachstum** ∅ 1985–95: 2,5 % (Geb.- und Sterbeziffer 1994: 2,6 %/0,3 %) – **Analph.** 1995: 12 % – **Sprachen**: Malaiisch; Sprachen der Minderh. (Iban u. a.); Englisch und Chinesisch als Handelssprachen – **Religion** (Islam ist Staatsreligion): 67 % Muslime (Sunniten; meist Malaien), 15 % Buddhisten, Daoisten und Konfuzianer (meist Chinesen), 10 % Christen (v. a. Katholiken; meist Europäer und Eurasier); Anhänger von Naturreligionen – **Städt. Bev.** 1992: 58 % – **Städte** (F 1995): Brunei (Muara) 195 000 Einw., Seria (Belait) 60 000, Tutong 32 500, Temburong 8500 (alle Ang. beziehen sich auf Distrikte)

Staat Islamische Monarchie (Melayu Islam Beraja) im Commonwealth seit 1984 – Verfassung von 1959 mit Änderung 1984 – Religiöser Rat, Staatsrat, Ministerrat und Erbfolgerat mit beratender Funktion – Gesetzgebender Rat mit 20 vom Sultan ernannten Mitgl. seit 1962 aufgelöst – **Verwaltung**: 4 Distrikte – **Staats- und Regierungschef**: Sultan Haji Hassan al-Bolkiah, seit 1967, gekrönt 1968 – **Äußeres**: Prinz Mohamed Bolkiah – **Parteien**: seit 1988 verboten – **Unabh.**: 1. 1. 1984 (ehemaliges britisches Protektorat) – **Nationalfeiertage**: 23. 2. und 15. 7. (Geburtstag des Sultans)

Wirtschaft Währung: 1 US-$ = 1,4575 BR$; 1 DM = 0,8705 BR$; 1 BR$ = 1 Singapur-$ (zusätzliches Zahlungsmittel) – **BSP** 1994: 3975 Mio. $ – **BIP** 1995: 3,9 Mrd. BR$; realer Zuwachs ∅ 1981–91: 0,9 % (S 1995: +2,5 %); Anteil (1995) **Industrie** 60 %, **Dienstl.** 40 % – **Erwerbstät.** 1991: Landw. 2 %, Ind. 24 %, Dienstl. 74 % – **Arbeitslosigkeit** ∅ 1995: 4,7 % – **Energieverbrauch** 1994: 10 839 kg ÖE/Ew. – **Inflation** ∅ 1985–95: 0,3 % (1995: 6,0 %) – **Ausl.-Verschuld.** 1995: keine – **Außenhandel** 1995: **Import**: 2,042 Mrd. $; Güter: 40 % Maschinen und Transportausrüstungen, 38,7 % Fertigwaren, 11,2 % Nahrungsmittel, 4,9 % Chemieprodukte; Länder: 30,8 % Singapur, 13,3 % Malaysia, 10,7 % USA, 8,5 % Japan, 5,8 % Großbritannien, 4,3 % BRD, 2,5 % Thailand; **Export**: 2,746 Mrd. $; Güter: 92 % Erdöl, Erdgas und Mineralölerzeugnisse (Förderung 1995: 63,5 Mio. Barrel Erdöl und 10 Mrd. m³ Erdgas); Länder: 58,6 % Japan, 15,4 % Republik Korea, 9,3 % Thailand, 8,7 % Singapur, 2,3 % Republik China, 1,7 % USA

Bulgarien *Südost-Europa*

Republik Bulgarien; Republika Bălgarija – BG (→ Karte III, G 3)

Fläche (Weltrang: 102.): 110 994 km²

Einwohner (83.): F 1995 8 409 000 = 76 je km²

Hauptstadt: Sofija (Sofia) F 1992: 1 114 500 Einw.

Amtssprache: Bulgarisch

Bruttosozialprodukt 1995 je Einw.: 1330 $

Währung: 1 Lew (Lw) = 100 Stótinki

Botschaft der Republik Bulgarien
Auf der Hostert 6, 53173 Bonn, 0228/36 30 61

Landesstruktur Fläche: 110 994 km² – **Bevölkerung**: Bulgaren; (Z 1992) 8 487 317 Einw. – 85,5 % Bulgaren, 9,7 % Türken, 3,4 % Roma, 1,1 % Sonstige (Russen, Armenier, Walachen, Griechen) – Anteil unter **Armutsgrenze** ∅ 1981–95: 2,6 % – **Leb.-Erwart.** 1995: 71 J. – **Säugl.-Sterbl.** 1995: 1,6 % – **Kindersterbl.** 1995: 1,9 % – Jährl. **Bev.-Wachstum** ∅ 1985–95: –0,6 % (Geb.- und Sterbeziffer 1995: 1,0 %/1,3 %) – **Analph.** 1992: unter 5 % – **Sprachen**: Bulgarisch; Sprachen der Minderheiten, v. a. Türkisch – **Religion**: mehrheitl. bulgarisch-orthodoxe Christen, 15 % Muslime, Minderh. von Katholiken, Protestanten und Juden – **Städt. Bev.** 1995: 71 % – **Städte** (F 1992): Plovdiv 341 380 Einw., Varna 308 600, Burgas 195 990, Ruse 170 200, Stara Zagora 150 450, Pleven 130 750, Sliven 106 230, Dobrič 114 490

Staat Republik seit 1990 – Verfassung von 1991 – Parlament (Volksversammlung/Narodno săbranje) mit 240 Mitgl., Wahl alle 4 J. – Direktwahl des Staatsoberh. alle 5 J. – Wahlpflicht ab 18 J. – **Verwaltung**: 8 Regionen und Hauptstadtgebiet (Einzelheiten → WA '96, Sp. 131) – **Staatsoberhaupt**: Petar Stojanow (SDS), seit 22. 1. 1997 – **Regierungschef**: Iwan Kostow (SDS-Vors.), seit 21. 5. 1997 – **Äußeres**: Nadeschda Michailowa – **Parteien**: Wahlen vom 19. 4. 1997: Vereinigte Demokratische Kräfte/ODS insg. 137 Sitze (Union Demokratischer Kräfte/SDS, Bauernpartei/BZNS, Demokratische Partei/DP und 12 andere Parteien), Demokratische Linke insg. 58 (Bulgarische Sozialistische Partei/BSP, Ekoglasnost/EG), Vereinigung zur nationalen Rettung/ONS 19, Eurolinke 14, Bulgarischer Business-Block/BBB 12 (13) – **Unabh.**: erste Staatsgründung im Jahr 681, unabhängig seit 22. 9. 1908 (vom Ottomanischen Reich) – **Nationalfeiertag**: 3. 3.

Wirtschaft **Währung**: 1 US-$ = 1718,60 Lw; 1 DM = 992,66 Lw – **BSP** 1995: 11 225 Mio. $ – **BIP** 1995: 12 366 Mio. $; realer Zuwachs ∅ 1990–95: –4,3 %; Anteil **Privatsektor** 1995: 45 %; Anteil (1995) **Landwirtsch.** 13 %, **Industrie** 34 %, **Dienstl.** 53 % – **Erwerbstät.** 1994: Landw. 8 %, Ind. 45 %, Dienstl. 47 % – **Arbeitslosigkeit** 12/1996: 12,5 % (S 1/1997: 13,4 %) – **Energieverbrauch** 1994: 2438 kg ÖE/Ew. – **Inflation** ∅ 1985–95: 45,3 % (S 1996: 266 %) – **Ausl.-Verschuld.** 1996: 10 Mrd. $ – **Außenhandel** 1996: **Import**: 4300 Mio. Lw; Güter 1995: 30 % Mineralien und Brennstoffe, 22 % Maschinen und Anlagen, 15 % chem. Produkte, 12 % Nahrungsmittel und Getränke, 21 % Sonstige; Länder 1994: 28,2 % Rußland, 12,6 % BRD, 5,9 % Italien, 4,6 % Griechenland, 3,4 % Ukraine, 3,3 % Mazedonien; **Export**: 4500 Mio. Lw; Güter 1995: 22 % pflanzl. und tier. Erzeugnisse, 20 % Metalle, 19 % chem. Produkte, 13 % Nahrungsmittel und Getränke; Länder: 10,1 % Rußland, 8,3 % Mazedonien, 8,3 % BRD, 8,2 % Italien, 6,9 % Griechenland, 3,0 % USA – **Tourismus**: 8,3 Mio. Auslandsgäste (1993), 49 Mio. $ Einnahmen (1992)

Chronik Am 2. 10. **1996** wird der ehem. Ministerpräsident (1990) *Andrej Lukanow*, in der Führungsspitze der Sozialistischen Partei (BSP) der prominenteste parteiinterne Gegner von Ministerpräsident *Schan Widenow*, auf offener Straße erschossen. Die Hintergründe des Attentats im Vorfeld der Präsidentenwahl bleiben unklar.
Neuer Präsident: Im Zeichen einer schweren Wirtschafts- und Finanzkrise und drohender Energie- und Nahrungsmittelknappheit finden am 27. 10. (1. Durchgang) und am 3. 11. **1996** (Stichwahl) die **Präsidentenwahlen** statt (Wahlbeteiligung: 63 bzw. 61,2 %). Es setzt sich der von der konservativen Union Demokratischer Kräfte (SDS) aufgestellte **Oppositionskandidat Petar Stojanow** gegen den Bewerber der regierenden BSP, *Iwan Marasow*, durch (59,9 bzw. 41,1 %). Das Ergebnis wird als Zustimmung zum Programm der Opposition gewertet, die eine Besserung der wirtschaftlichen Lage verspricht und westliche Hilfe bei der Durchführung in Aussicht stellt.
Staatskrise: Unter dem Druck zunehmend heftigerer **Forderungen nach Neuwahlen zum Parlament** – seit Mitte Dezember **1996** werden die Protestdemonstrationen nach dem Vorbild der Aktionen in der BR Jugoslawien (→ Jugoslawien) von einer Streikwelle unterstützt –, erklärt die Regierung von Ministerpräsident *Widenow* am 21. 12. ihren Rücktritt; er selbst legt auch den Parteivorsitz der BSP nieder. Nach der Nominierung des seit Mai 1996 amtierenden Innenministers *Nikolai Dobrew* (BSP) für das Amt des Regierungschefs am 7. 1. **1997** schlagen die Unruhen in Sofia in Aufruhr um. Am 9. 1. **stürmen Demonstranten das Parlamentsgebäude**. Der am 19. 1. vereidigte neue Präsident *Stojanow* schließt sich der Forderung nach vorgezogenen Parlamentswahlen an. Verfassungsgemäß erteilt er *Dobrew* den Auftrag zur Regierungsbildung, lehnt dessen am 3. 2. gebildetes Kabinett jedoch ab. Dem öffentlichen Druck nachgebend, stimmt *Dobrew* daraufhin vorgezogenen Parlamentswahlen zu. Am 12. 2. ernennt *Stojanow* eine **Übergangsregierung** unter dem bisherigen Bürgermeister von Sofia, *Stefan Sofijanski* (SDS).
Neue Regierung: Aus den Parlamentswahlen am 19. 4. **1997** geht das rechtskonservative Parteienbündnis **Vereinigte Demokratische Kräfte/ODS** (eine Allianz der SDS als führender Kraft mit der Demokratischen Partei und der Bauernpartei sowie mehreren kleinen Parteien) mit 52,2 % der Stimmen als Sieger hervor. Die Demokratische Linke (geführt von der BSP) kommt nur noch auf 22 %. Das Parlament wählt den Vorsitzenden der SDS, *Iwan Jordanow Kostow*, am 21. 5. zum neuen Regierungschef. In seiner Regierungserklärung kündigte er beschleunigte Privatisierungsmaßnahmen, die Durchsetzung marktwirtschaftlicher Prinzipien, eine enge Anbindung an die westeuropäischen Staaten und die Bekämpfung der organisierten Kriminalität und Korruption an. Die erst 34jährige stellvertretende SDS-Vorsitzende *Nadeschda Michailowa* wird Außenministerin.

Burkina Faso *West-Afrika*

BF (→ Karte IV, A/B 4)

Fläche (Weltrang: 71.): 274 200 km²

Einwohner (69.): F 1995 10 377 000 = 38 je km²

Hauptstadt: Ouagadougou – S 1994: 634 479 Einw.

Amtssprache: Französisch

Bruttosozialprodukt 1995 je Einw.: 230 $

Währung: CFA-Franc

Botschaft von Burkina Faso
Wendelstadtallee 18, 53179 Bonn, 0228/95 29 70

Landesstruktur **Fläche**: 274 200 km² – **Bevölkerung**: Burkiner; (Z 1985) 7 964 705 Einw. – (S) insg. etwa 160 Ethnien: überwiegend Volta-Völker (u. a. 48 % Mossi), Mande-Gruppen (17 % Bobo und Verwandte, Sanike, Diula), außerd.

10% Fulbe (Fulani), 7% Dagara und Lobi, 5% Gourmantché (Gur); etwa 5000 Europäer (meist Franzosen) – **Flüchtl.** Ende 1996: 25 000 aus Mali, 1000 andere – **Leb.-Erwart.** 1995: 47 J. – **Säugl.-Sterbl.** 1995: 8,6% – **Kindersterbl.** 1995: 16,4% – Jährl. **Bev.-Wachstum** ∅ 1985–95: 2,8% (Geb.- und Sterbeziffer 1995: 4,6%/1,8%) – **Analph.** 1995: 81% – **Sprachen**: Französisch; More (Gur-Sprache der Mossi), Mande-Sprachen (Manding, Soninke u.a.) und Ful; Arabisch und teilw. Englisch als Handelssprachen – **Religion** 1992: über 50% Anhänger von Naturreligionen, 43% Muslime, 12% Christen (v.a. Katholiken) – **Städt. Bev.** 1995: 27% – **Städte** (Z 1985): Bobo-Dioulasso 228 668 Einw. (S 1994: 268 926), Koudougou 51 926, Ouahigouya 38 902, Banfora 35 319, Kaya 25 814, Tenkodogo 22 889

Staat Präsidialrepublik seit 1960 – Verfassung von 1991, zuletzt geändert 1997 – Parlament (Assemblée des Députés Populaires) mit 111 Mitgl., Wahl alle 5 J. – Direktwahl des Staatsoberh. alle 7 J. – Wahlrecht ab 18 J. – **Verwaltung**: 45 Provinzen – **Staats- und Regierungschef**: Blaise Compaoré (CDP), seit 1987 Staatsoberhaupt, seit 6. 7. 1997 auch Regierungschef – **Äußeres**: Ablassé Ouédraogo – **Parteien**: Wahlen vom 11. 5. 1997 (Wahlbeteiligung: ca. 50%): Congrès pour la Démocratie et le Progrès/CDP (ehem. Organisation pour la Démocratie Populaire/Mouvement du Travail/ODP-MT 101 von 111 Sitzen (1992: 78 von 107), Parti pour la Démocratie et le Progrès/PDP 6 (–), Rassemblement Démocratique Africain/RDA 2 (6), Alliance pour la Démocratie et la Fédération (regierungsnah)/ADF 2 (4) – **Unabh.**: 5. 8. 1960 (ehem. französische Kolonie, bis 1984 Republik Obervolta bzw. Haute-Volta) – **Nationalfeiertage**: 5. 8. (Unabhängigkeitstag) und 11. 12. (Ausrufung der Republik)

Wirtschaft **Währung**: 1 US-$ = 587,77 CFA-Francs; 1 DM = 337,12 CFA-Francs; Wertverhältnis zum französischen Franc: 1 FF = 100 CFA-Francs – **BSP** 1995: 2417 Mio. $ – **BIP** 1995: 2325 Mio. $; realer Zuwachs ∅ 1990–95: 2,6%; Anteil (1994) **Landwirtsch.** 34%, **Industrie** 27%, **Dienstl.** 39% – **Erwerbstät.**1993: Landw. 84% – **Arbeitslosigkeit**: k. Ang. – **Energieverbrauch** 1994: 16 kg ÖE/Ew. – **Inflation** ∅ 1985–95: 2,5% – **Ausl.-Verschuld.** 1995: 1267 Mio. $ – **Außenhandel** 1993: **Import**: 144 Mio. $; Güter 1992: 31% Industriegüter, 25% Nahrungsmittel, 24% Maschinen und Transportausrüstungen, 16% Brennstoffe; Länder 1991: 24% Frankreich, 19% Elfenbeinküste, 5% USA, 4% Japan, 4% BRD, 3% Nigeria, 3% Niederlande; **Export**: 145 Mio. $; Güter 1991:

63% Baumwolle, 10% tier. Nahrungsmittel, 8% unbearb. Gold, 5% Häute und Felle; Länder 1991: 20% Schweiz, 13% Frankreich, 11% Elfenbeinküste, 10% Italien, 9% Portugal, 8% Thailand

Burma → Myanmar

Burundi *Ost-Afrika*

Republik Burundi; Republika y'Uburundi (kirundi); République du Burundi (französisch) – BU (→ Karte IV, B 5)

Fläche (Weltrang: 142.): 27 834 km²

Einwohner (94.): F 1995 6 264 000 = 225 je km²

Hauptstadt: Bujumbura – F 1993: 300 000 Einw.

Amtssprachen: Kirundi, Französisch

Bruttosozialprodukt 1995 je Einw.: 160 $

Währung: 1 Burundi-Franc (F.Bu.) = 100 Centimes

Botschaft der Republik Burundi
Mainzer Straße 174, 53179 Bonn, 0228/34 50 32

Landesstruktur **Fläche**: 27 834 km² – **Bevölkerung**: Burundier; (Z 1990) 5 139 073 Einw. – (S) 85% Hutu, 14% Tutsi, 1% Twa (Pygmäen); etwa 2000 Asiaten (überwiegend Inder) – **Flüchtl.** Ende 1996: 400 000 Binnenflüchtlinge, 285 000 in Nachbarstaaten; 10 000 aus Zaire, 2000 aus Ruanda – **Leb.-Erwart.** 1995: 51 J. – **Säugl.-Sterbl.** 1995: 10,6% – **Kindersterbl.** 1995: 17,6% – Jährl. **Bev.-Wachstum** ∅ 1985–95: 2,8% (Geb.- und Sterbeziffer 1995: 4,4%/1,5%) – **Analph.** 1995: 65% – **Sprachen**: Kirundi (Bantu-Sprachen), Kisuaheli, Französisch – **Religion**: über 65% Christen (mehrheitl. Katholiken); 40% Anhänger von Naturreligionen; Minderh. von Muslimen, auch Bahai – **Städt. Bev.** 1995: 8% – **Städte** (Z 1990): Gitega 101 827 Einw., Muyinga 79 335, Ngozi 74 218, Kayanza 62 613, Kirundo 62 546, Bubanza 60 266

Staat Präsidialrepublik seit 1966 – Militärputsch am 25. 7. 1996 – Verfassung von 1992 – Parlament (Assemblée Nationale) mit 81 Mitgl., Wahl alle 5 J.; Übergangsparlament aus Mitgl. der Assemblée Nationale und Vertretern aller politischen und gesellschaftlichen Gruppen seit August 1996 – Direktwahl des Staatsoberh. alle 5 J. (einmalige Wiederwahl) – Wahlrecht ab 18 J.

– **Verwaltung**: 15 Provinzen – **Staatsoberhaupt**: Major Pierre Buyoya (Tutsi), seit 25. 7. 1996 – **Regierungschef**: Pascal Firmin Ndimara (UPRONA, Hutu), seit 1996 – **Äußeres**: Luc Rukingama (UPRONA, Hutu) – **Parteien**: Wahlen vom 29. 6. 1993: Front pour la Démocratie au Burundi/FRODEBU 65 Sitze, Unité pour le Progrès National/UPRONA (ehem. Einheitspartei der Tutsi) 16 – **Unabh.**: 1. 7. 1962 (ehemaliges belgisches Treuhandgebiet) – **Nationalfeiertag**: 1. 7. (Unabhängigkeitstag)

Wirtschaft **Währung**: 1 US-$ = 345,43 F.Bu.; 1 DM = 198,94 F.Bu. – **BSP** 1995: 984 Mio. $ – **BIP** 1995: 1062 Mio. $; realer Zuwachs ∅ 1990–95: –2,3%; Anteil (1995) **Landwirtsch.** 56%, **Industrie** 18%, **Dienstl.** 26% – **Erwerbstät.**1993: Landw. 91% – **Arbeitslosigkeit**: k. Ang. – **Energieverbrauch** 1994: 23 kg ÖE/Ew. – **Inflation** ∅ 1985–95: 6,1% – **Ausl.-Verschuld.** 1995: 1157 Mio. $ – **Außenhandel** 1993: **Import**: 211,8 Mio. $; Güter 1992: 40% Industriegüter, 28% Maschinen und Transportausrüstungen, 18% Nahrungsmittel, 7% Brennstoffe; Länder 1991: 14% Belgien/Luxemburg, 10% Frankreich, 9% BRD, 8% Japan; **Export**: 67,5 Mio. $; Güter 1991: 81% Kaffee, 9% Tee, außerdem Mineralien, Baumwolle, Häute und Felle; Länder 1991: 19% USA, 17% BRD, 5% Frankreich, 3% Niederlande

Chronik Die Kampfhandlungen zwischen den Tutsi-dominierten Regierungstruppen und den Hutu-Milizen verstärken sich nach der Machtübernahme durch Major *Pierre Buyoya* am 25. 7. **1996** (→ WA '97, Sp.105 f.). Das Land befindet sich faktisch im Bürgerkrieg. Am 9. 9. wird Erzbischof *Joachim Ruhuna* prominentestes Opfer der anhaltenden Massaker an der Zivilbevölkerung. – Exilierte Abgeordnete der gemäßigten Hutu-Partei Front für die Demokratie Burundis (FRODEBU) unterstützen offen die **bewaffnete Opposition** und erklären die Tutsi zum »gemeinsamen Feind«. Durch militärischen Druck sollen Verhandlungen erzwungen werden. *Buyoya* dagegen bemüht sich, die radikalen Gruppen zu isolieren und prominente Hutu-Politiker für sich zu gewinnen. Er lehnt Verhandlungen mit der Guerillaorganisation Nationalrat für die Verteidigung der Demokratie (CNDD) ab, solange diese nicht die Waffen niederlegen. – Am 12. 9. erklärt das Regime die Aufhebung des im Juli erlassenen Parteienverbots und die **Wiedereinsetzung des Parlaments**. Damit soll eine Aufhebung der von 7 Nachbarstaaten erlassenen Wirtschaftssanktionen (→ WA '97, Sp.106) er-

reicht werden. Bei einer Parlamentssitzung am 7. 10. sind nur 38 der 81 Abgeordneten anwesend. Die meisten wurden ermordet oder sind geflüchtet. – Die UN-Kommission für Menschenrechte legt am 11. 12. in Genf einen Bericht vor, in dem den Hutu-Rebellen vorgeworfen wird, über 100 Zivilisten ermordet zu haben. Gleichzeitig wird die burundische Armee beschuldigt, Hunderte aus Zaire kommende Hutu-Flüchtlinge getötet zu haben. – Ende 1996 beginnt die Armee mit der **Umsiedlung der Hutu-Bevölkerung** in bewehrte Lager, offiziell zu ihrem Schutz vor der Guerilla. Die »Camps de regroupés« werden aber in den spannungsreichsten Gebieten errichtet, ca. 500 000 Zivilisten leben dort unter schlechten Ernährungs- und Gesundheitsbedingungen und werden von internationalen Hilfsorganisationen betreut. In einem am 15. 7. **1997** vorgelegten Bericht verurteilt amnesty international diese Politik des »regroupement« seitens der Regierung, die zu »Massakern an Hunderten von Männern, Frauen und Kindern geführt« hat. Auch wenn die Regierung nur von einem zeitlich begrenzten Aufenthalt in den Lagern spricht, handelt es sich laut ai um eine militärische Strategie, die Hutu-Bevölkerung auf Dauer umzusiedeln. – Mitte Januar **1997** wird der radikale Tutsi-Führer und **ehem. Präsident**, *Jean-Baptiste Bagaza*, von der Armee **unter Hausarrest** gestellt, 2 Milizenführer werden verhaftet. – Am 28. 1. eröffnet *Buyoya* eine »Nationale Debatte«, die einen Dialog einleiten soll. Sie wird jedoch sowohl durch die FRODEBU als auch durch die Tutsi-Partei Union für den nationalen Fortschritt (UPRONA) boykottiert. – Auf einem regionalen Gipfeltreffen am 16. 4. in Arusha (Tansania) wird *Buyoya* als Präsident anerkannt. Die Wirtschaftssanktionen, die ohnehin nie konsequent durchgesetzt wurden, werden gelockert, ihre völlige Aufhebung wird von Verhandlungserfolgen zwischen Rebellen und dem Putschregime abhängig gemacht. Die am 25. 8. unter Vermittlung des ehem. tansanischen Präsidenten *Julius Nyerere* zustande gekommenen Waffenstillstandsverhandlungen in Arusha (Tansania) mit der Opposition und Hutu-Rebellen werden von der Regierung kurzfristig abgesagt. B. wirft Tansania eine Parteinahme für die Hutu-Rebellen vor; außerdem müßten diese vor der Aufnahme von Gesprächen erst ihre Waffen niederlegen. Tansania wiederum beschuldigt die burundische Armee, bei der Verfolgung von Hutu-Rebellen unerlaubt die Grenze zu überschreiten und droht mit militärischen Gegenmaßnahmen.

Ceylon → Sri Lanka

Chile *Süd-Amerika*

Republik Chile; República de Chile – RCH
(→ Karte VII, B/C 5-9)

Fläche (Weltrang: 37.): 756 626 km²

Einwohner (57.): F 1995 14 225 000 = 18,8 je km²

Hauptstadt: Santiago (Santiago de Chile)
F 1993: 4 628 320 Einw. (S 1995, A: 5,1 Mio.)

Amtssprache: Spanisch

Bruttosozialprodukt 1995 je Einw.: 4160 $

Währung: 1 Chilenischer Peso (chil$) = 100 Centavos

Botschaft der Republik Chile
Kronprinzenstr. 20, 53173 Bonn, 0228/95 58 40

Landesstruktur **Fläche**: 756 626 km² einschließlich versch. Inseln im Pazifik: Oster-Insel (Rapa Nui) 162,5 km² und 2770 Einw. (F 1992); Islas Juan Fernández (Más a Tierra, Alejandro Selkirk, Santa Clara) 185 km² und rd. 1000 Einw.; Islas de los Desventurados (San Félix, San Ambrosio, Gonzales) 3,33 km²; Isla Sala y Gómez 0,12 km², unbewohnt – **Bevölkerung**: Chilenen; (Z 1992) 13 348 401 Einw. – (Z 1983) 91,6% Mestizen und Weiße, 6,8% Indianer, davon 1,5% Araukaner – Anteil unter **Armutsgrenze** 1981–95: 15% – **Leb.-Erwart.** 1995: 74 J. – **Säugl.-Sterbl.** 1995: 1,3% – **Kindersterbl.** 1995: 1,5% – Jährl. **Bev.-Wachstum** ∅ 1985–95: 1,6% (Geb.- und Sterbeziffer 1995: 2,1%/0,6%) – **Analph.** 1995: 5% – **Sprachen**: Spanisch; Sprachen der Indianer – **Religion** 1992: 76,7% Katholiken, 13,2% Protestanten; Minderh. von Bahai, Juden und Animisten – **Städt. Bev.** 1995: 86% – **Städte** (F 1995): Concepción 350 268 Einw., Viña del Mar 322 220, Valparaíso 282 168, Talcahuano 260 915, Temuco 239 340, Antofagasta 236 730, San Bernardo 206 315

Staat Präsidialrepublik seit 1925 – Verfassung von 1981, letzte Änderung 1991 – Parlament (Congreso Nacional): Abgeordnetenhaus mit 120 Mitgl. (Wahl alle 4 J.) und Senat mit 39 gewählten und 8 auf Lebenszeit durch Militärregierung und Oberstes Gericht ernannten Mitgl. (Wahl alle 8 J., Teilwahlen alle 4 J.) – Direktwahl des Staatsoberh. alle 4 J. (keine unmittelb. Wiederwahl) – Wahlpflicht ab 18 J. – **Verwaltung**: 12 Regionen

und Hauptstadtregion – **Staats- und Regierungschef**: Eduardo Frei Ruiz-Tagle (PDC), seit 1994; Koalition aus PDC, PPD, PS, PR und Unabhängigen – **Äußeres**: José Miguel Insulza Salinas (PS) – **Parteien**: Wahlen vom 11. 12. 1993: Abgeordnetenhaus: Concertación por la Democracia/CPPD insg. 70 Sitze (1989: 72): Partido Demócrata Cristiano/PDC 37 (38), Partido por la Democracia/PPD 15 (7), Partido Socialista/PS 15 (17), P. Radical/PR 2 (6), Sonstige 1 (4); Rechtsbündnis Democracia y Progreso insg. 46 Sitze (46): Renovación Nacional/RN 29 (32), Unión Demócrata Independiente/UDI 15 (14), Unión de Centro-Centro/UCC 2 (–); Unabh. 4 (8) – Senat (nach Wahl von 18 Senatoren am 11. 12. 1993): PDC 13 (1989: 13), RN 11 (13), PS 5 (4), UDI 3 (2), PPD 2 (1), UCC 1 (–), PR 1 (3), Unabh. 3 (3) – **Unabh.**: 12. 2. 1818 (formelle Proklamation) – **Nationalfeiertage**: 11. 9. (Militärputsch von 1973) und 18. 9. (Unabhängigkeitstag)

Wirtschaft **Währung**: 1 US-$ = 415,90 chil$; 1 DM = 247,8841 chil$ – **BSP** 1995: 59 151 Mio. $ – **BIP** 1995: 67 297 Mio. $; realer Zuwachs 1990–95: 7,3%; Anteil (1994) **Landwirtsch.** 7%, **Industrie** 31%, **Dienstl.** 62% – **Erwerbstät.** 1993: Landw. 17%, Ind. 27%, Dienstl. 56% – **Arbeitslosigkeit** ∅ 1996: 7% – **Energieverbrauch** 1994: 1012 kg ÖE/Ew. – **Inflation** ∅ 1985–95: 17,9% (S 1995: 8,1%) – **Ausl.-Verschuld.** 1995: 25,562 Mrd. $ – **Außenhandel** 1996: **Import**: 17 853 Mio. $; Güter 1995: 54% Zwischengüter, 27% Kapitalgüter, 18% Konsumgüter; Länder 1995: 25% USA, 9% Argentinien, 8% Brasilien, 7% Japan, 5% BRD, 3% Frankreich, 3% Italien; **Export**: 15 296 Mio. $; Güter 1995: 49% Bergbauerzeugn., davon 40% Kupfer (ca. 40% des Weltvorkommens), 9% landwirtschaftl. Prod.; Länder 1995: 18% Japan, 14% USA, 7% Großbritannien, 6% Brasilien, 5% BRD, 5% Rep. Korea, 4% Argentinien, 4% Italien – **Tourismus** 1993: 1,41 Mio. Auslandsgäste, 824 Mio. $ Einnahmen

Chronik Am 11. 9. **1996**, dem 23. Jahrestag des Militärputschs gegen den damaligen Präsidenten *Salvador Allende*, kommt es in Santiago zu gewalttätigen Auseinandersetzungen zwischen Sicherheitskräften und Demonstranten, die auf dem Zentralen Friedhof der während der Militärdiktatur von General *Augusto Pinochet* (1973–1990) verschwundenen Opfer gedenken; zahlreiche Personen werden festgenommen. Heereschef *Pinochet*, der Hauptverantwortliche für den damaligen Putsch, rechtfertigt den gewaltsamen Sturz *Allendes* als »Opfer zur Rettung des Vaterlandes«. – Bei den landesweiten **Kommunalwah-**

Staaten

len am 27. 10. wird das seit Anfang 1990 regierende Bündnis Concertación por la Democracia von Präsident *Eduardo Frei Ruiz-Tagle*, dem Christdemokraten (PDC), Sozialdemokraten und Sozialisten angehören, mit 56% (1992: 53,3%) der Stimmen als stärkste Kraft bestätigt. Die Unión por Chile, in der sich die rechtsgerichteten Oppositionsparteien Renovación Nacional und Unión Demócrata Independiente sowie die Unión de Centro-Centro zusammengeschlossen haben, erzielt 32,6% (29,8%). – Im Mittelpunkt des **6. ibero-amerikanischen Gipfeltreffens**, das vom 10.–11. 11. 1996 in Santiago stattfindet und an dem 23 Staats- und Regierungschefs aus 19 lateinamerikanischen Staaten, Spanien und Portugal teilnehmen, darunter Kubas Staats- und Parteichef *Fidel Castro*, stehen Förderung und Entwicklung der Demokratie in Lateinamerika. Dem *Helms-Burton*-Gesetz und andere gegen → Kuba verhängte Sanktionen wird eine deutliche Absage erteilt. Beschlossen werden Initiativen u. a. gegen Drogenhandel, Terrorismus und Armut. – Die Präsidenten Chiles und Argentiniens, *Frei* und *Carlos Saúl Menem*, unterzeichnen am 10. 12. in Santiago ein Protokoll zur endgültigen **Beilegung der Grenzstreitigkeiten** in Patagonien; Argentinien sollen 1283 km² und Chile 1057 km² zugeschlagen werden. – Eine von der Regierung unter Präsident *Frei* angestrebte **Verfassungsreform**, die u. a. die Abschaffung der acht von *Pinochet* auf Lebenszeit ernannten Mandate im Senat und damit den Abbau des politischen Einflusses des Militärs vorsieht, wird im April **1997** zwar vom Abgeordnetenhaus gebilligt, **scheitert** jedoch Mitte Juni wie schon im April 1996 im Senat mit 20 gegen 25 Stimmen bei einer Enthaltung.

Colonia Dignidad: Das Oberste Gericht bestätigt Ende Oktober **1996** den im August erlassenen Haftbefehl gegen den flüchtigen *Paul Schäfer*, den Chef der berüchtigten Siedlung Colonia Dignidad; der Deutsche wird des Kindesmißbrauchs beschuldigt. Im Mai und Juni **1997** durchsucht die Polizei mehrfach das rd. 13 000 km² große, streng bewachte Gelände, das über weitläufige unterirdische Anlagen verfügt, nach dem seit April mit internationalem Haftbefehl gesuchten *Schäfer*. Dessen Stellvertreter *Hartmut Hopp* wird am 17. 6. verhaftet. Die rd. 350 km südlich von Santiago gelegene Colonia Dignidad (Kolonie der Würde), die sich heute Villa Baviera nennt und in der gut 200 Deutsche und 100 Chilenen leben, wurde 1961 von *Schäfer* und anderen ehem. NS-Offizieren gegründet. Ihnen werden auch Folter, Zwangsarbeit von Kindern, Zwangsadoptionen, Steuervergehen und Drogenmißbrauch vorgeworfen.

Wirtschaft und Soziales: Am 1. 10. **1996** wird Chile assoziiertes Mitglied des Mercosur (→ WA '97. Sp. 837 ff.); das Freihandelsabkommen sieht die schrittweise Beseitigung der Zölle binnen zehn bzw. für bestimmte landwirtschaftliche Produkte binnen 18 Jahren vor. Am 4. 7. **1997** tritt ein Freihandelsabkommen mit Kanada in Kraft. – Das seit 1984 anhaltende Wirtschaftswachstum setzte sich 1996 mit einer Zunahme des realen BIP um 7,2% (1995: 8,5%) fort. Nach offiziellen Angaben ist der Anteil der unterhalb der Armutsgrenze lebenden Personen auf 28% gesunken (1990: 44%).

China Republik *Ost-Asien*

Taiwan (ehem. Formosa); Ta Chung-hua Min-kuo (Nationalchina) – RC (→ Karte V, E 3)

Fläche (Weltrang: 135.): 36 000 km²

Einwohner (45.): F 1995 21 400 000 = 594 je km²

Hauptstadt: T'aipei (Taipeh)
F 1995: 2 632 863 Einw.

Amtssprache: Chinesisch

Bruttosozialprodukt 1994 je Einw.: 11 600 $

Währung: 1 Neuer Taiwan-Dollar (NT$) = 100 Cents

Diplomatische Vertretung:
Taipei Wirtschafts- und Kulturbüro
Villichgasse 17, 53177 Bonn, 0228/36 40 14

Landesstruktur Fläche: 36 000 km²; u. a. Pescadores (P'enghu Ch'üntao): 64 Inseln in der Formosastraße mit 127 km² und 112 700 Einw. (1980); mehrere Inselgruppen vor dem Festland der VR China, u. a. Quemoy (Chinmen Tao) mit 155 km² und Matsu (Matsu Tao) mit 26 km² – **Bevölkerung**: Taiwanesen; (Z 1990) 20 285 626 Einw. – (Z 1986) 84% Taiwanesen, 14% Festland-Chinesen, etwa 345 000 malaio-polynes. Ureinwohner (rd. 20 ethn. Gruppen) – **Leb.-Erwart.** 1993: 75 J. – **Säugl.-Sterbl.** 1992: 0,6% – Jährl. **Bev.-Wachstum** ∅ 1980–93: 1,3% (Geb.- und Sterbeziffer 1993: 1,6%/0,5%) – **Analph.** 1992: 6% – **Sprachen**: Chinesisch (auf der Basis des Dialekts von Beijing), südchinesisches Min (Süd-Fujan-Dialekt) der Taiwanesen; südchinesisches Hakka; 10 malaio-polynes. Sprachen – **Religion** 1980: 48,5% chines. Religionen (Taoisten u. a.), 43% Buddhisten, 7,4% Christen (422 000 Protestanten, 296 000 Katholiken), 50 000 Muslime; konfuzian. Lehre weit verbreitet – **Städt. Bev.**

1992: 92% – **Städte** (F 1995): Kaohsiung 1426 035 Einw., T'aichung 853 221, T'ainan 706 811, Chungho 386 347, Sanchung 380 099, Keelung 368 771, Hsinchu 340 255, Fangshan 303 956, Yüanlin 282 700, Taoyüan 271 536, Chiai 261 391, P'ingtung 215 096

Staat Republik seit 1947 – Verfassung von 1947, letzte Änderung 1997 – Parlament: Legislativ-Yüan (Li Fa Yüan) mit 164 Mitgl., Wahl alle 3 J., 6 Mandate für Übersee-Chinesen reserviert; Nationalversammlung (Kuo-Min Ta-Hui) mit 334 Mitgl., Wahl alle 4 J. – Direktwahl des Staatsoberh. alle 6 J. – Wahlrecht ab 20 J. – **Verwaltung**: 5 Stadtkreise, 16 Landkreise und 2 Sonderstadtkreise Taipeh und Kaohsiung (Einzelheiten → WA '96, Sp. 141 f.) – **Staatsoberhaupt**: Lee Teng-hui (Li Denghui) (KMT-Vorsitzender), seit 1988, 1996 erstmals durch Direktwahl bestätigt – **Regierungschef**: Vincent Siew, seit 1. 9. 1997 – **Äußeres**: Jason Hu (Chien You-hsin) – **Parteien**: Wahlen zum Legislativ-Yüan am 2. 12. 1995: Kuomintang/KMT (Nationale Volkspartei) 85 Sitze (1992: 96 von 161), Demokratische Fortschrittspartei/DPP 54 (50), Neue Partei/NP 21 (–), Unabhängige 4 (8), Sonstige – (7) – Nationalversammlung (Wahlen vom 23. 3. 1996): KMT 183 (1991: 254) Sitze, DPP 99 (60), NP 46 (1), Unabhängige 6 (93) – **Unabh.**: Fortführung der Tradition der am 1. 1. 1912 in Peking nach dem Sturz der Mandschu-Herrschaft proklamierten Republik; von der UNO, BRD u. a. nicht anerkannt; diplomatische Beziehungen mit 16 Staaten, inoffizielle Beziehungen zu den meisten Staaten, auch zur VR China – **Nationalfeiertag**: 10. 10. (Tag des Aufstands von Wutschang 1911)

Wirtschaft **Währung**: 1 US-$ = 27,605 NT$; 1 DM = 16,49 NT$ – **BSP** 1994: 247 000 Mio. $ – **BIP** 1993: 217 000 Mio. $; realer Zuwachs ∅ 1980–92: 7,6% (1994: +6,1%); Anteil (1994) **Landwirtsch.** 4%, **Industrie** 37%, **Dienstl.** 59% – **Erwerbstät.** 1993: Landw. 12%, Ind. 39%, Dienstl. 49% – **Arbeitslosigkeit** ∅ 1996: 2,6% – **Energieverbrauch** 1993: 2879 kg ÖE/Ew. – **Inflation** ∅ 1996: 3,1% (S 1997: 2,8%) – **Ausl.-Verschuld.** 1994: 300 Mio. $ – **Außenhandel** 1996: **Import**: 101,3 Mrd. $; Güter 1995: 16,2% Elektrotechn. Erzeugnisse, 12,5% Metalle und -waren, 11,2% Chemikalien, 10% Industriemaschinen, Bergbauprodukte; Länder 1995: 29,2% Japan, 20,1% USA, 5,5% BRD, 4,2% Rep. Korea, 3,0% VR China, 2,9% Singapur, 2,9% Malaysia; **Export**: 116 Mrd. $; Güter 1995: 14,6% Elektroerzeugn., 14% Textilien und Bekleidung, 9% Metalle und -waren, 8,9% informationstechn. Ausrüstungen, 7,5% Industriemaschinen, 7,2% Kunststoffe und -prod., 4,8% Transportmittel und -ausrüstungen, 3,6% Elektromaschinen; Länder 1995: 23,6% USA, 23,4% Hongkong, 11,8% Japan, 3,9% Singapur, 3,4% BRD, 2,9% Niederlande, 2,8% Thailand – **Tourismus** 1995: 2,33 Mio. Auslandsgäste, 3 286 Mio. $ Einnahmen

Chronik Gegen den im Juli **1996** von Japan bekräftigten Souveränitätsanspruch über die umstrittenen Diaoyo- bzw. Senkaku-Inseln rd. 150 km nordöstlich von Taiwan (→ Japan) protestieren nationalistische Aktivisten aus Hongkong und Taiwan. Die seit der Wahl des Präsidenten *Lee Teng-hui* (März 1996) infolge einer regen Reisediplomatie des Regierungschefs *Lien Chan* und des Außenministers *Chang Hsiao-yen* teilweise erfolgreichen Bemühungen, die von der VR China betriebene **internationale Isolierung** zu überwinden, erhalten einen schweren Rückschlag mit der Ankündigung des südafrikanischen Präsidenten *Nelson Mandela* am 27. 11. 1996, die diplomatischen Beziehungen zur Republik China mit Ende des Jahres 1997 zu beenden und sie anschließend mit der VR China aufzunehmen. Außenminister *Chang Hsiao-yen* scheitert Anfang Dezember 1996 in Pretoria mit seinem Versuch, die Entscheidung rückgängig zu machen. Daraufhin bricht Taiwan die Mitarbeit in einem Großteil der gemeinsamen wirtschaftlichen Projekte ab. Südafrika ist der bedeutendste unter den Staaten, die die Republik China anerkannt haben (als letzter Fidschi am 4. 10. 1996). Als einziger europäischer Staat unterhält Vatikanstadt diplomatische Beziehungen zur Republik China (Staatsbesuch von Vizepräsident und Ministerpräsident *Lien Chan* bei Papst *Johannes Paul II.* am 14. 1. **1997**). Dieser Besuch wie auch der des **Dalai-Lama in Taipeh** (22.–27. 3.) stößt auf entschiedenen Protest der VR China. – Ungeachtet ihrer gespannten Beziehungen nehmen die beiden Länder im April erstmals seit 1949 den **direkten Schiffsverkehr** miteinander wieder auf. – Gegen das Versagen der Regierung bei der Kriminalitätsbekämpfung nach einer Serie von Kindesentführungen und -morden und weiteren unaufgeklärten spektakulären Verbrechen demonstrieren Anfang und Mitte Mai 1997 in Taipeh auf den **größten Demonstrationen seit Aufhebung des Kriegsrechts 1987** jeweils rd. 50 000 Menschen. Während Präsident *Lee* und Ministerpräsident *Lien Chan* den geforderten Rücktritt ablehnen und statt dessen nur einige Kabinettspositionen umbesetzen, erklärt der populäre Staatsminister und Hoffnungsträger der KMT, *Ma Ying-chiu*, unter Protest seinen Verzicht auf politische Ämter. – Nach der Wiedereingliederung Hongkongs als administrative Sonderregion in die VR China bekräftigt Taiwans Präsident *Lee Teng-hui* am 3. 7. die **Ablehnung der** am 1. 7. von Präsident *Jiang Zemin* erneuerten festlandschinesischen **Vereinigungspläne** nach dem Modell »Ein Land, zwei Systeme«. Die Republik China sei nicht bereit, sich der VR China unterzuordnen. Eine Vereinigung sei nur möglich, wenn Demokratie und Wohlstand dauerhaft garantiert seien. – Die Regierung unter Ministerpräsident *Lien Chan* gibt am 21. 8. ihren Rücktritt bekannt. Neuer Regierungschef wird *Vincent Siew*, der am 1. 9. 1997 sein Amt antritt.

China Volksrepublik *Ost-Asien*

Zhonghua Renmin Gongheguo, Kurzform: Zhongguo – VRC (→ Karte IV/V, C–E 2–4)

Fläche (Weltrang: 4.): 9 572 384 km²

Einwohner (1.): F 1995 1 206 431 000 = 126 je km²

Hauptstadt: Beijing (Peking)
Z 1990: 5 769 607 Einw. (A: 10,82 Mio.)

Amtssprache: Chinesisch

Bruttosozialprodukt 1995 je Einw.: 620 $

Währung: 1 Renminbi ¥uan (RMB.¥) = 10 Jiao

Botschaft der Volksrepublik China
Kurfürstenallee 12, 53177 Bonn, 0228/95 59 70

Landesstruktur Fläche: 9 572 384 km² einschließlich Tibet mit 1 228 000 km² und 2 360 000 Einw. (F 1994), Hongkong (1084 km²; → unten) und verschiedenen Inseln – **Bevölkerung**: Chinesen; (Z 1990) 1 133 682 501 Einw. – 91,9% Chinesen (Han), 1,4% Zhuang, 0,8% Hui, 0,8% Mandschu, 0,7% Miao, 4,3% Sonstige: Mongolen, Koreaner, Turkvölker (u.a. 7 Mio. Uiguren, 1 Mio. Kasachen), Tibeter; rd. 55 nationale Minderh. (»Nationalitäten«) – Anteil unter **Armutsgrenze** ∅ 1981–95: 29,4% – **Flüchtl.** Ende 1996: 286 700 aus Vietnam, 7000 aus Myanmar, 300 aus Laos, 100 andere; 128 000 Tibeter sind geflohen – **Leb.-Erwart.** 1995: 69 J. – **Säugl.-Sterbl.** 1995: 3,8% – **Kindersterbl.** 1995: 4,7% – **Jährl. Bev.-Wachstum** ∅ 1985–95: 1,3% (Geb.- und Sterbeziffer 1995: 1,8%/0,7%) – **Analph.** 1995: 19% – **Sprachen**: Chinesisch (Putonghua bzw. Guoyu), versch. chines. Dialekte; 55 Sprachen der nationalen Minderh. (u.a. Tibetisch, Uigurisch, Mongolisch); Englisch als Handelssprache wichtig – **Religion**: 100 Mio. Buddhisten, 30 Mio.

Taoisten, 20 Mio. Muslime, 5 Mio. Protestanten (nach anderen Schätzungen 11–19 Mio.), 4 Mio. Katholiken, Lamaismus der Tibeter (etwa 1,3 Mio.); konfuzian. Lehre weit verbreitet – **Städt.**

Volksrepublik China – Provinzen, Stadtbezirke und Autonome Regionen[1]: Fläche und Bevölkerung

Verwaltungseinheit/ Hauptort	*Fläche in 1000 km²*	*Einwohner in Tsd. Z 1990[2]*	*F 1994[3]*	*Einw. je km² 1994*
Provinzen (Ch'ü)[4]				
Anhui/Hefei	139	56 181	59 550	428
Fujian/Fuzhou	121	30 040	31 830	263
Gansu/Lanzhou	454	22 371	23 780	52
Guangdong/ Guangzhou	178	62 829	66 890	376
Guizhou/Guiyang	176	32 392	34 580	196
Hainan (Insel)/ Haikou	34	6 557	7 110	209
Hebei/Shijiazhuang	188	61 082	63 880	340
Heilongjiang/Harbin	469	35 215	36 720	78
Henan/Zhengzhou	167	85 510	90 270	541
Hubei/Wuhan	186	53 969	57 190	307
Hunan/Changsha	210	60 660	63 550	303
Jiangsu/Nanjing	103	67 057	70 210	682
Jiangxi/Nanchang	169	37 710	40 150	238
Jilin/Changchun	187	24 659	25 740	138
Liaoning/Shenyang	146	39 460	40 670	279
Qinghai/Xining	721	4 457	4 740	7
Shaanxi/Xi'an	206	32 882	34 810	169
Shandong/Jinan	153	84 393	86 710	567
Shanxi/Taiyuan	156	28 759	30 450	195
Sichuan/Chengdu	567	107 218	112 140	198
Yunnan/Kunming	394	36 973	39 390	100
Zhejiang/Hangzhou	102	41 446	42 940	421
Stadtbezirke				
Beijing (Peking)	17	10 819	11 250	662
Shanghai (Schanghai)	6	13 342	13 560	2260
Tianjin (Tientsin)	11	8 785	9 350	850
Autonome Regionen				
Guangxi Zhuangzu/ Nanning	236	42 246	44 930	190
Nei Monggol/ Hohhot	1183	21 457	22 600	19
Ningxia Huizu/ Yinchuan	66	4 655	5 040	76
Xinjiang Uygur/ Ürümqi	1600	15 156	16 320	10
Xizang (Tibet)/ Lhasa	1228	2 196	2 360	2
Volksrepublik China	*9571*	*1 133 682*	*1 198 500[5]*	*125*

[1] ohne Hongkong; [2] Volkszählung vom 1.7.1990 (ohne Armeeangehörige, insg. 3 199 100); [3] Fortschreibungszahlen vom 31. 12. 1994; [4] Taiwan (Rep. China) wird von der VR China als 23. Provinz behandelt; [5] inkl. Armeeangehörige
Quelle: Statistisches Bundesamt Länderbericht Volksrepublik China 1993 und Europa World Year Book 1995 u. 1996

Bev. 1995: 30% – **Städte** (Z 1990): (Einw. in Mio.) Shanghai 7,5 (S 1995: A 15,082), Tianjin (Tientsin) 4,6 (8,8), Shenyang 3,6, Wuhan 3,3, Guangzhou (Kanton) 2,9, Harbin 2,4, Chongqing 2,3, Nanjing (Nanking) 2,1, Xi'an (Sian) 2,0, Chengdu 1,7, Dalian (Dairen) 1,7, Changchun 1,7, Jinan (Tsinan) 1,5, Qingdao (Tsingtao) 1,5, Taiyuan 1,5, Zibo (Zhangdian) 1,4, Zhengzhou 1,2, Lanzhou 1,2, Anshan 1,2, Fushun (Funan) 1,2, Qiqihar (Tsitsihar) 1,1, Kunming 1,1, Nanchang 1,1, Hangzhou 1,1, Changsha 1,1, Shijiazhuang 1,1, Guiyang (Kweiyang) 1,0, Tangshan 1,0, Ürümqi 1,0 u. a.; Lhasa 106 885 (davon 60% Tibeter)

Staat Sozialistische Volksrepublik – Verfassung von 1982 mit Änderung 1993 – Oberstes Verfassungsorgan ist das jährlich tagende Parlament (Nationaler Volkskongreß/NVK) mit 2921 alle 5 J. von den Parlamenten der Provinzen, autonomen Regionen und Stadtbezirken sowie von der Volksbefreiungsarmee (267 Delegierte) gewählten Mitgl. – Ständiger Ausschuß des Nationalen Volkskongresses mit 154 Mitgl. (134 Abgeordnete, der Präsident, 18 Vizepräsidenten und der Generalsekretär) leitet während der Tagungspausen die verschiedenen Ausschüsse, Vors. des Ständigen Ausschusses des VIII. NVK: Qiao Shi, seit 1993 – Oberste Führung: Ständiger Ausschuß des Politbüros der KPCh mit Generalsekretär der Partei an der Spitze (Jiang Zemin, seit 1989) und weiteren 6 Mitgl.: Li Peng, Qiao Shi, Li Ruihuan, Zhu Rongji, Liu Huaqing, Hu Jintao (Parteichef von Tibet); 22köpfiges Politbüro (Ständiger Ausschuß + 13 Vollmitgl. und 2 alternierende Mitgl.) sowie Sekretariat mit 7 Mitgl.; Zentralkomitee (189 Vollmitgl. und 130 alternierende Mitgl.); Zentrale Militärkommission (9 Mitgl., Vors. Jiang Zemin, seit 1989); Wahl des Staatsoberh. durch NVK – Wahlrecht ab 18 J. – **Verwaltung**: 23 Provinzen, 5 autonome Regionen, 3 Stadtbezirke; außerdem 147 territoriale Einheiten mit regionaler Autonomie (Einzelheiten → Tabelle) – **Staatsoberhaupt**: Jiang Zemin, seit 1993 (durch VIII. NVK gewählt); Stellvertr. Rong Yiren – **Regierungschef**: Li Peng, seit 1988 – **Äußeres**: Qian Qichen – **Parteien**: Kommunist. Partei Chinas/KPCh (1994: 54 Mio. Mitglieder), daneben 8 sog. nichtkommunist. Parteien – **Unabh.**: fast 4000 J. staatl. Tradition; Ausrufung der Volksrepublik durch Mao Zedong am 1. 10. 1949 – **Nationalfeiertag**: 1. 10.

Wirtschaft (Einzelheiten → Kap. Wirtschaft) **Währung**: 1 US-$ = 8,2964 RMB.¥; 1 DM = 4,9479 RMB.¥ – **BSP** 1995: 744 890 Mio. $ – **BIP** 1995: 697 647 Mio. $; realer Zuwachs ∅ 1990–95: 12,8%; Anteil (1995) **Landwirtsch.** 21%, **Industrie** 48%, **Dienstl.** 31% – **Erwerbstät.** 1993: Landw. 61%, Ind. 18%, Dienstl. 21% – **Arbeitslosigkeit**1. Quartal 1997: 7,5% (Städte), 34,8% (Land) – **Energieverbrauch** 1994: 664 kg ÖE/Ew. – **Inflation** ∅ 1985–95: 9,5% (1996: 6,3%, S 1997: 6,3%) – **Ausl.-Verschuld.** 1996: 116,3 Mrd. $ – **Außenhandel** 1996: **Import**: 138,8 Mrd. $; Güter: 81,7% verarb. Waren (u. a. 39,5% Maschinen und Fahrzeuge, 14,8% Elektrotechnik und Elektronik), 18,3% Primärgüter (u. a. Getreide und Rohöl); Länder: 21% Japan, 11,7% USA, 11,7% Rep. China, 9% Rep. Korea, 5,6% Hongkong, 5,3% BRD, 3,7% Russische Föderation, 2,6% Singapur; **Export**: 151,1 Mrd. $; Güter: 31,9% Maschinen und Elektroerzeugnisse, 16,5% Bekleidung, 8,0% Garne und Gewebe, 4,4% Schuhe, 2,8% Stahl, 2,6% Spielwaren, 1,8% Kunststofferzeugnisse; Länder: 21,8% Hongkong, 20,5% Japan, 17,7% USA, 5,0% Rep. Korea, 3,8% BRD, 2,5% Singapur, 1,9% Rep. China, 1,2% Italien – **Tourismus** 1995: 46,4 Mio. Auslandsgäste (davon 40,4 Mio. aus der Republik China, Hongkong und Macau), 8733 Mio. $ Einnahmen

Hongkong *Ost-Asien*
Sonderverwaltungsregion Hongkong/SAR
(→ Karte V, D 3)

LANDESSTRUKTUR (→ Karte) *Fläche:* 1084 km² (über 230 Inseln, New Territories 952,3 km²) – *Bevölkerung* (F 1995): 6 190 000 Einw. – 94,9% Chinesen, 1,2% Philippiner, 1,2% Briten, 2,7% Sonstige (Inder, US-Amerikaner, Malaysier, Australier, Portugiesen, Japaner, Kanadier, Deutsche) – *Flüchtlinge* 12/1996: 1300 aus Vietnam – *Leb.-Erwart.* 1995: 79 J. – *Säugl.-Sterbl.* 1995: 0,5% – *Kindersterbl.* 1995: 0,6% – Jährl. *Bev.-Wachstum* ∅ 1985–95: 1,3% (Geb.- u. Sterbeziffer 1995: 1,0%/0,6%) – *Analph.* 1995: 8% – *Sprachen:* Englisch u. Chinesisch (über 80% Kantonesisch als Mutterspr.; außerd. Mandarin bzw. Putonghua) als Amtsspr. – *Religion* 1992: überw. Buddhisten, Konfuzianer, Taoisten; 500 000 Christen (davon 270 000 Katholiken), etwa 50 000 Muslime, 12 000 Hindus, 3000 Sikhs – *Städt. Bev.* 1995: 95% – *Städte:* Victoria (Xianggang; Hptst.) 1,1 Mio. Einw.; Kowloon (Jiulong) 1,5 Mio. (mit rd. 200 000 Einw. je km² höchste Bev.-Dichte der Welt), New Kowloon (Xinjiulong) 0,7 Mio.
REGIERUNGSFORM Sonderverwaltungsregion Hongkong/SAR seit 1. 7. 1997 (brit. Kolonie von 1843 bis 1997) Übergangsparlament mit 60 Mitgl. seit 21. 12. 1996, darunter 33 Abgeordnete des am

17. 9. 1995 gewählten Legislative Council/Legco – Wahlrecht ab 18 J. – *Verwaltung:* 3 Gebiete, unterteilt in 19 Distrikte (Einzelheiten → WA '97, Sp. 272) – *Chief Executive:* seit 1. 7. 1997: Tung Chee-hwa, gewählt am 11. 12. 1996 – *Chief Secretary:* Anson Chan – *Parteien:* Wahlen vom 17. 9. 1995 (Wahlbeteiligung 35,8%): Democratic Party of Hong Kong/DP u. Verbündete 29 der 60 Sitze (1991: 12 der 18 Sitze), Liberal Party 10 (4), Democratic Alliance for the Betterment of Hong Kong/DAB (pro VR-China) 6 (–), Unabh. 11 (–), Sonstige 4 (2) – *Nationalfeiertag:* 29. 8. (Tag der Befreiung 1945)

WIRTSCHAFT *Währung:* 1 Hongkong-Dollar (HK$) = 100 Cents = 1,07 RMB.¥; 1 US-$ = 7,7610 HK$; 1 DM = 4,6150 HK$ – *BIP* 1995: 143 669 Mio. US $; realer Pro-Kopf-Zuwachs Ø 1990–95: 5,6% (S 1996 +5%); Anteil 1994: *Industrie* 18%, *Dienstl.* 82% – *Erwerbstät.* 1994: Landw. 1%, Ind. 28%, Dienstl. 71% – *Arbeitslosigkeit* Ø 1995: 3,5% – *Energieverbrauch* 1995: 2185 kg ÖE/Einw. – *Inflation* Ø 1985–95: 8,7% (1996: 6%) – *Ausl.-Verschuld.* 1995: keine – *Außenhandel* 1996: *Import:* 1536 Mrd. HK$; Güter: 37% Maschinen u. Transportausrüst., 20,1% Fertigwaren, 6,9% Chemikalien, 4% Lebensmittel u. leb. Tiere; Länder (1996): 37% VR China, 14% Japan, 8% Rep. China, 8% USA, 5% Singapur, 5% Rep. Korea, 2,1% BRD, 2% Großbritannien; *Export:* 1398 Mrd. HK$; Güter: 32,2% Maschinen u. Transportausrüst., 16,7% Fertigwaren, 5,9% Chemikalien; Länder (1996): 34% VR China, 21% USA, 7% Japan, 4% BRD, 3% Großbritannien, 3% Singapur, 2% Rep. China – *Tourismus* 1995: 10,2 Mio. Ankünfte (davon 2,2 Mio. aus VR China, 1,8 Mio. aus Rep. China, 1,7 Mio. aus Japan, 0,7 Mio. aus USA), 74 913 Mio. HK$ Einnahmen

Chronik wichtiger Ereignisse im Berichtszeitraum 1. 9. 1996 bis 31. 8. 1997:

Deng Xiaoping stirbt am 19. 2. **1997** im Alter von 92 Jahren in Peking. In einer offiziellen Erklärung würdigt die gesamte Partei- und Staatsspitze die neben *Mao Zedong* bedeutendste Führungsgestalt des chinesischen Kommunismus als »großen Marxisten, großen proletarischen Revolutionär, Politiker, Militärstrategen und Diplomaten, altbewährten Kämpfer, Hauptarchitekten der sozialistischen Reform und Öffnung sowie der Modernisierungen in China sowie Begründer der Theorien über den Aufbau des Sozialismus chinesischer Prägung«. Machtverschiebungen innerhalb des Führungsapparates von Partei und Staat werden zunächst nicht registriert. Seit Anfang der 90er Jahre hatte *Deng*, der 1994 letztmals öffentlich auftrat, seine politischen Ämter schrittweise auf den heutigen Staats- und Parteichef *Jiang Zemin* übertragen lassen. Während der offiziellen Trauerfeier am 25. 2. legt dieser ein Bekenntnis zur **Fortführung der Reformpolitik im Sinne Dengs** ab. Mit der erneuten Rechtfertigung der von *Deng* verantworteten Niederschlagung der Demokratiebewegung 1989 bekräftigt *Jiang* zugleich die Fortsetzung der Politik der harten Hand gegenüber den politischen Liberalisierungs- und Demokratisierungsbestrebungen in China. – Auch in seinem Rechenschaftsbericht vor der turnusmäßigen **Jahressitzung des Nationalen Volkskongresses** (NVK) vom 1. 3. bis 14. 3. stellt Ministerpräsident *Li Peng* die Beibehaltung des Reformkurses auf der Basis der »sozialistischen Demokratie« und des »sozialistischen Rechtssystems« in Aussicht. Er verweist auf die Kontinuität der wirtschaftlichen Erfolge (Wachstum des BIP 1996 7%, Preissteigerung 6,1% gg. 16,6% 1995). Aufrechtzuerhalten sei sie jedoch nur bei weiterer Modernisierung der Unternehmen und vor allem einer tiefgreifenden Umstrukturierung der Staatsbetriebe (sie beschäftigen 66% der städtischen Arbeiter in China und erwirtschaften 60% der Staatseinnahmen). Schwerpunktmäßig beschließt der NVK auch Maßnahmen zur Erhöhung der Schlagkraft des Militärs, zum Ausbau der Polizei und der Staatssicherheitsorgane und zum effektiveren Kampf gegen Korruption und Kriminalität. Mit Blick auf die jüngsten Unruhen in Xinjiang (→ unten) beschließt der NVK ein **Verteidigungsgesetz**, das Chinas Streitkräfte, die der Verfassung nach dem Volkskongreß als höchstem Staatsorgan unterstehen, auch zur Niederschlagung innerer Unruhen eingesetzt werden können, wozu sie auch formell unter die Führung der Kommunistischen Partei gestellt werden. Ergänzend werden die bisher vorzugsweise zur Aburteilung von Bürgerrechtlern herangezogenen Straftatbestände (u. a. »Gefährdung der Staatssicherheit«) erweitert um die »Anstiftung zu ethnischem Haß oder Diskriminierung« und die »Schädigung der sozialen Ordnung«.

Dissidenten: Am 8. 10. **1996** wird der **Regimekritiker Liu Xiaobo festgenommen** und am folgenden Tag in ein Arbeitslager gebracht. Der frühere Geschichtsdozent und Literaturkritiker, beteiligt schon an der Demokratiebewegung von 1989, hatte zusammen mit dem seit Tagen vermißten Dissidenten *Wang Xihe* Anfang Oktober Flugblätter u. a. mit der Forderung in Umlauf gebracht, Staats- und Parteichef *Jiang Zemin* gerichtlich zur Rechenschaft zu ziehen. Neben der Forderung nach grundlegenden Freiheitsrechten und Selbstbestimmungsrecht für die Tibeter verlangten sie im aufgeflammten Konflikt um die Daioyu-Inseln des weiteren eine schärfere Reaktion Pekings gegen die japanischen Besitzansprüche (→ Außenpolitik). – Nach kurzem Prozeß unter Ausschluß der Öffentlichkeit verurteilt das Pekinger Bezirksgericht Nr. 1 am 30. 10. den Dissidenten *Wang Dan* wegen **verschwörerischer Aktivitäten zum Sturz des sozialistischen Systems** zu 11 Jahren Haft. Der ehem. Studentenführer war im Mai 1995 verschleppt und am 3. 10. 1996 formell verhaftet worden. *Wangs* Einspruch gegen das Urteil weist das Oberste Volksgericht in Peking am 15. 11. zurück. – Im Janunar **1997** verurteilen Gerichte in den Provinzen Anhui und Suchuan insgesamt 4 Menschenrechtsaktivisten zu bis zu 3 Jahren Gefängnis oder Arbeitslager. Die Anhänger der Demokratiebewegung von 1989 waren zum Teil schon zuvor inhaftiert gewesen und hatten sich erneut für andere verurteilte Dissidenten eingesetzt. – Anläßlich der Sitzung des Volkskongresses (1. 3.–14. 3.) weist amnesty international darauf hin, daß die Zahl der vollstreckten Todesurteile 1996 den höchsten Stand der vergangenen 13 Jahre erreicht habe, und fordert bessere Gesetze zum Schutz der Bürgerrechte.

Unruhen in der Autonomen Region Xinjiang im Nordwesten Chinas (→ Farbkarte XVIII) fordern am 5. 2. **1997** nach offiziellen Angaben Todesopfer. Uigurische Exilorganisationen berichten von zwischen 200 und 300 Todesopfern und zahlreichen Hinrichtungen nach Massenprozessen. Sprengstoffanschläge in der Hauptstadt Ürümqi fordern am 25. 2. mindestens 7 Menschenleben. Am 7. 3. sterben inoffiziellen Berichten zufolge 3 Menschen bei einem Bombenattentat in Peking, zu dem sich eine Organisation uigurischer Exilnationalisten aus Kasachstan bekannt haben soll, die den Konflikt in die chinesischen Hauptstadt tragen will (in Kasachstan leben etwa 200 000 Uiguren). Die Pekinger Führung spricht von terroristischen Gewalttaten einer Handvoll ethnischer Separatisten und von illegalen religiösen Aktivitäten, die von interessierten ausländischen Kreisen unterstützt würden. Mitte April werden 3 angebliche Aufstandsführer hingerichtet. Ausgangspunkt der kritischen Situation in der Nordwestprovinz sind soziale Spannungen zwischen der Mehrheit der sunnitisch-muslimischen Uiguren und den Han-Chinesen, deren Bevölkerungsanteil 39% beträgt, die jedoch über die wirtschaftlichen und politischen Schlüsselstellungen verfügen. **Separatistische Tendenzen** unter den Uiguren gewannen in den letzten Jahren eine Massenbasis. Nach Informationen aus Peking werden Ende Mai 8 Attentäter hingerichtet, die Bombenanschläge auf Busse verübt haben sollen. In dem im Westen der Region Xinjiang gelegenen Ili-Gebiet werden im Juni mehr als 200 Moscheen und als illegal bezeichnete Koranschulen geschlossen.

Außenpolitik: Der im Juli **1996** durch japanische Nationalisten provozierte Konflikt um die zwischen China und Japan umstrittenen Diaoyo-Inseln (in Japan: Senkaku-, in Taiwan Tiayutai-Inseln, rd. 150 km nordöstlich von Taiwan gelegen) führt zu einer Welle des gesamtchinesischen Patriotismus (→ Japan). Doch vermeidet die Führung in Peking eine Eskalation der Spannungen. – Um eine **Normalisierung des deutsch-chinesischen Verhältnisses**, das sich im Sommer drastisch verschlechterte (→ WA ’97, Sp. 118), bemüht, holt der deutsche Außenminister *Klaus Kinkel* seinen Ende Juni 1996 von chinesischer Seite abgesagten Besuch in der VR China nach (21.–24. 10.). Im Vorfeld erklärt die Bundesregierung die Bereitschaft, den ökologisch umstrittenen Bau des **»Drei Schluchten«-Staudamms** am Jangtse (→ Karte) mit Exportbürgschaften in Höhe von fast 1,4 Mrd. DM zu fördern (→ Deutschland). Dieses weltweit größte Stauwerkprojekt mit geschätzten Kosten von über 100 Mrd. DM soll bis zum Jahr 2009 fertiggestellt werden und macht die Umsiedlung von rd. 1,3 Mio. Menschen erforderlich. – Dennoch überschatten die bilaterale Auseinandersetzung über Menschenrechtsfragen und der Dissens über die chinesische Tibet-Politik noch den einwöchigen **Staatsbesuch von Bundespräsident Roman Herzog** in der VR China (18.–25. 11.), den er als den schwierigsten seiner bisherigen Amtszeit bezeichnet. Es sei jedoch gelungen, dem Dialog über Menschenrechtsfragen eine neue Basis zu geben. Nach Auffassung *Herzogs* sollten beide Länder vermeiden, sich »gegenseitig Lektionen zu erteilen«. – Am 29. 11. schließen die **VR China und Indien** einen Vertrag über die Reduzierung der Truppenpräsenz entlang der indisch-chinesischen Grenze. – Die Besuche von *Li Peng* Ende Dezember 1996 und von *Jiang Zemin* im Mai **1997** in Moskau demonstrieren die neue Qualität des seit den 50er Jahren nicht mehr so guten Verhältnisses zwischen der **VR China und Rußland**. Nach siebenjährigen Verhandlungen schließen beide Seiten die Verhandlungen über den bis 1991 teilweise strittigen Verlauf der 4300 km langen Grenze zwischen beiden Staaten ab. Die Regelung der noch offenen Fragen war für China vordringlich geworden, seit sich durch die muslimisch inspirierten Unabhängigkeitsbewegungen in der nordwestlichen Provinz Xinjiang das Konfliktpotential erhöhte. Ergänzend vereinbaren die VR China und Rußland ein im Konsens mit den GUS-Staaten Kasachstan, Kirgisistan und Tadschikistan erarbeitetes Abkommen über Truppenreduzierungen entlang der Grenze der 4 Staaten zu China. Absprachen zur militärischen Kooperation stellen weitere Bausteine zur Entwicklung einer langfristig angelegten **»strategischen Partnerschaft«** dar, konzipiert als Gegengewicht zur USA und der Osterweiterung der NATO. Im Zuge forcierter wirtschaftlicher Zusammenarbeit will die VR China in Rußland Rüstungsgüter (vor allem SU-27-Flugzeuge) bestellen, sich ein Atomkraftwerk in der Provinz Zeansu bauen lassen und russische Firmen am Bau des Staudamms »Drei Schluchten« beteiligen, während Rußland seinen Markt chinesischen Verbrauchsgütern weiter öffnen will. Die Präsidenten *Jiang Zemin* und *Boris Jelzin* unterzeichnen die als »historisch« qualifizierten Vertragswerke im Mai. – Als **höchster Repräsentant der USA seit 1989** besucht US-Vizepräsident *Al Gore* Peking (24. 3.–26. 3.) und unterzeichnet 3 Wirtschaftsverträge. Trotz weiter bestehender Differenzen in der Menschenrechtsfrage gibt die *Clinton*-Administration im Mai China gegenüber das Junktim zwischen der Einräumung der Meistbegünstigungsklausel und politischen Belangen (vor allem bezüglich der Menschenrechte und Nichtweiterverbreitung von Nukleartechnologie) auf. Mit Verweis auf das »nationale Interesse« an die Sicherheit von 200 000 mit dem Chinahandel verbundenen Arbeitsplätzen erneuert sie die Meistbegünstigung. Das Handelsdefizit der USA gegenüber China betrug 1996 39,5 Mrd. US-$ bzw. 17%. – Der **französische Präsident** *Jacques Chirac* besucht Mitte

Mai 1997 China und unterzeichnet zusammen mit *Jiang Zemin* eine »Gemeinsame Erklärung für eine umfassende Partnerschaft« als institutionellen Rahmen für eine langfristige globale Zusammenarbeit, die sich auf die künftige Multipolarität der Weltordnung einrichte. Dem ergänzenden Abschluß von 5 zwischenstaatlichen Wirtschaftsabkommen (u. a. über den Ankauf von 30 Airbus-Flugzeugen im Wert von 1,5 Mrd. US-$) ebnete Frankreich im Monat zuvor den Weg, als es die Europäische Union bewegte, auf eine gemeinsame Stimme bei der Verurteilung Chinas in der UN-Menschenrechtskommission zu verzichten.

Hongkong (→ Karte): Chronik der Ereignisse bis 30. 6. 1997 → Großbritannien. – Mit Übergabe der britischen Kronkolonie in der Nacht zum 1. 7. **1997** an die VR China wird Hongkong administrative Sonderverwaltungszone. Ein Grundgesetz tritt in Kraft, das ihr entsprechend dem Übergabevertrag von 1984 auf 50 Jahre einen hohen Grad innerer Autonomie und die Aufrechterhaltung des westlich-demokratischen Gesellschaftssystems gewährleisten soll (Artikel 5: »Das sozialistische System und seine Politik werden in der Sonderverwaltungszone Hongkong nicht angewandt. Das bisherige kapitalistische System und seine Lebensweise bleiben für weitere 50 Jahre unverändert«). Unmittelbar nach Mitternacht realisiert sich der neue Status mit dem Einzug von rd. 4000 chinesischen Soldaten sowie der Vereidigung des bisherigen Übergangsparlaments als Provisorische Legislative, des designierten Regierungschefs *Tung Chee-Hwa* und der obersten Richter. – Während der chinesische Präsident *Jiang Zemin* nach seiner Rückkehr

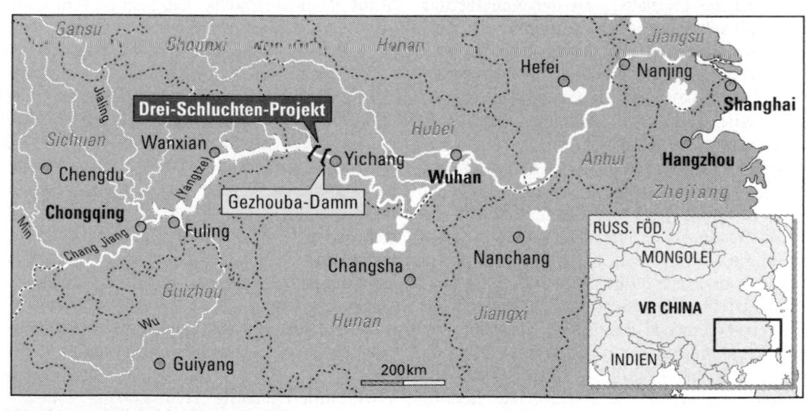

VR China: Drei-Schluchten-Projekt

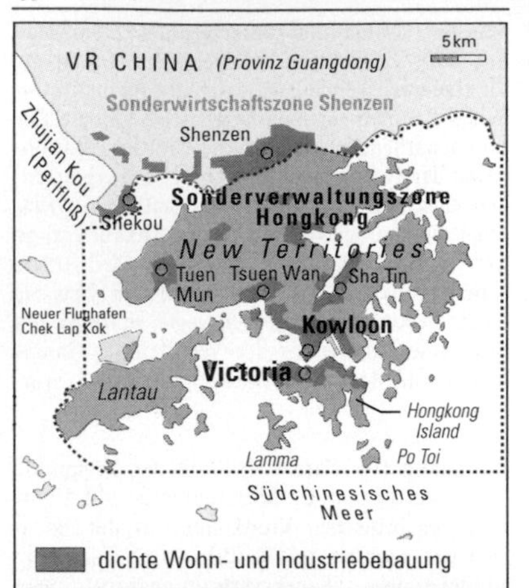

	Hongkong	VR China
Fläche in km^2	1084	9571300
Bevölkerung in Mio. (1995)	6,19	1200,24
BSP je Einw. (1995 in $)	22900	620

Hongkong

nach Peking am 1. 7. alle Vorgänge in der Sonderverwaltungsregion zur inneren Angelegenheit Chinas erklärt und zugleich die Aufrechterhaltung der inneren Freiheiten Hongkongs und seines Wirtschaftssystems bekräftigt, beginnt die Provisorische Legislative mit der Annullierung mehrerer von dem abgelösten Legislative Council in seiner letzten Sitzungswoche verabschiedeter Gesetze, u. a. zur Erweiterung von Arbeitnehmerrechten, und beschließt die von ihm in Shenzen als Schattenparlament vorbereiteten Gesetze. Zu ihnen gehört neben der Verschärfung von Immigrationsbestimmungen auch die Einschränkung der Demonstrationsfreiheit. – Am 8. 7. legt die neue Hongkong-Regierung den Entwurf für ein neues Wahlrecht vor, nach dem im Mai 1998 ein neues Parlament gewählt werden soll. – Das Appellationsgericht von Hongkong erklärt am 29. 7. die aufgrund eines Entschlusses der chinesischen Vollversammlung in Peking im Herbst 1995 zustandegekommene Provisorische Legislative für rechtmäßig und folglich die von ihr nach dem Souveränitätswechsel verabschiedeten Gesetzte für wirksam.

Costa Rica *Mittel-Amerika*

Republik Costa Rica; República de Costa Rica – CR (→ Karte VI, J 8/9)

Fläche (Weltrang: 126.): 51 100 km^2

Einwohner (124.): F 1995 3 399 000 = 67 je km^2

Hauptstadt: San José – F 1996: 324 011 Einw.

Amtssprache: Spanisch

Bruttosozialprodukt 1995 je Einw.: 2610 $

Währung: 1 Costa-Rica-Colón (¢) = 100 Céntimos

Botschaft der Republik Costa Rica
Langenbachstr. 19, 53113 Bonn, 0228/54 00 40

Landesstruktur Fläche: 51 100 km^2 einschl. 100 km^2 Inseln, u. a. Isla de Chira 45 km^2, Isla del Coco 24 km^2 – **Bevölkerung**: Costaricaner; (Z 1984) 2 416 809 Einw. – (F 1985) 87 % Weiße und Kreolen, 7 % Mestizen, 3 % Schwarze und Mulatten, 2 % Asiaten, 1 % Indianer – Anteil unter **Armutsgrenze** ∅ 1981–95: 18,9 % – **Flüchtl.** Ende 1996: 18 000 aus Nicaragua, 4000 aus El Salvador, 1150 andere – **Leb.-Erwart.** 1995: 77 J. – **Säugl.-Sterbl.** 1995: 1,4 % – **Kindersterbl.** 1995: 1,6 % – Jährl. **Bev.-Wachstum** ∅ 1985–95: 2,5 % (Geb.- und Sterbeziffer 1995: 2,5 %/0,4 %) – **Analph.** 1995: 5 % – **Sprachen**: Spanisch, Englisch und Kreolisch – **Religion** 1992: 89 % Katholiken, 8 % Protestanten; Minderh. von Bahai – **Städt. Bev.** 1995: 50 % – **Städte** (F 1996): (als A) Alajuela 175 129 Einw., Cartago 120 420, Puntarenas 102 291, Puerto Limón 77 234, Heredia 74 857

Staat Präsidialrepublik seit 1949 – Verfassung von 1949 – Gesetzgebende Versammlung (Congreso Constitucional) mit 57 Mitgl., Wahl alle 4 J. – Direktwahl des Staatsoberh. alle 4 J. – Wahlpflicht ab 18 J. – **Verwaltung**: 7 Provinzen (Einzelheiten → WA '97 Sp. 119 f.) – **Staats- und Regierungschef**: José María Figueres Olsen (PLN), seit 1994 – **Äußeres**: Fernando Naranjo Villalobos – **Parteien**: Wahlen vom 6. 2. 1994: Partido de Liberación Nacional/PLN (Sozialdemokraten) 28 Sitze (1990: 25), Partido Unidad Social Cristiana/PUSC 25 (29), Fuerza Democrática 2 (–), Unabhängige 2 (3) – **Unabh.**: 15. 9. 1821 (Proklamation), endgültig 14. 11. 1838 (Austritt aus der Zentralamerikanischen Konföderation) – **Nationalfeiertag**: 15. 9. (Unabhängigkeitstag)

Wirtschaft Währung: Freimarktkurs: 1 US-$ = 233,07 ¢; 1 DM = 133,63 ¢ – **BSP** 1995: 8884 Mio. $

– **BIP** 1994: 9233 Mio. $; realer Zuwachs ∅ 1990–95: 5,1%; Anteil (1995) **Landwirtsch.** 17%, **Industrie** 24%, **Dienstl.** 58% – **Erwerbstät.** 1994: Landw. 23%, Ind. 25%, Dienstl. 52% – **Arbeitslosigkeit** ∅ 1996: 6,2% – **Energieverbrauch** 1994: 558 kg ÖE/Ew. – **Inflation** ∅ 1985–95: 18,5% (1996: 13,9%, S 1997: 12,0%) – **Ausl.-Verschuld.** 1995: 3,8 Mrd. $ – **Außenhandel** 1995: **Import**: 3274 Mio. $; Güter: 40% Rohstoffe für die Industrie, 28% Konsumgüter, 13% Investitionsgüter für die Industrie, 9% Brenn- und Schmierstoffe, 5% Investitionsgüter für Verkehr; Länder 1994: 26% USA, 3% Japan, 3% Venezuela, 3% Mexiko, 2% BRD, 2% Guatemala, 2% Kolumbien; **Export**: 2611 Mio. $; Güter 1996: 46% Industrieprodukte, davon 18% Textilien, 16% Bananen, 11% Kaffee, 3% Fisch und Krabben, 1% Rindfleisch; Länder 1995: 39% USA, 16% BRD, 6% Belgien/Luxemburg, 5% Italien, 4% Guatemala, 3% El Salvador, 3% Nicaragua, 3% Panama, 2% Honduras – **Tourismus** 1995: 792 300 Auslandsgäste, 664 Mio. $ Einnahmen

Côte d'Ivoire → Elfenbeinküste

Dänemark *Nord-Europa*

Königreich Dänemark; Kongeriget Danmark – DK (→ Karte II/III, E/F 2)

Fläche (Weltrang: 131.): 43 094 km²

Einwohner (103.): F 1995 5 220 000 = 121 je km²

Hauptstadt: København (Kopenhagen)
F 1996: 476 751 Einw. (A: 1,36 Mio.)

Amtssprache: Dänisch

Bruttosozialprodukt 1995 je Einw.: 29 890 $

Währung: 1 Dänische Krone (dkr) = 100 Øre

Botschaft des Königreichs Dänemark
Pfälzer Str. 14, 53111 Bonn, 0228/72 99 10

Landesstruktur **Fläche**: 43 094 km²; davon Halbinsel Jütland 29 766 km²; einschließlich 474 Inseln, u. a. Seeland 7026 km², Fünen 2976 km², Lolland 1241 km², Bornholm 588 km², Felster 514 km² (Außengebiete → unten) – **Bevölkerung**: Dänen; (Z 1981) 5 123 989 Einw. – (F 1990) 97,1% Dänen, 1,6% Deutsche (v. a. in N-Schleswig), 0,5% Türken, 0,4% Schweden, 0,2% Briten, 0,2% Jugoslawen – **Flüchtl.** Ende 1996: 19 000 aus Bosnien-Herzegowina, 5600 andere –

Leb.-Erwart. 1995: 76 J. – **Saugl.-Sterbl.** 1995: 0,6% – **Kindersterbl.** 1995: 0,7% – Jährl. **Bev.-Wachstum** ∅ 1985–95: 0,2% (Geb.- und Sterbeziffer 1995: 1,2%/1,2%) – **Analph.** 1995: unter 5% – **Sprachen**: Dänisch; Deutsch teilw. Schulsprache in N-Schleswig – **Religion** 1992: 89% Lutheraner; 30 000 Katholiken, versch. andere protestant. Konfessionen, 3000 Juden – **Städt. Bev.** 1995: 85% – **Städte** (F 1996): Århus 279 759 Einw., Odense 183 564, Ålborg 159 980, Esbjerg 82 905, Randers 62 013, Kolding 60 040, Herning 57 965, Helsingør 57 421, Horsens 55 747, Vejle 53 261, Roskilde 51 423, Silkeborg 51 166

Staat Parlamentarische Monarchie seit 1953 – Verfassung von 1953 – Parlament (Folketing) mit 179 Mitgl. (davon je 2 Vertreter Grönlands und der Färöer-Inseln), Wahl alle 4 J. – Wahlrecht ab 18 J. – **Verwaltung**: 12 Bezirke und 2 Stadtbezirke (Frederiksberg und Kopenhagen) – **Staatsoberhaupt**: Königin Margrethe II., seit 1972 – **Regierungschef**: Poul Nyrup Rasmussen (Vors. der Sozialdemokraten), seit 1993; Koalition aus Sozialdemokraten und Sozialliberalen seit 30. 12. 1996 – **Äußeres**: Niels Helveg Petersen – **Parteien**: Wahlen vom 21. 9. 1994: Socialdemokratiet 62 von 175 Sitzen (1990: 69), Venstre (Rechtsliberale) 42 (29), Det Konservative Folkeparti 27 (30), Socialistisk Folkeparti 13 (15), Fremskridtspartiet (Fortschrittspartei) 11 (12), Det Radikale Venstre (Sozialliberale) 8 (7), Enhedslisten-de rød-grønne (Rot-Grüne Einheitsliste) 6 (–), Centrum-Demokraterne 5 (9), Unabhängige 1 (–), Sonstige – (4) – **Unabh.**: rd. 1200jährige staatl. Tradition – **Nationalfeiertage**: 16. 4. und 5. 6. (Tag der Verfassung von 1953)

Wirtschaft **Währung**: 1 US-$ = 6,64 dkr; 1 DM = 3,81 dkr – **BSP** 1995: 156 027 Mio. $ – **BIP** 1995: 172 220 Mio. $; realer Zuwachs ∅ 1990–95: 2%; Anteil (1994) **Landwirtsch.** 4%, **Industrie** 27%, **Dienstl.** 69% – **Erwerbstät.** 1993: Landw. 5%, Ind. 26%, Dienstl. 69% – **Arbeitslosigkeit** ∅ 1996: 8,8% (S 1997: 8,1%) – **Energieverbrauch** 1994: 3977 kg ÖE/Ew. – **Inflation** ∅ 1985–95: 2,8% (1996: 2,1%, S 1997: 2,5%) – **Ausl.-Verschuld.** 1995: 263 000 Mio. dkr – **Außenhandel** 1996: **Import**: 237 Mrd. dkr; Güter: 34% Maschinen und Transportmittel, 18% bearb. Waren, 14% Fertigerzeugnisse, 12% Nahrungsmittel und leb. Tiere, 11% chem. Erzeugnisse, 5% mineral. Brennstoffe, 4% Rohstoffe; Länder: 22% BRD, 12% Schweden, 7% Großbritannien, 7% Niederlande, 5% Frankreich, 5% USA, 5% Norwegen, 4% Italien, 3% Belgien und Luxemburg; **Export**: 273 Mrd. dkr; Güter: 27% Maschinen und Transportmittel, 23% Nahrungsmittel und leb. Tiere, 16% Fertigerzeugnisse, 11% bearb. Waren, 11% chem. Erzeugnisse, 5% mineral. Brennstoffe, 4% Rohstoffe; Länder: 22% BRD, 11% Schweden, 9% Großbritannien, 7% Norwegen, 5% Frankreich, 4% Niederlande 4% USA, 4% Italien, 4% Japan – **Tourismus** 1995: 10,33 Mio. Auslandsgäste, 20 827 Mio. dkr Einnahmen

Außengebiete

Färöer, dänisch: Færøerne, färöisch: Fóroyar (Schaf-Inseln) – FR (→ Karte II, D 1)

LANDESSTRUKTUR *Fläche:* 1398,9 km² (24 Inseln, davon 18 bewohnt) – *Bevölkerung* (F 1995): 43 382 Einw., (Z 1989) 47 840 – *Leb.-Erwart.* 1992: 76 J. – Jährl. *Bev.-Wachstum* ∅ 1985–94: 0,2% – *Sprachen:* Färöisch, Dänisch (Schulpflichtspr.) – *Religion:* 95% Evang.-Lutheraner – *Städte* (F 1995): Thórshavn (Hptst.) 15 272 Einw.; (F 1988) Klaksvik 4979, Runavik 2443, Tvoroyri 2131
REGIERUNGSFORM Autonomes Land seit 1948 – Parlament (Løgting) mit mind. 27 (bis max. 32) Mitgl., Wahl alle 4 J. – 2 Abg. im dänischen Parl. – *Verwaltung:* 7 Kreise (Syslur) – *Regierungschef:* Edmund Joensen (UP) – *Parteien:* Wahlen vom 7. 7. 1994: Unionistische Partei/UP 8 (1990: 6), Volkspartei 6 (7), Sozialdemokrat. Partei 5 (10), Republik. P. 4 (4), Selbstverwaltungs-P. 2 (3), Christl. Volksp. 2 (1), Sonstige 5 (1)
WIRTSCHAFT *Währung:* 1 Färöische Krona = 100 oyru = 1 Dänische Krone – *BSP* 1993: 682 Mio. $; *BIP* (k. Ang.); realer Zuwachs ∅ 1980–89: 1,1%; Anteil 1992 *Landwirtsch. u. Fischerei* 35%, *Industrie* 22%, *Dienstl.* 43% – *Erwerbstät.* 1993: Fischerei 23% – *Arbeitslosigkeit* Mitte 1994: 17% – *Inflation* ∅ 1987–91: 4,0% (1993: 6,8%) – *Außenhandel* 1995: *Import:* 1766 Mio. dkr; Güter: v.a. Nahrungsmittel u. leb. Tiere, Maschinen u. Transportausrüst.; Länder: 34% Dänemark, 16% Norwegen, 8% Großbrit., 8% BRD; *Export:* 2026 Mio. dkr; Güter: v.a. Fisch u. Fischereiprod.; Länder: 26% Großbrit., 22% Dänemark, 10% BRD

Grönland, dänisch: Grønland, eskimoisch: Kalaallit Nunaat (Land der Menschen) – GRØ (→ Karte II)

LANDESSTRUKTUR *Fläche:* 2 175 600 km², davon nur etwa 341 700 km² (= 15,8%) eisfrei – *Bevölkerung:* Grönländer (F 1995): 55 732 Einw., (Z 1990) 55 558, – überw. Eskimos (Eigenbezeichnung: Inuit), über 8000 Europäer – Jährl. *Bev.-Wachstum* ∅ 1985–94: 0,9% – *Sprachen:* Dänisch u. Eskimoisch (Inuit); Englisch als Verkehrs- u. Bildungsspr. – *Religion:* 98% Evang.-Lutheraner – *Städte* (F 1995): Nuuk (dän.: Godthåb; Hptst.) 13 148 Einw.; (F 1992) Sisimiut (Holsteinsborg) 5222, Ilulissat (Jakobshavn) 4571
REGIERUNGSFORM Seit 1953 gleichberechtigter Teil Dänemarks, seit 1979 innere Autonomie – Parlament (Landsting) mit 31 Mitgl., Wahl alle 4 J. – 2 Abg. im dänischen Parl. – Wahlrecht ab 18 J. – *Verwaltung:* 18 Gemeinden – *Regierungschef:* Lars Emil Johansen (Vors. der Siumut-Partei), seit 1991 – *Parteien:* Wahlen vom 4. 3. 1995: sozialdemokrat. Siumut- (Vorwärts-)Partei 12 Sitze (1991: 11 von 27), konserv. Atassut- (Bindeglied-) Partei 10 (8), sozialist. Inuit Ataqatigiit/IA 6 (5), Zentrumspartei Akuliit 2 (2), Sonstige 1 (1)
WIRTSCHAFT *Währung:* Dänische Krone – *BSP* 1986: 465 Mio. $ – *Finanzhilfe* Dänemarks 1992: 3051 Mio. dkr – *Arbeitslosigkeit* ∅ 1992: 8% – *Energieverbrauch* 1993: 3619 kg ÖE/Einw. – *Inflation* ∅ 1992: 1,0% – *Außenhandel* 1994: *Import:* 2308,8 Mio. dkr; Güter: 23% Maschinen u. Transportausrüst., 11% Nahrungsmittel u. leb. Tiere; Länder: 73% Dänemark, 7% Norwegen; *Export:* 1811 Mio. dkr; Güter: 94% Fisch u. Fischereiprod.; Länder: 34% Dänemark, 26% Japan, 13% Großbrit. *Tourismus:* 1994 13 000 Auslandsgäste

Chronik Die Zentrumsdemokraten kündigen am 20. 12. **1996** ihre Mitarbeit in der Dreierkoalition auf, nachdem am Tag zuvor Sozialdemokraten und Sozialliberale den Haushaltsentwurf 1997 mit Unterstützung der Linksparteien gegen den Widerstand der Zentrumsdemokraten im Folketing durchgesetzt haben. Ministerpräsident *Poul Nyrup Rasmussen* (Sozialdemokrat) bildet eine neue, von Sozialdemokraten und Sozialliberalen gestellte **Minderheitsregierung**, die sich der Unterstützung von 2 Linksparteien versichern und mit 90 Mandaten im Parlament auf die kleinstmögliche Majorität zählen kann. – Nach Abschluß des EU-Vertrags von Amsterdam (→ Hauptkapitel »EU – Europäische Union«) am 18. 6. **1997** kündigt *Rasmussen* ein Referendum der Dänen über die Billigung dieses Vertrags für das Frühjahr 1998 an. Der Vertrag von Maastricht von 1991 war von ihnen erst in einer 2. Volksabstimmung 1993 angenommen worden, nachdem die dänische Regierung Ausnahmeregelungen für Dänemark ausgehandelt hatte.

Deutschland *Mittel-Europa*

Bundesrepublik Deutschland – D
(→ Karte I, A-C 1-3)

Fläche (Weltrang: 61.): 357 022,31 km²

Einwohner (12.): F 1995 81 869 000 = 229 je km²

Hauptstadt: Berlin – F 1996: 3 471 418 Einw.

Regierungssitz: Bonn – F 1996: 291 431 Einw.

Amtssprache: Deutsch

Bruttosozialprodukt 1995 je Einw.: 27 510 $

Währung: 1 Deutsche Mark (DM) = 100 Pfennig

Landesstruktur Fläche: 357 022,31 km² – **Bevölkerung**: Deutsche; (Z 1987, alte Bundesländer) 61 077 000 Einw. – (F 1996: 82 012 162) 91,2% Deutsche, 8,8% Ausländer (Einzelheiten → Sp. 230 ff.); Minderh. (S) mit Sonderrechten: Sorben (Wenden) in Brandenburg und Sachsen (60 000), Dänen in Schleswig (60 000) – **Flüchtl.** Ende 1996: 320 000 aus Bosnien-Herzegowina, 116 400 andere – **Leb.-Erwart.** 1995: 76 J. – **Säugl.-Sterbl.** 1995: 0,6% – **Kindersterbl.** 1995: 0,7% – Jährl. **Bev.-Wachstum** ∅ 1985–95: 0,5% (Geb.- und Sterbeziffer 1995: 1,0%/1,1%) – **Analph.** 1995: unter 5% – **Sprachen**: Deutsch; Dänisch teilw. Schulsprache in N-Schleswig, Sorbisch in der Lausitz, Friesisch in N- und O-Friesland – **Religion** 1995 (Ang. in Tsd.): Evangelische Kirche 27 922 (34,1%), Römisch-Katholische Kirche 27 342 (33,4%); 1994: Islamische Bewegung 1740, Neuapostol. Kirche 430, Griechisch Orthod. 350, Zeugen Jehovas 151, Serb. Orthod. 150, Juden 47 – **Städt. Bev.** 1995: 87% – **Städte**: (mit mehr als 100 000 Einw. → Tabelle Sp. 179 ff.)

Staat Demokratisch-parlamentarischer Bundesstaat seit 1949 – Grundgesetz von 1949, letzte Änderung 1994 – Parlament: Bundestag mit 672 Mitgl., Wahl alle 4 J. – Bundesrat als Ländervertretung mit 68 Mitgl. – Wahl des Staatsoberh. (Bundespräsident; hauptsächlich Repräsentativfunktion) alle 5 J. durch die Bundesversammlung (einmalige Wiederwahl) – Wahlrecht ab 18 J. – **Verwaltung**: 16 Bundesländer jeweils mit Verfassung, Parlament und Regierung – **Staatsoberhaupt**: Bundespräsident Roman Herzog (CDU), seit 1. 7. 1994 – **Regierungschef**: Bundeskanzler Helmut Kohl (CDU-Vorsitzender), seit 1982; Koalition von CDU/CSU und FDP – **Äußeres**: Klaus Kinkel (FDP) – **Parteien**: Wahlen zum Bundestag vom 16. 10. 1994: Christlich-Demokratische Union-Christlich Soziale Union/CDU-CSU 294 Sitze (1990: 319), Sozialdemokratische Partei Deutschlands/SPD 252 (239), Bündnis 90/Die Grünen-B '90/Grüne 49 (8), Freie Demokratische Partei/FDP 47 (79), Partei des Demokratischen Sozialismus/PDS 30 (17) – **Unabh.**: Beginn der Staatsgeschichte unter Karl dem Großen bzw. 843 mit Vertrag von Verdun; Gründung des Deutschen Reiches 18. 1. 1871, der Bundesrepublik Deutschland am 24. 5. 1949 (Grundgesetz-Verkündung am 23. 5. 1949, Beitritt der DDR zum Geltungsbereich des Grundgesetzes am 3. 10. 1990) – **Nationalfeiertag**: 3. 10. (Tag der Deutschen Einheit)

Wirtschaft Währung (1. 9. 1997): 1 US-$ = 1,8162 DM – **BSP** 1995: 2 252 343 Mio. $ (1996: 3506,8 Mrd. DM) – **BIP** 1995: 2415,8 Mrd. $ (1996: 3064,6 Mrd. DM); realer Zuwachs ∅ 1992–96: +1,5% (1996: +1,4%); Anteil (1995) **Landwirtsch.** 1,5%, **Industrie** 34,5%, **Dienstl.** 64% – **Erwerbstät.** 1995: Landw. 3%, Ind. 37%, Dienstl. 60% – **Arbeitslosigkeit** ∅ 1996: 10,4% (alte Bundesländer 9,1%, neue Bundesländer 15,7%) – **Energieverbrauch** 1994: 4128 kg ÖE/Ew. – **Inflation** ∅ 1996: 2% – **Staatsverschuld.** 1996: 2133,3 Mrd. DM – **Außenhandel** 1996: (Einzelheiten → auch Kap. Wirtschaft) **Import**: 686,7 Mrd. DM (1995: 12,5 Mrd. DM neue Bundesländer); Güter: (Jan. – Nov.) 40,6% Investitionsgüter (darunter 11,7% elektrotechn. Erzeugnisse, 11,1% Straßenfahrzeuge, 5,9% Maschinenbauerzeugnisse), 21,4% Grundstoffe und Produktionsgüter (darunter 9,3% chem. Erzeugnisse), 15,8% Verbrauchsgüter (darunter 4,4% Textilien und 3,6% Bekleidung), 6,1% bergbauliche Erzeugnisse, 5,7% Ernährungsgüter, 4,9% landwirtschaftl. Produkte; Länder: 10,6% Frankreich, 8,6% Niederlande, 8,2% Italien, 7,3% USA, 6,8% Großbritannien, 6,3% Belgien/Luxemburg, 5,1% Japan, 4,1% Schweiz, 3,8% Österreich, 3,3% Spanien; **Export**: 784,3 Mrd. DM (1995: 13,9 Mrd. DM neue Bundesländer); Güter: (Jan. – Nov.) 56,8% Investitionsgüter (darunter 17,7% Straßenfahrzeuge, 15,5% Maschinenbauerzeugnisse, 13,1% elektrotechn. Erzeugnisse), 22,5% Grundstoffe und Produktionsgüter (darunter 13,3% chem. Erzeugnisse), 11% Verbrauchsgüter (darunter 2,9% Textilien und 2,5% Kunststoffwaren), 4,3% Ernährungsgüter, 1,1% landwirtschaftl. Produkte, 0,6% bergbauliche Erzeugnisse; Länder: 10,9% Frankreich, 8% Großbritannien, 7,8% USA, 7,4% Italien, 7,4% Niederlande, 6,2% Belgien/Luxemburg, 5,6% Österreich, 4,9% Schweiz, 3,6% Spanien, 2,7% Japan; – **Tourismus** 1995: 13,807 Mio. Auslandsgäste, 20 985 Mio. $ Deviseneinnahmen

Der Bundespräsident

Prof. Dr. Roman Herzog (CDU)
(Amtsantritt 1. 7. 1994)
Villa Hammerschmidt – Adenauerallee 135 – 53113 Bonn – T 0228/200-0 – Fax 200-200
Schloß Bellevue – Spreeweg 1 – 10557 Berlin - T 030/390 84-0 – Fax 390 84-111

Bundespräsidialamt: Kaiser-Friedrich-Str. 16–18, 53113 Bonn, T/Fax s. oben
Außenstelle Berlin: Adresse u. T/Fax s. oben
Chef des Bundespräsidialamtes: Staatssekretär Wilhelm Staudacher
Gemäß Art. 54 GG wurde Roman Herzog am 23. 5. 1994 von der Bundesversammlung zum Präsidenten der Bundesrepublik Deutschland gewählt. Für ihn stimmten im 3. Wahlgang 696 bzw. 52,7% der 1320 anwesenden Delegierten; Johannes Rau (SPD) erhielt 605 Stimmen. Zur Wahl angetreten waren außerdem Hildegard Hamm-Brücher (FDP), Jens Reich (B' 90/Grüne) und Hans Hirzel (REP). Die Vereidigung erfolgte am 1. 7. 1994 – Amtsdauer 5 Jahre – Wiederwahl nach Art. 54 Abs. 2 GG einmal zulässig – Die Bundesversammlung besteht aus den Mitgliedern des Bundestages u. einer gleichen Zahl von Vertretern, die von den Länderparlamenten nach Verhältniswahl gewählt werden und deren Zahl sich nach der jeweiligen Bevölkerungsstärke richtet (1994: insg. 1324 Mitgl.). Sie wird vom Präsidenten des Bundestages einberufen.

Der Deutsche Bundestag

Bundeshaus – Görresstr. 15 – 53113 Bonn - T 0228/16-1 – Fax 16-78 78
Unter den Linden 69–73 – 10117 Berlin - T 030/39 77-0 – Fax 39 475-01

Der Deutsche Bundestag ist die Volksvertretung der Bundesrepublik Deutschland und Oberstes Bundesorgan (Art. 38–44 GG). Mitgliederzahl 656 (nach der Bundestagswahl vom 16. 10. 1994 wegen 16 Überhangmandaten 672 Sitze). Die Abgeordneten werden aufgrund allgemeiner, unmittelbarer, freier, gleicher und geheimer Wahl für die Dauer einer Wahlperiode (4 Jahre) gewählt; Wahl des Bundeskanzlers.
13. Wahlperiode, Bundestagswahl vom 16. 10. 1994. 36 Parteien mit Landeslisten zur Wahl zugelassen. 3923 Kandidaten, darunter 1157 Frauen. 328 Abgeordnete wurden direkt gewählt, darunter 72 aus den neuen Bundesländern. Wahlkreisgröße durchschnittlich 225 000 Einwohner. 5%-Sperrklausel für alle Bundesländer. Seit 1987 Wahlrecht auch für ca. 550 000 Deutsche mit

Wahlergebnisse und Sitzverteilung
13. Wahlperiode (Wahl vom 16. 10. 1994)

Partei	*1990 Anteil in % (Zweitstimme)*	*12. Deutscher Bundestag Sitze*[1]	*1994 Anteil in % (Zweitstimme)*	*13. Deutscher Bundestag Sitze*[1]
CDU/CSU ..	48,8	319	41,5	294
SPD	33,5	239	36,5	252
B '90/GRÜNE[4]	5,0	8	7,3	49
FDP	11,0	79	6,9	47
PDS[5]	2,4	17	4,4	30
Wahlbeteiligung		*77,8 %*		*79,0 %*

[1] mit 6 Überhangmandaten für die CDU; [2] mit 12 Überhangmandaten für die CDU u. 4 für die SPD; [3] darunter CSU: 1990 7,4 % u. 51 Mandate, 1994: 7,3 % u. 50 Mandate; [4] das Ergebnis der Bundestagswahl 1990 setzt sich zusammen aus den bundesweiten Ergebnissen der Grünen (3,8 % u. 0 Mandate) u. von Bündnis '90/DIE GRÜNEN (1,2 % u. 8 Mandate); [5] 1990 trat die Partei als PDS/Linke Liste an.

Wohnsitz im Ausland. Von den 672 Abgeordneten kommen 124 aus den neuen Bundesländern, 179 sind Frauen (26,6%; 1990: 20,4%). Das Durchschnittsalter beträgt 49,3 Jahre.

Präsidium des Deutschen Bundestages in der 13. Wahlperiode: Präsidentin: Prof. Dr. Rita Süssmuth (CDU/CSU)
Vizepräs.: Dr. Burkhard Hirsch (FDP), Michaela Geiger (CSU), Hans-Ulrich Klose (SPD), Dr. Antje Vollmer (B '90/Grüne). Der älteste Bundestagsabgeordnete, Dr. Alfred Dregger, CDU-Ehrenvorsitzender, übernimmt im Bedarfsfall das Präsidium (sog. **Alterspräsident**).

Ältestenrat des Deutschen Bundestages in der 13. Wahlperiode:
Präsidentin, 4 Vizepräsidenten, 23 von den Fraktionen benannte Abgeordnete (CDU/CSU 10, SPD 9, B '90/Grüne 2, FDP 2), 1 von der Gruppe der PDS sowie als Vertreter der Bundesregierung (ohne Stimmrecht) der Bundesminister für besondere Aufgaben, Friedrich Bohl, sowie die Staatsminister Anton Pfeifer und Bernd Schmidbauer.

Fraktionsvorsitzende des Deutschen Bundestages in der 13. Wahlperiode:
CDU/CSU: Dr. Wolfgang Schäuble – SPD: Rudolf Scharping – B '90/Grüne: Joschka Fischer u. Kerstin Müller – FDP: Dr. Hermann Otto Solms – PDS (Gruppe, keine Fraktion): Dr. Gregor Gysi

Ständige Ausschüsse (22) des Deutschen Bundestages in der 13. Wahlperiode (Mitgliederzahl):

Ausschuß für Wahlprüfung, Immunität u. Geschäftsordnung (17) – Petitionsausschuß (32) – Auswärtiger Ausschuß (39) – Innen- (39) – Sport- (17) – Rechts- (32) – Finanz- (39) – Haushaltsausschuß (41) – Ausschuß für Wirtschaft (39) – für Ernährung, Landwirtsch. und Forsten (32) – für Arbeit und Sozialordnung (39) – Verteidigungsausschuß (39) – Ausschuß für Familie, Senioren, Frauen und Jugend (39) – für Gesundheit (32) – für Verkehr (39) – für Umwelt, Naturschutz und Reaktorsicherheit (39) – für Post und Telekommunikation (17) – für Raumordnung, Bauwesen und Städtebau (32) – für Bildung, Wissenschaft, Forschung, Technologie und Technikfolgenabschätzung (39) – für Wirtschaftliche Zusammenarbeit (32) – für Fremdenverkehr und Tourismus (17) – für Angelegenheiten der Europäischen Union (39)

Gemeinsame Ausschüsse von Bundestag und Bundesrat
Gemeinsamer Ausschuß gemäß Artikel 53a GG (Notparlament): 16 Mitgl. des Bundesrates (jede Landesregierung stellt 1 Mitglied) und 32 Mitgl. des Bundestages (CDU/CSU 16, SPD 12, B '90/Grüne 2, FDP 2) – **Vermittlungsausschuß** gemäß Artikel 77 GG: Bundesrat und Bundestag je 16 Mitgl. (CDU/CSU 8, SPD 6, B '90/Grüne 1, FDP 1). Von den 16 Mitgl. des Bundesrates stellt jede Landesregierung 1 Mitglied. Vorsitzende: im vierteljährlichen Wechsel je ein Mitglied des Bundestages und des Bundesrates.

Wehrbeauftragte des Deutschen Bundestages: Claire Marienfeld (CDU), Basteistr. 70, 53173 Bonn, T 0228/824–1, Fax 824–283

Direktor beim Deutschen Bundestag: Dr. Rudolf Kabel

Der Bundesrat

Bundeshaus – Görresstr. 15 – 53113 Bonn – T 0228/91 00–0 – Fax 91 00–400

Durch den Bundesrat wirken die Länder bei der Gesetzgebung und Verwaltung des Bundes und in Angelegenheiten der Europäischen Union mit (Art. 50 GG). Der Bundesrat besteht aus Mitgl. der Regierungen der Länder, die sie bestellen und abberufen.
Jedes Land hat mind. 3 Stimmen, Länder mit mehr als 2 Mio. Einwohnern haben 4, Länder mit mehr als 6 Mio. Einw. 5, mit mehr als 7 Mio. Einw. 6 Stimmen. Gesamtzahl der Mitgl. des Bundesrates z.Z. 69: Baden-Württemberg 6, Bayern 6, Berlin 4, Brandenburg 4, Bremen 3, Hamburg 3, Hessen 5, Mecklenburg-Vorpommern 3, Niedersachsen 6, Nordrhein-Westfalen 6, Rheinland-Pfalz 4, Saarland 3, Sachsen 4, Sachsen-Anhalt 4, Schleswig-Holstein 4, Thüringen 4

Präsidium des Bundesrates: Präsident (u. Vertreter d. Bundespräs.): 1. 11. 1996 bis 31. 10. 1997: Ministerpräs. von Baden-Württemberg (Erwin Teufel), ab 1. 11. 1997 bis 31. 10. 1998 Ministerpräs. von Niedersachsen (derzeit Gerhard Schröder); 3 Vizepräs. – Direktor des Bundesrates: Georg-Berndt Oschatz – Der Bundesrat wählt seinen Präsidenten jeweils auf 1 Jahr. Lt. Vereinbarung der Regierungschefs der Länder wechselt das Amt unter ihnen in der Reihenfolge der Einwohnerzahl der Länder.

Ausschüsse – Die dem Bundesrat zugehenden Vorlagen werden durch den Präsidenten oder in dessen Auftrag durch den Direktor des Bundesrates unmittelbar an die zuständigen Ausschüsse überwiesen:
Agrarausschuß – Ausschuß für Arbeit und Sozialpolitik – Ausschuß für Auswärtige Angelegenheiten – Ausschuß für Fragen der Europäischen Union – Ausschuß für Familie und Senioren – Finanzausschuß – Ausschuß für Frauen und Jugend – Gesundheitsausschuß – Ausschuß für Innere Angelegenheiten – Ausschuß für Kulturfragen – Rechtsausschuß – Ausschuß für Städtebau, Wohnungswesen und Raumordnung – Ausschuß für Umwelt, Naturschutz und Reaktorsicherheit – Ausschuß für Verkehr und Post – Ausschuß für Verteidigung – Wirtschaftsausschuß

Die Bundesregierung

Die Bundesregierung besteht aus Bundeskanzler und Bundesministern (Art. 62 GG). Der Bundeskanzler bestimmt nach Art. 65 GG die Richtlinien der Politik und trägt dafür die Verantwortung. Innerhalb dieser Richtlinien leitet jeder Bundesminister seinen Geschäftsbereich selbständig in eigener Verantwortung. Die Bundesminister werden auf Vorschlag des Bundeskanzlers vom Bundespräsidenten ernannt und entlassen (Art. 64 GG).

Bundeskanzler
Dr. Helmut Kohl (CDU), seit 1. 10. 1982, zuletzt wiedergewählt am 15. 11. 1994 mit 338 von 669 Stimmen

Stellvertr. des Bundeskanzlers
Bundesminister des Auswärtigen
Dr. Klaus Kinkel (FDP)

Bundeskanzleramt
Adenauerallee 139–141, 53113 Bonn
T 0228/56–0, Fax 56–23 57
Chef des Bundeskanzleramtes:
Bundesminister für besondere Aufgaben
Friedrich Bohl (CDU)
Staatsminister beim Bundeskanzler
Anton Pfeifer (CDU), Bernd Schmidbauer (CDU)

Presse- und Informationsamt der Bundesregierung
Welckerstr. 11, 53113 Bonn
T 0228/208–0, Fax 208–25 55
Chef des Presse- u. Informationsamtes:
Staatssekretär (Sprecher der Bundesregierung)
Peter Hausmann (CSU)

Auswärtiges Amt
Adenauerallee 99–103, 53113 Bonn
T 0228/17–0, Fax 17–34 02
Bundesminister des Auswärtigen u. Stellvertr. des Bundeskanzlers: Dr. Klaus Kinkel (FDP)

Bundesministerium des Innern
Graurheindorfer Str. 198, 53117 Bonn
T 0228/681–1, Fax 681–46 65
Bundesminister: Manfred Kanther (CDU)

Bundesministerium der Justiz
Heinemannstr. 6, 53175 Bonn
T 0228/58–0, Fax 58–45 25
Bundesminister: Prof. Dr. Edzard Schmidt-Jortzig (FDP)

Bundesministerium der Finanzen
Graurheindorfer Str. 108, 53117 Bonn
T 0228/682–0, Fax 682–44 66
Bundesminister: Dr. Theodor Waigel (CSU)

Bundesministerium für Wirtschaft
Villemombler Str. 76, 53123 Bonn
T 0228/615–0, Fax 615–44 36/37
Bundesminister: Dr. Günter Rexrodt (FDP)

Bundesministerium für Ernährung, Landwirtschaft und Forsten
Rochusstr. 1, 53123 Bonn
T 0228/529–1, Fax 529–42 62
Bundesminister: Jochen Borchert (CDU)

Bundesministerium für Arbeit und Sozialordnung
Rochusstr. 1, 53123 Bonn
T 0228/527–0, Fax 527–29 65
Bundesminister: Dr. Norbert Blüm (CDU)

Bundesministerium der Verteidigung
Hardthöhe, 53125 Bonn
T 0228/12–00, Fax 12–53 57
Bundesminister: Volker Rühe (CDU)
Generalinspekteur der Bundeswehr:
General Hartmut Bagger

Bundesministerium für Familie, Senioren, Frauen und Jugend
Rochusstr. 8–10, 53123 Bonn
T 0228/930–0, Fax 930–22 21/49 75
Bundesministerin: Claudia Nolte (CDU)

Bundesministerium für Gesundheit
Am Probsthof 78 a, 53121 Bonn
T 0228/941–0, Fax 941–49 00/49 50
Bundesminister: Horst Seehofer (CSU)

Bundesministerium für Verkehr
Robert-Schuman-Platz 1, 53175 Bonn
T 0228/300–0, Fax 300–34 09/34 28/34 29
Bundesminister: Matthias Wissmann (CDU)

Bundesministerium für Umwelt, Naturschutz und Reaktorsicherheit
Kennedyallee 5, 53175 Bonn
T 0228/305–0, Fax 305–32 25
Bundesministerin: Dr. Angela Merkel (CDU)

Bundesministerium für Post und Telekommunikation
Heinrich-v.-Stephan-Str. 1, 53175 Bonn
T 0228/14–0, Fax 14–88 72
Bundesminister: Dr. Wolfgang Bötsch (CSU)

Bundesministerium für Raumordnung, Bauwesen und Städtebau
Deichmanns Aue, 53179 Bonn
T 0228/337–0, Fax 337–30 60
Bundesminister: Prof. Dr. Klaus Töpfer (CDU)

Bundesministerium für Bildung, Wissenschaft, Forschung und Technologie
Heinemannstr. 2, 53175 Bonn
T 0228/59–0/57–0, Fax 59–36 01/57–20 96
Bundesminister: Dr. Jürgen Rüttgers (CDU)

Bundesministerium für wirtschaftliche Zusammenarbeit und Entwicklung
Friedrich-Ebert-Allee 114–116, 53113 Bonn
T 0228/535–1, Fax 535–202
Bundesminister: Carl-Dieter Spranger (CSU)

Kabinettsausschüsse der Bundesregierung
Adenauerallee 139–141, 53113 Bonn, T 0228/56–0
Rechtsgrundlage sind mehrere Beschlüsse der Bundesregierung, zuletzt der Beschluß vom 23. 9. 1992.
Vors. der Kabinettsausschüsse ist der Bundeskanzler. Ständige Mitgl. eines Kabinettsausschusses sind jene Bundesminister, deren Geschäftsbereiche regelmäßig und nicht nur unwesentlich betroffen sind.
Folgende 7 Ausschüsse bestanden im August 1997: Bundessicherheitsrat – Kabinettsausschuß für Europapolitik – K. f. Raumfahrt – K. f. Wirtschaft – K. f. Zukunftstechnologien – K. f. Umwelt und Gesundheit – K. Neue Bundesländer

Oberste Organe der Rechtsprechung

Bundesverfassungsgericht
Schloßbezirk 3, 76131 Karlsruhe
T 0721/91 01–0, Fax 91 01–382
Das Bundesverfassungsgericht ist ein allen übrigen Verfassungsorganen gegenüber selbständiger und unabhängiger Gerichtshof des Bundes.
Präsidentin: Prof. Dr. Jutta Limbach
Vizepräsident: Dr. Otto Seidl
Direktor beim BVerfG: Dr. Karl-Georg Zierlein

Bundesgerichtshof
Herrenstr. 45a, 76133 Karlsruhe
T 0721/159–0, Fax 159–830
Präsident: Karlmann Geiß
Vizepräsident: Prof. Dr. Horst Hagen

Sitz des 5. Strafsenats:
Karl-Heine-Str. 12, 04229 Leipzig
T 0341/4 87 37–0, Fax 4 87 37–97
Leiter: Vors. Richter am Bundesgerichtshof Heinrich Laufhütte

Bundesstaatsanwaltschaft beim Bundesgerichtshof
Herrenstr. 45a, 76133 Karlsruhe
T 0721/159–0, Fax 159–606
Leiter: Generalbundesanwalt Kay Nehm
Ständiger Vertreter des Generalbundesanwalts: Bundesanwalt Dr. Rainer Müller

Dienststelle Leipzig
Karl-Heine-Str. 12, 04229 Leipzig
T 0341/4 87 37–0, Fax 4 87 37–97
Leiter: Bundesanwalt beim Bundesgerichtshof Winfried Heiduschka

Dienststelle Bundeszentralregister
Neuenburger Str. 15, 10969 Berlin
T 030/25 388–0, Fax 25 388–400
Leiter: Min.-Rat Peter Christensen

Bundesverwaltungsgericht
Hardenbergstr. 31, 10623 Berlin
T 030/31 97–1, Fax 312 30 21
Präsident: Dr. Everhardt Franßen
Vizepräsidentin: Dr. Ingeborg Franke
Oberbundesanwalt: Dr. Bruno Schwegmann

Bundesdisziplinargericht
Gervinusstr. 5–7, 60322 Frankfurt am Main
T 069/15 30 00–01, Fax 15 30 00–99
Präsident: Nikolaus Schwientek

Wehrdienstsenate des Bundesverwaltungsgerichts
Schwere-Reiter-Str. 37, 80797 München
T 089/30 79 35–0, Fax 300 25 95

Bundesarbeitsgericht
Graf-Bernadotte-Platz 5, 34119 Kassel
T 0561/31 06–1, Fax 31 06–869
Präsident: Prof. Dr. Thomas Dieterich
Vizepräsident: Dr. Karl Heinz Peifer

Bundesfinanzhof
Ismaninger Str. 109, 81675 München
T 089/92 31–0, Fax 92 31–201
Präsident: Prof. Dr. Klaus Offerhaus
Vizepräsident: Dr. Albert Beermann

Bundespatentgericht
Balanstr. 59, 81541 München
T 089/417 67–0, Fax 417 67–299
Präsidentin: Antje Sedemund-Treiber
Vizepräsident: Dipl.-Ing. Dr. Hansjörg Schnegg

Bundessozialgericht
Graf-Bernadotte-Platz 5, 34119 Kassel
T 0561/31 07–1, Fax 31 07–475
Präsident: Prof. Dr. Karl Matthias von Wulffen
Vizepräsident: Prof. Dr. Otto Ernst Krasney

Bundesbehörden (Auswahl)

Bundesamt für Post und Telekommunikation
Canisiusstr. 21, 55122 Mainz
T 0 61 31/18–0, Fax 18–56 00
Präsident: Dipl.-Ing. Dr. Hans Meierhofer,
Vizepräsident: Gert Lehning

Bundesamt für Verfassungsschutz
Merianstr. 100, 50765 Köln
T 0221/792–0 (Presse 792–12 87),
Fax 79 83 65 (Presse 792–12 47)
Präsident: Dr. Peter Frisch
Vizepräsident: Klaus Dieter Fritsche

Bundesanstalt für Arbeit
Regensburger Str. 104, 90478 Nürnberg
T 0911/179–0, Fax 179–21 23
Präsident: Bernhard Jagoda
Vizepräsident: Dr. Klaus Leven

Bundesarchiv
Potsdamer Str. 1, 56075 Koblenz
T 0261/505–0, Fax 505–226
Präsident: Prof. Dr. Friedrich P. Kahlenberg
Vizepräsident: Dr. Siegfried Büttner

Bundeskartellamt
Mehringdamm 129, 10965 Berlin
T 030/695 80–0, Fax 695 80–400
Präsident: Dieter Wolf
Vizepräsident: Dr. Kurt Stockmann

Bundeskriminalamt
Thaerstr. 11, 65193 Wiesbaden
T 0611/55–1, Fax 55–21 41
Präsident: Klaus Ulrich Kersten

Bundesnachrichtendienst
Heilmannstr. 30, 82049 Pullach
T 089/793 15 67
Präsident: Hansjörg Geiger
Vizepräsident: Dr. Rainer Kesselring

Bundesrechnungshof
Berliner Str. 51, 60284 Frankfurt am Main
T 069/21 76–0, Fax 21 76–24 68
Präsidentin: Dr. Hedda von Wedel
Vizepräsident: Dr. Dieter Engels

Deutsche Bundesbank
Wilhelm-Epstein-Str. 14, 60431 Frankfurt am Main
T 069/95 66–1, Fax 560 10 71
Präsident: Dr. Hans Tietmeyer
Vizepräsident: Johann Wilhelm Gaddum

Deutsches Patentamt
Zweibrückenstr. 12, 80331 München
T 089/21 95–0, Fax 21 95–22 21
Präsident: Dipl.-Ing. Norbert Haugg
Vizepräsident: Eduard Merz

Bundesschuldenverwaltung
Bahnhofstr. 16–18, 61352 Bad Homburg
T 06172/108-0, Fax 108-450
Präsident: Dr. Gudrun Schlitzberger

Statistisches Bundesamt
G.-Stresemann-Ring 11, 65189 Wiesbaden
T 0611/75–1, Fax 72 40 00
Präsident: Johann Hahlen
Vizepräsident: z. Z. nicht besetzt

Umweltbundesamt
Postfach 33 00 22, 14191 Berlin
T 030/89 03–0, Fax 89 03–22 85
Präsident: Dr. Andreas Troge
Vizepräsident: Dr. Kurt Schmidt

Länderübergreifende Behörden

Ständige Konferenz der Kultusminister der Länder in der Bundesrepublik Deutschland
Präsident (jährl. wechselnd ein/e Kultus- bzw. Wissenschaftsminister/in/-senator/in aus einem Land): bis 31. 12. 1997 Prof. Rolf Wernstedt, Kultusminister des Landes Niedersachsen; ab 1. 1. 1998 voraussichtl. der/die Minister/in für Wissenschaft und Forschung des Landes Nordrhein-Westfalen, z.Z. Anke Brunn
Generalsekretär: Dr. Joachim Schulz-Hardt
Lennéstr. 6, 53113 Bonn
T 0228/501–0, Fax 501–777

Deutscher Städtetag
Lindenallee 13–17, 50968 Köln
T. 0221/37 71–0, FAX 37 71–128
Präsident: Prof. Dr. Gerhard Seiler
Geschäftsf. Präs.Mitgl.: Jochen Dieckmann

Wichtige Verbände der Arbeitgeber

Bundesvereinigung der Deutschen Arbeitgeberverbände
Gustav-Heinemann-Ufer 72, 50968 Köln
T 0221/37 95–0, Fax 37 95–235
Präsident: Dr. Dieter Hundt
Hauptgeschäftsführer:
Dr. Reinhard Göhner

Deutscher Gewerkschaftsbund (DGB): Mitglieder 1996

Einzelgewerkschaften	*Mitglieder 31. 12. 96*	*Männer in %*	*Frauen in %*	*Veränderung gegenüber 1995 in %*		
				insgesamt	*Männer*	*Frauen*
IG Metall	2 752 226	82,6	17,4	-4,1	-3,6	-6,3
Gew. Öffentl. Dienste, Transport u. Verkehr/ÖTV	1 712 149	54,1	45,9	-3,3	-3,2	-3,4
IG Chemie-Papier-Keramik/CPK	694 897	76,9	23,1	-3,9	-3,7	-4,5
IG Bauen-Agrar-Umwelt[1]	692 466	88,4	11,6			
Deutsche Postgewerkschaft	513 322	57,1	42,9	-3,0	-3,7	-2,1
Gew. Handel, Banken u. Versicherungen/HBV	505 405	32,9	67,1	-2,8	-2,0	-3,2
Gew. d. Eisenbahner Deutschlands/GdED	382 113	80,7	19,3	-4,1	-4,4	-2,7
IG Bergbau und Energie/IG BE	335 317	90,5	9,5	-10,9	-12,9	13,9
Gew. Nahrung, Genuß, Gaststätten/NGG	310 891	60,1	39,9	-3,5	-3,6	-3,3
Gew. Erziehung und Wissenschaft/GEW	296 232	32,7	67,3	-3,3	-1,7	-4,1
Gew. der Polizei/GdP	199 421	85,3	14,7	0,3	-0,6	5,5
Gew. Textil u. Bekleidung/GTT	199 166	40,8	59,2	-7,9	-7,0	-8,5
IG Medien	197 309	67,6	32,4	-4,6	-4,2	-5,4
Gew. Holz und Kunststoff/GHK	159 829	82,1	17,9	-6,5	-5,7	-9,9
Gewerkschaft Leder	21 929	53,9	46,1	-5,0	-3,9	-6,3
Gesamt	*8 972 672*	*69,4*	*30,6*	*-4,1*	*-4,1*	*-4,1*

[1] Fusion von IG Bau-Steine-Erden/BSE und Gew. Gartenbau, Land- und Forstwirtschaft/GGLF am 1.1. 1996
Mitgliederstand 31.12.1995 - IG BSE: 639 851; GGLF: 82 725
Quelle: DGB-Bundesvorstand

Bundesverband der Deutschen Industrie e.V./BDI
Gustav-Heinemann-Ufer 84–88, 50968 Köln
T 0221/37 08–00, Fax 37 08–730
Präsident: Dr. h.c. Hans-Olaf Henkel
Vizepräsident: Dr. Gerhard Cromme, Dr. Otmar Franz, Dr. Volker Jung, Dr. Tyll Necker, Dr. Arend Oetker, Dr. h.c. Ferdinand Piëch, Dr. Michael Rogowski, Dr. Jürgen Strube
Hauptgeschäftsführer:
Dr. Ludolf v. Wartenberg

Deutscher Industrie- und Handelstag/DIHT
Adenauerallee 148, 53113 Bonn
T 0228/104–0, Fax 104–158
Präsident: Dipl.-Ing. Hans Peter Stihl
Hauptgeschäftsführer: Dr. Franz Schoser

Deutscher Handwerkskammertag/DHKT
Johanniterstr. 1, 53113 Bonn
T 0228/545–0, Fax 545–345
Präsident: Dieter Philipp
Hauptgeschäftsführer: Hanns-Eberhard Schleyer

Deutscher Bauernverband
Godesberger Allee 142–148, 53175 Bonn
T 0228/81 98–0, Fax 81 98–231
Präsident: Gerd Sonnleitner

Wichtige Verbände der Arbeitnehmer

Deutscher Gewerkschaftsbund/DGB
Hans-Böckler-Str. 39, 40476 Düsseldorf
T 0211/43 01–0, Fax 43 01–324/471
Vorsitzender: Dieter Schulte
Stellv. Vors.: Dr. Ursula Engelen-Kefer

Deutsche Angestellten-Gewerkschaft/DAG
Johannes-Brahms-Platz 1, 20355 Hamburg
T 040/349 15–01, Fax 349 15–400
Vorsitzender: Roland Issen
Stellv. Vors.: Hubert Gartz, Ursula Konitzer
Mitglieder (Stand 31. 12. 1996): 501 009, davon 272 706 Frauen und 228 303 Männer

Deutscher Beamtenbund/DBB
Peter-Hensen-Str. 5–7, 53175 Bonn
T 0228/811–0, Fax 811–171
Vorsitzender: Erhard Geyer
Stellv. Vors.: Peter Heesen, Heinz Ossenkamp, Otto Regenspurger, Ilse Schedl, Horst Zies
Mitglieder (Stand 30. 9. 1996): 1 101 598, davon 326 877 Frauen und 774 721 Männer

Die Großstädte und ihre Oberbürgermeister

Großstädte sind nach der Begriffsbestimmung der Internationalen Statistikerkonferenz 1887 alle Städte mit mindestens 100 000 Einwohnern – Angaben: Bevölkerung Stand 1. 1. 1996; Flächenangaben der kreisfreien Städte bzw. Stadtkreise Stand 1. 1. 1996 – F = Fortschreibung – B = Bürgermeister/in, OB = Oberbürgermeister/in, Präs. d. StV: Präsident/in der Stadtverordneten, OStd = Oberstadtdirektor/in, Std = Stadtdirektor/in. Die in Nordrhein-Westfalen bisher nur ehrenamtlich tätigen Ober/Bürgermeister werden diese Funktion nach der neuen Kommunalverfassung hauptamtlich wahrnehmen; auf die nach der Verabschiedung dieser Kommunalverfassung direkt gewählten Amtsinhaber trifft dies bereits jetzt zu. Die Auflistung der Städte erfolgt nach der Einwohnerzahl in abnehmender Reihenfolge. (Quelle: Deutscher Städtetag, Köln)

Stadt	Fläche in km²	Einwohner F '96	Einwohner je km²	Oberbürgermeister
Städte über 1 Mio. Ew.				
Berlin (Hptst.)	890,82	3 471 418	3897	Reg. B Eberhard Diepgen, CDU B Dr. Christine Bergmann, SPD
Hamburg	755,20	1 707 901	2262	Präs. d. Senats: Erster B Dr. Henning Voscherau, SPD; Zweiter B Prof. Dr. Erhard Rittershaus
München	310,47	1 236 370	3982	OB Christian Ude, SPD Stellv. OB u. 2. B Dr. Gertraud Burkert, SPD 3. BM Sabine Csampai (B '90/Grüne)
Städte: 500 000 bis 1 Mio. Ew.				
Köln	405,14	965 697	2384	OB Norbert Burger, SPD OStd: Lothar Ruschmeier
Frankfurt a. M.	248,36	650 055	2617	OB Petra Roth, CDU
Essen	210,35	614 861	2923	OB Annette Jäger, SPD OStd: Hermann Hartwich
Dortmund	280,27	598 840	2137	OB Günter Samtlebe, SPD OStd: Dr. Hans-Gerhard Koch
Stuttgart	207,34	585 604	2824	OB Dr. Wolfgang Schuster, CDU
Düsseldorf	216,99	571 030	2632	OB Marlies Smeets, SPD OStd: Dr. Peter Hölz
Bremen	326,55	549 357	1682	Präs. d. Senats: B Dr. Henning Scherf, SPD Stellv. B: Ulrich Nölle, CDU
Duisburg	232,82	535 250	2299	OB Josef Krings, SPD OStd: Norbert Giersch
Hannover	204,08	523 147	2563	OB Herbert Schmalstieg, SPD
Städte: 250 000 bis 500 000 Ew.				
Nürnberg	185,81	492 425	2650	OB Ludwig Scholz, CSU
Leipzig	153,08	470 778	3075	OB Dr. Hinrich Lehmann-Grube, SPD
Dresden	225,76	469 110	2078	OB Dr. Herbert Wagner, CDU
Bochum	145,43	400 395	2753	OB Ernst-Otto Stüber, SPD
Wuppertal	168,37	381 884	2268	OB Dr. Hans Kremendahl, SPD
Bielefeld	257,69	324 066	1258	OB Angelika Dopheide, SPD
Mannheim	144,97	311 292	2147	OB Gerhard Widder, SPD
Bonn (Reg.-Sitz)	141,23	291 431	2064	OB Bärbel Dieckmann, SPD
Gelsenkirchen	104,84	291 164	2777	OB Dieter Rauer, SPD
Halle/Saale	133,69	282 784	2115	OB Dr. Klaus Peter Rauen, CDU
Karlsruhe	173,47	275 690	1589	OB Prof. Dr. Gerhard Seiler, CDU

Stadt	Fläche in km²	Einwohner F '96	je km²	Oberbürgermeister
Wiesbaden	203,92	267 122	1310	OB Achim Exner, SPD; ab 19. 9. 1997 Hildebrand Diehl, CDU
Chemnitz	143,00	266 737	1865	OB Dr. Peter Seifert, SPD
Mönchengladbach	170,44	266 702	1565	OB Heinz Feldhege, CDU OStd: Jochen Semmler
Münster	302,79	265 061	875	OB Marion Tüns, SPD OStd: Dr. Tilman Pünder
Augsburg	147,14	259 699	1765	OB Dr. Peter Menacher, CSU
Magdeburg	192,94	257 656	1335	OB Dr. Wilhelm Polte, SPD
Braunschweig	192,07	252 544	1315	OB Werner Steffens, SPD OStd: Dr. Jürgen Bräcklein
Städte: 100 000 bis 250 000 Ew.				
Krefeld	137,55	249 606	1815	OB Dieter Pützhofen, CDU OStd: Heinz-Josef Vogt
Aachen	160,82	247 923	1542	OB Dr. Jürgen Linden, SPD
Kiel	116,82	246 033	2106	OB Norbert Gansel, SPD Stadtpräs.: Silke Reyer, SPD
Rostock	180,62	227 535	1260	OB Arno Pöker, SPD
Oberhausen	77,04	224 397	2913	OB Friedhelm van den Mond, SPD OStd: Burkhard Drescher
Lübeck	214,16	216 986	1013	B Michael Bouteiller, SPD Stadtpräs.: Peter Oertling, SPD
Hagen	160,36	212 003	1322	OB Dietmar Thieser, SPD
Erfurt	269,08	211 108	785	OB Manfred Ruge, CDU
Kassel	106,77	201 573	1888	OB Georg Lewandowski, CDU
Freiburg i. Br.	153,06	199 273	1302	OB Dr. Rolf Böhme, SPD
Saarbrücken	167,06	187 032	1120	OB Hajo Hoffmann, SPD
Mainz	97,75	183 720	1879	OB Jens Beutel, SPD
Hamm	226,26	183 408	811	OB Jürgen Wieland, SPD OStd: Dr. Dieter Kraemer
Herne	51,41	179 897	3499	OB Wolfgang Becker, SPD
Mülheim a. d. Ruhr	91,27	176 530	1934	OB Hans-Georg Specht, CDU OStd: Hans-Ulrich Predeick
Osnabrück	119,80	168 618	1407	OB Hans-Jürgen Fip, SPD Std: Karl-Josef Leyendecker
Ludwigshafen	77,67	167 369	2155	OB Dr. Wolfgang Schulte, SPD
Solingen	89,45	165 735	1853	OB Gerd Kaimer, SPD OStd: Dr. Ingolf Deubel
Leverkusen	78,86	162 252	2057	OB Dr. Walter Mende, SPD
Oldenburg	102,97	151 382	1470	OB Dr. Jürgen Poeschel, CDU
Neuss	99,48	148 796	1496	B Dr. Bertold Reinartz, CDU Std: Bernhard Wimmer
Darmstadt	122,23	138 980	1137	OB Peter Benz, SPD
Heidelberg	108,83	138 781	1275	OB Beate Weber, SPD
Potsdam	109,35	136 619	1249	OB Dr. Horst Gramlich, SPD
Paderborn	179,37	133 717	745	B Wilhelm Lüke, CDU Std: Dr. Werner Schmeken
Bremerhaven	77,68	130 400	1679	OB Manfred Richter, FDP
Würzburg	87,66	127 295	1452	OB Jürgen Weber
Recklinghausen	66,41	127 216	1916	B Jochen Welt, SPD Std: Peter Borggraefe

Stadt	Fläche in km²	Einwohner F '96	je km²	Oberbürgermeister
Wolfsburg	203,99	126 331	619	OB Ingrid Eckel, SPD OStd: Rolf Schnellecke
Göttingen	116,92	126 253	1080	OB Dr. Rainer Kallmann, SPD OStd: Hermann Schierwater
Regensburg	80,81	125 836	1557	OB Hans Schaidinger, CSU
Gera	151,94	123 555	813	OB Ralf Rauch
Cottbus	150,32	123 214	820	OB Waldemar Kleinschmidt, CDU
Remscheid	74,60	122 260	1639	OB Reinhard Ulbrich, SPD
Heilbronn	99,87	121 509	1217	OB Dr. Manfred Weinmann, CDU
Bottrop	100,61	120 642	1199	OB Ernst Löchelt, SPD
Pforzheim	97,84	118 763	1214	OB Dr. Joachim Becker, SPD
Salzgitter	223,94	117 713	526	OB Rudolf Rückert, CDU OStd: Detlef Engster
Offenbach a. M.	44,84	116 533	2599	OB Gerhard Grandke, SPD
Ulm	118,69	115 721	975	OB Ivo Gönner, SPD
Schwerin	130,14	114 688	881	OB Johannes Kwaschik, SPD
Ingolstadt	133,37	111 979	840	OB Peter Schnell, CSU
Siegen	114,67	111 398	971	B Karl Wilhelm Kirchhöfer, SPD Std: Ulrich Mock
Koblenz	105,08	109 219	1039	OB Dr. Eberhard Schulte-Wissermann, SPD
Reutlingen	87,07	108 565	1247	OB Dr. Stefan Schultes, CDU
Fürth	63,34	108 418	1712	OB Wilhelm Wenning, CSU
Moers	67,69	107 095	1582	B Wilhelm Brunswick, SPD Std: Gerd Tendick
Hildesheim	92,96	106 101	1141	OB Kurt Machens, CDU OStd: Dr. Konrad Deufel
Bergisch Gladbach	83,12	105 478	1269	B Maria Theresia Opladen, CDU Std: Dr. Hans-Joachim Franke
Witten	72,37	104 754	1447	B Klaus Lohmann, SPD Std: Dr. Gert Buhren
Zwickau	59,87	102 563	1713	OB Rainer Eichhorn, CDU
Kaiserslautern	139,71	102 002	730	OB Gerhard Piontek, SPD
Erlangen	76,97	101 406	1317	OB Siegfried Balleis, CSU
Jena	114,22	101 061	885	OB Dr. Peter Röhlinger, FDP

Schuldenlast ausgewählter Großstädte und Gemeinden: pro Einwohner in DM (31. 12. 1995, nach Statist. Jahrbuch Deutscher Gemeinden 1996, herausgegeben vom Deutschen Städtetag, Köln):

Städte über 500 000 Ew.: Frankfurt a. M. 9625, Düsseldorf 6256, Köln 5426, Duisburg 3817, Hannover 3357, Essen 3192, Stuttgart 3030, Dortmund 2753, München 2733;

Städte über 200 000 Ew.: Bonn 5154, Aachen 4761, Kassel 4329, Wiesbaden 4317, Bielefeld 4248, Mannheim 4065, Lübeck 3776, Nürnberg 3406, Mönchengladbach 3397, Bochum 3187, Krefeld 3156, Kiel 3047, Braunschweig 2999, Oberhausen 2842, Hagen 2426, Wuppertal 2306, Karlsruhe 2203, Münster 2202, Gelsenkirchen 2120, Augsburg 2021;

Städte über 100 000 Ew. (über DM 2500,-): Neuss 5290, Oldenburg 3306, Saarbrücken 3242, Ludwigshafen 3172, Mülheim a. d. Ruhr 3127, Freiburg i. Br. 3127, Dresden 2868, Leverkusen 2660, Osnabrück 2649, Mainz 2645, Weimar 2636.

Fläche, Bevölkerung und Verwaltungsgliederung

Land	*Fläche in km² 1. 1. 1996*	*Einw. insgesamt 31. 12. 1996*	*Einw. insgesamt 31. 12. 1995*	*Einw. Saldo 1995/96*	*Einw. je km² 31. 12. 1996*	*Kreisfreie Städte 30. 6. 1997*	*Landkreise 30. 6. 1997*	*Gemeinden [1] 30. 6. 1997*
Baden-Württemberg	35 752,50	10 374 505	10 319 367	+ 55 138	290	9	35	1 111
Bayern	70 550,87	12 043 869	11 993 484	+ 50 385	171	25	71	2 056
Berlin	890,82	3 458 763	3 471 418	– 12 655	3 883	1	–	1
Brandenburg	29 478,73	2 554 441	2 542 042	+ 12 399	87	4	14	1 688
Bremen	404,23	677 770	679 757	– 1 987	1 677	2	–	2
Hamburg	755,20	1 707 986	1 707 901	+ 85	2 262	1	–	1
Hessen	21 114,45	6 027 284	6 009 913	+ 17 371	285	5	21	426
Mecklenburg-Vorpommern	23 170,34	1 817 196	1 823 084	– 5 888	78	6	12	1 079
Niedersachsen	47 610,55	7 815 148	7 780 422	+ 34 726	164	9	38	1 032
Nordrhein-Westfalen	34 077,70	17 947 715	17 893 405	+ 54 670	527	23	31	396
Rheinland-Pfalz	19 846,50	4 000 567	3 977 919	+ 22 648	202	12	24	2 305
Saarland	2 570,15	1 084 184	1 084 370	– 186	422	–	6	52
Sachsen	18 412,66	4 545 702	4 566 603	– 20 901	247	7	22	806
Sachsen-Anhalt	20 445,99	2 723 620	2 738 928	– 15 308	133	3	21	1 298
Schleswig-Holstein	15 770,50	2 742 293	2 725 461	+ 16 832	174	4	11	1 131
Thüringen	16 171,12	2 491 119	2 503 785	– 12 666	154	5	17	1 060
Deutschland	357 022,31	82 012 162	81 817 499	+ 194 663	230	116	323	14 444

1 einschl. der bewohnten gemeindefreien Gebiete
Quelle: Statistisches Bundesamt 1997

Vergleich der Bundesländer nach ihrer Wirtschaftskraft 1995–1996

Bundesland	*Fläche 1996 in %*	*Einw. 1996 in %*	*Bruttoinlandsprodukt in jeweiligen Preisen 1995: insgesamt in Mrd. DM*	*1995: reale Veränd. gg. 1994 in %*	*1995: Anteil am Bundes-BIP in %*	*1995: DM je Erwerbstätigen*	*1996: insgesamt in Mio. DM*	*1996: reale Veränd. gg. 1995 in %*	*1996: Anteil am Bundes-BIP in %*	*1996: DM je Erwerbstätigen*
Baden-Württemberg	10,01	12,65	496,1	+ 3,5	14,3	106 627	510,5	+ 2,9	14,4	111 043
Bayern	19,76	14,69	579,6	+ 3,7	16,8	105 385	596,5	+ 2,9	16,8	109 883
Berlin	0,25	4,22	149,0	+ 2,4	4,3	97 167	150,5	+ 1,1	4,3	101 426
Brandenburg	8,26	3,11	64,2	+ 6,6	1,9	60 481	67,9	+ 5,8	1,9	64 753
Bremen	0,11	0,83	38,8	+ 3,2	1,1	110 288	39,2	+ 0,9	1,1	112 699
Hamburg	0,21	2,08	132,8	+ 4,0	3,0	144 559	136,7	+ 2,9	3,9	150 716
Hessen	5,91	7,35	333,2	+ 4,3	9,6	127 231	343,5	+ 3,1	9,7	131 825
Mecklenburg-Vorpommern	6,49	2,22	42,7	+ 7,2	1,2	56 447	44,4	+ 4,0	1,3	59 079
Niedersachsen	13,34	9,53	308,2	+ 4,0	8,9	98 355	315,1	+ 2,2	8,9	101 761
Nordrhein-Westfalen	9,54	21,87	777,0	+ 4,0	22,5	107 187	788,3	+ 1,5	22,3	109 533
Rheinland-Pfalz	5,59	4,89	150,0	+ 3,5	4,3	100 486	150,3	+ 0,2	4,2	101 476
Saarland	0,72	1,32	43,4	+ 4,0	1,3	98 522	43,8	+ 0,9	1,2	99 723
Sachsen	5,16	5,54	111,2	+ 9,0	3,2	57 197	116,4	+ 4,7	3,3	60 244
Sachsen-Anhalt	5,73	3,32	64,4	+ 6,0	1,9	57 959	66,2	+ 2,9	1,9	61 743
Schleswig-Holstein	4,42	3,34	108,8	+ 4,2	3,1	100 251	110,7	+ 1,7	3,1	102 785
Thüringen	4,53	3,04	58,0	+ 6,6	1,7	56 929	61,0	+ 5,1	1,7	61 027
Bundesgebiet	*100*	*100*	*3457,4*	*+ 4,2*	*100*	*99 200*	*3541,0*	*+ 2,4*	*100*	*102 700*
davon										
alte Bundesländer			3076,7	+ 3,7	89,0	95 108	3143,3	+ 2,2	88,8	111 590
neue Bundesländer			380,7	+ 7,4	11,0	59 600	397,7	+ 4,5	11,2	63 300

Quelle: Arbeitskreis Volkswirtschaftliche Gesamtrechnungen der Länder, Berechnungsstand Frühjahr 1997

Die Bundesländer mit ihren Parlamenten und Regierungen

Die Länderparlamente werden alle 4 (in Baden-Württemberg, im Saarland, in Sachsen u. in Nordrhein-Westfalen alle 5) J. neu gewählt, die Wahljahre differieren in den Bundesländern (Stand: die letzte Landtagswahl, bei bedeutenden Änderungen auch den jeweils neuesten Stand). Fläche: Stand 1. 1. 1996; Einwohnerzahl: Stand 31. 12. 1996

Baden-Württemberg

Fläche: 35 752,50 km²
Einwohner: 10 374 505 (5 076 720 m/5 297 785 w)
Bevölkerungsdichte: 290 Einw. je km²
Hauptstadt: Stuttgart

Landtag von Baden-Württemberg
Präsident: Peter Straub, CDU
Haus des Landtags, Konrad-Adenauer-Str. 3, 70173 Stuttgart
T 0711/20 63–0, Fax 20 63–299
Mitglieder: 155
Verteilung der Sitze: CDU 69 (41,3% der Stimmen) – SPD 39 (25,1%) – B'90/Grüne 19 (12,1%) – FDP/DVP 14 (9,6%) – REP 14 (9,1%)

Letzte Landtagswahl: 24. 3. 1996
nächste Wahl: voraussichtl. 2001

Regierung des Landes Baden-Württemberg

Ministerpräsident Erwin Teufel, CDU
Richard-Wagner-Str. 15, 70184 Stuttgart
T 0711/21 53–0, Fax 21 53–340
Regierungssprecher:
Ministerialdgt. Hans Georg Koch
Staatssekr. in der Vertretung des Landes beim Bund: Gustav Wabro, CDU
Hauptstätterstr. 67, 70178 Stuttgart
T 0711/647–1
u. Schlegelstr. 2, 53113 Bonn
T 0228/503–0, Fax 503–227

Wirtschaftsministerium
Stellv. d. Min.-Präs. Min. Walter Döring, FDP
Theodor-Heuss-Str. 4, 70174 Stuttgart
T 0711/123–0, Fax 123–24 60

Innenministerium
Min. Dr. Thomas Schäuble, CDU
Dorotheenstr. 6, 70173 Stuttgart
T 0711/231–4, Fax 231–36 79

Ministerium für Kultus, Jugend und Sport
Min. Dr. Annette Schavan, CDU
Schloßplatz 4 (Neues Schloß), 70173 Stuttgart
T 0711/279–0, Fax 279–25 50

Ministerium für Wissenschaft, Forschung und Kunst
Min. Klaus von Trotha, CDU
Königstr. 46 (Mittnachtbau), 70173 Stuttgart
T 0711/279–0, Fax 279–30 81

Justizministerium
Min. und Ausländerbeauftragter Prof. Dr. Ulrich Goll, FDP
Schillerplatz 4, 70173 Stuttgart
T 0711/279–0, Fax 2 26 15 60

Finanzministerium
Min. Gerhard Mayer-Vorfelder, CDU
Schloßplatz 4 (Neues Schloß), 70173 Stuttgart
T 0711/279–0, Fax 279–38 93

Ministerium ländlicher Raum
Min. Gerdi Staiblin, CDU
Kernerplatz 10, 70182 Stuttgart
T 0711/126–0, Fax 126–23 79

Sozialministerium
Min. Dr. Erwin Vetter, CDU
Schellingstr. 15, 70174 Stuttgart
T 0711/123–0, Fax 123–39 99

Verkehrs- und Umweltministerium
Min. Hermann Schaufler, CDU
Kernerplatz 9, 70182 Stuttgart
T 0711/126–0, Fax 126–28 80

Freistaat Bayern

Fläche: 70 550,87 km²
Einwohner: 12 043 869 (5 876 744 m/6 167 125 w)
Bevölkerungsdichte: 171 Einw. je km²
Hauptstadt: München

Bayerischer Landtag
Präsident: Johann Böhm, CSU
Maximilianeum, 81627 München
T 089/41 26–0, Fax 41 26–13 92

Mitglieder: 204
Verteilung der Sitze: CSU 120 (52,8% der Stimmen) – SPD 70 (30,0%) – B '90/Grüne 14 (6,1%)

Letzte Landtagswahl: 25. 9. 1994
nächste Wahl: voraussichtl. Herbst 1998

Der Bayerische Senat
Präsident: Heribert Thallmair, CSU
Maximilianeum, 81627 München
T 089/41 26–0, Fax 41 26–1278
Mitglieder: 60 (Wahl durch soziale, wirtschaftliche, kulturelle u. gemeindliche Körperschaften)

Die Bayerische Staatsregierung

Ministerpräsident Dr. Edmund Stoiber, CSU
Franz-Josef-Strauß-Ring 1, 80539 München
T 089/21 65–0, Fax 29 40 44
Leiter der Staatskanzlei: StM. Prof. Dr. Kurt Faltlhauser, CSU
Pressesprecher: Dr. F. W. Rothenpieler
Adresse s.o., T 089/21 65–22 91, Fax 21 65–21 14

Staatsministerium des Innern
StM. Dr. Günther Beckstein, CSU
Odeonsplatz 3, 80539 München
T 089/21 92–01, Fax 28 20 90

Staatsministerium der Justiz
StM. Hermann Leeb, CSU
Justizpalast, 80335 München
T 089/55 97–1, Fax 5597–2322

Staatsministerium für Unterricht, Kultus, Wissenschaft und Kunst
StM. u. Stellv. d. Min.-Präs. Hans Zehetmair, CSU
Salvatorplatz 2, 80333 München
T 089/21 86–0, Fax 21 86–28 00

Staatsministerium der Finanzen
StM. Erwin Huber, CSU
Odeonsplatz 4, 80539 München
T 089/23 06–0, Fax 28 09–313

Staatsministerium für Wirtschaft, Verkehr und Technologie
StM. Dr. Otto Wiesheu, CSU
Prinzregentenstr. 28, 80538 München
T 089/21 62–01, Fax 21 62–27 60

Staatsministerium für Ernährung, Landwirtschaft und Forsten
StM. Reinhold Bocklet, CSU
Ludwigstr. 2, 80539 München
T 089/21 82–0, Fax 21 82–677

Staatsministerium für Arbeit und Sozialordnung, Familie, Frauen und Gesundheit
StM. Barbara Stamm, CSU
Winzererstr. 9, 80797 München
T 089/12 61–01, Fax 12 61–11 22

Staatsministerium für Landesentwicklung und Umweltfragen
StM. Dr. Thomas Goppel, CSU
Rosenkavalierplatz 2, 81925 München
T 089/92 14–0, Fax 92 14–22 66

Staatsministerin für Bundesangelegenheiten
StM. Prof. Ursula Männle, CSU
Schlegelstr. 1, 53113 Bonn
T 0228/202–0, Fax 22 98 00
u. Kardinal-Döpfner-Str. 4, 80333 München
T 089/28 85–0, Fax 28 85–39 92

Berlin

Fläche: 890,82 km²
Einwohner: 3 458 763 (1 673 055 m/1 785 708 w)
Bevölkerungsdichte: 3883 Einw. je km²

Abgeordnetenhaus von Berlin
Präsident: Prof. Dr. Herwig Haase, CDU
Abgeordnetenhaus von Berlin, 10111 Berlin
T 030/23 25–10 00, Fax 23 25–10 08
Mitglieder: 206 (Mindestanzahl: 150)
Verteilung der Sitze: CDU 87 (37,4% der Stimmen) – SPD 55 (23,6%) – PDS 34 (14,6%) – B'90/Grüne 30 (13,2%)

Letzte Wahl zum Abgeordnetenhaus: 22. 10. 1995
nächste Wahl: voraussichtl. Herbst 1999

Senat von Berlin

Regierender Bürgermeister
Eberhard Diepgen, CDU
Berliner Rathaus, 10173 Berlin
T 030/24 01–0, Fax 24 01–24 22
Chef der Senatskanzlei: Staatssekretär Volker Kähne, CDU; Pressesprecher: Staatssekretär Dr. Michael Andreas Butz

Bevollmächtigte des Landes Berlin beim Bund:
Staatssekretärin Dr. Hildegard Boucsein, CDU
Joachimstr. 7, 53113 Bonn
T 0228/228 2112, Fax 228 2100
Europabeauftragter des Landes Berlin
Staatssekretär Gerd Wartenberg, SPD
Joachimstr. 7, 53113 Bonn
T 0228/228 2196, Fax 228 2100

Senatsverwaltung für Arbeit, berufliche Bildung und Frauen
Senatorin, Stellv. des Regierenden Bürgermeisters Dr. Christine Bergmann, SPD
Storkower Str. 134, 10407 Berlin
T 030/42 14–0, Fax 42 14–20 90

Senatsverwaltung für Justiz
Senatorin Dr. Lore Maria Peschel-Gutzeit, SPD
Salzburger Str. 21–25, 10825 Berlin
T 030/78 76,0, Fax 78 76–8813

Senatsverwaltung für Inneres
Senator Jörg Schönbohm, CDU
Klosterstr 47, 10179 Berlin
T 030/2474–1000, Fax 2474–2733

Senatsverwaltung für Bau-, Wohnungswesen und Verkehr
Senator Jürgen Klemann, CDU
Württembergische Str. 6, 10707 Berlin
T 030/867–1, Fax 867–31 00

Senatsverwaltung für Gesundheit und Soziales
Senatorin Beate Hübner, CDU
An der Urania 12–14, 10787 Berlin
T 030/21 22–0, Fax 21 22–33 52

Senatsverwaltung für Wirtschaft und Betriebe
Senator Elmar Pieroth, CDU
Martin-Luther-Str. 105, 10825 Berlin
T 030/78 76–0, Fax 78 76–82 81

Senatsverwaltung für Finanzen
Senatorin Dr. Annette Fugmann-Heesing, SPD
Klosterstr. 59, 10179 Berlin
T 030/2174–0, Fax 2174–2609

Senatsverwaltung für Schule, Jugend und Sport
Senatorin Ingrid Stahmer, SPD
Storkower Str. 133, 10407 Berlin
T 030/42 14–0, Fax 42 14–40 02

Senatsverwaltung für Stadtentwicklung und Umweltschutz
Senator Peter Strieder, SPD
Am Köllnischen Park 3, 10179 Berlin
T 030/24 71–0, Fax 24 71–10 76

Senatsverwaltung für Wissenschaft, Forschung und Kultur
Senator Peter Radunski, CDU
Brunnenstr. 188–190, 10119 Berlin
T 030/28 52–50, Fax 28 52 5450

Brandenburg

Fläche: 29 478,73 km^2
Einwohner: 2 554 441 (1 257 213 m/1 297 228 w)
Bevölkerungsdichte: 87 Einw. je km^2
Hauptstadt: Potsdam

Landtag von Brandenburg
Präsident: Dr. Herbert Knoblich, SPD
Am Havelblick 8, 14473 Potsdam
T 0331/966–0, Fax 966–12 86
Mitglieder: 88
Verteilung der Sitze: SPD 52 (54,1% der Stimmen) – CDU 18 (18,7%) – PDS 18 (18,7%)

Letzte Landtagswahl: 11. 9. 1994
nächste Wahl: voraussichtl. Herbst 1999

Regierung des Landes Brandenburg

Ministerpräsident Dr. h.c. Manfred Stolpe, SPD
Heinrich-Mann-Allee 107, 14473 Potsdam
T 0331/866–12 01, Fax 866–14 00
Chef der Staatskanzlei:
Min. Dr. Jürgen Linde, SPD
Adresse s.o., T 0331/866–12 04, Fax 866–1302
Regierungssprecher: Staatssekr. Erhard Thomas
Adresse s.o., T 0331/866–12 07, Fax 866–14 15

Ministerium des Innern
Min. Alwin Ziel, SPD
Henning-von-Tresckow-Str. 9–13, 14467 Potsdam
T 0331/866–20 00, Fax 866–26 26

Ministerium der Justiz und für Bundes- und Europaangelegenheiten
Min. Dr. Hans Otto Bräutigam
Heinrich-Mann-Allee 107, 14473 Potsdam
T 0331/866–30 00, Fax 866–30 83
u. Schedestr. 1–3, 53113 Bonn
T 0228/915 00–24/43, Fax 915 00–35/36

Ministerium der Finanzen
Ministerin Dr. Wilma Simon, SPD
Steinstr. 104–106, 14480 Potsdam
T 0331/866–60 00, Fax 866–68 80

Ministerium für Wirtschaft, Mittelstand und Technologie
Min. Dr. Burkhard Dreher, SPD
Heinrich-Mann-Allee 107, 14473 Potsdam
T 0331/866–15 00, Fax 866–17 24

Ministerium für Arbeit, Soziales, Gesundheit und Frauen
Ministerin Dr. Regine Hildebrandt, SPD
Heinrich-Mann-Allee 103, 14473 Potsdam
T 0331/866-50 00/12, Fax 866-51 99

Ministerium für Ernährung, Landwirtschaft und Forsten
Min. Edwin Zimmermann, SPD
Heinrich-Mann-Allee 103, 14473 Potsdam
T 0331/866-40 00, Fax 866-40 03

Ministerium für Bildung, Jugend und Sport
Min. Angelika Peter, SPD
Steinstr. 104-106, 14480 Potsdam
T 0331/866-35 00, Fax 866-35 07

Ministerium für Wissenschaft, Forschung und Kultur
Min. Steffen Reiche, SPD
Friedrich-Ebert-Str. 4, 14467 Potsdam
T 0331/866-45 00, Fax 866-4540

Ministerium für Umwelt, Naturschutz und Raumordnung
Min. Matthias Platzeck, SPD
Albert-Einstein-Str. 42-46, 14473 Potsdam
T 0331/866-70 00, Fax 866-72 41/42

Ministerium für Stadtentwicklung, Wohnen und Verkehr
Min. Hartmut Meyer, SPD
Dortustr. 30-34, 14467 Potsdam
T 0331/866-80 00, Fax 866-83 60

Freie Hansestadt Bremen

Fläche: 404,23 km²
Einwohner: 677 770 (326 641 m/351 129 w)
Bevölkerungsdichte: 1677 Einw. je km²

Bremische Bürgerschaft
Präsident: Reinhard Metz, CDU
Haus der Bürgerschaft, Am Markt 20, 28195 Bremen
T 0421/36 07-150, Fax 36 07-133 u. 36 07-231 (Presse)
Mitglieder: 100
Verteilung der Sitze: SPD 37 (33,4% der Stimmen) – CDU 37 (32,6%) – B '90/Grüne 14 (13,1%) – Arbeit für Bremen und Bremerhaven/AfB 12 (10,7%)

Letzte Bürgerschaftswahl: 14. 5. 1995
nächste Wahl: voraussichtl. Frühjahr 1999

Senat der Freien Hansestadt Bremen

Präsident des Senats und Senator für kirchliche Angelegenheiten sowie für Justiz und Verfassung
Bürgermeister Dr. Henning Scherf, SPD
Stellv. Bürgermeister: Ulrich Nölle, CDU
Pressesprecher: Dr. Klaus Sondergeld
Rathaus, 28195 Bremen
T 0421/361-22 04, Fax 361-63 63

Senator für Justiz und Verfassung
Bürgermeister Dr. Henning Scherf, SPD
Richtweg 16-22, 28195 Bremen
T 0421/361-2484, Fax -2584

Senator für Wirtschaft, Mittelstand, Technologie und Europaangelegenheiten
Hartmut Perschau, CDU
Zweite Schlachtpforte 3, 28195 Bremen
T 0421/361-84 00, Fax 397-87 17

Senator für Inneres
Ralf H. Borttscheller, CDU
Contrescarpe 22-24, 28195 Bremen
T 0421/362-90 00, Fax 362-90 19

Senator für Bildung, Wissenschaft, Kunst und Sport
Bringfriede Kahrs, SPD
Rembertiring 8-12, 28195 Bremen
T 0421/361-47 77, Fax 361-41 76 u. 361-28 39

Senator für Frauen, Gesundheit, Jugend, Soziales und Umweltschutz
Christine Wischer, SPD
Birkenstr. 34, 28195 Bremen
T 0421/361-92 67, Fax 361-93 21

Senator für das Bauwesen, Verkehr und Stadtentwicklung
Dr. Bernt Schulte, CDU
Ansgaritorstr. 2, 28195 Bremen
T 0421/361-22 27, Fax 361-20 50

Senator für Häfen, überregionalen Verkehr und Außenhandel sowie Arbeit
Uwe Beckmeyer, SPD
Kirchenstr. 4-5a, 28195 Bremen
T 0421/361-22 02, Fax 361-66 02

Senator für Finanzen
u. stellv. Bürgermeister Ulrich Nölle, CDU
Rudolf-Hilferding-Platz 1, 28195 Bremen
T 0421/361-23 98, Fax 361-29 65

Freie und Hansestadt Hamburg

Fläche: 755,20 km²
Einwohner: 1 707 986 (823 901 m/884 085 w)
Bevölkerungsdichte: 2262 Einw. je km²

Bürgerschaft der Freien und Hansestadt Hamburg
Präsidentin: Ute Pape, SPD
Rathausmarkt 1, 20095 Hamburg
T 040/36 81–0, Fax 36 81–24 67
Mitglieder: 121
Verteilung der Sitze: SPD 58 (40,4% der Stimmen) – CDU 36 (25,1%) – Grüne/GAL 19 (13,5%) – STATT Partei 8 (5,6%)

Letzte Bürgerschaftswahl: 19. 9. 1993
nächste Wahl: 21. 9. 1997

Senat der Freien und Hansestadt Hamburg

Präsident des Senats und Erster Bürgermeister
Dr. Henning Voscherau, SPD
Rathausmarkt 1, 20095 Hamburg
T 040/36 81–0, Fax 36 81–25 54/21 80
Chef der Senatskanzlei und Europabeauftragter des Senats: Senator Dr. Thomas Mirow, SPD
Adresse s.o., T 040/36 81–20 31/32,
Fax 36 81–13 00
Der Bevollmächtigte beim Bund:
Staatsrat Dr. Knut Nevermann
Adresse s.o., T 040/36 81–0, Fax 36 81–25 54
u. Kurt-Schumacher-Str. 12, 53113 Bonn
T 0228/22 87–0, Fax 22 87–128

Behörde für Wirtschaft
Zweiter Bürgermeister Erhard Rittershaus
Alter Steinweg 4, 20459 Hamburg
T 040/35 04–0, Fax 35 04–17 17

Senatsamt für Bezirksangelegenheiten
Chef der Senatskanzlei Senator Dr. Thomas Mirow, SPD
Johanniswall 4, 20095 Hamburg
T 040/36 81–0, Fax 36 81–24 60

Stadtentwicklungsbehörde
Senator Dr. Thomas Mirow, SPD
Alter Steinweg 4, 20459 Hamburg
T 040/35 04–30 02, Fax 35 04–30 10

Kulturbehörde
Senatorin Dr. Christina Weiss
Hohe Bleichen 22, 20354 Hamburg
T 040/34 890–0, Fax 34 890–244

Senatsamt für die Gleichstellung
Senatorin Dr. Christina Weiss*
Alter Steinweg 4, 20459 Hamburg
T 040/35 04–0, Fax 35 04–33 41

Justizbehörde
Senator Prof. Dr. Wolfgang Hoffmann-Riem
Drehbahn 36, 20354 Hamburg
T 040/34 97–600/1, Fax 34 97–35 72

Behörde für Schule, Jugend u. Berufsbildung
Senatorin Rosemarie Raab, SPD
Hamburger Str. 31, 22083 Hamburg
T 040/291 88–20 03, Fax 291 88–41 32

Behörde für Wissenschaft und Forschung
Senator Prof. Dr. Leonhard Hajen, SPD
Hamburger Str. 37, 22083 Hamburg
T 040/291 88–1, Fax 291 88–37 22

Behörde für Arbeit, Gesundheit u. Soziales
Helgrit Fischer-Menzel, SPD
Hamburger Str. 47, 22083 Hamburg
T 040/291 88–30 01/2, Fax 291 88–32 15

Baubehörde
Senator Eugen Wagner, SPD
Stadthausbrücke 8, 20355 Hamburg
T 040/349 13–1, Fax 349 13–31 96

Behörde für Inneres
Senator Hartmuth Wrocklage, SPD
Johanniswall 4, 20095 Hamburg
T 040/24 86–48 00/45 00, Fax 24 86–37 35

Senatsamt für den Verwaltungsdienst
Senator Hartmuth Wrocklage, SPD
Steckelhörn 12, 20457 Hamburg
T 040/36 81–14 02, Fax 36 81–22 26

Umweltbehörde
Senator Dr. Fritz Vahrenholt, SPD
Steindamm 22, 20099 Hamburg
T 040/24 86–0, Fax 24 86–32 84

Finanzbehörde
Senator Ortwin Runde, SPD
Gänsemarkt 36, 20354 Hamburg
T 040/35 98–1, Fax 35 98–402

Hessen

Fläche: 21 114,45 km²
Einwohner: 6 027 284 (2 949 768 m/3 077 516 w)
Bevölkerungsdichte: 285 Einw. je km²
Hauptstadt: Wiesbaden

Hessischer Landtag
Präsident: Klaus-Peter Möller, CDU
Schloßplatz 1–3, 65183 Wiesbaden
T 0611/350–0, Fax 350–434
Mitglieder: 110
Verteilung der Sitze: CDU 45 (39,2% der Stimmen) – SPD 44 (38,0%) – Grüne 13 (11,2%) – FDP 8 (7,4%)

Letzte Landtagswahl: 19. 2./5. 3. 1995
nächste Wahl: voraussichtl. Frühjahr 1999

Hessische Landesregierung

Ministerpräsident Hans Eichel, SPD
Bierstadter Str. 2, 65189 Wiesbaden
T 0611/32–0, Fax 32–38 00/01
Chef der Hessischen Staatskanzlei: Staatssekr. Hans Joachim Suchan
Regierungssprecher:
Staatssekr. Klaus-Peter Schmidt-Deguelle

Ministerium für Inneres und Landwirtschaft, Forsten und Naturschutz
Staatsmin. Gerhard Bökel, SPD
Friedrich-Ebert-Allee 12, 65185 Wiesbaden
T 0611/353–0, Fax 353–766

Ministerium für Finanzen
Staatsmin. Karl Starzacher, SPD
Friedrich-Ebert-Allee 8, 65185 Wiesbaden
T 0611/32–0, Fax 32–24 71

Ministerium für Justiz und Europaangelegenheiten
Stellv. d. Ministerpräsidenten
Staatsmin. Rupert von Plottnitz, B '90/Grüne
Luisenstr. 13, 65185 Wiesbaden
T 0611/32–0, Fax 32–27 63

Kultusministerium
Staatsmin. Hartmut Holzapfel, SPD
Luisenplatz 10, 65185 Wiesbaden
T 0611/368–0, Fax 368–20 99

Ministerium für Wirtschaft, Verkehr und Landesentwicklung
Staatsmin. Lothar Klemm, SPD
Kaiser-Friedrich-Ring 75, 65185 Wiesbaden
T 0611/815–0, Fax 815–22 25

Ministerium für Wissenschaft und Kunst
Staatsmin. Dr. Christine Hohmann-Dennhardt, SPD
Rheinstr. 23–25, 65185 Wiesbaden
T 0611/165–0, Fax 165–766

Ministerium für Umwelt, Energie, Jugend, Familie und Gesundheit
Staatsmin. Margarethe Nimsch, B '90/Grüne
Mainzer Str. 80, 65189 Wiesbaden
T 0611/815–0, Fax 815–19 41

Ministerium für Frauen, Arbeit und Sozialordnung
Staatsmin. Barbara Stolterfoht, SPD
Dostojewskistr. 4, 65187 Wiesbaden
T 0611/817–0, Fax 870 48

Mecklenburg-Vorpommern

Fläche: 23 170,34 km²
Einwohner: 1 817 196 (895 280 m/921 916 w)
Bevölkerungsdichte: 78 Einw. je km²
Hauptstadt: Schwerin

Der Landtag von Mecklenburg-Vorpommern
Präsident: Rainer Prachtl, CDU
Lennéstraße, Schloß, 19053 Schwerin
T 0385/525–0, Fax 581–35 16
Mitglieder: 71
Verteilung der Sitze: CDU 30 (37,7% der Stimmen) – SPD 23 (29,5%) – PDS 18 (22,7%)

Letzte Landtagswahl: 16. 10. 1994
nächste Wahl: voraussichtl. Herbst 1998

Landesregierung von Mecklenburg-Vorpommern

Ministerpräsident Dr. Berndt Seite, CDU
Schloßstr. 2–4, 19048 Schwerin
T 0385/588–10 00, Fax 588–10 06
Chef der Staatskanzlei:
Staatssekr. Dr. Thomas de Maizière
Adresse s.o., T 0385/588–10 05, Fax 588–1006
Regierungssprecher: Frank Möhrer
Adresse s.o., T 0385/588–1003, Fax 588–1038

Frauen- und Gleichstellungsbeauftragte der Landesregierung: Parl. Staatssekr. Karla Staszak
Adresse s.o., T 0385/588-10 04, Fax 588-10 89
Staatssekr. für Bundesangelegenheiten u. Bevollmächtigte des Landes beim Bund: Dr. Gabriele Wurzel
Godesberger Allee 18, 53175 Bonn
T 0228/95 85-200, Fax 95 85-202

Innenministerium
Min. Dr. Armin Jäger, CDU
Wismarsche Str. 133, 19048 Schwerin
T 0385/588-20 00, Fax 588-29 71

Ministerium für Justiz und Angelegenheiten der Europäischen Union
Min. Prof. Dr. Rolf Eggert, SPD
Demmlerplatz 14, 19048 Schwerin
T 0385/588-30 00, Fax 588-35 50

Finanzministerium
Ministerin Sigrid Keler, SPD
Schloßstr. 9-11, 19048 Schwerin
T 0385/588-40 00, Fax 588-45 82

Ministerium für Wirtschaft
Min. Jürgen Seidel, CDU
Johannes-Stelling-Str. 14, 19048 Schwerin
T 0385/588-50 00, Fax 588-58 64

Ministerium für Landwirtschaft
Min. Martin Brick, CDU
Paulshöher Weg 1, 19048 Schwerin
T 0385/588-60 00, Fax 588-60 24

Kultusministerium
Ministerin Regine Marquardt, SPD
Werderstr. 124, 19048 Schwerin
T 0385/588-70 00, Fax 588-70 82

Ministerium für Bau, Landesentwicklung und Umwelt
Ministerin Bärbel Kleedehn, CDU
Schloßstr. 6-8, 19048 Schwerin
T 0385/588-80 00, Fax 588-80 08

Sozialministerium
Stellv. des Ministerpräsidenten
Min. Hinrich Kuessner, SPD
Werderstr. 124, 19048 Schwerin
T 0385/588-90 00, Fax 588-90 09

Niedersachsen

Fläche: 47 610,55 km²
Einwohner: 7 815 148 (3 815 578 m/3 999 570 w)
Bevölkerungsdichte: 164 Einw. je km²
Hauptstadt: Hannover

Niedersächsischer Landtag
Präsident: Horst Milde, SPD
Hinrich-Wilhelm-Kopf-Platz 1, 30159 Hannover
T 0511/30 30-1, Fax 30 30-380
Mitglieder: 161 (ab 1994: 6 Überhangmandate)
Verteilung der Sitze: SPD 81 (44,3% der Stimmen) – CDU 67 (36,4%) – B '90/Grüne 13 (7,4%)

Letzte Landtagswahl: 13. 3. 1994
nächste Wahl: voraussichtl. Frühjahr 1998

Niedersächsische Landesregierung

Niedersächsische Staatskanzlei
Ministerpräsident Gerhard Schröder, SPD
Planckstr. 2, 30169 Hannover
T 0511/120-69 01, Fax 120-68 38
Pressesprecher: Staatssekr. Uwe-Karsten Heye
Adresse s.o., T 0511/120-69 46/47, Fax 120-68 33
Bevollmächtigter des Landes beim Bund:
Staatssekr. Dr. Helmut Holl
Adresse, T u. Fax s.o.
u. Kurt-Schumacher-Str. 19, 53113 Bonn
T 0228/22 83-0, Fax 22 83-237

Innenministerium
Stellv. d. Min.-Präs. Min. Gerhard Glogowski, SPD
Lavesallee 6, 30169 Hannover
T 0511/120-61 00, Fax 120-65 80

Finanzministerium
Min.Willi Waike, SPD
Schiffgraben 10, 30159 Hannover
T 0511/120-81 01, Fax 120-80 60

Sozialministerium
Min. Dr. Wolf Weber, SPD
Hinrich-Wilhelm-Kopf-Pl. 2, 30159 Hannover
T 0511/120-40 40, Fax 120-42 99

Kultusministerium
Min. Prof. Rolf Wernstedt, SPD
Schiffgraben 12, 30159 Hannover
T 0511/120-71 01, Fax 120-74 54

Ministerium für Wissenschaft und Kunst
Ministerin Helga Schuchardt
Leibnizufer 9, 30169 Hannover
T 0511/120-24 01, Fax 120-26 22

Ministerium für Wirtschaft, Technologie und Verkehr
Min. Dr. Peter Fischer, SPD
Friedrichswall 1, 30159 Hannover
T 0511/120-54 37, Fax 120-57 72

Ministerium für Ernährung, Landwirtschaft und Forsten
Min. Karl-Heinz Funke, SPD
Calenberger Str. 2, 30169 Hannover
T 0511/120-20 83, Fax 120-23 77

Justizministerium
Ministerin Heidi Alm-Merk, SPD
Am Waterlooplatz 1, 30169 Hannover
T 0511/120-50 70, Fax 120-51 83

Umweltministerium
Ministerin Monika Griefahn, SPD
Archivstr. 2, 30169 Hannover
T 0511/104-33 01, Fax 104-31 99

Frauenministerium
Ministerin Christina Bürmann, SPD
Hamburger Allee 26-30, 30161 Hannover
T 0511/120-88 01, Fax 120-87 20

Nordrhein-Westfalen

Fläche: 34 077,70 km²
Einwohner: 17 947 715 (8 715 221 m/9 232 494 w)
Bevölkerungsdichte: 527 Einw. je km²
Hauptstadt: Düsseldorf

Landtag von Nordrhein-Westfalen
Präsident: Ulrich Schmidt, SPD
Platz des Landtags 1, 40221 Düsseldorf
T 0211/884-0, Fax 884-22 58
Mitglieder: 221
Verteilung der Sitze: SPD 108 (46,0 % der Stimmen) – CDU 89 (37,7 %) – B '90/Grüne 24 (10,0 %)

Letzte Landtagswahl: 14. 5. 1995
nächste Wahl: voraussichtl. Frühjahr 2000

Landesregierung Nordrhein-Westfalen

Ministerpräsident Dr. h.c. Johannes Rau, SPD
Chef der Staatskanzlei: Rüdiger Frohn, SPD
Mannesmannufer 1a, 40213 Düsseldorf
T 0211/837-01, Fax 837-11 50
Regierungssprecher: Dr. Wolfgang Lieb

Innenministerium
Min. Franz-Josef Kniola, SPD
Haroldstr. 5, 40213 Düsseldorf
T 0211/871-1, Fax 871-33 55

Finanzministerium
Min. Heinz Schleußer, SPD
Jägerhofstr. 6, 40479 Düsseldorf
T 0211/49 72-0, Fax 49 72-27 50

Justizministerium
Min. Dr. Fritz Behrens, SPD
Martin-Luther-Platz 40, 40212 Düsseldorf
T 0211/87 92-1, Fax 87 92-456

Ministerium für Schule und Weiterbildung
Min. Gabriele Behler, SPD
Völklinger Str. 49, 40221 Düsseldorf
T 0211/896-03, Fax 896-32 20

Ministerium für Wissenschaft und Forschung
Min. Anke Brunn, SPD
Völklinger Str. 49, 40221 Düsseldorf
T 0211/896-04, Fax 896-45 55

Ministerium für Wirtschaft und Mittelstand, Technologie und Verkehr
Min. Wolfgang Clement, SPD
Haroldstr. 4, 40213 Düsseldorf
T 0211/837-02, Fax 837-22 00

Ministerium für Arbeit, Gesundheit und Soziales
Min. Dr. Axel Horstmann, SPD
Horionplatz 1, 40213 Düsseldorf
T 0211/855-5, Fax 837-36 83

Ministerium für Umwelt, Raumordnung und Landwirtschaft
Min. Bärbel Höhn, Grüne
Schwannstr. 3, 40476 Düsseldorf
T 0211/45 66-0, Fax 45 66-388

Ministerium für Stadtentwicklung, Kultur und Sport
Min. Ilse Brusis, SPD
Breite Str. 31, 40213 Düsseldorf
T 0211/8618–04, Fax 8618–44 44

Ministerium für Bauen und Wohnen
Stellv. des Min.-Präsidenten
Min. Dr. Michael Vesper, Grüne
Elisabethstr. 5–11, 40217 Düsseldorf
T 0211/38 43–0, Fax 38 43–602

Ministerium für die Gleichstellung von Frau und Mann
Min. Ilse Ridder-Melchers, SPD
Breite Str. 27, 40213 Düsseldorf
T 0211/8618–05, Fax 8618–47 16

Ministerium für Bundes- und Europaangelegenheiten
Min. Prof. Dr. Manfred Dammeyer, SPD
Görresstr. 13, 53113 Bonn
T 0228/2699–0, Fax 2699–285

Rheinland-Pfalz

Fläche: 19 846,50 km²
Einwohner: 4 000 567 (1 957 188 m/2 043 379 w)
Bevölkerungsdichte: 202 Einw. je km²
Hauptstadt: Mainz

Landtag von Rheinland-Pfalz
Präsident: Christoph Grimm, SPD
Deutschhausplatz 1, 55116 Mainz
T 06131/208–0, Fax 208–566
Mitglieder: 101
Verteilung der Sitze: SPD 43 (39,8% der Stimmen) – CDU 41 (38,7%) – FDP 10 (8,9%) – B'90/Grüne 7 (6,9%)

Letzte Landtagswahl: 24. 3. 1996
nächste Wahl: voraussichtl. 2001

Die Landesregierung Rheinland-Pfalz

Ministerpräsident Kurt Beck, SPD
Staatskanzlei, Peter-Altmeier-Allee 1, 55116 Mainz
T 06131/16–0, Fax 16–46 69
Chef der Staatskanzlei: Staatssekr. Klaus Rüter
Sprecher der Landesregierung:
Ministerialdir. Walter Schumacher
Adresse s.o., T 06131/16–47 20, Fax 16–40 91

Bevollmächtigter des Landes beim Bund und für Europa: Staatssekr. Dr. Karl-Heinz Klär, SPD
Heussallee 18–24, 53113 Bonn
T 0228/91 20–123, Fax 91 20–222
Beauftragter des Ministerpräsidenten für die grenzüberschreitende Zusammenarbeit:
Ministerialdir. Herbert Bermeitinger
Kaiserstr. 32, 55116 Mainz
T 06131/16 40 68, Fax 16 40 88

Ministerium des Innern und für Sport
Staatsmin. Walter Zuber, SPD
Schillerplatz 3–5, 55116 Mainz
T 06131/16–32 20, Fax 16–35 95

Ministerium der Finanzen
Staatsmin. Gernot Mittler, SPD
Kaiser-Friedrich-Str. 1, 55116 Mainz
T 06131/16–43 79, Fax 16–43 31

Ministerium der Justiz
Staatsmin. Peter Caesar, FDP
Ernst-Ludwig-Str. 3, 55116 Mainz
T 06131/16–48 32, Fax 16–49 44

Ministerium für Arbeit, Soziales und Gesundheit
Staatsmin. Florian Gerster, SPD
Bauhofstr. 9, 55116 Mainz
T 06131/16–24 01, Fax 16–24 52

Ministerium für Wirtschaft, Verkehr, Landwirtschaft und Weinbau
Stellv. des Min.-Präs.
Staatsmin. Rainer Brüderle, FDP
Bauhofstr. 4, 55116 Mainz
T 06131/16–22 58, Fax 16–21 00

Ministerium für Kultur, Jugend, Familie und Frauen
Staatsmin. Dr. Rose Götte, SPD
Mittlere Bleiche 61, 55116 Mainz
T 06131/16–28 29, Fax 16–28 78

Ministerium für Bildung, Wissenschaft und Weiterbildung
Staatsmin. Prof. Dr. Jürgen Zöllner, SPD
Mittlere Bleiche 61, 55116 Mainz
T 06131/16–27 39, Fax 16–29 97

Ministerium für Umwelt und Forsten
Staatsmin. Klaudia Martini, SPD
Kaiser-Friedrich-Str. 7, 55116 Mainz
T 06131/16–46 45, Fax 16–46 46

Saarland

Fläche: 2570,15 km²
Einwohner: 1 084 184 (525 592 m/558 592 w)
Bevölkerungsdichte: 422 Einw. je km²
Hauptstadt: Saarbrücken

Landtag des Saarlandes
Präsident: Hans Kasper, SPD
Franz-Josef-Röder-Str. 7, 66119 Saarbrücken
T 0681/50 02–1, Fax 50 02–392
Mitglieder: 51
Verteilung der Sitze: SPD 27 (49,4% der Stimmen) – CDU 21 (38,6%) – B '90/Grüne 3 (5,5%)

Letzte Landtagswahl: 16. 10. 1994
nächste Wahl: voraussichtl. Herbst 1999

Regierung des Saarlandes

Ministerpräsident Oskar Lafontaine, SPD
Am Ludwigsplatz 14, 66117 Saarbrücken
T 0681/501–00, Fax 501–11 59
Pressesprecher: Jochen Flackus
Adresse s.o., T 0681/501–11 26, Fax 501–12 22 Bevollmächtigter des Saarlandes beim Bund: Staatssekr. Hanspeter Weber
Kurt-Schumacher-Str. 9, 53113 Bonn
T 0228/267 93–0, Fax 22 13 55

Ministerium des Innern
Min. Friedel Läpple, SPD
Franz-Josef-Röder-Str. 21, 66119 Saarbrücken
T 0681/501–21 01, Fax 501–22 34

Ministerium der Justiz
Min. Dr. Arno Walter, SPD
Zähringer Str. 12, 66119 Saarbrücken
T 0681/501–54 03, Fax 501–58 68

Ministerium für Wissenschaft, Kultur, Bildung und Sport
Min. Henner Wittling, SPD
Hohenzollernstr. 60, 66117 Saarbrücken
T 0681/503–216, Fax 503–291

Ministerium für Frauen, Arbeit, Gesundheit und Soziales
Min. Barbara Wackernagel-Jacobs, SPD
Franz-Josef-Röder Str. 23, 66119 Saarbrücken
T 0681/501–31 14, Fax 501–33 35

Ministerium für Wirtschaft und Finanzen
Min. Christiane Krajewski, SPD
Am Stadtgraben 6–8, 66111 Saarbrücken
T 0681/501–16 01, Fax 501–15 90

Ministerium für Umwelt, Verkehr und Energie
Min. Willy Leonhardt, SPD
Halbergstr. 50, 66121 Saarbrücken
T 0681/501–47 08, Fax 501–45 21

Freistaat Sachsen

Fläche: 18 412,66 km²
Einwohner: 4 545 702 (2 191 334 m/2 354 368 w)
Bevölkerungsdichte: 247 Einw. je km²
Hauptstadt: Dresden

Sächsischer Landtag
Präsident: Erich Iltgen, CDU
Holländische Str. 2, 01067 Dresden
T 0351/493–50, Fax 493–59 00
Mitglieder: 120
Verteilung der Sitze: CDU 77 (58,1% der Stimmen) – SPD 22 (16,6%) – PDS 20 (16,5%) – fraktionslos 1

Letzte Landtagswahl: 11. 9. 1994
nächste Wahl: voraussichtl. Herbst 1999

Staatsregierung des Freistaats Sachsen

Ministerpräsident Prof. Dr. Kurt Biedenkopf, CDU
Archivstr. 1, 01095 Dresden
T 0351/564–0, Fax 564–11 99
Chef der Staatskanzlei: Staatssekr. Hans Werner Wagner, CDU
Adresse s.o., T 0351/564–10 20, Fax 564–10 25
Regierungssprecher: Michael Sagurna
Adresse s.o., T 0351/564–13 00, Fax 564–13 19
Staatsministerin für Fragen der Gleichstellung von Frau und Mann: Friederike de Haas, CDU
Adresse s.o., T 0351/564–10 50, Fax 564–10 69
Staatsminister für Bundes und Europaangelegenheiten: Staatsmin. Günter Meyer, CDU
Adresse s.o., T 0351/564–14 01, Fax 564–14 09
u. Godesberger Allee 18, 53175 Bonn
T 0228/95 85–01, Fax 95 85–165

Staatsministerium des Innern
Staatsmin. Klaus Hardraht, CDU
Archivstr. 1, 01095 Dresden
T 0351/564–30 01, Fax 564–31 99

Staatsministerium der Justiz
Staatsmin. Steffen Heitmann, CDU
Postfach 10 09 30, 01076 Dresden
T 0351/564-15 01, Fax 564-15 99

Staatsministerium für Wissenschaft und Kunst Staatsmin. Prof. Dr. Hans J. Meyer, CDU
Postfach 10 09 20, 01076 Dresden
T 0351/564-60 02, Fax 564-60 25

Staatsministerium der Finanzen
Staatsmin. Prof. Dr. Georg Milbradt, CDU
Postfach 10 09 48, 01076 Dresden
T 0351/564-40 01, Fax 564-40 29

Staatsministerium für Soziales, Gesundheit und Familie
Staatsmin. u. Stellv. des Min.-Präsidenten
Dr. Hans Geisler, CDU
Postfach 10 09 41, 01076 Dresden
T 0351/564-76 02, Fax 564-76 14

Staatsministerium für Landwirtschaft, Ernährung und Forsten
Staatsmin. Dr. Rolf Jähnichen, CDU
Postfach 10 05 50, 01075 Dresden
T 0351/564-68 01, Fax 564-69 47

Staatsministerium für Wirtschaft und Arbeit
Staatsmin. Dr. Kajo Schommer, CDU
Postfach 12 09 37, 01008 Dresden
T 0351/564-80 01, Fax 564-8189

Staatsministerium für Umwelt und Landesentwicklung
Staatsmin. Arnold Vaatz, CDU
Postfach 12 01 21, 01002 Dresden
T 0351/564-22 00, Fax 564-22 09

Staatsministerium für Kultus
Staatsmin. Dr. Matthias Rößler, CDU
Postfach 10 09 10, 01076 Dresden
T 0351/564-25 04, Fax 564-28 87

Sachsen-Anhalt

Fläche: 20 445,99 km²
Einwohner: 2 723 620 (1 320 552 m/1 403 068)
Bevölkerungsdichte: 133 Einw. je km²
Hauptstadt: Magdeburg

Landtag von Sachsen-Anhalt
Präsident: Dr. Klaus Keitel, CDU
Domplatz 6-9, 39104 Magdeburg
T 0391/560-0, Fax 560-10 04

Mitglieder: 99 (inkl. 1 Überhangmandat)
Verteilung der Sitze: CDU 37 (34,4% der Stimmen) – SPD 36 (34,0%) – PDS 21 (19,9%) – B'90/Grüne 5 (5,1%)

Letzte Landtagswahl: 26. 6. 1994
nächste Wahl: 26. 4. 1998

Regierung von Sachsen-Anhalt

Ministerpräsident Dr. Reinhard Höppner, SPD
Domplatz 4, 39104 Magdeburg
T 0391/567-01, Fax 567-65 06
Chef der Staatskanzlei: Staatssekr. Niels Jonas
Adresse, T u. Fax s.o.
Regierungssprecher: Hans Jürgen Fink
Adresse s.o., T 0391/567-66 60, Fax 567-66 67
Leitstelle für Frauenpolitik:
Staatssekr. Elke Plöger, B '90/Grüne
Adresse s.o., T 0391/567-62 07, Fax 567-62 05
Vertretung des Landes beim Bund:
Staatssekr. Werner Ballhausen, SPD
Dahlmannstr. 18, 53113 Bonn
T 0228/911 68-0, Fax 911 68-37

Ministerium für Raumordnung, Landwirtschaft und Umwelt
Stellv. des Min.-Präs.
Min. Heidrun Heidecke, B '90/Grüne
Olvenstedter Str. 4, 39108 Magdeburg
Bereich Umwelt:
T 0391/567-1951, F 567-1964
Bereich Landwirtschaft:
T 0391/567-1946, Fax 567-1964

Ministerium des Innern
Min. Dr. Manfred Püchel, SPD
Halberstädter Str. 2, 39112 Magdeburg
T 0391/567-55 04, Fax 567-52 90

Ministerium der Justiz
Min. Karin Schubert, SPD
Wilhelm-Höpfner-Ring 6, 39116 Magdeburg
T 0391/567-41 34, Fax 567-42 26

Ministerium der Finanzen
Min. Wolfgang Schaefer, SPD
Olvenstedter Str. 1-2, 39108 Magdeburg
T 0391/567-11 05, Fax 567-11 95

Ministerium für Arbeit, Soziales und Gesundheit
Min. Dr. Gerlinde Kuppe, SPD
Seepark 5-7, 39116 Magdeburg
T 0391/567-46 07, Fax 567-46 22

Ministerium für Wirtschaft, Technologie und Europaangelegenheiten
Min. Dr. Klaus Schucht, SPD
Wilhelm-Höpfner-Ring 4, 39116 Magdeburg
T 0391/567–43 22, Fax 567–44 49

Kultusministerium
Min. Karl-Heinz Reck, SPD
Turmschanzenstr. 32, 39114 Magdeburg
T 0391/567–36 38, Fax 567–37 74

Ministerium für Wohnungswesen, Städtebau und Verkehr
Min. Dr. Jürgen Heyer, SPD
Turmschanzenstr. 30, 39114 Magdeburg
T 0391/567–75 04, Fax 567–75 10

Schleswig-Holstein

Fläche: 15 770,50 km²
Einwohner: 2 742 293 (1 339 326 m/1 402 967 w)
Bevölkerungsdichte: 174 Einw. je km²
Hauptstadt: Kiel

Schleswig-Holsteinischer Landtag
Präsident: Heinz-Werner Arens, SPD
Landeshaus, Düsternbrooker Weg 70, 24105 Kiel
T 0431/98 80, Fax 988–1006
Mitglieder: 75
Verteilung der Sitze: SPD 33 (39,8% der Stimmen) – CDU 30 (37,2%) – B'90/Grüne 6 (8,1%) – FDP 4 (5,7%) – SSW 2 (2,5%)

Letzte Landtagswahl: 24. 3. 1996
nächste Wahl: voraussichtl. 2000

Landesregierung Schleswig-Holstein

Ministerpräsidentin Heide Simonis, SPD
Landeshaus, Düsternbrooker Weg 70, 24105 Kiel
T 0431/988–0, Fax -1960
Chef der Staatskanzlei:
Staatssekr. Klaus Gärtner
Regierungssprecher: Gerhard Hildenbrand
Adresse u. T s.o., Fax 988–19 65

Minister für Justiz, Bundes- und Europaangelegenheiten
Gerd Walter, SPD
Lorentzendamm 35, 24103 Kiel
T 0431/988–0, Fax -37 04
u. Kurt-Schumacher-Str. 17/18, 53113 Bonn
T 0228/915 18–0, Fax 915 18–200

Ministerin für Bildung, Wissenschaft, Kultur und Forschung Gisela Böhrk, SPD
Brunswiker Str. 16–22, 24103 Kiel
T 0431/988–0, Fax 25 26

Minister für Inneres
Dr. Ekkehard Wienholtz, SPD
Düsternbrooker Weg 92, 24105 Kiel
T 0431/988–0, Fax -30 03

Ministerin für Frauen, Jugend, Wohnungs- und Städtebau
Angelika Birk, B'90/Die Grünen
Düsternbrooker Weg 80, Haus B, 24105 Kiel
T 0431/988–0, Fax -36 08

Minister für Finanzen und Energie
Claus Möller, SPD
Düsternbrooker Weg 64, 24105 Kiel
T 0431/988–0, Fax -41 76

Minister für Wirtschaft, Technologie und Verkehr Peer Steinbrück, SPD
Düsternbrooker Weg 94, 24105 Kiel
T 0431/988–0, Fax -47 05

Minister für ländliche Räume, Landwirtschaft, Ernährung und Tourismus
Hans Wiesen, SPD
Düsternbrooker Weg 104, 24105 Kiel
T 0431/988–0, Fax 51 01

Ministerin für Arbeit, Gesundheit und Soziales
Heide Moser, SPD
Adolf-Westphal-Str. 4, 24143 Kiel
T 0431/988–0, Fax -53 44

Minister für Umwelt, Natur und Forsten
Stellv. der Min.-Präsidentin
Rainder Steenblock, B'90/Die Grünen
Grenzstr. 1–5, 24149 Kiel
T 0431/988–0, Fax -72 09

Freistaat Thüringen

Fläche: 16 171,12 km²
Einwohner: 2 491 119 (1 210 722 m/1 280 397 w)
Bevölkerungsdichte: 154 Einw. je km²
Hauptstadt: Erfurt

Thüringer Landtag
Präsident: Dr. Frank-Michael Pietzsch, CDU
Arnstädter Str. 51, 99096 Erfurt
T 0361/37 720–00, Fax 37 720–16

Mitglieder: 88
Verteilung der Sitze: CDU 42 (42,6% der Stimmen) – SPD 29 (29,6%) – PDS 17 (16,6%)

Letzte Landtagswahl: 16. 10. 1994
nächste Wahl: voraussichtl. Herbst 1999

Landesregierung Thüringen

Ministerpräsident Dr. Bernhard Vogel, CDU
Regierungsstr. 73, 99084 Erfurt
T 0361/37 92–801, Fax 37 92–107
Ministerin für Bundesangelegenheiten in der Staatskanzlei: Christine Lieberknecht, CDU
Adresse s.o., T 0361/37 92–821, Fax 37 92–822
Simrockstr. 13, 53113 Bonn
T 0228/91 50 60, Fax 26 32 45
Chef der Staatskanzlei:
Staatssekr. Dr. Michael Krapp
Adresse s.o., T 0361/37 92–831, Fax 37 92 832
Frauenbeauftragte: Staatssekr. Dr. Birgit Bauer
Bergstr. 4, 99092 Erfurt
T 0361/37 92–500, Fax 37 92–502
Regierungssprecher: Hans Kaiser
Adresse s.o., T 0361/37 92–401, Fax 37 92 402

Ministerium für Wissenschaft, Forschung und Kultur Stellv. des Min.-Präs. und Min. Dr. Gerd Schuchardt, SPD
Juri-Gagarin-Ring 158, 99084 Erfurt
T 0361/37 91–101, Fax 37 91 109

Innenministerium
Min. Dr. Richard Dewes, SPD
Schillerstr. 27, 99096 Erfurt
T 0361–37 93–100, Fax 34 59 151

Kultusministerium
Min. Dieter Althaus, CDU
Werner-Seelenbinder-Str. 1, 99096 Erfurt
T 0361/37 94–600, Fax 34 59 652

Ministerium für Justiz und Europaangelegenheiten
Min. Otto Kretschmer, SPD
Alfred-Hess-Str. 8, 99094 Erfurt
T 0361/37 95–301, Fax 37 95 155

Finanzministerium
Min. Andreas Trautvetter, CDU
Jenaer Str. 37, 99099 Erfurt
T 0361/37 96 01, Fax 37 96 650

Ministerium für Wirtschaft und Infrastruktur
Min. Franz Schuster, CDU
Max-Reger-Str. 4–8, 99096 Erfurt
T 0361/37 97–001, Fax 37 97 009

Ministerium für Soziales und Gesundheit
Min. Irene Ellenberger, SPD
Werner-Seelenbinder-Str. 6, 99096 Erfurt
T 0361/37 98–701, Fax 37 98 870

Ministerium für Landwirtschaft, Naturschutz und Umwelt
Min. Dr. Volker Sklenar, CDU
Hallesche Str. 16, 99085 Erfurt
T 0361/37 99–902, Fax 37 99 950

Politische Parteien
(Im Bundestag der 13. Wahlperiode vertreten)

Christlich Demokratische Union Deutschlands/CDU
Konrad-Adenauer-Haus,
Friedrich-Ebert-Allee 73–75, 53113 Bonn
T 0228/544–0, Fax 544–216
Vors.: Dr. Helmut Kohl, Bundeskanzler
Ehrenvors.: Dr. Alfred Dregger
Stellv. Vors.: Dr. Angela Merkel, Bundesmin. für Umwelt, Naturschutz u. Reaktorsicherheit – Dr. Christoph Bergner, CDU-Fraktionsvors. Sachsen-Anhalt – Dr. Norbert Blüm, Bundesmin. für Arbeit u. Sozialordnung – Erwin Teufel, Min.-Präs. von Baden-Württemberg
Generalsekretär: Peter Hintze
Schatzmeisterin: Brigitte Baumeister
Bundesgeschäftsführer: Christian Dürig
Pressesprecher: Dr. Rolf Kiefer
Mitgliederzahl, Stand 30. 8. 1996 [Aktualisierung zum Bundesparteitag im Okt. 1997]: 651 217 (davon in den neuen Bundesländern: 67 712); 24,9% Frauenanteil; Beschäftigungsstruktur: 28,7% Angestellte, 21,6% Selbständige, 11,4% Beamte, 10,0% Hausfrauen/Hausmänner, 4,1% in Ausbildung, 6,4% Rentner; das Durchschnittsalter aller CDU-Mitgl. beträgt 53,8 Jahre.

Sozialdemokratische Partei Deutschlands/SPD
Erich-Ollenhauer-Haus,
Ollenhauerstr. 1, 53113 Bonn
T 0228/532–1, Fax 532–410
Vors.: Oskar Lafontaine, Min.-Präs. v. Saarland
Stellv. Vors.: Rudolf Scharping – Dr. h.c. Johannes Rau, Min.-Präs. v. Nordrhein-Westfalen – Dr. Herta Däubler-Gmelin – Wolfgang Thierse – Heidemarie Wieczorek-Zeul
Schatzmeisterin: Inge Wettig-Danielmeier
Bundesgeschäftsführer: Franz Müntefering
Stellv. Bundesgeschäftsführer: Wolfgang Gerhards
Pressesprecherin: Dagmar Wiebusch

Mitgliederzahl, Stand 31. 12. 1996: 792 773 (davon in den neuen Bundesländern: 26 876), davon 28,5% Frauen – Beschäftigungsstruktur Ende 1995 (insg.): 28,0% Angestellte, 22,8% Arbeiter/Facharbeiter, 10,9% Beamte, 11,2% Hausfrauen/Hausmänner, 10,8% Rentner/Pensionäre, 6,8% Schüler/Studenten, 4,4% Selbständige, 1,7% Auszubildende, 1,8% Arbeitslose, 0,6 Soldaten/Wehrdienst, 0,1% Landwirte, 0,8% unbek.

Christlich-Soziale Union in Bayern/CSU
Franz Josef Strauß-Haus,
Nymphenburger Str. 64, 80335 München
T 089/12 43–0, Fax 12 43–299
Vors.: Dr. Theo Waigel, Bundesfinanzminister
Stellv. Vors.: Dr. Ingo Friedrich – Monika Hohlmeier – Horst Seehofer, Bundesgesundheitsmin. – Barbara Stamm, Staatsmin. für Arbeit u. Sozialordnung, Familie, Frauen u. Gesundheit in Bayern
Generalsekretär: Dr. Bernd R. Protzner
Schatzmeister: Adolf Dinglreiter – Dagmar Wöhrl
Pressesprecher: Maximilian Schöberl
Nächster Parteitag: 21./22. 11. 1997. Mitgliederzahl, Stand 3. 7. 1997: 180 159; 16,7% Frauenanteil; Beschäftigungsstruktur Ende 1993: 31,6% Angestellte, 19,4% Selbständige, 17,7% Arbeiter, 15,8% Beamte, 12,1% Landwirte, 5,9% in Ausbildung Stehende, 5,4% Hausfrauen, 2,9% Rentner. 80,3% sind Katholiken, 17,5% Protestanten.

Bündnis 90/Die Grünen
Bundesgeschäftsstelle Bonn
Baunscheidtstr. 1a, 53113 Bonn
T 0228/91 66–0, Fax 91 66 199
Organisatorische Geschäftsführerin:
Dr. Dorothea Staiger
Sprecher des Bundesvorstands:
Gunda Röstel – Jürgen Trittin
Politische Geschäftsführerin: Heide Rühle
BeisitzerInnen: Angelika Albrecht, Regine Barth, Dr. Klaus-Dieter Feige, Katrin Göring-Eckhardt, Dr. Frithjof Schmidt
Bundesschatzmeister: Dietmar Strehl
Pressesprecherin: Anne Nilges
Mitgliederzahl, Stand 31. 12. 1996: 48 152 (davon in den neuen Bundesländern, mit Ostberlin: 3336); 37,4% Frauenanteil

Freie Demokratische Partei/F.D.P.
Thomas-Dehler-Haus,
Adenauerallee 266, 53113 Bonn
T 0228/547–0, Fax 547–298
Vors.: Dr. Wolfgang Gerhardt, MdB
Ehrenvors.: Walter Scheel, Bundespräs. a.D. – Dr. h.c. Hans-Dietrich Genscher, MdB – Dr. Otto Graf Lambsdorff, MdB
Stellv. Vors.: Cornelia Pieper – Rainer Brüderle, Minister für Wirtschaft, Verkehr, Landwirtsch. u. Weinbau sowie Stellv. Ministerpräs. von Rheinland-Pfalz – Cornelia Schmalz-Jacobsen, Ausländerbeauftragte der Bundesregierung
Generalsekretär: Dr. Guido Westerwelle, MdB
Schatzmeister: Dr. Hermann Otto Solms, MdB
Bundesgeschäftsführer: Hans-Jürgen Beerfeltz
Pressesprecher: Hans-Rolf Goebel
Mitgliederzahl, Stand 31. 12. 1996: 75 038, davon 21 312 in den neuen Bundesländern. 25,0% Frauenanteil.

Partei des Demokratischen Sozialismus/PDS
Karl-Liebknecht-Haus,
Kleine Alexanderstr. 28, 10178 Berlin
T 030/24 009–0, Fax 24 009–400
Vors.: Prof. Dr. Lothar Bisky
Ehrenvors.: Dr. Hans Modrow
Stellv. Vors.: Dr. Sylvia-Yvonne Kaufmann – Wolfgang Gehrke – Gabriele Zimmer
Bundesgeschäftsführer: Dr. Dietmar Bartsch
Schatzmeister: Uwe Hobler
Pressesprecher: Roman Hanno Harnisch
Mitgliederzahl, Stand 31. 12. 1996: 105 000 (davon in den alten Bundesländern: 2500); 46,4% Frauenanteil; Struktur: 2% unter 29 Jahre, 67% über 60 Jahre

Chronik wichtiger Ereignisse im Berichtszeitraum 1. 9. 1996 bis 31. 8. 1997

▸ Wirtschafts-, Finanz- und Steuerpolitik
Im Zeichen der höchsten Arbeitslosenquote seit dem Zweiten Weltkrieg (1996: 10,3%) und den damit einhergehenden Steuerausfällen und steigenden Lohnersatz- und Sozialhilfekosten legt die Bundesregierung ihre wirtschafts- und finanzpolitischen Maßnahmen schwerpunktmäßig darauf an, den »Investitionsstandort Deutschland« attraktiver zu gestalten. Darüber hinaus bestrebt, die Stabilitätskriterien für den im Frühjahr 1998 zu entscheidenden Beitritt zur Europäischen Wirtschafts- und Währungsunion (EWWU) zu erfüllen, greift sie zu weiteren Sparmaßnahmen, zu Privatisierungen und schließlich zu finanztechnischen Operationen.

Euro-Streit: Mit zunehmender Ungewißheit über die deutsche Beitrittsfähigkeit zur EWWU (bezogen auf die Erfüllung der Maastricht-Referenzwerte (→ Kapitel EU) – vorrangig das Defizitkriterium, maximal 3% des BIP, und das Schuldenkriterium: öffentlicher Schuldenstand 60% des BIP – gewinnt die Auseinandersetzung über »Punktgenauigkeit«, Terminsicherheit und den Kreis der Gründungsmitglieder an Intensität und innenpolitischer Brisanz. Während das Haushaltsdefizit 1996 bei 3,9% des BIP liegt und Bundesfinanzminister *Theo Waigel* (CSU) noch im Herbst **1996** von erreichbaren 2,5% 1997 ausgeht, legt er den EU-Finanzministern in Brüssel Mitte März **1997** einen Konvergenzplan vor, nach dem es in dem entscheidenden Bezugsjahr 1997 auf 2,9% sinken wird. Gegen Tendenzen im In- und Ausland (v.a. Frankreich), das Defizitkriterium großzügig zu interpretieren, beharrt er auf strikter Erfüllung des »Dreikommanull«-Wertes. Am 8. 6. **1997** mündet die Debatte in eine offene Kontroverse zwischen Bundeskanzler *Helmut Kohl* (CDU) und dem bayerischen Ministerpräsidenten *Edmund Stoiber* (CSU), der einer Verschiebung der Währungsunion den Vorzug vor einer Aufweichung der Stabilitätskriterien gibt.

Bundeshaushalt 1997: Gegen die Stimmen der Opposition billigt der Bundestag den Haushalt am 29. 11. **1996** in 3. Lesung. Bei einem Volumen von 440,2 Mrd. DM fällt er um 2,5% niedriger aus als im Vorjahr. Die Neuverschuldung wird auf 56,5 Mrd. DM (gegenüber 59,9 Mrd. DM im Vorjahr) angesetzt. Der Investitionsanteil beträgt 59,9 Mrd. DM. – Am 15. 5. **1997** ermittelt der Arbeitskreis Steuerschätzung, ein Expertengremium des Bundes, der Länder, der Bundesbank und wirtschaftswissenschaftlicher Institute, Mindereinnahmen der öffentlichen Hand für 1997 von ca. 18 Mrd. DM; auf den Bund entfallen dabei 9,1 Mrd. DM. Um die Deckungslücke für 1997 zu schließen, ohne die Staatsschuldquote von 3% des BIP zu überschreiten, favorisiert Finanzminister *Waigel* (CSU) neben Sparmaßnahmen die **Höherbewertung der Goldreserven** der Deutschen Bundesbank. In ihren Büchern führt sie diese nach dem Niederstwertprinzip mit einem Gesamtwert von rd. 13,7 Mrd. DM, während ihr Marktpreis Mitte Mai 1997 bei 55,7 Mrd. DM liegt. Diesen Versuch »kreativer Buchführung« lehnt die Deutsche Bundesbank, die eine mit dem EU-Partnern abgestimmte Höherbewertung der Goldreserven erst für den Übergang zur EWWU 1999 für vertretbar hält, entschieden ab. Am 12. 6. einigen sich Bundesfinanzminister und Bundesbank auf eine **Höherbewertung der Devisenbestände der Bundesbank** noch im Jahr 1997. Die erzielten Gewinne, die 1998 in den DDR-Erblastentilgungsfonds fließen sollen, können den Bundeshaushalt 1998 um 10 bis 15 Mrd. DM entlasten. – Am 11. 7. billigt das Bundeskabinett den Entwurf zum **Nachtragshaushalt 1997**. Er sieht eine Neuverschuldung um 17,9 Mrd. auf 71,2 Mrd. DM vor; sie liegt um 11,5 Mrd. DM höher als die Investitionen und bedarf, um nicht gegen Art. 115 Grundgesetz (GG) zu verstoßen, der Feststellung einer »Störung des gesamtwirtschaftlichen Gleichgewichts«, den die Bundesregierung angesichts der Zahl von 4,3 Mio. Arbeitslosen für gegeben hält. – Am 30. 6. **1997** reicht die SPD-Bundestagsfraktion **Verfassungsklage gegen den Bundeshaushalt 1996** ein. Die Bundesre-

Deutschland: Bundeshaushalt und Nettokreditaufnahme 1993-1998 in Mrd. DM

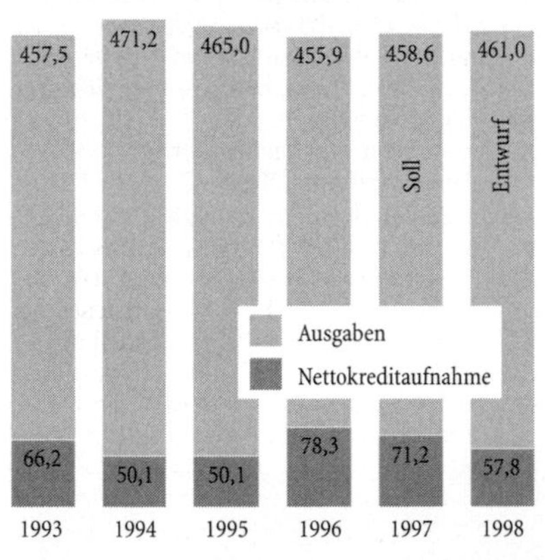

gierung habe gegen Art. 110 GG verstoßen, weil sie u.a. Mehrausgaben infolge der Arbeitslosigkeit in Höhe von mindestens 10 Mrd. DM nicht in den Plan eingebracht habe, und gegen Art. 115 GG, weil die Kreditaufnahme 1996 die Investitionsausgaben um 18,4 Mrd. überschritten habe.

Solidaritätszuschlag: Am 18. 10. **1996** verständigt sich die Koalition darauf, die zum 1. 1. 1997 schon gesetzlich beschlossene Senkung des Solidaritätszuschlags auf die Einkommenssteuer von 7,5 auf 6,5% um ein Jahr zu verschieben. Dafür bleibt es, wie von der SPD gefordert, beim Termin 1. 1. 1997 für die Erhöhung des Kindergeldes um 20 DM. Am 18. 12. verständigen sich die Koalitionsparteien darauf, den Solidaritätszuschlag ab 1. 1. 1998 auf 5,5% zu senken. Dennoch bleibt er im Hinblick auf die Sanierung des Haushalts weiterhin in der Diskussion.

Jahressteuergesetz: Gegen die Stimmen der Opposition verabschiedet der Bundestag am 12. 12. **1996** in 3. Lesung das Jahressteuergesetz, das die **Abschaffung der Vermögenssteuer** ab 1. 1. 1997 vorsieht. Der Bundesrat billigte das zustimmungspflichtige Gesetz zuvor (9. 12.), nachdem die Bundesländer eine Entschädigung für den Ausfall ihrer Einnahmen aus der Vermögenssteuer (9,3 Mrd. DM) durchsetzen konnten. Aus Anhebungen der Erbschafts- und Schenkungssteuer sowie der Grunderwerbssteuer (von 2 auf 3,5%) sollen sie 8,2 Mrd. DM erhalten.

Steuerreform: Am 23. 1. **1997** präsentiert Bundesfinanzminister *Waigel* den Entwurf der Regierungskoalition zur Reform des Steuerrechts, die mehr komsumptive Nachfrage und Wirtschaftswachstum stimulieren, die Einkommen breiter erfassen und mehr Steuergerechtigkeit gewährleisten soll. Ab 1999 (teilweise vorgezogen auf 1998) soll der Eingangssteuersatz für Löhne und Einkommen 15% (bisher 25,9%), der Spitzensteuersatz 39% (bisher 53%) betragen. Gewerbliche Einkünfte und Körperschaftsgewinne sollen bis zu 35% (bisher 46 bzw. 45%), ausgeschüttete Gewinne bis zu 25,5% (bisher 35%) besteuert werden. Bei einem Gesamtvolumen von 82 Mrd. DM will die Bundesregierung eine Nettoentlastung von 30 Mrd. DM erreichen (zuzüglich 7,5 Mrd. DM durch Senkung des Solidaritätszuschlags). Der Finanzierungsbedarf von 15 Mrd. DM soll durch eine Anhebung der Mehrwertsteuer gedeckt werden. **Die SPD lehnt das Modell als sozial ungerecht ab** und fordert Maßnahmen zur sofortigen Senkung der Lohnnebenkosten und eine steuerliche Entlastung der Arbeitnehmer noch für 1997, um die Massenkaufkraft zu stärken. Nach dem Scheitern der Verhandlungen zwischen den Regierungsparteien und der SPD

am 23. 4. legt die SPD Ende Mai ein eigenes Steuerkonzept vor, nach dem die Wirtschaft durch Steuersenkungen für investierte Gewinne, den Wegfall der Gewerbekapitalsteuer und den Abbau von Lohnnebenkosten um jährlich rd. 30 Mrd. DM entlastet werden soll. Bei der Gegenfinanzierung setzt die SPD v.a. auf die Schließung von illegalen Steuerschlupflöchern, den Wegfall von Unternehmensbegünstigungen und die Wiedereinführung der Vermögenssteuer (außer Betriebsvermögen). Am 4. 7. lehnt der Bundesrat den am 26. 6. vom Bundestag mit der Regierungsmehrheit verabschiedeten Entwurf zur Reform der Einkommens- und Körperschaftssteuer ab. Auch im Vermittlungsausschuß kommt am 30. 7. keine Einigung zustande, so daß die **Steuerreformpläne** im Bundestag am 5. 8. vorerst **scheitern**. Der Bundestag beschließt lediglich die **Abschaffung der Gewerbekapitalsteuer** zum 1. 1. 1998. Die den Gemeinden dadurch entgehenden Steuereinnahmen (26,8 Mrd. DM im Zeitraum 1998 bis 2003) sollen durch ihre Beteiligung an der Umsatzsteuer mit 2,2% ausgeglichen werden.

▸ Sozialpolitik

Sparpaket: Am 13. 9. **1996** verabschiedet der Bundestag mit der sog. Kanzlermehrheit 4 lange umstrittene, im Bundesrat nicht zustimmungspflichtige Sozialgesetze aus dem sog. Sparpaket (→ WA '97, Sp. 177 f.). Neben der Einschränkung der Lohnfortzahlung, der Lockerung des Kündigungsschutzes in Kleinbetrieben und der schrittweisen Anhebung des Rentenzugangsalters gehört hierzu auch das Beitragsentlastungsgesetz im Rahmen der **3. Stufe der Gesundheitsreform**: Es erhöht die Selbstbeteiligung des Patienten in einigen Positionen, senkt die Beiträge zu den gesetzlichen Krankenkassen um 0,4% und tritt am 1. 1. 1997 in Kraft (nachdem mehrere Kassen zuvor ihre Beiträge zum 1. 12. erhöhten). Als zweites Gesetz der 3. Stufe beschließt der Bundestag am 15. 11. das 1. Neuordnungsgesetz (NOG) zur Reform der Gesetzlichen Krankenversicherung (GKV) mit wiederum erhöhten Selbstbeteiligungen. Zugleich erschwert es Beitragserhöhungen der Krankenkassen, indem es diese mit der Pflicht zur Erhöhung der Patienten-Eigenleistungen verknüpft (die Automatik höherer Zuzahlungen greift ab 1998). Am 20. 3. **1997** passiert das 2. NOG-GKV mit weiteren Belastungen für Kassenpatienten den Bundestag (u.a. um rd. ein Drittel erhöhte Zuzahlungen für Medikamente, Heilmittel, Fahrtkosten und Krankenhausaufenthalte). Mit der sog. Kanzlermehrheit weist der Bundestag am 12. 6. den Widerspruch des Bundesrates gegen das Gesetz zurück, das damit am 1. 7. in Kraft tritt.

Rentenreform: Am 27. 1. **1997** stellt der Bundesminister für Arbeit und Sozialordnung *Norbert Blüm* den Bericht der von ihm geleiteten **Regierungskommission zur Fortentwicklung der Rentenversicherung** vor. Sie schlägt vor, bis zum Jahr 2030 das Rentenniveau von gegenwärtig rd. 70 auf etwa 64% der durchschnittlichen Nettolöhne und -gehälter zu senken und zielt dabei eine Beitragserhöhung von 20,3 auf 22,9% an. Neben der deutlichen Absenkung von Berufs- und Erwerbsunfähigkeitsrenten und weiteren Sparmaßnahmen durch die Anhebung der Zuschüsse des Bundes an die Rentenversicherung um rd. 17 Mrd. DM sowie durch die Einbeziehung von Neben- und arbeitnehmerähnlichen Tätigkeiten in die Rentenversicherung soll dies gewährleistet werden. Während Bundesminister *Blüm* mit Blick auf die Bundestagswahl 1998, aus dem er die Rentenfrage heraushalten möchte, der SPD Konsensgespräche für eine gemeinsame Rentenformel anbietet, legt die SPD am 5. 5. 1997 die Vorstellungen ihrer Kommission zur Alterssicherung unter Leitung von *Rudolf Dreßler* vor und erteilt den Kompromißangeboten von Koalitionsseite am 12. 5. eine Absage. **Kern der SPD-Vorschläge**, mit denen das bestehende Rentenniveau erhalten werden soll, ist die Einführung einer umfassenden Versicherungspflicht aller Erwerbstätigen einschließlich »Scheinselbständiger«, Freiberufler und Beamter und eine bedarfsorientierte steuerfinanzierte soziale Grundsicherung im Alter und bei Invalidität. Ende August erklärt sich die SPD bereit, das Koalitionskonzept zur Rentenreform zu akzeptieren, unter der Bedingung, daß es erst 1999 in Kraft tritt und versicherungsfremde Leistungen der Rentenversicherung aus Steuermitteln erstattet werden.

▶ **DDR-Erbe und Aufbau Ost**

Entlastung/Förderung der neuen Länder: Am 29. 1. **1997** einigen sich die Bundesregierung und die neuen Länder auf die Übernahme von jeweils der Hälfte der insgesamt 8,4 Mrd. Altschulden der Kommunen aus DDR-Zeiten. Mit Ausnahme Berlins, dessen Anteil der Bund zusätzlich übernimmt, zahlt jedes der Länder bis zum Jahr 2004 den rechnerischen Anteil von 35 Mio. DM jährlich. – Am 22. 5. 1997 stellen die Bundesregierung, der Deutsche Gewerkschaftsbund (DGB) und die Deutsche Angestellten-Gewerkschaft (DAG) sowie die Verbände der Arbeitgeber und des Kreditgewerbes in Berlin überraschend eine **»Gemeinsame Initiative für mehr Arbeitsplätze in Ostdeutschland«** vor mit dem Ziel, die Beschäftigung in den neuen Ländern zu stabilisieren und von 1998 an 100 000 neue Arbeitsplätze zu schaffen. Während von Gewerkschaftsseite zur Senkung der Lohnstückkosten (die gegenüber Westdeutschland um rd. 50% höher liegen) die Bereitschaft zur Öffnung von Flächentarifverträgen erklärt wird, um im Rahmen betrieblicher Vereinbarungen auch die Möglichkeit der Lohnsenkung, der Flexibilisierung von Arbeitszeiten und der Erleichterung befristeter Einstellungen zu eröffnen, sichert die Unternehmerseite zu, mehr Produkte aus Ostdeutschland zu beziehen und die dort angesiedelten Unternehmensteile zu stärken. Die Bundesregierung verweist auf die am Tag zuvor beschlossene Fortsetzung der steuerlichen Ostförderung bis zum Jahr 2004 und will zur Verbesserung der Beschäftigungslage in kleineren und mittleren Betrieben beitragen. In der SPD und bei mehreren Einzelgewerkschaften stößt die Beteiligung des DGB an der Initiative auf Vorbehalte. – Am 1. 7. 1997 tritt der bisherige Innenminister von Mecklenburg-Vorpommern *Rudi Geil* (CDU) das **Amt des Sonderbeauftragten der Bundesregierung** für die neuen Bundesländer an; er löst Staatssekretär *Johannes Ludewig* ab, der seinerseits den Vorstandsvorsitz der Deutschen Bahn AG übernimmt. – Die Bundesregierung legt am 23. 7. erstmals **einen »Bericht zum Stand der Deutschen Einheit«** vor. Für die vergangenen 7 Jahre verzeichnet er öffentliche Transferleistungen in die neuen Bundesländer von insgesamt fast 1 Billion DM, von denen der Bund 1995 rd. 135 Mrd. DM, 1996 rd. 138 Mrd. DM aufgebracht habe. Für »aktive Arbeitsmarktpolitik«, die bis zu 2 Mio. Arbeitnehmer vor der Arbeitslosigkeit bewahrt habe, seien 1995 rd. 30 Mrd. DM, 1996 rd. 25 Mrd. gezahlt worden.

Juristische Aufarbeitung des DDR-Erbes: Nach vierjährigen Ermittlungen stellt die Staatsanwaltschaft am 23. 10. **1996** die **Ermittlungen gegen den Ministerpräsidenten Brandenburgs** *Manfred Stolpe* (SPD) und 2 ehemalige Stasi-Offiziere wegen *Stolpes* angeblicher Stasi-Tätigkeit in der früheren DDR ein. – Im zweiten Verfahren vor dem Berliner Landgericht wird der ehemalige DDR-Unterhändler in humanitären Fragen, Rechtsanwalt *Wolfgang Vogel*, am 29. 11. vom Vorwurf der **Erpressung Ausreisewilliger** freigesprochen; er habe keine Entscheidungsgewalt über die Ausreisepraxis der DDR gehabt. Die Staatsanwaltschaft legt Revision ein. – Am 16. 12. verurteilt das Landgericht Dresden den früheren DDR-Ministerpräsidenten *Hans Modrow* zu 10 Monaten Haft auf Bewährung. Er mußte sich des fahrlässigen Falscheids vor einem Ausschuß des sächsischen Landtags verantworten, der SED-Aktivitäten in Dresden während des Umbruchs 1989 untersuchte, als *Modrow* Bezirksleiter der SED war. Auf die Strafe werden 9 Monate Haft angerechnet, zu denen er im August 1995 wegen **Anstiftung zur Wahlfälschung** verurteilt wurde. – Das Landgericht Berlin verurteilt am 10. 9. **1996** 6 frühere Kommandeure der DDR-Grenztruppen, unter ihnen den ehemaligen stellv. Verteidigungsminister und Grenztruppenchef, Generaloberst *Klaus Dieter Baumgarten,* wegen ihrer Verantwortlichkeit für die **Erschießung von Flüchtlingen an der innerdeutsche Grenze** zu Haftstrafen von bis zu 6½ Jahren. Ihre Verfassungsbeschwerde gegen das Urteil verwirft das Bundesverfassungsgericht am 24. 7. 1997, nachdem es am 12. 11. 1996 schon die strafrechtliche Verantwortlichkeit von Politikern und Grenzsoldaten der DDR für Todesschüsse an der innerdeutschen Grenze für zulässig erklärt hatte. Wegen der gleichen Tatbestände verurteilt das Landgericht Berlin am 31. 5. 1997 vier weitere frühere ranghohe DDR-Militärs, darunter den früheren stellv. Verteidigungsminister *Joachim Goldbach,* zu Haftstrafen von bis zu 3 Jahren und 3 Monaten. Wegen ihrer Verantwortlichkeit im Sinne von Totschlagshandlungen verurteilt das Berliner Landgericht am 25. 8. im »Politbüro-Prozeß« den letzten Staatschef der DDR, *Egon Krenz,* zu 6½ Jahren Haft sowie den ehem. Ostberliner SED-Bezirkschef *Günter Schabowski* und den Wirtschaftsexperten im ZK der SED, *Günther Kleiber,* zu jeweils 3 Jahren Haft. *Krenz* wird noch im Gerichtssaal verhaftet, die beiden anderen bleiben auf freiem Fuß. Die drei Angeklagten und die Staatsanwaltschaft legen gegen das Urteil Revision beim Bundesgerichtshof ein.

▸ Weitere wichtige Urteile

Im sog. **Mykonos-Prozeß** um den Mord an 4 iranisch-kurdischen Oppositionspolitikern in Berlin am 17. 2. 1992 verurteilt das Berliner Kammergericht am 9. 4. **1997** 4 Libanesen und einen Iraner zu Haftstrafen (in 2 Fällen zu lebenslang). Indem es die politische Führung des → Iran es als direkten Auftraggeber des Verbrechens bezeichnet, löst das Gericht eine schwere Krise in den Beziehungen zwischen dem Iran und Deutschland samt seinen EU-Partnerstaaten aus (→ unten). – Der erste **Prozeß wegen eines Kriegsverbrechens** vor einem bundesdeutschen Gericht endet am 23. 5. mit der Verurteilung eines bosnischen Serben durch den Staatsschutzsenat des Obersten Landgerichts München zu 5 Jahren Haft wegen Beihilfe zum Mord in 14 Fällen und einem Mordversuch. – Mit einer Einstweiligen Anordnung setzt das Bundesverfassungsgericht am 24. 6. das für den 1. 7. geplante Inkrafttreten des **bayerischen »Sonderweg«-Gesetzes zur Abtreibung** in wesentlichen Teilen

aus. Mit dem am 9. 8. 1996 verabschiedeten Landesgesetz versuchte Bayern, das am 1. 10. 1995 in Kraft getretene Bundes-Abtreibungsrecht durch mehrere Einschränkungen zu verschärfen. – Mit einem **Freispruch** beendet das Landgericht Lübeck am 30. 6. 1997 den Prozeß gegen einen jungen Libanesen, der beschuldigt war, für eine **Brandkatastrophe in einem Asylbewerberheim** verantwortlich zu sein, die am 17. 1. 1996 10 Todesopfer forderte (→ WA'97, Sp. 190).

▸ Ausländer-, Flüchtlings-, Asylpolitik

Flüchtlinge aus Ex-Jugoslawien: Nach dem Stichtag 1. 10. **1996** beginnt der Freistaat Bayern am 9. 10. mit der **Rückführung der ersten bosnischen Flüchtlinge** in ihre Heimat. Nach einem flexiblen Stufenplan erwartet 320 000 Bosnier die Abschiebung, soweit sie nicht freiwillig zurückkehren. Die rigide Durchführung und die Eile der Ausweisungen ab Frühjahr **1997** rufen in etlichen Fällen Proteste in der Öffentlichkeit hervor. Am 21. 5. fordert das US-Außenministerium die deutschen Behörden auf, bosnische Kriegsflüchtlinge nicht zur Rückkehr zu zwingen. Nach Berichten des Auswärtigen Amts und von Hilfsorganisationen, die Abschiebungen in den serbischen Landesteil für lebensgefährlich halten, sowie einem Appell namhafter Politiker, unter ihnen auch Abgeordnete der Koalitionsparteien, die von ihnen als teilweise »völlig unverantwortlich« bezeichnete Rückführungspolitik zu ändern, beschließt die Innenministerkonferenz des Bundes und der Länder am 6. 6., die etwa 150 000 bosniakischen und kroatischen Flüchtlinge aus dem Gebiet der jetzigen Republik Srpska zunächst nicht abzuschieben. – Gemäß einem am 10. 10. **1996** zwischen den Innenministern Deutschlands und der BR Jugoslawien in Bonn geschlossenen Rückführungsabkommen beginnt die Abschiebung von rd. 135 000 jugoslawischen Bürgern ohne politisches Asyl, v. a. Kosovo-Albaner, am 1. 12. 1996. – Nach Angaben der Internationalen Organisation für Wanderung (IOM) kehrten 31 523 Flüchtlinge aus → Bosnien-Herzegowina im ersten Halbjahr 1997 aus Deutschland freiwillig in ihre Heimat zurück.

Ausländerrecht verschärft: Am 5. 7. **1997** stimmt der Bundesrat einem Kompromiß zu umfangreichen Änderungen des Ausländerrechts zu. U.a. werden die Möglichkeiten erleichtert, straffällig gewordene Ausländer auszuweisen, in Einzelfällen auch ohne Gerichtsurteil. – Mit Hinweis auf die im Vergleich zu anderen europäischen Staaten mit Abstand höchste Zahl in Deutschland aufgenommer Flüchtlinge setzt Bundeskanzler *Kohl* auf dem EU-Gipfel in Amsterdam (16.-18. 6.) ein nationales Vetorecht gegen die geplante Freizügigkeit für Ausländer, die in einem EU-Staat Aufenthaltsrecht genießen, im Vertrag von Amsterdam (→ Hauptkapitel EU) durch. Laut dem am 18. 7. in Paris veröffentlichten Jahresbericht 1996 der OECD über internationale Wanderbewegungen nahm Deutschland 1995 insgesamt 800 000 Menschen auf; es folgen die Schweiz mit 88 000, die Niederlande mit 67 000 und Frankreich mit 56 000.

▸ Unternehmen

Telekom: Mit der größten Aktienemission in der europäischen Wirtschaftsgeschichte, der zweitgrößten weltweit, geht die **Deutsche Telekom** am 18. 11. **1996** in Deutschland und den USA an die Börse. Veräußert werden 713,7 Mio. 5-DM-Aktien zum Ausgabepreis von 28,50 DM (Gesamtvolumen 20,18 Mrd. DM). Am ersten Börsentag steigt der Kurs auf 33,90 DM. Der Bund behält 74% der Anteile, die stufenweise zunächst ab 1999 privatisiert werden sollen. Doch überträgt die Bundesregierung Mitte **1997** 25% der Anteile in 2 Tranchen an die bundeseigene Kreditanstalt für Wiederaufbau (KfW) gegen einen Verkaufserlös 1997 und 1998 jeweils zwischen 10 und 15 Mrd. DM, um ihn zur Reduzierung des Haushaltsdefizits einzusetzen. Die bei der KfW »geparkten« Anteile dürfen vor dem Jahr 2000 nicht an die Börse gebracht werden.

Stahlfusion Krupp/Thyssen: Mitte März **1997** versucht der Krupp-Hoesch-Konzern in Essen, den wesentlich größeren Thyssen-Konzern in Düsseldorf im Zuge der **ersten feindlichen Übernahme** in der bundesdeutschen Wirtschaftsgeschichte an sich zu binden. Gedeckt durch Kreditzusagen der Deutschen Bank, dem in beiden Aufsichtsräten führenden Geldinstitut, bietet Krupp-Vorstandsvorsitzender *Gerhard Cromme* 435 DM pro Thyssen-Aktie an, deren aktueller Kurs bei 346,50 DM liegt. Nach massiven Protesten der Thyssen-Belegschaften, u. a. von rd. 30 000 Arbeitnehmern in Frankfurt am Main vor dem Hauptgebäude der Deutschen Bank, führen Verhandlungen zwischen Krupp-Hoesch und Thyssen am 24. 3. zur Gründung einer gemeinsamen Stahlgesellschaft, der Thyssen-Krupp-Stahl AG, an der sich Krupp mit 40%, Thyssen mit 60% beteiligt. Beide Konzerne bringen zum 1. 4. ihre Stahlaktivitäten in das neue Unternehmen ein, das als größter Stahlproduzent Europas auf den Markt tritt. Zu betriebsbedingten Kündigungen soll es nicht kommen, wohl aber zum Abbau von 6600 der 23 600 bestehenden Arbeitsplätze bis zum Jahr 2001.

▸ Gewerkschaften

DGB: Mit seinem Vorschlag, die **Flächentarifverträge flexibler** zu gestalten und in diesem

Punkt den Forderungen der Arbeitgeberverbände entgegenzukommen, wenn dadurch weitere Arbeitsplätze geschaffen werden könnten, stößt der DGB-Vorsitzende *Dieter Schulte* im Mai **1997**, unterstützt von der IG Metall, eine heftige Kontroverse in den Gewerkschaften an. – Am 4. 6. schließen die Tarifpartner in der **Chemieindustrie** erstmals in der Geschichte der deutschen Tarifpolitik einen Tarifvertrag ab, der eine **Abweichung vom Tariflohn nach unten** zuläßt (um bis zu 10%), wenn das Unternehmen zusichert, keine Entlassungen vorzunehmen. – Auch **in der ostdeutschen Bauwirtschaft** erzielen die Tarifpartner am 15. 7. einen als bahnbrechend geltenden Abschluß. Die Entgelte werden bis März 1998 auf 93,8% des Westniveaus eingefroren; zur Sicherung der Beschäftigung können die gezahlten Löhne die tariflichen Entgelte um bis zu 10% unterschreiten.

▸ Soziale Konflikte, Demonstrationen

Gegen das Sparpaket: Unter dem Motto »Eine Mehrheit für Arbeit und soziale Gerechtigkeit« demonstrieren am 8. 9. **1996** in 6 Städten die Gewerkschaften mit rd. 250 000 Menschen gegen das Bonner Sparpaket (→ oben). Kritisiert wird vor allem die Absicht, die Lohnfortzahlung im Krankheitsfall zu kürzen, den Kündigungsschutz in Kleinbetrieben abzubauen und das Rentenalter für Frauen zu erhöhen.

Gegen Lohnkürzung wegen Krankheit: Die Anwendung des am 1. 10. **1996** in Kraft getretenen Gesetzes zur Lohn- und Gehaltsfortzahlung im Krankheitsfall, das eine Reduzierung der Leistungen um 20% bzw. die Anrechnung eines Urlaubstags pro Krankheitswoche ermöglicht, beantworten die 80 000 Beschäftigte des Daimler-Benz AG Unternehmens am selben Tag mit einer Arbeitsniederlegung. Nach massiven Protesten der IG Metall und Arbeitsniederlegungen auch in anderen Metallbetrieben erzielen die Tarifpartner im Bezirk Niedersachsen am 5. 10. einen Pilotabschluß, der es bis zum Jahr 2001 bei der Auszahlung von 100% Lohn und Gehalt bei Krankheit beläßt. Der Arbeitgeberverband Gesamtmetall empfiehlt am 7. 10. seinen Mitgliedern, auf die Kürzungen zunächst zu verzichten. Daimler-Benz nimmt sie am 23. 10. zurück. Auch in anderen Branchen scheitern die Arbeitgeber, das Gesetz anzuwenden, erreichen in Tarifverhandlungen zumeist Abstriche bei anderen tariflichen Leistungen (z. B. Kürzungen des Weihnachtsgeldes).

Gegen Kürzung der Kohlesubventionen: Die Absicht der Bundesregierung, die Subventionen für den Steinkohleabbau bis zum Jahr 2005 von derzeit jährlich rd. 10 Mrd. DM auf 3,8 Mrd. DM zu reduzieren, bringt Anfang März **1997** die

Bergarbeiter im Ruhrgebiet und im Saarland auf die Straße. Tausende demonstrieren in Bonn, wo sie die FDP-Parteizentrale belagern. Andere besetzen Zechen und Autobahnabschnitte im Ruhrgebiet. Die Kumpel befürchten die Schließung von Zechen und den Abbau von 60 000 der bestehenden 85 000 Arbeitsplätze. Am 13. 3. vereinbart die IG Bergbau und Energie mit der Bundesregierung und den Landesregierungen von Nordrhein-Westfalen und dem Saarland als Kompromiß die Kürzung der Subventionen auf 5,5 Mrd. DM bis zum Jahr 2005 und den Abbau der Arbeitsplätze um rd. die Hälfte ohne betriebsbedingte Kündigungen.

Gegen »Atommüll-Tourismus«: Am 5. 3. **1997** treffen 6 **Castor-Behälter mit abgebrannten atomaren Brennstäben** im atomaren Zwischenlager Gorleben ein. Sie kommen aus Atomkraftwerken in Baden-Württemberg und Bayern sowie aus der Wiederaufarbeitungsanlage La Hague. Der Schutz des Transports gegen Zehntausende von Demonstranten erfordert mit 30 000 Polizisten den größten Polizeieinsatz in der Geschichte der Bundesrepublik und soll rd. 100 Mio. DM kosten.

▸ Außenpolitik

Beziehungen zur VR China: Nach der schweren Belastung durch Kontroversen über Menschenrechtsfragen und die Tibet-Resolution des Bundestags (20. 6. 1996) leiten Außenminister *Klaus Kinkel* und Bundespräsident *Roman Herzog* bei ihren Besuchen in der VR China (21.–24. 10. bzw. 18.–25. 11. **1996**) eine Normalisierung der Beziehungen ein (→ China).

Kolumbien: Am 17. 11. **1996** werden in der kolumbianischen Stadt Medellin der deutsche Privatagent *Werner Mauss* und seine Ehefrau verhaftet. Ende November verlangt die Regierung → Kolumbiens eine Stellungnahme der deutschen Regierung; der für die Koordination der deutschen Geheimdienste zuständige Staatssekretär *Bernd Schmidbauer* verteidigt die Mission von *Mauss* als humanitäre Aktion, bestreitet jedoch jede Verantwortung für dessen Aktivitäten.

Internationales Krisenengagement der Bundeswehr: Mit 499 Ja-, 93 Neinstimmen und 21 Enthaltungen billigt der Bundestag am 13. 12. **1996** die Beteiligung von bis zu 3300 deutschen Soldaten an der unter NATO-Kommando stehenden **Stabilization Force (SFOR)** zur Friedenssicherung in Bosnien-Herzegowina (→ Bosnien-Herzegowina). Erstmals werden deutsche Kampftruppen direkt in das Krisengebiet entsandt. Das am 20. 12. beginnende SFOR-Mandat gilt für 18

Monate. Am 5. 2. **1997** unterstellt sich das deutsche Kontingent der SFOR auf seinem Stützpunkt Rajlovac bei Sarajevo. – Mit Hubschraubern evakuieren Truppen der Bundeswehr am 14. 3. 116 Menschen aus der von Unruhen erschütterten **albanischen Hauptstadt Tirana** (→ Albanien). Mit großer Mehrheit billigt der Bundestag am 20. 3. nachträglich die Aktion.

Bekenntnis zur Geschichte: Am 21. 1. **1997** unterzeichnen die deutschen und tschechischen Regierungschefs und Außenminister in Prag die **Erklärung zur deutsch-tschechischen Versöhnung**, die am 30. 1. in Bonn (578:20 Stimmen bei 23 Enthaltungen, 51 Abgeordnete nehmen an der Abstimmung nicht teil) und am 14. 2. in Prag (131:59:7, → Tschechische Republik) ratifiziert wird (→ WA '97, Sp. 185, 639). In ihr bekennt sich Deutschland zu seiner Verantwortung für das an der Tschechoslowakei begangene Unrecht vor und während des Zweiten Weltkriegs und bedauert das durch die nationalsozialistischen Verbrechen den Tschechen und Slowaken zugefügte Leid. Die tschechische Seite bekennt sich erstmals offiziell zur Vertreibung und bedauert die dabei Deutschen zugefügten Grausamkeiten. Die Erklärung sieht einen Zukunftsfonds zur Finanzierung gemeinsamer Projekte zur Förderung des Aussöhnungsprozesses vor. Staatspräsident *Václav Havel* und Bundespräsident *Roman Herzog* würdigen die Deklaration vor den Parlamenten des jeweils anderen Staates als Grundlage für die Entwickung einer freundschaftlichen Partnerschaft im Rahmen des zusammenwachsenden Europa (24. 4. bzw. 29. 4.). Die deutschen Vertriebenenverbände lehnen die Deutsch-Tschechische Erklärung als Ausverkauf von Heimat- und Güterrechten der vertriebenen bzw. zwangsausgesiedelten Sudetendeutschen entschieden ab.

Vorwurf des Staatsterrorismus: Die Feststellung eines von der iranischen politischen Führung zu verantwortenden Auftragsmordes in Deutschland im »Mykonos-Urteil« des Berliner Kammergerichts am 9. 4. **1997** (→ oben) veranlaßt die Bundesregierung noch am gleichen Tag zum **Abbruch des »kritischen Dialogs« mit dem Iran** (von der EU 1992 aufgenommen) und zum Rückruf ihres Botschafters in Teheran. Die übrigen EU-Staaten schließen sich diesem Schritt an. Der → Iran bestreitet die Beschuldigungen, droht Gegenmaßnahmen an, ruft seinerseits seine Botschafter aus den EU-Staaten zurück und erklärt die Rückkehr des deutschen und des dänischen Botschafters für unerwünscht.

Hochwasser an der Oder

Durch außergewöhnlich starke Regenfälle im Einzugsbereich von Oder, Neiße und Weichsel im südlichen Polen und im westlichen Tschechien wurden im Juli 1997 weite Landstriche überflutet: In **Polen** kamen mindestens 55 Menschen ums Leben, 16 Städte und 180 Dörfer - insgesamt 650 000 ha Land - wurden überschwemmt; rd. 160 000 Personen mußten evakuiert werden. In **Tschechien** starben 49 Menschen, etwa 500 Städte und Gemeinden wurden überflutet, ein Drittel der Industrieanlagen beschädigt. Die ökologischen Folgen sind noch unabsehbar.

In **Deutschland** war das im Bundesland Brandenburg, nördlich von Frankfurt/Oder gelegene, der Oder durch Eindeichung abgerungene Oderbruch (→ unten) betroffen. Nach Deichbrüchen am 23. 7. bei Brieskow-Finkenheerd und am 24./25. 7. bei Aurith wurde die Ziltendorfer Niederung mit rd. 7000 ha landwirtschaftlicher Nutzfläche weitgehend überflutet (→ Karte). Aus diesem Gebiet sowie aus dem gefährdeten oberen Oderbruch (zwischen Lebus und Hohensaaten) wurden 5200 Menschen evakuiert (Wiederaufhebung der Maßnahme am 11. 8.). 50 000 Helfer (Bundeswehr, Bundesgrenzschutz, Technisches Hilfswerk, Rotes Kreuz und Freiwillige), von denen 14 000 Hilfskräfte ständig im Einsatz waren, konnten die übrigen aufgeweichten Dämme durch Millionen von Sandsäcken stabilisieren. Nach vorläufigen Berechnungen beläuft sich der Gesamtschaden im Oderbruch auf 500 Mio. DM, teilte Bundesinnenminister *Manfred Kanther* (CDU) am 28. 8. 1997 mit. Allein die Instandsetzung der Deiche soll rd. 130 Mio. DM kosten.

Deichbauten am Oderbruch sind seit Anfang des 16. Jahrhunderts dokumentiert. Das obere Oderbruch wurde 1715–35, der mittlere und nördliche Teil 1747—53 unter *Friedrich II.*, dem Großen, trockengelegt und besiedelt. Damals erhielt die Oder streckenweise ein neues Bett, darüber hinaus wurde ein Kanalsystem zur Entwässerung gebaut, wodurch etwa 300 km² Land kultiviert wurden. Heute leben in dem 640 km² großen Gebiet mit rd. 80 000 ha landwirtschaftlicher Nutzfläche rd. 19 000 Menschen.

Das Oderbruch wurde **mehrere Male überflutet**. 1736 starben bei einem Hochwasser 171 Menschen. Beim Winterhochwasser 1947 setzte die Oder nach Deichbrüchen fast 60 Dörfer unter Wasser, mindestens 15 Personen kamen ums Leben. Nach einem Eishochwasser im Winter 1981/82 erhöhten die DDR-Behörden die 167 km langen Deiche um 80 Zentimeter auf 1,40 Meter.

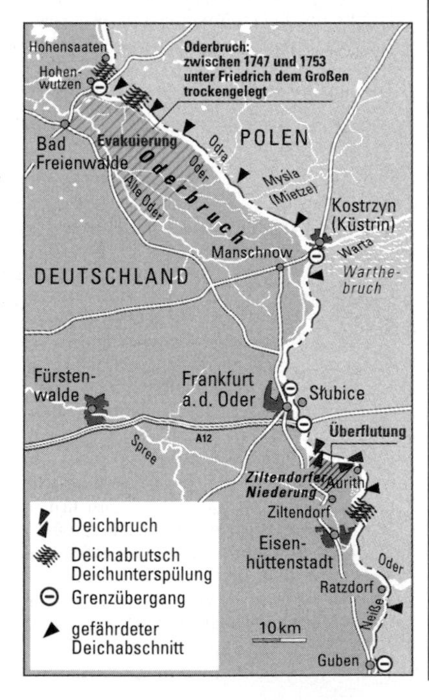

Staaten

Weitere Daten zur Bevölkerungs-, Wirtschafts- und Sozialstruktur der Bundesrepublik Deutschland

Landwirtschaft, Bergbau, Industrie, Außenhandel, Verkehr → Kap. Wirtschaft

Bevölkerung

Die **Bevölkerungszahl der BR Deutschland** betrug am 31. 12. 1996 (31. 12. 1995) nach Angaben des Statistischen Bundesamts 82 012 162 (81 817 499), davon 42 057 327 Frauen (41 992 676) und 39 954 835 Männer (39 824 823); 66 583 419 (66 341 950) lebten in den alten Bundesländern und 15 428 743 (15 475 549) in den neuen Bundesländern inkl. Berlin-Ost. (→ Tabelle, Sp. 185 f.)
Die Bevölkerungszunahme kam überwiegend durch Zuwanderung (positiver Wanderungssaldo) zustande. Der Einfluß der **natürlichen Bevölkerungsveränderung** auf die Bevölkerungszahl war seitens der deutschen Staatsbürger negativ, bei der aus dem Ausland stammenden Bevölkerung dagegen positiv, wobei die Ursache nicht nur in der höheren Geburtenquote, sondern auch in der Altersstruktur der Ausländer zu sehen ist. Die Zahl der *Lebendgeborenen* betrug 1996 (vorläufige Angaben) insgesamt 796 015/m 409 215 (1995: 765 221/m 392 729), die darin enthaltene Zahl der lebend geborenen Ausländer 106 231 (99 714), d.h. 13,3% (13,0%). Die Zahl der *nichtehelich Lebendgeborenen* betrug 1996 135 701 (1995: 122 876), d.h. 17,0% (16,1%) aller Lebendgeborenen. Die durchschnittliche *Lebenserwartung* eines im früheren Bundesgebiet geborenen Säuglings beträgt nach Berechnungen des Statistischen Bundesamts (Sterbetafel 1993/95) z.Z. rd. 73,53 J. für Knaben bzw. 79,81 für Mädchen; die durchschnittliche *Lebenserwartung* eines in den neuen Bundesländern und Berlin-Ost geborenen Säuglings beträgt z.Zt. rd. 70,72 J. für Knaben bzw. 78,16 J. für Mädchen. – Die Zahl der *Gestorbenen* betrug 1996 882 843 (1995: 884 588), davon waren 13 395 Ausländer (12 800). Damit ergab sich 1996 erneut ein *Sterbeüberschuß* von 86 828 (119 367), wobei die einzelnen Bundesländer erhebliche Unterschiede aufwiesen. Die alten Bundesländer hatten 1996 einen Sterbeüberschuß von 5 644 (25 119). In den neuen Bundesländern ist der Sterbeüberschuß mit 81 184 (94 248) deswegen so viel höher, weil nach wie vor zahlreiche Bürger in die alten Bundesländer umziehen. – Im April 1995 (endgültige Zahlen, neuere Zahlen liegen noch nicht vor) lebten in Deutschland 22,395 Mio. *Familien* (keine Veränderung zu 1994). 13,355 Mio. dieser Familien hatten Kinder. *Alleinerziehende Eltern* – darunter fallen in der Statistik auch Unverheiratete, die mit einem Partner eine Familie bilden – gab es 2,736 Mio., davon 0,451 Mio. Männer und 2,286 Mio. Frauen. – Nach vorläufigen Zahlen wurden 1996 427 091 (1995: 430 534) *Ehen* geschlossen, 3443 weniger als im Vorjahr; in den alten Bundesländern waren es 373 039 (376 350), in den neuen Bundesländern waren es 54 052 (54 184) – Die **Wanderung** zwischen den neuen Ländern inkl. Berlin-Ost und den alten Bundesländern hält weiterhin an. Die *Zuzüge aus den neuen Bundesländern* in die alten Bundesländer beliefen sich nach vorläufigen Mitteilungen des Statistischen Bundesamtes 1996 auf 166 007 (1995: 168 336, 1990: 395 343), die *Fortzüge aus den alten Bundesländern* in die neuen 1996 auf 151 973 (1995: 143 043; 1990: 36 217).

Einbürgerungen: 313 606 Personen erwarben 1995 (endgültige Zahlen) die deutsche Staatsbürgerschaft, das waren 21% mehr als im Vorjahr. Seit 1985 hat sich die Zahl der jährlichen Einbürgerungen mehr als versiebenfacht. Die größte Gruppe unter den Neubürgern sind die deutschstämmigen Aussiedler, gefolgt von den Türken, deren Zahl gegenüber dem Vorjahr um 61% auf 31 578 gestiegen ist. – Die Zahl der **Aussiedler** nahm 1996 gegenüber dem Vorjahr (217 898) deutlich ab: 177 751. Die Herkunftsländer der Aussiedler waren 1996 (1995) nach Angaben des Bundesverwaltungsamts: Republiken der ehem. UdSSR 172 181 (209 409), Rumänien 4284 (6519), Polen 1175 (1677), sonstige Länder 6 (293). Etwa 100 000 Aufnahmebescheide von Deutschen aus Osteuropa sind bislang nicht zur Ausreise nach

Ausländer in Deutschland 1996
(Zum Jahresende 1996 Gemeldete in %)

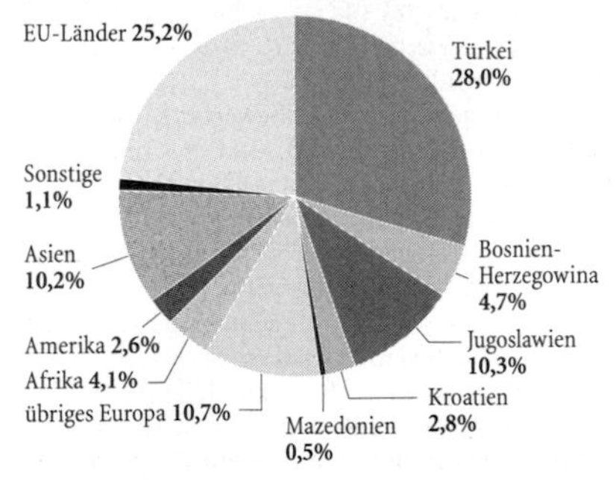

Quelle: Statistisches Bundesamt

Deutschland genutzt worden. – Die Zahl der **Ausländer** im Bundesgebiet nahm auch 1996 – wie schon seit Jahren – weiter zu, und zwar sowohl aufgrund eines hohen Geburtenüberschusses der hier wohnhaften Ausländer als auch eines Überwiegens der Zu- über die Abwanderung. Am 31. 12. 1996 (1995) waren 7 314 046 (7 173 866) Ausländer als wohnhaft gemeldet, das sind ca. 2,0% (2,6%) mehr als im Vorjahr. Ausländische Männer/Frauen: 4 078 257/3 235 789. *Verteilung der Ausländer auf die Bundesländer* am 31. 12. 1996 (31. 12. 1995) nach Ang. des Bundesverwaltungsamts: Baden-Württemberg 1 290 761 = 17,7 (12,4)% der Bevölkerung – Bayern 1 107 697 = 15,1 (9,1)% – Berlin 469 700 = 6,4 (13)% – Brandenburg 62 022 = 0,9 (2,5)% – Bremen 81 667 = 1,1 (11,9)% – Hamburg 288 344 = 3,9 (16,1)% – Hessen 832 581 = 11,4 (13,6)% – Mecklenburg-Vorpommern 26 346 = 0,4 (1,5)% – Niedersachsen 480 029 = 6,6 (6)% – Nordrhein-Westfalen 1 992 838 = 27,3 (11)% – Rheinland-Pfalz 299 299 = 4,1 (7,3)% – Saarland 79 894 = 1,1 (7,2)% – Sachsen 85 263 = 1,2 (1,7)% – Sachsen-Anhalt 48 524 = 0,7 (1,7)% – Schleswig-Holstein 140 055 = 1,9 (5)% – Thüringen 29 026 = 0,4 (1,1)%. – Der *Anteil der Ausländer an der Gesamtbevölkerung* der BR Deutschland belief sich am 31. 12. 1996 auf 8,9% (1995 auf 8,8%); zum Vergleich: Österreich 1996: 9,1% – Schweiz 1996: 19,3%.

Ausländer (über 50 000) **nach der Staatsangehörigkeit** Ende 1996 (1995): Türkei 2 049 060 (2 014 311) – ehem. Jugoslawien 754 311 (797 754) – Italien 599 429 (586 089) – Griechenland 362 539 (359 556) – Bosnien-Herzegowina 340 526 (316 024) – Polen 283 354 (276 753) – Kroatien 201 923 (185 122) – Österreich 184 933 (184 470) – Spanien 132 457 (132 283) – Portugal 130 842 (125 131) – Großbritannien (und Nordirland) 113 432 (112 489) – Niederlande 113 299 (113 063) – Iran 111 084 (106 979) – USA 109 598 (108 359) – Frankreich 101 783 (99 135) – Rumänien 100 694 (109 256) – Vietnam 92 291 (96 032) – Marokko 82 927 (81 922).

1996 war bei 116 367 **Asylbewerbern** die Anerkennungsquote von 7,4% (9,04%) rücklaufig. Sie entspricht 8611 Asylberechtigten. – *Hauptherkunftsländer* 1996 (1995): Türkei 23 814 (25 514), BR Jugoslawien 18 085 (26 227), Irak 10 842 (6880), Afghanistan 5663 (7515), Sri Lanka 4982 (6048), Iran 4809 (3908). Nach Angaben des Ausländerzentralregisters (Schätzung) hielten sich am 31. 12. 1996 rd. 1,6 Millionen Flüchtlinge (mit oder ohne Status nach der Genfer Konvention) in der Bundesrepublik auf. Im einzelnen waren dies: 170 000 Asylberechtigte und im Ausland anerkannte Flüchtlinge, 130 000 Familienangehörige von Asylberechtigten, 16 000 Konventionsflüchtlinge, 103 000 Kontingentflüchtlinge, 17 000 heimatlose Ausländer, 330 000 Asylbewerber, 330 000 Bürgerkriegsflüchtlinge aus Bosnien-Herzegowina, 500 000 De-facto-Flüchtlinge.

Bildung

Die öffentlichen Ausgaben betrugen (S) 1995 (1994 netto – noch keine neueren Daten erhältlich) 170,810 (163,294) Mrd. DM, davon Bund 11,500 (11,370), Länder 125,740 (118,664), Gemeinden und Zweckverbände 33,570 (33,260). Im einzelnen (in Mrd. DM): Elementarbereich und außerschulische Jugendbildung 18,300 (17,518) – Schulen 85,020 (81,167) – Hochschulen 47,960 (44,957) – Weiterbildung 4,720 (4,585) – Förderungsmaßnahmen 6,870 (7,272) – gemeinsame Forschungsförderung 7,940 (7,794) – Sonstige öffentliche Ausgaben für Wissenschaft, Forschung und Entwicklung (inkl. Verteidigungsforschung) betrugen 1995 15,6 (1994: 15,0) Mrd. DM. – Ausgaben für Maßnahmen der Bundesanstalt für Arbeit 21,4 (20,2) Mrd. DM. – Bildungs- und Forschungsausgaben der Privatwirtschaft (inkl. Stiftungen und Spenden) 119,2 (117,0) Mrd. DM. – Die gesamten Bildungs- und Wissenschaftsausgaben der öffentlichen Hand und der Privatwirtschaft betrugen 327,2 (315,5) Mrd. DM.

Im Schuljahr 1996/97 (vorläuf. Ang.) besuchten 10,069 (1995/96: 9,932) Mio. **Schülerinnen** (4,944) **und Schüler** (5,125) **Allgemeinbildende Schulen**; hiervon entfielen in Tsd. auf den *Vorschulbereich* (Schulkindergärten/Vorklassen): 82,5 (84,0) – Primarbereich (Grundschulen, Integrierte Gesamtschulen/Freie Waldorfschulen): 3740 (3684) – *Sekundarbereich I* (Schulartunabhängige Orientierungsstufe, Hauptschulen, Realschulen, Integrierte Klassen für Haupt- und Realschüler, Integrierte Gesamtschulen/Freie Waldorfschulen, Abendhauptschulen, Abendrealschulen, Gymnasien): 5127 (5067) – *Sekundarbereich II* (Gymnasien, Integrierte Gesamtschulen/ Freie Waldorfschulen, Abendgymnasien/Kollegs): 721 (706) – *Sonderschulen* 399 (391).

Die Zahl der **Studenten** ist im Wintersemester 1996/97 (vorläuf. Ang.) – verglichen mit dem vorigen Wintersemester – um 1,0% auf 1 838 456 zurückgegangen. In den neuen Bundesländern sind mehr Studenten eingeschrieben (208 266), in den alten weniger (1 630 190). Der Frauenanteil an der Studentenschaft beträgt 42,5%. Die Zahl der Studienanfänger hat sich um 1,7% auf 223 168 erhöht.

Von der Gesamtzahl entfallen auf Universitäten (inkl. pädagogische u. theologische Hochschulen) 1 221 195, auf Gesamthochschulen 145 135 – Kunsthochschulen 30 108 – Allgemeine Fachhochschulen 397 507 – Verwaltungsfachhochschulen 44 511. – Die größten *Fächergruppen* waren (Studenten in Tsd.): Rechts-, Wirtschafts- und Sozialwissenschaften 561,7 – Sprach- und Kulturwissenschaften 414,4 – Ingenieurwissenschaften 337,1 – Mathematik, Naturwissenschaften 278,3 – Humanmedizin 97,5 Kunst und Kunstwissenschaft 77,6 – Agrar-, Forst- und Ernährungswissenschaften 37,3 – Sport 25,6 – Veterinärmedizin 8,0 – Sonstige Fächer 0,9. – *Hochschulen nach Rangfolge* der Zahl der Studenten im Wintersemester 1996/97 u. a.: Universität Köln 60 298, Ludwig-Maximilians-Universität München 57 681, Universität Münster 44 367, Freie Universität Berlin 43 735, Gesamthochschule/Fernuniversität Hagen 42 885, Universität Hamburg 41 885, Universität Bochum 36 474, Universität Bonn 36 153, Universität Frankfurt/Main 34 833, Technische Universität Berlin 34 030, Technische Hochschule Aachen 32 497, Universität Hannover 31 506, Universität Heidelberg 28 269, Universität Mainz 28 051. – In den neuen Bundesländern liegt die Humboldt-Universität Berlin mit 29 994 auf Rang 1, gefolgt von TU Dresden mit 21 190 und Universität Leipzig mit 19 140 Studenten.

Die Situation der **Auszubildungsplatzsuchenden** war 1996 durch ein erhebliches West-Ost-Gefälle gekennzeichnet: In den *neuen Bundesländern* wurden der Bundesanstalt für Arbeit 1996 (Berichtsjahr vom 1. 10. bis 30. 9.) 98 300 (99 100 in 1995) Ausbildungsstellen gemeldet, für die 208 800 (192 000) Ausbildungsplatzbewerber vorgemerkt waren. Auch durch außerbetriebliche Ausbildungsplätze im Rahmen der »Gemeinschaftsinitiative Ost« konnte der Ausbildungsplatzmangel nicht ganz ausgeglichen werden. Ende Sept. 1996 waren noch 13 800 (5 600) Bewerber unversorgt und 1100 (1000) Ausbildungsplätze unbesetzt. – In den *alten Bundesländern* stand einem Angebot von 490 100 (513 000) gemeldeten Stellen eine Nachfrage von 508 000 (478 000) gegenüber. Unbesetzt blieben 33 900 (43 200) Ausbildungsplätze, 24 600 (19 400) Bewerber waren ohne Ausbildungsverhältnis.

Kriminalität

Nach der »Polizeilichen Kriminalstatistik/PKS« der Innenminister des Bundes und der Länder wurden 1996 insg. 6 647 598 (1995: 6 668 717) Fälle (–0,3%) registriert; die Erfassung durch die PKS erfolgt bei Übergabe des Vorgangs an die Staatsanwaltschaft und weicht von der Verurteiltenstatistik der Justiz ab, die niedriger liegt. Eine Zunahme der registrierten Straftaten ist u. a. bei Rauschgiftdelikten insgesamt, Ladendiebstahl insgesamt, Gewaltkriminalität und vorsätzlichen leichten Körperverletzungen festzustellen. Nach wie vor ist Diebstahl mit 55,3% (57,7%) der Fälle das am häufigsten begangene Delikt: insg. 3 672 655 Fälle. Ein Rückgang der erfaßten Fälle ist allerdings beim Diebstahl von Kraftfahrzeugen (–15,5%) und Fahrrädern (–13,7%) zu verzeichnen. – Im Bereich Gewaltkriminalität wurden 1996 insgesamt 179 455 Fälle registriert; das sind 5,5% mehr als 1995, mehr als die Hälfte der Delikte (56,8%) sind gefährliche und schwere Körperverletzungen. Bei den Tötungsdelikten (Mord und Totschlag) wurden 3500 Fälle erfaßt, wovon jeder dritte Fall vollendet worden war. – Aufgeklärt wurden 1996 3 255 042 Fälle. Die **Aufklärungsquote** insgesamt verbesserte sich auf 49% (46%). Die Aufklärungsquote bei den verschiedenen Straftaten war wiederum sehr unterschiedlich, so z. B. bei Urkundenfälschung 93,8% – Mord und Totschlag 92,1% – gefährlicher und schwerer Körperverletzung 82,3% – Betrug 80,9% – Vergewaltigung 75,9% – »einfachem« Diebstahl 52,1% – vorsätzlicher Brandstiftung 36,5% – Sachbeschädigung 25,1% – Diebstahl von Kfz 23,7% – schwerer Diebstahl 13,6% (darunter Wohnungseinbruch 16,3%).

Der durch *Diebstahl* entstandene **Schaden** (= Verkehrswert des rechtswidrig erlangten Gutes), der 1996 von der Polizei erfaßt wurde, summierte sich bei 3 276 436 vollendeten Fällen auf 5,5 Mrd. DM, darunter bei Wohnungseinbrüchen 750 Mio. DM, bei Kraftfahrzeugaufbrüchen 470 Mio. DM Schaden. Bei *Betrug* wurde 1996 ein Gesamtschaden von 7,0 Mrd. DM bei 616 602 Fällen registriert. Relativ stark vertreten waren 1996 bei Fällen in der Schadensgruppe ab 100 000 DM schwere Fälle von Bankrott und Raub auf Spezialtransportfahrzeuge. – Im Bereich *Wirtschaftskriminalität* wurden 1996 insg. 91 827 Fälle (+23,8%) erfaßt, wobei die tatsächliche Anzahl noch höher liegt, da ein Teil dieser Straftaten von Schwerpunktstaatsanwaltschaften unmittelbar, d.h. ohne Beteiligung der Polizei oder von Steuerbehörden verfolgt wird. Die Zunahme von Wirtschaftsstraftaten entstand insbesondere durch Betrug und Straftaten im Anlage- u. Finanzbereich sowie bei Beteiligungen und Kapitalanlagen. – Die *Umweltkriminalität* einschließlich Bodenverunreinigung erhöhte sich um 11,2% auf 39 641 Fälle. Mit 72,8% bildete die umweltgefährdende Abfallbeseitigung die Mehrheit der Delikte. – Eine Steigerung von 15,1% erfuhr die

Computerkriminalität mit 32128 Fällen, darunter über 80% Betrugsdelikte an Geldautomaten. 1996 waren 845 Ermitlungsverfahren im Bereich *Organisierte Kriminalität* anhängig, wobei diese vor allem den Bereich Rauschgifthandel und -schmuggel betrafen. Die verursachte Schadenshöhe wurde mit ca. 2,7 Mrd. DM (1995: 673 Mio.) ermittelt, der zusätzlich geschätzte Gewinn lag bei ca. 1,3 Mrd. DM. Der Gesamtwert der verdächtigten *Geldwäsche*-Transaktionen erreichte etwa 1,3 Mrd. DM. Aufgrund von Verdachtsanzeigen wurden in 3079 Fällen Ermittlungsverfahren eingeleitet. Davon wurden 1528 Verfahren wieder eingestellt, in 96 Fällen konnte der Verdacht der Geldwäsche konkretisiert werden.

Zu den Delikten mit erwiesener oder zu vermutender *rechtsextremistischer Motivation* und zu *fremdenfeindlichen Delikten* → Chronik.

Staaten

Wirtschaft

Die **Wirtschaftsentwicklung** in Deutschland war wie schon im Vorjahr insgesamt durch ein geringfügiges Wachstum gekennzeichnet. Das reale BIP nahm 1996 nur noch um 1,4% (1995: +1,9%) auf 3541 Mrd. DM zu. Zur Überwindung der Konjunkturflaute trug die Belebung der Auslandsnachfrage bei, von der vor allem die verarbeitende Industrie in den alten Bundesländern profitierte. Dennoch ist die Industrieproduktion insgesamt gegenüber dem Vorjahr um 0,4% gesunken, während die Dienstleistungsunternehmen ein Plus von 4,7% erreichten. Negative Auswirkungen auf die gesamtwirtschaftliche Entwicklung hatten insbesondere die fehlende Bereitschaft der Unternehmen, in Deutschland zu investieren, und das Nachlassen der Baukonjunktur. Letzteres ist u.a. auch für die weitere Zunahme der zahlungsunfähigen Unternehmen verantwortlich. Die Entwicklung auf dem Arbeitsmarkt gab auch 1996 keinen Anlaß zur Hoffnung: Die Zahl der Erwerbstätigen ging um 405 000 (1,2%) zurück, die Arbeitslosigkeit stieg weiter an. Selbst maßvolle Tarifabschlüsse vermochten hier keine Besserung zu bewirken. – In den ersten Monaten des Jahres 1997 ändert sich die Lage kaum: Der Export ist nach wie vor die einzige Stütze der Konjunktur, die Industrie investiert massiv, aber nicht im Inland, der private Verbrauch sank im 1. Quartal 1997, die Arbeitslosigkeit steigt weiter.

Außenhandel: Die Summe der *Einfuhren* (fob) ergab 1996 (1995) 669,060 (664,234) Mrd. DM, die der *Ausfuhren* (fob) 771,913 (749,537) Mrd. DM; aus den EU-Staaten wurde 1996 für 368,825 (374,908) Mrd. DM eingeführt, ausgeführt für 435,529 (435,907) Mrd. DM. Dadurch ergab sich gegenüber den EU-Staaten für 1996 ein Handelsbilanzüberschuß von 66,70 (61,00) Mrd. DM. Der Außenhandelssaldo gegenüber den USA, der 1995 ein Plus von 9,32 Mrd. DM aufgewiesen hatte, schloß 1996 mit einem Überschuß von 11,13 Mrd. DM ab. Gegenüber Japan hat sich das Defizit von 16,57 (1995) auf 12,91 Mrd. erhöht.

Die Zahlen zur **Leistungsbilanz** sind wegen neuer Erfassungsmethoden nicht verläßlich! Im Verhältnis zum Ausland ergab sich 1996 nach Ang. der Deutschen Bundesbank, wie schon seit 1991, ein Defizit in Höhe von 20,946 (1995: 33,191) Mrd. DM. Im Jahr 1989 hatte die Leistungsbilanz noch mit einem Überschuß von 106,5 Mrd. DM,

Deutschlands wichtigste Handelspartner

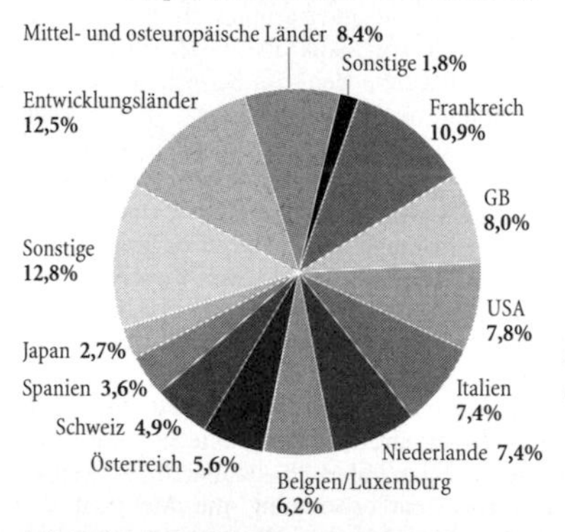

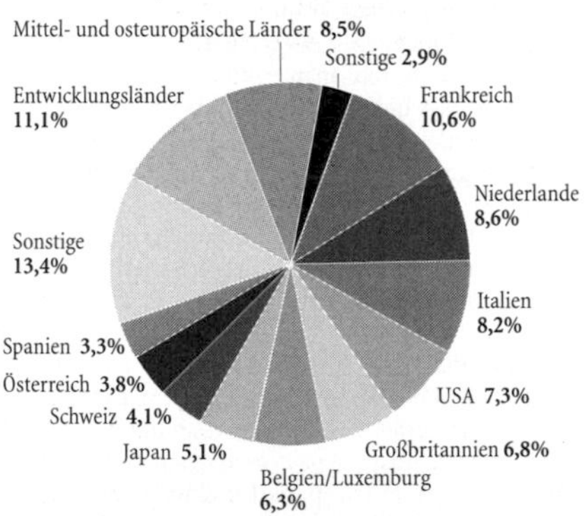

Quelle: Bundesstelle für Außenhandelsinformationen Köln, Mai 1997

1990 noch mit +78,7 Mrd. DM abgeschlossen. 1996 wies der Außenhandel einen Saldo von +98,6 Mrd. DM auf, 1995 von +85,3 Mrd. DM (→ auch Kap. Wirtschaft). Der Saldo im *Dienstleistungsverkehr* war 1996 (1995) erneut negativ: –55,1 (–53,8) Mrd. DM. Grund dafür ist u. a. das Defizit im Reiseverkehr von 50,1 (49,0) Mrd. DM. Die *Übertragungsbilanz* wies ein Defizit von 54,8 (58,7) Mrd. DM auf, darunter Nettoleistung zum EG-Haushalt: –27,5 (–30,0) Mrd. DM.

Getrennte **Volkswirtschaftliche Gesamtrechnungen** sind 1995 eingestellt worden, auch wenn sich die Verhältnisse in den neuen Bundesländern von Westdeutschland noch immer stark unterscheiden. In Westdeutschland wurde 1996 ein Anstieg des BIP von 1,4% verzeichnet, in Ostdeutschland lag er bei 2,0%. – **Entstehung des Bruttoinlandsprodukts** (BIP) 1996 in jeweiligen Preisen (nominal): Land- und Forstwirtschaft, Fischerei 37,15 (1995: 35,83) Mrd. DM – Produzierendes Gewerbe 1143,50 (1145,50) Mrd. DM – Handel und Verkehr 471,50 (473,43) Mrd. DM – Dienstleistungsunternehmen 1281,06 (1201,40) Mrd. DM – Staat, private Haushalte u.ä. 486,77 (476,53) Mrd. DM.

Zur **Verwendung des BIP** 1996 (1995) macht das Statistische Bundesamt folgende Angaben: Der *private Verbrauch* stieg 1996 gegenüber dem Vorjahr nominal um 3,3% (3,8%) und lag bei 2039,14 (1974,68) Mrd. DM. Real, d.h. in Preisen von 1991, lag der Privatverbrauch 1996 bei 1751,37 (1728,84) Mrd. DM, was eine Steigerung von 1,3% (1,8%) gegenüber dem Vorjahr bedeutet. – Der *Staatsverbrauch* wuchs 1996 nominal um 3% (+ 3,9%) gegenüber dem Vorjahr und lag bei 695,44 (675,35) Mrd. DM. Real belief sich der Staatsverbrauch auf 614,22 (599,97) Mrd. DM, damit lag er um 2,4% über dem Vorjahreswert, nachdem 1995 gegenüber 1994 ein Zuwachs von 2,0% festgestellt worden war.

Die **Bruttoinvestitionen** verringerten sich 1996 gegenüber dem Vorjahr nominal um 2,3% auf 760,58 Mrd. DM, nachdem sie 1995 noch um 4,4% auf 778,37 Mrd. DM angestiegen waren; real nahmen sie 1996 um 1,8% auf 696,60 Mrd. DM ab, während sie 1995 noch um 2,7% zugenommen hatte. Die *Anlageinvestitionen* des Jahres 1996 beliefen sich nominal auf 743,56 (1995: 750,66) und real auf 672,66 (677,76) Mrd. DM, das entsprach einer Abnahme von nominal 0,9% (+ 2,9%) und real 0,8% (+ 1,5%). Die *Ausrüstungsinvestitionen* stiegen 1996 nominal um 2,7% (1995: + 1,9%) auf 269,80 (262,71) Mrd. DM, real summierten sie sich auf 262,65 (256,56) Mrd. DM, was einem Plus von 2,4% (2%) ent-

spricht. Die *Bauinvestitionen* verringerten sich 1996 (1995) nominal um 2,9% (+ 3,5%) auf 473,76 (487,95) Mrd. DM, real um 2,7% (+ 1,2%) auf 410,01 (421,20) Mrd. DM. Bei den Bauinvestitionen der Unternehmen ergab sich 1996 eine Abnahme von nominal 2,0% (4,9%) auf 403,74 (412,19) Mrd. DM, während die des Staates 7,6% niedriger als im Vorjahr (– 3,1%) lagen: 70,02 (75,77) Mrd. DM.

Verteilung des Volkseinkommens 1996: Einkommen aus unselbständiger Arbeit (inkl. Arbeitgeberbeiträge zur Sozialversicherung und zusätzlich Sozialaufwendungen der Arbeitgeber) 1895,2 (1995: 1875,7) Mrd. DM – Einkommen aus Unternehmertätigkeit und Vermögen 771,4 (744,3) Mrd. DM; zusammen entspricht das einem Volkseinkommen von 2666,6 Mrd. DM, das um 1,8 (4,7%) gegenüber 1995 (2620,0 Mrd. DM) zugenommen hat.

Die Deutsche Bundesbank schätzt die **Schulden der öffentlichen Haushalte** (ohne Verschuldung der Haushalte untereinander, Stand jeweils Jahresende, 1996 vorläufig) für 1996 (1995) auf insg. 2 133,324 (1 995,974) Mrd. DM. – Gläubiger der öffentlichen Haushalte waren Ende 1996 (1995) u. a. (in Mrd. DM): inländische Kreditinstitute 1 136,8 (1 051,7) – ausländische Gläubiger 617,7

Verschuldung der öffentlichen Haushalte Dez. 1996

insgesamt 2 133 324 (in Mio. DM)

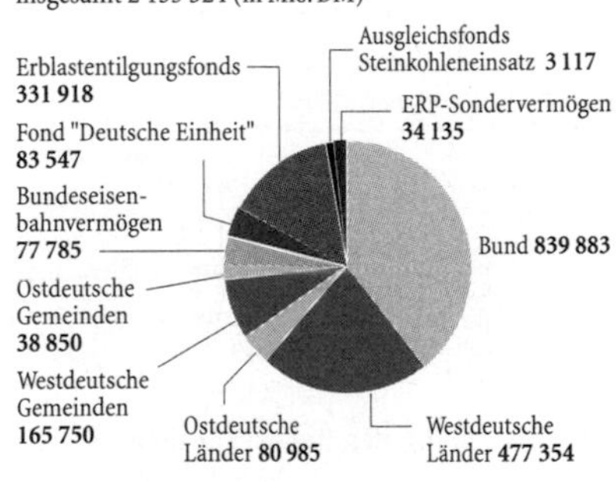

Quelle: Deutsche Bundesbank

(563,6) – Bundesbank 8,7 (9,5) – Sozialversicherungen 4,5 (5,0).

Das gesamte **Geldvermögen der privaten Haushalte** betrug nach Ang. der Deutschen Bundesbank zum Jahresende 1996 (1995) 4955,0 (4657,1) Mrd. DM. Die *Geldvermögensbildung* belief sich

(Fortsetzung → Sp. 243)

Der Bundeshaushalt in den Jahren 1995 - 1998

Einzelplan	*Ist 1995 Mio. DM*	*Ist 1996 Mio. DM*	*Soll 1997[1] Mio. DM*	*Entwurf 1998 Mio. DM*	*Veränderung 1996/95[2] %*	*Veränderung in 1997/96[3] %*	*Veränderung in 1998/97[4] in %*
01 Bundespräsidialamt	30	30	32	42	– 0,3	+ 7,8	+ 34,1
02 Bundestag	855	876	906	962	+ 2,5	+ 3,4	+ 6,2
03 Bundesrat	24	25	26	27	+ 2,9	+ 5,6	+ 2,3
04 Bundeskanzleramt	566	554	548	1018 5	– 2,1	– 1,1	85,8[5]
05 Auswärtiges Amt	3 618	3 505	3 601	3 557	– 3,1	+ 2,7	– 1,2
06 Inneres	8 161	8 607	8 629	8 780	+ 5,5	+ 0,3	+ 1,8
07 Justiz	642	666	706	693	+ 3,8	+ 6,0	– 1,9
08 Finanzen	7 137	7 332	7 906	8901 6	+ 2,7	+ 7,8	12,6[6]
09 Wirtschaft	13 000	19 912	16 607	16 073	+ 53,2	– 16,6	– 3,2
10 Ernährung, Landwirtschaft u. Forsten	12 268	12 076	11 795	11 580	– 1,6	– 2,3	– 1,8
11 Arbeit und Sozialordnung ..	130 738	141 775	149 065	147 057	+ 8,4	+ 5,1	– 1,3
12 Verkehr	51 889	49 530	44 573	43 150	– 4,5	– 10,0	– 2,1
13 Post und Telekommunikation	348	323	344	..	– 7,2	+ 6,5	– 100,0
14 Verteidigung	47 554	47 218	46 290	46 675	– 0,7	– 2,0	+ 0,8
15 Gesundheit	836	719	726	712	– 14,0	+ 0,9	– 1,9
16 Umwelt, Naturschutz u. Reaktorsicherheit	1 161	1 046	1 285	1 218	– 9,9	+ 22,9	5,2[7]
17 Familie, Senioren, Frauen und Jugend[8]	32 936	12 191	11 989	11 667	– 63,0	– 1,7	– 2,7
19 Bundesverfassungsgericht ..	24	28	30	29	+ 15,2	+ 5,4	– 1,6
20 Bundesrechnungshof	67	74	77	96	+ 10,3	+ 4,3	+ 24,7
23 Wirtschaftl. Zus.-Arbeit u. Entwicklung	8 019	7 861	7 651	7 636	– 2,0	– 2,7	– 0,2
25 Raumordnung, Bauwesen u. Städtebau	9 957	9 749	10 690	11 352	– 2,1	+ 9,7	+ 6,2
30 Bildung, Wissenschaft, Forschung und Technologie[9] ..	15 327	15 349	14 819	14 950	+ 0,1	– 3,5	+ 0,9
32 Bundesschuld	82 161	79 995	85 423	87 374	– 2,6	+ 6,8	+ 2,3
33 Versorgung	15 044	15 631	15 860	16 275	+ 3,9	+ 1,5	+ 2,6
36 Zivile Verteidigung	561	..	..	..	..	..	..
60 Allgemeine Finanzverwaltung	21 735	20 480	19 536	21 178	– 5,8	– 4,6	+ 8,4
Haushaltstechnische Verrechnungen/durchlaufende Mittel ..	375	353	..	..		..	
Insgesamt	*465 033*	*455 903*	*458 613*	*461 000*	*– 2,0*	*+ 0,6*	*+ 0,5*

[1] inklusive Nachtragshaushalt; [2] Veränderung Ist 1996/Ist 1995; [3] Veränderung Soll 1997/Ist 1996; [4] Veränderung Entwurf 1998/Soll 1997; [5] enthält Beträge, die bisher im Etat des Verteidigungsministers enthalten waren; ohne diese Umschichtung wäre der Etat um nur 1,8 % gestiegen; [6] enthält nun Zuschuß für die Bundesanstalt für vereinigungsbedingte Sonderaufgaben; ohne diesen Zuschuß wäre der Etat um 2,4 % gefallen; [7] ohne refinanzierten Bereich ware der Etat um 1,2 % gefallen; [8] bis 1994: Nur Bundesministerium für Frauen und Jugend; [9] bis1994: Nur Bundesministerium für Forschung und Technologie
Quelle: Bundesministerium der Finanzen, Juli 1997

Die **Entwicklung des Bundeshaushalts** ist seit Mitte der 70er Jahre durch hohe Fehlbeträge und dadurch notwendige Kreditaufnahmen geprägt. Diese Situation hat sich seit der Vereinigung weiter zugespitzt. Der Haushaltsentwurf sieht für 1998 (Soll 1997 mit noch nicht verabschiedetem Nachtragshaushalt) eine Nettokreditaufnahme von 57,8 (71,2) Mrd. DM vor, um ein Haushaltsvolumen von 461,0 (458,6) Mrd. DM zu finanzieren. Der Entwurf für 1998 ist um 0,5% höher angesetzt als das Soll 1997.

Die **Einnahmen/Ausgaben des Bundes** (effektive Buchungen auf Konten bei der Bundesbank, daher Abweichungen von der amtlichen Finanzstatistik) in Mrd. DM:

1990: 332,99/368,86
1991: 405,61/449,33
1992: 438,22/475,10
1993: 450,28/512,29
1994: 463,72/497,55
1995: 501,56/549,77
1996: 532,67/609,26

Öffentliche Finanzen

Der **Staatshaushalt** (Öffentliche Haushalte insgesamt) wies nach Ang. der Deutschen Bundesbank 1996 (teilw. geschätzt) ein Finanzierungssaldo von –134,5 (1995: –122,5) Mrd. DM auf. Die Einnahmen betrugen 1996 (1995) 1744,5 (1737,5) Mrd. DM, davon: Steuern 800,0 (814,2) Mrd. DM. Die Ausgaben beliefen sich 1996 (1995) auf 1879,0 (1860,0) Mrd. DM und umfaßten u. a. folgende Teilbereiche (in Mrd. DM): Sozialversicherungen 797,0 (755,5), Personalausgaben 372,0 (369,5), Zinsausgaben 130,0 (129,0).

Der **Länderfinanzausgleich** nach vorläufigen Ang. des Bundesministeriums der Finanzen für

1996 (in Klammern Ang. für 1995) in Mio. DM; – = Zahlung, + = Empfang:

Baden-Württemberg –2525 (–2803), Bayern –2866 (–2532), Berlin + 4335 (+4222), Brandenburg +1039 (–864), Bremen +634 (+562), Hamburg –485 (–117), Hessen –3245 (–2153), Mecklenburg-Vorpommern +859 (+771), Niedersachsen +553 (+452), Nordrhein-Westfalen –3135 (–3449), Rheinland-Pfalz +235 (+229), Saarland +238 (+180), Sachsen +1971 (+1773), Sachsen-Anhalt +1144 (+1123), Schleswig-Holstein +16 (–141), Thüringen +1130 (+1019).
Verabschiedung durch den Bundesrat voraussichtlich September 1997

Steuereinnahmen von Bund, Ländern und Gemeinden sowie EG-Anteile (in Mio. DM) [1]

Steuerart	*1970*	*1980*	*1990*	*1992*	*1993*	*1994*	*1995*	*1996*
Gemeinschaftliche Steuern								
Lohnsteuer[2]	35 086	111 559	177 590	247 322	257 987	266 522	282 701	251 278
Veranlagte Einkommensteuer[2]	16 001	36 796	36 519	41 531	33 234	25 510	13 997	11 616
Kapitalertragsteuern[3]	2 021	4 175	10 832	11 273	22 734	31 455	29 721	25 456
Körperschaftsteuer	8 717	21 322	30 090	31 184	27 830	19 569	18 136	29 458
Mehrwertsteuer[4]	26 791	52 850	78 012	117 274	174 492	195 265	198 496	200 381
Einfuhrumsatzsteuer[4]	11 334	40 597	69 573	80 437	41 814	40 433	36 126	36 827
Reine Bundessteuern								
Mineralölsteuer	11 512	21 351	34 621	55 166	56 300	63 847	64 888	68 251
Tabaksteuer	6 536	11 288	17 402	19 253	19 459	20 264	20 595	20 698
Branntweinabgaben	2 228	3 885	4 229	5 544	5 134	4 889	4 837	5 085
Versicherungssteuer	1 224	2 490	6 302	8 386	9 370	11 400	14 104	14 348
übrige Verkehrssteuern						76	54	
Sonstige Bundessteuern (v.a. übrige Verbrauchsteuern)	4 947	2 477	3 324	3 716	3 361	3 431	3 322	3 393
Ergänzungsabgabe (Solidaritätszuschlag)	949	39	–	13 028	135	1 580	26 268	26 091
Zölle (EG-Anteil)	–	4 524	7 163	7 742	7240	7 173	7 118	6 592
Reine Ländersteuern								
Vermögensteuer	2 877	4 664	6 333	6 750	6 784	6 627	7 855	9 035
Kraftfahrzeugsteuer	3 820	6 585	8 313	13 317	14 058	14 169	13 806	13 746
Biersteuer	1 175	1 262	1 355	1 625	1 769	1 795	1 779	1 718
Erbschaftsteuer	523	1 017	3 022	3 030	3 044	3 479	3 548	4 054
Sonstige Ländersteuern	1 127	2 543	6 345	8 241	9 065	10 482	9 613	9 990
Gemeindesteuern								
Gewerbesteuer (Ertrag/Kapital)	10 728	27 090	38 796	44 848	42 266	44 086	42 058	45 880
Grundsteuern	2 683	5 804	8 724	10 783	11 663	12 664	13 744	14 642
Sonstige Gemeindesteuern u. steuerähnliche Einnahmen	2 268	2 597	1 121	1 281	1 383	1 445	1 426	1 463
Steuereinnahmen insgesamt	*154 245*	*364 991*	*549 667*	*731 738*	*749 119*	*786 162*	*814 191*	*799 998*

[1] ab 1991 gesamtdeutsche Angaben; [2] Aufkommen aus Lohn- und veranlagter Einkommensteuer wird seit 1980 im Verhältnis 42,5 : 42,5 : 15 auf Bund, Länder und Gemeinden verteilt; [3] Aufkommen aus Körperschaft- und Kapitalertragsteuer wird im Verhältnis 50 : 50 auf Bund und Länder verteilt; [4] Anteil des Bundes 1985 65,6%, 1986-92 65 %, 1993-94 63 %, 1995 56 %, ab 1996 50,5 %
Quelle: Deutsche Bundesbank

Geldvermögen der privaten Haushalte in Deutschland 1996
(am Jahresende in Milliarden DM)

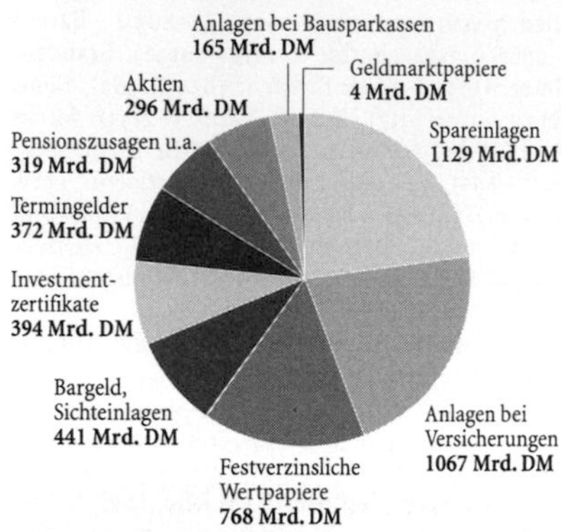

Quelle: Deutsche Bundesbank

1996 (1995) auf 241,2 (235,5) Mrd. DM, davon in Mrd. DM u. a. Geldanlage bei Banken 85,9 (77,5) – Geldanlage bei Bausparkassen 9,5 (3,4) – Geldanlage bei Versicherungen 86,8 (86,0). – Die gesamten Verpflichtungen privater Haushalte summierten sich 1996 (1995) auf 1720,8 (1604,3) Mrd. DM, darunter Konsumkredite 387,6 (372,1) Mrd. DM und Baukredite 1333,2 (1232,2) Mrd. DM. Die *Ersparnis der privaten Haushalte* erhöhte sich insg. von 258,56 Mrd. im Jahr 1995 auf 267,42 Mrd. DM im Jahr 1996, was einer Veränderung von +3,4% (1995: 2,6) entspricht; die Sparquote betrug unverändert 11,6%. Rechnerisch kam 1996 auf jeden Haushalt ein Geldvermögen von 135 000 (1995: 128 000) DM und eine durchschnittliche Verschuldung von 10 600 (10 200) DM.

Das **Einkommen aus unselbständiger Arbeit im Inland** betrug nach Ang. des Statistischen Bundesamts 1996 (1995) insg. 1897,07 (1877,02) Mrd. DM, davon Land- und Forstwirtschaft, Fischerei 14,88 (15,30) Mrd. DM, Produzierendes Gewerbe 782,06 (787,52) Mrd. DM, Handel und Verkehr 314,17 (312,02) Mrd. DM, Dienstleistungsunternehmen 331,85 (317,56) Mrd. DM, Staat, private Haushalte u.ä. 454,11 (444,62) Mrd. DM. – Das *verfügbare Einkommen der privaten Haushalte* belief sich 1996 (1995) insg. auf 2306,56 (2233,24) Mrd. DM; der private Verbrauch belief sich auf 2039,14 (1974,68) Mrd. DM.

Arbeit und Soziales

Die Zahl der **Erwerbspersonen** im Jahresdurchschnitt 1996 betrug nach vorläufigen Ergebnissen

38 386 Mio.; die Zahl der **Erwerbstätigen** (Inländer) belief sich 1996 auf 34 421 Mio. (darunter 6603 Mio. in den neuen Bundesländern/nBl), davon Selbständige und mithelfende Familienangehörige 3651 Mio., beschäftigte Arbeitnehmer 30 770 Mio.

Erwerbstätige im Inland **nach Wirtschaftsbereichen** 1996 (vorl. Erg.) (1995): Land- und Forstwirtschaft, Fischerei 965 (1,026) Mio. – Energie- u. Wasserversorgung, Bergbau 495 (525) Tsd. – Verarbeitendes Gewerbe 8,356 (8,801) Mio. – Baugewerbe 2,907 (3,039) Mio. – Handel 4,583 (4,613) Mio. – Verkehr u. Nachrichtenübermittlung 1,886 (1,959) Mio. – Kreditinstitute u. Versicherungsgewerbe 1,032 (1,042) Mio. – Private Haushalte und Privatorganisationen ohne Erwerbszweck 1,869 (1,814) Mio. Sonstige Dienstleistungsunternehmen 6,850 (6,625) – Staat 5,342 (5,424). Nach einer Zählung des Zentralverbands des Deutschen Handwerks/ZDH arbeiten in Deutschland 1995 (Stichtag 31. 3.) 6 084 973 Mio. Handwerker, davon 1 228 488 Mio. in Ostdeutschland.

Der *Personalstand im öffentlichen Dienst* betrug am 30. 6. 1996 insg. 5 276 616, davon 4 207 559 voll- und 1 069 057 teilzeitbeschäftigt. Bezogen auf die Anzahl aller abhängig Beschäftigten waren knapp 17% im öffentlichen Dienst beschäftigt, rd. 1,8% weniger als am 30. 6. 1995. Von der o. g. Gesamtzahl entfielen auf den unmittelbaren öffentlichen Dienst 4 813 882, davon auf den Bund 533 165, die Länder 2 429 871, die Gemeinden und Gemeindeverbände 1 671 489, kommunale Zweckverbände 67 772, das Bundeseisenbahnvermögen 111 585, den mittelbaren öffentlichen Dienst 462 734 Personen, davon 244 123 Personen im Bundesdienst, 218 611 Personen im Landesdienst. Nach dem *Dienstverhältnis* entfielen auf Beamte, Richter und Soldaten insg. 1 902 301 (darunter 190 756 Soldaten), Angestellte 2 537 102, Arbeiter 837 213.

Die Lage auf den **Arbeitsmärkten** ist weiterhin durch starke Unterschiede zwischen den alten und den neuen Bundesländern geprägt: nur Schleswig-Holstein, Bayern, Baden-Württemberg, Rheinland-Pfalz und Hessen weisen keine zweistelligen Arbeitslosenquoten auf. Die meisten Arbeitsuchenden im Verhältnis zu den Erwerbspersonen gibt es in Brandenburg, Sachsen-Anhalt und Thüringen. Im Jahresdurchschnitt 1996 waren 3 965 100 Menschen in Deutschland arbeitslos, die Arbeitslosenquote (alle zivilen Erwerbspersonen) sank auf 10,4% (1995: 9,4%). Im

Arbeitslosenquoten in den Bundesländern im Juli 1997 (in %)

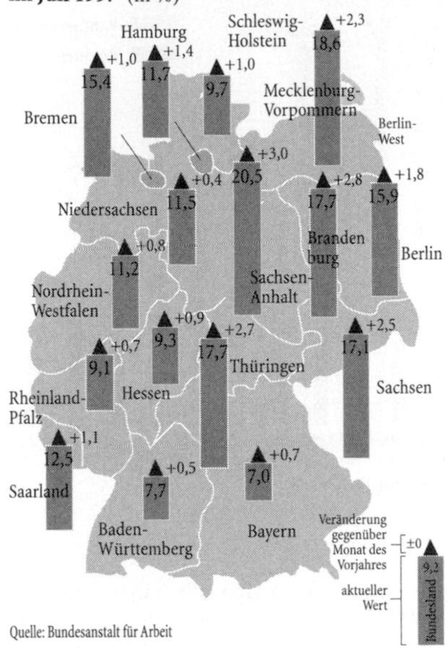

Quelle: Bundesanstalt für Arbeit

Juli 1997 waren in Deutschland 4 354 258 Personen arbeitslos, die Quote lag bei 11,4%.

Nach Angaben der Bundesanstalt für Arbeit lag die durchschnittliche **Arbeitslosenzahl** in den **alten Bundesländern** tendenziell zunehmend über Vorjahresniveau: 1996 (1995) bei 2,796 (2,565) Mio., davon 1,617 (1,464) Mio. Männer und 1,180 (1,101) Mio. Frauen. Von den Arbeitslosen waren 83 (75) Tsd. Jugendliche unter 20 Jahren; 482 (424) Tsd. waren Ausländer; 157 (156) Tsd. Schwerbehinderte; 264 (238) Tsd. waren Teilzeitarbeitsuchende. Die *Arbeitslosenquote* (Arbeitslose in% der abhängigen zivilen Erwerbspersonen) stieg im Jahresdurchschnitt 1996 auf 10,1% (1995: 9,3%). – Die Zahl der *Kurzarbeiter* stieg auf 206 (128) Tsd. – In *Arbeitsbeschaffungsmaßnahmen* waren 1996 (1995) 70 (70) Tsd. Personen tätig; an Maßnahmen zur beruflichen Weiterbildung, die vom Arbeitsamt bezahlt wurden, nahmen 307 (304) Tsd. Personen teil.

Die durchschnittliche **Arbeitslosenzahl** in den **neuen Bundesländern** stieg 1996 (1995) auf 1,169 (1,047) Mio.; dieser Anstieg zeigte sich sowohl bei den Männern mit 495 (387) Tsd. als auch bei den Frauen mit 674 (660) Tsd. Von den Arbeitslosen waren 25 (20) Tsd. Jugendliche un-

ter 20 Jahren; 14 (12) Tsd. waren Ausländer, 24 (21) Tsd. waren schwerbehindert; 39 (41) Tsd. waren Teilzeitarbeitsuchende. Die *Arbeitslosenquote* (bezogen auf abhängige zivile Erwerbspersonen) betrug im Jahresdurchschnitt 1996 (1995) 16,7 (14,9%). – Die Zahl der *Kurzarbeiter* lag im Jahresdurchschnitt bei 71 (71) Tsd. Die Zahl der an *Arbeitsbeschaffungsmaßnahmen* Beteiligten fiel im Jahresdurchschnitt auf 191 (205) Tsd. Personen; an Maßnahmen zur *beruflichen Weiterbildung*, die vom Arbeitsamt bezahlt wurden, nahmen 239 (256) Tsd. Personen teil.

Der Haushalt der **Bundesanstalt für Arbeit** weist für 1996 (1995) Einnahmen von 95,157 (90,211) Mrd. DM aus, darunter Einnahmen aus Beiträgen 88,946 (84,354) Mrd. DM. Die Ausgaben beliefen sich auf 99,450 (97,103) Mrd. DM, davon macht das Arbeitslosengeld 48,975 (48,895) Mrd. DM aus. – 1996 wurden von den Dienststellen der Bundesanstalt wegen des Verdachts der illegalen Beschäftigung und des mißbräuchlichen Bezugs von Sozialleistungen insg. 472 900 (1995: 511 800) Ermittlungsverfahren eingeleitet und 473 500 (540 600) erledigt. Die Zahl der registrierten Verstöße war allein deshalb niedriger als im Vorjahr, weil aufgrund der Kindergeldreform (Jahressteuergesetzt 1996) Verdachtsfälle aus diesem Bereich jetzt als Steuerstrafsachen oder -ordnungswidrigkeiten erfaßt werden.

Das **durchschnittliche Monatseinkommen** aus beruflicher Tätigkeit (nichtselbständige Arbeit) eines 4-Personen-Arbeitnehmerhaushalts mit

Ausgabenstruktur des privaten Verbrauchs in Ost- und Westdeutschland 1996

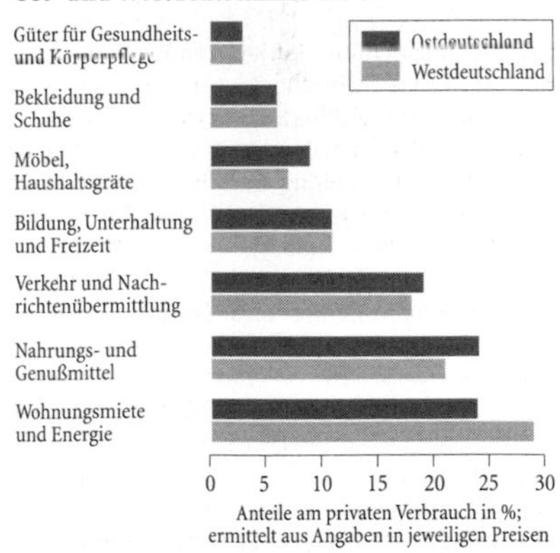

Quelle: Deutsche Bundesbank

Auslandsreisen der Deutschen 1996
(Ausgaben in Milliarden DM)

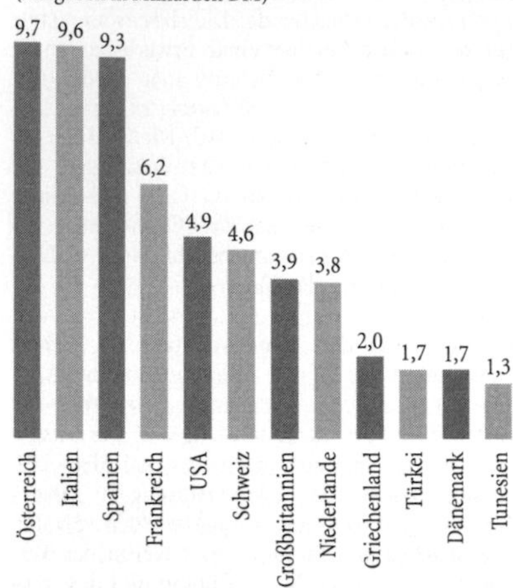

Quelle: Deutsche Bundesbank

mittlerem Einkommen betrug nach Ang. des Statistischen Bundesamts 1996 (1995) in den alten Bundesländern brutto 5417 (5366) DM, in den neuen 4398 (4308) DM. Nach Zurechnung sonstiger Einkünfte (z. B. Sparzinsen, Vermietung) ergab sich ein durchschnittliches *Haushaltsbruttoeinkommen* von 6874 (6590) (nBl: 5669 (5260)) DM/Monat. Nach Abzug von Steuern und Sozialversicherungsbeiträgen blieben als *Haushaltsnettoeinkommen* 5203 (5011) (nBl: 4344 (4067)) DM/Monat. Für den privaten Verbrauch wurden davon 4265 (4103) (nBl: 3541 (3364)) DM ausgegeben, davon u. a. für Wohnungsmiete und Energie 1228 (1188) (nBl: 820 (722)) – Nahrungs- und Genußmittel 905 (896) (nBl: 843 (825)) – Verkehr und Nachrichtenübermittlung (z. B. PKW, Telefon) 767 (704) (nBl: 690 (650)) – Bildung und Unterhaltung, Freizeit 487 (462) (nBl: 395 (382)) – Möbel und Haushaltsgeräte u.ä 306 (275) (nBl: 318 (316)) – Bekleidung und Schuhe 274 (275) (nBl: 228 (223)) – Gesundheits- und Körperpflege 148 (139) (nBl: 107 (106)).

Die **tariflichen Löhne und Gehälter** sind in Deutschland 1996 deutlich niedriger gestiegen als in den Vorjahren: Im Durchschnitt erhöhten sich die tariflichen Entgelte im Westen um knapp 1,8% (1995: 3,4%), im Osten um 3,6% (6,2%). Das Tempo der Ost-West-Angleichung hat sich jedoch deutlich verlangsamt. Das tarifliche Lohnniveau liegt Ende 1996 bei 89% des Westniveaus. Die Ausbildungsvergütungen stiegen in West-

Höhe der Renten in Deutschland 1996
(Rentenbezieher in %)

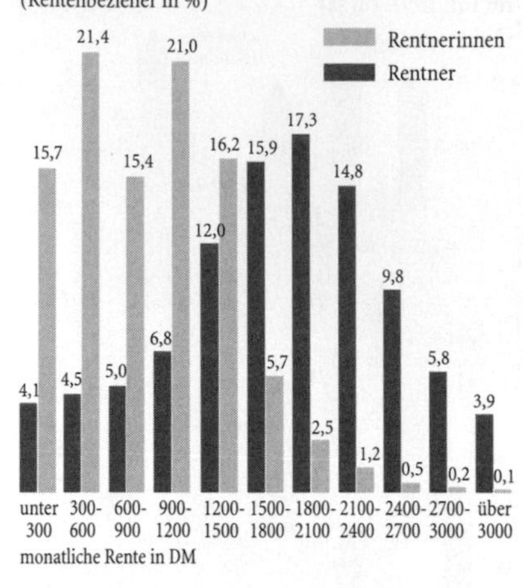

deutschland um knapp 1% (4,5%), in Ostdeutschland um 2,7% (7,2%).

Rentenbezieher: Zum 1. 7. 1996 erhielten 10 898 843 (1995: 10 285 798) Rentnerinnen und 6 814 551 (6 066 583) Rentner 21 300 000 (19 815 000) Renten aus der gesetzlichen Rentenversicherung ausbezahlt. – *Rentenbezüge* unter 600 DM erhielten im Westen 28 (47), im Osten 8 (14) von 100 Rentnerinnen. Für die Rentner belief sich der Anteil in dieser Gruppe im Westen auf 11 (10) und im Osten auf 4 (2) von 100 Rentnern.

Beim **Preisindex für die Lebenshaltungskosten** der Privathaushalte ergab sich 1996 eine Steigerung von 1,5% (+1,8%). Die Entwicklung verlief in West- und Ostdeutschland sehr unterschiedlich: in den alten Bundesländern erhöhten sich die Lebenshaltungskosten um 1,4% (1,7%). In den neuen Bundesländern wurde ein Anstieg von 2,2% (2,1%) ermittelt, der wie in den Jahren zuvor auf die Anhebung der Mieten zurückzuführen ist. Ohne Wohnungsmieten stiegen die Lebenshaltungskosten dort 1996 nur um 1,1% (1,3%).

Die **Sozialleistungen** erreichten nach Angaben des Statistischen Bundesamts 1995 (1994 – noch keine Zahlen für 1996 verfügbar) die Gesamthöhe von 1179,294 (1111,423) Mrd. DM, d.h. rd. 14,414 (13,631) DM pro Einwohner. Die Sozialleistungs-

Rentenversicherung: Anteil versicherungsfremder Leistungen an der gesamten Rentenleistung 1995

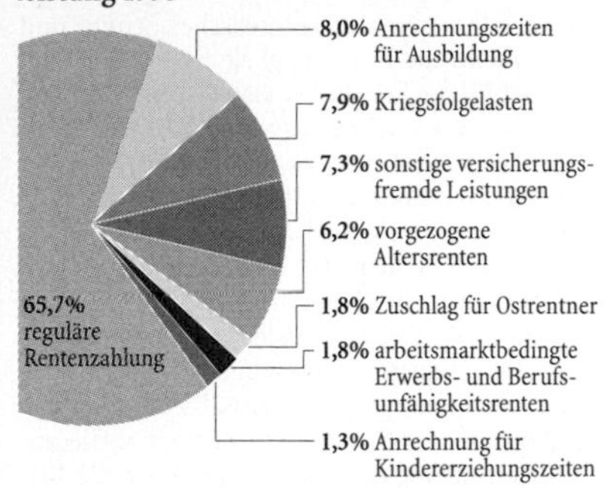

quote, d.h. der Anteil aller Sozialleistungen am Bruttosozialprodukt, betrug rd. 34,2 (33,6)%. Finanziert wurden die Sozialleistungen 1995 u.a. (in Mrd. DM) aus Beiträgen der Arbeitgeber 287,274 (unterstellte: 132,922 (1994: 275,831/unterstellte: 126,521) – öffentlichen Mitteln 381,466 (367,976) – Beiträgen der Versicherten 362,441 (341,658). – Von den gesamten *Sozialleistungen* entfielen 1995 auf (in Mrd. DM)

1. *Direkte Leistungen*: a) Allgemeine Systeme: Rentenversicherung der Arbeiter 190,869 (179,735) – Rentenversicherung der Angestellten 180,691 (164,159) – Knappschaftliche Rentenversicherung 26,510 (25,322) – Gesetzliche Krankenversicherung 241,101 (228,671) – Gesetzliche Unfallversicherung 20,338 (19,734) – Arbeitsförderung (Leistungen der Bundesanstalt für Arbeit) 129,682 (127,150) – Kindergeld 21,244 (21,069) – Erziehungsgeld 7,243 (6,681); b) Sondersysteme: Altershilfe für Landwirte 6,222 (5,819) – Versorgungswerke 2,590 (2,640); c) Beamtenrechtliche Systeme: Pensionen 55,967 (53,827) – Familienzuschläge 13,042 (12,650) – Beihilfen 14,114 (13,530); d) Arbeitgeberleistungen: Entgeltfortzahlung 55,246 (49,420) – betriebliche Altersversorgung 24,080 (23,490) – Zusatzversorgung 13,592 (12,565) – sonst. Arbeitgeberleistungen 4,583 (4,888); e) Entschädigungen: Soziale Entschädigung 14,315 (14,855) – Lastenausgleich 0,620 (0,723) – Wiedergutmachung 2,969 (2,170); f) Soziale Hilfen und Dienste: Sozialhilfe 53,328 (52,178) – Jugendhilfe 29,170 (28,540) – Ausbildungsförderung 1,859 (1,959) – Wohngeld 6,218 (6,191) – öffentlicher Gesundheitsdienst 3,394

(3,316) – Leistungen zur Vermögensbildung 10,470 (10,871)

2. *Indirekte Leistungen*: Steuerliche Maßnahmen 72,850 (69,825) – Vergünstigungen im Wohnungswesen 5,323 (5,163).

Nach vorläufigen Ergebnissen des Statistischen Bundesamts wurden 1996 49,8 Mrd. DM für **Sozialhilfe** ausgegeben, das sind 4,4% weniger als im Vorjahr. Davon entfielen 43,4 Mrd. DM (–3,8%) auf die alten Bundesländer und 6,4 Mrd. DM (–8,2%) auf die neuen Bundesländer und Berlin-Ost. Von den Gesamtausgaben der Sozialhilfe wurden für die Hilfe zum Lebensunterhalt 19,6 Mrd. DM (+4,5%) aufgewendet; die Hilfe in besonderen Lebenslagen betrug 30,2 Mrd. DM (–9,4%): davon entfielen 13,8 Mrd. DM (+4,7%) auf die Leistungen zur Eingliederung Behinderter und 13,7 Mrd. DM auf die Leistungen für Pflegebedürftigte (–21,5%). Ein wichtiger Grund für den starken Ausgaberückgang in diesem Bereich ist das Inkrafttreten der zweiten Stufe der Pflegeversicherung zum 1. 7. 1996.

Die **gesetzliche Krankenversicherung** hatte im Juni 1996 im Westen 40 591 758 (Jahresdurchschnitt 1995: 40 490 944) *Mitglieder*, im Osten 10 096 825 (10 211 307), davon Pflichtmitglieder im Westen 23 482 879 (23 754 050), im Osten 6 148 004 (6 391 847), Rentner im Westen 11 759 140 (11 708 446), im Osten 3 282 656 (3 175 054), freiwillig Versicherte im Westen 5 349 739 (5 028 448), im Osten 666 165 (644 406).

Die Zahl der **Ärztinnen/Ärzte** betrug am 31. 12. 1996 insgesamt 343 556, von denen 64 221 keine ärztliche Tätigkeit ausübten. Es waren also 279 335 Ärztinnen und Ärzte in ihrem Beruf tätig, das waren 5455 mehr als ein Jahr vorher. In Krankenhäusern arbeiteten 48,4% der tätigen Ärzteschaft, in freier Praxis 40,3%, in Behörden und Körperschaften 9,5%. Auf den berufstätigen Arzt kommen 294 Einwohner, dies entspricht umgekehrt einer Relation von 340 Ärzten je 100 000 Einwohner. – Ärztinnen/Ärzte nach Fachgebieten u.a.: Allgemeinmedizin 33 190, Innere Medizin 32 516, Chirurgie 15 260, Frauenheilkunde 13 710, Anästhesie 12 449, Kinderheilkunde 10 777, Nervenheilkunde 6327, Orthopädie 6688 Augenheilkunde 6119, Radiologie 5722, Hals-, Nasen- und Ohrenheilkunde 5006, Haut- und Geschlechtskrankheiten 4240, Urologie 3942.

Stichwort Energiekonsens (→ Farbkarte XXIV)

Seit Mitte der 70er Jahre hat es in Deutschland verschiedene Versuche gegeben, zu einem Konsens in der Energiepolitik zu gelangen. Der sog. »Bürgerdialog Kernenergie« ist seinerzeit gescheitert und eskalierte in z.T. gewalttätigen Auseinandersetzungen zwischen Anti-Atom-Bewegung auf der einen sowie Staat und Atomindustrie auf der anderen Seite. Auch der Versuch, die Debatte durch die Arbeit der Enquête-Kommission des Deutschen Bundestages »Zukünftige Kernenergiepolitik«, die 1980 »denkbare zukünftige« Entwicklungspfade beschrieb, zu versachlichen, führte nicht zum Ziel. Im Gegenteil verfestigten sich nahezu unüberwindbare Hindernisse zwischen den energiepolitischen Vorstellungen der verschiedenen gesellschaftlichen Gruppen. Diese Polarisierung verstärkte sich noch nach der Reaktorkatastrophe im Jahre 1986 in Tschernobyl. Während die Grünen ihre Forderung nach einem Sofortausstieg aus der Kernenergie bekräftigt sahen und sich die SPD auf einem Ausstieg innerhalb eines Zehnjahreszeitraums festlegte, blieben CDU/CSU und FDP bei ihrer positiven Haltung gegenüber der Kernenergie.

Auch die Enquête-Kommissionen »Schutz der Erde« und »Schutz der Erdatmosphäre«, die Ende 1995 ihren Schlußbericht vorlegten, konnten das politische Dilemma nicht lösen. Beide Kommissionen wiesen auf die Notwendigkeit hin, die Gefahren einer anthropogenen, d.h. menschengemachten und v.a. auf die Verbrennung fossiler Energieträger zurückzuführenden Erwärmung der Erdatmosphäre ernst zu nehmen und dieser energiepolitisch entgegenzuwirken. Diesbezüglich zeigten sie im Rahmen von Szenarioanalysen Zukunftsbilder für eine ausreichend sichere, ökologisch und ökonomisch verträgliche Energieversorgung mit oder ohne Kernenergie und erstellten einen umfangreichen Maßnahmenkatalog.

Die scheinbar unüberbrückbaren Gegensätze in der energiepolitischen Debatte traten auch bei den ersten Energiekonsensgesprächen der 90er Jahre, die 1993 und 1995 jeweils zwischen Energiewirtschaft, Regierungs- und Oppositionsparteien und Gewerkschafen stattfanden, wieder offen zu Tage. Konkrete Vereinbarungen konnten nicht getroffen werden. Dies gilt bisher auch für die neuerlichen, im wesentlichen unter Ausschluß der Öffentlichkeit stattfindenen Gespräche zwischen CDU/CSU und FDP sowie SPD.

Obwohl allen Parteien angesichts der anstehenden Probleme (Umweltauswirkungen, Entsorgungsproblematik atomarer Abfälle, Liberalisierungstendenzen in den europäischen Strom- und Gasmärkten) die Notwendigkeit eines breiten gesellschaftlichen Konsenses klar ist, beschränken sich die Energiekonsensgespräche wiederum hauptsächlich auf eine Diskussion und einen z.T. heftigen Streit über Detailprobleme, während gesamtenergiewirtschaftliche Lösungen weitgehend unbetrachtet bleiben. Deshalb bleiben selbst in einigen einigungsfähigen Punkten konkrete Schritte und Vereinbarungen weitgehend aus, z.B. der dringend notwendige Einstieg in die »Solar- und Energieeinsparwirtschaft«.

Im Zentrum des Streits steht heute v.a. die zukünftige Nutzung der Kernenergie sowie die Beihilfen für die deutsche Steinkohle. Die Steinkohlesubventionen sorgten insbesondere im März 1997 für eine hitzige Debatte. Erst nach massiven Protesten der Bergleute konnten sich Bundesregierung, Kohleländer, Bergbauunternehmen und Gewerkschaft auf die Höhe der Steinkohlebeihilfen bis zum Jahr 2005 einigen (→ Chronik). Dadurch soll zwar ein überlebensfähiger Kohlebergbau aufrechterhalten werden, Zechenstillegungen (ca. 7 bis 8) und ein massiver Arbeitsplatzabbau (von 86 000 auf rund 39 000 in 2005) kann aber nicht verhindert werden. Erschwert wurde die Einigung dadurch, daß die Regierung die Kohleproblematik mit der Entsorgungsfrage (von Atommüll) verknüpfen wollte.

Inzwischen konzentrieren sich die Meinungsverschiedenheiten hauptsächlich auf die zukünftigen Nutzungsformen der Kernenergie. Dabei geht es um folgende Punkte:

- Bestandsschutz für die in Betrieb befindlichen Kernkraftwerke,
- Option auf die Entwicklung und den Bau einer neuen Reaktorlinie (inklusive eines standortunabhängigen Genehmigungsverfahrens),
- Transportkonzepte für radioaktive Abfälle (Castor-Transporte),
- Entsorgung/Endlagerung radioaktiver Abfälle.

Eine entscheidende Bedeutung für die Verhandlungen spielt dabei immer wieder der ursprünglich als »Entsorgungspark« und damit als wesentlicher Bestandteil für den Brennstoffkreislauf konzipierte Standort Gorleben. Dort ist eine Demonstrationsanlage zur endlagergerechten Verpackung verbrauchter Brennelemente (Pilotkonditionierungsanlage) fast fertiggestellt und ein Zwischenlager für hochaktiven Strahlenmüll bereits in Betrieb. Da sich die Verhandlungspartner aufgrund der langen Abklingzeiten radioaktiver Abfälle weitgehend darüber einig sind, daß bezüglich der Entscheidung über die Eignung des Salzstocks Gorleben als Endlager kein akuter Entscheidungsbedarf vorliegt, konzentriert sich der Streit zunehmend auf die Frage der Zwischenlagerung abgebrannter Brennelemente.

Seit der Änderung des Atomgesetzes im Rahmen des 1994 vom Bundestag verabschiedeten Artikelgesetzes, das die direkte Endlagerung abgebrannter Brennelemente ohne vorherige Wiederaufbereitung erstmals zuläßt, stellt die Zwischenlagerung für die Kraftwerksbetreiber die zentrale Größe für den »Entsorgungsnachweis« dar. Diskutiert wird seither, ob die zentrale Zwischenlagerung in Gorleben und u. U. im westfälischen Ahaus (weitgehend baugleiche Anlage wie Gorleben) dezentralen Lösungen an den Kernkraftwerken vorzuziehen ist. Dezentral bestehen dabei im wesentlichen zwei Möglichkeiten. Zum einen könnten die an den Kraftwerksstandorten bestehenden Abklingbecken – bis zur tatsächlichen Endlagerung – zur Aufnahme der abgebrannten Brennelemente herangezogen werden. Dies würde im Vergleich zur zentralen Zwischenlagerung zu einer drastischen Reduktion der bundesweiten Atommülltransporte führen (die vertraglich festgelegten Castor-Transporte mit Abfällen aus den Wiederaufbereitungsanlagen in La Hague und Sellafield bleiben hiervon unbeeinflußt), wird aber von den Kraftwerksbetreibern abgelehnt, da über die Kapazität der Abklingbecken indirekte Vorgaben über die Restbetriebszeiten der Kernkraftwerke verbunden wären. Alternativ wird daher auch die Errichtung von neuen Trokkenlagern an den Kraftwerksstandorten diskutiert. Diese könnten eine für Jahrzehnte ausreichende Zwischenlagerkapazität aufweisen und die Zeitspanne (bis zum Jahr 2030 oder später) schließen, bis ein Endlager verfügbar ist. Obwohl derartige Lager im Vergleich zu den Naßlagern geringere Sicherheitsprobleme aufweisen (die Notwendigkeit zu einer aktiven Kühlung entfällt ebenso wie Korrosionsprobleme), weigern sich die Atomkraftgegner bisher weitgehend, an einem solchen Konzept mitzuarbeiten.

Von dem Verhandlungsführer der SPD-Fraktion, dem niedersächsischen Ministerpräsidenten *Gerhard Schröder*, wird vor dem Hintergrund eines gerechteren »regionalen Lastenausgleichs« eine dritte Lösung favorisiert: ein neues zentrales Zwischenlager in Süddeutschland. Für eine derartige Lösung scheint er – im Gegensatz zu weiten Teilen der SPD – auch bereit, der Industrie die Entwicklung eines neuen Reaktortyps freizustellen und einen rechtlichen Bestandsschutz für die bestehenden Reaktoren festzustellen.

Da in den aufgeführten Fragen bisher keine Einigung zwischen Energiewirtschaft, Bundesregierung und Opposition erzielt werden konnte, will die Bundesregierung das Atomrecht nun im Alleingang ändern, um ein standortunabhängiges Prüfverfahren für neue Atomkraftwerke ohne Mitwirkung der Länder und der Öffentlichkeit zu ermöglichen. Der Bau eines neuen Kernkraftwerkes in Deutschland wäre damit aber keineswegs gesichert. Zwar könnten hierdurch neue Impulse für die Entwicklung einer neuen Reaktorlinie, die derzeit von Siemens und der französischen Framatome betrieben wird, gegeben werden und frühzeitig überprüft werden, ob dieser Reaktortyp den deutschen Sicherheitsanforderungen genügt. Die Baugenehmigung selber obliegt nach wie vor den Ländern. Mit dieser Vorgehensweise erscheint ein Scheitern auch dieser Konsensrunde mehr als wahrscheinlich.

Vor dem Hintergrund der stockenden und immer wieder gescheiterten Konsensversuche der Politik mehren sich die Stimmen aus der Wissenschaft, die einen Grundkonsens für eine neue Energiepolitik in die Richtung eines innovativen Weges zu einer Solar- und Energieeinsparwirtschaft einfordern. Jüngstes Beispiel hierfür ist das von der Wissenschaftlergruppe Energie 2010 initiierte Memorandum für eine neue Energiepolitik vom Mai 1997, dessen zentrale Eckpunkte zusammengefaßt lauten:

- sukzessiver Ausstieg aus der Kernenergie bis zum Jahr 2010,
- effiziente Energienutzung und verstärkte Ausschöpfung erneuerbarer Energien als Eckpfeiler einer zukunftsorientierten Energiepolitik,
- ökologisch und sozialverträglicher Umbau der Kohleregionen und verstärkter Einsatz von Erdgas als Übergangsstrategie (Verringerung der durch den Treibhauseffekt drohenden Gefahren),
- Einstieg in einen energiepolitischen Diskurs unter Einbeziehung der Öffentlichkeit als flankierendes Element einer konsensorientierten Energiepolitik.

Nach der Überzeugung der Wissenschaftlergruppe führt die Ausschöpfung der Energieeinsparpotentiale und die verstärkte Nutzung der erneuerbarern Energien nicht nur zu einer umweltverträglichen und hinreichend sicheren Energieversorgung, sondern über eine hierdurch ausgelöste Innovations- und Investitonsdynamik zur Schaffung neuer Arbeitsplätze.

Die Frage nach der zukünftigen Energiepolitik ist auch in anderen Ländern Europas, umstritten. Am Beispiel → Schweden läßt sich zeigen, daß es möglich ist, nicht nur politische Entscheidungen zu treffen, sondern auch umzusetzen.

(*Manfred Fischedick*)

Dominica *Mittel-Amerika; Karibik*

Commonwealth of Dominica – WD
(→ Karten VI, L 8 und VIII a, E 3)

Fläche (Weltrang: 171.): 749,8 km²

Einwohner (181.): F 1995 73 000 = 97 je km²

Hauptstadt: Roseau – Z 1991: 16 534 Einw.

Amtssprache: Englisch

Bruttosozialprodukt 1995 je Einw.: 2990 $

Währung: 1 Ostkarib. Dollar (EC$) = 100 Cents

High Commissioner for the Commonwealth of Dominica, 1, Collingham Gardens, GB – London SW5 OHW, T 0044-171/3 70 51 94-5

Landesstruktur Fläche: 749,8 km² – **Bevölkerung**: Dominicaner; (Z 1991) 71 183 Einw. – 91% Schwarze, 6% Mulatten und Kreolen, 1,5% Indianer; weiße Minderheit – **Leb.-Erwart.** 1995: 73 J. – **Säugl.-Sterbl.** 1995: 1,7% – **Kindersterbl.** 1995: 2,1% – Jährl. **Bev.-Wachstum** ∅ 1985–95: –0,1% (Geb.- und Sterbeziffer 1992: 2,6%/0,8%) – **Analph.** 1990: 3% – **Sprachen**: Englisch, kreol. Französisch (Patois), im NO engl. Dialekt (Cocoy) – **Religion** 1991: 93% Christen (davon 80% Katholiken); Minderh. von Muslimen, Hindus, Juden und Bahai – **Städt. Bev.** 1990: 41%

Staat Republik (im Commonwealth) seit 1978 – Verfassung von 1978 – Parlament (House of Assembly) mit 30 Mitgl. (21 gewählt, 5 vom Regierungschef und 4 durch Opposition ernannte Senatoren); Wahl alle 5 J. – Wahl des Staatsoberh. durch das Parlament alle 5 J. – Wahlrecht ab 18 J. – **Verwaltung**: 10 Bezirke – **Staatsoberhaupt**: Crispin Sorhaindo, seit 1993 – **Regierungschef und Äußeres**: Edison C. James (UWP-Vors.), seit 1995 – **Parteien**: Wahlen vom 12. 6. 1995: United Worker's Party/UWP 11 Sitze (1990: 6), Labour Party/DLP 5 (4), Freedom Party/DFP 4 (11), 1 Sitz vakant – **Unabh.**: 3. 11. 1978 (seit 1854 brit. Kronkolonie, 1967–78 Teil der Westind. Assoz. Staaten) – **Nationalfeiertag**: 3. 11. (Unabhängigkeitstag)

Wirtschaft Währung: 1 US-$ = 2,7169 EC$; 1 DM = 1,5578 EC$; Bindung an US-$ – **BSP** 1995: 218 Mio. $ – **BIP** 1991: 150,3 Mio. $; realer Zuwachs 1991/92: +2,6%; Anteil (1992) **Landwirtsch.** 26%, **Industrie** 21%, **Dienstl.** 59% – **Erwerbstät.** 1989: Landw. 26%, Ind. 21%, Dienstl. 53% – **Arbeitslosigkeit** ∅ 1991: 15% – **Energieverbrauch** 1994: 290 kg ÖE/Ew. – **Inflation** ∅ 1985–95: 4,4% – **Ausl.-Verschuld.** 1993: 89,5 Mio. $ – **Außenhandel** 1992: **Import**: 111 Mio. $; Güter 1991: 23% Nahrungsmittel, 22% Maschinen und Transportausrüstungen, 25% Industriegüter, 12% chem. Prod.; Länder 1991: 31% USA, 14% Großbritannien, 10% Trinidad und Tobago, 4% St. Lucia, 3% Barbados; **Export**: 56 Mio. $; Güter 1991: 69% landwirtschaftl. Prod., 25% chem. Prod.; Länder 1991: 56% Großbritannien, 11% Jamaika, 6% Italien, 6% Guadeloupe

Dominikanische Republik

Mittel-Amerika; Karibik
República Dominicana – DOM
(→ Karten VI, K/L 8 und VIII a, C/D 3)

Fläche (Weltrang: 128.): 48 422 km²

Einwohner (86.): F 1995 7 822 000 = 162 je km²

Hauptstadt: Santo Domingo
Z 1993: 2 138 262 Einw.

Amtssprache: Spanisch

Bruttosozialprodukt 1995 je Einw.: 1460 $

Währung: 1 Dom. Peso (dom$) = 100 Centavos

Botschaft der Dominikanischen Republik
Burgstr. 87, 53177 Bonn, 0228/36 49 56

Landesstruktur Fläche: 48 422 km² – **Bevölkerung**: Dominikaner; (Z 1993) 7 089 041 Einw. –

Staaten

100 km

Kantone:

1 Aargau
2 Appenzell Innerrh.
3 Appenzell Ausserrh.
4 Basel-Landschaft
5 Basel-Stadt
6 Bern
7 Fribourg (Freiburg)
8 Genève (Genf)
9 Glarus
10 Graubünden
11 Jura
12 Luzern
13 Neuchâtel (Neuenburg)
14 Nidwalden
15 Obwalden
16 Sankt Gallen
17 Schaffhausen
18 Schwyz
19 Solothurn
20 Thurgau
21 Ticino (Tessin)
22 Uri
23 Valais (Wallis)
24 Vaud (Waadt)
25 Zug
26 Zürich

Staatsgrenze
Ländergrenze
Regierungsbezirks- u. Kantonsgrenze

über 1 000 000 Einw.
500 000 - 1 000 000 Einw.
100 000 - 500 000 Einw.
unter 100 000 Einw.

Wien Hauptstadt eines Staates
München Hauptstadt eines Bundeslandes
Lausanne Verwaltungssitz eines Regierungsbezirks oder Kantons

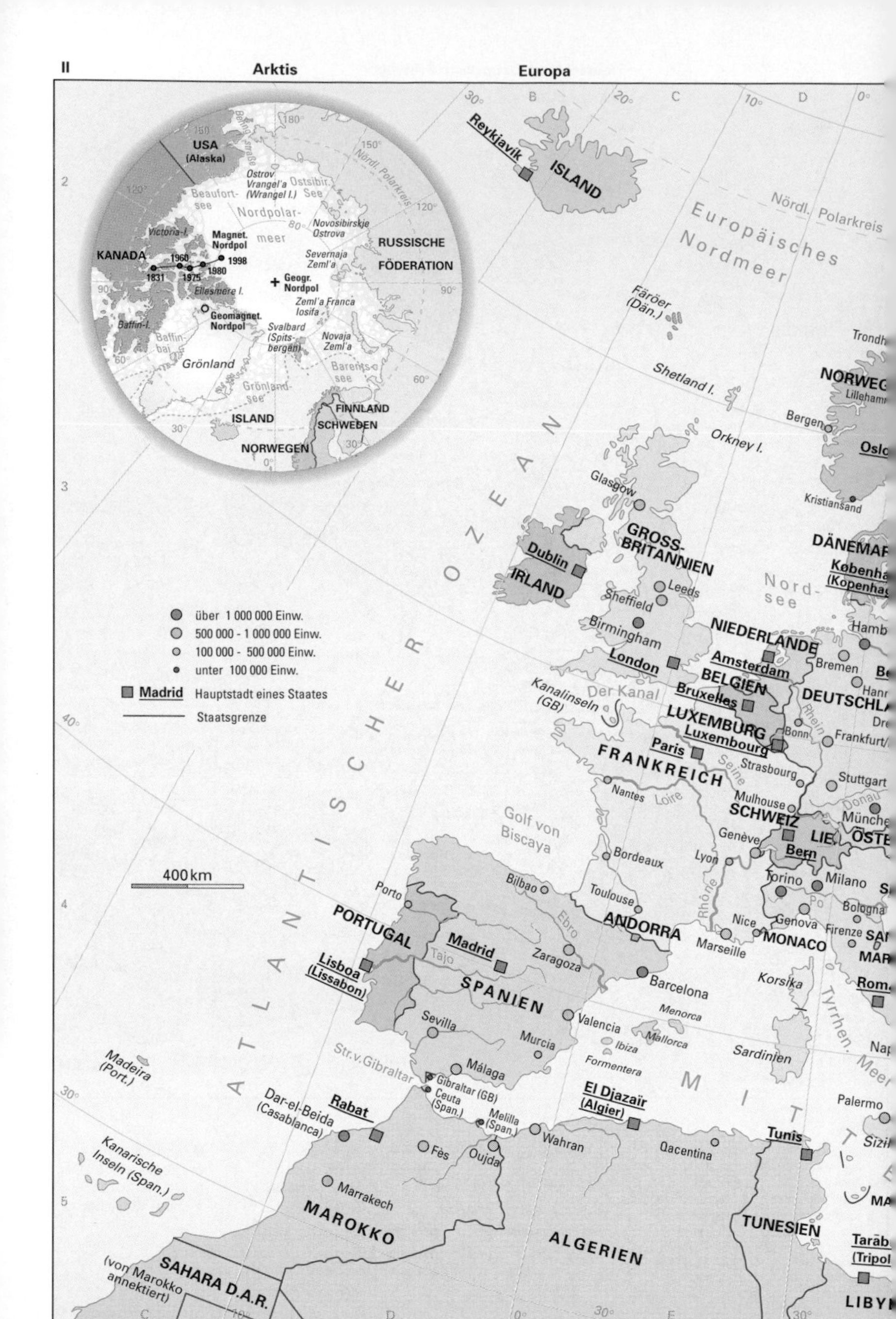
USA
(Alaska)
Beringstraße
Ostrov Vrangel'a (Wrangel I.)
Ostsibir. See
Beaufort-see
Nordpolar-meer
Nördl. Polarkreis
Victoria-I.
Magnet. Nordpol
Novosibirskje Ostrova
RUSSISCHE FÖDERATION
KANADA
1831
1960
1975
1980
1998
Severnaja Zeml'a
Geogr. Nordpol
Ellesmere I.
Zeml'a Franca Iosifa
Geomagnet. Nordpol
Baffin-I.
Baffin-bai
Svalbard (Spitsbergen)
Novaja Zeml'a
Grönland
Barents-see
Grönland-see
FINNLAND
ISLAND
SCHWEDEN
NORWEGEN
Reykjavik
ISLAND
Nördl. Polarkreis
Europäisches Nordmeer
Färöer (Dän.)
Trondh
Shetland I.
NORWEG
Lillehamm
Bergen
Orkney I.
Oslo
Glasgow
Kristiansand
GROSS-BRITANNIEN
DÄNEMAR
Dublin
IRLAND
København (Kopenhag
Leeds
Sheffield
Nord-see
Birmingham
NIEDERLANDE
Hamb
London
Amsterdam
Bremen
BELGIEN
Hanr
Der Kanal
Kanalinseln (GB)
Bruxelles
DEUTSCHLA
LUXEMBURG
Rhein
Luxembourg
Bonn
Frankfurt
Paris
FRANKREICH
Seine
Strasbourg
Stuttgart
Nantes
Loire
Mulhouse
Donau
SCHWEIZ
Münche
Golf von Biscaya
Genève
LIE.
ÖSTE
Bern
Bordeaux
Lyon
Bilbao
Torino
Milano
Toulouse
Porto
Ebro
Rhône
Bologna
Po
PORTUGAL
ANDORRA
Nice
Genova
Firenze
MONACO
SAN
MAR
Madrid
Marseille
Zaragoza
Tajo
Lisboa (Lissabon)
Barcelona
Korsika
Roma
SPANIEN
Menorca
Tyrrhen. Meer
Valencia
Sevilla
Mallorca
Murcia
Ibiza
Sardinien
Nap
Madeira (Port.)
Formentera
Str. v. Gibraltar
Málaga
Gibraltar (GB)
Ceuta (Span.)
El Djazaïr (Algier)
Palermo
Dar-el-Beida (Casablanca)
Rabat
Melilla (Span.)
Wahran
Tunis
Fès
Oujda
Qacentina
Kanarische Inseln (Span.)
Marrakech
MAROKKO
ALGERIEN
TUNESIEN
Tarābulus (Tripol
SAHARA D.A.R.
(von Marokko annektiert)
LIBY
ATLANTISCHER OZEAN
MITTELMEER
über 1 000 000 Einw.
500 000 - 1 000 000 Einw.
100 000 - 500 000 Einw.
unter 100 000 Einw.
Madrid Hauptstadt eines Staates
Staatsgrenze
400 km

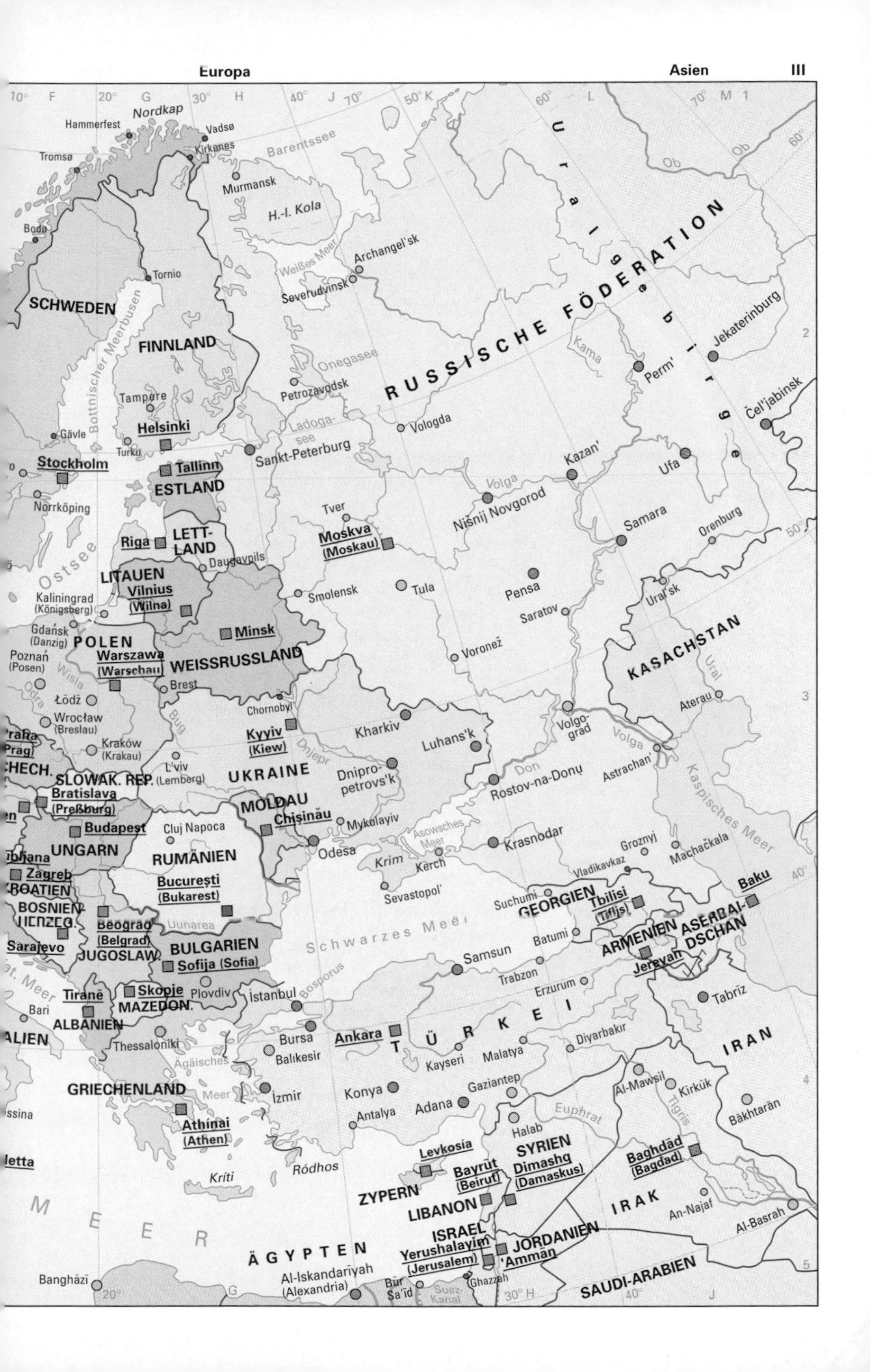

RUSSISCHE FÖDERATION
Nordkap
Hammerfest
Vadsø
Kirkenes
Tromsø
Barentssee
Murmansk
H.-I. Kola
Bodø
Archangel'sk
Weißes Meer
Severodvinsk
Tornio
SCHWEDEN
Bottnischer Meerbusen
FINNLAND
Uralgebirge
Ob
Kama
Perm'
Jekaterinburg
Onegasee
Petrozavodsk
Tampere
Helsinki
Turku
Gävle
Ladogasee
Vologda
Sankt-Peterburg
Čel'jabinsk
Ufa
Kazan'
Stockholm
Tallinn
ESTLAND
Norrköping
Volga
Nišnij Novgorod
Tver
Samara
Orenburg
Riga
LETTLAND
Moskva (Moskau)
Ostsee
LITAUEN
Daugavpils
Vilnius (Wilna)
Kaliningrad (Königsberg)
Smolensk
Tula
Pensa
Ural'sk
Saratov
Minsk
Gdańsk (Danzig)
POLEN
Warszawa (Warschau)
Poznań (Posen)
WEISSRUSSLAND
Voronež
KASACHSTAN
Ural
Wisla
Odra
Brest
Łódź
Bug
Chornobyl'
Aterau
Wrocław (Breslau)
Kyyiv (Kiew)
Kharkiv
Volgograd
Praha (Prag)
Kraków (Krakau)
Dnjepr
Luhans'k
Volga
Astrachan'
L'viv (Lemberg)
UKRAINE
Dnipropetrovs'k
Don
Rostov-na-Donu
SLOWAK. REP.
Bratislava (Preßburg)
MOLDAU
Chişinău
Kaspisches Meer
Budapest
Cluj Napoca
Mykolayiv
Asowsches Meer
Krasnodar
Groznyj
Machačkala
UNGARN
Odesa
Krim
Kerch
Zagreb
RUMÄNIEN
Vladikavkaz
Bucureşti (Bukarest)
Sevastopol'
Suchumi
GEORGIEN
Tbilisi (Tiflis)
Baku
BOSNIEN-
Beograd (Belgrad)
Dunarea
Schwarzes Meer
Batumi
ARMENIEN
ASERBAI-DSCHAN
Sarajevo
JUGOSLAW.
BULGARIEN
Sofija (Sofia)
Samsun
Jerevan
Bosporus
Trabzon
Erzurum
Tiranë
Skopje
MAZEDON.
Plovdiv
İstanbul
Tabrīz
Bari
ALBANIEN
Bursa
Ankara
TÜRKEI
Diyarbakır
IRAN
Thessaloniki
Balıkesir
Kayseri
Malatya
Ägäisches Meer
Al-Mawsil
Kirkūk
GRIECHENLAND
İzmir
Konya
Gaziantep
Tigris
Adana
Euphrat
Bākhtarān
Antalya
Halab
Athínai (Athen)
Levkosía
SYRIEN
Baghdād (Bagdad)
Dimashq (Damaskus)
Kríti
Ródhos
Bayrūt (Beirut)
ZYPERN
LIBANON
IRAK
An-Najaf
Al-Basrah
MEER
ISRAEL
JORDANIEN
ÄGYPTEN
Yerushalayim (Jerusalem)
'Ammān
Al-Iskandarīyah (Alexandria)
Būr Sa'īd
Suez-Kanal
Ghazzah
SAUDI-ARABIEN
Banghāzī

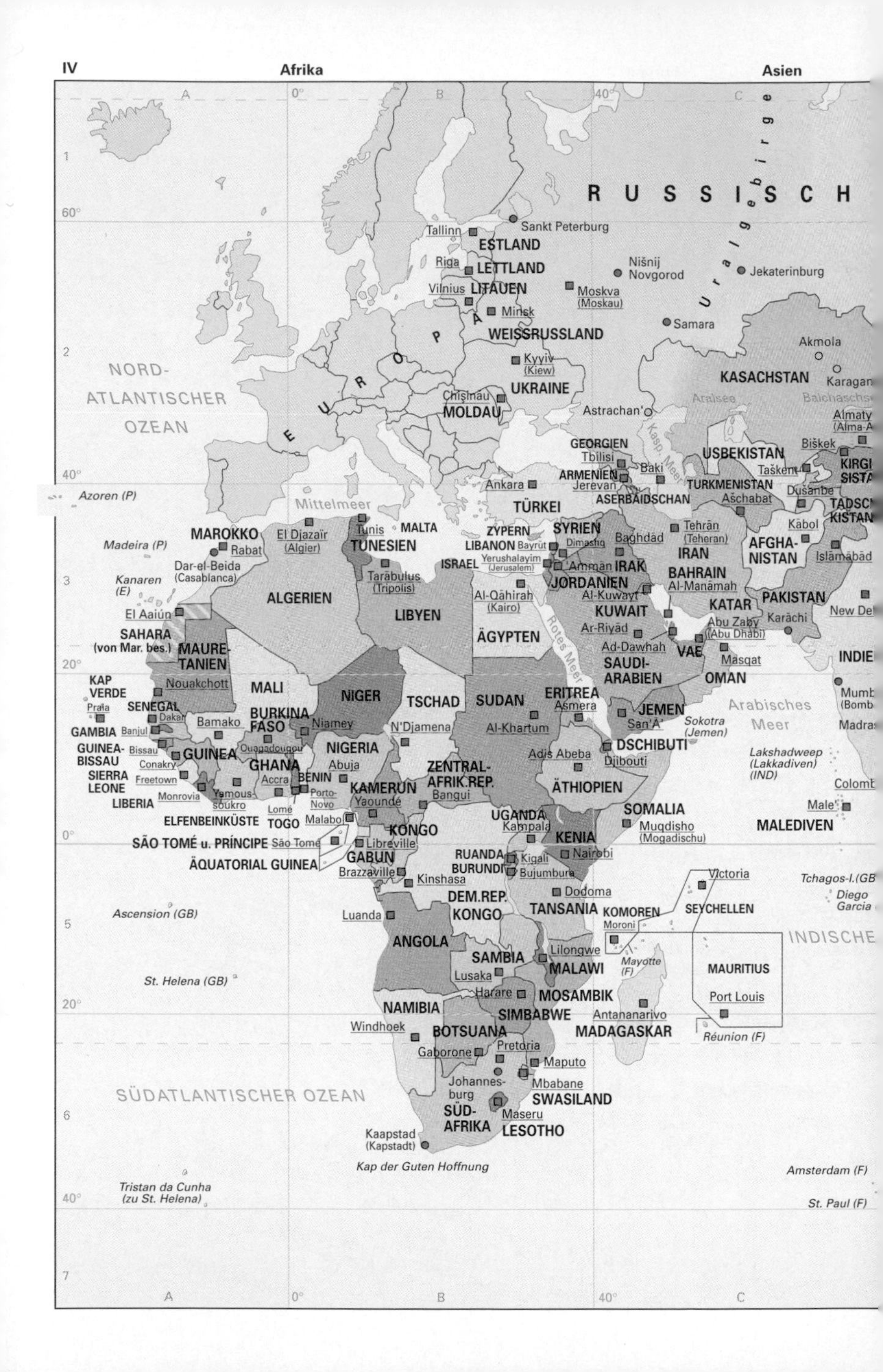

RUSSISCH
Uralgebirge
Sankt Peterburg
Tallinn
ESTLAND
Riga
LETTLAND
Vilnius
LITAUEN
Nišnij Novgorod
Jekaterinburg
Moskva (Moskau)
Minsk
WEISSRUSSLAND
Samara
EUROPA
Akmola
Karagan
KASACHSTAN
Kyyiv (Kiew)
UKRAINE
Chişinău
MOLDAU
Astrachan'
Aralsee
Balchaschsee
Almaty (Alma-A
Biškek
NORD-ATLANTISCHER OZEAN
GEORGIEN
Tbilisi
Kasp. Meer
USBEKISTAN
Taškent
KIRGI STA
ARMENIEN
Jerevan
Baki
TURKMENISTAN
Ašchabat
Dušanbe
TADSC KISTAN
Ankara
ASERBAIDSCHAN
Azoren (P)
Mittelmeer
TÜRKEI
Tunis
MALTA
ZYPERN
SYRIEN
Tehrān (Teheran)
Kābol
MAROKKO
El Djazaïr (Algier)
TUNESIEN
LIBANON
Bayrūt
Dimashq
Baghdād
AFGHA-NISTAN
Islāmābād
Madeira (P)
Rabat
Dar-el-Beida (Casablanca)
ISRAEL
Yerushalayim (Jerusalem)
'Ammān
IRAK
IRAN
Kanaren (E)
Ṭarābulus (Tripolis)
JORDANIEN
BAHRAIN
Al-Manāmah
Al-Kuwayt
PAKISTAN
New Del
ALGERIEN
Al-Qāhirah (Kairo)
KUWAIT
KATAR
El Aaiún
LIBYEN
Ar-Riyāḍ
Karāchi
Rotes Meer
Abu Zaby (Abu Dhabi)
SAHARA (von Mar. bes.)
MAURETANIEN
ÄGYPTEN
Ad-Dawhah
VAE
Masqat
INDIE
SAUDI-ARABIEN
OMAN
KAP VERDE
Nouakchott
MALI
Mumb (Bomb
Praia
SENEGAL
Dakar
NIGER
TSCHAD
SUDAN
ERITREA
Asmera
JEMEN
Arabisches Meer
GAMBIA
Banjul
Bamako
BURKINA FASO
Niamey
N'Djamena
Al-Khartum
San'A'
Sokotra (Jemen)
Madras
GUINEA-BISSAU
Bissau
GUINEA
Ouagadougou
NIGERIA
Adis Abeba
DSCHIBUTI
Djibouti
Conakry
GHANA
Abuja
Lakshadweep (Lakkadiven) (IND)
SIERRA LEONE
Freetown
Accra
BENIN
ZENTRAL-AFRIK.REP.
Bangui
ÄTHIOPIEN
Colomb
LIBERIA
Monrovia
Yamoussoukro
Porto-Novo
KAMERUN
Yaoundé
SOMALIA
Male
ELFENBEINKÜSTE
Lomé
TOGO
Malabo
UGANDA
Kampala
Muqdisho (Mogadischu)
MALEDIVEN
KONGO
KENIA
SÃO TOMÉ u. PRÍNCIPE
São Tomé
Libreville
RUANDA
Kigali
Nairobi
ÄQUATORIAL GUINEA
GABUN
BURUNDI
Bujumbura
Brazzaville
Kinshasa
Victoria
Tchagos-I.(GB
Dodoma
Diego Garcia
DEM.REP. KONGO
TANSANIA
KOMOREN
SEYCHELLEN
Ascension (GB)
Luanda
Moroni
INDISCHE
ANGOLA
Lilongwe
SAMBIA
Mayotte (F)
MALAWI
MAURITIUS
St. Helena (GB)
Lusaka
Harare
MOSAMBIK
Port Louis
NAMIBIA
SIMBABWE
Antananarivo
Windhoek
BOTSUANA
MADAGASKAR
Réunion (F)
Gaborone
Pretoria
Maputo
Johannesburg
Mbabane
SÜDATLANTISCHER OZEAN
SWASILAND
SÜD-AFRIKA
Maseru
LESOTHO
Kaapstad (Kapstadt)
Kap der Guten Hoffnung
Amsterdam (F)
Tristan da Cunha (zu St. Helena)
St. Paul (F)

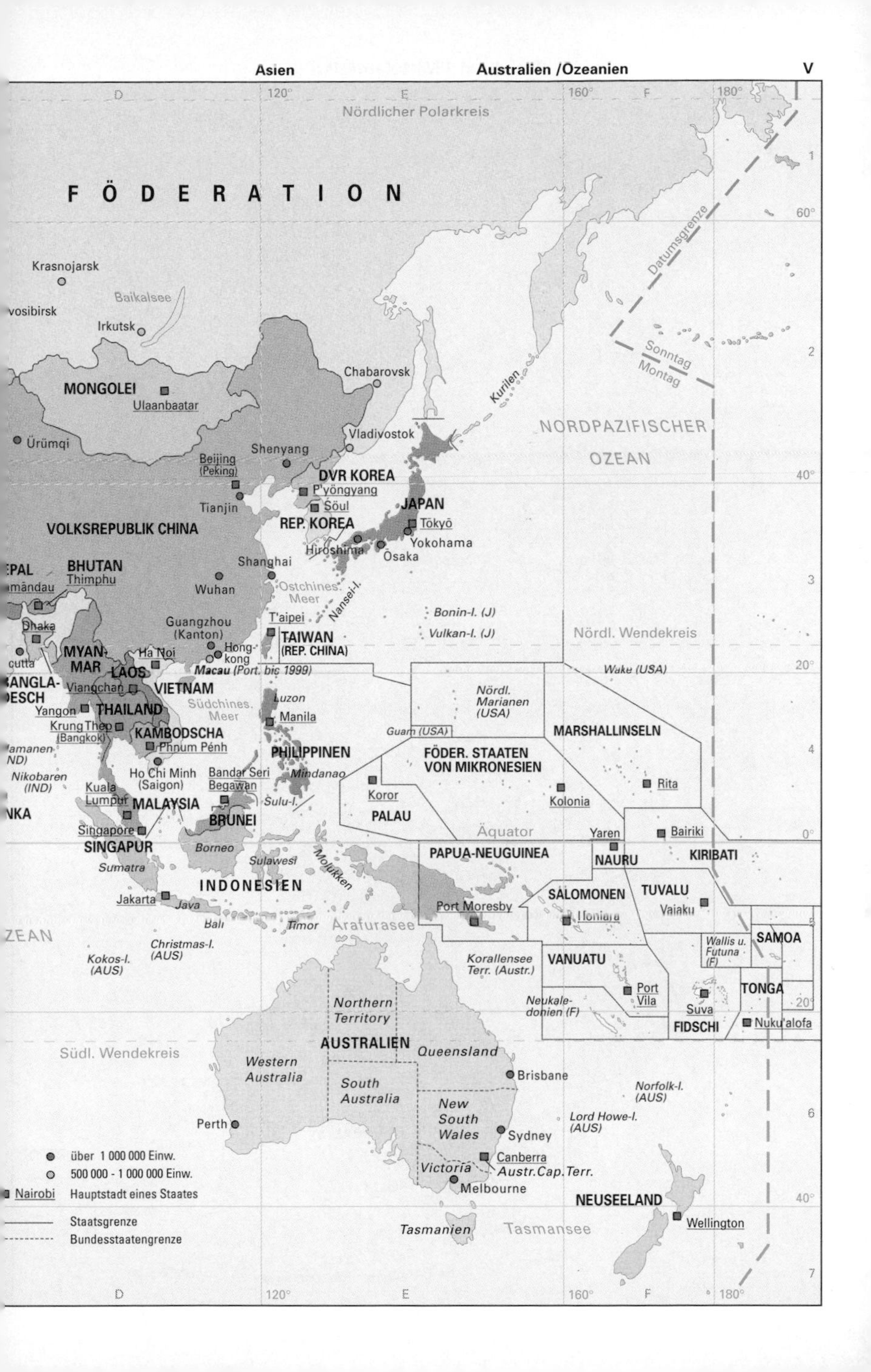

Nördlicher Polarkreis
FÖDERATION
Krasnojarsk
Baikalsee
Irkutsk
MONGOLEI
Ulaanbaatar
Chabarovsk
Ürümqi
Vladivostok
Shenyang
Beijing (Peking)
DVR KOREA
P'yŏngyang
Sŏul
Tianjin
JAPAN
REP. KOREA
Tōkyō
Yokohama
VOLKSREPUBLIK CHINA
Hiroshima
Ōsaka
BHUTAN
Thimphu
Shanghai
Wuhan
Ostchines. Meer
Nansei-I.
Guangzhou (Kanton)
T'aipei
TAIWAN (REP. CHINA)
Hongkong
Ha Noi
MYANMAR
LAOS
Macau (Port. bis 1999)
Viangchan
VIETNAM
Südchines. Meer
Yangon
THAILAND
Krung Thep (Bangkok)
KAMBODSCHA
Phnum Pénh
Ho Chi Minh (Saigon)
Nikobaren (IND)
Kuala Lumpur
MALAYSIA
Bandar Seri Begawan
BRUNEI
Singapore
SINGAPUR
Borneo
Sumatra
Sulawesi
Molukken
INDONESIEN
Jakarta
Java
Bali
Timor
Arafurasee
Christmas-I. (AUS)
Kokos-I. (AUS)
Luzon
Manila
PHILIPPINEN
Mindanao
Sulu-I.
Kurilen
Datumsgrenze
Sonntag
Montag
NORDPAZIFISCHER OZEAN
Bonin-I. (J)
Vulkan-I. (J)
Nördl. Wendekreis
Wake (USA)
Nördl. Marianen (USA)
Guam (USA)
MARSHALLINSELN
FÖDER. STAATEN VON MIKRONESIEN
Koror
PALAU
Kolonia
Rita
Äquator
Yaren
Bairiki
NAURU
KIRIBATI
PAPUA-NEUGUINEA
Port Moresby
SALOMONEN
Honiara
TUVALU
Vaiaku
Wallis u. Futuna (F)
SAMOA
Korallensee Terr. (Austr.)
VANUATU
Port Vila
Neukaledonien (F)
Suva
FIDSCHI
TONGA
Nuku'alofa
Northern Territory
AUSTRALIEN
Queensland
Western Australia
South Australia
Brisbane
New South Wales
Perth
Sydney
Canberra
Austr.Cap.Terr.
Victoria
Melbourne
Tasmanien
Tasmansee
Südl. Wendekreis
Norfolk-I. (AUS)
Lord Howe-I. (AUS)
NEUSEELAND
Wellington
über 1 000 000 Einw.
500 000 - 1 000 000 Einw.
Nairobi Hauptstadt eines Staates
Staatsgrenze
Bundesstaatengrenze

Nord- und Mittelamerika

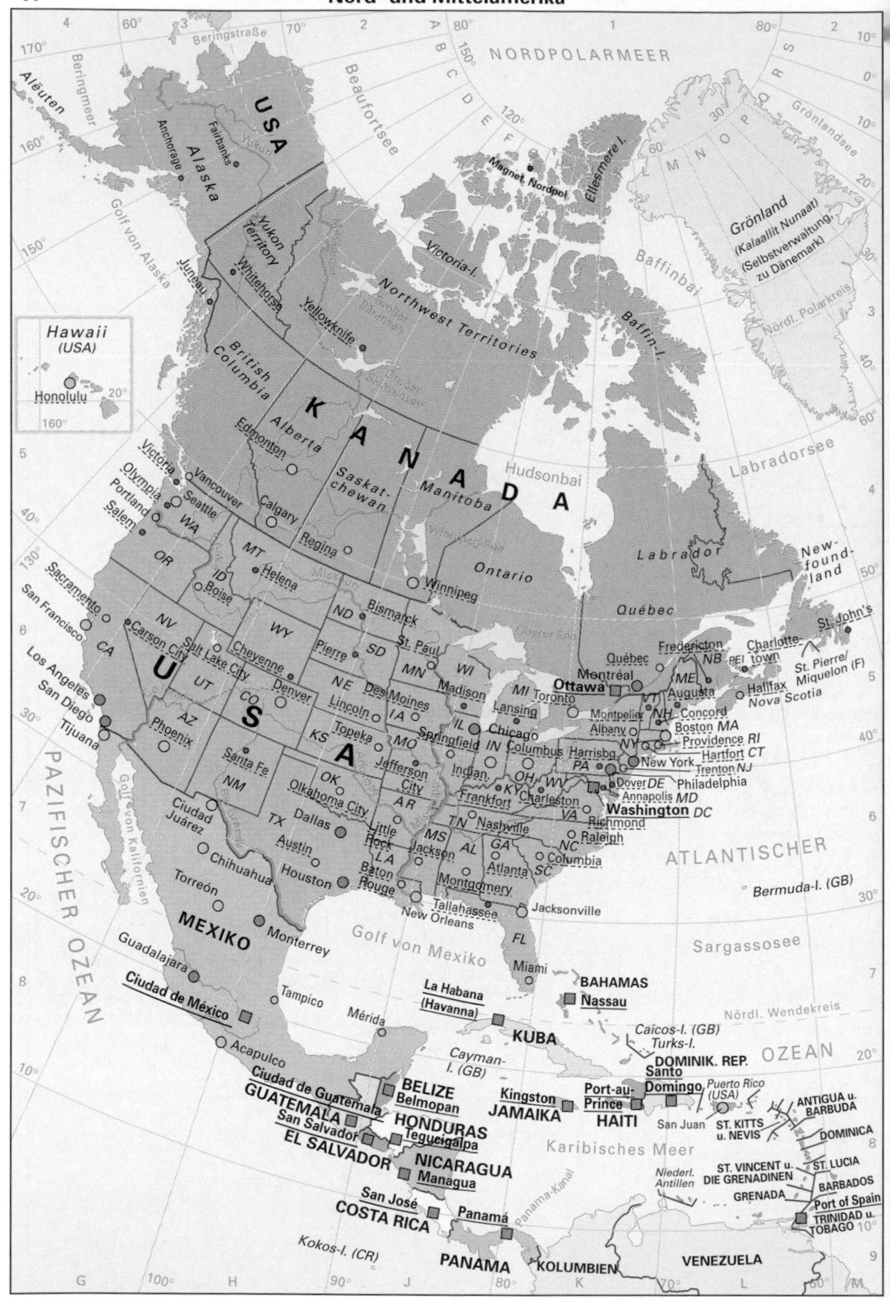

Kleine Antillen
500 km
Barranquilla
Cartagena
Maracaibo
Caracas
Port-of-Spain
TRINIDAD u. TOBAGO
Valencia
Cumaná
PANAMA
Cúcuta
San Cristóbal
Orinoco
Cd.Bolívar
Georgetown
GUYANA
Paramaribo
SURINAME
Medellín
Manizales
Barrancabermeja
VENEZUELA
Kourou
Cayenne
FRANZ. GUYANA (F)
Palmira
Cali
Santa Fe de Bogotá
Roraima
Boa Vista
Amapá
Macapá
Pasto
KOLUMBIEN
Rio Negro
Äquator
ECUADOR
Quito
Ambato
Guayaquil
Cuenca
Iquitos
Manaus
Amazonas
Belém
São Luís
Amazonas
Madeira
Tapajós
Pará
Fortaleza
Maranhão
Ceará
Rio Grande do Norte
Teresina
Natal
Piura
Juruá
BRASILIEN
Xingu
Piauí
Paraíba
João Pessoa
Pernambuco
Recife
Trujillo
PERU
Acre
Porto Velho
Tocantins
Maceió
Alagoas
Rio Branco
Rondônia
Mato Grosso
Palmas
Bahia
São Francisco
Aracaju
Sergipe
Feira de Santana
Callao
Huancayo
Lima
BOLIVIEN
Distrito Federal
Vitória da Conquista
Jequié
Salvador
Ica
Cuiabá
Brasília
Arequipa
La Paz
Goiânia
Goiás
Minas Gerais
Tacna
Arica
Santa Cruz
Oruro
Corumbá
Campo Grande
Belo Horizonte
Iquique
Sucre
Mato Grosso do Sul
Espírito Santo
Vitória
PARAGUAY
São Paulo
Juiz de Fora
CHILE
Campinas
Rio de Janeiro
Südl. Wendekreis
Antofagasta
Jujuy
Sorocaba
Nova Iguaçu
Salta
Asunción
Londrina
Sto. André
Niterói
Rio de Janeiro
São Paulo
Formosa
Paraná
Tucumán
Resistencia
Curitiba
San Felix
Catamarca
Posadas
Santa Catarina
San Ambrosio (Chile)
Copiapó
Santiago del Estero
Corrientes
Sto. Ângelo
Florianópolis
La Rioja
Rio Grande do Sul
Canoas
Ovalle
San Juan
Córdoba
Santa Fe
Porto Alegre
Pelotas
Valparaíso
Mendoza
Paraná
Paysandú
Santiago de Chile
San Luis
Rosario
URUGUAY
Juan-Fernández-I. (Chile)
Rancagua
Buenos Aires
Montevideo
Talca
La Plata
Concepción
ARGENTINIEN
Mar del Plata
Bahía Blanca
Neuquén
Puerto Montt
Viedma
Rawson
Comodoro Rivadavia
PAZIFISCHER OZEAN
ATLANTISCHER OZEAN
Falkland-In./ Malwinen (GB)
Río Gallegos
Magellan-Straße
Stanley
Punta Arenas
Ushuaia
Puerto Williams
Kap Hoorn
ATLANTISCHER OZEAN
Südl. Polarkreis
INDISCHER OZEAN
Weddellmeer
Königin-Maud-Land
Antarkt. Halbinsel
Bellingshausensee
5140
Geogr. Südpol
Amerikan. Hochland
Transantarkt. Gebirge
Geomagnet. Südpol
Amundsensee
Marie-Byrd-Land
Wilkesland
1841
1908
1912
1945
1990
Rossmeer
Magnetischer Südpol
PAZIFISCHER OZEAN

VIII a Karibik

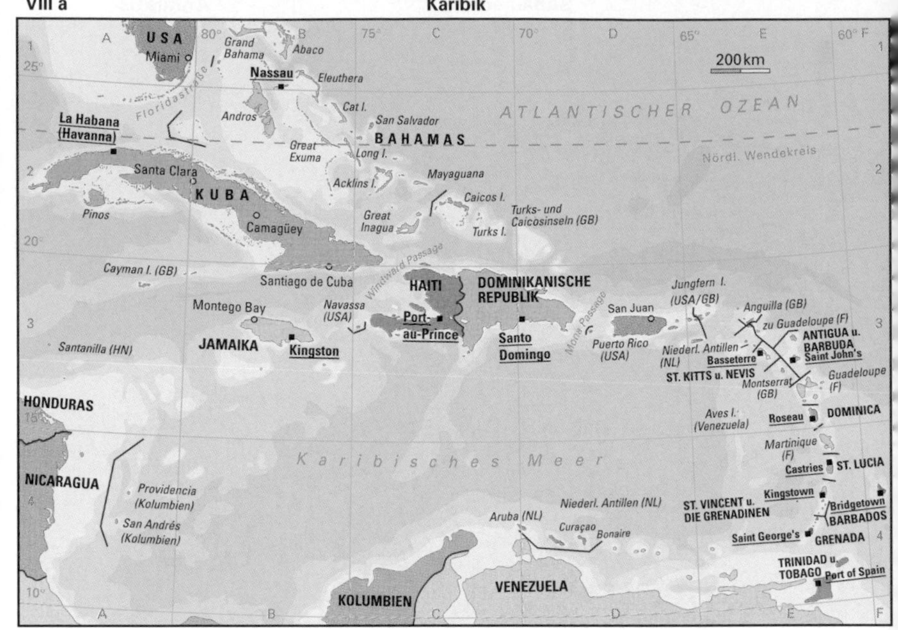

VIII b Ozeanien

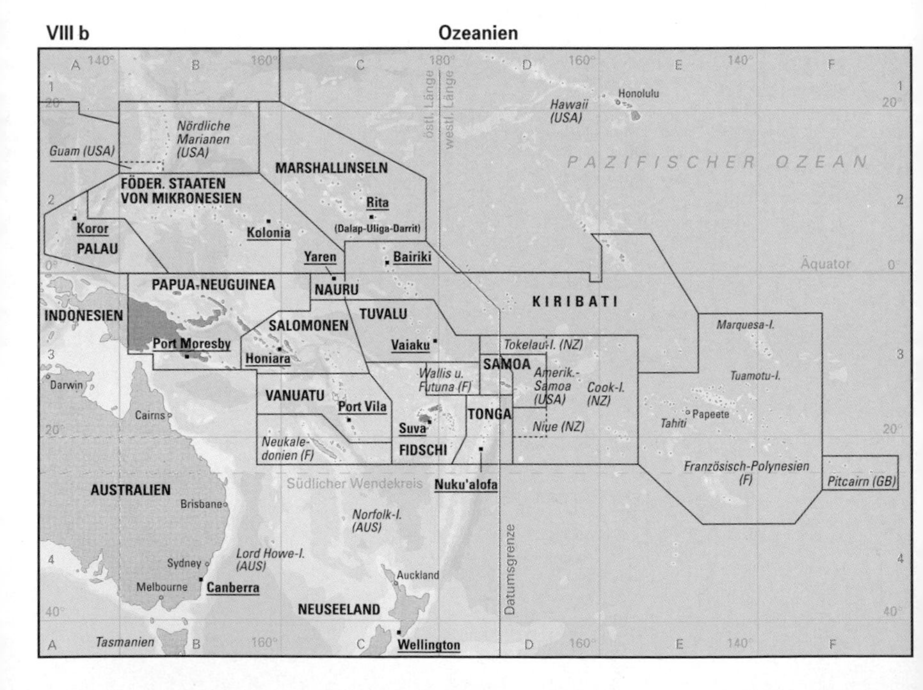

(Z 1981) 60% Mulatten, 28% Weiße, 11,5% Schwarze – Anteil unter **Armutsgrenze** ∅ 1981–95: 19,9% – **Leb.-Erwart.** 1995: 70 J. – **Säugl.-Sterbl.** 1995: 3,7% – **Kindersterbl.** 1995: 4,4% – Jährl. **Bev.-Wachstum** ∅ 1985–95: 2,0% (Geb.- und Sterbeziffer 1995: 2,6%/0,5%) – **Analph.** 1995: 18% – **Sprachen**: Spanisch – **Religion** 1992: 90% Katholiken; Minderh. von Protestanten, Bahai und Juden – **Städt. Bev.** 1995: 65% – **Städte** (Z 1993): Santiago 364 447 Einw.; La Romana 132 693, San Pedro de Macorís 123 855

Staat Präsidialrepublik seit 1966 – Verfassung von 1966 mit Änderung 1994 – Parlament (Congreso Nacional): Abgeordnetenhaus (Cámara de Diputados) mit 120 und Senat (Senado) mit 30 Mitgl.; Wahl alle 4 J. – Direktwahl des Staatsoberh. alle 4 J. (keine unmittelb. Wiederwahl) – Wahlpflicht ab 18 J. – **Verwaltung**: 26 Provinzen und Hauptstadtdistrikt – **Staats- und Regierungschef**: Leonel Fernández Reyna (PLD), seit 1996 – **Äußeres**: Eduardo Latorre – **Parteien**: Wahlen vom 16. 5. 1994: Abgeordnetenhaus: Partido Revolucionario Dominicano/PRD (zus. mit Unidad Democrática/UD und Partido Revolucionario Independiente/PRI) 57 Sitze (1990: 32), Partido Reformista Social Cristiano/PRSC 50 (42), Partido de la Liberación Dominicana/PLD 13 (44), Sonstige – (2) – Senat: PRD 15 (2), PRSC 14 (16), PLD 1 (12) – **Unabh.**: erstmals unabhängig am 27. 2. 1844 (Loslösung von Haiti), am 18. 3. 1861 wieder spanisch, endgültig unabhängig am 14. 9. 1863 – **Nationalfeiertag**: 27. 2. (Unabhängigkeitstag)

Wirtschaft Währung: Freimarktkurs: 1 US-$ = 14,57 dom$; 1 DM = 8,35 dom$ – **BSP** 1995:

Dominikanische Republik

11 390 Mio. $ – **BIP** 1995: 11 277 Mio. $; realer Zuwachs ∅ 1990–95: 3,9%; Anteil (1995) **Landwirtsch.** 15%, **Industrie** 22%, **Dienstl.** 64% – **Erwerbstät.** 1995: Landw. 13%, Ind. 23%, Dienstl. 64% – **Arbeitslosigkeit** ∅ 1995: 30% – **Energieverbrauch** 1994: 337 kg ÖE/Ew. – **Inflation** ∅ 1985–95: 26,3% (1995: 12,5%, S 1996: 7,0%) – **Ausl.-Verschuld.** 1995: 4259 Mio. $ – **Außenhandel** 1995: **Import**: 2976 Mio. $ (S 1996: 2400 Mio. $); Güter: 22% Erdöl, 2% Nahrungsmittel; Länder 1992: 43% USA, 12% Venezuela, 9% Japan, 6% Mexiko, 3% Republik China, 2% Kanada, 2% Spanien, 2% Italien, 2% BRD; **Export**: 765 Mio. $ (S 1996: 1700 Mio. $); Güter 1995: 37% Bergbauerzeugnisse, 14% Rohzucker, 11% Kaffee, 7% Kakao; Länder 1994: 52% USA, 13% Niederlande, 6% Puerto Rico, 5% Belgien/Luxemburg, 3% Japan – **Tourismus** 1995: 2,2 Mio. Auslandsgäste, 1490 Mio. $ Einnahmen

Dschibuti *Nordost-Afrika*

Republik Dschibuti [Djibouti]; Ǧumhūriyya Gībūtī (arabisch); République de Djibouti (französisch) – DJI (→ Karte IV, C 4)

Fläche (Weltrang: 147.): 23 200 km²

Einwohner (156.): F 1995 634 000 = 27 je km²

Hauptstadt: Djibouti (Dschibuti)
S 1991: 317 000 Einw.

Amtssprachen: Arabisch, Französisch

Bruttosozialprodukt S 1995 je Einw.: unter 3035 $

Währung: 1 Dschibuti-Franc (FD) = 100 Centimes

Honorarkonsulat der Republik Dschibuti
Altenwall 19, 28195 Bremen, 0421/32 18 05

Landesstruktur Fläche: 23 200 km² – **Bevölkerung**: Dschibutier; (S) 50% Issa (Nord-Somali) und 40% Afar; Europäer (meist Franzosen) sowie Araber – **Flüchtl.** Ende 1996: 25 000 Binnenflüchtlinge; 10 000 in Äthiopien; 20 000 aus Somalia, 2000 aus Äthiopien – **Leb.-Erwart.** 1995: 49 J. – **Säugl.-Sterbl.** 1995: 11,3% – **Kindersterbl.** 1995: 15,8% – Jährl. **Bev.-Wachstum** ∅ 1985–95: 4,8% (Geb.- und Sterbeziffer 1993: 4,3%/1,6%) – **Analph.** 1995: 54% – **Sprachen**: Arabisch und Französisch sowie kuschitische Sprachen der Afar (Danakil) und Issa – **Religion**: fast 100% Muslime (Sunniten); Minderh. von Katholiken, Protestanten und Orthodoxen – **Städt. Bev.** 1995: 83% – **Städte** (S 1989): Ali-Sabieh 4000 Einw., Tadjoura 3500, Dikhil 3000

Staat Präsidialrepublik seit 1977 – Verfassung von 1992 – Nationalversammlung (Chambre des Députés) mit 65 Mitgl. (davon 33 Issa, 32 Afar), Wahl alle 5 J. – Direktwahl des Staatsoberh. alle 6 J. – Wahlrecht ab 18 J. – **Verwaltung**: 4 Distrikte – **Staatsoberhaupt**: Hassan Gouled Aptidon (Issa; RPP), seit 1977 – **Regierungschef**: Barkad Gourad Hamadou (RPP), seit 1978 (seit 1995 Regierung der Nationalen Einheit mit 2 FRUD-Mitgliedern) – **Äußeres**: Mohamed Musa Chehem – **Parteien**: Wahlen vom 18. 12. 1992: Rassemblement Populaire pour le Progrès/RPP (ehem. Einheitspartei) 72% und alle 65 Sitze, Parti du Renouveau Démocratique/PRD 28% und kein Sitz – Sonstige: Front pour la Restauration de l'Unité et de la Démocratie/FRUD – **Unabh.**: 27. 6. 1977 (ehem. französische Kolonie) – **Nationalfeiertag**: 27. 6. (Unabhängigkeitstag)

Wirtschaft Währung: : 1 US-$ = 179,498 FD; 1 DM = 107,97 FD; Bindung an US-$ – **BSP** 1993: 448 Mio. $ – **BIP** 1991: 67 078 Mio. FD; realer Zuwachs ∅ 1985–89: 2,0%; Anteil (1991) **Landwirtsch.** 2%, **Industrie** 18%, **Dienstl.** 80% – **Erwerbstät.** 1985: Landw. 25%, Ind. 15%, Dienstl. 60% – **Arbeitslosigkeit**: k. Ang. – **Energieverbrauch** 1994: 909 kg ÖE/Ew. – **Inflation** ∅ 1985–94: 4,4% – **Ausl.-Verschuld.** 1993: 225,4 Mio. $ – **Außenhandel** 1992: **Import**: 215 Mio. $; Güter 1991: 33% Nahrungsmittel, leb. Tiere, Getränke und Tabak, 12% Textilien; Länder 1991: 26% Frankreich, 8% Äthiopien, 7% Japan, 7% Italien; **Export**: 20 Mio. $; Güter 1991: 28% Nahrungsmittel und leb. Tiere; Länder 1991: 57% Frankreich, 16% Jemen, 6% Saudi-Arabien

Ecuador *Süd-Amerika*

Republik Ecuador; República del Ecuador – EC
(→ Karte VII, A/B 3/4)

Fläche (Weltrang: 72.): 272 045 km²
Einwohner (62.): F 1995 11 477 000 = 42 je km²
Hauptstadt: Quito – F 1995: 1 401 389 Einw.
Amtssprache: Spanisch
Bruttosozialprodukt 1995 je Einw.: 1390 $
Währung: 1 Sucre (S/.) = 100 Centavos
Botschaft der Republik Ecuador Koblenzer Str. 37, 53173 Bonn, 0228/35 25 44

Landesstruktur Fläche: 272 045 km²; davon Archipiélago de Colón (Galápagos-Inseln) 7844 km²

(→ Karte) – **Bevölkerung**: Ecuadorianer; (Z 1990) 9 648 189 Einw. (davon Galápagos-Inseln 9785) – (S) 35% Mestizen, 25% Weiße, 20% Indianer (lt. S 1994 Indianer-Missionsrat/Cimi: insg. 43%), 15% Mulatten und 5% Schwarze – Anteil unter **Armutsgrenze** ∅ 1981–95: 30,4% – **Leb.-Erwart.** 1995: 69 J. – **Säugl.-Sterbl.** 1995: 3,1% – **Kindersterbl.** 1995: 4,0% – Jährl. **Bev.-Wachstum** ∅ 1985–95: 2,3% (Geb.- und Sterbeziffer 1995: 2,7%/0,6%) – **Analph.** 1995: 10% – **Sprachen**: Spanisch; Ketschua, Chibcha u.a. indian. Sprachen weit verbreitet – **Religion** 1992: 93% Katholiken; Minderh. von Protestanten, Juden und Bahai; indian. Naturreligionen – **Städt. Bev.** 1995: 58% – **Städte** (F 1995): Guayaquil 1 877 031 Einw., Cuenca 239 896, Machala 184 588, Santo Domingo 165 090, Portoviejo 159 655, Ambato 151 134, Manta 149 353, Esmeraldas 113 488, Riobamba 111 416, Loja 111 086

Staat Präsidialrepublik seit 1978 – Verfassung von 1979 mit Änderungen 1994 – Parlament (Cámara de Representantes) mit 82 Mitgl. (71 auf Provinzebene für 2 J. und 11 für 4 J. auf nationaler Ebene gewählt) – Direktwahl des Staatsoberh. alle 4 J. (keine Wiederwahl; vorgezogene Präsidentschaftswahlen am 10. 8. 1998) – Wahlpflicht ab 18 J. – **Verwaltung**: 20 Provinzen einschließlich Galápagos-Inseln (von Verteidigungsministerium verwaltet) und sog. Zonas no delimitadas – **Staats- und Regierungschef**: Fabián Alarcón Rivera (FRA), seit 11. 2. 1997 – **Äußeres**: José Ayala Lasso – **Parteien**: Wahlen vom 19. 5. 1996: Partido Social Cristiano/PSC 28 der 82 Sitze (1994: 26 von 77), Partido Roldosista Ecuatoriano/PRE (konservativ-liberal) 19 (11), Democracia Popular/DP 12 (4), Pachakutik–Neues Land (Indianer u.a.) 7 (–), Izquierda Democrática/ID (Demokratische Linke) 4 (8), Frente Radical Alfarista/FRA 3 (–), Revolutionäre Volkspartei/APRE 2 (–), Provinzbefreiung/LIB.PROV. 2 (–), Movimiento Popular Democrático/MPD (Marxisten) 2 (8), Partido Conservador Ecuatoriano/PCE 2 (6), Concentración de Fuerzas Populares/CFP 1 (1), Sonstige – (13) – **Unabh.**: 10. 8. 1809 (Proklamation), endgültig 13. 5. 1830 (Loslösung von Großkolumbien) – **Nationalfeiertag**: 10. 8. (Unabhängigkeitstag)

Wirtschaft Währung: Freimarktkurs: 1 US-$ = 3991 S/.; 1 DM = 2320 S/. – **BSP** 1995: 15 997 Mio. $ – **BIP** 1995: 17 939 Mio. $; realer Zuwachs ∅ 1990–95: 3,4% (S 1996: +3%); Anteil (1995) **Landwirtsch.** 12%, **Industrie** 36%, **Dienstl.** 52% – **Erwerbstät.** 1993: Landw. 28%, Ind. 18%, Dienstl. 53% – **Arbeitslosigkeit** ∅ 1996: 8,4%

(hohe Unterbeschäftigung) – **Energieverbrauch** 1994: 565 kg ÖE/Ew. – **Inflation** ∅ 1985–95: 45,5% (S 1996: 25,5%) – **Ausl.-Verschuld.** 1996: 14,5 Mrd. $ – **Außenhandel** 1995: **Import**: 4153 Mio. $ (S 1996: 3724 Mio. $); Güter: 41% Rohstoffe, 20% Konsumgüter, 35% Kapitalgüter, 4% Kraft- und Schmierstoffe; Länder: 32% USA, 10% Kolumbien, 8% Japan, 6% Venezuela, 5% BRD, 4% Brasilien, 4% Mexiko, 3% Chile, 3% Italien, 2% Spanien; **Export**: 4411 Mio. $ (S 1996: 4860 Mio. $); Güter: 32% Rohöl, 19% Bananen, 15% Garnelen, 4% Kaffee, 3% Erdölderivate; Länder: 43% USA, 6% Kolumbien, 5% Chile, 4% Italien, 4% BRD, 3% Spanien, 3% Japan

Chronik Die von der Regierung im Dezember 1996 und Januar **1997** u.a. durch Streichung von Subventionen verfügten **drastischen Preiserhöhungen** für öffentliche Dienstleistungen wie Strom, Gas, Telefon und öffentlicher Verkehr um bis zu 550% stehen in Widerspruch zu den nicht finanzierbaren Wahlversprechen des seit August 1996 amtierenden Staats- und Regierungschefs *Abdalá Bucaram Ortiz* und lösen ab 8. 1. 1997 landesweit heftige Proteste aus. Ein am 5. 2. beginnender, von allen Bevölkerungsschichten und den meisten Parlamentariern getragener **Generalstreik**, bei dem Hunderttausende gegen die Wirtschafts- und Sozialpolitik der Regierung protestieren, weitet sich zu einer Demonstration gegen die Amtsführung von Präsident *Bucaram* aus und endet am 6. 2. mit dessen Sturz; noch am Vortag hatte *Bucaram* eine teilweise Rücknahme der Preiserhöhungen und substantielle Lohnerhöhungen angekündigt sowie mehrere umstrittene Minister entlassen. Das Parlament beschließt am 6. 2. auf Initiative des oppositionellen Partido Social Cristiano mit 44 gegen 34 Stimmen bei zwei Enthaltungen die **Absetzung von Präsident Bucaram wegen »geistiger Unfähigkeit«**; bei dieser Begründung für die Amtsenthebung des Präsidenten durch die Legislative, die jedoch ein ärztliches Gutachten vorschreibt, das nicht vorlag, genügt laut Verfassung die absolute Mehrheit. Kurz darauf wählt das Parlament seinen bisherigen Vorsitzenden, *Fabián Alarcón*, zum **Interimspräsidenten**. *Bucaram*, der sich selbst als »loco« (verrückt) bezeichnet hatte und dem u.a. Korruption, Vetternwirtschaft, Mißachtung von Verfassung und Gesetzen sowie mit der Würde eines Präsidenten nicht vereinbare exzentrische Auftritte als Sänger und Entertainer vorgeworfen werden, erklärt am 7. 2. den Ausnahmezustand und verfügt die Aussetzung der verfassungsmäßigen Garantien; die Militärführung unterstützt *Bucaram* aber nicht. Am

8. 2. setzt sich dieser in seine Heimatstadt Guayaquil und kurz darauf nach Panama ab. Da jedoch auch die mit *Bucaram* zerstrittene Vizepräsidentin *Rosalía Arteaga* das höchste Staatsamt für sich beansprucht und die Verfassung die Nachfolge nicht eindeutig regelt, tritt *Alarcón* am 8. 2. auf Druck des Militärs, das sich aus der innenpolitischen Krise heraushält und eine demokratische Lösung fordert (vorübergehend beanspruchen drei Personen das Amt des Präsidenten), als Interimspräsident zurück. Am selben Tag teilt die Militärführung den Rücktritt des *Bucaram* treuen Verteidigungsministers General *Víctor Bayas* mit; Nachfolger wird der Oberkommandierende der Streitkräfte, General *Paco Moncaya*. Am folgenden Tag wählt das Parlament Vizepräsidentin *Arteaga* zur **»temporären« Präsidentin** und am 11. 2. mit Zweidrittelmehrheit erneut *Alarcón* zum **Interimspräsidenten**, dessen Amtszeit am 10. 8. 1998 enden wird und dessen Frente Radical Alfarista im Parlament über nur zwei der 82 Sitze verfügt. Die Abgeordneten von *Bucarams* Partido Roldosista Ecuatoriano boykottierten die Abstimmungen. Zu den ersten Amtshandlungen von *Alarcón* gehören die Unterstellung der korrupten Zollverwaltung unter militärische Aufsicht, die Widerrufung von Dekreten *Bucarams*, darunter die Gebührenerhöhungen für Gas, und die Streichung des erst im Dezember 1996 von der Regierung verabschiedeten neoliberalen Wirtschaftsprogramms, das insbesondere einen festen Wechselkurs des Sucre zum US-$ ab 1. 7. 1997 vorsah. In der neuen Regierung werden General i.R. *Ramiro Ricuarte* Verteidigungsminister und der parteilose *José Ayala Lasso*, der im März als UNO-Hochkommissar für Menschenrechte zurücktritt, Außenminister. – Das Oberste Gericht erläßt am 9. 4. gegen den abgesetzten Präsidenten *Bucaram*, der am 24. 4. in Panama politisches Asyl erhält, Haftbefehl wegen mutmaßlicher Veruntreuung von rd. 80 Mio. US-$ aus Geheimfonds des Präsidialamts und ordnet die Sperrung seiner Konten an. – Nach einem vom Parlament am 16. 5. verabschiedeten Gesetz dürfen Politiker, die wegen geistiger oder physischer Unfähigkeit entlassen wurden, und Personen, gegen die wegen Korruption Haftbefehl erlassen wurde, künftig nicht mehr für ein politisches Amt kandidieren. – Bei einem **Referendum** mit 14 Einzelfragen am 25. 5. (Stimmbeteiligung 60–65%) billigen die Teilnehmer nachträglich die Absetzung von Präsident *Bucaram* (nach vorläufigen Ergebnissen 74% Ja-Stimmen) und die Ernennung von *Alarcón* zum Interimspräsidenten (65%); befürwortet werden u.a. auch Einberufung und Zusammensetzung einer

Ecuador: Galápagos-Inseln

Verfassunggebenden Versammlung, die parallel zum Parlament das Grundgesetz überarbeiten soll.

Die Verschiebung des für den 12. 10. 1997 vorgesehenen Termins für die Einberufung der Verfassunggebenden Versammlung auf August 1998 seitens der Regierung führt am 15. 8. erneut zu Demonstrationen der Indios; sie erhoffen sich von der neuen Verfassung, daß ihnen mehr Rechte eingeräumt werden. Einige Tage zuvor waren Zehntausende von Indios und Bauern einem Aufruf der Gewerkschaften zum Generalstreik gefolgt. Vizepräsidentin *Rosalia Arteaga* und der inzwischen entlassene Präsident des Obersten Gerichtshofes, *Carlos Solorzano*, kritisieren die Machtfülle des Präsidenten und des Parlaments und bezeichnen Ecuador inzwischen als parlamentarische Diktatur.

Galápagos-Inseln (→ Karte): Um zu verhindern, daß den Galápagos-Inseln wegen mangelnder Pflege der von der UNESCO verliehene Status als Welterbe der Natur aberkannt wird, verhängt Interimspräsident *Alarcón* Ende April **1997** den Ausnahmezustand über die Inseln; der Erhalt des einzigartigen Ökosystems wird zur nationalen Aufgabe erklärt. Mitte Juni werden Maßnahmen zum Schutz der Pflanzen- und Tierwelt in Kraft gesetzt; u. a. ist für den Besuch der Inseln eine Sondergenehmigung erforderlich.

Elfenbeinküste *West-Afrika*

Republik Côte d'Ivoire; République de Côte d'Ivoire – CI (→ Karte IV, A 4)

Fläche (Weltrang: 67.): 322 462 km²

Einwohner (59.): F 1995 13 978 000 = 43 je km²

Hauptstadt: Yamoussoukro
S 1990: 130 000 Einw.

Regierungssitz: Abidjan
Z 1988: 1 929 079 Einw. (S 1995: A 2,797 Mio)

Amtssprache: Französisch

Bruttosozialprodukt 1995 je Einw.: 660 $

Währung: CFA-Franc

Botschaft der Republik Côte d'Ivoire
Königstr. 93, 53115 Bonn, 0228/21 20 98

Landesstruktur **Fläche**: 322 462 km² – **Bevölkerung**: Ivorer; (Z 1988) 10 815 694 Einw. – (S) insg. über 60 Ethnien (überwiegend Gur- und Mande-Gruppen): etwa 23% Baule, 18% Bete, 15% Senufo, 14% Agni-Aschanti, 11% Malinke, 10% Kru sowie Mande, Dan Gouro, Koua, Fulbe; außerdem etwa 2 Mio. Burkiner, 200 000 Ghanaer, 100 000 Libanesen und Syrer, 60 000 Europäer (meist Franzosen) – Anteil unter **Armutsgrenze** ∅ 1981–95: 17,7% – **Flüchtl.** Ende 1996: 320 000 aus Liberia – **Leb.-Erwart.** 1995: 50 J. – **Säugl.-Sterbl.** 1995: 9,0% – **Kindersterbl.** 1995: 15,0% – Jährl. **Bev.-Wachstum** ∅ 1985–95: 3,4% (Geb.- und Sterbeziffer 1995: 4,9%/1,5%) – **Analph.** 1995: 60% – **Sprachen**: Französisch; Baoulé, Bété, Diula und Senoufo; außerdem versch. Gur- und Mande-Sprachen (More, Manding u. a., an der Küste: Kwa) – **Religion** 1992: 60% Anhänger von Naturreligionen, 27% Muslime, 20% Christen (v. a. Katholiken) – **Städt. Bev.** 1995: 44% – **Städte** (Z 1988): Bouaké 329 850 Einw., Daloa 121 842, Korhogo 109 445; (S 1985) Man 59 000, San Pédro 48 000, Dabou 33 000, Grand Bassam 32 000

Staat Präsidialrepublik seit 1960 – Verfassung von 1960, letzte Änderung 1990 – Parlament (Assemblée Nationale) mit 175 Mitgl., Wahl alle 5 J. – Direktwahl des Staatsoberh. alle 5 J. – Wahlrecht ab 21 J. – **Verwaltung**: 49 Départements – **Staatsoberhaupt**: Henri Konan Bédié (PDCI-Vorsitzender), seit 1993 – **Regierungschef**: Daniel Kablan Duncan, seit 1993 – **Äußeres**: Amara Essy – **Parteien**: Wahlen vom 26. 11. 1995: Parti Démocratique de Côte d'Ivoire/PDCI 147 Sitze (1990: 163), Rassemblement des Républicains/

Staaten

RDR 14 (–), Front Populaire Ivoirien/FPI 10 (9), Sonstige – (3); 4 Sitze vakant – **Unabh.**: 7. 8. 1960 (ehem. französische Kolonie) – **Nationalfeiertag**: 7. 12.

Wirtschaft **Währung**: : 1 US-$ = 587,77 CFA-Francs; 1 DM = 337,12 CFA-Francs; Wertverhältnis zum französischen Franc: 1 FF = 100 CFA-Francs – **BSP** 1995: 9248 Mio. $ – **BIP** 1995: 10 069 Mio. $; realer Zuwachs ∅ 1990–95: 0,7%; Anteil (1995) **Landwirtsch.** 31%, **Industrie** 20%, **Dienstl.** 50% – **Erwerbstät.** 1994: Landw. 52%, Ind. 11%, Dienstl. 37% – **Arbeitslosigkeit** ∅ 1994: 15,0% – **Energieverbrauch** 1994: 103 kg ÖE/Ew. – **Inflation** ∅ 1985–95: 2,1% (S 1995: 10,0%) – **Ausl.-Verschuld.** 1995: 18 952 Mio. $ – **Außenhandel** 1994: **Import**: 1018 Mrd. CFA-Francs; Güter: 20% Rohöl, 13% Nahrungsmittel, 7% Maschinen und Ausrüstungen, 4% pharmazeut. Produkte; Länder: 28% Frankreich, 27% Nigeria, 6% USA, 3% BRD, 3% Italien, 3% Belgien/Luxemburg, 3% Niederlande; **Export**: 1530 Mrd. CFA-Francs; Güter: 32% Kakao und -produkte, 7% Kaffee und -erzeugnisse, 7% Holz, 5% Baumwolle; Länder: 16% Frankreich, 10% BRD, 9% Niederlande, 7% Italien, 6% Burkina Faso, 5% Mali – **Tourismus** 1994: 200 000 Auslandsgäste, 66 Mio. $ Einnahmen (S)

El Salvador *Mittel-Amerika*

Republik El Salvador; República de El Salvador – ES (→ Karte VI, H/J 8)

Fläche (Weltrang: 150.): 21 041 km²

Einwohner (97.): F 1995 5 623 000 = 267 je km²

Hauptstadt: San Salvador
F 1995 (A): 610 700 Einw.

Amtssprache: Spanisch

Bruttosozialprodukt 1995 je Einw.: 1610 $

Währung: 1 El-Salvador-Colón = 100 Centavos

Botschaft der Republik El Salvador
Adenauerallee 238, 53113 Bonn, 0228/54 99 13

Landesstruktur **Fläche**: 21 041 km² – **Bevölkerung**: Salvadorianer; (Z 1992, vorl.) 5 047 925 Einw. – (F 1989) 89% Mestizen (Ladinos), 10% Indianer (v. a. Pipil), 1% Weiße; etwa 9300 Ausländer – **Flüchtl.** Ende 1996: 12 000 in Anrainerstaaten – **Leb.-Erwart.** 1995: 67 J. – **Säugl.-Sterbl.** 1995: 3,4% – **Kindersterbl.** 1995: 4,0% –

Jährl. **Bev.-Wachstum** ∅ 1985–95: 1,8% (Geb.- und Sterbeziffer 1995: 3,3%/0,7%) – **Analph.** 1995: 29% – **Sprachen**: Spanisch; indian. Sprachen (Nahua, Maya); Englisch als Handelssprache – **Religion** 1992: 92% Katholiken, 8% Protestanten – **Städt. Bev.** 1995: 45% – **Städte** (F 1995): (als A) Nueva San Salvador (Santa Tecla) 191 600 Einw., Delgado 144 900, Mejicanos 138 800, Soyapango 129 800; (Z 1992, als A) Santa Ana 202 337, San Miguel 182 817, Apopa 100 763

Staat Präsidialrepublik seit 1983 – Verfassung von 1983 – Nationalversammlung (Asamblea Nacional) mit 84 Mitgl., Wahl alle 3 J. – Direktwahl des Staatsoberh. alle 5 J. (keine Wiederwahl) – Wahlpflicht ab 18 J. – **Verwaltung**: 14 Departamentos (Einzelheiten → WA '97, Sp. 226) – **Staats- und Regierungschef**: Armando Calderón Sol (ARENA), seit 1994 – **Äußeres**: Ramón Ernesto González Giner – **Parteien**: Wahlen vom 16. 3. 1997: Alianza Republicana Nacionalista/ARENA 28 der 84 Sitze (1994: 39), Frente Farabundo Martí de Liberación Nacional/FMLN (Linkskoalition Nationale Befreiungsfront) 27 (21), Partido de Conciliación Nacional/PCN 11 (4), Partido Demócrata Cristiano/PDC (Liste mit Partido Demócratico) 10 (18), Sonstige 8 (2) – **Unabh.**: 15. 9. 1821 (Proklamation); endgültig 13. 4. 1839 bzw. 30. 1. 1841 (nominell) – **Nationalfeiertag**: 15. 9. (Unabhängigkeitstag)

Wirtschaft **Währung**: Freimarktkurs: 1 US-$ = 8,79 ¢; 1 DM = 5,2390 ¢ – **BSP** 1995: 9057 Mio. $ – **BIP** 1995: 9471 Mio. $ (1995: 9710 Mio. $); realer Zuwachs ∅ 1990–95: 6,3% (S 1996: +5%); Anteil (1995) **Landwirtsch.** 14%, **Industrie** 22%, **Dienstl.** 65% – **Erwerbstät.** 1995: Landw. 28%, Ind. 26%, Dienstl. 46% – **Arbeitslosigkeit** ∅ 1995: 8% (rd. 48% Unterbeschäftigung) – **Energieverbrauch** 1994: 370 kg ÖE/Ew. – **Inflation** ∅ 1985–95: 14,7% (1996: 7,4%, S 1997: 6,0%) – **Ausl.-Verschuld.** 1995: 2583 Mio. $ – **Außenhandel** 1995: **Import**: 2853 Mio. $ (ohne Lohnveredelung 499 Mio. $); Güter: 25% Erdöl, chem. Erzeugnisse, Kunststoffe, 16% Maschinen, 12% Fahrzeuge, 12% Nahrung; Länder: 50% USA, 9% Guatemala, 5% Mexiko, 5% Panama, 5% Japan, 3% Venezuela, 3% Costa Rica, 3% BRD; **Export**: 1005 Mio. $ (ohne Lohnveredelung 657 Mio. $); Güter: 36% Kaffee, 4% Zucker, 2% Garnelen, 58% nicht traditionelle Güter; Länder: 50% USA, 13% Guatemala, 9% BRD, 6% Niederlande, 5% Costa Rica, 5% Honduras, 3% Nicaragua – **Tourismus** 1993: 267 000 Auslandsgäste, [illegible] Einnahmen

Chronik Bei den **Wahlen zur Nationalversammlung** am 16. 3. **1997** (Wahlbeteiligung 39,7%) erleidet die regierende konservative Alianza Republicana Nacionalista (ARENA) von Präsident *Armando Calderón Sol* zwar erwartungsgemäß erhebliche Stimmeinbußen, bleibt aber mit 28 (1994: 39) von 84 Mandaten knapp die stärkste Partei. Die linksgerichtete ehem. Guerillabewegung Frente Farabundo Martí para la Liberación Nacional (FMLN) erhält 27 (21 bzw. 14 nach Abspaltung des gemäßigteren Parteiflügels und Gründung der Demokratischen Partei) Sitze. Obwohl auch der rechtsgerichtete Partido de Conciliación (PCN), der bisher die Regierung unterstützt hatte, mit 11 (4) Mandaten gestärkt aus den Wahlen hervorgeht, kann er allein Präsident *Calderón* nicht mehr zu einer parlamentarischen Mehrheit verhelfen. Auf den Partido Demócrata Cristiano (PDC) entfallen nur noch 10 (18) Sitze. Internationale Wahlbeobachter bezeichnen die Wahlen, bei denen es vereinzelt zu Gewalttätigkeiten kam, trotz kleinerer Unregelmäßigkeiten als frei und fair. Auch bei den gleichzeitig stattfindenden **Kommunalwahlen** muß die ARENA Verluste hinnehmen; sie stellt künftig 155 (bisher 161) von 262 Bürgermeistern. Die FMLN setzt sich in 53 Gemeinden durch, darunter in der Hauptstadt San Salvador und auch in Santa Ana, der zweitgrößten Stadt, der PDC in 25 und der PCN in 21 Gemeinden.

Eritrea *Nordost-Afrika*

ER (→ Karte IV, B/C 4)

Fläche (Weltrang: 96.): 121 144 km^2

Einwohner (123.): F 1995 3 574 000 = 30 je km^2

Hauptstadt: Asmera (Asmara)
F 1991: 367 300 Einw.

Amtssprachen: Tigrinya, Arabisch

Bruttosozialprodukt S 1995 je Einw.: unter 765 $

Währung: 1 Äthiopischer Birr (Br) = 100 Cents

Botschaft des Staates Eritrea
Marktstr. 8, 50968 Köln, 0221/37 30 16

Landesstruktur **Fläche**: 121 144 km^2 – **Bevölkerung**: Eritreer; (Z 1984) 2 748 304 Einw. – (S 1993) 9 ethn. Gruppen: 50% Tigrinya, 30% Tigrer, 8% Afar (Nomaden), 12% Bilen, Hadareb, Kunama, Nara, Rashaida und Saho – **Flüchtl.** Ende 1996: 340 000 Eritreer im Sudan; 1000 aus dem Sudan – **Leb.-Erwart.** 1995: 52 J. – **Säugl.-**

Staaten

Sterbl. 1995: 11,4% – **Kindersterbl.** 1995: 19,5% – Jährl. **Bev.-Wachstum**: k. Ang. (Geb.- und Sterbeziffer 1995: 4,2%/1,4%) – **Analph.** 1994: 80% – **Sprachen**: Tigrinya und Arabisch; Sprachen der anderen Volksgruppen; Englisch als Bildungs- und Handelssprache – **Religion**: jeweils etwa 50% eritreisch-orthodoxe Christen und Muslime; Anhänger von Naturreligionen – **Städt. Bev.** 1995: 17% – **Städte** (S 1984): Keren 26 200 Einw., Mitsiwa (Massawa) 15 500, Adi Ugri 12 200

Staat Republik seit 1993 – Verfassung in Ausarbeitung – Provisorisches Parlament (Nationalversammlung) mit derzeit 104 Mitgl. (Zentralkomitee der PFDJ sowie 30 Mitgl. der Provinzparlamente und 30 sonst. Mitgl.); Parlament mit 150 Mitgl. vorgesehen (75 direkt gewählt und 75 Mitgl. des PFDJ-Zentralkomitees) – **Verwaltung**: 10 Provinzen – **Staats- und Regierungschef**: Isayas Afewerki (Generalsekr. der PFDJ), seit 1993 (Übergangsregierung) – **Äußeres**: Petros Solomon – **Parteien**: People's Front for Democracy and Justice/PFDJ (ehem. Eritreische Volksbefreiungsfront/EPLF) u. a. – **Unabh.**: de facto unabhängig seit 24. 5. 1993 (davor Provinz von Äthiopien) – **Nationalfeiertag**: 24. 5. (Unabhängigkeitstag)

Wirtschaft (→ Äthiopien) **Währung**: (äthiopisches Zahlungsmittel, eigene Währung geplant): 1 US-$ = 7,20 Br; 1 DM = 4,13 Br – **BSP**: k. Ang. – **BIP** 1995: 3905 Mio. Br; Anteil (1995) **Landwirtsch.** 12%, **Industrie** 24%, **Dienstl.** 64% – **Erwerbstät.** 1993: Landw. 90% – **Arbeitslosigkeit** ∅ 1994 (S): 50% – **Energieverbrauch**: k. Ang. – **Inflation**: k. Ang. – **Ausl.-Verschuld.**: k. Ang. – **Außenhandel** 1995: **Import**: 2609 Mio. Br; Güter (ohne Erdöl und Hilfsgüter): 45% Maschinen und Transportausrüstungen, 17% Nahrungsmittel und leb. Tiere; **Export**: 530 Mio. Br; Güter: 30% Rohstoffe, 26% Nahrungsmittel und leb. Tiere

Chronik Die seit 1995 **gespannten Beziehungen zum Sudan** (→ WA '96, Sp. 263) verschärfen sich Mitte Dezember **1996** durch die Flucht des sudanesischen Oppositionsführers und früheren Staatschefs *Sadik al-Mahdi* nach Asmara. Präsident *Isayas Afewerki* erklärt offen die ideologische, jedoch nicht-militärische Unterstützung für die sudanesische Opposition. Auf beiden Seiten der Grenze werden Truppen mobilisiert, es wird von einem unerklärten Kriegszustand gesprochen. Der Sudan wirft E. vor, die Rebellen mit eigenen Truppen zu unterstützen und einen Krieg vorzubereiten.

Estland *Nordost-Europa*

Republik Estland; Eesti Vabariik – EST
(→ Karte III, G 2)

Fläche (Weltrang: 130.): 45 227 km^2

Einwohner (143.): F 1995 1 487 000 = 33 je km^2

Hauptstadt: Tallinn (Reval) F 1996: 427 500 Einw.

Amtssprache: Estnisch

Bruttosozialprodukt 1995 je Einw.: 2 860 $

Währung: 1 Estnische Krone (ekr) = 100 Senti

Botschaft der Republik Estland
Fritz-Schäffer-Str. 22, 53113 Bonn, 0228/91 47 90

Landesstruktur **Fläche**: 45 227 km^2; einschließlich 1520 Inseln mit insg. 4133 km^2: Saaremaa (Ösel) 2673 km^2, Hiiumaa (Dagö) 989 km^2, Muhu (Moon) 200 km^2, Vormsi (Worms) 92,9 km^2; ohne Fläche von 1534 km^2, zum überwiegenden Teil estnischer Anteil am Peipussee – **Bevölkerung**: Esten; (Z 1989) 1 565 662 Einw. – (Einzelheiten → Abb.) – Anteil unter **Armutsgrenze**

Ø 1981–95: 6% – **Leb.-Erwart.** 1995: 69 J. – **Säugl.-Sterbl.** 1995: 1,9% – **Kindersterbl.** 1995: 2,2% – Jährl. **Bev.-Wachstum** Ø 1985–95: –0,3% (Geb.- und Sterbeziffer 1995: 1,1%/1,3%) – **Analph.** 1992: 1% – **Sprachen** 1989: 62% Estnisch, 35% Russisch; Sprachen der Minderheiten – **Religion**: über 60% Lutheraner; Russisch-Orthodoxe, Katholiken, Muslime – **Städt. Bev.** 1995: 73% – **Städte** (F 1996): Tartu (Dorpat) 103 400 Einw., Narva 76 400, Kohtla-Järve 54 600, Pärnu (Pernau) 51 500

Staat Republik seit 1991 – Verfassung von 1992 – Parlament (Reichstag/Riigikogu) mit 101 Mitgl.; Wahl alle 4 J. – Wahl des Staatsoberh. alle 5 J. durch das Parlament – Wahlrecht ab 18 J. für estnische Staatsbürger – **Verwaltung**: 15 Regionen und 6 Stadtbezirke – **Staatsoberhaupt**: Lennart Meriseit 1992 – **Regierungschef**: Mart Siimann (Koalitionspartei), seit 17. 3. 1997 – **Äußeres**: Toomas Hendrik Ilves – **Parteien**: Wahlen vom 5. 3. 1995: Wahlbündnis KMÜ (Eesti Koonderakond (Koalitionspartei) 18 und Agrarunion/MÜ [3 Parteien] 23) 41 von 101 Sitzen (1992: 18), Estnische Reformpartei/RE 19 (–), Keskerakond/K

Estland: Fläche, Bevölkerung und Bevölkerungsdichte nach Regionen und Stadtbezirken

Regionen/Hauptort	*Fläche in km^2 [1]*	*Einw. in Tsd. Z 1970 [2]*	*Einw. in Tsd. Z 1992 [3]*	*Einw. je km^2 1970*	*Einw. je km^2 1992*	*Veränderung in % 1970-1992*
Regionen						
Harjumaa/Tallinn	4 147	82,8	107,2	20,0	25,9	+ 29,5
Hiiumaa/Kärdla	1 023	10,0	11,7	9,8	11,4	+ 17,0
Ida-Kirumaa/–	3 194	27,9	38,7	8,7	12,1	+ 38,7
Järvamaa (Paide)/Paide	2 624	41,7	42,6	15,9	16,2	+ 2,2
Jogevamaa/Jogeva	2 604	42,0	43,8	16,1	16,8	+ 4,3
Läänemaa (Haapsalu)/Haapsalu	2 417	32,0	33,9	13,2	14,0	+ 5,9
Lääne-Virumaa (Rakvere)/Rakvere	3 451	78,1	79,3	22,6	23,0	+ 1,5
Pärnumaa/Pärnu	4 771	43,7	43,0	9,2	9,0	– 1,6
Polvamaa/Polva	2 164	37,3	36,1	17,2	16,7	– 3,2
Raplamaa/Rapla	2 939	38,7	39,9	13,2	13,6	+ 3,1
Saaremaa (Kingissepa)/Kuressaare	2 917	38,9	40,5	13,3	13,9	+ 4,1
Tartumaa/Tartu	3 071	51,9	49,3	16,9	16,1	– 5,0
Valgamaa/Valga	2 044	45,4	41,1	22,2	20,1	– 9,5
Viljandimaa/Viljandi	3 578	68,1	64,9	19,0	18,1	– 4,7
Vorumaa/Voru	2 305	49,8	45,2	21,6	19,6	– 9,2
Stadtbezirke						
Kohtla-Järve [4]	64	82,6	74,1	1 290,6	1 157,8	– 10,3
Narva [4]	101	61,3	86,9	606,9	860,4	+ 41,8
Pärnu [4]	35	50,2	57,1	1 434,3	1 631,4	+ 13,7
Sillamäe	10	13,5	21,1	1 350,0	2 110,0	+ 56,3
Tallinn [4]	183	369,6	492,4	2 019,7	2 690,7	+ 33,2
Tartu	39	90,5	113,4	2 320,5	2 907,7	+ 25,3
Estland	*45 226*	*1 355*	*1 570*	*30,0*	*34,7*	–

[1] Ohne Fläche von 1534 km^2, zum überwiegenden Teil estnischer Anteil am Peipsjärv (Peipussee)
[2] Volkszählungsergebnisse; [3] Stand: Jahresanfang; [4] einschl. eingemeindeter Gebiete.
Quelle: Länderbericht Estland 1993, Statistisches Bundesamt Wiesbaden

(Zentrumspartei) 17 (–), Bündnis aus Nationaler Pro Patria bzw. Isamaa (Vaterlandspartei) und Rahvusliku Soltumatuse/ERSP (Nationale Unabhängigkeitspartei) 7 (39), Wahlbündnis Moderate/M aus Maa-Keskerakond (Ländliche Zentrumspartei) und Sotsiaaldemokraatlik Partei 6 (–), Wahlbündnis aus 3 russischen Parteien: Unsere Heimat ist Estland/MKOE 6 (–), Rechtsgerichtete/W 5 (–), Sonstige – (44) – **Unabh.**: 1918–1940, erneute Ausrufung der Unabhängigkeit am 30. 3. 1990, endgültig seit 21. 8. 1991 – **Nationalfeiertag**: 24. 2. (Gründung der Republik Estland 1918)

Staaten

Wirtschaft **Währung**: 1 US-$ = 13,4344 ekr; 1 DM = 8,0020 ekr (Bindung an DM) – **BSP** 1995 (S): 4252 Mio. $ – **BIP** 1995: 4007 Mio. $ (S 1995: 41 Mrd. ekr); realer Zuwachs ∅ 1990–95: –9,2%; Anteil **Privatsektor** 1996: 65%; Anteil (1995) **Landwirtsch.** 8%, **Industrie** 28%, **Dienstl.** 64% – **Erwerbstät.** 1994: Landw. 9%, Ind. 36%, Dienstl. 55% – **Arbeitslosigkeit** 11/1996: 4,4% (inoff. 8%) – **Energieverbrauch** 1994: 3709 kg ÖE/Ew. – **Inflation** ∅ 1985–95: 76,2% (S 1996: 23,1%) – **Ausl.-Verschuld.** 1995: 309 Mio. $ – **Außenhandel** 1995: **Import**: 28 940 Mio. ekr (S 1996: 38 600 Mio. ekr); Güter 1996: 21,9% Maschinen und Ausrüstungen, 9,5% Mineralprodukte, 9,4% Textilien und Bekleidung, 9,2% chem. Erzeugnisse, 8,4% Lebensmittel, 7,8% Metalle, 7,1% Kraftfahrzeuge; Länder 1996: 29,1% Finnland, 8,1% Schweden, 9,9% BRD, 13,5% Rußland; **Export**: 21 040 Mio. ekr (S 1996: 25 000 Mio. ekr); Güter 1996: 14,3% Textilien und Bekleidung, 13,4% Maschinen und Ausrüstungen, 11,4% Holz- und Holzprodukte, 8,8% chem. Erzeugnisse, 7,8% Lebensmittel, 6,4% Mineralprodukte; Länder 1996: 18,3% Finnland, 16,4% Rußland, 11,5% Schweden, 8,2% Lettland, 7% BRD – **Tourismus** 1995: 1 284 891 Auslandsgäste

Chronik Ein Wahlgremium aus den 101 Reichstagsabgeordneten und 273 Regionalvertretern bestätigt am 20. 9. **1996** im 2. Wahlgang Präsident *Lennart Meri* in seinem Amt; *Meri* setzt sich mit 196 Stimmen gegen *Arnold Rüütel*, den Vorsitzenden des Obersten Sowjets in der Übergangszeit zur Unabhängigkeit von der ehem. UdSSR und Vorsitzenden der Agrarpartei durch. Im Reichstag waren die Präsidentschaftswahlen Ende August (→ WA '97, Sp. 231) trotz 3 Wahlgängen an der erforderlichen Zweidrittelmehrheit gescheitert. Bei dem Wahlgremium genügte die absolute Mehrheit. – Aus Protest gegen die Zusammenarbeit zwischen der Koalitionspartei von Ministerpräsident *Tiit Vähi* und der oppositionellen Zentrumspartei v. a. im Stadtrat von Tallinn tritt die liberale Reformpartei, die bisher 6 der 15 Minister stellte, darunter Außenminister *Siim Kallas*, Ende November 1996 aus der Koalitionsregierung aus. Damit verliert die Regierung ihre parlamentarische Mehrheit. Neuer Außenminister in der **Minderheitsregierung** wird der parteilose Diplomat *Toomas Hendrik Ilves*. – Ein von der Opposition im Reichstag eingebrachter Mißtrauensantrag gegen Ministerpräsident *Vähi* scheitert am 10. 2. **1997** nur knapp mit 45 gegen 46 Stimmen bei 5 Enthaltungen. Am 25. 2. tritt *Vähi* zurück. Hintergrund sind Vorwürfe, er habe seinen früheren Posten als Vorsitzender des Stadtrats von Tallinn im Zusammenhang mit der Privatisierung von Wohnungen mißbraucht. Der Reichstag wählt am 13. 3. mit 72 gegen 13 Stimmen *Mart Siimann*, den Fraktionsvorsitzenden

Estland: Bevölkerung 1996

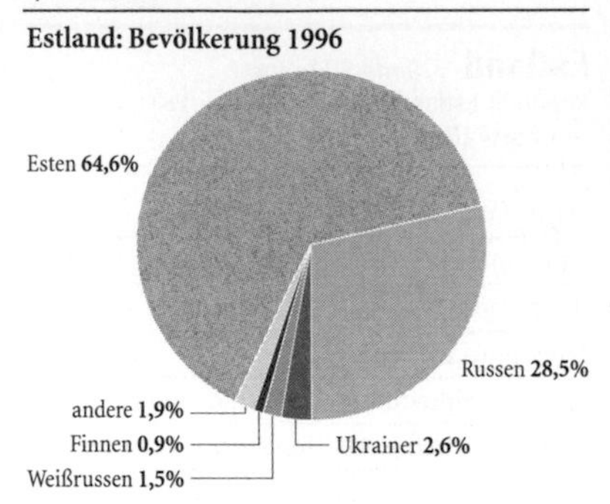

Quelle: Estnisches Statistikbüro 1996

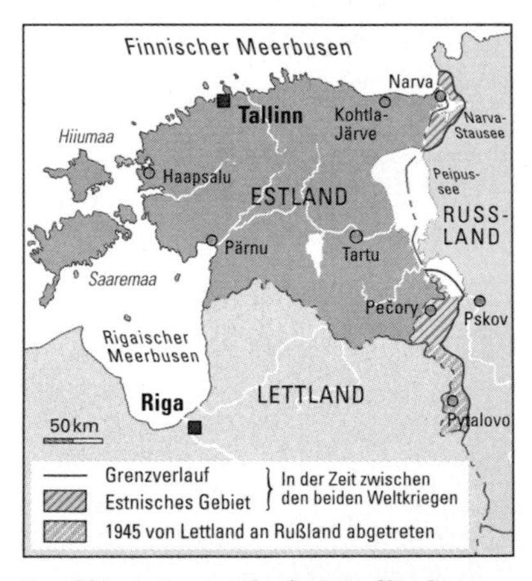

Ungeklärter Grenzverlauf mit Rußland

der Koalitionspartei, zum **neuen Ministerpräsidenten** und spricht am 19. 3. der neuen, weitgehend unveränderten Minderheitsregierung das Vertrauen aus. In seiner Regierungserklärung hatte sich *Siimann* zur Fortsetzung des wirtschaftspolitischen Reformkurses und der nach Westen orientierten Außenpolitik verpflichtet; zugleich sollen die Beziehungen zu Rußland verbessert werden. - Voraussetzung für Verhandlungen über eine Aufnahme in die EU ist ein **estnisch-russischer Grenzvertrag** (→ Karte), auf dessen Entwurf sich die Außenminister beider Staaten, *Kallas* und *Jewgenij Primakow*, am 5. 11. 1996 geeinigt haben; eine Unterzeichnung steht insb. wegen der aus russischer Sicht diskriminierenden Behandlung der russischen Minderheit in Estland (28,5% der Bevölkerung) noch aus. Die estnische Regierung hatte sich zum Verzicht auf Gebietsansprüche und auf eine Anerkennung des estnisch-sowjetischen Friedensvertrags von Tartu von 1920 durch Rußland bereit erklärt; dieses Abkommen, mit dem erstmals die Unabhängigkeit Estlands anerkannt worden war und das den Grenzverlauf festschrieb, verlor nach Auffassung Rußlands 1940 mit der Okkupation Estlands seine Rechtsgültigkeit. - Am 15. 5. 1997 werden die Pässe der ehem. UdSSR ungültig. Voraussetzung für den Erwerb der estnischen Staatsbürgerschaft sind u. a. eine Sprachprüfung und der Eid auf die Verfassung (→ WA '96, Sp. 265 f).

Fidschi *Ozeanien*

Republik Fidschi; Na Matanitu ko Viti (fidschianisch); Republic of Fiji (englisch) – FJI (→ Karten V, F 5/6 und VIII b, C/D 3/4)

Fläche (Weltrang: 152.): 18 376 km²

Einwohner (152.): F 1995 775 000 = 42 je km²

Hauptstadt: Suva (auf Viti Levu)
S 1990 (A): 200 000 Einw.

Amtssprachen: Fidschianisch, Englisch

Bruttosozialprodukt 1995 je Einw.: 2440 $

Währung: 1 Fidschi-Dollar ($F) = 100 Cents

Botschaft der Republik Fidschi
34, Hyde Park Gate, GB – London SW7 5DN,
0044-171/5 84 36 61

Landesstruktur Fläche: 18 376 km²; davon: Viti Levu 10 429 km² und Vanua Levu 5556 km²; einschließlich der Rotuma-Inselgruppe insg. 332 Inseln, davon 105 bewohnt – **Bevölkerung**: Fidschianer; (Z 1986) 715 375 Einw. – (F 1995) 50,7% Fidschianer (Melanesier), 43,5% Inder, 5,8% Sonstige: Rotumas, Europäer und Chinesen – **Leb.-Erwart.** 1995: 72 J. – **Säugl.-Sterbl.** 1995: 2,1% – **Kindersterbl.** 1995: 2,5% – Jährl. **Bev.-Wachstum** ∅ 1985–95: 1,1% (Geb.- und Sterbeziffer 1992: 2,5%/0,5%) – **Analph.** 1995: 8% – **Sprachen**: Fidschianisch (melanes. Sprache), Hindi, Englisch – **Religion** 1986: 53% Christen, 38% Hindus, 8% Muslime; Minderh. von Sikhs – **Städt. Bev.** 1995: 41% – **Städte** (Z 1986): Lautoka 27 728 Einw., Nandi 7709, Mba 6515

Staat Republik seit 1987 – Neue Verfassung vom 10. 7. 1997 – Parlament: Repräsentantenhaus mit 71 Mitgl. (25 gewählte; reserviert für: Fidschianer 23, Inder 19, Rotumas 1, Europäer, Chinesen u. a. 3); gültig ab Wahl 1999; Senat mit 34 Mitgl. (24 Fidschianer vom Großen Rat der Stammeshäuptlinge, 9 vom Präsident und 1 vom Rotuma-Inselrat ernannt); Wahl alle 5 J. – Großer Rat der Stammeshäuptlinge (Bose Levu Vakaturaga) mit 80 Mitgl. ernennt Staatsoberh. alle 5 J. – Staatsoberh. und Regierungschef müssen Fidschianer sein – Wahlrecht ab 21 J. – **Verwaltung**: 4 Bezirke mit 14 Provinzen – **Staatsoberhaupt**: Ratu Sir Kamisese Mara, seit 1994 – **Regierungschef**: Brigadegeneral Sitiveni Rabuka (Vors. der FPP/SVT), seit 1992 – **Äußeres**: Berenado Vunibobo – **Parteien**: Wahlen vom 18./24. 2. 1994: Fidschianer: Soqosoqo ni Vakavulewa ni Taukei/FPP-SVT (Fijian Political Party) 31 von 70 Sitzen (1992: 30), Fijian Association 5 (–), Unabhängige 1 (–), Sonstige – (5); Inder: National Federation Party/NFP 20 (14), Fiji Labour Party/FLP 7 (13); Rotumas 1 (1); Sitze der ethnischen Minderheiten: General Voter's Party/GVP 4 (5); All Nationals Congress 1 (2), – **Unabh.**: 10. 10. 1970 (ehem. brit. Kolonie) – **Nationalfeiertag**: 10. 10. (Unabhängigkeitstag)

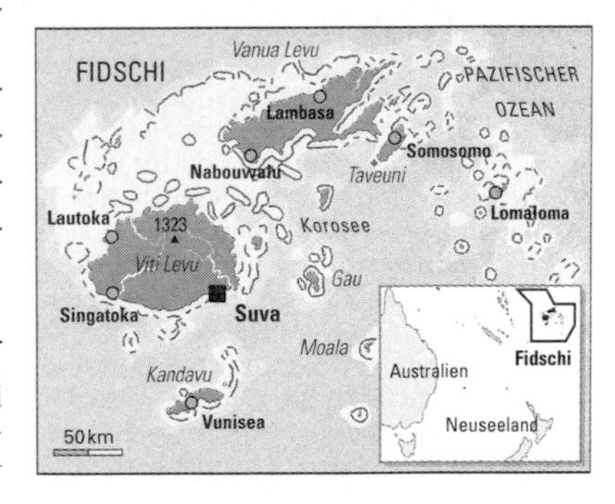

Wirtschaft **Währung**: 1 US-$ = 1,4278 $F; 1 DM = 0,8471 $F – **BSP** 1995: 1895 Mio. $ – **BIP**: keine Angaben; realer Zuwachs ∅ 1980–90: 2,2% (1993: +1,9%); Anteil (1993) **Landwirtsch.** 20%, **Industrie** 18%, **Dienstl.** 62% – **Erwerbstät.** 1993: Landw. 37%, Ind. 15%, Dienstl. 37% – **Arbeitslosigkeit** ∅ 1993: 5,6% – **Energieverbrauch** 1994: 527 kg ÖE/Ew. – **Inflation** ∅ 1985–95: 4,9% – **Ausl.-Verschuld.** 1993: 330 Mio. $ – **Außenhandel** 1994: **Import**: 830,5 Mio. $; Güter: 31% Maschinen und Transportausrüstungen, 24% Industriegüter, 15% Nahrungsmittel, Getränke und Tabak, 11% Brennstoffe; Länder: 33% Australien, 17% Neuseeland, 15% USA, 8% Japan; **Export**: 544,5 Mio. $; Güter: 34% Zucker und Zuckerprodukte, 7% Fisch und Fischkonserven, außerdem Gold, Silber, Kokosöl, Ingwer, Reexport von Erdölprodukten; Länder: 19% Großbritannien, 18% USA, 14% Australien – **Tourismus** 1995: 318 495 Auslandsgäste, 437,5 Mio. $F Einnahmen

Finnland *Nord-Europa*

Republik Finnland; Suomen Tasavalta (finnisch); Republiken Finland (schwedisch), Kurzform: Suomi – FIN, auch SF (→ Karte III, G/H 1/2)

Fläche (Weltrang: 63.): 338 144 km^2

Einwohner (104.): F 1995 5 110 000 = 15,1 je km^2

Hauptstadt: Helsinki/Helsingfors (schwedisch) F Ende 1995: 525 031 Einw.

Amtssprachen: Finnisch, Schwedisch

Bruttosozialprodukt 1995 je Einw.: 20 580 $

Währung: 1 Finnmark (Fmk) = 100 Penniä

Botschaft der Republik Finnland
Friesdorfer Str. 1, 53173 Bonn, 0228/38 29 80

Landesstruktur **Fläche**: 338 144 km^2; 6554 Inseln mit insg. 1552 km^2, rd. 60 bewohnt; davon Ahvenanmaa-Inseln (Åland) 1481 km^2 – **Bevölkerung**: Finnen; (Z 1990) 4 998 478 Einw. – (F 1991) 93,5% Finnen, 5,9% Finnland-Schweden, 0,6% Sonstige, u.a. etwa 17 000 Samit (Lappen) – **Leb.-Erwart.** 1995: 76 J. – **Säugl.-Sterbl.** 1995: 0,4% – **Kindersterbl.** 1995: 0,5% – Jährl. **Bev.-Wachstum** ∅ 1985–95: 0,4% (Geb.- und Sterbeziffer 1995: 1,3%/1,0%) – **Analph.** 1995: unter 5% – **Sprachen** 1991: 93,5% Finnisch, 5,9% Schwedisch, außerdem Samisch (Lappisch) – **Religion** 1992: 87,8% Lutheraner, 56 800 Finnisch-Orthodoxe, 11 weitere christl. Gemeinschaften sowie

Minderh. von Muslimen und Juden – **Städt. Bev.** 1995: 63% – **Städte** (F 1995): Espoo (schwedisch: Esbo) 191 247 Einw., Tampere (Tammerfors) 182 742, Vantaa (Vanda) 166 480, Turku (Åbo) 164 744, Oulu (Uleåborg) 109 094, Lahti 95 119, Kuopio 84 733, Pori (Björneborg) 76 627, Jyväskylä 74 072, Lappeenranta 56 664, Kotka 55 903, Vaasa (Vasa) 55 502

Staat Republik seit 1919 – Verfassung von 1919, letzte Änderung 1988 – Parlament (Eduskunta, Riksdag) mit 200 Mitgl., Wahl alle 4 J. – Direktwahl des Staatsoberh. alle 6 J. – Wahlrecht ab 18 J. – **Verwaltung**: 12 Provinzen, Åland mit Autonomiestatus – **Staatsoberhaupt**: Martti Ahtisaari (SDP), seit 1994 – **Regierungschef**: Paavo Lipponen (SDP-Vorsitzender), seit 1995; Koalition aus SDP, KOK, VAS, VIHR und SFP – **Äußeres**: Tarja Halonen (SDP) – **Parteien**: Wahlen vom 19. 3. 1995: Suomen Sosialidemokraattinen Puolue/SDP 63 der 200 Sitze (1991: 48), Suomen Kes-

kusta/KESK (Zentrumspartei) 44 (55), Kansallinen Kokoomus/KOK (Nationale Sammlungspartei) 39 (40), Vasemmistoliitto/VAS (Linksverband) 22 (19), Svenska Folkpartiet/SFP (Schwed. Volkspartei) 12 (12), Vihreä Liitto/VIHR (Grüne) 9 (10), Suomen Kristillinen Liitto/SKL (Christliche Union) 7 (8), neoliberale Jungfinnen 2 (–), Suomen Maaseudun Puolue/SMP (Landvolkspartei) 1 (7), Ökologische Partei 1 (–), Sonstige – (1) – **Unabh.**: 6. 12. 1917 (Proklamation) – **Nationalfeiertag**: 6. 12. (Unabhängigkeitstag)

Wirtschaft Währung: 1 US-$ = 5,20 Fmk; 1 DM = 2,99 Fmk – **BSP** 1995: 105 174 Mio. $ – **BIP** 1995: 125 432 Mio. $ (1995: 469,62 Mrd. Fmk); realer Zuwachs ∅ 1990–95: –0,5%; Anteil (1994) **Landwirtsch.** 5%, **Industrie** 32%, **Dienstl.** 63% – **Erwerbstät.** 1995: Landw. 8%, Ind. 28%, Dienstl. 64% – **Arbeitslosigkeit** ∅ 1996: 16,3% (S 1997: 14,7%) – **Energieverbrauch** 1994: 5997 kg ÖE/Ew. – **Inflation** ∅ 1985–95: 3,8% (1996: 0,5%, S 1997: 1,7%) – **Ausl.-Verschuld.** 1995: keine – **Außenhandel** 1996: **Import**: 140 996 Mio. Fmk; Güter: 39% Maschinen und Transportmittel, 13% bearb. Waren, 11% chem. und verwandte Erzeugnisse, 11% Brennstoffe, 7% Rohstoffe (ohne Brennstoffe); Länder: 15% BRD, 12% Schweden, 9% Großbritannien, 7% Rußland, 7% USA, 5% Japan, 5% Frankreich, 4% Norwegen, 4% Italien; **Export**: 185 798 Mio. Fmk; Güter: 38% Maschinen und Transportmittel, 35% bearb. Waren, 8% Rohstoffe (ohne Brennstoffe), 6% chem. und verwandte Erzeugnisse, 3% Nahrungsmittel und leb. Tiere; Länder: 12% BRD, 11% Schweden, 10% Großbritannien, 8% USA, 6% Rußland, 4% Frankreich, 4% Niederlande, 3% Norwegen, 3% Dänemark – **Tourismus**: 3,3 Mio. Auslandsgäste (1995), 6812 Mio. Fmk Einnahmen (1993)

Chronik Nach vierjährigem Floating der Finnmark tritt Finnland mit Wirkung zum 14. 10. **1996** dem Wechselkursmechanismus des Europäischen Währungssystems bei und erfüllt damit eine Voraussetzung für die Teilnahme an der Europäischen Währungsunion 1999 (→ Hauptkapitel EU). – Aus den ersten direkten **Wahlen zum Europäischen Parlament** am 20. 10. 1996 (Wahlbeteiligung 58,8%) geht die europakritische oppositionelle Zentrumspartei (KESK) als Siegerin hervor. Mit einem Wähleranteil von 24,4% erhält sie 4 Mandate für Straßburg. Die übrigen 12 fallen an die Parteien der »Regenbogenkoalition«: Sozialdemokraten 4 Sitze, Konservative 4, Linksverband, Grüne und Schwedische Volkspartei je ein Sitz.

Frankreich *West-Europa*

Französische Republik; République française, Kurzform: France – F (→ Karte II, D/E 2/3)

Fläche (Weltrang: 47.): 543 965 km²

Einwohner (19.): F 1995 58 060 000 = 107 je km²

Hauptstadt: Paris
Z 1990: 2 152 423 Einw. (A: 9,32 Mio.)

Amtssprache: Französisch

Bruttosozialprodukt 1995 je Einw.: 24 990 $

Währung: 1 Franz. Franc (FF) = 100 Centimes

Botschaft der Französischen Republik
An der Marienkapelle 3, 53179 Bonn,
0228/9 55 60 00

Landesstruktur Fläche: 543 965 km²; davon Korsika 8680 km² und 250 400 Einw. (F 1990); Außengebiete → unten – **Bevölkerung**: Franzosen; (Z 1990) 56 577 000 Einw. (ohne Übersee-Départements mit 1 455 719 Einw.) – (F Ende 1994) 93,6% Franzosen, u. a. 1,2 Mio. Elsässer und Lothringer, 0,9 Mio. Bretonen, 0,3 Mio. Katalanen, 0,2 Mio. Italienischsprachige, 0,2 Mio. Flamen, 0,1–0,2 Mio. Basken; 6,4% Ausländer (3,6 Mio., davon 1,3 Mio. aus EU-Staaten) – **Flüchtl.** Ende 1996: 12 000 aus Bosnien-Herzegowina, 17 200 andere – **Leb.-Erwart.** 1995: 77 J. – **Säugl.-Sterbl.** 1995: 0,7% – **Kindersterbl.** 1995: 0,9% – Jährl. **Bev.-Wachstum** ∅ 1985–95: 0,5% (Geb.- und Sterbeziffer 1995: 1,3%/1,0%) – **Analph.** 1995: unter 5% – **Sprachen**: Französisch; regional Baskisch, Bretonisch, Elsässisch, Flämisch, Katalanisch, Korsisch, Okzitanisch – **Religion** 1993: 81% Katholiken; 3 Mio. Muslime (v. a. Sunniten), 950 000 Protestanten (v. a. Calvinisten), 700 000 Juden, 120 000 Orthod. u. a. – **Städt. Bev.** 1995: 73% – **Städte** (Z 1990): Marseille 807 726 Einw. (als A: 1,09 Mio.), Lyon 422 444, Toulouse 365 933, Nice (Nizza) 345 674, Strasbourg (Straßburg) 255 937, Nantes 252 029, Bordeaux 213 274, Montpellier 210 866, Rennes 203 533, Saint-Étienne 201 569, Le Havre 197 219, Reims 185 164, Lille 178 301, Toulon 170 167, Grenoble 153 973, Brest 153 099, Dijon 151 636, Le Mans 148 465, Angers 146 163, Clermont-Ferrand 140 167, Limoges 136 407, Amiens 136 234, Nîmes 133 607, Tours 133 403, Aix-en-Provence 126 854

Staat Republik seit 1875 – Verfassung der V. Republik von 1958 mit Änderungen, zuletzt von 1996 – Parlament: Nationalversammlung (Assemblée Nationale) mit 577 alle 5 J. gewählten

Mitgl. (davon 22 aus Überseegebieten) und Senat mit 321 Mitgl. (davon 14 aus Überseegebieten und 12 von den Auslandsfranzosen gestellt), Wahl alle 9 J. durch Wahlkollegium (1/3 der Sitze alle 3 J. erneuert) – Direktwahl des Staatsoberhaupts alle 7 J. (einmalige Wiederwahl) – Wahlrecht ab 18 J. – **Verwaltung**: 22 Regionen, 96 Départements; 4 Übersee-Départements (D.O.M.), 2 Collectivités Territoriales (C.T.) und 3 Überseeterritorien (T.O.M.); Sonderstatus (Statut Joxe) für Korsika – **Staatsoberhaupt**: Jacques Chirac (RPR), seit 1995 – **Regierungschef**: Lionel Jospin (PS-Vorsitzender), seit 2. 6. 1997 – **Äußeres**: Hubert Védrine (PS) – **Parteien**: Wahlen zur Nationalversammlung vom 25. 5./1. 6. 1997: Parti Socialiste/PS 241 Sitze (54), Rassemblement pour la République/RPR (Neo-Gaullisten) 134 (1993: 247), Union pour la Démocratie Française/UDF (Bürgerliche Mitte) 108 (213), Parti Communiste Français/PCF 38 (23), Parti des Radicaux-Socialistes/PRS 12, Ecologistes 7 (–), Mouvement des Citoyens/MDS 7 (–), Front National/FN 1 (–), versch. linke Parteien insg. 14 (16), versch. rechte Parteien insg. 14 (24), Unabhängige 1 – Senat (Teilwahlen von 117 Senatoren vom 24. 9. 1995): UDF 124 (aus: Union Centriste 59, Républicains et Indépendants 47, Rassemblement Démocratique et Européen/RDE 18) Sitze

(1992: 134), RPR 94 (92), PS 75 (67), PCF 15 (15), versch. Linke 6 (5), Parteilose 7 (8) – **Unabh.**: Beginn der eigentlichen Staatsgeschichte: Vertrag von Verdun im Jahr 843 – **Nationalfeiertag**: 14. 7. (Sturm auf die Bastille 1789)

Wirtschaft (Einzelheiten → Kap. Wirtschaft)
Währung: Indikativkurs: 1 US-$ = 5,88 FF; 1 DM = 3,37 FF – **BSP** 1995: 1 451 051 Mio. $ – **BIP** 1995: 1 536 089 Mio. $; realer Zuwachs ∅ 1990–95: 1,0 %; Anteil (1994) **Landwirtsch.** 2 %, **Industrie** 28 %, **Dienstl.** 70 % – **Erwerbstät.** 1994: Landw. 5 %, Ind. 27 %, Dienstl. 68 % – **Arbeitslosigkeit** ∅ 1996: 12,4 % (S 1997: 12,6 %) – **Energieverbrauch** 1994: 4042 kg ÖE/Ew. – **Inflation** ∅ 1985–95: 2,8 % (1996: 2,4 %, S 1997: 1,7 %) – **Ausl.-Verschuld.** 1995: 51,1 Mrd. FF – **Außenhandel** 1996: **Import**: 1406 Mrd. FF; Güter: 26 % Investitionsgüter, 25 % Halbfertigwaren, 19 % Konsumgüter, 12 % Transportausrüstungen, 12 % Nahrungsmittel; Länder 1995: 18 % BRD, 10 % Italien, 9 % Belgien/Luxemburg, 8 % USA, 8 % Großbritannien, 7 % Spanien, 4 % Japan; **Export**: 1467 Mrd. FF; Güter: 27 % Investitionsgüter, 23 % Halbfertigwaren, 17 % Konsumgüter, 15 % Nahrungsmittel, 13 % Transportausrüstungen; Länder 1995: 18 % BRD, 10 % Italien, 9 % Großbritannien,

Frankreich: Fläche, Bevölkerung und Bevölkerungsdichte nach Regionen [1]

Regionen / (Hauptstadt)	*Fläche km²*	*Einw. in Tsd. Z 1990*	*F 1994*	*Einw. je km² 1990*	*1994*
Alsace/Elsaß (Strasbourg)	8 280	1 622,8	1 677,9	196,0	202,6
Aquitaine (Bordeaux)	41 308	2 795,6	2 854,5	67,7	69,1
Auvergne (Clermont-Ferrand)	26 013	1 321,8	1 316,3	50,8	50,6
Bourgogne (Dijon)	31 582	1 609,4	1 621,3	51,0	51,3
Bretagne (Rennes)	27 208	2 794,3	2 834,3	102,7	104,2
Centre (Orléans)	39 151	2 369,8	2 422,3	60,5	61,9
Champagne-Ardenne (Chalons-sur-Marne)	25 606	1 347,0	1 351,3	52,6	52,8
Corse/Korsika (Ajaccio)	8 680	249,6	258,1	28,8	29,7
Franche-Comté (Besançon)	16 202	1 096,4	1 109,2	67,7	68,5
Ile-de-France (Paris)	12 012	10 644,7	10 931,6	886,2	910,1
Languedoc-Roussillon (Montpellier)	27 376	2 115,2	2 202,7	77,3	80,5
Limousin (Limoges)	16 942	723,5	719,8	42,7	42,5
Lorraine/Lothringen (Metz)	23 547	2 304,3	2 311,0	97,9	98,1
Midi-Pyrénée (Toulouse)	45 348	2 431,1	2 482,9	53,6	54,8
Nord-Pas-de-Calais (Lille)	12 414	3 961,7	3 988,2	319,1	321,3
Basse-Normandie (Caen)	17 589	1 390,9	1 408,3	79,1	80,1
Haute-Normandie (Rouen)	12 317	1 736,0	1 770,5	140,9	143,7
Pays de la Loire (Nantes)	32 082	3 055,2	3 122,4	95,2	97,3
Picardie (Amiens)	19 400	1 809,0	1 847,9	93,2	95,3
Poitou-Charentes (Poitiers)	25 810	1 595,2	1 612,5	61,8	62,5
Provence-Alpes (Marseille)	31 400	4 257,2	4 400,4	135,6	140,1
Rhone-Alpes (Lyon)	43 698	5 346,3	5 535,6	122,3	126,7
Insgesamt	*543 965*	*56 577,0*	*57 779,0*	*104,0*	*106,2*

[1] ohne Überseedépartements
Quelle: Institut Nacional de la Statistique et des Etudes Economiques 1996

Staaten

9% Belgien/Luxemburg, 7% Spanien, 6% USA – **Tourismus** 1995: 61,5 Mio. Auslandsgäste, 28 200 Mio. $ Einnahmen

Chronik Angesichts der hohen Arbeitslosigkeit (rd. 3,1 Mio.) und sich verschärfender sozialer Probleme verliert die im Zuge der europäischen Integrationsdynamik forcierte Sparpolitik der rechtsbürgerlichen Regierung von *Alain Juppé* (RPR) im Berichtszeitraum zunehmend an Akzeptanz. Bei den vorgezogenen Neuwahlen (25. 5./ 1. 6. 1997) erteilen ihr die Wähler eine klare Absage. Der neue Regierungschef *Lionel Jospin* (SP) verlangt die Berücksichtigung der Beschäftigungsproblematik bei der europäischen Einigung.

Rechtsextremistischer Einfluß: Bei der ersten Nachwahl zur Nationalversammlung in der Bergarbeiterstadt **Gardanne bei Marseille** stehen sich bei der Stichwahl am 20. 10. **1996** erstmals Kandidaten der rechtsextremen Front National (FN) und der Kommunisten (PCF) direkt gegenüber. Mit Unterstützung von linken Organisationen, Umweltgruppen und den örtlichen Sozialisten siegt der kommunistische Bewerber mit 60,3% der Stimmen. – In der südfranzösischen Stadt **Vitrolles bei Marseille** gewinnt erstmals der Front National (2. 2. **1997**: 46,7%, 9. 2.: 52,5%) mit absoluter Stimmenmehrheit die Bürgermeisterwahl und stellt damit in der 4. südfranzösischen Stadt (nach Toulon, Orange und Mariagne) das Stadtoberhaupt. – Gegen den zunehmenden Einfluß des FN demonstrieren am 29. 3. rd. 50 000 Menschen vor dem Parteitag des FN in Straßburg (29.–31. 3.).

Neues Ausländergesetz: Die Schätzungen der

Anzahl der illegalen Immigranten in Frankreich bewegen sich zwischen 350 000 und 600 000. **Mit verschärften immigrationspolitischen Maßnahmen**, die der illegalen Einwanderung entgegenwirken sollen, versucht die Regierung *Juppé*, der ausländerfeindlichen populistischen Agitation des FN die Grundlage zu entziehen. Am 19. 12. **1996** bringt Innenminister *Jean-Louis Debré* einen heftig umstrittenen Gesetzentwurf ins Parlament ein. Die Forderung des Europäischen Parlaments vom 20. 2. **1997** nach Rücknahme des Entwurfs bezeichnet Präsident *Chirac* als »Einmischung in die inneren Angelegenheiten Frankreichs«. Auf Initiative einer von Intellektuellen und Künstlern getragenen Protestbewegung demonstrieren am 22. 2. rd. 100 000 Menschen in Paris gegen die Regularien, die ihrer Ansicht nach den Forderungen der Rechtsextremen weit entgegenkommen. Am 27. 2. verabschiedet das Parlament eine in den Meldevorschriften entschärfte Fassung. Der von der PS angerufene Verfassungsrat mildert das Gesetz am 23. 4. in einem weiteren Punkt ab.

Vorgezogene Parlamentswahlen: Am 21. 4. **1997** löst Präsident *Jacques Chirac* überraschend die Nationalversammlung auf und setzt um etwa ein Jahr vorgezogene Neuwahlen für den 25. 5./ 1. 6. an. Er rechtfertigt seine Entscheidung mit der Absicht, durch eine neu konsolidierte Regierungsmehrheit über die Dauer von 5 Jahren (d.h. bis zum Ende seiner eigenen Amtszeit) den anstehenden Reformen zur Modernisierung der Wirtschaftsstruktur, Sanierung der Staatsfinanzen, Senkung der Steuern und Bekämpfung der Arbeitslosigkeit eine stabile Grundlage zu geben und Frankreich eine »Position der Stärke« für

Frankreich: Wahlen zur Nationalversammlung vom 25.5./1.6.1997
Sitzverteilung 1993 und1997

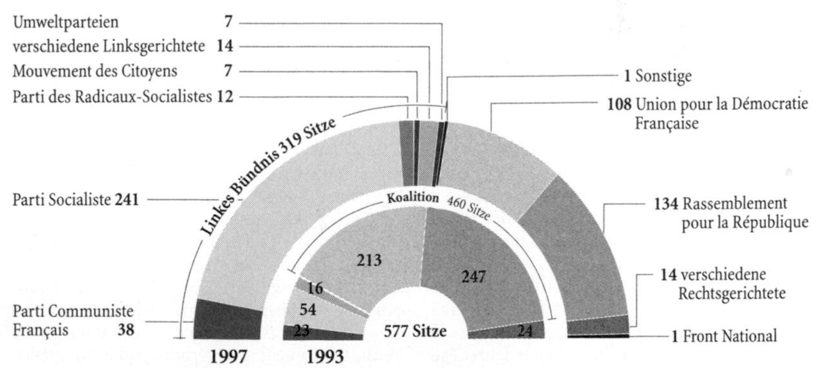

den Beitritt zur Europäischen Wirtschafts- und Währungsunion 1999 zu sichern. In Aufrufen (in der Tagespresse am 8. 5. und im Fernsehen nach dem 1. Wahlgang am 27. 5.) greift der Präsident direkt zugunsten der Regierungsparteien in den Wahlkampf ein. **Bei der ersten Runde am 25. 5.** (Wahlbeteiligung: 67,9%) erhalten die Parteien des rechtsbürgerlichen Regierungslagers 36,5% der Stimmen (RPR 15,7%/–6,7% gegenüber 1993, UDF 14,2%/–4,9%, div. Rechte 6,6%/+1,9%), die der linken Opposition 40,2% (PS 23,7%/+5,9%, PCF 9,9%/+0,8%, div. Linke 6,5%) und Grüne sowie Umweltschutzgruppen 6,8%. Mit 14,9% der Stimmen erzielt der FN sein bei einer Parlamentswahl bisher bestes Ergebnis. Nur in 12 der 577 Wahlkreise erreichen Kandidaten die im 1. Wahldurchgang für ein Mandat notwendige absolute Mehrheit der Stimmen. Als Konsequenz aus der Niederlage kündigt Ministerpräsident *Alain Juppé* am 26. 5. seinen Rücktritt unabhängig vom Ausgang der Stichwahl am 1. 6. an. Deren Ergebnis (→ Abbildung) bestätigt den Trend des ersten Durchgangs: Die Parteien der vereinigten Linken ziehen mit der absoluten Mehrheit von 319 Abgeordneten ins Parlament ein. Die bisherige Koalition aus RPR und UDF verliert knapp die Hälfte der Mandate. Der NF, der 132 Kandidaten in die Stichwahl bringen konnte, erhält – wie zwischen 1988 und 1993 – einen Sitz.

Neue Regierung: Am 2. 6. **1997** übernimmt *Lionel Jospin* (PS) die Amtsgeschäfte als neuer Ministerpräsident in der dritten Cohabitation (Kooperation von Staats- und Regierungschef aus unterschiedlichen politischen Lagern) seit Bestehen der V. Republik. In Konsequenz der von den Sozialisten (PS) geschlossenen Wahlbündnisse beteiligt er an dem von 29 auf 16 Mitglieder reduzierten Kabinett, dem 8 Frauen angehören, die Kommunisten (PCF) mit 2 Ministerämtern (Verkehr, Jugend und Sport), die linksnationale Bürgerbewegung/MDC (Inneres), Radikalsozialisten/PRS (Staatsreform und Dezentralisierung) und Grüne (Umwelt und Landentwicklung) mit je einem. Die Schlüsselressorts für Außenpolitik (*Hubert Védrine*), Wirtschaft und Finanzen (*Dominique Strauss-Kahn*), Verteidigung (*Alain Richard*) und Arbeit und Industrie (*Martine Aubry*) und Justiz (*Elisabeth Guigou*) besetzen die Sozialisten.

Erste innenpolitische Maßnahmen der neuen Regierung: Ministerpräsident *Jospin*, der im Wahlkampf eine Lockerung der harten Ausländerpolitik in Aussicht stellte, ordnet am 11. 6. **1997** die Ausstellung von regulären Aufenthaltsgenehmigungen nach Einzelfallprüfung für die bis zu 40 000 Ausländer an, die ohne Einreisegenehmigungen in Frankreich leben, aufgrund persönlicher Umstände jedoch nicht ausgewiesen werden können (»sans-papiers«). In seinem Regierungsprogramm, das die Nationalversammlung am 19. 6. billigt, kündigt *Jospin* u. a. die Erhöhung des Mindestlohnes und des Arbeitslosengeldes um 4% zum 1. 7., die Abschaltung des Schnellen Brüters Superphénix gegen Ende 1997 und den Verzicht auf Infrastrukturmaßnahmen wie die Vollendung des Rhein-Rhône-Kanals an. Die Absicht, die Stellenstreichungen im öffentlichen Dienst zu beenden und die 35-Stunden-Woche ohne Lohneinbußen bis zum Jahr 2002 einzuführen, unterstreicht die Vorrangstellung der Arbeitsbeschaffung im Aufgabenkatalog der Regierung. Entschlossen, die Wirtschafts- und Währungsunion zum vorgesehenen Zeitpunkt zu verwirklichen, betont *Jospin* zugleich die notwendige Sozialverträglichkeit der europäischen Einigung und läßt vorläufig offen, wie Frankreich die Konvergenzkriterien von Maastricht für den Beitritt zur Währungsunion zum Stichtermin Frühjahr 1998 erfüllen will. – Am 14. 7. räumt Präsident *Chirac* ein, Frankreichs Defizitquote (bezogen auf BIP) werde 1997 voraussichtlich bei 3,5% liegen; daraus ergebe sich die Notwendigkeit, sich mit den anderen europäischen Partnern über eine tendenzielle Interpretation des betreffenden Maastricht-Kriteriums zu verständigen.

Außenpolitik: Während seiner Nahostreise (19.–25. 10. **1996**: Syrien, Israel, palästinensische Autonomiegebiete, Jordanien, Libanon, Ägypten) demonstriert Präsident *Chirac* das verstärkte **französische Engagement im blockierten Nahost-Friedensprozeß.** Hierbei betont er das Recht der Palästinenser auf Selbstbestimmung und einen eigenen Staat bei gleichzeitigem Recht auf Sicherheit für alle. Die israelischen Vorbehalte gegen seine Initiative führen bei seinem Besuch in Jerusalem (21.–23. 10.) bis an den Rand des Eklats (→ Israel). – Bei Konsultationen am 9. 12. in Nürnberg vereinbaren Deutschland und Frankreich ein **deutsch-französisches Sicherheits- und Verteidigungskonzept**, dessen Text nach Indiskretionen erst am 29. 1. **1997** veröffentlicht wird. Aufsehen erregt die Formel, Deutschland und Frankreich als »Schicksals- und Interessengemeinschaft« wollten »einen Dialog über die Rolle der nuklearen Abschreckung im Kontext der europäischen Verteidigungspolitik« aufnehmen. Die Bundesregierung widerspricht Auslegungen, nach denen im Konzept Deutschlands Absicht Ausdruck findet, eine Mitbestimmung über die französischen Atomwaffen zu erlangen. – Nach Angriffen auf französische Vermittler seitens meuternder Soldaten greifen französische Truppen am 5. 1. **1997** direkt in den

Konflikt in der → **Zentralafrikanischen Republik** ein. – Im Juni 1996 sichern 1200 französische Soldaten die Ausreise von über 5000 Ausländern aus der im Bürgerkrieg der → **Republik Kongo** umkämpften Hauptstadt Brazzaville. – Vom 15.–18. 5. 1997 unternimmt Präsident *Chirac* die erste **Chinavisite** eines französischen Staatsoberhaupts seit dem Besuch von *François Mitterrand* 1983. Beide Seiten demonstrieren ihre Absicht, der globalen Hegemonie der USA eine »multipolare Weltordnung« entgegenzusetzen sowie den bilateralen Handel und die wirtschaftliche Kooperation zu intensivieren (→ China). – Auf dem **EU-Gipfel** in Amsterdam kann Frankreich eine Ergänzung des Stabilitätspakts um einen entsprechend verbindlichen Beschäftigungspakt nicht durchsetzen (→ Hauptkapitel EU).

Korsika: Nachdem ein erpreßter korsischer Unternehmer erstmals die Omertà (Schweigegesetz) durchbrach, stellt sich der Führer der korsischen Nationalistenpartei A Cuncolta Naziunalista (ACN) und zugleich Sprecher der stärksten Untergrundorganisation Front de Libération Nationale de la Corse (FLNC-Canal historique), *François Santoni*, am 16. 12. **1996** in Bastia der Polizei. Im August 1996 hatte er die im Januar des

Französisch-Guyana

Jahres im Zuge von Geheimverhandlungen mit der französischen Regierung verkündete und ohnehin nicht eingehaltene Waffenruhe für beendet erklärt und war im Oktober zu einer Haftstrafe verurteilt worden. Im Bandenkrieg der konkurrierenden Gruppen war *Santoni* in den Monaten zuvor selbst Ziel mehrerer Anschläge gewesen. 1996 wurden auf Korsika rd. 350 Attentate verübt. – Am 1. 1. **1997** wird Korsika Niedrigsteuerzone. Mit der verstärkten Förderung der korsischen Binnenstruktur und Wirtschaftskraft sucht die französische Regierung dem korsischen Separatismus entgegenzuwirken (→ WA '97, Sp. 249). – Am 17. 7. kündigt die FNLC-Canal historique einen auf drei Monate befristeten Waffenstillstand an. Der neue französische Innenminister *Jean-Pierre Chevènement* verspricht den korsischen Nationalisten am 18. 7. einen offenen Dialog, wenn sie zum Gewaltverzicht bereit seien, lehnt aber eine weitergehende Autonomie der Inselprovinz ab.

Außengebiete

Départements d'outre-mer/D.O.M.

(Gebiete, die als Teile des Mutterlandes gelten)

Französisch-Guyana *Süd-Amerika*
Guyane française (→ Karte)

LANDESSTRUKTUR *Fläche:* 83 534 km^2 – *Bevölkerung* (F 1995): 145 000 Einw., (Z 1990): 113 900; (S) überw. Kreolen, ferner Asiaten, Buschneger, Indianer; etwa 30 000 Ausländer – *Leb.-Erwart.* 1994: 73 J. – Jährl. *Bev.-Wachstum* ∅ 1985–95: 5,4% – *Sprachen:* Französisch als Amtsspr.; Créole – *Religion* 1992: 74% Katholiken – *Städte* (Z 1990): Cayenne (Hptst.) 41 659 Einw.; Kourou 13 873, Saint-Laurent-du-Maroni 13 616, Remire 11 701, Matoury 10 152

REGIERUNGSFORM D.O.M. seit 1947; seit 1817 franz. – 2 Vertr. in der Nationalvers. u. 2 im Senat – Parlament: Conseil général mit 19 Mitgl.; Wahl alle 6 J. – *Verwaltung:* 2 Arrondissements – *Präfekt:* Dominique Vian – *Parteien:* Conseil général (Wahlen vom 20. 3./27. 3. 1994): Parti Socialiste Guyanais/PSG 8 (1986: 10), Rassemblement pour la République/RPR 2 (2), Union pour la Démocratie Française/UDF 1 (1), div. Linke 7 (5), div. Rechte 1 (1)

WIRTSCHAFT *Währung:* Franz. Franc – *BSP* 1995: über 9386 $ je Einw. – *Erwerbstät.* 1990: Landwirtsch. 11%, Industrie 21%, Dienstl. 68% – *Arbeitslosigkeit* ∅ 1993: 24,1% – *Außenhandel* 1994: *Import:* 675,6 Mio. $; Güter: 41% Maschinen u. Transportausrüst., 13% Industriegüter, 13% Nahrungsmittel, 7% Brennstoffe; Länder: 61% Frankr. sowie Trinidad u. Tob., Italien, BRD; *Export:* 148,9 Mio. $; Güter: 30% Nahrungsmittel, 26% Maschinen u. Transportausrüst., 24% Industriegüter, 11% Gold; Länder: 74% Frankr. sowie Guadeloupe, USA – *Tourismus* 1992: 173 000 Auslandsgäste

Guadeloupe *Karibik* (→ Karte)

LANDESSTRUKTUR *Fläche:* 1705 km² (Basse-Terre 848 km², Grande-Terre 590 km², Îles des Saintes (Les Saintes) 13 km², La Désirade 30 km², Marie-Galante 158 km², St. Barthélemy 21 km², nördl. Teil von St. Martin 54 km²) – *Bevölkerung* (F 1995): 424 000 Einw., (Z 1990): 386 987; 77% Mulatten, 10% Schwarze, 10% Kreolen, 25 000 Inder u. a. – *Leb.-Erwart.* 1994: 75 J. – *Säugl.-Sterbl.* 1993: 1,2% – Jährl. *Bev.-Wachstum* ∅ 1985–95:

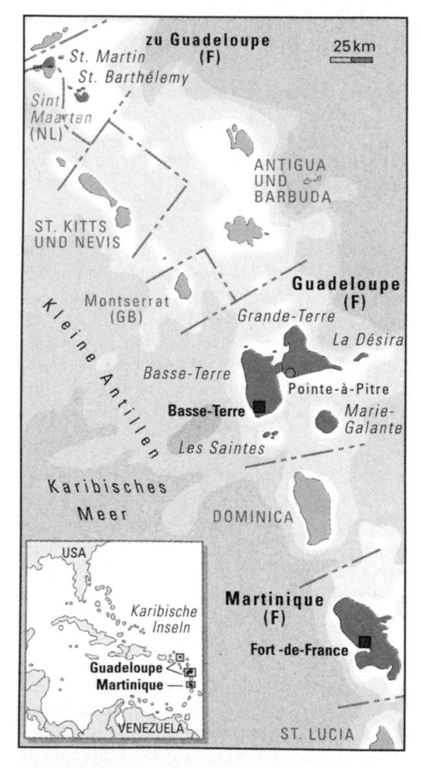

Guadeloupe, Martinique

1,8% – *Sprachen:* Französisch als Amtsspr.; Créole – *Religion* 1991: 90% Katholiken – *Städt. Bev.* 1992: 49% – *Städte* (Z 1990): Basse-Terre (Hptst.) 14 107 Einw.; Les Abymes 62 605, St. Martin (auf St. Martin) 28 518, Pointe-à-Pitre 26 029, Le Gosier 20 688, Capesterre-Belle-Eau 19 012

REGIERUNGSFORM D.O.M. seit 1946; seit 1635 franz. – 4 Vertr. in d. Nationalvers. u. 2 im Senat – Parlament: Conseil général mit 42 Mitgl.; Wahl alle 6 J. – *Verwaltung:* 3 Arrondissements u. 5 Dependenzen: St. Barthélémy, St. Martin, La Désirade, Marie-Galante u. Îles des Saintes (Les Saintes) – *Präfekt:* Jean Fedini – *Parteien:* Conseil général (Wahlen vom 20. 3./27. 3. 1994): Parti Socialiste/PS 8 (1986: 4), Unabh. des PS 6 (8), Parti Progressiste Démocratique Guadeloupien/PPDG 6 (7), Rassemblement pour la République/RPR 6 (7), Parti Communiste Guad./PCG 3 (3), Union pour la Démocratie Française/UDF 1 (1), div. Linke 7 (4), div. Rechte 5 (8), Unabh. 1 (1)

WIRTSCHAFT *Währung:* Franz. Franc – *BSP* 1995: über 3036 $ je Einw. – *Erwerbstät.* 1992: Landw. 15%, Ind. 20%, Dienstl. 65% – *Arbeitslosigkeit* ∅ 1990: 31,3% – *Außenhandel* 1994: *Import:* 1539 Mio. $; Güter: Maschinen u. Transportausr., Nahrungsmittel, Industriegüter; Länder: 66% Frankr.; *Export:* 152 Mio. $; Güter: 22% Bananen, 17% Rohzucker; Länder: 75% Frankr. – *Tourismus:* 340 500 Auslandsgäste (1992), 370 Mio. $ Einnahmen (1993)

Martinique *Karibik* (→ Karte)

LANDESSTRUKTUR *Fläche:* 1106 km² – *Bevölkerung* (F 1995): 380 000 Einw., (Z 1990): 359 000; (S) 87% Schwarze, Inder; ca. 30% der Bev. leben in Frankreich – *Leb.-Erwart.* 1994: 76 J. – *Säugl.-Sterbl.* 1993: 0,8% – Jährl. *Bev.-Wachstum* ∅ 1985–95: 1,1% – *Sprachen:* Französisch als Amtsspr.; Créole – *Religion* 1992: 88% Katholiken – *Städt. Bev.* 1995: 93% – *Städte* (Z 1990): Fort-de-France (Hptst.) 100 072 Einw.; Le Lamentin 30 026, Schoelcher 19 813, Sainte-Marie 19 683, Le Robert 17 675, Le François 16 957

REGIERUNGSFORM D.O.M. seit 1946; seit 1635 franz. – 4 Vertr. in d. Nationalvers. u. 2 im Senat – Parlament: Conseil général mit 45 Mitgl.; Wahl alle 6 J. – *Verwaltung:* 3 Arrondissements – *Präfekt:* Jean-François Cordet – *Parteien:* Conseil général (Wahlen von 1994): Parti Progressiste M./PPM 10 (1986: 10), Rassemblement pour la République/RPR 7 (7), Parti Communiste M./PCM 3 (3), Parti Socialiste/PS 3 (2), Union pour la Démocratie Française/UDF 3 (4), Mouvement

pour l'Indépendance de la M./MIM 1 (1), Sonstige 18 (18)
WIRTSCHAFT *Währung:* Franz. Franc – *BSP* 1995: über 9386 $ je Einw. – *Erwerbstät.* 1992: Landw. 10%, Ind. 17%, Dienstl. 73% – *Arbeitslosigkeit* ∅ 1994: 23,5% – *Außenhandel* 1994: *Import:* 1642 Mio. $; Länder: 61% Frankr.; *Export:* 219 Mio. $; Güter: 28% Erdölprod., 26% Bananen, 11% Maschinen u. Transportausrüst.; Länder: 44% Frankr., 42% Guadeloupe – *Tourismus:* 225 319 Auslandsgäste u. 417 000 Kreuzfahrtteilnehmer (1991), 332 Mio. $ Einnahmen (1993)

Réunion *Südost-Afrika* (→ Karte IV, C 6)

LANDESSTRUKTUR *Fläche:* 2512 km², mit den unbew. Inseln Tromelin, Les Glorieuses, Juan de Nova, Bassas da India, Europa, insg. 32 km² – *Bevölkerung* (F 1995): 653 200 Einw., (Z 1990): 595 832; (S) 40% Mulatten, Schwarze u. Madegassen, 25% Weiße, ferner Inder, Chinesen – *Leb.-Erwart.* 1994: 74 J. – *Säugl.-Sterbl.* 1993: 0,8% – Jährl. *Bev.-Wachstum* ∅ 1985–95: 1,6% – *Sprachen:* Französisch als Amtsspr.; Créole, Gujurati – *Religion* 1992: 90% Katholiken – *Städt. Bev.* 1995: 68% – *Städte* (Z 1990): Saint-Denis (Hptst.) 121 999 Einw.; Saint-Paul 71 669, Saint-Pierre 58 846, Le Port 47 593
REGIERUNGSFORM D.O.M. seit 1946; seit 1642 franz. – 5 Vertr. in d. Nationalvers. u. 3 im Senat – Parlament: Conseil général mit 47 Mitgl.; Wahl alle 6 J. – *Verwaltung:* 4 Arrondissements – *Präfekt:* Robert Pommies – *Parteien:* Conseil général (Wahlen vom 20. 3./27. 3. 1994): Parti Communiste Réunionnais/PCR 12 (12), Parti Socialiste/PS 12 (5), Union pour la Démocratie Française/UDF 11 (14), Rassemblement pour la République/RPR 5 (7), Sonstige 7 (9)
WIRTSCHAFT *Währung:* Franz. Franc – *BSP* 1995: über 9386 $ je Einw. – *Erwerbstät.* 1993: Landw. 10%, Ind. 23%, Dienstl. 68% – *Arbeitslosigkeit* Anf. 1996: ca. 37% – *Außenhandel* 1994: *Import:* 2358 Mio. $; Länder: 67% Frankr. sowie Bahrain, Südafrika, USA; *Export:* 171 Mio. $; Güter: 60% Rohrzucker; Länder: 74% Frankr. sowie Japan, Komoren, Madagaskar – *Tourismus* 1995: 304 000 Auslandsgäste, 1116 Mio. FF Einnahmen

Collectivités territoriales/C.T.
(Gebietskörperschaften)

Mayotte *Südost-Afrika* (→ Karte IV, C 5)

LANDESSTRUKTUR *Fläche:* 374 km² (Hauptinsel Mayotte u. kleinere Inseln) – *Bevölkerung* (F 1995): 106 000 Einw., (Z 1991): 94 410; überw. Mahorais, 15 000 Komorer – *Leb.-Erwart.* 1994: 60 J. – Jährl. *Bev.-Wachstum* ∅ 1985–92: 3,7% – *Sprachen:* Französisch als Amtsspr.; Komorisch (Kisuaheli-Dialekt) – *Religion:* 98% Muslime – *Städt. Bev.* 1991: 45% – *Städte* (Z 1991): Dzaoudzi (Hauptstadt) 8257 Einw., Mamoutzou 20 450
REGIERUNGSFORM C.T. seit 1976; seit 1841 franz. – Je 1 Vertr. in d. Nationalvers. u. im Senat – Parlament: Conseil général mit 19 Mitgl., Wahl alle 6 J. – *Präfekt:* Philippe Boisadam – *Parteien:* Wahlen vom 23. 3. 1997: Mouvement Populaire Mahorais/MPM (für Frankr.) 8 (1994: 12), Rassemblement pour la République/RPR 5 (4), Unabh. 5 (3), Parti Socialiste 1 (–)
WIRTSCHAFT *Währung:* Franz. Franc – *BSP* 1995: über 3036 $ je Einw. – *Arbeitslosigkeit* 1991 (S): 38% – *Außenhandel* 1992: *Import:* 463,3 Mio. FF; Güter: 28% Maschinen u. Apparate, 20% Nahrungsmittel, 13% Transportmittel, 10% Metalle; Länder: 74% Frankr. sowie Südafrika, Thailand; *Export:* 15,6 Mio. FF; Güter: 60% Ylang-Ylang-Öle, 32% Vanille; Länder: 80% Frankr., 15% Komoren – *Tourismus:* 16 272 Auslandsgäste (1992)

Saint-Pierre und Miquelon *Nord-Amerika*
Saint-Pierre-et-Miquelon (→ Karte VI, M 5)

LANDESSTRUKTUR *Fläche:* 242 km² (Saint-Pierre 25 km², Miquelon 110 km², Langlade 91 km² u. a.) – *Bevölkerung* (Z 1990): 6392 Einw. – *Sprache:* Französisch – *Religion* 1992: 99% Katholiken – *Inseln* (Z 1990): Saint-Pierre (mit Hptst. Saint-Pierre) 5683 Einw.; Miquelon (Langlade) 709
REGIERUNGSFORM C.T. seit 1985; seit 1816 franz. – Je 1 Vertr. in d. Nationalvers. u. im Senat – Parlament: Conseil général mit 19 Mitgl., Wahl alle 6 J. – *Präfekt:* René Maurice – *Parteien:* Wahlen vom 20. 3. 1994: Union pour la Démocratie Française/UDF 12 Sitze (1988: 6), Liste Objectif Miquelonnais 3 (–), Parti Socialiste/PS 3 (13), Sonstige 1 (–)
WIRTSCHAFT *Währung:* Franz. Franc – *BSP* 1995: k. Ang. – *Erwerbstät.* 1989: Fischerei 19% – *Arbeitslosigkeit* ∅ 1994: 9,6% – *Außenhandel* 1994: *Import:* 210 Mio. FF; Länder: v. a. Frankr., Kanada; *Export:* 68,7 Mio. FF; Güter: ausschl. Fisch u. Fischmehl; Länder: v. a. Frankr.

Territoires d'outre-mer/T.O.M.
(Überseeterritorien mit beschränkter Selbstverwaltung; im franz. Mutterland verabschiedete Gesetze finden nur Anwendung, wenn dies ausdrücklich vorgesehen ist)

Französisch-Polynesien *Ozeanien*
Polynésie française (→ Karte VIII b, EIF 3/4)

LANDESSTRUKTUR (Karte → WA '97, Sp. 243f.) – *Fläche:* 4167 km² (5 Archipele mit 120 Inseln): *Archipel de la Société (*Gesellschaftsinseln): Tahiti 1042 km², Moorea 132 km², Maiao 10 km², Mehetia Tetiaora; Raiatea, Tahaa, Huahine, Bora Bora, Maupiti u. 4 kl. Atolle zus. 452 km²; *Iles Tuamotu*: 78 Atolle, zus. 774 km²; *Iles Marquises*: zus. 1274 km²; *Iles Gambier*: zus. 36 km²; *Iles Australes*: zus. 174 km²; *Clipperton* 7 km², unbew. (untersteht der Regierung F. P.s, ist nicht Teil des Territoriums) – *Bevölkerung* (F 1995): 225 100 Einw., (Z 1988): 188 814; 77% Polynesier, 11% Europäer u. Europolynesier, 4% Asiaten, 3% Chinesen u. a. – *Leb.-Erwart.* 1994: 69 J. – *Säugl.-Sterbl.* 1993: 1,7% – Jährl. *Bev.-Wachstum* ∅ 1985–95: 2,7% – *Sprachen:* Französ. u. Tahitisch als Amtsspr.; polynes. Sprachen – *Religion* 1992: 54% Protestanten, 30% Katholiken, Mormonen u. a. – *Städt. Bev.* 1992: 66% – *Städte* (Z 1988): Papeete (Hptst., auf Tahiti) 23 555 Einw., Faa 24 048, Pirae 13 366, Uturoa (Raiatea) 3098
REGIERUNGSFORM T.O.M. seit 1946 (erweiterte Autonomie seit 1996); Tahiti seit 1842 franz. – 2 Vertr. in d. Nationalvers. u. 1 im Senat – Parlament: Assemblée territoriale mit 41 Mitgl., Wahl alle 5 J. – *Hochkommissar:* Paul Roncière – Regierungspräs.: Gaston Flosse (RPR), seit 1991, bestätigt am 28. 5. 1996 – *Parteien:* Wahlen vom 12. 5. 1996: Tahoeraa Huiraatira (Rassemblement pour le Peuple/RPR) 22 Sitze (1991: 18), Tavini Huiraatira (Serviteur du Peuple) 10 (4), Aia Api (Nouvelle Patrie) 5 (5), Fetia Api (Nouvelle Etoile) 1, Avei'a Mau (Vrai Cap) 1, Liste Alliance 2000 1, Te Henua Enata Kotoa 1
WIRTSCHAFT *Währung:* CFP-Franc; 1 US-$ = 91,4816 CFP-Francs; 1 DM = 61,9778 CFP-Francs; 1 FF = 18,1818 CFP-Francs – *BSP* 1995: über 9386 $ je Einw. – *Erwerbstät.* 1992: Landw. 13%, Ind. 19%, Dienstl. 68% – *Arbeitslosigkeit* ∅ 1990: 10% – *Außenhandel* 1994: *Import:* 87 800 Mio. CFP-Fr.; Güter (1992): 29% Maschinen u. Transportausrüst., 25% Industriegüter, 17% Nahrungsmittel; Länder (1992): 45% Frankr., 14% USA, 7% Australien, 6% Neuseeland; *Export:* 22 200 Mio. CFP-Fr.; Güter: 54% Zuchtperlen, 1% Kopra sowie Vanille, Früchte u. a.; Länder (1992): 42% Frankr., 9% USA, 4% Neukaledonien – *Tourismus* 1994: 166 086 Auslandsgäste, 230 Mio. $; starker Rückgang nach dem Atomtestprogramm 1995

Neukaledonien *Melanesien*
Nouvelle Calédonie
(→ Karten V E/F 5/6 u. VIII b, B/C 3/4)

LANDESSTRUKTUR (Karte → WA '96, Sp. 279) – *Fläche:* 18 575 km²: Nouvelle Calédonie (Grande-Terre) 16 494 km²; Iles Loyauté 1981 km² (Lifou 1150 km², Maré 650 km², Ouvéa 130 km²), ferner einige unbew. Inseln) – *Bevölkerung* (F 1995): 185 000 Einw., (Z 1989): 164 173; 55% Melanesier (sog. Kanaken), 34% meist franz. Europäer (sog. Caldoches), 14 186 Wallisiens u. 4750 Tahiter (Polynesier), 5191 Indonesier u. 11 363 Sonstige – *Leb.-Erwart.* 1994: 72 J. – *Säugl.-Sterbl.* 1993: 2,1% – Jährl. *Bev.-Wachstum* ∅ 1985–95: 2,0% – *Sprachen:* Französisch als Amtsspr.; melanes. u. polynes. Sprachen – *Religion* 1989: 59% Katholiken, 17% Protestanten, 3% Muslime – *Städt. Bev.* (S): 59% – *Städte* (Z 1989): Nouméa (Hptst.) 65 110 Einw., Mont-Doré 16 370, Dumbéa 10 052
REGIERUNGSFORM T.O.M. seit 1956; seit 1853 franz. – 2 Vertr. in d. Nationalvers. u. 1 im Senat – Parlament: Congrès territorial mit 54 Mitgl., Wahl alle 6 J. – *Hochkommissar:* Dominique Bur, seit 1995 – *Parteien:* Wahlen vom 9. 7. 1995: Rassemblement pour la Calédonie dans la République/RPCR 22 Sitze (1989: 27), Front de Libération Nat. Kanak Socialiste/FLNKS 12 (19), Une Nouvelle-Calédonie pour Tous/UNCPT 9 (–), Union Nationale pour l'Indépendance 5 (–), Front National/FN 2 (3), Sonstige 4 (5)
WIRTSCHAFT *Währung:* CFP-Franc; 1 US-$ = 91,4816 CFP-Francs; 1 DM = 61,9778 CFP-Francs; 1 FF = 18,1818 CFP-Francs – *BSP* 1995: über 9386 $ je Einw. – *Erwerbstät.* 1992: Landw. 32%, Ind. 28%, Dienstl. 40% – *Arbeitslosigkeit* ∅ 1989: 16% – *Außenhandel* 1994: *Import:* 87 178 Mio. CFP-Fr.; Länder: 44% Frankr. sowie Australien, Japan, USA, BRD; *Export:* 38 641 Mio. CFP-Fr.; Güter: 91% Nickel (30% der Weltreserven); Länder: 28% Frankr. sowie BRD, Japan – *Tourismus*: 80 753 Auslandsgäste (1993), 94 Mio. $ Einnahmen (1992)

Wallis und **Futuna** *Ozeanien*
Wallis-et-Futuna
(→ Karten V, F 5 u. VIII b, C/D 3)

LANDESSTRUKTUR *Fläche:* 274 km² (Uvéa 60 km² u. sonst. Inseln der Wallisgruppe 99 km² sowie Futuna 64 km² u. Alofi 51 km²) – *Bevölke-*

Staaten

rung (F 1995): 14 400 Einw., (Z 1990): 13 705, davon 8973 auf Wallis und 4732 auf Futuna; 14 186 als Gastarbeiter in Neukaledonien – Jährl. *Bev.-Wachstum* ∅ 1980–86: 1,8 % – *Sprachen:* Französisch; polynes. Sprachen – *Religion:* Katholiken – *Inseln* (Z 1990): Wallisgruppe 8973 Einw. (mit Hauptort Matâ'Utu; Z 1983: 815 Einw.), Futuna 4732

REGIERUNGSFORM T.O.M. seit 1961; seit 1842 franz. – Je 1 Vertr. in d. Nationalvers. u. im Senat – Parlament: Assemblée territoriale mit 20 Mitgl. (13 Mitgl. aus Wallis und 7 aus Futuna); Wahl alle 5 J. – *Administrateur Supérieur:* Léon Alexandre LeGrand – *Parteien:* Wahlen vom 16. 3. 1997: Rassemblement pour la République/RPR und Unabh. 14 (9), Sozialisten und Unabh. 6

WIRTSCHAFT *Währung:* CFP-Franc; 1 US-$ = 91,4816 CFP-Francs; 1 DM = 61,9778 CFP-Francs; 1 FF = 18,18 CFP-Francs – *BSP* 1995: k. Ang. – *Außenhandel* 1990: *Import:* 1302 Mio. CFP-Fr.; *Export:* 35,2 Mio. CFP-Fr.; Güter: v. a. Kopra

Terres australes et antarctiques françaises/T.A.A.F.

(Französische Süd- und Antarktisgebiete)

Amsterdam (Ile Amsterdam, Ile Nouvelle-Amsterdam): 85 km², Dauersiedl. Martin-de-Viviés; **St. Paul** (Ile Saint-Paul): 7 km², unbewohnt; **Crozetinseln** (Iles Crozet): 515 km², Dauersiedlung Alfred-Faure; **Kerguelen** (Iles Kerguelen): 7215 km², wiss. Station in Port-aux-Français; **Adelieland** (Terre Adélie) → Antarktis

Gabun *Zentral-Afrika*

Gabunische Republik; République gabonaise, Kurzform: Le Gabon – G (→ Karte IV, B 4/5)

Fläche (Weltrang: 74.): 267 667 km²

Einwohner (148.): F 1995 1 077 000 = 4 je km²

Hauptstadt: Libreville – S 1993: 420 000 Einw.

Amtssprache: Französisch

Bruttosozialprodukt 1995 je Einw.: 3490 $

Währung: CFA-Franc

Botschaft der Gabunischen Republik
Kronprinzenstr. 52, 53173 Bonn, 0228/35 92 86

Landesstruktur Fläche: 267 667 km² – **Bevölkerung**: Gabuner; (Z 1993) 1 011 710 Einw. – (S) rd. 40 Ethnien (überwiegend Bantu-Gruppen): 32 %

Fang, 12 % Eshira, 8 % Njebi, 7 % Mbédé, 5 % Batéké, 4 % Omyéné, Adouma, Okandé, Bazabi u. a.; 1 % Pygmäen; etwa 120 000 Ausländer, davon 11 500 Franzosen – **Leb.-Erwart.** 1995: 55 J. – **Säugl.-Sterbl.** 1995: 8,9 % – **Kindersterbl.** 1995: 14,8 % – Jährl. **Bev.-Wachstum** ∅ 1985–95: 2,9 % (Geb.- und Sterbeziffer 1995: 3,8 %/1,5 %) – **Analph.** 1995: 37 % – **Sprachen**: Französisch, Fang (im N) und Bantu-Sprachen (bes. Batéké im S) – **Religion** 1992: 52 % Katholiken, 40 % Anhänger von Naturreligionen, 8 % Protestanten, 1 % Muslime – **Städt. Bev.** 1995: 50 % – **Städte** (S 1988): Port Gentil 164 000 Einw., Franceville 75 000; (S 1983) Lambaréné 24 000, Moanda 23 000, Koulamoutou, Tchibanga

Staat Präsidialrepublik seit 1961 – Verfassung von 1991 mit Änderung von 1995 – Nationalversammlung (Assemblée Nationale) mit 120 Mitgl. und Senat mit 91 Mitgl. (erstmals gewählt 1997), Wahl alle 5 J. – Direktwahl des Staatsoberh. alle 5 J. – Wahlrecht ab 21 J. – **Verwaltung**: 9 Provinzen – **Staatsoberhaupt**: El Hadj Omar Albert-Bernard Bongo (PDG), seit 1967 – **Regierungschef**: Paulin Obame-Nguéma (PDG), seit 1994; Interimsregierung der Nationalen Einheit – **Äußeres**: Casimir Oyé Mba – **Parteien**: Wahlen zur Nationalversammlung am 15./29. 12. 1996: Parti Démocratique Gabonais/PDG 85 der 120 Sitze (1990/91: 66), Parti Gabonais du Progrès/PGP 10 (19), Rassemblement National des Bûcherons/RNB 7 (17), Unabhängige 7 (–), Cercle des Libéraux Réformateurs 2 (–), Union Socialiste Gabonaise/USG 2 (3), Alliance Démocratique et Républicaine/ADR 1 (–) Sonstige Parteien 6 (15); Wahlen zum Senat am 26. 1./9. 2. und 23. 2. 1997: PDG 44 Sitze, RNB 14, PDG 3, Unabhängige 7, ADR 3, weitere Sitzverteilung nicht bekannt – **Unabh.**: 17. 8. 1960 (ehem. französische Kolonie) – **Nationalfeiertage**: 12. 3. (Tag der Erneuerung von 1968) und 17. 8. (Unabhängigkeitstag)

Wirtschaft Währung: 1 US-$ = 587,77 CFA-Francs; 1 DM = 337,12 CFA-Francs; Wertverhältnis zum Französischen Franc: 1 FF = 100 CFA-Francs – **BSP** 1995: 3759 Mio. $ – **BIP** 1995: 4691 Mio. $; realer Zuwachs ∅ 1990–95: –2,5 %; Anteil (1994) **Landwirtsch.** 8 %, **Industrie** 52 %, **Dienstl.** 40 % – **Erwerbstät.** 1994: Landw. 64 % – **Arbeitslosigkeit** ∅ 1993: 13 % – **Energieverbrauch** 1994: 652 kg ÖE/Ew. – **Inflation** ∅ 1985–95: 4,8 % (1994: 42,8 %) – **Ausl.-Verschuld.** 1995: 4492 Mio. $ – **Außenhandel** 1994: **Import**: 910 Mio. $; Güter 1992: 31 % Maschinen und Ausrüstungen, 20 % Lebensmittel, 16 % chem. Erzeugnisse, 15 % Baumaterial, 14 % Transportmaterial, 6 %

Holz und Papier; Länder: 31% Frankreich, 14% Elfenbeinküste, 6% Niederlande, 5% Kamerun, 5% Großbritannien, 5% USA, 3% BRD; **Export**: 2550 Mio. $; Güter: (S) 82% Rohöl, 10% Holz, 6% Mangan, 2% Uran; Länder: 51% USA, 16% Frankreich, 8% Japan, 6% Spanien, 4% VR China, 1% BRD

Chronik Erdölminister *Paul Toungui* bestätigt am 10. 6. **1996**, daß sein Land die **Mitarbeit in der OPEC eingestellt** habe, da es nach der Abwertung des CFA-Franc 1994 keine Neustrukturierung der Beitragszahlungen durchsetzen konnte. Das in der Organisation Erdölexportierender Länder (→ WA '96, Sp. 861 ff.) geltende Beitragssystem benachteiligt kleine Mitgliedstaaten, da jedes Land unabhängig von seinem Erdölexportvolumen die gleiche Summe an die OPEC überweisen müsse. – Die **Kommunalwahlen** am 20. 10. **1996** verlaufen aufgrund ungenügender Vorbereitungen chaotisch. Der Regierung wird eine Verzögerung des Wahlvorgangs vorgeworfen, es kommt zu Ausschreitungen. Der Oppositionsführer *Mba Abessola* wird neuer Bürgermeister von Libreville. – Die mehrmals verschobenen **Parlamentswahlen** werden am 15. 12. 1996 und am 12. 1. **1997** abgehalten. In Libreville und Fougamou müssen sie wiederholt werden, verlaufen jedoch einigermaßen ruhig. Die Regierungspartei Parti Démocratique Gabonais (PDG) kam zusammen mit den Gruppierungen der Nouvelle Alliance die Mehrheit der Sitze erringen, während die Zersplitterung der Oppositionsparteien deutlich wird.

Staaten

Gambia *West-Afrika*

Republik Gambia; Republic of the Gambia, Kurzform: The Gambia – WAG (→ Karte IV, A 4)

Fläche (Weltrang: 158.): 11 295 km²

Einwohner (147.): F 1995 1 113 000 = 99 je km²

Hauptstadt: Banjul – S 1989: 150 000 Einw.

Amtssprachen: Englisch, Manding, Wolof, Ful

Bruttosozialprodukt 1995 je Einw.: 320 $

Währung: 1 Dalasi (D) = 100 Bututs

Honorarkonsulat der Republik Gambia
Kurfürstendamm 103, 10711 Berlin, 030/8 92 31 21

Landesstruktur **Fläche**: 11 295 km² – **Bevölkerung**: Gambier; (Z 1993, vorläufig) 1 025 867 Einw. – (S) 44% Mandingo, 17,5% Fulbe, 12,3%

Wolof, 7% Djola, 7% Sarakole und 3 weitere Ethnien; 22 000 Senegalesen und Minderh. von Europäern – **Flüchtl.** Ende 1996: 2000 aus dem Senegal, 3000 andere – **Leb.-Erwart.** 1995: 46 J. – **Säugl.-Sterbl.** 1995: 8,0% – **Kindersterbl.** 1995: 11,0% – Jährl. **Bev.-Wachstum** ∅ 1985–95: 4,0% (Geb.- und Sterbeziffer 1995: 4,2%/1,8%) – **Analph.** 1995: 61% – **Sprachen**: Englisch, Manding, Wolof, Ful und weitere 20 Sprachen; Arabisch teilw. Bildungssprache – **Religion**: ca. 85% Muslime, 10% Christen; Anhänger von Naturreligionen – **Städt. Bev.** 1995: 26% – **Städte** (S 1986): Serekunda 102 600 Einw., Brikama 24 300; (Z 1983) Bakau 19 309, Farafenni 10 168, Sukuta 7227, Gunjur 7115

Staat Präsidialrepublik (im Commonwealth) seit 1970 – Neue Verfassung seit 16. 1. 1997 – Parlament (National Assembly) mit 49 Mitgl. (davon 45 alle 5 J. gewählt, 4 vom Staatsoberh. ernannte Mitgl.) – Direktwahl des Staatsoberh. alle 5 J. – Wahlrecht ab 21 J. – **Verwaltung**: 6 Bezirke (darunter Hauptstadtbezirk), 35 Distrikte – **Staats- und Regierungschef**: Yayah Jammeh (APRC-Vorsitzender), seit 26. 7. 1994 – **Äußeres**: Omar Njie – **Parteien**: Wahlen vom 2. 1. 1997: Alliance for Patriotic Reorganisation and Construction/APRC 33 Sitze, United Democratic Party/UDP 7, National Reconciliation Party/NRP 2, People's Democratic Organization for Independence and Socialism 1, Unabhängige 2 – **Unabh.**: 18. 2. 1965 (ehem. brit. Kolonie); Aufkündigung der Konföderation mit Senegal am 23. 8. 1989 – **Nationalfeiertag**: 18. 2. (Unabhängigkeitstag)

Wirtschaft **Währung**: 1 US-$ = 10,15 D; 1 DM = 6,35 D – **BSP** 1995: 354 Mio. $ – **BIP** 1995: 384 Mio. $; realer Zuwachs ∅ 1990–95: 1,6%; Anteil (1994) **Landwirtsch.** 28%, **Industrie** 15%, **Dienstl.** 58% – **Erwerbstät.** 1994: Landw. 80% – **Arbeitslosigkeit** ∅ 1994: 26% – **Energieverbrauch** 1994: 56 kg ÖE/Ew. – **Inflation** ∅ 1985–95: 10,3% – **Ausl.-Verschuld.** 1995: 426 Mio. $ – **Außenhandel** 1992: **Import**: 233,7 Mio. $; Güter 1991: 35% Nahrungsmittel und leb. Tiere, 18% Industriegüter, 15% Maschinen und Transportausrüstungen, 11% Brennstoffe; Länder 1991: 15% VR China, 13% Großbritannien, 11% Niederlande, 8% Frankreich, 7% BRD, 7% Hongkong; **Export**: 80 Mio. $; Güter 1991: 19% Erdnüsse und Erdnußerzeugnisse, 12% Baumwolle, 9% Fisch und Fischprodukte, 4% Gemüse und Früchte (Zitrusfrüchte, Avocados, Sesam); Länder 1991: 17% Guinea-Bissau, 15% Großbritannien, 8% Niederlande, 7% Frankreich, 4% Belgien/Luxemburg, 4% Mali

Chronik In einer Volksabstimmung am 8. 8. **1996** (Stimmbeteiligung 83%) wird mit 70,4% der Stimmen eine **neue Verfassung** (in Kraft 16. 1. 1997) gebilligt. Sie soll nach Angaben der Militärmachthaber den Weg für die Rückkehr zur Demokratie ebnen. Kritiker sehen in dem neuen Grundgesetz jedoch den Versuch der Militärs, ihre Macht durch eine starke Gängelung von Presse und Parteien zu festigen. Den Offizieren, die 1994 den seit der Unabhängigkeit des Landes 1965 amtierenden Präsident *Dawda Kairaba Jawara* stürzten, wird völlige Straffreiheit gewährt. Der Präsident darf für eine unbegrenzte Anzahl von Amtszeiten wiedergewählt werden, und das Lebensalter von Kandidaten für dieses Amt muß zwischen 30 und 65 Jahren liegen (der gegenwärtige Staatschef *Yayah Jammeh* ist 31, *Jawara* 72 Jahre alt). – Bei der **Präsidentschaftswahl** am 26. 9. 1996 (Wahlbeteiligung rd. 90%) wird *Jammeh*, der im Juli 1994 durch einen Putsch an die Macht kam und, um kandidieren zu dürfen, offiziell aus der Armee ausgetreten war, mit 56% der Stimmen erwartungsgemäß zum Präsidenten gewählt. Sein Gegenkandidat, der Anwalt *Ousainou Darboe*, der 36% der Stimmen erhielt, flieht noch am Wahltag in die senegalesische Botschaft in Banjul. Internationale Organisationen hatten angekündigt, daß sie angesichts der klaren Vorteile *Jammehs*, der das Wahlrecht selbst erarbeitet hat und die Medien kontrolliert, keine Wahlbeobachter nach G. schicken würden. – Bei den **Parlamentswahlen** am 2. 1. **1997** gewinnt die Partei *Jammehs*, Allianz für patriotische Neuorientierung und Aufbau (APRC), 33 der 45 Mandate. Auf die Vereinte Demokratischen Partei (UDP), in der sich vorwiegend Anhänger der letzten Zivilregierung sammeln, entfielen 7 Sitze. Kurz vor der Wahl war das **Parteienverbot aufgehoben** worden.

Georgien *Vorder-Asien*

Republik Georgien; Sakartvelos Respublikis, Kurzform: Sakartvelo – GE (→ Karte III, J 3)

Fläche (Weltrang: 119.): 69 700 km²

Einwohner (101.): F 1995 5 400 000 = 78 je km²

Hauptstadt: Tbilisi (Tiflis)
F 1991: 1 279 000 Einw. (A: 1,53 Mio.)

Amtssprache: Georgisch

Bruttosozialprodukt S 1995 je Einw.: 440 $

Währung: 1 Lari (GEL) = 100 Tetri

Botschaft der Republik Georgien
Am Kurpark 6, 53177 Bonn, 0228/95 75 10

Landesstruktur Fläche: 69 700 km²; einschließlich Abchasien, Adscharien und Südossetien (→ unten; Karte) – **Bevölkerung**: Georgier; (Z 1989) 5 443 359 Einw. – (F 1992) 71,7% Georgier, 8% Armenier, 5,6% Aserbaidschaner, 5,5% Russen; außerdem Osseten, Griechen, Abchasen, Ukrainer, Kurden, Juden u. a. – **Flüchtl.** Ende 1996: 285 000 Binnenflüchtlinge; 105 000 in der Russischen Föderation – **Leb.-Erwart.** 1995: 73 J. – **Säugl.-Sterbl.** 1995: 2,2% – **Kindersterbl.** 1995: 2,6% – Jährl. **Bev.-Wachstum** ∅ 1985–95: 0,2% (Geb.- und Sterbeziffer 1995: 1,5%/0,9%) – **Analph.** 1992: unter 5% – **Sprachen** 1989: 71,7% Georgisch, 41,8% Russisch (Mutter- bzw. Zweitsprache); Sprachen der Minderheiten – **Religion**: mehrheitl. Orthodoxe; armen.-apostol. Kirche, Muslime – **Städt. Bev.** 1995: 58% – **Städte** (F 1991): Kutaisi 238 200 Einw., Rustavi 161 900, Batumi (Hptst. von Adscharien) 137 500, Suchumi (Hptst. von Abchasien) 120 000, Gori 70 100, Poti 51 100

Staat Präsidialrepublik seit 1995 – Verfassung von 1995 – Parlament (Oberster Rat) mit 235 Mitgl., Wahl alle 4 J. – Direktwahl des Staatsoberh. alle 5 J. (zweifache Wiederwahl) – Wahlrecht ab 18 J. – **Verwaltung**: 79 Bezirke und bezirksfreie Städte; zum Territorium gehören: Abchasische Autonome Republik, Adscharische Autonome Republik und Südossetisches Autonomes Gebiet (→ unten) – **Staats- und Regierungschef**: Eduard G. A. Schewardnadse (Vors. der Bürgerunion), seit 1992 – **Äußeres**: Irakli Menagharischwili – **Parteien**: Wahlen vom 5. 11./ 19. 11. 1995 und 3. 2. 1996: Bürgerunion 107 Sitze, Nationaldemokratische Partei 34, Union der Wiedergeburt 31, Sozialisten 4, Fortschrittsblock 4, Tanadgoma-Block (Solidarität) 3, Union Georg.

Traditionalisten 2, Union Georg. Reformer-Nationale Einheit 2, sonst. Parteien 3, Unabhängige 29, 4 Sitze vakant; Wahlboykott in Abchasien: Mandatsverlängerung der zwölf 1992 gewählten abchasischen Abgeordneten – **Unabh.**: 1. Unabhängigkeitserklärung am 26. 5. 1918; 1922 Eingliederung in die UdSSR; 2. Unabhängigkeitserklärung am 20. 11. 1990, formell seit 9. 4. 1991 in Kraft – **Nationalfeiertag**: 26. 5. (Unabhängigkeitstag)

Wirtschaft **Währung**: 1 US-$ = 1,2950 GEL; 1 DM = 0,7706 GEL – **BSP** 1995 (S): 2358 Mio. $ – **BIP** 1995: 2325 Mio. $; realer Zuwachs ∅ 1990–95: –26,9%; Anteil **Privatsektor** 1996: 60%; Anteil (1995) **Landwirtsch.** 67%, **Industrie** 22%, **Dienstl.** 11% – **Erwerbstät.** 1992: Landw. 27%, Ind. 36%, Dienstl. 37% – **Arbeitslosigkeit** 12/1996: 3% (inoff. 22%) – **Energieverbrauch** 1994: 614 kg ÖE/Ew. – **Inflation** ∅ 1985–95: 310,0% (1996: 13,5%) – **Ausl.-Verschuld.** 1996: 1575 Mio. $ – **Außenhandel** 1996: **Import**: 647,3 Mio. $; Güter 1994: 44,1% Gas, 28,5% Textilien, Bekleidung, Schuhe, 16,1% Nahrungsmittel und Gemüse, 3% Elektroenergie, 2,9% Erdölprodukte; Länder 1994: 71,1% Turkmenistan, 12,6% Türkei, 4,2% Rußland, 3,4% Aserbaidschan; **Export**: 199,3 Mio. $; Güter 1994: 30% Nahrungsmittel, Gemüse und Tee, 29,7% Metalle, 7% Textilien, Bekleidung, Schuhe, 5% chem. Produkte, 2% Elektroenergie; Länder 1994: 46% Rußland,

17,6% Türkei, 8,8% Turkmenistan, 6,5% Kasachstan, 5,8% Aserbaidschan, 3,9% Ukraine

Autonome Gebiete

Autonome Republik Abchasien (Abkhazia)
Fläche: 8600 km² – *Bevölkerung* (F 1993): 506 000 Einw., (Z 1989): 525 061; 45,7% Georgier (bis 1994 fast alle geflohen), 17,8% Abchasen, 14,6% Armenier, 14,3% Russen, außerd. Griechen, Ukrainer – *Religion*: Orthodoxe, sunnit. Muslime, armen. Gregorianer – *Hauptstadt* (F 1991): Suchumi 120 000 Einw. – Unabhängigkeitserklärung 21. 7. 1992 – Verfassung von 1994 – *Präsident*: Wladislaw Ardzinba, seit 1994 – *Regierungschef*: Sergej Bagpasch – Volksversammlung mit 65 Mitgl. (1994 durch Georgien für aufgelöst erklärt)

Autonome Republik Adscharien (Adzharia)
Fläche: 3000 km² – *Bevölkerung* (F 1993): 386 400 Einw., (Z 1989): 392 432; 82,8% Georgier (Adscharen), 7,7% Russen, 4,0% Armenier, außerd. Griechen, Ukrainer – *Religion*: sunnit. Muslime (Adscharen), Orthodoxe, armen. Gregorianer – *Hauptstadt* (F 1991): Batumi 137 500 Einw. – Eigene Verfassung u. Parlament

Autonomes Gebiet Südossetien (Jugo Osetija)
Fläche: 3900 km² – *Bevölkerung* (F 1991): 125 000

Georgien und Anrainerstaaten

Staaten

Einw., (Z 1989): 98 527; 66,2% Osseten, 29% Georgier, 2,2% Russen – *Religion*: Orthod. – *Hauptstadt* (F 1991): Cchinvali (Zchinvali) 43 000 Einw. – Unabhängigkeitserklärung 21. 12. 1991 – Innere Autonomie durch die Verfassung garantiert – *Präsident*: Ljudwig Tschibirow – *Regierungschef*: Wladislaw Gabarajew

Chronik Abchasien: Die blutigen militärischen Auseinandersetzungen nach der Unabhängigkeitserklärung von 1992 endeten am 30. 9. 1993 mit einer Niederlage der Georgier. Den Waffenstillstand vom 14. 5. 1994 überwachen seit Juni eine GUS-Friedenstruppe, der überwiegend Russen angehören, und UNO-Beobachter. – Die Parlamentswahlen am 23. 11. **1996** (Wahlbeteiligung 82%) werden von der georgischen Regierung nicht anerkannt. An einer Gegenabstimmung über die Wahlen in Abchasien, zu der die georgische Regierung aufgerufen hatte und an der sich Flüchtlinge aus Abchasien, die im georgischen Kernland, in Rußland, der Ukraine, Weißrußland, Armenien oder der Türkei leben, teilnehmen konnten, beteiligten sich nach Angaben der zentralen Wahlkommission 210 000 Personen. – Der UNO-Sicherheitsrat verlängert am 30. 1. **1997** das Mandat der 125 UNO-Militärbeobachter (UNOMIG) um weitere 6 Monate und bekräftigt seine Unterstützung für die territoriale Integrität und Souveränität Georgiens über Abchasien; zugleich äußert er Besorgnis über die mangelnden Fortschritte zur Beilegung des Konflikts und über Verstöße gegen die Waffenruhe, v. a. im Gebiet um die Stadt Gali. – Mit dem Hinweis auf das strategische Bündnis vom 15. 9. 1995 (→ WA '97, Sp. 256) fordert Georgiens Präsident *Eduard Schewardnadse* in einer Rundfunkansprache am 7. 4. 1997 Rußland erneut zur Unterstützung bei der Wiederherstellung der territorialen Integrität Georgiens auf. – Zum Nachfolger des am 24. 4. zurückgetretenen Ministerpräsidenten Abchasiens, *Gennadij Gugulia*, ernennt der abchasische Präsident *Wladislaw Ardzinba* am 29. 4. *Sergej Bagpasch*. – Eine weitere Runde der Friedensverhandlungen zwischen Vertretern Georgiens und Abchasiens unter UNO-Schirmherrschaft vom 23. – 26. 7. in Genf endet ohne greifbare Ergebnisse. In einer von den Präsidenten *Schewardnadse* und *Ardzinba* am 14. 8. in Tiflis unterzeichneten Erklärung verpflichten sich beide Seiten, auch künftig auf den Einsatz von Gewalt zu verzichten und eine Lösung des Konflikts mit friedlichen Mitteln unter internationaler Beteiligung anzustreben. Das Mandat der GUS-Friedenstruppe (1500 Mann) läuft am 31. 7. aus; über eine Verlängerung wurde bisher keine Einigung erzielt.

Die Forderung der Georgier, die von den Friedenstruppen kontrollierte Sicherheitszone entlang der Demarkationslinie zwischen georgischem Kernland und Abchasien von 12 auf 24 km und damit u. a. auf das Gebiet um Gali auszudehnen, um die Rückkehr von Flüchtlingen zu ermöglichen, lehnen die Abchasen ab. Zentrale Probleme bleiben die Rückkehr der rd. 250 000 Georgier nach Abchasien, die während des Bürgerkriegs geflüchtet waren, und der künftige Status Abchasiens.

Südossetien: Die von der georgischen Regierung als illegal betrachteten ersten Präsidentschaftswahlen in dem zu Georgien gehörenden und nach Anschluß an Nordossetien (Rußland) strebenden Autonomen Gebiet Südossetien am 10. 11. **1996** gewinnt der südossetische Parlamentsvorsitzende *Ljudwig Tschibirow* mit 51,5% der Stimmen. Georgiens Präsident *Schewardnadse* kritisiert u. a., die Wahl stehe im Widerspruch zu einer Vereinbarung vom 27. 8., wonach der politische Status Südossetiens in Verhandlungen mit Rußland und der OSZE festgelegt werden soll. Gegen den Willen der georgischen Regierung und trotz starker Bedenken Rußlands hatte das südossetische Parlament das Amt des Präsidenten geschaffen.

Ghana *West-Afrika*

Republik Ghana; Republic of Ghana – GH
(→ Karte IV, A/B 4)

Fläche (Weltrang: 79.): 238 537 km²

Einwohner (52.): F 1995 17 075 000 = 72 je km²

Hauptstadt: Accra
F 1988: 949 100 Einw. (F 1994, A: 1,9 Mio.)

Amtssprache: Englisch

Bruttosozialprodukt 1995 je Einw.: 390 $

Währung: 1 Cedi (¢) = 100 Pesewas

Botschaft der Republik Ghana
Rheinallee 58, 53173 Bonn, 0228/35 20 11

Landesstruktur Fläche: 238 537 km² – **Bevölkerung**: Ghanaer; (Z 1984) 12 296 081 Einw. – (F 1991) fast ausschließlich Kwa-Gruppen: 52,4% Aschanti und Fanti der Akan-Gruppe (im S), 11,9% Ewe (im SO), 7,8% Ga und Ga-Adangbe, 1,3% Yoruba; Gur-Gruppen: 15,8% Mossi, 11,9% Guan, Dagomba, Konkomba, Nanumba, Gonja u. a. (im N), 3,3% Gurma; außerdem Mande,

Haussa, Fulbe u. a. sowie 6000 Europäer – **Flüchtl.** Ende 1996: 20 000 Binnenflüchtlinge; 10 000 in Togo; 20 000 aus Togo, 15 000 aus Liberia – **Leb.-Erwart.** 1995: 57 J. – **Säugl.-Sterbl.** 1995: 7,6% – **Kindersterbl.** 1995: 13,0% – Jährl. **Bev.-Wachstum** ∅ 1985–95: 3,0% (Geb.- und Sterbeziffer 1995: 4,1%/1,1%) – **Analph.** 1995: 36% – **Sprachen**: Englisch, Twi, Fanti, Ga, Ewe, Yoruba (Kwa-Sprachen), Dagbani, Mossi, Gurma (Gur-Sprachen), Ful, Nzima (insg. 75 Sprachen und Dialekte) – **Religion** 1992: 60% Christen (etwa 40% Protestanten und 20% Katholiken), 35% Anhänger von Naturreligionen, 16% Muslime (im N) – **Städt. Bev.** 1995: 36% – **Städte** (F 1988): Kumasi 385 000 Einw., Tamale 151 000, Tema 110 000, Sekondi mit Takoradi 104 000; (Z 1984) Cape Coast 57 224

Staat Präsidialrepublik (im Commonwealth) seit 1979 – Verfassung der IV. Republik von 1993 – Parlament mit 200 Mitgl., Wahl alle 4 J. – Direktwahl des Staatsoberh. alle 4 J. (einmalige Wiederwahl) – Wahlrecht ab 18 J. – **Verwaltung**: 10 Regionen, 110 Bezirke – **Staats- und Regierungschef**: Hauptmann Jerry John Rawlings (NDC-Vorsitzender), seit 1982, wiedergewählt am 7. 12. 1996 mit 57,2% der Stimmen – **Äußeres**: Obed Asamoah – **Parteien**: Wahlen vom 7. 12. 1996: National Democratic Congress/NDC 133 der 200 Sitze (1992: 189), New Patriotic Party/NPP 60, People's Convention Party/PCP 5, People's National Convention/PNC 1, 1 Sitz vakant – **Unabh.**: 6. 3. 1957 (ehem. brit. Kolonie) – **Nationalfeiertag**: 6. 3. (Unabhängigkeitstag)

Wirtschaft Währung: 1 US-$ = 2130 ¢; 1 DM = 1235 ¢ – **BSP** 1995: 6719 Mio. $ – **BIP** 1995: 6315 Mio. $; realer Zuwachs ∅ 1990–95: 4,3%; Anteil (1995) **Landwirtsch.** 46%, **Industrie** 16%, **Dienstl.** 38% – **Erwerbstät.** 1993: Landw. 48%, Ind. 13%, Dienstl. 26% – **Arbeitslosigkeit**: k. Ang. – **Energieverbrauch** 1994: 93 kg ÖE/Ew. – **Inflation** ∅ 1985–95: 28,4% (1996: 34%) – **Ausl.-Verschuld.** 1995: 5874 Mio. $ – **Außenhandel** 1995: **Import**: 2490 Mio. $; Güter 1994: 44,5% Investitionsgüter, 28% Halbwaren, 14,7% Konsumgüter, 10,2% Energieprodukte; Länder 1995: 16,7% Großbritannien, 16,6% Nigeria, 7,8% BRD, 6,9% USA, 5,1% Niederlande, 4,1% Japan, 3,6% Italien, 3,6% Frankreich; **Export**: 1660 Mio. $; Güter: 44,8% Gold, 26,1% Kakao, 13,5% Holz, 4,9% Elektrizität; Länder 1995: 14,1% Großbritannien, 11,6% BRD, 11% USA, 9,4% Togo, 7,5% Frankreich, 7% Elfenbeinküste, 3,5% Thailand – **Tourismus** 1993: 233 000 Auslandsgäste, 288 Mio. $ Einnahmen

Grenada *Mittel-Amerika; Karibik*

State of Grenada – WG

(→ Karten VI, L 8 und VIII a, E 4)

Fläche (Weltrang: 183.): 344,5 km²

Einwohner (178.): F 1995 91 000 = 264 je km²

Hauptstadt: Saint George's
Z 1991: 4439 Einw. (A 1989: 35 742)

Amtssprache: Englisch

Bruttosozialprodukt 1995 je Einw.: 2980 $

Währung: 1 Ostkarib. Dollar (EC$) = 100 Cents

Honorarkonsulat von Grenada
Schloß Schwante, 16727 Schwante, 033055/7 77 88

Landesstruktur Fläche: 344,5 km²: davon Grenada 311 km² und Südliche Grenadinen (u. a. Carriacou und Petit Martinique) 34,5 km² – **Bevölkerung**: Grenader; (Z 1991) 91 158 Einw. – 82% Schwarze, 13% Mulatten, 3% indischer Abstammung, unter 1% Weiße – **Leb.-Erwart.** 1995: 72 J. – **Säugl.-Sterbl.** 1995: 2,6% – **Kindersterbl.** 1995: 3,3% – Jährl. **Bev.-Wachstum** ∅ 1985–94: 0,2% (Geb.- und Sterbeziffer 1990: 3,2%/0,8%) – **Analph.** 1990: 9% – **Sprachen**: Englisch; kreol. Englisch und kreol. Französisch – **Religion** 1991: 53% Katholiken, 14% Anglikaner, 9% Adventisten, 7% Pfingstbewegung – **Städt. Bev.** 1980: 13% – **Städte** (S 1987): Gouyave 3000 Einw., Grenville 2000, Victoria 2000

Staat Parlamentarische Monarchie (im Commonwealth) seit 1974 – Verfassung von 1974 mit zahlr. Änderungen – Parlament: Repräsentantenhaus mit 15 gewählten und Senat mit 13 vom Generalgouverneur ernannten Mitgl.; Wahl alle 5 J. – Wahlrecht ab 18 J. – **Verwaltung**: k. Ang. – **Staatsoberhaupt**: Königin Elizabeth II., vertreten durch einheimischen Generalgouverneur Sir Daniel Williams, seit 1996 – **Regierungschef und Äußeres**: Keith Mitchell (NNP), seit 1995 – **Parteien**: Wahlen vom 20. 6. 1995: New National Party/NNP 8 von 15 Sitzen (1990: 2), National Democratic Congress/NDC 5 (8), Grenada United Labour Party/GULP 2 (3), The National Party/TNP – (2) – **Unabh.**: 7. 2. 1974 – **Nationalfeiertag**: 7. 2. (Unabhängigkeitstag)

Wirtschaft Währung: 1 US-$ = 2,72 EC$; 1 DM = 1,56 EC$; Bindung an US-$ – **BSP** 1995: 271 Mio. $; realer Pro-Kopf-Zuwachs ∅ 1985–94: 3,9% – **BIP** 1991: 182 Mio. $; realer Zuwachs ∅ 1986–90: 5,5% (1993: –0,8%); Anteil (1993)

Landwirtsch. 14%, **Industrie** 19%, **Dienstl.** 67% – **Erwerbstät.** 1995: Landw. 17%, Ind. 22%, Dienstl. 61% – **Arbeitslosigkeit** ∅ 1993: 16,7% (S 1995: 40%) – **Energieverbrauch** 1994: 293 kg ÖE/Ew. – **Inflation** ∅ 1985–95: 5,3% – **Ausl.-Verschuld.** 1993: 139 Mio. $ – **Außenhandel** 1995: **Import**: 349,7 Mio. EC$; Güter: 27% Nahrungsmittel, leb. Tiere, Getränke und Tabak, 22% Maschinen und Transportausrüstungen, 19% Industriegüter, 8% Brennstoffe; Länder 1991: 31% USA, 16% Trinidad und Tobago, 14% Großbritannien; **Export**: 57,2 Mio. EC$; Güter 1995: 16% Kakaobohnen, 16% Muskatnüsse (ca. 25% der Weltproduktion), 9% Bananen; Länder 1991: 23% Großbritannien, 14% USA, 13% Trinidad und Tobago, 11% BRD – **Tourismus** 1995: 369 346 Auslandsgäste (davon 249 889 Kreuzfahrtteilnehmer), 155,9 Mio. EC$ Einnahmen

Griechenland *Südost-Europa*

Griechische Republik (Hellenische Republik); Ellinikí Dimokratía, Kurzform: Elláda – GR
(→ Karte III, G 3/4)

Fläche (Weltrang: 95.): 131 957 km²

Einwohner (68.): F 1995 10 467 000 = 79 je km²

Hauptstadt: Athínai (Athen)
Z 1991: 772 072 Einw. (A: 3,07 Mio.)

Amtssprache: Griechisch

Bruttosozialprodukt 1995 je Einw.: 8210 $

Währung: 1 Drachme (Dr.) = 100 Lepta

Botschaft der Griechischen Republik
An der Marienkapelle 10, 53179 Bonn, 0228/8 30 10

Landesstruktur **Fläche**: 131 957 km²; Festland 106 915 km² (davon Mönchsrepublik Athos [Áyion Óros] 336 km² und 1536 Einw.; Z 1991) und 3054 Inseln (davon 167 bewohnt) insg. 25 042 km²: davon Kreta 8261 km², Lesbos 1630 km², Rhodos 1398 km², Chios 842 km², Kephallenia 781 km², Samos 476 km², Naxos 428 km² – **Bevölkerung**: Griechen; (Z 1991) 10 259 900 Einw. – offiz. 100% Griechen; Minderh. von Mazedoniern, Türken, Bulgaren, Roma, Armeniern, ca. 300 000 illegal eingewanderte Albaner u. a. – **Leb.-Erwart.** 1995: 78 J. – **Säugl.-Sterbl.** 1995: 0,8% – **Kindersterbl.** 1995: 1,0% – Jährl. **Bev.-Wachstum** ∅ 1985–95: 0,5% (Geb.- und Sterbeziffer 1995: 1,0%/1,0%) – **Analph.** 1990: 7% – **Sprachen**: Griechisch (Neugriechisch), griech. Dialekte (Pontisch, Tsakonisch); Englisch und

Französisch als Handelssprachen – **Religion** 1995: 97% Griechisch-Orthodoxe, 1,2% Muslime, Minderh. von Protestanten, Katholiken, Juden – **Städt. Bev.** 1995: 65% – **Städte** (Z 1991): Thessaloníki (Saloniki) 383 967 Einw. Piraiévs (Piräus) 182 671, Pátrai (Patras) 153 344 (A 170 452), Iráklion (auf Kreta) 116 178, Lárisa 113 090, Vólos 77 192, Akharnaí 61 352, Kavála 58 025, Ioánnina 56 699, Khalkís 51 646, Sérrai 50 390

Staat Parlamentarische Republik seit 1973 – Verfassung von 1975, letzte Änderung 1986 – Parlament (Nationalversammlung) mit 300 Mitgl.; Wahl alle 4 J. – Wahl des Staatsoberh. alle 5 J. durch das Parlament – Wahlpflicht ab 18 J. – **Verwaltung**: 10 Regionen; Mönchsrepublik Athos mit autonomem Status – **Staatsoberhaupt**: Konstantinos (Kostis) Stephanopoulos, seit 1995 – **Regierungschef**: Konstantinos (Kostas) Simitis (PASOK-Vors.), seit 1996 – **Äußeres**: Theodoros Pangalos – **Parteien**: Wahlen vom 22. 9. 1996: Panhellenische Sozialistische Bewegung/PASOK 162 von 300 Sitzen (1993: 170), Neue Demokratie/ND 108 (111), Kommunist. Partei KKE 11 (9), Koalition der Linken und des Fortschritts/SYN 10 (–), Demokratische Soziale Bewegung/DIKKI 9 (–) – **Unabh.**: 13. 1. 1822 (Proklamation), nominell 3. 2. 1830 (Londoner Protokoll) – **Nationalfeiertage**: 25. 3. (Beginn des Befreiungskampfes gegen die Türkei 1821) und 28. 10. (Zurückweisung des italienischen Ultimatums 1940)

Wirtschaft **Währung**: 1 US-$ = 275,22 Dr.; 1 DM = 157,69 Dr. – **BSP** 1995: 85 885 Mio. $ – **BIP** 1995: 90 550 Mio. $; realer Zuwachs ∅ 1990–95: 1,1%; Anteil (1994) **Landwirtsch.** 11%, **Industrie** 25%, **Dienstl.** 64% – **Erwerbstät.** 1993: Landw. 22%, Ind. 27%, Dienstl. 51% – **Arbeitslosigkeit** ∅ 1996: 10,4% (S 1997: 10,4%) – **Energieverbrauch** 1994: 2260 kg ÖE/Ew. – **Inflation** ∅ 1985–95: 15,1% (1996: 8,5%, S 1997: 7,2%) – **Ausl.-Verschuld.** 1994: 35 596 Mio. $ – **Außenhandel** 1994: **Import**: 18 742 Mio. $; Güter: 40% industr. Konsumgüter, 24% Kapitalgüter, 15% Nahrungsmittel, 10% Brenn- und Schmierstoffe; Länder: 18% BRD, 15% Italien, 9% USA, 8% Frankreich, 7% Niederlande, 7% Großbritannien, 3% Saudi-Arabien, 3% Belgien/Luxemburg; **Export**: 5219 Mio. $; Güter: 46% Industrieerzeugnisse, 27% Nahrungsmittel und Getränke, 12% Mineralölerzeugnisse, 6% Rohstoffe und Halbfertigprodukte; Länder: 26% BRD, 17% USA, 11% Italien, 7% Frankreich, 6% Großbritannien, 3% Niederlande – **Tourismus**: 11,2 Mio. Auslandsgäste (1994), 3335 Mio. $ Einnahmen (1993)

Chronik Bei den aus Anlaß der Zypernkrise (→ WA '97, Sp. 698) von Ministerpräsident *Kostas Simitis* um ein Jahr vorgezogenen **Parlamentswahlen** am 22. 9. **1996** kann sich die von ihm geführte PASOK trotz Verlusten mit 41,5% (-5,4%) der Stimmen als stärkste politische Kraft behaupten. Auch die führende Oppositionspartei, die konservative Nea Demokratia (ND), büßt an Stimmen (38,1%/-1,2%) ein. Das linke Spektrum kann seine Position ausbauen: Die Kommunisten (5,6%/+1,1%) und die Linksallianz Synaspismos (5,1%/+2,2%) können sich vor allem in ihrer parlamentarischen Vertretung teils erheblich verbessern (von 9 auf 11 bzw. 0 auf 10 Sitze), die als Abspaltung von der PASOK 1995 gegründete DIKKI erzielt auf Anhieb 4,43% bzw. 9 Mandate. Dagegen scheitert die nationalistische Partei Politiki Anixi (Politischer Frühling)/POLA mit 2,9% der Stimmen an der 3%-Hürde.

Neue Regierung: Das am 25. 9. **1996** vereidigte neue Kabinett weist nur wenige Veränderungen auf. Im Hinblick auf die notwendigen einschneidenden wirtschafts- und finanzpolitischen Maßnahmen für den Beitritt zur Europäischen Währungsunion zu einem möglichst frühen Zeitpunkt übernimmt Wirtschaftsminister *Yannos Papantoniou*, Verfechter eines strikten Sparkurses und der Privatisierung staatlicher Unternehmen, zugleich das Amt des Finanzministers.

Außenpolitik: Der griechische Außenminister *Theodoros Pangolos* legt am 25. 2. **1997** ein Veto gegen den von den Außenministern Deutschlands, Frankreichs und Großbritanniens entwikkelten Vorschlag der Europäischen Union (EU) ein, bei der beabsichtigten Aufnahme Zyperns in die EU auch die Beteiligung des zyperntürkischen Teils in Betracht zu ziehen, um auf diesem Weg die Teilung der Insel zu überwinden. Griechenland befürchtet eine Aufwertung des international nicht anerkannten Regimes im türkisch besetzten Nordzypern. Eine Aufnahme der geteilten Insel erscheint andererseits der EU nicht akzeptabel, weil der nicht gelöste griechisch-türkische Konflikt ein schweres EU-internes Problem darstellen würde. Die Türkei hatte ihrerseits mit der Annexion Nordzyperns für den Fall gedroht, daß die Republik Zypern vor der Türkei in die EU eintreten sollte. – Nach Geheimverhandlungen auf Vermittlung der US-Außenministerin *Albright* einigen sich der türkische Staatschef *Demirel* und der griechische Ministerpräsident *Simitis* am Rande des NATO-Gipfels am 9. 7. auf eine Deklaration, in der sie sich verpflichten, gutnachbarschaftliche Beziehungen zu pflegen und **alle bestehenden Konflikte friedlich zu lösen**. Am gleichen Tag beginnen in New York Gespräche über Möglichkeiten, die seit 23 Jahren währende Teilung der Insel zu überwinden (→ Zypern).

Griechenland: Auslandsgäste nach ausgewählten Herkunftsgebieten bzw. -ländern (inkl. Kreuzfahrtteilnehmer) [1]

Herkunftsgebiet/-land	*1980*	*1990*	*1993*
Insgesamt	5271	9311	9913
Europa	3834	7993	8471
EU-Länder	2339	5957	6632
Schweden	236	260	317
Österreich	187	286	289
ehem. Jugoslawien	477	581	192
Schweiz	155	152	165
Türkei	48	43	149
ehem. Sowjetunion	8	41	117
Finnland	74	238	117
Norwegen	89	92	102
Asien	301	219	370
Japan	76	108	90
Afrika	107	67	49
Amerika	411	383	343
Vereinigte Staaten	289	274	257
Ozeanien	132	114	63

1 Angaben in Tsd.
Quelle: Länderbericht Griechenland 1995, Statistisches Bundesamt Wiesbaden

Großbritannien und Nordirland

West-Europa

Vereinigtes Königreich Großbritannien und Nordirland; United Kingdom of Great Britain and Northern Ireland, Kurzform: Vereinigtes Königreich – GB bzw. UK (Nordirland: GBI) (→ Karte II, D/E 1-3)

Fläche (Weltrang: 77.): 241 752 km²

Einwohner (17.): F 1995 58 605 800 = 242 je km²

Hauptstadt: London
F 1993: 6 933 000 Einw. (Greater London)

Amtssprache: Englisch

Bruttosozialprodukt 1995 je Einw.: 18 700 $

Währung: 1 Pfund Sterling (£) = 100 Pence

Botschaft des Vereinigten Königreichs Großbritannien und Nordirland
Friedrich-Ebert-Allee 77, 53113 Bonn, 0228/9 16 70

Landesstruktur Fläche: 241 752 km²; davon: England 130 423 km² und (F 1995) 48 903 400 Einw., Wales 20 766 km² und 2 916 800 Einw.,

Staaten

Schottland (Scotland) 77 080 km² und 5 136 600 Einw., Nordirland (Ulster) 13 483 km² und 1 649 000 Einw.; ohne Kanalinseln und Isle of Man (→ unten) – **Bevölkerung**: Briten; (Z 1991) 56 466 700 Einw. – (S) 80% Engländer, 10% Schotten, 4% Iren (Nordirland), 2% Waliser; außerdem 1% Inder und 3% Sonstige; (F 1991) etwa 2,4 Mio. Ausländer, darunter (nur England) 2 Mio. Einwanderer aus dem Commonwealth – **Flüchtl.** Ende 1996: 13 000 aus Bosnien-Herzegowina, 27 500 andere – **Leb.-Erwart.** 1995: 77 J. – **Säugl.-Sterbl.** 1995: 0,6% – **Kindersterbl.** 1995: 0,7% – Jährl. **Bev.-Wachstum** ∅ 1985–95: 0,3% (Geb.- und Sterbeziffer 1995: 1,3%/1,1%) – **Analph.** 1995: unter 5% – **Sprachen**: Englisch; Walisisch (Kymbrisch), Welsh, Gälisch; Reste keltischer Sprachen (in Schottland, Wales, Man [Manx], Cornwall [Kornisch]) – **Religion** 1992: 56,8% Anglikaner (Anglikanische Kirche in England ist Staatskirche), 15% sonst. protestant. Kirchen, u. a. Presbyterianer (Presbyterianische Kirche in Schottland ist Staatskirche), Methodisten, Freikirchen, Church of Ireland; 13,1% Katholiken (Nordirland: über 25%), 1,4% Muslime (über 1,5 Mio.); 400 000 Sikhs, 350 000 Hindus, 300 000 Juden – **Städt. Bev.** 1995: 90% – **Städte**: (F 1995) Birmingham 1 017 500 Einw., Leeds 725 000, Glasgow 674 800, Sheffield 528 500, Bradford 482 700, Liverpool 470 800, Edinburgh 447 600, Manchester 432 600, Bristol 400 700, Wakefield 317 100, Dudley 312 500, Wigan 309 800, Coventry 303 600, Cardiff 302 700, Belfast 296 700, Leicester 295 700, Doncaster 292 900, Stockport 290 600, Nottingham 283 800, Newcastle upon Tyne 283 100, Kingston upon Hull 268 600, Bolton 265 400, Walsall 262 800, Plymouth 257 500, Rotherham 255 800, Stoke-on-Trent 254 300, Wolverhampton 244 300, Derby 231 900, Salford 230 500, Barnsley 226 700, Oldham 220 000, Aberdeen 219 100, Southampton 213 500, Rochdale 207 600, Renfrew 203 100, Solihull 202 900, Gateshead 201 800

Staat Parlamentarische Monarchie (im Commonwealth) seit 1921 – Keine geschriebene Verfassung, aber Gesetze mit Verfassungscharakter – Parlament: Unterhaus (House of Commons) mit 651 Mitgl. (davon 17 aus Nordirland), für max. 5 J. gewählt, und Oberhaus (House of Lords) mit 1200 adligen und geistlichen Mitgl. (davon 772 Erblords, 402 ernannte Lords auf Lebenszeit, 2 Erzbischöfe und 24 Bischöfe der anglik. Kirche; Peers haben kein passives Wahlrecht) – Wahlrecht ab 18 J. – **Verwaltung**: 39 Grafschaften (Counties) und 7 Metropolitan Counties (Ballungsräume) in England, 8 Grafschaften in Wales, 26 Distrikte in Nordirland, 12 Regionen in Schottland; außerdem Crown Dependencies und Abhängige Gebiete (→ unten) – **Staatsoberhaupt**: Königin Elizabeth II., seit 1952, gekrönt 1953 – **Regierungschef**: Premierminister Anthony Charles Lynton (Tony) Blair (Vors. der Labour Party), seit 2. 5. 1997 – **Äußeres**: Robin Cook (Labour) – **Parteien**: Unterhaus-Wahlen vom 1. 5. 1997: Labour Party 419 von 659 Sitzen (1992: 271 von 651), Conservative Party (Tories) 165 (336), Liberal Party 46 (20 zus. mit Social and Democratic Party/SDP), Sonstige (u. a. regionale und nationalist. Parteien) insg. 29 (24): Ulster Unionist Party (Nordirland) 9 (9), Scottish National Party/SNP 6 (3), Plaid Cymru (Walisische Nationalisten) 4 (4), Social Democratic and Labour Party/SDLP 3 (4), Democratic Unionist Party/DUP 2 (3), Sinn Féin 2 (–), Unabhängige 2 (–), United Kingdom Unionist 1 (–), Ulster Popular Unionist Party – (1) – **Unabh.**: Beginn der eigentlichen Staatsgeschichte im 8. Jahrhundert – **Nationalfeiertage**: 2. Samstag im Juni (Queen's Birthday) und England: 23. 4. (Hl. Georg) und Wales: 1. 3. (Hl. David) und Schottland: 30. 11. (Hl. Andreas)

Wirtschaft (Einzelheiten → Kap. Wirtschaft) **Währung**: 1 US-$ = 0,60 £; 1 DM = 0,34 £ – **BSP** 1995: 1 094 734 Mio. $ – **BIP** 1995: 1 105 822 Mio. $; realer Zuwachs ∅ 1990–95: 1,4% (S 1997: +2,8); Anteil (1994) **Landwirtsch.** 2%, **Industrie** 26%, **Dienstl.** 72% – **Erwerbstät.** 1996: Landw. 1%, Ind. 23%, Dienstl. 76% – **Arbeitslosigkeit** ∅ 1996: 7,4% (S 1997: 6,1%) – **Energieverbrauch** 1994: 3772 kg ÖE/Ew. – **Inflation** ∅ 1985–95: 5,1% (1996: 3,0%, S 1997: 3,7%) – **Ausl.-Verschuld.** 1996: 30 Mrd. $ – **Außenhandel** 1996: **Import**: 178,5 Mrd. £; Güter: 43% Maschinen und Transportausrüstungen, 16% Waren des verarb. Gewerbes, 10% chem. Erzeugnisse, 8% Nahrungsmittel und leb. Tiere, 4% mineral. Brennstoffe; Länder: 15% BRD, 13% USA, 10% Frankreich, 7% Niederlande, 5% Japan, 5% Italien; **Export**: 166 Mrd. £; Güter: 44% Maschinen und Transportausrüstungen, 14% Waren des verarb. Gewerbes, 13% chem. Erzeugnisse, 6% mineral. Brennstoffe, 4% Nahrungsmittel und leb. Tiere; Länder: 12% BRD, 12% USA, 10% Frankreich, 8% Niederlande, 5% Belgien/Luxemburg, 5% Italien – **Tourismus** 1994: 21,03 Mio. Auslandsgäste, 9919 Mio. £ Einnahmen

Chronik Trotz der im Vergleich zu anderen EU-Staaten günstigen wirtschaftlichen Lage schritt der dramatische Popularitätsverfall der Regierung *Major* fort. Mit dem Sieg der Labour Party bei den Parlamentswahlen am 1. 5. 1997 endete die 18jährige Ära konservativer Herrschaft.

Niedergang der Regierung Major: Mit der Niederlage bei einer Nachwahl zum Unterhaus am 12. 12. **1996** verfügen die Tories, die 1992 mit einer Mehrheit von 21 Abgeordneten angetreten waren, über eine Stimme weniger im Parlament als die Opposition. Da Premierminister *John Major* sich jedoch mit Konzessionen in der Nordirlandpolitik weiterhin die Unterstützung der nordirischen protestantischen Ulster Unionist Party, die 9 Abgeordnete stellt, sichern kann, übersteht er die Wahlperiode auch nach einer weiteren Nachwahlniederlage (28. 2. **1997**) und Parteiübertritten ohne Mißtrauensvotum.

Parlamentswahlen (→ Abbildung): Bei einem Stimmenanteil von 43,2% (+8,8% gegenüber den Wahlen 1992) gewinnt die Labour Party bei den Unterhauswahlen am 1. 5. **1997** 148 Mandate hinzu und erreicht damit das beste Ergebnis in der Geschichte der Partei. Die bisher regierende Conservative Party erleidet die schwerste Niederlage seit 1832: Sie kommt auf 30,6% (–11,3%) der Wählerstimmen und schickt mit 165 (–171) Abgeordneten nur noch weniger als die Hälfte ins Unterhaus; in Schottland und in Wales werden die Konservativen ganz abgewählt. Die Liberaldemokraten steigern sich auf 16,7% der Stimmen und verdoppeln knapp die Anzahl ihrer Abgeordneten (46/+26). In Nordirland gewinnt die Sinn Féin 2 Sitze, u. a. für den Parteipräsidenten *Gerry Adams*, der sein Mandat 1992 an die SDLP verloren hatte. Das Parlamentspräsidium schließt die beiden Abgeordneten jedoch von jeder Mitarbeit aus, weil sie sich weigern, den Treueeid auf die Königin zu leisten. Die Wahlbeteiligung liegt bei 71,3%.

Neue Regierung Blair: Die Kabinettsliste, die der Labour-Vorsitzende und am 2. 5. **1997** zum neuen Premierminister ernannte *Tony Blair* (er ist der jüngste britische Regierungschef seit 185 Jahren) am 4. 5. bekanntgibt, entspricht in ihren Schlüsselpositionen seinem Schattenkabinett; vertreten sind alle politischen Flügel der Partei: Der Vizepremier und Minister für Umwelt und Ver-

kehr, *John Prescott*, ist zugleich stellvertretender Vorsitzender der Labour Party und repräsentiert die gewerkschaftliche Basis; Außenminister *Robin Cook* gilt als profiliertester »Linker« im Kabinett; Schatzkanzler *Gordon Brown* leitete den Wahlkampf; Handels- und Industrieministerin wird *Margaret Beckett*, Nordirlandministerin *Marjorie Mowlam*. – Das bei der Parlamentseröffnung am 14. 5. von Königin *Elizabeth II.* verlesene **Regierungsprogramm** enthält 22 teils weitreichende Gesetzesvorhaben. Zu den wichtigsten für 1997/98 gehören die von Finanzminister *Brown* schon proklamierte weitgehende Unabhängigkeit der Bank von England, die Erhebung einer einmaligen Sondersteuer von privatisierten Unternehmen zur Abschöpfung von Spitzengewinnen (sie soll rd. 5 Mrd. £ in die Staatskasse bringen und für ein Arbeitsbeschaffungsprogramm eingesetzt werden), die Einführung eines nationalen Mindestlohns sowie die Ausschreibung von Volksabstimmungen in Schottland und Wales über die Einrichtung von Landesparlamenten. – Für die **Europapolitik** kündigt Außenminister *Cook* an, die Regierung werde sich konstruktiv verhalten und den Isolationismus überwinden, jedoch mit Nachdruck die britischen Interessen verfechten. Großbritannien werde jetzt den Vereinbarungen in dem von der konservativen Regierung abgelehnten Abschnitt des Maastrichter Vertrags zur Sozialpolitik beitreten. – Mit der Verabschiedung eines Gesetzes zum generellen **Verbot des Privatbesitzes von Handfeuerwaffen**, das auch dem professionellen Schießsport praktisch die Grundlage entzieht, löst die Labour Party am 12. 6. eines ihrer öffentlich heftig diskutierten Wahlversprechen ein. Sie reagiert damit auf das Massaker im schottischen Dunblane, bei dem im März 1996 ein Waffensammler 16 Schulkinder und ihre Lehrerin tötete. – Am 2. 7. legt Schatzkanzler *Gordon Brown* den ersten **Haushaltsplan** der neuen Regierung für 1998 vor. Er soll mit 13,25 Mrd. £ um rd. 5 Mrd. £ geringer ausfallen als 1997, sieht aber mehr Mittel für die Bereiche Arbeit, Soziales und Gesundheit vor.

Großbritannien: Wahlen zum Unterhaus vom 1.5.1997

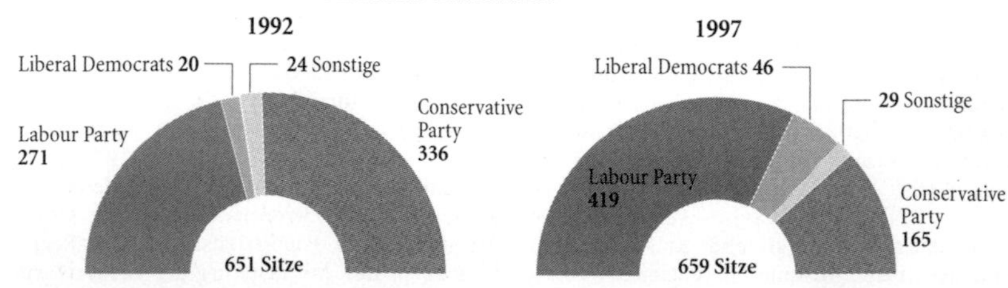

Staaten

BSE-Affäre: Der Bericht des britischen Wissenschaftsmagazins »Nature« im September **1996** über die geglückte experimentelle Übertragung der Rinderseuche BSE auf Primaten und den Nachweis, daß die Struktur der die Rinderseuche BSE erregenden Prionen identisch ist mit jener von Prionen der CJD-Variante der für den Menschen tödlichen Creutzfeld-Jacob-Krankheit, läßt es als gewiß erscheinen, daß BSE auf den Menschen übertragbar ist (→ WA '97, Sp. 277 f.). – Im Zwiespalt zwischen der Verpflichtung zur Erfüllung der von der EU-Kommission gefaßten Beschlüsse zur Ausrottung der Krankheit (April–Juli 1996) und den Interessen der britischen Landwirte verfolgt die Regierung *Major* einen Schlingerkurs. Während sie nach Ausbruch der Krise im März jegliche Zwangsschlachtungen verweigert, dann die Vernichtung von 80 000 Tieren zugesteht, zieht sie sich vor dem EU-Gipfel (21. 6. 1996) wieder auf die Null-Position zurück, um sich danach mit einer Quote von 147 000 einverstanden zu erklären, jedoch im September unter Berufung auf neue wissenschaftliche Erkenntnisse mehr als 44 000 Notschlachtungen für überflüssig zu erklären und die von über 120 000 BSE-gefährdeten Rindern auszusetzen. – Um die BSE-Folgen aufzufangen, entstehen der EU – für Zahlungen für die Lagerhaltung von Rindfleisch und direkte Einkommensbeihilfen für die betroffenen Bauern – 1996 Kosten von 2,7 Mrd. DM, für 1997 sind im EU-Haushalt 4,2 Mrd. DM eingeplant, für 1998 ist eine ähnliche Größenordnung zu erwarten (Angaben des deutschen Landwirtschaftsministeriums vom 25. 4.). – Am 2. 7. 1997 bestätigt die EU-Kommission Presseberichte, denen zufolge Schieberbanden das Exportverbot für britisches Rindfleisch durchbrochen hätten und mind. 1600 Tonnen falsch deklariert nach Ägypten und Rußland verkaufen wollten. In den Niederlanden stellen Ermittler 900 Tonnen sicher. Während die beteiligten Firmen von den Behörden in Belgien und Großbritannien geschlossen werden, kündigt die EU-Kommisson eine Klage gegen die britische Regierung wegen mangelhafter Überwachung des Ausfuhrverbots an.

Sonstiges: Am 21. 2. **1997** setzt der Londoner High Court drei 1979 wegen Mordes Verurteilte auf freien Fuß. Die »Bridgewater Three« hatten 18 Jahre lang unschuldig im Gefängnis gesessen, weil Polizeibeamte die Ermittlungsergebnisse manipulierten und Zeugenaussagen erpreßten. – Das Roslin Institute in Edinburgh teilt am 24. 2. mit, seinen Mitarbeitern sei es in Zusammenarbeit mit der Firma PPL Therapeutics gelungen, ein Schaf zu klonen. Die wissenschaftliche Pioniertat entfacht erneut eine Diskussion über die ethischen Konsequenzen der Gentechnik.

Nordirland: Der Wiederbeginn der am 29. 6. **1996** ausgesetzten **Nordirland-Gespräche** in Belfast am 9. 9. und 15. 10. unter Vorsitz des US-Senators *George Mitchell* erschöpft sich im Verfahrensstreit über die Tagesordnung (→ WA '97, Sp. 279). – Nach Beendigung des Waffenstillstands im Frühjahr 1996 und der Wiederaufnahme von Terroranschlägen durch die Untergrundorganisation Irisch-Republikanische Armee (IRA) kündigen am 30. 9. auch militante Protestanten die von ihnen im Oktober 1994 erklärte Waffenruhe auf. – Zwei **IRA-Autobombenanschläge** auf das Hauptquartier der britischen Armee in Nordirland am 7. 10., bei denen 31 Personen verletzt werden, verschärfen die Lage. Der irische Ministerpräsident *John Bruton* bezichtigt die IRA des zynischen Verrats am Friedensprozeß, während die nordirischen Unionisten fordern, die Sinn Féin als politisch mitverantwortliche Organisation für den Terror aus den Friedensgesprächen auszuschließen. Im Frühjahr **1997** steht der Wahlkampf zeitweise im Zeichen von Bombenanschlägen und -drohungen, mit denen die IRA u. a. Verkehrsknotenpunkte in London und in Südostengland lahmlegt. – Nach einer Absprache mit Irlands Premierminister *Bruton* erklärt sich der neue britische Regierungschef *Blair* am 9. 5. bereit, schon vor einer neuen Waffenruhe der IRA mit der Sinn Féin den Dialog aufzunehmen. Zugleich sichert *Blair* den protestantischen Unionisten zu, eine politische Regelung werde nicht auf ein vereinigtes Irland hinauslaufen. Nordirland werde so lange Teil des britischen Königreichs bleiben, wie dies von der (protestantischen) Bevölkerungsmehrheit gewünscht wird. Am selben Tag wird in Nordirland ein Polizist von der Irischen Nationalen Befreiungsarmee (INLA), einer mit der IRA rivalisierenden Organisiation, ermordet. – Die **Ermordung von zwei Polizisten** in Nordirland durch IRA-Terroristen am 16. 6. zerschlägt die Hoffnungen auf einen baldigen politischen Fortschritt. Dennoch legen *Blair* und *Bruton* am 24. 6. einen Plan zur Frage der Entwaffnung der paramilitärischen Verbände in Nordirland vor. – Eine von der britischen Regierung genehmigte Parade des protestantischen Oranier-Ordens durch einen katholischen Stadtteil von Portadown am 6. 7. provoziert Unruhen in mehreren Teilen Nordirlands. – Nachdem die britische Nordirlandministerin *Mo Mowlam* nach Konsultationen mit dem irischen Außenminister *Ray Burke* einen neuen Rahmenplan für die Wiederaufnahme der Allparteien-Gespräche vorlegt, **erneuert die IRA die im Februar 1996 aufgekündigte Waffenruhe** (Beginn: 21. 7.). Sie macht damit den Weg frei für die Beteiligung der Sinn Féin an den Verhandlungen über die Zukunft Nordirlands, die am 15. 9. beginnen sollen. Die britische Nordirlandministerin *Mowlan* und der irische Außenminister *Burke* geben am 26. 8. die Gründung einer internationalen Kommission zur Entwaffnung der militanten Untergrundorganisationen in Nordirland bekannt, die ihre Arbeit am 15. 9. – parallel zu den Friedensgesprächen – aufnehmen soll.

Hongkong: Der Berichtszeitraum umfaßt **die letzten Monate der 156 Jahre britischer Herrschaft** auf südchinesischem Territorium. Ein 1984 geschlossener britisch-chinesischer Vertrag regelt die Übergabe der britischen Kronkolonie an die VR China in der Nacht zum 1. 7. 1997.

Am 11. 12. **1996** wählen die 400 Mitglieder des Wahlausschusses (darunter 340 Bürger Hongkongs) den von der VR China favorisierten Hongkong-Reeder *Tung Chee-hwa* zum **Chief Executive** der künftigen Sonderverwaltungsregion (SAR). Am 21. 12. bestimmt der Wahlausschuß ein aus 60 Mitgliedern bestehendes **Übergangsparlament Legco** (Legislative Council). Ihm gehören 33 Abgeordnete des am 17. 9. 1995 gewählten Legco von Hongkong an, das sich mit dem Souveränitätswechsel am 1. 7. **1997** auflöst. – Bei der Würdigung der Verdienste von *Deng Xiaoping* während der Trauerfeierlichkeiten (25. 2. 1997) betonen Staats- und Parteichef *Jiang Zemin* bzw. Ministerpräsident *Li Peng* die Urheberschaft *Dengs* am Konzept **»Ein Land – zwei Systeme«**, das die Rückgewinnung der britischen Kronkolonie Hongkong ermöglichte. Sie bekräftigen zugleich das Versprechen Chinas, das wirtschaftliche und gesellschaftliche System Hongkongs auf 50 Jahre beizubehalten. Die Nominierung des vom britischen Recht geprägten Juristen *Andrew K. N. Li* zum Vorsitzenden des obersten Appellationsgerichts in Hongkong ab 1. 7. gilt als vertrauensbildende Maßnahme des designierten Executive Chief *Tung Chee-hwa*, für eine unabhängige Rechtsprechung Sorge zu tragen (20. 5.). Außerdem sagt er für Mai 1998 freie und demokratische Wahlen zu.

Montserrat Bei erneuten Eruptionen des Vulkans Soufrière, der seit dem 18. 7. 1995 tätig ist, am 3. 8. 1997 wird die Hauptstadt Plymouth total zerstört. Die britische Regierung will jedem erwachsenen Einwohner, der sich evakuieren läßt, rd. 7000 DM als Entschädigung bezahlen. Nachdem die Einwohner gegen die ihrer Meinung nach zu geringe Entschädigungsleistung protestieren, tritt der britische Chefminister *Bertrand Osborne* 21. 8. zurück; als Nachfolger wird *David Brandt* nominiert.

Außengebiete

Unmittelbar mit der Krone verbundene Gebiete (Crown Dependencies)

Die Kanalinseln und die Insel Man sind nicht Teile des Vereinigten Königreichs und nicht EU-Mitglieder, sondern (außer Man) als Überreste des ehemaligen normannischen Herzogtums unmittelbar der Krone verbunden; eigene Parlamente u. Regierungen

Kanalinseln

Normannische Inseln; Channel Islands; Iles (Anglo-)Normandes (→ Karte)

LANDESSTRUKTUR *Fläche:* 198 km² – Guernsey (GBG) 65 km² u. 58 867 Einw. (Z 1991), Alderney (GBA) 7,9 km² u. 2086 (Z 1981), Sark-Inseln 5,5 km² u. 560 (S 1996) sowie Jersey (GBJ) 116,2 km² u. 85 150 Einw. (Z 1996), Herm 2,0 km² u. Jethou 0,2 km² – *Bevölkerung* (F 1994): 147 000 Einw., (Z 1986) 135 694 – *Leb.-Erwart.* 1992: 77 J. – Jährl. *Bev.-Wachstum* ∅ 1985–94: 0,9 % – *Sprachen:* Englisch; auf Guernsey in ländl. Gebieten z. T. ein normannischer Dialekt – *Städte* (Z 1986): St. Peter Port (Hptst. auf Guernsey) 16 303 Einw.; St. Helier (Jersey) 28 135

REGIERUNGSFORM Selbstverwaltung durch Ständeparlamente (States) – *Verwaltung*: 2 Bailiwicks (Amtsbezirke) – *Lieutenant-Governors*: Sir

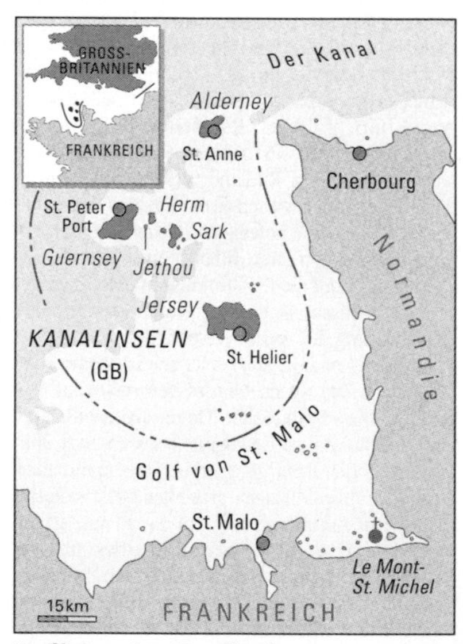

Großbritannien: Kanalinseln

Michael Wilkes (St. Helier auf Jersey) u. Sir John Coward (St. Peter Port auf Guernsey)
WIRTSCHAFT *Währung:* Pfund Sterling (eig. Geldzeichen im Umlauf) – *Ausfuhrgüter:* Gemüse, Obst, Blumen – Finanzzentren, Tourismus

Insel Man *Irische See*
Isle of Man – GBM

LANDESSTRUKTUR *Fläche:* 572 km² – *Bevölkerung* (Z 1996): 71 714 Einw. – *Leb.-Erwart.* 1992: 69 J. – Jährl. *Bev.-Wachstum* ∅ 1985–94: 1,5% – *Sprachen:* Englisch; kleine, auch Manx (Keltisch) sprechende Gruppe – *Städte* (Z 1996): Douglas (Hptst.) 23 487 Einw.; Onchan 8656, Ramsey 6874, Peel 3819, Castletown 2958
REGIERUNGSFORM *Parlament:* Gesetzgebender Rat mit 11 Mitgl. u. Versammlung (House of Keys) mit 24 Mitgl., Wahl alle 5 J. – *Lieutenant-Governor:* Sir Timothy Daunt – Letzte Wahlen im Nov. 1996 (keine Parteien)
WIRTSCHAFT *Währung:* Pfund Sterling (eig. Geldzeichen im Umlauf) – *Ausfuhrgüter:* Viehzucht- u. Fischprodukte, Blei- u. Eisenerz

Abhängige Gebiete (Dependent Territories)

Verschiedene Grade von Selbstverwaltung: Die autonomen und assoziierten Staaten haben innere Selbstverwaltung; London ist für Verteidigung und Außenpolitik, z. T. auch für Verfassungsfragen zuständig

Anguilla *Karibik*
(→ Karte VIII a, E 3)

LANDESSTRUKTUR *Fläche:* 96 km² (Anguilla 91 km², Sombrero 5 km²) – *Bevölkerung* (F 1994): 10 300 Einw.; Anguiller, Schwarze, Mulatten u. Europäer (meist irischer Herkunft) – *Bev.-Wachstum* ∅ 1984–92: 3,2% – *Sprache:* Englisch – *Religion:* überw. Anglikaner u. Methodisten – *Stadt* (Z 1992): The Valley (Reg.-Sitz) 595 Einw.
REGIERUNGSFORM Britische Kolonie seit 1650; innere Autonomie seit 1980 – Verfassung von 1982 mit Änderung 1990 – Parlament (House of Assembly) mit 11 Mitgl. (7 für 5 J. gewählt, 2 ernannt, 2 ex-officio) – *Gouverneur:* Alan Hoole, seit 1995 – *Regierungschef:* Hubert Hughes, seit 1994 – *Parteien:* Wahlen vom 16. 3. 1994: Anguilla National Alliance/ANA 2 Sitze (1989: 3), A. United Party/AUP 2 (2), A. Democratic Party/ADP 2 (1), Unabh. 1 (1)
WIRTSCHAFT *Währung:* 1 Ostkarib. Dollar (EC$) = 100 Cents; 1 US-$ = 2,72 EC$; 1 DM = 1,56 EC$ – *BIP* 1994: 150,7 Mio. EC$ – *Arbeitslosigkeit* ∅ 1993: 7,2% – *Inflation* ∅ 1992: 2,4% – *Außenhandel* 1993: Import: 34,2 Mio. $; Export: 1 Mio. $; Güter: v. a. Salz, Vieh, Fisch – Handelspartner: Großbrit., USA, CARICOM-Staaten – *Tourismus:* 107 086 Auslandsgäste (1995), 51 Mio. EC$ Einnahmen (1994)

Bermuda *Nord-Atlantik*
Bermudas (→ Karte VI, L 6)

LANDESSTRUKTUR *Fläche:* 53 km² (rd. 360 Inseln, über 20 bewohnt) – *Bevölkerung* (F 1994): 63 000 Einw., (Z 1991): 58 460; (S) 61% Schwarze, 37% Weiße – Jährl. *Bev.-Wachstum* ∅ 1985–94: 1,2% – *Sprache:* Englisch – *Religion* 1993: 23 000 Anglikaner, 10 000 Katholiken – *Städte* (Z 1991): Hamilton (Hptst.) 1100 Einw.; Saint George 1648
REGIERUNGSFORM Britische Kolonie seit 1684; innere Autonomie seit 1968 – Verfassung von 1968, letzte Änderung 1979 – Parlament: Repräsentantenhaus (House of Assembly) mit 40 gewählten u. Senat mit 11 ernannten Mitgl.; Wahl alle 5 J. – *Verwaltung:* 9 Bezirke – *Gouverneur:* J. Thorold Masefield, seit Mai 1997 – *Regierungschef:* Pamela F. Gordon (UBP-Vors.), seit März 1997 – *Parteien:* Wahlen vom 5. 10. 1993: United Bermuda Party/UBP 22 (1989: 23), Progressive Labour Party/PLP 18 (15), Sonstige – (2)
WIRTSCHAFT *Währung:* 1 Bermuda-Dollar (BD$) = 100 Cents; 1 US-$ = 1,0043 BD$; 1 DM = 0,5986 BD$ – *BIP* 1995: 1908 Mio. $ – *Erwerbstät.* 1994: Landwirtsch. 1%, Ind. 10%, Dienstl. 89% (Finanzsektor 16%, Tourismus ca. 60%) – *Inflation* ∅ 1985–93: 4,3% (1995: 2,5%) – *Außenhandel* 1992 (S): *Import:* 511 Mio. BD$; Güter: v. a. Maschinen, Transportausrüst., Fertigwaren u. Nahrungsmittel; *Export:* 84 Mio. BD$; Güter: 82% pharmazeut. Prod., außerd. Rum, Blumen (Orchideen), Reexport von Erdölprod.; Handelspartner: v. a. USA (über 60%), außerd. Großbrit., Kanada, Japan – *Tourismus:* 556 622 Auslandsgäste (1995), 523,8 Mio. BD$ Einnahmen (1994) – *Sonstiges:* Steuerparadies: 1994 waren 8224 internat. Versicherungen u. Investmentfirmen registriert

Britische Jungferninseln *Karibik*
British Virgin Islands – V.I.
(→ Karte VIII a, E 3)

LANDESSTRUKTUR *Fläche:* 153 km²: 40 Inseln, u. a. Tortola 54,4 km², Anegada 38,8 km², Virgin Gorda 21,4 km², Jost van Dyke 9,1 km² – *Bevölkerung* (F 1994): 18 000 Einw., (Z 1991): 16 644; überw. Schwarze u. Mulatten – Jährl. *Bev.-Wachstum* ∅ 1980–86: 2,8% – *Sprache:* Englisch – *Re-*

ligion: Anglikaner, Methodisten, Adventisten – *Inseln* (Z 1991): Tortola 13 568 Einw. (Hptst. Road Town mit 2500 Einw., F 1987); (Z 1980) Virgin Gorda 1412, Anegada 164, Jost van Dyke 134
REGIERUNGSFORM Britisch seit 1672; Kolonie seit 1872 (bis 1956 mit Leeward Island) – Verfassung von 1977 – Parlament: Legislativrat mit 15 Mitgl. (13 gewählt, 1 ex-officio, 1 ernannt) – *Gouverneur:* David Mackilligin, seit Juni 1995 – *Regierungschef:* Ralph O'Neal, seit 1995 – *Parteien:* Wahlen vom 20. 2. 1995: Virgin Islands Party/VIP 6 Sitze (1990: 6), Concerned Citizen's Movement 2 (1), United Party 2 (–), Unabh. 3 (2)
WIRTSCHAFT *Währung:* 1 US-$ = 100 Cents; 1 US-$ = 1,8162 DM – *BIP* 1995: 274 Mio. $ – *Erwerbstät.* 1987: Landw. 2%, Ind. 16%, Dienstl. 82% (Tourismus ca. 35%) – *Inflation* ∅ 1992: 3,2% – *Außenhandel* 1990: *Import:* 130,9 Mio. $; Güter: v.a. Maschinen u. Transportmittel, Nahrungsmittel; *Export:* 3,4 Mio. $; Güter: v.a. Fisch, Früchte, Gemüse, Rum, Sand u. Kies; Handelspartner: v.a. USA (Puerto Rico, US-Jungferninseln) u. Großbrit. – *Tourismus* 1995: 335 000 Auslandsgäste, 136 Mio. $ Einnahmen

Britisches Territorium im Indischen Ozean
(→ Karte IV, C 5)
insg. 54 400 km² (Chagos Archipel), davon rd. 60 km² Landfläche

Britisches Territorium in der Antarktis
British Antarctic Territory/B.A.T. → Antarktis

Falkland Inseln *Süd-Atlantik*
Falkland Islands; Islas Malvinas (→ Karte VII, C/D 9)

LANDESSTRUKTUR *Fläche:* 12 173 km² (East u. West Falkland sowie rd. 200 kleinere Inseln, ohne Süd-Georgien (→ unten) – *Bevölkerung* (Z 1996): 2564 Einw.; außerd. brit. Truppenkontingent – Jährl. *Bev.-Wachstum* ∅ 1980–86: 1,3% – *Sprache:* Englisch – *Religion:* überw. Protestanten – *Stadt* (Z 1996): Stanley (Hptst.) 1636 Einw.
REGIERUNGSFORM Britisch seit 1833; Kolonie seit 1837 – Verfassung von 1985 – Parlament: Legislativrat mit 8 gewählten u. 2 ex-officio-Mitgl. – *Gouverneur:* Richard Ralph, seit 1996 (gleichzeitig Commissioner von Süd-Georgien und der Südlichen Sandwichinseln) - Letzte Wahlen im Okt. 1993 (alle 8 Mitgl. Unabh.)
WIRTSCHAFT *Währung:* 1 Falkland-Pfund (Fl£) = 100 Pence; 1 Fl£ = 1 £ – *Inflation* ∅ 1990–93: 4,1% – *Außenhandel* 1995: *Import:* 16,99 Mio. £; *Export:* 4,23 Mio. £; Güter: v.a. Wolle; Länder: v.a. Großbrit.

Gibraltar *Süd-Europa*
GBZ (→ Karte II, D 4)

LANDESSTRUKTUR *Fläche:* 6,5 km² – *Bevölkerung* (Z 1996): 27 337 Einw.; Einheimische (meist span., maltes. od. portugies. Herkunft), 4023 and. Briten u. 2706 Nichtbriten (überw. Marokkaner) – Jährl. *Bev.-Wachstum* ∅ 1980–90: 0,0% – *Sprachen:* Englisch u. Spanisch – *Religion* 1991: 77% Katholiken, 7% Muslime, 7% Anglikaner, 2% Juden
REGIERUNGSFORM Britisch seit 1713; Kolonie seit 1830 – Verfassung von 1969 – Parlament (House of Assembly) mit 15 Mitgl. (Wahl alle 4 J.) u. 2 ex-officio-Mitgl. – *Gouverneur:* Sir Richard Luce, seit 24. 2. 1997 – *Regierungschef:* Peter Caruana (GSD-Vors.) – *Parteien:* Wahlen vom 16. 5. 1996: Gib. Social Democrats/GSD 8 (1992: 7), Gib. Socialist Labour Party/GSLP 7 (8)
WIRTSCHAFT *Währung:* 1 Gibraltar-Pfund (Gib£) = 100 Pence; 1 Gib£ = 1 £ – *BSP* 1994/95: 326,6 Mio. £ – *Erwerbstät.* 1995: Industrie 15%, Finanzsektor 12% – *Arbeitslosigkeit* Ende 1995: 13,9% – *Inflation* ∅ 1994: 0,8% – *Außenhandel* 1995: *Import:* 380 Mio. Gib£; Güter: v.a. Brennstoffe, Fertigwaren, Nahrungsmittel; *Export:* 173 Mio. Gib£; Handelspartner: v.a. Großbrit., Spanien, Dänemark, Niederl. – *Tourismus* 1995: 5,5 Mio. Auslandsgäste, 136 Mio. £ Einnahmen – *Sonstiges:* Reparatur-Docks, Transithandel, Steuerparadies

Hongkong → China, Volksrepublik

Kaimaninseln *Karibik*
Cayman Islands (→ Karten VI, J 8 u. VIII a, A 3)

LANDESSTRUKTUR *Fläche:* 259 km² (u.a. Grand Cayman mit 197 km²) – *Bevölkerung* (F 1995): 33 600 Einw., (Z 1989): 25 355 (davon auf Grand Cayman 23 881); (S) überw. Mulatten u. Schwarze, etwa 1600 Weiße – Jährl. *Bev.-Wachstum* ∅ 1985–94: 3,9% – *Sprache:* Englisch – *Religion:* überw. Protestanten – *Städte* (Z 1989): George Town (Hptst., auf Gr. Cayman) 12 921 Einw., West Bay 5632, Bodden Town 3407
REGIERUNGSFORM Britisch seit 1670; seit 1962 innere Autonomie – Verfassung von 1959, letzte Änderung 1994 – Parlament: Legislativrat mit 18 Mitgl. (15 gewählt u. 3 vom Gouv. ernannt); Wahl alle 4 J. – *Gouverneur:* John Owen, seit Sept. 1995 – Letzte Wahlen 1996
WIRTSCHAFT *Währung:* 1 Kaiman-Dollar (CI$) = 100 Cents; 1 US-$ = 0,84 CI$; 1 DM = 0,48 CI$ – *BIP* 1995: 952 Mio. CI$ – *Erwerbstät.* 1995: Dienstl. 86% (Finanzsektor 18,9%, Tourismus ca. 50%) – *Arbeitslosigkeit* Ende 1995: 5,3% – *Infla-*

tion ∅ 1995: 2,5% – *Außenhandel* 1994: *Import:* 273 Mio. CI$; Güter: v. a. Maschinen u. Transportmittel, Fertigprod., Nahrungsmittel; Länder: 77% USA; *Export:* 2 Mio. CI$; Güter: v. a. Fleisch, chem. Prod.; Länder: 37% USA, 14% Niederl. Antillen, Großbrit., Kanada, Japan – *Tourismus* 1995: 1 044 529 Auslandsgäste, 473 Mio. $ Einnahmen – *Sonstiges*: Steuerparadies: 544 Banken u. 367 Versicherungsges. registriert

Montserrat *Karibik* (→ Karte VIII a, E 3)

LANDESSTRUKTUR (→ Chronik) *Fläche:* 102 km^2 – *Bevölkerung* (F 1994): 10 581 Einw., (Z 1980): 11 606; 94% Schwarze, 3% Weiße – *Leb.-Erwart.* 1995: 73 J. – Jährl. *Bev.-Wachstum* ∅ 1980–86: 0,6% – *Sprache:* Englisch – *Religion:* überw. Protestanten – *Stadt* (Z 1980): Plymouth 1478 Einw.
REGIERUNGSFORM Britisch seit 1632; seit 1960 innere Autonomie – Verfassung von 1989 – Parlament: Legislativrat mit 7 gewählten, 2 ernannten u. 2 ex-officio-Mitgl. – *Gouverneur:* Tony Abbott, seit Sept. 1997 – *Regierungschef:* David Brandt, seit 21. 8. 1997 – *Parteien:* Wahlen vom 11. 11. 1996: Movement for National Reconstruction/MNR 2 Sitze (1991: –), People's Progressive Alliance/PPA 2 (–), National Progressive Party/NPP 1 (4), Unabh. 2 (1)
WIRTSCHAFT *Währung:* 1 Ostkarib. Dollar (EC$) = 100 Cents; 1 US-$ = 2,72 EC$; 1 DM = 1,56 EC$ – *BIP* 1994: 54,6 Mio. $ – *Erwerbstät.* 1992: Landw. 6%, Ind. 31%, Dienstl. 63% – *Arbeitslosigkeit* ∅ 1992: 6% – *Inflation* ∅ 1994: 2,6% – *Außenhandel* 1993: *Import:* 74 Mio. EC$; Länder: v. a. USA; *Export:* 1,6 Mio. EC$; Güter: v. a. Baumwollprod., trop. Früchte u. a.; Länder: v. a. USA – *Tourismus* 1995: 29 594 Auslandsgäste, 7 Mio. $ Einnahmen

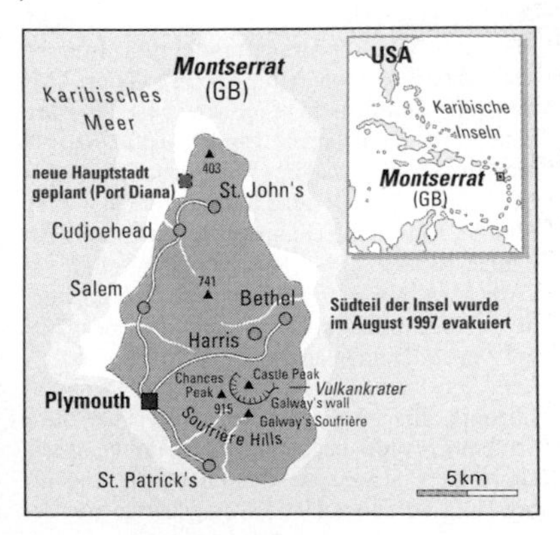

Pitcairninseln *Ozeanien*
Pitcairn Islands Group (→ Karte VIII b, F 4)

LANDESSTRUKTUR *Fläche:* 35,5 km^2, Pitcairn mit 4,35 km^2 u. die unbew. Inseln Henderson, Ducie u. Oeno mit 31,15 km^2 – *Bevölkerung* (Z Ende 1996): 49 Einw. – *Religion:* Adventisten – *Sprache:* Pitcairn-Englisch – *Hauptort:* Adamstown
REGIERUNGSFORM Britische Siedlung seit 1790; Kolonie seit 1838 – Verfassung von 1940 – Inselrat mit 10 Mitgl. (davon 5 jährl. gewählt) – *Gouverneur:* Robert J. Alston, seit 1994 (in Wellington) – *Inselmagistrat:* Jay Warren
WIRTSCHAFT *Währung:* 1 Neuseeland-Dollar (NZ$) = 100 Cents; 1 US-$ = 1,49 NZ$; 1 DM = 0,86 NZ$ – *Ausfuhrgüter:* Briefmarken; Handarbeiten aus Holz

St. Helena *Süd-Atlantik* (→ Karte IV, A 5)

LANDESSTRUKTUR *Fläche:* 122 km^2 (ohne *Ascension* (88 km^2; F 1997: 1054 Einw.; Hauptort Georgetown); *Tristan da Cunha* mit 98 km^2 u. a. Inseln (201 km^2; F 1995: 298 Einw.) – *Bevölkerung* (F 1993): 6488 Einw., (Z 1987) 5644 – Jährl. *Bev.-Wachstum* ∅ 1985–90: 0,9% – *Sprache:* Englisch – *Religion:* haupts. Protestanten – *Städt. Bev.* 1990: 32% – *Städte* (Z 1987): Jamestown (Hptst.) 1413 Einw.
REGIERUNGSFORM Britisch seit 1673; Kolonie seit 1834 – Verfassung von 1989 – Parlament: Legislativrat mit 12 gewählten u. 2 ex-officio-Mitgl. – *Gouverneur:* David Smallman – *Parteien:* Letzte Wahlen im Juli 1997 (keine Parteien)
WIRTSCHAFT *Währung:* 1 St. Helena-Pfund (SH£) = 100 Pence (p); 1 SH£ = 1 £ – Finanzhilfe von GB 1993/94: 8 Mio. £ – *Außenhandel* 1990/91: *Import:* 5,77 Mio. £; *Export:* 183 514 £; Güter: Fischereierzeugn.; Handelspartner: v. a. Großbrit. u. Südafrika

Süd-Georgien und Südliche Sandwichinseln *Süd-Atlantik*
South Georgia and the South Sandwich Islands
South Georgia 3 592 km^2 u. South Sandwich Islands 311 km^2, unbew. (→ Falkland Inseln)

Turks- und Caicosinseln *Karibik*
Turks and Caicos Islands (→ Karten VI, K 7 u. VIII a, C 2)

LANDESSTRUKTUR *Fläche:* 430 km^2 (über 30 Inseln, davon bewohnt: Grand Turk, Salt Cay, South Caicos, Grand Caicos, North Caicos, Providenciales, Pine Cay, Parrot Cay) – *Bevölkerung*

(F 1995): 13 800 Einw., (Z 1990): 12 350; (S) 63% Mulatten u. 33% Schwarze – Jährl. *Bev.-Wachstum* ∅ 1980–86: 1,3% – *Sprache:* Englisch – *Religion* 1990: 5856 Protestanten, 132 Katholiken – *Städte* (S 1987): Cockburn Town (auf Grand Turk, Hptst.) 2500 Einw.; Cockburn Harbour (South Caicos) 1000, Conch Bar (Grand C.), Five Cays Settlement (Providenciales)

REGIERUNGSFORM Britisch seit 1670; seit 1962 innere Autonomie – Verfassung von 1976 mit Änderung 1988 – Parlament: Legislativrat mit 19 Mitgl. (13 gewählt, 3 vom Gouv. ernannt u. 3 ex-officio) – *Gouverneur:* John Kelly, seit 1996 – *Regierungschef:* Derek Taylor, seit 1995 – *Parteien:* Wahlen vom 31. 1. 1995: People's Democratic Movement 8 Sitze (1991: 5), Progressive Nat. Party 4 (8), Unabh. 1 (–)

WIRTSCHAFT *Währung:* 1 US-$ = 100 Cents; 1 US-$ = 1,8162 DM (eig. Geldzeichen im Umlauf – *BIP* 1994: 90,2 Mio. $ – *Arbeitslosigkeit* ∅ 1990: 12% – *Außenhandel* 1991: *Import:* 39,8 Mio. $; *Export:* 4,4 Mio. $; Güter: v. a. Langusten, Muscheln – *Tourismus* (1995): 78 956 Auslandsgäste, 56,5 Mio. $ Einnahmen (1994) – *Sonstiges:* 16 656 Briefkastenfirmen (1995)

Guatemala *Mittel-Amerika*

Republik Guatemala; República de Guatemala – GCA (→ Karte VI, H/J 8)

Fläche (Weltrang: 104.): 108 889 km²
Einwohner (66.): F 1995 10 621 000 = 98 je km²
Hauptstadt: Guatemala (Guatemala-Stadt) F 1995: 1 167 495 Einwohner
Amtssprache: Spanisch
Bruttosozialprodukt 1995 je Einw.: 1340 $
Währung: 1 Quetzal (Q) = 100 Centavos
Botschaft der Republik Guatemala Zietenstr. 16, 53173 Bonn, 0228/35 15 79

Landesstruktur **Fläche**: 108 889 km² – **Bevölkerung**: Guatemalteken; (Z 1981) 6 054 227 Einw. – (S) 60% Indianer (Indígenas, u. a. Maya-Quiché, Mames, Cakchiqueles, Kekchi; lt. S 1994 Indianer-Missionsrat/Cimi: insg. 66%), 30% Mestizen (Ladinos); Schwarze, Mulatten, Zambos (indianisch-schwarze Mischlinge) und Weiße – Anteil unter **Armutsgrenze** ∅ 1981–95: 53,3% – **Flüchtl.** Ende 1996: 200 000 Binnenflüchtlinge, 32 500 in Mexiko, 2150 in Belize; 800 aus Nicaragua, 400 aus anderen Staaten – **Leb.-Erwart.** 1995: 66 J. – **Säugl.-Sterbl.** 1995: 4,9% – **Kindersterbl.** 1995: 6,7% – Jährl. **Bev.-Wachstum** ∅ 1985–95: 2,9% (Geb.- und Sterbeziffer 1995: 3,8%/0,7%) – **Analph.** 1995: 44% – **Sprachen**: Spanisch; 23 Maya-Quiché-Sprachen – **Religion** 1992: 80% Katholiken, 19% Protestanten; Minderh. von Bahai – **Städt. Bev.** 1995: 42% – **Städte** (F 1995): Quezaltenango 103 631 Einw., Escuintla 69 532, Mazatenango 43 316, Retalhuleu 40 062, Puerto Barrios 39 379, Chiquimula 33 028

Staat Präsidialrepublik seit 1986 – Verfassung von 1986, letzte Änderung 1994 – Parlament (Congreso Nacional) mit 80 Mitgl., Wahl alle 4 J. – Direktwahl des Staatsoberh. alle 4 J. – Wahlrecht ab 18 J. – **Verwaltung**: 22 Departamentos (Einzelheiten → WA '97, Sp. 281) – **Staats- und Regierungschef**: Alvaro Arzú Irigoyen (PAN), seit 14. 1. 1996 – **Äußeres**: Eduardo Stein – **Parteien**: Wahlen vom 12. 11. 1995: Partido de Avanzada Nacional/PAN (Partei des Nationalen Fortschritts) 43 der 80 Sitze (1994: 24), Frente Republicano/FRG 21 (32), Unión del Centro Nacional/UCN 9 (7), Frente Democrático Nuevo/FDNG 6 (–), Movimiento de Liberación Nacional/MLN 1 (3), Sonstige – (14) – **Unabh.**: 15. 9. 1821 (Proklamation), endgültig 13. 4. 1839 (Austritt aus der Zentralamerikanische Konföderation) – **Nationalfeiertag**: 15. 9. (Unabhängigkeitstag)

Wirtschaft **Währung**: Bankenkurs: 1 US-$ = 5,91 Q; 1 DM = 3,42 Q – **BSP** 1995: 14 255 Mio. $ – **BIP** 1995: 14 489 Mio. $ (S 1996: 13,9 Mrd. $); realer Zuwachs ∅ 1990–95: 4,0%; Anteil (1994) **Landwirtsch.** 25%, **Industrie** 19%, **Dienstl.** 56% – **Erwerbstät.** 1994: Landw. 58%, Ind. 18%, Dienstl. 24% – **Arbeitslosigkeit** ∅ 1996: 17% (30–45% Unterbeschäftigung) – **Energieverbrauch** 1994: 210 kg ÖE/Ew. – **Inflation** ∅ 1985–95: 18,6% (1996: 10,9%) – **Ausl.-Verschuld.** 1995: 3275 Mio. $ – **Außenhandel** 1995: **Import**: 3293 Mio. $ (S 1996: 3400 Mio. $); Güter: 49% Rohstoffe und Zwischenprodukte, 28% Konsumgüter, 23% Kapitalgüter; Länder: 43% USA, 7% Mexiko, 6% El Salvador, 5% Venezuela, 4% BRD, 4% Japan; **Export**: 1940 Mio. $ (S 1996: 2200 Mio. $); Güter: 30% Kaffee, 13% Zucker, 7% Bananen; Länder: 32% USA, 15% El Salvador, 7% Costa Rica, 4% BRD, 3% Mexiko, 2% Niederlande – **Tourismus** 1995: 585 000 Auslandsgäste, 276 Mio. $ Einnahmen

Chronik Im Zusammenhang mit einer Mitte September **1996** beginnenden Operation gegen Korruption, Schmuggel, Schwarzhandel und Erpressung werden zahlreiche Angehörige von Armee, Polizei und Zollbehörden entlassen; der stellv. Verteidigungsminister, 8 hohe Offiziere und mehrere leitende Zollbeamte werden wegen mutmaßlicher Beteiligung an einer mafiaartigen Organisation festgenommen.

Friedensabkommen: In Anwesenheit des seit Januar amtierenden Präsidenten *Alvaro Arzú Irigoyen* und von UNO-Generalsekretär *Boutros Boutros-Ghali* unterzeichnen am 29. 12. **1996** in Guatemala-Stadt Vertreter der Regierung und die am Vortag aus dem Exil in Mexiko nach Guatemala zurückgekehrten Kommandanten der linksgerichteten Guerilla-Organisation Unidad Revolucionaria Nacional Guatemalteca (URNG), *Pablo Monsanto, Rolando Morán, Carlos González* und *Jorge Rosal*, ein Friedensabkommen, das den seit 1960 andauernden bewaffneten Konflikt, den letzten in Mittelamerika, beendet. Begonnen hatte der Konflikt mit dem Sturz von Präsident *Jacobo Arbenz* 1954, der die große Ungleichheit in der Gesellschaft durch Reformen im sozialen Bereich und in der Landfrage abschwächen und das Land modernisieren wollte. Mind. 100 000 Menschen wurden seither getötet; über 40 000 Personen gelten als vermißt; 1,5 Mio. Menschen wurden zu Flüchtlingen. Der jetzt unterzeichnete Friedensvertrag sieht u. a. einen Waffenstillstand, umfassende politische und wirtschaftliche Reformen, mehr Rechte für die indianische Bevölkerungsmehrheit, die Wiederansiedlung der Flüchtlinge, die Wiedereingliederung der Guerilleros in das zivile Leben, die Auflösung paramilitärischer Einheiten, die Verkleinerung der Streitkräfte und Kontrollen zur Einhaltung der Menschenrechte vor. Außerdem werden damit die seit 1994 von Regierung und URNG unterzeichneten Teilabkommen in Kraft (→ auch WA '95, Sp. 282 f, WA '96, Sp. 315 und WA '97, Sp. 282 ff.) gesetzt. Am 19. 9. 1996 hatten Vertreter der Regierung und der URNG in Mexiko-Stadt ein Abkommen unterzeichnet, das die zivilen Institutionen und die Mitsprache der Bevölkerung stärken und die traditionell starke Rolle des Militärs reduzieren soll. Die Streitkräfte (45 000 Mann) und der Verteidigungsetat sollen 1997 bzw. bis 1999 um ein Drittel verringert werden; die Polizei wird der militärischen Kontrolle entzogen; künftig kann auch ein Zivilist Verteidigungsminister werden; die Tätigkeiten des in Zukunft vom Parlament überwachten militärischen Geheimdienstes und der Militärgerichte werden auf ausschließlich militärische Angelegenheiten beschränkt. Es folgten Abkommen über einen endgültigen Waffenstillstand (4. 12. in Oslo), über eine Verfassungs- und Wahlrechtsreform (7. 12. in Stockholm) und über die Wiedereingliederung der Guerilleros in Staat und

Gesellschaft (9. 12. in Madrid). Das trotz der Proteste von Menschenrechtsorganisationen vom Parlament am 18. 12. verabschiedete **Amnestiegesetz** sieht Straffreiheit vor für politische und andere mit dem bewaffneten Konflikt in direktem Zusammenhang stehende Straftaten von Amtspersonen, Mitgliedern der Streitkräfte und URNG-Aktivisten; ausgenommen sind Menschenrechtsverletzungen. – Internationale Organisationen und Geberstaaten erklären sich am 22. 1. **1997** bereit, für die Umsetzung des Friedensabkommens und den Wiederaufbau Guatemalas binnen vier Jahren 1,9 Mrd. US-$ in Form von Krediten und Zuschüssen zur Verfügung zu stellen. – Aus Protest gegen die bevorstehende Auflösung ihrer Einheit besetzen vom 30. 1.–1. 2. rd. 1000 Militärpolizisten ihre Kaserne in Guatemala-Stadt; sie beklagen, der Friedensvertrag stelle die Guerilleros besser als die Streitkräfte, und fordern eine Abfindung. – Im Februar werden die drei Mitglieder der sog. Wahrheitskommission zur Aufklärung der während des bewaffneten Konflikts begangenen Menschenrechtsverletzungen bekannt gegeben: *Christian Tomuschat* (UNO; Vorsitz), die indigene Professorin *Otilia Luz* und Rechtsanwalt *Edgar Balsells.* – Nach einem Bericht von amnesty international vom April, der zahlreiche Fälle von Folter, Mord und Verschwindenlassen von Personen seit 1994 dokumentiert, kommt es auch nach der Beendigung des Bürgerkriegs zu schweren Menschenrechtsverletzungen, die v. a. von Sicherheitskräften begangen würden und weiterhin ungeahndet blieben. – Nach der Auflösung der Guerilla-Organisationen und der Entwaffnung der rd. 3000 früheren URNG-Kämpfer verlassen am 17. 5. die ersten der 155 UNO-Militärbeobachter, deren Entsendung der UNO-Sicherheitsrat am 20. 1. zur Überwachung der Umsetzung des Friedensabkommens beschlossen hatte, das Land. Die URNG, in der sich 1982 4 Guerrilla-Organisationen zusammengeschlossen hatten, wird eine Partei gründen. – Präsident *Arzú* entläßt am 3. 7. 1997 überraschend Verteidigungsminister General *Julio Balconi Turcios*, der als einer der Architekten des Friedensabkommens gilt, und Generalstabschef *Sergio Camargo Muralles*, ein Gegner des Abkommens; Nachfolger werden General *Héctor Mario Barrios Zelada* bzw. General *Marco Tulio Espinoza*, der nach Angaben der UNO-Beobachterkommission in die Verschleppung eines Guerillaführers während der Friedensverhandlungen verwickelt sein soll. – Ende Juli werden der frühere Innenminister *Danilo Parrinello* und der ehem. Polizeichef *Carlos Venancio Escobar Fernandez* wegen Menschenrechtsverletzungen zu 10 bzw. 30 Jahren Haft verurteilt.

Guinea *West-Afrika*

Republik Guinea; République de Guinée – RG
(→ Karte IV, A 4)

Fläche (Weltrang: 76.): 245 857 km²

Einwohner (91.): F 1995 6 591 000 = 27 je km²

Hauptstadt: Conakry
F 1992: 950 000 Einw. (S 1995, A: 1,508 Mio.)

Amtssprache: Französisch

Bruttosozialprodukt 1995 je Einw.: 550 $

Währung: Guinea-Franc (F.G.)

Botschaft der Republik Guinea
Rochusweg 50, 53129 Bonn, 0228/23 10 98

Landesstruktur Fläche: 245 857 km² – **Bevölkerung**: Guineer; (Z 1992, vorl.): 5 600 000 Einw. (einschließlich etwa 10% Flüchtlinge) – (S) überwiegend Manding (30% Malinké, 15% Soussou, Kuranko, Dialonke), 30% Fulbe (Peul, Tukulör), 6,5% Kissi, 4,8% Kpelle u. a.; je etwa 3000 Franzosen und Libanesen – Anteil unter **Armutsgrenze** ∅ 1981–95: 26,3% (S 1996: 50%) – **Flüchtl.** Ende 1996: 400 000 aus Liberia, 250 000 aus Sierra Leone – **Leb.-Erwart.** 1995: 46 J. – **Säugl.-Sterbl.** 1995: 12,8% – **Kindersterbl.** 1995: 21,9% – Jährl. **Bev.-Wachstum** ∅ 1985–95: 2,8% (Geb.- und Sterbeziffer 1995: 4,9%/1,9%) – **Analph.** 1995: 64% – **Sprachen**: Französisch und Manding-Sprachen (Mande), Ful u. a. – **Religion** 1992: 95% Muslime, 1,5% Christen (v. a. Katholiken); Anhänger von Naturreligionen – **Städt. Bev.** 1995: 30% – **Städte** (S 1996): Kankan 150 000 Einw., (S 1986) Labé 110 000, Kindia 80 000, (Z 1983) Nzérékoré 55 356

Staat Präsidialrepublik seit 1991 – Verfassung von 1991 – Parlament mit 114 Mitgl., Wahl alle 4 J. – Direktwahl des Staatsoberh. alle 5 J. – Wahlrecht ab 18 J. – **Verwaltung**: 4 Supraregionen, 30 Regionen und Hauptstadt-Distrikt (Einzelheiten → WA '96, Sp. 316) – **Staatsoberhaupt**: Brigadegeneral Lansana Conté (PUP), seit 1984 – **Regierungschef**: Sidia Touré (PUP), seit 9. 7. 1996 – **Äußeres**: Lamine Camara – **Parteien**: Erste freie Wahlen seit 1958 am 11. 6. 1995: Parti de l'Unité et du Progrès/PUP 71 von 114 Sitzen, Rassemblement du Peuple Guinéen/RPG 19, Parti du Renouveau et du Progrès/PRP 9, Union pour la Nouvelle République/UNR 9, weitere 5 Parteien insg. 6 Sitze – **Unabh.**: 2. 10. 1958 (ehem. französische Kolonie) – **Nationalfeiertag**: 2. 10. (Tag der Republik)

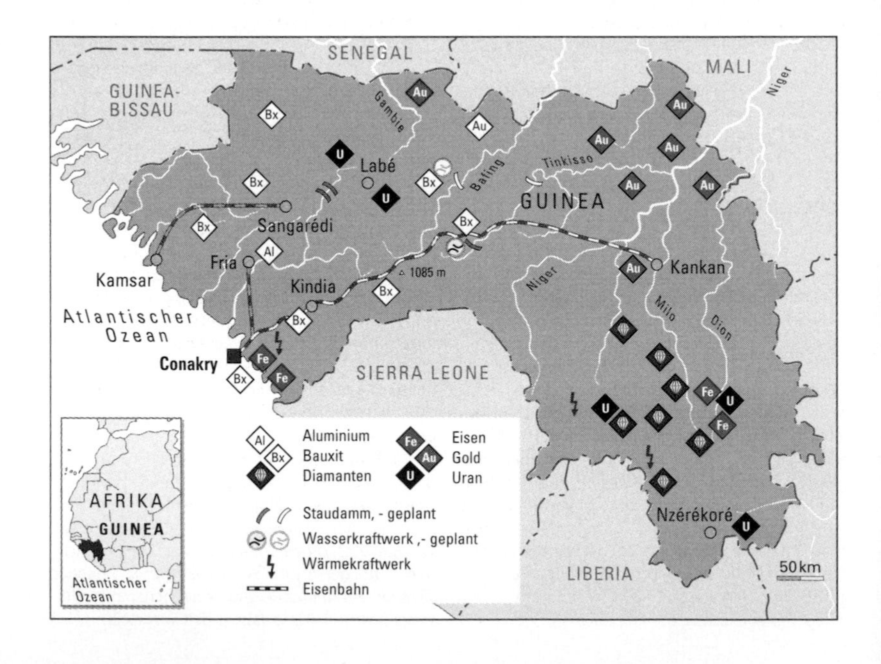

Staaten

Wirtschaft **Währung**: 1 US-$ = 1105 F.G.; 1 DM = 639 F.G. – **BSP** 1995: 3593 Mio. $ – **BIP** 1995: 3686 Mio. $; realer Zuwachs ∅ 1990–95: 3,8%; Anteil (1995) **Landwirtsch.** 24%, **Industrie** 31%, **Dienstl.** 45% – **Erwerbstät.**1993: Landw. 72% – **Arbeitslosigkeit**: k. Ang. – **Energieverbrauch** 1994: 65 kg ÖE/Ew. – **Inflation** ∅ 1985–95: 16,8% – **Ausl.-Verschuld.** 1995: 3242 Mio. $ – **Außenhandel** 1994: **Import**: 820 Mio. $; Güter 1992: 26% Halbwaren, 22% Nahrungsmittel, 20% Investitionsgüter, 16% Konsumgüter, 15% Erdölprodukte; Länder: 18% Frankreich, 16% Elfenbeinküste, 8% USA, 7% Belgien/Luxemburg, 6% Hongkong, 5% Singapur, 3% BRD; **Export**: 1070 Mio. $; Güter 1993: 53% Bauxit, 18% Aluminium, 12% Diamanten, 6% Kaffee, 3% Fisch, 2% Gold; Länder: 36% Singapur, 15% Belgien/Luxemburg, 10% USA, 7% Spanien, 6% Irland, 4% BRD, 3% Brasilien, 3% Frankreich

Guinea-Bissau *West-Afrika*

Republik Guinea-Bissau; Republica de Guiné-Bissau – GNB (→ Karte IV, A 4)

Fläche (Weltrang: 134.): 36 125 km²

Einwohner (149.): F 1995 1 070 000 = 30 je km²

Hauptstadt: Bissau – S 1988: 125 000 Einw.

Amtssprache: Portugiesisch

Bruttosozialprodukt 1995 je Einw.: 250 $

Währung: CFA-Franc (seit 7. 5. 1997)

Konsulat der Republik Guinea-Bissau
Heegermühler Weg 45, 13158 Berlin, 030/4 82 62 25

Landesstruktur **Fläche**: 36 125km² – **Bevölkerung**: Guinea-Bissauer; (Z 1991) 983 367 Einw. – (S) 25% Balanta, 20% Fulbe, 12% Mandingo, 11% Manyako, 10% Papéis u. a.; weiße Minderheit – Anteil unter **Armutsgrenze** ∅ 1981–95: 87% – **Flüchtl.** Ende 1996: 15 000 aus Senegal – **Leb.-Erwart.** 1995: 45 J. – **Säugl.-Sterbl.** 1995: 13,4% – **Kindersterbl.** 1995: 22,7% – Jährl. **Bev.-Wachstum** ∅ 1985–95: 1,9% (Geb.- und Sterbeziffer 1995: 4,2%/2,0%) – **Analph.** 1995: 45% – **Sprachen**: Portugiesisch, Crioulo (kreol. Portugiesisch); Fulani u. a. Idiome – **Religion**: 54% Anhänger von Naturreligionen, 38% Muslime, 8% Christen (v. a. Katholiken) – **Städt. Bev.** 1995: 22% – **Städte** (Z 1979): Bafatá 13 429 Einw., Gabú 7803, Mansôa 5390, Catió 5170, Cantchungo 4965, Farim 4468

Staat Präsidialrepublik seit 1984 – Verfassung von 1984 mit Änderung 1991 – Nationalversammlung mit 100 Mitgl., Wahl alle 5 J. – Direktwahl des Staatsoberh. alle 5 J. – Wahlrecht ab 18 J. – **Verwaltung**: 3 Provinzen, 8 Regionen, Hauptstadtdistrikt – **Staatsoberhaupt**: General João Bernardo (Niño) Vieira (PAIGC), seit 1980 – **Regierungschef**: Carlos Correia, seit 6. 6. 1997 – **Äußeres**: Fernando Delfim da Silva – **Parteien**: Erste freie Wahlen vom 3. 7. 1994: Partido Africano da Independência da Guiné e Cabo Verde/PAIGC (ehem. Einheitspartei) 62 von 100 Sitzen, Resistência da Guiné-Bissau-Movimento Bafatá/RGB-MB 19, Partido para a Renovação Social/PRS 12, Oppositionsbündnis União para a Mudança 6, Frente para a Libertação e a Independência Nacional da Guiné/FLING 1 – **Unabh.**: 24. 9. 1973 (Proklamation), endgültig 10. 9. 1974 (ehem. portugies. Kolonie) – **Nationalfeiertag**: 24. 9.

Wirtschaft **Währung**: 1 US-$ = 587,77 CFA-Francs; 1 DM = 337,12 CFA-Francs; Wertverhältnis zum franz. Franc: 1 FF = 100 CFA-Francs – **BSP** 1995: 265 Mio. $ – **BIP** 1995: 257 Mio. $; realer Zuwachs ∅ 1990–95: 3,5%; Anteil (1995) **Landwirtsch.** 46%, **Industrie** 24%, **Dienstl.** 30% – **Erwerbstät.** 1993: Landw. 77%, Ind. 10%, Dienstl. 12% – **Arbeitslosigkeit**: k. Ang. – **Energieverbrauch** 1994: 37 kg ÖE/Ew. – **Inflation** ∅ 1985–95: 62,8% – **Ausl.-Verschuld.** 1995: 894 Mio. $ – **Außenhandel** 1994: **Import**: 63,5 Mio. $ (S 1995: 70 Mio. $); Güter: 25% Nahrungsmittel, 23% Maschinen und Transportausrüstungen; Länder 1989: 23% Portugal; **Export**: 33,2 Mio. $ (S 1995: 23 Mio. $); Güter 1994: 94% Cashewnüsse; Länder 1989: 34% Portugal

Chronik *Bertin Borna*, Kommissar der Westafrikanischen Wirtschafts- und Währungsunion (UEMOA), teilt Ende Oktober **1996** mit, daß Guinea-Bissau am 1. 1. 1997 als 8. Mitglied der CFA-Franc-Zone beitreten wird. Am 7. 5. wird die bisherige Währung Guinea-Bissau-Peso durch den CFA-Franc ersetzt. Auf der Gipfelkonferenz der französischsprachigen Länder Afrikas (Frankophonie) im Dezember 1996 in Ouagadougou (Burkina Faso) sichert der französische Präsident *Jacques Chirac* zu, daß die Bildung der Europäischen Währungsunion und damit die Einführung des Ecu keine Beeinträchtigung für die Mitglieder der Franc-Zone darstellen würde. – Am 27. 5. **1997** löst Präsident *João Bernardo Vieira* per Dekret die Regierung auf. Neuer Regierungschef wird am 6.6. *Carlos Correia*, Außenminister bleibt *Fernando Delfim da Silva*.

Guyana *Süd-Amerika*

Kooperative Republik Guyana; Co-operative Republic of Guyana – GUY (→ Karte VII, C/D 3)

Fläche (Weltrang: 82.): 214 969 km²

Einwohner (151.): F 1995 835 000 = 3,9 je km²

Hauptstadt: Georgetown – S 1990: 234 000 Einw.

Amtssprache: Englisch

Bruttosozialprodukt 1995 je Einw.: 590 $

Währung: 1 Guyana-Dollar (G$) = 100 Cents

Botschaft der Kooperativen Republik Guyana
12, Av. du Brésil, B – 1000 Brüssel,
0032-2/6 75 62 16

Landesstruktur Fläche: 214 969 km² – **Bevölkerung**: Guyaner; (Z 1980) 758 619 Einw. – 51,4% Inder, 30,5% Schwarze, 11,0% Mulatten und Mestizen, 5,3% Indianer, 1,8% Sonstige; jährl. Abwanderung von 15 000 Personen – **Leb.-Erwart.** 1995: 66 J. – **Säugl.-Sterbl.** 1995: 4,4% – **Kindersterbl.** 1995: 5,9% – Jährl. **Bev.-Wachstum** ∅ 1985–95: 0,6% (Geb.- und Sterbeziffer 1993: 2,0%/0,8%) – **Analph.** 1995: unter 5% – **Sprachen**: Englisch sowie Hindi, Urdu und indian. Sprachen – **Religion**: 34% Protestanten (u. a. 16% Anglikaner), 33% Hindus, 20% Katholiken, 8% Muslime – **Städt. Bev.** 1995: 36% – **Städte** (F 1980): New Amsterdam 25 000 Einw., Mahdia, Linden, Bartica, Lethem

Staat Präsidialrepublik (im Commonwealth) seit 1980 – Verfassung von 1980 – Parlament (National Assembly) mit 65 Mitgl. (davon 53 direkt gewählt, 10 Vertreter der Regionen, 2 durch Kommunen bestimmt); Wahl alle 5 J. – Staatsoberh. wird der Kandidat der gewinnenden Partei der Parlamentswahlen – Wahlrecht ab 18 J. – **Verwaltung**: 10 Regionen – **Staatsoberhaupt**: Samuel (Sam) A. Hinds, seit 7. 3. 1997 – **Regierungschef**: Janet Jagan, seit 17. 3. 1997 – **Äußeres**: Clement J. Rohee – **Parteien**: Wahlen vom 5. 10. 1992: People's Progressive Party/PPP 32 von 65 Sitzen (1985: 8), People's National Congress/PNC 31 (42), Working People's Alliance/WPA 1 (12), The United Force/TUF 1 (3) – **Unabh.**: 26. 5. 1966 (ehem. brit. Kolonie) – **Nationalfeiertag**: 23. 2. (Tag der Republik von 1970)

Wirtschaft **Währung**: 1 US-$ = 142,87234 G$; 1 DM = 85,15965 G$ – **BSP** 1995: 493 Mio. $; realer Pro-Kopf-Zuwachs ∅ 1985–94: 0,3% – **BIP** 1990: 15 665 Mio. G$; realer Zuwachs ∅ 1985–95: 2,2% (S 1995: 4,5%); Anteil (1992) **Landwirtsch.** 41%, **Industrie** 29%, **Dienstl.** 30% – **Erwerbstät.** 1994: Landw. 21% – **Arbeitslosigkeit** ∅ 1993 (S): 12% – **Energieverbrauch** 1994: 350 kg ÖE/Ew. – **Inflation** ∅ 1985–95: 51,1% (1995: 8,1%) – **Ausl.-Verschuld.** 1993: 1938 Mio. $ – **Außenhandel** 1994: **Import**: 506,3 Mio. $; Güter: 27% Brennstoffe, 22% Kapitalgüter, 16% Konsumgüter; Länder 1990: 35% USA, 13% Großbritannien, 13% Trinidad und Tobago, 6% Japan; **Export**: 447 Mio. $; Güter 1994: 29% Gold, 26% Zucker, 18% Bauxit, 13% Reis; Länder 1990: 32% Großbritannien, 20% USA, 8% Kanada, 6% BRD, 6% Japan, 4% Trinidad und Tobago – **Tourismus** 1993: 107 000 Auslandsgäste, 36 Mio. $ Einnahmen

Haiti *Mittel-Amerika; Karibik*

Republik Haiti; République d'Haïti (französisch); Repiblik Dayti (créole) – RH
(→ Karten VI, K 7/8 und VIII a, C 2/3)

Fläche (Weltrang: 143.): 27 750 km²

Einwohner (89.): F 1995 7 168 000 = 258 je km²

Hauptstadt: Port-au-Prince
F 1992: 752 600 Einw. (S 1995 als A: 1,266 Mio.)

Amtssprache: Französisch und Kreolisch

Bruttosozialprodukt 1995 je Einw.: 250 $

Währung: 1 Gourde (Gde.) = 100 Centimes

Botschaft der Republik Haiti
Schloßstr. 10, 53179 Bonn, 0228/34 03 51

Landesstruktur (Karte → WA '96, Sp. 321) **Fläche**: 27 750 km², davon Ile de la Gonâve 658 km², Ile de la Tortue 180 km², Ile à Vache 52 km², Grande Cayemite 45 km² – **Bevölkerung**: Haitianer; (Z 1982) 5 053 792 Einw. – (S) 60% Schwarze, 35% Mulatten, Weiße – **Leb.-Erwart.** 1995: 58 J. – **Säugl.-Sterbl.** 1995: 7,1% – **Kindersterbl.** 1995: 12,4% – Jährl. **Bev.-Wachstum** ∅ 1985–95: 2,0% (Geb.- und Sterbeziffer 1995: 3,5%/1,1%) – **Analph.** 1995: 55% – **Sprachen**: Französisch und Kreolisch (Créole) – **Religion** 1992: 80% Katholiken, 10% Protestanten; Voodoo-Kulte bei rd. 70% der Bevölkerung verbreitet – **Städt. Bev.** 1995: 32% – **Städte** (F 1992): Cap-Haïtien 92 000 Einw., Gonaïves 63 000, Les Cayes, Jacmel, Hinche, Saint-Marc, Port-de-Paix

Staat Präsidialrepublik seit 1987 – Verfassung von 1987 – Parlament: Abgeordnetenhaus mit 83 alle 4 J. gewählten und Senat mit 27 alle 6 J. gewählten Mitgl. (Teilwahlen von 1/3 der Senatoren alle 2 Jahre) – Direktwahl des Staatsoberh. alle 5 J. (keine unmittelb. Wiederwahl) – Wahlrecht ab 18 J. – **Verwaltung**: 9 Départements – **Staatsoberhaupt**: René Préval (OPL), seit 7. 2. 1996 – **Regierungschef**: Eric Pierre, nominiert Ende Juli 1997 – **Äußeres**: Fritz Longchamps – **Parteien**: Wahlen vom 25. 6. und 13. 8. 1995 (mit Nachwahlen vom 17. 9. und 8. 10. 1995): Abgeordnetenhaus: Organisation Politique Lavalas/OPL 68 von 83 Sitzen, Sonstige Parteien und Unabhängige 15 – Senat: OPL 17 Sitze, Unabhängige 1, Sonstige 9; Teilwahlen am 6. 4. 1997; Stichwahlen verschoben – **Unabh.**: 1. 1. 1804 (ehem. französische Kolonie) – **Nationalfeiertag**: 1. 1. (Unabhängigkeitstag)

Wirtschaft **Währung**: Referenzkurs: 1 US-$ = 16,5056 Gde.; 1 DM = 9,8376 Gde. – **BSP** 1995: 1777 Mio. $ – **BIP** 1993: 2043 Mio. $; realer Zuwachs ∅ 1990–95: -6,5%; Anteil (1994) **Landwirtsch.** 44%, **Industrie** 12%, **Dienstl.** 44% – **Erwerbstät.** 1993: Landw. 62%, Ind. 9%, Dienstl. 28% – **Arbeitslosigkeit** 1/1994 (S): 55% – **Energieverbrauch** 1994: 29 kg ÖE/Ew. – **Inflation** ∅ 1985–95: 14,7% – **Ausl.-Verschuld.** 1995: 807 Mio. $ – **Außenhandel** 1992/93: **Import**: 346,2 Mio. $ (S 1993/94: 183,3 Mio. $); Güter: 57% Nahrungsmittel und leb. Tiere, 20% Brennstoffe, 6% Maschinen und Transportausrüstungen; Länder 1991/92: 46% USA, 6% Japan, 6% Frankreich, 5% Kanada; **Export**: 81,6 Mio. $ (S 1993/94: 57,4 Mio. $); Güter: 82% Prod. der Leichtindustrie, 10% Kaffee; Länder 1991/92: 53% USA, 12% Italien, 8% Frankreich, 8% Belgien

Chronik Der UNO-Sicherheitsrat verlängert am 5. 12. **1996** das Mandat der Militär- und Polizeimission UNMIH um weitere sechs Monate; das Kontingent wird jedoch erneut verringert, da die neuesten Berichte über die UNO-Mission in Haiti eine Verbesserung der Sicherheitslage festgestellt haben. Am 30. 7. **1997** beschließt der UN-Sicherheitsrat die Bildung einer Übergangsmission der UN, die die UNMIH ersetzt und deren Mandat für 4 Monate gilt. – Die Präsidenten Haitis und der Dominikanischen Republik, *René Préval* und *Leonel Fernández*, einigen sich am 21. 2. 1997 auf die sofortige Abschiebung haitischer Staatsangehöriger aus der Nachbarrepublik; in den letzten Wochen hatten dominikanische Sicherheitskräfte mind. 15 000 Haitianer festgenommen und nach

Haiti abgeschoben, darunter Personen, die seit Jahren in der Dominikanischen Republik mit gültiger Aufenthaltserlaubnis arbeiten. – Ab Anfang 1997 wird wiederholt über **sozial motivierte Unruhen** berichtet. Die Kritik der Bevölkerung (Arbeitslosenquote über 50%) und der Anhänger des früheren Präsidenten *Jean-Bertrand Aristide* gilt insbesondere dem mit dem IWF abgestimmten Strukturanpassungsprogramm der Regierung, das u. a. die Teilprivatisierung defizitärer Staatsbetriebe und den Abbau von zunächst 7500 der 45 000 Stellen im öffentlichen Dienst vorsieht. Es kommt u. a. zu Streiks und Demonstrationen, die teilw. von Gewaltaktionen begleitet sind und bei denen es in einigen Orten auch zu gewalttätigen Auseinandersetzungen mit der Polizei kommt. Wegen schwerer Unruhen in Cap Haitien werden am 19. 3. elf Mitarbeiter der UNO und der OAS ausgeflogen. Mitte Mai wird von schweren Zusammenstößen zwischen Polizei und demonstrierenden Schülern in Port-au-Prince berichtet. – Bei einem Treffen der wichtigsten multi- und bilateralen Kreditgeber Haitis vom 2.–4. 4. in den USA kritisieren diese, daß es bei der Umsetzung des Reformprogramms kaum Fortschritte gebe; die vom Ausland zugesagten und von Haiti dringend benötigten Finanzhilfen könnten erst zur Verfügung gestellt werden, wenn das Parlament den Staatshaushalt 1997 verabschiedet (erfolgt am 6. 5.) und die Mittel bewilligt. – Die **Teilwahlen zum Senat** am 6. 4. verlaufen relativ ruhig; die Wahlbeteiligung lag bei nur rd. 15%. Bei den gleichzeitig stattfindenden ersten landesweiten Kommunalwahlen entfallen 64% der Stimmen auf unabhängige Kandidaten. Die regierende Organisation Politique Lavalas (OPL) wirft der Provisorischen Wahlkommission am 15. 5. Unregelmäßigkeiten und Betrug vor und fordert die Annullierung der Teilsenatswahlen. Bei diesen hatten die Anhänger des ehem. Präsidenten *Aristide*, der im Okt. 1996 innerhalb der OPL eine neue Bewegung, die Lavalas-Familie, gegründet hatte, zwei Mandate errungen; neun weitere konnten nicht besetzt werden. Die für den 15. 6. vorgesehenen **Stichwahlen** werden auf unbestimmte Zeit **verschoben**, nachdem sich die meisten Kandidaten dem Wahlboykott der OPL angeschlossen hatten. – Angesichts anhaltender Kritik an seiner Wirtschaftspolitik reicht **Ministerpräsident** *Rosny Smarth* am 10. 6. seinen **Rücktritt** ein. Zum Nachfolger nominiert Präsident *Préval* Ende Juli *Eric Pierre*, dessen Bestätigung durch das Parlament noch nicht erfolgt ist – Anfang Juli wird Haiti Mitglied des Caricom.

Honduras *Mittel-Amerika*

Republik Honduras; República de Honduras – HN (→ Karte VI, J 8)

Fläche (Weltrang: 101.): 112 088 km²

Einwohner (95.): F 1995 5 924 000 = 53 je km²

Hauptstadt: Tegucigalpa – F 1995: 813 900 Einw.

Amtssprache: Spanisch

Bruttosozialprodukt 1995 je Einw.: 600 $

Währung: 1 Lempira (L) = 100 Centavos

Botschaft der Republik Honduras
Ubierstr. 1, 53173 Bonn, 0228/35 63 94

Landesstruktur **Fläche**: 112 088 km² – **Bevölkerung**: Honduraner; (Z 1988) 4 248 561 Einw. – (F 1987) 89,9% Mestizen, 6,7% Indianer (v.a. Maya), 2,1% Schwarze (auch Mulatten und Zambos), 1,3% Weiße – Anteil unter **Armutsgrenze** ∅ 1981–95: 46,5% – **Leb.-Erwart.** 1995: 69 J. – **Säugl.-Sterbl.** 1995: 3,1% – **Kindersterbl.** 1995: 3,8% – Jährl. **Bev.-Wachstum** ∅ 1985–95: 3,0% (Geb.- und Sterbeziffer 1995: 3,5%/0,6%) – **Analph.** 1995: 27% – **Sprachen**: Spanisch; indian. Sprachen; Englisch teilw. Verkehrssprache – **Religion** 1992: 90% Katholiken; Minderh. von Anglikanern, Baptisten und Bahai – **Städt. Bev.** 1995: 48% – **Städte** (F 1995): San Pedro Sula 383 900 Einw., La Ceiba 89 200, El Progreso 85 400, Choluteca 76 400, Comayagua 55 300, Danlí 46 200, Siguatepeque 39 400, Puerto Cortés 33 900, Juticalpa 26 800, Tela 25 000

Staat Präsidialrepublik seit 1982 – Verfassung von 1982 mit Änderungen, zuletzt von 1995 – Parlament (Asamblea Nacional) mit 128 Mitgl., Wahl alle 4 J. – Direktwahl des Staatsoberh. alle 4 J. (keine Wiederwahl) – Wahlrecht ab 18 J. – **Verwaltung**: 18 Bezirke und Bundesdistrikt – **Staats- und Regierungschef**: Carlos Roberto Reina Idiaquez (PL), seit 1994 – **Äußeres**: Delmer Urbizo Panting – **Parteien**: Wahlen vom 28. 11. 1993: Partido Liberal/PL 71 von 128 Sitzen (1989: 55), Partido Nacional/PN 55 (71), Partido de Innovación y Unidad/PINU 2 (2) – **Unabh.**: 15. 9. 1821 (Proklamation), endgültig 26. 10. 1838 (Austritt aus der Zentralamerikanischen Konföderation) – **Nationalfeiertag**: 15. 9. (Unabhängigkeitstag)

Wirtschaft **Währung**: 1 US-$ = 13,27 L; 1 DM = 7,61 L – **BSP** 1995: 3566 Mio. $ – **BIP** 1995: 3937 Mio. $; realer Zuwachs ∅ 1990–95: 3,5%; Anteil

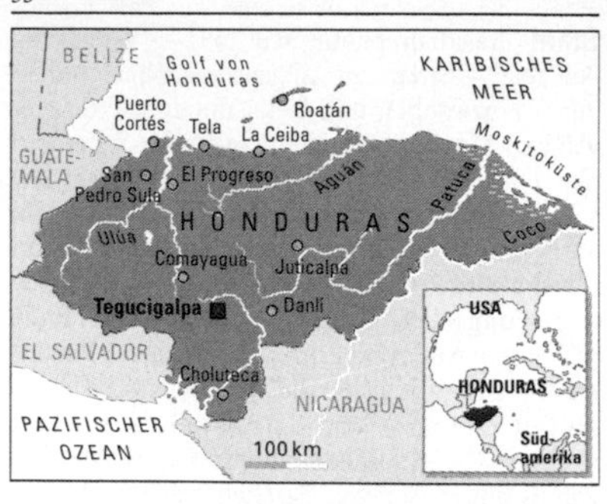

(1995) **Landwirtsch.** 21%, **Industrie** 33%, **Dienstl.** 46% – **Erwerbstät.** 1995: Landw. 43%, Ind. 19%, Dienstl. 38% – **Arbeitslosigkeit** ∅ 1994 (S): 40% (mit Unterbeschäftigung) – **Energieverbrauch** 1994: 204 kg ÖE/Ew. – **Inflation** ∅ 1985–95: 14,2% – **Ausl.-Verschuld.** 1995: 4567 Mio. $ – **Außenhandel** 1995: **Import**: 1587,6 Mio. $; Güter: 17% Maschinen und elekrische Geräte, 15% chem. Erzeugnisse, 14% Brennstoffe; Länder: 43% USA, 7% Guatemala, 5% Japan, 4% El Salvador; **Export**: 1092,9 Mio. $; Güter: 32% Kaffee, 20% Bananen, 15% Schalentiere; Länder: 54% USA, 7% BRD, 5% Belgien/Luxemburg, 4% Großbritannien, 4% Japan – **Tourismus**: 237 985 Auslandsgäste (1995), 32 Mio. $ Einnahmen (1993)

Indien *Süd-Asien*

Republik Indien; Republic of India (englisch); Bhāratīya Gaṇarājya (hindi), Kurzform: Bhārat – IND (→ Karte IV/V, C/D 3/4)

Fläche (Weltrang: 7.): 3 287 263 km²

Einwohner (2.): F 1995 929 358 000 = 283 je km²

Hauptstadt: Neu-Delhi – Z 1991: 301 297 Einw.

Amtssprachen: Hindi, Englisch, 17 gleichberechtigte Regionalsprachen

Bruttosozialprodukt 1995 je Einw.: 340 $

Währung: 1 Indische Rupie (iR) = 100 Paise

Botschaft der Republik Indien
Adenauerallee 262–264, 53113 Bonn, 0228/5 40 50

Landesstruktur (→ Farbkarte IX) **Fläche**: 3 287 263 km² einschließlich des von Pakistan besetzten Gebietes von Azad Kashmir (78 114 km²) und der Andomanen und Nikobaren (8249 km²)

– **Bevölkerung**: Inder; (Z 1991) 846 302 688 Einw. (F 1997: 936 Mio.) – (S) fast ausschließlich Inder; Minderh. von Tibetanern, Chinesen, Europäern – Anteil unter **Armutsgrenze** ∅ 1981–95: 52,5% – **Flüchtl.** Ende 1996: 250 000 Binnenflüchtlinge; 13 000 in Pakistan; 110 000 Tibetaner aus VR China, 100 000 aus Sri Lanka, 53 000 aus Bangladesch, 40 000 aus Myanmar, 30 000 aus Bhutan, 18 600 aus Afghanistan – **Leb.-Erwart.** 1995: 62 J. – **Säugl.-Sterbl.** 1995: 7,6% – **Kindersterbl.** 1995: 11,5% – Jährl. **Bev.-Wachstum** ∅ 1985–95: 1,9% (Geb.- und Sterbeziffer 1995: 2,8%/0,9%) – **Analph.** 1995: 48% – **Sprachen** 1994: Hindi (350,3 Mio. Sprecher), Englisch sowie 17 weitere Sprachen als Amtssprachen: Assamesisch (14,8 Mio.), Bengali (68,3 Mio.), Gujarati (44 Mio.), Kannada (35,7 Mio.), Kashmiri, Konkani, Malayalam (34,4 Mio.), Manipuri, Marathi (65,8 Mio.), Nepali, Oriya (30,3 Mio.), Punjabi (24,7 Mio.), Sanskrit, Sindhi, Tamil (59,3 Mio.), Telugu (71,9 Mio.), Urdu (46,8 Mio.); zahlr. weitere Sprachen – **Religion** 1991: 80,3% Hindus, 11% Muslime (8% Sunniten, 3% Schiiten), 2,4% Christen (überwiegend Katholiken), 1,1% Sikhs (v.a. im Pandschab) und 0,5% Dschainas, 0,7% Buddhisten; 120 000 Parsen – **Städt. Bev.** 1995: 27% – **Städte** (Z 1991): Mumbai (früher Bombay) 9 925 891 Einw. (S 1995 als A: 15,093 Mio.), Delhi 7 206 704 (A 8,42 Mio.), Calcutta 4 399 819 (A 11,02 Mio.), Madras 3 841 396 (A 5,42 Mio.), Bangalore 3 302 296 (A 4,13 Mio.), Hyderābād 3 145 939 (A 4,34 Mio.), Ahmadābād 2 954 526 (A 3,31 Mio.), Kānpur 1 879 420 (A 2,03 Mio.), Nāgpur 1 624 752 (A 1,66 Mio.), Lucknow 1 619 115 (A 1,67 Mio.), Pune (Poona) 1 566 651 (A 2,50 Mio.), Sūrat 1 505 872 (A 1,52 Mio.), Jaipur 1 458 183 (A 1,52 Mio.), Indore 1 091 674 (A 1,11 Mio.), Bhopāl 1 062 771, Vadodara 1 061 598, Ludhiāna 1 042 740, Kalyān 1 014 557, Hāora 950 435, Madurai 940 989, Vārānasi (Benares) 932 399, Patna 917 243, Āgra 891 790, Coimbatore 816 321, Allahābād 806 486, Thāna 803 389, Jabalpur 764 586, Meerut 753 778, Vishākhapatnam 752 037, Amritsar 708 835, Vijayawāda 701 827

Staat Bundesrepublik (im Commonwealth) seit 1950 – Verfassung von 1950 – Bundesparlament: Haus des Volkes (Lok Sabha) mit 543 alle 5 J. gewählten Mitgl. (außerdem 2 vom Staatsoberh. nominierte Mitgl. der anglo-indischen Gemeinschaft) und Rat der Staaten (Rajya Sabha) mit 245 Mitgl., davon 233 Mitgl. alle 6 J. (bzw. ⅓ alle 2 Jahre) durch die Parlamente der Bundesstaaten gewählt und 12 Mitgl. vom Staatsoberh. ernannt – Wahl des Staatsoberh. alle 5 J. durch Wahlmännerkollegium – Wahlrecht ab 18 J. – **Verwaltung**:

25 States (Bundesstaaten) und 7 Union Territories – **Staatsoberhaupt**: Kocheril Raman Narayanan (Kongreßpartei), seit 25. 7. 1997 – **Regierungschef und Äußeres**: Inder Kumar Gujral (Janata Dal), seit 21. 4. 1997 – **Parteien**: Wahlen

Indien - Bundesstaaten und Bundesterritorien: Fläche und Bevölkerung

Verwaltungseinheit/ Hauptstadt	*Fläche km²*	*Einw. Z 1991*	*Einw. je km²*
Bundesstaaten (States)			
Andhra Pradesh/ Hyderabad	275 045	66 508 008	242
Arunachal Pradesh/ Itanagar	83 743	864 558	10
Assam/Dispur	78 438	22 414 322	286
Bihar/Patna	173 877	86 374 465	497
Goa/Panaji	3 702	1 169 793	316
Gujarat/Gandhinagar	196 024	41 309 582	211
Haryana/Chandigarh	44 212	16 463 648	372
Himachal Pradesh/ Simla	55 673	5 170 877	93
Jammu & Kashmir/ Srinagar [1]	222 236	7 718 700	35
Karnataka/Bangalore	191 791	44 977 201	235
Kerala/Trivandrum	38 863	29 098 518	749
Madhya Pradesh/Bhopal	443 446	66 181 170	149
Maharashtra/Mumbai	307 713	78 937 187	257
Manipur/Imphal	22 429	1 837 149	82
Meghalaya/Shillong	22 429	1 774 778	79
Mizoram/Aizawl	21 081	689 756	33
Nagaland/Kohima	16 579	1 209 546	73
Orissa/Bhubaneswar	155 707	31 659 736	203
Punjab/Chandigarh [2]	50 362	20 281 969	403
Rajasthan/Jaipur	342 239	44 005 990	129
Sikkim/Gangtok	7 096	406 457	57
Tamil Nadu/Madras	130 058	55 858 946	429
Tripura/Agartala	10 486	2 757 205	263
Uttar Pradesh/Lucknow	294 411	139 112 287	473
West Bengal/Calcutta	88 752	68 077 965	767
Bundesterritorien (Territories)			
Andamanen & Nikobaren/Port Blair	8 249	280 661	34
Chandigarh/Chandigarh	114	642 015	5 632
Dadra & Nagar Haveli/ Silvassa	491	138 477	282
Daman & Diu/Daman	112	101 586	907
Delhi/Neu-Delhi	1483	9 420 644	6 352
Lakshadweep/ Kavaratti	32	51 707	1 616
Pondicherry/ Pondicherry	492	807 785	1 642
Indien	*3 287 365*	*846 302 688*	*257*

[1] Fläche einschl. des von Pakistan kontrollierten Gebietes von Azad Kashmir (78 114 km²; die Daten zur Bevölkerung beruhen auf einer Schätzung und schließen das Gebiet Azad Kashmir aus

[2] Chandigarh bildet ein eigenes Bundesterritorium

Quelle: Europa World Year Book 1996

vom 27. 4. und 2./7./23./30. 5. 1996: Unterhaus: Bharatiya Janata Party/BJP (nationalist. Hindu-Partei) 161 von 543 Sitzen (1991: 119); Congress/I (Kongreßpartei) 140 (227), mit der BJP verbundene Parteien: Shiv Sena 15, Samata Party 8, Haryana Vokas Party 4, Shiromani Akali Dal 6; Wahlbündnis United Front (National Front-Left Front/NF-LF) aus 13 Parteien 177: darunter Janata Dal 45, Communist Party of India-Marxist/CPM 32, Communist Party/CPI 11, Revolutionary Socialist Party/RSP 17, Forward Block/FB 3 – Sitzverteilung im Oberhaus (Stand Febr. 1997): Congress/I 84 der 245 Sitze, BJP 45, Janata Dal 23, CPI-Marxist 15, Telugu Desam 8, CPI 5, Unabhängige 18, Sonstige 47 – **Unabh.**: 15. 8. 1947 – **Nationalfeiertage**: 26. 1. (Tag der Republik) und 15. 8. (Unabhängigkeitstag)

Staaten

Wirtschaft (Einzelheiten → Kap. Wirtschaft) **Währung**: 1 US-$ = 36,11 iR; 1 DM = 21,50 iR – **BSP** 1995: 319 660 Mio. $ – **BIP** 1995: 324 082 Mio. $; realer Zuwachs Ø 1990–95: 4,6% (1995/96: +5,0%, S 1996/97: +5,1%); Anteil (1995) **Landwirtsch.** 29%, **Industrie** 29%, **Dienstl.** 41% – **Erwerbstät.** 1993: Landw. 66%, Ind. 19%, Dienstl. 18% – **Arbeitslosigkeit** Ø 1994 (S): 10,5% – **Energieverbrauch** 1994: 248 kg ÖE/Ew. – **Inflation** Ø 1985–95: 9,8% (1995/96: 8,5%, S 1996/97: 10,0%) – **Ausl.-Verschuld.** 1996/97: 92,2 Mrd. $ – **Außenhandel** 1995/96: **Import**: 36,4 Mrd. $; Güter: 21,1% Maschinen und sonst. Kapitalgüter, 20,7% Erdöl und -derivate, 8,2% Chemikalien, 5,7% Perlen und Edelsteine, 4,1% Eisen und Stahl, 4,4% Düngemittel, 2,5% NE-Metalle, 1,8% Speiseöl; Länder: 10,5% USA, 8,6% BRD, 6,6% Japan, 5,5% Saudi-Arabien, 5,4% Kuwait, 5,3% Großbritannien, 4,7% Belgien, 4,4% Frankreich; **Export**: 31,8 Mrd. $; Güter: 22,9% Textilien und Bekleidung, 16,6% Edelsteine und Schmuck, 13,4% techn. Produkte, 10,2% landwirtschaftl. Erzeugnisse, 9,2% chem. Erzeugnisse, 5,4% Leder und -waren, 3,2% Meeresprodukte; Länder: 17,3% USA, 7% Japan, 6,3% Großbritannien, 6,2% BRD, 5,7% Hongkong, 4,5% Vereinigte Arabische Emirate, 3,5% Belgien – **Tourismus** 1995: 1,76 Mio. Auslandsgäste, 91 859 Mio. iR Einnahmen (1995/96)

Chronik Die politische Entwicklung im Berichtszeitraum 1996/97 ist von einer tiefen Krise, ausgelöst durch die bisher größte Korruptionsäffäre (→ WA '97, Sp. 296), geprägt. Außenminister *Inder Kumar Gujral* (Janata Dal), seit 21. 4. auch Premierminister, sucht mit einer neuen Nachbarschaftspolitik die Lage auf dem Subkontinent zu entspannen.

Korruptionsaffäre: Nach der Eröffnung eines Ermittlungsverfahrens wegen »krimineller Verschwörung zum Betrug« (→ WA '97, Sp. 296) tritt der nach den Unterhauswahlen vom April/Mai 1996 als Premierminister abgelöste *P. V. Narasimha Rao* am 21. 9. **1996** als Vorsitzender der seit Mai oppositionellen Kongreßpartei, nach weiteren Vorwürfen illegaler Aktivitäten am 19. 12. auch als deren Fraktionsvorsitzender im Unterhaus zurück. Sein Nachfolger als Parteichef wird *Sitaram Kesri*. – Am 6. 6. **1997** spaltet sich die Janata Dal, nachdem Premierminister *Gurjal* den unter Korruptionsverdacht stehenden Politiker *Laloo Prasad Yadav* aufgefordert hatte, vom Vorsitz der Partei und als Regierungschef des Bundesstaats Bihar zurückzutreten. *Yadav*, der als erster amtierender Chefminister eines Gliedstaates unter Anklage steht, tritt am 24. 7. zurück. Ihm wird vorgeworfen, zusammen mit 55 weiteren Personen 271 Mio. US-$ veruntreut zu haben, die für die landwirtschaftliche Entwicklung Bihars bestimmt waren. *Yadav*, der eine eigene Partei gegründet hat, setzt durch, daß seine Frau als Parteivorsitzende und neue Chefministerin nominiert wird.

Regierungskrise und neuer Premier: Unter dem Vorwurf, die von *Haradanahalli Doddegowda Deve Gowda* (Janata Dal) seit 1. 6. 1996 geführte Minderheitsregierung habe kein Konzept gegen den fortschreitenden Verfall der inneren Ordnung, entzieht ihr die Kongreßpartei am 30. 3. **1997** die Unterstützung. Nach *Gowdas* Niederlage bei der Vertrauensabstimmung und seinem Rücktritt (11. bzw. 12. 4.) wird der bisherige Außenminister *Inder Kumar Gujral* als Kompromißkandidat aufgestellt und sichert sich die Unterstützung von 12 der 13 Parteien des bisherigen Regierungsbündnisses United Front, dessen Vorsitz er am 19. 4. übernimmt. Am 21. 4. wird **Gujral** als **neuer Premierminister** einer von der Kongreßpartei erneut tolerierten Minderheitsregierung vereidigt. Er bleibt zugleich Außenminister und beläßt das Kabinett auch in den übrigen Ressorts unverändert. Am 29. 4. tritt der Tamil Maanila Congress (TMC) als 13. politische Gruppierung in das Regierungsbündnis wieder ein, und ihr renommiertester Politiker, *Palaniappan Chidambaram*, kehrt auf den – von *Gujral* für ihn freigehaltenen – Posten des Finanzministers zurück. Durch die erneuerte Koalition bleibt die nationalistische Hindu-Partei Bharatiya Janata Party (BJP), die aus den Unterhauswahlen im April/Mai 1996 mit 161 (von 544) Sitzen als stärkste politische Gruppe hervorging, auf gesamtindischer Ebene weiterhin isoliert. – Am 14. 7. kündigt die Dravidan Progressive Party

(DMK) ihre Mitarbeit in der Regierungskoalition auf und zieht ihre vier Minister aus dem Kabinett zurück, sichert der Regierung *Gujral* jedoch weiterhin die Unterstützung ihrer 17 Abgeordneten zu.

Neuer Präsident: Erstmals seit der Unabhängigkeit Indiens wird mit *Kocheril Raman Narayanan* ein Unberührbarer (Kastenloser) als Nachfolger von *Shankar Dayal Sharma* zum zehnten Staatsoberhaupt gewählt. Das Wahlmännerkollegium wählt ihn am 14. 7. mit 4231 von 4833 Stimmen in das weitgehend auf Repräsentationsaufgaben beschränkte Amt.

Ereignisse in den Bundesstaaten (→ Farbkarte IX): Im Bundesstaat **Jammu und Kaschmir**, seit 6 Jahren unter Direktverwaltung der Zentralregierung, finden im September **1996** die seit 1987 ersten **Wahlen** zum Landesparlament statt (abgeschlossen am 30. 9., Wahlbeteiligung nach Boykottaufrufen der antiindischen Oppositionsparteien rd. 50%). Die Wahlen werden von Bombenanschlägen überschattet, als deren Urheber militante antiindische Sezessionisten gelten. Die bei gestärkter Autonomie für die feste Zugehörigkeit Kaschmirs in der Indischen Union plädierende Partei National Conference (NC) erhält mehr als 2/3 der Stimmen; ihr Vorsitzender *Farooq Abdullah* wird am 9. 10. als Chefminister in Srinagar vereidigt. – Über das Schicksal der am 4. 7. 1995 vermutlich von der muslimischen Separatistenorganisation Al Faran entführten 4 Touristen (ein 5. wurde ermordet) liegen keine gesicherten Hinweise vor. Aussagen gefangener Extremisten zufolge wurden sie – vermutlich im Dezember 1995 – ermordet. Extremistische Separatisten (Bodoland Liberation Tigers Force/BLTF) verüben im Dezember 1996 im Bundesstaat **Assam** mehrere Sprengstoffanschläge, u. a. am 30. 12. 1996 auf den Brahmaputra-Expreß auf dem Weg nach Neu-Delhi (rd. 60 Tote). Die Bundesregierung verschärft daraufhin die Sicherheitsvorkehrungen und verdoppelt die in Assam stationierten Truppen auf mehr als 50 000 Soldaten. – Die linksextremistische Terrorgruppe People's War Group (PWG) überfällt im südindischen Bundesstaat **Andhra Pradesh** Polizeidienststellen. Im November 1996 kommen dabei 14 Menschen, am 10. 1. 1997 weitere 18 ums Leben. – Die **Wahlen im Bundesstaat Punjab** am 7. 2. **1997** gewinnt das regierende Parteienbündnis aus der gemäßigten Sikh-Partei Akali Dal, die 74 Mandate von 117 Sitzen erhält, und der nationalistischen Hindu-Partei Bharatiya Janata Party (BJP), auf die 18 Mandate entfallen. Die Kongreßpartei, die bis 1992 die Regierung gestellt hat, erhält nur noch 14 Sitze (bisher 91).

Außenpolitik: Wie im Juni 1996 angekündigt (→ WA '97, Sp. 298), verweigert Indien bei der Abstimmung in der UN-Generalversammlung über ein weltweites **Atomteststopabkommen** am 10. 9. **1996** dem Vertrag seine Zustimmung. Es konnte seine Forderung nach einem verbindlichen Zeitplan für die Nuklearabrüstung der 5 Atommächte nicht durchsetzen. – Auf der Suche nach friedlichen Konfliktlösungen gelingt es Außenminister *Gujral*, erst seit 1. 6. 1996 im Amt, binnen weniger Monate, die gespannten nachbarschaftlichen Beziehungen zu mehreren Staaten zu entkrampfen. Beim Besuch des chinesischen Staats- und Parteichefs *Jiang Zemin* in Neu-Delhi am 29. 11. 1996 schließen beide Staaten ein Abkommen über eine **Truppenreduzierung an der indisch-chinesischen Grenze** und vereinbaren gemeinsame Maßnahmen gegen Terrorismus und Drogenhandel. – Gegenüber den kleineren Nachbarstaaten (Bangladesch, Sri Lanka, Nepal, Bhutan) verfolgt *Gujral* eine kompromißbereitere **»asymmetrische Diplomatie«**, die er auch als Regierungschef (und zugleich Außenminister) fortführt. In Zukunft will er die nationalen Interessen dieser Staaten, die der regionalen Hegemonie Indiens ausgeliefert sind, stärker berücksichtigen; er nimmt auch Zugeständnisse Indiens in nicht essentiellen Fragen in Kauf, um ein neues Vertrauensverhältnis aufzubauen. – Am 12. 12. beenden Indien und Bangladesch ihren seit Bestehen Bangladeschs (1971) währenden Streit über die **gerechtere Aufteilung des Ganges-Wassers** durch einen Vertrag mit einer Laufzeit von 30 Jahren. Indien hatte durch den 1975 fertiggestellten, kurz vor der Grenze zu Bangladesch gelegenen Farakka-Staudamm große Mengen des Ganges-Wassers nach Kalkutta ableiten können, was für Bangladesch schwere Umwelt- und Wirtschaftsschäden zur Folge hatte. Der seit 1982 in der Wasserfrage vertragslose Zustand ließ zeitweise die antiindische Stimmung in Bangladesch eskalieren, zumal Indien wegen der Versandung vieler Flußläufe für die Überschwemmungskatastrophe 1988 mitverantwortlich gemacht wurde. – Beim ersten indisch-pakistanischen Außenministertreffen seit 8 Jahren am 9. 4. **1997** nehmen beide Staaten den vor drei Jahren abgebrochenen **Dialog über die Kaschmirfrage**, die einer Normalisierung des beiderseitigen Verhältnisses bisher im Wege steht, wieder auf. Als ersten Schritt ihrer Entspannungsbemühungen vereinbaren sie Erleichterungen im zwischenstaatlichen Reiseverkehr. Am Rande eines Gipfeltreffens von 7 südasiatischen Staaten auf den Malediven am 12. 5. setzen der indische und der pakistanische Regierungschef, *Gujral* und *Sharif*, die Gespräche in der Absicht fort, »ein neues Kapitel im gegenseitigen Verhältnis« zu beginnen. Am 23. 6. vereinbaren die Außenminister formelle Verhandlungen über wesentliche beiderseitige Fragen, die im September aufgenommen werden sollen. – Am 15. 8. begeht Indien den 50. Jahrestag des Endes der britischen Herrschaft.

Indonesien *Südost-Asien*

Republik Indonesien; Republik Indonesia – RI (→ Karte V, D/E 4/5)

Fläche (Weltrang: 15.): 1 904 443 km²

Einwohner (4.): Z 1995 194 754 808 = 102 je km²

Hauptstadt: Jakarta
Z 1995: 9 160 500 Einw. (S 1995 als A: 11,500 Mio.)

Amtssprache: Bahasa Indonesia (Indonesisch)

Bruttosozialprodukt 1995 je Einw.: 980 $

Währung: 1 Rupiah (Rp.) = 100 Sen

Botschaft der Republik Indonesien
Bernkasteler Str. 2, 53175 Bonn, 0228/38 29 90

Landesstruktur (→ Karte) **Fläche**: 1 904 443 km² ohne Ost-Timor mit 14 874 km²; insg. 13 677 Inseln – **Bevölkerung**: Indonesier; (Z 1995) 194 754 808 Einw. – (S) überwiegend Malaien (malaiisch-polynes. bzw. austronesisch): etwa 40% Javaner, 15% Sundanesen, 5% Maduresen; Atjeher, Bataker, Minangkabau, Balinesen, Menadonesen, Dayak, Ambonesen (Maluken), Papuas; 4 Mio. Chinesen, Araber, Inder, Pakistaner, Europäer und Amerikaner – Anteil unter **Armutsgrenze** ∅ 1981–95: 14,5% – **Flüchtl.** Ende 1996: 10 000 Indonesier in Papua-Neuguinea – **Leb.-Erwart.** 1995: 64 J. – **Säugl.-Sterbl.** 1995: 5,0% – **Kindersterbl.** 1995: 7,5% – Jährl. **Bev.-Wachstum** ∅ 1985–95: 1,7% (Geb.- und Sterbeziffer 1995: 2,4%/0,8%) – **Analph.** 1995: 16% – **Sprachen** 1992: malayo-polynes. Sprachen, u. a. Bahasa Indonesia als Amtssprache, Javanisch als verbreitetste Muttersprache (mehr als 70 Mio.), ca. 170 weitere malayo-polynes. sowie zahlr. Papua-Sprachen; z. T. Chinesisch; Englisch als Bildungssprache, auch Niederländisch und Arabisch – **Religion** 1990: 86,9% Muslime, 6,5% Protestanten und Angehörige von Pfingst-Kirchen, 3,1% Katholiken, 1,9% Hindus (v. a. auf Bali), 1% Buddhisten und Konfuzianer (meist Chinesen); Anhänger von Naturreligionen – **Städt. Bev.** 1995: 34% – **Städte** (Z 1995): Surabaya 2 701 300 Einw., Bandung 2 368 200, Medan 1 909 700, Palembang

1 352 300, Semarang 1 348 500, Ujungpandang (Makasar) 1 091 800, Malang 763 400, Padang 721 500, Banjarmasin 534 600, Surakarta 516 500, Pontianak 449 100, Yogyakarta 419 500

Staat Präsidialrepublik seit 1945 – Verfassung von 1945 mit Änderung 1969 – Parlament: Abgeordnetenhaus (Dewan Perwakilan Rakyat) mit 425 für 5 J. gewählten und 75 vom Staatsoberh. ernannten Mitgl. (Angehörige der Streitkräfte) – Beratende Volksversammlung (Madjelis Permusyawaratan Rakyat) mit 1000 Mitgl. (500 Abgeordnete, 147 Vertreter der Provinzen, 253 Entsandte politischer Organisationen sowie der Streitkräfte u. a. 100 Mitgl.), wählt alle 5 J. das Staatsoberh. – Wahlrecht ab 17 J. (für Verheiratete auch darunter) – **Verwaltung**: 27 Provinzen einschließlich des 1976 annektierten Ost-Timor und 3 Sonderbezirke (Jakarta, Yogyakarta, Aceh); Einzelheiten → Tabelle – **Staats- und Regierungschef**: Hadji Mohamed Suharto (General a. D.), seit 1968 – **Äußeres**: Ali Alatas – **Parteien**: Wahlen vom 29. 5. und 3. 6. 1997: Golongan Karya/GOLKAR 325 von 425 Sitzen (1992: 282 von 400), Partai Persatuan Pembangunan/PPP (muslim. Vereinigte Entwicklungspartei) 89 (62), Partai Demokrasi Indonesia/PDI (nationalistisch-christl. Demokratische Partei) 11 (56) – **Unabh.**: 17. 8. 1945 einseitige Unabhängigkeitserklärung, 27. 12. 1949 endgültig – **Nationalfeiertag**: 17. 8. (Unabhängigkeitstag)

Wirtschaft **Währung**: 1 US-$ = 2443,00 Rp.; 1 DM = 1461,01 Rp. – **BSP** 1995: 190 105 Mio. $ – **BIP** 1995: 198 079 Mio. $; realer Zuwachs ∅ 1990–95: 7,6%; Anteil (1995) **Landwirtsch.** 17%, **Industrie** 42%, **Dienstl.** 41% – **Erwerbstät.** 1993: Landw. 50%, Ind. 15%, Dienstl. 35% – **Arbeitslosigkeit** ∅ 1995: 7,2% (hohe Unterbeschäftigung) – **Energieverbrauch** 1994: 366 kg ÖE/Ew. – **Inflation** ∅ 1985–95: 8,8% (1996: 6,4%) – **Ausl.-Verschuld.** 1995: 107 831 Mio. $ – **Außenhandel** 1996: **Import**: 42,9 Mrd. $; Güter: 71% Rohstoffe und Vorerzeugnisse, 22,5% Investitionsgüter, 6,5% Konsumgüter; Länder: 19,8% Japan, 11,8% USA, 7% BRD, 6,7% Singapur, 5,9% Australien, 2,8% Italien; **Export**: 49,8 Mrd. $; Güter: 23,5% Öl, Gas und -produkte, 13,4% Holz und -erzeugnisse, 13,2% Bekleidung und Textilien, 6,1% Bergbauerzeugnisse, 5,8% landwirtschaftl. Erzeugnisse, 4,2% Papier, 3,4% Palmöl, 3,1% bearbeiteter Kautschuk; Länder: 25,9% Japan, 13,6% USA, 9,2% Singapur, 3,4% Niederlande, 3,3% Hongkong, 3% BRD, 2,4% Großbritannien – **Tourismus** 1995: (S) 4,3 Mio. Auslandsgäste, 5210 Mio. $ Einnahmen

Staaten

Chronik Am 9. 10. **1996** beginnen in Jakarta Gerichtsverfahren gegen insgesamt 139 Angeklagte, die von der Regierung für die Unruhen verantwortlich gemacht werden, die Ende Juli 1996 nach dem Angriff der Sicherheitskräfte auf das Hauptquartier der Demokratischen Partei Indonesiens (PDI) ausgebrochen waren. 13 Personen, unter ihnen der Vorsitzende der Demokratischen Volkspartei (PRD) *Budiman Sujatmiko* und der Gewerkschaftsführer *Muchtar Pakpahan*, werden der »Subversion« beschuldigt, ihnen droht nach dem Antisubversionsgesetz die Todesstrafe. Die ersten Urteile ergehen Ende April **1997**, *Sujatmiko* wird zu 13 Jahren Gefängnis verurteilt. – Am 29. 5. finden **Wahlen zum Unterhaus** statt. Neben der regierenden Golongan Karya (Golkar) sind nur die muslimische Vereinigte Entwicklungspartei (PPP) und die christliche Demokratische Partei (PDI) zugelassen, deren Kandidaten jedoch vom Staatspräsidenten genehmigt werden müssen. Die populäre Oppositionspolitikerin *Megawati Sukarnoputri* war bereits am 21. 6. auf Druck der Regierung als PDI-Vorsitzende abgelöst und ihr damit die Möglichkeit zur Kandidatur entzogen worden. Aus der Wahl, in deren Verlauf es vor allem in der Hauptstadt zu gewalt-

Indonesien: Fläche, Bevölkerung und Bevölkerungsdichte nach Regionen und Provinzen

Region/Provinz	*Fläche in km²*	*Einwohner (Z 1990)*	*Einwohner (Z 1995)* [1]	*Einw. je km² 1995*
Sumatera (Sumatra)	473 481	36 507 000	40 830 334	86
Aceh	55 392	3 416 000	3 847 583	69
Nordsumatra	70 787	10 256 000	11 114 667	157
Westsumatra	49 778	4 000 000	4 323 170	87
Riau	94 561	3 304 000	3 900 534	41
Jambi	44 800	2 021 000	2 369 959	53
Südsumatra	103 688	6 313 000	7 207 545	70
Bengkulu	21 168	1 179 000	1 409 117	67
Lampung	33 307	6 018 000	6 657 759	200
Jawa (Java) mit Madura	132 186	107 581 000	114 733 486	87
Jakarta	590	8 259 000	9 112 652	15 445
Westjava	46 300	35 384 000	39 206 787	847
Mitteljava	34 206	28 521 000	29 653 266	867
Yogyakarta	3 169	2 913 000	2 916 779	920
Ostjava	47 921	32 504 000	33 844 002	706
Nusa Tenggara (Kleine Sundainseln)	82 927	10 165 000	10 958 553	132
Bali	5 561	2 778 000	2 895 649	521
West-Nusa Tenggara	20 177	3 370 000	3 645 713	181
Ost-Nusa Tenggara	47 876	3 269 000	3 577 472	75
Timor Timur (Ost-Timur) [2]	14 874	748 000	839 719	56
Kalimantan (Borneo)	539 460	9 100 000	10 470 843	19
Westborneo	146 760	3 229 000	3 635 730	25
Mittelborneo	152 600	1 396 000	1 627 453	11
Südborneo	37 660	2 598 000	2 893 477	77
Ostborneo	202 440	1 877 000	2 314 183	11
Sulawesi (Celebes)	189 216	12 521 000	13 732 449	73
Nordcelebes	19 023	2 478 000	2 649 093	139
Mittelcelebes	69 726	1 711 000	1 938 071	28
Südcelebes	72 781	6 982 000	7 558 368	104
Südostcelebes	27 686	1 350 000	1 586 917	57
Maluku (Molukken)	496 486	3 505 000	4 029 143	8
Molukken	74 505	1 856 000	2 086 516	28
Irian Jaya (Westirian)	421 981	1 649 000	1 942 627	5
insgesamt	*1 919 317*	*179 378 946*	*194 754 808*	*101*

[1] Intercensal Population Census [2] annektiert seit 1976
Quelle: Länderbericht Indonesien 1993, Statistisches Bundesamt Wiesbaden und Biro Pusat Statistik (Central Bureau of Statistics Indonesia) 1997

tätigen Demonstrationen kommt, die über 300 Tote kosten, geht die **Golkar-Partei** des Präsidenten erwartungsgemäß als **stärkste Kraft** hervor: Mit 76,5% erringt sie das beste Ergebnis ihrer Geschichte. Die offizielle Wahlbeteiligung wird mit 89,9% angegeben. Indonesische Wahlbeobachter sprechen von massiver Beeinflussung. Internationale Beobachter waren nicht zugelassen. – Auch nach den Wahlen gehen die **gewaltsamen Konflikte** weiter. Mitte Juni finden in **Ost- und Zentraljava**, Gebieten, die von Armut und Arbeitslosigkeit gekennzeichnet sind, eine Reihe militanter Demonstrationen statt. In den Städten Bangkalan und Pasuruan kommt es zu Plünderungen und Brandstiftungen. Bereits im Oktober 1996 war das ostjavanesische Situbondo Schauplatz von Unruhen, bei denen christliche Schulen und Klöster von Muslimen niedergebrannt wurden. Der seit Jahrzehnten anhaltende und vom Westen durch massive Wirtschaftshilfe (derzeit 2% des BIP) geförderte wirtschaftliche Aufstieg Indonesiens (BIP 1996: +8,2%) hat das soziale Gefälle und die Spannungen zwischen den Schichten und Ethnien eher verschärft als gemildert. Auch die kulturellen Konflikte zwischen Angehörigen verschiedener Religionen haben nicht nachgelassen. – In der Provinz West-Kalimantan, dem indonesischen Teil **Borneos**, entwickelt sich im Februar 1997 eine wochenlange Auseinandersetzung zwischen den sozial deklassierten Ureinwohnern (den christianisierten Dayak) und muslimischen Zuwanderern von der Insel Madura, die u.a. im Rahmen der vom indonesischen Staat und der Weltbank geförderten Migrationsprogramme in den 70er und 80er Jahren auf die Insel gekommen sind. Hintergrund der Feindschaft sind Landnahme und die Zerstörung der Regenwaldwirtschaft der Dayak. Die Ausschreitungen fordern zahlreiche Opfer, vor allem unter den Maduresen. Während des Wahlkampfs im Mai 1997 flackert der zwischenzeitlich von der Armee unterdrückte Konflikt noch einmal auf, erneut sterben 142 Menschen. – Ähnliche Konfliktstrukturen herrschen in **Irian Jaya**, dem indonesischen Teil Neuguineas, wo die Papua-Ureinwohner als Folge der staatlichen Einwanderungsprogramme mit knapp 200 000 Neuansiedlern konfrontiert sind, vorwiegend muslimische Bauern aus Java. Landnahme und industrielle Großprojekte, die auf die Ausbeutung der großen Rohstoffvorkommen des Landes zielen, führen wiederholt zu Protesten der Papua und gewaltsamen Auseinandersetzungen mit der Armee. – Auch im seit 1976 annektierten **Osttimor** (→ Karte) kommt es immer wieder zu Konflikten zwischen Oppositionellen und Militär. Am 11. 10. **1996** wird zwei prominenten osttimoresischen Regimegegnern, dem Bischof *Carlos Belo* und dem im Exil lebenden Oppositionsführer *José Ramos Horta*, der **Friedensnobelpreis** zuerkannt. Staatspräsident *Suharto*, der am 15. 10. Osttimor besucht, um einige Entwicklungsprojekte einzuweihen, trifft sich bei diesem Anlaß auch mit Bischof *Belo.* Tagelange Solidaritätsdemonstrationen in der Hauptstadt Dili sind die Folge, als der indonesische Außenminister *Ali Alatas* am 15. 11. vom Vatikan die Abberufung von Bischof *Belo* fordert. Von der UNO vermittelte Gespräche über Ost-Timor zwischen Indonesien und Portugal, die Mitte Juni **1997** in New York stattfinden, bleiben ohne Ergebnis. Anfang August findet eine neue Vermittlungsrunde unter Leitung des UN-Sonderbeauftragten für Osttimor, *Jamsheed Marker*, statt.

Indonesien und das annektierte Osttimor

Irak *Vorder-Asien*

Republik Irak; al-Ǧumhūriyya al-ʿIrāqiyya, Kurzform: ʿIrāq – IRQ (→ Karte IV, B/C 3)

Fläche (Weltrang: 57.): 438 317 km²

Einwohner (47.): F 1995 20 097 000 = 46 je km²

Hauptstadt: Baghdād (Bagdad)
F 1990: 4 044 000 Einw.

Amtssprache: Hocharabisch

Bruttosozialprodukt S 1995 je Einw.: unter 3035 $

Währung: 1 Irak-Dinar (ID) = 1000 Fils

Botschaft der Republik Irak
Annaberger Str. 289, 53175 Bonn, 0228/95 02 40

Landesstruktur **Fläche**: 438 317 km²; einschließlich Kurdistan (→ unten) – **Bevölkerung**: Iraker; (Z 1987) 16 335 199 Einw. – (S) knapp 80% Araber, über 15% Kurden, Minderh. von Turkmenen (sprachlich Aserbaidschaner), Aramäern u. a. – **Flüchtl.** Ende 1996: 900 000 Binnenflüchtlinge; über 600 000 in Anrainerstaaten (580 000 im Iran); 62 600 Palästinenser, 35 500 aus Iran, 15 000 aus der Türkei, 600 aus Eritrea, 700 aus anderen Staaten – **Leb.-Erwart.** 1995: 67 J. – **Säugl.-Sterbl.** 1995: 5,7% – **Kindersterbl.** 1995: 7,1% – Jährl. **Bev.-Wachstum** ∅ 1985–95: 2,7% (Geb.- und Sterbeziffer 1995: 3,7%/0,6%) – **Analph.** 1995: 42% – **Sprachen**: 80% Arabisch (Irakisch, im SW Beduinendialekte), 15% Kurdisch, Aserbaidschanisch, Aramäisch u. a. – **Religion** (Islam ist Staatsreligion) 1992: 95% Muslime (davon ⅔ Schiiten, v. a. im O und S, und ⅓ Sunniten, v. a. Kurden, Aserbaidschaner und Araber im W und SW), weniger als 5% Christen (u. a. die 4 syrischen Kirchen, v. a. sog. Nestorianer); ferner Jesiden (»Teufelsanbeter«), Minderheiten von Mandäern, Juden – **Städt. Bev.** 1995: 75% – **Städte** (F 1985): Al-Baṣrah 616 700 Einw., Al-Mawṣil 571 000, Irbīl (Erbil) 333 900, As-Sulaymānīyah 279 400, An-Najaf 242 600, Al-Ḥillah 215 300, Karbalā' 184 600; (F 1981) Kirkūk 570 000

Staat Präsidialrepublik seit 1980 – Provisorische Verfassung von 1968 mit Änderungen von 1995 – Nationalversammlung (mit beratender Funktion) mit 250 Mitgl. (220 Mitgl. werden gewählt), Wahl alle 4 J. – 8köpfiger Revolutionärer Kommandorat/CCR als Exekutive mit Legislativfunktionen – Direktwahl des Staatsoberh. alle 7 J. – Wahlrecht ab 18 J. – **Verwaltung**: 18 Provinzen, davon 3

Provinzen als Autonome Region Kurdistan (→ unten); außerdem Neutrale Zone mit Saudi-Arabien (→ dort) – **Staats- und Regierungschef**: Saddam Hussein el-Takriti (ASBP-Vors. und Vors. des CCR), seit 1979, ab 1994 auch Regierungschef) – **Äußeres**: Mohammed Said Kassim as-Sahhaf – **Parteien**: Erstmals Wahlen seit 1989 am 24. 3. 1996: Arabisch-Sozialistische Baath-Partei/ASBP 160 von 220 Sitzen, sog. Unabhängige 60 (Sympathisanten Saddams) – **Unabh.**: 3. 10. 1932 (Aufhebung des Völkerbundmandats) – **Nationalfeiertag**: 14. 7. (Tag der Revolution von 1968)

Wirtschaft (keine neueren Ang. verfügbar) – **Währung**: 1 US-$ = 0,3116 ID; 1 DM = 0,1856 ID; Bindung an US-$ – **BSP** 1984 (S): 29 730 Mio. $ – **BIP** 1994: (S) 15 000 Mio. $; realer Zuwachs ∅ 1980–88: –1,5% (1994: –10,0%); Anteil (1989) **Landwirtsch.** 16%, **Industrie** 43%, **Dienstl.** 41% – **Erwerbstät.**1994: Landw. 18% – **Arbeitslosigkeit**: k. Ang. – **Energieverbrauch** 1994: 1213 kg ÖE/Ew. – **Inflation** ∅ 1983–91: 28,2% – **Ausl.-Verschuld.** 1991: 42 320 Mio. $ – **Außenhandel** 1990: **Import**: 4314 Mio. $ (S 1992: 245,6 Mio. ID); Güter 1989: 25% Lebensmittel, 12% Investitionsgüter; Länder: 42% EU-Staaten (darunter 13% BRD, 8% Großbritannien, 9% Frankreich), 11% USA, 10% Türkei, 5% Japan; **Export**: 16 809 Mio. $; Güter (S 1989): über 95% Erdöl; Datteln, Baumwolle und Viehzuchtprodukte, Zement; Länder: 28% USA, 24% EU-Staaten (u. a. 7% Niederlande, 6% Frankreich), 10% Brasilien, 10% Türkei, 8% Japan

Autonome Region Kurdistan

Fläche: 38 047 km² (3 Provinzen: Dahūk, Irbīl, As-Sulaymānīyah – *Bevölkerung* (Z 1987): 2 015 466 Einw. – *Regierungssitz*: Irbīl (Erbil) – Teilautonomie seit 1974 (seit 1991 teilw. UNO-Schutzzone) – Parlament (international nicht anerkannt) mit 115 Mitgl. (davon 100 Sitze für Kurden, 10 für Turkmenen u. 5 für Aramäer reserviert) – *Regierungschef*: Abdullah Rassul (PUK), seit 1993; 17köpfige Regierung, paritätisch aus PUK u. KDP (von irak. Führung für illegal erklärt) – *Parteien:* Erste freie Wahlen vom 19. 5. 1992 (ohne Turkmenen): Demokrat. Partei Kurdistans/KDP (Vors. Massud Barsani) 50, Patriot. Union Kurdistans/PUK (Vors. Dschalal Talabani) 50; Aramäer: Demokrat. Bewegung 4, Christl. Einheit 1 Sitz; weitere Partei: Islamische Bewegung im Irak.-Kurdistan/IMIK – Legislaturperiode am 3. 6. 1996 zum 2. Mal um ein Jahr verlängert

Kurden – Türkischer Einmarsch in den Nordirak

Am 14. 5. **1997** überschreiten türkische Truppenverbände die Grenze zum Irak und dringen in die Kurdengebiete ein. Nach verschiedenen Berichten sind an der Operation zwischen 25 000 und 50 000 Soldaten beteiligt, die durch Kampfflugzeuge und Hubschrauber unterstützt werden. Offizielles Ziel der Aktion ist die **Bekämpfung der Kurdischen Arbeiterpartei** (PKK), die vom türkisch-irakischen Grenzgebiet aus gegen die Türkei operiert; offizieller Anlaß ist nach Angaben des Außenministeriums ein **Hilfeersuchen** des Kurdenführers *Massud Barzani*, dessen **Demokratische Partei Kurdistans** (DPK) nicht nur gegen die Patriotische Union Kurdistans (PUK), sondern auch gegen die PKK um die Vorherrschaft in der Kurdenregion kämpft. Eine Woche vor Beginn der Offensive haben in der türkischen Grenzstadt Silopi Gespräche zwischen der DPK und der türkischen Armee stattgefunden. Auseinandersetzungen zwischen DPK und PUK im Herbst 1996 hatten es der PKK ermöglicht, ihren Einfluß im Grenzgebiet nach Süden zu erweitern; PKK-Führer *Abdullah Öcalan* hatte bereits eine befreite Kurdische Republik in dieser Zone ausgerufen. Im Rahmen der türkischen Offensive wird die DPK mit Waffen versorgt und greift in Absprache mit den türkischen Verbänden in die Kämpfe ein, ihr geht es vor allem um die Vorherrschaft in der Kurdenhauptstadt Erbil. Am 8. 6. **1997** erklärt der türkische Generalstab, es seien 2552 PKK-Kämpfer getötet worden, und man kontrolliere fast das gesamte nordirakische Kurdengebiet. Die PKK behauptet, sie habe ihrerseits über 800 Gegner getötet. Ein Angriff auf das PKK-Hauptquartier im Sap-Tal ist offensichtlich gescheitert. Obwohl der Einmarsch als zeitlich begrenzte Operation bezeichnet wird, verdichten sich Mitte Juni die Anzeichen, daß es sich um eine **dauerhafte Besetzung** handeln könnte. Bereits mehrfach hatten türkische Militärs die Einrichtung einer »Sicherheitszone« im Nordirak nach dem Vorbild der israelischen Sicherheitszone im Südlibanon gefordert. Hintergrund könnte das geopolitische Interesse an einer Zwangsbefriedung der Kurdenregion sein, das auch vom Irak geteilt wird: Am 10. 5. **1997**, kurz vor Beginn der Invasion, haben der irakische Ölminister *Amir Rashid* und der türkische Energieminister *Recai Kutan* einen Vertrag über den Bau einer **Pipeline** unterzeichnet, die über 1300 km durch das Kurdengebiet zum türkischen Hafen Ceyhan führen soll.

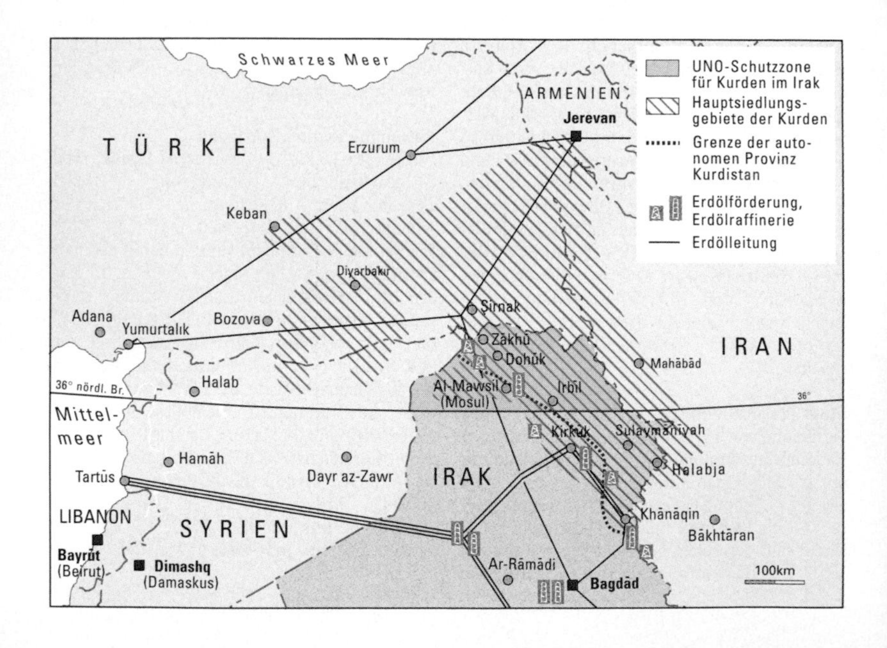

Staaten

Chronik Obwohl die Beobachter der UN-Sonderkommission für die Abrüstung des Irak (UNSCOM) im Oktober **1996** darauf hinweisen, daß der Irak noch immer über Mittelstreckenraketen und Massenvernichtungswaffen verfüge, tritt am 9. 12. das an Abrüstungsauflagen und Entschädigungszahlungen gebundene Abkommen **»Lebensmittel gegen Erdöl«** in Kraft, das auf der Resolution des UN-Sicherheitsrats vom 14. 4. 1995 beruht (→ WA '97, Sp. 304) und dessen erste Periode am 10. 6. **1997** endet. Bis Anfang März 1997 hat der Irak aus den Erlösen des Ölverkaufs bereits über 600 Mio. $ auf das UN-Sperrkonto zur Entschädigung der Golfkriegsopfer überwiesen; die von der UNO organisierte Verteilung der Hilfsgüter im Irak gestaltet sich aber schleppend, und die Bevölkerung leidet weiterhin unter Lebensmittelknappheit. Nach einem Besuch im Irak erklärt der Generaldirektor der Weltgesundheitsorganisation (WHO), *Hiroshi Nakajima*, Ende Februar **1997**, das Gesundheitswesen des Landes stehe vor dem Zusammenbruch, eine Zunahme von Typhus und Malaria sei zu verzeichnen. – Seit Ende 1996 geben Anschläge und Verhaftungen Spekulationen über den **Machtverfall** des Regimes Auftrieb. Am 12. 12. **1996** wird *Uday Hussein*, der älteste Sohn des irakischen Staatschefs, dem dieser im September das Kommando über die Fidajin-Hussein-Milizen entzogen hat, bei einem Anschlag in Bagdad durch mehrere Schüsse verletzt. Eine Welle von Verhaftungen, u. a. in den Reihen der Präsidentengarde, ist die Folge. Am 7. 1. **1997** schlagen im Zentrum von Bagdad zwei Mörsergranaten ein; als Urheber des Anschlags werden sowohl die iranischen Volksmudschaheddin als auch irakische Oppositionsgruppen vermutet. – Am 9. 4. startet vom irakischen Luftwaffenstützpunkt Raschid ein Zivilflugzeug, das 104 **Mekka-Pilger** nach Jiddah in Saudi-Arabien bringt. Der Irak hat diesen Flug nicht angemeldet und damit gegen die am 25. 9. 1990 vom UN-Sicherheitsrat verhängte Genehmigungspflicht für grenzüberschreitende Flüge verstoßen. Am 22. 4. teilt die irakische Führung überdies mit, sie habe zur Rückholung von Pilgern Helikopter nach Arar an der Grenze zu Saudi-Arabien geschickt, mithin in die Flugverbotszone südlich des 32. Breitengrads. Die Aktionen sind eine gezielte Provokation in der Auseinandersetzung um die **Sanktionen** seitens der irakischen Führung, zumal Jordanien und Saudi-Arabien den Flug der Pilgermaschine nicht behindert haben und es den USA im UN-Sicherheitsrat nicht gelingt, eine Verurteilung des Irak zu erwirken. – Im **kurdischen Nordirak** können die Truppen der Demokratischen Partei Kurdistans (DPK), die Anfang September **1996** mit irakischer Unterstützung die Kräfte der Patriotischen Union Kurdistans (PUK) aus den Städten Erbil und Suleimaniya vertrieben haben, ihren Einfluß zunächst auf das gesamte Gebiet der Autonomen Region Kurdistan ausdehnen. Anfang Oktober beginnt jedoch die PUK, vermutlich mit iranischer Hilfe, eine Gegenoffensive, durch die sie in kurzer Zeit den größten Teil der verlorenen Gebiete zurückgewinnt. Der US-Sondergesandte *Robert Pelletreau* erreicht nach Verhandlungen mit den verfeindeten Parteiführern, daß am 31. 10. 1996 ein **Waffenstillstand** geschlossen wird, dessen Durchsetzung jedoch umstritten bleibt. Die Kämpfe haben zu massiven Fluchtbewegungen der Zivilbevölkerung geführt. Im November 1996 kündigt *Pelletreau* Hilfsprogramme für die Region in Höhe von 11 Mio. $ an. – Nachdem türkische Truppen bereits im November 1996 und Januar 1997 grenzüberschreitende Kommandoaktionen gegen die Kurdische Arbeiterpartei (PKK) durchgeführt haben, beginnt die **Türkei** am 14. 5. **1997** eine **Großoffensive** im Nordirak (→ Kasten). – Im Juni **1997** kommt es in der Frage der Rüstungskontrollen zu einer erneuten Konfrontation zwischen der UN-Sonderkommission und den irakischen Behörden. *Richard Butler*, neuer Leiter der UNSCOM, sieht jedoch gute Ansätze zur Zusammenarbeit. Bereits am 8. 6. war dem Irak der Export von weiterem Erdöl im Wert von 2 Mrd. $ im Zeitraum von 6 Monaten gestattet worden.

Iran *Vorder-Asien*

Islamische Republik Iran; Jomhûrî-ye Eslâmî-ye Îrân, Kurzform: Îrân – IR (→ Karte IV, C 3)

Fläche (Weltrang: 17.): 1 648 000 km²

Einwohner (15.): F 1995 64 120 000 = 39 je km²

Hauptstadt: Tehrān (Teheran)
F 1994: 6 750 043 Einw.

Amtssprache: Persisch (Farsi)

Bruttosozialprodukt S 1995 je Einw.: unter 3035 $

Währung: 1 Rial (Rl.) = 100 Dinars

Botschaft der Islamischen Republik Iran
Godesberger Allee 133–137, 53175 Bonn,
0228/8 16 10

Landesstruktur **Fläche**: 1 648 000 km² – **Bevölkerung**: Iraner; (Z 1991) 55 837 163 Einw. – (S) 50% Perser, 20% Aserbaidschaner, 10% Luren

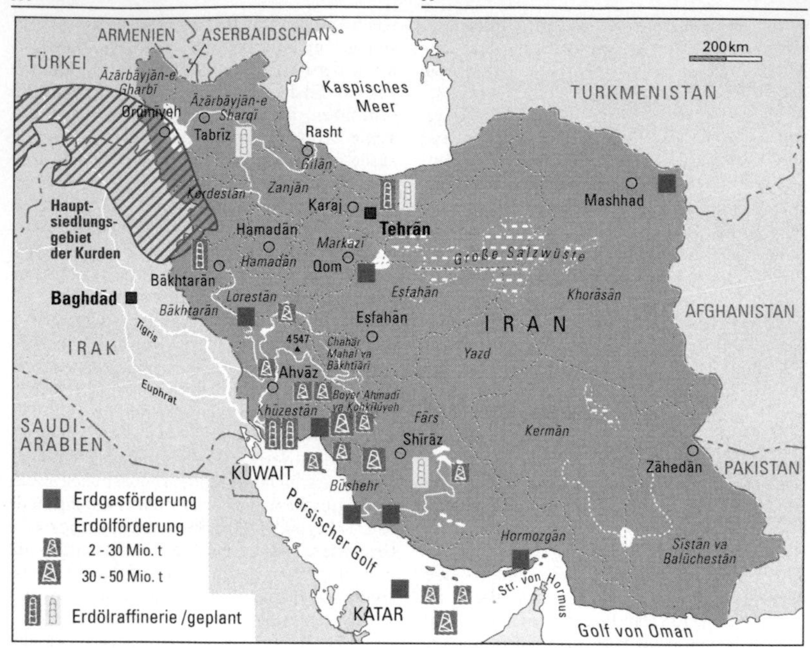

und Bachtiaren, 8% Kurden, 2% Araber, 2% Turkmenen, ferner Balutschen, Armenier u. a. – **Flüchtl.** Ende 1996: 46 100 in Anrainerstaaten; 1 400 000 aus Afghanistan, 580 000 aus Irak, 40 000 aus anderen Staaten – **Leb.-Erwart.** 1995: 69 J. – **Säugl.-Sterbl.** 1995: 3,5% – **Kindersterbl.** 1995: 4,0% – Jährl. **Bev.-Wachstum** ∅ 1985–95: 3,2% (Geb.- und Sterbeziffer 1995: 3,4%/0,6%) – **Analph.** 1995: 48% – **Sprachen**: 50% Persisch (z. T. Dialekte); weitere iranische Sprachen: 10% Luri (mit Bachtiari), 8% Kurdisch, 1% Balutschi; Turksprachen: 20% Aserbaidschanisch, 2% Turkmenisch; Arabisch, Armenisch – **Religion** (Islam ist Staatsreligion) 1992: 99% Muslime (90% Schiiten [v. a. Perser, Aserbaidschaner, Luren, z. T. Kurden, Araber], 8% Sunniten [z. T. Kurden, Turkmenen, Balutschen]); etwa 360 000 Christen (v. a. armen.-apostol. Kirche, syrische Kirchen [sog. Nestorianer u. a.]); Minderh. von Juden, Parsen, Mandäern; Bahai-Religion verboten – **Städt. Bev.** 1995: 59% – **Städte** (F 1994): Mashhad 1 964 489 Einw., Eṣfahān 1 220 595, Tabrīz 1 166 203, Shīrāz 1 042 801, Ahvāz 828 380, Qom 780 453, Bākhtarān (Kermānshāh) 665 636, Karaj 588 287, Zāhedān 419 886, Mehrshāhr 413 299, Hamadān 406 070, Orūmīyeh 396 392, Bandar-e-Abbās 383 515, Arāk 378 597, Rasht 374 475, Kermān 349 626, Ardabīl 329 869

Staat Islamische Präsidialrepublik seit 1979 – Verfassung von 1979 mit Ergänzungen 1989 – 12köpfiger Verfassungsrat (Wächterrat) seit 1989 als Kontrollorgan für die Konformität von Gesetzen mit dem islam. Recht (Scharia) – Parlament (Majlis-e-Shura bzw. Islamische Konsultative Versammlung) mit 270 Mitgl. (5 Sitze für religiöse Minderh. reserviert), Wahl alle 4 J. – Direktwahl des Staatsoberh. alle 4 J. – Wahlrecht ab 16 J. – **Verwaltung**: 25 Provinzen – **Staats- und Regierungschef**: Zayed Mohammed Khatami, seit 3. 8. 1997 – **Äußeres**: Kamal Kharazi – **Parteien**: Wahl vom 8. 3. und 19. 4. 1996: islam. Vereinigung kämpferischer Geistlicher ca. 95 Sitze, Diener des Aufbaus 60, gemäßigte Linksislamisten ca. 35, Unabhängige ca. 60; genaue Sitzverteilung unbekannt – **Unabh.**: über 2500 J. alte Staatsgeschichte – **Nationalfeiertage**: 11. 2. (Tag der Revolution von 1979) und 1. 4. (Gründung der Islamischen Republik Iran)

Wirtschaft Währung: 1 US-$ = 1755 Rls.; 1 DM = 1016 Rls. – **BSP** 1992: 130 910 Mio. $ – **BIP** 1994: 63 716 Mio. $; Zuwachs ∅ 1990–94: 5,2%;

Anteil (1994) **Landwirtsch.** 22%, **Industrie** 36%, **Dienstl.** 42% – **Erwerbstät.** 1993: Landw. 25%, Ind. 28%, Dienstl. 44% – **Arbeitslosigkeit** 3/1996: 11,0% – **Energieverbrauch** 1994: 1505 kg ÖE/Ew. – **Inflation** ∅ 1985–95: 24,2% (S 1995/96: 50,0%, S 1996/97: 25%) – **Ausl.-Verschuld.** 1996/97: 16100 Mio. $ – **Außenhandel** 1996/97: **Import**: 16 Mrd. $; Güter 1994/95: 63% industr. Vor- und Zwischenprodukte, 24% Maschinen und Anlagen, 13% Konsumgüter; Länder 1996: 9% BRD, 5% Republik Korea, 5% Japan, 5% Vereinigte Arabische Emirate, 4% Italien, 4% Frankreich, 4% Großbritannien; **Export**: 21 Mrd. $; Güter 1996/97: 86% Erdölbereich, 5% industr. Erzeugnisse, 4% Teppiche, 4% landwirtschaftl. Erzeugnisse; Länder 1995: 14% Japan, 9% Italien, 7% Frankreich, 6% Republik Korea, 4% Großbritannien, 4% BRD, 3% Niederlande

Chronik Im November **1996** führt die Entwicklung im sog. **Mykonos-Prozeß** (→ Deutschland) vor dem Berliner Kammergericht (bei dem es um die Ermordung iranisch-kurdischer Exilpolitiker im September 1992 geht) zu einer **Krise** im **Verhältnis** Irans **zu Deutschland und der EU**. Im Rahmen der Beweisaufnahme hatten sowohl der frühere iranische Staatspräsident *Abohassan Bani-Sadr* als auch ein ehem. iranischer Geheimdienstmitarbeiter erklärt, der Hauptangeklagte *Dharabi*, ein Iraner, habe den Mordauftrag von einem »Komitee für Sonderaufgaben« erhalten, dem u. a. Staatspräsident *Ali Akbar Rafsandschani*, der höchste religiöse Führer *Ali Khamenei*, Außenminister *Ali Akbar Velayati* und Geheimdienstminister *Fallahian* angehörten. Als die Anschuldigungen gegen die iranische Staatsführung im Plädoyer des Bundesanwalts in Berlin bekräftigt werden, reagiert der Iran mit Protesten und der Drohung, Geheimdienstabsprachen zu enthüllen. In einem offiziellen Brief an die Bundesregierung werden alle Vorwürfe bestritten, zugleich demonstrieren Tausende vor der deutschen Botschaft in Teheran. In Qom fordern Studenten und Geistliche bei Kundgebungen die Verhängung eines Rechtsgutachtens (fatwa) gegen die Bundesanwälte, das diese wie den Schriftsteller *Salman Rushdie* mit dem Tode bedrohen würde. Als die Mitglieder der Staatsführung in den Schlußplädoyers, nach Wiederaufnahme des Mykonos-Prozesses im Februar **1997**, erneut als Urheber des Mordanschlags bezeichnet werden und das Gericht am 10. 4. alle Angeklagten schuldig spricht, verschärft sich die Krise. An Demonstrationen in Teheran nehmen über hunderttausend Menschen teil; es kommt zur gegenseitigen **Abberufung der Botschafter** aus Bonn und Teheran.

Innerhalb der nächsten Tage ziehen alle EU-Staaten (mit Ausnahme Griechenlands) ihre Diplomaten aus dem Iran ab; als Anfang Mai die **Botschafter Deutschlands** und Dänemarks für **unerwünscht** erklärt werden, verzichten auch die übrigen EU-Mitglieder darauf, ihre Botschafter wieder nach Teheran zu entsenden. – Im Zusammenhang mit der Mykonos-Krise steht nach Ansicht westlicher Beobachter der **Fall** des iranischen Schriftstellers *Faradsch Sarkuhi*, der seit dem 3. 11. 1996 als vermißt gilt und sich nach Angaben iranischer Stellen nach Deutschland abgesetzt haben soll. *Sarkuhi*, Chefredakteur einer Literaturzeitschrift und 1994 Mitunterzeichner eines Aufrufs für die Meinungsfreiheit, war bereits im August 1996 verhaftet und der Spionage für Deutschland beschuldigt worden, als er mit anderen Intellektuellen an einem Empfang beim Kulturattaché der deutschen Botschaft teilgenommen hatte. – Anfang Dezember **1996** kommt es nach dem Tod des sunnitischen Mullahs *Mohammed Rabii* zu schweren **Unruhen in** der westiranischen Provinz **Kermandschah**, deren Bevölkerung überw. sunnitisch ist. Die oppositionelle nationalistische Partei des Iranischen Volkes (PPI) erklärt, der Geistliche sei von Handlangern der Regierung ermordet worden.

Präsidentschaftswahlen im Mai **1997**: Der bisherige Staatspräsident *Rafsandschani*, der als gemäßigter Vertreter des Regimes gilt, darf sich nach der Verfassung nicht um eine 3. Amtszeit bewerben. Aussichtsreichster der 4 vom Rat der Verfassungshüter (Wächterrat) zugelassenen Kandidaten ist der Parlamentspräsident und frühere Innenminister *Ali Akbar Nateq Nuri*, ein strenger Anhänger der schiitischen Orthodoxie, der die Unterstützung von *Khamenei* und der konservativen Kreise genießt. Konkurrenz erwächst ihm nur durch den früheren Kulturminister *Mohammed Khatami*, der wiederum von der »Technokraten«-Fraktion *Rafsandschanis* unterstützt wird und auf den auch Intellektuelle und Wirtschaftsvertreter ihre Hoffnung setzen. Obwohl *Khatami* im Wahlkampf behindert wird (kurz vor dem Wahltermin läßt der Wächterrat seine Wahlkampfbüros schließen), geht er aus den Wahlen am 23. 5. überraschend klar als Sieger hervor. Bei überdurchschnittlich hoher Wahlbeteiligung (88%) erringt er 69% der Stimmen, *Nateq Nuri* erhält 25%. Westliche und iranische Stimmen sprechen von einer Protestwahl gegen die konservativen Kräfte und führen das Ergebnis auf den hohen Anteil junger Wähler zurück. *Khatami* übernimmt am 3. 8. das Präsidentenamt und kündigt innenpolitische Reformen an. Seinem Kabinett, das am 20. 8. vom Parlament bestätigt wird, gehören der ehem. Geheimdienstminister *Ali Fallahian* und Ex-Außenminster *Velayati* nicht mehr an. Erstmals wird in der Islamischen Republik eine Frau in ein hohes Regierungsamt berufen: *Massumeh Ebtekar* wird als für Umweltfragen zuständige Vizepräsidentin berufen.

Wirtschaftspolitik: Modernisierungs- und Liberalisierungsbemühungen und die Abwehr der US-Sanktionspolitik bestimmen seit längerem die iranische Wirtschaftspolitik. Am 3. 12. **1996** wird in Moskau zwischen Rußland und dem Iran ein Abkommen über eine gemeinsame Gesellschaft zur Ölförderung im Kaspischen Meer geschlossen. Der russische Außenhandelsminister kündigt die Ausweitung der Zusammenarbeit bei Energieprojekten an. Rußland ist seit 1995 am Bau des iranischen Atomkraftwerks Bushehr beteiligt. Am 2. 7. **1997** vereinbaren die beiden Staaten, daß Rußland die Kontrolle der internationalen Sicherheitsstandards übernehmen wird. – Während eines Staatsbesuchs in der Türkei unterzeichnet Präsident *Rafsandschani* am 21. 12. **1996** eine Reihe von Handelsabkommen, die zu einer Verdoppelung des bisherigen Austauschvolumens von 1 Mrd. $ führen sollen. – Ein Wandel in der US-Sanktionspolitik deutet sich nach dem Wahlsieg *Khatamis* an; Ende Juli 1997 erklärt ein US-amerikanischer Regierungssprecher, die USA beabsichtigten keine Maßnahmen gegen den Bau einer Erdgaspipeline vom Kaspischen Meer in die Türkei, die auf 1200 km Länge durch iranisches Gebiet führt.

Irland *West-Europa*

Poblacht Na h'Éireann; Republic of Ireland, Kurzform: Ireland – IRL (→ Karte II, C/D 2)

Fläche (Weltrang: 118.): 70 285 km²

Einwohner (122.): F 1995 3 586 000 = 51 je km²

Hauptstadt: Baile Atha Cliath (irisch), Dublin (englisch) – Z 1991 (A): 915 516 Einw.

Amtssprachen: Irisch, Englisch

Bruttosozialprodukt 1995 je Einw.: 14 710 $

Währung: 1 Irisches Pfund (Ir£) = 100 Pence

Botschaft von Irland
Godesberger Allee 119, 53175 Bonn, 0228/95 92 90

Landesstruktur **Fläche**: 70 285 km² – **Bevölkerung**: Iren; (Z 1996, vorl. Ergebnis) 3 621 035 Einw. – (S) fast ausschließlich Iren – **Leb.-Er-**

wart. 1995: 76 J. – **Säugl.-Sterbl.** 1995: 0,6% – **Kindersterbl.** 1995: 0,7% – Jährl. **Bev.-Wachstum** ∅ 1985–95: 0,1% (Geb.- und Sterbeziffer 1995: 1,5%/0,9%) – **Analph.** 1995: unter 5% – **Sprachen**: Irisch (Gälisch) und Englisch – **Religion** 1991: 87,8% Katholiken, 3,2% Anglikaner (Church of Ireland), 0,8% Juden, 0,5% Presbyterianer – **Städt. Bev.** 1995: 58% – **Städte** (Z 1991): (als A) Corcaigh (Cork) 174 400 Einw., Luimheach (Limerick) 75 436, An Ghaillimh (Galway) 50 853, Waterford 41 853

Staat Republik seit 1937 – Verfassung von 1937 mit Änderung 1949 – Parlament (Oireachtas): Repräsentantenhaus (Dáil Éireann) mit 166 und Senat (Seanad Éireann) mit 60 Mitgl. (49 indirekt gewählt und 11 vom Premierminister ernannt); Wahl alle 5 J. – Direktwahl des Staatsoberh. alle 7 J. – Wahlrecht ab 18 J. – **Verwaltung**: 4 Provinzen (Leinster, Munster, Connacht und Ulster) mit 26 Grafschaften (Counties) und 4 sog. County-Boroughs – **Staatsoberhaupt**: Präsidentin Mary Robinson (parteilos), seit 1990 – **Regierungschef**: Bertie Ahern (Fianna Fáil-Vorsitzender), seit 26. 6. 1997; Minderheitskoalition aus FF und PD – **Äußeres**: Ray Burke (FF) – **Parteien**: Wahlen zum Repräsentanten-Haus vom 6. 6. 1997: Fianna Fáil/FF (Soldaten des Schicksals) 77 von 166 Sitzen (1992: 68), Fine Gael/FG (Familie der Iren) 54 (45), Labour Party/Lab 17 (33), Progressive Democrats/PD (Fortschrittliche Demokraten) 4 (10), Democratic Left (ehem. Worker's Party/WP) 4 (4), Green Party 2 (1), Sinn Féin 1 (–), Unabhängige 7 (5) – Senatswahlen vom 4. 2. 1993 (inkl. ernannte Mitgl.): FF 25 Sitze, FG 17, Lab 9, PD 2, Democratic Left 1, Unabhängige 6 – **Unabh.**: 1919 de facto (Unabhängigkeitserklärung des Dáil Éireann), seit 6. 12. 1921 selbständiges Dominion im Commonwealth unter Abtrennung 6 vorwieg. protestant. nördlichen Grafschaften Ulsters, 1948 Proklamierung der Irischen Republik und Austritt aus dem Commonwealth – **Nationalfeiertag**: 17. 3. (St. Patrick's Day)

Wirtschaft **Währung**: 1 US-$ = 0,6354 Ir£; 1 DM = 0,3791 Ir£ – **BSP** 1995: 52 765 Mio. $ – **BIP** 1995: 60 780 Mio. $; realer Zuwachs ∅ 1990–95: 4,7%; Anteil (1994) **Landwirtsch.** 8%, **Industrie** 9%, **Dienstl.** 83% – **Erwerbstät.** 1996: Landw. 11%, Ind. 28%, Dienstl. 62% – **Arbeitslosigkeit** ∅ 1996: 11,3% (S 1997: 10,8%) – **Energieverbrauch** 1994: 3137 kg ÖE/Ew. – **Inflation** ∅ 1985–95: 2,5% (1996: 2%, S 1997: [illegible]) – **Ausl.-Verschuld.** 1996: [illegible] Mrd. Ir£ – **Außenhandel** 1995: **Import**: 20 347 Mio. Ir£; Güter: 42% Maschinen und Transportausrüstungen, 13% chem. Erzeugnisse, 11% Prod. der verarb. Industrie, 11% sonst. Fertigwaren, 7% Nahrungsmittel, 3% mineral. Brennstoffe und Schmiermittel; Länder: 32% Großbritannien, 18% USA, 7% BRD, 5% Japan, 4% Frankreich, 3% Niederlande, 2% Italien; **Export**: 27 681 Mio. Ir£; Güter: 34% Maschinen und Transportausrüstungen, 19% chem. Erzeugnisse, 17% Nahrungsmittel, 14% Prod. der verarb. Industrie, 5% sonst. Fertigwaren, 2% Rohstoffe; Länder: 23% Großbritannien, 14% BRD, 9% Frankreich, 8% USA, 7% Niederlande, 4% Belgien/Luxemburg, 4% Italien – **Tourismus** 1995: 4,26 Mio. Auslandsgäste (ohne Gäste aus Nordirland), 1597 Mio. $ Einnahmen (1993)

Chronik Neuwahlen zum Parlament: Obwohl die positive wirtschaftliche Entwicklung Irlands (Wachstum des BIP im fünften Jahr in Folge über 5%, Inflationsrate 1,8%) den Parteien der linksbürgerlichen Regierungskoalition (Fine Gael/FG, Labour Party/Lab, Democratic Left) eine günstige Ausgangssituation zu verschaffen scheint, **wird die Regierung abgewählt**, wie jedesmal seit 1969. Aus den Wahlen am 6. 6. **1997** geht die Fianna Fáil (FF) mit 39,3% der Wählerstimmen als Siegerin hervor, auch die FG als größte bisherige Regierungspartei gewinnt an Stimmen hinzu (27,9%/+3,4%), während ihre jeweiligen kleineren Verbündeten Verluste hinnehmen müssen. Die Grünen können ihren Stimmenanteil mit 2,8% (+1,4%) verdoppeln; auch der Anteil der Unabhängigen bzw. Vertretern von Splitterparteien erhöht sich auf 9,8% (+3,2%). Besonderes Aufsehen erregt, daß **erstmals seit 1957 ein Kandidat der Sinn Féin**, die 2,5% (+0,9%) für sich verbuchen kann, ins Parlament gewählt wird. – Am 26. 6. wählt der Daíl (Parlament) den FF-Vorsitzenden *Bertie Ahern* zum neuen Ministerpräsidenten (Taoiseach; gälisch: Häuptling) einer **rechtsbürgerlichen Koalitionsregierung aus FF und PG**. Die Minderheitsregierung ist im Parlament auf die Unterstützung von drei parteilosen Abgeordneten und des Vertreters der Sinn Fein angewiesen. *Mary Harney* (PD) wird stellvertretende Regierungschefin, und ist für die Ressorts Wirtschaft und Finanzen zuständig. Außenminister wird *Ray Burke* (FF). Mit der programmatischen Absicht, der Nordirland-Politik Vorrang zu geben, ernennt *Ahern* den ehem. Partei- und Regierungschef *Albert Reynolds* zum Nordirland-Sonderbeauftragten. 1994 war *Reynolds* maßgeblich am Zustandekommen des ersten IRA-Waffenstillstands beteiligt, den die IRA Ende Juli 1997 erneuert (→ Großbritannien).

Island *Nord-Europa*

Republik Island; Lýðveldið Ísland – IS
(→ Karte II, B/C 1)

Fläche (Weltrang: 105.): 103 000 km²

Einwohner (167.): F 1995 268 000 = 2,6 je km²

Hauptstadt: Reykjavík – F 1996: 105 487 Einw.

Amtssprache: Isländisch

Bruttosozialprodukt 1995 je Einw.: 24 950 $

Währung: 1 Isländische Krone (ikr) = 100 Aurar

Botschaft der Republik Island
Kronprinzenstr. 6, 53173 Bonn, 0228/36 40 21

Landesstruktur Fläche: 103 000 km² – **Bevölkerung**: Isländer; (Z 1993) 264 922 Einw. – (F 1991) 93,9% Isländer, 1,3% Dänen, 0,7% US-Amerikaner, 0,5% Schweden, 0,4% Deutsche, 3,2% Sonstige – **Leb.-Erwart.** 1995: 79 J. – **Säugl.-Sterbl.** 1995: 0,5% – **Kindersterbl.** 1995: 0,5% – Jährl. **Bev.-Wachstum** ∅ 1985–95: 1,1% (Geb.- und Sterbeziffer 1993: 1,8%/0,7%) – **Analph.** 1992: 1% – **Sprachen**: Isländisch – **Religion** 1992: 93% Lutheraner, 1% Katholiken, kleine sonst. protestant. Gemeinschaften – **Städt. Bev.** 1995: 92% – **Städte** (F 1991): Kópavogur 16 700 Einw., Hafnarfjördur 15 600, Akureyri 14 400

Staat Republik seit 1944 – Verfassung von 1944 – Parlament (Althing) mit 63 Mitgl., Wahl alle 4 J. – Direktwahl des Staatsoberh. alle 4 J. – Wahlrecht ab 18 J. – **Verwaltung**: 8 Regionen – **Staatsoberhaupt**: Präsident Olafur Ragnar Grimsson, seit 1. 8. 1996 – **Regierungschef**: Davíð Oddsson (Unabhängigkeitspartei), seit 1991; Koalition seit 1995 mit FF – **Äußeres**: Halldór Ásgrímsson (FF-Vorsitzender) – **Parteien**: Wahlen vom 8. 4. 1995: Sjálfstædisflokkurinn (Unabhängigkeitspartei) 25 von 63 Sitzen (1991: 26), Framsóknarflokkurinn/FF (Fortschrittspartei) 15 (13), Althýdubandalag/AL (Sozialistische Volksallianz) 9 (9), Althýduflokkurinn/SF (Sozialdemokraten) 7 (10), Thóðvaki (Volkserweckung) 4 (–), Samtök um Kvennalista (Frauenallianz) 3 (5) – **Unabh.**: 1918 unabhängiges Königreich in Personalunion mit Dänemark, 1944 Aufkündigung der Union und Ausrufung der Republik – **Nationalfeiertag**: 17. 6. (Tag der Republik)

Wirtschaft Währung: 1 US-$ = 70,78 ikr; 1 DM = 40,55 ikr – **BSP** 1995: 6686 Mio. $ – **BIP** 1994: 6100 Mio. $ (1995: 7 Mrd. $); realer Zuwachs ∅ 1982–92: 1,8% (S 1995: +1,6%); Anteil (1992)

Landwirtsch. 12%, **Industrie** 30%, **Dienstl.** 58% – **Erwerbstät.** 1995: Landw. 10%, Ind. 25%, Dienstl. 65% – **Arbeitslosigkeit** ∅ 1996: 4,3% (S 1997: 3,8%) – **Energieverbrauch** 1994: 7932 kg ÖE/Ew. – **Inflation** ∅ 1985–95: 11,8% (1996: 2,3%, S 1997: 2,8%) – **Ausl.-Verschuld.** 1995: 252 Mrd. ikr – **Außenhandel** 1995: **Import**: 113 614 Mio. ikr; Güter: 20,6% Maschinen und Anlagen, 12,2% Transportmittel, 10,3% Agrarprodukte, Nahrungsmittel, Getränke und Tabak, 7,1% Erdöl und -erzeugnisse; Länder: 11,4% BRD, 10,2% Norwegen, 9,6% Großbritannien, 9,4% Dänemark, 8,4% USA, 7% Schweden, 6,8% Niederlande, 4,4% Japan; **Export**: 116 607 Mio. ikr; Güter: 71,9% Fisch und Fischereiprodukte, 10,6% Aluminium; Länder: 19,3% Großbritannien, 13,7 BRD, 12,3% USA, 11,3% Japan, 7,8% Dänemark, 6,8% Frankreich, 3,7% Spanien, 3,3% Norwegen – **Tourismus** 1995: 189 796 Auslandsgäste, 18 678 Mio. ikr Einnahmen

Israel *Vorder-Asien*

Staat Israel; Medinat Yisra'él (hebräisch); Dawlat Isrā'īl (arabisch) – IL (→ Karte IV, B 3)

Fläche (Weltrang: 149.): 21 946 km²

Einwohner (98.): F 1995 5 521 000 = 252 je km²

Hauptstadt: Yerushalayim (hebräisch), Al-Quds (arabisch); Jerusalem F Ende 1994: 578 800 Einw.

Amtssprachen: Hebräisch, Arabisch

Bruttosozialprodukt 1995 je Einw.: 15 920 $

Währung: 1 Neuer Schekel (NIS) = 100 Agorot

Botschaft des Staates Israel
Simrockallee 2, 53 173 Bonn, 0228/9 34 65 00

Palästinensische Generaldelegation
August-Bier-Str. 33, 53129 Bonn, 0228/21 20 35

Landesstruktur Fläche: 21 946 km²; einschließlich Ost-Jerusalem und Golan-Höhen mit 1176 km² – **Bevölkerung**: Israelis; (Z 1983) 4 037 620 Einw. (F 1995) 5,5 Mio., davon 600 000 Einwanderer aus der ehem. UdSSR – (F 1991) 82% Israelis, 18% Palästinenser (mit israelischer Staatsangehörigkeit); Tscherkessen, Armenier, Türken u. a.; in den besetzten Gebieten weitere 2 Mio. Palästinenser ohne israel. Staatsangehörigkeit – **Leb.-Erwart.** 1995: 77 J. – **Säugl.-Sterbl.** 1995: 0,7% – **Kindersterbl.** 1995: 0,9% – **Jährl. Bev.-Wachstum** ∅ 1985–95: 2,7% (Geb.- und Sterbeziffer 1995: 2,0%/0,7%) – **Analph.** 1992:

5% – **Sprachen**: 60% Hebräisch (Iwrith), mind. 20% Arabisch (Palästinenser und Einwanderer aus arab. Staaten; ohne besetzte Gebiete); Jiddisch und zahlr. weitere, v. a. europäische Sprachen; Englisch als Handels- und Verkehrssprache – **Religion** 1995: 81,0% Juden, 14,4% Muslime, 2,9% Christen (v. a. Griechisch-Orthodoxe), 1,7% Drusen; kleine andere Gruppen, u. a. Bahai (bedeutendstes Heiligtum in Haifa) – **Städt. Bev.** 1995: 91% – **Städte** (F 1993): Tel-Aviv-Yafo (Jaffa) 355 200 Einw., Hefa (Haifa) 246 700, Holon 163 700, Rishon LeZiyyon 160 200, Petah-Tiqwa 152 000, Be'ér Sheva' (Beersheba) 147 900, Netanya 144 900, Bat Yam 142 300, Bene Beraq 127 100, Ramat Gan 122 200

Staat Republik seit 1948 – Keine schriftliche Verfassung, doch für Teilbereiche einzelne Gesetze – Parlament (Knesset) mit 120 Mitgl., Wahl alle 4 J. – Wahl des Staatsoberh. durch das Parlament alle 5 J.; Direktwahl des Regierungschefs alle 4 J. seit 1996 – Wahlrecht ab 18 J. – **Verwaltung**: 6 Distrikte und 13 Subdistrikte (Einzelheiten → Tabelle); Gebiete mit palästinensischer Teilautonomie und besetzte Gebiete → unten – **Staatsoberhaupt**: Ezer Weizman (Arbeitspartei), seit 1993 – **Regierungschef**: Benjamin Netanjahu (Vors. des Likud), seit 19. 6. 1996 – **Äußeres**: David Levy (Gesher) – **Parteien**: Vorgezogene Wahl am 29. 5. 1996: Arbeitspartei 34 von 120 Sitzen (1992: 44), Wahlbündnis Likud-Gesher-Tsomet 32, Shas (Ultraorthodoxe) 10 (6), Nationalreligiöse Partei/NRP 9 (6), Meretz-Block (linksliberale Einheitsliste aus Mapam, Bürgerrechtsbewegung Ratz und Schinui) 9 (12), Yisrael Baaliya (im März 1996 gegründete Immigrantenpartei) 7, Hadasch/Demokratische Front für Frieden und Gleichheit (Kommunisten) 5 (3), Demokratische Arabische Partei 4 (2), Vereinigte Thora-Liste (Ultraorthodoxe) 4 (4), Dritter Weg (rechte Abspaltung der Arbeitspartei) 4 (–), Moledet (rechtskonservativ) 2 (3) – **Unabh.**: 14. 5. 1948 (Proklamation) – **Nationalfeiertag**: 12. 5. (Unabhängigkeitstag)

Wirtschaft Währung: Repräsentativkurs: 1 US-$ = 3,59 NIS; 1 DM = 2,06 NIS – **BSP** 1995: 87 875 Mio. $ – **BIP** 1995: 91 965 Mio. $; realer Zuwachs ∅ 1990–95: 6,4%; Anteil (1994) **Landwirtsch.** 4%, **Industrie** 38%, **Dienstl.** 58% – **Erwerbstät.** 1992: Landw. 4%, Ind. 29%, Dienstl. 67% – **Arbeitslosigkeit** ∅ 1996 (S): 6,4% – **Energieverbrauch** 1994: 2717 kg ÖE/Ew. – **Inflation** ∅ 1985–95: 17,1% (1996: 10,%) – **Ausl.-Verschuld.** 1996: 20,5 Mrd. $ – **Außenhandel** 1996: **Import**: 29,6 Mrd. $; Güter: 69,2% Produktionsgüter

(u. a. 17,7% Ersatzteile, Werkzeuge und Ausrüstungen, 16% Rohdiamanten, 6,8% Erdöl und Kohle, 6,1% Chemikalien, 3,3% Eisen und Stahl), 16,3% Investitionsgüter (u. a. 12,9% Maschinen und 2,7% Transportmittel), 13,6% Konsumgüter; Länder 1995: 17,8% USA, 11,6% Belgien/Luxemburg, 9% BRD, 7,9% Großbritannien, 7,5% Italien, 5,6% Schweiz, 4,4% Frankreich, 3,5% Japan; **Export**: 19,1 Mrd. $; Güter: 21,8% geschliffene Diamanten, 14% Kommunikationsmittel, medizinische und wiss. Ausrüstung, 13% Chemikalien, 5,7% Computer und Büromaschinen, 5,2% Textilien und Bekleidung, 4,2% Agrarprodukte; Länder 1995: 29,9% USA, 6,9% Japan, 6% Großbritannien, 5,4% Belgien/Luxemburg, 5,1% Hongkong, 5% BRD, 4,1% Niederlande – **Tourismus**: (S) knapp 2,5 Mio. Auslandsgäste (1995), 2267 Mio. $ Einnahmen (1994)

Besetzte Gebiete

mit schrittweiser Übergabe an die vorläufigen palästinensischen Behörden
(→ Kasten, Sp. 375 f.)

Die **Teilautonomie** in den von Israel geräumten Gebieten wird bis zum 4. 5. 1999 durch die palästinensische *Autonomiebehörde* (Exekutive mit 24 Mitgl., darunter 9 Angeh. des Autonomierats u. 4 durch den Präs. bestimmte Politiker) und

den *Autonomierat* (Legislative mit 88 direkt gewählten Mitgl.) repräsentiert und verwaltet – *Präsident der Autonomiebehörde*: Yassir Arafat (Vors. der Palästinensischen Befreiungsorganisation/PLO), seit 12. 2. 1996 (am 20. 1. 1996 in Direktwahl mit 87,1% der Stimmen gewählt) – Ausarbeitung einer Verfassung seit Februar 1996 – Wahlen zum Autonomierat vom 20. 1. 1996: Fatah 50 der 88 Sitze, Unabh. 38

Westjordanland (Judäa u. Samaria); 1967 annektiert; 1988 formeller Verzicht durch König Hussein von Jordanien zugunsten eines Palästinenserstaates – *Fläche:* 5879 km² – *Bevölkerung* (Z 1996): 1 570 000 Palästinenser (davon ca. 1/3 mit Flüchtlingsstatus) u. (F Ende 1993) 111 600 israel. Siedler – *Leb.-Erwart.* 1992: 69 J. – *Säugl.-Sterbl.* 1992: 3,7% – *Geb.- u. Sterbeziffer* 1992: 3,5%/0,6% – *Sprachen:* Arabisch u. Hebräisch, Englisch verbreitet – *Religion* 1992: 80% Muslime (Sunniten), 12% Juden, 8% Christen u. a. – *Städte* (S 1995): Nablus (arab.: Nābulus/hebr.: Shechem) 130 000 Einw., Hebron (Al-Khalīl/Hevron) 120 400, Bethlehem (Bayt Lahm) 40 000; (S 1986) Jericho (Arihā) 15 000 – *Arbeitslosigkeit* 1995 (S): 25%

Gaza (Gaza-Streifen) – *Fläche:* 378 km² (dar. 42 km² für israel. Siedler reserviert) – *Bevölkerung* (Z 1996): 963 000 Palästinenser, (F 1993) 4800 is-

Israel: Fläche, Bevölkerung und Bevölkerungsdichte nach Distrikten

Distrikt, Subdistrikt	*Hauptort*	*Fläche [1] in km²*	*Z 1972*	*F 1994*	*Zuwachs in %*	*Einw. je km² 1994*
Yerushalayim (Jerusalem) [2]		627	347,4	630,4	81,5	1005,4
Norddistrikt	Nazerat (Nazareth)					
Zefat (Safad)	Zefat	671	56,7	81,4	43,6	121,3
Genezareth (Kinneret)	Tiberias	521	49,6	81,1	63,5	155,7
Yizre'el (Jesreel)	Afula	1197	173,7	321,1	84,9	268,3
'Akko (Acre)	'Akko	936	193,4	389,0	101,1	415,6
Golan [3]		1176	0,6	29,0		24,7
Hefa (Haifa)	Hefa					
Hefa (Haifa)	Hefa	283	356,7	478,7	34,2	1691,5
Hadera	Hadera	571	127,1	226,5	78,2	396,7
Zentraldistrikt/Ramla	Ramla					
Saron (Sharon)/Netanya	Netanya	348	143,5	260,0	81,2	747,1
Petah Tiqwa/Petah Tiqwa	Petah Tiqwa	284	202,8	402,9	98,7	1418,7
Ramla/Ramla	Ramla	312	89,2	149,0	67,0	477,6
Rehovot/Rehovot	Rehovot	298	144,2	326,2	126,2	1094,6
Tel Aviv-Yafo (Jaffa)		170	907,2	1140,7	25,7	6710,0
Süddistrikt	Be'ér Sheva' (Beersheba)					
Ashqelon (Askalon)	Ashqelon	1272	153,0	298,4	95,0	234,6
Be'ér Sheva' (Beersheba)	Be'ér Sheva'	12.835	201,2	369,9	97,3	30,9
Insgesamt		*21.501*	*3146,3*	*5184,3*	*64,8*	*241,1*

[1] nur Landfläche [2] einschließlich Ostjerusalem [3] von Israel besetztes Gebiet; nur Bevölkerung in jüdischen Gemeinden
Quelle: Länderbericht Israel 1995, Statistisches Bundesamt Wiesbaden

rael. Siedler; von den Palästinensern gelten (1994) 74% als Flüchtlinge, 50% leben in Flüchtl.-Lagern (Mai 1994–Februar 1995: 80 000 Rückkehrer) – *Leb.-Erwart.* 1992: 67 J. – *Säugl.-Sterbl.* 1992: 4,1% – Jährl. *Bev.-Wachstum* Ø 1993 (S): 3,6% (Geb.- u. Sterbeziffer 1992: 4,6%/0,6%) – *Sprachen:* Arabisch, auch Hebräisch u. Englisch weit verbreitet – *Religion* 1992: 99% Muslime (v.a. Sunniten), 0,7% Christen, 0,3% Juden – *Stadt* (S 1991): Gaza (arab. Ghazzah) 273 000 Einw. – *Pro-Kopf-Einkommen* (S 1993): 1300 $ – *Erwerbstät.* (S 1994): 18% Landwirtsch., 32% Kleinindustrie, Handel u. Gewerbe, 24% Bau, 26% Dienstl. – *Arbeitslosigkeit* 1995 (S): 40%

Weitere besetzte Gebiete

Golan (Golan-Höhen), mit 1176 km² u. (F Ende 1992) 28 100 Einw. (etwa 16 000 Drusen u. 12 000 israel. Siedler); 1981 annektiert

Ost-Jerusalem, mit (F Mitte 1993) 158 000 jüdischen u. 155 000 palästinensischen Einw.; 1980 annektiert

Chronik Der politische Kurs der seit dem 19. 6. **1996** regierenden Koalition unter Ministerpräsident *Benjamin Netanjahu* ist von Unnachgiebigkeit gegenüber den arabischen Nachbarn und vor allem der Palästinensischen Autonomiebehörde (PNA) bestimmt. Durch die Verschleppung der Verhandlungen über die Umsetzung des Oslo-B-Abkommens (→ WA '97, Sp. 323 ff.) und die Revision gegebener Zusicherungen sowie die Wiederaufnahme der Siedlungstätigkeit in den besetzten Gebieten kommt es zu einer Folge von Konfrontationen und einem Wiederaufleben der gewaltsamen Auseinandersetzungen, die den Friedensprozeß fast völlig zum Erliegen bringen. Bereits in den ersten Monaten ihrer Amtszeit wird die Regierung *Netanjahu* von Kabinettskrisen und innenpolitischen Skandalen erschüttert.
Verhandlungen mit den Palästinensern: Gespräche über den Abzug der israelischen Armee aus Hebron, der nach den Oslo-Verträgen im März **1996** abgeschlossen sein sollte, verlaufen seit dem Regierungswechsel ergebnislos. Erst am 14. 1. **1997** wird nach einem neuerlichen Treffen zwischen *Yassir Arafat* und *Netanjahu* ein **Hebron-Abkommen** (Zusatzprotokoll zum Vertrag Oslo B) paraphiert und am 17. 1. unterzeichnet, das den Rückzug der israelischen Streitkräfte aus 80% des Stadtgebiets vorsieht. Davon ausgenommen ist jener Bezirk, in dem rd. 400 militante jüdische Siedler leben und zu deren Schutz eine

israelische Polizeitruppe abgestellt bleibt. Zugleich tritt eine bereits am 6. 1. geschlossene Vereinbarung über die Stationierung einer multinationalen Beobachtertruppe (von 180 Mann) in Hebron in Kraft. Palästinensische Oppositionsgruppen kritisieren die Verträge ebenso wie die Hamas-Führung in Gaza; gemäßigte Vertreter der Hamas im Westjordanland, namentlich *Hashem Natshe* und *Scheich Talal Sidr*, erklären dagegen, das Abkommen respektieren zu wollen. Die Knesset billigt die Vereinbarung am 16. 1. Während die Fraktion der Nationalreligiösen Partei (NRP) mit Nein stimmt und die beiden NRP-Minister *David Levy* und *Zevulun Hammer* der Abstimmung fernbleiben, geben die Abgeordneten der Shas-Partei ihre Zustimmung. – Trotz dieses Erfolgs sind die **Oslo-Verhandlungen** insgesamt **zum Erliegen gekommen**. Die sog. »Endphase«-Gespräche, die für Mai 1996 angesetzt waren und u.a. den Status von Jerusalem betreffen, hat Israel nach dem Regierungswechsel auf unbestimmte Zeit verschoben. Auch in den Fragen der Freilassung von Gefangenen, der Landbrücke zwischen Gaza und dem Westjordanland und der weiteren Truppenabzüge ergeben sich keine Fortschritte. Am 7. 1. 1997 erklärt die israelische Regierung, den Rückzug der Armee aus den ländlichen Gebieten (der Zone B des Autonomieabkommens), der für September 1997 vorgesehen war, auf Ende 1999 verschieben zu wollen; im Hebron-Abkommen wurde der August 1998 als Kompromißtermin festgeschrieben. Nach Auseinandersetzungen in der Regierungskoalition kommt es am 5. 3. zu einem weiteren Kabinettsbeschluß, der die Gebiete, aus denen sich Israel zurückziehen will, auf insgesamt 9% des Westjordanlands begrenzt: 7% der Zone B und 2% der Zone C, in der Israel auf Dauer die Kontrolle behalten soll (→ WA '97, Sp. 324). Der einseitige Beschluß löst scharfe Proteste der palästinensischen Seite aus und führt zum Rücktritt des Chefunterhändlers *Mahmud Abbas*. Eine erneute einseitige Option für die Aufteilung der Gebiete bedeutet der sog. »Allon-Plus-Plan« (→ Karte), den *Netanjahu* am 5. 6. vorstellt. Benannt nach einem Teilungsplan, den der damalige Außenminister *Yigal Allon* nach dem Sechs-Tage-Krieg 1976 vorlegte, sieht der Entwurf als endgültige Lösung die Rückgabe von max. 40–50% des besetzten Territoriums vor. Aus einer vorab in der Presse veröffentlichten Karte ergibt sich jedoch, daß Jerusalem in dieses Vorhaben nicht einbezogen ist, vielmehr hat Israel die Absicht, eine Reihe von Gebieten zu annektieren, v.a. Siedlungsblöcke im Norden und Süden der Stadt. Der Plan stößt nicht nur bei den Palästinensern

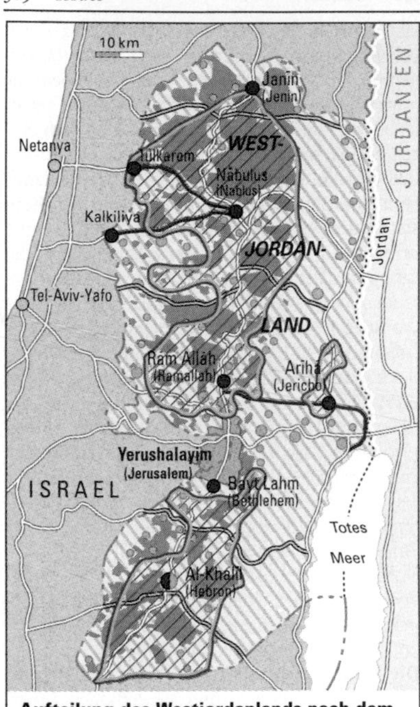

Aufteilung des Westjordanlands nach dem Oslo-B-Abkommen vom 28.9.1995

- Palästinensische Korridore
- Israelische Korridore
- Seit 1967 unter israelischer Verwaltung
- Unter palästinensischer Verwaltung; für Sicherheitsbelange bleibt Israel zuständig
- Verwaltung vollständig durch den Palästinensischen Rat
- Israelische Siedlungen im Westjordanland

Palästinensische Gebiete nach dem "Allon-Plan"

Israel/Palästina: Allon-Plan

auf Ablehnung, sondern auch bei der israelischen Rechten und der Siedlerbewegung, die es mißbilligen, daß er die Gründung eines Palästinenserstaates nicht ausschließt.

Abriegelung der Autonomiegebiete: Bereits nach den Unruhen, die im September 1996 durch die Eröffnung des Tunnels in der Altstadt von Jerusalem ausgelöst wurden (→ WA '97, Sp. 329), sind die Autonomiegebiete von Israel abgeriegelt worden, mit schwerwiegenden Folgen für die palästinensische Wirtschaft. Die 7 Westbankstädte unter palästinensischer Kontrolle werden isoliert, die dazwischenliegenden Gebiete zur »geschlossenen Militärzone« erklärt. Mitte Oktober wird

die Aussperrung von 50 000 Arbeitskräften gelockert, ein Ende der Blockade jedoch erst im Februar **1997** vereinbart. Die zunehmende Verhärtung des Verhältnisses zwischen Israel und den Palästinensern und die anhaltenden Auseinandersetzungen und Gewaltakte führen jedoch zur erneuten Schließung der Übergänge. Wiederholte offizielle Vermittlungsversuche und informelle Treffen bleiben ohne Wirkung.

Weitere Anschläge: Kennzeichen der allgemeinen Konfrontation ist auch die zunehmende Zahl von Gewaltakten und Anschlägen. Schon die Unruhen nach der Tunneleröffnung hatten mehr als 70 Tote und Hunderte von Verletzten gefordert. Bei einem Zusammenstoß zwischen der palästinensischen Polizei und der israelischen Armee am Josephsgrab in Nablus am 25. 9. **1996** werden 6 israelische Soldaten erschossen. Am 10. 12. verübt ein Kommando der Volksfront zur Befreiung Palästinas (PFLP) in der Nähe von Ramallah einen Anschlag auf das Auto einer prominenten Siedlerfamilie. Die Frau und ein Sohn von *Yoel Tsur*, einem Mitbegründer der Siedlung Beit El, kommen ums Leben. Bei der Fahndung nach den Tätern arbeitet die palästinensische Polizei mit den israelischen Sicherheitskräften zusammen. Am 18. 12. verurteilt ein palästinensisches Gericht in Jericho 2 Palästinenser für die Tat zu lebenslanger Haft. Ein 19jähriger israelischer Soldat, der als psychisch gestört bezeichnet wird, schießt am 1. 1. **1997** auf dem Markt von Hebron in die Menge und verletzt 6 Palästinenser. Als geistesgestört gilt auch ein jordanischer Grenzsoldat, der am 13. 3. in Naharayim 7 israelische Mädchen erschießt, die sich auf einem Schulausflug an den Grenzfluß Jordan befinden. Am 21. 3. sterben nach einem Selbstmordanschlag in einem Café in Tel Aviv der Attentäter und 3 Gäste, 43 Menschen werden verletzt. Die Untergrundorganisation Hamas (→ WA '97, Sp. 320) bekennt sich zu der Tat, Israel bricht die Friedensgespräche ab, es kommt erneut zur Abriegelung des Gaza-Streifens und des Westjordanlands. Am 30. 7. zünden 2 Selbstmordattentäter Splitterbomben auf einem Markt in Westjerusalem, 15 Menschen kommen ums Leben, über 150 werden verletzt. Nach dem Anschlag, der nach einem umstrittenen Bekennerbrief der Hamas zugeschrieben wird, wirft Israel der Palästinensischen Autonomiebehörde ungenügende Kooperation in Sicherheitsfragen vor und reagiert mit Wirtschaftssanktionen sowie der Drohung, militärisch gegen radikale Gruppen vorzugehen.

Israelische Siedlungspolitik: Ein wichtiger Faktor in den anhaltenden Auseinandersetzungen in Ost-Jerusalem und den übrigen besetzten Gebieten, die Kämpfe zwischen israelischen und palästinensischen Sicherheitskräften einschließen, aber vielfach von palästinensischen Jugendlichen getragen werden und den Charakter einer neuen Intifada angenommen haben, ist die Neubelebung und Förderung der israelischen Siedlungstätigkeit durch die Regierung *Netanjahu*. Am 2. 8. **1996** wird die Beschränkung der Bautätigkeit in den besetzten Gebieten (»Siedlungsstopp«) aufgehoben. Der Führungsrat der Siedler im Westjordanland gibt daraufhin einen Vierteljahresplan bekannt, der die Verdreifachung der Siedlerzahl vorsieht. Am 26. 8. genehmigt die Regierung die Erweiterung der orthodoxen Siedlung Kiriat Sefer bei Ramallah um 900 Wohneinheiten. Ministerpräsident *Netanjahu* besucht im November und Dezember 1996 eine Reihe von Siedlungen und bekräftigt die offizielle Unterstützung für Ausbau und Anschluß an die israelische Infrastruktur. Bereits zuvor hat der Minister für Nationale Infrastruktur, *Ariel Sharon*, umfangreiche Straßenbauprojekte angekündigt, die unter strategischen Gesichtspunkten geplant sind. Am 5. 12. werden weitere Projekte genehmigt, darunter die Erweiterung der Siedlung Kedumin bei Nablus und der Bau von 132 Wohnungen in Ostjerusalem, die ein jüdischer Investor aus den USA finanzieren will. Als ein weiterer wichtiger Schritt zur Stärkung der Siedlungstätigkeit muß der Kabinettsbeschluß vom 13. 12. gelten, den Siedlungen den sog. »bevorzugten Entwicklungsstatus« zu gewähren, der u. a. erhebliche Steuervorteile für die Käufer von Wohnungen bedeutet. Am 27. 1. **1997** stellt der Bürgermeister von Jerusalem, der Likud-Politiker *Ehud Olmert*, Planungen vor, den annektierten Ostteil der Stadt stärker in die israelische Infrastruktur zu integrieren. Es geht um Schulen, Straßen, Kanalisation etc., aber in diesem Zusammenhang ist auch davon die Rede, daß an der Stadtgrenze, im Bezirk Har Homa, eine jüdische Wohnsiedlung gebaut werden soll. – Das Bauvorhaben auf dem Hügel **Har Homa** (»Mauerberg«; arab. Djebel Abu Ghuneim) führt in der Folge zu einer erheblichen Zuspitzung der Konflikte zwischen Israel und der palästinensischen Bevölkerung und bringt den Friedensprozeß praktisch zum Stillstand. Die Lage des Areals ist von strategischer und symbolischer Bedeutung, da eine jüdische Wohnanlage an diesem Platz den Ring von Siedlungen um Jerusalem schließen würde. Am 26. 2. 1997 genehmigt das Jerusalem-Komitee (dem die zuständigen Minister und der Bürgermeister angehören) das Vorhaben, am 18. 3. gibt die Regierung ihre Zustimmung, und noch am gleichen Tag wird auf dem Har Homa, der zum militärischen Sperrgebiet erklärt worden ist, unter massivem Schutz durch Polizei und Armee mit den Bauarbeiten begonnen. Die Palästinensische Autonomiebehörde protestiert gegen den Versuch, Fakten zu schaffen, bevor die Verhandlungen über den endgültigen Status von Jerusalem begonnen haben. Vor Ort und in den Städten des Westjordanlands kommt es zu **Demonstrationen und Straßenschlachten**, die im April weiter eskalieren und in Hebron 2 Tote und hunderte Verletzte auf palästinensischer Seite fordern. Eine neue Konfrontation entsteht, als die Stadtverwaltung am 24. 7. die Baugenehmigung für einen Komplex von 70 (ursprüngl. 132) Wohnungen erteilt, den der jüdisch-amerikanische Investor *Irving Moskovitz* im arabischen Viertel Ras el Amud am Fuß des Ölbergs in Ost-Jerusalem errichten will. *Moskovitz* hat in Zusammenarbeit mit Ateret Coharim, einer religiös orientierten Siedlerorganisation, seit den 70er Jahren Grundstücke in den besetzten Gebieten gekauft und auch die Eröffnung des Tunnels am Tempelberg finanziell unterstützt. Nach Protesten der Autonomiebehörde, aber auch israelischer Oppositioneller, erläßt das Innenministerium am 28. 7. ein vorläufiges Bauverbot.

Die Innenpolitik steht im Zeichen der umstrittenen Entscheidungen und wiederholten Krisen des Kabinetts *Netanjahu*. Nachdem bereits im Juli **1996** ein Generalstreik gegen die Budgetpolitik Israels Wirtschaft lahmgelegt hatte, nimmt die Gewerkschaft Histadrut die Verabschiedung des Staatshaushalts Ende Dezember zum Anlaß erneuter Protestkundgebungen. Nach der Verhaftung des Histadrut-Führers *Shani* wird am 28. 12. erneut ein **Generalstreik** ausgerufen. Die Unterzeichnung des Hebron-Abkommens (→ oben) führt zu einer Regierungskrise, weil die nationalreligiösen Kräfte jede Verhandlung mit den Palästinensern ablehnen und statt dessen die Unterstützung der Siedlerbewegung fordern. Mehrfach scheint die Bildung einer Notstandskoalition (»Regierung der nationalen Einheit«) unmittelbar bevorzustehen, die Mitglieder der oppositionellen Arbeitspartei einbeziehen soll. Diese Lösung wird vor allem vom Vorsitzenden der Arbeitspartei, *Shimon Peres*, angestrebt, der jedoch die Führung der Partei Anfang Juni an den ehem. Generalstabschef *Ehud Barak* abgeben muß. *Barak*, Innenminister unter *Yitzhak Rabin* und Außenminister unter *Peres*, gilt als Gegner einer großen Koalition. Am 30. 6. **1997** demonstrieren in Tel Aviv 40 000 Menschen für Neuwahlen – aufgerufen hatte eine »Bewegung für Neuwahlen«, die der Arbeitspartei nahesteht. Zu einer schweren **innenpolitischen Krise** kommt es, als am 10. 1. *Roni Bar-On* in die Position eines Rechtsberaters der Regierung und Generalstaatsanwalts berufen wird. Presseberichte bezeichnen *Bar-On* als unbedeutenden Rechtsanwalt ohne ausreichende Qualifikation für das Amt, der nur auf Druck von *Arie Derie*, dem Führer der orthodoxen Shas-Partei nominiert worden sei. *Bar-On* tritt sofort zurück: sein Nachfolger wird der angesehene Richter *Eliakim Rubinstein*. Hintergrund der **Bar-On-Affäre** ist der Streit um das Hebron-Abkommen. Der frühere Innenminister *Derie*, gegen den wegen Bestechlichkeit und Untreue im Amt ermittelt wird, soll die Nominierung *Bar-Ons* mit der Drohung erzwungen haben, die Abgeordneten der Shas-Partei auf die Ablehnung des Abkommens zu verpflichten, während er mit *Bar-On* die Abmachung getroffen haben soll, bei dem gegen ihn anhängigen Verfahren eine außergerichtliche Einigung oder ein mildes Urteil zu erreichen. Im Zentrum des Skandals steht die Frage, ob der Ministerpräsident in diese Machenschaften eingeweiht war. Die Ermittlungsbehörde bezeichnet *Netanjahu* nach einer Vernehmung am 18. 2. 1997 als Verdächtigen, vermutet Absprachen bei den Aussagen von Rechtsberatern und Ministern und empfiehlt eine Anklage wegen Betrug und Vertrauensbruch. Die Opposition fordert den Rücktritt *Netanjahus*; dieser erklärt, er sei von Justizministerin *Tzachi Hanegbi* falsch informiert worden. Am 20. 4. teilt die Generalstaatsanwaltschaft mit, es werde aus Mangel an Beweisen weder gegen den Regierungschef noch gegen die Justizministerin Anklage erhoben. Das Parlament lehnt am 2. 5. die Einsetzung einer Untersuchungskommission ab, am 15. 6. verwirft der Oberste Gerichtshof Einsprüche gegen die Einstellung des Verfahrens. Anläßlich einer währungspolitischen Auseinandersetzung im Kabinett tritt am 18. 6. Finanzminister *Dan Meridor* zurück, einer der schärfsten Kritiker Netanjahus während der *Bar-On*-Affäre. *Meridor* begründet sein Ausscheiden ausdrücklich mit persönlichen Rivalitäten in der Regierung.

Die politischen Außenbeziehungen Israels, vor allem das Verhältnis zu den arabischen Nachbarstaaten, sind geprägt vom neuen Kurs der Regierung *Netanjahu*. Die **USA** mißbilligen wiederholt Entscheidungen Israels im Zusammenhang mit den Friedensgesprächen und der Siedlungspolitik und drängen auf Verhandlungen, belassen es allerdings bei informeller Einflußnahme und der Drohung, Kredite zu stornieren. Im April **1997** vereinbaren die Verteidigungsminister beider Länder die Erhöhung der US-Finanzhilfen für israelische Raketenabwehrprogramme. – Der Be-

such des **französischen** Staatspräsidenten *Jacques Chirac* am 21. und 22. 10. **1996** ist von diplomatischen Verstimmungen begleitet. *Chirac* hatte das Orient-Haus, die informelle außenpolitische Vertretung der PNA in Jerusalem, aufsuchen wollen. Frankreich tritt für eine stärkere Einflußnahme Europas auf den Friedensprozeß ein. Nach einem Zwischenfall mit israelischen Sicherheitskräften bei *Chiracs* Aufenthalt in Ost-Jerusalem droht der Präsident mit dem Abbruch des Staatsbesuchs. Bei seinem anschließenden Besuch in den Autonomiegebieten wird *Chiras*, der vor dem Autonomierat eine Rede hält, begeistert empfangen. – Die Beziehungen zu **Ägypten** erreichen einen neuen Tiefpunkt. Ein Staatsbesuch *Netanjahus* am 4. 3. 1997 ist von den Konflikten um Har Homa überschattet und bleibt ebenso ohne konkrete Ergebnisse wie ein weiteres Treffen mit Präsident *Hosni Mubarak* am 27. 5. in Sharm el-Sheik. – Auch in → **Jordanien**, dem zweiten arabischen Staat, der mit Israel einen Friedensvertrag geschlossen hat, wächst der Unmut über die mangelnde Gesprächsbereitschaft. Außenminister *Abdel Karim Kabariti* übt bei einem Treffen mit seinem israelischen Amtskollegen im Dezember 1996 scharfe Kritik, im März 1997 wirft König *Hussein* dem israelischen Ministerpräsidenten in einem persönlichen Brief Vertrauensbruch vor. – Die Gespräche mit **Syrien** über eine Normalisierung der Beziehungen sind seit Mai 1996 ausgesetzt. Zur zentralen Frage, der Rückgabe der Golan-Höhen, verabschiedet die Knesset im Juli 1997 eine Gesetzesvorlage, die vorsieht, daß die Rückgabe mit Zweidrittelmehrheit in der Knesset beschlossen werden muß – angesichts der augenblicklichen Mehrheitsverhältnisse eine erneute Blockierung. – Das Verhältnis zum **Libanon** ist nach wie vor bestimmt durch die israelische Besetzung der Sicherheitszone im Südlibanon. Dort kommt es v. a. im Januar und Februar 1997 mehrfach zu Raketenangriffen der Hisbollah-Miliz und Gegenschlägen der israelischen Luftwaffe. Im August eskaliert der Konflikt: Ein Raketenangriff der mit Israel verbündeten Südlibanesischen Armee auf die libanesische Hafenstadt Sidon fordert am 18. 8. 6 Tote und zahlreiche Verletzte. Die Hisbollah-Miliz reagiert erneut mit Raketenangriffen auf Nordisrael, die am 20. 8. mit Angriffen der israelischen Luftwaffe beantwortet werden. In Israel führt dies zu wachsender Kritik an der Südlibanonpolitik. – In mehreren Resolutionen der **UN**-Vollversammlung, so im März, April und Juni 1997, wird Israels Siedlungspolitik verurteilt; auch die **EU** und das Europäische Parlament verabschieden kritische Stellungnahmen.

Palästinensische Autonomiegebiete

Die Situation in den Gebieten der palästinensischen Autonomieverwaltung (PNA) ist in hohem Maß bestimmt durch die **veränderte Einstellung Israels zu den Abkommen von Oslo** und die neuen Siedlungsaktivitäten unter der Regierung von *Benjamin Netanjahu*. Verschiedene Anlässe, wie etwa der Baubeginn für eine neue jüdischen Siedlung in Ostjerusalem (Har Homa, → Israel) lassen vor allem die palästinensisch verwalteten Städte im Westjordanland immer wieder zum Schauplatz von Anschlägen und Straßenschlachten zwischen überwiegend jugendlichen Palästinensern und den israelischen Sicherheitskräften werden. Folge dieser Auseinandersetzungen sind wiederholte **Abriegelungen der Autonomiegebiete durch Israel**, die v. a. Einkommensverluste für die knapp 50 000 in Israel beschäftigten Palästinenser (in den 80er Jahren waren es noch über 100 000) bedeuten – nach Schätzungen der UNO 1,8 Mrd. $ im Jahr 1996. Überdies wird der Handels- und Personenverkehr zwischen Gaza und dem Westjordanland und sogar zwischen den dort gelegenen palästinensischen Städten stark eingeschränkt. Um sich dieser Kontrolle der palästinensischen Binnen- und Außenwirtschaft durch Israel zu entziehen, legt die Autonomiebehörde großen Nachdruck auf die Umsetzung jener Teile des Oslo-B-Abkommens von 1995, in denen die Eröffnung eines Hafens und eines internationalen Flughafens in Gaza sowie die Einrichtung eines Transitkorridors zwischen den beiden Teilen des Autonomiegebiets vereinbart wurde. Israel verzögert jedoch die Verhandlungen und unterbindet die Fortführung der Bauvorhaben durch Einfuhrverbote für Baumaterialien. – Wirtschaft und Haushalt Palästinas sind in hohem Maße von **ausländischen Hilfsprogrammen** abhängig. Allein die USA haben im Rahmen eines 5jährigen Entwicklungsplans bis Mitte 1997 mehr als die Hälfte der bewilligten 500 Mio. $ ausgezahlt, insgesamt belaufen sich die Zusagen von Geberländern auf 2,4 Mrd. $ innerhalb von 5 Jahren. Die politisch begründete Verschlechterung der wirtschaftlichen Situation (nach Angaben der Weltbank ist seit Bestehen der PNA ein Rückgang des BIP um 38% zu verzeichnen) führt jedoch dazu, daß ein großer Teil der geplanten Investitionsausgaben in Nothilfeprogramme umgeleitet werden muß. Zugleich ist die Autonomiebehörde zu einem entscheidenden Wirtschaftsfaktor geworden, sie beschäftigt rund 40 000 Zivilbeamte und über 30 000 Polizisten. Mit der Herausbildung staatlicher Strukturen entwickeln sich jedoch auch **Machtmißbrauch, Mißwirtschaft und Korruption**. Es sind vor allem die sog. »Tunesier«-Mitglieder von *Yassir Arafats* Fatah-Fraktion innerhalb der PLO, die zu seinen Mitarbeitern im tunesischen Exil gehörten, die sich im Rahmen der 24 Ministerien und 27 staatlichen Wirtschaftsunternehmen mit Monopolcharakter bereichern. Eine von *Arafat* 1994 eingesetzte Untersuchungskommission kommt Ende Mai **1997** zu dem Ergebnis, daß 1996 öffentliche Gelder in Höhe von 326 Mio. $ veruntreut worden sind. Ende Juli 1997 fordert ein parlamentarischer Untersuchungsausschuß *Arafat* auf, das gesamte Kabinett und zu entlassen und verlangt die Einleitung von Gerichtsverfahren wegen Korruption gegen Planungsminister *Nabil Schaath* und weitere Kabinettsmitglieder; am 1. 8. reichen alle Minister ihren Rücktritt ein. – Dem palästinensischen Sicherheitsapparat werden wiederholt **Menschenrechtsverletzungen** vorgeworfen. Nach Angaben von Menschenrechtsorganisationen sind seit Beginn der Selbstverwaltung bis Juli 1997 14 Häftlinge in Gefängnissen zu Tode gekommen. Im August 1996 werden drei Polizisten wegen Folter mit Todesfolge zu Haftstrafen verurteilt, im Februar 1997 wird der Geheimdienstchef von Nablus unter dem gleichen Vorwurf verhaftet, und am 3. 7. verhängt ein Militärgericht die Todesstrafe gegen 3 Mitglieder der Leibgarde des Präsidenten, die einen Gefangenen zu Tode geprügelt haben. Am 19. 7. demonstrieren über 15 000 Hamas-Anhänger in Hebron gegen die Fortsetzung der Gespräche mit Israel. Einige Fraktionen der gespaltenen Bewegung haben auch die zeitweilig ausgesetzte **»Strategie des Terrors«** wiederaufgenommen. Israel und die USA fordern daher, v. a. nach einem Anschlag in Jerusalem am 30. 7., von der PNA eine Verschärfung des Vorgehens gegen die Hamas und eine verstärkte Zusammenarbeit mit Israels Sicherheitsdiensten. – Auf einer Konferenz der nationalen Einheit am 21./22. 8., an der auch die Hamas und die islamische Dschihad teilnehmen, erklärt *Arafat*, daß sich die Palästinenser von Israel nicht unter Druck setzen lassen würden. – Auf internationaler Ebene verzeichnet *Yassir Arafat* einige Erfolge: er reist im Februar 1997 nach Rußland und in die Türkei und unterzeichnet in Brüssel ein **Handelsabkommen mit der EU**. König *Hussein* von Jordanien reist, erstmals seit dem Sechstagekrieg von 1967 im Oktober 1996 ins Westjordanland.

Italien *Süd-Europa*

Italienische Republik; Repubblica Italiana, Kurzform: Italia – I (→ Karte II, E/F 3/4)

Fläche (Weltrang: 69.): 301 302 km^2

Einwohner (21.): F 1995 57 204 000 = 190 je km^2

Hauptstadt: Roma (Rom)
F Mitte 1995: 2 661 442 Einw.

Amtssprachen: Italienisch, Deutsch (regional), Französisch (regional)

Bruttosozialprodukt 1995 je Einw.: 19 020 $

Währung: 1 Italien. Lira (Lit) = 100 Centesimi

Botschaft der Italienischen Republik
Karl-Finkelnburg-Str. 51, 53173 Bonn, 0228/82 20

Landesstruktur **Fläche**: 301 302 km^2; davon: Sizilien 25 426 km^2, Sardinien 23 813 km^2, Elba 224 km^2 – **Bevölkerung**: Italiener; (Z 1991) 56 778 031 Einw. – (S) 94% Italiener (darunter 1,66 Mio. Sarden [davon 12 000 Katalanen]), 750 000 Rätoromanen (Friauler und 30 000 Ladiner), 300 000 Deutschsprachige (Trentino-Südtirol), 200 000 Franco-Provenzalen (Aostatal und Piemont); außerdem 90 000 Albaner (Kalabrien), 53 000 Slowenen (Triest), 15 000 Griechen (Apulien) – **Flüchtl.** Ende 1996: 10 000 aus Bosnien-Herzegowina, 600 andere – **Leb.-Erwart.** 1995: 78 J. – **Säugl.-Sterbl.** 1995: 0,7% – **Kindersterbl.** 1995: 0,8% – Jährl. **Bev.-Wachstum** ∅ 1985–95: 0,1% (Geb.- und Sterbeziffer 1995: 1,0%/1,0%) – **Analph.** 1995: unter 5% – **Sprachen**: Italienisch, daneben regional Sardisch, Deutsch (Trentino-Südtirol), Französisch-Provenzalisch (Aostatal), Ladinisch (teilw. Schulsprache in Trentino-Südtirol), Slowenisch (in Triest und Gorizia), Friaulisch (Friaul); außerdem Albanisch, Griechisch und Katalanisch – **Religion**: über 90% Katholiken; 50 000 Protestanten, 35 000 Juden – **Städt. Bev.** 1995: 66% – **Städte** (F 1995): Milano (Mailand) 1 310 681 Einw., Napoli (Neapel) 1 053 737, Torino (Turin) 929 443, Palermo 691 796, Genova (Genua) 657 758, Bologna 388 436, Firenze (Florenz) 385 766, Catania 341 684, Bari 337 190, Venezia (Venedig) 300 410, Messina 263 630, Verona 254 673, Trieste (Triest) 224 506, Padova (Padua) 213 255, Taranto (Tarent) 213 212, Brescia 190 733, Reggio di Calabria 179 408, Cagliari 175 181, Modena 174 673, Parma 168 035, Prato 166 693, Livorno 164 955, Foggia 155 766, Perugia 149 821, Salerno 144 492, Ravenna 137 035, Ferrara 135 635, Reggio nell'Emilia 135 392

Staat Republik seit 1948 – Verfassung von 1948 – Parlament: Abgeordnetenhaus (Camera dei Deputati) mit 630 und Senat (Senato della Repubblica) mit 325 Mitgl. (davon 10 Senatoren auf Lebenszeit); Wahl alle 5 J. – Wahl des Staatsoberh. alle 7 J. durch Wahlmännerkollegium – Wahlpflicht ab 18 J. – **Verwaltung**: 20 Regionen mit 95 Provinzen; Sonderstatus für die 5 Regionen Aostatal, Friaul-Julisch-Venetien, Sardinien, Sizilien, Trentino-Südtirol – **Staatsoberhaupt**: Oscar Luigi Scalfaro (PPI), seit 1992 – **Regierungschef**: Romano Prodi, seit 18. 5. 1996 – **Äußeres**: Lamberto Dini (Liste Dini) – **Parteien**: Wahlen vom 21. 4. 1996: Abgeordnetenhaus: Mitte-Linksbündnis L'Ulivo (Ölbaum) insg. 284 Sitze: Partito Democratico della Sinistra/PDS (1994: 115), Partito Popolare Italiano/PPI (33), Liste Dini (–), Verdi (Grüne) (11); Rechtsbündnis Polo della Libertá (Pol der Freiheit) insg. 246 Sitze: Forza Italia/FI (1994: 101), Alleanza Nazionale/AN (105), Centro Cristiano Democratico/CCD (32); Lega Nord (Liga für die Unabhängigkeit Padanias) 59 (118); Rifondazione Comunista/RC 35 (40); Südtiroler Volkspartei/SVP 3; Sonstige 3 (6) – Senat: Ulivo insg. 157 Sitze; Polo della Liberta insg. 116 Sitze; Lega Nord 27; RC 10; Liste Panella 1; SVP 2; Fiamma 1; Sonstige 1 – **Unabh.**: alte staatl. Geschichte; nationale Einheit in der Neuzeit seit 1861 (Monarchie), Republik seit 2. 6. 1946 – **Nationalfeierta-**

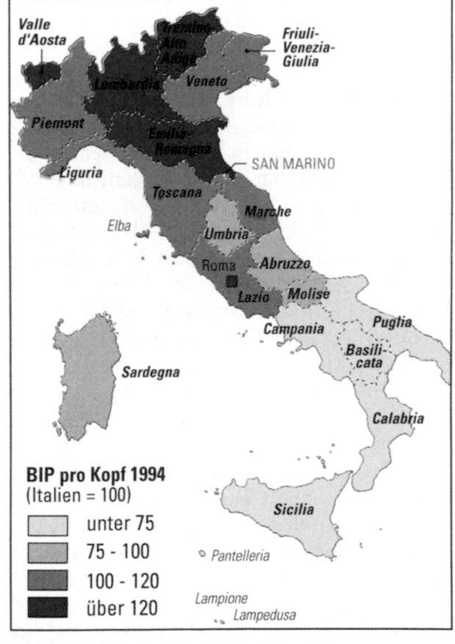

Italien: BSP pro Kopf nach Provinzen

ge: 25. 4. (Tag der Befreiung) und 1. Sonntag im Juni (Gründung der Republik 1946)

Wirtschaft (Einzelheiten → Kap. Wirtschaft) **Währung**: Indikativkurs: 1 US-$ = 1702,05 Lit; 1 DM = 976,23 Lit – **BSP** 1995: 1 088 085 Mio. $ – **BIP** 1994: 1 086 932 Mio. $ (1995: 1105 Mrd. $); realer Zuwachs ∅ 1990–95: 1,0 %; Anteil (1995) **Landwirtsch.** 3 %, **Industrie** 31 %, **Dienstl.** 66 % – **Erwerbstät.** 1994: Landw. 8 %, Ind. 32 %, Dienstl. 60 % – **Arbeitslosigkeit** ∅ 1996: 12,1 % (S 1997: 12,1 %) – **Energieverbrauch** 1994: 2 707 kg ÖE/Ew. – **Inflation** ∅ 1985–95: 6,0 % (1996: 3,8 %, S 1997: 2,5 %) – **Ausl.-Verschuld.** 1993: keine – **Außenhandel** 1995: **Import**: 332 Bill. Lit; Güter: 23 % Maschinen und Metallprodukte, 14 % chem. Erzeugnisse, 11 % Transportmittel, 10 % Energieprodukte, 8 % Nahrungs- und Genußmittel, 7 % Textilien und Bekleidung, 6 % land-, forst- und fischwirtschaftl. Produkte; Länder: 19 % BRD, 14 % Frankreich, 6 % Niederlande, 6 % Großbritannien, 5 % Belgien/Luxemburg, 5 % Schweiz, 5 % USA, 4 % Spanien; **Export**: 377 Bill. Lit; Güter: 35 % Maschinen und Metallprodukte, 17 % Textilien und Bekleidung, 13 % Holz, Papier und Kunststoffe, 10 % Transportmittel, 8 % chem. Erzeugnisse, 4 % Nahrungs- und Genußmittel, 3 % land-, forst- und fischwirtschaftl. Produkte; Länder: 19 % BRD, 13 % Frankreich, 7 % USA, 6 % Großbritannien, 5 % Spanien, 4 % Schweiz, 3 % Belgien/Luxemburg, 3 % Niederlande – **Tourismus** 1995: 55,7 Mio. Auslandsgäste (mit Kreuzfahrtteilnehmern), 44,7 Bill. Lit Einnahmen

Chronik Die **Lega Nord (LN)** führt ihre Agitation für die Abspaltung der norditalienischen Regionen am 15. 9. **1996** in Venedig mit der Proklamation der **»Unabhängigkeit« Padaniens** durch den LN-Vorsitzenden *Umberto Bossi* zum Höhepunkt (→ WA '97, Sp. 333 f.). Während die LN bisher nur 8 Regionen für ihren Sonderstaat reklamierte, vereinnahmt sie für ihr Projekt nun 11: Piemont, Aostatal, Lombardei, Trentino-Südtirol, Veneto, Emilia Romagna, Friaul-Julisch Venetien, Ligurien, Toskana, die Marken und Umbrien (→ Karte). In der Bevölkerung findet die Aktion weniger Unterstützung als erwartet. Staatspräsident *Oscar Luigi Scalfaro* warnt vor überzogenen Aktionen und der Zerstörung der Einheit des Landes, Ministerpräsident *Romano Prodi* verweist auf die Bemühungen der Regierung, die föderale Umgestaltung Italiens durch eine Verfassungsreform in die Wege zu leiten (→ unten). – Auf ihrem Parteitag (14.–16. 2. **1997**) beschließt die LN ihre **Umbenennung in Lega per L'Indipendenza della Padania** (Liga für die

Unabhängigkeit Padaniens) und bestätigt den Parteichef *Bossi* im Amt.
Bei der Durchsetzung der **wirtschafts- und finanzpolitischen Reformen**, die Italien für eine Teilnahme an der Europäischen Wirtschafts- und Währungsunion (EWWU) qualifizieren sollen, stößt die Regierung *Prodi* auf Schwierigkeiten innerhalb des eigenen Parteienlagers Ulivo wie in der Öffentlichkeit. Trotz Massenprotesten gegen die angekündigten Sparmaßnahmen und Steuerbelastungen (u. a. am 9. 11. **1996** zwischen 500 000 und eine Million Demonstranten – organisiert von der Rechtsopposition – in Rom und zugleich von rd. 150 000 auf Initiative der Kommunisten in Neapel, am 23. 11. von rd. 200 000 Metallarbeitern in Rom) setzt sie die Haushalts- und Finanzgesetze für 1997 ohne wesentliche Abstriche durch. Gegen den Protest der Gewerkschaften, deren Demonstrationsaufruf am 22. 3. **1997** rd. 300 000 Menschen in Rom befolgen, bringt die Regierung am 27. 3. einen Nachtragshaushalt ein, der mit Einsparungen und Einnahmeverbesserungen im Gesamtwert von umgerechnet rd. 15,5 Mrd. DM ermöglichen soll, das Haushaltsdefizit unter den für den Eintritt in die EWWU erforderlichen Schwellenwert von 3 % des BIP zu drücken. Nach Zugeständnissen in sozialen Fragen und der Zusicherung eines Programms zur Bekämpfung der besonders in Süditalien hohen Arbeitlosigkeit lassen die Altkommunisten der Rifondazione Comunista (RC) den in seinen Grundzügen unveränderten Sparplan passieren. Weitergehende wirtschafts-, sozial- und finanzpolitische Reformvorhaben, die Einsparungen u. a. bei der Rentenversicherung ermöglichen sollen, lehnen sie ab.
Verfassungsreform: Am 30. 6. **1997** verabschiedet eine von Senat und Abgeordnetenhaus eingerichtete, nach Parteienproporz besetzte Zweikammerkommission (Bicamerale) Vorschläge zur Reform der Verfassung. Sie betreffen vor allem die **Stärkung der Exekutivorgane und die Dezentralisierung des Staates** und sollen der italienischen Politik mehr Stabilität verleihen sowie zugleich dem Interesse der Regionen nach mehr Eigenständigkeit entgegenkommen. Vorgesehen ist ein Mischsystem (»Semipresidenzialismo«) mit einem vom Volk gewählten starken Präsidenten, der über besondere Kompetenzen zur Parlamentsauflösung sowie in der Außen- und Verteidigungspolitik verfügen soll, nicht jedoch – wie der französische Präsident – am Ministerrat teilnehmen darf. Die vorgesehene neue föderale Ordnung verlagert zahlreiche Aufgaben auf Kommunen, Provinzen und Regionen und verleiht den Regionalparlamenten Gesetzeskompetenz in allen

Fragen, die nicht – wie z. B. in den Bereichen von Justiz, Währung, Verteidigung, Außenbeziehungen – einheitlich geregelt werden müssen. Nach Beratung und Verabschiedung durch beide Kammern des Parlaments soll ein Volksentscheid über die neue Verfassung abschließend befinden.
Sonstige wichtige innenpolitische Ereignisse: Am 21. 11. **1996** beginnt in Mailand der Prozeß gegen den Vorsitzenden des Oppositionsbündnisses Polo della Libertà und ehem. Ministerpräsidenten *Silvio Berlusconi* (FI) und den früheren Ministerpräsidenten und ehem. Vorsitzenden des Partito Socialista Italiano (PSI) *Bettino Craxi* wegen **illegaler Parteienfinanzierung**. *Berlusconis* Medienkonzern Fininvest soll 1991 über Umwege *Craxi* umgerechnet fast 10 Mio. DM gezahlt haben. Gegen *Craxi*, der sich nach Tunesien abgesetzt hat und zuvor schon zu insgesamt 28 Jahren Haft verurteilt wurde, wird in Abwesenheit verhandelt. – Als erstes Mitglied einer früheren Regierung wird der ehem. Gesundheitsminister *Francesco de Lorenzo* (1989–1993, seinerzeit Mitglied des Partito Liberale Italiano) am 8. 3. 1997 wegen **Bildung einer kriminellen Vereinigung und Korruption** zu 8 Jahren und 4 Monaten Haft verurteilt. – Das Kassationsgericht in Rom hebt am 15. 9. 1996 den am 1. 8. durch ein italienisches Militärgericht ergangenen Freispruch des ehem. **SS-Hauptsturmführers Erich Priebke** wegen Befangenheit des Richters auf (→ WA '97, Sp. 335). Der Prozeß wird am 17. 4. **1997** erneut vor einem Militärgericht aufgenommen. Neben *Priebke* wird auch gegen den früheren SS-Hauptsturmführer *Karl Hass* verhandelt. Für ihre Beteiligung an dem Massaker bei den Ardeatinischen Höhlen bei Rom 1944, bei dem 335 Zivilisten ermordet wurden, wird Priebke am 22. 7. zu 15 Jahren Haft verurteilt, muß aber nur 5 Jahre davon verbüßen; *Hass* erhält 10 Jahre, wird aber auf freien Fuß gesetzt. – Am 5. 7. kündigt Innenminister *Giorgio Napolitano* die Entsendung von 600 Soldaten zur Unterstützung der Polizei bei der **Bekämpfung der Camorra** in Neapel an. Der Bandenkrieg unter den rd. 65 teilweise miteinander rivalisierenden Camorra-Clans forderte seit Jahresbeginn 85 Tote. – Im Prozeß gegen den früheren Ministerpräsidenten *Giulio Andreotti* sagt Mafia-Boß *Giovanni Brusca* am 29. 7. aus, daß die Cosa Nostra mehrere innerparteiliche Gegner *Andreottis* ermordet habe. – Am 7. 8. tritt der Leiter der Ermittlungsbehörde gegen das Organisierte Verbrechen, *Giovanni Verdicchio*, zurück; ihm wird vorgeworfen, Bestechungsgelder in Höhe von rd 20 000 DM entgegengenommen zu haben, während es sich laut *Verdicchio* um Einnahmen aus Börsengeschäften gehandelt habe.

Außenpolitik: Um die **Fluchtwelle aus → Albanien** (im März **1997** rd. 13 000 Menschen) zu stoppen, beginnt die italienische Marine Ende März, Flüchtlingsschiffe noch in albanischen Gewässern abzufangen. – Die am 28./29. 3. vom UN-Sicherheitsrat gebilligte multinationale Schutztruppe (6000 Mann) zur Absicherung von Hilfslieferungen in Albanien steht unter italienischem Kommando. Die Regierung *Prodi* kann die Mission, die die Entsendung eines **italienischen Truppenkontingentes von 2500 Soldaten** als stärkste nationale Gruppe einschließt, am 9. 4. jedoch nur mit Unterstützung des rechtsoppositionellen Parteienbündnisses Polo della Libertà über die parlamentarischen Hürden bringen. Die Rifondazione Comunista (RC) lehnt das Unternehmen ab. Bei den Vertrauensabstimmungen am 10. 4. im Senat und am 12. 4. im Abgeordnetenhaus stellt sich die RC jedoch wieder hinter die Regierung *Prodi* und vermeidet damit deren Sturz. Am 11. 4. trifft eine italienische Vorausabteilung der Friedenstruppe in Albanien ein (offizieller Beginn 15. 4., Ende 12. 8.). – Die vom früheren Ministerpräsidenten (1995/96) und jetzigen Außenminister *Lamberto Dini* eingeleitete **»neue Ostpolitik«** Italiens schlägt sich in verstärkter wirtschaftlicher und politischer Zusammenarbeit v. a. mit Slowenien und Ungarn nieder, deren Beitritt zur NATO und zur EU nachdrücklich unterstützt wird. Am 21. 5. vereinbaren die Ministerpräsidenten der drei Staaten in Budapest eine enge trilaterale Militärkooperation und die Aufstellung einer gemeinsamen Heeresbrigade bis 1998.

Jamaika *Mittel-Amerika; Karibik*

Jamaica – JA (→ Karten VI, K 8 und VIII a, B 3)

Fläche (Weltrang: 159.): 10 991 km²

Einwohner (132.): F 1995 2 522 000 = 230 je km²

Hauptstadt: Kingston
Z 1991: 107 771 Einw. (A: 0,587 Mio.)

Amtssprache: Englisch

Bruttosozialprodukt 1995 je Einw.: 1510 $

Währung: 1 Jamaika-Dollar (J$) = 100 Cents

Botschaft von Jamaika
Am Kreuter 1, 53177 Bonn, 0228/35 40 45

Landesstruktur Fläche: 10 991 km² – **Bevölkerung**: Jamaikaner; (Z 1991) 2 374 193 Einw. – 76% Schwarze, 15% Mulatten, 1,3% Inder, 0,2% Weiße, 0,2% Chinesen – Anteil unter **Armuts-**

grenze ∅ 1981–95: 4,7% – **Leb.-Erwart.** 1995: 74 J. – **Säugl.-Sterbl.** 1995: 1,1% – **Kindersterbl.** 1995: 1,3% – Jährl. **Bev.-Wachstum** ∅ 1985–95: 0,9% (Geb.- und Sterbeziffer 1995: 2,0%/0,6%) – **Analph.** 1995: 15% – **Sprachen**: Englisch; jamaikanisches Creole – **Religion** 1992: 56% Protestanten (v.a. Church of God, Baptisten, Anglikaner und Adventisten), 4,9% Katholiken; etwa 5% Rastafari, Minderh. von Bahai, Muslimen und Juden – **Städt. Bev.** 1995: 55% – **Städte** (F 1991): Spanish Town 92 000 Einw., Montego Bay 83 000, Portmore 73 400, May Pen 47 000

Staat Parlamentarische Monarchie (im Commonwealth) seit 1962 – Verfassung von 1962 – Parlament: Repräsentantenhaus mit 60 gewählten und Senat mit 21 (13 durch den Generalgouverneur und 8 durch den Oppositionsführer) ernannten Mitgl.; Wahl alle 5 J. – Wahlrecht ab 18 J. – **Verwaltung**: 14 Bezirke – **Staatsoberhaupt**: Königin Elizabeth II., vertreten durch Generalgouverneur Sir Howard Felix Hanlan Cooke, seit 1991 – **Regierungschef**: Percival J. Patterson (PNP-Vorsitzender), seit 1992 – **Äußeres**: Seymour Mullings – **Parteien**: Wahlen vom 30. 3. 1993: People's National Party/PNP 52 Sitze (1989: 45), Jamaica Labour Party/JLP 8 (15) – **Unabh.**: 6. 8. 1962 (ehem. brit. Kolonie) – **Nationalfeiertag**: 1. Montag im August (Unabhängigkeitstag)

Wirtschaft **Währung**: 1 US-$ = 35,02 J$; 1 DM = 20,5536 J$ – **BSP** 1995: 3803 Mio. $ – **BIP** 1995: 4406 Mio. $; realer Zuwachs ∅ 1990–95: 2,9%; Anteil (1995) **Landwirtsch.** 9%, **Industrie** 38%, **Dienstl.** 53% – **Erwerbstät.** 1993: Landw. 25%, Ind. 43%, Dienstl. 32% – **Arbeitslosigkeit** ∅ 1995: 16,5% – **Energieverbrauch** 1994: 1083 kg ÖE/Ew. – **Inflation** ∅ 1985–95: 28,3% (1996: 15,8%, S 1997: 10,0%) – **Ausl.-Verschuld.** 1995: 4270 Mio. $ – **Außenhandel** 1995/96: **Import**: 2868 Mio. $ (S 1996/97: 3000 Mio. $); Güter: 40% Rohstoffe, 25% Konsumgüter, 18% Kapitalgüter; Länder 1995: 51% USA, 7% Japan, 7% Trinidad und Tobago, 4% Großbritannien, 4% Kanada, 4% Venezuela; **Export**: 1441 Mio. $ (S 1996/97: 1600 Mio. $); Güter: 45% Tonerde, 17% Bekleidung, 7% Zucker, 5% Bauxit, 3% Bananen; Länder 1995: 37% USA, 13% Großbritannien, 11% Kanada, 8% Norwegen, 2% Trinidad und Tobago, 2% Japan – **Tourismus** 1994: 1,58 Mio. Auslandsgäste (mit Kreuzfahrtteilnehmern), 915 Mio. $ Einnahmen

Japan *Ost-Asien*

Nihon-Koku – J (→ Karte V, E 2/3)

Fläche (Weltrang: 60.): 377 750 km²

Einwohner (8.): F 1995 125 213 000 = 332 je km²

Hauptstadt: Tōkyō (Tokyo)
Z 1995: 7 967 614 Einw. (A: 11 773 605)

Amtssprache: Japanisch

Bruttosozialprodukt 1995 je Einw.: 39 640 $

Währung: 1 Yen (¥) = 100 Sen

Botschaft von Japan
Godesberger Allee 102–104, 53175 Bonn,
0228/8 19 10

Landesstruktur **Fläche**: 377 750 km²; 4 Hauptinseln (Hokkaidō, Honshū, Shikoku und Kyūshū) und über 3000 kleinere Inseln – **Bevölkerung**: Japaner; (Z 1995) 125 570 246 Einw. – (S) über 99% Japaner, etwa 50 000 Ainu (Ureinwohner) auf Hokkaidō; (F 1991) 1 218 900 Ausländer: 56,9% (Süd-)Koreaner, 14,0% Chinesen, 9,8% Brasilianer, 5,1% Philippiner, 3,5% US-Amerikaner – **Leb.-Erwart.** 1995: 80 J. – **Säugl.-Sterbl.** 1995: 0,4% – **Kindersterbl.** 1995: 0,6% – Jährl. **Bev.-Wachstum** ∅ 1985–95: 0,4% (Geb.- und Sterbeziffer 1995: 1,0%/0,8%) – **Analph.** 1995: unter 5% – **Sprachen**: Japanisch; Englisch als Verkehrs- und Bildungssprache – **Religion** 1992: 107,9 Mio. Schintoisten, 91,8 Mio. Buddhisten (u.a. die sog. Soka Gakkai), 11,4 Mio. Mischreligionen; 1 Mio. Christen (etwa 0,6 Mio. Protestanten, 0,4 Mio. Katholiken); Japaner gehören meist mehreren Religionsgemeinschaften an – **Städt. Bev.** 1995: 78% – **Städte** (Z 1995): Yokohama 3 307 136 Einw., Ōsaka 2 602 421, Nagoya 2 152 184, Sapporo 1 757 025, Kyōto 1 463 822, Kōbe 1 423 792, Fukuoka 1 284 795, Kawasaki 1 202 820, Hiroshima 1 108 888, Kitakyūshū 1 019 598, Sendai 971 297

Staat Parlamentarische Monarchie seit 1947 – Verfassung von 1947, letzte Änderung 1994 – Parlament (Kokkai): Unterhaus (Shugi-in) mit 500 (vorher 511) und Oberhaus (Sangi-in) mit 252 Mitgl.; Wahl des Unterhauses alle 4 J. und des Oberhauses alle 6 J. (zur Hälfte alle 3 J. neu) – Wahlrecht ab 20 J. – **Verwaltung**: 47 Präfekturen, darunter 3 Stadtpräfekturen Tōkyō, Ōsaka und Kyōto – **Staatsoberhaupt**: Kaiser Akihito, seit 1989, Symbol der Einheit des Staates und der Einheit des Volkes, kein Staatsoberh. im eigentlichen Sinn – **Regierungschef**: Ryutaro Hashimoto (LDP-Vorsitzender), seit 1996 – **Äußeres**: Yukihiko Ikeda (LDP) – **Parteien**: Wahlen zum Unterhaus vom 20. 10. 1996: Liberaldemokratische Partei (Jiyu-Minshuto)/LDP 239 Sitze (1993: 223), Neue Fortschrittspartei (Shinshinto)/NFP 156 (160), Demokratische Partei (Minshuto)/DPJ 52, Kommunisten/KPJ 26 (15), Sozialdemokratische Partei (Nippon Shakaito)/SDPJ 15 (70), Neue Partei (Shinto Sakigake)/NPS 2 (14), Unabhängige 10 (30); Mandate vor den Wahlen: LDP 211, NFP 160, DPJ 52, SDPJ 30, NPS 9, KPJ 15, Unabhängige 16, 18 Sitze vakant – Oberhaus, Teilwahlen vom 23. 7. 1995: LDP 110 Sitze (1992: 94), NFP 56 (35), SDPJ 38 (63), KPJ 14 (11), Komei 11 (12), NPS 3 (1), Unabhängige 12 (6), Sonstige 8 (30) – **Unabh.**: seit mind. 660 v. Chr. (Kaiserreich) – **Nationalfeiertage**: 11. 2. (Tag der Staatsgründung) und 3. 5. (Verfassungstag) und 23. 12. (Geburtstag des Kaisers)

Wirtschaft (Einzelheiten → Kap. Wirtschaft) **Währung**: 1 US-$ = 115,35 ¥; 1 DM = 66,44 ¥ – **BSP** 1995: 4 963 587 Mio. $ – **BIP** 1995: 5 108 540 Mio. $; realer Zuwachs ∅ 1990–95: 1,0% (S 1996: 1,3%); Anteil (1993) **Landwirtsch.** 2%, **Industrie** 36%, **Dienstl.** 62% – **Erwerbstät.** 1996: Landw. 5%, Ind. 34%, Dienstl. 61% – **Arbeitslosigkeit** ∅ 1996: 3,3% (S 1997: 3,2%) – **Energieverbrauch** 1994: 3856 kg ÖE/Ew. – **Inflation** ∅ 1985–95: 1,4% (S 1996: 0,5%, S 1997: 2%) – **Ausl.-Verschuld.** 1995: keine – **Außenhandel** 1996: **Import**: 38 Bill. ¥; Güter: 27,5% Maschinen und Ausrüstungen (5,4% Büromaschinen, 3,8% Elektronikteile, 3% Kraftfahrzeuge), 17,3% Brennstoffe (9,6% Erdöl), 14,5% Nahrungsmittel, 8,7% Rohstoffe, 7,3% Textilien, 6,7% Chemikalien; Länder: 22,7% USA, 11,6% VR China, 4,6 Republik Korea, 4,4% Indonesien, 4,3% Republik China, 4,1% Australien, 4,1% BRD, 3,4% Malaysia; **Export**: 44,7 Bill. ¥; Güter: 24,7% Maschinen und Ausrüstungen (7,1% Büromaschinen, 3,4% Motoren), 24,3% Elektrik und Elektronik, 20,4% Transportmittel (13,1% Kraftfahrzeuge, 4,1% Kraftfahrzeugteile), 7% Chemikalien, 6,2% Metallwaren; Länder: 27,2% USA, 7,1% Republik Korea, 6,3% Republik China, 6,2% Hongkong, 5,3% VR China, 5,1% Singapur, 4,4% Thailand, 4,4% BRD – **Tourismus** 1995: 3,35 Mio. Auslandsgäste, 3223 Mio. $ Einnahmen

Chronik Als Abspaltung der mitregierenden Sakigate konstituiert sich am 22. 9. **1996** die **Demokratische Partei (Minshuto/DPJ),** zu deren Führung der bis Ende August 1996 amtierende Sakigate-Generalsekretär *Yukio Hatoyama* und Gesundheitsminister *Naoto Kan* gehören. – Bei

den von Ministerpräsident *Ryutaro Hashimoto* anberaumten **vorgezogenen Neuwahlen zum Unterhaus** am 20. 10. (Wahlbeteiligung 59,7%, niedrigster Stand seit 1945) verfehlen die Liberaldemokraten (Jiyu-Minshuto/LDP) knapp die absolute Mehrheit (239 von 500 Abgeordneten, +28 gegenüber dem Stand vor der Parlamentsauflösung). Als größte Oppositionspartei erhält die neokonservative Neue Fortschrittspartei (Shinshinto/NFP) 156 (–4) Sitze; die DPJ hält ihre Position (52), während die bisherigen Koalitionspartner der LDP, die Sozialdemokraten (SDP) mit 15 (–15) und die Neue Partei (Sakigake) mit 2 (–7) Sitzen schwere Einbrüche erleiden.– *Hashimoto* stellt am 7. 11. eine ausschließlich aus Mitgliedern der LDP bestehende **Minderheitsregierung** vor, die von der SDP und der Sakigake parlamentarisch unterstützt wird. *Yukihiko Ikeda* bleibt Außenminister, Minister für Internationalen Handel und Industrie wird *Shinji Sato*, Finanzminister wird *Hiroshi Mitsuzuka*. – Am 27. 12. spaltet sich die Shinshinto durch **Gründung der Taiyoto** (Sonnenpartei) und verliert an diese 13 Unterhausabgeordnete unter Führung von *Tsutomo Hata* (1994 kurzzeitig Ministerpräsident).
Wirtschaft: Die anhaltende Rezession, die zu einem dramatischen Verfall der Immobilienpreise und Aktienkurse führte, kulminiert in der Verschärfung der **Bankenkrise**. Als Spätfolge der Grundstücks- und Aktienspekulationswelle Ende der 80er Jahre (»Bubble Economy«) meldet das Geldinstitut Nichei Finance am 22. 10. **1996** mit Verbindlichkeiten von 820 Mrd. Yen (rd. 13 Mrd. DM) Konkurs an. Dieser bislang größten **Firmenpleite** der japanischen Wirtschaftsgeschichte folgen Anfang April **1997** die Zusammenbrüche von 3 weiteren Finanzierungsgesellschaften bzw. Banken; in massive Schwierigkeiten gerät die sie beherrschende Nippon Credit Bank, die im Rahmen eines Notprogramms u. a. alle Auslandsniederlassungen schließen und ein Drittel ihrer Angestellten entlassen muß. Am 4. 7. bricht der mit umgerechnet rd. 8 Mrd. DM verschuldete Baukonzern Tokai Kogyo zusammen. – Die **Arbeitslosenquote** liegt 1996 mit 3,4% auf dem höchsten Stand seit Beginn der statistischen Erhebungen (1953). – Bei einer Explosion und einem **Brand in der atomaren Wiederaufbereitungsanlage Tokaimura**, rd. 160 km nordöstlich von Tokio, am 11. 3. werden durch die Freisetzung von Plutonium 37 Beschäftigte kontaminiert. Nach heftiger Kritik an der verschleiernden Informationspolitik der Betreibergesellschaft entschuldigt sich Ministerpräsident *Hashimoto* am Tag darauf für die verspätete Information der Öffentlichkeit über den in Japan bisher schwersten

Reaktorunfall. Am 14. 4. ereignet sich im Kernkraftwerk Fugen bei Tsugura ein weiterer Unfall, bei dem mind. 11 Arbeiter radioaktiver Strahlung ausgesetzt werden.

Außenpolitik: Nach einem Referendum in der Präfektur **Okinawa** am 8. 9. **1996**, bei dem 89% der Abstimmenden eine Reduzierung der **US-Militärbasen** (die rd. 20% des Archipels in Anspruch nehmen) fordern, vereinbaren Japan und die USA am 2. 12. eine Verringerung der US-Militärpräsenz auf 8% der Landfläche; das rd. 28 000 Mann starke US-Militärpersonal bleibt erhalten (→ WA '97, Sp. 340). Am 11. 4. **1997** verabschiedet das Unterhaus ein Gesetz, nach dem Pachtverträge mit den US-Streitkräften auf Okinawa auch gegen den Widerstand der lokalen Bodeneigentümer verlängert werden können und die Regierung von den US-Militärs benötigtes, aber von den Besitzern nicht abgegebenes Land zwangsweise pachten kann. – Am 20. 7. **1996** kündigt Japan die Einbeziehung der zwischen Japan und und der VR China umstrittenen, an Bodenschätzen vermutlich reichen Gruppe der **Senkaku- bzw. Diaoyu-Inseln** (→ Karte) in seine 200-Seemeilen-Wirtschaftszone an, nachdem eine Woche zuvor japanische Rechtsextremisten durch die Errichtung eines Leuchtturms symbolisch von ihnen Besitz ergriffen und den scharfen Protest sowohl der → VR China wie auch Taiwans provoziert hatten. Mit demonstrativen Akten schüren

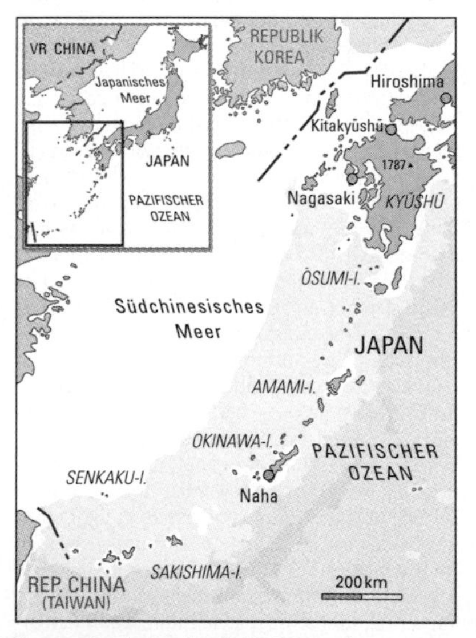

Japan: Streit um die Senkaku-Inseln

Nationalisten beider Seiten den Inselstreit, der das Interesse Japans und der VR Chinas an einer Verbesserung ihrer zwischenstaatlichen Beziehungen konterkariert. Der Konflikt geht auf die Annexion der Inselgruppe durch Japan 1895 zurück, das die Inseln 1945 an die USA verloren und von ihnen 1972 zurückerhalten hatte. – Nach der **Befreiung der Geiseln aus der Gewalt der Túpac-Amaru-Guerilleros** (MRTA) in der besetzten japanischen Botschaft in Lima am 22. 4. **1997** (→ Peru) entschuldigt sich Ministerpräsident *Hashimoto* für das Geschehen auf japanischem Territorium und zeichnet am 11. 5. die beiden bei der Stürmung der Botschaft ums Leben gekommenen peruanischen Offiziere posthum mit hohen japanischen Orden aus.

Jemen *Vorder-Asien*

Republik Jemen; al-Ǧumhūriyya al-Yamaniyya, Kurzform: al-Yaman – YE (→ Karte IV, C 4)

Fläche (Weltrang: 48.): 536 869 km^2

Einwohner (56.): F 1995 15 272 000 = 28 je km^2

Hauptstadt: San 'ā' (Sana, Sanaa)
F 1993: 926 535 Einw.

Amtssprache: Hocharabisch

Bruttosozialprodukt 1995 je Einw.: 260 $

Währung: 1 Jemen-Rial (Y. Rl) = 100 Fils

Botschaft der Republik Jemen
Adenauerallee 77, 53113 Bonn, 0228/22 02 73

Landesstruktur Fläche: 536 869 km^2; einschließlich der Inseln Barīm (Perim) 13 km^2, Kamaran 57 km^2 und Suquṭrā (Socotra) – **Bevölkerung**: Jemeniten; (Z 1994, vorl.) 14 561 330 – (S) hauptsächlich Jemeniten, 3% Inder bzw. Pakistaner, 1% Somalis – **Flüchtl.** Ende 1996: 45 000 aus Somalia, 6000 Palästinenser, 3600 andere – **Leb.-Erwart.** 1995: 51 J. – **Säugl.-Sterbl.** 1995: 7,6% – **Kindersterbl.** 1995: 11,0% – Jährl. **Bev.-Wachstum** ∅ 1985–95: 4,2% (Geb.- und Sterbeziffer 1995: 4,7%/1,4%) – **Analph.** 1990: 62% – **Sprachen**: Arabisch (Jemenitisch, z. T. Beduinendialekte); südarabische Sprachen (u. a. Soqutri auf Socotra) – **Religion** 1992: (Islam ist Staatsreligion) 99% Muslime (meist Sunniten, Minderh. von Zaiditen); Minderh. von Christen und Hindus – **Städt. Bev.** 1995: 34% – **Städte** (F 1993): 'Adan (Aden) 400 783 Einw., Ta'izz 290 107, Al-Ḥudaydah (Hodeida) 246 088

Staat Islamische Präsidialrepublik seit 1991 – Verfassung von 1994 (islamisches Recht) – Parlament (Majlis al-Nuwaab) mit 301 Mitgl., Wahl alle 5 J. – Direktwahl des Staatsoberh. alle 5 J. (einmalige Wiederwahl) – Wahlrecht ab 18 J. – **Verwaltung**: 17 Provinzen – **Staatsoberhaupt**: Generalleutnant Ali Abdallah Saleh (GPC-Vorsitzender), seit 1990 – **Regierungschef**: Faraj Said bin Ghanem, seit 15. 5. 1997; Koalition aus GPC und YAR – **Äußeres**: Abdulkarim Al-Eryani – **Parteien**: Wahlen vom 27. 4. 1997: Allgemeiner Volkskongreß/GPC (ehem. Nord-Jemen) 187 der 301 Sitze (1993: 123), islam. Partei al-Islah/YAR (Jemenitische Vereinigung für Reformen) 53 (62), Nasseristische Unionistische Volkspartei/NUPP und Arabische Sozialistische Baath-Partei zus. 7 (10), Unabhängige 54 (47) – **Unabh.**: alte staatl. Tradition; 30. 10. 1918 Unabhängigkeit des Nord-Jemen vom Osmanischen Reich; 30. 11. 1967 Unabhängigkeit des Süd-Jemen von der brit. Kolonialmacht; 22. 5. 1990: Vereinigung der Jemenitischen Arabischen Republik und der Demokratischen Volksrepublik Jemen zur Republik Jemen – **Nationalfeiertag**: 22. 5. (Tag der Republik von 1990)

Wirtschaft **Währung**: 1 US-$ = 127,92 Y. Rl; 1 DM = 76,38 Y. Rl; Zahlungsmittel neben Jemen-Rial ist Jemen-Dinar/YD im Verhältnis 1 YD = 26 Y. R; Bindung an US-$ – **BSP** 1995: 4044 Mio. $ – **BIP** 1995: 4790 Mio. $; Anteil (1995) **Landwirtsch.** 15%, **Industrie** 39%, **Dienstl.** 46% – **Erwerbstät.**1995: Landw. 57%, Ind. 10% – **Arbeitslosigkeit** ∅ 1994 (S): 30% – **Energieverbrauch** 1994: 206 kg ÖE/Ew. – **Inflation** ∅ 1983–91: 2,0% (1994: 60%) – **Ausl.-Verschuld.** 1995: 6212 Mio. $ – **Außenhandel** 1993: (S) 2400 Mio $; Export 650 Mio $ – ehem. Arabische Republik Jemen *Außenhandel:* 1990: **Import**: 13 954 Y. Rl; Güter: 40% Nahrungsmittel und leb. Tiere, 15% Maschinen und Transportausrüstungen; Länder: 34% EU-Staaten (u. a. 8% Frankreich), 9% Saudi-Arabien, 7% USA; **Export**: 6353 Mio. Y. Rl; Güter: 91% Erdöl und -produkte; Länder: 47% USA, 41% EG-Staaten (u. a. 30% Italien) – (ehem. Demokratische Volksrepublik Jemen) *Außenhandel* 1990: **Import**: 598 Mio. $; Güter 1986: 32% Nahrungsmittel und leb. Tiere; Länder 1986: 18% UdSSR, 8% Großbritannien; **Export**: 80 Mio. $; Güter: 47% Fischereiprodukte, 12% Erdölderivate; Länder 1986: 28% Japan, 24% Frankreich, 13% Saudi-Arabien

Chronik Vor den **Parlamentswahlen** vom 27. 4. **1997** kommt es zwischen den Parteien der Regierungskoalition, dem Allgemeinen Volkskongreß

GPC und der islamischen Reformpartei YAR (al-Islah) zu scharfen Auseinandersetzungen um die Aufteilung der Wahlkreise und die Aufstellung von Kandidaten. Die Sozialistische Partei, die seit dem Bürgerkrieg 1994 in der Opposition ist, hat bereits am 5. 3. nach internen Debatten beschlossen, den Wahlen fernzubleiben. Einige ihrer Führer treten als unabhängige Kandidaten an. Wegen Aufrufs zum Wahlboykott werden zahlreiche Oppositionspolitiker verhaftet. Aus den Wahlen geht der Volkskongreß als klarer Sieger hervor, er erringt 187 der 301 Mandate. Die Wahlbeteiligung ist umstritten, internationale Beobachter schätzen sie auf 60% der registrierten Stimmberechtigten. In der **neuen Regierung**, die am 15. 5. 1997 antritt, stellt der GPC 24 der 28 Minister, die Islah ist nicht mehr vertreten. – Obwohl Saudi-Arabien die Demokratisierung mit Mißtrauen betrachtet, haben sich die Beziehungen zu diesem Nachbarn, die während des Golfkriegs 1990 durch die Parteinahme des Jemen für den Irak getrübt wurden, weiter verbessert. 200 000 der damals ausgewiesenen jemenitischen Arbeitskräfte sollen inzwischen wieder in das Königreich zurückgekehrt sein. Eine kuwaitische Entwicklungshilfeorganisation, die bereits den Zusammenschluß der Energieversorgung des ehemaligen Süd- und Nordjemen mit Krediten in Höhe von 54 Mio. $ finanziert hat, vergibt am 8. 7. 1997 einen weiteren Kredit von 20 Mio. $ an eine jemenitische Wohlfahrtseinrichtung.

Jordanien *Vorder-Asien*

Haschemitisches Königreich Jordanien;
al-Mamlaka al-Urdunniyya al-Hašimiyya,
Kurzform: al-Urdunn – JOR (→ Karte IV, B 3)

Fläche (Weltrang: 111.): 88 946 km²

Einwohner (115.): F 1995 4 212 000 = 47 je km²

Hauptstadt: ʿAmmān (Amman)
F 1993: 1 272 000 Einw.

Amtssprache: Hocharabisch

Bruttosozialprodukt 1995 je Einw.: 1510 $

Währung: 1 Jordan-Dinar (JD.) = 1000 Fils

Botschaft des Haschemit. Königreichs Jordanien
Beethovenallee 21, 53173 Bonn, 0228/35 70 46

Landesstruktur **Fläche**: 88 946 km² – **Bevölkerung**: Jordanier; (S) 98% Araber; Minderh. von Tscherkessen, Tschetschenen, Dagestanern, Kurden, Armeniern und sogenannten Turkmenen –

Anteil unter **Armutsgrenze** ∅ 1981–95: 2,5% – **Flüchtl.** Ende 1996: 1358700 Palästinenser, 3800 andere – **Leb.-Erwart.** 1995: 69 J. – **Säugl.-Sterbl.** 1995: 2,1% – **Kindersterbl.** 1995: 2,5% – Jährl. **Bev.-Wachstum** ∅ 1985–95: 4,7% (Geb.- und Sterbeziffer 1995: 3,8%/0,5%) – **Analph.** 1995: 13% – **Sprachen**: Arabisch, Beduinendialekte; Sprachen der Minderheiten; Englisch als Bildungssprache – **Religion** 1994: 80% sunnit. Muslime sowie kleine Gruppen anderer Muslime; Minderh. von Christen – **Städt. Bev.** 1995: 72% – **Städte** (F 1993): Az-Zarqā' 605000 Einw., Irbid 385000; (F 1991) Ar-Ruṣayfah 115500; (F 1989) Al Buq'ah 64000, As-Salṭ 47600

Staat Parlamentarische Monarchie seit 1952 – Verfassung von 1952, letzte Änderung 1992 – Parlament: Abgeordnetenhaus mit 80 für 4 J. gewählten Mitgl. (9 Sitze für Christen reserviert, 6 für Beduinen und 3 für Tscherkessen) und Senat (Haus der Notabeln) mit 40 Mitgl. (für 8 J. bzw. die Hälfte alle 4 J. vom König ernannt) – Wahlrecht ab 19 J. – **Verwaltung**: 8 Provinzen – **Staatsoberhaupt**: König Hussein Ibn Talal (Hussein II.), seit 1952, gekrönt 1953 – **Regierungschef und Äußeres**: Abdassalam al-Madschali, seit 19. 3. 1997 – **Parteien**: Wahlen vom 8. 11. 1993: regierungsnahe Unabhängige Zentristen 44 Sitze, Islamische Aktionsfront/IAF 16, Islamische Unabhängige 6, Linke Unabhängige 4, Al-Ahd 2, Jordanische Arabische Demokratische Partei 2, Sonstige 6 – **Unabh.**: 22. 3. 1946 – **Nationalfeiertag**: 25. 5. (Unabhängigkeitstag)

Wirtschaft **Währung**: 1 US-$ = 0,7100 JD.; 1 DM = 0,4234 JD. – **BSP** 1995: 6354 Mio. $ – **BIP** 1994: 6105 Mio. $; realer Zuwachs ∅ 1990–95: 8,2%; Anteil (1994) **Landwirtsch.** 8%, **Industrie** 27%, **Dienstl.** 65% – **Erwerbstät.** 1993: Landw. 5%, Ind. 23%, Dienstl. 72% – **Arbeitslosigkeit** ∅ 1995 (S): ca. 24% – **Energieverbrauch** 1994: 1067 kg ÖE/Ew. – **Inflation** ∅ 1985–95: 7,1% (1996: 6,5%) – **Ausl.-Verschuld.** 1995: 7944 Mio. $ – **Außenhandel** 1995: **Import**: 3,69 Mrd. $; Güter: 25,1% Fertigerzeugnisse, 24,5% Maschinen und Transportausrüstungen, 16,2% Nahrungsmittel, 13% mineral. Brennstoffe, 12,3% Chemikalien; Länder: 12,2% Irak, 9,3% USA, 8,5% BRD, 5,4% Italien, 4,9% Großbritannien, 4,6% Frankreich; **Export**: 1,47 Mrd. $; Güter: 30,1% Chemikalien, 25,9% Phosphate und Pottasche, 14,6% pflanzl. und tier. Öle und Fette, 9,9% Lebensmittel; Länder: 18,5% Irak, 11% Indien, 6,8% Saudi-Arabien, 4,2% Vereinigte Arabische Emirate, 2,6% Indonesien, 0,4% Deutschland – **Tourismus** 1993: 3,09 Mio. Auslandsgäste, 563 Mio. $ Einnahmen

Chronik König *Hussein II.* nimmt am 1. und 2. 10. **1996** gemeinsam mit *Yassir Arafat* und *Benjamin Netanjahu* an einem **Nahost-Gipfel** in Washington teil. US-Präsident *Bill Clinton* hat dieses Treffen wegen der jüngsten Unruhen in Israel einberufen, die unter anderem durch die Eröffnung eines Tunnels am Tempelberg in der Jerusalemer Altstadt ausgelöst wurden (→ WA '97, Sp. 329). Der jordanische König, traditionell oberster Hüter der heiligen Stätten der Muslime in Jerusalem, kann jedoch in dieser Frage keine Zugeständnisse erwirken. Am 15. 10. bzw. 12. 1. **1997** besucht *Hussein* erstmals seit dem Sechstagekrieg 1967 das Westjordanland und Gaza und führt dort Gespräche mit *Arafat*. Am 12. 1. trifft er mit Israels Ministerpräsident *Netanjahu* zusammen. Nach diesen Konsultationen stellt der jordanische Herrscher einen eigenen Kompromißvorschlag und Zeitplan für den Abzug der israelischen Truppen aus Hebron vor, der jedoch die festgefahrenen Verhandlungen nicht in Bewegung bringt. Trotz weiterer Gespräche zeigen die diplomatischen Aktivitäten Jordaniens seit dem Amtsantritt der neuen Regierung in Israel wenig Wirkung, sondern tragen zur Isolierung des Landes innerhalb des arabischen Lagers bei, vor allem gegenüber dem Nachbarn Syrien. Auch die erhoffte wirtschaftliche »Dividende des Friedens« ist ausgeblieben, weder im Handel noch im Tourismussektor haben sich Vorteile der Partnerschaft mit Israel ergeben, die den Ausfall der Geschäfte mit dem Irak wettmachen können. – Ein jordanischer Soldat, der am 13. 3. israel. Schülerinnen erschossen hat (→ Israel), wird im Juli von einem Militärgericht in Amman zu einer lebenslangen Haftstrafe verurteilt. *Hussein* besucht die Eltern der getöteten Kinder und sucht auch den erkrankten israelischen Präsidenten *Ezer Weizman* auf. – Am 19. 3. tritt der jordanische **Ministerpräsident** *Abdelkarim Kabariti* zurück, der bereits Anfang Dezember 1996 scharfe Kritik an Israel wegen der Hebron-Frage geübt hatte. Sein Nachfolger wird der als königstreu geltende frühere Premier *Abdassalam al-Madschali*. – Bei Gesprächen zwischen US-Präsident *Clinton* und König *Hussein* am 1. 4. in Washington wird u. a. die Fortsetzung der amerikanischen Militärhilfe vereinbart. – Am 23. 5. einigt sich Jordanien mit den Mitgliedern des »Pariser Clubs« auf einen **Umschuldungsplan**, der einen Zahlungsaufschub von 18 Jahren auf Zins- und Tilgungszahlungen in Höhe von 400 Mio. $ vorsieht.

Jugoslawien *Südost-Europa*

Bundesrepublik Jugoslawien; Federativna Republika Jugoslavija – YU bzw. BRJ
(→ Karte III, F/G 3)

Fläche (Weltrang: 107.): 102 173 km²

Einwohner (67.): F 1995 10 518 000 = 103 je km²

Hauptstadt: Beograd (Belgrad)
Z 1991: 1 168 454 Einw.

Amtssprache: Serbisch

Bruttosozialprodukt S 1995 je Einw.: unter 3035 $

Währung: 1 Jug. Neuer Dinar (N.Din) = 100 Para

Botschaft der Bundesrepublik Jugoslawien
Schloßallee 5, 53179 Bonn, 0228/34 40 51

Landesstruktur Fläche: 102 173 km²; davon Serbien 88 361 km² (einschließlich Kosovo und Vojvodina → unten) und Montenegro 13 812 km² – **Bevölkerung**: Jugoslawen; (Z 1991) 10 394 026 Einw. (davon Serbien 9 778 991 und Montenegro 615 035) – 62,3% Serben, 16,6% Albaner, 5,0% Montenegriner, 3,3% Ungarn, 3,3% Jugoslawen (Eigenbezeichnung), 3,1% ethn. Muslime – **Flüchtl.** Ende 1996: 300 000 aus Kroatien, 250 000 aus Bosnien-Herzegowina – **Leb.-Erwart.** 1995: 72 J. – **Säugl.-Sterbl.** 1995: 2,0% – **Kindersterbl.** 1995: 2,3% – Jährl. **Bev.-Wachstum** ∅ 1985–95: 0,5% (Geb.- und Sterbeziffer 1995: 1,4%/0,9%) – **Analph.** 1990: 7% – **Sprachen**: Serbisch, Albanisch, Montenegrinisch, Magyarisch (Ungarisch) u. a. Sprachen der Minderheiten – **Religion**: 44% Serbisch-Orthodoxe, 31% Katholiken, 12% Muslime; protestant. und jüdische Minderheiten – **Städt. Bev.** 1995: 57% – **Städte** (Z 1991): Novi Sad (Hptst. der Vojvodina) 179 626 Einw., Niš 175 391, Kragujevac 147 305, Priština (Hptst. des Kosovo) 155 499, Podgorica (ehem. Titograd; Hptst. von Montenegro) 117 875, Subotica 100 386, Zrenjanin 81 316

Staat Bundesrepublik seit 1992 – Verfassung von 1992 – Bundesparlament (Savezna Skupština): Rat der Bürger mit 138 direkt gewählten Mitgl. (Serbien 108, Montenegro 30) und Rat der Republiken mit 40 Mitgl. (je zur Hälfte von den Parlamenten Serbiens und Montenegros ernannt); wählt Staatsoberh. alle 4 J. – Wahlrecht ab 18 J. – Serbien: Parlament mit 250 Abgeordneten; Präsident: Dragan Tomić, Wahlen finden bis spätestens 21. 9. 1997 statt; Regierungschef: Mirko Marjanović (SPS), seit 1994; Montenegro: Parlament mit 85 Abgeordneten; Präsident: Momir

Bulatović, seit 1990; Regierungschef: Milo Djukanović (DPS) – Äußeres: Janko Jeknić – **Verwaltung**: 2 Republiken; zu Serbien gehören die ehemaligen autonomen Gebiete Kosovo und Vojvodina (→ unten) – **Staatsoberhaupt**: Slobodan Milošević (SPS-Vorsitzender), seit 23. 7. 1997 – **Regierungschef**: Radoje Kontić (DPS), seit 1993 – **Äußeres**: Milan Milutinović – **Parteien**: Wahlen vom 3. 11. 1996: Linksblock (Sozialististische Partei Serbiens/SPS; Vereinigte Jugoslawische Linke, Neue Demokratie) 64 Sitze (SPS 1992: 47), Zajedno (Oppositionsbündnis aus 4 Parteien) 22, Demokratische Partei der Sozialisten Montenegros/DPS 20 (17), Serb. Radikale Partei/SRS 16 (34), Sonstige 16 (15) – Länderparlamente: Serbien: Wahlen vom 19. 12. 1993 mit Nachwahlen vom 26. 12. 1994: SPS 123 Sitze (1992: 101), DEPOS (Serb. Erneuerungsbewegung/SPO u. a. 3 Parteien) 45 (49), SRS 39 (73), DS 29 (7), Demokratische Partei Serbiens/DSS 7 (–), Demokratische Gemeinschaft der Ungarn in der Vojvodina/VMDK 5 (9), Albanische Parteien 2 (–), Sonstige – (11); Montenegro: DPS 46 (1990: 83), Volkspartei/NS 14 (12), Liberale/LZ 13, SRS 8, Allianz Reformistischer Kräfte/SPO 4 (17), Sonstige – (13) – **Unabh.**: Serbien und Montenegro treten am 29. 4. 1992 die Rechtsnachfolge der Sozialistischen Föderativen Republik Jugoslawien unter dem Namen Bundesrepublik Jugoslawien an (Rechtsnachfolge durch UNO nicht anerkannt) – **Nationalfeiertag**: 29. 11. (Tag der Republik)

Wirtschaft (keine neueren Ang. verfügbar) – **Währung**: 1 US-$ = 5,71 N.Din; 1 DM = 3,31 N.Din – **BSP** 1993 (S): 9 520 Mio. $ – **BIP** 1994: (S): 10 000 Mio. $; realer Zuwachs 1993/94 (S): +6,5%; Anteil (1995) **Landwirtsch.** 19%, **Industrie** 39%, **Dienstl.** 42% – **Erwerbstät.** 1995: Landw. 27% – **Arbeitslosigkeit** 12/1995: 27,0% – **Energieverbrauch** 1994: 1110 kg ÖE/Ew. – **Inflation** ∅ 1995: 120% – **Ausl.-Verschuld.** 1993: 11 314 Mio. $ (ehem. Jugoslawien) – **Außenhandel** 1991: **Import**: 4503,5 Mio. $ (Rückgang 1991/92 um 29,4%); Güter: 23% Maschinen und Transportausrüstungen, 19% Brennstoffe, 14% chem. Produkte, 14% industr. Vorprodukte; Länder: 49% EU-Staaten (u. a. 25% BRD, 13% Italien), 6% EFTA-Staaten, 18% ehem. UdSSR, 5% USA, 4% Rumänien; **Export**: 5010,2 Mio. $ (Rückgang 1991/92 um 45,7%); Güter: 27% industr. Vorprodukte, 20% Maschinen und Transportausrüstungen, 14% Bekleidung; Länder: 43% EU-Staaten (u. a. 21% BRD, 11% Italien), 7% EFTA-Staaten, 13% ehem. UdSSR, 4% USA, 2% Rumänien

Zu Serbien gehören

Kosovo und Metohija
Fläche: 10 887 km² – *Bevölkerung* (Z 1991): 1 956 196 Einw., (S 1994): 90% Albaner, 10% Serben (massiver Rückgang der Bev. durch Abwanderung seit 1990; S 1990–94: 300 000 Albaner) – *Sprachen:* Albanisch u. Serbokroat. – *Hauptort* (Z 1991): Priština 155 499 Einw. – Aufhebung des Autonomie-Status 1989, seitdem von Serbien direkt verwaltet – Verfassung (verboten) von 1990 – Exilregierung in Zagreb: *Präsident*: Ibrahim Rugova (LDK-Vors.), seit 1992; *Regierungschef*: Bujar Bukoshi (LDK), seit 1991 – *Parteien:* Wahlen zum Exilparlament am 24. 5. 1992: Demokratischer Bund von Kosovo/LDK absolute Mehrheit

Vojvodina (Wojwodina)
Fläche: 21 506 km² – *Bevölkerung:* (Z 1991): 2 013 889 Einw.; 54,4% Serben, 18,9% Ungarn, 8,2% Jugoslawen (Eigenbezeichnung), 5,4% Kroaten, 3,4% Slowaken, 2,3% Rumänen, 2,1% Montenegriner, 0,9% Ruthenen, 4,4% and. Minderh. (insg. 24 Nationalitäten); – *Sprachen:* Serbisch, Kroatisch; Ungarisch, Slowakisch, Rumänisch, Ruthenisch – *Hauptort* (Z 1991): Novi Sad 179 626 Einw. – Aufhebung des Autonomie-Status 1990 – *Präsident*: Boško Perošević *Regierungschef*: Koviljko Lovre

Chronik Die schwere innenpolitische Krise im Gefolge der Kommunalwahlen vom 17. 11. 1996 beherrscht die politischen Ereignisse in der BR Jugoslawien in der ersten Hälfte des Berichtszeitraums. Der aus politisch heterogenen Gruppen zusammengesetzten Oppositionsbewegung Zajedno (Gemeinsam) gelingt es zwar, sich mit dem Rückhalt eines monatelangen Massenprotests im punktuellen Konflikt um die Kommunalwahlen durchzusetzen, doch zerbricht sie schließlich an inneren Widersprüchen.

Wahlen: Am 3. 11. **1996** finden die Wahlen zum Bundesparlament, zum Landesparlament von Montenegro sowie zu den Kommunalvertretungen (1. Durchgang) statt. Bei der **Parlamentswahl auf Bundesebene** (Wahlbeteiligung: 61%) setzt sich in Serbien die Linkskoalition mit 52% bzw. 64 der 108 serbischen Mandate durch (+11 gegenüber 1992); sie besteht aus der führenden Sozialistischen Partei (SPS) des serbischen Präsidenten *Milošević*, dem von seiner Ehefrau *Mira Marković* 1994 zusammengeführten Bündnis altkommunistischer Gruppierungen (Jugoslawische Linke/JUL) und der Partei Neue Demokratie (ND). Im Kosovo folgte die albanische Bevölkerungsmehrheit weitgehend einem Boykottaufruf

des Demokratischen Bundes Kosovos, so daß die SPS dort alle 20 für diese Provinz im Bundesparlament reservierten Mandate gewinnt. Die serbische Linkskoalition wird im Bundesparlament verstärkt durch die 20 (+4) Abgeordneten der montenegrinischen Demokratischen Partei der Sozialisten (DPS). Die extrem nationalistische Serbische Radikale Partei (SRS) erzielt 16%. Das Oppositionsbündnis Zajedno, eine Allianz der Serbischen Erneuerungsbewegung (SPO) unter Führung von *Vuk Drašković*, der Demokratischen Partei (DS) unter *Zoran Djindjić* und der von *Vesna Pesić* geführten Serb. Bürgerallianz (GSS), erlangt 21% bzw. 22 Sitze, das Oppositionsbündnis in Montenegro 8 Sitze. Zajedno wirft den Parteien des Regierungslagers, die über das Medienmonopol verfügen, eine Beeinträchtigung der Wahlchancen für die Opposition sowie Wahlfälschungen vor. – Bei der ersten Runde der **Lokalwahlen** nach dem Mehrheitswahlrecht werden 2067 von 7670 Gemeinde- und Stadtratsmandaten vergeben, von denen die SPS 59% gewinnt. Im **Stichentscheid über die kommunalen Mandate** am 17. 11. siegt der Linksblock in den ländlichen Regionen, verliert aber in 15 der 18 größeren Städte und in 60 der 110 Stimmbezirke von Belgrad die Mehrheit an Zajedno. Mit der Begründung, bei der Wahl sei es zu Manipulationen durch die Opposition gekommen, annulliert die Zentrale Wahlkommission am 20. 11. die Ergebnisse in den Wahlbezirken mit Zajedno-Mehrheiten und setzt Nachwahlen an. Die Opposition boykottiert diesen 3. Wahlgang am 24. und 27. 11., erkennt dessen Ergebnisse (die zu einer Umkehrung der ursprünglichen Mehrheiten in den betreffenden Kommunalvertretungen führen) nicht an und erweitert ihr Verlangen nach Anerkennung ihres Sieges in den Städten um die Forderungen nach umfassender Demokratisierung des Landes und Rücktritt von Präsident *Milošević*. Nachdruck verleiht sie ihren Protesten durch den Boykott des neugewählten Bundesparlaments und durch Demonstrationen in den großen Städten – in Belgrad mit täglichen **gewaltfreien, phantasiereich organisierten Aufmärschen** von des öfteren Hunderttausenden von Menschen. Die Bewegung wird getragen von den Studentenschaften und der städtischen Bevölkerung. Am 7. 12. bestätigt das Oberste Gericht in Belgrad die offizielle Version der Kommunalwahlergebnisse, wird jedoch Mitte Dezember 1996 durch 2 Urteile von Bezirksgerichten konterkariert, die den Sieg der Oppositionsparteien in Niš und Smederovska Palanka bestätigen. Auf Druck der OSZE, der Europäischen Union (u. a. Stornierung von Handelserleichterungen vom

6. 12., Resolution des Europäischen Parlaments vom 11. 12.) und der USA lädt *Milošević* am 13. 12. eine **OSZE-Kommission zur Überprüfung der Kommunalwahlen** ein, die – unter Vorsitz des früheren spanischen Ministerpräsidenten *Felipe González* – am 27. 12. den Sieg von Zajedno in 13 Städten und 9 Belgrader Bezirken feststellt. Schon zuvor gingen bisher regierungstreue Funktionsträger und Organisationen auf Distanz zur serbischen Führung, u.a. die Allianz Unabhängiger Gewerkschaften (größter Gewerkschaftsbund) und die orthodoxe Kirche in Serbien. In der Teilrepublik Montenegro schließt sich Ministerpräsident *Milo Djukanović* der Forderung nach Rücktritt des serbischen Präsidenten *Milošević* an, Parlamentspräsident *Svetozar Marović* droht am 7. 1. **1997** Montenegros Boykott der jugoslawischen Bundesinstitutionen an. Dem Druck der in- und ausländischen Aktivitäten zur Unterstützung der Opposition nachgebend, kündigt *Milošević* am 4. 2. ein **Sondergesetz** an, das die von der OSZE-Kommission ermittelten Wahlergebnisse für verbindlich erklärt und am 11. 2., nach 84 Demonstrationstagen in Folge (Höhepunkte am 24. 12. 1996 und 13. 1. 1997 mit jeweils rd. 500 000 Menschen in Belgrad), von der serbischen Nationalversammlung mit knapper Mehrheit verabschiedet wird. Am Tag darauf kündigt *Djindjić* die Erneuerung der Protestbewegung an, sollten demokratische Reformen, insbesondere der Zugang der Opposition zu den staatlich kontrollierten Medien, weiterhin verweigert werden. Am 21. 2. wählt der Stadtrat von Belgrad mit der Mehrheit der Zajedno-Vertreter *Djindjić* zum ersten nichtkommunistischen Bürgermeister der Hauptstadt.

Zajedno zerbricht: Kommunalpolitische Schwierigkeiten der Zajedno-Magistrate, deren Arbeit die Zentralbehörden nach Kräften behindern, befördern die ideologischen Kontroversen und personellen Rivalitäten zwischen den Führungen der 3 am Bündnis beteiligten Parteien. Auf eine Plattform für ein gemeinsames Vorgehen gegen Präsident *Milošević* können sie sich nicht verständigen. In mehreren Städten verhelfen Zajedno-Abspaltungen der SPS wieder zur Mehrheit in den Gemeinderäten. *Drašković*, nationalistischer Führer der SPO, wirft der DS von *Djindjić* Konspiration mit Teilen der regierenden Sozialistischen Partei vor, kündigt am 29. 6. das Bündnis auf und meldet seine Kandidatur für das serbische Präsidentenamt an.

Parteisäuberung, Machtkampf in Montenegro, Wahl des Präsidenten: Mit einem Revirement im serbischen Kabinett und einer Säuberungswelle in der SPS sucht *Milošević* seine infol-

ge der Kommunalwahl-Krise geschwächte Position abzusichern. Obwohl im Parlament durch keinen Abgeordneten vertreten, erhält am 11. 2. 1997 die von *Mira Marković* geführte JUL 7 der 13 neu besetzten Ressorts. In den Orten mit Zajedno-Mehrheiten macht die SPS-Führung am 17. 2. die kommunalen Parteiführungen für die Wahlfälschungen am 17. 11. 1996 verantwortlich und setzt sie ab. – Trotz eines parteiinternen Machtkampfes zwischen Gegnern und Anhängern von *Milošević* spricht sich die Parteiführung der **Montenegriner Sozialisten** am 24. 6. mit knapper Mehrheit für dessen Kandidatur für das Amt des Präsidenten der jugoslawischen Föderation aus. Sie lehnt jedoch die von ihm angestrebte Kompetenzerweiterung des bisher nur mit repräsentativen Aufgaben versehenen jugoslawischen Präsidentenamtes ab, weil sie die montenegrinische Eigenständigkeit einschränken würde. Nachdem der *Milošević*-Vertraute und Präsident Montenegros, *Momir Bulatović*, als Parteichef abgesetzt und vom Zentralkomitee am 11.7. aus der Partei ausgeschlossen wird, spaltet sich die DPS faktisch. *Djukanović* wird als Kandidat für die auf den 5.10. angesetzten Präsidentenwahl nominiert. *Bulatović*, der seinerseits den Ausschluß des Reformflügels betreibt, scheitert mit seiner erneuten Kandidatur am Verfassungsgericht. – *Milošević*, dessen Präsidentschaft der serbischen Teilrepublik im Herbst 1997 ausläuft und der aus Verfassungsgründen für sie nicht erneut kandidieren kann, löst am 23. 7. *Zoran Lilić* als Staatsoberhaupt der Bundesrepublik Jugoslawien ab. Um angesichts der schweren Führungskrise in der Teilrepublik Montenegro seine Wahl in beiden Kammern des Bundesparlaments zu sichern, wurde sie überraschend um eine Woche auf den 15.7. vorgezogen. Vor seiner Vereidigung tritt *Milošević* als Präsident der Teilrepublik Serbien zurück und überläßt das Amt, für das innerhalb von 60 Tagen Wahlen stattfinden müssen, dem serbischen Parlamentspräsidenten *Dragan Tomić*.

Außenpolitik: Am 1. 10. **1996** hebt der UN-Sicherheitsrat alle Sanktionen auf, die er gegen die BR Jugoslawien im Zuge des mit dem Frieden von Dayton (1995) beendeten Bosnienkriegs verhängt hatte.

Kambodscha *Südost-Asien*

Königreich Kambodscha; Preăh Réachéanachâkr Kâmpŭchéa – K (→ Karte V, D 4)

Fläche (Weltrang: 88.): 181 035 km²

Einwohner (74.): F 1995 10 024 000 = 55 je km²

Hauptstadt: Phnum Pénh (Phnom Penh)
S 1991: 900 000 Einw.

Amtssprache: Khmer

Bruttosozialprodukt 1995 je Einw.: 270 $

Währung: 1 Riel (CR) = 100 Sen

Botschaft des Königreichs Kambodscha
Grüner Weg 8, 53343 Wachtberg, 0228/32 85 09

Landesstruktur Fläche: 181 035 km² – **Bevölkerung**: Kambodschaner; (Z 1981) 6 682 000 Einw. – (S 1992) 92% Khmer, 5–7% Vietnamesen, 2% Chinesen, 100 000 Thailänder; Gruppen malaiischer Herkunft, z. B. Cham, Bergstämme, z. B. Moi (sog. Khmer-Loeu) und Lao – **Flüchtl.** Ende 1996: 32 000 Binnenflüchtlinge; 34 400 in Vietnam – **Leb.-Erwart.** 1995: 53 J. – **Säugl.-Sterbl.** 1995: 11,0% – **Kindersterbl.** 1995: 17,4% – Jährl. **Bev.-Wachstum** ∅ 1985–95: 3,0% (Geb.- und Sterbeziffer 1995: 4,0%/1,3%) – **Analph.** 1990: 65% – **Sprachen**: Khmer; Französisch als Bildungs- und Handelssprache; Vietnamesisch, Chinesisch u. a. – **Religion** (Buddhismus ist Staatsreligion) 1992: 88,4% Buddhisten; etwa 200 000 schafiitische Sunniten (Cham, Malaien), christl. Minderheit – **Städt. Bev.** 1995: 21% – **Städte** (F 1990): Bătdâmbâng 94 400 Einw., Siæmréab 76 400, Kâmpóng Saôm (Sihanoukville) 75 000, Prey Vêng 41 500, Ta Khman 34 900

Staat Parlamentarische Monarchie seit 1993 – Verfassung von 1993 – Parlament (Nationalversammlung) mit 120 Mitgl., Wahl alle 5 J. – Wahlrecht ab 18 J. – **Verwaltung**: 21 Provinzen – **Staatsoberhaupt**: König Norodom Sihanouk, seit 1991, gekrönt 1993 (amtierend: Chea Sim) – **Regierungschef**: *Erster Ministerpräsident und Außenminister*: Ung Huot (FUNCINPEC), seit 6. 8. 1997; *Zweiter Ministerpräsident* Hun Sen (CPP); Koalitionsregierung aus FUNCINPEC und CPP seit 1993 – **Parteien**: Erste freie Wahlen vom 23.–28. 5. 1993 zur Verfassunggebenden Versammlung (Boykott seitens der Roten Khmer): Front Uni National pour un Cambodge Indépendant, Neutre, Pacifique et Coopératif/FUNCINPEC 58 Sitze, Volkspartei/CPP 51, Buddhistische Liberaldemokratische Partei/BLDP 10, Molinaka 1 – **Unabh.**: alte staatl. Tradition; einseitige Unabhängigkeitserklärung am 12. 3. 1945; endgültig durch Indochina-Konferenz am 20. 7. 1955 – **Nationalfeiertag**: 9. 11. (Unabhängigkeitstag)

Wirtschaft Währung: 1 US-$ = 2789,70 CR; 1 DM = 1541,22 CR – **BSP** 1995: 2718 Mio. $ – **BIP** 1995: 2771 Mio. $; realer Zuwachs ∅ 1990–95: 6,4%; Anteil (1995) **Landwirtsch.** 51%, **Industrie** 14%, **Dienstl.** 34% – **Erwerbstät.** 1994: Landw. 69% – **Arbeitslosigkeit**: k. Ang. – **Energieverbrauch** 1994: 52 kg ÖE/Ew. – **Inflation** ∅ 1985–95: 70,5% (S 1996: 5%) – **Ausl.-Verschuld.** 1995: 2031 Mio. $ – **Außenhandel** 1996: **Import**: 1010 Mio. $; Güter 1995: 32,8% Gold, 20,8% Zigaretten, 6,2% Erdöl, 5,5% Diesel, 2,4% Fahrzeuge; Länder: 35,7% Singapur, 23,8% Thailand, 6,8% Vietnam, 5,4% Japan, 5,4% Malaysia, 4,3% Frankreich, 3,7% Indonesien, 0,8% BRD; **Export**: 615 Mio. $; Güter 1996: 16,6% Schnittholz, 11,9% Rundholz, 5,6% Kautschuk; Länder 1995: 42,7% Thailand, 11,1% Singapur, 7,6% Indien, 5,8% Vietnam, 5,3% BRD, 3,8% Malaysia, 3,2% Großbritannien, 3,2% Hongkong

Chronik Mitte August **1996** bricht der ehem. Außenminister und Vizepremier des Demokratischen Kampuchea *Ieng Sary* mit den von seinem Schwager *Pol Pot* geführten Roten Khmer, gibt den bewaffneten Kampf auf und gründet am 28. 8. eine neue Partei (Demokratische Nationale Bewegung/DNUM). Am 7. 9. schließt er mit der Regierung in Phnom Penh für die von ihm geführte abtrünnige Rote-Khmer-Fraktion ein Friedensabkommen und wird am 15. 9. von König *Norodom Sihanouk* amnestiert. Zuvor hatte *Ieng Sary*, der 1979 in Abwesenheit wegen Völkermordes zum Tode verurteilt wurde, seine Mitschuld an den Verbrechen des Pol-Pot-Regimes in den 70er Jahren bestritten. Anfang November 1996 setzt sich der **Erosionsprozeß der Roten Khmer** mit dem Übertritt von 8000 Kämpfern zur Regierungsarmee fort. In der sich zuspitzenden politischen Krise, die durch den **Machtkampf der beiden rivalisierenden gleichberechtigten Ko-Ministerpräsidenten** und ihrer politischen Lager gekennzeichnet ist, wird am 30. 3. **1997** in Phnom Penh ein Anschlag auf eine Demonstration der Khmer Nation Party (KNP) verübt, dem mindesten 20 Menschen zum Opfer fallen. Im Rahmen der United National Front, einem Bündnis der KNP mit der FUNCINPEC und einer Fraktion der BLDP, unterstützt die KNP den Ersten Ministerpräsidenten Prinz *Norodom Ranariddh* (Sohn des Königs *Norodom Sihanouk*, FUNCINPEC). Der KNP-Vorsitzende *Sam Rainsy*, der dem ihm geltenden Attentat entgeht, weist die Verantwortung (post)kommunistischen Anhängern des Zweiten Ministerpräsidenten *Hun Sen* (CPP) zu, gegen den sich die Demonstration richtete. Die Auseinandersetzungen gehen Mitte Juni in einen offenen bewaffneten Konflikt zwischen den – durch übergetretene ehem. Rote-Khmer-Kämpfer erheblich verstärkten – Milizen der verfeindeten Lager über. Am 7. 7. kontrollieren die Truppen *Hun Sens* die kambodschanische Hauptstadt. Am 7. 7. **entmachtet Hun Sen** seinen Rivalen **Prinz Ranariddh**, den er der Kollaboration mit Fraktionen der Roten Khmer und der Vorbereitung des Bürgerkriegs beschuldigt. An dem mit *Ranariddh* noch im Juni 1997 vereinbarten Termin Mai 1998 für die nächsten Parlamentswahlen will *Hun Sen* festhalten. Nach Anzeichen einer politischen Säuberungswelle folgen führende Mitglieder der kambodschanischen Königsfamilie und dem FUNCINPEC Prinz *Ranariddh* ins Ausland. – Am 10. 7. 1997 vertagt die Vereinigung südostasiatischer Staaten **ASEAN** die für Ende Juli vorgesehene Aufnahme Kambodschas auf unbestimmte Zeit (→ ASEAN im Kap. Internationale Organisationen). – Obwohl das Regime *Hun Sens* vom Ausland zunächst nicht anerkannt wird, bleibt die internationale Unterstützung für den am 5. 7. nach Paris geflohenen Prinz *Ranariddh* gering. Der UN-Sicherheitsrat fordert am 12. 7. eine Verhandlungslösung, entschließt sich jedoch zur **Verhängung von Sanktionen.** Internationale und einzelstaatliche Hilfsprogramme westlicher Staaten, insgesamt rd. 60% der Staatsausgaben, werden storniert. – Am 16. 7. gibt die FUNCINPEC der Forderung *Hun Sens* nach und nominiert Außenminister *Ung Huot* (FUNCINPEC) als **neuen Ko-Ministerpräsidenten.** Während *Ranariddh* sich am 18. 7. bereit erklärt, seinen Aufruf zum bewaffneten Widerstand zurückzuziehen und den von seinem Vater, König *Sihanouk*, und den Außenministern der ASEAN entwickelten Friedensplan zu akzeptieren, lehnt *Hun Sen* die Abtretung der Macht an die von diesen vorgeschlagene Übergangsregierung bis zu den Wahlen 1998 ab. *Ung Huot* wird am 6. 8. vom Parlament mit 86 Stimmen (4 Gegenstimmen, 6 Enthaltungen) zum neuen Ko-Ministerpräsidenten gewählt. König *Sihanouk*, der sich in Peking aufhält, ermächtigt seinen Stellvertreter *Chea Sim* die Ernennungsurkunde zu unterzeichnen. *Hun Sen* erklärt damit die Krise für beendet, obwohl die militärischen Auseinandersetzungen in Teilen des Landes weitergehen und zur Flucht von einigen tausend Kambodschanern nach Thailand geführt haben. Gleichzeitig wurde die Immunität von Prinz *Ranariddh* vom Parlament aufgehoben, den *Hun Sen* beschuldigt, illegal Verhandlungen mit den Roten Khmer aufgenommen zu haben. *Hun Sen*, der am 12. 8. König *Sihanouk* in Peking aufsucht, weist dessen Angebot, auf den Thron zu verzichten, zurück. Ende August kehrt *Sihanouk* nach 6monatiger medizinischer Behandlung in Peking nach Kambodscha zurück, erklärt aber, nicht in die Politik eingreifen zu wollen. – Am 23. 7. wird ein amerikanischer Journalist Zeuge einer Art **Volksprozeß gegen den früheren Chef der Roten Khmer**, *Pol Pot*, bei dem er von rebellierenden Mitkämpfern zu lebenslangem Arrest verurteilt wird. *Hun Sen* hält die Aktion für ein Verschleierungsmanöver von *Pol Pot*, gegen den er Mitte Juni – noch zusammen mit *Ranariddh* – bei den Vereinten Nationen ein internationales Tribunal beantragt hat, da während des Terrorregimes der Roten Khmer zwischen 1975 und 1979 rd. 1,7 Mio. Kambodschaner getötet oder dem Hungertod überlassen worden sind.

Kamerun *Zentral-Afrika*

Republik Kamerun; République du Cameroun (französisch); Republic of Cameroon (englisch) – CAM (→ Karte IV, B 4)

Fläche (Weltrang: 52.): 475 442 km²

Einwohner (61.): F 1995 13 288 000 = 28 je km²

Hauptstadt: Yaoundé (Jaunde)
S 1992: 800 000 Einw.

Amtssprachen: Französisch, Englisch

Bruttosozialprodukt 1995 je Einw.: 650 $

Währung: CFA-Franc

Botschaft der Republik Kamerun
Rheinallee 76, 53173 Bonn, 0228/35 60 38

Landesstruktur Fläche: 475 442 km² – **Bevölkerung**: Kameruner; (Z 1987) 10 493 655 Einw. – (S) 40% Bantu (im S), 20% Semibantu und Adamawa, außerdem Pygmäen, Fulbe und Haussa (im N und Zentrum); etwa 20 000 Europäer (meist Franzosen) – **Leb.-Erwart.** 1995: 57 J. – **Säugl.-Sterbl.** 1995: 6,6% – **Kindersterbl.** 1995: 10,6% – Jährl. **Bev.-Wachstum** ∅ 1985–95: 2,9% (Geb.- und Sterbeziffer 1995: 4,0%/1,2%) – **Analph.** 1995: 37% – **Sprachen**: 80% Französisch, 20% Englisch; Bantu, Semibantu, Fang, Bamikele, Duala und Ful z. T. als Verkehrsspra-

che; Gbaya (Adamawa-Usangi-Sprachen), Weskos (kreolische Sprachen) u. a. – **Religion** 1992: 53% Christen (35% Katholiken und 18% Protestanten), 40% Anhänger von Naturreligionen, 22% Muslime (v. a. im N) – **Städt. Bev.** 1995: 45% – **Städte** (S 1992): Douala 1 200 000 Einw., Garoua 160 000, Maroua 140 000, Bafoussam 120 000

Staat Präsidialrepublik (im Commonwealth seit 1995) seit 1972 – Verfassung von 1972 – Parlament mit 180 Mitgl., Wahl alle 5 J. – Direktwahl des Staatsoberh. alle 5 J. – Wahlrecht ab 20 J. – **Verwaltung**: 10 Provinzen – **Staatsoberhaupt**: Paul Biya (RDPC), seit 1982 – **Regierungschef**: Peter Musonge Mafani, seit 1996 – **Äußeres**: Ferdinand Leopold Oyono – **Parteien**: Wahlen vom 17. 5. 1997: Rassemblement Démocratique du Peuple Camérounais/RDPC (ehem. Einheitspartei) 109 Sitze von 180 (1992: 88), Social Democratic Front (anglophon) 43, Union Nationale pour la Démocratie et le Progrès/UNDP 13 (68), Union Démocratique Camérounais/UDC 5 (18), Sonstige 3; Nachwahlen für 7 Sitze – **Unabh.**: 1. 1. 1960 Ost-Kamerun, 1. 10. 1961 West-Kamerun – **Nationalfeiertage**: 20. 5. (Tag der Verfassung) und 10. 12. (Tag der Wiedervereinigung)

Wirtschaft **Währung**: 1 US-$ = 587,77 CFA-Francs; 1 DM = 337,12 CFA-Francs; Wertverhältnis zum Französischen Franc: 1 FF = 100 CFA-Francs – **BSP** 1995: 8615 Mio. $ – **BIP** 1995: 7931 Mio. $; realer Zuwachs ∅ 1990–95: –1,8%; Anteil (1995) **Landwirtsch.** 39%, **Industrie** 23%, **Dienstl.** 38% – **Erwerbstät.** 1994: Landw. 57%, – **Arbeitslosigkeit** ∅ 1992 (S): 25% – **Energieverbrauch** 1994: 103 kg ÖE/Ew. – **Inflation** ∅ 1985–95: 2,0% – **Ausl.-Verschuld.** 1995: 9350 Mio. $ – **Außenhandel** 1994: **Import**: 980 Mio. $; Güter: 54% industr. Verbrauchsgüter, 19% Halbfertigwaren, 18% Investitionsgüter, 8% Lebensmittel; Länder: 35% Frankreich, 11% Belgien/Luxemburg, 5% Senegal, 5% USA, 4% Großbritannien, 4% BRD; **Export**: 2050 Mio. $; Güter: 29% Erdöl, 13% Kaffee, 11% Herstellungsgüter, 11% Holz, 10% Kakao und Kakaoprodukte; Länder: 19% Frankreich, 13% Italien, 13% Spanien, 10% Senegal, 7% Niederlande, 6% BRD – **Tourismus** 1993: 81 000 Auslandsgäste, 47 Mio. $ Einnahmen

Chronik Am 19. 9. **1996** wird *Peter Musonge Mafani* von Präsident *Paul Biya* zum **neuen Premierminister** ernannt; er nimmt eine umfangreiche Kabinettsumbildung vor. – Vom 28.–31. 3. **1997** kommt es zu **Angriffen paramilitärischer Einheiten auf Polizeistationen** im Nordwesten an der Grenze zu Nigeria. Die Regierung macht den Southern Cameroon National Council (SCNLA), der seit 1995 eine Sezession anstrebt und von Nigeria unterstützt wird, und die Southern Cameroon National Liberation Army (SCNLA) für die Übergriffe verantwortlich. – Die **Parlamentswahlen** am 17. 5., bei denen die Regierungspartei Demokratische Volksbewegung Kameruns (RDPC) von Präsident *Biya* 60,5% der Stimmen gewinnt, werden von **gewaltsamen Ausschreitungen** begleitet. Während des Wahlkampfes werden 7 Menschen getötet. Mitglieder der Sozialdemokratischen Front (SDF), die die anglophone Minderheit vertritt und dem SCNC nahesteht, werden verhaftet. Nachdem der oberste Gerichtshof am 6. 6. den Wahlsieg der RDPC (109 von 180 Sitzen) offiziell bestätigt – 7 Mandate werden aufgrund von Unregelmäßigkeiten nicht bestätigt –, fordert die Opposition die Annullierung der Wahlen. Auch ausländische Beobachter, darunter der Commonwealth-Vertreter *Jean-Jacques Blais*, sprechen von massiver Beeinträchtigung der Opposition v. a. in der anglophonen Nordwestprovinz.

Kanada *Nord-Amerika*

Canada – CDN (→ Karte VI, C-M 1–5)

Fläche (Weltrang: 2.): 9 958 319 km²

Einwohner (33.): F 1995 29 606 000 = 3 je km²

Hauptstadt: Ottawa
Z 1991: 313 987 Einw. (Z 1996 als A: 1 022 700)

Amtssprachen: Englisch, Französisch

Bruttosozialprodukt 1995 je Einw.: 19 380 $

Währung: 1 Kanad. Dollar (kan$) = 100 Cents

Botschaft von Kanada
Friedrich-Wilhelm-Str. 18, 53113 Bonn, 0228/9 68 0

Landesstruktur (Karte → WA '97, Sp. 357) **Fläche**: 9 958 319 km² – **Bevölkerung**: Kanadier; (Z 1991) 27 296 860 Einw., (Z 1996, vorläufig): 29 963 600 – (Z 1991): 22,8% Kanadier französischer, 20,8% britischer, 3,4% deutscher, 2,8% italienischer, 5,4% anderer europäischer, 2,2% chines. Herkunft u. a.; (Z 1986) 345 975 Indianer und 27 290 Inuit (Eskimos) – **Flüchtl.** Ende 1996: 26 100 – **Leb.-Erwart.** 1995: 78 J. – **Säugl.-Sterbl.** 1995: 0,6% – **Kindersterbl.** 1995: 0,8% – Jährl. **Bev.-Wachstum** ∅ 1985–95: 1,3% (Geb.- und Sterbeziffer 1995: 1,5%/0,8%) – **Analph.** 1995: unter 5% – **Sprachen** 1991: 98% Englisch (Muttersprache für 60,5%) oder Französisch (Muttersprache für 23,8%); 15,7% sonst. Sprachen, u. a. Italienisch, Deutsch, Ukrainisch, Portugiesisch, Sprachen der Indianer – **Religion** 1993: 11,85 Mio. Katholiken, 2,02 Mio. United Church; (1981) 2,4 Mio. Anglikaner, 812 000 Presbyterianer, 703 000 Lutheraner, 697 000 Baptisten, 231 000 Pfingstler, 189 000 Mennoniten und Hutterer, 143 000 Zeugen Jehovas; insg. 677 000 Orthodoxe, 350 000 Muslime, 296 000 Juden, 250 000 Sikhs – **Städt. Bev.** 1995: 77% – **Städte** (Z 1991): Montréal 1 017 666 Einw. (Z 1996 als A: 3,4 Mio.), Calgary 710 677 (831 800), Toronto 635 395 (4,3 Mio.), Winnipeg 616 790 (677 700), Edmonton 616 741 (855 200), Vancouver 471 844 (1,8 Mio.), Hamilton 318 499 (643 000), London 303 165 (413 000), Kitchener 168 282 (395 400), Québec 167 517 (693 500), St. Catherines-Niagara 129 300 (386 300), Halifax 114 455 (342 400)

Staat Parlamentarische Monarchie (im Commonwealth) seit 1931 – Verfassung von 1982 – Parlament: Unterhaus (House of Commons) mit 301 alle 5 J. gewählten Mitgl. (davon 75 für Québec vorbehalten) und Senat (Senate) mit max. 112 Mitgl. (Ernennung durch Generalgouverneur

auf Vorschlag des Regierungschefs) – Wahlrecht ab 18 J. – **Verwaltung**: 10 Provinzen und 2 Territorien unter Bundesverwaltung; bis 2008 Schaffung eines zusätzlichen Territoriums (Nunavut) der Inuit (Eskimos) im NW (2,2 Mio. km²) mit Selbstverwaltung geplant – **Staatsoberhaupt**: Königin Elizabeth II., vertreten durch einheimischen Generalgouverneur Sir Roméo LeBlanc, seit 8. 2. 1995 – **Regierungschef**: Jean Chrétien (LP-Vorsitzender), seit 1993 – **Äußeres**: Lloyd Axworthy – **Parteien**: Wahlen vom 2. 6. 1997: Unterhaus: Liberal Party/LP 155 von 301 Sitzen (1993: 177 von 295), konservative Reform Party 60 (52), Bloc Québécois/BQ (Separatisten) 44 (54), New Democratic Party/NDP 21 (9), Progressive Conservative Party/PCP 20 (2), Sonstige 1 (1) – Senat: PCP 50, LP 51, Unabhängige 3 – **Unabh.**: 1. 7. 1867 de facto (Autonomes Dominion), 11. 12. 1931 nominell (Westminsterstatut) – **Nationalfeiertag**: 1. 7.

Wirtschaft (Einzelheiten → Kap. Wirtschaft) – **Währung**: Freimarktkurs: 1 US-$ = 1,38 kan$; 1 DM = 0,79 kan$ – **BSP** 1995: 573 695 Mio. $ – **BIP** 1995: 568 928 Mio. $; realer Zuwachs ∅ 1990–95: 1,8% (S 1996: 2,2%); Anteil (1994) **Landwirtsch.** 3%, **Industrie** 27%, **Dienstl.** 60% – **Erwerbstät.** 1994: Landw. 4%, Ind. 22%, Dienstl. 74% – **Arbeitslosigkeit** ∅ 1996: 9,7% (S 1997: 9,4%) – **Energieverbrauch** 1994: 7854 kg ÖE/Ew. – **Inflation** ∅ 1985–95: 2,9% (1996: 1,6%, S 1997: 1,6%) – **Ausl.-Verschuld.** 1996: 355 Mrd. kan$ – **Außenhandel** 1996: **Import**: 233 Mrd. kan$; Güter: 33% Maschinen und Ausrüstungen, 22% Kraftfahrzeuge, 20% Industriegüter, 11% Konsumgüter, 6% land- und fischwirtschaftl. Produkte, 4% Energie; Länder: 76% USA, 4% Japan, 2% Großbritannien, 1% BRD; **Export**: 267 Mrd. kan$; Güter: 25% Kraftfahrzeuge, 23% Maschinen und Ausrüstungen, 18% Industriegüter, 12% forstwirtschaftl. Erzeugnisse, 10% Energie, 8% land- und fischwirtschaftl. Produkte, 3% Konsumgüter; Länder: 81% USA, 4% Japan, 2% Großbritannien, 1% Republik Korea, 1% BRD – **Tourismus** 1995: 16,9 Mio. Auslandsgäste (davon 13 Mio. US-Amerikaner), 8,8 Mrd. kan$ Einnahmen

Chronik Im Zuge der seit 1993 anhaltenden **Somalia-Affäre** erklärt Verteidigungsminister *David Collenette* am 4. 10. **1996** seinen Rücktritt. Wenige Tage nach der Demission *Collenetts* entläßt Premierminister *Jean Chrétien* auch den Stabschef der Streitkräfte, General *Jean Boyle*. Beiden wird vorgeworfen, die Untersuchung der Vorfälle in Somalia zu behindern, bei denen ka-

nadische Soldaten während der UN-Friedensmission 1992/93 in Somalia 4 somalische Zivilisten erschossen bzw. zu Tode folterten. Zwischenzeitlich wurden mehrere Offiziere militärgerichtlich verurteilt und das betreffende Luftlanderegiment aufgelöst. Am 2. 7. **1997** veröffentlicht eine unabhängige Untersuchungskommission ihren Bericht, in dem sie der Militärführung Versagen und der Regierung Vertuschung vorwirft.

Unterhauswahlen, Regierungsumbildung: Angesichts der verhältnismäßig günstigen Wirtschaftslage sowie einer regional und politisch zersplitterten Opposition setzt der Premier *Chrétien* (LP) im März **1997** Neuwahlen zum Unterhaus am 2. 6. an, 18 Monate vor Ablauf seiner regulären fünfjährigen Amtszeit. Nach einem Wahlkampf, der im Zeichen der gefährdeten nationalen Einheit (→ WA '97, Sp. 356 f.) steht, sichert das **Wahlergebnis** den Liberalen (LP) mit einem Stimmenanteil von 38% und 155 Sitzen (–22 gegenüber den Wahlen von 1993) erneut die absolute Mehrheit in dem um 6 Mandate erweiterten, nun 301 Sitze zählenden Unterhaus. Die zweitstärkste Fraktion stellt mit 60 Sitzen (+8) die in den beiden Westprovinzen British Columbia und Alberta verankerte konservative Reform Party, die landesweit auf 19% der Stimmen kommt. Der auf die Provinz Québéc beschränkte separatistische Bloc Québécois (BQ) büßt mit 11% und 44 Sitzen (–10) seine Position als dominierende Oppositionskraft ein. Den größten Zuwachs an Stimmen und Mandaten erzielen die sozialdemokratisch orientierte New Democratic Party (NDP) mit 11% und 21 Sitzen (+12) sowie die Progressive Conservative Party (PCP) mit 19% und 20 Sitzen (+18). – Bei einer **Regierungsumbildung** besetzt *Chrétien* 5 der 28 Kabinettsposten neu, wobei er die im Wahlergebnis zum Ausdruck gekommenen regionalen Interessen berücksichtigt; die Schlüsselressorts bleiben unverändert.

Außenpolitik: Zu einer **Kontroverse mit den USA** kommt es, als Außenminister *Lloyd Axworthy* (als erster hochrangiger kanadischer Politiker seit der Visite des damaligen Premiers *Pierre Elliott Trudeau* 1976) am 21./22. 1. **1997** Kuba besucht. Die USA kritisieren die auf eine Förderung der Menschenrechte und demokratische Öffnung in Kuba zielende Politik Ottawas, während Kanada – auch als einer der im Wirtschaftsverkehr mit Kuba hauptbetroffenen Staaten – die verschärfte Isolationspolitik der USA gegen Kuba (Helms-Burton-Gesetz vom März 1996; → WA '97, Sp. 682) als »kontrapoduktiv« ablehnt. – Nach dem Scheitern von Verhandlungen über eine gerechte Aufteilung der Lachsfangquoten und die Erhaltung der gefährdeten Fischbestände an der nordamerikanischen Westküste mündet der seit Jahren anhaltende Konflikt mit Beginn der Lachsfischerei-Saison Ende Juni 1997 in einen **»Lachskrieg« zwischen Kanada und den USA**. Beide Seiten drohen einander mit »Strafmaßnahmen« und exzessivem Abfischen (mit verheerenden Folgen für den Fischbestand). Nach mehreren Zwischenfällen Mitte Juli – u. a. wird eine amerikanische Fähre mehrere Tage am Auslaufen gehindert – dringt Kanada auf einen Schiedsspruch über die Aufteilung der Lachsfangquoten durch den Internationalen Gerichtshof in Den Haag, dessen Gerichtsbarkeit von den USA jedoch bisher nicht anerkannt wird.

Kap Verde *West-Afrika*

Republik Kap Verde [Kapverden]; República de Cabo Verde – CV (→ Karte IV, A 4)

Fläche (Weltrang: 164.): 4033 km²

Einwohner (162.): F 1995 380 000 = 94 je km²

Hauptstadt: Praia (auf São Tiago)
Z 1990: 82 874 Einw.

Amtssprache: Portugiesisch

Bruttosozialprodukt 1995 je Einw.: 960 $

Währung: 1 Kap-Verde-Escudo (KEsc) = 100 Centavos

Botschaft der Republik Kap Verde
Firtz-Schäffer-Str. 5, 53113 Bonn, 0228/26 50 02

Landesstruktur (Karte → WA '97, Sp. 359 f.) **Fläche**: 4033 km²; 15 Inseln (v. a. São Tiago mit 991 km², Santo Antão 779 km², Boa Vista 620 km², Fogo 476 km², São Nicolau 388 km², São Vicente

227 km²), davon 9 bewohnt – **Bevölkerung**: Kapverdier; (Z 1990) 341 491 Einw. – (F 1986) 71% Mestiços (Mulatten), 28% Schwarze, 1% Weiße; etwa 700 000 leben und arbeiten im Ausland, v. a. in den USA, Niederlanden, Portugal, Italien und Angola – **Leb.-Erwart.** 1995: 66 J. – **Säugl.-Sterbl.** 1995: 5,4% – **Kindersterbl.** 1995: 7,3% – Jährl. **Bev.-Wachstum** ∅ 1985–94: 2,0% (Geb.- und Sterbeziffer 1992: 4,8%/1,0%) – **Analph.** 1995: 28% – **Sprachen**: Portugiesisch, Crioulo – **Religion** 1992: 96% Katholiken, 1% Protestanten (Anglikaner); Anhänger von Naturreligionen – **Städt. Bev.** 1995: 54% – **Inseln** (Z 1990): São Tiago 171 433 Einwohner, São Vicente 51 257, Santo Antão 43 272, Fogo 33 860, São Nicolau 13 577, Sal 7998, Brava 6980, Maio 4964, Boa Vista 3457

Staat Republik seit 1975 – Verfassung von 1992 – Parlament (Assembléia Nacional) mit 72 Mitgl., Wahl alle 5 J. – Direktwahl des Staatsoberh. alle 5 J. – Wahlrecht ab 18 J. – **Verwaltung**: 15 Bezirke – **Staatsoberhaupt**: António M. Mascarenhas Gomes Monteiro (MPD), seit 1991 – **Regierungschef**: Carlos Alberto Wahnon de Carvalho Veiga (MPD), seit 1991 – **Äußeres**: Amílcar Spencer Lopes – **Parteien**: Wahlen vom 17. 12. 1995: Movimento para a Democracia/MPD 51 Sitze (1991: 56 von 79 Sitzen), Partido Africano da Independência de Cabo Verde/PAICV 20 (23), Partido da Convergência Democrática/PCD 1 (-) – **Unabh.**: 5. 7. 1975 (ehem. portugies. Kolonie) – **Nationalfeiertag**: 5. 7. (Unabhängigkeitstag)

Wirtschaft **Währung**: 1 US-$ = 92,00 KEsc; 1 DM = 54,4754 KEsc – **BSP** 1995: 366 Mio. $ – **BIP**: k. Ang.; Anteil (1993) **Landwirtsch.** 21%, **Industrie** 30%, **Dienstl.** 49% – **Erwerbstät.** 1993: Landw. 41%, Ind. 25% – **Arbeitslosigkeit** ∅ 1990: 25,8% – **Energieverbrauch** 1994: 307 kg ÖE/Ew. – **Inflation** ∅ 1985–95: 7,2% – **Ausl.-Verschuld.** 1993: 157,4 Mio. $ – **Außenhandel** 1993: **Import**: 12 387 Mio. KEsc; Güter: 32% Nahrungsmittel, Getränke und leb. Tiere, 25% Maschinen und Transportausrüstungen, 7% Metalle und Metallprodukte; Länder 1992: 32% Portugal, 10% Niederlande, 6% Brasilien, 6% USA, 5% Japan; **Export**: 311,4 Mio. KEsc; Güter 1993: 63% Fisch, Krustentiere und Fischprodukte, 12% Bananen; Länder 1992: 81% Portugal, 10% Niederlande, 7% Spanien – **Tourismus** 1993: 22 000 Auslandsgäste (davon ca. 12 000 Kapverdier auf Heimaturlaub)

Kasachstan *Zentral-Asien*

Republik Kasachstan; Ķazaķstan Respublikasy – KZ (→ Karte IV/V, C/D 2)

Fläche (Weltrang: 9.): 2 717 300 km²

Einwohner (53.): F 1995 16 606 000 = 6,1 je km²

Hauptstadt: (offiz. seit 1995) Akmola
F 1993: 287 000 Einw.

Hauptstadt: (de facto) Almaty (früher Alma-Ata)
F 1993: 1 176 200 Einw. (A: 1,32 Mio.)

Amtssprache: Kasachisch

Bruttosozialprodukt S 1995 je Einw.: 1330 $

Währung: 1 Tenge (T) = 100 Tiin

Botschaft der Republik Kasachstan
Oberer Lindweg 2–4, 53129 Bonn, 0228/9 23 80 0

Landesstruktur **Fläche**: 2 717 300 km² – **Bevölkerung**: Kasachen; (Z 1989) 16 464 464 Einw. – (F 1994) 44,3% Kasachen, 35,8% Russen, 5,1% Ukrainer, 3,6% Deutsche, 2,2% Usbeken, 2,0% Tataren, 7,0% Sonstige – **Flüchtl.** Ende 1996: 14 000 aus der Russ. Föderation, aus Tadschikistan und Afghanistan – **Leb.-Erwart.** 1995: 70 J. – **Säugl.-Sterbl.** 1995: 4,0% – **Kindersterbl.** 1995: 4,7% – Jährl. **Bev.-Wachstum** ∅ 1985–95: 0,5% (Geb.- und Sterbeziffer 1995: 1,9%/0,7%) – **Analph.** 1992: unter 5% – **Sprachen** 1989: 40,2% Kasachisch, 83,1% Russisch; Sprachen der Minderheiten – **Religion**: 50% Muslime (meist Sunniten), 50% Christen (v. a. Russisch-Orthodoxe) – **Städt. Bev.** 1995: 60% – **Städte** (F 1993): Karaganda 596 000 Einw., Čimkent (Tschimkent) 404 000, Pavlodar 349 000, Semipalatinsk 342 000, Ust-Kamenogorsk 334 000, Džambul 317 000, Akt'ubinsk 264 000, Petropavlovsk 248 000

Staat Präsidialrepublik seit 1991 – Neue Verfassung seit 1995 in Kraft – Parlament aus 2 Kammern: Unterhaus (2. Kammer/Maschlis) mit 67 direkt gewählten Mitgl. und Senat (1. Kammer) mit 47 Mitgl. (davon 7 vom Staatspräsidenten ernannt); Wahl alle 5 J. – Direktwahl des Staatsoberh. alle 5 J. – Wahlrecht ab 18 J. – **Verwaltung**: 19 Regionen und 2 Stadtbezirke Almaty und Leninsk – **Staatsoberhaupt**: Nursultan A. Nasarbajew (Union der Volkseinheit), seit 1990 – **Regierungschef**: Akeschan M. Kaschegeldin, seit 1994 – **Äußeres**: Kasimchomart K. Tokajew – **Parteien**: Wahlen zum Unterhaus vom 9. 12. 1995; Nachwahlen am 23. 12. 1995 und 4. 2. 1996: den Präsidenten unterstützende Parteien: Partei der nationalen Eintracht (PUP) 11 Sitze, Demokratische Partei (DP) 7, Kooperative Partei 2, Volkskongreß 1, »Unabhängige« 15; Opposition: Sozialistische Partei (SPK) 1, Kommunist. Partei (CPK) 2, Lad 1 – Wahlen zum Senat vom 5. 12. 1995 und 31. 1. 1996: PUP 6 Sitze, DP 5, Volkskongreß 1, »Unabhängige« 27; Opposition: SPK 1 – **Unabh.**: Erklärung am 16. 12. 1991 – **Nationalfeiertag**: 16. 12. (Unabhängigkeitstag)

Wirtschaft **Währung**: 1 US-$ = 75,25 T; 1 DM = 44,79 T – **BSP** 1995 (S): 22 143 Mio. $ – **BIP** 1995: 21 413 Mio. $; realer Zuwachs ∅ 1990–95: –11,9%; Anteil **Privatsektor** 6/1996: 40%; Anteil (1995) **Landwirtsch.** 12%, **Industrie** 30%, **Dienstl.** 57% – **Erwerbstät.** 1992: Landw. 24%, Ind. 30%, Dienstl. 46% – **Arbeitslosigkeit** ∅ 1996: 4,1% (offiziell) – **Energieverbrauch** 1994: 3371 kg ÖE/Ew. – **Inflation** ∅ 1985–95: 307,3% (1996: 28,7%) – **Ausl.-Verschuld.** 1995: 3712 Mio. $ – **Außenhandel** 1996: **Import**: 4261,3 Mio. $; Güter (1. Halbjahr): 27% Brenn- und Mineralstoffe, 26% Maschinenbauerzeugn. und Transportmittel, 11% Nahrungsmittel, 10% chem. Erzeugnisse, 10% Metalle und -waren; Länder: 55% Rußland, 4,6% BRD, 3,6% Türkei, 2,2% Ukraine, 2,1% Usbekistan; **Export**: 6230,4 Mio. $; Güter (1. Halbjahr): 35% Mineralstoffe, 34% Metalle und -waren, 12% Nahrungsmittel, 9% chem. Erzeugnisse, 5% Maschinenbauerz. und Transportmittel; Länder: 44,5% Rußland, 7,4% VR China, 5,2% Niederlande, 3,7% Großbritannien, 3,4% Ukraine, 3,3% Usbekistan, 2,9% BRD

Chronik Nach Angaben der Behörden vom 11. 9. **1996** lagern in Kasachstan 230 Mio. t radioaktiver Abfälle, darunter 179 Mio. t hoch radioaktiv, die aus dem Uranabbau und von den in der früheren Sowjetrepublik von der ehem. UdSSR durchgeführten Atomtests stammen. Kasachstan verfügt mit 926 000 t Uran über die weltweit drittgrößten Uranvorkommen (Jahresproduktion rd. 3000 t). – Ein wegen der weitverbreiteten Korruption von Präsident *Nursultan Nasarbajew* im November verfügtes Dekret sieht vor, daß alle höheren Staatsangestellten ihre Einkommens- und Vermögensverhältnisse offenlegen müssen. – Nach vierjährigen Verhandlungen unterzeichnen am 6. 12. Vertreter Kasachstans, Rußlands und des Oman sowie 8 internationale Ölgesellschaften eine **Vereinbarung über den Bau einer Erdölpipeline** von Kasachstan zur russischen Schwarzmeerküste, die bis 1999 fertiggestellt werden soll (Investitionen von 2 Mrd. $). Kasachstan verfügt über große Rohstoffvorkommen, darunter Erdöl. Als Binnenland hat es je-

doch keinen freien Zugang zum Weltmarkt und ist angewiesen auf die Exportwege seiner Nachbarstaaten, v.a. Rußland. – Die Präsidenten Kasachstans und der Türkei, *Nasarbajew* und *Süleyman Demirel*, erörtern am 17. 12. in Almaty die Vertiefung der Wirtschaftsbeziehungen. – Die Transformationskrise ist noch nicht überwunden, jedoch wurden wichtige Reformschritte bereits vollzogen und erste gesamtwirtschaftliche Stabilisierungserfolge erzielt. Nach mehreren Jahren mit einem meist zweistelligen Rückgang des realen BIP stieg dieses 1996 erstmals um 1,1% (1995: -8,9%). Mittels einer restriktiven Geld- und Fiskalpolitik konnte die Inflationsrate auf 39,2% (176,2%) gesenkt werden. Aus Protest gegen weiterhin sinkende Realeinkommen, hohe Rückstände bei Löhnen und Renten sowie steigende Arbeitslosigkeit kam es im Herbst zu Demonstrationen und Streiks. – Die Präsidenten der fünf zentralasiatischen Staaten Kasachstan, Kirgisistan, Tadschikistan, Turkmenistan und Usbekistan erörtern am 28. 2. **1997** in Almaty mit Vertretern von UNO und Weltbank Maßnahmen zur **Rettung des Aralsees.** Dieser hat seit 1969 über 40% seiner Oberfläche verloren, weil die beiden Zuflüsse Amu Darja und Syr Darja extensiv zur Bewässerung landwirtschaftlicher Flächen, v.a. der Baumwollplantagen in Turkmenistan und Usbekistan, genutzt werden. Die verlandeten Flächen sind zu großen, u.a. die Gesundheit der Anwohner und die Landwirtschaft gefährdenden Salzwüsten geworden. Die Weltbank will zur Bekämpfung der zunehmenden Verlandung des Aralsees 380 Mio. US-$ bereitstellen.

Katar *Vorder-Asien*

Staat Katar; Dawlat Qaṭar – Q (→ Karte IV, C 3)

Fläche (Weltrang: 157.): 11 437 km²

Einwohner (155.): F 1995 642 000 = 56 je km²

Hauptstadt: Ad-Dawhah (Doha)
F 1990 (A): 293 000 Einw.

Amtssprache: Hocharabisch

Bruttosozialprodukt 1995 je Einw.: 11 600 $

Währung: 1 Katar-Riyal (QR) = 100 Dirham

Botschaft des Staates Katar
Brunnenallee 6, 53177 Bonn, 0228/95 75 20

Landesstruktur (Karte → WA '96, Sp. 393) **Fläche**: 11 437 km² – **Bevölkerung**: Katarer; (Z 1986) 369 079 Einw. – 45% Araber (davon 20% Katarer), 34% Inder und Pakistaner, 16% Iraner, 5% Sonstige – **Leb.-Erwart.** 1995: 71 J. – **Säugl.-Sterbl.** 1995: 1,8% – **Kindersterbl.** 1995: 2,3% – Jährl. **Bev.-Wachstum** ∅ 1985–95: 5,8% (Geb.- und Sterbeziffer 1993: 1,9%/0,2%) – **Analph.** 1994: 21% – **Sprachen**: Arabisch; Urdu u. a. indoarische Sprachen, Persisch, Englisch als Handels- und Verkehrssprache – **Religion** (Islam ist Staatsreligion): 92% sunnit. Muslime (z. T. Wahabiten); Hindus, Christen; Minderh. von Bahai u. a. – **Städt. Bev.** 1992: 90% – **Städte** (Z 1986): Ar-Rayyān 41 603 Einw. (als A: 91 996), Al-Wakrah 13 159 (A 23 682), Umm Silalait 6094

Staat Emirat (absolute Monarchie) seit 1971 – Provisorische Verfassung von 1970 – Beratende Versammlung mit 35 ernannten Mitgl. – **Verwaltung**: 9 Bezirke (Einzelheiten → WA '96, Sp. 392) – **Staatsoberhaupt**: Scheich Hamad bin Khalifa al-Thani seit 1995 – **Regierungschef**: Scheich Abdullah bin Khalifa al-Thani, seit 30. 10. 1996 – **Äußeres**: Scheich Hamad bin Jassim bin Jaber al-Thani – **Parteien**: keine – **Unabh.**: 1. 9. 1971 (ehemaliges britisches Protektorat 1916–1971) – **Nationalfeiertag**: 3. 9. (Unabhängigkeitstag)

Wirtschaft Währung: 1 US-$ = 3,6502 QR; 1 DM = 2,186 QR – **BSP** 1995: 7448 Mio. $ – **BIP** 1993: 26 183 Mio. QR; realer Zuwachs ∅ 1985–89: 1,0% (1994: –1,0%); Anteil (1995) **Landwirtsch.** 1%, **Industrie** 52%, **Dienstl.** 47% – **Erwerbstät.** 1986: Landw. 3%, Ind. 32%, Dienstl. 65% – **Arbeitslosigkeit**: k. Ang. – **Energieverbrauch** 1994: 12 597 kg ÖE/Ew. – **Inflation** ∅ 1991–95: 1,6% – **Ausl.-Verschuld.** 1991: 1020 Mio. $ – **Außenhandel** 1994: **Import**: 7016 Mio. QR; Güter

1994: 40% Maschinen und Ausrüstungen, 22% bearb. Waren, 13% Nahrungsmittel und leb. Tiere, 7% chem. Produkte; Länder 1994: 13% Japan, 11% USA, 11% Großbritannien, 7% BRD, 7% Vereinigte Arabische Emirate; **Export**: 11 695 Mio. QR; Güter 1992: 70% Erdöl (roh), Düngemittel; Länder 1991: 61% Japan, 6% Brasilien, 5% Republik Korea, 4% Vereinigte Arab. Emirate

Kenia *Ost-Afrika*

Republik Kenia; Jamhuri ya Kenya – EAK
(→ Karte IV, B/C 4/5)

Fläche (Weltrang: 45.): 582 646 km²

Einwohner (36.): F 1995 26 688 000 = 46 je km²

Hauptstadt: Nairobi – F 1990: 1 504 900 Einw.

Amtssprache: Kisuaheli

Bruttosozialprodukt 1995 je Einw.: 280 $

Währung: 1 Kenia-Schilling (K.Sh.) = 100 Cents

Botschaft der Republik Kenia
Villichgasse 17, 53177 Bonn, 0228/93 58 0-0

Landesstruktur (Karte → WA '96, Sp. 395f.) **Fläche**: 582 646 km² – **Bevölkerung**: Kenianer; (Z 1989) 21 443 636 Einw. – rd. 40 Ethnien: über 60% Bantu (u. a. 20,8% Kikuyu, 14,4% Luhya, 11,4% Kamba), 12,4% Luo (West-Niloten), 11,5% Kalenjin (Ost-Niloten), 1,6% Massai u. a.; 89 185 Asiaten (v. a. Inder), 41 595 Araber und 34 560 Europäer – Anteil unter **Armutsgrenze** ∅ 1981–95: 50,2% – **Flüchtl.** Ende 1996: 100 000 Binnenflüchtlinge; 8000 in Äthiopien; 150 000 aus Somalia, 30 000 aus Sudan, 6000 andere – **Leb.-Erwart.** 1995: 55 J. – **Säugl.-Sterbl.** 1995: 6,1% – **Kindersterbl.** 1995: 9,0% – Jährl. **Bev.-Wachstum** ∅ 1985–95: 2,9% (Geb.- und Sterbeziffer 1995: 4,4%/1,2%) – **Analph.** 1994: 22% – **Sprachen**: Kisuaheli; Kikuyu, Luo, Massai und über 30 weitere Sprachen; Englisch als Handels- u. Verwaltungssprache – **Religion** 1992: ca. 60% Anhänger von Naturreligionen, 26% Katholiken, 7% Protestanten, 6% Muslime; Minderh. von Hindus, Juden – **Städt. Bev.** 1995: 28% – **Städte** (Z 1989): Mombasa 465 000 Einw., Kisumu 185 100, Nakuru 162 800, Machakos 116 100, Eldoret 104 900, Nyeri 88 600, Meru 78 100, Thika 57 100, Kitale 53 000

Staat Präsidialrepublik (im Commonwealth) seit 1963 – Verfassung von 1963 mit Änderungen, zuletzt 1991 – Parlament (National Assembly) mit

202 Mitgl. (davon 188 gewählt, 12 ernannt, 2 ex-officio), Wahl alle 5 J. – Direktwahl des Staatsoberh. alle 5 J. (in 5 von 8 Provinzen mit mind. 25% der Stimmen; einmalige Wiederwahl) – Wahlrecht ab 18 J. – **Verwaltung**: 7 Provinzen und Hauptstadtdistrikt – **Staats- und Regierungschef**: Daniel arap Moi (KANU-Vors.), seit 1978 – **Äußeres**: Stephen Kalonzo Musyoka – **Parteien**: Erste freie Wahlen am 29. 12. 1992: Kenya African National Union/KANU (ehem. Einheitspartei) 100 der 188 Sitze, Forum for the Restoration of Democracy-Kenya/FORD-Kenya 31, FORD-Asili 31, Democratic Party/DP 23, Sonstige 3 – **Unabh.**: 12. 12. 1963 (ehem. brit. Kolonie) – **Nationalfeiertag**: 1. 6. (Madaraka Day), 20. 10. (Kenyatta Day), 12. 12. (Unabhängigkeitstag)

Wirtschaft **Währung**: Indikativkurs: 1 US-$ = 54,7744 K.Sh.; 1 DM = 32,6103 K.Sh. – **BSP** 1995: 7583 Mio. $ – **BIP** 1995: 9095 Mio. $; realer Zuwachs ∅ 1990–95: 1,4%; Anteil (1995) **Landwirtsch.** 29%, **Industrie** 17%, **Dienstl.** 54% – **Erwerbstät.** 1993: Landw. 76%, – **Arbeitslosigkeit** ∅ 1996 (S): ca. 25% (in städtischen Regionen) – **Energieverbrauch** 1994: 110 kg ÖE/Ew. – **Inflation** ∅ 1985–95: 13,0% (1996: 8,8%) – **Ausl.-Verschuld.** 1995: 7381 Mio. $ – **Außenhandel** 1995: **Import**: 3430 Mio. $; Güter: 39,2% Industriebedarf, 19,3% Maschinen u.a. Kapitalgüter, 17,1% Transportausrüstungen, 13% Brenn- und Schmierstoffe, 6,9% sonst. Konsumgüter, 4,5% Nahrungsmittel und Getränke; Länder: 12,4% Großbritannien, 8,9% Vereinigte Arabische Emirate, 8,7% Japan, 7,4% Indien, 7,3% Südafrika, 6% BRD, 5,2% Italien; **Export**: 1930 Mio. $; Güter: 51,2% Nahrungsmittel (v.a. Tee und Kaffee) und Getränke, 26,9% Industriebedarf, 14,8% sonst. Konsumgüter, 5,3% Brenn- und Schmierstoffe; Länder: 11,9% Großbritannien, 9,3% BRD, 8,7% Uganda, 7,1% Tansania, 6,7% Pakistan, 5,2% Niederlande, 5,1% USA – **Tourismus** 1996: 770 000 Auslandsgäste, 465 Mio. $ Einnahmen

Chronik Im Vorfeld der für Ende 1997 geplanten Präsidentschafts- und Parlamentswahlen gerät Präsident **Daniel arap Moi zunehmend unter Kritik**, auch seiner eigenen Partei Kenya African National Union (KANU). Innerhalb der KANU zeichnet sich eine Spaltung ab: Die reformerische KANU A dringt auf parteiinterne Wahlen, um ihre Position zu stärken, die konservative KANU B unterstützt den Vizepräsidenten *George Saitoti*, der als möglicher Nachfolger *Mois* gilt. Im Rahmen einer Regierungsumbildung entläßt Präsident *Moi* am 15. 1. **1997** einige Minister aus dem

Umfeld von KANU A. Am 28. 1. ruft er den **nationalen Notstand** aus, begründet mit einer drohenden Hungersnot durch anhaltende Dürre. Die Notstandsverordnung verleiht dem Präsidenten umfangreiche Sondervollmachten. – Am 7. 7., dem seit 7 Jahren traditionellen **Protesttag der Opposition**, werden trotz Versammlungsverbots Demonstrationen abgehalten. Opposition, Kirchen und andere Interessenverbände verlangen Verfassungsänderungen und eine konsequente Demokratisierung. Als die Polizei die Kundgebungen gewaltsam auflöst, eskaliert die angespannte Lage, etwa 10 Menschen werden getötet, über 100 festgenommen. Bereits am 17./18. 12. 1996 und 23./24. 2. 1997 wurden bei Studentendemonstrationen an den Universitäten von Njoro und Nairobi 4 Studenten von Sicherheitskräften erschossen. Am 16. 7. findet ein Treffen von Oppositonsführer *Michael Kijana Wamalwa* mit Präsident *Moi* statt, um die Möglichkeit von Verfassungsreformen zu besprechen, darunter die Genehmigung von friedlichen Versammlungen. Zu weiteren gewalttätigen Auseinandersetzungen in Mombasa und Umgebung, bei denen 42 Personen den Tod finden, kommt es ab 8. 8.; am 22. 8. nimmt die Polizei nach eigenen Angaben 410 angebliche Anstifter der Unruhen fest, darunter mehrere Oppositionspolitiker. Regierung und Opposition werfen sich gegenseitig vor, für die Ausschreitungen in der Küstenregion verantwortlich zu sein, die sich gegen Zuwanderer aus dem Binnenland richten. Nachdem am 18. und 20. 8. zwei führende Mitglieder der regierenden KANU-Partei festgenommen worden sind, verdichten sich die Anzeichen, daß die Regierung zumindest teilweise für die Ausschreitungen verantwortlich ist. Der Sprecher der Dachorganisation der Opposition, *Willy Mutunga*, droht am 27. 8. die Bildung einer Gegenregierung an, um Präsident *arap Moi* zur Aufnahme von Verhandlungen über politische Reformen zu bewegen.– Am 12. 7. 1997 kehrt der Führer der verbotenen Islamischen Partei Kenias (IPK), Sheikh *Khalid Balala*, aus einem dreijährigem Exil in Deutschland nach Nairobi zurück. – Am 31. 7. 1997 beschließt der Internationale Währungsfonds (IWF), die Auszahlung einer weiteren Kredittranche von 36 Mio. $ an Kenia auszusetzen, und fordert die Regierung auf, härtere Maßnahmen gegen die Korruption zu ergreifen. In diesem Zusammenhang verweist der IWF auf die Affäre Goldenberg: 400 Mio. $ wurden an Mitglieder des öffentlichen Sektors und an Geschäftsleute ausgezahlt, um Gold und Diamanten zu exportieren, obwohl Kenia über beides nicht verfügt.

Kirgisistan *Zentral-Asien*

Kirgisische Republik; Kyrgyz Respublikasy, Kurzform: Kyrgyzstan – KS (→ Karte IV, C 2/3)

Fläche (Weltrang: 85.): 198 500 km²

Einwohner (108.): F 1995 4 515 000 = 23 je km²

Hauptstadt: Biškek (Bischkek)
F 1991: 627 800 Einw.

Amtssprachen: Kirgisisch, Russisch

Bruttosozialprodukt S 1995 je Einw.: 700 $

Währung: 1 Kirgisistan-Som (K.S.) = 100 Tyin

Botschaft der Kirgisischen Republik
Ubierstr. 19, 53173 Bonn, 0228/35 20 71

Landesstruktur (Karte → WA '96, Sp. 399f.) **Fläche**: 198 500 km² – **Bevölkerung**: Kirgisen; (Z 1989) 4 257 755 Einw. – (F 1993) 56,5% Kirgisen, 18,8% Russen, 13,4% Usbeken, 2,1% Ukrainer, 2,0% Tataren, 1,0% Deutsche; Kasachen, Dunganen, Tadschiken, Uiguren u. a. – Anteil unter **Armutsgrenze** ∅ 1981–95: 18,9% – **Flüchtl.** Ende 1996: 17 000 aus Tadschikistan und Nachbarstaaten – **Leb.-Erwart.** 1995: 70 J. – **Säugl.-Sterbl.** 1995: 4,5% – **Kindersterbl.** 1995: 5,4% – Jährl. **Bev.-Wachstum** ∅ 1985–95: 1,2% (Geb.- und Sterbeziffer 1995: 2,7%/0,7%) – **Analph.** 1992: unter 5% – **Sprachen** 1989: 53,6% Kirgisisch, 56,7% Russisch; Sprachen der Minderheiten – **Religion**: mehrheitl. sunnit. Muslime; Orthodoxe, Buddhisten u. a. – **Städt. Bev.** 1995: 39% – **Städte** (F 1991): Oš (Osch) 219 100 Einw., Džalal-Abad 79 900, Tokmak 71 200, Issyk-Kul 64 300, Kara-Balta 55 000

Staat Präsidialrepublik seit 1991 – Verfassung von 1993 mit Änderungen, zuletzt von 1996 – Parlament (Zhogorku Kenesh): Gesetzgebende Versammlung mit 35 und Rat der Volksvertreter mit 70 Mitgl.; Wahl alle 5 J. – Direktwahl des Staatsoberh. alle 5 J. – Wahlrecht ab 18 J. – **Verwaltung**: 6 Regionen und Hauptstadtbezirk – **Staatsoberhaupt**: Askar Akajew, seit 1990 – **Regierungschef**: Apas Dschumagulow, seit 1993 – **Äußeres**: Rosa Otunbajewa – **Parteien**: Wahlen vom 5./19. 2. 1995 zu beiden Kammern: Unabhängige insg. 90 der 105 Sitze, 15 Sitze an Parteien (u. a. Kommunisten 4, nationalist. Partei Ata-Mekin 1); 6 Sitze vakant – (Nachwahlen am 26. 2. 1995; Verteilung unbekannt) – **Unabh.**: Souveränitätserklärung am 15. 12. 1990, Unabhängigkeitserklärung am 31. 8. 1991 – **Nationalfeiertag**: 31. 8. (Unabhängigkeitstag)

Wirtschaft Währung: 1 US-$ = 17,6382 K.S.; 1 DM = 10,5429 K.S. – **BSP** 1995 (S): 3158 Mio. $ – **BIP** 1995: 3028 Mio. $; realer Zuwachs ∅ 1990–95: –14,7%; Anteil **Privatsektor** 1994: 30%; Anteil (1995) **Landwirtsch.** 44%, **Industrie** 24%, **Dienstl.** 32% – **Erwerbstät.** 1991: Landw. 36%, Ind. 27%, Dienstl. 37% – **Arbeitslosigkeit** 6/1993 (S): 13% – **Energieverbrauch** 1994: 616 kg ÖE/Ew. – **Inflation** ∅ 1985–95: 172,3% – **Ausl.-Verschuld.** 1995: 610 Mio. $ – **Außenhandel** 1993: **Import**: 106 Mio. $; Güter (S, ohne übrige GUS): 47% Industriegüter, 38% Nahrungsmittel, 15% Rohstoffe (ohne Brennstoffe); Länder (S 1992, ohne übrige GUS): 33% USA, 23% VR China, 9% BRD, 5% Ungarn, 5% Türkei; **Export**: 100 Mio. $ Güter (S, ohne übrige GUS): 59% Brennstoffe, Mineralien und Metalle, 38% Industriegüter, 39% sonst. Rohstoffe; Länder (S 1992, ohne übrige GUS): 37% VR China, 15% Großbritannien, 9% Frankreich, 8% BRD

Kiribati *Ozeanien*

Republik Kiribati; Republic of Kiribaty; – KIR (→ Karten V, F 4/5 und VIII b, C-E 2/3)

Fläche (Weltrang: 170.): 810,5 km²

Einwohner (179.): F 1995 79 000 = 98 je km²

Hauptstadt: Bairiki (Tarawa-Atoll)
Z 1990: 2226 Einw.

Amtssprachen: Gilbertesisch, Englisch

Bruttosozialprodukt 1995 je Einw.: 920 $

Währung: 1 Austral. Dollar/Kiribati ($A/K) = 100 Cents

Honorarkonsulat der Republik Kiribati
Rödingsmarkt 16, 20459 Hamburg, 040/36 14 60

Landesstruktur Fläche: 810,5 km²: 3 Inselgruppen mit 33 Atollen: Line-Inseln (mit Kiritimati, Tarawa-Atoll, Banaba u. a.) 496 km², Gilbert-Inseln 285,5 km² und Phönix-Inseln 29 km² – **Bevölkerung**: Kiribatier; (Z 1990) 72 335 Einw. – 98,9% Mikronesier; Polynesier, Chinesen und Europäer – **Leb.-Erwart.** 1995: 60 J. – **Säugl.-Sterbl.** 1995: 5,7% – **Kindersterbl.** 1995: 7,7% – Jährl. **Bev.-Wachstum** ∅ 1985–95: 2,0% (Geb.- und Sterbeziffer 1992: 3,3%/1,2%) – **Analph.** 1990: 10% – **Sprachen**: Gilbertesisch (I-Kiribati, austron. Spr.), Englisch – **Religion** 1990: 53,4% Katholiken, 39,2% Protestanten, 2,4% Bahai – **Städt. Bev.** 1990: 35% – **Inseln** (Z 1990): Gilbert-Inseln insg. 67 508 Einw.

Staat Präsidialrepublik (im Commonwealth) seit 1979 – Verfassung von 1979 – Parlament (Maneaba ni Maungatabu) mit 39 Mitgl., Wahl alle 4 Jahre; 1 nominierter Abgeordneter von Banaba – Direktwahl des Staatsoberh. alle 4 J. – Wahlrecht ab 18 J. – **Verwaltung**: 6 Distrikte – **Staats- und Regierungschef** sowie **Äußeres**: Teburoro Tito, seit 1994 – **Parteien**: Sippenverbände; letzte Wahlen 1994 – **Unabh.**: 12. 7. 1979 (ehem. brit. Kolonie) – **Nationalfeiertag**: 12. 7. (Unabhängigkeitstag)

Wirtschaft **Währung**: 1 US-$ = 1,35 $A/K; 1 DM = 0,77 $A/K; Wertverhältnis zum Australischen Dollar: 1 $A = 1 $A/K – **BSP** 1995: 73 Mio. $ – **BIP** 1992: 46 Mio. $A/K; realer Zuwachs ∅ 1982–92: 1,1%; Anteil (1992) **Landwirtsch.** 25%, **Industrie** 9%, **Dienstl.** 66% – **Erwerbstät.**: k. Ang. – **Arbeitslosigkeit** ∅ 1990: 2,8% – **Energieverbrauch** 1994: 103 kg ÖE/Ew. – **Inflation** ∅ 1985–95: 3,8% – **Ausl.-Verschuld.** S 1994: 9,3 Mio. $A – **Außenhandel** 1994: **Import**: 41,3 Mio. $A/K; Güter: 31% Nahrungsmittel, 23% Maschinen und Transportausrüstungen, 10% bearb. Waren, 8% mineral. Brennstoffe; Länder: 40% Australien, 13% Japan, 10% Fidschi; **Export**: 6,4 Mio. $A/K; Güter: 70% Kopra, 16% Fischereiprodukte, 4% Seetang; Länder: 76% EU-Staaten – **Tourismus** 1993: (S) 5000 Auslandsgäste, 2 Mio $ Einnahmen

Kolumbien *Süd-Amerika*

Republik Kolumbien; República de Colombia – CO (→ Karte VII, B/C 2–4)

Fläche (Weltrang: 25.): 1 141 748 km²

Einwohner (30.): F 1995 36 813 000 = 32 je km²

Hauptstadt: Santa Fe de Bogotá (Bogotá) F 1995: 5 237 635 Einw.

Amtssprache: Spanisch

Bruttosozialprodukt 1995 je Einw.: 1910 $

Währung: 1 Kolumb. Peso (kol$) = 100 Centavos

Botschaft der Republik Kolumbien
Friedrich-Wilhelm-Str. 35, 53113 Bonn,
0228/92 37 00

Landesstruktur (Karte → WA '97, Sp. 373 f.) **Fläche**: 1 141 748 km² – **Bevölkerung**: Kolumbianer; (Z 1993) 37 422 791 Einw. – 58% Mestizen, 20% Weiße, 14% Mulatten, 4% Schwarze, 3% Zambos (Nachkommen von Schwarzen und In-

dianern); (S 1992) 20 000 Ureinwohner (Indios, Chibcha) – Anteil unter **Armutsgrenze** ∅ 1981–95: 7,4% – **Flüchtl.** Ende 1996: 600 000 Binnenflüchtlinge – **Leb.-Erwart.** 1995: 70 J. – **Säugl.-Sterbl.** 1995: 3,0% – **Kindersterbl.** 1995: 3,6% – Jährl. **Bev.-Wachstum** ∅ 1985–95: 1,8% (Geb.- und Sterbeziffer 1995: 2,3%/0,6%) – **Analph.** 1994: 9% – **Sprachen**: Spanisch; indian. Sprachen (u.a. Chibcha und Ketschua) – **Religion** 1992: 95% Katholiken; Minderh. von Protestanten und Juden – **Städt. Bev.** 1995: 73% – **Städte** (F 1995): Calí 1 718 871 Einwohner, Medellín 1 621 356, Barranquilla 1 064 255, Cartagena 745 689, Cúcuta 479 309, Pereira 352 530, Bucaramanga 351 737, Ibagué 346 632, Manizales 335 125, Pasto 325 548, Santa Marta 309 372, Bello 304 819, Montería 276 074, Buenaventura 266 988, Soacha 266 817, Valledupar 265 505, Soledad 264 583, Palmira 256 823, Villavicencio 252 711

Staat Präsidialrepublik seit 1886 – Verfassung von 1991 – Parlament (Congreso): Repräsentantenhaus (Cámara de Representantes) mit 165 Mitgl. (davon 2 für Minderh. reserviert) und Senat (Senado) mit 102 Mitgl. (davon 2 Sitze für Indios reserviert); Wahl alle 4 J. – Direktwahl des Staatsoberh. alle 4 J. (keine Wiederwahl) – Wahlrecht ab 18 J. – **Verwaltung**: 32 Departamentos und Hauptstadtdistrikt – **Staats- und Regierungschef**: Ernesto Samper Pizano (PL), seit 1994 – **Äußeres**: María Emma Mejía Vélez – **Parteien**: Wahlen vom 13. 3. 1994: Repräsentantenhaus: Partido Liberal/PL 88 der 165 Sitze (1991: 86 von 161), Partido Social Conservador/PSC (Konservative Soziale Partei) 40 (15), Alianza Democrática/ADM-19 2 (15), Unabhängige und Sonstige 37 (45) – Senat: PL 56 der 102 Sitze (1991: 58 von 100), PSC 20 (10), Religiöse Bewegungen 3 (–), Indígenas (Indios) 2 (–), Unabhängige und Sonstige 21 (32) – **Unabh.**: 20. 7. 1810 (Proklamation), 7. 8. 1819 endgültig (ehem. span. Kolonie) – **Nationalfeiertag**: 20. 7. (Unabhängigkeitstag)

Wirtschaft **Währung**: 1 US-$ = 1090,85 kol$; 1 DM = 630,55 kol$ – **BSP** 1995: 70 263 Mio. $ – **BIP** 1995: 76 112 Mio. $; realer Zuwachs ∅ 1990–95: 4,6%; Anteil (1995) **Landwirtsch.** 14%, **Industrie** 32%, **Dienstl.** 54% – **Erwerbstät.** 1992: Landw. 26%, Ind. 30%, Dienstl. 44% – **Arbeitslosigkeit** ∅ 1996: 12,1% (S 1997: 14,5%) – **Energieverbrauch** 1994: 622 kg ÖE/Ew. – **Inflation** ∅ 1985–95: 25,2%(S 1996: 21,1%) – **Ausl.-Verschuld.** 1995: 24 100 Mio. $(S 1996: 26500 Mio. $) – **Außenhandel** 1996: **Import**: 13 853 Mio. $; Güter: 44% Zwischenprodukte, 36% Investitionsgüter, 19% Konsumgüter; Länder 1994: 41% USA und Kanada, 17% EU-Staaten, 13% Andenpakt; **Export**: 10 126 Mio. $; Güter: 19% Kaffee, 20% Erdöl und Erdölprodukte, 6% Kohle, 3% Gold; Länder 1994: 36% USA und Kanada, 28% EU-Staaten, 13% Andenpakt

Chronik Der seit August 1995 inhaftierte *Fernando Botero*, ehem. Verteidigungsminister und Wahlkampfmanager von Präsident *Ernesto Samper Pizano*, wird Anfang September **1996** wegen seiner Verwicklung in den Skandal um die Teilfinanzierung des Präsidentschaftswahlkampfs 1994 mit Geldern des Drogenkartells von Calí zu fünf Jahren und drei Monaten Haft verurteilt. – *Humberto de la Calle*, der im Juli 1996 bereits als Botschafter in Spanien zurückgetreten war, legt am 10. 9. sein Amt als Vizepräsident nieder und fordert im Interesse der innenpolitischen und wirtschaftlichen Stabilisierung des Landes den in einen Drogenskandal verwickelten Präsident *Samper* erneut zum Rücktritt auf. Der Kongreß wählt am 19. 9. den Diplomaten *Carlos Lemos Simmonds* zum neuen Vizepräsidenten. – An Bord der Militärmaschine, mit der Präsident *Samper* nach New York zur UNO-Generalversammlung fliegen sollte, werden kurz vor dem Abflug am 21. 9. nach einem anonymen Hinweis 3,7 kg Heroin gefunden. Die Behörden schließen ein Komplott gegen *Samper* nicht aus. Gegen Mitglieder der Besatzung werden Haftbefehle erlassen. – Das Oberste Gericht setzt am 18. 10. den seit April vom Amt suspendierten Generaldisziplinaranwalt *Orlando Vásquez Velásquez* endgültig ab; vier Tage später wird er verhaftet. Er steht im Verdacht, seinen Wahlkampf um einen Sitz im Senat 1989 u. a. mit Geldern des Drogenkartells von Calí finanziert und die Ermittlungen über Verbindungen zwischen Drogenmafia und Politikern vorsätzlich behindert zu haben. – Der erst seit 3. 2. **1997** amtierende Verteidigungsminister *Guillermo Alberto González Mosquera* tritt am 16. 3. zurück; er hatte 1989 als Kandidat um ein Mandat im Senat von dem einflußreichen Drogenhändler *Justo Pastor Perafán* Geld angenommen (dieser wird am 18. 4. in Venezuela festgenommen). Neuer Verteidigungsminister wird *Gilberto Echeverri Mejía*. Am 20. 8. reichen Kommunikationsminister *Saulo Arboleda* und der Minister für Bergbau und Energie, *Rodrigo Villamizar*, nach in der Presse erhobenen Korruptionsvorwürfen ihren Rücktritt ein. – Bei einem Ende Juli stattfindenden Prozeß in Miami (USA), bei dem sich vier Mitglieder des Calí-Kartells sowie zwei US-Anwälte vor Gericht verantworten müssen, wird Präsident *Samper* erneut

beschuldigt, 5 Mio. $ für seine Präsidentschaftskampagne 1994 von dem Drogenkartell angenommen zu haben. In Bogotá hatte der Kongreß die Beweise für nicht ausreichend befunden, um ein Verfahren gegen den Präsidenten einzuleiten (→ WA '97, Sp. 373f.). Während einer Senatssitzung am 28. 8. wird *Samper* von Mitgliedern seiner Liberalen Partei sowie von der Opposition zum Rücktritt aufgefordert, da er dem Land schade.

Bekämpfung des Drogenhandels: Als letzter noch flüchtiger Boß des Drogenkartells von Calí stellt sich *Hélmer Pacho Herrero Buitrago* am 1. 9. **1996** freiwillig den Behörden. – Ein vom Kongreß am 11. 12. verabschiedetes Gesetz erlaubt rückwirkend die Beschlagnahmung aller auf illegale Weise erworbenen Besitztümer. Damit kann u. a. das in den letzten 20 Jahren erworbene und auf 300 Mrd. DM geschätzte Vermögen der Drogenbosse und ihrer Angehörigen eingezogen werden. Justizminister *Carlos Eduardo Medellín* schätzt, daß sich rd. ¼ der landwirtschaftlichen Nutzfläche im Besitz von Drogenhändlern befindet; diese sollen nun enteignet und landlosen Bauern übergeben werden. – Nach Angaben der Nationalpolizei wurden 1996 fast 27 t reines Kokain, über 18 t Kokainbase, 686 t Kokablätter, 239 t Marihuana, 278 kg Opiate sowie 2275 t feste und rd. 10 Mio. l flüssige chemische Grundstoffe zur Drogenherstellung beschlagnahmt. Vernichtet wurden fast die Hälfte der Kokafelder sowie 885 Labors. In Kolumbien werden pro Jahr schätzungsweise 7500 t Marihuana, 640–960 t Kokain und 5 t Heroin hergestellt. – Ein aus Sicherheitsgründen anonym bleibender Richter in Calí verurteilt am 17. 1. **1997** die seit Sommer 1995 inhaftierten Brüder *Gilberto* und *Miguel Rodríguez Orjuela*, Bosse des Drogenkartells von Calí, wegen Drogenhandels, verbrecherischer Vereinigung und anderen Delikten aufgrund von Teilgeständnissen zu 10½ bzw. 9 Jahren Haft. Am 22. 2. wird *M. Rodríguez* von einem Richter ohne Gesicht wegen Drogenhandels zu 22 Jahren Haft verurteilt; er wird des Schmuggels von 150 kg Heroin nach Costa Rica 1989 für schuldig befunden. – Senat und Abgeordnetenhaus billigen am 18. bzw. 19. 2. 1997 ein Gesetz zur Strafverschärfung für Delikte wie illegaler Drogenhandel, Terrorismus und andere Formen der organisierten Kriminalität. Die Höchststrafe für Rauschgifthändler wird von 24 auf 60 Jahre heraufgesetzt; Geldwäsche mit Gewinnen aus dem Drogenhandel kann künftig mit bis zu 15 Jahren Gefängnis geahndet werden, ihre Duldung durch die Verantwortlichen von Finanzinstituten mit zwei bis sechs Jahren. – Die USA, zu denen sich die Beziehungen wegen der Affäre um

Präsident *Samper* verschlechtert haben, setzen ihren politischen Druck fort. Trotz Erfolgen bei der Bekämpfung von Drogenproduktion und -handel sowie neuer Gesetze für Delikte im Zusammenhang mit dem Rauschgifthandel stuft die US-Regierung am 28. 2. Kolumbien erneut als Staat ein, der bei der Bekämpfung des Drogenhandels ungenügend zusammenarbeitet (Dezertifizierung).

Aktivitäten von Guerilleros und paramilitärischen Einheiten: Der bewaffnete Konflikt zwischen Regierungstruppen und linksgerichteten Guerilla-Organisationen sowie die v. a. gegen Rebellen und deren mutmaßliche Sympathisanten gerichteten gewalttätigen Aktivitäten rechtsgerichteter paramilitärischer Einheiten werden im Berichtszeitraum 1996/97 in verschiedenen Landesteilen fortgesetzt. Die Sicherheitslage verschlechtert sich zunehmend. Die beiden wichtigsten, Mitte der 60er Jahre gegründeten Guerilla-Gruppierungen, die kommunistische Fuerzas Armadas Revolucionarias de Colombia (FARC) und der Ejército de Liberación Nacional (ELN), deren militärische Stärke auf zusammen 15 000 Männer und Frauen geschätzt wird, kontrollieren ein Viertel bis ein Drittel des Landes. Ihre Einnahmen aus Schutzgeldern des Drogengewerbes, von Großgrundbesitzern und Industrieunternehmen erhobene »Steuern« sowie aus Entführungen werden auf über 300 Mio. $ im Jahr geschätzt. – Eine Ende August **1996** nach Protesten von Kokabauern gegen die Vernichtung ihrer Plantagen begonnene landesweite Anschlagserie von ELN und FARC gegen Einrichtungen von Armee und Regierung fordert binnen drei Wochen mind. 150 Menschenleben. Weitere Gefechte zwischen Regierungstruppen und Guerilla v. a. im Februar und März **1997** fordern erneut Tote und Verletzte. – Nach einem am 25. 11. **1996** veröffentlichten Bericht der Menschenrechtsorganisation Human Rights Watch soll der US-Geheimdienst CIA rechtsgerichtete paramilitärische Einheiten unterstützt haben, zu denen die Streitkräfte seit 1991 mit Billigung der USA enge Beziehungen unterhielten; Militärs und Paramilitärs sollen von den USA geliefertes und zur Drogenbekämpfung bestimmtes Material einschließlich Waffen für Morde und massive Menschenrechtsverletzungen verwendet haben. Ähnliche Vorwürfe erhebt amnesty international unter Berufung auf Dokumente aus US-Regierungkreisen und fordert die USA auf, die Militärhilfe für Kolumbien einzustellen. Dennoch zahlt die US-Regierung im Juli 1997 Militärhilfe in Höhe von ca. 52 Mio. DM aus; die Auszahlung war monatelang vom US-Senat blokkiert worden, da Zweifel über die Verwendung aufgekommen waren. – Der in Europa in verschiedene Skandale verwickelte deutsche Privatdetektiv *Werner Mauss* und seine Frau *Ida* werden am 17. 11. 1996 in Medellín mit falschen Pässen bei dem Versuch, eine am 15. 8. von der ELN entführte und vermutlich gegen Lösegeld freigelassene Deutsche außer Landes zu bringen, festgenommen. Das Ehepaar *Mauss*, über dessen humanitäre Mission die deutsche Bundesregierung informiert war und das am 25. 7. **1997** aus der Untersuchungshaft entlassen wird, muß sich in Kolumbien wegen unerlaubter Vermittlung bei Entführungsfällen und Begünstigung vor Gericht verantworten; die Beschuldigung wegen Mittäterschaft bei erpresserischem Menschenraub wurde Ende Juni 1997 fallengelassen. – Nach Angaben des staatlichen Ombudsmanns *José Fernando Castro* hat Kolumbien die weltweit höchste Mordrate. 1996 seien 32 740 Menschen ermordet worden (bei rd. 35 Mio. Einwohnern), 180 000 Personen hätten ihre Heimat verlassen. – Nach Angaben von Präsident *Samper* wurden von Januar bis November 1996 1047 Personen entführt; die Regierung macht für 55% dieser Taten die Guerilla verantwortlich. – Die auch von den rechtsgerichteten paramilitärischen Einheiten wegen mutmaßlicher Zusammenarbeit mit der Guerilla bedrohte Landbevölkerung der nordwestkolumbianischen Provinz Urabá und der Region Costa Norte flüchtet im März **1997** zu Tausenden vor den Kämpfen zwischen Armee und FARC. Nachdem Hunderte von Menschen illegal über die Grenze nach Panama kamen, ruft die Regierung des Nachbarstaats im Grenzgebiet den Notstand aus. Um den Grenzverletzungen und Gewalttaten von Guerilleros und paramilitärischen Gruppierungen in Panama Einhalt zu gebieten, verstärken Kolumbien und Panama im Juli ihre Sicherheitskräfte an der gemeinsamen Grenze. Nach einem erneuten Zwischenfall an der kolumbianisch-venezolanischen Grenze und einem Treffen der Verteidigungsminister beider Staaten am 8. 4. hatte die Regierung Venezuelas die Militarisierung eines Grenzstreifens von 500 km und die Entsendung weiterer Soldaten in die Region angekündigt. – Im ersten Halbjahr 1997 verübten Guerilleros auf die landesweit wichtigste Erdölpipeline 36 Anschläge (1996 insg. 47).

Kokabauern: Nach wochenlangen gewalttätigen Auseinandersetzungen zwischen Kokabauern und Armee (→ WA '97, Sp. 376) einigen sich Regierung und Vertreter von rd. 60 000 Bauern Mitte September **1996** in Bogotá auf die Vernichtung von Kokaplantagen; nach Behördenangaben sollen die Bauern eine Entschädigung von umgerechnet 3500 DM je ha erhalten und der Anbau legaler Produkte gefördert werden.

Wirtschaft: Das seit über 25 Jahren trotz politischer Unruhen anhaltende Wirtschaftswachstum setzte sich 1996 zwar fort, fiel aber mit einer Zunahme des realen BIP um knapp 3% (1995: 5,3%) deutlich niedriger aus. Die Inflationsrate lag erneut bei 20%. – Der von der Regierung mit Zustimmung des Kongresses durch ein Dekret von Präsident *Samper* am 13. 1. **1997** verfügte wirtschaftliche Notstand, der mit dem stetig steigenden Defizit im Staatshaushalt und der die Wettbewerbsfähigkeit gefährdenden realen Aufwertung des Peso gegenüber dem US-$ begründet worden war, wird am 12. 3. für verfassungswidrig erklärt.

Komoren *Ost-Afrika*

Islamische Bundesrepublik Komoren
Dja Mouhouri Yamtsangagniho ya kissilam ya komori (komorisch) République fédérale islamique des Comores (französisch) – COM
(→ IV, C 5)

Fläche (Weltrang: 168.): 1862 km²

Einwohner (158.): F 1995 499 000 = 268 je km²

Hauptstadt: Moroni (auf Njazidja)
F 1990: 23 400 Einw.

Amtssprachen: Komorisch, Französisch

Bruttosozialprodukt 1995 je Einw.: 470 $

Währung: Komoren-Franc (FC)

Honorarkonsulat der Islamischen Bundesrepublik Komoren
Löwenburgstr. 10, 50939 Köln, 0221/46 21 61

Landesstruktur (Karte → WA '97, Sp. 378) **Fläche**: 1862 km²; davon Njazidja (französisch: Grande Comore) 1146 km², Nzwani (französisch: Anjouan) 424 km² und Mwali (französisch Mohélie) 290 km² – **Bevölkerung**: Komorer; (Z 1991) 446 817 Einw. (Njazidja 233 533, Nzwani 188 953, Mwali 24 331) – (S) 97% Komorer (Mischvolk aus Arabern, Madagassen und Bantu); indische, persische und europäische Minderheiten – **Leb.-Erwart.** 1995: 57 J. – **Säugl.-Sterbl.** 1995: 8,5% – **Kindersterbl.** 1995: 12,4% – Jährl. **Bev.-Wachstum** ∅ 1985–95: 2,8% (Geb.- und Sterbeziffer 1990: 4,9%/1,3%) – **Analph.** 1992: 43% – **Sprachen**: überwiegend Komorisch (mit Kisuaheli verwandt); Arabisch und Französisch – **Religion** (Islam ist Staatsreligion) 1993: 99% Muslime, 1% Katholiken – **Städt. Bev.** 1993: 30% **Städte** (F 1988): Mutsamudu (auf Nzwani) 14 000 Einw., Fomboni (auf Mwali) 7000

Staat Islamische Bundesrepublik seit 1982 – Neue Verfassung von 1996 – Parlament: Bundesversammlung (Assemblée Fédérale) mit 43 alle 5 J. gewählten Mitgl. – Direktwahl des Staatsoberh. alle 6 J. – Wahlrecht ab 18 J. – **Verwaltung**: 3 Inseldistrikte – **Staatsoberhaupt**: Mohamed Taki Abdulkarim (RND), seit 1996 – **Regierungschef**: Ahmed Abdou, seit 2. 1. 1997 – **Äußeres:** Mouhtar Ahmed Charif – **Parteien**: Wahlen vom 1. 12. 1996: Rassemblement National pour le Développement/RND und weitere Parteien insg. 39 von 43 Sitzen, Front National pour la Justice 2, Unabhängige 1; Opposition (Mouvement pour la Démocratie et le Progrès/MDP, Front Démocratique/FD und weitere Parteien) boykottiert die Wahl – **Unabh.**: 6. 7. 1975 (Proklamation); ehem. französische Kolonie – **Nationalfeiertag**: 6. 7. (Unabhängigkeitstag)

Wirtschaft **Währung**: 1 US-$ = 373,1021 FC; 1 DM = 252,7721 FC; Wertverhältnis zum Französischen Franc: 1 FF = 75 FC – **BSP** 1995: 237 Mio. $ – **BIP** k. Ang.; realer Zuwachs ∅ 1985–93: 1,2%; Anteil (1995) **Landwirtsch.** 39%, **Industrie** 13%, **Dienstl.** 48% – **Erwerbstät.** 1993: Landw. 78% – **Arbeitslosigkeit** ∅ 1989: 15,8% – **Energieverbrauch** 1994: 37 kg ÖE/Ew. – **Inflation** ∅ 1985–95: 4,0% – **Ausl.-Verschuld.** 1993: 184,2 Mio. $ – **Außenhandel** 1995: **Import**: 25 411 Mio. FC; Güter: 21% Reis, 11% Erdölprodukte, 10% Zement, Eisen und Stahl; Länder: 32% Frankreich, 6,7% Südafrika, 4,3% Kenia; **Export**: 4236 Mio. FC; Güter 1995: 55% Vanille, 20% Ylang-Ylang, 3% Gewürznelken; Länder: 36,5% Frankreich, 28,4% USA, 8% BRD

Chronik Bei einem Referendum am 20. 10. **1996** billigen rd. 85% der Teilnehmer eine **neue Verfassung**, die dem Präsidenten umfangreiche Vollmachten verleiht und die Komoren als »vom Islam inspiriert« bezeichnet; Recht werde »im Namen Allahs« gesprochen. – Bei den **Parlamentswahlen** am 1. 12. erhält das den Präsidenten *Mohammed Taki Abdulkarim* unterstützende Parteienbündnis Rassemblement National pour le Développement (RND) 90,6% der Stimmen. Die Opposition boykottierte die Wahlen und wirft der Regierung Behinderung ihres Wahlkampfes und undemokratisches Verhalten vor. Westliche Diplomaten bestätigen diese Einschätzung. Am 2. 1. **1997** wird die neue Regierung unter Premierminister *Ahmed Abdou* vereidigt, der den im März 1996 ernannten und im Dezember zurückgetretenen *Tadjidine Ben Said Massonde* ablöst. – Die Verhaftung von *Abdallah Ibrahim,* Anführer der Separatisten auf der Insel Nzwani (franz. Anjouan; → Karte), die sich für den Anschluß an Frankreich aussprechen, am 21. 7. führt am Tag darauf zu heftigen Auseinandersetzungen zwischen Demonstranten und Sicherheitskräften. Bereits vorher hatte die Regierung zwei separatistische Parteien verboten, nachdem einige Anhänger am französischen Nationalfeiertag (14. 7.) eine französische Flagge hissen wollten. Frankreich weist das Ersuchen der Separatisten, französisch zu werden, zurück; dies sei eine internationale Angelegenheit, die auf dem Verhandlungsweg gelöst werden müsse. Am 5. 8. erklärt Nzwani seine Unabhängigkeit von der Islamischen Bundesrepublik der Komoren und ernennt den inzwischen freigelassenen *Ibrahim* zum Präsidenten des Staates Anjouan. Am folgenden Tag erklärt sich auch die Insel Mwali (Mohéli) für unabhängig und wählt am 12. 8. den ehem. Offizier *Mohamed Soeuf* zum Präsidenten. Der Sonderbeauftragte der Organisation der Afrikanischen Einheit (OAU), *Pierre Yéré*, erklärt am 15. 8., daß innerhalb der nächsten zwei bis drei Wochen Verhandlungen zwischen der Regierung und den Separatisten aufgenommen würden. Voraussetzung sei allerdings, daß die Regierung ihr nach Nzwani entsandtes Militär abziehe.

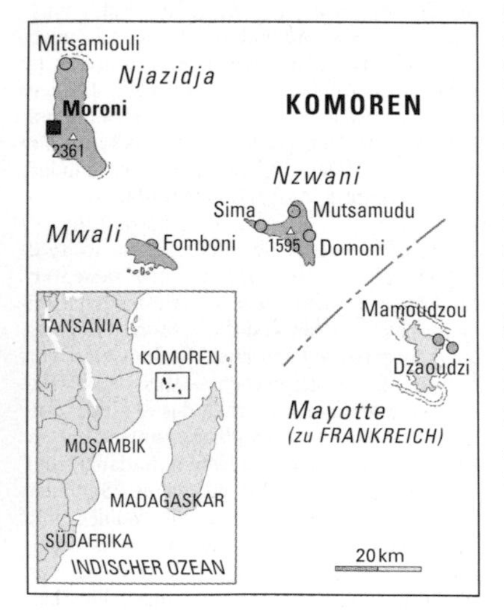

Komoren

Kongo Demokratische Republik

Zentral-Afrika

(bis Mai 1997 Republik Zaire), République démocratique du Congo (→ Karte IV, B 4/5)

Fläche (Weltrang: 12.): 2 344 885 km²

Einwohner (26.): F 1995 43 848 000 = 18,7 je km²

Hauptstadt: Kinshasa – F 1991: 3 804 000 Einw.

Amtssprache: Französisch

Bruttosozialprodukt 1995 je Einw.: 120 $

Währung: 1 Neuer Zaïre (NZ) = 100 Makuta

Botschaft der Demokratischen Republik Kongo Im Meisengarten 133, 53179 Bonn, 0228/85 81 60

Landesstruktur Fläche: 2 344 885 km² – **Bevölkerung**: Kongolesen; (Z 1984) 29 671 407 Einw. – (S) insg. rd. 250 Ethnien: etwa 80 % Bantu-Gruppen (18 % Luba, 16 % Kongo, 13 % Mongo, 10 % Rwanda), 18 % Sudan-Gruppen (Ubangi u. a.), 2 % Niloten, 20 000–50 000 Pygmäen; etwa 20 000 Europäer (meist Belgier) – **Flüchtl.** Ende 1996: 400 000 Binnenflüchtlinge; 116 800 im Ausland, davon 40 000 in Tansania, je 20 000 in Sambia und Uganda, 15 000 in Ruanda; 200 000 aus Ruanda, 100 000 aus Angola, 100 000 aus dem Sudan, 40 000 aus Burundi, 15 000 aus Uganda – **Leb.-Erwart.** 1995: 52 J. – **Säugl.-Sterbl.** 1995: 11,9 % – **Kindersterbl.** 1995: 18,5 % – Jährl. **Bev.-Wachstum** ∅ 1985–95: 3,2 % (Geb.- und Sterbeziffer 1995: 4,6 %/1,4 %) – **Analph.** 1995: 33 % – **Sprachen**: Französisch; Chiluba, Kikongo, Lingala, Kisuaheli; außerdem Luvena, Chokwe, Gbaya, Kituba u. a. (insg. über 400 Sprachen) – **Religion** 1992: 42 % Katholiken, 25 % Protestanten und 15 % andere christl. Glaubensgemeinsch. (u. a. 5 Mio. Kimbangisten), 2 % Muslime; Anh. von Naturreligionen – **Städt. Bev.** 1994: 29 % – **Städte** (F 1991): Lubumbashi 739 100 Einw., Mbuji-Mayi 613 000, Kolwezi 544 500, Kisangani 373 400, Kananga 371 900, Likasi 279 800, Boma 246 200, Bukavu 209 600, Kikwit 182 850, Matadi 172 900, Mbandaka 165 600

Staat Präsidialrepublik seit 1978 – Verfassung von 1978 mit Änderung 1980 – Parlament (Nationaler Gesetzgebungsrat) mit 210 Mitgl., Wahl alle 5 J.; z.Z. aufgelöst – Direktwahl des Staatsoberh. alle 7 J. – Wahlrecht ab 18 J. – **Verwaltung**: 10 Regionen und Hauptstadtdistrikt – **Staatsoberhaupt**: Laurent-Désiré Kabila (AFDL), seit 29. 5. 1997 – **Äußeres**: Bizima Karaha, seit 29. 5. 1997

– **Parteien**: Letzte Wahlen 1987: Mouvement Populaire de la Révolution/MPR alle Sitze – Oppositionsbündnis: Union Sacrée de l'Opposition Radicale/USOR (Heilige Union) aus rd. 150 politischen Gruppierungen; Parteien verboten seit 1997 – **Unabh.**: 30. 6. 1960 (bis 1960 Belgisch-Kongo; 1960–1971 Demokratische Republik Kongo; 1971–1997 Republik Zaire) – **Nationalfeiertage**: 30. 6. (Unabhängigkeitstag) und 24. 11. (Gründung der II. Republik)

Wirtschaft – **Währung**: 1 US-$ = 110 000 NZ; 1 DM = 63 070 NZ – **BSP** 1995: 5313 Mio. $ – **BIP** 1990: 7540 Mio. $; realer Zuwachs ∅ 1980–90: 1,2% (1993: –15,2%); Anteil (1995) **Landwirtsch.** 59%, **Industrie** 15%, **Dienstl.** 26% – **Erwerbstät.** 1993: Landw. 64%, Ind. 16% – **Arbeitslosigkeit** ∅ 1994: 30% – **Energieverbrauch** 1994: 45 kg ÖE/Ew. – **Inflation** ∅ 1985–93: 401,2% (1994: 7800%) – **Ausl.-Verschuld.** 1995: 13 137 Mio. $ – **Außenhandel** 1994: **Import**: 860 Mio. $; Güter 1991: 32% Maschinen und Transportausrüstungen, 21% Halbfertigwaren, 21% Nahrungsmittel und leb. Tiere, 10% chem. Erzeugnisse, 8% Erdöl und Brennstoffe; Länder: 22% Belgien/Luxemburg, 8% Hongkong, 7% Südafrika, 7% Nigeria, 6% BRD, 5% Japan, 5% Niederlande, 4% Elfenbeinküste; **Export**: 1100 Mio. $; Güter 1993: 27% Diamanten, 11% Erdöl (roh), 11% Kupfer, 10% Kobalt, 5% Kaffee; Länder: 46% Belgien/Luxemburg, 17% USA, 7% Japan, 7% Italien, 5% Indien, 3% BRD, 3% Frankreich

Chronik In den ostzairischen Flüchtlingslagern, in denen seit 1994 rd. 1,1 Mio. Hutu-Flüchtlinge aus Ruanda und Burundi leben und von internationalen Hilfsorganisationen versorgt werden (→ WA '97, Sp. 692), herrscht im Sommer 1996 ein latenter Kriegszustand. Ruandische Hutu-Milizen kontrollieren die Lager und hindern die Flüchtlinge gewaltsam an der Rückkehr in ihre Heimatstaaten. Die zairischen Tutsi, die Banyamulenge, werden von den Hutu-Milizen und der zairischen Armee systematisch verfolgt und vertrieben.

Kriegsausbruch: Seit September **1996** organisieren sich die Banyamulenge mit Hilfe der ruandischen Armee und greifen die Hutu-Milizen und die zairischen Streitkräfte an. Die Banyamulenge werden nach der Eroberung der Provinz Kivu von einem **zairischen Rebellenverbund** Allianz der Demokratischen Kräfte für die Befreiung Kongo-Zaires (AFDL) unter Führung *Laurent-Désiré Kabilas* unterstützt. Die Allianz vereint mehrere Oppositionsgruppen unterschiedlicher ethnischer Herkunft. Ihr Ziel ist der Sturz des Präsi-

denten *Mobutu Sese-Seko*. Die zairische Regierung wirft Ruanda und Burundi vor, einen Krieg zu beginnen, und bricht am 1. 11. 1996 die diplomatischen Beziehungen zu den beiden Staaten und zu Uganda ab. – Am 17. 12. kehrt *Mobutu* nach viermonatigem Krankheitsaufenthalt in Europa nach Zaire zurück. Er fordert die Bevölkerung zum Widerstand gegen die Rebellen auf und mobilisiert die Armee zur Gegenoffensive im Norden der Provinz Kivu, die trotz Unterstützung durch ausländische Söldnertruppen nach 6 Tagen scheitert. Am 9. 1. **1997** verläßt *Mobutu* das Land, um Militärhilfe in Marokko und anderen afrikanischen Staaten zu suchen. Der diktatorisch regierende Präsident hinterläßt ein Machtvakuum, das der unpopuläre Tutsi-Ministerpräsident *León Kengo Wa Dondo* nicht ausfüllt.

Rebellenvormarsch: Seit Ende Januar **1997** erobert die AFDL in rascher Folge den Osten Zaires: Kalemie (4. 2.), Kindu (2. 3.), Kisangani (15. 3.), unterstützt von ugandischen, ruandischen und angolanischen Einheiten. Die demoralisierte zairische Armee, für die in den letzten Wochen Jugendliche angeworben wurden, läuft entweder zu den Rebellen über oder flieht plündernd nach Westen. Die Bevölkerung unterstützt die Rebellen und feiert *Kabila* als Befreier. – *Mobutu* kehrt am 23. 3. nach Kinshasa zurück. Er ernennt am 2. 4. den Oppositionspolitiker *Etienne Tshisekedi* zum Ministerpräsidenten, der jedoch nur eine Woche im Amt bleibt und dann vorübergehend verhaftet wird. In Kinshasa kommt es zu Unruhen. Die AFDL lehnt das Angebot einer Regierungsbeteiligung ab. Neuer Ministerpräsident wird General *Likulia Bolongo*. – Mit der Eroberung der rohstoffreichen Provinz Shaba (Lubumbashi, Mbuji-Mayi am 9. 4.) durch *Kabila* ist *Mobutu* von seiner wichtigsten Geldquelle abgeschnitten. *Kabila* lehnt alle Kompromisse ab und verlangt den Rücktritt *Mobutus*, der seinerseits auf einem Waffenstillstand und Wahlen vor Verhandlungen besteht. Der Gegensatz kann auf mehreren internationalen Konferenzen (Nairobi, Lomé, Südafrika) nicht überwunden werden. Seit dem 4. 5. verlaufen mehrere Treffen zwischen *Mobutu* und *Kabila* unter Vermittlung des südafrikanischen Präsidenten *Nelson Mandela* ergebnislos.

Machtwechsel: Am 12. 5. **1997** stehen die Truppen der AFDL vor Kinshasa. *Kabila* stellt *Mobutu* das Ultimatum, zum 20. 5. zurückzutreten. Am 16. 5. verzichtet *Mobutu* auf die Macht und verläßt das Land. Am 17. 5. marschiert die Rebellenallianz in Kinshasa ein, das kampflos übergeben wird. Bei Plünderungen werden etwa 200 Menschen getötet. *Kabila* ordnet die Rückbenennung Zaires in **Demokratische Republik Kongo** an, die von mehreren afrikanischen Staaten anerkannt wird. Westliche Regierungen machen die Anerkennung von demokratischen Reformen abhängig. *Kabila* ernennt sich selbst zum Staatschef und verspricht mit seiner Übergangsregierung demokratische Reformen einzuleiten. Am 29. 5. wird **Kabila als Präsident vereidigt**. Zuvor gab er sich selbst per Dekret fast uneingeschränkte Vollmachten. Der Präsident ist zugleich Verteidigungsminister. Die ehem. Opposition (gegen *Mobutu*) wird bei der Ämterverteilung kaum berücksichtigt, das Amt des Ministerpräsidenten wird abgeschafft. Wahlen werden für April 1999 angekündigt, politische Parteien jedoch verboten. Vorbild für die wirtschaftliche Ausrichtung K.s soll die »soziale Marktwirtschaft« der Bundesrepublik Deutschland sein. – Anfang Juni wird **Widerstand** gegen die AFDL laut. Die Bevölkerung, die *Kabila* noch vor kurzem als Befreier feierte, sieht in ihm nun einen neuen Diktator. Die Proteste richten sich auch gegen Tutsi im Kabinett, die als »Ruander« bezeichnet werden. Landesweit gibt es bei Demonstrationen mehr als hundert Tote.

Lage der Flüchtlinge: Während des Rebellenvormarsches von Oktober 1996 bis Mai 1997 versuchen **internationale Hilfsorganisationen**, die Flüchtlinge in Ost-Zaire zu versorgen, doch wird ihnen nur sehr willkürlich Zugang in das Gebiet ermöglicht. Helfer werden angegriffen, beraubt und getötet. Etwa 500 000 Hutu kehren zu Kriegsbeginn nach Ruanda zurück, worauf sich die internationale Staatengemeinschaft nicht zur Entsendung einer Schutztruppe entschließen kann. Weitere 400 000 bis 500 000 Flüchtlinge sind im zairischen Regenwald ohne Versorgungsgrundlage den Angriffen zairischer und ruandischer Tutsi ausgesetzt. *Kabila* wird **gezielter Völkermord** vorgeworfen; er gerät unter internationalen Druck, die Massaker seiner Truppen zu unterbinden. Daraufhin verlangt er von den Vereinten Nationen (UN), die Flüchtlinge innerhalb von 60 Tagen aus dem Kongo zu evakuieren. Anfang Mai **1997** richtet das Flüchtlingshilfswerk der Vereinten Nationen (UNHCR) eine **Luftbrücke nach Ruanda** ein, mit der in 2 bis 3 Monaten täglich 500 bis 1300 Menschen ausgeflogen werden sollen. Die Kosten werden auf umgerechnet 80 Mio. DM geschätzt. Etwa 190 000 Flüchtlinge aus Lagern um Kisangani werden vermißt. Nach der Machtübernahme *Kabilas* gehen die **Massaker an Hutu** trotz internationaler Kritik vor allem in den Provinzen Äquatorial, Ober-Kongo und Kivu weiter. Es wird vermutet, daß *Kabila* den Genozid an den Hutu als »Gegenleistung« für die militärische Unterstützung Ruandas duldet. – Bei einem Gipfeltreffen von 8 afrikanischen Staatschefs in Kinshasa am 20. 7. werden die Vorwürfe der UN über mögliche Massaker an Flüchtlingen als Desinformationskampagne bezeichnet; die Teilnehmer fordern eine neutrale und unabhängige Kommission, die ihre Untersuchungen auf einen größeren Zeitraum als auf die 7 Monate seit Beginn der Eroberung durch *Kabila* ausdehnen sollte. – Als Leiter der UN-Kommission zur Untersuchung der Massaker an ruandischen Flüchtlingen wird am 3. 8. *Atsu Koffi*, ehem. Präsident des Obersten Gerichtshofes in Togo, ernannt; der ersten Kommission unter Leitung des Chilenen *Roberto Garreton* hatte Präsident *Kabila* die Einreise verweigert. Am 28.8 teilt ein UN-Sprecher in Genf mit, daß *Kabila* auch *Koffi* als Leiter der Kommission ablehnt und die Behörden den Sicherheitsbeamten, die die Kommission schützen sollen, die Einreise verweigert. Außerdem habe *Kabila* die Bedingung gestellt, daß die Organisation für Afrikanische Einheit (OAU) die Ermittlungen durchführen solle.

Kongo Republik *Zentral-Afrika*

République du Congo – RCB
(→ Karte IV, B 4/5)

Fläche (Weltrang: 62.): 342 000 km²

Einwohner (130.): F 1995 2 633 000 = 7,7 je km²

Hauptstadt: Brazzaville – F 1992: 937 600 Einw.

Amtssprache: Französisch

Bruttosozialprodukt 1995 je Einw.: 680 $

Währung: CFA-Franc

Botschaft der Republik Kongo
Rheinallee 124, 53173 Bonn, 0228/35 83 55

Landesstruktur Fläche: 342 000 km² – **Bevölkerung**: Kongolesen; (Z 1984) 1 843 421 Einw. – (S) überwiegend Bantu-Gruppen: etwa 52% Ba-Kongo und Vili-Kongo, 24% Bateke und Bavili, 12% M'Boshi sowie Téké, Sanga; Minderh. von Pygmäen, Ubangi-Gruppen, Europäern – **Flüchtl.** Ende 1996: 13 000 aus Angola, 2000 aus dem Tschad, 1000 andere – **Leb.-Erwart.** 1995: 51 J. – **Säugl.-Sterbl.** 1995: 8,1% – **Kindersterbl.** 1995: 10,8% – Jährl. **Bev.-Wachstum** ∅ 1985–95: 3,1% (Geb.- und Sterbeziffer 1995: 4,4%/1,5%) – **Analph.** 1994: 25% – **Sprachen**: Französisch; ca. 50% Lingala, Monokutuba, Kikongo, Téké, Sanga, Ubangi-Sprachen u. a. – **Religion** 1992: 54% Katholiken; ca. 50% Anhänger von Naturreligionen; 136 000 Protestanten, 25 000 Muslime – **Städt. Bev.** 1995: 59% – **Städte** (F 1992): Pointe-Noire 576 200 Einw.; (F 1990) Nkayi 40 000, Owando 16 000, Mossendjo 15 600

Staat Republik seit 1992 – Verfassung von 1992 – Parlament: Nationalversammlung (Assemblée Nationale) mit 125 und Senat mit 60 Mitgl.; Wahl alle 5 bzw. 6 J. – Direktwahl des Staatsoberh. alle 5 J. – Wahlrecht ab 18 J. – **Verwaltung**: 9 Regionen und 4 Stadtbezirke – **Staatsoberhaupt**: Pascal Lissouba (UPADS), seit 1992 – **Regierungschef**: David Charles Ganao, seit 1996 – **Äußeres**: Destin-Arsène Tsatsy Bongou – **Parteien**: Wahlen zur Nationalversammlung vom 2. 5. 1993 und 3./6. 10. 1993: L'Union Panafricaine pour la Démocratie Sociale/UPADS 47 Sitze (1992: 39), Mouvement Congolais pour la Démocratie et le Développement Intégral/MCDDI 28 (29), Parti Congolais du Travail/PCT 15 (19), Rassemblement Démocratique pour le Progrès Social/RDPS 10 (9), Rassemblement pour la Démocratie et le Développement/RDD 6 (5), Union des Forces Démocratiques/UFD 3 (–), Unabhängige 2 (–), Sonstige

14 (63) – Senatswahlen vom 26. 7. 1992: UPADS 23 Sitze, MCDDI 13, RDD 8, RDPS 5, PCT 3, UDR 1, Unabhängige 7 – **Unabh.**: 15. 8. 1960 (ehem. französische Kolonie) – **Nationalfeiertag**: 15. 8. (Unabhängigkeitstag)

Wirtschaft **Währung**: 1 US-$ = 587,77 CFA-Francs; 1 DM = 337,12 CFA-Francs; Wertverhältnis zum Französischen Franc: 1 FF = 100 CFA-Francs – **BSP** 1995: 1784 Mio. $ – **BIP** 1995: 2163 Mio. $; realer Zuwachs ∅ 1990–95: –0,6%; Anteil (1995) **Landwirtsch.** 10%, **Industrie** 38%, **Dienstl.** 51% – **Erwerbstät.** 1994: Landw. 58%, Ind. 12% – **Arbeitslosigkeit** ∅ 1994 (S): 25% (Städte) – **Energieverbrauch** 1994: 331 kg ÖE/Ew. – **Inflation** ∅ 1985–95: 2,2% (1994: 64,0%) – **Ausl.-Verschuld.** 1995: 6032 Mio. $ – **Außenhandel** 1994: **Import**: 590 Mio. $; Güter S 1993: 25% Maschinen, 18% Baumaterial, 16% chem. Erzeugnisse, 11% Transportgüter, 6% Nahrungsmittel und Getränke; Länder: 34% Frankreich, 12% Italien, 7% USA, 6% Belgien/Luxemburg, 6% Thailand, 6% Niederlande, 5% BRD, 4% Großbritannien; **Export**: 1260 Mio. $; Güter S 1993: 83% Rohöl; Länder: 31% USA, 24% Belgien/Luxemburg, 15% Italien, 10% Republik China, 5% Frankreich, 5% Spanien, 3% Niederlande, 2% BRD

Chronik Bei dem Versuch, die Privat-Milizen des ehem. Präsidenten *Denis Sassou-Nguesso* (1979–92) zu entwaffnen, beginnen am 5. 6. **1997** in Brazzaville Kämpfe zwischen Regierungstruppen und Milizen der Opposition. Der Konflikt schwelte seit den Parlamentswahlen von 1993, deren Ergebnis die Opposition nicht anerkannte, und weitete sich nun zum **Bürgerkrieg** aus. Ein Friedensabkommen im Dezember 1995 sah die Entwaffnung der Milizen vor, wurde aber nie umgesetzt. Der Krieg im benachbarten Zaire (ab Mai 1997 → Kongo, Demokratische Republik), die Anwesenheit ehem. zairischer Soldaten und die für Juli 1997 geplanten Präsidentschaftswahlen trugen zur Instabilität des Landes bei. *Sassou-Nguesso* unterstützt die Interessen des französischen Erdölkonzerns Elf Aquitaine, während Präsident *Pascal Lissouba* Förderkonzessionen nur noch an US-amerikanische Konzerne vergeben will. Hintergrund der Kämpfe sind außerdem **ethnische Rivalitäten** zwischen der Minderheiten der M'Boshi, der Volksgruppe *Sassou-Nguessos*, und den Kouyou, denen der Führer der Präsidenten-Milizen, *Jacques-Joachim Yhombi-Opango*, angehört. Eine dritte Kraft bilden die Milizen des Bürgermeisters von Brazzaville, *Bernard Kolelas*, der sich im Stadtteil Bacongo neu-

tral verhält. Die Frontlinie verläuft mitten durch die Hauptstadt Brazzaville, es herrschen anarchische Zustände. Französische Militärbeobachter schätzen die Zahl der Toten auf 10 000. Auslöser der bewaffneten Auseinandersetzungen war der Versuch der Präsidenten-Milizen, Angehörige der verbotenen gegnerischen Milizen festzunehmen. Um 800 Mann verstärkte **französische Truppen evakuieren** bis zum 15. 6. 6000 Europäer und US-Amerikaner. – Ende Juni schlagen zum zweitenmal **Granaten in Kinshasa** ein. Die DR Kongo droht bei Wiederholung mit Gegenschlägen, worauf sich *Lissouba* entschuldigt. Der Beschuß Kinshasas wird ehem. zairischen Soldaten zugeschrieben. – Am 16. 6. beginnen in Libreville (Gabun) **Verhandlungen zwischen den Kriegsparteien** unter Vermittlung der Vereinten Nationen (UN), *Kolelas'* und des gabunischen Präsidenten *Omar Bongo*. *Sassou-Nguesso* verlangt die gemeinsame Ausrichtung von Wahlen, was *Lissouba* nicht akzeptiert. – Am 24. 6. beschließen die Staatschefs der Westafrikanischen Wirtschafts- und Währungsunion (UEMOA) die Entsendung einer 1600 bis 1800 Mann starken **Friedenstruppe** nach Brazzaville. – In der Hauptstadt wird am 24. 6. unter schwerem Beschuß durch die Milizen *Sassou-Nguessos* ein **Verfassungsrat vereidigt**, der Entscheidungen zur weiteren politischen Entwicklung des Landes treffen soll. Nachdem mehrere **Waffenstillstandsvereinbarungen** nicht eingehalten wurden, kommt unter Vermittlung des gabunischen Präsidenten und des Bürgermeisters von Brazzaville am 13. 7. eine erneute Vereinbarung zustande, die von *Lissouba* und seinem Kontrahenten *Sassou-Nguesso* unterzeichnet, aber nur zwei Tage lang eingehalten wird. Nachdem sich die Kämpfe auch auf den Norden des Landes ausweiten, flüchten mehrere tausend Menschen in die DR Kongo. Nach einem Treffen des Präsidenten der DR Kongo, *Kabila,* mit seinen Amtskollegen aus Uganda und Ruanda, *Yoweri Museweni* und *Pasteur Bizimungo*, am 13. 8. und Gesprächen mit Präsident *Lissouba* teilt Radio Kongo am 18. 8. mit, sie seien übereingekommen, eine rein **afrikanische Interventionstruppe** in den Kongo zu schicken. Diese Ankündigung bewirkt, daß die Verhandlungen in Libreville (Gabun) am 21. 8. erneut unterbrochen werden, da Ex-Präsident *Nguesso* die Entsendung einer solchen Truppe strikt ablehnt. – Auf Antrag der Regierung entscheidet das Verfassungsgericht am 21. 7., daß die für den 27. 7. vorgesehenen **Präsidentschaftswahlen verschoben** werden und das Mandat von Präsident *Lissouba* bis zu einem von der Regierung festzusetzenden neuen Termin verlängert wird.

Korea Demokratische Volksrepublik

Ost-Asien

DVR Korea (Nord-Korea); Choson Minchuchuui Inmin Konghuaguk – DVRK (→ Karte IV, B 4/5)

Fläche (Weltrang: 97.): 120 538 km²

Einwohner (38.): F 1995 23 867 000 = 198 je km²

Hauptstadt: P'yŏngyang (Pjöngjang)
S 1987: 2 355 000 Einw.

Amtssprache: Koreanisch

Bruttosozialprodukt S 1995 je Einw.: über 766 $

Währung: 1 Won = 100 Chon

Diplomatische Vertretung:
Botschaft der VR China, Außenstelle Berlin
Glinkastr. 5–7, 10117 Berlin, 030/2 29 31 91

Landesstruktur **Fläche**: 120 538 km²; ohne entmilitarisierte Zone mit Südkorea 1262 km² – **Bevölkerung**: Koreaner; (Z 1993) 21 213 378 Einw. – (S) 99 % Koreaner; chines. Minderheit – **Leb.-Erwart.** 1995: 72 J. – **Säugl.-Sterbl.** 1995: 2,3 % – **Kindersterbl.** 1995: 3,0 % – Jährl. **Bev.-Wachstum** ∅ 1985–95: 1,8 % (Geb.- und Sterbeziffer 1995: 2,3 %/0,5 %) – **Analph.** 1992: 5 % – **Sprachen**: Koreanisch; Russisch und Chinesisch z. T. als Handelssprachen – **Religion**: Buddhismus und Konfuzianismus verbreitet; Schamanismus, Christentum, Chondo-gyo; etwa 68 % konfessionslos – **Städt. Bev.** 1994: 61 % – **Städte** (S 1987): : Hamhŭng 701 000 Einw., Ch'ŏngjin 520 000, Namp'o 370 000, Sinŭiju 289 000, Wŏnsan 274 000, Kanggye 211 000, Haeju 195 000, Kaesŏng 120 000

Staat Volksrepublik seit 1948 – Verfassung von 1972 mit Änderung 1992 – Oberste Volksversammlung (Choe Ko In Min Hoe Ui) mit 687 Mitgl., wählt Staatsoberh. und die 16 Mitgl. des Zentralen Volkskomitees; Wahl alle 5 J. – Wahlrecht ab 17 J. – **Verwaltung**: 9 Provinzen und 2 Stadtbezirke – **Staatsoberhaupt** und Generalsekretär der PdAK: Kim Jong Il seit 1994 (offizielle Ernennung steht noch aus) – **Regierungschef**: Hong Song Nam, seit 21. 2. 1997 – **Äußeres**: Kim Yong Nam – **Parteien**: Kommunist. Partei der Arbeit Koreas/PdAK mit 11köpfigem Politbüro (letzte Wahlen 1990: 100 % für die von der PdAK beherrschte Liste des Nationalen Blocks); neben der PdAK existieren noch 2 sog. nichtkommunist. Parteien – **Unabh.**: alte staatl. Tradition; 9. 9. 1948 Ausrufung der unabhängigen Volksrepublik – **Nationalfeiertage**: 16. 2. (Geburtstag von Kim Jong Il), 9. 9. (Unabhängigkeitstag), 10. 10. (Gründung der PdAK 1945) und 27. 12. (Verfassungstag)

Wirtschaft – **Währung**: Offizieller Kurs für staatl. Transaktionen: 1 US-$ = 1,02 Won; 1 DM = 0,60 Won; Transferrate: 1 US-$ = 2,2149 Won; 1 DM = 1,3091 Won – **BSP** 1995 (S): 20 000 Mio. $ – **BIP** 1988 (S): 18 800 Mio. $; Anteil (1994) **Landwirtsch.** 29,5 %, **Industrie** 42,5 %, **Dienstl.** 28 % – **Erwerbstät.** 1994: Landw. 30 % – **Arbeitslosigkeit**: k. Ang. – **Energieverbrauch** 1994: 1129 kg ÖE/Ew. – **Inflation** ∅ 1993: 5,0 % – **Ausl.-Verschuld.** 1993: 10 320 Mio. $ – **Außenhandel** 1995: **Import**: 1470 Mio. $; (S) Güter 1992: 16 % bearb. Waren, 15 % mineral. Brennstoffe und Schmiermittel, 12 % Maschinenbau-, elektrotechn. Erzeugn. und Fahrzeuge, 10 % Nahrungsmittel und leb. Tiere, Getränke und Tabak; Länder 1992: 35 % VR China, 15 % Rußland, 15 % Japan, 7 % Hongkong, 3 % BRD; **Export**: 590 Mio. $ (S); Güter 1992: 19 % bearb. Waren, 18 % versch. Fertigwaren, 13 % Nahrungsmittel und leb. Tiere, 11 % Maschinenbau-, elektrotechn. Erzeugn. und Fahrzeuge; Länder 1992: 28 % Japan, 17 % VR China, 10 % Indien, 9 % BRD, 7 % Rußland, 6 % Hongkong

Chronik Die Situation der DVR Korea (Nord-Korea) steht im Berichtszeitraum im Zeichen einer dramatischen Verschlechterung der Versorgungslage, die trotz mehrerer Berichte und Einschätzungen internationaler Organisationen in ihrer tatsächlichen Dimension unübersichtlich bleibt, und zögerlichen Versuchen der politischen Führung, die internationale Isolierung des Landes zu überwinden.

Ein U-Boot-Zwischenfall am 18. 9. **1996** an der Ostküste von Süd-Korea, in dessen Folge 24 der 26 nordkoreanischen Soldaten und Besatzungsmitglieder des havarierten Schiffes getötet werden, erhöht die Spannungen zwischen den beiden koreanischen Staaten (→ Korea, Republik). Mit seiner **formellen Entschuldigung** am 29. 12. ebnet Nord-Korea den Weg zur Unterzeichnung des von Süd-Korea wegen des U-Boot-Konflikts suspendierten Erfüllungsvertrags zum Rahmenabkommen über die **Umstellung der nordkoreanischen Atomenergieproduktion** von 1994 am 8. 1. **1997**. In ihm verpflichtet sich Nord-Korea zur Stillegung seiner Reaktoren, die sich auch für die Herstellung von waffentauglichem Plutonium eignen, und zum Verzicht auf die Fortführung seines Atomprogramms. Im Gegenzug erhält es entsprechend einem 1996 ausgehandelten Lieferabkommen über das federführende, von 10

Staaten gebildete Konsortium Koreanische Organisation für Energieentwicklung (Kedo) 2 zur Plutoniumproduktion nicht fähige moderne Leichtwasserreaktoren mit je 1000 Megawatt Leistung. Am 28. 7. richtet die Kedo ihr Büro in Nordkorea ein, um im August mit den Bauarbeiten der beiden Kernkraftwerke zu beginnen.

Hungersnot: Am 3. 2. **1997** meldet die nordkoreanische Nachrichtenagentur KCNA, infolge der schweren Naturkatastrophen 1995 und 1996 habe sich die Versorgungslage der Bevölkerung dramatisch verschlechtert (→ WA '97, Sp. 382). Die Staatsführung in Pjöngjang bitte deshalb weltweit um Nahrungsmittelhilfe. Statt der jährlich benötigten 4,8 Mio. t Getreide hätten 1996 nur 2,5 Mio. t geerntet werden können. Die Zahlenangaben stimmen mit den Schätzungen des UN-Welternährungsprogramms (WFP) überein, das die internationale Staatengemeinschaft Anfang April aufruft, 126 Mio. $ bereitzustellen, die es benötigt, um die zunächst auf 100 000 t geplante Lebensmittelhilfe verdoppeln zu können. – Am 8. 4. berichtet das Kinderhilfswerk UNICEF, die nordkoreanische Führung räume den Tod von 134 Kindern als Folge der Unterernährung ein. Am 20. 6. schätzt die Internationale Föderation der Rotkreuz- und Rothalbmondgesellschaften (IFRK), daß angesichts der drastisch gesunkenen Ernteerwartungen 1997 und 1998 insg. 5 Mio. Menschen vom Hungertod bedroht seien. – **Humanitäre Hilfsaktionen** aus den westlichen Staaten laufen nur zögernd an. Während die USA und Süd-Korea Anfang April 1997 die Aufnahme von Friedensgesprächen zwischen Nord- und Südkorea (→ unten) zur Bedingung einer umfassenden internationalen Hilfe machen, ist Nord-Korea dazu nur nach umfangreichen Lebensmittellieferungen bereit. Ab Juni kooperieren die koreanischen Rotkreuzgesellschaften erstmals miteinander, als sie die Lieferung von Lebensmitteln, u. a. von 50 000 t aus dem WFP-Programm, von Süd- nach Nord-Korea organisieren.

Flucht eines Spitzenfunktionärs: Als bisher ranghöchstes Mitglied der nordkoreanischen Führungsspitze sagt sich *Hwang Jang Yop* von dem kommunistischen Regime los und beantragt am 12. 2. **1997** während eines Aufenthalts in Peking in der südkoreanischen Botschaft politisches Asyl. *Hwang*, seit 1993 als ZK-Sekretär für internationale Beziehungen zuständig, war Chefideologe der Kommunistischen Partei der Arbeit und enger Vertrauter des ehem. Staats- und Parteichefs *Kim Il Sung*. Nach der Flucht zweier ranghoher Diplomaten in die USA am 25. 8. 1997 sagt Nordkorea die Raketengespräche in New York ab. Bei den Gesprächen wollten die USA erreichen, daß Nordkorea seine Raketenexporte in den Nahen Osten einstellt.

Veränderungen in der politischen Führung: Am 21. 2. **1997** wird Ministerpräsident *Kang Song San*, der als krank gilt und seit über einem Jahr nicht mehr öffentlich auftrat, von seinem bisherigen Stellvertreter *Hong Song Nam* abgelöst; am selben Tag meldet Radio Pjöngjang den Tod des 78jährigen Verteidigungsministers Marschall *Choe Kwang*, am 28. 2. seines Stellvertreters, Vizemarschall *Kim Kwang Jin*. In Süd-Korea wird über einen Machtkampf in der Führungsspitze Nord-Koreas und eine politische Säuberungswelle durch den formell immer noch nicht zum Staats- und Parteichef ernannten *Kim Jong Il* spekuliert.

»Vorgespräche« zu Friedensverhandlungen: Im Anschluß an seine Entschuldigung für den U-Boot-Zwischenfall (→ oben) erklärt Nord-Korea am 30. 12. **1996** erstmals seine Bereitschaft zu Vorgesprächen über eine Konferenz zur Beendigung des zwischen Nord- und Süd-Korea formell immer noch bestehenden Kriegszustandes (→ WA '97, Sp. 383). Nach Verzögerungen seitens Nord-Koreas kommt es erst am 5. 8. **1997** in New York zum 1. Treffen der Viererkonferenz (Nord- und Süd-Korea sowie USA und VR China). Zuvor hatte Nord-Korea das Waffenstillstandsabkommen von 1953 akzeptiert. Grundlage der Vorgespräche ist ein Vorschlag der USA und Süd-Koreas, unter Beteiligung der VR China den Waffenstillstand nach dem Korea-Krieg 1953 durch einen formellen Friedensvertrag zu ersetzen. Als Voraussetzung verlangt Nord-Korea die Aufnahme diplomatischer Beziehungen mit den USA und den Abzug ihrer unter UN-Mandat stationierten Truppen in Süd-Korea. Am 8. 8. vereinbart die Vierer-Konferenz den Beginn formeller Verhandlungen über einen Friedensvertrag im September.

Ende der Trauerzeit: Am 8. 7. **1997** endet offiziell die dreijährige Trauerzeit nach dem Tod des Staats- und Parteiführers *Kim Il Sung*. Als legitimer Nachfolger gilt sein Sohn *Kim Jong Il*, dessen formelle Bestätigung als Staatsoberhaupt und Generalsekretär der Partei der Arbeit für den Staatsgründungstag (9. 9.) oder den Jahrestag der Parteigründung (10. 10.) erwartet wird. Am 9. 7. wird in Nord-Korea eine **neue Zeitrechnung** eingeführt. Benannt nach der Staatsideologie Juche, beginnt der neue Kalender mit dem Geburtsjahr des »geliebten Großen Führers« *Kim Il Sung*, 1912.

Korea Republik *Ost-Asien*

Republik Korea (Süd-Korea); Taehan Min'guk – ROK (→ Karte V, E 3)

Fläche (Weltrang: 107.): 99 392 km²

Einwohner (25.): F 1995 44 851 000 = 451 je km²

Hauptstadt: Sŏul (Seoul)
Z 1995: 10 229 262 Einw.

Amtssprache: Koreanisch

Bruttosozialprodukt 1995 je Einw.: 9700 $

Währung: 1 Won (₩) = 100 Chon

Botschaft der Republik Korea
Adenauerallee 124, 53113 Bonn, 0228/26 79 60

Landesstruktur Fläche: 99 392 km²; ohne entmilitarisierte Zone mit Nordkorea 1262 km² – **Bevölkerung**: Koreaner; (Z 1995) 44 606 199 Einw. – (S) fast ausschließlich Koreaner; (1995) 36 400 US-Soldaten – **Leb.-Erwart.** 1995: 72 J. – **Säugl.-Sterbl.** 1995: 0,8% – **Kindersterbl.** 1995: 0,9% – Jährl. **Bev.-Wachstum** ∅ 1985–95: 0,9% (Geb.- und Sterbeziffer 1995: 1,6%/0,6%) – **Analph.** 1994: unter 5% – **Sprachen**: Koreanisch; Englisch und Japanisch als Handelssprachen – **Religion** 1992: 14,46 Mio. Protestanten, 10,26 Mio. Konfuzianer, 8,99 Mio. Buddhisten, 3,06 Mio. Katholiken, 1,19 Mio. Won-Buddhisten, 1,12 Mio. Chondo-gyo, 468 780 Taejong-gyo; auch Schamanismus verbreitet – **Städt. Bev.** 1995: 81% – **Städte** (Z 1995): Pusan 3 813 814 Einw., Taegu 2 449 139, Inch'ŏn, 2 307 618, Taejŏn 1 272 143, Kwangju 1 257 504, Ulsan 967 394, Sŏngnam 869 243, Suwŏn 755 502, Chŏnju 563 406, Ch'ŏngju 531 195

Staat Präsidialrepublik seit 1948 – Verfassung der VI. Republik von 1988 – Nationalversammlung (Kuk Hoe) mit 299 Mitgl., Wahl alle 4 J. – Direktwahl des Staatsoberh. alle 5 J. (keine Wiederwahl) – Wahlrecht ab 20 J. – **Verwaltung**: 15 Provinzen, darunter 6 Stadtbezirke – **Staatsoberhaupt**: Kim Young Sam (NKP-Ehrenvorsitzender), seit 1993 – **Regierungschef**: Koh Kun, seit 4. 3. 1997 – **Äußeres**: Yoo Chong Ha, seit 6. 11. 1996 – **Parteien**: Wahlen vom 11. 4. 1996: New Korea Party/NKP (früher Democratic Liberal Party/DLP) 139 Sitze (1992: 149 von 237), National Congress for New Politics (NCNP) 79 (55), United Liberal Democrats/ULD 50 (32), Democratic Party/DP 15 (37), Unabh. 16 (21, zum Teil Mehrheitsbeschaffer der NKP) – **Unabh.**: alte staatl. Tradition; 15. 8. 1948 Ausrufung der Republik – **Nationalfeiertag**: 15. 8. (Unabhängigkeitstag)

Wirtschaft Währung: 1 US-$ = 891,60 ₩; 1 DM = 513,32 ₩ – **BSP** 1995: 435 137 Mio. $ – **BIP** 1995: 455 476 Mio. $; realer Zuwachs ∅ 1990–95: 7,2% (S 1996: 7%); Anteil (1994) **Landwirtsch.** 7%, **Industrie** 41%, **Dienstl.** 52% – **Erwerbstät.** 1994: Landw. 14%, Ind. 33%, Dienstl. 53% – **Arbeitslosigkeit** ∅ 1996: 2,0% (S 1997: 2,7%) – **Energieverbrauch** 1994: 2982 kg ÖE/Ew. – **Inflation** ∅ 1985–95: 6,8% (1996: 4,5%) – **Ausl.-Verschuld.** 1995: 78 Mrd. $ – **Außenhandel** 1996: **Import**: 150,3 Mrd. $; Güter: 49,6% Rohmaterialien (9,6% Rohöl, 5,7% Vorprod. für die chem. Industrie, 4,5% Stahlprodukte, 4,1% Vorprod. für die Leichtindustrie, 39,2% Kapitalgüter (16,5% Maschinen, 14,2% elektron. Produkte, 3,6% Transportausrüstungen), 11,2% Konsumgüter; Länder: 22,2% USA, 20,9% Japan, 5,7% VR China, 4,8% BRD, 4,4% Saudi-Arabien, 4,2% Australien, 2,7% Indonesien; **Export**: 129,7 Mrd. $; Güter: 68,4% Prod. der Schwerindustrie (18,8% elektron. Produkte, 11,9% Maschinen, 8,9% Kraftfahrzeuge, 5,6% Metallwaren, 5,5% Schiffe), 24,4% Prod. der Leichtind. (13% Textilien), 4,9% Rohöl und -stoffe, 2,4% Konsumgüter; Länder: 16,7% USA, 12,2% Japan, 8,8% VR China, 8,6% Hongkong, 5% Singapur, 3,6% BRD, 3,3% Malaysia, 3,1% Republik China – **Tourismus**: 3,75 Mio. Auslandsgäste, 44% aus Japan, (1995), 3510 Mio. $ Einnahmen (1993)

Chronik Der drohende Zusammenbruch der von einer schweren Versorgungskrise betroffenen DVR Korea (Nord-Korea) mit unabwägbaren Folgen für das politische System Süd-Koreas, eine Wirtschaftskrise, die einige der größten Unternehmen nicht überstehen, heftige soziale Auseinandersetzungen sowie Korruptionsskandale, in die auch der engste politische und familiäre Umkreis von Präsident *Kim Yong Sam* verstrickt ist, prägen 1996/97 die innenpolitische Lage.

U-Boot-Affäre: Erhebliche Spannungen zwischen Süd- und Nord-Korea provoziert die Havarie eines nordkoreanischen U-Bootes am 18. 9. **1996** in der Nähe der Hafenstadt Kwangnung an der Ostküste Süd-Koreas. Südkoreanische Militäreinheiten entdecken die Leichen von 11 der 26 ursprünglich an Bord befindlichen Soldaten, einen Nordkoreaner nehmen sie fest, weitere 13 stellen sie im Verlauf der nächsten Wochen und töten sie, einer entkommt (→ Korea, DVR). Während Nord-Korea behauptet, bei dem gestrandeten U-Boot habe es sich um ein vom Kurs abgekommenes Ausbildungsschiff gehandelt, hält Süd-Korea das Unternehmen für den gescheiterten Versuch, Agenten abzusetzen. Als Konsequenz aus der unzureichenden Grenzsicherung entläßt Ministerpräsident *Lee Soo Sung* am 17. 10. Verteidigungsminister *Lee Yang Ho*, der ohnehin im Mittelpunkt eines Bestechungsskandals steht (→ unten).

Wirtschaftliche Lage, Firmenzusammenbrüche: Die Rezession in Europa, der Preisverfall zahlreicher Güter und die Konkurrenz anderer asiatischer Staaten auf dem Weltmarkt bringen vor allem die Branchen in Bedrängnis, in denen sich Süd-Korea als »Tigerstaat« im Kreis der führenden Handelsnationen der Welt etablieren konnte (u. a. Schiffs- und Autobau, Halbleiterproduktion). Die Schwierigkeiten der großen Unternehmen und das nachhaltige Absinken der früher zweistelligen Zuwachsraten des BIP (1995 +9%, 1996 +6,6%), ein Außenhandelsdefizit für 1996 in Höhe von rd. 20 Mrd. US-$ und eine Rekord-Auslandsverschuldung von über 100 Mrd. US-$ verweisen auf Strukturprobleme der südkoreanischen Wirtschaft. – Am 19. 1. **1997** wird der Stahlkonzern **Sammi**, eines der 25 größten Unternehmen Süd-Koreas, für bankrott erklärt. – Verbindlichkeiten in Höhe von umgerechnet rd. 6 Mrd. US-$ Ende Januar 1997 führen zum Zusammenbruch von **Hanbo Steel & General Construction Co.**, des zweitgrößten Stahl- und Baukonzerns Süd-Koreas. Zuvor war es der Konzernleitung nicht gelungen, sich durch die Bestechung von Politikern mit Geldern in Millionenhöhe (→ unten) bei den Banken ausreichend mit neuen Krediten zu versorgen. – Am 15. 7. wird die **Kia-Gruppe**, Süd-Koreas achtgrößter Industriekonzern, mit Verbindlichkeiten von rd. 13,5 Mrd. US-$ zahlungsunfähig.

Krise um neues Arbeitsgesetz: Während einer Geheimsitzung und in Abwesenheit der Oppositionsparteien verabschiedet das Parlament am 26. 12. **1996** ein neues Arbeits- und Gewerkschaftsgesetz. Um die Arbeitskosten zu senken, bricht es mit mehreren substantiellen Rechten der Beschäftigten (u. a. ihrer faktischen Unkündbarkeit), erlaubt die Verlängerung der Arbeitszeit auf bis zu 56 Stunden pro Woche und schränkt die Rechte der Gewerkschaften, denen politische Aktivitäten untersagt werden, drastisch ein. Zugleich nimmt das Parlament ein Gesetz zur Kompetenzerweiterung und Verstärkung des Geheimdienstes an. Die von der Opposition und den Gewerkschaften als »Staatsstreich« empfundene Aktion provoziert eine heftige **Streik- und Demonstrationswelle**, die sich zunehmend gegen den Präsidenten *Kim Young Sam* wendet. Bis Mitte Januar **1997** legen Hunderttausende von Beschäftigten große Teile der Industrie und den öffentlichen Verkehr lahm. Demonstrationen, Straßenschlachten mit Sicherheitskräften und die polizeiliche Belagerung einer Kathedrale in Seoul, in der Gewerkschaftsführer vor ihrer Festnahme Zuflucht suchen, prägen das Bild der **schwersten innenpolitischen Krise der Republik** seit der Militärherrschaft des Präsidenten *Chun Doo Hwan*. Am 21. 1. signalisiert Präsident *Kim* erstmals Gesprächsbereitschaft gegenüber Gewerkschaften und Opposition. Am 10. 3. verabschiedet das Parlament eine revidierte, in einigen Punkten entschärfte Fassung des Gesetzes (in Kraft 13. 3.). Zugleich wird der bisher als illegal geltende, 1995 gegründete Gewerkschaftsdachverband Korean Confederation of Trade Unions (KCTU) zugelassen, der v. a. die Arbeitskämpfe gegen das Arbeits- und Gewerkschaftsgesetz organisiert hatte.

Korruptionsaffären: Nach seinem Eingeständnis, vom Rüstungskonzern Daewoo Heavy Industries Bestechungsgelder in Höhe von 182 500 US-$ entgegengenommen zu haben, wird der am 17. 10. **1996** entlassene Verteidigungsminister *Lee Yang Ho* am 26. 10. verhaftet. Am 13. 11. tritt Gesundheitsminister *Lee Sung Ho* zurück und wird ebenfalls verhaftet. – Nach dem Zusammenbruch des Hanbo-Konzerns (→ oben) wird ein Korruptionsskandal aufgedeckt, in den prominente Politiker verwickelt sind. Unter dem Verdacht der passiven Bestechung tritt am 12. 2. **1997** Innenminister *Kim Woo Suk* zurück und wird am folgenden Tag zusammen mit 2 weiteren Politikern verhaftet. Am 2. 6. werden der Gründer des Hanbo-Unternehmens, *Chung Tae Soo*, und 9 weitere Angeklagte zu mehrjährigen Haftstrafen verurteilt. Am 16. 6. beginnt der Prozeß gegen 8 weitere in den Hanbo-Skandal verwickelte Geschäftsleute und Politiker, unter ihnen den Berater des Staatspräsidenten, *Hong In Kil*. Wenige Tage zuvor wurde ein **Sohn des Präsidenten**, *Kim Hyun Chul*, **festgenommen**. In dem am 7. 7. beginnenden Prozeß weist er die gegen ihn erhobenen Vorwürfe der Bestechung und Steuerhinterziehung zurück. Für die von ihm entgegengenommenen rd. 12,6 Mio. DM habe er keine Gegenleistung erbracht. Die Opposition beschuldigt Präsident *Kim*, dieses Geld bei den Wahlen 1992 zum Stimmenkauf verwendet zu haben.

Neue Regierung: Nach einer Entschuldigung von Präsident *Kim Young Sam* bei der Bevölkerung für die Verstrickung von Ministern und anderen führenden Politikern in den Hanbo-Skandal (25. 2. **1997**) sieht sich das Kabinett von *Lee Soo Sung* zum Rücktritt gezwungen. Am 4. 3. ernennt *Kim* den ehem. Minister und Bürgermeister von Seoul (1988–90), *Koh Kun*, zum neuen Regierungschef. *Lee* beruft 7 neue Minister; *Kang Kyong Shik* wird »Superminister« für Finanzen und Wirtschaft. Am 5. 8. erfolgt eine erneute Kabinettsumbildung, bei der die Hälfte der Minister ausgewechselt wird.

Sonstige wichtige Ereignisse: In einem Revisionsverfahren reduziert der Gerichtshof in Seoul am 16. 12. **1996** die am 26. 8. wegen Hochverrats und Korruption ergangenen **Urteile gegen die ehem. Staatspräsidenten Chun Doo Hwan und Roh Tae Woo**. Unter Berücksichtigung ihrer Verdienste während ihrer Amtszeit wandelt es das Todesurteil für *Chun* in lebenslange Haft um und verkürzt die Haftdauer für *Roh* von 22½ auf 17 Jahre.

Kroatien *Südost-Europa*

Republik Kroatien; Republika Hrvatska – HR
(→ Karte II/III, F 3)

Fläche (Weltrang: 124.): 56 538 km²

Einwohner (107.): F 1995 4 778 000 = 85 je km²

Hauptstadt: Zagreb
Z 1991: 706 770 Einw. (A: 930 800)

Amtssprache: Kroatisch

Bruttosozialprodukt 1995 je Einw.: 3250 $

Währung: 1 Kuna (K) = 100 Lipa

Botschaft der Republik Kroatien
Rolandstr. 45, 53179 Bonn, 0228/95 34 20

Landesstruktur Fläche: 56 538 km² – **Bevölkerung**: Kroaten; (Z 1991) 4 784 265 Einw. – 78,1% Kroaten, 12,2% Serben (S 1995: unter 8%), 43 500 ethn. Muslime, 22 400 Slowenen, 22 400 Ungarn, 21 300 Italiener, 13 100 Tschechen, 12 000 Albaner u. a. – **Flüchtl.** Ende 1996: 185 000 Binnenflüchtlinge; 300 000 in Jugoslawien; 160 300 aus Bosnien-Herzegowina, 6700 aus Jugoslawien – **Leb.-Erwart.** 1995: 72 J. – **Säugl.-Sterbl.** 1995: 1,2% – **Kindersterbl.** 1995: 1,4% – Jährl. **Bev.-Wachstum** ∅ 1985–95: 0,2% (Geb.- und Sterbeziffer 1995: 1,1%/1,2%) – **Analph.** 1991: 3% – **Sprachen**: Kroatisch (latein. Schrift); Serbisch (kyrillische Schrift); Sprachen der Minderheiten – **Religion** 1991: 76,6% Katholiken, 11,1% Serbisch-Orthodoxe, 1,4% Protestanten, 1,2% Muslime – **Städt. Bev.** 1995: 64% – **Städte** (Z 1991): Split 189 388 Einw., Rijeka 167 964, Osijek 104 761,

Zadar 76 343, Pula 62 378, Karlovac 59 999

Staat Republik seit 1991 – Verfassung von 1990 mit Änderung 1993 – Parlament (Sabor): Repräsentantenhaus (Zastupnički dom) mit 127 Mitgl. (12 für Kroaten im Ausland; 7 für Minderh. reserviert, davon 3 für Serben) und Komitatshaus (Županski dom) mit 63 Mitgl.; Wahl alle 4 J. – Direktwahl des Staatsoberh. alle 5 J. – Wahlrecht ab 18 J. – **Verwaltung**: 20 Regionen (Komitate) und Hauptstadtbezirk; 2 Bezirke mit Sonderstatus (Glina und Knin) – **Staatsoberhaupt**: Franjo Tudjman (HDZ-Vors.), seit 1990 – **Regierungschef**: Zlatko Mateša (HDZ), seit 1995 – **Äußeres**: Mate Granić (HDZ) – **Parteien**: Wahlen zum Repräsentantenhaus vom 29. 10. 1995: Kroatische Demokratische Gemeinschaft/HDZ 75 von 120 Sitzen (1992: 85 von 138), Wahlbündnis (Bauernpartei/HSS, Volkspartei/HNS, Istrische Demokratische Versammlung/IDS, Christlich-Demokratische Union/HKDU, slawonische Regionalpartei) 18 (15), Sozialliberale Partei/HSLS 12 (14), Sozialdemokratische Partei/SDP (ehem. Kommunisten) 10 (11), Partei des Rechts/HSP 4 (5), Unabhängige 1 (5) – Wahlen zum Komitatshaus vom 13. 4. 1997: HDZ 41 (1993: 37) Sitze, HSS 9 (5), HSLS 7 (16), SDP 4 (1), IDS 2 (3), HNS – (1) – **Unabh.**: alte staatl. Tradition; Unabhängigkeitserklärung am 25. 6. 1991, formell seit 8. 10. 1991 – **Nationalfeiertag**: 30. 5. (Unabhängigkeitstag)

Wirtschaft Währung: 1 US-$ = 6,0107 K; 1 DM = 3,5855 K – **BSP** 1995: 15 508 Mio. $ – **BIP** 1995: 18 081 Mio. $; realer Zuwachs ∅ 1990–95: keine Ang. (1994: +0,8%); Anteil **Privatsektor** 6/1994: 40%; Anteil (1995) **Landwirtsch.** 12%, **Industrie** 25%, **Dienstl.** 62% – **Erwerbstät.** 1994: Landw. 5%, Ind. 40%, Dienstl. 55% – **Arbeitslosigkeit** ∅ 1996: 16,4% – **Energieverbrauch** 1994: 1395 kg ÖE/Ew. – **Inflation** ∅ 1994: 97,5% (1996: 3,5%) – **Ausl.-Verschuld.** 1995: 3662 Mio. $ (S 1996: 4847 Mio. $; ohne Schulden des ehemaligen Jugoslawien) – **Außenhandel** 1996: **Import**: 7788 Mio. $; Güter: 26,5% Maschinen und Fahrzeuge, 17,4% Baumaterialien, 13,7% bearb. Waren, 11,6% Brennstoffe, Energie, Öle und Fette, 11,3% chem. Erzeugnisse, 10,1% Nahrungs- und Lebensmittel, 2,9% Rohstoffe; Länder: 20,6% BRD, 18,2% Italien, 9,9% Slowenien, 7,2% Österreich, 6,1% Großbritannien, 2,7% USA; **Export**: 4512 Mio. $; Güter: 24,8% bearb. Waren, 18,3% Maschinen und Fahrzeuge, 15,6% chem. Erzeugnisse, 9,6% Brennstoffe, Energie, Öle und Fette, 9,5% Nahrungs- und Lebensmittel, 6% Rohstoffe; Länder: 21% Italien, 18,6% BRD, 13,5% Slowenien, 4,2% Österreich, 2,5% Frankreich – **Tou-**

rismus 1995: 1,3 Mio. Auslandsgäste

Chronik An den tagelangen Protesten von bis zu 100 000 Demonstranten gegen die **Einschränkung der Pressefreiheit** scheitert im November **1996** der Versuch des staatlichen Medienrates, dem einzigen privaten und unabhängigen Radiosender in Kroatien, **Radio 101**, zum 30. 11. die Lizenz zu entziehen. Der beliebteste Sender in der Region Zagreb, mit einer Einschaltquote von 34% auch ein erfolgreicher Werbeträger, hatte in mehreren Sendungen regimekritischen Positionen Raum gegeben. In den Monaten zuvor hatte es schon staatliche Repressionen gegen mehrere Zeitungen gegeben. Mit Hinweis auf die Verpflichtungen Kroatiens nach Beitritt zum Europarat am 6. 11. hatte das Europäische Parlament die Wahrung der Pressefreiheit eingefordert. – Präsident *Franjo Tudjman* verfügt am 12. 12. die **Entlassung von Innenminister** *Ivan Jarnjack*, weil es ihm, Presseberichten zufolge, nicht gelungen sei, die Schließung des Senders Radio 101 durchzusetzen.

Wahlen: Bei den **Kommunal- und Regionalwahlen** am 14. 4. **1997** kann die von *Tudjman* geführte Kroatische Demokratische Gemeinschaft (HDZ) ihre Führungsposition ausbauen. Sie wird stärkste Fraktion im Magistrat von Zagreb sowie in 17 der 20 weiteren Bezirksparlamente. In dem aus Repräsentanten der Bezirke bestehenden Oberhaus (Komitatshaus) erhält sie 41 (+3) von 68 Mandaten. – Am 15. 6. wird **Tudjman als Präsident** wiedergewählt. Auf ihn entfielen 61,2% der Stimmen (1992: 56,7%); seine Gegen-

Kroatien mit Ostslawonien

kandidaten, der Sozialdemokrat *Zdravko Tomać* (SDP) und der Sozialliberale *Vlado Gotavać* (HSLS), erhielten 21% bzw. 17,7% (Wahlbeteiligung: 57%). Die Organisation für Sicherheit und Zusammenarbeit in Europa (→ OSZE im Kap. Internationale Organisationen) kritisiert, der Wahlkampf habe demokratische Mindeststandards nicht erfüllt.

Kriegsverbrechen: Auf internationalen Druck überstellen die Behörden am 28. 4. **1997** den seit einem Jahr inhaftierten bosnischen Kroaten *Zlatko Aleksovskis* dem Kriegsverbrechertribunal in Den Haag (ITCY). Die Anklage wirft ihm Greueltaten an bosniakischen Zivilisten während des Bosnienkriegs vor. Erstmals seit Einrichtung des Gerichts werden am 27. 6. Ermittler des ITCY mit der Festnahme eines mutmaßlichen Kriegsverbrechers im früheren Kriegsgebiet selbst aktiv. In Ostslawonien spüren sie den ehem. Bürgermeister von Vukovar, den Serben *Slavko Dokmanović*, auf und nehmen ihn mit Hilfe der UN-Übergangsverwaltung (→ unten) fest. Er soll für die Ermordung von 261 Personen im November 1991 mitverantwortlich sein. Wegen des Massakers sind außerdem 3 serbische Offiziere angeklagt, deren Auslieferung an das ITCY die BR Jugoslawien bislang verweigert.

Ostslawonien (→ Karte): Am 15. 7. **1997** übernimmt Kroatien wieder die Souveränität über das seit Anfang 1996 unter UN-Verwaltung stehende Ostslawonien (mit der Baranja und Westsmyrnien), des Restgebiets der von Serben kontrollierten und 1995 aufgelösten Republik Serbische Krajina (→ WA '97, Sp. 390 f.). Die aus 5000 Soldaten aus 22 Nationen bestehende UN-Mission UNTAES – ursprünglich auf ein Jahr befristet, aber im November 1996 um ein halbes Jahr verlängert – hatte 1996 die Region entmilitarisiert, die Infrastruktur wiederaufgebaut und die Wahlen für die Gemeinderäte vorbereitet, die – gleichzeitig mit den Kommunalwahlen in ganz Kroatien – am 13. 4. 1997 stattfanden. In 11 der 17 Orte, darunter in Vukovar, siegten kroatische, in den übrigen serbische Listen. Das von rd. 140 000 Einwohnern, größtenteils 1995 vor der kroatischen Armee aus anderen Teilen der »Krajina« dorthin geflüchtete Serben (→ WA '96, Sp. 417 f.), bewohnte Gebiet erwartet die Rückkehr von rd. 80 000 kroatischen Flüchtlingen.

Außenpolitische Ereignisse: Mit der Begründung, Kroatien habe seine Zusammenarbeit mit dem Kriegsverbrechertribunal in Den Haag (ITCY) gebessert und zeige auf dem Weg zur Demokratisierung guten Willen, nimmt der **Europarat** Kroatien, dessen Beitritt er noch im Mai [illegible] abgelehnt hatte (→ WA '97, Sp. 390 und

836), trotz Bedenken einzelner Staaten am 14. 10. 1996 **als 40. Mitglied** auf. – Während ihres Besuchs im Mai **1997** dringt US-Außenministerin *Madeleine J. Albright* in Zagreb auf eine zügige weitere Erfüllung der Verpflichtungen Kroatiens aus dem Dayton-Friedensabkommen von 1995. Ihre Forderung, den bis zu 200 000 ethnischen Serben, die 1995 flüchteten oder vertrieben wurden, die Rückkehr in ihre Heimat zu ermöglichen, weist Präsident *Tudjman* zurück. Anfang Juli 1997 verschiebt die Weltbank die Entscheidung über einen Kredit in Höhe von 30 Mio. US-$, wenige Tage später storniert der Internationale Währungsfonds (IWF) die erste Teilzahlung von 40 Mio. US-$ im Rahmen eines erst im März vom Exekutivdirektorium genehmigten, auf 10 Jahre angelegten 400-Mio.-$-Kredits.

Kuba *Mittel-Amerika; Karibik*

Republik Kuba; República de Cuba – C
(→ Karten VI, J/K 7/8 und VIII a, A-C 2/3)

Fläche (Weltrang: 103.): 110 860 km²

Einwohner (63.): F 1995 11 011 000 = 99 je km²

Hauptstadt: La Habana (Havanna)
F 1994: 2 241 000 Einw.

Amtssprache: Spanisch

Bruttosozialprodukt S 1995 je Einw.: unter 3035 $

Währung: 1 Kuban. Peso (kub$) = 100 Centavos

Botschaft der Republik Kuba
Kennedyallee 22–24, 53175 Bonn, 0228/30 90

Landesstruktur Fläche: 110 860 km²; einschließlich US-Marinestützpunkt Guantánamo (wurde 1903 für 99 J. an die USA abgetreten) mit 111,9 km², 2500 US-Soldaten, 4000 Zivilangestellten sowie Familienangehörigen – **Bevölkerung**: Kubaner; (Z 1981) 9 723 605 Einw. – (S) 51% Mulatten, 37% Weiße, 11% Schwarze; zahlr. Exil-Kubaner in den USA – **Leb.-Erwart.** 1995: 76 J. – **Säugl.-Sterbl.** 1995: 0,9% – **Kindersterbl.** 1995: 1,0% – Jährl. **Bev.-Wachstum** ∅ 1985–95: 0,9% (Geb.- und Sterbeziffer 1995: 1,6%/0,7%) – **Analph.** 1994: unter 5% – **Sprache**: Spanisch – **Religion** 1992: 39% Katholiken, versch. protestant. Kirchen; 56% gelten als konfessionslos – **Städt. Bev.** 1994: 76% – **Städte** (F 1994): Santiago de Cuba 440 084 Einw., Camagüey 293 961, Holguín 242 085, Guantánamo 207 796, Santa Clara 205 400, Bayamo 137 700, Cienfuegos

132 100, Pinar del Río 128 600, Las Tunas 126 900, Matanzas 123 900

Staat Sozialistische Republik seit 1959 – Verfassung von 1976 mit Änderungen, zuletzt 1992 – Oberstes Staatsorgan: Volkskongreß (Asamblea Nacional del Poder Popular) mit 589 alle 5 J. gewählten Mitgl.; Staatsrat (Consejo de Estado) mit 31 Mitgl. als ständiges Organ; dessen Vors. ist zugleich Staatsoberh. – Wahlrecht ab 16 J. – **Verwaltung**: 14 Provinzen und Sonderverwaltungsgebiet Isla de la Juventud – **Staats- und Regierungschef**: Staatsratsvorsitzend. und Generalsekretär des Zentralkomitees der PCC Fidel Castro Ruz, seit 1959 – **Äußeres**: Roberto Robaina González – **Parteien**: Partido Comunista de Cuba/PCC: Führungsrolle in der Verfassung verankert; Parteikongreß wählt das Zentralkomitee/ZK (225 Mitgl.); ZK ernennt Politbüro (24 Mitgl.) – Volkskongreß-Wahlen und Wahlen der 14 Provinzparlamente (1190 Abgeordnete) vom 24. 2. 1993 (erstmals direkte und geheime Wahl, Wahlbeteiligung 99,6%): alle durch PCC-Kommissionen bestimmten 589 Kandidaten mit mehr als 50% der Stimmen gewählt – **Unabh.**: Beginn des Unabhängigkeitskampfes gegen Spanien 1895; nach Intervention der USA am 20. 5. 1902 Konstituierung des unabhängigen Staates – **Nationalfeiertage**: 1. 1. (Tag der Befreiung) und 25.-27. 7. (Revolution 1953) und 10. 10. (Unabhängigkeitskriege)

Wirtschaft – **Währung**: 1 US-$ = 1,00 kub$; 1 DM = 0,59 kub$ – **BSP** (S) 1995: 13 900 Mio. kub$ (in Preisen von 1981) – **BIP** (S) 1994: 12 868 Mio. kub$; realer Zuwachs ∅ 1989–93: –34,4% (1996: +7,8%); Anteil (1992) **Landwirtsch.** 12%, **Industrie** 46%, **Dienstl.** 42% – **Erwerbstät.** 1993: Landw. 18%, Ind. 40%, Dienstl. 28% – **Arbeitslosigkeit** 6/1996 (S): 6,5% – **Energieverbrauch** 1994: 923 kg ÖE/Ew. – **Inflation** ∅ 1992: 15% – **Ausl.-Verschuld.** 1995: 8000–9000 Mio. $ (S), zuzüglich 24 780 Mio. $ gegenüber ehem. UdSSR (S 1990) – **Außenhandel** 1994: **Import**: 1960 Mio. $; Güter 1989: 33% mineral. Brennstoffe, 31% Maschinen und Transportausrüstungen; Länder 1992: 18% GUS-Staaten; **Export**: 1310 Mio. $; Güter 1993: 38% Zucker und -produkte, 10% Nickelerze und -konzentrate, 5% pharmazeut. Produkte, außerdem landwirtschaftl. Prod. (v. a. Tabak, Reis, Zitrusfrüchte, Bananen) – **Tourismus** 1995: 741 700 Auslandsgäste, 1100 Mio. $ Einnahmen (S)

Chronik Innenpolitik: Auf Vorschlag der Führung der Kommunistischen Partei (KP) verfügt der Staatsrat am 8. 11. **1996** die Entlassung von

Justizminister *Carlos Amat Fores*, einem langjährigen Vertrauten von Staats- und Parteichef *Fidel Castro Ruz*. Nachfolger wird *Carlos Diaz Sotolongo*. Anfang Februar 1997 wird Kulturminister *Armando Hart Dávalos*, der dieses Amt seit 1976 innehatte und als einer der führenden Ideologen der KP gilt, von *Abel Prieto Jiménez*, dem Vorsitzenden des nationalen Verbandes der Schriftsteller und Künstler, abgelöst.

US-Sanktionen: In einer am 12. 11. **1996** verabschiedeten Resolution verurteilt die UNO-Vollversammlung zum fünften Mal seit 1992 das 1962 gegen Kuba verhängte US-Embargo; 137 Staaten, darunter erstmals alle EU-Staaten, stimmen für die Aufhebung der Sanktionen. – Das vom Parlament am 24. 12. 1996 verabschiedete Gesetz zur »Bekräftigung der kubanischen Würde und Solidarität« erklärt die Bestimmungen des umstrittenen Helms-Burton-Gesetzes (→ WA '97, Sp. 394 f.) für illegal und wirkungslos, anerkennt das Recht kubanischer Staatsbürger, von den USA Schadenersatz für die negativen Auswirkungen der gegen Kuba gerichteten US-Politik zu fordern, enthält die Bereitschaft zu Verhandlungen mit den USA über eine Entschädigung enteigneter US-Bürger und stellt die Weitergabe von Informationen, die den USA die Anwendung des Helms-Burton-Gesetzes ermöglichen, unter Strafe. – Der seit einem Jahr schwelende Konflikt zwischen der EU und den USA um das wegen seiner extraterritorialen Auswirkungen international scharf kritisierte **Helms-Burton-Gesetz**, dessen Ziel die Behinderung wirtschaftlicher Aktivitäten auf Kuba ist und am 1. 8. 1996 in Kraft trat, wird am 18. 4. **1997** mit einem Kompromiß vorerst beigelegt: Die EU-Staaten suspendieren das von ihnen bei der Welthandelsorganisation (WTO) angestrengte Schiedsverfahren, das prüfen soll, ob das Gesetz gegen internationale Handelsregeln verstößt. Im Gegenzug werden die USA bis zum Ende der Amtszeit von US-Präsident *Bill Clinton* (20. 1. 2001) die von diesen bereits zweimal für je sechs Monate (zuletzt am 3. 1. 1997) ausgesetzten Bestimmungen des Art. III des Gesetzes nicht anwenden; dieser räumt US-Unternehmen und US-Bürgern einschl. eingebürgerten Exilkubanern das Recht auf Schadensersatzklagen gegen jeden vor US-Gerichten ein, der mit ehem. US-Vermögen, das ab 1. 1. 1959 von der kubanischen Regierung verstaatlicht wurde, geschäftliche Transaktionen vornimmt. In Kraft bleibt Art. IV des Gesetzes, das die Möglichkeit eines Einreiseverbots in die USA für Führungskräfte und Großaktionäre ausländischer Unternehmen mit Kuba-Engagement sowie deren Familienangehörigen vorsieht.

Staaten

Menschenrechte: Die UNO-Vollversammlung fordert in einer am 16. 4. **1997** mit 19 gegen 10 Stimmen bei 24 Enthaltungen verabschiedeten Resolution u. a. die Freilassung der politischen Gefangenen; Gedanken-, Gewissens- und Religionsfreiheit würden ständig verletzt. – Mit der Eröffnung eines Büros der US-amerikanischen Fernsehgesellschaft CNN Mitte März in Havanna ist erstmals seit 1969 wieder ein US-Medienorgan ständig auf Kuba vertreten. Zugleich nimmt der Druck auf Dissidenten und ausländische Journalisten zu. Die Zusammenarbeit mit kubanischen Journalisten wird weiter erschwert. Ein Ende Juni veröffentlichtes Dokument der »Arbeitsgruppe der internen Dissidenz« mit dem Titel »Das Vaterland gehört allen« kritisiert u. a. das Grundlagenpapier der KP zum V. Parteitag vom 8.–10. 10. Mitte Juli werden vier Mitglieder jener illegalen, aber zeitweise geduldeten Organisation vorübergehend wegen »konterrevolutionärer Aktivitäten« festgenommen. Der Journalist und Dissident *Raúl Rivero*, Gründer und Leiter von Cuba Press, einer der fünf unabhängigen und von den Behörden als illegal betrachteten Presseagenturen auf Kuba, die für ausländische Medien berichten, und ein weiterer Journalist werden am 12. bzw. 13. 8. festgenommen.

Außenpolitik: Die Regierung widerruft am 26. 11. **1996** die erst am 7. 10. erteilte Akkreditierung für **Spaniens** neuen Botschafter *José Coderch Planas* in Kuba. Hintergrund ist die harte Kubapolitik des seit Mai amtierenden spanischen konservativen Ministerpräsidenten *José Maria Aznar*. Um Kuba zu demokratischen Reformen und zur Freilassung aller politischen Gefangenen zu bewegen, waren u. a. die Finanzhilfen auf den humanitären Bereich beschränkt worden. Zugleich unterstützt Spanien die Politik der EU gegenüber den USA (→ oben). – Das von den Außenministern Kubas und **Haitis**, *Roberto Robaina* und *Fritz Longchamp*, am 13. 12. in Havanna unterzeichnete Kooperationsabkommen sieht die Entwicklung wirtschaftlicher, kultureller und wissenschaftlicher Zusammenarbeit vor. Im Februar waren nach 34jähriger Unterbrechung diplomatische Beziehungen aufgenommen worden. – Während des Aufenthalts von Außenminister *Lloyd Axworthy*, der als erster führender Politiker **Kanadas** seit der Reise des früheren Premierministers *Pierre Triudeau* 1976 vom 21.–22. 1. **1997** Havanna besucht, wird eine gemeinsame Erklärung unterzeichnet, die den Ausbau der politischen und wirtschaftlichen Beziehungen sowie eine Zusammenarbeit in bezug auf den Schutz der Menschenrechte vorsieht. Am 1. 1. trat in Kanada ein Gesetz zum Schutz der kanadischen Unternehmen vor den Auswirkungen des Helms-Burton-Gesetzes und ähnlicher Gesetze in Kraft. Kanada, Kubas wichtigster Handelspartner, ist von dem umstrittenen Helms-Burton-Gesetz besonders betroffen.

Kuwait *Vorder-Asien*

Staat Kuwait; Dawlat al Kuwayt – KWT
(→ Karte IV, C 3)

Fläche (Weltrang: 153.): 17 818 km²

Einwohner (141.): F 1995 1 664 000 = 93 je km²

Hauptstadt: Al-Kuwayt (Kuwait)
Z 1995: 192 800 Einw.

Amtssprache: Hocharabisch

Bruttosozialprodukt 1995 je Einw.: 17 390 $

Währung: 1 Kuwait-Dinar (KD.) = 1000 Fils

Botschaft des Staates Kuwait
Godesberger Allee 77–81, 53175 Bonn,
0228/37 80 81

Landesstruktur **Fläche**: 17 818 km²; einschließlich 900 km² Inseln (Būbiyān, Faylakah u. a.) – **Bevölkerung**: Kuwaiter; (Z 1995) 1 575 983 Einw. – (F 1994) 38,2% Kuwaiter (davon 150 000–180 000 Beduinen), 61,8% Ausländer (F 1992): 206 700 Ägypter, 162 400 Inder, 90 600 Bangladescher, 85 600 Sri Lanker, 70 300 Pakistaner, 55 900 Syrer, 10 000 Iraker, 4000 Amerikaner, 3000 Briten – **Flüchtl.** Ende 1996: 25 000 Palästinenser, 15 000 Iraker, 2000 aus Somalia – **Leb.-Erwart.** 1995: 75 J. – **Säugl.-Sterbl.** 1995: 1,2% – **Kindersterbl.** 1995: 1,4% – Jährl. **Bev.-Wachstum** ∅ 1985–95: -0,3% (Geb.- und Sterbeziffer 1995: 2,6%/0,2%) – **Analph.** 1994: 21% – **Sprachen**: Arabisch (versch. Dialekte); Englisch als Handelssprache – **Religion** (Islam ist Staatsreligion) 1990: 95% Muslime (66% Sunniten, 29% Schiiten), 2% Christen, Minderh. von Hindus – **Städt. Bev.** 1995: 97% – **Städte** (Z 1985): As-Sālimīyah 153 369 Einw., Hawallī 145 126, Qalīb ash-Shuyūkh 114 771, Al-Jahrah 111 222

Staat Emirat (Erbmonarchie) seit 1962 – Verfassung von 1962, letzte Änderung 1997 – Parlament (Nationalversammlung) mit 75 Mitgl. (50 gewählt, 25 vom Emir ernannt); Wahl alle 4 J. – Wahlrecht für Männer ab 21 J., die seit mind. 20 J. Bürger Kuwaits sind (ausgenommen Mitgl. des Militärs und der Sicherheitskräfte) – **Verwaltung**: 5 Provinzen (Governorate); außerdem

Neutrale Zone mit Saudi-Arabien (→ dort) – **Staatsoberhaupt**: Scheich Jaber al-Ahmed al-Jaber as-Sabah (13. Emir von Kuwait), seit 1978 – **Regierungschef**: Kronprinz Scheich Sa'ad al-Abdullah as-Salem as-Sabah, seit 1978 – **Äußeres**: Scheich Sabah al-Ahmed al-Jaber as-Sabah – **Parteien**: Wahlen vom 7. 10. 1996: islamisch orientierte Gruppen 16 von 50 gewählten Sitzen, Demokratisches Forum 4; weitere Sitzverteilung unbekannt (1992: oppositionelle Gruppierungen 22, Unabh. 10, regierungsnahe Gruppierungen 18) – **Unabh.**: 19. 7. 1961 (Aufhebung des britischen Protektoratsvertrags von 1899) – **Nationalfeiertag**: 25. 2.

Wirtschaft **Währung**: 1 US-$ = 0,30471 KD.; 1 DM = 0,18181 KD. – **BSP** 1995: 28 941 Mio. $ – **BIP** 1995: 26 650 Mio. $; realer Zuwachs ∅ 1990–95: 12,2%; Anteil (1995) **Landwirtsch.** 1%, **Industrie** 53%, **Dienstl.** 46% – **Erwerbstät.** 1990: Landw. 2%, Ind. 28%, Dienstl. 70% – **Arbeitslosigkeit** ∅ 1992: 2,2% – **Energieverbrauch** 1994: 8622 kg ÖE/Ew. – **Inflation** ∅ 1983–91: 3,4% (S 1995: 4,5%) – **Ausl.-Verschuld.** 1994: keine – **Außenhandel** 1993: **Import**: 7036 Mio. $; Güter: 42% Maschinen und Transportausrüstungen, 19% bearb. Waren, 15% Fertigwaren, 13% Nahrungsmittel und leb. Tiere; Länder: 15% USA, 13% Japan, 11% Frankreich, 8% BRD, 7% Großbritannien, 6% Italien, 5% Saudi-Arabien; **Export**: 10 248 Mio. $; Güter: 95% Erdöl und -produkte; Länder 1992: 16% Japan, 5% Republik Korea, 4% USA, 4% Niederlande, 3% Großbritannien, 2% Frankreich

Chronik Während der Krise, die im September **1996** aus dem Eingreifen irakischer Truppen in die Auseinandersetzungen zwischen Kurden im Nordirak entsteht, verstärken die **USA** vorübergehend ihre Truppen in Kuwait um 3500 Soldaten und verlegen acht **Kampfflugzeuge**, sog. Stealth-Bomber, in das Emirat. Am 1. 12. erklärt US-Verteidigungsminister *Perry* bei einem Besuch in Kuwait, daß die Flugzeuge im Rahmen der Strategie der »doppelten Eindämmung« von Iran und Irak dort stationiert bleiben sollen. – Am 7. 10. **1996** finden **Parlamentswahlen** statt. Das Abgeordnetenhaus, die einzige gewählte Volksvertretung in den arabischen Staaten am Golf, übt eingeschränkte legislative Funktionen aus (z. B. Verabschiedung des Staatshaushalts), muß jedoch der Herrscherfamilie *as-Sabah* die Schlüsselpositionen in der Regierung überlassen. Von 1986 bis 1992 war das Parlament durch einen Beschluß des Emirs aufgelöst. Stimmrecht besitzen nur Männer über 21 Jahre, die länger als

20 Jahre Bürger Kuwaits sind; ausgeschlossen bleiben die Angehörigen des Herrscherhauses und die Mitglieder der Sicherheitskräfte, aber auch die Frauen, obwohl ihnen die Verfassung die gleichen Rechte wie den Männern garantiert. Um die 50 Sitze bewerben sich nicht Parteien, sondern Einzelkandidaten, die gleichwohl für politische Gruppierungen stehen. Aus der Abstimmung gehen die islamistisch orientierten Gruppen als Sieger hervor, sie erringen 16 Sitze, Verlierer ist die liberale Opposition, vor allem das Demokratische Forum. Daß Kronprinz *Scheich Saad al-Sabah* das Amt des Ministerpräsidenten auch weiterhin ausüben würde, stand bereits vor den Wahlen fest. Neuer Ölminister wird *Issa Mazeedi*, ein Angehöriger der schiitischen Minderheit. – Im Januar **1997** stimmt die Parlamentsmehrheit für eine Gesetzesvorlage, die als alleinige Grundlage der Rechtsprechung im Emirat die **Scharia**, das islamische Sittengesetz, einführen soll; der Entwurf war bereits 1992 eingebracht worden, damals verweigerte der Herrscher die Zustimmung. – Zu einer innenpolitischen Krise kommt es, als am 6. 6. der Abgeordnete *Abdallah al-Nibairi* bei einem **Anschlag** schwer verletzt wird. Der liberale Politiker, der dem Demokratischen Forum angehört, ist Vorsitzender eines Parlamentsausschusses, der Ermittlungen über **Korruption** in hohen Regierungskreisen führt. Finanzminister *Nasser Raudan* und Mitglieder der Herrscherfamilie waren in Verdacht geraten.

Laos *Südost-Asien*

Demokratische Volksrepublik Laos; Sathalanalat Paxathipatai Paxaxôn Lao – LAO
(→ Karte V, D 3/4)

Fläche (Weltrang: 81.): 236 800 km^2

Einwohner (105.): F 1995 4 882 000 = 21 je km^2

Hauptstadt: Viangchan (Vientiane)
F 1990: 442 000 Einw.

Amtssprache: Lao

Bruttosozialprodukt 1995 je Einw.: 350 $

Währung: Kip

Botschaft der Demokrat. Volksrepublik Laos
Am Lessing 6, 53639 Königswinter, 02223/2 15 01

Landesstruktur Fläche: 236 800 km^2 – **Bevölkerung**: Laoten; (Z 1995) 4 581 258 Einw. – (S) insg. 70 versch. Volksgruppen und Stämme: etwa 55%

Lao-Lum (Tal-Lao), 27% Lao-Theung (Berg-Lao), 15% Lao-Soung (Hmong, Meo); Minderh. von Chinesen u. Thai – **Leb.-Erwart.** 1995: 52 J. – **Säugl.-Sterbl.** 1995: 9,1% – **Kindersterbl.** 1995: 13,4% – Jährl. **Bev.-Wachstum** ∅ 1985–95: 3,1% (Geb.- und Sterbeziffer 1995: 4,3%/1,4%) – **Analph.** 1995: 43% – **Sprachen**: 65% Lao, Sprachen der Minderh.; Französ., Chinesisch, Vietnamesisch – **Religion** 1992: 58% Buddhisten, 34% Anhänger von Stammesrelig., 2% Christen, 1% Muslime; Konfuzianische Lehre u. Taoismus verbreitet – **Städt. Bev.** 1995: 22% – **Städte** (F 1988): Savannakhét 50 690 Einw.; (F 1985) Louangphrabang 68 000, Pakxé 47 000; (Z 1973) Muang Xaignabouri 13 775, Xam Nua 12 676

Staat Volksrepublik seit 1975 – Verfassung von 1991 – Parlament (Nationalversammlung) mit 85 Mitgl., Wahl alle 5 J. – Wahl des Staatsoberh. durch Parlament alle 5 J. – Wahlrecht ab 18 J. – **Verwaltung**: 16 Provinzen und Hauptstadt-Präfektur (Einzelheiten → WA '96, Sp. 423f.) – **Staatsoberhaupt**: Nouhak Phoumsavanh, seit 1992 – **Regierungschef**: Khamtay Siphandone (LPRP-Generalsekretär), seit 1991 – **Äußeres**: Somsavat Lengsavath – **Parteien**: Wahlen vom 20. 12. 1992: Laotische Revolutionäre Volkspartei/LPRP alle 85 Sitze – **Unabh.**: Formelle Unabhängigkeit am 22. 10. 1953, bestätigt durch Indochina-Konferenz vom 21. 7. 1954 – **Nationalfeiertag**: 2. 12. (Ausrufung der Volksrepublik 1975)

Wirtschaft Währung: 1 US-$ = 1083 Kip; 1 DM = 606 Kip – **BSP** 1995: 1694 Mio. $ – **BIP** 1995: 1760 Mio. $; realer Zuwachs ∅ 1990–95: 6,5% (S 1996: 7%); Anteil (1995) **Landwirtsch.** 54%, **Industrie** 19%, **Dienstl.** 27% – **Erwerbstät.** 1995: Landw. 77%, – **Arbeitslosigkeit** ∅ 1996 (S): 17% – **Energieverbrauch** 1994: 38 kg ÖE/Ew. – **Inflation** ∅ 1985–95: 22,6% (S 1996: 10,0%) – **Ausl.-Verschuld.** 1995: 2165 Mio. $ – **Außenhandel** 1995: **Import**: 587,2 Mio. $; (S) Güter: 48,3% Konsumgüter, 32,2% Investitionsgüter, 11,3% Materialien für die Textilindustrie, 5% Gold und Silber; Länder: 45,2% Thailand, 11% Japan, 3,9% Vietnam, 3,8% Singapur, 3,5% VR China, 1,3% Frankreich; **Export**: 347,9 Mio. $; (S) Güter: 25,3% Holz und -Produkte, 22,5% Fertigwaren, 22% Bekleidung, 6,9% Strom, 6,1% Kaffee; Länder: 40,9% Thailand, 25,2% Vietnam, 6,8% Frankreich, 3,2% Rußland, 2,7% VR China, 1,4% BRD

Lesotho *Süd-Afrika*

Königreich Lesotho; Kingdom of Lesotho (englisch); Mmuso wa Lesotho (sesotho) – LS (→ Karte IV, B 6)

Fläche (Weltrang: 138.): 30 355 km²

Einwohner (140.): F 1995 1 980 000 = 65 je km²

Hauptstadt: Maseru – S 1990 (A): 170 000 Einw.

Amtssprachen: Sesotho, Englisch

Bruttosozialprodukt 1995 je Einw.: 770 $

Währung: 1 Loti (M) = 100 Lisente

Botschaft des Königreichs Lesotho
Godesberger Allee 50, 53175 Bonn, 0228/37 68 68

Landesstruktur **Fläche**: 30 355 km² – **Bevölkerung**: Lesother; (Z 1986) 1 447 000 Einw. – (S) 99,7% Sotho der Südbantu-Gruppe (Basotho); etwa 2000 Weiße und Inder – Anteil unter **Armutsgrenze** ∅ 1981–95: 50,4% – **Leb.-Erwart.** 1995: 62 J. – **Säugl.-Sterbl.** 1995: 10,5% – **Kindersterbl.** 1995: 15,4% – Jährl. **Bev.-Wachstum** ∅ 1985–95: 2,4% (Geb.- und Sterbeziffer 1995: 3,6%/0,9%) – **Analph.** 1994: 29% – **Sprachen**: Sesotho (Bantusprache), Englisch – **Religion** 1992: 44% Katholiken, 30% Protestanten, Minderh. von Muslimen; Anhänger von Naturreligionen – **Städt. Bev.** 1995: 23% – **Städte** (S 1986): Teyateyaneng 14 300 Einw., Mafeteng 12 700, Leribe 10 000

Staat Parlamentarische Monarchie (im Commonwealth) seit 1993 – Verfassung von 1993 – Parlament (National Assembly) mit 65 Mitgl., Wahl alle 5 J.; Senat aus Häuptlingen und 8 nominierten Mitgl. – Wahlrecht ab 21 J. – **Verwaltung**: 10 Distrikte – **Staatsoberhaupt**: König Letsie III. [David Mohato Letsie Bereng Seeiso], seit 1996 – **Regierungschef**: Ntsu Mokhehle (BCP-Vorsitzender), seit 1993 – **Äußeres**: Kelebone Albert Maope – **Parteien**: Wahlen vom 27./28. 3. 1993: Basutoland Congress Party/BCP alle 65 Sitze; Sonstige Partei: Basotho National Party/BNP – **Unabh.**: 4. 10. 1966 (ehem. brit. Kolonie) – **Nationalfeiertag**: 4. 10. (Unabhängigkeitstag)

Wirtschaft **Währung**: 1 US-$ = 4,54 M; 1 DM = 2,60 M; Währungsparität zum südafrikanischen Rand (ebenf. gesetzliches Zahlungsmittel) – **BSP** 1995: 1519 Mio. $ – **BIP** 1995: 1029 Mio. $; realer Zuwachs ∅ 1990–95: 7,5%; Anteil (1995) **Landwirtsch.** 10%, **Industrie** 56%, **Dienstl.** 34% – **Erwerbstät.** 1995: Landw. 39%, – **Arbeitslosigkeit** 12/1989 (S): 35% – **Energieverbrauch**: k. Ang. – **Inflation** ∅ 1985–95: 13,6% – **Ausl.-Verschuld.** 1995: 659 Mio. $ – **Außenhandel** 1992: **Import**: 933 Mio. $; Güter 1991: v. a. Nahrungsmittel, Maschinen und Transportausrüstungen sowie Erdölprodukte; Länder 1993: 83% SACU-Staaten, 3% Republik China, 3% Hongkong; **Export**: 109 Mio. $; Güter 1993: 57% Bekleidung, 6% Maschinen und Transportausrüstungen, außerdem Schuhe und bearb. Waren; Länder 1993: 39% SACU-Staaten, 33% Nordamerika, 22% EU-Staaten

Lettland *Nordost-Europa*

Republik Lettland; Latvijas Republika, Kurzform: Latvija – LV (→ Karte III, G 2)

Fläche (Weltrang: 122.): 64 589 km²

Einwohner (133.): F 1995 2 516 000 = 39 je km²

Hauptstadt: Rīga (Riga)
F 1996: 826 508 Einw.

Amtssprache: Lettisch

Bruttosozialprodukt 1995 je Einw.: 2270 $

Währung: 1 Lats (Ls) = 100 Santims

Botschaft der Republik Lettland
Adenauerallee 110, 53113 Bonn, 0228/26 42 42

Landesstruktur **Fläche**: 64 589 km² – **Bevölkerung**: Letten; (Z 1989) 2 666 567 Einw. – (F 1994) 56,9% Letten, 30,2% Russen, 4,3% Weißrussen, 2,7% Ukrainer, 2,6% Polen, 1,4% Litauer, 1,9% Sonstige – **Leb.-Erwart.** 1995: 69 J. – **Säugl.-Sterbl.** 1995: 2,2% – **Kindersterbl.** 1995: 2,6% – Jährl. **Bev.-Wachstum** ∅ 1985–95: –0,4% (Geb.- und Sterbeziffer 1995: 1,1%/1,3%) – **Analph.**: unter 5% – **Sprachen** 1989: 81,6% Russisch, 62,4% Lettisch; Sprachen der Minderheiten – **Religion**: 55% Lutheraner, 24% Katholiken, 9% Russisch-Orthodoxe – **Städt. Bev.** 1995: 73% – **Städte** (F 1996): Daugavpils (Dünaburg) 118 530 Einw., Liepāja (Libau) 98 490, Jelgava (Mitau) 70 957, Jūrmala 59 002, Ventspils (Windau) 46 721, Rēzekne 41 720

Staat Republik seit 1991 – Verfassung von 1922 seit 1993 wieder in Kraft – Parlament (Saeima) mit 100 Mitgl., Wahl alle 3 J. – Wahl des Staatsoberh. alle 3 J. durch Parlament (einmalige Wiederwahl) – Wahlrecht ab 18 J. für Staatsbürger, die vor dem 17. 6. 1940 lettische Bürger waren, und deren Nachkommen – **Verwaltung**: 26 Di-

Lettland: Bevölkerung 1994

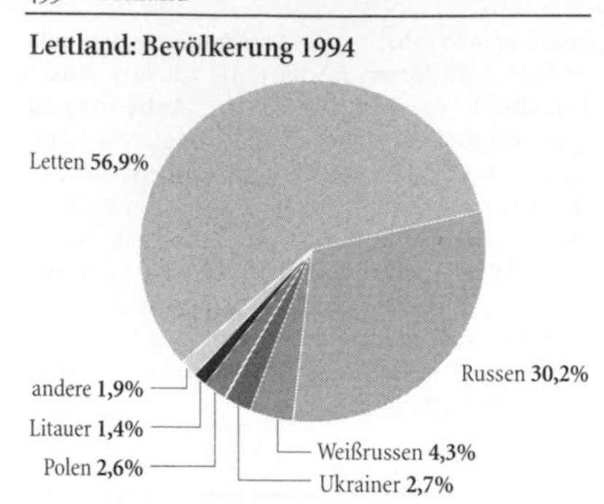

Quelle: Staatliches Statistik-Büro Lettland

strikte und 7 Stadtverwaltungen – **Staatsoberhaupt**: Guntis Ulmanis (LZS), seit 1993 – **Regierungschef**: Guntars Krasts (TB), seit 7. 8. 1997; Koalition aus TB, DPS und LC – **Äußeres**: Valdis Birkavs (LC) – **Parteien**: Wahlen vom 30. 9./1. 10. 1995: Demokratische Partei Saimnieks/DPS 18 Sitze (1993: keine), Volksbewegung für Lettland 16 (–), Partei Lettlands Weg/LC 17 (36), Vaterland und Freiheit/TB 14 (6), Einheitspartei 8 (–), Nationale Unabhängigkeitspartei (ehem. LNNK) 8 (15), Bauernbund/LZS 7 (12), Sozialistische Partei 6 (–), Harmonie für Lettland 6 (13), Sonstige – (18) – **Unabh.**: 1918–1940; Souveränitätserklärung am 28. 7. 1989; Ausrufung der Unabhängigkeit am 4. 5. 1990, seit 21. 8. 1991 in Kraft – **Nationalfeiertag**: 18. 11. (Ausrufung der Republik 1918)

Wirtschaft **Währung**: 1 US-$ = 0,580 Ls; 1 DM = 0,344 Ls – **BSP** 1995: 5708 Mio. $ – **BIP** 1995: 6034 Mio. $; realer Zuwachs ∅ 1990–95: –13,7% (S 1997 +1,9); Anteil **Privatsektor** 1996: 65% (S); Anteil (1995) **Landwirtsch.** 9%, **Industrie** 31%, **Dienstl.** 60% – **Erwerbstät.** 1995: Landw. 19%, Ind. 25%, Dienstl. 56% – **Arbeitslosigkeit** ∅ 1996: 7,2% (inoffiziell: 14%) – **Energieverbrauch** 1994: 1569 kg ÖE/Ew. – **Inflation** ∅ 1985–95: 73,2% (1996: 18%, S 1997: 12%) – **Ausl.-Verschuld.** 1995: 462 Mio. $ – **Außenhandel** 1996: **Import**: 1278 Mio. Ls; Güter: 22% mineral. Produkte, 17% Maschinen, 11% chem. Erzeugnisse, 8% Textilien, 6% Metalle und -produkte, 6% Nahrungsmittel; Länder: 24% GUS, 14% BRD, 36% übrige EU; **Export**: 795 Mio. Ls; Güter: 24% Holz und -produkte, 17% Textilien, 12% Lebensmittel, 10% Maschinen, 7% Maschinen, 7% Metalle und -produkte; Länder: 37% GUS, 14% BRD, 31% übrige EU

Chronik Die umstrittene Ernennung des Geschäftsmanns *Wassilij Melnik*, der gegen das Antikorruptionsgesetz verstoßen haben soll, zum neuen Finanzminister am 16. 1. **1997** (Rücktritt am 22. 1.) löst eine **Regierungskrise** aus. Ministerpräsident *Andris Skele* tritt am 20. 1. 1997 zurück. Präsident *Guntis Ulmanis* und die Saeima werfen *Skele* vor, sie zur Berufung *Melniks* gedrängt zu haben. Die Saeima spricht am 13. 2. 1997 dem neuen weitgehend unveränderten, jedoch verkleinerten Kabinett des von Präsident *Ulmanis* erneut mit der Regierungsbildung beauftragten *Skele* mit 70 gegen 17 Stimmen bei einer Enthaltung das Vertrauen aus. An der Koalitionsregierung sind fünf Parteien beteiligt: DPS, Lettlands Weg (LC), Vaterland und Freiheit (TB), Nationale Unabhängigkeitspartei und Bauernbund. Die Aufgaben des Finanzministers, dessen Posten zunächst vakant bleibt, übernimmt *Skele* selbst. – Ende Mai wird die Europäische Sozialcharta mit Mindestnormen für wirtschaftliche und soziale Rechte unterzeichnet; Ende Juni wird die Europäische Konvention zum Schutz der Menschenrechte und Grundfreiheiten ratifiziert und das individuelle Klagerecht vor dem Europäischen Gerichtshof für Menschenrechte anerkannt (→ Europarat im Kap. Internat. Organisationen). – Am 20. 3. beginnen die abschließenden Verhandlungen mit Rußland über die Beilegung des **Grenzkonflikts**. Da offene Gebietsfragen den Aufnahmeprozeß in EU und NATO (→ Kap. Internat. Organisationen) behindern, wird Lettland künftig keinen Gebietsanspruch mehr auf das nahe der Grenze auf russischem Territorium, rd. 80 km südlich der Stadt Pskow gelegene, 1400 km² große Gebiet der Abrenen (russisch: Pitalowo) erheben, das nach dem lettisch-sowjetischen Grenzvertrag von 1920 lettisches Territorium und 1944 nach der Annexion Lettlands durch die ehem. UdSSR (1940) Rußland angegliedert worden war (→ Karte bei Estland). – Nachdem sich die Koalitionsparteien nicht auf die Besetzung von mehreren Ministerposten einigen können, **tritt Ministerpräsident** *Skele* am 28. 7. **erneut zurück**. Seit Mitte Juni mußten fünf Minister zurücktreten, darunter vier wegen des Verstoßes gegen ein Antikorruptionsgesetz, das Politikern untersagt, zusätzlich einen Posten in einem privaten Wirtschaftsunternehmen anzunehmen. Die Saeima spricht am 7. 8. mit 73 gegen 13 Stimmen bei 3 Enthaltungen der Koalitionsregierung des **neuen Ministerpräsidenten** und bisherigen Wirtschaftsministers *Guntars Krasts* (TB) das Vertrauen aus; 13 der 18 Minister gehörten bereits dem bisherigen Kabinett an.

Libanon *Vorder-Asien*

Libanesische Republik; al-Ǧumhūriyya al-Lubnāniyya, Kurzform: Lubnān – RL
(→ Karte IV, B 3)

Fläche (Weltrang: 160.): 10 452 km²

Einwohner (118.): F 1995 4 005 000 = 383 je km²

Hauptstadt: Bayrūt (Beirut)
S 1990 (A): 1 910 000 Einw.

Amtssprache: Hocharabisch

Bruttosozialprodukt 1995 je Einw.: 2660 $

Währung: 1 Libanes. Pfund (L£) = 100 Piaster

Botschaft der Libanesischen Republik
Rheinallee 27, 53173 Bonn, 0228/95 68 00

Landesstruktur **Fläche**: 10 452 km² – **Bevölkerung**: Libanesen; (Z 1970) 2 126 325 Einw. – (S) überwiegend Libanesen – **Flüchtl.** Ende 1996: 450 000 Binnenflüchtlinge; 352 700 Palästinenser, 2400 andere – **Leb.-Erwart.** 1995: 69 J. – **Säugl.-Sterbl.** 1995: 3,3% – **Kindersterbl.** 1995: 4,0% – Jährl. **Bev.-Wachstum** ∅ 1985–95: 2,3% (Geb.- und Sterbeziffer 1995: 2,5%/0,7%) – **Analph.** 1994: 8% – **Sprachen**: Arabisch (libanesisch-syrische und palästinensische Dialekte); Armenisch, Kurdisch u. a.; Französisch und Englisch als Handels- und Bildungssprache – **Religion**: 60% Muslime (32% Schiiten, 21% Sunniten, 7% Drusen); 40% Christen (25% Maroniten, 7% Griechisch-Orthodoxe, 5% Griechische Katholiken, 4% Armenier u. a.) – **Städt. Bev.** 1995: 87% – **Städte** (S 1985): Tarābulus (Tripoli) 500 000 Einw., Zaḥlah 200 000, Ṣaydā (Sidon) 100 000, Baʿlabakk (Baalbek), Ṣūr (Tyrus)

Staat Republik seit 1926 – Verfassung von 1926 mit Änderungen, zuletzt von 1995 – Parlament (Nationalversammlung) mit 128 Mitgl. (je zur Hälfte Christen und Muslime), Wahl alle 4 J. – Staatsoberh. muß maronitischer Christ, Regierungschef sunnitischer, Parlamentspräsid. schiitischer Muslim sein – Wahl des Staatsoberh. alle 6 J. durch Parlament (keine unmittelb. Wiederwahl) – Wahlrecht ab 21 J. – **Verwaltung**: 5 Provinzen – **Staatsoberhaupt**: Elias Hrawi, seit 1989 – **Regierungschef**: Rafik al-Hariri, seit 1992; Regierung zur Hälfte aus Christen und Muslimen – **Äußeres**: Faris Boueiz – **Parteien**: Wahlen an fünf Sonntagen ab 18. 8. 1996: Verteilung nach religiösen Gruppen: maronitische Katholiken 34 (1992: 34 Sitze), sunnit. Muslime 27 (27), schiit. Muslime 27 (27), Griech.-Orthod. 14

(14), Drusen 8 (8), Griechisch-Melkitische Katholiken 8 (6), Armenisch-Orthod. 5 (5), Alaouiten 2 (2), Armenische Katholiken 1 (1), Protestanten 1 (1), Sonstige 1 (3) – **Unabh.**: 26. 11. 1941 formell, 22. 11. 1943 Wiedereinsetzung liban. Amtsträger d. Frankreich (als Beginn der tatsächl. Unabhängigkeit bezeichnet) – **Nationalfeiertag**: 22. 11. (Unabhängigkeitstag)

Wirtschaft **Währung**: 1 US-$ = 1539,75 L£; 1 DM = 885,07 L£ – **BSP** 1995: 10 673 Mio. $ – **BIP** 1995: 11 143 Mio. $; realer Zuwachs 1994: 8,5%; Anteil (1994 S) **Landwirtsch.** 7%, **Industrie** 24%, **Dienstl.** 69% – **Erwerbstät.** 1993: Landw. 7%, Ind. 20%, Dienstl. 60% – **Arbeitslosigkeit** ∅ 1995 (S): ca. 25% – **Energieverbrauch** 1994: 964 kg ÖE/Ew. – **Inflation** ∅ 1985–95: 45,8% (S 1996: 9,5%) – **Ausl.-Verschuld.** 1995: 2966 Mio. $ – **Außenhandel** 1995: **Import**: 6020 Mio. $; Güter 1994: 19,8% Ernährungsgüter, 15,5% Elektrowerkzeuge, 11,5% Transportmittel, 10% chem. Produkte, 8,1% Metallprodukte, 7,7% Gewebe, 6,6% Kunststofferzeugnisse; Länder: 15,4% Italien, 10,5% Frankreich, 10,1% USA, 8,8% BRD, 8,2% Syrien, 4,8% Großbritannien; **Export**: 341 Mio. $; Güter: 26% Papier und -erzeugnisse, 17,5% Nahrungs- und Genußmittel, 9,8% Textilien, 8,4% Schmuckwaren, 8,1% Metall und -erzeugnisse, 7,9% elektrische Güter und Maschinen, 7,5% chem. Prod. und Kunststoffe; Länder: 12,2% Saudi-Arabien, 10,6% Schweiz, 9,9% Vereinigte Arabische Emirate, 8,9% Syrien, 4,9% Jordanien, 2,7% BRD

Chronik Die **Parlamentswahlen** im August und September **1996** (WA '97, Sp. 403) haben eine deutliche Mehrheit für die prosyrischen Kräfte und das Regierungsbündnis von Ministerpräsident *Rafik al-Hariri* erbracht. Aufrufe der christlichen Exilopposition zum Wahlboykott sind unbeachtet geblieben, die Wahlbeteiligung lag daher mit 50% deutlich höher als 1992 (30%). Auf die Kandidatenlisten hat Syrien, das als Schutzmacht rund 40.000 Soldaten im Libanon stationiert hat, maßgeblichen Einfluß genommen. Ende November 1996 kommt es im Parlament zu heftigen Auseinandersetzungen um Korruptionsvorwürfe gegen Regierung und Staatsapparat, die jedoch nicht zu einem Mißtrauensantrag führen. – Am 28. 11. wird in Beirut eine Kundgebung für politische Meinungsfreiheit, zu der der Gewerkschaftsverband CGTL aufgerufen hat, mit großem Polizeiaufgebot verhindert; Massendemonstrationen sind seit 1993 verboten. Hintergrund war die eigentlich für den 30. 11. vorgesehene Schließung einer Reihe von privaten Rundfunk- und Fernsehstationen. – Im Mai **1997** ruft *Subhi Tufaili*, 1989–1991 Generalsekretär der schiitischen Hisbollah, die Bevölkerung zu zivilen Ungehorsam auf, indem er sie auffordert, Steuern und Abgaben nicht mehr zu bezahlen. Zentrum dieser »**Hungerrevolte**« ist die Bekaa-Ebene, ein traditionelles Landwirtschaftsgebiet, dessen Bewohner seit der Öffnung der Märkte und dem Verbot von Haschisch- und Opiumanbau ihrer Einkommensquellen beraubt sind. Angesichts der krisenhaften Wirtschaftsentwicklung und hohen Inflationsrate findet diese Bewegung großen Widerhall auch in anderen Landesteilen. Am 4. 7. kündigt *Tufaili* bei einer von der Polizei geduldeten Kundgebung in der Provinzhauptstadt Baalbek vor rund 10 000 Demonstranten einen Marsch auf Beirut an. – Obwohl dem Libanon im Dezember 1996 auf einer Konferenz von Geberländern in Washington weitere 3,2 Mrd. US-$ an Hilfen und Krediten für den Wiederaufbau zugesagt worden sind, bleibt die **wirtschaftliche Lage** instabil. Gewinnen der Banken und Investoren im Wiederaufbau steht eine Verarmung großer Bevölkerungsteile gegenüber. Der im Februar 1997 verabschiedete Staatshaushalt weist einen Anteil von 40% der Ausgaben für den Schuldendienst aus, im ersten Quartal 1997 sind knapp 60% der Staatsausgaben nicht gedeckt. – Von einem Besuch von **Papst** *Johannes Paul II.* **im Libanon** am 10. und 11. 5. erhoffen sich vor allem die maronitischen Christen, die seit dem Ende des Bürgerkriegs ihre frühere Vormachtstellung eingebüßt haben, neue politische Akzente. Während seiner Visite, zu der rund eine Million Besucher nach Beirut kommen, trifft der Papst mit Vertretern aller Religionsgemeinschaften zusammen und ruft das Land zur Versöhnung und nationalen Einheit auf. – Im **Südlibanon** kann die von Iran und Syrien unterstützte **Hisbollah** ihren Einfluß ausweiten. Wiederholt, vor allem im Januar und Februar 1997, kommt es zu Raketen- und Mörserangriffen auf Stellungen der israelischen Armee und Ziele in Nordisrael, die durch israelische Luftangriffe beantwortet werden. – Im Juli 1997 macht das UN-Hilfswerk für **Palästina-Flüchtlinge** (UNWRA) in einem Dringlichkeitsappell auf die Situation der rund 230 000 Palästinenser aufmerksam, die in libanesischen Flüchtlingslagern leben. Seit Beginn des Friedensprozesses sind die Zuwendungen von Seiten der PLO drastisch reduziert worden, im Libanon sind den Flüchtlingen zahlreiche Bildungs- und Erwerbsmöglichkeiten verwehrt; die wirtschaftliche Lage hat die Arbeitslosigkeit unter Palästinensern auf über 40% steigen lassen.

Liberia *West-Afrika*

Republik Liberia; Republic of Liberia – LB
(→ Karte IV, A 4)

Fläche (Weltrang: 108.): 97 754 km²

Einwohner (129.): F 1995 2 733 000 = 28 je km²

Hauptstadt: Monrovia
S 1993: 1 000 000 Einw.

Amtssprache: Englisch

Bruttosozialprodukt S 1995 je Einw.: unter 765 $

Währung: 1 Liberian. Dollar (Lib$) = 100 Cents

Botschaft der Republik Liberia
Mainzer Str. 259, 53179 Bonn, 0228/34 08 22

Landesstruktur **Fläche**: 97 754 km² – **Bevölkerung**: Liberianer; (Z 1984) 2 101 628 Einw. – (S) insg. 16 Ethnien: etwa 20% Kpelle, 14% Bassa, 9% Grebo, 8% Kru, 8% Gio, 7% Mandingo, 6% Loma – **Flüchtl.** Ende 1996: 1 Mio. Binnenflüchtlinge; 755 000 Liberianer außer Landes, darunter 400 000 in Guinea, 320 000 in Elfenbeinküste; 100 000 aus Sierra Leone – **Leb.-Erwart.** 1995: 56 J. – **Säugl.-Sterbl.** 1995: 14,4% – **Kindersterbl.** 1995: 21,6% – Jährl. **Bev.-Wachstum** ∅ 1985–95: 2,2% (Geb.- und Sterbeziffer 1995: 4,6%/1,3%) – **Analph.** 1990: 61% – **Sprachen**: Englisch; Gola, Kpelle, Mande, Kru u. a. – **Religion** 1992: 70% Anhänger von Naturreligionen, 20% Muslime, 10% Christen – **Städt. Bev.** 1994: 45% – **Städte**: k. Ang.

Staat Präsidialrepublik seit 1847 – Verfassung von 1986 – Parlament: Repräsentantenhaus mit 64 und Senat mit 26 Mitgl. – Direktwahl des Staatsoberh. alle 6 J. – Wahlrecht ab 19 J. – **Verwaltung**: 11 Bezirke und 4 Territorien – **Staats- und Regierungschef**: Charles Ghankay Taylor (NPP), seit 2. 8. 1997 – **Äußeres**: Momolu Sirleaf (NPFL) – **Parteien**: Wahlen vom 19. 7. 1997: Repräsentantenhaus: National Patriotic Party (Taylor)/NPP 49 Sitze, United Party (Johnson-Sirleaf)/UP 7, United Liberation Movement of Liberia (Kromah)/ULIMO-K 3, drei weitere Parteien 5 – Senat: NPP 21, UP 3, ULIMO-K 2 – **Unabh.**: 26. 7. 1847 (Gründung durch repatriierte schwarze Sklaven aus den USA) – **Nationalfeiertag**: 26. 7. (Unabhängigkeitstag)

Wirtschaft (keine neueren Ang. verfügbar) – **Währung**: offiz. paritätisch mit 1 US-$ = 1 Lib$; 1 DM = 0,57 Lib$; Parallelmärkte mit sehr unterschiedlichen, im einzelnen nicht bekannten Kursen – **BSP** 1987: 1051 Mio. $ – **BIP** 1988: 1070 Mio. $; realer Zuwachs ∅ 1985–89: 1,5%; Anteil (1989) **Landwirtsch.** 37%, **Industrie** 22%, **Dienstl.** 41% – **Erwerbstät.** 1994: Landw. 69%, Ind. 8%, Dienstl. 24% – **Arbeitslosigkeit** S 1995: 90% – **Energieverbrauch** 1994: 41 kg ÖE/Ew. – **Inflation** ∅ 1983–91: 4,6% – **Ausl.-Verschuld.** 1994: 2056 Mio. $ – **Außenhandel** 1992: **Import**: 240 Mio. $; Güter 1989: 27% Maschinenbau-, elektrotechn. Erzeugn. und Fahrzeuge, 24% Nahrungsmittel; Länder 1989: 28% BRD, 21% USA; **Export**: 350 Mio. $; Güter 1989: 51% Eisenerz, 26% Naturkautschuk, 20% Holz; Länder 1989: 70% EU-Staaten (darunter 27% BRD), 20% USA

Chronik Der nach dem Wiederaufflammen des Bürgerkriegs im April/Mai 1996 (→ WA '97, Sp. 407) von der Wirtschaftsgemeinschaft Westafrikanischer Staaten (ECOWAS) vermittelte und auf Druck der Vereinten Nationen (UN), der USA und des amtierenden ECOWAS-Vorsitzenden *Jerry Rawlings* auf die Milizenführer am 17. 8. **1996** in Abuja (Nigeria) vereinbarte **Friedensplan** für L. wird nur zögerlich umgesetzt. Am 3. 9. wird *Ruth Perry*, die keiner Miliz verbunden ist, als Vorsitzende des neuen Staatsrats (Council of State) und damit als Staatsoberhaupt vereidigt. Sie löst *Wilton Sankawulo* ab, der als Marionette der Führer der Bürgerkriegsmilizen galt. – Die Kämpfe zwischen den rivalisierenden Parteien flammen bis Jahresende immer wieder auf, vor allem im Landesinneren. Erst nach der Drohung der ECOMOG, nach dem 31. 1. **1997** alle Waffentragenden als Kriminelle zu verfolgen, macht die **Demobilisierung** Fortschritte. Ca. 15 000 Kämpfer werden bis zum 1. 2. entwaffnet, die Schätzungen über die Gesamtzahl der Bewaffneten liegen zwischen 23 000 und 60 000. – Am 10. 3. führt die ECOMOG **Razzien** in den Häusern der 4 Milizenführer *Taylor*, *Alhaji Kromah*, *George Boley* und *Roosevelt Johnson* durch. *Kromah* wird vorübergehend in Haft genommen, da bei ihm ein Waffenlager gefunden wurde. – Die **Parlaments- und Präsidentschaftswahlen** am 20. 7. verlaufen nach Angaben einer internationalen Beobachterkommission unter Leitung des früheren US-Präsidenten *Jimmy Carter* weitgehend reibungslos und werden als insgesamt »frei und fair« bezeichnet. Nach Mitteilung der Wahlkommission erhält die von *Taylor* geleitete National Patriotic Party (NPP) 49 von 64 Sitzen im Repräsentantenhaus und 21 von 26 Sitzen im Senat. Die United Party (UP) der ehem. Afrika-Direktorin des UN-Entwicklungsprogramms (UNDP), *Ellen Johnson-Sirleaf*, kommt auf 7 bzw. 3 Sitze; der ehem. Gegner *Taylors* im Bürgerkrieg, *Kromah*, stellt mit seiner ULIMO-K jeweils 3 Abgeordnete. Die Präsidentenwahl gewinnt *Taylor* mit 75,3% der Stimmen. Es waren die ersten Wahlen in L. nach 7 Jahren Bürgerkrieg, den *Taylor* 1989 mit seiner Revolte gegen den früheren Diktator *Samuel Doe* ausgelöst hatte und in dem mehr als 150 000 Menschen umkamen.

Libyen *Nord-Afrika*

Sozialistische Libysch-Arabische Volks-Jamahiria; al-Ǧamāhīriyya al-ʿArabiyya al-Lībiyya aš-Šaʿbiyya al-Ištirākiyya – LAR (→ Karte IV, B 3/4)

Fläche (Weltrang: 16.): 1 775 500 km²

Einwohner (100.): F 1995 5 407 000 = 3 je km²

Hauptstadt: Tarābulus (Tripolis)
F 1988: 591 100 Einw.

Amtssprache: Hocharabisch

Bruttosozialprodukt S 1995 je Einw.: unter 9385 $

Währung: 1 Lib. Dinar (LD.) = 1000 Dirham

Volksbüro der Sozialistischen Libysch-Arabischen Volks-Jamahiria
Beethovenallee 12 a, 53173 Bonn, 0228/82 00 90

Landesstruktur **Fläche**: 1 775 500 km² – **Bevölkerung**: Libyer; (Z 1984) 3 642 576 Einw. – (S) Libyer; Minderh. von Berbern (Tuareg, Nilosaharaner u. a.), Ägyptern, Schwarzafrikanern (rd. 450 000 Tschader, 150 000 Sudanesen) – **Flüchtl.** Ende 1996: 25 000 Palästinenser, 2200 andere – **Leb.-Erwart.** 1995: 64 J. – **Säugl.-Sterbl.** 1995: 5,2% – **Kindersterbl.** 1995: 6,3% – Jährl. **Bev.-Wachstum** ∅ 1985–95: 3,6% (Geb.- und Sterbeziffer 1995: 4,1%/0,8%) – **Analph.** 1990: 36% – **Sprachen**: Arabisch (maghrebin. Dialekte); Berber- und nilosaharanische Sprachen; Englisch und Italienisch teilw. Handelssprache – **Religion** (Islam ist Staatsreligion) 1993: 97% Muslime (u. a. Reformorden der sunnit. Senussi, Ibaditen); 40 000 Katholiken, Orthod. u. a. Minderh. – **Städt. Bev.** 1994: 86% – **Städte** (S 1988): Banghāzī (Bengasi) 446 250 Einw., Misrātah (Misurata) 121 700; (Z 1984, als A): Az-Zāwiyah 220 075, Al-Khums (Homs) 149 642, Gharyān 117 073, Ṭubruq (Tobruk) 94 006

Staat Islamisch-Sozialistische Volksrepublik seit 1976 – Verfassung von 1977, seit 1994 Scharia (islamisches Recht) – Oberstes Staatsorgan: General-Volkskongreß/GVK mit etwa 2700 Mitgl.; 7köpfiges Generalsekretariat – Wahlpflicht ab 18

J. – **Verwaltung**: 3 Provinzen und 10 Governorate – **Staatsoberhaupt**: Generalsekretär des GVK Zentani Muhammed Zentani, seit 1994; de facto Staatsoberhaupt: Oberst Muammar Al-Gaddafi seit 1969 – **Regierungschef**: Abdel Madjid al-Kaud, seit 1994 – **Äußeres**: Omar Mustafa al-Muntasir – **Parteien**: Seit 1977 lokale und regionale Volkskomitees (rd. 15 000) – **Unabh.**: 24. 12. 1951 – **Nationalfeiertag**: 1. 9. (Tag der Revolution von 1969)

Wirtschaft **Währung**: 1 US-$ = 0,380509 LD.; 1 DM = 0,226791 LD. – **BSP** 1989: 23 333 Mio. $ – **BIP** 1995: 25 Mrd. $; realer Zuwachs ∅ 1985–92: 2,1% (1995: –4,0%); Anteil (1993) **Landwirtsch.** 8%, **Industrie** 42%, **Dienstl.** 50% – **Erwerbstät.** 1993: Landw. 13%, Ind. 31%, Dienstl. 50% – **Arbeitslosigkeit**: k. Ang. – **Energieverbrauch** 1994: 2499 kg ÖE/Ew. – **Inflation** ∅ 1985–92: 2,7% (S 1995: 15–50%) – **Ausl.-Verschuld.** 1995: 4,5 Mrd. $ – **Außenhandel** 1995: **Import**: 4870 Mio. $ (S 1996: 8320 Mio. $); Güter 1992: (S) 35,9% Güter der verarb. Industrie, 34% Maschinen und Transportausrüstungen, 18,5% Nahrungs- und Genußmittel sowie Tiere, 7,7% chem. Produkte; Länder 1995: 21,6% Italien, 13,7% BRD, 8,1% Großbritannien, 6,5% Frankreich, 5,4% Türkei, 4,4% Tunesien; **Export**: 8710 Mio. $ (S 1996: 8500 Mio. $); Güter 1993: 90% Erdöl und Erdgas; Länder 1995: 39% Italien, 15,8% BRD, 12,4% Spanien, 3,7% Türkei, 3,3% Frankreich, 3,2% Griechenland

Liechtenstein *Mittel-Europa*

Fürstentum Liechtenstein – FL
(→ Karte II, E/F 3)

Fläche (Weltrang: 188.): 160 km²

Einwohner (187.): F 1995 31 000 = 194 je km²

Hauptstadt: Vaduz – F Ende 1995: 5085 Einw.

Amtssprache: Deutsch

Bruttosozialprodukt S 1995 je Einw.: über 9386 $

Währung: 1 Schweiz. Frank. (sfr) = 100 Rappen

Diplomatische Vertretung:
Schweizerische Botschaft
Gotenstraße 156, 53175 Bonn, 0228/81 00 80

Landesstruktur **Fläche**: 160 km² – **Bevölkerung**: Liechtensteiner; (Z 1992) 29 868 Einw. – (F 1993) 61,7% Liechtensteiner, 38,3% Ausländer: v.a. Schweizer, Österreicher, Deutsche; (61,4% ausländische Arbeitnehmer, davon 34,7% Grenzgänger aus Österreich und der Schweiz) – **Leb.-Erwart.** 1994: 72 J. – **Säugl.-Sterbl.** 1992: 0,5% – Jährl. **Bev.-Wachstum** ∅ 1985–94: 1,4% (Geb.- und Sterbeziffer 1993: 1,4%/0,6%) – **Analph.** 1992: unter 5% – **Sprachen**: Deutsch, alemann. Dialekt – **Religion** 1993: 83% Katholiken, 7% Protestanten – **Städt. Bev.** : 45% – **Städte**: (F Ende 1995): Schaan 5106 Einw., Balzers 3954, Triesen 3885, Eschen 3428, Mauren 3049, Triesenberg 2461

Staat Parlamentarische Monarchie seit 1921 – Verfassung von 1921 – Rechts-, Wirtschafts- und Währungsgemeinschaft mit der Schweiz seit 1923 – Parlament (Landtag) mit 25 Mitgl., Wahl alle 4 J. (wählt die 5köpfige Regierung) – Wahlpflicht ab 20 J. – **Verwaltung**: 11 Gemeinden – **Staatsoberhaupt**: Fürst Hans-Adam II., seit 1989 – **Regierungschef**: Regierungsrat Mario Frick (VU), seit 1993 – **Äußeres**: Frau Andrea Willi (VU) – **Parteien**: Wahlen vom 2. 2. 1997: Vaterländische Union/VU 13 von 25 Sitzen (1993: 13), Fortschrittliche Bürgerpartei/FBPL 10 (11), grün-alternative Freie Liste/FL 2 (1) – **Unabh.**: 12. 7. 1806 (Proklamation), nominell 6. 8. 1806 (Auflösung des Deutschen Reichs) – **Nationalfeiertag**: 15. 8.

Wirtschaft **Währung**: 1 US-$ = 1,4745 sfr; 1 DM = 0,8730 sfr – **BSP**: k. Ang. – **BIP** 1995: 2550 Mio. sfr; Anteil (1992) **Landwirtsch.** 1%, **Industrie** 49%, **Dienstl.** 50% – **Erwerbstät.** 1995: Landw. 1,6%, Ind. 46,8%, Dienstl. 51,6% – **Arbeitslosigkeit** 12/1994: 1,0% – **Energieverbrauch** 1989: 3048 kg ÖE/Ew. – **Inflation** ∅ 1996: 0,8% – **Ausl.-Verschuld.** 1993: keine – **Außenhandel** 1989: **Import**: 875,8 Mio. sfr; Güter 1991: 29% Maschinen und Transportausrüstungen, 14% Baumaterialien, 11% Metallprodukte; Länder: v.a. Schweiz, BRD und Frankreich; **Export**: 2905 Mio. sfr (1995); Güter 1991: 47% Maschinen und Transportausrüstungen, 18% Metallprodukte, 14% versch. Fertigwaren; Länder 1994: 42% EU-Staaten, 20% EFTA-Staaten (u.a. 14% Schweiz) – **Tourismus** 1995: 59 877 Auslandsgäste (u.a. 34% aus der BRD, 24% aus der Schweiz)

Litauen *Nordost-Europa*

Republik Litauen; Lietuvos Respublika, Kurzform: Lietuva - LT (→ Karte III, G 2)

Fläche (Weltrang: 121.): 65 300 km^2

Einwohner (120.): F 1995 3 715 000 = 57 je km^2

Hauptstadt: Vilnius (Wilna)
F 1995: 576 000 Einw.

Amtssprache: Litauisch

Bruttosozialprodukt S 1995 je Einw.: 1900 $

Währung: 1 Litas (LTL) = 100 Centas

Botschaft der Republik Litauen
Argelanderstr. 108 a, 53115 Bonn, 0228/9 14 91-0

Landesstruktur **Fläche**: 65 300 km^2 – **Bevölkerung**: Litauer; (Z 1989) 3 674 802 Einw. – (F 1994) 81,1% Litauer, 8,5% Russen, 7,0% Polen, 1,5% Weißrussen, 1,0% Ukrainer – Anteil unter **Armutsgrenze** ∅ 1981–95: 2,1% – **Leb.-Erwart.** 1995: 70 J. – **Säugl.-Sterbl.** 1995: 1,6% – **Kindersterbl.** 1995: 1,9% – Jährl. **Bev.-Wachstum** ∅ 1985–95: 0,5% (Geb.- und Sterbeziffer 1995: 1,3%/1,2%) – **Analph.** 1992: unter 5% – **Sprachen** 1989: 85,3% Litauisch, 47,3% Russisch; Polnisch, Belorussisch u. a. – **Religion** 1993: 3 Mio. Katholiken; Minderh. von Orthodoxen, Protestanten u. a. – **Städt. Bev.** 1995: 72% – **Städte** (F 1995): Kaunas 415 000 Einw., Klaipėda (Memel) 203 000, Šiauliai (Schaulen) 147 000, Panevėzys (Ponewiesch) 132 000

Staat Republik seit 1991 – Verfassung von 1992 – Parlament (Sejm) mit 141 Mitgl., Wahl alle 4 J. – Direktwahl des Staatsoberh. alle 5 J. (einmalige Wiederwahl) – Wahlrecht ab 18 J. – **Verwaltung**: 10 Bezirke – **Staatsoberhaupt**: Algirdas M. Brazauskas (LDDP), seit 1992 – **Regierungschef**: Gediminas Vagnorius, seit 28. 11. 1996; Koalition aus Vaterlandsunion und Christdemokratischer Partei – **Äußeres**: Algirdas Saudargas, seit 4. 12. 1996 – **Parteien**: Wahlen vom 20. 10./10. 11. 1996 (mit Nachwahlen): Vaterlandsunion 70 Sitze (1992: 30), Christdemokratische Partei 16 (16), Zentrumsunion 14, Sozialdemokratische Partei 12 (8), Demokratische Arbeiterpartei/LDDP 12 (73), Polnische Union (von 4%-Klausel befreit) 2 (4), Unabhängige 4 (1), Sonstige 9 (9); 2 Sitze werden bei Nachwahlen vergeben – **Unabh.**: 1918–1940; Souveränitätserklärung am 18. 5. 1989 und Wiederherstellung der Republik Litauen am 11. 3. 1990, seit 29. 7. 1991 in Kraft – **Nationalfeiertag**: 16. 2. (Wiederherstellung des lit. Staates 1918)

Wirtschaft **Währung**: 1 US-$ = 4,0029 LTL; 1 DM = 2,3971 LTL; Bindung an US-$ – **BSP** 1995 (S): 7070 Mio. $ – **BIP** 1995: 7089 Mio. $; realer Zuwachs ∅ 1990–94: –9,7% (S 1996: +4%); Anteil **Privatsektor** 1995: 65%; Anteil (1995) **Landwirtsch.** 11%, **Industrie** 36%, **Dienstl.** 53% – **Erwerbstät.** 1995: Landw. 24%, Ind. 28%, Dienstl. 48% – **Arbeitslosigkeit** ∅ 1996: 6,3% – **Energieverbrauch** 1994: 2030 kg ÖE/Ew. – **Inflation** ∅ 1985–95: 151,0% (1996: 13,1%) – **Ausl.-Verschuld.** 1996: 1200 Mio. $ – **Außenhandel** 1996: **Import**: 17 620 Mio. LTL; Güter 1995: 25% Mineralprodukte, 17% Maschinenbauerzeugn. einschließlich Elektrotechnik, 10% Textilien, 9% chem. Erzeugnisse, 7% Nichtedelmetalle und -produkte, 5% Lebensmittel, Getränke und Tabak; Länder 1996: 23,6% Rußland, 13,5% BRD, 10% Weißrußland, 9% Lettland, 7,7% Ukraine; **Export**: 13 120 Mio. LTL; Güter 1995: 14,8% Textilien, 12,3 chem. Erzeugnisse, 11,9% Mineralprodukte, 10,8% Maschinenbauerzeugn. einschließlich Elektrotechnik, 8,7% Nicht-Edelmetalle, 6,6% Holz und -produkte, 8,4% leb. Tiere und Tierprodukte; Länder 1996: 25,6% Rußland, 15,7% BRD, 5,1% Polen, 4% Großbritannien, 3,3% Lettland

Chronik Bei den **Wahlen zum Sejm** am 20. 10. **1996** und den Stichwahlen am 10. 11. erhält die seit 1992 allein regierende Litauische Demokratische Arbeiterpartei (LDDP), die Nachfolgeorganisation der litauischen KP, nur noch 12 (1992: 73) von 141 Sitzen. Die oppositionelle konservative, aus der litauischen Unabhängigkeitsbewegung Sajudis hervorgegangene Vaterlandsunion des ehem. Parlamentspräsidenten *Vytautas Landsbergis* verfehlt mit 70 Mandaten nur knapp die absolute Mehrheit. Auf die Christdemokratische Partei entfallen 16, auf die Zentrumsunion 14 Sitze. Die Wahlbeteiligung ist mit 52 bzw. 42% relativ gering. In vier Wahlkreisen wird die Mindeststimmbeteiligung von 40% nicht erreicht; bei Nachwahlen werden zwei der vier Sitze vergeben. Die LDDP führt ihr schlechtes Wahlergebnis auf die mit den Wirtschaftsreformen verbundenen sozialen Härten zurück (1/3 der Bevölkerung lebt unter der Armutsgrenze). Korruption und Kriminalität konnten nicht eingedämmt werden. – Bei einem **Verfassungsreferendum** am 20. 10. (Stimmbeteiligung 52,1%) werden alle Vorlagen (Reduzierung der Zahl der Abgeordneten von 141 auf 111, fester Termin für Parlamentswahlen, Verwendung von mind. 50% des Staatshaushalts für soziale Zwecke und Kompensation für verlorene Bankeinlagen) abgelehnt. – Am 5. 11. beginnt in Vilnius der Prozeß gegen führende Mitglieder

der früheren litauischen KP, die für den blutigen Einsatz sowjetischer Truppen im Januar 1991 verantwortlich gemacht werden. Dem ehem. Parteivorsitzenden *Mykolaus Burokevicius* und fünf weiteren Personen wird Putschversuch vorgeworfen. – Am 28. 11. wählt der Sejm mit 95 gegen fünf Stimmen bei 20 Enthaltungen den ehem. Regierungschef und Ökonomen *Gediminas Vagnorius* (Vaterlandsunion) zum **neuen Ministerpräsidenten**, der dieses Amt bereits 1991/92 innehatte. In dessen Kabinett, einer **Mitte-Rechts-Koalition** aus Vaterlandsunion und Christdemokraten, die im Sejm über 86 von 141 Sitzen verfügt, sind auch die Zentrumsunion und die Konföderation der Industriellen mit zwei bzw. einem Minister vertreten. *Algirdas Saudargas*, der Vorsitzende der Christdemokratischen Partei, wird Außenminister, *Ceslovas Stankevicius* Verteidigungsminister. – Finanzminister *Rolandas Matiliauskas* tritt am 3. 2. **1997** zurück; er ist in eine Affäre um einen Kredit einer zusammengebrochenen Bank (→ WA '97, Sp. 413) verwickelt. – Gegen das vom Sejm Anfang Juni verabschiedete umstrittene Gesetz zur Rückgabe von Privatbesitz (Immobilien, Agrarland und Wälder), der nach der Annexion Litauens durch die UdSSR enteignet worden war, legt Präsident *Algirdas Brazauskas* am 17. 6. insbesondere wegen Mißachtung der Rechte der derzeitigen Mieter Veto ein und verweist die Vorlage ans Parlament zurück.

Staaten

Luxemburg *West-Europa*

Großherzogtum Luxemburgs; Grand-Duché de Luxembourg (franz.); Groussherzogtom Lëtzebuerg (lëtzebuergesch) – L (→ Karte II, E 2/3)

Fläche (Weltrang: 166.): 2586 km²

Einwohner (159.): F 1995 410 000 = 159 je km²

Hauptstadt: Luxembourg/Lützelburg (Luxemburg) – F 1996: 77 401 Einw.

Amtssprachen: Französisch, Deutsch, Lëtzebuergesch

Bruttosozialprodukt 1995 je Einw.: 41 210 $

Währung: 1 Luxemb. Franc (lfr) = 100 Centimes

Botschaft des Großherzogtums Luxemburg
Adenauerallee 108, 53113 Bonn, 0228/21 40 08

Landesstruktur **Fläche**: 2586 km² – **Bevölkerung**: Luxemburger; (Z 1991) 384 634 Einw. – (F 1992) Luxemburger; insg. 98 200 Ausländer

(26 900 Franzosen, 25 700 Portugiesen, 16 700 Belgier, 10 400 Deutsche, Italiener, Niederländer, Spanier) – **Leb.-Erwart.** 1995: 76 J. – **Säugl.-Sterbl.** 1995: 0,8% – **Kindersterbl.** 1995: 0,9% – Jährl. **Bev.-Wachstum** ∅ 1985–95: 1,1% (Geb.- und Sterbeziffer 1992: 1,3%/1,0%) – **Analph.** 1994: unter 5% – **Sprachen**: Französisch (auch Gesetzessprache), Deutsch, Lëtzebuergesch (moselfränkischer Dialekt) – **Religion** 1993: 94% Katholiken; protestant. und jüdische Minderheiten – **Städt. Bev.** 1993: 88% – **Städte** (F 1996): Esch-sur-Alzette 24 571 Einw., Differdange (Differdingen) 16 372, Dudelange (Düdelingen) 15 966, Sanem 12 332

Staat Parlamentarische Monarchie (Großherzogtum) seit 1866 – Verfassung von 1868, letzte Änderung 1956 – Parlament (Chambre des Députés) mit 60 Mitgl., Wahl alle 5 J.; beratender Staatsrat mit 21 Mitgl., vom Großherzog nominiert – Wahlpflicht ab 18 J. – **Verwaltung**: 12 Kantone – **Staatsoberhaupt**: Großherzog Jean, seit 1964 – **Regierungschef**: Jean-Claude Juncker (CSV-Vorsitzender), seit 1995; Koalition aus CSV und LSAP – **Äußeres**: Jacques Poos (LSAP) – **Parteien**: Wahlen vom 12. 6. 1994: Chrëstlich-Sozial Volekspartei/CSV 21 Sitze (1989: 22), Lëtzebuergesch Sozialistesch Arbechterpartei/LSAP 17 (18), Demokratesch Partei/DP (Liberale) 12 (11), Aktiounskommittee fir Demokratie an Rentengerechtegkeet 5 (4), Déi Gréng Alternativ/Gréng Lëscht Ekologesch Initiativ (Grüne) zus. 5 (4), Sonstige – (1) – **Unabh.**: Durch Wiener Kongreßakte vom 9. 6. 1815 völkerrechtliche Gründung des souveränen Staates Luxemburg, im Londoner Vertrag vom 11. 5. 1867 bestätigt; Ende der Personalunion mit dem niederländischen Königshaus am 13. 11. 1890 – **Nationalfeiertag**: 23. 6. (offizielle Feier des Geburtstags Großherzog Jeans, eigentlich 5. 1.)

Wirtschaft **Währung**: Indikativkurs: 1 US-$ = 34,6700 lfrs, 1 DM = 20,6330; Währungsunion mit Belgien, belgischer Franc ist gesetzliches Zahlungsmittel im Verhältnis 1 bfr = 1 lfr – **BSP** 1995: 16 876 Mio. $ – **BIP** 1994: 14 Mrd. $ (1995: 16,8 Mrd. $); realer Zuwachs ∅ 1984–94: 3,4% (1995: +3,5%); Anteil (1994) **Landwirtsch.** 1%, **Industrie** 25%, **Dienstl.** 74% – **Erwerbstät.** 1995: Landw. 3%, Ind. 27%, Dienstl. 70% – **Arbeitslosigkeit** ∅ 1996: 3,3% (S 1997: 3,3%) – **Energieverbrauch** 1994: 9361 kg ÖE/Ew. – **Inflation** ∅ 1985–95: 4,7% (1996: 1,4%, S 1997: 1,8%) – **Ausl.-Verschuld.** 1995: keine – **Außenhandel** 1995: **Import**: 277,1 Mrd. lfr; Güter: 19% Metalle, 17% Maschinen und Apparate, 11% Transportmittel, 9% Mineralstoffe; Länder: 40% Belgien, 28% BRD, 13% Frankreich, 4% Niederlande, 2% USA, 2% Italien; **Export**: 224,3 Mrd. lfr; Güter: 36% Metalle, 16% Maschinen und Apparate, 14% Kunststoff- und Gummierzeugnisse; Länder: 28% BRD, 19% Frankreich, 14% Belgien, 6% Großbritannien, 5% Niederlande, 5% Italien – **Sonstiges**: Bedeutender Bankenplatz (August 1996): 222 Institute, darunter 72 deutsche und 19 Schweizer Niederlassungen

Madagaskar *Südost-Afrika*

Republik Madagaskar; Repoblikan'i Madagasikara – RM (→ Karte IV, C 5/6)

Fläche (Weltrang: 44.): 587 041 km²

Einwohner (60.): F 1995 13 651 000 = 23 je km²

Hauptstadt: Antananarivo (franz. Tananarive) Z 1993: 1 052 835 Einw.

Amtssprachen: Malagasy, Französisch

Bruttosozialprodukt 1995 je Einw.: 230 $

Währung: 1 Madag.-Franc (FMG) = 100 Centimes

Botschaft der Republik Madagaskar
Rolandstr. 48, 53179 Bonn, 0228/95 35 90

Landesstruktur Fläche: 587 041 km²; davon Madagascar 586 583 km², Nosy Be 293 km², Nosy Bohara 165 km² – **Bevölkerung**: Madagassen; (Z 1993) 12 092 157 Einw. – (S) 99% Madagassen (Malagasy): Mischvolk aus malaiischen Gruppen (Merina, Betsileo) und negritischen Gruppen (u. a. Sakalaven, Betsimisaraka); Minderh. von Indern, Franzosen, Komorern, Chinesen u. a. – Anteil unter **Armutsgrenze** ∅ 1981–95: 72,3% – **Leb.-Erwart.** 1995: 58 J. – **Säugl.-Sterbl.** 1995: 10,0% – **Kindersterbl.** 1995: 16,4% – Jährl. **Bev.-Wachstum** ∅ 1985–95: 3,1% (Geb.- und Sterbeziffer 1995: 4,3%/1,1%) – **Analph.** 1990: 20% – **Sprachen**: Malagasy, Französisch; Howa u. a. einheimische Sprachen – **Religion**: über 50% Anhänger von Naturreligionen, 25% Katholiken, 20% Protestanten, 5% Muslime – **Städt. Bev.** 1995: 27% – **Städte** (Z 1993): Toamasina (französisch Tamatave) 127 441 Einw., Antsirabe 120 239, Mahajanga 100 807; (S 1985) Fianarantsoa 130 000, Antsiranana (Diégo Suarez) 100 000, Toliara 55 000

Staat Republik seit 1992 – Verfassung der III. Republik von 1992 mit Änderung von 1995 – Parlament: Nationalversammlung mit 138 Mitgl.

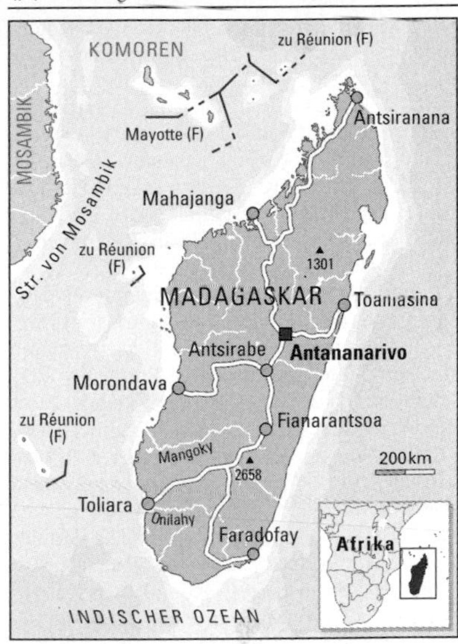

(Wahl alle 4 Jahre) und Senat (Mitgliederzahl noch nicht festgelegt, ⅔ alle 4 J. indirekt gewählt und ⅓ vom Staatsoberh. ernannt) – Direktwahl des Staatsoberh. alle 5 J. – Wahlrecht ab 18 J. – **Verwaltung**: 28 Regionen – **Staatsoberhaupt**: Didier Ratsiraka, seit 9. 2. 1997 – **Regierungschef**: Pascal Rakotomavo, seit 21. 2. 1997 – **Äußeres**: Herizo Razafimahaleo – **Parteien**: Wahlen vom 16. 6. 1993: Bündnis Forces Vives Rasalama/ HVR 46 Sitze (1989: keine), Mouvement pour le Progrès de Madagascar/MFM 15 (7), Leader-Fanilo 13 (–), FAMIMA 11 (–), Rassemblement pour le Socialisme et la Démocratie/RPSD 8 (–), Fihaonana 8 (–), UNDD-Rasalama Forces Vives 5 (–), AKFM-Fanavaozana 5 (2), 8 weitere Parteien insg. 11 Sitze, Sonstige 14 (125, davon 120 für die ehem. Einheitspartei) – **Unabh.**: 26. 6. 1960 (ehem. französische Kolonie) – **Nationalfeiertag**: 26. 6. (Unabhängigkeitstag)

Wirtschaft Währung: Indikativkurs: 1 US-$ = 5118,38 FMG; 1 DM = 2955,71 FMG – **BSP** 1995: 3178 Mio. $ – **BIP** 1995: 3198 Mio. $; realer Zuwachs ∅ 1990–95: 0,1%; Anteil (1995) **Landwirtsch.** 34%, **Industrie** 13%, **Dienstl.** 53% – **Erwerbstät.** 1995: Landw. 76% – **Arbeitslosigkeit** ∅ 1994 (S): 40% – **Energieverbrauch** 1994: 36 kg ÖE/Ew. – **Inflation** ∅ 1985–95: 17,9% (1994: 38,9%) – **Ausl.-Verschuld.** 1995: 4302 Mio. $ – **Außenhandel** 1994: **Import**: 600 Mio. $; Güter: (S) 20% Investitionsgüter, 17%

Nahrungsmittel (darunter 7% Reis), 16% Rohstoffe und Ersatzteile, 15% Konsumgüter, 11% Energie; Länder: 35% Frankreich, 9% USA, 8% Iran, 6% Japan, 5% Hongkong, 5% Singapur, 4% BRD; **Export**: 520 Mio. $; Güter: (S) 18% Kaffee, 17% Vanille, 13% Fisch, 3% Baumwollkleidung, 2% Zucker, 2% Chrom, 2% Graphit, 2% Gewürznelken; Länder: 36% Frankreich, 10% USA, 10% BRD, 7% Japan, 5% Italien, 5% Großbritannien

Chronik Am 5. 9. **1996** wird **Staatspräsident** *Albert Zafy* vom Hohen Verfassungsgericht wegen Überschreitung seiner Kompetenzen **amtsenthoben**. – In der ersten Runde der **Präsidentschaftswahl** am 3. 11. kann keiner der 15 Kandidaten die absolute Mehrheit erringen. Die Stichwahl am 29. 12. gewinnt *Didier Ratsiraka* mit 50,7% der Stimmen knapp vor dem erneut kandidierenden *Zafy*, der bei den Wahlen von 1993 den seit 18 Jahren regierenden Militärmachthaber *Ratsiraka* als Staatschef abgelöst hatte. Der erst im Herbst 1996 aus dem Exil zurückgekehrte *Ratsiraka* wird am 9. 2. **1997** – nach mehrwöchigem Zögern des Verfassungsgerichts – als **neuer Staatspräsident** vereidigt. Er ernennt am 21. 2. den parteiungebundenen Wirtschaftsfachmann *Pascal Rakotomavo* zum **neuen Ministerpräsidenten**, Außenminister wird *Herizo Razafimahaleo. Rakotomavo* hatte in den 80er Jahren, während der ersten Präsidentschaft *Ratsirakas*, als Wirtschafts- und Finanzminister die wirtschaftliche Öffnung des Landes eingeleitet.

Malawi *Südost-Afrika*

Republik Malawi; Mfuko la Malawŵi (chichewa); Republic of Malawi (englisch) – MW
(→ Karte IV, B 5)

Fläche (Weltrang: 99.): 118 484 km²

Einwohner (77.): F 1995 9 757 000 = 82 je km²

Hauptstadt: Lilongwe – F 1994: 395 500 Einw.

Amtssprachen: Chichewa, Englisch

Bruttosozialprodukt 1995 je Einw.: 170 $

Währung: 1 Malawi-Kwacha (MK) = 100 Tambala

Botschaft der Republik Malawi
Mainzer Str. 124, 53179 Bonn, 0228/94 33 50

Landesstruktur (Karte → WA '96, Sp. 446) **Fläche**: 118 484 km² – **Bevölkerung**: Malawier; (Z 1987) 7 988 507 Einw. – (S) Bantu: Chichewa, Nyaja, Lomwe, Yao, Sena u. a.; etwa 8000 Euro-

päer und US-Amerikaner, 6000 Asiaten – **Leb.-Erwart.** 1995: 45 J. – **Säugl.-Sterbl.** 1995: 13,8% – **Kindersterbl.** 1995: 21,9% – Jährl. **Bev.-Wachstum** ∅ 1985–95: 3,1% (Geb.- und Sterbeziffer 1995: 4,9%/2,0%) – **Analph.** 1995: 44% – **Sprachen**: Chichewa, Englisch; Lomwe, Yao, Sena u. a.; Chitumbuka als Verkehrssprache – **Religion** 1993: 75% Christen (58% Protestanten und 17% Katholiken), 10% Anhänger von Naturreligionen; Minderh. von Muslimen und Bahai – **Städt. Bev.** 1995: 13% – **Städte** (F 1994): Blantyre (mit Limbe) 446 800 Einw., Mzuzu 62 700, Zomba 62 700

Staat Präsidialrepublik (im Commonwealth) seit 1966 – Neue Verfassung von 1995 – Parlament (National Assembly) mit 177 Mitgl., Wahl alle 5 J. – Direktwahl des Staatsoberh. alle 5 J. – Wahlrecht ab 18 J. – **Verwaltung**: 3 Regionen – **Staats- und Regierungschef**: Bakili Muluzi (UDF-Vorsitzender), seit 1994 – **Äußeres**: George Nga Ntafu – **Parteien**: Erste freie Wahlen seit 1964 vom 17. 5. 1994: United Democratic Front/UDF 85 Sitze, Malawi Congress Party/MCP 56 (ehem. Einheitspartei, 1992: alle 136 Sitze), Alliance for Democracy/AFORD 36 – **Unabh.**: 6. 7. 1964 (ehemaliges britisches Protektorat) – **Nationalfeiertag**: 6. 7. (Tag der Republik)

Wirtschaft **Währung**: 1 US-$ = 15,4451 MK; 1 DM = 9,1935 MK – **BSP** 1995: 1623 Mio. $ – **BIP** 1995: 1465 Mio. $; realer Zuwachs ∅ 1990–95: 0,7%; Anteil (1995) **Landwirtsch.** 42%, **Industrie** 27%, **Dienstl.** 31% – **Erwerbstät.** 1995 Landw. 86% – **Arbeitslosigkeit**: k. Ang. – **Energieverbrauch** 1994: 39 kg ÖE/Ew. – **Inflation** ∅ 1985–95: 22,0% – **Ausl.-Verschuld.** 1995: 2140 Mio. $ – **Außenhandel** 1994: **Import**: 3296 Mio. MK; Güter 1992: 48% Industriegüter, 27% Maschinen und Transportausrüstungen, 15% Brennstoffe, 8% Nahrungsmittel; Länder 1990: 31% Südafrika, 23% Großbritannien, 8% Japan, 6% BRD; **Export**: 3167 Mio. MK; Güter: 70% Tabak, 7% Tee, 7% Zucker; Länder 1990: 16% Großbritannien, 14% Japan, 12% USA, 7% Südafrika, 7% Niederlande, 6% BRD

Malaysia *Südost-Asien*

Persekutuan Tanah Malaysia – MAL
(→ Karte V, D 4)

Fläche (Weltrang: 65.): 329 758 km^2

Einwohner (46.): F 1995 20 140 000 = 61 je km^2

Hauptstadt: Kuala Lumpur – Z 1991: 1 145 075 Einw.

Amtssprache: Malaiisch (Bahasa Malaysia)

Bruttosozialprodukt 1995 je Einw.: 3890 $

Währung: 1 Malaysischer Ringgit (RM) = 100 Sen

Botschaft von Malaysia
Mittelstr. 43, 53175 Bonn, 0228/30 80 30

Landesstruktur (Karte → WA '97, Sp. 419f.) **Fläche**: 329 758 km^2; davon: West-Malaysia 131 598 km^2; Ost-Malaysia (Kalimantan, Nordborneo) mit Bundesstaaten Sarawak 124 449 km^2 und Sabah (mit Insel Labuan) 73 711 km^2 – **Bevölkerung**: Malaysier; (Z 1991) 18 379 655 Einw. – (S) 58 % Malaysier (mehrheitl. Malaien, austronesisch- und Mon-Khmer-sprachige Minderheiten), 27 % Chinesen, 8 % Inder und Pakistaner – Anteil unter **Armutsgrenze** ∅ 1981–95: 5,6 % – **Flüchtl.** Ende 1996: 5000 aus Myanmar, 200 andere – **Leb.-Erwart.** 1995: 71 J. – **Säugl.-Sterbl.** 1995: 1,1 % – **Kindersterbl.** 1995: 1,3 % – Jährl. **Bev.-Wachstum** ∅ 1985–95: 2,5 % (Geb.- und Sterbeziffer 1995: 2,7 %/0,5 %) – **Analph.** 1995: 17 % – **Sprachen**: Malaiisch, zahlr. andere austronesische Sprachen; Asli-Sprachen der Mon-Khmer-Gruppe; Chinesisch, Tamil u. a. Sprachen Indiens und Pakistans; Englisch als Verkehrs- und Bildungssprache – **Religion** (Islam ist Staatsreligion) 1985: 53 % sunnit. Muslime (Malaysier u. a.), 17 % Buddhisten, 12 % chines. Religionen (Universismus mit Konfuzianismus und Daoismus), 7 % Hindus (Inder), 7 % Christen; Sikhs und Anhänger von Naturreligionen – **Städt. Bev.** 1995: 54 % – **Städte** (Z 1991): Ipoh 382 633 Einw., Johor Baharu 328 646, Melaka (Malacca) 295 999, Petaling Jaya 254 849, Tawai 244 765, Kelang 243 698, Kuala Terengganu 228 659, Sandakan 223 432, Kota Baharu 219 713, George Town (Pinang) 219 376, Kota Kinabalu (Hptst. von Sabah) 208 484, Kuantan 198 356, Taiping 183 165, Seremban 182 584, Kuching (Hptst. von Sarawak) 147 729, Sibu 126 384, Alor Setar 125 026

Staat Wahlmonarchie (im Commonwealth) seit 1963 – Verfassung von 1957, letzte Änderung 1994 – Parlament: Volksversammlung (Dewan

Rakyat) mit 192 alle 5 J. gewählten Mitgl. (West-Malaysia 144, Sarawak 27, Sabah 20, Labuan 1) und Länderversammlung (Dewan Negara) mit 70 Mitgl. (davon 40 durch Staatsoberh. und 30 durch Parlamente der Bundesstaaten ernannt) – Wahl des Staatsoberh. alle 5 J. durch die 9 Sultane – Wahlrecht ab 21 J. – **Verwaltung**: 13 Bundesstaaten (darunter 9 Sultanate) und 2 Bundesterritorien (Kuala Lumpur und Insel Labuan) – **Staatsoberhaupt**: König Ja'afar ibni Al-Marhum Abdul Rahman (Herrscher von Negri Sembilan), seit 1994 – **Regierungschef**: Mahathir bin Mohamad (UMNO-Vorsitzender), seit 1981 – **Äußeres**: Abdullah Ahmad Badawi – **Parteien**: Wahlen vom 24./25. 4. 1995: Nationale Front (Barisan Nasional aus 11 Parteien) insg. 161 der 192 Sitze (1990: 127 von 180): United Malays National Organization/UMNO 88 (72), Malaysian Chinese Association/MCA 30 (17), Parti Pesaka Bumiputera Bersatu/PBB 10 (9), Malaysian Indian Congress/MIC 7 (6), Sonstige 26 (23); Allianz der Opposition insg. 30 (49): Democratic Action Party/DAP 9 (20), Parti Bersatu Sabah/PBS 8 (14), Parti Islam Sa-Malaysia/PAS 7 (7), Semangat '46/S46 6 (8); Unabhängige 1 (4) – **Unabh.**: 31. 8. 1957 (Malaya) – **Nationalfeiertag**: 31. 8. (Unabhängigkeitstag)

Wirtschaft **Währung**: 1 US-$ = 2,4930 RM; 1 DM = 1,4964 RM – **BSP** 1995: 78 321 Mio. $ – **BIP** 1995: 85 311 Mio. $; realer Zuwachs ∅ 1990–95: 8,7 %; Anteil (1995) **Landwirtsch.** 13 %, **Industrie** 43 %, **Dienstl.** 44 % – **Erwerbstät.** 1993: Landw. 21 %, Ind. 32 %, Dienstl. 47 % – **Arbeitslosigkeit** ∅ 1996: 2,6 % (S 1997: 2,5 %) – **Energieverbrauch** 1994: 1699 kg ÖE/Ew. – **Inflation** ∅ 1985–95: 3,3 % (1996: 3,6 %, S 1997: 3,5 %) – **Ausl.-Verschuld.** 1995: 34 352 Mio. $ – **Außenhandel** 1996: **Import**: 197,3 Mrd. RM; Güter: ca. 60 % Maschinen und Transportausrüstungen, 18 % Industrieerzeugnisse, 7 % chem. Erzeugnisse; Länder: 25 % Japan, 17 % USA, 13 % Singapur, 5 % Republik Korea, 5 % Republik China, 4 % BRD, 3 % Großbritannien, 3 % Frankreich; **Export**: 196,7 Mrd. RM; Güter: ca. 49 % Maschinen und Transportausrüstungen, 18 % verarb. Erzeugnisse, 8 % mineral. Brennstoffe; Länder: 20 % Singapur, 19 % USA, 14 % Japan, 6 % Hongkong, 4 % Großbritannien, 4 % Republik China, 3 % BRD, 3 % Republik Korea – **Tourismus** 1995: 7,5 Mio. Auslandsgäste, 9175 Mio. RM Einnahmen

Malediven *Süd-Asien*

Republik Malediven; Divehi Rājjē ge Jumhūriyyā, Kurzform: Divehi Rājjē – MV (→ Karte IV, C 4)

Fläche (Weltrang: 185.): 298 km²

Einwohner (169.): F 1995 253 000 = 849 je km²

Hauptstadt: Male' (auf North Male' Atoll)
F 1995: 62 973 Einw.

Amtssprache: Maldivisch (Dhivehi)

Bruttosozialprodukt 1995 je Einw.: 990 $

Währung: 1 Rufiyaa (Rf) = 100 Laari

Honorargeneralkonsulat der Malediven
Immanuel-Kant-Str. 16, 61350 Bad Homburg, 06172/8 58 33

Landesstruktur (Karte → WA '97, Sp. 422) **Fläche**: 298 km²: 20 Atolle mit 1087 Inseln, davon 220 bewohnt – **Bevölkerung**: Malediver; (Z 1995, vorl.) 244 644 Einw. – (S) ausschließlich Malediver (Mischvolk arabischer, singhales. und malaiischer Abstammung) – **Leb.-Erwart.** 1995: 63 J. – **Säugl.-Sterbl.** 1995: 5,5% – **Kindersterbl.** 1995: 7,7% – Jährl. **Bev.-Wachstum** ∅ 1985–95: 3,2% (Geb.- und Sterbeziffer 1992: 3,5%/0,6%) – **Analph.** 1995: 7% – **Sprachen**: Maldivisch (Dhivehi; Sonderform des Singhalesischen); Englisch als Verkehrssprache – **Religion** (Islam ist Staatsreligion): 99,9% sunnit. Muslime – **Städt. Bev.** 1993: 26%

Staat Präsidialrepublik (im Commonwealth) seit 1968 – Verfassung von 1968 – Parlament (Madschlis) mit 48 Mitgl. (40 direkt gewählt und 8 vom Staatsoberh. ernannt); Wahl alle 5 J. – Direktwahl des Staatsoberh. alle 5 J. – Wahlrecht ab 21 J. – **Verwaltung**: 19 Distrikte (Atolle) und Hauptstadtdistrikt – **Staats- und Regierungschef**: Maumoon Abdul Gayoom, seit 1978 – **Äußeres**: Fathulla Jameel – **Parteien**: keine im eigentlichen Sinn – **Unabh.**: 26. 7. 1956 (innere Autonomie); 26. 7. 1965 (Souveränität) – **Nationalfeiertage**: 7. 1. und 26. 7. (Unabhängigkeitstag)

Wirtschaft Währung: 1 US-$ = 11,82 Rf; 1 DM = 6,9176 Rf – **BSP** 1995: 251 Mio. $ – **BIP** 1993: 157,9 Mio. $; realer Zuwachs ∅ 1985–91: 10,3% (1994: +6,6%); Anteil (1992) **Landwirtsch.** 24%, **Industrie** 17%, **Dienstl.** 59% – **Erwerbstät.** 1993: Landw. 25%, Ind. 22%, Dienstl. 52% – **Arbeitslosigkeit** ∅ 1990: 0,9% – **Energieverbrauch** 1994: 139 kg ÖE/Ew. – **Inflation** ∅ 1985–95: 9,2% – **Ausl.-Verschuld.** 1993: 114,6 Mio. $ – **Außenhandel** 1993: **Import**: 185 Mio. $; Güter 1992: v. a. Konsumgüter, Maschinenbauerzeugn. und Fahrzeuge, mineral. Brennstoffe; Länder 1990: 60% Singapur, 6% BRD, 6% Sri Lanka, 5% Indien, 3% Japan; **Export**: 34,6 Mio. $; Güter 1990: 57% Fisch und Fischprodukte, 25% Textilien; Länder 1990: 22% USA, 17% Großbritannien, 15% Thailand, 12% Sri Lanka – **Tourismus**: 338 733 Auslandsgäste (1995), 198,2 Mio. Rf Einnahmen (1992)

Mali *West-Afrika*

Republik Mali; République du Mali – RMM (→ Karte IV, A/B 3/4)

Fläche (Weltrang: 23.): 1 240 192 km²

Einwohner (76.): F 1995 9 788 000 = 7,9 je km²

Hauptstadt: Bamako – F 1992: 745 800 Einw.

Amtssprache: Französisch

Bruttosozialprodukt 1995 je Einw.: 250 $

Währung: CFA-Franc

Botschaft der Republik Mali
Basteistr. 86, 53173 Bonn, 0228/35 70 48

Landesstruktur Fläche: 1 240 192 km² – **Bevölkerung**: Malier; (Z 1987) 7 696 348 Einw. – (F 1983) 32% Bambara, 14% Fulbe (Peul), 12% Senouffo, 9% Soninké, 7% Tuareg, 7% Songhai, 6% Malinké u. a. – **Flüchtl.** Ende 1996: 80 000, davon je 25 000 in Burkina Faso und in Niger; 15 000 aus Mauretanien – **Leb.-Erwart.** 1995: 47 J. – **Säugl.-Sterbl.** 1995: 11,7% – **Kindersterbl.** 1995: 21,0% – Jährl. **Bev.-Wachstum** ∅ 1985–95: 2,8% (Geb.- und Sterbeziffer 1995: 4,9%/1,8%) – **Analph.** 1994: 69% – **Sprachen**: 40% Bambara, 10% Französisch; Songhai-Jerma, Manding, Soninké, Arabisch und Ful – **Religion**: 80% Muslime, ca. 18% Anhänger von Naturreligionen, 1,2% Christen – **Städt. Bev.** 1995: 27% – **Städte** (F 1984): Ségou 99 000 Einw., Mopti 78 000, Sikasso 73 000, Kayes 67 000, Gao 55 000, Tombouctou (Timbuktu)

Staat Präsidialrepublik seit 1960 – Verfassung von 1992 – Parlament (Assemblée Nationale) mit 129 Mitgl. (davon 13 für Malier im Ausland reserviert); Wahl alle 5 J. – Direktwahl des Staatsoberh. alle 5 J. – Wahlrecht ab 21 J. – **Verwaltung**: 8 Regionen und Hauptstadtdistrikt – **Staatsoberhaupt**: Alpha Oumar Konaré

(ADEMA), seit 1992, wiedergewählt am 11. 5. 1997 mit ca. 84% der Stimmen – **Regierungschef**: Ibrahim Boubacar Keïta (ADEMA), seit 1994 – **Äußeres**: Djonkouma Traoré – **Parteien**: Wahlen vom 20. 7./3. 8. 1997: Sitzverteilung nicht bekannt (Ergebnisse 1992: Alliance pour la Démocratie au Mali/ADEMA und Parti Africain pour la Solidarité et la Justice/PASJ zus. 76 von 116 Sitzen, Congrès National d'Initiative Démocratique/CNID 9, Union Soudanaise-Rassemblement Démocratique Africain/US-RDA 8, Parti Malien pour le Développement/PMD 6, Rassemblement pour la Démocratie et le Progrès/RDP 4, Union pour la Démocratie et le Développement/UDD 4, 4 weitere Parteien 9 Sitze) – **Unabh.**: 20. 6. 1960 (Eintritt in die Mali-Föderation); endgültig 22. 9. 1960 (ehem. französische Kolonie) – **Nationalfeiertag**: 22. 9. (Tag der Republik)

Wirtschaft **Währung**: 1 US-$ = 587,77 CFA-Francs; 1 DM = 337,12 CFA-Francs; Wertverhältnis zum Französischen Franc: 1 FF = 100 CFA-Francs – **BSP** 1995: 2410 Mio. $ – **BIP** 1995: 2431 Mio. $; realer Zuwachs ∅ 1990–95: 2,5%; 1996: 6%; Anteil (1995) **Landwirtsch.** 46%, **Industrie** 17%, **Dienstl.** 37% – **Erwerbstät.** 1995: Landw. 84% – **Arbeitslosigkeit**: k. Ang. – **Energieverbrauch** 1994: 22 kg ÖE/Ew. – **Inflation** ∅ 1985–95: 151,9%; 1996: 3% – **Ausl.-Verschuld.** 1995: 3066 Mio. $ – **Außenhandel** 1992: **Import**: 477 Mio. $; Güter: 30% Brennstoffe, 25% Industriegüter, 23% Maschinen und Transportausrüstungen, 20% Nahrungsmittel; Länder 1990: 23% Frankreich, 18% Elfenbeinküste, 9% Senegal, 6% BRD, 5% USA, 5% Belgien/Luxemburg, 4% Japan; **Export**: 329 Mio. $; Güter 1990: 57% Baumwolle, 29% Nahrungsmittel (v. a. tier. Produkte), ferner Gold; Länder 1990: 49% Elfenbeinküste, 24% Frankreich, 17% Senegal, 7% Spanien

Malta *Süd-Europa*

Republik Malta; Repubblika ta' Malta (maltesisch); Republic of Malta (englisch) – M (→ Karte II, F 4)

Fläche (Weltrang: 184.): 315,6 km²

Einwohner (164.): F 1995 372 000 = 1179 je km²

Hauptstadt: Valletta – F 1994: 9129 Einw.

Amtssprachen: Maltesisch, Englisch

Bruttosozialprodukt S 1995 je Einw.: unter 9385 $

Währung: 1 Maltesische Lira (Lm) = 100 Cents

Botschaft von Malta
Viktoriastr. 1, 53173 Bonn, 0228/36 30 17

Landesstruktur **Fläche**: 315,6 km²; davon Malta 245,7 km², Gozo (Ghawdex) 67,1 km² und Comino (Kimmuna) 2,8 km² – **Bevölkerung**: Malteser; (Z 1993, vorläufig) 364 491 Einw. – (S) 96% Malteser, 2% Briten – **Leb.-Erwart.** 1995: 77 J. – **Säugl.-Sterbl.** 1995: 1,0% – **Kindersterbl.** 1995: 1,2% – Jährl. **Bev.-Wachstum** ∅ 1985–95: 0,8% (Geb.- und Sterbeziffer 1994: 1,3%/0,7%) – **Analph.** 1995: 14% – **Sprachen**: Maltesisch (arabisches Kreol); Englisch; Italienisch als Umgangssprache – **Religion** 1993: 93% Katholiken; protestant. Minderheit – **Städt. Bev.** 1993: 89% – **Städte** (F 1994): Birkirkara 21 550 Einw., Qormi 17 930, Mosta 15 890, Sliema 13 820, Zabbar 13 770

Staat Republik (im Commonwealth) seit 1974 – Verfassung von 1974 mit Änderung 1987 – Parlament mit 65, max. 69 (Bonus-Regel) Mitgl.; Wahl alle 5 J. – Wahl des Staatsoberh. durch Parlament alle 5 J. – Wahlrecht ab 18 J. – **Verwaltung**: 6 Bezirke mit 60 Gemeinden – **Staatsoberhaupt**: Ugo Mifsud Bonnici (NP), seit 1994 – **Regierungschef**: Alfred Sant (MLP), seit 28. 10. 1996 – **Äußeres**: George Vella – **Parteien**: Wahlen vom 26. 10. 1996: Malta Labour Party (Partit tal-Haddiema)/MLP 35 von 69 Sitzen (1992: 34), Nationalist Party (Partit Nazzjonalista)/PN 34 (34) – **Unabh.**: 21. 9. 1964 (ehem. brit. Kolonie) – **Nationalfeiertag**: 21. 9. (Unabhängigkeitstag)

Wirtschaft **Währung**: 1 US-$ = 0,3812; 1 DM = 0,2267 Lm – **BSP** 1992: 2606 Mio. $ – **BIP** 1993: 2455 Mio. $ (1994: 1014,1 Mio Lm); realer Zuwachs ∅ 1980–92: 4,1% (1994: +4,3%); Anteil (1995) **Landwirtsch.** 3%, **Industrie** 35%, **Dienstl.** 62% – **Erwerbstät.** 1995: Landw. 2%, Ind. 26%, Dienstl. 72% – **Arbeitslosigkeit** ∅ 1995: 3,6% – **Energieverbrauch** 1994: 2511 kg ÖE/Ew. – **Inflation** ∅ 1985–95: 2,9% (1995: 4,0%) – **Ausl.-Verschuld.** 1995: 53,4 Mio. Lm – **Außenhandel** 1995: **Import**: 1043 Mio. Lm; Güter: 51% Maschinen und Transportmittel, 14% Halbwaren, 12% Fertigerzeugnisse, 8% Nahrungsmittel und leb. Tiere, 7% chem. Erzeugnisse; Länder 1994: 26% Italien, 18% BRD, 15% Großbritannien, 8% Frankreich, 5% USA; **Export**: 672 Mio. Lm; Güter: 68% Maschinen und Transportmittel, 23% Fertigerzeugnisse, 6% Halbwaren, 2% chem. Erzeugnisse; Länder 1994: 38% Italien, 15% BRD, 10% Frankreich, 7% Großbritannien, 7% USA, 3% Libyen – **Tourismus** 1995: 1114900 Auslandsgäste, 232,8 Mio. Lm Einnahmen

Chronik Bei den vorgezogenen **Wahlen zum Repräsentantenhaus** am 26. 10. **1996** (Wahlbeteiligung: 97,1%) siegt die oppositionelle Malta Labour Party (MLP) mit einem Stimmenanteil von 59,7%, während die von Regierungschef *Edward Fenech-Adami* geführte konservative Nationalist Party (NP) auf 47,8% (–2,7%) kommt. Als ausschlaggebend für das Ergebnis gilt die von großen Teilen der Bevölkerung abgelehnte Einführung der 15prozentigen Mehrwertsteuer (1995) und ihre Skepsis gegenüber dem von der NP befürworteten und für 1999 geplanten Beitritt zur Europäischen Union (EU). Der MLP-Vorsitzende *Alfred Sant* wird am 28. 10. als **neuer Premierminister** vereidigt. Entsprechend seinem Wahlprogramm erklärt er am 30. 10. den Austritt Maltas aus dem NATO-Programm Partnerschaft für den Frieden (PfP; → NATO im Kap. Internationale Organisationen), kündigt die Abschaffung der Mehrwertsteuer an und zieht am 25. 11. 1996 die Bewerbung Maltas um eine Vollmitgliedschaft in der EU zurück.

Staaten

Marianen → Vereinigte Staaten von Amerika (Nördliche Marianen)

Marokko *Nordwest-Afrika*

Königreich Marokko; al-Mamlaka al-Maġribiyya, Kurzform: al-Maġrib – MA (→ Karte IV, A 3)

Fläche (Weltrang: 54.): 458730 km²

Einwohner (37.): F 1995 26562000 = 58 je km²

Hauptstadt: Rabat
Z 1994: 1385872 Einw. (Rabat mit Salé)

Amtssprache: Hocharabisch

Bruttosozialprodukt 1995 je Einw.: 1110 $

Währung: 1 Dirham (DH) = 100 Centimes

Botschaft des Königreichs Marokko
Gotenstr. 7–9, 53175 Bonn, 0228/35 50 44

Landesstruktur **Fläche**: 458730 km² – **Bevölkerung**: Marokkaner; (Z 1994) 26073717 Einw. (inkl. 252146 Einw. der Westsahara) – (S) 50% arabischsprachige Marokkaner, 30–40% Berber; etwa 60000 Ausländer (Franzosen, Spanier, Italiener, Tunesier und Algerier) – Anteil unter **Armutsgrenze** ∅ 1981–95: 1,1% – **Leb.-Erwart.** 1995: 65 J. – **Säugl.-Sterbl.** 1995: 6,1% – **Kindersterbl.** 1995: 7,5% – Jährl. **Bev.-Wachstum** ∅ 1985–95: 2,0% (Geb.- und Sterbeziffer 1995: 2,7%/0,8%) – **Analph.** 1995: 56% – **Sprachen**: 60% Arabisch (versch. Dialekte), Berbersprachen (Tachelhit, Tamazight, Tarifit u.a.); Französisch, z.T. auch Spanisch als Handels- und Bildungssprachen – **Religion** (Islam ist Staatsreligion) 1992: 89% Muslime (davon 80% Sunniten malakitischer Richtung); etwa 69000 Christen (meist Katholiken), 7000 Juden – **Städt. Bev.** 1995: 49% – **Städte** (Z 1994): Ad-Dar-el-Beida (Casablanca) 2940623 Einw., Fès 774754, Marrakech 745541, Oujda 678778, Agadir 550200, Meknès 530171, Tanger 526215, Kenitra 448785, Beni-Mellal 386505, Safi 376038, Tétouan 367349, Khouribga 294680

Staat Parlamentarische Monarchie seit 1972 – Verfassung von 1992 mit Änderung vom 13. 9. 1996 (Zweikammerparlament vorgesehen: Nationalversammlung mit 222 Mitgl. und Senat mit 111 Mitgl.) – Parlament mit 333 Mitgl. (222 direkt und 111 durch Gemeinderäte und Berufsorganisationen gewählt) – Wahl alle 6 J. – Wahlrecht ab 20 J. – **Verwaltung**: 16 Regionen (Westsahara

→ Sahara) – **Staatsoberhaupt**: König Hassan II., seit 1961 – **Regierungschef und Äußeres**: Abdellatif Filali, seit 1994 – **Parteien**: Wahlen vom 25. 6. und 17. 9. 1993: Regierungsparteien: Union Constitutionelle/UC 54 (85), Mouvement Populaire/MP (Berber- und Bauernpartei) 51 (47), Mouvement Nat. Populaire/MNP 25 (–), Parti National Démocrate/PND 24 (24); Oppositionsbündnis: Union Socialiste des Forces Populaires/USFP 56 (36), Istiqlal/PI 52 (41), Parti du Renouveau et du Progrès/PRP 10 (2), Organisation de l'Action Démocratique et Populaire/OADP 2 (–); ferner: Rassemblement National des Indépendants/RNI 41 (60); Unabhängige 4, Sonstige 14 (13) – **Unabh.**: 18. 2. 1956 (ehemaliges franz. Protektorat), 7. 4. 1956 (Übergabe des span. Protektorats an Marokko) – **Nationalfeiertage**: 3. 3. (Thronbesteigung König Hassans) und 18. 11. (Unabhängigkeitstag)

Wirtschaft **Währung**: 1 US-$ = 9,58 DH; 1 DM = 5,50 DH – **BSP** 1995: 29 545 Mio. $ – **BIP** 1995: 32 412 Mio. $; realer Zuwachs ∅ 1990–95: 1,2%; Anteil (1995) **Landwirtsch.** 14%, **Industrie** 33%, **Dienstl.** 53% – **Erwerbstät.** 1993: Landw. 34%, Ind. 25%, Dienstl. 35% – **Arbeitslosigkeit** ∅ 1995 (S): ca. 17% – **Energieverbrauch** 1994: 327 kg ÖE/Ew. – **Inflation** ∅ 1985–95: 4,8% (1996: 6%) – **Ausl.-Verschuld.** 1995: 22 147 Mio. $ – **Außenhandel** 1995: **Import**: 7,71 Mrd. $; Güter: 24,5% Halbwaren, 22,3% Investitionsgüter, 16% Nahrungs- und Genußmittel, 13,8% Energie, 12,5% Rohmaterialien, 10,9% Konsumgüter; Länder: 22,1% Frankreich, 8,5% Spanien, 6,6% USA, 6,4% BRD, 5,7% Italien, 5,3% Saudi-Arabien; **Export**: 4,07 Mrd. $; Güter: 29,5% Nahrungsmittel, 26,9% Halbwaren, 24% Konsumgüter, 14,1% Rohmaterialien, 3,3% Investitionsgüter, 2,3% Energie; Länder: 30,1% Frankreich, 9,5% Spanien, 8,1% Indien, 5,7% Italien, 5,3% Japan, 3,7% BRD – **Tourismus** 1995: 1,53 Mio. Auslandsgäste, 11 500 Mio. DH Einnahmen

Chronik Bei einem **Verfassungsreferendum** am 13. 9. **1996** (Stimmbeteiligung 83%) billigen nach Angaben des Innenministeriums über 99% der Teilnehmer einen von König *Hassan II.* vorgelegten Entwurf, der die Schaffung eines Zweikammerparlaments, eines Verfassungsgerichts und eines Rechnungshofs vorsieht. Die 222 Abgeordneten sollen (erstmals im September 1997) durch allgemeine Wahlen bestimmt werden, während der Senat aus jenen indirekt gewählten Vertretern von Interessengruppen besteht, die zuvor ein Drittel der Mandate im Einkammerparlament innehatten. – Am 28. 2. **1997** schließen Regierung und 11 Parteien (darunter das Oppositionsbündnis Kutla al-Demokratija) ein Abkommen über die »Festigung der demokratischen Herrschaft auf der Grundlage der Monarchie«, das die gesetzmäßige Durchführung der Kommunalwahlen im Juni sicherstellen soll. Hintergrund dieser Annäherung zwischen Regierung und Opposition ist einerseits der Versuch des Herrscherhauses, sich mit den gemäßigten Reformkräften gegen den wachsenden Einfluß der Islamisten zusammenzuschließen, andererseits die Hoffnung der Regimegegner, Reformvorstellungen auf Parlaments- und Regierungsebene umsetzen zu können. Vor den **Kommunalwahlen** am 13. 6., aus denen das Oppositionsbündnis Kutla mit 33,7% der Stimmen als Sieger hervorgeht, werden über 100 Mitglieder der radikalen Oppositionspartei Demokratisch-sozialistische Avantgarde festgenommen, weil sie zum Wahlboykott aufgerufen haben. – Im Dezember **1996** kommt auch Bewegung in die **Westsahara**-Frage. Ein hochrangiger marokkanischer Regierungsvertreter bietet der Frente Polisario, die für die Unabhängigkeit der von ihr begründeten Demokratischen Arabischen Republik → Sahara kämpft, in Geheimgesprächen eine Teilautonomie als marokkanische Provinz an. Beim Verfassungsreferendum am 13. 9. war auch die Neugliederung des Landes in 16 Regionen mit erweiterter Eigenständigkeit in kulturellen und wirtschaftlichen Fragen beschlossen worden. Obwohl die Polisario das Ansinnen ablehnt und auf der Durchführung des seit 1991 immer wieder verschobenen Referendums über die Unabhängigkeit besteht, markiert der Vorschlag den Beginn neuer Verhandlungen. Mitte April **1997** nimmt der von der UNO als Sonderbeauftragter für die Westsahara bestellte ehem. US-Außenminister *James Baker* Gespräche mit der Polisario, Algerien, Marokko und Mauretanien auf.

Marshallinseln *Ozeanien*

Republik Marshallinseln; Republic of the Marshall Islands – MH
(→ Karten V, E/F 3/4 und VIII b, B/C 1/2)

Fläche (Weltrang: 187.): 181,3 km²

Einwohner (184.): F 1995 56 000 = 309 je km²

Hauptstadt: Rita (über 3 Inseln Dalap-Uliga-Darrit) F 1988: 17 650 Einw.

Amtssprache: Englisch

Bruttosozialprodukt S 1995 je Einw.: unter 3035 $

Währung: US-$

Diplomatische Vertretung:
Botschaft der Republik der Philippinen
Argelanderstr. 1, 53115 Bonn, 0228/26 79 90

Landesstruktur **Fläche**: 181,3 km²; 2 Inselgruppen: Ratak mit 16 und Ralik mit 18 Atollen; außerdem Bikini- und Eniwetok-Atoll und Korallenatolle – **Bevölkerung**: Marshaller; (Z 1988) 43 380 Einw. – (S) 97% Mikronesier; Amerikaner – **Leb.-Erwart.** 1994: 63 J. – **Säugl.-Sterbl.** 1995: 6,3% – **Kindersterbl.** 1995: 9,2% – Jährl. **Bev.-Wachstum** ∅ 1985–94: 3,0% (Geb.- und Sterbeziffer 1993: 4,7%/0,8%) – **Analph.** 1990: 9% – **Sprachen**: Englisch, mikrones. Sprachen – **Religion**: v. a. Christen (überwiegend Katholiken) – **Städt. Bev.** – **Städte** (F 1988): Ebeye 8300 Einw., Jaluit 1600

Staat Republik seit 1990 – Verfassung von 1979 mit Änderung 1990 – Freier Assoziierungsvertrag mit den USA (für Verteidigung zuständig) seit 1983 – Parlament (Nitijela) mit 33 alle 4 J. gewählten Mitgl. (wählt Staatsoberh. alle 4 Jahre) sowie Rat der Stammesführer (Council of Iroij) mit 12 Mitgl. – Wahlrecht ab 18 J. – **Verwaltung**: 24 Gemeindebezirke – **Staats- und Regierungschef**: Imata Kabua, seit 14. 1. 1997 – **Äußeres**: Phillip Muller – **Parteien**: Letzte Wahlen 1995: Einzelkandidaten, keine politischen Parteien – **Unabh.**: einseitige Unabhängigkeitserklärung am 3. 11. 1986, endgültig seit 22. 12. 1990 (Aufhebung der US-Treuhandschaft durch die UNO) – **Nationalfeiertage**: 1. 5. (Tag der Verfassung) und 17. 9.

Wirtschaft **Währung**: 1 US-$ = 1,8162 DM; 1 DM = 0,5506 US-$ – **BSP** 1994: 88 Mio. $ – **BIP** keine Angaben; Anteil (1995) **Landwirtsch.** 15%, **Industrie** 15%, **Dienstl.** 70% – **Erwerbstät.**: k. Ang. – **Arbeitslosigkeit**: k. Ang. – **Energieverbrauch**: k. Ang. – **Inflation** ∅ 1985–93: 5,6% –

Ausl.-Verschuld. 1994/95: 141 Mio. $ – **Außenhandel** 1991: **Import**: 56,4 Mio. $; Güter: 29% bearb. Waren, 24% Nahrungsmittel und leb. Tiere, 16% Maschinen und Transportausrüstungen, 11% mineral. Brennstoffe; **Export**: 2,9 Mio. $; Güter: 41% Fisch; Länder: USA, Japan, Puerto Rico, Nördliche Marianen – **Sonstiges**: Finanzhilfe durch USA (1995/96: 53 Mio. $), Republik China, Australien und Japan

Mauretanien *Nordwest-Afrika*

Islamische Republik Mauretanien; al-Ǧumhūriyya al-Islāmiyya al-Mawrītāniyya, Kurzform: Mawrītāniyya – RIM
(→ Karte IV, A 3/4)

Fläche (Weltrang: 28.): 1 030 700 km²

Einwohner (136.): F 1995 2 274 000 = 2,2 je km²

Hauptstadt: Nouakchott – F 1992: 480 400 Einw.

Amtssprache: Hocharabisch

Bruttosozialprodukt 1995 je Einw.: 460 $

Währung: 1 Ouguiya (UM) = 5 Khoums

Botschaft der Islamischen Republik Mauretanien
Bonner Str. 48, 53173 Bonn, 0228/36 40 24

Landesstruktur **Fläche**: 1 030 700 km² – **Bevölkerung**: Mauretanier; (Z 1988) 1 864 236 Einw. – 81% arabisch-berberische Mauren; Schwarzafrikaner (7% Wolof, 5% Toucouleur, 3% Soninke, 1% Fulbe, Bambara, Sarakolé u. a.); etwa 5000 Europäer (meist Franzosen) – Anteil unter **Armutsgrenze** ∅ 1981–95: 31,4% – **Flüchtl.** Ende 1996: 65 000, davon 50 000 in Senegal; 15 000 aus Mali – **Leb.-Erwart.** 1995: 53 J. – **Säugl.-Sterbl.** 1995: 11,2% – **Kindersterbl.** 1995: 19,5% – Jährl. **Bev.-Wachstum** ∅ 1985–95: 2,5% (Geb.- und Sterbeziffer 1995: 3,9%/1,4%) – **Analph.** 1995: 62% – **Sprachen**: Arabisch (mauretan. Hassaniya); versch. Niger- und Kongosprachen (Pular, Wolof und Solinke als Nationalsprache); Französisch als Bildungs- und Handelsssprache – **Religion** (Islam ist Staatsreligion) 1992: 99,6% Muslime (malakitischer Richtung); kleine christl. Minderheit – **Städt. Bev.** 1995: 54% – **Städte** (Z 1988): Nouâdhibou 59 158 Einw., Kaédi 30 515, Kiffa 29 292, Rosso 27 783

Staat Präsidialrepublik seit 1960 – Verfassung von 1991 (islamisches Recht/Scharia) – Parlament: Nationalversammlung mit 79 Mitgl. (Wahl alle 5 J.) und Senat mit 56 Mitgl. (Wahl alle 6 J.

durch Kommunalräte; darunter 3 Vertreter von Mauretaniern im Ausland) – Direktwahl des Staatsoberh. alle 6 J. – Wahlrecht ab 18 J. – **Verwaltung**: 13 Regionen – **Staatsoberhaupt**: Oberst Maaouiya Ould Sid'Ahmed Taya (CMSN-Vorsitzender), seit 1984 – **Regierungschef**: Sheik Al-Afia Ould Mohammed Khouna, seit 1996 – **Äußeres**: Sow Abou Demha – **Parteien**: Wahlen vom 11./18. 10. 1996: Parti Républicain Démocrate et Social/PRDS 72 Sitze (1992: 67), Mouvement des Démocrates Indépendants (regierungsnah) 6 (10), Union des Forces Démocratiques/UFD 1 – Senat (nach Teilwahlen vom 12. 4. 1996): PRDS 52 von 53 Sitzen (36), Unabhängige 1 (17) – **Unabh.**: 28. 11. 1960 (ehem. französische Kolonie) – **Nationalfeiertag**: 28. 11. (Unabhängigkeitstag)

Wirtschaft **Währung**: 1 US-$ = 144,59 UM; 1 DM = 86,0505 UM – **BSP** 1995: 1049 Mio. $ – **BIP** 1995: 1068 Mio. $; realer Zuwachs ∅ 1990–95: 4,0%; Anteil (1994) **Landwirtsch.** 26%, **Industrie** 31%, **Dienstl.** 43% – **Erwerbstät.** 1994: Landw. 63%, Ind. 12%, Dienstl. 25% – **Arbeitslosigkeit**: k. Ang. – **Energieverbrauch** 1994: 103 kg ÖE/Ew. – **Inflation** ∅ 1985–95: 6,9% – **Ausl.-Verschuld.** 1995: 2467 Mio. $ – **Außenhandel** 1992: **Import**: 670 Mio. $; Güter: 38% Maschinen und Transportausrüstungen, 21% verarb. Güter, 21% Nahrungsmittel und leb. Tiere, 10% mineral. Brennstoffe, 6% chem. Produkte; Länder: 68% EU-Staaten, 13% USA und Kanada; **Export**: 450 Mio. $; Güter: 50% Fisch und -produkte, 49% Rohstoffe (v. a. Eisenerz); Länder: 60% EU-Staaten, 38% Asien (v. a. Japan)

Mauritius *Südost-Afrika*

Republik Mauritius; Republic of Mauritius – MS (→ Karte IV, C 5/6)

Fläche (Weltrang: 167.): 2040 km²
Einwohner (146.): F 1995 1 128 000 = 553 je km²
Hauptstadt: Port Louis – F 1995: 145 500 Einw.
Amtssprache: Englisch
Bruttosozialprodukt 1995 je Einw.: 3380 $
Währung: 1 Mauritius-Rupie (MR) = 100 Cents
Honorargeneralkonsulat der Republik Mauritius Jacobistr. 7, 40211 Düsseldorf, 0211/35 67 54

Landesstruktur **Fläche**: 2040 km²; davon Rodrigues 104 km², Agalega, St. Brandon u. a. Inseln insg. 71 km² – **Bevölkerung**: Mauritier; (Z 1990)

1 058 942 Einw. – 69% Inder, 27% Kreolen, 3% Chinesen, 3% Weiße – **Leb.-Erwart.** 1995: 71 J. – **Säugl.-Sterbl.** 1995: 1,9% – **Kindersterbl.** 1995: 2,3% – Jährl. **Bev.-Wachstum** ∅ 1985–95: 1,0% (Geb.- und Sterbeziffer 1995: 2,0%/0,7%) – **Analph.** 1995: 17% – **Sprachen** 1990: 36% Mauritianisch (französisches Kreol), 33% Bhojipuri, 5% Tamil, 4% Urdu, 4% Hindi, 2,0% Telugu, 2% Chinesisch; Französisch und Englisch als Bildungssprache – **Religion** 1983: 52,5% Hindus, 30% Christen, 13% Muslime; Minderh. von Buddhisten – **Städt. Bev.** 1995: 41% – **Städte** (F 1995): Beau Bassin-Rose Hill 98 000 Einw., Vacoas-Phoenix 95 600, Curepipe 77 700, Quatre Bornes 74 600

Staat Republik (im Commonwealth) seit 1968 – Verfassung von 1968 mit Änderung 1992 – Parlament (National Assembly) mit 70 Mitgl. (62 für 5 J. gewählt, 8 für Minderh. reserviert); Parlament wählt Staatsoberh. für 5 J. – Wahlrecht ab 18 J. – **Verwaltung**: 9 Distrikte und 3 Dependenzen – **Staatsoberhaupt**: Cassam Uteem (MMM), seit 1992 – **Regierungschef**: Navinchandra Ramgoolam (PTM-Vorsitzender), seit 1995 – **Äußeres**: Rajkeswur Purryag – **Parteien**: Wahlen vom 20. 12. 1995: Wahlbündnis: Parti Travailliste Mauricien/PTM 35 Sitze und Mouvement Militant Mauricien/MMM 25; Organisation du Peuple Rodriguais 2 – **Unabh.**: 12. 3. 1968 – **Nationalfeiertag**: 12. 3. (Unabhängigkeitstag)

Wirtschaft **Währung**: 1 US-$ = 20,281 MR; 1 DM = 12,06 MR – **BSP** 1995: 3815 Mio. $ – **BIP** 1995: 3919 Mio. $; realer Zuwachs ∅ 1990–95: 4,9%; Anteil (1995) **Landwirtsch.** 9%, **Industrie** 33%, **Dienstl.** 58% – **Erwerbstät.** 1995: Landw. 14%, Ind. 36%, Dienstl. 50% – **Arbeitslosigkeit** ∅ 1995: 1,7% – **Energieverbrauch** 1994: 387 kg ÖE/Ew. – **Inflation** ∅ 1985–95: 8,8% (1996: 6,6%) – **Ausl.-Verschuld.** 1995: 1801 Mio. $ – **Außenhandel** 1995: **Import**: 1950 Mio. $; Güter 1994: 44,3% Zwischengüter (u. a. 20,9% Textilien, 6,7% Chemikalien), 26,4% Investitionsgüter (u. a. 11% Transportgüter), 23,1% Konsumgüter (u. a. 14,1% Nahrungsmittel und Getränke), 6,2% Erdölprodukte; Länder: 19,9% Frankreich, 10,6% Südafrika, 7,4% Indien, 6,9% Hongkong, 6,4% Großbritannien, 5,4% Singapur, 4,6% BRD, 4,3% Japan; **Export**: 1450 Mio. $; Güter: 68,3% EPZ-Güter (u. a. 55,4% Bekleidung, 23,6% Zuckerrohr); Länder: 34% Großbritannien, 21% Frankreich, 15,2% USA, 6,2% BRD, 4,1% Italien – **Tourismus** 1995: 422 463 Auslandsgäste, 6600 Mio. MR Einnahmen

Mazedonien *Südost-Europa*

Ehemalige jugoslawische Republik Mazedonien (provisorischer Name durch UNO seit 8. 4. 1993; auch: Makedonien); Eigenbezeichnung: Republika Makedonija – FYROM bzw. MK
(→ Karte III, G 3)

Fläche (Weltrang: 146.): 25 713 km²

Einwohner (138.): F 1995 2 119 000 = 82 je km²

Hauptstadt: Skopje – Z 1994: 444 300 Einw.

Amtssprache: Mazedonisch

Bruttosozialprodukt 1995 je Einw.: 860 $

Währung: 1 Denar (Den) = 100 Deni

Botschaft der ehemaligen jugoslawischen Republik Mazedonien
Sträßchensweg 6, 53113 Bonn, 0228/92 36 90

Landesstruktur (Karte → WA '96, Sp. 463) **Fläche**: 25 713 km² – **Bevölkerung**: Mazedonier; (Z 1994) 1 945 932 – 66,5 % Einw. Mazedonier, 22,9 % Albaner, 4,0 % Türken, 2,3 % Roma, 2,0 % Serben, 0,4 % Walachen, 1,9 % Sonstige – **Flüchtl.** Ende 1996: 5100 aus Bosnien-Herzegowina – **Leb.-Erwart.** 1995: 72 J. – **Säugl.-Sterbl.** 1995: 2,6 % – **Kindersterbl.** 1995: 3,1 % – Jährl. **Bev.-Wachstum** ∅ 1985–95: 0,7 % (Geb.- und Sterbeziffer 1995: 1,5 %/0,7 %) – **Analph.** 1990: 11 % – **Sprachen**: Mazedonisch; Albanisch, Türkisch u. a. Sprachen der Minderheiten – **Religion**: mehrheitl. Mazedonisch-Orthodoxe; Muslime (v. a. Albaner), Katholiken – **Städt. Bev.** 1995: 60 % – **Städte** (Z 1994): Bitola 77 500 Einw., Kumanovo 71 900, Prilep 68 100, Tetovo 50 300

Staat Republik seit 1991 – Verfassung von 1991 – Parlament (Sobranie) mit 120 Mitgl., Wahl alle 4 J. – Direktwahl des Staatsoberh. alle 5 J. – Wahlrecht ab 18 J. – **Verwaltung**: 38 Gemeinden einschließlich Hptst. mit 5 Gemeinden – **Staatsoberhaupt**: Kiro Gligorov (SDSM), seit 1990 – **Regierungschef**: Branko Črvenkovski (SDSM-Vorsitzender), seit 1992 – **Äußeres**: Blagoj Handziski, seit Juni 1997 – **Parteien**: Wahlen vom 16. 10./30. 10. 1994: Bund für Makedonien/SZM (Sozialdemokratischer Bund/SDSM 58, Liberaler Partei/LP 29, Sozialistische Partei/SPM 8) 95 der 120 Sitze (1990: 54), Partei der Demokratischen Prosperität/PDP (Albaner) 10 (18), Demokratische Nationalpartei/NDP (Albaner) 4 (7), Unabhängige 7 (3), Sonstige 4 (38) – **Unabh.**: Unabhängigkeitserklärung am 25. 1. 1991, Referendum am 8. 9. 1991 – **Nationalfeiertage**: 2. 8. (Tag des Aufstands 1903) und 8. 9. (Unabhängigkeitstag) und 11. 10. (Tag des Nationalen Befreiungskampfes 1941)

Wirtschaft **Währung**: 1 US-$ = 46,25 Den; 1 DM = 26,74 Den – **BSP** 1995: 1813 Mio. $ – **BIP** 1995: 1975 Mio. $; realer Zuwachs ∅ 1989–93: –40,0 % (1993: –14,1 %, S 1996: +2 %); Anteil **Privatsektor** 1/1997: 45 % (S); Anteil (1995) **Landwirtsch.** 20 %, **Industrie** 39 %, **Dienstl.** 41 % – **Erwerbstät.** 1995: Landw. 8 %, Ind. 48 %, Dienstl. 41 % – **Arbeitslosigkeit** ∅ 1996: ca. 30 % (inoffiziell: ca. 40–50 %) – **Energieverbrauch** 1994: 1279 kg ÖE/Ew. – **Inflation** ∅ 1983–91: 227,3 % (1996: 4 %, vorläufig) – **Ausl.-Verschuld.** 1995: 1213 Mio. $ – **Außenhandel** 1996: **Import**: 1435 Mio. $; Güter: v. a. Erdöl, Kraftstoffe, textile Rohstoffe, Maschinen, Kraftfahrzeuge, elektrotechn. Erzeugnisse, Chemierohstoffe, Konsumgüter; Länder 1994: 19,9 % BRD, 19,1 % Bulgarien, 12,7 % Slowenien, 8,3 % Italien, 4,6 % Kroatien; **Export**: 912 Mio. $; Güter: v. a. Textilien, Lederwaren, Tabak, Agrarprodukte; Länder 1994: 22,5 % Bulgarien, 14,8 % BRD, 12,9 % Italien, 7,8 % Rußland, 7,3 % Slowenien

Mexiko *Mittel-Amerika*

Vereinigte Mexikanische Staaten; Estados Unidos Mexicanos, Kurzform: México – MEX
(→ Karte VI, F-J 6–8)

Fläche (Weltrang: 14.): 1 958 201 km²

Einwohner (11.): F 1995 91 831 000 = 47 je km²

Hauptstadt: Ciudad de México (Mexiko-Stadt)
Z 1995: 11 707 964 Einw. (F 1995, A: 15,6 Mio.)

Amtssprache: Spanisch

Bruttosozialprodukt 1995 je Einw.: 3320 $

Währung: 1 Mexikan. Peso (mex$) = 100 Centavos

Botschaft von Mexiko
Adenauerallee 100, 53113 Bonn, 0228/9 14 86-0

Landesstruktur **Fläche**: 1 958 201 km²; einschließlich 5363 km² unbewohnte Inseln – **Bevölkerung**: Mexikaner; (Z 1995) 91 158 290 Einw. – 75 % Mestizen, 14 % Indianer, 10 % Weiße; über 150 000 Ausländer – Anteil unter **Armutsgrenze** ∅ 1981–95: 14,9 % – **Flüchtl.** Ende 1996: 32 500 aus Guatemala, 1950 andere – **Leb.-Erwart.** 1995: 71 J. – **Säugl.-Sterbl.** 1995: 2,7 % – **Kindersterbl.** 1995: 3,2 % – Jährl. **Bev.-Wachstum** ∅ 1985–95: 2,1 % (Geb.- und Sterbeziffer 1995:

2,6%/0,5%) – **Analph.** 1995: 10% – **Sprachen** 1990: 98,3% Spanisch, 7,5% indian. Sprachen, u. a. Náhuatl (Aztekisch) und 25 Maya-Sprachen; 1,7% sprechen nur indian. Sprachen – **Religion** 1990: 89,7% Katholiken, 4,9% Protestanten; Minderh. von Bahai, Juden u. a. – **Städt. Bev.** 1995: 75% – **Städte** (Z 1990): Guadalajara 1 628 617 Einw. (F 1995, als A: 3,15 Mio.), Nezahualcóyotl 1 259 543, Monterrey 1 064 197 (A 2,79 Mio.), Puebla 1 054 921 (A 1,21 Mio.), León 872 453, Ciudad Juárez 797 679, Tijuana 742 686, Mexicali 602 390, Culiacán 602 114, Acapulco de Juárez 592 187, Mérida 557 340, Chihuahua 530 487, San Luis Potosí 525 819, Aguascalientes 506 384, Morelia 489 756, Toluca de Lerdo 487 630, Torreón 459 809, Querétaro 454 049, Hermosillo 449 472, Saltillo 440 845, Durango 414 015

Staat Präsidiale Bundesrepublik seit 1917 – Verfassung von 1917 mit Änderungen, zuletzt 1994 – Parlament (Congreso de la Unión): Abgeordnetenhaus (Cámara Federal de Diputados) mit 500 Mitgl. (davon 300 direkt gewählt) und Senat (Senado) mit 128 Mitgl.; Wahl alle 3 bzw. 6 J. – Direktwahl des Staatsoberh. alle 6 J. (keine Wiederwahl) – Wahlrecht ab 18 J., Verheiratete ab 16 J. – **Verwaltung**: 5 Regionen mit 31 Bundesstaaten und Hauptstadt-Bundesdistrikt – **Staats- und Regierungschef**: Ernesto Zedillo Ponce de León (PRI), seit 1994 – **Äußeres**: José Angel Gurría Treviño (PRI) – **Parteien**: Wahlen vom 6. 7. 1997: Abgeordnetenhaus: Partido Revolucionario Institucional/PRI 239 Sitze (1994: 300), Partido de la Revolución Democrática/PRD 125 (69), Partido Acción Nacional/PAN 121 (119), Partido de Trabajo/PT 7 (12), Grüne 8 (–) – Senat (nach Teilwahlen vom 6. 7. 1997): PRI 77 der 128 Sitze (1994: 95), PAN 33 (25), PRD 16 (8), PT 1 (–), Grüne 1 (–) – **Unabh.**: Beginn des Unabhängigkeitskrieges am 16. 9. 1810; Anerkennung der Unabhängigkeit durch Spanien am 24. 8. 1821, Unabhängigkeitserklärungärung am 28. 9. 1821 – **Nationalfeiertag**: 16. 9. (Unabhängigkeitstag)

Wirtschaft **Währung**: 1 US-$ = 7,9260 mex$; 1 DM = 4,7504 mex$; Nuevo Peso (bis 1. 1. 1996) bleibt bis auf weiteres gesetzliches Zahlungsmittel – **BSP** 1995: 304 596 Mio. $ – **BIP** 1995: 250 038 Mio. $; realer Zuwachs ∅ 1990–95: 1,1% (S 1996: +2,5); Anteil (1995) **Landwirtsch.** 8%, **Industrie** 26%, **Dienstl.** 67% – **Erwerbstät.** 1993: Landw. 26%, Ind. 23%, Dienstl. 51% – **Arbeitslosigkeit** ∅ 1996: 5,5% (S 1997: 4,5%; hohe Unterbeschäftigung) – **Energieverbrauch** 1994: 1561 kg ÖE/Ew. – **Inflation** ∅ 1985–95: 36,7% (1996: 28%, S 1997: 17%) – **Ausl.-Verschuld.** 1996: 172 000 Mio. $ – **Außenhandel** 1996: **Import**: 90 Mrd. $; Güter (1. Halbjahr): 16% Maschinen und Ausrüstungen, 12% Kfz und -teile, 8% chem. Erzeugnisse, 6% Kunststofferzeugnisse, 5% Eisen und Stahl, 3% Papier und Druckerzeugnisse; Länder 1995: 74% USA, 5% Japan, 4% BRD, 2% Kanada, 1% Frankreich, 1% Spanien; **Export**: 96 Mrd. $; Güter (1. Halbjahr): 83% Prod. der verarb. Industrie (v. a. 28% Elektrotechnik und Elektronik, 24% Kfz und -teile, 5% chem. Produkte), 12% Erdöl, 5% Prod. der Land- und Forstwirtschaft; Länder 1995: 84% USA, 2% Kanada, 1% Japan, 1% Spanien, 1% BRD – **Tourismus** 1995: 7,8 Mio. Auslandsgäste, 4050 Mio. $ Einnahmen

Chronik Wichtigstes Ereignis im Berichtszeitraum 1996/97 sind die Wahlen am 6. 7. 1997, bei denen der regierende Partido Revolucionario Institucional/PRI erstmals die absolute Mehrheit im Abgeordnetenhaus und in der Hauptstadt das Amt des Gouverneurs verliert. Präsident *Ernesto Zedillo Ponce de León*, der den von dem früheren Staatsoberhaupt *Carlos Salinas de Gortari* eingeleiteten Demokratisierungsprozeß vorangetrieben hat, bezeichnet die Wahlen, die von der mexikanischen Presse als die ersten wirklich sauberen gefeiert werden, als historischen Schritt zur demokratischen Normalität. Der Erfolg der Opposition dürfte das politische System grundlegend verändern.

Wahlen: Am 6. 7. **1997** finden Wahlen zum Abgeordnetenhaus, Teilwahlen zum Senat sowie Gouverneurswahlen im Hauptstadt-Bundesdistrikt und in 6 Bundesstaaten statt. Bei den **Wahlen zum Abgeordnetenhaus** verliert der 1929 gegründete und seither allein regierende PRI erstmals seine absolute Mehrheit, bleibt aber mit 239 (1994: 300) von 500 Sitzen stärkste Partei; der linksgerichtete Partido de la Revolución Democrática/PRD erhält 125 (69) Mandate und der rechtsliberale Partido Acción Nacional/PAN 121 (119). Obwohl der PRI bei den **Teilwahlen zum Senat** nur 13 der 32 neu zu besetzenden Sitze erringt, behält er mit insgesamt 77 von 128 Sitzen in dieser Kammer die absolute Mehrheit. Bei der **ersten Direktwahl des Bürgermeisters von Mexiko-Stadt**, der bisher vom Staatspräsidenten ernannt worden war, kann sich der ehem. PRD-Vorsitzende *Cuauhtémoc Cárdenas Solórzano* mit 47,1% der Stimmen gegen den ehem. Gouverneur des Bundesstaats Mexiko, *Alfredo del Mazo* vom PRI (25,1%) und *Carlos Castillo Peraza* vom PAN (15,3%) durchsetzen. Die **Gouverneurswahlen** in den Bundesstaaten Nuevo Léon und Querétaro gewinnen die Kandidaten des

PAN. Damit stellen der PAN in 6 und der PRI in den übrigen 25 Bundesstaaten den Gouverneur. In den 4 südmexikanischen Bundesstaaten Chiapas, Guerrero, Hidalgo und Oaxaca hatten die Zapatisten (→ unten) und nicht zur Guerilla gehörende indianische Gemeinschaften aus Protest gegen die starke Militärpräsenz in diesen Gebieten und den Stillstand der Friedensgespräche mit der Regierung einen Wahlboykott angekündigt. Die Guerilleros der seit Juni 1996 (→ WA '97, Sp. 438f.) v. a. in den Bundesstaaten Guerrero und Oaxaca aktiven Revolutionären Volksarmee (Ejército Popular Revolucionario/EPR), deren gewalttätige Aktionen seit Herbst nachgelassen haben, hatten für die Wahlen einen Waffenstillstand verkündet. Auch bei den **Regional- und Kommunalwahlen** in den Bundesstaaten Guerrero (6. 10. 1996), Cuahuila, Hidalgo und Mexiko (10. 11.) sowie Morelos (16. 3. 1997) hatte der PRI überwiegend große Stimmenverluste hinnehmen müssen, blieb aber stärkste Partei.

Korruptionsaffären bei den Drogenfahndern: General *Jesús Gutiérrez Rebollo*, seit 9. 12. 1996 als erster Militär Leiter der Drogenbekämpfungsbehörde Instituto Nacional para el Combate a las Drogas (INCD), wird am 18. 2. **1997** wegen Bestechlichkeit und Zusammenarbeit mit *Amado Carrillo Fuentes*, dem Boß des Drogenkartells von Juárez, verhaftet (dieser stirbt am 4. 7. in Mexiko-Stadt). Die Untersuchung der Vermögensverhältnisse des obersten Drogenfahnders und seiner engsten Familienangehörigen ergab, daß von 1990–1996 auf mind. 20 Bankkonten rd. 500 Mio. US-$ eingegangen waren. In den folgenden Wochen werden wegen mutmaßlicher Zusammenarbeit mit Drogenkartellen u. a. mehrere Generäle und hochrangige INCD-Mitarbeiter festgenommen. Alle 15 000 in der Drogenfahndung tätigen Beamten werden auf Drogenabhängigkeit untersucht. Ende April beschließt die Regierung die Auflösung des auf allen Ebenen von der Rauschgiftmafia infiltrierten INCD (2500 Mitarbeiter) und eine grundlegende Neuordnung der Anti-Drogen-Behörde. – Am 28. 2. wird *Oscar Malherbe de León*, der Chef des Drogenkartells am Golf von Mexiko und einer der landesweit mächtigsten Drogenbosse, verhaftet. Am selben Tag gelingt *Humberto Abrego*, dem Bruder eines anderen Rauschgiftbosses, die Flucht aus dem INCD-Gebäude. Das Verteidigungsministerium bestätigt am 28. 7., daß 1997 gegen 34 hohe Offiziere der Streitkräfte wegen mutmaßlicher Zusammenarbeit mit der Drogenmafia Ermittlungen eingeleitet wurden. Zwei Tage später wird eine Zeugin gegen die Drogenkartelle ermordet, die als Verbindungsperson zwischen Militär und Drogenkartellen gegolten hat.

Beziehungen zu den USA: Trotz spektakulärer Korruptionsaffären bei den Drogenfahndern (→ oben) stuft die US-Regierung am 28. 2. **1997** Mexiko im Gegensatz zu → Kolumbien als einen Staat ein, der bei der Bekämpfung des internationalen Drogenhandels voll kooperiert (Zertifizierung). Diese Entscheidung ist u. a. bei den Politikern beider Parteien des US-Kongresses umstritten. Rd. 70% des in die USA geschmuggelten Rauschgifts kommen über Mexiko. Die vom US-Repräsentantenhaus am 13. 3. verabschiedete Gesetzesinitiative zur gemeinsamen Drogenabwehr weist Präsident *Zedillo* zurück. In einer vom US-Senat am 21. 3. verabschiedeten Resolution wird Mexiko beschuldigt, die USA in ihrem Kampf gegen den internationalen Drogenhandel nur unvollkommen zu unterstützen. – Im Mittelpunkt des Aufenthalts von *Bill Clinton*, der als erster US-Präsident seit 1979 vom 5.–7. 5. 1997 Mexiko-Stadt besucht, stehen die Bildung einer strategischen Allianz zur Bekämpfung des Drogenhandels und die illegale Einwanderung von Mexikanern in die USA. Am 1. 4. trat in den USA ein neues Immigrationsgesetz in Kraft, das u. a. die Sanktionen für illegale Einwanderer verschärft und die Abschiebung beschleunigt; mexikanische Staatsbürger benötigen künftig für einen Aufenthalt von über 72 Stunden eine Erlaubnis der US-Einwanderungsbehörde. Nach Angaben der mexikanischen Regierung haben die USA 1996 1,6 Mio. Mexikaner ausgewiesen, der höchste Stand seit sieben Jahren.

Zapatistische Nationale Befreiungsarmee (Ejército Zapatista de Liberación Nacional/EZLN): Auf Einladung des EZLN nehmen Anfang Juli **1997** in San Cristóbal de las Casas (Chiapas) mehr als 1000 Delegierte von über 300 regierungskritischen Organisationen und Gruppen an einem Forum für die Staatsreform teil. Der EZLN bekräftigt seinen Willen, für seine Ziele (u. a. mehr Rechte für die indianische Bevölkerung und Demokratisierung) mit friedlichen Mitteln weiterzukämpfen. Am 7. 7. werden die 1995 aufgenommenen und mehrfach suspendierten Verhandlungen zwischen Vertretern der Regierung und der EZLN zur Beilegung des bewaffneten Konflikts fortgesetzt.

Erster Nationaler Indianerkongreß: Bei dem ersten nationalen Indianerkongreß vom 8.–12. 10. **1996** in Mexiko-Stadt vertreten über 800 Delegierte 25 von insgesamt 56 Indianervölkern und die große Mehrheit der indianischen Bevölkerung; die Teilnahme der Zapatistenführerin Comandante *Ramona* war innerhalb der Regierung umstritten. Gefordert werden u. a., daß das am 16. 2. zwischen Vertretern der Regierung und der

EZLN erzielte Abkommen über die Rechte und Kultur der indianischen Bevölkerung endlich Rechtskraft erhalte (die dazu erforderlichen Verfassungsänderungen stehen noch aus), der Rückzug der Armee aus den indianischen Dörfern, die Freilassung politischer Gefangener, die Garantie des kommunalen Landbesitzes und Autonomie für die Indianer. Auf der Abschlußkundgebung demonstrieren über 20 000 Menschen für die Gleichberechtigung der Ureinwohner und die Entmilitarisierung des Landes. Die Zahl der in Mexiko unter schlechtesten wirtschaftlichen und sozialen Bedingungen lebenden Indianer wird auf 8–16 Mio. geschätzt.

Wirtschaft und Soziales: Seit dem Ausbruch der Währungs- und Finanzkrise Ende 1994 durchlief die Wirtschaft einen schmerzlichen, aber insgesamt erfolgreichen Anpassungsprozeß. Das reale BIP stieg 1996 um 5,1% (1995: –6,2%), die Inflationsrate betrug 34,4% (35%), und die Handelsbilanz wies einen Überschuß von 6,5 Mrd. US-$ auf. – Am 16. 1. **1997** wird die letzte Tranche der von den USA Anfang 1995 im Zusammenhang mit der Währungskrise ausgezahlten Kredite von 12,5 Mrd. US-$ vorzeitig zurückgezahlt. – Anfang August teilt Präsident *Zedillo* mit, daß die Regierung in den nächsten zwei Jahren 1,87 Mrd. DM zur Bekämpfung der Armut bereitstellen wird.

Mikronesien *Ozeanien*

Föderierte Staaten von Mikronesien; Federated States of Micronesia – FSM

(→ Karten V, E/F 4 und VIII b, A-C 2)

Fläche (Weltrang: 173.): 700 km²

Einwohner (176.): F 1995 107 000 = 153 je km²

Hauptstadt: Kolonia (Pohnpei)
F 1989: 6169 Einw.

Regierungssitz: Palikir (Pohnpei)

Amtssprache: Englisch

Bruttosozialprodukt S 1995 je Einw.: unter 3035 $

Währung: US-$

Diplomatische Vertretung:
Botschaft der Republik der Philippinen
Argelanderstr. 1, 53115 Bonn, 0228/26 79 90

Landesstruktur Fläche: 700 km²; u. a. Pohnpei (163 Inseln) 344 km², Chuuk (294 Inseln) 127 km², Yap (145 Inseln) 119 km², Kosrae (5 Inseln) 110 km² – **Bevölkerung**: Mikronesier; (Z 1994)

104 724 Einw. (1991: Chuuk 48 853, Pohnpei 33 346, Yap 10 886, Kosrae 7435) – 9 mikrones. und polynes. Ethnien – **Leb.-Erwart.** 1995: 64 J. – **Säugl.-Sterbl.** 1995: 2,2% – **Kindersterbl.** 1995: 2,8% – Jährl. **Bev.-Wachstum** ∅ 1985–95: 2,2% (Geb.- und Sterbeziffer 1992: 3,7%/0,8%) – **Analph.** 1990: 19% – **Sprachen**: Englisch, 9 mikrones. und polynes. Sprachen – **Religion** 1995: 64 100 Katholiken, protestant. Minderheit – **Städt. Bev.** – **Städte** (F 1989): Weno (Chuuk) 15 253 Einw., Colonia 3456 (Yap)

Staat Bundesrepublik seit 1980 – Verfassung von 1979 – Freier Assoziierungsvertrag mit den USA (für Verteidigung zuständig) seit 1986 – Parlament (Congress) mit 14 Mitgl., Wahl von 4 Mitgl. alle 4 J., sonst alle 2 J.; ernennt Staatsoberh. alle 4 J. – Wahlrecht ab 18 J. – **Verwaltung**: 4 Teilstaaten – **Staats- und Regierungschef**: Jacob Nena, seit Mai 1997 – **Äußeres**: Asterio R. Takesy – **Parteien**: Wahlen zum Parlament vom 4. 3. 1997; Ergebnisse nicht bekannt; keine Parteien – **Unabh.**: einseitige Proklamation am 10. 5. 1979, Unabhängigkeitserklärung am 3. 11. 1986, endgültig seit 22. 12. 1990 (Aufhebung der US-Treuhandschaft durch die UNO) – **Nationalfeiertage**: 10. 5. (Verfassungstag), 24. 10. (United Nations Day) und 3. 11. (Unabhängigkeitstag)

Wirtschaft Währung: 1 US-$ = 1,8162 DM; 1 DM = 0,5506 US-$ – **BSP** 1995: 215 Mio. $ – **BIP** 1990: 160 Mio. $ – **Erwerbstät.**: k. Ang. – **Arbeitslosigkeit** ∅ 1990 (S): 80% – **Energieverbrauch**: k. Ang. – **Inflation** ∅ 1985–95: 4,5% – **Ausl.-Verschuld.** 1994/95: 119,5 Mio $ – **Außenhandel** 1994: **Import**: 129 Mio. $; Güter: 24% Nahrungsmittel, 23% Maschinen und Transportausrüstungen, 14% mineral. Brennstoffe; Länder: 56% USA, 32% Japan; **Export**: 78,6 Mio. $; Güter: 94% Fisch; Länder: Japan

Moldau *Südost-Europa*

Republik Moldau; Republica Moldova – MD
(→ Karte III, G/H 3)

Fläche (Weltrang: 136.): 33 700 km^2

Einwohner (113.): F 1995 4 344 000 = 129 je km^2

Hauptstadt: Chişinău (Chisinau)
F 1992: 667 100 Einw.

Amtssprache: Moldawisch

Bruttosozialprodukt S 1995 je Einw.: 920 $

Währung: 1 Moldau-Leu (MDL) = 100 Bani

Botschaft der Republik Moldau
An der Elisabethkirche 24, 53113 Bonn,
0228/91 09 40

Landesstruktur (Karte → WA '96, Sp. 471) **Fläche**: 33 700 km^2 – **Bevölkerung**: Moldauer; (Z 1989) 4 335 360 Einw. – 64,5 % Moldawier, 13,8 % Ukrainer, 13,0 % Russen, 3,5 % Gagausen, 2,0 % Bulgaren, 3,1 % Sonstige – Anteil unter **Armutsgrenze** ∅ 1981–95: 6,8 % – **Leb.-Erwart.** 1995: 68 J. – **Säugl.-Sterbl.** 1995: 3,0 % – **Kindersterbl.** 1995: 3,4 % – Jährl. **Bev.-Wachstum** ∅ 1985–95: 0,4 % (Geb.- und Sterbeziffer 1995: 1,5 %/1,1 %) – **Analph.** 1992: 4 % – **Sprachen** 1989: 67 % Moldawisch (Rumänisch in kyrill. Schrift), 68,5 % Russisch; Ukrainisch, Gagausisch (Turksprache in kyrill. Schrift) u. a. – **Religion**: mehrheitl. Orthodoxe; 15 000 Katholiken – **Städt. Bev.** 1995: 52 % – **Städte** (F 1992): Tiraspol 186 200 Einw., Bălti 159 000, Tighina (Bendery) 132 700; (F 1991) Râbniţa (Rybnica) 62 900

Staat Republik seit 1991 – Verfassung von 1994 – Parlament mit 104 Mitgl., Wahl alle 4 J. – Direktwahl des Staatsoberh. alle 5 J. – Wahlrecht ab 18 J. – **Verwaltung**: 40 Bezirke und 10 Stadtbezirke; Gagausien und die Dnjestr-Republik (→ unten) – **Staatsoberhaupt**: Petru Lucinschi, seit 15. 1. 1997 – **Regierungschef**: Ion Ciubuk, seit 24. 1. 1997 – **Äußeres**: Mihai Popov – **Parteien**: Wahlen vom 27. 2. 1994: Demokratische Agrarpartei/PDAM 56 der 104 Sitze, Bündnis aus Sozialistischer Partei und Bewegung für Gleichberechtigung und Freiheit 28, Bauernpartei/Kongreß der Intelligenzia (pro-rumänisch) 11, Christlich-Demokratische Volksfront (pro-rumänisch) 9 – **Unabh.**: Souveränitätserklärung am 23. 6. 1990, Unabhängigkeitserklärung am 27. 8. 1991 – **Nationalfeiertag**: 27. 8. (Unabhängigkeitstag)

Wirtschaft Währung: 1 US-$ = 4,5491 MDL; 1 DM = 2,7037 MDL – **BSP** 1995 (S): 3996 Mio. $ – **BIP** 1995: 3518 Mio. $; realer Zuwachs ∅ 1980–93: –1,3 % (1993: –4,8 %, 1994: –30 %, 1995: –3 %, S 1996: 7 %); Anteil **Privatsektor** 6/1996: 40 %; Anteil (1995) **Landwirtsch.** 50 %, **Industrie** 28 %, **Dienstl.** 22 % – **Erwerbstät.** 1993: Landw. 35 %, Ind. 28 %, Dienstl. 37 % – **Arbeitslosigkeit** 1995: 1,2 % (inoffiziell: 25 %) – **Energieverbrauch** 1994: 1095 kg ÖE/Ew. – **Inflation** ∅ 1985–93: 90,2 % (1996: 15,1 %) – **Ausl.-Verschuld.** 1997: 950,7 Mio. $ – **Außenhandel** 1996: **Import**: 1100 Mio. $; Güter 1995: 45,5 % Primärenergieträger, 15,2 % Maschinenbauprodukte, 9,5 % Nahrungsmittel, 8 % chem. Erzeugnisse, 5,3 % Textilien, Bekleidung, Schuhe; Länder 1995: 67 % GUS-Staaten (33,2 % Rußland), 14 % EU-Staaten, 13 % MOE-Länder; **Export**: 802 Mio. $; Güter 1995: 51,3 % Nahrungsmittel und Tabak, 10,2 % Obst und Gemüse, 9,1 % leb. Tiere (einschließlich Zuchtvieh), 6,2 % Maschinen und Apparate, 4,7 % Textilien, 4,3 % Metalle und -produkte; Länder 1995: 62 % GUS-Staaten (48,3 % Rußland), 18,6 % MOE-Länder, 11,6 % EU-Staaten

Gagausien

Fläche: 1800 km^2 – *Bevölkerung* (F 1989): 200 000 – *Sprache*: Gagausisch – *Hauptort* (Z 1989): Comrat 27 500 Einw. – *Gouverneur*: Georgi Tabunschik, seit 1995 – Autonomie-Statut seit 23. 12. 1994; Volksversammlung mit 35 Mitgl. (Wahlen am 28. 5. 1995)

Dnjestr-Republik

Fläche: 5 Bezirke, meist östl. des Flusses Dnjestr gelegen – *Bevölkerung*: rd. 600 000 Einw. – *Sprache*: Russisch, Ukrainisch – *Hauptort* (F 1992): Tiraspol 186 200 Einw. – Parlament mit 54 Mitgl. (letzte Wahl am 24. 12. 1995 u. 5. 1. 1996) – Präsident: Igor Smirnow, seit 1992 (Einzelheiten → Chronik)

Chronik Bei den **Präsidentschaftswahlen** am 17. 11. **1996** (Wahlbeteiligung 67 %) erreicht keiner der neun Kandidaten die absolute Mehrheit: Amtsinhaber *Mircea Snegur* (Partei der Nationalen Wiedergeburt und Versöhnung), der u. a. von der pro-rumänischen Christlich-Demokratischen Volksfront unterstützt wird, erhält 38,8 % der Stimmen, der von der Sozialen Fortschrittspartei, einer Abspaltung der regierenden Demokratischen Agrarpartei (PDAM) unterstützte parteilose Parlamentspräsident *Petru Lucinschi*, ein ehem. hoher Funktionär der moldauischen KP und der

KPdSU, 27,7% und KP-Chef *Vladimir Voronin* 10,2%; auf sechs weitere Kandidaten, darunter Ministerpräsident *Andrei Sangheli* (PDAM), entfallen jeweils weniger als 9,5% der Stimmen. Bei den Stichwahlen am 1. 12. kann sich der gemäßigt prorussische *Lucinschi* mit 54% der Stimmen gegen *Snegur* durchsetzen. Die Führung der Dnjestr-Republik (→ unten) hatte die Durchführung der Wahlen auf dem von ihr kontrollierten Gebiet verboten. – Die Regierung von Ministerpräsident *Sangheli* reicht am 2. 12. ihren Rücktritt ein. – Präsident *Lucinschi*, für den die Lösung des Konflikts um die Dnjestr-Republik (→ unten) Priorität hat und der in dieser Frage die Ukraine als weitere Vermittlerin einbezieht, spricht sich bei seinem Amtsantritt am 15. 1. **1997** u.a. für eine Fortsetzung der marktwirtschaftlichen Reformen bei sozialer Abfederung, Privateigentum an Grund und Boden sowie eine stärkere Bekämpfung von Korruption und Kriminalität aus. Er tritt für eine Integration der Moldau in die europäischen Strukturen und die Weltwirtschaft ein; zugleich soll die wirtschaftliche Zusammenarbeit mit Rußland verbessert werden. – Das Parlament bestätigt am 24. 1. mit 74 gegen 15 Stimmen den von Präsident *Lucinschi* nominierten *Ion Ciubuk*, den bisherigen stellv. Regierungschef, als **neuen Ministerpräsidenten**. In dessen am 25. 1. vereidigten Kabinett übernimmt die PDAM (Ex-Kommunisten) zwölf der 17 Ministerien; zehn Minister gehörten bereits der bisherigen Regierung an, darunter Außenminister *Mihai Popov* und die meisten der für Wirtschaft und Finanzen zuständigen Minister; erster ziviler Verteidigungsminister wird *Valeriu Pasat*. Zur Überwindung der Wirtschaftskrise will Ministerpräsident *Ciubuk* die Reformen fortsetzen; vorrangig seien eine Steuerreform, die Konversion der Rüstungsbetriebe, die Beschleunigung der Privatisierung (einschließlich der defizitären Energiewirtschaft und der Landwirtschaft) sowie die Auszahlung ausstehender Löhne (umgerechnet rd. 170 Mio. US-$) und Renten. – Präsident *Lucinschi* und sein ukrainischer Amtskollege *Leonid Kutschma* unterzeichnen am 11. 3. in Chisinau eine Erklärung über die Grundprinzipien einer künftigen Zollunion. Das Parlament hatte im Dezember 1996 den im Dezember 1992 unterzeichneten Freundschaftsvertrag mit der Ukraine ratifiziert.

Wirtschaft: Nach ersten gesamtwirtschaftlichen Stabilisierungserfolgen mußte die Wirtschaft (ohne die Dujestr-Republik) 1996 einen weiteren schweren Einbruch hinnehmen: Das reale BIP sank um 8% (1995: –3%), die landwirtschaftl. Produktion um fast 13% (–4%) und die Industrieproduktion um 8,5% (–4%). Die Schattenwirtschaft spielt jedoch eine große Rolle. Die Inflationsrate betrug am Jahresende 15,1% (23,8%). Das Defizit im Staatshaushalt stieg nach Regierungsangaben auf 10%. Weite Teile der Bevölkerung leben in Armut.

Dnjestr-Republik (→ Karte): Bei den von der moldauischen Regierung nicht anerkannten **Präsidentschaftswahlen** in der überwiegend von Ukrainern und Russen bewohnten, nach Unabhängigkeit strebenden Dnjestr-Region am 22. 12. **1996** (Wahlbeteiligung 57,1%) wird der autoritär regierende *Igor Smirnow* mit 71,9% der Stimmen als Präsident der international nicht anerkannten Dnjestr-Republik bestätigt; der einzige Gegenkandidat, der ebenfalls russischstämmige *Wladimir Malachow*, erhält 19,9%. – In Anwesenheit der Präsidenten Rußlands und der Ukraine, *Boris Jelzin* und *Kutschma*, sowie eines OSZE-Vertreters unterzeichnen der moldauische Präsident *Lucinschi* und der Führer der Separatisten, *Smirnow*, am 8. 5. **1997** in Moskau ein **Memorandum zur Beilegung des** seit 1990 andauernden **Konflikts**, das der Dnjestr-Region weitreichende, u.a. die Außen- und Außenwirtschaftsbeziehungen umfassende Autonomie zusichert; auf Vorschlag des russischen Außenminister *Jewgenij Primakow*, der am 10. 4. 1997 die Moldau besucht hatte, wurde das im Juni 1996 ausgehandelte, bislang umstrittene Memorandum um ei-

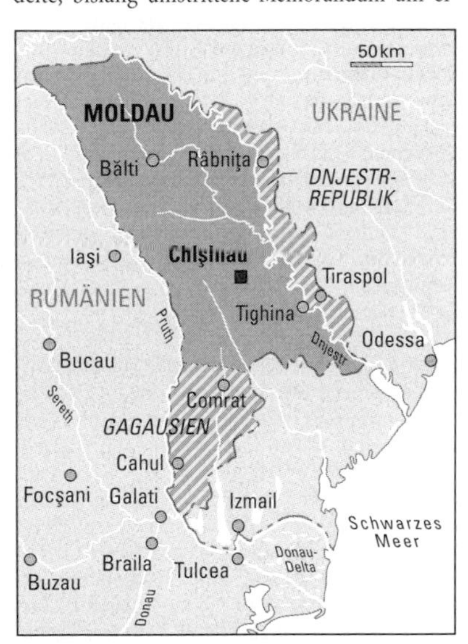

Moldau mit Gagausien und der Dnjestr-Republik

nen Artikel ergänzt, in dem sich beide Seiten zu einem souveränen Einheitsstaat in den Grenzen der Moldauischen Sowjetrepublik vom Januar 1990 bekennen. Verhandlungen über den künftigen Status des Dnjestr-Gebiets innerhalb der Moldau sollen unverzüglich beginnen. In der Dnjestr-Republik sind noch immer russische Truppen (rd. 5500 Mann) stationiert, obwohl im August 1994 deren Abzug binnen drei Jahren vereinbart worden war.

Monaco *West-Europa*

Fürstentum Monaco; Principauté de Monaco – MC (→ Karte II, E 3)

Fläche (Weltrang: 192.): 1,95 km^2

Einwohner (186.): F 1995 34 000 = 17 436 je km^2

Hauptstadt: Monaco-Ville – F 1987: 1234 Einw.

Amtssprache: Französisch

Bruttosozialprodukt S 1995 je Einw.: über 9386 $

Währung: Französischer Franc (FF)

Botschaft des Fürstentums Monaco
Zitelmannstr. 16, 53113 Bonn, 0228/23 20 07

Landesstruktur **Fläche**: 1,95 km^2 – **Bevölkerung**: Monegassen; (Z 1990) 29 972 Einw. – 15% Monegassen, 47% Franzosen, 17% Italiener u. a. – **Leb.-Erwart.** 1993: 78 J. – Jährl. **Bev.-Wachstum** ∅ 1985–94: 1,3% (Geb.- und Sterbeziffer 1993: 1,1%/1,2%) – **Analph.** 1990: unter 5% – **Sprachen**: Französisch und Monegassisch, z. T. Italienisch und Englisch als Umgangssprache – **Religion** 1993: 90% Katholiken, 6% Protestanten; Minderh. von Orthodoxen und Juden – **Städt. Bev.** 1992: 100% – **Städte**: Stadtbezirke (Munizipien, F 1987): Monte Carlo 13 154 Einw., La Condamine (Hafen) 12 467

Staat Parlamentarische Monarchie (Fürstentum) im Zollverband mit Frankreich seit 1962 – Verfassung von 1962 – Parlament: Nationalrat (Conseil National) mit 18 und Gemeinderat (Conseil Communal) mit 15 Mitgl.; Wahl alle 5 J. – Laut Schutzvertrag von 1861 mit Frankreich schlägt dieses den Staatsminister vor, der anschließend vom Fürsten ernannt wird – Wahlrecht ab 21 J. – **Verwaltung**: 4 Quartiers – **Staatsoberhaupt**: Fürst Rainier III., seit 1949 – **Staatsminister**: Michel Lévêque – **Kabinettschef**: Denis Ravera – **Parteien**: Wahlen zum Nationalrat am 24./31. 1. 1993: Liste Campora 15 Sitze, Liste Médecin 2,

Unabhängige 1 – **Unabh.**: Formell anerkannt durch Patentbriefe des französischen Königs vom 25. 2. 1489 (erneut vom 20. 2. 1512) und des Herzogs von Savoyen vom 20. 3. 1489; fällt bei Erlöschen der Dynastie Grimaldi an Frankreich – **Nationalfeiertag**: 19. 11. (Fête du Prince)

Wirtschaft (statistisch unter Frankreich erfaßt; → Frankreich) – **Währung**: 1 US-$ = 5,6435 FF; 1 DM = 3,3680 FF – **BSP**: k. Ang. – **BIP** 1994 (S): 765 Mio. $, Staatseinnahmen 1990: Industrie 27%, Dienstl. 72% (darunter Tourismus 25%) – **Erwerbstät.** 1986: Landw. 0%, Ind. 25%, Dienstl. 75% – **Arbeitslosigkeit**: k. Ang. – **Energieverbrauch**: k. Ang. – **Inflation**: k. Ang. – **Ausl.-Verschuld.** 1995: keine – **Außenhandel** 1983: k. Ang.; Handelsbilanz 1983: mit Frankreich 3377 Mio. FF; übrige Staaten 1844 Mio. FF; Güter: Kosmetik, pharmazeut. Produkte, Elektronik, Kunststoff, Konserven; Handelspartner: ca. 70% EG-Staaten – **Tourismus** 1992: 4 Mio. Auslandsgäste (einschließlich Tagesausflügler), 1300 Mio. $ Einnahmen; – **Sonstiges**: Spielbank wichtiger Wirtschaftsfaktor

Mongolei *Zentral-Asien*

Monggol Ulus – MNG (→ Karte V, D 2)

Fläche (Weltrang: 18.): 1 565 000 km^2

Einwohner (134.): F 1995 2 461 000 = 1,6 je km^2

Hauptstadt: Ulaanbaatar (Ulan-Bator)
F 1996: 627 300 Einw.

Amtssprache: Mongolisch

Bruttosozialprodukt 1995 je Einw.: 310 $

Währung: 1 Tugrik (Tug.) = 100 Mongo

Botschaft der Mongolei
Siebengebirgsblick 4–6, 53844 Troisdorf-Sieglar, 02241/40 27 27

Landesstruktur **Fläche**: 1 565 000 km^2 – **Bevölkerung**: Mongolen; (Z 1989) 2 043 400 Einw. – insg. 10 ethn. Gruppen: 88,5% Mongolen (78,8% Ostmongolen bzw. Chalcha und 6,6% Westmongolen), 6,9% Turkvölker (v. a. Kasachen), 1,7% Burjaten, 1,4% Daringanga; Minderh. von Chinesen und Russen – **Leb.-Erwart.** 1995: 65 J. – **Säugl.-Sterbl.** 1995: 5,7% – **Kindersterbl.** 1995: 7,4% – Jährl. **Bev.-Wachstum** ∅ 1985–95: 2,5% (Geb.- und Sterbeziffer 1995: 2,7%/0,7%) – **Analph.** 1990: 20% – **Sprachen**: Mongolisch (Khalkha, seit 1993 mit mongolischem Alphabet);

Staaten

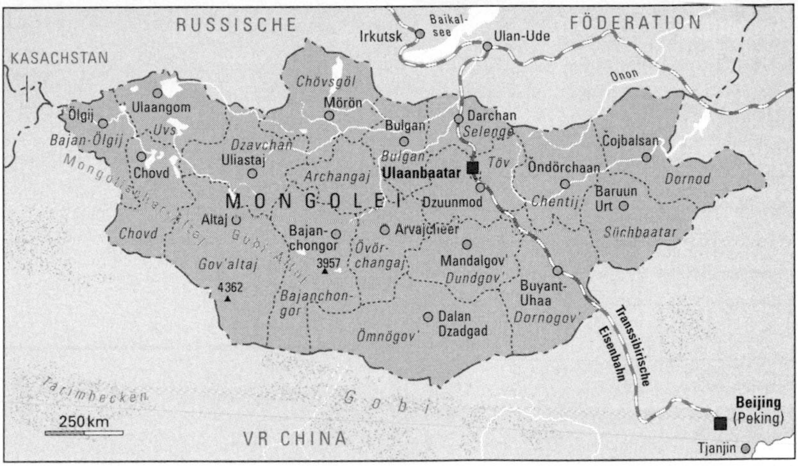

Russisch, Kasachisch; Sprachen der Minderheiten – **Religion**: 90% Buddhisten (Lamaisten), Anhänger von Naturrel. (Schamanismus), Muslime – **Städt. Bev.** 1995: 60% – **Städte** (F 1996): Darchan 87100 Einw., Čojbalsan 79900, Erdene 59100

Staat Republik seit 1992 – Verfassung von 1992 – Parlament (Großer Volkshural) mit 76 Mitgl., Wahl alle 4 J. – Direktwahl des Staatsoberh. alle 4 J. – Wahlpflicht ab 18 J. – **Verwaltung**: 21 Provinzen und Hauptstadtbezirk – **Staatsoberhaupt**: Natsagiyn Bagabandi (MRVP-Vorsitzender), seit 18. 5. 1997 – **Regierungschef und Äußeres**: Mendsaikhan Enkhsaikhan (NDP), seit 19. 7. 1996 – **Parteien**: Wahl vom 30. 6. 1996: Mongolische Revolutionäre Volkspartei/MRVP (ehem. Kommunisten) 25 Sitze (1992: 70); Oppositionelles Bündnis 50 (5): Nationaldemokratische Partei/NDP, Sozialdemokratische Partei/SDP, Grüne und Religionspartei; Unabhängige 1 (1) – **Unabh.**: 11. 7. 1921 de facto von China unabhängig, seit 26. 11. 1924 Volksrepublik, seit 5. 1. 1946 nach Plebiszit Unabhängigkeit durch China völkerrechtlich anerkannt – **Nationalfeiertage**: 11.–13. 7. und 26. 11. (Tag der Republik)

Wirtschaft **Währung**: 1 US-$ = 797,99 Tug.; 1 DM = 458,75 Tug. – **BSP** 1995: 767 Mio. $ – **BIP** 1995: 861 Mio. $; realer Zuwachs ∅ 1990–95: –3,3%; Anteil (1995) **Landwirtsch.** 34%, **Industrie** 32%, **Dienstl.** 34% – **Erwerbstät.** 1995: Landw. 43%, Ind. 16%, Dienstl. 41% – **Arbeitslosigkeit** 6/1993: 20% – **Energieverbrauch** 1994: 1058 kg ÖE/Ew. – **Inflation** ∅ 1985–95: 51,6% – **Ausl.-Verschuld.** 1995: 512 Mio. $ – **Außenhandel** 1996: **Import**: 438,3 Mio. $; Güter: 40% Maschinen und Transportausrüstungen, 20% mineral. Brennstoffe, 13% Nahrungsmittel; Länder: 34% Rußland, 18% Japan 15% VR China; **Export**: 422,3 Mio. $; Güter: 59% mineral. Stoffe, 24% Textilien; Länder: 25 % Schweiz, 21% Rußland, 18% VR China

Chronik Aus der **Präsidentenwahl** am 18. 5. **1997** geht überraschend der Kandidat der exkommunistischen Mongolischen Revolutionären Volkspartei (MRVP), *Natsagiyn Bagabandi*, der erst 3 Monate zuvor den Parteivorsitz übernahm, als klarer Sieger hervor. Bei einer Wahlbeteiligung von rd. 80% entfallen auf ihn 69,7% der Stimmen. Der bisherige, seit 1990 amtierende Präsident *Punsalmaagiyn Otschirbat* erhält 29,8%. Erst im Juli 1996 konnte ein Bündnis oppositioneller Parteien, zu denen auch die des bisherigen Präsidenten gehört, die Mehrheit im Parlament erringen und die neue Regierung stellen. Das Wahlergebnis wird als Reaktion auf das hohe Reformtempo der Regierung gewertet, da die forcierte Umwandlung der Plan- in die Marktwirtschaft für große Teile der Bevölkerung wirtschaftliche Nachteile und soziale Konflikte mit sich bringt. Im Februar hatte sich die MRVP ein neues Programm gegeben, in dem sie sich als demokratische und sozialistische Partei definiert.

Mosambik *Südost-Afrika*

Republik Mosambik; República de Moçambique – MOC (→ Karte IV, B 5/6)

Fläche (Weltrang: 34.): 799 380 km²

Einwohner (54.): F 1995 16 168 000 = 20 je km²

Hauptstadt: Maputo – S 1991: 931 600 Einw.

Amtssprache: Portugiesisch

Bruttosozialprodukt 1995 je Einw.: 80 $

Währung: 1 Metical (MT) = 100 Centavos

Botschaft der Republik Mosambik
Adenauerallee 46 a, 53113 Bonn, 0228/26 29 93

Landesstruktur Fläche: 799 380 km² – **Bevölkerung**: Mosambikaner; (Z 1980) 12 130 000 Einw. – 98% Bantu: 47% Makua, 23% Tsonga, 12% Malawi, 11% Schona, 4% Yao; 1,7% Chinesen, Weiße, Mischlinge – **Leb.-Erwart.** 1995: 47 J. – **Säugl.-Sterbl.** 1995: 15,8% – **Kindersterbl.** 1995: 27,5% – Jährl. **Bev.-Wachstum** ∅ 1985–95: 1,8% (Geb.- und Sterbeziffer 1995: 4,4%/1,8%) – **Analph.** 1995: 60% – **Sprachen**: Portugiesisch; Kisuaheli, Makua, Nyanja u. a. Bantu-Sprachen – **Religion** 1991: 70% Anhänger von Naturreligionen; 4 Mio. Muslime, 3 Mio. Protestanten, 2 Mio. Katholiken; hinduistische Minderheit – **Städt. Bev.** 1995: 38% – **Städte** (S 1991): Beira 298 850, Einw., Nampula 250 500, Quelimane 146 200, Nacala 125 200, Tete 112 200, Chimoio 108 800

Staat Republik (im Commonwealth seit 12. 11. 1995) seit 1990 – Verfassung von 1990 – Parlament (Assembleia da República) mit 250 Mitgl., Wahl alle 5 J. – Direktwahl des Staatsoberh. alle 5 J. – Wahlrecht ab 18 J. – **Verwaltung**: 10 Provinzen und Hauptstadt – **Staatsoberhaupt**: Generalmajor Joaquím Alberto Chissano (Generalsekretär der FRELIMO), seit 1986 – **Regierungschef**: Pascoal Manuel Mocumbi (FRELIMO), seit 1994 – **Äußeres**: Leonardo Santos Simão (FRELIMO) – **Parteien**: Erste freie Wahlen vom 27.–29. 10. 1994: Frente de Libertação de Moçambique/FRELIMO 129 Sitze, Resistência Nacional Moçambicana/RNM 112, União Democrática/UD 9 – **Unabh.**: 25. 6. 1975 (ehem. portugies. Kolonie) – **Nationalfeiertag**: 25. 6. (Unabhängigkeitstag)

Wirtschaft Währung: 1 US-$ = 11 526,00 MT; 1 DM = 6817,2946 MT – **BSP** 1995: 1353 Mio. $ – **BIP** 1995: 1469 Mio. $; realer Zuwachs ∅ 1990–95: 7,1%; Anteil (1995) **Landwirtsch.** 34%, **Industrie** 12%, **Dienstl.** 54% – **Erwerbstät.** 1993: Landw. 81%, Ind. 9%, Dienstl. 10% – **Arbeitslosigkeit**: k. Ang. – **Energieverbrauch** 1994: 40 kg ÖE/Ew. – **Inflation** ∅ 1985–95: 52,2% (S 1995: 50,0%) – **Ausl.-Verschuld.** 1995: 5781 Mio. $ – **Außenhandel** 1993: **Import**: 955 Mio. $; Güter 1990: 29% Nahrungsmittel, 23% Basisgüter, 11% Erdöl und -produkte, 10% Maschinen und Einzelteile; Länder 1989: 23% Südafrika, 17% USA, 10% UdSSR, 7% Portugal, 6% Italien; **Export**: 132 Mio. $; Güter: 52% Krustentiere, 8% Rohbaumwolle, 6% Cashewnüsse; Länder 1992: 29% Spanien, 17% Südafrika, 13% Portugal, 13% USA, 9% Japan

Myanmar *Südost-Asien*

Union Myanmar; bis 1989 Birma bzw. Burma; Pye Tawngsu Myanma Naingngan, Kurzform: Myanma Pye – BUR bzw. MYA (→ Karte V, D 3/4)

Fläche (Weltrang: 39.): 676 552 km²

Einwohner (24.): F 1995 45 106 000 = 67 je km²

Hauptstadt: Yangon (Rangun)
F 1990: 3 302 000 Einw.

Amtssprache: Birmanisch

Bruttosozialprodukt S 1995 je Einw.: unter 765 $

Währung: 1 Kyat (K) = 100 Pyas

Botschaft der Union Myanmar
Schumannstr. 112, 53113 Bonn, 0228/21 00 91

Landesstruktur Fläche: 676 552 km² – **Bevölkerung**: Myanmaren; (Z 1983) 35 306 189 Einw. – 69% Birmanen, 8,5% Shan, 6,2% Karen (Christen), 4,5% Rohingya (Muslime), 2,4% Mon, 2,2% Tschin, 1,4% Kachin u. a. ethn. Minderheiten, 1% Inder, 1–2% Chinesen – **Flüchtl.** Ende 1996: 0,5 –1 Mio. Binnenflüchtlinge; 184 300 in Anrainerstaaten (92 300 in Thailand, 40 000 in Bangladesch, 40 000 in Indien) – **Leb.-Erwart.** 1995: 59 J. – **Säugl.-Sterbl.** 1995: 10,5% – **Kindersterbl.** 1995: 15,0% – Jährl. **Bev.-Wachstum** ∅ 1985–95: 1,8% (Geb.- und Sterbeziffer 1995: 3,2%/1,1%) – **Analph.** 1995: 17% – **Sprachen**: 70% Birmanisch; Sprachen der Minderheiten; Englisch als Handelssprache – **Religion** 1992: 87,2% Buddhisten, 5,6% Christen, 3,6% Muslime, 2,6% Anhänger von Naturreligionen, 1,0% Hindus – **Städt. Bev.** 1994: 26% – **Städte** (Z 1983): Mandalay 532 895 Einw., Mawlamyine (Moulmein) 219 961, Bago (Pegu) 150 528, Pathein (Bassein)

Staaten

144 096, Taunggyi 108 231, Sittwe (Akyab) 107 621, Monywa 106 843

Staat Sozialistische Republik seit 1974 – Verfassung von 1974; neue Verfassung in Ausarbeitung – 1988 Putsch und Einsetzung des State Law and Order Restoration Council/SLORC mit 21 Mitgl. – Parlament (Volksversammlung bzw. Pyithu Hluttaw) mit 485 Mitgl. (gewählt 1990, Tätigkeit bisher nicht aufgenommen) – Seit 1993 Nationalkonvent (Verfassunggebende Versammlung) mit 700 Delegierten (darunter 600 von der Armee ernannt; Ausschluß der 86 Mitgl. der NLD am 30. 11. 1995) – Wahlrecht ab 18 J. – **Verwaltung**: 7 Staaten und 7 Verwaltungsbezirke – **Staats- und Regierungschef**: General Than Shwe (SLORC-Vorsitzender), seit 1992 – **Äußeres**: U Ohn Guaw – **Parteien**: Erste freie Wahlen vom 27. 5. 1990: Nationale Liga für Demokratie/NLD 392 der 485 Mandate, Shan Nationalities League for Democracy 23, Rakhine Democratic League 11, National Unity Party/NUP (ehem. Einheitspartei) 10, 6 weitere Parteien 21, Unabhängige 6, Sonstige 22 – **Unabh.**: 4. 1. 1948 (ehem. Teil von Britisch-Indien) – **Nationalfeiertag**: 4. 1. (Unabhängigkeitstag)

Wirtschaft **Währung**: 1 US-$ = 6,2774 K; 1 DM = 3,7396 K – **BSP** 1986: 7450 Mio. $ – **BIP** April 1993–März 1994: 58 Mrd. K (S 1994/95: 62 Mrd. K); realer Zuwachs ∅ 1980–92: 0,8% (1994/95: +6,8%, S 1995/96: 7,7%); Anteil (1995) **Landwirtsch.** 61%, **Industrie** 10%, **Dienstl.** 29% – **Erwerbstät.** 1995: Landw. 67%, Ind. 11%, Dienstl. 20% – **Arbeitslosigkeit** ∅ 1995: 5,8% – **Energieverbrauch** 1994: 49 kg ÖE/Ew. – **Inflation** ∅ 1985–95: 26,4% (1996/97: 40%) – **Ausl.-Verschuld.** 1995: 5771 Mio. $ – **Außenhandel** 1995/96: **Import**: 8,4 Mrd. K; Güter: 45,1% Kapitalgüter (darunter 32,2% Transportgeräte, Maschinen und Ausrüstungen), 43,5% Konsumgüter (v.a. 16,9% Nahrungsmittel); Länder 1995: 30,6% Singapur, 29,6% VR China, 11,1% Malaysia, 7,5% Japan, 3% Hongkong, 2,4% Frankreich, 1,7% BRD; **Export**: 5,2 Mrd. K; Güter: 48,4% landwirtschaftl. Erzeugnisse, 12,8% forstwirtschaftliche Erzeugnisse, 12,1% Fischereiprodukte, 1% Mineralien und Edelsteine; Länder 1995: 15,8% Singapur, 12% Indien, 11,2% VR China, 7,1% Japan, 6,5% USA, 5,2% Malaysia, 4,8% Hongkong, 1,9% BRD

Chronik Die Innenpolitik steht im Zeichen des Kampfes der oppositionellen Demokratiebewegung für die Einlösung des Ergebnisses der Parlamentswahlen von 1990, bei denen die Nationale

Liga für Demokratie (NLD) unter Führung von *Aung San Suu Kyi* (Friedensnobelpreisträgerin 1991) 82% der Parlamentssitze gewonnen hatte. Die Militärregierung scheitert weitgehend mit ihren Bemühungen, ihre internationale Isolierung zu überwinden.

Unterdrückung der Opposition: Mit der Festnahme von über 500 Funktionären und Anhängern der NLD Ende September **1996** setzt das Militärregime seine Repressionen gegen die Opposition fort. amnesty international verweist auf eine »enorme Verschlechterung« der Menschen-

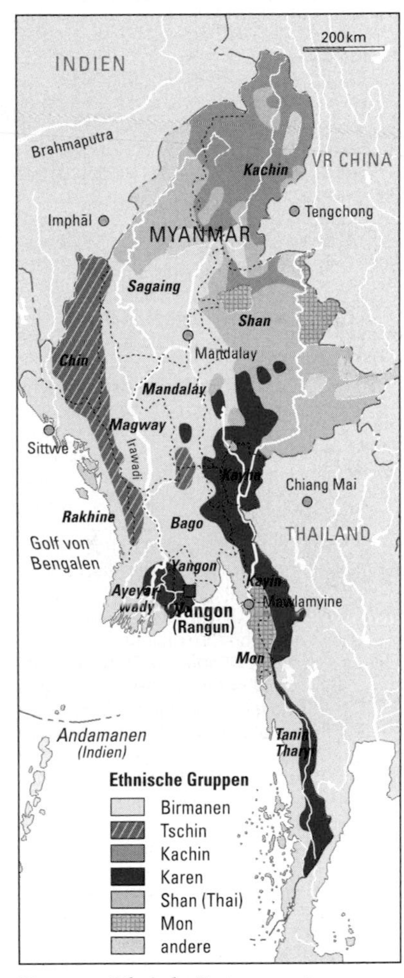

Myanmar: Ethnische Zusammensetzung

rechtssituation und die Verhaftung von mehr als 1000 Oppositionellen seit 1990 sowie Verurteilungen zu teils langjährigen Haftstrafen. – Angesichts der seit 2. 12. anhaltenden Studentenunruhen, den größten seit der Niederschlagung der Demokratiebewegung 1988, schließt das Militärregime am 9./10. 12. die Hochschulen und höheren Schulen in der Hauptstadt. – Der stellvertretende Vorsitzende des SLORC, *Tin U*, der Stabschef der Armee ist und als Hardliner in der Militärjunta im Umgang mit der Opposition gilt, entgeht 2 Bombenattentaten am 26. 12. (5 Tote) und am 6. 4. **1997** (mit *Tin Us* Tochter als Todesopfer). – Im Vorfeld eines für den 27. 5. geplanten Parteitags der NLD läßt die Militärregierung zahlreiche, nach Angaben der NLD mehr als 300, oppositionelle Politiker festnehmen und verhindert die Veranstaltung mit massivem Polizeieinsatz. – Erstmals seit 7 Jahren findet am 18. 7. ein Treffen von Vertretern der NLD und der Militärjunta statt; Gespräche seien möglich, allerdings nicht mit der NLD-Vorsitzenden *Suu Kyi*. – Mitte August werden drei Verwandte *Suu Kyis* zu 10 Jahren Haft verurteilt; sie wurden für schuldig befunden, gegen das Gesetz für unzulässige Vereinigungen verstoßen zu haben. Ein weiterer Verwandter, dessen Anklage auf Hochverrat lautete, weil er Bombenanschläge geplant haben soll, erhält lebenslänglich.

Bekämpfung der Karen-Separatisten: Regierungstruppen nehmen am 13. 2. **1997** das neue Hauptquartier der Karen National Union (KNU) ein, die seit 1948 im Grenzgebiet zu Thailand für einen eigenen Staat kämpft (→ Karte). Zur Vorbereitung der Aktion wurden seit Mai 1996 rd. 75 000 Karen aus ihren Dörfern vertrieben und in Lager gezwungen. General *Bo Mya*, der die KNU seit 1976 führt, gelingt die Flucht nach Thailand.

Außenpolitik: Wegen der Menschenrechtsverletzungen in Myanmar beschließen die EU-Außenminister am 28. 10. **1996** ein **Waffenembargo** gegen das Land sowie die Ausweisung seiner Militärattachés; am 24. 3. **1997** schließen sie Myanmar von allen Handelsvergünstigungen aus. Am 20. 5. werden von der US-Regierung verhängte weitreichende **Wirtschaftssanktionen** wirksam, die u. a. neue Investitionen von US-Unternehmen in Myanmar verbieten. – Am 31. 5. beschließen die Außenminister der **ASEAN-Staaten** die Aufnahme Myanmars in ihre Organisation für Juli 1997 (→ ASEAN im Kap. Internationale Organisationen).

Namibia *Südwest-Afrika*

Republik Namibia; Republic of Namibia – NAM (→ Karte IV, B 5/6)

Fläche (Weltrang: 33.): 824 292 km²

Einwohner (142.): F 1995 1 545 000 = 1,9 je km²

Hauptstadt: Windhoek (Windhuk)
F 1992: 161 000 Einw.

Amtssprache: Englisch

Bruttosozialprodukt 1995 je Einw.: 2000 $

Währung: 1 Namibia-Dollar (N$) = 100 Cents

Botschaft der Republik Namibia
Mainzer Str. 47, 53179 Bonn, 0228/34 60 21

Landesstruktur **Fläche**: 824 292 km²; einschließlich Walvis Bay (Walfischbucht) mit 1124 km² und vorgelagerten Inseln – **Bevölkerung**: Namibier; (Z 1991) 1 409 920 Einw. – (S) überwiegend Bantu-Völker: 47% Ovambo, 9% Kavango, 7% Herero, 7% Damara, 5% Nama, 3,6% Caprivianer; 6% Weiße; Mischlinge (sog. Kleurlinge), rd. 45 000 San (Buschmänner, sog. Rehoboth Basters); rd. 20 000 deutscher Abstammung – **Leb.-Erwart.** 1995: 60 J. – **Säugl.-Sterbl.** 1995: 6,1% – **Kindersterbl.** 1995: 7,8% – Jährl. **Bev.-Wachstum** ∅ 1985–95: 2,7% (Geb.- und Sterbeziffer 1995: 3,6%/1,0%) – **Analph.** 1992: 60% – **Sprachen**: Englisch; Afrikaans; Sprachen der Bantu u. a. Gruppen (u. a. Wamba, Nama, Herero und Khoekhoe der Buschmänner); Deutsch – **Religion**: 62% Protestanten (51% Lutheraner, 6% Niederländisch Reformierte, 5% Anglikaner), 20% Katholiken; Anhänger von Naturreligionen – **Städt. Bev.** 1995: 38% – **Städte** (S 1990): Swakopmund 15 500 Einw., Rehoboth 15 000, Rundu 15 000, Keetmanshoop 14 000, Tsumeb 13 500

Staat Republik (im Commonwealth) seit 1990 – Verfassung von 1990 – Parlament: Nationalversammlung (National Assembly) mit 72 gewählten und 6 vom Staatsoberh. ernannten Mitgl. sowie Nationalrat (National Council) mit 26 Mitgl.; Wahl alle 5 J. bzw. 6 J. – Direktwahl des Staatsoberh. alle 5 J. (einmalige Wiederwahl) – Wahlrecht ab 18 J. – **Verwaltung**: 13 Regionen – **Staatsoberhaupt**: Samuel (Sam) Daniel Nujoma (SWAPO-Vorsitzender), seit 1990 – **Regierungschef**: Hage Gottfried Geingob (SWAPO), seit 1990 – **Äußeres**: Theo-Ben Gurirab – **Parteien**: Wahlen vom 7./8. 12. 1994: South West Africa People's Organisation/SWAPO 53 der 72 Sitze (1989: 41),

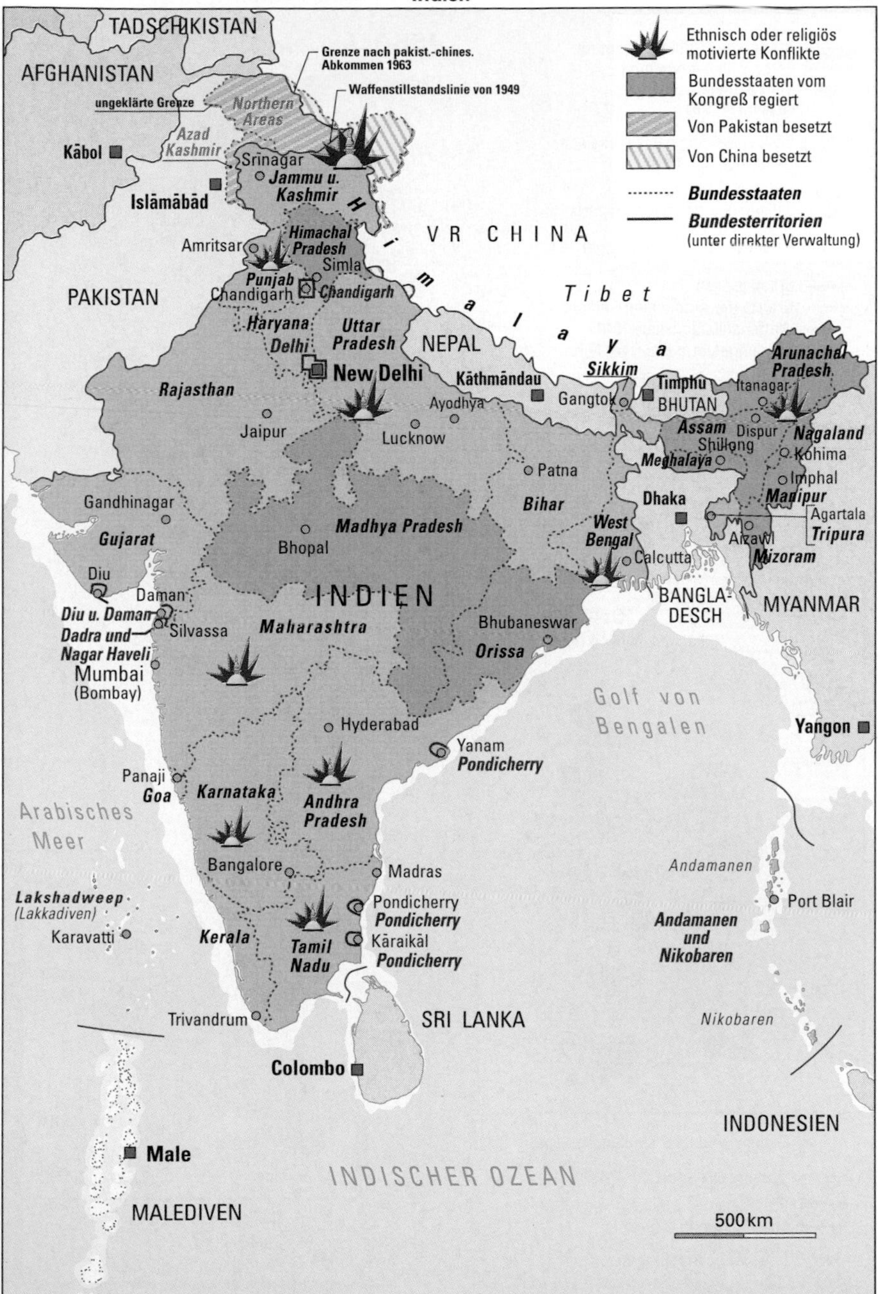

Ethnisch oder religiös motivierte Konflikte
Bundesstaaten vom Kongreß regiert
Von Pakistan besetzt
Von China besetzt
Bundesstaaten
Bundesterritorien (unter direkter Verwaltung)
Grenze nach pakist.-chines. Abkommen 1963
Waffenstillstandslinie von 1949
ungeklärte Grenze
TADSCHIKISTAN
AFGHANISTAN
Northern Areas
Azad Kashmir
Kābol
Islāmābād
Srinagar
Jammu u. Kashmir
Himalaya
VR CHINA
Tibet
Amritsar
Himachal Pradesh
Simla
Punjab
Chandigarh
PAKISTAN
Haryana
Delhi
Uttar Pradesh
NEPAL
New Delhi
Kāthmāndau
Sikkim
Gangtok
Timphu
BHUTAN
Arunachal Pradesh
Itanagar
Rajasthan
Ayodhya
Jaipur
Lucknow
Assam
Dispur
Shillong
Nagaland
Kohima
Meghalaya
Imphal
Patna
Manipur
Gandhinagar
Bihar
Dhaka
Agartala
Tripura
Gujarat
Madhya Pradesh
Bhopal
West Bengal
Aizawl
Mizoram
Calcutta
Diu
Daman
INDIEN
BANGLA-DESCH
MYANMAR
Diu u. Daman
Dadra und Nagar Haveli
Silvassa
Maharashtra
Bhubaneswar
Orissa
Mumbai (Bombay)
Golf von Bengalen
Hyderabad
Yangon
Yanam
Pondicherry
Panaji
Goa
Karnataka
Andhra Pradesh
Arabisches Meer
Bangalore
Madras
Andamanen
Lakshadweep (Lakkadiven)
Pondicherry
Port Blair
Karavatti
Kerala
Tamil Nadu
Kāraikāl
Andamanen und Nikobaren
Trivandrum
SRI LANKA
Nikobaren
Colombo
INDONESIEN
Male
INDISCHER OZEAN
MALEDIVEN
500 km

Israel: Westjordanland, Jerusalem, Hebron

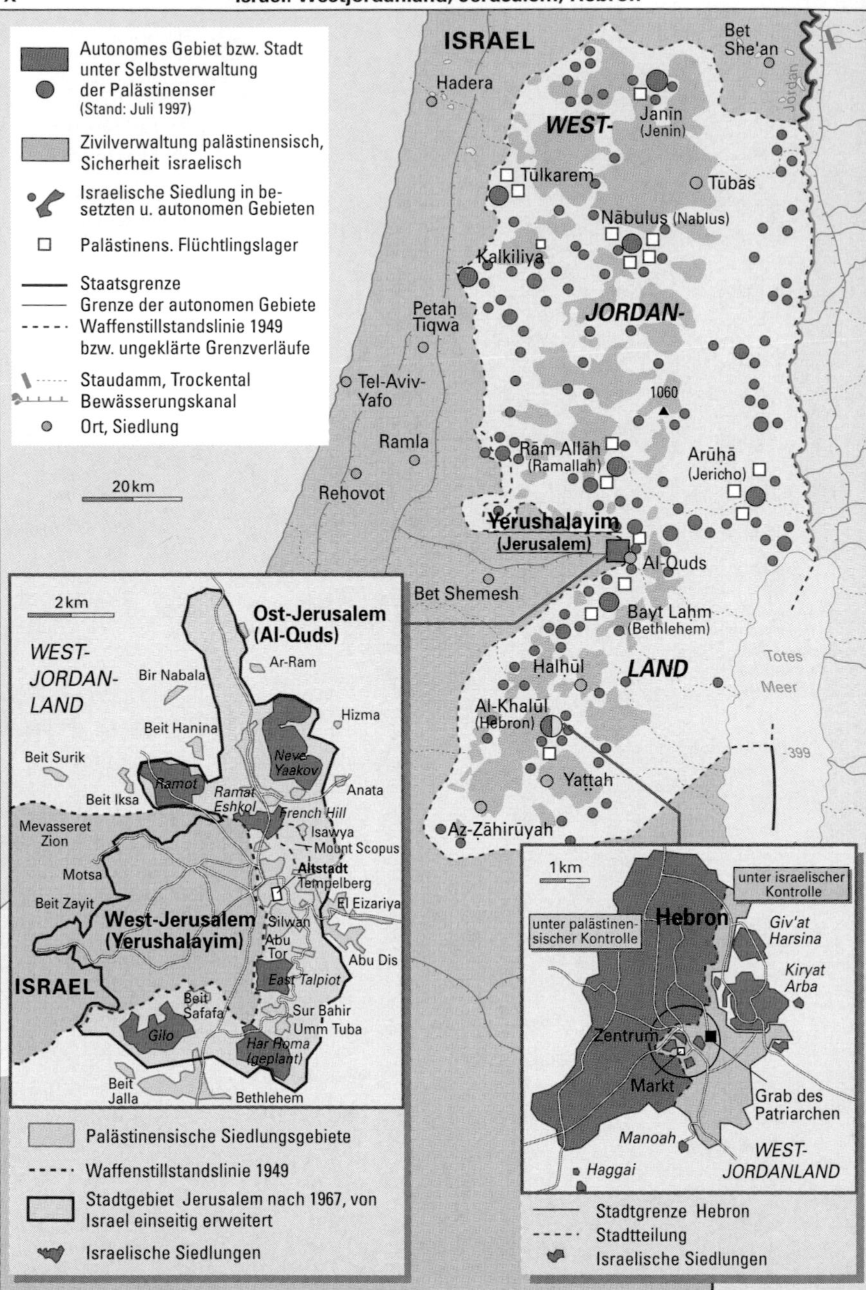

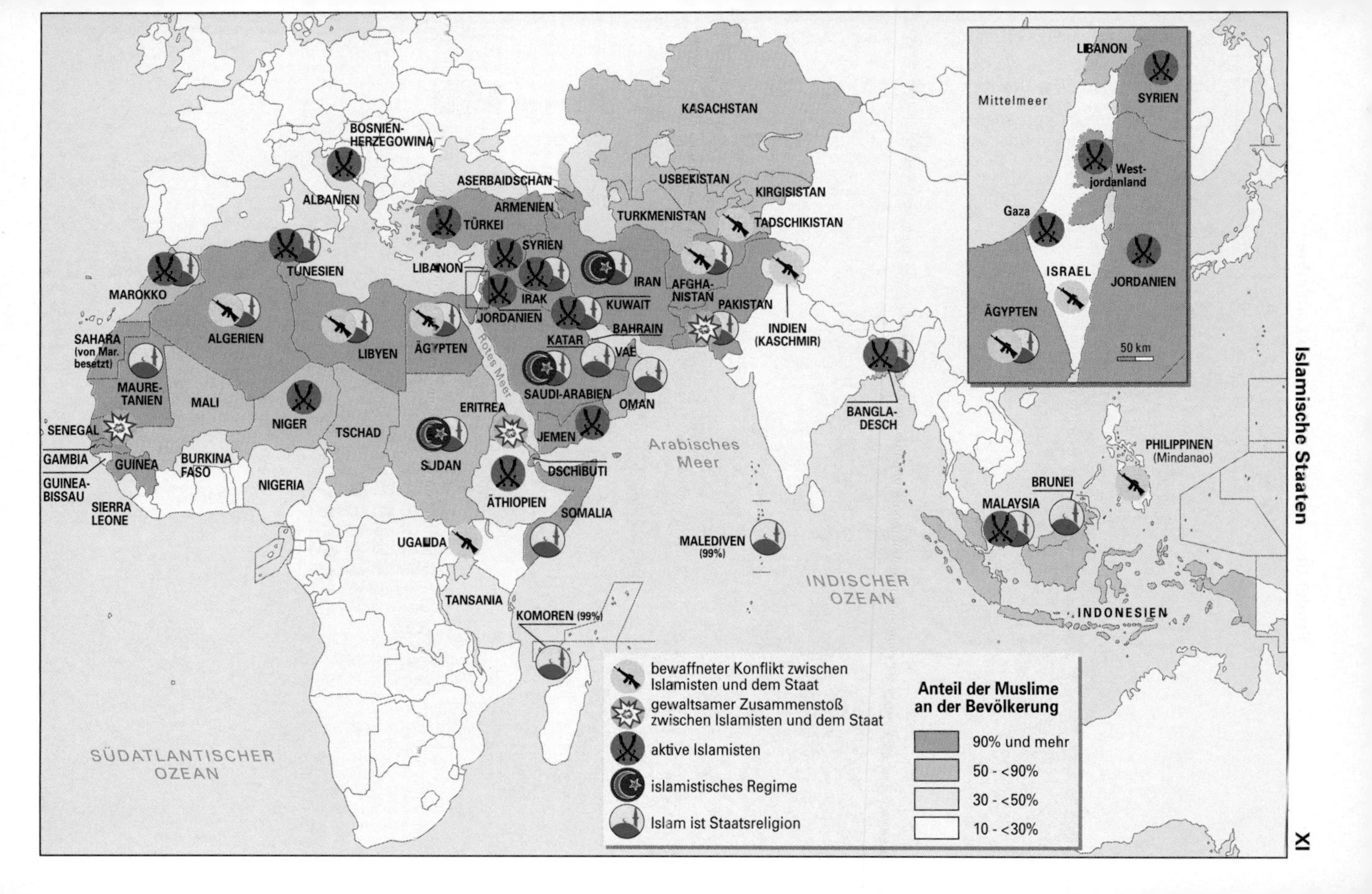
KASACHSTAN
BOSNIEN-HERZEGOWINA
ASERBAIDSCHAN
USBEKISTAN
KIRGISISTAN
ALBANIEN
ARMENIEN
TURKMENISTAN
TADSCHIKISTAN
TÜRKEI
SYRIEN
TUNESIEN
LIBANON
IRAN
AFGHA-NISTAN
MAROKKO
IRAK
KUWAIT
PAKISTAN
INDIEN (KASCHMIR)
JORDANIEN
BAHRAIN
KATAR
VAE
SAHARA (von Mar. besetzt)
ALGERIEN
LIBYEN
ÄGYPTEN
Rotes Meer
SAUDI-ARABIEN
OMAN
MAURE-TANIEN
MALI
NIGER
ERITREA
BANGLA-DESCH
SENEGAL
TSCHAD
JEMEN
Arabisches Meer
GAMBIA
GUINEA
BURKINA FASO
SUDAN
DSCHIBUTI
GUINEA-BISSAU
NIGERIA
ÄTHIOPIEN
SIERRA LEONE
SOMALIA
UGANDA
MALEDIVEN (99%)
INDISCHER OZEAN
TANSANIA
KOMOREN (99%)
SÜDATLANTISCHER OZEAN
LIBANON
Mittelmeer
SYRIEN
West-jordanland
Gaza
ISRAEL
JORDANIEN
ÄGYPTEN
50 km
PHILIPPINEN (Mindanao)
BRUNEI
MALAYSIA
INDONESIEN
bewaffneter Konflikt zwischen Islamisten und dem Staat
gewaltsamer Zusammenstoß zwischen Islamisten und dem Staat
aktive Islamisten
islamistisches Regime
Islam ist Staatsreligion
Anteil der Muslime an der Bevölkerung
90% und mehr
50 - <90%
30 - <50%
10 - <30%

Produktion und Verbreitung von Landminen

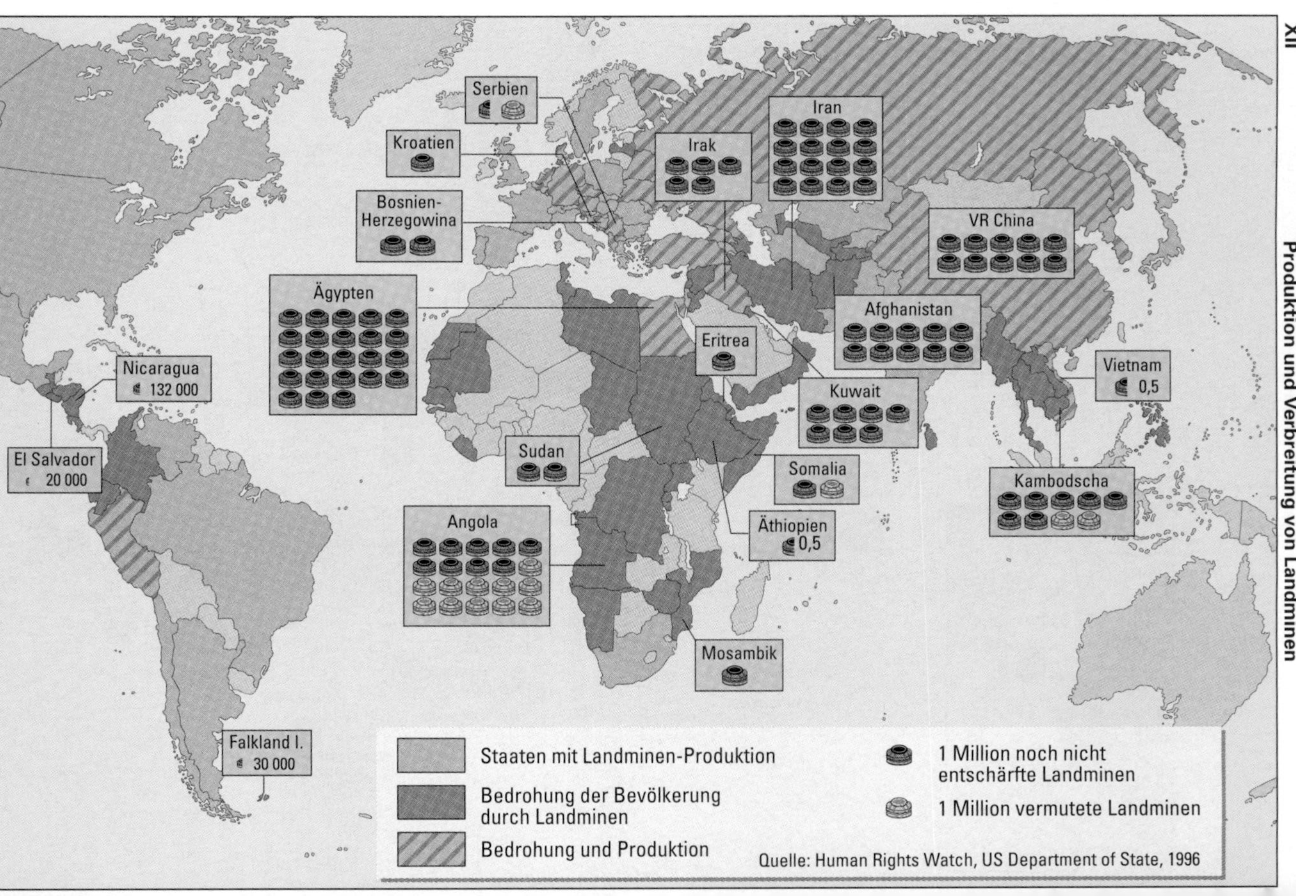

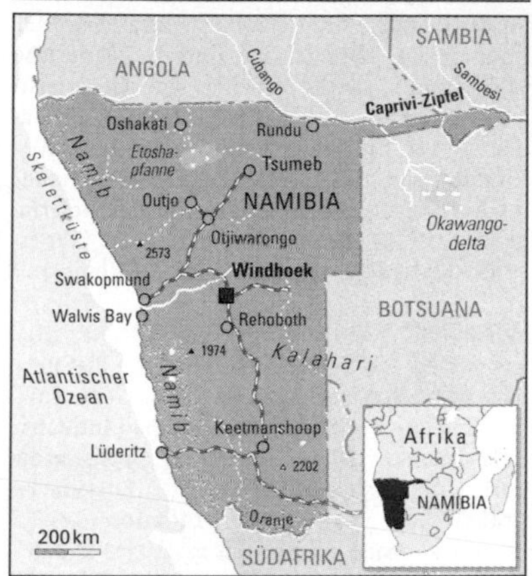

Democratic Turnhalle Alliance/DTA 15 (21), United Democratic Front/UDF 2 (4), Sonstige 2 (6) – **Unabh.**: 21. 3. 1990 (1984–1915 deutsche Kolonie Südwestafrika, ab 1920 unter südafrikanischer Verwaltung) – **Nationalfeiertag**: 21. 3. (Unabhängigkeitstag)

Wirtschaft **Währung**: 1 US-$ = 4,54 N$; 1 DM = 2,60 N$; Währungsparität zum südafrikanischen Rand, ebenf. gesetzliches Zahlungsmittel – **BSP** 1995: 3098 Mio. $ – **BIP** 1995: 3033 Mio. $; realer Zuwachs ∅ 1990–95: 3,8%; Anteil (1995) **Landwirtsch.** 15%, **Industrie** 24%, **Dienstl.** 61% – **Erwerbstät.** 1993: Landw. 33%, Ind. 15%, Dienstl. 49% – **Arbeitslosigkeit** 1/1995: 38% – **Energieverbrauch**: k. Ang. – **Inflation** ∅ 1985–95: 10,5% – **Ausl.-Verschuld.** 1995: k. Ang. – **Außenhandel** 1994: **Import**: 4248 Mio. N$; Güter: 28% Maschinen und Transportausrüstungen, 23% Nahrungsmittel, Getränke und Tabak, 12% mineral. Brennstoffe; Länder: 87% Südafrika; **Export**: 4524 Mio. N$; Güter: 33% Diamanten, 32% Agrarprod.; Länder: 34% Großbritannien, 27% Südafrika – **Tourismus** 1993: 288 000 Auslandsgäste, 371 Mio. N$ Einnahmen

Nauru *Ozeanien*

Republik Nauru; Republic of Nauru (englisch); Naoero (nauruisch) – NAU
(→ Karten V, F 5 und VIII b, C 3)

Fläche (Weltrang: 191.): 21,3 km²

Einwohner (190.): F 1995 11 000 = 516 je km²

Hauptstadt: Yaren – S 1989: 4000 Einw.

Amtssprachen: Nauruisch, Englisch

Bruttosozialprodukt 1991 je Einw.: 13 000 $

Währung: 1 Austral. Dollar ($A) = 100 Cents

Diplomatische Vertretung: derzeit keine

Landesstruktur **Fläche**: 21,3 km² – **Bevölkerung**: Nauruer; (Z 1992) 9919 Einw. – (Z 1983) 61,7% Nauruer, 25% Kiribatier und Tuvaluer, 8% Chinesen und Vietnamesen, 5% Europäer, Neuseeländer – **Leb.-Erwart.** 1992: 52 J. – **Säugl.-Sterbl.** 1992: 4,1% – Jährl. **Bev.-Wachstum** ∅ 1982–92: 1,8% (Geb.- und Sterbeziffer 1992: 1,8%/0,5%) – **Analph.** 1990: 1% – **Sprachen**: Englisch, Nauruisch; Sprachen der Minderheiten – **Religion**: 60% Protestanten, 30% Katholiken – **Städt. Bev.** k. Ang.

Staat Republik (im Commonwealth) seit 1968 – Verfassung von 1968 – Parlament mit 18 Mitgl., Wahl alle 3 J.; ernennt Staatsoberh. alle 3 J. – Wahlpflicht ab 20 J. – **Verwaltung**: 14 Distrikte – **Staats- und Regierungschef** sowie **Äußeres**: Kinza Clodumar, seit 13. 2. 1997 – **Parteien**: Letzte Wahlen vom 8. 2. 1997: Unabhängige alle 18 Sitze (keine Parteien im eigentlichen Sinn) – **Unabh.**: 31. 1. 1968 (ehem. UNO-Treuhandgebiet seit 1947) **Nationalfeiertag**: 31. 1. (Unabhängigkeitstag)

Wirtschaft (keine neueren Ang. verfügbar) – **Währung**: 1 US-$ = 1,35 $A; 1 DM = 0,78 $A – **BSP** 1985: 80,7 Mio. $ – **BIP**: k. Ang. – **Erwerbstät.**: k. Ang. – **Arbeitslosigkeit**: k. Ang. – **Energieverbrauch**: k. Ang. – **Inflation**: k. Ang. – **Ausl.-Verschuld.**: k. Ang. – **Außenhandel** 1988/89: **Import**: 17,56 Mio. $A; **Export**: 101,29 Mio. $A; Güter: v. a. Phosphate (rd. 75% des BSP; Vorkommen bald erschöpft), in geringen Mengen Kokosprodukte und Bananen; Länder: v. a. Australien, Neuseeland, Japan

Nepal *Süd-Asien*

Königreich Nepal; Nepāl Adhirājya – NEP
(→ Karte IV/V, C/D 3)

Fläche (Weltrang: 93.): 147 181 km²

Einwohner (44.): F 1995 21 456 000 = 146 je km²

Hauptstadt: Kāthmāndau (Kathmandu)
F 1993: 535 000 Einw.

Amtssprache: Nepali

Bruttosozialprodukt 1995 je Einw.: 200 $

Währung: 1 Nepales. Rupie (NR) = 100 Paisa

Botschaft des Königreichs Nepal
Im Hag 15, 53179 Bonn, 0228/34 30 97

Landesstruktur **Fläche**: 147 181 km² – **Bevölkerung**: Nepalesen; (Z 1991) 18 491 097 Einw. – (S) mehrheitl. indoarische Gruppen: 52% Nepalesen, 11% Maithili, 8% Bhojpuri, 3,6% Tharu u. a.; dazu tibetobirman. Gruppen: 3,5% Tamang, 3,0% Newari, 1,4% Magar, 1,2% Gurung, 0,2% Limbu; rd. 60 000 Tibetaner u. a. – Anteil unter **Armutsgrenze** ∅ 1981–95: 53,1% – **Flüchtl.** Ende 1996: 91 800 aus Bhutan, 18 000 Tibetaner aus VR China – **Leb.-Erwart.** 1995: 55 J. – **Säugl.-Sterbl.** 1995: 8,1% – **Kindersterbl.** 1995: 11,4% – Jährl. **Bev.-Wachstum** ∅ 1985–95: 2,5% (Geb.- und Sterbeziffer 1995: 3,8%/1,2%) – **Analph.** 1995: 73% – **Sprachen** 1981: indoarische Sprachen: 58% Nepali, 11% Maithili, 8% Bhojpuri (Bihari); tibetobirman. Sprachen (u. a. Tamang, Newari) u. a. – **Religion** (Hinduismus ist Staatsreligion) 1981: 89,5% Hindus, 5,3% Buddhisten, 2,7% Muslime; etwa 50 000 Christen – **Städt. Bev.** 1995: 14% – **Städte** (Z 1991): Wirāṭnagar 129 388 Einw., Lalitpur 115 865; (Z 1981) Bhaktapur 48 472, Pokharā 48 456, Wirgañj 43 642, Dharān 42 146, Mahendranagar 41 580

Staat Parlamentarische Monarchie seit 1990 – Verfassung von 1990 – Parlament: Repräsentantenhaus (Pratinidhi Sabha) mit 205 für 5 J. gewählten und Nationalrat (Rashtriya Sabha) mit 60 alle 6 J. ernannten Mitgl. – Wahlrecht ab 18 J. – **Verwaltung**: 14 Regionen (Einzelheiten → WA '96, Sp. 483f.) – **Staatsoberhaupt**: König Birendra Bir Bikram Sháh Dev, seit 1972, gekrönt 1975 – **Regierungschef**: Lokendra Bahadur Chand (RPP-Vorsitzender), seit 10. 3. 1997; Koalition aus RPP, CPN-UML und NSP – **Äußeres**: Kamal Thapa – **Parteien**: Wahlen vom 15. 11. 1994: Vereinigte Marxisten-Leninisten/CPN-UML 88 der 205 Sitze (1991: 69), Nepalesische Kongreßpartei/NCP

Sitze 83 (110), Rashtriya Prajatantra-Partei/RPP (monarchist. Nationaldemokratische Partei) 20 (4), kommunistische Arbeiter- und Bauernpartei/NWPP 4 (2), Sadbhavana-Partei/NSP (proindisch) 3 (6), Unabhängige 7 (3), Sonstige – (13) – **Unabh.**: alte staatl. Tradition; 1768 Gründung des vereinigten Königreiches – **Nationalfeiertage**: 11. 1. (Tag der Einheit) und 9. 11. (Verfassungstag) und 28. 12. (Geburtstag des Königs)

Wirtschaft **Währung**: 1 US-$ = 57,30 NR; 1 DM = 34,06 NR – **BSP** 1995: 4391 Mio. $ – **BIP** 1994: 4232 Mio. $; realer Zuwachs ∅ 1990–95: 5,1%; Anteil (1995) **Landwirtsch.** 42%, **Industrie** 22%, **Dienstl.** 36% – **Erwerbstät.** 1994: Landw. 91% – **Arbeitslosigkeit**: k. Ang. – **Energieverbrauch** 1994: 28 kg ÖE/Ew. – **Inflation** ∅ 1985–95: 11,6% – **Ausl.-Verschuld.** 1995: 2398 Mio. $ – **Außenhandel** 1993/94: **Import**: 65 897 Mio. NR; Güter: 39% Industriegüter, 20% Maschinen und Transportausrüstungen, 12% chem. und pharmazeut. Prod.; Länder 1993: 16% Indien, 14% Japan, 13% Thailand; **Export**: 17 940 Mio. NS; Güter 1992: v. a. Teppiche, Textilien und Bekleidung, Felle, Häute, außerdem Jute und Juteprodukte, kunsthandwerkl. Waren, Agrarprodukte; Länder 1993: 59% europ. Staaten, 26% USA – – **Tourismus**: 365 000 Auslandsgäste (1995), 157 Mio. $ Einnahmen (1993)

Chronik Nach der Niederlage bei einer Vertrauensabstimmung reicht am 6. 3. **1997** die im September 1995 eingesetzte und seitdem unter unsicheren parlamentarischen Mehrheitsverhältnissen operierende Regierung von Ministerpräsident *Sher Bahadur Deuba* bei König *Birendra* ihren **Rücktritt** ein. Am 10. 3. wird der Führer eines Flügels der gespaltenen konservativ-monarchistischen Nationaldemokratischen Partei (RPP), *Lokendra Bahadur Chand*, als neuer Regierungschef vereidigt. – amnesty international appelliert am 11. 3. in London an die neue politische Führung, die Menschenrechte einzuhalten. Im sog. »Volkskrieg« zwischen den Sicherheitskräften der Regierung und der maoistischen Untergrundbewegung CPN-M seit Februar 1996 seien mind. 50 Menschen von Regierungseinheiten getötet worden, die CPN-M habe mind. 13 Zivilisten ermorden lassen. – Ende Juni 1997 schließen Premierminister *Chand* und sein indischer Amtskollege *Inder Kumar Gujral* in Kathmandu die Verhandlungen über den gemeinsamen Bau des umstrittenen **Pancheshwar-Staudamms** am Grenzfluß Mahakali ab. Die Grundsatzvereinbarung über das 4,6 Mrd. US-$ teure Projekt wurde im Februar 1996 im sog. Mahakali-Abkommen geschlossen. Nach Fertigstellung soll das 315 m hohe Bauwerk 6489 Megawatt Strom liefern. Dammgegner kritisieren eine wirtschaftliche Übervorteilung Nepals durch Indien und halten das Projekt in dem erdbebengefährdeten Gebiet für nicht verantwortbar.

Neuseeland *Ozeanien*

New Zealand – NZ (→ Karte V, F 6/7)

Fläche (Weltrang: 73.): 270 534 km²

Einwohner (121.): F 1995 3 601 000 = 13,3 je km²

Hauptstadt: Wellington – F 1995: 331 000 Einw.

Amtssprache: Englisch

Bruttosozialprodukt 1995 je Einw.: 14 340 $

Währung: 1 Neuseeland-Dollar (NZ$) = 100 Cents

Botschaft von Neuseeland
Bundeskanzlerplatz 2–10, 53113 Bonn,
0228/22 80 70

Landesstruktur **Fläche**: 270 534 km²; davon: North Island 114 597 km², South Island 151 757 km², Stewart-Island 1746 km², Chatham-Island 963 km², Kermadec-Island 33,5 km² u. a. meist unbewohnte Inselgruppen mit insg. 839 km² (Karte → WA '97, Sp. 456; Außengebiete → unten) – **Bevölkerung**: Neuseeländer; (Z 1996) 3 681 546 Einw. – (1991) 73,8 % Europäer, 9,6 % Maori, 3,6 % Polynesier sowie Chinesen und Inder – **Leb.-Erwart.** 1995: 76 J. – **Säugl.-Sterbl.** 1995: 0,7 % – **Kindersterbl.** 1995: 0,9 % – Jährl. **Bev.-Wachstum** ∅ 1985–95: 1,0 % (Geb.- und Sterbeziffer 1995: 1,7 %/0,8 %) – **Analph.** 1994: unter 5 % – **Sprachen**: Englisch; Maori – **Religion** 1991: 62,1 % Christen (22,1 % Anglikaner, 16,3 % Presbyterianer, 15 % Katholiken, Methodisten, Baptisten); Maori-Kirchen (Ratana, Ringatu u. a.) – **Städt. Bev.** 1995: 84 % – **Städte** (F 1995): Auckland 952 600 Einw., Christchurch 324 400, (F 1993) Manukau 233 600, Dunedin 118 400, Hamilton 103 600

Staat Parlamentarische Monarchie (im Commonwealth) seit 1907 – Keine geschriebene Verfassung – Parlament (House of Representatives) mit 120 Mitgl. (seit 1996); Wahl alle 3 J. – Wahlrecht ab 18 J. – **Verwaltung**: 90 Counties und 3 Stadtdistrikte; außerdem 3 Außengebiete – **Staatsoberhaupt**: Königin Elizabeth II., vertreten durch Generalgouverneur Sir Michael Hardie Boys, seit 1996 – **Regierungschef**: James (Jim) B. Bolger (NP), seit 1990; seit 16. 12. 1996 Koalition von NP und NZFP – **Äußeres**: Don McKinnon – **Parteien**: Wahlen vom 12. 10. 1996: National Party/NP 44 von 120 Sitzen (1993: 50 von 99), Labour Party 37 (45), New Zealand First Party/NZFP 17 (2), Alliance Party 13 (2), ACT New Zealand 8, United Party 1 – **Unabh.**: 26. 9. 1907 de facto, 11. 12. 1931 nominell (Westminster-Statut) – **Nationalfeiertag**: 6. 2. (Waitangi-Tag, Vertrag von 1840)

Wirtschaft **Währung**: 1 US-$ = 1,4550 US-$; 1 DM = 0,8639 NZ$ – **BSP** 1995: 51 655 Mio. $ – **BIP** 1995: 57 070 Mio. $; realer Zuwachs ∅ 1990–95: 3,6 %; Anteil (1992) **Landwirtsch.** 9 %, **Industrie** 26 %, **Dienstl.** 65 % – **Erwerbstät.** 1996: Landw. 10 %, Ind. 25 %, Dienstl. 65 % – **Arbeitslosigkeit** ∅ 1996: 6,1 % (S 1997: 6,0 %) – **Energieverbrauch** 1994: 4245 kg ÖE/Ew. – **Inflation** ∅ 1985–95: 3,9 % (9/1996: 2,4 %) – **Ausl.-Verschuld.** 1996: 79,8 Mrd. NZ$ – **Außenhandel** 1995/96: **Import**: 21,4 Mrd. NZ$; Güter: 17,2 % Maschinen, 12,6 % Kraftfahrzeuge, 10,8 % Elektromaschinen und -ausrüstungen, 6 % Erdöl und -derivate, 4,3 % Kunststoffe und -waren, 3,2 % technische, chirurgische, fotografische und optische Produkte, 2,7 % Pharmazeutika; Länder: 23,5 % Australien, 17,2 % USA, 13,3 % Japan, 5,4 % Großbritannien, 4,9 % BRD, 3,6 % VR China, je 2,5 % Italien, Frankreich, Republik China; **Export**: 20.6 Mrd. NZ$; Güter: 14,4 % Molkereiprodukte, 12,8 % Fleisch, 12,1 % Holz, Holzprodukte, Papier, 5,7 % Maschinen, 5,5 % Fisch und Meeresfrüchte, 5 % Wolle, 3,9 % Aluminium und -erzeugnisse; Länder: 20,3 % Australien, 15,9 % Japan, 9,1 % USA, 6,3 % Großbritannien, 5 % Republik Korea, 3,3 % Hongkong, 2,8 % Republik China, 2,5 % VR China, 2,4 % BRD – **Tourismus** 1995/96: 1,44 Mio. Auslandsgäste, 3554 Mio. NZ$ Einnahmen

Cookinseln *Pazifik*

Cook Islands (→ Karte VIII b, D 3)

LANDESSTRUKTUR *Fläche:* 240,1 km² (Südl. Cookinseln mit 212,1, km² u. Nördl. Cookinseln mit 28 km²) – *Bevölkerung* (F 1994): 19 000 Einw.; (Z 1991): 18 552 – überw. Polynesier; 31 092 Cook-Maori leben in Neuseeland (F 1992) – *Sprachen:* Englisch, Maori – *Religion* 1994: 70 % Protestanten, 3086 Katholiken – *Inseln* (Z 1991): Rarotonga (mit Hptst. Avarua) 10 918 Einw., Aitutaki 2366, Mangaia 1105, Atiu 1003, Manihiki 666, Mauke 639

REGIERUNGSFORM Assoziiertes Territorium seit 1965 – Verfassung von 1965, letzte Änderung 1991 – Parlament mit 25 Mitgl., Wahl alle 5 J.; außerd. Häuptlingsrat (House of Ariki) mit 15 Mitgl. – Vertreter der brit. Königin: Sir Apenera Short – *Vertreter Neuseelands:* High Commissioner Darryl Dunn, seit 1994 – *Premierminister:* Sir Geoffrey A. Henry, seit 1989 – *Äußeres:* Inatio Akaruru – *Parteien:* Wahlen vom 24. 3. 1994: Cook Islands Party/CIP 20 Sitze (1989: 13), Democratic Party/DP 3 (8), Alliance Party 2 (–), Sonstige – (4)

WIRTSCHAFT *Währung:* 1 Cookinseln-Dollar (Ci$) = 100 Cents; 1 Ci$ = 1 NZ$ – *BIP* 1993: 78 Mio. NZ$ – *Erwerbstät.* 1991: Landw. 13%, Ind. 14%, Dienstl. 73% (dar. Tourismus 30%) – *Außenhandel* 1994: *Import:* 143 Mio. NZ$; Güter: v. a. Nahrungsmittel, bearb. Waren, Maschinen u. Transportmittel, mineral. Brennstoffe; Länder (1990): 42% Neuseel., 32% Italien; *Export:* 7 Mio. NZ$; Güter: landwirtschaftl. Erzeugn., Perlmuscheln, schwarze Perlen u. a.; Länder (1990): 33% Hongkong, 31% Neuseel., 24% Japan – *Tourismus* 1994: 57 321 Auslandsgäste, 57 Mio. NZ$ Einnahmen

Niue *Pazifik* (→ Karte VIII b, D 3)
Niue (Island)

LANDESSTRUKTUR *Fläche:* 262,7 km^2 – *Bevölkerung* (Z 1994): 2321 Einw., (14 556 Niuaner leben in Neuseeland; Z 1991) – *Leb.-Erwart.* 1991: 63 J. – *Sprachen:* Niueanisch (polynes. Spr.), Englisch – *Religion* 1991: fast ausschl. Christen (66% Protestanten) – *Hauptort* (F 1987): Alofi 900 Einw.

REGIERUNGSFORM Assoziiertes Territorium seit 1974 – Verfassung von 1974 – Versammlung mit 20 Mitgl., 6 davon gewählt, 14 Dorfrepräsentanten – Wahlrecht ab 18 J. – *Vertreter Neuseelands:* High Commissioner Warren Searell – *Premierminister u. Äußeres:* Frank Fakaotimanava Lui, seit 1993 – *Parteien:* Letzte Wahlen am 16. 2. 1996

WIRTSCHAFT *Währung:* NZ$ – *BIP* 1991: 11,8 Mio. NZ$ – *Hilfeleistungen* durch Neuseeland 1995/96: 8,4 Mio. NZ$ – *Außenhandel* 1993: *Import:* 6,96 Mio. NZ$; Güter: 28% Nahrungsmittel, auch verarb. Waren, Maschinenausrüst., Brennstoffe u. Chemikalien; Länder: 86% Neuseel.; *Export:* 0,54 Mio. NZ$; Güter: v. a. Kokoscreme, kunsthandwerkl. Erzeugn.; Länder (1985): 88% Neuseel.

Tokelau
Fläche: 10,12 km^2 (3 Atolle: Atafu 2,03 km^2, Fakaofo 2,63 km^2, Nukunonu 5,46 km^2) – *Bevölkerung* (Z 1991): 1577 Einw.; außerd. 2802 Tokelauer in Neuseeland – *Sprachen:* Tokelanisch (polynes. Spr.) u. Englisch – *Religion:* 67% Protestanten, 30% Katholiken – *Administrator:* Lindsay Watt, seit 1993 – Islands Council aus 3 unabh. Atoll-Gemeinschaften – Finanzhilfe von Neuseeland 1995/96: 5,3 Mio. NZ$

Chronik Ende September **1996** unterzeichnen Premierminister *Jim Bolger* und mehrere Stammesälteste eines Maori-Stammes ein Abkommen über eine Entschädigung in Millionenhöhe. Das Land (70 000 ha) des Whakatohea-Stamms war 1865 beschlagnahmt worden, da man ihm vorgeworfen hatte, den deutschen Missionar *Carl Volkner* ermordet zu haben. – Am 12. 10. 1996 finden **Parlamentswahlen nach einem neuen Wahlrecht** statt; 65 Mandatsträger des 120 Abgeordnete zählenden Repräsentantenhauses (+21) werden für eine dreijährige Legislaturperiode direkt, 55 über Parteilisten gewählt; 5 Mandate bleiben den Maoris vorbehalten. Die von Premierminister *Jim Bolger* geführte konservative Regierungspartei National Party (NP) erhält 33,8% der Stimmen (–1,3% gegenüber 1993), die oppositionelle Labour Party 28,2% (–6,5%), die populistische New Zealand First Party (NZFP) 13,4%. Wahlbeteiligung: 85,7%.

Nicaragua *Mittel-Amerika*

Republik Nicaragua; República de Nicaragua – NIC (→ Karte VI, J 8)

Fläche (Weltrang: 98.): 120 254 km^2

Einwohner (111.): F 1995 4 375 000 = 36 je km^2

Hauptstadt: Managua – S 1994: 1 000 000 Einw.

Amtssprache: Spanisch

Bruttosozialprodukt 1995 je Einw.: 380 $

Währung: 1 Córdoba (C$) = 100 Centavos

Botschaft der Republik Nicaragua
Konstantinstr. 41, 53179 Bonn, 0228/36 25 05

Landesstruktur (→ Karte) **Fläche**: 120 254 km^2 – **Bevölkerung**: Nicaraguaner; (Z 1971) 1 877 952 Einw. – 69% Mestizen, 14% Weiße, 9% Schwarze, 4% Indianer; Mulatten, Zambos – Anteil unter **Armutsgrenze** ∅ 1981–95: 43,8% – **Flüchtl.** Ende 1996: 19 000 in Anrainerstaaten, 1300 aus

Staaten

Nachbarstaaten – **Leb.-Erwart.** 1995: 68 J. – **Säugl.-Sterbl.** 1995: 4,6% – **Kindersterbl.** 1995: 6,0% – Jährl. **Bev.-Wachstum** ∅ 1985–95: 3,1% (Geb.- und Sterbeziffer 1995: 3,8%/0,6%) – **Analph.** 1995: 34% – **Sprachen**: Spanisch; indian. Sprachen (u.a. Chibcha, Miskito, Sumo); Englisch als Verkehrssprache – **Religion** 1992: 89% Katholiken, 5% Protestanten; Anhänger von Naturreligionen – **Städt. Bev.** 1995: 62% – **Städte** (S 1992): León 172 000 Einw. Masaya 101 900, Chinandega 101 600; (S 1985) Granada 88 700, Matagalpa 37 000, Estelí 30 700, Tipitapa 30 100

Staat Präsidialrepublik seit 1987 – Verfassung von 1995 – Nationalversammlung (Asamblea Nacional) mit 93 Mitgl., Wahl alle 6 J. – Direktwahl des Staatsoberh. alle 6 J. (keine unmittelb. Wiederwahl) – Wahlrecht ab 16 J. – **Verwaltung**: 16 Departamentos – **Staats- und Regierungschef**: Arnoldo Alemán Lacayo (PLC/AL), seit 10. 1. 1997 – **Äußeres**: Emilio Alvarez Montalván – **Parteien**: Wahlen vom 20. 10. 1996: Alianza Liberal (u.a. Partido Liberal Constitucionalista/PLC) 42, Frente Sandinista de Liberación Nacional/FSLN 37, Sonstige 14 (Wahlen 1990: Unión Nacional Opositora/UNO 51, FSLN 39, Partido Social Cristiano/PSC 1, Movimiento de Unidad Revolucionaria/MUR 1) – **Unabh.**: 15. 9. 1821 (Proklamation), endgültig 30. 4. 1838 (Austritt aus der Zentralamerikanischen Konföderation) – **Nationalfeiertage**: 19. 7. (Tag der Befreiung) und 15. 9. (Unabhängigkeitstag)

Wirtschaft **Währung**: 1 US-$ = 9,2683 C$; 1 DM = 5,5241 C$ – **BSP** 1995: 1659 Mio. $ – **BIP** 1995: 1911 Mio. $; realer Zuwachs ∅ 1990–95: 1,1%; Anteil (1994) **Landwirtsch.** 33%, **Industrie**

20%, **Dienstl.** 46% – **Erwerbstät.** 1993: Landw. 35% Ind. 16% – **Arbeitslosigkeit** ∅ 1994: 66% – **Energieverbrauch** 1994: 300 kg ÖE/Ew. – **Inflation** ∅ 1985–95: 963,7% (1994: 13,0%) – **Ausl.-Verschuld.** 1995: 9287 Mio. $ – **Außenhandel** 1994: **Import**: 853 Mio. $; Güter 1992: 34% Industriegüter, 26% Maschinen und Transportausrüstungen, 23% Nahrungsmittel, 15% Brennstoffe; Länder 1992: 26% USA, 14% Venezuela, 10% Costa Rica, 8% Guatemala, 6% Japan, 6% El Salvador, 3% Mexiko, 3% BRD; **Export**: 351 Mio. $; Güter 1992: 21% Kaffee, 19% Fleisch, 12% Baumwolle, 9% Zucker, 7% Meeresfrüchte, 5% Bananen; Länder 1992: 26% USA, 11% BRD, 9% Japan, 9% Belgien/Luxemburg, 8% Costa Rica, 6% Mexiko, 6% El Salvador, 4% Kanada

Chronik Bei den **Präsidentschaftswahlen** am 20. 10. **1996** kann sich der Kandidat des aus sechs Gruppierungen bestehenden rechtsliberalen Bündnisses Alianza Liberal (AL) *Arnoldo Alemán Lacayo* (Partido Liberal Constitucionalista/PLC) mit 51,03% der Stimmen gegen den Vorsitzenden des Frente Sandinista de Liberación Nacional (FSLN) und ehem. Präsidenten *Daniel Ortega Saavedra* (37,75%) durchsetzen; 19 weitere Bewerber erhalten jeweils weniger als 4% der Stimmen. Sandinisten und eine Gruppe der früheren rechtsgerichteten Contras, die in den 80er Jahren mit Unterstützung der USA versucht hatten, die Regierung *Ortegas* (1979–90) zu stürzen, hatten am 18. 9. ein Wahlbündnis geschlossen. Obwohl die Oberste Wahlkommission nach Protesten v.a. der FSLN, die wegen angeblich schwerer Unregelmäßigkeiten bei der Stimmenauszählung eine Teilannullierung der Wahlen gefordert hatte, und auf Empfehlung in- und ausländischer Wahlbeobachter, die trotz organisatorischer Mangel die Wahlen als insgesamt frei und fair bezeichnet hatten, eine Zweitauszählung der Stimmen angeordnet hatte, anerkennen die Sandinisten den Wahlsieg von *Alemán* nicht und bestreiten die Legitimität der neuen Regierung. Bei den ebenfalls am 20. 10. 1996 stattfindenden **Wahlen zur Nationalversammlung** erhalten die AL 42 von 90 Mandaten und der FSLN 37; die drei Kandidaten, die bei den Präsidentschaftswahlen unterlagen, aber über 1,1% der Stimmen erhalten hatten, ziehen auch in die Nationalversammlung ein (damit insgesamt 93 Abgeordnete). – Alle von der Nationalversammlung seit 22. 11. auf Initiative der Sandinisten ohne ausreichendes Quorum verabschiedeten Gesetze werden vom Obersten Gericht am 7. 1. **1997** für ungültig erklärt. Am 10. 1. findet die konstituierende Sitzung der Nationalversammlung statt. Am selben Tag wird *Alemán* als Präsident vereidigt; er löst *Violeta Barrios de Chamorro* als Staats- und Regierungschef ab. Dies ist der erste friedliche Amtswechsel zwischen gewählten zivilen Präsidenten in diesem Jahrhundert. Die Sandinisten boykottieren die Zeremonie zur Amtseinführung in Managua, an der rd. 20 000 Menschen teilnehmen, darunter die Präsidenten der Nachbarstaaten. In *Alemáns* **neuer Regierung** wird *Emilio Alvarez Montalván* Außenminister (Partido Conservador de Nicaragua); den seit 1990 nicht besetzten Posten des Verteidigungsministers übernimmt der Kaffeeproduzent *Jaime Cuadra Somariba*. Die am 13. 1. 1997 begonnenen Gespräche zwischen Regierung und FSLN über strittige Eigentumsfragen werden von den Sandinisten Ende Februar suspendiert und am 17. 3. abgebrochen. Nach landesweiten, von der FSLN organisierten Protestaktionen vom 14.–19. 4., v. a. Straßenblockaden, kündigt Präsident *Alemán* an, er werde den umstrittenen Gesetzesentwurf zur Besitzfrage überarbeiten lassen, und verhängt ein dreimonatiges Moratorium für gerichtlich angeordnete Zwangsräumungen zugunsten von während der sandinistischen Herrschaft Enteigneter. Präsident *Alemán* hatte mehrfach erklärt, daß die rd. 200 000 vormals besitzlosen Familien, an die im Rahmen der sandinistischen Landreform städtische Grundstücke und landwirtschaftliche Parzellen verteilt worden waren, eindeutige Besitztitel erhalten würden; die FSLN-Mitglieder, darunter *Ortega*, die sich konfisziertes Eigentum in der sog. »piñata« kurz vor dem Ende ihrer Herrschaft 1990 angeeignet hatten, müßten dieses zurückgeben oder zum Marktwert erwerben. – Im Juni und Juli 1997 kommt es in Managua zu gewalttätigen Demonstrationen von Studenten, die sich gegen die Kürzung der Hochschulmittel richten. Der von Präsident *Alemán* initiierte »Nationale Dialog« zur Überwindung der sozialen, wirtschaftlichen und politischen Krise, an dem u. a. Vertreter von Parteien, Gewerkschaften, Wirtschaft und Kirchen teilnehmen, beginnt am 30. 6. Die Sandinisten boykottieren diese Gespräche und fordern direkte Verhandlungen mit *Alemán*; zudem war dieser auf ihre Forderungen nach Entlassungsstopp im öffentlichen Dienst, Vergabe von Landtiteln an mehrere tausend Bauern und Erhöhung des Bildungsetats nicht eingegangen. Rund 70% der Bevölkerung leben in Armut.

Niederlande *West-Europa*

Königreich der Niederlande; Koninkrijk der Nederlanden, Kurzform: Nederlands – NL
(→ Karte II, E 2)

Fläche (Weltrang: 132.): 41 865 km²

Einwohner (55.): F 1995 15 460 000 = 369 je km²

Hauptstadt: Amsterdam – F 1994: 724 096 Einw.

Regierungssitz: Den Haag – F 1994: 445 279 Einw.

Amtssprachen: Niederländisch, regional Friesisch

Bruttosozialprodukt 1995 je Einw.: 24 000 $

Währung: 1 Holländ. Gulden (hfl) = 100 Cent

Botschaft des Königreichs der Niederlande
Sträßchensweg 10, 53113 Bonn, 0228/53 05-0

Landesstruktur **Fläche**: 41 865 km² – **Bevölkerung**: Niederländer; (Z 1993) 15 239 182 Einw. – (F 1990) 95,8% Niederländer (darunter etwa 360 000 Friesen), 1,2% Türken, 0,9% Marokkaner, 0,3% Deutsche, 1,8% Sonstige – **Flüchtl.** Ende 1996: 25 000 aus Bosnien-Herzegowina, 21 200 andere – **Leb.-Erwart.** 1995: 78 J. – **Säugl.-Sterbl.** 1995: 0,6% – **Kindersterbl.** 1995: 0,8% – Jährl. **Bev.-Wachstum** ∅ 1985–95: 0,6% (Geb.- und Sterbeziffer 1995: 1,3%/0,9%) – **Analph.** 1995: unter 5% – **Sprachen**: Niederländisch, Friesisch – **Religion** 1992: 36% Katholiken, 26% Protestanten versch. Kirchen (darunter 19% Niederländisch Reformierte Kirche), 3% Muslime; 30 000 Juden – **Städt. Bev.** 1995: 89% – **Städte** (F 1994): Rotterdam 598 521 Einw., Utrecht 234 106, Eindhoven 196 130, Groningen 170 535, Tilburg 163 383, Haarlem 150 213, Apeldoorn 149 449, Enschede 147 624, Nijmegen 147 018, Arnhem 133 670, Zaanstad 132 508, Breda 129 125, Maastricht 118 102, Leiden 114 892, Dordrecht 113 394, Amersfoort 110 117, Haarlemmermeer 103 658, Zoetermeer 103 420,

Staat Parlamentarische Monarchie seit 1848 – Verfassung von 1983 – Parlament (Staten-Generaal): Erste Kammer mit 75 Mitgl. (Wahl alle 4 J. durch Mitgl. der Provinzparlamente) und Zweite Kammer mit 150 Mitgl. (Wahl alle 4 Jahre) – Königin ernennt Regierungschef – Wahlrecht ab 18 J. – **Verwaltung**: 12 Provinzen; Überseegebiete Aruba und Niederländische Antillen (→ unten) – **Staatsoberhaupt**: Königin Beatrix Wilhelmina Armgard, seit 1980 – **Regierungschef**: Wim Kok (PvdA), seit 1994; Koalition aus PvdA, VVD und D66 – **Äußeres**: Hans van Mierlo (D66) –

Parteien: Wahlen der Zweiten Kammer vom 3. 5. 1994: Partei der Arbeit/PvdA 37 (1989: 49), Christlich Demokratischer Appell/CDA 34 (54), Volkspartei für Freiheit und Demokratie/VVD 31 (22), Demokraten 66/D66 24 (12), GroenLinks 5 (6), Sozialistische Partei/SP 2 (–); protestant. Parteien insg. 7 (6): Reformatorisch-Polit. Föderation/RPF 3 (1), Reformiert-Politit. Bund/GPV 2 (2), Streng-Reformierte Partei/SGP 2 (3); Seniorenpart. (2 Parteien) insg. 7 (–): Allgemeiner Altenverband/AOV 6, Politische Union 55+ 1; Centrum Demokraten/CD 3 (1) – Wahlen der Ersten Kammer vom 29. 5. 1995: VVD 23 Sitze (1991: 12), CDA 19 (27), PvdA 14 (16), D66 7 (12), Groen Links 4 (4), AOV 2 (–), SGP 2 (2), RPF 1 (1), GPV 1 (1), SP 1 (–), Unabh. 1 (–) – **Unabh.**: 2. 7. 1581 (Proklamation), 24. 10. 1648 anerkannt (Westfälischer Friede) – **Nationalfeiertage**: 30. 4. (Königinnentag) und 5. 5. (Nationaler Befreiungstag)

Wirtschaft (Einzelheiten → Kap. Wirtschaft) **Währung**: 1 US-$ = 1,96 hfl; 1 DM = 1,13 hfl – **BSP** 1995: 371 039 Mio. $ – **BIP** 1995: 395 900 Mio. $; realer Zuwachs ∅ 1990–95: 1,8 %; Anteil (1994) **Landwirtsch.** 3 %, **Industrie** 26 %, **Dienstl.** 71 % – **Erwerbstät.** 1993: Landw. 4 %, Ind. 25 %, Dienstl. 71 % – **Arbeitslosigkeit** ∅ 1996: 6,7 % (S 1997: 6,2 %) – **Energieverbrauch** 1994: 4580 kg ÖE/Ew. – **Inflation** ∅ 1985–95: 1,7 % (1996: 1,7 %, S 1997: 2,1 %) – **Ausl.-Verschuld.** 1995: keine – **Außenhandel** 1996: **Import**: 288 Mrd. hfl; Güter: (vorläufig) 23 % Maschinen, 14 % chem. Produkte, 12 % Nahrungs- und Genußmittel, 10 % Transportmittel, 8 % Mineralöl und -produkte; Länder 1995: 22 % BRD, 11 % Belgien/Luxemburg, 10 % Großbritannien, 9 % USA, 7 % Frankreich, 4 % Japan, 3 % Italien; **Export**: 321 Mrd. hfl; Güter: (vorläufig) 20 % Motoren, Maschinen und elektrische Apparate 19 % chem. Produkte, 7 % Mineralöl und -produkte, 7 % Rohstoffe, Öle und Fette, 6 % Transportmittel; Länder 1995: 28 % BRD, 13 % Belgien/Luxemburg, 11 % Frankreich, 10 % Großbritannien, 5 % Italien, 4 % USA, 3 % Spanien

Aruba *Kleine Antillen* (→ Karten VI, K/L 8 u. VIII a, C/D 4)

LANDESSTRUKTUR *Fläche:* 193 km² – *Bevölkerung* (F 1995): 80 000 Einw. ; (Z 1991) 66 687 – *Leb.-Erwart.* 1994: 75 J. – Jährl. *Bev.-Wachstum* ∅ 1985–94: 1,1 % – *Sprachen:* Niederländ. als Amtsspr.; Papiamento, auch Spanisch u. Englisch – *Religion:* 80 % Katholiken, 6500 Protestanten – *Hauptstadt* (Z 1991): Oranjestad 20 046 Einw.

REGIERUNGSFORM Sonderstatus (Status Aparte) seit 1986; niederl. seit 1636 – Verfassung von 1986 – Parlament (Staten) mit 21 Mitgl., Wahl alle 4 J. – *Gouverneur:* Olindo Koolman, seit 1992 – *Regierungschef:* Jan Hendrik A. Eman (AVP), seit 1994 – *Parteien:* Wahlen vom 29. 7. 1994: Arubaanse Volkspartij/AVP 10 der 21 Sitze (1993: 9), Movimentu Electoral di Pueblo/MEP 9 (9), Sonstige 2 (3)

WIRTSCHAFT *Währung:* 1 Aruba-Florin (Afl.) = 100 Cent; 1 US-$ = 1,80 Afl.; 1 DM = 1,03 Afl. – *BIP* 1994: 2249 Mio. Afl. – *Arbeitslosigkeit* ∅ 1993: 0,5 % – *Inflation* ∅ 1993: 5,3 % – *Außenhandel* 1994: *Import:* 2877 Mio. Afl.; *Export:* 2321 Mio. Afl. (v. a. Raffinerie u. Umschiffung von Erdöl u. Erdölprod.) – *Tourismus* 1995 (Haupteinnahmequelle): 618 916 Auslandsgäste u. 296 712 Kreuzfahrtteilnehmer, 521 Mio. $ Einnahmen

Niederländische Antillen
Nederlandse Antillen – NA (→ Karten VI, L 8 u. VIII a, D 4)

LANDESSTRUKTUR *Fläche:* 800 km² (5 Inseln: Curaçao 444 km², Bonaire 288 km², Sint Maarten [nur S-Teil; Nordteil St. Martin franz.] 34 km², Sint Eustatius 21 km², Saba 13 km² – *Bevölkerung* (F 1995): 200 000 Einw., (Z 1992): 189 474 – (S) 90 % Schwarze u. Mulatten; Arawak-Indianer, Inder – *Leb.-Erwart.* 1994: 77 J. – Jährl. *Bev.-Wachstum* ∅ 1985–95: 1,0 % – *Sprachen:* Niederländ. u. Papiamento (Mischspr. aus Spanisch, Niederländ. u. a.) als Amtsspr.; Englisch, Spanisch – *Religion* 1992: 80 % Katholiken, 8 % Protestanten; Minderh. von Hindus, Juden, Muslimen – *Inseln* (Z 1992): Curaçao (mit Hptst. Willemstad) 144 097 Einw., Sint Maarten 32 221, Bonaire 10 187, Sint Eustatius 1839, Saba 1130

REGIERUNGSFORM Autonomes Gebiet seit 1954; niederl. seit 1630 – Verfassung von 1954 – Parlament (Staten) mit 22 Mitgl., Wahl alle 4 J. – *Verwaltung:* 5 Inselgebiete - *Gouverneur:* Jaime M. Saleh, seit 1990 – *Regierungschef:* Miguel A. Pourier (PAR), seit 1993 – *Parteien:* Wahlen vom 25. 2. 1994: Partido Antía Restrukturá/PAR 8 der 22 Sitze (1990: 0), Partido Nashonal di Pueblo/PNP 3 (7), Democratische Partij-Bonaire/DPB 2 (3), Movimentu Antiyas Nobo/MAN 2 (2), St Maarten Patriotic Alliance/SPA 2 (2), Sonstige 5 (8)

WIRTSCHAFT *Währung:* 1 Niederl.-Antillen-Gulden (NAf) = 100 Cent; 1 US-$ = 1,82 NAf; 1 DM = 1,03 NAf – *BIP* 1991: 3396 Mio. NAf – Jährl. *Entwicklungshilfe* 200–300 Mio. Gulden – *Erwerbs-*

tät. 1992: Landw. 2%, Industrie 20%, Dienstl. 78% – *Arbeitslosigkeit* ∅ 1992: 15,3% – *Außenhandel* 1993: *Import:* 1130 Mio. $; *Export:* 226 Mio. $; Güter: Raffinerieprod.; Handelspartner: USA, Niederl. – *Tourismus:* ca. 25% des BSP (auf Sint Maarten 80%)

Niger *West-Afrika*

Republik Niger; République du Niger – RN
(→ Karte IV, B 3/4)

Fläche (Weltrang: 21.): 1 267 000 km²

Einwohner (79.): F 1995 9 028 000 = 7,1 je km²

Hauptstadt: Niamey
Z 1988: 398 265 Einw. (F 1990, A: 550 000)

Amtssprache: Französisch

Bruttosozialprodukt 1995 je Einw.: 220 $

Währung: CFA-Franc

Botschaft der Republik Niger
Dürenstr. 9, 53173 Bonn, 0228/35 39 59

Landesstruktur **Fläche**: 1 267 000 km² – **Bevölkerung**: Nigrer; (Z 1988) 7 249 596 Einw. – 53,6% Haussa, 21% nilo-saharanische Gruppen (Dscherma und Songhai), 10,4% Fulbe, 9,2% Tuareg, 4,3% Kanouri, außerdem Tubu, Araber und etwa 6000 Europäer (meist Franzosen) – Anteil unter **Armutsgrenze** ∅ 1981–95: 61,5% – **Flüchtl.** Ende 1996: 15 000 in Algerien; 25 000 aus Mali, 2000 aus dem Tschad – **Leb.-Erwart.** 1995: 48 J. – **Säugl.-Sterbl.** 1995: 19,1% – **Kindersterbl.** 1995: 32,0% – Jährl. **Bev.-Wachstum** ∅ 1985–95: 3,2% (Geb.- und Sterbeziffer 1995: 5,2%/1,8%) – **Analph.** 1995: 86% – **Sprachen**: (S) 75% Haussa (Erst- od. Zweitsprache), 22% Songhai-Dscherma, 10% Fulbe, 8% Tamaschagh (Tuareg), 4% Kanouri u.a.; Französisch verbreitet – **Religion** 1992: 80% Muslime (u.a. Quadriya-, Senussi- und Tidjaniya-Sekten; Sunniten), 10–15% Anhänger von Naturreligionen, christl. Minderheit – **Städt. Bev.** 1995: 23% – **Städte** (Z 1988): Zinder 120 900 Einw., Maradi 113 000, Tahoua 51 600, Agadez 50 200

Staat Präsidialrepublik seit 1960 – Verfassung von 1996 – Parlament (Assemblée Nationale) mit 83 Mitgl., Wahl alle 5 J. – Direktwahl des Staatsoberh. alle 5 J. (einmalige Wiederwahl) – Wahlrecht ab 18 J. – **Verwaltung**: 8 Départements – **Staatsoberhaupt**: Oberst Ibrahim Baré Maïnas-

sara (CSN-Vorsitzender), seit 1996 – **Regierungschef**: Amadou Boubacar Cissé, seit 21. 12. 1996 – **Äußeres**: Ibrahim Hassane Maïyaki, seit 21. 12. 1996 – **Parteien**: Wahlen vom 23. 11. 1996: Union Nationale des Indépendants pour le Renouveau Démocratique/UNIRD (dem Staatspräsidenten nahestehende Gruppierung) 49 Sitze; Alliance Nigérienne pour la Démocratie et le Progrès Social-Zawan Lahiya/ANDPS-Zawan-Lahiya. Union pour la Démocratie et le Progrès Social-Amana/UDPS-Amana und Front pour la Démocratie et le Progrès/FDP zus. 31; 3 Sitze vakant; Opposition boykottiert Wahl – **Unabh.**: 3. 8. 1960 (ehem. französische Kolonie) – **Nationalfeiertage**: 3. 8. (Unabhängigkeitstag) und 18. 12. (Tag der Republik)

Wirtschaft **Währung**: 1 US-$ = 57,77 CFA-Francs; 1 DM = 337,12 CFA-Francs; Wertverhältnis zum Französischen Franc: 1 FF = 100 CFA-Francs – **BSP** 1995: 1961 Mio. $ – **BIP** 1995: 1860 Mio. $; realer Zuwachs ∅ 1990–95: 0,5%; Anteil (1993) **Landwirtsch.** 39%, **Industrie** 18%, **Dienstl.** 43% – **Erwerbstät.** 1993: Landw. 86%, Ind. 14%, Dienstl. 14% – **Arbeitslosigkeit**: k. Ang. – **Energieverbrauch** 1994: 37 kg ÖE/Ew. – **Inflation** ∅ 1985–95: 1,3% (1994: 36%) – **Ausl.-Verschuld.** 1995: 1633 Mio. $ – **Außenhandel** 1994: **Import**: 122 Mrd. CFA-Francs; Güter 1992: 31% Industriegüter, 28% Maschinen und Transportausrüstungen, 20% Brennstoffe, 17% Nahrungsmittel; Länder 1989: 54% EU-Staaten (darunter 30% Frankreich), 28% Nigeria, Elfenbeinküste, Japan; **Export**: 123 Mrd. CFA-Francs; Güter 1989: 90% Bergbauerzeugn. (bes. Uran); Länder 1989: 78% EU-Staaten (darunter 76% Frankreich), 11% Nigeria

Chronik *Ibrahim Baré Maïnassara*, der im Januar 1996 Präsident *Mohamane Ousmane* durch einen Militärputsch stürzte (→ WA '97, Sp. 466), verringert nach seiner umstrittenen Wahl zum Präsidenten (Juli 1996) Ende August **1996** den Anteil an Militärs in der Regierung und bezieht auch Mitglieder der Opposition ein, um Forderungen des Internationalen Währungsfonds (IWF) entgegenzukommen. – Acht **Oppositionsparteien** unter Führung des ehem. Präsidenten *Ousmane* schließen sich am 15. 9. zu einer Front für die Wiederherstellung und Verteidigung der Demokratie (FRDD) zusammen. Sie fordern die Annullierung der Präsidentschaftswahlen und die Wiedereinsetzung der unabhängigen Wahlkommission als Bedingung für ihre Teilnahme an Parlamentswahlen. Trotz Vermittlungsversuchen der Regierung und internationaler Vertreter halten sie an ihrem **Wahlboykott** fest. – An den **Parlamentswahlen** am 23. 11. beteiligen sich 11 Parteien. Die Wahlbeteiligung liegt nach offiziellen Angaben bei 39,17%, nach Schätzungen der Opposition bei 5%. Die dem Präsidenten nahestehende Union Nationale des Indépendants pour le Renouveau Démocratique (UNIRD) erhält 83% der Stimmen. – Am 21. 12. wird *Amadou Boubacar Cissé*, ein früherer Mitarbeiter der Weltbank, zum **neuen Ministerpräsidenten** eines 27köpfigen Kabinetts ernannt. Am selben Tag räumen die im Pariser Club vertretenen Staaten Niger eine Umstrukturierung seiner Schulden ein und streichen 67% seiner Verbindlichkeiten ein. – Die FRDD findet mit Protestaktionen nur wenig Resonanz bei der Bevölkerung. Nach einer Demonstration am 11. 1. **1997** werden die 3 führenden **Oppositionspolitiker** *Ousmane, Mahamadou Issoufou* und *Mamadou Tandja* und 58 Demonstranten **verhaftet**. Sie sollen sich vor einem Sondergericht verantworten, das die Verfassung für Hochverratsvergehen vorsieht, werden aber am 23. 1. auf Veranlassung Präsident *Baré Maïnassaras* freigelassen.

Nigeria *West-Afrika*

Bundesrepublik Nigeria; Federal Republic of Nigeria – WAN (→ Karte IV, B 4)

Fläche (Weltrang: 31.): 923 768 km²

Einwohner (10.): F 1995 103 912 000 = 113 je km²

Hauptstadt: Abuja – F 1992: 298 300 Einw.

Amtssprache: Englisch

Bruttosozialprodukt 1995 je Einw.: 260 $

Währung: 1 Naira (N) = 100 Kobo

Botschaft der Bundesrepublik Nigeria
Goldbergweg 13, 53177 Bonn, 0228/32 20 71

Landesstruktur (Karte → WA '96, Sp. 499f.) **Fläche**: 923 768 km² – **Bevölkerung**: Nigerianer; (Z 1991) 88 514 501 Einw. – (S) insg. 434 Ethnien: 21% Hausa-Fulani u. a. hamitische und tschadohamit. Ethnien (Kanuri, Tuareg) im N, 18% Ibo, 6% Ibibio usw. im SO, 21% Yoruba im SW sowie Nomaden (Fulani); etwa 16 000 Europäer (meist Briten) – Anteil unter **Armutsgrenze** ∅ 1981–95: 28,9% – **Flüchtl.** Ende 1996: 30 000 Binnenflüchtlinge; 3600 in Anrainerstaaten; 5000 aus Liberia, 1500 aus dem Kamerun, 1500 aus dem Tschad – **Leb.-Erwart.** 1995: 51 J. – **Säugl.-Sterbl.** 1995: 11,4% – **Kindersterbl.** 1995: 19,1%

– Jährl. **Bev.-Wachstum** ∅ 1985–95: 2,9% (Geb.- und Sterbeziffer 1995: 4,4%/1,5%) – **Analph.** 1995: 43% – **Sprachen**: Englisch; überwiegend Kwa-Sprachen (u. a. Yoruba, Igbo), Ful, Haussa als Umgangssprache; Edo, Ibibio, Kanuri, Efik, Ijaw, Nupe, Tiv, Urhobo u. a.; Französisch – **Religion** 1992: 45% Muslime (v. a. im N), 26% Protestanten, 12% Katholiken und 11% afrikan. Christen (v. a. im S); Anhänger von Naturreligionen – **Städt. Bev.** 1995: 39% – **Städte** (F 1994): Lagos 1 444 000 Einw. (als A: 5,7 Mio.), Ibadan 1 362 000, Ogbomosho 694 400, Kano 641 200, Oshogbo 453 600, Ilorin 452 700, Abeokuta 406 500, Port Harcourt 389 900, Zaria 360 800, Ilesha 359 900, Onitsha 353 800, Iwo 344 300, Kaduna 325 500, Mushin 317 000, Maiduguri 304 500, Enugu 300 700, Ede 292 100, Ife 282 400, Benin City 218 300

Staat Präsidiale Bundesrepublik (im Commonwealth; Mitgliedschaft (seit 13. 11. 1995 suspendiert) seit 1979 – Militärregime seit 1983 – Verfassung von 1979 mit Änderung von 1984 – Nationalversammlung (Repräsentantenhaus mit 593 und Senat mit 91 Mitgl., Wahl alle 4 J.), seit 1993 aufgelöst – Seit 1993 Provisional Ruling Council/PRC mit exekutiven und legislativen Funktionen (25 Mitgl., nur Militärangehörige) – Wahlrecht ab 21 J. – **Verwaltung**: 36 Bundesstaaten und Bundeshauptstadt-Territorium – **Staats- und Regierungschef**: General Sani Abacha (Vors. des PRC), seit 1993 – **Äußeres**: Tom Ikimi – **Parteien**: Wahlen vom 4. 7. 1992: Repräsentantenhaus: Social Democratic Party/SDP 314 Sitze, National Republican Convention/NRC 275, 4 Sitze vakant – Senat: SDP 52 Sitze, NRC 37, 2 Sitze vakant – **Unabh.**: 1. 10. 1960 (ehem. brit. Kolonie) – **Nationalfeiertag**: 1. 10. (Unabhängigkeitstag)

Wirtschaft Währung: Freimarktkurs: 1 US-$ = 85,00 N; 1 DM = 50,3078 N; Bindung an US-$ – **BSP** 1995: 28 411 Mio. $ – **BIP** 1995: 26 817 Mio. $; realer Zuwachs ∅ 1990–95: 1,6%; Anteil (1995) **Landwirtsch.** 28%, **Industrie** 53%, **Dienstl.** 18% – **Erwerbstät.** 1993 (S): Landw. 45%, Ind. 7%, Dienstl. 48% – **Arbeitslosigkeit** ∅ 1995: 25% – **Energieverbrauch** 1994: 162 kg ÖE/Ew. – **Inflation** ∅ 1985–95: 33,0% (S 1996: 40%) – **Ausl.-Verschuld.** 1995: 35 005 Mio. $ – **Außenhandel** 1995: **Import**: 5,59 Mrd. $; Güter 1994: 31,2% Maschinen, 25,2% Chemikalien, 22,2% verarb. Güter, 10,8% Lebensmittel; Länder 1995: 13,4% Großbritannien, 11,8% USA, 10,7% BRD, 8,2% Frankreich, 5,7% Niederlande, 4,8% Italien, 4,2% Brasilien, 3,4% Japan; **Export**: 11,66 Mrd. $; Güter 1994: 97,4% Erdöl, außerdem Ka-

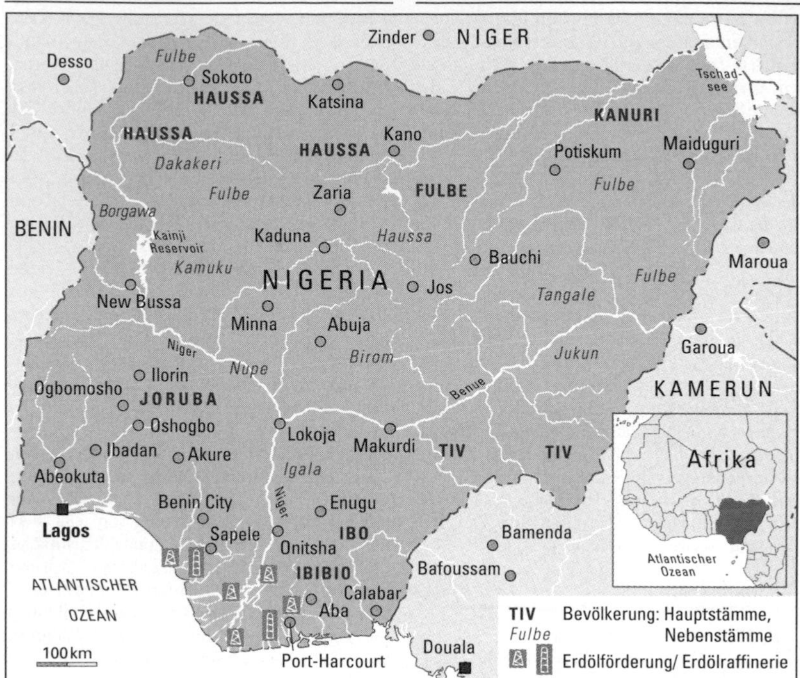

kaobohnen, Kautschuk, Palmöl, Erd- und Cashewnüsse; Länder 1995: 39,4% USA, 8,9% Spanien, 6,3% Spanien, 4,9% Indien, 4,9% BRD, 3,7% Kanada, 3,6% Portugal, 3,6% Elfenbeinküste

Chronik Das Militärregime von General *Sani Abacha* setzt trotz internationaler Sanktionen nach der Hinrichtung von Regimekritikern (→ WA '97, Sp. 469 ff.) die **Menschenrechtsverletzungen** fort. Die Opposition muß mit Repressionen und Behinderungen rechnen; nach Angaben nigerianischer Menschenrechtsorganisationen befinden sich bis zu 50 000 Personen aus politischen Gründen ohne Gerichtsverfahren und unter menschenunwürdigen Bedingungen in Haft. – Am 1. 10. **1996** werden per Dekret **6 neue Bundesstaaten** geschaffen; deren Gesamtzahl erhöht sich damit auf 36. – Von November 1996 bis Januar **1997** werden mehrere **Bombenanschläge** gegen Angehörige und Einrichtungen der Armee verübt. Das Militärregime beschuldigt im Februar den im Exil lebenden Literaturnobelpreisträger *Wole Soyinka,* Sprecher der Oppositionsbewegung National Liberation Council of Nigeria (NALICON), und 15 weitere prominente Dissidenten, hinter den Anschlägen zu stehen. Ende Juli schreibt die Junta *Soyinka*, den ehem. Informationsminister *Anthony Enahoro*, den ehem. Armeechef *Alani Akinrinade* und den ehem. Senator *Bola Tinubu* wegen Landesverrats zur Fahndung aus; damit kann sie die Auslieferung der Gesuchten im Ausland beantragen. – Im **Niger-Delta** steigen die Spannungen zwischen dem Militär, Ölfirmen und der Bevölkerung. Mehrfach werden Mitarbeiter westlicher Firmen als Geiseln genommen. Bei Unruhen in Warri kommen im April 1997 mindesten 65 Menschen ums Leben. – General *Abacha* erklärt am 2. 7., daß die Militärjunta die Macht am 1. 10. 1998 an zivile Institutionen übergeben werde. An diesem Tag sollen Präsidentschafts- und Gouverneurswahlen stattfinden. – Die Organisation Transparency International, die seit 1995 das Ausmaß der Korruption in Politik und Unternehmen untersucht, klassifiziert Nigeria in ihrem am 31. 7. veröffentlichten Bericht als korruptestes Land des Jahres, gefolgt von Bolivien, Kolumbien und Rußland.

Nördliche Marianen → Vereinigte Staaten von Amerika (US-Commonwealth Territories)

Norwegen *Nord-Europa*

Königreich Norwegen; Kongeriket Norge – N
(→ Karte II/III, E-H 0–2)

Fläche (Weltrang: 66.): 323 877 km²

Einwohner (112.): F 1995 4 354 000 = 13,4 je km²

Hauptstadt: Oslo – F 1995: 483 400 Einw.

Amtssprache: Norwegisch

Bruttosozialprodukt 1995 je Einw.: 31 250 $

Währung: 1 Norwegische Krone (nkr) = 100 Øre

Botschaft des Königreichs Norwegen
Mittelstr. 43, 53175 Bonn, 0228/81 99 70

Landesstruktur **Fläche**: 323 877 km² – **Bevölkerung**: Norweger; (Z 1990) 4 247 546 Einw. – 96,6% Norweger, 0,4% Dänen, 0,3% Pakistaner, 0,3% Briten, 0,3% Schweden; außerdem etwa 40 000 Samit (Lappen) und 12 000 Finnen (Kvener) – **Flüchtl.** Ende 1996: 11 000 aus Bosnien-Herzegowina, 1700 andere – **Leb.-Erwart.** 1995: 77 J. – **Säugl.-Sterbl.** 1995: 0,6% – **Kindersterbl.** 1995: 0,8% – Jährl. **Bev.-Wachstum** ∅ 1985–95: 0,5% (Geb.- und Sterbeziffer 1995: 1,4%/1,1%) – **Analph.** 1994: unter 5% – **Sprachen**: Norwegisch (mit zwei Schriftsprachen: Bokmål und Nynorsk [Neu-Norwegisch]); Samisch (Lappisch) – **Religion** 1994: (Evangelisch-Lutherische Kirche ist Staatskirche) 89% evangelische Lutheraner sowie andere protestant. Kirchen; 35 280 Katholiken, 21 700 Muslime – **Städt. Bev.** 1995: 73% – **Städte** (F 1996): Bergen 223 238 Einw., Trondheim 143 829, Stavanger 104 373, Kristiansand 69 269, Frederikstad 65 711, Tromsø 56 646, Drammen 52 888

Staat Parlamentarische Monarchie seit 1905 – Verfassung von 1814 – Parlament (Storting) mit 165 Mitgl. (teilt sich für legislative Aufgaben in 2 Kammern: Lagting mit 39 und Odelsting mit 126 Mitgl.); Wahl alle 4 J. – Wahlrecht ab 18 J. – **Verwaltung**: 19 Provinzen; außerdem Außenbesitzungen (Außengebiete → unten) – **Staatsoberhaupt**: König Harald V., seit 1991 – **Regierungschef**: Thorbjørn Jagland (DNA), seit 25. 10. 1996 – **Äußeres**: Bjørn Tore Godal – **Parteien**:

Wahlen vom 12./13. 9. 1993: Arbeiterpartei/DNA 67 Sitze (1989: 63), Zentrumspartei/SP 32 (11), Höyre/H 28 (37), Christliche Volkspartei/KFP 13 (14), Sozialistische Linkspartei/SVP 13 (17), Fortschrittspartei/FP 10 (22), Venstre-Partei 1 (–), Sonstige 1 (1) – **Unabh.**: alte staatl. Tradition, 27. 10. 1905 endgültig unabhängig (Austritt aus der Union mit Schweden) – **Nationalfeiertag**: 17. 5. (Verfassungstag)

Wirtschaft **Währung**: 1 US-$ = 7,30 nkr; 1 DM = 4,20 nkr – **BSP** 1995: 136 077 Mio. $ – **BIP** 1995: 145 954 Mio. $; realer Zuwachs ∅ 1990–95: 3,5%; Anteil (1993) **Landwirtsch.** 3%, **Industrie** 35%, **Dienstl.** 62% – **Erwerbstät.** 1994: Landw. 5%, Ind. 23%, Dienstl. 72% – **Arbeitslosigkeit** ∅ 1996: 4,9% (S 1997: 4,5%) – **Energieverbrauch** 1994: 5318 kg ÖE/Ew. – **Inflation** ∅ 1985–95: 3,1% (1996: 1,3%, S 1997: 2,5%) – **Ausl.-Verschuld.** 1995: keine – **Außenhandel** 1996: **Import**: 221 Mrd. nkr; Güter: 39% Maschinen, elektrotechn. Erzeugn. und Fahrzeuge, 17% bearb. Waren, 9% chem. Erzeugnisse, 7% Brennstoffe, 5% Nahrungsmi., leb. Tiere, Getränke und Tabak; Länder: 17% Schweden, 13% BRD, 9% Großbritannien, 8% Dänemark, 6% USA, 4% Japan, 4% Niederlande, 4% Frankreich; **Export**: 316 Mrd. nkr; Güter: 55% mineral. Brennstoffe u.ä., 15% bearb. Waren, 11% Maschinen, elektrotechn. Erzeugn. und Kraftfahrzeuge, 8% Nahrungsmittel, leb. Tiere, Getränke und Tabak, 6% chem. Erzeugnisse; Länder: 20% Großbritannien, 11% BRD, 11% Niederlande, 9% Schweden, 9% Frankreich, 7% USA, 5% Dänemark, 3% Belgien/Luxemburg – **Tourismus** 1996: über 3,3 Mio Auslandsgäste, 15 672 Mio. nkr Einnahmen

Spitzbergen (Svalbard) *Fläche*: 62 924 km², davon Spitzbergen 39 368 km² u. Bäreninsel (Bjørnøya) 176 km²; außerdem Hopen, Kong Karlsland (König-Karl-Land), Kvitya (Kvitöya), Barentsøya (Barentsinsel), Edgeøya (Edgeinsel), Nordaustlandet (Nordostland), Prins Karlsforland (Prinz-Karl-Vorland) – *Bevölkerung* (F 1996): 3120 Einw.; 1470 Norweger, 1640 Russen u. Ukrainer sowie 10 Polen – *Hauptsiedlung*: Longyearbyen mit ca. 1000 Einw. – *Gouverneur*: Ann-Kristin Olsen – Kohleexport aus 2 norw. Gruben 292 000 t, aus 3 russ. 472 000 t (1995)

Jan Mayen: Fläche: 380 km²; unbewohnt; Wetter- u. Funkstation
Nebenländer (Bilandet): Bouvetøya (Bouvetinsel), Peter I øy (Peter-I.-Insel) mit rd. 180 km², **Dronning Maud Land (Königin-Maud-Land)** → Antarktis

Chronik Nach dem – angesichts der nächsten Parlamentswahlen im Herbst 1997 parteistrategisch motivierten – **Rücktritt von Ministerpräsidentin Gro Harlem Brundtland** (DNA) am 23. 10. **1996** ernennt König *Harald V.* am 25. 10. den Vorsitzenden der sozialdemokratischen Arbeiterpartei (DNA), *Thorbjørn Jagland*, zum **neuen Regierungschef**. – Am 27. 11. und am 16. 12. treten 2 Minister zurück: Planungsminister *Rød Larsen* muß sich für Finanzmanipulationen verantworten, die er als Manager einer Handelskette tätigte; Energieministerin *Grete Faremo* übernimmt die politische Verantwortung für illegale Observierungspraktiken während ihrer Amtszeit als Justizministerin; der Chef des Geheimdienstes POT wird entlassen. Justizministerin *Anne Holt* tritt am 4. 2. **1997** zurück; sie macht zwar gesundheitliche Probleme geltend, hatte sich jedoch durch ihre Kritik an der Asylpolitik Gegner im Regierungslager geschaffen.

Oman *Vorder-Asien*

Sultanat Oman; Salṭanat ʻUmān – OM
(→ Karte IV, C 3/4)

Fläche (Weltrang: 83.): 212 457 km²

Einwohner (137.): F 1995 2 196 000 = 10,3 je km²

Hauptstadt: Masqaṭ (Maskat)
S 1990 (A): 85 000 Einw.

Amtssprache: Hocharabisch

Bruttosozialprodukt 1995 je Einw.: 4820 $

Währung: 1 Rial Omani (R.O.) = 1000 Baizas

Botschaft des Sultanats Oman
Lindenallee 11, 53173 Bonn, 0228/35 70 31

Landesstruktur Fläche: 212 457 km², einschließlich Kuria-Muria-Inseln mit 78 km² – **Bevölkerung**: Omaner; (Z 1993) 2 017 591 Einw. (1 480 531 Staatsbürger und 537 060 Nicht-Omaner) (Einzelheiten → WA '97, Sp. 474) – (S) 88% Araber, 4% Balutschen, 3% Perser, 2–3% Inder und Pakistaner, 2% Afrikaner – **Leb.-Erwart.** 1995: 70 J. – **Säugl.-Sterbl.** 1995: 2,0% – **Kindersterbl.** 1995: 2,5% – Jährl. **Bev.-Wachstum** ∅ 1985–95: 4,5% (Geb.- und Sterbeziffer 1995: 4,3%/0,5%) – **Analph.** 1992: 65% – **Sprachen**: Arabisch; iranische (Balutschi, Persisch) und indoarische Sprachen (u. a. Urdu); Englisch teilw. Handelssprache – **Religion** (Islam ist Staatsreligion) 1992: 85% Muslime (56% Ibaditen, 19% Sunniten), 15% Hindus – **Städt. Bev.** 1995: 13% – **Städte** (F 1990): Ṣuḥār 91 521 Einw., Ṣūr 59 963, Nizwā 62 880, Rustaq 66 205

Staat Sultanat seit 1744 – Nationaler Konsultativrat (Madschlis as-Schura) mit 80 Mitgl. (alle 3 J. vom Sultan ernannt) – **Verwaltung**: 59 Provinzen – **Staats- und Regierungschef**: Sultan Qabus Bin Said, seit 1970 – **Äußeres**: Yussef Bin Alawi – **Parteien**: keine – **Unabh.**: Alte staatl. Tradition – **Nationalfeiertage**: 18. 11. (Gründung des Sultanats Oman 1970) und 19. 11. (Geburtstag des Sultans)

Wirtschaft Währung: 1 US-$ = 0,3850 R.O.; 1 DM = 0,2293 R.O.; Bindung an US-$ – **BSP** 1995: 10 578 Mio. $ – **BIP** 1995: 12 102 Mio. $; realer Zuwachs ∅ 1990–95: 6,0%; Anteil (1993) **Landwirtsch.** 3%, **Industrie** 48%, **Dienstl.** 49% – **Erwerbstät.** 1993: Landw. 37% – **Arbeitslosigkeit**: k. Ang. – **Energieverbrauch** 1994: 2392 kg ÖE/Ew. – **Inflation** ∅ 1985–95: –0,2% – **Ausl.-Verschuld.** 1995: 3107 Mio. $ – **Außenhandel** 1993: **Import**: 4114 Mio. $; Güter: 44% Maschinen und Transportausrüstungen, 32% Industriegüter, 19% Nahrungsmittel; Länder: 28% Vereinigte Arabische Emirate, 21% Japan, 8% Großbritannien, 8% USA, 4% BRD; **Export**: 5428 Mio. $ (1992); Güter: 77% Erdöl, 16% Reexporte, 6% versch. Güter (u. a. Fisch, Kupfer, Datteln, Tomaten, Limonen, Perlen); Länder 1991: 35% Japan, 29% Republik Korea, 5% Vereinigte Arabische Emirate, 5% Singapur

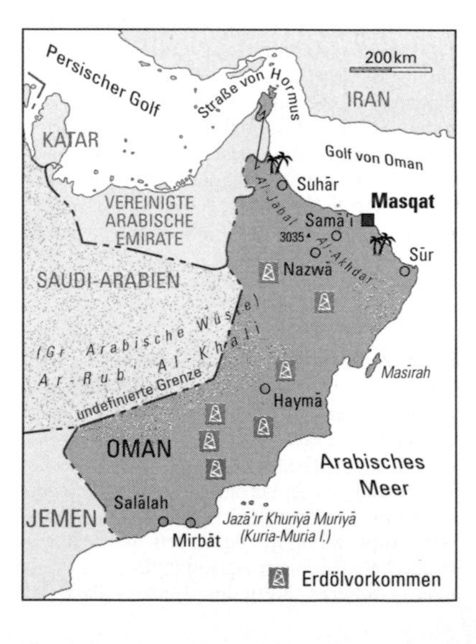

Österreich *Mittel-Europa*

Republik Österreich – A (→ Karte I, B-D, 2/3)

Fläche (Weltrang: 113.): 83 845 km²

Einwohner (85.): F 1995 8 054 000 = 96 je km²

Hauptstadt: Wien – F 1997: 1 616 240 Einw.

Amtssprache: Deutsch

Bruttosozialprodukt 1995 je Einw.: 26 890 $

Währung: 1 Schilling (S) = 100 Groschen

Botschaft der Republik Österreich
Johanniterstr. 2, 53113 Bonn, 0228/53 00 6-0

Landesstruktur **Fläche**: 83 845 km² – **Bevölkerung**: Österreicher; (Z 1991) 7 795 786 Einw. – (F 1996) 8 067 812 Einwohner: 90,9% Österreicher, 9,1% Ausländer: 4,2% aus dem ehemaligen Jugoslawien, 1,7% Türken, 3,2% Sonstige – **Flüchtl.** Ende 1996: 73 000 aus Bosnien-Herzegowina, 7000 andere – **Leb.-Erwart.** 1995: 77 J. – **Säugl.-Sterbl.** 1995: 0,6% – **Kindersterbl.** 1995: 0,7% – Jährl. **Bev.-Wachstum** ∅ 1985–95: 0,6% (Geb.- und Sterbeziffer 1995: 1,2%/1,0%) – **Analph.** 1995: unter 5% – **Sprachen** 1991: 92,3% Deutsch, 2% Serbokroatisch, 1,5% Türkisch, 0,8% Kroatisch, 0,4% Slowenisch, 0,4% Ungarisch, 0,2% Tschechisch – **Religion** 1991: 78% Katholiken, 5% Protestanten, 2% Muslime, 0,2% Altkatholiken, 0,1% Juden – **Städt. Bev.** 1995: 56% – **Städte** (F 1997): (Landeshauptstädte → Tabelle, Sp. 539 f.) Villach 56 887 Einw., Wels 54 750, Dornbirn 41 000, Steyr 40 569, Wiener Neustadt 37 736, Wolfsberg 28 690, Leoben 27 789, Feldkirch 27 771, Baden 23 803, Klosterneuburg 23 493, Krems an der Donau 23 269, Traun 23 097, Kapfenberg 22 985, Amstetten 22 884, Leonding 21 665, Mödling 20 488, Lustenau 19 554, Hallein 18 193, Braunau am Inn 16 777, Spittal an der Drau 16 345, Schwechat 15 569, Ternitz 15 488, Ansfelden 15 222

Staat Parlamentarisch-demokratische Republik seit 1918 – Verfassung von 1920 in der Fassung von 1929 – Parlament (Bundesversammlung): Nationalrat mit 183 Mitgl. (Wahl alle 4 Jahre) und Bundesrat mit 64 Mitgl.; Präsident des Nationalrates: Dr. Heinz Fischer (SPÖ), 2. bzw. 3. Präsident Dr. Heinrich Neisser (ÖVP) und Wilhelm Brauneder (FPÖ) – Direktwahl des Bundespräsidenten alle 6 J. – Wahlrecht ab 18 J. – **Verwaltung**: 9 Bundesländer – **Staatsoberhaupt**: Bundespräsident Dr. Thomas Klestil (ÖVP), seit 1992 – **Regierungschef**: Bundeskanzler Viktor Klima (SPÖ-Vorsitzender), seit 28. 1. 1997 – **Äußeres**: Dr. Wolfgang Schüssel (ÖVP-Vorsitzender), seit 1995 – **Parteien**: Wahlen zum Nationalrat vom 17. 12. 1995: Sozialdemokratische Partei Österreichs/SPÖ 71 Sitze (1994: 65), Österreichische Volkspartei/ÖVP 53 (52), Freiheitliche Partei Österreichs –. Die Freiheitlichen/FPÖ 40 (42), Liberales Forum/LiF 10 (11), Die Grünen 9 (13) – Bundesrat (Stand September 1997): ÖVP 26 Sitze, SPÖ 24, FPÖ 14 – **Unabh.**: alte staatl. Tradition; unter den Habsburgern ab 1282, 1804 Kaisertum Österreich, 1806 (Auflösung des Heiligen Römischen Reiches Deutscher Nation), 1866 Ausscheiden aus dem Deutschen Bund, seit 1918 Republik, Wiederherstellung der Unabhängigkeit der demokratischen Republik Österreich am 27. 4. 1945; Souveränität und Unabhängigkeit am 15. 5. 1955 durch Staatsvertrag mit den 4 Alliierten – **Nationalfeiertag**: 26. 10. (Verabschiedung des Neutralitätsgesetzes 1955)

Wirtschaft **Währung**: 1 US-$ = 12,822 S; 1 DM = 7,0655 S (Stand: 1. 9. 1997) – **BSP** 1995: 216 547 Mio. $; realer Pro-Kopf-Zuwachs ∅ 1985–94: 2,3% – **BIP** 1995: 233 427 Mio. $; realer Zuwachs ∅ 1990–95: 1,9% (1996: +1,0%); Anteil (1994) **Landwirtsch.** 2%, **Industrie** 34%, **Dienstl.** 64% – **Erwerbstät.** 1995: Landw. 7%, Ind. 32%, Dienstl. 61% – **Arbeitslosigkeit** ∅ 1996: 6,2% (5/1997: 6,5%) – **Energieverbrauch** 1994: 3301 kg ÖE/Ew. – **Inflation** ∅ 1985–95: 3,2% (1996: 1,9%, S 1997: 1,8%) – **Ausl.-Verschuld.** 1995: keine – **Außenhandel** 1996: **Import**: 712 760 Mio. S; Güter: 38% Maschinen und Fahrzeuge, 18% bearb. Waren, 18% sonst. Fertigwaren, 10% chem. Erzeugnisse, 8% Textilien und Bekleidung, 5% Nahrungsmittel und leb. Tiere, 5% Brennstoffe und Energie; Länder: 43% BRD, 8% Italien, 5% Frankreich, 4% USA, 3% Schweiz, 3% Niederlande, 3% Großbritannien, 2% Japan, 2% Belgien; **Export**: 612 190 Mio. S; Güter: 41% Maschinen und Fahrzeuge, 27% bearb. Waren, 13% sonst. Fertigwaren, 9% chem. Erzeugnisse, 6% Textilien und Bekleidung, 4% Nahrungsmittel und leb. Tiere; Länder: 37% BRD, 8% Italien, 5% Schweiz, 4% Frankreich, 4% Großbritannien, 3% Niederlande, 3% USA, 3% Tschechische Republik – **Tourismus** 1996: 24,1 Mio. Auslandsgäste, 148,3 Mrd. S Einnahmen

Bundesregierung
Bundeskanzler: Mag. Viktor Klima, SPÖ
Bundeskanzleramt: Ballhausplatz 2, 1014 Wien
Staatssekretär: Peter Wittmann, SPÖ
Vizekanzler und Auswärtiges:
Dr. Wolfgang Schüssel, ÖVP
Staatssekretärin im Außenamt:
Dr. Benita Ferrero-Waldner, ÖVP
Inneres: Mag. Karl Schlögl, SPÖ
Finanzen: Rudolf Edlinger, SPÖ
Staatssekretär im Finanzministerium:
Dr. Wolfgang Ruttenstorfer, SPÖ
Wirtschaftliche Angelegenheiten:
Dr. Johann Farnleitner, ÖVP
Justiz: Dr. Nikolaus Michalek
Unterricht und kulturelle Angelegenheiten:
Elisabeth Gehrer, ÖVP
Wissenschaft, Forschung und Verkehr:
Dr. Caspar Einem, SPÖ
Arbeit, Gesundheit und Soziales:
Eleonore Hostasch, SPÖ
Frauenangelegenheiten:
Mag. Barbara Prammer, SPÖ
Land- und Forstwirtschaft:
Mag. Wilhelm Molterer, ÖVP
Umwelt, Jugend und Familie:
Dr. Martin Bartenstein, ÖVP
Landesverteidigung: Dr. Werner Fasslabend, ÖVP

Parteien
Sozialdemokratische Partei Österreichs/SPÖ
Vors. der SPÖ: Mag. Viktor Klima
Bundesgeschäftsführer: Mag. Andreas Rudas

Österreichische Volkspartei/ÖVP
Bundesparteiobmann der ÖVP:
Dr. Wolfgang Schüssel
Generalsekretäre:
Maria Rauch-Kallat, Othmar Karas

Freiheitliche Partei Österreichs – Die Freiheitlichen/FPÖ
Bundesobmann der FPÖ u. Klubobmann im Parlament: Dr. Jörg Haider

Die Grünen – Die Grüne Alternative
Bundessprecher der Grünen Alternative:
Christoph Chorherr
Klubobfrau im Parlament: Dr. Madeleine Petrovic
Bundesgeschäftsführerin: Mag. Ulrike Lunacek

Liberales Forum/LF
Bundessprecherin des Liberalen Forums/LF u. Klubobfrau im Parlament:
Mag. Dr. Heide Schmidt
Geschäftsführender Klubobmann:
Hans-Peter Haselsteiner
Geschäftsführer: Dr. Gerhard Kratky

Landesregierungen (Stand August 1997)

Burgenland
Sitz der Landesregierung: Eisenstadt
Amtsperiode 1996 – 2001

Landeshauptmann: Karl Stix, SPÖ
(Finanzen, Innerer Dienst, Vertretung des Landes)
Stellvertreter: Gerhard Jellasitz, ÖVP
(Gemeinden, Naturschutz, Jugend, Schulen)
Landesräte
Josef Tauber, SPÖ
(Straßenbau, Krankenanstalten, Wohnbauförderung, Raumplanung)
Christa Prets, SPÖ
(Gesundheit, Soziales, Kultur, Sport)

Österreich: Fläche und Bevölkerung nach Bundesländern

Bundesland	*Fläche in km²*	*Bezirke/Gemeinden*	*Einwohner in Tsd. Z 1981*	*Z 1991*	*F 1996*	*Hauptort Reg.-Sitz*	*Einw. F 1997*[1]
Burgenland	3 965	9/168	269,8	270,9	275 778	Eisenstadt	11 600
Kärnten	9 531	10/131	536,2	547,8	563 550	Klagenfurt	90 402
Niederösterreich . .	19 163	25/571	1 427,8	1 473,8	1 527 736	St. Pölten	48 997
Oberösterreich. . . .	11 980	18/445	1 269,5	1 333,5	1 378 091	Linz	190 136
Salzburg	7 154	6/119	442,3	482,4	510 498	Salzburg	144 962
Steiermark	16 388	17/543	1 186,5	1 184,7	1 207 097	Graz	240 179
Tirol	12 648	9/279	586,7	631,4	660 951	Innsbruck	109 763
Vorarlberg	2 601	4/96	305,2	331,5	343 651	Bregenz	25 924
Wien	415	1/1	1 531,3	1 539,8	1 600 460	Wien	1 616 240
Österreich	*83 845*	*99/2353*	*7 555,3*	*7 795,8*	*8 067 812*		

[1] Einwohner am 1.1. 1997
Quellen: Österreichisches Statistisches Zentralamt, Wien

Staaten

Paul Rittsteuer, ÖVP
(Landwirtschaft, Forstwesen, Wasserwirtschaft, Abfall, Güterwege)
Karl Kaplan, ÖVP
(Gewerbe, Wirtschaft, Fremdenverkehr)
Dr. Wolfgang Rauter, FPÖ
(Bundeshochbau techn. Angelegenheiten des Maschinenwesens, Luftreinhaltung, Strahlenschutz)

Kärnten
Sitz der Landesregierung: Klagenfurt
Amtsperiode 1994 – 1999

Landeshauptmann: Dr. Christof Zernatto, ÖVP
(Landesamtdirektion, Wahlen u. Staatsbürgerschaft, Finanzwesen, Personalangelegenheiten)
Stellvertreter: Dr. Michael Ausserwinkler, SPÖ
(Verfassungsdienst, Kultur- u. Sportwesen, Sanitäts- u. Gesundheitswesen, Krankenanstalten, Schulwesen)
Stellvertreter: Mag. Karl-Heinz Grasser, FPÖ
(Gewerbe, Landeshochbau, Bundesgebäudeverwaltung, Straßen- u. Brückenbau, Wirtschafsförderungsfonds, Tourismusservice, Verkehr)
Landesräte
Dr. Dietfried Haller, SPÖ
(Gemeinden, Wohnungs- u. Siedlungswesen, Feuerwehrwesen, Baurecht, Ortsbildpflege, Raumordnung u. Gemeindeplanung, Koordination der Katastrophenbekämpfung)
Dr. Elisabeth Sickl, FPÖ
(Umweltschutz, Wasserwirtschaft, Maschinenbau, Elektro- u. Umwelttechnik, Naturschutz, Wasser- u. Abfallrecht, Luftreinhaltung)
Karin Achatz, SPÖ
(Soziales, Jugend, Familie u. Frau, Sozialversicherung, Landarbeitsordnung, Opferfürsorge, Nothilfswerk, Kindergarten- u. Hortwesen)
Robert Lutschounig, ÖVP
(Landwirtschaft, Agrarwesen, Veterinärwesen, Forstwesen, Nationalparks, Energierecht)

Niederösterreich
Sitz der Landesregierung: St. Pölten
Amtsperiode 1993 – 1998

Landeshauptmann: Dr. Erwin Pröll, ÖVP
(Kultur, Verkehr, Personal)
Stellvertreter: Liese Prokop, ÖVP
(Familie, Jugend, Sport)
Stellvertreter: Ernst Höger, SPÖ
(Gemeinden, Berufsschulwesen)

Landesräte
Franz Blochberger, ÖVP
(Agrarwesen, Umwelt)
Mag. Edmund Freibauer, ÖVP
(Finanzen, Raumordnung)
Ernest Gabmann, ÖVP
(Wirtschaft)
Traude Votruba, SPÖ
(Kindergärten, Soziales)
Ewald Wagner, SPÖ
(Gesundheit, Naturschutz)
Hans Jörg Schimanek, FPÖ
(Wasserrecht)

Oberösterreich
Sitz der Landesregierung: Linz
Amtsperiode 1991 – 1997 (Wahl am 5. 10. 1997)

Landeshauptmann: Dr. Josef Pühringer, ÖVP
(Kultur, Bildung, Sport, Presse)
Stellvertreter: Fritz Hochmair, SPÖ
(Gemeinden, Preisüberwachung, Sparkassen, Lebensmittelpolizei)
Dr. Christoph Leitl, ÖVP
(Wirtschaft, Finanzen, Raumordnung, Gewerbe)
Landesräte
Dr. Hans Achatz, FPÖ
(Veterinärdienst u. -recht, Wasserbau u. -recht, Gewässerschutz)
Josef Ackerl, SPÖ
(Sozialhilfe, Gesundheitswesen, Jugendwohlfahrt)
Dr. Walter Aichinger, ÖVP
(Umweltschutz, Jugend, Frauen, Landesanstalten u. -betriebe)
Dipl.-Ing. Erich Haider, SPÖ
(Natur- und Landschaftsschutz, Wohnbau, Verwaltungspolizei, Verkehr)
Franz Hiesl, ÖVP
(Personal, Straßenbau, Hochbau, Familie)
Leopold Hofinger, ÖVP
(Agrar- und Forstwesen, Feuerwehrwesen, Katastrophenhilfe, landwirtschaftliches Schulwesen)

Salzburg
Sitz der Landesregierung: Salzburg
Amtsperiode 1994 – 1999

Landeshauptmann: Dr. Franz Schausberger, ÖVP
(Landsamtsdirektion, Personal- u. Präsidialabteilung, Bau- u. Feuerpolizeirecht, Bildung, Sozialversicherungswesen, Nationalparke, Dorf- u. Stadterneuerung)

Stellvertreter: Gerhard Buchleitner, SPÖ
(Frauenangelegenheiten, Jugendförderung, Sozial- u. Wohlfahrtswesen, Gesundheitswesen, Gemeindeangelegenheiten, Landesrechnungshof)
Stellvertreter: Dr. Arno Gasteiger, ÖVP
(Gewerbe- u. Verkehrsrecht, Gewerbeangelegenheiten, Landesbaudirektion, Finanz- u. Vermögensverwaltung, Landesanstalten, Wirtschaftswesen, Fremdenverkehr, Landesbuchhaltung)
Landesräte
Dr. Karl Schnell, FPÖ
(Landesbaudirektion: Hoch-, Tief- u. Straßenbauwesen, Landesplanung u. Raumordnung, Salzburger Geografisches Informationssystem)
Dr. Othmar Raus, SPÖ
(Wasserrecht, Umwelt, Gewerbe- u. Verkehrsrecht, Medizinischer Umweltschutz, Wohnungswesen, Kultur- u. Sportangelegenheiten)
Sepp Eisl, ÖVP
(Energie-, Land- u. Forstwirtschaft, Musikschulen, Denkmalpflege, Volkskultur)
Dr. Robert Thaller, FPÖ
(Jagd u. Fischereiwesen, Straßenpolizei- u. Kraftfahrwesen, Naturschutzrecht)

Steiermark
Sitz der Landesregierung: Graz
Amtsperiode 1995 – 2000

Landeshauptmann: Waltraud Klasnic, ÖVP
(Hoheitsverwaltung, Landesamtdirektion, Verfassungsdienst, Katastrophenschutz, Landesverteidigung, Staatsbürgerschaft, Aufenthaltsrecht)
Stellvertreter: Prof. Dr. Peter Schachner-Balzizek, SPÖ
(Kultur, Landesmuseum Joanneum, Wissenschaft u. Forschung)
Landesräte
Günter Dörflinger, SPÖ
(Spitäler, Gesundheit, Jugend)
Dr. Gerhard Hirschmann, ÖVP
(Fremdenverkehr, Personalangelegenheiten, Sport, Naturschutz)
Herbert Paierl, ÖVP
(Wirtschaft inkl. Förderung, Gewerberecht, gewerbliche Berufsschulen)
Erich Pöltl, ÖVP
(Land- u. Forstwirtschaft, Umweltschutz, Abfall- u. Abwasserentsorgung, Veterinärwesen, Umweltanwalt, Forstwesen, landwirtschaftl. Schulen, Wegebau)
Hans-Joachim Ressel, SPÖ
(Finanzen, Landesunternehmungen, Verkehr, Straßenbau, Eisenbahn u. Schiffahrt)

Dr. Anna Rieder, SPÖ
(Sozialwesen, Schulen)
Michael Schmid, FPÖ
(Wohnbau u. Raumplanung, Büro für Bürgerberatung, Blasmusikkapellen-Förderung)

Tirol
Sitz der Landesregierung: Innsbruck
Amtsperiode 1994 – 1999

Landeshauptmann: Dr. Wendelin Weingartner, ÖVP
(Wirtschaftsförderung, Tourismus, Personal, europ. Integration)
Stellvertreter: Ferdinand Eberle, ÖVP
(Finanzen, Land- u. Forstwirtschaft, Grundverkehr, Naturschutz)
Herbert Prock, SPÖ
(Sozialwesen, Flüchtlingswesen, Jugendwohlfahrt)
Landesräte
Fritz Astl, ÖVP
(Kultur, Sport, Schule)
Dr. Eva Lichtenberger, Die Grünen
(Umweltschutz, Abfallwirtschaft, Baurecht)
Dr. Johannes Lugger, FPÖ
(Verkehr, Staatsbürgerschaftswesen, Straßenbau)
Konrad Streiter, ÖVP
(Gewerbe, Raumordnung, EU-Regionalpolitik, Gemeinden)
Dr. Elisabeth Zanon, ÖVP
(Gesundheit, Familien, Frauen- u. Seniorenpolitik, Jugendpolitik, Wohnbauförderung)

Vorarlberg
Sitz der Landesregierung: Bregenz
Amtsperiode 1994 – 1999; die jetzige Landesregierung ist seit 2.4. 1997 im Amt

Landeshauptmann: Dr. Herbert Sausgruber, ÖVP
(Finanzangelegenheiten, Vermögensverwaltung, Gebarungskontrolle, Europaangelegenheiten u. Außenbeziehungen, Personal, Regierungsdienste, Informatik, Feuerwehren, Hilfs- u. Rettungswesen, Katastrophenschutz)
Statthalter: Dr. Hans-Peter Bischof, ÖVP
(Kultur, Soziales, Landeskrankenanstalten, Gesundheit, Senioren, Sanitätsangelegenheiten)
Landesräte
Ing. Erich Schwärzler, ÖVP
(Land- und Forstwirtschaft, Natur- u. Umweltschutz, Veterinärsangelegenheiten, Tierschutz, Jagd, Fischerei, Wildbach- u. Lawinenverbauung,

Energiesparangelegenheiten, innere Angelegenheiten)
Hubert Gorbach, FPÖ
(Gewässerschutz, Abfallwirtschaft, Straßenbau, Hochbau, Maschinenwesen, Elektro-, Seilbahn- u. Aufzugstechnik)
Manfred Rein, ÖVP
(Wirtschaftspolitik u. -recht, Tourismus, Energiepolitik, Verkehrspolitik u. -recht, Wohnbauförderung, Raumplanung u. Baurecht, Gemeindeentwicklung)
Dr. Eva Maria Waibel, ÖVP
(Entwicklungshilfe, Schule, Wissenschaft, Weiterbildung, Jugend- u. Familienförderung, Frauenfragen)
Mag. Siegmund Stemer, ÖVP
(Verfassungsfragen, Gesetzgebung, Sport, Vertretung des Landeshauptmannes in den Bereichen Finanzangelegenheiten, Vermögensverwaltung, Gebarungskontrolle, Personal)

Wien

Amtsdauer des Stadtrats: 1996 – 2001

Landeshauptmann u. Bürgermeister:
Dr. Michael Häupl, SPÖ
Vizebürgermeisterin: Grete Laska, SPÖ
(Jugend, Soziales, Information u. Sport)
Vizebürgermeister: Dr. Bernhard Görg, ÖVP
(Planung u. Zukunft)
Stadträte mit Ressort
Mag. Renate Brauner, SPÖ
(Integration, Frauenfragen, Konsumentenschutz, Personal)
Brigitte Ederer, SPÖ
(Finanzen, Wirtschaftspolitik, Wiener Stadtwerke)
Werner Faymann, ÖVP
(Wohnen, Wohnbau, Stadterneuerung)
Dr. Peter Marboe, ÖVP
(Kultur)
Dr. Sepp Rieder, SPÖ
(Gesundheits- u. Spitalwesen)
Fritz Svihalek, SPÖ
(Umwelt, Verkehrskoordination)
Stadträte ohne Ressort
Lothar Gintersdorfer, FPÖ
Johann Herzog, FPÖ
Karin Landauer, FPÖ
Walter Prinz, FPÖ
Friedrun Huemer, Grüne

Chronik Wahlen und Volksbegehren: Bei der ersten Wahl der 21 Abgeordneten des **Europäischen Parlaments (EP)** am 13. 10. **1996** (Wahlbeteiligung: 67,2%) erleiden die Sozialdemokraten (SPÖ) mit nur noch 29,1% der Stimmen (Nationalratswahl 1995: 38,1%) (→ WA '97, Sp. 479) eine schwere Niederlage und fallen erstmals seit den 60er Jahren bei einer bundesweiten Wahl hinter die konservative ÖVP zurück, die sich leicht auf 29,7% (1995: 28,3%) verbessern kann. Faktische Wahlsiegerin ist die rechtsorientierte Partei der Freiheitlichen (FPÖ), die sich im Vergleich zu 1995 (21,9%) steigern kann und mit 27,5% das beste Bundesergebnis ihrer Geschichte erzielt. Zusammensetzung der Abgeordnetengruppe im EP: ÖVP 7, SPÖ 6, FPÖ 6, Die Grünen 1, Liberales Forum (LiF) 1. – Am 26. 2. **1997** lehnt der Nationalrat das von 350 000 stimmberechtigten Bürgern unterzeichnete Volksbegehren ab, über den **Neutralitätsstatus** des Landes ein Referendum abzuhalten, bevor Verhandlungen über einen NATO-Beitritt aufgenommen würden. Bis Anfang 1998 will die Regierungskoalition alle Implikationen eines solchen Schrittes prüfen. – **Zwei Volksbegehren** erzielen am 14. 4. 1997 das notwendige Quorum, um den Nationalrat mit ihnen zu befassen: 1,23 Mio. Wahlberechtigte (entspricht 21,2%) unterstützen die Forderung nach Verbot von Produktion und Verkauf gentechnisch veränderter Nahrungsmittel; 645 000 (11,2%) verlangten die verfassungsrechtliche Verankerung der Gleichberechtigung von Männern und Frauen – so sollten nur solche Unternehmen staatliche Aufträge erhalten, deren Anteil an weiblichen Beschäftigten dem Frauenanteil der Gesamtbevölkerung entspricht.

Bankenfusion: Am 12. 1. **1997** verhindert ein Kompromiß das Auseinanderbrechen der Regierungskoalition über dem Plan des Finanzministers *Viktor Klima*, die beiden größten Banken, **Bank Austria und Creditanstalt-Bankverein (CA)**, unter dem Dach der Bank Austria zu **fusionieren**. Gemäß *Klimas* Absichten übernimmt die Bank Austria die Bundesanteile der als ÖVP-nahe geltenden CA (rd. 70% des stimmberechtigten Kapitals), deren Selbständigkeit jedoch für 5 Jahre erhalten bleibt. Der SPÖ-Einfluß auf die Bank Austria wird reduziert, indem die Stadt Wien, die an ihr 45% hält, ihren Anteil unter die Sperrminorität von 25% senkt und der Bund seinen Anteil von 19% über die Börse privatisiert.

Neue Regierung, neuer SPÖ-Vorsitzender: Bundeskanzler *Franz Vranitzky* (SPÖ) tritt am 18. 1. **1997** nach zehneinhalbjähriger Amtszeit zugunsten des bisherigen Finanzministers *Klima* zurück, der zusammen mit 5 neuen SPÖ-Ministern am 28. 1. vereidigt wird (die 6 ÖVP-Minister bleiben im Amt). Neuer Finanzminister wird *Rudolf Edlinger*, neuer Innenminister *Karl Schlögl*, der das Amt von dem in das Ressort Wissenschaft, Forschung und Verkehr gewechselten *Caspar Einem* übernimmt (die Kunstabteilung dieses Ministeriums wird als neues Staatssekretariat dem Bundeskanzler direkt unterstellt). – Am 9. 4. wählen die Delegierten des 35. ordentlichen SPÖ-Bundesparteitags in Linz Bundeskanzler *Klima* mit 90,2% zum neuen Parteivorsitzenden, nachdem der bisherige Amtsinhaber *Vranitzky* sich für dieses Amt nicht mehr zur Verfügung stellte.

Ausländer- und Asylrecht: Am 11. 6. **1997** beschließt der Nationalrat, die Rechte von immigrationswilligen Ausländern und Asylsuchenden erheblich einzuschränken mit dem vorrangigen Ziel, den weiteren Zuzug möglichst umfassend zu unterbinden. Legal schon im Land lebende Ausländer sollen dagegen nach dem Prinzip **»Integration vor Zuwanderung«** in einigen Punkten bessergestellt werden (u.a. durch Arbeitserlaubnis). Ausländer sollen künftig nur dann Stellen erhalten, wenn diese nicht mit Österreichern besetzt werden können. Die Ausländerquote unter den Beschäftigten soll unter 9% gehalten werden. Arbeitslose Ausländer (soweit sie sich nicht schon 5 Jahre in Östereich aufhalten) und straffällige Ausländer sollen automatisch abgeschoben werden. Die Prüfung von Asylanträgen wird künftig binnen 4 Tagen an der Grenze vorgenommen, eine Einreise nur bei Aussicht auf Erfolg gestattet. – Am 18. 7. einigen sich die Regierungschefs von Deutschland, Italien und Österreich auf die vollberechtigte Teilnahme Österreichs am Schengener Abkommen (→ Kap. Internationale Organisationen) ab 1. 12. 1997 (Luftverkehr) bzw. 1. 4. 1998 (Landverkehr).

Lauschangriff erlaubt: Am 11. 7. **1997** verabschiedet der Nationalrat mit der Mehrheit der Koalitionsfraktionen ein Gesetz zur Einführung neuer Fahndungsmethoden für die Sicherheitskräfte. Auf zunächst 4 Jahre befristet, erlaubt es der Polizei die Rasterfahndung (ab 1. 10.) sowie das Abhören von Gesprächen mit technischen Mitteln über die bisherigen Möglichkeiten hinaus (ab Anfang 1998). Die neuen Fahndungsmethoden dürfen nur angewandt werden, wenn ein konkreter Tatverdacht vorliegt und das aufzuklärende Delikt mit hoher Strafe belegt ist; zuvor müssen sie von einem Staatsanwalt beantragt und von einem Gremium aus 3 Richtern bewilligt werden.

Außenpolitik: Die Organisation für Sicherheit und Zusammenarbeit in Europa (→ OSZE im

Kap. Internationale Organisationen) ernennt am 4. 3. **1997** den ehem. Bundeskanzler **Vranitzky** zum **Sonderbeauftragten für Albanien** (→ Albanien). – Das Urteil im Berliner »Mykonos-Prozeß« (→ Deutschland) lenkt die öffentliche Aufmerksamkeit erneut auf die **Ermordung von 3 iranisch-kurdischen Oppositionspolitikern** am 13. 7. 1989 in Wien. Die Grünen, in der Folge von den anderen Oppositionsparteien darin unterstützt, fordern am 18. 4. 1997 die Einrichtung eines Untersuchungsausschusses, der die Umstände klären soll, unter denen die mutmaßlichen Mörder, die im Auftrag der iranischen Führung gehandelt haben sollen, Österreich ungestraft verlassen konnten. Die Grünen behaupten, die Regierung habe einer Erpressung des Iran nachgegeben. SPÖ und ÖVP lehnen den geforderten Untersuchungsausschuß ab, doch veröffentlicht die Regierung am 13. 5. einen Bericht, in dem sie politischen Druck des Iran einräumt. Die Staatsanwaltschaft nimmt die Ermittlungen wieder auf.

Sonstige wichtige Ereignisse: Am 18. 12. **1996** beschließt der Nationalrat mit Wirkung vom 1. 1. 1997 das Verbot aller Arten von Anti-Personen-Minen (→ Kasten »Abrüstung und Rüstungskontrolle« im Kap. Internationale Organisationen).

Ereignisse auf Bundesländerebene:

Wien: Die gleichzeitig mit den Europawahlen am 13. 10. **1996** stattfindenden **Landtagswahlen** führen zu einem dem Bundestrend entsprechenden Ergebnis: Die in Wien seit Ende des Zweiten Weltkriegs ununterbrochen mit absoluter Mehrheit regierende SPÖ fällt auf einen Stimmenanteil von 39,2% (Landtagswahl 1991: 47,8%) und verliert damit die absolute Mehrheit im Landesparlament. Die Freiheitlichen, schon bei den Wahlen 1991 zweitstärkste Partei, kommen auf 28% (22,5%), die ÖVP erreicht 15,3% (18,1%). Am 29. 11. bestätigt der Landtag, zugleich Gemeinderat der Hauptstadt Wien, den bisherigen Landeshauptmann bzw. Bürgermeister *Michael Häupl* (SPÖ) in seinem Amt, der sich auf eine große Koalition von SPÖ und ÖVP stützen kann.

Vorarlberg: Am 2. 4. **1997** wählt der Landtag den ÖVP-Landesvorsitzenden *Herbert Sausgruber* zum Nachfolger des zurückgetretenen Landeshauptmanns *Martin Purtscher* (ÖVP).

Niederösterreich: Die Landesregierung schließt den Umzug aus Wien ab und residiert seit 21. 5. **1997** in der Landeshauptstadt St. Pölten.

Weitere Daten zur Bevölkerungs-, Wirtschafts- und Sozialstruktur

Landwirtschaft, Bergbau, Industrie, Außenhandel, Verkehr → Kap. Wirtschaft

Bevölkerung

Die **Wohnbevölkerung** 1996 betrug laut Fortschreibung im Jahresdurchschnitt 8 067 812 (1995: 8 054 802), davon 730 869 (726 200) Ausländer, was einem Anteil an der Gesamtbevölkerung von 9,1% (9%) entspricht. Die wichtigsten Herkunftsländer der ausländischen Bevölkerung waren: das ehem. Jugoslawien mit 335 060 (322 892) bzw. 4,2% (4,1%) und die Türkei mit 139 004 (142 231) bzw. 1,7% (1,8%); Sonstige 256 805 (251 628) bzw. 3,2% (3,1%).

Bevölkerung (Jahresdurchschnitt) in Tsd./davon Ausländer:

Jahr	*insgesamt/Ausländer*
1990 (F)	7729,2 / 456,1
1991 (Z)	7795,8 / 517,7
1992 (F)	7913,8 / 623,0
1993 (F)	7991,5 / 689,6
1994 (F)	8029,7 / 713,5
1995 (F)	8054,8 / 726,2
1996 (F)	8067,8 / 730,9

Die Zahl der **Lebendgeborenen** stieg 1996 erstmals nach 1993 wieder geringfügig an und betrug 88 809 (1995: 88 669); davon sind 24 880 oder 28% nichteheliche Kinder (24 267 = 27,4%) und 13,6% Ausländer (13,8%). Die Zahl der **Gestorbenen** verringerte sich auf 80 790 (81 171), der **Geburtenüberschuß** stieg leicht auf 8019 (7498). Die *Sterbefälle* überwogen im Burgenland, in Niederösterreich und in Wien, während die anderen Bundesländer *Geburtenüberschüsse* aufwiesen. – Die Zahl der **Eheschließungen** wies 1996 wiederum einen Rückgang auf: 42 298 nach 42 946 im Vorjahr. Die Zahl der **Ehescheidungen** betrug 1996 mit 18 079 etwas weniger als 1995 mit 18 204. Damit entfielen auf 100 Heiraten 43 Scheidungen.

Die Zahl der **Einbürgerungen** lag 1996 mit 16 243 deutlich höher als im Vorjahr (14 366). Herkunftsländer waren hauptsächlich die Türkei mit 7499 (3201), das ehem. Jugoslawien mit 3133 (4529), Rumänien mit 692 (872), Polen mit 499 (680) und Indien mit 402 Personen.

Die Zahl der **Asylbewerber** betrug 1996 6991 und war somit deutlich höher als 1995 (5920). Den größten Anteil stellten Iraner (1585), gefolgt von Jugoslawen (1283) und Afghanen (776) (→ Abbildung).

Österreich: Asylbewerber 1996
(Herkunftsstaaten in %)

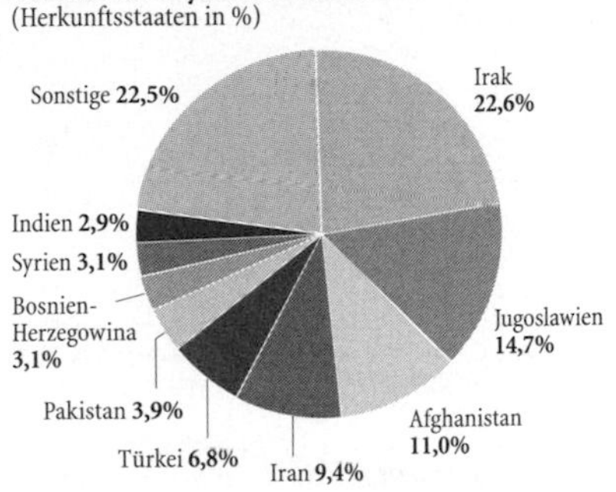

Quelle: Österreichiches Statistisches Zentralamt Wien 1997

1996 wurden im Durchschnitt 3,164 (1995: 3,131) Mio. **Haushalte** registriert. 934 000 waren Ein-Personen-Haushalte. Die durchschnittliche Haushaltsgröße betrug 1996 2,50 Personen (1995: 2,53). 1996 gab es 2,246 (2,242) Mio. **Familien**, davon 87% Ehepaare und 13% Teilfamilien (Alleinerziehende mit Kind, von diesen wiederum 87% alleinerziehende Mütter) und im Schnitt 1,145 Kinder pro Familie (zum Vergleich 1981: 1,30; 1994: 1,15).

Laut Mikrozensus 1996 wurden 3,142 Mio. **Wohnungen** (mit Hauptwohnsitz) registriert (1995: 3,110 Mio.). Nach den vorläufigen Ergebnissen der Wohnbaustatistik wurden 1996 63 780 Bauanträge für Wohnungen bewilligt (1995: 66 689) und 58 010 Wohnungen als fertiggestellt gemeldet (53 353); das entspricht 7,2 (6,6) neuen Wohnungen je 1000 Einwohner.

Schule und Universität: Im Schuljahr 1995/96 gab es einen weiteren Anstieg der Schülerzahlen gegenüber dem Vorjahr um 1,14% auf 1 199 754 (1994/95: 1 177 621), die in 6821 (6791) Schulen mit 54 898 (54 863) Klassen von 119 791 (118 346) Lehrkräften unterrichtet wurden. Auch der Hochschulbereich war durch weiter steigende Studentenzahlen gekennzeichnet. Im Wintersemester 1995/96 gab es an den 12 Universitäten 224 428 (1994/95: 213 525) ordentliche Hörer, an den 6 Kunsthochschulen 8256 (6816), insgesamt also 232 684 (220 341), darunter 47% (47%) Frauen. 1995/96 schlossen 11 007 Studierende ihr Studium ab; die durchschnittliche Studiendauer be-

Österreich: Fremdenverkehr

	Einnahmen [1]				Nächtigungen [2]			
	in Mio. S. insgesamt	Veränderung gegenüber Vorjahr in % Inländer	Ausländer	insgesamt	in Mio. insgesamt	Veränderung gegenüber Vorjahr in % Inländer	Ausländer	insgesamt
Winterhalbjahr								
1993/94	95 948	+ 7,0	+ 2,4	+ 3,1	52,9	+ 1,4	- 3,1	- 2,1
1994/95	91 980	- 1,3	- 4,7	- 4,1	51,4	+ 0,6	- 3,8	- 2,8
1995/96	92 565	+ 0,2	+ 0,7	+ 0,6	50,5	- 2,7	- 1,5	- 1,8
Sommerhalbjahr								
1994	87 939	- 3,4	- 10,2	- 9,1	69,6	- 0,7	- 7,0	- 5,4
1995	86 502	+ 1,7	- 2,4	- 1,6	65,6	- 1,3	- 7,4	- 5,8
1996	85 939	- 0,3	- 0,7	- 0,7	61,9	- 5,4	- 5,7	- 5,6

[1] Inländer und ingesamt: einschließlich Einnahmen von Nächtigungen in unentgeltlichen Unterkünften
[2] Inländer und insgesamt: ohne Nächtigungen in unentgeltlichen Unterkünften
Quelle: wifo Monatsberichte, 4/1997

trug an den Universitäten 14, an den Kunsthochschulen 12 Semester.

Kriminalität: Die Zahl der polizeilich bekanntgewordenen, gerichtlich strafbaren Handlungen betrug 1996 485 450 und veringerte sich gegenüber dem Vorjahr (486 433) leicht um 0,2% (1995 gegenüber 1994: 3,6%): Verbrechen 102 660 (101 545), Vergehen 382 790 (384 888). Darunter fielen insgesamt 326 775 (327 339) strafbare Handlungen gegen fremdes Vermögen (231 955 Vergehen und 94 820 Verbrechen), 81 796 (83 298) strafbare Handlungen gegen Leib und Leben (81 360 Vergehen und 436 Verbrechen) sowie 3359 (3116) strafbare Handlungen gegen die Sittlichkeit (1943 Vergehen und 1416 Verbrechen). Häufigstes Vergehen war der Diebstahl mit 121 234 (118 927) bekanntgewordenen Fällen. Die Aufklärungsquote insgesamt erhöhte sich von 49,8 auf 51,1%, bei Verbrechen von 28,9 auf 31,5% und bei Vergehen von 55,3 auf 56,3%.

Wirtschaft

Das **Wirtschaftswachstum** verlangsamte sich auch 1996: das Bruttoinlandsprodukt stieg real nur noch um 1,0% (nach 1,8% im Vorjahr). Trotz Einbußen beim Export nach Mittel- und Osteuropa erwies sich die *Auslandsnachfrage* nach Angaben des Österreichischen Instituts für Wirtschaftsforschung (wifo) dank dem Binnenmarkt der EU als stabil. Die Nachfrage im *Tourismussektor* ging auch 1996 zurück; die Umsätze fielen real um 1,5% (Vorjahr real: –3,5%). Die *Industrieproduktion* stieg 1996 im Jahresdurchschnitt nur noch um +1,0% (1995: +4,2%). Bei den *Investitionen* setzte auch 1996 keine Belebung ein, die Brutto-Anlageinvestitionen nahmen um 1,4% (nach 2,3% 1995) und die Ausrüstungsinvestitionen netto um 4,0% zu (1995: +6,1%). Die *Bautätigkeit* war 1996 weiter rückläufig (–0,5%, nach –0,2% im Vorjahr). Die Tendenz nur schwach gehalten haben der *öffentliche Konsum* mit einem Zuwachs von 0,3% (2,1%) sowie der *private Konsum* mit +1,5% (1,9%); entsprechend sank die Sparquote der privaten Haushalte auf 12,3% des verfügbaren Einkommens.

Nach den vorläufigen Ergebnissen der **Volkswirtschaftlichen Gesamtrechnung** (nach wifo) nahm das *Bruttoinlandsprodukt* (BIP) zu laufenden Preisen 1996 nur noch geringfügig auf 2416,0 Mrd. S (2262,9 Mrd. S 1993) zu. Die Erhöhung gegenüber dem Vorjahr betrug real 1,0%. Das BIP je Einwohner (zu laufenden Preisen und Wechselkursen) belief sich 1995 auf 282 400 S (1994: 273 800 S). Das *Volkseinkommen* (Netto-Nationalprodukt minus indirekte Steuern plus Subventionen) stieg 1995 nominal um 1,6% auf 1656,1 Mrd. S. (1994: 1602,6). Davon entfielen auf Brutto-Entgelte (Lohn- und Gehaltssumme einschl. der Arbeitgeberbeiträge zur Sozialversicherung) für unselbständige Arbeit 1239,9 (1195,9) Mrd. S und auf Einkünfte aus Besitz und Unternehmung (Kapitalgesellschaften, Staat und private Haushalte) 561,7 (543) Mrd. S (Zahlen für 1996 liegen hier noch nicht vor).

Die **Leistungsbilanz** weist nach der vorläufigen revidierten Zahlungsbilanzstatistik für 1996 einen Fehlbetrag von 42 436 Mio. S (47 016 Mio. S im Vorjahr) auf. Größte Einzelposten waren der Reiseverkehr mit einem Aktivsaldo von 23 099 (29 661) Mio. S und die Kapitalerträge mit einem Defizit von 8569 (–9992) Mio. S.

Die **Tourismuswirtschaft** hatte 1996 Einbußen zu verzeichnen (→ Tabelle). Zwar ist Österreich weltweit immer noch das tourismusintensivste Land im internationalen Reiseverkehr, seit Anfang der 90er Jahre sinkt aber der österreichische Marktanteil im europäischen Tourismus stetig. Ursachen für die Schwierigkeiten sind die internationale Nachfrageschwäche (besonders die Gästezahlen aus Deutschland sinken), die schwächere Binnennachfrage, die Verschlechterung des Preis-Leistungs-Verhältnisses und insgesamt veränderte internationale Wettbewerbsbedingungen.

Außenhandel (→ auch Tabelle): 1996 erlebte der Außenhandel ein kräftiges Wachstum gegenüber 1995 *(→ Kap. Wirtschaft)*. Die *Exporte* stiegen um 5,5% von 580 014 auf 612 190 Mio. S., die *Importe* um 6,7% von 668 031 auf 712 760 Mio. S. Das Handelsbilanzdefizit betrug 100 570 Mio. S. (1995: 88 017). Deutschland ist auch weiterhin wichtigster Handelspartner Österreichs; leichte Steigerungen erfuhr der Handel mit EU-Staaten, der Anteil der Wareneingänge aus der EU an den Gesamtimporten betrug 71%, der Anteil der Ausfuhren an den Gesamtexporten 64%; überdurchschnittlich nahmen die Exporte in die Nordamerikanische Freihandelszone (NAFTA) und in osteuropäsiche Staaten zu.

Die **Inflationsrate** (Index der Verbraucherpreise) verringerte sich im Jahresdurchschnitt 1996 auf 1,9% (1995: 2,2%) und lag damit unter dem Durchschnitt der EU-Staaten von 2,5%. Die Preise für Nahrungsmitteln stiegen leicht um +0,1% an (1995: -1,7%). Über dem Durchschnitt lag die Erhöhung bei Mieten mit 6,1% (Vorjahr: +7,6%) und bei Energie mit 6,4% (+3,7%). Die Preise für industrielle und gewerbliche Waren blieben fast konstant: -0,1% (+1,3%).

Arbeit und Soziales

Erwerbstätige: Die Zahl der *unselbständig Beschäftigten* nahm auch 1996 weiter ab: sie belief sich auf 3 047 300 (1995: 3 068 200), darunter 1 314 300 (1 289 400) Arbeiter, 1 393 600 (1 389 900) Angestellte, 364 500 (364 000) Beamte. – *Beschäftigte nach Wirtschaftsbereichen*: Im Dienstleistungsbereich nahm die Zahl der Erwerbstätigen um 0,3% gegenüber 1995 (+0,5%) zu, wobei der Zuwachs im Gesundheits-, Veterinär und Sozialwesen wie schon 1995 (4,4%) mit 3,8% besonders ausgeprägt war. Der Bereich Bergbau, Industrie und Gewerbe verzeichnete mit -2,4% einen deutlichen Beschäftigungsrückgang (1995: -0,9%) gegenüber dem Vorjahr. Davon betroffen war wieder insbesondere die Branche Textilien, Bekleidung, Leder mit -8,4% (1995: -7,4%). Auch im Bereich Land- und Forstwirtschaft nahm die Zahl der Erwerbstätigen erneut um 0,6% ab (1995: -1,7%). Bezieht man die Selbständigen und mithelfenden Familienangehörigen mit ein, ging die Zahl der Beschäftigten insgesamt um 4,7% (1995: -5,5%) zurück.

Die Zahl der *ausländischen Arbeitskräfte* blieb im Jahresdurchschnitt nahezu unverändert gegenüber dem Vorjahr bei 300 400 (1995: 300 300); dies entspricht 9,9% (9,8%) der Gesamtbeschäftigtenzahl. Hauptherkunftsländer der Arbeitskräfte waren 1996 das ehem. Jugoslawien mit 147 968 (1995: 147 654, ohne Slowenien, Kroatien und Bosnien-Herzegowina), die Türkei mit 53 552 (54 684), Deutschland mit 14 574 (13 500) und Polen mit 10 993 (11 168).

Arbeitslosigkeit (→ auch Abb.): Die Zahl der bei den Arbeitsämtern ausgewiesenen *Arbeitslosen* betrug 1996 im Durchschnitt 230 507 (1995: 215 716), darunter 27 600 (24 900) Ausländer. Der Anteil der Arbeitslosen über 50 Jahre fiel 1996

Österreich: Außenhandel 1996 nach Ländergruppen

Ländergruppen	*Einfuhr in Mio. S*	*Anteil in %*	*Ausfuhr in Mio. S*	*Anteil in %*
Europa	607 277	85,2	529 344	86,4
darunter:				
Anrainerstaaten	440 170	61,7	372 977	60,9
Osteuropa	71 252	10,0	94 204	15,3
EU-Staaten	504 741	70,8	392 627	64,1
Afrika	12 534	1,7	6 309	1,0
Amerika	41 314	5,8	30 849	5,0
Nordamerika	36 481	5,1	23 865	3,9
Mittel- und Südamerika	4 833	0,6	6 984	1,1
Asien	51 070	7,1	41 818	6,8
Australien und Ozeanien	565	0,0	3870	0,6
insgesamt	*712 760*	*100,0*	*612 190*	*100,0*

Quelle: Österreichisches Statistisches Zentralamt 1997

von 40 400 (1995) auf 39 300, der Anteil der 15–19jährigen stieg von 4400 auf 4900, der Anteil der Langzeitarbeitslosen (12 Monate und länger) ging von 37 700 auf 36 400 zurück. – Insgesamt erhöhte sich die *Arbeitslosenquote* 1996 im Jahresdurchschnitt deutlich von 6,6% (1995) auf 7,0%. Die seit 1991 rückläufige Zahl der gemeldeten *offenen Stellen* sank auch 1996 gegenüber dem Vorjahr um 23,7% (1995: –15,9%) von 24 986 auf 19 431.

Einkommenssituation der Erwerbstätigen: Insgesamt erhöhten sich die *Tariflöhne* 1996 um 2,4% nach 3,4% im Vorjahr (Tariflohnindex). Die Zunahmen lagen bei den Arbeitern insg. bei +3,1% (+3,7%), den Angestellten insg. bei +2,0% (+2,3%); die niedrigsten Zunahmen wurden mit +0,3% (+2,9%) im öffentlichen Dienst verzeichnet, die höchsten in der Sachgüterproduktion mit +3,3% (+3,7%). Die *Brutto-Monatsverdienste* je Erwerbstätigen stiegen 1995 (1994) in der Industrie um 4,5% (4,1%) von 30 790 auf 32 173 S. Das real verfügbare Einkommen aller Haushalte erhöhte sich jedoch nur um 0,2%.

Öffentliche Haushalte

Der **Bundeshaushalt** 1996 (1995) wies nach vorläufigen Berechnungen Einnahmen von 665,1 (646,7) Mrd. S und Ausgaben (ohne Finanzschuldtilgungen) von 754,5 (764,6) Mrd. S (Allgemeiner Haushalt) aus. Das Defizit erhöhte sich somit gegenüber dem Vorjahr auf 89,4 (117,9) Mrd. S; das entspricht 3,7% (5,0%) des BIP. Die Einnahmen erhöhten sich 1996 um 2,8% (3,2%), die Ausgaben verminderten sich um –1,3% (+4,5%). Der Ausgleichshaushalt wies Einnahmen (Hauptposten: Kreditaufnahmen zur Dekkung des Budgetdefizits) von 219,6 (322,7) Mrd. S und Ausgaben (vor allem Tilgungen von Finanzschulden) von 120,2 (204,8) Mrd. S auf. – Für 1997 sieht der Bundeshaushalt Gesamteinnahmen von 679,2 Mrd. S (+2,1% gg. 1996) gegenüber Gesamtausgaben von 747,2 Mrd. S (–1,0%) vor.

Das Brutto-Steueraufkommen stieg um 12,4% auf 585,7 Mrd. S (0,6%, 521,2 Mrd. S). Die Steuerquote (Anteil des Brutto-Steueraufkommens am BIP) erhöhte sich auf 24,2 (22,2)%. Netto blieben dem Bund 383,5 (345,8) Mrd. S an Steuereinnahmen. – Die Maßnahmen zum Abbau der Haushaltsdefizite für die Jahre 1996 und 1997 (beide Haushaltsgesetze wurden gleichzeitig verabschiedet) sehen insgesamt Einsparungen von ca. 100 Mrd. S vor, die zu einem Drittel aus Mehreinnahmen und zu zwei Dritteln aus Ausgabeeinsparungen erreicht werden sollen. Die wichtigsten Vorhaben sind eine Verwaltungsstrukturreform, eine Reform des öffentlichen Dienst-, Besoldungs- und Pensionsrechts, eine qualitative Verbesserung und Konsolidierung der Sozialleistungen, eine Überprüfung und Umstrukturierung der Förderausgaben und steuerliche Maßnahmen.

Die gesamte **Finanzschuld** des *Bundes* stieg 1996 von 1350,4 Mrd. S (1995) auf 1417,1 Mrd. S, was insgesamt einem Anteil am BIP von 58,7

Arbeitslosenquoten in den Bundesländern im Mai 1997 (in %)

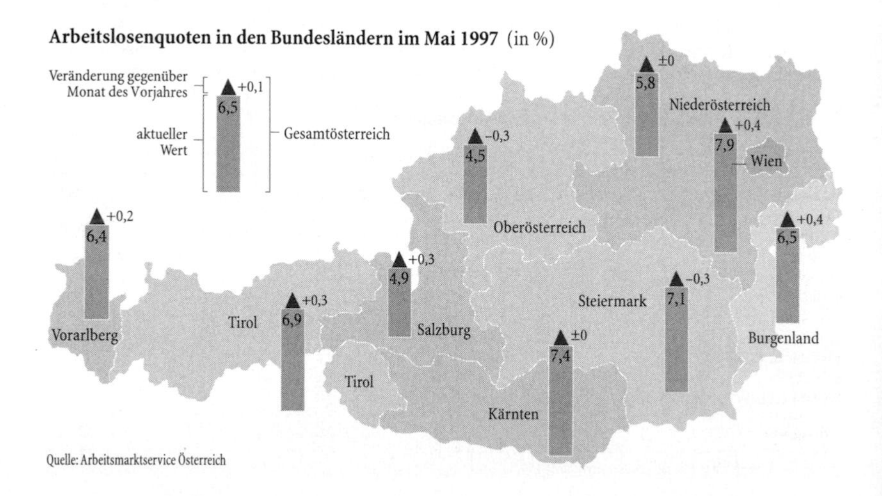

Quelle: Arbeitsmarktservice Österreich

Staaten

(57,4)% bzw. 176 100 (168 500) S pro Kopf der Bevölkerung entspricht. Davon entfielen 296,5 (296,6) Mrd. S auf Fremdwährungsschulden. 1996 beliefen sich die Zinsausgaben für die Finanzschuld auf 86,1 (81,4) Mrd. S. Dies entspricht 3,6% (3,5%) des BIP bzw. 22,5% (23,7%) der Netto-Steuereinnahmen des Bundes. – Von den Schulden der anderen Gebietskörperschaften (aus erhebungstechnischen Gründen Zahlen nur bis 1995 vorhanden) entfielen 1995 auf die *Länder* 62,0 (1994: 49,2) Mrd. S, auf die *Gemeinden* 106,1 (96,7) Mrd. S sowie auf die *Hauptstadt* Wien 56,3 (45,3) Mrd. S. – Das öffentliche Finanzierungsdefizit (aller öffentlichen Haushalte) überschritt 1996 mit 3,9% des BIP die im Vertrag von Maastricht

als Voraussetzung für den Beitritt zur Europäischen Wirtschafts- und Währungsunion zu erfüllende Obergrenze (Konvergenzkriterium) um 0,9% und die öffentliche Verschuldungsquote mit 70,0% den Referenzwert um 10%. Das laufende fiskalische Konvergenzprogramm sieht vor, das öffentliche Finanzierungsdefizit bis 1997 auf 3,0% zurückzuführen. Die Kooperation mit den Bundesländern, Gemeinden und der Hauptstadt Wien (Land und Gemeinde) wurde verstärkt, um den Beitrag dieser Gebietskörperschaften zur Erreichung der Fiskalkriterien zu gewährleisten. Außerdem soll die Schuldenquote 1997 vor allem durch Privatisierungen und Forderungsverkäufe abgesenkt werden.

Österreich: Bundeshaushalt 1994-1997

Einnahmen in Mio. S	*1994*		*1995*		*1996*		*1997*	*Veränderung 1996/97* [5] *in %*
	Voranschlag	*Erfolg* [1]	*Voranschlag*	*Erfolg* [2]	*Voranschlag*	*Erfolg* [2]	*Voranschlag*	
Steuern (netto)	361 427	358 402	341 473	345 774	386 949	383 470	423 165	+ 10,4
Steuerähnliche Einnahmen	99 415	98 780	103 662	102 360	104 370	103 603	107 626	+ 3,9
Betriebseinnahmen [3]	63 144	65 168	67 157	66 202	25 295	25 741	673	– 97,4
Sonstige	104 625	104 072	138 255	132 355	146 051	152 282	147 756	-3,0
Gesamteinnahmen [3]	*628 611*	*626 422*	*650 547*	*646 690*	*662 665*	*665 097*	*679 220*	*+ 2,1*

Ausgaben in Mio. S	*1994*		*1995*		*1996*		*1997*	*Veränderung 1996/97* [5] *in %*
	Voranschlag	*Erfolg* [1]	*Voranschlag*	*Erfolg* [1]	*Voranschlag*	*Erfolg* [2]	*Voranschlag*	
Soziale Wohlfahrt u. Gesundheit	208 801	207 420	213 280	220 546	221 237	227 238	223 384	– 1,7
Verkehr (mit Post u. Bahn) [3]	95 295	96 691	100 383	115 686	104 215	104 933	95 976	– 8,5
Erziehung u. Unterricht	64 498	65 650	66 680	67 465	67 638	67 677	67 676	0,0
Forschung u. Wissenschaft	29 374	28 653	28 751	28 766	29 244	28 784	29 407	+ 2,2
Wohnungsbau	24 119	23 038	25 062	24 156	25 295	25 320	25 282	– 0,2
Staats- u. Rechtssicherheit ..	24 013	24 579	25 923	26 295	26 669	27 015	26 800	– 0,8
Industrie u. Gewerbe	19 961	22 253	23 800	16 738	18 565	15 102	18 434	+ 22,1
Landesverteidigung	20 274	20 530	20 422	20 733	20 989	20 942	21 152	+ 1,0
Land- u. Forstwirtschaft	19 237	20 467	31 165	33 241	28 962	29 284	25 631	– 12,5
Sonstige	203 740	221 959	217 354	210 968	209 663	208 168	213 434	+ 2,5
Gesamtausgaben [3, 4]	*709 311*	*731 240*	*752 820*	*764 593*	*752 477*	*754 463*	*747 175*	*– 1,0*
Nettodefizit	*80 700*	*104 818*	*102 273*	*117 903*	*89 812*	*89 366*	*67 955*	–
in % des BIP	*3,6*	*4,6*	*4,3*	*5,0*	*3,7*	*3,7*	*2,7*	–

[1] Bundesrechnungsabschluß; [2] Vorläufiger Erfolg; [3] Österreichische Bundesbahnen ab 1994, Post ab Mai 1996 ausgegliedert; [4] ohne Schuldentilgungen; [5] Veränderung Erfolg 1996/Voranschlag 1997
Quelle: Bundesministerium für Finanzen, August 1997

Pakistan *Süd-Asien*

Islamische Republik Pakistan; Islāmī Ǧamhūriyah Pākistān (urdu); Islamic Republic of Pakistan (englisch) – PK (→ Karte IV, C 3)

Fläche (Weltrang: 35.): 796 095 km^2

Einwohner (7.): F 1995 129 905 000 = 163 je km^2

Hauptstadt: Islāmābād (Islamabad)
S 1991: 350 000 Einw. (A: 1,5 Mio.)

Amtssprache: Urdu

Bruttosozialprodukt 1995 je Einw.: 460 $

Währung: 1 Pakist. Rupie (pR) = 100 Paisa

Botschaft der Islamischen Republik Pakistan
Rheinallee 24, 53173 Bonn, 0228/9 55 30

Landesstruktur Fläche: 796 095 km^2; ohne Northern Areas mit 72 520 km^2 und das von Pakistan besetzte Azad Kashmir (78 114 km^2) – **Bevölkerung**: Pakistaner (Pakistani); (Z 1981) 84 253 644 Einw. – (S) 50% Pandschabi, 15% Sindhi, 15% Paschtunen, 8% Mohajiren, 5% Balutschen, 7% Sonstige – Anteil unter **Armutsgrenze** ∅ 1981–95: 11,6% – **Flüchtl.** Ende 1996: 1 200 000 aus Afghanistan, 13 000 aus Indien, 2700 andere – **Leb.-Erwart.** 1995: 63 J. – **Säugl.-Sterbl.** 1995: 9,5% – **Kindersterbl.** 1995: 13,7% – Jährl. **Bev.-Wachstum** ∅ 1985–95: 3,0% (Geb.- und Sterbeziffer 1995: 3,9%/0,9%) – **Analph.** 1995: 62% – **Sprachen**: 7,6% Urdu; 50,6% Pandschabi, 21,6% Sindhi, 15,0% Paschtu, 3% Balutschi, 1,5% Brahui, sonst. Sprachen; Englisch verbreitet – **Religion** (Islam ist Staatsreligion) 1992: fast 100% Muslime (90% Sunniten, 5–10% Schiiten; Ahmadiyya-Muslime [vom Staat nicht anerkannt]); Minderh. von Christen, Hindus und Buddhisten – **Städt. Bev.** 1995: 35% – **Städte** (Z 1981): Karāchi (Karatschi) 5 180 562 Einw., Lahore 2 952 689, Faisalabad (Lyallpur) 1 104 209, Rāwalpindi 794 843, Hyderābād 751 529, Multān 722 070, Gujrānwāla 658 753, Peshāwar 566 248, Siālkot 302 009, Sargodha 291 361, Quetta 285 719

Staat Islamische Republik (im Commonwealth) seit 1973 – Verfassung von 1973, zuletzt geändert am 4. 4. 1997 – Parlament: Nationalversammlung (Majlis-e-Shura) mit 217 alle 5 J. gewählten Mitgl. (207 Muslime und 10 für separat wählende Minderh. [Christen, Hindus u. a.] reserviert) und Senat mit 87 Mitgl. (indirekt alle 6 J. gewählt, ⅓ davon alle 2 J. neu) – Wahl des Staatsoberh. durch Wahlmännerkollegium alle 5 J. – Wahlrecht ab 21 J. – **Verwaltung**: 4 Provinzen und

Hauptstadtdistrikt; außerdem Bundesverwaltungsgebiet Tribal Area mit 27 220 km^2 und Northern Areas (Baltistān, Diamir, Gilgit) unter direkter Verwaltung – **Staatsoberhaupt**: Sardar Faruk Ahmad Khan Leghari (PPP), seit 1993 – **Regierungschef**: Nawaz Sharif (PML-N-Vorsitzender), seit 17. 2. 1997; Koalition aus PML-N, ANP und MQM – **Äußeres**: Gohar Ayub Khan, seit 26. 2. 1997 – **Parteien**: Wahlen vom 3. 2. 1997: Pakistan Muslim League/PML-N 134 der 207 Sitze (1993: 72), Pakistan People's Party/PPP 18 (91), Mohajir Qaumi Movement/MQM 12 (–), Awami National Party/ANP 9, weitere 5 Parteien 9, Unabhängige 22, 3 Sitze vakant – **Unabh.**: nominell 15. 8. 1947; nach Unabhängigkeitserklärung von Bangladesch am 17. 12. 1971 Staatsgebiet auf ehemaliges Westpakistan reduziert – **Nationalfeiertage**: 23. 3. (Proklamation der Republik 1956) und 14. 8. (Unabhängigkeitstag)

Wirtschaft Währung: 1 US-$ = 40,3607 pR; 1 DM = 24,0795 pR – **BSP** 1995: 59 991 Mio. $ – **BIP** 1995: 60 649 Mio. $; realer Zuwachs ∅ 1990–95: 4,6%; Anteil (1995) **Landwirtsch.** 26%, **Industrie** 24%, **Dienstl.** 50% – **Erwerbstät.** 1993: Landw. 48%, Ind. 20%, Dienstl. 32% – **Arbeitslosigkeit** ∅ 1995: 8% (hohe Unterbeschäftigung) – **Energieverbrauch** 1994: 254 kg ÖE/Ew. – **Inflation** ∅ 1985–95: 9,3% (S 1995/96: 9,5%, S 1996/97: 12,1%) – **Ausl.-Verschuld.** 1995: 30 152 Mio. $ – **Außenhandel** 1995: **Import**: 363 Mrd. pR (S 1996: 528 Mrd. pR); Güter: 23% Maschinen, 16% Erdöl- und Erdölerzeugnisse, 12% ausgewählte Nahrungsmittel (Pflanzenöl, Weizen, Tee), 4% Straßenfahrzeuge, 4% Eisen und Stahl, 3% Arzneimittel, 3% Kunststoffe; Länder 1994: 10,7% Japan, 9,3% USA, 8,5% Malaysia, 6,3% BRD, 5,7% Kuwait, 5,1% Italien, 5% Saudi-Arabien, 4,8% Vereinigte Arabische Emirate, 4,7% Großbritannien, 4,4% VR China; **Export**: 253 Mrd. pR(S 1996: 396 Mrd. pR); Güter: 65% Textilprod., 11% Leder und Lederwaren, 5% Reis, 3% Sportartikel; Länder 1994: 15,1% USA, 7,5% Hongkong, 6,9% BRD, 6,8% Japan, 6,5% Großbritannien, 4,4% Vereinigte Arabische Emirate, 3,4% Republik Korea, 3,3% Frankreich, je 3% Italien und Niederlande

Chronik Im Oktober **1996** gerät die Regierung von Premierministerin *Benazir Bhutto* zunehmend unter Druck. Während bereits seit Monaten Anhänger der islamistischen Partei Jamaat-e Islami (JI) Streiks und Proteste im ganzen Land organisiert haben, um *Bhutto* zu stürzen, der sie Korruption und Günstlingswirtschaft anlasten, kommt es Ende September zu einer Verschärfung der **Staatskrise**, nachdem der Bruder der Premierministerin am 20. 9. in Karatschi bei einem Schußwechsel mit der Polizei getötet worden ist. *Murtaza Bhutto* war als Führer der Oppositionsgruppe Shaheed, einer Abspaltung der Pakistan People's Party (PPP), gegen seine Schwester angetreten. Von verschiedenen Seiten werden die Premierministerin und ihr Ehemann, Investitionsminister *Asif Zardari*, beschuldigt, den Zwischenfall inszeniert zu haben. Eine neue Welle von Protesten, vor allem in der Provinz Sindh, ist die Folge. – Am 22. 10. beschließt das Kabinett wirtschaftspolitische Maßnahmen, um die **Auflagen des Internationalen Währungsfonds (IWF)** zu erfüllen, der seit Juni 1996 die Zahlung weiterer Raten eines Beistandkredits in Höhe von 600 Mio. US-$ eingestellt hat. Die Einführung einer Steuer auf Landwirtschaftserträge stößt auf Ablehnung bei den Großgrundbesitzern, die *Benazir Bhutto* unterstützt hatten; in der Bevölkerung weckt u.a. die Erhöhung der Benzinpreise Empörung. In der Hauptstadt Islamabad und in Rawalpindi kommt es am 27. und 28. 10. zu Demonstrationen und Straßenschlachten. – Wegen »Begünstigung der Korruption« und weiterer Vorwürfe verfügt Präsident *Faruk Leghari* am 5. 11. die **Absetzung der Premierministerin**, löst das Parlament auf und kündigt Neuwahlen an. *Bhutto* wird unter Hausarrest gestellt, ihr Mann verhaftet. Mit ähnlicher Begründung war die Premierministerin bereits am 6. 8. 1990 abgesetzt worden. Die **Interimsregierung** unter Führung des PPP-Politikers *Malik Meraj Khalid* verspricht, gegen die Korruption vorzugehen und entläßt Hunderte von Beamten und Regierungsberatern; es kommt jedoch in der Folge kaum zu Anklagen. Am 29. 1. **1997** bestätigt der Oberste Gerichtshof, daß die Entlassung von *Benazir Bhutto* rechtmäßig ist. Bei den **Parlamentswahlen** am 3. 2. (Wahlbeteiligung 40%) erringt die Pakistan Muslim League (PML-N) des früheren Premierministers *Nawaz Sharif* eine deutliche Mehrheit: Sie stellt 134 der 217 Abgeordneten im neuen Parlament, auf *Benazir Bhuttos* PPP entfallen nur 18 Mandate. *Sharif*, der 1993 ebenfalls wegen Korruption entlassen worden war, kündigt nach seiner Wahl zum **neuen Premierminister** am 17. 2. eine Politik der Wirtschaftssanierung an. Offen bleibt zunächst die Rolle des Militärs und die Macht des Präsidenten, der am 6. 1. einen umstrittenen Nationalen Sicherheitsrat (CDNS) unter seinem Vorsitz eingesetzt hat, dem die Militärführung und die wichtigsten Mitglieder des Kabinetts angehören. Am 1. 4. billigt das Parlament auf Antrag der Regierung einstimmig eine **Verfassungsänderung**,

die den 8. Verfassungszusatz von 1985 aufhebt, der es dem Präsidenten erlaubt hat, den Premierminister zu entlassen oder das Parlament aufzulösen. Die Führung der Streitkräfte soll künftig vom Premierminister ernannt werden, der Nationale Sicherheitsrat wird aufgelöst. Präsident *Leghari* stimmt der Verfassungsänderung am 4. 3. 1997 zu. – Zum Programm der neuen Regierung gehört auch die Wiederaufnahme des Dialogs mit → Indien über die **Kaschmirfrage**, der seit 1994 ausgesetzt ist. Nach Vorgesprächen am 28. 3. und 9. 4. schlägt Premierminister *Sharif* am 13. 8., dem Vorabend des 50. Jahrestages der Unabhängigkeit, offizielle Friedensgespräche vor. Kaschmir ist entlang einer Waffenstillstandslinie von 1971 (→ Karte, → auch Farbkarte IX)) geteilt. – Keine Fortschritte zeigen sich dagegen in der Befriedung der **Konflikte zwischen sunnitischen und schiitischen Gruppen**. Nachdem bereits am 18. 1. 1997 nach einem Bombenanschlag in Lahore 26 Menschen gestorben sind, unter ihnen der Führer der militanten Sunnitenorganisation Sipah-e Sahaba, kommt es Ende Juni in dieser Stadt zu einer neuen Folge von Attentaten. Im ersten Halbjahr 1997 fordert die Auseinandersetzung 230 Todesopfer. Anfang August kommt es in mehreren Städten der Provinz Punjab zu weiteren Attentaten. – Ebenfalls ungelöst bleibt der blutige **Konflikt zwischen der Staatsmacht und** den politischen Organisationen der aus Indien **eingewanderten Muslime** (Mohajir) in Karachi, v.a. der Mohajir Qaumi Movement (MQM), die nach ihrem Erfolg bei den Parlamentswahlen in der Provinz Sindh Koalitionspartner der PML-N geworden ist.

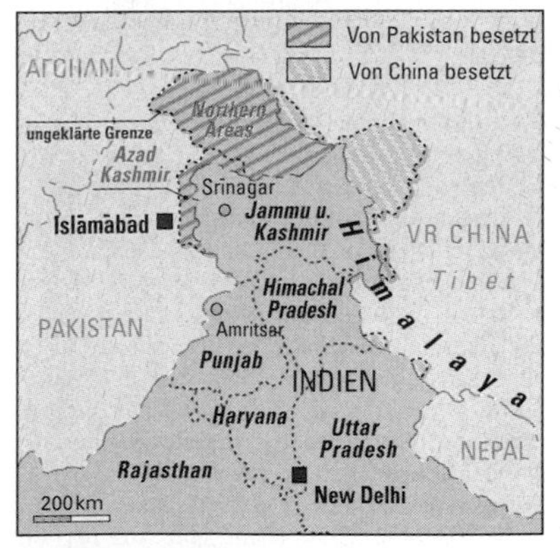

Kaschmir mit den von Pakistan besetzten Gebieten

Palästina → Israel

Palau *Ozeanien*

Republik Palau [Belau]; Belu'u era Belau (palauisch); Republic of Palau (englisch) – PAL (→ Karten V, E 4 und VIII b, A/B 2)

Fläche (Weltrang: 177.): 508 km²

Einwohner (189.): F 1995 17 200 = 34 je km²

Hauptstadt: Koror (auf Koror)
Z 1990: 10 501 Einw. (Insel)

Amtssprachen: Palauisch, Englisch

Bruttosozialprodukt 1995 je Einw.: k. Ang.

Währung: US-$

Diplomatische Vertretung: derzeit keine

Landesstruktur Fläche: 508 km²; insg. 241 Inseln, davon 11 bewohnt: u. a. Babelthuap mit 409 km², Koror, Ngeruktabel, Eil Malk, Angaur – **Bevölkerung**: Palauer; (Z 1990) 15 122 Einw. – 83,2% Palauer, 9,8% Filipinos, 2,0% sonst. Mikronesier, 1,2% Chinesen – **Leb.-Erwart.** 1992: 71 J. – **Säugl.-Sterbl.** 1995: 2,5% – **Kindersterbl.** 1995: 3,5% – Jährl. **Bev.-Wachstum** Ø 1992: 1,9% (Geb.- und Sterbeziffer 1992: 2,3%/0,7%) – **Analph.** 1990: 2% – **Sprachen**: Palauisch, Englisch, Angaur, Japanisch, Tobi, Sonsorolesisch – **Religion** 1990: 40,8% Katholiken, 24,8% Protestanten, 24,8% Anhänger tradit. Religionen (v. a. Modekngei) – **Städt. Bev.** 1990: 60% – **Städte**: Melekeok, Ngetbong, Airai (alle auf Babelthuap), Ngaramasch (auf Angaur)

Staat Präsidialrepublik seit 1947 – Freier Assoziierungsvertrag mit den USA vom 1. 10. 1994 (USA für Verteidigung und Außenpolitik zuständig) – Verfassung von 1981 mit Änderung 1993 – Parlament (National Congress, Olbiil era Kelulau): Abgeordnetenhaus (House of Delegates) mit 16 und Senat mit 14 Mitgliedern; Wahl alle 4 J. – 16köpfige Häuptlingsversammlung (Council of Chiefs) als beratendes Organ – Direktwahl des Staatsoberh. alle 4 J. – Wahlrecht ab 18 J. – **Verwaltung**: 16 States – **Staats- und Regierungschef** sowie **Äußeres**: Kuniwo Nakamura, seit 1993 – **Parteien**: keine i. e. S. (letzte Wahlen am 5. 11. 1996) – **Unabh.**: US-Treuhandgebiet von 1947 bis 30. 9. 1994 – **Nationalfeiertag**: 1./2. 10. (Unabhängigkeitstage)

Staaten

Wirtschaft (keine neueren Ang. verfügbar) – **Währung**: 1 DM = 0,5506 US-$ – **BSP**: k. Ang. – **BIP** 1992: 5000 $ je Einw.; Staatshaushalt zu über 90% aus US-Hilfsgeldern – **Erwerbstät.** 1995: Dienstl. 82% – **Arbeitslosigkeit** Ø 1986: 20% – **Energieverbrauch**: k. Ang. – **Inflation**: k. Ang. – **Ausl.-Verschuld.** 1993: 100 Mio. $ – **Außenhandel** 1993: **Import**: 40 Mio. $; Länder 1984: 42% USA, 38% Japan; **Export**: 0,5 Mio. $ (1986); Güter: Fisch, Muscheln, Kokosnüsse, Kopra; Länder 1984: 59% Japan, 8% USA – **Tourismus** 1995: 44 850 Auslandsgäste

Panama *Mittel-Amerika*

Republik Panama; República de Panamá – PA (→ Karte VI, J/K 9)

Fläche (Weltrang: 116.): 75 517 km²

Einwohner (131.): F 1995 2 631 000 = 35 je km²

Hauptstadt: Panamá – F 1993: 625 150 Einw.

Amtssprache: Spanisch

Bruttosozialprodukt 1995 je Einw.: 2750 $

Währung: 1 Balboa (B/.) = 100 Centésimos

Botschaft der Republik Panama
Lützowstr. 1, 53173 Bonn, 0228/36 10 36

Landesstruktur Fläche: 75 517 km²; davon: Panama-Kanalzone 1432 km² (→ unten) – **Bevölkerung**: Panamaer; (Z 1990) 2 329 329 Einw. – 65% Mestizen, 13% Schwarze und Mulatten, 10% Weiße (Kreolen), 8,3% Indianer (5,3% Guaymi, 2% Kuna, 0,6% Emberá), 2% Asiaten – Anteil unter **Armutsgrenze** Ø 1981–95: 25,6% – **Flüchtl.** Ende 1996: 650 aus Anrainerstaaten – **Leb.-Erwart.** 1995: 73 J. – **Säugl.-Sterbl.** 1995: 1,8% – **Kindersterbl.** 1995: 2,0% – Jährl. **Bev.-Wachstum** Ø 1985–95: 1,9% (Geb.- und Sterbeziffer 1995: 2,4%/0,5%) – **Analph.** 1995: 9% – **Sprachen**: 87% Spanisch; z. T. indian. Sprachen (u. a. Guaymi, Chibcha); Englisch als Verkehrssprache – **Religion** 1990: 96% Katholiken, 2% Protestanten; Minderh. von Muslimen – **Städt. Bev.** 1995: 56% – **Städte** (F 1993): San Miguelito 293 564 Einw.; Colón 137 825, David 99 800, Santiago 68 010, Penonomé 61 050, Chitré 37 920

Staat Präsidialrepublik seit 1972 – Verfassung von 1983 mit Änderung von 1994 (Abschaffung der Armee) – Parlament (Asamblea Legislativa) mit 72 Mitgl., Wahl alle 5 J. – Direktwahl des

Staatsoberh. alle 5 J. (keine Wiederwahl) – Wahlrecht ab 18 J. – **Verwaltung**: 9 Provinzen (Einzelheiten → WA '96, Sp. 529 f.) und autonomes Indianerreservat; außerdem Panamakanal-Zone (→ unten) – **Staats- und Regierungschef**: Ernesto Pérez Balladares (PRD), seit 1994 – **Äußeres**: Ricardo Alberto Arias – **Parteien**: Wahlen vom 8. 5. 1994: Partido Revolucionario Democrático/PRD 31 Sitze (Wahlen 1989 mit Nachwahlen 1991: 13), Partido Arnulfista/PA 15 (–), Movimiento Papa Egoró/MPE 6 (–), Movimiento Liberal Republicano Nacionalista/MOLIRENA 5 (18), Partido Liberal Auténtico/PLA 4 (4), Partido Renovación Civilista/PRC 3 (–), Partido Solidaridad 2 (–), Partido Liberal Nacional/PLN 1 (2), Partido Demócrata Cristiano/PDC 1 (30), Sonstige 4 (5) – **Unabh.**: 28. 11. 1821 (Unabhängigkeit von Spanien und Beitritt zur Republik Großkolumbien); 3. 11. 1903 (Loslösung von Großkolumbien) – **Nationalfeiertage**: 3. 11. (Unabhängigkeitstag) und 28. 11.

Wirtschaft **Währung**: 1 US-$ = 1 B/.; 1 DM = 0,5960 B/.; (B/. nur als Münzen, gesetzliches Zahlungsmittel ist US-$) – **BSP** 1995: 7235 Mio. $ – **BIP** 1995: 7413 Mio. $; realer Zuwachs ∅ 1990–95: 6,3%; Anteil (1995) **Landwirtsch.** 11%, **Industrie** 15%, **Dienstl.** 74% – **Erwerbstät.** 1993: Landw. 23%, Ind. 16%, Dienstl. 61% – **Arbeitslosigkeit** ∅ 1995: 14,9% – **Energieverbrauch** 1994: 618 kg ÖE/Ew. – **Inflation** ∅ 1985–95: 1,7% (1996: 2,0%, S 1997: 2,0%) – **Ausl.-Verschuld.** 1995: 7180 Mio. $ – **Außenhandel** 1995: (einschl. Panamakanal-Zone); **Import**: 7000 Mio. $; Güter 1994: 9% Erdöl, 5% Kapitalgüter, 1% Nahrungsmittel; Länder 1994: 38% USA, 7% Japan, 4% Ecuador, 2% BRD; **Export**: 6200 Mio. $; Güter 1994: 39% Bananen, 17% Garnelen, 4% Bekleidung, 3% Rohzucker; Länder 1994: 34% USA, 14% BRD, 6% Costa Rica, 5% Italien, 5% Belgien/Luxemburg – **Tourismus** 1996 (S): 412 000 Auslandsgäste, 236 Mio. $ Einnahmen

Panamakanal-Zone (Panama Canal Zone)
Fläche: 1442 km² – *Bewohner* (S 1986): 29 000 Einw. (einschl. US-Militärpersonal) – *Gouverneur* (seit 1990 Staatsbürger von Panama): Gilberto Guardia Fábrega – Nach den zwischen Panama u. den USA geschlossenen Verträgen (1903, 1936, 1955) besitzen die USA Hoheitsrechte u. Verteidigungsgewalt; lt. Vertrag von 1977 sollen die Hoheitsrechte bis 1. 1. 2000 vollständig an Panama übergehen u. die US-Soldaten (1996: 4000) abgezogen werden.

Papua-Neuguinea *Ozeanien*

Unabhängiger Staat Papua-Neuguinea; Papua New Guinea (englisch); Papua Niugini (pidgin) – PNG (→ Karten V, E 5 und VIII b, B 3)

Fläche (Weltrang: 53.): 462 840 km²

Einwohner (114.): F 1995 4 302 000 = 9,3 je km²

Hauptstadt: Port Moresby – F 1994: 250 000 Einw.

Amtssprachen: Englisch, Pidgin, Motu

Bruttosozialprodukt 1995 je Einw.: 1160 $

Währung: 1 Kina (K) = 100 Toea

Botschaft des Unabh. Staates Papua-Neuguinea
Gotenstr. 163, 53175 Bonn, 0228/37 68 55

Landesstruktur (Karte → WA '97, Sp. 497 f.) **Fläche**: 462 840 km²; Ostteil der Insel Neuguinea, Bismarck-Archipel (New Britain, New Ireland, New Hanover u. a.), Bougainville und Buka (Salomon-Inseln), Admiralty Islands, Louisiade Archipel, d'Entrecasteaux Islands, Trobriand Islands und 600 kleinere Inseln – **Bevölkerung**: Papua-Neuguineer; (Z 1990) 3 761 954 Einw. – (S) rd. 750 Ethnien: hauptsächlich Papua, an S- und NW-Küste malaiische (indonesische), im N melanesische, im O polynes. Gruppen; chines. Minderheit, etwa 30 000 Weiße – **Flüchtl.** Ende 1996: 70 000 Binnenflüchtlinge; 1000 in Nachbarstaaten; 10 000 aus Indonesien – **Leb.-Erwart.** 1995: 57 J. – **Säugl.-Sterbl.** 1995: 6,7% – **Kindersterbl.** 1995: 9,5% – Jährl. **Bev.-Wachstum** ∅ 1985–95: 2,2% (Geb.- und Sterbeziffer 1995: 3,3%/1,0%) – **Analph.** 1995: 28% – **Sprachen**: Englisch, melanesisches Pidgin als Umgangssprache; insg. 742 Papua-Sprachen – **Religion** 1992: 58% Protestanten, 33% Katholiken; Anhänger von Naturreligionen – **Städt. Bev.** 1995: 16% – **Städte** (Z 1990): Lae 78 265 Einw.; (F 1987) Madang 24 700, Wewak 23 200, Goroka 21 800 (auf Neuguinea), Kieta, Sohano (auf Bougainville)

Staat Parlamentarische Monarchie (im Commonwealth) seit 1975 – Verfassung von 1975 – Parlament (National Parliament) mit 109 Mitgl., Wahl alle 5 Jahre; ernennt Generalgouverneur – Wahlrecht ab 19 J. – **Verwaltung**: 19 Provinzen und Hauptstadtdistrikt – **Staatsoberhaupt**: Königin Elizabeth II., vertreten durch einheimischen Generalgouverneur Sir Wiwa Korowi, seit 1991 – **Regierungschef**: Bill Skate (PNC), seit 22. 7. 1997; Koalition aus PNC, PANGU und PPP – **Äußeres**: Chris Haiveta – **Parteien**: Wahlen vom 15. 6.–28. 6. 1997: Sitzverteilung nicht bekannt;

Ergebnisse 1992: Pangu New Guinea Union Party/PANGU 22 Sitze, People's Democratic Movement/PDM 15, People's Action Party/PAP 13, People's Progress Party/PPP 10, Melanesian Alliance/MA 9, League for National Advancement/LNA 5, Unabhängige 31, Sonstige 3 – **Unabh.**: 16. 9. 1975 (ehemaliges australisches Territorium Papua und deutsches Treuhandgebiet Neuguinea) – **Nationalfeiertag**: 16. 9. (Unabhängigkeitstag)

Wirtschaft **Währung**: 1 US-$ = 1,41 K; 1 DM = 0,82 K – **BSP** 1995: 4976 Mio. $ – **BIP** 1995: 4901 Mio. $; realer Zuwachs ∅ 1990–94: 9,3%; Anteil (1993) **Landwirtsch.** 26%, **Industrie** 38%, **Dienstl.** 34% – **Erwerbstät.** 1993: Landw. 64% – **Arbeitslosigkeit**: k. Ang. – **Energieverbrauch** 1994: 236 kg ÖE/Ew. – **Inflation** ∅ 1985–95: 4,6% – **Ausl.-Verschuld.** 1995: 2431 Mio. $ – **Außenhandel** 1992: **Import**: 1523 Mio. $ (S 1993: 1299 Mio. $); Güter: 40% Maschinen und Transportausrüstungen, 34% Industriegüter, 17% Nahrungsmittel, 8% Brennstoffe; Länder 1990: 46% Australien, 13% Japan, 10% USA, 9% Singapur; **Export**: 1790 Mio. $; Güter 1993: 75% Bergbauerzeugn., 9% Kaffee, 4% Holz, 3% Kakao; Länder 1992: 33% Japan, 15% BRD, 12% Republik Korea, 7% Australien, 7% Großbritannien, 4% Singapur – **Tourismus** 1993: 40 476 Auslandsgäste, 42 Mio. K Einnahmen

Chronik Die **Ermordung von Theodore Miriong**, seit 1995 Chef der Übergangsregierung auf der Insel Bougainville, am 12. 10. **1996** verhärtet die innenpolitischen Fronten weiter. *Miriong* galt als entschiedener Verfechter einer Friedenslösung in der Auseinandersetzung mit der seit 1988 um die Unabhängigkeit der rohstoffreichen Insel kämpfenden Untergrundorganisation Bougainville Revolutionary Army (BRA). Mit **Wiederaufnahme des militärischen Kampfes** am 20. 6. 1996 erteilte die Zentralregierung dieser Perspektive eine Absage (→ WA '97, Sp. 490). – Ende Februar **1997** wird bekannt, daß die Regierung afrikanische **Söldner angeworben** hat. Vermittelt durch die südafrikanische Agentur »Executive Outcomes/Sandline International« wartet ein erstes Kontingent von 40 der insgesamt rd. 150 Söldner auf seinen **Einsatz gegen die Separatistenbewegung** auf Bougainville. Premierminister Sir *Julius Chan* erhofft sich von einem »chirurgischen Angriff« die Beendigung des Sezessionskrieges, der bisher über 8000 Todesopfer gefordert hat. Neben außenpolitischen Komplikationen mit Australien provoziert das Vorhaben der Regierung die schwerste **innenpolitische Krise** seit der Unabhängigkeit 1975. Nach Entlassung von Brigadegeneral *Jerry Singirok*, der am 17. 3. 1997 ultimativ die Ausweisung der Söldner und den Rücktritt der Regierung binnen 48 Stunden verlangt, kommt es zur Revolte eines Teils der Armee, die *Singiroks* Entlassung nicht hinnimmt, sowie zu regierungsfeindlichen Demonstrationen, die sich gegen die hohen Kosten der Söldnerverpflichtung (umgerechnet 46 Mio. DM) wenden. Unter dem Druck Tausender von Demonstranten, die das Parlament blockieren, erklärt der unter Korruptionsverdacht stehende *Chan* am 26. 3. seinen Rücktritt. Zum Chef eines geschäftsführenden Kabinetts wählt das Parlament am Tag darauf den bisherigen Minister für Bergbau, *John Giheno*. Nachdem eine Untersuchungskommission den Korruptionsverdacht gegen *Chan* nicht beweisen kann, tritt dieser das Amt des Regierungschefs im Juni jedoch wieder an. Bei den zwischen dem 14. und 28. 6. stattfindenden **Parlamentswahlen** verliert er sein Abgeordnetenmandat. Zum **neuen Regierungschef** wählt das Parlament am 22. 7. den bisherigen Bürgermeister der Hauptstadt Port Moresby, *Bill Skate*. – Friedensgespräche der Zentralregierung mit den Rebellen von Bougainville Mitte Juli in Neuseeland führen zu einer ersten Verständigung über den Plan, die Insel zu entmilitarisieren und UNO-Truppen zu stationieren. – Am 28. 7. sichert der neue Premier *Skate* den Meuterern der Märzrebellion Straffreiheit zu und beendet damit eine erneute Revolte.

Paraguay *Süd-Amerika*

Republik Paraguay; República del Paraguay (spanisch); Tetâ Paraguay (guaraní) – PY (→ Karte VII, C/D 5/6)

Fläche (Weltrang: 58.): 406 752 km²

Einwohner (106.): F 1995 4 828 000 = 11,9 je km²

Hauptstadt: Asunción – Z 1992: 502 426 Einw.

Amtssprachen: Spanisch, Guaraní

Bruttosozialprodukt 1995 je Einw.: 1690 $

Währung: 1 Guaraní (₲) = 100 Céntimos

Botschaft der Republik Paraguay
Uhlandstr. 32, 53173 Bonn, 0228/35 67 27

Landesstruktur (Karte → WA '97, Sp. 501) **Fläche**: 406 752 km² – **Bevölkerung**: Paraguayer; (Z 1992) 4 152 588 Einw. – (S) 90% Mestizen, 3% Indianer (Guaraní), 2% Weiße, Kreolen; (Z 1992)

190 907 Ausländer, darunter 108 526 Brasilianer, 49 166 Argentinier, 10 855 Japaner und Koreaner – **Leb.-Erwart.** 1995: 71 J. – **Säugl.-Sterbl.** 1995: 2,8% – **Kindersterbl.** 1995: 3,4% – **Jährl. Bev.-Wachstum** ∅ 1985–95: 2,7% (Geb.- und Sterbeziffer 1995: 3,1%/0,5%) – **Analph.** 1995: 8% – **Sprachen**: Spanisch, Guaraní – **Religion** 1994: 94% Katholiken; Minderh. von Protestanten und Bahai – **Städt. Bev.** 1995: 54% – **Städte** (Z 1992): Ciudad del Este 133 896 Einw., San Lorenzo 133 311, Lambaré 99 681, Fernando de la Mora 95 287, Capiatà 83 189, Encarnación 55 358, Pedro Juan Caballero 53 601

Staat Präsidialrepublik seit 1967 – Verfassung von 1992 – Parlament (Congreso Nacional): Abgeordnetenhaus (Cámara de Diputados) mit 80 und Senat (Senado) mit 45 Mitgl.; Wahl alle 5 J. – Direktwahl des Staatsoberh. alle 5 J. (keine Wiederwahl) – Wahlpflicht ab 18 J. – **Verwaltung**: 17 Departamentos – **Staats- und Regierungschef**: Juan Carlos Wasmosy Monti (Partido Colorado), seit 1993 – **Äußeres**: Rubén Melgarejo Lanzoni – **Parteien**: Wahlen vom 9. 5. 1993: Abgeordnetenhaus: Partido Colorado 38 Sitze (1988: 48 von 72), Partido Liberal Radical Auténtico/PRLA (Blancos) 33 (21), Encuentro Nacional/EN 9 (10), Sonstige – (3) – Senat: Partido Colorado 20 (1988: 24 von 36), Blancos 17 (21), EN 8 (8), Sonstige – (1) – **Unabh.**: 14. 5. 1811 – **Nationalfeiertage**: 15. 5. (Unabhängigkeitstag) und 25. 8. (Verfassungstag)

Wirtschaft **Währung**: 1 US-$ = 2170,00 ₲; 1 DM = 1245,00 ₲ – **BSP** 1995: 8158 Mio. $ – **BIP** 1995: 7743 Mio. $; realer Zuwachs ∅ 1990–95: 3,1%; Anteil (1995) **Landwirtsch.** 26%, **Industrie** 26%, **Dienstl.** 48% – **Erwerbstät.** 1993: Landw. 42%, Ind. 23%, Dienstl. 35% – **Arbeitslosigkeit** ∅ 1996: 30% (inkl. Unterbeschäftigung) – **Energieverbrauch** 1994: 299 kg ÖE/Ew. – **Inflation** ∅ 1985–95: 24,9% (S 1996: 8,5%) – **Ausl.-Verschuld.** 1995: 2288 Mio. $ – **Außenhandel** 1995: **Import**: 2797 Mio. $ (S 1996: 2600 Mio. $); Güter: 47% Konsumgüter, 35% Investitionsgüter, 18% Zwischenprodukte; Länder: 23% Brasilien, 18% Argentinien, 12% USA, 8% Japan, 8% Republik China, 6% Republik Korea, 3% BRD, 3% Großbritannien; **Export**: 919 Mio. $ (S 1996: 1000 Mio $); Güter: 32% Baumwolle, 19% Sojabohnen, 10% Holz und Holzprodukte, 6% Leder, 6% Sojaöl, 6% Rindfleisch; Länder: 45% Brasilien, 10% Niederlande, 9% Argentinien, 5% Republik China, 4% USA, 3% Chile, 3% Italien, 2% Frankreich, 1% BRD

Peru *Süd-Amerika*

Republik Peru; República del Perú (spanisch); Piruw (ketschua) – PE (→ Karte VII, A-C 4/5)

Fläche (Weltrang: 19.): 1 285 216 km²

Einwohner (39.): F 1995 23 819 000 = 18,5 je km²

Hauptstadt: Lima – Z 1993 (A): 6 479 000 Einw.

Amtssprachen: Spanisch, Ketschua, Aymará

Bruttosozialprodukt 1995 je Einw.: 2310 $

Währung: 1 Neuer Sol (S/.) = 100 Céntimos

Botschaft der Republik Peru
Godesberger Allee 125, 53175 Bonn, 0228/37 30 45

Landesstruktur **Fläche**: 1 285 216 km² – **Bevölkerung**: Peruaner; (Z 1993) 22 048 356 Einw. – (Z 1981) 47% Indianer, 32% Mestizen, 12% Weiße; Minderh. von Schwarzen und Mulatten, Japanern und Chinesen – Anteil unter **Armutsgrenze** ∅ 1981–95: 49,4% – **Flüchtl.** Ende 1996: 420 000 Binnenflüchtlinge; 500 in Bolivien, 300 aus Kuba und anderen Staaten – **Leb.-Erwart.** 1995: 67 J. – **Säugl.-Sterbl.** 1995: 4,1% – **Kindersterbl.** 1995: 5,5% – Jährl. **Bev.-Wachstum** ∅ 1985–95: 2,1% (Geb.- und Sterbeziffer 1995: 2,7%/0,7%) – **Analph.** 1995: 11% – **Sprachen**: Spanisch; 40% Ketschua, 3–5% Aymará – **Religion** 1994: 89% Katholiken, 3% Protestanten; Anhänger von Naturreligionen – **Städt. Bev.** 1995: 72% – **Städte** (Z 1993): Trujillo 1 287 000 Einw., Chiclayo 951 000, Arequipa 939 800, Callao 648 000, Piura 286 475, Iquitos 266 175, Cusco 257 751, Huancayo 256 666

Staat Präsidialrepublik seit 1980 – Verfassung von 1993 – Parlament (Congreso) mit 120 Mitgl., Wahl alle 5 J. – Direktwahl des Staatsoberh. alle 5 J. – Wahlpflicht ab 18 J. – **Verwaltung**: 25 Regionen – **Staats- und Regierungschef**: Alberto K. Fujimori (C90), seit 1990 – **Äußeres**: Eduardo Ferrero Costa, seit 17. 7. 1997 – **Parteien**: Wahlen vom 9. 4. 1995: Alianza Cambio 90-Nueva Mayoría/C90-NM (Bündnis Wende 90-Neue Mehrheit) 67 der 120 Sitze (1992, Wahlen zur Verfassungsgebenden Versammlung: 44 von 80), Unión por el Perú/UPP 17 (–), Partido Aprista 8 (–), Frente Independiente Moralizador 6 (7), CODE-País Posible (Mögliches Land) 5 (–), Acción Popular/AP 4 (–), Partido Popular Cristiano/PPC 3 (8), Renovación 3 (6), weitere 5 Parteien insg. 7 Sitze (15) – **Unabh.**: 28. 7. 1821 (Proklamation) – **Nationalfeiertag**: 28. 7. (Unabhängigkeitstag)

Wirtschaft **Währung**: 1 US-$ = 2,670 S/.; 1 DM = 1,5914 S/. – **BSP** 1995: 55 019 Mio. $ – **BIP** 1995: 57 424 Mio. $; realer Zuwachs ∅ 1990–95: 5,3%; Anteil (1995) **Landwirtsch.** 7%, **Industrie** 38%, **Dienstl.** 55% – **Erwerbstät.** 1992: Landw. 33%, Ind. 17%, Dienstl. 50% – **Arbeitslosigkeit** ∅ 1995: 7,1% (hohe Unterbeschäftigung) – **Energieverbrauch** 1994: 367 kg ÖE/Ew. – **Inflation** ∅ 1985–95: 398,5% (S 1996: 12%) – **Ausl.-Verschuld.** 1995: 30 831 Mio. $ – **Außenhandel** 1994: **Import**: 5307 Mio. $ (S 1995: 7688 Mio. $, S 1996: 7700 Mio. $); Güter: 42% Rohstoffe und Halbfertigwaren, 30% Kapitalgüter, 23% Konsumgüter; Länder: 26% USA, 9% Japan, 7% Argentinien, 7% Brasilien, 5% BRD; **Export**: 4421 Mio. $ (S 1995: 5572 Mio. $, S 1996: 5800 Mio. $); Güter: 26% nichttraditionelle Exportprodukte, 20% Gold, Zink, Blei und Silber, 18% Kupfer, 17% Fischmehl und -öl, 5% Kaffee; Länder: 16% USA, 9% Japan, 9% Großbritannien, 6% BRD – **Tourismus**: 485 000 Auslandsgäste (S 1995), 268 Mio. $ Einnahmen (1993)

Chronik Wichtigste Ereignisse im Berichtszeitraum 1996/97 sind ein 126 Tage andauerndes Geiseldrama in Lima und die sich im Juli 1997 zuspitzende innenpolitische Krise.

Geiseldrama in der Residenz des japanischen Botschafters: Ein Kommando der linksgerichteten Guerillabewegung Movimiento Revolucionario Túpac Amaru (MRTA) überfällt während eines Empfangs am 17. 12. **1996** die Residenz des japanischen Botschafters in Lima und bringt rd. 500 Personen in seine Gewalt. Noch am selben Tag können alle Frauen und ältere Menschen das Gebäude verlassen. Bis zum 26. 1. **1997** lassen die Guerilleros zahlreiche weitere Personen frei; 72 Personen bleiben in der Gewalt der Guerilleros, darunter die Botschafter Japans und Boliviens in Peru, Außenminister *Francisco Tudeda van Breugel Douglas*, Landwirtschaftsminister *Rudolfo Muñante Sanguinetti*, ein Bruder von Präsident *Alberto Fujimori* sowie hohe Offiziere der Streitkräfte und Polizei. Zentrale Forderung der Guerilleros ist die Freilassung von über 400 inhaftierten Gesinnungsgenossen und des seit 1992 inhaftierten MRTA-Anführers *Víctor Polay Campos*; vier MRTA-Angehörige sind in Bolivien im Gefängnis. Diese Forderung lehnt Präsident *Fujimori* mehrfach kategorisch ab. Die Geiselnahme richtet sich auch gegen Japan, das seit Jahren den japanischstämmigen Präsidenten *Fujimori* und dessen neoliberale Wirtschaftspolitik finanziell unterstützt; diese Politik habe zu wachsender Armut und Ungleichheit geführt. Die MRTA-Geiselnehmer stimmen am 15. 1. 1997 *Fujimoris* Vorschlag zur Bildung einer dreiköpfigen Garantiekommission als Vermittler in der Geiselaffäre zu; zu dieser gehören der Erzbischof von Ayacucho, *Juan Luís Cipriani*, ein Vertrauter des Präsidenten, der Schweizer *Michel Minning*, IKRK-Delegationsleiter in Peru, der, zunächst selbst Geisel, ab 18. 12. 1996 die Rolle des neutralen Vermittlers übernommen hatte, der kanadische Botschafter *Anthony Vincent* und als Beobachter der Botschafter Japans in Mexiko. Bei einem Treffen mit Japans Ministerpräsident *Ryutaro Hashimoto* in Toronto (Kanada) am 1. 2. 1997 erklärt sich Präsident *Fujimori* zu einem direkten Dialog mit den Geiselnehmern bereit. In Anwesenheit der Garantiekommission findet am 11. 2. in Lima das erste Vorgespräch zwischen Erziehungsminister *Domingo Palermo Cabrejos* und einem Vertreter des MRTA-Kommandos statt. Die für den 7. 3. vorgesehene zehnte Gesprächsrunde wird von den Geiselnehmern abgesagt; deren Anführer *Néstor Cerpa Cartolini* beschuldigt die Regierung, die Erstürmung des Gebäudes vorzubereiten. – Präsident *Fujimori*, der in der Öffentlichkeit immer wieder betont, er strebe ein gewaltfreies Ende der Geiselaffäre an, erwirkt bei seinem Besuch auf Kuba am 3. 3. ein Angebot von Kubas Staats- und Parteichef *Fidel Castro*, den Guerilleros Asyl zu gewähren; am 21. 3. folgt ein Angebot der Regierung der Dominikanischen Republik. Die Geiselnehmer lehnen jedoch eine Ausreise aus Peru ab. – 140 peruanische Elitesoldaten stürmen am 22. 4. die Botschafterresidenz, unter die in den vergangenen Wochen Tunnel gegraben worden waren, und befreien 71 der 72 Geiseln; ein Richter erleidet bei der Befreiungsaktion einen Herzinfarkt. Zwei Angehörige der Sicherheitskräfte und alle 14 Geiselnehmer, darunter auch jene, die sich nach Angaben von Geiseln ergeben hatten, werden erschossen. Über die militärische Operation zur Geiselbefreiung waren weder die japanische Regierung noch die Mitglieder der internationalen Garantiekommission vorab informiert worden. – Der oberste militärische Gerichtshof leitet gegen den Chef der Behörde für Terrorismusbekämpfung (Dincote), General *Máximo Rivera Diaz*, und den für die Staatssicherheit zuständigen General *Guillermo Bobbio* (beide waren über vier Monate in der Gewalt der Geiselnehmer) sowie 24 weitere, z. T. hohe Angehörige der Polizei, Verfahren u. a. wegen angeblicher Nachlässigkeit beim Schutz der Botschafterresidenz ein.

Innenpolitik: Die Popularität des autokratisch regierenden Präsidenten *Fujimori*, dessen wichtigste Stützen die Geheimdienste und die Streitkräfte sind, sinkt nach Meinungsumfragen im

Nov. **1996** erstmals seit seinem Amtsantritt 1990 unter die 50%-Marke. Hintergrund sind die schleppende wirtschaftliche Entwicklung (rd. 50% der Bevölkerung leben in Armut), wachsende Kritik an seinem Führungsstil, seine Bestrebungen nach einer dritten Amtszeit sowie Skandale, in deren Mittelpunkt Streitkräfte und Geheimdienste stehen; *Vladimiro Montesinos*, Berater des Präsidenten und einflußreicher Geheimdienstmann, soll Verbindungen zum Drogenhandel haben. – Präsidialamtschef *Jaime Yoshiyama Tanaka*, ein Vertrauter von Präsident *Fujimori*, der bei der Besetzung von Schlüsselpositionen mit qualifizierten Technokraten eine entscheidende Rolle gespielt hatte und Vorsitzender der regierenden Partei Cambio 90-Nueva Mayoría ist, tritt am 6. 9. zurück; Nachfolger wird *Absalón Vásquez Villanueva*. – Innenminister Heeresgeneral *Juan Briones Dávila* und der Kommandeur der Polizei, Generalleutnant *Antonio Ketin Vidal*, treten am 19. 4. **1997** zurück; sie übernehmen die politische Verantwortung für die Sicherheitsmängel, die das Geiseldrama in der Residenz des japanischen Botschafters möglich gemacht hatten. – Drei Verfassungsrichter, die eine vom Parlament am 23. 8. 1996 gebilligte umstrittene Verfassungsinterpretation, die eine zweite Wiederwahl von Präsident *Fujimori* ermöglicht, für verfassungswidrig erklärt hatten, werden vom Parlament am 29. 5. 1997 abgesetzt. Vom 4.–5. 6. kommt es in Lima zu gewalttätigen Demonstrationen; dem Präsidenten wird vorgeworfen, er wolle eine Diktatur errichten. – Der Fernsehsender Frecuencia Latina, der im April über Folter und Mord durch die Geheimdienste an eigenen Agenten sowie wiederholt von Korruption in Armee und Geheimdiensten berichtet hatte, deckt am 13. 7. illegale Telefonabhöraktionen der militärischen Geheimdienste gegen mehr als 100 meist oppositionellen Journalisten, Politikern, Richtern, Geschäftsleuten und Künstlern auf. Wenige Stunden darauf wird dem in die USA geflüchteten Hauptaktionär des TV-Senders, dem 1984 eingebürgerten Israeli *Baruch Ivcher Bronstein*, die peruanische Staatsbürgerschaft aberkannt. Damit verliert er das Recht auf Betreiben einer Fernsehstation in Peru. Mitte Juli demonstrieren in Lima über 10 000 Menschen v. a. gegen die Bedrohung der Pressefreiheit und den autoritären Führungsstil des Präsidenten. – Außenminister *Tudela* und Verteidigungsminister General *Tómas Castillo Meza* treten am 16. bzw. 17. 7. zurück; kurz darauf reichen Justizminister *Carlos Hermoza Moya* und Fischereiminister *Carlos Boggiano Sánchez* ihren Rücktritt ein. Neuer Außenminister wird *Eduardo Ferrero*

Costa, neuer Verteidigungsminister der erst am 19. 4. zum Innenminister ernannte General *César Saucedo Sánchez*. Einen Tag nach dem Rücktritt von Außenminister *Tudela* erneuern 120 Generäle aller Waffengattungen der Armee und der Polizei im Rahmen einer ungewöhnlichen Zeremonie im Präsidentenpalast ihren Treueeid auf den Oberkommandierenden der Streitkräfte, Präsident *Fujimori*. – Die Wochenzeitschrift Caretas berichtet im Juli über Ungereimtheiten im Lebenslauf des Präsidenten und bezweifelt, daß *Fujimori* in Peru geboren ist. Nach der Verfassung ist das Amt des Präsidenten gebürtigen Peruanern vorbehalten. Das Parlament lehnt Mitte August eine Untersuchung zum Geburtsort *Fujimoris* ab. – Nach einer Meinungsumfrage von Mitte Juli in Lima glaubt die Mehrheit der Befragten, in Peru herrschten die Streitkräfte und nicht Präsident *Fujimori*; die Zustimmung für den Präsidenten, die nach der Geiselbefreiung vorübergehend sprunghaft gestiegen war, liegt unter 25%.

Philippinen *Südost-Asien*

Republik der Philippinen; Republika ng Pilipinas – RP (→ Karte V, D/E 4)

Fläche (Weltrang: 70.): 300 000 km²

Einwohner (14.): Z 1995 68 614 162 = 229 je km²

Hauptstadt: Manila (auf Luzon) – Z 1995: 1 654 761 Einw. (A: 7,83 Mio.)

Amtssprache: Pilipino

Bruttosozialprodukt 1995 je Einw.: 1050 $

Währung: 1 Philippin. Peso (₱) = 100 Centavos

Botschaft der Republik der Philippinen
Argelanderstr. 1, 53115 Bonn, 0228/26 79 90

Landesstruktur (Karte → WA '97, Sp. 505) **Fläche**: 300 000 km²; insg. 7107 Inseln, davon etwa 860 bewohnt; davon Luzon 104 688 km², Mindanao 94 630 km², Samar 13 080 km², Negros 12 710 km², Palawan 11 785 km², Panay 11 515 km² – **Bevölkerung**: Philippiner; (Z 1995) 68 614 162 Einw. – (1990): 40% jungmalaiische Philippiner (Bisayas, Tagalen, Bicol, Ilokano), 30% Indonesier und Polynesier, 10% Altmalaien (Igoroten u. a.) und Negritos (Aëta), 10% Chinesen, 5% Inder – Anteil unter **Armutsgrenze** ∅ 1981–95: 27,5% – **Flüchtl.** Ende 1994: 200 000–1 000 000 Binnenflüchtlinge – **Leb.-Erwart.** 1995: 67 J. – **Säugl.-Sterbl.** 1995: 4,0% – **Kindersterbl.** 1995:

5,3% – Jährl. **Bev.-Wachstum** ∅ 1985–95: 2,3% (Geb.- und Sterbeziffer 1995: 2,9%/0,6%) – **Analph.** 1995: 5% – **Sprachen** 1990: 55% Pilipino (von Tagalog abgeleitet), 27,9% Tagalog, 24,3% Cebuano, 9,8% Ilocano, 9,3% Panay-Hiligaynon, 5,8% Bicol u. a. (insg. 988 Sprachen registriert); ca. 3% Spanisch und Chinesisch, Englisch als Handels- und Verkehrssprache – **Religion** 1991: 84,1% Katholiken, 6,2% Anhänger der Unabhängigen Philippinischen Kirche (Aglipayan), 4,6% Muslime, 3,9% Protestanten; Anhänger von Naturreligionen, Buddhisten – **Städt. Bev.** 1995: 53% – **Städte** (Z 1995): Quezon City 1 989 419 Einw., Caloocan 1 023 159, Davao 1 006 840, Cebu 662 299, Zamboanga 511 139, Makati 484 176, Pasig 471 075, Cagayan de Oro 428 314, Pasay 408 610, Bacolod 402 345, Muntinlupa 399 846, Iloilo 334 539, Mandaluyong 286 870, Iligan 273 004, Butuan 247 074, Angeles 234 011, Batangas 211 879

Staat Präsidialrepublik seit 1987 – Verfassung von 1987 – Parlament (Kongreß): Repräsentantenhaus mit max. 250 Mitgl. (davon 204 gewählt und 46 vom Staatsoberh. bestimmt, die Minderh. repräsentieren) und Senat mit 24 Mitgl.; Wahl alle 3 bzw. 6 J. (Teilwahlen des Senats alle 3 J.) – Direktwahl des Staatsoberh. alle 6 J.

(keine Wiederwahl) – Wahlrecht ab 18 J. – **Verwaltung**: 13 Regionen (einschließlich Hauptstadtregion), 73 Provinzen – **Staats- und Regierungschef**: General Fidel V. Ramos (Lakas-NUCD), seit 1992 – **Äußeres**: Domingo Siazon – **Parteien**: Wahlen vom 8. 5. 1995: Repräsentantenhaus: National Union of Christian Democrats/Lakas-NUCD 126 Sitze (1992: 33), Laban ng Demokratikong Pilipino/LDP 28 (89), National People's Coalition/NPC 28 (42), Liberal Party/LP 13 (15), Nationalist Party/NP 2 (7), Movement for the New Society/KBL 2 (3), Sonstige 5 (11) – Senat (Teilwahlen von 12 Mandaten am 8. 5. 1995): LDP 15 (16), NPC 1 (5), People's Reform Party/PRP 2 (–), Lakas-NUCD 6 (2), LP – (1) – **Unabh.**: 4. 7. 1946 – **Nationalfeiertag**: 12. 6. (Unabhängigkeitsproklamation gegenüber Spanien 1898)

Wirtschaft **Währung**: 1 US-$ = 29,50 ₱; 1 DM = 16,01 ₱ – **BSP** 1995: 71 865 Mio. $ – **BIP** 1995: 74 180 Mio. $; realer Zuwachs ∅ 1990–95: 2,3% (S 1996: 7%); Anteil (1995) **Landwirtsch.** 22%, **Industrie** 32%, **Dienstl.** 46% – **Erwerbstät.** 1994: Landw. 45%, Ind. 16%, Dienstl. 39% – **Arbeitslosigkeit** 4/1996: 10,9% (1995: 20% Unterbeschäftigung) – **Energieverbrauch** 1994: 316 kg ÖE/Ew. – **Inflation** ∅ 1985–95: 9,8% (1996:

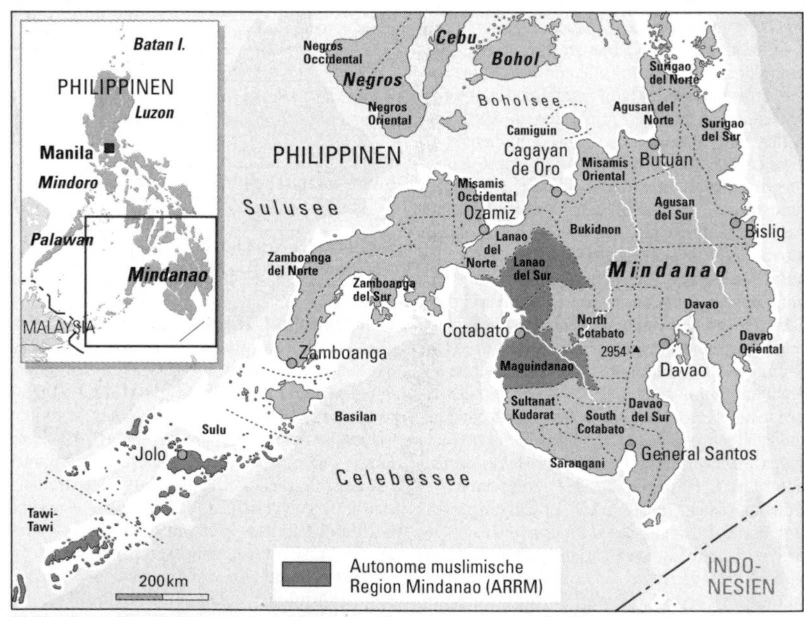

Philippinen: Das geplante Autonomiegebiet für die Muslime im Süden

8,4%, S 1997: 6,5%) – **Ausl.-Verschuld.** 1995: 39 445 Mio. $ – **Außenhandel** 1995: **Import**: 26,3 Mrd. $; Güter: 13% elektron. Geräte und Bauteile, 9,3% Brenn- und Schmierstoffe, 8,8% Maschinen und Ausrüstungen, 7,9% Telekommunikationsausrüstungen, 7,6% Transportausrüstungen; Länder: 22% Japan, 19% USA, 6% Singapur, 6% Saudi-Arabien, 5% Republik China, 5% Hongkong, 5% Republik Korea, 4% BRD; **Export**: 17,4 Mrd. $; Güter: 43,5% elektron. Geräte und Bauteile, 13,9% Bekleidung, 7,7% Nahrungsmittel, 4,5% Kokosnußöl, 3,6% Bergbauerzeugnisse, 2,3% Holzwaren und Möbel; Länder: 35% USA, 16% Japan, 6% Singapur, 5% Großbritannien, 5% Hongkong, 5% Niederlande, 5% Thailand, 4% BRD – **Tourismus** 1995: 1,8 Mio. Auslandsgäste, 2454 Mio. $ Einnahmen

Chronik Friedensabkommen mit islamischen Separatisten: Mit der Unterzeichnung eines Friedensabkommens am 2. 9. **1996**, an der zahlreiche Vertreter der Regierung sowie der muslimischen Separatistenorganisation Nationale Befreiungsfront Moro (MNLF) sowie Abgesandte islamischer Staaten teilnehmen, wird nach über 20 Jahren der Guerillakrieg im Süden der Philippinen formell beendet; während des Bürgerkriegs wurden mehr als 100 000 Menschen getötet. Der von MNLF-Führer *Nur Misuari*, einem ehem. Universitätsprofessor, unterzeichnete Vertrag sieht die Einsetzung eines Friedensrats unter Führung der Rebellen für 14 Provinzen auf Mindanao (→ Karte) vor. In einem für 1999 vorgesehenen Referendum soll entschieden werden, welche Provinzen sich der geplanten autonomen Region anschließen wollen. Die christlichen Bewohner des geplanten Autonomiegebiets werfen der Regierung vor, der MNLF zu viele Vollmachten zugestanden zu haben. Die Gruppierung Vereinigtes Christliches Kommando für Mindanao kündigt an, mit Gewalt gegen das Abkommen vorzugehen. – Am 27. 10. kommt es zu blutigen Zusammenstößen zwischen Regierungstruppen und Anhängern einer weiteren Separatistengruppe, der Islamischen Befreiungsfront Moro (MILF) auf der Insel Basilan; Vertreter der Regierung und der MILF handeln derzeit ebenfalls ein Friedensabkommen aus.

Referendum für zweite Amtszeit des Präsidenten abgelehnt: Mit der Entscheidung des Obersten Gerichts am 18. 3. **1997**, ein Volksbegehren zur Durchsetzung einer Volksabstimmung über einen Artikel der Verfassung sei unzulässig, sind die Bemühungen von Präsident *Fidel Ramos* gescheitert, 1998 für eine zweite Amtszeit zu kandidieren.

Polen *Mittel-Europa*

Republik Polen; Rzeczpospolita Polska – PL (→ Karte III, F/G 2/3)

Fläche (Weltrang: 68.): 312 685 km²

Einwohner (29.): F 1995 38 612 000 = 124 je km²

Hauptstadt: Warszawa (Warschau)
F Ende 1995: 1 635 100 Einw.

Amtssprache: Polnisch

Bruttosozialprodukt 1995 je Einw.: 2790 $

Währung: 1 Zloty (Zl) = 100 Groszy

Botschaft der Republik Polen
Lindenallee 7, 50968 Köln, 0221/93 73 0–0

Landesstruktur Fläche: 312 685 km² – **Bevölkerung**: Polen; (Z 1988) 37 878 641 Einw. – (S) 98,7% Polen; nationale Minderh. (S 1994): u. a. 300 000–500 000 Deutsche, 300 000 Ukrainer, 200 000 Belorussen; Minderh. von Roma, Litauern, Slowaken, Juden, Armeniern, Tataren, Tschechen – Anteil unter **Armutsgrenze** ∅ 1981–95: 6,8% – **Leb.-Erwart.** 1995: 71 J. – **Säugl.-Sterbl.** 1995: 1,4% – **Kindersterbl.** 1995: 1,6% – Jährl. **Bev.-Wachstum** ∅ 1985–95: 0,4% (Geb.- und Sterbeziffer 1995: 1,3%/1,1%) – **Analph.** 1992: 1% – **Sprachen**: Polnisch; Sprachen der Minderh. (u. a. Deutsch, Ukrainisch, Belorussisch) – **Religion** 1994: 91% Römische Katholiken; 573 200 Russisch-Orthodoxe, 267 700 Protestanten, 80 200 Altkatholiken – **Städt. Bev.** 1995: 65% – **Städte**: (F Ende 1995): Łódź (Lodz) 823 200 Einw., Kraków (Krakau) 745 000, Wrocław (Breslau) 642 000, Poznań (Posen) 581 200, Gdańsk (Danzig) 463 000, Szczecin (Stettin) 418 200, Bydgoszcz (Bromberg) 386 100, Lublin 354 600, Katowice (Kattowitz) 351 500, Białystok 278 500, Czestochowa (Tschenstochau) 259 100, Gdynia (Gdingen) 251 600, Sosnowiec (Sosnowitz) 247 500, Radom 232 600, Bytom (Beuthen) 226 800, Kielce 213 800, Gliwice (Gleiwitz) 213 400, Toruń (Thorn) 204 700, Zabrze (Hindenburg) 201 300

Staat Republik seit 1918 – Neue Verfassung durch Referendum vom 25. 5. 1997 angenommen – Parlament: Sejm mit 460 Mitgl. und Senat mit 100 Mitgl.; Wahl alle 4 J. – Direktwahl des Staatsoberh. alle 5 J. (einmalige Wiederwahl) – Wahlrecht ab 18 J. – **Verwaltung**: 49 Provinzen – **Staatsoberhaupt**: Aleksander Kwaśniewski, seit 1995 – **Regierungschef**: Włodzimierz Cimoszewicz (SLD), seit 1996; Koalition aus SLD, PSL und

Parteilosen – **Äußeres**: Dariusz Rosati – **Parteien**: Wahlen vom 19. 9. 1993: Sejm: Bündnis der Demokratischen Linken/SLD (Nachfolgeorganisation der kommunist. Arbeiterpartei) 171 Sitze (1991: 60), Bauernpartei/PSL 132 (48), Demokratische Union/UD 74 (62), Union der Arbeit/UP 41 (4), Konföderation für ein unabhängiges Polen/KPN 22 (46), Bewegung für die Unterstützung der Reformen/BBWR 16 (–), Vertreter der Deutschen Minderh. (von Sperrklausel befreit) 4 (7), Sonstige – (233) – Senat: SLD 37 Sitze (1990: 4), PSL 36 (7), Solidarność 9 (11), UD 4 (21), KPN 2 (–), BBWR 2 (–), Bauernallianz/PL 1 (5), Christlich-Demokratische Zentrumsallianz/POC 1 (9), Liberal-Demokratischer Kongreß/KLD 1 (6), Katholisches Wahlkomitee Vaterland/WAK 1 (9), Unabhängige 3 (–), Sonstige 3 (28) – **Unabh.**: alte staatl. Tradition; 7. 10. 1918, Unabhängigkeitsproklamation 11. 11. 1918 Piłsudski übernimmt Funktion des Regentschaftsrats (wird als eigentliche Gründung des unabhängigen Polen betrachtet) – **Nationalfeiertage**: 3. 5. (Tag der Verfassung von 1791) und 11. 11. (Gründung des unabhängigen Polen 1918)

Wirtschaft **Währung**: 1 US-$ = 3,29 Zl; 1 DM = 1,88 Zl – **BSP** 1995: 107 829 Mio. $ – **BIP** 1995: 117 663 Mio. $; realer Zuwachs ∅ 1980–95: 2,4%; Anteil **Privatsektor** 1995: 60%; Anteil (1995) **Landwirtsch.** 6%, **Industrie** 39%, **Dienstl.** 54% – **Erwerbstät.** 1995: Landw. 22%, Ind. 32%, Dienstl. 46% – **Arbeitslosigkeit** ∅ 1996: 12,4% (S 1997: 11,7%) – **Energieverbrauch** 1994: 2401 kg ÖE/Ew. – **Inflation** ∅ 1985–95: 91,8% (1996: 19,9%, S 1997: 15%) – **Ausl.-Verschuld.** 1995: 42 291 Mio. $ – **Außenhandel** 1995: **Import**: 39,05 Mrd. $ (S 1996: 36,94 Mrd. $); Güter: 29,9% Maschinen und Fahrzeuge, 21,6% Fertigwaren, 15% chem. Erzeugnisse, 9,8% mineral. Brennstoffe, Schmiermittel, Fette und Öle, 8% leb. Tiere und Nahrungsmittel, 5,4% Rohstoffe; Länder 1996: 24,9% BRD, 9,8% Italien, 6,6% Rußland, 5,8% Großbritannien, 5,4% Frankreich, 4,4% USA, 3,9% Niederlande; **Export**: 22,90 Mrd. $ (S 1996: 24,35 Mrd. $); Güter: 27,5% Fertigwaren, 21,1% Maschinen und Fahrzeuge, 9,2% leb. Tiere und Nahrungsmittel, 8,4% mineral. Brennstoffe, 7,7% chem. Erzeugnisse, 4,5% Rohstoffe; Länder 1996: 34,6% BRD, 6,8% Rußland, 5,3% Italien, 4,8% Niederlande, 4,4% Frankreich, 4,4% USA, 3,8% Großbritannien, 3,8% Ukraine

Chronik Am 24. 10. **1996** setzt der Sejm in 3. Lesung den von ihm am 30. 8. verabschiedeten **Entwurf eines liberalen Abtreibungsgesetzes**

gegen das negative Votum des Senats vom 3. 10. durch. Es erlaubt die Abtreibung innerhalb der ersten 3 Monate auch aus sozialen Gründen. Das Verfassungsgericht erklärt das Gesetz am 28. 5. **1997** als weitgehend **verfassungswidrig**, weil der Schutz des Lebens höchste Aufgabe des Staates sei.

Schließung der Danziger Werft: Nach Verweigerung eines Kredits in Höhe von 100 Mio. US-$ als Betriebskredit zum Bau von 5 Schiffen durch die Bank Pekao schließen die Konkursverwalter am 6. 3. **1997** die mit umgerechnet 240 Mio. DM verschuldete Danziger Werft (ehem. Lenin-Werft) und entlassen die noch 3800 Beschäftigten. Der Konkurs des Unternehmens, an dem die polnische Regierung 60% Anteile hält, war am 8. 8. 1996 eröffnet worden (→ WA '97, Sp. 512). Die heftigen Proteste der Gewerkschaft Solidarność, die der exkommunistischen Regierung politische Motive für den Schritt unterstellt, und der Belegschaft münden in den nachfolgenden Tagen in **schwere Tumulte in Danzig** und die **Besetzung von 3 Ministerien in Warschau** am 19. 3. 1997 durch Werftarbeiter und sich solidarisierende Bergleute aus Kattowitz. Sie wird von der Polizei schließlich gewaltsam beendet. Unterstützt von der katholischen Kirche versuchen die Werftarbeiter, mit Spendenaktionen ausreichende Mittel für die Weiterarbeit aufzubringen.

Neue Verfassung: Am 2. 4. **1997** verabschiedet die aus Sejm und Senat bestehende Nationalversammlung mit 451 zu 40 Stimmen bei 6 Enthaltungen den Entwurf einer neuen Verfassung. Dagegen stimmen Mitglieder von Solidarność sowie konservativ-christliche und nationalistische Volksvertreter, die gemeinsam mit der katholischen Kirche, die wegen des fehlenden Verbots der Abtreibung moralische Bedenken erhebt, vor der Volksabstimmung am 25. 5. zur Ablehnung der Verfassung aufrufen. Bei einer Wahlbeteiligung von nur 42,8% wird sie mit 52,7% der Stimmen angenommen. Das neue Grundgesetz tritt Ende August 1997 in Kraft und löst die provisorische Verfassung von 1992 ab, deren Basis noch das Grundgesetz aus der kommunistischen Ära von 1952 war. Es legt Polen auf die parlamentarische Demokratie und die soziale Marktwirtschaft fest, dezentralisiert den Staat und stärkt die Rechte des einzelnen Bürgers. In der institutionellen Machtverteilung schwächt die Verfassung die bisher dominierende Stellung des Präsidenten zugunsten des Parlaments und einer stärkeren Regierung, die nur noch durch ein konstruktives Mißtrauensvotum gestürzt werden kann. Über Urteile des Verfassungsgerichts kann sich das Parlament nicht mehr hinwegsetzen. Im

Hinblick auf die künftige Rolle bei der europäischen Integration erlaubt die Verfassung die Übertragung einzelner Souveränitätsrechte an internationale Organisationen.

Aufarbeitung des kommunistischen Erbes: Trotz schwerwiegender Vorbehalte unterzeichnet Präsident *Kwaśniewski* am 19. 6. **1997** das zwischen den Parteien umstrittene **Durchleuchtungsgesetz**. Gegen die Stimmen des regierenden Linksbündnisses SLD hatte die Bauernpartei als kleinerer Koalitionspartner zusammen mit der Opposition dem Gesetz im Parlament eine Mehrheit verschafft. Es verpflichtet alle Anwärter auf höhere politische Ämter und öffentliche Funktionen zur Offenlegung von Kontakten zu in- und ausländischen Geheimdiensten in der Zeit vor der politischen Wende 1990, eine frühere Zusammenarbeit wird jedoch nicht mit dem Ausschluß aus dem politischen Amt oder der beruflichen Tätigkeit belegt. *Kwaśniewski* kündigt die Vorlage einer Gesetzesänderung an, wenn die Praxis der »Durchleuchtung« relevante Mängel offenbare.

Außenpolitische Ereignisse: Um ihre militärische Zusammenarbeit zu vertiefen, schließen die Verteidigungsminister Deutschlands, Frankreichs und Polens am 3. 2. **1997** in Warschau ein **trilaterales Militärabkommen**, das auch neben dem erwarteten baldigen Beitritt zur NATO Bestand haben soll. – Am 21. 5. unterzeichnen die Staatspräsidenten *Kwaśniewski* und *Leonid Kutschma* in Kiew eine **polnisch-ukrainische Versöhnungserklärung** (→ Ukraine).

Sonstige wichtige Ereignisse: Am 23. 10. **1996** beschließt der Sejm mit der Mehrheit der Regierungskoalition, daß sich der ehem. Staats- und Parteichef General *Wojciech Jaruzelski* und 17 weitere früher führende Politiker und Funktionäre wegen der **Verhängung des Kriegsrechts** am 13. 12. 1981 nicht vor einem Staatstribunal verantworten müssen. – Der Sejm stimmt am 21. 2. **1997** der **Rückgabe des** unter nationalsozialistischem und später kommunistischem Regime enteigneten **religiösen Erbes der Juden** – u. a. Friedhöfe, Synagogen und andere Gebäude – an die noch bzw. wieder bestehenden jüdischen Gemeinden zu. – **Hochwasserkatastrophe**: Schwere Regenfälle verursachen im Juli 1997 im Einzugsbereich von Oder, Neiße und Weichsel die bisher schlimmste Hochwasserkatastrophe dieses Jahrhunderts in Mittelosteuropa. In Niederschlesien und in anderen von den mehr als 3 Wochen anhaltenden Überschwemmungen heimgesuchten Regionen kommen über 50 Menschen ums Leben (vgl. Kasten bei → Deutschland). Die Schäden werden auf umgerechnet über 6 Mrd. DM geschätzt.

Portugal *Südwest-Europa*

Portugiesische Republik; República Portuguesa – P (→ Karte II, D 3/4)

Fläche (Weltrang: 110.): 92 270 km²

Einwohner (75.): F 1995 9 927 000 = 108 je km²

Hauptstadt: Lisboa (Lissabon)
Z 1991: 681 063 Einw. (F 1992, A: 2,05 Mio.)

Amtssprache: Portugiesisch

Bruttosozialprodukt 1995 je Einw.: 9740 $

Währung: 1 Escudo (Esc) = 100 Centavos

Botschaft der Portugiesischen Republik
Ubierstr. 78, 53173 Bonn, 0228/36 30 11

Landesstruktur Fläche: 92 270 km²; davon Azoren (Arquipélago dos Açores) 2352 km² und 240 500 Einw. (Z 1991), Madeira (Arquipélago da Madeira, mit Nebeninseln) 795 km² und 263 400 Einw. (Z 1991) – **Bevölkerung**: Portugiesen; (Z 1991) 9 866 000 Einw. – 99 % Portugiesen; 113 978 Ausländer (47 998 aus Afrika, 12 678 Brasilianer, 8912 Briten, 7571 Spanier u. a.) – **Leb.-Erwart.** 1995: 75 J. – **Säugl.-Sterbl.** 1995: 0,9 % – **Kindersterbl.** 1995: 1,1 % – Jährl. **Bev.-Wachstum** ∅ 1985–95: –0,1 % (Geb.- und Sterbeziffer 1995: 1,2 %/1,1 %) – **Analph.** 1990: 15 % – **Sprachen**: Portugiesisch – **Religion** 1992: 90 % Katholiken; 38 000 Protestanten, 15 000 Muslime, 2000 Juden – **Städt. Bev.** 1995: 36 % – **Städte** (Z 1991): Porto 309 485 Einw., Vila Nova de Gaia 247 499, Amadora 176 137, Cascais 155 437, Almada 153 189, Matosinhos 152 067, Coimbra 147 722, Braga 144 290, Funchal (auf Madeira) 126 889, Seixal 115 204, Setúbal 103 241

Staat Republik seit 1910 – Verfassung von 1976, letzte Änderung 1992 – Parlament (Assembléia da República) mit 230 Mitgl., Wahl alle 4 J. – Direktwahl des Staatsoberh. alle 5 J. (einmalige Wiederwahl) – Wahlrecht ab 18 J. – **Verwaltung**: 18 Distrikte, 2 autonome Regionen (Azoren und Madeira); Überseegebiet Macau (→ unten) – **Staatsoberhaupt**: Jorge Sampaio (PS), seit 1996 – **Regierungschef**: António Guterres (PS-Vorsitzender), seit 1995 – **Äußeres**: Jaime Gama (PS) – **Parteien**: Wahlen vom 1. 10. 1995: Partido Socialista/PS 112 Sitze (1991: 72), Partido Social Democrata/PSD 88 (135), Partido Popular/PP (ehem. Centro Democrático Social/CDS) 15 (5), Coligação Democrático Unitária/CDU (aus: Partido Comunista Português/PCP und Os Verdes/Grüne) 15 (17), Sonstige – (1) – **Unabh.**: unabhängiges Königreich seit 1143, endgültig unabhängig seit 1. 12. 1640 (Aufkündigung der Personalunion mit Spanien) – **Nationalfeiertage**: 10. 6. (Todestag des Nationaldichters Luiz de Camões 1580) und 5. 10. (Ausrufung der Republik)

Wirtschaft **Währung**: 1 US-$ = 176,59 Esc; 1 DM = 101,13 Esc – **BSP** 1995: 96 689 Mio. $ – **BIP** 1995: 102 337 Mio. $; realer Zuwachs ∅ 1990–95: 0,8%; Anteil (1994) **Landwirtsch.** 5%, **Industrie** 39%, **Dienstl.** 56% – **Erwerbstät.** 1996: Landw. 12%, Ind. 32%, Dienstl. 56% – **Arbeitslosigkeit** ∅ 1996: 7,3% (S 1997: 7,1%) – **Energieverbrauch** 1994: 1827 kg ÖE/Ew. – **Inflation** ∅ 1985–95: 11,2%(1994: 4,8%, 1995: 4,1%) – **Ausl.-Verschuld.** 1995: 17,1 Mrd. $ – **Außenhandel** 1996: **Import**: 5265 Mrd. Esc; Güter 1995: 21% Maschinen, 14% Agrarprodukte, 13% Transportmittel, 12% chem. Erzeugnisse, 11% Textilien, Bekleidung und Schuhe, 9% Mineralien und Metalle; Länder 1995: 21% Spanien, 14% BRD, 12% Frankreich, 8% Italien, 7% Großbritannien, je 3% Niederlande, USA und Belgien/Luxemburg; **Export**: 3678 Mrd. Esc; Güter 1995: 24% Bekleidung und Schuhe, 17% Maschinen, 11% Holz, Papier und Kork, 8% Textilien, Häute und Leder, 7% Agrarprodukte, 6% chem. Erzeugnisse; Länder 1995: 22% BRD, 15% Spanien, 14% Frankreich, 11% Großbritannien, 5% Niederlande, je 3% Italien und Belgien/Luxemburg – **Tourismus** 1995: 23,07 Mio. Auslandsgäste, 76% aus Spanien, 4860 Mio. $ Einnahmen

Chronik Mitte Dezember **1996** verabschiedet das Parlament einen **Haushalt für 1997**, der sich an den Maastricht-Kriterien orientiert. Realisiert werden sollen diese Ansätze trotz steigender Sozialausgaben durch rigorose Sparmaßnahmen in den meisten Ressorts, eine umfassende Bekämpfung der Steuerhinterziehung, einen Zuwachs des BIP im Gefolge der florierenden Wirtschaft um 2,75 bis 3,25% und eine damit einhergehende Senkung der Arbeitslosigkeit (1996: 7%) um 0,5% bis 1%. Ein am 23. 12. zwischen der Regierung, den Spitzenorganisationen der Wirtschaft und des Gewerkschaftsverbandes UGT geschlossener **»Sozialpakt« zur strategischen Konzertierung der wirtschaftlichen Prozesse** flankiert die staatlichen Maßnahmen u. a. mit der Festlegung eines Orientierungswertes von 3,5% für Lohnerhöhungen im Jahr 1997 (im öffentlichen Dienst wurde zuvor schon der Satz von 3% vereinbart). – Im Zusammenhang mit den internationalen Nachforschungen über den **Verbleib deutschen »Raubgoldes«** aus dem Zweiten Weltkrieg (→ Schweiz) bestätigt die Bank von

Staaten

Portugal am 28. 10. **1996** den Bericht des US-Nachrichtenmagazins »Newsweek«, vom nationalsozialistischen Deutschland seinerzeit erhebliche Mengen an Gold erhalten zu haben. Dabei müsse es sich aber nicht um illegal erworbene Bestände handeln, die etwa jüdischen Opfern des Holocaust geraubt worden seien, weil Portugal sehr viele Güter und Dienstleistungen an Deutschland verkauft habe. Gegen Ende des Zweiten Weltkriegs hatten sich die portugiesischen Goldreserven um das Fünffache gegenüber dem Stand von 1939 erhöht. Nachdem die Schweizer Nationalbank am 20. 3. **1997** Portugal als zweitgrößten Abnehmer von »Nazigold« bezeichnet, gibt die portugiesische Regierung am 23. 3. alle Archivunterlagen über »Nazi-Goldgeschäfte« frei. Der von dem US-Sonderbotschafter für die Rückerstattung von Holocaust-Vermögen, *Stuart Eizenstat*, am 8. 5. vorgestellte Untersuchungsbericht (→ Schweiz) gibt keinen Aufschluß über portugiesische »Goldwäschegeschäfte« oder den Anteil von »Raubgold« an den nach Portugal überwiesenen fragwürdigen Goldbeständen.

Macau *Ost-Asien*
Santa Nome de Deus de Macao; Aomen (chines.)
(→ Farbkarte XVIII/XIX)

LANDESSTRUKTUR *Fläche:* 21,45 km² (mit Inseln Coloane 6,6 km² u. Taipa 3,5 km² – *Bevölkerung* (F 1995): 424 400 Einw., (Z 1991): 355 693 – nach Staatsangehörigkeit: 68,2% Chinesen, 27,9% Portugiesen, 1,8% Briten, 2,1% Sonstige – *Leb.-Erwart.* 1992: 73 J. – Jährl. *Bev.-Wachstum* ∅ 1985–94: 3,7% – *Sprachen:* Portugiesisch u. Chinesisch als Amtsspr.; Englisch als Umgangsspr. – *Religion* 1981: 45% Buddhisten, 9% Christen (v. a. Katholiken); 46% konfessionslos – *Inseln* (Z 1991): Macau (Hptst. Santa Nome de Deus de Macao) 342 548 Einw., Taipa 7168, Coloane 3146
REGIERUNGSFORM Innere Autonomie seit 1976; 20. 12. 1999 Übergabe an VR China – Verfassung von 1976 – Konsultativrat (Conselho Consultivo) mit 10 Mitgl. (davon 5 gewählt u. 5 durch Gouv. ernannt) sowie Parlament (Assembleia Legislativa) mit 23 Mitgl. (davon 8 alle 4 J. direkt gewählt, 7 vom Gouv. ernannt u. 8 indirekt über Verbände bestellt; 9 Mandate für Chinesen reserviert) – Wahlrecht ab 18 J. – *Verwaltung:* 2 Distrikte – *Gouverneur:* Gen. Vasco J. Rocha Vieira, seit 1991 – *Parteien:* keine i.e.S. (Parlamentswahlen am 22. 9. 1996 → Chronik)
WIRTSCHAFT *Währung:* 1 Pataca (Pat.) = 100

Avos; 1 US-$ = 8,0024 Pat.; 1 DM = 4,7380 Pat. (Bindung an Hongkong-$; zusätzl. Zahlungsmittel: 1 HK$ = 1,029 Pat.) – *BIP* 1995: 7750 Mio. $ – *Erwerbstät.* 1995: Industrie 32%, Dienstl. 68% (dar. Tourismus 30%) – *Arbeitslosigkeit* Ø 1991: 3,0% – *Energieverbrauch* 1993: 978 kg ÖE/Einw. – *Inflation* Ø 1985–94: 9,3% – *Ausl.-Verschuld.* 1991: 1788 Mio. $ – *Außenhandel* 1996: *Import:* 15 931 Mio. Pat.; Güter 1994: 54% Rohstoffe u. Zwischenprod. für Textilind., 18% Konsumgüter, 13% Kapitalgüter, 11% Nahrungsmittel, Getränke u. Tabak; Länder 1994: 30% Hongkong, 19% VR China, 13% Japan; *Export:* 15 899 Mio. Pat.; Güter 1994: 74% Textilien u. Bekleidung, außerd. Spielzeug u. Elektroerzeugn.; Länder 1994: 37% USA, 13% VR China, 11% Hongkong, 10% BRD, 7% Frankr. – *Tourismus* 1996: 8 Mio. Auslandsgäste (v. a. aus Hongkong), 2,5 Mrd. $ Einnahmen; 6 Spielcasinos (rd. 50% der Haushaltseinnahmen)

Chronik Am 22. 9. **1996** findet die letzte Wahl der 8 direkt gewählten Abgeordneten (von 23) des Parlaments statt, bevor Macau am 20. 12. 1999 an die VR China fällt. Deren jetzt schon starker Einfluß schlägt sich im Einzug von 3 an Peking orientierten Politikern nieder; 4 weitere plädieren ebenfalls für eine enge Kooperation; einen Abgeordneten stellt die gegenüber dem Anschluß an China kritisch eingestellte Neue Demokratische Vereinigung (ANMD). Von den 8 Parlamentariern, die von wirtschaftlichen und gesellschaftlichen Verbänden delegiert werden, gelten 6 als Peking-treu. Die chinesische Regierung hat sich verpflichtet, entsprechend dem Hongkong-Modell nach dem Grundsatz »Ein Land, zwei Systeme« das bestehende gesellschaftliche und wirtschaftliche System Macaus bis zum Jahr 2049 beizubehalten. – Der Milliardär *Stanley Ho*, der seit 1962 und bis 2001 das Monopol für die Spielcasinos hat, verhandelt mit den Behörden der VR China über den Fortbestand der für die Ökonomie Macaus entscheidenden Glücksspieleinrichtungen. – Von November 1996 bis Juli **1997** hat der Kampf zwischen chinesischen Triaden (Mafiaorganisationen) zu 17 Morden geführt. Die dadurch verursachten empfindlichen Rückschläge im Tourismus bewirken, daß die Regierung Polizei und Justiz Anfang August mit größeren Befugnissen ausstattet.

Puerto Rico → Vereinigte Staaten von Amerika (US-Commonwealth Territory)

Ruanda *Ost-Afrika*

Republik Ruanda [Rwanda]; Republika y'u Rwanda (kinyarwanda); République rwandaise (französisch) – RWA (→ Karte IV, B 5)

Fläche (Weltrang: 145.): 26 338 km²

Einwohner (93.): F 1995 6 400 000 = 243 je km²

Hauptstadt: Kigali – Z 1991: 234 472 Einw.

Amtssprachen: Kinyarwanda, Französisch, Englisch

Bruttosozialprodukt 1995 je Einw.: 180 $

Währung: 1 Ruanda-Franc (F.Rw) = 100 Centimes

Botschaft der Republik Ruanda
Beethovenallee 72, 53173 Bonn, 0228/3 67 02 36

Landesstruktur Fläche: 26 338 km² – **Bevölkerung**: Ruander; (Z 1991) 7 142 755 Einw. – (S) 85% Hutu bzw. Bahutu und verwandte Stämme, 14% Tutsi bzw. nilotische Watussi, 1% Batwa (Pygmäen) – Anteil unter **Armutsgrenze** Ø 1981–95: 45,7% – **Flüchtl.** Ende 1996: 200 000 im ehemaligen Zaire; 57 000 in Nachbarstaaten; 15 000 aus dem ehem. Zaire, 5000 aus Burundi – **Leb.-Erwart.** 1995: 47 J. – **Säugl.-Sterbl.** 1995: 8,0% – **Kindersterbl.** 1995: 13,9% – Jährl. **Bev.-Wachstum** Ø 1985–95: 0,6% (Geb.- und Sterbeziffer 1995: 4,4%/1,7%) – **Analph.** 1995: 40% – **Sprachen**: Kinyarwanda, Englisch, Französisch; Kisuaheli z. T. Verkehrssprache – **Religion** 1992: etwa 50% Christen (mehrheitl. Katholiken, versch. protestant. Kirchen), 10% Muslime; etwa 50% Anhänger von Naturreligionen – **Städt. Bev.** 1995: 8% – **Städte** (S 1988): Butare 43 400 Einw., Ruhengeri 29 000, Gisenyi 25 500

Staat Präsidialrepublik seit 1962 – Verfassung von 1995 mit Änderung von 1996 (Englisch als 3. Amtssprache) – Parlament (Conseil National de Développement) mit 70 Mitgl. (Wahl alle 5 J.), seit Ende 1994 aufgelöst – Provisorisches Parlament seit 12. 12. 1994 mit 70 Mitgl. (Vertreter von 8 Parteien sowie 5 der Armee und 1 der Gendarmerie) – Direktwahl des Staatsoberh. alle 5 J. – Wahlrecht ab 18 J. – **Verwaltung**: 11 Präfekturen – **Staatsoberhaupt**: Pasteur Bizimungu (Hutu), seit 1994 – **Regierungschef**: Pierre Célestin Rwigema (Hutu, MDR), seit 1995; Regierung aus 11 Hutu und 10 Tutsi – **Äußeres**: Anastase Gasana – **Parteien**: Letzte Wahlen 1988: Mouvement Républicain National pour la Démocratie et le Développement/MRNDD (ehem. Einheitspartei) alle 70 Sitze – Weitere Parteien: Mouvement Démocratique Républicain/MDR, Front Patriotique Rwandais/FPR u. a. – **Unabh.**: 1. 7. 1962 (ehemaliges belgisches Treuhandgebiet) – **Nationalfeiertag**: 1. 7. (Unabhängigkeitstag)

Wirtschaft **Währung**: 1 US-$ = 305,13 F.Rw; 1 DM = 174,51 F.Rw – **BSP** 1995: 1128 Mio. $ – **BIP** 1995: 1128 Mio. $; realer Zuwachs ∅ 1990–95: –12,8%; Anteil (1995) **Landwirtsch.** 37%, **Industrie** 17%, **Dienstl.** 56% – **Erwerbstät.** 1993: Landw. 91%, Ind. 3%, Dienstl. 6% – **Arbeitslosigkeit**: k. Ang. – **Energieverbrauch** 1994: 34 kg ÖE/Ew. – **Inflation** ∅ 1985–95: 10,4% – **Ausl.-Verschuld.** 1995: 1008 Mio. $ – **Außenhandel** 1992: **Import**: 288 Mio. $; Güter 1991: 17% Maschinen und Transportausrüstungen, 13% Brennstoffe, 11% Nahrungsmittel; Länder 1991: 17% Belgien/Luxemburg, 13% Kenia, 7% Frankreich, 7% BRD; **Export**: 68 Mio. $; Güter 1991: 60% Kaffee, 23% Tee; Länder 1991: 21% BRD, 19% Niederlande, 12% Belgien/Luxemburg

Chronik Von November 1996 bis Juni 1997 kehren schätzungsweise 850 000 ruandische **Hutu-Flüchtlinge** in mehreren Wellen aus dem Osten des ehemaligen Zaire (→ Kongo, Demokratische Republik) und aus Tansania, das den Flüchtlingen einen Termin bis Ende 1996 gesetzt hat, nach R. zurück. Die ruandische Regierung trifft mit Unterstützung internationaler Hilfsorganisationen Vorbereitungen zur **Repatriierung** und bemüht sich um »nationale Versöhnung«. Unter den Rückkehrern sollen die Beteiligten am Genozid an den Tutsi 1994 (→ WA '96, Sp. 549 ff.) ermittelt werden, eine Trennung in Schuldige und Unschuldige erweist sich trotz Kontrollen jedoch als schwierig. Die UNO teilt am 7. 1. **1997** mit, daß 5460 Hutu bei ihrer Rückkehr nach Ruanda festgenommen worden sind. Insgesamt sind mehr als 110 000 Menschen wegen Beteiligung am Genozid inhaftiert. Durch den Bürgerkrieg im Kongo (Zaire) geraten die Flüchtlinge zwischen die Fronten und fliehen in Richtung Westen (→ Karte). Durch eine Luftbrücke des UNHCR werden bis Mitte Juli 56 000 Hutu-Flüchtlinge ausgeflogen; weitere 24 000 befinden sich noch im Kongo, 20 000 in der Republik Kongo, 2500 in Angola, weitere in Gabun und Mali. Etwa 200 000 Flüchtlinge aus Lagern um Kisangani werden vermißt. – Besonders in nordwestlichen Grenzgebieten kommt es immer wieder zu **Übergriffen** auf die Zivilbevölkerung sowohl durch Hutu-Milizen als auch durch die Tutsi-dominierten Streitkräfte. Laut UN-Angaben (8. 8. 1997) wurden innerhalb der Monate Mai und Juni 1997 mehr als 2000 Zivilpersonen von der Armee oder den Milizen getötet. Der ehem. Generalsekretär der Ruandischen Organisation zur Verteidigung der Menschenrechte, *Joseph Matata*, erklärt im Juli 1997, daß die Armee vor allem im Osten und Norden des Landes gegen die Zivilbevölkerung vorgehe. – Im Januar und Februar 1997 werden 5 ausländische Mitarbeiter von Hilfsorganisationen und der UN, ein kanadischer Priester und der Vizepräsident des Obersten Gerichtshofes ermordet. Die Täter werden nicht ermittelt. – Die Arbeit des **Internationalen Tribunals** für Kriegsverbrechen in Ruanda (ITCR) in Arusha (Tansania) kommt nur mühsam voran. Ein UN-Bericht vom 12. 2. 1997 wirft dem ITCR, der seit seiner Einrichtung im November 1994 noch kein Urteil gesprochen hat, Gleichgültigkeit und Mißmanagement vor. Mitte Juli werden in Nairobi (Kenia) der wegen Kriegsverbrechen gesuchte ehem. ruandische Regierungschef *Jean Kambanda* und 7 weitere Personen festgenommen und dem ITCR in Arusha überstellt. – Am 27. 12. 1996 beginnen in mehreren Regionen Ruandas **Gerichtsverfahren**, deren Verlauf von amnesty international kritisiert wird, da die Angeklagten keine Verteidiger bekommen haben. Am 3. 1. werden die ersten 2 Angeklagten zum Tode verurteilt, bis Juli 1997 wurden nach Angaben des UN-Menschenrechtskommissars insgesamt 61 Todesurteile ausgesprochen, ohne daß sie vollstreckt wurden. – Am 22. 8. werden in einem Lager im Nordwesten Ruandas mehr als 130 Tutsi-Flüchtlinge aus der DR Kongo von Hutu-Angreifern getötet.

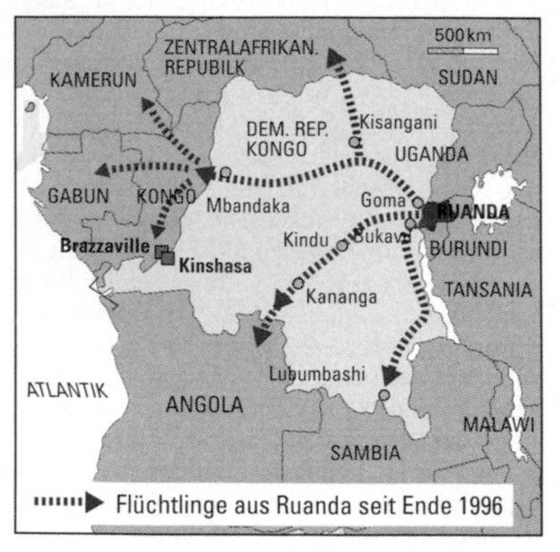

Exodus ruandischer Flüchtlinge aus dem ehemaligen Zaire

Rumänien *Südost-Europa*

România – RO (→ Karte III, G 3)

Fläche (Weltrang: 80.): 238 391 km²

Einwohner (42.): F 1995 22 692 000 = 95 je km²

Hauptstadt: București (Bukarest)
F 1993: 2 066 700 Einw. (A: 2,36 Mio.)

Amtssprache: Rumänisch

Bruttosozialprodukt 1995 je Einw.: 1480 $

Währung: 1 Leu (l) = 100 Bani

Botschaft von Rumänien
Legionsweg 14, 53117 Bonn, 0228/6 83 80

Landesstruktur **Fläche**: 238 391 km² – **Bevölkerung**: Rumänen; (Z 1992) 22 810 035 Einw. – 89,5% Rumänen, 7,1% Magyaren (Ungarn), 1,8% Roma, 0,5% Deutsche, Minderh. von Ukrainern, Russen, Serben, Slowaken, Bulgaren u. a. (18 nationale Minderh. anerkannt) – Anteil unter **Armutsgrenze** ∅ 1981–95: 17,7% – **Leb.-Erwart.** 1995: 70 J. – **Säugl.-Sterbl.** 1995: 2,3% – **Kindersterbl.** 1995: 2,9% – Jährl. **Bev.-Wachstum** ∅ 1985–95: 0,0% (Geb.- und Sterbeziffer 1995: 1,1%/1,1%) – **Analph.** 1992: unter 5% – **Sprachen**: Rumänisch; Sprachen der Minderheiten – **Religion** 1992: 86,8% Rumänisch-Orthodoxe, 5,1% Römische Katholiken, 3,5% Anhänger der Reformierten Kirche, 1% Griechisch-Orthodoxe, 1,0% Pfingstchristen, 0,5% Baptisten; Muslime, Juden – **Städt. Bev.** 1995: 55% – **Städte** (F 1993): Constanța (Konstanza) 349 000 Einw., Iași 337 650, Timișoara (Temeschburg) 325 360, Galați 324 230, Brașov (Kronstadt) 324 100, Cluj-Napoca (Klausenburg) 321 850, Craiova 303 030, Ploiești 254 300, Brăila 236 340, Oradea 221 560, Bacău 207 000, Arad 188 600, Pitești 182 930, Sibiu (Hermannstadt) 168 620, Târgu Mureș 165 500, Baia Mare 150 020

Staat Republik seit 1991 – Verfassung von 1991 – Parlament (Marea Adunare Națională): Abgeordnetenhaus mit 343 (328 direkt gewählt, 15 für Minderh. reserviert) und Senat mit 143 Mitgl.; Wahl alle 4 J. – Direktwahl des Staatsoberh. alle 4 J. (einmalige Wiederwahl) – Wahlrecht ab 18 J. – **Verwaltung**: 40 Bezirke und Hauptstadtbezirk – **Staatsoberhaupt**: Emil Constantinescu, seit 29. 11. 1996 – **Regierungschef**: Victor Ciorbea (CDR), seit 12. 12. 1996; Koalition aus CDR, USD und UDMR – **Äußeres**: Adrian Severin (PD), seit 12. 12. 1996 – **Parteien**: Wahlen vom 3. 11. 1996: Abgeordnetenhaus: Demokratische Konvention/

CDR (Bündnis aus 17 Parteien und Verbänden) 122 Sitze (1992: 82), Sozialdemokratische Partei/PDSR 91 (117), Sozialdemokratische Union/USD 53, Demokratischer Verband der Ungarn Rumäniens/UDMR 25 (28), Großrumänien-Partei/PRM 19 (16), Partei der Nationalen Einheit der Rumänen/PUNR 18 (30) sowie 15 Vertreter nationaler Minderh. – Senat: CDR 53 (1992: 34), PDSR 41 (49), USD 23, UDMR 11 (12), PRM 8 (6), PUNR 7 (14) – **Unabh.**: alte staatl. Tradition; Anerkennung der Unabhängigkeit am 13. 7. 1878 (Berliner Kongreß) durch das Osmanische Reich – **Nationalfeiertag**: 1. 12.

Wirtschaft **Währung**: Indikativkurs: 1 US-$ = 7032 l; 1 DM = 4046 l – **BSP** 1995: 33 488 Mio. $ – **BIP** 1995: 35 533 Mio. $; realer Zuwachs ∅ 1990–95: -1,4% (S 1996: 4,5%); Anteil **Privatsektor** 1996: 52%; Anteil (1995) **Landwirtsch.** 20%, **Industrie** 33%, **Dienstl.** 47% – **Erwerbstät.** 1994: Landw. 37%, Ind. 34%, Dienstl. 29% – **Arbeitslosigkeit** ∅ 1996: 6,3% (S 1997: 8,0%) – **Energieverbrauch** 1994: 1733 kg ÖE/Ew. – **Inflation** ∅ 1985–95: 69,1% (1996: 38,8%, S 1997: 30%) – **Ausl.-Verschuld.** 1995: 6653 Mio. $ – **Außenhandel** 1996: **Import**: 9970 Mio. $; Güter: 23,8% Mineralien, 21,4% Maschinenbauerzeugnisse, 12,1% Textilien, 8,6% chem. Erzeugnisse, 6,5% Metalle und Metallprodukte, 3,9% Kunststoffe, 3,6% Transportmittel; Länder: 18,1% BRD, 16,7% Italien, 5,6% Frankreich, 5% Türkei, 4,2% Niederlande, 3% Ägypten, 2,9% Großbritannien; **Export**: 7660 Mio. $; Güter: 20,9% Textilien, 16,2% Metalle und Metallprodukte, 9% Mineralien, 8,7% chem. Erzeugnisse, 8,2% Maschinenbauerzeugnisse, 6% Schuhe, 5,4% Transportmittel; Länder 1995: 17,1% BRD, 15,6% Italien, 12,6% Rußland, 5% Frankreich, 3,8% USA, 3,8% Republik Korea, 3,1% Österreich, 2,4% Ungarn **Tourismus** 1994: 5,9 Mio. Auslandsgäste, 414 Mio. $ Einnahmen

Chronik Die innenpolitischen Ereignisse im Berichtszeitraum stehen im Zeichen des vollständigen Machtwechsels.

Parlamentswahlen: Im Wahlkampf für die **Neuwahl des Parlaments** am 2. 11. **1996** lastet das konservativ-bürgerliche Parteienbündnis Demokratische Konvention (CDR) die schweren **Wirtschaftsprobleme**, die zu einem Absinken des realen durchschnittlichen Pro-Kopf-Einkommens auf knapp 70% des Standes von Anfang der 90er Jahre führten, der Mißwirtschaft der bisherigen, international zunehmend isolierten Regierung und Präsident *Ion Iliescu* an. Internationaler Währungsfonds (IWF) und Weltbank haben wegen unzureichender Erfüllung von wirtschaftlichen Reformauflagen die Auszahlung von 280 Mio. US-$ an Rumänien ausgesetzt. – Die CDR wird bei den Wahlen zur **Abgeordnetenkammer** mit 30,2% (1992: 20%) und zum **Senat** mit 30,7% die stärkste politische Kraft, gefolgt von der PDSR, die auf 21,5% (27,7%) bzw. 23,1% absinkt, und der Sozialdemokratischen Union/USD (12,9% bzw. 13,2%) (Wahlbeteiligung: 75%).

Präsidentschaftswahl: Im ersten Durchgang am 2. 11. **1996** kann keiner der 16 Kandidaten die absolute Mehrheit der Stimmen auf sich vereinigen. Amtsinhaber *Ion Iliescu* (PDSR) erhält 32,3%, sein Hauptherausforderer und Oppositionsführer *Emil Constantinescu* (CDR) 29%. Bei der Stichwahl am 17. 11. kann *Constantinescu* 54,4% auf sich vereinigen (Wahlbeteiligung: 76%); er wird am 29. 11. vereidigt.

Neue Regierung: Am 29. 11. **1996** beruft der neugewählte Präsident den erst im Juni zum Bukarester Bürgermeister ernannten Juristen *Victor Ciorbea*, Vorstandsmitglied der Christlich-Demokratischen Nationalen Bauernpartei (PNTCDR) innerhalb der CDR-Allianz, zum Ministerpräsidenten einer **konservativ-liberalen Koalitionsregierung** von CDR und USD. Außenminister in dem am 11. 12. vom Parlament bestätigten 28köpfigen Kabinett wird der westeuropäisch orientierte *Adrian Severin* (USD), einer der wenigen Minister mit Regierungserfahrung. Zur Bekräftigung der Absicht der neuen Regierung, das bislang gespannte Verhältnis zu Ungarn auf der Grundlage des Vertrags vom 16. 9. (→ unten) weiterzuentwickeln, werden erstmals in der Nachkriegszeit 2 Vertreter der Ungarischen Demokratischen Union in die Regierung aufgenommen und u. a. mit dem Ministerium für nationale Minderheiten betraut.

Erste wirtschaftspolitische Maßnahmen: Das zunächst auf ein halbes Jahr bezogene Regierungsprogramm legt die Priorität auf die **Belebung der Wirtschaft** (Senkung der Einkommenssteuer, Erleichterungen von Auslandsinvestitionen), die **Stabilisierung der Lebenslage** der Ärmsten (Einführung einer Mindestrente von umgerechnet 22 DM) und die Versorgung mit Lebensmitteln (Förderung der Landwirtschaft). – Angesichts der desolaten gesamtwirtschaftlichen Lage legt Regierungschef *Ciorbea* am 17. 2. **1997** ein **»Programm zur Rettung der nationalen Wirtschaft«** vor, das neben der beschleunigten Privatisierung oder Schließung von Staatsbetrieben auch die Förderung von Reformprojekten, insbesondere Strukturmaßnahmen vorsieht. Betriebsschließungen, Sparmaßnahmen und die Freigabe der Preise (mit der Folge z. T. drastischer Erhöhungen) sollen durch Erhöhung der Sozialleistungen sozial verträglich erfolgen. Auf der Basis dieses Programms, mit dem das Haushaltsdefizit von 13% (1996) auf 4,5% und die Inflationsrate von rd. 90% auf rd 30% gesenkt werden sollen, erhält Rumänien Kreditzusagen vom IWF am 17. 2. über 1 Mrd. US-$ und am 12. 5. von der Weltbank über 400 Mio. US-$. – Anfang August legt die Regierung wegen Unrentabilität drei der größten Erdölraffinerien und weitere 14 Großbetriebe mit insgesamt rd. 30 000 Beschäftigten still.

Kampf gegen Korruption: Mit einer »Botschaft an die Nation« am 8. 1. **1997** eröffnet Präsident *Constantinescu* einen »Feldzug« gegen die »allgemeine, Rumänien erschütternde Korruption« und das organisierte Verbrechen, das eine erhebliche Gefahr für die nationale Sicherheit darstelle. – Zu einer ersten Machtprobe zwischen der neuen Regierung und Kräften des alten Systems führt die **Verhaftung des** im südrumänischen Schiltal bisher quasi autonom herrschenden **Bergarbeiterführers** *Miron Cozma* wegen Untergrabung der Staatsautorität durch Korruption u. a. Delikte. Er gehörte mit den von ihm organisierten rd. 30 000 Bergleuten des Schiltals zu den wichtigsten Stützen der *Iliescu*-Führung, organisierte 1990/91 gewalttätige Aktionen gegen die Opposition und war Hauptakteur beim Sturz von Ministerpräsident *Petar Roman* 1991. Die Regierung gibt der ultimativen Forderung der Bergarbeitergewerkschaft nach Freilassung des Gewerkschaftsführers nicht nach. Im Juni kommt es im Schiltal erneut zu einem Arbeitskampf.

Außenpolitische Ereignisse: Am 16. 9. **1996** unterzeichnen die Ministerpräsidenten Rumäniens und Ungarns, *Victor Ciorbea* und *Gyula Horn*, den gegen den Widerstand der Nationalisten beider Seiten zustande gekommenen **rumänisch-ungarischen Grundlagenvertrag.** Die Vertragspartner anerkennen die Unverletztlichkeit der gemeinsamen Grenze, verzichten auf territoriale Ansprüche und garantieren die bis dahin umstrittenen Rechte der jeweils zur anderen Nationalität gehörenden ethnischen Minderheiten. Die innenpolitischen Auseinandersetzungen über den Grundlagenvertrag führten am 2. 9. zum Bruch der Regierungskoalition in Rumänien (→ WA '97, Sp. 520). – Enttäuscht, aber mit Verständnis reagiert die politische Führung Rumäniens auf die negative **Entscheidung des NATO-Gipfels** am 8./9. 7. zum Beitrittsverlangen Rumäniens (→ NATO im Kap. Internationale Organisationen). US-Präsident *Bill Clinton*, der die Ablehnung durchsetzte, bietet bei seinem Besuch am 11. 7. eine »strategische Partnerschaft« an, die den Rumänen den Weg in die Verteidigungsallianz ebnen könne.

Russische Föderation *Ost-Europa*

Rossijskaja Federacija, Kurzform: Rußland – RUS
(→ Karten III, G-M 0–3 und IV/V, B-G 1/2)

Fläche (Weltrang: 1.): 17 075 400 km²

Einwohner (6.): F 1995 148 195 000 = 8,7 je km²

Hauptstadt: Moskva (Moskau) F 1994: 8 792 000 Einw. (A: 12,41 Mio.)

Amtssprache: Russisch

Bruttosozialprodukt 1995 je Einw.: 2240 $

Währung: 1 Rubel (Rbl) = 100 Kopeken

Botschaft der Russischen Föderation
Waldstr. 42, 53177 Bonn, 0228/31 20 74

Landesstruktur (→ Karte) **Fläche**: 17 075 400 km² – **Bevölkerung**: Russen; (Z 1989) 147 021 869 Einw., (F 1996) 147 500 000 – 81,5% Russen, 3,8% Tataren, 3,0% Ukrainer, 1,2% Tschuwaschen, 0,9% Baschkiren, 0,8% Belorussen, 0,7% Mordwinen, 0,6% Deutsche, 7,5% Sonstige – Anteil unter **Armutsgrenze** ∅ 1981–95: 1,1% – **Flüchtl.** Ende 1996: 400 000 Binnenflüchtlinge; 6000 in Kasachstan, 5300 in Weißrußland; 154 000 aus Tadschikistan, 105 000 aus Georgien, 88 000 aus Aserbaidschan, 137 000 andere – **Leb.-Erwart.** 1995: 68 J. – **Säugl.-Sterbl.** 1995: 2,7% – **Kindersterbl.** 1995: 3,0% – Jährl. **Bev.-Wachstum** ∅ 1985–95: 0,3% (Geb.- und Sterbeziffer 1995: 1,0%/1,3%) – **Analph.** 1992: unter 5% – **Sprachen** 1989: 86,6% Russisch; Sprachen der übrigen Nationalitäten – **Religion** 1997: Russisch-Orthod. (35 Mio.), Muslime (15–22 Mio.), Juden (700 000), Katholiken (320 000); Minderh. von Buddhisten, Protestanten; starke Verbreitung von Sekten (Moon, Aoum) – **Städt. Bev.** 1995: 73% – **Städte** (F 1993): Sankt Peterburg (St. Petersburg) 4 387 000 Einw. (als A: 5,41 Mio.), Nižnij Novgorod 1 433 000 (A 1,99 Mio.), Novosibirsk 1 431 000 (A 1,65 Mio.), Sverdlovsk 1 358 000 (A 1,54 Mio.), Samara 1 232 000 (A 1,56 Mio.), Omsk 1 166 800, Čel'abinsk (Tscheljabinsk) 1 135 000, Kazan' 1 098 000, Ufa 1 096 000, Perm' 1 093 000, Rostov-na-Donu 1 025 000, Volgograd 1 002 000, Krasnojarsk 919 000, Saratov 904 000, Voronež 903 000; (F 1992) Toljatti 665 700, Simbirsk 656 400, Iževsk 650 700, Vladivostok 647 800, Irkutsk 637 000, Yaroslavl 636 900, Krasnodar 634 500, Khabarovsk 614 600, Barnaul 606 200, Novokuzneck 600 200, Orenburg 556 500, Penza 552 300, Tula 541 400, R'azan' 528 500, Kemerovo 520 600, Naberežnyje Čelny 514 400, Astrachan' 512 200, Tomsk 504 700

Staat Präsidialrepublik seit 1991 – Verfassung von 1993 – Parlament (Bundesversammlung): Staatsduma (Unterhaus) mit 450 Mitgl. und Föderationsrat (Oberhaus) mit 178 Mitgl. (je 2 Vertreter aus den 89 Subjekten der Föderation); Wahl alle 4 J. – Direktwahl des Staatsoberh. alle 4 J. (einmalige Wiederwahl) – Wahlrecht ab 18 J. – **Verwaltung**: 89 Territorialeinheiten (Subjekte der Föderation): 21 Republiken, 1 Autonomes Gebiet, 10 Autonome Kreise (Bezirke), 6 Regionen, 49 Gebiete und 2 Städte mit Subjektstatus (Moskau und St. Petersburg) – **Staatsoberhaupt**: Boris Nikolajewitsch Jelzin, seit 1990, 1996 wiedergewählt – **Regierungschef**: Viktor S. Tschernomyrdin (Unser Haus Rußland), seit

Russische Föderation: Ein- und Auswanderer nach ausgewählten Ländern

	Einwanderer [1]			*Auswanderer* [2]			*Wanderungssaldo*		
	1980	*1990*	*1994*	*1980*	*1990*	*1994*	*1980*	*1990*	*1994*
Insgesamt	876 371	913 223	1 146 735	780 650	729 467	337 121	+ 95 721	+ 183 756	+ 809 614
Ukraine	371 796	270 453	247 351	361 083	274 577	108 370	+ 10 713	– 4 124	+ 138 981
Deutschland.. ..	21	8	3	1 303	33 754	69 538	– 1 282	– 33 746	– 69 535
Kasachstan	180 456	157 401	346 363	146 049	102 833	41 864	+ 34 407	+ 54 568	+ 304 499
Weißrußland ..	64 390	73 218	43 383	58 678	49 898	27 751	+ 5 712	+ 23 320	+ 15 632
Usbekistan	59 744	103 951	146 670	48 454	38 089	11 318	+ 11 290	+ 65 862	+ 135 352
Israel	1	9	20	4 075	61 023	16 951	– 4 074	– 61 014	– 16 931
Vereinigte Staaten	4	5	51	99	2 332	13 766	– 95	– 2 327	– 13 715
Moldau..	30 882	32 320	21 364	28 203	31 400	9 386	+ 2 679	+ 920	+ 11 978
Georgien	29 216	33 061	66 847	19 357	18 558	4 671	+ 9 859	+ 14 503	+ 62 176
Litauen..	9 372	11 692	8 456	10 579	6 684	1 525	– 1 207	+ 5 008	+ 6 931
Lettland	15 392	12 562	26 370	16 346	8 660	1 339	– 954	+ 3 902	+ 25 031
Estland..	10 442	8 418	11 250	13 590	5 157	1 058	– 3 148	+ 3 261	+ 10 192
Kanada..	4	1		5	179	874	– 1	– 178	– 874

1 nach Herkunftsländern 2 nach Zielländern
Quelle: Länderbericht Russische Föderation 1995, Statistisches Bundesamt Wiesbaden

1992 – **Äußeres**: Jewgenij M. Primakow – **Parteien**: Wahlen vom 17. 12. 1995 zur Staatsduma: Linke Parteien insg. 195 Sitze (1993: 182): Kommunist. Partei der Russischen Föderation/KPRF 157 (65), Agrarpartei 20 (47), Die Macht dem Volk 9 (–), Kongreß Russischer Gemeinden/KRO 5 (–), weitere 4 Parteien insg. 4 (70); Parteien des Zentrums insg. 10 Sitze (–): Frauen Rußlands 3 (25), Rybkin-Block 3 (–), weitere 4 Parteien insg. 4 Sitze (27); Reformorientierte Parteien insg. 116 Sitze (164): Wahlbündnis Unser Haus Rußland/NDR 55 (–), Reformblock Jabloko 45 (33), Demokratische Wahl Rußlands 9 (96), Vorwärts Rußland 3 (–), weitere 3 Parteien insg. 4 Sitze (35); Nationalisten: Liberaldemokratische Partei/LDPR 51 (70); Unabhängige 78 (27), Sonstige – (7) – **Unabh.**: alte staatl. Tradition; 1918 Proklamation der Russischen Sozialistischen Föderativen Sowjetrepublik (RSFSR); Zusammenschluß der RSFSR mit den anderen Sowjet. Republiken zur UdSSR am 30. 12. 1922; Souveränitätserklärung Rußlands am 12. 4. 1990 – **Nationalfeiertage**: 2. 4. (Tag der Völkereinheit), und 9. 5. (Tag des Sieges über den Faschismus 1945) und 12. 6. (Unabhängigkeitstag) und 22. 8. (Tag der Staatsflagge) und 7. 11. (Tag der Sozialistischen Revolution)

Wirtschaft (Einzelheiten → Kap. Wirtschaft) – **Währung**: 1 US-$ = 5782,00 Rbl; 1 DM = 3351,50 Rbl – **BSP** 1995: 331 948 Mio. $ – **BIP** 1995: 344 711 Mio. $; realer Zuwachs ∅ 1990–95: –9,8 % (S 1996: +2 %); Anteil **Privatsektor** 6/1996: 70 %; Anteil (1995) **Landwirtsch.** 9 %, **Industrie** 34 %, **Dienstl.** 57 % – **Erwerbstät.** 1992: Landw. 15 %, Ind. 39 %, Dienstl. 46 % – **Arbeitslosigkeit** 1/1997: 9,5 % – **Energieverbrauch** 1994: 4014 kg ÖE/Ew. – **Inflation** ∅ 1985–95: 148,9 % (1996: 21,8 %) – **Ausl.-Verschuld.** 1995: 120 461 Mio. $ – **Außenhandel** 1996: **Import**: 45 Mrd. $; Güter 1995: 33 % Maschinen und Ausrüstungen, 28 % Nahrungsmittel; Länder 1995: 14,2 % Ukraine, 14 % BRD, 5,7 % USA, 5,8 % Kasachstan, 4,5 % Weißrußland, 4 % Italien, 3,5 % Niederlande, 4,4 % Finnland; **Export**: 87 Mrd. $; Güter 1995: 41 % Brennstoffe und Energieträger, 20 % Metalle, 9,6 % chem. Produkte, 7,6 % Maschinen und Ausrüstungen; Länder 1995: 9,1 % Ukraine, 7,9 % BRD, 5,5 % USA, 4,5 % Schweiz, 4,3 % VR China, 4,3 % Italien, 4,1 % Niederlande, 4,1 % Japan

Autonome Republiken

Eigene Verfassung u. Gesetzgebung – Bis auf die Republiken Tatarstan und Tschetschenien haben alle 21 Republiken den Föderationsvertrag vom 31. 3. 1992 mit Rußland unterzeichnet (→ Karte)

Republik Adygeja
Fläche: 7600 km² – *Bevölkerung* (F Anf. 1995): 452 000 Einw., (Z 1989): 432 046; 22,0 % Adygejer, 68,0 % Russen, 3,2 % Ukrainer, 2,4 % Armenier – *Religion:* sunnit. Muslime (Adygejer), orthod. Christen – *Hauptstadt* (F 1993): Majkop 163 000 Einw. – *Präsident:* Aslan A. Dschamirow, seit 1993 – *Regierungschef:* Mugdin Tlechas

Republik Altaj
Fläche: 92 600 km² – *Bevölkerung* (F Anf. 1995): 201 000 Einw., (Z 1989): 190 831; 31 % Altajer, 60,4 % Russen, 5,6 % Kasachen – *Religion:* sunnit. Muslime, orthod. Christen, Lamaisten – *Hauptstadt* (F 1993): Gorno-Altajsk 47 000 Einw. – *Parl.-Präsident:* Waleri Tschaptynow – *Regierungschef:* Wladimir I. Petrow

Republik Baschkirien (Baškirija)
Fläche: 143 600 km² – *Bevölkerung* (F Anf. 1995): 4 059 000 Einw., (Z 1989): 3 943 113; 21,9 % Baschkiren, 39,3 % Russen, 28,4 % Tataren, 3,0 % Tschuwaschen, 2,7 % Mari, 1,9 % Ukrainer u. a. – *Religion:* Muslime (Baschkiren u. Tataren), orthod. Christen – *Hauptstadt* (F 1993): Ufa 1 096 000 Einw. – *Präsident:* Murtasa Rachimow, seit 1993 – *Regierungschef:* Rim Bakejew

Republik Burjatien (Burjatija)
Fläche: 351 300 km² – *Bevölkerung* (F Anf. 1995): 1 035 000 Einw., (Z 1989): 1 038 252; 24,0 % Burjaten, 69,9 % Russen, 2,2 % Ukrainer, 1,0 % Tataren u. a. – *Religion:* Lamaismus, Schamanismus (Burjaten) – *Hauptstadt* (F 1993): Ulan-Ude 365 000 Einw. – *Parl.-Präsident:* Leonid Potapow - *Regierungschef:* Wladimir B. Saganow

Republik Chakassien (Chakasija)
Fläche: 61 900 km² – *Bevölkerung* (F Anf. 1995): 581 000 Einw., (Z 1989): 566 861; 11,1 % Chakassen, 79,5 % Russen, 2,3 % Ukrainer, 2,0 % Deutsche u. a. – *Religion:* orthod. Christen, Muslime, Animisten – *Hauptstadt* (F 1993): Abakan 158 000 Einw. – *Parl.-Präsident:* Wladimir Schtygaschew – *Regierungschef:* Jewgeni A. Smirnow

Republik Dagestan
Fläche: 50 300 km² – *Bevölkerung* (F Anf. 1995): 2 003 000 Einw., (Z 1989): 1 802 188; 27,5 % Awaren (u. 14 weitere Ethnien), 15,6 % Darginer (u. 2 weitere Ethnien), 12,9 % Kumyken, 11,3 % Lesgier, 9,2 % Russen, 5,1 % Laken, 4,3 % Tabassaranen, 4,2 % Aserbaidschaner, 3,2 % Tschetschenen u. a. – *Sprachen:* Awarisch, Russisch u. a. – *Religion:* überw. sunnit. Muslime – *Hauptstadt* (F 1993): Machačkala 328 000 Einw. – *Parl.-Präsi-*

dent: Magomedali Magomedow – *Regierungschef:* Abdurasak Mirsabekow

Republik Inguschetien (Ingušetija)
Fläche: 3600 km² – *Bevölkerung* (S 1992): 300 000 Einw., (Z 1989): 163 762 Inguschen (mit Tschetschenien), Russen, Kosaken u. a. – *Hauptstadt* (F 1993): Nazran' 23 000 Einw. – *Präsident:* Ruslan Auschew, seit 1993 – *Regierungschef:* Tamerlan Didikow

Republik Jakutien (Jakutija)
Fläche: 3 103 200 km² – *Bevölkerung* (F Anf. 1995): 1 060 000 Einw., (Z 1989): 1 094 065; 33,4% Jakuten, 50,3% Russen, 7,0% Ukrainer, 1,6% Tataren u. a. – *Religion:* orthod. Christen, Schamanisten – *Hauptstadt* (F 1993): Jakutsk 196 000 Einw. – *Präsident u. Regierungschef:* Michail J. Nikolajew, seit 1991 – *Äußeres:* Witali Artamonow

Republik Kabardino-Balkarien (Kabardino-Balkarija) *Fläche:* 12 500 km² – *Bevölkerung* (F Anf. 1995): 777 000 Einw., (Z 1989): 753 531; 48,2% Kabardiner, 9,4% Balkaren, 31,9% Russen, 1,7% Ukrainer, 1,3% Osseten, 1,1% Deutsche u. a. – *Religion:* überw. sunnit. Muslime – *Hauptstadt* (F 1993): Nal'čik (Naltschik) 241 000 Einw. – *Präsident:* Waleri M. Kokow, seit 1992 – *Regierungschef:* Georgi Tscherkessow

Republik Kalmykien (Kalmykija)
Fläche: 76 100 km² – *Bevölkerung* (F Anf. 1995): 312 000 Einw., (Z 1989): 322 579; 45,4% Kalmyken, 37,7% Russen, 4,0% Darginer, 2,6% Tschetschenen, 1,9% Kasachen, 1,7% Deutsche u. a. – *Religion:* lamaist. Buddhismus (Kalmyken) – *Hauptstadt* (F 1993): Elista 92 000 Einw. – *Präsident:* Kirsan Iljumschinow, seit 1993 – *Regierungschef:* Maksim Mukubenow

Republik Karatschajewo-Tscherkessien (Karačajevo-Čerkesija)
Fläche: 14 100 km² – *Bevölkerung* (F Anf. 1995): 429 000 Einw., (Z 1989): 414 970; 31,2% Karatschaier, 9,7% Tscherkessen, 42,4% Russen, 6,6% Abasiner, 3,1% Nogaier u. a. – *Religion:* überw. sunnit. Muslime – *Hauptstadt* (F 1993) : Čerkessk (Tscherkessk) 119 000 Einw. – *Präsident u. Regierungschef:* Wladimir I. Chubijew

Republik Karelien (Karelija)
Fläche: 172 400 km² – *Bevölkerung* (F Anf. 1995): 784 000 Einw., (Z 1989): 790 150; 10% Karelier, 74% Russen, 7% Belorussen, 3,6% Ukrainer, 2,3% Finnen u. a. – *Religion:* orthod. Christen – *Hauptstadt* (F 1993): Petrozavodsk 279 000 Einw. – *Parl.-Präsident:* Wiktor Stepanow – *Regierungschef:* Sergej P. Blinnikow

Republik Komi
Fläche: 415 900 km² – *Bevölkerung* (F Anf. 1995): 1 181 000 Einw., (Z 1989): 1 250 847; 23,3% Komi, 57,7% Russen, 8,3% Ukrainer, 2,1% Belorussen, 2,1% Tataren, 1,0% Deutsche – *Religion:* orthod. Christen, Animisten – *Hauptstadt* (F 1993): Syktyvkar 226 000 Einw. – *Präsident u. Regierungschef:* Jurij Spiridonow, seit 1994

Republik Marij El
Fläche: 23 200 km² – *Bevölkerung* (F Anf. 1995): 760 000 Einw., (Z 1989): 749 332; 43,3% Mari, 47,5% Russen, 5,9% Tataren – *Religion:* orthod. Christen, Schamanisten – *Hauptstadt* (F 1993): Joškar-Ola 248 000 Einw. – *Präsident u. Regierungschef:* Wjatscheslaw Kislizyn

Republik Mordwinien (Mordovija)
Fläche: 26 200 km² – *Bevölkerung* (F Anf. 1995): 956 000 Einw., (Z 1989): 963 504; 32,5% Mordwinen, 60,8% Russen, 4,9% Tataren u. a. – *Religion:* orthod. Christen – *Hauptstadt* (F 1993): Saransk 321 000 Einw. – *Präsident u. Regierungschef:* Wassili D. Gusljannikow

Republik Nordossetien (Severnaja Osetija)
Fläche: 8000 km² – *Bevölkerung* (F Anf. 1995): 655 000 Einw., (Z 1989): 632 428; 53,0% Osseten, 29,9% Russen, 5,2% Inguschen, 2,2% Armenier, 1,9% Georgier – *Religion:* sunnit. Muslime, orthod. Christen – *Hauptstadt* (F 1993): Vladikavkaz 307 000 Einw. – *Präsident:* Achsarbek Galasow, seit 1994 – *Regierungschef:* Sergej Chetagurow

Republik Tatarstan (Tatarija)
Fläche: 68 000 km² – *Bevölkerung* (F Anf. 1995): 3 782 000 Einw., (Z 1989): 3 641 742; 48,5% Tataren, 43,3% Russen, 3,7% Tschuwaschen u. a. – *Sprachen:* Tatarisch u. Russisch – *Religion:* sunnit. Muslime, orthod. Christen – *Hauptstadt* (F 1993): Kazan' 1 098 000 Einw. – Unabhängigkeitserklärung am 21. 3. 1992 – Verfassung von 1992 – *Präsident:* Mintimer Schaimijew, seit 1991 – *Regierungschef:* Muhammad Sabirow

Republik Tschetschenien (Čečnja)
Fläche: 15 700 km² (Karte → WA '97, Sp. 539f.) – *Bevölkerung* (S 1992): 1 200 000 Einw., (S 1992): 75% Tschetschenen, 20% Russen, Inguschen, Armenier, Ukrainer u. a. – *Flüchtlinge* Ende 1995: insg. etwa 615 000 (200 000 Binnenflüchtlinge; 290 000 in Inguschetien, Dagestan u. Kabardino-

Nordkaukasusgebiet

1 Republik Adygeja
2 Rep. Karatschajewo-Tscherkessien
3 Republik Kabardino-Balkarien
4 Republik Nordossetien
5 Republik Inguschetien
6 Republik Tschetschenien
7 Republik Dagestan
8 Region Krasnodar
9 Region Stawropol
10 Gebiet Rostow

Zentrales Schwarzerdegebiet

11 Gebiet Kursk
12 Gebiet Belgorod
13 Gebiet Lipezk
14 Gebiet Woronesch
15 Gebiet Tambow

Zentrales Wirtschaftsgebiet

16 Gebiet Smolensk
17 Gebiet Twer
18 Gebiet Brjansk
19 Gebiet Kaluga
20 Moskva
21 Gebiet Moskau
22 Gebiet Jaroslawl
23 Gebiet Orjol
24 Gebiet Tula
25 Gebiet Rjasan
26 Gebiet Wladimir
27 Gebiet Iwanowo
28 Gebiet Kostroma

Nordwestliches Wirtschaftsgebiet

29 Gebiet Kaliningrad
30 Sankt Petersburg
31 Gebiet Pskow
32 Gebiet Nowgorod
33 Gebiet Leningrad

Nördliches Wirtschaftsgebiet

34 Republik Karelien
35 Republik Komi
36 AB der Nenzen
37 Gebiet Murmansk
38 Gebiet Wologda
39 Gebiet Archangelsk

Wolga-Wjatka-Gebiet

40 Republik Mordwinien
41 Republik Tschuwaschien
42 Republik Marij El
43 Gebiet Nischni Nowgorod
44 Gebiet Kirow

Wolgagebiet

45 Republik Kalmykien
46 Republik Tatarstan
47 Gebiet Astrachan
48 Gebiet Wolgograd
49 Gebiet Saratow
50 Gebiet Pensa
51 Gebiet Uljanowsk
52 Gebiet Samara

Uralgebiet

53 Republik Udmurtien
54 Republik Baschkirien
55 AB der Komi-Permjaken
56 Gebiet Orenburg
57 Gebiet Perm
58 Gebiet Swerdlowsk
59 Gebiet Tscheljabinsk
60 Gebiet Kurgan

Westsibirien

61 Republik Altaj
62 AB der Chanten u. Mansen
63 AB der Jamal-Nenzen
64 Region Altaj
65 Gebiet Tjumen
66 Gebiet Omsk
67 Gebiet Nowosibirsk
68 Gebiet Tomsk
69 Gebiet Kemerowo

Ostsibirien

70 Republik Chakassien
71 Republik Tuwa
72 Republik Burjatien
73 Taimyrischer AB (Dolganen und Nenzen)
74 AB der Ewenken
75 AB der Ust-Ordinsker Burjaten
76 AB der Aginer Burjaten
77 Region Krasnojarsk
78 Gebiet Irkutsk
79 Gebiet Tschita

Ferner Osten

80 Republik Jakutien
81 AB der Tschuktschen
82 AB der Korjaken
83 Jüdisches Autonomes Gebiet
84 Region Chabarowsk
85 Region Primorje
86 Gebiet Magadan
87 Gebiet Kamtschatka
88 Gebiet Amur
89 Gebiet Sachalin

Balkarien) – *Religion* (Islam ist Staatsreligion): sunnit. Muslime (Tschetschenen) – *Hauptstadt* (S 1995): Groznyj 200 000 Einw. – Unabhängigkeitserklärung im Nov. 1991 – Verfassung von 1992 – *Präsident u. Regierungschef*: Aslan Maschadow, seit 12. 2. 1997

Republik Tschuwaschien (Čuvašija)
Fläche: 18 300 km² – *Bevölkerung* (F Anf. 1995): 1 362 000 Einw., (Z 1989): 1 338 023; 67,8% Tschuwaschen, 26,7% Russen, 2,7% Tataren, 1,4% Mordwinen u. a. – *Religion:* orthod. Christen – *Hauptstadt* (F 1993): Čeboksary 444 000 Einw. – *Präsident:* Nikolai Fjodorow, seit 1993 – *Regierungschef:* Walerjan Wiktorow

Republik Tuwa (Tuva)
Fläche: 170 500 km² – *Bevölkerung* (F Anf. 1995): 297 000 Einw., (Z 1989): 308 557; 64,3% Tuwiner, 32,0% Russen, 0,7% Chakassen, 0,7% Ukrainer u. a. – *Religion:* Buddhisten (Tuwiner) – *Hauptstadt* (F 1993): Kyzyl 90 000 Einw. – *Präsident u. Regierungschef:* Scherig-ool Orschak, seit 1992

Republik Udmurtien (Udmurtija)
Fläche: 42 100 km² – *Bevölkerung* (F Anf. 1995): 1 628 000 Einw., (Z 1989): 1 605 663; 30,9% Udmurten, 58,9% Russen, 6,9% Tataren, Ukrainer, Mari u. a. – *Religion:* orthod. Christen, Schamanismus – *Hauptstadt* (F 1993): Iževsk 653 000 Einw. – *Parl.-Präsident:* Walentin Tubylow – *Regierungschef:* Nikolaj J. Mironow

Chronik Präsident *Boris Jelzin* kann wegen seines schlechten Gesundheitszustands von Juni 1996 bis Februar 1997 seine Amtsgeschäfte nur sehr eingeschränkt wahrnehmen. Zentrale Probleme sind die chaotischen Zustände im öffentlichen Finanzwesen, die hohen Zahlungsrückstände bei Löhnen, Gehältern und Renten sowie die Situation der Armee. Korruption und organisierte Kriminalität sind weit verbreitet.

Innenpolitik: Präsident *Jelzin* entläßt *Alexander Lebed*, der maßgeblich zur Beendigung des Kriegs in Tschetschenien beigetragen hatte, u. a. wegen Eigenmächtigkeit am 17. 10. **1996** als seinen Sicherheitsberater und zwei Tage darauf auch als seinen persönlichen Tschetschenien-Beauftragten; Innenminister *Anatolij Kulikow*, dem *Lebed* Versagen in Tschetschenien vorwirft, hatte diesen am Vortag beschuldigt, er wolle eine ihm unterstellte Sondereinheit mit 50 000 Mann aufbauen und die Macht gewaltsam an sich reißen. Nach einem Urteil eines Bezirksgerichts in Moskau vom 18. 12. muß *Kulikow* seine Putschvorwürfe gegen *Lebed* widerrufen. Zum neuen Se-

kretär des Sicherheitsrats und seinem neuen Tschetschenien-Beauftragten ernennt Präsident *Jelzin* am 19. 10. den ehem. Vorsitzenden der Staatsduma, *Iwan Rybkin*. Die Ernennung des Unternehmers *Boris Beresowskij*, einem der führenden Vertreter der neuen »Oligarchie«, zu einem der stellv. Sekretäre des Sicherheitsrats am 29. 10. ist umstritten. *Beresowskij* gehört zu einer mit Regierung und Präsidialapparat eng verflochtenen Gruppe einflußreicher Bankiers und Großindustrieller v. a. aus dem Energiesektor, die auch einen großen Teil der Medien kontrollieren. – Die Anfang Juli nach monatelangen Auseinandersetzungen mit den Mehrheitsaktionären der Zeitung, dem Erdölunternehmen Lukoil und der Oneximbank, erfolgte Entlassung des Chefredakteurs der Tageszeitung Iswestija, *Igor Golembiowski*, löst erneut eine Diskussion um die Pressefreiheit aus. – Die von Kommunisten und Nationalisten dominierte **Staatsduma lehnt** am 22. 1. **1997** mit 87 gegen 102 Stimmen einen von den Kommunisten eingebrachten Antrag auf Einleitung eines **Amtsenthebungsverfahrens gegen Präsident Jelzin** (v. a.aus gesundheitlichen Gründen) **ab**; ein erneuter Antrag erhält am 14. 2. ebenfalls keine Mehrheit. – Nach Angaben des Leiters der Umweltbehörde, *Viktor Danilow-Daniljan*, vom 31. 1. hat die Umweltzerstörung in weiten Teilen des Landes seit dem Zusammenbruch der UdSSR weiter zugenommen; die drängendsten Probleme seien die Beseitigung der radioaktiven Abfälle (650 Mio. m³, Kosten mind. 700 Mio. US-$), die Vernichtung der chemischen Waffen (40 000 t) und die Versorgung mit Trinkwasser. – Die Nachwahlen zur Staatsduma am 9. 2. in der Stadt Tula gewinnt *Alexander Korschakow*; der von *Jelzin* am 20. 6. 1996 als Leiter des präsidialen Sicherheitsdiensts und am 28. 10. aus der Armee entlassene ehem. General steht im Verdacht, Kontakte zum organisierten Verbrechen zu haben. – Präsident *Jelzin* wirft in einer Rede zur Lage der Nation am 6. 3., seinem ersten längeren öffentlichen Auftritt seit acht Monaten, der Regierung erneut Inkompetenz, Willenlosigkeit, Gleichgültigkeit und Verantwortungslosigkeit vor. – Die **umfassende Regierungsumbildung** durch Präsident *Jelzin* vom 7.–26. 3. betrifft v. a. die für Wirtschaftsfragen wichtigen Posten. Zu neuen Ersten Stellv. Ministerpräsidenten werden zwei junge Reformer ernannt: Der Leiter der Präsidialverwaltung, *Tschubais*, der zugleich Finanzminister wird, erhält die Zuständigkeit für Wirtschafts- und Finanzreformen; *Boris Nemzow*, der populäre bisherige Gouverneur des Gebiets Nischnij Nowgorod, der dort erfolgreich Wirtschaftsreformen durchgeführt hat, ist für die Bereiche Soziales, Kommunal- und Wohnungswesen, die Beziehungen zu den Regionen und die Umstrukturierung der Monopole (v.a. Gas- und Stromversorgung sowie Eisenbahn) verantwortlich. – Am 10. 4. kündigt Präsident *Jelzin* in einer Rundfunkansprache eine Kampagne gegen Korruption in hohen und höchsten Staatsämtern an; alle größeren Staatsaufträge sollen künftig öffentlich ausgeschrieben werden. Mit einem Dekret vom 16. 5. verpflichtet *Jelzin* alle Regierungsmitglieder, Parlamentarier und Staatsbeamte sowie deren Familienangehörigen und sich selbst zur Offenlegung der Einkommens- und Vermögensverhältnisse. – Am 2. 7. wird Justizminister *Walentin Kowaljow* entlassen, gegen den die Generalstaatsanwaltschaft wegen Verbindungen zur sog. Solnzewo-Gruppe, eine der größten russischen Mafia-Organisationen, ermittelt; Nachfolger wird der frühere Chef des Inlandsgeheimdiensts FSB, *Sergej Stepaschin.*

Wirtschaft, Finanzen, Soziales: Der seit 1990 andauernde Rückgang des realen BIP fiel 1996 mit –6% höher aus als 1995. Der Anstieg der Verbraucherpreise verlangsamte sich auf 47,6% (197,4%). Die Arbeitslosenquote betrug Ende Juli 1997 9,3% (offiziell 3,1%). Der Lebensstandard breiter Bevölkerungsschichten sinkt im Berichtszeitraum 1996/97 weiter. Im 1. Halbjahr 1997 lag das Einkommen von 31 Mio. Personen unter dem Existenzminimum von 410 000 Rubel (rd. 70 US-$). Das soziale Ungleichgewicht wird größer. Allerdings entfallen bis zu 45% aller wirtschaftlicher Aktivitäten auf die Schattenwirtschaft. – An einem weiteren landesweiten **Streik von Bergleuten** vom 3.–12. 12. **1996** beteiligen sich nach Gewerkschaftsangaben bis zu 400 000 Kumpel aus rd. 80% der Zechen; gefordert wird insb. die Auszahlung von seit Monaten ausstehenden Löhnen (allein im Bergbau rd. 2,6 Bio. Rubel). Auch nach der Zusage der Regierung, die Löhne bis zum 27. 12. auszuzahlen, wird der Streik in zahlreichen Zechen fortgesetzt. V.a. in Sibirien und in der Region Primorje im Fernen Osten weiten sich die Protestaktionen auch auf Lehrer, Ärzte und Beschäftige der Energie- und Verkehrsunternehmen aus. An **landesweiten Demonstrationen** und Streiks am 27. 3. **1997** für die Auszahlung der seit Monaten ausstehenden Löhne, Gehälter und Renten, zu denen Gewerkschaften und Oppositionsparteien aufgerufen hatten, beteiligen sich nach Angaben des Innenministeriums 1,8 Mio. Menschen (nach Gewerkschaftsangaben über 20 Mio. Personen); gefordert wird auch der Rücktritt von Präsident *Jelzin* und der Regierung. – Die **Haushaltslage** ist **äußerst angespannt**. Die Staatseinnahmen liegen insbesondere wegen mangelnder Effizienz bei der Steuereintreibung und Steuerhinterziehung weit hinter den Planungen zurück. Im 1. Quartal 1997 erreicht das Steueraufkommen nur 57% des vorgesehenen Betrags. Der von Staatsduma und Föderationsrat am 24. 1. bzw. 12. 2. gebilligte und von Präsident *Jelzin* am 25. 2. unterzeichnete föderale Haushalt 1997 sieht bei Einnahmen von 434 Bio. Rubel und Ausgaben von 530 Bio. Rubel ein Budgetdefizit von 3,5% des erwarteten BIP vor. Die von der Regierung angesichts niedriger Staatseinnahmen vorgeschlagenen Ausgabenkürzungen um 108 Bio. Rubel bzw. 20% im Staatshaushalt 1997 lehnt die Staatsduma am 25. 6. ab. – Im Mai und Juni zahlt der weltweit größte Energiekonzern Gazprom Steuerschulden von 14,4 Bio. Rubel (rd. 2,5 Mrd. US-$); für seine Zahlungsrückstände macht der Konzern v.a. die seiner Abnehmer verantwortlich (77 Bio. Rubel). – Der IWF, der insb. wegen zu geringer Steuereinnahmen mehrfach Ziehungen von Tranchen des im März 1996 gebilligten Kredits von 10 Mrd. US-$ vorübergehend verweigert hat, setzt im Mai 1997 seine Auszahlungen fort; das Verhalten des IWF gegenüber der RF unterliegt seit langem mehr politischen als wirtschaftlichen Kriterien. – Die Weltbank, die seit dem Beitritt der RF im Juni 1992 28 Kredite von 6,4 Mrd. US-$ zugesagt hatte, will nach Angaben ihres Präsidenten *James Wolfensohn* von Mitte April bei Fortsetzung der Wirtschaftsreformen weitere 6 Mrd. US-$ binnen zwei Jahren bereitstellen; davon sollen angesichts der sozialen Probleme 2/3 in den Staatshaushalt fließen. Im Juni bewilligt die Weltbank sieben weitere Kredite von insg. 1,685 Mrd. US-$, darunter 800 Mio. US-$ zur Reform der sozialen Sicherungssysteme, v.a. zur Zahlung der ausstehenden Renten. – Die Regierung überweist nach eigenen Angaben bis zum 26. 6. alle ausstehenden Rentenzahlungen in die Regionen (1997: 22 Bio. Rubel bzw. rd. 3,8 Mrd. US-$); zugleich warnt Präsident *Jelzin* die regionalen Verwaltungschefs, diese Mittel für eigene Zwecke zu mißbrauchen. Ein Dekret von *Jelzin* vom 8. 7. sieht die Auszahlung aller ausstehenden Löhne für die Armeeangehörigen (4,2 Bio. Rubel) bis 1. 9. und für die Angestellten des öffentlichen Diensts (1. 8.: 10,9 Bio. Rubel) bis zum 31. 12. vor. Die Lohnrückstände der staatlichen und privaten Unternehmen betragen am 1. 8. 43 Bio. Rubel. – Nach Angaben von Innenminister *Kulikow* von Anfang Juli wird die Wirtschaft zunehmend von der organisierten Kriminalität unterwandert. Über 40 000 Unternehmen würden von rd. 9000 mafiaartigen Vereinigungen kontrolliert, darunter Staatsbetriebe, Aktiengesellschaften und Banken; rd. 60 Mio. Menschen seien direkt oder indirekt in kriminelle Aktivitäten verwickelt.

Menschenrechte: In einem am 2. 4. veröffentlichten Bericht »Folter in Rußland – die Hölle auf Erden« kritisiert amnesty international die systematische Folter in den Gefängnissen, für die neben Sicherheitskräften auch Ärzte verantwortlich seien. Die allgemeinen Bedingungen in den überfüllten Haftanstalten werden als grausam und unmenschlich angeprangert. Ende Mai legt die Generalstaatsanwaltschaft einen Plan für eine Amnestie von 440 000 der rd. 1,2 Mio. Häftlingen vor, darunter etwa 300 000 in Untersuchungshaft.

Staatsduma lehnt Beerdigung Lenins ab: Präsident *Jelzins* Vorschlag, den 1924 verstorbenen Staatsgründer der Sowjetunion, *Wladimir Iljitsch Lenin*, dessen einbalsamierte Leiche in einem Mausoleum auf dem Roten Platz in Moskau aufgebahrt ist, in seiner Heimatstadt St. Petersburg zu beerdigen, wird von der Staatsduma am 23. 6. **1997** mit 232 gegen acht Stimmen abgelehnt, obwohl *Lenin* dies so gewünscht hatte.

»Beutekunst«-Gesetz: Staatsduma und Föderationsrat verabschieden am 5. 2. **1997** bzw. 5. 3. ein umstrittenes Gesetz, das alle in und nach dem Zweiten Weltkrieg von der Roten Armee auf das Territorium Rußlands verschleppten Kulturgüter zum Eigentum der RF erklärt; diese werden als Entschädigung für die Verluste an eigenen Kulturschätzen betrachtet. Präsidents *Jelzins* Veto vom 18. 3. gegen das Gesetz wird von der Staatsduma am 4. 4. und vom Föderationsrat am 10. 6. jeweils mit der erforderlichen Zweidrittelmehrheit überstimmt. *Jelzin*, der zunächst u. a. Verstöße gegen das Völkerrecht sowie eine Schwächung der Position der RF bei den laufenden Verhandlungen mit Deutschland und anderen Staaten geltend gemacht hatte, lehnt Ende Juni wegen Verfassungsbedenken erneut eine Unterzeichnung des Gesetzes ab. Deutschland fordert rd. 200 000 Kunstgegenstände, darunter den Schatz des Priamos und wertvolle Zeichnungen, Grafiken und Gemälde aus staatlichen deutschen Museen und privaten Sammlungen, sowie 2 Mio. Bücher zurück.

Religionsgesetz: Präsident *Jelzin* lehnt am 22. 7. **1997** die Unterzeichnung eines von Staatsduma und Föderationsrat am 23. 6. bzw. 3. 7. verabschiedeten Gesetzes über die Gewissensfreiheit und religiöse Vereinigungen ab, da es die Verfassungsrechte und -freiheiten der Bürger einschränke und gegen den Gleichheitsgrundsatz verstoße. Die Vorlage, die die liberale Gesetzgebung von 1990 ablösen sollte, sieht vor, daß nur solche religiöse Gemeinschaften als Organisation registriert werden, die seit mind. 15 Jahren in der RF tätig sind. Damit werden nur die russisch-orthodoxe Kirche, das Judentum, der Islam und der Buddhismus als »traditionelle« Religionen anerkannt.

Situation der Streitkräfte: Wegen der knappen Finanzmittel ist der Zustand der Streitkräfte äußerst schlecht. Es fehlt u. a. an militärischem Material, Nahrungsmitteln und Bekleidung. Viele Soldaten und Offiziere warten seit Monaten auf ihren Sold. Nach Angaben der Armee vom Juni **1997** hat sich die Zahl der Selbstmorde von Soldaten zwischen 1991 und 1996 verdoppelt (1996: 36 von 100 000, v. a. junge Rekruten); auch die Zahl der Selbstmorde von Offizieren steige. Nach einer Studie des Verteidigungsministeriums leben 29 % der Offiziere unter der Armutsgrenze. Ansehen und Moral der Streitkräfte sinken auch wegen Korruptionsaffären, in die hochrangige Armeeangehörige verwickelt sind. Am 7. 2. warnt Verteidigungsminister *Rodionow* davor, daß bei einer weiteren Verschlechterung der Finanzlage der Armee die strategischen Atomraketen außer Kontrolle geraten könnten; noch arbeiteten alle Systeme jedoch normal. – Präsident *Jelzin* entläßt am 11. 4. vier hochrangige Generäle, gegen die wegen Amtsmißbrauchs ermittelt wird, darunter der seit 2. 12. 1996 vom Dienst suspendierte Oberkommandierende des Heeres, Armeegeneral *Wladimir Semjonow*. Am 20. 5. 1997 wird der Generalinspekteur der Armee und stellv. Verteidigungsminister, General *Konstantin Kobez*, wegen Bestechlichkeit und Veruntreuung von Staatsgeldern abgesetzt; am 22. 5. wird Verteidigungsminister *Igor Rodionow*, den Jelzin für den schleppenden Fortgang der angestrebten Armeereform und den schlechten Zustand der Armee verantwortlich macht, entlassen. Nachfolger wird am 23. 5. der bisherige Oberkommandierende der strategischen Raketenstreitkräfte, Armeegeneral *Igor Sergejew*, ein Befürworter der strategischen Abrüstung.

Außen- und Sicherheitspolitik: Im Mittelpunkt des 7. Gipfeltreffens von Präsident *Jelzin* und **US-Präsident** *Bill Clinton* vom 20.-21. 3. **1997** in Helsinki (Finnland) stehen die von Rußland grundsätzlich abgelehnte Osterweiterung der NATO, die künftige Zusammenarbeit zwischen NATO und RF sowie Abrüstung. Die Fristen des START-II-Vertrags von 1993 für die Deaktivierung der Atomgefechtsköpfe und die Vernichtung der strategischen Atomwaffenträger werden bis Ende 2003 bzw. 2007 verlängert. – Während ihres 4. Gipfeltreffens unterzeichnen der Staats- und Parteichef der **VR China**, *Jiang Zemin*, und Präsident *Jelzin* am 23. 4. in Moskau eine »Gemein-

Staaten

same sino-russische Erklärung zur multipolaren Welt und zur Schaffung einer neuen Weltordnung«, die sich implizit v.a. gegen eine Vormachtstellung der USA wendet. Am 24. 6. 1997 wird in Peking von Regierungsvertretern die Zusammenarbeit bei der Erschließung eines Erdgasvorkommens im ostsibirischen Gebiet Irkutsk und der Bau einer Pipeline, die über die Mongolei und die VR China nach Südkorea führt, vereinbart (Investitionsvolumen 10 Mrd. US-$). – Die vom Sicherheitsrat am 8. 5. verabschiedete neue Sicherheitsdoktrin sieht erneut die Möglichkeit des atomaren Erstschlags vor; die ehem. UdSSR hatte 1982 einseitig auf den Ersteinsatz von Atomwaffen verzichtet. Als Hauptgefahr werden soziale und wirtschaftliche Probleme und nicht mehr ein äußerer Feind betrachtet.

Tschetschenien: Am 5. 1. **1997** ist der **Rückzug der Truppen des russischen Innen- und Verteidigungsministeriums** aus Tschetschenien **abgeschlossen**. Damit ist eine wesentliche Bedingung der Tschetschenen für freie Präsidentschafts- und Parlamentswahlen erfüllt. – Die **Präsidentschaftswahlen** am 27. 1. 1997 (Wahlbeteiligung 79,4%), die unter strengen Sicherheitsvorkehrungen stattfinden, gewinnt der Chef der Übergangsregierung, *Aslan Maschadow*, mit 59,3% der Stimmen. Feldkommandant *Schamil Bassajew* (23,5%), der als Anführer der Geiselnehmer im südrussischen Budjonnowsk im Juni 1995 bekannt wurde (→ WA '96, Sp. 576) und mit Haftbefehl gesucht wird, erhält 23,5%, der amtierende Präsident *Jandarbijew* 10,1%. Wahlbeobachter von OSZE und Europarat bezeichnen die Wahlen trotz großer organisatorischer Probleme als frei, fair und insg. korrekt. Bei seiner Amtseinführung am 12. 2. legt Präsident *Maschadow* seinen Amtseid in tschetschenischer Sprache auf den Koran ab. Er erklärt sich zu Verhandlungen mit der russischen Regierung bereit. Ziel seiner Politik sei jedoch die volle Souveränität und Unabhängigkeit von der RF. Bei den **Parlamentswahlen** am 27. 1. und den Stichwahlen am 15. 2. werden insg. nur 35 der 63 Mandate vergeben, v.a. weil in vielen Wahlbezirken die Mindeststimmbeteiligung von 50% nicht erreicht wird. Nachwahlen finden am 31. 5. statt. – In der neuen Regierung, der auch Mitglieder der früheren Führung unter dem prorussischen Präsidenten *Doku Sawgajew* angehören, übernimmt Präsident *Maschadow* das Amt des Ministerpräsidenten selbst; der frühere Sprecher der Separatisten, *Mowladi Ugudow*, wird »Außenminister«. – Ende Februar wird in Tschetschenien der Islam als Staatsreligion eingeführt; Anfang Juni erklärt Präsident *Maschadow*, künftig gelte nur noch islami-

sches Recht, die Scharia. – Ein von der russischen Staatsduma am 12. 3. verabschiedetes Gesetz sieht eine **Amnestie** für Tschetschenen und russische Soldaten vor, die von 1994-1996 in Tschetschenien und den angrenzenden zur RF gehörenden Territorien »sozial gefährliche Taten« begingen oder während des Kriegs desertiert waren; von der Amnestie ausgenommen sind Straftaten wie Terrorismus, vorsätzlicher Mord, Vergewaltigung, Entführung und Geiselnahme. – Die Präsidenten der RF und Tschetscheniens, *Jelzin* und *Maschadow*, unterzeichnen am 12. 5. in Moskau einen **Friedensvertrag**, der die 400jährige Konfrontation beenden soll. Beide Seiten verpflichten sich, künftig auf Gewalt oder deren Androhung zu verzichten. Der umstrittene politische Status der Kaukasusrepublik ist nicht Gegenstand des Dokuments. Die russische Regierung betrachtet Tschetschenien weiter als Teil der RF mit weitreichender Autonomie. Am selben Tag unterzeichnen Präsident *Maschadow* und der russische Ministerpräsident *Viktor Tschernomyrdin* Vereinbarungen über wirtschaftliche Zusammenarbeit beim Wiederaufbau sowie die Freilassung von Kriegsgefangenen und Geiseln. – Im Mittelpunkt der Gespräche des russischen Ministerpräsidenten *Tschernomyrdin* und Präsident *Maschadow* am 13. 6. in Sotchi steht die Nutzung der 1411 km langen Pipeline, die ab Oktober Erdöl von Baku (Aserbaidschan) durch die Kaukasusrepublik (150 km) zum russischen Schwarzmeerhafen Noworossijsk transportieren soll; Tschetschenien fordert als gleichberechtigter Partner anerkannt zu werden und erhebt Anspruch auf 1/3 der Transitgebühren. – Die Sicherheitslage im **Nordkaukasus** gibt Anlaß zu Besorgnis. In Tschetschenien und den angrenzenden Gebieten, v.a. in den zur RF gehörenden Republiken Dagestan und Inguschetien, kommt es im Berichtszeitraum 1996/97 immer wieder zu **Anschlägen und Geiselnahmen aus politischen, v.a. aber aus kriminellen Motiven**. Nach der Ermordung von sechs ausländischen IKRK-Mitarbeitern am 17. 12. in einem Krankenhaus in Nowyje Atagi bei Grosny suspendieren diese Hilfsorganisation und das UNHCR ihre Tätigkeit in Tschetschenien.

Entwicklung in der GUS: Bei dem 20. Gipfeltreffen der Präsidenten der 12 GUS-Staaten am 28. 3. **1997** werden keine Fortschritte in bezug auf eine engere wirtschaftliche Zusammenarbeit erzielt. Beschlossen wird die Bildung einer gemeinsamen Kommission zur Beilegung regionaler Konflikte, die mehrere ehem. Sowjetrepubliken betreffen. Präsident *Boris Jelzin* wird als Vorsitzender des Rats der GUS-Staatschefs bestätigt.

Sahara, Demokratische Arabische Republik *Nordwest-Afrika*

Arabische Saharauische Demokratische Republik; al-Ǧumhūriyya as-Ṣahrāwiyya ad-Dimuqrāṭiyya al-ʿArabiyya; UNO-Bezeichnung: Westsahara – DARS (→ Karte IV, A 3)

Fläche (Weltrang: 75.): 252 120 km²
Einwohner: F 1994 208 000 = 0,8 je km²
Hauptstadt: El Aaiún (El Aaiun) F 1990: 139 000 Einw. (als Provinz)
Amtssprache: Hocharabisch
Bruttosozialprodukt 1995 je Einw.: k. Ang.
Währung: Saharaui-Pesete, faktisches Zahlungsmittel marrokkanischer Dirham
Diplomatische Vertretung: keine

Landesstruktur (Karte → WA '97, Sp. 548) **Fläche**: 252 120 km² – **Bevölkerung**: Saharauís (Sahraouis); (Z 1994) 252 146 Einw. – (S) Araber, z. T. nomadisch lebend; bis 1993 Ansiedlung von rd. 120 000 Siedlern aus Marokko – **Flüchtl.** Ende 1996: 80 000 in vier Lagern um die Wüstenstadt Tindouf in West-Algerien – **Leb.-Erwart.** 1992: 44 J. – **Säugl.-Sterbl.** 1992: 15,9 % – Jährl. **Bev.-Wachstum** ∅ 1980–86: 2,8 % (Geb.- und Sterbeziffer 1992: 4,8 %/2,0 %) – **Sprachen**: arabische Dialekte, Spanisch, Hassani – **Religion**: nahezu 100 % Muslime (Sunniten) – **Städte** (F 1990): (Distrikte) Oued edh Dheheb 26 000 Einw., Smara 24 000, Boujdour 10 000

Staat Republik seit 1976; anerkannt von 29 OAU-Staaten (Mitglied seit 1982) und 77 Staaten weltweit (Stand Ende 1996) – 7köpfiges Exekutivkomitee sowie Nationalrat mit 45 Mitgl. – Sitz der Exilregierung in Algier/Algerien – **Verwaltung**: 4 Provinzen (Boujdour, El Aaiún, Oued edh Dheheb, Smara) – **Staatsoberhaupt**: Mohammed Abdel Aziz (Generalsekretär des Frente Polisario/RASD), seit 1982 – **Regierungschef**: Mahfoud Ali Beiba, seit 1995 – **Äußeres**: Mohamed Salem Ould Salekï – **Parteien**: Frente Popular de Liberación de Seguía el-Hamra y Río de Oro (Volksfront für die Befreiung von Saquet al Hamra und Rio de Oro)/Frente POLISARIO – **Unabh.**: 27. 2. 1976 von sogenannter Volkskonferenz ausgerufen, von Marokko nicht anerkannt und 1979 annektiert) – Referendum über Unabhängigkeit unter UNO-Aufsicht geplant – **Nationalfeiertag**: 27. 2. (Proklamation der Unabhängigkeit)

Wirtschaft keine Angaben verfügbar; reiche Fischbestände und Phosphatvorkommen

Chronik Nachdem das Referendum über die Selbstständigkeit der zu zwei Dritteln von Marokko besetzten Region wiederholt verschoben wurde und der UN-Sicherheitsrat im Mai **1996** die Vorbereitungen zur Abstimmung ausgesetzt hat, kommt es seit August 1996 zu neuen Kontakten zwischen der Frente POLISARIO und dem marokkanischen Innenministerium. Ende Oktober läßt Marokko 66 saharauische Gefangene frei. Im Dezember wird in geheimen Verhandlungen das Angebot unterbreitet, der Westsahara, die im Rahmen der Neugliederung der marokkanischen Verwaltungsstruktur in drei Provinzen unterteilt werden soll, kulturelle und wirtschaftliche **Teilautonomie** zu gewähren (→ Marokko). Obwohl auch die algerische Regierung diese Lösung unterstützt, beharrt die POLISARIO auf Verhandlungen über vollständige Unabhängigkeit und droht im Februar **1997** mit der Wiederaufnahme der Kampfhandlungen. Zugleich führen hochrangige Mitglieder der Bewegung Gespräche mit dem marokkanischen Innenminister *Driss Basri* und Kronprinz *Sidi Mohammed*. Im Mai läßt die POLISARIO 85 marokkanische Kriegsgefangene frei. Mitte April hat der frühere amerikanische Außenminister *James Baker* als UN-Sonderbeauftragter mit der Vermittlung im Sahara-Konflikt begonnen. Er besucht auch die Flüchtlingslager bei Tindouf in Westalgerien, der »Hauptstadt« der POLISARIO. Am 23. 6. beginnen in Lissabon direkte Verhandlungen zwischen den Konfliktparteien, bei denen der Streit um die Zahl der Stimmberechtigten beim **Unabhängigkeitsreferendum** im Vordergrund steht.

Saint Kitts und Nevis, Saint Lucia, Saint Vincent und die Grenadinen → unter St.

Salomonen *Ozeanien*

Salomoninseln; Solomon Islands – SOL
(→ Karten V, E/F 5 und VIII b, B/C 3)

Fläche (Weltrang: 144.): 27 556 km²

Einwohner (163.): F 1995 375 000 = 13,6 je km²

Hauptstadt: Honiara (auf Guadalcanal)
F 1990: 35 300 Einw.

Amtssprache: Englisch

Bruttosozialprodukt 1995 je Einw.: 910 $

Währung: 1 Salomonen-Dollar (SI$) = 100 Cents

Botschaft der Salomonen
28, Boulevard Saint Michel, B – 1040 Brüssel, 0032–2/7327085

Landesstruktur Fläche: 27 556 km²; Salomon-Inseln ohne Bougainville und Buka (→ Papua-Neuguinea) – **Bevölkerung**: Salomoner; (Z 1986) 285 176 Einw. – 94,2% Melanesier, 3,7% Polynesier, 1,4% Mikronesier; außerdem Europäer und Chinesen – **Flüchtl.** Ende 1996: 1000 aus Papua-Neuguinea – **Leb.-Erwart.** 1995: 71 J. – **Säugl.-Sterbl.** 1995: 2,5% – **Kindersterbl.** 1995: 3,1% – Jährl. **Bev.-Wachstum** ∅ 1985–95: 3,1% (Geb.- und Sterbeziffer 1991: 4,2%/0,7%) – **Analph.** 1990: 38% – **Sprachen**: Englisch, Pidgin-Englisch (Neo-Salomonian); etwa 80 melanes. und polynes. Sprachen – **Religion**: über 95% Christen (34% Anglikaner, 19% Katholiken, 17% South Sea Evangelical Church, 21% andere Protestanten); autochthone Kulte (u. a. Cargo) – **Städt. Bev.** 1993: 16% – **Städte** (S 1986): Gizo 4000 Einw., Auki 3000, Kirakira 3000, Buala 2000

Staat Parlamentarische Monarchie (im Commonwealth) seit 1978 – Verfassung von 1978 – Parlament (National Parliament) mit 47 Mitgl., Wahl alle 4 J. – Wahlrecht ab 21 J. – **Verwaltung**: 8 Provinzen und Hauptstadt – **Staatsoberhaupt**: Königin Elizabeth II., vertreten durch einheimischen Generalgouverneur Sir Moses Pitakaka, seit 1994 – **Regierungschef**: Solomon Mamaloni, seit 1994 – **Äußeres**: David Sitai – **Parteien**: Wahlen vom 26. 5. 1993: Group for National Unity and Reconciliation 21 Sitze (1989: 0 von 38), People's Alliance Party/PAP 7 (13), National Action Party 5 (–), United Party/SIUPA 4 (6), Labour Party 4 (2), Unabhängige 6 (9) – **Unabh.**: 7. 7. 1978 (ehemaliges britisches Protektorat) – **Nationalfeiertage**: 7. 7. (Unabhängigkeitstag) und 1. 10. (Solomon Islands Day)

Wirtschaft Währung: 1 US-$ = 3,6550 SI$; 1 DM = 2,1617 SI$ – **BSP** 1995: 341 Mio. $ – **BIP** 1991: 243,1 Mio. SI$; realer Zuwachs ∅ 1982–91: 3,7%; Anteil (1995) **Landwirtsch.** 43%, **Industrie** 9%, **Dienstl.** 48% – **Erwerbstät.** 1993: Landw. 27%, Ind. 14%, Dienstl. 59% – **Arbeitslosigkeit**: k. Ang. – **Energieverbrauch** 1994: 159 kg ÖE/Ew. – **Inflation** ∅ 1985–95: 11,7% – **Ausl.-Verschuld.** 1994: 155 Mio. $ – **Außenhandel** 1995: **Import**: 159 Mio. $; Güter: 39% Maschinen und Transportausrüstungen, 20% gemischte Industriegüter, 15% Nahrungsmittel, Tiere, Getränke und Tabak; Länder 1994: 37% Australien, 17% Japan, 10% Neuseeland; **Export**: 168 Mio. $; Güter: 55% Bau- und Nutzholz, 25% Fisch, 10% Palmöl; Länder 1994: 41% Japan, 14% Republik Korea, 13% Großbritannien

Sambia *Süd-Afrika*

Republik Sambia; Republic of Zambia – Z
(→ Karte IV, B 5)

Fläche (Weltrang: 38.): 752 614 km²

Einwohner (81.): F 1995 8 978 000 = 11,9 je km²

Hauptstadt: Lusaka – Z 1990: 982 362 Einw.

Amtssprache: Englisch

Bruttosozialprodukt 1995 je Einw.: 400 $

Währung: 1 Kwacha (K) = 100 Ngwee

Botschaft der Republik Sambia
Mittelstr. 39, 53175 Bonn, 0228/37 68 13

Landesstruktur Fläche: 752 614 km² – **Bevölkerung**: Sambier; (Z 1990) 7 818 447 Einw. – (Z 1980) insg. 73 ethn. Gruppen (v. a. Bantu): 36% Bemba, 18% Nyanja (einschließlich Chewa, Nsenga, Ngoni), 15% Tonga (einschließlich Lenje, Soli, Ila), 10% Nordwest-Gruppe (Luvale, Lunda, Kaonde), 8% Barotse (einschließlich Lozi, Nkoya) sowie kleine Buschmanngruppen; Minderh. von Europäern (v. a. Briten), Asiaten (v. a. Inder) u. a. – Anteil unter **Armutsgrenze** ∅ 1981–95: 84,6% – **Flüchtl.** Ende 1996: 100 000 aus Angola, 20 000 aus dem ehem. Zaire, 6000 andere – **Leb.-Erwart.** 1995: 48 J. – **Säugl.-Sterbl.** 1995: 11,4% – **Kindersterbl.** 1995: 20,3% – Jährl. **Bev.-Wachstum** ∅ 1985–95: 2,6% (Geb.- und Sterbeziffer 1995: 4,3%/1,6%) – **Analph.** 1995: 22% – **Sprachen**: Englisch, versch. Bantu-Sprachen (Bemba, Tonga, Lozi, Luanda, Nyanja, Kaonde u. a.) – **Religion** 1992: 72% Christen; rd. 27% Anhänger von Naturreligionen; Minderh.

von Muslimen und Hindus – **Städt. Bev.** 1995: 45% – **Städte** (Z 1990): Ndola 376 311 Einw., Kitwe 348 571, Chingola 186 769, Mufulira 175 025, Kabwe 166 519, Luanshya 147 747, Kalulushi 90 630, Chililabombwe 86 637

Staat Präsidialrepublik (im Commonwealth) seit 1964 – Verfassung von 1991, Änderung von 1996 – Parlament (National Assembly) mit 150 Mitgl., Wahl alle 5 J. außerdem House of Chiefs mit 27 Vertretern ethnischer Gruppen – Direktwahl des Staatsoberh. alle 5 J. (einmalige Wiederwahl) – Wahlrecht ab 18 J. – **Verwaltung**: 9 Provinzen (Einzelheiten → WA '97, Sp. 550) – **Staats- und Regierungschef**: Frederick J. T. Chiluba (MMD-Vorsitzender), seit 1991 – **Äußeres**: Lawrence Shimba – **Parteien**: Wahlen am 18. 11. 1996: Movement for Multi-Party Democracy/MMD 131 Sitze (1991: 119), National Party/NP 5, Zambia Democratic Congress/ZADECO 2, Agenda for Zambia/AZ 2, Unabhängige 10 – **Unabh.**: 24. 10. 1964 (ehem. brit. Protektorat Nordrhodesien seit 1891) – **Nationalfeiertag**: 24. 10. (Unabhängigkeitstag)

Wirtschaft **Währung**: Indikativkurs: 1 US-$ = 1323,87 K; 1 DM = 765,24 K – **BSP** 1995: 3605 Mio. $ – **BIP** 1994: 4073 Mio. $; realer Zuwachs ∅ 1990–95: –0,2%; Anteil (1995) **Landwirtsch.** 22%, **Industrie** 40%, **Dienstl.** 37% – **Erwerbstät.** 1993: Landw. 68% – **Arbeitslosigkeit**: k. Ang. – **Energieverbrauch** 1994: 149 kg ÖE/Ew. – **Inflation** ∅ 1985–95: 91,6% – **Ausl.-Verschuld.** 1995: 6853 Mio. $ – **Außenhandel** 1993: **Import**: 434 650 Mio. K; Güter 1992: 37% Industriegüter, 35% Maschinen und Transportausrüstungen, 18% Brennstoffe, 8% Nahrungsmittel; Länder 1992: 27% Südafrika, 12% Großbritannien, 9% USA, 7% Simbabwe, 5% Japan, 4% BRD, 4% Indien; **Export**: 535 296 Mio. K; Güter 1992: (S) 65% Kupfer sowie Kobalt, Zink und Tabak; Länder 1990: 31% Japan, 14% Frankreich, 7% Thailand, 6% Indien

Chronik Die Vereinigte Nationale Unabhängigkeitspartei (UNIP) *Kaundas*, der der Regierung *Chilubas* Korruption und Verwicklung in Rauschgifthandel vorwirft, sowie weitere Oppositionsparteien boykottieren die **Parlaments- und Präsidentschaftswahlen** am 18. 11. **1996**. Unabhängige Wahlbeobachter berichten von gravierenden Manipulationen bei der Registrierung von Wählern. *Chilubas* Bewegung für Mehrparteien-Demokratie (MMD) erhält 87,3% der Stimmen, *Chiluba* als Präsidentschaftskandidat mind. 70%. Er wird noch vor Abschluß der Stimmenauszählung am 21. 11. als Präsident vereidigt.

Samoa *Ozeanien*

Unabhängiger Staat Westsamoa; Mālō Tuto'atasi o Sāmoa-i-Sisifo (samoanisch); Independent State of Western Samoa (englisch) – WS (→ Karten V, F 5 und VIII b, D 3)

Fläche (Weltrang: 165.): 2831 km²

Einwohner (172.): F 1995 165 000 = 58 je km²

Hauptstadt: Apia (auf Upolu)
Z 1991: 34 126 Einw.

Amtssprachen: Samoanisch, Englisch

Bruttosozialprodukt 1995 je Einw.: 1120 $

Währung: 1 Tala (WS$) = 100 Sene

Honorarkonsulat von Westsamoa
Koetschaustr. 4, 40474 Düsseldorf, 0211/43 45 85

Landesstruktur (Karte → WA '97, Sp. 551f.) **Fläche**: 2831 km²: Inseln Savai'i 1708 km², Upolu 1123 km² – **Bevölkerung**: Samoaner; (Z 1991) 161 298 Einw. (72% auf Upolu, 28% auf Savai'i) – (S) 90% Samoaner (Polynesier), 9% Euronesier (Mischlinge); chines. Minderheit, etwa 1500 Europäer; rd. 90 000 Samoaner leben im Ausland – **Leb.-Erwart.** 1995: 69 J. – **Säugl.-Sterbl.** 1995: 4,3% – **Kindersterbl.** 1995: 5,4% – Jährl. **Bev.-Wachstum** ∅ 1985–95: 0,5% (Geb.- und Sterbeziffer 1989: 1,2%/0,1%) – **Analph.** 1990: 30% – **Sprachen**: Samoanisch, Englisch – **Religion**: 71% Protestanten (davon 21% Methodisten, 8% Mormonen), 22% Katholiken – **Städt. Bev.** 1993: 59% – **Städte**: Sataua, Salelologa (auf Savai'i)

Staat Parlamentarische Monarchie (im Commonwealth) seit 1962 – Verfassung von 1962 – Gesetzgebende Versammlung (Fono) mit 49 Mitgl. (47 Clan-Führer, 2 für Nicht-Samoaner reserviert); Wahl alle 5 J. – Derzeitiges Staatsoberh. auf Lebenszeit, danach Wahl durch Fono alle 5 J. – Wahlrecht ab 21 J. – **Verwaltung**: 11 Distrikte – **Staatsoberhaupt**: König Malietoa Tanumafili II., seit 1962, gekrönt 1963 – **Regierungschef und Äußeres**: Tofilau Eti Alesana, seit 1988 – **Parteien**: Wahlen vom 28. 4. 1996: Human Rights Protection Party/HRPP 28 Sitze, Samoa National Development Party/SNDP 14, Unabh. 7 – **Unabh.**: 1. 1. 1962 – **Nationalfeiertage**: 1. 1. (Unabhängigkeitstag) und 1. 6. (Verfassungstag)

Wirtschaft **Währung**: 1 US-$ = 2,56 WS$; 1 DM = 1,48 WS$ – **BSP** 1995: 184 Mio. $ – **BIP** k. Ang.; Anteil (1992) **Landwirtsch.** 40%, **Industrie** 10%, **Dienstl.** 0% – **Erwerbstät.** 1986: Landw.

64%, Ind. 6%, Dienstl. 30% – **Arbeitslosigkeit**: k. Ang. – **Energieverbrauch** 1994: 433 kg ÖE/Ew. – **Inflation** ∅ 1985–95: 10,6% (1994: 17,4%) – **Ausl.-Verschuld.** 1993: 192,6 Mio. $ – **Außenhandel** 1996: **Import**: 247 Mio. WS$; Güter: Erdölprodukte, Nahrungsmittel, Maschinen und Transportausrüstungen; Länder 1994: 38% Neuseeland, 20% Australien, 11% USA; **Export**: 25 Mio. WS$; Güter: Kopra, Kakao; Länder: v.a. Neuseeland – **Tourismus**: 68 000 Auslandsgäste (1995), 58 Mio. WS$ (1994)

San Marino *Süd-Europa*

Republik San Marino; Repubblica di San Marino – RSM (→ Karte II, F 3)

Fläche (Weltrang: 189.): 60,5 km²

Einwohner (188.): F 1995 25 058 = 414 je km²

Hauptstadt: San Marino – F 1995: 4498 Einw.

Amtssprache: Italienisch

Bruttosozialprodukt 1995 je Einw.: k. Ang.

Währung: Italien. Lira (Lit) u. eigene Geldzeichen

Honorarkonsulat von San Marino
Wächtersbacher Str. 89, 60386 Frankfurt am Main, 069/7 41 04 40

Landesstruktur **Fläche**: 60,5 km² – **Bevölkerung**: Sanmarinesen – (F Ende 1992) 79,7% Sanmarinesen, 19,3% Italiener, 10% Sonstige; 13 083 Bürger leben im Ausland, v.a. in Italien – **Leb.-Erwart.** 1993: 81 J. – Jährl. **Bev.-Wachstum** ∅ 1980–86: 0,4% (Geb.- und Sterbeziffer 1993: 1,0%/0,6%) – **Analph.** 1990: unter 5% – **Sprachen**: Italienisch, romagnolische Mundart – **Religion**: 93% Katholiken – **Städt. Bev.** k. Ang. – **Städte** (F 1991): Serravalle 7264 Einw.

Staat Republik seit 1599 – Freundschaftsvertrag und Zollunion mit Italien – Verfassung von 1599 mit Ergänzungen – Parlament (Consiglio Grande e Generale) mit 60 Mitgl., Wahl alle 5 J. (wählt zwei Regierende Kapitäne [Capitani Reggenti] als Staatsoberh. für eine Amtszeit von je 6 Mon.) – Wahlrecht ab 18 J. (auch für im Ausland leb. Bürger) – **Verwaltung**: 9 Distrikte (Castelli = Kirchengemeinden) – **Staats- und Regierungschef**: (Capitani Reggenti) Pier Marino Mularoni (bis April 1997) und Baride Andreoli (bis Sept. 1997); Koalition aus PDCS und PSS – **Äußeres**: Gabriele Gatti (PDCS) – **Parteien**: Wahlen vom 30. 5. 1993: Christlich Demokratische Partei/PDCS 26 Sitze (1988: 27), Sozialistische Partei/PSS 14 (7), Demokratische Fortschrittliche Partei/PDP (ehem. Kommunisten) 11 (18), Sonstige 9 (8) – **Unabh.**: erste urkundl. Erwähnung am 20. 2. 885; seither ununterbrochen selbständig – **Nationalfeiertag**: 3. 9. (legendäre Gründung im Jahr 301 durch Eremiten Marino)

Wirtschaft (statistisch teilw. bei → Italien) – **Währung**: 1 US-$ = 1702,05 Lit; 1 DM = 976,23 Lit – **BSP**: k. Ang. – **BIP** 1994: 979 000 Mio. Lit – **Erwerbstät.** 1995: Landw. 1,6%, Ind. 43%, Dienstl. 55,4% – **Arbeitslosigkeit** 12/1993: 4,1% – **Energieverbrauch**: k. Ang. – **Inflation** ∅ 1993: 5,3% – **Ausl.-Verschuld.**: k. Ang.– **Außenhandel**: Wein, Wollwaren, Keramik, handwerkl. Produkte. Handelspartner: hauptsächlich Italien – **Tourismus**: 3,37 Mio. Auslandsgäste (1995), 252,5 Mio $ (1994)

São Tomé und Príncipe

Zentral-Afrika

Demokratische Republik São Tomé und Príncipe; República Democrática de São Tomé e Príncipe – STP (→ Karte IV, B 4/5)

Fläche (Weltrang: 169.): 1001 km²

Einwohner (174.): F 1995 129 000 = 129 je km²

Hauptstadt: São Tomé – Z 1991: 43 420 Einw.

Amtssprache: Portugiesisch

Bruttosozialprodukt 1995 je Einw.: 350 $

Währung: 1 Dobra (Db) = 100 Cêntimos

Botschaft der Demokratischen Republik São Tomé und Príncipe, Av. de Tervuren,
B – 1150 Brüssel, 0032–2/7 34 89 66

Landesstruktur **Fläche**: 1001 km²; davon: São Tomé 836 km² und Príncipe 128 km² – **Bevölkerung**: Santomeer; (Z 1991) 117 504 Einw. – (S) hauptsächlich Schwarze (Forros, Angolares u.a.), daneben Mulatten; portugies. Minderheit – **Leb.-Erwart.** 1995: 69 J. – **Säugl.-Sterbl.** 1995: 6,3% – **Kindersterbl.** 1995: 8,1% – Jährl. **Bev.-Wachstum** ∅ 1985–95: 2,3% (Geb.- und Sterbeziffer 1992: 4,3%/1,0%) – **Analph.** 1992: 40% – **Sprachen**: Portugiesisch, Crioulo (auf Portugiesisch basierendes Kreol) – **Religion**: 93% Katholiken, 3% Protestanten; Anhänger von Naturreligionen – **Städt. Bev.** 1993: 45% – **Städte** (Z 1991): Santo António (Hauptort auf Príncipe) 1000 Einw.

Staat Republik seit 1975 – Verfassung von 1990 – Parlament (Assembléia Nacional) mit 55 Mitgl., Wahl alle 4 J. – Direktwahl des Staatsoberh. alle 5 J. (einmalige Wiederwahl) – Wahlrecht ab 18 J. – **Verwaltung**: Distrikt von São Tomé und Insel Príncipe mit Autonomiestatus – **Staatsoberhaupt**: Miguel Trovoada (ADI-Vorsitzender), seit 1991, Wiederwahl 1996 – **Regierungschef**: Raul Bragança Neto (MLSTP-PSD), seit 13. 11. 1996 – **Äußeres**: Homero Jerónimo Salvaterra – **Parteien**: Wahlen vom 2. 10. 1994: Movimento de Libertação-Partido Social Democrata/MLSTP-PSD 27 Sitze (1991: 21), Partido de Convergência Democrática-Grupo de Reflexão/PCD-GR 14 (33) Acção Democrática Independente/ADI 14 (–), Sonstige – (1) – **Unabh.**: 12. 7. 1975 (ehem. portugies. Kolonie) – **Nationalfeiertag**: 12. 7. (Unabhängigkeitstag)

Wirtschaft **Währung**: 1 US-$ = 4658,78 Db; 1 DM = 2693,56 Db – **BSP** 1995: 45 Mio. $ – **BIP** k. Ang.; realer Zuwachs ∅ 1985–93: 7,7%; Anteil (1995) **Landwirtsch.** 26%, **Industrie** 20%, **Dienstl.** 54% – **Erwerbstät.** 1991: Landw. 40%, Ind. 14%, Dienstl. 46% – **Arbeitslosigkeit**: k. Ang. – **Energieverbrauch** 1994: 184 kg ÖE/Ew. – **Inflation** ∅ 1985–95: 40,1% – **Ausl.-Verschuld.** 1993: 254 Mio. $ – **Außenhandel** 1995: **Import**: 29,3 Mio. $; Güter: 43% Kapitalgüter, 26% Nahrungsmittel und leb. Tiere, 9% Brennstoffe; Länder: 39% Portugal, 17% Frankreich, 14% Japan; **Export**: 5,1 Mio. $; Güter: 92% Kakao; Länder: 71% Niederlande

Saudi-Arabien *Vorder-Asien*

Königreich Saudi-Arabien; al-Mamlaka al-ʿArabiyya as-Saʿūdiyya – KSA
(→ Karte IV, B/C 3/4)

Fläche (Weltrang: 13.): 2 240 000 km²

Einwohner (49.): F 1995 18 979 000 = 8,5 je km²

Hauptstadt: Ar-Riyāḍ (Riad)
F 1990: 1 975 000 Einw.

Amtssprache: Hocharabisch

Bruttosozialprodukt 1995 je Einw.: 7040 $

Währung: 1 Saudi Riyal (S.Rl.) = 100 Hallalas

Botschaft des Königreichs Saudi-Arabien
Godesberger Allee 40–42, 53175 Bonn,
0228/8 10 90

Landesstruktur **Fläche**: 2 240 000 km² – **Bevölkerung**: Saudiaraber; (Z 1992) 16 929 294 Einw. – 72,7% Saudiaraber (über 30% Nomaden und Halbnomaden), 27,3% Ausländer (überwiegend Arbeitskräfte aus den Philippinen, aus Bahrain, Ägypten, Jemen, Jordanien, Pakistan, Syrien, Indien, Kuwait) – **Flüchtl.** Ende 1996: 247 800 Palästinenser, 9900 aus dem Irak, 150 andere – **Leb.-Erwart.** 1995: 71 J. – **Säugl.-Sterbl.** 1995: 2,9% – **Kindersterbl.** 1995: 3,4% – Jährl. **Bev.-Wachstum** ∅ 1985–95: 4,3% (Geb.- und Sterbeziffer 1995: 3,6%/0,5%) – **Analph.** 1995: 37% – **Sprachen**: Arabisch (versch. Dialekte); Englisch als Bildungssprache – **Religion** (Islam ist Staatsreligion) 1992: 98% Muslime; überwiegend Sunniten (Herrscherhaus folgt wahhabitischer Richtung), im O Schiiten; Christen und Hindus (ausländische Arbeitskräfte) – **Städt. Bev.** 1995: 79% – **Städte** (F 1980): Jiddah 1 500 000 Einw., Makkah (Mekka) 550 000, Aṭ-Ṭā'if (Taif) 300 000, Al-Madīnah (Medina) 290 000, Ad-Dammām 200 000, Buraydah, Al-Hufūf, Tabūk

Staat Islamische absolute Monarchie seit 1932 – Verfassung von 1993; Scharia (islamisches Recht) ist Rechtsgrundlage – König nominell auch geistliches Oberhaupt (Hüter der Heiligen Stätten) – Nationaler Konsultativrat (Madschlis al-Schura) mit 90 Mitgl., davon 4 für schiit. Minderh. reserviert (alle 4 J. durch König ernannt) – **Verwaltung**: 13 Regionen mit 103 Gouvernoraten; außerdem Neutrale Zonen: 5770 km² zum angrenzenden Kuwait, seit 1966 administrative Teilung, gemeinsame Nutzung der Erdölvorkommen; 7044 km² zum angrenzenden Irak, entmilitarisiert und unbesiedelt – **Staats- und Regie-**

rungschef: König Fahd Ibn Abdel-Aziz al Sa'ud seit 1982 – **Äußeres**: Prinz Sa'ud al Faisal – **Parteien**: keine – **Unabh.**: nach Eroberungen 1901–1926 Staatsgründung am 23. 9. 1932 – **Nationalfeiertag**: 23. 9. (Tag der Vereinigung)

Wirtschaft **Währung**: 1 US-$ = 3,7540 S.Rl.; 1 DM = 2,2507 S.Rl. – **BSP** 1995: 133 540 Mio. $ – **BIP** 1995: 125 501 Mio. $; realer Zuwachs ∅ 1990–95: 1,7%; Anteil (1995) **Landwirtsch.** 9%, **Industrie** 44%, **Dienstl.** 47% – **Erwerbstät.** 1993: Landw. 37%, Ind. 14% – **Arbeitslosigkeit**: k. Ang. – **Energieverbrauch** 1994: 4566 kg ÖE/Ew. – **Inflation** ∅ 1985–95: 2,7% (1996: 0,9%, S 1997: 1%) – **Ausl.-Verschuld.** 1994: 5100 Mio. $ (S) – **Außenhandel** 1995: **Import**: 27,5 Mrd. $ (S 1996: 27,5 Mrd. $); Güter: (S) 19% Maschinen, Apparate und Elektromaterial, 16% Nahrungsmittel, 14% Transportausrüstungen (darunter 6% Kraftfahrzeuge), 12% chem. Erzeugnisse, 8% Metalle und Metallwaren, 8% Textilien und Bekleidung; Länder: 21% USA, 9% Großbritannien, 8% Japan, 8% BRD, 5% Frankreich, 5% Schweiz, 4% Italien, 3% Republik Korea, 3% VR China;

Export: 51,1 Mrd. $ (S 1996: 56 Mrd. $); Güter: (S) 90% Erdöl (größter Rohölexporteur der Welt; Tagesförderung ∅ 1996: 8,0 Mio. barrel; weltgrößte Reserven mit 25%) und Erdölerzeugnisse, 10% Nichtölerzeugnisse einschließlich Reexporte (u.a. Datteln, Häute, Felle, Wolle); Länder: 17% Japan, 16% USA, 10% Republik Korea, 7% Singapur, 5% Frankreich, 3% Bahrain, 3% Indien, 3% Italien, 3% Niederlande, 3% Philippinen, 2% BRD

Chronik Ende September 1996 nimmt König *Fahd* in ungewöhnlich scharfer Form gegen Israel Stellung und spricht von »brutalen Massakern Israels in Jerusalem«. Anlaß sind die Konflikte um die Eröffnung eines Tunnels unterhalb der Al-Aqsa-Moschee (→ Israel), dem nach Mekka und Medina wichtigsten Heiligtum der Muslime, für das sich der Monarch als »Hüter der heiligen Stätten« des Islam verantwortlich fühlt. – Am 15. 4. 1997 kommt es nach einem Brand in einem Zeltlager von Pilgern bei Mekka zu einer Panik, die 343 Todesopfer und über 2000 Verletzte fordert.

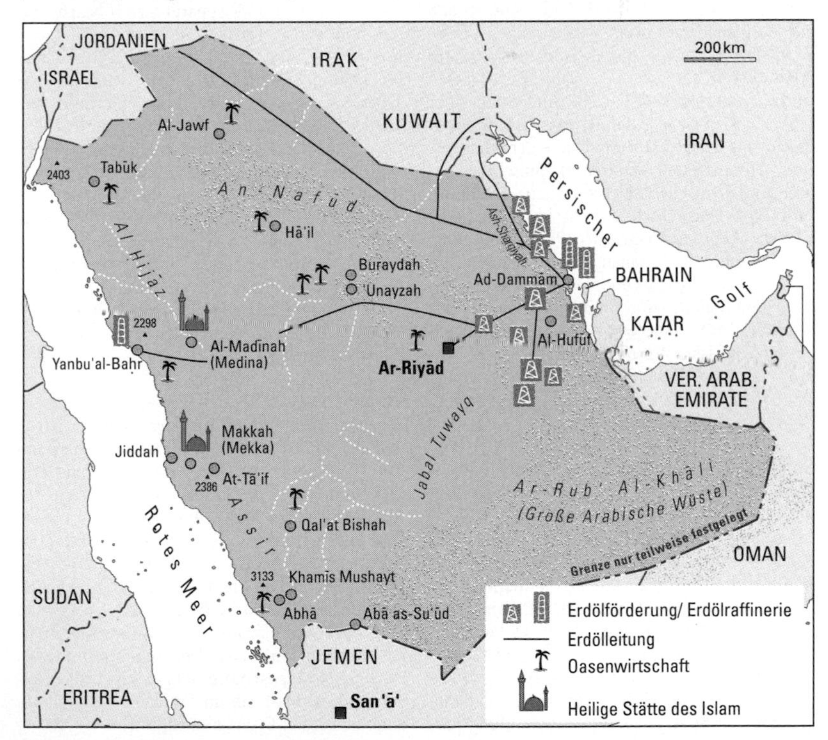

Schweden *Nord-Europa*

Königreich Schweden; Konungariket Sverige – S (→ Karte II/III, F/G 1/2)

Fläche (Weltrang: 55.): 449 964 km²

Einwohner (82.): F 1995 8 830 000 = 19,6 je km²

Hauptstadt: Stockholm
F Ende 1995: 711 119 Einw.

Amtssprache: Schwedisch

Bruttosozialprodukt 1995 je Einw.: 23 750 $

Währung: 1 Schwedische Krone (skr) = 100 Öre

Botschaft des Königreichs Schweden
Heussallee 2–10, 53113 Bonn, 0228/26 00 20

Landesstruktur Fläche: 449 964 km²; davon Inseln Gotland 3001 km², Öland 1344 km² – **Bevölkerung**: Schweden; (Z 1990) 8 585 907 Einw. – (F 1991) 90,8% Schweden, 2,5% (215 000) sog. einheimische Finnen, 6,7% (576 000) Ausländer; außerdem etwa 6000 Samit (Lappen; teilw. Rentierzüchter) im N – **Flüchtl.** Ende 1996: 55 000 aus Bosnien-Herzegowina, 5500 andere – **Leb.-Erwart.** 1995: 79 J. – **Säugl.-Sterbl.** 1995: 0,4% – **Kindersterbl.** 1995: 0,5% – Jährl. **Bev.-Wachstum** ∅ 1985–95: 0,6% (Geb.- und Sterbeziffer 1995: 1,4%/1,1%) – **Analph.** 1995: unter 5% – **Sprachen**: Schwedisch; Sprachen der Minderh. (u. a. Finnisch und Samisch [Lappisch]); Englisch und Deutsch Handelssprachen – **Religion** 1993: 89% Evangelisch-Lutherische Schwedische Kirche; 95 800 Anhänger der Pfingstbewegung, 140 000 sonst. Protestanten; 148 440 Katholiken, 100 400 Orthodoxe, 73 000 Muslime, 16 000 Juden, 3000 Buddhisten – **Städt. Bev.** 1995: 83% – **Städte** (F 1993): Göteborg 437 600 Einw., Malmö 237 500, Uppsala 178 100, Linköping 128 700, Örebro 124 200, Västerås 121 700, Norrköping 121 100, Jönköping 113 600, Helsingborg 111 900, Borås 103 400

Staat Parlamentarische Monarchie seit 1809 – Verfassung von 1975 – Parlament (Riksdag/Reichstag) mit 349 Mitgl., Wahl alle 4 J. – Wahlrecht ab 18 J. – **Verwaltung**: 24 Bezirke (Einzelheiten → WA '96, Sp. 589 f.) – **Staatsoberhaupt**: König Carl XVI. Gustav, seit 1973 – **Regierungschef**: Göran Persson (SAP-Vors.), seit 1996 – **Äußeres**: Lena Hjelm-Wallén (SAP) – **Parteien**: Wahlen vom 18. 9. 1994: Sveriges Socialdemokratiska Arbetarepartiet/SAP (Sozialdemokratische Arbeiterpartei) 161 Sitze (1991: 137), Moderata Samlingspartiet/MS (Moderate Sammlungspar-

tei) 80 (80), Centerpartiets Riksorganisation/CP (Zentrumspartei) 27 (31), Folkpartiet Liberalerna/FP (Liberale Volkspartei) 26 (34), Vänsterpartiet/VP (Linkspartei) 22 (16), Miljöpartiet de Gröna/MpG (Umweltpartei-Die Grünen) 18 (–), Kristdemokratiska Samhällspartiet/KdS (Christdemokratische Partei) 15 (26), Sonstige – (25) – **Unabh.**: als Königreich unabhängig seit 1523, davor mit Dänemark und Norwegen vereint (Kalmarer Union) – **Nationalfeiertage**: 30. 4. (Geburtstag des Königs) und 6. 6. (Flaggentag: der Dynastie Wasa 1523)

Wirtschaft Währung: 1 US-$ = 7,6075 skr; 1 DM = 4,5245 skr – **BSP** 1995: 209 720 Mio. $ – **BIP** 1995: 228 679 Mio. $; realer Zuwachs ∅ 1990–95: –0,1%; Anteil (1995) **Landwirtsch.** 2%, **Industrie** 32%, **Dienstl.** 64% – **Erwerbstät.** 1995: Landw. 3%, Ind. 26%, Dienstl. 71% – **Arbeitslosigkeit** ∅ 1996: 8,0% (S 1997: 8,1%) – **Energieverbrauch** 1994: 5723 kg ÖE/Ew. – **Inflation** ∅ 1985–95: 5,5% (1996: 0,8%, S 1997: 2,1%) – **Ausl.-Verschuld.** 1993: keine – **Außenhandel** 1996: **Import**: 447 Mrd. skr; Güter: 30% Maschinen und Apparate, 28% bearb. Waren und sonst. Fertigerzeugnisse, 10% chem. Erzeugnisse, 10% Transportmittel, 8% mineral. Brennstoffe, 8% Lebensmittel, Getränke und Tabak, 4% Kleider und Schuhe, 3% Rohstoffe; Länder: 19% BRD, 10% Großbritannien, 8% Norwegen, 8% Dänemark, 6% USA, 6% Finnland, 3% Italien, 2% Japan; **Export**: 567 Mrd. skr; Güter: 33% Maschinen und Apparate, 31% bearb. Waren, 14% Transportmittel, 9% Rohstoffe, 9% chem. Erzeugnisse; Länder: 12% BRD, 10% Großbritannien, 9% Norwegen, 8% USA, 6% Dänemark, 5% Finnland, 5% Frankreich, 3% Italien, 3% Japan – **Tourismus**: 623 000 Auslandsgäste (1991), 26154 Mio. skr Einnahmen (1995)

Chronik Am 2. 2. **1997** einigen sich die regierenden Sozialdemokraten mit der Zentrumspartei und der Linkspartei (VP) darauf, entsprechend dem Programm der Minderheitsregierung von 1996, zum 1. 7. 1998 **einen von 2 Meilern des Atomkraftwerks Barsebäck** bei Malmö als ersten der 12 Reaktorblöcke **abzuschalten.** Der Anteil der Kernkraft deckt derzeit 52% des gesamten Energiebedarfs. Bis zum Jahr 2010 sollen alle Atomkraftwerke stillgelegt werden. – Am 21. 2. 1997 wird bekannt, daß Schweden im Zweiten Weltkrieg **mit Nazi-Deutschland umfangreichere Goldgeschäfte** tätigte als bisher bekannt; diese hatte sie im Frühjahr 1944 auf US-amerikanischen Druck hin eingestellt.

Schweiz *Mittel-Europa*

Schweizerische Eidgenossenschaft; Confédération suisse (franz.); Confederazione svizzera (ital.); Confederaziun Svizra (rätoroman.) – CH
(→ Karte I, A/B 3)

Fläche (Weltrang: 133.): 41 284,5 km²

Einwohner (90.): F 1995 7 039 000 = 171 je km²

Hauptstadt: Bern – F Ende 1995: 125 936 Einw.

Amtssprachen: Deutsch, Französisch, Italienisch, Rätoromanisch (Romantsch)

Bruttosozialprodukt 1995 je Einw.: 40 630 $

Währung: 1 Schweizer Franken (sfr) = 100 Rappen (Rp)/Centimes (c)

Schweizerische Botschaft
Gotenstr. 156, 53175 Bonn, 0228/81 00 80

Landesstruktur **Fläche**: 41 284,5 km² – **Bevölkerung**: Schweizer; (Z 1990) 6 873 687 Einw. – (F 1996) 7 081 300: 80,7% Schweizer, 19,3% Ausländer – **Flüchtl.** Ende 1996: 25 000 aus Bosnien-Herzegowina, 16 700 andere – **Leb.-Erwart.** 1995: 78 J. – **Säugl.-Sterbl.** 1995: 0,6% – **Kindersterbl.** 1995: 0,7% – Jährl. **Bev.-Wachstum** ∅ 1985–95: 0,8% (Geb.- und Sterbeziffer 1995: 1,3%/0,9%) – **Analph.** 1995: unter 5% – **Sprachen** 1990: (Erstsprache) 63,7% Deutsch, 19,2% Französisch, 7,6% Italienisch, 0,6% Rätoromanisch (im Kanton Graubünden 17,1%), 8,9% andere Sprachen – **Religion** 1990: 46,1% Katholiken, 40,0% Protestanten, 2,2% Muslime, 0,3% Juden – **Städt. Bev.** 1995: 61% – **Städte** (F 1996): (Kantonshauptstädte → Tabelle, Sp. 629 f.) Winterthur 87 467 Einw., Biel (Bienne) 50 251, Thun 39 253, La Chaux-de-Fonds 37 321

Staat Parlamentarischer Bundesstaat seit 1848 – Verfassung von 1848, revidiert 1874, mit zahlr. Änderungen – Parlament (Bundesversammlung/Assemblée fédérale/Assemblea federale): Nationalrat (Conseil national/Consiglio nazionale) mit 200 Mitgl. (Präs.: Judith Stamm, CVP) und Ständerat (Conseil des Etats/Consiglio degli Stati) mit 46 Mitgl. (Präsident: Edouard Delalay, CVP); Wahl der Nationalratsmitgl. auf 4 Jahre, wobei die Mandate proportional zur Bevölkerung entsprechend der amtlichen Volkszählungsergebnisse verteilt werden und jeder Kanton bzw. Halbkanton mind. 1 Mandat erhält; Direktwahl der Mitgl. des Ständerats in den einzelnen Kantonen (Ständen) mit Mehrheitswahl, in der Regel alle 4 J. (es gilt das jeweilige Kantonsrecht), wobei je 2 Mandate den Vollkantonen und je 1 Mandat den Halbkantonen zustehen – Wahl des Staatsoberh. jährlich im Dezember von der Bundesversammlung aus der Mitte des Bundesrates – Wahlrecht ab 18 J. (auch für im Ausland leb. Bürger) – **Verwaltung**: 20 Vollkantone und 6 Halbkantone mit jeweils eigener Verfassung, Parlament und Regierung sowie 2973 Gemeinden – **Staats- und Regierungschef**: Arnold Koller (CVP) für 1997; Koalition aus FDP, SP, CVP und SVP – **Äußeres**: Flavio Cotti (CVP) – **Parteien**: Wahlen vom 22. 10. 1995: Nationalrat: Sozialdemokratische Partei/SPS 54 der 200 Sitze (1991: 42), Freisinnig-Demokratische Partei/FDP 45 (44), Christlichdemokratische Volkspartei/CVP 34 (36), Schweizerische Volkspartei/SVP 29 (25), Grüne Partei der Schweiz/GPS 9 (14), Freiheits-Partei/FPS 7 (8), Liberale Partei/LPS 7 (10), Landesring der Unabhängigen/LdU 3 (5), Schweizer Demokraten/SD 3 (5), Partei der Arbeit der Schweiz/PdA 3 (2), Evangelische Volkspartei/EVP 2 (3), Lega dei Ticinesi/Lega 1 (2), Sonstige 3 (4); Ständerat: FDP 17 der 46 Sitze (1991: 18), CVP 16 (16), SPS 5 (3), SVP 5 (4), LPS 2 (3), LdU 1 (1), Lega – (1) – **Unabh.**: 1291 Ewiger Bund der drei Urkantone; unabhängig de facto 22. 9. 1499 (Basler Friede), anerkannt 24. 10. 1648 (Westfälischer Friede) – **Nationalfeiertag**: 1. 8. (Rütlischwur im Jahr 1291)

Wirtschaft **Währung**: (Stand: 1. 9. 1997): 1 US-$ = 1,4966 sfr; 1 DM = 0,8239 sfr – **BSP** 1995: 286 014 Mio. $ – **BIP** 1996: 314 527 Mio. $; realer Zuwachs ∅ 1990–95: 0,1%, 1996: -0,7%; Anteil (1994) **Landwirtsch.** 4%, **Industrie** 34%, **Dienstl.** 62% – **Erwerbstät.** 1996: Landw. 5%, Ind. 28%, Dienstl. 67% – **Arbeitslosigkeit** ∅ 1996: 4,7% (7/1997: 5,1%) – **Energieverbrauch** 1994: 3629 kg ÖE/Ew. – **Inflation** ∅ 1985–95: 3,4% (1996: 0,8%, S 1997: 1,2%) – **Ausl.-Verschuld.** 1995: keine – **Außenhandel** 1996: **Import**: 91 967,3 Mio. sfr; Güter: 14% Maschinen und Apparate, 9% elektrische Maschinen und Apparate, 9% Kraftfahrzeuge, 6% Edelmetalle, 4% organische chem. Erzeugnisse, 4% Kunststoffe, 4% Brennstoffe und Mineralöle, 3% Präzisionsinstrumente; Länder: 31% BRD, 12% Frankreich, 11% Italien, 7% USA, 6% Großbritannien, 5% Niederlande; **Export**: 94 173,9 Mio. sfr; Güter: 20% Maschinen und Apparate, 10% Elektrische Maschinen und Apparate, 8% organische chem. Erzeugnisse, 8% Pharmazeutika, 6% Präzisionsinstrumente und Uhren, 6% Edelmetalle, 4% Kunststoffe; Länder: 23% BRD, 9% Frankreich, 9% USA, 7% Italien, 6% Großbritannien, 4% Japan – **Tourismus** 1995: 18,387 Mio. Auslandsgäste, 11 192 Mio. sfr Einnahmen

Bundesregierung

Bundesrat
(Conseil fédéral/Consiglio federale)
aus 7 Departementsleitern (= Minister) alle 4 J. von der Bundesversammlung gewählt
Bundespräsident für 1997
Prof. Arnold Koller (CVP)
Auswärtige Angelegenheiten u. **Vizepräsident** für 1997: Flavio Cotti (CVP)
Inneres: Ruth Dreifuss (SP)
Justiz u. Polizei: Prof. Arnold Koller (CVP)
Militär: Adolf Ogi (SVP)
Finanzen: Kaspar Villiger (FDP)
Volkswirtschaft: Dr. Jean-Pascal Delamuraz (FDP)
Verkehrs- u. Energiewirtschaft: Moritz Leuenberger (SP)

Parteien (im Parlament vertreten)

Sozialdemokratische Partei/SP
Präsidentin: Ursula Koch
Generalsekretärin: Barbara Haering Binder
Freisinnig-Demokratische Partei/FDP
Präsident: Franz Steinegger
Generalsekretär: Johannes Matyassi
Christlichdemokratische Volkspartei/CVP
Präsident: Adalbert Durrer
Generalsekretär: Hilmar Gernet
Schweizerische Volkspartei/SVP
Präsident: Ueli Maurer
Generalsekretär: Martin Baltisser
Grüne Partei der Schweiz/GPS
Präsident: Hanspeter Thür
Generalsekretär: Felix Wirz
Freiheits-Partei/FPS
Präsident: Roland F. Borer
Liberale Partei/LPS
Präsident: Jacques-Simon Eggly
Sekretärin: Nelly Sellenet
Landesring der Unabhängigen/LdU
Präsident: Daniel Andres
Sekretär: Rudolf Hofer
Schweizer Demokraten/SD
Präsident: Rudolf Keller
Zentralsekretär: Bernhard Hess
Partei der Arbeit der Schweiz/PdA
Präsident: Jean Spielmann
Evangelische Volkspartei/EVP
Präsident: Otto Zwygart
Generalsekretär: Daniel Reuter
Lega dei Ticinesi/Lega
Präsident: Giuliano Bignasca
Sekretär: Mauro Molandra

Chronik Die Auseinandersetzung über die Goldgeschäfte der Schweizer Banken mit dem nationalsozialistischen Deutschland und ihren Umgang mit den »nachrichtenlosen« Vermögen überwiegend von Opfern des Holocaust (→ WA, '97, Sp. 574 f.) wirft im Berichtszeitraum »Schatten des Zweiten Weltkriegs« auf die internat. Reputation der Schweiz. Sie weitet sich zu einer kontroversen Debatte über die Waffengeschäfte der neutralen Schweiz mit Nazi-Deutschland und die schweizerische Flüchtlingspolitik aus. Die größte Krise im historischen und moralischen Selbstverständnis der Nation nach dem Zweiten Weltkrieg überlagert die anderen innen- und außenpolitischen Ereignisse der Schweiz (→ Kasten). Die Affäre initialisiert bzw. intensiviert auch Nachforschungen in anderen Ländern (→ Italien, Portugal, Schweden, Vereinigte Staaten).
Arbeit und Wirtschaft: Um Vertrauen in den durch die **BSE-Affäre** (→ WA '97, Sp. 574) zusammengebrochenen Rindfleischmarkt wiederherzustellen, beschließt der Bundesrat am 16. 9. **1996,** daß vor dem 1. 12. 1990 geborene Rinder nicht mehr zur Fleischproduktion herangezogen werden dürfen und bis Mitte 1999 geschlachtet werden müssen. Die Maßnahme betrifft rd. 230 000 Tiere und verursacht rd. 320 Mio. sfr. an Kosten, die durch eine Erhöhung des Milchpreises aufgebracht werden sollen. Zuvor wurden am 12. 9. drei weitere Fälle der Rinderseuche BSE gemeldet. – Auf der **größten Arbeitskampf-Demonstration seit 1918** protestieren am 26. 10. rd. 35 000 Beamte in Bern gegen Rationalisierungsmaßnahmen im öffentlichen Dienst, die Stellenabbau, Gehaltskürzungen und verschlechterte Arbeitsbedingungen zur Folge haben. – **Um die Konjunktur zu beleben**, legt der Bundesrat im Dezember 1996 ein Investitionsprogramm von 550 Mio. sfr. auf. Am 26. 9. senkte die Schweizer Nationalbank den Diskontsatz um 0,5 auf 1%, der damit wieder den historischen Tiefststand vom 4. 11. 1979 erreichte. – Der **Entwurf eines neuen Arbeitsgesetzes**, das die Deregulierung von Arbeitsbedingungen (u. a. Aufhebung des Nacht- und Sonntagsarbeitsverbots für Frauen) vorsieht, wird im Referendum vom 1. 12. 1996 mit 67% der Stimmen verworfen.
Ausländerpolitik: In einem Referendum am 1. 12. 1996 lehnen 53,6% der an der Abstimmung teilnehmenden Stimmbürger (Stimmbeteiligung: 46%) eine von der rechtsbürgerlichen Schweizerischen Volkspartei (SVP) eingebrachte Vorlage »Initiative gegen illegale Einwanderung« ab, nach der illegal eingereisten Flüchtlingen das Recht verwehrt werden soll, einen Antrag auf politisches Asyl zu stellen.

Schweiz: Fläche und Bevölkerung nach Kantonen

Kanton - Amtl. Kürzel	*Fläche in km^2*	*Einwohner in Tsd. 1980*[1]	*1990*[1]	*1996*[2] *insgesamt*	*Frauen*	*Ausländer*	*Kantonshauptstadt Reg.- Sitz*	*Einwohner 1996*[2]
Zürich - ZH	1 729	1 122,8	1 179,0	1 178,9	605,4	248,0	Zürich	341 250
Bern - BE	5 961	912,0	958,2	940,9	484,2	106,2	Bern	125 936
Luzern - LU	1 493	296,2	326,3	341,8	173,3	49,8	Luzern	58 321
Uri - UR	1 077	33,9	34,2	35,9	17,9	3,2	Altdorf[4]	8 553
Schwyz - SZ	909	97,4	112,0	123,8	61,6	18,9	Schwyz	13 543
Obwalden[3] - OW	491	25,9	29,0	31,4	15,7	3,2	Sarnen[4]	8 924
Nidwalden[3] - NW	276	28,6	33,0	36,8	18,2	3,3	Stans[4]	6 588
Glarus - GL	685	36,7	38,5	39,2	19,8	8,0	Glarus	5 564
Zug - ZG	239	75,9	85,5	93,7	47,2	17,5	Zug	22 859
Fribourg (Freiburg) - FR	1 671	185,2	213,6	227,9	114,3	31,3	Fribourg (Freiburg)	32 267
Solothurn - SO	791	218,1	231,7	240,8	122,1	38,0	Solothurn	15 199
Basel-Stadt[3] - BS	37	203,9	199,4	194,9	103,4	50,5	Basel	172 945
Basel-Landschaft[3] - BL	517	219,8	233,5	253,9	129,2	40,5	Liestal	12 272
Schaffhausen - SH	299	69,4	72,2	73,8	38,1	14,4	Schaffhausen	33 810
Appenzell Ausserrhoden[3] - AR	243	47,6	52,2	54,1	27,3	7,8	Herisau	16 222
Appenzell Innerrhoden[3] - AI	173	12,8	13,9	14,8	7,3	1,5	Appenzell[4]	5 566
St. Gallen - SG	2 026	392,0	427,5	443,8	225,1	83,3	St. Gallen	71 384
Graubünden - GR	7 105	164,6	173,9	186,0	94,0	25,7	Chur	30 114
Aargau - AG	1 404	453,4	507,5	531,7	267,4	97,3	Aarau	15 818
Thurgau - TG	991	183,8	209,4	224,8	113,2	43,7	Frauenfeld	20 322
Ticino (Tessin) - TI	2 812	265,9	282,2	304,8	159,1	81,5	Bellinzona	17 072
Vaud (Waadt) - VD	3 212	528,7	601,8	606,5	314,1	156,6	Lausanne	114 510
Valais (Wallis) - VS	5 225	218,7	249,8	272,3	138,2	46,1	Sion (Sitten)	26 379
Neuchatel (Neuenburg) - NE	803	158,4	164,0	165,2	85,6	36,9	Neuchâtel (Neuenburg)	31 763
Genève (Genf) - GE	282	349,0	379,2	394,6	207,0	148,1	Genève (Genf)	172 425
Jura - JU	837	65,0	66,2	69,0	35,0	8,2	Delémont (Delsberg)	11 715
Schweiz	*41 285*	*6 365,9*	*6 873,7*	*7 081,3*	*3 623,7*	*1 369,5*		

[1] Volkszählungsergebnisse; [2] Fortschreibungszahlen zum 31.12.1996; [3] Halbkanton; [4] Kantonshauptort
Quelle: Bundesamt für Statistik, Bern

Ereignisse auf Kantonsebene

Aargau: Bei den Wahlen zum Großen Rat am 2. 3. **1997** hält die SP bei einem Stimmenanteil von 21,9% knapp ihre Position als stärkste Partei in dem 200 Sitze zählenden Parlament (48 Mandate/ +4 gegenüber 1993), dicht gefolgt von der SVP, die auf 21,7% Stimmen kommt und Sitze hinzugewinnt (47/+13). Die FDP hält mit 19,6% und 40 Sitzen (–1) in etwa ihre Position, wie auch die CVP (17,3%). Die Wahlbeteiligung erreicht mit 31,7% (–13,3%) einen historischen Tiefstand.

Solothurn: Bei den Wahlen zum Kantonsrat am 2. 3. **1997** bleibt die FDP stärkste Partei; sie erhält 33,7% der Stimmen (54 Sitze); doch verschiebt sich das Kräfteverhältnis zwischen Sozialdemokraten und Christdemokraten: SP: 27,3% (+2,4%, 38 Sitze/+2), CVP: 22% (–3,8%, 35 Sitze/–4).

Wallis: Bei den Wahlen zum Großrat (130 Sitze) am 2. 3. **1997** verliert die CVP mit einem Stimmenanteil von 54% (71 Sitze) 4 Mandate, die SP gewinnt 5 hinzu und ist im Parlament mit 21 Mandaten vertreten, die FDP bleibt bei 34 Sitzen.

Neuenburg: Die Wahlen zum Großen Rat (115 Sitze) am 19.–20. 4. **1997** bringen im Kräfteverhältnis zwischen den beiden großen Parteien SP (41 Sitze/+2 gegenüber 1993) und der Liberalen Partei (unverändert 38) kaum Veränderungen. Die kommunistische Parti et Populaire/POP rückt mit 6 Sitzen (+2) zur viertstärksten Partei auf.

Graubünden: Nach den beiden Wahlgängen am 4. 5. und 25. 5. **1997** zum Großen Rat (120 Mitglieder) bleibt es im wesentlichen bei der bisherigen Kräfteverteilung: SVP 40 Sitze (–1 gegenüber 1994), CVP 39 (unverändert), FDP: 26 (–1), SP: 10 (+3).

»Nazigold« und nachrichtenlose Konten

Unter dem Eindruck der seit Mitte **1996** zunehmenden Kritik des Auslands an den Goldgeschäften der Schweiz mit dem nationalsozialistischen Deutschland während des Zweiten Weltkriegs und dem Umgang der Schweizer Banken mit den auf »nachrichtenlosen« Konten gelagerten Vermögenswerten sehen sich die politische Führung und die zentralen Finanzinstitutionen der Schweiz zur Schadensbegrenzung gezwungen. Zugleich verwahren sie sich gegen vornehmlich aus den USA vorgebrachte Vorwürfe des Kriegsgewinnlertums und der wirtschaftlichen Kollaboration mit dem NS-Regime.

Chronik der Ereignisse
Bis 1985 weitgehend unstrittiger Ausgangspunkt der Schweizer Rechtsposition bezüglich der aus dem »Dritten Reich« transferierten Goldbestände ist das **Washingtoner Abkommen vom 25. 5. 1946**, das die Schweiz nach eigener Einschätzung von weiteren Verpflichtungen gegenüber anderen Staaten befreite. Es regelte die Verteilung von Gold im Wert von 1,6 Mrd. sfr, das die Schweizerische Notenbank zwischen 1939 und 1945 von der Deutschen Reichsbank empfangen hatte und teilweise an die Bank für Internationalen Zahlungsausgleich (BIZ) in Basel und andere Notenbanken weiterleitete. Ein großer Teil davon stammte aus dem von den Deutschen besetzten Belgien. Den von den Alliierten erhaltenen Hinweis, es handle sich um Raubgold, ließen sich die Schweizer Banken von der Reichsbank dementieren. Nach Abzug der noch offenen Forderungen gegenüber Deutschland überließ die Schweiz die Hälfte des restlichen Goldes im Wert von 250 Mio. sfr. den Alliierten. **1949 und 1950 schloß die Schweiz Entschädigungsabkommen** mit Polen bzw. Ungarn, die Ansprüche auf geraubtes, in der Schweiz befindliches Vermögen des Staates oder von Opfern nationalsozialistischer Verfolgung mit einer pauschalen Abgeltung befriedigen sollten. **1984/85 ließ die Schweizerische Notenbank** den Historiker *Robert Vogler* **eine Studie erstellen**, die ihren formaljuristischen Standpunkt bekräftigte.
Am 7. 2. **1996** veröffentlichen die Schweizer Banken ein Umfrageergebnis, demzufolge sie **775 nachrichtenlose Konten mit insgesamt 38,7 Mio sfr.** verwalten. Die Nachricht provoziert heftige Reaktionen von Vertretern jüdischer Organisationen, die den Verdacht äußern, Schweizer Banken würden rechtlich und moralisch Berechtigten Millionenwerte vorenthalten. **Der Jüdische Weltkongreß (WJC) schätzt**, daß auf Konten illegaler Herkunft aus der Zeit des Zweiten Weltkriegs oder von Opfern der Nationalsozialisten Guthaben in Höhe von rd. **7 Mrd. $** (nach heutigem Wert) lagern. Am 2. 5. 1996 vereinbaren jüdische Organisationen unter Führung des WJC und die Schweizerische Bankiervereinigung die Einsetzung einer **Kommission** zur Überprüfung der Suche nach Vermögen von Naziopfern bei Banken der Schweiz unter Leitung des ehem. US-Notenbankchefs *Paul Volcker*.
Am 30. 9. 1996 debattiert der Nationalrat die Rolle der Schweiz als Finanzplatz während der NS-Zeit, beschließt einstimmig die Einsetzung einer **Expertenkommission** zur »historischen und rechtlichen Untersuchung des Schicksals der infolge der nationalsozialistischen Herrschaft in die Schweiz gelangten Vermögenswerte« und **suspendiert** für diesen Untersuchungsbereich **das schweizerische Bankgeheimnis**. Der Bundesrat ernennt das internationale Gremium unter Leitung des Schweizer Wirtschafts- und Sozialhistorikers *Jean-François Bergier* am 19. 12.; es soll innerhalb von höchstens 5 Jahren die Untersuchung abschließen.
Unter dem Druck des US-Senats und der öffentlichen Debatte kündigt die **US-Regierung** am 6. 10. 1996 eigene Untersuchungen über den Verbleib des Nazigoldes an und beauftragt damit eine **Historikerkommission** unter Leitung des Unterstaatssekretärs im Handelsministerium, *Stuart E. Eizenstat*. Für ihre Ermittlungen kann sie Regierungsakten und Geheimdienstberichte heranziehen, deren 50jährige Sperrfrist erst kürzlich auslief (Ergebnis 7. 5. → unten). Zuvor hatte am 23. 4. ein erstes **Hearing des Bankenausschusses des Senats** unter Vorsitz des republikanischen New Yorker Senators *Alphonse D'Amato* stattgefunden, das am 16. 10. fortgeführt wird. *D'Amato* organisiert politischen Druck auf die Schweiz, um diese zur Offenlegung noch geheimer Vermögen von Tätern und Opfern des Nationalsozialismus zu veranlassen und einen Entschädigungsfonds einzurichten.
Am 31. 12. 1996 (dem letzten Tag seiner Amtszeit als Bundespräsident) weist der Bundesrat für Wirtschaft, *Jean-Pascal Delamuraz* (FDP), in einem Interview die angebliche Forderung, die Schweiz solle für Opfer des NS-Regimes, die Konten bei Schweizer Banken unterhalten hatten, einen Fonds einrichten und ihn mit 250 bis 300 Mio. $ ausstatten, als **»Lösegelderpressung«** zurück. Am 14. 1. 1997 entschuldigt sich *Delamuraz*

beim Präsidenten des WJC, *Edgar Bronfman.* – *Christoph Meili,* Angestellter einer Bewachungsfirma, verhindert am 14. 1. die weitere Vernichtung von Akten der Schweizerischen Bankgesellschaft zu Geschäften während des Zweiten Weltkriegs und wird fristlos entlassen. Am 23. 5. spricht sich der US-Senat einstimmig dafür aus, ihm Asyl in den USA zu gewähren.

Am 24. 1. **1997** kündigt die Schweizer Regierung zusammen mit Vertretern der Wirtschaft einen **»Spezialfonds zugunsten bedürftiger Opfer von Holocaust/Shoa«** an (Bundesratsbeschluß vom 26. 2.). Die 3 größten Schweizer Geschäftsbanken zahlen zu gleichen Teilen 100 Mio. sfr. ein, wobei die einfließenden Gelder aus ihren Eigenmitteln stammen, nicht von nachrichtenlosen Vermögenswerten, wie die Banken betonen. Die Schweizerische Nationalbank (SNB) stockt den Fonds auf 200 Mio sfr. auf. Am 17. 4. beruft der Bundesrat die vier schweizerischen Mitglieder in die siebenköpfige Leitung des »Holocaust-Fonds«, am 28. 5. WJC-Präsident *Edgar M. Bronfman* die übrigen Mitglieder; der Präsident des Schweizerischen Israelitischen Gemeindebundes, *Rolf Bloch,* übernimmt den Vorsitz des Gremiums. Am 7. 7. 1997 gibt der Fonds eine erste Tranche von 17 Mio. sfr. für bedürftige Holocaust-Überlebende bzw. ihre Nachkommen frei.

Am 27. 1. 1997 **demissioniert der Schweizer Botschafter in den USA,** *Carlo Jagmetti,* nachdem ein von ihm für sein Außenministerium verfaßtes vertrauliches Strategiepapier an die Öffentlichkeit gelangte; darin verglich er die Kontroverse um das »Nazigold« mit einem »Krieg«, in dem den »Gegnern« – vor allem jüdischen Organisationen in den USA und dem New Yorker Senator *D'Amato* – nicht zu trauen sei.

In seiner **Grundsatzrede vor der Bundesversammlung** am 5. 3. 1997 räumt Bundespräsident *Arnold Koller* (CVP) eine ungenügende Auseinandersetzung der Schweizer mit ihrer jüngsten Vergangenheit wie auch unsensibles Verhalten der Schweizer Politik und Wirtschaft gegenüber der Kritik von außen ein. Zugleich weist er die Unterstellung zurück, der »schweizerische Wohlstand beruhe im Grunde auf Hehlerei und sei nur auf Kosten anderer möglich gewesen«. Unbestreitbar sei, daß die Schweiz annähernd 300 000 Flüchtlingen Schutz gewährt habe und die Nation ihr Überleben als Hort der Freiheit und Demokratie nur sichern konnte, weil sie sich aus dem Krieg herausgehalten habe. Die *Bergier*-Historikerkommission werde prüfen, »ob auch alle dafür eingesetzten Mittel legitim und verantwortbar waren«. *Koller* schlägt die **Gründung einer »Schweizerischen Stiftung für Solidarität«** vor, die mit 7 Mrd. sfr. ausgestattet werden und den »Holocaust-Fonds« der Banken ergänzen soll.

Am 7. 5. 1997 wird der **Bericht der Eizenstat-Kommission** des US-Außenministeriums vorgestellt. Sie hält der Schweiz vor, sie habe ihren neutralen Status im Zweiten Weltkrieg genutzt, um zu ihrem massiven Vorteil als Hauptdrehscheibe des NS-Kapitals auf dem internationalen Markt zu agieren; damit habe sie auch zur Verlängerung des Krieges beigetragen. Den heutigen Wert des von der Schweiz entgegengenommenen »Nazi-Raubgoldes«, des »größten Diebstahls einer Regierung« (der deutschen), den es je gegeben habe, schätzt die Kommission auf 5,8 Mrd. $. Belege für die Behauptung, die Schweizer Banken oder Behörden hätten wissentlich Gold aus dem Besitz ermordeter oder beraubter einzelner Menschen an sich genommen, fand die Kommission nicht. – Am 11. 5. 1997 berichtet die Zürcher »Sonntags-Zeitung« über enge Geschäftsbeziehungen zwischen der Vorgängerin der **Bank Credit Suisse (CS),** der Schweizerischen Kreditanstalt, und dem **SS-Unternehmen** Deutsche Wirtschaftsbetriebe GmbH (DWB) im Zweiten Weltkrieg. Die DWB war für die wirtschaftlichen Aktivitäten u.a. der Konzentrationslager zuständig und verwertete den Besitz der Ermordeten; sie führte ein geheimes Nummernkonto bei der CS und tätigte mit der Bank Kreditgeschäfte.

Der **Ombudsman der Schweizer Banken,** *Hanspeter Häni,* der seit 1. 1. 1996 zugleich als zentrale Anlaufstelle für die Suche nach nachrichtenlosen Vermögen fungiert, legt Anfang Juli 1997 seinen zweiten Zwischenbericht vor: Bei 5000 zwischen dem 1. 1. 1996 und 2. 6. 1997 eingegangenen Anfragen konnten **28 bisher nachrichtenlose Konten** ausfindig gemacht werden mit einem Vermögen von insgesamt 17 Mio. sfr.

Am 23. 7. 1997 veröffentlicht die Schweizerische Bankiervereinigung weltweit die **erste Liste mit Namen von 1872 Personen und rd. 200 Institutionen** als Inhaber bisher nachrichtenloser Konten aus der Zeit des Zweiten Weltkriegs, die einen Gesamtwert von rd. 60 Mio. sfr. repräsentieren. Rückschlüsse auf die Intensität bisheriger Nachforschungen läßt die Tatsache zu, daß die heutigen Adressen einer Vielzahl von Berechtigten allgemein bekannt oder einfach zugänglich sind. – Am 31. 7. vertagt ein US-Bezirksgericht in New York die Entscheidung über die Annahme von 3 Sammelklagen von rd. 18 000 Holocaust-Überlebenden bzw. deren Angehörigen. Eine von ihnen fordert von den drei Schweizer Großbanken, Bankgesellschaft, Bankverein und Credit Suisse Group, Schadensersatz in Höhe von 20 Mrd. $.

Weitere Daten zur Bevölkerungs-, Wirtschafts- und Sozialstruktur

Landwirtschaft, Bergbau, Industrie, Außenhandel, Verkehr → Kap. Wirtschaft

Bevölkerung

Die **Einwohnerzahl** der Schweiz (ständige Wohnbevölkerung; Saisonarbeitskräfte, Grenzgänger, Kurzaufenthalter und Asylbewerber nicht inbegriffen) betrug am 31. 12. 1996 7 081 300 (Z 1990: 6 873 687), davon 3 623 700 (3 613 500) Frauen und 3 457 600 (3 448 800) Männer. Die Zuwachsrate von 0,3% gegenüber 1995 ist seit 1984 die niedrigste (im Vorjahr: 0,6). Hauptursache ist die weiter abnehmende Einwanderung; zum ersten Mal seit fast zwanzig Jahren war der Wanderungssaldo 1996 negativ (−1378); 1995 waren noch 24 519 Personen mehr in die Schweiz ein- als ausgewandert. – Die Zahl der **Geburten** (Lebendgeborene) betrug 1996 nach Angaben des Statistischen Bundesamtes 83 007 und war damit geringfügig höher als 1995 (82 203), davon Kinder von Ausländern: 21 796 (1995: 21 199). Die Zahl der **Gestorbenen** hat 1996 mit 62 637 wieder leicht abgenommen (1995: 63 387). Damit ergab sich 1996 mit 20 370 ein etwas höherer **Geburtenüberschuß** als im Jahr davor (18 816). – Die Zahl der **Eheschließungen** blieb 1996 mit 40 649 fast konstant (1995: 40 800); die Zahl der **Ehescheidungen** betrug 16 172 (1995: 15 700).

Ausländer in der Schweiz 1995
(Herkunftsländer)

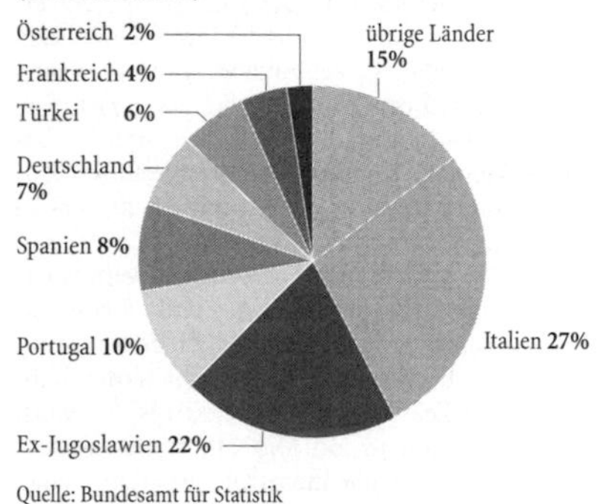

Quelle: Bundesamt für Statistik

Der **Anteil der Ausländer** (ständige Wohnbevölkerung) nahm auch 1996 nur geringfügig zu und belief sich am Jahresende auf 1 369 494 (1995: 1 363 590) Personen; das entspricht einer Zunahme um lediglich 0,4% (1995: +2,3%). Daraus ergibt sich wie 1995 ein Anteil an der Gesamtbevölkerung von 19,3%. Von der Gesamtzahl der Ausländer waren 1995 (1994; neuere Zahlen liegen noch nicht vor) im Jahresdurchschnitt 950 039 (936 308) Niedergelassene, 367 181 (344 123) Jahresaufenthalter. 62,2% stammten aus EU- und EFTA-Staaten (1994: 64%). Herkunftsländer der ständigen *ausländischen Wohnbevölkerung* Ende 1995 (Ende 1994; → auch Abbildung): Italien 361 892 (367 074), ehem. Jugoslawien 296 118 (274 476), Portugal 135 646 (129 555), Spanien 102 320 (104 703), Deutschland 91 976 (90 129), Türkei 79 372 (77 981), Frankreich 55 407 (54 421), Österreich 28 454 (28 658), Großbritannien 20 030 (19 494), Niederlande 13 992 (13 434), Sonstige 178 383 (166 051).

Nicht zur ständigen Wohnbevölkerung zählen *Saisonarbeitskräfte* (Arbeitspendler aus dem Ausland; 1995: 37 875, 1994: 42 686), *Grenzgänger* (151 692; 153 741) sowie *Diplomaten* (Funktionäre internationaler Organisationen und Botschaftsmitarbeiter) mit ihren Familien und Hausangestellten (28 455, 32 068).

1996 lebten 2,6% mehr Schweizer im Ausland, registriert wurden 541 302 (1995: 527 795) **Auslandsschweizer** (→ Abbildung), 374 069 von ihnen besaßen die doppelte Staatsbürgerschaft. – 19 159 **Einbürgerungen** waren der Grund, daß 1996 die Bevölkerung mit Schweizer Staatsbürgerschaft überhaupt zugenommen hat (1995: 16 790). Wichtigste Herkunftsländer 1995: Italien 4376, ehem. Jugoslawien 2493, Türkei 1205; EU 7429, Afrika 919, Amerika 1007, Asien 2226. (Zahlen für 1996 liegen noch nicht vor.)

Auslandsschweizer 1996

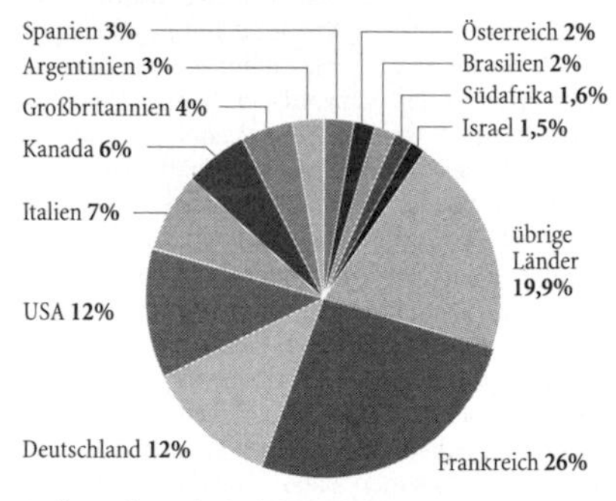

Quelle: Bundesamt für Statistik Bern 1997

Die Zahl der **Asylgesuche** stieg im Jahresdurchschnitt 1996 um 5,8% auf 18 001 (1995: 17 021).

Insgesamt wurden 20 710 Gesuche bearbeitet, das sind 7,6% mehr als 1995. 2267 (2648) Personen Asyl wurde gewährt; das sind 14,4% weniger als im Vorjahr. In 14 232 Fällen wurde negativ entschieden, das entspricht einer Zunahme von 5,8%. Im einzelnen liegt die Anerkennungsquote für Asylsuchende aus der Türkei bei 43,8% (49,4%), Bosnien-Herzegowina 29,2% (29,4%), BR Jugoslawien 7,5% (12,0%). Von den Asylsuchenden stammten 1996 (1995) u. a. 6228 (5491) aus der Bundesrepublik Jugoslawien, 1965 (1024) aus Sri Lanka, 1317 (1293) aus der Türkei und 1269 (3534) aus Bosnien-Herzegowina (3534). 700 Personen aus Somalia und 695 aus dem ehemaligen Zaire suchten um Asyl nach. Insgesamt lebten Ende 1996 22 537 (Ende 1995: 24 581) *anerkannte Flüchtlinge* und 130 879 (125 448) *Asylbewerber und Flüchtlinge* in der Schweiz.

Die Zahl der **Schülerinnen/Schüler** betrug nach endgültigen Zählungen 1995/96 1 369 731 (1994/95: 1 345 603); hiervon entfielen u. a. auf Vorschule 158 201 (154 850) – Primarstufe 452 789 (437 444) – Sekundarstufe I 280 537 (284 516) – Schulen mit besonderem Lehrplan (Sonderschulen) 43 724 (42 314) – Sekundarstufe II 280 195 (278 325) – nicht-universitäre Tertiärstufe 59 781 (58 892). – Die Zahl der **Studierenden** (→ auch Tabelle) stieg 1996/97 an: Im Wintersemester 1996/97 hatten sich 3,6% mehr Studierende an

Schweiz: Studierende 1996/97 nach Hochschulen

Hochschulen	*Studierende 1996/97 insg.*	*Frauen in %*	*Ausländer in %*
Universität Basel	7 958	43,9	17,5
Universität Bern	9 864	44,1	6,8
Universität Freiburg	8 581	47,2	18,5
Universität Genf	12 127	56,5	33,3
Universität Lausanne	9 147	51,3	20,5
Eidg. Techn. Hochschule Lausanne	4 470	17,0	32,5
Universität der italien. Schweiz Lugano/Mendrisio [1]	322	44,7	33,9
Hochschule Luzern	249	37,8	14,5
Universität Neuenburg	3 388	49,1	20,7
Universität St. Gallen	4 031	20,9	27,9
Pädagogische Hochschule St. Gallen	269	46,8	5,9
Universität Zürich	19 414	47,0	11,6
Eidg. Techn. Hochschule Zürich	11 588	23,8	19,1

[1] neugegründet
Quelle: Bundesamt für Statistik Bern 1997

Hochschulen eingeschrieben als im Vorjahr: insgesamt 91 408 (1995/96: 88 243). 16 522 (+4,2%) Personen haben in diesem Semester ein Studium begonnen. Die Zunahme der Studienanfänger im einzelnen: Universität St. Gallen +22,9%, Universität Zürich +12%, Universität Freiburg –13,2%, Universität Lausanne –6,3%. Der Anteil der an schweizerischen Hochschulen studierenden Ausländer nimmt weiter ab und liegt 1996/97 bei 33,9%. Der Anteil der Studentinnen nahm zu und lag 1996/97 bei 42,6% (1995/96: 41,8%).

Die Gesamtzahl der **Lehrstellen** betrug 1996 151 494 (1995: 148 680). 1996 wurden 56 646 *Lehrverträge* neu abgeschlossen (1995: 54 878): die meisten in der Metall- und Maschinenindustrie (13 343), gefolgt von den Branchen Organisation/Verwaltung/Büro (12 559), Verkauf (6563) und Gastgewerbe/Hauswirtschaft (4188). Insgesamt wurden 1996 46 018 (1995: 46 001) Fähigkeitszeugnisse (abgeschlossene Lehre) ausgestellt.

Die **Kriminalität** war laut Polizeilicher Kriminalstatistik von 1991 bis 1995 rückläufig. 1996 ist erstmals wieder ein leichter Anstieg der angezeigten Straftaten um 2,87% auf 313 391 (1995: 304 637) zu verzeichnen. Wie im Vorjahr konnte die Aufklärungsquote erhöht werden, nämlich um 0,2%: 56 255 Täterinnen und Täter wurden ermittelt (1995: 56 144), davon 85,6 (84,4)% Männer und 14,4 (15,6)% Frauen. Dem rückläufigen Anteil der Frauen entspricht ein ebenfalls rückläufiger Anteil der Minderjährigen: er fiel 1996 gegenüber 1995 von 23,6 auf 21,7%. Wiederum machte der Diebstahl – ohne Einbrüche – mit 91,6% (91,5%) den Hauptanteil der Straftaten aus, übrige Vergehen oder Verbrechen gegen Eigentum und Vermögen 4,2% (4,6%), Delikte gegen Leib und Leben 1,4% (1,3%), strafbare Handlungen gegen die sexuelle Integrität 1%.

Wirtschaft

Die Konjunkturlage verschlechterte sich in der Schweiz 1996: Das reale Bruttoinlandsprodukt ging um 0,7% zurück (1995: +0,1%). Der Saldo der *Exporte und Importe* blieb zwar weiter positiv, war jedoch wieder stark rückläufig. Sowohl das reale Exportwachstum (1996: 2,1%; 1995: 4,2%) als auch das Importwachstum (1996: 1,5%, 1995: 6,5%) verlangsamten sich deutlich, wobei die nachlassende Auslandsnachfrage u. a. auf den starken Franken zurückzuführen ist. Die Rezession hatte auch negative Auswirkungen auf den Arbeitsmarkt: Modernisierung und Rationalisierung in den Unternehmen führten zu Entlassungen und ließen die Arbeitslosigkeit erheblich

Schweiz: Fremdenverkehr 1994-1996

	Einnahmen von Auslandsgästen in der Schweiz			Ausgaben von Schweizer Touristen im Ausland			Saldo Einn./Ausg.
	1994	1995	1996 [1]	1994	1995	1996 [1]	1994/1995/1996
Gesamt (in Mio. sfr)	11 433	11 185	11 070	8 777	8 774	9 318	2656/2411/1752
Veränderung gg. Vorjahr (in %) ..	+ 1,5	– 2,2	– 1,0	– 0,5	0,0	+ 6,2	+8,9/–9,2/–27,3
darunter (in Mio. sfr):							
– Übernachtender Reiseverkehr ..	8 237	8 049	7 746	7 397	7 317	7 811	
– Tages- und Transitverkehr	1 944	1 909	2 082	892	933	974	
– Konsumausgaben d. Grenzgänger	782	781	783	17	17	17	

[1] vorläufige Angaben
Quelle: Bundesamt für Statistik Bern, Juni 1997

ansteigen. So gingen auch vom *privaten Konsum*, der im Vorjahr noch um real 0,7% gewachsen war, keine Impulse (+0,3%) aus. Die *Anlageinvestitionen* stiegen 1996 nur noch um 1,3% (1995: 2,3%): einen Anstieg um real 8,4% verzeichneten die Ausrüstungsgüter (1995: 14,1%), während die Bauinvestitionen weiter um real 3,5% zurückgingen (1995: –4,3%). Bei schwacher Auftragslage der *Industrie* verringerte sich der Kapazitätsauslastungsgrad mit 83,5% weiter (1995: 85,1%).

Das **Bruttosozialprodukt (BSP)** belief sich 1995 nach vorläufigen Ang. nominell, d.h. zu Marktpreisen, auf 377 600 Mio. sfr. Gegenüber dem Vorjahr nahm es um 3,3% zu (1994: 365 600 Mio. sfr). Real, d.h. nach Abzug von Preissteigerungen, erhöhte es sich um 1,8 (–0,7)% von 214 800 auf 218 700 Mio. sfr. Je Einw. entspricht dies einer nominellen Steigerung um 2,6% (+1,3%) von 51 959 auf 53 320 sfr, real um 1,2% (Vorjahr: –0,5) von 30 524 auf 30 685 sfr. (Endgültige Zahlen für 1995 und vorläufige Zahlen für 1996 werden erst im Herbst 1997 veröffentlicht.)

Nach vorläufigen Berechnungen des Bundesamtes für Konjunkturfragen sank das 1995 real noch um 0,1% gestiegene **Bruttoinlandsprodukt (BIP)** 1996 um 0,7%. Nominell ist ein Rückgang von 0,2% (nach +2,6% im Vorjahr) errechnet worden. In absoluten Zahlen betrug das BIP nominell 363 663 (364 562) Mio. sfr, real 314 527 (316 742) Mio. sfr.

Die vorläufige **Leistungsbilanz** (Ertragsbilanz) für 1996 verzeichnet Einnahmen von 175 246 (1995: 171 611) Mio. sfr und Ausgaben von 150 173 (146 627) Mio. sfr, im Saldo also einen Überschuß von 25 073 (24 984) Mio. sfr. Der Überschuß im Warenverkehr fiel mit 956 (1027) Mio. sfr. etwas geringer aus als im Vorjahr. Der Überschuß aus dem Dienstleistungssektor wuchs weiter an: von 14 861 Mio. sfr im Vorjahr auf 15 035 Mio. sfr (darunter der Fremdenverkehr per Saldo +1154 [+2064] Mio. sfr mit stark abnehmender Tendenz). Die Nettoeinnahmen aus den Kapitalanlagen von 20 879 Mio. sfr sind gegenüber 1995 (20 832 Mio. sfr) gleich geblieben, der Negativsaldo bei den Arbeitseinkommen erhöhte sich von 6883 auf 6906 Mio. sfr.

Die schweizerische **Fremdenverkehrsbilanz** 1996 (→ auch Tabelle): Rückläufige Einnahmen und erhöhte Ausgaben schmälerten den Aktivsaldo gegenüber dem Vorjahr um 27%. Gründe dafür sind eine schwächere Binnennachfrage und ein deutlicher Nachfragerückgang aus nahezu allen Ländern (Deutschland –8,7%, Großbritannien –11%, Frankreich –8%, USA –5,7%, Japan –3,7%).

Außenhandel (→ auch Tabelle): Die *Handelsbilanz* gibt für 1996 Importe von 91 967 (1995: 90 776) Mio. sfr an. Das entspricht einer nominalen Steigerung von 1,3% (+4%) und einer realen

Schweiz: Außenhandel 1996 nach Ländergruppen

Ländergruppen	*Einfuhr in Mio. sfr*	*Anteil in %*	*Ausfuhr in Mio. sfr*	*Anteil in %*
Industrieländer	83 216	90,5	72 463	77,0
darunter:				
EU-Staaten	73 717	80,2	57 865	61,4
EFTA-Staaten	294	0,3	582	0,6
Transformationsländer	2 395	2,6	4 003	4,3
Entwicklungsländer	3 053	3,3	6 612	7,0
darunter:				
OPEC-Staaten	1 383	1,5	2 640	2,8
nicht erdölexportierende Staaten	1 570	1,7	3 698	3,9
Schwellenländer	3 304	3,6	11 096	11,8
insgesamt	*91 967*	*100,0*	*94 174*	*100,0*

Quelle: Eidgenössische Zollverwaltung 1997

Schweiz: Arbeitsmarkt nach Kantonen

	Beschäftigte		*Arbeitslose*		*Gemeldete offene Stellen*
	insgesamt 1995	*Veränderung 1991–1995*	*insgesamt 1996*	*in % 1996*	*insgesamt 1996*
Zürich	691 747	- 8,3	28 648	4,3	970
Bern	462 389	- 3,7	18 965	3,9	271
Luzern	157 794	- 3,3	6 800	4,0	109
Uri	14 970	- 2,8	369	2,3	30
Schwyz	48 382	- 2,9	1 703	2,9	141
Obwalden	13 320	- 1,2	305	2,1	20
Nidwalden	15 283	- 1,3	440	2,5	21
Glarus	18 140	- 8,4	652	3,3	56
Zug	56 299	- 1,3	1 613	3,4	69
Freiburg	92 765	- 4,9	5 144	4,8	512
Solothurn	109 388	- 6,3	5 605	4,6	270
Basel-Stadt	159 768	- 7,8	4 801	4,7	219
Basel-Landschaft	110 180	- 4,3	4 538	3,4	537
Schaffhausen	34 903	- 10,5	1 684	4,5	120
Appenzell-Ausserrhoden	20 613	- 6,4	599	2,3	11
Appenzell-Innerrhoden	4 886	- 3,9	103	1,5	1
St. Gallen	215 046	- 5,4	7 652	3,5	322
Graubünden	95 919	- 2,2	2 290	2,6	110
Aargau	238 691	- 5,9	10 515	3,8	251
Thurgau	92 017	- 4,2	3 783	3,5	68
Tessin	160 141	- 6,0	10 557	7,6	384
Waadt	277 848	- 6,3	23 031	7,3	309
Wallis	116 957	- 7,3	8 200	6,7	81
Neuenburg	79 621	- 8,0	4 638	5,5	70
Genf	222 513	- 5,8	13 989	6,8	612
Jura	29 487	- 8,4	2 008	6,2	42
Insgesamt	*3 539 067*	*- 5,9*	*168 630*	*4,7*	*5606*

Quelle: Bundesamt für Industrie, Gewerbe und Arbeit/BIGA Bern, Juli 1997

von 1,5% (+6,5%). Dem stehen 1996 Exporte in Höhe von 94 174 (1995: 92 012) Mio. sfr gegenüber. Sie stiegen nominal um 2,3% (+2%), real um 2,1% (+4,2%). Die Handelsbilanz schloß mit einem deutlich höheren Überschuß als im Vorjahr ab: 2207 (1237) Mio. sfr. Das Wachstum der Exporte fand schon wie im Vorjahr eher in der 1. Jahreshälte statt. Leichte Rückgänge verzeichneten die Uhren- und die Schmuckindustrie, die Metallindustrie sowie die Textilindustrie. Zuwächse gab es in der Maschinen- und Elektronikindustrie, bei den Präzisionsinstrumenten sowie in der Chemischen Industrie. Die Importe stiegen in allen Industriebereichen leicht an, kleinere Einbrüche gab es lediglich im Bereich Textilien, Bekleidung und Schuhe.

Die **Inflationsrate** (Index der Konsumentenpreise) belief sich im Jahresdurchschnitt 1996 auf 0,8% (Vorjahr; 1,8%). Die Preise für im Inland produzierte Güter und Dienstleistungen erhöhten sich 1996 durchschnittlich um 1,0 (1995: +2,5)%, die für Importwaren um 0,1% (–0,3%).

Arbeit und Soziales

Nach noch vorläufigen Angaben gab es 1996 3 803 000 **Erwerbstätige** im Jahresdurchschnitt (1995: 3 802 000). Im 1. Quartal 1997 werden 3 717 000 Erwerbstätige gemeldet. 58,8% aller Erwerbstätigen waren Männer, 41,2% Frauen. Der Anteil der Teilzeiterwerbstätigen an allen Erwerbstätigen erhöhte sich 1996 leicht von 23,8% (1995) auf 24,1%. Die Gesamtzahl der Erwerbstätigen entsprach einer Erwerbsquote von 52,6% (1995: 52,3%) an der Bevölkerung, Saisonarbeiter, Grenzgänger, Kurzaufenthalter, Asylbewerber und internat. Funktionäre nicht inbegriffen. – Die Zahl der **ausländischen Arbeitskräfte** nahm weiter ab und betrug im März 1997 914 000 (1996: 956 000, 1995: 978 000), davon 572 000 Männer und 342 000 Frauen, und lag um 5,1% niedriger als im März 1996. – 1996 war ein erneuter Rückgang der *Beschäftigung* um 0,8% (1995: –1,8%) zu verzeichnen.

Die Zahl der **Arbeitslosen**, die sich im Jahresdurchschnitt von 1991–1994 fast vervierfacht hat

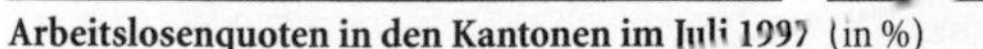

Arbeitslosenquoten in den Kantonen im Juli 1997 (in %)

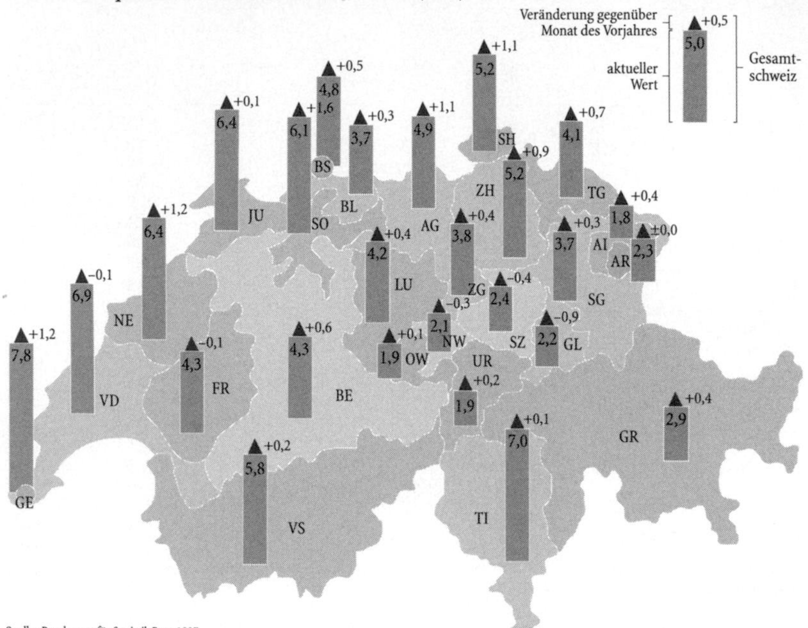

Quelle: Bundesamt für Statistik Bern 1997

(1991: 39 222; 1994: 171 038) und 1995 auf 153 316 zurückging, stieg 1996 auf 168 630 an. Die *Arbeitslosenquote* erreichte damit 1996 mit 4,7% den Stand von 1994 (1995: 4,2%). Am stärksten betroffen waren – wiederum mit steigender Tendenz – die ausländischen Arbeitnehmer mit einer Arbeitslosenquote von 9,3% (1995: 8,0%) gegenüber den Schweizern mit 3,3% (3,2%) und unter den Altersgruppen die 25–49jährigen mit 5,9% (4,4%). Von den Frauen waren insg. 5,1% (4,8%), von den Männern 4,4% (3,9%) ohne Arbeit. Der Anteil der Langzeitarbeitslosen fiel dagegen 1996 von 28,7% (1995) auf 26,1%. (Zur Entwicklung in den Kantonen → Karte)

Das monatliche **Durchschnittseinkommen** wuchs 1996 nominal um 1,3%. Unter Berücksichtigung der Jahresteuerung stiegen die Einkommen real um 0,5% (1995: −0,5%). Der Index der realen Löhne erhöhte sich für Frauen um 0,6%, für Männer um 0,4%; im Dienstleistungsssektor nahmen die Löhne real um 0,5% zu, im sekundären Sektor um 0,4%. Überdurchschnittliche Reallohnerhöhungen konnten 1996 das Transportgewerbe mit 2,5% und die Versicherungen mit 2,3% verzeichnen. Reallohneinbußen mußten dagegen die Bereiche Einzelhandel (−1,0%), Maschinenindustrie (−0,9%) und Energiewirtschaft (−0,5%) hinnehmen. Der monatliche **Durchschnittsverdienst** lag 1994 nominal bei 4841 sfr/Monat (Männer 5221 sfr, Frauen 3983 sfr); dabei handelt es sich um Zentralwerte für die Privatwirtschaft und den öffentlichen Dienst, die aufgrund einer neuen Erhebungsmethode mit dem Vorjahr nicht zu vergleichen sind. (Diese Zahlen werden zweijährlich erhoben, die Daten für 1996 liegen noch nicht vor.)

Öffentliche Finanzen

Der **Bundeshaushalt** (Einzelheiten → Tabelle) der Eidgenossenschaft (Bundesrechnung) 1996 wies nach vorläufigen Berechnungen Einnahmen von 39 477 Mio. sfr (1995: 37 266) und Ausgaben von 43 840 Mio. sfr (40 529) auf. Die Einnahmen stiegen gegenüber dem Vorjahr um 5,9 (2,8)% und betrugen 447 Mio. sfr mehr als veranschlagt, die Ausgaben stiegen um 8,2 (−2,0)% und lagen um 132 Mio. sfr unter den Annahmen. Das Defizit lag mit 4363 Mio. sfr um 315 Mio. sfr niedriger als erwartet. Der Ausgabenüberschuß ohne

Schweiz: Bundeshaushalt 1995-1997

Bundesausgaben (in Mio sfr)	*Rechnung 1995*	*Voranschlag 1996*	*Rechnung 1996*	*Voranschlag 1997*	*Veränderung in % Rechnung 1995/ Rechnung 1996*	*Rechnung 1996/ Voranschlag 1997*
Soziale Wohlfahrt	10 212	11 988	12 732	11 523	+ 24,7	- 9,5
Verkehr	6 202	6 280	6 333	7 059	+ 2,1	+ 11,5
Landesverteidigung	5 856	5 653	5 580	5 517	- 4,7	- 1,1
Finanzen und Steuern..	5 917	6 841	6 099	6 676	+ 3,1	+ 9,5
Landwirtschaft u. Ernährung ..	3 557	3 730	3 953	4 029	+ 11,1	+ 1,9
Bildung u. Grundlagenforschung	3 157	3 233	3 124	3 242	- 1,0	+ 3,6
Beziehungen zum Ausland	2 052	2 141	2 066	2 113	+ 0,7	+ 2,3
Übrige Ausgaben [1]	3 576	4 106	3 953	3 839	+ 10,5	- 2,9
Gesamtausgaben..	40 529	43 972	43 840	43 998	+ 8,2	+ 0,4

Bundeseinnahmen (in Mio. sfr)	*Rechnung 1995*	*Voranschlag 1996*	*Rechnung 1996*	*Voranschlag 1997*	*Veränderung in % 1995/96*	*1996/97*
Direkte Steuern						
- Direkte Bundessteuer	8 244	9 400	8 972	9 400	+ 8,8	+ 4,8
- Verrechnungssteuer	2 048	4 050	3 318	3 000	+ 62,0	- 9,6
Indirekte Steuern						
- Stempelabgaben	1 703	1 800	1 977	1 925	+ 16,1	- 2,6
- Mehrwertsteuer	8 857	11 600	11 958	12 500	+ 35,0	+ 4,5
- Warenumsatzsteuer	3 571	125	110	75	- 96,9	- 31,8
- Tabaksteuer	1 325	1 380	1 388	1 400	+ 4,8	+ 0,9
- Verkehrsabgaben	436	450	438	454	+ 0,5	+ 3,7
- Landwirtschaftl. Abgaben ..	375	339	339	145	- 9,6	- 1,4
- Einfuhr- u. Ausfuhrzölle	1 189	1 195	1 160	860	- 2,4	- 25,9
- Treibstoffzölle	2 506	2 700	2 565	2 450	+ 2,4	- 4,5
- Zollzuschlag auf Treibstoffe	1 767	1 890	1 819	1 740	+ 2,9	- 4,3
- Automobilsteuer	-	-	-	240	-	-
- Sonstige	108	108	116	224	+ 7,4	+ 93,1
Sonstige Einnahmen						
- Regalien/Konzessionen ..	728	659	663	667	- 8,9	+ 0,6
- Vermögenserträge	1 485	1 369	1 379	1 221	- 7,1	- 11,5
- Entgelte	1 199	810	959	863	- 20,0	- 10,0
- Einnahmenüberschuß EVK [2]	1 204	933	1 014	-	- 15,8	-
- Investitionseinnahmen ..	521	1 106	1 303	1 117	+ 150,1	- 14,3
Gesamteinnahmen	37 266	39 924	39 477	38 471	+ 5,9	- 2,5
Defizit	*3 263*	*4 048*	*4 363*	*5 527*	-	-

[1] Allgemeine Verwaltung, Justiz u. Polizei, Kultur u. Freizeit, Gesundheit, Umwelt u. Raumordnung sowie übrige Volkswirtschaft
[2] EVK = Eidgenössische Versicherungskasse
Quelle: Eidgenössisches Finanzdepartement, Bern

Nachtragskredite (Erfolgsrechnung) betrug 4363 Mio. sfr. Die Staatsquote (Gesamtausgaben in% des BIP) stieg gegenüber dem Vorjahr von 11,2 auf 12,2%. Gleichzeitig stieg die Steuerquote (Steuereinnahmen einschl. Sozialversicherungsbeiträge in% des BIP) von 9,0 auf 9,6% an. – Für 1997 sieht der Bundeshaushalt Einnahmen von 38 471 Mio. und Ausgaben von 43 998 Mio. sfr vor, d.h. es wird ein Defizit von 5527 Mio. sfr erwartet.

Senegal *West-Afrika*

Republik Senegal; République du Sénégal (französisch); Sounougal (wolof) – SN
(→ Karte IV, A 4)

Fläche (Weltrang: 86.): 196 722 km²

Einwohner (83.): F 1995 8 468 000 = 43 je km²

Hauptstadt: Dakar – F 1992: 1 729 800 Einw.

Amtssprachen: Wolof, Französisch

Bruttosozialprodukt 1995 je Einw.: 600 $

Währung: CFA-Franc

Botschaft der Republik Senegal
Argelanderstr. 3, 53115 Bonn, 0228/21 80 08

Landesstruktur (Karte → WA '96, Sp. 610) **Fläche**: 196 722 km² – **Bevölkerung**: Senegalesen; (Z 1988) 6 896 808 Einw. – (S) 44% Wolof, 15% Sérères, 11% Tukulör, 5% Diola, 4% Mandingo, Sarakolé, Malinké usw. (über 20 westatlantische Gruppen); außerdem 12% Fulbe, Mauren u. a. sowie Minderh. von Libanesen, Syrern und Franzosen – Anteil unter **Armutsgrenze** ∅ 1981–95: 54% – **Flüchtl.** Ende 1996: 17 000 in Anrainerstaaten; 50 000 aus Mauretanien, 1000 andere – **Leb.-Erwart.** 1995: 50 J. – **Säugl.-Sterbl.** 1995: 7,0% – **Kindersterbl.** 1995: 11,0% – Jährl. **Bev.-Wachstum** ∅ 1985–95: 2,8% (Geb.- und Sterbeziffer 1995: 4,2%/1,5%) – **Analph.** 1995: 67% – **Sprachen**: Wolof, Französisch, Mande-Sprachen: Bambara, Sarakolé u. a.; Serer, Diola; westatlantische Sprachen: Malinké, Peul; Ful – **Religion** 1992: 94,5% Muslime (Sunniten), 5% Christen (meist Katholiken); Anhänger von Naturreligionen – **Städt. Bev.** 1995: 42% – **Städte** (F 1992): Thiès 201 350 Einw., Kaolack 179 900, Ziguinchor 148 800, Saint-Louis 125 700

Staat Präsidialrepublik seit 1963 – Verfassung von 1963, letzte Änderung 1992 – Parlament (Assemblée Nationale) mit 120 Mitgl., Wahl alle 5 J. – Direktwahl des Staatsoberhaptes alle 7 J. (einmalige Wiederwahl) – Wahlrecht ab 18 J. – **Verwaltung**: 10 Regionen – **Staatsoberhaupt**: Abdou Diouf (PS), seit 1981 – **Regierungschef**: Habib Thiam (PS), seit 1991 (seit 1995 fünf Kabinettsposten für Oppositionspartei PDS) – **Äußeres**: Moustapha Niasse (PS) – **Parteien**: Wahlen vom 9. 5. 1993: Parti Socialiste/PS 84 Sitze (1988: 103), Parti Démocratique Sénégalais/PDS 27 (17), Ligue Démocratique-Mouvement pour le Parti du Travail/LD-MPT 3 (–), Parti de l'Indépendance et du Travail/PIT 2 (–), Sonstige 4 (–) – **Unabh.**: 20. 6. 1960 (in der Mali-Föderation), endgültig 20. 8. 1960 (Austritt aus der Föderation); Aufkündigung der Konföderation mit Gambia von 1982 am 23. 8. 1989 – **Nationalfeiertag**: 4. 4. (Unabhängigkeitstag)

Wirtschaft Währung: 1 US-$ = 587,77 CFA-Francs; 1 DM = 337,12 CFA-Francs; Wertverhältnis zum französischen Franc: 1 FF = 100 CFA-Francs – **BSP** 1995: 5070 Mio. $ – **BIP** 1994: 4867 Mio. $; realer Zuwachs ∅ 1990–95: 1,9%; Anteil (1995) **Landwirtsch.** 20%, **Industrie** 18%, **Dienstl.** 62% – **Erwerbstät.** 1995: Landw. 74% – **Arbeitslosigkeit** ∅ 1992 (S): 25% (Ballungsgebiete) – **Energieverbrauch** 1994: 97 kg ÖE/Ew. – **Inflation** ∅ 1985–95: 3,7% (1994: 32,3%) – **Ausl.-Verschuld.** 1995: 3845 Mio. $ – **Außenhandel** 1994: **Import**: 1170 Mio. $; Güter: (S) 28% Halbwaren, 25% Nahrungsmittel (darunter 8% Reis), 14% Investitionsgüter, 10% Erdölprodukte; Länder: 34% Frankreich, 7% Nigeria, 5% Italien, 5% Thailand, 4% USA, 4% Belgien/Luxemburg, 2% BRD; **Export**: 640 Mio. $; Güter: (S) 26% Fisch und Fischereiprodukte, 16% Erdnußerzeugnisse, 11% chem. Erzeugnisse; Länder: 26% Frankreich, 9% Italien, 7% Kamerun, 5% Mali, 2% BRD – **Tourismus** 1995: 387 708 Auslandsgäste, 55 Mrd. CFA-Francs Einnahmen

Seychellen *Ost-Afrika*

Republik Seychellen; Republic of Seychelles (englisch); Repiblik Sesel (kreolisch) – SY
(→ Karte IV, C 5)

Fläche (Weltrang: 179.): 454 km²

Einwohner (180.): F 1995 74 000 = 163 je km²

Hauptstadt: Victoria (auf Mahé)
F 1993: 25 000 Einw.

Amtssprache: Kreolisch

Bruttosozialprodukt 1995 je Einw.: 6620 $

Währung: 1 Seychellen-Rupie (SR) = 100 Cents

Honorarkonsulat der Republik Seychellen
Oeder Weg 43, 60318 Frankfurt am Main, 069/59 82 62

Landesstruktur (Karte → WA '96, Sp. 611 f.) **Fläche**: 454 km²; 115 Inseln: Granit-Gruppe mit Hauptinsel Mahé insg. 154,7 km², Praslin 37,6 km², Silhouette 19,9 km², La Digue 10,1 km² u. v. a.; außerdem Aldabra-Gruppe mit 145 km², Amiranten-Gruppe mit 10,3 km², Cosmoledo-

Gruppe (insg. 88 Inseln, davon 36 bewohnt) und Farquhar-Gruppe – **Bevölkerung**: Seycheller; (Z 1996) 75 304 Einw. – (Z 1987) 89% Kreolen (Mischbevölkerung aus Asiaten, Afrikanern und Europäern), 4,7% Inder (sog. Laskar, Malabar), 3,1% Madagassen, 1,6% Chinesen; malaiische und europäische Minderh. (meist Briten) – **Leb.-Erwart.** 1995: 72 J. – **Säugl.-Sterbl.** 1995: 1,6% – **Kindersterbl.** 1995: 2,0% – Jährl. **Bev.-Wachstum** ∅ 1985–95: 1,2% (Geb.- und Sterbeziffer 1993: 2,3%/0,8%) – **Analph.** 1995: 21% – **Sprachen**: 95% Kreolisch; Englisch und Französisch als Bildungssprache – **Religion**: 90% Katholiken, 8% Anglikaner – **Städt. Bev.** 1993: 53%

Staat Präsidialrepublik (im Commonwealth) seit 1976 – Verfassung von 1993 – Parlament (National Assembly) mit 33 Mitgl., Wahl alle 5 J. – Direktwahl des Staatsoberh. alle 5 J. (max. 3 Amtszeiten) – Wahlrecht ab 17 J. – **Verwaltung**: 23 Distrikte – **Staats- und Regierungschef**: France Albert René (FPPS-Vorsitzender), seit 1977 – **Äußeres**: Joseph Belmont – **Parteien**: Erste freie Wahlen vom 23. 7. 1993: Seychelles People's Progressive Front/SPPF (ehem. Sozialistische Einheitspartei) 28 Sitze, Democratic Party/DP 4, United Opposition 1 – **Unabh.**: 28. 6. 1976 (ehem. brit. Kolonie) – **Nationalfeiertage**: 5. 6. (Tag der Befreiung: Machtergreifung Renés 1977) und 29. 6. (Unabhängigkeitstag)

Wirtschaft **Währung**: 1 US-$ = 5,0562 SR; 1 DM = 3,0196 SR – **BSP** 1995: 487 Mio. $ – **BIP** 1991: 1811,5 Mio. SR; realer Zuwachs ∅ 1985–93: 4,6% (1993: +3,9%); Anteil (1994) **Landwirtsch.** 4%, **Industrie** 15%, **Dienstl.** 81% – **Erwerbstät.** 1992: Landw. 9%, Ind. 18%, Dienstl. 73% – **Arbeitslosigkeit** ∅ 1993: 8,3% – **Energieverbrauch** 1994: 1691 kg ÖE/Ew. – **Inflation** ∅ 1985–95: 3,3% – **Ausl.-Verschuld.** 1995: 164,4 Mio. $ – **Außenhandel** 1993: **Import**: 241,6 Mio. $; Güter: 25% Maschinen und Transportausrüstungen, 16% Nahrungsmittel, 15% bearb. Waren, 14% mineral. Brennstoffe; Länder: 13% Großbritannien, 13% Jemen, 13% Singapur, 13% SACU-Staaten, 8% USA; **Export**: 51,6 Mio. $; Güter: 55% Raffinerieprodukte, 28% Fisch und -produkte, 8% Maschinen und Transportausrüstungen; Länder: 64% Jemen, 20% Großbritannien – **Tourismus** 1994: 109 900 Auslandsgäste, 510 Mio. SR Einnahmen

Sierra Leone *West-Afrika*

Republik Sierra Leone; Republic of Sierra Leone – WAL (→ Karte IV, A 4)

Fläche (Weltrang: 117.): 71 740 km²

Einwohner (116.): F 1995 4 195 000 = 59 je km²

Hauptstadt: Freetown
F 1994 (A): 1 300 000 Einw.

Amtssprache: Englisch

Bruttosozialprodukt 1995 je Einw.: 180 $

Währung: 1 Leone (Le) = 100 Cents

Botschaft der Republik Sierra Leone
Rheinallee 20, 53173 Bonn, 0228/35 20 01

Landesstruktur **Fläche**: 71 740 km² – **Bevölkerung**: Sierraleoner; (Z 1985) 3 515 812 Einw. – (F 1983) vorwieg. Mande-Gruppen: 31,7% Temne, 8,4% Limba, 3,5% Kuranko im N; 34,6% Mende im S; Minderh. von Europäern, Asiaten und Libanesen – **Flüchtl.** Ende 1996: 800 000 Binnenflüchtlinge; 250 000 in Guinea, 100 000 in Liberia; 15 000 aus Liberia – **Leb.-Erwart.** 1995: 40 J. – **Säugl.-Sterbl.** 1995: 16,4% – **Kindersterbl.** 1995: 28,4% – Jährl. **Bev.-Wachstum** ∅ 1985–95: 1,6% (Geb.- und Sterbeziffer 1995: 4,8%/2,4%) – **Analph.** 1995: 69% – **Sprachen**: Englisch; Mande-Sprachen (u.a. Malinké, Mende), Temne, Limba und Krio (Kreolisch) – **Religion** 1992: mehrheitl. Anhänger von Naturreligionen, 39% Muslime (Sunniten), 8% Christen (v.a. Protestanten) – **Städt. Bev.** 1995: 39% – **Städte** (Z 1985): Koidu 82 474 Einw., Bo 59 768, Kenema 52 473, Makeni 49 474

Staat Präsidialrepublik (im Commonwealth) seit 1978; Bürgerkrieg vor allem im Osten und Süden seit 1991 – Verfassung von 1991; suspendiert am 28. 5. 1997 – Parlament (House of Representatives) mit 68 Mitgl., Wahl alle 4 J.; seit 28. 5. 1997 aufgelöst – Wahlrecht ab 18 J. – **Verwaltung**: 4 Provinzen und 1 Stadtgebiet; 147 Häuptlingsbezirke (Chiefdoms) – **Staats- und Regierungschef**: Johnny Paul Koroma, seit 17. 6. 1997 – **Äußeres**: Paulo Banguro – **Parteien**: Parlamentswahlen am 26./27. 2. 1996: Sierra Leone People's Party/SLPP 27 der 68 Sitze, United National People's Party/UNPP 17, People's Democratic Party/PDP 12, All-People's Congress/APC 5, National United Party/NUP 4, Democratic Centre Party/DCP 3; Parteien seit 28. 5. 1997 verboten – **Unabh.**: 27. 4. 1961 (ehem. brit. Kolonie) – **Nationalfeiertag**: 27. 4. (Tag der Republik)

Wirtschaft Währung: 1 US-$ = 824,81 Le; 1 DM = 488,03 Le – **BSP** 1995: 762 Mio. $ – **BIP** 1995: 824 Mio. $; realer Zuwachs ∅ 1990–95: –4,2%; Anteil (1995) **Landwirtsch.** 42%, **Industrie** 27%, **Dienstl.** 31% – **Erwerbstät.** 1995: Landw. 67% – **Arbeitslosigkeit** ∅ 1992 (S): ca. 50% – **Energieverbrauch** 1994: 77 kg ÖE/Ew. – **Inflation** ∅ 1985–95: 61,5% (1994: 24,2%) – **Ausl.-Verschuld.** 1995: 1226 Mio. $ – **Außenhandel** 1994: **Import**: 183 550 Mio. Le; Güter: 58% Maschinen und Transportausrüstungen, 17% Nahrungsmittel und leb. Tiere; Länder: 43% USA, 14% Niederlande, 6% Großbritannien; **Export**: 67 930 Mio. Le; Güter: 48% Rutil, 22% Diamanten, 14% Bauxit, 3% Kakao; Länder: 45% USA, 17% Großbritannien, 17% Belgien

Chronik Nach fünfjährigem Bürgerkrieg wird am 30. 11. **1996** in Abidjan (Elfenbeinküste) zwischen der Regierung von Präsident *Ahmad Tejan Kabbah* und der Revolutionary United Front (RUF) unter Führung von *Foday Sankoh* ein **Friedensabkommen** unterzeichnet. Dennoch kommt es weiterhin zu Kampfhandlungen zwischen der Armee, der RUF und Kamajor-Milizen, einer traditionellen Jägergruppe, die zunehmend von *Kabbah* unterstützt wird. Etwa die Hälfte der Bevölkerung befindet sich auf der Flucht. – Am 25. 5. **1997 stürzt die Armee** unter der Führung des Majors *Johnny Paul Koroma* **die Regierung**. *Kabbah* flieht nach Conakry (Guinea) und appelliert an die Regierungen Nigerias und Guineas, militärisch einzugreifen. Auslöser des Putsches ist nach Ansicht von Beobachtern der Prozeß gegen 9 Soldaten, die Anfang September 1996 einen Putsch geplant hatten, um die Friedensverhandlungen zu sabotieren. *Koroma* ernennt sich zum Präsidenten, vereidigt am 17. 6., und ernennt am 8. 7. eine Regierung, in der er selbst das Verteidigungsressort übernimmt. – Seit dem 27. 5. greift die **Friedenstruppe ECOMOG** der Wirtschaftsgemeinschaft westafrikanischer Staaten (ECOWAS) unter nigerianischer Führung in den Konflikt ein, besonders in Freetown und dem rohstoffreichen Kono-Distrikt kommt es zu heftigen Kämpfen. Der ghanaische Präsident *John Jerry Rawlings* setzt auf Vermittlungen mit den Putschisten, womit er Anfang Juni einen kurzfristigen Erfolg erzielt; Nigeria befürwortet **militärisches Eingreifen**, um die demokratisch gewählte Regierung wieder einzusetzen. – Kamajor-Milizen und Regierungstruppen im Verbund mit RUF-Milizen liefern sich im Landesinnern weiterhin **heftige Kämpfe**. – Am 18. 7. einigen sich die Außenminister mehrerer westafrikanischer Staaten und Vertreter der Junta Sierra Leones in Abidjan auf einen Waffenstillstand. Am 31. 7. teilt der nigerianische Außenminister *Tom Ikimi* mit, daß die Friedensgespräche gescheitert seien, nachdem *Koroma* am Tag vorher verkündet hatte, die Macht an eine zivile Regierung nicht vor dem Jahr 2001 abzutreten. Das seit Ende Mai verhängte **Wirtschaftsembargo** seitens der Nachbarländer wird verschärft und führt dazu, daß die Lebensmittelversorgung der Zivilbevölkerung nicht mehr gewährleistet ist. Mitte August ruft die Welternährungsorganisation FAO dazu auf, Lebensmittelhilfe zu leisten, da zahlreiche Menschen vom Hungertod bedroht seien.

Simbabwe *Süd-Afrika*

Republik Simbabwe [Zimbabwe]; Republic of Zimbabwe – ZW (→ Karte IV, B 5/6)

Fläche (Weltrang: 59.): 390 757 km²

Einwohner (63.): F 1995 11 011 000 = 28 je km²

Hauptstadt: Harare – Z 1992: 1 184 169 Einw.

Amtssprache: Englisch

Bruttosozialprodukt 1995 je Einw.: 540 $

Währung: 1 Simbabwe-Dollar (Z.$) = 100 Cents

Botschaft der Republik Simbabwe
Villichgasse 7, 53177 Bonn, 0228/35 60 71

Landesstruktur Fläche: 390 757 km² – **Bevölkerung**: Simbabwer; (Z 1992) 10 412 548 Einw. –

Staaten

(S) Bantu, davon etwa 77% Shona (Schona): 22% Karanga, 12% Korekore, 18% Zezeru, 13% Manyiku; 17% Ndebele, 1,4% Weiße, 23 000 Mischlinge und 10 000 Asiaten (meist Inder) – Anteil unter **Armutsgrenze** ∅ 1981–95: 41% – **Leb.-Erwart.** 1995: 52 J. – **Säugl.-Sterbl.** 1995: 5,0% – **Kindersterbl.** 1995: 7,4% – Jährl. **Bev.-Wachstum** ∅ 1985–95: 2,8% (Geb.- und Sterbeziffer 1995: 3,8%/1,3%) – **Analph.** 1995: 15% – **Sprachen**: Englisch, Fanagalo (kreolische Sprache) und Bantu-Sprachen (Cishona, Isindebele) – **Religion**: Anhänger von Naturreligionen; etwa 55% Christen (17% Protestanten, 14% Afrikanische Christen, 12% Katholiken); Minderh. von Muslimen, Orthodoxen und Juden – **Städt. Bev.** 1995: 32% – **Städte** (Z 1992): Bulawayo 620 936 Einw., Chitungwiza 274 035, Mutare 131 808, Gweru 124 735, Kwekwe 75 000, Kadoma 67 300, Masvingo 51 700

Staat Präsidialrepublik (im Commonwealth) seit 1980 – Verfassung von 1980, letzte Änderung 1990 – Parlament (House of Assembly) mit 150 Mitgl., davon 120 direkt gewählt, 20 durch Staatsoberh. ernannt (davon 8 Provinzgouverneure), 10 Stammeshäuptlinge; Wahl alle 6 J. – Direktwahl des Staatsoberh. alle 6 J. – Wahlrecht ab 18 J. – **Verwaltung**: 8 Provinzen – **Staats- und Regierungschef**: Robert Gabriel Mugabe (ZANU-PF-Vorsitzender), seit 1987 Staatsoberhaupt, seit 1980 Regierungschef – **Äußeres**: Stanislaus Mudenge – **Parteien**: Wahlen vom 8./9. 4. 1995: Zimbabwe African National Union-Patriotic Front/ZANU-PF 118 der 120 Sitze (1990: 117), ZANU-Ndonga 2 (1), Sonstige – (2) – **Unabh.**: 18. 4. 1980 (ehem. brit. Kolonie) – **Nationalfeiertag**: 18. 4. (Unabhängigkeitstag)

Wirtschaft **Währung**: 1 US-$ =11,3875 Z.$; 1 DM = 6,7823 Z.$ – **BSP** 1995: 5933 Mio. $ – **BIP** 1995: 6522 Mio. $; realer Zuwachs ∅ 1990–95: 1,0%; Anteil (1995) **Landwirtsch.** 16%, **Industrie** 35%, **Dienstl.** 49% – **Erwerbstät.** 1995: Landw. 67% – **Arbeitslosigkeit** ∅ 1997 (S): ca. 50% – **Energieverbrauch** 1994: 438 kg ÖE/Ew. – **Inflation** ∅ 1985–95: 20,9% (1996: 21,4%) – **Ausl.-Verschuld.** 1995: 4885 Mio. $ – **Außenhandel** 1995: **Import**: 2 Mrd. Z.$; Güter 1994: (S) 41,4% Maschinen und Transportgüter, 16,3% Fertigwaren, 16,3% Chemieprodukte, 9,9% Brennstoffe und Energie; Länder: 40,8% Südafrika, 7% Großbritannien, 6,1% USA, 6% Japan, 4,6% BRD; **Export**: 2,13 Mrd. Z.$; Güter 1994: (S) 38,2% Agrargüter (davon 23,5% Tabak), 37,7% verarb. Güter (u. a. 7,9% Ferrolegierungen, 7,3% Textilien), 24,1% mineral. Rohstoffe (u. a. 14% Gold); Länder: 13,5% Südafrika, 10,1% Großbritannien, 7,9% BRD, 7,7% Japan, 5,7% Botsuana, 4,9% Italien 4,5% USA – **Tourismus** 1994: 1 099 332 Auslandsgäste, 153 Mio. $ Einnahmen

Singapur *Südost-Asien*

Republik Singapur; Republic of Singapore – SGP
(→ Karte V, D 4)

Fläche (Weltrang: 175.): 641,1 km²

Einwohner (128.): F 1995 2 987 000 = 4659 je km²

Hauptstadt: Singapore (Singapur)
F 1995: 2 989 300 Einw.

Amtssprachen: Malaiisch, Chinesisch, Tamilisch, Englisch

Bruttosozialprodukt 1995 je Einw.: 26 730 $

Währung: 1 Singapur-Dollar (S$) = 100 Cents

Botschaft der Republik Singapur
Südstr. 133, 53175 Bonn, 0228/95 10 30

Landesstruktur **Fläche**: 641,1 km² – **Bevölkerung**: Singapurer; (Z 1990) 2 705 115 Einw. – (F 1994) 77,5% Chinesen, 14,2% Malaien, 7,1% Inder, Pakistaner und Sri Lanker, 35 300 Sonstige (→ WA '96, Sp. 621) – **Leb.-Erwart.** 1995: 75 J. – **Säugl.-Sterbl.** 1995: 0,5% – **Kindersterbl.** 1995: 0,6% – Jährl. **Bev.-Wachstum** ∅ 1985–95: 1,8% (Geb.- und Sterbeziffer 1995: 1,5%/0,6%) – **Analph.** 1995: 9% – **Sprachen** 1990: Malaiisch, 37% Chinesisch (Mandarin und versch. Dialekte), Tamilisch, Englisch; verschiedene indische Sprachen – **Religion** 1992: 53,9% Buddhisten und Taoisten (Chinesen), 15,4% Muslime (Malaien, Inder), 12,6% Christen (Chinesen, Inder), 3,5% Hindus (Inder); Minderh. von Sikhs u. a. – **Städt. Bev.** 1995: 100%

Staat Republik (im Commonwealth) seit 1959 – Verfassung von 1959, letzte Änderung vom 28. 10. 1996 – Parlament mit 83 (vorher 81) Mitgl., Wahl alle 5 J. – Direktwahl des Staatsoberh. alle 6 J. – Wahlpflicht ab 20 J. – **Verwaltung**: 5 Bezirke – **Staatsoberhaupt**: Ong Teng Cheong (PAP), seit 1993 – **Regierungschef**: Goh Chok Tong (PAP), seit 1990 – **Äußeres**: Shanmugam Jayakumar – **Parteien**: Wahlen vom 2. 1. 1997: People's Action Party/PAP (Chinesen) 81 Sitze (1991: 77), Workers' Party/WP 1 (1), Singapore People's Party/SPP 1 (–) – **Unabh.**: 9. 8. 1965 – **Nationalfeiertag**: 9. 8. (Unabhängigkeitstag)

Wirtschaft Währung: 1 US-$ = 1,4515 S$; 1 DM = 0,8760 S$; gebräuchliches Zahlungsmittel ist der Brunei-Dollar im Verhältnis 1:1 zum S$ – **BSP** 1995: 79 831 Mio. $ – **BIP** 1995: 83 695 Mio. $; realer Zuwachs ∅ 1990–95: 8,7%; Anteil (1995) **Industrie** 36%, **Dienstl.** 64% – **Erwerbstät.** 1995: Landw. 0,7%, Ind. 31,2%, Dienstl. 68,1% – **Arbeitslosigkeit** 9/1996: 1,4% – **Energieverbrauch** 1994: 8103 kg ÖE/Ew. – **Inflation** ∅ 1985–95: 3,9% (1996: 1,4%, S 1997: 2,3%) – **Ausl.-Verschuld.** 1994: keine – **Außenhandel** 1996: (ohne Indonesien) – **Import**: 185 Mrd. S$; Güter: 57,9% Maschinen und Transportausrüstungen, 20,3% Erzeugn. der verarb. Industrie, 9,3% mineral. Brennstoffe, 5,9% chem. Erzeugnisse; Länder: 18,2% Japan, 16,3% USA, 15% Malaysia, 5,5% Thailand, 4% Republik China, 3,8% Saudi-Arabien, 3,7% BRD, 3,4% Republik Korea, 3,2% Hongkong; **Export**: 176 Mrd. S$; Güter: 66% Maschinen und Transportausrüstungen, 13,1% Erzeugn. der verarb. Industrie, 9,5% mineral. Brennstoffe (einschließlich Bunkeröl, 5,6% chem. Erzeugnisse; Länder: 18,4% USA, 18% Malaysia, 8,9% Hongkong, 8,2% Japan, 5,7% Thailand, 3,9% Republik China, 3,1% BRD, 3% Republik Korea, 2,8% Großbritannien – **Tourismus**: 7,3 Mio. Auslandsgäste (1996), 11 600 Mio. S$ Einnahmen (1995)

Chronik Mit der Verabschiedung einer **Verfassungsreform** schränkt das Parlament am 28. 9. **1996** einige Kompetenzen des Präsidenten ein. Mit einer Zweidrittelmehrheit kann die Legislative das Veto des Präsidenten zurückweisen. Die Regierung ihrerseits kann mit Hilfe eines Referendums Gesetze verhindern, auch wenn sie vom Präsidenten abgelehnt worden sind. Obwohl die Opposition diese Verfassungsänderungen für sinnvoll hält, verweigert sie ihnen die Zustimmung, weil sie in einem Paket mit einer **Wahlrechtsreform** beschlossen werden. Letztere könnte nach Ansicht der Opposition ihre Chancen bei den **Parlamentswahlen** beeinträchtigen, die – unter Wahlpflicht – am 2. 2. **1997** stattfinden. Die seit der Staatsgründung 1959 regierende People's Action Party (PAP) erringt erneut einen überwältigenden Sieg, nachdem sich in 47 der 83 Wahlkreise keine Gegenkandidaten zu Wahl stellten und der Regierungschef gedroht hatte, den Wahlkreisen, in denen seine Partei nicht gewählt wird, keine finanziellen Mittel mehr zur Verfügung zu stellen. Premierminister *Goh Chok Tong* wird im Amt bestätigt und besetzt sein Kabinett in 4 Ressorts neu. – *J. B. Jeyaretnam*, Generalsekretär der Workers' Party, muß sich ab 18. 8. in einem Prozeß wegen Verleumdung der Regierung verantworten; Kläger sind u. a. Premierminister *Goh Chok Tong*, Seniorminister *Lee Kuan Kew* und weitere Regierungsmitglieder.

Slowakei *Mittel-Europa*

Slowakische Republik; Slovenská Republika, Kurzform: Slovensko – SK (→ Karte III, F/G 3)

Fläche (Weltrang: 127.): 49 036 km²

Einwohner (102.): F 1995 5 369 000 = 110 je km²

Hauptstadt: Bratislava (Preßburg)
F 1995: 452 053 Einw.

Amtssprache: Slowakisch

Bruttosozialprodukt 1995 je Einw.: 2950 $

Währung: 1 Slowakische Krone (Sk) = 100 Heller

Botschaft der Slowakischen Republik
August-Bier-Str. 31, 53129 Bonn, 0228/91 45 50

Landesstruktur Fläche: 49 036 km² – **Bevölkerung**: Slowaken; (Z 1991) 5 274 335 Einw. – (F 1995) 85,7% Slowaken, 10,6% Madjaren (Ungarn), 1,6% Roma, 1,1% Tschechen, Minderh. von Ruthenen, Ukrainern, Deutschen, Polen, Russen – Anteil unter **Armutsgrenze** ∅ 1981–95: 12,8% – **Leb.-Erwart.** 1995: 71 J. – **Säugl.-Sterbl.** 1995: 1,3% – **Kindersterbl.** 1995: 1,5% – Jährl. **Bev.-Wachstum** ∅ 1985–95: 0,3% (Geb.- und Sterbeziffer 1995: 1,4%/1,1%) – **Sprachen** 1991: 84% Slowakisch; Ungarisch, Tschechisch u. a. Sprachen der Minderheiten – **Religion** 1991: 60% römisch-katholisch, 3,4% griechisch-katholisch, 0,7% orthodox; 7,9% Protestanten; 9,7% Atheisten; 18,1% Sonstige – **Städt. Bev.** 1995: 59% – **Städte** (F 1995): Košice 240 915 Einw., Prešov 92 687, Nitra 87 357, Žilina 86 685, Banská Bystrica 84 919, Trnava 70 191, Martin 60 772, Trenčín 58 872

Staat Republik seit 1993 – Verfassung von 1993 – Parlament (Nationalrat) mit 150 Mitgliedern, Wahl alle 4 J. – Wahl des Staatsoberhaupts durch Parlament alle 5 J. (einmalige Wiederwahl) – Wahlrecht ab 18 J. – **Verwaltung**: 8 Bezirke und 79 Landkreise – **Staatsoberhaupt**: Michal Kováč, seit 1993 – **Regierungschef**: Vladimír Mečiar, seit 1994 (Koalition aus HZDS, ZRS, SNS) – **Äußeres**: Zdenka Kramplová, seit 11. 6. 1997 – **Parteien**: Wahlen vom 30. 9./1. 10. 1994: Bewegung für eine Demokratische Slowakei/HZDS 61 Sitze (1992: 74), Bündnis Gemeinsame Wahl (Partei der Demokratischen Linken/SDL und 3 kleine

Linksparteien) insg. 18 (29), Christlich-Demokratische Bewegung/KDH 17 (18), Bündnis von 3 ungarischen Parteien (u.a. Ungarische Christdemokratische Bewegung/MKDH) insg. 17 (14), Demokratische Union/DU 15 (-), Arbeitervereinigung/ZRS 13 (-), Slowakische Nationalpartei/SNS 9 (15) – **Unabh.**: Souveränitätserklärung am 17. 7. 1992; 1. 1. 1993 Auflösung der Tschechoslowakei – **Nationalfeiertage**: 1. 1. (Tag der Gründung der Slowakischen Republik) und 29. 8. (Tag des slowakischen Nationalaufstands) und 1. 9. (Verfassungstag)

Wirtschaft **Währung**: 1 US-$ = 33,085 Sk; 1 DM = 19,568 Sk – **BSP** 1995: 15 848 Mio. $ – **BIP** 1995: 17 414 Mio. $; realer Zuwachs ∅ 1990–95: –2,8%; Anteil **Privatsektor** 6/1996: 70%; Anteil (1995) **Landwirtsch.** 6%, **Industrie** 33%, **Dienstl.** 61% – **Erwerbstät.** 1995: Landw. 10%, Ind. 37%, Dienstl. 53% – **Arbeitslosigkeit** ∅ 1996: 12,8% – **Energieverbrauch** 1994: 3243 kg ÖE/Ew. – **Inflation** ∅ 1985–95: 10,4% – **Ausl.-Verschuld.** 1995: 5827 Mio. $ – **Außenhandel** 1995: **Import**: 260.8 Mrd. Sk (S 1996: 335,2 Mrd. Sk); Güter 1996: 33,1% Maschinenbauerzeugn. und Transportmittel, 17% verarb. Waren, 16,5% Treib- und Schmierstoffe, 12,8% chem. Erzeugnisse, 7,3% Nahrungsmittel, leb. Tiere, Getränke und Tabakwaren, 5,4% Rohstoffe (ohne Brennstoffe); Länder 1996: 25,5% Tschechische Republik, 19,4% Rußland, 14,3% BRD, 5,6 Italien, 4,5 Österreich; **Export**: 255,1 Mrd. Sk (S 1996: 270,6 Mrd. Sk); Güter 1996: 39,9% verarb. Waren, 21,8% Maschinen und Transportausrüstungen, 11,8% sonst. verarb. Waren, 4,9% Treib- und Schmierstoffe, 4,8% Rohstoffe ohne Brennstoffe, 4,4% Nahrungsmittel, leb. Tiere, Getränke und Tabakwaren; Länder 1996: 32,3% Tschechische Republik, 20,3% BRD, 5,8% Österreich, 5,6% Italien – **Tourismus**: 902 975 Auslandsgäste (1995), 672 Mio. $ Einnahmen (1994)

Chronik Das seit Beginn ihrer Amtszeit anhaltende Zerwürfnis zwischen Präsident *Michal Kováč* und der Regierung unter Ministerpräsidenten *Vladimír Mečiar* prägt auch im Berichtszeitraum die innenpolitische Situation. – In seinem Bericht zur Lage der Nation am 11. 12. **1996** übt Präsident *Kováč* **scharfe Kritik an der Regierung**. Er wirft ihr u.a. die Mißachtung demokratischer Spielregeln, die Herausbildung der HZDS zu einer neuen Staatspartei und außenpolitische Unzuverlässigkeit vor. – Eine **Volksabstimmung** am 24./25. 5. **1997**, die über die Direktwahl des Staatspräsidenten durch das Volk und einen eventuellen Beitritt der Slowakei zur NATO befinden soll, **scheitert unter chaotischen Begleitumständen**. Weil die von Innenminister *Gustáv Krajči* ausgegebenen Wahlzettel die Frage zum Wahlmodus für die Präsidentschaft nicht enthalten, boykottieren die meisten Stimmbürger die Abstimmung. Präsident *Kováč*, der die Direktwahl des Staatsoberhaupts befürwortet, erklärt im Anschluß, die Regierung habe das Votum unter Verstoß gegen Verfassung und Gesetze skrupellos manipuliert und fordert den Rücktritt des Ministerpräsidenten sowie des Innenministers. – Aus Protest gegen den Umgang der Regierung mit dem Referendum tritt der erst am 27. 8. 1996 berufene Außenminister *Pavol Hamžik* am 26. 5. 1997 zurück; Nachfolgerin wird am 11. 6. *Zdenka Kramplová*. – Auf dem **NATO-Gipfeltreffen** am 8./9. 7. 1997 findet das von der Slowakei angemeldete Interesse an Beitrittsverhandlungen im Zuge der Osterweiterung des Bündnisses keine Berücksichtigung, zumal sich die Parteien der Regierungskoalition und der Opposition am Tag zuvor nicht auf eine gemeinsame politische Erklärung zur Integration in die NATO und in die EU verständigen konnten.

Slowenien *Mittel-Europa*

Republik Slowenien; Republika Slovenija – SLO
(→ Karte II/III, F 3)

Fläche (Weltrang: 151.): 20 255 km²

Einwohner (139.): F 1995 1 992 000 = 98 je km²

Hauptstadt: Ljubljana (Laibach)
F Ende 1994: 270 000 Einw.

Amtssprache: Slowenisch

Bruttosozialprodukt 1995 je Einw.: 8200 $

Währung: 1 Tolar (SIT) = 100 Stotin

Botschaft der Republik Slowenien
Siegfriedstr. 28, 53179 Bonn, 0228/85 80 31

Landesstruktur **Fläche**: 20 255 km² – **Bevölkerung**: Slowenen; (Z 1991) 1 965 986 Einw. – 87,8% Slowenen, 2,8% Kroaten, 2,4% Serben, 1,4% ethn. Muslime sowie Minderh. von Ungarn, Mazedoniern, Montenegrinern, Albanern, Italienern – **Flüchtl.** Ende 1996: 10 300 aus Bosnien-Herzegowina – **Leb.-Erwart.** 1995: 73 J. – **Säugl.-Sterbl.** 1994: 0,7% – **Kindersterbl.** 1994: 0,8% – Jährl. **Bev.-Wachstum** ∅ 1985–95: 0,1% (Geb.- und Sterbeziffer 1995: 1,0%/1,1%) – **Analph.** 1990: unter 5% – **Sprachen**: Slowenisch; Kroatisch, Ungarisch, Italienisch u.a.

Sprachen der Minderheiten – **Religion** 1991: 74,2% Christen (70,8% Katholiken, 2,4% Serbisch-Orthodoxe, 1,0% Protestanten); 1,5% Muslime u.a. – **Städt. Bev.** 1995: 64% – **Städte** (F 1994): Maribor 103 100 Einw., Celje 39 800, Kranj 36 800, Koper 24 600, Novo Mesto 22 600

Staat Republik seit 1991 – Verfassung von 1991 – Parlament: Staatsversammlung (Državni Zbor) mit 90 Mitgl. (88 direkt gewählt und je 1 Vertreter der ungarischen und italienischen Minderheit) und Staatsrat (Državni Svet) mit 40 Mitgl. (davon 22 direkt gewählt); Wahl alle 4 bzw. 5 J. – Direktwahl des Staatsoberh. alle 5 J. (einmalige Wiederwahl) – Wahlrecht ab 18 J. – **Verwaltung**: 148 Gemeinden – **Staatsoberhaupt**: Milan Kučan, seit 1990 – **Regierungschef**: Janez Drnovšek (LDS-Vorsitzender), seit 1992 (Koalition aus LDS, SLS und DESUS, seit 27. 2. 1997) – **Äußeres**: Zoran Thaler; Rücktritt am 31. 7. 1997, im Amt bis Sept. 1997 – **Parteien**: Wahlen vom 10. 11. 1996 zur Staatsversammlung: Liberaldemokraten/LDS 25 Sitze (1992: 22), Slowenische Volkspartei/SLS 19 (10), Sozialdemokratische Partei/SDS 16 (4), Christdemokraten/SKD 10 (15), Vereinigte Liste der Sozialdemokraten/ZLSD 9 (14), Demokratische Partei der Pensionäre/DESUS 5 (–), Slow. Nationalpartei/SNS 4 (12) – **Unabh.**: Unabhängigkeitserklärung am 25. 6. 1991; formell seit 8. 10. 1991 – **Nationalfeiertage**: 25. 6. (Souveränitätstag) und 26. 12. (Unabhängigkeitstag)

Wirtschaft Währung: 1 US-$ = 157,34 SIT; 1 DM = 90,95 SIT – **BSP** 1995: 16 328 Mio. $ – **BIP** 1995: 18 550 Mio. $; realer Zuwachs ∅ 1990–95: k. Ang.; Anteil (1995) **Landwirtsch.** 5%, **Industrie** 39%, **Dienstl.** 57% – **Erwerbstät.** 1995: Landw. 10%, Ind. 43%, Dienstl. 47% – **Arbeitslosigkeit** ∅ 1996: 13,9% – **Energieverbrauch** 1994: 2612 kg ÖE/Ew. – **Inflation** ∅ 1985–92: 7,6% (S 1996: 9,7%, S 1997: 8,5%) – **Ausl.-Verschuld.** 1995: 3489 Mio. $ (ohne Schuldenanteil des ehemaligen Jugoslawien mit rd. 3600 Mio. $) – **Außenhandel** 1996: **Import**: 9397 Mio. $; Güter: 54,5% Zwischenprodukte, 33,4% Konsumgüter, 12,1% Investitionsgüter; Länder: 21,7% BRD, 16,9% Italien, 9,8% Frankreich, 8,8% Österreich, 6,2% Kroatien, 3,5% USA, 2,5% Ungarn, 2,5% Tschechische Republik; **Export**: 8306 Mio. $; Güter: 63,9% Zwischenprodukte, 20% Konsumgüter, 16,1% Investitionsgüter; Länder: 30,6% BRD, 13,3% Italien, 7,2% Frankreich, 6,6% Österreich, 10,3% Kroatien, 2,9% USA, 2% Mazedonien, 1,9% Großbritannien – **Tourismus** 1996: 831 895 Auslandsgäste, 1200 Mio. $ Einnahmen

Chronik Die **Parlamentswahlen** (Wahlbeteiligung 71,5%) am 10. 11. **1996 führen zu einer Pattsituation** in der 90köpfigen Staatsversammlung. Zwar können die regierenden Liberaldemokraten (LDS) unter dem bisherigen Ministerpräsidenten *Janez Drnovšek* mit einem Stimmenanteil von 27,1% (+3,4% gegenüber 1992) ihre Position als stärkste politische Kraft leicht ausbauen, doch erreichen die in der rechtsbürgerlichen Parteienallianz Slowenischer Frühling zusammengeschlossenen Partner, die konservative Volkspartei SLS, die rechtsorientierte sozialdemokrat. SDS und die Christdemokraten SKD, ebenso viele Sitze – nämlich 44 – wie die LDS und deren Verbündete, die Linkssozialisten ZSLD, die Demokratische Partei der Pensionäre DESUS und die rechte Slowenische Nationalpartei SNS. – Die Regierungsbildung ist daher schwierig: Nach vergeblichen Versuchen *Drnovšeks*, eine parlamentarische Mehrheit zu finden, wird er schließlich mit Hilfe eines abtrünnigen SKD-Abgeordneten sowie eines Vertreters der beiden ethnischen Gruppen der Italiener bzw. Ungarn am 9. 1. **1997** mit 46 Stimmen als Regierungschef bestätigt. Die Opposition spricht von Stimmenkauf. Sein Kabinett einer Mitte-Links-Koalition (LDS, ZLSD, DESUS, SNN) kann bei der Abstimmung in der Staatsversammlung am 6. 2. jedoch nur 45 Sitze auf sich vereinigen (Patt). Schließlich schert die SLS aus dem Slowenischen Frühling aus und beteiligt sich an der Regierung, während ZSLD und SNS als bisherige Koalitionspartner der LDS fallengelassen werden. Am 27. 2. wird die **Regierung Drnovšek** von der Staatsversammlung mit 52 von 90 Stimmen **bestätigt**. Außenminister ist *Zoran Thaler* (LDS), der am 31. 7. wegen der fehlgeschlagenen NATO-Beitrittsverhandlungen zurücktritt.

Wichtige außenpolitische Ereignisse: Am 24. 10. **1996** ratifiziert das Europäische Parlament das im Juni vom EU-Ministerrat unterzeichnete **Assoziationsabkommen der EU** mit Slowenien. 1996 gab Italien seine mehrjährige Blockade auf (→ WA '97, Sp. 596). Als die EU-Kommission am 15. 7. **1997** den EU-Mitgliedstaaten empfiehlt, 6 Staaten – darunter Slowenien – ab Januar 1998 zu **Verhandlungen über einen Beitritt zur EU** einzuladen, ratifiziert das slowenische Parlament das Assoziationsabkommen. Zuvor hob es zur Erfüllung der italienischen Bedingungen durch eine umstrittene Verfassungsänderung den bisher verbotenen Erwerb von Grundstücken durch Ausländer auf.

Somalia *Nordost-Afrika*

Demokratische Republik Somalia; Jamhuuriyadda Dimoqraadiya Soomaaliya – SP (→ Karte IV, C 4/5)

Fläche (Weltrang: 41.): 637 657 km²

Einwohner (78.): F 1995 9 491 000 = 14,9 je km²

Hauptstadt: Muqdisho (Mogadischu) S 1990: 900 000 Einw.

Amtssprache: Somali

Bruttosozialprodukt S 1995 je Einw.: unter 765 $

Währung: 1 Somalia-Shilling (So.Sh.) = 100 Centesimi

Botschaft der Demokratischen Republik Somalia Hohenzollernstr. 12, 53173 Bonn, 0228/35 16 43

Landesstruktur Fläche: 637 657 km² – **Bevölkerung**: Somalier; (Z 1986/87) 7 114 431 Einw. – (S) 95% Angehörige der Somal-Stämme (Isaaq, Absami, Habargidir, Abgal, Darod, Digil, Issa, Hawiya u. a.), daneben etwa 100 000 Bantu und 30 000 Araber – **Flüchtl.** Ende 1996: 250 000 Binnenflüchtlinge; über 400 000 in Anrainerstaaten (240 000 in Äthiopien, 150 000 in Kenia) – **Leb.-Erwart.** 1995: 48 J. – **Säugl.-Sterbl.** 1995: 12,5% – **Kindersterbl.** 1995: 21,1% – Jährl. **Bev.-Wachstum** ∅ 1985–95: 1,9% (Geb.- und Sterbeziffer 1995: 5,0%/1,8%) – **Analph.** 1990: 76% – **Sprachen**: Somali sowie Sprachen der verschiedenen Ethnien; Arabisch und Italienisch als Handels- und Bildungssprachen – **Religion** (Islam ist Staatsreligion) 1992: 99,8% Muslime (Sunniten schafiitischer Richtung); christl. Minderheiten – **Städt. Bev.** 1994: 26% – **Städte** (S 1984): Hargeysa (Hauptort von Somaliland) 70 000 Einw., Kismaayo 70 000, Berbera 65 000, Marka 60 000

Staat Republik seit 1979 – Verfassung von 1979 mit Änderung 1990, seit 1991 außer Kraft – Bürgerkrieg seit 1991 – Ausrufung der unabhängigen Republik Somaliland (ehemaliges britisches Protektorat) im N durch die Somalische Nationalbewegung/SNM am 18. 5. 1991 (Präsident: Mohammed Ibrahim Egal, seit 1993) – **Verwaltung**: 18 Provinzen – **Staats- und Regierungschef**: N.N.; selbsternannter Interimspräsident: Ali Mahdi Muhammad, seit 1991; daneben seit 4. 8. 1996 ›Staatspräsident‹ Hussein Mohammad Aidid – **Äußeres**: N.N. – **Parteien**: Letzte Wahlen 1984; Parteien: United Somali Congress/USC, Somali National Alliance/SNA, Somali Salvation Allian-

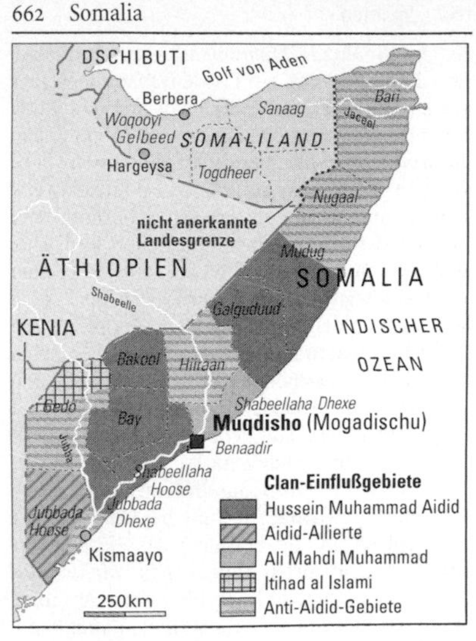

Somalia: Einflußgebiete verfeindeter Clans

ce/SSA (12 Gruppierungen), Somali Democratic Movement/SDM u. a. – **Unabh.**: 26. 6. 1960 (Britisch Somaliland) und 1. 7. 1960 (Italienisch Somaliland); Vereinigung am 1. 7. 1960 – **Nationalfeiertage**: 26. 6. (Unabhängigkeitstag) und 1. 7. (Gründung der Republik)

Wirtschaft (keine neueren Ang. verfügbar) – **Währung**: keine Devisenkurse erhältlich – **BSP** 1990: 946 Mio. $ – **BIP** 1991: 879 Mio. $; realer Zuwachs ∅ 1980–92: 2,4%; Anteil (1991) **Landwirtsch.** 66% – **Erwerbstät.** 1993: Landw. 68%, Ind. 11%, Dienstl. 20% – **Arbeitslosigkeit**: k. Ang. – **Energieverbrauch** 1994: 7 kg ÖE/Ew. – **Inflation** ∅ 1985–93: 75,4% – **Ausl.-Verschuld.** 1995: 2678 Mio. $ – **Außenhandel** 1992: **Import**: 150 Mio. $; Güter: 50% Maschinen und Transportausrüstungen, 21% Industriegüter, 20% Nahrungsmittel; Länder 1989: v. a. Italien, Großbritannien, BRD, Kenia, USA; **Export**: 80 Mio. $; Güter 1988: 40% Bananen, 38% leb. Tiere sowie Häute; Länder 1989: v. a. Italien; Saudi-Arabien, USA, Japan, VR China

Chronik Die Kämpfe zwischen rivalisierenden Clan-Milizen halten auch nach dem Tod des mächtigsten Clanführers *Muhammad Farah Aidid* (→ WA'97, Sp. 598) an. Während der Norden relativ stabil ist, gelten die Milizen im Süden als unkontrollierbar (→ Karte). Unter Vermittlung des kenianischen Präsidenten *Daniel arap Moi* vereinbaren die Clanführer *Hussein Muhammad*

Aidid, Ali Mahdi Muhammad und *Osman Ali Atto* am 15. 10. **1996** ein Friedensabkommen. Der vereinbarte Waffenstillstand hält nur bis Mitte Dezember, als erneut Kämpfe in Mogadischu ausbrechen. – Die **Vereinten Nationen** (UN) verlegen ihren Schwerpunkt von politischer auf Entwicklungsarbeit. Sie kooperieren direkt mit Distrikträten, islamischen Autoritäten und Ältestenräten und bestehen nicht mehr auf einer zentralen Regierung als Gesprächspartner. – Am 4. 1. **1997** bilden 26 somalische Gruppierungen einen **Nationalen Heilsrat**, um eine Übergangsregierung zu schaffen. Der Clanführer und selbsternannte Präsident *Hussein Muhammad Aidid* boykottiert das Treffen und bezichtigt die Teilnehmer des Landesverrats. Auch die muslimisch-fundamentalistische Untergrundorganisation Itihad al-Islami (Islamische Union) lehnt den Heilsrat ab, der Präsident des einseitig für unabhängig erklärten Somalilands, *Mohammed Ibrahim Egal*, bezieht keine Position. – Am 21. 1. vereinbaren *Aidid* und *Ali Mahdi Muhammad*, der den Norden Mogadischus kontrolliert, einen **Waffenstillstand** und die Wiedervereinigung der Hauptstadt. Trotz weiterer Verhandlungen kommt es nicht zu einer dauerhaften Lösung.

Staaten

Spanien *Südwest-Europa*

Königreich Spanien; Reino de España, Kurzform: España – E (→ Karte II, C-E 3–5)

Fläche (Weltrang: 50.): 504 782 km²

Einwohner (28.): F 1995 40 321 143 = 80 je km²

Hauptstadt: Madrid
F 1995: 3 029 734 Einw. (A: 5,18 Mio.)

Amtssprachen: Spanisch, Katalanisch, Galicisch, Baskisch

Bruttosozialprodukt 1995 je Einw.: 13 580 $

Währung: Peseta (Pta)

Botschaft des Königreichs Spanien
Schloßstr. 4, 53115 Bonn, 0228/91 17 90

Landesstruktur (→ Karte) **Fläche**: 504 782 km²; einschließlich Exklaven in Marokko: Ceuta 19 km² und Melilla 13 km² (Einzelheiten → Tabelle) – **Bevölkerung**: Spanier; (F 1995) 40 321 143 Einw.; (Z 1991) 38 872 268 Einw. – (S) über 72,3% kastilische Spanier, etwa 16,3% Katalanen, 8,1% Galicier, 2,3% Basken, Sonstige 1% (v. a. Gitanos); (F 1994) 461 364 Ausländer: u. a. 63 939 Marokkaner, 62 939 Briten, 38 229 Deutsche, 34 943 Portugiesen, 28 511 Franzosen, 19 922 Argentinier – **Leb.-Erwart.** 1995: 78 J. – **Säugl.-Sterbl.** 1995: 0,8% – **Kindersterbl.** 1995: 0,9% – Jährl. **Bev.-Wachstum** ∅ 1985–95: 0,2% (Geb.- und Sterbeziffer 1995: 1,0%/0,9%) – **Analph.** 1995: unter 5% – **Sprachen**: Spanisch (Castellano), Katalanisch, Galicisch, Baskisch und Caló (Gitanos) – **Religion** 1992: 96% Katholiken; etwa 32 000 Protestanten, 120 000 Muslime, 7000 Juden – **Städt. Bev.** 1995: 77% – **Städte** (F 1995): Barcelona 1 614 571 Einw. (als A: 4,75 Mio.), Valencia 763 299 (A 2,2 Mio.), Sevilla 719 588, Zaragoza (Saragossa) 607 899, Málaga 532 425, Las Palmas de Gran Canaria 373 772, Bilbao 370 997, Murcia 344 904, Valladolid 334 820, Palma de Mallorca 323 138, Córdoba 318 030, Vigo 290 582, Alacant (Alicante) 276 526, Gijón 270 867, Hospitalet 262 501, La Coruña 254 822, Badalona 217 983, Vitoria (Gasteiz) 215 049, Santa Cruz de Tenerife 204 948, Oviedo 202 421, Santander 194 837, Móstoles 192 018 (Z 1991), Elx (Elche) 192 424, Jerez de la Frontera 191 394

Staat Parlamentarische Monarchie seit 1978 – Verfassung von 1978, letzte Änderung 1992 – Parlament (Cortes Generales): Abgeordnetenhaus (Congreso de los Diputados) mit 350 und Senat (Senado) mit 255 Mitgl. (davon 208 direkt gewählt und 47 Delegierte aus den Autonomen Regionen); Wahl alle 4 J. – Staatsrat (Consejo de Estado) mit 23 Mitgl. als Konsultativorgan – Wahlrecht ab 18 J. – **Verwaltung**: 17 Autonome Regionen (Comunidades Autónomas), 52 Provinzen, darunter die Exklaven Ceuta und Melilla (Einzelheiten → Tabelle) – **Staatsoberhaupt**: König Juan Carlos I. de Borbón y Borbón, seit 1975 – **Regierungschef**: José María Aznar López (PP-Vorsitzender), seit 1996; Minderheitsregierung – **Äußeres**: Abel Matutes Juan – **Parteien**: Wahlen vom 3. 3. 1996: Abgeordnetenhaus: Partido Popular/PP (Konservative) 156 (1993: 141), Partido Socialista Obrero Español/PSOE (Sozialistische Arbeiterpartei) 141 Sitze (159), Izquierda Unida/IU 21 (18), Convergència i Unió/CiU 16 (17), Partido Nacionalista Vasco/PNV (Baskische Nationalpartei) 5 (5), Coalición Canaria/CC 4 (4), Herri Batasuna/HB 2 (2), Bloque Nacionalista Galego/BNG 2 (–), Esquerra Republicana de Catalunya/ERC 1 (1), Eusko Alkartasuna/EA 1 (1), Unió Valenciana/UV 1 (1) – Senat: PP 111 von 208 (1993: 93), PSOE 81 (96), CiU 8 (10), PNV 4 (3), CC 2 (5), Sonstige 2 (1) – **Unabh.**: alte staatl. Tradition; 1479 Gründung des spanischen Reiches durch Zusammenschluß von Kastilien-León und Aragón-Kastilien – **Nationalfeiertag**: 12. 10. (Entdeckung Amerikas durch Kolumbus 1492)

Spanien: Fläche, Bevölkerung und Bevölkerungsdichte nach Regionen und Provinzen [1]

Autonome Regionen / Provinzen (Hauptstadt)	Fläche km^2	Einw. Z 1991	Einw. F 1995 [2]
Andalucía			
Almería (Almería)	8 774	455 496	493 126
Cádiz (Cádiz)	7 385	1 078 404	1 127 622
Córdoba (Córdoba)	13 718	754 452	782 221
Granada (Granada)	12 531	790 515	841 829
Huelva (Huelva)	10 085	443 476	458 674
Jaén (Jaén)	13 498	637 633	666 767
Málaga (Málaga)	7 276	1 160 843	1 224 959
Sevilla (Sevilla)	14 001	1 619 703	1 719 446
Aragón			
Huesca (Huesca)	15 613	207 810	210 276
Teruel (Teruel)	14 785	143 680	143 055
Zaragoza (Zaragoza)	17 252	837 327	852 332
Principado de Asturias			
Asturias (Oviedo)	10 565	1 093 937	1 117 370
Islas Baleares			
Baleares (Palma de Mallorca)	5 014	709 138	787 984
Canarias			
Las Palmas (Las Palmas)	4 072	767 969	844 140
Santa Cruz de Tenerife (Santa Cruz de Tenerife)	3 170	725 815	787 358
Cantabria			
Cantabria (Santander)	5 289	527 326	541 885
Castilla-La Mancha			
Albacete (Albacete)	14 862	342 677	361 327
Ciudad Real (Ciudad Real)	19 749	475 435	490 573
Cuenca (Cuenca)	17 061	205 198	207 499
Guadalajara (Guadelajara)	12 190	145 593	155 884
Toledo (Toledo)	15 368	489 543	515 434
Castilla y León			
Ávila (Ávila)	8 048	174 378	176 791
Burgos (Burgos)	14 309	352 772	360 677
León (León)	15 468	525 896	532 706
Palencia (Palencia)	8 035	185 479	186 035
Salamanca (Salamanca)	12 336	357 801	365 293
Segovia (Segovia)	6 949	147 188	149 653
Soria (Soria)	10 287	94 537	94 396
Valladolid (Valladolid)	8 202	494 207	504 583
Zamora (Zamora)	10 559	213 668	214 273
Cataluña			
Barcelona	7 733	4 654 407	4 748 236
Girona (Gerona)	5 886	509 628	541 995
Lleida (Lérida)	12 028	353 455	360 407
Tarragona (Tarragona)	6 283	542 004	576 231
Extremadura			
Badajoz (Badajoz)	21 657	650 388	675 592
Cáceres (Cáceres)	19 945	411 464	424 946
Galicia			
La Coruña (La Coruña)	7 876	1 096 966	1 136 283
Lugo (Lugo)	9 803	384 365	386 405
Orense (Orense)	7 278	353 491	364 521
Pontevedra (Pontevedra)	4 477	896 847	937 811
Com de Madrid			
Madrid (Madrid)	7 995	4 947 555	5 181 659
Reg de Murcia			
Murcia (Murcia)	11 317	1 045 601	1 109 977
Com Foral de Navarra			
Navarra (Pamplona)	10 421	519 277	536 192
País Vasco			
Álava (Vitoria-Gasteiz)	3 047	272 447	282 944
Guipúzcoa (San-Sebastián)	1 997	676 488	684 113
Vizcaya (Bilbao)	2 217	1 155 106	1 163 726
La Rioja			
La Rioja (Lograno)	5 034	263 434	267 163
Com Valenciana			
Alicante (Alicante)	5 863	1 292 563	1 363 785
Castellón (Castellón de la Plana)	6 679	446 744	464 670
Valencia (Valencia)	10 763	2 117 927	2 200 319

[1] ohne Melilla und Ceuta; [2] Stand 1. 1. 1995
Quelle: Instituto Nacional de Estadística 1997

Wirtschaft Währung: 1 US-$ = 147,50 Ptas; 1 DM = 84,60 Ptas – **BSP** 1995: 532 347 Mio. $ – **BIP** 1995: 558 617 Mio. $; realer Zuwachs ∅ 1990–95: 1,1%; Anteil (1995) **Landwirtsch.** 3%, **Industrie** 34%, **Dienstl.** 63% – **Erwerbstät.** 1995: Landw. 9%, Ind. 30%, Dienstl. 61% – **Arbeitslosigkeit** ∅ 1996: 22,7% – **Energieverbrauch** 1994: 2458 kg ÖE/Ew. – **Inflation** ∅ 1985–95: 6,3% – **Ausl.-Verschuld.** 1996: 48,3 Bill. Ptas – **Außenhandel** 1996: **Import**: 15 436 Mrd. Ptas; Güter: 53% Ausrüstungsgüter, 22% Halbwaren, 14% Transportmittel, 13% Konsumgüter; Länder: 18% Frankreich, 15% BRD, 9% Italien, 8% Großbritannien, 6% USA; **Export**: 12 931 Mrd. Ptas; Güter: 22% Transportmittel, 21% Halbwaren, 21% Ausrüstungsgüter, 15% Nahrungsmittel, 14% Konsumgüter; Länder: 20% Frankreich, 14% BRD, 9% Italien, 9% Portugal, 8% Großbritannien – **Tourismus** 1996: 61,9 Mio. Auslandsgäste, 3250 Mrd. Ptas Einnahmen

Chronik Eine günstige Konjunkturentwicklung stützt im Berichtszeitraum das erfolgreiche Bemühen der konservativen Regierung von *José María Aznar* (PP), ihr Sanierungs- und Sparprogramm konsequent fortzuführen, um die Maastricht-Kriterien für den Beitritt zur Europäischen Wirtschafts- und Währungsunion (EWWU) zu erfüllen. Die anhaltenden Terroraktionen der baskischen Untergrundorganisation ETA (Euskadi Ta Askatasuna) erschüttern Spanien und führen zur Bildung einer umfassenden Einheitsfront zur Isolierung ihres politischen Umfeldes.

Wirtschaftliche Entwicklung und Soziales: In Erwartung eines wirtschaftlichen Aufschwungs legt die Regierung am 27. 9. **1996** einen **Haushaltsentwurf** für 1997 vor, der die öffentlichen Finanzen um mehr als umgerechnet 14 Mrd. DM entlasten und die Defizitquote von offiziell 5,9% des BIP auf 3% drücken soll. Von den Sparmaßnahmen vorrangig betroffen sind u. a. der öffentliche Sektor sowie Subventionen für die Privatwirtschaft und Staatsunternehmen, die größtenteils privatisiert werden sollen. – **Gegen die zunehmenden Belastungen** durch die Einschränkung sozialer Leistungen, die Erhöhung von Steuern und Gebühren und gegen die im europäischen Vergleich hohe Arbeitslosigkeit (1996: 22,7%) **demonstrieren** am 23. 11. über **200 000 Menschen** in Madrid. Am 11. 12. beantworten die Gewerkschaften den Plan der Regierung, im öffentlichen Dienst die Löhne und Gehälter für 1997 einzufrieren und einen Einstellungsstopp zu verhängen, mit einem umfassenden Streik.

Staatsterrorismus-Affäre: Am 22. 3. **1997** verpflichtet der Oberste Gerichtshof in Madrid die spanische Regierung zur **Herausgabe von 13 Dokumenten des militärischen Abschirmdienstes Cesid** an Ermittlungsrichter, die sich in mehreren Verfahren mit dem »schmutzigen Krieg« der gegen die ETA eingesetzten Todesschwadronen Grupos Antiterroristas de Liberación (GAL) befassen (→ WA '97, Sp. 692). In den 80er Jahren sollen diese in Südfrankreich 28 ETA-Aktivisten getötet haben. Die von der Regie-

Staaten

rung zunächst gesperrten Unterlagen sollen den Schluß zulassen, daß die GAL im Auftrag des Innenministeriums der damaligen sozialistischen Regierung von *Felípe González* (PSOE) gegründet und von den offiziellen Sicherheitskräften gedeckt und mit Waffen versorgt wurde.

ETA-Bekämpfung und ETA-Terror: Als bedeutenden Schlag gegen die ETA bezeichnen die Sicherheitsbehörden die Verhaftung des mutmaßlichen Verantwortlichen für die in Spanien operierenden ETA-Kommandos, *Juan Luis Agirre Lete*, am 26. 11. **1996** durch die franz. Polizei in der Nähe von Bayonne. Die bei der Aktion sichergestellten Dokumente ermöglichen die Festnahme weiterer als ETA-Kämpfer verdächtiger Personen. – Der Festnahme mehrerer Vorstandsmitglieder der baskischen Unabhängigkeitspartei Herri Batasuna (HB; Vereintes Volk), die als politischer Arm der ETA gilt, in Präventivhaft Anfang Februar folgt eine **Serie von der ETA zugeschriebenen Attentaten**, denen 4 Menschen zum Opfer fallen. Die Regierung läßt sich aber nicht zu Verhandlungen und zur Zusammenlegung der rd. 500 inhaftierten ETA-Aktivisten in Haftanstalten im Baskenland zwingen; Innenminister *Jaime Mayor Oreja* fordert als Voraussetzung von Gesprächen die Niederlegung der Waffen und sofortige Freilassung von 2 von der ETA entführten Geiseln. Die seit Sommer 1996 geübte Praxis, einzelne ETA-Häftlinge in baskischen Gefängnissen zusammenlegen zu lassen, setzt er fort. – Am 1. 7. **1997** läßt die ETA einen der beiden Entführten frei, nachdem seine Familie unbestätigten Berichten zufolge umgerechnet 18 Mio. DM Lösegeld zahlte. Am selben Tag gelingt der Polizei die Befreiung der 2. Geisel, des seit 532 Tagen festgehaltenen Gefängnisbeamten *José Antonio Ortega Lara*. – Ein **ETA-Kommando entführt** am 10. 7. einen Kommunalpolitiker aus Ermua, **Miguel Angel Blanco, und ermordet ihn** 2 Tage später, nachdem die spanische Regierung einem Ultimatum auf Zusammenlegung sämtlicher Gesinnungsgenossen binnen 48 Stunden nicht nachkam. In einer in der Geschichte Spaniens bislang beispiellosen **Manifestation der Trauer und Empörung** demonstrieren an den nächsten Tagen mehr als 6 Mio. Menschen im Land gegen die ETA. Dieser werden Anschläge mit rd. 750 Todesopfern zugeschrieben, seit sie 1959 den Kampf – ursprünglich gegen die Unterdrückung des Baskenlandes durch die Franco-Diktatur – aufnahm. Am 15. 7. 1997 schließen sich 12 Parteien in einem »Pakt von Madrid« zu einer Front gegen den separatistischen Terrorismus zusammen, um die HB politisch zu isolieren.

Sri Lanka *Süd-Asien*

Demokratische Sozialistische Republik Sri Lanka; Ṣrī Laṅkā Prajātāntrika Samājavādī Janarajaya (singhalesisch); Ilaṅkaiś Śanaṇāyaka Ṣōśaliśak Kuṭiyaraśa (tamilisch) – CL

(→ Karte IV/V, C/D 4)

Fläche (Weltrang: 120.): 65 610 km²

Einwohner (50.): F 1995 18 114 000 = 276 je km²

Hauptstadt: Colombo – S 1992: 1 994 000 Einw.

Regierungssitz: Anuradhapura (ehemals Kotte) S 1990: 109 000 Einw.

Amtssprachen: Singhalesisch, Tamil

Bruttosozialprodukt 1995 je Einw.: 700 $

Währung: 1 Sri-Lanka-Rupie (S.L.Re.) = 100 Sri Lanka Cents

Botschaft der Demokratischen Sozialistischen Republik Sri Lanka
Noeggerathstr. 15, 53111 Bonn, 0228/69 89 46

Landesstruktur (Karte → WA '97, Sp. 606) **Fläche**: 65 610 km² – **Bevölkerung**: Srilanker; (Z 1981) 14 846 750 Einw. – 74% Singhalesen, 12,6% Ceylon- oder Jaffna-Tamilen, 5,5% Indien- oder Candy-Tamilen, 7,1% Moors (Muslime), 0,8% Burghers (Nachkommen der Portugiesen und Niederländer) – Anteil unter **Armutsgrenze** ∅ 1981–95: 4% – **Flüchtl.** Ende 1996: 900 000 Binnenflüchtlinge (v. a. Tamilen); 100 000 in Indien – **Leb.-Erwart.** 1995: 73 J. – **Säugl.-Sterbl.** 1995: 1,5% – **Kindersterbl.** 1995: 1,9% – Jährl. **Bev.-Wachstum** ∅ 1985–95: 1,3% (Geb.- und Sterbeziffer 1995: 2,0%/0,6%) – **Analph.** 1995: 10% – **Sprachen**: 75% Singhalesisch (Sinhala), 20% Tamil, Malaiisch; Englisch als Handels- und Bildungssprache – **Religion** 1992: 69,1% Buddhisten (v. a. Singhalesen), 15,5% Hindus (v. a. Tamilen), 7,6% Muslime, 6,9% Katholiken – **Städt. Bev.** 1995: 22% – **Städte** (F 1990): Moratuwa 170 000 Einw., Jaffna 129 000, Kandy 104 000, Galle 84 000; (F 1989) Negombo 64 000, Batticaloa 50 000, Trincomalee 49 000

Staat Sozialistische Präsidialrepublik (im Commonwealth) seit 1978 – Verfassung von 1978, letzte Änderung 1987 – Ausnahmezustand seit 8. 4. 1996 – Parlament (Nationalversammlung) mit 254 Mitgl. (225 Direktmandate, 29 nach Parteienproporz verteilt); Wahl alle 6 J. – Direktwahl des Staatsoberh. alle 6 J. – Wahlrecht ab 18 J. – **Verwaltung**: 9 Provinzen, 25 Distrikte – **Staatsoberhaupt**: Chandrika Bandaranaike Kumaratunga (PA-Vorsitzende), seit 1994 – **Regierungschefin**: Sirimavo R. D. Bandaranaike, seit 1994 – **Äußeres**: Lakshman Kadirgamar – **Parteien**: Wahlen vom 16. 8. 1994: People's Alliance/PA (Volksallianz; Linksbündnis aus 9 Parteien, u. a. Sri Lanka Freedom Party/SLFP, KP Sri Lankas/CPSL, trotzkistische Lanka Sama Samaja Party/LSSP) insg. 105 Sitze (1989: SLFP 67), United National Party/UNP 94 (125), Eelam People's Democratic Party/EPDP 9 (–), Sri Lankan Muslim Congress/SLMC 7 (4), Tamil United Liberation Front/TULF 5 (10), Democratic People's Lib. Front/DPLF 3 (–), Sonstige 2 (19) – **Unabh.**: 4. 2. 1948 – **Nationalfeiertag**: 4. 2. (Unabhängigkeitstag)

Wirtschaft **Währung**: 1 US-$ = 58,38 S.L.Re.; 1 DM = 34,9585 S.L.Re. – **BSP** 1995: 12 616 Mio. $ – **BIP** 1995: 12 915 Mio. $; realer Zuwachs ∅ 1990–95: 4,8%; Anteil (1995) **Landwirtsch.** 23%, **Industrie** 25%, **Dienstl.** 52% – **Erwerbstät.** 1993: Landw. 39%, Ind. 21%, Dienstl. 40% – **Arbeitslosigkeit** ∅ 1996: 12,0% – **Energieverbrauch** 1994: 97 kg ÖE/Ew. – **Inflation** ∅ 1985–95: 11,1% (1996: 16,0%, S 1997: 10,4%) – **Ausl.-Verschuld.** 1995: 8230 Mio. $ – **Außenhandel** 1995: **Import**: 266,6 Mrd. S.L.Re.; Güter: 22,9% Investitionsgüter (darunter Maschinen, Ausrüstungen, Transportausrüstungen 15,5%), 22,3% Textilien und Bekleidung, 18,9% Konsumgüter (darunter 15,6% Nahrungsmittel), 7,4% Erdöl; Länder: 9% Indien, 6,9% Hongkong, 6,7% Republik Korea, 6% USA, 5,5% Republik China, 4,8% Singapur, 4,7% Großbritannien, 4,1% Malaysia, 3,3% USA, 3,2% BRD; **Export**: 195,1 Mrd. S.L.Re.; Güter: 75,4% Industrieerzeugnisse, 21,8% landwirtschaftl. Erzeugn. (davon 12,6% Tee), 2,8% Mineralien; Länder: 35,6% USA, 9,1% Großbritannien, 6,7% BRD, 5,7% Belgien/Luxemburg, 5,3% Japan, 3,7% Niederlande, 2,4% GUS-Staaten, 2,3% Frankreich – **Tourismus**: 407 000 Auslandsgäste (1995), 175,5 Mio. $ Einnahmen (1996)

Chronik Der seit 1983 **anhaltende Bürgerkrieg** zwischen den separatistischen Rebellen der Tamil-Tiger LTTE (Liberation Tiger of Tamil Eelam), die im Norden und Osten der Insel für einen unabhängigen Staat der Tamilen kämpfen, und Regierungstruppen geht mit unverminderter Härte weiter, obwohl die LTTE im Frühjahr 1996 die Kontrolle über die Halbinsel Jaffna weitgehend verloren haben (→ WA '97, Sp. 605 ff.). Militärisch unterlegen, steigert die LTTE ihre Attakken in Form von Bombenanschlägen und Selbstmordattentaten gegen Soldaten und militärische

Einrichtungen, die zahlreiche Todesopfer, darunter Zivilisten, fordern. Am 29. 9. **1996** erobern Regierungstruppen die Stadt Kilinochchi im Nordosten Sri Lankas, in die die LTTE nach dem Fall Jaffnas ihr Hauptquartier verlegte. – Unter dem Decknamen »Großer Sieg« eröffnet die Regierungsarmee am 13. 5. **1997** die **bisher größte Offensive gegen die Rebellen:** 20 000 Mann sollen die von der LTTE kontrollierte Landverbindung zwischen Jaffna und dem Rest des Landes freikämpfen, um die Versorgung und militärische Sicherung der bisher nur auf dem Luft- und dem Seeweg für die Regierungskräfte erreichbaren Halbinsel auf Dauer zu gewährleisten. Präsidentin *Chandrika Kumaratunga,* deren mit einem Amnestieangebot verknüpfter Friedensplan im Sommer 1996 scheiterte (→ WA '97, Sp. 605), setzt nun auf eine militärische Lösung der Tamilenfrage.

St. Kitts und Nevis

Mittel-Amerika; Karibik

Föderation St. Kitts und Nevis; Federation of Saint Kitts and Nevis – KN

(→ Karten VI, L 8 und VIII a, E 3)

Fläche (Weltrang: 186.): 261,6 km²

Einwohner (185.): F 1995 41 000 = 157 je km²

Hauptstadt: Basseterre (auf St. Kitts) F 1994: 12 220 Einw.

Amtssprache: Englisch

Bruttosozialprodukt 1995 je Einw.: 5170 $

Währung: 1 Ostkarib. Dollar (EC$) = 100 Cents

High Commissioner for Eastern Caribbean States 10, Kensington Court, GB – London W8 SDL, 0044–171/9 37 95 22

Landesstruktur **Fläche**: 261,6 km²; davon: St. Kitts (Christopher) 168,4 km², Nevis 93,2 km² – **Bevölkerung**: (Z 1991) 41 862 Einw. (davon etwa 72% auf St. Kitts) – (Z 1980) 86% Schwarze, 11% Mulatten, 2% Weiße – **Leb.-Erwart.** 1995: 74 J. – **Säugl.-Sterbl.** 1995: 3,2% – **Kindersterbl.** 1995: 4,0% – Jährl. **Bev.-Wachstum** ∅ 1985–95: -0,4% (Geb.- und Sterbeziffer 1989: 2,2%/1,1%) – **Analph.** 1990: 10% – **Sprachen**: Englisch; kreol. Englisch – **Religion**: 36% Anglikaner, 32% Methodisten, 11% Katholiken, etwa 9% Moravier; insg. rd. 40 versch. Religionsgruppen – **Städt. Bev.** 1993: 41% – **Städte** (F 1985): Charlestown (Hauptort auf Nevis) 1700 Einw.

Staaten

Staat Parlamentarische Monarchie (im Commonwealth) seit 1983 – Verfassung von 1983 – Nationalversammlung mit 11 für 5 J. gewählten (St. Kitts 8 und Nevis 3) und 3 vom Generalgouverneur ernannten Mitgl. – Nevis mit eigenem Parlament (5 gewählte und 3 ernannte Mitgl.) und Premierminister – Wahlrecht ab 18 J. – **Verwaltung**: 14 Bezirke – **Staatsoberhaupt**: Königin Elizabeth II., vertreten durch einheimischen Generalgouverneur Sir Cuthbert Montroville Sebastian, seit 1996 – **Regierungschef und Äußeres**: Sir Denzil Douglas (Labour Party), seit 1995 – **Parteien**: Wahlen vom 3. 7. 1995: Labour Party (Worker's League) 7 Sitze (1993: 4), Concerned Citizens' Movement/CCM 2 (2), People's Action Movement/PAM 1 (4), Nevis Reformation Party/NRP 1 (1); Wahlen auf Nevis im Februar 1997: CCM 3 Sitze (1992: 3), NRP 2 (2) – **Unabh.**: 19. 9. 1983 (ehem. brit. Kolonie; bis 1987 St. Christopher and Nevis) – **Nationalfeiertag**: 19. 9. (Unabhängigkeitstag)

Wirtschaft Währung: 1 US-$ = 2,7169 EC$; 1 DM = 1,5578 EC$; Bindung an US-$ – **BSP** 1995: 212 Mio. $ – **BIP** 1993: 146 Mio. $; realer Zuwachs ∅ 1980–93: 4,9%; Anteil (1992) **Landwirtsch.** 6%, **Industrie** 28%, **Dienstl.** 63% – **Erwerbstät.** 1984: Landw. 30%, Ind. 24%, Dienstl. 46% – **Arbeitslosigkeit** ∅ 1995 (S): 4,3% – **Energieverbrauch** 1994: 486 kg ÖE/Ew. – **Inflation** ∅ 1985–94: 2,4% – **Ausl.-Verschuld.** 1993: 55 Mio. $ – **Außenhandel** 1994: **Import**: 244,5 Mio. EC$; Güter 1989: 32% Maschinen und Transportausrüstungen, 19% Halbfertigprodukte, 14% Nahrungsmittel und leb.

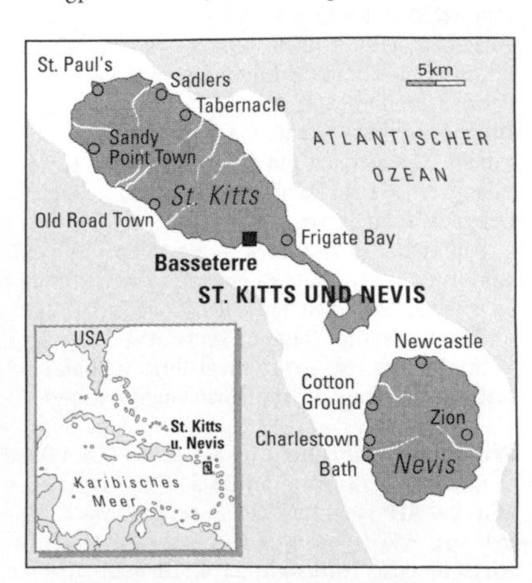

St. Kitts und Nevis

Tiere; Länder 1991: 43% USA, 11% Großbritannien, 10% Trinidad und Tobago; **Export**: 80,7 Mio. EC$; Güter 1989: 40% Nahrungsmittel und leb. Tiere (v. a. Zucker und -produkte), 28% Maschinenbauerzeugn. und Fahrzeuge, 13% bearb. Waren; Länder 1991: 41% USA, 34% Großbritannien – **Tourismus** 1994: 94 200 Auslandsgäste, 55 Mio. $ Einnahmen

St. Lucia *Mittel-Amerika; Karibik*

Saint Lucia – WL

(→ Karten VI, L 8 und VIII a, E 4)

Fläche (Weltrang: 176.): 616,3 km²

Einwohner (173.): F 1995 158 000 = 256 je km²

Hauptstadt: Castries – F 1993 (A): 54 568 Einw.

Amtssprache: Englisch

Bruttosozialprodukt 1995 je Einw.: 3370 $

Währung: 1 Ostkarib. Dollar (EC$) = 100 Cents

Honorarkonsulat von St. Lucia
Weidebornweg 21, 61348 Bad Homburg,
06172/3 23 24

Landesstruktur Fläche: 616,3 km² – **Bevölkerung**: Lucianer; (Z 1991) 135 685 Einw. – 90,3% Schwarze, 5,5% Mulatten, 3,2% Asiaten (Inder), 0,8% Weiße – **Leb.-Erwart.** 1995: 71 J. – **Säugl.-Sterbl.** 1995: 1,8% – **Kindersterbl.** 1995: 2,2% – Jährl. **Bev.-Wachstum** ∅ 1985–95: 1,4% (Geb.- und Sterbeziffer 1992: 2,7%/0,6%) – **Analph.** 1990: 18% – **Sprachen**: Englisch; Patois (kreol. Französisch) – **Religion** 1993: 77% Katholiken, versch. protestant. Konfessionen – **Städt. Bev.** 1993: 47% – **Städte** (Z 1991): (als A) Vieux Fort 23 400 Einw., Micoud 15 000, Soufrière 14 000, Gros Islet 11 500, Dennery 11 100

Staat Parlamentarische Monarchie (im Commonwealth) seit 1979 – Verfassung von 1979 – Parlament: Unterhaus (House of Assembly) mit 17 für 5 J. gewählten und Senat mit 9 vom Generalgouverneur ernannten Mitgl. – Wahlpflicht ab 21 J. – **Verwaltung**: 11 Gemeinden (Quarters) – **Staatsoberhaupt**: Königin Elizabeth II., vertreten durch einheimischen Generalgouverneur W. George Mallet, seit 1. 6. 1996 – **Regierungschef**: Kenny Anthony (SLP), seit 24. 5. 1997 – **Äußeres**: George Odlum (SLP), seit 26. 5. 1997 – **Parteien**: Wahlen vom 23. 5. 1997: St. Lucia Labour Party/SLP 16 von 17 Sitzen (1992: 6), United Worker's Party/UWP 1 (11) – **Unabh.**: 22. 2. 1979 (ehem.

brit. Kolonie) – **Nationalfeiertage**: 22. 2. (Unabhängigkeitstag) und 13. 12. (St. Lucia-Tag)

Wirtschaft Währung: 1 US-$ = 2,7169 EC$; 1 DM = 1,5578 EC$; Bindung an US-$ – **BSP** 1995: 532 Mio. $ – **BIP** 1993: 417 Mio. $; realer Zuwachs 1992/93: +3,1%; Anteil (1995) **Landwirtsch.** 10%, **Industrie** 18%, **Dienstl.** 72% – **Erwerbstät.** 1993: Landw. 30%, Ind. 20%, Dienstl. 50% – **Arbeitslosigkeit** ∅ 1993 (S): 20% – **Energieverbrauch** 1994: 338 kg ÖE/Ew. – **Inflation** ∅ 1985–95: 3,9% – **Ausl.-Verschuld.** 1995: 128 Mio. $ – **Außenhandel** 1994: **Import**: 718,2 Mio. EC$; Güter 1995: 23% Nahrungsmittel und leb. Tiere, 21% bearb. Waren, 19% Maschinen und Transportausrüstungen, 9% chem. Produkte; Länder 1993: 36% USA, 13% Großbritannien, 10% Trinidad und Tobago; **Export**: 235,2 Mio. EC$; Güter 1995: 46% Nahrungsmittel und leb. Tiere (v. a. Bananen, auch Kokosnüsse, Mangos, Zitrusfrüchte und Gewürze), 18% versch. bearb. Waren; Länder 1993: 50% Großbritannien, 26% USA – **Tourismus** 1995: 179 000 Auslandsgäste, 230 Mio. $ Einnahmen

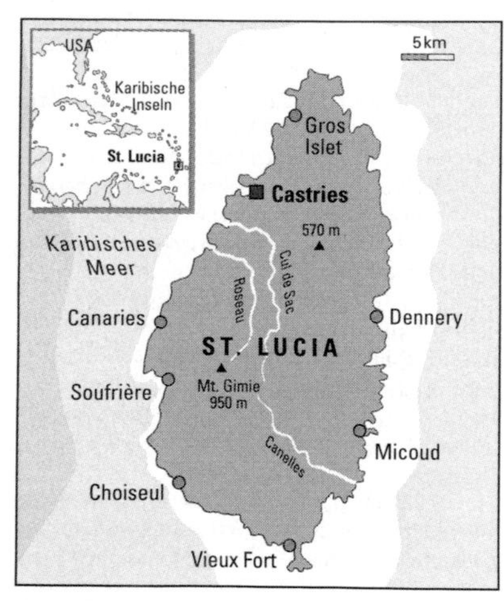

St. Lucia

St. Vincent und die Grenadinen

Mittel-Amerika; Karibik

Saint Vincent and the Grenadines – WV

(→ Karten VI, L 8 und VIII a, E 4)

Fläche (Weltrang: 182.): 389,3 km²

Einwohner (175.): F 1995 111 000 = 285 je km²

Hauptstadt: Kingstown (auf St. Vincent)
Z 1991: 15 670 Einw. (A: 26 542)

Amtssprache: Englisch

Bruttosozialprodukt 1995 je Einw.: 2280 $

Währung: 1 Ostkarib. Dollar (EC$) = 100 Cents

High Commissioner for Eastern Caribbean States
10, Kensington Court, GB – London W8 SDL,
0044–171/9 37 95 22

Landesstruktur Fläche: 389,3 km²; davon: St. Vincent 344 km², Grenadinen 45,3 km² – **Bevölkerung**: Vincenter; (Z 1991) 106 499 Einw. – 66% Schwarze, 19% Mulatten, 5,5% Inder, 3,5% Weiße, 2% Zambos – **Leb.-Erwart.** 1995: 75 J. – **Säugl.-Sterbl.** 1995: 1,8% – **Kindersterbl.** 1995: 2,2% – Jährl. **Bev.-Wachstum** ∅ 1985–95: 0,8% (Geb.- und Sterbeziffer 1991: 2,4%/0,6%) – **Analph.** 1990: 18% – **Sprachen**: Englisch; kreol. Englisch – **Religion**: 75% Protestanten (darunter 36% Anglikaner), 9% Katholiken – **Städt. Bev.** 1993: 45% – **Städte**: Georgetown (auf St. Vincent)

Staat Parlamentarische Monarchie (im Commonwealth) seit 1979 – Verfassung von 1979 – Parlament (House of Assembly) mit 21 Mitgl., davon 15 für 5 J. gewählt und 6 vom Generalgouverneur ernannt – Wahlrecht ab 18 J. – **Verwaltung**: 6 Bezirke – **Staatsoberhaupt**: Königin Elizabeth II., vertreten durch einheimischen Generalgouverneur Sir David Jack, seit 1989 – **Regierungschef**: Sir James F. Mitchell (NDP), seit 1984 – **Äußeres**: Alpian Allen – **Parteien**: Wahlen vom 21. 2. 1994: New Democratic Party/NDP 12 Sitze (1989: 15), Saint Vincent Labour Party/SVLP und Movement for National Unity/MNU zus. 3 (–) – **Unabh.**: 27. 10. 1979 (ehem. brit. Kolonie) – **Nationalfeiertag**: 27. 10. (Unabhängigkeitstag)

Wirtschaft Währung: 1 US-$ = 2,7169 EC$; 1 DM = 1,5578 EC$; Bindung an US-$ – **BSP** 1995: 253 Mio. $ – **BIP** 1993: 196 Mio. $; realer Zuwachs ∅ 1980–93: 6% (1993: 1,3%); Anteil (1995) **Landwirtsch.** 13%, **Industrie** 24%, **Dienstl.** 63% – **Erwerbstät.** 1991: Landw. 25%, Ind. 21%,

Dienstl. 54% – **Arbeitslosigkeit** ∅ 1992: 19% – **Energieverbrauch** 1994: 199 kg ÖE/Ew. – **Inflation** ∅ 1985–94: 3,2% – **Ausl.-Verschuld.** 1995: 206 Mio. $ – **Außenhandel** 1996: **Import**: 324 Mio. EC$; Güter 1995: 37% bearb. Waren, 22% Nahrungsmittel, 18% Maschinen und Transportausrüstungen; Länder 1995: 36% USA, 17% Trinidad und Tobago, 13% Großbritannien; **Export**: 125 Mio. EC$; Güter 1995: 42% Bananen; Länder 1995: 16% Großbritannien, 13% St. Lucia, 10% USA, 9% Trinidad und Tobago – **Tourismus** 1995: 218 014 Auslandsgäste, 47,2 Mio. $ Einnahmen

St. Vincent und die Grenadinen

Südafrika *Süd-Afrika*

Republik Südafrika; Republic of South Africa (englisch); Republiek van Suid-Afrika (afrikaans) – SA bzw. RSA (→ Karte IV, B 6)

Fläche (Weltrang: 24.): 1 219 580 km²

Einwohner (27.): F 1995 41 457 000 = 34 je km²

Hauptstadt und Regierungssitz: Pretoria
Z 1991: 525 583 Einw. (A: 1,08 Mio.)

Parlamentssitz: Cape Town (Kapstadt)
Z 1991: 854 616 Einw. (A: 2,35 Mio.)

Amtssprachen: Englisch, Afrikaans, Ndebele, Nordsotho, Südsotho, Setswana, Swati, Tsonga, Venda, Xhosa, Zulu

Bruttosozialprodukt 1995 je Einw.: 3160 $

Währung: 1 Rand (R) = 100 Cents

Botschaft der Republik Südafrika
Auf der Hostert 3, 53173 Bonn, 0228/8 20 10

Landesstruktur **Fläche**: 1 219 580 km²; davon Inseln Marion 255 km² und Prince Edward 55 km² im Indischen Ozean – **Bevölkerung**: Südafrikaner; (Z 1996, vorl. Erg.) 37,9 Mio. Einw. – (F 1994) 76,1% Schwarzafrikaner (u.a. Zulu, Xhosa, Nordsotho, Südsotho, Tswana, Tsonga [Shangaan], Swasi, Ndebele, Venda), 12,8% Weiße, 8,5% Mischlinge, 2,6% Asiaten – Anteil unter **Armutsgrenze** ∅ 1981–95: 23,7% – **Flüchtl.** Ende 1996: 500 000 Binnenflüchtlinge; 6000 aus Angola, 16 500 andere – **Leb.-Erwart.** 1995: 64 J. – **Säugl.-Sterbl.** 1995: 5,1% – **Kindersterbl.** 1995: 6,7% – Jährl. **Bev.-Wachstum** ∅ 1985–95: 2,3% (Geb.- und Sterbeziffer 1995: 3,0%/0,8%) – **Analph.** 1995: 18% – **Sprachen**: hauptsächlich Englisch, Afrikaans, Zulu (isiZulu), Xhosa (isiXhosa), Setswana, Nordsotho (Sesotho), Südsotho (Sesotho a sa Leboa), Tsonga (Xitsonga, Shangaan), Swati (Siswati), Ndebele (isiNdebele), Venda (Tshivenda) sowie indische Sprachen – **Religion** 1990: 78% Christen, davon (in Tsd.): unabhängige Afrikanische Kirchen 7006, Niederländisch-Reformierte Kirche 4299, Römische Katholiken 2963, Methodisten 2747, Anglikaner 2026, Lutheraner 1093, Presbyterianer 758, Congregational Churches 607, Nederduitse Hervoormde Kerk 357, Apostolische Kirche 251, Baptisten 317, Gereformeerde Kerk 243; 1,8% Hindus (650 000); 4 Mio. Anhänger von Naturreligionen; 1,2% Muslime (434 000), 148 000 Juden – **Städt. Bev.** 1995: 51% – **Städte** (Z 1991): Durban 715 669 Einw. (als A: 1,14 Mio.), Johannesburg 712 507 (A 1,92 Mio.), Soweto 596 632, Port Elizabeth 303 353 (A 0,85 Mio.), Umlazi 299 275, Diepmeadow 241 099, Lekoa (Shapeville) 217 582, Tembisa 209 238, Katlehong 201 785, Evaton 201 026, Roodepoort-Maraisburg 162 632

Staat Republik (im Commonwealth) seit 1961 – Neue Verfassung seit 4. 2. 1997 in Kraft – Parlament: Nationalversammlung (Unterhaus) mit mind. 360, max. 400 direkt gewählten Mitgl. und Nationalrat der Provinzen mit 90 Mitgl.; Wahl alle 5 J. – Wahl des Staatsoberh. alle 5 J. durch die Nationalversammlung – Wahlrecht ab 18 J. – **Verwaltung**: 9 Provinzen (Einzelheiten → WA '96, Sp. 643f.) – **Staats- und Regierungschef**: Nelson R. Mandela (ANC-Vorsitzender), seit 1994; 1. Vizepräsident und de facto Regierungschef: Thabo Mvuyelwa Mbeki (ANC) – **Äußeres**: Alfred B. Nzo (ANC) – **Parteien**: Erste freie Wahlen für alle Bevölkerungsgruppen vom 26.-29. 4. 1994: African National Congress/ANC 252 Sitze, National Party/NP 82, Inkatha Freedom Party/IFP 43, Vryheidsfront-Freedom Front/VF-FF 9, liberale Democratic Party/DP 7, Pan Africanist Congress of Azania/PAC 5, African Christian Democratic Party/ACDP 2 – **Unabh.**: 31. 5. 1910 de facto, 11. 12. 1931 nominell (Westminster-Statut) – **Nationalfeiertage**: 27. 4. (Freiheitstag) und 16. 6. (Schüleraufstand von Soweto 1976) und 16. 12. (Tag der Versöhnung)

Wirtschaft Währung: 1 US-$ = 4,54 R; 1 DM = 2,60 R – **BSP** 1995: 130 918 Mio. $ – **BIP** 1995: 136 035 Mio. $; realer Zuwachs ∅ 1990–95: 0,6%; Anteil (1995) **Landwirtsch.** 5%, **Industrie** 31%, **Dienstl.** 64% – **Erwerbstät.** 1993: Landw. 13%, Ind. 30%, Dienstl. 57% – **Arbeitslosigkeit** ∅ 1995 (S): 50% – **Energieverbrauch** 1994: 2164 kg ÖE/Ew. – **Inflation** ∅ 1985–95: 13,7% (1996: 7,4%, S 1997: 8,7%) – **Ausl.-Verschuld.** 1996 (S): 32 Mrd. $ – **Außenhandel** 1995: **Import**: 25,3 Mrd. $; Güter 1994: (vorl., ohne Barrengold): 32,9% Maschinen und elektrotechn. Erzeugnisse, 15% Transportmaschinen, 11% chem. Industrieerzeugnisse, 6,7% Ernährungsgüter, 6,6% keramische Waren und Glas, 4,5% unedle Metalle und Waren daraus; Länder 1995: 15,9% BRD, 11,5% Großbritannien, 10,9% USA, 9,8% Japan, 4,5% Italien, 4,4% Frankreich; **Export**: 31,8 Mrd. $; Güter 1994: (vorl.) 57,4% mineral. Rohstoffe (u.a. 25,3% Gold), 25,1% Industrieerzeugnisse einschließlich Lebensmittel und Getränke, 6,2% Agrargüter; Länder 1995: 7,8% Italien, 7,3% Japan, 6,6% USA, 5,5% USA, 5% Großbritannien, 3,5% Republik Korea – **Tourismus** 1996: 4,9 Mio. Auslandsgäste, 2100 Mio. $ Einnahmen

Chronik Die Anfang Februar 1997 in Kraft getretene neue Verfassung, die als weltweit liberalste gilt, stellt u.a. die Zusammenarbeit zwischen dem Zentralstaat und den Provinzen auf eine neue Grundlage. Für eine wachsende Unruhe bei Bevölkerung, Wirtschaft und Touristen sorgt eine rasche Zunahme von Gewaltverbrechen. Die hohe Kriminalitätsrate gefährdet dringend benötigte Auslandsinvestitionen, und der Tourismus wird zudem durch einen starken Anstieg der Preise beeinträchtigt. – Der am 8. 5. **1996** von der Verfassunggebenden Versammlung verabschiedete **Verfassungsentwurf** (→ WA '97, Sp. 614) wird vom Verfassungsgericht am 6. 9. 1996 in 9 Punkten für ungültig erklärt. Dies betrifft u.a. die Definition der Kompetenzverteilung zwischen der Zentralregierung und den Provinz- und Lokalregierungen sowie die Autonomie der Provinzen und der lokalen Behörden. Die überarbeitete Fassung, in der die Autonomie der Provinzen gestärkt wird, wird vom Verfassungsgericht am 4. 12. gebilligt. Nach der Unterzeichnung durch Präsident *Nelson Mandela* in Sharpeville (1960 Schauplatz blutiger Unruhen) am 10. 12. tritt die Verfassung am 4. 2. **1997 in Kraft**. Am selben Tag stellt der Senat seine Tätigkeit ein und wird durch den **Nationalrat der Provinzen** ersetzt, in den jede der 9 Provinzen 10 Delegierte entsendet. Die Nationalversammlung hat mind. 350 und höchstens 400 Abgeordnete. Sie wählt den Staatspräsidenten, der zugleich Regierungschef ist. – In seiner **Regierungserklärung** am 7. 2. bezeichnet Präsident *Mandela* den Wohnungsbau, die Verbesserung der Infrastruktur und der Ausbildung als Erfolge seiner Regierung; vordringliche Aufgabe sei nun die Bekämpfung der zunehmden Kriminalität. Im Juli werden erstmals seit drei Jahren 2500 Stellen für die Polizei ausgeschrieben; der südafrikanische Unternehmer *Meyer Kahn*, bisher Vorstandsvorsitzender der größten Brauerei Südafrikas, wird mit dem Management der Polizei betraut. – Am 6. 2. kommt es in 2 Vorstädten von Johannesburg zu **Straßenschlachten** zwischen Sicherheitskräften und Demonstranten, die zunächst friedlich gegen eine Verteuerung kommunaler Dienstleistungen protestiert hatten. Mindestens 4 Menschen werden getötet. – In der Provinz **KwaZulu/Natal** kommt es weiterhin zu Zusammenstößen zwischen Anhängern der Inkatha Freiheitspartei (IFP) und des African National Congress (ANC). IFP-Führer *Mangosuthu Buthelezi* widersetzt sich konkreten Friedensbemühungen des ANC in der Provinz. Der IFP-Vorsitzende und Ministerpräsident KwaZulu/Natals, *Frank Mdlalose*, und andere prominente Partei-

Staaten

mitglieder des gemäßigten Flügels der IFP treten Ende Februar 1997 zurück. Neuer Generalsekretär wird *Patrick Lekota*. – Innerhalb der Nationalpartei (NP) setzt sich die konservative Richtung unter *Frederick W. de Klerk* durch. Der führende Reformpolitiker *Roelf Meyer*, der ein Bündnis mit anderen Oppositionsparteien anstrebte, tritt Ende Mai 1997 zurück. – Die Arbeit der **Wahrheits- und Aussöhnungskommission** (→ WA '97, Sp. 614) wird v. a. von der schwarzen Bevölkerung akzeptiert. Für den Mord an dem prominenten Führer des Black Consciousness Movement (BCM) *Steve Biko* 1977 in Polizeigewahrsam bekennen sich 5 ehem. Polizeioffiziere schuldig. Bereits am 30. 10. 1996 wurde der frühere Chef einer Antiterroreinheit der Geheimpolizei des Apartheid-Regimes, *Eugene de Kock*, wegen 6 Morden und 83 anderen Verbrechen zu 212 Jahren Haft verurteilt. – Am 12. 3. 1997 unterbreitet Finanzminister *Trevor Manuel* dem Parlament den Entwurf des **Staatshaushalts** für das am 1. 4. beginnende neue Haushaltsjahr, der Ausgaben von 187 Mrd. Rand (+6,1% gegenüber Vorjahr) vorsieht. 40 Mrd. Rand (21,3% der Gesamtausgaben) sind für die soziale Entwicklung vorgesehen. Die Ausgaben für Polizei, Justiz und Strafvollzug werden um 15% erhöht, 406 Mio. Rand dienen einer auf 3 Jahre angelegten »Nationalen Strategie zur Verbrechensbekämpfung«. Der Verteidigungshaushalt wird auf 1,6% des BIP gekürzt, im Haushaltsjahr 1989/90 machte er noch 4,5% aus.

Sudan *Nordost-Afrika*

Republik Sudan; Ǧumhūriyya as-Sūdān – SUD
(→ Karte IV, B 3/4)

Fläche (Weltrang: 10.): 2 505 813 km²

Einwohner (35.): F 1995 26 707 000 = 10,7 je km²

Hauptstadt: Al-Kharṭūm (Khartum)
Z 1993, vorl.: 924 505 Einw. (A: 1,6 Mio.)

Amtssprache: Hocharabisch

Bruttosozialprodukt S 1995 je Einw.: unter 765 $

Währung: 1 Sudanesischer Dinar (sD) = 100 Piaster

Botschaft der Republik Sudan
Koblenzer Str. 107, 53177 Bonn, 0228/93 37 00

Landesstruktur (→ Karte, WA '96, Sp. 647 f.) **Fläche**: 2 505 813 km² – **Bevölkerung**: Sudanesen; (Z 1993) 24 940 683 Einw. – (S) 40–50% Araber und arabisierte Ethnien im N, 30% Afrikaner (572 Ethnien, v. a. nilotische Völker) im S – **Flüchtl.** Ende 1996: 4 Mio. Binnenflüchtlinge; 200 000 in Uganda, 100 000 in Kongo (Zaire), 70 000 in Äthiopien, 31 000 in der Zentralafrikanischen Republik, 30 000 in Kenia, 1500 in Ägypten; 340 000 aus Eritrea, 50 000 aus Äthiopien, 5000 andere – **Leb.-Erwart.** 1995: 54 J. – **Säugl.-Sterbl.** 1995: 6,9% – **Kindersterbl.** 1995: 11,5% – Jährl. **Bev.-Wachstum** ∅ 1985–95: 2,2% (Geb.- und Sterbeziffer 1995: 3,9%/1,3%) – **Analph.** 1995: 54% – **Sprachen**: 50% sudanesisches Arabisch, 50% afrikan. (über 100, v. a. nilosaharanische) Sprachen; kuschitische und kordofanische Sprachen; Englisch als Bildungs- und Handelssprache – **Religion** (Islam ist Staatsreligion) 1992: 70% Muslime (Sunniten; bes. im N), 5% Katholiken und 5% Protestanten (bes. im S); Minderh. von Kopten; etwa 20% Anhänger von Naturreligionen – **Städt. Bev.** 1994: 24% – **Städte** (Z 1993): Nyala 1 267 077 Einw., Sharg en-Nil 879 105, Būr Sūdān (Port Sudan) 305 385, Kassalā 234 270, Umm Durmān (Omdurman) 228 778, Al-Ubayyiḍ (Al-Obeid) 228 096, Wad Medanī 218 714, Al-Qadārif (Gedaref) 189 384, Juba 114 980

Staat Islamische Republik seit 1986; Militärregime seit 1989 – Übergangsverfassung von 1985 seit 1989 außer Kraft – Islamisches Recht – Bürgerkrieg seit 1983 – Übergangs-Nationalversammlung mit 400 Mitgl. – **Verwaltung**: 26 Provinzen (Einzelheiten → WA '96, Sp. 647 f.) – **Staats- und Regierungschef**: Stabsgeneralleutnant Omar Hassan Ahmad al-Bashir, seit 1989 Regierungschef, seit 1993 Staatspräsident; Regierung aus je 10 Militärs und Zivilisten – **Äußeres**: Ali Osman Mohamad Taha – **Parteien**: seit 1989 verboten; Nationale Islamische Front/NIF an der Macht; Oppositionsparteien: Umma-Partei, Democratic Unionist Party/DUP u. a.; Wahlen vom 6.–17. 3. 1996: Mehrheit der Sitze für die NIF; genaue Sitzverteilung unbekannt – **Unabh.**: 1. 1. 1956 (ehemaliges britisch-ägyptisches Kondominium) – **Nationalfeiertag**: 1. 1. (Unabhängigkeitstag)

Wirtschaft (keine neueren Ang. verfügbar) – **Währung**: 1 US-$ = 1600,00 sud£; 1 DM = 920,96 sud£ – **BSP** 1990: 10 107 Mio. $ – **BIP** 1988: 11 240 Mio. $; realer Zuwachs ∅ 1980–90: 1,3% (1990/91: +0,7%); Anteil (1992) **Landwirtsch.** 34%, **Industrie** 17% – **Erwerbstät.** 1995: Landw. 68% – **Arbeitslosigkeit**: k. Ang. – **Energieverbrauch** 1994: 66 kg ÖE/Ew. – **Inflation** ∅ 1985–95: 63,2% (1995/96: 163%) – **Ausl.-Verschuld.** 1995: 17 623 Mio. $ – **Außenhandel**

1996: **Import**: 1344 Mio. $ (S); Güter: 27% Maschinen und Transportausrüstungen, 21% Rohstoffe, 16% Nahrungsmittel; Länder 1990: 22% EU-Staaten, 5% USA; **Export**: 600 Mio. $ (S); Güter 1996: 22% Baumwolle, 22% Sesam, 13% leb. Tiere; Länder 1990: 26% EU-Staaten, 11% VR China

Chronik Im fortdauernden **Bürgerkrieg** zwischen dem Militärregime unter Staatspräsident *Omar Haasan Ahmad al-Bashir* und der sezessionistischen Guerilla, vor allem im Süden des Landes, kommt es Ende 1996 zu einer Verschiebung der Kräfte, nachdem sich die beiden wichtigsten Oppositionskräfte des Nordens, die Democratic Unionist Party (DUP) und die Umma-Partei, im

Rahmen der bereits bestehenden Nationalen Demokratischen Allianz (NDA) mit der Sudanese People's Liberation Army (SPLA), der entscheidenden Rebellenbewegung des Südens, zusammengeschlossen haben. Am 11. 12. **1996** flieht *Sadiq al-Mahdi*, Vorsitzender der Umma-Partei und religiöser Führer der islamischen Ansari-Bewegung, in die eritreische Hauptstadt Asmara, wo sich das NDA-Hauptquartier befindet. *Al-Mahdi*, der als gewählter Ministerpräsident des Sudan 1989 von *al-Bashir* gestürzt wurde, erklärt, daß er im Falle seiner Wiedereinsetzung eine Volksabstimmung über den Status des Südsudan abhalten werde. In den folgenden Monaten kann die neue Allianz, die verschiedene Ethnien und Gruppierungen christlicher wie islami-

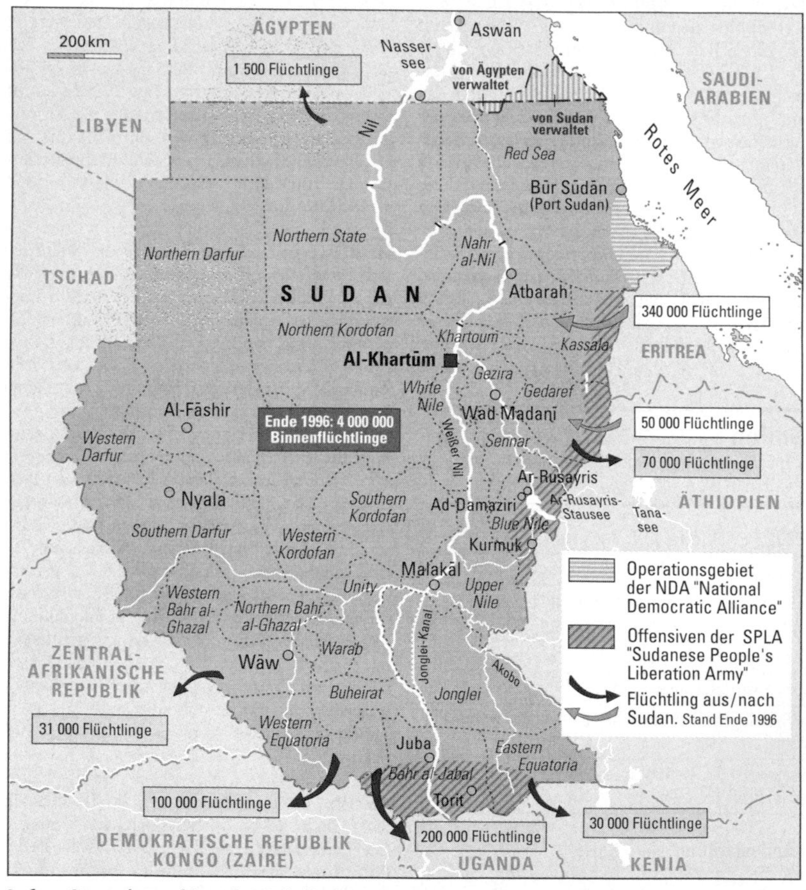

Sudan: Operationsgebiete der Rebellenbewegungen

scher Orientierung einschließt, eine Reihe militärischer Erfolge verzeichnen, vor allem im Osten, wo im Januar **1997** die Städte Kurmuk und Maban eingenommen werden. Um den Vormarsch auf den Nil-Staudamm von Al-Damazin in der Provinz Blue Nile zu stoppen, von dem die Energieversorgung des Nordens abhängt, erklären die Machthaber in Khartum die Generalmobilmachung und schließen die Universitäten, um Studenten für die Front zu rekrutieren. Zugleich werden zahlreiche Mitglieder der Opposition im Norden verhaftet, unter ihnen *Ahmed al-Hussein*, der Generalsekretär der DUP. Im Süden gelingt es der SPLA, im März die Garnisonsstadt Yei einzunehmen und damit die Belagerung der südsudanesischen Hauptstadt Juba zu verstärken (→ Karte). Die Regierung schließt im April und Juli 1997 Friedensabkommen mit einigen Guerillabewegungen, die das Oppositionsbündnis verlassen haben. Dabei wird erstmals auch von der Zentralmacht ein Referendum über die Zukunft des Südens in Aussicht gestellt. Beide Konfliktparteien haben im Januar erfolglos Unterstützung in Ägypten und anderen arabischen Ländern gesucht. Der Regierung, die den Rebellen unterstellt, von Äthiopien, Eritrea, Uganda und Israel gestärkt zu werden, wird seit Jahren, unter anderem von den USA, vorgeworfen, **Militärhilfe aus dem Iran** in Anspruch zu nehmen; die NDA behauptet, es seien chemische Waffen, Kampfflugzeuge und Panzer geliefert worden. – Die Regierungen einer Gruppe von 7 ostafrikanischen Staaten vereinbaren bei einem Treffen in Nairobi am 10. 7. 1997 die **Wiederaufnahme der Friedensverhandlungen** im Sudan, die 1994 abgebrochen wurden, weil die Führung in Khartum eine Grundsatzerklärung nicht akzeptierte, in der säkulare Prinzipien der Staatsführung und die Selbstbestimmung für den Süden gefordert wurden. Nachdem Staatspräsident *al-Bashir* in Nairobi diese Erklärung anerkannt hat, versichert auch SPLA-Führer *John Garang* seine Bereitschaft zu Friedensverhandlungen, die er jedoch dementiert, nachdem wenige Tage später in Khartum erklärt wird, die Zustimmung sei nicht bindend. Anfang August erhebt die **Menschenrechtsorganisation** Africa Rights schwere Vorwürfe gegen die Regierung: Seit Juni 1996 sollen Regierungstruppen im Siedlungsgebiet der Nuba, in der südlichen Provinz Südkurdufan, systematisch Dörfer zerstört, Hunderte von Menschen getötet und Tausende verschleppt haben, weil sie der Zusammenarbeit mit den Rebellen verdächtigt wurden.

Suriname *Süd-Amerika*

Republik Suriname; Republiek van Suriname – SME (→ Karte VII, D 3)

Fläche (Weltrang: 91.): 163 265 km²

Einwohner (159.): F 1995 410 000 = 2,5 je km²

Hauptstadt: Paramaribo – S 1993: 200 970 Einw.

Amtssprache: Niederländisch

Bruttosozialprodukt 1995 je Einw.: 880 $

Währung: 1 Suriname-Gulden (Sf) = 100 Cents

Honorargeneralkonsulat der Republik Suriname
Adolf-Kolping-Str. 16, 80336 München,
089/55 33 63

Landesstruktur Fläche: 163 265 km² – **Bevölkerung**: Surinamer; (Z 1980) 355 240 Einw. – (F 1990) 34,2% Indischstämmige, 33,5% Kreolen, 17,8% Javaner, 8,5% Schwarze (sog. Buschneger, Morronen), 1,8% Indianer; 17 640 Chinesen, Europäer und Libanesen – **Leb.-Erwart.** 1995: 71 J. – **Säugl.-Sterbl.** 1995: 2,6% – **Kindersterbl.** 1995: 3,2% – Jährl. **Bev.-Wachstum** ∅ 1985–95: 0,3% (Geb.- und Sterbeziffer 1991: 2,3%/0,6%) – **Analph.** 1995: 7% – **Sprachen**: 40% Niederländisch, 32% Hindi, 15% Javanisch u. a. sowie die Mischsprachen Sranang Tongo (Taki-Taki), Saramaccan; Englisch auch Geschäftssprache – **Religion** 1980: 27% Hindus, 23% Katholiken, 20% Muslime, 19% Protestanten versch. Konfessionen; Anhänger von Naturreligionen – **Städt. Bev.** 1993: 49% – **Städte** (F 1988): Wanica 55 000 Einw., Nieuw Nickerie, Apoera, Albina, Bakhuis

Staat Präsidialrepublik seit 1987 – Verfassung von 1987 – Nationalversammlung mit 51 Mitgl., Wahl alle 5 J. – Wahl des Staatsoberhaupts alle 5 J. durch Nationalversammlung – 14köpfiger Staatsrat (Supreme Council; Topberaad) – Wahlrecht ab 18 J. – **Verwaltung**: 9 Distrikte und Hauptstadtdistrikt – **Staatsoberhaupt**: Jules Wijdenbosch (NDP), seit 14. 9. 1996 – **Regierungschef**: Pretaapnarain S. R. Radhakishun (BVD), seit 20. 9. 1996 – **Äußeres**: M. A. F. Pierkhan (BVD) – **Parteien**: Wahlen vom 23. 5. 1996: Nieuw Front/NF (Bündnis: Nationale Partei Surinames/NPS, indische Fortschrittliche Reformpartei/VHP, javanische Partei für Einheit und Harmonie/KTPI, Arbeiterpartei Surinames/SPA) insg. 24 Sitze (1991: 30), Nationale Demokratische Partei/NDP 16 (12), Democratisch Alternatief 1991/DA '91 (Vier-Parteien-Bündnis) 4 (9), Pendawa Lima 3 (–), Alliantie 3 (–) – **Unabh.**:

25. 11. 1975 (ehem. Kolonie Niederländisch-Guyana) – **Nationalfeiertag**: 25. 11. (Unabhängigkeitstag)

Wirtschaft Währung: 1 US-$ = 406 Sf; 1 DM = 229 Sf – **BSP** 1995: 360 Mio. $ – **BIP** 1993: 1502 Mio.$; realer Zuwachs ∅ 1980–93: 0,2% (1994: –3,0%); Anteil (1994) **Landwirtsch.** 13%, **Industrie** 29%, **Dienstl.** 58% – **Erwerbstät.** 1995: Landw. 20% – **Arbeitslosigkeit** 12/1993: 16,3% – **Energieverbrauch** 1994: 1926 kg ÖE/Ew. – **Inflation** ∅ 1985–95: 48,5%(1994: 368,6%) – **Ausl.-Verschuld.** 1993: 47 Mio. $ – **Außenhandel** 1994: **Import**: 201 Mio. $; Güter 1991: 35% Rohstoffe und Halbfertigwaren, 20% Investitionsgüter, 16% mineral. Brennstoffe, 8% Nahrungsmittel; Länder 1991: 38% USA, 22% Niederlande, 11% Trinidad und Tobago, 4% Japan, 3% Niederländische Antillen; **Export**: 324 Mio. $; Güter 1991: 79% Bauxit und -derivate, 9% Shrimps, 6% Reis, 3% Bananen; Länder 1991: 34% Norwegen, 26% Niederlande, 13% USA, 8% Brasilien, 8% Japan – **Tourismus** 1994: Auslandsgäste ohne Kreuzfahrtteilnehmer: 18 000, 11 Mio. $ Einnahmen

Chronik Die **Präsidentschaftswahlen** am 6. 9. **1996** gewinnt der Kandidat der Nationaldemokratischen Partei (NDP), *Jules Wijdenbosch*, mit 438 Stimmen; der bisherige Präsident und Kandidat des Mehrparteienbündnisses Neue Front, *Ronald Venetiaan*, erhält 407 Stimmen. Nachdem *Wijdenbosch* am 14. 9. als **neuer Präsident** vereidigt wurde, treten die javanische Partei für Einheit und Demokratie (KTPI) und die Basispartei für Demokratie und Erneuerung (BVD), eine Absplitterung der indischen Fortschrittlichen Reformpartei (VHP), aus dem Bündnis Neue Front aus; sie gehen mit der NDP und der Erneuerten Fortschrittspartei (HPP) eine Koalition ein, nachdem ihnen zugesagt worden ist, daß der NDP-Vors. *Désiré (Desi) Bouterse* kein Ministeramt erhält, sie aber die Ressorts Äußeres, Inneres, Finanzen und Verteidigung zugesprochen bekommen. Neuer **Regierungschef** wird *Pretaapnarain S. R. Radhakishun* von der BVD, Außenminister wird *M. A. F. Pierkhan*. – Am 8. 8. **1997** stellt die Interpol auf Wunsch der Niederlande einen Haftbefehl wegen Kokainhandels und Geldwäsche gegen den NDP-Vorsitzenden *Bouterse* aus, der inzwischen zum Ratgeber des Staates ernannt worden ist. Bereits bei den Parlaments- und Präsidentschaftswahlen in ihrer ehemaligen Kolonie hatten die Niederlande angedroht, im Falle eines Wahlsieges der NDP die Entwicklungshilfe einzustellen.

Swasiland *Südost-Afrika*

Königreich Swasiland; Umbuso wakaNgwane, Kurzform: kaNgwane – SD (→ Karte IV, B 6)

Fläche (Weltrang: 154.): 17 363 km²

Einwohner (150.): F 1995 900 000 = 52 je km²

Hauptstadt: Mbabane – S 1990: 52 000 Einw.

Amtssprache: Siswati (Isizulu)

Bruttosozialprodukt 1995 je Einw.: 1170 $

Währung: 1 Lilangeni (E, pl. Emalangeni) = 100 Cents

Honorargeneralkonsulat des Königreichs Swasiland
Worringer Str. 59, 40211 Düsseldorf, 0211/35 08 66

Landesstruktur Fläche: 17 363 km² – **Bevölkerung**: Swasi (Swasiländer); (Z 1986) 681 059 Einw. – 97% Swasi (zur Ñguni-Gruppe der Bantu gehörend, mit den Zulu verwandt) sowie Zulu, Tsonga, Shangaan – **Leb.-Erwart.** 1995: 59 J. – **Säugl.-Sterbl.** 1995: 7,4% – **Kindersterbl.** 1995: 10,7% – Jährl. **Bev.-Wachstum** ∅ 1985–95: 3,1% (Geb.- und Sterbeziffer 1993: 4,3%/1,1%) – **Analph.** 1995: 23% – **Sprachen**: Siswati (Isizulu); Sprachen der Minderheiten; Englisch z.T. Verwaltungs- und Bildungssprache – **Religion** 1992: 78% Christen (46 000 Katholiken, versch. protestant. Kirchen); Bantu-Religionen – **Städt. Bev.** 1993: 29% – **Städte** (Z 1986): Manzini 18 084 Einw., Lobamba, Nhlangano, Siteki

Staat Parlamentarische Monarchie (im Commonwealth) seit 1973 – Verfassung von 1968 seit 1973 außer Kraft; Verfassunggebende Versammlung erarbeitet Neufassung seit Juli 1996 – Parlament (Libandla): Nationalversammlung (National Assembly) mit 65 Mitgl. (davon 55 direkt gewählt und 10 vom König ernannt) und Senat mit 30 Mitgl. (10 durch Nationalversammlung gewählt und 20 vom König ernannt) – Wahlrecht ab 18 J. – **Verwaltung**: 273 Stammesgebiete mit 55 Tinkhundla (traditionelle lokale Räte) – **Staatsoberhaupt**: König Mswati III., seit 1986 – **Regierungschef**: Barnabas Sibusiso Dlamini, seit 1993 – **Äußeres**: Arthur Khoza – **Parteien**: Wahlen vom 25. 9. 1993 (2095 Kandidaten, von denen 55 traditionelle lokale Räte je 3 bestimmt haben) und 11. 10. 1993 Stichwahl; Parteien seit 1973 verboten – **Unabh.**: 6. 9. 1968 (ehemaliges britisches Protektorat) – **Nationalfeiertage**: 19. 4. (Geburtstag des Königs) und 6. 9. (Somhlolo-Unabhängigkeitstag)

Wirtschaft **Währung**: 1 US-$ = 4,4260 E; 1 DM = 2,6681 E – **BSP** 1995: 1051 Mio. $ – **BIP** 1990: 1823,1 Mio. E; realer Zuwachs ∅ 1987–92: 3,5% (1992/93: 5,7%); Anteil (1995) **Landwirtsch.** 12%, **Industrie** 42%, **Dienstl.** 44% – **Erwerbstät.** 1993: Landw. 64%, Ind. 10% – **Arbeitslosigkeit** ∅ 1995 (S): 40% – **Energieverbrauch** 1994: 264 kg ÖE/Ew. – **Inflation** ∅ 1985–95: 11,7% – **Ausl.-Verschuld.** 1995: 251,4 Mio. $ – **Außenhandel** 1992/93: **Import**: 2587,3 Mio. E; Güter 1993: 26% Maschinen und Transportausrüstungen, 17% Nahrungsmittel und Getränke, 11% versch. bearb. Waren, 10% mineral. Brennstoffe, 10% chem. Produkte; Länder: 94% Südafrika, außerdem Großbritannien, Niederlande, Schweiz; **Export**: 1711,5 Mio. $ (1992 ohne Reexporte); Güter 1992: 30% Nahrungsmittel (darunter 25% Rohzucker, 5% kandierte und frische Früchte), 4% Holz und -produkte, 4% Mineralprodukte (Asbest, Kohle und Diamanten); Länder 1990/91: 52% Südafrika, 3% Großbritannien – **Tourismus**: 1,57 Mio. Auslandsgäste (1992), 93,9 Mio. E Einnahmen (1993)

Syrien *Vorder-Asien*

Arabische Republik Syrien; al-Ǧumhūriyya al-'Arabiyya as-Sūriyya – SYR
(→ Karten III, H/J 4 und IV, B/C 3)

Fläche (Weltrang: 87.): 185 180 km²

Einwohner (58.): F 1995 14 112 000 = 76 je km²

Hauptstadt: Dimashq (Damaskus)
F 1994: 1 444 100 Einw.

Amtssprache: Hocharabisch

Bruttosozialprodukt 1995 je Einw.: 1120 $

Währung: 1 Syrisches Pfund (syr£) = 100 Piaster

Botschaft der Arabischen Republik Syrien
Andreas-Hermes-Str. 5, 53175 Bonn, 0228/81 99 20

Landesstruktur **Fläche**: 185 180 km²; einschließlich der seit 1967 von Israel besetzten Golan-Höhen mit 1176 km² – **Bevölkerung**: Syrer; (Z 1994) 13 812 284 Einw. – (S) 89% syrische Araber, über 6% Kurden (z. T. staatenlos), 2% Armenier sowie Tscherkessen, Turkmenen, Türken u. a. – **Flüchtl.** Ende 1996: 125 000 Binnenflüchtlinge; 347 400 Palästinenser, 37 000 andere – **Leb.-Erwart.** 1995: 68 J. – **Säugl.-Sterbl.** 1995: 3,0% – **Kindersterbl.** 1995: 3,6% – Jährl. **Bev.-Wachstum** ∅ 1985–95: 3,1% (Geb.- und Sterbeziffer 1995: 4,0%/0,5%) – **Analph.** 1990: 36% – **Sprachen**: Arabisch (syrischer Dialekt); Kurdisch (Kurmandschi), Armenisch u. a. Sprachen der Minderheiten – **Religion** 1992: 90% Muslime: 80% Sunniten (meist Hanefiten, Kurden oft Schafiiten), 7% Alawiten (herrschende Elite), 2% Drusen, 1% Ismailiten; 9% Christen (griechisch-orthodox, armenenisch-apostolisch, armenisch-katholisch u. a.) – **Städt. Bev.** 1995: 53% – **Städte** (F 1994): Halab (Aleppo) 1 542 000 Einw., Hims 558 000, Al-Lādhiqīyah (Latakia) 303 000, Hamāh 273 000, Al-Qāmishlī 165 200, Ar-Raqqah 138 000, Dayr az-Zawr 133 000

Staat Präsidialrepublik seit 1973 – Verfassung von 1973 – Parlament (Volksversammlung) mit 250 Mitgl. (127 Sitze für Bauern und Arbeiter, 123 für Angehörige anderer Berufsgruppen reserviert); Wahl alle 4 J. – Direktwahl des Staatsoberh. alle 7 J. – Wahlrecht ab 18 J. – **Verwaltung**: 13 Provinzen und Hauptstadtdistrikt – **Staatsoberhaupt**: Hafez al-Assad (Vors. der Baath-Partei), seit 1971 – **Regierungschef**: Mahmud az-Zu'bi, seit 1987 – **Äußeres**: Faruk as-Shara – **Parteien**: Wahlen vom 24./25. 8. 1994: National-Progressive Front/NPF insg. 167 Sitze (1990: 166), davon: Arabische Sozialistische Baath-Partei 135 (136) und 5 weitere Parteien insg. 32 (30): Syrische KP 8 (8), Syrisch-Arabische Sozialistische Unionspartei 7 (8), Arabische Sozialistische Unionistische Partei 7 (5), Arabische Sozialistische Partei 6 (5), Sozialistische Unionistische Demokratische Partei 4 (4); Unabhängige 83 (84) – **Unabh.**: nominell 28. 9. 1941, de facto seit 17. 4. 1946 (Abzug der letzten französischen und brit. Truppen) – **Nationalfeiertag**: 16. 11.

Wirtschaft **Währung**: 1 US-$ = 11,25 syr£; 1 DM = 6,6410 syr£; mehrere andere Kurse; Bindung an US-$ – **BSP** 1995: 15 780 Mio. $ (S 1994: 785 000 Mio. syr£); – **BIP** 1995: 16 783 Mio. $; realer Zuwachs ∅ 1990–95: 7,4% (1996: 3,6%); Anteil (1993) **Landwirtsch.** 31%, **Industrie** 14%, **Dienstl.** 55% – **Erwerbstät.** 1995: Landw. 32% – **Arbeitslosigkeit**: k. Ang., Unterbeschäftigung, hohe verdeckte Arbeitslosigkeit – **Energieverbrauch** 1994: 997 kg ÖE/Ew. – **Inflation** ∅ 1985–95: 15,8%(1995: 7,7%) – **Ausl.-Verschuld.** 1995: 21 318 Mio. $ – **Außenhandel** 1995: **Import**: 6,02 Mrd. $; Güter: 21,4% Metalle und Metallwaren, 19,5% Maschinen und Ausrüstungen, 15,4% Nahrungsmittel, 12,1% Transportmittel; Länder: 8,6% Italien, 7,9% BRD, 4,5% Republik Korea, 4,1% USA, 3,9% Frankreich; **Export**: 3,41 Mrd. $; Güter: 62,6% Erdöl und -produkte, 12,2% Textilien und Bekleidung, 9,1% Nahrungsmittel, 5,4% Rohbaumwolle; Länder: 16,7% BRD, 16,3% Italien, 14,1% Libanon, 11,2% Frankreich, 7,4% Spanien – **Tourismus** 1994: 2,01 Mio. Auslandsgäste

Chronik Syriens Rolle in der Nahost-Politik ist bestimmt durch die Verhärtung der israelischen Positionen (→ Israel). Trotz einiger diplomatischer Ansätze zur Wiederaufnahme der seit Mai 1996 ausgesetzten Friedensgespräche verschärfen sich die Gegensätze, entscheidender Streitpunkt bleibt die von Syrien geforderte vollständige Rückgabe der seit 1967 von Israel besetzten und 1981 annektierten **Golan-Höhen**. Im September 1996 kommt es zu einer Auseinandersetzung um syrische Militärmanöver im Libanon und die Verlegung von israelischen Panzereinheiten auf die Golan-Höhen. Einen **Anschlag** auf einen Reisebus **in Damaskus**, der am 31. 12. **1996** mind. 9 Tote und über 40 Verletzte fordert, nimmt die syrische Führung zum Anlaß heftiger Angriffe gegen Israel, das als Anstifter der Tat bezeichnet wird. – Auf syrische Initiative beschließen am 26. 6. **1997** die Außenminister der 6 westlich orientierten Golfstaaten, Ägyptens und Syriens in Latakia die Gründung einer **arabischen Freihandelszone**. – Am 18. 7. erklärt das US-Außenministerium, Syrien solle von der Liste der Staaten gestrichen werden, gegen die wegen Unterstützung des Terrorismus Handelsbeschränkungen verhängt worden sind.

Tadschikistan *Zentral-Asien*

Republik Tadschikistan; Çumḩurii Toçikiston – TJ (→ Karte IV, C 2/3)

Fläche (Weltrang: 94.): 143 100 km²

Einwohner (96.): F 1995 5 836 000 = 41 je km²

Hauptstadt: Dušanbe (Duschanbe)
F 1991: 584 000 Einw.

Amtssprache: Tadschikisch

Bruttosozialprodukt S 1995 je Einw.: 340 $

Währung: Tadschikistan-Rubel (TR)

Botschaft der Republik Tadschikistan
Hans-Böckler-Str. 3, 53225 Bonn, 0228/97 29 50

Landesstruktur (Karte → WA '96, Sp. 655 f.) **Fläche**: 143 100 km² – **Bevölkerung**: Tadschiken; (Z 1989) 5 092 603 Einw. – 62,3% Tadschiken, 23,5% Usbeken, 7,6% Russen, 1,4% Tataren, 1,3% Kirgisen, 0,8% Ukrainer, 0,6% Deutsche u. a.; Anzahl der Russen, Ukrainer, Deutschen u. a. stark rückläufig – **Flüchtl.** Ende 1996: 50 000 Binnenflüchtlinge; 215 600 in Nachbarstaaten (davon 154 000 in der Russischen Föderation); 2200 aus Afghanistan – **Leb.-Erwart.** 1995: 71 J. – **Säugl.-Sterbl.** 1995: 6,1% – **Kindersterbl.** 1995: 7,9% – Jährl. **Bev.-Wachstum** ∅ 1985–95: 2,4% (Geb.- und Sterbeziffer 1995: 3,5%/0,6%) – **Analph.** 1995: unter 5% – **Sprachen** 1989: Tadschikisch (66,6% als Mutter- und Zweitsprache), Russisch (36,4% als Zweit- und Muttersprache); Sprachen der Minderh. (v. a. Usbekisch) – **Religion**: mehrheitl. sunnit. Muslime; schiit. und ismailit. Gemeinden, russisch-orthodoxe Christen – **Städt. Bev.** 1994: 32% – **Städte** (F 1991): Chudžand (ehemaliges Leninabad) 164 500 Einwohner, Kul'ab 79 000, Kurgan-T'ube 58 000, Ura-T'ube 48 000

Staat Präsidialrepublik seit 1994 – Verfassung von 1994 – Parlament (Madschlisi-Oli) mit 181 Mitgl. seit 1995, Wahl alle 5 J. – Direktwahl des Staatsoberhaupts alle 5 J. (einmalige Wiederwahl) – Wahlrecht ab 18 J. – **Verwaltung**: 2 Regionen und Hauptstadtbezirk sowie die Autonome Republik Gorno-Badachšan (Berg-Badachschan) mit 63 700 km² – **Staatsoberhaupt**: Imomali S. Rachmanov, seit 1992 – **Regierungschef**: Jachjo Asimov, seit 1996 – **Äußeres**: Talbak Nazarov – **Parteien**: Wahlen vom 26. 2./12. 3. 1995 (Boykott durch Opposition): Kommunist. Partei/KP 60 der 181 Sitze, regionale Verwaltungschefs (dem Präsidenten nahestehend) 60, Sonstige 60 (u. a. Volkspartei 5, Partei der politischen und wirtschaftl. Erneuerung 2); 1 Sitz vakant – **Unabh.**: Souveränitätserklärung am 24. 8. 1990; Unabhängigkeitserklärung am 9. 9. 1991 – **Nationalfeiertag**: 9. 9. (Unabhängigkeitstag)

Wirtschaft **Währung**: 1 US-$ = 541,00 TR; 1 DM = 314,50 TR – **BSP** 1995 (S): 1976 Mio. $ – **BIP** 1994: 2009 Mio. $; realer Zuwachs ∅ 1990–94: –22,5% (S 1994: –12,0%); Anteil **Privatsektor** 1994: 15%; Anteil (1995) **Landwirtsch.** 21%, **Industrie** 53%, **Dienstl.** 26% – **Erwerbstät.** 1993: Landw. 51%, Ind. 18% – **Arbeitslosigkeit** 6/1993: 0,7% (inoff. 10–20%) – **Energieverbrauch** 1994: 616 kg ÖE/Ew. – **Inflation** ∅ 1985–95: 146,6% (S 1995: 635%) – **Ausl.-Verschuld.** 1995: 612,4 Mio. $ – **Außenhandel** 1993: **Import**: 374 Mio. $; Güter 1990: 21% Maschinenbauerzeugnisse, 20% Prod. der Leichtindustrie, 14% Prod. der Nahrungsmittelindustrie, 9% chem. Produkte, 7% Erdöl und Erdgas; Länder: (S 1992, ohne übrige GUS) 41% Polen, 35% Österreich, 10% Frankreich, 6% Großbritannien

(1992, nur GUS: 39% Rußland, 15% Turkmenistan, 12% Kasachstan, 12% Usbekistan, 7% Ukraine); **Export**: 263 Mio. $; Güter 1990: 44% Prod. der Leichtindustrie, 17% Nichteisenmetalle, 15% Prod. der Nahrungsmittelindustrie; Länder: (S 1992, ohne übrige GUS) 33% Polen, 9% Österreich, 8% Norwegen, 8% Afghanistan, 5% Ungarn (1992, nur GUS: 48% Rußland, 15% Kasachstan, 12% Ukraine, 10% Usbekistan)

Chronik Trotz eines seit 20. 10. 1994 geltenden und zuletzt unter UNO-Vermittlung am 17. 9. **1996** verlängerten Waffenstillstands werden die seit 1992 andauernden blutigen Auseinandersetzungen zwischen den von GUS-Friedenstruppen (rd. 25 000 Mann, fast ausschließlich Russen) unterstützten Regierungstruppen und Einheiten der von Nordafghanistan aus operierenden bewaffneten muslimischen Gruppierungen der Vereinigten Tadschikischen Opposition (OTO) im Herbst 1996 insbesondere in den Regionen um die Städte Garm und Tawil'dara fortgesetzt. Oppositionelle Einheiten kontrollieren im Oktober den gesamten Osten des Landes und damit etwa die Hälfte Tadschikistans. – Die beiden wichtigsten oppositionellen Gruppierungen verbünden sich im November gegen Präsident *Imomali Rachmanov*: die von der Partei der Islamischen Wiedergeburt dominierte OTO unter Führung von *Said Abdullo Nuri* und der im Juli gebildete heterogene Block der Nationalen Wiedergeburt unter Führung des ehem. Ministerpräsidenten *Abdulmalik Abduladschanov* und anderer ehem. Regierungschefs, der die Interessen der nordtadschikischen Provinz Leninabad vertritt und von Usbekistans Präsident *Islam Karimov* unterstützt wird. Unter dem Druck des neuen Bündnisses und einer mehrwöchigen Offensive der Opposition sowie unter Vermittlung der UNO und des gestürzten Präsidenten Afghanistans, *Burhanuddin Rabbani*, vereinbaren Präsident *Rachmanov* und Oppositionsführer *Nuri* am 11. 12. im nordafghanischen Chostdech eine neue **Waffenruhe**; diese wird in den folgenden Monaten im wesentlichen eingehalten. Am 23. 12. unterzeichnen Präsident *Rachmanov* und Oppositionsführer *Nuri* in Moskau eine **Vereinbarung**, die neben einem Waffenstillstand insbesondere die Bildung **eines Rats der Nationalen Versöhnung** aus Vertretern von Regierung und Opposition vorsieht; unter dem Druck Rußlands stimmt Präsident *Rachmanov* damit erstmals einer der Hauptforderungen der Opposition zu. Von den Friedensverhandlungen zwischen Vertretern der Regierung und der OTO unter Vermittlung Rußlands, des Irans und UNO, die am 6. 1. **1997** in Teheran (Iran) beginnen,

sind u.a. der Block der Nationalen Wiedergeburt und die usbekische Minderheit ausgeschlossen. – Am 17. 2. werden die letzten von insgesamt 16 Personen, die zwischen 4. und 6. 2. von einem Kommando unter Führung der Brüder *Sadirov* als Geiseln genommen worden waren, darunter Mitarbeiter von UNO und IKRK, Sicherheitsminister *Saidamir Suchurov* und russische Journalisten, freigelassen; zuvor hatte die Regierung die Forderung der Entführer nach Rückkehr von rd. 40 ihrer Anhänger aus Afghanistan erfüllt. – Der UNO-Sicherheitsrat verlängert am 14. 3. 1997 das Mandat für die 82 Militärbeobachter für weitere drei Monate. – Nach heftigen Gefechten zwischen den erstmals von oppositionellen Verbänden unterstützten Regierungstruppen und Einheiten des *Sadirov*-Clans werden Mitte März *B. Sadirov* und 19 seiner Anhänger festgenommen. – Präsident *Rachmanov* entgeht am 30. 4. in der nordtadschikischen Stadt Chodschent knapp einem Attentat. Am 27. 6. unterzeichnen er und Oppositionsführer *Nuri* in Moskau ein **Friedensabkommen**, das auch die Vereinbarungen zu militärischen und politischen Fragen vom 9. 3. (in Moskau) bzw. 18. 5. (in Bischkek/Kirgisistan) umfaßt. Vorgesehen sind u.a. die Bildung eines paritätisch mit Vertretern der Regierung und Opposition besetzten 26köpfigen Nationalen Versöhnungsrats unter dem Vorsitz von *Nuri*; die Rückkehr der Oppositionskämpfer aus Afghanistan, ihre Entwaffnung und anschließende Eingliederung in die Regierungstruppen; die Oppositionsgruppen werden 30% der Streitkräfte stellen und weitere 20% die nicht in der OTO vertretenen Gegner der Regierung; die Opposition wird ⅓ der Posten in Regierung und Verwaltung besetzen; Legalisierung der in der OTO zusammengefaßten Parteien, sobald die Integrierung der bewaffneten Einheiten der Opposition beginnt; eine Generalamnestie und Wahlen bis Ende 1998 – Der Bürgerkrieg forderte rd. 100 000 Menschenleben; 600 000 Personen wurden zu Flüchtlingen. Ab Mitte Juli bemüht sich der UNHCR um die Rückführung der rd. 60 000 Tadschiken, die vor den Kämpfen nach Afghanistan geflüchtet waren; Regierung und islamische Opposition beginnen nach UN-Angaben mit dem Gefangenenaustausch. – Mitte August kommt es v.a. im Südwesten des Landes zu Gefechten zwischen Regierungstruppen und den bis 13. 8. formell als Teil dieser geltenden Einheiten des usbekischstämmigen Kommandanten *Machmud Chudoiberdijev*.

Taiwan → **China, Republik**

Tansania *Ost-Afrika*

Vereinigte Republik Tansania; Jamhuri ya Muungano wa Tanzania – EAT (→ Karte IV, B 5)

Fläche (Weltrang: 30.): 945 087 km²

Einwohner (32.): F 1995 29 646 000 = 31 je km²

Hauptstadt: Dodoma
Z 1988: 203 833 Einw. (S 1990, A: 1,8 Mio.)

Regierungssitz: Dar es Salaam (Daressalam)
F 1990 1 436 000 Einw.

Amtssprache: Kisuaheli

Bruttosozialprodukt 1995 je Einw.: 120 $

Währung: 1 Tans.-Schilling (T.Sh.) = 100 Cents

Botschaft der Vereinigten Republik Tansania
Theaterplatz 26, 53177 Bonn, 0228/35 80 51

Landesstruktur **Fläche**: 945 087 km²; davon: Tanganjika 942 626 km² und 28 866 000 Einw. (F 1995), Sansibar (Zanzibar) mit Pemba insg. 2461 km² und 780 000 Einw. – **Bevölkerung**: Tansanier; (Z 1988) 23 174 336 Einw. – (S) insg. 120 Ethnien: etwa 60 % Bantu-Gruppen (Haya, Makonde, Njamwesi, Sukuma, Tschagga u. v. a.), außerdem ostnilotische Massai, arabisch-negrische Suaheli; Minderh. von Asiaten (v. a. Inder), Arabern und Europäern (v. a. Briten) – Anteil unter **Armutsgrenze** ∅ 1981–95: 16,4 % – **Flüchtl.** Ende 1996: 240 000 (Juli 1997: über 300 000) aus Burundi, 50 000 aus Ruanda, 40 000 aus dem ehem. Zaire, 5000 andere – **Leb.-Erwart.** 1995: 52 J. – **Säugl.-Sterbl.** 1995: 10,0 % – **Kindersterbl.** 1995: 16,0 % – Jährl. **Bev.-Wachstum** ∅ 1985–95: 3,1 % (Geb.- und Sterbeziffer 1995: 4,2 %/1,4 %) – **Analph.** 1995: 32 % – **Sprachen**: Kisuaheli u. a. Bantu- und nilotische Sprachen; Englisch als Bildungs- und Verkehrssprache – **Religion** 1992: insg. 35 % Muslime (97 % auf Sansibar), 33 % Katholiken, 13 % Protestanten; Anhänger von Naturreligionen; Minderh. von Hindus – **Städt. Bev.** 1995: 24 % – **Städte** (Z 1988): Mwanza 223 013 Einw., Tanga 187 634, Zanzibar (Hptst. von Sansibar) 157 634; (F 1985) Tabora 214 000, Arusha 87 000, Mbeya 194 000, Bukoba 77 000

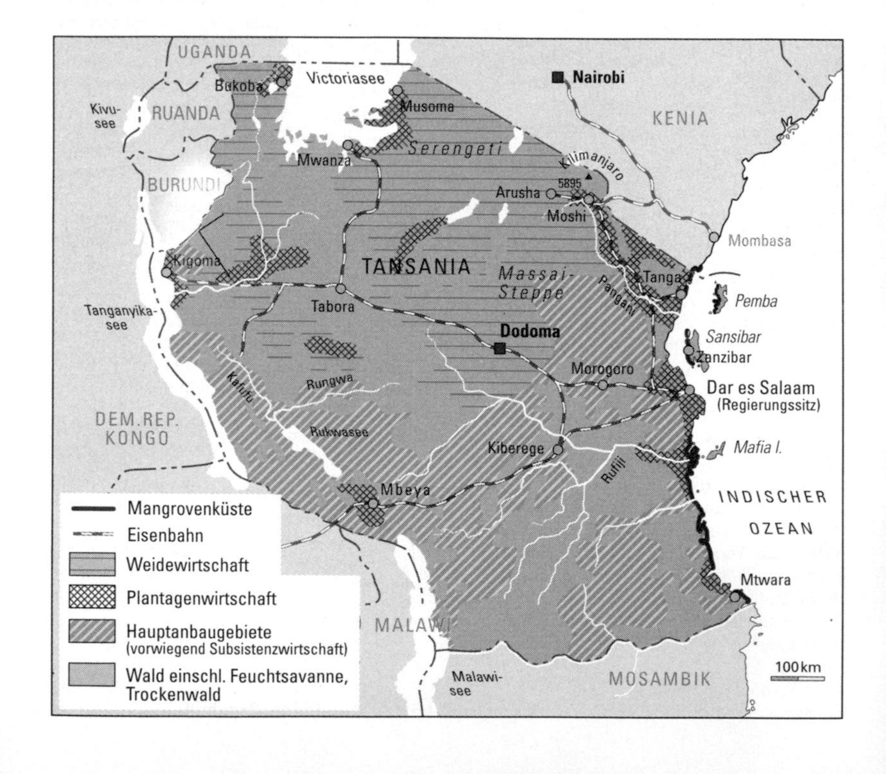

Staaten

Staat Föderative Präsidialrepublik (im Commonwealth) seit 1964 – Verfassung von 1977 mit Änderungen, zuletzt 1994 – Bundesparlament (National Assembly) mit 232 Mitgl., Wahl alle 5 J. – Direktwahl des Staatsoberh. alle 5 J. (einmalige Wiederwahl) – Regionalverfassung von 1985 für Sansibar und Pemba (Parlament mit 75 Mitgl.) – Wahlrecht ab 18 J. – **Verwaltung**: 25 Regionen – **Staatsoberhaupt**: Benjamin William Mkapa (CCM), seit 1995 – **Regierungschef**: Frederick Sumaye (CCM), seit 1995; Vizepremier und Präsident von Sansibar und Pemba: Salim Amour (CCM), seit 1990 – **Äußeres**: Jakaya Mrisho Kikwete – **Parteien**: Wahlen vom 29. 10. 1995: Chama Cha Mapinduzi/CCM (Revolutionspartei) 186 der 232 Sitze (1990: alle 216 Sitze); Opposition insg. 46 Sitze: National Convention for Construction and Reform/NCCR-Mageuzi, Chama Cha Demokrasia na Maendeleo/Chadema (Partei für Demokratie und Entwicklung), Civic United Front/CUF – **Unabh.**: 9. 12. 1961 (Tanganjika), 10. 12. 1963 (Sansibar); 26. 4. 1964 Inkrafttreten der Union – **Nationalfeiertage**: 26. 4. (Tag der Union) und 9. 12. (Unabhängigkeitstag)

Wirtschaft **Währung**: 1 US-$ = 631,00 T.Sh.; 1 DM = 363,06 T.Sh. – **BSP** 1995: 3703 Mio. $ (Tansania ohne Sansibar) – **BIP** 1995: 3602 Mio. $ (Tansania ohne Sansibar); realer Zuwachs ∅ 1990–95: 3,2%; Anteil (1995) **Landwirtsch.** 58%, **Industrie** 17%, **Dienstl.** 24% – **Erwerbstät.** 1995: Landw. 83% – **Arbeitslosigkeit** ∅ 1994: 40% – **Energieverbrauch** 1994: 34 kg ÖE/Ew. – **Inflation** ∅ 1985–95: 32,3% (S 1994: 28,0%) – **Ausl.-Verschuld.** 1995: 7333 Mio. $ – **Außenhandel** 1995: **Import**: 1216,3 Mio. $; Güter: 39% Erdöl und -produkte, 34% Kapitalgüter, 27% Konsumgüter; Länder 1994: 11% Großbritannien, 10% Saudi-Arabien, 9% Kenia, 7% Japan, 6% BRD, 6% Indien, 5% VR China, 5% Italien; **Export**: 661,2 Mio. $; Güter: 22% Kaffee, 18% Baumwolle, 10% Cashewnüsse; Länder 1994: 10% BRD, 9% Japan, 8% Belgien/Luxemburg, 6% Indien, 6% Großbritannien, 5% Niederlande, 5% Portugal – **Tourismus** 1995: 280 000 Auslandsgäste, 205 Mrd. T.Sh. Einnahmen

Thailand *Südost-Asien*

Königreich Thailand; Ratcha Anachak Thai, Kurzform: Prathet Thai oder Muang Thai – THA
(→ Karte V, D 4)

Fläche (Weltrang: 49.): 513 115 km²

Einwohner (18.): F 1995 58 242 000 = 114 je km²

Hauptstadt: Krung Thep (Bangkok)
F 1992: 5 562 100 Einwohner

Amtssprache: Thai

Bruttosozialprodukt 1995 je Einw.: 2740 $

Währung: 1 Baht (฿) = 100 Stangs

Botschaft des Königreichs Thailand
Ubierstr. 65, 53173 Bonn, 0228/95 68 60

Landesstruktur **Fläche**: 513 115 km² – **Bevölkerung**: Thailänder; (Z 1990) 54 548 530 Einw. – (S) 80% Thaivölker, v. a. Siamesen, außerdem Shan im N und Lao im NO; 12% Chinesischstämmige, 4% Malaien, 3% Khmer u. v. a. Minderheiten – Anteil unter **Armutsgrenze** ∅ 1981–95: 0,1% – **Flüchtl.** Ende 1996: 92 300 aus Myanmar, 3200 aus Laos, 350 andere – **Leb.-Erwart.** 1995: 69 J. – **Säugl.-Sterbl.** 1995: 2,7% – **Kindersterbl.** 1995: 3,2% – Jährl. **Bev.-Wachstum** ∅ 1985–95: 1,3% (Geb.- und Sterbeziffer 1995: 1,9%/0,7%) – **Analph.** 1995: 6% – **Sprachen**: überwiegend Thai (Siamesisch); Chinesisch, Malaiisch u. a.; Englisch als Handelssprache – **Religion** 1992: 94% Buddhisten, 4% Muslime (Malaien); 305 000 Christen (davon etwa 75% Katholiken), etwa 85 000 Hindus; Konfuzianismus (Chinesen) – **Städt. Bev.** 1995: 20% – **Städte** (F 1992): Nonthaburi 259 000 Einw., Nakhon Ratchasima 190 700, Chiang Mai 170 300, Khon Kaen 120 100; (F 1990) Songkhla 243 000, Nakhon Sawan 152 000, Ubon Ratchathani 137 000, Nakhon Si Thammarat 112 000, Saraburi 107 000

Staat Parlamentarische Monarchie seit 1932 – Verfassung von 1991, letzte Änderung 1995 – Parlament: Repräsentantenhaus mit 393 gewählten und Senat vom 23. 3. 1996 mit 260 vom Regierungschef ernannten Mitgl. (39 Militärs, 221 Beamte, Geschäftsleute, Journalisten und Wissenschaftler); Wahl alle 4 J. – Wahlrecht ab 18 J. – **Verwaltung**: 73 Provinzen – **Staatsoberhaupt**: König Bhumibol Adulyadej (Rama IX.), seit 1946, gekrönt 1950 – **Regierungschef**: General Chavalit Yongchaiyudh (NAP), seit 25. 11. 1996 – **Äußeres**: Prachuab Chaiyasarn – **Parteien**: Wahlen vom 17. 11. 1996: New Aspiration Party/

NAP 125 der 393 Sitze (1995: 57), Democrat Party/DP 123 (86), Chart Pattana (Partei für Nationale Entwicklung)/CP 52 (53), Chart Thai (Nationalpartei)/CT 39 (92), Social Action Party/SAP 20 (22), Prachakorn Thai/PTP 18 (18), Ekkaparb (Solidaritätspartei)/SP 8 (8), Seritham Party (Liberaldemokratische Partei) 4 (11), Muan Chon 2 (3), Palang Dharma (Moralische Kraft)/PD 1 (23), Nam Thai 1 (18) – **Unabh.**: Reichsbildung seit dem 13. Jahrhundert, Königreich seit 1782 – **Nationalfeiertage**: 5. 12. (Geburtstag des Königs) und 10. 12. (Verfassungstag)

Staaten

Wirtschaft Währung: 1 US-$ = 25,84 ฿; 1 DM = 14,88 ฿ – **BSP** 1995: 159 630 Mio. $ – **BIP** 1995: 167 056 Mio. $; realer Zuwachs ∅ 1990–95: 8,4%; Anteil (1995) **Landwirtsch.** 11%, **Industrie** 40%, **Dienstl.** 49% – **Erwerbstät.** 1993: Landw. 57%, Ind. 18%, Dienstl. 25% – **Arbeitslosigkeit** ∅ 1996: 2,6% – **Energieverbrauch** 1994: 769 kg ÖE/Ew. – **Inflation** ∅ 1985–95: 5,0% (1996: 5,9%, S 1997: 4,8%) – **Ausl.-Verschuld.** 1995: 56 789 Mio. $ – **Außenhandel** 1996: **Import**: 70,9 Mrd. $; Güter: 48,7% Maschinen, 21,5% Industrieerzeugnisse, 9,5% chem. Erzeugnisse, 8,5% mineral. Brenn- und Schmierstoffe, 5,1% Rohstoffe; Länder: 28,3% Japan, 12,4% USA, 5,6% Singapur, 5,1% BRD, 5% Malaysia, 4,4% Republik China, 3,8% Republik Korea, 2,7% VR China; **Export**: 54,4 Mrd. $; Güter: 37,9% Maschinen, 30,6% Industrieerzeugnisse, 19,7% Nahrungsmittel, 5,9% Rohstoffe; Länder: 17,5% USA, 17% Japan, 12% Singapur, 5,8% Hongkong, 3,6% Malaysia, 3,3% Großbritannien, 3,2% VR China, 3,2% Niederlande, 2,9% BRD – **Tourismus** 1996: 7,19 Mio. Auslandsgäste, 215 000 Mio. ฿ Einnahmen

Chronik Der seit Juli 1995 amtierende Ministerpräsident *Banharn Silapa-archa* (Chart Thai/CT) tritt am 28. 9. **1996** zurück, da ihm Korruption und Inkompetenz auch aus der Sechs-Parteien-Regierungskoalition vorgeworfen wird. – Aus den **vorgezogenen Neuwahlen** am 17. 11. geht die New Aspiration Party (NAP) mit 125 von 393 Parlamentssitzen als stärkste politische Kraft hervor. Auch diese Wahlen wurden durch einen v. a. in den ländlichen Regionen üblichen massiven Stimmenkauf beeinflußt. – Am 25. 11. ernennt König *Bhumibol Adulyadej* den Vorsitzenden der NAP, General *Chavalit Yongchaiyudh*, zum Ministerpräsidenten einer von 6 Parteien getragenen **Koalitionsregierung**. Ihm werden von Gegnern umfangreiche illegale Geschäfte nachgesagt, aus denen er seinen politischen Aufstieg habe finanzieren können. Vizepremier, Fi-

nanz- und Außenminister wird der Vorsitzende der Nam Thai (NT), *Amnuay Virawan*. – Im Januar **1997** wählt das Parlament eine Verfassunggebende Versammlung mit 99 Mitgliedern, die eine neue Verfassung ausarbeiten soll.

Wirtschaftskrise: Die nach Jahren rasanten Wachstums im Jahre **1996** offenkundig werdende **Strukturkrise** der thailändischen Wirtschaft, deren realer Zuwachs von 8,6% des BIP 1995 auf 6,4% 1996 sinkt und für 1997 nur rd. 5% erwarten läßt, sowie die seit Sommer 1996 zunehmende politische Unsicherheit veranlassen ausländische Investoren zum Rückzug. Im September zieht die US-Ratingagentur Moody's Investor Services die weitere Kreditwürdigkeit Thailands in Zweifel. Seit Frühjahr 1996 verlieren die Aktien an der Börse von Bangkok innerhalb eines Jahres knapp die Hälfte ihres Wertes. Die **Krise auf dem Immobilienmarkt** führt im Frühjahr **1997** mehrere thailändische Banken an den Rand des Zusammenbruchs. Angesichts der anhaltenden Währungskrise und der Widerstände in der Regierung gegen die von ihm geplanten strukturellen Reformen tritt *Virawan* am 19. 6. zurück. Der bisherige Chef der Thai Military Bank, die unter den thailändischen Großbanken die höchsten Verluste zu bewältigen hat, *Thanong Bidaya*, löst ihn als Finanzminister ab; neuer Außenminister wird *Prachuab Chaiyasarn*. – Unter dem Druck von Devisenspekulationen wird am 2. 7. die **Dollarbindung des Baht-Kurses aufgegeben**; eine massive Kapitalflucht und weitere empfindliche Kursverluste an der Börse von Bangkok sind die Folge. Am 5. 8. beschließt die Regierung einen harten **Sanierungsplan**, um sich Dringlichkeitskredite Japans und anderer Staaten sowie des Internationalen Währungsfonds (IWF) zu sichern, die das Land vor der Zahlungsunfähigkeit gegenüber dem Ausland bewahren sollen. Zur Stützung des Baht vereinbart eine internationale Geberkonferenz am 11. 8. Zusagen über **Beistandskredite** an Thailand in Höhe von insgesamt 16,7 Mrd. $, von denen der IWF und Japan je rd. 4 Mrd. übernehmen. Die Wirtschaftskrise in Thailand beeinträchtigt die ökonomische Stabilität fast aller Staaten Südostasiens.

Vertreibung von Karen-Flüchtlingen: Im Februar und März **1997** erzwingen thailändische Truppen die Rückkehr von bis zu 5000 Flüchtlingen aus Myanmar; sie gehören der Volksgruppe der Karen an, die den Gewaltmaßnahmen der birmesischen Truppen während ihrer Großoffensive gegen die Karen National Union (KNU) auszuweichen suchen (→ Myanmar).

Togo *West-Afrika*

Republik Togo; République togolaise – RT
(→ Karte IV, A/B 4)

Fläche (Weltrang: 123.): 56 785 km²

Einwohner (117.): F 1995 4 085 000 = 72 je km²

Hauptstadt: Lomé – S 1990 (A) 513 000 Einw.

Amtssprachen: Französisch, Kabyé, Ewe

Bruttosozialprodukt 1995 je Einw.: 310 $

Währung: CFA-Franc

Botschaft der Republik Togo
Beethovenallee 13, 53173 Bonn, 0228/35 50 91

Landesstruktur **Fläche**: 56 785 km² – **Bevölkerung**: Togoer; (Z 1981) 2 703 250 Einw. – (S) überwiegend Kwa-Völker (etwa 46% Ewe) und Volta-Völker (insg. etwa 43%, u. a. Temba, Mopa, Gurma, Kabyé und Losso), daneben Haussa, Fulbe; etwa 4000 Europäer (meist Franzosen) – **Flüchtl.** Ende 1996: 30 000 Togoer in Nachbarstaaten; 10 000 aus Ghana – **Leb.-Erwart.** 1995: 56 J. – **Säugl.-Sterbl.** 1995: 8,0% – **Kindersterbl.** 1995: 12,8% – Jährl. **Bev.-Wachstum** ∅ 1985–95: 3,0% (Geb.- und Sterbeziffer 1995: 4,3%/1,2%) – **Analph.** 1995: 48% – **Sprachen**: Französisch und Ewe-Dialekte, z. T. Ewe-Schriftsprache (im S); ferner Kabyé-Dialekt der Tem-Sprache, Gur-Sprachen (Moba und Gurma), Fulbe, Yoruba und Haussa – **Religion** 1992: 50% Anhänger von Naturreligionen, 35% Christen (darunter 22% Katholiken), 15% Muslime (Sunniten) – **Städt. Bev.** 1995: 31% – **Städte** (S 1987): Sokodé 55 000 Einw., Lama-Kara 41 000, Atakpamé 30 000, Tsévié 26 000

Staat Präsidialrepublik seit 1967 – Verfassung von 1993 – Parlament (Assemblée Nationale) mit 81 Mitgl.; Wahl alle 5 J. – Direktwahl des Staatsoberh. alle 5 J. – Wahlrecht ab 18 J. – **Verwaltung**: 5 Regionen – **Staatsoberhaupt**: General Gnassingbé Eyadéma (RPT), seit 1967 – **Regierungschef**: Kwassi Klutsé, seit 20. 8. 1996 – **Äußeres**: Koffi Panou – **Parteien**: Wahlen vom 6./20. 2. 1994: Opposition insg. 43 Sitze: Comité d'Action pour le Renouveau/CAR 36 Sitze, Union Togolaise pour la Démocratie/UTD 7; Rassemblement du Peuple Togolais/RPT 35, RPT-nahe Union pour la Justice et la Démocratie/UJD 2, Sonstige 1 – Stand April 1997: RPT (vereinigt mit UJD) 41, CAR 32, UTD 5, CFN 1, Unabhängige 2 – **Unabh.**: 27. 4. 1960 (ehem. franz. Treuhandgebiet) – **Nationalfeiertag**: 27. 4. (Unabh.-Tag)

Wirtschaft **Währung**: 1 US-$ = 587,77 CFA-Francs; 1 DM = 337,12 CFA-Francs; Wertverhältnis zum französischen Franc: 1 FF = 100 CFA-Francs – **BSP** 1995: 1266 Mio. $ – **BIP** 1994: 981 Mio. $; realer Zuwachs ∅ 1990–94: –3,4%; Anteil (1995) **Landwirtsch.** 32%, **Industrie** 23%, **Dienstl.** 45% – **Erwerbstät.** 1995: Landw. 62% – **Arbeitslosigkeit**: k. Ang. – **Energieverbrauch** 1994: 46 kg ÖE/Ew. – **Inflation** ∅ 1985–95: 3,0% – **Ausl.-Verschuld.** 1995: 1486 Mio. $ – **Außenhandel** 1992: **Import**: 418 Mio. $; Güter: 36% Industriegüter, 28% Maschinen und Transportausrüstungen, 23% Nahrungsmittel, 10% Brennstoffe; Länder 1991: 33% Frankreich, 8% Niederlande, 7% Japan, 7% USA, 4% BRD; **Export**: 322 Mio. $; Güter 1991: 48% Kalziumphosphate, 22% rohe Baumwolle, 4% Kakaobohnen, 4% grüner Kaffee; Länder 1991: 11% Kanada, 8% Nigeria, 7% Mexiko, 7% Spanien, 7% Frankreich

Tonga *Ozeanien*

Königreich Tonga; Pule'anga Tonga – TO
(→ Karten V, F 5 und VIII b, D 3/4)

Fläche (Weltrang: 172.): 748 km²

Einwohner (177.): F 1995 104 000 = 139 je km²

Hauptstadt: Nuku'alofa – F 1990: 34 000 Einw.

Amtssprache: Tongaisch

Bruttosozialprodukt 1995 je Einw.: 1630 $

Währung: 1 Pa'anga (T$) = 100 Seniti

Honorarkonsulat des Königreichs Tonga
Angermunder Str. 64, 40489 Düsseldorf,
0203/74 12 11

Landesstruktur **Fläche**: 748 km²; 169 Inseln, davon Tongatapu 261 km², Vava'u 119 km², Ha'apai 110 km², Eua 87 km², Niuas 72 km² – **Bevölkerung**: Tongaer; (Z 1996) 97 446 Einw. – (S) 99% polynes. Tongaer; 300 Europäer – **Leb.-Erwart.** 1995: 69 J. – **Säugl.-Sterbl.** 1995: 2,0% – **Kindersterbl.** 1995: 2,4% – Jährl. **Bev.-Wachstum** ∅ 1985–95: 0,9% (Geb.- und Sterbeziffer 1992: 2,6%/0,7%) – **Analph.** 1990: unter 5% – **Sprachen**: Tongaisch (polynes. Sprache); Englisch – **Religion**: 70% Protestanten, 20% Katholiken – **Städt. Bev.** 1993: 39% – **Inseln** (Z 1996): Tongatapu 66 577 Einw., Vava'u 15 779, Ha'apai 8148, Eua 4924, Niuas 2018

Staat Konstitutionelle Monarchie (im Commonwealth) seit 1875 – Verfassung von 1875 mit Änderungen – Parlament mit 30 Mitgliedern, davon 9 alle 3 J. gewählt, 9 von 33 Adelsfamilien bestimmte Häuptlinge, 10 vom König auf Lebenszeit nominierte Minister und 2 Gouverneure – Wahlrecht ab 21 J. – **Verwaltung**: 5 Verwaltungseinheiten – **Staatsoberhaupt**: König Taufa'ahau Tupou IV., seit 1965, gekrönt 1967 – **Regierungschef**: Baron Vaea von Houma, seit 1991 – **Äußeres**: Kronprinz Tupouto'a – **Parteien**: letzte Wahlen vom Jan. 1996: People's Party 6 der 9 Sitze – **Unabh.**: 4. 6. 1970 – **Nationalfeiertage**: 4. 6. (Unabhängigkeitstag) und 4. 7. (Geburtstag des Königs) und 4. 11. (Verfassungstag)

Wirtschaft **Währung**: 1 US-$ = 1,2416; 1 DM = 0,7406 T$ – **BSP** 1995: 170 Mio. $ – **BIP** k. Ang.; Anteil (1993) **Landwirtsch.** 39%, **Industrie** 12%, **Dienstl.** 49% – **Erwerbstät.** 1990: Landw. 38%, Ind. 21%, Dienstl. 41% – **Arbeitslosigkeit** ∅ 1990: 4,2% – **Energieverbrauch** 1994: 178 kg ÖE/Ew. – **Inflation** ∅ 1985–95: 7,9% – **Ausl.-Verschuld.** 1995: 70.1 Mio. $ – **Außenhandel** 1993: **Import**: 61,4 Mio. $; Güter 1991: 21% Nahrungsmittel, 19% Maschinen und Transportausrüstungen, 16% Brennstoffe; Länder 1991: 30% Neuseeland, 26% Australien, 9% Japan; **Export**: 15,9 Mio. $; Güter 1991: 60% Kürbisse, 14% Vanille; Länder 1991: 60% Japan, 9% USA – **Tourismus** 1995: 29 520 Auslandsgäste

Trinidad und Tobago

Mittel-Amerika; Karibik

Republik Trinidad und Tobago; Republic of Trinidad and Tobago – TT

(→ Karten VI>, L 8/9 und VIII a, E 4)

Fläche (Weltrang: 163.): 5128 km²

Einwohner (145.): F 1995 1 287 000 = 251 je km²

Hauptstadt: Port of Spain – F 1991: 51 100 Einw.

Amtssprache: Englisch

Bruttosozialprodukt 1995 je Einw.: 3770 $

Währung: 1 Trinidad-und-Tobago-Dollar (TT$) = 100 Cents

Botschaft der Republik Trinidad und Tobago
42, Belgrave Square, GB – London SW1 X 8NT,
00 44–171/2 45 93 51

Landesstruktur **Fläche**: 5128 km²; davon: Trinidad 4828 km², Tobago 300 km² – **Bevölkerung**: (Z 1990) 1 213 733 Einw. – 40,3% Inder, 39,6% Schwarze, 18,5% Mulatten – **Leb.-Erwart.** 1995:

72 J. – **Säugl.-Sterbl.** 1995: 1,6% – **Kindersterbl.** 1995: 1,8% – Jährl. **Bev.-Wachstum** ∅ 1985–95: 0,9% (Geb.- und Sterbeziffer 1995: 2,0%/0,6%) – **Analph.** 1995: unter 5% – **Sprachen**: Englisch; außerdem Französisch, Spanisch, Hindi, Chinesisch und Patois – **Religion** 1990: 40,3% Christen (29,4% Katholiken, 10,9% Anglikaner), 23,8% Hindus, 5,8% Muslime – **Städt. Bev.** 1995: 68% – **Städte** (F 1991): San Fernando 30 100 Einw., Arima 29 500, Tunapuna

Staat Präsidialrepublik (im Commonwealth) seit 1976 – Verfassung von 1976 – Parlament: Repräsentantenhaus mit 36 alle 5 J. gewählten und Senat mit 31 vom Staatsoberh., mit Zustimmung des Premiers und Anführers der Opposition ernannten Mitgl. – Parlament von Tobago mit 15 Mitgl. (12 gewählt) – Wahl des Staatsoberh. durch Wahlkollegium alle 5 J. – Wahlrecht ab 18 J. – **Verwaltung**: 8 Counties, 3 Stadtbezirke und Tobago – **Staatsoberhaupt**: Arthur N. R. Robinson, seit 19. 3. 1997 – **Regierungschef**: Basdeo Panday (UNC-Vorsitzender), seit 1995 – **Äußeres**: Ralph Maraj – **Parteien**: Wahlen vom 6. 11. 1995: United National Congress/UNC 17 Sitze (1991: 13), People's National Movement/PNM 17 (21), National Alliance for Reconstruction/NAR 2 (2) – Wahlen in Tobago vom 9. 12. 1996: NAR 10 Sitze (1992: 11), PNM 1 (1), Unabhängige 1 (–) – **Unabh.**: 31. 8. 1962 – **Nationalfeiertage**: 31. 8. (Unabhängigkeitstag) und 24. 9. (Tag der Republik)

Wirtschaft **Währung**: 1 US-$ = 6,2682 TT$; 1 DM = 3,7673 TT$ – **BSP** 1995: 4851 Mio. $ – **BIP** 1995: 5327 Mio. $; realer Zuwachs ∅ 1990–95: 1,0%; Anteil (1995) **Landwirtsch.** 3%, **Industrie** 42%, **Dienstl.** 54% – **Erwerbstät.** 1995: Landw. 11%, Ind. 26%, Dienstl. 63% – **Arbeitslosigkeit** ∅ 1996 (S): 16,1% – **Energieverbrauch** 1994: 5436 kg ÖE/Ew. – **Inflation** ∅ 1985–95: 6,8% (S 1996: 3,6%) – **Ausl.-Verschuld.** 1995: 2556 Mio. $ – **Außenhandel** 1995: **Import**: 1885 Mio. $; Güter 1996: 46% Rohstoffe und Zwischenprodukte, 30% Kapitalgüter, 18% Konsumgüter; Länder 1994: 47% USA, 16% lateinamerik. Staaten, 10% Großbritannien, 6% Kanada, 5% Japan, 5% CARICOM-Staaten, 2% BRD; **Export**: 1477 Mio. $; Güter 1996: 49% mineral. Öle und Treibstoffe, 25% chem. Produkte, 8% Stahlerzeugnisse, 4% Nahrungsmittel und leb. Tiere, 3% Getränke und Tabak; Länder 1994: 50% USA, 22% CARICOM-Staaten, 8% lateinamerik. Staaten, 5% EU- und EFTA-Staaten, 2% Kanada – **Tourismus**: 259 784 Auslandsgäste (1995), 512,4 Mio. TT$ Einnahmen (1994)

Tschad *Zentral-Afrika*

Republik Tschad; République du Tchad (französisch); Ğumhūrīyya Tashād (arabisch) – TCH (→ Karte IV, B 3/4)

Fläche (Weltrang: 20.): 1 284 000 km²

Einwohner (92.): F 1995 6 448 000 = 5,0 je km²

Hauptstadt: N'Djamena – Z 1993: 529 555 Einw.

Amtssprachen: Französisch, Hocharabisch

Bruttosozialprodukt 1995 je Einw.: 180 $

Währung: CFA-Franc

Botschaft der Republik Tschad
Basteistr. 80, 53173 Bonn, 0228/35 60 26

Landesstruktur **Fläche**: 1 284 000 km² – **Bevölkerung**: Tschader; (Z 1993) 6 279 931 Einw. – (S) insg. rd. 200 Ethnien: etwa 15% Araber, im Sahelgebiet arabisierte Völker (Kanembou, Boulala, Hadjerai, Dadjo u. a., insg. etwa 38%), 30% Sara (im S), 20% tschadische Gruppen, 2% Tibbu-Daza-Gruppen im Tebesti, Haussa, Fulbe; über 4000 Europäer – **Flüchtl.** Ende 1996: 15 500 in Anrainerstaaten – **Leb.-Erwart.** 1995: 49 J. – **Säugl.-Sterbl.** 1995: 9,4% – **Kindersterbl.** 1995: 15,2% – Jährl. **Bev.-Wachstum** ∅ 1985–95: 2,5% (Geb.- und Sterbeziffer 1995: 4,3%/1,7%) – **Analph.** 1995: 52% – **Sprachen**: Französisch, Arabisch; regional Sara (im S), Baguirmi, Boulala, Tibbu-Gorane u. a. – **Religion**: 50% Muslime, 30% Christen (v. a. Katholiken); Anhänger von Naturreligionen – **Städt. Bev.** 1995: 21% – **Städte** (Z 1993): Moundou 281 477 Einw., Sarh 198 113, Bongor 194 992, Abéché 187 757

Staat Präsidialrepublik seit 1960 – Neue Verfassung von 1996 – Parlament: Nationalversammlung (Assemblée Nationale) mit 125 Mitgl., Wahl alle 4 J.; Senat, Wahl für 6 J. (Neuwahl jeweils ⅓ der Sitze alle 2 J.) – Direktwahl des Staatsoberh. alle 5 J. (einmalige Wiederwahl) – Wahlrecht ab 18 J. – **Verwaltung**: 14 Präfekturen – **Staatsoberhaupt**: Idriss Déby (MPS-Vorsitzender), seit 1990 – **Regierungschef**: Nassour Ouado, seit 16. 5. 1997 – **Äußeres**: Saleh Kebzaboh (UNDR-Vorsitzender) – **Parteien**: Wahlen vom 5. 1./23.2. 1997: Mouvement Patriotique pour le Salut/MPS 55 Sitze, Union pour le Renouveau et la Démocratie/URD 31, Union Nationale pour le Développement et le Renouveau/UNDR 15, Sonstige 24 – **Unabh.**: 11. 8. 1960 (ehem. französische Kolonie) – **Nationalfeiertag**: 11. 8. (Unabhängigkeitstag)

Wirtschaft **Währung**: 1 US-$ = 587,77 CFA-Francs; 1 DM = 337,12 CFA-Francs; Wertverhältnis zum französischen Franc: 1 FF = 100 CFA-Francs – **BSP** 1995: 1144 Mio. $ – **BIP** 1995: 1138 Mio. $; realer Zuwachs ∅ 1990–95: 1,9%; Anteil (1995) **Landwirtsch.** 40%, **Industrie** 17%, **Dienstl.** 43% – **Erwerbstät.** 1994: Landw. 70% – **Arbeitslosigkeit**: k. Ang. – **Energieverbrauch** 1994: 16 kg ÖE/Ew. – **Inflation** ∅ 1985–95: 3,1% – **Ausl.-Verschuld.** 1995: 908 Mio. $ – **Außenhandel** 1992: **Import**: 300 Mio. $; Güter: 38% Industriegüter, 27% Maschinen und Transportausrüstungen, 18% Nahrungsmittel, 15% Brennstoffe; Länder 1989: v. a. Frankreich sowie Kamerun, USA, Nigeria; **Export**: 176 Mio. $; Güter 1990: 80% Baumwolle sowie Viehzuchtprodukte, Erdnüsse; Länder 1989: v. a. Kamerun und Frankreich

Chronik In einem am 9. 10. **1996** veröffentlichten Bericht prangert amnesty international schwerwiegende **Menschenrechtsverletzungen** wie staatliche Morde, Folter und willkürliche Verhaftungen sowie Vergewaltigung von Frauen durch Soldaten an. ai verurteilt auch das »geheime Einverständnis« anderer Staaten mit dem »repressiven Regime«; so habe der Tschad eine Stellungnahme der UN-Menschenrechtsorganisation mit Hilfe Gabuns, Frankreichs u. a. Länder verhindern können. Außenminister *Saleh Kebzaboh* verteidigt am 12. 1. **1997** die Bekämpfung der wachsenden Kriminalität durch standrechtliche Erschießungen; Präsident *Idriss Déby* habe die Polizei angewiesen, mit auf frischer Tat ertappten Kriminellen kurzen Prozeß zu machen. Menschenrechtsorganisationen hatten auf zwei Fälle aufmerksam gemacht, bei denen am 24. und 31. 12. 1996 20 des Diebstahls und Banditentums beschuldigte Personen erschossen wurden. – Am 5. 1. und am 23. 2. 1997 finden **Parlamentswahlen** statt, bei denen die Partei von Präsident *Déby*, Mouvement Patriotique du Salut/MPS, 44% der Stimmen erhält. Zusammen mit der Union Nationale pour le Développement et le Renouveau/UNDR von Außenminister *Saleh Kebzaboh*, die 12% erhält, verfügt sie über die absolute Mehrheit. – Am 16. 5. wird *Nassour Ouado* als neuer **Ministerpräsident** vereidigt.

Tschechische Republik

Mittel-Europa

Tschechische Republik; Česká Republika, Kurzform: Česko [deutsch auch: Tschechien] – CZ (→ Karte II/III, F 2/3)

Fläche (Weltrang: 114.): 78 864 km²

Einwohner (71.): F 1995 10 332 000 = 131 je km²

Hauptstadt: Praha (Prag) – F 1996: 1 209 855 Einw.

Amtssprache: Tschechisch

Bruttosozialprodukt 1995 je Einw.: 3870 $

Währung: 1 Tschechische Krone (Kč) = 100 Heller

Botschaft der Tschechischen Republik Ferdinandstr. 27, 53127 Bonn, 0228/9 19 70

Landesstruktur **Fläche**: 78 864 km² – **Bevölkerung**: Tschechen; (Z 1991) 10 302 215 Einw. – 81,2% Böhmen, 13,2% Mährer, 3,1% Slowaken, 2,5% Sonstige: 59 383 Polen, 48 556 Deutsche, 44 446 Madjaren (Ungarn), 32 903 Roma, 19 932 Ukrainer u. a. – Anteil unter **Armutsgrenze** ∅ 1981–95: 3,1% – **Leb.-Erwart.** 1995: 71 J. – **Säugl.-Sterbl.** 1995: 0,9% – **Kindersterbl.** 1995: 1,0% – Jährl. **Bev.-Wachstum** ∅ 1985–95: 0,0% (Geb.- und Sterbeziffer 1995: 1,3%/1,3%) – **Sprachen** 1991: 96% Tschechisch, 2% Slowakisch; Polnisch, Deutsch u. a. Sprachen der Minderheiten – **Religion** 1991: 39% Katholiken, 2,5% Protestanten, 1,7% Hussiten, 16,9% Sonstige (Orthodoxe, Juden u. a.); 39,9% konfessionslos – **Städt. Bev.** 1995: 65% – **Städte** (F 1996): Brno (Brünn) 388 899 Einw., Ostrava (Ostrau) 324 813, Plzeň (Pilsen) 171 249, Olomouc (Olmütz) 104 845, Liberec (Reichenberg) 100 604, Hradec Králové (Königgrätz) 100 528, České Budějovice (Budweis) 99 708, Ústí nad Labem (Aussig) 97 164, Pardubice (Pardubitz) 93 777, Havířrov 87 863, Zlín 83 026, (Z 1991) Most (Brüx) 70 675, Karlovy Vary (Karlsbad) 56 291, Jihlava (Iglau) 52 271

Staat Republik seit 1993 – Verfassung von 1993 mit Änderung von 1995 – Parlament: Repräsentantenhaus (Poslanecká sněmovna) mit 200 alle 4 J. gewählten Mitgl. und Senat mit 81 Mitgl.; Wahl alle 6 J. (Neuwahl von ⅓ der Senatoren alle 2 J.) – Wahl des Staatsoberh. durch das Parlament alle 5 J. (einmalige Wiederwahl) – Wahlrecht ab 18 J. – **Verwaltung**: 72 Distrikte – **Staatsoberhaupt**: Václav Havel (parteilos), seit 1993 – **Regierungschef**: Václav Klaus (ODS-Vorsitzender), seit 1993, Minderheitsregierung –

Äußeres: Josef Zieleniec (ODS) – **Parteien**: Parlamentswahlen am 31. 5. und 1. 6. 1996: bürgerlich-liberale Regierungskoalition: Občanská Demokratická Strana/ODS (Demokratische Bürgerpartei) 68 Sitze (1992: 76), Občanská demokratikká aliance/ODA (Demokratische Bürgerallianz) 13 (14), Kŕestanská a demokratická unie-Česká strana lidová/KDU-ČSL (Christlich-Demokratische Union-Tschechische Volkspartei) 18 (15); Opposition: Česká strana sociálne demokratická/ČSSD (Sozialdemokraten) 61 (16), Komunistická strana Čech a Moravy/KSČM (Kommunisten) 22 (1992 im Linken Block: 35), Sdružení pro republiku-Republikánská strana Česká/SPR-RSČ (Vereinigung für die Republik-Republikanische Partei) 18 (14), Sonstige – (30) – Wahlen zum Senat vom 15./16. und 22./23. 11. 1996: ODS 32, ČSSD 25, KDU-ČSL 13, ODA 7, KSČM 2, Demokratische Union/DEU 1, Unabhängige 1 – **Unabh.**: 28. 10. 1918 (Ausrufung des souveränen Staats der Tschechoslowakei), 1. 1. 1993 (Trennung von der Slowakei) – **Nationalfeiertag**: 28. 10.

Wirtschaft **Währung**: 1 US-$ = 32,05 Kč; 1 DM = 18,56 Kč – **BSP** 1995: 39 990 Mio. $ – **BIP** 1995: 44 772 Mio. $; realer Zuwachs ∅ 1990–95: -2,6%; Anteil **Privatsektor** 9/1996: 75%; Anteil (1994) **Landwirtsch.** 6%, **Industrie** 39%, **Dienstl.** 55% – **Erwerbstät.** 1995: Landw. 6%, Ind. 41%, Dienstl. 53% – **Arbeitslosigkeit** ∅ 1995: 3,5% (S 1997: 3,8%) – **Energieverbrauch** 1994: 3868 kg ÖE/Ew. – **Inflation** ∅ 1985–95: 12,2% (S 1996: 8,8%) – **Ausl.-Verschuld.** 1995: 16 576 Mrd. $ – **Außenhandel** 1996: **Import**: 755,3 Mrd. Kč; Güter: 38,2% Maschinen und Transportausrüstungen, 19,3% Halbfabrikate, 11,8% chem. Erzeugnisse, 11,5% versch. Fertigerzeugnisse, 8,7% mineral. Brennstoffe, 5,6% Nahrungsmittel und leb. Tiere; Länder: 35,9% BRD, 14,3% Slowakei, 6,5% Österreich, 5,5% Polen, 3,3% Italien, 3,2% Rußland, 2,9% Frankreich; **Export**: 595 Mrd. Kč; Güter: 32,7% Maschinen und Transportausrüstungen, 28,8% Halbfabrikate, 14,8% versch. Fertigerzeugnisse, 9,1% chem. Erzeugnisse, 4,7% Rohstoffe (ohne Nahrungsmittelrohstoffe und Brennstoffe), 4,5% mineral. Brennstoffe, Schmiermittel, 4,1% Nahrungsmittel und leb. Tiere; Länder: 29,8% BRD, 9,6% Slowakei, 7,4% Rußland, 5,9% Italien, 5,7% Österreich, 4,2% Frankreich, 3,8% Großbritannien – **Tourismus**: 6,9 Mio. Auslandsgäste (1995), 1970 Mio. $ Einnahmen (1994)

Chronik Ein halbes Jahr nach den Parlamentswahlen (→ WA '97, Sp. 639) finden am 15./16. und 22./23. 11. **1996 erstmals Wahlen zum Se-**

nat statt, bei denen die bürgerlich-liberale Regierungskoalition deutlich bestätigt wird. Die Wahlbeteiligung ist mit knapp 30% äußerst gering.
Deutsch-Tschechische Erklärung: Nach einer viertägigen heftigen Debatte ratifiziert die Abgeordnetenkammer am 14. 2. **1997** die von den rechten und kommunistischen Gruppierungen als nationaler Verrat bekämpfte Deutsch-Tschechische Erklärung. Diese war nach knapp zweijährigen Verhandlungen am 21. 1. 1997 von den Regierungschefs und Außenministern unterzeichnet und am 30. 1. vom Deutschen Bundestag ratifiziert worden (→ Deutschland). Abgeordnete der rechtsradikalen Republikaner (SPR-RSČ) versuchen, durch nationalistische Obstruktionsreden die Abstimmung möglichst lange zu verhindern. 131 der 197 anwesenden (von 200) Abgeordneten billigen das Dokument (bei 7 Enthaltungen), nachdem es um eine von den Sozialdemokraten eingebrachte Präambel ergänzt wurde. Diese bekräftigt den tschechischen Standpunkt, daß die Erklärung die bilateralen Vereinbarungen und die bestehenden Rechtsordnungen nicht berührt und die von den Sudetendeutschen nach wie vor für offen gehaltenen vermögensrechtlichen Fragen abgeschlossen sind. Der Senat billigt die Deutsch-Tschechische Erklärung am 5. 3. (54 Ja-, 25 Neinstimmen, 2 Abwesende). Am 24. 4. würdigt sie Präsident *Václav Havel* vor dem Deutschen Bundestag als entscheidende Voraussetzung für die Entwicklung des gutnachbarlichen Zusammenlebens beider Völker und ihrer Zusammenarbeit auf der europäischen Bühne. Auch der deutsche Bundespräsident *Roman Herzog* ruft in seiner Rede vor beiden Häusern des tschechischen Parlaments am 29. 4. in Prag dazu auf, den deutsch-tschechischen Aussöhnungsprozeß mit Blick auf die gemeinsame europäische Perspektive zu vollenden.
Wirtschafts- und Regierungskrise: Ende Mai **1997** zieht Ministerpräsident *Václav Klaus* Konsequenzen aus der Wirtschaftskrise, die zunehmend die politische Handlungsfähigkeit der Regierung beeinträchtigt: Am 26. 5. gibt die Nationalbank den **Wechselkurs der Tschechischen Krone** zum »managed floating« frei; am 28. 5. stellt *Klaus* das zweite wirtschaftliche **Stabilitätsprogramm** des 1. Halbjahrs vor; am 2. 6. folgt eine Regierungsumbildung in 3 Ressorts, u. a. dem des Finanzministers. Nach einer mehrjährigen Phase von Reformerfolgen sind die wirtschaftlichen Probleme gekennzeichnet durch ein rapides Absinken des Wirtschaftswachstums, begleitet von zahlreichen Firmen- und Bankenzusammenbrüchen, ein anwachsendes Außenhandelsdefizit und einen entgegen den Vorgaben de-

fizitären Staatshaushalt. Die Regierung räumt ein, wirtschaftspolitische Fehler begangen zu haben, und ergänzt das im April beschlossene Sparpaket in Höhe von umgerechnet 1,3 Mrd. DM und die Freigabe des Kurses der Krone – mit der Folge einer faktischen Abwertung um mehr als 10% – u. a. durch eine neuerliche Senkung der Staatsausgaben um umgerechnet rd. 900 Mio. DM (vorrangig durch Einsparungen im Sozialetat), die Unterstützung der restriktiven Währungspolitik der Nationalbank und die möglichst starke Dämpfung der Lohnzuwächse im privaten Sektor. – Am 10. 6. übersteht die Regierung, deren Rücktritt Präsident *Havel* Ende Mai empfahl, mit der Stimme eines unabhängigen Abgeordneten eine Vertrauensabstimmung im Parlament.
Weitere innenpolitische Ereignisse: Im Zusammenhang mit dem **Bankrott der Kreditni Banka in Pilsen** werden Mitte September **1996** 6 Manager des Geldinstituts unter dem Verdacht festgenommen, für den bislang größten Finanzskandal des Landes mitverantwortlich zu sein. – Eine **Hochwasserkatastrophe** im Juli 1997 richtet – wie in Südpolen und in Ostdeutschland entlang der Neiße und Oder (→ Kasten bei Deutschland) – im Südosten des Landes verheerende Flutschäden an und fordert mind. 49 Menschenleben. Die Schäden werden auf umgerechnet 2–4 Mrd. DM geschätzt.

Tunesien *Nord-Afrika*

Tunesische Republik; al-Ǧumhūriyya at-Tūnisiyya, Kurzform: Tūnis – TN
(→ Karte IV, B 3)

Fläche (Weltrang: 90.): 163 610 km²

Einwohner (80.): F 1995 8 987 000 = 55 je km²

Hauptstadt: Tunis
Z 1994: 674 100 Einw. (S 1993, A: 1,6 Mio.)

Amtssprache: Hocharabisch

Bruttosozialprodukt 1995 je Einw.: 1820 $

Währung: 1 Tunes. Dinar (tD)= 1000 Millimes

Botschaft der Tunesischen Republik
Godesberger Allee 103, 53175 Bonn, 0228/37 69 81

Landesstruktur **Fläche**: 163 610 km² – **Bevölkerung**: Tunesier; (Z 1994) 8 785 364 Einw. – (S) 98% Araber und arabisierte Berber, 1,2% Berber; Minderh. von Franzosen, Italienern und Maltesern – Anteil unter **Armutsgrenze** ∅ 1981–95: 3,9% – **Leb.-Erwart.** 1995: 69 J. – **Säugl.-Sterbl.**

1995: 3,0% – **Kindersterbl.** 1995: 3,7% – Jährl. **Bev.-Wachstum** ∅ 1985–95: 2,1% (Geb.- und Sterbeziffer 1995: 2,4%/0,6%) – **Analph.** 1995: 33% – **Sprachen**: Arabisch (tunesischer Dialekt), berberische Sprachen; Französisch als Bildungs- und Handelssprache – **Religion** (Islam ist Staatsreligion) 1993: 99% meist sunnit. Muslime; etwa 20 000 Juden, 18 000 Katholiken und kleine protestant. Gruppen – **Städt. Bev.** 1995: 57% – **Städte** (Z 1994): Sfax 230 900 Einw., Ariana 152 700, Sousse 125 000, Kairouan 102 600, Bizerte 98 900, Gabès 98 900, Bardo 72 700, Gafsa 71 100

Staat Präsidialrepublik seit 1959 – Verfassung von 1959 mit Änderungen, zuletzt 1994 – Parlament (Assemblée Nationale) mit 163 Mitgl. (19 Sitze für Opposition reserviert); Wahl alle 5 J. – Direktwahl des Staatsoberh. alle 5 J. (Amtszeit max. 15 J.) – Wahlrecht ab 20 J. – **Verwaltung**: 23 Provinzen – **Staatsoberhaupt**: Zine el-Abidine Ben Ali (RCD), seit 1987 – **Regierungschef**: Hamed Karoui (RCD), seit 1989 – **Äußeres**: Abderrahim Zouari, seit 20. 1. 1997 – **Parteien**: Wahlen vom 20. 3. 1994: Rassemblement Constitutionnel Démocratique/RCD 144 Sitze (1989: 141 von 141), Opposition insg. 19 Sitze: Mouvement des Démocrates Socialistes/MDS 10, Mouvement de la Rénovation/MR (ehem. KP) 4, Union Démocratique Unioniste/UDU 3, Parti de l'Unité Populaire/PUP 2 – **Unabh.**: alte staatl. Tradition; unabhängig seit 20. 3. 1956 – **Nationalfeiertage**: 20. 3. (Unabhängigkeitstag) und 25. 7. (Tag der Republik)

Wirtschaft **Währung**: 1 US-$ = 1,11 tD; 1 DM = 0,64 tD – **BSP** 1995: 16 369 Mio. $ – **BIP** 1995: 18 035 Mio. $; realer Zuwachs ∅ 1990–95: 3,9%; Anteil (1995) **Landwirtsch.** 12%, **Industrie** 29%, **Dienstl.** 59% – **Erwerbstät.** 1993: Landw. 21%, Ind. 34%, Dienstl. 41% – **Arbeitslosigkeit** ∅ 1996: 16,0% – **Energieverbrauch** 1994: 595 kg ÖE/Ew. – **Inflation** ∅ 1985–95: 6,0% (1996: 4%, S 1997: 5%) – **Ausl.-Verschuld.** 1995: 9938 Mio. $ (S) – **Außenhandel** 1995: **Import**: 8,31 Mrd. $ (S 1996: 7,54 Mrd. $); Güter: 36,1% Rohstoffe und Halbwaren, 33,2% Konsumgüter, 19,6% Kapitalgüter, 11% Nahrungsmittel; Länder: 24,4% Frankreich, 17,9% Italien, 11,9% BRD, 4,7% USA, 4,3% Belgien/Luxemburg, 4% Spanien; **Export**: 5,79 Mrd. $ (S 1996: 5,37 Mrd. $); Güter: 52,9% Konsumgüter, 32,5% Rohstoffe und Halbwaren, 8,9% Nahrungsmittel, 5,7% Kapitalgüter; Länder: 26,6% Frankreich, 21,1% Italien, 14,9% BRD, 6,2% Belgien/Lux., 3,8% Spanien, 3,3% Libyen – **Tourismus**: 3,88 Mio. Auslandsgäste (1996), 1300 Mio. tD Einnahmen (1995)

Türkei *Südost-Europa/Vorder-Asien*

Republik Türkei [Türkische Republik]; Türkiye Cumhuriyeti – TR (→ Karte III, G-J 3/4)

Fläche (Weltrang: 36.): 779 452 km²

Einwohner (16.): F 1995 61 058 000 = 78 je km²

Hauptstadt: Ankara – F 1994 (A): 2 782 200 Einw.

Amtssprache: Türkisch

Bruttosozialprodukt 1995 je Einw.: 2780 $

Währung: 1 Türk. Pfund/Lira (TL.) = 100 Kuruş

Botschaft der Republik Türkei
Utestr. 47, 53179 Bonn, 0228/95 38 30

Landesstruktur **Fläche**: 779 452 km²; davon: 23 764 km² in Europa (Ostthrakien), 755 688 in Vorderasien (Anatolien) – **Bevölkerung**: Türken; (Z 1990) 56 473 035 Einw. – (S) 70% Türken, 20% Kurden, 2% Araber, 0,5% Tscherkessen, 0,5% muslim. Georgier u.a. – **Flüchtl.** Ende 1996: 0,5–2 Mio. Binnenflüchtlinge (Kurden); 15 000 im Irak; 10 000 aus dem Iran, 3000 andere – **Leb.-Erwart.** 1995: 68 J. – **Säugl.-Sterbl.** 1995: 4,4% – **Kindersterbl.** 1995: 5,0% – Jährl. **Bev.-Wachstum** ∅ 1985–95: 1,9% (Geb.- und Sterbeziffer 1995: 2,6%/0,7%) – **Analph.** 1995: 18% – **Sprachen** 1990: 90% Türkisch (als Mutter- und Zweitsprache), 15% kurdische Sprachen, 2% Arabisch; Sprachen der sonstigen Minderheiten – **Religion** 1992: 99% Muslime, davon 70% Sunniten, 15–25% Aleviten; christl. und jüdische Minderheit – **Städt. Bev.** 1995: 70% – **Städte** (F 1994): İstanbul (als A) 7 615 500 Einw., İzmir (A) 1 985 300, Adana (A) 1 047 300, Bursa 996 600, Gaziantep 716 000, Konya 576 000, İçel (Mersin) 523 000, Antalya 497 200, Kayseri 454 000, Eskeşehir 451 000, Diyarbakır 448 300, Urfa 357 900, Samsun 326 900

Staat Republik seit 1982 – Verfassung von 1982; letzte Änderungen von 1995 – Parlament (Große Nationalversammlung) mit 550 Mitgl., Wahl alle 5 J. – Wahl des Staatsoberh. alle 7 J. durch das Parlament (keine Wiederwahl) – Wahlrecht ab 18 J. – **Verwaltung**: 74 Provinzen – **Staatsoberhaupt**: Süleyman Demirel (DYP), seit 1993 – **Regierungschef**: Mesut Yilmaz (ANAP), seit 30. 6. 1997; Minderheitsregierung von ANAP, DSP und DTP – **Äußeres**: Ismail Çem (DSP) – **Parteien**: Wahlen vom 24. 12. 1995 : Refah Partisi/RP (islam. Wohlfahrtspartei) 158 der 550 Sitze (1991: 43 von 450), Doğru Yol Partisi/DYP (Partei des Rechten Weges) 135 (178), Anavatan Partisi/ANAP

(Mutterlandspartei, zus. mit der gemäßigt-islam. Büyük Birlik Partisi/BBP) 132 (115), Demokratik Sol Partisi/DSP (Demokratische Partei der Linken) 76 (7), Cumhuriet Halk Partisi/CHP (sozialdemokrat. Republikanische Volkspartei) 49 (88), Sonstige – (19); Kurdische Arbeiterpartei des Volkes/PKK und prokurdische Demokratische Partei/DEP verboten – Stand Ende Juli 1997: RP 156, ANAP 136, DYP 98, DSP 67, CHP 49, Partei für eine demokratische Türkei (neugegründete Partei ehem. DYP-Mitglieder)/DTP 20, Partei der nationalistischen Bewegung/MHP 2, Unabhängige 22 – **Unabh.**: Gründung des Osmanischen Reiches an der Wende vom 13. zum 14. Jahrhundert; Ausrufung der Republik Türkei am 29. 10. 1923 – **Nationalfeiertag**: 29. 10. (Tag der Republik)

Wirtschaft Währung: 1 US-$ = 147 380 TL.; 1 DM = 85 112 TL. – **BSP** 1995: 169 452 Mio. $ – **BIP** 1995: 164 789 Mio. $; realer Zuwachs Ø 1990–95: 3,2%; Anteil (1995) **Landwirtsch.** 16%, **Industrie** 31%, **Dienstl.** 52% – **Erwerbstät.** 1995: Landw. 48%, Ind. 21%, Dienstl. 31% – **Arbeitslosigkeit** Ø 1996: 6,5% (S 1997: 6,6%) – **Energieverbrauch** 1994: 957 kg ÖE/Ew. – **Inflation** Ø 1985–95: 64,6% (1996: 78%, S 1997: 73%) – **Ausl.-Verschuld.** 1995: 73 592 Mio. $ – **Außenhandel** 1995: **Import**: 29,6 Mrd. $; Güter: 16,1% Maschinen u.ä., 12,9% mineral. Brennstoffe und Öle, 8,5% Eisen und Stahl, 6,3% elektrische Erzeugnisse, 6% chem. Erzeugnisse; Länder: 16% BRD, 10% USA, 9% Italien, 6% Frankreich, 4% Saudi-Arabien; **Export**: 20,9 Mrd. $; Güter: 16,9% Bekleidung, 5,5% landwirtschaftl. Erzeugnisse, 8% Eisen und Stahl; Länder: 23% BRD, 7% USA, 7% Italien, 5% Großbritannien, 6% GUS, 5% Frankreich – **Tourismus** 1995: 7,73 Mio. Auslandsgäste, 4957 Mio. $ Einnahmen

Chronik Innenpolitische Affäre: Die seit Juli 1996 regierende Koalition der islamischen Wohlfahrtspartei (RP) und der Partei des Rechten Weges (DYP) verliert durch Enthüllungen über die Zusammenarbeit von Staats- und Regierungsinstanzen mit dem organisierten Verbrechen und durch die Konfrontation zwischen Armee und Islamisten zunehmend an politischer Handlungsfähigkeit. Am 3. 11. **1996** macht ein Verkehrsunfall bei Susurluk im Westen der Türkei die **Verbindungen** zwischen **Staatsapparat, Politik und** türkischer **Unterwelt** deutlich. Aus einer gepanzerten Limousine werden drei Tote geborgen: *Hüseyin Kocadag*, der frühere Polizeichef von Istanbul und Leiter von Sonderoperationen gegen die kurdische Guerilla, *Gonca Uz*, eine ehem.

Schönheitskönigin, die eine wichtige Rolle in Mafiakreisen spielt, und *Abdulla Çatli*, ein rechtsradikaler Aktivist und Drogenhändler, nach dem seit langem international gefahndet wird. Einziger Überlebender ist ein Abgeordneter der Partei des Rechten Weges (DYP), *Sedat Bucak*, ein kurdischer Clanchef, der seine Privatarmee von »Dorfwächtern« gegen die PKK einsetzt. Presseberichten zufolge hielten sich die vier Unfallopfer am Tag zuvor im gleichen Hotel wie Innenminister *Mehmet Agar* auf; *Agar* tritt am 8. 11. zurück. Im Juli **1997** beantragt der Staatsanwalt des Staatssicherheitsgerichts die Aufhebung der parlamentarischen Immunität von *Agar* und *Bucak*. Auch Außenministerin *Tansu Çiller* wird mit dem **Susurluk-Skandal** in Verbindung gebracht, bleibt aber unbehelligt. Bereits Anfang 1996 waren auf Antrag der RP drei Parlamentsausschüsse eingesetzt worden, um verschiedene Korruptionsvorwürfe gegen *Çiller* und die Herkunft ihres Privatvermögens zu untersuchen; im November 1996 und Januar 1997 stimmt die Koalitionsmehrheit in den Ausschüssen gegen eine gerichtliche Verfolgung. Nach Antritt der neuen Regierung (→ unten) leitet die Staatsanwaltschaft am 1. 7. Ermittlungen gegen *Çiller* ein.

Konflikt zwischen Regierung und Militär: Die türkische Militärführung, die nach dem Putsch von 1980 *Necmettin Erbakans* damalige islamische Wohlfahrtspartei (RP) als Gegenkraft gegen die Linke unterstützt hatte, sieht nach den Wahlerfolgen der RP und deren Bemühungen, islamistischen Prinzipien in der Regierungspolitik Geltung zu verschaffen, die kemalistische Tradition der Trennung von Religion und Staat bedroht, als deren Hüter sie sich versteht. Konfliktbereiche sind u.a. der Ausbau islamischer Bildungseinrichtungen, Projekte zum Bau von Moscheen in Ankara und Istanbul sowie die allgemeine Förderung islamistischer Organisationen. Im August und Dezember **1996** werden 108 Armeeangehörige wegen Verbindungen zu islamistischen Gruppen entlassen, Ende Mai **1997** müssen 161 Offiziere und Unteroffiziere den Dienst quittieren, Ende Juli weitere 73. Zu einer offenen Konfrontation kommt es nach den Auseinandersetzungen um einen antiisraelischen »Jerusalem-Abend«, den der RP-Bürgermeister von Sincan bei Ankara am 31. 1. 1997 veranstaltet hat: In Anwesenheit des iranischen Botschafters wurde für die palästinensische Hamas und die libanesische Hisbollah geworben. Das Militär schickt 20 Panzer in die Stadt, Bürgermeister *Yildiz* wird verhaftet und muß sich vor dem Staatssicherheitsgericht in Ankara verantworten. – Auf Drängen des Militärischen Sicherheitsrats unterzeichnet Ministerpräsident *Erbakan* Ende Februar eine Erklärung zur Westorientierung der Türkei und einen **Maßnahmenkatalog gegen den religiösen Fundamentalismus**. Das Militär fordert u.a. die Auflösung der rd. 600 Imam Hatip, Bildungsstätten, die von islamischen Stiftungen gefördert werden und der Ausbildung von Predigern dienen, aber zugleich als weiterführende Schulen für Kinder ärmerer Schichten dienen. Ende April erklärt *Erbakan* sich bereit, eine Verlängerung der Schulpflicht von 5 auf 8 Jahre einzuleiten, die den Zulauf zu diesen Schulen verringern soll. Gegen die geplante Neuregelung demonstrieren am 11. 5. 300 000 Menschen in Istanbul.

Rücktritt und Bildung einer neuen Regie-

rung: Seit Anfang März 1997 gerät die regierende Koalition zunehmend unter Druck. Mißtrauensanträge am 4. 3. und 20. 5. werden mit wenigen Stimmen abgewiesen. Allerdings verlassen wiederholt Abgeordnete die DYP, deren politische Zukunft, wie die ihrer Vorsitzenden *Çiller*, nach einem Scheitern des Bündnisses mit der RP ungewiß erscheint. Die Koalition, die auf diese Weise am 30. 5. die absolute Mehrheit verloren hat, plant vorgezogene Neuwahlen. Bis dahin soll, nach dem **Rücktritt Erbakans am 18. 6.**, *Tansu Çiller* die Regierungsgeschäfte führen. Nachdem aber insgesamt 40 Abgeordnete die DYP verlassen haben, erteilt Präsident *Demirel* am **30. 6.** *Mesut Yilmaz* von der Mutterlandspartei (ANAP) den Auftrag zur **Regierungsbil-**

Türkei: Streit um die Hoheitsrechte in der Ägäis

dung. *Yilmaz* geht eine Koalition mit der Demokratischen Partei der Linken (DSP) von *Bülent Ecevit* und der Partei für eine demokratische Türkei (DTP, von ehem. DYP-Mitgliedern gegründet) ein, ist im Parlament aber auf die Stimmen der Republikanischen Volkspartei (CHP) und unabhängiger Abgeordneter angewiesen. Die neue Regierung, die am 14. 7. im Parlament bestätigt wird, erklärt ihre Absicht, gegen Islamisten, organisiertes Verbrechen und kurdische Separatisten vorzugehen. Zu ihren ersten Vorlagen gehört das Gesetz über die Erweiterung der Schulpflicht, das am 16. 8. vom Parlament mit 277 Stimmen gebilligt wird; 242 Abgeordnete der RP und DYP stimmten dagegen. In Ankara, Istanbul und weiteren Städten hat es deshalb am 29. 7., 1. 8. und 15. 8. Demonstrationen und Straßenschlachten zwischen Islamisten und der Polizei gegeben.

Kurden: Ende August **1996** verabschiedet das Parlament ein Gesetz, das den Ausnahmezustand in den Kurdenprovinzen beendet, der Armeeführung jedoch erweiterte Vollmachten (bezügl. militärischer Einsätze, Verhaftungen, Zensur) in allen Provinzen des Landes erteilt. – Im Prozeß gegen Mitglieder der prokurdischen Partei der Volksdemokratie (HADEP) fordert die Staatsanwaltschaft beim Staatssicherheitsgericht in Ankara im September 1996 hohe Haftstrafen, die im Urteil vom 4. 6. 1997 bestätigt werden. Parteichef *Murat Bozlak* wird zu 6 Jahren Gefängnis verurteilt. – Am 23. 9. 1996 entsendet die Armee 20 000 Soldaten zu einer neuen Offensive gegen die PKK in die Provinz Tunceli, nach Angaben der CHP wird gegen dieses Gebiet im November ein Lebensmittelembargo verhängt. Ein Waffenstillstandsangebot der PKK im Januar **1997** lehnt der türkische Generalstab ab. Am 14. 5. dringen starke türkische Verbände bis zu 200 km in die Kurdengebiete im Nordirak ein (→ Irak).

Außenpolitik: In der Außenpolitik zeigt sich das Bemühen von Ministerpräsident *Erbakan* um gute Beziehungen zu den stark islamisch geprägten Staaten der Region. Bei einem Besuch des **iranischen Präsidenten** *Ali Akbar Haschemi Rafsandschani* im Dezember **1996** wird ein Abkommen geschlossen, das die Verdopplung des Handelsaustauschs auf 2 Mrd. US-$ vorsieht. Ein Handelsvolumen in gleicher Höhe wurde Anfang Oktober 1996 bei *Erbakans* Staatsbesuch in **Libyen** vereinbart. Die Visite führt allerdings zum innenpolitischen Skandal in der Türkei, weil Revolutionsführer *Muammar Al-Gaddafi* scharfe Angriffe gegen die Westbindung der Türkei und ihre Kurdenpolitik richtete. – Mit **Israel** wird am 28. 8. 1996 ein weiteres Rahmenabkommen über militärische Zusammenarbeit geschlossen; im Februar 1997 reist der türkische Generalstabschef nach Israel, um u.a. Verträge über die Modernisierung der türkischen Luftwaffe zu schließen. – In den Beziehungen zu **Griechenland** ergibt sich Anfang 1997 eine erneute Konfrontation, weil Außenministerin *Çiller* mit einer militärischen Intervention droht, falls die Republik Zypern ihre Absicht verwirklicht, die Nationalgarde mit russischen Boden-Luft-Raketen auszurüsten. Ungelöst ist der Streit um die Hoheitsrechte in der Ägäis (→ Karte, → auch WA '97, Sp. 263 f); auf Initiative des niederländischen Regierungschefs *Wim Kok*, im 1. Halbjahr 1997 EU-Präsident, stimmen die Türkei und Griechenland einer unabhängigen Kommission zu, die Vorschläge zur Regelung der strittigen Fragen ausarbeiten soll. – Die Beziehungen zur **EU** bleiben nach den Auseinandersetzungen um die Assoziierung gespannt, obwohl sich das Handelsvolumen mit den EU-Staaten nach Inkrafttreten der Zollunion am 1. 1. 1996 deutlich erhöht hat. – Am 19. 9. 1996 sperrt das Europäische Parlament, unter Hinweis auf Menschenrechtsverletzungen und die Kurdenpolitik, umgerechnet 700 Mio. DM aus der Mittelmeerhilfe; am 24. 10. werden in einer weiteren Entscheidung 712 Mio. DM eingefroren, die zur Unterstützung der Zollunion gedacht waren.

Turkmenistan *Zentral-Asien*

Turkmenostan Respublikasy – TM
(→ Karte IV, C 2/3)

Fläche (Weltrang: 51.): 488 100 km²

Einwohner (109.): F 1995 4 508 000 = 9,2 je km²

Hauptstadt: Aŝchabad (Aschgabad)
F 1993: 517 200 Einw.

Amtssprache: Turkmenisch

Bruttosozialprodukt S 1995 je Einw.: 920 $

Währung: 1 Turkmen.-Manat (TMM) = 100 Tenge

Diplomatische Vertretung: derzeit keine

Landesstruktur **Fläche**: 488 100 km² – **Bevölkerung**: Turkmenen; (Z 1989) 3 522 717 Einw. – (F 1993) 73,3% Turkmenen, 9,8% Russen, 9,0% Usbeken, 2,0% Kasachen, 0,9% Tataren, 0,8% Ukrainer sowie Aserbaidschaner, Armenier, Belorussen u.a. – Anteil unter **Armutsgrenze**

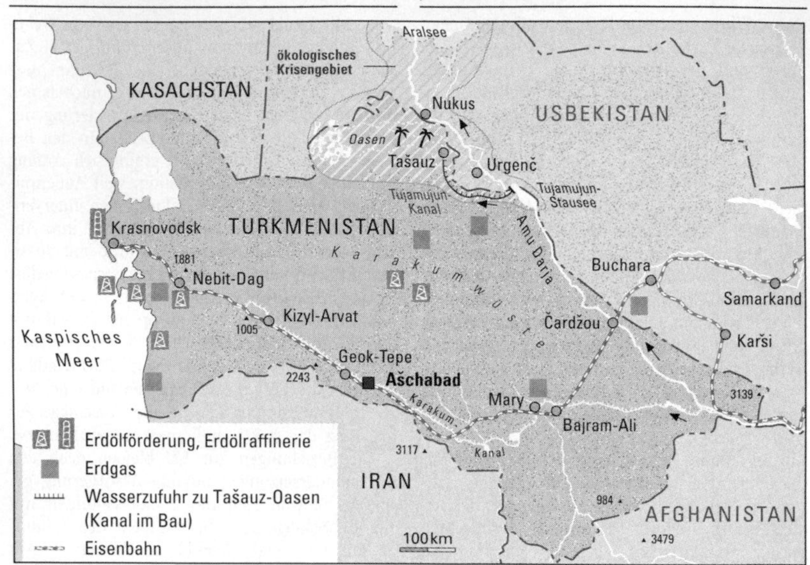

∅ 1981–95: 4,9% – **Flüchtl.** Ende 1996: 20 000 aus Tadschikistan, 2000 aus Afghanistan – **Leb.-Erwart.** 1995: 66 J. – **Säugl.-Sterbl.** 1995: 6,9% – **Kindersterbl.** 1995: 8,5% – Jährl. **Bev.-Wachstum** ∅ 1985–95: 3,3% (Geb.- und Sterbeziffer 1995: 3,0%/0,7%) – **Analph.** 1992: 2% – **Sprachen** 1989: 74,7% Turkmenisch (als Mutter- und Zweitsprache); Sprachen der Minderheiten, v. a. Russisch – **Religion**: mehrheitl. sunnit. Muslime – **Städt. Bev.** 1994: 45% – **Städte** (F 1991): Čardžou (Tschardschou) 166 400 Einw., Tašauz 117 000, Mary 94 900, Nebit-Dag 89 100, Krasnovodsk 59 500

Staat Präsidialrepublik seit 1991 – Verfassung von 1992 – Parlament (Madschlis) mit 50 Mitgl., Wahl alle 5 J.; zusätzlich ein Volksrat (Khalk Maslakhaty) mit 50 gewählten und 10 ernannten Vertretern der Regionen und Bezirke, den Regierungsmitgl. sowie den 50 Abgeordneten u. a. – Direktwahl des Staatsoberh. alle 5 J. (einmalige Wiederwahl) – Wahlrecht ab 18 J. – **Verwaltung**: 5 Regionen – **Staats- und Regierungschef**: General Saparmurad A. Nijasow (DPT-Vorsitzender), seit 1990 – **Äußeres**: Boris Shikhmyradow – **Parteien**: Wahlen vom 11. 12. 1994 (50 Kandidaten auf einer kommunist. Einheitsliste): Wahl aller 50 Kandidaten mit 97–100% der Stimmen (1990: Demokratische Partei Turkmenistans/DPT [KP-Nachfolgepartei] 120 von 175 Sitzen) – **Unabh.**: Souveränitätserklärung am 22. 8. 1990, Unabhängigkeitserklärung am 27. 10. 1991 – **Nationalfeiertag**: 27./28. 10. (Unabhängigkeitstage)

Wirtschaft (keine neueren Ang. verfügbar) – **Währung**: 1 US-$ = 4165,00 TMM; 1 DM = 2409,05 TMM – **BSP** 1995 (S): 4125 Mio. $ – **BIP** 1993: 5156 Mio. $; realer Zuwachs ∅ 1980–93 (S): 2,6% (S 1995: –15%); Anteil **Privatsektor** 1994: 15% (S); Anteil (1995) **Landwirtsch.** 20%, **Industrie** 64%, **Dienstl.** 16% – **Erwerbstät.** 1993: Landw. 43%, Ind. 21% – **Arbeitslosigkeit** 6/1992: 2,5% – **Energieverbrauch** 1994: 2361 kg ÖE/Ew. – **Inflation** ∅ 1985–95: 381,4% – **Ausl.-Verschuld.** 1995: 392,5 Mio. $ – **Außenhandel** 1993: **Import**: 749 Mio. $; Güter 1990: 30% Maschinenbauerzeugnisse, 22% Prod. der Leichtindustrie, 18% Prod. der Nahrungsmittelindustrie, 6% chem. Erzeugnisse; Länder: (S 1992, ohne übrige GUS) 30% ehem. ČSFR, 16% Polen, 14% USA, 11% Ungarn, 10% ehem. Jugoslawien; **Export**: 1157 Mio. $; Güter 1990: 46% Prod. der Leichtindustrie, 27% Erdöl und Erdgas (Rückgang der Förderung 1993/94 um 45%), 8% Prod. der Nahrungsmittelindustrie, 6% chem. Erzeugnisse; Länder: (S 1992, ohne übrige GUS) 19% BRD, 16% Italien, 13% Frankreich, 6% Österreich, 4% Türkei

Tuvalu *Ozeanien*

The Tuvalu Islands – TUV
(→ Karten V, F 5 und VIII b, C/D 3)

Fläche (Weltrang: 190.): 26 km²

Einwohner (191.): F 1995 10 000 = 385 je km²

Hauptstadt: Vaiaku bei Fongafale (auf Funafuti) S 1993: 4000 Einw. (Insel)

Amtssprachen: Tuvaluisch, Englisch

Bruttosozialprodukt 1995 je Einw.: k. Ang.

Währung: 1 Austral. Dollar ($A) = 100 Cents

Honorargeneralkonsulat der Republik Tuvalu
Klövensteenweg 115 a, 22559 Hamburg,
040/81 05 80

Landesstruktur **Fläche**: 26 km²; 9 Atolle – **Bevölkerung**: Tuvaluer; (Z 1991) 9043 Einw. – (S) 96% Polynesier sowie Melanesier; rd. 1500 leben im Ausland – **Leb.-Erwart.** 1992: 62 J. – **Säugl.-Sterbl.** 1995: 4,0% – **Kindersterbl.** 1995: 5,6% – Jährl. **Bev.-Wachstum** ∅ 1992: 1,8% (Geb.- und Sterbeziffer 1992: 2,8%/0,9%) – **Analph.** 1990: unter 5% – **Sprachen**: Tuvaluisch (polynes. Sprache) und Englisch – **Religion**: 98% Protestanten (Church of Tuvalu), Adventisten, Bahai – **Städt. Bev.** 1985: 34% – **Inseln** (Z 1985): Funafuti 2810 Einw., Vaitupu 1231, Niutao 904, Nanumea 879, Nukufetau 694, Nanumanga 672, Nui 604, Nukulaelae 315, Niulakita 74

Staat Parlamentarische Monarchie (im Commonwealth) seit 1978 – Verfassung von 1978 – Parlament (House of Assembly) mit 12 Mitgl., Wahl alle 4 J. – Wahlrecht ab 18 J. – **Verwaltung**: 9 Atolle – **Staatsoberhaupt**: Königin Elizabeth II., vertreten durch einheimischen Generalgouverneur Sir Tulaga Manuella, seit 1994 – **Regierungschef und Äußeres**: Bikenibeu Paeniu, seit 23. 12. 1996 – **Parteien**: letzte Wahlen am 25. 11. 1993 – **Unabh.**: 1. 10. 1978 – **Nationalfeiertag**: 1. 10. (Unabhängigkeitstag)

Wirtschaft (keine neueren Ang. verfügbar) – **Währung**: 1 US-$ = 1,35 $A; 1 DM = 0,78 $A (auch eigene Geldzeichen in Umlauf) – **BSP** 1989 (S): 4,6 Mio. $ – **BIP** k. Ang.; realer Zuwachs 1992/93 (S): 8,7% – **Erwerbstät.**: k. Ang. – **Arbeitslosigkeit**: k. Ang. – **Energieverbrauch**: k. Ang. – **Inflation** ∅ 1985–93: 3,9% – **Ausl.-Verschuld.**: k. Ang. – **Außenhandel** 1989: **Import**: 5,2 Mio. $A; Güter: v. a. Nahrungsmittel, Halbfertigprodukte, Maschinen und Transportausrüstungen, Brennstoffe; Länder 1986: 41% Australien, 11% Neuseeland, 5% Großbritannien sowie Fidschi; **Export**: 0,08 Mio. $A; Güter: v. a. Kopra und Fisch (1986: 30%), Briefmarken (1985: 70%); Länder 1984: 50% Fidschi, 40% Australien, 5% Neuseeland

Uganda *Ost-Afrika*

Republik Uganda; Jamhuri ya Uganda (kisuaheli); Republic of Uganda (englisch) – EAU
(→ Karte IV, B 4/5)

Fläche (Weltrang: 78.): 241 139 km²

Einwohner (48.): F 1995 19 168 000 = 80 je km²

Hauptstadt: Kampala – Z 1991: 773 463 Einw.

Amtssprachen: Kisuaheli, Englisch

Bruttosozialprodukt 1995 je Einw.: 240 $

Währung: Uganda-Schilling (U.Sh.)

Botschaft der Republik Uganda
Dürenstr. 44, 53173 Bonn, 0228/35 50 27

Landesstruktur (Karte → WA '96, Sp. 686) **Fläche**: 241 139 km² – **Bevölkerung**: Ugander; (Z 1991) 16 671 705 Einw. – (S) insg. 45 ethn. Gruppen: 50% Bantu-Gruppen (darunter 28% Buganda), je 13% west- und ostnilotische, 5% sudanesische Gruppen; indische, europäische und arabische Minderh. – Anteil unter **Armutsgrenze** ∅ 1981–95: 50% – **Flüchtl.** Ende 1996: 70 000 Binnenflüchtlinge; 15 000 im ehem. Zaire; 200 000 aus Sudan, 20 000 aus dem ehem. Zaire, 5000 aus Ruanda – **Leb.-Erwart.** 1995: 44 J. – **Säugl.-Sterbl.** 1995: 11,1% – **Kindersterbl.** 1995: 18,5% – Jährl. **Bev.-Wachstum** ∅ 1985–95: 3,0% (Geb.- und Sterbeziffer 1995: 5,0%/2,0%) – **Analph.** 1995: 38% – **Sprachen**: Kisuaheli, Englisch; 70% Bantu-Sprachen: u. a. 20% Buganda, 15% Banyoro, westnilotische Sprachen: Lango 6,5%, Acholi 4%, ostnilotische Sprachen: Turkana 8% und Karamojong 3% – **Religion**: 40% Katholiken, 26% Protestanten (v. a. Anglikaner), 5% Muslime; Anhänger von Naturreligionen – **Städt. Bev.** 1995: 12% – **Städte** (Z 1991): Jinja 60 979 Einw., Mbale 53 634, Masaka 49 070, Entebbe, Gulu, Soroti

Staat Präsidialrepublik (im Commonwealth) seit 1967 – Neue Verfassung von 1995 (Referendum über Einführung eines Mehrparteiensystems für 1999 vorgesehen) – Parlament mit 276 Mitgl. (davon 214 gewählt, 62 vom Präsidenten ernannt) – Verfassunggebende Versammlung mit 288 Mitgl. (davon 214 gewählt, 74 ernannt) seit 1994 – Direktwahl des Staatsoberh. alle 5 J. – Wahlrecht ab 18 J. – **Verwaltung**: 38 Distrikte – **Staatsoberhaupt**: Generalleutnant Yoweri Kaguta Museveni (NRM-Vorsitzender), seit 1986 – **Regierungschef**: Kintu Musoke, seit 1994 – **Äußeres**: Eriya Kategaya – **Parteien**: Parlamentswahlen vom 27. 6. 1996: National Resistance Movement/NRM und ihr nahestehende Kandidaten 156 Sitze (keine Parteien, nur Personen zugelassen) – **Unabh.**: 9. 10. 1962 (ehemaliges britisches Protektorat) – **Nationalfeiertag**: 9. 10. (Unabhängigkeitstag)

Wirtschaft **Währung**: 1 US-$ = 1075,07 U.Sh.; 1 DM = 618,52 U.Sh. – **BSP** 1995: 4668 Mio. $ – **BIP** 1995: 5655 Mio. $; realer Zuwachs ∅ 1990–95: 6,6%; Anteil (1995) **Landwirtsch.** 50%, **Industrie** 14%, **Dienstl.** 36% – **Erwerbstät.** 1995: Landw. 83% – **Arbeitslosigkeit**: k. Ang. – **Energieverbrauch** 1994: 23 kg ÖE/Ew. – **Inflation** ∅ 1985–95: 65,5% – **Ausl.-Verschuld.** 1995: 3564 Mio. $ – **Außenhandel** 1995: **Import**: 909 Mio. $; Güter: 36% Maschinen und Transportausrüstungen, 10% Nahrungsmittel und leb. Tiere; Länder: 20% Kenia, 12% Großbritannien, 9% Japan, 6% Vereinigte Arabische Emirate, 6% Indien; **Export**: 561 Mio. $; Güter: 69% Kaffee, 4% Gold; Länder 1992: 21% Großbritannien, 12% Belgien/Luxemburg, 9% Spanien

Chronik Bei seinem Besuch in Kampala Anfang September **1996** vermittelt der iranische Präsident *Ali Akbar Haschemi Rafsandschani* im **sudanesisch-ugandischen Konflikt**. Anfang **1997** verstärkt die von Sudan unterstützte Lord Resistance Army (LRA) jedoch ihre Angriffe; mind. 400 Menschen werden innerhalb von 2 Monaten getötet. Ungefähr 220 000 Menschen fliehen in größere Städte oder werden in Wehrdörfern angesiedelt. Nach Angaben des Kinderhilfswerks UNICEF wurden mind. 3000 Kinder im Norden Ugandas entführt. – Während des Bürgerkriegs in Zaire (→ Kongo, Demokratische Republik) beschießt die Armee Stellungen von Rebellen auf kongolesischem Territorium, Grenzübertritte ugandischer Soldaten werden von Präsident *Yoweri Museveni* dementiert. – Im Juni 1997 kommt es zu **Übergriffen der ugandischen Rebellenorganisation** Allianz Demokratischer Kräfte (ADF) im Westen Ugandas. – Nach der Meldung einer Regierungszeitung am 14. 8. 1997 sind in den vergangenen 9 Jahren eine halbe Million Menschen in Uganda an Aids gestorben; die Zahl der mit dem HIV-Virus Infizierten wird mit 1,5–2 Mio. angegeben.

Ukraine *Ost-Europa*

Ukraïna – UA (→ Karte III, G-J 2/3)

Fläche (Weltrang: 43.): 603 700 km²

Einwohner (23.): F 1995 51 550 000 = 85 je km²

Hauptstadt: Kyyiv (Kiew)
F 1995: 2 635 000 Einw. (A: 3,4 Mio.)

Amtssprache: Ukrainisch

Bruttosozialprodukt S 1995 je Einw.: 1630 $

Währung: 1 Griwna (UAH) = 100 Kopeken

Botschaft der Ukraine
Rheinhöhenweg 101, 53424 Remagen,
02228/9 41 80

Landesstruktur (Karte → WA '96, Sp. 689) **Fläche**: 603 700 km² – **Bevölkerung**: Ukrainer; (Z 1989) 51 706 742 Einw. – 72,7% Ukrainer, 22,1% Russen, 0,9% Juden, 0,9% Belorussen, 0,6% Moldauer, 0,5% Bulgaren, 0,4% Polen sowie Ungarn, Rumänen, Griechen, Tataren u. a. – **Leb.-Erwart.** 1995: 69 J. – **Säugl.-Sterbl.** 1995: 2,0% – **Kindersterbl.** 1995: 2,4% – Jährl. **Bev.-Wachstum** ∅ 1985–95: 0,1% (Geb.- und Sterbeziffer 1995: 1,1%/1,4%) – **Analph.** 1992: unter 5% – **Sprachen** 1989: Ukrainisch (78%); Russisch (78,4%); Sprachen der Minderheiten – **Religion** 1995: Orthod. (z.Z. drei konkurrierende Patriarchate); 5,4 Mio. Katholiken (unierte und römisch-katholische Kirche); rd. 500 000 Juden; Muslime, Protestanten u. a. – **Städt. Bev.** 1995: 70% – **Städte** (F 1995): Kharkiv 1 576 000 Einw., Dnipropetrovs'k 1 162 000, Donets'k 1 102 000, Odesa (Odessa) 1 060 000, Zaporizhzhya 887 000, L'viv (Lemberg) 806 000, Kryvyy Rih 728 000, Mariupol' 515 000, Mykolayiv 513 000, Luhans'k 493 000, Makiyivka 416 000, Vinnytsya 387 000, Sevastopol' (Krim) 370 000, Kherson 366 000, Simferopol' (Krim) 352 000

Staat Republik seit 1991 – Neue Verfassung in Kraft seit 28. 6. 1996 (Präsidialdemokratie, Ein-Kammer-Parlament) – Parlament (Werchowna Rada) mit 450 Mitgl., Wahl alle 4 J. – Direktwahl des Staatsoberh. alle 5 J. – Wahlrecht ab 18 J. – **Verwaltung**: 24 Regionen und Hauptstadtbezirk sowie die Republik Krim (→ unten) – **Staatsoberhaupt**: Leonid D. Kutschma, seit 1994 – **Regierungschef**: Walerij P. Pustowojtenko (NDP), seit 16. 7. 1997 – **Äußeres**: Gennadi Udovenko – **Parteien**: Wahlen vom 27. 3.–10. 4. 1994: Kommunist. Partei/KP 86 Sitze, Nationale Volksfront Ruch 20, Bauernpartei 18, Sozialistische Partei

14, Republikanische Partei 8, Nationaler Kongreß 5, Interregionaler Block für Reformen 5, Sonstige 12, Unabhängige 170; bei Nachwahlen wurden 88 weitere Sitze vergeben, Sitzverteilung unbekannt, 24 Sitze offen – **Unabh.**: Souveränitätserklärung am 16. 7. 1990, Unabhängigkeitserklärung am 24. 8. 1991 – **Nationalfeiertage**: 28. 6. (Tag der Verfassung) und 24. 8. (Unabhängigkeitstag)

Wirtschaft **Währung**: 1 US-$ = 1,857 UAH; 1 DM = 1,073 UAH – **BSP** 1995: 84 084 Mio. $ – **BIP** 1995: 80 127 Mio. $; realer Zuwachs ∅ 1990–95: –14,3% (1996: –10%); Anteil **Privatsektor** 1994: 30%; Anteil (1995) **Landwirtsch.** 18%, **Industrie** 42%, **Dienstl.** 41% – **Erwerbstät.** 1995: Landw. 21%, Ind. 34% – **Arbeitslosigkeit** 12/1996: 1,1% (inoff. mind. 8,7%) – **Energieverbrauch** 1994: 3180 kg ÖE/Ew. – **Inflation** ∅ 1985–95: 362,5% (1996: 80,3%) – **Ausl.-Verschuld.** 1995: 8434 Mio. $; außerdem Schuldenanteil der ehemaligen UdSSR: rd. 10 Mio. $ (1994) – **Außenhandel** 1996: **Import**: 19,4 Mrd. $; Güter: 32,2% unedle Metalle und Waren daraus, 11,9% Chemieerzeugnisse, 9,8% Maschinenbauprodukte, 9,8% Nahrungsmittel, Getränke und Tabak, 9,1% mineral. Stoffe; Länder: 46,6% Rußland, 8,2% Turkmenistan, 5,3% BRD, 2,9% USA, 2,6% Polen, 2% Weißrußland; **Export**: 18,6 Mrd. $; Güter: 52,4% mineral. Stoffe, 13,3% Maschinenbauprodukte, 5,4% Chemieerzeugnisse, 4,2% Kunststoffe und Kautschuk; Länder: 47,2% Rußland, 4,1% Weißrußland, 4,1% VR China, 2,4% Türkei, 2,7% BRD

Krim-Republik

Fläche: 27 000 km² – *Bevölkerung* (F 1991): 2 549 800 Einw., (Z 1989): 2 430 495; 62% Russen, 23% Ukrainer, 8% Krimtataren u. a. – *Hauptstadt* (F 1994): Simferopol' 356 000 Einw. – Neue Verfassung am 1. 11. 1995 durch Parl. verabschiedet (Krim als autonome Republik u. integraler Bestandteil der Ukraine definiert) – Parlament mit 99 Mitgl. – *Präsident*: Juri Meschkov, seit 1994 – *Reg.-Chef*: Anatoli Frantschuk, seit 4. 6. 1997 – Wahlen vom 27. 3.–10. 4. 1994: proruss. Parteienblock Rossija 55 Sitze, Nationale Minderh. insg. 20 Sitze

Chronik Im Berichtszeitsraum 1996/97 werden wichtige außenpolitische Ziele erreicht. Die Wirtschaftskrise hält an.

Innenpolitik: Präsident *Leonid Kutschma* entläßt am 10. 12. **1996** den Chef der Präsidialverwaltung, seinen langjährigen engen Vertrauten *Dmytro Tabatschnyk*; Hintergrund sind Meinungsverschiedenheiten in bezug auf Ministerpräsident *Pavlo Lasarenko*. – Unter dem Druck von IWF und Weltbank kündigt Präsident *Kutschma* Anfang Februar **1997** erneut eine konsequentere Bekämpfung der weitverbreiteten Korruption und organisierten Kriminalität an; kritisiert worden war insbesondere die enge Verflechtung von Politik und Wirtschaft. – Im Zuge einer Regierungsumbildung am 26. 2. wird u. a. Finanzminister *Walentin Koronewskij*, dem mangelhafte Erfüllung seiner Aufgaben vorgeworfen wird, von dem Reformer *Igor Mijukow* abgelöst. – In einer Rede zur Lage der Nation am 21. 3. macht Präsident *Kutschma* Regierung und Parlament für die Verschleppung der Reformen und die Wirtschaftskrise verantwortlich. – Der für Wirtschaftspolitik zuständige und als führender Reformer geltende stellv. Ministerpräsident *Wiktor Pynsenyk* reicht am 1. 4. seinen Rücktritt ein, da der Regierung der politische Wille zu Reformen fehle. Ministerpräsident *Lasarenko* tritt am 1. 7. zurück; er wird für die Verschleppung der Reformen und die Verschlechterung der wirtschaftlichen Lage verantwortlich gemacht. Das Parlament bestätigt am 16. 7. den von Präsident *Kutschma* nominierten *Walerij Pustowoijtenko*, bisher Minister ohne Geschäftsbereich und Vertrauter des Staatsoberhaupts, als **neuen Ministerpräsidenten**. Dieser spricht sich für ein konstruktives Verhältnis zwischen Regierung und Parlament sowie für die Fortsetzung der Wirtschaftsreformen aus; vorrangig seien eine Steuerreform, die Auszahlung ausstehender Löhne und Sozialleistungen sowie die Überwindung der Finanzkrise.

Wirtschaft, Finanzen, Soziales: Die wirtschaftliche und soziale Lage verschlechtern sich im Berichtszeitraum 1996/97 weiter. Im monetären Bereich werden Stabilisierungserfolge erzielt. Der Produktionsrückgang verlangsamt sich dagegen nur wenig. Strukturreformen und Privatierung kommen kaum voran. – Das von Kommunisten, Sozialisten und Agrariern dominierte Parlament lehnt das von der Regierung am 26. 9. **1996** vorgelegte Reformprogramm in wesentlichen Teilen ab, darunter Pläne für eine Bodenreform und die Schließung unrentabler Zechen. Ein weiteres Programm der Regierung zur Stabilisierung der Wirtschaft wird am 3. 12. ebenfalls abgelehnt. – Insbesondere aus Protest gegen die z. T. seit Monaten ausstehenden Löhne kommt es Mitte Juni **1997** erneut zu Streiks und Protestaktionen von Bergleuten. Die Lohnrückstände sind nach Angaben von Interfax-Ukraine seit Anfang 1996 von 575 Mio. Griwna auf 4,7 Mrd. Griwna gestiegen; hinzu kommen Rückstände bei den Rentenzahlungen von 1,4 Mrd. Griwna. – Mit dem vom Parlament am 27. 6. 1997 gebilligten Staatshaushalt 1997 ist eine der wichtigsten Voraussetzungen für weitere Kredite von IWF und anderen internationalen Organisationen erfüllt. Am 25. 8. gewährt der IWF einen einjährigen Beistandskredit von 329 Mio. SZR (542 Mio. $)

KKW Tschernobyl: Mit der Abschaltung des Reaktorblocks 1 des Kernkraftwerks Tschernobyl, einem der beiden noch arbeitenden Blöcke, am 30. 11. **1996** wird eine Forderung der westlichen Industriestaaten erfüllt (→ WA '97, Sp. 654). Am 24. 4. **1997** einigen sich die G-7-Staaten und die Ukraine auf ein Programm zur Absicherung des brüchigen Beton- und Stahlmantels, der den Unglücksreaktor umschließt, dessen Umsetzung bis 2005 dauern wird; die Kosten von 870 Mio. US-$ werden die G-7-Staaten aufbringen.

Außenpolitik: Die Präsidenten *Kutschma* und *Aleksandr Lukaschenka* unterzeichnen am 13. 5. **1997** in Kiew einen **Vertrag über** den Verlauf der 1200 km langen **ukrainisch-weißrussischen Grenze** und Abkommen über Zusammenarbeit im Grenzgebiet sowie in Kultur, Wissenschaft und Technologie. – Im Mittelpunkt des Besuchs von Polens Präsident *Aleksander Kwaśniewski* in Kiew steht am 21. 5. die Unterzeichnung einer **polnisch-ukrainischen »Gemeinsamen Deklaration über Verständigung und Aussöhnung«**. Diese nennt u. a. die Schattenseiten in den Beziehungen wie die antiukrainische Politik der polnischen Regierung in den 1920er und 30er Jahren, die Verfolgung und Ermordung von in der Sowjetrepublik Ukraine lebenden Polen in Wolhynien 1942/43 und die Zwangsumsiedlung von polnischen Bürgern ukrainischer Herkunft nach Nord- und Westpolen in die ehem. deutschen Siedlungsgebiete 1947 (»Aktion Weichsel«). – Der Streit um die Aufteilung der ehem. sowjetischen **Schwarzmeerflotte** und der mit ihr verbundenen militärischen Infrastruktureinrichtungen, der die Beziehungen zu Rußland seit 1991 belastet hatte, wird mit einem weiteren, von den Ministerpräsidenten beider Staaten, *Viktor Tschernomyrdin* und *Lasarenko*, am 28. 5. 1997 in Kiew unterzeichneten Abkommen vorerst beigelegt. Vorgesehen ist eine gemeinsame Nutzung des Marinestützpunkts Sewastopol auf der zur Ukraine gehörenden Halbinsel Krim für den russischen und den ukrainischen Teil der Schwarzmeerflotte, für das Rußland bisher das alleinige Nutzungsrecht gefordert hatte. Rußland kann 80% der Hafeneinrichtungen auf der Krim für zunächst 20 Jahre pachten; die jährlichen Pachtgebühren von 100 Mio. US-$ sollen mit den ukrainischen Schulden für russische Erdgaslieferungen (3 Mrd. US-$) verrechnet werden. Damit ist der Weg geebnet für den mehrfach verschobenen ersten Besuch von Rußlands Präsident *Boris Jelzin*. Die Präsidenten *Jelzin* und *Kutschma* unterzeichnen am 31. 5. in Kiew den lange aufgeschobenen **russisch-ukrainischen Grundlagenvertrag über Freundschaft, Zusammenarbeit und Partnerschaft**. Danach beruhen die Beziehungen u.a. auf den Prinzipien der Gleichberechtigung sowie auf der gegenseitigen Anerkennung und Achtung der staatlichen Souveränität und territorialen Integrität. – Die Präsidenten *Emil Constantinescu* und *Kutschma* unterzeichnen am 2. 6. in Neptun (Rumänien) einen **rumänisch-ukrainischen Vertrag über Freundschaft, gute Nachbarschaft und Zusammenarbeit**. Darin anerkennen beide Seiten die bestehenden Grenzen und verpflichten sich, künftig keine territorialen Ansprüche zu erheben. Der Territorialstreit um die zur Ukraine gehörende Schlangeninsel im Schwarzen Meer, unter deren Festlandsockel Erdöl- und Erdgasvorkommen vermutet werden, ist aus dem Dokument ausgenommen; er soll bis 1999 geregelt werden.

Ungarn *Mittel-Europa*

Republik Ungarn; Magyar Köztársaság,
Kurzform: Magyarország – H
(→ Karte III, F/G 3)

Fläche (Weltrang: 109.): 93 030 km²

Einwohner (72.): F 1995 10 229 000 = 110 je km²

Hauptstadt: Budapest – F 1994: 1 996 000 Einw.

Amtssprache: Ungarisch

Bruttosozialprodukt 1995 je Einw.: 4120 $

Währung: 1 Forint (Ft) = 100 Filler

Botschaft der Republik Ungarn
Turmstr. 30, 53175 Bonn, 0228/37 11 12

Landesstruktur Fläche: 93 030 km² – **Bevölkerung**: Ungarn; (Z 1990) 10 374 823 Einw. – 96,6% Ungarn (Magyaren); Minderh. von Roma (1997: ca. 500 000), Deutschen, Kroaten, Rumänen u. a. – Anteil unter **Armutsgrenze** ∅ 1981–95: 0,7% – **Leb.-Erwart.** 1995: 69 J. – **Säugl.-Sterbl.** 1995: 1,3% – **Kindersterbl.** 1995: 1,4% – Jährl. **Bev.-Wachstum** ∅ 1985–95: –0,3% (Geb.- und Sterbeziffer 1995: 1,2%/1,5%) – **Analph.** 1990: unter 5% – **Sprachen** 1990: 98,5% Ungarisch, 0,5% Romani, 0,4% Deutsch, 0,2% Kroatisch, 0,1% Slowakisch, 0,1% Rumänisch u. a. – **Religion**:

6,61 Mio. Römische Katholiken (1993), 2 Mio. Calvinisten (1987), 430 000 Lutheraner (1992), 273 000 Ungarisch-Orthodoxe, über 100 000 Juden, 3000 Muslime – **Städt. Bev.** 1995: 65% – **Städte** (F 1994): Debrecen 217 700 Einw., Miskolc 189 700, Szeged 178 900, Pécs 172 200, Györ 130 900, Nyíregyháza 115 600, Székesfehérvár 109 700, Kecskemét 105 600

Staat Republik seit 1989 – Verfassung von 1949, letzte Änderung 1989 – Nationalversammlung (Országgyülés) mit 386 Mitgl., Wahl alle 4 J. – Wahl des Staatsoberhaupts alle 5 J. durch das Parlament (einmalige Wiederwahl) – Wahlrecht ab 18 J. – **Verwaltung**: 19 Komitate und Hauptstadt (Einzelheiten → WA '96, Sp. 697) – **Staatsoberhaupt**: Árpád Göncz (SZDSZ), seit 1990 – **Regierungschef**: Gyula Horn (MSZP-Vorsitzender), seit 1994; Koalition aus MSZP und SZDSZ – **Äußeres**: László Kovács (MSZP) – **Parteien**: Wahlen vom 8. 5./29. 5. 1994: Sozialistische Partei/MSZP 209 Sitze (1990: 33), Bund Freier Demokraten/SZDSZ 70 (92), konservatives Demokratisches Forum/MDF 37 (164), Unabhängige Partei der Kleinbauern/FKgP 26 (44), Christlich-Demokratische Volkspartei/KDNP 22 (21), Ungarische Bürgerliche Partei/FIDESZ 20 (21), Sonstige 2 (11) – **Unabh.**: Staatsgründung im Jahr 896; 21. 12. 1867 gleichberechtigte Reichshälfte in Österreich-Ungarn; 16. 11. 1918 Unabhängigkeitsproklamation (Gründung der Republik) – **Nationalfeiertage**: 15. 3. (Aufstand gegen Habsburg 1848) und 20. 8. (Tag der Verfassung) und 23. 10. (Ausrufung der Republik 1989)

Wirtschaft **Währung**: 1 US-$ = 186,97 Ft; 1 DM = 107,48 Ft – **BSP** 1995: 42 129 Mio. $; realer Pro-Kopf-Zuwachs Ø 1985–94: –0,9% – **BIP** 1995: 43 712 Mio. $; realer Zuwachs Ø 1990–95: –1,0%; Anteil (1995) **Landwirtsch.** 8%, **Industrie** 33%, **Dienstl.** 59% – **Erwerbstät.** 1995: Landw. 9%, Ind. 31%, Dienstl. 60% – **Arbeitslosigkeit** Ø 1996: 10,6% – **Energieverbrauch** 1994: 2383 kg ÖE/Ew. – **Inflation** Ø 1985–95: 19,9% (1996: 23,5%, S 1997: 14%) – **Ausl.-Verschuld.** 1995: 31 248 Mio. $ – **Außenhandel** 1995: **Import**: 15 466 Mio. $ (S 1996: 16 209 Mio. $); Güter 1996: 47% verarb. Erzeugnisse, 30,4% Maschinen und Ausrüstungen, 13,5% Energieträger, 4,9% Nahrungsmittel, Getränke und Tabakwaren, 4% Rohstoffe; Länder 1996: 23,5% BRD, 11,2% Österreich, 10,4% GUS-Staaten, 8,1% Italien, 4,2% Frankreich, 3,6% USA, 3% Großbritannien, 2,3% Japan; **Export**: 12 867 Mio. $ (S 1996: 13 145 Mio. $); Güter 1996: 46,8% verarb. Erzeugnisse, 25,6% Maschinen und Ausrüstungen, 18,2% Nahrungsmittel, Getränke und Tabakwaren, 5,3% Rohstoffe, 4% Energieträger; Länder 1996: 29% BRD, 10,2% Österreich, 8,4% Italien, 8% GUS-Staaten, 3,9% Frankreich, 4,1% USA, 3,1% Polen, 3% Großbritannien

Chronik Aus Anlaß der Tausendjahrfeier der Benediktinerabtei Pannonhalma besucht **Papst Johannes Paul II.** am 6./7. 9. **1996** Ungarn. – Am 16. 9. 1996 unterzeichnen Ministerpräsident *Horn* und der rumänische Regierungschef *Nicolae Văcăroiu* den **ungarisch-rumänischen Grundlagenvertrag** (→ Rumänien). Das ungarische Parlament ratifiziert das Dokument am 10. 12. 1996. Mit der neuen politischen Führung in Rumänien entfaltet sich eine rege politische Zusammenarbeit, die sich u.a. im Abschluß mehrerer Abkommen beim Besuch des neuen rumänischen Ministerpräsidenten *Victor Ciorbea* in Ungarn am 12. 3. 1997 niederschlägt. Am 23. 10. vereinbaren die Außenminister **Ungarns, Sloweniens und Italiens** eine enge Kooperation in den die Nordbalkan-Region betreffenden Fragen. Ein Dreiergipfel der Regierungschefs am 20. 5. **1997** in Budapest bekräftigt die Zusammenarbeit auch auf militärischem Gebiet. – Die Einladung des NATO-Gipfels in Madrid vom 8./9. 7. zur Aufnahme von Verhandlungen über den **Beitritt zur NATO** und den sich anschließenden Besuch von US-Präsident *Bill Clinton* bewertet die politische Führung in Budapest als Anerkennung der Reformanstrengungen des Landes. Ministerpräsident *Horn* kündigt eine Volksabstimmung über den NATO-Beitritt an.

Uruguay *Süd-Amerika*

Republik Östlich des Uruguay; República Oriental del Uruguay – ROU (→ Karte VII, D 7)

Fläche (Weltrang: 89.): 176 215 km²

Einwohner (127.): F 1995 3 184 000 = 18,1 je km²

Hauptstadt: Montevideo – F 1992: 1 383 660 Einw.

Amtssprache: Spanisch

Bruttosozialprodukt 1995 je Einw.: 5170 $

Währung: 1 Uruguayischer Peso (urug$) = 100 Centésimos

Botschaft der Republik Uruguay
Gotenstr. 1–3, 53175 Bonn, 0228/366036

Landesstruktur **Fläche**: 176 215 km² – **Bevölkerung**: Uruguayer; (Z 1985) 2 955 241 Einw. – (S) 85% Weiße, 5% Mestizen, 3% Mulatten –

Leb.-Erwart. 1995: 73 J. – **Säugl.-Sterbl.** 1995: 1,9% – **Kindersterbl.** 1995: 2,1% – Jährl. **Bev.-Wachstum** ∅ 1985–95: 0,6% (Geb.- und Sterbeziffer 1995: 1,7%/1,0%) – **Analph.** 1995: unter 5% – **Sprachen**: Spanisch – **Religion** 1993: 78% Katholiken; etwa 75 000 Protestanten, 50 000 Juden – **Städt. Bev.** 1995: 90% – **Städte** (Z 1985): Salto 80 823 Einw., Paysandú 76 191, Las Piedras 58 288, Rivera 57 316, Melo 42 615, Tacuarembó 40 513, Mercedes 36 702, Minas 34 661

Staat Präsidialrepublik seit 1967 – Verfassung von 1966, letzte Änderung 1997 – Parlament (Asamblea General): Abgeordnetenhaus (Cámara de Diputados) mit 99 u. Senat mit 31 Mitgl.; Wahl alle 5 J. – Direktwahl des Staatsoberh. alle 5 J. (Staatsoberh. wird der Kandidat der Siegerpartei bei den Parlamentswahlen; keine unmittelb. Wiederwahl) – Wahlpflicht ab 18 J. – **Verwaltung**: 19 Departamentos – **Staats- und Regierungschef**: Julio María Sanguinetti Cairolo (PC), seit 1995; Koalition aus PN u. PC – **Äußeres**: Alvaro Ramos – **Parteien**: Wahlen vom 27. 11. 1994: Abgeordnetenhaus: Partido Colorado/PC 34 Sitze (1989: 30), Partido Nacional/PN 31 (39), Linksbündnis Encuentro Progresista/EP (Fortschrittliche Übereinkunft) 30 (21), sozialdemokratisches Bündnis Nuevo Espacio/NE 4 (9) – Senat: PC 11 Sitze (1989: 9), PN 10 (13), EP 9 (7), NE 1 (3) – **Unabh.**: 1825 Unabhängigkeitsproklamation gegenüber Brasilien, zugleich Anschlußersuchen an Argentinien (Vollzug 1825 bis 1828);

formelle Unabhängigkeit am 4. 10. 1828 – **Nationalfeiertage**: 18. 7. (Verfassungstag) und 25. 8. (Unabhängigkeitstag)

Wirtschaft **Währung**: 1 US-$ = 9,49 urug$; 1 DM = 5,39 urug$ – **BSP** 1995: 16 458 Mio. $ – **BIP** 1995: 17 847 Mio. $; realer Zuwachs ∅ 1990–95: 4,9%; Anteil (1995) **Landwirtsch.** 9%, **Industrie** 26%, **Dienstl.** 65% – **Erwerbstät.** 1993: Landw. 13%, Ind. 26%, Dienstl. 60% – **Arbeitslosigkeit** ∅ 1996: 11,5% (S 1997: 10%) – **Energieverbrauch** 1994: 622 kg ÖE/Ew. – **Inflation** ∅ 1985–95: 70,5% (1996: 25%, S 1997: 17%) – **Ausl.-Verschuld.** 1995: 5307 Mio. $ – **Außenhandel** 1995: **Import**: 2867 Mio. $ (S 1996: 3040 Mio. $); Güter: 56% Zwischenprodukte, 28% Konsumgüter, 16% Kapitalgüter; Länder: 24% Brasilien, 21% Argentinien, 10% USA, 5% Italien, 4% Spanien, 4% BRD, 4% Frankreich, 3% Japan; **Export**: 2106 Mio. $ (S 1996: 2340 Mio. $); Güter: 13% Leder, Lederwaren, Schuhe, 12% Rindfleisch, 12% Wolle, 9% Textilprodukte, 8% Reis; Länder: 33% Brasilien, 13% Argentinien, 6% USA, 6% BRD, 6% VR China, 4% Großbritannien, 3% Italien

USA → Vereinigte Staaten von Amerika

Usbekistan *Zentral-Asien*

Republik Usbekistan; Ŭzbekiston Žumḩurijati – UZB (→ Karte IV, C 2/3)

Fläche (Weltrang: 56.): 447 400 km²

Einwohner (41.): F 1995 22 771 000 = 51 je km²

Hauptstadt: Taškent (Taschkent)
F 1992: 2 126 000 Einw.

Amtssprache: Usbekisch

Bruttosozialprodukt S 1995 je Einw.: 970 $

Währung: 1 Usbekistan-Sum (U.S.) = 100 Tijin

Botschaft der Republik Usbekistan
Deutschherrenstr. 7, 53177 Bonn, 0228/95 35 70

Landesstruktur (Karte → WA '97, Sp. 661 f.) **Fläche**: 447 400 km², einschließlich der Autonomen Republik Karakalpakistan mit 164 900 km² – **Bevölkerung**: Usbeken; (Z 1989) 19 810 077 Einw. – (F 1993) 73,7% Usbeken, 5,5% Russen, 5,1% Tadschiken, 4,2% Kasachen, 2% Krimtataren, 2% Karakalpaken, 1,1% Koreaner, 0,9% Kir-

Staaten

gisen, 0,6% Ukrainer, 0,6% Turkmenen, 0,5% Türken, 0,3% Juden u.a. – **Flüchtl.** Ende 1996: 3000 aus Afghanistan – **Leb.-Erwart.** 1995: 70 J. – **Säugl.-Sterbl.** 1995: 5,0% – **Kindersterbl.** 1995: 6,2% – Jährl. **Bev.-Wachstum** ∅ 1985–95: 2,3% (Geb.- und Sterbeziffer 1995: 3,0%/0,6%) – **Analph.** 1992: unter 5% – **Sprachen** 1989: 75% Usbekisch (als Mutter- und Zweitsprache); Russisch (33,4%); Sprachen der Minderheiten – **Religion**: mehrheitl. sunnit. Muslime, schiit. und orthodoxe Minderheiten; etwa 93 000 Juden – **Städt. Bev.** 1995: 42% – **Städte** (F 1992): Samarkand 372 000 Einw., Namangan 333 000, Andižan 302 000, Buchara 235 000, Fergana 193 000, Nukus 182 000, Kokand 177 000, Karši 175 000, Urgenč 132 000

Staat Präsidialrepublik seit 1992 – Verfassung von 1992 – Parlament (Hohe Versammlung/Olij Madzlis) mit 250 Mitgl., Wahl alle 5 J. – Direktwahl des Staatsoberh. alle 5 J. (einmalige Wiederwahl) – Wahlrecht ab 18 J. – **Verwaltung**: 12 Regionen, Autonome Republik Karakalpakistan (Respublika Karakalpak) – **Staatsoberhaupt**: Islam A. Karimov (CDP), seit 1990 – **Regierungschef**: Utkir Sultanov, seit 1995 – **Äußeres**: Abdulasis H. Komilov – **Parteien**: Wahlen vom 25. 12. 1994 und 8. 1. 1995 mit Nachwahlen vom 22. 1. 1995: Bewegung Chalk Birligi (Volkseinheit; regierungsnahe Gruppierung) 120 der 250 Sitze, Chalk Demokratik Partijasi/CDP (Volksdemokratische Partei, ehem. KP) 69, Adolat Partijasi (Partei der Gerechtigkeit) 47, Watan Tarakijti Partijasi/WTP (Partei des Vaterlandfortschritts) 14 – **Unabh.**: Souveränitätserklärung am 20. 6. 1990, Unabhängigkeitserklärung am 31. 8. 1991 – **Nationalfeiertag**: 1. 9. (Unabhängigkeitstag)

Wirtschaft Währung: 1 US-$ = 62,20 U.S.; 1 DM = 35,97 U.S. – **BSP** 1995 (S): 21 979 Mio. $ – **BIP** 1994: 21 590 Mio. $; realer Zuwachs ∅ 1990–95: -4,4%; Anteil **Privatsektor** 1996: 80% (S); Anteil (1994) **Landwirtsch.** 32%, **Industrie** 34%, **Dienstl.** 34% – **Erwerbstät.** 1992: Landw. 43%, Ind. 21%, Dienstl. 36% – **Arbeitslosigkeit** ∅ 1995: 12% – **Energieverbrauch** 1994: 1869 kg ÖE/Ew. – **Inflation** ∅ 1985–95: 239,0% (1996: 61%) – **Ausl.-Verschuld.** 1995: 1613 Mio. $ – **Außenhandel** 1995: **Import**: 2900 Mio. $; Güter 1996: (1. Halbjahr) 36,5% Maschinen und Ausrüstungen, 33,3% Nahrungsmittel, 9,4% mineral. und chem. Produkte, 6,1% Metalle, 1,2% Energie; Länder 1995: 24,9% Rußland, 13,9% BRD, 7,5% Kasachstan, 4,1% Schweiz, 3,4% Turkmenistan, 3% Türkei, 2,5% Tadschikistan; **Export**: 3100 Mio. $; Güter 1996: (1. Halbjahr) 59,9% Baumwolle, 7,8% Energie, 4,6% mineral. und chem. Produkte, 4,6% Metalle, 1,9% Maschinen und Ausrüstungen; Länder 1995: 18,8% Rußland, 13,7% Schweiz, 7,7% Kasachstan, 7,6% Großbritannien, 5% Niederlande, 5% Tadschikistan, 4,8% Turkmenistan, 3,5% Türkei

Vanuatu *Ozeanien*

Republik Vanuatu; Ripablik blong Vanuatu (bislama); Republic of Vanuatu (englisch); République de Vanuatu (französisch) – VU (→ Karten V, E/F 5/6 und VIII b, B/C 3/4)

Fläche (Weltrang: 156.): 12 190 km²

Einwohner (171.): F 1995 169 000 = 13,9 je km²

Hauptstadt: Port Vila (auf Éfaté)
Z 1989: 19 311 Einw.

Amtssprachen: Bislama, Englisch, Französisch

Bruttosozialprodukt 1995 je Einw.: 1200 $

Währung: Vatu (VT)

Diplomatische Vertretung:
Botschaft der Republik Singapur
Südstr. 133, 53175 Bonn, 0228/95 10 30

Landesstruktur (Karte → WA '96, Sp. 705) **Fläche**: 12190 km²; insg. 12 Haupt- und 70 Nebeninseln: darunter Espiritu Santo 3626 km², Malakula 1994 km², Erromango 958 km², Éfaté 907 km² – **Bevölkerung**: Vanuatuer; (Z 1989) 142 944 Einw. – (S) 91% Ni-Vanuatu (Melanesier), 3% Polynesier bzw. Mikronesier; etwa 5000 Europäer (meist Franzosen und Briten) – **Leb.-Erwart.** 1995: 66 J. – **Säugl.-Sterbl.** 1995: 4,4% – **Kindersterbl.** 1995: 5,8% – Jährl. **Bev.-Wachstum** ∅ 1985–95: 2,7% (Geb.- und Sterbeziffer 1993: 3,3%/1,0%) – **Analph.** 1990: 30% – **Sprachen**: Bislama (ni-Vanuatu-Pidgin), Englisch, Französisch; ca. 110 melanes. Sprachen und Dialekte – **Religion**: 80% Christen (darunter 32% Presbyterianer und 11% Anglikaner sowie 17% Katholiken); ferner Cargo-Kulte, Naturreligionen – **Städt. Bev.** 1993: 19% – **Städte** (Z 1989): Luganville 6983 Einw. – **Inseln** (Z 1989): Éfaté 30 868, Espiritu Santo 25 581, Tanna 19 825, Malakula 19 298

Staat Republik (im Commonwealth) seit 1980 – Verfassung von 1980 mit Änderung 1987 – Parlament mit 50 Mitgl., Wahl alle 4 J.; außerdem Häuptlingsrat (National Council of Chiefs) – Wahl des Staatsoberh. alle 5 J. durch Parlament und Vorsitzende der Provinzparlamente – Wahlrecht ab 18 J. – **Verwaltung**: 6 Provinzen – **Staatsoberhaupt**: Jean-Marie Léyé (UMP), seit 1994 – **Regierungschef**: Serge Vohor (UMP), seit Sept. 1996 – **Äußeres**: Amos Andeng – **Parteien**: Wahlen vom 30. 11. 1995: Unity Front/UF 20 der 50 Sitze (1991: 15 von 46), Union of Moderate Parties/UMP 17 (19), National United Party/NUP 9 (10), Sonstige 2 (2), Unabhängige 2 (–) – **Unabh.**: 30. 7. 1980 (ehem. Neue Hebriden) – **Nationalfeiertage**: 30. 7. (Unabhängigkeitstag) und 5. 10. (Verfassungstag)

Wirtschaft Währung: 1 US-$ = 115,99 VT; 1 DM = 66,89 VT – **BSP** 1995: 202 Mio. $ – **BIP** k. Ang.; realer Zuwachs 1992/93: +4,0%; Anteil (1995) **Landwirtsch.** 22%, **Industrie** 13%, **Dienstl.** 65% – **Erwerbstät.** 1989: Landw. 61%, Ind. 4%, Dienstl. 35% – **Arbeitslosigkeit**: k. Ang. – **Energieverbrauch** 1994: 279 kg ÖE/Ew. – **Inflation** ∅ 1985–95: 5,5% – **Ausl.-Verschuld.** 1995: 48,2 Mio. $ – **Außenhandel** 1995: **Import**: 10 745 Mio. VT; Güter: 28% Maschinen und Transportausrüstungen, 19% Halbfertigwaren, 15% Nahrungsmittel und leb. Tiere; Länder: 37% Australien, 12% Neuseeland, 9% Japan; **Export**: 2551 Mio. VT; Güter: 43% Kopra, 17% Rindfleisch, 10% Holz; Länder: 37% Niederlande, 24% Japan, 10% Australien, 10% Bangladesch – **Tourismus**: 46 123 Auslandsgäste (1996), 30 Mio. $ Einnahmen (1993)

Vatikanstadt *Süd-Europa*

Staat [der] Vatikanstadt; Città del Vaticano; Status Civitatis Vaticanae (latein.); unter Souveränität des Heiligen Stuhls (Santa Sede/Holy See/Saint-Siège) – V (→ Karte II, F 3)

Fläche (Weltrang: 193.): 0,44 km²

Einwohner: F 1992 802

Amtssprachen: Latein, Italienisch

Währung: Italien. Lira (Lit) u. eigene Geldzeichen

Apostolische Nuntiatur
Turmstr. 29, 53175 Bonn, 0228/95 90 10

Landesstruktur Fläche: Zur V. gehören d. Gebiet um die Basilika St. Peter sowie einige Kirchen u. Paläste in Rom, ferner der päpstliche Sommersitz Castel Gandolfo – **Bevölkerung:** (1989) 496 Staatsbürger u. 462 Bewohner ohne Bürgerrecht sowie rd. 3000 Angestellte; 94

Schweizer Gardisten (mit Bürgerrecht während ihrer Dienstzeit) – **Religion:** Katholizismus ist offizielle Religion – **Sprachen:** Italienisch, Latein

Staat Souveränes Bistum seit 1929 – Apostolische Verfassung von 1968 - *Kardinalskollegium* (Konsistorium) als höchstes leitendes Gremium (Beratung u. Wahl des Papstes): 1996 151 Mitgl. (aus 61 Staaten), davon haben max. 120 Wahlrecht (Wahlalter bis 80 J.) – **Staatsoberhaupt:** Johannes Paul II. (Karol Wojtyla), seit 1978 (264. Papst u. gleichz. Bischof von Rom) – **Römische Kurie** die eigentl. Regierung der Gesamtkirche, lt. Reform 1968 (Regimini Ecclesiae Universae) gegliedert in: 1. *Staatssekretariat* als Ausführungsorgan des Papstes u. zur Koord. der Kurie: Staatssekr. Kardinal Angelo Sodano, seit 1991 (alle Vollmachten in Angel. weltl. Souveränität, vergleichbar Min.-Präs.), Sektion für Allg. Angelegenheiten (Inneres): Substitut Erzbischof Giovanni Battista Re, seit 1990, für Bez. mit den Staaten (Äußeres): Sekretär Monsignore Jean-Louis Tauran; 2. 9 *Kongregationen* (Dikasterien = Ministerien; u.a. für Glaubenslehre: Präfekt Joseph Kardinal Ratzinger); 3. 3 *Gerichtshöfe*, Oberste Appellationsinstanz (u.a. Ehe-Annullierung); 4. 11 *Päpstliche Räte*; 5. *Büros*; 6. *Institutionen* (u.a. Vat. Apost. Bibliothek) – **Diplomat. Bez.:** Sept. 1996 in 168 Staaten durch einen Nuntius vertreten – **Unabh.:** alte staatl. Tradition; wieder souverän 7. 6. 1929 (Inkrafttreten der mit Italien am 11. 2. 1929 geschlossenen Lateranverträge) - **Nationalfeiertag:** 22. 10. (Amtseinführung von Joh. Paul II. 1978)

Wirtschaft Währung: 1 US-$ = 1702,05 Lit.; 1 DM = 976,23 Lit. – **Allgemeine Ertragsrechnung** 1993: 169 Mio. $ (1994: 174 Mio. $) Einnahmen, 167,5 Mio. $ Ausgaben; Einnahmenüberschuß von 1,5 Mio. $ (1994: rd. 412 000 $) – Wichtigstes Finanzierungsinstrument der sog. Peterspfennig (weltweite Kollekte zum Fest d. Hl. Petrus u. Paulus): 48,7 Mio. $ (1994), 59,9 Mio. $ (1993) – **Haushalt** (1993): Einnahmen 86,1 Mio. $; Ausgaben 177,8 Mio. $ (Haushaltsdefizit 1994, Voranschlag: 42,5 Mrd. Lit)

Chronik Obschon von Gebrechen gezeichnet, unternimmt der 77jährige Papst *Johannes Paul II.* im Berichtszeitraum mehrere Pastoral- und Missionsreisen: am 6./7. 9. **1996** nach **Ungarn** aus Anlaß der Tausendjahrfeier der Benediktinerabtei Pannonhalma (73. Auslandsreise); vom 19. bis 22. 9. nach **Frankreich** (1500. Wiederkehr der Taufe des ersten Frankenkönigs *Chlodwig I.*

[466-511]); vom 25. bis 27. 4. **1997** in die **Tschechische Republik** (1000. Todestag des hl. *Adalbert [Vojtech]*); am 10./11. 5. 1997 erstmals in den **Libanon**; vom 31. 5. bis 10. 6. nach **Polen** (Kanonisierung der Königin *Hedwig [Jadwiga, 1374–1399]* in Krakau am 8. 6.). Vom 21.8–24. 8. reist der Papst anläßlich der katholischen Weltjugendtage nach Frankreich. – Ein geplantes **Treffen des Papstes mit dem Patriarchen Aleksei II. scheitert**. Der Heilige Synod, das Leitungsgremium der Russisch-Orthodoxen Kirche in Moskau, sagt die für den 21. 6. bei Wien geplante Begegnung kurzfristig ab, weil die Kontroverse über die gegenseitige Abwerbung von Gläubigen nicht auszuräumen gewesen sei. Es wäre die erste Begegnung zwischen den Oberhäuptern beider Kirchen seit der Kirchenspaltung im Jahr 1054 gewesen. – Laut einem Dokument aus dem US-Nationalarchiv soll der Vatikan in die Nazigold-Affäre verwickelt sein und 200 Mio. Schweizer Franken der von den Nazis eingesetzten kroatischen Ustascha-Regierung aufbewahrt haben; vom Vatikan-Sprecher *Joaquin Navarro-Valls* wird diese Behauptung Ende Juli 1997 zurückgewiesen.

Venezuela *Süd-Amerika*

Republik Venezuela; República de Venezuela – YV (→ Karte VII, B/C 2/3)

Fläche (Weltrang: 32.): 912 050 km²

Einwohner (43.): F 1995 21 671 000 = 24 je km²

Hauptstadt: Caracas
Z 1990: 1 824 892 Einw. (A. 3,4 Mio.)

Amtssprache: Spanisch

Bruttosozialprodukt 1995 je Einw.: 3020 $

Währung: 1 Bolívar (Bs.) = 100 Céntimos

Botschaft der Republik Venezuela
Im Rheingarten 7, 53225 Bonn, 0228/40 09 20

Landesstruktur **Fläche**: 912 050 km² – **Bevölkerung**: Venezolaner; (Z 1990) 18 105 265 Einw. – 69% Mestizen und Mulatten, 20% Weiße, 9% Schwarze, 2% Indianer u.a. – Anteil unter **Armutsgrenze** ∅ 1981–95: 11,8% – **Leb.-Erwart.** 1995: 72 J. – **Säugl.-Sterbl.** 1995: 2,0% – **Kindersterbl.** 1995: 2,4% – Jährl. **Bev.-Wachstum** ∅ 1985–95: 2,4% (Geb.- und Sterbeziffer 1995: 2,6%/0,5%) – **Analph.** 1995: 9% – **Sprachen**: Spanisch; indian. Sprachen (Goajiro, Guaraúno, Cariña, Pemón u.a.) – **Religion** 1993: 93% Katholiken, 5% Protestanten; Minderh. von

Orthodoxen, Muslimen und Juden – **Städt. Bev.** 1995: 93% – **Städte** (Z 1990): Maracaibo 1 207 513 Einw. (F 1990, als A: 1,4 Mio.), Valencia 903 076 (A 1,3 Mio.), Barquisimeto 602 622 (A 0,8 Mio.), Ciudad Guayana 453 047, Maracay 354 428 (A 0,9 Mio.), Ciudad Bolívar 225 846, Barcelona 221 792, San Cristóbal 220 697, Cumaná 212 492, Maturín 207 382, Mérida 167 992, Cabimas 165 755, Barinas 152 853, Los Teques 143 519

Staat Präsidiale Bundesrepublik seit 1961 – Verfassung von 1961 – Parlament (Congreso Nacional): Abgeordnetenhaus (Cámara de Diputados) mit 203 und Senat (Senado) mit 52 Mitgl.; Wahl alle 5 J. – Direktwahl des Staatsoberh. alle 5 J. – Wahlpflicht ab 18 J. – **Verwaltung**: 22 Bundesstaaten und Bundesdistrikt der Hauptstadt – **Staats- und Regierungschef**: Rafael Caldera Rodríguez (parteilos), seit 1994 – **Äußeres**: Miguel Angel Burelli Rivas – **Parteien**: Wahlen vom 5. 12. 1993: Abgeordnetenhaus: Convergencia Nacional/CN (Nationale Übereinstimmung) aus 17 Parteien, u.a. KP Venezuelas/PCV, Movimiento al Socialismo/MAS (Bewegung zum Sozialismus) insg. 50 Sitze (darunter MAS 24, 1988: 18 von 201), Acción Democrática/AD 55 (97), Partido Social-Cristiano/COPEI 54 (67), La Causa Radical/LCR 40 (3), Sonstige 4 (16) – Senat: AD 18 (1988: 23 von 49), COPEI 15 (22), LCR 9 (–), CN 10 (MAS 3) – **Unabh.**: 5. 7. 1811 (Proklamation), endgültig 24. 6. 1821 (Schlacht von Carabobo); 6. 5. 1830 (Loslösung von Großkolumbien) – **Nationalfeiertage**: 19. 4. (Unabhängigkeitserklärung) und 24. 6. (Schlacht von Carabobo) und 5. 7. (Unabhängigkeitstag) und 24. 7. (Geburtstag von Simón Bolívar)

Wirtschaft **Währung**: 1 US-$ = 487,75 Bs.; 1 DM = 279,74 Bs. – **BSP** 1995: 65 382 Mio. $ – **BIP** 1995: 75 016 Mio. $; realer Zuwachs ∅ 1990–94: 2,4%; Anteil (1995) **Landwirtsch.** 5%, **Industrie** 38%, **Dienstl.** 56% – **Erwerbstät.** 1995: Landw. 13%, Ind. 24%, Dienstl. 63% – **Arbeitslosigkeit** ∅ 1996 (S): 17,9% – **Energieverbrauch** 1994: 2186 kg ÖE/Ew. – **Inflation** ∅ 1985–95: 37,6% (S 1996: 100,8%, S 1997: 35%) – **Ausl.-Verschuld.** 1996: 26,8 Mrd. $ – **Außenhandel** 1995: **Import**: 11 458 Mio. $ (S 1996: 11 765 Mio. $); Güter 1996: 48% Rohstoffe und Zwischenprodukte, 28% Kapitalgüter, 24% Konsumgüter; Länder 1995: 45% USA, 5% BRD, 4% Japan, 2% Italien, 2% Frankreich; **Export**: 18 581 Mio. $ (S 1996: 22 854 Mio. $); Güter 1996: 79% Erdöl und Erdgas; Länder 1994: 27% Kolumbien, 25% USA, 6% Mexiko, 6% Großbritannien, 6% Japan, 5% BRD, 3% Niederlande

Vereinigte Arabische Emirate

Vorder-Asien

Dawlat al-Amārāt al-ʿArabiyya al-Muttaḥida – UAE (→ Karte IV, C 3)

Fläche (Weltrang: 115.): 77 700 km²

Einwohner (135.): Z 1995 2 377 700 = 31 je km²

Hauptstadt: Abū Ẓaby (Abu Dhabi)
Z 1995: 928 360 Einwohner

Amtssprache: Hocharabisch

Bruttosozialprodukt 1995 je Einw.: 17 400 $

Währung: 1 Dirham (DH) = 100 Fils

Botschaft der Vereinigten Arabischen Emirate
Erste Fährgasse 6, 53113 Bonn, 0228/26 70 70

Landesstruktur Fläche: 77 700 km²; 7 Emirate (→ Tabelle) – **Bevölkerung**: (Z 1995) 2 377 700 Einw. – (S) über 70% Araber, bis zu 10% Nomaden; Iraner, Inder, Bangladescher, Pakistaner u. Philippiner (v.a. als Arbeitskräfte); (F 1994) 75% Ausländer – **Leb.-Erwart.** 1995: 74 J. – **Säugl.-Sterbl.** 1995: 1,6% – **Kindersterbl.** 1995: 1,9% – Jährl. **Bev.-Wachstum** ∅ 1985–95: 5,8% (Geb.- und Sterbeziffer 1995: 2,2%/0,3%) – **Analph.** 1995: 21% – **Sprachen**: Arabisch, außerdem Hindi, Urdu u. Farsi; Englisch als Geschäftssprache

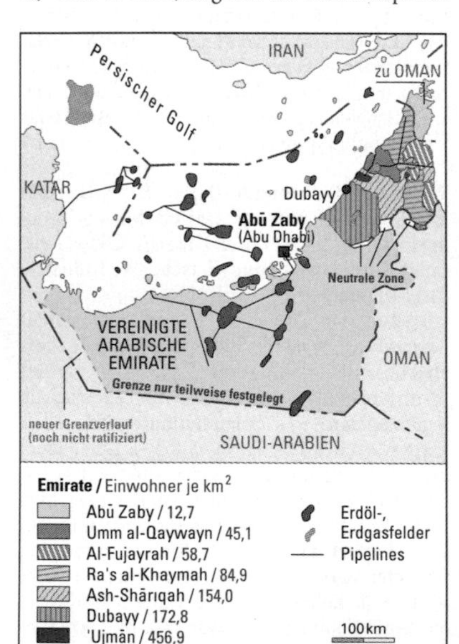

– **Religion** 1992: 96% Muslime (hauptsächlich Sunniten, 16% Schiiten), 3% Christen – **Städt. Bev.** 1995: 84% – **Städte** (Z 1995): Dubayy (Dubai) 674 100 Einw., Ash-Shāriqah 400 400

Staat Föderation (Ittihad) von 7 autonomen Emiraten seit 1971 – Provisorische Verfassung von 1971 mit Änderung 1976 – Oberstes Staatsorgan: 7köpfiger Oberster Rat der Scheichs (Vetorecht für Abu Dhabi u. Dubai); ernennt Staatsoberh. – Nationalversammlung mit 40 für 2 J. von den Emiraten ernannten Mitgl., ausschließlich beratende Funktion – **Verwaltung**: 7 Emirate – **Staatsoberhaupt**: Zâyid [Said] Bin Sultân al Nahayân (Emir von Abu Dhabi seit 1966), seit 1971 – **Regierungschef**: Scheich Maktoum Bin Raschid al Maktoum (Emir von Dubai seit 1990), seit 1979 – **Äußeres**: Raschid Abdullah al Nuaimi – **Parteien**: keine – **Unabh.**: 2. 12. 1971 (Proklamation der Föderation durch 6 Emirate), 1972 Beitritt des Emirats Ra's al-Khaymah – **Nationalfeiertag**: 2. 12.

Wirtschaft **Währung**: 1 US-$ = 3,6822 DH; 1 DM = 2,1936 DH – **BSP** 1995: 42 806 Mio. $ – **BIP** 1995: 39 107 Mio. $; realer Zuwachs ∅ 1980–92: 0,3% (S 1995: +0,5%); Anteil (1994) **Landwirtsch.** 3%, **Industrie** 52%, **Dienstl.** 45% – **Erwerbstät.** 1993: Landw. 2%, Ind. 31% – **Arbeitslosigkeit** ∅ 1996: 2,6% – **Energieverbrauch** 1994: 10 531 kg ÖE/Ew. – **Inflation** ∅ 1980–92: 0,8% (1995: 5%) – **Ausl.-Verschuld.** 1995: keine – **Außenhandel** 1995: **Import**: 27 Mrd. $; Güter: 36% Maschinen u. Transportausrüstungen, 28% Fertigwaren, 11% Nahrungsmittel, 6% Chemikalien; Länder: 9% Japan, 8% USA, 8% Großbri-

Vereinigte Arabische Emirate: Fläche, Bevölkerung und Bevölkerungsdichte nach Emiraten

Emirate	*Fläche in km²*	*Z 1985*	*Z 1995*	*Einw. je km² 1995*
Abu Zaby (Abu Dhabi) ..	67 350	670,1	928,4	12,7
Al-Fujayrah	1 150	54,4	76,3	58,7
Ash-Shariqah ..	2 600	268,7	400,4	154,0
Dubayy (Dubai)..	3 900	419,1	674,1	172,8
Rás al-Khaymah	1 700	116,5	144,4	84,9
Ujman	250	64,3	118,9	456,9
Umm al-Qaywayn	750	29,2	35,2	45,1
Insgesamt	*77 700*	*1622,3*	*2377,7*	*30,6*

Quelle: Länderbericht Vereinigte Arabische Emirate 1995, Statistisches Bundesamt Wiesbaden

tannien, 7% Italien, 7% BRD, je 5% Republik Korea, Frankreich, Indien, Hongkong, VR China; **Export**: 24,3 Mrd. $; Güter: 43% Rohöl (Förderung 1996: 2,2 Mio. barrel; Reserven: 100 Mrd. barrel = weltweit 3. Rang), 34% Reexporte, 14% Nicht-Ölprodukte (darunter u. a. Datteln, Vieh, Fisch, Perlen), 5% Erdgas; Länder: 38% Japan, 6% Indien, 5% Singapur, 5% Republik Korea, 4% Iran, 4% Oman, 3% Hongkong, 3% Thailand, 1% BRD

Vereinigte Staaten von Amerika

Nord-Amerika

Vereinigte Staaten bzw. Amerika; United States of America, Kurzform: America – USA

(→ Karte VI, E-L 5–7)

Fläche (Weltrang: 3.): 9 809 155 km²

Einwohner (3.): F 1995 262 755 300 = 27 je km²

Hauptstadt: Washington
F 1992: 585 220 Einw. (Z 1990, A: 3,92 Mio.)

Amtssprachen: Englisch, vereinzelt Spanisch

Bruttosozialprodukt 1995 je Einw.: 26 980 $

Währung: 1 US-Dollar (US-$) = 100 Cents

Botschaft der Vereinigten Staaten von Amerika
Deichmanns Aue 29, 53179 Bonn, 0228/33 91

Landesstruktur **Fläche**: 9 809 155 km²; davon Alaska und Hawaii-Inseln insg. 1 728 451 km² (→ unten) – **Bevölkerung**: Amerikaner; (Z 1990) 248 709 873 Einw. – (F April 1995): 74% bzw. 193,3 Mio. Weiße, 13% bzw. 33 Mio. Schwarze, 10% bzw. 26,8 Mio. Hispanics, 1% bzw. 2,2 Mio. Indianer/Eskimos/Aleuten, 4% bzw. 9,2 Mio. Asiaten/Pazifische Inseln – **Flüchtl.** Ende 1996: 129 600 – **Leb.-Erwart.** 1995: 76 J. – **Säugl.-Sterbl.** 1995: 0,8% – **Kindersterbl.** 1995: 1,0% – Jährl. **Bev.-Wachstum** ∅ 1985–95: 0,9% (Geb.- und Sterbeziffer 1995: 1,5%/0,9%) – **Analph.** 1995: unter 5% – **Sprachen**: Englisch (Amerikanisch), Spanisch; Sprachen der Minderheiten – **Religion** 1993: 26% (59,2 Mio.) Katholiken, 16% (36,4 Mio.) Baptisten, 6% (13,7 Mio.) Methodisten, 3,7% (8,4 Mio.) Lutheraner, 1,8% (4,2 Mio.) Presbyterianer, 1,1% (2,5 Mio). Anglikaneri), 1,5% (3,4 Mio.) Angehörige der Orthodoxen Kirchen; 2,6% (5,9 Mio.) Juden; 1,8% (4 Mio.) Muslime; etwa 250 000 Sikhs, 120 000 Bahai, 100 000 Buddhisten – **Städt. Bev.** 1995: 76% – **Städte** (F 1995): New York 7 312 000 Einw. (als Standard Metropolitan Statistical Area [Z 1990], A: 18,09 Mio.), Los Angeles 3 489 800 (A 14,53 Mio.), Chicago 2 768 500 (A 8,07 Mio.), Houston 1 690 200 (A 3,71 Mio.), Philadelphia 1 552 600 (A 5,9 Mio.), San Diego 1 148 900 (A 2,5 Mio.), Dallas 1 022 500 (A 3,89 Mio.), Phoenix 1 012 200 (A 2,12 Mio.), Detroit 1 012 100 (A 4,67 Mio.), San Antonio 966 400 (A 1,3 Mio.), San José 801 300, Indianapolis 746 500 (A 1,25 Mio.), San Francisco 728 900 (A 6,25 Mio.), Baltimore 726 100 (A 2,38 Mio.), Jacksonville 661 200, Columbus 643 000 (A 1,38 Mio.), Milwaukee 617 000 (A 1,61 Mio.), Memphis 610 300, Boston 551 700 (A 4,17 Mio.), El Paso 543 800, Seattle 519 600 (A 2,56 Mio.), Cleveland 502 500 (A 2,76 Mio.), Nashville-Davidson 495 000, New Orleans 489 600 (A 1,24 Mio.), Austin 492 300, Denver 483 900 (A 1,85 Mio.), Fort Worth 454 400, Oklahoma City 454 000, Portland 445 500 (A 1,48 Mio.), Kansas City 431 600 (A 1,57 Mio.), Long Beach 438 800, Virginia Beach 417 100, Charlotte 416 300 (A 1,16 Mio.), Tucson 415 100, Albuquerque 398 500, Atlanta 394 800 (A 2,83 Mio.), St Louis 383 700 (A 2,45 Mio.), Sacramento 382 800 (A 1,48 Mio.), Fresno 376 100, Tulsa 375 300, Oakland 373 200, Honolulu 371 300, Pittsburgh 366 900 (A 2,24 Mio.), Cincinnati 364 300 (A 1,74 Mio.), Minneapolis 362 700 (A 2,46 Mio.), Miami 367 000 (A 3,19 Mio.), Omaha 339 700, Toledo 329 300, Buffalo 323 400 (A 1,19 Mio.), Wichita 311 700

Staat Präsidiale Bundesrepublik seit 1789 – Verfassung von 1789 mit Änderungen, zuletzt 1992 – Parlament (Congress): Repräsentantenhaus (House of Representatives) mit 435 Mitgl. (Wahl alle 2 J.) und Senat (Senate) mit 100 Mitgl. (Wahl für 6 Jahre, Neuwahl alle 2 J. von ⅓ der Senatoren) – Indirekte Wahl des Staatsoberh. durch 538 Wahlmänner (Electoral College) alle 4 J. (einmalige Wiederwahl) – Wahlrecht ab 18 J. – **Verwaltung**: 50 Bundesstaaten und der District of Columbia/DC mit Bundeshauptstadt Washington; Bundesstaaten jeweils mit Verfassung und Parlament aus 2 Kammern (nur Nebraska 1 Kammer) sowie einem gewählten Gouverneur; außerdem 2 US-Commonwealth Territories, Außen- und Pachtgebiete (→ unten) – **Staats- und Regierungschef**: William Jefferson Blythe (Bill) Clinton (Demokraten), seit 1993 (42. Präsident der USA) – Vizepräsident Albert (Al) Gore – **Äußeres**: Madeleine Albright – **Parteien**: Wahlen vom 5. 11. 1996 zum 105. Kongreß: Repräsentantenhaus: Republikaner 228 Sitze (1992: 235), Demokraten 206 (197), Unabhängige 1 (1); Senat (Neubesetzung von 34 Sitzen am 5. 11. 1996): Republikaner 55 (53), Demokraten 45 (47) – Von den Gouverneuren sind (Stand 11/1996): Republi-

Vereinigte Staaten von Amerika: Verwaltungsgliederung nach Staaten

Staaten (mit postalischer Abkürzung)	*Fläche in km^2**	*Rangstelle*	*Einwohner Z 1990*	*Rangstelle*	*Veränd. 1980/90 in %*	*Einwohner F Mitte 1995*	*Rangstelle*	*Hauptstadt*	*Einw. Z 1990*
Alabama, AL	135 775	29	4 040 587	22	+ 3,8	4 252 982	22	Montgomery	187 106
Alaska, AK	1 700 138	1	550 043	50	+ 37,4	603 617	48	Juneau	26 751
Arizona, AZ	295 276	6	3 665 228	24	+ 34,8	4 217 940	23	Phoenix	983 403
Arkansas, AR	137 742	27	2 350 725	33	+ 2,8	2 483 769	33	Little Rock	175 795
California, CA	424 002	3	29 760 021	1	+ 25,7	31 589 153	1	Sacramento	369 365
Colorado, CO	269 618	8	3 294 394	26	+ 14,0	3 746 585	25	Denver	467 610
Connecticut, CT	14 358	48	3 287 116	27	+ 5,8	3 274 662	28	Hartford	139 739
Delaware, DE	6 448	49	666 168	46	+ 11,2	717 197	46	Dover	27 630
District of Columbia, DC**	177	51	606 900	48	– 4,9	554 256	50	Washington	606 900
Florida, FL	170 314	22	12 937 926	4	+ 32,7	14 165 570	4	Tallahassee	124 773
Georgia, GA	153 952	21	6 478 216	11	+ 18,6	7 200 882	10	Atlanta	394 017
Hawaii, HI	28 313	47	1 108 229	41	+ 14,9	1 186 815	40	Honolulu	365 272
Idaho, ID	216 456	13	1 006 749	42	+ 6,7	1 163 261	41	Boise City	125 738
Illinois, IL	150 007	24	11 430 602	6	+ 0,1	11 829 940	6	Springfield	105 227
Indiana, IN	94 328	38	5 544 159	14	+ 1,0	5 803 471	14	Indianapolis	731 327
Iowa, IA	145 754	25	2 776 755	30	– 4,7	2 841 764	30	Des Moines	193 187
Kansas, KS	213 111	14	2 477 574	32	+ 4,8	2 565 328	32	Topeka	119 883
Kentucky, KY	104 665	37	3 685 296	23	+ 0,7	3 860 219	24	Frankfort	25 968
Louisiana, LA	134 275	31	4 219 973	21	+ 0,3	4 342 334	21	Baton Rouge	219 531
Maine, ME	91 653	39	1 227 928	38	+ 9,2	1 241 382	39	Augusta	21 325
Maryland, MD	32 134	42	4 781 468	19	+ 13,4	5 042 438	19	Annapolis	33 187
Massachusetts, MA	27 337	45	6 016 425	13	+ 4,9	6 073 550	13	Boston	574 283
Michigan, MI	250 465	23	9 295 297	8	+ 0,4	9 549 353	8	Lansing	127 321
Minnesota, MN	225 182	12	4 375 099	20	+ 7,3	4 609 548	20	Saint Paul	272 235
Mississippi, MS	125 443	32	2 573 216	31	+ 2,1	2 697 243	31	Jackson	196 637
Missouri, MO	180 546	19	5 117 073	15	+ 4,1	5 323 523	16	Jefferson City	33 619
Montana, MT	380 850	4	799 065	44	+ 1,6	870 281	44	Helena	24 569
Nebraska, NE	200 358	15	1 578 385	36	+ 0,5	1 637 112	37	Lincoln	191 972
Nevada, NV	286 367	7	1 201 833	39	+ 50,4	1 530 108	38	Carson City	40 443
New Hampshire, NH	24 219	44	1 109 252	40	+ 20,5	1 148 253	42	Concord	36 006
New Jersey, NJ	22 590	46	7 730 188	9	+ 5,0	7 945 298	9	Trenton	88 675
New Mexico, NM	314 939	5	1 515 069	37	+ 16,6	1 685 401	36	Santa Fé	55 859
New York, NY	141 080	30	17 990 455	2	+ 2,5	18 136 081	3	Albany	101 082
North Carolina, NC	139 397	28	6 628 637	10	+ 12,7	7 195 138	11	Raleigh	207 951
North Dakota, ND	183 123	17	638 800	47	– 2,1	641 367	47	Bismarck	49 256
Ohio, OH	116 103	35	10 847 115	7	+ 0,5	11 150 506	7	Columbus	632 910
Oklahoma, OK	181 048	18	3 145 585	28	+ 4,0	3 277 687	27	Oklahoma City	444 719
Oregon, OR	254 819	10	2 842 321	29	+ 7,9	3 140 585	29	Salem	107 786
Pennsylvania, PA	119 291	33	11 881 643	5	+ 0,1	12 071 842	5	Harrisburg	52 376
Rhode Island, RI	4 002	50	1 003 464	43	+ 5,9	989 794	43	Providence	160 728
South Carolina, SC	82 902	40	3 486 703	25	+ 11,7	3 673 287	26	Columbia	98 052
South Dakota, SD	199 744	16	696 004	45	+ 0,8	729 034	45	Pierre	12 906
Tennessee, TN	109 158	34	4 877 185	17	+ 6,2	5 256 051	17	Nashville-D	510 784
Texas, TX	695 676	2	16 986 510	3	+ 19,5	18 723 991	2	Austin	465 622
Utah, UT	219 902	11	1 722 850	35	+ 17,9	1 951 408	34	Salt Lake City	159 936
Vermont, VT	24 903	43	562 758	49	+ 10,0	584 771	49	Montpelier	8 247
Virginia, VA	110 792	36	6 187 358	12	+ 15,7	6 618 358	12	Richmond	203 056
Washington, WA	184 672	20	4 866 692	18	+ 17,8	5 430 940	15	Olympia	27 447
West Virginia, WV	62 759	41	1 793 477	34	– 8,0	1 828 140	35	Charleston	57 287
Wisconsin, WI	169 643	26	4 891 769	16	+ 4,0	5 122 871	18	Madison	191 262
Wyoming, WY	253 349	9	453 588	51	– 3,7	480 184	51	Cheyenne	50 008
Vereinigte Staaten	*9 809 155*		*248 709 873*			*262 755 270*			

* Flächenangaben einschl. Binnengewässer; ** Sonderstatus
Quelle: U.S. Bureau of Census, 1994, und Europa World Year Book 1996

kaner 32 (11/1994: 30), Demokraten 17 (19), Unabhängige 1 (1) – **Unabh.**: 2. 7. 1776 Beschluß, 4. 7. Billigung, 8. 7. Proklamation – **Nationalfeiertag**: 4. 7. (Unabhängigkeitstag)

Wirtschaft (Einzelheiten → Kap. Wirtschaft) **Währung**: 1 US-$ = 1,8162 DM; 1 DM = 0,5506 $ (Stand 1. 9. 1997) – **BSP** 1995: 7 100 007 Mio. $ – **BIP** 1995: 6 952 020 Mio. $; realer Zuwachs ∅ 1990–95: 2,6%; Anteil (1994) **Landwirtsch.** 2%, **Industrie** 26%, **Dienstl.** 72% – **Erwerbstät.** 1996: Landw. 3%, Ind. 24%, Dienstl. 73% – **Arbeitslosigkeit** ∅ 1996: 5,4% (S 1997: 5,0%) – **Energieverbrauch** 1994: 7819 kg ÖE/Ew. – **Inflation** ∅ 1985–95: 3,2% (1996: 3,3%) – **Ausl.-Verschuld.** 1995: keine – **Außenhandel** 1996: **Import**: 799 Mrd. $; Güter: 29% Maschinen und Transportausrüstungen, 21% Konsumgüter, 16% Kraftfahrzeuge, 8% Brenn- und Schmierstoffe, 4% Nahrungsmittel, 2% industr. Rohstoffe; Länder: 20% Kanada, 14% Japan, 9,8% Mexiko, 6% VR China, 4,5% BRD, 4% Republik China, 4% Großbritannien; **Export**: 612 Mrd. $; Güter: 41% Maschinen und Transportausrüstungen, 24% industr. Rohstoffe, 12% Konsumgüter, 11% Kraftfahrzeuge, 9% Nahrungsmittel; Länder: 22% Kanada, 11% Japan, 9% Mexiko, 5% Großbritannien, 4% Republik Korea, 4% BRD, 3% Republik China – **Tourismus** 1996: 45,9 Mio. Auslandsgäste, 64 499 Mio. $ Einnahmen

Bundesstaaten außerhalb des geschlossenen Staatsgebietes

Alaska (→ Karte VI, A-D 2–4) *Fläche:* 1 700 138 km²; mit Alëuten, Pribilof-Inseln, St. Lawrence, St. Matthew – *Bevölkerung* (F 1995): 603 617 Einw., (Z 1990): 550 043; 85 698 Eskimos, Indianer u. Alëuten, 22 451 Schwarze u. 19 728 Asiaten; rd. 35 000 Militärs – *Hauptstadt* (Z 1990): Juneau 26 751 Einw. – *Städte* (Z 1995): Anchorage 248 296, Fairbanks 33 281 – *Gouverneur:* Tony Knowles (Dem.) – Seit 1958 (49.) Bundesstaat

Hawaii (State of Hawaiian Islands) (→ Karten VI u. VIII b, D/E 1/2) *Fläche:* 28 313 km² – *Bevölkerung* (F 1995): 1 186 815 Einw., (Z 1990): 1 108 229; 61,8% Hawaiier u. Asiaten, 33,4% Weiße, 2,5% Schwarze, außerd. Hispanics u. Polynesier – *Religion:* 34% Protestanten, 12% Buddhisten; Katholiken – *Hauptstadt.* (F 1995): Honolulu (auf Oahu) 371 300 Einw. – *Städte* (Z 1990): Hilo (auf Hawaii) 37 808, Kailua 36 818, Kaneohe 35 448, Wahiawa 31 435 – *Gouverneur:* Ben Cayetano (Dem.) – Seit 1959 (50.) Bundesstaat

US-Commonwealth Territories

Autonome Staaten: sog. Self-governing incorporated Territories als integrale Bestandteile der USA

Nördliche Marianen

Ozeanien; Pazifische Inselwelt

Bund der Nördlichen Marianen; Commonwealth of the Northern Mariana Islands – NMI (→ Karten V, E 3/4 u. VIII b, B 1/2)

LANDESSTRUKTUR *Fläche:* 457 km² (16 Inseln, davon 6 bewohnt: Saipan 120 km², Tinian 102 km², Rota 85 km², Pagan 48 km², Anatahan 32 km², Agihan 30 km²) – *Bevölkerung:* (F 1995) 69 000 Einw.; überw. Polynesier – *Sprachen:* Englisch, Chamorro u. Carolinisch (polynes. Sprachen) als Amtsspr. – *Religion:* haupts. Christen (v.a. Katholiken) – *Inseln* (Z 1990): Saipan (Hptst. Garapan) 47 786 Einw., Rota 2561, Tinian 2511, Northern Islands 42

REGIERUNGSFORM Innere Autonomie seit 1986 (Bewohner sind Bürger der USA, bei US-Wahlen aber ohne Stimmrecht) – Verfassung von 1978 – Parlament: Repräsentantenhaus mit 18 u. Senat mit 9 Mitgl.; Wahl alle 2 J. – Direktwahl des Gouverneurs alle 5 J. – Wahlrecht ab 18 J. – *Gouverneur:* Froilan G. Tenorio, seit 1994 – *Parteien:* Wahlen im Nov. 1995: Repräs.-Haus: Republican Party/RP 14 Sitze, weitere Sitzverteilung unbekannt; Senat: RP 6, weitere Sitzverteilung unbekannt – Unabh.: Proklamation am 3. 11. 1986, Aufhebung der UNO-Treuhandschaft am 22. 12. 1990

WIRTSCHAFT *Währung:* US-$ – *BSP* 1989: 512 Mio. $ – *BIP* (k. Ang.); Anteil Tourismus ca. 50% – *Erwerbstät.* 1991: ca. 45% im Tourismus – *Außenhandel* 1991: *Import:* 385,3 Mio. $; *Export:* 258,4 Mio. $ – *Tourismus* 1995: 676 161 Auslandsgäste, 522 Mio. $ Einnahmen

Puerto Rico *Mittel-Amerika; Karibik*

Freistaat Puerto Rico; Estado Libre Asociado de Puerto Rico; Commonwealth of Puerto Rico (→ Karten VI, L 8 u. VIII a, D 3)

LANDESSTRUKTUR *Fläche:* 8959 km² einschl. den Inseln Vieques 133,9 km², Mona 50,5 km², Culebra 28,5 km² u.a. – *Bevölkerung:* (F 1996) 3 819 023 Einw. – *Leb.-Erwart.* 1993: 75 J. – Jährl. *Bev.-Wachstum* ∅ 1985–95: 1,0% – *Sprachen:* Spanisch (84%) u. Englisch als Amtsspr. – *Religion* 1990: 81% Katholiken, 5% Protestanten – *Städt. Bev.* 1993: 73% – *Städte* (Z 1990): San Juan (Hptst.) 437 745 Einw.; Bayamon 220 262, Ponce 187 749, Carolina 177 806, Caguas 133 447, Mayagüez 100 371, Arecibo 93 385, Guaynabo 92 886

REGIERUNGSFORM Innere Autonomie seit 1951 (Bewohner sind Bürger der USA, bei US-Wahlen aber ohne Stimmrecht) – Verfassung von 1952 – Parlament: Abgeordnetenhaus mit 53 u. Senat mit 27 Mitgl., Wahl alle 4 J. – Direktwahl des Gouverneurs alle 4 J. – Wahlrecht ab 18 J. – *Gouverneur:* Pedro Rosselló (PNP), seit 1993 – *Parteien:* Wahlen vom 5. 11. 1996: Abgeordnetenhaus: Partido Nuevo Progresista/PNP 36 Sitze (1992: 36), Partido Popular Democrático/PPD 17 (16), Partido Independentista Puertorriqueño/PIP 1 (1) – Senat: PNP 20 Sitze, PPD 7, PIP 1

WIRTSCHAFT *Währung:* US-$ – *BSP* 1993: 25 317 Mio. $ – *Erwerbstät.* 1995/96: Landw. 3%, Ind. 21%, Dienstl. 76% – *Arbeitslosigkeit* ∅ 1995/96: 13,8% – *Außenhandel* 1995/96: *Import:* 19,1 Mio. $; *Export:* 22,9 Mio. $; Güter: 43% chem. Prod., div. Maschinen u. Einzelteile, Nahrungsgüter; Handelspartner: USA mit 63% (Import) u. 88% (Export) sowie Japan, Großbrit., Dominik. Rep., Venezuela – Jährl. *Finanzhilfe* der USA: 3800 Mio. $ – *Tourismus* 1995/96: 4,1 Mio. Auslandsgäste, 1898 Mio. $ Einnahmen

Außengebiete

Externe bzw. sog. Unincorporated Territories mit unterschiedlich geregelter innerer Autonomie, US-Verfassung teilw. in Anwendung; unterstehen dem US-Innenministerium

Amerikanische Jungferninseln *Karibik*

Virgin Islands of the United States – VI (→ Karten VI, L 8 u. VIII a, D 3)

LANDESSTRUKTUR *Fläche:* 347,1 km² – *Bevölkerung:* (F 1996) 97 120 Einw., (Z 1990) 101 809 (einschl. US-Streitkräfte); 80% Schwarze u. Mulatten, 15% Weiße - *Leb.-Erwart.* 1992: 75 J. – Jährl. *Bev.-Wachstum* ∅ 1985–95: -0,8% – *Sprachen:* Englisch als Amtsspr.; Spanisch u. Kreolisch – *Religion:* überw. Christen – *Städt. Bev.* 1985: 45% – *Inseln* (Z 1990): St. Croix 50 139 Einw., St. Thomas 48 166 (Hptst. Charlotte Amalie 12 331), St. John 3504

REGIERUNGSFORM Organic Act von 1936 mit Änderungen, zuletzt 1973 – Parlament (Senate) mit 15 Mitgl. (Wahl alle 4 J.) – *Gouverneur:* Roy L. Schneider (Dem.), seit 1994 – *Parteien:* Letzte Wahlen im Nov. 1994

WIRTSCHAFT *Währung:* US-$ – *BSP* 1989: 1344 Mio. $; *BIP* Anteil Tourismus: über 60% – *Arbeitslosigkeit* 1995: 5,7% – *Außenhandel* 1992: *Import:* 2200 Mio. $; Güter: v. a. Rohöl; *Export:* 1800 Mio. $; Güter: v. a. Erdölprodukte; Handelspartner: über 90% Puerto Rico u. USA

Amerikanisch-Samoa *Pazifik*

American Samoa (→ Karten V, F 5 u. VIII b, D 3)

LANDESSTRUKTUR *Fläche:* 194,8 km² (östl. Teil der Samoa-Gruppe: Tutuila, Aunn'u, Ta'u, Otu, Olosega, Swain's Islands (5 km² u. 100 Einw.) – *Bevölkerung:* (F 1995) 57 000 Einw., (Z 1990) 46 773; 90% Polynesier (65 000 Samoaner leben auf dem US-Festland u. 20 000 auf Hawaii) – *Leb.-Erwart.* 1992: 73 J. – Jährl. *Bev.-Wachstum* ∅ 1985–95: 3,9% – *Sprachen:* Samoanisch u. Englisch – *Religion:* über 50% Mitgl. der Christian Congregational Church, 20% Katholiken – *Hauptstadt* (Z 1990): Pago Pago (auf Tutuila) 3519 Einw.; *Regierungssitz:* Fagatogo 1340 Einw. (Z 1980)

REGIERUNGSFORM Verfassung von 1967 – Parlament (Fono): Repräsentantenhaus mit 20 alle 2 J. direkt u. Senat mit 18 alle 4 J. durch lokale Häuptlinge (Matai) gewählten Mitgl. – *Gouverneur:* Tauese Sunia, seit 1996

WIRTSCHAFT *Währung:* US-$ – *BSP* 1985: 190 Mio. $ – *Erwerbstät.* 1990: Fischerei 42% – *Arbeitslosigkeit* ∅ 1996: 13% – *Außenhandel* 1992: *Import:* 418 Mio. $; *Export:* 318 Mio. $; Güter: 97% Thunfischkonserven; Handelspartner: fast ausschl. USA

Guam *Pazifik*

(→ Karte; → auch Karte VIII b, B 2)

LANDESSTRUKTUR *Fläche:* 549 km² – *Bevölkerung:* (F 1996) 156 974 Einw., (Z 1990) 133 152; 43% malaiische Chamorro, 29% Philippiner sowie 21 193 Armee-Angeh. – *Leb.-Erwart.* 1993: 76 J. – Jährl. *Bev.-Wachstum* ∅ 1985–95: 2,1% – *Sprachen:* Englisch als Amtsspr., Chamorro – *Religion:* 90% Katholiken - *Hauptstadt* (Z 1990): Agaña 1139 Einw.

REGIERUNGSFORM Organic Act von 1950 – Interne Autonomie seit 1982 – Direktwahl von Parlament mit 21 Mitgl. alle 2 J.; Gouverneur alle 4 J. – Wahlrecht ab 18 J. – *Gouverneur:* Carl T. C. Gutierrez (Dem.), seit 1995 – *Parteien:* Wahlen vom Nov. 1996: Demokraten 11 Sitze (1994: 13), Republikaner 10 (8)

WIRTSCHAFT *Währung:* US-$ – *BSP* 1985: 670 Mio. $ – *Arbeitslosigkeit* 1994: 7,3% – *Außenhandel:* *Import* 1992: 86 Mio $, v. a. aus USA u. Japan; *Export* 1994: 93 Mio. $ – *Tourismus:* 1,4 Mio. Auslandsgäste (1995), 1095 Mio. $ Einnahmen (1994)

Sonstige Inseln

Pazifik

Bakerinsel (Baker Island) mit 2,3 km²; **Howlandinsel** (Howland Island) mit 2,3 km²; **Jarvisinsel** (Jarvis Island) mit 7,7 km² sind unbew. u. unterstehen dem US Fish and Wildlife Service, Honolulu – **Johnstonatoll** (Johnston Atoll) mit 2,6 km²; (Verbrennungsanlage für chem. Kampfstoffe auf der Hauptinsel) u. **Kingmanriff** (Kingman Reef) mit rd. 8 km² unterstehen der US-Navy – **Midwayinseln** (Midway; Midway Islands) mit rd. 5 km² u. 2256 Einw. (Z 1990; keine einheim. Bev.); Flug- u. Kabelstationen; untersteht der US-Navy; seit 1867 zu USA gehörig – **Palmyra** mit rd. 6 km² untersteht dem US-Innenministerium – **Wake** (Wake Island) mit 7,8 km² (mit Wilkes u. Peale) u. 2000 Einw. (S 1988); untersteht der US-Air Force

Karibik

Navassa (Navassa Island) mit 5 km², unbewohnt; untersteht der US-Küstenwache

Guantánamo Bay Naval Station, seit 1903 für 99 J. vertraglich von Kuba an die USA abgetreten, 111,9 km²

Panamakanal-Zone (Panama Canal Zone) → Panama

Chronik Bei den Präsidentschaftswahlen in seinem Amt bestätigt, sucht Präsident *Bill Clinton* (Demokraten) im Berichtszeitraum das Verhältnis seiner Administration zum Kongreß, in dem die oppositionellen Republikaner in beiden Häusern weiterhin über die Mehrheit verfügen, aus der Konfrontation herauszuführen, die in seiner ersten Amtszeit zahlreiche innenpolitische Vorhaben blockierte. International spielt *Clinton* die durch binnen- und außenwirtschaftliche Erfolge der US-Wirtschaft weiter gestärkte Führungsrolle der USA souverän aus.

Präsidentschaftswahlen am 5. 11. 1996: Bei einer Wahlbeteiligung von 48,8% (–7% gegenüber 1992 und niedrigster Stand seit 1924), erzielt der Kandidat der Demokratischen Partei, Amtsinhaber *Bill Clinton,* einen Stimmenanteil von 49,9%; er sichert sich die Voten von 379 der 538 Wahlmänner in 31 der 50 Staaten (→ Karte). Der republikanische Gegenkandidat *Bob Dole* kommt auf 41,5%; der texanische Milliardär *Ross Perot,* Kandidat der von ihm gegründeten Reformpartei, erhält 8,6%, der von den Grünen aufgestellte parteilose Bewerber *Ralph Nader* erreicht als erfolgreichster unter den »kleinen« Kandidaten 576 000 Stimmen. Als ausschlaggebend für *Clintons* Wiederwahl – der ersten eines Präsidenten der Demokraten seit *Franklin D. Roosevelts* 4. Wahlgang 1944 – gilt die von mehr als 60% der Wähler als zufriedenstellend betrachtete Wirtschaftslage. Einen bes. hohen Bonus gewähren ihm Frauen, ethnische Minderheiten und Immigranten.

Kongreßwahlen: Erstmals seit fast 7 Jahrzehnten behaupten die Republikaner bei Neuwahlen in beiden Kammern ihre Mehrheit. **Repräsentantenhaus** (435 Sitze auf 2 Jahre): Republikaner 225 Sitze (–11 gegenüber dem letzten Stand vor der Wahl), Demokraten 209 (+11), 1 Unabhängiger. Neuer Stand im **Senat**, nachdem die Bundesstaaten Oregon, Nebraska und Arkansas an die Republikaner, South Dakota an die Demokraten fallen: 55 (–2) republikanische gegenüber 45 (+2) demokratischen Senatoren.

Gouverneurswahlen in 11 der 50 Bundesstaaten führen nur in New Hampshire (zugunsten der Demokraten) und in West Virginia (zugunsten der Republikaner) zum Machtwechsel. In 32 Staaten regieren Republikaner, in 17 Demokraten, in einem ein Unabhängiger.

Repräsentantenhaus: Auf der konstituierenden Sitzung am 7. 1. **1997** bestätigt das Repräsentantenhaus seinen republikanischen Sprecher *Newt Gingrich* mit knapper Mehrheit im Amt, obwohl ihm ein Steuervergehen und Falschaussagen dazu nachgewiesen wurden, für die er sich im Monat zuvor öffentlich entschuldigte. Wenige Tage nach der Wahl belegt ihn die Ethikkommission der Kammer mit einer Rüge (Reprimand) und einer Geldbuße von 300 000 $. – **Präsident und Vizepräsident**: Am 20. 1. **1997** legen Präsident *Clinton* und Vizepräsident *Al Gore* ihren Amtseid ab. In seiner Inaugurationsrede ruft *Clinton* das Volk zu Kompromißbereitschaft und inneramerikanischer Versöhnung vor allem zwischen den Rassen auf. – **Kabinettsumbildung:** Nach ihrer Bestätigung durch den Senat tritt am 23. 1. **1997** die bisherige Botschafterin bei der UNO, *Madeleine Albright*, ihr Amt als erste Außenministerin in der Geschichte der USA an. Als Zeichen seines Angebots zur überparteilichen Zusammenarbeit ernennt *Clinton* den republikanischen Senator *William Cohen* zum Verteidigungsminister (am 24. 1. vereidigt). – **Kompromiß im Haushaltsstreit:** Nach 3 Jahren teils heftiger Auseinandersetzungen verständigen sich der Präsident und der von den Republikanern dominierte Kongreß am 2. 5. **1997** in einer allgemein gehaltenen Resolution auf Grundzüge für einen Kompromiß im Streit über die Haushaltspolitik, der am 29. 7. konkretisiert wird. Das seit 1969 bestehende **Defizit im Staatshaushalt soll bis zum Jahr 2002 vollständig abgebaut werden**; die Nettoeinsparungen sollen 204 Mrd. $ ergeben. Zugleich sind – erstmals seit 16 Jahren – Steuersenkungen (Mindereinnahmen: rd. 140 Mrd. $) vorgesehen, von denen etwa zu gleichen Teilen die Besitzer hoher Vermögen (u. a. durch Absenkung der Kapitalertragssteuer von 28 auf 20 bzw. 18% rückwirkend ab 1. 5. 1997 sowie der Erbschaftssteuer) und Bezieher niedriger Einkünfte (u. a. Einführung von Steuerfreibeträgen für Familien mit Kindern – 400 $ pro Kind 1998, 500 $ ab 1999 – bis zu Einkommen von 110 000 $) profitieren; teilw. kompensierende Steuererhöhungen sollen rd. 50 Mrd. $ einbringen. Präsident *Clinton* kann einige seiner Sozialprogramme durchsetzen (u. a. im Bereich der Bildung und Erziehung, der Gesundheitsversorgung von in Armut lebenden Kindern und staatlichen Fürsorgezahlungen für einkommenslose legale Immigranten), muß jedoch Abstriche u. a. bei dem Gesundheitsversorgungsprogramm für ältere Menschen, Medicare, in Höhe von 115 Mrd. $ hinnehmen. Zur Bedienung der aufgelaufenen Altschulden müssen an Zinsen allerdings weiterhin jährlich 247 Mrd. $ aufgebracht werden. Die Einigung wird begünstigt von einer **anhaltend positiven Wirtschaftslage**; im April 1997 sinkt die Arbeitslosenquote auf 4,9%, den niedrigsten Stand seit 1973. Das steigende reale Wirtschaftswachstum des BIP geht mit wachsendem Wohlstandsgefälle einher: Nach Angaben des Congressional Budget

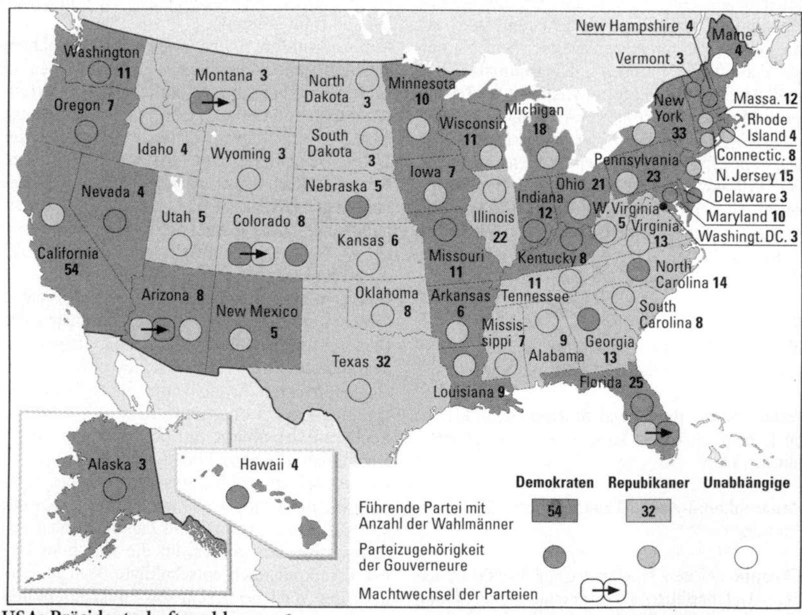

USA: Präsidentschaftswahlen 1996

Office sank das durchschnittliche Realeinkommen seit 1979 für 60% der amerikanischen Familien. Präsident *Clinton* unterzeichnet die Budgetvorlage am 5. 8. 1997.

Unternehmen: Im Juli **1997** fusioniert der weltweit größte Flugzeughersteller **Boeing** in St. Louis mit **McDonnel Douglas** an, dem auf Kampfflugzeuge spezialisierten drittgrößten Flugzeugbauer der Welt. Der Wert der Transaktion, die 200 000 Beschäftigte und Firmen in 26 Staaten betrifft, beträgt 13,3 Mrd $. – Nach 16 Tagen endet am 19. 8. der **größte Streik in den USA seit mehr als 20 Jahren**. Die rd. 185 000 in der Teamsters-Gewerkschaft organisierten Beschäftigten der United Parcel Service Inc. (UPS) können die wesentlichen Teile ihrer Forderungen (neben Lohnerhöhungen u.a. die Schaffung von mehr Vollzeitsarbeitsplätzen) durchsetzen.

Außenpolitik: Um das Scheitern des Nahost-Friedensprozesses zu verhindern, greift Präsident *Clinton* mehrmals mit Vermittlungsbemühungen direkt in die **Israel-Palästina-Krise** ein (u. a. Krisengipfel in Washington am 1./2. 10. **1996**). Er distanziert sich von der Siedlungspolitik des israelischen Ministerpräsidenten *Benjamin Netanjahu,* dessen Besuche in Washington am 13./14. 2. 1997 und am 7. 4. enden im Dissens (→ Israel). – Am 16. 1. **1997**, erneut am 16. 7., suspendiert *Clinton* für jeweils 6 weitere Monate den Vollzug der verschärften **Sanktionen gegen Kuba** nach dem Helms-Burton-Gesetz (→ WA '97, Sp. 682); nach dem Zugeständnis der Europäischen Union (EU) am 18. 4., Investitionen von Firmen aus dem EU-Bereich in enteignete ehem. US-Betriebe in Kuba verhindern zu wollen, stimmt er einer Teilaussetzung in bezug auf Drittländer bis zum Ende seiner Amtszeit zu. Am 12. 11. 1996 verurteilte die UN-Vollversammlung das Embargo in einer von 137 Mitgliedern (u. a. auch Deutschland) angenommenen Resolution (3 Staaten stimmten dagegen, 25 enthielten sich). – Das gesteigerte Interesse der USA an normalisierten **Beziehungen zur VR China** dokumentiert sich in den Besuchen von Außenministerin *Albright* am 23./24. 2. 1997 und von Vizepräsident *Al Gore* – als höchstrangigem US-Besucher seit der Niederschlagung der Demokratiebewegung 1989 – vom 24.-28. 3. 1996 in Peking. Beide Seiten erzielen keine Annäherung in der v. a. von Frau *Albright* thematisierten Menschenrechtsproblematik. *Gore* bringt mehrere teils milliardenschwere Wirtschaftsverträge zum Abschluß. Am 19. 5. 1997 verlängert Präsident *Clinton* die Anwendung der Meistbegünstigungsklausel im Handel mit der VR China für ein weiteres Jahr. – Während ihres **amerikanisch-russischen Gipfeltreffens** am 20./21. 3. **in Helsinki** verständigen sich die Präsidenten *Clinton* und *Boris Jelzin* auf weitere Abrüstungsmaßnahmen im Bereich der strategischen Atomwaffen und die Aufnahme von Verhandlungen über ein START III-Abkommen (→ Beitrag »Abrüstung und Rüstungskontrolle« im Kap. Internationale Organisationen). – Am 24. 4. ratifiziert der Senat die internationale Konvention zum **Verbot chemischer Waffen** (→ OVCW im Kap. Internationale Organisationen). – Am 7. 5. legt die Historikerkommission unter Leitung des Staatssekretärs *Stuart E. Eizenstat* ihren Bericht über die **Goldgeschäfte der Schweiz** im Zweiten Weltkrieg vor. Die auf der Auswertung teilweise jüngst freigegebener Dokumente beruhende heftige Kritik am Umgang der Schweizer Banken und Behörden mit »Nazi-Raubgold« bringt die → Schweiz weiter in Bedrängnis. – Auf dem 23. **Weltwirtschaftsgipfel** vom 20.–22. 6. in Denver (→ G-7 im Kap. Internationale Organisationen) empfiehlt *Clinton* unter Hinweis auf den Erfolg seiner Wirtschaftspolitik seinen Partnern nachdrücklich, der amerikanischen Politik der Liberalisierung und der offenen Märkte zu folgen. – Im Konflikt mit den europäischen NATO-Partnern, insbesondere Frankreichs, verweigert *Clinton* auf dem **NATO-Gipfel** am 8./9. 7. in Madrid die Besetzung des Oberbefehls über den Kommandobereich Südeuropa mit einem europäischer Offizier und empfiehlt die Einladung von nur 3 Aspiranten (Ungarn, Tschechische Republik, Polen) zu Aufnahmeverhandlungen (→ NATO im Kap. Internationale Organisationen).

Sonstige Ereignisse: Nach einem Indizienprozeß spricht ein Bundesgericht in Denver am 3. 6. **1997** den ehemaligen Feldwebel des Heeres, den 29jährigen *Timothy James McVeigh*, schuldig, für das **Bombenattentat in Oklahoma City** im April 1995 verantwortlich zu sein. Bei dem schwersten Terrorakt der amerikanischen Geschichte kamen 168 Menschen ums Leben, mehr als 800 wurden verletzt. Am 15. 6. erkennt das Gericht auf Todesstrafe.

Vereinigtes Königreich

→ **Großbritannien und Nordirland**

Vietnam *Südost-Asien*

Sozialistische Republik Vietnam; Công-hòa xã-hôi chụ-nghĩa Viêt-Nam – VN

(→ Karte V, D 3/4)

Fläche (Weltrang: 64.): 331 114 km²

Einwohner (13.): F 1995 73 475 000 = 222 je km²

Hauptstadt: Ha Noi (Hanoi)
F 1993: 2 154 900 Einw. (Z 1989, A: 3,06 Mio.)

Amtssprache: Vietnamesisch

Bruttosozialprodukt 1995 je Einw.: 240 $

Währung: 1 Dong (D) = 100 Xu

Botschaft der Sozialistischen Republik Vietnam
Konstantinstr. 37, 53179 Bonn, 0228/35 70 21

Landesstruktur **Fläche**: 331 114 km² – **Bevölkerung**: Vietnamesen; (Z 1989) 64 375 762 Einw. – (S) insg. über 60 Nationalitäten: etwa 87% Vietnamesen (Kinh), daneben siamo-chines. u.a. Minderheiten – **Flüchtl.** Ende 1996: 288 000 im Ausland (286 700 in VR China); 34 400 aus Kambodscha – **Leb.-Erwart.** 1995: 66 J. – **Säugl.-Sterbl.** 1995: 3,4% – **Kindersterbl.** 1995: 4,5% – Jährl. **Bev.-Wachstum** ∅ 1985–95: 2,2% (Geb.- und Sterbeziffer 1995: 2,9%/0,8%) – **Analph.** 1995: 6% – **Sprachen**: 80% Vietnamesisch; Sprachen der Minderheiten; vereinzelt Chinesisch; Französisch und Englisch (im S) als Handels- und Bildungssprachen – **Religion** 1992: 55% Buddhisten, 5% Katholiken; etwa 180 000 Protestanten, daneben Taoismus, konfuzian. Einflüsse, zahlr. Sekten – **Städt. Bev.** 1995: 21% – **Städte** (Z 1989): Thanh Pho Ho Chi Minh (Ho-Tschi-Minh-Stadt; ehemaliges Saigon) 3 924 435 Einwohner, Hai Phong 1 447 523, Da Nang 369 734, Can Tho 284 306, Nha Trang 263 093, Hue 260 489, Nam Dinh 219 615, Long Xuyen 214 037, Qui Nhon 201 912

Staat Sozialistische Republik seit 1980 – Verfassung von 1992 – Parlament (Nationalversammlung) mit max. 400 Mitgl., Wahl alle 5 Jahre; Staatsrat ständig amtierendes Gremium – Staatsoberh. ist der alle 5 J. durch die Nationalversammlung gewählte Vorsitzende – Wahlrecht ab 18 J. – **Verwaltung**: 7 Regionen mit 50 Provinzen und 3 Stadtbezirken (Hanoi, Ho-Tschi-Minh-Stadt, Haiphong) – **Staatsoberhaupt**: Nguyen Manh Cam (designiert) – **Regierungschef**: Phan Van Khai (designiert) – **Äußeres**: N. N. – **Parteien**: Führende politische Kraft ist die Kommunist. Partei Vietnams (Dang Cong San Viêt-Nam)

mit rd. 2,8 Mio. Mitgl., Generalsekretär: Le Kha Phieu (designiert), Zentralkomitee (161 Mitgl., Politbüro als entscheidendes Organ (18 Mitgl.) – Wahlen zur Nationalversammlung vom 20. 7. 1997: Kommunist. Partei/KP 384 von 450 Sitzen (1992: 398), 63 (56) Nichtparteimitglieder, Unabhängige 3 (2) – **Unabh.**: Alte staatl. Tradition; Ausrufung der Unabhängigkeit durch Ho Chi Minh am 2. 9. 1945, französischer Unabhängigkeits-Vertrag mit Gegenregierung (Bao Dai) am 4. 6. 1954; Teilung durch Genfer Konferenz 1954 bestätigt; formelle Wiedervereinigung am 2. 7. 1976 nach Sieg Nord-Vietnams im 3. Indochinakrieg und Proklamation der Sozialistischen Republik Vietnam – **Nationalfeiertag**: 2. 9. (Unabhängigkeitstag)

Wirtschaft **Währung**: 1 US-$ = 11 671 D; 1 DM = 6758 D – **BSP** 1995: 17 634 Mio. $ – **BIP** 1995: 20 351 Mio.$; realer Zuwachs ∅ 1990–95: 8,3%; Anteil (1995) **Landwirtsch.** 28%, **Industrie** 30%, **Dienstl.** 42% – **Erwerbstät.** 1995: Landw. 72%, Ind. 13% – **Arbeitslosigkeit** ∅ 1996 (S): 7% (30–40% auf dem Land) – **Energieverbrauch** 1994: 101 kg ÖE/Ew. – **Inflation** ∅ 1985–95: 88,3% (S 1996: 10,0%) – **Ausl.-Verschuld.** 1995: 26 495 Mio. $ – **Außenhandel** 1995: **Import**: 7,51 Mrd. $ (vorläufig; S 1996: 11,14 Mrd. $); Güter: 47% Roh- und Brennstoffe, 27% Maschinen und Ausrüstungen, 12% Konsumgüter; Länder: 17% Singapur, 12,9% Republik Korea, 9,6% Republik China, 8,8% Japan, 6,1% Hongkong, 5% VR China, 4,4% Thailand, 3,1% Frankreich, 2,3% BRD; **Export**: 5,22 Mrd. $ (vorläufig; S 1996: 7,26 Mrd. $); Güter 1996: 18,6% Rohöl, 11,8% Reis, 11,3% Bekleidung, 9% Fisch, 6% Schuhe, 4,6% Kaffee, 2,1% Kautschuk; Länder 1995: 28,5% Japan, 9,4% BRD, 7,5% Singapur, 5,1% Frankreich, 5% VR China, 4,5% Republik China, 3,9% Australien, 2,9% Hongkong, 2,8% Großbritannien – **Tourismus**: 1,3 Mio. Auslandsgäste (1995), 363 Mio. $ Einnahmen (1994)

Chronik Am 6. 12. **1996** findet erstmals in der Hauptstadt Hanoi das 4. Treffen der Konsultativgruppe für Vietnam statt, an dem 19 Gebernationen und internationale Organisationen teilnehmen. Vietnam erhält Hilfszusagen von insgesamt 2,4 Mrd. US-$. – Am 7. 4. **1997** schließen Vietnam und die USA in Hanoi ein Abkommen über die Rückzahlung von 145 Mio. US-$ Schulden des früheren südvietnamesischen Regimes. – Nach der Wiederaufnahme der diplomatischen Beziehungen zwischen den USA und Vietnam im August 1995 trifft *Douglas Peterson* am 10. 5. als **erster Botschafter der USA** in Hanoi ein. Der ehem. Kampfpilot mit zahlreichen Bombeneinsätzen war 1966 abgeschossen worden und 6 Jahre lang in Vietnam inhaftiert. Am 28. 6. besucht US-Außenministerin *Madeleine Albright* Vietnam, weist auf Defizite in der Beachtung der Menschenrechte durch die politische Führung Vietnams hin und vereinbart eine Intensivierung der Zusammenarbeit. Die vietnamesische Regierung bekräftigt ihren **Anspruch auf Entschädigung für die Vergiftungsschäden** an Menschen und Umwelt durch den amerikanischen Einsatz chemischer Entlaubungsmittel im Vietnamkrieg. In Vietnam veröffentlichten amtlichen Zahlen zufolge wurden über 3 Mio. Vietnamesen durch den Einsatz u. a. von dioxinhaltigem Agent Orange vergiftet, weitere 4,4 Mio. gesundheitlich geschädigt. Etwa 50 000 Kinder kamen in den ersten 10 Jahren nach Kriegsende 1975 mit Mißbildungen zur Welt. – Die **Wahlen zur Nationalversammlung** am 20. 7., zu denen die Führungstroika der regierenden Kommunistischen Partei – KP-Generalsekretär *Do Muoi* (80 Jahre), Staatspräsident *Le Duc Anh* (77), Ministerpräsident *Vo Van Kiet* (75) – nicht mehr antritt, führen zu einem Generationenwechsel an den Schaltstellen der Macht. Bei einer Wahlbeteiligung von 99,6% erhält die KP 85% der Stimmen und 384 von 450 Parlamentsmandaten. Für den 18. 9. ist die konstituierende Sitzung der neugewählten Nationalversammlung anberaumt. Als neuer Staatspräsident ist der bisherige Außenminister *Nguyen Manh Cam* designiert, Premierminister soll der bisherige Vize-Regierungschef *Phan Van Khai*, neuer KP-Generalsekretär *Le Kha Phieu* werden.

Weißrußland *Ost-Europa*

Republik Weißrußland (Belarus); Ręspublíka Belarus', Kurzform: Belarus' – BY
(→ Karte III, G/H 2)

Fläche (Weltrang: 84.): 207 595 km²

Einwohner (70.): F 1995 10 339 000 = 50 je km²

Hauptstadt: Minsk – F 1996: 1 671 600 Einw.

Amtssprachen: Weißrussisch, Russisch

Bruttosozialprodukt S 1995 je Einw.: 2070 $

Währung: 1 Belarus-Rubel (BYR) = 100 Kopeken

Botschaft der Republik Belarus
Fritz-Schäffer-Str. 20, 53113 Bonn, 0228/2 01 13 00

Landesstruktur **Fläche**: 207 595 km² – **Bevölkerung**: Weißrussen; (Z 1989) 10 151 806 Einw. –

77,9% Weißrussen (Belorussen), 13,2% Russen, 4,1% Polen, 2,9% Ukrainer, 1,1% Juden sowie Tataren u. a. – **Flüchtl.** Ende 1996: 5300 aus der früheren UdSSR, 5500 aus anderen Staaten – **Leb.-Erwart.** 1995: 70 J. – **Säugl.-Sterbl.** 1995: 1,7% – **Kindersterbl.** 1995: 2,0% – Jährl. **Bev.-Wachstum** ∅ 1985–95: 0,4% (Geb.- und Sterbeziffer 1995: 1,2%/1,2%) – **Analph.** 1992: unter 5% – **Sprachen** 1989: 77,7% Weiß(Belo)russisch (als Mutter- und Zweitsprache) und 82,7% Russisch; Sprachen der Minderheiten – **Religion**: 60% Russisch-Orthodoxe, 8% Römische Katholiken; Minderh. von Muslimen, Juden, Protestanten – **Städt. Bev.** 1995: 71% – **Städte** (F 1996): Gomel' 500 600 Einw., Mogil'ov 366 700, Vitebsk 356 400, Grodno 301 800, Brest 293 100, Bobrujsk 226 600, Baranoviči 172 000, Borisov 153 400, Pinsk 130 400, Orșa 124 700, Mozyr' 107 700, Soligorsk 101 000, Lida 100 900

Staat Präsidialrepublik seit 1994 – Verfassung von 1994, geändert per Referendum vom 24. 11. 1996 (→ Chronik) – Parlament: Repräsentantenhaus (110 Mitgl.) und Republikrat (64 Vertreter der Regionen, 8 Mitgl. werden vom Staatsoberh. ernannt); Wahl alle 4 J. – Direktwahl des Staatsoberh. alle 7 J. (einmalige Wiederwahl) – Wahlrecht ab 18 J. – **Verwaltung**: 6 Regionen und Hauptstadtbezirk (Einzelheiten → WA '96, Sp. 729 f.) – **Staatsoberhaupt**: Aleksandr G. Lukaschenka, seit 1994 – **Regierungschef**: Sergej Ling, seit 19. 2. 1997 – **Äußeres**: Iwan Antonowitsch – **Parteien**: Wahlen vom 14./28. 5. 1995 und Nachwahlen vom 29. 11./10. 12. 1995: bislang 198 von 260 Abgeordneten gewählt: Parteilose 96, Kommunist. Partei/KPB 42, Agrarpartei 33, Partei der Nationalen Eintracht 8, Vereinigte Demokratische Partei 5, Partei der Belarussischen Einheit 2, reformorientierte Vereinigte Bürgerpartei/OGP 2, weitere 10 Parteien mit je 1 Sitz **Unabh.**: Souveränitätserklärung am 27. 7. 1990, Unabhängigkeitserklärung am 25. 8. 1991 – **Nationalfeiertag**: 3. 7. (Tag der Befreiung durch die Rote Armee)

Wirtschaft **Währung**: 1 US-$ = 26 980 BYR; 1 DM = 15 692 BYR – **BSP** 1995 (S): 21 356 Mio. $ – **BIP** 1995: 20 561 Mio. $; realer Zuwachs ∅ 1990–95: -9,3%; Anteil **Privatsektor** 3/1996: 19%; Anteil (1995) **Landwirtsch.** 13%, **Industrie** 35%, **Dienstl.** 52% – **Erwerbstät.** 1992: Landw. 21%, Ind. 40%, Dienstl. 39% – **Arbeitslosigkeit** 12/1996: 3,9% (inoffizielle Ang. liegen weit darüber) – **Energieverbrauch** 1994: 2392 kg ÖE/Ew. – **Inflation** ∅ 1985–95: 309,4% (1995: 709%) – **Ausl.-Verschuld.** 1995: 1648 Mio. $ – **Außen-**

handel 1996: **Import**: 6919 Mio. $; Güter 1995: Chemieprodukte, Maschinen und Ausrüstungen, Textilien, Fahrzeuge; aus GUS-Staaten: Primärenergieträger, Chemieerzeugnisse, Metallprodukte; Länder 1995: (1. Halbjahr) 75,5% Rußland, 4,7% BRD, 4,9% Ukraine, 2% Polen, 1,2% Kasachstan; **Export**: 5264 Mio. $; Güter 1995: Kalidünger, Chemieprodukte, Chemiefasern und -garne, Textilerzeugnisse; in GUS-Staaten: Fahrzeuge, Maschinen und Ausrüstungen, Mineralölprodukte; Länder 1995: (1. Halbjahr) 44,8% Rußland, 12,3% Ukraine, 6,9% BRD, 4,2% Polen, 1,8% USA

Chronik Trotz eines Versammlungs- und Kundgebungsverbots (→ WA '97, Sp. 690) finden von September bis November **1996** in Minsk immer wieder **Demonstrationen** gegen den autoritären Führungsstil von Präsident *Aleksandr Lukaschenka* statt. Die Polizei geht z. T. gewaltsam gegen die Demonstranten vor; zahlreiche Personen werden festgenommen. Parlamentarier, Oppositionelle, Verfassungsgericht sowie Vertreter von EU und Europarat werfen Präsident *Lukaschenka* die Errichtung eines totalitären Regimes vor. – In dem seit Monaten andauernden Machtkampf zwischen Präsident *Lukaschenka*, der eine erhebliche Erweiterung seiner Befugnisse anstrebt, und dem Parlament setzt sich das Staatsoberhaupt durch: Bei einer von *Lukaschenka* veranlaßten, international als rechtswidrig bezeichneten **Volksabstimmung** am 24. 11. (Stimmabgabe ab 9. 11. möglich) sprechen sich 70,5% der Teilnehmer für eine **neue Verfassung** aus, die u. a. eine Verlängerung der Amtszeit des Präsidenten von 5 auf 7 Jahre, weitreichende Vollmachten für das Staatsoberhaupt und die Umwandlung des Einkammerparlaments in ein weitgehend entmachtetes Zweikammerparlament vorsieht. Der Verfassungsentwurf des Parlaments, der u. a. eine Abschaffung des Präsidentenamts vorsieht, erhält nur 7,9% Ja-Stimmen. Präsident *Lukaschenka* hatte am 8. 11. per Dekret das Ergebnis des Referendums für rechtlich bindend erklärt; Parlament und Verfassungsgericht vertreten dagegen die Auffassung, nach dem Grundgesetz habe eine Volksabstimmung nur empfehlenden Charakter. *Viktor Gontschar*, der von *Lukaschenka* am 14. 11. nach öffentlicher Kritik an Präsident und Referendum als Leiter der Zentralen Wahlkommission entlassen worden war, bezeichnet die Stimmbeteiligung von 84,5% als »reine Phantasie«. Die Opposition spricht von Betrug, Parlamentspräsident *Semjon Scharezki* von Staatsstreich. – Das **Parlament spaltet sich** am 26. 11. 1996: 113 der 198 Abgeordneten, die zur

Zusammenarbeit mit Präsident *Lukaschenka* bereit sind, werden von diesem zu Mitgliedern des neuen Unterhauses berufen und deklarieren sich als neue Volksvertretung; sie billigen noch am selben Tag ein Gesetz, das das Ergebnis der Volksabstimmung für rechtlich bindend erklärt und ziehen das von Abgeordneten des gewählten Parlaments am 18. 11. wegen Verfassungsverstößen gegen Präsident *Lukaschenka* eingeleitete Amtsenthebungsverfahren zurück. Das Verfassungsgericht stellt lt. Presseberichten nach massiven Repressionen das Verfahren am 26. 11. ein. Das von *Lukaschenka* eingesetzte Gegenparlament beschließt am 27. 11., dem bisherigen, nicht mehr beschlußfähigen Parlament alle Vollmachten zu entziehen. Zwei Tage darauf wird den oppositionellen Parlamentariern der Zugang zum Abgeordnetenhaus verwehrt; der Plenarsaal wird »wegen Renovierung geschlossen«, und die Büros der Volksvertreter werden versiegelt. Am 28. 11. unterzeichnet Präsident *Lukaschenka* die vom Gegenparlament am Vortag gebilligte **neue Verfassung, die die Gewaltenteilung de facto aufhebt**. Aus Protest gegen die Machterweiterung des Präsidenten treten zwischen 3. und 10. 12. 7 von 11 Verfassungsrichtern zurück; nach dem neuen Grundgesetz ernennt der Präsident die Hälfte der Mitglieder des Verfassungsgerichts einschließlich des Vorsitzenden. – Am 28. 11. bzw. 4. 1. **1997** finden die **konstituierenden Sitzungen von Unterhaus** (110 Abgeordnete) **und Oberhaus** statt. Im Dezember 1996 hatten die lokalen und regionalen Parlamente 53 der insgesamt 64 Senatoren gewählt, überwiegend von Präsident *Lukaschenka* eingesetzte Chefs der Gebiets- und Kreisverwaltungen; 8 Senatoren ernennt der Präsident. – Die Zentralbankpräsidentin *Tamara Winnikowa*, die zu einer Gegnerin von *Lukaschenkas* interventionistischer Wirtschaftspolitik geworden war, wird am 14. 1. entlassen und inhaftiert; ihr wird u. a. Amtsmißbrauch vorgeworfen. – Präsident *Lukaschenka* bestätigt am 14. 1. per Dekret die **neue Regierung** und unterstellt einzelne Ministerien und Staatskomitees seiner direkten Kontrolle; Außenminister ist *Iwan Antonowitsch* (Nachfolger von *Uladzimir Sjenko*) und Generalleutnant *Alexander Tschumakow* Verteidigungsminister. Das Unterhaus bestätigt am 19. 2. den vom Präsidenten ernannten und seit 3 Monaten amtierenden Regierungschef *Sergej Ling* in diesem Amt; Ministerpräsident *Michail Tschigir* war am 18. 11. 1996 aus Protest gegen das Vorgehen *Lukaschenkas* zurückgetreten. In seiner Antrittsrede beklagt *Ling* v. a. die schlechte wirtschaftliche Lage und kündigt harte Maßnahmen gegen die landwirtschaftlichen Betriebe an, die die Preise eigenmächtig erhöhten. – Präsident *Lukaschenka* setzt seine Politik des beständigen Drucks auf Oppositionelle fort; Büros verschiedener oppositioneller Parteien und Gruppierungen sowie von Stiftungen und Vereinen, die verdächtigt werden, die Opposition zu finanzieren, werden durchsucht; die KP-Zentrale in Minsk wird geschlossen. Trotz einer weiteren Einschränkung der Versammlungsfreiheit finden v. a. im März 1997 weitere Demonstrationen in Minsk statt, die sich auch gegen *Lukaschenkas* Pläne einer Union mit Rußland richten; berichtet wird erneut vom gewaltsamen Vorgehen der Polizei gegen Demonstranten und von zahlreichen Festnahmen. Die Ausweisung von zwei US-Bürgern am 16. bzw. 24. 3., darunter ein Diplomat, die in der Nähe von regierungsfeindlichen Demonstrationen beobachtet worden waren, rechtfertigt Präsident *Lukaschenka* mit deren provozierendem Verhalten und mit der Finanzierung der Opposition durch Ausländer. Die USA berufen ihren Botschafter in Weißrußland zu Konsultationen zurück und frieren wegen Mißachtung der Menschenrechte ihre Finanzhilfe für 1997 ein. – Am 26. 4., dem 11. Jahrestag der Reaktorkatastrophe in Tschernobyl (Ukraine), von deren Auswirkungen Weißrußland am stärksten betroffen war, demonstrieren in Minsk 30 000 Menschen. – Die Präsidenten *Boris Jelzin* und *Lukaschenka* unterzeichnen am 2. 4. in Moskau einen **Vertrag über die Union Rußlands und Weißrußlands**, der als Weiterentwicklung des Vertrags über die Bildung der Gemeinschaft Souveräner Staaten (→ WA'97, Sp. 689 f.) verstanden wird. Der nur noch 9 von ursprünglich 39 Punkten umfassende Vertrag sieht u. a. eine verstärkte politische, wirtschaftliche und militärische Zusammenarbeit sowie den Aufbau eines gemeinsamen Rechtssystems vor. Beide Staaten behalten ihre staatliche Souveränität, Unabhängigkeit und territoriale Integrität sowie ihre Verfassungen und staatlichen Symbole. Noch am Vortag hatte Präsident *Jelzin*, für den die wirtschaftliche Kooperation das Kernstück der Union bildet, die Einschränkung der geplanten deutlich weitergehenden Integration veranlaßt; damit reagierte er auf die Kritik von Reformern in der russischen Regierung. Am 23. 5. unterzeichnen die Präsidenten *Jelzin* und *Lukaschenka* in Moskau ein Statut für die russisch-weißrussische Union; danach behalten die verfassungsmäßigen Organe beider Staaten ihre vollen Kompetenzen. Nach dem Unterhaus ratifiziert das Oberhaus am 10. 6. den umstrittenen Unionsvertrag und das dazugehörige Statut. – Eine Delegation von EU, Europarat und OSZE versuchen seit 16. 6. im Konflikt zwischen Präsident und Opposition zu vermitteln. Die auf Bemühen der EU zu-

stande gekommenen Gespräche mit der Opposition werden Anfang August abgebrochen, nachdem *Lukaschenka* russische Fernsehreporter hat festnehmen lassen; *Jelzin*, der deren sofortige Freilassung fordert, übt inzwischen Kritik am Vorgehen des weißrussischen Präsidenten.

Westsahara → Sahara

Westsamoa → Samoa

Zaire → Kongo, Demokratische Republik

Zentralafrikanische Republik

Zentral-Afrika
Ködrö tî Bê-Afrîka (sangho); République centrafricaine (französisch) – RCA
(→ Karte IV, B 4)

Fläche (Weltrang: 42.): 622 984 km²

Einwohner (125.): F 1995 3 275 000 = 5,3 je km²

Hauptstadt: Bangui – F 1990 (A): 706 000 Einw.

Amtssprachen: Sangho, Französisch

Bruttosozialprodukt 1995 je Einw.: 340 $

Währung: CFA-Franc

Botschaft der Zentralafrikanischen Republik
Rheinaustr. 120, 53225 Bonn, 0228/47 05 63

Landesstruktur Fläche: 622 984 km² – **Bevölkerung**: Zentralafrikaner; (Z 1988) 2 463 616 Einw. – (S) hauptsächlich Ubangi-Gruppen: bis 30% Banda, 24% Gbaya, 11% Gbandi, 10% Azande, Yakoma u. a., außerdem Bantu; einige 1000 Europäer (meist Franzosen) – **Flüchtl.** Ende 1996: 31 000 aus dem Sudan, 5000 aus Tschad – **Leb.-Erwart.** 1995: 50 J. – **Säugl.-Sterbl.** 1995: 10,6% – **Kindersterbl.** 1995: 16,5% – Jährl. **Bev.-Wachstum** ∅ 1985–95: 2,3% (Geb.- und Sterbeziffer 1995: 4,1%/1,6%) – **Analph.** 1995: 40% – **Sprachen**: Sangho (kreolische Sprache), Französisch; versch. Ubangi-Sprachen und Fulani – **Religion**: 57% Anhänger von Naturreligionen, 35% Christen, 8% Muslime – **Städt. Bev.** 1995: 39% – **Städte** (Z 1988): Berbérati 41 891 Einw., Bouar 39 676, Bambari 38 633, Bossangoa 31 502

Staat Präsidialrepublik seit 1986 – Neue Verfassung seit 1995 in Kraft – Parlament (Kongreß): Nationalversammlung mit 85 Mitgl. (Wahl alle

5 Jahre) – Direktwahl des Staatsoberh. alle 6 J. – Wahlrecht ab 21 J. – **Verwaltung**: 16 Präfekturen und Hptst. mit Sonderstatus – **Staatsoberhaupt**: Ange-Félix Patassé (MLPC), seit 1993 – **Regierungschef**: Michel Gbezera-Bria, seit 30. 1. 1997 – **Äußeres**: Jean Mette-Yapende (MLPC) – **Parteien**: Wahlen vom 27. 8./19. 9. 1993: Mouvement pour la Libération du Peuple Centrafricain/MLPC 34 Sitze, Rassemblement Démocratique Centrafricain/RDC 13 (Einheitspartei bis 1991), Front Patriotique pour le Progrès/FPP 7, Parti Libéral-Démocrate/PLD 7, Alliance pour la Démocratie et le Progrès/ADP 6, Unabhängige 2, Sonstige 16 – **Unabh.**: 13. 8. 1960 (ehem. französische Kolonie) – **Nationalfeiertag**: 1. 12.

Wirtschaft **Währung**: 1 US-$ = 587,72 CFA-Francs; 1 DM = 337,12 CFA-Francs; Wertverhältnis zum französischen Franc: 1 FF = 100 CFA-Francs – **BSP** 1995: 1123 Mio. $ – **BIP** 1995: 1128 Mio. $; realer Zuwachs ∅ 1990–95: 1,0%; Anteil (1993) **Landwirtsch.** 44%, **Industrie** 13%, **Dienstl.** 43% – **Erwerbstät.** 1993: Landw. 60%, Ind. 10%, Dienstl. 30% – **Arbeitslosigkeit** ∅ 1988: 7,5% – **Energieverbrauch** 1994: 29 kg ÖE/Ew. – **Inflation** ∅ 1985–95: 3,7% – **Ausl.-Verschuld.** 1995: 944 Mio. $ – **Außenhandel** 1992: **Import**: 165 Mio. $; Güter: 38% Industriegüter, 33% Maschinen und Transportausrüstungen, 19% Nahrungsmittel, 7% Brennstoffe; Länder 1990: (S) 45% Frankreich, 11% Kamerun, 7% BRD, 6% Japan; **Export**: 124 Mio. $; Güter 1989: 45% Diamanten, 29% Kaffee, 13% Holz, 9% Baumwolle; Länder 1990: (S) 47% Belgien/Luxemburg, 37% Frankreich, 6% Schweiz

Chronik Am 15. 11. **1996 meutern unzufriedene Einheiten der Streitkräfte** zum dritten Mal innerhalb von 8 Monaten (→ WA '97, Sp. 694) gegen die Regierung. Die Lage eskaliert am 30. 11. in offenen Kämpfen vor allem in Bangui, während Präsident *Félix Patassé* sich im Ausland aufhält. Verhandlungen unter Vermittlung frankophoner westafrikanischer Staaten führen am 8. 12. zu einer kurzfristigen Beruhigung. – Am 5. 1. **1997** greifen **französische Militäreinheiten** nach dem Tod zwei ihrer Soldaten offen in die Kämpfe ein, 10 Putschisten werden getötet. Dieser Eingriff wird als Parteinahme Frankreichs für *Patassé* gewertet, unter der Zivilbevölkerung herrscht anti-französische Stimmung. Gleichzeitig bezichtigt die Opposition *Patassé* des Hochverrats und verlangt seinen Rücktritt. Der malische General *Amadou Toumani Touré*, der die Verhandlungen mit den Meuterern führt, bildet am 11. 1. ein Komitee zur Vorbereitung eines **Friedensvertrages**, der am 25. 1. unterzeichnet wird; er sieht eine Amnestie für die Putschisten, ihre Re-Integration in die Armee und den Einsatz einer Friedenstruppe der frankophonen westafrikanischen Länder (MISOB) vor. Am 30. 1. wird der bisherige Außenminister *Michel Gbezera-Bria* Ministerpräsident der **neuen Regierung**. Die **Anwesenheit tschadischer Soldaten** als Teil der MISOB erweist sich als schwierig, da ihnen Unterstützung *Patassés*, der aus der Grenzregion zum Tschad stammt, nachgesagt wird. – Nach dem Tod dreier Putschisten treten am 2. 5. elf Oppositionsparteien aus der Regierung aus. Nach **neuerlichen Zusammenstößen** zwischen Armee und Putschisten, in die auch die MISOB

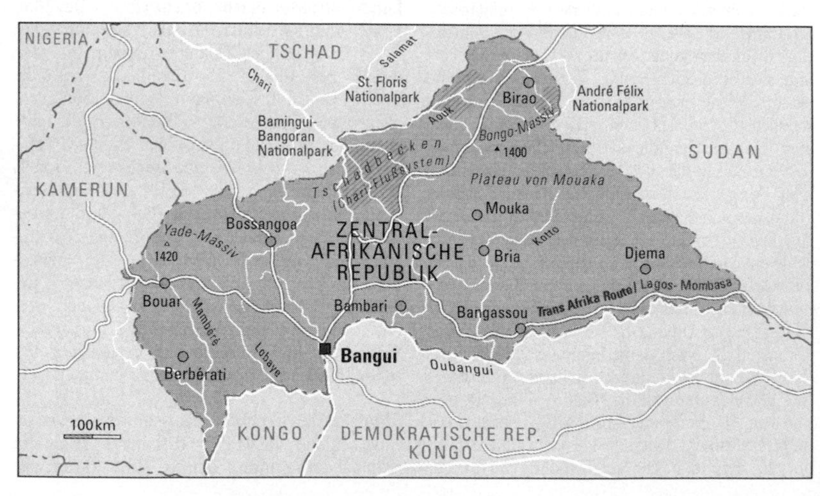

hineingezogen wird, wird am 2. 7. erneut ein Waffenstillstand unterzeichnet, die Re-Integration der Putschisten in die Armee wird fortgesetzt. Frankreich zieht sich auf eine reine Beobachterrolle in Z. zurück. Der französische Verteidigungsminister *Alain Richard* kündigt am 31. 7. bei seinem Besuch in Bangui an, daß Frankreich seine Militäreinheiten sukzessive aus Z. zurückziehen wird.

Zypern *Südost-Europa*

Republik Zypern; Kypriaki Dimokratía (griechisch); Kıbrıs Cumhuriyeti (türkisch), Kurzform: Kýpros (griechisch) – CY
(→ Karte III, H 4)

Fläche (Weltrang: 161.): 9251 km²

Einwohner (153.): F 1995 734 000 = 79 je km²

Hauptstadt: Levkosía/Lefkoşa (früher Nikosia; seit 1974 geteilt) – F Ende 1993: 186 400 Einw. (Z 1996, türkischer Teil: 39 973)

Amtssprachen: Griechisch, Türkisch

Bruttosozialprodukt S 1995 je Einw.: über 9386 $

Währung: 1 Zypern-Pfund (Z£) = 100 Cents

Botschaft der Republik Zypern
Kronprinzenstr. 58, 53173 Bonn, 0228/36 33 36

Landesstruktur (Karte → WA '97, Sp. 698) **Fläche**: 9251 km²; davon: griechisch-zypriotisches Gebiet 5896 km², Türkische Republik Nordzypern/TRNC 3355 km² (→ unten), einschließlich 256 km² brit. Militärstützpunkte – **Bevölkerung**: griechische Zyprioten und türkische Zyprer; (Z 1992) 602 025 Einw. (ohne TRNC) – (F 1994) 729 800: 84,5% (616 681) griechische Zyprioten, 12,5% (91 125) türkische Zyprer, 3% (21 994) Sonstige (Maroniten, Armenier, Latiner u. a.); – **Flüchtl.** Ende 1996: 265 000 Binnenflüchtlinge – **Leb.-Erwart.** 1995: 77 J. – **Säugl.-Sterbl.** 1995: 0,9% – **Kindersterbl.** 1995: 1,0% – Jährl. **Bev.-Wachstum** ∅ 1985–95: 1,2% (Geb.- und Sterbeziffer 1993: 1,7%/0,8%) – **Analph.** 1992: 6% – **Sprachen**: 80% Griechisch, 20% Türkisch; Englisch als Bildungs- und Verkehrssprache – **Religion**: 80% orthodoxe Christen (Griechen), 19% sunnit. Muslime (Türken); Minderh. von armenischen Christen, Maroniten, Katholiken und Anglikanern – **Städt. Bev.** 1993: 53% – **Städte**: (F Ende 1993): Lemesós (griech.; türk. Leymosun/deutsch Limassol) 143 400 Einw., Lárnax (Larnaca/Larnaka) 64 000, Néa Páfos (Paphos) 34 200

Staat Präsidialrepublik (im Commonwealth) seit 1960 – Verfassung von 1960 – Parlament mit 80 Mitgl., davon 56 für griechische Zyprioten, 24 für türkische Zyprer (vakant); Wahl alle 5 J. – Direktwahl des Staatsoberh. alle 5 J. – Wahlrecht ab 18 J. – **Verwaltung**: 6 Distrikte – **Staats- und Regierungschef**: Glafkos John Klerides (DISY), seit 1993 – **Äußeres**: Yiannakis Cassoulides, seit April 1997 – **Parteien**: Wahlen vom 26. 5. 1996 (56 griechisch-zypriotische Abgeordnete): Demokratische Sammlungsbewegung/DISY 20 Sitze (1991: 20), Prokommunistische Fortschrittspartei des werktätigen Volkes/AKEL 19 (18), Demokratische Partei/DIKO 10 (11), Sozialistische Demokratische Union/EDEK 5 (7), Vereinigte Demokraten/EDE 2 (–) – **Unabh.**: 16. 8. 1960; seit der türkischen Invasion 1974 Teilung Zyperns in einen griechischen und einen international nicht anerkannten türkischen Teil (TRNC) – **Nationalfeiertage**: 1. 10. und 15. 11. (Unabhängigkeitstag)

Wirtschaft alle Ang. mit TRNC – **Währung**: 1 US-$ = 0,5016 Z£; 1 DM = 0,2999 Z£ – **BSP** 1993: 7539 Mio. $ – **BIP** 1995: (S) 8043 Mio. $; realer Zuwachs 1993/94 (S): 3,5%, 1995 (S): 4,2%; Anteil (1994) **Landwirtsch.** 5%, **Industrie** 25%, **Dienstl.** 70% – **Erwerbstät.** 1995: Landw. 11%, Ind. 25%, Dienstl. 64% – **Arbeitslosigkeit** ∅ 1995: 2,6% – **Energieverbrauch** 1994: 2701 kg ÖE/Ew. – **Inflation** ∅ 1994–95: 4,3% (1995: 2,6%) – **Ausl.-Verschuld.** 1996: 991 Mio. Z£ – **Außenhandel** 1995: **Import**: 1451 Mio. Z£ (S 1996: 1571 Mio. Z£; S 1997: 1672 Mio. Z£); Güter: 37% Zwischenprodukte, 30% Konsumgüter, 12% Transportmittel, 11% Kapitalgüter, 8% Brenn- und Schmierstoffe; Länder: 13% USA, 12% Großbritannien, 10% Italien, 8% BRD, 7% Japan, 7% Griechenland, 4% Frankreich; **Export**: 510 Mio. Z£ (S 1996: 613 Mio. Z£; S 1997: 682 Mio. Z£); Güter: 50% Reexporte, 42% sonst. Exporte (u. a. Industrieerzeugnisse 69%), 30% Agrarprod. (v. a. Kartoffeln); Länder: 15% Großbritannien, 15% Rußland, 10% Bulgarien, 6% BRD, 6% Griechenland, 5% Libanon, 5% Rumänien – **Tourismus** 1995: (S, ohne Nordzypern) 2,2 Mio. Auslandsgäste, 850 Mio. Z£ Einnahmen

Nordzypern

Türkische Republik Nordzypern; Kuzey Kıbrıs Türk Cumhuriyeti (nur von der Türkei anerkannt) – TRNC

LANDESSTRUKTUR *Fläche:* 3355 km² (37% von Gesamtzypern) – *Bevölkerung*: (Z 1996, vorl.) 198 215 Einw.; (S 1994) 30 000 türk. Soldaten u.

über 85 000 anatolische Siedler – *Sprache:* Türkisch – *Religion:* fast nur sunnit. Muslime – *Städte* (Z 1996): Gazimagusa (griech. Ammochostos; ehem. Famagusta) 27 742 Einw., Girne (Kyrenia) 12 543

REGIERUNGSFORM Verfassung von 1985 – Parlament mit 50 Mitgl., Wahl alle 5 J. – Direktwahl des Staatsoberh. alle 5 J. – Wahlrecht ab 18 J. – *Verwaltung:* k. Ang. – *Staatsoberhaupt:* Rauf R. Denktaş [Denktasch] (parteilos), seit 1975 – *Regierungschef:* Dervish Eroglu (UBP-Vors.), seit 1. 8. 1996 - *Äußeres:* Taner Etkın (DP) – *Parteien:* Wahlen vom 12. 12. 1993: Nationale Einheitspartei/UBP 17 Sitze (1990: 34), Demokratische Partei/DP 15 (–), Republikanisch-Türkische Partei/CTP 13 (7), Kommunale Befreiungspartei/TKP 5 (6), Sonstige – (3) – *Unabh.:* einseitige Unabh.-Proklamation am 15. 11. 1983, nur von der Türkei anerkannt – *Nationalfeiertage:* 20. 7. (Tag des Friedens u. der Freiheit, türk. Invasion 1974), 29. 10. (Tag der Republik) u. 15. 11. (Unabhängigkeitstag)

WIRTSCHAFT *BSP* 1994: 3093 $ je Einw. – *BIP* 1993 (S): 6,83 Mio. türk. Lira; realer Zuwachs 1989/90: +5,7%; Anteil 1994 *Landwirtsch.* 10%, *Industrie* 17%, *Dienstl.* 73% – *Erwerbstät.* 1994: Landw. 23%, Ind. 24%, Dienstl. 53% – *Arbeitslosigkeit* ∅ 1994: 0,8% – *Inflation* 1993: 61% – *Außenhandel* 1994: *Import:* 286,6 Mio. $; Güter: 22% Maschinen u. Transportausrüst., 22% Industriegüter und Halbfertigwaren, 18% Nahrungsmittel, Getränke u. Tabak, 9% chem. Prod., 9% mineral. Brennstoffe; Länder: 45% Türkei, 26% Großbrit.; *Export:* 53,4 Mio. $; Güter: 52% Industrieprodukte, 30% Zitrusfrüchte, 19% versch. Agrarprod.; Länder: 47% Großbrit., 20% Türkei – *Tourismus* 1994: 351 628 Auslandsgäste (dar. 256 549 aus der Türkei), 172,9 Mio. $ Einnahmen

Chronik Nach der Zuspitzung des Konflikts zwischen der Republik Zypern und dem nur von der Türkei als »Türkische Republik Nordzypern« anerkannten Nordzypern im Sommer 1996 (→ WA '97, Sp. 698) laufen erneut internationale Bemühungen an, die Lösung der Zypernfrage voranzutreiben. – Nach dem Scheitern einer unter Vermittlung der Vereinten Nationen (UN) zustandegekommenen Sondierungsrunde zwischen dem zyprischen Präsidenten *Glafkos Klerides* und dem Präsidenten Nordzyperns *Rauf Denktaş* im Oktober/Anfang November schlägt der **britische Außenminister** *Malcolm Rifkind* bei seinem Besuch am 15./16. 12. **1996** beiden Seiten ein 10-Punkte-Programm zur Überwindung der Spaltung vor. Ziel ist die Schaffung einer aus 2 Bundesländern bestehenden Republik Zypern. – Am

4. 1. **1997** schließt die zypriotische Regierung einen Vertrag über den **Ankauf russischer Luftabwehrraketen** vom Typ S-300, um – wie sie erklärt – ihre militärische Unterlegenheit gegenüber der hochgerüsteten türkisch-zyprischen Seite auszugleichen. Im Nordteil der Insel befinden sich 30 000 türkische sowie rd. 4000 türkisch-zyprische Soldaten; die Nationalgarde der Republik Zypern umfaßt rd. 10 000 Mann. Nach der Drohung der türkischen Außenministerin *Tansu Çiller* am 10. 1., die Stationierung der Raketen auf der Insel mit einem Militärschlag zu beantworten (→ Türkei), verknüpft die zypriotische Regierung den Verzicht auf die Waffen mit Fortschritten bei den Bemühungen um eine politische Lösung des Zypern-Konflikts innerhalb von 16 Monaten; sie erneuert den Vorschlag von Präsident *Klerides* von Mitte September 1996, Zypern ganz zu entmilitarisieren und seine Sicherheit internationalen Streitkräften zu überantworten. – Durch Vermittlung von UN-Generalsekretär *Kofi Annan* und den von US-Präsident *Bill Clinton* zum Zypern-Beauftragten berufenen Diplomaten *Richard Holbrook*, beginnt am 9. 7. 1997 in Troutbeck bei New York eine **neue Verhandlungsrunde** zwischen *Klerides* und *Denktaş*, die am 11. 8. in Glion bei Montreux (Schweiz) fortgesetzt wird, jedoch ergebnislos endet. Die am Rande des NATO-Gipfels am 8./9. 7. in Madrid zustande gekommene gemeinsame Erklärung des türkischen Präsidenten *Süleyman Demirel* und des griechischen Ministerpräsidenten *Kostas Simitis*, Konflikte zwischen beiden Staaten friedlich bereinigen zu wollen, stärkte zunächst die Hoffnung auf substantielle Fortschritte bei der Lösung der Zypernfrage. Der neue türkische Vizepremier *Bülent Ecevit*, der 1974 als Regierungschef die Invasion der Insel befahl und in der Regierung nun für die Zypernpolitik verantwortlich ist, erklärte jedoch am 20. 7. 1997 seine Absicht, Nordzypern als unabhängigen Staat zu erhalten, dessen Außenpolitik von der Türkei wahrgenommen werden soll. – Die **EU-Kommission empfiehlt** am 15. 7., 6 Staaten – darunter Zypern – ab Januar 1998 zu **Verhandlungen über einen Beitritt zur EU** einzuladen. Voraussetzung für einen Beitritt sei jedoch die friedliche Beilegung des Zypern-Konflikts. Zuvor warnte die Türkei mehrmals vor der Aufnahme von Beitrittsverhandlungen zwischen der Republik Zypern und der EU. Am 21. 1. 1997 hatte Präsident *Demirel* erklärt, ein solcher Schritt würde zwangsläufig das Ende aller bisherigen Bemühungen um eine friedliche Lösung des Zypern-Konflikts bedeuten und die Annexion Nordzyperns durch die Türkei nach sich ziehen.

Biographien politischer Persönlichkeiten

Vorbemerkung: In diesem Kapitel sind in Auswahl Persönlichkeiten berücksichtigt, die bis zum Stichtag 1. 9. 1997 hohe Staats- und Regierungsämter bekleideten oder auf andere Weise im Vordergrund des öffentlichen Interesses standen wie z. B. die Generalsekretäre von UNO (*Kofi Annan*) und NATO (*Javier Solana Madariaga*) oder der Präsident der EU-Kommission (*Jacques Santer*). Schwerpunktmäßig sind diesmal die Staatspräsidenten Afrikas berücksichtigt. – Die Personennamen sind nach der in deutschsprachigen Publikationen üblichen Schreibweise bzw. Transkription angeordnet; in eckigen Klammern steht die im jeweiligen Land übliche Schreibweise. (**Dsch** siehe auch unter **G** bzw. **J**; **Sch** auch unter **Ch** bzw. **Sh**; **Tsch** auch unter **Ch.**)

Abacha, *Sani* (Nigeria), *Kano 20. 9. 1943; seit 1993 Staatspräsident

Angehöriger der Haussa. Militärlaufbahn. *A.* ist am Sturz der Zivilregierung 1983 beteiligt und gehört zur Junta um Gen. *Ibrahim Babangida.* Nach der Ernennung zum General setzt *A.* wegen Meinungsverschiedenheiten am 26. 8. 1993 *Babangidas* Verabschiedung aus der Staats- und Armeeführung und die Einsetzung einer zivilen Übergangsregierung unter *Ernest Shonekan* durch, bleibt aber als Chef der Stabschefs und Verteidigungsminister der starke Mann im Staat. Als *Shonekan* am 17. 11. nach Streiks und Protestaktionen auf Druck des Militärs nach nur dreimonatiger Amtszeit zurücktritt, proklamiert sich *A.* am 18. 11. 1993 zum neuen Staatsoberhaupt und auch formell zum Oberkommandierenden der Streitkräfte. Er entläßt die Übergangsregierung, erklärt sämtliche demokratischen Institutionen für aufgelöst und schafft damit auch die beiden Parteien ab, darunter die Sozialdemokratische Partei (SDP). Deren Vorsitzender *Moshood Abiola* wird von Beobachtern als Sieger der annullierten Präsidentschaftswahlen vom 12. 6. 1993 bezeichnet. Am 1. 10. 1995 verkündet *A.* einen Dreijahresplan für die Rückkehr zur Demokratie.

Abdel Aziz *[Abdelasis], Mohammed* (Demokratische Arabische Republik Sahara), *1948; seit 1982 Staatspräsident

Sohn einer alten Saharaúi-Familie; früh Mitglied der antispanischen und dann antimarokkanischen Bewegung POLISARIO (Frente popular para la liberación de Saguía el Hamra y Río de Oro), die ihren Kampf um die Unabhängigkeit der ehemaligen Spanischen Westsahara auch nach der Annexion durch Marokko fortsetzt. Am 16. 10. 1982 wird *A.* vom 5. Kongreß der POLISARIO zu ihrem Generalsekretär gewählt und gleichzeitig zum Präsidenten der DARS ernannt.

Afewerki, *Isayas* (Eritrea), *Asmara 1945; seit 1993 Staatspräsident

Nach einem Jahr Studium der Ingenieurwissenschaften in Addis Abeba geht er 1966 in den Untergrund, um sich an der Guerillatätigkeit der Eritreischen Befreiungsfront (ELF) zu beteiligen; seine militärische Ausbildung erhält er teilweise in der VR China. 1970 spaltet sich die Eritreische Volksbefreiungsfront von der ELF-EPLF ab, deren politisches Programm *A.* ausarbeitet. Seit 1987 steht er als Generalsekretär an der Spitze der damaligen Untergrundbewegung und heutigen Regierungspartei EPLF. Am 24. 5. 1993 wird er als erster Staatspräsident der unabhängig gewordenen Republik Eritrea vereidigt.

Ahern, *Bartholemew Patrick [Bertie]* (Irland), * Dublin 12. 9. 1951; seit 1997 Ministerpräsident

Gelernter Buchhalter; Studium an der London School of Economics. Früh Mitglied der Fianna Fail (FF), für die er mit 26 Jahren im Parlament sitzt. 1986 wird er Bürgermeister von Dublin. Bei der Entmachtung von Ministerpräsident *Charles Haughey* tritt er erfolglos als Konkurrent von *Albert Reynolds* auf, der am 11. 2. 1992 neuer Regierungschef wird. In dessen Kabinett wird er Sozial- und Finanzminister. Nach dem Rücktritt von *Reynolds* am 17. 11. 1994 als Partei- und Regierungschef wird er am 19. 11. zum neuen Vorsitzenden der FF gewählt. Seine Bemühungen um eine Neuauflage der Koalition scheitern, da sich die Labour Party auf die Seite der Fine Gael stellt. Deren Vorsitzender *John Bruton* wird Regierungschef, *A.* Oppositionsführer. Mit einem Parteienbündnis aus FF und den Progressive Democrats (PD) geht er aus den vorgezogenen Parlamentswahlen am 6. 6. 1997 als Gewinner hervor. Am 26. 6. wird er zum neuen Ministerpräsidenten gewählt. *A.*, jüngster Regierungschef in der Geschichte Irlands, nennt als vorrangiges Ziel seiner Regierung, in der brit. Provinz Nordirland Frieden zu schaffen.

Ahtisaari, *Martti Oiva Kalevi* (Finnland), * Viipuri, Karelien (heute: Wyborg, Rußland) 23. 6. 1937; seit 1994 Staatspräsident

Volksschullehrer, 1965 Eintritt in den diplomatischen Dienst: 1973–76 Botschafter in Tansania, zuständig auch für Sambia, Mosambik und Somalia, 1977–86 und 1989/90 Sonderbeauftragter des UN-Generalsekretärs für Namibia zur Überwachung des Übergangs Namibias in die Unabhängigkeit, 1987–91 zugleich stellv. Generaldirektor der UNO, zuständig für Verwaltung. 1991 Staatssekretär im Außenministerium und Leiter der Arbeitsgruppe, die den Regierungsbeschluß für den EG-Beitritt erarbeitete. 1992 für die UNO Leiter der Arbeitsgruppe Bosnien der Jugoslawien-Konferenz. Als Kandidat der Sozialdemokratischen Partei wird *A.* in der Stichwahl am 6. 2. 1994 mit 53,9% der Stimmen zum Staatspräsidenten gewählt und tritt am 1. 3. die Nachfolge von *Mauno Koivisto* an.

Alarcón Rivera, *Fabián* (Ecuador), * Quito 14. 4. 1947; seit 1997 Staatspräsident

Studium der Politik und Rechtswissenschaften (Promotion zum Dr. jur.). Die politische Karriere beginnt er mit 23 Jahren als Gründer des zentristischen Partido Patriótico Popular (PPP), wechselt aber später zu anderen Parteien, zuletzt zur Radikalen Alfaro Front (FRA). Von 1984 bis 1986 ist er Präfekt der Provinzhauptstadt Pinchincha. 1990 wird er erstmals in den Nationalkongreß gewählt, dessen Präsident er 1991–92 und 1995–97 ist. Den Vorsitz des Nationalen Sicherheitsrates hat er 1992–95 inne. Nach der Entmachtung von Staatspräsident *Abdála Bucaram* am 6. 2. 1997 wird *A.* tags darauf zu dessen Nachfolger ernannt und am 11. 2. als Interimspräsident vereidigt.

Albright, *Madeleine Jana* (USA), * Prag 15. 5. 1937; seit 1997 Außenministerin

Tochter des tschechischen Diplomaten *Josef Korbel,* der mit seiner Familie vor den Deutschen nach England floh, nach dem Krieg in die Heimat zurückkehrte, aber nach der Machtübernahme der Kommunisten 1948 erneut ins Exil ging, diesmal in die USA. Studium der Politischen Wissenschaften am renommierten Wellesley College, später der Rechts- und Staatswissenschaften an der Columbia-Universität, wo sie 1976 promoviert. Als Mitglied im Stab von Senator *Edmund Muskie* kommt sie Mitte der 70er Jahre in die Politik und wird 1977 in den Nationalen Sicherheitsrat berufen. Nach der Niederlage von Präsident *Jimmy Carter* dient sie jedem neuen demokratischen Präsidentschaftskan-

didaten als außenpolitische Beraterin, zunächst *Walter Mondale,* dann *Michael Dukakis.* Zugleich ist sie als Dozentin für Internationale Politik an der Washingtoner Georgetown-Universität tätig. Nach dem Wahlsieg von → *Clinton* 1992 wird Frau *A.* 1993 Botschafterin im Kabinettsrang bei den UN. Nach der Wiederwahl *Clintons* wird sie von diesem am 5. 12. 1996 als Nachfolgerin des zurückgetretenen *Warren Christopher* zur Außenministerin ernannt und am 23. 1. 1997 vereidigt. Frau *A.* ist damit die erste Frau an der Spitze der US-Außenpolitik.

Alemán Lacayo, Arnoldo (Nicaragua), * 1946; seit 1997 Staatspräsident

Studium der Rechtswissenschaften. Erfolgreicher Unternehmer. 1978–90 Vorsitzender der Union der Kaffeeplantagenbesitzer. Mitglied einer Jugendorganisation, die den Diktator *Anastasio Somoza* unterstützte. Nach dessen Sturz 1979 durch die linksgerichtete Sandinistische Befreiungsfront wegen seiner mutmaßlichen Verbindungen zum Somoza-Regime sitzt er 6 Monate im Gefängnis. Sein politischer Aufstieg beginnt 1990, als ein breites Wahlbündnis unter Präsidentin *Violeta Barrios de Chamorro* die Macht übernimmt und er zum Bürgermeister der Hauptstadt Managua gewählt wird. 1995 gibt er dieses Amt wegen seiner Präsidentschaftskandidatur auf. Bei den Wahlen am 20. 10. 1996 obsiegt der rechtskonservative A. über den Kandidaten der Sandinisten, den früheren Präsidenten *Daniel Ortega.* Am 10. 1. 1997 löst er Frau *B.* im Präsidentenamt ab.

Alijew, *Hejdar Ali Risa-ogly [Gejdar]* (Aserbaidschan), * Nachitschewan, 10. 5. 1923; seit 1993 Staatspräsident

Muslimischer Herkunft; nach dem Studium der Geschichte an der Kirow-Universität 1941 Mitarbeiter beim Volkskommissariat für innere Angelegenheiten (NKWD). Seit 1945 Mitglied der KPdSU, beginnt er seine Parteikarriere 1965 im Staatssicherheitsdienst von Aserbaidschan, den er 1967–69 leitet. Im Juli 1969 steigt er zum Parteichef der Republik auf. Seit 1966 Mitglied des ZK der KP Aserbaidschans, seit 1971 auch des ZK der KPdSU. 1970–74 Mitglied des Obersten Sowjets der UdSSR; 1974 einer der stellv. Vorsitzenden des Nationalitäten-Sowjets. Ab 1976 Kandidat und ab 1998 Vollmitglied des Politbüros des ZK der KPdSU. Von 1982–87 stellv. Ministerpräsident. In einer schweren innenpolitischen Krise am 15. 6. 1993 zum Vorsitzenden des Obersten Sowjets von Aserbaidschan gewählt, übernimmt er 2 Tage später –

nach der Flucht von Präsident *Albulfas Eltschibei* – das Amt des Parlamentspräsidenten und wird damit amtierendes Staatsoberhaupt (durch ein Referendum am 28. 8. im Amt bestätigt). Er gewinnt die Präsidentschaftswahlen am 3. 10. 1993 mit 98,8 % der Stimmen und legt am 9. 10. den Eid auf die Verfassung und den Koran ab.

Annan, *Kofi* (Ghana/UNO), *Kumasi 8. 4. 1938; seit 1997 UN-Generalsekretär

A. entstammt einer wohlhabenden Familie, die häufig örtliche Stammeshäuptlinge stellte; sein Vater war in der damaligen britischen Kolonie »Goldküste«, dem späteren Ghana, Provinzgouverneur. Nach dem Studium der Wirtschaftswissenschaften in Kumasi, St. Paul/Minnesota und Genf tritt er 1962 in die Dienste der UNO. Bei der Weltorganisation verbringt er seine gesamte berufliche Karriere, unterbrochen von einem Studium (1971–72) am Massachusetts Institute of Technology/MIT in Boston, wo er seinen Magistertitel in Management erwirbt und von einer Tätigkeit (1974–76) als Leiter der Gesellschaft zur Entwicklung des Fremdenverkehrs in Ghana. Innerhalb der UNO bekleidet er zahlreiche Posten in Genf, Afrika und in New York. In der New Yorker Zentrale ist er u. a. für Verwaltung, Personalplanung und Finanzen zuständig, bevor er am 1. 3. 1993 zum Untergeneralsekretär für Friedenssicherung ernannt wird. Vom 1. 11. 1995 bis März 1996 ist er Sonderbeauftragter für das frühere Jugoslawien und in diesem Zusammenhang auch Sondergesandter bei der NATO. Am 17. 12. 1996 wird *A.* als erster Schwarzafrikaner und als erster UNO-Beamter von der UN-Vollversammlung für eine fünfjährige Amtszeit zum UN-Generalsekretär gewählt und tritt am 1. 1. 1997 die Nachfolge von *Boutros Boutros-Ghali* an.

Arafat, *Jassir [Yassir]* [eigentl. *Abdal Rauf Arafat al-Qudwa al-Husaini*; Deckname *Abu Ammar*] (Palästinensische Autonomiegebiete), *Jerusalem 27. 8. 1929 (nach anderen Quellen *Kairo 24. 8. 1927); seit 1996 Vorsitzender des Palästinensischen Autonomierats und der Palästinensischen Autonomiebehörde

1948 Teilnahme am arabisch-israelischen Krieg; seit 1951 in Kairo Studium der Elektrotechnik, Gründung der General Union of Palestine Students (GUPS). Während der Suez-Krise 1956 als Reserveoffizier der ägyptischen Armee Teilnahme am Krieg gegen Frankreich, Großbritannien und Israel. 1957–65 als Bauingenieur in Kuwait tätig. Dort 1959 Mitbegründer und Führer der Palästinenserbewegung Al Fatah. Seit Februar 1969 Vorsitzender

des Exekutivkomitees der Palästinensischen Befreiungsorganisation (PLO). Am 2. 4. 1989 wird *A.* vom PLO-Zentralrat zum Präsidenten des »Unabhängigen Staates Palästina« gewählt. Er setzt eine pragmatische Linie in der PLO durch und kehrt mit der gegenseitigen Anerkennung der PLO und Israels am 10. 9. 1993 und dem Abschluß des Gaza-Jericho-Abkommens am 13. 9. in Washington auf die politische Weltbühne zurück. Für die Verdienste um den Nahost-Friedensprozeß wird er am 10. 12. 1994 gemeinsam mit Israels Ministerpräsident *Yitzak Rabin* und Außenminister *Shimon Peres* mit dem Friedensnobelpreis ausgezeichnet. In Washington unterzeichnet er gemeinsam mit *Rabin* am 28. 9. 1995 das Autonomieabkommen für das Westjordanland, das die Erweiterung einer begrenzten Autonomie auf einen Teil der 1967 besetzten Gebiete besiegelt. Aus den Wahlen zum Palästinensischen Autonomierat in den Palästinensischen Autonomiegebieten am 20. 1. 1996 geht er als Sieger hervor und wird am 12. 2. als dessen Vorsitzender vereidigt. Er steht zugleich der Autonomiebehörde (Exekutive) vor.

Arzú Irigoyen, *Alvaro Enrique* (Guatemala), *Guatemala-Stadt 14. 3. 1946; seit 1996 Staatspräsident

Entstammt einer der reichsten Familien des Landes. In jungen Jahren Mitglied der ultrarechten Nationalen Befreiungsbewegung (MLN). 1985 gründet er die Nationale Fortschrittspartei (PAN) und wird im selben Jahr Bürgermeister von Guatemala-Stadt. Bei den Präsidentschaftswahlen von 1990 belegt er lediglich den 4. Platz. Am 12. 11. 1995 kandidiert er erneut für das höchste Staatsamt und gewinnt mit 51,2 % der Stimmen die Stichwahl am 7. 1. 1996. Am 14. 1. wird er als Nachfolger von *Ramiro de León Carpio* im Amt des Staatspräsidenten vereidigt.

Assad, *Hafez [Hafis] el* [»Beschützer des Löwen«] (Syrien), *Qardaha bei Al Ladhakijja [Latakia] 6. 10. 1930; seit 1971 Staatspräsident

Militärlaufbahn. Führender Angehöriger des »rechten« (militärischen) Flügels des Baath (Sozialistische Partei der Arabischen Wiedergeburt). 1966–70 Verteidigungsminister; am 13. 11. 1970 Ernennung zum Ministerpräsidenten, am 2. 3. 1971 Wahl zum Staatspräsidenten; 1978, 1985 und 1991 wiedergewählt. Verteidigt im Nahostkonflikt hart die arabische Position. *A.* steht vor schwierigen Friedensverhandlungen mit Israel, da er auf der bedingungslosen Rückgabe der 1967 eroberten Golan-Höhen sowie auf dem Rückzug des israelischen Militärs aus dem Südlibanon besteht.

Axworthy, *Lloyd* (Kanada), * North Battleford 21. 12. 1939; seit 1996 Außenminister

Studium der Politischen Wissenschaften an der Universität von Princeton; später Professor an der Universität von Winnipeg. Mitglied der Liberal Party (LP) und für diese seit 1979 im Parlament. Wiederholt Minister, u. a. für Beschäftigung und Einwanderung, für die Gleichberechtigung der Frauen und für Transportwesen. Im Zuge einer Regierungsumbildung von Premierminister → *Chrétien* am 27. 1. 1996 zum Außenminister ernannt und damit Nachfolger von *André Quellet.*

Aznar López, *José María* (Spanien), * Madrid 25. 2. 1953; seit 1996 Ministerpräsident

Entstammt einer politisch mit dem Franco-Regime und der Einheitspartei Falange eng verbundenen Familie. Nach dem Jurastudium ab 1979 beamteter Finanzinspektor. Im selben Jahr tritt er der rechtskonservativen Volksallianz (AP), der späteren Volkspartei (PP), bei. 1987–89 Regierungschef von Castilla y Leon. Als Vorsitzender der PP seit 1989 ist er bemüht, die Partei zur rechten Mitte zu führen. Als deren Spitzenkandidat verliert er zweimal – 1989 und 1993 – gegen *Felipe González Márquez* den Kampf um die Macht. Aus den vorgezogenen Parlamentswahlen am 3. 3. 1996 geht er als knapper Sieger hervor. Am 4. 5. wird er im Parlament mit Unterstützung der Nationalisten aus Katalonien, dem Baskenland und von den Kanarischen Inseln mit absoluter Mehrheit zum Nachfolger von *González* gewählt und am 5. 5. vereidigt.

Bagabandi, *Natsagiyn [Natschagijn]* (Mongolei), * 22. 4. 1950; seit 1997 Staatspräsident

Nach dem Studium der Ernährungswissenschaften in Moskau von 1972 bis 1975 in einer Nahrungsmittelfabrik in seiner Heimat beschäftigt. 1980–84 Bezirkschef der kommunistischen Revolutionären Volkspartei (MRVP) in der Zentralprovinz. 1970–90 auch Abteilungsleiter beim ZK der MRVP. Nach dem Zerfall des Kommunismus 1992 stellv. Vorsitzender des ZK der MRVP und Abgeordneter im Parlament (Großer Volkshural). Als Kandidat seiner Partei gewinnt er die Präsidentschaftswahlen am 11. 5. 1997 und löst am 20. 7. *Punsalmagiyn Otschirbat* im Amt des Staatspräsidenten ab.

Bánzer Suárez, *Hugo* (Bolivien), * Tarija 10. 7. 1926; 1971–78 und seit 1997 Staatspräsident

Militärische Laufbahn; zuletzt General. 1968/69 Militärattaché in den USA, dann Kommandant der

Kriegsakademie in La Paz. Mit gleichgesinnten Offizieren stürzt er am 22./23. 8. 1971 *Juan-José Torres* und wird zum Präsidenten proklamiert. Im Juli 1978 durch einen Militärputsch gestürzt und ab 1981 zeitweise im Exil. Mit der 1979 von ihm gegründeten konservativen Demokratisch Nationalistische Aktion (ADN) kandidiert er in der Folge viermal erfolglos um die Präsidentschaft. Aus den Präsidentschaftswahlen am 1. 6. 1997 geht *B.* als Gewinner hervor, erreicht aber nicht die erforderliche absolute Mehrheit. Mit der sozialdemokratischen Bewegung der Revolutionären Linken (MNR) und der populistischen Bürgerunion der Solidarität (UCS) trifft er eine Koalitionsvereinbarung, die seine Wahl zum Staatspräsidenten am 4. 8. durch das Parlament sicherstellt.

Baré Maïnassara → Maïnassara

Bashir *[Baschir], Omar Hassan Ahmad al* (Sudan), * Schandi 1942; seit 1989 Staatspräsident

Offiziersausbildung; 1966 in der Militärakademie graduiert. Teilnehmer des arabisch-israelischen Krieges vom Oktober 1973 in der Suez-Kanal-Zone. 1974–78 in den Vereinigten Arabischen Emiraten stationiert; in Ägypten Ausbildung zum Fallschirmjäger; zusätzliches Training in den USA. Aufstieg zum Brigadier und dritthöchsten Offizier im Fallschirmspringerkorps. Er stürzt am 30. 6. 1989 in einem Militärputsch die Regierung von Ministerpräsident *Sadiq el Mahdi,* befördert sich selbst zum Generalleutnant, bildet einen aus 15 Offizieren bestehenden Kommandorat und ernennt sich auch zum Staatsoberhaupt, Verteidigungsminister und Oberkommandierenden der Streitkräfte. Am 16. 10. 1993 wird das Militärregime in seiner bisherigen Form abgeschafft und *A.* formell zum Staatspräsidenten berufen. Bei den von der Opposition boykottierten Präsidentschaftswahlen vom 6. 3.–7. 3. 1996 setzt er sich gegen weithin unbekannte Kandidaten durch und wird am 1. 4. als Präsident vereidigt.

Bédié, *Henri Konan* (Elfenbeinküste), * Dadiékro (Daoukro) 5. 5. 1934; seit 1993 Staatspräsident

Stammt aus einer reichen Plantagenbesitzerfamilie; Studium der Rechts- und Wirtschaftswissenschaften in Poitiers in Frankreich. Zunächst im diplomatischen Dienst Frankreichs tätig, 1959 Botschaftsrat an der französischen Botschaft in den USA. Nach der Unabhängigkeit seines Landes am 7. 8. 1960 baut er die diplomatische Vertretung in den USA auf und ist dort 1961–66 Botschafter. Danach bis 1977 Minister für Wirtschaft und Finanzen. 1978–80 erneut in den USA als Sonderberater des Präsidenten der Weltbank für afrikanische Angelegenheiten. 1980 kehrt er in seine Heimat zurück und wird im November in die Nationalversammlung und anschließend zum Parlamentspräsidenten gewählt. Nach dem Tod von Staatspräsident *Felix Houphouët-Boigny* wird *B.* am 7. 12. 1993 Interimspräsident. Bei den Präsidentschaftswahlen am 22. 10. 1995, die von der Opposition boykottiert werden, wird er erwartungsgemäß im Amt bestätigt.

Ben Ali, *Zine El-Abidine [Zeine al Abidin]* (Tunesien), *Hamam-Sousse 3. 9. 1936; seit 1987 zunächst Regierungschef, dann Staatspräsident

Absolvent der französischen Militärakademie Saint-Cyr, dann Artillerie- und Flugabwehrausbildung in den USA. Aufstieg zum höchsten General der tunesischen Streitkräfte. Spezialist in Fragen der inneren Sicherheit. 1978 nach blutigen Zusammenstößen zwischen Gewerkschaftern und der Polizei von Staatspräsident *Habib Ben Bourguiba* zum Sicherheitschef berufen. Seit April 1984 Innenminister und entscheidend verantwortlich für eine massive Kampagne gegen den wachsenden islamischen Fundamentalismus. Am 2. 10. 1987 wird er von *Bourguiba* zum Regierungschef als Nachfolger von *Rashid Sfar* ernannt. Bereits am 7. 11. enthebt *B.* unter Berufung auf einen Verfassungsartikel *Bourguiba* des Amtes, nachdem Ärzte die »Senilität und Amtsunfähigkeit« des Präsidenten bescheinigt hatten, und ernennt sich selbst zum neuen Staatsoberhaupt. Im Gegensatz zu dem Agnostiker *Bourguiba* gilt *B.* als gläubiger Moslem, auch wenn er in seiner politischen und militärischen Ausbildung vorwiegend westlich geprägt ist. Bei den Präsidentschaftswahlen am 20. 3. 1994 wird er im Amt bestätigt.

Biya, *Paul* (Kamerun) *Mvoméka 13. 2. 1933; seit 1982 Staatspräsident

Studium der Politik und des öffentlichen Rechts in Paris. Seit 1964 in Kamerun in der Verwaltung tätig; ab 30. 6. 1975 Ministerpräsident. Seit 6. 11. 1982 ist er als Nachfolger von *Ahmadou Ahidjo* Staatspräsident und seit September 1983 auch Vorsitzender der Einheitspartei L'Union Nationale Camerounaise UNC (seit 1985 Rassemblement Démocratique du Peuple Camerounais/RDPC). *B.*, der 1991 die Einparteienherrschaft aufhebt, wird bei den ersten freien Präsidentschaftswahlen seit der Unabhängigkeit des Landes (1960) am 11. 10. 1992 im Amt bestätigt.

Bizimungu, *Pasteur* (Ruanda), *Gisenyi 4. 3. 1951; seit 1994 Staatspräsident

Angehöriger der Hutu. Enger Mitarbeiter des langjährigen Präsidenten *Juvénal Habyarimana.* Steigt zum Direktor des nationalen Energieunternehmens Elektrogaz auf. Ende der 80er Jahre wendet er sich vom Regime ab und gehört zu den Gründungsmitgliedern des Front Patriotique Rwandais (FPR). Am 19. 7. 1994 wird *B.* zum Staatspräsidenten ernannt.

Blair, *Anthony [Tony] Charles Lynton* (Großbritannien), *Edinburgh 6. 5. 1953; seit 1997 Premierminister.

Nach dem Jurastudium am St. John's College in Oxford als Rechtsanwalt tätig. 1975 tritt er der Labour Party (LP) bei. 1983 wird er erstmals ins Unterhaus gewählt und wird rasch Sprecher für Finanz- und Wirtschaftsfragen. 1988 wird *B.* in das Schattenkabinett von LP-Chef *Neil Kinnock* berufen. Nach dem Rücktritt von Kinnock als Folge der Wahlniederlage 1992 beruft ihn dessen Nachfolger John Smith in sein Schattenkabinett, verantwortlich für Arbeit, später für Inneres. Nach *Smiths* unerwartetem Tod im Mai 1994 wird B. am 21. 7. 1994 zum neuen Parteivorsitzenden gewählt. Bei den Unterhauswahlen am 1. 5. 1997 erzielt er mit seiner LP einen Erdrutsch-Sieg. Er wird am 3. 5. vereidigt und löst damit *John Major* im Amt des Premierministers ab.

Bongo, *Omar* [früher *Bernard-Albert B.*] (Gabun), *Lewai (bei Franceville) 30. 12. 1935; seit 1967 Staatspräsident

Sohn einer Bateke-Familie. Nach dem Besuch einer Handelsschule Studium am Technischen College von Brazzaville, im Verwaltungsdienst tätig; 1954–60 Dienst in der französischen Luftwaffe; 1960 im Außenministerium, dann Kabinettschef des Präsidenten, 1964 verantwortlich für die Landesverteidigung, 1966 zusätzlich Informationsminister und Regierungskommissar beim Gerichtshof für Staatssicherheit. Im November 1966 zum Vizepräsidenten der Republik ernannt und im März 1967 durch Wahl in diesem Amt bestätigt. Nach dem Tod von *Léon Mba* seit 2. 12. 1967 dessen Nachfolger im Amt des Staatspräsidenten. Nach schweren Unruhen hebt *B.* im Mai 1990 die seit 1968 bestehende Einparteienherrschaft auf. Im Dezember 1993 setzt er sich bei den Präsidentschaftswahlen, bei der er erstmals gegen einen Konkurrenten antreten muß, erneut durch.

Bosić, *Boro* (Bosnien-Herzegowina), * keine Angaben, seit 1996 Ministerpräsident

In der am 21. 3. 1992 durch die Serben in Bosnien-Herzegowina proklamierten Serbischen Republik (Republika Srpska/RS) wird er 1994 Minister für Handel und Energie, dann Direktor eines Kraftwerks im Norden des Landes. Am 12. 12. 1996 wird *B.*, der bis dahin eher zur zweiten Garde der Politiker in der RS gehörte, vom bosnischen Staatspräsidium gemeinsam mit dem Bosniaken → *Silajdžić* in den Ministerrat berufen. Dieser wird somit von zwei gleichberechtigten Ministerpräsidenten geführt, die sich im wöchentlichen Turnus in der Amtsführung abwechseln.

Branco de Sampaio → Sampaio

Burke, *Ray* (Irland), * Portrane, Dublin September 1943; seit 1997 Außenminister

B. begann seine politische Karriere als Staatssekretär im Ministerium für Industrie, Handel und Energie 1978. Von 1980–90 war er nacheinander als Minister für die Ressorts Umwelt, Industrie, Handel und Kommunikation und Justiz zuständig. 1995–97 war er außenpolitischer Sprecher der Fianna Fáil. Nach dem Sieg der Fianna Fáil bei den Parlamentswahlen am 6. 6. 1997 wird B. in der Regierung → *Ahern* am 26.6. neuer Außenminister und folgt damit *Dick Spring* im Amt.

Buyoya, *Pierre* (Burundi), * Rutovu 24. 11. 1949; 1987–93 und seit 1996 Staatspräsident

Militärische Laufbahn, Studium an einer belgischen Militärakademie, zeitweilig auch in Frankreich und in der Bundesrepublik Deutschland; zuletzt in seiner Heimat Major. Seit 1982 Mitglied des ZK der Einheitspartei Union für den nationalen Fortschritt (UPRONA). Am 4. 9. 1987 putscht er gegen den Tutsi-Diktator *Jean-Baptiste Bagaza* und übernimmt als Vorsitzender einer Militärjunta die Macht. *B.*, der dem Minderheitenstamm der Tutsi angehört, beteiligt in der Folge Hutu an der Regierung, die schließlich die Hälfte der Ministerposten besetzen. 1993 macht er den Weg frei für die ersten demokratischen Wahlen und tritt zurück, als er im Juni gegen den Kandidaten der Hutu, *Melchior Ndadaye*, unterliegt. Nach seiner Wahlniederlage gründet er in Bujumbara die Stiftung für Einheit, Frieden und Demokratie. Am 25. 7. 1996 putscht *B.* gegen den Präsidenten *Syvestre Ntibantunganya*, einen Hutu, und ernennt sich zum neuen Staatsoberhaupt.

Caldera Rodriguez, *Rafael* (Venezuela), * San Felipe (Yaracuy) 21. 1. 1916; 1969–74 und seit 1994 Staatspräsident

Nach Besuch einer Jesuitenschule Jurastudium (Promotion); Rechtsanwalt, Prof. für Soziologie und Arbeitsrecht in Caracas. Früh politisch aktiv, 1932–34 Sekretär des Zentralrates der Katholischen Jugend. Seit 1941 Abgeordneter. 1946 Mitbegründer der christdemokratischen Partei COPEI. Nach mehrfach gescheiterten Kandidaturen 1969 Staatspräsident für eine Amtszeit bis 1974. 1991 überwirft er sich mit der COPEI und gründet die Convergencia Nacional (CN), einen Zusammenschluß von Gruppen, die von der rechten Mitte bis zu den Kommunisten reichen. Der überzeugte Katholik *C.* wird 1993 Spitzenkandidat eines Bündnisses seiner CN mit dem Movimiento al Socialismo (MAS) und gewinnt die Präsidentschaftswahlen am 5. 12. mit 30,5 % der Stimmen; im Parlament ist er jedoch ohne eigene Mehrheit, da das Bündnis nur 50 von 203 Sitzen im Kongreß erringt. *C.*, der am 2. 2. 1994 als neuer Staatspräsident vereidigt wird, strebt einen »nationalen Pakt« an.

Calderón Sol, *Armando* (El Salvador), * San Salvador 24. 6. 1948; seit 1994 Staatspräsident

Nach dem Jurastudium (Promotion) vertritt er die rechtlichen Belange der Familie mit zahlreichen Unternehmen im Kaffeegeschäft. Nach Beginn des Bürgerkriegs gründet er mit *Roberto d'Aubuisson* 1981 die rechtsgerichtete ARENA-Partei, für die er 1985 ins Parlament einzieht. Seit 1988 ist er Bürgermeister von San Salvador. Als Kandidat der ARENA verfehlt er bei den Präsidentschaftswahlen am 20. 3. 1994 mit 49,2 % nur knapp die absolute Mehrheit, geht aber aus der Stichwahl am 24. 4. mit 68 % deutlich als Sieger über seinen Rivalen *Rubén Zamora* von der FMLN hervor und tritt am 1. 6. die Nachfolge von *Alfredo Cristiani* als Staatspräsident an. *C.*, der dem rechten Flügel seiner Partei zuzuordnen ist, verspricht die Umsetzung des Friedensabkommens von 1992, das das Ende des Bürgerkrieges in El Salvador bedeutete.

Cardoso, *Fernando Henrique* (Brasilien), * Rio de Janeiro 18. 6. 1931; seit 1995 Staatspräsident

Der Sohn eines Generals schlägt nach dem Studium der Sozialwissenschaften 1952 die Universitätslaufbahn ein, ab 1962 als Dozent an ausländischen Universitäten, u. a. in Paris. 1968 Professor in São Paulo, muß *C.* das Land 1969 wieder verlassen, nachdem ihm die Militärjunta die Bürgerrechte aberkannt hatte. Nach erneuter Rückkehr 1979

Mitbegründer der Partei der Brasilianischen Bürgerrechtsbewegung (PMDB) 1980, für die er 1982 auch in den Senat einzieht. 1988 gehört *C.* zu den Gründern der Sozialdemokratischen Partei Brasiliens (PSDB), für die er unter Präsident *Itamar Franco* 1992 zunächst Außen-, ab Mai 1993 Finanzminister ist. Mit der Einführung einer neuen Landeswährung (Real), die die Inflationsrate drückt und zur Geldwertstabilität beiträgt, gewinnt er Popularität bei breiten Schichten der Bevölkerung. Als Kandidat dreier links und rechts der Mitte einzuordnender Parteien siegt er bei den Präsidentschaftswahlen am 3. 10. 1994 mit 54,3% der Stimmen bereits im ersten Wahlgang und wird am 1. 1. 1995 für eine vierjährige Amtszeit vereidigt.

Castro Ruz, *Fidel* (Kuba), * Mayarí (Provinz Oriente) 13. 8. 1926; seit 1959 Regierungschef und ab 1976 auch Staatsoberhaupt

Jurastudium (Promotion), Anwalt; ab 1953 Führer im Kampf gegen den Diktator *Fulgencio Batista,* den er 1959 nach 4 Jahren Guerilla stürzt. Er wird 1965 zum Generalsekretär der KP und 1976 zum Vorsitzenden des neugebildeten Staatsrats gewählt; vereinigt die Funktionen des Staats- und Regierungschefs, Parteivorsitzenden und Oberbefehlshabers der Streitkräfte. Vom Volkskongreß wird er am 15. 3. 1993 für eine weitere fünfjährige Amtszeit bestätigt. *C.* gibt 1993/94 angesichts der Wirtschaftskrise Teile der sozialistischen Wirtschaftsordnung auf.

Charasi → Kharazi

Chatami → Khatami

Chavalit Yongchaiyudh (Thailand), * 15. 5. 1932; seit 1996 Ministerpräsident

Nach dem Besuch namhafter Militärakademien und Vietnameinsatz wird er Befehlshaber an der Grenze seines Landes zu Malaysia. Mitte der 80er Jahre steigt er zum Chef der Streitkräfte auf. 1990 beendet er seine Militärlaufbahn und betritt mit der Gründung der New Aspiration Party (NAP) die politische Bühne. Seitdem gehört er jeder Regierung an, zunächst als Innen-, dann als Verteidigungsminister. Aus den vorgezogenen Parlamentswahlen am 17. 11. 1996 geht er mit seiner NAP als stärkste Kraft hervor und wird am 1. 12. als neuer Ministerpräsident vereidigt. *Ch.,* der die Nachfolge von *Barnharn Silpa-Archa* antritt, ist der erste General, der nach dem »blutigen Mai« 1992, als bei der Niederschlagung der Proteste gegen den traditionell starken politischen Einfluß des Militärs zahlreiche Menschen ums Leben kamen, wieder an die Regierungsspitze gelangt.

Chiluba, *Frederick* (Sambia), * Kitwe (Provinz Luapala, Nordrhodesien) 30. 4. 1943; seit 1991 Staatspräsident

Sohn eines Bergarbeiters aus dem Copperbelt. Anfang der 70er Jahre Delegierter seines Landes in der UN-Generalversammlung. Engagement in der Gewerkschaftsbewegung und ab 1974 Vorsitzender des mächtigen Gewerkschaftsbundes ZCTU. 1981 lehnt er das Angebot von Präsident *Kenneth Kaunda* ab, Mitglied des ZK der Einheitspartei UNIP und Arbeitsminister zu werden, und wird daraufhin ohne Gerichtsverfahren 3 Monate inhaftiert. 1990 wird er zum Vorsitzenden der neugegründeten Bewegung für Mehrparteiendemokratie (MMD) gewählt. Bei den ersten Mehrparteienwahlen in der Geschichte des Landes erringt seine MMD eine große Mehrheit. In der Präsidentschaftswahl erhält er mit 64,37% fast doppelt so viele Stimmen wie *Kaunda,* den er am 2. 11. 1991 nach 27 Jahren Alleinherrschaft im Amt ablöst. *Ch.* geht aus den Präsidentschaftswahlen am 18. 11. 1996, die von der Opposition als weder frei noch fair bezeichnet werden, erneut als Sieger hervor und wird am 21. 11. wieder als Staatspräsident vereidigt.

Chirac, *Jacques René* (Frankreich), * Paris 29. 11. 1932; seit 1995 Staatspräsident

Studium an Elitehochschulen (u. a. ENA), Militärdienst in Algerien. 1967 erstmals in die Nationalversammlung gewählt, wird er 1967 Staatssekretär im Sozialministerium und führt im revolutionären Mai 1968 Verhandlungen mit den Gewerkschaften, die über das Ende des Generalstreiks entscheiden. Von seinem inzwischen zum Staatspräsidenten gewählten Mentor *Georges Pompidou* gefördert, wird er 1971 Minister für Beziehungen zum Parlament, 1972 Landwirtschafts- und 1974 Innenminister. 1976 formiert er die gaullistische Organisation neu, gründet die Sammlungsbewegung für die Republik (RPR) und übernimmt deren Vorsitz. 1977 wird er Bürgermeister von Paris. Das Amt des Ministerpräsidenten bekleidet er zweimal, von 1974–76 unter *Valéry Giscard d'Estaing* und 1986–88 in Kohabitation mit Präsident *François Mitterrand.* Beide Male legt er, da er sich in seiner Tätigkeit behindert fühlt, das Amt vorzeitig nieder. Als das bürgerliche Lager 1993 einen überwältigenden Wahlsieg erringt, überläßt er das Amt des Ministerpräsidenten seinem langjährigen Weggefährten *Edouard Balladur.* Bei den Präsidentschaftswahlen 1995 wirft er am 23. 4. im 1. Wahlgang Premier *Balladur,* der entgegen einer gemeinsamen Absprache ebenfalls kandidierte, aus dem Rennen; im 2. Wahlgang am 7. 5. schlägt er mit 52,6 % den Sozialisten → *Jospin*. Mit *C.*, der am 15. 7. als Präsident vereidigt wird, zieht nach einem Vierteljahrhundert wieder ein Gaullist bzw. Neogaullist in den Elysée ein. Am 21. 4. 1997 gibt er die Auflösung der Nationalversammlung, in der die bürgerlichen Parteien eine klare Mehrheit haben, bekannt, setzt für den 25. 5. und 1. 6. um 10 Monate vorgezogene Parlamentswahlen an, aus denen die sozialistische Partei (PS) und die Linke als Sieger hervorgehen, und ernennt am 2. 6. *Jospin* zum neuen Premierminister.

Chissano, *Joaquim Alberto* (Mosambik), * Malehice 22. 10. 1939; seit 1986 Staatspräsident

Sohn einer wohlhabenden und politisch einflußreichen Familie. Als einer der ersten schwarzen Schüler besucht er das von den Portugiesen gegründete Gymnasium in Lourenço Marques (heute Maputo), studiert anschließend in Portugal Medizin. 1962 nimmt er an der Gründungsversammlung der Bewegung zur Befreiung Mosambiks (FRELIMO) teil. Vor der portugiesischen Polizei flieht er nach Paris, studiert an der Sorbonne. 1974, nach dem Sieg der FRELIMO im Bürgerkrieg, wird er im Auftrag von *Samora Machel* Präsident eines Übergangskabinetts, nach der völligen Unabhängigkeit des Landes von Portugal am 2. 7. 1975 Außenminister. Nach dem Tod *Machels* (Flugzeugabsturz) wird er vom ZK der FRELIMO am 3. 11. 1986 zum Parteichef und Staatspräsidenten gewählt. Bei den ersten freien Wahlen vom 27.–29. 10. 1994 wird er als Staatsoberhaupt bestätigt und am 10. 12. vereidigt.

Chrétien, *Jean* (Kanada), * Shawinigan (Provinz Québec) 11. 1. 1934; seit 1993 Premierminister

Jurastudium, Rechtsanwalt. Seit 1963 im Unterhaus; Mitglied der Liberalen Partei (LP). Seit 1967 Minister in liberalen Regierungen. 1986 zieht er sich aus der Politik zurück, nachdem er 2 Jahre zuvor gegen *John Turner* im Kampf um die Nachfolge von *Pierre Elliott Trudeau* unterlegen war. In akuter Führungsnot holen ihn die Liberalen 1990 an die Parteispitze zurück. Bei den Parlamentswahlen am 25. 10. 1993 erringt seine LP einen überwältigenden Sieg. Der Katholik *C.* wird am 4. 11. 1993 vereidigt und löst damit *Kim Campbell* im Amt ab. Bei den um anderthalb Jahre vorgezogenen Parlamentswahlen am 2. 6. 1997, bei denen seine LP knapp die absolute Mehrheit behauptet, wird er im Amt bestätigt.

Cimoszewícz, *Wlodzimierz* (Polen), * Warschau 13. 9. 1950; seit 1996 Ministerpräsident

Jurastudium an der Universität Warschau. Mitglied im Sozialistischen Studentenverband und in der Polnischen Vereinigten Arbeiterpartei (PVAP). 1977–78 als Praktikant bei den Vereinten Nationen in Genf, dann von 1980–82 Fulbright-Stipendiat an der Columbia University in New York. 1985 gibt er seine Tätigkeit als wissenschaftlicher Mitarbeiter der Universität Warschau auf und übernimmt die Leitung eines Landwirtschaftsbetriebes seiner Frau in der Nähe von Bialystok. 1989 wird er Abgeordneter seiner Partei im ersten halbwegs frei gewählten Sejm. Nach dem Ende der PVAP im Januar 1990 wird er Mitglied des Bündnisses der Demokratischen Linken (SLD). Er kandidiert mit mäßigem Erfolg bei den Präsidentschaftswahlen 1990 gegen *Wałęsa.* In der ersten postkommunistischen Regierung wird er im Oktober 1993 Vizepremier und Justizminister, im Frühjahr 1995 stellv. Sejmmarschall. Am 7. 2. 1996 wird er nach dem Rücktritt von *Józef Oleksy* von der SLD zum neuen Ministerpräsidenten ernannt und am 15. 2. vom Sejm bestätigt. *C.* ist bereits der dritte Regierungschef der Koalition aus SLD und Bauernpartei (PSL), die 1993 die Wahlen zum Parlament gewonnen hatte, und der 7. Regierungschef seit der Wende 1989.

Ciorbea, *Victor* (Rumänien), * Ponor 26. 10. 1954; seit 1996 Ministerpräsident

Nach dem Jurastudium (Promotion) ab 1979 zunächst Richter am Stadtgericht in Bukarest; 1984–87 Rechtsanwalt bei der Generalstaatsanwaltschaft. Von 1984 bis 1990 auch als Hochschulassistent und Lektor an der juristischen Fakultät tätig. Nach der Revolution von 1989 widmet er sich der Gewerkschaftsarbeit und übernimmt 1990 den Vorsitz des Nationalverbandes der Freien Gewerkschaften, ab 1994 des neuen unabhängigen Verbandes Demokratischer Gewerkschaften. 1992 hält er sich für mehrere Monate zu Management-Seminaren in Cleveland (USA) auf. Den ihm vom ehemaligen Staatspräsidenten *Ion Iliescu* 1994 angetragenen Posten eines Arbeitsministers lehnt er ab. Bei den Kommunalwahlen im Juni 1996 erringt er als Kandidat des Oppositionsbündnisses Demokratische Konvention (CDR) die Mehrheit in Bukarest und wird Bürgermeister der Hauptstadt. Nach dem Sieg der CDR bei den Parlamentswahlen am 3. 11. wird *C.* von der Bauernpartei, dem größten Bündnispartner in der CDR, als Ministerpräsident nominiert und am 9. 12. vereidigt.

Ciubuk, *Ion* (Moldau), * 1943; seit 1997 Ministerpräsident

Studium der Wirtschaftswissenschaften (Promotion). Mitglied mehrerer Regierungen; zuletzt Präsident des Landesrechnungshofes. Am 17. 1. 1997 wird er von Staatspräsident → *Lucinschi* zum neuen Ministerpräsidenten ernannt und am 24. 1. vereidigt. *C.* ist ein Schwager des bisherigen Regierungschefs *Andrej Sangheli*, der sich um das Präsidentenamt beworben hatte, aber in der ersten Runde am 17. 11. ausgeschieden und anschließend von seinem Amt zurückgetreten war.

Clinton, *Bill* [eigentlich *William Jefferson Blythe*] (USA), * Hope (AR) 19. 8. 1946; seit 1993 Präsident

Sein Vater, *W. Blythe*, stirbt schon vor der Geburt des Sohnes bei einem Autounfall; *C.* erhält später den Familiennamen seines Stiefvaters. Wächst in bescheidenen Verhältnissen bei seinen Großeltern auf. Während des Studiums der internationalen Angelegenheiten an der Georgetown University in Washington (1964–68) ist er auf dem Capitol Hill für Senator *William Fulbright* tätig; danach als Rhodes-Stipendiat zweijähriger Studienaufenthalt in Oxford. Nach einem Jurastudium an der Yale University (Promotion) – wegen des Studiums vom Militär zurückgestellt – Assistenzprofessor für Rechtswissenschaften an der University of Arkansas (1974–76). Anschließend wirkt er 2 Jahre als Generalstaatsanwalt seines Heimatstaates. 1978 mit 32 Jahren zum Gouverneur von Arkansas gewählt, behauptet er mit zweijähriger Unterbrechung (1980–82) diese Position. Der Baptist *C.*, der zu den konservativen Südstaaten-Demokraten gehört, wird nach erfolgreichem Vorwahlkampf am 15. 7. 1992 vom Parteikonvent der Demokraten zum Präsidentschaftskandidaten ernannt, geht aus den Wahlen am 3. 11. als Sieger über *George Bush* hervor und tritt am 20. 1. 1993 als 42. Präsident der USA dessen Nachfolge an. Mit *C.*, der der jüngste Amtsinhaber seit Präsident *John F. Kennedy* ist, zieht erstmals nach 12 Jahren wieder ein Demokrat ins Weiße Haus ein. Nach dem Erdrutschsieg der Republikaner bei den Kongreßwahlen am 8. 11. 1994, die zum Verlust der demokratischen Mehrheiten in Senat und Repräsentantenhaus führen, ist er in seiner Position geschwächt, wird aber erneut Kandidat der Demokraten für die Präsidentschaftswahlen am 5. 11. 1996, die er deutlich gegen den Kandidaten der Republikaner *Bob Dole* gewinnt. Am 20. 1. 1997 wird er für eine 2. Amtszeit vereidigt.

Compaoré, *Blaise* (Burkina Faso); * 3. 2. 1951; seit 1987 Staatspräsident

Militärische Laufbahn; Ausbildung in Kamerun, Marokko und Frankreich. Als Kommandeur der Fallschirmjäger unterstützt er im November 1982 den Militärputsch gegen Präsident *Saye Zerbo*, aus dem sein Freund *Thomas Sankara* zunächst als Ministerpräsident und nach einem erneuten Putsch im August 1983 als Staatspräsident hervorgeht. Unter diesem Staatsminister im Präsidialamt und Justizminister. In einem blutigen Staatsstreich stürzt er am 15. 10. 1987 *Sankara*, der dabei ums Leben kommt, und ernennt sich am 31. 10. zum Staats- und Regierungschef. Wird bei den Präsidentschaftswahlen vom 1. 12. 1991, bei denen die Opposition zum Boykott aufgerufen hatte, ohne Gegenkandidat in seinem Amt bestätigt. Die erste Mehrparteienwahl seit 14 Jahren am 24. 5. 1992 stärkt zwar seine Organisation für Volksdemokratie, die 78 der 107 Sitze erringt, vertieft aber die Kluft zur Opposition, die ihm massiven Wahlbetrug vorwirft. Am 6. 7. 1997 übernimmt er von *Kadré Désiré Ouédraogo* auch das Amt des Regierungschefs.

Constantinescu, *Emil* (Rumänien), * Tighina (heute Republik Moldau) 19. 11. 1939; seit 1996 Staatspräsident

Nach dem Jurastudium in Bukarest zunächst einjährige Richtertätigkeit. Anschließend von 1961 bis 1966 Studium der Geologie. *C.* schlägt eine akademische Laufbahn ein und wird Professor für Geologie und Rektor (bis 1996) der Bukarester Universität. Nach dem Ende der Diktatur im Dezember 1989 wird er in der Opposition gegen Präsident *Ion Iliescu* und die regierende Partei der Sozialen Demokratie (PSDR) aktiv. Er ist Mitbegründer und maßgebender Politiker des Oppositionsbündnisses Demokratische Konvention (CDR). 1992 scheitert er beim ersten Anlauf, das Präsidentenamt zu erringen. Aus den Präsidentschaftswahlen am 3. 11. 1996 geht er als Zweitplazierter hinter *Iliescu* hervor, schlägt diesen aber in der Stichwahl am 17. 11. und wird am 28. 11. als neuer Staatspräsident vereidigt. *C.* tritt für eine baldige Aufnahme seines Landes in die EU und in die NATO ein.

Conté, *Lansana* (Guinea) * Koya 1934; seit 1984 Staatspräsident

Ausbildung an der Militärakademie Saint Louis im Senegal. Militärlaufbahn; seit 1956 Offizier in der französischen Kolonialarmee, danach in der guineischen Nationalarmee. Teilnahme am Kampf für die Unabhängigkeit der Kapverden und Guinea-

Bissaus von den Portugiesen. Später Kommandeur der 5. Militärzone (Nord und Nordwesten Guineas). Nach 1970 Stabschef, besetzt zuletzt den 3. Platz in der Militärhierarchie. Übernimmt am 3. 4. 1984, eine Woche nach dem Tod von *Sékou Touré,* in einem unblutigen Staatsstreich die Macht. Am 5. 4. zum Vorsitzenden des Militärkomitees für den nationalen Wiederaufbau und zum Staatspräsidenten ernannt. Läßt 1992 oppositionelle Parteien zu, versucht seither jedoch, die Demokratiebewegung unter Kontrolle zu halten. Bei den ersten freien Wahlen in der Geschichte des Landes wird *C.* im Dezember 1993 im Amt bestätigt.

Cook, *Robin* (Großbritannien), *1946; seit 1997 Außenminister

Sohn eines Schuldirektors aus Schottland. Nach dem Studium der englischen Literatur zunächst als Englischlehrer tätig. 1970 wendet er sich der Politik zu und zieht für die Labour Party in Edinburgh in den Stadtrat ein. Seit 1974 gehört er dem Unterhaus an. Für Labour zunächst für Handels- und Industriefragen zuständig, ist er seit 1974 deren außenpolitischer Sprecher. *C.*, der über Einfluß im linken Labour-Lager verfügt, wird nach dem Sieg seiner Partei bei den Unterhauswahlen am 1. 5. 1997 von Premierminister → *Blair* zum Außenminister ernannt und tritt damit die Nachfolge von *Malcolm Rifkind* an. Er umreißt die neue britische Haltung der EU gegenüber als »konstruktives Engagement« bei gleichzeitiger energischer Verteidigung der nationalen Interessen und gibt sogleich grünes Licht für den britischen Beitritt zur EU-Sozialcharta.

Cotti, *Flavio* (Schweiz), * Muralto 18. 10. 1939; seit 1993 Außenminister

Jurastudium in Fribourg. Nach Tätigkeiten auf kommunaler und kantonaler Ebene, zuletzt 1983 im Tessiner Staatsrat (Kantonsregierung), wird er im selben Jahr ins Bundesparlament gewählt. Mitglied der Christlich-demokratischen Volkspartei (CVP) und seit 1984 deren Vorsitzender. Seit 1987 im Bundesrat, übernimmt er zunächst das Departement des Inneren und wird im Dezember 1990 von der Bundesversammlung zum Bundespräsidenten für 1991 gewählt. Seit 1993 leitet er das Departement für Auswärtige Angelegenheiten.

Déby, *Idriss* (Tschad), * 1952; seit 1990 Staatspräsident

Ehemals Weggefährte von *Hissène Habré,* zu dessen Aufstieg zur Macht er entscheidend beigetragen hat. Nach *Habrés* Sieg 1982 wird *D.* Oberbefehlshaber der Armee und 1985 Militärberater. Nach einem gescheiterten Putschversuch gegen *Habré* im April 1989 flieht *D.* in den Sudan, wo er in wenigen Monaten eine neue Kampftruppe um sich schart und die Patriotische Heilsbewegung gründet. *D.*, der als glänzender Stratege gilt, fällt Anfang November 1990 mit seinen Rebellen im Tschad ein und erobert am 1. 12. die Hauptstadt N'Djaména. Am 4. 3. 1991 wird er als neuer Präsident vereidigt. Aus den ersten freien Präsidentschaftswahlen am 2. 6. und 3. 7. 1996 geht *D.* als Sieger hervor.

Dehaene, *Jean-Luc* (Belgien), * Montpellier (Frankreich) 7. 8. 1940; seit 1992 Ministerpräsident

Studium der Rechts- und Wirtschaftswissenschaften; erstes politisches Engagement in der flämisch-christlichen Gewerkschaftsbewegung. In der Jugendorganisation der Christlichen Volkspartei (CVP) erzwingt er zusammen mit seinem Freund *Wilfried Martens* den Generationenwechsel. 1971–78 zunächst Mitarbeiter in verschiedenen Ministerien; 1979 Kabinettschef in der ersten Regierung *Martens.* Ab 1981 Minister für Sozialpolitik und institutionelle Reformen, zuletzt Verkehrsminister. Nach der verheerenden Niederlage der CVP bei den Wahlen vom November 1991 gelingt es *D.*, am 7. 3. 1992 eine Koalitionsregierung aus Christdemokraten und Sozialisten beider Landesteile zu bilden. Aus den vorgezogenen Parlamentswahlen am 21. 5. 1995 geht die Mitte-Links-Koalition unter *D.* gestärkt hervor.

Demirel, *Süleyman* (Türkei), * Islamköy 6. 10. 1924; seit 1993 Staatspräsident

Studium der Ingenieurwissenschaften; Bauunternehmer. Politisch in der rechtsgerichteten Gerechtigkeitspartei (AP) aktiv, 1964 ihr Vorsitzender. 1965, nach einem großen Wahlerfolg seiner Partei, Regierungschef, am 12. 3. 1971 von den Streitkräften des Amts enthoben. Nach dem Rücktritt von *Bülent Ecevit* führt er 1975–77 eine aus Parteien der Rechten gebildete Koalitionsregierung. 1979 wieder zum Chef der AP gewählt, geht er aus den Teilwahlen vom Oktober 1979 als Ministerpräsident und Nachfolger von *Ecevit* hervor. Am 12. 9. 1980 wird er durch einen Militärputsch gestürzt und vorübergehend in Schutzhaft genommen. Ende Mai 1983 wird seine im selben Monat gegründete Großtürkische Partei verboten, *D.* wird verhaftet und am 2. 6. 1983 in die Dardanellen-Stadt Canakkale verbannt, am 1. 10. 1983 aus der Haft entlassen, aber von den Militärs für 10 Jahre politisch »gebannt«. Geht mit seiner neugegründeten Partei des Rechten Weges (DYP) aus den Parlamentswahlen vom 20. 10. 1991 als Sieger hervor und wird am 21. 11. erneut Regierungschef einer Koalition seiner DYP mit der Sozialdemokratischen Volkspartei von *Erdal Inönü*, der das Amt des stellv. Ministerpräsidenten übernimmt. Am 17. 5. 1993 wird er vom Parlament zum Nachfolger des am 17. 4. verstorbenen Staatspräsidenten *Turgut Özal* gewählt.

Derycke, *Erik* (Belgien), *Waregem (Flandern) 28. 10. 1949; seit 1995 Außenminister

Nach dem Jurastudium in Gent als Rechtsanwalt tätig. Mitglied der flämischen Sozialisten (PS). Seit 1988 Ratsherr in seiner Heimatstadt, 1990–91 Staatssekretär für Wissenschaftspolitik, dann zunächst Minister, ab 1992 Staatssekretär für Entwicklungshilfe. Nach dem Rücktritt von Außenminister *Frank Vandenbroucke* wird *D.*, der auch dem PS-Vorstand angehört, am 22. 3. 1995 zu dessen Nachfolger berufen.

Dini, *Lamberto* (Italien), *Florenz 1. 3. 1931; 1995–96 Ministerpräsident; seit 1996 Außenminister

Studium der Wirtschaftswissenschaften in Florenz und an den Universitäten von Michigan und Minnesota. 1959–79 beim Internationalen Währungsfonds (IWF) tätig. 1979 zum Generaldirektor der Banca d'Italia, der Nationalbank, ernannt. 1980–94 zudem Mitglied des Währungsausschusses der EG. In der Regierung von *Silvio Berlusconi* seit Mai 1994 Schatzminister. Nach dem Auseinanderfallen der Koalitionsregierung und dem Rücktritt von *Berlusconi* am 22. 12. 1994 wird der parteilose Finanzfachmann *D.*, der das Amt des Schatzministers beibehält, von Staatspräsident → *Scalfaro* am 17. 1. 1995 zum Ministerpräsidenten ernannt, und noch am selben Tag wird die 54. Nachkriegsregierung vereidigt. Er erklärt am 30. 12. 1995 seinen Rücktritt, der zunächst mit Blick auf die italienische Ratspräsidentschaft im 1. Halbjahr 1996 von *Scalfaro* abgelehnt wird. Da er in der Abgeordnetenkammer keine Mehrheit findet, erklärt er am 11. 1. 1996 abermals seinen Rücktritt. Am 28. 2. gründet *D.* eine eigene politische Bewegung, Rinnovamento Italiano (Erneuerung Italiens), die sich als eine Reformpartei des Zentrums bezeichnet, und schließt sich dem Mitte-Links-Bündnis Ulivo (Ölbaum) an. Er erreicht mit seiner Partei bei den vorgezogenen Parlamentswahlen am 21. 4. 1996 einen Achtungserfolg und übernimmt im Kabinett des neuen Ministerpräsidenten → *Prodi* als Nachfolger von *Susanna Agnelli* das Amt des Außenministers.

Diouf, *Abdou* (Senegal), *Louga 7. 9. 1935; 1970–80 Ministerpräsident, seit 1981 Staatspräsident

Studium der Rechts- und Politikwissenschaft in Dakar und Paris, 1961 Eintritt in die Einheitspartei von *Léopold Sédar Senghor* und stellv. Generalsekretär der Regierung, im Dez. 1961 Gouverneur der Region Sine Saloum. Erst Kabinettschef des Außenministers, dann 1963 des Präsidenten, 1964 Generalsekretär der Regierung; 1962 und 1968–70 Planungs- und Industrieminister. Am 28. 2. 1970 Ernennung zum Ministerpräsidenten. Seit dem Jahreswechsel 1980/81 Nachfolger von Präsident *Senghor.*

Dos Santos, *José Eduardo* (Angola), *Luanda 28. 8. 1942; seit 1979 Staatspräsident

Maurer; 1969 in Moskau Examen als Erdölingenieur, anschließend Studium des Militärfernmeldewesens. Seit 1961 im marxistischen Movimento Popular de Libertação de Angola (MPLA) und sodann in dessen (Guerilla-)Volksarmee (FAPLA) im Unabhängigkeitskampf gegen Portugal. 1963–70 in Moskau, danach rascher Aufstieg in der MPLA. Seit 1974 Mitglied des ZK und des Politbüros. 1975 erster Außenminister des unabhängigen Angola, seit 1978 Sekretär des ZK und Planungsminister. Nach dem Tode von *António Agostinho Neto* am 20. 9. 1979 vom ZK der MPLA zum Vorsitzenden gewählt, damit auch Staatspräsident (am 21. 9. vereidigt) und Oberkommandierender. Bei der ersten Direktwahl am 29./30. 9. 1992 wird *D. S.* im Amt bestätigt.

Duisenberg, *Willem [«Wim«] Frederick* (EWI/Niederlande), *Heerenveen 9. 7. 1935; seit 1997 Präsident des Europäischen Währungsinstituts

Nach dem Studium der Volkswirtschaft an der Universität Groningen ab 1961 zunächst dort als wissenschaftlicher Assistent tätig, ab 1966 beim Internationalen Währungsfonds (IWF). Von 1970 bis 1973 Professor für Makroökonomie an der Universität Amsterdam. 1973 wird *D.* zum Finanzminister ernannt (bis 1977). Ab 1978 im Vorstand der Rabobank. Seit Januar 1982 ist er Präsident der niederländischen Zentralbank. 1988–90 und seit 1994 auch Präsident der Bank für Internationalen Zahlungsausgleich (BIZ), der »Bank der Zentralbanken«. *D.* wird am 1. 7. 1997 Präsident des Europäischen Währungsinstituts (EWI) in Frankfurt/Main und soll dort bis zum Start der Währungsunion 1999 den Aufbau der Europäischen Zentralbank (EZB) leiten.

Enksaikhan [Enchsaichan], *Mendsaikhan* (Mongolei), * Ulan Bator 1955; seit 1996 Ministerpräsident

Nach dem Studium der Wirtschaftswissenschaften zunächst an der Universität Kiew, ab 1978 am Institut für Preise des Handelsministeriums tätig, in dem er zum stellvertretenden Direktor aufsteigt. Anschließend Direktor des Marketinginstituts im Außenministerium. 1990–92 Vorsitzender des Wirtschaftsausschusses im Parlament der Provinz Baga. 1990 wird E. auch ins nationale Parlament (Großer Volkshural) gewählt, 1992 ins Parlament der Provinz Ikh. Ab 1992 ist er Vorsitzender der Nationaldemokratischen Partei (NDP). 1993 wird er zum Leiter des Büros von Präsident *Punsalmagiyn Otschirbat* ernannt, dessen Wahlkampf im gleichen Jahr er organisiert. Als Vorsitzender der oppositionellen Demokratischen Union (DU), einer Koalition seiner NDP mit der Sozialdemokratischem Partei (SDP), gewinnt er am 30. 6. 1996 die zweiten freien Parlamentswahlen seit dem Ende des Kommunismus 1990. Am 19. 7. wird er vom Parlament zum Ministerpräsidenten und Nachfolger von *Puntsagiyn Dschasray* gewählt.

Esquivel, *Manuel* (Belize), * Belize City 2. 5. 1940; 1984–89 und seit 1993 Ministerpräsident

Nach dem Studium der Physik bis 1982 Lehrer am von Jesuiten geleiteten St. John's College in Belize City. 1974–80 im Stadtrat von Belize City. Mitglied der konservativen Vereinigten Demokratischen Partei (UDP) und seit 1980 deren Vorsitzender. Bei den ersten Wahlen seit der Unabhängigkeit des Landes im Jahre 1981 gewinnt seine UDP am 14. 12. 1984 vor den bis dahin regierenden Sozialdemokraten (PUP) unter dem seit 1964 amtierenden Regierungschef *George Price.* Trotz bescheidener wirtschaftlicher Erfolge während seiner Amtszeit erleidet er bei den Wahlen vom 4. 9. 1989 eine knappe Niederlage und wird von *Price* abgelöst. Nach den Wahlen vom 30. 6. 1993 ist er seit 2. 7. erneut Regierungschef.

Eyadema, *Étienne Gnassingbé* (Togo), * Pya (Bezirk Lama-Kara) 26. 12. 1937; seit 1967 Staatspräsident

Nach Schulbesuch Eintritt in die französische Kolonialarmee und Unteroffizierslaufbahn, u. a. zwischen 1953 und 1961 Einsatz in Algerien und in Indochina; Stabsfeldwebel mit Auszeichnungen. Im unabhängig gewordenen Togo Aufstieg zum Generalstabschef und Oberstleutnant. 1963 maßgeblich an der »Liquidierung« des Staatspräsidenten *Sylvanus Olympio* beteiligt, 1965–67 Stabschef der Streitkräfte. Seit dem Putsch vom 13. 1. 1967 gegen *Nicolas Grunitzky* Staatspräsident und Verteidigungsminister; seit 1969 Vorsitzender der Einheitspartei Rassemblement du Peuple Togolais (RPT). Geht aus den Präsidentschaftswahlen am 25. 8. 1993, die von den größeren Oppositionsparteien boykottiert wurden, als Sieger hervor.

Fernández Reyna, *Leonel* (Dominikanische Republik), * Santo Domingo 26. 12. 1953; seit 1996 Staatspräsident

Aufgewachsen in den USA, studiert er nach seiner Rückkehr an der Universität Santo Domingo und wird Rechtsanwalt sowie Professor für Journalismus. Als Mitglied der Partei der Dominikanischen Befreiung (PLD) steigt er 1994, nach der Wahlniederlage von *Juan Bosch*, zum stellvertretenden Vorsitzenden auf. Aus den vorgezogenen Präsidentschaftswahlen am 16. 5. 1996 geht *F.* als Zweitplazierter hinter dem Kandidaten der Partei der Dominikanischen Revolution (PRD), *José Francisco Peña Gómez,* hervor. Mit Unterstützung des Amtsinhabers *Joaquin Balaguer* bildet er ein breites Bündnis, die Nationale Patriotische Front (FPN), gewinnt als deren Kandidat am 30. 6. die Stichwahl gegen *Peña Gómez* und löst am 16. 8. *Balaguer* im Amt des Staatspräsidenten ab.

Figueres Olsen, *José María* (Costa Rica), * 24. 12. 1954; seit 1994 Staatspräsident

Sohn des dreimaligen Präsidenten *José F.* Studium an der Militärakadamie Westpoint und in Harvard (Diplomlandwirt). Seit 1979 Manager des Landwirtschaftsverbandes und zuletzt dessen Präsident. 1988–90 Landwirtschaftsminister im Kabinett von *Oscar Arias Sánchez* (1986–90). Als Präsidentschaftskandidat der Partei der Nationalen Befreiung (PLN) geht er aus den Wahlen am 6. 2. 1994 als Sieger hervor und wird am 8. 5. als Nachfolger von *Rafael Calderón Fournier* Staatspräsident.

Filali, *Abdellatif* (Marokko), * Fès 26. 1. 1928; seit 1994 Ministerpräsident

Nach dem Jurastudium diplomat. Laufbahn, u. a. Berater von König *Mohammed V.* und Botschafter in Madrid, bis er 1972, nach einem gescheiterten Putsch gegen König → *Hassan II.*, Außenminister in einer Übergangsregierung wird. 1974 erneut Botschafter in Madrid, 1978 bei der UNO, 1980–83 in London. Nach 2 Jahren an der Spitze des Informationsministeriums seit 1985 erneut Außenminister. Am 26. 5. 1994 wird er von *Hassan II.* als Nachfolger von *Karim Lamrani* zum Ministerpräsidenten ernannt.

Frei Ruiz-Tagle, *Eduardo* (Chile), * Santiago 24. 6. 1942; seit 1994 Staatspräsident

Ältester Sohn des gleichnamigen Staatschefs von 1964–70. Nach dem Studium der Ingenieurwissenschaften wird er 1969 Angestellter einer chilenischen Baufirma, 1974 Partner des Unternehmens. 1988 verkauft er die Anteile der Firma, um sich fortan politisch zu betätigen. 1989 wird er zum Senator gewählt. Seit 1991 ist er Vorsitzender der Christdemokratischen Partei (PDC), gewinnt als Kandidat des von der PDC angeführten Regierungsbündnisses Demokratische Übereinkunft die Präsidentschaftswahlen vom 11. 12. 1993 mit 58% der Stimmen. Am 11. 3. 1994 tritt *F.* die Nachfolge von *Patricio Aylwin* an.

Frick, *Mario* (Liechtenstein), * Balzers 8. 5. 1965; seit 1993 Ministerpräsident

Studium der Rechtswissenschaften an der Hochschule St. Gallen (Promotion 1992). Danach Mitarbeiter im Rechtsdienst der Landesverwaltung. Im Frühjahr 1993 Stellvertreter des Regierungschefs *Markus Büchel,* der aber nur wenige Monate amtiert. Mit seiner Vaterländischen Union (VU) gewinnt er die vorgezogenen Parlamentswahlen am 24. 10. 1993 und wird am 15. 12. als Ministerpräsident einer Koalitionsregierung mit der Fortschrittlichen Bürgerpartei (FBPL) vereidigt. Er leitet auch die nach der Parlamentswahl vom 31. 1. 1997 am 14. 4. gewählte, ausschließlich von der VU gebildete Regierung.

Fujimori, *Alberto Kenya* (Peru), * Lima 28. 7. 1938; seit 1990 Staatspräsident

Sohn japan. Einwanderer; Agrarwissenschaftler und Mathematiker. Kandidiert mit seinem Wahlbündnis Cambio 90 bei den Präsidentschaftswahlen 1990 und geht aus der Stichwahl am 10. 6. als eindeutiger Sieger hervor. Am 28. 6. tritt der praktizierende Katholik *F.* das Präsidentenamt an und ist damit Nachfolger von *Alán García Perez.* Sein rigoroses Wirtschaftsprogramm führt zu Unruhen und Rebellion. Er verfügt am 5. 4. 1992 die Auflösung des Parlaments und setzt die Verfassung außer Kraft, soweit sie der Absicht seiner »Notstandsregierung zum nationalen Aufbau« im Wege steht. Bei den Wahlen zur Verfassunggebenden Versammlung am 22. 11. 1992 erringt sein Parteienbündnis Nueva Mayoria-Cambio 90 mehr als

die Hälfte der 80 Mandate. *F.* stärkt seine Position am 31. 10. 1993 durch ein Referendum über die neue Verfassung, die ihm größere Vollmachten einräumt und die direkte Wiederwahl ermöglicht. Bei den Präsidentschaftswahlen am 9. 4. 1995 siegt er in der 1. Runde mit 64,8% der Stimmen. Sein Ansehen in der Bevölkerung, das nach der gewaltsamen Beendigung des Geiseldramas in der japanischen Botschaft wächst, sinkt in der Folge durch eine Reihe von Skandalen auf einen absoluten Tiefpunkt. Mit seiner autoritären Politik stößt er auf wachsende Kritik auch innerhalb der Regierung: Am 16./17. 7. 1997 treten die Minister für Äußeres, Verteidigung, Justiz, Inneres und Fischerei aus Opposition gegen seine Politik zurück.

Gaddafi *[Kadhafi, Kadhzafi], Muammar al* (Libyen), * Sirte [Sirk] Sept. 1942; seit 1969 Präsident des Revolutionsrates (Staatsoberhaupt)

Militärakademie; Mitglied der Junta, die 1969 die Monarchie stürzt, Präsident des Revolutionsrats, 1971 auch der Regierung und des neugeschaffenen Verteidigungsrats; Vertreter radikaler (auch islamischer) Reformen; seit 1976 an der Spitze des höchsten Organs, des Generalsekretariats (aus Militärs) des Allgemeinen Volkskongresses, tritt aber 1979 formal zurück, um sich als »Führer der Revolution« ganz der »revolutionären Aktion« zu widmen.

Gama, *Jaime* (Portugal), * São Miguel (Azoren) 1947; 1983–85 und seit 1995 Außenminister

Mitbegründer der Sozialistischen Partei (PS). Zunächst Innenminister, von April 1983 bis Juni 1985 Außenminister. Gemeinsam mit dem ehemaligen Ministerpräsidenten *Mario Soares* unterzeichnet er den Vertrag über den Beitritt Portugals zur Europäischen Gemeinschaft. Nach dem Sieg des PS bei den Parlamentswahlen am 1. 10. 1995 wird er von Ministerpräsident → *Guterres* zum Außenminister ernannt und am 28. 10. vereidigt.

Gansuri, *Kamal Ahmed al* (Ägypten), * Provinz Menufia 12. 1. 1933; seit 1996 Ministerpräsident

Studium der Wirtschaftswissenschaften an der Universität Michigan (USA). Über 2 Jahrzehnte lang gestaltet *G.* in verschiedenen Schlüsselpositionen die zentrale staatliche Planung. Während der über neunjährigen Amtszeit von Ministerpräsident *Atef Mohamed Naguib Sidki* ist er dessen Stellvertreter und Planungsminister; leitet die Verhandlungen mit dem Internationalen Währungsfonds (IWF) und der Weltbank. Nach dem Rücktritt *Sidkis* wird er von Staatspräsident → *Mubarak* zum neuen Ministerpräsidenten ernannt und am 3. 1. 1996 vereidigt.

Gbezera-Bria, *Michel* (Zentralafrikanische Republik), * Bossongoa 1946; seit 1997 Ministerpräsident

Nach dem Studium der Rechts- und Wirtschaftswissenschaften im Staatsdienst tätig. Seit Mitte der 70er Jahre hat er zahlreiche Ministerposten inne, u. a. für Arbeit und Soziales sowie für Justiz. In den 80er Jahren Botschafter bei der UNO, ab 1980 in Genf, ab 1983 in New York. Wiederholt ist er auch Außenminister (1977–78, 1988–90), zuletzt seit 1995. Nach der Unterzeichnung eines Friedensvertrages am 25. 1. 1997 zwischen den verfeindeten Gruppen im Land wird *E.* von Präsident → *Patassé* am 30. 1. im Rahmen der nationalen Versöhnung zum Ministerpräsidenten ernannt und löst damit *Jean-Claude Ngoupandé* im Amt ab.

Geingob, *Hage Gottfried* (Namibia), * Otjiwarongo 3. 8. 1941; seit 1990 Ministerpräsident

Während der Studienzeit schließt er sich der sozialistischen Befreiungsbewegung SWAPO an und wird mehrmals verhaftet, bis er in den 60er Jahren das Land verläßt und einige Zeit bei der SWAPO-Vertretung in Francistown (Botsuana) tätig ist. Anschließend studiert er in den USA Politikwissenschaften, Internationale Beziehungen und Soziologie. 1971 in den UNO-Rat für Namibia berufen, der das Land als Treuhandgebiet verwalten sollte, von der Republik Südafrika aber daran gehindert wurde. 1975 wird er zum Direktor des UNO-Instituts für Namibia in Lusaka (Sambia) berufen. Seit den 70er Jahren ist er Mitglied des Politischen Büros der SWAPO. Nach den ersten freien Wahlen im November 1989 und der Erlangung der Unabhängigkeit am 21. 3. 1990 wird er von Staatspräsident → *Nujoma* am selben Tag zum Ministerpräsidenten ernannt.

Gidada, *Negasso* (Äthiopien), * Dembi Dolo (Provinz West-Welega) 1944; seit 1995 Staatspräsident

Sohn eines protestantischen Priesters. Nach dem Studium an der Haile-Selassi-Universität als Dozent für Geschichte an deren pädagogischer Fakultät tätig. Ab 1973 im Exil in der BR Deutschland; zunächst in Frankfurt am Main Studium der Ethnologie und Politischen Wissenschaften (mit Promotion), ab 1985 Leiter des dortigen Dritte-Welt-Zentrums. 1991 kehrt *G.* nach Äthiopien zurück und wird Minister für Arbeit und Soziales, 1992

Minister für Information. Nach den ersten Mehrparteienwahlen vom 7. 5. 1995, bei denen seine Oromo People's Democratic Organization (OPDO) nur wenige Sitze erringt, und dem Inkrafttreten der neuen Verfassung übernimmt *G.* am 22. 8. das Amt des Staatspräsidenten – künftig auf repräsentative Aufgaben beschränkt – vom amtierenden Staatsoberhaupt → *Zenawi,* der als neuer Ministerpräsident die gesamte Exekutivgewalt innehat.

Gil-Robles Gil-Delgado, *José María* (Spanien/EP), * Madrid 17. 6. 1935; seit 1997 Präsident des Europäischen Parlaments

Seine Kindheit und Jugend verbringt er in Portugal, wohin seine Familie während des Franco-Regimes emigriert war. Nach der Rückkehr nach Spanien 1952 studiert er Jura und arbeitet ab 1959 als Rechtsanwalt in Madrid und Barcelona. Seine politische Karriere beginnt er 1957 bei den Christdemokraten. 1977 wird er zum Generalsekretär der Europäischen Union Christlicher Demokraten (EUCD) gewählt, in deren Vorstand er später aufrückt. 1989 wird er für die neugegründete spanische Volkspartei (PPE) ins Europäische Parlament (EP) gewählt und wird Vizepräsident der Europäischen Volkspartei (EVP), dem Zusammenschluß der christdemokratischen und konservativen Parteien. Seit 1994 amtiert er als Vizepräsident des EP und als Vorsitzender des Institutionellen Ausschusses. Am 14. 1. 1997 wird *G.* für die 2. Hälfte der Wahlperiode bis zur nächsten Europawahl 1999 zum Präsidenten des EP gewählt und löst damit *Klaus Hänsch* im Amt ab.

Gligorow *[Gligorov], Kiro* (Mazedonien), * Štip 3. 5. 1917; seit 1991 Staatspräsident

Jurastudium in Belgrad; 1941 tritt er in die KP ein und schließt sich den Partisaneneinheiten *Titos* an. Nach der Befreiung 1945 arbeitet er maßgeblich an der Verfassung für die Teilrepublik Mazedonien mit und wird anschließend nach Belgrad berufen, wo er zunächst als Referent im Finanz- sowie im Wirtschaftsministerium arbeitet und schließlich stellv. Direktor des Bundesausschusses für allgem. Wirtschaftsfragen wird. Seit 1962 Finanzminister der Zentralregierung, ab 1967 auch einer der beiden Vizeministerpräsidenten. 1969 scheidet er aus der Regierung aus, wird aber Mitglied des Präsidiums des Bundes der Kommunisten Jugoslawiens (BdKJ) und dessen Exekutivbüros. 1971–74 auch im Präsidium der SFR Jugoslawiens. Anschließend bis 1978 Vorsitzender des Bundesparlaments. Danach keine herausragenden Ämter, da er in Fragen der Wirtschaftspolitik in Konflikt mit der Staatsführung gerät. Am 27. 1. 1991 wird er zum Republikpräsidenten Mazedoniens gewählt und bei den ersten Präsidentschaftswahlen seit der Unabhängigkeitserklärung des Landes (Sept. 1991) am 16. 10. 1994 im Amt bestätigt.

Göncz, *Arpád* (Ungarn), * Budapest 10. 2. 1922; seit 1990 Staatspräsident

Jurastudium. 1944 schließt er sich dem Widerstand gegen die deutsche Besetzung an. Als Aktivist der Freiheitsbewegung wird er nach der Niederschlagung des Volksaufstandes von 1956 zu lebenslanger Haft verurteilt, jedoch nach 6 Jahren entlassen; danach bestreitet er seinen Unterhalt als Übersetzer. Seine eigenen Werke durften in Ungarn nicht veröffentlicht werden. An der großen Wende in seinem Land beteiligt er sich als Mitglied des Komitees für historische Gerechtigkeit, das für die nach 1956 Hingerichteten Rehabilitierung fordert. Er ist Gründungsmitglied des Bundes Freier Demokraten (SZDSZ), der bei den Parlamentswahlen am 25. 3. und 8. 4. 1990 hinter dem Ungarischen Demokratischen Forum (MDF) den zweiten Platz belegt und in die Opposition geht. *G.* wird Anfang Mai 1990 von MDF und SZDSZ zum Parlamentspräsidenten gewählt und damit als Nachfolger des aus der KP kommenden Reformsozialisten *Matyas Szürös* interimist. Staatsoberhaupt. Am 3. 8. wird er vom Parlament offiziell zum Staatspräsidenten gewählt und am 19. 6. 1995 für weitere 5 Jahre im Amt bestätigt.

Gouled Aptidon, *Hassan* (Dschibuti), * 1916; seit 1977 Staatspräsident

Studium in Frankreich; politisch erstmals 1952 hervorgetreten als Vertreter der Französischen Somali-Küste im Rat der Republik, später im französischen Senat. Vizepräsident der Territorialversammlung der Kolonie, 1959–62 Abgeordneter des Territoriums in der Pariser Nationalversammlung, danach wieder des Senats. Seit 1967 Erziehungsminister des inzwischen autonomen »Französischen Territoriums der Afar und Issa«. 1967 bricht *G. A.* mit Regierungschef *Ali Aref Bourhan* und der französischen Politik und wird Vorsitzender der Afrikanischen Volksliga für die Unabhängigkeit (LPAI). Nach seinem Sieg bei den Wahlen zur Verfassunggebenden Versammlung im Mai 1977 am 16. 5. zum Regierungschef gewählt und am 24. 6. per Akklamation zum Präsidenten der 3 Tage später unabhängigen Republik Dschibuti gewählt. Seit März 1979 Vorsitzender der Einheitspartei Rassemblement Populaire pour le Progrès (RPP). Aufgrund wachsenden Drucks der Opposition leitet *G. A.* eine Verfassungsreform ein (u. a. limitiertes Mehrparteiensystem) und wird am 7. 5. 1993 in ersten freien Wahlen im Amt bestätigt.

Grimsson, *Olafur Ragnar* (Island), * Isafjördur 14. 5. 1943; seit 1996 Staatspräsident

Mitglied der Sozialistischen Volksallianz; 1987–95 deren Vorsitzender. 1988–91 Finanzminister, gelingt es *G.*, die jährliche Inflationsrate von 80 auf 20 % zu drücken. Der »Vater der isländischen Stabilität« gewinnt am 29. 6. 1996 die Präsidentschaftswahlen und löst am 1. 8. *Vigdis Finnbógadottir,* die auf eine erneute Kandidatur verzichtet hatte, im Amt des Staatspräsidenten ab.

Gujral, *Inder Kumar* (Indien), * Jhelum (heute in Pakistan) 4. 12. 1919; seit 1997 Premierminister

Studium der Wirtschaftswissenschaften. Nach der Teilung des Subkontinents läßt sich seine Familie im Punjab nieder. 1964–76 Mitglied des Parlaments. Ab 1967 im ersten Kabinett *Indira Gandhis* Minister für Information und Rundfunk, für Kommunikation, Hausbau, Planung und Minister für Parlamentsangelegenheiten. Wegen Protests gegen den 1975 von der Regierungschefin ausgerufenen Notstand entlassen. 1976–80 als Botschafter in Moskau. Im November 1989 erneut ins Bundesparlament gewählt; 1989–90 Außenminister. Nach den Parlamentswahlen im April und Mai 1996 ist *G.*, der der Janata Dal angehört, seit 1. 6. in der Regierung von Premierminister *Deve Gowda* erneut Außenminister. Nach dem Sturz *Gowdas* am 11. 4., dem die Kongreßpartei die weitere Unterstützung versagt, wird *G.* am 20. 4. zum neuen Regierungschef ernannt und am 21. 4. vereidigt. Er vereinigt auch die Ministerien für Äußeres und Finanzen in seiner Hand.

Guterres, *António Manuel de Oliveira* (Portugal), * Santos-o-Veho bei Lissabon 30. 4. 1949; seit 1995 Ministerpräsident

Entstammt einer Familie aus dem Landesinnern bei Castelo Branco. Studium der Elektrotechnik; Mitglied der katholischen Studentenschaft. 1973 übernimmt er die Abteilung für industrielle Planung eines Regionalprojekts. Im selben Jahr ist er Mitbegründer der Vereinigung für Verbraucherschutz (DECO). Nach der Nelkenrevolution von 1974 tritt er der Sozialistischen Partei (PS) bei und widmet sich fortan der Politik. 1976 zieht er erstmals ins Parlament ein und führt dort den Vorsitz der Ausschüsse für Wirtschaft und Finanzen (1977–79) sowie für Gebietsverwaltung und Umwelt (1985–88). Dazwischen vorübergehend Abteilungsleiter bei der Staatsholding IPE (1984–85). 1976–79 Mitglied der Kommission für die Verhandlungen über den EG-Beitritt. Sein Aufstieg in der PS beginnt 1992, als er *Jorge Sampaio* im Amt des Generalsekretärs ablöst. Im selben Jahr wird er zu einem der Vizepräsidenten der Sozialistischen Internationale gewählt. Aus den Parlamentswahlen am 1. 10. 1995 geht seine Partei als stärkste Kraft hervor und kehrt damit nach 10 Jahren in der Opposition an die Macht zurück. Am 28. 10. wird *G.* als neuer Ministerpräsident vereidigt und löst damit *Anibal Cavaco Silva* im Amt ab.

Halonen, *Tarja* (Finnland), * Helsinki 24. 12. 1943; seit 1995 Außenministerin

Nach dem Studium der Rechtswissenschaften zunächst als Anwältin tätig, ab 1970 in gleicher Funktion beim Gewerkschaftsbund. 1974–75 Parlamentssekretärin des damaligen Ministerpräsidenten *Kalevi Sorsa.* Als Mitglied der Sozialdemokratischen Partei (SDP) ab 1977 im Stadtrat von Helsinki, ab 1979 im Parlament. Wiederholt hat sie Ministerämter inne: 1987 für Soziales und Gesundheit, 1989 für Nordische Zusammenarbeit und 1990/91 für Justiz. Nach dem Sieg der SDP bei den Reichstagswahlen am 19. 3. 1995 wird sie Außenministerin.

Hasina, Sheik Wajed → Wajed

Hashimoto, *Ryutaro* (Japan), * Tokyo 29. 7. 1937; seit 1996 Ministerpräsident

Nach dem Studium an der Eliteuniversität Keyo tritt er der Liberal-Demokratischen Partei (LDP) bei und übernimmt 1963 das Unterhausmandat seines Vaters im westjapanischen Okayama, das er seitdem in 9 Wahlen verteidigt. Als Transportminister veranlaßt er 1987 die Privatisierung der staatlichen Eisenbahnen. 1989 zunächst für 2 Monate LDP-Generalsekretär, dann Finanzminister (bis 1991) im Kabinett von *Toshiki Kaifu.* In der Regierung von Ministerpräsident *Tomiichi Murayama* seit 1994 Außenhandelsminister, profiliert er sich in den Verhandlungen mit dem Handelsbeauftragten der USA, *Mickey Kantor,* als geschickter Taktierer. Am 22. 9. 1995 zum neuen LDP-Vorsitzenden gewählt, wird er am 3. 10. zum stellv. Ministerpräsidenten ernannt. Nach dem Rücktritt von *Murayama* am 5. 1. 1996 wird *H.* am 11. 1. von beiden Häusern des Parlaments zum neuen Ministerpräsidenten einer Drei-Parteien-Koalition gewählt. Mit *H.*, dem 24. Regierungschef in Japan seit dem Zweiten Weltkrieg, besetzt die LDP nach

ihrem Sturz im August 1993 wieder das höchste Regierungsamt, das sie bis dahin 38 Jahre lang ohne Unterbrechung innehatte. Nach dem Erfolg der LDP bei den Parlamentswahlen am 20. 10. wird er am 7. 11. mit Unterstützung der Sozialdemokraten und anderer Oppositionspolitiker in seinem Amt bestätigt.

Hassan II. (Marokko), * Rabat 9. 7. 1929; seit 1961 König

Jurastudium in Bordeaux, früh politischer Mitarbeiter seines Vaters Sultan *Mohammed V.*, den er 1953 ins Exil begleitet; nach seiner Rückkehr 1956 bekämpft er als Oberbefehlshaber Aufstände in verschiedenen Landesteilen. 1957 Kronprinz, 1961 nach dem Tod des Vaters König. *H.* regiert zunächst autoritär unter zeitweiser Ausschaltung der Verfassung und Unterdrückung der Opposition; er ist Ziel mehrerer Attentate. In den 80er Jahren stärkere Berücksichtigung des Parlaments. Den Konflikt mit der seit 1979 von Marokko besetzten Demokratischen Arabischen Republik Sahara nutzt er, um die Spannungen im eigenen Land unter Kontrolle zu halten.

Havel, *Václav* (Tschechische Republik), * Prag 5. 10. 1936; 1989–1992 Staatspräsident der ČSFR, seit 1993 der Tschechischen Republik

Wegen »bourgeoiser Herkunft« zunächst in der Ausbildung behindert, schlägt er sich mit Gelegenheitsjobs durch. Ab 1960 Bühnenarbeiter und Beleuchter, dann Lektor und Dramaturg in Prag. Aufführung seiner ersten Stücke. Während des Prager Frühlings 1968 ist er Vorsitzender im Club Unabhängiger Schriftsteller. Nach der Intervention der Truppen des Warschauer Pakts erhält *H.* Aufführungs- und Publikationsverbot, wird Hilfsarbeiter in einer Brauerei. Er ist Mitbegründer und Wortführer der Charta 77. 1979–83 und 1989 in Haft. Nach dem Zusammenbruch des kommunistischen Regimes 1989–92 erster freigewählter Staatspräsident der ČSFR. Nach der Trennung der beiden Landesteile wird er am 26. 1. 1993 Präsident der Tschechischen Republik.

Herzog, *Roman* (Deutschland), * Landshut 5. 4. 1934; seit 1994 Bundespräsident

Jurastudium an der Universität München; nach der Promotion dort wissenschaftlicher Assistent und Habilitation. Seit 1968 Mitverfasser des staatsrechtlichen Kommentars zum Grundgesetz, des renommierten »Maunz-Dürig-Herzog«. 1966–73 Ordinarius an der juristischen Fakultät der Freien

Universität Berlin, ab 1969 auch Professor für Staatslehre und Politik an der Hochschule für Verwaltungswissenschaften in Speyer. 1973 übernimmt er als Staatssekretär die Leitung der Landesvertretung Rheinland-Pfalz in Bonn. In dieser Zeit reift das enge Verhältnis zu → *Kohl*, dem damaligen Ministerpräsidenten und späteren Oppositionsführer in Bonn. 1978 übernimmt er den Vorsitz des Evangelischen Arbeitskreises der CDU/CSU, 1979 wird er in den Bundesvorstand der CDU gewählt. In der baden-württembergischen Landesregierung wird er 1978 zunächst Kultus-, ab 1980 Innenminister. Ab 1983 Vorsitzender des Ersten Senats und Vizepräsident beim Bundesverfassungsgericht rückt er 1987 als Präsident auf. Als Nachfolger von *Richard von Weizsäcker* wird er von der Bundesversammlung am 23. 5. 1994 zum neuen Bundespräsidenten gewählt und tritt sein Amt am 1. 7. an. Für seine Verdienste um die europäische Einigung wird *H.* am 8. 5. 1997 mit dem Internationalen Karlspreis der Stadt Aachen (→ Kulturpreise) ausgezeichnet.

Hinds, *Samuel [Sam] Archibald Anthony* (Guyana), *Mahaicony 27. 12. 1943; 1992–97 Premierminister, seit 1997 Staatspräsident

Studium des Chemieingenieurwesens in den USA. 1967–92 Führungspositionen in der einheimischen Bauxitindustrie, zuletzt als Direktor der staatlichen Minengesellschaft. Mitbegründer und Vorsitzender der Guyanese Action for Reform and Democracy (GUARD), einer 1990 ins Leben gerufenen außerparlamentarischen Oppositionsgruppe, die von Präsident *Hugh Desmond Hoyte* demokratische Reformen und ein verändertes Wahlrecht fordert. Nach dem Sieg der oppositionellen People's Progressive Party (PPP) bei den Wahlen am 5. 10. 1992 seit 10. 10. Premierminister und Vizepräsident. Nach dem Tod von Präsident *Cheddi Jagan* am 6. 3. 1997 wird *H.* als dessen Nachfolger vereidigt.

Hjelm-Wallén, *Lena* (Schweden), *Sala (Provinz Västmanland) 14. 1. 1943; seit 1994 Außenministerin

Nach dem Studium an der Universität Uppsala ab 1966 als Lehrerin in ihrer Heimatstadt tätig. Früh engagiert sie sich in der Sozialdemokratischen Arbeiterpartei (SAP) und verfolgt ab 1968, als sie in die Parteileitung in ihrer Heimatprovinz gewählt wird, eine politische Karriere. Ein Jahr darauf schafft sie den Sprung in den Reichstag, dem sie seither angehört. Unter Ministerpräsident *Olof Palme* 1974–76 Ministerin mit besonderen Aufgaben für die Schulen. In den darauffolgenden Jahren in der Opposition wird sie Mitglied des Fraktions- und ab 1982 auch des Parteivorstands der SAP. Unter *Palme* ab 1982 erneut Ministerin, zunächst für Erziehung und Kultur und ab 1985 für Internationale Entwicklungszusammenarbeit, bis die SAP 1991 erneut in die Opposition geht. Nach deren erneutem Sieg bei den Reichstagswahlen am 18. 9. 1994 von Ministerpräsident *Ingvar Carlsson* als neue Außenministerin berufen, behält sie diesen Posten auch unter dem neuen Regierungschef → *Persson* bei.

Horn, *Gyula* (Ungarn), *Budapest 5. 7. 1932; seit 1994 Ministerpräsident

Entstammt einer kommunistischen Arbeiterfamilie; sein Vater wird 1944 von der Gestapo hingerichtet. Schon als Jugendlicher tritt er in die KP ein. Wirtschaftsstudium in der UdSSR. Nach seiner Rückkehr zunächst im Finanz-, ab 1959 im Außenministerium. Nach der Niederschlagung des Volksaufstandes von 1956, bei dem sein Bruder von Aufständischen getötet wird, Mitglied der Milizen des Innenministeriums, die als Repressionsorgane gebildet werden. 1971 Wechsel in die außenpolitische Abteilung beim ZK der KP, 1985 Staatssekretär im Außenministerium. Ab Mai 1989 für ein Jahr Außenminister der letzten reform-kommunistischen Übergangsregierung. Mit einem symbolischen Akt bringt er am 27. 6. 1989 den Eisernen Vorhang zu Fall, indem er selbst den Stacheldraht an der ungarisch-österreichischen Grenze durchtrennt. Am 10. 9. ermöglicht er Tausenden DDR-Flüchtlingen die Ausreise in die Bundesrepublik. 1990 wird er Vorsitzender der Sozialistischen Partei (MSZP); mit dieser erringt er bei den Parlamentswahlen am 8./29. 5. 1994 einen Erdrutschsieg und wird am 6. 6. von Staatspräsident → *Göncz* mit der Regierungsbildung beauftragt. *H.* tritt am 15. 7. 1994 das Amt des Ministerpräsidenten an und ist damit Nachfolger von *Péter Boross*.

Howard, *John Winston* (Australien), *Earlwood 26. 7. 1939; seit 1996 Premierminister

Nach dem Jurastudium an der Universität Sydney als Rechtsanwalt tätig. Mitglied der konservativen Liberal Party (LP), die er seit 1974 als Abgeordneter im Bundesparlament vertritt. Unter Premierminister *Malcolm Fraser* 1975–77 Minister für Handels- und Verbraucherfragen, 1977–83 Schatzminister. 1985–87 LP-Vorsitzender und Oppositionsführer und erneut seit Januar 1995. Bei den Parlamentswahlen am 2. 3. 1996 verdrängt er mit seiner Tory-Koalition die Labor Party nach 13 Jahren von der

Macht und löst am 11. 3. *Paul Keating* im Amt des Premierministers ab.

Hrawi *[Hraoui], Elias* (Libanon), * Zahlé 4. 9. 1926; seit 1989 Staatspräsident

Studium an der Jesuiten-Universität Saint Joseph in Beirut. Später Geschäftsmann mit engen wirtschaftlichen Kontakten zu den benachbarten arabischen Ländern. Seit Anfang der 70er Jahre unabhängiger Parlamentsabgeordneter. Unter Präsident *Elias Sarkis* (1976–82) 2 Jahre Minister. Nach der Ermordung des Präsidenten *René Muawad* wird der maronitische Christ *H.* von den Abgeordneten des Rumpfparlaments am 24. 11. 1989 zu dessen Nachfolger gewählt. Mit einer Verfassungsänderung verlängert das Parlament im Oktober 1995 seine Amtszeit, bislang auf 6 Jahre begrenzt, um weitere 3 Jahre.

Hun Sen (Kambodscha), * im Kreis Stung Treng (Prov. Kompong Cham) 4. 4. 1951; seit 1985 Ministerpräsident

Sohn armer Bauern; abgebrochene Gymnasialausbildung. 1969 schließt er sich den Roten Khmer an, setzt sich aber 1977 nach Vietnam ab und kehrt einige Jahre später mit der vietnamesischen Invasionsarmee, die die Regierung der Roten Khmer stürzt, nach Kambodscha zurück. 1979 im ZK der kommunistischen Revolutionären Volkspartei, 1981 im Politbüro und ZK-Sekretär. In der provietnamesischen, von der UNO nicht anerkannten Regierung 1979 Außenminister, 1981 Vizepremier und als Nachfolger von *Chan Sy* seit Januar 1985 Ministerpräsident. Bis 1991, als → *Sihanouk* zurückkehrt und Staatsoberhaupt wird, ist er der unumstrittene Herrscher. Unerwartet unterliegt er mit seiner Volkspartei (CCP) bei den von der UNO durchgeführten Wahlen vom 23.–28. 5. 1993 der Royalistenpartei FUNCINPEC von Prinz *Norodom Ranariddh.* Mit Putschdrohungen zwingt er diesem eine Koalition auf, erreicht, daß er zweiter Ministerpräsident wird und sorgt so für eine Machtteilung. Unter dem Vorwand, *Ranariddh* paktiere mit den Roten Khmer und versuche die Machtverhältnisse zu seinen Gunsten zu ändern, stürzt er diesen und bringt am 7.7. 1997 die Hauptstadt Phnom Penh unter seine Kontrolle. Er erklärt, die Koalition mit der FUNCINPEC fortsetzen zu wollen und akzeptiert deren Vorschlag, Außenminister → *Ung Huot* als Nachfolger *Ranariddhs* zu nominieren. Prinz *Ranariddh,* der von der Offensive während eines Frankreichaufenthalts überrascht wird, beschuldigt *H.,* einen Staatsstreich verübt zu haben, und organisiert den Widerstand.

Hussein II., *Ibn Tala* (Jordanien), * Amman 14. 11. 1935; seit 1953 König

Urenkel des letzten haschemitischen Scherifen von Mekka, Ausbildung u. a. an britischen Offiziersschulen, seit 1953 König. Gegner extremistischer Politik, für Ausgleich mit Israel bei Lösung des Palästinenser-Problems. Verkündet 1988 die Aufgabe des Anspruchs auf das 1950 von Jordanien annektierte, seit 1967 von Israel besetzte Westjordanland, löst die rechtlichen und verwaltungstechn. Bindungen und erkennt formell den Anspruch der Palästinenser an, dort einen selbständigen Staat zu gründen. Gemeinsam mit Israels Ministerpräsident *Yitzhak Rabin* unterzeichnet er am 25. 7. 1994 eine »Washingtoner Erklärung«, die den seit 46 Jahren bestehenden Kriegszustand beider Länder formell beendet und durch einen am 26. 10. 1994 unterzeichneten Friedensvertrag besiegelt wird.

Hussein el-Takriti → Saddam Hussein

Ikeda, *Yukihiko* (Japan), * Kobe 13. 5. 1937; seit 1996 Außenminister

Adoptierter Schwiegersohn des ehemaligen Ministerpräsidenten (1960–64) *Hayato Ikeda.* Nach dem Studium der Rechtswissenschaften tritt er 1961 in das Finanzministerium ein. 1965 geht er für das Außenministerium als Vizekonsul in das Generalkonsulat in New York und kehrt 1969 ins Finanzministerium zurück. 1974 wird er Sekretär des Finanzministers und späteren Ministerpräsidenten *Masayoshi Ohira.* 1975 verläßt *I.* das Finanzministerium und wird 1976 für die Liberaldemokratische Partei (LDP) ins Parlament gewählt. 1989 wird er Staatsminister für Management und Koordination, 1990 Staatsminister für Verteidigung. Nach dem Rücktritt von Ministerpräsident *Tomiichi Murayama* beruft der neue Regierungschef → *Hashimoto* am 11. 1. 1996 *I.* zum neuen Außenminister. Er behält diese Position auch in der nach den vorgezogenen Parlamentswahlen vom 20. 10. 1996 am 7. 11. vorgestellten neuen LDP-Minderheitsregierung unter *Hashimoto.*

Izetbegović, *Alija* (Bosnien-Herzegowina), * Bosanski Samać 8. 8. 1925; seit 1992 Staatspräsident

Jurastudium; Rechtsanwalt, aber zumeist als juristischer Sachbearbeiter bei Firmen tätig. Praktizierender Muslim; veröffentlicht 1976 das Buch »Der Islam zwischen Ost und West«. Später ist er an der Abfassung einer »islamischen Deklaration« beteiligt und wird deshalb 1983 vom kommunistischen Regime zu 14 Jahren Zuchthaus verurteilt, von de-

Biographien

nen er knapp 6 Jahre verbüßen muß. Gründer und Vorsitzender (Mai 1990) der neuen muslimischen Partei der Demokratischen Aktion (SDA), die bei den ersten freien Wahlen im Dezember 1990 eine dem muslim. Bevölkerungsanteil – rd. 44% – entsprechende Anzahl der Stimmen erhält. Seitdem Präsident der jugoslawischen Teilrepublik Bosnien-Herzegowina, die sich im März 1992 in einem Referendum für die Unabhängigkeit ausspricht. Präsident aller Bürger kann er zunächst nicht sein, da die bosnischen Serben das Land mit Krieg überziehen und Anfang 1992 – ebenso wie die bosnischen Kroaten im August 1992 – ihre eigene Republik auf einem Teil des bosnischen Territoriums ausrufen. Unter Vermittlung und auf Druck der USA paraphieren *I.* und seine Amtskollegen → *Milošević* und → *Tudjman* am 21. 11. 1995 in Dayton (Ohio) einen Friedensvertrag (Unterzeichnung am 14. 12. in Paris), der Bosnien-Herzegowina als souveränen Staat aus künftig 2 Teilen, der Bosniakisch-kroatischen Föderation und der Serbischen Republik in Bosnien, erhält. Bei den Wahlen des dreiköpfigen Staatspräsidiums für den Gesamtstaat am 14. 9. 1996 erhält *I.* die meisten Stimmen und hat damit den Vorsitz im Präsidium inne, in das außerdem der Serbe *Momćilo Krajisnik* und der Kroate *Kresimir Žubak* gewählt werden.

Jagan, *Janet* (Guyana), *Chicago (USA) 20. 10. 1920; seit 1997 Premierministerin

Gebürtige Amerikanerin (*J. Rosenberg*). Ihren Mann, den späteren Premierminister und Staatspräsidenten *Cheddie Jagan,* lernt sie kennen, als dieser in den USA studiert. Nach seiner Rückkehr wird er Führer der indischen Bevölkerungsgruppe und gründet 1950 die People's Progressive Party (PPP), in der *Frau J.* Generalsekretärin wird (bis 1970). In der Regierung ihres Mannes (1957–64) ist sie Ministerin für Arbeit und Gesundheit sowie für Inneres. Anschließend als Herausgeberin tätig. Seit 1976 Parlamentsmitglied. Sie ist maßgeblich am Erfolg der PPP bei den Wahlen im Oktober 1992 beteiligt, nach denen ihr Mann Staatspräsident wird. Von Oktober bis Dezember 1993 ist sie Botschafterin bei der UNO. Nach dem Tod ihres Mannes am 6. 3. 1997 wird sie neue Premierministerin und folgt damit → *Hinds,* der Staatspräsident wird.

Jagland, *Thorbjörn* (Norwegen), *Drammen 5. 11. 1950; seit 1996 Ministerpräsident

Nach dem Studium der Wirtschaftswissenschaften schlägt er eine Karriere in der sozialdemokratischen Arbeiterpartei (DNA) ein. 1977 wird er Vorsitzender von deren Jugendorganisation. Als *Gro*

Harlem Brundtland 1981 erstmals Regierungschefin wird, lehnt *J.* ein Ministeramt ab, um sich weiterhin intensiv um die Partei zu kümmern. 1987 wird er Generalsekretär der DNA, 1992 übernimmt er von Frau *Brundtland* den Parteivorsitz. 1993 wird er erstmals ins Parlament gewählt und übernimmt auch den Fraktionsvorsitz. Im Laufe der Jahre wandelte sich *J.* von einem absoluten Europa-Gegner zu einem überzeugten EU-Anhänger und empfand es daher als politische Niederlage, als die Wähler 1994 zum zweiten Mal in einem Referendum die EU-Mitgliedschaft ablehnten. Nach dem überraschenden Rücktritt von Frau *Brundtland* als Regierungschefin wird er am 25. 10. 1996 neuer Ministerpräsident.

Jammeh, Yayah (Gambia), *1962; seit 1994 Staats- und Regierungschef

Militärische Laufbahn; zuletzt Leutnant. In einem unblutigen Putsch stürzt er am 22. 7. 1994 Staatspräsident *Dawda Jawara,* der den Staat seit der Unabhängigkeit 1965 regiert hatte, und übernimmt den Vorsitz des Provisorischen Rats der Streitkräfte (Armed Forces Provisional Ruling Council), der ihn am 26. 7. zum Staats- und Regierungschef ernennt. *J.,* inzwischen zum Oberst befördert, setzt für den 26. 9. 1996 Präsidentschaftswahlen an, tritt vor den Wahlen aus der Armee aus und gewinnt diese mit 55,8 % der Stimmen.

Jelzin *[Elzin], Boris Nikolajewitsch [Nikolaevič]* (Rußland), *Butko (Sibirien) 1. 2. 1931; seit 1991 Staatspräsident

Bauernsohn. Am Polytechnikum des Urals zum Bauingenieur ausgebildet; mit 32 Jahren Chef eines großen Baukombinats. Nach dem Machtantritt von *Michail Gorbatschow* wird er im April 1985 nach Moskau gerufen und dort Leiter der Abteilung für Bauangelegenheiten im ZK der KPdSU. Kurz darauf Beförderung zum Sekretär des ZK und im Oktober 1985 zum Parteichef von Moskau und Kandidat des Politbüros. Nach Auseinandersetzungen mit Politbüromitglied *Jegor Ligatschow,* den er als Reformbremser angreift, wird er im Februar 1988 als Parteichef und als Kandidat des Politbüros abgesetzt, jedoch von *Gorbatschow* zum stellv. Bauminister der Sowjetunion ernannt. Im Frühjahr 1990 wird er in Swerdlowsk in den Volkskongreß der Russischen SFSR und am 25. 5. zu dessen Vorsitzendem gewählt. Auf dem 28. Parteitag der KPdSU verkündet er am 12. 7. den Austritt aus der Partei. Bei den ersten freien, geheimen und direkten Wahlen am 12. 6. 1991 wird er bereits im 1. Wahlgang mit absoluter Mehrheit zum Präsidenten der Russischen SFSR gewählt. Er entmachtet *Gorbatschow* durch das am 12. 12. 1991 vom russischen Parlament ratifizierte Minsker Abkommen über die Schaffung der Gemeinschaft Unabhängiger Staaten (GUS), das zugleich das Gründungsdokument der Sowjetunion vom 30. 12. 1922 außer Kraft setzt, und wird Vorsitzender des Rates der GUS-Präsidenten (inzwischen mehrmals im Amt bestätigt). Er baut in der Folge seine überragende Machtfülle durch eine neue Verfassung aus, die am 12. 12. 1993 mit knapper Mehrheit angenommen wird, und rückt zugleich immer stärker von seinen früheren Reformzusagen ab. Aus den Präsidentschaftswahlen am 15. 6. 1996 geht er mit knappem Vorsprung vor KP-Chef *Gennadij Sjuganow* hervor und entscheidet die Stichwahl am 3. 7. mit deutlichem Abstand vor *Sjuganow* für sich. Er wird am 9. 8. für eine 2. Amtszeit vereidigt.

Jiang Zemin (VR China), *Hangzhou (Jiangsu) 1926; seit 1989 Generalsekretär der KPCh und seit 1993 Staatspräsiden

1946 Mitglied der KPCh; Absolvent der Jiaotong-Universität; Elektroingenieur. Leitende Funktionen in der Industrie von Shanghai sowie im Ersten Maschinenbauministerium. 1950 in der Ingenieurabteilung der »Volksbefreiungsarmee« und im selben Jahr Attaché in der Handelsabteilung der chinesischen Botschaft in Moskau; 1955 Praktikant in der Moskauer Automobilfabrik Stalin. Nach seiner Rückkehr 1956 wird er in Peking einer der stellv. Minister im Ersten Maschinenbauministerium. Nach der Kulturrevolution beginnt sein politischer Aufstieg mit dem Tod von *Mao Zedong* 1976, zunächst erneut in seinem alten Amt; 1982 stellv. Minister in der Kontrollkommission für Auslandsinvestitionen und der Export- und Importkommission; 1985 Minister für die Elektroindustrie, dann Bürgermeister und Erster Stellv. Parteisekretär in Shanghai. Als Parteichef (ab 1988) der größten Stadt Chinas propagiert er eine Politik der wirtschaftlichen Öffnung. Seit 1982 ist er im ZK, seit 1987 im Politbüro der KPCh. Er verteidigt als erster der Führungsriege öffentlich das Vorgehen der Armee am 3. 6. 1989 gegen die Studenten und Arbeiter in Peking und läßt in Shanghai Todesurteile gegen 3 Studenten vollstrecken. Nach dem Sturz von *Zhao Ziyang* am 24. 6. 1989 wird *J.*, ein Schwiegersohn des früheren Staatspräsidenten *Li Xiannian*, auf Empfehlung von *Deng Xiaoping* vom ZK zum Generalsekretär der KPCh sowie zum Mitglied des Ständigen Ausschusses des Politbüros gewählt. Seit November 1989 ist er als Nachfolger von *Deng* auch Vorsitzender der Militärkommission des ZK der KPCh. Vom Nationalen

Volkskongreß am 27. 3. 1993 als Nachfolger von *Yang Shankun* zum Staatspräsidenten gewählt, hat er die wichtigsten Ämter Chinas in Personalunion inne und vereinigt damit die größte Machtkonzentration seit *Mao Zedong*.

Johannes Paul II. [vorher *Karol Wojtyla*] (Vatikan), *Wadowice (Woiwodschaft Bielsko-Biala, Polen) 18. 5. 1920; seit 1978 Papst

Studium der polnischen Philologie und der Theaterwissenschaften, Schauspieler, ab 1942 Studium der Theologie am illeg. Untergrundseminar in Krakau und in Rom (Promotion). 1946 zum Priester geweiht; 1953 Habilitation, Dozent an der Kath. Universität Lublin, 1958 Weihbischof (1964 Erzbischof) von Krakau, 1967 Kardinal. Nach dem Tod von *Johannes Paul I.* am 16. 10. 1978 im 8. Wahlgang als erster Pole – und erster Nichtitaliener seit 1523 – zum Papst gewählt.

Jospin, *Lionel* (Frankreich), *Meudon 12. 7. 1937; seit 1997 Ministerpräsident

Sohn eines Lehrers; nach dem Studium an den Elitehochschulen Science Po und ENA schlägt *J.* zunächst eine diplomatische Laufbahn ein, verläßt aber Ende der 60er Jahre den Auswärtigen Dienst und lehrt als Wirtschaftsdozent. Als *François Mitterrand* 1971 die »neue« Sozialistische Partei (PS) gründet, schließt er sich dieser an und macht schnell Karriere: 1973 wird er ins Parteisekretariat gewählt, ab 1979 dort zuständig für Außenpolitik. Als Nachfolger von *Mitterrand* hat er während dessen erster Amtszeit von 1981 bis 1987 den Vorsitz der PS inne. Nach dessen Wiederwahl wird er 1988 Erziehungsminister (bis 1992). Bei den Parlamentswahlen 1993 verliert er seinen Abgeordnetensitz, legt seine Parteiämter nieder und nimmt eine wirtschaftswissenschaftliche Lehrtätigkeit auf. Im Juni 1994 erneut zum Parteivorsitzenden gewählt, meldet er im Januar 1994 nach dem Verzicht des als Favorit gehandelten *Jacques Delors* seine Kandidatur für die Präsidentschaftswahlen an. Bei deren erstem Durchgang am 23. 4. erhält er die meisten Stimmen, bei der Stichwahl am 7. 5. unterliegt er aber knapp gegen → *Chirac*. Aus den vorgezogenen Parlamentswahlen am 25. 5. und 1. 6. 1997 geht er mit seiner PS als klarer Sieger hervor und wird am 2. 6. von *Chirac* zum Ministerpräsidenten ernannt. *J.*, der *Alain Marie Juppé* im Amt ablöst, befindet sich damit in einer »Cohabitation« mit *Chirac*, der als Staatspräsident die Richtlinienkompetenzen der Politik hat. In sein am 4. 6. vorgestelltes Kabinett beruft er 2 KP-Mitglieder; Frankreich ist damit der einzige EU-Staat, in dem eine kommunistische Partei Regierungsmitglieder stellt.

Juncker, *Jean Claude* (Luxemburg), * Rédange-sur-Attert 9. 2. 1954; seit 1995 Ministerpräsident

Jurastudium in Straßburg; Mitglied der Christlich-Sozialen Volkspartei (CSV) und ab 1979 Sekretär der Parlamentsfraktion. Zugleich bis 1985 Präsident des Christlich-Sozialen Jugendverbandes. Seit Dezember 1982 Staatssekretär im Ministerium für Arbeit und soziale Sicherheit avanciert er 1989 zum Arbeits- und Finanzminister. Im Januar 1990 übernimmt *J.* den Vorsitz der CSV und ist seit 1993 auch Präsident der Europ. Union Christlich-Demokratischer Arbeitnehmer. Am 20. 1. 1995 von Großherzog *Jean* zum neuen Ministerpräsidenten ernannt, folgt er → *Santer,* der Präsident der EU-Kommission wird.

Kabila, *Laurent-Désiré* (Demokratische Republik Kongo), * Moba 1941; seit 1997 Staatspräsident

K. stammt aus der Provinz Shaba, dem früheren Katanga. Mitte der 50er Jahre verläßt er die ehemalige belgische Kolonie und studiert Philosophie in Frankreich (nach anderen Angaben auch in der DDR). Kurz vor der Unabhängigkeit der Republik Kongo (dem späteren Zaire) im Juni 1960 kehrt er in seine Heimat zurück und unterstützt den ersten Ministerpräsidenten *Patrice Lumumba.* Nach dessen Ermordung 1961 geht er in den Untergrund und versucht Zaire mit Waffengewalt den Sozialismus zu bringen. 1965 führt er eine Rebellion in der ostzairischen Ruzizi-Ebene an, die zeitweilig von *Ernesto Che Guevara* unterstützt wird, wird aber von der Armee *Mobutu Sese Sekos* geschlagen und geht ins Exil nach Ruanda und Sambia. Als Führer der 1967 gegründeten Revolutionären Volkspartei (PRP) bekämpft er die Zentralmacht, wird aber bei weiteren Aufständen 1977 und 1984 von *Mobutus* Truppen geschlagen und geht erneut ins Exil, u. a. nach Tansania. Im Oktober 1996 bildet er eine Allianz demokratischer Kräfte zur Befreiung von Kongo-Zaire (AFDL). Mit deren bewaffnetem Arm, der Befreiungsarmee von Kongo (ALC), fällt er in Zaire ein und erobert am 17. 5. 1997 Kinshasa. *K.* ernennt sich selbst zum Präsidenten (am 29. 5. vereidigt) und löst damit *Mobutu* ab, der nach 32jähriger Herrschaft ins Exil geflüchtet ist. *K.* richtet ein präsidiales Regierungssystem nach US-Vorbild ein, das ihn mit großer Machtfülle ausstattet, und übernimmt auch das Verteidigungsressort. Das Land benennt er in Demokratische Republik Kongo um, er verbietet die Parteien und kündigt für April 1999 Präsidentschaftswahlen an.

Kadhafi → Gaddafi

Karimov *[Karimow], Islam Abduganijewitsch [Abduganievič]* (Usbekistan), * Samarkand 30. 1. 1938; seit 1991 Staatspräsident

Studium des Maschinenbaus und der Volkswirtschaftslehre in Taschkent. Tritt 1964 der KP bei und arbeitet als Entwicklungsingenieur im usbekischen Flugzeugbau, bevor er in die Staatsverwaltung wechselt und im Plankomitee rasch aufsteigt. 1983–86 ist er Finanzminister und stellv. Regierungschef, ab 24. 3. 1990 Präsident des Obersten Sowjets der Republik und zugleich Parteichef; zugleich Mitglied des Politbüros der KPdSU. *K.* unterstützt das Bestreben aller Unionsrepubliken, ihre reale und wirtschaftliche Unabhängigkeit zu erlangen, und wird am 24. 3. 1990 Staatsoberhaupt. Er geht aus den ersten direkten Präsidentschaftswahlen am 29. 12. 1991 mit 86% der Stimmen als Sieger hervor und wird erster Präsident der seit 31. 8. 1991 selbständigen Republik Usbekistan.

Kérékou *[Kereku], Ahmed [früher Mathieu]* (Benin), * Natitingou 2. 9. 1933; 1972–91 und seit 1996 Staatspräsident

Absolvierung einer Militärschule, Adjutant des ehemaligen Präsidenten *Hubert Coutoucou Maga* und zuletzt stellv. Stabschef der Streitkräfte. Im Oktober 1972 Anführer des Militärputsches junger Offiziere gegen den von *Justin Ahomadegbé* geleiteten Präsidialrat, seitdem Staatspräsident. Im Dezember 1975 verfügt er die Umbenennung von Dahomé in Volksrepublik Benin und schlägt einen sozialistischen Kurs ein. Nach dem Zerfall des Kommunismus in Osteuropa zwingen ihn Massenproteste zur Zulassung freier Wahlen, aus denen *Nicéphore Soglo* im März 1991 als Sieger hervorgeht und ihn im höchsten Staatsamt ablöst. Aus den Präsidentschaftswahlen am 3. und 18. 3. 1996 geht *K.* als Sieger hervor und wird am 4. 4. als Staatspräsident vereidigt.

Kharazi *[Charasi], Kamal* (Iran), * Teheran 1. 12. 1944; seit 1997 Außenminister

Studium der Erziehungswissenschaften, Literatur und der persischen Sprache zunächst in Teheran, dann in Houston (1976 dort Promotion), wo er sich der Islamischen Studentenbewegung anschließt. Nach dem Sturz von Schah *Reza Pahlewi* 1979 wird er zunächst stellvertretender Planungschef des iranischen Radios, dann stellv. Außenminister und später Leiter der staatlichen Nachrichtenagentur Irna. Während des ersten Golfkrieges (1980–88) gehört er dem Obersten Verteidigungsrat an und ist zugleich Militärsprecher. 1989 wird er zum UNO-Botschafter ernannt. Nach dem Sieg von → *Khatami* bei den Präsidentschaftswahlen am 23. 5. 1997 wird er von diesem für den Posten des Außenministers nominiert. Am 20. 8. durch das Parlament bestätigt, löst er *Ali Akbar Welajati* ab, der dieses Amt seit 16 Jahren innehatte.

Khatami *[Chatami], Zayed Mohammed* (Iran), * Ardakan 1943; seit 1997 Staatspräsident

Er entstammt einer angesehenen Gelehrtenfamilie aus Yazd. Nach einem Studium der Theologie in Ghom und der Philosophie in Isfahan wird *K.*, der heute den Rang eines Hodschat-ul-Islam (»Beweis des Islam«) trägt, 1978 Direktor des Islamischen Zentrums in Hamburg. Nach seiner Rückkehr in die Heimat wird er 1980 ins Parlament gewählt. 1981 wird er Minister für islamische Führung und Kultur und erwirbt sich den Ruf eines liberalen Intellektuellen. Auf Druck der Radikalen tritt er 1992 zurück und wird Direktor der Nationalbibliothek in Teheran. *K.*, der der linksislamischen Gemeinschaft der kämpfenden Geistlichen angehört, kandidiert bei den Präsidentschaftswahlen am 23. 5. 1997 für die zweitstärkste Parlamentsfraktion »Diener des Wiederaufbaus« (G 6). Überraschend schlägt er den Kandidaten der radikalen Mullahs, Parlamentssprecher *Ali Akbar Nateq Nuri*, und löst am 3. 8. *Ali Akbar Haschemi Rafsandschani*, der nach 2 Amtszeiten nicht mehr kandidieren durfte, im Amt des Staatspräsidenten ab.

Kim Jong Il (DVR Korea), * Chabarowsk (UdSSR) 16. 2. 1942; seit 1980 Mitglied des Ständigen Ausschusses des Politbüros; seit 1990 Vorsitzender des Verteidigungskomitees

Sohn aus 2. Ehe seines Vaters *Kim Ir Sen* [*Kim Il Sung*]. Schulbesuch in China, dann Studium der Wirtschaftswissenschaften (1960–63) an der Universität von Pjöngjang. Von 1964 an Karriere im Parteiapparat, zeitweise Leiter der Kulturabteilung der Partei der Arbeit Koreas (PdAK); seit Sept. 1973 ZK-Sekretär für Organisation und Propaganda und seit dieser Zeit zum Nachfolger seines Vaters auserkoren. 1974 Aufstieg ins Politbüro. Seit Oktober 1980 Mitglied des zentralen Militärkomitees und des Präsidiums des Politbüros. Im Mai 1990 zum Vorsitzenden des Verteidigungskomitees berufen; seit Dezember 1991 auch Oberbefehlshaber der Armee und im Mai 1992 zum Marschall ernannt. Im Januar 1992 meldet er erstmals seinen Anspruch

auf das Präsidentenamt an und wird im April als »Führer von Partei, Staat und Armee« vorgestellt. Nach dem Tod seines Vaters am 8. 7. 1994 aussichtsreicher Kandidat für dessen Nachfolge in Staats- und Parteiämtern.

Kim Young Sam (Republik Korea), * Kyungsangnam (Insel Koje) 20. 12. 1927; seit 1993 Staatspräsident

Soziologiestudium. 1953 Abgeordneter der Liberalen Partei; seither neunmal wiedergewählt. Aus Protest gegen Diktator *Syngman Rhee* tritt er 1954 aus der Regierungspartei aus und steigt in wechselnden Koalitionen und gemeinsamen Parteigründungen mit *Kim Dae Jung* zu einem der bekanntesten Oppositionspolitiker auf. 1962 wird er Fraktionsvorsitzender der oppositionellen Neuen Demokratischen Partei, später deren Vorsitzender. Behinderung durch das Regime *Park Chung Hee* und 1979 Absetzung und Verlust des Parlamentsmandats. Nach *Parks* Ermordung weiter unter Druck und nach den Unruhen in Kwangju (1980) unter Hausarrest. Nach leichter Liberalisierung schließt er sich der Neuen Koreanischen Demokratischen Partei (NKDP) an, die er aber 1987 verläßt. Danach Vorsitzender der neugegründeten Partei für Wiedervereinigung und Demokratie (PRD). Bei den Präsidentschaftswahlen im Dezember 1987 und den Parlamentswahlen im April 1988 unterliegt er *Roh Tae Woo* und seiner Regierungspartei. Im Frühjahr 1990 führt er seine Partei gemeinsam mit *Kim Jong Pil* ins Regierungslager und fusioniert mit der Demokratisch-Liberalen Partei (DLP), deren Vorsitz er am 28. 8. 1992 übernimmt. Am 18. 12. 1992 zum Staatspräsidenten gewählt, tritt er das Amt am 25. 2. 1993 als Nachfolger von *Roh Tae Wo* und erster Zivilist seit 32 Jahren an.

Kinkel, *Klaus* (Deutschland), * Metzingen 17. 12. 1936; seit 1992 Außenminister

Jurastudium in Tübingen, Bonn und Köln (Promotion 1964). 1965–68 beim Landratsamt Balingen. Dann Eintritt in das Bundesinnenministerium; persönlicher Referent des Ministers und Leiter des Ministerbüros. 1974–79 Leiter des Leitungsstabes und des Planungsstabes im Auswärtigen Amt. 1979–82 Präsident des Bundesnachrichtendienstes (BND). 1982–91 Staatssekretär im Bundesjustizministerium, von Januar 1991 bis Mai 1992 Bundesjustizminister. Nach dem Rücktritt von *Hans-Dietrich Genscher* seit 18. 5. 1992 dessen Nachfolger im Amt des Außenministers. 1991 tritt er der FDP bei und wird im Juni 1993 als Nachfolger von *Otto Graf Lambsdorff* zum Parteivorsitzenden gewählt. Seit

1994 Mitglied des Bundestages. Im Juni 1995 verzichtet *K.* auf eine erneute Kandidatur und wird von *Wolfgang Gerhardt* in diesem Amt abgelöst, bleibt aber Außenminister und Vizekanzler.

Klaus, *Václav* (Tschechische Republik), *Prag 19. 6. 1941; seit 1992 Ministerpräsident

Studium der Wirtschaftswissenschaften (Promotion 1967). Vom Scheitern des Prager Frühlings beeinflußt, muß er 1970 das Wirtschaftsforschungsinstitut der Akademie der Wissenschaften der ČSSR verlassen. Im Zuge der politischen Wende 1989 avanciert er zum wirtschaftspolitischen Sprecher des »Bürgerforums« und wird Finanzminister. Kernstück seiner Reform bildet die Privatisierung des Staatssektors durch die Ausgabe von Volksaktien. Mit der Demokratischen Bürgerpartei (ODS), die ihn 1991 zu ihrem Vorsitzenden wählt, gewinnt er im Juni 1992 die Parlamentswahlen im tschechischen Landesteil und wird am 2. 7. 1992 Ministerpräsident der tschechischen Teilrepublik. Seit 1. 1. 1993 ist er Regierungschef der souveränen Tschechischen Republik. Bei den Parlamentswahlen am 31. 5. 1996 wird seine ODS erneut stärkste Kraft, doch verliert die von ihm geführte Regierungskoalition ihre Mehrheit. Von Staatspräsident → *Havel* mit der Regierungsbildung beauftragt, gelingt *K.* eine Neuauflage der Koalition; am 4. 7. wird er vereidigt.

Klerides, *Glafkos John* (Zypern), *Nikosia 24. 4. 1919; 1974 und seit 1993 Staatspräsident

Studium der Rechtswissenschaften in London. 1951–60 Rechtsanwalt auf Zypern, Mitarbeiter von Staatspräsident Erzbischof *Makarios*, Justizminister in der Übergangsregierung bis zur Erlangung der Unabhängigkeit Zyperns (1960), sodann Abgeordneter und Parlamentspräsident (bis 1976) und damit Vertreter von *Makarios. K.* gründet 1976 die konservative Demokratische Sammlungsbewegung (DISY). 1983 unterliegt er bei der Präsidentschaftswahl *Spyros Kyprianou* und 1988 *Giorgios Vassiliou.* Aus den Präsidentschaftswahlen am 14. 2. 1993 geht er mit der knappen Mehrheit von 50,28 % der Stimmen als Sieger über den bisherigen Amtsinhaber *Vassiliou* hervor.

Klestil, *Thomas* (Österreich), *Wien 4. 11. 1932; seit 1992 Bundespräsident

Absolvent der Wiener Wirtschaftsuniversität; Diplomkaufmann. In den 60er Jahren Sekretär von *Josef Klaus,* dem letzten von der ÖVP gestellten Bundeskanzler. 1978–82 Botschafter bei der UNO

in New York und dann bis 1987 in Personalunion Botschafter in Washington und bei der OAS. Kandidat der ÖVP für die Präsidentschaftswahl im April 1992 und zunächst hinter dem Favoriten *Rudolf Streicher* von der SPÖ; bei der Stichwahl am 24. 5. erreicht er 56,85 % der Stimmen und erhält damit das beste Ergebnis eines Kandidaten bei den Präsidentschaftswahlen seit 1945. *K.* wird am 8. 7. als 7. Präsident der Nachkriegsrepublik vereidigt.

Klima, *Viktor* (Österreich), *Wien 4. 6. 1947; seit 1997 Bundeskanzler

Sohn eines Lehrers. Neben dem Studium der Betriebs- und Wirtschaftsinformatik ist er ab 1967 in einem Institut für Automation und Unternehmensberatung tätig. 1969 wechselt er zum teilstaatlichen Mineralölkonzern ÖMV, bei dem er zum Finanzvorstand aufsteigt. 1992 wird *K.*, der der Sozialdemokratischen Partei (SPÖ) angehört, von Bundeskanzler *Franz Vranitzky* als Bundesminister für Öffentliche Wirtschaft und Verkehr in die Politik geholt. Nach vorgezogenen Neuwahlen am 17. 12. 1995 wird ihm das Finanzministerium übertragen. Spätestens seit dem erfolgreichen Verkauf des Staatsanteils an der Creditanstalt-Bankverein Anfang Januar 1997 an die im sozialdemokratischen Einflußbereich stehende Bank-Austria wird er in der SPÖ als »Kronprinz« gehandelt. Nach dem überraschenden Rücktritt von *Vranitzky* am 18. 1. 1997 tritt er dessen Nachfolge als Bundeskanzler an (Vereidigung am 28. 1.) und setzt die Koalition mit der ÖVP fort. Am 9. 4. löst er *Vranitzky* auch als SPÖ-Vorsitzender ab.

Koh Kun (Republik Korea), *2. 1. 1938; seit 1997 Ministerpräsident

Nach dem Studium der politischen Wissenschaften an der Staatlichen Universität Seoul absolviert er ein Fachstudium für Stadtplanung und Umweltschutz. Er verfügt über eine langjährige politische Erfahrung auf kommunaler und nationaler Ebene: 1973 Vize-Gouverneur und 1979 Gouverneur verschiedener Provinzen, 1980 politischer Sekretär im Präsidialamt, mehrfacher Minister (Verkehr 1981, Landwirtschaft und Forsten 1982, Inneres 1987). 1988 wird *K.* zum Oberbürgermeister von Seoul gewählt. Als er sich weigert, ein Bauprojekt des Stahlkonzerns Hanbo zu genehmigen, wird er 1990 vom damaligen Präsidenten *Roh Tae Woo* entlassen. Seit 1994 ist er Rektor der privaten Myongji-Universität in Seoul. Am 4. 3. 1997 wird *K.* von Staatschef *Kim Young Sam* zum Ministerpräsidenten ernannt und folgt damit *Lee Soo-sung*, der als Reaktion auf einen Korruptionsskandal nach dem Zusammenbruch der Hanbo-Gruppe zurückgetreten war. Er ist damit der sechste Regierungschef unter *Kim Young Sam*.

Kohl, *Helmut* (Deutschland), * Ludwigshafen 3. 4. 1930; seit 1982 Bundeskanzler

Nach dem Studium der Geschichte und der Rechts- und Staatswissenschaften in Frankfurt und Heidelberg (Promotion Dr. phil.), Referent beim Verband der chemischen Industrie. Seit 1947 Mitglied der CDU, 1955 im Landesvorstand von Rheinland-Pfalz, 1959 Abgeordneter im rheinland-pfälzischen Landtag. 1963–69 Fraktionschef, 1966–73 Landesvorsitzender der CDU, ab 1969 auch Ministerpräsident. Seit 1966 Mitglied des Bundesvorstandes, seit Mai 1973 als Nachfolger von *Rainer Barzel* CDU-Bundesvorsitzender. Bei der Bundestagswahl 1976 verfehlt er als Kandidat der Unionsparteien nur knapp die absolute Mehrheit, tritt vom Amt des rheinland-pfälzischen Ministerpräsidenten zurück und wird Fraktionsvorsitzender der CDU/CSU im Bundestag. Nach dem Bruch der sozial-liberalen Koalition am 1. 9. 1982 und dem Sturz der Regierung *Helmut Schmidt* durch ein konstruktives Mißtrauensvotum (1. 10. 1982) zum Regierungschef einer Koalition aus CDU/CSU und FDP gewählt. Sein Versprechen baldiger Neuwahlen löst er durch eine verabredungsgemäß negativ verlaufene Vertrauensabstimmung am 17. 12. 1982 ein, ermöglicht so die Auflösung des Bundestages und vorgezogene Neuwahlen am 6. 3. 1983, aus denen die Koalition als Gewinner hervorgeht. Nach dem Fall der Mauer im November 1989 überzeugt er nach den Westmächten auch den sowjetischen Präsidenten *Michail Gorbatschow* von der Unumkehrbarkeit des Prozesses, der am 3. 10. 1990 zur Wiedervereinigung führt. Durch die Bundestagswahlen vom 2. 12. 1990 und 16. 10. 1994 jeweils im Amt bestätigt.

Kok, *Wim* (Niederlande), * Bergambacht 29. 9. 1938; seit 1994 Ministerpräsident

Nach dem Studium der Wirtschaftswissenschaften seit 1961 Berater für internationale Fragen bei der Baugewerkschaft; 1973 Präsident des Gewerkschaftsbundes NVV. 1986 folgt er *Joop den Uyl* im Partei- und Fraktionsvorsitz der Partei der Arbeit (PvdA) nach. Nach den Parlamentswahlen vom 6. 11. 1989 geht er eine Koalition mit der Christlich-Demokratischen Union (Appell) CDA, ein, die damit erstmals nach 12 Jahren wieder Regierungsverantwortung übernimmt, und wird stellv. Ministerpräsident und Finanzminister. Nachdem seine Partei aus den Wahlen am 3. 5. 1994 als stärkste

Kraft hervorgeht, bildet er mit der rechtsliberalen VVD und der linksliberalen D'66 eine Koalition und wird am 22. 8. als Ministerpräsident in der Nachfolge von *Ruud Lubbers* vereidigt.

Koller, *Arnold* (Schweiz), * Appenzell 29. 8. 1933; 1990 und 1997 Bundespräsident

Nach dem Besuch der Handelshochschule St. Gallen studiert er Rechtswissenschaften (Promotion). 1966 erhält er einen Lehrauftrag an der Hochschule St. Gallen und wird dort 1972 Professor für Privat-, Handels- und Sozialrecht sowie 1980 Ordinarius. Seit 1972 ist er Mitglied der Fraktion der Christlich-Demokratischen Volkspartei (CVP) des Nationalrats in Bern und ab 1973 Präsident des Kantonsgerichts Appenzell; 1980–84 Fraktionschef und 1984 Präsident des Nationalrats. 1986 wird *K.* als Chef des Militärdepartements (Verteidigungsminister) in den Bundesrat gewählt; 1989 wird er Justizminister. Am 4. 12. 1996 wählt ihn die Bundesversammlung (zum zweitenmal nach 1990) zum Bundespräsidenten für das Jahr 1997.

Konaré, *Alpha Oumor* (Mali), * Kayes 2. 2. 1946; seit 1992 Staatspräsident

Studium der Geschichte in Warschau (Promotion). 1978–80 Minister für Jugend, Kunst und Kultur. 1989 gründet er mit »Les Echos« die erste unabhängige Tageszeitung Malis. 1990 Mitbegründer der Alliance pour la Démocratie au Mali (ADEMA), die sich nach den blutigen Unruhen im März 1991 den Zusatz Parti africain pour la Solidarité et la Justice (PASJ) zulegt und ihn zum Generalsekretär wählt. Die Präsidentschaftswahlen am 12. und 26. 4. 1992 gewinnt er mit 69 % der Stimmen und wird erster demokratisch gewählter Präsident des Landes; am 11. 5. 1997 mit 84 % der Stimmen erneut gewählt.

Koroma, *Johnny Paul* (Sierra Leone), * 1964; seit 1997 Staatspräsident

Militärlaufbahn, zuletzt im Rang eines Majors. Nach einem gescheiterten Putschversuch im September 1996 gegen den erst im März gewählten Staatspräsidenten *Alhaji Ahmad Tejan Kabbah* wird er inhaftiert. Einen Tag, bevor er vor Gericht gestellt werden soll, wird er am 25. 5. 1997 durch meuternde Soldaten, die das Militärgefängnis in Freetown stürmen, befreit. Die Putschisten stürzen Präsident *Kabbah* und ernennen am 26. 5. *K.* zum neuen Staatschef. Am 1. 6. bildet dieser einen Revolutionsrat der bewaffneten Streitkräfte (AFRC), zu dessen Vizepräsidenten der Chef der Rebellentruppe Revolutionäre Vereinigte Front

(RUF), *Foday Sankoh,* der wegen illegalen Waffenbesitzes in Nigeria inhaftiert ist, bestimmt wird. Am 17. 6. als Präsident vereidigt; am 8. 7. übernimmt er auch die Posten des Regierungschefs und Verteidigungsministers.

Kostow, *Iwan Jordanow* (Bulgarien), * Sofia 1949; seit 1997 Ministerpräsident

Nach einer Ausbildung zum Agrarflieger in der Ukraine studiert er in Sofia zunächst Ökonomie, dann Physik und Mathematik und wird zweifach promoviert. Danach Universitätsassistent und nebenbei gelegentlich als Journalist tätig. Ab 1990 engagiert er sich für die Union Demokratischer Kräfte (UDK), das Sammelbecken der Opposition gegen die Sozialisten, und zieht für diese 1991 ins Parlament ein. 1991–92 gehört er als Finanzminister den ersten nichtsozialistischen Kabinetten an. 1994 tritt er die Nachfolge von *Filip Dimitrow* als UDK-Vorsitzender an und formt in der Folge aus der zersplitterten Bewegung eine einheitliche Organisation. Nachdem Massenproteste seit Anfang Januar 1997 die Sozialisten von der Macht vertrieben und der neue Staatspräsident → *Stojanow* am 12. 12. *Stefan Sofianski* zum Übergangspremier ernennt, kommt es am 19. 4. zu vorgezogenen Parlamentswahlen, bei denen die UDK die absolute Mehrheit gewinnt. *K.* wird am 14. 5. von *Stojanow* mit der Regierungsbildung beauftragt und am 21. 5. als neuer Ministerpräsident vereidigt.

Kotscharjan, *Robert* (Armenien), * 1955; seit 1997 Ministerpräsident

K. ist seit 1994 Präsident des zu Aserbaidschan gehörenden Autonomen Gebiets Nagornyj Karabach, das mehrheitlich von Armeniern bewohnt wird und sich 1991 für unabhängig erklärt hat. Bei der ersten direkten Präsidentenwahl in der von Armenien besetzten Enklave nach Ende des Krieges 1994 wird *K.* am 24. 11. 1996 in seinem Amt bestätigt. Am 20. 3. 1997 wird er von Staatspräsident → *Ter-Petrosjan* zum Ministerpräsidenten Armeniens als Nachfolger von *Brant Bagratjan* ernannt.

Kováč, *Michal* (Slowakei), * Libuša 5. 8. 1930; seit 1993 Staatspräsident

Nach dem Studium an der ökonom. Hochschule in Bratislava (Preßburg) zunächst Hochschuldozent, dann Karriere in der tschechoslowakischen Staatsbank. Seit 1953 KP-Mitglied; Mitte der 60er Jahre Mitarbeit bei der Organisation des kubanischen Bankwesens; 1967–69 stellv. Leiter der Londoner Zweigstelle der ČSSR-Handelsbank (Živnobanka).

Kurz nach der Niederschlagung des Prager Frühlings abberufen und 1970 aus der KP ausgeschlossen, findet er Beschäftigung bei Banken und Forschungsinstituten. Nach der Wende zieht er als Mitglied der Bürgerrechtsbewegung Öffentlichkeit gegen Gewalt (VPN) ins Prager Bundesparlament ein und gelangt im Dezember 1989 an die Spitze des slowakischen Finanzministeriums, dem er bis Mai 1991 vorsteht. Nach dem Zerfall der VPN schließt er sich der Bewegung für eine Demokratische Slowakei (HZDS) an, deren Führung er seit Juni 1991 als stellv. Vorsitzender angehört. Am 25. 6. 1992 wird er als Nachfolger von *Alexander Dubček* zum letzten Vorsitzenden der tschechoslowakischen Föderalversammlung (Parlamentspräsident) gewählt. Am 15. 2. 1993 Amtsantritt als erster demokratisch gewählter Präsident der am 1. Januar unabhängig gewordenen Slowakei. Von der Parteiführung wird er am 19. 8. 1995 aus der HZDS ausgeschlossen, weil er in Konflikt mit deren prinzipiellen Zielen geraten sei. Ministerpräsident → *Mečiar*, mit dem er seit längerem im Streit liegt, fordert *K.* am 19. 9. erfolglos zum Rücktritt auf.

Krasts, *Guntars* (Lettland), * Riga 16. 10. 1957; seit 1997 Ministerpräsident

Nach dem Studium an der Wirtschaftsfakultät der Universität von Lettland dort ab 1983 als Forscher am Agrarwissenschaftlichen Institut tätig. Als Lettland 1991 seine Unabhängigkeit erlangt, gründet er ein Privatunternehmen, das v.a. Waffengeschäfte betrieb. Im Dezember 1995 holt ihn Ministerpräsident *Andris Skele* als Wirtschaftsminister in sein Kabinett. Nach dessen Rücktritt am 28. 7. 1997 wird *K.*, der Mitglied der national-konservativen Partei Vaterland und Freiheit ist, von der Parlamentsmehrheit nominiert und von Staatspräsident → *Ulmanis* am 7. 8. 1997 zum neuen Regierungschef ernannt.

Kučan, *Milan* (Slowenien), * Križevci 14. 1. 1941; seit 1991 Staatspräsident

Im sog. Prekomurje, einer ungarisch und – im kath. Slowenien – protestantisch geprägten Enklave an der Grenze zu Ungarn, als Sohn eines Lehrers geboren, der 1944 als Partisan fiel. Jurastudium an der Universität von Ljubljana. Bereits als 17jähriger in der KP, 1968–69 Chef des Jugendverbandes, 1969–73 im ZK der slowenischen KP, danach bis 1978 Sekretär der Dachorganisation Sozialistische Allianz. 1978–82 Parlamentspräsident in Slowenien, dann Mitglied des gesamtjugoslawischen Parteipräsidiums in Belgrad. Im April 1986 zum Vorsitzenden der slowenischen KP gewählt, hat er maßgeblich Anteil daran, daß in seiner Republik freiheitliche und demokratische Zustände einziehen. Im Frühjahr 1990 löst er die slowenische KP aus dem Bund der Kommunisten Jugolawiens (BdKJ) heraus, führt das Mehrparteiensystem ein und setzt eine Verfassungsreform durch, die der Forderung nach Souveränität Sloweniens Nachdruck verleiht. Bei den gleichzeitig am 8. 4. 1990 stattfindenden Präsidentschafts- und Parlamentswahlen gewinnt zwar das Oppositionsbündnis DEMOS eine parlamentarische Mehrheit, doch setzt sich *K.* bei der Stichwahl am 22. 4. mit 58,4% der Stimmen klar gegen den DEMOS-Vorsitzenden *Joze Pučnic* durch und ist damit der erste frei gewählte Reformkommunist in einem solchen Amt. *K.*, der nach seiner Wahl sein Parteibuch zurückgibt, ist seit dem 25. 6. 1991 Präsident des unabhängigen Slowenien und geht aus den ersten Präsidentschaftswahlen am 5. 12. 1992 mit 63,86% der Stimmen als Sieger hervor.

Kumaratunga, *Chandrika* (Sri Lanka), *Athenegalle 29. 6. 1945; seit 1994 Staatspräsidentin

Tochter singhalesischer Eltern, die beide das Amt des Premierministers innehatten (ihr Vater *Solomon Bandaranaike* 1956–59, ihre Mutter *Sirimawo B.* 1960–65 und 1970–77). Studium der Soziologie an der Pariser Sorbonne. Nach der Ermordung ihres Ehemannes *Vijaya K.* 1989 durch politische Extremisten kurze Zeit im Exil in London. Im parteiinternen Machtkampf um die Vorherrschaft in der Sri Lanka Freedom Party (SLFP) setzt sie sich gegen ihre Mutter durch. Zuletzt Regierungschefin der West-Provinz. Gewinnt mit der oppositionellen People's Alliance, angeführt von der SLFP, die Parlamentswahlen am 16. 8. 1994 und wird von Staatspräsident → *Wijetunga* mit der Regierungsbildung beauftragt (Vereidigung am 19. 8.). Aus den Präsidentschaftswahlen vom 9. 11. geht sie als Siegerin hervor und wird am 13. 11. als erstes weibliches Staatsoberhaupt ihres Landes vereidigt. Sie ernennt ihre Mutter *Sirimawo* → *Bandaranaike* zur Premierministerin, die ihr damit im Amt nachfolgt.

Kutschma *[Kučma], Leonid Danilowitsch [Danilovič]* (Ukraine), *Tschajkino (Gebiet Tschernigow) 9. 8. 1938; seit 1994 Staatspräsident

Nach dem Ingenieurstudium an der Universität Dnjepropetrowsk zunächst technischer Direktor einer Versuchsabteilung im Weltraumzentrum Baikonur. Karriere im ehemals größten sowjetischen Rüstungskonzern, der Raketen für die Weltraumfahrt und die strategischen Atomwaffen

entwickelte und montierte. Aufstieg zum stellv. Chefkonstrukteur, Parteisekretär (1982–86) und Generaldirektor (1986–92). Wird nach dem Rücktritt von Ministerpräsident *Witold Fokin* auf Vorschlag von Staatspräsident *Leonid Krawtschuk* am 13. 10. 1992 vom Parlament zum neuen Regierungschef gewählt. Im Oktober 1993 tritt er zurück, da er sich mit seinen Reformplänen nicht gegen das Parlament und gegen *Krawtschuk* durchsetzen kann. Als Vorsitzender des Industriellenverbandes kandidiert er bei den Präsidentschaftswahlen und siegt in der Stichwahl am 10. 7. 1994 mit 52,1% der Stimmen über *Krawtschuk*.

Kwasniewski, *Aleksander* (Polen), *Bialogard 14. 11. 1954; seit 1995 Staatspräsident

Studium der Verkehrswirtschaft an der Universität Danzig. 1976 schließt er sich der Polnischen Vereinigten Arbeiterpartei (PVAP) an und wird hauptamtlicher Funktionär im Sozialistischen Studentenbund in Danzig, 1979 in deren zentrale Leitung berufen. 1985 Minister für Jugend und Sport, 1988 Vorsitzender des einflußreichen Gesellschaftspolitischen Komitees in der Regierung *Rakowski*. 1989 Teilnehmer am Runden Tisch mit der Opposition, der die kommunistische Allparteienherrschaft beendet. Im Januar 1990 maßgeblich an der Umwandlung der PVAP in die Sozialdemokratische Partei der Republik Polen (SdRP) beteiligt, deren Vorsitzender er wird. Aus den Parlamentswahlen am 5. 11. 1995 geht seine Partei als Sieger hervor. Als Kandidat des Bündnis der Demokratischen Linken (SLD) schlägt er bei den Präsidentschaftswahlen Staatspräsident *Lech Wałęsa* knapp und geht aus der Stichwahl am 19. 11. mit 51,72% als Sieger hervor. Am 26. 11. legt er alle Parteiämter nieder und tritt aus der SdRP aus. Am 23. 12. 1995 legt *K.* seinen Amtseid ab und wird damit der jüngste Präsident in der Geschichte Polens.

Lee Teng-hui *[Li Denghui]* (Republik China), *Taipeh 15. 1. 1923; seit 1988 Staatspräsident

Studium der Agrarwirtschaft (Promotion). Nach einer Lehrtätigkeit wird er 1972 Staatsminister, 1978 Bürgermeister von Taipeh, 1981 Gouverneur der Provinz Taiwan, 1984 Stellvertreter von Staatspräsident *Chiang Ching-kuo* und nach dessen Tod am 13. 1. 1988 amtierender Präsident. Am 27. 1. wird der Christ *Lee*, der wie sein Amtsvorgänger für die Wiedervereinigung beider chinesischer Staaten eintritt, auch Vorsitzender der regierenden Kuomintang. Am 21. 3. 1990 von der Nationalversammlung offiziell als Staatspräsident bestätigt, tritt er am 20. 5. eine sechsjährige Amtszeit an. Bei der ersten direkten Präsidentenwahl am 23. 3. 1996 wird er mit einem Stimmenanteil von 54% im Amt bestätigt und am 20. 5. vereidigt.

Leghari, *Sardar Farooq Ahmad [Faruk Ahmed] Khan* (Pakistan), * im Punjab 2. 5. 1940; seit 1993 Staatspräsident

Entstammt einer Feudalherrenfamilie, die im 18. Jhdt. aus Syrien über Belutschistan in den südl. Punjab kam. Nach dem Studium in Oxford zunächst Verwaltungsbeamter; seit 1973 Karriere in der Pakistanischen Volkspartei (PPP), u. a. Senator und Abgeordneter der Nationalversammlung. Während der Militärdiktatur des Gen. *Zia ul-Huq* zwischen 1979 und 1983 mehrmals im Gefängnis. Anschließend war er maßgeblich am politischen Aufstieg der zweimaligen Regierungschefin *Benazir Bhutto* beteiligt, die ihm in ihrem ersten Kabinett die Leitung des Energieressorts (1988–1990) übertrug und ihn nach dem Wahlsieg der PPP am 19. 10. 1993 zum Außenminister berief. Bereits am 13. 11. wird er von einem Wahlkollegium zum Staatspräsidenten gewählt und am 14. 11. als Nachfolger von *Ghulam Ishaq Khan* vereidigt. *L.*, ein gläubiger Sunnit, sprach sich für eine Revision der Verfassung und die Abschaffung der umfangreichen Vollmachten des Staatspräsidenten aus.

Letsie III., *Mohato Bereng Seeiso* (Lesotho), * 17. 3. 1963; seit 1996 König

Studium der Rechtswissenschaften und der Landwirtschaft an der Nationalen Universität Lesothos in Roma bei Maseru sowie in Bristol, Cambridge und London. Als sein Vater, König *Moshoeshoe* II., 1990 abgesetzt wird und ins Londoner Exil geht (bis Anfang 1995), regiert *L.* als Stellvertreter seines Vaters 4 Jahre lang das Land. Nach dessen Rückkehr wird das Land zur konstitutionellen Monarchie. Als *Moshoeshoe* II. am 15. 1. 1996 bei einem Autounfall ums Leben kommt, bestimmt der Rat der 22 Häuptlinge am 18. 1. den Kronprinzen zum künftigen König. Mit der Thronbesteigung am 7. 2. wird *L.* der 8. König der Basotho-Nation seit 1816.

Levy, *David* (Israel), * Rabat (Marokko) 1937; 1990–92 und seit 1996 Außenminister

Sohn eines Tischlers aus Rabat. Als Emigrant aus Marokko seit 1956 in Israel; in jungen Jahren als Bauarbeiter tätig. Frühes Engagement in der Gewerkschaftsbewegung, in der er zum Sozialpolitiker aufsteigt. Zunächst Mitglied der Arbeitspartei

wechselt er zum Likud-Block, in dem er mit sozialpolitischen Themen einen wichtigen Sektor der Parteipolitik besetzt. Seit mehreren Legislaturperioden im Parlament, u. a. Minister für Einwanderung und für den Wohnungsbau und für die Emigration. 1990–92 Außenminister. Im Mai 1995 spaltet er sich mit seiner Gescher-Partei vom Likud-Block ab, in den er kurz vor den Parlamentswahlen vom Mai 1996 wieder zurückkehrt. Nach dem Wahlsieg des Likud seit 18. 6. in der Regierung → *Netanjahu* Außenminister und stellv. Regierungschef. Er löst damit *Ehud Barak* ab, der das Amt im November 1995 von *Shimon Peres* übernommen hatte.

Ling, *Sergej Stepanowitsch* (Weißrußland), * 1937; seit 1997 Ministerpräsident

Nach dem Studium der Agrarwissenschaften und dem Besuch der Parteihochschule der KPdSU in verschiedenen Distrikten als Chefagronom tätig. 1972–82 Leiter der landwirtschaftlichen Abteilung des regionalen Parteikomitees in Minsk. Ab 1982 stellv. Vorsitzender, dann Vorsitzender des Obersten Sowjets (Parlaments) von Minsk. 1986–90 Vorsitzender des Komitees für Preise und stellv. Vorsitzender des Komitees für staatliche Planung. 1990–91 Direktor der Agrarabteilung und Sekretär des ZK der weißrussischen KP. Ab 1991 stellv. Vorsitzender des Ministerrats und des Staatskomitees für Wirtschaft und Planung. Seit 1994 stellv. Ministerpräsident. Nachdem Ministerpräsident *Michail Tschigir* am 18. 11. 1996 aus Protest gegen Präsident → *Lukaschenko*, der sich in einem umstrittenen Referendum weitreichende Vollmachten und eine neue Verfassung bestätigen ließ, zurücktritt, wird *L.* zum geschäftsführenden Regierungschef ernannt und am 19. 2. 1997 vom Parlament zum neuen Ministerpräsidenten gewählt. Am 17. 7. erklärt er seinen Rücktritt, ohne daß ein Nachfolger ernannt wurde.

Li Peng (VR China), * Shanghai 1928; seit 1987 Ministerpräsident

Nach dem Tod seines Vaters *Li Shouxan*, eines KP-Sekretärs, der von einer Kuomintang-Einheit standrechtlich erschossen wurde, 1939 von dem späteren langj. Ministerpräsidenten *Zhou Enlai [Tschou En-lai]* adoptiert. Mit 17 Jahren Eintritt in die KPCh. 1948–55 Studium mit Auszeichnung am Moskauer Institut für Energiewirtschaft; zugleich Vorsitzender der Vereinigung chinesischer Studenten in der Sowjetunion. Nach seiner Rückkehr aus Moskau Chefingenieur für Elektrizitätskraftwerke in Nordostchina; ab 1966 in Peking für die

Elektrizitätsversorgung verantwortlich. Während der Kulturrevolution gerät er in Verdacht, ein Spion Moskaus zu sein, geht aber unbeschadet aus den Wirren hervor. Von *Chen Yun [Tschen Jun]* gefördert, wird *Li* 1979 Vizeminister für Elektrizitätswirtschaft und 1981 Minister des Ressorts. Ab 1982 ist er im ZK vor allem für den Schlüsselsektor Energie und Kraftwerks- und Staudammbauten zuständig. Seit 1983 Vizepremier, übernimmt *Li* 1985, nach seiner Wahl in das Politbüro, auch den Vorsitz der neugegründeten Erziehungskommission. Auf dem 13. Parteitag wird er in den Ständigen Ausschuß des Politbüros gewählt, den engsten Führungszirkel der KPCh. *Li* wird am 24. 11. 1987 als Nachfolger von *Zhao Ziyang* zum amtierenden Ministerpräsidenten ernannt und am 9. 4. 1988 vom Nationalen Volkskongreß (NVK) im Amt bestätigt. Er befiehlt in Abstimmung mit *Deng Xiaoping* das Ausnahmerecht in Peking und ordnet am 3. 6. 1989 den Einsatz von Truppen zur blutigen Niederwerfung der Studentendemonstrationen in der Stadt an. Er wird vom NVK am 28. 3. 1993 für weitere 5 Jahre als Ministerpräsident bestätigt.

Lipponen, *Paavo* (Finnland), * Turtola 23. 4. 1941; seit 1995 Ministerpräsident

Magister der Staatswissenschaften, zunächst als Journalist tätig. Mitglied der Sozialdemokratischen Partei (SDP) und deren internationaler Sekretär. Direktor des Außenpolitischen Instituts in Helsinki. 1979–82 Kanzleichef des damaligen Regierungschefs und späteren Präsidenten *Mauno Koivisto*. 1983–87 und dann wieder seit 1991 Mitglied des Reichstages. 1985–92 Vorsitzender der Sozialdemokraten in Helsinki. Wird im Juni 1993 als Nachfolger von *Ulf Sundquist* zum Parteivors. gewählt. Bei den Reichstagswahlen am 19. 3. 1995 erreichen die oppositionellen Sozialdemokraten mit 28,2 % ihr bestes Ergebnis seit 1945 und stellen die größte Fraktion im Parlament. Von Staatspräsident → *Ahtisaari* mit der Regierungsbildung beauftragt, wird *L.*, der *Esko Aho* im Amt ablöst, am 13. 4. als neuer Ministerpräsident einer Fünfparteienkoalition vereidigt.

Lissouba, *Pascal* (Republik Kongo), * Tsinguidi 15. 11. 1931; seit 1992 Staatspräsident

Stammt aus dem im Südosten gelegenen Niari-Land; Studium der Agrarwissenschaften in Tunis und der Naturwissenschaften an der Pariser Sorbonne. Ab 1961 Chef des Landwirtschaftsdienstes in Brazzaville. Nach der Unabhängigkeit von Frankreich 1960 als Marxist und Befürworter staatlicher Planwirtschaft Mitglied der Einheitsgruppierung Kongolesische Arbeiterpartei. Unter Staatspräsident *Alphonse Massemba-Débat* (1963–68) wiederholt Minister, zeitweise auch Regierungschef. 1979–90 als Hochschullehrer in Paris und danach als Beamter der UNESCO in Nairobi (Kenia) tätig. Mit Beginn der demokratischen Reformen kehrt er im Frühjahr 1991 in sein Heimatland zurück und gründet die Panafrikanische Union für soziale Demokratie (UPADS). Als deren Vorsitzender ist er automatisch Mitglied der Nationalkonferenz, die im Juni 1991 den Diktator *Denis Sassou-Nguesso* entmachtet. *L.* geht aus den ersten freien Präsidentschaftswahlen in der Stichwahl am 16. 8. 1992 als Sieger hervor.

Lucinschi *[Lutschinski]*, *Petru* (Moldau), * Redulenij Vek (bei Floresti; früher Rumänien) 27. 1. 1940; seit 1997 Staatspräsident

Dienst in der Sowjetarmee. Nach dem Studium der Geschichte an der Universität Chişinaŭ (mit Promotion) und dem Besuch der Parteihochschule beim ZK der KPdSU steile Parteikarriere: u. a. 1971–76 Sekretär des ZK der KP der moldauischen Sowjetrepublik. Danach steigt er von 1978 bis 1986 zum Abteilungsleiter für Propaganda im ZK der KPdSU in Moskau auf. Als Anhänger des Reformers *Michail Gorbatschow* wird er 1990 ins ZK-Sekretariat sowie ins Politbüro der KPdSU berufen. Auf dieser Position erlebt er im August 1991 den Putschversuch in Moskau, der am Widerstand des russischen Präsidenten → *Jelzin* scheitert. Von 1986 bis 1989 ist er außerdem Mitglied des Obersten Sowjets, danach bis 1991 des Volksdeputiertenkongresses der UdSSR. *L.* leitet die Kommission zur Abwicklung der KPdSU, kehrt nach deren Auflösung in seine Heimat zurück und wird Abgeordneter im ersten moldauischen Parlament. Von 1992 bis Februar 1993 ist er Botschafter seines Landes in Moskau. Anfang 1993 tritt er das Amt des Parlamentspräsidenten an und wird 1994 mit dem Mandat der Demokratischen Agrarpartei (PDAM) im Amt bestätigt. Aus den Präsidentschaftswahlen am 17. 11. und 1. 12. 1996, bei denen er als Unabhängiger kandidiert, bei der Stichwahl aber die Unterstützung des linken Spektrums erhält, geht er als Gewinner hervor. Am 15. 1. 1997 wird *L.*, der sich heute als Sozialdemokrat und den Kommunismus als Irrweg bezeichnet, als neuer Staatspräsident und Nachfolger von *Mírcea Ion Snegur* vereidigt. Er will die Beziehung zu Rußland vertiefen und den Konflikt mit Moskau um die separatistische Region Transnistrien lösen.

Lukaschenko *[Lukašenka]*, *Alexander Grigorjewitsch [Aleksandr Grigorevič]* (Weißrußland), *Kopys (Gebiet Witjebsk) 30. 8. 1954; seit 1994 Staatspräsident

Studium an der Pädagogischen Hochschule in Mogiljow und an der Weißrussischen landwirtschaftlichen Akademie. 1975–77 politischer Instrukteur bei den KGB-Grenztruppen in Brest. Nach Tätigkeiten in anderen Staats- und Parteiorganisationen ab 1980 zunächst KP-Sekretär, dann Direktor in verschiedenen Kolchosen und in einem Baubetrieb. Beim Putsch gegen Staatspräsident *Michail Gorbatschow* im August 1991 unterstützt er die Verschwörer des Staatskomitees für den Ausnahmezustand. Als Deputierter des Obersten Sowjets Weißrußlands stimmt er als einziger gegen das Abkommen vom Dezember 1991 über die Gründung der GUS, das das Ende der Sowjetunion besiegelte. Anfang 1994 trägt er als Vorsitzender des Anti-Korruptionsausschusses mit fadenscheinigen Anschuldigungen zum Sturz des Reformers *Stanislaw Schuschkjewitsch* als Staatsoberhaupt bei. Er erhält in der ersten Runde der Präsidentschaftswahlen am 24. 6. 1994 45,1 % der Stimmen und geht aus der Stichwahl am 10. 7. mit 80,1 % als Sieger hervor. *L.* strebt die Vereinigung seines Landes mit Rußland an und unterzeichnet am 2. 4. 1996 mit → *Jelzin* in Moskau einen Vertrag, der die Bildung eines gemeinsamen Wirtschaftsraums bis Ende 1997 sowie enge Zusammenarbeit in der Außen- und Sicherheitspolitik vorsieht.

Madjali *[Madschali]*, *Abdul Salam al-* (Jordanien), *Karak 1927; 1993–95 und seit 1997 Ministerpräsident

M. entstammt einem der Beduinenstämme, die für ihre Loyalität zum Königshaus bekannt sind. Nach dem Studium der Medizin in Damaskus bekleidet er zunächst verschiedene Ämter im militärischen und zivilen Gesundheitswesen. 1970 wird er mit seiner Familie in Beirut – möglicherweise durch syrisch gelenkte Guerillas – gekidnappt. Damals wurde spekuliert, daß diese Entführung im Zusammenhang mit möglichen Geheimkontakten König → *Husseins* zu Israel stand. 1971 wird er als Gesundheitsminister erstmals ins Kabinett berufen. Es folgen weitere Ministerposten und das Amt des Präsidenten der Universität. Ab Dezember 1991 leitet er die jordanische Delegation bei den Washingtoner Nahost-Friedensgesprächen. Am 31. 5. 1993 wird er vom König zum Chef einer Übergangsregierung ernannt. Nach den ersten Mehrparteienwahlen seit 1956 am 8. 11. 1993 wird er am 1. 12. vom Parlament im Amt bestätigt. Am 8. 6.

1994 übernimmt er zusätzlich das Außen- und das Verteidigungsministerium. *M.* führt die Verhandlungen, die im Oktober 1994 mit der Unterzeichnung des Friedensvertrages mit Israel enden. Am 5. 1. 1995 tritt er von seinen Ämtern zurück. Seine Nachfolger im Amt des Regierungschefs sind *Sharif Said Ibn Shaker* und *Abdel Karim al-Kabariti* (ab 4. 2. 1996), der am 19. 3. 1997 seinen Rücktritt einreicht. König *Hussein* ernennt daraufhin erneut *M.*, der als eine der treibenden Kräfte im Friedensprozeß mit Isarael gilt. Am 20. 3. wird er als Ministerpräsident vereidigt.

Mahathir Mohamad, *Datuk Seri* (Malaysia), *Alor Star 20. 12. 1925; seit 1981 Premierminister

Studium der Medizin (Promotion), praktischer Arzt. Politisch aktiv in der United Malay National Organization (UMNO), 1964–69 Abgeordneter, dann bis 1972 Parteiausschluß. 1974 Erziehungsminister, 1976 zusätzlich stellv. Premierminister. 1978 Industrie- und Handelsminister. Seit 1981 Premierminister. Erzielt bei den Wahlen am 24. und 25. 4. 1995 mit seiner Regierungskoalition Barisan Nasional (Nationale Front) eine Zweidrittelmehrheit und damit das beste Ergebnis seit der Unabhängigkeit von Großbritannien 1957.

Mahdi Muhammad, *Ali* (Somalia), *1939; seit 1991 Staatspräsident

Angehöriger des Hawiya-Clans; Ausbildung zum Grundschullehrer. In den 60er Jahren, als Somalia noch eine demokratische Verfassung hatte, für die Somalische Arbeiterpartei im Parlament. Nach dem Putsch von *Siad Barre* 1969 zu dreieinhalb Jahren Haft verurteilt, jedoch nach eineinhalb Monaten freigelassen. Anschließend im Gesundheitsministerium und nebenbei zu einem wohlhabenden Geschäftsmann aufgestiegen, dessen Geld bei der Finanzierung der Rebellenbewegung United Somali Congress (USC) offenbar eine große Rolle gespielt hat. Nach der Flucht von *Barre* wird *Mahdi Muhammad* von der USC nach Konsultationen anderer Rebellenbewegungen am 28. 1. 1991 zum Interimspräsidenten ernannt. Seine Regierung ist faktisch ohne Macht, da das im Bürgerkrieg befindliche Land zerrissen und unter Clans aufgeteilt ist. Als »Präsidenten« bezeichnen sich auch *Hussein Mohammed Aidid*, seit August 1996 Führer der Somali National Alliance (SNA) und Sohn von *Mohammed Farah A.*, der am 1. 8. bei einem Feuergefecht ums Leben kam, und *Mohammed Ibrahim Egal*, der sich 1993 zum Präsidenten der »Republik Somaliland« ausgerufen hat.

Maïnassara, *Ibrahim Baré* (Niger), *1950; seit 1996 Staatspräsident

Militärlaufbahn, zuletzt Oberst. Am 27. 1. 1996 putscht er gegen den ersten demokratisch gewählten (27. 3. 1993) Präsidenten des Landes, *Mahamane Ousmane*. Er erklärt sich selbst zum Staatschef und setzt am 28. 1. einen zwölfköpfigen Rat zur Nationalen Rettung ein, dessen Vorsitz er übernimmt. Offenbar unter dem Druck westlicher Geberländer und einiger Nachbarstaaten setzt er Präsidentschaftswahlen an, bei denen am 7. 7. außer ihm 4 weitere Kandidaten, darunter der gestürzte Präsident *Ousmane*, dem allgemein die besten Chancen eingeräumt werden, kandidieren. Am 9. 7. wird der inzwischen zum General gekürte *M.* von der Wahlkommission, die das Militär eingesetzt hatte, zum Sieger erklärt, während die Opposition von Wahlbetrug spricht.

Mandela, *Nelson Rolihlahla* (Südafrika), *Qunu bei Umtata (Transkei) 18. 7. 1918; seit 1994 Staatspräsident

Sohn eines Paramount chief der Thembu; Jurastudium, 1952 einer der ersten schwarzen Anwälte Südafrikas. Seit 1944 Mitglied des ANC, entschiedener Gegner der Apartheid. Bis zum Verbot der Organisation 1960 einer der Führer der »Kampagne des Ungehorsams« gegen das Regime. 1962 verhaftet, des Terrors, Umsturzversuches und kommunistischer Aktivität angeklagt und im Juli 1964 zu lebenslänglicher Verbannung auf der Robben-Insel verurteilt. Im Februar 1985 lehnt er seine Freilassung unter der von der Regierung gestellten Bedingung, künftig im politischen Kampf auf Gewaltmaßnahmen zu verzichten, ab. Am 11. 2. 1990 nach fast 28 Jahren Haft freigelassen, wird er am 2. 3. zum Vizepräsidenten und am 5. 7. 1991 zum Präsidenten des ANC gewählt, für den er mit Staatspräsident *Frederik de Klerk* Verhandlungen über politische Reformen und das Ende der Apartheid führt. Beide werden dafür am 10. 12. 1993 mit dem Friedensnobelpreis ausgezeichnet. Nach der Verabschiedung der Übergangsverfassung am 10. 11., die erstmals allen Bürgern die gleichen Rechte zugesteht, und dem Zusammentreten des Übergangsexekutivrates am 7. 12. finden vom 26.–29. 4. 1994 in Südafrika erstmals freie Wahlen unter Beteiligung aller Rassen statt, aus denen der ANC mit 62,6 % der Stimmen als Sieger hervorgeht. Am 9. 5. wird *M.* zum ersten schwarzen Präsidenten seines Landes gewählt und am 10. 5. vereidigt.

Mascarenhas Gomes Monteiro, *António* (Kap Verde), *Santa Catarina 16. 2. 1944; seit 1991 Staatspräsident

Jurastudium in Lissabon und Coimbra (Portugal). 1967 flüchtet er vor dem portugiesischen Militärdienst nach Belgien; dort schließt er sein Studium in Löwen ab. Danach am interuniversitären Zentrum für öffentliches Recht tätig. Als Mitglied der Partei für die Unabhängigkeit Kap Verdes (PAIGC) beteiligt er sich von 1969–71 am Unabhängigkeitskampf. Dann bricht er mit der Partei und kehrt 1977, 2 Jahre nach Erlangung der Unabhängigkeit, auf die Inselgruppe zurück. Zeitweise Generalsekretär der Nationalversammlung und Richter. Als Präsident des Obersten Gerichts (1980–90) ist *M.* mitbeteiligt an der Ausarbeitung der afrikanischen Charta der Menschenrechte der OAU. Bei den ersten freien Präsidentschaftswahlen am 13. 1. 1991 als Kandidat des Movimento para Democracia (MPD) zum Staatspräsidenten und Nachfolger von *Aristide Maria Pereira* gewählt; am 18. 2. 1996 wird er wiedergewählt.

Maschadow, *Aslan* (Tschetschenien), *1951; 1996–97 Ministerpräsident; seit 1997 Staatspräsident

Seine Familie wurde unter Stalin wie alle Tschetschenen verbannt; *M.* wurde im kasachischen Exil geboren und kehrte erst 1957 in die Heimat zurück. Seit 1969 im Dienst der sowjetischen Armee, beendet er 1981 die Kalinin-Militärakademie in Leningrad. Als Oberst befehligt er 1990 die Raktenabteilung einer Artilleriedivision im litauischen Vilnius und nimmt am Sturm auf das Fernsehzentrum teil, als die Sowjetarmee vergeblich die Unabhängigkeitsbewegung in Litauen niederschlagen wollte. 1992 folgt *M.* dem Ruf des im Jahr zuvor zum Tschetschenen-Präsidenten gewählten *Dschochar Dudajew* nach Grosny und kämpft als Stabschef der Rebelleneinheiten fortan für die Unabhängigkeit Tschetscheniens. Nach dem Einmarsch russischer Truppen im Dezember 1994, die auf Befehl → *Jelzins* die Unabhängigkeitsbestrebungen niederschlagen sollten, organisiert er den Widerstand. Im August 1996 nimmt er mit seinen Truppen Grosny wieder ein und zwingt Rußland zu Waffenstillstandsverhandlungen. Mit dem damaligen russischen Sicherheitsberater *Alexander Lebed* handelt er am 31. 8. eine Grundsatzerklärung zur Beendigung des Konflikts aus. Am 18. 10. wird er vom Präsident *Selimchan Jandarbijew* zum Chef einer Koalitionsregierung ernannt und übernimmt auch das Verteidigungsministerium. Aus den Präsidentschaftswahlen am 27. 1. 1997 geht er als klarer Sieger hervor. *M.*, der seinen Amtseid am 12. 2. auf den Koran ablegt, übernimmt am 16. 2. auch das Amt des Ministerpräsidenten. Am 12. 5. unterzeichnet er mit *Jelzin* einen Friedensvertrag, der aber noch keine abschließende Regelung über den künftigen völkerrechtlichen Status Tschetscheniens enthält.

Masire, *Ketumile* (Botsuana), * Kanye 23. 7. 1925; seit 1980 Staatspräsident

Ausbildung als Lehrer in Südafrika; Journalist, später auch als Viehzüchter tätig. 1962 Mitbegründer der Botsuana Democratic Party (BDP). Seit der Unabhängigkeit des Landes (1966) Vizepräsident und mehrfach Minister, u. a. für Finanzen und für Planung und Entwicklung. 1980 wird er zum Vorsitzenden der BDP und zum Staatspräsidenten gewählt. Der pragmatische Politiker *M.*, der sich stets um einen Ausgleich mit dem übermächtigen Nachbarn im Süden bemühte und als einer der Garanten für den Erfolg des Landes gilt, wird zuletzt bei den Präsidentschaftswahlen am 15. 10. 1994 wiedergewählt.

Mateša, *Zlatko* (Kroatien), * Zagreb 17. 6. 1949; seit 1995 Ministerpräsident

Studium der Rechtswissenschaften. Tätigkeit bei der Industrija nafte (INA), der staatlichen Mineralölgesellschaft, wo er zum Direktor aufsteigt. Ab 1992 Leiter der Vermögensagentur, zuständig für die Privatisierung der Staatsbetriebe. Dem Kabinett gehört er zunächst als Minister ohne Portefeuille an, später als Wirtschaftsminister. Nach dem Sieg der Kroatischen Demokratischen Gemeinschaft (HZDS) bei den Parlamentswahlen am 29. 10. 1995 von Präsident → *Tudjman* zum neuen Ministerpräsidenten und Nachfolger von *Nikica Valentić* ernannt und am 7. 11. vereidigt.

Matutes, *Abel* (Spanien), * Ibiza 31. 10. 1941; seit 1996 Außenminister

Bankierssohn; Studium der Rechts- und Wirtschaftswissenschaften an der Universität Barcelona. 1970 von der Regierung des Diktators *Franco* zum Bürgermeister der Stadt Ibiza ernannt. Seit 1982 Abgeordneter. Nach dem Beitritt Spaniens zur EG 1986 von Ministerpräsident *Felipe González* als eines der 2 spanischen Mitglieder der Europäischen Kommission vorgeschlagen, ist er in Brüssel zunächst für Mittelstandsfragen, später für die Beziehungen zu Lateinamerika verantwortlich. Seit 1994 Mitglied des Europäischen Parlaments, wo er den Ausschuß für Außenbeziehungen leitet. *M.*, Mitglied der Konservativen Volkspartei (PP), wird nach deren Erfolg bei den Parlamentswahlen am 3. 3. 1996 in der Regierung → *Aznar* am 5. 5. neuer Außenminister.

Mečiar, *Vladimir* (Slowakei), * Zvolen 26. 7. 1942; 1990–91 und 1992 Ministerpräsident der slowak. Teilrepublik, 1993 bis März 1994 und seit Dezember 1994 Ministerpräsident der Slowakei

Beginn der politischen Laufbahn im kommunistischen Jugendverband der ČSSR. Wegen seines Einsatzes im Prager Reform-Frühling wird er aus der Partei ausgeschlossen; Jurastudium in Abendkursen; anschließend Jurist in einer Glasfabrik. *M.* kehrt 1990 mit der Bürgerbewegung Öffentlichkeit gegen Gewalt (VPN) in die Politik zurück: er wird zum ersten demokratischen Innen- und Umweltminister, dann zum Ministerpräsidenten der Slowakei gewählt. Im März 1990 gründet er als Abspaltung von der VPN eine Bewegung für eine Demokratische Slowakei (HZDS) und wird daraufhin im April 1991 vom Nationalrat abgesetzt. *M.* geht mit der HZDS aus den Parlamentswahlen im Juni 1992 im slowakischen Landesteil als Sieger hervor und wird am 24. 6. vom Präsidium des Landesparlaments erneut zum Ministerpräsidenten gewählt. Seit 1. 1. 1993 ist er Regierungschef der souveränen Slowakischen Republik, wird aber nach dem Verlust der Regierungsmehrheit am 11. 3. 1994 wiederum vom Parlament gestürzt und von *Józef Moravčik* im Amt abgelöst. Nur rd. 6 Monate nach seinem Sturz geht er bei den Wahlen vom 30. 9. und 1. 10. mit seiner HZDS wieder als Sieger hervor und wird am 13. 12. 1994 abermals als Ministerpräsident vereidigt.

Mejdani, *Rexhep Qemal* (Albanien), * 17. 8. 1944; seit 1997 Staatspräsident

Nach dem Studium der Physik und Mathematik erhält er 1973 die Erlaubnis zu einem Forschungsaufenthalt in Paris. Dort promoviert er 1976 und schlägt nach seiner Rückkehr eine Laufbahn als Hochschullehrer an der Universität Tirana ein. Als sich 1990 auch Albanien vom Kommunismus abwendet, wird er Vorsitzender der staatlichen Wahlkommission. Anschließend nimmt er wieder seine Physikprofessur wahr. Auf dem Reformparteitag im August 1996 wird *Mejdani* zum Generalsekretär der Sozialistischen Partei (PSS) gewählt, zu der er erst spät gestoßen ist. Nach deren Erfolg bei den Wahlen am 29. 6. 1997 wird er am 4. 7. vom Parlament zum neuen Staatspräsidenten gewählt. Er löst *Sali Berisha* ab, der nach der Wahlniederlage

Erläuterungen zu den Flaggen

Flaggenähnlichkeiten

Man sollte meinen, jeder Staat strebe nach einer für ihn typischen Flagge, die sich von allen anderen Flaggen unterscheidet. Es gibt aber zahlreiche Flaggen, die sich kaum oder gar nicht voneinander abheben. In manchen Fällen ist die Ähnlichkeit ein Produkt des Zufalls. Entfernungen waren früher nicht so schnell zu überbrücken wie heute, internationale Zusammentreffen gab es nicht, die Staaten lagen quasi weiter auseinander. Die schnelle Identifizierung von Flaggen war nur im konkurrierenden oder feindseligen Zustand wichtig. Bei befreundeten oder weit auseinander gelegenen Staaten war sie nicht zwingend notwendig. So ist es nicht verwunderlich, daß auch heute noch manche Staaten fast identische Flaggen führen. Die fast zeitgleich entstandenen Flaggen Andorras und Rumäniens existierten lange Zeit nur auf Flaggentafeln (wenn überhaupt) nebeneinander. Der Tschad konnte 1959 seine Flagge bedenkenlos annehmen, die räumliche Trennung zu Andorra und Rumänien war groß genug. In die Staats- oder Dienstflagge Andorras wurde, nach spanischem Vorbild, schon früh das Wappen eingefügt, doch auch offizielle Dienststellen führten meist die wappenlose Flagge. Eine Dienstflagge mit Wappen wurde schließlich erforderlich, als die andorranische Vertretung in Paris immer häufiger von Bürgern aus dem Tschad aufgesucht wurde. Moldaus ebenfalls identische Flagge basiert auf der rumänischen, trägt aber zur Unterscheidung das Staatswappen.
Die Flaggen Indonesiens und Monacos können nebeneinander bestehen, weil die unterschiedlichen Staatsgrößen, die räumliche Entfernung und die verschiedenen Interessensphären dies zulassen.

Diesen zufälligen Ähnlichkeiten stehen aber auch absichtliche gegenüber. Ecuador, Kolumbien und Venezuela bildeten ursprünglich einen Staat. Noch heute führen die drei Länder die gleichen Farben. Die Nationalflaggen Ecuadors und Kolumbiens sind völlig identisch. Die Unterscheidbarkeit beider Flaggen wird allerdings da sichergestellt, wo sie notwendig ist: die Handels- und die Dienstflaggen beider Staaten unterscheiden sich deutlich. In Zentralamerika waren Costa Rica, El Salvador, Guatemala, Honduras und Nicaragua ursprünglich in einer Föderation vereint. Die Nationalflagge dieses Staates war nach der argentinischen Flagge geschaffen worden: waagerecht blau-weiß-blau gestreift. Als der Bund zerbrach, behielten alle fünf Republiken diese Flagge bei. Costa Rica ergänzte die Flagge später um einen roten Mittelstreifen, Guatemala ordnete die Farben senkrecht an, und Honduras fügte fünf Sterne im Andenken an die Föderation ein. El Salvador und Nicaragua führen sogar fast identische, auf dem ehemaligen Bundeswappen basierende Staatswappen. In diesen beiden Ländern gibt es auch noch die wappenlose blau-weiß-blaue Flagge, die allerdings nur in El Salvador auch Dienstflagge ist. Handelsschiffe sind wieder einfacher zu unterscheiden: Nicaragua zeigt sein Wappen, El Salvador sein Staatsmotto in der Handelsflagge.
Schiffe sind heute per Funk eher zu identifizieren als an ihren Flaggen, trotzdem unterscheiden sich die Handelsflaggen der Nationen deutlicher voneinander als deren Nationalflaggen. Auch die Dienstflaggen der meisten Staaten sind eindeutig gestaltet. Nationalflaggen aber müssen mehr nur lokalen als internationalen Ansprüchen genügen und sollten einfach und möglichst preisgünstig herstellbar sein.

Änderungen gegenüber dem Weltalmanach '97

Eritrea: Der Olivenkranz trägt jetzt 30 Blätter, in Erinnerung an den 30 Jahre währenden Krieg um die Unabhängigkeit (1961–1991).
Komoren: In der neuen Flagge steht der Mond senkrecht, mit senkrecht angeordneten Sternen. An der Mastseite steht unten die arabische Inschrift »Mohammed«, an der Flugseite oben die Inschrift »Allah«. Eingeführt wurde die Flagge am 3. Oktober 1996.
Kongo, Demokratische Republik: Die Flagge des ehemaligen Zaïre ist die gleich, wie sie die Demokratische Republik Kongo bei Erlangung der Unabhängigkeit 1960 angenommen hatte. Damals stand der große Stern für die Hoffnung auf Einigkeit. Heute ist die Flagge wohl auch als Zeichen des Neubeginns anzusehen. Sie wurde erstmals am 19. Mai 1997 in Kinshasa gehißt.
Turkmenistan: Unter den Teppichmustern im weinroten Streifen verdeutlichen zwei Olivenzweige die friedliche Gesinnung des turkmenischen Volkes. Eingeführt am 30. Januar 1997.
Tuvalu: Daß viele der Inselbewohner und auch die neue Regierung der Abkehr von Großbritannien ablehnend gegenüberstanden, wird deutlich in der Rückkehr zur britisch geprägten ursprünglichen Flagge, die am 11. April 1997 wieder offiziell wurde. Die acht Sterne repräsentieren den Landesnamen, der »Acht gemeinsam« bedeutet. (Tuvalu besteht zwar aus neun Inseln, eine davon war aber bis vor kurzem unbewohnt.)

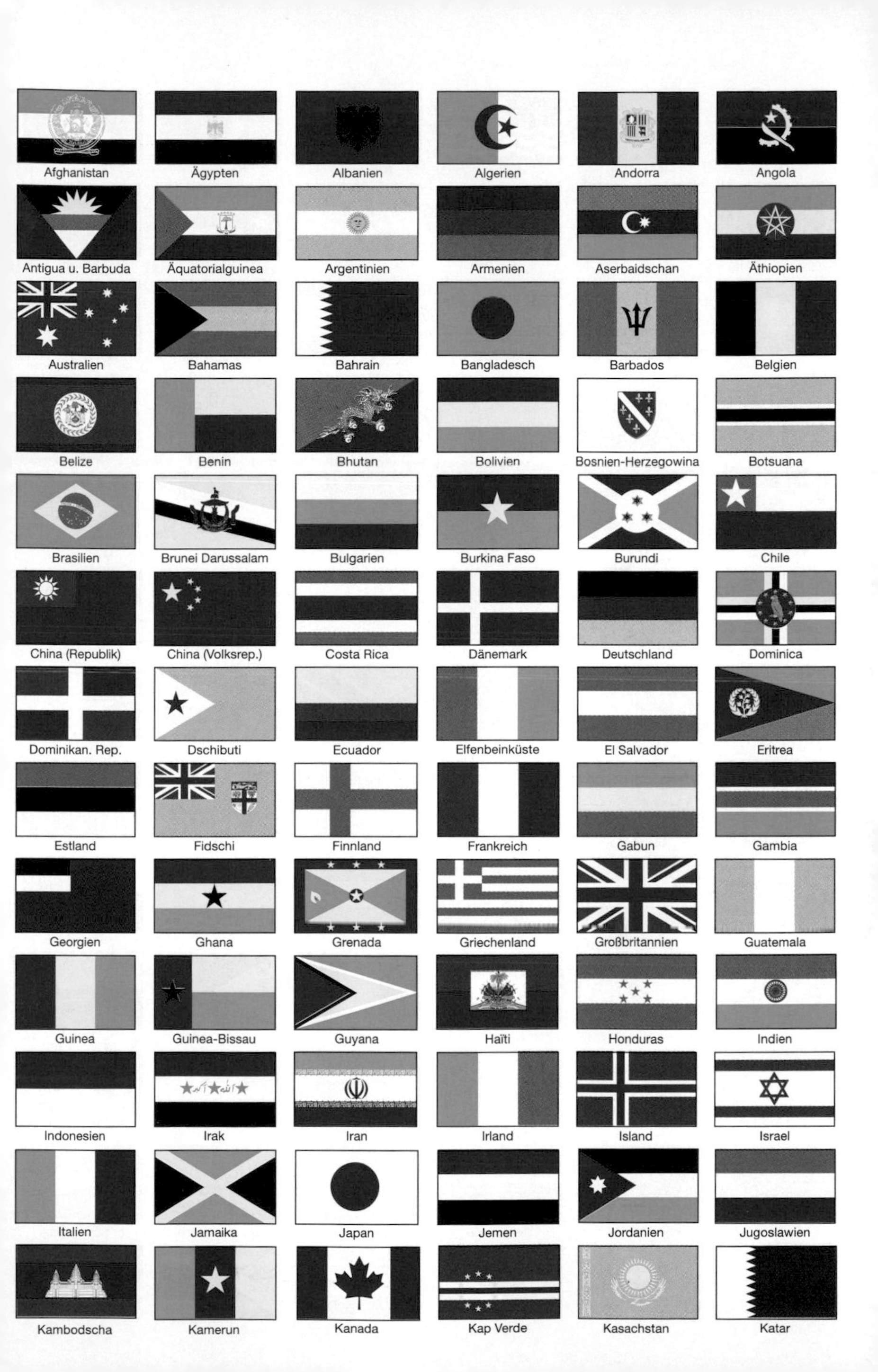
Afghanistan
Ägypten
Albanien
Algerien
Andorra
Angola
Antigua u. Barbuda
Äquatorialguinea
Argentinien
Armenien
Aserbaidschan
Äthiopien
Australien
Bahamas
Bahrain
Bangladesch
Barbados
Belgien
Belize
Benin
Bhutan
Bolivien
Bosnien-Herzegowina
Botsuana
Brasilien
Brunei Darussalam
Bulgarien
Burkina Faso
Burundi
Chile
China (Republik)
China (Volksrep.)
Costa Rica
Dänemark
Deutschland
Dominica
Dominikan. Rep.
Dschibuti
Ecuador
Elfenbeinküste
El Salvador
Eritrea
Estland
Fidschi
Finnland
Frankreich
Gabun
Gambia
Georgien
Ghana
Grenada
Griechenland
Großbritannien
Guatemala
Guinea
Guinea-Bissau
Guyana
Haïti
Honduras
Indien
Indonesien
Irak
Iran
Irland
Island
Israel
Italien
Jamaika
Japan
Jemen
Jordanien
Jugoslawien
Kambodscha
Kamerun
Kanada
Kap Verde
Kasachstan
Katar

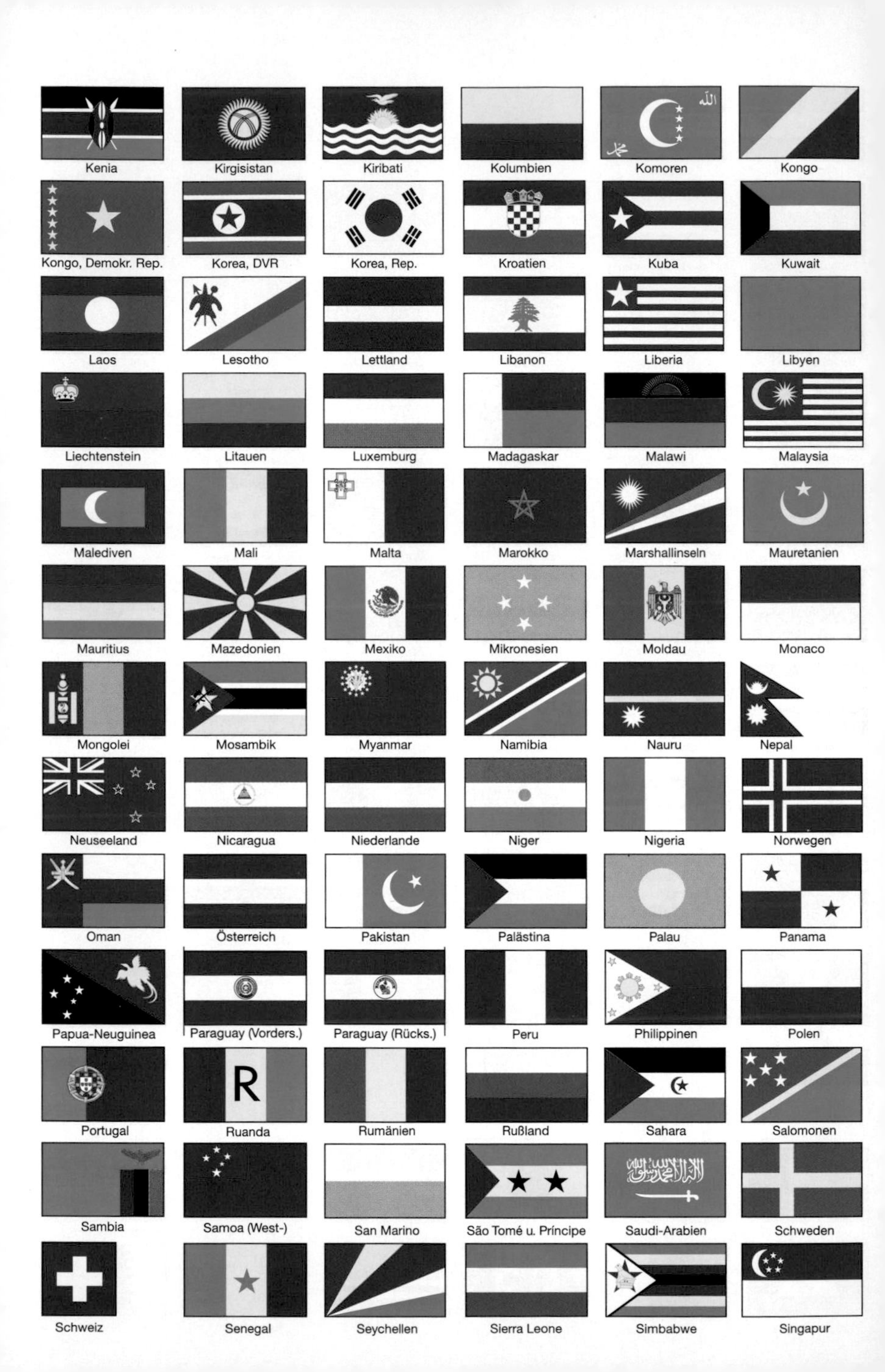
Kenia
Kirgisistan
Kiribati
Kolumbien
Komoren
Kongo
Kongo, Demokr. Rep.
Korea, DVR
Korea, Rep.
Kroatien
Kuba
Kuwait
Laos
Lesotho
Lettland
Libanon
Liberia
Libyen
Liechtenstein
Litauen
Luxemburg
Madagaskar
Malawi
Malaysia
Malediven
Mali
Malta
Marokko
Marshallinseln
Mauretanien
Mauritius
Mazedonien
Mexiko
Mikronesien
Moldau
Monaco
Mongolei
Mosambik
Myanmar
Namibia
Nauru
Nepal
Neuseeland
Nicaragua
Niederlande
Niger
Nigeria
Norwegen
Oman
Österreich
Pakistan
Palästina
Palau
Panama
Papua-Neuguinea
Paraguay (Vorders.)
Paraguay (Rücks.)
Peru
Philippinen
Polen
Portugal
Ruanda
Rumänien
Rußland
Sahara
Salomonen
Sambia
Samoa (West-)
San Marino
São Tomé u. Príncipe
Saudi-Arabien
Schweden
Schweiz
Senegal
Seychellen
Sierra Leone
Simbabwe
Singapur

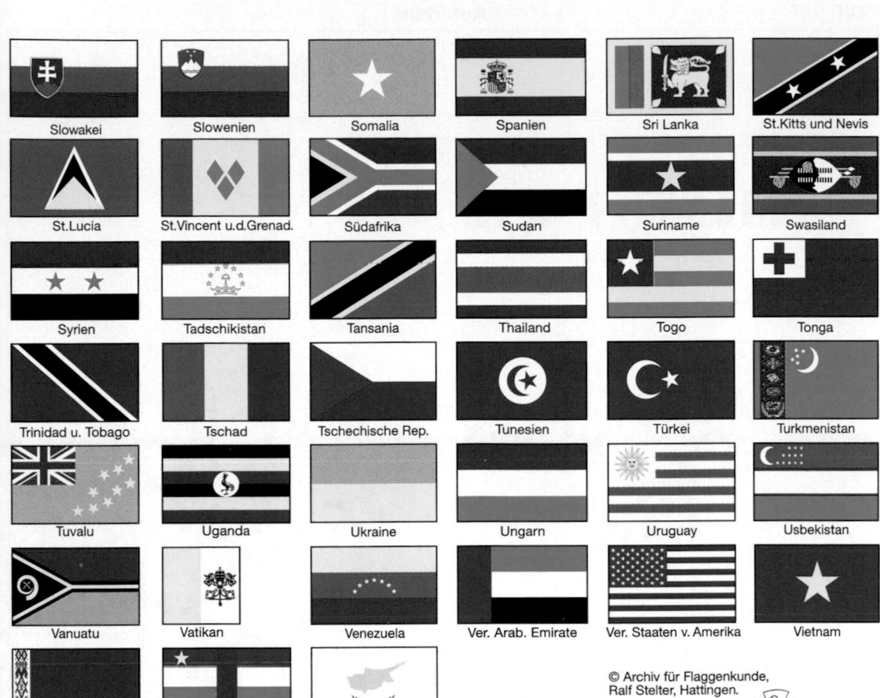

Stand 10.8.1997

Die Flaggen der österreichischen Bundesländer

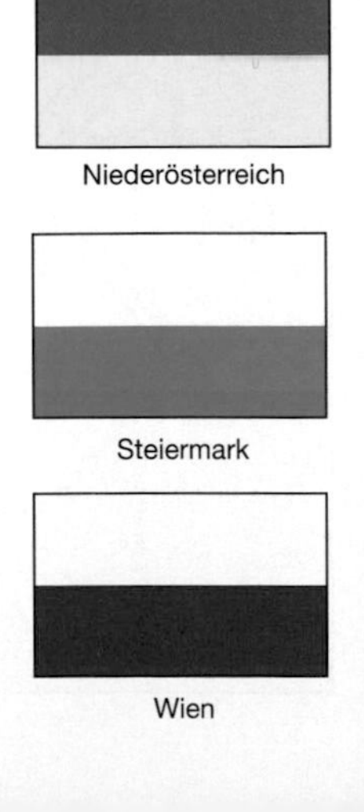

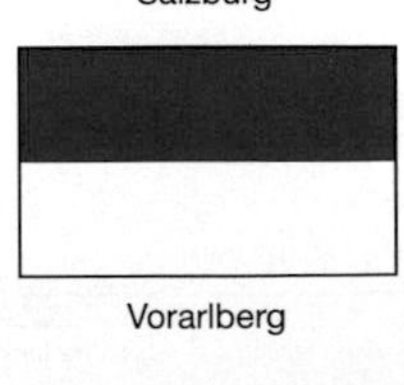

Tirol

Antarktis

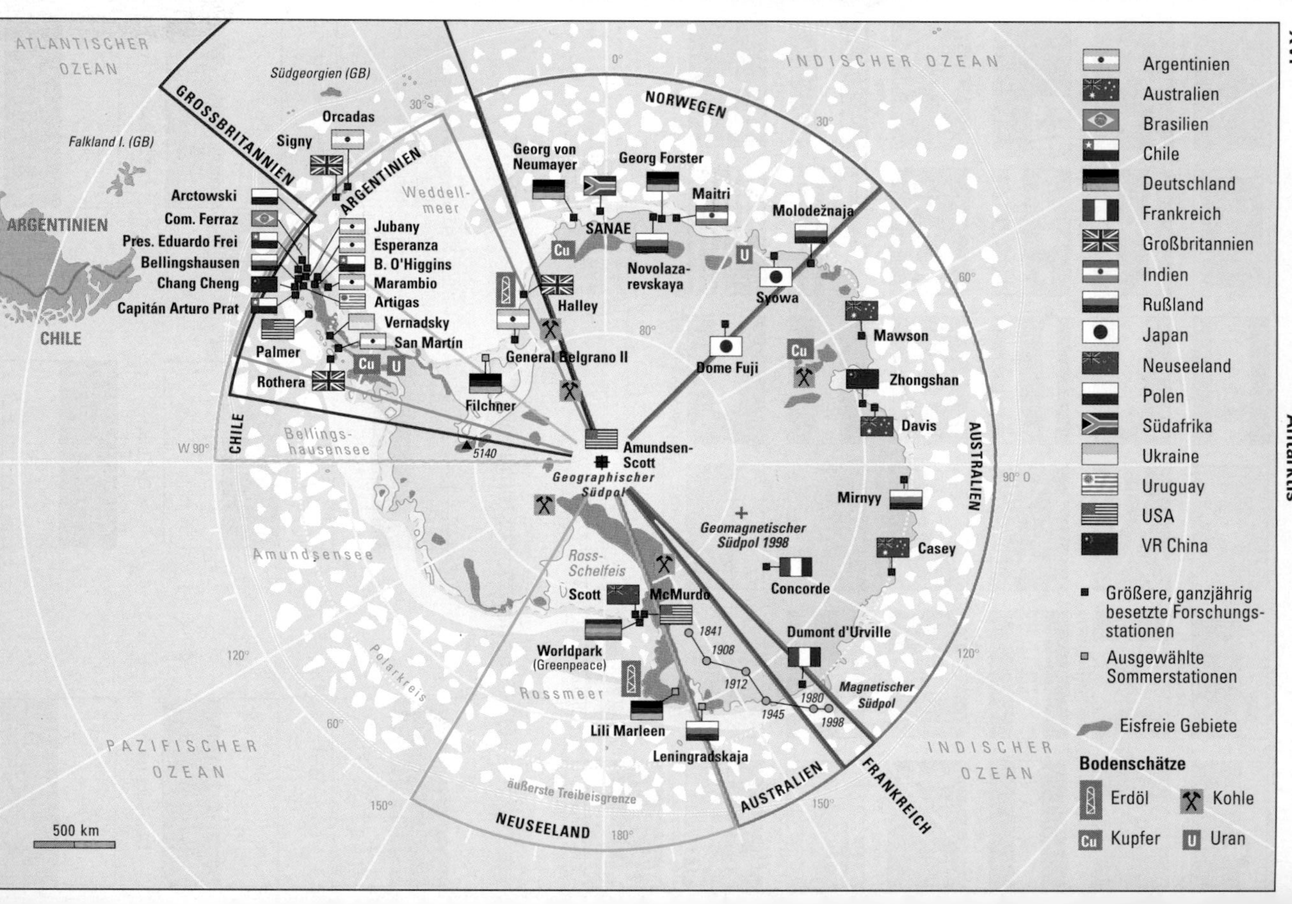
ATLANTISCHER OZEAN
INDISCHER OZEAN
PAZIFISCHER OZEAN
Südgeorgien (GB)
Falkland I. (GB)
ARGENTINIEN
CHILE
GROSSBRITANNIEN
ARGENTINIEN
NORWEGEN
AUSTRALIEN
FRANKREICH
AUSTRALIEN
NEUSEELAND
CHILE
Orcadas
Signy
Arctowski
Com. Ferraz
Pres. Eduardo Frei
Bellingshausen
Chang Cheng
Capitán Arturo Prat
Jubany
Esperanza
B. O'Higgins
Marambio
Artigas
Vernadsky
San Martín
Palmer
Rothera
Weddell-meer
Bellings-hausensee
Amundsensee
Polarkreis
Rossmeer
Ross-Schelfeis
äußerste Treibeisgrenze
Georg von Neumayer
SANAE
Georg Forster
Maitri
Novolaza-revskaya
Molodežnaja
Syowa
Halley
General Belgrano II
Filchner
5140
Dome Fuji
Mawson
Zhongshan
Davis
Mirnyy
Casey
Amundsen-Scott
Geographischer Südpol
Geomagnetischer Südpol 1998
Concorde
Dumont d'Urville
Magnetischer Südpol
1841
1908
1912
1945
1980
1998
Scott
McMurdo
Worldpark (Greenpeace)
Lili Marleen
Leningradskaja
0°
30°
60°
80°
90° O
120°
150°
180°
W 90°
500 km
Argentinien
Australien
Brasilien
Chile
Deutschland
Frankreich
Großbritannien
Indien
Rußland
Japan
Neuseeland
Polen
Südafrika
Ukraine
Uruguay
USA
VR China
Größere, ganzjährig besetzte Forschungsstationen
Ausgewählte Sommerstationen
Eisfreie Gebiete
Bodenschätze
Erdöl
Kohle
Kupfer
Uran
Cu
U

seiner Demokratischen Partei (DP) am 23.7. zurückgetreten ist.

Meles Zenawi → Zenawi, Meles

Menem, *Carlos Saúl* (Argentinien), * La Rioja 2. 7. 1935; seit 1989 Staatspräsident

Sohn eines aus Syrien eingewanderten Straßenhändlers, katholisch; Studium der Rechtswissenschaften (Promotion). Berufspolitiker; Mitglied der peronistischen Gerechtigkeitspartei (PJ) und ab 1973 Gouverneur der Provinz La Rioja; dreimal mit großer Mehrheit wiedergewählt. 1976, nach dem Putsch der Militärs, für einige Monate im Gefängnis. Setzt sich 1988 in parteiinternen Wahlen mit Hilfe der peronistischen Gewerkschaften gegen den »Erneuerer« und Parteivorsitzenden *Antonio Cafiero* durch und wird Präsidentschaftskandidat. Geht aus den Wahlen am 14. 5. 1989 als deutlicher Sieger hervor und übernimmt nach dem vorzeitigen Rücktritt von Staatspräsident *Raúl Alfonsín* am 8. 7. die Amtsgeschäfte. Bei den Präsidentschaftswahlen am 14. 5. 1995 wird *M.* für eine 2. Amtszeit bestätigt.

Meri, *Lennart* (Estland), * Tallinn (Reval) 29. 3. 1929; seit 1992 Staatspräsident

Sohn des Diplomaten *Georg Meri,* der vor dem Zweiten Weltkrieg in Berlin und Paris Dienst tat. Nach dem Hitler-Stalin-Pakt 1939/40 und dem sowjetischen Einmarsch wird die Familie 1941 nach Sibirien deportiert, kehrt aber 1946 in die Heimat zurück. Nach dem Studium der Geschichte an der Universität Tartu ist *M.* zunächst einige Jahre als Theaterdirektor und Lektor für Kunst, Radiojournalist und Filmemacher tätig. *M.*, Vorsitzender des estnischen Schriftstellerverbandes und Gründer des Instituts für Außenpolitik, beginnt seine Politikerkarriere erst 1990, als er unter dem Volksfront-Ministerpräsidenten *Edgar Savisaar* Außenminister wird. Im März 1992 tritt er zurück und wird Botschafter in Helsinki. Bei den ersten freien Parlaments- und Präsidentschaftswahlen seit der Wiederherstellung der Souveränität des Landes am 20. 9. 1992 unterliegt er mit 29% der Stimmen im Kampf um das höchste Amt zwar dem bisherigen Präsidenten *Arnold Rüütel* (43%), da jedoch keiner der 4 Kandidaten die absolute Mehrheit erreicht, wird er am 5. 10. vom Parlament, in dem sein Wahlbündnis Isamaa (Vaterland) die größte Fraktion stellt, mit 59 der 101 Stimmen zum neuen Staatspräsidenten gewählt. Bei den Präsidentschaftswahlen 1996 wird *M.* erst im 5. Wahlgang für eine 2. Amtsperiode von 5 Jahren wiedergewählt.

Mierlo, *Hans van* (Niederlande), * Breda 18. 8. 1931; seit 1994 Außenminister

Nach dem Jurastudium in Nimwegen zunächst als Journalist tätig. 1966 Mitbegründer der Gruppe Demokraten '66 und deren erster Vorsitzender. 1967–77 und 1986–94 Parlamentsmitglied. Von 1967–74 und 1986–94 auch Fraktionsvorsitzender. 1981/82 ist er Verteidigungsminister im Kabinett von Ministerpräsident *Dries van Agt.* Seit August 1994 stellv. Ministerpräsident und Außenminister.

Mifsud Bonnici, *Ugo* (Malta) * Cospiaia 8. 11. 1932; seit 1994 Staatspräsident

Nach dem Jurastudium (Promotion) Anwaltstätigkeit. 1952–62 Verleger und Herausgeber der nationalistischen Parteizeitung »Il Poplu«. Seit 1966 für die Nationalist Party (NP) im Parlament. Ab 1987 Erziehungsminister. Seit 4. 4. 1994 als Nachfolger von *Vincent Tabone* Staatspräsident.

Milošević, *Slobodan* (Jugoslawien), * Požarevać 29. 8. 1941; 1989–97 Republikpräsident, seit 1997 Staatspräsident

Sohn eines aus Montenegro stammenden serbisch-orthodoxen Popen. Während des Jurastudiums tritt er 1959 der KP bei. Tätigkeit in der Industrie; 1969 Vizedirektor, 1974 Generaldirektor von Technogas; 1978 Direktor der Beobanka in Belgrad. Von seinem Studienkollegen *Ivan Stambolić*, dem mächtigen Belgrader Parteichef, in die Politik geholt, löst er diesen 1984 zunächst als Belgrader Stadtsekretär und im Sept. 1987 als serbischer Parteisekretär ab. Unter der Parole »Niemand darf die Serben schlagen« entreißt er dem Staatspräsidium die politische Kontrolle über die zuvor autonome Provinz Kosovo und macht sie wieder zum Bestandteil Serbiens. Am 8. 5. 1989 wird er zum Präsidenten der Teilrepublik und am 17. 7. 1990 zum neuen Vorsitzenden der in Sozialist. Partei Serbiens (SPS) umbenannten KP gewählt. Er setzt militärische Mittel gegen die Unabhängigkeit der früheren jugoslaw. Teilrepubliken Kroatien, Slowenien und Bosnien-Herzegowina ein und strebt nach dem Zerfall Jugoslawiens die Schaffung eines gemeinsamen Staates aller Serben (»Großserbien«) an. Wird bei den Präsidentenwahlen in Serbien am 20. 12. 1992 im Amt bestätigt. Gemeinsam mit → *Izetbegović* und → *Tudjman* paraphiert er am 21. 11. 1995 in Dayton (Ohio) ein Friedensabkommen (Unterzeichnung am 14. 12. in Paris). Am 15. 7. 1997 wird er von beiden Kammern des Bundesparlaments zum neuen Präsidenten der Bundesrepublik Jugoslawien gewählt und am 23. 7.

vereidigt. *M.*, der *Zoran Lilić* im Amt folgt, ist der dritte Präsident seit der Gründung des »kleinen Jugoslawiens« im April 1992. Zuvor war er als serbischer Republikpräsident zurückgetreten und hatte die Amtsgeschäfte kommissarisch an Parlamentspräsident *Dragan Tomić* übergeben.

Mkapa, *Benjamin William* (Tansania). * 12. 1. 1938; seit 1995 Staatspräsident

Studium der internationalen Beziehungen an der Makarere-Universität in Uganda und an der Columbia-Universität von New York. Langjähriger Funktionär der sozialistischen Einheitspartei Chama cha Mapinduzi (CCM): Sprecher und Redenschreiber von Staatspräsident *Julius Nyerere*, Herausgeber der Parteipresse, Chef der staatlichen Nachrichtenagentur Shinata, Botschafter in Nigeria, Außenminister und seit 1992 Wirtschaftsminister. Als Kandidat der CCM gewinnt *M.* die Präsidentschaftswahlen im Oktober 1995. Er wird am 23. 11. als neuer Staatspräsident vereidigt und folgt damit *Ali Hassan Mwiniyi* im Amt.

Moi, *Daniel arap* (Kenia), * Sacho (Distrikt Baringo) Sept. 1924; seit 1978 Staatspräsident

Mitglied des kleinen nilo-hamitischen, mit den Massai verwandten Tugen-Stammes der Kalenjin-Gruppe; Missionsschule, Lehrer, Aufstieg zum Anstaltsdirektor, 1957–63 unter der britischen Herrschaft im Legislativrat. Von 1963 bis zur Vereinigung mit der Kenya African National Union (KANU) von *Jomo Kenyatta* Vorsitzender der hauptsächlich von Vertretern der kleineren Stämme gebildeten Kenya African Democratic Union (KADU). 1961–62 Erziehungsminister, 1962–64 Minister für Gemeindeangelegenheiten, 1964 Minister des Innern und zusätzlich 1967 Vizepräsident unter *Jomo Kenyatta*; nach dessen Tod zum Vorsitzenden der Einheitspartei KANU, im Okt. 1978 zum Präsidenten ausgerufen. Mitte Dezember 1991 unterzeichnet er unter dem Druck der Opposition ein Gesetz, das die Verfassungsänderung von 1982 zum Einparteistaat rückgängig macht und das Mehrparteiensystem wieder einführt. Nach seinem Sieg bei den ersten freien Wahlen am 4. 1. 1993 wird *M.* für weitere 5 Jahre im Amt vereidigt.

Mswati III., *Makhosetive* (Swasiland), * April 1968; seit 1986 König

Als Sohn des 1982 gestorbenen Königs *Sobhuza* II. zum Kronprinzen ernannt. Seit 1983 an einer Privatschule in Großbritannien erzogen, dann an der

Militärakademie von Sandhurst. Am 25. 4. 1986 nach einem geheimen Inthronisierungsritual zum König des Swasivolkes bestellt und damit der 25. Herrscher des *Dlamini*-Clans.

Mubarak, *Hosni [Husni]* (Ägypten), * Kafr Al Musaliha (Provinz Al Mnufijja) 4. 5. 1928; seit 1981 Staatspräsident

Militärlaufbahn; Kampfflieger, 3 Ausbildungskurse in der UdSSR; 1969 Stabschef, 1972 Oberbefehlshaber der Luftwaffe, 1973 als Held des Oktoberkriegs zum Luftmarschall (Generalleutnant) befördert. Seit April 1975 Vizepräsident; 1979 Sondergesandter bei den Friedensgesprächen mit Israel. Am 14. 10. 1981 wird er als Nachfolger des ermordeten Staats- und Ministerpräsidenten *Anwar as-Sadat* vereidigt; übernimmt auch die Funktionen des Oberbefehlshabers der Streitkräfte. Gibt das Amt des Ministerpräsidenten im Januar 1982 ab. Wird am 26. 1. zum Vorsitzenden der regierenden National-Demokratischen Partei (NDP) gewählt. *M.* verurteilt die irakische Invasion in Kuwait im August 1990 und entsendet im Rahmen einer arabischen Friedenstruppe ägyptische Einheiten nach Saudi-Arabien. Durch Referenden im Oktober 1987 und Oktober 1993 wird er als Präsident bestätigt. *M.* stärkt Ägyptens Gewicht gegenüber den arabischen Ländern, sieht sich jedoch wachsenden innenpolitischen Spannungen gegenüber.

Mugabe, *Robert Gabriel* (Simbabwe), * Kutama 21. 2. 1925; seit 1987 Staatspräsident

Sohn eines Tagelöhners. Missionsschule, Lehrer. Ab 1956 im späteren Ghana, politisch von *Kwame Nkrumah* beeinflußt, ab 1960 wieder in Rhodesien, 1963 Anschluß an die Zimbabwe African National Union (ZANU). 1964–74 im Gefängnis bzw. interniert; Jura-Fernstudium an der Universität London (Promotion). Kooperation mit *Joshua Nkomo* in der Patriotischen Front (PF). Erringt mit der ZANU bei den Wahlen vom Februar 1980 die absolute Mehrheit. Bildet Anfang März die erste Regierung des seit 18. 4. 1980 unabhängigen Simbabwe, in der er auch das Amt des Verteidigungsministers übernimmt. Vereinbart am 20. 12. 1987 mit *Nkomo* den Zusammenschluß ihrer Parteien zu einer Einheitspartei. Nach Einführung des Präsidialsystems wird er am 31. 12. 1987 als neuer Präsident vereidigt, bei den Präsidentschaftswahlen im März 1990 und am 17. 3. 1996 erneut im Amt bestätigt.

Muluzi, *Bakili* (Malawi), * bei Machinga 17. 3. 1943; seit 1994 Staatspräsident

M., der den Yao, einem Bantu-Stamm, angehört, ist zunächst für die Kolonialverwaltung von Njassaland, dem seinerzeitigen britischen Protektorat, tätig, bevor er am Technical College von Huddersfield (UK), dann in Dänemark studiert. Nach der Unabhängigkeit Malawis kehrt *M.* 1994 zurück und wird enger Vertrauter des Staatsgründers (1966) und Staats- und Regierungschefs *Hastings Kamuzu Banda*. Innerhalb der Staatspartei Malawi Congress Party (MCP) macht *M.* schnell Karriere und zieht 1973 ins Parlament ein; ist mehrfach Minister. Seit 1976 MCP-Generalsekretär und damit nominell zweiter Mann im Staat, wird er 1982 aller Ämter enthoben, da er Kritik am autoritären Führungsstil *Bandas* geübt haben soll. Er zieht sich aus dem öffentlichen Leben zurück, wird Tabak- und Maisfarmer und baut ein Transportunternehmen auf. 1992 gründet er eine der ersten Oppositionsparteien, die United Democratic Front (UDF), und wird deren Führer. Aus den ersten freien und demokratischen Wahlen am 17. 5. 1994 geht er als Sieger hervor und löst damit *Banda* nach 30jähriger Alleinherrschaft im Amt des Staatspräsidenten ab. Der Muslim *M.* legt am 21. 5. seinen Eid auf den Koran ab.

Museveni, *Yoweri Kaguta* (Uganda), * Ntungamo bei Mbarara (Südwest-Uganda) 1944; seit 1986 Staatspräsident

Studium der Wirtschafts-, Rechts- und Politikwissenschaften an der Universität von Daressalam (Tansania). Ab 1970 Assistent im Kabinett von *Milton Obote* bis zu dessen Sturz im Januar 1971 durch *Idi Amin*; danach im Exil in Tansania. 1972 Teilnahme an einem Putschversuch gegen *Amin*. Nach dessen Sturz im April 1979 in 2 Interimsregierungen für einige Monate Verteidigungsminister. Nach *Obotes* umstrittenem Wahlsieg im Dezember 1980 geht *M.* in den Untergrund und gründet die Nationale Widerstandsarmee (NRA), als deren Chef er 4 Jahre gegen *Obote* kämpft. Nach dessen Sturz durch einen Militärputsch am 27. 7. 1985 fordert er eine radikale Reform der Armee und kämpft gegen die neue Regierung unter Gen. *Tito Okello* weiter, mit der er am 17. 12. 1985 einen Friedensvertrag unterzeichnet. Einen Monat später beginnt die NRA eine Großoffensive gegen die Regierungstruppen und gewinnt die Kontrolle über die Hauptstadt Kampala. Am 30. 1. 1986 wird *M.* als neuer Präsident vereidigt. Es gelingt ihm, das Land zu befrieden und die Wirtschaft voranzubringen. 1990 verlängert er seine Amtszeit ohne Wahlen um

weitere 5 Jahre, am 9. 5. 1996 gewinnt er mit einem Stimmenanteil von 74,2 % die ersten direkten Präsidentschaftswahlen seit der Unabhängigkeit des Landes 1962.

Nano, *Fatos* (Albanien), *Tirana 1952; 1991 und seit 1997 Ministerpräsident

Studium der Politik- und Wirtschaftswisenschaften. Nach einer Tätigkeit im Management der staatlichen Stahlwerke in Elbasan lehrt er als Dozent am Institut für marxistisch-leninistische Studien. Zugleich als Wirtschaftsprofessor an der Universität Tirana und als Teilzeit-Ökonom in einer LPG tätig. Mitglied der kommunistischen Partei der Arbeit, deren Dogmen er als einer der ersten Ende der 80er Jahre öffentlich in Frage stellt. Als das kommunistische Regime Ende 1990 zusammenbricht, wird *N.* zunächst Generalsekretär des Ministerrats, Anfang 1991 stellvertretender Ministerpräsident und ab März 1991 Chef einer Regierung, die aus den ersten annähernd demokratischen Wahlen in Albanien hervorgeht. Nach einem Bergarbeiterstreik tritt er bereits im Juni zurück und wird Vorsitzender der Partei, die sich in Sozialistische Partei (PSS) umbenennt. Wenig später wird er beschuldigt, italienische Hilfsgelder veruntreut zu haben, und im April 1994 in einem umstrittenen Prozeß wegen angeblicher Korruption und Dokumentenfälschung zu 12 Jahren Gefängnis verurteilt. Auch in der Haft behält er die Zügel der PSS in der Hand und sorgt dafür, daß diese sich auf ihrem Parteitag im August 1996, bei dem er im Amt bestätigt wird, erstmals zur Marktwirtschaft und zur Integration Albaniens in EU und NATO bekennt. Als sich im März 1997 beim Zusammenbruch der staatlichen Ordnung die Gefängnistore öffnen, kommt auch er frei und wird am 17. 3. von Staatspräsident *Sali Berisha* begnadigt. Am 29. 6. geht das von *N.* geführte Mitte-Links-Bündnis als Gewinner aus den Parlamentswahlen hervor, worauf Berisha am 23. 7. zurücktritt. Vom neuen Staatspräsidenten → *Mejdani* tags darauf mit der Regierungsbildung beauftragt, wird *N.* am 25. 7. als neuer Ministerpräsident vereidigt. Er folgt seinem Parteifreund *Bashkim Fino* im Amt nach, der stellvertretender Regierungschef wird.

Narayanan, *Kocheril Raman* (Indien), * Uzhavoor (Kerala) 27. 10. 1920; seit 1997 Staatspräsident

Sohn eines traditionellen Heilers aus der ärmsten Schicht Indiens, den Unberührbaren (Parias), die außerhalb der Kastengesellschaft stehen. Nach dem Erwerb des Magisters für englische Literatur wird ihm aufgrund dieser Herkunft die Einstellung in den Lehrdienst untersagt, obwohl solche Benachteiligungen laut Verfassung von 1950 verboten sind. Zunächst als Journalist bei renommierten Blättern wie »The Times of India« und »The Hindu« beschäftigt. Ein Stipendium sichert ihm 1946 ein Studium der politischen Wissenschaften an der London School of Economics. Ein Empfehlungsschreiben an den ersten indischen Premierminister *Jawaharlal Nehru* ebnet ihm den Weg in den auswärtigen Dienst. Stationen seiner Tätigkeit sind Myanmar (Birma), Japan, Australien, Vietnam, Thailand und die Türkei. Botschafterposten in Washington und Peking beenden seine diplomatische Karriere. 1964 zieht er als Abgeordneter der Kongreßpartei ins Parlament ein. Im Kabinett *Rajiv Gandhi* Staatsminister für Auswärtiges, Planung und Wissenschaft. Eine Zeitlang ist er Rektor der Jawarharlal-Nehru-Universität in Neu-Delhi. Im August 1992 wird er ohne Gegenstimmen zum Vizepräsidenten gewählt. Am 17. 7. 1997 wird *N.* von einem Wahlmännerkollegium in das höchste Staatsamt gewählt. Am 25. 7. tritt er die Nachfolge von *Shankar Daya Sharma* im Amt des Staatspräsidenten an. Zum erstenmal seit der Unabhängigkeit Indiens vor 50 Jahren übernimmt damit ein Unberührbarer dieses Staatsamt.

Nasabarjew *[Nasarbaev], Nursultan Abischewitsch [Abiševič]* (Kasachstan), * bei Alma Ata 6. 7. 1940; seit 1990 Staatspräsident

1960–69 im Industriekombinat Karaganda tätig, wird an der betriebseigenen Hochschule zum Metallingenieur ausgebildet (Abschluß 1967). Bereits 1962 in der KPdSU, beginnt er 1969 eine typische Parteikarriere: zunächst 1. Sekretär des Stadtkomitees in Temirtau; 1973–77 Parteisekretär im Karaganda-Kombinat, dann 1. Sekretär der Bezirksleitung von Karaganda, 1979 Sekretär des ZK der kasachischen KP. 1984 wird er Vorsitzender des Ministerrats der Republik. 1989 KP-Chef und damit zugleich Mitglied des Politbüros der KPdSU und Vorsitzender des Obersten Sowjets Kasachstans. Am 25. 10. 1990 verabschiedet das Parlament eine Souveränitätserklärung, die den Vorrang kasachischer Gesetze vor Unionsgesetzen betont und das Amt eines Präsidenten einführt, in das *N.* gewählt wird. Nach dem Moskauer Putsch vom 19. 8. 1991 tritt *N.* aus der KP aus. Aus den Präsidentschaftswahlen am 1. 12. 1991 geht er als erster direkt gewählter Präsident hervor. Ein Referendum am 29. 4. 1995 verlängert seine Amtszeit bis zum Jahr 2000.

Nawaz Sharif, *Mian* (Pakistan) * Lahore 25. 12. 1949; 1990–93 und seit 1997 Premierminister

Nach dem Jurastudium an der Universität seiner Heimatpronvinz Punjab ist er als Manager des Familienunternehmens Ittafaq Group, einem der größten Konzerne des Landes, tätig. Protegiert vom ehemaligen Militärherrscher *Zia* wird er 1981 Finanzminister und 1985 Chefminister der Provinzregierung von Punjab. Er ist maßgeblich am Aufbau der Muslim-Liga beteiligt. In den ersten freien Wahlen nach dessen Tod unterliegt er 1988 gegen *Benazir Bhutto.* Nach deren Absetzung unter dem Vorwurf der Korruption und Mißwirtschaft gewinnt er die Parlamentswahlen im Oktober 1990 und wird am 6. 11. zum Ministerpräsidenten gewählt. 1991 führt er das islamische Rechtssystem, die Scharia, ein. Seine Regierungszeit endet 1993 wie die seiner Vorgängerin: Wegen der gleichen Vorwürfe und nach monatelangem Verfassungsstreit mit dem damaligen Präsidenten *Ghulam Ishaq Khan* muß er zurücktreten. Nach den verlorenen Wahlen am 6. 10. 1993 wird er als Vorsitzender der Muslim-Liga Oppositionsführer. Aus den vorgezogenen Parlamentswahlen am 3. 2. 1997 geht die Muslim-Liga mit einer Zweidrittelmehrheit als Sieger hervor. Am 17. 2. wird *N.* als neuer Regierungschef vereidigt und löst damit Frau *Bhutto* ab.

Netanjahu, *Benjamin* (Israel), * Jerusalem 21. 10. 1949; seit 1996 Ministerpräsident

Wegen einer Lehrtätigkeit des Vaters verbringt er seine Jugend zumeist in den USA, wo er nach Schulabschluß am Massachusetts Institute of Technology (MIT) Architektur studiert. Seinen Aufenthalt dort unterbricht er erstmals 1967, um als 17jähriger am Sechs-Tage-Krieg teilzunehmen, und ein weiteres Mal, um im Yom-Kippur-Krieg 1973 zu kämpfen, aus dem er als Major hervorgeht. Danach bleibt er in Israel und studiert Betriebswirtschaft. 1982 holt ihn der damalige Botschafter in den USA, *Moshe Arens,* als zweiten Mann nach Washington. 1984 wird er Botschafter bei den Vereinten Nationen. 1988 läßt er sich erstmals für den Likud-Block in die Knesset wählen und wird im Kabinett von Ministerpräsident *Yitzhak Shamir* Stellvertreter von Außenminister → *Levy.* 1991 ist er Chefunterhändler bei der ersten Nahost-Friedenskonferenz in Madrid. 1993 meldet er erstmals seine Ambitionen als *Shamir*-Nachfolger an, und als sich dieser nach seiner Wahlniederlage endgültig aus der Politik zurückzieht, kandidiert er gegen *Levy* um den Parteivorsitz und gewinnt. Aus den ersten direkten Ministerpräsidentenwahlen im

Mai 1996 geht er mit knappem Vorsprung überraschend als Sieger vor Amtsinhaber *Shimon Peres* hervor. *N.*, der bisher jüngste israelische Regierungschef und der erste, der nach der Staatsgründung geboren wurde, bildet eine rechts-konservative Koalitionsregierung unter Einschluß religiöser Parteien und wird am 18. 6. als neuer Ministerpräsident vereidigt.

Nijasow *[Niasov], Saparmurad A.* (Turkmenistan), * Aschchabad 12. 2. 1940; seit 1992 Staats- und Ministerpräsident

Rasche Karriere in der KP der Republik (bis 1985 Vorsitzender). Am 24. 11. 1991 zum Präsidenten gewählt, verbietet er nach dem gescheiterten Moskauer Putsch vom August 1991 die KP und gründet eine Demokratische Partei, deren Führung er übernimmt. Er wird bei den ersten freien und direkten Präsidentschaftswahlen vom 21. 6. 1992 ohne Gegenkandidatur mit 99,5% der Stimmen im Amt bestätigt, das ihm durch das im Mai verabschiedete Präsidialsystem weitreichende Rechte einräumt und ihn zugleich zum Ministerpräsidenten bestimmt. Seine regulär bis 1997 währende Amtszeit wird in einem Referendum im Januar 1994 bis 2002 verlängert.

Nouhak Phoumsavanh (Laos), * Phalouka (Provinz Mukdahou) 9. 4. 1914; seit 1992 Staatspräsident

Bauernsohn; schließt sich 1946 der kommunistisch orientierten Bewegung zur Rettung der Nation an, kämpft im Untergrund gegen die Monarchie und die Franzosen. Seit 1950 ist er Mitglied der KP Indochinas. In der Widerstandsregierung, die die nordöstl. Provinzen kontrollierte, ab 1950 Wirtschaftsminister. Nach dem Abzug der Franzosen gründen die Kommunisten 1955 die Laotische Volkspartei, für die er 1958 ins Parlament in Vientiane gewählt wird. 1959 wird er mit anderen Führern der Pathet Lao inhaftiert, kann aber 1960 fliehen. Bei der Genfer Laos-Konferenz 1961/62 leitet er in der Funktion des Außenministers die Delegation der Patriotischen Front von Laos. Seit 1966 in seiner Partei zuständig für Wirtschaft und Finanzen, wird er 1972 Mitglied von ZK und Politbüro der später in Laotische Revolutionäre Volkspartei (LRVP) umbenannten Volkspartei. Nach der Abdankung des Königs im Dezember 1972 und der Gründung der Demokratischen Volksrepublik Laos unter Führung der Kommunisten übernimmt er das Amt des stellv. Ministerpräsidenten und des Finanzministers. Seit 1989 Parlamentspräsident, wird er nach dem Tod von Staats- und Parteichef

Kaysone Phomhivan am 25. 11. 1992 zum Staatspräsidenten gewählt.

Nujoma, *Samuel Daniel* (Namibia), * Ongandjera 12. 5. 1929; seit 1990 Staatspräsident

Sohn einer Ovambo-Familie; früh gegen die Apartheidpolitik aktiv, 1960 im Exil. Mitbegründer und Präsident des überw. aus Ovambo bestehenden Exilflügels der sozialistischen Befreiungsbewegung SWAPO mit Hauptquartier in Lusaka (Sambia) und mit Operationen von sambischem und angolanischem Gebiet aus. Kehrt am 14. 9. 1989 aus dem Exil in seine Heimat zurück und wird von der Verfassunggebenden Versammlung am 16. 2. 1990 einstimmig zum ersten Präsidenten Namibias gewählt. Bei den ersten Wahlen am 7. und 8. 12. 1994 wird er mit 76% der Stimmen im Amt bestätigt.

Obiang Nguema Mbasogo, *Teodoro* (Äquatorialguinea), * Juni 1942; seit 1979 Staatspräsident

Ausbildung zum Berufsoffizier in Spanien; dann Chef der Garde des Präsidenten *Francisco Macías Nguema,* seines Onkels. In den 70er Jahren ist er u. a. Generaldirektor im Planungsamt und Verwaltungschef im Erziehungsministerium, seit 1975 Verteidigungsminister. Am 5. 8. 1979 stürzt er *Macías,* läßt ihn hinrichten, ernennt sich zum Staatsoberhaupt und errichtet eine Militärdiktatur. 1989 und 1996 wird er bei umstrittenen Wahlen für jeweils 7 Jahre als Präsident bestätigt.

Oddsson, *David* (Island), Reykjavík 17. 1. 1948; seit 1991 Ministerpräsident

Jurastudium, Rechtsanwalt. Mitglied der konservativen Unabhängigkeitspartei, 1973–75 im Vorstand von deren Jugendverband. Seit 1974 im Stadtrat von Reykjavík, wird er 1982 zum Oberbürgermeister der Hauptstadt gewählt. 1989 wird er stellv. Vorsitzender, 1991 Vorsitzender seiner Partei, im April 1991 ins Parlament gewählt. Seit 1991 ist er Ministerpräsident, zunächst in einer Koalition mit den Sozialdemokraten, nach den Wahlen vom April 1995 mit der zentristisch-bäuerlichen Fortschrittspartei.

Ong Teng Cheong (Singapur), * Singapur 22. 1. 1936, seit 1993 Staatspräsident

Architektur- und Designstudium in Australien und Großbritannien (bis 1967). Vorsitzender des Gewerkschaftsverbandes NTUC, Vorsitzender der seit 1959 regierenden People's Action Party (PAP)

und stellv. Premierminister. Geht aus der Präsidentschaftswahl am 28. 8. 1993 mit 58,7% der Stimmen als Sieger hervor und ist damit der erste direkt gewählte Staatspräsident seit der Erlangung der Unabhängigkeit. *O.*, dessen Amt künftig mit exekutiven Befugnissen ausgestattet ist, wird am 1. 9. als Nachfolger von *Wee Kim Wee* vereidigt.

Pangalos, *Theodoros* (Griechenland), * Eleusis August 1938; seit 1996 Außenminister

Studium der Rechts-, Wirtschafts- und Politikwissenschaften in Athen und an der Pariser Sorbonne. Nach dem Putsch der Obristen im April 1967 agitiert er gegen die Junta und flüchtet dann nach Paris. Dort beteiligt er sich 1968 an den Studentenaufständen und unterstützt den Widerstand gegen die griechische Militärdiktatur, die ihm die Staatsbürgerschaft aberkennt. Er macht eine akademische Karriere als Assistenz-Professor an der Universität Paris und leitet dort 1972–79 das Institut für Wirtschaftsentwicklung. Nach dem Ende der Diktatur und der Rückkehr nach Athen schließt er sich der Panhellenischen Sozialistischen Bewegung (PASOK) an, für die er 1981 ins Parlament einzieht. 1982–84 ist er Staatssekretär im Handelsministerium. 1984 wechselt er ins Außenministerium, wo er im Jahr darauf stellv. Außenminister für EG-Angelegenheiten wird. Diesen Posten behält er bis zur Wahlniederlage der PASOK 1989, übernimmt das Amt wieder nach deren Rückkehr an die Macht 1993. 1994–95 ist er Minister für Verkehr und Kommunikation, in der Regierung → *Simitis* seit 22. 1. 1996 Außenminister.

Patassé, *Ange-Félix* (Zentralafrikanische Republik), * Paoua 25. 1. 1937; seit 1993 Staatspräsident

Studium der Agrarwissenschaft in Nogent-sur-Marne (Frankreich). 1959–65 Landwirtschaftsinspektor und Direktor landwirtschaftlicher Behörden in Bangui. Nach dem Putsch von Oberst *Jean Bédel Bokassa* im Januar 1966 an dessen Seite u. a. Minister für Verkehr und Energie, Entwicklung und Tourismus, Landwirtschaft, Verkehr und Handel. Als *Bokassa* 1976 den Ministerrat auflöst und ihn durch einen »Rat für die zentralafrikanische Revolution« ersetzt, tritt *P.* an dessen Spitze, bis er 1978 – ein Jahr zuvor hatte sich *Bokassa* zum Kaiser krönen lassen – wegen angeblicher Veruntreuung öffentlicher Gelder entlassen wird. Er geht ins Exil nach Paris und gründet die Volksbefreiungsbewegung MLPC. Aus den Präsidentschaftswahlen am 22. 8. und 19. 9. 1993 geht er als Sieger hervor und löst am 22. 10. *André Kolingba* im Amt des Staatspräsidenten ab.

Pérez Balladares, *Ernesto* (Panama), * Panama City 29. 6. 1946; seit 1994 Staatspräsident

Entstammt einer im Kaffeegeschäft erfolgreichen Familie. Nach einem Studium der Betriebs- und Volkswirtschaft leitet er ab 1971 die Citibank von Panama. Gründungsmitglied des Partido revolucionario democrático (PRD) von *Omar Torrijos Herrera,* und unter diesem ab 1976 Finanz- und 1981/82 Planungsminister. In den 80er Jahren unterstützt er den Diktator *Manuel Antonio Noriega,* distanziert sich aber zunehmend von diesem. 1983 Generaldirektor der staatlichen Energiegesellschaft (RHE), dann als Unternehmer tätig. Seit 1992 Generalsekretär des PRD. Nach der Militärintervention der USA 1989 und dem Sturz *Noriegas* kehrt er zurück, gewinnt als Kandidat des PRD die Präsidentschaftswahlen am 8. 5. 1994 und tritt am 1. 9. als Nachfolger von *Guillermo Endara* das Amt des Staatspräsidenten an.

Persson, *Göran* (Schweden), * Vingåker 20. 1. 1949; seit 1996 Ministerpräsident

Sohn eines Bauarbeiters. Nach Abitur und verschiedenen Studien ohne Abschluß in der Kommunalpolitik aktiv; lange Jahre Bürgermeister der kleinen südschwedischen Stadt Katrinenholm. Mitglied der Sozialdemokratischen Arbeiterpartei (SAP). Die ersten Erfahrungen auf der zentralen politischen Ebene sammelt er ab 1989 für 2 Jahre als Bildungsminister in der ersten Regierung von *Ingvar Carlsson.* Als dieser nach 3 Jahren in der Opposition am 18. 9. 1994 erneut gewählt wird, wird *P.* zum Finanzminister ernannt. Durch seine konsequente Sparpolitik gewinnt das Land das verlorengegangene Vertrauen der Finanzmärkte zurück. Nach dem bereits im August 1995 angekündigten Rückzug *Carlssons* aus der Politik wird *P.* auf einem Sonderparteitag der SAP am 15. 3. 1996 zum Parteivorsitzenden und am 21. 3. vom Parlament zum Ministerpräsidenten gewählt.

Petersen, *Niels Helveg* (Dänemark), * Odense 17. 1. 1939; seit 1993 Außenminister

Er entstammt einer Politikerfamilie: sein Vater war einige Jahre Kultusminister, seine Mutter Bürgermeisterin in Kopenhagen. Nach dem Jurastudium in Kopenhagen und Stanford schlägt er eine politische Laufbahn ein, wird 1966 Abgeordneter im Folketing und 1968 – mit 29 Jahren – jüngster Vorsitzender der linksliberalen Radikalen Venstre-Partei. 1982 sorgt er für die politische Wende zugunsten der Bürgerlichen unter Ministerpräsident *Poul Schlüter,* in dessen Regierung die Venstre 1988 eintritt. *P.* wird Wirtschaftsminister. Nach der Niederlage seiner Partei bei den Wahlen 1990 legt er den Parteivorsitz nieder und verliert auch das Ministeramt. Nach dem Rücktritt von Regierungschef *Schlüter* übernimmt er am 25. 1. 1993 unter dem sozialdemokratischen Ministerpräsidenten → *Rasmussen* den Posten des Außenministers und löst damit *Uffe Elleman-Jensen* im Amt ab.

Phoumsavanh → Nouhak

Poos, *Jacques* (Luxemburg), *1936; seit 1984 Außenminister

Studium der Wirtschaftswissenschaften in Lausanne. Verlagsdirektor des Luxemburger Tageblatts. 1959 Wechsel ins Wirtschaftsministerium. In der Regierung des liberalen *Gaston Thorn* 1976 Finanzminister. Anfang der 80er Jahre auf einigen leitenden Posten in führenden Luxemburger Finanzinstituten. Seit 1984 im Kabinett von *Jacques* → *Santer* stellv. Ministerpräsident und Außenminister. Unter seiner Ägide wird während der EG-Ratspräsidentschaft Luxemburgs 1985 die Einheitliche Europäische Akte verabschiedet.

Préval, *René* (Haiti), *Fonds-des-Negres 17. 1. 1943; seit 1996 Staatspräsident

Entstammt einer wohlhabenden Familie, die, obwohl der Vater in den 50er Jahren einmal Landwirtschaftsminister war, in Opposition zum Diktator *François Duvalier* gerät und 1963 ins belgische Exil geht. Dort studiert er Agrarwissenschaften. Später zieht er mit der Familie nach New York um. 1982 kehrt er als Geschäftsmann nach Haiti zurück und schließt sich der Opposition gegen die *Duvalier*-Diktatur an. Als Wegbegleiter von *Jean-Bertrand Aristide* ist er in dessen Lavalas-Bewegung aktiv. Während der ersten kurzen Amtsperiode von *Aristide* als Staatspräsident, die nach 8 Monaten am 30. 9. 1991 durch das Militär beendet wird, fungiert *P.* als Ministerpräsident. Nach dem Putsch flieht er zunächst nach Mexiko, dann in die USA. Da *Aristide*, der unter dem Schutz von US-Militär im Oktober 1994 nach Haiti zurückgekehrt war, nicht wieder für das Präsidentenamt zur Verfügung steht, kandidiert *P.* bei den Wahlen am 17. 12. 1995 und geht aus diesen als Sieger hervor. Er wird am 7. 2. 1996 als neuer Präsident vereidigt.

Primakow, *Jewgenij Maksimowitsch* (Rußland), * Kiew 29. 10. 1929; seit 1996 Außenminister.

Aufgewachsen in Tiflis, studiert er am Moskauer Orient-Institut und erwirbt an der Moskauer

Staatsuniversität den Doktor der Wirtschaftswissenschaften. Seit 1956 ist er als Journalist tätig, zunächst beim Staatskomitee für Rundfunk und Fernsehen (zuletzt Chefredakteur), 1962–70 beim Parteiorgan Prawda. Ab 1970 ist er stellv. Direktor des Moskauer Instituts für Weltwirtschaft und internationale Beziehungen (Imemo), der Diplomatenschule der UdSSR, 1977–85 Leiter des Orient-Instituts der Akademie der Wissenschaften und anschließend Direktor des Imemo. Im Zuge der institutionellen Reformen von *Michail Gorbatschow* rückt er 1989 in den Obersten Sowjet der UdSSR ein, der ihn bei seiner konstituierenden Sitzung zu seinem Vorsitzenden wählt. In dieser Funktion wird er auch zum Vollmitglied des ZK der KPdSU und Kandidaten des Politbüros ernannt. Mit dem weiteren Umbau der Zentralorgane holt ihn *Gorbatschow* 1990 in den Präsidialrat. Als nach dem Putschversuch im August 1991 *Gorbatschow* den Geheimdienst KGB zerschlägt, wird *P.* Chef der neugegründeten Auslandsaufklärung. Als → *Jelzin* nach dem Sturz *Gorbatschows* die Sowjetunion auflöst, bleibt *P.* Chef der Spionageabwehr und wird in dieser Funktion 1992 in den neugegründeten Nationalen Sicherheitsrat berufen, in dem er im November 1994 gegen die Militärintervention in Tschetschenien stimmt. Nach der Entlassung von *Andrej Kosyrew* wird *P.* am 9. 1. 1996 neuer Außenminister.

Prodi, *Romano* (Italien), *Scandiano (Reggio Emilia) 9. 8. 1939; seit 1996 Ministerpräsident

Sein Studium der Rechtswissenschaften in Mailand schließt er mit einer Arbeit über den Wirtschaftsprotektionismus ab. Es folgen Studien an der London School of Economics und eine Gastprofessur in Harvard. Anschließend ist er einige Jahre als Verlagsmanager tätig. Politisch steht der praktizierende Katholik in dieser Zeit dem sozial orientierten Flügel der ehemaligen christdemokratischen Partei nahe, der er jedoch nicht beitritt. Von November 1978 bis März 1979 ist *P.* Industrieminister im Kabinett *Giulio Andreotti;* dann Leiter eines Wirtschaftsforschungsinstituts und von 1982–89 sowie 1993–94 Präsident des größten Staatskonzerns Italiens und Europas, IRI, den er auf Sanierungs- und Privatisierungskurs bringt. Erst im Februar 1995, nach dem Scheitern der Regierung von *Silvio Berlusconi*, zieht es den parteilosen Manager und Professor für Wirtschaftswissenschaften an der Universität Bologna in die Politik. Als Kandidat des linken Wahlbündnisses Ulivo (Ölbaum), das bei den vorgezogenen Parlamentswahlen am 21. 4. 1996 in beiden Kammern des Parlaments die absolute Mehrheit der Sitze erringt, wird *P.* am 16. 5. von Staatspräsident → *Scalfaro* mit der Bildung der 55. Nachkriegsregierung beauftragt und am 18. 5. als neuer Ministerpräsident und Nachfolger von → *Dini* vereidigt. Zum erstenmal in der italienischen Nachkriegsgeschichte stellt damit ein Mitte-Links-Bündnis die Regierung.

Pustowojtenko, *Walerij* (Ukraine), *23. 2. 1947; seit 1997 Ministerpräsident

Nach einer Ausbildung zum Dreher studiert er das Fach Bauingenieurwesen an der Universität Dnjepropetrowsk. Er steigt anschließend zum Direktor eines Konzerns auf und wird 1991 Bürgermeister der Stadt. 1993 beruft ihn → *Kutschma,* zu dessen engsten Vertrauten er gehört, als Minister ohne Geschäftsbereich in sein Kabinett. 1994 fungiert er erfolgreich als Wahlkampfleiter des Präsidenten. *P.*, Mitbegründer und Vorstandsmitglied der Nationaldemokratischen Partei (NDP), wird nach dem Rücktritt von *Pawlo Lasarenko* vom Parlament am 16. 7. 1997 zum neuen Ministerpräsidenten gewählt. Er ist damit der 7. Regierungschef in den 6 Jahren staatlicher Unabhängigkeit der Ukraine.

Rachmanov, *Imamali* (Tadschikistan), * 1952; seit 1992 Staatspräsident

Wirtschaftsstudium in Duschanbe. Mitglied der KP, in der er wichtige Posten bekleidet. Anhänger und Ziehkind des zweimal gestürzten Präsidenten *Rachman Nabijew. R.*, seit 1992 Vorsitzender des Obersten Sowjets von Tadschikistan, geht aus den Präsidentschaftswahlen vom 6. 11. 1994, die von Opposition und Beobachtern als unfair bezeichnet werden, als Sieger hervor.

Ramgoolam, *Navin Chandra* (Mauritius), * 14. 7. 1947; seit 1995 Premierminister

Sohn des ersten Premierministers der Republik (1962–82), *Seewoosagur Ramgoolam.* Zunächst Studium der Medizin in Dublin (Promotion), dann der Wirtschaftswissenschaften an der London School of Economics und schließlich der Rechtswissenschaften in London; 1993 als Rechtsanwalt zugelassen. 1991 übernimmt *Ramgoolam* den Vorsitz der Arbeiterpartei (PTM), zieht bei den Wahlen im September 1991 ins Parlament ein und wird Oppositionsführer. Er geht mit der von *Paul Bérenger* geführten Militanten Bewegung Mauritius' (MMM) ein Bündnis ein und gewinnt mit diesem die Parlamentswahlen am 20. 12. 1995. *R.* bildet eine Koalitionsregierung, wird am 27. 12. als neuer Premierminister vereidigt und löst damit Sir *Anerood Jugnauth* im Amt ab.

Ramos, *Fidel Valdez* (Philippinen), * Lingayen (Pangasinan) 18. 3. 1928; seit 1992 Staatspräsident

Entstammt einer der Elitefamilien des Landes. Absolvent der Militärakademie Westpoint in den USA, dann Ausbildung in psychologischer Kampftechnik in Fort Bragg. In philippinischen Verbänden an der Seite der USA im Korea- und im Vietnam-Krieg. Während des *Marcos*-Regimes als Chef der Philippine Constabulary, der berüchtigten Gendarmerie, mitverantwortlich für Mord und willkürliche Verhaftung politischer Gegner. Im Februar 1986 schließt er sich der Volksrevolte gegen den Diktator an und wird von *Corazon Aquino* zum Generalstabschef und 1988 zum Verteidigungsminister ernannt. Im Juli 1991 tritt er als Verteidigungsminister zurück und gründet im Februar 1992 seine eigene Partei. Aus den Präsidentschaftswahlen am 11. 5. 1992 geht er als Sieger hervor. *R.*, der erste Protestant an der Spitze einer überwiegend katholischen Bevölkerung, der sich für Liberalisierung des Handels und die Öffnung für ausländische Investitionen einsetzt, wird am 30. 6. vereidigt.

Rasmussen, *Poul Nyrup* (Dänemark), * Esbjerg 15. 6. 1943; seit 1993 Ministerpräsident

Nach dem Studium der Staats- und Wirtschaftswissenschaften geht er für den Gewerkschaftsbund LO nach Brüssel zur EG, wo er zum Chefökonom der LO aufsteigt. Ab 1986 ist er Geschäftsführender Direktor der Arbeitnehmerorganisation ECPF, seit 1987 stellv. Vorsitzender der Sozialdemokratischen Partei; seit 1988 sitzt er im Folketing, ist dort ab 1990 Vorsitzender des Wirtschaftsausschusses. Im April 1992 stürzt er den Vorsitzenden seiner Partei, *Svend Auken,* und übernimmt dessen Amt. *R.* wird nach dem Rücktritt von *Poul Schlüter* zu dessen Nachfolger als Ministerpräsident gewählt und am 25. 1. 1993 vereidigt. Nach dem Debakel des ersten dänischen EG-Referendums am 2. 6. 1992, bei dem 50,7% gegen den Maastrichter Vertrag votieren, gelingt es ihm, einen Nationalen Kompromiß über die Maastricht-Ausnahmen für sein Land zustande zu bringen, dem bei der zweiten Volksabstimmung am 18. 5. 1993 eine klare Mehrheit der Bevölkerung (56,8%) zustimmt. Nach den Stimmenverlusten seiner Mitte-Links-Koalition bei den Parlamentswahlen am 21. 9. 1994 regiert er mit einem Minderheitskabinett.

Ratsiraka, *Didier* (Madagaskar), * Vatomandry 4. 11. 1936; 1975–93 und seit 1997 Staatspräsident

Absolvierung der Marineakademie in Brest und der französischen École supérieure de guerre navale. 1970–72 Militärattaché in Paris. Als Außenminister ab 1972 löst er die einseitigen Bindungen seines Landes an Frankreich. Ab Juni ist er 1975 Vorsitzender des Obersten Revolutionsrates, Staats- und Regierungschef sowie Verteidigungsminister. Am 21. 12. 1975 läßt er sich in einer Volksabstimmung zum Staatspräsidenten wählen. Er verfolgt eine rigorose sozialistische Politik, die die Wirtschaft des Landes schwer zerrüttete. Nach Massenprotesten Hunderttausender seit Juli 1991, die den Rücktritt des Präsidenten und der Regierung fordern und einem Machtkampf zwischen Regierung und Opposition, wird *Albert Zafy* Chef einer Übergangsregierung und Präsident der »Hohen Behörde«; *R.*, dessen Machtbefugnisse eingeschränkt werden, bleibt jedoch Staatsoberhaupt. Bei den Präsidentschaftswahlen am 25. 11. 1992 und 10. 2. 1993 unterliegt er *Zafy*, der ihn im März im Amt des Staatspräsidenten ablöst. Nach fast 2 Jahren freiwilligen Exils in Frankreich kehrt er Mitte 1996 zurück, nachdem das Parlament Mitte Juli *Zafy* wegen verfassungswidrigen Vorgehens seines Amtes enthoben hat. Bei den Präsidentschaftswahlen am 2. 11./28. 12. 1996 erzielt er einen knappen Vorsprung vor seinem schärfsten Konkurrenten *Zafy*, wird vom Obersten Gerichtshof des Landes am 31. 1. 1997 zum Sieger erklärt und legt am 9. 2. den Amtseid ab.

Rawlings, *Jerry John* [»J. J.«] (Ghana), *Accra 22. 6. 1947; 1979 und seit 1981 Staatsoberhaupt

Sohn eines Schotten und einer Ghanaerin; Studium der Wirtschaftswissenschaften in Großbritannien. Militärische Ausbildung, Fliegerhauptmann. Offenbar von Vorbildern des »äthiopischen Weges« beeindruckt; Gegner der Mißwirtschaft und Korruption. Mitte Mai 1979 Scheitern eines ersten Putschversuches, verhaftet, aber freigekommen und am 4./5. Juni 1979 durch einen Staatsstreich Absetzung der Militärregierung, Verurteilung hoher Offiziere und des ehemaligen Präsidenten *Ignatius Koti Akyeampong* durch »Revolutionäre Volksgerichte« zum Tode. Nach der Durchführung von Wahlen im Juli 1979 Übergabe der Regierungsmacht am 1. 10. an eine Zivilregierung unter *Hilla Limann.* Von diesem aus der Armee entlassen. Nach dem Sturz von *Limann* (31. 12. 1981) Übernahme der Staatsführung als Vorsitzender des Provisorischen Nationalen Verteidigungsrates (PNDC). Mit einer strengen Sparpolitik macht er Ghana zu einem der wirtschaftlich stabilsten Staaten Afrikas. 1992 und am 7. 12. 1996 bei freien Wahlen im Amt des Staatspräsidenten bestätigt.

Reina Idiaquez, *Carlos Roberto* (Honduras), *Comayaguela 13. 3. 1926; seit 1994 Staatspräsident

Nach dem Jurastudium Karriere als Jurist und Diplomat. 1958–59 stellv. Außenminister, 1960–63 Botschafter in Paris. Während der Militärdiktatur mehrmals inhaftiert. Zwischen 1979 und 1985 zunächst Richter, dann Vorsitzender des Interamerikanischen Gerichtshofs für Menschenrechte in Costa Rica sowie Vertreter seines Landes beim Internationalen Gerichtshof in Den Haag im Territorialstreit mit El Salvador. Seit Mitte der 60er Jahre Führungsmitglied der Liberalen Partei (PL), bewirbt er sich mehrfach erfolglos um das Amt des Staatspräsidenten. Aus den Präsidentschaftswahlen am 28. 11. 1993 geht er mit 52,4% der Stimmen als Sieger hervor und tritt am 27. 1. 1994 die Nachfolge von *Rafael Callejas Romero* als Staatspräsident an.

René, *France Albert* René (Seychellen), *auf Mahé 16. 11. 1935; 1976/77 Premierminister, seit 1977 auch Staatspräsident

Studium der Rechtswissenschaften in Großbritannien. Nach Rückkehr in seine Heimat Rechtsanwalt in Victoria, Mitglied der Gewerkschaftsbewegung; 1964 Gründung der linksgerichteten Seychelles People's United Party (SPUP); seit 1965 Parlamentsmitglied. Aktiver Verfechter der Unabhängigkeit; zunächst mit seiner SPUP in der Opposition, dann in der Koalitionsregierung, 1975 Arbeits- und Entwicklungsminister. Seit Juni 1976 im unabhängig gewordenen Inselstaat Premierminister. Während der Teilnahme von *James Richard Mancham* an der Commonwealth-Konferenz in London stürzt er diesen am 5. 6.1977 mit Hilfe des Militärs und läßt sich zum Präsidenten proklamieren. Im März 1979 proklamiert *René* die Einparteienherrschaft der in Seychelles People's Progressive Front (SPPF) umbenannten SPUP und übernimmt als Generalsekretär deren Führung. Unter dem Druck der erstarkenden Opposition leitet er Ende 1991 die Einführung eines Mehrparteiensystems ein. Bei den Wahlen im Juli 1993 als Präsident bestätigt.

Robinson, *Mary* (Irland), *Ballina (Grafschaft Mayo) 21. 5. 1944; seit 1990 Staatspräsidentin

Studium der Rechtswissenschaften; mit 25 (jüngste) Rechtsprofessorin im Dubliner Trinity College, mit 26 bereits Senatorin im Oberhaus. 1977 und 1981 scheitert sie beim Versuch, einen Abgeordnetensitz zu erringen. Mitglied der Labour Party, aus der sie 1985 aus Protest gegen das anglo-irische Abkommen austritt. Die international anerkannte Verfassungsrechtlerin siegt bei den Präsidentschaftswahlen am 10. 11. 1990 als parteilose Kandidatin mit 52 % der Wählerstimmen gegen die Kandidaten der Fianna Fáil und der Fine Gael und wird am 3. 12. als Staatspräsidentin vereidigt. Frau *R.*, deren Amtszeit im Dezember 1997 ausläuft, wurde im Juni 1997 von UNO-Generalsekretär → *Annan* für das Amt der Hochkommissarin für Menschenrechte nominiert.

Saddam Hussein el-Takriti (Irak), * Takrit 28. 4. 1937; seit 1979 Staats- und Parteichef

Bauernsohn; seit 1957 in der Baath-Partei politisch aktiv, bis 1968 im Untergrund. Exil, Haft; seit 1969 stellv. Vorsitzender des höchsten Staatsorgans, des Revolutionären Kommandorats. Entschiedener Gegner des ägyptisch-israelischen Friedensvertrages. Nach dem Rücktritt von *Achmed Hassan el-Bakr* 1979 Nachfolger in allen Ämtern. Wird durch Wahlen 1980 – die ersten seit 20 Jahren – in seiner Position gestärkt. *H.*, in Personalunion Staats- und Regierungschef sowie Generalsekretär der Baath-Partei und Oberkommandierender der Armee, beginnt im Sept. 1980 wegen des Anspruchs auf umstrittene Grenzgebiete einen Krieg gegen den Iran, der erst 1988 durch einen Waffenstillstand endet. Die Annexion des Nachbarstaates Kuwait am 1. 8. 1990 endet am 27. 2. mit der Niederlage des Irak und der Befreiung Kuwaits. Nach der Niederlage gibt *H.* das Amt des Regierungschefs ab, bleibt jedoch weiterhin als Staats- und Parteichef bestimmend. Durch ein Referendum wird er am 15. 10. 1995 mit 99,96 % der Stimmen für weitere 7 Jahre im Amt bestätigt.

Saleh *[Sali], Ali Abdallah* (Republik Jemen), * Bait Ahmar 1942; 1978–90 Staatspräsident der Arabischen Republik Jemen; seit 1990 der Republik Jemen

Mitglied des Stammes der Sanhan, der zur großen Al-Haschid-Stammeskonföderation gehört. Militärlaufbahn; Teilnahme an der Revolution von 1962 und dem anschließenden Bürgerkrieg, der 1970 mit der Ausrufung der Arabischen Republik Jemen (Nord-Jemen) endet; 1975–78 Befehlshaber des Wehrbezirks Ta'izz, Oberstleutnant, Oberbefehlshaber der Armee. Nach der Ermordung von Staatspräsident *Hussein al Ghashmi* wird er am 17. 7. 1978 zu dessen Nachfolger gewählt. Seine langjährigen Bemühungen um eine Vereinigung der beiden jemenitischen Staaten sind im Mai 1990 mit der Vereinigung von Nord- und Süd-Jemen zur Republik Jemen erfolgreich. Nach der Bildung eines gemeinsamen provisorischen Parlamentes am 26. 5. wird er zum Präsidenten des neuen Staates ernannt. Die Sezession des Südens nach erneuter Unabhängigkeitserklärung am 21. 5. 1994 schlägt er Mitte Juli 1994 nach einem zweimonatigen Bürgerkrieg militärisch nieder. Seitdem ist er um einen nationalen Dialog beider Landesteile bemüht. Am 1. 10. wird er vom Parlament für weitere 5 Jahre im Amt bestätigt.

Sampaio, *Jorge Fernando Branco de* (Portugal), * Lissabon 18. 9. 1939; seit 1996 Staatspräsident

Sohn einer bürgerlichen Familie mit angelsächsischen, teilweise jüdischen Wurzeln. Einen Teil seiner Kindheit verlebt er in Großbritannien und den USA, ehe er in Lissabon Jura studiert. Studentenführer in der Opposition gegen den Diktator *Antonio de Oliveira Salazar* und als junger Anwalt Verteidiger von dessen politischen Gegnern. Nach der Nelkenrevolution von 1974 gehört er der Bewegung der Sozialistischen Linken (MES) an, bevor er sich 1978 der Sozialistischen Partei (PS) von *Mario Soares* anschließt, für die er 1979 ins Parlament einzieht. 1988 wird er PS-Generalsekretär und 1989 Bürgermeister von Lissabon. Bei der Parlamentswahl von 1991 unterliegt er gegen *Aníbal Cavaco Silva.* Ende 1995 legt er sein Bürgermeisteramt nieder. Bei den Präsidentschaftswahlen am 14. 1. 1996 besiegt er *Cavaco Silva* und wird am 9. 3. in der Nachfolge von *Soares* als neuer Staatspräsident vereidigt.

Samper Pisano, *Ernesto* (Kolumbien), * Bogotá 3. 8. 1950; seit 1994 Staatspräsident

Nach dem Studium der Rechts- und Wirtschaftswissenschaften 1974–81 Präsident der Vereinigung der Banken und Finanzierungsgesellschaften Kolumbiens. 1982 Botschafter bei den Vereinten Nationen in New York. 1981 Mitglied der Liberalen Partei (PL), für die er 1985 in den Senat gewählt wird. 1987 PL-Vorsitzender. 1989 unterliegt er *César Gaviría Trujillo* bei der Nominierung als Präsidentschaftskandidat. Nach dessen Wahl zum Präsidenten 1990 ist *S. P.* zunächst Minister für wirtschaftliche Zusammenarbeit, 1992–93 Botschafter in Madrid. Er gewinnt die Präsidentschaftswahlen am 29. 5. und 19. 6. 1994 und tritt sein Amt am 7. 8. als Nachfolger *Gavirías* an. Der als ausgezeichneter Wirtschaftsanalytiker geltende *S. P.* sucht u. a. Friedensgespräche mit den 3 linksgerichteten Rebellengruppen, die seit über 30 Jahren die Regierung bekämpfen.

Sanguinetti Cairolo, *Julio María* (Uruguay), *Montevideo 6. 1. 1936; 1985–90 und seit 1994 Staatspräsident

Jurastudium (Promotion); Rechtsanwalt, Journalist, Berufspolitiker; seit 1958 Parlamentsabgeordneter. 1969–71 Minister für Industrie und Handel und 1972–73 für Erziehung und Kultur. Seit 1975 Leiter der UNESCO-Kommission für die Entwicklung des Buchwesens in Lateinamerika. 1976 Verbot jeglicher politischen Betätigung. 1981 rehabilitiert und für die sozialliberale Partido Colorado (PC) tätig, zuletzt als Generalsekretär. Am 25. 11. 1984 (erste Wahlen seit 1971) wird er als Präsidentschaftskandidat des PC zum Präsidenten gewählt. Sein Amtsantritt am 1. 3. 1985 beendet eine fast 12jährige Militärdiktatur. Da nach der Verfassung eine direkte Wiederwahl nicht möglich ist, wird er nach den Wahlen vom 26. 11. 1989 am 1. 3. 1990 von *Luis Alberto Lacalle de Herrera* im Amt abgelöst. Bei den Präsidentschaftswahlen am 27. 11. 1994 gewinnt er mit nur 20 000 Stimmen Vorsprung vor dem Kandidaten der Nationalpartei (PN) *Alberto Volonte* und wird am 1. 3. 1995 in das Amt des Staatspräsidenten eingeführt.

Sant, Alfred (Malta), *28. 2. 1948; seit 1996 Ministerpräsident

Studium der Wirtschaftswissenschaften in Paris und an der Harvard University in Boston (Promotion). Von 1970 bis 1975 bei der EG-Vertretung seines Landes in Brüssel tätig, dann als Wirtschaftsfachmann bei privaten und staatlichen Firmen auf Malta. Mitglied der Labour Party (LP) und seit 1992 Oppositionsführer. Als Spitzenkandidat der LP gewinnt er die Parlamentswahlen am 27. 10. 1996 und wird tags darauf von Staatspräsident → *Mifsud Bonnici* als neuer Regierungschef und Nachfolger von *Edward Fenech-Adami* vereidigt.

Santer, *Jacques* (Luxemburg/EU), *Wasserbillig 18. 5. 1937; seit 1995 Präsident der EU-Kommission

Jurastudium in Straßburg und Paris (Promotion). Nach der Tätigkeit als Rechtsanwalt 1962 beigeordneter Regierungsrat, 1966 Parlamentssekretär der Kammerfraktion der Christlich-Sozialen Volkspartei (CSV) und 1972 Staatssekretär im Arbeitsministerium und im Ministerium für kulturelle Angelegenheiten. Ab 1974 Abgeordneter in der Kammer und Mitglied des Europäischen Parlaments, 1975–79 einer der Vizepräsidenten. Seit 1979 Minister für Finanzen, Arbeit und Soziales. Zugleich 1972–74 Generalsekretär und 1974–82 Präsident der CSV. Ab 20. 7. 1984 als Nachfolger von *Pierre Werner* Staatsminister und Regierungschef einer großen Koalition zwischen CSV und Arbeiterpartei (LSAP); daneben zuständig für Finanzen und die Bereiche Landesplanung, Post und Kommunikationswesen, Informatik. 1987–90 Präsident der Europäischen Volkspartei (EVP). Am 15. 7. 1994 von den Staats- und Regierungschefs der Europäischen Union (EU) zum neuen EU-Kommissionspräsidenten nominiert und am 21. 7. vom Europäischen Parlament bestätigt, tritt er am 23. 1. 1995 die Nachfolge von *Jacques Delors* an.

Scalfaro, *Oscar Luigi* (Italien), *Novara 9. 9. 1918; seit 1992 Staatspräsident

Jurist; von Jugend an in christlichen Laienorganisationen engagiert. 1946 für die Democrazia Cristiana (DC) in die Verfassunggebende Versammlung gewählt; seitdem in Piemont bis 1992 immer wieder als Parlamentarier gewählt. Seine Karriere in der Regierung beginnt 1954 als Staatssekretär im Arbeitsministerium, führt über das Transport- und Bildungsministerium und die Vizepräsidentschaft in der Abgeordnetenkammer (1976–83) zur Leitung des Innenministeriums (1983–87) unter dem Sozialisten *Bettino Craxi*. Nach dessen Rücktritt scheitert er 1987 mit dem Auftrag der Regierungsbildung. Nach den Parlamentswahlen vom 5. und 6. 4. 1992 wird er zunächst zum Präsidenten der Abgeordnetenkammer, dann am 25. 5. zum Staatspräsidenten und damit zum Nachfolger von *Francesco Cossiga* gewählt.

Schewardnadse *[Ševardnadze], Eduard Amwrossijewitsch [Amvrosievič]* (Georgien), *Mamati 25. 1. 1928; seit 1995 Staatspräsident

Seit 1948 Mitglied der KPdSU; 1964–72 Innenminister; ab 1976 Mitglied des ZK, seit 1978 Kandidat des Politbüros des ZK der KPdSU. Am 1. 7. 1985 wird er in das Politbüro gewählt und tags darauf als Nachfolger von *Andrej Gromyko* zum Außenminister der UdSSR ernannt, am 31. 6. 1989 vom Obersten Sowjet auf Ersuchen *Michail Gorbatschows* einstimmig im Amt bestätigt. Im März 1990 wird er von *Gorbatschow* in den neugegründeten Präsidialrat berufen. Am 19. 12. 1990 tritt er vom Amt des Außenministers aus »Protest gegen das Herannahen einer Diktatur« zurück. Während des Putsches vom 19. 8. 1991 distanziert er sich zunächst eindeutig von der Politik und der Person von Präsident *Gorbatschow*, kehrt aber am 20. 11. als Außenminister der UdSSR in sein Amt zurück, um die Sowjetunion als »Union souveräner Staaten« zu retten. Er verliert sein Amt erneut nach der Unabhängigkeit der einzelnen Republiken und der

Bildung der GUS. Nach dem Sturz des georgischen Präsidenten *Swiad Gamsachurdia* am 10. 3. 1992 wird *S.* von der Übergangsregierung in Tiflis zum Vorsitzenden des neugebildeten georgischen Staatsrates und am 11. 10. zum Parlamentspräsidenten (Staatsoberhaupt) gewählt. Am 2. 7. 1993 erhält er vom Parlament erweiterte Sondervollmachten und verhängt wenige Tage später das Kriegsrecht über die Autonome Republik Abchasien, in der heftige Kämpfe zwischen Separatisten und georgischen Regierungstruppen toben, die am 7. 11. mit dem Sieg der Regierungstruppen enden. Nach der Gründung einer Georgischen Bürgerunion, einer Parteienkoalition, die im Parlament über die Mehrheit verfügt, wird er am 21. 11. 1993 zu deren Vorsitzendem gewählt. Aus den Präsidentschaftswahlen am 5. 11. 1995 geht er als Sieger hervor und wird am 26. 11. vereidigt.

Schüssel, *Wolfgang* (Österreich), * Wien 7. 6. 1945; seit 1995 Außenminister

Jurastudium (Promotion); 1968 Sekretär der Parlamentsfraktion der ÖVP. 1975–87 Generalsekretär des ÖVP-nahen österr. Wirtschaftsverbandes. Seit 1979 Abgeordneter im Nationalrat, wird er zunächst stellv. Klubobmann, 1987 stellv. Obmann des Finanzausschusses; ab 1989 Bundeswirtschaftsminister. Nach dem Verzicht von Parteichef *Erhard Busek* auf eine erneute Kandidatur wird *S.* am 22. 4. 1995 vom Parteitag zum neuen ÖVP-Vorsitzenden gewählt und übernimmt von *Busek* auch die Position des Vizekanzlers in der Koalition mit der SPÖ. Am 28. 4. wird er nach dem Rücktritt seines Parteifreundes *Alois Mock* zum neuen Außenminister und Vizekanzler ernannt. In der erneuten Koalitionsregierung von SPÖ und ÖVP, die nach den vorgezogenen Parlamentswahlen vom 17. 12. 1995 am 12. 3. 1996 vereidigt wird, behält er seine Ämter.

Shahabuddin Ahmed, *Justice* (Bangladesch), * Pemal 1930; 1990–91 und seit 1996 Staatspräsident

Nach dem Studium der Rechts- und Wirtschaftswissenschaften an der Universität Dhaka ist er ab 1954 im öffentlichen Verwaltungsdienst, seit 1960 als Richter tätig. 1980 wird er Richter am Appellationsgericht des Obersten Gerichtshofes, zu dessen Präsidenten er in der Folge aufsteigt. Seine politische Karriere beginnt Ende 1990, als er von der Opposition nach dem Sturz von Staatspräsident *Hussein Mohammed Ershad* am 6. 12. als Übergangspräsident durchgesetzt wird. Nach dem Sieg von *Khaleda Zia* bei den Parlamentswahlen im März

1991 wird er am 9. 10. von deren Parteifreund *Abdur Rahman Biswas* im Amt abgelöst. 1995 legt er das Amt des Präsidenten des Obersten Gerichtshofes nieder und geht in den Ruhestand. Auf Vorschlag von Premierministerin → *Wajed* wird er von der Wahlkommission am 23. 7. 1996 für das höchste Staatsamt nominiert und am 9. 10. vereidigt.

Sharif → Nawaz Sharif

Siew, *Vincent* (Republik China), * 1939; seit 1997 Ministerpräsident

Mitglied der Regierungspartei Kuomitang. Von 1994–1995 Leiter des Rates für die Angelegenheiten des Festlands, gilt er als erfahren in den Beziehungen zur VR China. 1995 wird er ins Parlament gewählt. Nach dem Rücktritt von Ministerpräsident *Lien Chan* am 21. 8. 1997 wird der frühere Wirtschaftsminister *S.* am selben Tag von Staatspräsident → *Lee Teng-hui* zum neuen Regierungschef ernannt. Er tritt sein Amt am 1. 9. an.

Sihanouk *[Sihanuk], Samdech* [Prinz] *Norodom* (Kambodscha), * Phnom Penh 31. 10. 1922; 1947–55 König, 1960–70, seit 1993 erneut König

1947 von Frankreich als König eingesetzt, zeitweise auch Regierungschef. 1955 Abdankung zugunsten seines Vaters, anschließend Ministerpräsident bis 1970 (im März während einer Auslandsreise gestürzt). Nach dem Sieg der Roten Khmer im April 1974 läßt er sich zu deren Galionsfigur machen, kehrt 1975 nach Phnom Penh zurück und wird Staatsoberhaupt, aber im April 1976 erneut entmachtet und unter Hausarrest gestellt. Im Dezember 1978, einen Tag vor dem Einmarsch der vietnamesischen Truppen, wird er aus Kambodscha ausgeflogen. Seitdem Abkehr und Verurteilung der Roten Khmer, aber auch der vietnamesischen Invasion. Ende Juni 1982 Präsident einer von der UNO anerkannten Exilregierung. Erst nach der Unterzeichnung des Friedensabkommens am 23. 10. 1991 in Paris kehrt er am 14. 11. nach Phnom Penh zurück und wird Vorsitzender des Obersten Nationalrates; am 20. 11. wird er offiziell als Staatsoberhaupt anerkannt, eine Funktion, die bisher *Heng Samrin* innehatte. Nach den Wahlen Ende Mai 1993, die mit der Niederlage der bislang regierenden Cambodian People's Party (CPP) endete, übernimmt *S.* am 3. 6. 1993 die gesamte Regierungsgewalt und wird am 14. 6. von der verfassungsgebenden Versammlung einstimmig in seinen Vollmachten als Staatsoberhaupt bestätigt. Setzt am 24. 9. 1993 mit seiner Unterschrift die neue Verfassung für die konstitutionelle Monarchie in Kraft und wird vom Thronrat zum Monarchen gewählt und als König vereidigt.

Siimann, *Mart* (Estland), * Killingi-Nömme 21. 9. 1946; seit 1997 Ministerpräsident

Nach dem Studium der Psychologie ab 1982 beim staatlichen Rundfunk tätig; seit 1992 Generaldirektor des Privatsenders RTV. Mitglied der Sammlungspartei von Ministerpräsident *Tiit Vähi*, zu deren stellvertretendem Vorsitzenden er aufrückt. Außerdem ist er Fraktionsvorsitzender seiner Partei im Parlament, dem er seit 1995 angehört. Nach dem Rücktritt von *Vähi* als Ministerpräsident wird S. am 27. 2. 1997 von Staatspräsident → *Meri* zum neuen Regierungschef ernannt und am 17. 3. vereidigt.

Silajdžić, *Haris* (Bosnien-Herzegowina), * Breza 1945; 1993–96 und seit 1997 Ministerpräsident

Studium der Geschichte an der Universität von Priština im Kosovo (Promotion); Lehrtätigkeit als Historiker an der dortigen Universität. 1990 von → *Izetbegović* in das Wahlteam der Partei der Demokratischen Aktion (SDA) berufen, steigt er zum stellvertretenden Parteivorsitzenden auf. Nach den ersten Mehrparteienwahlen (18. 11. und 2./9. 12. 1990), aus denen die SDA als Sieger hervorgeht, wird er Außenminister. Am 25. 10. 1993 wird der Muslim S. zum Ministerpräsidenten ernannt und am 29. 10. vereidigt. Im Zuge der durch das Dayton-Abkommen erforderlichen Neubildung der Regierung bietet er am 21. 1. 1996 seinen Rücktritt an und wird von *Hasan Muratović* im Amt abgelöst. Nach einem Streit mit der Führung der SDA tritt er am 30. 1. aus der Partei aus, gründet am 14. 4. die Partei für Bosnien-Herzegowina (SBiH) und wird zu deren Vorsitzendem gewählt. Am 14. 9. bewirbt er sich als Kandidat der SBiH erfolglos um einen Sitz im Staatspräsidium, wird aber am 12. 12. vom dreiköpfigen Staatspräsidium gemeinsam mit dem Serben *Boro* → *Bosić* zum Vorsitzenden des gemeinsamen Ministerrats ernannt. Die beiden gleichberechtigten Ministerpräsidenten, die am 3. 1. 1997 vom gesamtbosnischen Parlament bestätigt werden, wechseln sich im wöchentlichen Turnus im Amt ab.

Simitis, *Konstantinos* (Griechenland), * Piräus 23. 6. 1936; seit 1996 Ministerpräsident

Sohn des Professors und Rechtsanwalts *Georgios S.*, der sich als Angehöriger des Widerstands gegen die deutsche Besatzung im Zweiten Weltkrieg

einen Namen machte. In den 60er Jahren kämpft S. gegen das Regime der Obristen und entgeht seiner Verhaftung durch die Flucht nach Deutschland. Dort und in Großbritannien studiert er Rechts- und Wirtschaftswissenschaften. Nach dem Sturz des Militärregimes kehrt er in seine Heimat zurück und engagiert sich in der Panhellenischen Sozialistischen Bewegung (PASOK), an deren Entstehen er maßgeblich beteiligt ist. Zugleich hält er an engen Beziehungen zu Deutschland fest, wo er, wie sein älterer Bruder *Spiros S.* (langjähriger hessischer Datenschutzbeauftragter) in den 70er Jahren als Rechtsprofessor wirkt. Nach dem ersten Wahlsieg der PASOK 1981 Landwirtschaftsminister. 1985–88 Wirtschafts- und Finanzminister, 1993–95 Industrieminister. Beide Male gibt er sein Amt nach Zerwürfnissen mit Ministerpräsident *Andreas Papandreou* vorzeitig auf. Mit einer Gruppe parteiinterner Dissidenten fordert er 1995 offen dessen Rücktritt. Nachdem *Papandreou* wegen seines schlechten Gesundheitszustandes am 15. 1. 1996 auf sein Amt als Regierungschef verzichtet, wird S. am 18. 1. zum neuen Ministerpräsidenten gewählt und am 22. 1. vereidigt. Vom Parteikongreß der PASOK wird er am 30. 6. zum neuen Vorsitzenden und Nachfolger des am 2. 6. verstorbenen *Papandreou* gewählt.

Skate, *Bill* (Papua-Neuguinea), * k. Ang.; seit 1997 Premierminister

1992 erstmals ins Parlament gewählt, fungiert er bis 1994 als Parlamentssprecher. Seitdem Bürgermeister der Hauptstadt Port Moresby. Als Vorsitzender der Oppositionspartei People's National Congress (PNC) ist er einer der schärfsten Kritiker der Regierung von Premier *Julius Chan*, der ausländische Söldner im Bürgerkrieg auf der Insel Bougainville einsetzen wollte und damit eine Revolte der Streitkräfte hervorrief, die am 26. 3. 1997 zu seinem Rücktritt führte. Nach den Wahlen vom 28. 6. wird S. am 22. 7. vom Parlament zum neuen Premierminister gewählt. Er führt eine Vier-Parteien-Koalition, darunter auch die beiden bisherigen Regierungsparteien Pangu Party und People's Progress Party (PPP). *S.*, der sich zum Christentum bekennt, ist nach vier Premierministern aus Neuguinea der erste Papuaner an der Spitze der Regierung.

Solana Madariaga, *Javier* (Spanien/NATO), * Madrid 14. 7. 1942; seit 1995 NATO-Generalsekretär

Entstammt einer Madrider Gelehrtenfamilie, studiert Physik in Madrid und den USA. Nach seiner

Rückkehr zunächst Dozent, ab 1975 Professor für Physik. 1977 wird er erstmals für die sozialistische Partei (PSOE) ins Parlament gewählt. Unter *Felipe González,* dessen persönlicher Freund er ist, wird *S.* 1982 Kulturminister und 1985 auch Kabinettssprecher. Seit 1988 Erziehungs- und Wissenschaftsminister, gelingt es ihm, zwischen den widerstreitenden Interessen der katholischen Bürgerschaft und den reformerischen Sozialisten im eigenen Lager zu vermitteln. Am 22. 6. 1992 wird *S.* von *González* zum Nachfolger des schwer erkrankten Außenministers *Francisco Fernández Ordóñez* ernannt. Nachdem NATO-Generalsekretär *Willy Claes* am 20. 10. 1995 aufgrund von Korruptionsvorwürfen zurücktritt, wird *S.* am 19. 12. neuer Generalsekretär der NATO.

Stephanopoulos, *Konstantin [Kostis]* (Griechenland), * Patras 15. 8. 1926; seit 1995 Staatspräsident

Nach dem Jurastudium als Rechtsanwalt tätig. Als Mitglied der National-Radikalen Union (ERE) wird er 1964 erstmals ins Parlament gewählt. Während der 7jährigen Militärdiktatur im Pariser Exil. 1974 erneut im Parlament, jetzt für die konservative Nea Dimokratia (ND), schließt er seine Rechtsanwaltskanzlei, um sich hauptberuflich der Politik zu widmen. Er wird Innen- und Präsidialminister, dann Minister für Gesundheit und Soziales. Nach 2 vergeblichen Versuchen, den ND-Vorsitz zu erlangen, tritt er nach schweren Zerwürfnissen mit ND-Chef *Konstantin Mitsotakis* aus der Partei aus und gründet 1985 die dann wenig erfolgreiche Demokratische Erneuerung (DIANA). Als diese 1994 bei der Europawahl scheitert, löst er sie auf und zieht sich aus der aktiven Politik zurück. Auf Vorschlag der Panhellenischen Sozialistischen Bewegung (PASOK) des Ministerpräsidenten *Andreas Papandreou* und der extremen Nationalisten des Politischen Frühlings (POLAN) wird er am 8. 3. 1995 vom Parlament zum neuen Staatspräsidenten gewählt und am 10. 3. vereidigt. Er löst damit *Konstantin Karamanlis* im Amt ab.

Stojanow, Petar (Bulgarien), * Plowdiw 25. 5. 1952; seit 1997 Staatspräsident

Nach dem Jurastudium an der Universität Sofia ist *S.* ab 1976 15 Jahre als Rechtsanwalt tätig. In den Wendejahren 1989/90 gehört *S.*, der nie Mitglied der KP war, zu den Mitbegründern des Demokratieclubs von Plowdiw. Er tritt in die Union Demokratischer Kräfte (SDS) ein und wird in der ersten antikommunistischen Regierung unter *Filip Dimitrow* 1991–92 stellv. Justizminister. 1994 wird *S.*, inzwischen stellv. SDS-Vorsitzender, ins Parlament

gewählt. Bei erstmals abgehaltenen Vorwahlen nach US-Vorbild besiegt er am 1. 6. 1996 als Kandidat der SDS den derselben Partei angehörenden Staatspräsidenten *Schelju Schelew* so deutlich, daß dieser auf seine Wiederwahl verzichtet. Als Kandidat der bürgerlichen Opposition geht er aus den Präsidentschaftswahlen am 27. 10./3. 11. als deutlicher Gewinner hervor. Er löst am 22. 1. 1997 *Schelew* im Amt des Staatspräsidenten ab.

Taya, *Maaouiya Ould Sid' Ahmed [Mauja Uld Sid Achmed]* (Mauretanien), * Atar 1943; 1981–84 Ministerpräsident; seit 1984 Staatspräsident

Angehöriger eines kleinen Stammes im Norden des Landes. Als stellv. Generalstabschef trägt er 1978 zum Sturz des Staatsgründers *Moktar Ould Daddah* und zum Verbot der 1961 durch Zusammenschluß mehrerer Parteien gegründeten Parti du Peuple Mauretanien bei. Seit 25. 4. 1981 ist er als Nachfolger von *Ahmed Ould Bneijara* Ministerpräsident und Verteidigungsminister. Im März 1984 verliert er diese Ämter, da Staatspräsident *Mohammed Khouna Ould Haydallah* zusätzlich das Amt des Regierungschefs übernimmt, bleibt aber weiterhin Oberbefehlshaber der Streitkräfte. *Taya* stürzt am 12. 12. 1984 *Haydallah*, dem er vorwirft, schlecht gewirtschaftet und Gruppeninteressen unterstützt zu haben. Seitdem ist er Staats- und Regierungschef sowie Präsident des 15köpfigen Offiziersausschusses. Bei den ersten allgemeinen und freien, von der Opposition weitgehend boykottierten Wahlen am 24. 1. 1992 wird er mit etwa 61% der Stimmen wiedergewählt.

Taylor, *Charles Ghankay* (Liberia), *Monrovia 1948; seit 1997 Staatspräsident

Nachfahre der befreiten amerikanischen Sklaven, die seit der Staatsgründung Liberias vor 150 Jahren die politisch herrschende Klasse stellen. Studium der Wirtschaftswissenschaften in den USA. Von Staatspräsident *Richard Tolbert* 1979 zum Direktor der staatlichen General Services Agency berufen. Im April 1980 steht er auf der Seite von *Samuel Kanyon Doe* beim blutigen Putsch gegen *Tolbert.* Als Leiter der staatlichen Beschaffungsbehörde der Veruntreuung bezichtigt, flieht er 1984 in die USA, kommt dort in Auslieferungshaft, befreit sich und flieht nach Afrika. Ende 1989 fällt er mit einer von ihm gegründeten, damals 150 Mann starken Armee (Patriotic Front of Liberia/NPFL) von der Elfenbeinküste aus in die Nordprovinz Nimba ein, um *Doe* zu stürzen. Im Juli 1990 nimmt er die Hauptstadt Monrovia ein und läßt sich zum Präsidenten ausrufen. Da er weder den *USA* als

»Freund« Libyens noch der Regionalmacht Nigeria genehm ist, die das Regime *Doe* unterstützte, wird *T.* durch eine Intervention der westafrikanischen Friedenstruppe ECOMOG gestoppt und zurückgedrängt. Die verworrene Situation mündet in einen grausamen Bürgerkrieg, der dadurch geschürt wird, daß die ECOMOG ihre Neutralität aufgibt und seine Rivalen unterstützt. Nach einem Treffen zwischen *T.* und dem nigerianischen Militärdiktator → *Abacha* im Juni 1995 wird am 26. 8. eine weitere Waffenruhe geschlossen und am 1. 9. ein sechsköpfiger Übergangsrat (Council of State) gebildet, dem auch *T.* angehört. Nach den Präsidentschaftswahlen am 19. 7. 1997 wird er von der Wahlkommission am 24. 7. zum Sieger erklärt und am 2. 8. als neuer Staatspräsident vereidigt. Er folgt der Übergangspräsidentin *Ruth Perry* im Amt.

Ter-Petrosjan *[Ter-Petrosan]*, *Lewon [Levon]* (Armenien), * Aleppo (Syrien) 9. 1. 1945; seit 1991 Staatspräsident

Studium der Orientalistik und der semitischen Sprachen in Leningrad (Promotion und Habilitation). Am 28. 4. 1965, dem Jahrestag des Beginns des Genozids an den Armeniern (1915–17), nimmt er an einer in der UdSSR bis dahin nicht für möglich gehaltenen Demonstration Hunderttausender gegen die Sowjetmacht teil und wird deshalb für mehrere Monate inhaftiert. Im Februar 1988 gründet er mit Gesinnungsfreunden das »Komitee Berg-Karabach« mit dem Ziel, die Zugehörigkeit der Enklave zu Armenien wiederherzustellen; daraufhin wird er erneut inhaftiert. Nach seiner Entlassung wird er zum Vorsitzenden des Komitees gewählt. Nach den ersten freien Wahlen in der Republik wird er am 4. 8. 1990 zum Parlamentspräsidenten, dem höchsten Amt im Staate, und bald darauf zum Vorsitzenden der armenischen Nationalbewegung gewählt. Bei den ersten allgemeinen Präsidentschaftswahlen am 16. 10. 1991 wird *T.* von der Bevölkerung der transkaukasischen Republik, die sich im Sept. für unabhängig erklärt hat, mit großer Mehrheit in das neugeschaffene Amt des Präsidenten gewählt (am 22. 9. 1996 für weitere fünf Jahre gewählt).

Trovoada, *Miguel dos Anjos da Cunha Lisboa* (São Tomé und Príncipe), * São Tomé 27. 12. 1936; 1975–79 Ministerpräsident, seit 1991 Staatspräsident

Nach dem Jurastudium in Portugal engagiert sich *T.* im Widerstand gegen die Kolonialmacht Portugal und wird 1960 zum Präsidenten des Befreiungskomitees für São Tomé und Príncipe (CLSTP) gewählt. Auf einem Kongreß der Organisation 1972, die sich dabei in Bewegung (Movimento/MLSTP) umbenennt, wird er zum Sekretär für auswärtige Beziehungen gewählt, während *Manuel Pinto da Costa* das Amt des Generalsekretärs übernimmt. Am 12. 7. 1975 wird er von Präsident *Pinto da Costa* zum Ministerpräsidenten ernannt. Nach Richtungskämpfen in der MLSTP zieht er sich 1979 die Feindschaft des Flügels zu, der auf die Sowjetunion und Kuba setzt, und wird entlassen. 1979–81 ohne Urteil inhaftiert, geht er anschließend ins Exil nach Paris, dann nach Lissabon. Als die MLSTP 1989 ihr Machtmonopol aufgibt, kehrt *Trovoada* im Mai 1990 in seine Heimat zurück. Er geht aus den Präsidentschaftswahlen am 3. 3. 1991 als Sieger hervor und tritt am 3. 4. als erster demokratisch gewählter Präsident sein Amt an. Am 15. 8. 1995 wird er durch einen Militärputsch gestürzt, aber bereits am 21. 8. auf Druck der internationalen Staatengemeinschaft durch das Parlament wieder in sein Amt eingesetzt. Bei den Präsidentschaftswahlen am 21. 7. 1996 wird *Trovoada* für eine weitere fünfjährige Amtsperiode bestätigt.

Tschernomyrdin *[Černomyrdin]*, *Viktor Stepanowitsch [Victor Stepanovič]* (Rußland), * Tschornij Otrog 9. 4. 1938, seit 1992 Ministerpräsident

Sohn einer Kosakenfamilie; zunächst Schlosser in einem Erdölverarbeitungsbetrieb in Orsk. Nach Militärdienst und vierjährigem Studium an der Polytechnischen Hochschule Kuijbyschew von 1967–73 Parteifunktionär in Orsk, anschließend stellv. Chefingenieur, dann Direktor des Orenburger Gaskombinats, 1978–82 Instrukteur in der ZK-Abteilung für Schwerindustrie, 1982 stellv. Minister, 1983 Leiter der größten Erdgasförderanlage der UdSSR im westsibirischen Tjumen, 1985 Minister der sowjetischen Gasindustrie. Seit 1989 Vorstandsvorsitzender des staatlichen Gaskonzerns Gasprom und ab Mai 1992 als stellv. Ministerpräsident in der russischen Regierung auch für die Erdöl-, Erdgas- und Energiepolitik zuständig. Auf Vorschlag von → *Jelzin* am 14. 12. 1992 vom Kongreß der Volksdeputierten zum neuen Ministerpräsidenten gewählt, wird er Nachfolger von *Jegor Gaidar*. Am 4. 7. 1996 wird *T.* von *Jelzin* nach dessen Wahlsieg erneut mit der Regierungsbildung beauftragt und von der Staatsduma am 10. 8. in seinem Amt als Ministerpräsident bestätigt.

Tudjman, *Franjo* (Kroatien), * Veliko Trgovišče 14. 5. 1922; seit 1990 Staatspräsident

Mit 19 Jahren schließt er sich den kommunistischen Partisanenverbänden von *Tito* an und kämpft gegen Besatzer und Ustascha-Faschisten. Nach 1945 im Verteidigungsministerium und im Generalstab tätig, wird er in den 50er Jahren jüngster General. Ab 1961 Studium der Geschichts- und Politikwissenschaft und bereits 1963 Professor an der Universität Zagreb. Bis 1967 Direktor des Zagreber Instituts für die Geschichte der kroatischen Arbeiterbewegung. Als Mitunterzeichner einer Deklaration für die kroatische Sprache wird er 1967 aus der Partei ausgeschlossen und verliert sein Amt. Nach der Niederschlagung des sog. Kroatischen Frühlings durch *Tito* 1971 wegen »konterrevolutionärer Umtriebe« 9 Monate und 1981 wegen »staatsfeindlicher Propaganda« 3 Jahre im Gefängnis. Ungeachtet des Verbots politischer Betätigung gründet er 1989 die Kroatische Demokratische Gemeinschaft (HDZ). Bei freien Wahlen im April 1990 erringt er die absolute Mehrheit im Parlament und wird am 30. 5. zum Vorsitzenden des Staatspräsidiums gewählt. Nach dem von ihm betriebenen Austritt aus dem jugoslawischen Staatsverband am 25. 6. 1991 und der diplomatischen Anerkennung Kroatiens am 15. 1. 1992 gewinnt *T.* am 2. 8. die ersten Präsidentenwahlen mit 56,73 % der Stimmen. Am 18. 3. 1994 unterzeichnet er mit seinem bosnischen Amtskollegen → *Izetbegović* in Washington den Föderationsvertrag zwischen Kroaten und Muslimen in Bosnien-Herzegowina. Nach dreiwöchigen Verhandlungen paraphiert er mit seinen Amtskollegen *Izetbegović* und → *Milošević* am 22. 11. 1995 in Dayton (Ohio) einen Friedensvertrag (Unterzeichnung am 14. 12. in Paris). Bei den Präsidentschaftswahlen am 15. 6. 1997 wird *T.* im Amt bestätigt.

Tung Chee-Hwa *[C. H. Tung]* (VR China/Hongkong), * Shanghai 29. 5. 1937; seit 1997 Regierungschef

Sohn einer Familie, die der antikommunistischen Kuomintang nahestand und vor dem Einmarsch der Kommunisten 1949 nach Taiwan floh. Sein Vater baute in den 30er und 40er Jahren eine Reederei in Shanghai auf, deren Hauptsitz später von Taiwan nach Hongkong verlegt wurde. Studium der Naturwissenschaften in Liverpool. 1969 geht er in die USA und arbeitet u.a. für General Electric. Nach seiner Rückkehr nach Hongkong übernimmt er 1979 das Schiffsimperium seines Vaters. Als das Unternehmen, mit weitverzweigten Geschäftsinteressen in der VR China und weltweit, 1982 in geschäftliche Schwierigkeiten gerät, hilft Peking durch einen Strohmann finanziell aus. Seitdem unterhält *T.* enge geschäftliche Beziehungen sowohl zu Taipeh als auch zu Peking. Verwaltungserfahrung erwirbt er als Mitglied des Exekutivrats, einer

Art Kabinett, in das ihn der letzte britische Gouverneur *Chris Patten* 1993 beruft. Am 11. 12. 1996 wird *T.*, Patron einer der einflußreichsten chinesischen Familien, von einem Wahlkomitee zum Chief Executive (Regierungschef) Hongkongs gewählt und wenige Tage darauf vom chinesischen Ministerpräsidenten → *Li Peng* offiziell bestätigt. Nach dem Ende der britischen Kolonialherrschaft über Hongkong am 30. 6. 1997 wird der pekingtreue *T.* am 1. 7. erster Regierungschef der chinesischen Sonderverwaltungszone Hongkong.

Ulmanis, *Guntis* (Lettland), * Riga 13. 8. 1939; seit 1993 Staatspräsident

Entstammt der Familie von *Karlis Ulmanis,* der in den 30er Jahren Präsident Lettlands war und 1941 mit seiner Familie nach Sibirien deportiert wurde. Studium der Wirtschaftswissenschaften; Tätigkeit bei der Lettischen Bank; zuletzt Mitglied im Aufsichtsrat der Staatsbank. 1965–89 Mitglied der KP, aber ohne politische Ämter. Mitglied der Bauernunion und des Stadtrates von Riga. Nach den ersten freien und demokratischen Parlamentswahlen in der Baltenrepublik seit 60 Jahren am 5. 6. 1993 gehen der Lettische Weg und die Bauernunion, die nur 12 von 100 Sitzen erringt, eine Koalition ein, und *U.* wird am 7. 7. als Kandidat seiner Partei im 3. Wahlgang vom Parlament zum Präsidenten gewählt. Er löst damit *Anatoli Gorbunov* ab, der als Parlamentspräsident bislang die Funktion des Staatsoberhauptes innehatte. *U.* wird vom Parlament am 18. 6. 1996 für weitere 3 Jahre zum Staatspräsidenten gewählt.

Ung Huot (Kambodscha), * 1945; seit 1994 Außenminister und ab 1997 Ministerpräsident

Ung lebt lange in Australien, wo er auch seine Ausbildung erhält und kehrt erst 1991 in seine Heimat zurück. Er wird Mitglied der royalistischen Partei Funcinpec und leitet 1993 den erfolgreichen Wahlkampf, der Prinz *Norodom Ranariddh* als Ersten Ministerpräsidenten an die Macht bringt. Als Außenminister Prinz *Norodom Sirivudh* am 23. 10. 1994 zurücktritt, wird *U.*, der auch das Vertrauen des Zweiten Ministerpräsidenten → *Hun Sen* genießt, zu dessen Nachfolger ernannt. Während des Putsches von *Hun Sen* gegen *Ranariddh* am 6. 7. 1997 und der sich anschließenden Kämpfe hält er sich in Thailand auf und kehrt erst am 14. 7. nach Kambodscha zurück. Auf Vorschlag der im Lande gebliebenen Funcinpec-Abgeordneten und mit Zustimmung des neuen Machthabers *Hun Sen* wird er vom Parlament am 6. 8. zum neuen Ersten Ministerpräsidenten gewählt; das Amt des Außenministers behält er bei. Ob seine Wahl international anerkannt wird, hängt wesentlich von König → *Sihanouk*, dem Vater *Ranaridds* ab.

Uteem, *Cassam* (Mauritius), * Plaine Verte 22. 3. 1941; seit 1992 Staatspräsident

Studium an den Universitäten von Mauritius und Paris. Mitglied des Mouvement militant mauricien (CMMM); seit 1976 im Parlament. 1982–83 Minister für Arbeit und Soziales, dann Oppositionsführer. 1986 Bürgermeister von Port Louis. Ab 1988 stellv. Vorsitzender der MMM. 1990–92 stellv. Ministerpräsident. Am 30. 6. 1992 wird *U.* vom Parlament zum neuen Staatspräsidenten ernannt.

Vagnorius, *Gediminas* (Litauen), * Vilkaiciai 10. 6. 1957; 1991–92 und seit 1996 Ministerpräsident

Dem Studium (Wirtschaftsingenieur) an der Technischen Universität Wilna (Vilnius) schließt er ein Studium der Wirtschaftswissenschaften (Promotion) an. 1988–90 ist er als Wissenschaftler am Institut für Wirtschaftsfragen der Akademie der Wissenschaften tätig. Im Zuge von Glasnost und Perestroika schließt er sich der Bewegung Sajudis an, dem Sammelbecken autonomistischer Kräfte. Seit 1990 ist er Abgeordneter im Parlament und Mitglied des Präsidiums (damals Oberster Rat) während der kritischen Phase der Loslösung von der Sowjetunion. Im Januar 1991 folgt er Frau *Kazimiera Prunskiene* im Amt des Ministerpräsidenten, muß aber im Juli 1992 auf Grund akuter Finanz- und Versorgungsprobleme des Landes zurücktreten. Nach dem Sieg seiner Vaterlandsunion bei den Parlamentswahlen am 20. 10./10. 11. 1996 wird er am 28. 11. vom Parlament zum neuen Ministerpräsidenten gewählt und am 4. 12. vereidigt. Er löst damit *Mindaugas Stankevicius* von der reformkommunistischen Demokratischen Arbeiterpartei (LDDP) im Amt ab.

Védrine, *Hubert* (Frankreich), * Saint-Sylvain-Bellegarde 31. 7. 1947; seit 1997 Außenminister

Nach dem Studium an den Hochschulen für Politische Wissenschaften (Sciences-Po) und Verwaltung (ENA) ist *V.* zunächst im Erziehungs-, dann im Außenministerium tätig. 1973 schließt er sich der Sozialistischen Partei (PS) an. Nach der Wahl von *François Mitterrand* zum Staatspräsidenten 1981 arbeitet er 14 Jahre lang für diesen im Elysée: zunächst als außenpolitischer Berater, dann Sprecher und schließlich (1991–95) Generalsekretär. Als *Mitterrands* Amtszeit 1995 endet, zieht er sich zeitweise aus der Politik zurück und ist als Rechtsanwalt tätig. Nach dem Erfolg der PS bei den Parlamentswahlen am 25. 5. und 1. 6. 1997 ruft ihn → *Jospin* am 4. 6. als Außenminister in sein Kabinett. *V.* löst *Hervé de Charette de la Contrie* im Amt ab.

Vieira, General *João Bernardo* (Guinea-Bissau), * Bissau 27. 4. 1939; 1978–82 Ministerpräsident, seit 1980 Staatspräsident

Festland-Afrikaner; legendärer Partisanenchef des Partido africano independência da Guine e Cabo Verde (PAIGC) im Kampf gegen die Portugiesen. Noch vor der Unabhängigkeit (1974) Verteidigungsminister, seit 1978 Erster Kommissar (Ministerpräsident). Stürzt am 16. 11. 1980 Staatspräsident *Luís de Almeida Cabral* und wird Vorsitzender eines neugebildeten Revolutionsrates; vereinigt zeitweise die Ämter des Staats-, Partei- und Regierungschefs in Personalunion. Am 7. 8. 1994 wird er erster freigewählter Präsident des Landes.

Wajed, *Sheik Hasina* (Bangladesch), * Tungipara 28. 9. 1947; seit 1996 Premierministerin

Tochter des Staatsgründers und damaligen Staatspräsidenten *Sheik Mujibur Rahman*. Besuch der Universität Dhaka bis 1973. Nach der Ermordung ihres Vaters am 15. 8. 1975 lebt sie mit ihrer Familie in Deutschland, siedelt aber später nach Neu-Delhi über. 1981 kehrt sie nach Dhaka zurück, reorganisiert als Parteiführerin die Awami-Liga und führt eine Allianz von mehr als einem Dutzend Oppositionsgruppen an, der es 1990 gelingt, Gen. *Hussain Mohammed Ershad* zu stürzen. Bei den Parlamentswahlen 1991 kandidiert sie erfolglos und wirft der Vorsitzenden der konservativen Bangladesh-National Party (BNP), *Khaled Zia*, Wahlbetrug vor. Bei den Parlamentswahlen im Februar 1996 ruft sie zum Boykott auf und organisiert nach dem umstrittenen Sieg der BNP Massendemonstrationen. Sie erzwingt damit am 30. 3. den Rücktritt von *Zia* und die Einsetzung einer neutralen Übergangsregierung unter *Muhammad Habibur Rahman*. Nachdem bei den Neuwahlen am 12. und 19. 6. die oppositionelle Awami-Liga als stärkste Kraft hervorgeht, wird *W.* von Staatspräsident *Abdur Rahman Biswas* mit der Regierungsbildung beauftragt und am 23. 6. als neue Premierministerin vereidigt. Nach mehr als 20 Jahren kehrt damit die Awami-Liga wieder an die Macht zurück.

Wasmosy Monti, *Juan Carlos* (Paraguay), * Asunción 15. 12. 1938; seit 1993 Staatspräsident

Urenkel ungarischer Einwanderer. Nach dem Ingenieurstudium als Unternehmer tätig, wird er als einer der Hauptaktionäre des Baukonsortiums, das die Stauwerke von Itaipu und Yacyreta errichtet, einer der reichsten Männer des Landes. Seine politische Karriere beginnt unter Präsident *Andrés Rodríguez*, der ihn 1992 zum Minister für Integration ernennt und ihn dann als seinen Nachfolger vorschlägt. Aus den Präsidentschaftswahlen am 9. 5. 1993 geht *W.* als Kandidat der regierenden Colorado-Partei siegreich hervor und tritt am 15. 8. das Amt des Staatspräsidenten an.

Weizman, *Ezer* (Israel), * Tel Aviv 15. 6. 1924; seit 1993 Staatspräsident

Neffe des ersten israelischen Staatspräsidenten *Chaim Weizmann* und Schwager des früheren Verteidigungsministers *Moshe Dayan.* Als Sohn eines osteuropäischen Einwanderers in Palästina geboren, wächst er in Haifa auf, wo der Vater erfolgreich als Händler tätig ist. Mit 18 Jahren geht er freiwillig zur britischen Air Force, die ihn zum Piloten ausbildet. Nach dem Zweiten Weltkrieg studiert er in London und wird Flugzeugingenieur. Im unabhängigen Israel steigt er zum Luftwaffenchef und 1967 zum stellv. Generalstabschef auf. 1969 beginnt *W.* seine politische Karriere in der Cherut-Partei von *Menachem Begin* und wird Transportminister in der ersten großen Koalition. Als Cherut die Koalition 1970 verläßt, bleibt er Vorsitzender der Parteiexekutive und wird 1977 unter diesem Verteidigungsminister. Unter dem Eindruck der israelisch-ägyptischen Friedensverhandlungen wandelt er sich vom »Falken« zur »Taube«. Dadurch gerät er zunehmend in Gegensatz zu *Begin*, tritt im Mai 1980 zurück und gründet – nachdem er aus dem Likud ausgeschlossen wird – 1984 die Partei Yahad [Jachad; Gemeinsam], mit der er bei den Wahlen im Juli 3 Mandate erringt. In der Regierung von *Shimon Peres* Minister ohne Geschäftsbereich, fusioniert er mit dessen Arbeitspartei, deren Wahlkampagne er 1988 steuert. Als Wissenschaftsminister zieht er in die Koalition der Nationalen Einheit ein. Weil er sich heimlich mit PLO-Führern trifft, entläßt ihn Ministerpräsident *Yitzhak Shamir* im Januar 1990, muß ihn jedoch zurückholen, als die Arbeitspartei mit einer Koalitionskrise droht. 1991 fordert er die Rückgabe des Golan an Syrien. Im April 1992 tritt er als Abgeordneter aus Ärger über die Verschleppung des Friedensprozesses zurück. Auf Vorschlag der Arbeitspartei am 24. 3. 1993 von der Knesset zum Staatspräsidenten gewählt, legt er am 13. 5. seinen Amtseid ab und ist damit Nachfolger von *Chaim Herzog*, der nach 2 Amtsperioden nicht mehr kandidieren kann.

Wijdenbosch, *Jules Albert* (Suriname), * 2. 5. 1941; seit 1996 Staatspräsident

Studium der Verwaltungswissenschaft in Amsterdam. In der Regierung von *Henck Arron* bis 1980 Außenminister. Gehört der Nationalen Demokratischen Partei (NDP) des früheren Juntachefs und Armeeführers *Désiré Bouterse* an. Nach den Parlamentswahlem vom 23. 5. 1996, die mit einem Sieg des Regierungsbündnisses Neue Front (NF) endeten, hatte die Nationalversammlung in 2 Wahlgängen vergeblich versucht, einen neuen Staatspräsidenten zu bestimmen: weder das Wahlbündnis des amtierenden Präsidenten *Runaldo Venetiaan* noch die NDP *Boutreses* konnten die notwendige Zweidrittelmehrheit erreichen. Trotz des Versuchs der niederländischen Regierung, in ihrer früheren Kolonie zugunsten von *Venetiaan* Einfluß zu nehmen, um eine neue Machtkontrolle durch *Bouterse* zu verhindern, wird *W.* am 5. 9. 1996 von der Vereinigten Volksversammlung (VVV), die sich aus Abgeordneten des Parlaments, Mitgliedern des Staatsrats und kommunalen Mandatsträgern zusammensetzt, zum neuen Staatspräsidenten gewählt. Er löst *Venetiaan* im Amt ab.

Yilmaz, *Mesut* (Türkei), * Istanbul 6. 11. 1947; 1991, 1996 und seit 1997 Ministerpräsident

Entstammt einer wohlhabenden Familie aus Rize am Schwarzen Meer. Schon als Kind lernt er in der österreichischen Sankt-Georg-Realschule in seiner Heimatstadt Deutsch. Studium der politischen Wissenschaften in Ankara und in Oxford sowie der Wirtschaftswissenschaften in Köln. Nach seiner Rückkehr erfolgreicher Unternehmer. Mitglied der Mutterlandspartei (ANAP) von Ministerpräsident *Turgut Özal*, der ihn 1983 in die Politik holt. Zunächst Staatsminister und Regierungssprecher, dann Tourismusminister, 1987–90 Außenminister. Im Juni 1991 löst er *Yildirim Akbulut* als Parteivorsitzender ab und wird damit auch Ministerpräsident, ein Amt, das er nach den empfindlichen Einbußen der ANAP bei den vorgezogenen Wahlen im Oktober bereits nach wenigen Monaten wieder aufgeben muß. Da nach den Parlamentswahlen vom 24. 12. 1995, bei denen die ANAP den 3. Platz belegt, weder der eigentliche Wahlsieger, *Necmettin Erbakan*, Führer der islamisch-fundamentalistischen Wohlfahrtspartei (RP), noch die bisherige Amtsinhaberin *Tansu Çiller* von der konservativen Partei des Rechten Weges (DYP), eine Regierung zustande bringen, bildet *Y.* am 6. 3. 1996 eine Koalitionsregierung aus ANAP und DYP. Nach nur 3 Monaten im Amt reicht *Y.* am 6. 6. seinen Rücktritt ein und kommt damit einem Mißtrauens-

Biographien

antrag des Parlaments zuvor. Nach dem Scheitern einer am 28. 6. 1996 gebildeten islamistisch-konservativen Koalitionsregierung der RP mit der DYP unter Ministerpräsident *Necmettin Erbakan* billigt Staatspräsident → *Demirel* am 30. 6. 1997 die von *Y.* vorgelegte Liste einer Koalitionsregierung von ANAP, der Demokratischen Linkspartei (DSP) und der konservativen Demokratischen Türkei-Partei (DTP). Sie erhält am 12. 7. das Vertrauen im Parlament ausgesprochen.

Zedillo Ponce de León, *Ernesto* (Mexiko), * Ciudad de Mexico 27. 12. 1951; seit 1994 Staatspräsident

Studium der Ökonomie an der Yale-Universität (USA). Tätigkeit bei der Mexikanischen Zentralbank. Seit 1971 Mitglied der Partei der Institutionalisierten Revolution (PRI). 1988–92 Haushalts-, dann bis Dezember 1993 Bildungsminister. Wahlkampfmanager des Präsidentschaftskandidaten *Luis Donaldo Colosio,* der im März 1994 einem Attentat zum Opfer fällt. Enger Freund und Gefolgsmann von Staatspräsident *Carlos Salinas de Gortari.* Von der PRI am 29. 3. als Kandidat benannt, gewinnt *Z.* am 21. 8. die Präsidentschaftswahlen und tritt sein Amt am 1. 12. 1994 an. Er lockerte in der Folge das verkrustete politische System und nimmt dafür das Ende der faktischen »Einparteienherrschaft« seiner PRJ in Kauf, die am 6. 7. 1997 bei den Wahlen die Parlamentsmehrheit und den Bürgermeisterposten in der Hauptstadt verliert.

Zenawi, *Meles* (Äthiopien), * Adua (Provinz Tigre) 9. 5. 1955; seit 1995 Ministerpräsident

Nach dem Besuch der britischen Wingate High School in Addis Abeba Studium der Medizin. Politisch aktiv, opponiert er gegen den »Kasernenhof-Marxismus« von *Mengistu Hailé Mariam* und

gründet die Marxist-Leninist-League of Tegray (MLLT), die zum Kern der im Februar 1985 gebildeten Tegray People's Liberation Front (TPLF) wird. Diese schließt sich 1989 mit anderen Gruppen zur Ethiopian People's Revolutionary Democratic Front (EPRDF) zusammen. Als Generalsekretär bzw. Vorsitzender dieser Gruppe bekämpft er mit seiner Guerilla die Machthaber in Addis Abeba und wird nach dem Sturz von *Mengistu* im Mai 1991 Chef einer Interimsregierung. Der neugebildete Nationalrat wählt ihn am 22. 7. zum Staatsoberhaupt. Am 23. 8. 1995 wird *Z.* vom neuen Parlament zum mit Exekutivbefugnissen ausgestatteten Ministerpräsidenten gewählt; sein Nachfolger als Staatsoberhaupt wird → *Gidada.*

Zéroual, *Liamine* (Algerien), * Batna 3. 7. 1941; seit 1994 Staatspräsident

Militärlaufbahn; tritt mit 16 Jahren der Nationalen Befreiungsarmee bei, die 1962 die Unabhängigkeit von Frankreich erkämpft. Besucht Militärakademien in Ägypten, Frankreich und der UdSSR. 1975–81 Leiter der Offiziersakademie von Cherchell, dann Militärkommandant in verschiedenen Regionen des Landes. 1988 General und stellv. Stabschef, demissioniert 1990 im Streit mit Staatspräsident *Chadli Ben Jedid* über die Reorganisation der Streitkräfte und wird Botschafter in Bukarest. 1991 zieht er sich aus dem öffentlichen Leben zurück, wird aber im Juli 1993 vom Hohen Staatsrat (HCE), der im Januar 1992 *Chadli* abgesetzt und die Macht übernommen hat, zum Verteidigungsminister ernannt. Nach Ablauf des zweijährigen Mandats des HCE wird er von diesem zum Staatspräsidenten ernannt und am 30. 1. 1994 vereidigt. Bei den Präsidentschaftswahlen am 16. 11. 1995, die von den islamischen Fundamentalisten boykottiert werden, wird *Z.* erwartungsgemäß im Amt bestätigt.

Internationale Organisationen

Schwerpunkt: Sicherheitspolitik (Abrüstung und Rüstungskontrolle, Konfliktbeilegung und Friedenserhaltung)[1]

IGO = Internationale Organisation mit Völkerrechtsstatus, d. h. von Staaten/Regierungen begründete **International Governmental Organization**;
INGO/NGO = (Internationale) Nichtregierungsorganisation, d. h. von Privaten oder Sonstigen begründete **International Non-Governmental Organization**; *= Gründung, gegründet

Arabische Liga

Liga der Arabischen Staaten

League of Arab States (LAS) – Jâmi'at al-dural al Arabûya; Kurzbezeichnung: Arabische Liga

Sitz (Sekretariat): PO Box 11642, Kairo, Ägypten
Tel.: (0020) 2–5750511, Fax: -5740331
Dt. Kontakt: Rheinallee 23, D–53173 Bonn
Tel.: (0228) 955930, Fax: -355867

Gründung am 22. 3. 1945 in Kairo (Ägypten) als Pakt der Liga der Arabischen Staaten, ein loser Zusammenschluß der 7 Staaten Ägypten, Irak, Jemen, Libanon, Saudi-Arabien, Syrien und Transjordanien (heute Jordanien), 1950 durch einen Verteidigungspakt ergänzt.
Ziele der Gründungscharta: Förderung der Beziehungen der Mitgliedstaaten auf politischem, kulturellem, sozialem und wirtschaftlichem Gebiet; Wahrung der Unabhängigkeit und Souveränität der Mitgliedstaaten und der arabischen Außeninteressen; Anerkennung Palästinas als unabhängiger Staat; Verhütung und Schlichtung von Streitfällen der Mitglieder untereinander.
Mitglieder (22):
Afrika (9): Ägypten (seit 1945, Mitgliedschaft 1979–1989 suspendiert), Algerien (seit 1962), Dschibuti (seit 1977), Komoren (seit 1993), Libyen (seit 1953), Marokko (seit 1958), Mauretanien (seit 1973), Somalia (seit 1974), Sudan (seit 1956) und Tunesien (seit 1958);
Asien (12): Bahrain (seit 1971), Irak (seit 1945), Jemen (seit 1945 Südjemen/Aden und seit 1967 Nordjemen/Sana'a), Jordanien (seit 1945), Katar (seit 1971), Kuwait (seit 1961), Libanon (seit 1945), Oman (seit 1971), Palästina (seit 1976 durch die PLO vertretenes Vollmitglied), Saudi-Arabien (seit 1945), Syrien (seit 1945) und die Vereinigten Arabischen Emirate (seit 1971).
Organe: Beschließendes Organ ist der **Ligarat** aus den 22 Regierungsvertretern der Mitgliedstaaten;

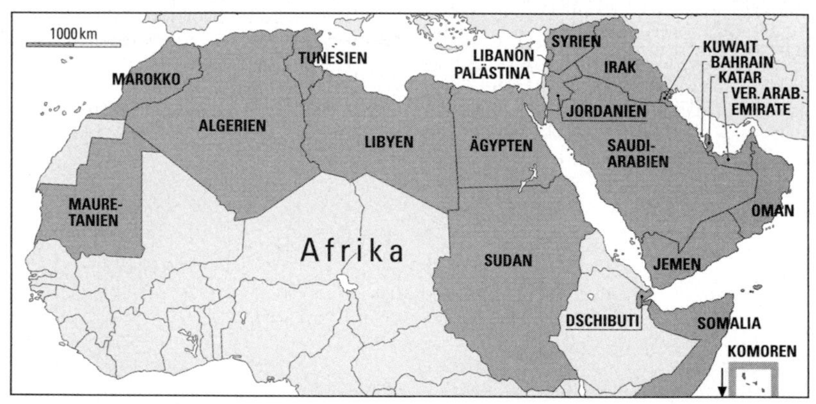

Die Mitglieder der Arabischen Liga

[1] Bisherige Schwerpunkte im Fischer Weltalmanach (WA): WA '89: Afrika; WA '90: Amerika; WA '91: Europa; WA '92: Arabische und islamische Staaten, Asien und Ozeanien; WA '93: Umwelt- und Naturschutz; WA '94: Wirtschaftliche Zusammenschlüsse; WA '95: Menschenrechte; WA '96: Finanzierungs- und Entwicklungsorganisationen; WA '97: Wirtschaftsräume und Freihandelszonen.

er tritt halbjährlich auf der Ebene der Außenminister, deren Vertretern oder ständigen Delegierten zu ordentlichen Sitzungen zusammen; seine Empfehlungen sind nur für die jeweils zustimmenden Mitglieder verbindlich. Bei Bedarf halten die Könige und Staatschefs Gipfeltreffen ab. Der 1950 geschaffene Gemeinsame Arabische **Verteidigungsrat** aus den Außen- und Verteidigungsministern der Mitgliedstaaten kann Maßnahmen zur Abwehr eines Angriffs auf ein Mitglied treffen (2/3-Mehrheit bindend). Weitere Organe sind der 1950 gegründete Arabische **Wirtschafts- und Sozialrat** (AESC) der zuständigen Minister, die **Ministerräte** der Fachressorts (10) und die **Ständigen Ausschüsse** (16), u. a. für Politik, Wirtschaft, Kultur, Soziales, Rechtswesen und Information. Das **Sekretariat** untersteht dem Generalsekretär: *Ahmad Esmat Abdel Meguid* (Ägypten) und beschäftigt 460 Mitarbeiter. Die Liga hat zahlreiche **Unterorganisationen** mit z. T. eigener, unabhängiger Struktur und Verfassung, darunter der Arabische Fonds für wirtschaftliche und soziale Entwicklung **AFESD**, der Arabische Währungsfonds **AMF** und die Wirtschaftsentwicklungsbank **BADEA**.

Arbeitsweise der Liga: Die Abstimmungsverfahren mit Vetorecht lähmen oft die Beschlußfähigkeit. Mehrheitsbeschlüsse binden nur jene Mitglieder, die entsprechend votiert haben.

Entwicklung: Die Arbeit der Liga als Wegbereiterin der arabischen Einheit ist nicht gelungen; nationalstaatliche Interessen und zunehmend auch der islamische Fundamentalismus verhinderten eine Verwirklichung der Charta-Ziele. 1956 versagte die Liga Ägypten die Unterstützung, als Frankreich, Großbritannien und Israel sich nach der Verstaatlichung des Suez-Kanals zur »Strafaktion« gegen Präsident *Gamal Abdel Nasser* entschlossen. Auch der verlustreiche Krieg von 1967 gegen Israel machte die Ineffektivität des Verteidigungspakts von 1950 deutlich. Die einzige wirksame Maßnahme, das Ölembargo gegen den Westen 1973, ging nicht von der Liga, sondern von der Organisation Erdölexportierender Länder (OPEC) aus. Höhepunkt der internen Streitigkeiten war der ägyptisch-israelische Camp-David-Frieden von 1978/79, der zur Suspendierung der Mitgliedschaft Ägyptens 1979–89 und der Verlegung des Liga-Sekretariats von Kairo nach Tunis 1979–90 führte. Der von den Mitgliedern mehrheitlich abgelehnte Führungsanspruch des Irak und dessen Einmarsch in Kuwait 1990 führten zur Spaltung der arabischen Welt und machten die Liga weitgehend bedeutungslos. – Auf einem Sondergipfel in Kairo am 22./23. 6. 1996, an dem lediglich der Irak nicht teilnahm, bekundeten die anwesenden 11 Staatsoberhäupter und 7 Regierungschefs einschl. des

Vorsitzenden der palästinensischen Autonomieverwaltung, *Jassir Arafat*, »arabische Solidarität« angesichts des Regierungswechsels in Israel (am 19. 6. 1996) und formulierten eine »gemeinsame Position« zum Friedensprozeß im Nahen Osten. Wichtigste Forderung: Beibehaltung des Prinzips »Land gegen Frieden«, das die Rückgabe aller von Israel besetzten arabischen Gebiete beinhaltet. Als Reaktion auf die Wiederaufnahme des israelischen Siedlungsbaus beschlossen die Außenminister der Liga am 31. 3. 1997 in Kairo in einer einstimmig angenommenen Entschließung, den Staatschefs und Regierungen der Mitgliedstaaten die **Aussetzung des Normalisierungsprozesses** zu empfehlen. Neben der Wiederaufnahme des 1993 gelockerten Wirtschaftsboykotts sollen Büros und Missionen geschlossen und Gespräche über eine wirtschaftliche und kommerzielle Zusammenarbeit ausgesetzt werden. Ausgenommen sind Ägypten, Jordanien und die Palästinensischen Autonomiegebiete aufgrund der mit Israel unterzeichneten Friedensverträge, die derartige Sanktionsmaßnahmen untersagen. Formell ist der Boykottbeschluß lediglich auf Marokko, Tunesien, Oman und Katar begrenzt, die seit 1993 wirtschaftliche Interessenvertretungen in Israel eingerichtet haben. Damit hat der Beschluß der Liga weniger ökonomische als politische Wirkung.

ASEAN

Verband Südostasiatischer Staaten

Association of Southeast Asian Nations

Sitz (Generalsekretär): 70 A Jalan Sisingamangaraja, Jakarta 12110, Indonesien
Tel.: (0062) 21–712272, Fax: -7398234

Gründung am 8. 8. 1967 in Bangkok (Thailand) durch Indonesien, Malaysia, Philippinen, Singapur und Thailand. Der Vertrag wurde 1976 ergänzt durch den Vertrag über Freundschaft und Zusammenarbeit (Treaty of Amiety and Concorde) und die Rahmenvereinbarung über ein Aktionsprogramm (Declaration of ASEAN Concord).

Ziele: Wirtschaftliche, soziale und kulturelle Zusammenarbeit zur Festigung des Friedens in Südostasien; Zone des Friedens, der Freiheit und Neutralität (ZOPFAN) sowie einer Südostasiatischen atomwaffenfreien Region (SEANWFZ).

Mitglieder (9): Brunei (seit 1984), Indonesien, Laos (seit 1997), Malaysia, Myanmar (seit 1997), Philippinen, Singapur, Thailand und Vietnam (seit 1995). – Der für 7/1997 vorgesehene Beitritt Kambodschas wurde verschoben (→ unten).

Beobachter: Papua-Neuguinea (seit 1984).
Organe: Alle 3 Jahre findet eine **Gipfelkonferenz** der Staats- bzw. Regierungschefs statt. Das zentrale Entscheidungsgremium ist die jährliche **Ministertagung** auf Außenministerebene. Drei- bis fünfmal im Jahr tagt ein **Ständiger Ausschuß** aus dem gastgebenden Außenminister und den Botschaftern der Mitgliedstaaten. **Fachministertreffen**, hauptsächlich der Wirtschafts-, Arbeits- und Erziehungsminister, werden vorbereitet durch **Ständige Fachausschüsse** (8) für: Industrie, Bergbau und Energie, Handel und Tourismus, Ernährung, Landwirtschaft und Forsten, Finanzen und Bankwesen, Transport und Kommunikation, Soziale Entwicklung, Kultur und Information, Wissenschaft und Technologie; dazu ein Haushaltsausschuß. Das **Sekretariat** untersteht dem Generalsekretär: *Ajit Singh* (Malaysia).
Entwicklung (ausführlich → WA '97, Sp. 825 ff.): Auf ihrer 4. Gipfelkonferenz vom 27.–28. 1. 1992 in Singapur beschlossen die 6 Mitgliedstaaten die Schaffung einer **Freihandelszone AFTA** (ASEAN Free Trade Area) für alle Industrieerzeugnisse bis zum Jahr 2003, für unverarbeitete Produkte bis

2010 (Einzelheiten → WA'97, Sp. 823 f.). – Die 26. Ministerratstagung 7/1993 bestätigte das 1971 in Kuala Lumpur (Malaysia) verabschiedete Konzept einer südostasiatischen Zone des Friedens, der Freiheit und Neutralität (Zone of Peace, Freedom and Neutrality/**ZOPFAN**). Auf der 5. Gipfelkonferenz vom 14.–15. 12. 1995 in Bangkok unterzeichneten die Staatschefs der seit dem Beitritt Vietnams 7 Mitgliedstaaten sowie als Konferenzbeobachter Kambodscha, Laos und Myanmar den Vertrag über die **Südostasiatische atomwaffenfreie Zone** (Southeast Asia Nuclear Weapon Free Zone/ **SEANWFZ**). Die Staaten, die selbst nicht über Atomwaffen verfügen, verzichten auf die Anwendung, Herstellung und Lagerung atomarer Waffen jeglicher Art und erklären sich bereit, bei der friedlichen Nutzung der Kernenergie strikte Auflagen zu beachten. Das Befahren der Gewässer in Südostasien durch Kriegsschiffe bleibt erlaubt, ohne daß eine Erklärung verlangt wird, ob die Schiffe Atomwaffen an Bord haben (bisherige atomwaffenfreie Zonen → »Vereinbarungen zur Abrüstung und Rüstungskontrolle«). – Die auf einem informellen Gipfeltreffen in Jakarta vom 30. 11.–1. 12.

Kooperation Asien–Europa

Am 1./2. 3. 1996 fand in Bangkok (Thailand) ein erster informeller **Asien-Europa-Gipfel ASEM** (Asia-Europe Meeting) der 25 Staats- und Regierungschefs der EU und der Region Ost- und Südostasien (ASEAN-Staaten, VR China, Japan und Südkorea) statt. Vereinbart wurden im Rahmen einer »Partnerschaft für stärkeres Wachstum« die Förderung von Handel und Investitionen.
Das 12. **Außenministertreffen ASEAN–EU** in Singapur vom 13.–14. 2. 1997 stand im Zeichen von Meinungsverschiedenheiten in Menschenrechtsfragen. Die überfällige Neuverhandlung des ASEAN-EU-Kooperationsabkommens wird blokkiert durch die Weigerung der EU, Myanmar einzubeziehen. Portugal verweigert seine Zustimmung, solange Indonesien seine Politik hinsichtlich Osttimors nicht grundlegend ändere. – Am 15. 2. wurde der Teilnehmerkreis um die Außenminister Chinas, Japans und Südkoreas zum **ASEM** erweitert und in diesem Rahmen als akademische Plattform die Asien-Europa-Stiftung (ASEF) mit Sitz in Singapur gegründet.
Zum Abschluß einer dreitägigen Konferenz in Jakarta, einem **Folgetreffen des ASEM** von 1996, sprachen sich am 10. 7. 1997 rd. 400 Firmenvertreter aus 25 asiatischen und europäischen Staaten für verstärkte, gegenseitige Investitionen aus. Die angestrebte asiatisch-europäische Allianz soll besonders kleinen und mittelständischen Betrieben helfen, in der jeweils anderen Region Fuß zu fassen. Die europäischen wie die asiatischen Teilnehmer möchten ASEM zu einer konstruktiven Parallelorganisation zu dem 1989 gegründeten Forum der Asiatisch-Pazifischen Wirtschaftlichen Zusammenarbeit (APEC; → WA '97, Sp. 821 ff.) ausbauen.
Zu den bisher **vereinbarten Aktivitäten** gehören u. a. regelmäßige Konferenzen der Außen-, Wirtschafts- und Finanzminister sowie der Regierungschefs (die Wirtschaftsminister treffen sich am 27.–29. 9. 1997 in Japan, die Finanzminister am 19. 9. 1997 in Bangkok), die Erarbeitung eines Asien-Europa-Investitionsförderungsabkommens (IPAP), der Aufbau eines Programms zur Handelsliberalisierung (TFAP), die Errichtung eines Asien-Europa-Zentrums für Umwelttechnologie in Thailand, die Institutionalisierung jährlicher Treffen junger Führungspersönlichkeiten aus den Bereichen Politik, Wirtschaft, Wissenschaft und Kunst (ein erstes Treffen fand 10.–14. 3. 1997 in Japan statt), regelmäßige Treffen der Privatwirtschaft im Rahmen des Asien-Europa-Business Forum (AEBF) und der Asien-Europa-Business Conference (AEBC) sowie die Zusammenarbeit der Zollbehörden zur Bekämpfung des Drogenhandels und -schmuggels.

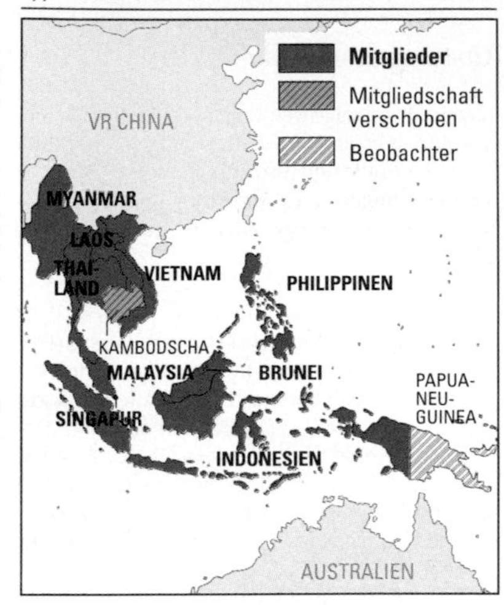

Die 9 Mitgliedstaaten der ASEAN

1996 verkündete Absicht, Myanmar gemeinsam mit Laos und Kambodscha 1997 als Vollmitglieder aufzunehmen, löste bei der Europäischen Union (EU) und den USA, die eine Demokratisierung und die Wahrung der Menschenrechte in Myanmar fordern, heftige Kritik aus. Dessenungeachtet beschlossen die ASEAN-Außenminister am 31. 5. 1997 in Kuala Lumpur einstimmig die **Aufnahme von Myanmar, Laos und Kambodscha** als Vollmitglieder in den Staatenbund Ende Juli 1997 anläßlich des 30jährigen Bestehens der ASEAN. Nach der Machtübernahme durch *Hun Sen* in Kambodscha am 8. 7. (→ Kambodscha im Staatenteil) beschlossen die ASEAN-Außenminister auf einer Dringlichkeitssitzung in Kuala Lumpur am 10. 7., die Mitgliedschaft Kambodschas auf ein »späteres Datum« zu vertagen.

CD Genfer Abrüstungskonferenz

Conference on Disarmament

Sitz (Sekretariat): UN, Palais des Nations, CH–1211 Genf 10; Tel.: (0041) 22–9172180, Fax: -9170034

Gründung: Die 4 Großmächte Frankreich, Großbritannien, UdSSR und USA beschlossen am 7. 9. 1959 den Zehn-Mächte-Abrüstungsausschuß außerhalb des UN-Systems; er trat nach Billigung durch die → UN am 15. 3. 1960 zusammen. 1961 einigten sich die UdSSR und die USA auf eine Erweiterung zum 18-Mächte-Abrüstungsausschuß (Eighteen Nations Disarmament Committee/ ENDC), der 1969 auf 30 Mitgliedstaaten erweitert und in Conference of the Committee on Disarmament (CCD) umbenannt wurde. 1978 löste sich die CCD auf und konstituierte sich als Committee on Disarmanent (CD) neu; seit 1984 nennt sie sich Conference on Disarmament (CD), in der seitdem auch Frankreich und die VR China mitarbeiten. 1996 wurde der Teilnehmerkreis von 38 auf 61 Staaten erweitert, darunter befinden sich 29 Entwicklungsländer. – Die CD ist zwar eine Organisation außerhalb des UN-Systems, wird jedoch durch die UN finanziert und ist mit ihr personell über den CD-Generalsekretär, der Beigeordneter Generalsekretär der UN ist, verknüpft.

Ziele: Allgemeine und vollständige Abrüstung sowie Teilabrüstungen nach Waffenarten (z. B. Chemische Waffen; → OVCW) oder nach Gebieten (z. B. Antarktis, Weltraum).

Mitglieder (1997): 61 Staaten, darunter die 5 Atomwaffenstaaten China, Frankreich, Großbritannien, Rußland und USA.

Organe: Die **Abrüstungskonferenz** (CD) tritt jährlich zu einer rd. sechsmonatigen öffentlichen Sitzungsperiode in Genf zusammen; Beschlüsse bedürfen der Einstimmigkeit. Die CD erstattet jährlich einen Bericht an die UN-Generalversammlung. Daneben wird auch in nicht-öffentlichen **Ad-hoc-Gremien** gearbeitet. Der **Generalsekretär** wird vom UN-Generalsekretär nach Konsultierung der CD ernannt.

Sprachen: Arabisch, Chinesisch, Englisch, Französisch, Russisch und Spanisch.

Aktivitäten: Die CD und ihre Vorgängergremien hatten entscheidenden Anteil an der Vorbereitung und dem Zustandekommen mehrerer Rüstungskontroll-Verträge: Atomteststoppabkommen 1963; Weltraumvertrag 1967; Nichtverbreitungsvertrag 1968; Meeresbodenvertrag 1971; B-Waffen-Konvention 1972; Vertrag über unterirdische Kernwaffenexplosionen 1974; Vertrag über Verbot von Umweltkriegen 1977; Konvention über Verbot besonders inhumaner Waffen 1981; Konvention über Verbot chemischer Waffen 1993 (→ OVCW); Vertrag über ein umfassendes Verbot von Atomwaffenversuchen 1996 (Einzelheiten → »Vereinbarungen zur Abrüstung und Rüstungskontrolle«).

Ungelöste Probleme, über die weiter verhandelt wird, sind u. a.: ein vollständiges Verbot von Anti-Personen-Minen, ein Produktionsstopp für kernwaffenfähiges Material, das Verbot radiologischer Waffen (= Waffen, deren Wirkung überwiegend auf Strahlung beruht, die nicht aus Kernspaltung oder -verschmelzung herrührt) sowie die Rüstungskontrolle im Weltraum.

Vereinbarungen zur Abrüstung und Rüstungskontrolle

Bemühungen um Abrüstung und Rüstungskontrolle wurzeln im neuzeitlichen Völkerrecht und in den Friedensbewegungen des 19. und frühen 20. Jahrhunderts. Abrüstungskampagnen u. a. der Interparlamentarischen Union (IPU) führten zu den **Haager Friedenskonferenzen 1899** und **1907**, die zwar keine konkreten Abrüstungsmaßnahmen, aber eine Humanisierung des Krieges durch die Haager Landkriegsordnung sowie die Errichtung des Haager Schiedsgerichtshofes zur Beilegung internationaler Streitigkeiten beschlossen. Es folgten u. a.:

- **Washingtoner Konferenz über Rüstungsbegrenzungen 1921/22** über die Begrenzung der Seerüstungen zwischen den Großmächten USA, Frankreich, Großbritannien, Italien und Japan;
- **Genfer Protokoll 1925** über das Einsatzverbot von erstickenden, giftigen oder ähnlichen Gasen sowie von bakteriologischen Mitteln im Krieg;
- **Londoner Flottenkonferenz 1930** mit der Verpflichtung der Unterzeichner, ihre Schiffstonnage während 5 Jahren nicht zu erhöhen, dazu der Beschränkung der U-Boot-Waffe und Vereinbarung der Parität der britischen, amerikanischen und japanischen Flotte;
- **Weltabrüstungskonferenz 1932–1934**, nach dem Auszug des Deutschen Reichs 1933 bedeutungslos und 1936 aufgelöst;
- **deutsch-britischer Flottenvertrag 1935**, legte das Verhältnis der deutschen zur britischen Flotte auf 35 zu 100 fest, noch vor Beginn des Zweiten Weltkriegs gekündigt;
- **Zweite Londoner Flottenkonferenz 1936**, vereinbarte unter Hinzuziehung der UdSSR, jedoch ohne Japan und Italien, eine qualitative Beschränkung der Flottenrüstung .

Nach dem Zweiten Weltkrieg erhielt die Abrüstungsdiskussion durch die Atomwaffen eine neue Dimension. Die 1945 unterzeichnete Charta der Vereinten Nationen (→ UN) betont die Notwendigkeit von Abrüstung und Rüstungskontrolle. Die 1946 im Rahmen des UN-Sicherheitsrats eingerichteten Ausschüsse für nukleare bzw. konventionelle Rüstungen wurden 1952 von der **UN-Abrüstungskommission** (UN Disarmament Commission/UNDC) abgelöst, die seit 1958 allen UN-Mitgliedern offensteht und als Beratungsorgan der UN-Generalversammlung dient. Der 1959 geschaffene Zehn-Mächte-Abrüstungsausschuß, der nach Hinzuziehung weiterer Mitglieder (darunter 1975–1990 beider deutscher Staaten) heute als **Genfer Abrüstungskonferenz** (→ CD) formell außerhalb des UN-Systems, jedoch unter UN-Schirmherrschaft tagt, ist das einzige weltweite und ständige Gremium für substantielle Verhandlungen über Rüstungskontrolle und Abrüstung.

Verhandlungen über Abrüstung und Rüstungskontrolle wurden bzw. werden **auf folgenden Ebenen** geführt:

I. Weltweit

Im Rahmen der Genfer Abrüstungskonferenz (CD) wird über allgemeine und vollständige Abrüstung sowie über Teilabrüstungen nach Waffenarten wie z. B. Chemiewaffen (→ OVCW) oder auch nach Gebieten wie Antarktis, Weltraum oder Meeresboden verhandelt. Verträge, an deren Vorbereitung und Zustandekommen die CD und ihre Vorgängergremien einen entscheidenden Anteil hatten, sind:

- Der am 5. 8. 1963 unterzeichnete und noch 1963 (für die BR Deutschland 1964) in Kraft getretene sog. Moskauer Vertrag über einen **teilweisen Atomteststopp** (Partial Test Ban Treaty/PTBT), der Atomwaffenversuche in der Atmosphäre, im Weltraum und unter Wasser untersagt.
- Der am 1. 7. 1968 unterzeichnete, 1970 in Kraft getretene Vertrag zur **Nichtweitergabe von Atomwaffen** (Non-Proliferation Treaty/NPT; kurz: Atomwaffensperrvertrag), der die Weitergabe von Atomwaffen und atomwaffenfähigem Material verbietet. Die Atomwaffenstaaten (die vor dem 1. 1. 1967 Atomwaffen hergestellt oder gezündet haben) USA, UdSSR, China, Frankreich und Großbritannien akzeptierten das Recht der Vertragspartner (Nichtatomwaffenstaaten) auf eine friedliche Nutzung der Kernenergie unter Kontrolle der Internationalen Atomernergiebehörde (IAEO; → UN). Der zunächst auf 25 Jahre befristete Vertrag wurde auf der 5. NPT-Überprüfungskonferenz der bis dahin 178 Unterzeichnerstaaten am 11. 5. 1995 in New York per Akklamation zeitlich unbegrenzt und ohne Bedingungen verlängert. Ermöglicht wurde dieser Schritt durch die Bereitschaft der 5 Atomwaffenstaaten, 1996 einen umfassenden Teststoppvertrag zu schließen (→ unten).
- **Meeresbodenvertrag** vom 11. 2. 1971, der die Anbringung von Atom- und anderen Massenvernichtungswaffen außerhalb der jeweiligen 12-sm-Hoheitszone auf dem Meeresboden untersagt.
- Konvention vom 10. 4. 1972 über das **Verbot biologischer und toxischer Waffen** (bisher über 130 Unterzeichner; für die BR Deutschland seit 1983 in Kraft). Ergänzungsabkommen 1986 (Datenaustausch, Informationspflicht bei ungewöhnlichen oder bislang unbekannten Epidemien).

▶ Vertrag vom 18. 5. 1977 über das **Verbot von Umweltkriegen**, der die Entwicklung und den Einsatz umweltverändernder Kriegsmittel wie z. B. das Auslösen künstlicher Erdbeben, Flutwellen oder Wirbelstürme untersagt.

▶ Vertrag über ein **umfassendes Verbot von Atomwaffenversuchen** (Comprehensive Test Ban Treaty/CTBT), der am 10. 9. 1996 auf einer Sondersitzung der UN-Generalversammlung mit 158 gegen 3 Stimmen (Indien, Libyen und Bhutan) und 5 Enthaltungen (Kuba, Libanon, Mauritius, Syrien und Tansania) gebilligt wurde, nachdem er nach jahrelangen Verhandlungen bei der CD (die einstimmige Beschlüsse fassen muß), am Widerstand Indiens gescheitert war, das einen verbindlichen Zeitplan für die Abrüstung der Atomwaffen der 5 Atommächte fordert. Das Abkommen wurde am 24. 9. 1996 u. a. durch die 5 Atommächte unterzeichnet, am 26. 9. auch durch Israel, das aber dem NPT (→ oben) erst nach einem umfassenden Nahost-Friedensschluß und der Schaffung einer ABC-freien Zone in der Region beitreten will. Der CTBT tritt in Kraft, wenn es alle 44 Staaten der Welt mit »nuklearer Kapazität« (= nukleare Forschungsreaktoren militärischer oder ziviler Art) ratifiziert haben. Falls die Staaten, die derzeit den Vertrag ablehnen (darunter Indien und als weiteres Atomschwellenland Pakistan, das die Ratifizierung des Vertrags von der Haltung Indiens abhängig macht), dazu nicht innerhalb von 3 Jahren bereit sind, sollen die Bestimmungen so geändert werden, daß sie für die Unterzeichner bindende Wirkung haben. Indien hatte vergeblich gefordert, von der Liste der 44 Staaten mit nuklearer Kapazität gestrichen zu werden, und angeboten, das Vertragswerk stillschweigend zu akzeptieren; dies wurde von den Atommächten abgelehnt.

▶ Konvention über ein weltweites **Verbot chemischer Waffen** (29. 4. 1997 in Kraft), der erste internationale Abrüstungsvertrag, der eine ganze Gattung von Massenvernichtungswaffen verbietet (→ OVCW).

Erfolglos sind immer noch die Bemühungen um ein weltweites Verbot aller Arten von **Anti-Personen-Minen**, auch Landminen genannt. Die UN-Konvention vom 10. 10. 1980 über die Einschränkung der Anwendung besonders **inhumaner konventioneller Waffen** (Konvention über die Einschränkung der Anwendung gewisser konventioneller Waffen, die übermäßige Leiden verursachen oder unterschiedslos wirken können) verbietet den Einsatz bestimmter Splitter- und Brandwaffen sowie von Anti-Personen-Minen und heimtückischen Fallen (z. B. Sprengsätze in Gebrauchsgegenständen, Nahrungsmitteln und

Spielzeugen) gegen die Zivilbevölkerung, während im militärischen Bereich Einsatzbeschränkungen gelten; so müssen die Orte, an denen solche Objekte plaziert werden, registriert werden, damit sie nach Beendigung der Feindseligkeiten gefahrlos entfernt werden können – was in der Praxis kaum geschieht. Auf den ersten beiden **Überprüfungskonferenzen** zur UN-Waffenkonvention in Wien (25. 9.–13. 10. 1995) und Genf (14.–19. 1. 1996) konnten sich die Vertragsstaaten nicht auf eine Verschärfung des Protokolls II (Protokoll über das Verbot oder die Beschränkung des Einsatzes von Minen, Sprengfallen und anderen Vorrichtungen), das den Einsatz von Anti-Personen-Minen beschränkt, einigen. Das Ziel, einem vollständigen Verbot dieser Minen durch eine schrittweise Verschärfung ihrer Einsatzbedingungen näherzukommen, scheiterte v. a. am Widerstand Chinas und Rußlands, die über große Bestände an Minen verfügen; beide Staaten lehnten selbst begrenzte Forderungen wie die Beschränkung auf detektierbare, d. h. mit Metallteilen versehene Minen, ab. Auf der 3. Überprüfungskonferenz vom 22. 4.–3. 5. 1996 in Genf einigten sich die 57 Vertragsstaaten auf eine Verschärfung des Protokolls II: Plastikminen sollen künftig einen 8 Gramm schweren Metallkern enthalten, um bei Räumaktionen geortet werden zu können; die Übergangsfrist bis zum endgültigen Verbot dieser Waffen beträgt 9 Jahre. Streuminen, die z. B. von Hubschraubern oder mit Raketen verlegt werden und schwer zu orten sind, müssen sich künftig durch einen Selbstzerstörungsmechanismus mit einem Zuverlässigkeitsgrad von 99,9 % nach 120 Tagen selbst entschärfen können. Das Protokoll tritt nach Ratifizierung durch 20 Staaten in Kraft; dann erst beginnt auch die vereinbarte Übergangsfrist. Die nächste Überprüfung steht im Jahr 2001 an. UN-Generalsekretär *Boutros Boutros-Ghali* und das Internationale Komitee vom Roten Kreuz (IKRK) äußerten tiefe Enttäuschung. Zahlreiche internationale Nichregierungsorganisationen kritisierten die in Genf getroffenen Vereinbarungen als wenig nützlich; da keine Finanzmittel für die Minenräumung bereitgestellt werden. Die gegenwärtigen personellen und materiellen Ressourcen reichten nicht aus, um in absehbarer Zeit eine weiträumige Entminung zu bewerkstelligen. Nach Angaben der UN, des IKRK und privater Hilfsorganisationen sind derzeit ca. 119 Mio. Landminen in 73 Staaten verlegt (→ Farbkarte XII); sie töten oder verstümmeln jährlich etwa 25 000 Menschen, meist Zivilisten; jedes dritte Opfer ist ein Kind. Humanitäre Organisationen beseitigen pro Jahr etwa 100 000 Minen; im gleichen Zeitraum werden nach IKRK-Angaben rund 2 Mio. Minen neu verlegt.

Für ein vollständiges Verbot der Herstellung, des Transfers, der Lagerung und des Einsatzes von Anti-Personen-Minen setzten sich – außerhalb der CD – auf einer **internationalen Konferenz** vom 24.–27. 6. 1997 in Brüssel die Vertreter von 95 der rund 130 teilnehmenden Staaten ein. Von den EU-Staaten sprachen sich nur Finnland (es verweist auf seine lange Grenze zu Rußland) und Griechenland (Konflikt mit der Türkei in der Ägäis) gegen ein völliges Verbot dieser Minen aus. Die USA nahmen als Beobachter teil (sie wollen nur in der CD verhandeln), Rußland und China waren nicht vertreten. Bis Ende August 1997 schlossen sich mehr als 100 Staaten der »Brüsseler Erklärung« an; sie wollen sich im September in Oslo auf ein Verbotsabkommen einigen. Auf Einladung Kanadas soll dann auf einer Konferenz in Ottawa vom 2.–4. 12. 1997 ein Abkommen unterzeichnet werden. Unter internationalem und innenpolitischem Druck stimmte US-Präsident *Bill Clinton* am 19. 8. 1997 einer Teilnahme an den Gesprächen in Oslo unter der Bedingung zu, daß die USA an der Demarkationslinie zwischen Süd- und Nordkorea weiterhin solche Minen einsetzen dürfen.

II. Europa

Die **konventionelle Abrüstung** – in der KSZE-Schlußakte von Helsinki (1975) noch marginal und bislang in einem gesonderten Verhandlungsforum behandelt – wurde durch die Verhandlungen über konventionelle Streitkräfte in Europa (**VKSE**) zum Bestandteil der → OSZE. Mit der Konferenz über vertrauensbildende Maßnahmen und Abrüstung in Europa (**KVAE**) in Stockholm (1984–86) und Wien (seit 1989; nunmehr unter der Bezeichnung Verhandlungen über vertrauens- und sicherheitsbildende Maßnahmen **VVSBM**) sowie der **VKSE** in Wien (seit 1989) entwickelte sich dieser Bereich zu einem Hauptstrang des KSZE-Prozesses mit einer Tendenz zur Verselbständigung. Im VVSB-Rahmen wurde am 4. 3. 1992 mit dem **Wiener Dokument '92** ein Maßnahmenpaket zur Verhinderung militärischer Spannungen (u. a. durch gegenseitige Inspektionen und Manöverbesuche, Austausch von Informationen über Streitkräfte) unterzeichnet. Mit dem am 19. 11. 1990 auf dem KSZE-Gipfel in Paris unterzeichneten, am 9. 11. 1992 in Kraft getretenen **Vertrag über konventionelle Streitkräfte in Europa** (**KSE-I-Vertrag**) wurden erstmals drastische Reduzierungen bei den konventionellen Waffen (Panzer, Artillerie, Kampfflugzeuge) zwischen Atlantik und Ural festgelegt. Eine Zusatzvereinbarung (**KSE Ia**) vom 10. 7. 1992 legte für die Vertragspartner die Personalstärke ihrer Streitkräfte fest. Atomwaffen, Seestreitkräfte und Chemische Waffen waren kein Gegenstand der VKSE,

dem Nachfolgeforum der ergebnislosen Verhandlungen über beiderseitige ausgewogene Truppenreduzierungen in Europa (MBFR) 1973–1989. Am 16. 11. 1993 wurde die erste Reduzierungsphase des KSE-Vertrags beendet: Insgesamt wurden 17 200 schwere Waffen unter internationaler Kontrolle zerstört oder für zivile Zwecke umgebaut, davon 11 500 durch die früheren Staaten des Warschauer Pakts und 5700 durch die NATO-Staaten.

Auf einer am 1. 6. 1996 beendeten zweiwöchigen Überprüfungskonferenz in Wien wurde der **KSE-Vertrag erstmals modifiziert**. Danach müssen Rußland, das wegen der neuen Sicherheitslage nach dem Zerfall der UdSSR (1991) die Heraufsetzung der Obergrenzen für die Stationierung von Streitkräften und schweren Waffen gefordert hatte, und die Ukraine ihre konventionellen Rüstungsgüter in den Flankenregionen erst bis zum 31. 5. 1999 auf die im Vertrag vorgesehenen Obergrenzen reduzieren. Die Übereinkunft muß von den Parlamenten der KSE-Vertragsstaaten ratifiziert werden. – Am 21. 1. 1997 nahmen in Wien Vertreter der 30 KSE-Vertragsstaaten (14 aus NATO-Staaten und 16 des ehem. Warschauer Pakts) die Verhandlungen über eine **Revision des KSE-Vertrags** auf. Im Juli 1997 einigten sich die Teilnehmer auf die Grundelemente eines neuen Abkommens, das den alten Vertrag durch Festsetzung nationaler Obergrenzen ersetzt. Darin bekennen sich die 30 KSE-Staaten u. a. zu dem Ziel einer weiteren Senkung der Obergrenzen für schwere Waffen. Außerdem soll die Blockstruktur des alten Vertrags durch Obergrenzen für bestimmte Waffenkategorien ersetzt werden. Ein endgültiger Vertragsentwurf soll bis Herbst 1998 unterschriftsreif sein.

III. USA–Rußland

Die USA und die UdSSR (seit Ende 1991 Rußland als Rechtsnachfolger) verhandelten in Genf im Rahmen von Plenarsitzungen über Nuklear- und Weltraumwaffen **NST** (Nuclear Strategic Talks) und in einzelnen Verhandlungsgruppen über Strategische nukleare Offensivwaffen **START** (Strategic Arms Reduction Talks), Weltraum- und andere Defensivwaffen **SDI** (Strategic Defense Initiative) sowie über **chemische Waffen**.

▶ Die 1969 aufgenommenen Gespräche USA–UdSSR über die Begrenzung ihrer strategischen Waffen (Strategic Arms Limitation Talks/SALT) fanden abwechselnd in Wien und Helsinki statt. Am 26. 5. 1972 wurde in Moskau der auf 5 Jahre befristete **SALT-I-Vertrag** unterzeichnet, der die Zahl der Abschußvorrichtungen für landgestützte atomare Interkontinentalraketen und ballistische U-Boot-Raketen auf dem damaligen Stand (USA: 1710, UdSSR: 2358) einfror.

▶ Als Teilabkommen von SALT I wurde am 26. 5. 1972 der Vertrag USA–UdSSR über das **Verbot von Anti-Raketen-Systemen** (Anti-Ballistic Missile Systems/ABM) unterzeichnet. Das unbefristete Abkommen, in dem beide Seiten auf diese nichtstrategischen Abwehrsysteme gegen feindliche Interkontinentalraketen verzichten, begrenzt (in seiner durch ein Protokoll vom 3. 7. 1974 geänderten Fassung) die Stationierung solcher Systeme auf je 100, und zwar ausschließlich um die jeweilige Hauptstadt (Washington und Moskau) und jeweils um eine weitere Abschußstellung für Interkontinentalraketen herum. Die USA haben ihr ABM-System bereits wieder abgebaut; inzwischen gibt es neue Abfangwaffen, die eine Anpassung des Vertrags erforderlich machen. Verhandlungen in Genf über ein Zusatzabkommen, das den USA den Aufbau einer defensiven Abwehr gegen Raketen von kürzerer Reichweite erlaubt und dabei den Vertrag von 1972 nicht verletzt, stehen vor dem Abschluß.

▶ Das am 18. 6. 1979 zwischen den USA und der UdSSR unterzeichnete **SALT-II-Abkommen** über eine Begrenzung der Zahl der Trägersysteme für strategische Atomwaffen auf je 2400 Raketen oder Bomber bis 1985, trat förmlich nie in Kraft; dennoch halten sich beide Seiten an die Vereinbarung.

▶ Mit dem am 8. 12. 1987 unterzeichneten und am 1. 6. 1988 in Kraft getretenen **INF-Vertrag** gelang den beiden Staaten erstmals ein Abkommen über die Vernichtung eines Teils der Atomwaffen: Alle landgestützten atomaren Mittelstreckensysteme (Intermediate Range Nuclear Forces/INF) mit Reichweiten von 500 bis 5500 km wurden bis Mai 1991 vernichtet.

▶ In dem am 31. 7. 1991 unterzeichneten Vertrag über die Reduzierung der strategischen Atomwaffensysteme um etwa ein Drittel binnen 7 Jahren (**START-I-Vertrag**) verpflichtete sich die UdSSR, die Anzahl ihrer Atomwaffen mit einer Reichweite über 5500 km von rd. 11 000 auf etwa 7000 Sprengköpfe zu verringern; die USA sollten ihr Arsenal von 12 000 auf 9000 Sprengköpfe abbauen. Durch den Zerfall der UdSSR entstanden jedoch 4 Kernwaffenstaaten: Rußland, die Ukraine, Weißrußland und Kasachstan. Während Weißrußland und Kasachstan einem Abzug der Waffen nach Rußland ohne Bedingungen zustimmten, erklärte die Ukraine die Raketen zu ihrem Eigentum und verlangte von den Atommächten außerdem weitgehende Sicherheitsgarantien, die im Dezember 1994 gewährt wurden. Mit dem Austausch der Ratifikationsurkunden trat der START-I-Vertrag zwischen den USA, Rußland, der Ukraine, Weißrußland und Kasachstan am 5. 12. 1994 in Kraft. Anfang 1995 wurden die gegenseitigen Kontrollmaßnahmen aufgenommen.

▶ Als Fortführung von START-I unterzeichneten die Präsidenten der USA und Rußlands, *George Bush* und *Boris Jelzin*, am 3. 1. 1993 in Moskau den **START-II-Vertrag** über Verringerung der strategischen Atomgefechtsköpfe auf ballistischen Interkontinentalraketen (Intercontinental Ballistic Missiles/ICBM) mit Reichweiten bis über 20 000 km sowie auf see- und luftgestützten ballistischen Raketen von rd. 11 000 auf 3000 (Rußland) bzw. von rd. 10 000 auf 3500 (USA) bis zum 1. 1. 2003. Die in START-I und START-II getroffenen Vereinbarungen bedeuten den Abbau der strategischen Atomwaffen um rd. 2/3; die landgestützten Interkontinentalraketen (ICBM) mit Mehrfachsprengköpfen werden vollständig beseitigt (gelten als Erstschlagwaffen und somit als besonders destabilisierend). Die auf dem Territorium Kasachstans, der Ukraine und Weißrußlands stationierten Atomwaffen sind nicht Bestandteil des START-II-Vertrags; sie sollen nach den Bestimmungen des START-I-Vertrags entweder vernichtet oder an Rußland übergeben werden. Die USA ratifizierten den START-II-Vertrag am 26. 1. 1996; die Ratifizierung durch Rußland steht noch aus. Dessenungeachtet erklärten die Präsidenten der USA und Rußlands, *Bill Clinton* und *Boris Jelzin*, bei ihrem Gipfeltreffen in Helsinki am 20./21. 3. 1997 ihre Bereitschaft, Verhandlungen über einen **START-III-Vertrag** mit weiteren Reduzierungen der strategischen atomaren Gefechtsköpfe und – als wesentliche Neuerung – auch Vereinbarungen über die Vernichtung von Sprengköpfen mit ihren großen technischen und politischen Problemen, aufzunehmen. Die Präsidenten kamen ferner überein, den äußersten Termin für die Vernichtung der strategischen Atomwaffenträger gemäß START-II-Vertrag bis zum 31. 12. 2007 zu verlängern.

IV. Kernwaffenfreie Zonen

Erstes derartiges Abkommen war der am 1. 12. 1959 unterzeichnete und am 23. 6. 1961 in Kraft getretene **Antarktisvertrag**, der Atomexplosionen, Ablagerung radioaktiver Abfälle sowie alle militärischen Maßnahmen südlich des 60. Breitengrades verbietet. Es folgte der am 14. 2. 1967 unterzeichnete und am 25. 4. 1969 in Kraft getretene Vertrag von Tlatelolco über das **Verbot von Atomwaffen in Lateinamerika,** der Besitz, Einsatz und Tests von Atomwaffen untersagt (→ OPANAL) und Vorbild für die Schaffung atomwaffenfreier Zonen im **Südpazifik** (→ WA'97, Sp. 867 f), in **Südostasien** (→ ASEAN) und in **Afrika** (→ WA'97, Sp. 850) war.

EFTA Europäische Freihandelsassoziation

European Free Trade Association

Hauptsitz: 9–11 rue de Varembé, CH–1211 Genf 20
Tel.: (0041) 22–7491111, Fax: -7339291
Büro Brüssel: 74 rue de Trèves, B–1040 Büssel
Tel.: (0032) 2–2861711, Fax: -2861750

Gründung am 4. 1. 1960 in Stockholm (Schweden); in Kraft am 3. 5. 1960.
Mitglieder (4): Island, Liechtenstein (seit 1991), Norwegen und die Schweiz. Ausgetretene (der EU beigetretene) Mitglieder: Dänemark (1960–1972), Großbritannien (1960–1972), Portugal (1960–1986), Österreich (1960–1994), Schweden (1960–1994), Finnland (1986–1994).
Ziele: Wirtschaftswachstum, Vollbeschäftigung, Erhöhung des Lebensstandards u. a. durch Beseitigung von Handelsbarrieren unter den Mitgliedstaaten bei nicht-agrarischen Gütern. Seit 1994 verstärkte Weiterentwicklung von Drittstaatbeziehungen (Freihandelsabkommen mit den Staaten Mittelosteuropas; → unten).
Organe: Leitungsgremium ist der **Rat**, in dem alle Mitgliedstaaten gleichberechtigt mit einer Stimme vertreten sind; Beschlüsse bedürfen der Einstimmigkeit. Der Rat tagt zweimal im Monat auf Ebene der Ständigen Delegierten, auf Ministerebene halbjährlich, und wird durch zahlreiche Ausschüsse und Expertengruppen unterstützt. Der **Gerichtshof** (* 1994; seit 1996 in Luxemburg) ist für Streitfragen bei der Anwendung des EWR-Abkommens (→ Kasten) zuständig und besteht aus je einem Richter aus den 3 Mitgliedstaaten Island, Liechtenstein und Schweiz und dem Präsidenten *Björn Haug* aus Norwegen. Das **Sekretariat** mit Generalsekretär *Kjartan Jóhannsson* (Island) beschäftigt am Hauptsitz in Genf (v. a. mit Administration und Betreuung der EFTA-Freihandelsabkommen mit Drittstaaten befaßt) sowie in den Zweigstellen in Brüssel (EFTA-Antenne zur EU, die auch EFTA-intern die anfallenden EWR-Themen behandelt) und Luxemburg (zur Koordination in statistischen Fragen) 58 reguläre Mitarbeiter sowie zusätzlich Teilzeitkräfte.
Haushalt des Sekretariats für 1997: 18,13 Mio. sfr: Island 4,28 %, Liechtenstein 1,23 %, Norwegen 44,10 %, Schweiz 50,39 %.
Entwicklung: Zollfreiheit für Industrieerzeugnisse und Fischereiprodukte seit 1967 bei Gütern, die zu über 50 % im EG-EFTA-Raum hergestellt werden. **Keine gemeinsame Agrarpolitik**; nur bilaterale Abkommen der Mitgliedstaaten für Agrar- und Fischereiprodukte. Im Handel mit der

EG fielen 1984 die Zollbarrieren für industrielle Güter. Die wirtschaftliche **Zusammenarbeit mit der EU** erstreckt sich heute v. a. auf den am 1. 1. 1994 in Kraft getretenen **EWR** (→ unten). Der Zusammenhalt des inzwischen sehr heterogen gewordenen Zweckverbundes der EFTA ist jedoch belastet, weil sich die Schweiz nicht am EWR beteiligt.
Drittstaatenabkommen: Asymmetrische **Freihandelsverträge** sind z. Z. in Kraft mit den 10 mittelosteuropäischen Staaten Slowakei (1992), Tschechische Rep. (1992), Bulgarien (1993), Polen (1993), Rumänien (1993), Ungarn (1993), Slowenien (1995), Estland (1996), Lettland (1996) und Litauen (1997); **Kooperationsvereinbarungen** mit Albanien (1992) und Mazedonien (1996) sowie mit Ägypten (1995), Marokko (1995), Tunesien (1995) und der Paläst. Autonomiebehörde (1996). Freihandelsabkommen wurden ferner mit der Türkei (1992) und mit Israel (1993) unterzeichnet.

Europäischer Wirtschaftsraum (EWR)

Der EWR trat am 1. 1. 1994 in Kraft. Mitglieder sind die 15 EU-Mitgliedstaaten sowie die EFTA-Staaten Island, Liechtenstein und Norwegen. Die Schweiz hat sich 1992 in einer Volksabstimmung gegen die Teilnahme am EWR entschieden. Grundsätzlich übernahmen die EFTA-Staaten die für den Europäischen Binnenmarkt geltenden Regeln für den freien Verkehr von Waren, Personen, Dienstleistungen und Kapital (»vier Freiheiten«) sowie die Grundzüge des EU-Wettbewerbsrechts. Spezielle Ausnahmeregeln beschränken sich auf sehr wenige Sektoren. Anders als EU-Vollmitglieder erhalten die EFTA-Staaten keine Entscheidungsgewalt, sondern nur gewisse Mitsprache- und Anhörungsrechte. Technische Handelsbarrieren (unterschiedliche Maße/Normen) werden im Gleichschritt mit der EG abgeschafft. Die gemeinsame Agrarpolitik der EU wird nicht auf die Freihandelszone ausgedehnt, doch wird der Handel mit landwirtschaftlichen sowie Fischereiprodukten durch bilaterale Abkommen wesentlich erleichtert. Die Zusammenarbeit erstreckt sich auch auf den Verbraucherschutz, die Umwelt- und Sozialpolitik und schließt die Abstimmung im Finanz- und Währungsbereich ein. Zur Durchsetzung des EWR haben sich die EFTA-Staaten zusätzliche **Institutionen** geschaffen: EWR-Rat, Ständiger Ausschuß, Gemeinsamer EWR-Ausschuß, EFTA-Überwachungsbehörde und EFTA-Gerichtshof.

Europarat

Council of Europe (CE) – Conseil de l'Europe (CE)

Sitz (Sekretariat): Palais de l'Europe,
F-67006 Straßburg
Tel.: (0033) 88412000, Fax: -88412781

Gründung: Das Statut wurde am 5. 5. 1949 in London durch 10 Staaten (→ Mitglieder) unterzeichnet und trat am 3. 8. 1949 in Kraft.

Ziele: Engerer Zusammenschluß zwischen den Mitgliedstaaten, um ihr gemeinsames Erbe zu bewahren und wirtschaftlichen und sozialen Fortschritt zu fördern; Schutz der Menschenrechte und der pluralistischen Demokratie; Lösungen für die großen gesellschaftlichen Probleme (u. a. Minderheiten, Fremdenhaß, Intoleranz, Umweltverschmutzung, Drogen, Krankheiten); enge politische Partnerschaft mit den neuen Demokratien Europas und Hilfeleistung bei ihren politischen, gesetzgeberischen und verfassungsrechtlichen Reformen.

Mitglieder (40 europäische Staaten mit zusammen rd. 750 Mio. Einw.; *= Gründungsmitglieder): Albanien (seit 1995), Andorra (seit 1994), Belgien*, Bulgarien (1992), Dänemark*, Deutschland (seit 1951), Estland (seit 1993), Finnland (seit 1989), Frankreich*, Griechenland (seit 1949, 1967–74 suspendiert), Großbritannien*, Irland*, Island (seit 1959), Italien*, Kroatien (seit 6. 11. 1996), Lettland (seit 1995), Liechtenstein (seit 1978), Litauen (seit 1993), Luxemburg*, Malta (seit 1965), Mazedonien (seit 1995), Moldau (seit 1995), Niederlande*, Norwegen*, Österreich (seit 1956), Polen (seit 1991), Portugal (seit 1976), Rumänien (seit 1993), Rußland (seit 28. 2. 1996), San Marino (seit 1988), Schweden*, Schweiz (seit 1963), Slowakei (seit 1993), Slowenien (seit 1993), Spanien (seit 1977), Tschechien (seit 1993), Türkei (seit 1949), Ukraine (seit 1995), Ungarn (seit 1990) und Zypern (seit 1961). – **Gaststatus** haben Armenien, Bosnien-Herzegowina und Weißrußland (seit 14. 1. 1997 suspendiert); **Beobachterstatus** haben Japan, Kanada und die USA.

Organe: Das **Ministerkommitee** der 40 Außenminister oder deren Ständige Vertreter (Botschafter) der Mitgliedstaaten tagt halbjährlich nichtöffentlich in Straßburg und legt die Richtlinien fest. Die **Parlamentarische Versammlung** aus 266 delegierten Abgeordneten der 40 Mitgliedstaaten (2–18 Abgeordnete je Mitglied) sowie Delegationen von »Sondergästen« aus den mittel- und osteuropäischen Staaten tagt dreimal jährlich und hat beratende Funktionen (wichtiger Impulsgeber); Präsidentin (1/1996 für 3 Jahre gewählt) ist *Helene Fischer* (Deutschland). **Generalsekretär** des Europarats ist *Daniel Tarschys* (Schweden), das Sekretariat beschäftigt rd. 1200 Beamte. Beratungsorgan des Europarats ist der 1994 gegründete **Kongreß der Gemeinden und Regionen Europas** (KGRE; engl. Abk.: CLRAE, französ.: CPLRE) mit Sitz in Straßburg; er besteht aus rd. 280 Delegierten (gewählten Volksvertretern) in 2 Kammern: Regionen und Gemeinden.

Als **zwischenstaatliche Gerichtsbarkeit** fungieren:

▶ **Europäische Menschenrechtskommission**: *1953 gemäß der am 4. 11. 1950 unterzeichneten Europäischen Konvention zum Schutz der Menschenrechte und Grundfreiheiten (kurz: Europäische Menschenrechtskonvention EMRK; → unten); Konstituierung am 5. 7. 1955, als erste Instanz, die über Beschwerden wegen Verletzung der Menschenrechte und Grundfreiheiten verbindlich und ohne den Zwang der Einstimmigkeit entscheidet.

▶ **Europäischer Gerichtshof für Menschenrechte** (EGMR): *1959; Konstituierung am 21. 1. 1959. Seine Zuständigkeit erstreckt sich auf Fälle im Zusammenhang mit der Anwendung der EMRK und nur auf Staaten, die die Konvention ratifiziert haben. Ihm werden nur Fälle vorgelegt, die zuvor als Staaten- oder Individualbeschwerde bei der Europäischen Menschenrechtskommission eingebracht wurden. Die Urteile des EGMR haben völkerrechtliche Wirkung, d. h., sie verpflichten den belangten Staat, bei festgestellten Konventionsverletzungen Abhilfe zu schaffen; das kann u. a. durch Zahlung einer vom Gericht festzusetzenden Entschädigung erfolgen. Individuelle Beschwerdeführer können den EGMR seit 1990 direkt befassen. – Vorgesehen ist ein neuer einheitlicher Gerichtshof, der den Zugang zum Gericht erleichtern, die Dauer der Verfahren verkürzen und die Effizienz verbessern soll.

Bisher entstanden im Europarat rd. **150 Konventionen und Vertragswerke** über Menschenrechte, Umweltschutz, Datenschutz, ausländische Arbeitnehmer, Bildungsabschlüsse, sprachliche und ethnische Minderheiten, Raumordnung und Medienpolitik. Die bekannteste ist die **Europäische Menschenrechtskonvention** (EMRK) vom 4. 11. 1950 (seit 3. 9. 1953 in Kraft). Ihre Unterzeichnung ist Vorbedingung für die Mitgliedschaft im Europarat. 35 seiner 40 Mitglieder haben die Konvention ratifiziert (zuletzt Ende Juni 1997 Lettland), nicht alle Vertragsstaaten haben sich aber der obligatorischen Gerichtsbarkeit unterworfen. Die wichtigsten der durch sie garantierten Rechte sind u. a.: das Recht des Menschen auf das Leben; das Verbot von Folter, Sklaverei und Zwangsarbeit; das Recht auf Freiheit und Sicherheit; Rechte des Angeklagten; Achtung des Privat- und Familienlebens, der Wohnung und des Briefverkehrs; Gedanken-, Gewissens- und Religionsfreiheit; freie Meinungsäußerung, Versammlungs- und Vereinigungsfreiheit; Recht auf Eheschließung und Familiengründung, auf Eigentum und Bildung, auf Abhaltung freier und geheimer Wahlen und auf Freizügigkeit (einschl. des Rechts, das eigene Land zu verlassen); Verbot der Ausweisung eigener Staatsangehöriger (Recht auf Heimat) und der Kollektivausweisung von Ausländern. Die in der Konvention festgeschriebenen Rechte und Freiheiten müssen »ohne Unterschied des Geschlechts, der Rasse und Hautfarbe, der Sprache und Religion« gewährleistet werden. Die EMRK wurde durch Zusatzprotokolle erweitert, u. a. durch das 6. Zusatzprotokoll von 1983 über die Abschaffung der Todesstrafe. Auf Grundlage eines 9. Zusatzprotokolls können sich individuelle Beschwerdeführer seit 1990 direkt an den EGMR wenden, ein 11. Zusatzprotokoll von 1994 (noch nicht in Kraft) sieht die Schaffung eines einheitlichen Gerichtshofs vor (→ oben).

Weitere Konventionen sind die Europäische Kulturkonvention (von 1954/1955 in Kraft), die Europäische Sozialcharta mit Mindestnormen für wirtschaftliche und soziale Rechte (1961/1965), die Europäische Konvention zur Bekämpfung des Terrorismus (1977/1978), das Europäische Datenschutzabkommen (1981), die Konvention gegen Folter und entwürdigende Behandlung (1987/1989; bildet die Grundlage für unangekündigte Kontrollen aller freiheitsberaubenden Einrichtungen in Staaten, die die Konvention ratifiziert haben), die Konvention über grenzüberschreitendes Fernsehen (1989/1993), die Charta zum Schutz der Regional- und Minderheitensprachen (1992) und die Konvention zum Schutz nationaler Minderheiten (1995) sowie die umstrittene **Bioethik**-Konvention, die nach über fünfjährigen Beratungen am 4. 4. 1997 von 33 Mitgliedstaaten (ohne Deutschland) unterzeichnet wurde und erstmals einen völkerrechtlich verbindlichen Verhaltenskodex für den Umgang mit Gentechnik, Embryonenforschung und Organtransplantationen festlegt.

G-7 Gruppe der Sieben Weltwirtschaftsgipfel (WWG)

Gründung: Seit 1975 finden jährliche Konferenzen der Gruppe der 7 wichtigsten Industriestaaten (G-7) Deutschland, Frankreich, Großbritannien, Italien, Japan, Kanada und USA zur Erörterung ak-

tueller Fragen, insbesondere der Weltwirtschaftslage, statt (keine IGO).

Teilnehmer: Die Staats- bzw. Regierungschefs der G-7 und (seit 1977) der Präsident der Europäischen Kommission (→ EU) sowie seit 1994 auch der Präsident Rußlands als gleichberechtigter Partner bei den politischen Beratungen (»P-8«). Die G-7-Gipfel werden durch Treffen der Finanzminister und Zentralbankpräsidenten bei Teilnahme des Exekutivdirektors des Internationalen Währungsfonds (IWF; → UN) sowie durch das ständige Gremium der Deputies (Finanzstaatssekretäre) vorbereitet.

Entwicklung: Bei den bisher 23 Gipfeltreffen wurden globale Wirtschafts- und Währungsfragen, daneben zunehmend auch wirtschaftlich relevante Sonderprobleme (u. a. Energiepolitik, Verschuldung, Arbeitslosigkeit, Umweltschutz, nukleare Sicherheit, Drogen- und Waffenhandel, Wanderungsbewegungen sowie der Transformationsprozeß im früheren Ostblock) behandelt.

Auf dem **Gipfel** der Staats- und Regierungschefs der G-7 und Rußlands vom 20.–22. 6. **1997 in Denver** (Colorado/USA) unter Vorsitz von US-Präsident *Bill Clinton* blieb Rußland lediglich von der traditionellen Bestandsaufnahme über die Weltwirtschaft ausgeschlossen. In der am 21. 6. (ohne Rußland) verabschiedeten **Wirtschaftserklärung** stellen die G-7-Teilnehmer fest, daß sich die Weltwirtschaft mit niedriger Inflation, solidem Wachstum und schrumpfenden Haushaltsdefiziten in guter Verfassung befinde. Die zunehmende Globalisierung der Märkte biete allen Staaten neue Chancen und sei ein wichtiger Motor wirtschaftlichen Wachstums. Sie zwinge aber auch zu Strukturreformen, die entschlossen betrieben werden müßten. Deutschland, Frankreich und Italien sollten »gleichzeitig mit Anstrengungen zur langfristigen Konsolidierung ihrer Haushalte ... die Strukturreformen mit dem Ziel verstärken, der Schaffung von Arbeitsplätzen entgegenstehende Hemmnisse abzubauen«. Die USA und Großbritannien müßten sich vor Inflationsgefahren schützen, während Japan zu hohe Außenwirtschaftsüberschüsse vermeiden sollte. Die bevorstehende Aufnahme Rußlands in den Pariser Club der Gläubigerstaaten sei ein weiterer wichtiger Schritt auf dem Weg, dieses Land mit allen Rechten und Pflichten in das internationale Wirtschafts- und Finanzsystem zu integrieren. In der am 22. 7. mit Rußland verabschiedeten **politischen Erklärung** werden die Konfliktparteien in **Bosnien-Herzegowina** von den Acht (die bis auf Japan an der SFOR beteiligt sind; → Bosnien-Herzegowina im Staatenteil) zur Erfüllung ihrer Verpflichtungen aus dem Dayton-Abkommen aufgefordert; die beiden Verwaltungseinheiten in Bosnien, aber auch Kroatien und Jugoslawien müßten mit dem Internationalen Tribunal für Verbrechen im früheren Jugoslawien in Den Haag (ITCY; → UN) umfassend zusammenarbeiten und angeklagte Kriegsverbrecher dem Tribunal überstellen. Die sich nicht an die Vereinbarungen haltenden Parteien würden von finanziellen Hilfen ausgeschlossen. Der **Ukraine** wird weitere Unterstützung bei der Bewältigung der Tschernobyl-Folgen zugesagt. – Die Teilnehmer sprachen sich ferner für Maßnahmen im **Umwelt- und Klimaschutz** aus, die »bis zum Jahr 2010 zur Verringerung der Treibhausgasemissionen führen«; die USA und Japan wollten sich jedoch nicht auf genaue Reduzierungsdaten festlegen, da sie wirtschaftlich nachteilige Auswirkungen befürchten. Der 24. Weltwirtschaftsgipfel soll vom 15.–17. 5. 1998 in Birmingham (Großbritannien) stattfinden.

NATO Organisation des Nordatlantikvertrags

North Atlantic Treaty Organization – Organisation du Traité de l'Atlantique du Nord (OTAN)

Sitz (Generalsekretariat): B–1110 Brüssel
Tel.: (0032) 2–7074111, Fax: -7074117

Gründung am 4. 4. 1949 in Washington D.C. (USA) zwischen 12 Staaten Westeuropas und Nordamerikas als Sicherheitsbündnis gleichberechtigter, nicht überstimmbarer Staaten; ratifiziert am 24. 8. 1949.
Völkerrechtliche Grundlage ist der Artikel 51 der UN-Charta, die den Vertragsparteien das Recht der individuellen und kollektiven Selbstverteidigung zugesteht. Die NATO ist eine IGO mit Einstimmigkeitsprinzip. Sie unterhält keine eigenen Streitkräfte. Im Frieden unterstehen die Streitkräfte der Mitgliedstaaten größtenteils nationalem Oberbefehl. Die integrierten Stäbe der NATO-Hauptquartiere, die Einheiten der integrierten Luftverteidigung, die Flotte der Frühwarnflugzeuge (AWACS) und die 3 ständigen Einsatzflotten (Atlantik, Mittelmeer und ein Minenabwehrverband) sind auch im Frieden ständig NATO-Befehlshabern unterstellt.
Ziele/NATO-Vertrag: Stärkung der Sicherheit durch Zusammenarbeit auf politischem, wirtschaftlichem und militärischem Gebiet.
In **Artikel 5** vereinbaren die Vertragsparteien, daß ein bewaffneter Angriff gegen eine oder mehrere von ihnen in Europa oder Nordamerika als Angriff gegen alle angesehen wird und daß in diesem Fall

jede von ihnen der(n) angegriffenen Partei(en) **Beistand** leistet, indem jede von ihnen unverzüglich für sich und im Zusammenwirken mit den anderen Parteien die Maßnahmen, **einschl. der Anwendung von Waffengewalt**, trifft, die sie für erforderlich erachtet. Die Beistandspflicht greift gemäß **Artikel 6** bei »jedem bewaffneten Angriff auf das Gebiet eines dieser Staaten in Europa oder Nordamerika, auf das Gebiet der Türkei oder auf die der Gebietshoheit einer der Parteien unterliegenden Inseln im nordatlantischen Gebiet nördlich des Wendekreises des Krebses; auf die Streitkräfte, Schiffe oder Flugzeuge einer der Parteien, wenn sie sich in oder über diesen Gebieten oder irgendeinem anderen europäischen Gebiet, in dem eine der Parteien... eine Besatzung unterhält, oder wenn sie sich im Mittelmeer oder im nordatlantischen Gebiet nördlich des Wendekreises des Krebses befinden«. **Zum Beitritt einladen** können die Mitgliedstaaten laut **Artikel 10** durch einstimmigen Beschluß »jeden anderen europäischen Staat, der in der Lage ist, die Grundsätze dieses Vertrags zu fördern und zur Sicherheit des nordatlantischen Gebiets beizutragen«.
Aufgabe in Friedenszeiten ist die Friedenssicherung durch Ausarbeitung von Verteidigungsplänen, Rüstungszusammenarbeit, Errichtung von Infrastruktur, gemeinsame Übungen. – Seit 1991 verstärkt die NATO ihre politischen Funktionen und hat neue Aufgaben der **Friedenserhaltung und Krisenbewältigung** zur Unterstützung der Vereinten Nationen (→ UN) und der Organisation für Sicherheit und Zusammenarbeit in Europa (→ OSZE), z. B. in Bosnien-Herzegowina, übernommen, um neuen sicherheitspolitischen Herausforderungen in enger Abstimmung mit anderen Staaten und internationalen Organisationen zu begegnen.
Mitglieder (16): Belgien, Dänemark, BR Deutschland (seit 1955), Frankreich, Griechenland (seit 1952; 1974–79 ausgeschieden), Großbritannien, Island, Italien, Kanada, Luxemburg, Niederlande, Norwegen, Portugal, Spanien (seit 1982), Türkei (seit 1952) und die USA. – Frankreich und Spanien sind militärisch nicht integriert, Island besitzt keine Streitkräfte (→ unten).

Organe der NATO

▶ Zivile Organisation:

Nordatlantikrat NAC (North Atlantic Council) als höchstes Konsultations- und Beschlußgremium: Die Staats- und Regierungschefs (»NATO-Gipfel«) oder Außen- bzw. Verteidigungsminister der 16 Mitgliedstaaten treten in der Regel zweimal im Jahr zusammen. Die NATO-Botschafter in Brüssel fungieren als **Ständiger Rat**. Im 1963 geschaffenen

Ausschuß für Verteidigungsplanung DPC (Defence Planning Committee) legen die Verteidigungsminister der militärisch integrierten Mitgliedstaaten die militärpolitische Linie fest. Die 1967 geschaffene **Nukleare Planungsgruppe NPG** (Nuclear Planning Group) beschließt die Einsatzplanung der von den Nuklearmächten zur Verfügung gestellten Systeme. DPC und NPG tagen seit 1993 gemeinsam. Mit Ausnahme Frankreichs sind alle NATO-Staaten beteiligt. Die **Nordatlantische Versammlung** aus 188 Parlamentariern der 16 Mitgliedstaaten tagt halbjährlich und dient der Vorbereitung nationaler Parlamentsentscheidungen. Die Parlamentarier Mittel- und Osteuropas sowie Zentralasiens nehmen an der Versammlung seit 1990 als assoziierte Mitglieder teil, haben aber lediglich ein Rederecht. Das **Generalsekretariat** (= Internationaler Stab) wird von einem Generalsekretär geleitet – seit 12/1995 *Javier Solana Madariaga* (Spanien) – und hat 1260 Mitarbeiter.

Der 1991 geschaffene **Nordatlantische Kooperationsrat NACC** (North Atlantic Cooperation Council) aus zuletzt 43 Staaten – den 16 NATO- und 24 der 27 PfP-Staaten (→ unten; die traditionell neutralen Staaten Finnland, Österreich und Schweden beteiligen sich bei friedenserhaltenden Missionen) – zur Zusammenarbeit mit den Partnerstaaten aus Mittel- und Osteuropa sowie Zentralasien in sicherheitspolitisch relevanten Bereichen wurde am 30. 5. 1997 durch den **Euro-Atlantischen Partnerschaftsrat EAPC** (Euro-Atlantic Partnertship Council) abgelöst (→ unten).

▶ Integrierte Militärstruktur

Militärausschuß MC (Military Committee): Höchstes militärisches Beratungsgremium der Stabschefs der an der integrierten Militärstruktur teilnehmenden Mitgliedstaaten, zugleich vorgesetzte Behörde der Obersten Alliierten Befehlshaber von ACE und ACLANT. Der MC (Vorsitz seit 1. 1. 1996: Gen. *Klaus Dieter Naumann*, Deutschland) tagt mindestens zweimal im Jahr und empfiehlt im Frieden Maßnahmen für die gemeinsame Verteidigung. Wöchentlich treffen sich die von den Stabschefs ernannten ständigen Militärischen Vertreter MILREP (Military Representative) als **Ständiger Militärausschuß MRC** (Military Representative Committee). Ausführendes Organ ist der **Internationale Militärstab IMS** (International Military Staff) mit 380 Mitarbeitern (davon 280 Militärs). – **Frankreich** hatte sich 1966 aus der integrierten militärischen Struktur des Bündnisses zurückgezogen; die Kontakte werden über eine beim MC akkreditierte französische Militärmission abgewickelt. **Island**, das über keine eigenen Streitkräfte verfügt, kann einen zivilen Beamten in den MC

entsenden. **Spanien** beteiligt sich nicht an der integrierten Befehlsstruktur der NATO, ist aber Vollmitglied des Nordatlantikrates, der NPG, des DPC und des MC.

Kommandostruktur: Das Vertragsgebiet ist den beiden Oberkommandos Europa **ACE** (Allied Command Europe) und Atlantik **ACLANT** (Allied Command Atlantic) zugeordnet. Ihre Oberbefehlshaber **SACEUR** (Supreme Allied Commander Europe; seit 11. 7. 1997 General *Wesley K. Clark*, USA, in Personalunion auch Oberkommandierender der US-Streitkräfte in Europa) und **SACLANT** (Supreme Allied Commander Atlantic) bilden die oberste militärische Führung; beide Ämter werden traditionell von US-Offizieren versehen. Für die von ACE und ACLANT nicht erfaßten Staatsgebiete der USA und Kanadas ist die Kanadisch-amerikanische Regionale Arbeitsgruppe **CUSRPG** (Canada-US Regional Planning Group) mit Sitz in Arlington (USA) zuständig.

Entwicklung seit 1991

Um dem nach dem Auseinanderbrechen der UdSSR und der Auflösung des Warschauer Pakts (1991) entstandenen neuen Sicherheitsumfeld in Europa Rechnung zu tragen, änderte die NATO ihre strategische Doktrin, u. a. durch eine Reduzierung der konventionellen und nuklearen Streitkräfte, eine deutliche Einschränkung der Reaktionsfähigkeit, eine Neugliederung der Streitkräfte in Europa in Hauptverteidigungskräfte **MDF** (Main Defense Forces) mit 16 Divisionen, Schnelle Reaktionskräfte **RF** (Reaction Forces) von rd. 100 000 Mann, Verstärkungskräfte **AF** (Augmentation Forces) von außerhalb (USA usw.) und die Errichtung eines **Eurokorps** in Straßburg (mit Einheiten aus Belgien, Deutschland, Spanien und Frankreich; → WEU). Am 3. 6. 1996 beschlossen die Außenminister der 16 NATO-Staaten das Konzept der Combined Joint Task Forces **CJTF**, welches die »europäische Verteidigungsidentität« innerhalb der NATO – für Frankreich die Voraussetzung für die Rückkehr in die integrierte Militärstruktur der Allianz – stärken soll. Die CJTF – Alliierte Streitkräfte-Kommandos aus multinationalen (combined), je nach Aufgabe speziell zusammengesetzten Einheiten (Task Forces) verschiedener, für den gemeinsamen Einsatz koordinierter Waffengattungen (joint) sollen es den europäischen Verbündeten ermöglichen, friedensstiftende und -erhaltende Einsätze ohne die Mitwirkung der USA zu führen und in Konfliktfällen oder bei Friedensoperationen Material und Logistik des Bündnisses allein zu nutzen. An den CJTF können sich auch Truppen der PfP-Teilnehmerstaaten beteiligen. – Auf ihrem **Gipfeltreffen in Madrid** am 8./9. 7. 1997 beschlossen die Staats- und Regierungschefs der 16 NATO-Mitgliedstaaten, Polen, Ungarn und die Tschechische Republik zur Aufnahme von Beitrittsverhandlungen einzuladen (→ unten). Keine Einigung gab es hinsichtlich der Neuordnung und Reduzierung der Kommandostäbe und Hauptquartiere in Europa (derzeit 65 Kommandozentralen); umstritten ist insbesondere das Südkommando in Neapel, für das Frankreich einen europäischen, d. h. einen französischen, die USA aber einen US-Kommandeur fordern. In einer Erklärung zu Bosnien-Herzegowina betonen die Teilnehmer, daß sie eine gewaltsame Lösung der Verfassungskrise in der Serbischen Republik (→ Bosnien-Herzegowina im Staatenteil) nicht hinnehmen wollen.

Friedenssicherung im UN-Rahmen: Der Nordatlantikrat (NAC) erklärte am 17. 12. 1992 seine Bereitschaft, friedenserhaltende Operationen unter der Autorität der UN zu unterstützen. Voraussetzung für Out-of-area-Einsätze sei eine Ermächtigung durch den UN-Sicherheitsrat. Damit widersetzte sich der NAC der Auffassung, der NATO-Vertrag begründe nur die Möglichkeit der Selbstverteidigung des in Artikel 6 definierten Hoheitsgebiets (→ oben). Vielmehr gelte es, Konflikte an

der Peripherie, die potentiell auf die Mitgliedstaaten übergreifen, im Vorfeld einzudämmen: Im **früheren Jugoslawien** beteiligte sich die NATO erstmals an diesen UN-Operationen, seit Februar 1994 auch durch Luftwaffen-Kampfeinsätze zur Durchsetzung von UN-Sanktionen. Am 15. 12. 1995 ermächtigte der UN-Sicherheitsrat die NATO, mit der rd. 60 000 Mann starken **IFOR** (Implementation Force) die Umsetzung des Friedensabkommens von Dayton bzw. Paris vom Nov./Dez. 1995 für **Bosnien-Herzegowina**, d. h. die Überwachung der Einhaltung des Waffenstillstands und die Truppenentflechtung, mit allen erforderlichen Mitteln – notfalls mit Gewalt – durchzusetzen. Am 20. 12. 1995 übergaben die UNPROFOR-Einheiten (UN-Blauhelme) in Bosnien-Herzegowina die Befehlsgewalt offiziell an die NATO. Die IFOR, an der sich 27 Nationen, darunter auch Staaten, die nicht der NATO angehören, beteiligten (die USA stellten mit 20 000 Mann das größte Kontingent; Rußland entsandte 1600 Mann), stand unter NATO-Kommando und unter Führung eines US-Generals (Adm. *Leighton Smith*). Ein großer Teil der 20 000 ehem. UNPROFOR-Soldaten wurde in die IFOR integriert, deren Mandat bis 20. 12. 1996 galt. Am 12. 12. 1996 erteilte der UN-Sicherheitsrat der NATO

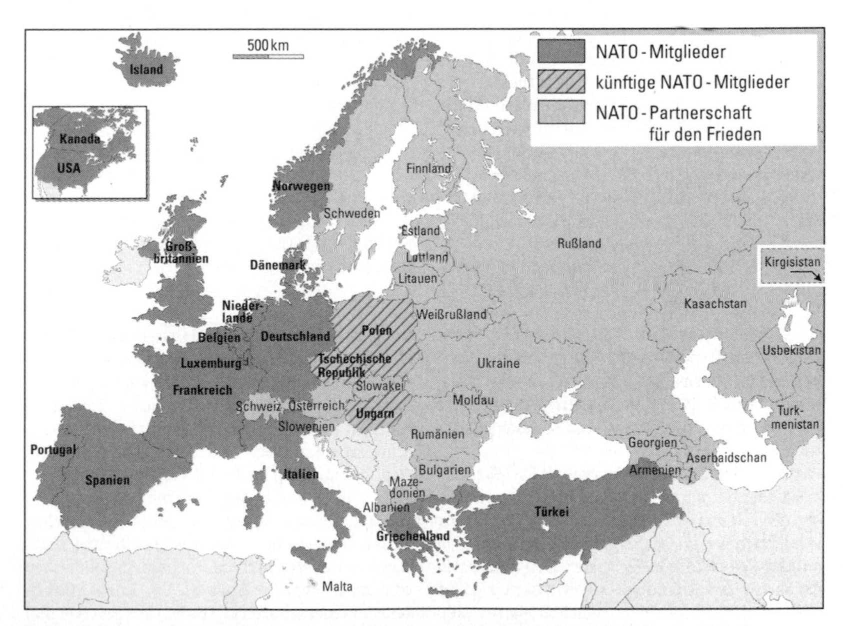

Die NATO-Staaten, zukünftige NATO-Mitglieder und die der Partnerschaft für den Frieden beigetretenen Staaten

Vereinbarungen mit Rußland und der Ukraine

Grundakte mit Rußland
Am 27. 5. 1997 unterzeichneten die Staats- oder Regierungschefs der NATO-Mitglieder und der russische Präsident *Boris Jelzin* in Paris die »Grundakte über gegenseitige Beziehungen, Zusammenarbeit und Sicherheit zwischen der NATO und der Russischen Föderation«, die einen Schlußstrich unter den 50 Jahre dauernden Ost-West-Konflikt zieht. Das in viermonatigen Verhandlungen zwischen NATO-Generalsekretär *Javier Solana* und dem sowjetischen Außenminister *Jewgenij Primakow* ausgehandelte und vom NATO-Rat am 16. 5. 1997 gebilligte politische Dokument (kein völkerrechtliches Abkommen) stellt fest, daß die NATO und Rußland keine »Gegner« mehr seien und unterstreicht den Willen, »gemeinsam einen dauerhaften Frieden in der euro-atlantischen Region zu schaffen«. Seit dem Ende des Kalten Kriegs hätten sich Rußland zur Demokratie und die NATO von einer militärischen zur politischen Organisation gewandelt. Die NATO erklärt, daß sie ihre eigene Anpassung an das veränderte Sicherheitsumfeld fortsetzen sowie die Fähigkeit zur Friedenserhaltung und Krisenbewältigung in Zusammenarbeit mit den OSZE-Teilnehmerstaaten und insbesondere durch die Partnerschaft für den Frieden (PfP) weiter ausbauen werde. Als Modell für die Zusammenarbeit mit Rußland wird ausdrücklich die SFOR-Mission in Bosnien-Herzegowina erwähnt. Zugleich werden die Perspektiven für weitere umfassende Abrüstungsschritte im Zuge der Neuverhandlung des Vertrags über Konventionelle Rüstung in Europa (KSE; → Kasten »Abrüstung und Rüstungskontrolle«) aufgezeigt. Die Grundakte umfaßt die Konsultation, Koordination und Kooperation in allen Fragen europäischer Sicherheit. Als höchstes Konsultationsforum dient ein Ständiger Gemeinsamer **NATO-Rußland-Rat** der Außen- und Verteidigungsminister (im Bedarfsfall der Staats- und Regierungschefs). Rußland entsendet einen ständigen Vertreter (Botschafter) in das NATO-Hauptquartier, hat aber kein Vetorecht gegen NATO-interne Entscheidungen. Die Grundakte ermöglicht die Ost-Erweiterung der NATO (→ oben), obwohl der russische Präsident *Boris Jelzin* diese bei der Unterzeichnung erneut ablehnte. – Unmittelbar nach der Zeremonie kündigte *Jelzin* an, daß die russischen »Atomwaffen nicht mehr gegen die NATO gerichtet« seien. Damit meinte er, daß die Zielcodes für die Atomraketen aus den Computern gelöscht werden, die atomaren Sprengköpfe aber nicht vernichtet werden sollen.

Partnerschaftsabkommen mit der Ukraine
Die NATO und die Ukraine stellten mit der am 9. 7. 1997 auf dem NATO-Gipfel in Madrid unterzeichneten »Charta über eine besondere Partnerschaft zwischen der NATO und der Ukraine« die künftige politische und militärische Zusammenarbeit auf eine neue Grundlage. Über die Zusammenarbeit im Rahmen der PfP und des EAPC hinaus sieht es die Bildung einer mindestens zweimal im Jahr tagenden gemeinsamen Kommission vor. Themen der Zusammenarbeit sind z. B. die Reform der ukrainischen Armee und die Planung gemeinsamer Manöver für Friedensmissionen. Die NATO sichert zu, künftig nicht nur die Unabhängigkeit der Ukraine, sondern auch ihre territoriale Integrität und die Unverletzlichkeit ihrer Grenzen als »Schlüsselfaktoren für die Stabilität und Sicherheit in Mittel- und Osteuropa sowie auf dem gesamten Kontinent« zu unterstützen.

das Mandat für die Nachfolgetruppe **SFOR** (Stabilization Force) mit 30 000 Soldaten, die den Auftrag haben, ein sicheres Umfeld für die Friedenserhaltung in Bosnien zu schaffen und die zivile Verwaltung zu unterstützen. Ihr Mandat gilt für zunächst 18 Monate.

Partnerschaft für den Frieden: Der NATO-Gipfel in Brüssel bot am 10. 1. 1994 den Reformstaaten und den »Neutralen« eine engere Zusammenarbeit in militärischen und sicherheitspolitischen Fragen mit der Perspektive einer späteren Aufnahme in das Verteidigungsbündnis an. Beitrittskriterien für die Partnerschaft für den Frieden **PfP** (Partnership for Peace) sind eine demokratische Kontrolle des Parlaments und der Regierung über die Streitkräfte. Sicherheitsgarantien sind in dem Konzept vorerst nicht enthalten. Seit 1994 wurden mit 27 Staaten Rahmendokumente unterzeichnet, mit 23 Staaten Ost- und Mitteleuropas sowie den bündnisfreien Staaten Schweden, Finnland, Österreich Schweiz (→ Karte bei → OSZE). **Rußland** setzte am 31. 5. 1995 im Rahmen des PfP-Vertragstextes einen Sonderstatus durch, der ihm einen Anspruch auf Konsultation bzw. Mitspracherecht bei politischen Entscheidungen der NATO-Osterweiterung zugestand (erweitert durch das Sicherheitsabkommen vom 27. 5. 1997) (→ Kasten). Der **Euro-Atlantische Partnerschaftsrat (EAPC)** der NATO- und PfP-Staaten, der am 30. 5. 1997 den Nordatlantischen Kooperationsrat (NACC) ablöste, soll als politische Dachorganisation mit einem eigenen Sekretariat bei der NATO in Brüssel künftig monatlich auf Botschafterebene tagen und die Aktivitäten der NATO-Mitglieder mit den PfP-Teilnehmern und anderen interessierten Staaten, die in den Bereichen Friedenserhaltung, humanitäre Einsätze und Kriegsverhinderung zusammenarbeiten wollen, koordinieren. Auf diese Weise soll das das ehemals reine Verteidigungsbündnis zu einem Eckpfeiler in der Sicherheitsarchitektur des nächsten Jahrhunderts umgebaut und das rein militärische Bündnisdenken überwunden werden. Ein erstes Treffen des EAPC auf Ebene der Verteidigungsminister fand am 13. 6. 1997 in Brüssel statt. Die Teilnehmer erörterten konkrete Maßnahmen zur weiteren Verbesserung der Zusammenarbeit bei militärischen Einsätzen in Krisengebieten.

NATO-Osterweiterung: Die Staats- und Regierungschefs der 16 NATO-Staaten beschlossen auf ihrem Gipfeltreffen in Madrid am 8./9. 7. 1997, **Polen, Ungarn und die Tschechische Republik** zur Aufnahme von Beitrittsverhandlungen einzuladen. Die Beitrittsprotokolle mit den 3 ehemaligen Mitgliedern des 1991 aufgelösten Warschauer Pakts sollen noch Ende 1997 unterzeichnet und anschließend ratifiziert werden, so daß sie rechtzeitig zum 50. Jahrestag der NATO-Gründung im April 1999 in Kraft treten können. Mit der Beschränkung auf diese 3 Kandidaten folgten die NATO-Partner dem Druck der USA, während Frankreich und eine Reihe südeuropäischer Mitglieder gefordert hatten, auch Rumänien und Slowenien in der ersten Runde aufzunehmen. Die Gipfelteilnehmer bekräftigten jedoch ihre Entschlossenheit, die »Tür« für weitere ost-, mittel- und südosteuropäische Beitrittsaspiranten offenzuhalten; sie würdigten insbesondere die Reformen in Rumänien und Slowenien sowie die Fortschritte hin zu größerer Stabilität und Kooperation in den baltischen Staaten. Auf einem Gipfeltreffen 1999 werde der weitere Erweiterungsprozeß überprüft.

OAS Organisation Amerikanischer Staaten

Organization of American States

Sitz (Sekretariat): 17th St and Constitution Ave, NW, Washington D. C. 20006, USA
Tel.: (001) 202–4583000, Fax: -4583967

Gründung am 30. 4. 1948 in Bogotá (Kolumbien) durch 21 Staaten Lateinamerikas und der Karibik sowie die USA; die Statuten traten am 13. 12. 1951 in Kraft.

Mitglieder (35): Antigua und Barbuda, Argentinien, Bahamas, Barbados, Belize, Bolivien, Brasilien, Chile, Costa Rica, Dominica, Dominikanische Republik, Ecuador, El Salvador, Grenada, Guatemala, Guyana, Haiti, Honduras, Jamaika, Kanada, Kolumbien, Kuba (Mitarbeit seit 1962 suspendiert), Mexiko, Nicaragua, Panama, Paraguay, Peru, St. Kitts und Nevis, St. Lucia, St. Vincent und die Grenadinen, Suriname, Trinidad und Tobago, Uruguay, USA und Venezuela.

Ziele/Aufgaben: Stärkung des Friedens und der Sicherheit; Verteidigung von Souveränität und Integrität der Mitgliedstaaten; solidarische Aktionen bei einer Aggression von außen und untereinander (einschl. Streitschlichtung); Sanktionen bei Nichtanerkennung von Schlichtungsverfahren u. a. Verstößen (z. B. 1982 im Falkland/Malvinas-Krieg); wirtschaftliche, soziale und kulturelle Zusammenarbeit.

Organe: Generalversammlung (jährlich) entscheidend für die Politikformulierung (Mehrheitsbeschlüsse). **Konsultativtreffen** der Außenminister, auch bei bewaffneten Angriffen; unterstützt durch einen Beratenden Verteidigungsausschuß (der höchsten Militärbehörden der Mitgliedstaaten). Ein Ständiger Rat auf Botschafterebene bereitet die Generalversammlung vor, bei Streitfragen tritt das Interamerikanische Komitee für friedliche Schlichtung zusammen. Der aus allen Mitgliedern zusammengesetzte **Wirtschafts- und Sozialrat** tagt jährlich. Das Sekretariat untersteht einem **Generalsekretär**: *César Gaviria Trujillo* (Kolumbien). Die OAS verfügt über zahlreiche beratende Einrichtungen und Sonderorganisationen, darunter das **Interamerikanische Institut für Menschenrechte** und der **Interamerikanische Gerichtshof für Menschenrechte**, beide mit Sitz in San José (Costa Rica).

Entwicklung: Die fast ausschließliche Wahrung der wirtschaftlichen und politischen Interessen der USA führte in der 80er Jahren zur Verschärfung des Widerspruchs der lateinamerikanischen Mitglieder, so z. B. im Zusammenhang mit dem Falkland/Malvinas-Krieg (1982), in dem die USA offen Partei für ihren NATO-Verbündeten Großbritannien und somit gegen das OAS-Mitglied Argentinien ergriffen, bei der Invasion in Grenada (1983), im Mittelamerikakonflikt und bei der US-Invasion in Panama (1989). Durch den Rückzug der Militärs in Lateinamerika verlor der von diesen jahrzehntelang verfolgte Vorrang der »Nationalen Sicherheit« vor ökonomischen Überlegungen an Bedeutung. In Lateinamerika nimmt die Bereitschaft zu, außerhalb der OAS – ohne die USA, aber mit Kuba – neue Kooperationsformen und -institutionen zu entwickeln – auch aus Besorgnis über die weltweite Blockbildung. Auf der 25. Generalversammlung in Port-au-Prince (Haiti) 5.–7. 6. 1995 traten Brasilien, Mexiko und Bolivien für die bedingungslose Rückkehr Kubas in die OAS ein; der Boykott der USA gegen Kuba wird allgemein verurteilt, nur Argentinien befürwortet eine »vorsichtige diplomatische Initiative« zum Abbau der Spannungen USA–Kuba. Die Mehrzahl der Mitglieder fordert eine Stärkung der Organisation, um vordringlichen Problemen der Hemisphäre – Drogenanbau und -konsum, Terrorismus und Armut – besser begegnen zu können.

OAU Organisation der Afrikanischen Einheit

Organization of African Unity

Sitz (Sekretariat):
PO Box 3243, Addis Abeba, Äthiopien
Tel.: (00251) 1–517700, Fax: -512622

Gründung am 25. 5. 1963 in Addis Abeba (Äthiopien) durch damals 30 afrikanische Staaten.
Ziele/Aufgaben: Förderung der Einheit und Solidarität der afrikanischen Staaten; Koordinierung der innerafrikanischen und weltweiten Zusammenarbeit; Verteidigung der Souveränität und territorialen Integrität der Mitgliedstaaten (die OAU ist jedoch kein Verteidigungsbündnis); Beseitigung aller Formen des Kolonialismus (und Neokolonialismus) sowie der Apartheid auf Grundlage der UN-Charta und der Allgemeinen Erklärung der Menschenrechte. – Die OAU-Charta normiert ferner die Prinzipien bilateraler Beziehungen, darunter die Wahrung des territorialen Status quo und Nichteinmischung in innere Angelegenheiten der Mitgliedstaaten.
Mitglieder (53): Die 52 unabhängigen afrikanischen Staaten Ägypten, Äquatorialguinea, Äthiopien, Algerien, Angola, Benin, Botswana, Burkina Faso, Burundi, Elfenbeinküste, Dschibuti, Eritrea, Gabun, Gambia, Ghana, Guinea, Guinea-Bissau, Kamerun, Kapverden, Kenia, Komoren, Dem. Rep. Kongo (früher Zaire), Rep. Kongo, Lesotho, Liberia, Libyen, Madagaskar, Malawi, Mali, Mauretanien, Mauritius, Mosambik, Namibia, Niger, Nigeria, Ruanda, Sambia, Sao Tomé und Principe, Senegal, Seychellen, Sierra Leone, Simbabwe, Somalia, Sudan, (Rep.) Südafrika, Swasiland, Tansania, Togo, Tschad, Tunesien, Uganda und die Zentralafrikanische Republik sowie (seit 1982) die Demokratische Arabische Republik Sahara (DARS). Marokko trat aufgrund des Vollmitgliedstatus der DARS mit Wirkung von 1985 aus.

Organe: Gipfelkonferenz der Staats- und Regierungschefs (jährlich; zuletzt 6/1997 in Harare, Sambia): jeder Mitgliedstaat hat eine Stimme, Beschlüsse und Resolutionen (rechtlich nicht bindend) erfordern 2/3-Mehrheit (de facto Konsensprinzip/Vetorecht). Im halbjährlich tagenden **Ministerrat** hat jeder Mitgliedstaat eine Stimme, Entscheidungen ergehen mit einfacher Mehrheit. Das Sekretariat untersteht dem **Generalsekretär:** *Salim Ahmed Salim* (Tansania; im Juli 1997 für 4 weitere Jahre im Amt bestätigt). Die **Schiedskommission** für innerafrikanische Streitfälle besteht aus 21 von der Gipfelkonferenz auf 5 Jahre gewählten Mitgliedern. Die **Afrikanische Menschen- und Völkerrechtskommission** hat ihren Sitz in Banjul (Gambia).
Entwicklung: Bisherige Einigungsbemühungen scheiterten, so z. B. der 1980 verabschiedete »Aktionsplan von Lagos« über die Errichtung einer Gesamtafrikanischen Wirtschaftsgemeinschaft bis zum Jahr 2000 durch Zusammenfassung bestehender regionaler Wirtschaftsgemeinschaften. Auch der von den Staatschefs in Abuja (Nigeria) am 3. 6. 1991 unterzeichnete Vertrag über die Schaffung einer Afrikanischen Wirtschaftsgemeinschaft AEC (African Economic Union) in 6 Etappen bis zum Jahr 2025 bleibt ohne reelle Chance. Am 11. 4. 1996 unterzeichneten die Vertreter von 49 der 53 OAU-Mitgliedstaaten in Kairo (Ägypten) den Vertrag über eine **atomwaffenfreie Zone in Afrika** (»Pelindaba-Vertrag«; benannt nach dem nahe Pretoria, Rep. Südafrika, gelegenen Kernforschungszentrum). Den Signatarstaaten ist es verboten, Atomwaffen zu lagern, zu entwickeln, zu erwerben, zu testen oder anzuwenden; auch die Lagerung atomarer Abfälle ist untersagt (Einzelheiten → WA'97, Sp. 850). Nicht zuletzt angesichts der jüngsten politischen Umwälzungen in Zentralafrika wurden die Machtlosigkeit und Ineffizienz der OAU deutlich, deren Zusammenhalt früher v. a. auf der gemeinsamen Opposition gegen das Apartheid-Regime in Südafrika basierte. Die Aufstellung einer Interventionstruppe wurde zwar wiederholt erörtert, zuletzt auf dem OAU-Gipfel in Yaoundé (Kamerun) im Juli 1996, sie kam aber nicht zustande. Es blieb der Wirtschaftsgemeinschaft Westafrikanischer Staaten (ECOWAS) überlassen, mit ihrer Friedenstruppe ECOMOG im vom Bürgerkrieg umkämpften Liberia (→ Liberia im Staatenteil) sowie in Sierra Leone (→ Sierra Leone) aktiv zu werden. In der Zentralafrikanischen Republik ist eine Friedenstruppe der frankophonen westafrikanischen Staaten (MISOB) im Einsatz (→ Zentralafrikanische Republik).

OECD
Organisation für Wirtschaftliche Zusammenarbeit und Entwicklung
Organisation for Economic Cooperation and Development

Sitz (Internationales Sekretariat): 2 rue A. Pascal, F-75775 Paris Cedex 16
Tel.: (0033) 1-45248200, Fax: -45248200
Dt. Kontakt: August-Bebel-Allee 6, 53175 Bonn
Tel.: 0228-959120, Fax: -9591217

Gründung: Vorläuferin war die 1948 gegründete, den US-Marshall-Plan (ERP) koordinierende Organisation for European Economic Cooperation (**OEEC**), die auch die politische Stabilisierung Westeuropas zum Ziel hatte. Sie wurde abgelöst von der über Europa hinausgehenden **OECD** im Pariser Übereinkommen vom 14. 12. 1960, in Kraft am 30. 9. 1961.
Ziele: Planung, Koordinierung und Vertiefung der wirtschaftlichen Zusammenarbeit und Entwicklung; Förderung des Wirtschaftsaufbaus bei Vollbeschäftigung und Währungsstabilität; Hilfe für Entwicklungsländer.
Mitglieder (29; *= Gründungsmitglieder von 1948): Australien (seit 1971), Belgien*, BR Deutschland (seit 1949), Dänemark*, Finnland (seit 1969), Frankreich*, Griechenland*, Großbritannien*, Irland*, Island*, Italien*, Japan (seit 1964), Kanada (seit 1960), Rep. Korea (seit 1996), Luxemburg*, Mexiko (seit 1994), Neuseeland (seit 1973), Niederlande*, Norwegen*, Österreich*, Polen (seit 1996), Portugal*, Schweden*, Schweiz*, Spanien (seit 1959), Tschechische Rep. (seit 1995), Türkei*, Ungarn (seit 1996), USA (seit 1960). – Die EU-Kommission nimmt an der Arbeit der OECD teil. Mit Rußland wurde 5/1997 ein Liaison-Komitee eingerichtet.
Organe: Oberstes Organ ist der regelmäßig tagende **Rat** der Ständigen Delegationen der Mitglieder (= Sonderbotschafter in Paris); einmal im Jahr tagt er auf (Außen-, Finanz-, Wirtschafts-)Ministerebene. Beschlüsse oder Empfehlungen ergehen einstimmig; mit seinem Veto kann ein Staat nur verhindern, daß der Beschluß auch auf ihn angewendet wird. Der **Exekutivausschuß** aus 14 jährlich neu gewählten Mitgliedern (davon nur die sog. G-7-Staaten Deutschland Frankreich, Großbritannien, Italien, Japan, Kanada und USA mit ständigem Sitz) bereitet die Ratssitzungen vor und koordiniert bei Aktivitäten, die mehrere Ausschüsse berühren. Über 150 **Ausschüsse**, Arbeitsgruppen, Expertengremien befassen sich mit einem breiten wirtschaftlichen und sozialen Themenbereich. Der

1961 eingerichtete **Ausschuß für Entwicklungshilfe (DAC)** mit 22 Mitgliedern einschl. EU-Kommission (nicht vertreten: Griechenland, Island, Mexiko, Ungarn, Tschechische Rep. und Türkei) koordiniert deren Entwicklungshilfe. Das Internationale Sekretariat mit rd. 2000 Beschäftigten (davon über 800 Experten aller Sachgebiete) untersteht einem **Generalsekretär**: seit 1996 *Donald Johnston* (Kanada); dieser vertritt die OECD nach außen und ist Ratsvorsitzender. Dem Sekretariat ist seit 1990 das Zentrum für die Zusammenarbeit mit den Volkswirtschaften im Wandel (**CCET**) angegliedert.
Sprachen: Englisch und Französisch.
Finanzierung durch Mitgliedsbeiträge und Verkauf von Publikationen; Haushalt 1997: 1,3 Mrd. FF; größte Beitragszahler: USA 25 %, Japan 24,05 %, Deutschland 11,76 %, Frankreich 7,42 %.
Aktivitäten: Die OECD ist auf allen wirtschaftlich und sozial relevanten Gebieten beratend tätig, z. B. Handel, Entwicklungspolitik, Kapitalverkehr und -märkte, Steuerwesen, Landwirtschaft, Fischerei, Seeverkehr, Energie einschl. Kernenergie (IEA, NEA), Arbeitskräfte, Sozialfragen, Umwelt-, Bildungs-, Wissenschafts-, Technologie- und Industrie-, Stadt- und Regionalpolitik. Sie veröffentlicht jährlich rd. 250 Publikationen: u. a. kritische Analysen zur Wirtschafts- und Sozialpolitik der Mitgliedstaaten. – Die OECD soll nach dem Willen ihres neuen Generalsekretärs intern reformiert werden und extern sichtbarer arbeiten; damit soll auch der Kritik begegnet werden, andere Institutionen wie der Internationale Währungsfonds (IWF) und die Weltbank (→ UN) oder die Welthandelsorganisation (→ WTO) könnten ihre Aufgaben besser und kostengünstiger übernehmen.

Sonderorganisationen:
IEA/International Energy Agency: *1974, Ziele wie OECD, speziell auf dem Energiesektor: gesamtwirtschaftlich internationale Verbesserung der Energieeinsparung und -versorgung; alternative Energiekonzepte; Sitz: 2 rue André Pascal, F-75775 Paris Cedex 16, Tel.: (0033) 1-45249437, Fax: -45249988. Mitglieder (23): Australien, Belgien, Dänemark, Deutschland, Finnland, Frankreich, Griechenland, Großbritannien, Irland, Italien, Japan, Kanada, Luxemburg, Neuseeland, Niederlande, Norwegen, Österreich, Portugal, Schweden, Schweiz, Spanien, Türkei und die USA. Ferner die EU-Kommission.
NEA/Nuclear Energy Agency: *1972, erstellt Kernenergiestudien, koordiniert in Sicherheitsfragen; Sitz: 12 boulev. des Iles, F-92130 Issy-les-Moulineaux, Tel.: (0033) 1-45241010, Fax: -45241110. Mitglieder (27): Australien, Belgien, Dä-

nemark, Deutschland, Finnland, Frankreich, Griechenland, Großbritannien, Irland, Italien, Japan, Kanada, Rep. Korea, Luxemburg, Mexiko, Neuseeland, Niederlande, Norwegen, Österreich, Portugal, Schweden, Schweiz, Spanien, Tschechische Rep., Türkei, Ungarn und die USA. Ferner die EU-Kommission.

OPANAL Organisation zum Verbot von Kernwaffen in Lateinamerika und in der Karibik

Organismo para la Proscripción de las Armas Nucleares en América Latina y el Caribe

Kontakt: CP 011560, Mexico City 5 DF, Mexiko
Tel.: (0052) 5–2804923, Fax: -2802965

Gründung am 2. 9. 1969 in Tlatelolco (Mexiko) als Organisation zum Verbot von Kernwaffen in Lateinamerika (Namenserweiterung 1985) zur Überwachung des Vertrags von Tlatelolco vom 14. 2. 1967, der nach Ratifizierung durch 11 Staaten am 25. 4. 1969 in Kraft trat (→ Kasten). Der Vertrag gilt als Vorbild für die Schaffung Kernwaffenfreier Zonen im Südpazifik, in Südostasien und in Afrika (→ Kasten »Abrüstung und Rüstungskontrolle«).
Ziele: Verhinderung von Kernwaffen und Schutz gegen mögliche Nuklearangriffe im Vertragsgebiet; Verbot des Besitzes, Einsatzes und Tests von Kernwaffen; Beendigung des Rüstungswettlaufs.
Mitglieder (30 Staaten der westlichen Hemisphäre, deren Hoheitsgebiete südlich 35° nördlicher Breite liegen, die den Vertrag ratifiziert haben und die Voraussetzungen aus Artikel 28 des Vertrags erfüllen): Antigua und Barbuda, Argentinien, Bahamas, Barbados, Belize, Bolivien, Brasilien, Chile, Costa Rica, Dominica, Dominikanische Republik, Ecuador, El Salvador, Grenada, Guatemala, Haiti, Honduras, Jamaika, Kolumbien, Mexiko, Nicaragua, Panama, Paraguay, Peru, St. Lucia, St. Vincent und die Grenadinen, Suriname, Trinidad und Tobago, Uruguay und Venezuela. – Guyana und St. Kitts und Nevis haben den Vertrag unterzeichnet und ratifiziert, erfüllen aber nicht die Voraussetzungen aus Artikel 28; Kuba hat den Vertrag am 25. 3. 1995 unterzeichnet, aber noch nicht ratifiziert.
Organe: Höchstes Organ ist die alle 2 Jahre tagende **Generalkonferenz** aller Vertragsparteien; ihre Beschlüsse bedürfen der Zweidrittelmehrheit. Der aus 5 von der Generalkonferenz unter Berücksichtigung einer angemessenen geographischen Vertretung unter den Vertragsparteien ausgewählten Mitgliedern bestehende **Rat** tagt zweimonatlich und ist so organisiert, daß er seine Aufgaben ständig wahrnehmen kann; er wacht über das ordnungsgemäße Funktionieren des Kontrollsystems nach Maßgabe des Vertrags und der von der Generalkonferenz gefaßten Beschlüsse. Das **Generalsekretariat** am Sitz der OPANAL in Mexiko-Stadt untersteht einem Generalsekretär als höchstem Verwaltungsbeamten der Organisation und beschäftigt 7 Mitarbeiter.
Sprachen: Spanisch (Arbeitssprache), Englisch, Französisch, Portugiesisch.
Aktivitäten: Gewährleistung der Erfüllung der aus dem Vertrag von Tlatelolco erwachsenden Verpflichtungen u. a. durch regelmäßige und außerordentliche Konsultationen zwischen den Mitgliedstaaten und durch Kontrollen.

OSZE Organisation für Sicherheit und Zusammenarbeit in Europa

englische und französische Abkürzung: OSCE
[bis 31. 12. 1994: Konferenz über Sicherheit und Zusammenarbeit in Europa/**KSZE**]

Sitz (Generalsekretär): Kärntnerring 5–7, A–1010 Wien, Tel.: (0043) 1–51436190, Fax: -5143696

Gründung am 1. 8. 1975 mit der Schlußakte der KSZE von Helsinki (Finnland) durch 35 Teilnehmerstaaten. Mit der KSZE-Folgekonferenz in Helsinki 1992 wurde sie zu einer regionalen Einrichtung der Vereinten Nationen (UN) mit neuen Strukturen und Institutionen, auf Beschluß der Folgekonferenz von 1994 in Budapest (Ungarn) ab 1. 1. 1995 unter dem Namen OSZE.
Mitglieder (54 +1): 52 Staaten Europas und Zentralasiens sowie Kanada und die USA (→ Tabelle). Die Mitarbeit des 55. Mitglieds Jugoslawien (Serbien und Montenegro) ist seit 8. 7. 1992 suspendiert.
Ziele: Stabilität und Sicherheit in ganz Europa; engere Zusammenarbeit in den Bereichen Wirtschaft, Wissenschaft, Kultur und Umweltschutz. – Auf Beschluß der 4. KSZE-Folgekonferenz von Helsinki 1992 sollen unter dem KSZE-(OSZE-)Dach künftig alle gesamteuropäischen Abrüstungsmaßnahmen und Gespräche über weitere vertrauensbildende Maßnahmen und Konfliktverhütung stattfinden (→ Kasten »Abrüstung und Rüstungskontrolle«).
Themenbereiche (»Körbe«) gemäß der KSZE-Schlußakte von Helsinki 1975:
Korb I (Kernstück der Akte) enthält in Teil A 10 Prinzipien zur Regelung des Zusammenlebens in Europa, u. a. Gewaltverzicht, Unverletzlichkeit der Grenzen, Nichteinmischung in innere Angelegen-

Vertrag von Tlatelolco

Verpflichtungen: Die Vertragsparteien verpflichten sich in Artikel 1, »das nukleare Material und die ihrer Hoheitsgewalt unterstehenden nuklearen Einrichtungen ausschließlich für friedliche Zwecke zu nutzen und in ihren Hoheitsgebieten a) jede Art der Erprobung, Verwendung, Herstellung oder des Erwerbs irgendwelcher Kernwaffen unmittelbar oder mittelbar im eigenen Namen, im Auftrag Dritter oder in irgendeiner anderen Form sowie b) den Empfang, die Lagerung, den Einbau, die Aufstellung und jede Form des Besitzes irgendwelcher Kernwaffen unmittelbar oder mittelbar durch die Parteien selbst, durch irgend jemand in ihrem Auftrag oder auf andere Weise zu verbieten und zu verhindern«. Die friedliche Nutzung der Kernenergie ist gestattet. Die Erfüllung der Verpflichtungen aus Artikel 1 wird durch ein Kontrollsystem überwacht. Streitigkeiten werden dem Internationalen Gerichtshof in Den Haag (ICJ; → UN) vorgelegt.
Anwendungsbereich → Karte
Inkrafttreten: Laut **Artikel 28** tritt der Vertrag für die Staaten, die ihn ratifiziert haben, in Kraft, sobald folgende Voraussetzungen erfüllt sind: a) Unterzeichnung und Ratifikation der Zusatzprotokolle I und II sowie b) Abschluß von zwei- oder mehrseitigen Übereinkünften über die Anwendung des Systems von Sicherheitsmaßnahmen der Internationalen Atomenergieorganisation (IAEO → UN).
Zusatzprotokolle: Das **erste** betrifft Staaten, die abhängige Territorien innerhalb des Anwendungsbereichs des Vertrags besitzen und sie verpflichtet, den Vertragsstatus der Freiheit von Kernwaffen für militärische Zwecke zu beachten; es wurde durch Frankreich (abhängige Territorien: Französ. Guyana, Guadeloupe, Martinique), Großbritannien (Anguilla, Brit. Jungferninseln, Falklandinseln, Kaimaninseln, Montserrat, Turks- und Caicosinseln), die Niederlande (Aruba, Niederländische Antillen) und die USA (Puerto Rico, US-Jungferninseln) unterzeichnet und ratifiziert. Das **zweite** Zusatzprotokoll, das die Nuklearmächte zur Wahrung der Vertragsziele verpflichtet, wurde durch China, Frankreich, Großbritannien, Rußland (als Rechtsnachfolger der UdSSR) und die USA unterzeichnet und ratifiziert.

Atomwaffenfreie Zone in Lateinamerika und der Karibik

heiten eines Staates, Achtung der Menschenrechte und Grundfreiheiten, Gleichberechtigung und Selbstbestimmungsrecht der Völker sowie in Teil B vertrauensbildende Maßnahmen (wie Ankündigung von Manövern) und bestimmte Aspekte der Sicherheit und Abrüstung.

Korb II gibt Empfehlungen zur Zusammenarbeit in Wirtschaft, Wissenschaft, Technik und Umwelt.

Korb III betrifft den humanitären Bereich (die »menschliche Dimension«): Verbesserung menschlicher Kontakte und des Informations- und Kulturaustausches.

Die **KSZE-Schlußakte** ist kein völkerrechtlicher Vertrag, hat jedoch mit ihrem Regelwerk politischer Verpflichtungen die Ost-West-Entspannung, -Annäherung und -Zusammenarbeit entscheidend vorangetrieben (Bürgerkomitees wie Charta 77 in Mittel- und Osteuropa, Kirchen-Friedenskampagnen in der DDR usw.).

Hauptorgane der OSZE:

▸ **Gipfeltreffen** der Staats- und Regierungschefs (Folgekonferenzen; nunmehr alle 2 Jahre, 6. Treffen 2./3. 12. 1996 in Lissabon) zur Bestandsaufnahme, Prüfung der Verwirklichung eingegangener Verpflichtungen.

▸ **Ministerrat** der Außenminister (mindestens einmal jährlich), zentrales Forum für politische Konsultationen und (auch institutionelle) Beschlüsse im OSZE-Prozeß.

▸ **Hoher Rat** hochrangiger Beamter der Mitgliedstaaten, bereitet Tagungen des Ministerrats vor und führt dessen Beschlüsse durch, koordiniert OSZE-Aktivitäten und delegiert Aufgaben an den Ständigen Rat (→ nachstehend), Sitz: Rytirská 31, CZ–11010 Prag 1.

▸ **Ständiger Rat** der OSZE-Botschafter in Wien (* 1993) als Beratungs- und Entscheidungsgremium für tägliche operative Aufgaben.

▸ **Büro für Demokratische Institutionen und Menschenrechte** (BDIMR; bis 1992 Büro für freie Wahlen), soll Einhaltung der Verpflichtungen im Bereich der »menschlichen Dimension« überwachen. Sitz: Krucza 36/Wspólna 6, PL–00–522 Warschau 53.

▸ **Hoher Kommissar für nationale Minderheiten** (HKNM): seit 1992 *Max van der Stoel* (Niederlande), soll frühzeitig Spannungen zwischen Minderheiten erkennen und ihnen vorbeugen; er arbeitet unter Schirmherrschaft des Hohen Rats und stützt sich auf Ressourcen des BDIMR. Sitz: Prinsessegracht 22, NL–2514 AP Den Haag.

▸ **Konfliktverhütungszentrum** (KVZ) zur Datensammlung und -auswertung für die Verhandlungen über vertrauens- und sicherheitsbildende Maßnahmen VVSBM in Wien (→ »Abrüstung und Rüstungskontrolle«), steuert zahlreiche Beratungs-, Vermittlungs- und Beobachtungsmissionen in Spannungsgebieten und kontrolliert (seit 1992) Abrüstungsvereinbarungen. Sitz: Herrengasse 6–8, A–1010 Wien.

▸ **Forum für Sicherheitskooperation** (FSK) in Wien (Anschrift wie KVZ) entwickelt politische Grundregeln (»Verhaltenskodex«) für die Sicherheitsbeziehungen der Mitgliedstaaten (1. Sitzung am 23. 9. 1993).

▸ **Parlamentarische Versammlung** (PV; * 1991) unter Beteiligung von Abgeordneten (entsprechend der Einwohnerzahl; Deutschland ist mit 13 Mitgliedern vertreten) aller OSZE-Teilnehmerstaaten; tagt jährlich und verabschiedet Empfehlungen und Erklärungen (konstituierende Sitzung 7/1992 in Budapest; 6. Jahrestagung 5.–8. 7. 1997 in Warschau); Sitz (Parlamentssekretariat): 1 Rådhusstræde, DK–Kopenhagen K.

▸ **Vergleichs- und Schiedsgerichtshof** (* 1992; Arbeitsaufnahme 12/1994), Präsident: *Robert Badinter* (Frankreich), Sitz: Villa Rive-Belle, Route de Lausanne 266, CH–1211 Genf.

▸ **Sekretariat** mit einem **Generalsekretär**: seit 1996 *Giancarlo Aragona* (Italien), auf Empfehlung des Hohen Rats und des Ministerratsvorsitzenden per Konsens für 3 Jahre (mit zweijähriger Verlängerungsmöglichkeit) ernannt; unterstützt den Ministerratsvorsitzenden und überwacht die OSZE-Strukturen und -Operationen und ist für die OSZE-Sekretariate in Wien und Prag und das Warschauer Büro für demokratische Institutionen verantwortlich.

Personal (1997): 420, davon 126 (ohne Dolmetscher und Sprachendienst) in Wien, 26 in Warschau (BDIMR), 11 in Den Haag (HKNM), 10 bei der Parlamentarischen Versammlung sowie ca. 240 bei den Missionen.

Finanzierung durch die Teilnehmerstaaten, Haushalt 1997: 323 Mio. öS.

Entwicklung: Die OSZE war von 1973 bis Ende 1989 das einzige politische Forum, in dem sich West und Ost trafen. Auf Folgekonferenzen (Gipfeltreffen) wurde die Zusammenarbeit intensiviert (1977/78 in Belgrad, 1980/83 in Madrid, 1989/90 in Wien, 1992 in Helsinki, 1994 in Budapest, 1996 in Lissabon). Mit der Pariser Charta für ein neues Europa (1990) begann durch die Schaffung von Institutionen ein neuer Abschnitt der KSZE, der durch die Ministerratstreffen in Berlin (1991), Prag (1992), Stockholm (1992), Rom (1993) sowie vor allem durch das Helsinki-Dokument 1992 weiter ausgebaut wurde.

Die 5. Folgekonferenz in Budapest (1994) beschloß eine **operative Stärkung** der KSZE v. a. bei der

Konfliktverhütung und Friedenserhaltung, ihre aktive Einbeziehung bei der Beilegung regionaler Konflikte. Die zum 1. 1. 1995 in OSZE umbenannte Organisation entsendet seitdem **Langzeitmissionen** in Gebiete möglicher oder bestehender Konflikte (Bosnien-Herzegowina; Estland; Georgien; Kosovo, Sandschak und Vojwodina; Kroatien; Lettland; Mazedonien; Moldau; Tadschikistan; Tschetschenien). Ihre Aktivitäten erstrecken sich auch auf die Beobachtung von Wahlen und die Einhaltung von Abkommen zwischen Konfliktparteien. 1993–96 koordinierte die OSZE die verschärften Sanktionen gegen Serbien und Montenegro; sie überwachte auch das Waffenembargo gegen die ehem. jugoslawischen Republiken. Zur Umsetzung der nichtmilitärischen Vereinbarungen des Dayton-Friedensabkommens (→ WA '97, Sp. 87 f.) beschlossen die OSZE-Außenminister am 8. 12. 1995 in Budapest die Entsendung mehrerer hundert Experten nach **Bosnien-Herzegowina**, um u. a. die Wahlen vorzubereiten und zu überwachen (→ Bosnien-Herzegowina im Staatenteil), die Einhaltung der Menschen- bzw. Minderheitenrechte gewährleisten und die Abrüstung zu kontrollieren.

Am 17. 12. 1996 entsandte die OSZE eine Delegation unter Leitung des ehemaligen spanischen Ministerpräsidenten *Felipe González* nach **Jugoslawien**, um sich über das Ergebnis der Kommunalwahlen vom 17. 11. 1996 zu informieren. *González* bestätigte am 27. 12. 1996 nach einer Untersuchung die Wahlsiege des Oppositionsbündnisses Zajedno in Belgrad und 13 weiteren serbischen Städten und forderte die serbische Regierung auf, das Ergebnis anzuerkennen. Nach dem Einlenken der serbischen Regierung am 4. 2. 1997 (→ Jugoslawien im Staatenteil) forderte die OSZE »weitere Schritte in Richtung Demokratisierung und Dialog mit der Opposition«. Die OSZE ist federführend bei der Hilfeleistung für **Albanien** (→ Albanien im Staatenteil); koordiniert werden die Maßnahmen der EU (→ Hauptkapitel EU) und der → UN, des IWF (→ UN) und der Osteuropabank (EBRD) vom OSZE-Sonderbeauftragten für Albanien, dem früheren österreichischen Bundeskanzler *Franz Vranitzky*. – Der Hohe Kommissar für nationale Minderheiten, *Max van der Stoel*, vermittelte in zahlreichen Staaten in **Minderheitenfragen** unterschiedlichster Art. In Lettland und Estland geht es vor allem um den Status der dort lebenden russischen Bevölkerung, in der Slowakei und in Ungarn um eine Regelung wechselseitiger Minderheitenprobleme, in Rumänien um die große ungarische, in Mazedonien um die albanische Minderheit, in der Ukraine um die Zukunft der Krimtataren; in Kasachstan und Kirgisistan um innerethnische Spannungen.

Zum Abschluß des **6. OSZE-Gipfeltreffens** in Lissabon (Portugal) am 2./3. 12. 1996 verabschiedeten die Staats- und Regierungschefs eine gemeinsame Erklärung zu einem neuen Sicherheitsmodell für Europa; danach sollen alle Mitgliedstaaten gleichberechtigt an der neuen europäischen »Sicherheitsstruktur für das 21. Jahrhundert« mitwirken. Jeder Staat hat prinzipiell die Freiheit der Bündniswahl. Die OSZE erhält – v. a. im Hinblick auf die Thematik der NATO-Osterweiterung (→ NATO) – eine Koordinierungsrolle bei der Erarbeitung eines europäischen Sicherheitskonzepts.

OVCW Organisation für das Verbot von Chemiewaffen

Organization for the Prohibition of Chemical Weapons (OPCW)

Sitz (Sekretariat): Laan van Meerdervoort 51A, NL-2517 AE Den Haag
Tel.: (0031) 70-3761700, Fax: -3600944

Gründung am 29. 4. 1997 mit Inkrafttreten der Konvention über das Verbot der Entwicklung, Herstellung, Lagerung sowie der Verbreitung und des Gebrauchs chemischer Waffen (kurz: C-Waffen-Konvention) sowie über deren Vernichtung (→ Kasten) als IGO.

Ziele: Überwachung der Durchführung der Bestimmungen der Konvention.

Mitglieder: Staaten, die die Konvention ratifiziert haben (bis 30. 4. 1997 88 von 165 Unterzeichnerstaaten, darunter alle Mitgliedstaaten der → NATO).

Organe: Hauptorgan ist die jährliche **Konferenz** der Vertragsstaaten. Der aus 41 von den Vertragsstaaten nach dem Rotationsverfahren für 2 Jahre gewählten Mitgliedern bestehende **Exekutivrat** legt die Verifikationsregeln fest und kann unangemeldete Inspektionen in allen Signatarstaaten durchführen lassen. Ein **Hilfsfonds** für die finanziell schlechter gestellten Signatare (insbes. GUS und Staaten Mittel- und Osteuropas) unterstützt die Beseitigung der C-Waffen und die Anschaffung von Schutzausrüstungen; **Sekretariat** in Den Haag mit einem **Exekutivsekretär**: *Ian R. Kenyon*.

Personal (Mitte 1997): 225 Bedienstete im Sekretariat und 211 Inspektoren.

Finanzierung durch die Signatare, in Deutschland durch das Zentrum für Verifikationsaufgaben der Bundeswehr. Haushalt 1996: 80 Mio. hfl.

C-Waffen-Übereinkommen

Am 3. 9. 1992 stimmten auf der Genfer Abrüstungskonferenz (→ CD) die Delegationen der damals 39 Mitgliedstaaten dem Entwurf einer Konvention über das Verbot der Entwicklung, Herstellung, Lagerung und des Gebrauchs chemischer Waffen sowie über deren Vernichtung (Convention on the Prohibition of the Development, Production, Stockpiling and the Use of Chemical Weapons and on their Destruction/CWC) zu, die von der UN-Generalversammlung am 25. 11. 1992 verabschiedet und am 13. 1. 1993 in Paris zur Zeichnung aufgelegt wurde. Am 31. 10. 1996 hinterlegte Ungarn als 65. Unterzeichnerstaat die Ratifikationsurkunde zur Konvention, die damit nach einer Frist von 180 Tagen am 29. 4. 1997 in Kraft treten konnte. Bis zu diesem Zeitpunkt hatten 164 Staaten die Konvention unterschrieben und 76 ratifiziert. Die Ratifizierung durch Deutschland erfolgte bereits am 12. 8. 1994. Die USA, die neben Rußland über die größten Vorräte an chemischen Kampfstoffen verfügen, ratifizierten den Vertrag am 24. 4. 1997, China folgte am 25. 4. 1997. In Rußland ist der Ratifizierungsprozeß noch nicht abgeschlossen; die Duma verweist auf fehlende Haushaltsmittel für die Umsetzung der Konvention. Noch nicht ratifiziert hat auch die DVR Korea (Nord-Korea). Iran, das zu den rd. 20 Staaten zählt, in denen C-Waffen vermutet werden, ratifizierte den Vertrag 6/1997, Libyen und Irak haben das Abkommen noch nicht einmal unterzeichnet. – Chemische Kampfstoffe waren erstmals im Ersten Weltkrieg verwendet worden und dann im Genfer Protokoll vom 17. 7. 1925 verboten worden, einem internationalen Abkommen über das Verbot von erstickenden, giftigen oder ähnlichen Gasen sowie von bakteriologischen Mitteln im Krieg (von den USA nicht ratifiziert).

Die **Konvention** verpflichtet die Signatare, »niemals und unter keinen Umständen C-Waffen anzuwenden«. Sie untersagt Besitz, Lagerung, Erwerb und Einsatz dieser Waffen sowie jegliche Tätigkeit im Bereich ihrer Entwicklung, Herstellung und Weitergabe. Den Vertragsstaaten wird internationale Hilfe bei Bedrohung mit C-Waffen zugesichert. Die Einhaltung des Übereinkommens kann durch Sanktionen und andere Maßnahmen erzwungen werden.

Die **Herstellung ist verboten**. Dafür wurde ein umfassendes **Überprüfungssystem** (Verifikation) entwickelt. Da viele Chemikalien sowohl militärisch als auch zivil verwendbar sind, werden die **waffentauglichen Substanzen** abgestuft in **3 Listen** erfaßt:

- Liste A: 12 Gruppen der generell verbotenen, absolut tödlichen Substanzen ohne zivile Bedeutung (Nervengase, Senfgas Toxin);
- Liste B: 14 Gruppen doppelt nutzbarer toxischer Stoffe, deren Produktionsstätten deklariert werden müssen und intensiv kontrolliert werden;
- Liste C: 17 Gruppen weniger gefährlicher, überwiegend zivil genutzter Stoffe, die einem Informationsaustausch und Stichprobenkontrollen unterliegen.

Ein **Kontrollsystem innerhalb der chemischen Industrie** soll Verstöße aufdecken, ohne daß unternehmerische und sicherheitsrelevante Interessen verletzt werden. Als Sicherheitsnetz sind außerdem Verdachtskontrollen vorgesehen; diese müssen innerhalb von 5 Tagen zugelassen werden. Grundsätzlich gilt, daß den künftigen OVCW-Inspektoren jederzeit Zugang gewährt wird und keine Anlage, ob zivil oder militärisch, von den Kontrollen ausgeschlossen ist. Mitgliedstaaten, die gegen die Konvention verstoßen, drohen Wirtschaftssanktionen. Mit Staaten, die das Übereinkommen nicht unterzeichnet haben, kann nur begrenzter Handel betrieben werden. Chemieunternehmen in Nichtmitgliedstaaten werden so isoliert: Sie verlieren wichtige Exportmärkte und können auch für zivile Produkte bestimmte Stoffe nicht mehr aus Vertragsstaaten einführen.

Die vorhandenen **Bestände müssen** nach genau festgelegtem Verfahren binnen 10 Jahren **vernichtet** und die **Produktionsanlagen zerstört werden**. Rußland, das mit 40 000 t die größten C-Waffen-Bestände besitzt (USA: 25 000 t), wurde gegen erhöhte Verrifikationsauflagen eine Fristverlängerung von 5 Jahren eingeräumt. Spätestens im Jahr 2010 sollen weltweit die letzten C-Waffen vernichtet sein.

In **Deutschland** sind einerseits Altlasten aus der Zeit vor 1946 zu melden und zu vernichten, andererseits sind rd. 200 zivile Chemiewerke zur Abgabe von Meldungen und Handelsbeschränkungen gegenüber Nicht-Vertragsstaaten verpflichtet.

An der am. 6. 5. 1997 begonnenen **1. Vertragsstaaten-Konferenz** (VSK) der OVCW in Den Haag durften von den bis dahin 163 Unterzeichnerstaaten der Konvention nur die 87 Staaten teilnehmen, die die Konvention bis zu diesem Zeitpunkt ratifiziert hatten. Dazu gehören – neben den USA und China – Japan, Australien und alle EU-Mitgliedstaaten, aber nur wenige asiatische und afrikanische Staaten. Die VSK überprüft künftig die Tätigkeit des von ihr gewählten 41köpfigen Exekutivrats, dem wiederum das technische Sekretariat als ausführendes Organ unterstellt ist.

Schengener Abkommen

Gründung am 14. 6. 1985 und 19. 6. 1990 in Schengen (Luxemburg), in Kraft am 26. 3. 1995 (Einzelheiten → WA '97, Sp. 864f.).
Unterzeichnerstaaten (13+2); *= Gründerstaaten von 1985): Die 13 EU-Staaten Belgien*, Dänemark (1996), Deutschland*, Finnland (1996), Frankreich*, Griechenland (1992), Italien (1990), Luxemburg*, Niederlande*, Österreich (1995), Portugal (1991) Schweden (1996) und Spanien (1991) sowie als **assoziierte Mitglieder** (seit 19. 12. 1996) die skandinavischen Nicht-EU-Staaten Norwegen und Island.
Anwenderstaaten (7): Belgien, Deutschland, Frankreich, Luxemburg, Niederlande, Portugal und Spanien. – Österreich und Italien sollen zum 1. 4. 1998 voll in das Schengen-System integriert sein (→ unten), Griechenland, das das Schengener Abkommen am 11. 6. 1997 ratifizierte, zu einem späteren Zeitpunkt, da die »rechtlichen Voraussetzungen« noch nicht erfüllt sind (Sicherheitsbedenken).
Vertragsbestimmungen: Seit 1985 (»Schengen I«) wurden Erleichterungen bei der Abfertigung an den gemeinsamen Grenzen der Gründerstaaten verwirklicht (im Pkw-Verkehr Beschränkung auf einfache Sichtkontrolle; im Lkw-Verkehr Verzicht auf systematische Kontrolle von Fahrtenblatt, Beförderungsgenehmigung, Maßen und Gewichten). Der Staatsvertrag von 1990 (»Schengen II«) schafft den freien Personen- und Warenverkehr und sieht Ausgleichsmaßnahmen für Sicherheitsdefizite vor: Die Kontrollen an den Außengrenzen der Anwenderstaaten werden verstärkt; die Einreise für Bürger aus Nicht-EU-Staaten wird durch gemeinsame Listen visumpflichtiger und -freier Staaten geregelt, Visa werden gegenseitig anerkannt; Asylanträge werden vom Einreisestaat beurteilt und von den anderen Staaten anerkannt (das nationale Asylrecht bleibt aber bestehen); die polizeiliche Zusammenarbeit wird verstärkt, u. a. durch ein länderübergreifendes Fahndungssystem (Schengener Informationssystem SIS) mit einem Zentralcomputer in Straßburg als Kernelement; Straftäter können über die Grenzen hinweg verfolgt werden (»Polizeiliche Nacheile«).
Inkrafttreten: Mit Inkrafttreten von »Schengen II« am 26. 3. 1995 wurden die Personen- und Warenkontrollen an den Binnengrenzen der **7 Gründerstaaten** abgeschafft. Am 17. 7. 1997 vereinbarten die Regierungschefs von **Deutschland, Österreich und Italien** die Abschaffung der Grenzkontrollen im Landverkehr zwischen den 3 Staaten zum 1. 4. 1998. Für Italien und Österreich soll zudem schon am 26. 10. bzw. 1. 12. 1997 die 1. Stufe des Abkommens in Kraft treten – sie werden dann an das Dateninformationssystem SIS angeschlossen und die Visaerteilung wird vereinheitlicht; auf den Flughäfen Italiens und Österreichs entfallen für Bürger der 7 anderen Anwenderstaaten die Kontrollen. Zur Schließung von Sicherheitslücken intensiviert der Freistaat Bayern die sog. Schleierfahndung, die es erlaubt, Personen und Fahrzeuge in einem Bereich von 30 km Entfernung von der Grenze unabhängig von einem konkreten Verdacht oder Ereignis zu kontrollieren. Die Ratifizierung der Beitrittsurkunden Österreichs und Griechenlands durch das französische Parlament steht noch aus; sie wird für Mitte September 1997 erwartet. Die technischen Voraussetzungen für die Einbindung der 5 skandinavischen Staaten, die das Schengener Abkommen am 19. 12. 1997 unterzeichnet (und bereits 1954 durch eine Paßunion den freien Grenzverkehr untereinander verwirklicht) haben, sollen bis zum Jahr 2000 erfüllt sein. – Mit Inkrafttreten des Vertrags von Amsterdam (→ EU) soll das Schengener Abkommen ab 1999 in die EU-Zuständigkeit überführt werden; Ausnahmen bilden dann nur noch die EU-Mitglieder Großbritannien und Irland sowie Dänemark, die ihre Grenzen vorerst nicht öffnen wollen.

Schengener Abkommen: Unterzeichner- und Anwenderstaaten (Stand Sept. 1997)

UN Vereinte Nationen

United Nations [Organization]
inoffiziell auch **UNO** für die »Organisation der Vereinten Nationen« gebräuchlich

Sitz der Organisation: 1 U. N. Plaza, **New York**, NY 10017 (USA), Tel.: (001) 212–963–1234, Fax: –963–4879. Weltweit Büros von UN-Einrichtungen, u. a.:
Palais des Nations, CH–1211 **Genf** 10, Tel.: (0041) 22–9172300, Fax: –9170123;
Vienna International Centre, PO Box 500, A–1400 **Wien**, Tel.: (0043) 1–21345, Fax: –21345–5819.

Gründung: Am 26. 6. 1945 wurde in San Francisco (USA) zum Abschluß der »Konferenz der Vereinten Nationen über die Internationale Organisation« die Charta der Vereinten Nationen unterzeichnet. Sie trat am 24. 10. 1945 in Kraft. Dieser Tag wird jährlich wiederkehrend als ›Tag der Vereinten Nationen‹ begangen. Das System der Vereinten Nationen (UN) setzt sich aus einer Vielzahl von teilweise rechtlich selbständigen internationalen Organisationen zusammen. Die eigentliche Kernorganisation – die UNO – verfügt über 5 Hauptorgane (→ unten), die bei Bedarf Neben- und Hilfsorgane (mit Unterorganen oder Arbeitsgruppen) einsetzen.
Mitglieder (185): Alle Staaten der Welt mit Ausnahme von Kiribati, Nauru, Sahara (DARS), Schweiz, Rep. China (Taiwan), Tonga, Tuvalu und Vatikanstadt. Die Mitarbeit der Bundesrepublik Jugoslawien ist suspendiert.
Zentrale Tätigkeitsfelder: Friedenssicherung, multilaterale Entwicklungszusammenarbeit, Menschenrechtsschutz.
Das Ziel der **Friedenssicherung** ist in **Artikel 1 der Charta** festgehalten: »Die Vereinten Nationen setzen sich folgende Ziele: 1. Den Weltfrieden und die internationale Sicherheit zu wahren und zu diesem Zweck wirksame Kollektivmaßnahmen zu treffen, um Bedrohungen des Friedens zu verhüten und zu beseitigen, Angriffshandlungen und andere Friedensbrüche zu unterdrücken und internationale Streitigkeiten oder Situationen, die zu einem Friedensbruch führen könnten, durch friedliche Mittel nach den Grundsätzen der Gerechtigkeit des Völkerrechts zu bereinigen oder beizulegen.«
Um weltweite Aufmerksamkeit für bestimmte Aspekte ihrer zentralen Tätigkeitsfelder zu erreichen und die globale Zusammenarbeit zu fördern, widmet die UNO ihnen Sonderveranstaltungen. Sie umfassen Dekaden, Internationale Jahre, Wochen, Tage und Konferenzen.
Personal: im gesamten UN-System arbeiten 53 333 Personen, davon ca. 10 000 im Generalsekretariat (Stand März 1997).
Amts- und Arbeitssprachen: Arabisch, Chinesisch, Englisch, Französisch, Russisch, Spanisch.
Haushalt: 2-Jahres-Haushalt 1996–97 (1994–95): 2,608 Mrd. $ (2,58 Mrd.). Andauernd hohe Beitragsrückstände der Mitgliedstaaten (Defizit Ende 1996: rund 2,3 Mrd. $., davon 1,7 Mrd. für Friedenseinsätze und 500 Mio. für den ordentlichen Haushalt) gefährden zunehmend die Arbeit der UN. Größter Schuldner sind die USA. Sie machen die Begleichung ihrer Schulden von der Durchführung tiefgreifender Reformen mit deutlichen Einsparungen abhängig.

I. Hauptorgane der Vereinten Nationen

1. UNGA Generalversammlung

Zentrales politisches Beratungsorgan, besteht aus Vertretern aller Mitgliedstaaten, prüft und genehmigt den Haushalt, setzt die Beitragsquoten fest, bestimmt die Zusammensetzung der Organe, wählt die Nichtständigen Mitglieder des Sicherheitsrats und alle Mitglieder des Wirtschafts- und Sozialrats, ernennt auf Empfehlung des Sicherheitsrats den Generalsekretär, erörtert alle Themen, die in den Rahmen der Charta fallen und äußert sich in Form von Entschließungen (mit De-facto-Empfehlungscharakter). Jeder Mitgliedstaat hat eine Stimme. Die UNGA nimmt ihre Aufgaben durch zahlreiche Neben- und Sonderorgane (→ II.) wahr; sie tritt jährlich am 3. Dienstag im September zusammen und tagt bis Jahresende.

2. UNSC Sicherheitsrat

Bedeutendstes Organ mit weitreichenden Kompetenzen in der Konfliktverhütung und -lösung, betraut mit der »Hauptverantwortung für die Wahrung des Weltfriedens und der internationalen Sicherheit«, kann für alle UNO-Mitglieder verbindliche Beschlüsse treffen. **15 Mitglieder: 5 Ständige** (VR China, Frankreich, Großbritannien, Rußland (seit 1991 in Nachfolge der UdSSR) und USA) sowie **10 Nichtständige,** für 2 Jahre von der UN-Generalversammlung mit 2/3-Mehrheit gewählt: 5 aus Afrika und Asien, je 2 aus Lateinamerika und der Gruppe der »westeuropäischen Staaten«, ein osteuropäisches Land (bis Ende 1997: Ägypten, Chile, Guinea-Bissau, Polen, Republik Korea; bis Ende 1998: Costa Rica, Japan, Kenia, Portugal, Schweden). – Die 5 Ständigen Mitglieder haben ein **Veto-**

Die Vereinten Nationen

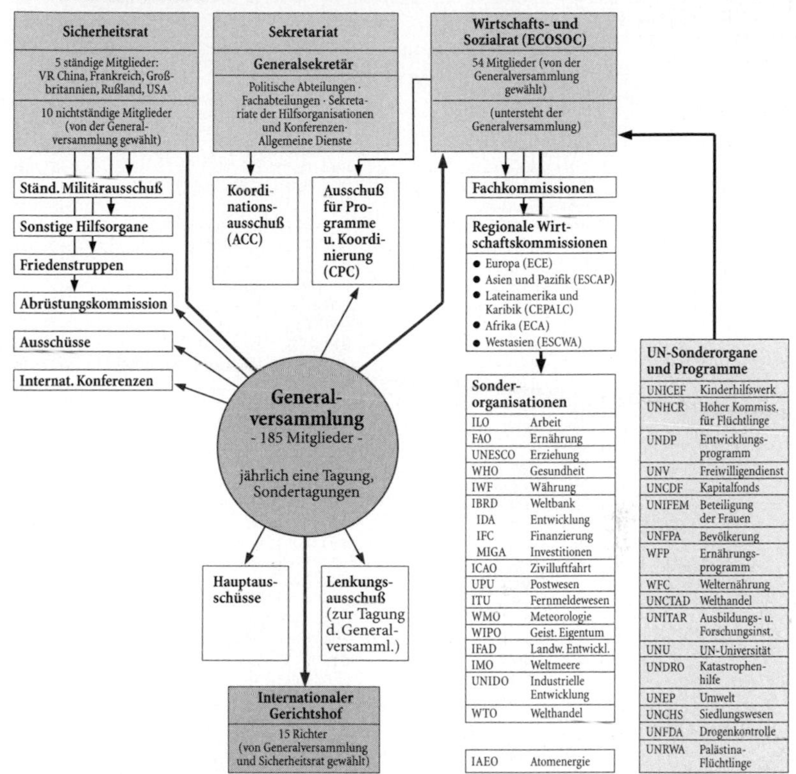

recht: Beschlüsse, die über Verfahrensfragen hinausgehen, bedürfen der Zustimmung von 9 Mitgliedern einschließlich sämtlicher Ständigen Mitglieder.

Der Sicherheitsrat kann **Nebenorgane** einsetzen:

UN-Friedenstruppen (»Blauhelme«)

In »friedenserhaltenden oder friedensstiftenden« Maßnahmen in über 40 Krisengebieten wurden seit 1948 über 750 000 Militärpersonen aus 71 Staaten eingesetzt (Gesamtkosten 1948–1995: 15,4 Mrd. $, die Rückstände bei der Finanzierung der derzeit 17 Blauhelmoperationen betragen rund 1,7 Mrd. $). Blauhelme sind nicht nur bewaffnete Einheiten, sondern auch Militär- oder unbewaffnete zivile Beobachter. Friedenstruppen dürfen nur im Notfall zur Selbstverteidigung kämpfen. Seit 1948 kamen fast 1500 UN-Soldaten ums Leben. Das Mandat der Friedenstruppen wird durch den Sicherheitsrat in der Regel halbjährlich verlängert.

ITCR Internationales Tribunal für Kriegsverbrechen in Ruanda

*8. 11. 1994 durch den UN-Sicherheitsrat als dessen unabhängiges Hilfsorgan mit Sitz in Arusha (Tansania). Es ist zuständig für die strafrechtliche Verfolgung von Genoziden oder anderen schweren Verletzungen des humanitären Völkerrechts, die im Laufe des Jahres 1994 in Ruanda oder von ruandischen Staatsangehörigen in den Nachbarstaaten begangen wurden.

Organe: Das Tribunal hat 2 Kammern mit je 3 von der UN-Generalversammlung gewählten Richtern aus Senegal, Südafrika, Schweden, Rußland, Bangladesch und Tansania. Es verfügt über keine eigene Berufungskammer, diese Aufgabe wird von der Appellationskammer des → ITCY übernommen. Bei zugelassener Anklage wird ein Haftbefehl ausgestellt, der alle Staaten verpflichtet, den Täter festzunehmen und dem Gericht zu überantworten. Die Verhandlungen sind generell öffentlich, ver-

Die 185 **UNO-Mitglieder** mit Beitrittsjahr und Beitragsanteil 1997 (in Prozent) am UNO-Haushalt 1995–97 (* = noch festzulegen)

Land	Beitrittsjahr	Beitragsanteil
Afghanistan	1945	0,01
Ägypten	1945	0,08
Albanien	1955	0,01
Algerien	1962	0,16
Andorra	1993	0,01
Angola	1976	0,01
Antigua u. Barbuda	1981	0,01
Äquatorialguinea	1968	0,01
Argentinien	1945	0,48
Armenien	1992	0,05
Aserbaidschan	1992	0,11
Äthiopien	1945	0,01
Australien	1945	1,48
Bahamas	1973	0,02
Bahrain	1971	0,02
Bangladesch	1974	0,01
Barbados	1966	0,01
Belgien	1945	1,01
Belize	1981	0,01
Benin	1960	0,01
Bhutan	1971	0,01
Bolivien	1945	0,01
Bosnien-Herzegowina	1992	0,01
Botsuana	1966	0,01
Brasilien	1945	1,62
Brunei	1984	0,02
Bulgarien	1955	0,08
Burkina Faso	1960	0,01
Burundi	1962	0,01
Chile	1945	0,08
China (Volksrep.)	1945	0,74
Costa Rica	1945	0,01
Dänemark	1945	0,72
Deutschland	1973	9,06
Dominica	1978	0,01
Dominikan. Rep.	1945	0,01
Dschibuti	1977	0,01
Ecuador	1945	0,02
El Salvador	1945	0,01
Elfenbeinküste	1960	0,01
Eritrea	1993	0,01
Estland	1991	0,04
Fidschi	1970	0,01
Finnland	1955	0,62
Frankreich	1945	6,42
Gabun	1960	0,01
Gambia	1965	0,01
Georgien	1992	0,11
Ghana	1957	0,01
Grenada	1974	0,01
Griechenland	1945	0,38
Großbritannien (UK)	1945	5,32
Guatemala	1945	0,02
Guinea	1958	0,01
Guinea-Bissau	1974	0,01
Guyana	1966	0,01
Haiti	1945	0,01
Honduras	1945	0,01
Indien	1945	0,31
Indonesien	1950	0,14
Irak	1945	0,14
Iran	1945	0,45
Irland (Republik)	1955	0,21
Island	1945	0,03
Israel	1949	0,27
Italien	1955	5,25
Jamaika	1962	0,01
Japan	1956	15,65
Jemen	1947	0,01
Jordanien	1955	0,01
Jugoslawien	1945	(–)[1]
Kambodscha	1955	0,01
Kamerun	1960	0,01
Kanada	1945	3,11
Kap Verde	1975	0,01
Kasachstan	1992	0,19
Katar	1971	0,04
Kenia	1963	0,01
Kirgisistan	1992	0,03
Kolumbien	1945	0,10
Komoren	1975	0,01
Kongo	1960	0,01
Kongo, Dem. Rep.	1960	0,01
Korea, DVR	1991	0,05
Korea, Republik	1991	0,82
Kroatien	1992	0,09
Kuba	1945	0,05
Kuwait	1963	0,19
Laos	1955	0,01
Lesotho	1966	0,01
Lettland	1991	0,08
Libanon	1945	0,01
Liberia	1945	0,01
Libyen	1955	0,20
Liechtenstein	1990	0,01
Litauen	1991	0,08
Luxemburg	1945	0,07
Madagaskar	1960	0,01
Malawi	1964	0,01
Malaysia	1957	0,14
Malediven	1965	0,01
Mali	1960	0,01
Malta	1964	0,01
Marokko	1956	0,03
Marshallinseln	1991	0,01
Mauretanien	1961	0,01
Mauritius	1968	0,01
Mazedonien, Ehem. jug. Rep.	1993	0,01
Mexiko	1945	0,79
Mikronesien	1991	0,01
Moldau	1992	0,08
Monaco	1993	0,01
Mongolei	1961	0,01
Mosambik	1975	0,01
Myanmar (Birma)	1948	0,01
Namibia	1990	0,01
Nepal	1955	0,01
Neuseeland	1945	0,24
Nicaragua	1945	0,01
Niederlande	1945	1,59
Niger	1960	0,01
Nigeria	1960	0,11
Norwegen	1945	0,56
Oman	1971	0,04
Österreich	1955	0,87
Pakistan	1947	0,06
Palau	1994	*
Panama	1945	0,01
Papua-Neuguinea	1975	0,01
Paraguay	1945	0,01
Peru	1945	0,06
Philippinen	1945	0,06
Polen	1945	0,33
Portugal	1955	0,28
Ruanda	1962	0,01
Rumänien	1955	0,15
Rußland (Russ. Föd.)	1945	4,27
Salomonen	1978	0,01
Sambia	1964	0,01
Samoa (West)	1976	0,01
San Marino	1992	0,01
São Tomé u. Principe	1975	0,01
Saudi-Arabien	1945	0,71
Schweden	1946	1,23
Senegal	1960	0,01
Seychellen	1976	0,01
Sierra Leone	1961	0,01
Simbabwe	1980	0,01
Singapur	1965	0,14
Slowakei	1993	0,08
Slowenien	1992	0,07
Somalia	1960	0,01
Spanien	1955	2,38
Sri Lanka	1955	0,01
St. Kitts u. Nevis	1983	0,01
St. Vincent u. d. Gren.	1980	0,01
St. Lucia	1979	0,01
Südafrika	1945	0,32
Sudan	1956	0,01
Suriname	1975	0,01
Swasiland	1968	0,01
Syrien	1945	0,05
Tadschikistan	1992	0,02
Tansania	1961	0,01
Thailand	1946	0,13
Togo	1960	0,01
Trinidad u. Tobago	1962	0,03
Tschad	1960	0,01
Tschechische Rep.	1993	0,25
Tunesien	1956	0,03
Türkei	1945	0,38
Turkmenistan	1992	0,03
Uganda	1962	0,01
Ukraine	1945	1,09
Ungarn	1955	0,14
Uruguay	1945	0,04
Usbekistan	1992	0,13
Vanuatu	1981	0,01
Venezuela	1945	0,33
Ver. Arab. Emirate	1971	0,19
Vereinigte Staaten (USA)	1945	25,00
Vietnam	1977	0,01
Weißrußland (Belarus)	1945	0,28
Zentralafrikan. Rep.	1960	0,01
Zypern	1960	0,03

[1] Mitarbeit suspendiert

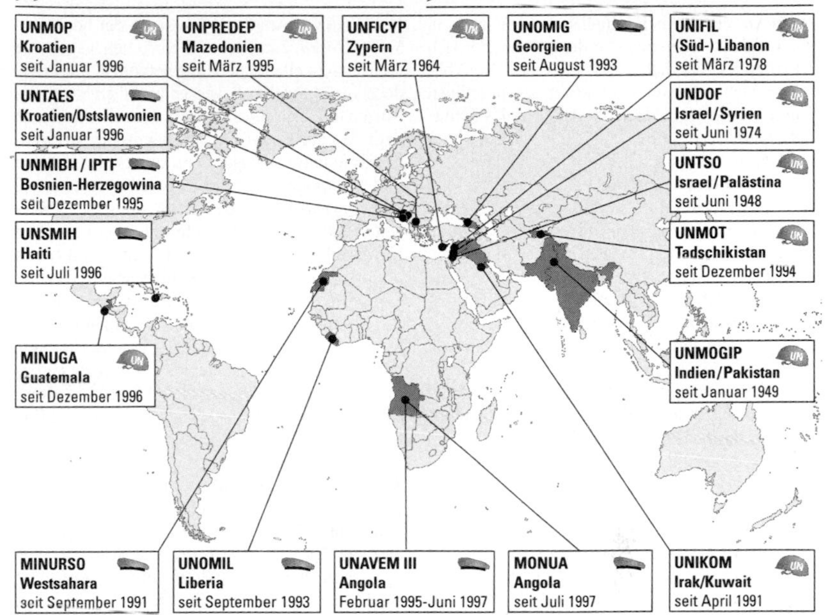

Friedensmissionen 1997

- Klassische Missionen zur Friedenssicherung, die die Einhaltung von Waffenstillständen überwachen, ihre Verletzung untersuchen und den Abzug von Truppen/Konfliktparteien kontrollieren.
- Kombinierte und erweiterte Missionen der Friedenssicherung, die zusätzlich zu den militärischen umfangreiche zivile Aufgaben wahrnehmen. Hierzu gehören auch Missionen ohne militärischen Auftrag, z. B. zur Überwachung von Wahlen und zur Einhaltung der Menschenrechte.

Truppenstärke der Friedensmissionen

Mission	*Umfang*	*Zusammensetzung*
UNMOP	28	militärische Beobachter
UNPREDEP	1100	1039 Truppenangehörige, 35 militärische Beobachter, 26 Polizisten
UNFICYP	1197	1162 Truppenangehörige und 35 Polizisten
UNOMIG	120	militärische Beobachter
UNIFIL	4473	Truppenangehörige, unterstützt durch 60 militärische Beobachter von UNTSO
UNDOF	1032	Truppenangehörige, unterstützt durch 80 militärische Beobachter von UNTSO
UNTSO	169	militärische Beobachter
UNMOT	24	militärische Beobachter
UNMOGIP	44	militärische Beobachter
UNIKOM	1002	905 Truppenangehörige, 197 militärische Beobachter
UNAVEM III	4220	3649 Truppenangehörige, 283 militärische Beobachter, 288 Polizisten
MONUA	524	193 Truppenangehörige, 86 militärische Beobachter, 345 Polizisten
UNOMIL	91	7 Truppenangehörige, 84 militärische Beobachter
MINURSO	231	196 militärische Beobachter, 27 militärisches Personal, 8 Polizisten
MINUGA	155	militärische Beobachter
UNSMIH	1549	1281 Truppenangehörige, 268 Polizisten
UNMIBH	1698	5 militärisches Personal, 1693 zivile Polizisten,
UNTAES	5378	4823 Truppenangehörige, 100 militärische Beobachter, 455 Polizisten

hängt werden können lediglich Freiheitsstrafen, die in Ruanda oder einem anderen Staat, der sich dazu bereit erklärt hat, zu verbüßen sind. Der Vollzug richtet sich nach dem Recht des jeweiligen Landes, unterliegt jedoch der Aufsicht des Tribunals. Parallele Verfahren vor nationalen Gerichten sind wegen der Vorrangstellung des ITCR ausgeschlossen. **Personal:** 150. **Haushalt**: Seit Juni 1996 Ordentliches Jahresbudget von 29 Mio. $.
Aktivitäten: Die erste Anklageerhebung gegen 8 der Teilnahme am Genozid verdächtigter Personen erfolgte am 12. 12. 1995. Bis September 1996 wurde Anklage gegen 22 Personen erhoben. Im selben Monat begannen die Verhandlungen gegen die Angeklagten *Jean Paul Akayesu* und *George Anderson Rutaganda*. Akayesu wird beschuldigt, im Februar 1994 die Ermordung von mehr als 2000 Tutsi durch Todeschwadronen der Hutu-Milizen befohlen und mehrfach selbst gemordet zu haben. Er bestreitet jede Schuld.

ITCY Internationales Tribunal für Verbrechen im früheren Jugoslawien

*25. 2. 1993 durch den UN-Sicherheitsrat als dessen unabhängiges Hilfsorgan mit Sitz in Den Haag (Niederlande) zur strafrechtlichen Verfolgung von Personen, die seit 1. 1. 1991 im Gebiet des ehemaligen Jugoslawien Verletzungen der Genfer Konventionen von 1949 zum Schutz der Zivilpersonen in Kriegszeiten (Rotkreuzabkommen) und der Verhaltensregeln in Kriegen (Haager Landkriegsordnung von 1907) oder auch Verbrechen gegen die Menschlichkeit und Völkermord begangen oder angeordnet haben.
Organe: Das Tribunal besteht aus 2 Kammern mit je 3 von der UN-Generalversammlung für 4 Jahre gewählten Richtern und einer Berufungsinstanz mit 5 Mitgliedern. Die erste öffentliche Anhörung erfolgte am 8. 11. 1994. Chefanklägerin, ebenso wie im Kriegsverbrechertribunal für Ruanda (→ ITCR), ist seit 1. 10. 1996 *Louise Arbour* (Kanada).
Haushalt: 35,4 Mio $.
Aktivitäten: Das Tribunal hat Vorrang vor allen nationalen Gerichten. Es kann aber keine Festnahmen veranlassen, niemanden in Abwesenheit verurteilen und ist darauf angewiesen, daß ihm mutmaßliche Kriegsverbrecher überstellt werden. Das **erste Urteil** wurde am 29. 11. 1996 verkündet. Gemäß den Forderungen der Anklage wurden gegen den Kroaten *Dražen Erdemović* 10 Jahre Haft verhängt. Er war im Juli 1995 nach dem Fall der Enklave Srebrenica an Massenerschießungen von Moslems beteiligt. *Erdemović* dient der Anklage als freiwilliger Zeuge gegen den Führer der radikalen bosnischen Serben, *Radovan Karadžic*, und Armeechef *Ratko Mladić*, beide nach wie vor auf

freiem Fuß. – Am 8. 5. 1997 wurde der bosnische Serbe *Duško Tadić* der »Verbrechen gegen die Menschlichkeit« für schuldig befunden, mußte jedoch aus Mangel an Beweisen von allen Mordvorwürfen freigesprochen werden. Eine direkte Beteiligung an der Ermordung moslemischer Zivilisten in den Gefangenenlagern von Omarska, Keraterm und Trnopolje war ihm nicht nachzuweisen. Am 14. 7. 1997 wurde *Tadić* zu 20 Jahren Haft verurteilt. – Zur ersten Festnahme eines mutmaßlichen Kriegsverbrechers durch UN-Fahnder kam es am 27. 6. 1997. Dem in Ost-Slawonien gefaßten Serben *Slavko Domanović* wird vorgeworfen, 1991 an der Ermordung 260 (nichtserbischer) Patienten eines Krankenhauses in der serbisch besetzten kroatischen Stadt Vukovar beteiligt gewesen zu sein. – Insgesamt hat das ITCY bisher 54 Serben, 18 Kroaten und 3 Moslems angeklagt, von denen 7 im UN-Gefängnis in Scheveningen inhaftiert sind.

3. ECOSOC Wirtschafts- und Sozialrat

54 von der UNGA gewählte Mitglieder, jährliche Wahl von 18 Mitgliedern für 3 Jahre. Der ECOSOC tagt halbjährlich, jeder Mitgliedstaat besitzt eine Stimme. **Aufgaben**: Durchführung oder Anregung von Untersuchungen zu wirtschaftlichen, sozialen, kulturellen und humanitären Fragen; Empfehlungen an Generalversammlung, UN-Mitglieder, Sonderorganisationen der UN; Einberufung internationaler Konferenzen; Bindeglied zu den autonomen Sonderorganisationen im UN-System. Der Rat besitzt keine Exekutivbefugnisse und ist der Generalversammlung untergeordnet. Zur Durchführung seiner umfangreichen Aufgaben besitzt er eine Vielzahl von Nebenorganen – 4 Ständige Ausschüsse (Kommission für Wohnungs- und Siedlungswesen, Ausschuß für nichtstaatliche Organisationen, Ausschuß für Verhandlungen mit zwischenstaatlichen Organisationen, Kommission für transnationale Unternehmen), 5 regionale Wirtschaftskommissionen (→ unten), 9 funktionale Kommissionen: für Bevölkerung und Entwicklung (27 Mitglieder), Menschenrechte (53), Soziale Entwicklung (32), Rechtsstellung der Frauen (45), Drogen (53), Statistik (24), Nachhaltige Entwicklung (53), Verbrechensverhütung und Strafrechtspflege (40), Wissenschaft und Technologie (53).

Regionale Wirtschaftskommissionen (5)

CEPALC (Lateinamerika und Karibik), engl. **ECLAC**: *1948, Sitz: Av. Dag Hammarskjöld, Casilla 179 D, Santiago (Chile) 39, Tel.: (0056) 2-2102000, Fax: -2080252. 33 lateinamerikanische und karibische Mitgliedstaaten sowie Frankreich, Großbritannien, Italien, Kanada, Niederlande, Portugal, Spanien, USA. Die Kommission koope-

Internationale Organisationen

riert mit den Regierungen bei der Erforschung und Analyse von regionalen und nationalen ökonomischen Problemen und ist federführend bei der Ausarbeitung von Entwicklungsplanungen.
ECA (Afrika): *1958, Sitz: Addis Abeba (Äthiopien), POB 3001–3005, Tel.: (00251) 1–517200, Fax: -514416. Mitglieder sind alle 53 afrikanischen Staaten. Die Arbeit von ECA richtet sich darauf, die sozioökonomische Entwicklung und die wirtschaftlichen Aktivitäten innerhalb Afrikas und die Kooperation zwischen Afrika und der übrigen Welt zu unterstützen.
ECE (Europa): *1947, Sitz: Palais des Nations, CH–1211 Genf, Tel: (0041) 22–917–2893, Fax: -917–0036. 53 Mitgliedstaaten: Die west- und osteuropäischen UNO-Mitglieder einschließlich der Türkei und Zypern sowie die UdSSR-Nachfolgestaaten, USA, Kanada, Japan, Israel und die der UNO nicht angehörende Schweiz. ECE tagt jährlich und ist Koordinations- und Vermittlungsinstanz zwischen den Übergangs-Volkswirtschaften der Reformstaaten und Westeuropa, vor allem auf den Sektoren Umweltschutz, Transport- und Energiepolitik, Verfahrenspolitiken zur Erleichterung von Handel und anderen grenzüberschreitenden Geschäften sowie Wirtschaftsanalysen und Statistik.
ESCAP (Asien und Pazifik): *1947, Sitz: Rajadamnern Ave, Bangkok 10200 (Thailand), Tel.: (0066) 2–881234, Fax: -881000. 51 Mitgliedstaaten: Alle Staaten Süd-, Südost- und Ostasiens (außer Taiwan); ferner Frankreich, Großbritannien, Niederlande, die Nachfolgestaaten der UdSSR (ohne Georgien) sowie USA. ESCAP fungiert als regionales UN-Zentrum für den asiatisch-pazifischen Raum.
ESCWA (Westliches Asien): *1974, Sitz: Amman (Jordanien), POB 927115, Tel: (00962) 6–694351, Fax: -694981. 13 Mitgliedstaaten: Ägypten, Bahrain, Irak, Jemen, Jordanien, Katar, Kuwait, Libanon, Oman, Saudi-Arabien, Syrien, die Vereinigten Arabischen Emirate und Palästina. ESCWA fördert die wirtschaftliche und soziale Entwicklung im asiatischen Nahen Osten.

4. ICJ Internationaler Gerichtshof

*1945, Sitz: Carnegieplein 2, NL–2517 KJ Den Haag, Tel.: (0031) 70–924441, Fax:-3649928. Der ICJ ist ein Gericht mit einer Instanz zur Entscheidung von Rechtsstreitigkeiten zwischen Staaten und zur Erstellung von Rechtsgutachten und hat 15 Richter 15 verschiedener Staatsangehörigkeiten. Präsident ist *Stephen M. Schwebel* (USA). Der ICJ kann nur tätig werden, wenn die streitenden Staaten seine Gerichtsbarkeit gegenseitig anerkennen. Die Richter entscheiden über die Annahme der Fälle. Entscheidungen des ICJ beziehen sich auf Land- und Seegrenzen, auf territoriale Souveränität und auf

Nichteinmischung in innere Angelegenheiten eines Staates.

5. Sekretariat

(Politische) Administration mit starker Stellung im Organisationsgefüge. Der **Generalsekretär** ist der höchste Verwaltungsbeamte der UNO mit unabhängigem Status, seit 1. 1. 1997 *Kofi Annan* (Ghana). Zahlreiche Unter- und Beigeordnete Generalsekretäre mit fachlichen Zuständigkeiten. *1994: Amt des Generalinspekteurs für die UNO im Rang eines Stellv. Generalsekretärs zur Bekämpfung von Mißwirtschaft und Geldverschwendung im UN-System, seit 1. 10. 1994 *Karl-Theodor Paschke* (D). – Der **Wahl des neuen Generalsekretärs** war ein längeres Tauziehen um die Besetzung des Amts vorausgegangen. Gegen die erneute Kandidatur des amtierenden Generalsekretärs *Boutros Boutros-Ghali* (Ägypten) legten die USA am 19. 11. 1996 ihr Veto im Sicherheitsrat ein. Am 5. 12. 1996 entschied *Boutros-Ghali*, seine Kandidatur ruhen zu lassen. Die afrikanischen Staaten nominierten daraufhin 4 neue Kandidaten, von denen sich *Kofi Annan* mit den Stimmen aller Sicherheitsratsmitglieder durchsetzen konnte. Die Bestätigung durch die Generalversammlung erfolgte am 17. 12. 1996.

II. Sonderorgane und Programme der UNO (Auswahl)

UNCHS Zentrum für Wohn- und Siedlungswesen (HABITAT) *1978; Sitz: Nairobi (Kenia), POB 30030, Tel.: (00254) 2–621234, Fax: -624266, Europabüro: Palais des Nations, CH–1211 Genf 10, Tel.: (0041) 22–907–4684, Fax: -1560602. Generalsekretär: *Wally N'Dow* (Gambia); Personal: 11; Haushalt 1996–97: 46 Mio. $.
Aktivitäten: HABITAT koordiniert die Maßnahmen auf dem Gebiet des Wohn- und Siedlungswesens innerhalb des UN-Systems (als Sekretariat der Kommission für Wohn- und Siedlungswesen des → ECOSOC) und führt Entwicklungsprojekte in Afrika, Asien und Lateinamerika durch zur Verbesserung der städtischen Infrastruktur und der Lebensverhältnisse in Armenvierteln, zur Bekämpfung der Obdachlosigkeit, Trinkwasserversorgung, Forschung, Ausbildung und Informationsvermittlung. HABITAT richtete die Konferenz HABITAT II in Istanbul 1996 (→ WA '97, Sp. 877 f.) aus.

UNCTAD Welthandels-und Entwicklungskonferenz
*1964; Sitz: Palais des Nations, CH–1211 Genf 10, Tel.: (0041) 22–9071234, Fax: -9070057; 188 Mitgliedstaaten. Organe: Konferenz, Handels- und

Entwicklungsrat (TDB), Unterkonferenzen und Fonds; Generalsekretär: *Rubens Ricupero* (Brasilien), Personal: 450; Haushalt 1996–97: 77 Mio. $.
Aktivitäten: Die UNCTAD, ehemals wichtigstes Forum des Nord-Süd-Dialogs, hat stark an Bedeutung verloren. Die Industriestaaten nutzen die 1995 gegründete Welthandelsorganisation WTO als Verhandlungsplattform zwischen Nord und Süd. Die meisten Entwicklungsländer halten jedoch an einer reformierten UNCTAD fest. UNCTAD IX in Midrand (Südafrika) (27. 4.–11. 5. 1996) beschloß den Fortbestand der Organisation; sie soll sich jedoch auf Diskussionen und Dialog, Analyse, Beratung und technische Hilfe für Entwicklungsländer in Handelsfragen beschränken. Verhandlungs- und Entscheidungskompetenzen liegen bei der WTO. UNCTAD X findet im Jahr 2000 in Thailand statt.

UNDP Entwicklungsprogramm

*1965; Sitz: 1, U. N. Plaza, New York, NY 10017, USA, Tel.: (001) 212–906–5000, Fax: -906–5001. Administrator: *James G. Speth* (USA). Personal: etwa 4700 sowie 9000 Experten in rund 7000 Projekten. Haushalt 1996: 927 Mio. $ (1995: 952 Mio. $); Finanzierung durch freiwillige Beiträge (über 90 % aus den westlichen Industriestaaten). – Zentrale Planungs-, Finanzierungs- und Koordinierungsagentur des UN-Systems in der technischen Zusammenarbeit; führt Projekte nicht selbst durch, sondern beauftragt Trägerorganisationen innerhalb und außerhalb des UN-Systems.
Aktivitäten: Arbeitsschwerpunkt ist seit einiger Zeit die Armutsbekämpfung. 90 % aller UNDP-Mittel fließen in Länder mit einem Pro-Kopf-Einkommen unter 750 $ pro Jahr. UNDP ist in allen Entwicklungsländern vertreten und dort hauptsächlich in den Sektoren Land-, Forst- und Fischereiwirtschaft, Industrie, natürliche Ressourcen, Verkehr, Kommunikation, Wissenschaft, Gesundheit und Bildung aktiv. Publikation: Human Development Report (seit 1990, jährlich).

UNEP Umweltprogramm

*1972; Sitz: Nairobi (Kenia), POB 30552, Tel.: (00254) 2–621234, Fax: -226890; Deutsches Komitee für das Umweltprogramm, Adenauerallee 214, 53113 Bonn, Tel.: 0228–2692216, Fax: -2692252. Organe: Verwaltungsrat aus 58 Mitgliedern; Exekutivdirektorin: *Elizabeth Dowdeswell* (Kanada); Personal: ca. 900; Haushalt 1996–97: 105 Mio. $.
Aktivitäten: UNEP führt nur wenige Projekte selbst durch, sondern koordiniert Umweltaktivitäten der UN und anderer (internationaler) Organisationen, regt internationale Abkommen und Umweltschutzgrundsätze an, sammelt und verbreitet Umweltdaten, berät Regierungen, fördert umweltfreundliche Technologien und bildet Umweltexperten aus.

UNFPA Bevölkerungsfonds

*1971 (seit 1979 Sonderorgan der → UNGA mit enger Arbeitsbeziehung zu → UNDP); Sitz: 220 E 42nd Street, New York, N. Y. 10017 (USA), Tel.: (001) 212–2975000, Fax: -3700201, europ. Verbindungsbüro: Palais des Nations, CH–1211 Genf, Tel.: (0041) 22–9799570, Fax: -9799016. Exekutivdirektorin: *Nafis Sadik* (Pakistan); Personal: ca. 840, davon 600 in den Einsatzgebieten; Haushalt: Seit Austritt der USA 1985 Kürzung der freiwilligen Mitgliedsbeiträge von 550 Mio. auf 360 Mio. $ (1996).
Aktivitäten: UNFPA ist im Bereich Bevölkerungsstatistik und Familienplanung in rund 150 Staaten tätig. Publikation: Weltbevölkerungsbericht (seit 1990, jährlich).

UNHCHR Hochkommissar für Menschenrechte

*1993; Sitz: United Centre for Human Rights, Palais des Nations, CH–1211 Genf 10, Tel.: (0041) 22–917–3134, Fax: -917–0123. Hochkommissarin im Rang eines Untergeneralsekretärs: *Mary Robinson* (Irland).
Aktivitäten: Überwachung der Einhaltung der primären Menschenrechte, also der Freiheits- und Bürgerrechte des einzelnen; Anmahnung der Verwirklichung der wirtschaftlichen und sozialen Menschenrechte einschließlich des Rechts auf Entwicklung.

UNHCR Hoher Flüchtlingskommissar

*1950 (Arbeitsaufnahme 1. 1. 1951); Sitz: 154 rue de Lausanne, POB 2500, CH–1211 Genf, Tel.: (0041) 22–7398111, Fax: -7319546, deutsche Vertretung: Rheinallee 6, 53173 Bonn, Tel.: 0228–957090, Fax: -362296. Organe: Hohe Flüchtlingskommissarin *Sadako Ogata* (Japan); Exekutivkomitee mit Delegierten aus 50 Mitgliedstaaten; Personal: 5411, davon 4515 in den Einsatzgebieten; Haushalt 1997: 1,22 Mrd $.
Aktivitäten: UNHCR bietet derzeit vier verschiedenen Formen der Hilfeleistung: 1. Soforthilfe, 2. längerfristige Versorgung für Flüchtlinge in Wartesituationen, 3. Integrationshilfe für Flüchtlinge in das jeweilige Asylland, 4. Rückführungs- und Reintegrationsprogramme. Das umfassende Aufgabenspektrum wird oft in enger Kooperation mit Regierungen, anderen UN-Organen, NGOs sowie neuerdings auch Streitkräften und Friedenssicherungstruppen durchgeführt. Publikation: UNHCR-Report Zur Lage der Flüchtlinge in der Welt (alle 2 Jahre). (ausführlich → WA '97, Sp. 879 ff.).

Die Tätigkeit von UNICEF

Im Dezember 1996 konnte UNICEF, das Kinderhilfswerk der Vereinten Nationen, auf 50 Jahre seines Bestehens zurückblicken. Grundlage der Arbeit von UNICEF ist die **UN-Konvention über die Rechte des Kindes (1989)**. Sie ist seit 1990 Bestandteil internationalen Rechts und wurde von allen Staaten mit Ausnahme von Somalia und den USA unterzeichnet und ratifiziert. Der Konvention liegt ein historisch neues Verständnis von Kindheit zugrunde: sie gilt als eigene Lebensphase mit Anspruch auf besondere Versorgung, Schutz und Beteiligung. Die Konvention betont das Recht der Kinder auf Grundversorgung und umfassende Sozialleistungen, sie räumt ihnen das Recht auf eine Privatsphäre und Meinungsfreiheit ein. Die Konvention orientiert sich an 4 **Grundprinzipien**:

- Alle Kinder sind gleich;
- Interessen und Belange von Kindern müssen bei allen politischen und gesellschaftlichen Entscheidungen vorrangig berücksichtigt werden;
- jedes Kind hat ein Grundrecht auf Überleben und persönliche Entwicklung;
- die Meinung des Kindes ist ernst zu nehmen (freie Meinungsäußerung).

1996 hatten 14 Staaten die Grundsätze der Konvention in ihre Verfassung aufgenommen, 35 Staaten ihre Gesetze mit den Prinzipien der Konvention in Einklang gebracht, 13 Staaten die Inhalte in Lehrpläne aufgenommen. Ein »Komitee der Vereinten Nationen für die Rechte des Kindes« überwacht die Umsetzung der Konvention.

UNICEF richtet seine Hilfsprogramme darauf aus, das Überleben und die persönliche Entwicklung von Kindern zu sichern. Das Kinderhilfswerk arbeitet in rd. 160 Ländern am Aufbau einer **Grundversorgung** und unterstützt Kinder und Mütter vor allem in den Bereichen Gesundheitsfürsorge, Familienplanung, Wasser und Hygiene, Ernährung, Erziehung und leistet Soforthilfe in akuten Notsituationen. UNICEF nennt folgende aktuelle Beispiele für die weltweite Verletzung von Kinderrechten:

- Täglich sterben rund 34000 Kinder an den Folgen von Unterernährung und Armut, zwei Drittel davon an vermeidbaren und leicht behandelbaren Krankheiten;
- 1,5 Mio. Mädchen sterben jährlich, weil sie schlechter ernährt und medizinisch betreut werden als Jungen;
- Weltweit müssen ungefähr 250 Mio. Kinder zwischen 5 und 14 Jahren unter gesundheitsschädlichen Bedingungen arbeiten und haben keine Zeit für den Schulbesuch;
- Mehr als 28 Mio. Kinder unter 18 Jahren wachsen in Kriegsregionen auf.

Im Rahmen der **Unterstützung der Kinderrechtskonvention** engagiert sich UNICEF bei Kampagnen zum Schutz vor sexueller Ausbeutung, bei der Bekämpfung der Kinderarbeit (oft in Zusammenarbeit mit der → ILO) oder für die Abschaffung von Landminen. Gemeinsam mit der schwedischen Regierung und der Hilfsorganisation »End Child Prostitution in Asian Tourism« (ECPAT) veranstaltete UNICEF vom 27. 8.–31. 8. 1996 in Stockholm den **1. Weltkonkreß gegen kommerzielle und sexuelle Ausbeutung von Kindern**. 1200 Delegierte aus 130 Staaten verständigten sich über Ursachen und Erscheinungsformen des verbreiteten und zunehmenden Kindesmißbrauchs und beschlossen Maßnahmen zu seiner Bekämpfung. UNICEF-Exekutivdirektorin *Carol Bellamy* wies darauf hin, daß der Handel mit Kindern und deren Mißbrauch Teil der internationalen organisierten Kriminalität mit hohen Gewinnraten und wachsender Nachfrage geworden ist. Laut UNICEF und der Kinderhilfsorganisation Terre des Hommes werden jedes Jahr mehr als 2 Mio. Kinder zur Prostitution gezwungen. Der ohne Gegenstimmen angenommene **Aktionsplan gegen kommerzielle Ausbeutung von Kindern** enthält Empfehlungen zur internationalen Zusammenarbeit, zur Vorbeugung und zum Schutz gegen sexuelle Mißhandlung von Kindern sowie zur Betreuung der Opfer. Konkrete Vorschläge wurden unterbreitet zur verschärften Strafverfolgung von Sextouristen, unter denen besonders Thailand, die Philippinen, Indien, Sri Lanka, Nepal und Brasilien zu leiden haben. Hier wurde die Anwendung eines **extraterritorialen Strafrechts** empfohlen. Danach können Täter, die sich im Ausland an Kindern vergangen haben, in ihrem Heimatland strafrechtlich verfolgt werden. Derartige Regelungen bestehen bereits für 12 westeuropäische Staaten, darunter für Deutschland, die skandinavischen Staaten und die Schweiz.

UNICEF ist die einzige UN-Organisation, bei der die Bevölkerung aktiv mitarbeiten kann; durch ehrenamtliche Tätigkeit in den Arbeitsgruppen, durch Informations- und Öffentlichkeitsarbeit und den Verkauf von UNICEF-Grußkarten.

UNICEF Weltkinderhilfswerk
*1946; Sitz: 3, U.N. Plaza, New York, NY 10017, (USA), Tel.: (001) 212–3267000, Fax: -8887465; Deutsches UNICEF-Komitee: Höninger Weg 104, 50969 Köln, Tel.: 0221–936500, Fax: -50279. Organe: Exekutivrat, Repräsentanten aus 36 Staaten; Exekutivdirektorin: *Carol Bellamy* (USA); 6 Regionalbüros, Versorgungszentrum UNIPAC in Kopenhagen; Personal: 7600, davon 6460 in Entwicklungsländern; Finanzierung durch Spenden und freiwillige Regierungsbeiträge, Programmausgaben 1995: 1023 Mio. $. Publikation: Zur Situation der Kinder in der Welt (jährlich). (→ Die Tätigkeit von UNICEF)

UNRWA Hilfswerk für Palästina-Flüchtlinge im Nahen Osten
*1949; Sitz: Al Azhar Rd, POB 61, Gaza (Palästina), Tel.: (00972) 7–861196, Fax: -822552. Organe: Beirat mit Repräsentanten (Regierungsmitgliedern) aus 10 Mitgliedstaaten, Generalkommissar: *Peter Hansen* (Dänemark); Personal: 180 UNO-Beamte und rund 20000 Ortskräfte (überwiegend Palästinenser); Haushalt 1994–95: 632 Mio. $.
Aktivitäten: UNRWA unterstützt in Erziehung und Ausbildung, medizinischer Versorgung sowie humanitären Maßnahmen über 3 Mio. heimatlos gewordene Palästinenser, davon 900000 in den von Israel besetzten Gebieten. Zusammen mit der UNESCO unterhält UNRWA ungefähr 640 Schulen sowie 8 Lehrer-Ausbildungsstätten und vergibt jährlich mehr als 900 Universitätsstipendien. Sonderbudget (1994–95: 78 Mio. $) für Katastrophenhilfe bei kriegerischen Auseinandersetzungen.

WFC Welternährungsrat
*1974; Sitz: seit 1993 bei der UN in New York, Tel.: (001) 212–963-2263, Fax –963-1712. Organe: Rat mit 36 Mitgliedern; Exekutivdirektor: *Gerald I. Trant* (Kanada).
Aktivitäten: Der WFC ist oberstes politisches Gremium für den Ernährungsbereich, er koordiniert die Aktivitäten aller UN-Institutionen auf dem Gebiet der Landwirtschaft und Ernährung und berät einzelne Staaten und Regionen bei der Durchführung von Ernährungsprogrammen.

WFP Welternährungsprogramm
*1961 (Arbeitsaufnahme 1963); Sitz: Via Cristoforo Colombo 426, I–00145 Rom (Italien), Tel.: (0039) 6–522–821, Fax: -522–82840. Organe: Ausschuß für Nahrungsmittelhilfepolitiken und -programme (**CFA**) als Aufsichtsorgan (mit 42 Mitgliedstaaten); Exekutivdirektorin: *Catherine A. Bertini* (USA); Personal: 480 in der Zentrale, 1600 in über 80 Außenstellen.

Aktivitäten: Multilaterale Nahrungsmittelhilfe; Schwerpunkte: ländliche Entwicklungsprojekte, Schulspeisungsprogramme sowie Katastrophenhilfe. WFP ist in über 200 Projekten tätig und leistet mehr direkte Hilfe an bedürftige Menschen als jede andere Organisation im UN-System.

III. Sonderorganisationen im UN-Verband (Specialized Agencies)

Die Sonderorganisationen sind rechtlich eigenständige IGOs, aber durch Vertrag Teil des UN-Systems. Sie haben eigene Satzungen, Beschlußorgane und Haushalte; die Mitgliedschaft ist nicht von einer UNO-Zugehörigkeit abhängig.

FAO Ernährungs-und Landwirtschaftsorganisation
*1945; Sitz: Viale delle Terme di Caracalla, I–00142 Rom (Italien), Tel.: (0039) 6–522–51, Fax: -522–53152; 176 Mitglieder einschl. EU-Kommission. Organe: Konferenz (alle 2 Jahre), Exekutivrat aus 49 Mitgliedern; Sekretariat und 5 Regionalbüros; Generaldirektor: *Jacques Diouf* (Senegal); Personal: 2606 in der Zentrale, 1689 in den Projekten; Haushalt 1996–97: 650 Mio. $.
Aktivitäten: Die FAO bekämpft Armut, Unter- und Fehlernährung in den Entwicklungsländern. Sie sammelt, wertet aus und veröffentlicht Daten und Informationen über Ernährung, Land- und Forstwirtschaft, Fischerei. Sie verfügt über ein globales Frühwarnsystem zur rechtzeitigen Erkennung von Versorgungskrisen. Daten, Gutachten und Maßnahmenkataloge werden Regierungen und Nichtregierungsorganisationen zur Verfügung gestellt. Als Entwicklungsorganisation führt die FAO ein Drittel der → UNDP-Programme durch und koordiniert zahlreiche agrar- und fischereiorientierte sowie umweltrelevante UN-Maßnahmen oder wirkt bei ihnen entscheidend mit. Derzeit fördert die FAO rund 2500 Projekte, die sich am Prinzip der nachhaltigen Entwicklung orientieren. Umstrukturierungen sorgen für eine Verstärkung der Projektarbeit in den Entwicklungsländern und damit für eine Dezentralisierung der Tätigkeiten. Auf Einladung der FAO fand vom 13.–17. 11. 1996 der **2. Welternährungsgipfel** in Rom statt (→ Wirtschaft, Ernährung und Landwirtschaft).

ICAO Internationale Zivilluftfahrtorganisation
*1944 (in Kraft 1947); Sitz: 999 University St., Montreal, PQ H3C 5H7 (Kanada), Tel.: (001) 514–9548219, Fax: -9546077; 185 Mitgliedstaaten. Organe: Versammlung (mindestens alle 3 Jahre), Rat aus 33 Mitgliedern, 7 Fachausschüsse; General-

sekretär: *Renato Claudio Costa Pereira* (Brasilien); Personal: 759; Haushalt 1996–97: 102,5 Mio. $.
Aktivitäten: Die ICAO fördert und koordiniert Entwicklung und Betrieb von Zivilflugzeugen, Flugrouten, Flughäfen und Flugsicherungsanlagen.

IFAD Internationaler Fonds für landwirtschaftliche Entwicklung
*1977; Sitz: 107 Via del Serafino, I–00142 Rom (Italien), Tel.: (0039) 6–54591, Fax: -5043463; 160 Mitgliedstaaten. Organe: Gouverneursrat (alle Mitgliedstaaten, tagt jährlich), Exekutivrat (18 Mitglieder), Sekretariat mit vom Governeursrat gewähltem Präsidenten: *Fawzi Hamad al Sultan* (Kuwait); Personal: etwa 280; Haushalt 1996: 48,72 Mio. $.
Aktivitäten: IFAD vergibt Kredite zu Vorzugsbedingungen an die ärmsten Entwicklungs-Mitgliedstaaten zur Steigerung der Nahrungsmittelproduktion und Verbesserung der Ernährungsqualität. IFAD arbeitet eng mit der → FAO, anderen UN-Organisationen und multinationalen Finanzinstituten zusammen.

ILO Internationale Arbeitsorganisation
*1919 (erste UN-Sonderorganisation 1946); Hauptsitz: 4 route de Morillons, CH–1211 Genf, Tel.: (0041) 22–7996111; Fax: -7988685. Weltweit rund 40 Außenstellen – Regional-, Verbindungs- und Zweigbüros (ILO-Sekretariat in 53173 Bonn, Hohenzollernstr. 21, Tel.: 0228–362322, Fax: -352186); 174 Mitgliedstaaten. Organe: Internationale Arbeitskonferenz (jährlich, je Mitgliedstaat 4 Delegierte: 2 Regierungs-, 1 Arbeitgeber- und 1 Arbeitnehmervertreter); Verwaltungsrat (56 Mitglieder); Internationales Arbeitsamt (**IAA**) als Exekutivorgan der ILO; IAA-Generaldirektor: *Michel Hansenne* (Belgien); Personal: rund 3100 (900 in Außenstellen); Haushalt 1996–97: 579,5 Mio. $.
Aktivitäten: Die ILO ist zuständig für die Verbesserung der Arbeitsbedingungen von Arbeitnehmern durch (bisher 180) völkerrechtlich verbindliche internationale Normen sowie durch technische Hilfeleistung in Entwicklungsländern. – Die Diskussion zwischen der Welthandelsorganisation (→ WTO) und der ILO über die zentrale Zuständigkeit für weltweite Arbeits- und Beschäftigungspolitik wurde auf der → WTO-Konferenz in Singapur im November 1996 zugunsten der ILO entschieden. Dort bestätigten die Handelsminister den Auftrag der ILO, die soziale Dimension der Liberalisierung des Welthandels umzusetzen. Die ILO will dazu ihre traditionelle Konventionspolitik flexibler und effektiver gestalten, unter anderem durch die Konzentration auf **Kernkonventionen:** das Verbot

von Zwangsarbeit, die Vereinigungsfreiheit, das Recht auf Kollektivverhandlungen, den Schutz vor Diskriminierung und die Regelung des Arbeitsmindestalters. Auf der Jahreskonferenz der ILO im Juni 1997 entflammte zum wiederholten Mal der Streit über Sozialklauseln im Welthandel. Während sich die meisten Entwicklungsländer aus Wettbewerbsgründen dagegen aussprechen, werden sie von Industriestaaten verteidigt und mit sozialen und humanitären Argumenten begründet.

IMO Internationale Seeschiffahrtsorganisation
*1948 (in Kraft 1958); Sitz: 4 Albert Embankment, London, SE1 7SR, Tel.: (0044) 171–7357611, Fax: -5873210; 155 Mitgliedstaaten. Organe: Vollversammlung (alle 2 Jahre), Rat (32 Mitgliedstaaten), 5 Ausschüsse (Schiffahrt, Recht, Schutz der Meeresumwelt, Technische Zusammenarbeit, Erleichterung des internationalen Seeverkehrs); Generalsekretär: *William A. O'Neil* (Kanada); Personal: 300; Haushalt 1996–97: 55,28 Mio. $.
Aktivitäten: Die IMO berät die UN in Schiffahrtsfragen (Seesicherheit, Umweltschutz) und erarbeitete zahlreiche Übereinkommen zur Schiffssicherheit und zum maritimen Umweltschutz. Neuerdings leistet die IMO zusätzlich technische Hilfe in den Entwicklungsländern.

ITU Internationale Fernmeldeunion
*1865 als Welttelegraphenverein (seit 1932 Weltnachrichtenverein, 1947 UN-Sonderorganisation); Sitz: Place des Nations, CH–1211 Genf 20, Tel.: (0041) 22–7305111, Fax: -7337256. 187 Mitgliedstaaten. Organe: Konferenz der Regierungsbevollmächtigten (alle 4 Jahre), Verwaltungsrat (43 Mitglieder), Koordinierungsausschuß mit den 3 Direktoren der Sektoren (Radio, Standardisierung, Entwicklung); Generalsekretär: *Pekka J. Tarjanne* (Finnland), Personal: 726; Haushalt 1996–97: 294,9 Mio. $.
Aktivitäten: Die ITU fördert weltweit das elektronische Kommunikationssystem. Zu ihren Aufgaben gehören die Zuweisung und Registrierung von Funkfrequenzen, die Gewährleistung eines störungsfreien Funkbetriebs sowie die Förderung der globalen Standardisierung und koordinierten Anwendung von neuen Kommunikationstechnologien (Breitband-ISDN, Mobilfunk, Satellitenkommunikation). Sie unterstützt direkt und im Rahmen des UNDP das Fernmeldewesen in Entwicklungsländern.

IWF Internationaler Währungsfonds
*1944; Sitz: 700 19th Street, Washington D. C. 20431 (USA), Tel.: (001) 202–6237430, Fax: -6236701. 181 Mitgliedstaaten. Organe: Gouverneursrat (alle

Mitgliedstaaten), Exekutivdirektorium als ständiges Entscheidungsorgan (24 Exekutivdirektoren), Geschäftsführender Direktor (zugleich Vorsitzender des Exekutivdirektoriums): *Michel Camdessus* (Frankreich); Personal: rund 2300.

Aktivitäten: Der IWF überwacht die Wechselkurspolitik der Mitgliedstaaten; im Rahmen jährlicher »Artikel-IV-Konsultationen« analysiert er die nationale Wirtschaftsentwicklung und -politik, überprüft fiskal-, wechselkurs- und geldpolitische Maßnahmen und beurteilt die Auswirkungen der Politik der Mitgliedstaaten auf deren Zahlungsbilanzen. Daneben begutachtet der IWF halbjährlich die Weltwirtschaftslage (»World Economic Outlook«). – Finanzhilfen des IWF zur Überbrückung von Zahlungsbilanzdefiziten sind an korrigierende wirtschaftspolitische Maßnahmen des Mitgliedstaats gebunden (sog. Konditionalität). Am. 31. 5. 1997 waren mit 58 Mitgliedstaaten Kreditvereinbarungen in Höhe von 18. Mrd. SZR (25, 5 Mrd. US-$) in Kraft, davon 10,7 Mrd. SZR noch nicht gezogen. – Seine regulären Mittel (rd. 145 Mrd. SZR) kann der IWF ergänzen durch Kreditaufnahmen von bis zu 34 Mrd. SZR bei 25 Mitgliedstaaten im Rahmen der Allgemeinen Kreditvereinbarung und der in Reaktion auf die mexikanische Finanzkrise Ende 1994 im Januar 1997 beschlossenen Neuen Kreditvereinbarungen. (→ WA '96, Sp. 849 ff.)

UNESCO Organisation für Erziehung, Wissenschaft und Kultur

*1946; Sitz: 7, place de Fontenoy, F–75352 Paris, Tel.: (0033) 1–45681000, Fax: -45671690, Deutsche UNESCO-Kommission: Colmantstr. 15, 53113 Bonn, Tel.: 0228–692091, Fax: -636912; 185 Mitgliedstaaten (USA, Großbritannien und Singapur 1985–86 ausgetreten). Organe: Generalkonferenz (alle 2 Jahre), Exekutivrat (51 Mitglieder), Generaldirektor: *Federico Mayor Zaragoza* (Spanien); Personal: rund 2400; Haushalt 1996–97: 518 Mio. $.

Aktivitäten: Die UNESCO fördert den Kommunikations- und Dokumentationssektor (z. B. Programme für den Ausbau der Massenmedien in der Dritten Welt), das Volksbildungs- und Erziehungswesen (z. B. Alphabetisierungskampagnen, Lehrerausbildung), Natur- und Sozialwissenschaften und die Kulturarbeit (Liste des Weltkulturerbes mit Denkmälern an 440 Orten in 100 Ländern).

UNIDO Organisation für industrielle Entwicklung

*1966; Sitz: Vienna International Centre, POB 300, A–1400 Wien, Tel.: (0043) 1–211310, Fax: -232156; 168 Mitgliedstaaten. Organe: Generalkonferenz (alle 2 Jahre), Rat für industrielle Entwicklung (IDB) (53 Mitglieder), Generaldirektor: *Mauricio*

de Maria y Campos (Mexiko); Personal: 810; Haushalt 1996–97: 431 Mio. $.

Aktivitäten: UNIDO unterstützt durch technische Hilfe, Beratung und Vermittlung, Forschungs- und Studienprogramme als einzige Organisation im UN-System die Industrialisierung in den Ländern der Dritten Welt und in den Reformstaaten Mittelosteuropas sowie die industrielle Zusammenarbeit zwischen den Entwicklungs- und Industrieländern. Seit 1993 widmet sich UNIDO verstärkt dem industriellen Umweltschutz im Rahmen des Montrealer Protokolls von 1987 (→ Umwelt, Atmosphäre) und richtete Beratungszentren für die Einführung umweltfreundlicher Technologien ein. – Die USA traten zum 31. 12. 1996 aus der UNIDO aus, wodurch sich das Budget der Organisation um 25% verringerte. Deutschland, Großbritannien und Australien wollen folgen, falls die UNIDO notwendige Reformanstrengungen nicht realisiert.

UPU Weltpostverein

*1874 (UN-Sonderorganisation seit 1948); Sitz: Weltpoststraße 4, CH–3000 Bern 15, Tel.: (0041) 31–3503111, Fax: -3503110; 189 Mitgliedstaaten. Organe: Weltpostkongreß (alle 5 Jahre), Vollzugsrat (40 Mitglieder), Konsultativrat für Poststudien (35 Mitglieder), Internationales Büro mit Generaldirektor: *Thomas Leavey* (USA); Personal: 163; Haushalt 1996–97: 29,25 Mio. $.

Aktivitäten: Die UPU fördert die internationalen Postdienste und ihre technischen Hilfen (ohne Telekommunikation, → ITU). Ein UPU-Sonderfonds unterstützt die Entwicklungsländer bei Aufbau und Modernisierung eines eigenen Postwesens.

Weltbankgruppe

Die Weltbankgruppe umfaßt 4 rechtlich selbständige multilaterale Finanzierungsinstitutionen:

IBRD (Internationale Bank für Wiederaufbau und Entwicklung = Weltbank):
*1944, 180 Mitglieder (= Anteilseigner);
IDA (Internationale Entwicklungsorganisation):
*1959, 159 Mitglieder;
IFC (Internationale Finanz-Korporation):
*1956, 170 Mitglieder;
MIGA (Multilaterale Investitionsgarantie-Agentur):
*1985, 134 Mitglieder

Sitz aller Institutionen: 1818 H Street, N. W., Washington, D. C. 20433 (USA); Europabüro: 66, avenue d'Iéna, F–75116 Paris.

Gemeinsame Aufgabe der 4 Schwestergesellschaften, die durch den gemeinsamen Präsidenten *James Wolfensohn* (USA) sowie organisatorische Verflechtungen weitgehend integriert sind, ist die Förderung der wirtschaftlichen Entwicklung in ihren weniger entwickelten Mitgliedstaaten durch

Finanzhilfen, durch Beratung und als Katalysator für die Unterstützung durch Dritte. (→ WA '96, Sp. 887 ff.)
Mittelvergabe: Die Kreditzusagen von IBRD und IDA gingen im Geschäftsjahr 1996/97 (30. 6.) von 21,4 auf 19,1 Mrd. US-$ zurück: Die IBRD sagte Darlehen von 14,5 Mrd. US-$ für 141 Projekte zu (Geschäftsjahr 1995/96: 14,5 Mrd. US-$ für 129 Projekte) und die IDA 4,6 Mrd. US-$ für 100 Projekte (6,9 Mrd. US-$ für 127 Projekte). Die Kreditauszahlungen von IBRD und IDA stiegen im Geschäftsjahr 1996/97 dagegen von 19,3 auf 20 Mrd. US-$; davon entfallen 14 (13,4) Mrd. US-$ auf die IBRD und 6 (5,9) Mrd. US-$ auf die IDA.

WHO Weltgesundheitsorganisation
*1946 (in Kraft 1948); Sitz: 20 Avenue Appia, CH-1211 Genf 27, Tel.: (0041) 22-7912111, Fax: -7910746; 6 Regionalbüros; 191 Mitgliedstaaten. Organe: Weltgesundheitsversammlung (jährlich), Exekutivrat (31 Mitglieder), Generaldirektor: *Hiroshi Nakajima* (Japan); Personal: rund 4000; Haushalt 1996–97: 842,6 Mio. $.
Aktivitäten: Die WHO hilft bei der Ausrottung von Seuchen und Epidemien (seit 1987 Sonderprogramm zur Aids-Bekämpfung), errichtet Gesundheitsdienste in Entwicklungsländern und fördert medizinische Ausbildung und Forschung. Zum jährlichen Weltgesundheitstag (7. April) warnte die WHO 1997 vor der Wiederausbreitung vermeintlich besiegter Krankheiten wie Malaria, Tuberkulose, Cholera und Pest sowie vor der verstärkten Zunahme neuer Infektionskrankheiten. Von ihnen wurden in den letzten Jahren mehr als 30 neue Formen identifiziert, für die es bisher zumeist keine Heilmittel oder Impfstoffe gibt. Zu diesen Krankheiten gehören das Ebola-Fieber, die Immunschwäche Aids, Hepatitis C und eine neue Form der Creutzfeldt-Jakob-Krankheit. Die WHO macht Kürzungen im Gesundheitssektor und die hohe Bevölkerungsdichte in Ballungszentren für die Zunahme der Infektionen verantwortlich.

WIPO Weltorganisation für geistiges Eigentum
*1967 (in Kraft 1970); Sitz: 34 chemin des Colombettes, CH-1211 Genf 20, Tel.: (0041) 22-730 9111, Fax: -7335428; 161 Mitgliedstaaten. Organe: Generalversammlung (alle 2 Jahre), Konferenz (alle Mitglieder), Koordinierungsausschuß (tagt jährlich) und Internationales Büro mit Generaldirektor *Arpad Bogsch* (USA); Personal: rund 620; Haushalt 1996–97: 38,3 Mio. $. Die WIPO finanziert sich über Dienstleistungen weitgehend selbst. Nur 11 % ihres Haushaltes werden durch die Beiträge der Mitgliedstaaten gedeckt.
Aktivitäten: Die WIPO fördert den Urheber- und

den gewerblichen Rechtsschutz. Die Organsiation hat den Charakter eines gewinnorientierten Dienstleistungsbetriebs. Neben der Anmeldung von Patenten (1996: 47 291) bietet sie auch Firmen und Privatpersonen den Eintrag von Handelsmarken und den Schutz industriellen Designs. Das Register der WIPO umfaßt derzeit 318 000 Handelsmarken (1996: 20 000), es wird ständig aktualisiert und kann käuflich erworben werden.

WMO Weltorganisation für Meteorologie
*1947 (in Kraft 1950); Sitz: 41 Av. G. Motta, CH-1211 Genf 2, Tel.: (0041) 22-7308111, Fax: -7342326; 184 Mitgliedstaaten. Organe: Weltkongreß (alle 4 Jahre), Exekutivrat (36 Mitglieder), Generalsekretär: *Godwin O. P. Obaisi* (Nigeria); Personal: 297; Haushalt 1996–97: 103,7 Mio. $.
Aktivitäten: Die WMO koordiniert und vereinheitlicht weltweit die meteorologischen und hydrologischen Tätigkeiten und fördert den internationalen Austausch meteorologischer Informationen (Welt-Wetter-Wacht). Seit der Weltklimakonferenz 1979 wurde der Schwerpunkt auf Umweltfragen verlagert.

WTO Welthandelsorganisation → WTO

IV. Autonome Organisation im UN-System

IAEO Internationale Atomenergie-Organisation
*1957; Sitz: Wagramerstraße 5, A-1400 Wien, Tel.: (0043) 1-20600, Fax: -20607. 124 Mitgliedstaaten. Organe: Generalkonferenz (jährlich), Gouverneursrat (35 Mitglieder); Generaldirektor: *Hans Blix* (Schweden); Personal: 2295; Haushalt 1997: 222 Mio. $.
Aktivitäten: Die IAEO überwacht weltweit Nuklearanlagen nach den Bestimmungen des Atomwaffensperrvertrages (→ Abrüstung und Rüstungskontrolle). Sie fördert darüber hinaus die weltweite Kooperation in Kernforschung sowie -technik und arbeitet Schutzvorschriften aus: Empfehlungen für Reaktorsicherheit, Strahlenschutz und physische Sicherheit von Kernmaterial. – Arbeitsfelder: Austausch wissenschaftlich-technischer Erfahrungen durch Fachtagungen und Förderprogramme (u. a. Unterstützung der Entwicklungsländer und Reformstaaten durch Experten, Stipendien, Schulungskurse und Geräte); Bereitstellung kerntechnischer Materialien, Dienstleistungen und Ausrüstungen; Richtlinien und Empfehlungen für Reaktorsicherheit, Strahlenschutz und physische Sicherheit von Kernmaterial, Wiederaufarbeitung und Abfallentsorgung.

UN- und UN-nahe Organisationen mit Hauptsitz in Deutschland

UNFCCC Ständiges Sekretariat der Klimarahmenkonvention (KRK)
*1996; Sitz: Haus Carstanjen, Postfach 260124, 53153 Bonn, Tel.: 0228–8151000, Fax: -8151999. Exekutivsekretär: *Michael Zammit Cutajar* (Malta); Personal: 70.
Ziele: UNFCCC soll die 1992 auf der Umweltkonferenz in Rio de Janeiro beschlossene Klima-Rahmenkonvention (KRK) (→ Umwelt, Atmosphäre) verwirklichen und fortentwickeln.
Aktivitäten: Überprüfung von Berichten der KRK-Vertragsstaaten, Koordination, Vorbereitung der jährlichen Vertragsstaatenkonferenz (VSK) und weiterer Veranstaltungen, Informationsvermittlung.

UNV Entwicklungshelferprogramm
*1970; Sitz: Haus Carstanjen, Postfach 260111, 53153 Bonn, Tel.: 0228–815 2000, Fax: -815 2001. Organe: Programmleitung *Brenda Gael McSweeney* (USA); Personal: rund 130 in der Zentrale, etwa 3200 freiwillige Mitarbeiter; Haushalt 1996: 43,97 Mio. $.
Aktivitäten: Programm für praktische Entwicklungszusammenarbeit in rund 135 Ländern. Arbeitsschwerpunkte sind neben technischer Zusammenarbeit die Unterstützung örtlicher Inititiativen zur Verbesserung der Lebensbedingungen in ländlichen und städtischen Regionen, die Beteiligung an humanitären Hilfsaktionen und die Unterstützung bei der Durchsetzung von Menschenrechten und Demokratisierungsprozessen. UNV arbeitet mit Regierungen, anderen UN-Organisationen, Entwicklungsbanken, NGOs und Basisinitiativen zusammen und führt auch selbst Programme durch. UNV untersteht dem → UNDP (ausführlich → WA '97, Sp. 883 f.).

ITLOS Internationaler Seegerichtshof
*1996 als unabhängige internationale juristische Organisation nach dem Seerechtsübereinkommen (SRÜ) der UN; Sitz: Wexstr. 4, 20355 Hamburg, Tel.: 040–35607–0, Fax: -35607–245; 116 Mitgliedstaaten (alle Vertragspartner des Seerechtsübereinkommens). Organe: 21 Richter, (gewählt von den Vertragsstaaten); Präsident: *Thomas A. Mensah* (Ghana), Vizepräsident: *Rüdiger Wolfrum* (Deutschland), 2 Kammern (Kammer für Meeresbodenstreitigkeiten, 11 Richter, als eigenes Gericht innerhalb der Struktur des Seegerichtshofs und Kammer für abgekürzte Verfahren, 5 Richter) sowie 2 Spezialkammern (für Fischereiangelegenheiten und für Meeresumwelt, je 7 Richter); Personal: 21; Haushalt 1996–97: 6,17 Mio. $.
Aufgaben: ITLOS führt Gerichtsverfahren durch und erstellt Gutachten für Vertragsstaaten und die Internationale Meeresbodenbehörde der UN. Verfahren über Auslegung und Anwendung des Seerechtsübereinkommens finden nur zwischen den Vertragsstaaten statt. Bei Streitigkeiten, die der Meeresbodenkammer zugewiesen werden (z. B. Schürf- und Konzessionsfragen), erweitert sich der Kreis der potentiellen Streitparteien. Die Urteile des Seegerichtshofs sind endgültig, es besteht keine Möglichkeit der Berufung.
Das SRÜ gibt dem Seegerichtshof die Kompetenz zur Schlichtung einer Vielzahl von Streitigkeiten. So können beispielsweise Auseinandersetzungen über die Abgrenzung von Meereszonen, über Fischereifangrechte und Umweltverschmutzung an ihn herangetragen werden. Auch Fragen der friedlichen Durchfahrt für Handels- und Kriegsschiffe durch Küstenmeere und Meerengen gehören zu seinem Aufgabenbereich. Der Gerichtshof ist auch zuständig für Konflikte zwischen Staaten, der **Internationalen Meeresbodenbehörde** mit Sitz in Kingston (Jamaika), Unternehmen und Privatpersonen, die sich auf die Ausbeutung der Ressourcen des Meeresbodens beziehen.
Der Internationale Seegerichtshof ist kein Organ der UN, er ist jedoch auf Beschluß der Richter dem System der Vereinten Nationen beigetreten. Seine Mitarbeiter sind bei der UN-Pensionskasse zugelassen; der Gerichtshof hat Beobachterstatus bei den Sitzungen der Generalversammlung.
Vorgeschichte: 1973 wurde die 3. Seerechtskonferenz der Vereinten Nationen einberufen, an der mehr als 150 Staaten teilnahmen. 1982 verabschiedete die Konferenz das Internationale Seerechtsübereinkommen (SRÜ), das 1994 in Kraft trat (→ WA '96, Sp. 881 f.). Das Übereinkommen regelt die Rechts- und Nutzungsverhältnisse für alle Seegebiete der Erde und sah die Einrichtung eines Internationalen Seegerichtshofs vor. Der Seegerichtshof ist das Zentrum für Fragen des Seevölkerrechts und Streitbeilegungsorgan der gegenwärtig 116 Vertragsstaaten. Bis zu seiner Gründung verhandelte man Seerechtsstreitigkeiten vor dem Internationalen Gerichtshof in Den Haag (der weiterhin angerufen werden kann).
Hamburg bekam bereits 1981 den Zuschlag als künftiger Standort der neuen internationalen Organisation. Am 1. 8. 1996 wurden die ersten Richter für den Seegerichtshof gewählt; er konstituierte sich am 1. 10. 1996. Am 18. 10. 1996 wurden die 21 Richter im Hamburger Rathaus von UN-Generalsekretär *Boutros-Ghali* vereidigt.

WEU Westeuropäische Union

Western European Union; französ. Abk.: UEO

Sitz (Sekretariat): 4 rue de la Régence, B–1000 Brüssel; Tel.: (0032) 2–5004411, Fax: -5113270
Versammlung und Institut: Ave. du Président Wilson 43, F–75775 Paris Cedex 16
Tel.: (0033) 1–47235432, Fax: -47204543

Gründung am 23. 10. 1954 im Rahmen der Pariser Verträge als kollektiver Beistandspakt; in Kraft seit 6. 5. 1955. Die WEU verfügt über keine eigene militärische Organisation, kann sich aber seit 1995/96 im Bedarfsfall auf Streitkräfte FAWEU (Forces answerable to WEU) wie die multinationalen Eingreiftruppen Eurofor und Eurokorps stützen (→ Entwicklung).
Ziele: Sicherheit der Partner durch automatischen Beistand, »europäischer Pfeiler der NATO«. – Heute ist die WEU de facto nur ein sicherheitspolitisches Konsultationsforum; sie soll aber zur Verteidigungskomponente der Europäischen Union (EU; → Hauptkapitel EU) ausgebaut werden.
Mitglieder (10 der 15 EU-Staaten): Belgien, Deutschland, Frankreich, Griechenland (seit 1995), Großbritannien, Italien, Luxemburg, Niederlande, Portugal (seit 1989) und Spanien (seit 1989).
Beobachter (5): Die EU-Staaten Dänemark, Finnland, Irland, Österreich und Schweden.
Assoziierte Mitglieder (3): Die NATO-Mitglieder Island, Norwegen und Türkei.
Assoziierte Partner (10): Bulgarien, Estland, Lettland, Litauen, Polen, Rumänien, Slowakei; Slowenien, Tschechische Rep. und Ungarn.
Organe: Der **Rat** (der Außen- und/oder Verteidigungsminister) tagt halbjährlich und trifft die politischen Entscheidungen. Ein aus Botschaftern und hohen Beamten der Mitgliedstaaten unter Leitung des Generalsekretärs bestehender **Ständiger Rat** tagt bei Bedarf und koordiniert die Tätigkeit verschiedener Arbeitsgruppen, insbes. der Sonderarbeitsgruppe SWG (Special Working Group) für politisch-militärische Fragen und die Gruppe der Vertreter für Verteidigungsfragen DRG (Defence Representatives Group) für spezifischere militärische Fragen. **Unterorgane** sind das Institut für Sicherheitsstudien in Paris (*1989; Arbeitsaufnahme 1990), das die 3 Agenturen für Sicherheitsfragen (Studium von Rüstungskontroll- und Abrüstungsfragen; Studium von Sicherheits-/Verteidigungsfragen; Entwicklung und Zusammenarbeit bei der Rüstung) ablöste sowie das 1993 geschaffene Satellitenzentrum in Torrejón de Ardoz (Spanien). Das **Sekretariat** in Brüssel untersteht dem Generalsekretär: *José Cutileiro* (Portugal).

Die in Paris halbjährlich tagende **WEU-Versammlung** aus 115 Abgeordneten der Mitgliedstaaten (vertreten in der Parlamentarischen Versammlung des → Europarats) richtet Empfehlungen an den Rat.
Personal: rd. 200 in Brüssel, Paris und Torrejón.
Amtssprachen: Englisch und Französisch.
Finanzierung durch die Mitgliedstaaten (Haushalt vertraulich).
Entwicklung: Zahlreiche Versuche der WEU, u. a. in Rom (1984) und Den Haag (1987), das Bündnis zu stärken (»europäischer Pfeiler der NATO«) blieben ohne Erfolg. Am 20. 6. 1992 beschlossen die Außen- und Verteidigungsminister der Mitgliedstaaten in Bonn (»Petersberger Abkommen«), daß konventionelle Truppen aus den WEU-Staaten künftig für Blauhelm- und Kampfeinsätze zur Verfügung stehen sollen. Der Einsatz muß im Einklang mit den Bestimmungen der UN-Charta stehen, vom UN-Sicherheitsrat gebilligt und vom WEU-Rat einstimmig beschlossen werden. Über die Teilnahme an Operationen entscheiden die Mitgliedstaaten nach wie vor als Souverän nach ihrer Verfassung. – Im Vertrag von Maastricht über die Europäische Union (7. 2. 1992, in Kraft am 1. 11. 1993) wird die WEU im Rahmen der Gemeinsamen Außen- und Sicherheitspolitik/GASP (→ EU) als »integraler Bestandteil der Entwicklung der Europäischen Union« (Verteidigungskomponente der EU) in die Zusammenarbeit einbezogen. Ob die WEU eine integrale Rolle spielen kann, ist jedoch ungewiß, da z. B. die EU-Mitglieder Dänemark, Irland und Österreich keine WEU-Mitglieder sind. Während der NATO weiterhin die Aufgaben der kollektiven Verteidigung verbleiben, will sich die WEU auf die **Krisenbewältigung** sowie auf humanitäre, friedenserhaltende und friedensschaffende Einsätze konzentrieren; Beispiel: die 1994 im EU-Auftrag organisierte Aufstellung einer Polizeieinheit für die herzegowinische Hauptstadt Mostar. Am 20. 5. 1993 tagte in Rom erstmals das **Konsultativforum** der WEU, bestehend aus dem WEU-Ministerrat und den Außen- und Verteidigungsministern der damaligen assoziierten Staaten und Beobachter, das einen Rahmen für die Diskussion gemeinsamer Sicherheits- und Verteidigungsfragen bieten soll. Der NATO-Gipfel vom 10.–11. 1. 1994 bot die Entwicklung »trennbarer, jedoch nicht getrennter« NATO-Kapazitäten **CJTF** (Combined Joint Task Forces) für die WEU sowie eine Intensivierung der Zusammenarbeit an; die Aktivitäten der aufgelösten Eurogroup wurden teilweise der WEU übertragen. Am 6. 5. 1996 schlossen **WEU und NATO** in Brüssel ein **Sicherheitsabkommen**, das den Schutz und den Austausch vorsieht; so soll die WEU bestimmte militärische Informationen

der NATO erhalten und dadurch politisch aufgewertet werden. Diese Vereinbarung ist Teil des Plans, die WEU langfristig zum militärischen Arm der EU auszubauen. – Am 13. 5. 1997 beschlossen die Außen- und Verteidigungsminister der WEU in Paris die Schaffung eines eigenen **Militärausschusses** aus den Generalstabschefs der 10 Mitgliedstaaten, um politische Beschlüsse besser militärisch umsetzen zu können. Friedenseinsätze unter WEU-Befehl könnten unter Nutzung von NATO-Strukturen stattfinden, sie sollen aber auch selbständig möglich sein. – Auf dem EU-Gipfel in Amsterdam vom 16.–18. 6. 1997 scheiterten Deutschland, Frankreich und Belgien mit ihren weitreichenden Vorschlägen zur Einbindung der WEU in die EU v. a. am Widerstand Großbritanniens und der neutralen Staaten. Im Vertrag von Amsterdam ist nur noch von einer »Möglichkeit« die Sprache. Der EU-Ministerrat erhält aber eine »Leitlinienkompetenz« für die WEU und kann die WEU künftig für Friedenseinsätze in Anspruch nehmen.

Eurofor und Eurokorps: Am 9. 11. 1996 konstituierte sich in Florenz (Italien) die am 15. 5. 1995 beschlossene multinationale **Eingreiftruppe Eurofor** (**Euro**pean **For**ce), die z. Z. von den Mittelmeerstaaten Spanien, Portugal, Frankreich und Italien getragen wird und 5000 Soldaten umfassen soll. Aufgabe der Truppe, die durch einen europäischen Marineverband **Euromarfor** (**Euro**pean

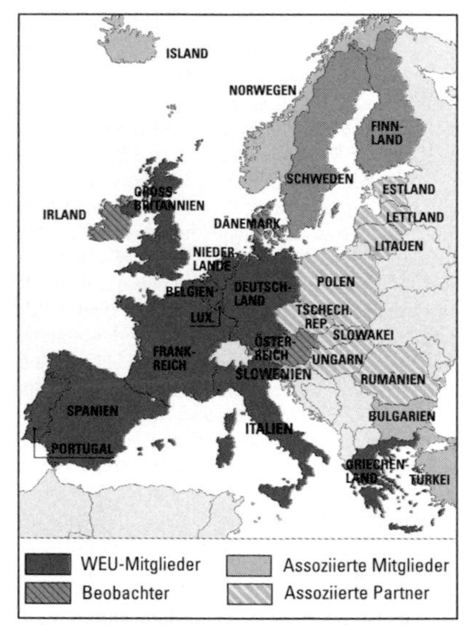

Die Mitgliedstaaten der WEU sowie ihre Beobachter, assoziierten Mitglieder und Partner

Marine **For**ce) unterstützt wird, ist die Durchführung operativer humanitärer und friedenssichernder Aktionen; sie soll kurzfristig auch in Krisengebieten einsetzbar sein. Die Eurofor untersteht der WEU, hat ihren Sitz in Florenz und wird vom spanischen General *Juan Ortuno Such* kommandiert. Über die Teilnahme an Operationen der NATO und der UN wird von Fall zu Fall entschieden. – Seit 29. 11. 1995 ist die auf deutsch-französische Initiative am 5. 11. 1993 in Straßburg (Frankreich) beschlossene multinationale Eingreiftruppe **Eurokorps** aus Truppen Frankreichs, Deutschlands, Belgiens, Spaniens und Luxemburgs mit Sitz in Straßburg einsatzbereit.

WTO Welthandelsorganisation

World Trade Organization;
französische und spanische Abkürzung: OMC

Sitz: 154 rue de Lausanne, CH–1211 Genf 21
Tel.: (0041) 22–7395111, Fax: -7395458

Gründung: Das ursprüngliche Ziel der Mitglieder des 1947 in Havanna (Kuba) unterzeichneten und 1948 in Kraft getretenen Allgemeinen Zoll- und Handelsabkommens (GATT), eine Welthandelsorganisation zu schaffen, wurde erst durch den Abschluß der Uruguay-Runde des GATT am 15. 12. 1993 (→ WA '96, Sp. 897f.) und die Ministerkonferenz von Marrakesch (Marokko) am 15. 4. 1994 verwirklicht: Die WTO trat zum 1. 1. 1995 in Kraft. Sie hat eigene Rechtspersönlichkeit und gehört als UN-Sonderorganisation zum UN-System (→ UN).

Mitglieder (Juli 1997): 132 Vertragsstaaten (die Mitgliedschaft bedingt die Annahme der Ergebnisse der Uruguay-Runde des GATT. Rd. 30 Staaten haben die WTO-Mitgliedschaft beantragt, darunter Rußland und China.

Ziele und Aufgaben: Mit Hilfe des weltweiten freien Handels sollen die ökonomischen Ressourcen optimal genutzt und verwendet werden, um in allen Ländern eine Steigerung des Lebensstandards, der Beschäftigung und des Realeinkommens zu erreichen. Die WTO soll die internationalen Handelsbeziehungen erstmals innerhalb bindender Regelungen organisieren, Handelspraktiken überprüfen und für eine effektive Streitschlichtung bei Handelskonflikten sorgen. Ihr obliegt die Weiterverfolgung folgender GATT-Prinzipien:

▸ Gegenseitigkeit (Reziprozität): Die handelspolitischen Leistungen, die sich die GATT-Signatare gegenseitig einräumen, müssen gleichwertig sein.
▸ Liberalisierung: Abbau von Zöllen und nichttarifären Handelshemmnissen.

▸ Nicht-Diskriminierung, insbesondere die Meistbegünstigung: Zoll- und Handelsvorteile, die sich 2 GATT-Mitglieder gegenseitig einräumen, sollen allen Signataren zugute kommen. Ausnahmen: Der Grundsatz der Meistbegünstigung gilt nicht für Zollpräferenzen, die den Entwicklungsländern gemäß »den Bedürfnissen ihrer wirtschaftlichen Entwicklung« seit 1966 gewährt werden. Das Recht auf Zusammenschluß zu Zollunionen und Freihandelszonen wird unter dem neuen WTO-Regime eingeschränkt: Mitglieder solcher Zonen müssen sich im gegenseitigen Handelsverkehr zwar nicht an das Gleichberechtigungsgebot aller WTO-Mitglieder (= Meistbegünstigung) halten, das Ausscheren aus der Meistbegünstigung wird jedoch erschwert. Mengenmäßige Einfuhrbeschränkungen sind bei Zahlungsbilanzschwierigkeiten erlaubt, Zugeständnisse für Entwicklungsländer ebenfalls. – Innerhalb der WTO sollen neue multilaterale Abkommen künftig auch Bereiche wie den internationalen Handel mit Dienstleistungen sowie den Schutz geistiger Eigentumsrechte regeln. Fest eingebunden sind auch der Agrarsektor mit einer Beschränkung der staatlichen Subventionen sowie die insbesondere für zahlreiche Entwicklungsländer wichtige Textilindustrie. **Vordringlich** bleibt der Abbau tarifärer und nichttarifärer Handelshemmnisse sowie die weitere Verminderung der Zölle auf Industriegüter.

Organe: In der mindestens alle 2 Jahre stattfindenden **Ministerkonferenz** bestimmen die Mitgliedstaaten die zum Funktionieren der WTO notwendigen Handlungen. Ein in der Regel einmal im Monat tagender **Allgemeiner Rat** von Experten auf Beamtenebene übernimmt zwischen den Tagungen der Ministerkonferenz deren Funktionen. Er fungiert auch als Streitschlichtungsorgan und überwacht die Handelspolitiken. **Unterorgane** (unter Leitung des Allgemeinen Rats) sind (1) der Rat für Warenhandel, (2) der Rat für Dienstleistungen (GATS) und (3) der Rat für handelsbezogene Aspekte von Schutzrechten für geistiges Eigentum (TRIPS). Sie sollen die Einhaltung der WTO-Regeln überwachen. Neben dem Rat arbeiten das **Streitbeilegungsorgan** und das **Organ für den handelspolitischen Überprüfungsmechanismus**. Das Streitschlichtungsverfahren ist transparenter und berechenbarer geworden: Entscheidungen werden innerhalb fester Fristen gefällt; sie haben bindenden Charakter. Das **Generalsekretariat** wird von einem **Generaldirektor** geleitet: *Renato Ruggiero* (Italien; 1. 6. 1995–31. 5. 1999) und beschäftigt rd. 450 Mitarbeiter.

Finanzierung durch Staffelbeiträge der Vertragsparteien gemäß ihrem Anteil am Gesamthandel der Vertragsstaaten (Haushalt ca. 100 Mio. sfr).

Entscheidungsfindung: Ein Beschlußpunkt wird angenommen, wenn kein anwesendes Mitglied einen Einwand geltend macht. Können im Konsensverfahren keine Entscheidungen herbeigeführt werden, gilt das einfache Mehrheitsprinzip mit dem Grundsatz »Ein Land, eine Stimme«. Einstimmigkeit ist bei Änderungen der Prinzipien (Entscheidungsverfahren, Meistbegünstigung und Zugeständnislisten, Meistbegünstigung im Dienstleistungsbereich sowie im Bereich Schutzrechte für geistiges Eigentum) erforderlich; alle anderen Änderungen bedürfen einer 2/3-Mehrheit.

Entwicklung der WTO: Die angestrebte **Handelsliberalisierung** wird durch protektionistische Strömungen in einigen Industriestaaten **erschwert**. Ein Grund dafür ist auch die hohe Arbeitslosigkeit, weil die davon betroffenen Staaten den entstehenden Wettbewerbsdruck als Gefährdung für die verbliebenen Arbeitsplätze ansehen. So haben sich v. a. die USA als größter Ex- und Importstaat fast völlig aus der internationalen Handelspolitik zurückgezogen; sie bevorzugen wieder bilaterale oder regionale Abkommen wie durch die Nordamerikanische Freihandelszone (NAFTA; → WA '97, Sp. 839 ff.) oder die für das Jahr 2005 geplante Amerikanische Freihandelszone (FTAA). Die WTO gilt zwar als das geeignetste Forum für umfassende **Investitionsregeln**; ein Regelwerk für die inzwischen 1600 zwischenstaatlichen Abkommen gibt es aber noch nicht. Dieses wird zunehmend von den Industriestaaten angemahnt, deren Direktinvestitionen im Zuge der wirtschaftlichen Globalisierung sprunghaft angestiegen sind. Als größte Investoren sind die Industriestaaten daran interessiert, ihre finanziellen Risiken mittels eines WTO-Regelsystems zu begrenzen. Die Entwicklungsländer favorisieren demgegenüber die Welthandels- und Entwicklungskonferenz (UNCTAD; → UN), bei der sie ihre Interessen besser vertreten sehen. Als effizient hat sich das **Streitschlichtungssystem** der WTO erwiesen, das nachhaltig in Anspruch genommen wird. Seit 1995 wurden 62 Handelsstreitfälle angemeldet, von denen 5 in letzter Instanz sind. Am 2. 5. 1997 urteilte das WTO-Schiedsgericht gegen die Beschränkung der Bananen-Einfuhren aus Mittel- und Südamerika (»Dollarbananen«) durch die 1993 in Kraft getretene Bananenmarktordnung der Europäischen Union (→ Hauptkapitel EU, Chronik; → Landwirtschaft, Ausgewählte Erzeugnisse). Ende September 1997 entscheidet es über einen diesbezüglichen Widerspruch der EU.

Im WTO-Rahmen einigten sich am 15. 2. 1997 in Genf 68 WTO-Mitgliedstaaten, die 92% des auf ein jährliches Volumen von 670 Mrd. US-$ geschätzten Informationstechnologie-Weltmarktes abdecken,

Die Organisationsstruktur der WTO

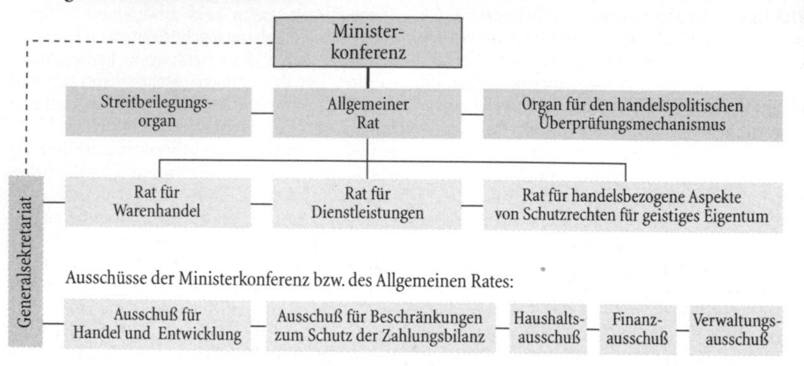

auf ein Protokoll für ein **Informationstechnologieabkommen (ITA)** über die weitgehende Liberalisierung der sog. Basis-Telekommunikationsdienste, das alle Dienstleistungen rund um Telefon und Datenverkehr öffnen soll. Sie verpflichten sich darin, ihre Basis-Telekommunikationsdienste ab 1. 1. 1998 schrittweise ausländischen Anbietern zu öffnen und der Konkurrenz die Nutzung von Satelliten zu erlauben. Ausländische Firmen erhalten größere Rechte zur Beteiligung an heimischen Unternehmen. Für einen Teil der Abmachungen gelten Übergangsfristen bis zum Jahr 2005. Bis 30. 11. 1997 sollen die Abkommensteilnehmer das Protokoll durch Unterzeichnung oder Ratifizierung angenommen haben. Je nach Fall werden die Teilnehmer ab dem 1. 12. zu entscheiden haben, ob sie das ITA (eventuell trotz Lücken) am 1. 1. 1998 in Kraft setzen oder nicht. Ein schärferer Wettbewerb könnte den Verbrauchern in Form niedrigerer Gebühren (u. a. für Kunden von Telekom-Unternehmen) und neuer technischer Möglichkeiten zugute kommen.

WTO-Ministerkonferenz in Singapur: Die erste Ministerkonferenz der WTO fand vom 9. bis 13. 12. 1996 statt. In einer »Erklärung von Singapur« befürworten die Wirtschaftsminister und Handelsbeauftragten der damals 128 Mitgliedstaaten mehr Freizügigkeit bei Investitionen sowie eine multilaterale Wettbewerbsordnung und setzten hierzu 2 Arbeitsgruppen ein. Eine weitere Arbeitsgruppe soll Möglichkeiten zur Eindämmung der Korruption bei der Vergabe öffentlicher Aufträge untersuchen. In der WTO gibt es bisher nur eine Vereinbarung von 23 mehrheitlich industrialisierten Staaten, die seit Anfang 1996 Kommunen, regionale und nationale Behörden verpflichtet, bei einem gewissen Auftragswert (für Infrastrukturprojekte liegt der Grenzwert bei 9 Mio. DM, für Güterkäufe niedriger) ausländische Firmen nicht gegenüber nationalen Anbietern zu diskriminieren. Die Teilnehmer der Ministerkonferenz befürworteten zwar international anerkannte Sozialnormen, deren Regeln sollen aber nach dem Willen der Entwicklungsländer weiter von der Internationalen Arbeitsorganisation (ILO; → UN) festgelegt werden. 28 Staaten, darunter die USA, Japan und die 15 EU-Mitglieder, paraphierten auf der Konferenz eine Ministererklärung über die Liberalisierung des Handels mit Produkten und Dienstleistungen der Informationstechnologie (Computer, Halbleiter, Drucker, Software, Mobiltelefone, Fotokopiergeräte, Glasfaserkabel, elektronische Bauteile für die Automobilindustrie). Die Zollschranken auf diesem Sektor sollen in 4 Schritten bis zum Jahr 2000 von 25 % auf null gesenkt werden.

EU Europäische Union

[= Europäische Gemeinschaft + Gemeinsame Außen- und Sicherheitspolitik (GASP) + Innen-/Justizpolitik]

Die Europäische Union (EU) ist ein wirtschaftlicher und politischer Zusammenschluß von 15 Staaten mit 371 Mio. Menschen und einer Gesamtfläche von 3,2 Mio. km².

I. Entstehung und Aufbau der EU

Die EU basiert auf drei europäischen Gemeinschaften sowie auf Vertragsergänzungen: Am Beginn stand die am 18. 4. 1951 von Belgien, Frankreich, Italien, Luxemburg, den Niederlanden und der Bundesrepublik Deutschland in Paris (auf 50 Jahre) als erste supranationale Organisation gegründete und am 23. 7. 1952 in Kraft getretene

▸ **Europäische Gemeinschaft für Kohle und Stahl (EGKS/Montanunion)** zur Schaffung eines gemeinsamen Marktes für Kohle, Stahl, Eisenerz und Schrott. Ihr folgten die von den EGKS-Staaten am 25. 3. 1957 in Rom geschlossenen und zum 1. 1. 1958 in Kraft getretenen **Römischen Verträge** zur Gründung der

▸ **Europäischen Wirtschaftsgemeinschaft (EWG/Gemeinsamer Markt)** zur Schaffung eines gemeinsamen Agrar- und Industriemarkts mit dem Ziel der Verschmelzung der nationalen Volkswirtschaften bei freiem Verkehr von Waren, Personen, Dienstleistungen und Kapital (»vier Freiheiten«) sowie zur Gründung der

▸ **Europäischen Atomgemeinschaft (EAG/Euratom)** zur Kontrolle und Koordination der friedlichen Nutzung der Kernenergie und -forschung in den Bereichen Biologie, Medizin, Umweltschutz und Reaktorsicherheit

Die drei Gemeinschaften arbeiteten bis 1. 7. 1967 getrennt und mit eigenen Organen. Seitdem unterhalten sie gemeinsame Organe (**Fusionsvertrag von 1967**). Die erste Vertragsrevision erfolgte durch die

▸ **Einheitliche Europäische Akte (EEA)** vom 2.– 3. 12. 1986 als Ergänzung der drei Verträge (in Kraft 1. 7. 1987). In ihr wurden die Beschlußfassungsverfahren im Rat (Mehrheitsentscheidungen), die Beteiligung des Parlaments an der Gesetzgebung und die **Schaffung des Europäischen Binnenmarktes** festgeschrieben. Der Binnenmarkt, in dem die »vier Freiheiten« weitgehend verwirklicht sein sollen, ist seit 1. 1. 1993 in Kraft. Durch Nichtumsetzung von EG-Richtlinien in den Mitgliedstaaten bestehen jedoch nach wie vor Hemmnisse.

Die zweite grundlegende Revision und Ergänzung ist der vom Europäischen Rat am 9.–10. 12. 1991 in **Maastricht** beschlossene, am 7. 2. 1992 unterzeichnete und am 1. 11. 1993 in Kraft getretene

▸ **Vertrag über die Europäische Union (EU-Vertrag)**, der die Grundlage für die Vollendung einer Wirtschafts- und Währungsunion (**WWU**) bis 1999 sowie für weitere politische Integrationsschritte, vor allem eine gemeinsame Außen- und

Europäische Union/EU		
Europäische Gemeinschaft/EG	**Gemeinsame Außen- und Sicherheitspolitik/GASP**	**Innen- und Rechtspolitik**
▸ Binnenmarkt ▸ Währungsunion ▸ Außenhandel ▸ Landwirtschaftspolitik ▸ Gesundheits- und Sozialpolitik ▸ Bildung und Kultur ▸ Verbraucherschutz	Einstimmige Beschlüsse über gemeinsame Aktionen in den Bereichen: ▸ Friedenserhaltung ▸ Menschenrechte ▸ Humanitäre Hilfe ▸ Abrüstung	Einstimmige Beschlüsse über: ▸ Einwanderungspolitik ▸ Drogenpolitik ▸ Asylpolitik ▸ polizeiliche Zusammenarbeit ▸ Bekämpfung der organ. Kriminalität
EGKS + EAG		
Supranationalität (Mehrheitsbeschlüsse)	Intergouvernementale Kooperation (keine Übertragung der Zuständigkeiten)	

Sicherheitspolitik (**GASP**) und eine Zusammenarbeit in der **Innen- und Rechtspolitik** bildet.
Neben dem EWG-Vertrag (in der revidierten Fassung vom 7. 2. 1992 nunmehr **EG-Vertrag**) gelten der **EGKS**- und der **EAG-Vertrag** fort.
Die **Bedeutung der EGKS** hat sich heute relativiert, denn die Montangüter büßten durch den Umstieg auf andere Energieträger an Bedeutung ein, und im Gefolge der Stahlkrise der 70er und 80er Jahre kam es zu einer Re-Nationalisierung der Stahlpolitik. Seit 1980 sind Subventionen – in Kombination mit Kapazitätsabbau – erlaubt.
Der **EAG** gelang es nicht, einen Gemeinsamen Markt für die Nutzung der Atomenergie zu etablieren.

Die 3 Pfeiler der EU

1. Europäische Gemeinschaft (EG)

basierend auf dem EWG-Vertrag – **jetzt EG-Vertrag** vom 7. 2. 1992 – samt seiner Erweiterung um die Wirtschafts- und Währungsunion (WWU) und weiterer Bereiche wie Sozialpolitik, berufliche Bildung, Jugendpolitik, Kultur, Gesundheitswesen, Verbraucherschutz, Transeuropäische Netze (TEN), Industriepolitik, wirtschaftlicher und sozialer Zusammenhalt (»Kohäsion«), Forschung und technologische Entwicklung, Umweltschutz und Entwicklungszusammenarbeit.
Aufgabe der Gemeinschaft (Art. 2 EG-Vertrag) ist eine ausgewogene Entwicklung des Wirtschaftslebens, Wachstum, Konvergenz der Wirtschaftsleistungen, hohes Beschäftigungsniveau, sozialer Schutz und Lebensqualität. Das Prinzip der **Kohäsion** dient als flankierendes Element bei der Verwirklichung des Binnenmarkts und der → Wirtschafts- und Währungsunion; mit ihr sollen über die Regional- und Strukturpolitik der wirtschaftliche und soziale Zusammenhalt und die Solidarität zwischen den Mitgliedstaaten durch Überbrückung des Gefälles zwischen ärmeren und reicheren Regionen und Staaten gefördert werden.
Die EG hat eine **eigene Rechtsetzung** durch supranationale Organe sowie exekutive Befugnisse ohne Einwirkung der Mitgliedstaaten, d.h. rechtlichen Durchgriff auf jeden einzelnen Bürger ohne Einschaltung der nationalen Parlamente/Regierungen. In einigen Tätigkeitsfeldern wird eine »gemeinsame« Politik vereinbart (z.B. bei der Verkehrspolitik), bei anderen nur »eine« Politik (so bei der Umwelt- und Sozialpolitik); in weiteren Bereichen sind eine »Mitwirkung an der Förderung« (so bei der Bildungs- und Kulturpolitik) oder »Maßnahmen« (Energie-, Fremdenverkehr, Verbraucherschutz, Katastrophenschutz) unter Be-

Europäische Union

achtung des Subsidiaritätsprinzips vorgesehen. Das **Parlament** ist teils durch **Mitentscheidung** (»Kodezision« auf den Sektoren Transeuropäische Netze, Gesundheitswesen, Kultur, Verbraucherschutz) und teils durch »Kooperation« (Entwicklungszusammenarbeit) beteiligt.
Subsidiarität (Art. 3b EG-Vertrag): Die Gemeinschaft wird nur tätig, sofern und soweit Maßnahmen auf Ebene der Mitgliedstaaten nicht erreicht werden können und daher wegen ihres Umfangs oder ihrer Wirkungen besser auf Gemeinschaftsebene geschehen.
Organe der EG (5): Europäisches Parlament (EP), Rat (Ministerrat), Kommission, Gerichtshof (EuGH) und Rechnungshof (EuRH).
Beratende Ausschüsse (2): Wirtschafts- und Sozialausschuß (WSA), Ausschuß der Regionen (AdR).
Sonstige Einrichtungen: Investitionsbank (EIB), Fonds, Agenturen, Institute und Stiftungen.
Amtssprachen: Spanisch, Dänisch, Deutsch, Griechisch, Englisch, Französisch, Italienisch, Niederländisch, Portugiesisch, Finnisch und Schwedisch.

2. Gemeinsame Außen- und Sicherheitspolitik (GASP)

Entstehung: Die bisherige außenpolitische Abstimmung in der Europäischen politischen Zusammenarbeit (EPZ, * 1969, 1987 in der EEA) wird im EU-Vertrag zu einer Gemeinsamen Außen- und Sicherheitspolitik (GASP) fortentwickelt, d.h. zu einem verbindlichen »Beschluß«, diese zu verwirklichen. Zwar müssen die Leitlinien der GASP auch weiterhin einstimmig im Rat beschlossen werden, doch können dann gemeinsame Aktionen mit Zweidrittelmehrheit eingeleitet werden. – GASP ist bisher allerdings nur sehr rudimentär vorhanden.
Verfahrensweise: Im Rat findet eine gegenseitige Unterrichtung und Abstimmung zwischen den Mitgliedstaaten statt. Falls erforderlich, legt der Rat einen gemeinsamen Standpunkt fest. Die Mitgliedstaaten »tragen dafür Sorge«, daß ihre einzelstaatliche Politik mit den gemeinsamen Standpunkten im Einklang steht. Der Ministerrat legt aufgrund allgemeiner Leitlinien des Europäischen Rats die gemeinsamen Aktionen fest, die für jeden Mitgliedstaat bindend sind, und beschließt **einstimmig**, ob eine Angelegenheit der GASP Gegenstand einer gemeinsamen Aktion werden soll (Vetorecht). Er entscheidet daraufhin Umfang und Ziele, die die EU mit der Aktion verfolgt und bestimmt, ob die Durchführung mit **qualifizierter Mehrheit** entschieden werden kann. Solche Ratsbeschlüsse müssen dann mit mindestens 62 »ge-

Vertrag von Amsterdam

Die Staats- und Regierungschefs der 15 EU-Mitgliedstaaten beschlossen auf ihrem Ratstreffen in Amsterdam vom 16.–18. 6. 1996 eine weitere Reform der Union. Der »Vertrag von Amsterdam«, der von ihnen im Oktober 1997 unterzeichnet wird und vor seinem Inkrafttreten von den Parlamenten aller Mitgliedstaaten ratifiziert werden muß, revidiert den am 1. 11. 1993 in Kraft getretenen Vertrag über die Europäische Union (EU-Vertrag; auch »Maastrichter Vertrag« genannt). Vorbereitet wurde die Vertragsrevision seit der Regierungskonferenz von Turin (29. 3. 1996) durch Treffen der Staats- und Regierungschefs sowie durch regelmäßige Treffen der Vertreter der Außenminister (→ Maastricht II, WA '97, Sp. 903 f.). Der Vertragsentwurf, der die EU auf die Herausforderungen der kommenden Jahre, d. h. vor allem auf die anstehende Erweiterung durch neue Mitglieder vorbereiten soll, bleibt hinter den in Turin gesteckten Zielen weit zurück.

Wichtige Veränderungen gegenüber dem EU-Vertrag von 1993 sind:

▶ **Innen- und Rechtspolitik:** In der Asyl-, Flüchtlings-, Einwanderungs- und Visumspolitik werden Beschlüsse weiterhin einstimmig getroffen: 5 Jahre nach Ratifizierung des Vertrags soll geprüft werden, ob eine Beschlußfassung mit qualifizierter Mehrheit akzeptabel ist. Das Schengener Abkommen (→ Internationale Organisationen) über die Abschaffung der Kontrollen an den Grenzen innerhalb der EU wird in den Vertrag aufgenommen; Großbritannien, Irland und Dänemark können ihre Grenzkontrollen jedoch beibehalten. Die Zusammenarbeit von Polizei und Justiz, die auch weiterhin zwischenstaatlich geregelt wird, wird verstärkt. EUROPOL (→ WA '97, Sp. 905 f.) soll mit operativen Befugnissen ausgestattet werden.

▶ **Sozial- und Beschäftigungspolitik:** Ein neues Sozialprotokoll enthält Mindeststandards zur Verhinderung von Sozialdumping innerhalb der EU. Ein neues Beschäftigungskapitel bildet die rechtliche Grundlage für eine koordinierte Strategie gegen Arbeitslosigkeit und für mehr Beschäftigung. Die Zuständigkeit für Beschäftigungspolitik bleibt bei den einzelnen Mitgliedstaaten; die EU-Organe erhalten aber zusätzliche Kompetenzen: So kann der Ministerrat auf Vorschlag der Kommission bindende »Leitlinien« für die nationalen Regierungen erlassen und von diesen jährlichen Berichte über ihre beschäftigungswirksamen Maßnahmen anfordern. Er kann ferner mit qualifizierter Mehrheit »Anreize« für beschäftigungswirksame Initiativen beschließen, für die aber keine zusätzlichen Mittel bereitgestellt werden.

▶ **Außen- und Sicherheitspolitik:** In der gemeinsamen Außen- und Sicherheitspolitik (GASP) werden grundsätzliche Entscheidungen der Staats- und Regierungschefs weiterhin einstimmig getroffen. Wenn sich ein Mitglied der Stimme enthält, kann der Beschluß dennoch zustande kommen (konstruktive Enthaltung). Über die Umsetzung der Beschlüsse können die Außenminister aber künftig mit qualifizierter Mehrheit entscheiden. Allerdings kann ein Mitgliedstaat unter Berufung auf sein »vitales Interesse« Einstimmigkeit verlangen (Vetorecht). Eine Analyse- und Planungseinheit beim Ministerrat unter Leitung eines Generalsekretärs (»Hoher Vertreter für die gemeinsame Außen- und Sicherheitspolitik«) soll Entscheidungen vorbereiten und die Außenpolitik der EU handlungsfähiger machen. Die Integrierung der Westeuropäischen Union (WEU) in die EU scheiterte v. a. am Widerstand Großbritanniens und der neutralen Staaten; im Vertrag von Amsterdam wird sie lediglich als »grundsätzliches Ziel« erklärt (→ WEU, Internationale Organisationen).

▶ **Institutionelle Reform:** Der Präsident der Kommission erhält Richtlinienkompetenz gegenüber den Kommissaren und kann über deren Auswahl mitentscheiden. Die Größe der Kommission bleibt – mindestens bis zur ersten EU-Erweiterung – unverändert bei 20 Mitgliedern. Eine Neugewichtung der Stimmen zwischen großen und kleinen Mitgliedstaaten im **Ministerrat** (→ Abschnitt III) soll erst auf einer Revisionskonferenz im Rahmen der beginnenden EU-Erweiterung erörtert werden. Bei wichtigen Entscheidungen bleiben einstimmige Beschlüsse die Regel. Die Mitentscheidungskompetenz des **Europäischen Parlaments** wird auf weitere Vertragsartikel ausgedehnt; dazu gehören u. a. Maßnahmen zur Förderung der Beschäftigung im Rahmen des neuen Beschäftigungskapitels, die Chancengleichheit, neue Bereiche der Verkehrspolitik, die Forschung, die Umweltpolitik und der Gesundheitsschutz.

▶ **Engere Zusammenarbeit, Flexibilität:** Mit qualifizierter Mehrheit aller Mitgliedstaaten können künftig Beschlüsse gefaßt werden, die einzelnen EU-Staaten eine engere Zusammenarbeit erlauben. Nach dem Prinzip der flexiblen Integration dürfen sich einzelne Mitgliedstaaten künftig enger zusammenschließen und rascher als die anderen in der Integration vorangehen. Allerdings kann jedes Mitglied unter Berufung auf »nationales Interesse« gegen solche Vereinbarungen sein Veto einlegen.

wogenen« Stimmen aus mindestens 10 Mitgliedstaaten gefällt werden (Stimmenverteilung → Rat der EU). Im Rahmen der Verhandlungen zur Reform des EU-Vertrags (→ Vertrag von Amsterdam) soll das Vetorecht zugunsten eines Mehrheitsvotums aufgehoben werden. Fragen der Verteidung will man jedoch auch weiterhin einstimmig entscheiden.

3. Zusammenarbeit in der Innen- und Rechtspolitik

Dieser Bereich erhält durch den EU-Vertrag einen einheitlichen Rahmen. Es wurde eine **Regierungszusammenarbeit** vereinbart, die die Staaten (Ausnahme: Dänemark) zur Koordinierung ihres Handelns verpflichtet: In der Asylpolitik, der Kontrolle der Außengrenzen der EU, der Einwanderungspolitik und Politik gegenüber Angehörigen von Drittstaaten (Bekämpfung illegaler Einwanderung, illegalen Aufenthalts und der illegalen Arbeit im Hoheitsgebiet der Mitgliedstaaten), der Bekämpfung von Drogenabhängigkeit, Drogenhandel, organisierter Kriminalität, Terrorismus sowie der Aufbau eines Systems zum Austausch von Informationen im Rahmen eines Europäischen Polizeiamts EUROPOL (→ WA '97, Sp. 905 f.) in Den Haag (NL). Die Mitgliedstaaten unterrichten und konsultieren den Ministerrat, um ihr Vorgehen zu koordinieren.

Visumpolitik: Mit Art. 100c EU-Vertrag wurde eine gemeinsame Visumpolitik eingeführt. Seit 1. 1. 1996 werden solche Entscheidungen mit qualifizierter Mehrheit getroffen. Im Fall eines plötzlichen Flüchtlingszustroms aus einem Drittstaat kann der Rat für höchstens 6 Monate den Visumzwang für Angehörige des betreffenden Staates einführen. (Die Visumpolitik ist damit supranational.)

II. Mitglieder und Außenbeziehungen

EU-Mitglieder (15):

Amtliche Reihenfolge mit Beitrittsjahr(en) (z. B. EGKS 1952 und EWG 1958):

B	Belgien 1952/1958
DK	Dänemark (ohne Färöer, Grönland) 1973
D	(Bundesrepublik) Deutschland 1952/1958
GR	Griechenland (Ellas) 1981
E	Spanien (España) 1986
F	Frankreich (mit D. O. M.) 1952/1958
IRL	Irland 1973
I	Italien 1952/1958
L	Luxemburg 1952/1958
NL	Niederlande 1952/1958
A	Österreich 1995
P	Portugal 1986
FIN	Finnland (Suomi) 1995
S	Schweden (Sverige) 1995
UK	Großbritannien und Nordirland (United Kingdom) 1973

Zur EU gehören außerhalb Europas: Madeira und die Azoren (P); die Kanarischen Inseln sowie die spanischen Exklaven in Nordafrika Cëuta und Melilla (E); Guadeloupe und Martinique in der Karibik, Französisch-Guyana in Südamerika und La Réunion im Indischen Ozean (alle F).

Der EU nur angeschlossen sind alle autonomen, halbautonomen oder abhängigen Gebiete, die zu EU-Mitgliedstaaten gehören (wie die Falkland-Inseln, St. Helena, Niederländische Antillen, die französischen Überseeterritorien/T. O. M. Französisch-Polynesien, St. Pierre & Miquelon).

Zum Zollgebiet der EU, nicht aber zur Gemeinschaft selbst, gehören die Isle of Man, die Kanalinseln (beide UK), Monaco und San Marino.

Nicht zur EU gehören folgende in ihrem geographischen Gebiet liegende Staatsgebiete: Andorra, Färöer, Vatikanstadt, Gibraltar und Grönland.

Assoziierte Staaten

(E = Europa-Abkommen mit den Reformstaaten. Sie sehen eine umfassende politische, wirtschaftliche und kulturelle Zusammenarbeit vor, die den Beitritt in die Gemeinschaft erleichtern soll. *Ass.-Abkommen bisher nur unterzeichnet)

Bulgarien (in Kraft seit 1. 2. 1995 E), **Estland** (12. 6. 1995* E), **Israel** (20. 11. 1995*), **Litauen** (12. 6. 1995* E), **Lettland** (12. 6. 1995* E), **Malta** (1. 4. 1971), **Marokko** (26. 2. 1996*), **Palästinensische Autonomiebehörde** (24. 2. 1997*), **Polen** (1. 2. 1994 E), **Rumänien** (1. 2. 1995 E), **Slowakei** (1. 2. 1995 E), **Slowenien** (10. 6. 1996* E), **Tschechische Republik** (1. 2. 1995 E) **Türkei** (1. 12. 1964; Zusatzprotokoll 1970), **Tunesien** (17. 7. 1995*), **Ungarn** (1. 2. 1994 E), **Zypern** (1. 6. 1973; Zusatzprotokoll 1988).

Offizielle Beitrittsgesuche

Bulgarien (16. 12. 1996), **Estland** (28. 11. 1995), **Lettland** (27. 10. 1995), **Litauen** (8. 12. 1995), **Malta** (16. 7. 1990, Gesuch ruht seit Oktober 1996), **Polen** (8. 4. 1994), **Rumänien** (22. 6. 1995), **Schweiz** (26. 5. 1992, Gesuch ruht), **Slowakei** (27. 6. 1995), **Tschechische Republik** (23. 1. 1996), **Türkei** (14. 4. 1987), **Ungarn** (1. 4. 1994), **Zypern** (4. 7. 1990).

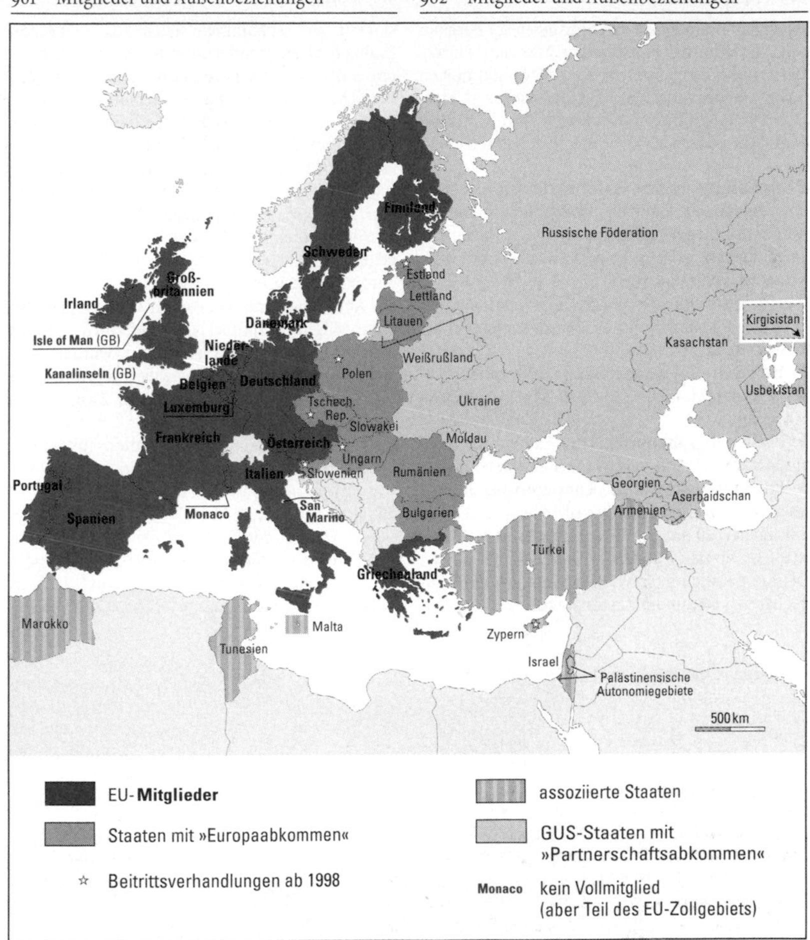

Die Europäische Union 1997

EG–AKP-Abkommen von Lomé

Handels- und Kooperationsabkommen mit Staaten Afrikas, der Karibik und des Pazifik (»AKP-Staaten«): Das **vierte Lomé-Abkommen** wurde am 15. 12. 1989 in Togo unterzeichnet, ist seit 3/1990 in Kraft und hat eine Laufzeit von 10 Jahren. Die **Revision** des Lomé-IV-Abkommens 1995 (→ WA '97, Sp. 937) vereinbart den freien Zugang für 99,5% der AKP-Erzeugnisse zur EU ohne Gegenpräferenzen. Am 25. 3. 1997 stimmten die EU-Außenminister der Aufnahme der Republik Südafrika in die Konvention von Lomé zu. Das 71. Mitglied erfährt jedoch nicht die Begünstigungen der anderen Partnerstaaten (→ Abschnitt VIII. Chronik).

Zur Umsetzung des Abkommens stellt die EU für 1995–1999 Finanzhilfen in Höhe von 14,7 Mrd. ECU zur Verfügung. Davon werden 13 Mrd. ECU durch den Europäischen Entwicklungsfonds (**EEF**) und 1,7 Mrd. durch die Europäische Entwicklungsbank (→ **EIB**) aufgebracht. Von den EEF-Mitteln sind 1,8 Mrd. ECU für das **STABEX-System** (Ausgleichszahlungen zur Exporterlös-Stabilisierung) und 575 Mrd. ECU für den **SYSMIN-Fonds** (Mineralienfonds zur Beseitigung von Störungen im Bergbau u. a. bei Kupfer, Phosphaten, Mangan, Bauxit, Uran und Gold) vorgesehen. 1,4 Mrd. ECU dienen Strukturanpassungsmaßnahmen und 1,3 Mrd. ECU der Durchführung von Regionalprojekten. 1,0 Mrd. ECU werden als Risikokapital eingesetzt.

Beziehungen zu den Reformstaaten

Netz bilateraler Handels- und Kooperationsabkommen nach dem Grundsatz wirtschaftlicher Zugeständnisse, geknüpft an politische und wirtschaftliche Pluralisierung.

Ziel: Schrittweise Öffnung des EU-Marktes durch Meistbegünstigung und Abbau mengenmäßiger Beschränkungen.

▸ **Handels- und Kooperationsabkommen** (unterhalb der Stufe der Europa-Abkommen) mit Albanien.

▸ **Freihandelsabkommen** mit Estland, Lettland und Litauen vom 18. 7. 1994 für die Zeit ab 1995.

▸ **Partnerschafts- und Kooperationsabkommen** mit den **GUS-Staaten** regeln sowohl die Zusammenarbeit mit der EU wie mit den 15 Mitgliedstaaten. Für den Handelsteil ist die EU zuständig, die Kooperation in der Außenpolitik und im Kulturbereich fällt in die Zuständigkeit der Mitgliedstaaten. Die Abkommen sollen den politischen Dialog fördern, Handel und Investitionen ausweiten sowie eine intensive Zusammenarbeit in den Bereichen Gesetzgebung, Wirtschaft, Soziales, Finanzen, zivile Wissenschaft, Technik und Kultur herbeiführen. In der wirtschaftlichen Zusammenarbeit sind die gegenseitige Meistbegünstigung und Liberalisierungsmaßnahmen (Abschaffung von Mengenbeschränkungen, Antidumpingvorschriften) vereinbart. Für den Handel mit Textilien gelten Sonderabkommen zum Schutz der westeuropäischen Textilindustrie.

Die Abkommen müssen von der Union und jedem der 15 Mitglieder ratifiziert werden. Um die Zeit bis zum Inkrafttreten zu überbrücken, wurden Interimsabkommen geschlossen, die die Vorteile im Handel sofort einräumen und mit Zustimmung des EP in Kraft treten.

Partnerschafts- und Kooperationsabkommen (* unterzeichnet, noch nicht in Kraft; IA = Interimsabkommen) bestehen mit:

Ukraine (14. 6. 1994*, IA 1. 2. 1996), Rußland (24. 6. 1994*, IA 1. 2. 1996), Republik Moldau (28. 11. 1994*, IA 1. 5. 1996), Weißrußland (6. 3. 1995*, IA 25. 3. 1996*), Kasachstan (23. 1. 1995*, IA 5. 12. 1995*), Kirgisistan (9. 2. 1995*, IA 1. 2. 1996*), Ge-

Die Organe der Europäischen Union

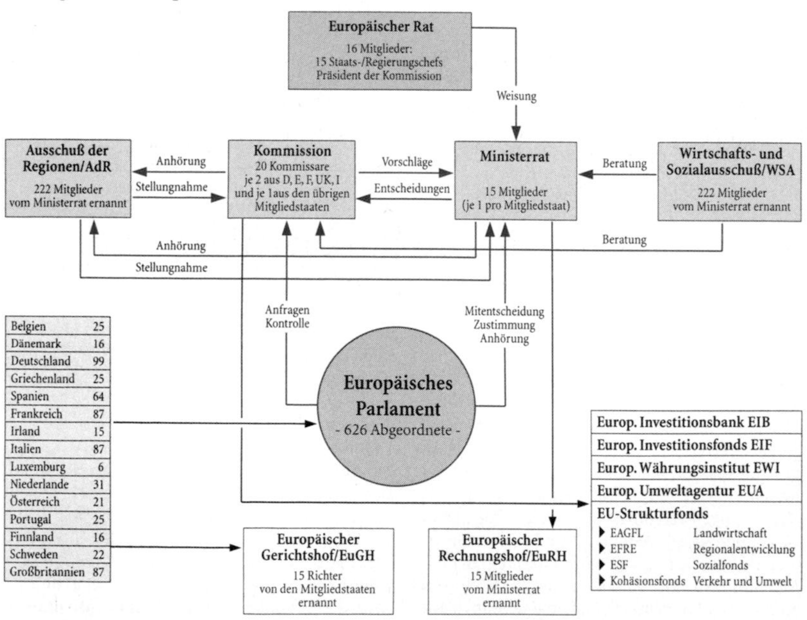

orgien (22. 4. 1996*, IA 3/1997*), Armenien (22. 4. 1996*, IA 3/1997*), Aserbaidschan (22. 4. 1996*, IA 3/1997*), Usbekistan (21. 6.1996*)
Unterstützung erhalten Reformstaaten durch das **TACIS-** und **PHARE-Programm**. Mittelausstattung 1996–1999: TACIS 2220 (1995: 470) Mio. ECU;

PHARE einschl. flankierender Maßnahmen, ohne Osteuropabank (EBWE) 1997: 1223 (1996: 1146) Mio. ECU. Technische Hilfe (v. a. Nuklearsicherheitstechnik) und Know-how-Transfer, auch im Umweltbereich, humanitäre Dringlichkeitshilfe.

III. Organe und sonstige Institutionen

Europäisches Parlament (EP)

Gründung am 10. 9. 1952 als beratende »Gemeinsame Versammlung« der EGKS von 78 Parlamentariern aus den 6 Gründerstaaten; am 10. 3. 1958 Konstituierung als »Europäisches Parlament« der nunmehr 3 Gemeinschaften (damals 142 Abgeordnete).
Aufgaben/Befugnisse: Das EP äußert sich zu Kommissionsvorschlägen zeitlich vor dem Ministerrat und bringt Änderungsvorschläge ein. Seit Maastricht wurden seine Rechte erweitert, indem es im **Mitentscheidungsverfahren** (z. B. bei Binnenmarkt, Gesundheit, Verbraucherschutz, Transeuropäischen Netzen (TEN), Umweltschutz) eine gleichberechtigte Rolle neben dem Ministerrat spielt. Entscheidend ist dabei der Vermittlungsausschuß aus EP- und Ratsvertretern. Die demokratische Kontrolle wurde ausgebaut, indem z. B. die Ernennung der Kommissare an die Zustimmung des EP gebunden ist. Auch wurde das Petitionsrecht gestärkt.
Das EP setzt ferner einen **Bürgerbeauftragten** ein (seit 7/1995: *Jacob Söderman* [FIN]), der von natürlichen oder juristischen Personen in einem Mitgliedstaat Beschwerden über die Tätigkeit der Organe (mit Ausnahme des → EuGH) entgegennimmt. Bis Ende 1996 gingen 1140 Beschwerden ein, von denen 35% in sein Mandat fielen. Die meisten Beschwerden richten sich gegen die Kommission und beklagen z. B. mangelnde Transparenz oder Verzögerungen bei Verwaltungsvorgängen.
Wichtige Abkommen wie z. B. Assoziierungs- und Beitrittsabkommen bedürfen der Zustimmung des EP. Das **Verfahren der Zustimmung** wird auch auf die Ziele der Strukturfonds und die Zuständigkeiten der Europäischen Zentralbank ausgedehnt. Das EP ist zusammen mit dem Ministerrat **Haushaltsbehörde**. Der EU-Haushalt kann nur mit Zustimmung des EP verabschiedet werden, für dessen Ausführung muß das EP der Kommission Entlastung erteilen.
Das EP hat seit Maastricht das Recht, in einigen Politikbereichen Gesetzentwürfe zu Fall zu bringen, also den Ministerrat zu überstimmen. Ministerrat und Parlament können gesetzgeberische Beschlüsse nur fassen, wenn ein Gesetzentwurf (»Vorschlag«) der Kommission vorliegt.
Abgeordnete: Direktwahlen alle 5 Jahre seit 1979, zuletzt 1994. Das EP besteht seit der EU-Erweiterung 1995 aus 626 Abgeordneten aus den 15 EU-Staaten. Deutschland entsendet 99 Abgeordnete.
Fraktionen: In der 4. Wahlperiode (1994–1999) 8 übernationale Fraktionen mit Parlamentariern aus mehr als 100 Parteien (→ Tabelle).

Zusammensetzung des Europäischen Parlaments nach Fraktionen und Mitgliedstaaten
nach der 4. Direktwahl vom 9.–12. 6. 1994 und dem Beitritt Österreichs, Finnlands und Schwedens (Stand Februar 1997)

	A	*B*	*DK*	*D*	*E*	*FIN*	*F*	*GR*	*IRL*	*I*	*L*	*NL*	*P*	*S*	*UK*	*Gesamt*
SPE	6	6	4	40	21	4	15	10	1	18	2	7	10	7	63	214
EVP-CD	7	7	3	47	30	4	12	9	4	15	2	9	9	5	18	181
UFE							17	2	7	26		2	3			57
LIB	1	6	5		2	5	1		1	6	1	10		3	2	43
VEL					9	2	7	4		5			3	3		33
GR	1	2		12		1	1		2	4		1		4		28
REA		1			2		12			2	1				2	20
UEdN			4				11					2			1	18
FL	6	3					11			11					1	32
Gesamt	21	25	16	99	64	16	87	25	15	87	6	31	25	22	87	626

SPE: Fraktion der Sozialdemokratischen Partei Europas; **EVP-CD:** Fraktion der Europäischen Volkspartei;
UFE: Fraktion der Union für Europa; **LIB:** Fraktion der Liberalen und Demokratischen Partei Europas;
VEL: Fraktion Bund der Vereinigten Linken; **GR:** Fraktion Die Grünen im Europäischen Parlament;
REA: Fraktion Radikale Europäische Allianz; **UEdN:** Freaktion Europa der Nationen; **FL:** Fraktionslose

Präsidium: Das EP wählt für die Hälfte der Wahlperiode aus seiner Mitte ein Präsidium. – Präsident 1/1997–6/1999 *José María Gil-Robles Gil-Delgado* (E)(EVP) sowie 14 Vizepräsidenten und 5 Quästoren, zuständig für die inneren Angelegenheiten des Parlaments.
Generalsekretär: *Julian Priestley* (UK).
Ausschüsse (20): Auswärtige Angelegenheiten, Sicherheit und Verteidigungspolitik (65 Mitglieder); Landwirtschaft und ländliche Entwicklung (46); Haushalt (40); Wirtschaft, Währung und Industriepolitik (60); Forschung, technologische Entwicklung und Energie (31); Außenwirtschaftsbeziehungen (25); Recht und Bürgerrechte (27); Beschäftigung und soziale Angelegenheiten (45); Regionalpolitik (44); Verkehr und Fremdenverkehr (40); Umweltfragen, Volksgesundheit und Verbraucherschutz (50); Kultur, Jugend, Bildung und Medien (40); Entwicklung und Zusammenarbeit (38); Grundfreiheiten und innere Angelegenheiten (39); Haushaltskontrolle (28); Institutioneller Ausschuß (40); Geschäftsordnung, Wahlprüfung und Fragen der Immunität (25); Rechte der Frau (40); Petitionen (30), Fischerei (26).
Sitz: Palais de l'Europe, B. P. 1024, F–67070 Strasbourg (11 Plenartagungen und Haushaltstagung). – 97–113, rue Belliard, B–1047 Brüssel (weitere Plenartagungen; Ausschüsse; Teil des Generalsekretariats). – Plateau du Kirchberg, L–2929 Luxemburg (Generalsekretariat und dessen Dienststellen).
Informationsbüros in allen Mitgliedstaaten, D: Bonn-Center, Bundeskanzlerplatz, D–53113 Bonn, Tel. 0228–914300, Fax –218955 und Kurfürstendamm 102, D–10711 Berlin, Tel. 030–88930122, Fax –8921733.
Bürgerbeauftragter: 1, avenue du Président Robert Schuman, F–67001 Strasbourg-Cédex
Personal 1997: 3491 (1996: 3493).
Haushalt 1997: 887 (1996: 883) Mio. ECU.

Europäischer Rat (ER)

*1974 (erste Tagung 3/1975 in Dublin), Konferenz der 15 Staats- bzw. Regierungschefs sowie des Präsidenten der EU-Kommission (»Europäischer Gipfel«). Der ER wurde 1987 mit Weisungsrecht ausgestattet und dem Ministerrat faktisch übergeordnet. Er wurde damit die höchste Institution der Gemeinschaft und die Spitze der Europäischen Politischen Zusammenarbeit (EPZ, heute GASP). Der ER tritt mindestens zweimal jährlich unter dem Vorsitz des Staates mit Ministerratsvorsitz zusammen.

Rat der EU/EU-Ministerrat

Der Ministerrat besteht aus je einem Regierungsmitglied der 15 Mitgliedstaaten. Er ist die eigentliche Legislative in der EU. Ohne seine Zustimmung ist die Kommission in weiten Bereichen machtlos. Ministerrat und Europäischer Rat legen künftig auch die GASP fest. Der Ministerrat erläßt von der Kommission vorgeschlagene Rechtsakte (»Gesetze«) als Verordnungen, Richtlinien und Entscheidungen, spricht Empfehlungen aus und gibt Stellungnahmen ab.
Abstimmungsmodus: Der Ministerrat beschließt mit qualifizierter Mehrheit, soweit nicht einfache Mehrheit oder Einstimmigkeit vorgeschrieben sind. Kommissionsvorschläge kann er nur einstimmig ändern. Qualifizierte Mehrheitsentscheidungen erfordern 62 von 87 verfügbaren Stimmen (D, F, I, UK je 10; E 8; B, GR, NL, P je 5; A, S je 4; DK, FIN, IRL je 3; L 2 Stimmen). 26 Stimmen bilden die Sperrminorität.
Der **Ministerratsvorsitz** wechselt halbjährlich und bildet mit Vorgänger und Nachfolger die **»Troika«**, die in der Gemeinsamen Außen- und Sicherheitspolitik eine wichtige Rolle spielt. Die Reihenfolge wird für mehrere Jahre vom Europäischen Rat festgelegt (Vorsitz: fett):

1. Halbjahr 1997:	IRL	–	**NL**	–	L
2. Halbjahr 1997:	NL	–	**L**	–	UK
1. Halbjahr 1998:	L	–	**UK**	–	A
2. Halbjahr 1998:	UK	–	**A**	–	D
1. Halbjahr 1999:	A	–	**D**	–	FIN
2. Halbjahr 1999:	D	–	**FIN**	–	P
1. Halbjahr 2000:	FIN	–	**P**	–	F
2. Halbjahr 2000:	P	–	**F**	–	S

Dem Ministerrat arbeitet das Generalsekretariat zu. **Generalsekretär**: *Niels Ersbøll* (DK).
Als Schaltstelle zwischen Kommission und den Regierungen der Mitgliedstaaten koordinieren die im **Ausschuß der Ständigen Vertreter (COREPER)** versammelten Leiter der Vertretungen der Mitgliedstaaten bei der EU (Botschafter) die Ministerratssitzungen und bereiten die Entscheidungen vor. Er tagt wöchentlich.
Sitz: rue de la Loi 175, B–1048 Brüssel. Der Ministerrat tagt in Brüssel; im April, Juni und Oktober in Luxemburg.
Personal 1997: 2510 (1996: 2404).
Haushalt 1997: 320 (1996: 307) Mio. ECU.

Europäische Kommission (EU-Kommission)

Aufgaben: Die Kommission hat initiative (vorbereitende und vorschlagende), exekutive (Ratsbeschluß-Ausführung) und kontrollierende (Überwachung des EU-Rechts) Funktionen, erläßt Durchführungsbestimmungen, verwaltet die Strukturfonds sowie die Forschungs- und anderen

Programme, erstellt den Entwurf des EU-Haushalts und führt ihn aus. Sie handelt Abkommen mit Drittländern aus und leitet Vertragsverletzungsverfahren ein. Ihr unterstehen Dienststellen wie z. B. das Statistische Amt (Eurostat) und die Forschungseinrichtungen (GFS). Die Kommissare dürfen Anweisungen von einer Regierung oder einer anderen Stelle weder anfordern noch entgegennehmen.

Beschlußfassung mit einfacher Stimmenmehrheit als Kollegialorgan.

Zusammensetzung: 20 von den Mitgliedstaaten für 5 Jahre ernannte Mitglieder. Je 2 entsenden die »großen« EU-Staaten Deutschland, Frankreich, Großbritannien, Italien und Spanien. Die Kommission wird nach Zustimmung des EP von den Mitgliedstaaten eingesetzt. Der Präsident der Kommission ist kraft Amtes Mitglied des Europäischen Rats.

Die Kommissionsmitglieder seit 25. 1. 1995 mit vereinfachter Darstellung der Zuständigkeiten. Zahlreiche Sachgebiete, insbes. in der Außenpolitik, sind auf mehrere Kommissare aufgeteilt. Diese haben somit (teils auch mit dem Präsidenten) gemeinsame Zuständigkeiten (deshalb oft Ressortkollisionen in der Kommissionsbürokratie).

Jacques Santer (L), Präsident: Generalsekretariat, Juristischer Dienst, Währungsfragen, Außen- und Sicherheitspolitik, Menschenrechte, Regierungskonferenzen

Martin Bangemann (D): Gewerbl. Wirtschaft, Informations- und Telekommunikationstechniken

Ritt Bjerregaard (DK): Umwelt, nukleare Sicherheit

Emma Bonino (I): Verbraucherfragen, Amt für humanitäre Hilfe (ECHO), Fischerei

Sir Leon Brittan (UK), Vizepräsident: Nordamerika, Australien, Japan, China, Korea, Hongkong, Taiwan, Handelspolitik (auch OECD, WTO)

Hans van den Broek (NL): GASP, die Reformstaaten sowie Türkei, Zypern und Malta

Edith Cresson (F): Wissenschaft, Forschung und Entwicklung, Bildung

Franz Fischler (A): Agrarpolitik

Pádraig Flynn (IRL): Beschäftigung und Soziales

Anita Gradin (S): Einwanderung, Innen- und Rechtspolitik, Finanzkontrolle

Neil Kinnock (UK): Verkehr (auch TEN)

Erkki Liikanen (FIN): Haushalt und Personal

Manuel Marín (E), Vizepräsident: Mittelmeerländer, Nahost, Lateinamerika und Asien (ohne Industriestaaten), Entwicklungspolitik

Karel van Miert (B): Wettbewerb

Mario Monti (I): Binnenmarkt, Finanzdienstleistungen, Zölle und Steuern

Marcelino Oreja Aguirre (E): EP-Beziehungen, Regierungskonferenz 1996, Kultur/Medien

Christos Papoutsis (GR): Energie, Unternehmenspolitik (KMU), Fremdenverkehr

João de Deus Rogado Salvador Pinheiro (P): AKP-Staaten, Südafrika, Entwicklungspolitik

Yves-Thibault de Silguy (F): Wirtschaft und Finanzen, Währung, Kredit und Investitionen

Monika Wulf-Mathies (D): Regional- und Strukturpolitik (Kohäsionsfonds)

Verwaltung mit **Generalsekretär:** *Carlo Trojan* (NL) (seit 1. 8. 1997), 25 Generaldirektionen (Ressorts) und 9 besondere Dienststellen

Sitz: rue de la Loi 200, B–1049 Brüssel; Vertretung in Deutschland: Zitelmannstr. 22, D–53113 Bonn, Tel.: 0228–530090; Außenstellen: Kurfürstendamm 102, 10711 Berlin, Tel.: 030–8960930; Erhardtstr. 27, 80331 München, Tel.: 089–60930.

Personal 1997: 20241 (1996: 19641), davon Verwaltung einschl. Sprachendienste 15994 (15574), Forschung/technolog. Entwicklung 3558 (3452), Amt für amtliche Veröffentlichungen 525 (525), Europäisches Zentrum für Berufsbildung 81 (81), Europäische Stiftung zur Verbesserung der Lebens- und Arbeitsbedingungen 83 (82).

Haushalt 1997: 2798 (1996: 2696) Mio. ECU

Europäischer Gerichtshof (EuGH)

Gründung 1953 für die EGKS, seit 1958 für die 3 Gemeinschaften EAG, EGKS und EWG, heute der EG.

Aufgaben: Der EuGH sichert die Wahrung des Rechts bei der Auslegung und Anwendung des EG- und des EU-Vertrags. Der Gerichtshof als überstaatliches Organ ist frei von den Interessen der Mitgliedstaaten und wichtig für die Weiterentwicklung des Gemeinschaftsrechts. Die Zahl der Verfahren steigt kontinuierlich (1995: 415, 1996: 423), 1996 wurden 349 Verfahren erledigt (1995: 289). 256 der 1996 eingegangenen Verfahren wurden als Vorlagen von nationalen Gerichten eingereicht. Zur Hauptsache behandeln die Verfahren Fragen der sozialen Sicherung, des Steuersystems und der Marktordnungen. Auch die Zahl der direkten Klagen von Mitgliedstaaten und EU-Organen nimmt zu (1996: 132).

Der Gerichtshof kennt 6 **Verfahrensarten**: Vertragsverletzungsverfahren der Kommission gegen einen Mitgliedstaat; Vertragsverletzungsklagen eines Mitgliedstaates gegen einen anderen; Untätigkeitsklagen gegen Parlament, Ministerrat oder Kommission; Nichtigkeitsklagen gegen unrechtmäßige Handlungen von Organen; Vorabentscheidungen über Auslegung und Gültigkeit von Gemeinschaftsrecht (auf Vorlage nationaler Gerichte); Schadenersatzklagen gegen Organe der EU oder deren Bedienstete. Der EuGH entscheidet im Einzelfall, ob gegen Gemeinschaftsrecht verstoßen wird. Die EuGH-Rechtsprechung hat als höchste

und unanfechtbare juristische Instanz Vorrang vor nationalem Recht und beeinflußt dadurch innerstaatliches Verfassungsrecht.
Zusammensetzung: 15 Richter (einer je Mitgliedstaat) sowie 9 Generalanwälte. Sie werden von den Mitgliedstaaten für 6 Jahre ernannt und sind nur dem europäischen Recht verpflichtet. 6 Kammern.
Präsident, von den Richtern für 3 Jahre gewählt: *Gil Carlos Rodriguez Iglesias* (E).
Gericht Erster Instanz (GEI) *1989 für Rechtssachen im Bereich der EGKS, für Wettbewerbsrecht sowie für Personalstreitfälle der EU-Organe sowie seit 1993 für alle direkten Klagen von Gemeinschaftsbürgern und Unternehmen gegen EU-Organe. 15 Richter.
Sitz: L–2925 Luxemburg (Kirchberg).
Personal 1997: 842 (1996: 842).
Haushalt 1997: 123 (1996: 170) Mio. ECU.

Europäischer Rechnungshof (EuRH)

Gründung 1975, Konstituierung 1977.
Aufgaben: Kontrolle der Wirtschaftlichkeit, Ordnungsmäßigkeit und Gesetzmäßigkeit der EU-Haushaltsmittel und deren Verwendung, auch in Drittstaaten (z. B. bei EIB-Finanzierungen); jährl. Prüfbericht. Der EuRH unterstützt Parlament und Ministerrat bei ihrer Haushaltskontrolle, deckt Mißbrauch der Haushaltsmittel der EG (z. B. Agrar-Subventions-Betrug) auf und leistet damit einen Beitrag zur Aufdeckung organisierter Wirtschaftskriminalität. – In seinem am 12. 11. 1996 dem Europäischen Parlament vorgelegten **Jahresprüfbericht** für 1995 wirft der EuRH der Kommission und besonders den Mitgliedstaaten erhebliche Unregelmäßigkeiten (Mißwirtschaft, Schlamperei, Subventionsbetrug, Verschwendung) bei der Verwendung der EU-Haushaltsgelder vor. Im Haushaltsjahr 1995 waren 5,9 % (rund 4 Mrd. ECU) aller aus dem EU-Haushalt geleisteten Zahlungen fehlerhaft (1994: 2,7 Mrd. ECU); in 4758 Fällen wurden insgesamt 1,1 Mrd. ECU unrechtmäßig gezahlt. Die meisten Beanstandungen des EuRH fallen in die Bereiche Landwirtschaft, Sozial- und Strukturfonds. Im Agrarbereich wurde u. a. festgestellt, daß für nicht existierende Flächen Beihilfen beantragt und fiktive Ausgaben geltend gemacht wurden. Ausgaben von 16,5 Mio. ECU für die Betrugsbekämpfung konnten nicht belegt werden. Für den Export von dänischem Feta-Käse in den Iran wurden 16 Mio. ECU zuviel an Ausfuhrerstattung gezahlt. Im Strukturfonds kritisiert der EuRH die Diskrepanz zwischen Zahlungsermächtigungen in Höhe von 24 Mrd. ECU und 19,5 Mrd. ECU tatsächlich geleisteten Zahlungen.
Zusammensetzung: 15 Mitglieder (eines je Mitgliedstaat), die ihr Amt unabhängig ausüben; Ernennung durch den Ministerrat auf 6 Jahre, Wiederwahl zulässig; Präsident: *Bernhard Friedmann* (D), auf 3 Jahre gewählt.
Sitz: 12, rue A. de Gasperi, L–1615 Luxemburg.
Personal 1997: 412 (1996: 503).
Haushalt 1997: 57 (1996: 56) Mio. ECU.

Wirtschafts- und Sozialausschuß (WSA)

Gründung am 1. 1. 1958 (mit Inkrafttreten des EAG/EWG-Vertrages) als Beratungsorgan der wirtschaftlichen und sozialen Interessengruppen der Mitgliedstaaten.
Aufgaben: Der WSA muß von Ministerrat und Kommission in allen sozialen Fragen einschl. der Bildungsfragen sowie Fragen des Binnenmarkts, der Sicherheit und Gesundheit der Arbeitnehmer gehört werden.
Zusammensetzung (seit 1. 1. 1995): 222 vom Ministerrat auf Vorschlag der Mitgliedstaaten für 4 Jahre ernannte Mitglieder (D, F, I und UK je 24, E 21, A, B, GR, NL, P und S je 12, DK, FIN und IRL je 9, L 6) sowie eine gleiche Anzahl von Stellvertretern paritätisch aus den 3 Hauptgruppen: Arbeitgeber, Arbeitnehmer sowie Landwirte/Verbraucher/Freie Berufe.
Organe: Präsident: *Tom Jenkins* (UK); 9 Ausschüsse; Beratender Ausschuß (*1952) für den Kohle- und Stahlbereich, 96 Mitglieder, je Gruppe 32 nach Proporz, Präsident: *Marcel Detaille* (F).
Sitz: 2, rue Ravenstein, B–1000 Brüssel.
Personal (einschl. AdR) 1997: 739 (1996: 642).
Haushalt (nur operative Ausgaben) 1997: 28 (1996: 28) Mio. ECU, dazu 54 (53) Mio. ECU für die gemeinsame Organisationsstruktur mit dem → AdR.

Ausschuß der Regionen (AdR)

Gründung am 1. 11. 1993 mit Inkrafttreten des EU-Vertrages als organisatorisch mit dem WSA verbundener beratender Ausschuß von Vertretern der Gebietskörperschaften in den Mitgliedstaaten.
Aufgaben: Der AdR wird vom Ministerrat oder der Kommission bei Beschlüssen mit regionalem Bezug gehört, so zu den Bereichen Bildung, Kultur, Gesundheitswesen, Aufbau transeuropäischer Netze (wie z. B. Autobahnen, Fernmelde- oder Energieverbindungen), bei Kohäsionsmaßnahmen einschließlich der regionalen Förderpolitik der EG. Der AdR kann auch initiativ Stellungnahmen abgeben (Selbstbefassungsrecht).
Zusammensetzung: 222 auf Vorschlag der Mitgliedstaaten ernannte Mitglieder (→ WSA). – Die Mitglieder sind an keine Weisungen gebunden und wählen auf 2 Jahre einen Präsidenten und ein Präsidium mit 12 Vizepräsidenten; 10 Fachkommissionen.
Organe: Präsident: *Pasqual Maragall i Mira* (E).

Sitz und **Personal:** → WSA.
Haushalt 1997: 16 (1996: 16) Mio. ECU (nur operative Ausgaben, → WSA).

Europäische Investitionsbank (EIB)

Gründung am 1. 1. 1958 mit Inkrafttreten des EWG-Vertrags; autonome öffentlich-rechtliche Finanzierungsinstitution der EU.
Aufgabe: Förderung der ausgewogenen Entwicklung der EU durch die Finanzierung von Investitionen, insbesondere zur Entwicklung der wirtschaftlich schwächeren Gebiete der Union, zum Ausbau der Verkehrs- und Telekommunikations-Infrastruktur von europäischem Interesse, zum Umweltschutz, zur Strukturverbesserung städtischer Gebiete, zur Umsetzung der EU-Energiepolitik, zur Erhöhung der internationalen Wettbewerbsfähigkeit der Industrie und ihrer Integration sowie zur Unterstützung von kleinen und mittleren Unternehmen. Seit 1993 vergibt die EIB auch Darlehen im Rahmen der Kooperations- und Entwicklungspolitik der EU zugunsten von derzeit über 120 Drittstaaten.
Anteilseigner sind die 15 EU-Mitgliedstaaten.
Organe: Rat der Gouverneure: je Mitgliedstaat ein Gouverneur (in der Regel der Finanzminister); **Verwaltungsrat** aus 25 Personen (24 aus den EU-Mitgliedstaaten, eine von der EU-Kommission benannt); **Direktorium** aus dem EIB-Präsidenten *Brian Unwin* (UK) und 7 Vizepräsidenten; **Prüfungsausschuß**.
Sitz: 100, bd Konrad Adenauer, L–2950 Luxemburg. Büros in Rom, Athen, Lissabon, London, Madrid und Brüssel.
Personal 1997: 948 (1996: 897).
Eigene Finanzierungsmittel (31. 12. 1996): gezeichnetes Kapital 62 Mrd. ECU, davon 4,6 Mrd. ECU eingezahlt oder noch einzuzahlen. Größte Kapitalzeichner: Deutschland, Frankreich, Großbritannien und Italien mit je 17,8 %.
Mittelvergabe: EIB-Mittel können öffentliche und private Darlehensnehmer in allen Wirtschaftsbereichen erhalten. Die Darlehen decken im allgemeinen höchstens 50 % der Investitionskosten (durchschnittlich 30 %); Laufzeit 7–12 Jahre für Industrie- und bis zu 20 Jahre für Infrastrukturprojekte; Darlehenszinssätze orientieren sich an den Refinanzierungskosten der EIB.
Von der Gründung bis 31. 12. 1996 wurden Darlehen und Garantien in Höhe von 213,7 Mrd. ECU zugesagt (1996: 23,2 Mrd. ECU; davon entfallen 194,6 (20,9) Mrd. ECU auf Projekte in der EU. Die Ende 1996 ausstehenden Darlehen aus eigenen Mitteln betrugen 126,6 Mrd. ECU, davon 105,7 Mrd. ECU ausgezahlt (Auszahlungen 1996: 20,4 Mrd. ECU, davon 20,3 Mrd. ECU aus eigenen Mitteln).

Europäischer Investitionsfonds (EIF)

Gründung am 14. 6. 1994; Arbeitsaufnahme 29. 6. 1994; autonome Einrichtung der EU mit eigener Rechtspersönlichkeit.
Aufgabe: Stärkung des Binnenmarktes durch Garantieübernahmen für Finanzierungen großer Infrastrukturvorhaben im Rahmen der Transeuropäischen Netze (TEN) und von Investitionen kleiner und mittlerer Unternehmen (KMU). Mindestens 70 % der Garantien kommen den von Mitgliedern des EIF finanzierten Investitionen zugute.
Anteilseigner: EIB, EU-Kommission sowie 76 (1. 1. 1997) öffentliche und private Banken in der EU.
Organe: Generalversammlung der Aktionäre; **Aufsichtsrat** mit 7 Mitgliedern, **Vorsitzender:** *Georges Ugeux* (B); kontrolliert den **Finanzausschuß** (3 Mitglieder); dieser führt die laufenden Geschäfte.
Personal 1996: 25
Sitz: → EIB.
Kapital: Genehmigtes Kapital 2 Mrd. ECU; gezeichnetes Kapital 1,786 Mrd. ECU (darunter EIB und EU-Kommission 800 bzw. 600 Mio. SZR), davon 357 Mio. SZR eingezahlt oder noch einzuzahlen.

Europäisches Währungsinstitut (EWI)

Gründung am 1. 1. 1994, Arbeitsaufnahme 14. 11. 1994.
Aufgaben: Stärkung der Zusammenarbeit zwischen den Zentralbanken, Koordinierung der nationalen Geldpolitiken, Überwachung des → EWS, Verwaltung der EWS-Mechanismen und der Gemeinschaftsdarlehen, Erleichterung der Verwendung des ECU; technische Vorbereitung der 3. Stufe der → WWU; Stellungnahmen zur Geld- und Wechselkurspolitik der einzelnen Mitgliedstaaten oder (mit 2/3-Mehrheit) zu anderen relevanten Themen.
Organe: Rat als Leitungsorgan, bestehend aus dem vom Europäischen Rat ernannten **EWI-Präsidenten** *Wim Duisenberg* (NL) (seit 30. 6. 1997) und den 15 Präsidenten der Zentralbanken.
Sitz: Kaiserstr. 29, D–60311 Frankfurt/Main.
Personal: 1997: 217 (1996: 193).

Europäische Umweltagentur (EUA)

Gründung am 11. 5. 1990, Arbeitsaufnahme 1995.
Aufgaben: Sammlung und Analyse von Umweltdaten auf europäischer Ebene als Basis für Umweltschutzmaßnahmen (Aufbau eines Beobachtungs- und Informationsnetzes, Fortführung des Datenprogramms »Corine«); Öffentlichkeitsarbeit.
Mitglieder (18): Die EU-Staaten sowie Island, Liechtenstein und Norwegen.

Organe: Verwaltungsrat aus je einem Vertreter der Mitgliedstaaten und je 2 Vertretern des Europäischen Parlaments und der Kommission; Vorsitz: *Frank Derek A. Osborn* (UK); ernennt auf Vorschlag der Kommission für 5 Jahre einen Exekutivdirektor *Domingo Jiménez Beltrán* (E) (1994–1999).
Sitz: Kongens Nytorv 6, DK–1050 Kopenhagen.
Haushalt 1997: 14,5 Mio. ECU.

EU-Strukturfonds

Nach Art. 130a EG-Vertrag sollen Unterschiede im Entwicklungsstand der Regionen und Rückstände benachteiligter Gebiete (einschließlich der ländlichen Regionen) verringert werden. Wichtigstes Instrument dieser Politik sind die 4 Strukturfonds. Für die Jahre 1994–1999 sind sie mit insgesamt 141,5 Mrd. ECU ausgestattet. 5 Zielgebiete werden vorrangig gefördert.

▸ **Europäischer Ausrichtungs- und Garantiefonds für die Landwirtschaft (EAGFL):** *1962 zur Stützung der Agrarpreise in der EG. Die **Abteilung Ausrichtung** vergibt Mittel zur Anpassung der Produktion an die Erfordernisse des Marktes, für die Verarbeitung und Vermarktung der Erzeugnisse und für Rationalisierungen. Die **Abteilung Garantie** stellt Mittel für die garantierten Agrarpreise.
Haushalt (Ausrichtung) 1997: 4026 (1996: 3983) Mio. ECU.
Haushalt (Garantie) 1997: 40 805 (1996: 40 828) Mio. ECU.

▸ **Europäischer Fonds für regionale Entwicklung (EFRE):** *1975 (reorganisiert 1985) für den Abbau wirtschaftlicher und sozialer, regionaler Unterschiede.
Haushalt 1997: 12 989 (1996: 11 883) Mio. ECU.

▸ **Europäischer Sozialfonds (ESF):** *1957 (durch EWG-Vertrag) zur Finanzierung der beruflichen Bildung und Arbeitsförderung durch Zuschüsse zu nationalen Maßnahmen.
Haushalt 1997: 7639 (1996: 7145) Mio. ECU.

▸ **Kohäsionsfonds:** *26. 5. 1994 zur finanziellen Unterstützung von Maßnahmen in Verkehrsinfrastruktur und Umweltschutz in Mitgliedstaaten mit einem Pro-Kopf-BSP von weniger als 90 % des EU-Durchschnitts (Spanien, Griechenland, Irland, Portugal).
Fondsmittel (Verpflichtungen) bis 1999: 15,15 Mrd. ECU; 1997: 2749 (1996: 2444) Mio. ECU.

IV. Personal und Haushalt der EU

Personal der 5 Organe 1997 (1996): 27 496 (26 883)

Gesamthaushaltsplan 1997
(in der vom EP am 12. 12. 1996 verabschiedeten Fassung, in Mio. ECU):
Ausgaben (Zahlungsermächtigungen)
82 366 (+0,52 %)

Davon entfallen auf (Anteil am Gesamthaushalt):

Gemeinsame Agrarpolitik	40 805 (49,5 %)
Strukturmaßnahmen/Kohäsion	31 477 (38,2 %)
Interne Politikbereiche: Forschung u. Entwicklung, Bildung u. Jugend	5601 (6,8 %)
Maßnahmen außerhalb der EU (Entwicklungshilfe, Hilfe für die Reformstaaten etc.)	5601 (6,8 %)
Verwaltungsausgaben für alle Institutionen	4284 (5,2 %)
Reserven	1158 (1,4 %)

Einnahmen (Haushaltsplan 1997): 82 366 Mio. ECU, im wesentlichen aus Agrarabschöpfungen und Zuckerabgaben (2016 Mio.), Zöllen (12 853 Mio.) auf Erzeugnisse, die aus Drittstaaten in die EU eingeführt werden, einem Anteil am Mehrwertsteueraufkommen der Mitgliedstaaten (34 588 Mio.) und einer auf dem BSP basierenden »Ergänzenden Einnahme« von 32 947 Mio. ECU (jeder Mitgliedstaat leistet dazu einen Beitrag nach Maßgabe seines Wohlstands).
EU-Beiträge der Mitgliedstaaten (in Mrd. ECU): Deutschland 23,5, Frankreich 14,5, Italien 10,2, Großbritannien 9,4, Spanien 5,6, Niederlande 4,9, Belgien 3,1, Schweden 2,2, Dänemark 1,6, Finnland 1,2, Griechenland 1,2, Portugal 1,1, Österreich 1,1, Irland 0,7 und Luxemburg 0,2.

V. Wirtschaftliche Entwicklung 1996

Die **gesamtwirtschaftliche Situation der EU-Staaten** erfuhr erst in der zweiten Jahreshälfte eine leichte Verbesserung, wenn auch nicht in allen Bereichen. Die Europäische Kommission formulierte in ihrem Jahresbericht, die seit Jahresmitte einsetzende Konjunkturbelebung habe sich durch eine mäßige Beschleunigung des Wachstums in den Folgemonaten fortgesetzt. »Die Belebung wurde

Indikatoren zur wirtschaftlichen Entwicklung der EU-Staaten

(Nach »World Economic Outlook«, IWF, Juni 1997, alle Angaben in %)

Staat	*Bruttoinlandsprodukt (realer Zuwachs gegenüber Vorjahr)*		*Inflationsrate (Anstieg der Verbraucherpreise)*		*Arbeitslosenquote (Jahresdurchschnitt)*	
	1996	*1995*	*1996*	*1995*	*1996*	*1995*
Belgien	1,4	1,9	2,1	1,5	12,6	12,9
Dänemark	2,4	2,7	2,1	2,1	8,8	10,3
Deutschland	1,4	1,9	1,5	1,8	10,3	9,4
Finnland	3,2	4,5	0,6	1,0	16,3	17,2
Frankreich	1,3	2,2	2,0	1,8	12,4	11,6
Griechenland	2,6	2,0	8,5	9,3	10,0	9,8
Großbritannien	2,1	2,5	2,9	2,8	7,5	8,2
Irland	7,0	10,3	1,6	2,5	12,4	13,4
Italien	0,7	3,0	3,9	5,4	12,1	12,0
Luxemburg	3,7	3,5	1,8	1,9	2,8	2,8
Niederlande	2,7	2,1	2,1	2,0	7,6	8,3
Österreich	1,1	1,8	1,9	2,2	4,7	4,6
Portugal	3,2	2,3	3,1	4,1	7,3	7,2
Schweden	1,1	3,6	0,5	2,5	8,1	7,7
Spanien	2,2	2,8	3,5	4,7	22,1	22,9
EU	1,6	2,5	2,5	3,0	11,3	11,2

durch die Lockerung der Geldpolitik begünstigt, die durch eine entsprechende Entwicklung der Löhne und Gehälter, die gestiegene Glaubwürdigkeit der Haushaltsanpassung und die Stabilisierung der Wechselkurse möglich wurde. Außerdem waren die Fundamentalfaktoren des Angebots (hohe Kapitalrendite, geringe Inflation) sowie die internationalen Rahmenbedingungen weiterhin günstig.« Mit einem Beschäftigungszuwachs von 0,1% profitierte der Arbeitsmarkt vom Aufwärtstrend nur minimal.

Die **Wirtschaft der EU** wuchs mit 1,6% (realer Zuwachs des BIP) deutlich langsamer als 1995 (2,5%). Die meisten EU-Staaten verzeichneten 1996 einen Rückgang ihrer wirtschaftlichen Aktivitäten (→ Tabelle). Von diesem Trend ausgenommen blieben Griechenland, die Niederlande und Portugal. Den größten Zuwachs erzielte Irland mit 7,0% (1995: 10,3%). In Österreich, Schweden (je 1,1%) und Italien (0,7%) war das Wachstum am geringsten. Deutschlands Wachstumsrate lag bei 1,4% (1995: 1,9%). Die Wirtschaftsleistung in der EU liegt insgesamt unter der der Vereinigten Staaten (2,4%) und Japans (3,6%).

Die Gründe für das **geringe Wachstum** liegen in einer gedämpften Inlandsnachfrage (öffentliche und private Haushalte, Bruttoanlageinvestitionen, Vorratsinvestitionen) und dem kleinen Wachstumsbeitrag des Außenhandels. Das EWI führt die Schwäche beim privaten Verbrauch auf diverse Ursachen zurück: geringer Zuwachs der realen verfügbaren Einkommen, negative Auswirkungen der gleichbleibend hohen und zum Teil sogar steigenden Arbeitslosigkeit auf das Vertrauen der Verbraucher sowie Unsicherheiten über Umfang und Geschwindigkeit der öffentlichen Haushaltskonsolidierung. Der private Konsum erholte sich jedoch im Laufe des Jahres und betrug am Jahresende wie im Jahr zuvor durchschnittlich 1,9%.

Der **Verbrauch der öffentlichen Haushalte** begrenzt die Ausgaben mit Blick auf die im Rahmen der Wirtschafts- und Währungsunion notwendige Haushaltskonsolidierung. Der Durchschnittswert wich deshalb auch nicht von der Vorjahrsgröße 1,2% ab. In Deutschland und Finnland stiegen die Staatsausgaben allerdings um 2,8% bzw. 2,9%.

Die verschiedenen **Wirtschaftssektoren** trugen in unterschiedlicher Weise zum Wachstum der wirtschaftlichen Tätigkeit bei. Der **Dienstleistungsbereich** (besonders Fremdenverkehr, Bank- und Versicherungswirtschaft, Gesundheits- und Sozialwesen sowie der Medienbereich) wuchs von allen Sektoren am stärksten. Das **Produzierende Gewerbe** (Industrie, Handwerk, Bergbau, Bauwirtschaft) reduzierte die Beschäftigtenzahl im Zuge weiterer Automatisierung der industriellen Produktion und der Verlagerung von Fertigungskapazitäten in Länder mit niedrigeren Lohnkosten. Die **Landwirtschaft** ist demgegenüber anderen Bedingungen unterworfen und von den gesamtwirtschaftlichen Konjunkturschwankungen kaum betroffen. Darüber hinaus ist ihr Beitrag zur Wertschöpfung so gering, daß sie praktisch keinen Einfluß auf Veränderungen des Sozialprodukts ausübt.

Nach dem Statistischen Jahrbuch 1996 für das Ausland entfallen von der **Bruttowertschöpfung** (zu Marktpreisen) in der EU durchschnittlich 4 % auf Land- und Forstwirtschaft und Fischerei, 30,5 % auf gewerbliche- und Energieerzeugnisse sowie Bauten und 65,3 % auf Dienstleistungen (einschließlich Staatstätigkeit). Die Landwirtschaft hat noch einige Bedeutung in Griechenland (14,9 %), Irland (8,4 %) und Portugal (5,5), während ihr Beitrag zum Sozialprodukt etwa von Deutschland nur 1,1 % und von Belgien nur 1,7 % ausmacht. Der Anteil des produzierenden Sektors an der gesamtwirtschaftlichen Wertschöpfung liegt in den meisten EU-Staaten zwischen 25 und 35 %; am niedrigsten ist er in Luxemburg (23,6 %), Griechenland (25 %) und Dänemark (27,1 %), am höchsten in Irland (36,5 %), Österreich (35,6 %) und Deutschland (35,2 %). Der Dienstleistungsbereich (tertiärer Sektor) trägt inzwischen in allen EU-Staaten (außer Irland) mehr als 60 % zur nationalen Wertschöpfung bei; in Belgien, Dänemark, Frankreich, Großbritannien, Italien, den Niederlanden und Schweden sind es sogar über 65 %. An der Spitze steht Luxemburg mit 75,4 % Dienstleistungsanteil an der Wertschöpfung.

Die **Preisentwicklung** innerhalb der EU verlief 1996 günstig. Zur durchschnittlichen **Inflationsrate** (Anstieg der Verbraucherpreise) von 2,5 % haben verschiedene Faktoren beigetragen. Dazu gehören

- mittelfristige geldpolitische Strategien, die auf Preisstabilität ausgerichtet waren,
- Wettbewerbsverschärfung auf nationaler (Privatisierung und Deregulierung) und internationaler Ebene (europäische Integration, Öffnung osteuropäischer Staaten),
- schwacher Anstieg der Importpreise und
- geringere inflationäre Spannungen im Inland aufgrund schwacher Nachfrage und niedriger Zuwachsraten bei den Lohnstückkosten.

Großbritannien, Italien, Spanien, Portugal und Griechenland lagen über dem Durchschnitt der Inflationsrate.

Parallel zum mäßigen Anstieg des BIP erhöhte sich die Beschäftigungsquote in den meisten EU-Staaten nicht. Auch die **Zahl der Arbeitslosen** blieb unverändert hoch. Neue Arbeitsplätze speziell im Dienstleistungsbereich reichten nicht aus, um die hohe Zahl von Entlassungen im Industriesektor auszugleichen. Besonders die Industriebetriebe in Hochlohnländern wie Deutschland, den Benelux-Staaten und Dänemark versuchten, ihre internationale Wettbewerbsfähigkeit durch Kostenentlastungen im Personalbereich und Einsatz von Maschinen und Computern zu erhalten. Vor allem im Kohlebergbau, in der Metall- sowie der Textil- und Bekleidungsindustrie führten Betriebsverkleinerungen oder-schließungen zu Entlassungen und Arbeitslosigkeit.

Europäische Union

Wachstum und Beschäftigungsentwicklung in der EU

(nach »EWI-Jahresbericht 1996«; bis 1995 EU 12, danach EU 15)

	1960–73	*1974–85*	*1986–90*	*1991–96*
BIP	4,8	2	3,3	1,5
Beschäftigung[1]	0,3	0	1,3	–0,5
Arbeitslosenquote[2]	2,1	6,8	9,7	10,3

Durchschnittliche Veränderungen gegenüber dem Vorjahr in %
[1] Zahl der Erwerbstätigen
[2] als Anteil der Erwerbstätigen

Nach Angaben der EU-Kommission über **Tendenzen auf dem Arbeitsmarkt** sind zwischen 1991 und 1996 insgesamt fast 5 Millionen Arbeitsplätze weggefallen. Über die Hälfte der Erwerbslosen ist länger als ein Jahr ohne Beschäftigung. Frauen sind fast ausnahmslos stärker von der Arbeitslosigkeit betroffen als Männer. In einigen Staaten ist die Jugendarbeitslosigkeit besonders hoch, weil starke Jahrgänge Schulentlassener nicht ausreichend vom Arbeitsmarkt aufgenommen werden. Die Zahl der Nacht- und Wochenendarbeiter nahm zu. Die meisten neu geschaffenen Stellen waren Teilzeit-Jobs. Weil Staaten, Kommunen und der übrige öffentliche Dienst schon seit einigen Jahren unter Finanzknappheit leiden und dem Zwang zur Haushaltskonsolidierung unterworfen sind (Abbau der Staatsverschuldung), können sie nicht mehr wie früher durch Neueinstellungen zur Entlastung des Arbeitsmarktes beitragen. Statt dessen sind in vielen Ländern Anstrengungen zum Beschäftigungsabbau im öffentlichen Dienst zu verzeichnen. Das EWI betont in seinem Jahresbericht, daß die hohen Arbeitslosenraten längerfristig beobachtet überwiegend nicht konjunkturell, sondern strukturell bedingt sind. Die Zahlen deuten darauf hin, daß zwischen dem Zuwachs des BIP, der Beschäftigung und der Arbeitslosigkeit eher schwache Zusammenhänge bestehen.

Die absolute **Zahl der Arbeitslosen** betrug nach einer Schätzung von Eurostat ca. 18,2 Mio. Die durchschnittliche Arbeitslosenrate lag im November 1996 saisonbereinigt bei 10,9 %. Die Entwicklung der Arbeitslosenzahl verlief unterschiedlich. Großbritannien verzeichnete einen Rückgang von 8,2 auf 7,5 %, Frankreich dagegen einen Anstieg von 11,6 auf 12,4 %, Deutschland von 9,4 auf 10,3 %. Die höchste Erwerbslosenrate hatte Spanien mit 22,1 %, die niedrigste Luxemburg mit 2,8 %.

Die Bekämpfung der Arbeitslosigkeit bleibt vorrangiges Ziel der EU-Kommission. Während des

EU-Gipfeltreffens im Dezember 1996 wurde die »Dubliner Erklärung zur Beschäftigung« verabschiedet, die die Prioritäten der nationalen Regierungen zur Beschäftigungsförderung aufzählt. Dazu gehören die Förderung der Effizienz der Arbeitsmärkte, die Unterstützung von arbeitslosen Frauen, Jugendlichen und Langzeitarbeitslosen, die beschäftigungswirksame Umgestaltung des Steuersystems und der Sozialabgaben sowie die Förderung der europäischen Wettbewerbsfähigkeit. Wegen zahlloser Differenzen der EU-Staaten über die Vorgehensweise hat die Erklärung kaum mehr als den Charakter einer Absichtserklärung.

Angesichts erneuter Überschußproduktion bei vielen Erzeugnissen und einem Weltmarktpreisniveau, das wesentlich unter dem europäischen liegt, standen in der **Landwirtschaft** Bemühungen um die Sicherung angemessener Einkommen für Landwirte im Vordergrund. Anpassungsprozesse im Zuge der Globalisierung der Märkte und die BSE-Krise (→ WA '97, Sp. 277f.) haben positive Entwicklungen überlagert und relativiert.

Die ursprüngliche EG-Marktordnung sollte den Bauern ein stabiles Einkommen und den Verbrauchern eine gesicherte Versorgung garantieren. Durch finanzielle Produktionsanreize und die Abschottung gegenüber der billigeren Weltmarktkonkurrenz führte sie jedoch bei zahlreichen Produkten wie Milch, Zucker, Getreide und Fleisch zu permanenten Überschüssen, die nur schwer oder mit Hilfe von Subventionen in Drittstaaten zu verkaufen sind. Solche Exportsubventionen verstoßen jedoch gegen internationale Abkommen (GATT, WTO) und führten zu Spannungen mit wichtigen Handelspartnern (z. B. USA).

Hauptziele der EU-Agrarpolitik sind daher die Reduzierung der Überschüsse und gleichzeitig die Sicherung der landwirtschaftlichen Einkommen, ohne die Verbraucherpreise stärker zu belasten. Hinzu kommt seit einigen Jahren das Bestreben, die Agrarproduktion umweltverträglicher zu machen, z. B. durch Reduzierung des Einsatzes von Dünge- und Pflanzenschutzmitteln und eine Beschränkung der Massentierhaltung.

Die am 21. 5. 1992 verabschiedete **»Reform der Gemeinsamen Agrarpolitik«** sieht in erster Linie vor, die staatlich gestützten Erzeugerpreise beträchtlich zu senken. Zum Ausgleich der Einkommensrückgänge erhalten Landwirte flächengebundene Ausgleichszahlungen (für Getreide, Ölsaaten, Eiweißpflanzen) sowie Tierprämien (Rinder und Schafe). Außerdem ist eine effektivere Steuerung der Produktionsmengen u. a. durch Flächenstillegungen vorgesehen. Hierdurch soll besonders die Erzeugung zunehmender Überschüsse gedrosselt werden, die mit hohem Kostenaufwand gelagert

werden müssen. Die Umstellung auf die neuen Rahmenbedingungen war am 30. 6. 1996 abgeschlossen. Die Entwicklung auf den Märkten für Getreide und Rindfleisch deutet darauf hin, daß die marktentlastenden Wirkungen bereits eingetreten sind. Der Rindfleischmarkt ist jedoch stark von den Auswirkungen der BSE-Krise beeinflußt.

Die Getreideinterventionsbestände (eingelagerte Überschüsse) verringerten sich von 32,7 Mio t (1993) auf 1,16 Mio t bis Ende 1996. Das eingelagerte Rindfleisch konnte bis 1995 nahezu vollständig abgebaut werden. Durch den – BSE-bedingten – Rückgang des Verbrauchs entstehen seit April 1996 aber wieder hohe Überschüsse.

Die reformbedingte Marktentlastung hatte in Verbindung mit den Flächen- und Tierprämien eine Einkommensverbesserung in der Landwirtschaft zur Folge. Dies zeigte sich besonders beim Getreide, wo sich die Marktpreise von den Interventionspreisen gelöst hatten.

Wesentlicher Grund für die Reform der Agrarpolitik war die Belastung des EU-Haushalts durch die Finanzierung der Agrarüberschüsse. 1996 belief sich der **Agrarhaushalt der EU** auf 40 828 Mio ECU, der Haushalt für 1997 liegt bei 40 805 Mio ECU (–0,05 %). Die Ausgaben für Agrarmarktordnung und -preisstützung (→ EAGFL, Abt. Garantie) blieben 1996 mit 39,1 Mrd. ECU um rund 1,7 Mrd. ECU unter dem Haushaltsansatz. Von der Gesamtsumme entfielen auf Getreide 11 224,7; Milcherzeugnisse 3582,1; Rindfleisch 6687,0; Ölsaaten 2224,0; Obst und Gemüse 1589,3; Zucker 1711,1; Schaf- und Ziegenfleisch 1321,2; Tabak 1025,6 und Wein 782,1 Mio ECU. Diese Mittel standen u. a. für Produktionsprämien, Verkaufsförderung, Exportsubventionen, Lagerkosten und zur sog. Intervention bei unverkäuflicher Überschußware (Einkommenserstattungen für auf dem Markt nicht absetzbare Produkte), Prämien für Flächenstillegungen und den Anbau nachwachsender Rohstoffe zur Verfügung.

Der **Selbstversorgungsgrad der EU-Staaten mit Nahrungsmitteln** hat sich im Wirtschaftsjahr 1995/96 bei einigen wichtigen Agrarprodukten geändert. Die Überschußsituation bei Getreide entspannte sich infolge der Agrarreform deutlich. Der Selbstversorgungsgrad (SVG) fiel von 108 % (1994/95) auf 107 %. Die Entwicklung ist Ergebnis einer deutlich gestiegenen Inlandsverwendung, die über den Anstieg der Erzeugung hinausging. Der SVG von Zucker stieg von 122 auf 126 % bei gleichbleibender Inlandsverwendung und erhöhter Erzeugung. Wegen leicht rückläufigen Weinverbrauchs sank der SVG für Wein von 108 auf 107 %. Während der SVG bei Milch um 1 % (auf 108 %) zugenommen hat, stieg er bei Butter wegen Rück-

gang des Verbrauchs um 3% auf 103%. Bei einer um 2,4% gestiegenen Erzeugung und einem um 2,5% niedrigeren Verbrauch stieg der SVG von Rindfleisch von 105 auf 110% an.
Größerer Einfuhrbedarf bestand 1996 bei pflanzlichen Ölen und Fetten, Obst und tropischen Produkten. Hauptkonkurrent bei der Vermarktung der EU-Überschüsse auf dem Weltmarkt waren wie in den Vorjahren die USA.
Im **Außenhandel** konnte die EU als Wirtschaftsgemeinschaft bzw. Zollunion mit gemeinsamem Außentarif ihre Stellung als weltweit führender Exporteur festigen, wobei die USA insgesamt der wichtigste Absatzmarkt blieben. Auf die EU fielen 1995 38,7% des Welthandelsumsatzes (Ein- und Ausfuhren ohne Binnen-EU-Handel).
Seit Einführung des »Europäischen Binnenmarkts« mit ungehindertem Warenverkehr am 1. 1. 1993 werden die innergemeinschaftlichen Handelsströme in der offiziellen EU-Außenhandelsstatistik nicht mehr vollständig nachgewiesen. In der Praxis existieren noch immer zahlreiche Handelshemmnisse zwischen den EU-Staaten, die einem ungehinderten Warenaustausch entgegenstehen, z. B. unterschiedliche Mehrwert- und Verbrauchsteuern, technische Normen, lebensmittelrechtliche Vorschriften, Grenzwerte für Schadstoffe und Emissionen. Beim Streit um die Exportverbote für britische Rindfleischprodukte infolge der BSE-Seuche wurde 1996 die Problematik des innergemeinschaftlichen Freihandels besonders deutlich.
Im **Handel der EU mit Drittstaaten** betrugen 1995 (1994) die Exporte 569 (521) Mrd. ECU, die Importe 545 (518) Mrd. ECU. Die Handelsbilanz erhöhte sich 1995 auf einen Überschuß von 23 Mrd. ECU (1,9%) gegenüber 1994, als der Überschuß 3,2 Mrd. ECU (0,2%) betrug. Diese Verbesserung ist Ergebnis erfolgreicher Steigerung des Exportanteils (Wachstumsrate der EU 9,2% gegenüber 7,2% für den gesamten Welthandel) bei rückläufiger Wachstumsrate der Importe (5,2%, weltweiter Durchschnitt 7,3%).
Der **Anteil der EU am Welthandel** (ohne EU-Binnenhandel) betrug 1995 – ähnlich wie im Vorjahr –

Wichtige Außenhandelspartner der EU 1995
In Mrd. ECU (nach »Eurostat«) – Reihenfolge nach dem Handelsvolumen (Einfuhr und Ausfuhr)

	Einfuhr	*Ausfuhr*	*EU-Saldo*
1. USA	103,6	100,9	–2,7
2. Schweiz	43,8	51	7,2
3. Japan	54,3	32,9	–21,4
4. Norwegen	25,4	17,3	–8,1
5. VR China	26,3	14,6	–11,7
6. Rußland	21,9	16,1	–5,8
7. Polen	12,2	15,1	2,9
8. Korea, Republik	10,9	12,3	1,4
9. Hongkong	7,2	15,8	8,6
10. Türkei	9,2	13,4	4,2

20,2% der Welt-Ausfuhren und 18,5% der Welteinfuhren (zum Vergleich USA 15,9% bzw. 20,0%). Die wichtigsten Handelspartner der EU waren 1995 USA, Schweiz, Japan, Norwegen, Rußland und China. Der Handel zwischen der EU und den mittel- und osteuropäischen Staaten hatte die stärkste Dynamik mit Wachstumsraten von ca. 21% sowohl bei den Ein- wie bei den Ausfuhren. Die **Handelsbilanz** mit den asiatischen Schwellenländern und den übrigen asiatischen Staaten wies mit 11,2 Mrd. bzw. 15,6 Mrd. ECU die höchsten Überschüsse auf, während der Handel mit Japan und China die höchsten Defizite ergab (21,4 bzw. 11,7 Mrd. ECU). Die Handelsbilanz mit den USA als wichtigstem Einzelpartner verschlechterte sich im Vergleich zu 1994 um 5 Mrd. ECU.
Ähnlich wie im Jahr zuvor waren auch 1995 die wichtigsten **Waren im Außenhandel der EU** bei den Einfuhren Erdöl und Erdölerzeugnisse (52 302 Mio. ECU, –8,4%), chemische Erzeugnisse (43 040, +14,6%), Elektrische Maschinen (41 066, +16,8%), Nahrungsmittel und lebende Tiere (40 098, +1,2%), Büro- und EDV-Geräte (34 527, +7,3%), Bekleidung und Bekleidungszubehör (31 079, –0,7%). Bei den Ausfuhren dominierten chemische Erzeugnisse (73 295 Mio. ECU, +9,0%), Straßenfahrzeuge 51 866, +10,7%), Arbeitsmaschinen für besondere Zwecke (38 231, +10,1%), Maschinen und Apparate (36 394, +11,9%) sowie Nahrungsmittel und lebende Tiere (29 445, +7,2%).

VI. Währung und Konvergenzkriterien

Europäisches Währungssystem (EWS)

Das am 13. 3. 1979 in Kraft getretene EWS ist ein regionales System fester, aber anpassungsfähiger Wechselkurse. Ihm gehören alle EU-Staaten an. Am **Wechselkursmechanismus** beteiligen sich 3 Mitgliedstaaten (Griechenland, Großbritannien und Schweden) derzeit (noch) nicht. Die Wechselkurse zu den nicht am Wechselkursmechanismus beteiligten EU-Währungen und gegenüber Drittstaaten sind flexibel. Für die teilnehmenden 12 Währungen werden **ECU-Leitkurse** festgelegt. Aus diesen wird ein Gitter bilateraler Leitkurse abgeleitet. Die Devisenkassakurse der Teilnehmerländer dürfen hiervon maximal um 2,25% (für Pta

und Esc für eine Übergangszeit 6%) nach oben oder unten abweichen. Am 2. 8. 1993 wurde beschlossen, die Bandbreite auf ±15% zu erhöhen; nur für den Wechselkurs zwischen DM und hfl blieb die maximal zulässige Schwankungsbreite bei 2,25%. Diese Entscheidung war de facto eine Freigabe der Wechselkurse. Bei Erreichen der Höchst- und Niedrigstkurse zwischen je 2 Währungen (Interventionspunkte) sind die betreffenden Zentralbanken zur **Intervention** in unbegrenzter Höhe verpflichtet (obligatorische Intervention). Sie intervenieren grundsätzlich in Teilnehmerwährungen. **Leitkursänderungen** zur Auflösung aufgelaufener Spannungen sind nur im Rahmen einer allgemeinen Neufestsetzung der Wechselkurse (**Realignment**) bei Zustimmung aller am Mechanismus Teilnehmenden möglich. Da bei Realignments bisher die bilateralen Leitkurse vereinbart und die neuen ECU-Leitkurse aus diesen abgeleitet werden, hat der ECU als Bezugsgröße für den Wechselkursmechanismus nur symbolische Bedeutung. Im Einvernehmen können die Zentralbanken auch innerhalb der Bandbreiten intervenieren. Diese intramarginalen Interventionen dominieren dem Volumen nach die obligatorischen. Das EWS hat durch umfangreiche Zentralbankinterventionen zu äußerer Währungsstabilität geführt. Bisher kam es zu 18 Realignments, zuletzt wurde zum 6. 3. 1995 eine Abwertung der Leitkurse für Peso (um 7%) und Escudo (um 3,5%) vereinbart.
1996 bewegten sich die Wechselkurse der am Wechselkursmechanismus teilnehmenden Länder in relativ gemäßigten Bahnen. Von Mai bis Oktober schwankten die bilateralen Wechselkurse innerhalb enger Bandbreiten, im letzten Quartal vergrößerten sich dann jedoch die Abstände zwischen der stärksten und der schwächsten Währung. Die meisten der Teilnehmerwährungen verzeichneten die niedrigste Volatilität gegenüber der DM seit der Ausweitung der Bandbreiten im August 1993.
Mit Wirkung vom 14. 10. 1996 wurde die Finnmark in den Wechselkursmechanismus aufgenommen. Der Mittelkurs je ECU liegt bei 5,80661 Fmk, der Leitkurs zur DM beträgt 3,04 Fmk.
Am 24. 11. 1996 einigten sich die Notenbankchefs und Finanzminister der EU auf die Rückkehr der italienischen Lira in das EWS. Der Mittelkurs wurde auf 990 Lit zur DM festgelegt, bzw. auf 1906,48 Lit zum ECU.

Europäische Währungseinheit (ECU)

Währungskorb, in dem die Währungen von 12 EU-Staaten mit festen Währungsbeträgen enthalten sind: 0,6242 DM, 1,332 FF, 0,08784 £, 151,8 Lit, 0,2198 hfl, 3,301 bfr, 0,130 lfr, 6,885 Pta, 0,1976 dkr,

0,008552 Ir£, 1,440 Dr. und 1,393 Esc. Die Kurse orientieren sich an der wirtschaftlichen Bedeutung in der EU. Den ECU-Tageswert in einer nationalen Währung ermittelt die EU-Kommission börsentäglich.
Der ECU wird als Rechnungseinheit (seit 1981 in allen Bereichen der EG) und als Zahlungsmittel zwischen den Zentralbanken und zunehmend auch privat verwendet. Bei endgültiger Fixierung der Wechselkurse zum 1. 1. 1999 wird der ECU im Verhältnis 1:1 auf EURO umgestellt.
1 ECU = 1,97295 DM (Stand: 1. 9. 1997).

Wirtschafts- und Währungsunion (WWU)

Die Wirtschaftsunion und die später entstehende Währungsunion sollen in **3 Stufen** innerhalb eines Jahrzehnts verwirklicht werden. In diesem Zeitraum soll die Wirtschaftsunion vollendet und die Währungsunion, die vom ersten Tag ihrer Gründung funktionieren muß, vorbereitet sein.
Stufe I (seit 1. 7. 1990): Freier Kapitalverkehr zwischen den EG-Staaten (Ausnahmeregelungen für Irland, Spanien und Portugal bis Ende 1992, Griechenland bis 30. 6. 1994); enge Koordinierung der Wirtschafts-, Finanz-, Wechselkurs- und Geldpolitik der Mitglieder mit dem Ziel der Preisniveaustabilität.
Stufe II (seit 1. 1. 1994): Vorbereitung der Währungsunion durch das → Europäische Währungsinstitut (EWI) als Vorläufer einer Europäischen Zentralbank (EZB). Die Zusammensetzung des ECU-Währungskorbs wurde eingefroren; Geld- und Währungspolitik bleiben in nationaler Verantwortung.
Stufe III (ab 1. 1. 1999): Eintritt der EU-Mitglieder, die die finanzpolitischen und monetären → **Konvergenzkriterien** erfüllen, in die Endstufe. (Entscheidung auf einem Sondergipfel der EU-Finanzminister und Regierungschefs vom 1.–3. 5. 1998 auf Grundlage der Ist-Werte für 1997). Für diese Staaten wird zum 1. 7. 1998 eine gemeinsame EZB errichtet (Arbeitsaufnahme 1. 1. 1999), die zusammen mit den nationalen Zentralbanken das **Europäische System der Zentralbanken (ESZB)** bilden soll. EZB und nationale Zentralbanken sind unabhängig, verfolgen aber eine einheitliche Geld- und Wechselkurspolitik mit dem Ziel der Preisniveaustabilität. Die Geldpolitik liegt dann in der alleinigen Kompetenz des ESZB, das die Umrechnungskurse zwischen den Währungen der teilnehmenden Mitgliedstaaten und gegenüber der europäischen Währung EURO unwiderruflich festlegt. Der EURO soll zunächst für bargeldlose Transaktionen verwendet werden, spätestens ab 1. 1. 2002 werden EURO-Geldscheine und Münzen eingeführt. Spätestens im Juli 2002 sollen die nationalen

Währungen ihre Gültigkeit als nationales Zahlungsmittel verlieren. – Großbritannien und Dänemark sowie die 3 neuen Mitglieder (A, FIN, S) können bestimmen, ob sie an der 3. Stufe teilnehmen wollen.

Konvergenzkriterien

▶ Der Anstieg der Verbraucherpreise darf nicht mehr als 1,5 Prozentpunkte über der Teuerungsrate der drei preisstabilsten Mitgliedstaaten liegen.

▶ Die Staatsverschuldung darf 60 %, das Budgetdefizit 3 % des BIP nicht überschreiten.

▶ Einhaltung der normalen Bandbreite des Wechselkursmechanismus des EWS seit mindestens 2 Jahren ohne starke Spannungen, insbesondere ohne Abwertung gegenüber der Währung eines anderen Mitgliedstaaten auf eigenen Vorschlag.

▶ Die langfristigen Zinssätze dürfen nicht höher liegen als 2 Prozentpunkte über dem Durchschnitt der 3 preisstabilsten Mitgliedstaaten.

Ende 1996 erfüllte nur Luxemburg die im Maastricht-Vertrag festgelegten Stabilitätskriterien. Das EWI bezeichnete besonders die Fortschritte der Länder bei der Konsolidierung der öffentlichen Haushalte als zu gering. Zufriedenstellend sind hingegen die Konvergenzfortschritte der Länder bei der Inflationsrate. Der von 9 Mitgliedstaaten unterschrittene Referenzwert der Preisstabilität lag 1996 nach Berechnungen des EWI bei 2,4 %. Bezogen auf den Schuldenstand hat besonders Irland im Vergleich zu 1995 eine deutliche Reduzierung

erreicht. In Deutschland hat sich dagegen die staatliche Bruttoverschuldung auf mehr als 60 % des BIP erhöht.

Auf der Ratstagung in Dublin vom 13.–14. 12. 1996 verständigten sich die EU-Staats- und Regierungschefs auf einen **Stabilitätspakt zur dauerhaften Sicherung stabiler Staatsfinanzen bei den Teilnehmern an der WWU**. Die Einigung enthält einen **Sanktionsmechanismus**, der in Kraft tritt, sobald die Neuverschuldung eines Staates 3 % seines BIP überschreitet. Die Überschreitung wird nicht geahndet bei Naturkatastrophen oder im Fall einer Rezession (BIP-Rückgang mindestens 2 %). Liegt der Rückgang hingegen zwischen 2 und 0,75 %, wird ein Abstimmungsverfahren von EU-Kommission und Ministerrat in Gang gesetzt. Der Ministerrat entscheidet im Einzelfall auf der Basis von Berichten der EU-Kommission und (eines noch zu gründenden) Wirtschafts- und Währungsausschusses. Bei BIP-Rückgängen von weniger als 0,75 % müssen innerhalb von Fristen Budgetkorrekturen vorgenommen werden. Im Falle der Fristsetzung und der Verhängung von Sanktionen entscheidet der Rat der EU mit einer Mehrheit von ²/₃ der an der WWU beteiligten Länder (ohne die Stimme des Haushaltssünders). Auf ihrem Treffen in **Noordwijk am 4.–5. 4. 1997** schrieben die EU-Finanzminister die rechtlich verbindliche Auslegung des Stabilitätspaktes fest und einigten sich auf einen **Strafkatalog** für die Kriterienverletzung.

Konvergenzkriterien der Europäischen Wirtschafts- und Währungsunion 1996

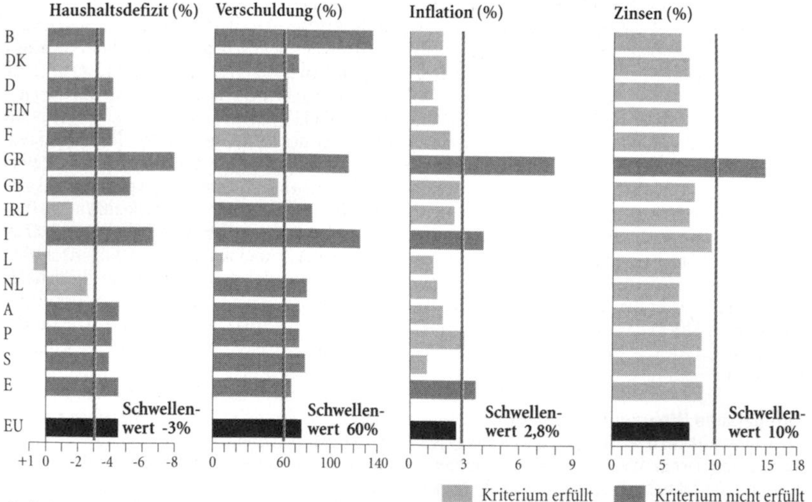

Quelle: EWI 1996; IMF 1996

Der Stabilitätspakt wurde auf der Amsterdamer Ratstagung vom 16.–18. 6. 1997 von den Staats- und Regierungschefs der EU verabschiedet. Auf Intervention Frankreichs wurde er um eine **Resolution zu Wachstum und Beschäftigung** ergänzt. Sie hält die Absicht der Mitgliedstaaten fest, einzelstaatliche Maßnahmen zur Bekämpfung der Arbeitslosigkeit besser zu koordinieren und fordert die → EIB auf, ihre Aktivitäten zur Finanzierung beschäftigungswirksamer Initiativen zu verstärken.

EWS II

An die Stelle des derzeitigen → EWS tritt für die nicht sofort an der WWU teilnehmenden Staaten 1999 ein EWS II, das die darin geführten Währungen in ein möglichst stabiles Verhältnis zum EURO bringen soll. Die Bandbreite für Schwankungen zwischen EURO und Nicht-EURO-Währungen beträgt zunächst ± 15 %. Bei Erreichen des Interventionspunkts ist die EZB zur Stützung der jeweiligen Währung verpflichtet. Die Teilnahme am EWS II ist freiwillig, aber Bedingung für den Beitritt zur WWU.

VII. Chronik: Entwicklungen in der EU 1996/1997

1996

13. 10. Erste Direktwahlen zum Europäischen Parlament (EP) in **Österreich** (→ Staatenteil).

16. 10. Das Europäische Komitee für Elektrotechnische Normung (**CENELEC**) erklärt in Brüssel das Scheitern mehrjähriger Bemühungen um einheitliche europäische Stromstecker und Steckdosen.

20. 10. Erste Direktwahlen zum Europäischen Parlament in **Finnland** (→ Staatenteil).

24. 10. Ratifizierung des Europa-Abkommens mit **Slowenien** durch das EP (Unterzeichnung am 10. 6. 1996). Die Bestimmungen regeln u. a. freien Waren-, Personen- und Dienstleistungsverkehr, Niederlassungsrecht, Liberalisierung des Kapitalverkehrs, Einführung von vergleichbaren Wettbewerbsregeln und schrittweise Angleichung der Rechtsvorschriften. Innerhalb von 6 Jahren soll eine Freihandelszone errichtet werden.

24. 10. Wegen fortgesetzter **Menschenrechtsverletzungen in der Türkei** beschließt das EP, die im Rahmen der Zollunion (→ WA '97, Sp. 938) gewährte Finanzhilfe einzufrieren. Ausgenommen sind Hilfen zur Förderung der Demokratie, der Menschenrechte und der bürgerlichen Gesellschaft. Der Beschluß wird am 12. 12. bestätigt.

28. 10. Unterzeichnung eines Rahmenabkommens mit der **Republik Korea** (Südkorea). Es verpflichtet zur stärkeren Zusammenarbeit in den Bereichen Handel, Industrie (Schiffbau), Technologie, Umweltschutz und Kriminalitätsbekämpfung und verspricht einen verbesserten gegenseitigen Marktzugang. Nach den USA und Japan ist die EU inzwischen der drittgrößte Handelspartner Südkoreas.

28. 10. Auf Beschluß der EU-Außenminister werden Mitgliedern und Angehörigen der Militärjunta von **Myanmar** keine Visa mehr erteilt. Ein gleichzeitig bestätigtes Paket von politischen und Wirtschaftssanktionen (inkl. Waffenembargo) soll den Druck auf die Militärs erhöhen, Demokratie und Menschenrechte in ihrem Land zu verwirklichen.

28. 10. Die EU-Außenminister bestimmen *Miguel Angel Moratinos Cuyaube* (E) zum EU-Sondergesandten für den Nahen Osten. Die Initiative wird von den arabischen Ländern begrüßt, von Israel jedoch abgelehnt. Das Mandat umfaßt Kontakte zwischen den Konfliktparteien, die Beobachtung des Friedensprozesses, Berichte über Fortschritte und Aktionen sowie Initiativen zur Umsetzung der internationalen Abkommen. Der Gesandte soll keine Mittlerrolle in Konkurrenz zu den USA anstreben und nicht in die laufenden Friedensbemühungen eingreifen. Unter den EU-Staaten herrscht generell keine Einigkeit über die Ausgestaltung der Nahostpolitik. Während besonders Frankreich sowie Italien, Spanien und Griechenland die politische Rolle der Europäer im Friedensprozeß aufwerten wollen, plädieren Deutschland, Großbritannien und die EU-Kommission für Zurückhaltung und enge Abstimmung mit Washington.

12. 11. Der EuGH weist eine Klage Großbritanniens gegen die EU-Richtlinie zur Arbeitszeitregelung von 1993 in allen wesentlichen Punkten ab; Großbritannien muß sich der EU-Regelung unterwerfen, die u. a. die durchschnittliche Wochenarbeitszeit auf 48 Stunden und die Nachtarbeit auf jeweils 8 zusammenhängende Stunden beschränkt sowie die Pausen- und Ruhezeiten regelt.

28. 11. EP und Ministerrat einigen sich nach vierjährigem Streit auf die **Kennzeichnung gentechnisch veränderter Lebensmittel** (Novel-Food): Etikettiert werden muß bei wissenschaftlichem Nachweis darüber, daß genmanipulierte Lebensmittel sich in Zusammensetzung, Nährwert oder Verwendungszweck von bestehenden Produkten unterscheiden.

2. 12. Die EU-Finanzminister einigen sich auf eine Beibehaltung des **Mehrwertsteuer**-Mindestsatzes von 15 % bis Ende 1998.

12. 12. Das EP billigt in 2. Lesung den **EU-Haushalt** für 1997.

13.–14. 12. Gipfeltreffen in Dublin: Einigung über

den Stabilitätspakt (→ Abschnitt VI., Wirtschafts- und Währungsunion).

18. 12. Die EU-Kommission erlaubt Einfuhr, Anbau und Verkauf von gentechnisch verändertem Mais aus den USA ohne Kennzeichnungspflicht. Die am → 28. 11. vereinbarte, aber noch nicht verabschiedete Novel-Food-Verordnung verlangt eine Kennzeichnung.

1997

13.–15. 2. In Singapur treffen sich zum 12. Mal die EU-Außenminister mit ihren Amtskollegen aus den **ASEAN**-Staaten zum Dialog (→ Internationale Organisationen, ASEAN). Am

15. 2. wird der Kreis um die Außenminister der VR China, Japans und der Republik Koreas (Südkorea) zum Asien-Europa-Meeting (**ASEM**) erweitert.

19. 2. Das EP droht der EU-Kommission erstmals mit einem bedingten **Mißtrauensvotum** für den Fall, daß sie nicht bis November grundlegende politische, organisatorische und personelle Konsequenzen aus der BSE-Krise (→ WA '97, Sp. 277f.) zieht. Der Kommission droht damit nach Art. 144 Maastricht-Vertrag die Entlassung. Ein am 18. 7. 1996 vom Parlament eingesetzter Untersuchungsausschuß hatte schwerwiegende Verfehlungen der Kommission beim Umgang mit der BSE-Krise, auch auf Druck der britischen Regierung, festgestellt. Zwar hatte Kommissionspräsident *Jacques Santer* am 18. 2. den Forderungen des Ausschusses offensiv Rechnung getragen und umfassende Reformen im Bereich Gesundheitsschutz angekündigt. Der Ministerrat setzte sich jedoch am 19. 3. einstimmig über den Vorschlag der Kommission hinweg, dem Parlament ein Mitentscheidungsrecht über die Kennzeichnung von Rindfleisch einzuräumen.

24. 2. Unterzeichnung eines vorläufigen **Assoziierungsabkommens mit der PLO** für die Palästinensische Autonomiebehörde. Das Abkommen dient vor allem der gegenseitigen Handelsliberalisierung (Freihandel bis zum Jahr 2001), außerdem enthält es Regelungen zu Kapitalverkehr, Wettbewerb und geistigem Eigentum. Die Vereinbarung, die die besondere Rechtssituation der Autonomiebehörde berücksichtigt, gilt als Zwischenstufe für einen Assoziierungsvertrag, wie er auch mit anderen Mittelmeerländern abgeschlossen wurde. Außerhalb des Abkommens erhält die Palästinensische Autonomiebehörde bis Ende 1998 eine Finanzhilfe von 266 Mrd. ECU aus dem EU-Haushalt und 250 Mio. ECU als Darlehen der EIB.

24. 3. Auf Vorschlag der EU-Kommission und mit Billigung der EU-Außenminister schließt die EU **Myanmar** wegen praktizierter Kinder- und

Zwangsarbeit von allen Zollvergünstigungen aus (1995: 4,3 Mio. DM). Nach Schätzung des Internationalen Bundes Freier Gewerkschaften (IBFG) werden in Myanmar 800 000 Menschen zur Arbeit gezwungen.

25. 3. Die EU-Außenminister billigen den **Beitritt Südafrikas zum Lomé-Abkommen**. Der Beitritt wird am 24. 4. 1997 vollzogen. Seine relativ fortgeschrittene wirtschaftliche Entwicklung versperrt Südafrika aber den Zugang zu den im Lomé-Vertrag vorgesehenen EU-Hilfen und Vorzugszöllen. Südafrikanische Unternehmen können sich jedoch an Ausschreibungen für alle von der EU finanzierten Projekte in den AKP-Staaten beteiligen. In Südafrika mit Rohstoffen aus anderen AKP-Staaten hergestellte Produkte dürfen künftig zollfrei in die EU geliefert werden.

25. 3. Die EU-Außenminister feiern in Rom den **40. Jahrestag der** Unterzeichnung der **Römischen Verträge**. Dem Festakt ging eine Verhandlungsrunde zur **Revision des Maastricht-Vertrags** voraus. Ungeklärt bleiben Fragen der Abstimmung mit qualifizierter Mehrheit im Rat, die künftige Rolle der Kommission, die Stärkung der Rechte des EP und Regeln für eine schnelle Integration auf Teilgebieten (Flexibilität). Fortschritte gibt es in der Freizügigkeit des Personenverkehrs, in der Entwicklung gemeinsamer Regeln für die Sicherung der Außengrenzen und die polizeiliche Zusammenarbeit sowie bei der GASP.

3. 4. Der **Streit um eine China-Resolution** gegen die Mißachtung der Menschenrechte, die bei der UN-Menschenrechtskommission in Genf eingebracht werden soll, führt zum offenen Bruch zwischen den EU-Staaten. Anlaß ist die von Handelsinteressen geleitete Weigerung Frankreichs, die vom EU-Ratspräsidenten *Hans van Mierlo* (NL) entworfene Resolution zu unterstützen. Deutschland, Italien und Spanien schließen sich den französischen Vorbehalten an und lehnen den Entwurf ebenfalls als zu scharf ab. *Van Mierlo* kritisiert daraufhin die »Doppelstandards« der EU-Menschenrechtspolitik und spricht von einem »ernsten Rückschlag« für die gemeinsame Außenpolitik. Trotz massiver chinesischer Drohungen bringt Dänemark, unterstützt von Großbritannien und den USA, in Genf eine Resolution gegen Menschenrechtsverletzungen in China ein.

4.–5. 4. Treffen der Finanzminister und Notenbankchefs in **Noordwijk** (NL). (→ Abschnitt VI., Wirtschafts- und Währungsunion)

6.–7. 4. Ein Sondertreffen der EU-Außenminister in **Noordwijk** zu Beratungen über die Erweiterung der Union und die Reform der EU bleibt ohne konkrete Ergebnisse.

8. 4. Das EP billigt mit 174 gegen 166 Stimmen bei

66 Enthaltungen den von der Fraktionsvorsitzenden der Grünen *Claudia Roth* (D) erarbeiteten **Menschenrechtsbericht**. Die konservativen Fraktionen lehnen den zugrundeliegenden Menschenrechtsbegriff ab, weil er zu den Grundfreiheiten auch soziale Rechte wie z. B. das Recht auf Arbeit oder die Gewährung von Asyl zählt.

15.–16. 4. Zweite EU-Mittelmeerkonferenz in der maltesischen Hauptstadt Valletta mit den Außenministern der EU und der 12 Mittelmeerstaaten. Die Folgekonferenz des Treffens in Barcelona 1995 (→ WA '97, Sp. 937f.), deren Ziele bekräftigt werden, ist von der krisenhaften Entwicklung des Friedensprozesses zwischen Israel und den Palästinensern überschattet.

18. 4. Die EU-Staaten stimmen einem zwischen den USA und der EU-Kommission ausgehandelten Kompromiß über eine vorübergehende Beilegung der Auseinandersetzungen um das Helms-Burton-Gesetz (→ WA '97, Sp. 862) zu. Die Regierung Clinton verpflichtet sich, besonders heftig kritisierte Regelungen des Gesetzes nicht mehr anzuwenden. Zum Ausgleich ist die EU bereit, ihre Klage gegen die USA vor der Welthandelsorganisation (→ Internationale Organisationen, WTO) bis zum 15. 10. 1997 ruhen zu lassen.

27. 4. Die EU-Sozial- und Innenminister verabschieden einen Aktionsplan gegen den organisierten **Frauenhandel**, der u. a. vorschlägt, die Zuständigkeit der zukünftigen europäischen Polizeibehörde EUROPOL (→ WA '97, Sp.905f.) auf die Bekämpfung des Frauenhandels auszuweiten.

2. 5. Ein Schiedsgericht der WTO entscheidet, daß die **Bananenmarktordnung** der EU (Importbeschränkungen durch Quoten und Mindestzölle) die internationale Handelsordnung verletzt. Die Mitte 1993 in Kraft getretene Marktordnung behindert nach WTO-Ansicht Importe aus Lateinamerika und begünstigt Bananen aus den ehemaligen Kolonien einiger EU-Staaten (AKP-Staaten). Gegen die Importbeschränkungen hatten die USA, unterstützt von Ecuador, Guatemala, Honduras und Mexiko, Klage eingereicht. Die in Mittelamerika tätigen US-Fruchtkonzerne hatten durch die EU-Bananenmarktordnung große Teile ihres europäischen Marktes verloren. Am 26. 5 beschließt die EU-Kommission, gegen das Urteil Berufung einzulegen.

15.–16. 5. Rund 300 Präsidenten regionaler Gebietskörperschaften, Bürgermeister großer Städte und Vertreter lokaler Behörden innerhalb der EU fordern auf dem ersten **Europäischen Gipfel der Regionen und Städte** in Amsterdam mehr Mitspracherecht an Entscheidungen der EU, die strikte Anwendung des Subsidiaritätsprinzips sowie

mehr Kompetenzen für den → Ausschuß der Regionen (AdR).

3. 6. Auf Beschluß der regierenden Sozialdemokraten wird Schweden nicht zu den Start-Teilnehmern der Wirtschafts- und Währungsunion gehören. Die Absage wird mit der mangelnden Popularität der WWU in der Bevölkerung begründet, eine spätere Teilnahme jedoch nicht ausgeschlossen.

16.–18. 6. Tagung des Europäischen Rats in Amsterdam. Mit der Einigung auf den → **Vertrag von Amsterdam** wird die Revision des Maastricht-Vertrags abgeschlossen. Der Amsterdamer Vertrag soll im Oktober 1997 unterzeichnet und dann den Mitgliedstaaten zur Ratifizierung vorgelegt werden. Der Rat billigt auch den **Stabilitätspakt** zur Wirtschafts- und Währungsunion und verabschiedet eine **Resolution über Wachstum und Beschäftigung**. (→ Abschnitt VI).

24. 6. Der EU-Ratsvorsitzende für das 2. Halbjahr 1997 und luxemburgische Außenministers *Jacques Poos* erklärt, die im April **aus Teheran zurückgerufenen EU-Botschafter** würden erst nach einem Entgegenkommen des Iran zurückkehren. Die EU hatte ihre Botschafter abberufen, weil das Berliner Kammergericht im Urteil des »Mykonos-Prozesses« der iranischen Regierung eine aktive Rolle als »eigentlicher Taturheber und Drahtzieher« bei der Ermordung von vier iranisch-kurdischen Oppositionellen zugeschrieben hatte.

16. 7. In einer **Agenda 2000** schlägt die EU-Kommission dem Europäischen Parlament eine **Osterweiterung der Union** um zunächst 5 Staaten sowie eine damit verbundene **Neustrukturierung** der EU-Finanzen sowie der EU-Struktur- und Agrarpolitik vor. Die Agenda soll in den Jahren 2000–2006 umgesetzt werden. Sie sieht unter anderem umfassende Finanzhilfen für alle 10 beitrittswilligen Länder vor.

Die Kommission empfiehlt dem im Dezember 1997 tagenden Europäischen Rat, Anfang 1998 **Beitrittsverhandlungen** mit Polen, Ungarn, der Tschechischen Republik, Estland, Slowenien sowie mit Zypern aufzunehmen. Außerdem schlägt sie vor, noch vor der Aufnahme neuer Mitglieder 2 Regierungskonferenzen abzuhalten, die die institutionelle Reform der Union vorantreiben und damit die Versäumnisse des Gipfels von Amsterdam im Juni 1997 ausgleichen sollen. (→ Vertrag von Amsterdam)

22. 7. Die EU-Landwirtschaftsminister beschließen härtere **Maßnahmen zur Eindämmung der Rinderseuche BSE**. Ab dem 1. 1. 1998 ist der Handel mit Gehirn, Augen, Rückenmark und Milz von Rindern, Ziegen und Schafen, die älter als ein Jahr sind, verboten.

Wirtschaft

Vorbemerkung: Für alle folgenden Zahlenangaben, insbesondere die Produktionstabellen, gilt: Die Zahlen für 1996 sind häufig vorläufig und beruhen meist auf offiziellen Schätzungen (S), z. B. der UNO oder FAO. Wenn nicht anders erwähnt, Großbritannien einschl. Nordirland. Daten für die Sowjetunion (UdSSR), Jugoslawien und die Tschechoslowakei (ČSFR) in den Gebieten vor der Auflösung dieser Staaten Ende 1991 bzw. 1992 sind mit dem Vermerk »ehem.« versehen. Daten für Deutschland beziehen sich ab 1990, sofern nicht anders angegeben, auf das vereinigte Deutschland in den Grenzen vom 3. 10. 1990. Fachbegriffe werden im → Glossar erläutert.

Weltwirtschaftliche Entwicklungen und Probleme

Die Wirtschaft im globalen Überblick

Das Jahr 1996 stand, wie die Deutsche Bundesbank in ihrem Jahresbericht schrieb, »im Zeichen eines insgesamt verbesserten weltwirtschaftlichen Umfelds«, was auch für den bisherigen Verlauf des Jahres 1997 gilt. Das globale Produktionswachstum, das 1995 bei 3,6 % lag, nahm noch einmal zu und betrug 1996 nach ersten Schätzungen 4 %; der Welthandel erhöhte sich sogar um 5,5 %. Damit setzte sich die Tendenz eines beschleunigten Wachstums gegenüber den weitaus geringeren Zuwachsraten zu Beginn der 90er Jahre fort. Dieses Wachstum beruhte jedoch auf sehr unterschiedlichen Werten in den einzelnen Staatengruppen.

Die Wirtschaftsentwicklung in den **westlichen Industriestaaten** gewann deutlich an Dynamik und erreichte 1996 eine Wachstumsrate von 2,3 % (1995: 2,0 %), konnte damit aber noch nicht wieder an den Wert von 1994 (+2,7 %) anknüpfen. Der »Wachstumspol« der Weltwirtschaft lag auch 1996 wieder bei den **Entwicklungs- und Schwellenländern Ost- und Südostasiens**, die – trotz gewisser Abschwächungstendenzen in einigen Staaten – wieder auf einen Zuwachs der Wirtschaftsleistung von rund 8 % kamen. Die übrigen **Entwicklungsländer** zeigten ein gegenüber 1995 positives, aber insgesamt sehr uneinheitliches Bild. Es reichte vom dynamischen Wachstum in einigen Staaten Südasiens und Lateinamerikas (3 %) bis zu stagnierenden oder sogar abnehmenden Wirtschaftsergebnissen in einigen sehr armen Entwicklungsländern Afrikas. In den meisten **Transformationsländern** setzten sich die Erholungstendenzen fort. In den osteuropäischen Staaten waren sogar z. T. beachtliche Wachstumsraten zu verzeichnen, während die meisten Nachfolgestaaten der Sowjetunion wegen ihrer unentschiedenen Reformpolitik weiterhin stagnierten.

Globale Verteilung des Welt-Wirtschaftsergebnisses 1995 (nach Weltbank)

Staatengruppe	*Anzahl der Länder*	*Brutto-sozial-produkt in Mrd. US-$*	*Bevölke-rung in Mio.*	*Brutto-sozial-produkt pro Kopf in US-$*
Ärmste Staaten ..	63	1381,813	3180	430
Arme Staaten				
(untere Gruppe)	65	1929,750	1153	1670
(obere Gruppe) ..	30	1867,566	439	4260
Reiche Staaten ..	51	22508,193	903	24930
Welt insgesamt ..	209	27687,322	5675	4879

Wachstum der Weltwirtschaft 1970-2002 (Realer Zuwachs des Welt-Bruttosozialprodukts in %)

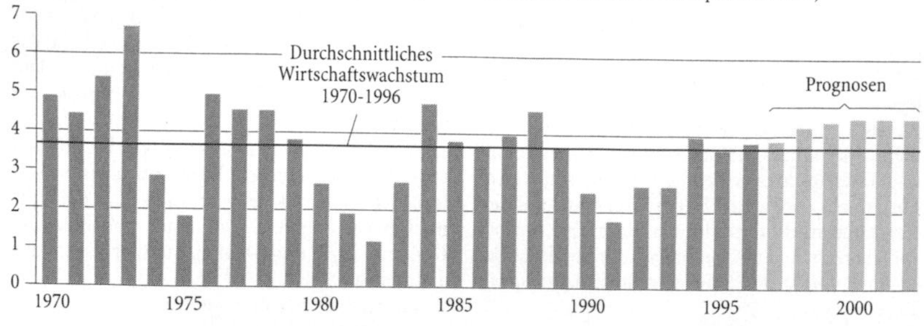

Die zehn Staaten mit dem höchsten Bruttosozialprodukt (zu Marktpreisen) 1995 (1994) in Mrd. US-$ (nach Weltbank)

	1995	(1994)
USA	7 100,007	(6 737,367)
Japan	4 963,587	(4 321,136)
Deutschland	2 252,343	(2 075,452)
Frankreich	1 451,051	(1 355,039)
Großbritannien	1 094,734	(1 069,457)
Italien	1 088,085	(1 101,258)
VR China	744,890	(630,202)
Brasilien	579,787	(536,309)
Kanada	573,695	(569,949)
Spanien	532,347	(525,334)

Wichtige Charakteristika der Weltwirtschaft waren auch 1996/97:

▶ die **enormen wirtschaftlichen Ungleichgewichte zwischen den einzelnen Staatengruppen**, insbesondere zwischen den westlichen Industriestaaten mit im Durchschnitt wohlhabender Bevölkerung und den Entwicklungsländern, in denen auch bei derzeit starkem Wachstum immer noch ein hoher Anteil der Bevölkerung in großer Armut und oft unzureichend ernährt lebt;

▶ die **zunehmenden Internationalisierungs- und Globalisierungstendenzen**, die sich vor allem in immer engerer Verflechtung der Güterproduktion und der Finanzmärkte, in hohen Wachstumsraten des Warenaustausches (Welthandel) und des internationalen Reiseverkehrs (Tourismus) äußern;

▶ die in Industriestaaten wie Entwicklungsländern gravierenden und weltweit noch zunehmenden Probleme, für die Bevölkerung adäquate Arbeitsplätze zu schaffen (so herrscht fast in allen Ländern **hohe Arbeitslosigkeit bzw. Unterbeschäftigung**);

▶ die **relativ niedrigen Rohstoff-, v. a. Energiepreise** auf dem Weltmarkt (→ Bergbau und Rohstoffe), die vor allem den Industriestaaten nutzen, da sie Kostenentlastung mit günstigen Auswirkungen auf Wirtschaftsleistung, Lebensstandard, Preisstabilität und Handelsbilanzen mit sich bringen. Demgegenüber stagnieren die Außenhandelseinnahmen der rohstoffexportierenden Staaten, was sich besonders angesichts steigender Preise für Industriegüterimporte wachstumshemmend auswirkt;

▶ das wachsende **Ausmaß negativer ökologischer Folgen intensiver ökonomischer Aktivitäten.** Diese Auswirkungen der Wirtschaft auf die Umwelt wurden lange Zeit kaum beachtet, führen aber neuerdings immerhin in den meisten Industriestaaten zu einer allmählichen Bewußtseinsveränderung und zu Gegenmaßnahmen (→ Kapitel Umwelt).

Die zehn reichsten Staaten
Bruttosozialprodukt je Einwohner in US-$ 1995 (1994) und durchschnittl. jährlicher Zuwachs 1985–95 (nach Weltbank, ohne Kleinststaaten)

	1995	(1994)	Zuwachs
Luxemburg	41 210	(39 850)	1,0%
Schweiz	40 630	(37 180)	0,2%
Japan	39 640	(34 630)	2,9%
Norwegen	31 250	(26 480)	1,6%
Dänemark	29 890	(28 110)	1,5%
Deutschland	27 510	(25 580)	1,8%
USA	26 980	(25 860)	1,4%
Österreich	26 890	(24 950)	1,9%
Singapur	26 730	(23 360)	6,2%
Frankreich	24 990	(23 470)	1,5%

Die zehn ärmsten Staaten
Bruttosozialprodukt je Einwohner in US-$ 1995 (1994) und durchschnittl. jährliche Veränderung 1985–95 (nach Weltbank, ohne Kleinststaaten)

	1995	(1994)	Veränderung
Nepal	200	(200)	2,4%
Tschad	180	(190)	0,5%
Ruanda	180	(190)	–5,0%
Sierra Leone	180	(150)	–3,4%
Malawi	170	(140)	–0,7%
Burundi	160	(150)	–1,3%
Tansania	120	(90)	0,9%
Dem. Rep. Kongo (Zaire)	120	(300)	–8,5%
Äthiopien	100	(130)	–0,5%
Mosambik	80	(80)	3,6%

Die **globale Wertschöpfung**, d. h. das gesamte auf der Erde erwirtschaftete Sozialprodukt, betrug nach Berechnungen der Weltbank 1995 rund 27,687 Billionen US-$ (4879 $ pro Kopf im Weltdurchschnitt). Die Verteilung war jedoch außerordentlich ungleich, wie die Tabellen zeigen.

In diesen Zahlen ist der »informelle Sektor«, der bei Entwicklungsländern einen hohen zusätzlichen Anteil ausmachen kann, selbstverständlich nicht enthalten. Weiterhin muß berücksichtigt werden, daß stärkere Veränderungen des Bruttosozialprodukts (BSP) in aufeinanderfolgenden Jahren auch auf geänderten Wechselkursen gegenüber dem US-$ beruhen können.

Bei einem Vergleich der verschiedenen Länder und Staatengruppen zeigt die Entwicklung des erwirtschafteten Bruttosozialprodukts (als Maß für die wirtschaftliche Leistungsfähigkeit), daß sich das **weltweite Wohlstands- und Wachstumsgefälle zwischen reichen und armen Ländern** in den letzten Jahrzehnten nicht verringert, sondern eher noch vergrößert hat. Es ergab sich keine wesentliche Umverteilung des globalen Wohlstands, a[illegible] gesehen von 2 Ausnahmen:

▶ dem Wohlstandszuwachs einiger erdölexporti[illegible] render Staaten seit der Mitte der 70er Jahre (z. arabische OPEC-Staaten) und

- dem überdurchschnittlichen Wirtschaftswachstum mehrerer Schwellenländer, die den Abstand zu den Industriestaaten verringern konnten (z. B. ost- und südostasiatische Staaten). Für diese Staaten wird auch bis zur Jahrtausendwende und darüber hinaus ein starkes Wachstum prognostiziert, so daß weitere Staaten in die Gruppe der Industriestaaten aufrücken dürften.

Der Internationale Währungsfonds (IWF) hat erstmals 1997 mehrere dieser Staaten aus der Gruppe der Schwellenländer herausgenommen und den Industriestaaten (»advanced economies«) zugeordnet: Israel, die Rep. Korea, Hongkong, Singapur und die Rep. China (Taiwan).

Internationale Wirtschaftsverflechtungen und Globalisierungstendenzen

Der seit längerem deutlich zunehmende Trend zur **Globalisierung der Wirtschaft** verstärkte sich 1996/97 deutlich. Unter **Globalisierung** versteht man die Zunahme internationaler Wirtschaftsbeziehungen und -verflechtungen und das Zusammenwachsen von Märkten für Güter und Dienstleistungen über die Grenzen einzelner Staaten hinaus, wobei internationale Kapitalströme und die Diffusion neuer Technologien eine große Rolle spielen. Ursachen und zugleich Auswirkungen zunehmender Globalisierung sind z. B. Direktinvestitionen von Firmen im Ausland, die Bildung multinationaler Unternehmen, Zulieferbeziehungen über Staatsgrenzen hinweg (»global sourcing«), Finanztransaktionen, Kreditnahme bzw. -vergabe und Risikoversicherungen mit Hilfe ausländischer Geschäftspartner.

Eine wichtige und die am besten quantitativ meßbare Folge der Globalisierung der Wirtschaft ist die überdurchschnittliche **Zunahme des Welthandels**. So hat sich innerhalb der letzten 20 Jahre der Anteil des weltweiten Warenexports an der Weltgüterproduktion von rund 10 auf über 20% mehr als verdoppelt. In ähnlicher Weise erhöhte sich der Anteil der international gehandelten Dienstleistungen.

Wichtige Voraussetzungen für die rasch fortschreitende Globalisierung der Wirtschaft waren die erfolgreichen Bemühungen um einen **freien Welthandel** durch Organisationen wie OECD, GATT und neuerdings WTO sowie die Beendigung der »großen« internationalen Konflikte. Vor allem das Ende der Ost-West-Konfrontation und die Eingliederung des ehemaligen »Ostblocks« in das System der freien Weltwirtschaft wirkten stark stimulierend in Richtung auf zunehmende internationale Verflechtungen. Hinzu kommen die modernen technischen Möglichkeiten – von **weltweiten Telefon- und Faxverbindungen und Computervernetzungen** bis zu kostengünstigen und problemlosen **Personen- und Güterverkehrsverbindungen** in alle Regionen der Erde. Sie lassen ein Überschreiten nationaler und kontinentaler Grenzen immer selbstverständlicher werden und erlauben es z. B., die Produktion einer Ware in Ostasien vom Schreibtisch in Westeuropa aus ohne Zeitverzögerung zu planen und zu beaufsichtigen. Die Tabelle zeigt die enorme Verbilligung weltweiter Kommunikation in den letzten 60 Jahren.

Die Kosten internationaler Kommunikation 1930–1990 (nach IWF)

	Durchschnittliche Kosten einer Passagierflugmeile in US-$	*Kosten eines 3-Minuten Ferngesprächs New-York – London in US-$*	*Preisentwicklung eines Computers 1990 = 1,0*
1930	0,68	244,65	–
1940	0,46	188,51	–
1950	0,30	53,20	–
1960	0,24	45,86	125,00
1970	0,16	31,58	19,47
1980	0,10	4,80	3,62
1990	0,11	3,32	1,00

– = keine Angaben

Eine derzeit in Deutschland stark diskutierte Auswirkung der Globalisierung ist die wachsende **Standortkonkurrenz:** Arbeitsplätze aus dem teuren »Hochlohnland« Deutschland werden in weitaus billiger produzierende Länder verlagert (»Export von Arbeitsplätzen«), ohne daß sich ein adäquater Ersatz in Form neuer innovativer Wirtschaftsbereiche entwickelt. Angesichts zunehmender internationaler Arbeitsteilung wird die Zukunft der deutschen Wirtschaft vor allem in »intelligenter«, forschungsintensiver Güterproduktion und entsprechenden Dienstleistungsangeboten liegen.

Arbeitsmarktprobleme und Arbeitslosigkeit

Arbeitsmarktfragen und die Arbeitslosigkeit standen 1996 weltweit mit an der Spitze der wirtschaftspolitischen Probleme. In vielen Staaten wuchs die Diskrepanz zwischen der Zahl und Qualität der zur Verfügung stehenden Arbeitsplätze und der Zahl der arbeitsuchenden Menschen. **Arbeitslosigkeit** hat sich daher in den letzten Jahren sowohl in Industrie- wie auch in Entwicklungsländern zu einem ernsten Problem herausgebildet.

In den **Entwicklungsländern** entsteht das Problem der Arbeitslosigkeit hauptsächlich durch die starke Abwanderung vom Land in die Städte. Die

Industriestaaten mit besonders hoher Arbeitslosigkeit 1996 (»World Econ. Outlook«)

Spanien	22,1%
Finnland	16,3%
Belgien	12,6%
Irland	12,4%
Frankreich	12,4%
Italien	12,1%

Industriestaaten mit besonders niedriger Arbeitslosigkeit 1996 (»World Econ. Outlook«)

USA	5,4%
Norwegen	4,8%
Österreich	4,7%
Schweiz	4,7%
Japan	3,3%
Rep. Korea	2,1%

Landwirtschaft kann die wachsende Bevölkerung nicht mehr ausreichend ernähren (»push«-Faktor) bzw. die Städte locken mit ihrem höheren Lebensstandard und der Aussicht auf sozialen Aufstieg (»pull«-Faktor). Die Zahl der neu entstehenden Arbeitsplätze im städtischen Industrie- oder Dienstleistungssektor ist jedoch längst nicht ausreichend, um die Masse der Zuwanderer zu beschäftigen, die in der Regel arbeitslos bleiben oder höchstens im »informellen Sektor« eine Beschäftigung finden. 50 % Arbeitslosigkeit unter der Stadtbevölkerung von ärmeren Entwicklungsländern sind keine Seltenheit. Ausnahmen bilden lediglich die expandierenden Industriestädte ostasiatischer Schwellenländer, deren Wirtschaft in der Regel die Zuwanderer absorbieren kann.

In den **Industriestaaten** ist das Problem anders gelagert. Aufgrund der hohen Lohn- und Lohnnebenkosten ist hier menschliche Arbeit inzwischen so wertvoll geworden, daß in allen Wirtschaftszweigen versucht wird, die Zahl der Arbeitskräfte zu reduzieren und Arbeitsvorgänge zu automatisieren. Insbesondere in der Industrieproduktion wurde (und wird) Handarbeit durch Automaten und Roboter ersetzt. Aber auch im Dienstleistungsbereich wurde kräftig Personal durch Rationalisierung und Automatisierung abgebaut (z. B. Verkaufspersonal durch Selbstbedienung, Bankpersonal durch Geldautomaten, Bahnpersonal durch schaffnerlose Züge). Vor allem Arbeitsplätze für an- und ungelernte Kräfte wurden überall stark reduziert.

Der Wirtschaft gelang es bisher nur in Zeiten der Hochkonjunktur, in neuen Industrien oder neuen Dienstleistungsbereichen soviel neue Arbeitsplätze zu schaffen, wie in schrumpfenden Bereichen verlorengehen. In den 7 größten Industriestaaten konnte 1995–96 – trotz eines Wirtschaftswachs-

Entwicklung der Arbeitslosigkeit 1965-1995

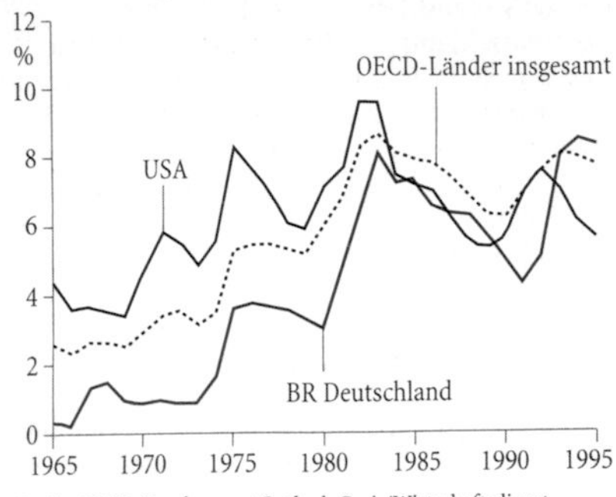

Quelle: OECD: Employment Outlook, Paris/Wirtschaftsdienst

tums von 2,2 % – die Arbeitslosenquote nicht verringert werden; sie stagnierte bei 6,9 %. In der EU stieg sie sogar von 11,2 % (1995) auf 11,3 % (1996), trotz einer Zunahme des Bruttoinlandsproduktes (BIP) von 1,6 %. Das Wirtschaftsergebnis wird also mit immer weniger Arbeitskräften erreicht bzw. – umgekehrt – das BIP pro Arbeitskraft steigt laufend an.

Die wachsende Bedeutung des tertiären Sektors der Wirtschaft (Dienstleistungen) gehört zu den längerfristigen Veränderungen auf dem Arbeitsmarkt. Sie scheint sich weltweit in allen Staaten ab einem bestimmten Grad der Industrialisierung zu zeigen. Während der Rückgang landwirtschaftlicher Arbeitsplätze (primärer Sektor) früher hauptsächlich der Industrie zugute kam, geht heute in praktisch allen Industriestaaten auch der Anteil der industriell Beschäftigten zurück. Vor allem die zunehmende Automatisierung der Produktion trägt zu diesem Abbau von Arbeitsplätzen bei.

Nutznießer dieses Strukturwandels sind die Dienstleistungen, die in allen hochentwickelten Industriestaaten als einziger Sektor ein Arbeitsplatzwachstum aufweisen. Der Sektor ist allerdings in sich außerordentlich heterogen; zu ihm gehören z. B. die Wirtschaftsbereiche Handel, Banken und Versicherungen, Verkehr und Fremdenverkehr, medizinische und soziale Dienste, Bildung und Unterricht, Wissenschaft und Forschung, Medien, öffentliche Verwaltung und Rechtswesen. Ein internationaler Vergleich wird auch dadurch stark erschwert, daß die Beschäftigten vielfach, auch in Deutschland, nicht nach ihrer Tätigkeit, sondern nach ihrer Arbeitsstätte zugeordnet werden, d. h. eine Sekretärin in einem Rathaus zählt zum tertiären Sektor, eine Sekretärin in einem Industriebetrieb dagegen zum sekundären. In Deutschland liegt daher der Anteil der Dienstlei-

stungsbeschäftigten in Wirklichkeit höher als in der Statistik angegeben.
Für **Deutschland** gibt das Statistische Bundesamt 1994 ein Verhältnis von 3,3% für den primären (Landwirtschaft), 37,8% für den sekundären (Industrie) und 58,9% für den tertiären Sektor der Wirtschaft an. Für die USA lauten die entsprechenden Zahlen 2,7%; 24,3%; 73,0%. Beispiel für ein wesentlich weniger entwickeltes Land in Europa ist Polen (23,5%; 31,6%; 44,9%); für ein Entwicklungsland die Philippinen (41,7%; 14,1%; 44,2%).
Da die **Dienstleistungen** den Haupt-Wachstumssektor darstellen, stehen sie überall im Zentrum der Arbeitsmarktpolitik. Die Verringerung der Arbeitslosigkeit in den USA in den letzten Jahren ist fast ausschließlich dem Zuwachs an Arbeitsstellen im Dienstleistungsbereich zu verdanken. In Deutschland konnte dieser Effekt bisher nicht wirken, da wegen der hohen Lohnkosten auch im personalkostenintensiven Dienstleistungsbereich mehr Arbeitsplätze »wegrationalisiert« als neu geschaffen wurden.

Weltwährungsprobleme, internationale Kapitalströme und Staatsverschuldung

Die zunehmende Globalisierung der Wirtschaft hat auch die Finanzmärkte erfaßt und zeigt sich in einem starken Anwachsen internationaler Finanztransaktionen und Kapitalströme. Welche gewaltigen Summen international gehandelt werden, zeigen die Umsätze an den Welt-Devisenmärkten. Nach dem Jahresbericht 1996 der Bank für Internationalen Zahlungsausgleich (BIZ) wurden an einem durchschnittlichen Tag Devisenumsätze in Höhe von 1,250 Billionen US-$ getätigt, d. h. mehr als die gesamten jährlichen Deviseneinnahmen der Zentralbanken (1995 rund 1,150 Bill. US-$).
Das **Weltwährungssystem** zeigte – nach stärkeren Wechselkursverschiebungen im Vorjahr – 1996 eine Entspannung im Währungsgefüge. Nach Angaben der Deutschen Bundesbank standen die Wechselkursverhältnisse im Jahr 1996 besser im Einklang mit den wirtschaftlichen Rahmenbedingungen und Entwicklungen.

Das wichtigste Thema der Währungspolitik war zweifellos die Einführung der **Europäischen Wirtschafts- und Währungsunion** und die Frage, welche Länder 1997/98 die Konvergenzkriterien erreichen werden, um von Anfang an teilzunehmen (→ Kap. Europäische Union).
Besonders positiv wirkte sich aus, daß die meisten Regierungen der Industrieländer, aber auch vieler Entwicklungsländer, eine ausgesprochen **stabilitätsorientierte Geld- und Zinspolitik** betrieben, die auf den Abbau von Haushaltsdefiziten und

Entwicklung des Außenwertes wichtiger Währungen 1992-1997

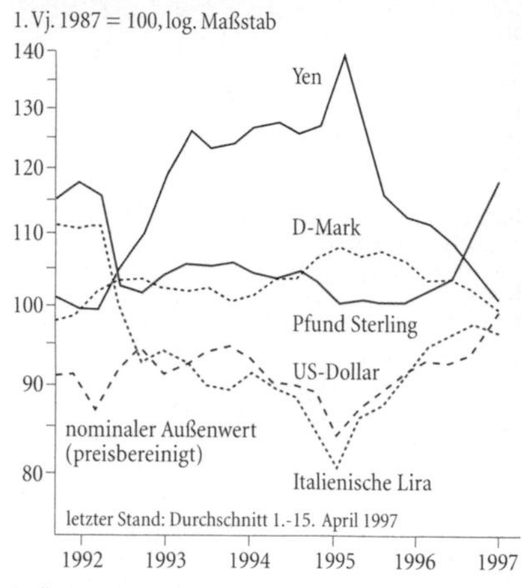

Quelle: Deutsche Bundesbank

Preissteigerungsraten
1996 (1995) (1994) (gewogenes Mittel)

	1996	*1995*	*1994*
Industrieländer	2,4%	2,6%	2,3%
Transformationsländer (ehem. Ostblock)	40,0%	119,0%	265,0%
Entwicklungsländer	13,1%	321,3%	48,0%

übermäßiger Staaatsverschuldung ausgerichtet war. Nicht zuletzt hierauf ist zurückzuführen, daß weltweit die Inflationsraten niedrig blieben oder sogar zurückgingen. Vor allem die US-amerikanische Finanzpolitik erwies sich als günstig, da sie eine nachhaltige Haushaltskonsolidierung und einen spürbaren Abbau der Staatsschulden in Aussicht stellte.

Im **Verhältnis der Währungen zueinander** erlitt 1996 der japanische Yen stärkere Wertverluste; die niederländische, belgische, Schweizer und österreichische Währung zeigten leichte Verluste. Stärkere Gewinne ergaben sich für die schwedische Krone, das britische Pfund, die italienische Lira und vor allem für den US-$. Die DM zeigte 1996 einen Wertverlust (gewogener Außenwert gegenüber den Währungen der 18 wichtigsten Industriestaaten), der sich vor allem für die Exportwirtschaft sehr günstig auswirkte, da dadurch deutsche Waren im Ausland billiger wurden.

Wertveränderungen wichtiger Währungen gegenüber der DM 1995–96
(amtliche Devisen-Mittelkurse, nach Deutsche Bundesbank)

Land	*Währung*	*Kurs zum Jahresende in DM* 1996	(1995)	*Veränderungen 1995–96* *in Pfennig*	*in %*
USA	1 $	1,5515	(1,4335)	11,80	8,23
Großbritannien	1 £	2,5789	(2,2135)	36,54	16,51
Kanada	1 kan$	1,1398	(1,0486)	9,12	8,70
Niederlande	100 hfl	89,123	(89,335)	–21,20	–0,24
Schweiz	100 sfr	117,099	(123,797)	–669,80	–5,41
Belgien	100 bfr	4,8518	(4,8686)	–1,68	–0,35
Frankreich	100 FF	29,591	(29,021)	57,00	1,96
Dänemark	100 dkr	26,126	(25,815)	31,10	1,20
Schweden	100 skr	22,758	(21,497)	126,10	5,87
Italien	100 Lit	1,0153	(0,9045)	11,08	12,25
Österreich	100 öS	14,211	(14,212)	–0,10	–0,70
Spanien	100 Pta	1,1879	(1,1791)	0,88	0,75
Japan	100 Yen	1,3649	(1,4159)	–5,10	–3,60

Die **Direktinvestitionen der Wirtschaft im Ausland** machten auch 1996 einen beträchtlichen Anteil der internationalen Kapitalströme aus. Die wichtigsten dieser Kapitaltransfers betrafen wiederum Investitionen europäischer Firmen der Industrie und des Dienstleistungsbereichs in Schwellenländern (z. B. Südostasien) und in anderen Industriestaaten sowie japanische und US-amerikanische Investitionen in Europa. In den östlichen Reformländern sowie in den Entwicklungsländern wurde demgegenüber wegen der wirtschaftlichen und politischen Risiken wesentlich weniger investiert. So betrug z. B. Anfang 1995 der Bestand an deutschen Direktinvestitionen in den westlichen Industriestaaten 300,664 Mrd. DM, in den Entwicklungsländern 38,633 Mrd. DM und in den östlichen Reformstaaten 8,960 Mrd. DM. Die **ausländischen Direktinvestitionen in Deutschland** beliefen sich Anfang 1995 auf 213,457 Mrd. DM. 1995 und 1996 stiegen die deutschen Auslandsinvestitionen stark an (1995: 50 Mrd. DM), während sich Ausländer bei Investitionen in Deutschland stark zurückhielten (1995: 13 Mrd. DM). Die Deutsche Bundesbank interpretiert diese vergleichsweise geringe Neigung, in Deutschland zu investieren, als Zeichen einer gesunkenen Standortqualität, während deutsche Auslandsinvestitionen vor allem der Sicherung von Märkten und dem Aufbau kostengünstiger Produktionsstätten dienen.

Ausländische Direktinvestitionen 1996
(in % des Bruttoinlandsprodukts)

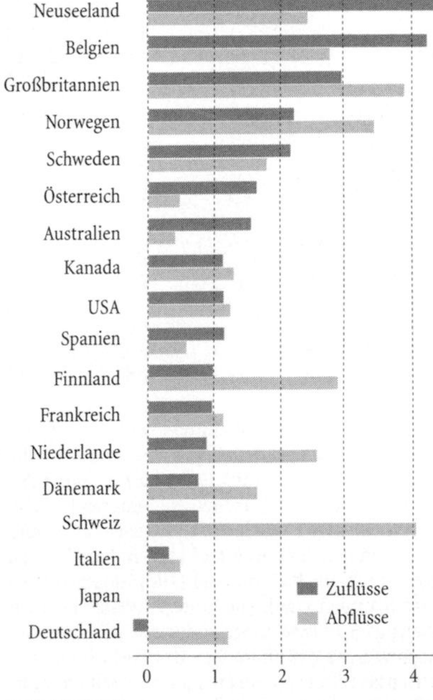

Quelle: OECD 1997

Zu den wichtigsten Themen der Geld- und Währungspolitik gehörte auch 1996 die **Staatsverschuldung**. Problematisch ist nicht nur die Höhe der Schulden an sich, sondern mehr noch die Unfähigkeit vieler Schuldnerländer, ihre Auslandsschulden fristgerecht zurückzuzahlen. Während beispielsweise die USA als höchst verschuldeter Staat angesichts der enormen Wirtschaftskraft und des Reichtums ihrer Bürger diesbezüglich keine Probleme haben, waren viele »Reformstaaten« und mehr noch viele hochverschuldete Entwicklungsländer auch 1996 nicht in der Lage, ihren Zahlungsverpflichtungen (Zins- und Tilgungsleistungen) voll nachzukommen. Für die Entwick-

Schuldenhöhe ausgewählter Entwicklungs- und Transformationsländer (Auslandsschulden) in Mrd. US-$ 1995 (1980) nach Weltbank

Mexiko	165,743	(57,378)
Brasilien	159,131	(71,520)
Rußland	120,461	--
VR China	118,090	(4,504)
Indonesien	107,831	(20,944)
Indien	93,766	(20,582)
Argentinien	89,747	(27,157)
Thailand	56,789	(8,297)
Polen	42,291	(8,894)
Philippinen	39,445	(17,417)
Venezuela	35,842	(29,345)
Nigeria	35,005	(8,934)
Ägypten	34,116	(19,131)

lungsländer bedeutet die hohe Verschuldung im Ausland aber nicht nur eine Überforderung ihrer wirtschaftlichen Leistungsfähigkeit. Ihre verlorene Kreditwürdigkeit verhindert auch den dringend benötigten Zufluß von neuem Kapital und bildet ein starkes Hemmnis für den Welthandel.

1996 betrugen die **Auslandsschulden der Entwicklungsländer** einschließlich Osteuropas und der GUS nach Angaben des IWF brutto 2055 Mrd. US-$ (netto, d.h. nach Abzug von Auslandsguthaben, etwa 1750 Mrd. US-$). Davon entfielen allein auf die Staaten Lateinamerikas 658,4 Mrd. $ und Asiens 563,7 Mrd. $. Die Schuldendienstzahlungen der Entwicklungsländer beliefen sich 1996 auf 257,8 Mrd. $ (Zinsen und Tilgung). Damit verschlang der Schuldendienst 23,0 % der Einnahmen aus dem Export von Waren und Dienstleistungen (in Lateinamerika sogar 44,3 %). Die privaten Kapitalströme in die Entwicklungsländer stiegen 1996 auf netto 200,7 Mrd. US-$ (davon 90,7 Mrd. US-$ ausländische Direktinvestitionen). Bei öffentlichen Geldern ergab sich zwar ein Netto-Kapitalabfluß von 3,8 Mrd. US-$, aber bei Berücksichtigung aller öffentlichen und privaten Finanztransaktionen, Darlehen, Investitionen usw. errechnete der IWF einen **Nettokapitaltransfer in die Entwicklungsländer**.

Die bekannteste **Rangliste der Staaten nach ihrer Kreditwürdigkeit** wird nach Umfragen bei den 100 führenden Banken der Welt zusammengestellt. Die vorderen Plätze nehmen die führenden westlichen Industrieländer ein mit – im globalen Maßstab – hochproduktiver Wirtschaft und geringer Auslandsverschuldung, gemessen am Bruttoinlandsprodukt. Hinzu kamen in den letzten Jahren ost- und südostasiatische Schwellenländer mit starker Wirtschaftsentwicklung, wie Singapur (11), Rep. China (Taiwan) (15), Rep. Korea (23), Malaysia (25), Hongkong (26) und Thailand (30).

Wirtschaft

Rangliste der Staaten nach Bonität (Kreditwürdigkeit) März 1997 (nach »Institutional Investor«) Bonitätsindex; 100=ohne Risiko, 0=höchstes Risiko

			Veränderung 1996–97
1.	Schweiz	92,5	1,0
2.	Deutschland	91,5	0,0
3.	Japan	91,3	0,3
4.	USA	91,2	0,3
5.	Niederlande	89,7	0,5
6.	Großbritannien	88,4	0,2
7.	Frankreich	88,2	-0,2
8.	Luxemburg	87,3	1,4
9.	Norwegen	84,7	2,7
10.	Österreich	84,6	-1,1
11.	Singapur	83,9	1,1
12.	Dänemark	81,6	1,3
13.	Kanada	80,8	0,9
14.	Belgien	80,7	1,2
15.	Rep. China	77,1	-1,8
16.	Irland	75,7	1,3
17.	Finnland	74,9	2,7
18.	Spanien	74,7	1,5
19.	Schweden	74,3	0,0
20.	Italien	74,3	2,3
116.	Mosambik	14,9	1,8
117.	Nigeria	14,8	0,0
118.	Weißrußland	14,5	0,0
119.	Albanien	14,3	1,1
120.	Kongo	14,0	-0,2
121.	Guinea	13,8	0,1
122.	Grenada	12,9	2,3
123.	Angola	12,5	0,0
124.	Nicaragua	11,9	1,3
125.	Haiti	11,4	2,0
126.	Kuba	10,8	0,8
127.	Sudan	10,4	3,8
128.	Jugoslawien	9,9	2,0
129.	Georgien	9,5	0,6
130.	Irak	8,3	-0,1
131.	Dem. Rep. Kongo (Zaire)	8,1	0,7
132.	Liberia	6,9	0,0
133.	Sierra Leone	6,6	-1,2
134.	Afghanistan	6,3	-1,0
135.	DVR Korea	5,8	-0,7

Die Reformstaaten Ostmittel- und Osteuropas rückten 1997 auf mittlere Plätze vor – Tschechische Rep. (28), Slowenien (40), Polen (46), Ungarn (48), Slowakei (52) – bzw. blieben auf hinteren Plätzen, wo nur geringe Fortschritte zu verzeichnen waren, so in Litauen (85), Rußland (95), Bulgarien (97), Ukraine (109), Weißrußland (118), Albanien (119) und Georgien (129). Die hinteren Plätze nehmen diejenigen Entwicklungsländer ein, die entweder hoch verschuldet und/oder wirtschaftlich und politisch zerrüttet sind und in naher bis mittlerer Zukunft keine Besserung ihrer Lage erwarten lassen.

Die Entwicklung in weltwirtschaftlich bedeutenden Staaten und Regionen

Westliche Industriestaaten

In den OECD-Staaten und den übrigen hochentwickelten Industriestaaten setzten sich – insgesamt gesehen – die Entwicklungstendenzen des Vorjahres fort, jedoch mit deutlich verschärften Unterschieden zwischen den einzelnen Volkswirtschaften. Wichtige Kennzeichen der Wirtschaftsentwicklung 1996 waren:

▸ Das **Bruttoinlandsprodukt** nahm mit 2,5% ebenso stark zu wie 1995, jedoch erreichten die 7 wichtigsten Industriestaaten (USA, Japan, Deutschland, Frankreich, Italien, Großbritannien, Kanada) nur ein Wirtschaftswachstum von 2,2% (1995: 2,0%), während die übrigen Staaten dieser Gruppe auf 3,7% kamen. Überdurchschnittlich wuchs die Wirtschaftstätigkeit in der Rep. Korea (7,1%), in Singapur und Irland (je 7,0%), in der Rep. China (Taiwan) (5,6%), in Norwegen (4,8%), Hongkong (4,5%), Israel (4,4%), Australien (4,0%) und Japan (3,6%). Die Niederlande, Neuseeland (je 2,7%), Griechenland (2,6%), Dänemark und die USA lagen ungefähr im Durchschnitt. Ein unterdurchschnittliches Wachstum wiesen z. B. Kanada (1,5%), Deutschland (1,4%), Frankreich (1,3%), Österreich und Schweden (je 1,1%), Italien (0,7%) und vor allem die Schweiz (–0,7%) auf.
Verantwortlich für das starke Auseinanderklaffen der Wachstumsraten waren vor allem unterschiedliche Fähigkeiten und Erfolge bei dem Problem, sich an den weltweiten Wettbewerb (Globalisierungsprozeß) anzupassen und mit der Arbeitslosigkeit fertigzuwerden. Hinzu kamen in vielen EU-Ländern wachstumshemmende Auswirkungen staatlicher Sparmaßnahmen und zunehmender Bestrebungen, durch Schuldenbegrenzung und Haushaltskonsolidierung die Stabilitätskriterien der Europäischen Wirtschafts- und Währungsunion zu erreichen (→ Kap. Europäische Union).

▸ Die **Arbeitskräftenachfrage** blieb insbesondere in Europa wegen des eher mäßigen Wirtschaftswachstums schwach. Generell gilt, daß eine Zunahme der Industrieproduktion hauptsächlich durch weitere Automatisierung und Rationalisierung erfolgte, weniger durch vermehrten Personaleinsatz. In den meisten OECD-Ländern nahm daher die **Arbeitslosigkeit** nur geringfügig oder gar nicht ab. Im Durchschnitt aller Industriestaaten stagnierte die Arbeitslosenquote bei 7,3%, es bestanden jedoch große Unterschiede zwischen Staaten wie der Rep. Korea (2,1%), Luxemburg (2,8%) und Japan (3,3%) und Staaten mit sehr hoher Arbeitslosigkeit, wie Spanien (22,1%), Finnland (16,3%), Belgien (12,6%) und Frankreich (12,4%).

▸ Die **Inflationsraten** (Anstieg der Verbraucherpreise) blieben dagegen erfreulich niedrig. Die nur gedämpfte Konjunkturentwicklung, die antiinflationäre Zinspolitik der Notenbanken, die Kaufzurückhaltung der Privathaushalte und nicht zuletzt die stabilen Energiepreise sorgten für Preisstabilität. 1996 sank die durchschnittliche Inflationsrate aller Industriestaaten auf 2,4% (1995: 2,6%). Wesentlich darüber lagen nur Israel (11,3%), Griechenland (8,5%), Hongkong (6,0%) und Italien (3,9%).

▸ Der **Welthandel** nahm auch 1996 relativ stark zu (5,4%); die OECD-Länder hatten – neben den ostasiatischen Schwellenländern – den Hauptanteil hieran und verstärkten insbesondere ihre Industriegüterausfuhren, während die Rohstoffeinfuhren eher stagnierten. Im starken Wachstum des überseeischen Welthandels zeigten sich besonders deutlich die Auswirkungen der zunehmenden Globalisierung und internationalen Verflechtung der Wirtschaft.

Deutschland → Staatenteil

EU → Kap. Europäische Union

Frankreich Die wirtschaftliche Entwicklung verlief 1996 enttäuschend. Die Hoffnungen auf einen kräftigen Konjunkturaufschwung erfüllten sich nicht; das BIP-Wachstum nahm sogar von 2,2% (1995) auf 1,3% ab. Eine Ursache lag in der sehr restriktiven staatlichen Ausgabenpolitik, die sich bemühte, durch Abbau von Subventionen und Einsparungen bei öffentlichen Investitionen das hohe Haushaltsdefizit und die Staatsschulden zu senken. Man hoffte, auf diese Weise die Kriterien des Vertrages von Maastricht und die Teilnahme an der Europäischen Wirtschafts- und Währungsunion zu erreichen. Da auch der private Verbrauch nur mäßig wuchs und die Unternehmen sehr zurückhaltend investierten, sorgte lediglich die erhöhte Auslandsnachfrage für ein gewisses Wirtschaftswachstum. Die Inflationsrate blieb mit 2,0% niedrig und bereitete keine Probleme. Anders die Arbeitslosigkeit. Trotz der leichten Zunahme der Wirtschaftstätigkeit konnte die Arbeitslosenquote nicht gesenkt werden; sie stieg sogar von 11,6% (1995) auf 12,4% an. Besonders betroffen waren gering qualifizierte Erwerbspersonen und

Jugendliche – letztere mit rund 28% Arbeitslosigkeit. Auch für 1997–98 wird mit keiner merklichen Besserung der Arbeitsmarktsituation gerechnet. Durch geplanten Abbau von Sozialleistungen, Einkommensstagnation und Erwerbslosigkeit entstand im Laufe des Jahres beträchtliche Unzufriedenheit, die zum Wahlsieg der bisherigen Opposition im Frühjahr 1997 beitrug (→ Frankreich, Chronik).

Großbritannien Im Vereinigten Königreich setzte sich auch 1996 – im 5. Jahr einer wirtschaftlichen Aufschwungphase – das Wachstum fort, wenn auch abgeschwächt im Vergleich zum Vorjahr. Insgesamt ergab sich – bei anziehender Konjunkturentwicklung zum Jahresende – eine Zunahme des BSP um 2,1%, verglichen mit 2,5% (1995). Die Konjunktur wurde vor allem durch die starke Inlandsnachfrage gestützt, sowohl im privaten Bereich (Zunahme der Reallöhne) als auch durch die Industrie (erhöhte Investitionstätigkeit), während der Staatsverbrauch im Interesse eines ausgeglichenen Haushalts nur gering zunahm. Die Geldwertstabilität blieb bei einer Inflationsrate von 2,9% (1995: 2,8%) etwa auf der Vorjahreshöhe. Die Arbeitslosenquote sank von 8,2% (1995) auf 7,5%, in erster Linie durch eine starke Flexibilisierung der Arbeitsbeziehungen und Schaffung neuer Teilzeitstellen. Nach wie vor ungelöst blieb jedoch das Problem der erheblichen regionalen Disparitäten zwischen den wirtschaftlichen Problemgebieten in Nordengland, Schottland (außer dem Nordosten, der von der Erdölförderung profitiert) und Nordirland mit weit überdurchschnittlichen Arbeitslosenquoten und dem wirtschaftlich besser gestellten Südengland mit dem Großraum London.

Italien Der Wirtschaftsaufschwung, der 1993 eingesetzt hatte, kam 1996 zu einem abrupten Ende. Das Wachstum des BIP, das 1995 noch bei 3% gelegen hatte, ging auf 0,7% zurück, vor allem wegen stagnierender Inlandsnachfrage. Der private Verbrauch nahm nur geringfügig zu, da die schlechte Lage auf dem Arbeitsmarkt, die Stagnation der Reallöhne und Steuererhöhungen stark dämpfend wirkten. Zudem ließ die Auslandsnachfrage wegen der Aufwertung der Lira nach (Verteuerung der Exporte); schließlich ging der Staatsverbrauch gegenüber dem Vorjahr sogar zurück, da die Regierung große Anstrengungen unternahm, das hohe Defizit des Staatshaushalts zu senken. Wegen der labilen politischen Lage scheiterten jedoch auch 1996 alle Versuche einer durchgreifenden Sanierung der Staatsfinanzen. Insbesondere die überhöhten Sozialausgaben trugen wesentlich zum Defizit des Staatshaushalts bei. Es erschien 1996 sehr zweifelhaft, ob es gelingt, die Stabilitätskriterien des Vertrags von Maastricht auch nur annähernd zu erreichen. Zumindest bei der Inflationsbekämpfung konnte ein Erfolg gemeldet werden; die Inflationsrate ging von 5,4% (1995) auf 3,9% zurück. Dagegen stieg die Arbeitslosigkeit 1996 erneut an und erreichte 12,1%. Allerdings bestehen hier die traditionellen Unterschiede zwischen Nord- und Süditalien in besonders krasser Form. Während die Arbeitslosigkeit in der Poebene auf 6,5% sank, stieg sie in Süditalien auf 22%, ohne daß ein Ausgleich dieser Unterschiede in Sicht wäre.

Niederlande Die Niederlande galten 1996 als dasjenige europäische Land, das sich besonders erfolgreich an den weltwirtschaftlichen Strukturwandel anpassen konnte. Die Wirtschaftspolitik verfolgte das Ziel, »den Wirtschaftsstandort Niederlande durch umfassende und energische Veränderung der Rahmenbedingungen attraktiver zu machen und der raschen Globalisierung und Liberalisierung der Weltwirtschaft anzupassen« (ifo-Institut). Um das wirtschaftliche Wachstum zu stimulieren (BIP-Zuwachs um 2,8%) und die Arbeitslosigkeit zu senken (Rückgang von 8,3 auf 7,6%), wurde in Zusammenarbeit mit den Sozialpartnern die Politik des Vorjahres fortgeführt: Bekämpfung der Inflation (Anstieg der Verbraucherpreise um 2,1%), starke Zurückhaltung bei Lohnerhöhungen, Abbau von Sozialleistungen, Verringerung der Abgabenbelastung der Unternehmen, Senkung der Zinsen zur Stimulierung von Investitionen, Konsolidierung des Staatshaushalts und Abbau der Staatsverschuldung. Zur Stärkung der spezifischen Qualitäten der stark exportorientierten Niederlande erfolgten staatliche Investitionen vor allem in den weiteren Ausbau der Verkehrsinfrastruktur und die Stellung des Landes als internationales Dienstleistungs- und Finanzzentrum. 1997 setzte sich der relativ spannungsfreie Wirtschaftsaufschwung fort; die Arbeitslosigkeit konnte weiter vermindert werden.

Österreich → Staatenteil

Schweden Der konjunkturelle Aufschwung der Jahre 1994 und 1995 mit Wachstumsraten von mehr als 3% flachte sich 1996 stark ab; das BIP nahm nur noch um 1,1% zu. Die Ursache lag einerseits im abnehmenden Staatsverbrauch (–1,7%); die öffentlichen Ausgaben wurden zugunsten des finanzpolitischen Konsolidierungskurses erneut zurückgenommen. Andererseits nahm auch der private Verbrauch nur schwach zu (1,5%), da durch weitere Erhöhungen von Steuern und Abgaben die verfügbaren Einkommen erneut sanken.

Gestützt wurde die Konjunktur nur durch die Exportwirtschaft mit einer Steigerungsrate von 5,6%, während die Industrieproduktion insgesamt nur um 2,1% zunahm. Infolge der Konjunkturschwäche stieg die Arbeitslosigkeit von 7,7% (1995) auf 8,1% an (1996) mit weiter zunehmender Tendenz 1997. Positiv entwickelte sich demgegenüber die Inflationsrate, die von 2,5% (1995) auf 0,5% abnahm. Die schwedische Wirtschafts- und Finanzpolitik verfolgte ihren stabilisierungsorientierten Kurs 1996/97 im Hinblick auf eine mögliche Teilnahme an der Europäischen Wirtschafts- und Währungsunion bereits ab 1999, obwohl bisher keine klare Entscheidung darüber getroffen worden ist. In der Bevölkerung nahm die Stimmung gegen die EU und den Euro deutlich zu.

Spanien Der 1994 in Gang gekommene wirtschaftliche Aufschwung setzte sich 1996 in abgeschwächter Form fort; das BIP erhöhte sich real um 2,2% (1995: 2,8%). Wichtige Faktoren des wirtschaftlichen Wachstums waren um 10,3% gestiegene Warenexporte und eine starke Erhöhung der industriellen Investitionstätigkeit um rund 6%. Auch der Tourismus nahm erneut zu. Die Landwirtschaft profitierte von kräftigen Regenfällen nach mehreren Dürrejahren und steigerte ihre Erzeugung um 23%. Nur unterdurchschnittlich wuchs der private Verbrauch (1,9%), während der Staatsverbrauch auf dem Vorjahresniveau stagnierte. Letzteres war die Folge der staatlichen Sparpolitik, um das hohe Haushaltsdefizit einzudämmen und den Maastricht-Kriterien für die Währungsunion näherzukommen, an der Spanien von Anfang an teilnehmen möchte. Die Inflationsrate konnte von 4,7% (1995) auf 3,5% gedrückt werden. Dagegen war der Kampf gegen die hohe Arbeitslosigkeit nur wenig erfolgreich; die Arbeitslosenquote sank 1996 nur auf 22,1% (1995: 22,9%) – den höchsten Wert in der EU. Die Produktionszunahme, die zudem teilweise durch Rationalisierung ohne neue Arbeitskräfte erreicht wurde, genügte bisher nicht, um die neu in das Arbeitsleben eintretenden Jugendlichen aufzunehmen und die Erwerbslosigkeit wesentlich abzubauen, zumal die noch hohe landwirtschaftliche Beschäftigung z. Zt. stärker zurückgeht und die Erwerbsquote der Frauen zunimmt.

USA Die Wirtschaft der USA zeigte 1996 eine Entwicklung, die von Experten als »moderates Wachstum« und »ausgewogene, stabile Aufwärtsentwicklung« bezeichnet wurde. Das Wachstum des BIP betrug 2,4% (1995: 2,0%) und wurde gleichzeitig von der Auslandsnachfrage, der Investitionstätigkeit der Wirtschaft und dem privaten

Verbrauch getragen. Der Staatsverbrauch stieg mit 1,2% nur wenig an, da die staatliche Haushaltspolitik sehr restriktiv agierte (Verringerung des Haushaltsdefizits auf 108 Mrd. $ nach 164 Mrd. $ im Vorjahr und Inflationsbekämpfung). Die Inflationsrate konnte nicht weiter abgesenkt werden und betrug 2,9% (1995: 2,8%). Als großer Erfolg wird die im internationalen Maßstab relativ niedrige Arbeitslosenquote von 5,4% angesehen (1995: 5,6%). Den Hauptanteil hieran hatte der Dienstleistungsbereich, denn in der Industrie wurde in weitere Automatisierungs- und Rationalisierungsmaßnahmen investiert. Vielfach wurde vom amerikanischen »Job-Wunder« gesprochen (Rückgang der Arbeitslosigkeit in 3 Jahren von 7,5% auf 5,4%), wobei im Vergleich zu Deutschland zu beachten ist, daß die staatlichen Sozialleistungen für Arbeitslose wesentlich geringer sind und daher der Druck zur Aufnahme auch schlecht bezahlter und ungesicherter Tätigkeiten größer ist. Entsprechend bestand ein großer Teil der neuen Arbeitsplätze aus gering bewerteten Dienstleistungen.

Kanada Das Land ist wirtschaftlich sehr eng mit dem südlichen Nachbarn USA verflochten; 1996 wurden über 80% des gesamten Warenexports mit den USA abgewickelt. Diese enge Verbindung wird seit 1990 durch ein Freihandelsabkommen noch intensiviert, durch das im Lauf der nächsten 10 Jahre alle gegenseitigen Handelsbeschränkungen abgebaut werden sollen. Hinzu kam 1993 die Nordamerikanische Freihandelszone (NAFTA), durch die ein gemeinsamer Markt mit den USA und Mexiko geschaffen werden soll. 1996 gelang es Kanada nicht, sich dem Wirtschaftswachstum der USA anzuschließen. Mitverursacht durch ein rigoroses Sparprogramm der Regierung zur Sanierung des stark defizitären Staatshaushalts nahm das BIP 1996 nur um 1,5% zu (1995: 2,3%). Die Arbeitslosigkeit stieg auf 9,7% (1995: 9,5%), dagegen gelang eine weitere Reduzierung der Inflationsrate auf 1,7%. Ein großes Problem blieb auch 1996 die hohe Staatsverschuldung, die auf 610 Mrd. kan. $ (= 73% des BIP) anstieg und auch in den kommenden Jahren den Handlungsspielraum des Staatshaushalts stark einschränken wird.

Japan Das jahrelang an hohe Wachstumsraten gewöhnte Japan erlebte 1994–95 wirtschaftliche Stagnation und konnte erst 1996 wieder einen Zuwachs des BIP von 3,6% verbuchen. Das erneute Wirtschaftswachstum ging vor allem auf verstärkte private Nachfrage, vermehrte Investitionen und erhöhte Staatsausgaben zurück. Zudem begünstigte der niedrige Yen-Kurs die Exportwirtschaft. Da jedoch die Importe noch schneller wuchsen als die

Exporte, verminderte sich der Überschuß der Handelsbilanz erneut. Die japanische Industrie sieht trotz des Wachstums (das sich zum Jahresende hin bereits wieder abschwächte) erheblichen strukturellen Reformbedarf, vor allem die Notwendigkeit, die staatlichen Eingriffe in die Wirtschaft durch eine Deregulierungspolitik zu ersetzen und das veraltete Bankensystem zu reformieren. Die Industrie geriet in den letzten Jahren in verschiedenen Branchen in die gleiche Konkurrenzsituation gegenüber »Billiglohnländern« wie die westeuropäische Industrie. Verstärkt wurden Fertigungen in benachbarte südostasiatische Länder verlagert; Rationalisierungsmaßnahmen führten zum weiteren Verlust von Arbeitsplätzen. Die Arbeitslosenquote lag zwar auch 1996 immer noch vergleichsweise sehr niedrig, stieg aber auf 3,3 % an, einen für Japan ungewohnt hohen Wert (bei hoher verdeckter Arbeitslosigkeit). Sehr positiv entwickelte sich 1996 die Preissituation; bei einer Inflationsrate von 0,1 % herrschte Preisstabilität.

Australien Unter den hochentwickelten Industriestaaten hat Australien bis heute am stärksten seinen Charakter als wichtiges Rohstoffexportland behalten. 60–65 % der Ausfuhren entfallen auf Agrar- und Bergbauerzeugnisse (Wolle, Fleisch, Weizen bzw. Kohle, Eisenerz, Gold, Bauxit, Erdöl u. a.). Die Wirtschaft ist daher beträchtlich von den entsprechenden Weltmarktpreisen abhängig. In den letzten Jahren machte sich jedoch die begonnene Modernisierung und Diversifizierung der Industrie positiv bemerkbar. Ihre Produktion nahm 1996 um rund 6 % zu (Maschinenbau, Computertechnologie, Fahrzeugindustrie, Rohstoffverarbeitung), ihr Anteil am Export wuchs. Das Wirtschaftswachstum erreichte daher den hohen Wert von 4,0 % (BIP). Die Arbeitslosigkeit stieg trotzdem weiter an und erreichte 8,6 %. Als problematisch wird die beträchtliche Auslandsverschuldung angesehen; auch gegen die hohen Haushaltsdefizite der letzten Jahre wird seit 1996 verstärkt vorgegangen (Einsparungen bei staatlichen Investitionen und bei Sozialleistungen). 1996–97 bemühte sich Australien vermehrt um Investitionen aus den EU-Ländern, um Industrie und Bergbau weiter zu entwickeln und die starke außenwirtschaftliche Abhängigkeit von Japan zu verringern. Der Besuch einer deutschen Delegation unter Wirtschaftsminister *Günter Rexrodt* Anfang 1997 diente dem Ziel, weitere deutsche Direktinvestitionen vorzubereiten (bisher 3,4 Mrd. DM).

Transformationsländer (Reformstaaten)

Seit der Auflösung des 1989–90 zerbrochenen Rats für gegenseitige Wirtschaftshilfe RGW (COMECON)

sind die ehemaligen Mitgliedsländer des »Ostblocks« mit unterschiedlicher Geschwindigkeit und auch unterschiedlich stark ausgeprägtem Reformwillen dabei, die sozialistische Staatswirtschaft, die Osteuropa in eine ökonomische und ökologische Katastrophe geführt hat, zu überwinden und marktwirtschaftliche Strukturen aufzubauen. Als mittel- bis längerfristig zu erreichendes Ziel streben die meisten ostmitteleuropäischen Staaten – Polen, Ungarn, die Tschechische Rep., die Slowakei (die sog. »Visegrád-Staaten«) und Slowenien – die Mitgliedschaft in der EU oder zumindest eine enge Zusammenarbeit mit dem Europäischen Wirtschaftsraum (EWR) an. Derzeit werden die Staaten Ostmittel-, Ost- und Südosteuropas (einschließlich der europäischen Nachfolgestaaten der UdSSR) meist als **»Reformstaaten«, »Transformationsländer«** oder **»Konversionsländer Osteuropas«** bezeichnet. Gemessen an der Wirtschaftskraft, ihrem Volkseinkommen und ihrer infrastrukturellen Entwicklung sind sie heute vergleichbar mit fortgeschrittenen Entwicklungsländern (Schwellenländern), z. T. mit Industriestaaten West- und Südeuropas, wie Portugal oder Griechenland. Die **zentralasiatischen und transkaukasischen GUS-Staaten** gehören demgegenüber in die Gruppe der echten Entwicklungsländer. Gemeinsam war allen diesen Staaten zu Beginn der 90er Jahre eine mehr oder weniger zerrüttete Wirtschaft mit technisch überalterter und die Ressourcen verschwendender Industrie, ineffektiver und umweltschädigender Landwirtschaft und stark unterentwickeltem Dienstleistungssektor. Alle drei Sektoren waren nicht imstande, die Bedürfnisse der Bevölkerung ausreichend zu erfüllen. Die dringend notwendige Modernisierung wurde mit sehr unterschiedlicher Energie und unterschiedlich ausgeprägtem Veränderungswillen angegangen.

Auch 1996 unterschied sich die wirtschaftliche Entwicklung der Transformationsländer sehr stark voneinander, je nach Intensität des Reformprozesses. Besonders der Übergang von der schwerfälligen und meist defizitären Staatswirtschaft zur Privatwirtschaft wurde teils energisch vorangetrieben (so in Ungarn und der Tschechischen Rep.), teils durch Festhalten an den alten Strukturen noch kaum in Angriff genommen (Weißrußland). Insgesamt hatten die »Reformstaaten« 1996 den Tiefpunkt ihres wirtschaftlichen Niedergangs seit der politischen Wende erreicht; das Wirtschaftsergebnis ging nicht weiter zurück, sondern stagnierte (Zunahme des realen BIP um 0,1 %). Trotzdem wiesen einzelne Staaten 1996 immer noch beträchtliche Rückgänge des Bruttoinlandsprodukts auf, so die Ukraine (–10,0 %), Bulgarien (–9,0 %), Moldau (–8,0 %), Tadschikistan (–7,0 %), aber auch Rußland (–2,8 %).

Andere Staaten konnten dagegen ihren Konsolidierungskurs fortsetzen und ihr Wirtschaftsergebnis erheblich verbessern, so Georgien (10,5 %), die Slowakei (7,0 %), Armenien (6,6 %), Polen (5,5 %), Kroatien (5,0 %), die Tschechische Rep. (4,2 %), Rumänien (4,1 %).

In der ersten Hälfte des Jahres 1997 setzten sich die Erholungstendenzen der Wirtschaft fort. Für den Gesamtraum der Transformationsländer schätzt der IWF ein Wirtschaftswachstum von 3,0 %. Der gleiche Wert wird auch für Rußland prognostiziert, das damit auch den Abnahmetrend gestoppt hätte.

Ausgeprägte Geldentwertungen waren in allen Jahren seit dem Systemwechsel die Folge eines starken Kaufkraftüberhangs in der Vergangenheit (Disparität zwischen Geldeinkommen und Warenversorgung), der Finanzierung der öffentlichen Haushalte und staatlichen Betriebe über die Ausgabe neuer Banknoten sowie der Freigabe bisher vom Staat künstlich niedrig gehaltener Preise. Diese **Inflationstendenz** konnte 1996 weiter eingedämmt werden, wobei häufig das Ausmaß der Reformen, das Wirtschaftswachstum und Rückgang der Inflation gekoppelt waren. So meldeten z. B. Kroatien (2 %), die Slowakei (6 %) und die Tschechische Rep. (9 %) Raten der Geldentwertung, wie sie auch in Westeuropa zeitweise nicht unüblich waren. Die meisten Länder lagen jedoch mit der Steigerung der Verbraucherpreise immer noch über 10 %, so z. B. Polen (20 %), Ungarn (24 %), Litauen (25 %), Rumänien (39 %). Ungünstiger ist auch in dieser Beziehung die Lage in den GUS-Staaten, wo die Inflationsrate Werte von z. B. 48 % (Rußland), 52 % (Weißrußland), 80 % (Ukraine) bis zu 445 % (Tadschikistan) und 992 % (Turkmenistan) erreichte. Gegenüber dem Vorjahr hat sich aber die Lage ebenfalls deutlich verbessert. Insgesamt betrug die Inflationsrate 1996 im (gewichteten) Durchschnitt aller Transformationsländer 40 % (1995: 119 %, 1994: 265 %). Ein Hauptgrund für die immer noch hohen Raten der Geldentwertung in den GUS-Staaten waren auch 1996 die enormen Haushaltsdefizite. Sie entstanden durch das Mißverhältnis von geringen Staatseinnahmen (ungenügendes Wirtschaftsergebnis, schlechte Steuermoral, gesunkene Exporterlöse für Rohstoffausfuhren) und hohen Ausgaben (z. B. Preissubventionen, Militärapparat, Subventionierung unwirtschaftlicher Industriebetriebe).

Weitere schwierige Probleme bringen die z. T. hohen **Auslandsschulden**. 1995 betrugen sie in Rußland 120,461 Mrd. US-$, in Polen 42,291 Mrd. US-$, in Ungarn 31,248 Mrd. US-$. Sie werden in den nächsten Jahren vermutlich weiter ansteigen, da

der Finanzbedarf zum Umbau der Wirtschaft in absehbarer Zeit größer sein wird als die Fähigkeit zur Rückzahlung und der enorme Kapitalbedarf nur im westlichen Ausland gedeckt werden kann.

Das Problem der **Arbeitslosigkeit** bzw. Unterbeschäftigung war schon zu kommunistischer Zeit latent vorhanden und ist nun voll ausgebrochen. Für 1996 ergaben sich Arbeitslosenquoten, die zwischen 18 und 20 % (Polen, Rumänien, Bulgarien, Kroatien), 12 und 18 % (Slowakei, Slowenien) bzw. um 10 % (Ungarn, Rußland, Litauen) lagen. Eine Ausnahme stellte die Tschechische Rep. mit nur 6 % dar. Nach westlichen Maßstäben liegt die Arbeitslosigkeit real wesentlich höher, vor allem in den GUS-Staaten, für die keine genauen Zahlen vorliegen. Vor allem in Rußland wird die Arbeitslosigkeit verschleiert durch hohe Anteile überflüssiger Beschäftigter in den staatlichen Großbetrieben der Industrie und der Landwirtschaft.

Zwei wichtige Aufgaben stehen im Vordergrund bei der Sanierung der Volkswirtschaften der ehemals sozialistischen Staaten Ostmittel- und Osteuropas und Zentralasiens (GUS-Staaten):

- **Modernisierung** des völlig veralteten Produktionsapparates in Industrie und Landwirtschaft einschließlich des Neuaufbaus des in der Vergangenheit vernachlässigten und noch völlig ungenügenden Dienstleistungssektors und einer modernen Verkehrs- und Kommunikationsinfrastruktur;
- **Neuordnung des Wirtschaftssystems** im Sinne einer Umgestaltung von der zentralistischen, staatlich gesteuerten Planwirtschaft zu einer dezentralen, privat organisierten Marktwirtschaft.

1996–97 setzten vor allem Polen, die Tschechische Rep., Ungarn, die Slowakei, Slowenien, Kroatien und die baltischen Staaten einen mehr oder weniger marktwirtschaftlichen Kurs fort. Der Erfolg zeigte sich in zunehmenden Wachstumsraten. In **Rußland** als größtem Nachfolgestaat der UdSSR, aber auch in Weißrußland und der Ukraine, war auch 1996 die künftige wirtschaftspolitische Richtung wegen andauernder Machtkämpfe zwischen Reformern und Altkommunisten noch nicht absehbar. Die Erfolgsaussichten für eine baldige wirtschaftliche Sanierung Rußlands sind eher ungünstig zu beurteilen, da viele notwendige Reformen bisher nur halbherzig eingeleitet wurden bzw. ihre Durchführung – vor allem Maßnahmen zur Privatisierung der Wirtschaft – vielfach von den Funktionären und Nutznießern des alten Systems boykottiert wird. Das Kieler Institut für Weltwirtschaft schrieb zur Lage in Rußland, 1996 sei »von den ersten Anzeichen eines Aufschwungs nichts übriggeblieben. Kein Industriezweig weist ein Wachstum auf.« Als Hauptursache für den weiteren Rückgang der russischen Wirtschaftstätigkeit sieht das Institut die »erdrückend hohen Realzinsen von über 50%; die hohe öffentliche Verschuldung und den chaotischen Staatshaushalt, der eine vernünftige Wirtschaftspolitik nicht zuläßt (z. B. die Unfähigkeit, ausstehende Steuern einzutreiben); die ungeordnete Lohnpolitik mit hohen Lohnzahlungs-Rückständen, was zu sozialer Instabilität führt; die mangelhafte Sicherung der Rechtsstaatlichkeit; das ungenügende Tempo der Privatisierung der Wirtschaft, die die Landwirtschaft und die Großindustrie bisher kaum erfaßt hat.« – Auch in den anderen GUS-Staaten wird der Neuaufbau der Wirtschaft durch den Kapitalmangel der Bevölkerung und die starke Zurückhaltung ausländischer Investoren behindert, die auf ein Ende der politischen Unsicherheit und eine Stabilisierung der Reformpolitik warten. Weitere Unsicherheitsfaktoren für die künftige wirtschaftliche Entwicklung liegen in den Nationalitätenkonflikten, die in vielen GUS-Staaten aufgebrochen sind, so im Kaukasus, zwischen Rußland und der Ukraine und in Mittelasien. Länder wie Ungarn, Polen und die Tschechische Rep. profitieren da-

gegen von der Zuversicht ausländischer Investoren in die Dauerhaftigkeit der Reformpolitik.

Entwicklungsländer

Die Entwicklungsländer als Staatengruppe zeigten auch 1996 in ihrer Gesamtheit das größte wirtschaftliche Wachstum. Die Unterschiede zwischen den einzelnen Entwicklungsländern verringerten sich etwas, blieben aber trotzdem noch sehr groß. Einerseits stagnierte in vielen der ärmsten Staaten die wirtschaftliche Entwicklung bzw. die Lage verschlechterte sich teilweise noch weiter. Andererseits war der ost- und südostasiatische Raum mit den Entwicklungs- bzw. Schwellenländern VR China, Thailand, Malaysia und Indonesien auch 1996 wieder der Haupt-»Wachstumspol« der Weltwirtschaft mit Zuwachsraten des Sozialprodukts von über 5% bis nahe 10%, wie sie sonst in keiner Großregion der Erde erreicht wurden. (Direkte Vergleiche mit dem Vorjahr sind nicht möglich, da einige Staaten, wie Südkorea, Rep. China (Taiwan) und Singapur, seit 1996 nicht mehr zur Gruppe der Entwicklungsländer gezählt werden.)

Die wirtschaftliche Entwicklung in ostmittel- und osteuropäischen Staaten 1990-1996

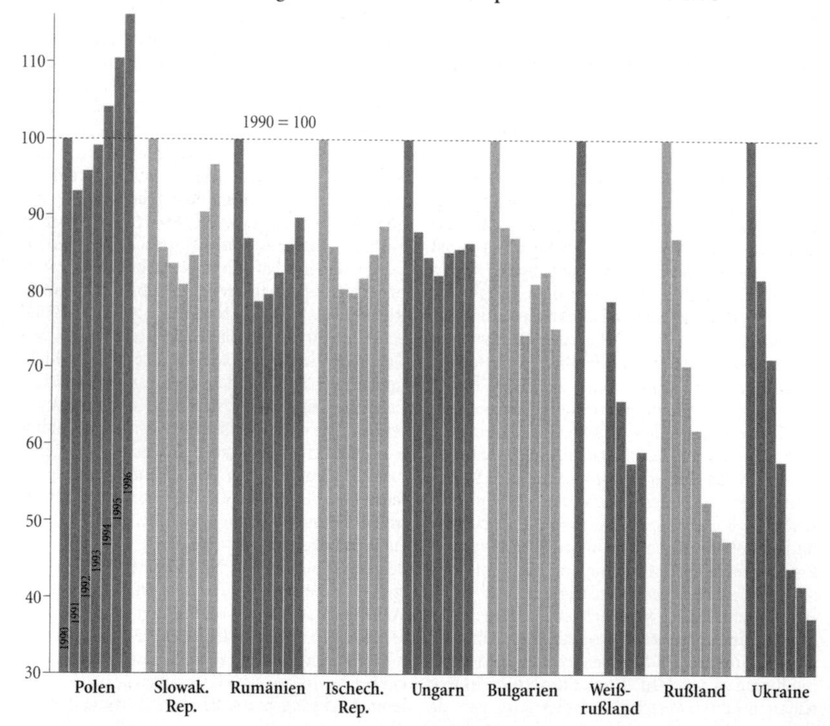

Insgesamt zeigten die Entwicklungsländer 1996 ein **Wirtschaftswachstum** von 6,5% (1995: 6,0%), wobei die regionalen Unterschiede abnahmen. Die Wachstumsrate (reales BIP) betrug in Ost-, Südost- und Südasien 8,2%, in Afrika 5%, in Vorderasien und dem Nahen Osten 4,5% und in Lateinamerika 3,5%.

Im **ost- und südostasiatischen Raum** kam es aufgrund des starken Wirtschaftswachstums auch zu einer beachtlichen Zunahme des durchschnittlichen Pro-Kopf-Einkommens der Bevölkerung. In **Lateinamerika** und **Afrika** war dagegen die Situation sehr unterschiedlich. Neben ausgesprochenen Wachstumsländern – Argentinien, Chile, Mexiko, Marokko, Elfenbeinküste, Ghana – gab es auch 1996 einige Staaten, in denen wegen sehr geringer Zuwachsraten des Wirtschaftsergebnisses bei gleichzeitig stark steigender Bevölkerungszahl nur eine minimale Zunahme des Pro-Kopf-Einkommens, z. T. sogar eine Abnahme auftrat. Hiervon waren besonders die am geringsten entwickelten Länder (Least developed countries, LDC) betroffen. Allerdings muß man berücksichtigen, daß neben dem statistisch erfaßten Teil der Wirtschaft in den meisten Entwicklungsländern die »Schatten-« oder »Parallelwirtschaft« beachtliche Leistungen aufweist. Der Anteil dieser illegalen bis halblegalen, häufig stillschweigend geduldeten Wirtschaft, die weder steuerlich noch statistisch erfaßt wird, beträgt in den westlichen Industriestaaten in Form von »Schwarzarbeit« 5–15% des offiziellen BSP (z. B. Deutschland 5–6%, Frankreich und Großbritannien je 8–12%, Belgien und Schweden je 12–16%, Italien 20–25%). In Indien liegt sein Anteil nach Weltbankschätzungen bei rund 50% – die also zum amtlichen BSP hinzugezählt werden müßten – und erreicht in vielen anderen Entwicklungsländern ähnlich hohe Werte.

Die **Entwicklungsländer** sind in wirtschaftlicher, politischer und sozialer Hinsicht keine einheitliche Staatengruppe. Der Sammelbegriff (im offiziellen Sprachgebrauch, z. B. der UNO und der Weltbank: »Developing Country«) bezieht sich auf wirtschaftliche, infrastrukturelle, soziale und/oder kulturelle Entwicklungsrückstände im Vergleich zu den Industriestaaten. Ein wichtiges Kennzeichen ist insbesondere das Vorhandensein sehr starker wirtschaftlicher und sozialer Disparitäten innerhalb eines Landes, d. h. eine sehr ungleiche Entwicklung, z. B. zwischen der Hauptstadt und den peripheren Gebieten.

Eine Klassifikation rein nach wirtschaftlichen Kriterien bietet der jährlich erscheinende »Weltentwicklungsbericht« der Weltbank. Hier werden die Entwicklungsländer in folgende Kategorien eingeteilt:

▶ **»Länder mit niedrigem Einkommen«**
(Bruttosozialprodukt/BSP pro Kopf 1994 unter 750 US-$): z. B. VR China, Indien, Äthiopien, Zaire, Sudan, Pakistan, Tansania, Nigeria, Kenia, Bangladesch, Sambia, Ägypten, Madagaskar, aber auch einige Staaten Südosteuropas und der GUS, wie Albanien, Armenien, Georgien und Kirgisistan;

▶ **»Länder mit mittlerem Einkommen«**
Untere Einkommenskategorie (BSP pro Kopf 1993 über 750 bis 2900 US-$): z. B. Tunesien, Algerien, Marokko, Syrien, Thailand, Indonesien, Philippinen, Usbekistan, Kolumbien, Ecuador, aber auch die meisten ehemals sozialistischen Staaten Europas, wie Rußland, Polen, Rumänien, Bulgarien, Kroatien und Ukraine;
Obere Einkommenskategorie (BSP pro Kopf 1994 über 2900 bis 9300 US-$): z. B. Südafrika, Brasilien, Argentinien, Mexiko, Rep. Korea, Saudi-Arabien, unter den europäische Staaten Griechenland, Slowenien, Ungarn, Malta und die Tschechische Rep.;

▶ **»Länder mit hohem Einkommen«**
In dieser Gruppe sind neben den Industriestaaten Europas, Nordamerikas, Australiens und Asiens (Japan und Israel) auch erdölexportierende Entwicklungsländer mit relativ geringer Einwohnerzahl, wie Brunei, Katar, Kuwait und die Vereinigten Arab. Emirate, sowie industriegüterexportierende »Schwellenländer«, wie Singapur und Hongkong, enthalten;

▶ **»Schwellenländer«**
Neben den Entwicklungsländern mit »hohem Einkommen« stehen auch eine Anzahl von Ländern mit »mittlerem Einkommen« (obere Kategorie) von der wirtschaftlichen Entwicklung her an der Schwelle zu den Industriestaaten. Sie werden daher als »Schwellenländer« bezeichnet. Vor allem die sog. NIC-Länder (newly industrialized countries) gehören in diese Kategorie. Praktisch alle Schwellenländer konnten auch 1996–97 ihre wirtschaftliche Situation weiter verbessern, vor allem durch staatlich geförderte Expansion des gewerblichen Unternehmertums, Aufbau von Industrien und Fertigwarenexport in die westlichen Industriestaaten. Beispiele sind insbesondere die ost- und südostasiatischen Länder Rep. Korea, Taiwan, Malaysia, Thailand, Hongkong, Singapur, sowie lateinamerikanische Staaten wie Mexiko, Venezuela, Chile und Brasilien.

Prozentual war 1996 im weltweiten Vergleich in den Schwellenländern das Wirtschaftswachstum am stärksten, vor allem durch forcierte Industrialisierung für den Export. Beispiele für besonders kräftiges Wachstum waren Malaysia (8,4%), Chile (7,2%), Rep. Korea (7,1%), Thailand (6,7%), Philippinen (5,5%). Ein hoher Anteil des Industriewachstums ging auch 1996 in den meisten dieser Staaten auf ausländische Direktinvestitionen zurück, vielfach auf den Aufbau von Produktionsstandorten durch europäische Firmen. Auch deutsche Firmen verlagerten erneut Produktionskapazitäten in diese »Billiglohnländer«, um den hohen deutschen Lohnkosten zu entgehen (z. B. Textil-, Bekleidungs-, Kunststoff-, feinmechanische und Elektronikindustrie). Daneben hat sich in den meisten Schwellenländern inzwischen eine einheimische Unternehmerschicht gebildet, die für einen selbsttragenden wirtschaftlichen Aufschwung sorgt.

Ost- und Südostasien Die Entwicklungsländer Ost- und Südostasiens befinden sich in einem rapiden Industrialisierungsprozeß und bildeten auch 1996, wie schon in den Vorjahren, den wichtigsten »Wachstumspol« der Weltwirtschaft. Zu diesen ökonomisch überaus rasch wachsenden Ländern gehörten die VR China als echtes Entwicklungsland (nach den Kriterien des Sozialprodukts pro Kopf noch ein »Niedrigeinkommensland«) sowie die NIC, deren Wachstumsraten – trotz gewisser Abschwächungen – auch 1996 beträchtlich über den Durchschnittswerten anderer Regionen lagen. Es handelt sich insbesondere um die **»vier kleinen Tiger«** Hongkong, Singapur, Südkorea, Rep. China (Taiwan), die auch 1996 ihre Industrie weiter ausbauen und ihre Rolle im Welthandel festigen konnten. Der IWF zählt diese Länder seit 1997 zu den »advanced economies«, d. h. zu den Industriestaaten. Ferner sind es die Staaten der **ASEAN-Gruppe** (→ Kap. Internationale Organisationen), zu denen Thailand, Malaysia, Indonesien, Philippinen, Singapur, Brunei und seit Mitte 1995 auch Vietnam gehören (seit 1997 auch Myanmar und Laos).

Das Wirtschaftswachstum dieser **DAE-Länder** (nach OECD: »Dynamic Asian Economies«) betrug 1996 im Minimum 4,5 % (Hongkong), meist lag es deutlich höher: Thailand (6,7 %), Singapur (7,0 %), Rep. Korea (7,1 %), Indonesien (7,8 %), Malaysia (8,4 %), Vietnam (9,5 %), VR China (9,7 %). Entwicklungsfaktoren waren neben dem kräftigen Außenhandel mit Industriegütern immer stärker auch die Inlandsnachfrage und Investitionen der Unternehmen und der Regierungen. Die Entwicklung wurde in der Regel auch durch politische Stabilität, eine verantwortungsvolle staatliche Finanzpolitik, für Entwicklungsländer relativ mäßige Inflationsraten von durchschnittlich 5–7 % und viel Freiraum für private (auch ausländische) Investoren gefördert. Diese Länder waren daher auch 1996 bevorzugtes Investitionsgebiet für westeuropäische Industrieunternehmen, die ihre Produktion aus Kostengründen verlagern bzw. am dynamischen asiatisch-pazifischen Markt partizipieren wollen.

Wirtschaft

Lateinamerika In den meisten lateinamerikanischen Staaten kam es in den letzten Jahren durch marktwirtschaftliche Reformen, Rückzug des Staates aus der Wirtschaft und Ermutigung privatwirtschaftlicher Initiativen sowie durch Demokratisierung und politische Stabilisierung zu einem bemerkenswerten Wirtschaftswachstum. Die Stagnation der 80er und frühen 90er Jahre, die besonders durch die Verschuldungskrise verschärft worden war, konnte endgültig überwunden werden. 1996 ergab sich für die gesamte Region ein Wirtschaftswachstum von 3,5 % (1995: 1,3 %). Die positive Wirtschaftsentwicklung erfaßte alle Länder und zeigte sich in verstärkter Industrialisierung und Exporttätigkeit, anhaltenden Kapitalzuflüssen durch ausländische Investitionen (insgesamt 1996: 31 Mrd. US-$) und einer Steigerung der Produktivität in allen Wirtschaftssektoren. Das BIP erhöhte sich z. B. in Chile um 7,2 %, in Mexiko um 5,1 %, in Argentinien um 4,4 %, in Brasilien und Kolumbien um 3,0 %. Trotz des Wirtschaftswachstums, das überall zu einer realen Steigerung des durchschnittlichen Volkseinkommens führte, wuchsen auch die sozialen Gegensätze zwischen Armen und Reichen. Auch die Arbeitslosenzahlen gingen wegen des Nachrückens starker Jahrgänge in das Erwerbsleben nicht zurück. Die Arbeitslosenquote lag 1996 in den meisten Ländern offiziell bei 12–15 %, tatsächlich (bei Berücksichtigung von Unterbeschäftigung, Gelegenheitsarbeiten usw.) bei mindestens 25 %. Die Inflation ging dagegen fast überall stark zurück: in der gesamten Region von 36,0 % (1995) auf 20,4 % (1996), besonders stark in Argentinien (0,1 %) und Chile (7,4 %). Höher lag sie z. B. in Venezuela (99,9 %) und Mexiko (34,1 %). Die hohe Auslandsverschuldung ging nur in einigen Staaten zurück, u. a. auch durch Schuldenerlasse und Umschuldungsvereinbarungen. Mit rd. 658 Mrd. US-$ war Lateinamerika auch 1996 der höchstverschuldete Kontinent. Im Gegensatz zu früheren Jahren gelangten jedoch per Saldo mehr Kapitalzuflüsse in die Region, als durch den Schuldendienst abflossen.

Mexiko nimmt eine Sonderstellung ein, da es als Mitglied der NAFTA eng an die nordamerikanischen Industriestaaten gebunden ist und als erstes Schwellenland 1994 Mitglied der OECD wurde (→ Kap. Internationale Organisationen). Das Land hat sich überraschend schnell von der Wirtschafts- und Währungskrise 1994/95 erholt und konnte bereits Anfang 1997 die letzte Rate eines 12,5-Mrd.-$-Kredits an die USA zurückzahlen, der Mexiko 1995 vor dem Bankrott bewahrt hatte. Nach einem Rückgang des Wirtschaftsergebnisses 1995 um 6,2% nahm das BIP 1996 wieder um 5,1% zu. Der neue Aufschwung wurde vor allem von der Industrie getragen, die hauptsächlich für den Export arbeitet (Zunahme der Ausfuhren 1996 um 14%). Industriegüter lösten inzwischen Erdöl als wichtigstes Exportgut ab, doch profitierte das Land auch von den gestiegenen Rohölpreisen.

Rohstoffexportierende Entwicklungsländer Entwicklungsländer, deren Einnahmen (v. a. Devisen) weitgehend bis fast ausschließlich vom Rohstoffexport abhängen, konnten auch 1996 ein gewisses Wirtschaftswachstum erzielen. Der Zuwachs blieb jedoch in der Regel weit unter dem der industriegüterproduzierenden Länder und erreichte im Durchschnitt nur rund 3%. Aufgrund der weitgehend stabilen Rohstoffpreise mußte 1996 kaum ein Land dieser Gruppe Abnahmen des Wirtschaftsergebnisses hinnehmen.
Zu den rohstoffexportierenden Entwicklungsländern gehören, als bekannteste Gruppe, die Erdölexportstaaten (OPEC-Länder und Exporteure außerhalb des Kartells) und die Produzenten und Hauptausfuhrländer sonstiger wichtiger Bodenschätze (z. B. Erdgas, Eisen- und Kupfererz, Bauxit) sowie agrarischer Erzeugnisse (Nahrungs- und Genußmittel wie Kaffee, Kakao und Bananen; Industrierohstoffe wie Holz, Baumwolle und Kautschuk). Diese Länder leiden seit langem unter den – trotz aller Preisschwankungen – seit Jahren relativ niedrigen Weltmarktpreisen für Rohstoffe. Wegen der auf den Weltmärkten für die meisten bergbaulichen und landwirtschaftlichen Rohstoffe herrschenden Überschußsituation sind die Preise fast aller entsprechenden Produkte seit Mitte der 80er Jahre relativ, vielfach sogar absolut zurückgegangen. Auch 1996 haben sie sich nicht auf ein Maß erholt, das den Exportländern günstigere Entwicklungschancen gewähren würde. Trotz teilweise beträchtlich erhöhter Produktion mußten viele rohstoffexportabhängige Entwicklungsländer in den letzten Jahren stagnierende oder nur leicht steigende Erlöse hinnehmen.
1996 zeigten nur wenige **Rohstoffpreise** steigende Tendenz, die meisten stagnierten oder nahmen im Jahresverlauf sogar ab(→ Landwirtschaft, → Bergbau). Die gesamtwirtschaftliche Situation der meisten Rohstoff-Exportländer blieb daher relativ unbefriedigend. Außerdem verhinderte die exorbitant hohe Verschuldung vieler dieser Länder (z. B. Brasilien, Argentinien, Indonesien) die Aufnahme neuer Kredite und damit die Inangriffnahme neuer Entwicklungsprojekte. Erdölexportländer, die im Vertrauen auf weiter steigende Einnahmen in den

70er Jahren hohe Kredite aufgenommen und häufig für Konsumzwecke statt für produktive Investitionen ausgegeben hatten, sind inzwischen stark überschuldet und mußten ihre Importe drastisch reduzieren. Aus diesem Grund streben die meisten Rohstoffexporteure inzwischen eine Industrialisierung an, um verarbeitete Rohstoffe mit höherem Gewinn exportieren zu können oder um sich von Industriewarenimporten unabhängiger zu machen.

Niedrigeinkommensländer (LDC) Die »Entwicklungsländer mit niedrigem Einkommen« konnten auch 1996 in ihrer Gesamtheit wiederum ein beachtliches Wirtschaftswachstum vorweisen, das allerdings die enormen Unterschiede innerhalb dieser Gruppe verdeckt. Hierzu gehören einerseits die größten Entwicklungsländer mit Rohstoffressourcen und bereits regional starker Industrialisierung, die 1996 ein starkes Wachstum zeigten – so die VR China (9,7%) und Indien (6,9%). Dagegen verbesserte sich das Wirtschaftsergebnis bei vielen kleinen und rohstoffarmen Ländern nur schwach, wenn es auch gegenüber den Vorjahren beträchtliche Verbesserungen gab. Während es noch 1994 rund 40 Staaten mit einem Rückgang des realen Bruttosozialprodukts pro Kopf gab, ging diese Zahl 1996 auf unter 10 zurück. Deutlich sichtbar wird dies am Wirtschaftsergebnis Afrikas, zu dem die meisten LDC gehören. Das BIP der afrikanischen Staaten erhöhte sich im Durchschnitt von 2,9% (1995) auf 5,0% (1996); Anfang der 90er Jahre hatte es noch bei weniger als 1% gelegen.
Viele Entwicklungsländer klagten auch 1996 über zu geringe Geldzuflüsse (Kredite, Investitionen). Eine Hauptursache war vielfach die gewaltige **Überschuldung** vieler Länder, d. h. die Unfähigkeit, die bisher erhaltenen Kredite zurückzuzahlen. Sie führt zu starker Zurückhaltung bei der Gewährung neuer Kredite durch die Industriestaaten bzw. durch private Investoren. Auch die vielfach vorhandene politische Instabilität bis hin zu Bürgerkriegswirren und Willkürherrschaft trägt dazu bei, daß vor allem seitens der Privatwirtschaft der Industriestaaten z. Zt. kaum Neigung besteht, in den ärmsten Entwicklungsländern zu investieren. Andererseits ist die Bereitschaft der westlichen Industriestaaten, finanzielle Hilfe zu geben, angesichts vielfacher eigener Konjunktur- und Strukturprobleme begrenzt. Außerdem rücken seit einigen Jahren verstärkt die ehemaligen »Ostblock«-Staaten als Empfänger westlicher Wirtschaftshilfe in den Vordergrund.

VR China Die Volksrepublik China meldete für 1996 ein Wirtschaftswachstum von 9,7% (1995:

10,5%). China gehört zwar nach den Kriterien der Weltbank mit einem Pro-Kopf-BIP von nur 620 US-$ 1995 nach wie vor zu den ärmsten Entwicklungsländern, bildet aber zusammen mit den Schwellenländern Rep. Korea, Rep. China (Taiwan), Hongkong und Singapur eine Wachstumsregion mit der weltweit stärksten wirtschaftlichen Dynamik. Das Hauptproblem war auch 1996, die boomende wirtschaftliche Entwicklung nach dem Übergang von einer strikt planorientierten Ordnung zum gegenwärtigen System einer »sozialistischen Marktwirtschaft« in geordnete Bahnen zu lenken und die Entwicklung der einzelnen Wirtschaftsbereiche und Landesteile zu koordinieren. Hinzu kommt das Bestreben der kommunistischen Führung, eine allzu große Liberalisierung und Demokratisierung zu verhindern, um das Machtmonopol der Partei ungeschmälert zu erhalten.

Ein Zeichen für konjunkturelle Überhitzungserscheinungen und Diskrepanzen zwischen Angebot und wachsender Nachfrage waren die in den letzten Jahren stark angestiegenen Inflationsraten (1995: 14,8%). 1996 konnte die Preissteigerungsrate (Anstieg der Verbraucherpreise) im Landesdurchschnitt auf 6,0% gesenkt werden (nur in den großen Städten lag sie höher). Dagegen stieg die Arbeitslosigkeit stark an, vor allem durch Abwanderung von Landbewohnern aus der Landwirtschaft in die Städte, wo nicht genügend Arbeitskräfte für alle Zuwanderer geschaffen werden konnten.

Der Außenhandel entwickelte sich weiter positiv. Exporte wie Importe nahmen zu; es wurde ein Ausfuhrüberschuß von rund 16 Mrd. US-$ erzielt.

Das kräftige wirtschaftliche Wachstum ging zu einem großen Teil auf die Nutzung ausländischen Kapitals zurück, das weiterhin bevorzugt im Industriebereich investiert wurde. 1996 bekam China 48 Mrd. US-$ an ausländischen Direktinvestitionen zugesagt und war damit zweitwichtigstes Investitionsland nach den USA. Die Bedeutung von »joint ventures« (chinesisch-ausländische Unternehmen) zeigt sich darin, daß die chinesischen Staatsbetriebe ihre Produktion 1996 kaum steigern konnten und 45% von ihnen mit Defizit abschlossen. Dagegen steigerten Privatbetriebe und solche mit ausländischer Beteiligung ihren Umsatz um rund 22%. Die wirtschaftliche Expansionspolitik, allerdings mit stärker stabilitätsorientierter Geld- und Kreditpolitik, soll auch in den nächsten Jahren beibehalten werden. Große Hindernisse sind – neben den mit Personal überbesetzten und ineffektiv arbeitenden Staatsbetrieben – die Verknappung von Energie und Rohstoffen und der noch ungenügende Ausbau der Verkehrs- und Kommunikationsinfrastruktur. In diese Bereiche soll in den nächsten Jahren verstärkt investiert werden.

Einen Zuwachs an Wirtschaftskraft um über 20% erhielt die VR China am 1. 7. 1997, als die britische Kronkolonie **Hongkong** nach 155 Jahren wieder nach China eingegliedert wurde. Hongkong hat sich in den letzten Jahrzehnten zu einem der weltweit wichtigsten Industrie- und Handelszentren entwickelt. Es war 1996 der zweitgrößte Börsenplatz Asiens, der viertgrößte Bankplatz der Welt und das achtgrößte Handelsland mit dem weltgrößten Containerhafen. Als »Sonderverwaltungszone« behält Hongkong unter Aufrechterhaltung seines kapitalistischen Systems seine Eigenständigkeit. Dabei waren – trotz der unterschiedlichen politisch-wirtschaftlichen Systeme – die Beziehungen zur VR China schon in den letzten Jahren sehr eng. Hongkong ist Chinas größter Handelspartner (rund 25% der chinesischen Ein- und Ausfuhren) und wichtigster Investor. Über 50% aller Auslandsinvestitionen in China kamen aus bzw. über Hongkong, z. B. aus der Rep. China (Taiwan). Im Zuge der Entwicklung Hongkongs zum Dienstleistungsstandort wurden zunehmend Produktionsstätten aus der Kolonie hinaus auf das chinesische Festland verlegt.

Nach der Rückgliederung Hongkongs gewinnt zunehmend die weitere Entwicklung der **Rep. China** (Taiwan) an Interesse, die von der Volksrepublik als »abtrünnige Provinz« betrachtet wird. Taiwan entwickelte sich in den letzten 2–3 Jahrzehnten zu einem der stärksten und dynamischsten Industriestandorte Asiens. Doch scheint die einseitig exportorientierte Industrie (Textil, Chemie, Stahl, Schiffbau, Elektronik) an Wachstumsgrenzen zu stoßen. Die Zunahme des BIP ging 1996 auf 5,6% zurück. Die Regierung ist zunehmend bestrebt, den internationalen Dienstleistungssektor zu stärken (Banken, Versicherungen). Die bisher überwiegend auf die USA ausgerichtete Exportwirtschaft wird stärker diversifiziert in Richtung asiatischer und europäischer Märkte. Trotz der politischen Gegnerschaft wuchsen in den letzten Jahren die wirtschaftlichen Verflechtungen mit der VR China. Taiwanesische Firmen haben inzwischen rund 25 Mrd. US-$ auf dem Festland investiert (großenteils über Hongkonger Firmen). Seit 1996 existieren auch direkte Schiffsverbindungen zwischen der VR China und der Insel.

Indien Die wirtschaftliche Reformpolitik, die von der indischen Regierung zu Anfang der 90er Jahre eingeleitet worden war, wurde auch 1996 trotz Regierungskrisen erfolgreich fortgeführt. Nach Jahrzehnten einer überbürokratisierten staatlich gelenkten Wirtschaft mit weitgehender Abschottung gegenüber Auslandsmärkten war das Land zu Beginn der 90er Jahre hoch verschuldet (Auslandsschulden 1996 rund 93 Mrd. US-$) und stagnierte wirtschaftlich. Mit Hilfe der Weltbank und des IWF wurde 1996 die Sanierung der indischen Wirtschaft fortgesetzt. Liberalisierung des Handels, Privatisierung von Staatsbetrieben, Förderung privater Investitionen und Kooperation mit ausländischen Unternehmen führten dazu, daß sich auch 1996 die Erfolge der Vorjahre fortsetzten. So wuchs die Industrieproduktion um 5,5 %, die gesamte Wirtschaft (wegen stark erhöhter Agrarproduktion) um 6,9 % (reale Steigerung des BIP). Trotzdem konnte die Inflationsrate von 10 % (1995) auf 7% gedrückt werden. Zu den Reformvorhaben zählt 1996/97 die weitere Diversifizierung des Außenhandels, der bis 1990/91 sehr stark auf die UdSSR ausgerichtet war. Der Außenhandel Indiens mit Deutschland nahm z. B. 1991–95 um 58 % zu. Schwerpunkte der Wirtschaftspolitik waren 1996 die Verminderung der Staatsverschuldung, die Schaffung neuer industrieller Arbeitsplätze, um die sehr hohe Arbeitslosenquote zu senken, und die Beseitigung der starken Disparitäten zwischen zurückgebliebenen, armen ländlichen Gebieten und wirtschaftsstarken städtischen Räumen. Vom Wirtschaftswachstum der letzten Jahre profitierte vor allem die städtische Mittelschicht. In der Gesamtbevölkerung ist der Anteil der absolut Armen immer noch erschreckend hoch (in Großstadtslums und ländlichen Armutsgebieten, wo v. a. die Landwirtschaft dringend modernisiert werden muß). Nach neuesten Schätzungen leben immer noch 35 % der Bevölkerung unter der Armutsgrenze.

Ernährung, Land- und Forstwirtschaft, Fischerei

Landwirtschaft und Ernährung in globaler Übersicht

Die Welt-Landwirtschaft und die Ernährungslage der Weltbevölkerung entwickelten sich 1996 im globalen Durchschnitt günstiger als in den Vorjahren. Berechnungen und Schätzungen der FAO zeigen für die Agrar- und speziell die Nahrungsmittelproduktion der Welt eine deutliche Zunahme. Sie war groß genug, um trotz weiter steigender Bevölkerungszahlen zu einer erhöhten Pro-Kopf-Produktion zu führen. Allerdings bleiben die enormen weltweiten Unterschiede der Nahrungsmittelversorgung erhalten bzw. verschärften sich in einigen Regionen noch. Während rein rechnerisch auch 1996 die Nahrungsmittelbestände auf der Erde (Ernte und Vorräte) ausgereicht hätten, um alle Menschen ausreichend zu ernähren, litten in der Realität wegen der ungleichen Verteilung der Lebensmittel rund 840–850 Mio. Menschen an Hunger und Unterernährung. In anderen Regionen wurden dagegen Programme zur Anbaureduzierung und zur Bekämpfung der unverkäuflichen Agrarüberschüsse fortgesetzt. Im November 1996 widmete sich die Welternährungs-Gipfelkonferenz der FAO diesen Problemen (→ Der Welternährungsgipfel).

Die Weltagrarmärkte

Die Weltmarktpreise für Nahrungs- und Futtermittel und agrarische Industrierohstoffe, die 1995 im Durchschnitt leicht angestiegen waren, gingen 1996 um einen ähnlichen Prozentsatz wieder zurück. Es ergaben sich jedoch bei einzelnen Produktgruppen teilweise starke Abweichungen von diesem Durchschnittswert. Beachtliche Preissteigerungen (20,5 %) zeigten 1996 die Getreidemärkte, da sich bis zum Beginn der neuen Ernte die Lager bedenklich geleert hatten und Befürchtungen einer Unterversorgung aufkamen. Die gute Ernte 1996 ließ dann die Preise wieder sinken.

Für Nahrungs- und Genußmittel insgesamt wurden 1996 (im gewichteten Durchschnitt) Preissenkungen von 2,6 % errechnet. Dies ging vor allem auf starke Preisermäßigungen bei Zucker (–18,7 %) und bei den meisten Genußmitteln, wie Kaffee (–26 %), sowie bei Obst und Südfrüchten zurück. Für Öle und Ölsaaten wurden demgegenüber Preissteigerungen von durchschnittlich 13 % registriert.

Agrarische Industrierohstoffe zeigten im Gegensatz zum Vorjahr 1996 beträchtliche Preisrück-

Technische Ausstattung der Landwirtschaft
Traktoren/Mähdrescher/Melkmaschinen
Bestand in Mio. 1994 (nach FAO; meist S)

Land	Traktoren	Mähdrescher	Melkmaschinen
USA	4,800 /	0,662 /	..
Japan	2,050 /	1,158 /	0,160
Italien	1,470 /	0,050 /	0,150
Frankreich	1,440 /	0,154 /	0,200
Polen	1,311 /	0,099 /	0,571
Deutschland	1,300 /	0,135 /	0,250
Indien	1,258 /	0,003 /	..
Rußland	1,148 /	0,317 /	..
Spanien	0,790 /	0,049 /	0,135
Türkei	0,764 /	0,011 /	0,030
Kanada	0,740 /	0,155 /	..
Brasilien	0,735 /	0,048 /	..
VR China	0,710 /	0,063 /	..
Großbritannien	0,500 /	0,047 /	0,157
Ukraine	0,437 /	0,093 /	0,067
Österreich	0,343 /	0,024 /	0,097
Australien	0,315 /	0,057 /	0,200
Pakistan	0,283 /	0,002 /	..
Weltbestand	25,946 /	4,151 /	..

Der Welternährungsgipfel

Nach einem ersten Welternährungsgipfel 1974 hatte der Generalsekretär der FAO (»Food and Agriculture Organization of the United Nations«) *Jacques Diouf* 1996 zu einer weiteren Gipfelkonferenz nach Rom, dem Sitz der FAO, eingeladen. Die Konferenz fand unter Beteiligung von Delegationen aus 194 Staaten vom 13.–17. 11. 1996 statt. Die Delegationsleiter, meist Agrarminister, gaben aus der Sicht ihrer Länder Erklärungen zum Problem der Welternährung und seiner Lösung ab und verabschiedeten eine Erklärung, auf die sich die Staaten bereits vorher im Sinne des »kleinsten gemeinsamen Nenners« geeinigt hatten. Welche Probleme wurden in Rom angesprochen, welche Lösungsmöglichkeiten sieht die Konferenz?

Die Konferenz stellte zunächst als grundlegende Tatsache fest, daß auf der Erde – in Kalorien gerechnet – mehr als genügend Nahrungsmittel für alle Menschen erzeugt werden. Andererseits sind von den derzeit etwa 5,7 Mrd. Menschen rund 840 Mio. unterernährt. Die meisten davon leben in Entwicklungsländern, wo weltweit etwa 20% der Bevölkerung nicht genügend Nahrungsmittel erhalten und jährlich 13–15 Mio. Menschen an den Folgen der Unterernährung sterben, davon etwa 4 Mio. Kinder.

Die FAO verweist jedoch auch auf Fortschritte in den letzten Jahren: Vor 20 Jahren hungerten in den Entwicklungsländern noch 36% der Bevölkerung, rein rechnerisch gibt es heute für jeden Menschen auf der Erde 18% mehr Nahrung als vor 30 Jahren. Fortschritte wurden besonders in Süd- und Ostasien gemacht, während sich die Lage in Afrika verschlimmerte. Allein 300 Mio. Hungernde leben in Afrika südlich der Sahara (davon sind 215 Mio. Menschen chronisch unterernährt).

Zu den **Ursachen von Hunger und Unterernährung** betont die FAO, daß es sich weniger um ein Problem absolut fehlender Nahrungsmittel handle, sondern um die Folge des fehlenden Zugangs zu den Nahrungsmitteln.

Nahrungsmittelmangel in einem Land oder einer Region kann zurückgehen auf:

- zu geringe Produktion aus **natürlichen** Gründen: Neben Gebieten, die aus klimatischen und sonstigen natürlichen Gründen (Berggebiete, Feuchtgebiete u. a.) seit jeher nur eine geringe landwirtschaftliche Eignung aufweisen, kam in den letzten Jahrzehnten in vielen anderen Regionen ein **verbreiteter Rückgang der Bodenfruchtbarkeit** als Folge falscher oder übermäßiger Bewirtschaftung, von Erosion und Entwaldung;

Wirtschaft

Staaten mit mehr als 10% Unterernährten
Anfang der 90er Jahre (nach FAO/FAZ)

	Unterernährte in Mio.	*Bevölkerungsanteil in %*
Lateinamerika (19 Staaten)	43,4	
u. a. Peru	10,7	49%
Kolumbien	5,9	18%
Venezuela	4,0	20%
Asien insges. (23 Staaten)	542,2	
u. a. China	188,9	16%
Indien	184,5	21%
Bangladesch	39,4	34%
Indonesien	22,1	12%
Pakistan	20,5	17%
Afghanistan	12,9	73%
Afrika insges. (43 Staaten)	218,5	
u. a. Nigeria	42,9	38%
Äthiopien	31,2	65%
Zaire	14,9	39%
Tansania	10,3	38%
Sudan	9,7	37%
Somalia	6,4	72%

- zu geringe Produktion aus **wirtschaftlichen** oder **sozialen** Gründen: Eine geringe Produktivität, die oft weit unter den erreichbaren Möglichkeiten liegt, wird häufig hervorgerufen durch das **Fehlen moderner Technologien** und geeigneter Bearbeitungsmethoden und -geräte, durch Mangel an hochwertigem Saatgut und ausreichenden Düngemitteln als Folge fehlender finanzieller Mittel der Bauern. Hinzu kommen in vielen Entwicklungsländern **leistungshemmende Agrarverfassungen,** ungerechte Pachtverhältnisse und Mangel an Land für Kleinbauern als Folge der Eigentumsstrukturen (Großgrundbesitz). In zu vielen Ländern vernachlässigen die Regierungen die Landwirtschaft und die ländlichen Räume zugunsten der städtisch-industriellen Bevölkerung und der großen Städte. Typisch hierfür sind die häufig unangemessen niedrigen Preise für Nahrungsmittel, die in vielen afrikanischen Staaten durch die Regierungen festgesetzt werden, um die Stadtbevölkerung mit billigen Lebensmitteln versorgen zu können. Den Bauern fehlt dadurch der finanzielle Anreiz zur Produktionssteigerung;
- zu geringe **finanzielle Mittel des Staates**: In vielen Entwicklungsländern fehlen dem Staat die finanziellen Mittel, insbesondere die Devisen, um Nahrungsmittel importieren zu können. Daneben fehlt es häufig am Ausbau des Verkehrs- und Transportwesens und der Lagermöglichkeiten (z. B. Kühlhäuser), um Ernährungsgüter in die be-

dürftigen Regionen bringen zu können. In Afrika oder Südasien gibt es selbst innerhalb eines Staates wegen unzureichender Verkehrsinfrastruktur oft Probleme, einen Ausgleich zwischen Überschuß- und Mangelgebieten herzustellen, und es fehlen die Lagerhäuser, um z. B. Getreideüberschüsse eines Jahres für das nächste Jahr sicher vor Schädlingsbefall aufzubewahren;

▶ zu geringe **finanzielle Mittel der betroffenen Bevölkerung**: In vielen Ländern verhindert die **absolute Armut** weiter Bevölkerungskreise, daß sie sich mit den angebotenen Lebensmitteln versorgen können (z. B. in den Slums der großen Städte). Jegliche wirtschaftliche Entwicklung entsprechender Regionen mit der Schaffung von Beschäftigungs- und Einkommensmöglichkeiten und damit von Kaufkraft ist also auch ein Beitrag gegen die Unterversorgung mit Lebensmitteln.

Ein besonderes Ursachenbündel für Unterernährung und Hungersnöte – in Afrika zur Zeit eine der wichtigsten Ursachen – sind **kriegerische Auseinandersetzungen**. Durch Bürgerkriege, Terrorismus und dadurch hervorgerufene Massen-Fluchtbewegungen werden Anbau, Verteilung und Lagerung von Lebensmitteln nachhaltig gestört; die meisten Hungersnöte der letzten Zeit wurden durch Gewaltausbrüche und Kriege verursacht oder verschärft (so in Afghanistan, Somalia, Ruanda, Burundi, Liberia, Sierra Leone, Dem. Rep. Kongo sowie im Irak und Sudan).

In den **Abschlußdokumenten des Gipfeltreffens** (»Rome Declaration on World Food Security« und »World Food Summit Plan of Action«) werden die

Ursachen des Welt-Ernährungsproblems benannt, doch bleibt der Aktionsplan vielfach bei vagen Andeutungen, wo es um konkrete Maßnahmen geht. Um den Konsens aller Teilnehmerstaaten nicht zu gefährden, wurde vermieden, international gültige Verpflichtungen aufzunehmen oder strittige Punkte, wie Geburtenkontrolle, anzusprechen.
Das Schwergewicht legt der Aktionsplan auf Maßnahmen zur Produktionssteigerung, auf verbesserte Verteilung der Ressourcen und auf Hebung des Einkommensniveaus der Bevölkerung. Dadurch könne die Zahl der hungernden Menschen bis 2015 halbiert werden. Die FAO hält dieses Ziel für erreichbar und nennt in ihrem Aktionsplan fast 200 Einzelaktionen, die sie für wünschenswert hält, von höheren Erträgen aus Nahrungspflanzen durch Züchtung, Bio- und Gentechnologie über Maßnahmen zum Bodenschutz und zur Bewässerung bis hin zur besseren Ausbildung der Landwirte, zur Gleichberechtigung der Frauen in Entwicklungsländern und zur Schaffung eines fairen Welthandelssystems.

Unabhängige Beobachter und Vertreter der »Nichtregierungsorganisationen« (NGO) wie der Deutschen Welthungerhilfe, die sich ebenfalls in Rom trafen, äußerten nach der Konferenz große Enttäuschung über die Unverbindlichkeit der Abschlußerklärung. Sie sei zu stark auf Kompromisse ausgerichtet und zeige keine echten Lösungen des Welternährungsproblems auf. Der verabschiedete Maßnahmenkatalog sei zu unbestimmt, um Wirkung zeigen zu können, und die Prognosen der FAO seien in Anbetracht des Ernstes der Lage viel zu optimistisch.

Entwicklung der landschaftlichen Erzeugung nach Ländergruppen insgesamt und je Einwohner (nach FAO-Angaben)
1989–1991 = 100

Gebiet	*Gesamte Agrarproduktion*				*Nahrungsmittelproduktion*			
	1995		*1994*		*1995*		*1994*	
	insgesamt	*(je Einw.)*	*insgesamt*	*(je Einw.)*	*insgesamt*	*(je Einw.)*	*insgesamt*	*(je Einw.)*
Welt insgesamt	108,0	(99,9)	106,2	(99,6)	108,6	(100,4)	106,8	(100,2)
Europa (mit Rußland)	93,3	(92,0)	93,4	(92,3)	93,94	(92,1)	93,5	(92,4)
Nord- und Mittelamerika	109,1	(101,8)	113,7	(107,4)	109,1	(101,7)	113,6	(107,4)
darunter USA	109,8	(104,2)	116,4	(111,6)	109,7	(104,2)	116,0	(111,3)
Südamerika	113,1	(103,7)	110,5	(103,0)	115,4	(105,8)	112,5	(104,8)
darunter Brasilien	116,2	(106,6)	113,9	(106,2)	119,2	(109,4)	115,7	(107,9)
Asien	121,0	(111,5)	116,1	(108,7)	122,2	(112,6)	117,3	(109,8)
darunter VR China	132,5	(125,3)	124,3	(118,7)	135,6	(128,3)	127,1	(121,5)
Indien	114,7	(104,3)	112,5	(104,2)	114,3	(103,9)	112,0	(103,7)
Afrika	108,9	(94,7)	109,0	(97,4)	109,5	(95,2)	110,0	(98,3)
Australien/Ozeanien	111,1	(103,7)	105,6	(100,0)	116,4	(108,6)	109,0	(103,2)

gänge (insgesamt –12,3 %), so z. B. Baumwolle (–16 %), Kautschuk (–18 %) und Zellstoff (–19 %). Für alle landwirtschaftlichen Produkte zusammen errechnete sich für 1996 ein Preisrückgang von rund 3–4 %. Die Ursachen lagen hauptsächlich in vermehrter Produktion, die bei den meisten Erzeugnissen zu ausgeglichenen Nachfrage-Angebots-Verhältnissen führte, teils zu Überschußsituationen. Größere spekulationsbedingte Preissteigerungen (z. B. Einflüsse von Warentermingeschäften) blieben aus. Einen preisdämpfenden Einfluß hatte

auch der Devisenmangel osteuropäischer GUS-Staaten und der meisten Entwicklungsländer, die sich bei Importen sehr stark zurückhalten mußten. Real, d. h. unter Berücksichtigung der Inflationsrate, lagen auch 1996 die Preise vieler Agrarprodukte niedriger als in den 70er und 80er Jahren. Für die agrargüterexportierenden Entwicklungsländer verbesserte sich daher die Erlössituation nicht, da die ungünstige Preisrelation zwischen billigen Agrarexporten und teuren Industriegüterimporten bestehenblieb.

Die Lage der Landwirtschaft und der Ernährung nach Staaten und Regionen

Deutschland Die **Situation der deutschen Landwirtschaft** und die **wirtschaftliche Lage der Bauern** wurde auch 1996/97 unter ökonomischen wie ökologischen und sozialen Aspekten heftig diskutiert. Die Landwirte beklagten ihre im Vergleich mit anderen Berufsgruppen relativ geringen Einkommen, zumal sich die Erlöse wegen der weltweit niedrigen Preise für Agrarprodukte und der durch EU-Marktordnungen begrenzten Möglichkeiten der Mehrproduktion nur sehr beschränkt steigern lassen.

Andererseits wurde die Landwirtschaft durch Naturschutzverbände erneut beschuldigt, mit übermäßigem Dünger- und Chemikalieneinsatz zugunsten höherer Erträge die natürliche Umwelt zu schädigen.

Die **Agrarpolitik der Bundesregierung** geht davon aus, daß die Landwirtschaft über die Versorgung der Bevölkerung mit Nahrungsmitteln hinaus wichtige Aufgaben zur Erhaltung und Pflege der Kulturlandschaft erfüllt und eine noch zunehmende Bedeutung bei der Erschließung regenerativer Energie- und Rohstoffquellen besitzt. Der »Agrarstandort Deutschland« soll durch »eine leistungs- und wettbewerbsfähige, marktorientierte und umweltverträgliche Land-, Forst- und Ernährungswirtschaft« gesichert werden (»Agrarbericht 1997 der Bundesregierung«).

Als **Hauptziele der deutschen Agrarpolitik** werden genannt:

- **Verbesserung der Lebensverhältnisse im ländlichen Raum** und Teilnahme der in der Land- und Forstwirtschaft Tätigen an der allgemeinen Einkommens- und Wohlstandsentwicklung;
- **Versorgung der Bevölkerung** mit hochwertigen Produkten der Agrarwirtschaft zu angemessenen Preisen;
- **Verbesserung der agrarischen Außenwirtschaftsbeziehungen** und der Welternährungslage;
- **Sicherung und Verbesserung der natürlichen Lebensgrundlagen**; Erhaltung der biologischen Vielfalt; Verbesserung des Tierschutzes.

Die **Einkommensentwicklung** der deutschen Landwirtschaft verlief 1996 leicht positiv, allerdings lagen die Verkaufserlöse insgesamt nur etwa 1% über denen des Vorjahres (»Agrarbericht 1997«). Höhere Erträge brachten Getreide, Zuckerrüben, Milch und Schlachtschweine, während die Erlöse insbesondere für Kartoffeln, Obst, Ölsaaten und Schlachtrinder zurückgingen.

Der gesamte **Produktionswert der deutschen Landwirtschaft** (alte und neue Bundesländer) sank leicht von 61,397 Mrd. DM (Wirtschaftsjahr 1994/95) auf 61,373 Mrd. DM (1995/96). Nach Abzug der Vorleistungen ergab sich eine auf 26,831 Mrd. DM gesunkene Bruttowertschöpfung, d. h. weniger als 0,7 % der Wertschöpfung der gesamten Volks-

Produktionswert der deutschen Landwirtschaft 1996

Gesamtproduktion 61,373 Mrd. DM

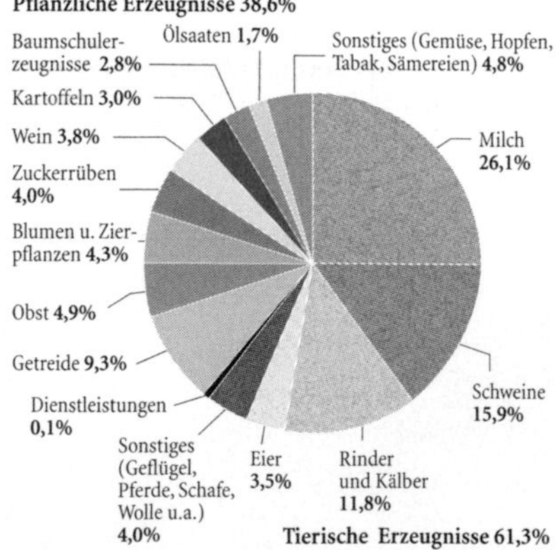

Quelle: Bundesregierung, Agrarbericht 1997

wirtschaft. Nach Abzug der Abschreibungen und Steuern und Addition der direkten Subventionen (10,664 Mrd. DM) betrug die Nettowertschöpfung 1995/96 insgesamt 22,090 Mrd. DM (1994/95: 22,059 Mrd. DM). Die Nettowertschöpfung je Arbeitskraft lag 1995/96 bei 30806 DM (1994/95: 29201 DM).

Das **Einkommen** der hauptberuflich in der Landwirtschaft Beschäftigten stieg 1996 im Durchschnitt um rund 7% an, da bei einigen Produkten wie Schweinen und Getreide die Erlöse anstiegen (im Gegensatz zu Rückgängen bei Rindern und Milch). Außerdem erhöhten sich die Subventionen insgesamt um rund 5%. Der Gewinn je Familienarbeitskraft in Vollerwerbsbetrieben lag 1996 bei 36931 DM (1995: 34451 DM).

Als Ausgleich für die ungünstigen Einkommensverhältnisse und wegen der sehr beschränkten Möglichkeiten, die Einkünfte durch Preiserhöhungen oder Produktionszunahmen zu steigern, erhielten auch 1996 die deutschen Landwirte in erheblichem Maße **staatliche Subventionen**. Diese direkten und indirekten staatlichen Einkommensübertragungen an die Landwirtschaft dienen der »Unterstützung und sozialen Abfederung des Anpassungsprozesses« und »strukturverbessernden Maßnahmen«.

In den **alten Bundesländern** verminderte sich 1995–96 die **Zahl der landwirtschaftlichen Betriebe** ab 1 ha LF (landwirtschaftlich genutzte Fläche) um 3% (–15685) auf nur noch 509132. Die LF nahm nur geringfügig auf 11,672 Mio. ha ab, da ein Teil der in den Vorjahren stillgelegten Flächen wieder für den Getreideanbau verwendet wurde. Die **Durchschnittsgröße der landwirtschaftlichen Betriebe** erhöhte sich 1995/96 um 0,6 auf 22,9 ha. Die Ursache für die Erhöhung der Durchschnittsgröße liegt in der Aufgabe von Klein- und Mittelbetrieben, deren Flächen häufig zur Aufstockung der Großbetriebe dienen. Die »Wachstumsschwelle« lag 1996 bereits bei 75 ha LF, d.h.

die Zahl der Betriebe unter 75 ha verringerte sich, ab 75 ha stieg die Zahl an. Allerdings variieren die Betriebsgrößen regional sehr stark. Sie betrugen z.B. 1996 im Durchschnitt in Schleswig-Holstein 42,4 ha LF, in Baden-Württemberg nur 17,2 ha (ohne Betriebe unter 1 ha LF).

Auch die **Arbeitskräftesituation** veränderte sich 1996 weiter nach dem bisherigen Trend. Die Zahl der Familienarbeitskräfte in der deutschen Landwirtschaft sank 1995–96 erneut (–4,3%) und betrug 1996 nur noch 1,098 Mio. Während in den alten Bundesländern hauptsächlich Betriebsinhaber und ihre Familienangehörigen beschäftigt sind (nur 70000 familienfremde Arbeitskräfte), arbeiten in den neuen Ländern überwiegend familienfremde Lohnarbeitskräfte in der Landwirtschaft (103600 gegenüber nur 48500 Familienarbeitskräften). Hier zeigt sich das Erbe der DDR, in der die landwirtschaftlichen Familienbetriebe zerschlagen wurden.

Nach dem **Erwerbscharakter** zählten Anfang 1996 in Deutschland 41,3% aller Betriebe (mit 76,0% der Fläche) zu den Haupterwerbsbetrieben und 58,7 der Betriebe (mit 24,0% der Fläche) zu den

Subventionen für die deutsche Landwirtschaft 1996 in Mrd. DM (nach »Agrarbericht 1997«)

Finanzhilfen von Bund und Ländern	7,6
davon u. a.	
Bund-Länder-Gemeinschaftsaufgabe	3,2
Soziostruktureller Einkommensausgleich	0,6
Dieselverbilligung	0,8
Unfallversicherung	0,8
Sonstige Bundesmittel im Rahmen der Agrarsozialpolitik	6,4
davon u. a.	
Alterssicherung	4,2
Krankenversicherung	2,2
Steuermindereinnahmen	0,9
EU-Finanzmittel im Agrarbereich für Deutschland	13,3
Öffentliche Hilfen insgesamt	28,2

Struktur der landwirtschaftlichen Betriebe Deutschlands 1996 (1995) (alte und neue Länder) (nach »Agrarbericht 1997«)

Betriebsgröße in ha LF	*Anzahl der Betriebe*		*Anteil an allen Betrieben*		*Fläche der Betriebe (Mio. ha)*		*Anteil an der Gesamtfläche*	
1 – 9,9	241 798	(249 952)	44,8%	(45,0%)	0,993	(1,035)	5,8%	(6,0%)
10 – 19,9	96 235	(100 640)	17,8%	(18,1%)	1,401	(1,464)	8,1%	(8,5%)
20 – 29,9	61 141	(63 835)	11,3%	(11,5%)	1,506	(1,573)	9,1%	(9,1%)
30 – 49,9	67 335	(69 049)	12,5%	(12,4%)	2,604	(2,667)	15,1%	(15,5%)
50 – 99,9	52 438	(51 692)	9,7%	(9,3%)	3,581	(3,515)	20,8%	(20,4%)
100 und mehr	21 028	(19 897)	3,9%	(3,6%)	7,143	(6,978)	41,5%	(40,5%)
Insgesamt	539 975	(555 065)	100,0%	(100,0%)	17,228	(17,231)	100,0%	(100,0%)

Nebenerwerbsbetrieben. Bei letzteren machen außerlandwirtschaftliche Einkommen mehr als 50 % des Haushalts-Gesamteinkommens aus.
Die Zahl der **Betriebe des »ökologischen Landbaus«** (»Alternativbetriebe«) wuchs weiter an. Sie tragen »mit ihrer extensiven Wirtschaftsweise zur Erhaltung der natürlichen Lebensgrundlagen« bei und unterstützen »die Entlastung der Agrarmärkte« (»Agrarbericht«). 1996 wurden 6006 anerkannte ökologisch wirtschaftende Betriebe mit 151732 ha gezählt (d. h. rund 1 % der Betriebe und 1,8 % der Fläche).

In den **neuen Bundesländern** (ehem. DDR) war die sozialisierte Landwirtschaft bis zur Wiedervereinigung geprägt durch die flächenmäßig überdimensionierten und unwirtschaftlich geführten LPG (»landwirtschaftliche Produktionsgenossenschaften«). Sie betrieben mit erheblichem personellen Überbesatz eine sehr kostenaufwendige und dabei stark umweltbelastende Produktion. Der Prozeß der Umstrukturierung und der Anpassungen an die EU-Bedingungen war auch 1996/97 nicht völlig abgeschlossen. 1996 gab es – anstelle der rund 4500 ehem. LPG – 30843 landwirtschaftliche Betriebe. 44,2 % der Betriebe bewirtschafteten eine Fläche von 1–10 ha; 24,2 % hatten eine Betriebsgröße von 100 ha und mehr, auf die aber 93,5 % der Fläche entfielen. In der Regel handelt es sich bei diesen Großbetrieben um Genossenschaften oder Kapitalgesellschaften, die aus den ehemaligen LPG gebildet wurden. Die Zahl der **Beschäftigten in der Landwirtschaft** wurde sehr stark abgebaut; sie sank von 850000 (1989) auf 159500 (1996), vor allem durch Rationalisierungsmaßnahmen und Aufgabe unrentabler Betriebsteile. Die Produktion wird mit staatlicher Hilfe auf EU-Standard umgestellt, d. h. Umorientierung von der bisher erwünschten Maximalproduktion auf marktgerechte und qualitativ hochwertige Agrarerzeugung.

Transformationsländer Ostmittel-, Ost- und Südosteuropas und der GUS

Die **GUS-Staaten** meldeten für 1996 in ihrer Gesamtheit erneut eine Abnahme der Agrarproduktion. Allerdings scheint sich die Lage zu konsolidieren, nachdem z. B. in Rußland die Nahrungsmittelproduktion pro Kopf seit 3 Jahren bei rund 75 % derjenigen von 1989–91 liegt. Die Erzeugung von Lebensmitteln reichte auch 1996 nicht aus, um den Bedarf zu decken. Dies führte – auch angesichts der Massenarmut weiter Bevölkerungsschichten – inzwischen zu signifikanten Veränderungen der Ernährungsgewohnheiten. Der Fleischverbrauch nimmt seit Anfang der 90er Jahre kontinuierlich ab; damit verringerten sich der Viehbestand und der Futtermittelbedarf.

Die Getreideproduktion nahm zwar insgesamt leicht zu, doch lag sie immer noch beträchtlich unter dem Wert vom Ende der 80er Jahre. Es entstand erneut ein hoher Einfuhrbedarf, der wegen Finanzierungsschwierigkeiten (Devisenmangel) nur teilweise gedeckt werden konnte. Der Konsum von Fleisch- und Milchprodukten und hochwertigem Obst und Gemüse nahm stark ab zugunsten billigerer Nahrungsmittel, wie Kartoffeln und Kohl. Ein großer Teil der ärmeren Bevölkerung ist inzwischen mangel- und fehlernährt.
Gründe für die desolate Situation der Landwirtschaft und die schlechte Ernährungslage sind vor allem in der Strukturkrise der gesamten Wirtschaft zu finden. In der Landwirtschaft äußert sie sich in gravierenden Finanzierungsengpässen, verbunden mit mangelhaften Strukturen der Organisation, Ernte- und Transportproblemen, Vermarktungsschwierigkeiten, Mangel an leistungsfähigen Maschinen, an Saatgut, Düngemitteln, Herbiziden u. a. Die 1991 begonnene Reform der Landwirtschaft mit Auflösung der unwirtschaftlichen Großbetriebe und der Wiederherstellung eines privaten Bauerntums kam auch 1996 in den meisten GUS-Staaten kaum über erste Anfänge hinaus, da Kapital und Kenntnisse fehlen und viele Kolchosverwaltungen, Beamte und Politiker Ansätze zu wirksamen Reformen sabotierten.
In den übrigen **Transformationsländern** des ehem. »Ostblocks« begann ebenfalls Anfang der 90er Jahre die Umwandlung der Landwirtschaft in eine marktwirtschaftliche Form auf überwiegend privater Basis. Die Probleme sind in den meisten Ländern nicht so groß wie in der ehemaligen UdSSR, da die sozialistische Wirtschaftsform nicht so verfestigte Strukturen ausgebildet hatte und der private Sektor z. T. bisher schon einen größeren Anteil hatte (so in Polen und Slowenien). Allerdings fehlen auch hier vielfach privates Kapital und entsprechende betriebswirtschaftliche Kenntnisse, um in größerem Umfang landwirtschaftliche Betriebe zu privatisieren und effektiv zu betreiben. Zudem leisten vielfach auch in der Landwirtschaft – wie im industriellen Sektor – die alten Führungsschichten (z. B. Kolchosdirektoren) hinhaltenden Widerstand gegen Umstrukturierungen. Am weitesten ist die Reprivatisierung der Landwirtschaft in den baltischen Staaten fortgeschritten, wo inzwischen praktisch alle Staatsbetriebe aufgelöst oder umgewandelt worden sind.
Besondere Probleme bietet der Agrarbereich auch bei einem angestrebten **Beitritt zur Europäischen Union**. Nach einer Aufnahme der 4 »Visegrád«-Staaten (Polen, Ungarn, Tschechische Rep.,

Slowakei) würde beispielsweise die Wirtschaftskraft der EU nur um 3,5 % zunehmen, die Agrarproduktion jedoch um 35 %. Hinzu kommt, daß die landwirtschaftliche Produktion der Transformationsländer seit Reformbeginn um 35 % zurückgegangen ist. Bei Einführung der gestützten EU-Preise in Osteuropa würde die Produktion mit Sicherheit rasch wieder entsprechend ansteigen, so daß gewaltige Überschußprobleme auf die EU zukämen.

Nordamerika Die **USA** und **Kanada** sind mit großem Abstand netto der weltweit größte Agrarüberschuß- und -exportraum. Insbesondere die USA sind bei fast allen agrarischen Produkten Selbstversorger (ausgenommen Tropenfrüchte). Ein Hauptproblem ihrer Landwirtschaft liegt seit langem in der Überproduktion und der Schwierigkeit, alle Erzeugnisse mit angemessenem Gewinn für die Farmer abzusetzen. Der Staat gibt seit langem jährlich große Summen für Subventionen aus (z. B. zur Förderung des Agrarexports und Entschädigungen an Farmer für Flächenstillegungen). Da in den letzten Jahren die Getreidevorräte weltweit zurückgingen und sich auch bei einigen anderen Agrarprodukten Verknappungserscheinungen zeigten, wurden 1995/96 die Programme zur Flächenreduzierung weitgehend ausgesetzt. Die Getreide-Anbaufläche nahm infolgedessen 1995/96 von 59,591 auf 65,003 Mio. ha zu. Da aufgrund günstiger Witterungsbedingungen auch der Flächenertrag von 4647 auf 5086 kg/ha anstieg, erhöhte sich die Getreideernte von 276,925 (1995) auf 330,579 Mio. t (1996). Die Zunahme betraf alle Arten von Nahrungs- und Futtergetreide, so daß 1996/97 wieder ausreichend große Mengen für den Export zur Verfügung standen.
Auch bei den meisten anderen Agrargütern erhöhte sich 1996 die Produktion der USA, so daß sie ihre starke Stellung als Exportland auf den Weltmärkten halten konnten (z. B. bei Fleisch, Obst, Agrumen, Ölfrüchten, Zucker u. a.). Im Rahmen des 1994 unterzeichneten GATT-Abkommens (→ Welthandel) zur Erleichterung und Liberalisierung des Welthandels gehen insbesondere die Bestimmungen zum Abbau von Agrarhandelsbeschränkungen und -exportsubventionen auf Forderungen der USA zurück. Im letzten Punkt bestehen nach wie vor größere Gegensätze zur EU. Die USA werfen ihr zu hohe Subventionen für Agrarexporte und die Diskriminierung von Nicht-Mitgliedern vor (z. B. bei Bananen).

Lateinamerika Die Nahrungsmittelproduktion der lateinamerikanischen Länder stieg auch 1996 soweit an, daß sich trotz weiterer Zunahme der Bevölkerungszahl eine Erhöhung der Pro-Kopf-Produktion und somit eine Verbesserung der Ernährungssituation gegenüber dem Stand zu Beginn der 90er Jahre ergab. Per Saldo ist Lateinamerika seit Jahren Netto-Exporteur von Agrargütern, vor allem aufgrund der Getreide-, Ölfrucht- und Fleischausfuhren Argentiniens und Brasiliens sowie der Kaffee- und Bananenexporte Süd- und Mittelamerikas.
Gleichzeitig bestehen jedoch nach wie vor erhebliche regionale Unterschiede in der Versorgung (so zwischen städtischen und ländlichen Gebieten). Unter- oder Mangelernährung herrscht in den meisten Ländern nach wie vor unter der ärmsten städtischen Bevölkerung, besonders ausgeprägt in Brasilien und den Andenstaaten.

Afrika Afrika ist bezüglich der Ernährungssituation deutlich zweigeteilt. Die Bevölkerung Nordafrikas – von Marokko bis Ägypten – ist im allgemeinen ausreichend ernährt (teils durch Eigenproduktion, teils durch Importe). Dagegen zeigte Afrika südlich der Sahara – mit Ausnahme des äußersten Südens – auch 1996 ein ähnlich katastrophales Bild wie in den Vorjahren. Von den 37 Staaten, in denen 30 % und mehr der Bevölkerung unterernährt sind, liegen allein 30 in Afrika. Insgesamt stagnierte hier die Nahrungsmittelproduktion pro Kopf 1995–96 auf etwa dem gleichen Wert, aber in 34 afrikanischen Staaten ergab sich auch 1996 wieder ein Rückgang der Pro-Kopf-Erzeugung, da die Bevölkerungszahl schneller wuchs als die Nahrungsmittelproduktion. Die Zahl der Unter- oder Mangelernährten in »Schwarzafrika« wird von der FAO derzeit auf rund 215 Mio. Menschen geschätzt.
Während der Kontinent noch bis zu Beginn der 60er Jahre Selbstversorger mit Exportüberschüssen war, mußten auch 1996 große Mengen an Nahrungsmitteln importiert werden, soweit es die Devisenlage der einzelnen Staaten erlaubte. Die FAO schätzte den Netto-Importbedarf Afrikas an Getreide auf rund 30 Mio. t; über 20 Staaten benötigten Hilfslieferungen, da sie nicht imstande waren, mit eigenen Mitteln den Nahrungsmittel-Importbedarf zu decken.
Die einzige Region mit ausreichender Ernährungsgrundlage war die Republik Südafrika mit Nachbarländern, die über eine relativ hochentwickelte Landwirtschaft verfügen. In den übrigen Teilen Afrikas südlich der Sahara lagen die Ursachen für die zu geringen Ernten teilweise in der Witterung, vor allem aber in wirtschaftlicher und politischer Unsicherheit, Fehlern der Agrarpolitik, Bürger- und Stammeskriegen, Terror und dadurch bedingten Fluchtbewegungen. Dementsprechend war in

Ländern wie Sudan, Somalia, Ruanda, Burundi, Dem. Rep. Kongo, Liberia und Sierra Leone, die durch kriegerische Auseinandersetzungen, Bürgerkriegswirren und Machtkämpfe erschüttert wurden, die Ernährungssituation für große Teile der Bevölkerung besonders ungünstig.

Asien Die wichtigsten Teilräume Asiens bezüglich der Situation der Landwirtschaft und der Ernährungslage sind:

- **Japan** als Industrieland mit hochentwickelter eigener Landwirtschaft auf beschränktem Raum, das seine Ernährung gleichwohl nur durch große Importmengen sicherstellen kann (seit Ende der 80er Jahre weltweit wichtigster Agrarimporteur vor der EU);
- die bevölkerungsreichen **Entwicklungs- und Schwellenländer Ost-, Südost- und Südasiens**, die jahrzehntelang zu den Schwerpunkten der Unterernährung und des Hungers zählten. Diese Situation hat sich seit den 80er Jahren grundlegend geändert. Durch starke Intensivierung der Landwirtschaft mit Hilfe der Regierungen und internationaler Organisationen konnten die Ernährungsprobleme zumindest für die Gegenwart zufriedenstellend gelöst werden;
- die Länder des **Vorderen Orients**, die ebenfalls ihre Agrarproduktion – soweit die ariden Räume (Trockenzonen) es zulassen – steigern konnten, daneben aber auch als bedeutende Käufer auf den Welt-Agrarmärkten auftreten. Insbesondere die Ölexportstaaten haben in dieser Beziehung nicht die Devisenprobleme anderer Entwicklungsländer.

Indien Indien investierte in den letzten Jahrzehnten große Summen in die »**Grüne Revolution**« mit gezielter Modernisierung des Agrarsektors, Einsatz neuer Saatgutzüchtungen, Bau von Bewässerungsanlagen, aber auch Verbesserung der Transport- und Vermarktungsinfrastruktur. Dadurch konnte in den vergangenen Jahren eine

laufende Verbesserung der Ernährungssituation der Bevölkerung erreicht werden. Auch 1996 konnte die landwirtschaftliche Produktion leicht gesteigert werden, allerdings reichte der Zuwachs nicht aus, um mit der wachsenden Bevölkerungszahl Schritt zu halten. Die Pro-Kopf-Erzeugung an Nahrungsmitteln nahm daher leicht ab, insbesondere durch eine verringerte Weizen- und Maisproduktion. Die Getreideerzeugung insgesamt nahm jedoch um rund 1% auf 220,8 Mio. t zu. In den meisten Landesteilen konnte 1996 eine ausreichende bis gute Versorgung der Bevölkerung sichergestellt werden.

China Die VR China besitzt bei 22% der Weltbevölkerung nur 7% der landwirtschaftlichen Nutzfläche der Erde. Trotzdem gelang es in den letzten Jahren, die Erzeugung landwirtschaftlicher Produkte stärker zu steigern als die Bevölkerungszunahme und zu einer weitgehenden Selbstversorgung zu kommen. Auch 1996 stieg die Produktion sowohl von Nahrungsgütern als auch von agrarischen Industrierohstoffen wieder an, so daß sich die Versorgungslage weiter besserte. So nahm nach ersten Schätzungen die Weizenernte von 102,2 (1995) auf 107,0 Mio. t (1996) zu, die Reisernte von 187,3 (1995) auf 190,1 (1996) Mio. t. Da die Anbauflächen kaum mehr erweiterbar sind, wird eine weitere Erhöhung der Produktion vor allem durch höhere Flächenerträge angestrebt. Nach offiziellen Angaben gehören die Bereitstellung ausreichender Düngemittel und besseren Saatgutes sowie die Mechanisierung zu den wichtigsten Engpaßfaktoren. Die Landwirtschaft arbeite noch zu ineffektiv; die ländliche Infrastruktur müsse verstärkt verbessert werden (z. B. Verkehrswege, Beratungsdienste), auf die Erhaltung der Bodenfruchtbarkeit müsse mehr geachtet werden. Auch die Erzeugung tierischer Produkte nahm 1996 wieder zu; sie spielen jedoch – im Vergleich zu Europa – für die Ernährung der Bevölkerung nur eine untergeordnete Rolle.

Ausgewählte Agrarerzeugnisse – Produktion und Verbrauch

(Angaben vorwiegend nach »FAO Quarterly Bulletin of Statistics«, »FAO Production Yearbook«, »FAO Trade Yearbook«, »Statistical Yearbook« der UNO sowie nach Landwirtschaftsstatistiken einzelner Länder; S = Schätzung.)

Agrumen (Zitrusfrüchte)
Die wichtigsten **Ausfuhrländer** für Südfrüchte sind Spanien, die USA, Marokko, Israel und Südafrika; bedeutende **Einfuhrländer** sind Frankreich, Deutschland, Großbritannien und die Nie-

Weltproduktion wichtiger Produktgruppen
1995 (1994) in Mio. t

	1995	(1994)
Getreide	1899,434	(1953,404)
Wurzelfrüchte	605,508	(599,994)
Gemüse und Melonen	485,43	(484,418)
Früchte	394,966	(391,253)
Ölfrüchte (Ölinhalt)	90,159	(87,835)
Hülsenfrüchte	56,649	(57,329)
Pflanzenfasern	23,784	(23,613)
Nüsse	4,699	(4,956)
Milch	537,649	(530,570)
Fleisch	207,165	(198,650)

Agrumen (Zitrusfrüchte) Ernte 1995 (1994) in Mio. t (nach FAO)

	Orangen 1995	(1994)	Zitronen 1995	(1994)
Brasilien	19,693	(17,418)	0,470	(0,470)
USA	10,538	(9,461)	0,840	(0,901)
Mexiko	3,549	(3,191)	0,950	(0,849)
Indien	2,000	(2,000)	1,700	(1,500)
Spanien	2,439	(2,698)	0,432	(0,546)
Italien	1,957	(1,809)	0,677	(0,552)
Iran	1,600	(1,584)	0,655	(0,649)
VR China	1,881	(1,789)	0,174	(0,165)
Ägypten	1,550	(1,513)	0,310	(0,296)
Argentinien	0,697	(0,748)	0,729	(0,681)
Türkei	0,900	(0,920)	0,420	(0,470)
Pakistan	1,200	(1,200)	0,066	(0,066)
Griechenland	0,870	(0,873)	0,130	(0,178)
Marokko	0,672	(0,939)	0,012	(0,020)

Welternte 1995 (1994) an Orangen 57,796 (54,319) Mio. t, an Zitronen 9,039 (8,805) Mio.t, an Mandarinen, Clementinen, Tangerinen, Satsumas u.ä. 13,543 (13,976) Mio. t.

derlande. Der Verbrauch von Zitrusfrüchten in **Deutschland** betrug 1996 rund 28 kg pro Kopf und Jahr (einschließlich Verarbeitung). Hauptlieferanten sind Spanien, Marokko, Italien und Israel.

Bananen

Wichtigste **Exportländer** sind die mittelamerikanischen Staaten, bedeutendste Einfuhrländer die USA, die EU-Staaten und Japan. Die seit 1993 gültige EU-Marktordnung für Bananen war auch 1996 umstritten. Die Einfuhr der hauptsächlich von US-amerikanischen Konzernen in Ecuador und in Mittelamerika produzierten Bananen wurde begrenzt und verteuert zugunsten des Imports von

Bananen Produktion 1995 (1994) (1990) in Mio. t (nach FAO)

	1995	(1994)	(1990)
Indien	9,500	(9,242)	(6,734)
Brasilien	5,679	(5,722)	(5,506)
Ecuador	5,403	(5,086)	(3,055)
VR China	3,309	(3,082)	(1,657)
Philippinen	3,200	(3,112)	(2,913)
Kolumbien	2,500	(2,400)	(1,600)
Indonesien	2,300	(2,300)	(2,411)
Mexiko	2,141	(2,295)	(1,986)
Costa Rica	1,996	(1,996)	(1,740)
Thailand	1,700	(1,700)	(1,613)
Burundi	1,421	(1,487)	(1,200)
Vietnam	1,400	(1,400)	(1,200)
Welternte	54,467	(53,842)	

Bananen aus der EU (französische Übersee-Territorien und Kanarische Inseln) und aus den assoziierten AKP-Staaten. In Deutschland, dem wichtigsten europäischen Bananen-Importland, ergab sich dadurch eine beträchtliche Verteuerung (→ Grafik: Was Bananen teuer macht). Da die EU-Bananen-Marktordnung nach Ansicht der bisherigen Hauptlieferanten gegen die Prinzipien der Welthandelsorganisation (WTO) verstößt, haben die USA, Mexiko, Guatemala, Honduras und Ecuador 1996 ein WTO-Streitschlichtungsverfahren gegen die europäische Einfuhrregelung eingeleitet.

Baumwollfasern

Die bedeutendsten **Ausfuhrländer** sind die USA (fast 30% der Weltexporte), China, Pakistan und die zentralasiatischen GUS-Staaten; wichtigste **Importeure** sind Japan, Rep. Korea, Hongkong und die EU-Staaten. Die **Weltmarktpreise** für Baumwolle gaben im Jahresdurchschnitt 1996 um 16%

Was Bananen teuer macht - Ein Beispiel für die Preisbildung von Welthandelsgütern

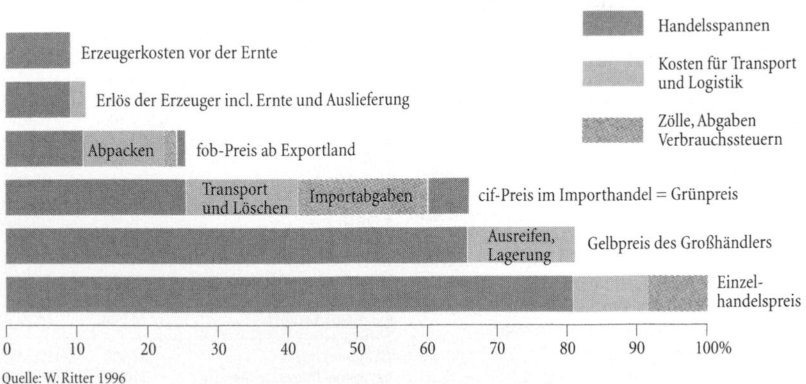

Quelle: W. Ritter 1996

Baumwollfasern (entkernt) Produktion 1995 (1994) (1990) in Mio. t (nach FAO)

	1995	(1994)	(1990)
VR China	4,768	(4,341)	(4,508)
USA	3,912	(4,281)	(3,375)
Indien	2,380	(2,346)	(1,671)
Pakistan	1,835	(1,479)	(1,637)
Usbekistan	1,306	(1,215)	(1,593)
Türkei	0,755	(0,606)	(0,655)
Brasilien	0,515	(0,501)	(0,660)
Griechenland	0,420	(0,390)	(0,210)
Turkmenistan	0,403	(0,385)	(0,437)
Argentinien	0,402	(0,249)	(0,270)
Australien	0,335	(0,329)	(0,289)
Ägypten	0,315	(0,267)	(0,303)
Weltproduktion	19,799	(18,672)	

nach, da durch neue Exportländer in West- und Südafrika und Nahost ein beträchtliches Überangebot herrschte. Außerdem geht in vielen ärmeren Entwicklungsländern der Baumwollverbrauch zugunsten billiger Chemiefasern zurück, so daß auch in den nächsten Jahren nur mit geringen Verbrauchs- und Preissteigerungen zu rechnen ist. (Baumwollsaat → Ölsaaten)

Butter Erzeugung 1995 (1994) (1990) in Mio. t (nach FAO)

	1995	(1994)	(1990)
Indien (einschl. »ghee«, S)	1,280	(1,200)	(0,970)
USA	0,602	(0,621)	(0,608)
Deutschland	0,487	(0,461)	(0,665)
Frankreich	0,444	(0,437)	(0,533)
Rußland	0,400	(0,434)	(0,833)
Pakistan	0,373	(0,353)	(0,284)
Neuseeland	0,310	(0,306)	(0,216)
Ukraine	0,220	(0,247)	(0,444)
Polen	0,150	(0,150)	(0,300)
Irland	0,140	(0,127)	(0,148)
Australien	0,138	(0,143)	(0,104)
Niederlande	0,134	(0,129)	(0,178)
Weltproduktion	6,718	(6,629)	

Wichtige **Ausfuhrländer** sind Neuseeland, die Niederlande, Deutschland, Belgien und Frankreich; wichtige **Einfuhrländer** sind Rußland, Großbritannien und Deutschland.
In der **EU** konnte der »Butterberg«, der in den 80er Jahren durch starke Überproduktion entstanden war, in den letzten Jahren durch starke Produktionseinschränkungen und Maßnahmen zur Absatzsteigerung (vor allem Exportsubventionen) nahezu völlig abgebaut werden. Die eingelagerten »Interventionsbestände« betrugen 1996 nur noch 80 000 t. Der **Butterverbrauch** betrug 1996 in der EU 5,0 kg, in Deutschland 7,1 kg pro Kopf.

Eier → Hühner

Wirtschaft

Erdnüsse → Ölsaaten

Fische

Die **Weltfangerträge** stiegen 1996 nach ersten Schätzungen auf 114 Mio. t an. Die Zunahme der letzten Jahre ging hauptsächlich auf vermehrte Fänge von Kleinfischen zur Fischmehlproduktion im Südostpazifik zurück (Peru, Chile). Außerdem nahm der Anteil der Aquakultur (Fischzucht in Meeres- und Binnengewässern) weiter zu und betrug 1994 rund 40 Mio. t. Dagegen nahm – trotz vergrößerter Fangflotten – der Fang von hochwertigen Speisefischen aus den Ozeanen weiter ab. Die Ursache liegt, neben zunehmender Meeresverschmutzung, vor allem in eindeutiger **Über-**

Fischfang-Erträge (See- und Binnenfischerei; einschl. Krustentiere und Mollusken, aber ohne Wassersäugetiere; Anlandungen im In- und Ausland; nach FAO-Angaben) Fangerträge 1995 (1994) in Mio. t.

	1995	(1994)
VR China	24,433	(20,719)
Peru	8,943	(11,997)
Chile	7,591	(7,839)
Japan	6,758	(7,396)
USA	5,634	(5,922)
Indien	4,904	(4,738)
Rußland	4,374	(3,781)
Indonesien	4,118	(3,917)
Thailand	3,502	(3,537)
Norwegen	2,808	(2,551)
Rep. Korea	2,688	(2,700)
Philippinen	2,269	(2,276)
Dänemark	2,041	(1,916)
DVR Korea (S)	1,850	(1,802)
Island	1,616	(1,560)
Mexiko	1,358	(1,264)
Spanien	1,320	(1,372)
Rep. China	1,288	(1,249)
Malaysia	1,240	(1,182)
Vietnam	1,200	(1,150)
Bangladesch	1,170	(1,090)
Argentinien	1,149	(0,949)
Großbritannien	1,003	(0,963)
Kanada	0,901	(1,089)
Marokko	0,846	(0,752)
Myanmar	0,832	(0,824)
Brasilien	0,800	(0,820)
Frankreich	0,793	(0,853)
Türkei	0,652	(0,603)
Neuseeland	0,612	(0,492)
Italien	0,610	(0,576)
Ecuador	0,592	(0,340)
Südafrika	0,575	(0,521)
Pakistan	0,541	(0,552)
Niederlande	0,521	(0,530)
Venezuela	0,505	(0,441)
u.a. Deutschland	0,298	(0,273)
Weltfangerträge	112,910	(110,538)
davon aus Binnengewässern	21,005	(19,025)

fischung mit der Folge sinkender Bestände, die sich in gewissen Meeresräumen kaum mehr regenerieren können. Die FAO bemüht sich seit Jahren um eine nachhaltige Nutzung der Fischbestände und organisierte mehrere internationale Konferenzen mit dem Ziel, die Fischereiflotten abzubauen und den Fischfang dort auf ein umweltverträgliches Maß zu reduzieren, wo die Bestände überfischt oder erschöpft sind. Zuletzt wurden im Oktober 1995 in Rom »Verhaltensregeln für verantwortungsbewußte Fischerei« verabschiedet, die jedoch mangels ausreichender Kontrollmöglichkeiten von vielen Fischfangflotten nicht eingehalten werden.
In **Deutschland** nahmen die Anlandungen der Fischereiflotte 1995 auf 240 700 t zu (1994: 219 600 t), vor allem auf Grund größerer Anlandungen deutscher Fischer im Ausland. Von der Gesamtfangmenge entfielen 1995 134 400 t auf die Große Hochseefischerei und 106 300 t auf die Kleine Hochsee- und Küstenfischerei.

Die **deutsche Seefischerei** befand sich auch 1996 in einer problematischen Lage, da die Fangmöglichkeiten nach wie vor eingeschränkt sind und die Fangmengen in den traditionellen deutschen Fischgründen wegen Überfischung zurückgingen bzw. der Fang stark eingeschränkt war. Es mußten daher zunehmend weiter entfernte Meeresgebiete aufgesucht werden. Mitte der 70er Jahre landete die deutsche Fangflotte noch jährlich rund 500 000 t an. Der erfolgte starke Rückgang vor allem der Hochseefischerei ist hauptsächlich auf die Aufteilung der Meere in nationale Fischereizonen zurückzuführen (200-Seemeilen-Zone). Die deutschen Fänge stammten früher zu etwa ²/₃ aus der 200-sm-Zone von Ländern außerhalb der EU. Die entsprechenden Gebiete vor Island, Grönland, USA, Kanada und Norwegen wurden seit Ende der 70er Jahre völlig oder weitgehend für ausländische Fangflotten gesperrt. Eine Verbesserung der Lage für die deutsche Fischerei ergab sich seit 1983 durch die Regelungen für das »EU-Meer« (200-sm-Zone vor den Küsten der EU-Staaten in Nordsee und Nordatlantik).
Für diese Zone sowie für EU-Fangrechte vor Drittländern werden jährlich neue **nationale Fangquoten** festgelegt. Für die deutsche Seefischerei ergaben sich für 1996 Quoten von 228 000 t im EU-Meer und 176 000 t vor Drittstaaten und in internationalen Gewässern. Von der Gesamtquote entfielen je 202 000 t auf die Kutterfischerei und auf die Hochseefischerei.
Zur Erhaltung und **Erholung der Fischbestände** ergriff die EU in den letzten Jahren verschiedene Maßnahmen, wie Höchstfangmengen für bestimmte Arten (Hering, Dorsch, Kabeljau, Scholle, Schellfisch u. a.), die jedoch nicht von allen Mitgliedstaaten eingehalten wurden.
Wegen des Rückgangs der Fangmöglichkeiten wurde die deutsche Seefischereiflotte seit den 70er Jahren stark reduziert. So gab es in den alten Bundesländern 1975 noch 71 Schiffe (32 Fabrikschiffe und 39 Fischereitrawler) mit 121 601 BRT. Am 1. 1. 1996 existierten in Deutschland nur noch 19 Fahrzeuge der Großen Hochseefischerei (10 Fabrikschiffe und 9 Trawler) mit 36 726 BRT. Die Zahl der Fahrzeuge der Kutter- und Küstenfischerei betrug 2374 (einschließlich nebengewerblicher Fischerei). Die Versorgung Deutschlands mit Fisch erfolgte auch 1995/96 weitgehend durch Importe. Sie lagen 1995 bei 1,511 Mio. t. Zur Förderung und als wirtschaftliche Hilfe für die Seefischerei wurden 1995 Bundes- und EU-Mittel in Höhe von 20,2 Mio. DM ausgegeben.
Die deutsche Binnenfischerei produzierte 1995 rund 45 000 t Speisefisch, hauptsächlich Forellen und Karpfen.

Die wichtigsten deutschen Fanggebiete

1995 (1994)

	1995	(1994)
Nordsee	51,2%	(41,9%)
westbritische Gewässer	23,5%	(24,8%)
Ostsee	15,9%	(13,1%)
norwegische Küste	5,1%	(5,5%)
Grönland	2,6%	(11,7%)
übrige Gebiete	1,7%	(3,0%)

Deutsche Fang-Erträge nach Fischarten

1995 (1994)

	1995	(1994)
Heringe	23,3%	(22,8%)
sonstige Fische	21,5%	(12,0%)
Kabeljau	15,1%	(7,6%)
Muscheln	15,0%	(14,0%)
Makrele	8,5%	(10,7%)
Krabben und Krebse	8,2%	(7,2%)
Seelachs	4,8%	(8,3%)
Schellfisch	2,6%	(4,3%)
Rotbarsch	1,0%	(13,2%)

Fleisch

Die **Weltproduktion von Fleisch** betrug 1995 207,113 (1994: 199,111) Mio. t. Die wichtigsten **Exportländer** sind für Rindfleisch Australien, die EU-Staaten, die USA und Argentinien, für Schaffleisch Neuseeland und Australien, für Schweinefleisch die Niederlande, Belgien und Dänemark sowie für Geflügelfleisch die USA, Frankreich, die Niederlande und Ungarn. Die bedeutendsten **Einfuhrländer** sind die USA, Japan und die EU-Staaten.
Fleisch gehört zu den Nahrungsmitteln mit weltweit extrem ungleicher Verbrauchsstruktur.

Produktion von Fleisch (Gesamtmenge stimmt wegen Zähldifferenzen z.T. nicht mit der Summe der einzelnen Fleischarten überein; z.T. Schätzungen)

Produktion in Mio. t	*insgesamt* 1995	(1994)	(1990)	*Rind-, Kalb- u. Büffelfl.* 1995	*Schaf- u. Ziegenfl.* 1995	*Schweinefleisch* 1995	*Geflügelfleisch* 1995
VR China	51,972	(46,746)	(29,785)	3,775	1,752	36,642	9,207
USA	33,849	(32,846)	(28,632)	11,552	0,130	8,097	13,825
Brasilien	10,061	(9,442)	(6,431)	4,620	0,119	1,400	3,897
Rußland	6,850	(6,871)	(10,112)	3,071	0,314	2,260	1,142
Frankreich	6,426	(6,290)	(5,538)	1,810	0,144	2,156	2,013
Deutschland	5,748	(5,759)	(7,292)	1,407	0,024	3,602	0,631
Indien	4,272	(4,184)	(3,723)	2,496	0,647	0,420	0,578
Italien	3,974	(3,995)	(3,960)	1,172	0,075	1,350	1,061
Spanien	3,844	(3,808)	(3,466)	0,495	0,246	2,084	0,903
Mexiko	3,473	(3,523)	(3,478)	1,329	0,072	0,808	1,182
Argentinien	3,453	(3,432)	(3,383)	2,500	0,088	0,188	0,575
Großbritannien	3,453	(3,394)	(3,357)	0,994	0,351	1,016	1,079
Australien	3,270	(3,334)	(3,059)	1,803	0,605	0,351	0,488
Japan	3,251	(3,304)	(3,502)	0,601	–	1,360	1,280
Kanada	3,117	(3,028)	(2,830)	0,960	0,010	1,255	0,874
Niederlande	2,916	(2,858)	(2,668)	0,575	0,019	1,755	0,566
Ukraine	2,666	(2,666)	(4,346)	1,421	0,045	0,910	0,264
Polen	2,582	(2,468)	(2,964)	0,435	0,006	1,770	0,348
Dänemark	1,906	(1,888)	(1,547)	0,187	–	1,540	0,173
Pakistan	1,847	(1,734)	(1,521)	0,847	0,683	–	0,303
Belgien-Luxemburg	1,691	(1,683)	(1,333)	0,346	0,006	1,034	0,274
Philippinen	1,687	(1,593)	(1,350)	0,159	–	1,050	0,403
Indonesien	1,669	(1,636)	(1,111)	0,331	0,094	0,671	0,572
Thailand	1,470	(1,424)	(1,235)	0,311	–	0,301	0,857
Rumänien	1,428	(1,434)	(1,555)	0,350	–	0,720	0,260
u.a. Österreich	0,872	(0,884)	(0,847)	0,222	0,080	0,534	0,103
Schweiz	0,422	(0,446)	(0,477)	0,141	–	0,233	0,038
Weltproduktion	207,165	(198,650)	(177,131)	56,466	10,407	82,668	53,716

Während in den reichen Industrieländern der Fleischverbrauch vielfach wesentlich über dem gesundheitlich zuträglichen liegt, herrscht in vielen einwohnerstarken Entwicklungsländern großer Mangel an Fleisch. Vielfach ist Fleischkonsum weiten Bevölkerungskreisen finanziell kaum möglich. In der **EU** befand sich der Fleischmarkt 1996 in schweren Turbulenzen wegen der anhaltenden Verunsicherung der Verbraucher durch die Rinderseuche BSE und die ungeklärte Frage einer Übertragung auf Menschen (→ WA '97, Sp. 277 f.). Aufgrund starker Verbrauchsrückgänge (EU-weit –10 % bei Rindfleisch) und wegen der Tötung von rund 1,1 Mio. Rindern in Großbritannien sank die **Rindfleischproduktion** in der EU von 8,130 (1995) auf 7,900 Mio. t (1996). Die **Schweinefleischproduktion** nahm dagegen auf 16,190 Mio. t zu; auch der Verzehr stieg an. Beim Rindfleisch erhöhte sich der Selbstversorgungsgrad auf 119 %. Trotz Ausfuhrsubventionen gingen die Exporte zurück; 438 000 t Rind- und Kalbfleisch mußten eingelagert werden. Den Landwirten entstanden trotz dieser marktstützenden Maßnahmen hohe Verluste, zu deren Milderung die EU 1,6 Mrd. DM bereitstellte

Rückgang des Rindfleischverbrauchs 1994-1996

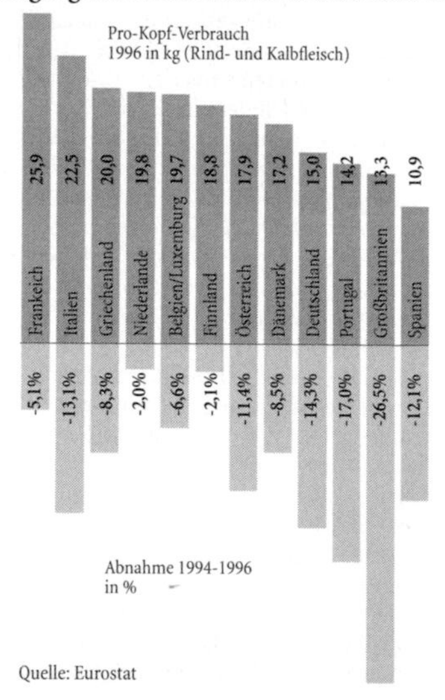

Quelle: Eurostat

Getreide Produktion 1995 (1994) in Mio. t (nach FAO)

	*Getreide insges.**		*Weizen*		*Reis (ungeschält)*		*Mais (Körnermais)*	
VR China	418,171	(393,288)	106,554	99,301	191,966	(178,031)	104,345	(99,620)
USA	276,997	(357,239)	59,494	(63,168)	7,888	(8,971)	187,300	(256,629)
Indien	214,893	(212,316)	63,007	(59,131)	122,372	(121,997)	9,800	(9,490)
Rußland	62,090	(78,655)	29,500	(32,129)	0,450	(0,523)	1,000	(0,892)
Indonesien	58,083	(53,510)	–	–	49,860	(46,641)	8,223	(6,869)
Frankreich	53,606	(53,494)	30,878	(30,549)	0,130	(0,124)	12,784	(12,943)
Brasilien	50,240	(45,776)	1,712	(2,092)	11,228	(10,499)	36,668	(32,487)
Kanada	49,693	(46,766)	25,432	(23,122)	–	–	7,251	(7,043)
Deutschland	39,870	(36,279)	17,816	(16,481)	–	–	2,133	(2,446)
Ukraine	34,400	(32,862)	16,400	(13,857)	0,080	(0,079)	4,000	(1,539)
Türkei	28,163	(27,014)	18,015	(17,514)	0,220	(0,200)	1,900	(1,850)
Australien	27,034	(15,030)	17,053	(8,903)	1,137	(1,082)	0,300	(0,256)
Bangladesch	26,041	(26,452)	1,310	(1,131)	24,659	(25,248)	0,004	(0,003)
Thailand	25,358	(25,339)	–	–	21,130	(21,111)	3,965	(3,965)
Argentinien	25,300	(25,218)	10,500	(11,054)	0,926	(0,608)	11,396	(10,360)
Vietnam	25,205	(24,535)	–	–	24,000	(23,528)	1,200	(1,001)
Polen	25,106	(217,630)	8,668	(7,658)	–	–	0,200	(0,190)
Mexiko	23,996	(26,279)	3,809	(4,151)	0,454	(0,374)	16,187	(18,238)
Pakistan	23,686	(22,264)	17,002	(15,213)	4,815	(5,096)	1,275	(1,318)
Großbritannien	21,787	(19,942)	14,200	(13,314)	–	–	–	–
Nigeria	20,943	(20,358)	–	–	2,548	(2,427)	7,240	(6,902)
Myanmar	20,690	(18,859)	–	–	20,109	(18,351)	0,280	(0,270)
Italien	19,824	(18,979)	8,106	(8,251)	1,284	(1,316)	8,446	(7,320)
Rumänien	19,279	(18,200)	7,650	(6,160)	0,017	(0,014)	9,678	(9,343)
Ägypten	17,182	(15,448)	5,722	(4,437)	4,822	(4,583)	5,500	(5,549)
Iran	16,812	(16,788)	11,200	(10,823)	2,300	(2,259)	0,240	(0,210)
Philippinen	15,163	(15,058)	–	–	11,002	(10,538)	4,161	(4,519)
Japan	13,437	(15,787)	0,580	(0,565)	12,625	(14,976)	–	–
Spanien	11,465	(15,244)	2,958	(4,302)	0,327	(0,407)	2,539	(2,344)
Ungarn	11,042	(11,710)	–	–	–	–	–	–
Kasachstan	10,583	(16,401)	7,029	(9,052)	0,238	(0,283)	0,179	(0,233)
u. a. Österreich	4,429	(4,436)	1,274	(1,255)	–	–	1,392	(1,421)
Schweiz	1,220	(1,218)	0,623	(0,575)	–	–	0,190	(0,180)
Weltproduktion	1899,434	(1953,404)	547,201	(526,472)	554,003	(537,318)	504,980	(570,611)

* = durch Runden und Zähldifferenzen ergeben sich z.T. Unterschiede zwischen der Gesamtmenge und der Summe der Getreidearten.

(davon 223 Mio. DM für die deutschen Rinderhalter). Beim Schweinefleisch konnte dagegen annähernd ein Gleichgewicht zwischen Angebot und Verbrauch hergestellt werden.

In **Deutschland** entsprach die Entwicklung ungefähr derjenigen im EU-Durchschnitt. Der Rindfleischverzehr sank von 11,3 (1995) auf 10,3 kg pro Kopf (1996), der Selbstversorgungsgrad stieg 1996 auf 132% an. Beim Schweinefleisch stieg dagegen der Verzehr 1996 leicht auf 39,8 kg pro Kopf. Zur Eigenproduktion von 3,436 Mio. t mußten weitere 880 000 t (netto) zur Bedarfsdeckung eingeführt werden.

Gerste → Getreide

Getreide

Die **Welt-Getreideproduktion** stieg 1996 nach ersten Schätzungen der FAO auf 2,033 Mrd. t. Sie übertraf damit nicht nur die Erntemenge der Vorjahre (1995: 1,905 Mrd. t), sondern lag auch über der bisherigen Jahres-Höchstmenge, die 1992 mit 1,956 Mrd. t erreicht worden war. Die Zunahme ging auf höhere Ernten bei sämtlichen Getreidearten zurück, insbesondere auch bei den drei mengenmäßig wichtigsten, nämlich Weizen (578,8 Mio. t), Reis (567,3 Mio. t) und Mais (565,6 Mio. t).

Die **Produktionszunahme** erfolgte einerseits durch eine Ausdehnung der Anbauflächen. Nach den Mindererträgen der letzten Jahre, die zu stark steigenden Preisen auf den Weltmärkten geführt hatten, wurden vor allem in Nordamerika und den EU-Staaten die Getreide-Anbauflächen durch Rekultivierung von Brachflächen wieder ausgeweitet. Im Gegensatz dazu reduzierte sich in Rußland und den meisten GUS-Staaten die Anbaufläche weiter.

Getreide Produktion 1995 (1994) in Mio. t (nach FAO) (Forts.)

	Gerste		*Hirse (mit Sorghum)*		*Hafer*		*Roggen*	
VR China	3,200	(3,200)	9,106	(10,135)	0,600	(0,600)	0,600	(0,600)
USA	7,816	(8,162)	11,684	(16,485)	2,351	(3,324)	0,252	(0,288)
Indien	1,534	(1,276)	18,180	(20,422)	–	–	–	–
Rußland	17,000	(27,054)	0,610	(0,494)	9,000	(10,757)	4,000	(5,994)
Indonesien	–	–	–	–	–	–	–	–
Frankreich	7,677	(7,698)	0,250	(0,265)	0,612	(0,685)	0,191	(0,176)
Brasilien	0,115	(0,110)	0,233	(0,292)	0,205	(0,257)	0,004	(0,004)
Kanada	13,035	(11,690)	–	–	2,858	(3,638)	0,294	(0,394)
Deutschland	11,925	(10,903)	–	–	1,604	(1,663)	4,533	(3,451)
Ukraine	11,000	(14,509)	0,170	(0,161)	1,150	(1,385)	1,150	(0,942)
Türkei	7,500	(7,000)	0,007	(0,004)	0,250	(0,230)	0,240	(0,195)
Australien	5,573	(2,791)	1,034	(0,960)	1,675	(0,897)	0,026	(0,026)
Bangladesch	0,008	(0,006)	0,065	(0,063)	–	–	–	–
Thailand	–	–	0,228	(0,228)	–	–	–	–
Argentinien	0,338	(0,456)	1,688	(2,201)	0,357	(0,437)	0,054	(0,064)
Vietnam	–	–	0,006	(0,005)	–	–	–	–
Polen	3,279	(2,860)	–	–	1,495	(1,234)	6,288	(5,300)
Mexiko	0,550	(0,307)	2,909	(3,169)	0,085	(0,041)	–	–
Pakistan	0,164	(0,146)	0,430	(0,491)	–	–	–	–
Großbritannien	6,900	(5,945)	–	–	0,600	(0,597)	0,035	(0,040)
Nigeria	–	–	11,084	(10,954)	–	–	–	–
Myanmar	–	–	0,150	(0,123)	–	–	–	–
Italien	1,426	(1,467)	0,225	(0,236)	0,305	(0,355)	0,020	(0,020)
Rumänien	1,500	(2,134)	0,008	(0,006)	0,374	(0,497)	0,050	(0,043)
Ägypten	0,368	(0,129)	0,750	(0,731)	–	–	0,020	(0,018)
Iran	3,100	(3,045)	0,012	(0,012)	–	–	–	–
Philippinen	–	–	–	–	–	–	–	–
Japan	0,210	(0,225)	0,002	(0,001)	0,003	(10,003)	–	–
Spanien	5,194	(7,416)	0,025	(0,074)	0,216	(0,414)	0,174	(0,207)
Ungarn	1,408	(1,558)	0,014	(0,012)	0,139	(0,131)	0,166	(0,193)
Kasachstan	2,587	(5,497)	0,094	(0,166)	0,315	(0,822)	0,071	(0,264)
u. a. Österreich	1,145	(1,184)	–	–	0,166	(0,172)	0,378	(0,319)
Schweiz	0,298	(0,315)	–	–	0,048	(0,051)	0,036	(0,038)
Weltproduktion	145,341	(159,606)	80,728	(89,396)	29,436	(33,342)	22,495	(22,283)

Die Erhöhung der Weltproduktion ging aber auch auf höhere Flächenerträge zurück. Hierbei spielten insgesamt relativ günstige Witterungsbedingungen und erhöhter Düngemitteleinsatz eine Rolle, so daß die FAO im weltweiten Durchschnitt eine Erhöhung der Getreideerträge von 2745 auf 2846 kg je ha errechnete.

Obwohl der Getreideverbrauch 1996 gegenüber dem Vorjahr um rund 40 Mio. t anstieg, konnten die weltweiten Lagerbestände, die Anfang 1996 auf ein gefährlich geringes Niveau gesunken waren, durch die Mehrprodutkion bis Ende des Jahres um fast 20 % angehoben werden.

Der weltweite Bestandsrückgang des Vorjahres zeigte sich 1996 vor allem in der **Entwicklung der Weltmarktpreise**. Sie stiegen bei Weizen in der 1. Jahreshälfte sprunghaft um bis zu 50 US-$ je t an und kletterten zeitweise auf die bisher noch nicht erreichte Höhe von 300 US-$ je t. Als sich im Frühsommer die relativ gute Ernte für 1996 abzeichnete, kam es wieder zu deutlichen Preissenkungen, so daß bei Weizen und Mais im Herbst und Winter 1996/97 sogar das Preisniveau des Vorjahres unterschritten wurde. Ursachen dieser rasch wechselnden Liefer- und Preissituation waren einerseits größere Lagerbestände durch die höheren Ernten in Nordamerika und Westeuropa, aber auch in China und Indien; andererseits preisbedingt geringe Importe durch viele Entwicklungsländer.

Auf dem Weltmarkt für Getreide, besonders Weizen, traten 1996 vor allem die Entwicklungsländer der mittleren und oberen Einkommenskategorie als Importeure auf (Lateinamerika, Vorderer Orient, Ost- und Südostasien), daneben Japan und – mit stark verringerter Menge – die GUS-Staaten. Die ärmeren Entwicklungsländer Afrikas südlich der Sahara hatten zwar ebenfalls Einfuhrbedarf, konnten ihn aber aus finanziellen Gründen nicht decken und waren weitgehend auf Spenden angewiesen. **Hauptausfuhrländer** waren die USA, Kanada, die EU-Staaten, Australien und Argentinien sowie Thailand und Indien (für Reis). Futtergetreideausfuhren kamen zu über 65 % aus den USA; es folgten Argentinien, die EU-Staaten, Kanada und Australien. **Hauptabnehmer** waren Japan und Länder Lateinamerikas und Vorderasiens. Insgesamt betrug 1996 der Welthandel mit Weizen 89,8 Mio. t, mit Futtergetreide 92,7 Mio. t, mit Reis 18,0 Mio. t. Alle anderen Getreidearten werden nur mit geringen Mengen international gehandelt.

In der **Europäischen Union** erhöhte sich die **Getreideerzeugung** 1996 gegenüber dem Vorjahr aufgrund höherer Erträge und vergrößerter Anbauflächen (geringere Flächenstillegungen) um rund 16 % auf 204 Mio. t. Der Selbstversorgungsgrad stieg damit auf 120 %. Da wegen der weltweiten Verknappung der Vorräte im Jahr 1995 die Weltmarktpreise im Schnitt 1996 deutlich höher lagen als in den Vorjahren, konnten die Exporte weitgehend ohne Subventionen auf 29 Mio. t gesteigert werden.

Auch in **Deutschland** nahm die Getreideernte 1996 um rund 6 % auf 42,1 Mio. t zu, da auch hier die ha-Erträge und die Anbauflächen zunahmen. Im Inland wurden 1996 35,5 Mio. t verbraucht, davon für Futterzwecke 22,0, für Nahrungszwecke 7,7 und für industrielle Verwertung 3,7 Mio. t. Der Getreidepreis lag nach wie vor relativ niedrig, da 1995

der EU-»Interventionspreis« erneut abgesenkt worden war, um den europäischen Getreidepreis näher an den niedrigeren Weltmarktpreis heranzuführen. Zum Ausgleich erhalten die Landwirte flächenbezogene Zahlungen und Prämien für die Stillegung von Flächen, die mit nachwachsenden Rohstoffen (z. B. Raps) bebaut werden können.

Hafer → Getreide

Hirse → Getreide

Holz

In **Deutschland** erhöhte sich der Holzeinschlag 1995 auf 40,0 Mio. m³. Der größte Teil hiervon entfiel auf Fichte, Tanne und Douglasie (54 %) vor Kiefer und Lärche (21 %), Rotbuche (20 %) sowie Eiche (4 %).

Der Selbstversorgungsgrad mit Holz betrug 1995 rund 78 % (einschließlich der Wiederverwendung von 30,5 Mio. m³ inländischem Altpapier). Exportiert wurden 60,7 Mio. m³ Holz, während 81,3 Mio. m³ eingeführt wurden. Den Importbedarf deckten vor allem skandinavische, osteuropäische und nordamerikanische Länder sowie Österreich.

Holz ist weltweit, aber auch in Deutschland, der wichtigste **nachwachsende Rohstoff**. Die deutsche Waldfläche nimmt seit Jahren durch Aufforstungen leicht, aber kontinuierlich zu. Sie betrug 1995 rund 10,7 Mio. ha, d. h. 30 % der Staatsfläche, die von 448 800 Betrieben der Land- und Forst-

Holz Einschlag bzw. Gewinnung 1994 (1993) in Mio. m³ (nach FAO)

	Rundholz (für Verarbeitungszwecke)		*Brennholz und Holzkohle*	
USA	399,725	(401,520)	92,023	91,676
Kanada	181,054	(173,133)	6,897	(6,897)
Rußland	135,300	(176,630)	25,600	(39,020)
VR China	101,902	(100,608)	204,059	(200,060)
Brasilien	77,903	(77,802)	197,400	(194,100)
Schweden	62,200	(59,300)	3,824	(3,824)
Finnland	43,827	(38,038)	4,101	(4,161)
Frankreich	39,163	(35,508)	10,454	(10,454)
Indonesien	38,173	(38,762)	148,916	(146,704)
Malaysia	36,435	(38,005)	9,602	(9,383)
Indien	24,792	(24,696)	269,187	(264,210)
Nigeria	8,263	(8,263)	99,796	(96,852)
Dem. Rep. Kongo (Zaire)	3,335	(3,244)	42,592	(41,352)
Philippinen	3,200	(3,523)	35,790	(35,050)
Thailand	2,784	(2,759)	36,130	(35,764)
Kenia	1,892	(1,855)	38,480	(37,137)
Äthiopien	1,726	(1,719)	45,254	(45,254)
u. a. Deutschland	33,217	(29,357)	3,795	(3,795)
Österreich	14,433	(12,215)	3,259	(3,149)
Schweiz	3,821	(3,571)	1,153	(0,836)
Weltproduktion	1548,895	(1552,860)	1891,014	(1862,908)

wirtschaft bewirtschaftet wurden. In den neuen Bundesländern dauerte auch 1995 die Neuordnung der Eigentums- und Besitzverhältnisse an. Nach Eigentümern verteilt sich die Waldfläche folgendermaßen: Staatswald 34%, Privatwald 46% (einschließlich Treuhandwaldflächen), Körperschaftswald (Gemeinden, Kirchen, Stiftungen u.ä.) 20%; nach Baumarten gliedert sich der Wald folgendermaßen: Fichte, Tanne, Douglasie 35% – Kiefer, Lärche 31% – Laubbäume 34%.
In den deutschen Wäldern wird deutlich nach den Grundsätzen der **Nachhaltigkeit** gewirtschaftet, d. h. es wird jährlich wesentlich weniger Holz eingeschlagen (39–40 Mio. m³) als nachwächst (rund 57 Mio. m³).

Kaffee

Die wichtigsten **Exportländer** sind Brasilien, Kolumbien, Indonesien, Mexiko, Elfenbeinküste, Uganda und die mittelamerikanischen Staaten; als **Importländer** dominieren die USA, Deutschland, Frankreich, Japan und Italien.
Die 29 bedeutendsten Export- und Importländer haben sich zum Zweck der Preisstabilisierung in der »Internationalen Kaffee-Organisation« (**ICO**) zusammengeschlossen.
In den letzten Jahren schwankte der **Weltmarktpreis** für Kaffee stark, verursacht durch witterungsbedingte Ernteausfälle und eine beträchtliche Spekulation an den Warenbörsen sowie in der Verkaufspolitik der Produzenten. So lag der niedrigste Preis 1992 bei 45,87 US-ct je lb; 1994 wurden 197 ct je lb Rohkaffee erzielt. 1996 ging der Preis bei ausreichendem Angebot auf rund 90 ct je lb zum Jahresende zurück, um allerdings bis Mitte 1997 – wegen der Verknappung einiger Sorten – wieder um 30% zu steigen.

Kaffee (grün) Ernte 1996 (1995) (1990) in Mio.t (nach FAO)

	1996	(1995)	(1990)
Brasilien	1,160	(0,926)	(1,465)
Kolumbien	0,750	(0,778)	(0,845)
Indonesien	0,348	(0,360)	(0,413)
Mexiko	0,325	(0,325)	(0,440)
Uganda	0,238	(0,220)	(0,141)
Äthiopien	0,230	(0,228)	(0,204)
Guatemala	0,207	(0,214)	(0,202)
Vietnam	0,198	(0,185)	(0,080)
Indien	0,180	(0,162)	(0,120)
Elfenbeinküste	0,180	(0,194)	(0,286)
Ecuador	0,155	(0,148)	(0,135)
Costa Rica	0,153	(0,156)	(0,151)
Philippinen	0,142	(0,124)	(0,134)
El Salvador	0,136	(0,135)	(0,156)
Honduras	0,131	(0,126)	(0,120)
Weltproduktion	5,698	(5,411)	

Kakao (Kakaobohnen) Produktion 1996 (1995) (1990) in Mio. t (nach FAO)

	1996	(1995)	(1990)
Elfenbeinküste	0,800	(0,860)	(0,781)
Brasilien	0,340	(0,296)	(0,356)
Ghana	0,300	(0,375)	(0,284)
Indonesien	0,285	(0,243)	(0,142)
Malaysia	0,160	(0,131)	(0,247)
Nigeria	0,145	(0,145)	(0,155)
Kamerun	0,120	(0,120)	(0,122)
Ecuador	0,088	(0,086)	(0,097)
Kolumbien	0,064	(0,063)	(0,056)
Welternte	2,581	(2,594)	.

Wichtigste **Ausfuhrländer** sind die Elfenbeinküste, Ghana, Malaysia und Brasilien. Bedeutendste **Importländer** sind die USA, die Niederlande und Deutschland.
Die wichtigsten Produzenten sind in der »Internationalen Kakao-Organisation« (**ICCO**) zusammengeschlossen, die der Marktregulierung und Preisstabilisierung dienen soll. Der **Weltmarktpreis** stieg 1996 leicht an, da der Verbrauch, wie in den Vorjahren, leicht höher lag als die Produktion und die 1994–95 noch sehr hohen Lagerbestände schrumpften. Die wichtigsten Produktionsländer vergrößerten daher 1996/97 wieder die Anbauflächen, die zur Preisstabilisierung reduziert worden waren.

Kartoffeln Ernte 1995 (1994) (1990) in Mio.t (nach FAO)

	1995	(1994)	(1990)
VR China	39,286	(43,266)	(32,031)
Rußland	37,300	(33,828)	(30,848)
Polen	24,891	(23,058)	(36,313)
USA	20,177	(21,225)	(18,239)
Indien	19,000	(18,036)	(14,771)
Ukraine	16,100	(16,102)	(16,732)
Deutschland	10,382	(10,635)	(14,039)
Weißrußland	8,570	(8,241)	(8,591)
Niederlande	7,363	(7,224)	(7,036)
Großbritannien	6,445	(6,445)	(6,488)
Frankreich	5,754	(5,464)	(5,013)
Türkei	4,750	(4,350)	(4,300)
Spanien	4,195	(3,860)	(5,331)
Rumänien	4,000	(3,889)	(3,186)
Japan	3,400	(3,377)	(3,552)
u. a. Schweiz	0,680	(0,672)	(0,712)
Österreich	0,594	(0,559)	(0,794)
Weltproduktion	275,941	(270,932)	

Wichtige **Ausfuhrländer** sind die Benelux-Staaten, Deutschland (für Kartoffelprodukte) und Frankreich; die wichtigsten Einfuhrländer sind Deutschland und die Benelux-Staaten (für Frühkartoffeln).

In **Deutschland** wuchs die Anbaufläche 1996 auf 335325 ha. Sie lag damit aber noch weit unter der Fläche von 1990 (548000 ha). Die Ernte erhöhte sich auf 12,967 Mio. t und konnte nur zu stark verringerten Preisen abgesetzt werden. Die Bedeutung der Kartoffel als Grundnahrungs- bzw. Futtermittel hat stark abgenommen; der **Pro-Kopf-Verbrauch** lag 1996 bei 72,8 kg, davon 31,5 kg für Kartoffelerzeugnisse.

Kautschuk (Naturkautschuk) Erzeugung 1996 (1995) (1990) in Mio. t (Trockengewicht) nach FAO

	1996	(1995)	(1990)
Thailand	2,257	(2,083)	(1,400)
Indonesien	1,420	(1,420)	(1,294)
Malaysia	1,089	(1,089)	(1,210)
Indien	0,435	(0,435)	(0,350)
VR China	0,424	(0,424)	(0,300)
Philippinen	0,184	(0,184)	(0,204)
Sri Lanka	0,107	(0,107)	(0,105)
Nigeria	0,090	(0,093)	(0,110)
Weltproduktion	6,450	(6,267)	

Rund 90 % der Weltproduktion werden exportiert. Bedeutendste **Exporteure** sind Thailand, Indonesien und Malaysia; die wichtigsten **Einfuhrländer** sind die USA, Japan, China, Deutschland und Frankreich.
Der **Anteil des Naturkautschuks** an der gesamten Gummiproduktion betrug 1939 noch rund 98 % und sank über 56 % (1955) und 38 % (1965) auf rund 33 % (1975) zugunsten des synthetischen Produkts. In den letzten Jahren ist der Anteil des Naturkautschuks am gesamten Gummiverbrauch weltweit wieder leicht angestiegen, da er für gewisse Anwendungsbereiche Vorteile aufweist (z. B. Winterreifen). In den letzten Jahren erhöhte sich außerdem der Bedarf an Latex für die Herstellung von medizinischen Handschuhen und Kondomen. 1996–97 stieg der Kautschukbedarf infolge der Automobilkonjunktur weiter an, doch konnte die Nachfrage durch ein erhöhtes Angebot der Produzenten ohne Probleme gedeckt werden. Der **Weltmarktpreis** sank daher um rund 15 %, lag aber mit rund 140 US-$ je kg immer noch beträchtlich über den Preisen zu Beginn der 90er Jahre (90–100 US-$). Das bis 1999 laufende Internationale Naturkautschuk-Abkommen (**INRA**) soll die Interessen der Produzenten wahren und die Preise auf einer befriedigenden Höhe halten.

Kopra → Ölsaaten

Leinsaat → Ölsaaten

Mais → Getreide

Milch Erzeugung von Kuhmilch 1995 (1994) (1990) in Mio. t (nach FAO)

	1995	(1994)	(1990)
USA	70,598	(69,701)	(67,274)
Rußland	42,560	(42,560)	(55,615)
Indien	32,000	(31,000)	(26,800)
Deutschland	28,000	(27,866)	(31,307)
Frankreich	25,800	(25,322)	(26,561)
Ukraine	17,930	(17,933)	(24,360)
Brasilien	17,400	(16,700)	(14,919)
Großbritannien	14,668	(14,934)	(15,251)
Polen	11,705	(12,222)	(15,832)
Niederlande	10,900	(10,873)	(11,226)
Italien	10,674	(10,674)	(10,376)
Neuseeland	9,684	(9,719)	(7,483)
Türkei	9,133	(9,129)	(7,961)
Australien	8,556	(8,327)	(6,457)
Japan	8,500	(8,389)	(8,189)
Mexiko	7,820	(7,570)	(6,332)
Kanada	7,770	(7,750)	(7,535)
Argentinien	7,400	(7,212)	(6,400)
Spanien	6,000	(5,924)	(5,825)
u. a. Schweiz	3,900	(3,900)	(3,866)
Österreich	3,200	(3,279)	(3,350)
Weltproduktion	468,060	(462,409)	

Neben **Kuhmilch** wurden 1995 noch 49,486 Mio. t **Büffelmilch** erzeugt (davon 30,565 Mio. t in Indien), ferner 10,881 Mio. t **Ziegenmilch** und 7,926 Mio. t **Schafmilch**.
Wichtigste **Ausfuhrländer** für Trockenmilch sind Neuseeland, die Niederlande, Deutschland und Frankreich, für Frisch- und Kondensmilch die Niederlande und Deutschland.
Wichtige **Exportländer** sind die Niederlande, Frankreich, Deutschland und Dänemark; bedeutende **Importeure** Deutschland (vor allem aus den Niederlanden), Italien und Großbritannien.
In **Deutschland** war die Milchproduktion auch 1996 die wichtigste Einnahmequelle der Landwirte. Sie erbrachte Verkaufserlöse von 15,905 Mrd. DM (= 27,5 % aller Verkäufe der deutschen Landwirtschaft). 1996 lieferten 5,186 Mio. Kühe im Durchschnitt je 5464 l, insgesamt 28,600 Mio. t Milch.
Der **Verbrauch** sowohl von Milch als auch von Milchprodukten nahm zu, so daß ein ungefähr ausgeglichenes Mengenverhältnis von Angebot und Nachfrage bestand.
Wie in der gesamten EU konnten auch in Deutschland die jahrelang bestehenden Milchüberschüsse abgebaut werden. Dies wurde durch die »Garantiemengenregelung« der EU erreicht, nach der die Abnahme- und Preisgarantie des Staates nur noch für eine bestimmte Garantiemenge (= Höchstmenge pro Erzeuger) gilt. Durch diese Regelung sowie durch zusätzliche Anstrengungen zur Vermarktung und durch subventionierte Exporte ge-

Die wichtigsten Käseproduzenten
1995 (1994) in Mio. t

	1995	(1994)
USA	3,471	(3,544)
Frankreich	1,651	(1,563)
Deutschland	1,402	(1,367)
Italien	0,881	(0,881)
Niederlande	0,657	(0,648)
Weltproduktion 1995 (1994)	15,589	(15,001)

lang es, die Überschußbestände (»Milchsee«, »Butterberg«) weitestgehend zu reduzieren. Die Kosten der EU-Milchmarktordnung konnten so 1996 auf 3,582 Mrd. ECU vermindert werden (1994: 4,249 Mrd. ECU).

Oliven → Ölsaaten

Ölsaaten
Die Produktion von Ölsaaten hat eine doppelte Bedeutung, da zwei unterschiedliche Märkte beliefert werden: pflanzliches Öl wird für die menschliche Ernährung (z. B. Margarineproduktion) erzeugt, während Ölschrot als eiweißreiches Futtermittel dient.

Produktion wichtiger Ölsaaten 1995 (1994) (1990) in Mio.t (nach FAO)

	1995	(1994)	(1990)
Sojabohnen	125,930	(136,154)	(108,141)
Baumwollsaat	36,101	(34,142)	(33,982)
Rapssaat	34,685	(29,958)	(24,401)
Erdnüsse (in der Schale)	27,990	(28,738)	(23,284)
Sonnenblumensaat	26,186	(22,117)	(22,635)
Palmöl	15,598	(14,664)	(11,428)
Oliven	11,321	(10,658)	(10,034)
Kopra	4,910	(4,733)	(5,381)
Palmkerne	4,795	(4,444)	(3,715)
Sesamsaat	2,764	(2,663)	(2,383)
Leinsaat	2,648	(2,505)	(2,903)

1996 stagnierte oder verminderte sich die Produktion der meisten Ölfrüchte, da wegen der gestiegenen Getreidepreise in vielen Anbauländern mehr Flächen mit Getreide statt mit Ölsaaten bebaut wurden. Als Ergebnis ergaben sich teilweise Verknappungen und steigende Weltmarktpreise (Öle und Ölsaaten insgesamt 1996 +13%). Auch 1996 entfielen wieder rd. 53% der gesamten Ölsaaternte auf Sojabohnen.

Rapssaat → Ölsaaten

Reis → Getreide

Roggen → Getreide

Rinder Bestand 1995 (1994) (1990) in Mio

	1995	(1994)	(1990)
Indien (ohne Büffel)	194,655	(193,585)	(192,980)
Brasilien	156,500	(156,000)	(147,102)
USA	102,755	(100,988)	(98,162)
VR China	100,849	(90,906)	(76,969)
Argentinien	53,500	(53,156)	(50,582)
Rußland	39,696	(48,914)	(58,800)
Mexiko	30,162	(30,702)	(32,054)
Äthiopien (S)	29,825	(29,450)	(30,000)
Australien	26,187	(25,732)	(23,191)
Kolumbien	26,018	(25,700)	(24,384)
Bangladesch	24,340	(24,130)	(23,244)
Sudan	22,000	(21,750)	(20,583)
Frankreich	20,524	(20,099)	(21,414)
Ukraine	19,624	(21,607)	(25,195)
Pakistan	19,000	(17,814)	(17,677)
Nigeria	17,791	(16,316)	(14,640)
Deutschland	15,962	(15,897)	(20,287)
u. a. Großbritannien	11,868	(11,834)	(11,922)
Österreich	2,430	(2,329)	(2,562)
Schweiz	1,762	(1,763)	(1,855)
Weltbestand	1306,476	(1296,907)	

Zusätzlich gab es 1995 noch 151,514 Mio. Büffel, davon 79,500 Mio. in Indien.

In **Deutschland** sank der Rinderbestand in den vergangenen Jahren kontinuierlich ab, zuletzt 1996 um 1,3% auf 15,675 Mio. Auch die Zahl der rinderhaltenden Betriebe ging zurück, vor allem als Auswirkung der EU-Milchpolitik (Verringerung der Milchüberschüsse) und wegen des Rückgangs des Rindfleischverzehrs. Auch 1997 hielt die Verunsicherung der Rinderhalter und der Rindfleischkonsumenten wegen der BSE-Seuche (»Rinderwahnsinn«) an. In der **EU** sank die Rinderzahl 1996 um rund 2 Mio., vor allem wegen umfangreicher Schlachtungen BSE-erkrankter und -verdächtiger Tiere in Großbritannien (→ WA '97, Sp. 277 f.).

Schafe Bestand 1995 (1994) (1990) in Mio. (meist S, nach FAO)

	1995	(1994)	(1990)
Australien	120,651	(132,609)	(170,297)
VR China	117,446	(111,619)	(113,508)
Iran	50,000	(48,700)	(44,581)
Neuseeland	47,144	(49,466)	(57,852)
Indien	45,000	(44,809)	(43,706)
Sudan	37,145	(30,977)	(22,500)
Türkei	35,646	(37,541)	(43,647)
Kasachstan	33,524	(33,524)	(35,476)
Rußland	31,767	(40,700)	(58,400)
Großbritannien	29,487	(29,484)	(29,678)
Pakistan	29,065	(28,358)	(25,698)
Südafrika	28,784	(29,134)	(32,665)
u. a. Deutschland	2,340	(2,369)	(4,136)
Weltbestand	1087,169	(1094,702)	

Schweine Bestand 1995 (1994) (1990) in Mio. (nach FAO)

VR China	424,680	(402,846)	(360,594)
USA	59,992	(57,904)	(53,821)
Brasilien	35,350	(34,350)	(33,623)
Rußland	24,859	(28,600)	(40,000)
Deutschland	24,698	(26,075)	(34,178)
Polen	20,418	(19,466)	(19,464)
Spanien	18,332	(18,345)	(16,002)
Mexiko	18,000	(18,000)	(15,203)
Niederlande	14,100	(13,991)	(13,634)
Ukraine	13,946	(15,298)	(20,000)
Frankreich	12,500	(13,383)	(12,366)
Weltbestand	900,556	(880,339)	

Sesamsaat → Ölsaaten

Sonnenblumensaat → Ölsaaten

Tabak (Rohtabak) Ernte 1995 (1994) (1990) in Mio. t (nach FAO)

VR China	2,369	(2,257)	(2,646)
USA	0,603	(0,718)	(0,738)
Indien	0,525	(0,569)	(0,552)
Brasilien	0,489	(0,519)	(0,445)
Türkei	0,210	(0,187)	(0,296)
Simbabwe	0,198	(0,182)	(0,140)
Griechenland	0,133	(0,154)	(0,136)
Italien	0,118	(0,126)	(0,194)
Argentinien	0,100	(0,100)	(0,068)
Malawi	0,100	(0,099)	(0,101)
Rep. Korea	0,088	(0,088)	(0,070)
Pakistan	0,081	(0,100)	(0,068)
Welternte	6,450	(6,516)	

Die wichtigsten **Ausfuhrländer** sind die USA, Brasilien, Griechenland, Italien, die Türkei und Simbabwe; bedeutende Importeure sind die USA, Deutschland, Großbritannien, Rußland und die Niederlande. In **Deutschland** nahmen Anbaufläche und Ernte von Tabak in den letzten Jahren ab; sie betrugen 1995 3576 ha bzw. 6836 t. (Zigaretten → Sp. 1105)

Tee

Die wichtigsten **Exportländer** sind Indien, Sri Lanka, China und Kenia; die bedeutendsten **Importländer** Großbritannien, Rußland, Pakistan, die USA und die arabischen Länder.

Deutschland bezieht Tee vor allem aus Indien, Sri Lanka, Indonesien und Kenia. Der deutsche **Teeverbrauch** betrug 1996 rund 25,5 l pro Kopf bei steigender Tendenz. Auch weltweit stieg der Teeverbrauch 1996–97 an, vor allem wegen des zunehmenden Eigenverbrauchs in den bevölkerungsstarken Hauptproduktionsländern. Die **Weltmarktpreise** stiegen auch 1996, da es bei hochwertigen Sorten in einigen Hauptexportländern zu Verknappungen kam.

Tee Ernte 1995 (1994) (1990) in Mio.t (nach FAO)

Indien	0,715	(0,744)	(0,715)
VR China	0,614	(0,613)	(0,562)
Kenia	0,245	(0,209)	(0,197)
Sri Lanka	0,242	(0,242)	(0,238)
Indonesien	0,140	(0,140)	(0,156)
Türkei	0,135	(0,134)	(0,123)
Japan	0,086	(0,086)	(0,090)
Iran	0,056	(0,056)	(0,037)
Georgien	0,074	(0,075)	(0,126)
Argentinien	0,050	(0,050)	(0,059)
Bangladesch	0,051	(0,051)	(0,039)
Weltproduktion	2,628	(2,616)	

Wein

In **Deutschland** stand 1996 eine Rebfläche von 102 428 ha im Ertrag. **Anbaugebiete nach** Bundesländern (in 1000 ha): Rheinland-Pfalz (65 289), Baden-Württemberg (26 598), Bayern (6027), Hessen (3622), Sachsen-Anhalt (465), Sachsen (303). Die **Weinernte** fiel mengenmäßig und qualitativ etwas besser aus als 1995, erreichte jedoch nicht den Standard der frühen 90er Jahre. Die Erlöse der Winzer stiegen jedoch aufgrund relativ geringer Erntemengen 1995 und 1996 an. Insgesamt lag die deutsche Weinerzeugung 1996 bei 8,592 Mio. hl (mit Most; 1995: 8,278 Mio. hl). Von der Gesamtmenge entfielen 6,749 Mio. hl auf Weiß- und 1,842 Mio. hl auf Rotwein und -most. Insgesamt 98 % er-

Wein Traubenernte und Weinerzeugung 1995 (1994) in Mio. t (nach FAO)

	Traubenernte		*Weinerzeugung*	
Italien	8,433	(9,322)	5,683	(5,928)
Frankreich	7,085	(6,944)	5,558	(5,485)
USA	5,240	(5,326)	1,580	(1,615)
Türkei	3,550	(3,450)	0,027	(0,027)
Spanien	3,085	(3,167)	1,894	(1,871)
Argentinien	1,930	(2,498)	1,644	(1,817)
Iran	1,900	(1,893)	–	–
VR China	1,682	(1,682)	0,360	(0,360)
Südafrika	1,660	(1,510)	0,950	(0,866)
Chile	1,320	(1,449)	0,300	(0,360)
Rumänien	1,300	(1,033)	0,550	(0,537)
Griechenland	1,150	(1,115)	0,305	(0,305)
Australien	1,021	(0,920)	0,580	(0,587)
Portugal	0,900	(0,917)	0,721	(0,662)
Deutschland	0,850	(1,035)	1,375	(1,041)
Brasilien	0,828	(0,807)	0,302	(0,302)
Ungarn	0,570	(0,614)	0,350	(0,369)
u. a. Österreich	0,245	(0,354)	0,194	(0,265)
Schweiz	0,154	(0,153)	0,119	(0,119)
Weltproduktion	53,592	(54,710)	24,996	(25,120)

füllten die Kriterien für Qualitätswein b. A. Mit 70,0 % der Erzeugung war Rheinland-Pfalz wieder der wichtigste deutsche Weinlieferant vor Baden-Württemberg (22,1 %) und Bayern (5,1 %).
Vom **Weinabsatz** entfielen 1996 rund 25 % auf den Export, vor allem nach Großbritannien (rund 1/3), Japan und Schweden. Hauptlieferanten für deutsche Weinimporte waren Italien und Frankreich. Der Weinverbrauch lag in Deutschland 1996 bei 22,8 l pro Kopf (mit leicht steigender Tendenz).

Weizen → Getreide

Wolle (Schafwolle roh) Erzeugung 1995 (1994) (1990) in Mio. t (nach FAO)

	1995	(1994)	(1990)
Australien	0,700	(0,735)	(0,842)
Neuseeland	0,280	(0,284)	(0,309)
VR China	0,260	(0,255)	(0,239)
Rußland	0,094	(0,122)	(0,227)
Argentinien	0,092	(0,092)	(0,148)
Kasachstan	0,090	(0,092)	(0,108)
Uruguay	0,085	(0,090)	(0,096)
Großbritannien	0,067	(0,067)	(0,074)
Südafrika	0,061	(0,070)	(0,097)
u. a. Deutschland	0,015	(0,015)	(0,020)
Weltproduktion	2,590	(2,675)	

Die größten **Produzenten** (insbesondere Australien und Neuseeland) sind auch die Hauptexporteure; Japan und die EU-Länder sind die wichtigsten **Importeure**.
Der **Anteil der Wolle** am Rohstoffverbrauch der Textilindustrie beträgt weltweit rund 20 %, verglichen mit etwa 45 % für Chemiefasern und 35 % für Baumwolle. Die Weltproduktion nahm 1996 stärker zu als der Verbrauch, was – zusammen mit hohen Lagerbeständen aus früheren Jahren – zu einem Rückgang der **Weltmarktpreise** um rund 5 % führte.

Zucker

Wichtige **Ausfuhrländer** für Zucker sind Kuba, Australien, Frankreich, Brasilien, Thailand und Deutschland; wichtige **Importeure** sind Rußland, China, Japan, USA, Indien und Großbritannien.
Die **Welterzeugung** von Zucker stieg 1996 um 8 % auf rund 125,5 Mio. t an. Da sich der Verbrauch – trotz starker Zuwächse vor allem in Ostasien – nur auf 116,8 Mio. t erhöhte, vergrößerten sich die weltweiten Überschüsse erneut. Die Welt-Lagerbestände an Zucker betrugen Ende 1996 rund 40 % eines Jahresverbrauchs. Der **Weltmarktpreis** pendelte um 11–12 cts je lb). Der Tiefstand hatte 1986 bei 5 cts je lb gelegen, während Mitte der 70er Jahre noch mehr als 60 cts je lb zu bezahlen waren. Der durch die weltweite **Überproduktion** verursachte nied-

Zucker (Rohzucker, zentrif. Zucker aus Zuckerrohr und -rüben) Erzeugung 1995 (1994) (1990) in Mio. t (nach FAO)

	1995	(1994)	(1990)
Indien*	16,345	(11,660)	(11,945)
Brasilien*	13,000	(12,618)	(7,835)
USA	6,804	(7,191)	(6,263)
VR China* (S)	6,793	(6,793)	(7,396)
Thailand*	5,571	(4,009)	(3,506)
Australien*	4,901	(5,010)	(3,515)
Frankreich	4,591	(4,903)	(4,744)
Mexiko*	4,278	(3,549)	(3,278)
Deutschland	3,805	(3,672)	(4,671)
Ukraine	3,640	(3,342)	(5,360)
Kuba* (S)	3,300	(4,024)	(8,445)
Pakistan*	3,212	(3,128)	(2,017)
Indonesien*	2,452	(2,452)	(2,075)
Kolumbien*	2,080	(1,964)	(1,589)
Polen	1,696	(1,470)	(2,219)
Rußland	1,690	(2,711)	(2,300)
Südafrika*	1,667	(1,668)	(2,226)
Philippinen*	1,651	(1,873)	(1,810)
Italien	1,618	(1,621)	(1,586)
Türkei	1,472	(1,678)	(1,946)
Weltproduktion	117,097	(110,737)	

* = Zuckererzeugung aus Zuckerrohr

rige Preis verursachte den zuckerexportierenden Entwicklungsländern erneut große Schwierigkeiten; für das wichtigste Exportland Kuba ergaben sich besondere Probleme durch den weitgehenden Wegfall der Lieferungen in die ehemaligen Ostblockländer, die wegen Devisenmangel als Abnehmer fast völlig ausfielen.
Der Zuckerverbrauch in den großen asiatischen Entwicklungsländern wächst stark (z. B. Indien); diese Länder erhöhten auch in den letzten Jahren ihre Eigenproduktion. In den westlichen Industrieländern ist der Verbrauch seit längerem rückläufig (Konkurrenz von Süßstoffen, Gesundheitsgründe).
Um den Zuckerabsatz zu erhöhen, wird weltweit nach weiteren Verwendungsmöglichkeiten gesucht. Eine Anwendung liegt insbesondere in der Alkoholerzeugung. Treibstoff-Alkohol aus Zucker wird hauptsächlich in Brasilien, daneben auch in den USA, produziert. Diese Art der Zuckerverwendung wird jedoch inzwischen eher negativ gesehen (ökologische Schäden durch die Zucker-Monokulturen). Brasilien verbraucht jährlich rund 13 Mrd. l Alkohol aus Zucker, hauptsächlich als Kfz-Treibstoff.
Die **EU** versucht seit längerem, die Zuckererzeugung durch Verringerung der Rüben-Anbauflächen zu drosseln. Die **Erzeugung** stieg wegen günstiger Witterungsbedingungen trotz leicht verminderter Rüben-Anbaufläche 1996 auf 16,336 Mio. t bei einem **Verbrauch** von 12,600 Mio. t. Es standen wie schon in den Vorjahren hohe Überschüsse für den Export zur Verfügung, die wegen

der weltweit hohen Lagerbestände und Weltmarktpreisen weit unter dem EU-Niveau nur mit Hilfe von Ausfuhrsubventionen abzusetzen waren. Die Zucker-Marktordnungsausgaben der EU betrugen 1996 insgesamt 1,711 Mrd. ECU.
Auch in **Deutschland** wurden wegen erweiterter

Anbauflächen trotz ungünstiger Rübenertragsbedingungen mit 3,826 Mio. t wieder erheblich größere Zuckermengen produziert als verbraucht (2,719 Mio. t).
Der Zuckerkonsum lag 1996 bei 32,8 kg pro Kopf (Nahrungsverbrauch).

Bergbau, Rohstoffgewinnung und -versorgung

Weltrohstoffsituation

Bergbauliche Rohstoffe wurden bis vor wenigen Jahren ganz überwiegend unter strategischen (wirtschaftlichen und politischen) Gesichtspunkten diskutiert. Im Vordergrund standen Fragen nach der Größe der Vorräte, den Gewinnungs- und Bezugsmöglichkeiten oder der Preisentwicklung auf den Weltmärkten. Erst seit 25 Jahren spielen auch ökologische Überlegungen – umweltschonende Förderung, Nutzung und Verarbeitung, Entsorgung und Wiederaufbereitung, Recycling – eine Rolle. Gegenüber pessimistischen Annahmen der 70er Jahre über eine baldige Erschöpfung vieler Rohstofflagerstätten zeigte sich allerdings seit Mitte der 80er Jahre immer deutlicher, daß bei fast allen bergbaulichen Rohstoffen global gesehen keine Mangellage eingetreten ist. Es existiert in der Regel ein ausreichendes Angebot, vielfach sogar ein **Überangebot.**
Aus diesem Grund waren auch in den letzten Jahren die Preise für die meisten Rohstoffe stabil, vielfach sogar rückläufig. Preissteigerungen für einzelne Produkte hatten ihre Ursachen nie in globalen Verknappungen, sondern in Konjunkturschwankungen, politisch oder spekulativ verursachten zeitweiligen Lieferengpässen oder kurzfristigen Ungleichgewichten zwischen Angebot und Nachfrage.
Insgesamt gab es auch 1996/97, wie schon in den Vorjahren, bei keinem bergbaulich zu gewinnenden Rohstoff Versorgungsschwierigkeiten. Die Probleme lagen statt dessen darin, den Produzenten (vielfach arme Entwicklungsländer) angemessene Preise zu sichern sowie Abbau, Transport, Verwendung und schließlich Entsorgung von Rohstoffen in umweltschonender Weise durchzuführen.
Bei praktisch allen bergbaulichen Rohstoffen besteht seit Jahren eine **günstige Versorgungssituation**, die sich häufig in beträchtlichen Angebotsüberschüssen äußert. Die Ursachen liegen im Bereich der Nachfrage wie des Angebots.
So stagniert vielfach der Bedarf an Rohstoffen oder geht sogar zurück durch

- Sättigungseffekte **und Strukturwandlungen** in den westlichen Industriestaaten (z. B. Bedarfsdeckung bei vielen Gebrauchsgütern, Ersatzbedarf);
- **Devisen- und Finanzknappheit** der osteuropäischen Staaten und der Entwicklungsländer, wodurch der industrielle Aufbau behindert und die Rohstoffnachfrage gebremst wird;
- Einsparung von Rohstoffen durch verstärkte Wiederverwendung gebrauchten Materials (Recycling), Anwendung neuer Technologien (z. B. energiesparende Maschinen), Verwendung von Kunststoffen anstelle metallischer bzw. mineralischer Stoffe u. ä. In den hochentwickelten Industriestaaten wuchs aus diesen Gründen in den letzten Jahren der Rohstoffbedarf wesentlich weniger stark als die Wirtschaftsleistung; bei vielen Rohstoffen ging der Bedarf sogar deutlich zurück.

Demgegenüber erhöhte sich das Angebot bei vielen Rohstoffen

- durch **Mehrproduktion** wichtiger Lieferanten (z. B. exportabhängige Entwicklungsländer), die zur Deckung ihres Devisenbedarfs dringend auf erhöhte Einnahmen aus Rohstoffexporten angewiesen sind und auf sinkende Preise in der Vergangenheit häufig mit vermehrtem Angebot reagierten;
- durch Lieferungen aus **neu erschlossenen Lagerstätten,** so daß teilweise völlig neue Lieferanten auf dem Markt erschienen. Besonders in den rohstoffreichen Entwicklungsländern China und Brasilien wurden zahlreiche neue Lagerstätten erschlossen, deren Produktion dem eigenen industriellen Aufbau dient, aber auch teilweise exportiert wird.

Nach derzeitigem geowissenschaftlichen Erkenntnisstand ist auf absehbare Zeit bei keinem bergbaulich zu gewinnenden Rohstoff eine Verknappung durch Erschöpfung der Lagerstätten zu befürchten. Das **Rohstoffproblem der Gegenwart** besteht also – aus der Sicht der wichtigen Verbraucherländer gesehen – nicht in der früher häufig vorhergesagten Knappheit aufgrund einer baldigen Erschöpfung der Lagerstätten, sondern vielmehr

- in der **Sicherung eines ungehinderten Zugangs zu den Rohstoffen;**
- in den **Kosten von Erschließung und Transport;**

Statische Lebensdauer ausgewählter Rohstoffe in Jahren (Stand 1996/97)

Rohstoff	Jahre	Rohstoff	Jahre
Chrom	350	Zink	45
Mangan	250	Eisen	300
Nickel	160	Braunkohle	220
Zinn	120	Steinkohle	180
Blei	90	Kupfer	90
Erdöl	45	Erdgas	75
(einschl. Teersande/ Ölschiefer 120)		Quecksilber	35

▸ vor allem aber in den **Folgen eines zu wenig umweltschonenden Umgangs mit den Rohstoffen** (z. B. Luftverunreinigung durch Verbrennen von Energierohstoffen, Schwermetallbelastung der Böden und Abwasserbelastung der Gewässer).

Die **Höhe der derzeitigen Reserven** hängt vor allem vom Preis und vom Stand der Abbau- und Fördertechnik ab. Bei steigenden Preisen nimmt regelmäßig auch die Menge der verfügbaren Reserven zu, da sich dann der Abbau vorher vernachlässigter ärmerer Lagerstätten rentiert bzw. ein Anreiz zur Erforschung und Erschließung bisher noch unbekannter oder bisher nicht wirtschaftlich nutzbarer Ressourcen entsteht.

Alle Angaben über **Rohstoffvorkommen und -vorräte** sind also unter der Prämisse »nach dem gegenwärtigen Stand der Technik und zu den gegenwärtigen Preisen wirtschaftlich gewinnbar« zu sehen. Dementsprechend hat in den 70er und beginnenden 80er Jahren bei fast allen bergbaulich zu gewinnenden Rohstoffen die **statische Lebensdauer** (= Vorrat bei gleichbleibender Jahresförderung) aufgrund der gestiegenen Preise, der verbesserten Abbautechniken und der Erforschung neuer Lagerstätten trotz des Abbaus größerer Mengen zugenommen. In der Niedrigpreisphase zu Beginn der 90er Jahre wurde dagegen weniger in die Lagerstättenforschung investiert, so daß die bekannten Vorräte teilweise abnahmen.

Als Reaktion auf die niedrigen Rohstoffpreise ist seit Mitte der 80er Jahre ein Rückzug auf die Ausbeutung besonders wertvoller und kostengünstig abzubauender Lagerstätten festzustellen. Viele Planungen zur Erschließung neuer Kohleabbaufelder und Metallerzbergwerke, Projekte zur Gewinnung von Mineralöl aus Teersanden und Ölschiefern (z. B. in Kanada und USA), Vorhaben zur Förderung von Mineralien vom Meeresboden (z. B. Manganknollen) u.ä. wurden wegen der für die Erzeuger unbefriedigenden Preissituation und aufgrund des weltweiten Überangebots bis auf weiteres aufgeschoben.

Die Bedeutung von Sekundärrohstoffen

Während früher in der industriellen Produktion ganz überwiegend, z. T. ausschließlich, Primärrohstoffe aus bergbaulicher (oder auch agrarischer) Erzeugung genutzt wurden, haben inzwischen Sekundärrohstoffe eine große Bedeutung gewonnen. Im Gegensatz zu fossilen Energierohstoffen, die beim Verbrennen unwiderruflich verbraucht werden, handelt es sich bei der Verarbeitung mineralischer (z. B. Metall) und z. T. auch organischer Rohstoffe (z. B. Kautschuk, Holz, Papier) eher um ein »Durchgangsstadium«. Ein beträchtlicher Teil der Rohstoffe kann nach Ablauf der Verwendungszeit wieder zurückgewonnen und über das **Recycling** als Sekundärrohstoff erneut der Produktion zugeführt werden.

Recycling führte dazu, daß der Rohstoffbedarf der westlichen Industrieländer seit Jahren wesentlich schwächer ansteigt als die Güterproduktion und das industrielle Wachstum. Die Verwendung von Sekundärrohstoffen schont aber nicht nur die Ressourcen; sie ist auch oft kostengünstiger als die Verwendung »neuer« Rohstoffe und vor allem ökologisch sinnvoller als die Beseitigung von Altmaterialien durch Deponieren oder Verbrennen. In Deutschland liegen die **Recyclingraten** für einige Rohstoffe inzwischen über 50 % (z. B. Blei, Zinn, Silber, Papier), für andere zwischen 35 und 50 % (z. B. Kupfer, Aluminium, Eisen, Zink, Platin, Glas). Durch verbesserte Abfallsortierung und konsequente Wiederverwendung könnten bei vielen Materialien Recyclingraten von 75 % und mehr erreicht werden.. Die Lebensdauer der Mineralvorräte verlängert sich dadurch beträchtlich; andererseits beklagen die Lieferanten von Erzen (häufig arme Entwicklungsländer) zunehmend Absatzeinbußen.

Welt-Rohstoffmärkte und -preise

Die internationalen Märkte für bergbauliche Rohstoffe wurden auch 1996/97 hauptsächlich von den Warenbörsen in New York und London gesteuert. Wegen des nur leichten bis mäßigen Konjunkturaufschwungs in den großen westlichen Industriestaaten und der weiterhin stagnierenden Wirtschaftsentwicklung in Osteuropa gab es nur geringe Steigerungen der Nachfrage, die bei den meisten Produkten auf ein reichliches Angebot stieß. Auch der größere Rohstoffbedarf der boomenden Industrien in den Schwellenländern Ost- und Südostasiens konnte in der Regel leicht durch entsprechende Lieferungen befriedigt werden.

Die teilweise heftigen Preisausschläge, die bei eini-

Entwicklung der Rohstoffpreise an den internationalen Warenbörsen 1992-1997
(HWWA-Rohstoffindizes auf US-$-Basis)

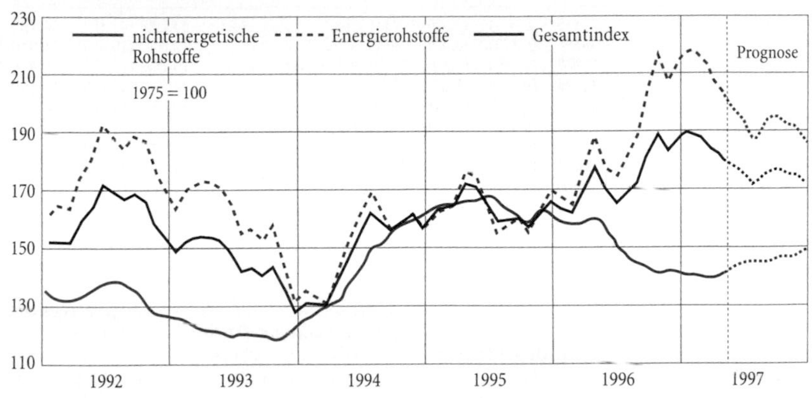

Quelle: Commerzbank/HWWA

gen Produkten 1996 zu beobachten waren (z. B. Blei, Kupfer), hatten ihre Ursachen nicht in Lieferengpässen, sondern waren in der Regel spekulativ bedingt. Eine Ausnahme bildete der fast kontinuierlich ansteigende Preis für Rohöl, der auf vermehrten Bedarf bei reduzierten Lagerbeständen in Westeuropa und Nordamerika und nicht gleichermaßen ansteigende Förderung zurückzuführen war. In Deutschland wirkten sich die (in US-$ notierten) gestiegenen Weltmarktpreise für Energierohstoffe aufgrund der Aufwertung des $ gegenüber der DM noch stärker aus.
Der HWWA-**Rohstoffpreisindex** ergab für 1996 insgesamt Preiserhöhungen für Energierohstoffe von 15,4 %, dagegen für nichtenergetische Rohstoffe Preissenkungen von 8,6 % (gewichteter Durchschnitt). Bei NE-Metallen betrugen die Rückgänge sogar 15,6 %, bei Eisenerz und Stahlschrott 0,5 %.
Insgesamt kann nach wie vor von relativ niedrigen Weltmarktpreisen für bergbauliche Rohstoffe gesprochen werden, denn trotz der Preiserhöhungen für Erdöl lagen die Preise für industriell nutzbare bergbauliche Rohstoffe unter dem Vorjahresniveau, insbesondere auch unter dem Preisniveau vom Ende der 80er Jahre. Vor allem aus der Sicht der Rohstoffproduzenten lagen die Preise wesentlich zu niedrig, besonders im Vergleich zu den Preisen für Industriegüter.

Ausgewählte Bergbau-Erzeugnisse – Produktion und Verbrauch

Bauxit

Bauxit dient als Rohstoff für die Aluminiumerzeugung. Als Zwischenprodukt wird zunächst Tonerde (Aluminiumoxid) hergestellt; die größten Produzenten sind Australien, die USA, Rußland und Jamaika.
Die Exporte von Bauxit bzw. Tonerde entfallen zu rund $^3/_4$ auf die Entwicklungsländer, für die Bauxit-, Tonerde- und Aluminiumausfuhren teilweise mehr als $^2/_3$ der Exporterlöse bringen (z. B. Jamaika, Guinea, Suriname). Die führenden Ausfuhrländer sind zur Wahrung ihrer wirtschaftlichen Interessen in der (»International Bauxite Association« (**IBA**) zusammengeschlossen. (→ Industrie, Aluminium).

Bauxit (unterschiedl. Nässegehalt u. Zusammensetzung) Produktion 1995 (1994) (1990) in Mio. t (nach UNO-Angaben)

	1995	(1994)	(1990)
Australien	42,655	(41,734)	(39,914)
Guinea	14,400	(13,762)	(17,524)
Jamaika (Trockengew.)	10,858	(9,625)	(10,966)
Brasilien	10,214	(8,674)	(9,700)
VR China	6,500	(6,622)	(3,655)
Venezuela (S)	5,360	(4,774)	(1,500)
Indien	5,215	(4,781)	(4,990)
Suriname	3,569	(3,803)	(3,266)
Rußland (S)	3,500	(4,000)	-
Griechenland	2,006	(2,168)	(2,455)
Guyana	2,000	(1,991)	(1,423)
Weltproduktion	114,200	(111,467)	

Blei (Pb-Inhalt von Erzen und Konzentraten) Produktion 1995 (1994) (1990) in Mio. t (nach UNO-Angaben)

	1995	(1994)	(1990)
Australien	0,455	(0,505)	(0,526)
USA	0,384	(0,370)	(0,474)
VR China (S)	0,380	(0,360)	(0,310)
Peru	0,228	(0,227)	(0,187)
Kanada	0,211	(0,166)	(0,241)
Mexiko	0,180	(0,175)	(0,174)
Schweden	0,100	(0,113)	(0,087)
Südafrika	0,087	(0,096)	(0,069)
Marokko	0,070	(0,072)	(0,066)
Kasachstan (S)	0,060	(0,060)	(0,120)
Irland	0,047	(0,046)	(0,035)
Polen	0,052	(0,052)	(0,045)
Weltproduktion	2,800	(2,752)	

Blei

Die derzeit wirtschaftlich gewinnbaren **Bleivorräte** werden weltweit auf rund 200 Mio. t geschätzt, hauptsächlich in Australien, den USA, Kanada, China und Mexiko. Die größten **Bleiverbraucher** sind die USA, Japan, Deutschland und China. Der Verbrauch ist stark von der Kfz-Konjunktur abhängig, da rund 60 % des Welt-Bleibedarfs auf die Herstellung von Starterbatterien entfallen (Recyclingrate in Deutschland etwa 90 %), weitere 20 % auf die chemische Industrie, jedoch nur noch weniger als 5 % auf Bleizusatz in Benzin (mit weiter abnehmender Tendenz).

Die **Weltmarktpreise** für Blei setzten 1996 zunächst den Anstieg der Vorjahre fort (lebhafte Nachfrage wegen der guten Automobilkonjunktur). Ab Jahresmitte kam es jedoch zu stärkeren Preisrückgängen, da die Produzenten größere Mengen auf den Markt brachten.

Chrom Bergwerksproduktion von Chromerz 1994 (1993) (1990) in Mio. t

	1994	(1993)	(1990)
Südafrika	3,599	(2,827)	(4,498)
Kasachstan	2,020	(2,968)	(3,800)
Indien	0,909	(1,000)	(0,995)
Türkei	0,700	(0,706)	(0,860)
Finnland	0,573	(0,511)	(0,500)
Simbabwe	0,517	(0,252)	(0,677)
Brasilien	0,250	(0,200)	(0,256)
Albanien	0,223	(0,281)	(0,600)
Weltproduktion	9,300	(9,300)	

Die **Weltreserven** an Chrom sind relativ groß, aber räumlich stark konzentriert; sie liegen zu über 80 % im südlichen Afrika (vor allem in Südafrika und Simbabwe).

Diamanten

Wertmäßig machen Schmuckdiamanten über 80 % der Förderung aus. Über 2/3 des Bedarfs an Industriediamanten werden synthetisch hergestellt. Die Vermarktung der Rohdiamanten erfolgt seit längerem hauptsächlich über die »Central Selling Organization« (**CSO**) des britisch-südafrikanischen de Beers-Konzerns. Dieser kontrolliert rund 70 % des weltweiten Diamantenmarkts und setzte 1996 4,834 Mrd. US-$ um.

Diamanten (ohne synthetische Diamanten) Gewinnung 1994 (1993) (1990) in Mio. Karat

	1994	(1993)	(1990)
Australien*	43,790	(41,882)	(24,000)
Rußland (S)	17,000	(16,000)	(13,400)
Dem. Rep. Kongo	16,252	(15,626)	(18,000)
Botswana	15,538	(14,730)	(7,352)
Südafrika*	10,854	(10,324)	(8,694)
Namibia	1,312	(1,141)	(0,748)
Brasilien	1,300	(1,300)	(0,500)
VR China (S)	1,080	(1,080)	(1,000)
Ghana*	0,740	(0,591)	(0,515)
Venezuela	0,558	(0,338)	(0,337)
Weltproduktion	110,300	(104,700)	

* überwiegend Industriediamanten

Eisen

Die Nachfrage nach Eisenerz nahm auch 1996 wegen der weiter steigenden Stahlproduktion wieder zu (→ Eisen- und Stahlindustrie). Trotzdem gab es wegen des hohen Förderniveaus keine Angebotsengpässe.

Die **Weltmarktpreise** sanken leicht, auch wegen der preislichen Konkurrenz durch Stahlschrott. Die Schwerpunkte des Eisenerzabbaus verschoben sich auch 1996 weiter nach Übersee, wo in der Regel weitaus höherwertige Erze billiger gefördert und angeboten werden können als durch die euro-

Eisenerz Förderung 1995 (1994) (1990) in Mio. t (nach UNO- und Eurostat-Angaben; %-Zahlen = durchschnittl. Fe-Gehalt)

	1995	(1994)	(1990)
VR China (60%)	250,4	(239,0)	(169,4)
Brasilien (65%)	178,4	(167,8)	(152,3)
Australien (62%)	145,6	(134,6)	(113,5)
Rußland (60%)	78,3	(73,3)	–
USA (62%)	62,5	(58,4)	(56,4)
Indien (63%)	62,0	(58,4)	(53,7)
Ukraine	50,3	(51,4)	–
Kanada (64%)	38,3	(37,8)	(36,4)
Südafrika (64%)	32,7	(32,3)	(30,3)
Schweden (64%)	21,7	(19,9)	(19,9)
Venezuela (64%)	19,0	(16,1)	(20,1)
Kasachstan (60%)	14,6	(20,3)	(22,5)
Mauretanien (61%)	11,3	(11,4)	(11,4)
Mexiko (62%)	10,6	(9,7)	(8,3)
DVR Korea (48%)	8,0	(9,0)	(9,5)
Chile (60%)	8,0	(7,6)	(7,8)
u. a. Österreich (30%)	2,1	(1,7)	(2,3)
Weltförderung	1017,5	(971,5)	

päischen Produzenten. In Ländern wie Frankreich, Norwegen oder Österreich wird die Eisenerzförderung nur noch mit Hilfe staatlicher **Subventionen** in begrenztem Umfang zur Arbeitsplatzsicherung aufrechterhalten. In Großbritannien wurde der früher sehr bedeutende Eisenerzbergbau inzwischen aufgegeben; in **Deutschland** wurde die letzte von 1960 noch 60 Eisenerzgruben 1987 in der Oberpfalz wegen Unrentabilität geschlossen. Die Eisenerzvorräte in Deutschland betragen zwar noch über 2,5 Mrd. t, doch lohnt der Abbau dieser »armen« Erze (10–45% Fe-Gehalt) derzeit nicht, da hochwertiges überseeisches Erz einschließlich Transportkosten billiger angeboten wird.

Gold

1996 betrug die **Bergbauproduktion** von Gold nach ersten Schätzungen 2400 t. Zusätzlich zur bergbaulichen Gewinnung kommen jährlich 500–600 t aus Altgoldbeständen auf den Markt.

Auch 1996 stand Südafrika mit einer Bergwerksproduktion von 494,6 t an der Spitze (1995: 522,4 t). Sein Anteil an der Gesamtförderung verringerte sich jedoch weiter durch die Zunahme der Goldgewinnung in anderen Ländern und die Erschließung neuer Vorkommen (z. B. in Australien, Brasilien, China und den USA). Während Südafrika Anfang der 70er Jahre noch rund 75% der Welt-Goldförderung erbrachte, sank sein Anteil 1996 auf noch knapp 30%. Die derzeit bekannten Lagerstätten (**Weltvorräte**) von rund 55 000 t liegen zwar zu fast 50% im südlichen Afrika, doch hat die Rep. Südafrika wegen der beträchtlichen Tiefe der meisten Bergwerke (bis 3 km) den Nachteil besonders hoher Förderkosten. In den letzten Jahren rückten mehrere Goldminen wegen hoher Förderkosten

Gold (Au-Inhalt) Förderung 1994 (1993) (1990) in t (nach UNO)

Südafrika	579,295	(619,201)	(602,997)
USA	326,221	(331,013)	(290,202)
Australien	255,233	(247,433)	(242,299)
VR China (S)	160,000	(160,000)	(100,000)
Rußland	147,000	(149,500)	–
Kanada	145,980	(153,299)	(167,373)
Brasilien	80,000	(80,000)	(98,300)
Usbekistan	70,000	(75,000)	–
Papua-Neuguinea	59,346	(60,587)	(31,035)
Ghana	44,505	(39,234)	(24,500)
Chile	36,896	(33,638)	(27,503)
Peru	30,000	(20,000)	(5,400)
Kolumbien	20,996	(27,469)	(28,000)
Simbabwe	20,512	(18,565)	(16,918)
Philippinen	14,611	(25,826)	(24,590)
Weltförderung	2220	(2253)	

und relativ niedriger Goldpreise an die Grenze ihrer Rentabilität. In den meisten anderen Produktionsländern kann Gold dagegen unter günstigeren Voraussetzungen gefördert werden (z. B. Tagebau in Australien und China).

Die **Goldnachfrage** sank 1996 nach Angaben des »World Gold Council« (**WGC**) leicht auf 2642 t, davon 2242 t für Schmuck (steigende Nachfrage vor allem aus Ost- und Südasien). Der Absatz an private Anleger (Barren, Münzen) ging weltweit zurück, obwohl der Goldpreis stark nachgab. Er sank im Lauf des Jahres 1996 von 405 auf 370 US-$ je Unze (Anfang 1997 sogar auf 340 US-$), da das Angebot die stagnierende Nachfrage deutlich übertraf.

Kupfer

Die sicheren und wahrscheinlichen **Weltkupfervorräte** werden auf über 600 Mio. t geschätzt, davon rund 120 in Chile, 100 in den USA, 60–70 in der GUS und je rund 40 Mio. t in Sambia und Kanada.

Die wichtigsten **Exportländer** Chile, Peru, Australien, Indonesien, Sambia, Zaire und Papua-Neuguinea sind zwecks Preisstabilisierung im »Rat der kupferexportierenden Länder« (**CIPEC**) zusammengeschlossen. Er konnte jedoch auch 1996 starke Preisschwankungen, die meist spekulativ bedingt waren, nicht verhindern. Insgesamt nahm der Kupferpreis 1996 um rund 25% ab, da hohe Lagerbestände auf den Markt drängten, untere anderem durch Rohstoff-Fonds.

Die größten **Importeure** waren die USA, Japan, China und Deutschland. Längerfristig wird mit einem eher sinkenden Verbrauch gerechnet, da sich die Recyclingraten erhöhen und Kupfer in vielen Anwendungsbereichen durch andere Werkstoffe ersetzt wird, z. B. durch Glasfasern (Elektrokabel), Aluminium (Bauwesen) und Kunststoffe.

Kupfer (Cu-Inhalt von Erzen und Konzentraten) Förderung 1995 (1994) (1990) in Mio. t (nach UNO-Angaben)

Chile	2,478	(2,234)	(1,616)
USA	1,850	(1,810)	(1,578)
(ehem.) UdSSR (S)	0,800	(0,850)	(0,950)
Kanada	0,724	(0,617)	(0,771)
Indonesien	0,479	(0,330)	(0,124)
Peru	0,432	(0,364)	(0,318)
Polen	0,384	(0,424)	(0,370)
Australien	0,355	(0,381)	(0,296)
VR China (S)	0,350	(0,325)	(0,280)
Sambia	0,342	(0,499)	(0,622)
Mexiko	0,336	(0,303)	(0,291)
Papua-Neuguinea	0,213	(0,206)	(0,170)
Südafrika	0,200	(0,165)	(0,179)
Weltproduktion	9,600	(9,391)	

Platin

Die wichtigsten **Produzenten** waren 1996 – mit je mehr als 100 t Förderung – Südafrika und die GUS-Staaten; kleinere Produzenten waren Kanada und die USA mit je rund 10 t. Wichtigster Lieferant für den Weltmarkt war Südafrika. **Hauptverbraucher** sind Japan und die USA (je rund 35 %, für Abgaskatalysatoren, elektronische Bauteile und Schmuck) und Westeuropa (rund 30 %). Bedeutendstes Anwendungsgebiet für Platin ist seit 1989 der Bau von Abgaskatalysatoren (über 40 % des Bedarfs) vor der Verwendung für Münzen und Schmuck (in Japan sehr beliebt), in der Elektronik und Chemie.
Die **Weltmarktpreise** für Platin stiegen 1996 zunächst spekulationsbedingt an, sanken aber im Jahresverlauf parallel zum Goldpreis. Die Förderung stagnierte, doch erhöhte sich das Angebot an Recyclingware, so daß die steigende Nachfrage für die Kfz-Produktion ohne Probleme gedeckt werden konnte.

Silber

Größte **Verbrauchsländer** sind die USA, Japan und Deutschland. Hauptverbraucher sind die Fotochemie (rund 2/3 des Weltbedarfs), die Elektro- und Elektronikindustrie, Schmuck- und Besteckherstellung sowie die Verwendung für Münzen und Medaillen. Neben der Bergwerksproduktion beruhte auch 1996/97 das Silberangebot zu einem beträchtlichen Teil auf der Aufarbeitung und Rückgewinnung. Im industriellen Bereich beträgt die Recyclingrate inzwischen über 50 % (insbesondere aus Filmen). Unter Berücksichtigung von eingeschmolzenen Münzen und Schmuck entfällt weit über die Hälfte des Silberangebots auf Umschmelz- und Recyclingware.
Der **Weltmarktpreis** für Silber stieg 1996 zunächst stärker an, zeigte dann aber bis zum Jahresende

Silber (Ag-Inhalt) Förderung 1994 (1993) (1990) in t (nach UNO-Angaben)

	1994	(1993)	(1990)
Mexiko	2325	(2416)	(1556)
Peru	1667	(1621)	(1781)
USA	1480	(1640)	(2125)
Australien	1045	(1125)	(1143)
Chile	959	(985)	(655)
Kanada	775	(896)	(1502)
Polen	800	(767)	(832)
Kasachstan (S)	408	(450)	–
Bolivien	352	(333)	(311)
Marokko	333	(307)	(241)
Schweden	251	(277)	(225)
Rußland	250	(300)	–
DVR Korea (S)	200	(250)	(280)
Südafrika	196	(193)	(161)
Weltproduktion	12769	(13273)	

beständige Abnahmetendenz, da es keine nachhaltigen spekulativen Einflüsse gab und das Angebot die eher zurückhaltende Nachfrage übertraf.

Zink

Die Zinkproduktion stieg 1996 leicht auf rund 7,2 Mio. t (aus Erzen und Recyclingmaterial); sie wurde zu fast 50 % in der Automobil- und Bauindustrie für galvanisierte Stahlprodukte verwendet. Der **Verbrauch** stagnierte 1996, und auch der Weltmarktpreis blieb auf einem relativ niedrigen stabilen Niveau.

Zink (Zn-Inhalt von Erzen und Konzentraten) Produktion 1994 (1993) (1990) in Mio. t (nach UNO-Angaben)

	1994	(1993)	(1990)
Kanada	1,009	(1,007)	(1,203)
Australien	0,971	(0,990)	(0,863)
VR China	0,990	(0,775)	(0,690)
Peru	0,674	(0,665)	(0,584)
USA	0,592	(0,513)	(0,515)
Mexiko	0,369	(0,360)	(0,299)
Irland	0,195	(0,194)	(0,167)
Spanien	0,170	(0,170)	(0,261)
Kasachstan	0,148	(0,219)	
Rußland	0,146	(0,188)	
Indien	0,147	(0,156)	(0,081)
Brasilien	0,140	(0,138)	(0,110)
Weltproduktion	6,819	(6,785)	

Zinn

Die größten Zinnverbraucher waren auch 1996 die USA, Japan und Deutschland, vor allem für Getränkedosen und andere Verpackungen (in Legierungen). Die **Zinnpreise** auf dem Weltmarkt zeigten 1996 einen leichten Rückgang, da die Nachfrage stagnierte und China seine Exporte stark erhöhte. Zudem spielt Recyclingware eine immer größere Rolle; sie deckt inzwischen rund 50 % des Bedarfs.
Die wichtigsten Förderländer sind zum Zweck der Preisstabilisierung in der Association of Tin Producing Countries (**ATPC**) zusammengeschlossen.

Zinn (Sn-Inhalt von Erzen und Konzentraten) Produktion 1994 (1993) (1990) in Mio. t (nach UNO-Angaben)

	1994	(1993)	(1990)
VR China (S)	0,054	(0,049)	(0,036)
Indonesien	0,039	(0,036)	(0,031)
Brasilien	0,020	(0,026)	(0,039)
Peru	0,020	(0,014)	(0,005)
Bolivien	0,016	(0,019)	(0,017)
Rußland	0,010	(0,013)	(0,015)
Malaysia	0,006	(0,010)	(0,028)
Weltproduktion	0,189	(0,196)	

Industrie

Globale Entwicklungen

Die Industrie konnte 1996 ihre Produktion weltweit gegenüber dem Vorjahr deutlich steigern, zeigte jedoch wiederum starke regionale Unterschiede in den verschiedenen Wirtschaftsräumen der Erde. Der **Welt-Durchschnitt des industriellen Wachstums**, der für 1996 auf 4% geschätzt wird, ist daher wenig aussagekräftig. In den westlichen Industriestaaten ergab sich nach dem Konjunkturtief zur Jahreswende 1995/96 ein deutlicher Aufschwung der Industrieproduktion, so daß für das ganze Jahr ein durchschnittliches Wachstum von 1,5% geschätzt wird. Demgegenüber erreichten die Entwicklungs- und Schwellenländer eine Produktionssteigerung von 11–12%, die zum großen Teil auf die ost- und südostasiatischen Staaten zurückging. Im Bereich der Transformationsstaaten setzte sich nach den starken Rückgängen zu Beginn der 90er Jahre die Erholungstendenz von 1995 fort; lediglich in den Staaten der GUS kam es zu weiterem Produktionsrückgang.

Westliche Industriestaaten

Für den OECD-Bereich (westliche Industriestaaten) wird für 1996 ein **Industriewachstum** von rund 1,5% geschätzt (1995: rund 2%). Die wichtigsten westlichen Industriestaaten sind nach wie vor die USA, Japan und Deutschland. Zusammen mit den 4 folgenden (Frankreich, Großbritannien, Italien und Kanada) bilden sie die Gruppe der 7 führenden Wirtschaftsmächte **(G-7)**, die sich jährlich zum **»Weltwirtschaftsgipfel«** treffen (1996 in Lyon/Frankreich, Juni 1997 in Denver/USA) (→ Kap. Internationale Organisationen).

Die globale Entwicklung der Industrieproduktion 1991-1997

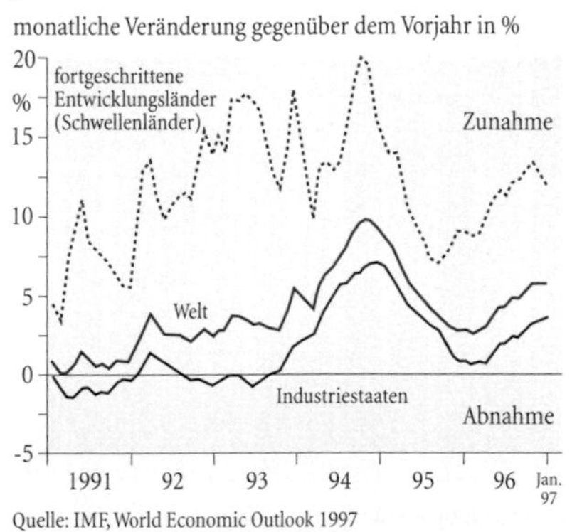

Quelle: IMF, World Economic Outlook 1997

Typisch für diese hochentwickelten Industriestaaten ist, daß seit Jahren der **Dienstleistungssektor** die Industrie als wichtigsten Arbeitgeber abgelöst hat. Der produzierende Sektor verliert laufend an Bedeutung, sowohl gemessen am Beschäftigungsanteil als auch nach seinem Anteil am Bruttoinlandsprodukt.

Das wichtigste Problem der Industrie – neben Fragen des Umweltschutzes – liegt im Bereich der Arbeitsplatzbeschaffung bzw. -sicherung und der Arbeitslosigkeit.

Die **Arbeitsmarktlage** im industriellen Sektor veränderte sich in den letzten Jahren in allen Industriestaaten ungünstiger als die Produktion. Produktionsabnahmen führten zu weitaus stärkerem Arbeitskräfteabbau, und Produktionszunahmen ergaben keinen gleich hohen Arbeitskräftebedarf. Eine Erhöhung der Industrieproduktion erfolgt in der Regel weniger durch Neueinstellungen, sondern durch erhöhte Produktivität, verbesserte Auslastung der Anlagen, verstärkte Automatisierung und Robotereinsatz. So nahm in Deutschland im Produzierenden Gewerbe 1995/96 der Umsatz um rund 1,1% ab, während die Zahl der Industriebeschäftigten von Ende 1995 bis Ende 1996 um 4,2% zurückging.

Von der zunehmenden Globalisierung der gesamten Wirtschaft ist in besonders starkem Maße die Industrie betroffen. Der produzierende Sektor der »alten« Industriestaaten steht dadurch einem wachsenden Konkurrenzdruck seitens der neu industrialisierten Staaten gegenüber. Besonders in Westeuropa haben viele Industriebranchen zunehmende Wettbewerbsprobleme durch hohe **Lohn- und Lohnnebenkosten** im Vergleich zu den osteuropäischen und Mittelmeerländern und insbesondere zu den im Industrialisierungsprozeß begriffenen Entwicklungsländern Ost- und Südasiens. Ihre Konkurrenzfähigkeit versuchen immer mehr Betriebe dadurch zu sichern, daß sie verstärkt rationalisieren, automatisieren und durch Personalabbau ihre Produktionskosten senken. Im Extremfall bleiben nur noch die Forschungs-, Entwicklungs- und Vertriebsabteilungen in Europa, während die Produktion völlig in ein **»Billiglohnland«** verlagert wird, d.h. die Dienstleistungen werden noch in Europa erbracht, die manuellen Tätigkeiten werden ausgelagert und die erzeugten Güter nach Europa importiert.

Zu den Industriestaaten mit hohen Arbeitskosten in der Industrie (Löhne und Personalzusatz-

Arbeitskosten im Verarbeitenden Sektor der westlichen Industriestaaten
Arbeiter-Stundenlöhne im Jahresdurchschnitt 1995 in der Industrie in DM (nach Institut der deutschen Wirtschaft)

	Arbeitskosten insgesamt	*davon: Direktentgelte*	*Personal-Zusatzkosten*	*Zusatzkosten in % des Direktentgelts 1970*	*1995*
Deutschland, alte BL	45,52	25,08	20,44	48	82
Schweiz	42,69	28,03	14,66	39	52
Belgien	38,32	20,01	18,31	59	92
Norwegen	36,93	24,84	12,10	36	49
Österreich	36,84	18,51	18,33	73	99
Dänemark	36,48	29,21	7,27	21	25
Finnland	36,20	19,63	16,57	30	84
Niederlande	35,54	19,80	15,74	62	80
Japan	35,48	20,92	14,56	62	70
Luxemburg	33,88	23,36	10,51	44	45
Schweden	31,13	18,31	12,82	28	70
Deutschland, neue BL	29,85	16,97	12,88	–	76
Frankreich	29,04	15,06	13,98	65	93
USA	25,18	17,76	7,42	25	42
Italien	24,67	12,27	12,39	88	101
Kanada	23,42	16,91	6,51	20	39
Spanien	22,33	12,17	10,16	–	84
Australien	22,04	15,97	6,07	29	38
Großbritannien	20,96	14,96	6,00	22	40
Irland	20,62	14,73	5,89	25	40
Griechenland	12,90	7,77	5,13	38	66
Portugal	9,28	5,20	4,08	–	78

kosten) gehören Deutschland, die Schweiz, die skandinavischen und die Beneluxstaaten, aber auch Japan. Wesentlich geringer sind die Arbeitskosten – abgesehen von überseeischen Schwellenländern – in Ostmittel- und Südosteuropa, in den europäischen Mittelmeerländern, in Großbritannien und Irland, während die USA, Kanada und Frankreich eine mittlere Position einnehmen (→ Tabelle).

Arbeitszeitverkürzungen hatten in den letzten Jahren einen hohen Anteil am Anwachsen der Produktionskosten in den westeuropäischen Industriestaaten. Sowohl im Vergleich zu den USA und Japan als insbesondere zu den Schwellenländern Ost- und Südostasiens haben die europäischen Länder niedrigere Wochen- bzw. Jahresarbeitszeiten. Letztere sind in Deutschland besonders niedrig wegen der kurzen Wochenarbeitszeit (35–38-Stunden-Woche), der relativ großen Zahl von Feiertagen und der im internationalen Vergleich sehr langen Urlaubszeit.

So betrug die durchschnittliche Jahresarbeitszeit in der deutschen Metallindustrie 1995 nur 1573 Stunden, verglichen mit beispielsweise 1728 Stunden in Frankreich, 1808 Stunden in der Schweiz, 1896 Stunden in den USA und 1961 Stunden in Japan (nach »Gesamtmetall«).

Zu den geringeren Wochen- und Jahresarbeitszeiten kommen in einigen europäischen Ländern noch besonders viele Krankheitstage als kostentreibendes Element in der Industrie. Während 1994 die Krankenstandsquote in der Industrie (erkrankte Personen in % der Beschäftigten) in Deutschland 5,5 %, in Schweden 5,3 % und in Österreich 4,8 % betrug, lag sie in Großbritannien nur bei 3,2 % und in Japan unter 1 % (nach »Institut der deutschen Wirtschaft«).

Arbeitszeit von Industriearbeitern 1994/95
Durchschnittliche tatsächliche wöchentliche Arbeitszeit in Stunden

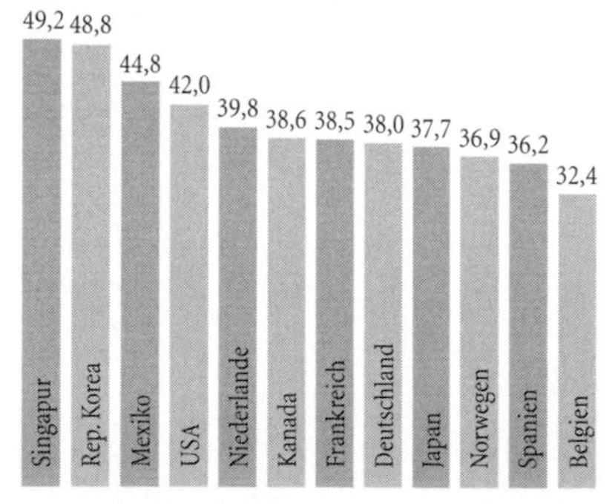

Quelle: Nach Angaben der ILO

Die größten Industrieunternehmen der Welt nach ihrem Umsatz 1996 (nach »SZ«; Umrechnung in DM nach dem mittleren Kurs 1996: 1US-$ = 1,5037 DM)

1996	*(1995)*		*Umsatz 1996 in Mrd. DM*
1.	(1.)	General Motors/USA (Kfz.)	253,2
2.	(2.)	Ford/USA (Kfz.)	221,0
3.	(5.)	Royal Dutch/Shell/Großbrit./Niederl. (Mineralöl)	192,8
4.	(4.)	Exxon/USA (Mineralöl)	179,5
5.	(3.)	Toyota/Japan (Kfz.)	163,5
6.	(10.)	General Electric/USA (Elektro)	119,1
7.	(8.)	IBM/USA (Elektronik)	114,1
8.	(6.)	Hitachi/Japan (Elektronik)	113,8
9.	(11.)	Mobil Oil/USA (Mineralöl)	108,7
10.	(7.)	Daimler-Benz/Deutschland (Kfz.)	106,3
11.	(15.)	BP/Großbrit. (Mineralöl)	105,1
12.	(9.)	Matsushita/Japan (Elektro)	102,4
13.	(14.)	VW/Deutschland (Kfz.)	100,1
14.	(31.)	Daewoo/Rep. Korea (Kfz.)	98,0
15.	(13.)	Siemens/Deutschland (Elektronik)	94,2
16.	(16.)	Chrysler/USA (Kfz.)	92,3
17.	(12.)	Nissan Motor/Japan (Kfz.)	88,9
18.	(17.)	Philip Morris/USA (Nahrungsmittel)	82,1
19.	(19.)	Unilever/Großbrit./Niederl. (Lebensmittel)	80,6
20.	(22.)	Fiat/Italien (Kfz.)	75,8
21.	(21.)	Sony/Japan (Elektro)	75,6
22.	(20.)	Nestlé/Schweiz (Nahrungsmittel)	73,7
23.	(18.)	Toshiba/Japan (Elektro)	72,8
24.	(42.)	Honda/Japan (Kfz.)	70,7
25.	(23.)	VEBA/Deutschland (Energie)	68,1

Gravierende Unterschiede bei den industriellen Produktionskosten verursachen auch die verschieden langen **Maschinenlauf-** bzw. **Betriebsnutzungszeiten**. In vielen Ländern wird die Produktion dadurch verbilligt, daß man durch Arbeit und flexible Wochenarbeitszeiten (Arbeit auch an Wochenenden) den Maschinenpark effektiver ausnutzt.

Entwicklung der Industrie in Deutschland

Der gesamtwirtschaftliche Zuwachs, der 1995 noch bei 1,9 % gelegen hatte (Steigerung des BIP), wurde 1996 vor allem wegen des schlechten Ergebnisses der Industrie auf 1,4 % gedrückt. Das **Produzierende Gewerbe** (Bezeichnung für den industriellen Sektor in der Statistik) nahm, gemessen am Umsatz, 1996 um rund 0,2 % gegenüber 1995 ab. Für die Abnahme war vor allem das **Baugewerbe** verantwortlich, dessen Umsatz allein um etwa 10 % zurückging, während die übrige Industrie (= **Verarbeitendes Gewerbe**) fast auf dem gleichen Stand wie im Vorjahr stagnierte. Die Hauptstütze der Industrieproduktion war 1996, wie schon im Vorjahr, die **Exportwirtschaft**. Der Inlandsabsatz ging dagegen, vor allem im Verbrauchsgüterbereich, aufgrund stagnierender, zum Teil sinkender Realeinkommen, erneut leicht zurück. Ein weiterer wichtiger Grund für die Stagnation der Industrieumsätze in Deutschland lag in der besonders stark ausgeprägten Tendenz, die Produktion in billiger arbeitende Nachbarländer (Osteuropa) oder nach Übersee zu verlagern (Ost- und Südostasien). Die Diskussion um den **»Standort Deutschland«** und seine Zukunft wurde daher 1996 vor allem im Hinblick auf die Industrie geführt. Es war eine der beherrschenden wirtschaftspolitischen Fragen der Jahre 1996/97.

Insgesamt betrug der **Umsatz** der deutschen Industrie 1996 (einschließlich Baugewerbe) 2301,0 Mrd. DM (1995: 2306,1 Mrd. DM). Die Zahl der Industriebeschäftigten wurde durch weitere Rationalisierung erneut stark abgebaut. Sie sank im Monatsdurchschnitt von 8,191 Mio. (1995) auf 7,835 Mio. (Anfang 1997).

In den **neuen Bundesländern** (deren Zahlen in

Die größten Industrieunternehmen Deutschlands nach ihrem Umsatz 1996 (1995) (nach Handelsblatt; Umsätze ohne Mehrwert-, Mineralöl- und Tabaksteuer)

	Umsatz in Mrd. DM		*Beschäftigte in Tsd.*	
	1996	*(1995)*	*1996*	*(1995)*
1. Daimler-Benz	106,339	(103,549)	290,0	(311,0)
2. VW (mit Audi)	100,123	(88,119)	243,0	(242,4)
3. Siemens	94,180	(88,763)	379,0	(373,0)
4. VEBA	68,095	(66,323)	122,1	(125,2)
5. RWE	54,781	(52,913)	132,7	(135,1)
6. BMW	52,165	(46,144)	109,1	(115,8)
7. Hoechst	50,927	(52,177)	147,9	(161,6)
8. BASF	48,776	(46,229)	103,4	(106,6)
9. Bayer	48,608	(44,580)	142,2	(142,9)
10. VIAG	42,452	(41,932)	88,1	(83,8)
11. Bosch	41,146	(35,844)	172,4	(156,8)
12. Thyssen	38,673	(39,123)	123,7	(126,4)
13. Mannesmann	34,683	(32,094)	120,0	(122,7)
14. Adam Opel	28,331	(25,909)	44,7	(45,6)
15. Ford	26,400	(25,031)	45,2	(44,0)
16. Preußag	25,044	(26,353)	65,5	(65,2)
17. Ruhrkohle	24,941	(24,696)	102,0	(102,1)
18. Hoesch-Krupp	24,038	(23,535)	69,6	(66,4)
19. MAN	20,270	(18,602)	57,6	(57,0)
20. Henkel	16,301	(14,198)	46,4	(41,7)
21. Walter Holding	16,000	(15,780)	37,0	(37,5)
22. Metallgesellschaft	15,825	(17,643)	23,3	(23,4)
23. Ruhrgas	15,209	(13,658)	10,3	(11,0)
24. Ph. Holzmann	14,192	(14,098)	51,2	(47,4)
25. Degussa	13,792	(13,862)	26,0	(26,8)
26. Deutsche Shell	12,591	(10,423)	2,6	(2,6)
27. IBM Deutschland	11,400	(12,230)	19,8	(21,3)
28. ESSO	11,295	(9,869)	2,1	(2,4)
29. Continental	10,431	(10,253)	44,8	(44,3)
30. Bilfinger & Berger	9,247	(8,573)	51,2	(49,8)

Entwicklung der deutschen Industrieproduktion 1994-1997

Erzeugung des produzierenden Gewerbes
(monatliche Entwicklung, saisonbereinigt)

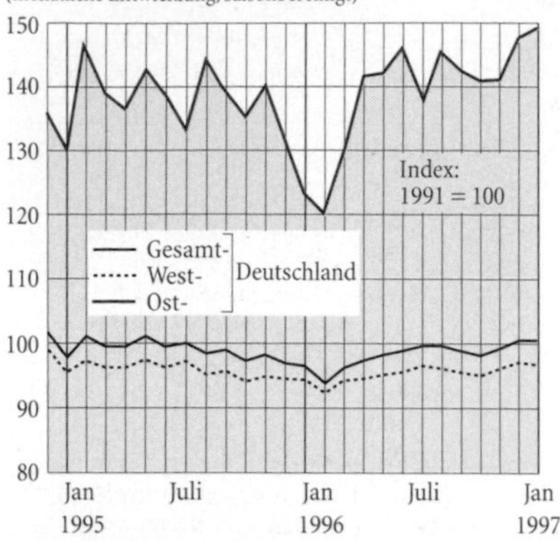

Quelle: Dt. Bundesbank/Handelsblatt

den vorstehenden Angaben enthalten sind) kam es 1996 zu einem »temporären Stopp des Aufholprozesses«, wie eine Bank schrieb. Nach dem Abschluß vieler Großinvestitionsmaßnahmen kam es auch hier zu einem Rückgang der Bautätigkeit und einer Stagnation der gesamten Industrieproduktion. Insofern wirkte sich die schwache gesamtdeutsche Konjunkturentwicklung auch auf die ostdeutsche Industrie aus, die zudem im Umsatz pro Beschäftigten immer noch deutlich unter dem westdeutschen liegt. Die Zahl der Industriebeschäftigten ging hier im Jahresdurchschnitt von 1,061 Mio. (1995) auf 1,005 Mio. (1996) zurück (einschließlich Baugewerbe).

Die industrielle Entwicklung in den Reformstaaten

In den Transformationsstaaten Ostmittel-, Ost- und Südosteuropas und der GUS hatten bis zur Auflösung des »Ostblocks« die Mängel der sozialistischen Planwirtschaft zuletzt nur noch leichte Zuwächse der Produktion zugelassen. Sie wurden zudem mit gravierenden Umweltschädigungen, übermäßig hohem Rohstoffverbrauch und Verlusten an der Produktionssubstanz (Mangel an Ersatzinvestitionen) erkauft. Seit 1990/91 hatten der allgemeine Zusammenbruch des bisherigen politischen und wirtschaftlichen Systems und die Schwierigkeiten des Übergangs zur Marktwirtschaft – verstärkt durch den maroden Zustand der meisten Produktionsmittel und der Infrastruktur – zu starken Rückgängen der Industrieproduktion geführt. Nach der politisch-wirtschaftlichen Wen-

de setzte als erstes in Polen, Ungarn und in der ehem. ČSFR eine Konsolidierung ein. Ab 1994 meldeten alle Staaten mit Ausnahme der GUS-Länder wieder ein industrielles Wachstum. Diese unterschiedliche Entwicklung verstärkte sich 1996. Die ostmitteleuropäischen Visegrád-Länder (Polen, Ungarn, Tschechische Rep., Slowakei) und Slowenien meldeten ein industrielles Wachstum von 3–6%. Hier wirkte sich die konsequente wirtschaftliche Reformpolitik positiv aus, die ausländische Investitionen anlockte und die Privatindustrie stärkte.

Ein geringeres industrielles Wachstum zeigten 1996 die baltischen Staaten sowie die südosteuropäischen Staaten Albanien, Rumänien, Kroatien und Mazedonien. Eine negative Entwicklung wiesen demgegenüber Bulgarien und die meisten GUS-Staaten auf. Hier herrschten weiter Ungewißheit über den zukünftigen wirtschaftspolitischen Kurs und vielfach staatliche Desorganisation, so daß die Investitionstätigkeit weitgehend zum Erliegen kam. Die Industrieproduktion sank weiter ab, so z. B. in Rußland, in der Ukraine, in Weißrußland und in fast allen zentralasiatischen GUS-Staaten. In Rußland ging die Industrieproduktion 1996 im 7. Jahr hintereinander zurück (am stärksten 1992–94 mit –19, –16 und –21%). Inzwischen ist es zu einer **massiven Entindustrialisierung** gekommen, von der nicht nur die Rüstungsindustrie, sondern auch besonders stark der Maschinenbau, die Elektronik und die gesamte Investitionsgüterindustrie betroffen sind. Insgesamt ging die Industrieproduktion von 1990–1996 um rund $^2/_3$ zurück. Die von den Reformkräften angestrebte **Privatisierung der Industrie** erwies sich als schwierig durchzuführen, nicht nur wegen des Fehlens marktwirtschaftlich ausgebildeter Unternehmer, aus Kapitalmangel und wegen vielfältiger Widerstände seitens der alten Wirtschaftsbürokratie, sondern auch wegen der überwiegend großbetrieblichen Struktur der Unternehmen.

Angesichts der nur begrenzten Handlungsfähigkeit der Regierung und des Fehlens durchsetzungsfähiger Konzepte rieten führende deutsche Wirtschaftsforschungsinstitute dringend von Investitionen in die Industrie Rußlands und der asiatischen GUS-Staaten ab. Die ungewissen Aussichten der russischen Industrie werden auch dadurch deutlich, daß die einheimischen privaten Investitionen in den Industriesektor nur gering sind. Auch 1996 flossen mehr finanzielle Mittel aus Rußland in das Ausland ab, als in der eigenen Industrie investiert wurden.

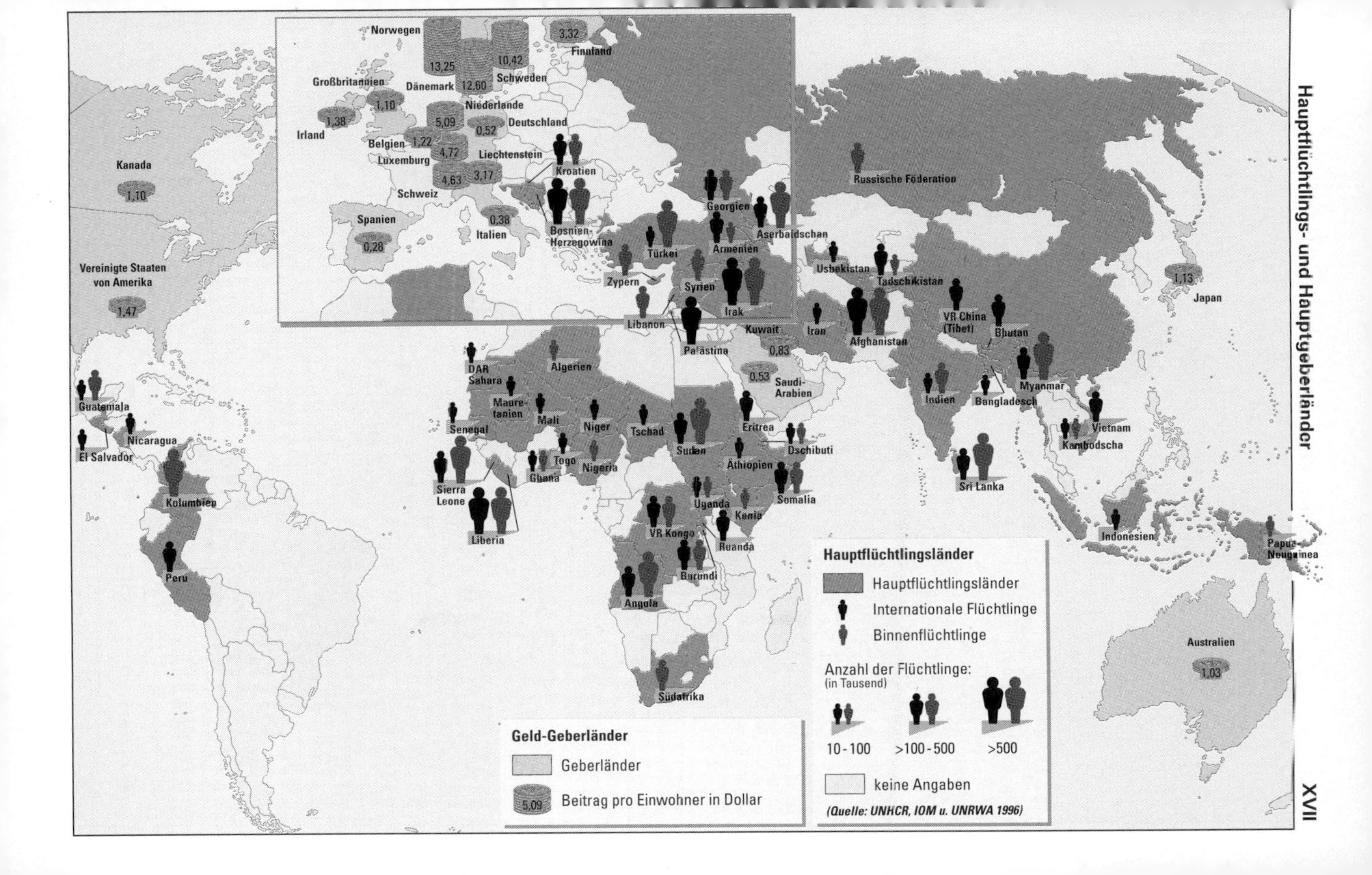

Norwegen
13,25
Schweden
10,42
Finnland
3,32
Großbritannien
1,10
Dänemark
12,60
Irland
1,38
Niederlande
5,09
Deutschland
0,52
Belgien
1,22
Luxemburg
4,72
Liechtenstein
3,17
Schweiz
4,63
Spanien
0,28
Italien
0,38
Kroatien
Bosnien-Herzegowina
Türkei
Zypern
Georgien
Aserbaidschan
Armenien
Syrien
Irak
Libanon
Palästina
Kuwait
0,83
Saudi-Arabien
0,53
Kanada
1,10
Vereinigte Staaten von Amerika
1,47
Russische Föderation
Usbekistan
Tadschikistan
Iran
Afghanistan
VR China (Tibet)
Bhutan
Japan
1,13
Indien
Bangladesch
Myanmar
Vietnam
Kambodscha
Sri Lanka
Indonesien
Australien
1,03
Guatemala
Nicaragua
El Salvador
Kolumbien
Peru
DAR Sahara
Algerien
Mauretanien
Senegal
Mali
Niger
Tschad
Togo
Ghana
Nigeria
Sierra Leone
Liberia
Sudan
Eritrea
Dschibuti
Äthiopien
Somalia
Uganda
Kenia
VR Kongo
Ruanda
Burundi
Angola
Südafrika
Hauptflüchtlingsländer
Hauptflüchtlingsländer
Internationale Flüchtlinge
Binnenflüchtlinge
Anzahl der Flüchtlinge:
(in Tausend)
10-100
>100-500
>500
keine Angaben
(Quelle: UNHCR, IOM u. UNRWA 1996)
Geld-Geberländer
Geberländer
5,09
Beitrag pro Einwohner in Dollar

China - Ethnische Minderheiten

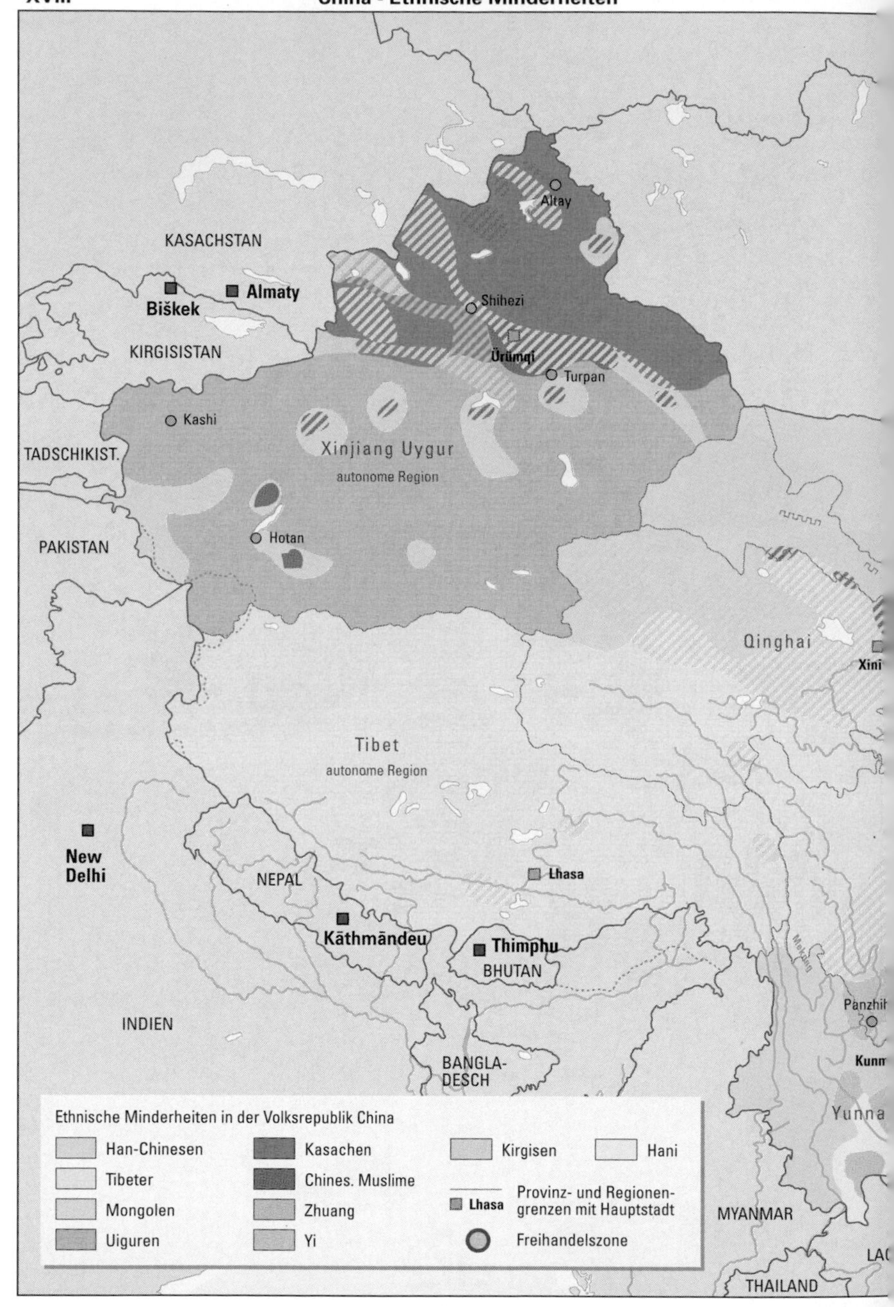

RUSS. FÖDERATION
Ulaanbaatar
ONGOLEI
Heilongjiang
Qiqihar
Harbin
Changchun
Jilin
Jilin
Nei Monggol
(Innere Mongolei)
autonome Region
Fushun
Shenyang
Liaoning
Japanisches
Meer
VR KOREA
P'yŏngyang
Śŏul
REP. KOREA
JAPAN
Hebei
Hohhot
Baotou
Beijing
Shi
Beijing
Datong
Tianjin
Tianjin Shi
Dalian
"Chinesische Mauer"
Yinchuan
Ningxia
Huizu
autonome
Region
Shijiazhuang
Taiyuan
Shanxi
Shaanxi
Jinan
Shandong
Qingdao
Gelbes
Meer
zhou
ansu
Zhengzhou
Jiangsu
Baoji
Xi'an
Henan
Nanjing
Hefei
Shanghai
Shanghai Shi
Anhui
Sichuan
Hubei
Chang Jiang
(Yangtze)
Chengdu
Wuhan
Hangzhou
Ningbo
Chongqing
Zhejiang
Nanchang
Changsha
Jiangxi
Ostchinesisches
Meer
Zunji
Hunan
Guizhou
Fuzhou
Fujian
Guiyang
T'aipei
Xiamen
Guilin
TAIWAN
Guangxi Zhuang
autonome Region
Guangdong
Guangzhou
(Kanton)
Shantou
Wuzhou
Maoming
Shenzhen
Zhuhai
Hong Kong
Nanning
200 km
VIETNAM
Macau
(Port. bis 1999)
Ha Noi
Pazifischer
Ozean
Golf von
Tongking
Haikou
Südchinesisches
Meer
PHILIPPINEN
Hainan
Hainan Dao

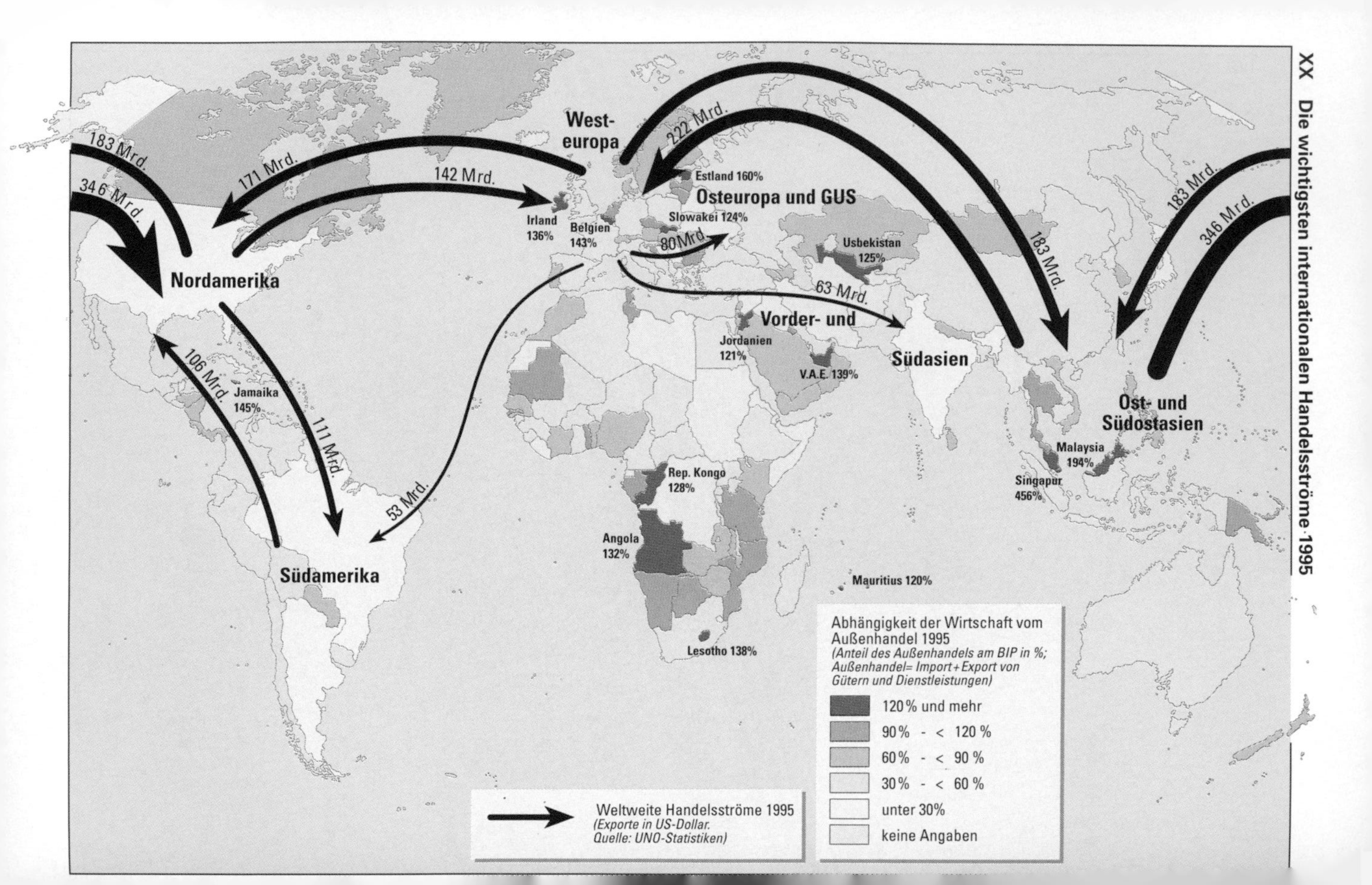

West-
europa
183 Mrd.
346 Mrd.
171 Mrd.
142 Mrd.
222 Mrd.
Estland 160%
Osteuropa und GUS
Slowakei 124%
Irland
136%
Belgien
143%
80 Mrd.
Usbekistan
125%
183 Mrd.
183 Mrd.
346 Mrd.
Nordamerika
63 Mrd.
Vorder- und
Jordanien
121%
Südasien
V.A.E. 139%
106 Mrd.
Jamaika
145%
111 Mrd.
Ost- und
Südostasien
Malaysia
194%
Singapur
456%
Rep. Kongo
128%
53 Mrd.
Angola
132%
Südamerika
Mauritius 120%
Lesotho 138%
Abhängigkeit der Wirtschaft vom Außenhandel 1995
(Anteil des Außenhandels am BIP in %; Außenhandel= Import+Export von Gütern und Dienstleistungen)
120 % und mehr
90 % - < 120 %
60 % - < 90 %
30 % - < 60 %
unter 30%
keine Angaben
Weltweite Handelsströme 1995
(Exporte in US-Dollar.
Quelle: UNO-Statistiken)

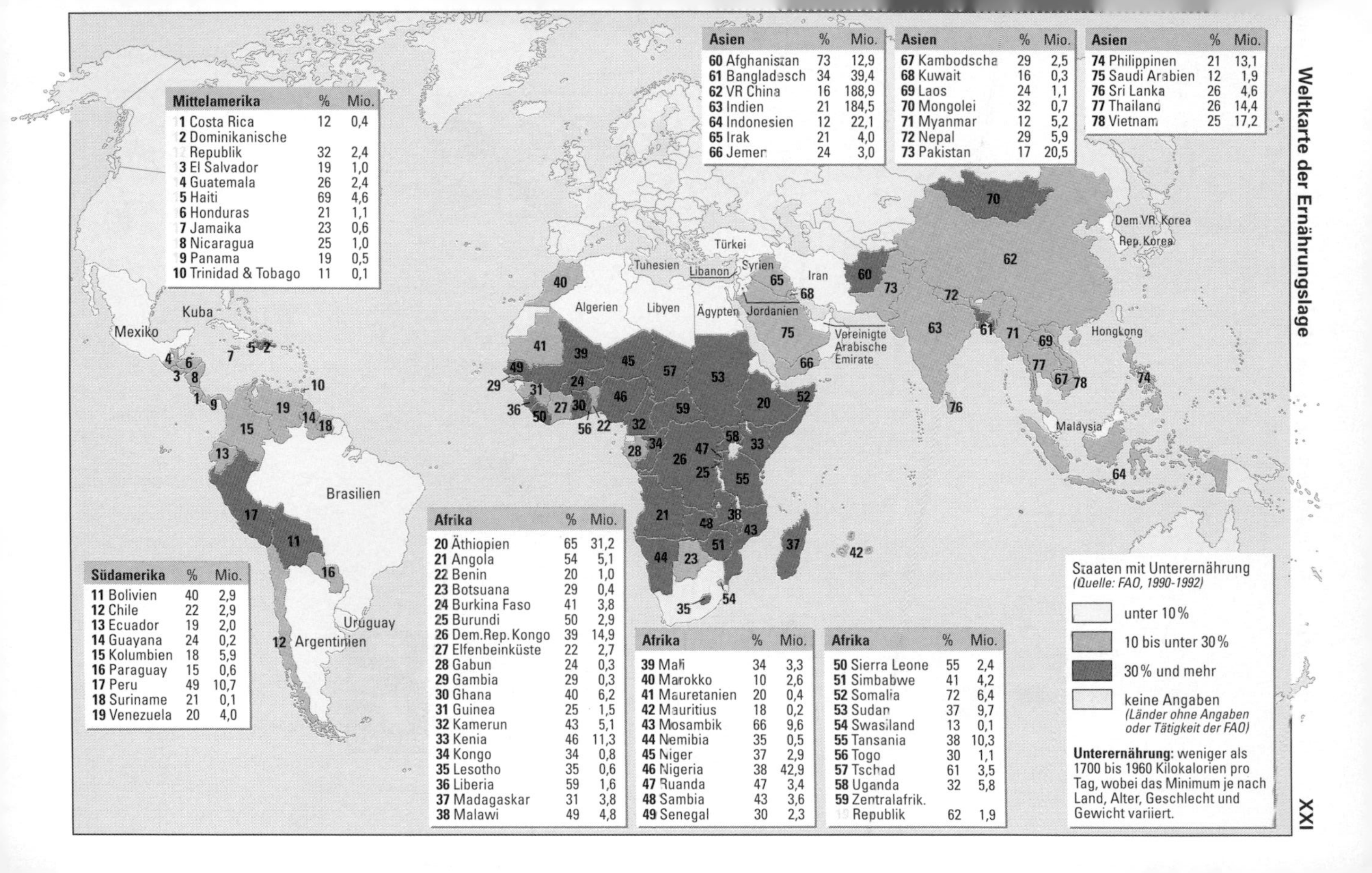

Mittelamerika	%	Mio.
1 Costa Rica	12	0,4
2 Dominikanische Republik	32	2,4
3 El Salvador	19	1,0
4 Guatemala	26	2,4
5 Haiti	69	4,6
6 Honduras	21	1,1
7 Jamaika	23	0,6
8 Nicaragua	25	1,0
9 Panama	19	0,5
10 Trinidad & Tobago	11	0,1

Südamerika	%	Mio.
11 Bolivien	40	2,9
12 Chile	22	2,9
13 Ecuador	19	2,0
14 Guayana	24	0,2
15 Kolumbien	18	5,9
16 Paraguay	15	0,6
17 Peru	49	10,7
18 Suriname	21	0,1
19 Venezuela	20	4,0

Afrika	%	Mio.
20 Äthiopien	65	31,2
21 Angola	54	5,1
22 Benin	20	1,0
23 Botsuana	29	0,4
24 Burkina Faso	41	3,8
25 Burundi	50	2,9
26 Dem.Rep.Kongo	39	14,9
27 Elfenbeinküste	22	2,7
28 Gabun	24	0,3
29 Gambia	29	0,3
30 Ghana	40	6,2
31 Guinea	25	1,5
32 Kamerun	43	5,1
33 Kenia	46	11,3
34 Kongo	34	0,8
35 Lesotho	35	0,6
36 Liberia	59	1,6
37 Madagaskar	31	3,8
38 Malawi	49	4,8

Afrika	%	Mio.
39 Mali	34	3,3
40 Marokko	10	2,6
41 Mauretanien	20	0,4
42 Mauritius	18	0,2
43 Mosambik	66	9,6
44 Nemibia	35	0,5
45 Niger	37	2,9
46 Nigeria	38	42,9
47 Ruanda	47	3,4
48 Sambia	43	3,6
49 Senegal	30	2,3

Afrika	%	Mio.
50 Sierra Leone	55	2,4
51 Simbabwe	41	4,2
52 Somalia	72	6,4
53 Sudan	37	9,7
54 Swasiland	13	0,1
55 Tansania	38	10,3
56 Togo	30	1,1
57 Tschad	61	3,5
58 Uganda	32	5,8
59 Zentralafrik. Republik	62	1,9

Asien	%	Mio.
60 Afghanistan	73	12,9
61 Bangladesch	34	39,4
62 VR China	16	188,9
63 Indien	21	184,5
64 Indonesien	12	22,1
65 Irak	21	4,0
66 Jemen	24	3,0

Asien	%	Mio.
67 Kambodscha	29	2,5
68 Kuwait	16	0,3
69 Laos	24	1,1
70 Mongolei	32	0,7
71 Myanmar	12	5,2
72 Nepal	29	5,9
73 Pakistan	17	20,5

Asien	%	Mio.
74 Philippinen	21	13,1
75 Saudi Arabien	12	1,9
76 Sri Lanka	26	4,6
77 Thailand	26	14,4
78 Vietnam	25	17,2

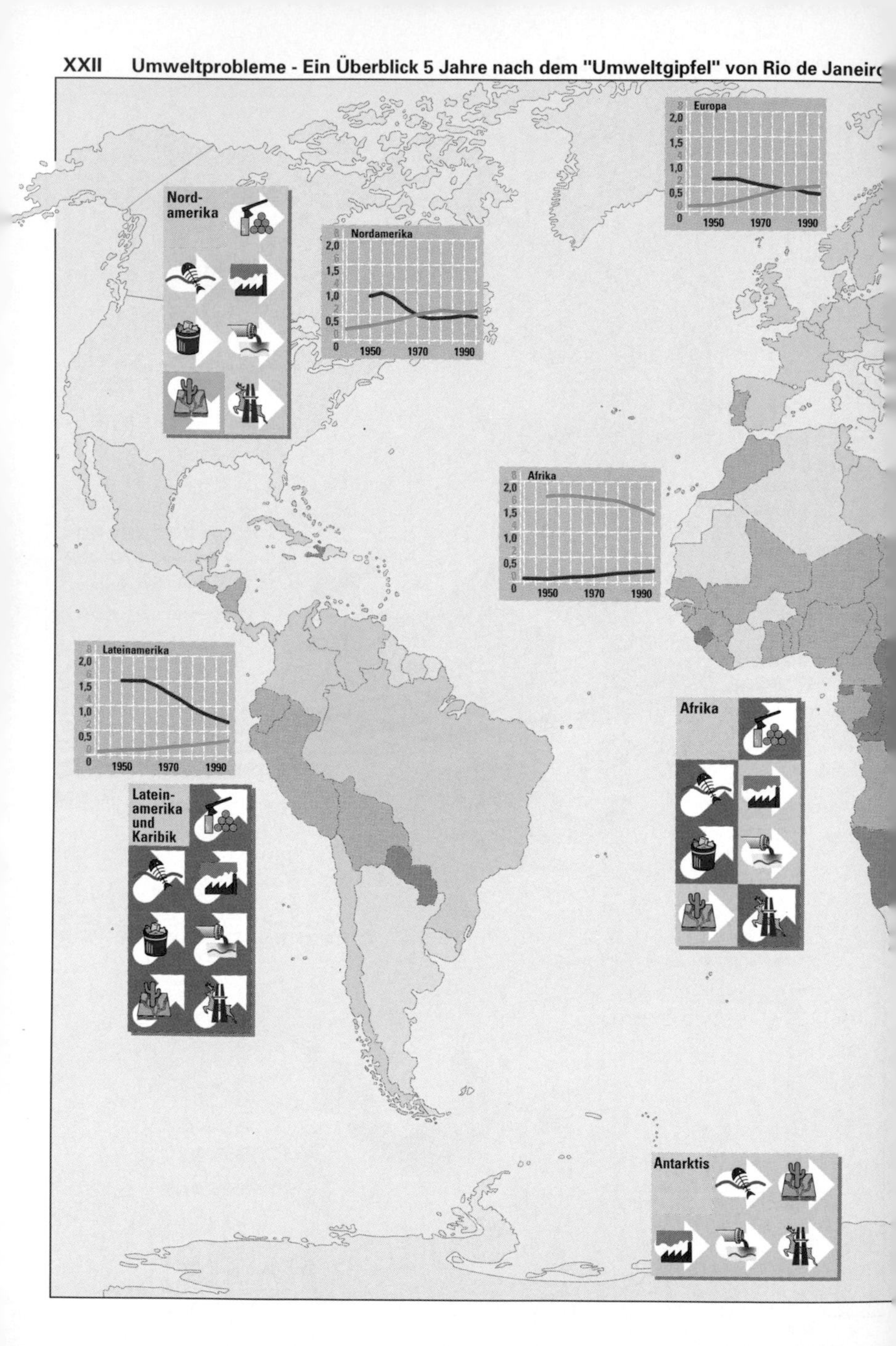

Europa
2,0
1,5
1,0
0,5
0
1950
1970
1990
Nord-
amerika
Nordamerika
2,0
1,5
1,0
0,5
0
1950
1970
1990
Afrika
2,0
1,5
1,0
0,5
0
1950
1970
1990
Lateinamerika
2,0
1,5
1,0
0,5
0
1950
1970
1990
Lateinamerika und Karibik
Afrika
Antarktis

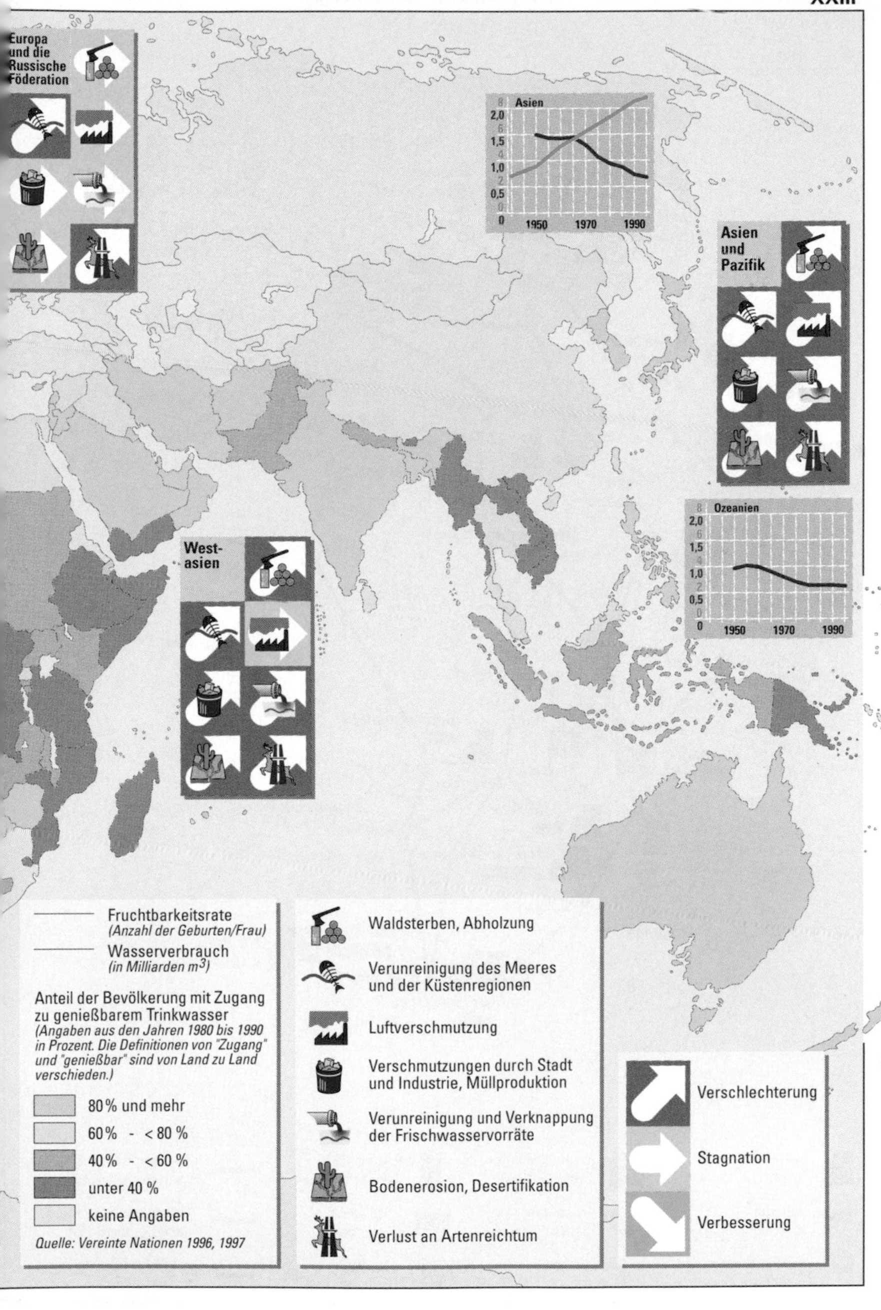

Europa und die Russische Föderation
Asien
2,0
1,5
1,0
0,5
0
1950
1970
1990
Asien und Pazifik
Ozeanien
2,0
1,5
1,0
0,5
0
1950
1970
1990
West-asien
Fruchtbarkeitsrate
(Anzahl der Geburten/Frau)
Wasserverbrauch
(in Milliarden m3)
Anteil der Bevölkerung mit Zugang zu genießbarem Trinkwasser
(Angaben aus den Jahren 1980 bis 1990 in Prozent. Die Definitionen von "Zugang" und "genießbar" sind von Land zu Land verschieden.)
80 % und mehr
60 % - < 80 %
40 % - < 60 %
unter 40 %
keine Angaben
Quelle: Vereinte Nationen 1996, 1997
Waldsterben, Abholzung
Verunreinigung des Meeres und der Küstenregionen
Luftverschmutzung
Verschmutzungen durch Stadt und Industrie, Müllproduktion
Verunreinigung und Verknappung der Frischwasservorräte
Bodenerosion, Desertifikation
Verlust an Artenreichtum
Verschlechterung
Stagnation
Verbesserung

Deutschland - Kernenergie

Der industrielle Sektor in den Entwicklungsländern

Die Entwicklungsländer in ihrer Gesamtheit wiesen 1996 ein im globalen Maßstab weit **überdurchschnittliches Wachstum** der Industrieproduktion auf, doch bestanden erneut enorme Unterschiede zwischen einzelnen Ländern. Insgesamt stieg jahrzehntelang der Anteil der Entwicklungsländer an der Welt-Industrieproduktion nur langsam von rund 6% (1960) über 7% (1965) und 7,5% (1970) – mit beschleunigter Zunahme – auf rund 24% (1996), davon rund 15% in Ost- und Südostasien und 7% in Lateinamerika. Das durchschnittliche jährliche Wachstum der Industrie erhöhte sich in den letzten Jahren auf über 10% und lag somit wesentlich höher als in den Industriestaaten. Seit einigen Jahren hat sich besonders Ost- und Südostasien weltweit zur bedeutendsten industriellen Wachstumsregion entwickelt. Dies war auch 1996 der Fall, so daß der Internationale Währungsfonds erstmals 1997 verschiedene ostasiatische Länder nicht mehr zu den Entwicklungs-, sondern zu den Industriestaaten zählte (Rep. Korea, Rep. China, Hongkong, Singapur und Israel).

In den übrigen Entwicklungsländern bestanden auch 1996/97 vielfach größere Hindernisse für eine kräftigere industrielle Entwicklung, wenn auch durch eine Konsolidierung der wirtschaftlichen Rahmenbedingungen und Umschuldungsmaßnahmen in einigen lateinamerikanischen und afrikanischen Staaten die Chancen verbessert wurden. Die überaus hohe Verschuldung vieler industrialisierungsfähiger Staaten (z. B. in Lateinamerika) behinderte weiterhin stark den dringend notwendigen weiteren Kapitalzufluß. Außerdem reduzieren die immer noch relativ niedrigen Erlöse für Rohstoffausfuhren (trotz einiger Preiserhöhungen in den letzten Jahren) die notwendigen Deviseneinnahmen der Exportländer. Das niedrige Rohstoffpreisniveau (→ Bergbau), das sich auch 1996 trotz gewisser Preissteigerungen noch nicht grundsätzlich änderte, begünstigt seit Jahren die Industriestaaten, deren Produkte stärker im Preis stiegen als die Rohstoffe.

Besonders die vergleichsweise **sehr niedrigen Lohnkosten** in den Entwicklungsländern wirken sich positiv auf den industriellen Aufbau aus. Hinzu kommen die derzeit relativ niedrigen Frachtkosten der Hochseeschiffahrt für den Transport zwischen Entwicklungs- und Industriestaaten. Dies sind Anreize für Betriebe in Westeuropa, Nordamerika und Japan, Produktionsstandorte in derartige »Billiglohnländer« zu verlegen, insbesondere wenn dort eine zumindest befriedigende Verkehrs-, Kommunikations- und Energieinfrastruktur und geeignete Arbeitskräfte zur Verfügung stehen.

Labile politische Verhältnisse, innere Unruhen, eine unzureichende Versorgungslage und eine ungenügende Verkehrsinfrastruktur verhinderten allerdings auch 1996/97 häufig, daß sich private Unternehmen aus Europa oder Nordamerika in Form von Investitionen in Entwicklungsländern engagierten. Besonders Afrika südlich der Sahara wurde nach wie vor weitgehend ausgespart. Demgegenüber erreichten erneut diejenigen Staaten das stärkste Industriewachstum, die ausländische Investitionen und privates Unternehmertum begünstigten, im Inneren für stabile Verhältnisse sorgten und sich intensiv am Welthandel beteiligten. Beispiele sind vor allem Staaten Ost- und Südostasiens und Lateinamerikas.

Schwellenländer (NIC)

Die rohstoffarmen und finanzschwachen Entwicklungsländer haben kaum Chancen auf eine baldige Industrialisierung. Eine Ausnahme bilden Länder mit relativ gut ausgebauter Infrastruktur, höherem Bildungsniveau, einer zahlenmäßig stärkeren Führungsschicht und ähnlichen günstigen Voraussetzungen für eine wachstumsorientierte Entwicklungsstrategie auf der Basis arbeitsintensiver Exportindustrien (häufig in Industrieparks oder Freihandelszonen) oder von Dienstleistungen (z. B. Tourismus), in der Regel auf der Basis ausländischen Kapitals. Diesen Weg der Industrialisierung sind die Schwellenländer gegangen (auch »Newly Industrialized Countries« (NIC), »Newly Industrialized Economies« (NIE) oder – nach der Weltbank-Bezeichnung – »Länder mit mittlerem Einkommen«. Hierzu gehören z. B. Singapur, Hongkong, Rep. China, Rep. Korea (vom IWF inzwischen zu den Industriestaaten gezählt), Malaysia, Thailand, verschiedene karibische Inselstaaten und südamerikanische Länder. Den »alten« Industriestaaten erwächst hier seit Jahren auf dem Weltmarkt zunehmend Konkurrenz, insbesondere bei Massengütern und Produkten, die mit ausgereifter Technologie durch angelernte Arbeitskräfte in großen Serien hergestellt werden können (z. B. Textilien und Bekleidung, Schuhe, Elektrogeräte, Spielzeug, elektronische Bauteile, Autos). Beispiele für die zunehmende Bedeutung der Schwellenländer als Produzenten und Exporteure von Industriegütern bietet die → Textilindustrie, die → Elektrotechnik, die Kunststofferzeugung (→ chemische Industrie), aber auch etwa die Spielwaren-, feinmechanische und optische Industrie. Investoren in die Industrie der Schwellenländer sind vielfach Unternehmer aus den traditionellen Industriestaaten, immer stärker aber auch Angehörige der kapitalkräftigen Oberschichten der betreffenden Länder.

Ausgewählte Produktionszahlen und Branchenübersichten

Aluminium Gesamtproduktion, d.h. Hüttenproduktion und Gewinnung aus Schrott, Abfällen u. ä. 1995 (1994) (1990) in Mio. t (nach UNO-Angaben)

	1995	(1994)	(1990)
USA	6,676	(6,379)	(5,963)
Kanada*	2,172	(2,255)	(1,567)
Australien*	1,344	(1,382)	(1,235)
Brasilien*	1,206	(1,184)	(0,931)
VR China (S)	1,100	(1,000)	(0,860)
Deutschland	0,989	(0,941)	(1,254)
Norwegen	0,860	(0,871)	(0,894)
Frankreich	0,630	(0,640)	(0,533)
Venezuela*	0,580	(0,550)	(0,599)
Japan	0,557	(0,530)	(1,061)
Großbritannien	0,520	(0,514)	(0,409)
Indien*	0,518	(0,479)	(0,444)
Spanien*	0,348	(0,338)	(0,355)
u. a. Österreich	0,047	(0,048)	(0,173)
Weltproduktion	20,200	(20,465)	

* = nur Hüttenproduktion
Keine Daten für die GUS-Staaten verfügbar.

Die größten **Aluminiumverbraucher** sind die USA, Japan, Deutschland, Italien und Frankreich, wobei das Metall wegen seines geringen Gewichts v. a. im Fahrzeugbau verwendet wird (Straßen-, Schienen- und Luftfahrzeuge), daneben für Verpackungen (Folien, Dosen), im Maschinenbau und Hochbau.
Wegen des hohen Stromverbrauchs bei der Aluminiumproduktion wurden in den letzten Jahren zunehmend **Produktionskapazitäten** in Ländern mit billiger Energie neu errichtet, z. B. in Brasilien (Wasserkraft), Venezuela und arabischen OPEC-Staaten, wie Bahrain und Ver. Arab. Emirate (Erdöl und -gas), Australien und Südafrika (Kohle). Dagegen wurden in Ländern mit hohen Strompreisen auch 1996/97 weitere Fertigungskapazitäten abgebaut, so z. B. in Deutschland.
Bei den **Weltmarktpreisen** für Aluminium setzte sich auch 1996 die Abnahmetendenz des Vorjahres fort. Hauptursache war die anhaltende Nachfrageschwäche in den westlichen Industrieländern (u. a. schwache Baukonjunktur), dem ein größerer Verbrauchszuwachs nur in Süd- und Ostasien gegenüberstand. Insgesamt stieg weltweit die Aluminiumproduktion 1996 um 7%, der Verbrauch nur um 2%. Zur reichlichen Versorgung und Preisdämpfung trug auch die hohe Recyclingrate bei, die in einigen Industrieländern schon über 50% beträgt.

Bauindustrie

Für Rußland, China und die meisten Entwicklungsländer liegen keine aktuellen Zahlen vor. Wegen unterschiedlicher Definition des Begriffs »Wohnung« und nicht vollständiger Erfassung ist die internationale Vergleichbarkeit sehr erschwert.

Wohnungsbau Zahl der fertiggestellten Wohnungen (Neubauten) 1995 (1994) (1990) in Mio. (nach UNO-Angaben)

	1995	(1994)	(1990)
Japan*	1,579	(1,689)	(1,837)
USA	1,560	(1,452)	(1,188)
Deutschland	0,603	(0,574)	(0,257)
Spanien*	0,330	(0,291)	(0,281)
Türkei	0,312	(0,311)	(0,232)
Frankreich*	0,300	(0,297)	(0,256)
Großbrit. (ohne Nordirland)	0,189	(0,185)	(0,183)
Australien	0,174	(0,169)	(0,145)
Kanada	0,165	(0,162)	(0,206)
Niederlande*	0,105	(0,103)	(0,097)
Polen	0,070	(0,072)	(0,134)

* = einschl. Instandsetzung

In **Deutschland** ging die Zunahme der Bautätigkeit, die sich schon 1995 stark abgeschwächt hatte, 1996 in einen in seiner Höhe unerwarteten Rückgang über. Vor allem der Wegfall verschiedener staatlicher Programme zur Subventionierung des Wohnungsbaues und eine inzwischen erreichte Bedarfsdeckung in vielen Regionen sorgten für den Nachfragerückgang bei der Bauwirtschaft. Die Zahl der Baugenehmigungen im **Wohnungsbau** sank von 638630 (1995) auf 576376 (1996). 1994 hatte die Zahl noch 712636 betragen. Lediglich in den neuen Bundesländern nahm die Zahl der Baugenehmigungen noch einmal leicht von 180011 (1995) auf 186290 (1996) zu.
Die Zahl der **fertiggestellten Wohnungen**, die 1995 auf 602757 gestiegen war, ging 1996 auf 590322 zurück, davon 143376 in den neuen Ländern.
Im **Nichtwohnbau** (Industrie, Gewerbe, Büros, Landwirtschaft usw.) gab es wegen der nur sehr zurückhaltenden Investitionsneigung der Industrie und der Finanzknappheit der öffentlichen Kassen bereits 1995 einen leichten Rückgang. Dieser setzte sich 1996 fort. Die Zahl der Baugenehmigungen nahm auf 40038 Gebäude ab (1995: 40722), die Zahl der Fertigstellungen ging ebenfalls zurück. Im Tiefbau (Straßen-, Kanalbau u. ä.), der zu fast 70% von der öffentlichen Hand durchgeführt wird, gab es 1996 einen deutlichen Rückgang um über 10%. Selbst in den neuen Bundesländern nahm die Bautätigkeit 1996 ab, obwohl hier im Straßenbau, bei Bahn und Telekom wiederum kräftig investiert wurde.
Der **Umsatz** des deutschen Bauhauptgewerbes,

der 1995 noch leicht auf 232,402 Mrd. DM angestiegen war, nahm 1996 auf 220,743 Mrd. DM ab (davon 156,109 Mrd. DM in Westdeutschland). Die Zahl der **Beschäftigten** ging um 7,1 % zurück auf 1,312 Mio. (davon 0,893 Mio. in den westlichen Ländern).

Als Hauptproblem des deutschen Baugewerbes erwies sich 1996/97 – neben dem Auftragsrückgang – das zunehmende Auftreten von Baufirmen aus anderen EU-Ländern. Diese bezahlen ihre Mitarbeiter nach den niedrigeren Löhnen ihrer Heimatländer, können daher günstigere Preise anbieten und deutsche Unternehmen vom Markt verdrängen. Hinzu kommen Firmen und Arbeiter aus den Billiglohnländern Ostmittel- und Osteuropas. Da am Bau 40–50 % der Kosten auf Lohnkosten entfallen, kann dieser Wettbewerbsnachteil durch höhere Produktivität deutscher Unternehmen nicht ausgeglichen werden. 1996 waren im Durchschnitt in Deutschland 210 000 Beschäftigte ausländischer Werkvertragsunternehmen gemeldet (dazu eine beträchtliche Zahl Illegaler), während gleichzeitig rd. 180 000 deutsche Bauarbeiter arbeitslos waren und ca. 3200 deutsche Bauunternehmer in Konkurs gingen.

Eine Chance für die deutsche Bauwirtschaft wird nur in einer Entlastung von den hohen Lohn- und Lohnnebenkosten gesehen; als Übergangsregelung für 1997 wurde nach langen Auseinandersetzungen innerhalb der Wirtschaftsverbände der verbindlichen Festlegung von Mindestlöhnen (auch für Ausländer) zugestimmt (17,00 DM für West- und 15,64 DM für Ostdeutschland).

Baubedarf wird in den nächsten Jahren hauptsächlich in den neuen Ländern liegen, wo immer noch ein sehr großer Renovierungs- und Sanierungsbedarf besteht. Von den vorhandenen 6,886 Mio. Wohnungen (Zählung 1995) sind rd. 0,9–1,0 Mio. dringend sanierungsbedürftig. Neben Finanzierungsfragen behindern bis jetzt häufig auch ungeklärte Eigentumsfragen eine rasche Aufnahme der Bautätigkeit. Einen Ausgleich für Verluste im Inland fanden deutsche Bauunternehmen 1996 vermehrt durch Aufträge im Ausland (meist über ausländische Tochterfirmen und Beteiligungen).

Chemische Industrie

Die chemische Industrie entwickelte sich 1996 weltweit entsprechend den regionalen Konjunkturverläufen: In den westlichen Industriestaaten kam es zu einem mäßigen, in Ost- und Südostasien zu einem rasanten **Wachstum**, während in Osteuropa und den GUS-Staaten erneut **Stagnation** bis **Rückgang der Produktion** herrschte. Positive Einflüsse für die chemische Industrie ergaben sich vor allem aus der Automobilkonjunktur (Kunst-

stoffe, Farben und Lacke, Gummi) aus dem Baugewerbe (Kunststoffe) und aus dem Textil- und Bekleidungsgewerbe (Kunstfasern, Farben) sowie aus den weltweiten Wachstumsbranchen Pharmazie und Körperpflegemittel. Zwiespältig waren die Einflüsse der Landwirtschaft: Der Absatz an Mineraldünger und Pflanzenschutzmitteln nahm in einigen Ländern zu (vor allem fortgeschrittene Entwicklungsländer), während er in verschiedenen Industrieländern erneut abnahm. Begünstigt wurde die chemische Industrie auch 1996 weltweit durch die anhaltend niedrigen Preise für Erdöl und -gas, Kohle und andere Rohstoffe.

Die **Verlagerung von Produktionskapazitäten** aus den Industrie- in Entwicklungsländer setzte sich auch 1996 fort und betraf unter anderem die Petrochemie einschließlich der Kunstfaserherstellung. So kam es in den letzten Jahren zur Errichtung neuer Produktionsstätten für Mineralölprodukte, Kunststoffe und -fasern und Düngemittel in Erdölförderländern sowie in lateinamerikanischen und ostasiatischen Schwellenländern, während gleichzeitig die Kapazitäten in Westeuropa und Nordamerika stagnierten oder verringert wurden.

In Westeuropa, auch in **Deutschland**, werden zunehmend Forschungs- und Entwicklungsabteilungen der Industrien konzentriert, während die lohn- und/oder energieintensive Produktion in kostengünstigere Länder verlagert wird. So ging 1985–95 die Zahl der Beschäftigten in der chemischen Industrie in Großbritannien um 29,8 %, in Italien um 18 %, in Deutschland um 10,1 % und in Frankreich um 8,8 % zurück. Entsprechende Zuwächse verzeichneten vor allem die Schwellenländer Ost- und Südostasiens.

Wichtige Ursachen für Betriebs- und Produktionsverlagerungen aus Deutschland und anderen europäischen Staaten sind neben **Arbeitskosten** vor allem die höheren **Energiekosten** sowie strenge **Umweltschutz-Auflagen**, die nur in wenigen anderen Ländern ähnlich streng gehandhabt werden wie in Deutschland. Die Folge war in den letzten Jahren eine zunehmende Spezialisierung der deutschen Produktion auf innovative und hochspezialisierte Produkte (z. B. im Pharmabereich).

Insgesamt ging der **Umsatz** der chemischen Industrie in Deutschland 1996 um rund 3 % auf 215,956 Mrd. DM zurück. Die Abnahme ging allein auf das Konto des schrumpfenden Inlandsmarkts, während die Exporte um rund 2 % gesteigert werden konnten. Von den Produkten gab es 1996 nur noch bei Pharmazeutika, Kunststoffen und Chemiefasern Zuwächse; rückläufig waren die Bereiche Düngemittel, Seifen und Körperflegemittel.

Die Zahl der in der deutschen chemischen Industrie **Beschäftigten** wurde weiter abgebaut. Sie sank von 654000 (1992) über 523100 (Anf. 1996) auf nur noch 508500 (Anfang 1997). Im globalen Vergleich belegt die deutsche Chemie mit rund 8% des Welt-Chemieumsatzes den 3. Rang nach den USA (27%) und Japan (18%). Dagegen nahm Deutschland auch 1996 mit über 17% des gesamten Welt-Chemieexports den ersten Rang im Welthandel vor den USA ein. 46,7% des Umsatzes entfielen 1996 auf das Auslandsgeschäft (davon 55% in der EU).

Produkte der chemischen Industrie

Kunstfasern auf Zellulose- und Synthetikbasis; Produktion 1994 (1993) (1990) in Mio. t (nach UNO)

	1994	(1993)	(1990)
USA	3,419	(3,245)	(3,126)
Rep. China	2,445	(2,254)	(1,770)
VR China	2,372	(1,926)	(1,535)
Rep. Korea	1,674	(1,581)	(1,270)
Japan	1,617	(1,609)	(1,701)
Deutschland	1,091	(1,001)	(1,210)
Indien	0,919	(0,843)	(0,654)
(ehem.) UdSSR	0,835	(0,808)	(1,438)
Indonesien	0,664	(0,542)	(0,323)
Italien	0,629	(0,582)	(0,597)
Mexiko	0,485	(0,407)	(0,369)
Thailand	0,463	(0,392)	(0,209)
Türkei	0,356	(0,339)	(0,269)
Spanien	0,302	(0,249)	(0,287)
Brasilien	0,299	(0,291)	(0,257)
Weltproduktion	20,043	(18,367)	

davon 17,718 (16,084) Synthetics.

1996 erhöhte sich die Weltproduktion von Chemiefasern weiter auf rund 20,150 Mio. t. Die Zunahme entfiel fast ausschließlich auf synthetische Fasern, deren Anteil an allen Kunstfasern inzwischen fast 90% beträgt. Die Produktionszunahme entfiel hauptsächlich auf Ostasien, wo die 4 größten Erzeuger (Rep. China, VR China, Japan und Rep. Korea) rund 40% der Weltproduktion herstellen.
In **Deutschland** ging die Produktion von Kunstfasern 1996 leicht zurück, vor allem aufgrund geringeren Absatzes im Inland. Der Export betrug wieder rund 65% der Produktion (hauptsächlich in die anderen EU-Staaten). Damit lag Deutschland auch 1996 im Chemiefaser-Export weltweit an der Spitze vor Japan und den USA.

Kunststoffe

In **Deutschland** waren Kunststoffe 1996 mit 16% des gesamten Produktionswertes das zweitwichtigste Erzeugnis der Chemieindustrie (nach Pharmazeutika). Die Produktion stagnierte 1996 auf hohem Niveau. 54% der Erzeugung wurden exportiert (bedeutendster Kunststoffexporteur vor den USA), während andererseits rund 45% des Inland-

Kunststoffe (Plastik) Produktion 1994 (1993) (1990) in Mio. t (nach UNO)

	1994	(1993)	(1990)
USA (S)	20,000	(20,000)	(16,188)
Deutschland	11,307	(10,508)	(10,004)
Japan	11,156	(10,618)	(11,085)
Rep. China	6,939	(5,411)	(1,173)
Rep. Korea	6,580	(6,077)	(2,812)
Frankreich	4,435	(4,086)	(3,782)
VR China	4,148	(3,599)	(2,270)
Niederlande (S)	4,000	(3,900)	(3,428)
Italien (S)	3,800	(3,700)	(3,300)
Großbritannien	2,000	(1,950)	(1,850)
Rußland (S)	1,681	(2,246)	-

verbrauchs aus Importen stammen. Die wichtigsten **Einsatzgebiete** von Kunststoffen waren 1995–96 das Baugewerbe (25%), das Verpackungs- und Transportwesen (22%), die elektrotechnische Industrie (15%), der Bereich Farben, Lacke und Klebstoffe (10%) sowie die Fahrzeugindustrie (7%).

Mineraldünger auf Stickstoffbasis (N); Produktion 1994 (1993) (1990) in Mio. t (nach FAO)

	1994	(1993)	(1990)
VR China	15,533	(15,958)	(14,539)
USA	14,415	(14,006)	(12,219)
Indien	7,231	(7,431)	(6,747)
Rußland	5,000	(5,708)	(14,228)
Kanada	3,489	(2,972)	(3,190)
Indonesien	2,357	(2,513)	(2,369)
Ukraine	2,072	(2,543)	–
Niederlande	1,574	(1,817)	(1,850)
Pakistan	1,566	(1,227)	(1,156)
Frankreich	1,524	(1,344)	(1,460)
Mexiko	1,249	(1,346)	(1,498)
Deutschland	1,199	(1,303)	(2,134)
Weltproduktion	79,471	(80,540)	

Synthetischer Kautschuk Produktion 1994 (1993) (1990) in Mio. t (nach UNO)

	1994	(1993)	(1990)
USA	2,390	(2,180)	(2,115)
Japan	1,349	(1,310)	(1,426)
Deutschland	0,643	(0,584)	(0,524)
Rußland	0,590	(1,030)	(2,365)
Frankreich	0,520	(0,486)	(0,521)
VR China	0,494	(0,385)	(0,315)
Rep. Korea	0,340	(0,307)	(0,184)
Italien	0,305	(0,300)	(0,300)
Rep. China (Taiwan)	0,297	(0,215)	(0,154)
Großbritannien	0,291	(0,290)	(0,298)
Brasilien	0,268	(0,272)	(0,256)
Kanada	0,232	(0,197)	(0,213)
Weltproduktion	8,810	(8,580)	

(**Kautschuk** → Landwirtschaft, Ausgewählte Erzeugnisse)

Eisen- und Stahlindustrie

Eisen Erzeugung von Roheisen 1995 (1994) (1990) in Mio. t (nach »Statist. Jahrb. d. Stahlindustrie«)

Land	1995	(1994)	(1990)
VR China	101,709	(97,409)	(62,606)
Japan	74,905	(73,776)	(80,228)
USA	51,367	(49,858)	(49,666)
Rußland	41,442	(37,822)	–
Deutschland	30,013	(29,924)	(32,256)
Brasilien	25,509	(25,395)	(21,141)
Indien	22,906	(20,930)	(12,645)
Rep. Korea	22,344	(21,169)	(15,339)
Frankreich	12,860	(13,266)	(14,416)
Großbritannien	12,262	(11,960)	(12,497)
Italien	11,684	(11,187)	(11,883)
Belgien-Luxemburg	10,228	(10,913)	(12,104)
Kanada	9,464	(8,876)	(7,346)
Australien	7,475	(7,466)	(6,127)
Polen	7,419	(6,802)	(8,423)
Südafrika	7,137	(6,982)	(6,257)
DVR Korea (S)	6,000	(6,000)	(5,900)
Niederlande	5,530	(5,443)	(4,960)
Tschech. Rep	5,274	(5,267)	–
Spanien	5,108	(5,448)	(5,482)
u. a. Österreich	3,877	(3,320)	(3,452)
Welterzeugung	555,498	(540,969)	

1996 betrug die **Welt-Stahlproduktion** nach vorläufigen Angaben 750 Mio. t. Die VR China löste mit 100,4 Mio. t erstmals Japan (98,8 Mio. t) als größten Stahlproduzenten ab.
Die wichtigsten **Stahl-Exporteure** waren 1995 (in Mio. t): die GUS-Staaten (25,355), Japan (21,897), Deutschland (20,058), Belgien-Luxemburg (15,000), Frankreich (12,681) und Italien (9,848). Insgesamt führten auch bei der Stahlindustrie die Globalisierungstendenzen zu einer starken Zunahme des Außenhandels. Während 1950 erst 10% der Weltstahlproduktion international gehandelt wurden, waren es 1970 bereits 23% und 1995 schon 31%.
Die **Stahlindustrie** profitierte 1996 in den USA und in den aufstrebenden Entwicklungs- und Schwellenländern Asiens und Lateinamerikas vom industriellen Aufschwung (Stahlbedarf der Bau- und Fahrzeugindustrie). Dagegen ging die **Produktion in Westeuropa** zurück. Hier spielten nicht nur die stagnierende Industrieproduktion und der Rückgang der Bauwirtschaft eine Rolle, sondern auch die Zunahme der Importe aus den relativ billig produzierenden osteuropäischen und Entwicklungsländern. Vor allem bei Bau- und Massenstahl konnten sie ihre Verkäufe ausweiten. Dagegen bestehen gute Absatzmöglichkeiten für den teuren Stahl aus den EU-Staaten und aus USA auf dem Weltmarkt heute fast nur noch bei stark spezialisierten hochwertigen Produkten (Speziallegierungen, nahtlose Stahlrohre).

Stahl (Rohstahl) Erzeugung 1995 (1994) (1990) in Mio. t (nach »Statist. Jahrb. d. Stahlindustrie«)

Land	1995	(1994)	(1990)
Japan	101,651	(98,295)	(110,339)
USA	93,569	(91,225)	(89,723)
VR China	92,968	(92,613)	(66,349)
(ehem.) UdSSR	78,801	(78,232)	(154,414)
darunter Rußland	59,323	(48,762)	–
Ukraine	22,309	(24,111)	–
Deutschland	42,051	(40,837)	(44,000)
Rep. Korea	36,772	(33,745)	(23,125)
Italien	27,771	(26,151)	(25,467)
Brasilien	25,076	(25,747)	(20,567)
Indien	20,215	(19,285)	(14,963)
Frankreich	18,100	(18,030)	(19,016)
Großbritannien	17,604	(17,286)	(17,895)
Kanada	14,415	(13,897)	(12,281)
Belgien-Luxemburg	14,219	(14,404)	(15,013)
Spanien	13,802	(13,445)	(12,936)
Türkei	12,745	(12,276)	(9,322)
Mexiko	12,000	(10,260)	(8,726)
Polen	11,890	(11,113)	(13,597)
Rep. China	11,642	(11,594)	(9,747)
Südafrika	8,683	(8,525)	(8,619)
Australien	8,493	(8,424)	(6,676)
Tschech. Rep.	7,184	(7,085)	–
Rumänien	6,555	(5,793)	(9,754)
Niederlande	6,409	(6,171)	(5,412)
DVR Korea (S)	6,000	(7,000)	(7,000)
Österreich	4,990	(4,399)	(4,291)
Schweden	4,930	(4,955)	(4,454)
Weltproduktion	749,587	(730,240)	

In **Osteuropa und den GUS-Staaten** ging trotz gestiegener Exporte die Stahlproduktion wegen der wirtschaftlichen Stagnation und nachlassender Rüstungsproduktion in Rußland weiter zurück. Die Weltproduktion nahm daher insgesamt nur leicht zu.
Die **Stahlindustrie der EU** befand sich auch 1996 aus verschiedenen Gründen in einer Strukturkrise:

- Der spezifische Stahlverbrauch der Wirtschaft verringert sich weiter durch die Substitution von Stahl durch Leichtmetalle und Kunststoff;
- Bei der Rohstahlerzeugung bestehen Überkapazitäten in Höhe von rund 30 Mio. t pro Jahr, die sich durch den Beitritt von Österreich, Schweden und Finnland weiter erhöht haben;
- Durch Subventionen für unwirtschaftliche Stahlstandorte bestehen gravierende Wettbewerbsverzerrungen, vor allem zugunsten der Stahlwerke in Staatsbesitz (Italien, Frankreich);
- Neue stahlproduzierende Länder wie China, Indien und die Rep. Korea stellen auf den internationalen Märkten eine zunehmende Konkurrenz dar. Hinzu kommt neuerdings die Konkurrenz durch relativ billige Lieferungen aus Osteuropa und den GUS-Staaten, deren Produktionskapazitäten nur zu etwa 50% ausgelastet sind.

In **Deutschland** stagniert die Stahlerzeugung seit Jahren bei rund 40 Mio. t pro Jahr, wobei sich die Produktion auf immer weniger und immer größere Standorte konzentriert. So nahm die Zahl der Hochofenanlagen 1971–1996 von 98 auf 28 ab, während die Produktion in etwa gleich blieb. 1996 sank die Stahlproduktion leicht auf 39,8 Mio. t. Die Zahl der **Beschäftigten** nahm erneut ab. Sie verminderte sich (gesamte Eisen- und Stahlindustrie) von 288 228 (1980) über 174 992 (1990) auf nur noch 115 000 (1996).

Anfang 1997 gab es in der deutschen Stahlindustrie große Unruhe durch den Versuch von Krupp-Hoesch und seine Hausbanken, durch die »feindliche Übernahme« der Aktienmehrheit des Thyssen-Konzerns einen großen Stahlkonzern mit etwa 3/4 der deutschen Produktion zu bilden. Befürchtet wurde vor allem ein weiterer Personalabbau. Zunächst wurde eine engere Zusammenarbeit beschlossen und ein völliger Zusammenschluß zurückgestellt.

Elektrotechnische und elektronische Industrie

Die Elektro- bzw. Elektronikindustrie zeigte 1996, wie schon in den Vorjahren, im globalen Rahmen ein starkes **Wachstum**. Es äußerte sich vor allem in den Bereichen elektronische Bauelemente, Kfz-Elektronik, Kommunikationstechnik und Unterhaltungselektronik, weniger stark im Hausgerätebereich, wo sich insbesondere in den Industriestaaten **Sättigungseffekte** bemerkbar machen.

Der weltweite Boom erreichte Westeuropa nur sehr abgeschwächt. Auch 1996 war die elektrotechnische und Elektronikindustrie eine Branche mit starken **Verlagerungstendenzen** in billiger produzierende Länder. In wichtigen Bereichen (Unterhaltungselektronik, Hausgeräte, EDV-Geräte)

verstärkte sich die Rolle ost- und südostasiatischer Länder wie Japan, VR China, Rep. China (Taiwan), Hongkong, Singapur, Rep. Korea und Malaysia. Besonders die weitaus niedrigeren Lohn- und Lohnnebenkosten in diesen Ländern – zu denen in den letzten Jahren auch osteuropäische »Niedriglohnländer« kamen – lassen eine sehr preisgünstige Erzeugung zu. Westeuropäische, auch deutsche Firmen verlegen ihre Produktion zunehmend in diese Länder, um preislich konkurrenzfähig zu bleiben. Für die nächsten Jahre wird eine weitere Verschärfung des internationalen Wettbewerbs erwartet.

Ein besonders dynamischer Markt war 1995/96 der **Halbleitermarkt** (Mikroprozessoren, Chips). 1996 kam es weltweit zu einem Umsatzrückgang von 7 % auf 140,694 Mrd. US-$, weniger wegen verringerter Produktion, sondern wegen starker Preisrückgänge. Beherrscht wurde der globale Halbleitermarkt auch 1996 von nordamerikanischen und japanischen Herstellern, die zusammen 81 % der Produktion lieferten. Größter Hersteller war 1996 Intel (USA) mit 12,0 % Marktanteil; unter den 10 größten Produzenten war nur eine europäische Firma (Thomson mit 3,0 %). Hauptanwendungsgebiete waren 1996 Datentechnik (Computer), Telekommunikation und Kfz-Elektronik.

Produktion elektrotechnischer Geräte

In **Deutschland** geriet, wie in den westlichen Nachbarländern, die Produktion elektrotechnischer Geräte 1996 zunehmend in Schwierigkeiten. Einerseits stagnierte der Absatz wegen Marktsättigung (Unterhaltungselektronik, Hausgeräte), andererseits nahm der Importanteil weiter zu. Der **Umsatz** der Elektrotechnik- und Elektronikindustrie lag 1996 mit rund 220 Mrd. DM etwa auf Vor-

Der Halbleitermarkt 1996
(Hersteller, Verwendung in Deutschland)

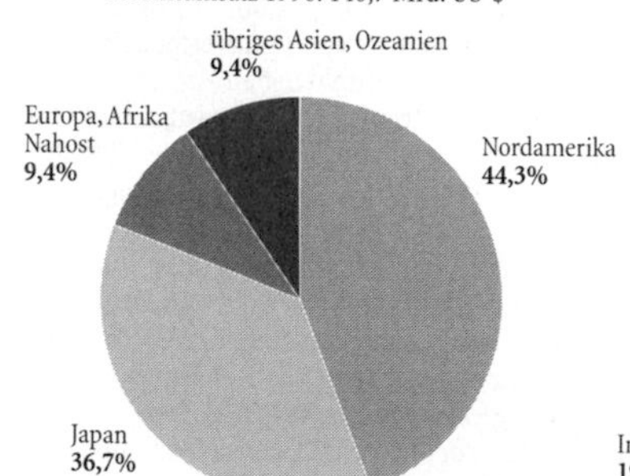

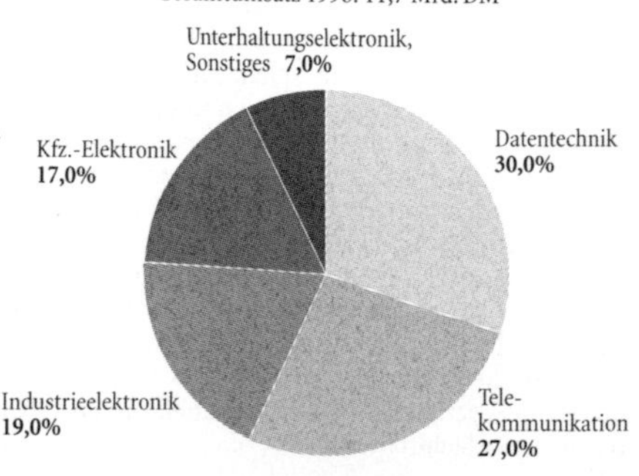

Wirtschaft

jahreshöhe, doch gerieten viele Firmen wegen des Drucks billigerer ausländischer Konkurrenz in die »roten Zahlen«. Die **Beschäftigtenzahl** wurde weiter verringert; sie lag Ende 1996 nur noch bei 0,890 Mio. (1993: 1,021; 1991: 1,256 Mio.).
Vom Umsatz der deutschen Elektro- und Elektronikindustrie wurden 1996 rund 60% exportiert (vor allem innerhalb der EU), doch verringerte sich der deutsche Anteil an den Weltexporten kontinuierlich. Während Deutschland 1974 noch 18% der weltweiten Elektro-Exporte lieferte, schrumpfte der Anteil am Welthandel 1996 auf 8%. Die größten Exporteure sind heute Japan (17%) und die USA (16%). Die 4 ostasiatischen Länder Rep. Korea, Rep. China, Hongkong und Singapur kommen zusammen auf rund 20%. Die deutsche Inlandsversorgung mit Elektrogeräten beruht inzwischen zu 50% auf Einfuhren (davon 45% aus dem EU-Raum, 36% aus Ost- und Südostasien und 16% aus Nordamerika).

Fernsehgeräte Produktion 1994 (1993) (1990) in Mio.

	1994	(1993)	(1990)
VR China	31,287	(30,330)	(26,847)
Rep. Korea	26,999	(15,375)	(15,838)
USA (S)	14,300	(14,297)	(14,800)
Hongkong (S)	12,500	(12,300)	(11,500)
Japan	9,445	(10,717)	(13,243)
Deutschland	3,234	(2,800)	(4,227)
Großbritannien (S)	3,200	(3,118)	(3,659)
Brasilien	2,700	(2,695)	(2,000)
Frankreich	2,600	(2,523)	(2,819)
Italien (S)	2,500	(2,432)	(2,324)
Rußland	2,189	(3,987)	-
Rep. China	1,903	(2,107)	(3,398)

Weltproduktion 1994 rd. 132 Mio. Geräte.

Kühlschränke (Haushaltsk.) Produktion 1994 (1993) (1990) in Mio.

	1994	(1993)	(1990)
USA	10,400	(10,306)	(7,101)
VR China	7,621	(5,967)	(4,631)
Japan	4,952	(4,351)	(5,048)
Italien	4,800	(4,753)	(5,762)
Rep. Korea	3,943	(3,585)	(2,827)
Rußland	2,631	(3,481)	–
Deutschland	2,330	(2,344)	(5,042)
Türkei	1,247	(1,258)	(1,050)
Slowenien	0,797	(0,665)	–
Ukraine	0,760	(0,757)	–

Weltproduktion 1994 (1993) rd. 56 (54,999) Mio. Geräte.

Energiegewinnung → Energiewirtschaft

Holzindustrie → Ausgewählte Agrarerzeugnisse, Holz

Waschmaschinen (vollautom. Haushaltsw.) Produktion 1994 (1993) (1990) in Mio.

	1994	(1993)	(1990)
VR China	10,947	(8,959)	(6,627)
USA	6,800	(6,739)	(6,192)
Italien	6,200	(5,692)	(4,349)
Japan	5,042	(5,163)	(5,576)
Deutschland	2,687	(2,842)	(3,135)
Rußland	2,133	(3,901)	–
Rep. Korea	2,443	(2,199)	(2,163)
Frankreich	2,244	(1,943)	(1,636)
Türkei	0,775	(0,990)	(0,760)

Weltproduktion 1994 (1993) rd. 45 (44,713) Mio. Geräte.

Kraftfahrzeugindustrie → Verkehr und Kommunikation, Straßenverkehr

Maschinenbau
Der Maschinenbau gehört traditionell zu den wichtigsten Branchen der großen Industrieländer, da er hauptsächlich Ausrüstungen und Maschinen für die industrielle Fertigung liefert. Deshalb ist er auch besonders stark den Konjunkturschwankungen der übrigen Industrie unterworfen.
In **Deutschland** hatte der Maschinenbau 1993 einen starken Produktionseinbruch erlitten, der durch die Schließung vieler Maschinenfabriken mit veralteter Ausrüstung und unrentabler Pro-

Der deutsche Maschinenbau
Umsatz- und Beschäftigtenentwicklung 1991-1997

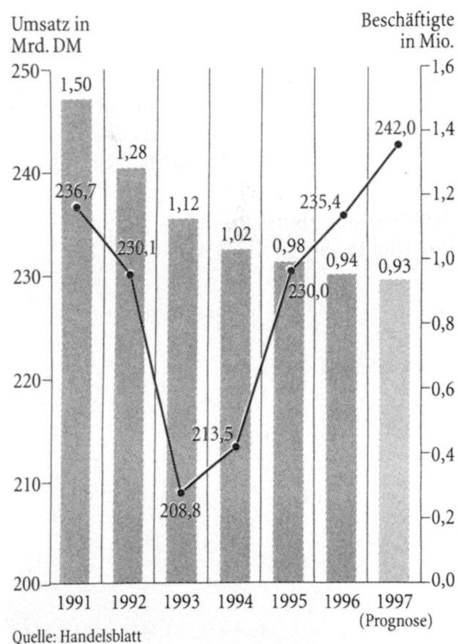

Quelle: Handelsblatt

duktion in den östlichen Bundesländern verstärkt worden war. Seitdem erhöhte sich der Umsatz wieder, allerdings 1996 nur um rund 2% auf 235,4 Mrd. DM. Damit gehörte der Maschinenbau erneut zu den bedeutendsten deutschen Industriebranchen. Allerdings wurde zur Einsparung von Personalkosten, die im internationalen Vergleich an der Spitze liegen, die Zahl der Beschäftigten weiter reduziert. Sie sank vom Höchststand von 1,120 Mio. (1993) auf nur noch 943 000 (Ende 1996). Trotzdem blieb der Maschinenbau nach der Beschäftigtenzahl – knapp vor der Elektrotechnik – die größte deutsche Industriebranche. Daneben beschäftigen deutsche Maschinenbauunternehmen im Ausland fast 300 000 Personen, davon 150 000 in der Produktion, den Rest im Vertriebs- und Servicebereich.

Auf den **Auslandsmärkten** machte sich auch 1996 die Konkurrenz billiger produzierender ostasiatischer Länder (Japan, Rep. Korea, Rep. China), aber auch der USA, sehr deutlich bemerkbar. Die Exportquote betrug zwar rund 60% des Umsatzes, doch sank der **deutsche Anteil am Welthandel** mit Maschinen von 25% (Anfang der 80er Jahre) auf nur noch 15%. Damit steht der deutsche Maschinenbau zwar weiterhin weltweit an der Spitze, doch entfällt der größte Teil der Exporte auf die EU-Partnerländer, während der Handel mit den ostasiatischen Wachstumsmärkten unterentwickelt ist.

Nahrungsmittel-, Genußmittel- und Getränkeindustrie

Das Ernährungsgewerbe gehört zu den weitgehend konjunkturunabhängigen Wirtschaftszweigen und zeigt relativ geringe Schwankungen von Jahr zu Jahr. Innerhalb der Branche ergeben sich Veränderungen eher längerfristig durch Preisschwankungen einzelner Produkte oder durch veränderte Ernährungstrends (z. B. starke Zunahme der Tiefkühlkost oder Rückgang des Fleischverbrauchs).

Die deutsche Nahrungs- und Genußmittelindustrie 1996

	Umsatz (in Mrd. DM)	*Beschäftigte (Jahresdurchschnitt)*
Insgesamt	223,786	518 110
davon:		
Milchverarbeitung	39,911	46 986
Schlachtereien und Fleischverarbeitungsbetriebe	38,323	104 572
Brauereien	19,371	45 909
Backwarenherstellung	17,525	129 371
Süßwarenherstellung	15,308	34 856
Obst- und Gemüseverarbeitung	12,538	28 124
Mineralbrunnen- und Erfrischungsgetränkeindustrie	11,599	24 832

In **Deutschland** war die Nahrungs- und Genußmittelindustrie auch 1996 mit einem leicht angestiegenen **Umsatz** von 223,786 Mrd. DM der drittgrößte Industriezweig (nach Fahrzeug- und Maschinenbau). Dagegen ist der **Auslandsumsatz** nur relativ schwach entwickelt. Die Ausfuhren betrugen 23,183 Mrd. DM (= 10,4%), während für rund 38 Mrd. DM Produkte der Ernährungsindustrie importiert wurden.

Getränkeherstellung

Der **Getränkeverbrauch** ist in Deutschland – wie in den anderen wichtigen Industrieländern – an der Sättigungsgrenze angelangt, d. h. es gibt nur noch minimale Veränderungen des Gesamtverbrauchs (witterungsabhängig), jedoch Verschiebungen innerhalb des Getränkemarktes. Innovationen (z. B. neue Erfrischungsgetränke), neue Marketingideen und der Preiswettbewerb spielen daher eine wichtige Rolle. 1996 ging der Getränkeverbrauch vor allem wegen des verregneten Sommers zurück, was sich besonders bei Bier und Mineralwasser bemerkbar machte. Der Rückgang des Spirituosenverbrauchs hält seit mehreren Jahren an und setzte sich fort. Stagnation oder sogar leichte Zunahme zeigte demgegenüber der Verbrauch von Kaffee, Tee, Milch und Wein.

(Kaffee, Kakao, Milch, Tee, Wein → Landwirtschaft, Ausgewählte Erzeugnisse)

Bier

In **Deutschland** nahmen 1996 Erzeugung und Verbrauch von Bier – vor allem witterungsbedingt – stärker ab. Der Absatz der deutschen Brauereien betrug 112,687 Mio. hl (1995: 115,252); die größte Menge entfiel auf Brauereien in Nordrhein-Westfalen (30,922) und Bayern (24,292 Mio. hl). Der Bierkonsum, der 1976 noch bei 151 l pro Einwohner

Getränkeverbrauch in Deutschland 1996 (1995) in l pro Einwohner (nach ifo)

	1996	(1995)
Bohnenkaffee	164,5	(164,6)
Bier	134,5	(137,7)
Mineral- und Tafelwasser	95,5	(97,1)
Erfrischungsgetränke (Limonaden)	89,0	(89,7)
Milch	82,0	(81,4)
Fruchtsäfte	41,0	(40,6)
Wein und Sekt	22,8	(22,2)
Tee (ohne Kräutertee)	25,5	(25,0)
Spirituosen	6,3	(6,5)
Kaffeemittel, Malzkaffee	6,0	(6,5)
Gesamtverbrauch	667,1	(671,3)

Wirtschaft

Bier Produktion 1992 (1991) (1990) in Mio. hl (nach UNO-Angaben)

	1992	1991	1990
USA	237,029	(236,000)	(236,670)
Deutschland	114,089	(112,071)	(115,035)
VR China	102,064	(83,800)	(69,221)
Großbritannien (S)	72,000	(71,000)	(70,800)
Japan	70,106	(69,157)	(65,636)
Brasilien	48,200	(47,107)	(43,849)
Rußland (S)	32,000	(32,700)	–
Spanien	26,650	(26,482)	(27,940)
Kanada (S)	25,000	(25,000)	(24,000)
Kasachstan	23,011	(31,330)	–
Frankreich (S)	22,000	(21,000)	(21,000)
Niederlande	19,900	(19,893)	(20,055)
Tschech. Rep.	18,899	(17,902)	–
Australien	18,623	(19,155)	(19,390)
Südafrika	18,290	(17,710)	(17,750)
u. a. Österreich	10,176	(9,971)	(9,799)
Schweiz	4,020	(4,137)	(4,143)
Weltproduktion (nur Bier aus Malz)	1147,096	(1128,357)	

gelegen hatte, nahm 1996 auf 134 l ab. Der Bierexport nahm 1996 auf 8,6 Mio. hl zu (= 7,5 % der Produktion); der Import betrug nur 2,6 Mio. hl (= 2,8 % des Verbrauchs). Die Zahl der **Brauereien** nahm durch Betriebsaufgaben und -aufkäufe weiter ab und betrug Ende 1996 nur noch 1200 (Mitte der 50er Jahre: 2500).

Tabakwaren

In **Deutschland** nahmen 1996 im Vergleich zum Vorjahr sowohl Produktion als auch Verbrauch von Zigaretten und anderen Tabakerzeugnissen

Zigaretten Produktion 1994 (1993) (1990) in Mio. Stück (nach UNO-Angaben)

	1994	1993	1990
VR China	1 714 952	(1 686 800)	(1 648 765)
USA	685 000	(687 317)	(709 700)
Japan	334 400	(332 500)	(268 100)
Deutschland	222 791	(204 730)	(200 374)
Brasilien	180 000	(175 000)	(173 987)
Indonesien	160 000	(150 000)	(155 000)
Rußland (S)	125 000	(146 000)	–
Großbritannien	124 000	(125 000)	(112 000)
Rep. Korea	100 000	(98 000)	(91 923)
Polen	98 400	(90 700)	(91 497)
Niederlande	95 000	(93 000)	(71 992)
Spanien	92 000	(90 000)	(75 995)
Türkei	85 093	(74 346)	(65 000)
Philippinen	80 000	(78 000)	(71 500)
Bulgarien	72 000	(70 000)	(73 000)
Ukraine (S)	70 000	(68 000)	–
u. a. Schweiz	35 000	(34 000)	(31 771)
Österreich	16 429	(16 247)	(14 961)
Weltproduktion	5 200 000	(5 195 631)	

zu. Folgende Mengen wurden 1996 (1995) im Inland versteuert: Zigaretten 138,136 (137,526) Mrd., Zigarillos und Zigarren 1,424 (1,314) Mrd., Feinschnitt 11 434 (11 639) t, Pfeifentabak 1112 (1176) t. Der Zigarettenverbrauch ist gegenüber den 80er Jahren zurückgegangen; er lag 1995 bei 1647 Stück pro Einwohner und Jahr.

Papier Produktion 1994 (1993) in Mio. t (nach UNO-Angaben)

	Papier und Pappe		davon Zeitungspapier	
USA	80,911	(77,167)	6,527	(6,505)
Japan	27,800	(27,764)	2,972	(2,917)
VR China	25,100	(23,816)	0,650	(0,600)
Kanada	18,342	(17,528)	9,312	(9,136)
Deutschland	14,233	(12,793)	1,428	(1,270)
Finnland	10,909	(9,99)	1,446	(1,425)
Schweden	9,283	(8,781)	2,415	(2,325)
Frankreich	8,481	(7,975)	0,844	(0,802)
Italien	6,705	(6,019)	0,154	(0,083)
Großbritannien	5,829	(5,406)	0,769	(0,741)
Österreich	3,603	(3,3)	0,403	(0,387)
Spanien	3,503	(3,348)	0,099	(0,094)
Rußland	3,407	(4,459)	1,038	(0,845)
Niederlande	3,011	(2,855)	0,311	(0,326)
Mexiko	2,750	(2,763)	0,108	(0,094)
Indien	2,700	(2,626)	–	–
Norwegen	2,148	(1,977)	1,010	(1,007)
u. a. Schweiz	1,340	(1,332)	0,290	(0,288)
Weltproduktion	256,000	(253,586)	33,000	(32,535)

Die Papierindustrie gehört weltweit zu den expandierenden Wirtschaftszweigen, vor allem durch den zunehmenden Bedarf an Verpackungen und an Druckereierzeugnissen (Zeitungen, Bücher). Daneben tritt der ebenfalls wachsende Bedarf an Büropapier, der bisher – entgegen früheren Prognosen – durch die EDV in keiner Weise verringert worden ist.

Deutschland war auch 1996 der größte Papierproduzent Europas. Die **Produktion** von Papier, Karton und Pappe lag mit 14,6 Mio. t um rund 1 % unter der Menge von 1995. Dagegen gingen die Umsätze um 10,6 % auf 18,4 Mrd. DM zurück, da die Papierpreise wegen der starken internationalen Konkurrenz rückläufig waren. Der **Anteil von Altpapier** als Rohstoff erhöhte sich 1996 auf 59 %; er ist besonders hoch bei Verpackungsmaterial (95 %), Zeitungspapier (75 %) und Hygienepapier (63 %). Der deutsche Export von Papier und Pappe sank leicht auf 6,2 Mio. t (42 % der Produktion). Vom Inlandsverbrauch entfielen andererseits rund 45 % auf Importe. Der Verbrauch teilte sich folgendermaßen auf: Druck- und Presseerzeugnisse (Bücher, Zeitungen usw.) 42 %, Verpackungen

38%, Hygienepapier 8%, Büro- und Geschäftspapiere 7%, technische Papiere 5%.
Die **Verpackungsverordnung** mit vorgeschriebenen Erfassungs- und Sortierquoten beeinflußte die Papierwirtschaft in zweifacher Weise: einerseits kam es inzwischen zu Einsparungen und Reduzierungen, andererseits zu einer gewissen Verlagerung von Kunststoff- zu Papier- und Pappeverpackungen (wegen des leichteren Recyclings).

Schiffbau → Verkehr und Kommunikation, Schiffbau

Stahlerzeugung → Eisen- und Stahlindustrie

Textil- und Bekleidungsindustrie
Die Textil- und Bekleidungsindustrie ist seit langem das deutlichste Beispiel für die Verlagerung von Produktionskapazitäten aus den Hochlohnländern Westeuropas in die Niedriglohnländer Ost- und Südasiens und neuerdings auch Osteuropas. Besonders die Bekleidungsindustrie wurde wegen ihrer leichten Verlagerbarkeit, ihres relativ geringen Kapitaleinsatzes und ihrer Arbeitsintensität 1996 von der OECD als **Musterbeispiel für »Globalisierung«** von Industrien bezeichnet. Dementsprechend gingen in allen westlichen Industriestaaten in den letzten Jahren die Beschäftigtenzahlen stark zurück.
1996 erlebte die Textil- und Bekleidungsindustrie im globalen Maßstab ein stärkeres Wachstum; in Deutschland gingen dagegen – nach dem kurzzeitigen Wiedervereinigungsboom – im 5. Jahr hintereinander Produktion, Umsätze und Beschäftigtenzahlen zurück.
Insgesamt sank der **Umsatz des deutschen Textilgewerbes** 1996 um rund 2% auf 31,5 Mrd. DM, nachdem in den Vorjahren noch höhere Umsatzverluste aufgetreten waren. Das Bekleidungsgewerbe meldete 1996 einen leichten Umsatzrückgang von rund 1,5% auf 22,415 Mrd. DM. Damit scheint sich die Lage der deutschen Textil- und Bekleidungsindustrie wieder stabilisiert zu haben, nachdem in den vergangenen Jahren massive Rückgänge bei Umsätzen und Beschäftigung zu verzeichnen waren. Die Zahl der Beschäftigten ging allerdings noch weiter zurück auf nur noch 223500 (Ende 1996), davon 134300 im Textil- und 89200 im Bekleidungsgewerbe. 1960 hatten die beiden Industrien noch 820000 Personen beschäftigt (alte Bundesländer).

Beschäftigtenentwicklung in der Bekleidungsindustrie
Beschäftigte in Tsd. (nach OECD)

	1980	1985	1990
USA	1150,0	887,0	807,0
Großbritannien	276,7	237,0	203,3
Frankreich	255,4	195,7	152,9
Deutschland	226,7	170,2	143,2
Belgien	54,3	43,8	38,7
Schweden	14,1	10,9	6,8

Produktion von Geweben 1995 (1994) (1990)
(nach UNO-Angaben)

Baumwollgewebe (ganz oder überwiegend aus Baumwolle)

	1995	(1994)	(1990)
in Mio. lfd.m			
VR China	18300,0	(17328,0)	(18876,0)
Indien	17172,0	(17280,0)	(13534,8)
Rep. China (S)	1580,0	(1560,0)	(1500,0)
Ägypten (S)	648,0	(632,0)	(596,4)
(ehem.) ČSFR* (1992/'91)	420,0	(450,0)	(580,8)
Türkei*	336,0	(356,4)	(495,6)
Polen*	219,6	(256,8)	(427,2)
Großbritannien	76,8	(76,8)	(165,6)
in Mio. t			
Deutschland	0,132	(0,131)	(0,169)
Frankreich	0,124	(0,125)	(0,106)
Portugal (1992/'91)	0,072	(0,074)	(0,076)
Belgien	0,052	(0,052)	(0,058)
in Mio. m²			
Rußland	1234,8	(1500,0)	–
Japan	1026,0	(1177,2)	(1765,2)
Hongkong	696,0	(720,0)	(818,4)
Rep. Korea*	348,0	(477,6)	(483,6)
Pakistan	308,4	(330,0)	(292,8)
Rumänien*	187,2	(206,4)	(536,4)
Südafrika	182,4	(178,8)	(865,2)

Wollgewebe (ganz oder teilweise aus Wolle)

	1995	(1994)	(1990)
in Mio. lfd.m			
VR China	325,2	(250,6)	(295,1)
(ehem.) ČSFR* (1991/'90)	44,3	(57,7)	–
Polen*	32,4	(33,5)	(64,7)
Bulgarien	13,2	(12,4)	(31,4)
in Mio. t			
Frankreich	0,037	(0,037)	(0,048)
Belgien	0,029	(0,028)	(0,034)
Deutschland*	0,029	(0,028)	(0,030)
Portugal (1991/'90)	0,010	(0,010)	–
in Mio. m²			
Japan	249,2	(285,4)	(334,9)
Rußland	72,0	(91,3)	–
Rumänien	41,0	(42,0)	(106,8)
Großbritannien	34,4	(37,2)	(42,2)

* = Menge bzw. Gewicht nach dem Fertigungsprozeß (Bleichen, Färben usw.)

Wirtschaft

Die Ursache dieses starken Schrumpfens der deutschen Textil- und Bekleidungsindustrie liegen in Rationalisierungs- und Automatisierungsmaßnahmen, aber auch in Betriebsschließungen und Verlagerungen in das billiger produzierende Ausland. Vor allem die umfangreichen Importe engten die Absatzchancen der deutschen Produzenten immer stärker ein, die seit Jahren aus Ostasien, neuerdings auch verstärkt aus Osteuropa kommen. Mit 33,205 Mrd. US-$ an Einfuhren war Deutschland auch 1996 der zweitgrößte Importeur für Textilien und Bekleidung nach den USA (39,118 Mrd. $). Für die Leistungsfähigkeit der Textilindustrie spricht andererseits, daß Deutschland 1996 auch an 4. Stelle der Exporteure stand (19,227 Mrd. US-$, vor allem in EU-Staaten). Um dem hohen deutschen Lohnniveau zu entgehen, verlagerte die deutsche Textilindustrie auch 1996 wieder Teile ihrer Produktion in das Ausland. So gingen 1996 über 60% des Umsatzes der deutschen Bekleidungsindustrie auf Fertigung bzw. Veredelung im Ausland zurück (neben Ländern Ostasiens zunehmend osteuropäische Länder, an der Spitze Polen, Rumänien und Ungarn). Mengenmäßig stammten in den letzten Jahren von allen in Deutschland verkauften Damenblusen und Herrensakkos 85% aus dem Ausland.

Einer gewissen Regulierung des Welthandels dient seit 1973 das **Welttextilabkommen (WTA)**, dem rund 50 Länder angehören. Es regelt und begrenzt vor allem die Textil- und Bekleidungsexporte aus Entwicklungsländern (»Niedriglohnländer«) durch Quotenregelungen, um die europäische und nordamerikanische Industrie gewisse Zeit vor übermäßiger Konkurrenz zu schützen und ihre Umstrukturierung zu erleichtern. Dieser Schutz wird schrittweise abgebaut. 2004 wird das WTA entsprechend den GATT-Regeln auslaufen; dann soll auch der Textilaußenhandel den Regeln über weltweiten Freihandel unterliegen, wie sie die der WTO angeschlossenen Staaten vereinbart haben. (→ Internationale Organisationen, WTO; → Welthandel)

Energiewirtschaft

Energieproduktion und Energieverbrauch

Die **Welterzeugung** betrug 1996 nach ersten Schätzungen rund 12,2 Mrd. t Steinkohleeinheiten (SKE). Die letzten genaueren Berechnungen über Welterzeugung und Weltverbrauch von Energie liegen für 1994 vor und ergaben eine **Primärenergieproduktion** von 11,893 Mrd. t SKE (1993: 11,495) und einen **Energieverbrauch** von 11,258 Mrd. t SKE (1993: 11,003).

Erzeugung und Verbrauch von Energie hängen zwar mit dem Wachstum der Weltbevölkerung zusammen, sind aber in erster Linie konjunkturabhängig. So gab es zur Zeit starken weltwirtschaftlichen Wachstums in der zweiten Hälfte der 80er Jahre auch größere Steigerungen des Energieverbrauchs. Anfang der 90er Jahre trat mit der wirtschaftlichen Rezession in den wichtigsten westlichen Industrieländern und dem Zusammenbruch der Volkswirtschaften im ehemaligen »Ostblock« eine deutliche Verlangsamung der weltweiten Verbrauchszuwächse von Energie ein, die 1994 wieder in ein stärkeres Wachstum überging. Wichtige Einflußfaktoren waren – neben der Wirtschaftskonjunktur – in den letzten Jahren auch Einsparungsbemühungen in den Industrieländern und der Kapitalmangel vieler Entwicklungsländer, wodurch stärkere Verbrauchssteigerungen verhindert wurden.

Einsatz von Energieträgern für den Welt-Energieverbrauch 1970–1994
(nur kommerzielle Energie) nach »Yearbook of World Energy Statistics«, UNO

	1970		*1980*		*1990*		*1993*		*1994*	
	Mrd. t SKE	*%*	*Mrd. t SKE*	*%*	*Mrd. t SKE*	*%*	*Mrd. t SKE*	*%*	*Mrd. t SKE*	*%*
Erdöl	3,009	45,3	3,835	44,6	4,011	36,9	4,052	36,8	4,054	36,0
Kohle	2,184	32,9	2,623	30,5	3,239	29,8	3,173	28,8	3,355	29,8
Erdgas und Stadtgas	1,293	19,5	1,836	21,4	2,563	23,6	2,635	23,9	2,671	23,7
Kernenergie	0,010	0,1	0,101	1,2	0,738	6,8	0,799	7,3	0,817	7,3
Wasserkraft, Sonstige	0,145	2,2	0,198	2,3	0,314	2,9	0,344	3,2	0,361	3,2
Insgesamt	6,641	100,0	8,593	100,0	10,865	100,0	11,003	100,0	11,258	100,0

Die Tabelle zeigt den globalen Einsatz der wichtigsten Energieträger und ihre Veränderungen bezüglich des Verbrauchs bis 1994. Solche Berechnungen können in verschiedenen Quellen beträchtlich voneinander abweichen, je nach Umrechnungsmodus und Ausmaß der Einbeziehung nichtkommerzieller Energieträger (tierische Energie, wie Zug- oder Lasttiere, Brennholz, privat genutzte Wind- und Wasserkräfte, Solarenergie u. ä.).

Der **Weltverbrauch von Primärenergie** stieg 1970–80 um 34,5 %, 1980–90 um 21,7 %. Diese Verlangsamung des Verbrauchsanstiegs setzte sich in den 90er Jahren fort; der Verbrauch erhöht sich derzeit jährlich um einen geringeren Prozentsatz als das globale Wirtschaftswachstum und als die weltweite Bevölkerungszunahme.

Der **wichtigste Energieträger** ist – global gesehen – mit großem Abstand das **Erdöl** (1994: 36,0 %). Sein Verbrauch nahm in den 60er und 70er Jahren stark zu und deckte einen Großteil des damaligen Energie-Mehrbedarfs, insbesondere auch für die zunehmende Motorisierung. Seit dem Höchststand von 1979 (46,9 %) ist der Erdölanteil tendenziell rückläufig, besonders wegen des Einsatzes anderer Energieträger für Raumheizung und Elektrizitätserzeugung. Ein stärkerer Rückgang wird jedoch durch die weltweit zunehmende Motorisierung verhindert.

Beim **Erdgas** ist seit den 70er Jahren die jährliche Verbrauchssteigerung wesentlich höher als die allgemeine Zunahme des Energieverbrauchs; sein Anteil stieg daher von 19,5 % (1970) über 21,4 % (1980) und 23,6 % (1990) auf 23,7 % (1994, einschließlich Stadtgas aus Kohle).

Der Weltverbrauch des »klassischen« Energierohstoffs **Stein- und Braunkohle**, des zweitwichtigsten Energieträgers, nahm zwar in den 60er und 70er Jahren zu, aber sein Anteil am Gesamtverbrauch sank (1970: 32,9 %; 1980: 30,5 %); er stieg ab 1980 durch den gezielten und von vielen Staaten durch Subventionen geförderten Einsatz zur Erdölsubstitution zeitweise wieder an (1985: 31,2 %), ging jedoch bis 1990 wieder auf 29,8 % zurück. Seitdem stagniert der Anteil (1994: 29,8 %), da der Kohleverbrauch etwa in gleichem Maße wächst wie der Energieverbrauch insgesamt.

Die höchsten Zuwachsraten verzeichnete der Einsatz der **Kernenergie**, vor allem bis Mitte der 80er Jahre (1970: 0,1 %; 1980: 1,2 %; 1985: 5,5 %; 1990: 6,8 %). In den letzten Jahren stagnierte der Anteil

Energieverbrauch nach Kontinenten und Regionen 1980–1994 in Mrd. t SKE

	1980	*1990*	*1994*
Europa (1994 mit Rußland)	2,189	2,346	3,414
UdSSR (1980/90)	1,508	1,919	–
Nord- u. Mittelamerika	2,790	3,196	3,550
Südamerika	0,247	0,313	0,372
Afrika	0,191	0,282	0,309
Asien (ohne UdSSR /Rußland)	1,564	2,659	3,454
davon China	0,545	0,893	1,093
Japan	0,433	0,564	0,621
Australien und Ozeanien	0,105	0,149	0,159

(1994: 7,3), da der weitere Ausbau der Kernenergieproduktion langsamer verlief als ursprünglich erwartet.

Der Anteil der **Wasserkraft** und anderer regenerierbarer Energiequellen nahm von 1970 (2,2 %) über 1975 (2,3 %) und 1980 (2,4 %) relativ langsam, dann durch verstärkten Ausbau und gezielte staatliche Förderung in vielen Ländern etwas schneller zu (1985: 2,6 %; 1990: 2,9 %; 1994: 3,2 %). Größere Bedeutung hat die Wasserkraft in vielen Entwicklungsländern. In den Industrieländern ist ihr Anteil relativ unbedeutend. Auch die Nutzung sonstiger regenerativer Energien wie Sonnen- und Windenergie führte bisher weltweit zu kaum nennenswerten Anteilen.

Aufgrund von Schätzungen und unter Berücksichtigung der weiteren Entwicklung beim Kraftwerksbau und bei der Motorisierung kann davon ausgegangen werden, daß die Anteile der einzelnen Energieträger sich 1997/98 und in den kommenden Jahren nicht wesentlich verändern werden, sondern lediglich die oben angedeuteten Trends sich fortsetzen.

Der **Energieverbrauch** ist sehr ungleich auf die Kontinente verteilt. Auf die industrialisierten Kontinente Nordamerika und Europa (einschließlich Rußland) mit zusammen nur 18 % der Weltbevölkerung entfielen 1994 trotz aller Einsparungsbemühungen der letzen Jahre immer noch rund 62 % des Weltenergieverbrauchs. Dagegen verbrauchten Afrika mit 12,4 % und Mittel- und Südamerika mit 8,4 % der Weltbevölkerung 1994 nur 2,7 bzw. 3,3 % des Weltenergieangebots.

Der **Energieverbrauch pro Einwohner** unterscheidet sich in den Industrie- und Entwicklungsländern extrem voneinander, aber auch innerhalb

Die größten Energieverbraucher 1994 (1993) (1990) in Mio. t SKE (nach UNO)

	1994	(1993)	(1990)
USA	2968,7	(2768,1)	(2686,9)
VR China	1092,5	(1011,5)	(893,4)
Rußland	883,6	(996,0)	–
Japan	621,3	(592,4)	(564,2)
Deutschland	445,0	(462,3)	(501,3)
Indien	343,7	(318,1)	(269,2)
Kanada	326,7	(312,8)	(291,9)
Großbritannien	311,0	(314,6)	(307,4)
Frankreich	297,6	(312,2)	(294,7)
Ukraine	226,1	(275,1)	–
Italien	225,8	(227,8)	(223,7)
Mexiko	186,6	(173,0)	(157,8)
Rep. Korea	168,1	(153,7)	(119,1)
Australien	135,9	(132,3)	(127,1)
Brasilien	135,2	(130,3)	(116,9)
u. a. Österreich	33,0	(33,0)	(31,9)
Schweiz	32,2	(32,0)	(31,9)

der einzelnen Staatengruppen, je nach wirtschaftlicher und technischer Entwicklung. Weltweit sank der Energieverbrauch pro Kopf von seinem bisherigen Höchststand 1979 (2061 kg SKE) über 2045 kg (1990) auf 1993 kg SKE (1994). 3 Gründe waren vor allem entscheidend für diese Abnahme:

- **sparsamerer Umgang mit Energie** in den hochentwickelten westlichen Industriestaaten, so daß hier der Verbrauch in den letzten Jahren stagnierte;
- **wirtschaftliche Schwierigkeiten der rohstoffarmen Entwicklungsländer**, in denen größere Energieimporte durch Devisenmangel und hohe Verschuldung verhindert werden, so daß hier die Bevölkerungszahl stärker wächst als der Energieverbrauch;
- der **Zusammenbruch großer Teile von Industrie und Gewerbe im ehemaligen »Ostblock«**, was zusammen mit dem Absinken des privaten Lebensstandards zu einem starken Rückgang des Energieverbrauchs führte.

Der **Pro-Kopf-Verbrauch** an Energie hängt stark vom technischen Entwicklungsstand eines Landes ab, aber auch von der Wirtschaftsstruktur und der Zusammensetzung der Industrie (hoher Verbrauch der Montan- und chemischen Industrie), dem Grad der Motorisierung, dem Klima (Dauer der Heizperiode), außerdem von den verwendeten

Energieverbrauch pro Kopf in ausgewählten Ländern 1994 (1990) (1980) in kg SKE

	1994	*(1990)*	*(1980)*
USA	11391	(10751)	(10381)
Kanada	11209	(10503)	(10457)
Australien	7614	(7529)	(6222)
Niederlande	7217	(7282)	(6965)
Rußland (1990/'80: UdSSR)	5996	(6632)	(5677)
Deutschland (1990/'80: »alt«)	5475	(6241)	(6036)
Großbritannien	5333	(5335)	(4809)
Frankreich	5151	(5193)	(4507)
Japan	4978	(4567)	(3710)
Schweiz	4499	(4679)	(3835)
Österreich	4126	(4137)	(4139)
Italien	3949	(3922)	(3346)
Rep. Korea	3772	(2779)	(1349)
Polen	3507	(3596)	(4969)
Spanien	3013	(2938)	(2321)
Argentinien	2150	(1882)	(1739)
Thailand	1073	(752)	(371)
VR China	920	(787)	(557)
Brasilien	850	(788)	(762)
Ägypten	658	(650)	(512)
Philippinen	426	(409)	(330)
Indien	374	(316)	(202)
Pakistan	332	(283)	(195)
Dem. Rep. Kongo (Zaire)	55	(64)	(75)
Tansania	36	(40)	(46)
Tschad	7	(12)	(23)

Energieträgern und dem Grad der Rationalisierung sowie der Verschwendung beim Energieeinsatz. Vor allem der sehr hohe Energieverbrauch der USA und Kanadas geht zum großen Teil auf den verschwenderischen Umgang mit der dort relativ billigen Energie zurück.

In den 90er Jahren nahm der Verbrauch bisher vor allem in den Schwellenländern Ost- und Südostasiens zu. Dagegen stagniert er in den armen Entwicklungsländern aus Kapitalmangel und in vielen Industriestaaten durch bewußte Einsparungspolitik und technische Entwicklungen (Automatisierung, Einsparungen, verbesserte Heizungs- und Verkehrstechniken, Wärmedämmung der Gebäude, aber auch Abbau der energieintensiven Montan- und Schwerindustrie).

Zukünftige Energiequellen und Energievorräte

Die **Weltvorräte** an Energierohstoffen bzw. die Potentiale an regenerierbaren Energieträgern sind nur schwer abzuschätzen. Expertenaussagen differieren stark, je nachdem, ob nur die heute wirtschaftlich ausbeutbaren Vorkommen berücksichtigt werden oder die nach derzeitigem Kenntnisstand überhaupt vorhandenen oder auch die nur vermuteten. Große Unsicherheit besteht darüber, inwieweit regenerierbare und »alternative« Energiequellen ökonomisch und ökologisch sinnvoll einsetzbar sind (Sonnen- und Windenergie, Gezeiten- und geothermische Energie, Wasserkraftnutzung). Haupthindernisse für eine rasche Zunahme der Nutzung regenerativer Energiequellen sind

- meist geringe Energiedichte und, damit verbunden,
- häufig ein ungünstiges Verhältnis zwischen Aufwand und Ertrag,
- häufig starke Eingriffe in den Natur- und Landschaftshaushalt (z. B. Wasserkraftwerke),
- meist sehr hohe Abhängigkeit von Tages- und Jahreszeiten, klimatischen und geologischen Verhältnissen (Problem der Speicherung elektrischer Energie).

Eine großtechnische Anwendung ließ sich daher, abgesehen von der in vielen Industrieländern

Weltvorräte an Energieträgern 1995
in Mio. t (nach UNO)

	gesichert	*vermutet*
Steinkohle	1 092 083	4 182 297
Braunkohle	1 278 281	4 414 712
Torf	260 901	351 288
Erdöl	140 766	-
Ölschiefer und -sande (Ölgehalt)	13 523	-
Erdgas (in Mio. m³)	141 203	-
Uran (in t)	3 643 542	1 106 875

schon sehr stark ausgebauten Wasserkraft, bisher nur in seltenen Fällen realisieren. Eher ist ein Einsatz zur Lösung von Energieproblemen im regionalen und lokalen Maßstab möglich, so in gering industrialisierten ländlichen Räumen mit schwachem Energiebedarf oder in Entwicklungsländern mit mangelhafter Versorgungsinfrastruktur. Hier können regenerative Energiequellen wie Sonnen- und Windenergie dazu beitragen, den Raubbau am Wald (Brennholz) zu begrenzen, zumal Importe von Energierohstoffen (Kohle, Öl u. a.) für die meisten Entwicklungsländer finanziell kaum erschwinglich sind.

Ein ins Gewicht fallender Beitrag zur Senkung der CO_2-Emissionen, die bei konventioneller Energieerzeugung in Verbrennungskraftwerken entstehen, ist global gesehen in naher Zukunft durch regenerierbare Energieträger nicht zu erwarten. (→ Kap. Umwelt)

Derzeit nehmen die bekannten **Vorräte an fossilen und mineralischen Energieträgern** noch jährlich zu, weil das Volumen der Neuentdeckungen größer ist als das des Abbaus. Dennoch ist die Erschöpfung dieser Energieträger absehbar, bei den Mineralöl- und Gasvorkommen mittel- bis längerfristig, bei den Kohle- und Uranvorkommen in mehreren Jahrhunderten. Zu einer möglichen Energienutzung des Wasserstoffs mit Hilfe der Kernverschmelzung, die fast unbegrenzte Reserven bieten würde, lassen sich noch keine gesicherten Prognosen abgeben.

Energieverbrauch in Deutschland 1981-1996
(Primärenergie) in Mio. t SKE

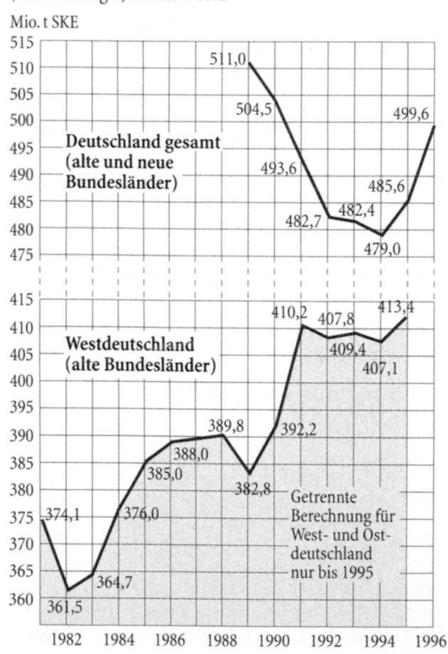

Energiewirtschaft in Deutschland

In Deutschland erhöhte sich 1995/96 der **Primärenergieverbrauch** um 2,9 % von 485,6 auf 499,6 Mio. t SKE. Damit setzte sich der Trend des Vorjahres fort, das ebenfalls eine leichte Steigerung gebracht hatte. Die Jahre 1989–94 hatten kontinuierliche Rückgänge des Energieverbrauchs gezeigt, vor allem wegen der zahlreichen Betriebsschließungen der ostdeutschen Industrie nach der Vereinigung. Dieser Abnahmetrend flachte sich bereits 1992 ab (→ Abbildung), auch wegen der zunehmenden Motorisierung in den neuen Bundesländern. Der Verbrauchszuwachs 1996 wird hauptsächlich auf den vermehrten Bedarf an Heizenergie durch die kalten Winter und den kühlen Sommer zurückgeführt.

Vom gesamten **deutschen Primärenergieverbrauch** von 499,6 Mio. t SKE entfielen 1996 (1995) auf Mineralöl 197,5 (194,1), auf Erdgas 107,8 (96,0), auf Steinkohle 69,5 (70,3), auf Kernenergie 60,2 (57,4), auf Braunkohle 57,5 (59,1), auf Wasser- und Windkraft 2,4 (2,7) und schließlich auf sonstiges (Müll, Brennholz, Sonnenenergie sowie Außenhandelssaldo) 4,7 (6,0) Mio. t SKE. (Die großen Abweichungen bei Kernenergie und regenerierbaren Energiequellen gegenüber den im Vorjahr für 1995 genannten Werten beruhen auf einer veränderten Umrechnungsmethode in SKE).

Die Zunahme des **Mineralölverbrauchs** geht im wesentlichen auf die kühle Witterung zurück (vermehrter Bedarf an leichtem Heizöl), während der

Energieträger in Deutschland 1996
(Anteile am Primärenergieverbrauch)
Gesamtverbrauch 499,6 Mio. t SKE

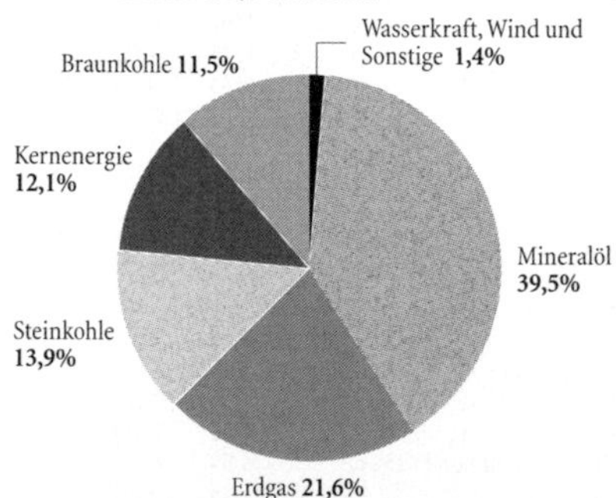

Quelle: Arbeitsgemeinschaft Energiebilanzen

Absatz von Otto- und Dieselkraftstoff 1996 leicht zurückging (geringere Fahrleistungen und sparsamere Motoren). Das starke Anwachsen des **Erdgasverbrauchs** war ebenfalls hauptsächlich durch die kühlere Witterung, daneben durch die Umstellung vieler Wohnungen auf Gasheizung bedingt. Der leichte Rückgang des **Steinkohleverbrauchs** erklärt sich insbesondere durch die verminderte Nachfrage der Stahlindustrie und die weiter verringerte Bedeutung für die Wohnungsheizung. Bei der Steinkohle ist der längerfristige Bedeutungsverlust bemerkenswert: 1955 deckte sie noch 72% des Energiebedarfs der BR Deutschland. Die **Braunkohle** verlor weiter an Bedeutung als Energieträger, da ihr Einsatz für die Energieversorgung Ostdeutschlands aus Umweltschutzgründen erneut stark reduziert wurde, insbesondere auch die Verwendung von Briketts zur Wohnungsheizung. Der Einsatz der **Kernenergie** erhöhte sich 1996 weiter aufgrund einer um rund 5% höheren Auslastung der Anlagen. Die Stromerzeugung aus **Wasser- und Windkraft** ging trotz der Inbetriebnahme weiterer Windkraftanlagen zurück, da die meisten Wasserkraftanlagen wegen der geringeren Wasserführung vieler Flüsse und relativ langer Vereisung weniger Leistung erbrachten.

Der **Pro-Kopf-Verbrauch** an Energie betrug 1996 rund 6,1 t SKE, verglichen mit rund 2 t SKE pro Person im Weltdurchschnitt. Damit ist Deutschland, das etwa 1,5% der Weltbevölkerung umfaßt, mit rund 4% am gesamten **Weltenergieverbrauch** beteiligt. Allerdings wird die Energie in Deutschland besonders effizient genutzt, verglichen mit globalen Maßstäben. Der »spezifische Energieverbrauch« (Verhältnis zum erwirtschafteten Bruttosozialprodukt) belief sich 1996 in Deutschland auf 141 kg SKE je 1000 DM Bruttoinlandsprodukt; weltweit liegt der spezifische Energieverbrauch mehr als doppelt so hoch.

Unter dem Aspekt der Verstärkung des Treibhauseffekts (Erwärmung der Erdatmosphäre; → Kap. Umwelt) ist bedeutsam, daß die energiebedingten CO_2-Emissionen 1996 wiederum anstiegen, nämlich um 2% von 885 auf 904 Mio. t CO_2. Im Vergleich zu 1990 (1004 Mio. t) bedeutet dies zwar einen Rückgang von 11%, der jedoch ganz überwiegend der Umstrukturierung der Energiewirtschaft in den neuen Bundesländern zu verdanken ist.

Das Ziel der Bundesregierung, 1990–2005 eine Minderung der CO_2-Emissionen um 25% zu erreichen, erscheint nach derzeitigem Stand nicht realistisch. Für einen weiteren merklichen Rückgang des CO_2-Ausstoßes ist es notwendig,

- den Energieverbrauch insgesamt zu senken;
- verstärkt solche Energieträger einzusetzen, die kein CO_2 emittieren, also ohne Verbrennung arbeiten (regenerative Energien oder Kernenergie).

Vom **Energieverbrauch der privaten Haushalte** entfallen auf Raumheizung 51%, Auto 35%, Warmwasserzubereitung 7%, Hausgeräte 6%, Beleuchtung 1%. An der **Raumheizung** sind folgende Energieträger beteiligt: Erdgas 37%, Heizöl 36%, Kohle 12%, Fernwärme 10%, Strom 5%.

Für 1997/98 ist aufgrund weiterer Einsparungsmöglichkeiten (verbesserte Wärmedämmung der Gebäude, verminderter Kfz-Benzinverbrauch), aber auch wegen des zu erwartenden weiteren Abbaus energieintensiver Industriezweige (Stahl- und Aluminiumindustrie), trotz weiteren Wirtschaftswachstums nur mit einer geringen Zunahme des deutschen Energieverbrauchs oder sogar mit einem leichten Rückgang zu rechnen. Wegen des relativ hohen Anteils der Raumheizung am Energieverbrauch wird auch die Witterung wieder eine große Rolle spielen. Ein **Energiesparpotential** liegt nach wie vor besonders in den neuen Bundesländern mit vielfach noch geringer Wärmedämmung der Häuser und ineffizienten Heizsystemen.

Energieprognosen erwarten für die nächsten Jahre nur noch geringe Verbrauchszuwächse oder sogar -rückgänge. Die Prognos AG rechnete 1995 für 2020 mit einem Primärenergieverbrauch in Deutschland von 486 Mio. t SKE. Die Shell-AG legte 1993 zwei alternative »Energieszenarien« für Deutschland bis zum Jahr 2020 vor, die je nach politischer, binnen- und weltwirtschaftlicher Entwicklung zu einem Rückgang des Primärenergieverbrauchs auf 470 Mio. t SKE führen. Als neueste Berechnung kommt die »ESSO Energieprognose 1996« zum Ergebnis, daß der Energieverbrauch in Deutschland zunächst noch leicht ansteigen, aber bis 2010 auf 480 Mio. t SKE zurückgehen dürfte.

Sicherer als Gesamtprognosen sind Vorausschätzungen über den zukünftigen Anteil der einzelnen Energieträger, da angesichts der langen Planungs- und Bauzeit für Kraftwerke durch politische Entscheidungen und Investitionen der Energiewirtschaft frühzeitig die Weichen gestellt werden müssen. So nehmen die meisten Prognosen bis 2020 für Deutschland einen Rückgang des Erdölanteils auf 34–37% (für Kfz-Verkehr und Raumheizung) und Stagnation bis Rückgang der Steinkohle, je nach der Höhe der weiteren Subventionierung, auf 14–16% an (Stromerzeugung). Der Braunkohleanteil dürfte auf 8–11% zurückgehen (Verlust seiner überragenden Bedeutung für Ostdeutschland), während für das Erdgas mit einer Steigerung auf 22–25% gerechnet wird (Raumheizung). Besonders ungewiß ist der künftige Anteil der Kernenergie (8–15 %, Stromerzeugung), da hier politische Entscheidungen eine große Rolle spielen. Über den künftigen Anteil regenerativer Energien bestehen vielfach sehr optimistische Schätzungen, doch dürfte er bei realistischer Betrachtung bis 2020 kaum über 8 % ansteigen (einschließlich Wasserkraft), da hier die Investitionskosten im Verhältnis zum Ertrag besonders hoch sind und eine merkliche Steigerung massive öffentliche Subventionen voraussetzt.

Eine Untersuchung der Prognos AG schätzt den **Energiemix** in Deutschland für das Jahr 2020 folgendermaßen: Mineralöl 38 %, Erdgas 24 %, Steinkohle 14 %, Braunkohle 11 %, Kernenergie 9 %, erneuerbare Energien 4 %.

Erzeugung und Verbrauch der wichtigsten Primär- und Sekundärenergien

Braunkohle

Die **Weltreserven** (sicher und vermutet) belaufen sich (nach UNO) auf ca. 5700 Mrd. t; die größten Vorräte besitzen (in Mrd. t) die ehemalige UdSSR (3200), die USA (1010), China (465), Australien (300) und Deutschland (160).

Deutschland war auch 1996 – trotz eines weiteren Förderrückganges – mit Abstand weltweit größter Braunkohlenproduzent. Die Förderung sank 1995–96 um rund 3 % von 192,756 auf 187,239 Mio. t (1989: 410,7 Mio. t). Von der Gesamtförderung entfielen auf das Rheinische Revier (Köln–Aachen) 102,779, die Lausitz (Cottbus) 63,574 (1989: 195,139), das mitteldeutsche Revier (Halle–Leipzig) 16,771 (1989: 105,651), Helmstedt 3,874, Nordhessen (Hirschberg) 0,181 und Nordostbayern (Oberfranken) 0,062 Mio. t. Die **Zahl der Beschäftigten** im Braunkohlenbergbau sank 1996 auf 32704 (1995: 40281), davon 18896 in Ostdeutschland und nur noch 13808 in den stärker rationalisierten westdeutschen Revieren. 1989 arbeiteten in der damaligen DDR noch 138831 Personen im Braunkohlenbergbau. Zur Inlandsförderung kam auch 1996 noch importierte Braunkohle (1,262 Mio. t SKE) aus der Tschechischen Rep. zur Verfeuerung in oberfränkischen Kraftwerken.

Braunkohle (Lignit) Förderung 1995 (1994) (1990) in Mio. t

	1995	(1994)	(1990)
Deutschland	192,696	(207,132)	(356,512)
Rußland (S)	78,000	(83,004)	–
USA (S)	75,000	(75,000)	(82,608)
Polen	63,552	(66,768)	(67,585)
Tschechische Rep.	57,948	(66,850)	–
Griechenland	54,468	(56,736)	(51,696)
Türkei	54,000	(54,312)	(43,848)
Australien	49,200	(49,980)	(45,984)
Jugoslawien	37,440	(37,536)	–
Kanada	36,336	(43,416)	(30,660)
Rumänien	34,812	(35,232)	(33,516)
Bulgarien	30,000	(30,636)	(31,524)
Indien	22,104	(19,212)	(15,024)
Thailand	18,420	(17,100)	(12,420)
u. a. Österreich	1,296	(1,368)	(2,508)
Weltförderung (ohne VR China)	912,000	(924,000)	

Die Braunkohle wurde auch 1996 in Deutschland ganz überwiegend zur **Elektrizitätserzeugung** verfeuert. Insgesamt wurden 158,0 Mio. t (= 84,4 % der Förderung) an die Kraftwerke geliefert, die in der Regel direkt in der Nähe der Tagebaue betrieben werden. Im Rheinischen Revier dienten sogar 86,1 % der Förderung der Stromerzeugung. An **Braunkohlen-Veredelungsprodukten** wurden 1996 in Deutschland hergestellt: 4,896 Mio. t Briketts (starker Rückgang, da auch in den neuen Bundesländern der Verbrauch in den Haushalten durch Umstellung der Heizungen stark abnahm), 2,655 Mio. t Braunkohlenstaub (zur industriellen Kesselfeuerung) sowie Koks, Filterkohle und andere chemische Produkte. Insgesamt trug die Braunkohle 1996 (1995) in Deutschland 11,5 % (12,2) % zur Primärenergieversorgung und 26,2 % (26,7) % zur Stromerzeugung bei.

In der ehemaligen DDR war die Braunkohle die einzige bedeutende einheimische Energiequelle und zur Deviseneinsparung dazu ausersehen, die Hauptlast der Strom- und Wärmeerzeugung zu tragen. Trotz starker Drosselung der Förderung seit der Vereinigung sicherte sie auch 1996 noch rund 35 % des Primärenergiebedarfs und fast 80 % der Stromerzeugung. Die **Braunkohleförderung** in den neuen Bundesländern sank 1996 auf 80,345 Mio. t (1989: 300,790). Da die Förderung und Verbrennung (in Kraftwerken und als Hausbrand) der stark schwefelhaltigen Braunkohle eine sehr hohe Umweltbelastung mit sich bringt, sollen ihr Abbau und ihre Verbrennung weiter gedrosselt werden, obwohl die Vorräte noch für mehrere Jahrhunderte reichen. Neben umweltfreundlicherer Umrüstung der Kraftwerke (Rauchgasreinigungsanlagen) ist mittel- bis längerfristig auch mit einem stärkeren Ersatz durch Steinkohle, Öl und Erdgas zu rechnen.

Neuerdings gerät auch der **Braunkohleabbau im Rheinischen Revier** zunehmend in die Kritik wegen der ökologischen (riesige Tieftagebaue) und sozialen Folgen (Umsiedlung von Dörfern). Derzeit werden hier 4 großflächige Tagebaue betrieben (Hambach, Garzweiler, Inden, Bergheim). Der Anschlußtagebau Garzweiler II (ab ca. 2006) wurde zwar Anfang 1995 von der Landesregierung Nordrhein-Westfalen genehmigt, ist aber nach wie vor in der Koalition aus SPD und Grünen stark umstritten.

Erdgas

Erdgas (»Naturgas«, einschl. Erdölgas) Netto-Förderung (Brutto-Förderung abzügl. zurückgepreßtes und abgefackeltes Gas und Eigenverbrauch) 1996 (1995) (1990) in Mrd. m³

	1996	(1995)	(1990)
GUS	673,3	(703,5)	(815,3)
davon Rußland	591,3	(594,9)	(640,6)
USA	573,2	(536,4)	(498,6)
Kanada	164,4	(157,1)	(106,8)
Niederlande	96,6	(84,4)	(71,8)
Großbritannien	86,6	(75,5)	(49,6)
Algerien	60,6	(58,1)	(50,6)
Indonesien	63,8	(63,1)	(43,2)
Saudi-Arabien	43,1	(40,3)	(30,5)
Norwegen	37,0	(31,3)	(27,0)
Australien	41,9	(32,6)	(18,6)
Iran	37,9	(35,1)	(23,7)
Mexiko	29,9	(26,6)	(26,7)
Venezuela	30,2	(26,3)	(18,4)
Malaysia	32,4	(29,8)	(18,5)
Ver. Arab. Emirate	25,2	(24,8)	(22,1)
Rumänien	18,7	(18,7)	(29,2)
Italien	20,0	(20,8)	(17,1)
Argentinien	27,3	(25,1)	(17,8)
Deutschland	20,7	(19,1)	(21,2)
Pakistan	19,9	(18,2)	(14,3)
u. a. Österreich	1,5	(1,5)	(1,4)
Weltförderung	2255,2	(2215,5)	

Außer der wirtschaftlich genutzten Fördermenge werden jährlich immer noch größere Mengen Erdgas »abgefackelt«, d. h. an Ort und Stelle nutzlos verbrannt. Es handelt sich meist um Gas, das bei der Erdölförderung anfällt und mangels Absatzmöglichkeiten noch nicht sinnvoll verwendet werden kann.

Die **Erdgasförderung** nahm in den letzen Jahren stetig zu, da in vielen Industrieländern veraltete Kohle- und Ölheizungen durch Gasheizungen ersetzt wurden, die als umweltfreundlicher gelten. Auch in der Industrie wird zunehmend Erdgas anstelle von Kohle und Öl verwendet. 1996 nahm die Förderung erneut zu, obwohl in Rußland und anderen GUS-Staaten die Gasgewinnung wegen technischer Probleme und aufgrund des allgemeinen wirtschaftlichen Niedergangs rückläufig war. In allen anderen Fördergebieten nahm die Erdgasförderung zu, besonders stark in Nordamerika und Westeuropa (Nordseegas). Noch 1982 waren die USA mit Abstand der größte Erdgasproduzent, während seitdem die UdSSR bzw. Rußland an der Spitze liegt, allerdings mit abnehmendem Vorsprung.

Die nachgewiesenen **Erdgas-Reserven** sanken 1996 leicht auf 139 832 Mrd. m³, da die neuen Funde nicht ausreichten, um die Fördermenge auszugleichen. Die Reserven erhöhten sich im Nahen Osten, während in Nordamerika, Westeuropa und in der GUS die Vorräte zurückgingen. Insgesamt wurden bisher auf der Erde rund 186 000 Mrd. m³ Erdgas entdeckt, von denen rund 30 % in den letzten 25 Jahren gefördert und verbraucht wurden. Die gegenwärtig bekannten Reserven reichen bei unveränderter jährlicher Fördermenge und ohne Berücksichtigung neuer Funde noch für etwa 63 Jahre.

Erdgas-Weltreserven 1996

Schätzungen (in Mrd. m³)

Insgesamt	139 832
davon: GUS	55 949
Iran	20 988
Katar	7 075
Ver. Arab. Emirate	5 799
Saudi-Arabien	5 337
USA	4 674
Algerien	3 687
Nigeria	2 963
Irak	3 339
Kanada	1 928
Norwegen	1 351
zum Vergleich: Deutschland	210

Der **Anteil des Erdgases an der Welt-Energieversorgung** stieg in den letzten Jahren laufend an und lag 1996 bei rund 24,5 %. Allerdings ist die Verwendung von Erdgas stärker konzentriert als von anderen Energieträgern. 1994 entfielen allein 74 % des Weltverbrauchs auf Nordamerika und Europa. Der wichtigste Grund für die starke Konzentration der Erdgasverwendung sind die Transportschwierigkeiten. Daher ist auch der **Außenhandel** mit Gas bisher auf relativ wenige Handelsströme begrenzt. Exportiert wurden 1994 rund 440 Mrd. m³ (20 %). Der Transport des international gehandelten Erdgases erfolgt zu rund 80 % per Pipeline und zu 20 % in LNG-Tankern (»liquefied natural gas«, Flüssiggastanker).

In **Deutschland** erhöhte sich der Erdgasverbrauch 1995/96 um 12 % von 85,9 auf 96,4 Mrd. m³ (einschließlich anderer Naturgase wie Grubengas). Der **Anteil** am gesamten Primärenergieverbrauch stieg daher – stärker als der Energieverbrauch ins-

Außenhandel mit Erdgas 1994 (in Mio. Terajoule nach Energy Statistics Yearbook der UNO

Exporteure		*Importeure*	
Rußland	6,335	USA	2,889
Kanada	2,714	Deutschland	2,376
Niederlande	1,356	Japan	2,295
Algerien	1,236	Ukraine	1,936
Indonesien	1,218	Frankreich	1,250
Norwegen	1,100	Italien	1,127
Turkmenistan	0,880	Weißrußland	0,497

Weltexport insgesamt 1994 (1993) 16,983 (17,200) Mio.TJ.

gesamt – auf 21,6 % (1995: 19,7 %), vor allem wegen der stark zunehmenden Verwendung für die Raumheizung und wegen der kühlen Witterung.

Das Erdgasaufkommen wurde 1996 zu 20,5 % aus **inländischer Förderung** gedeckt (1995: 21,6 %) und zu 79,5 % aus **Importen**. Diese kamen vor allem aus Rußland (34,5 Mrd. m³), den Niederlanden (29,0) und Norwegen (18,4), und zwar ausschließlich per Pipeline. Die Inlandsförderung betrug 1996 21,6 Mrd. m³ (1995: 20,2) und kam zu rund 95 % aus den Regionen Weser-Ems, Elbe-Weser und dem westlichen Emsland.
Vom **Gasabsatz** entfielen 1996 auf die Industrie 36,7 Mrd. m³ (38,1 %), auf private Haushalte 33,5 Mrd. m³ (34,8 %), auf die öffentliche Elektrizitäts- und Fernwärmeversorgung 13,7 Mrd. m³ (14,2 %), die restlichen 12,9 % auf Landwirtschaft, Handel und öffentliche Gebäude. Während der Anteil der Industrie gegenüber 1995 stark sank, nahm die Verwendung in Privathaushalten überproportional zu. Die Zahl der gasbeheizten Wohnungen stieg 1996 auf rund 14 Mio., vor allem durch die Umstellung vieler Wohnungen in Ostdeutschland von Braunkohle- auf Gasheizung. Außerdem werden rund 70 % aller Neubauwohnungen in Deutschland mit Gasheizung ausgestattet, so daß seit 1995 Erdgas vor Heizöl die wichtigste Energiequelle zur Wohnungsheizung ist (Marktanteil 1996: rund 39 %).

Erdgasaufkommen Deutschlands 1996

Brutto-Aufkommen insgesamt 105,3 Mrd. m³

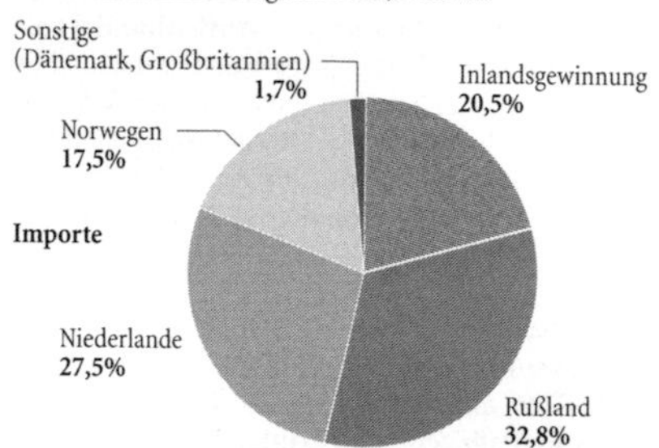

Quelle: Energiewirtsch. Tagesfragen 1997/3

Erdöl

Die **Rohölförderung** stieg – entsprechend dem erhöhten Bedarf – aufgrund der konjunkturellen Entwicklung in den wichtigsten Industriestaaten und fortgeschrittenen Entwicklungsländern 1996 um 2,9 % an. Es bestanden jedoch beträchtliche Unterschiede zwischen den Förderländern. Durch technische Probleme und den wirtschaftlichen Niedergang in den Staaten der ehemaligen UdSSR erreichte deren Förderung mit 352,1 Mio. t. nur einen Bruchteil der Förderungskapazität (1988: 624 Mio. t.). Die Förderung der USA nahm wegen der Erschöpfung vieler Quellen leicht ab. Demgegenüber wurde die Förderung in anderen Regionen kräftig gesteigert, so in Mittel- und Südamerika (9,7 %), im Fernen Osten (1,3 %), in Afrika (7,4 %) und auch in Westeuropa (6,6 %), wo Norwegen und Großbritannien ihre Förderung weiter ausbauten.
Unter den bedeutendsten Förderstaaten stand Saudi-Arabien 1996 mit 400,9 Mio. t und 11,9 % der Weltförderung an der Spitze vor den USA (11,9 %) und der GUS (10,4 %). Nach Iran (5,5 %), Mexiko (4,8 %) und noch vor China folgte bereits Norwegen (4,7 %) als bedeutendster westeuropäischer Öllieferant. Insgesamt entfielen 1996 auf den Nahen Osten 28,1 % der weltweiten Ölförderung (1995: 29,0 %), auf Nordamerika 15,4 % (15,4 %), auf Mittel- und Südamerika 13,9 % (13,1 %), auf Süd- und Ostasien (mit Australien) 10,5 % (10,8 %), auf die GUS 10,4 % (10,6 %), auf Afrika 10,8 % (10,4 %) und auf Europa (ohne GUS) 9,8 % (9,4 %). Die westeuropäische Förderung wurde zu 96,4 % aus der Nordsee gewonnen.

Erdöl ist nach wie vor der **wichtigste Energielieferant** und deckte 1996 rund 36 % des kommerziellen Welt-Energieverbrauchs. 1974 hatte der Anteil noch 48 % betragen, was damals als zu einseitig empfunden worden war. Nach den Planungen, die während der »Erdölkrisen« in den 70er Jahren aufgestellt wurden, sollte der Anteil des Erdöls in den 80er und 90er Jahren durch Einsparungen und verstärkten Einsatz anderer Energieträger (besonders der Kernenergie) kontinuierlich gesenkt werden, um die allzu große Abhängigkeit vom Erdöl abzubauen. Wegen der inzwischen stark gesunkenen Preise für Erdölprodukte und aufgrund der hohen Kosten für Erschließung und Ausbau anderer Energieträger, auch wegen mangelnder Akzeptanz der Kernenergie, erfolgte bisher die Mine-

Die größten Mineralölverbraucher 1995 (1994) (1990) in Mio. t

	1995	(1994)	(1990)
USA	798,7	(802,2)	(779,0)
GUS	288,1	(284,6)	(409,8)
Japan	265,8	(267,2)	(240,2)
Deutschland	135,1	(135,2)	(126,3)
VR China	134	(128,0)	(96,5)
Italien	95,1	(90,5)	(90,5)
Frankreich	89,7	(87,8)	(87,6)
Mexiko	83,8	(83,4)	(78,4)
Rep. Korea	83	(78,6)	(49,0)
Großbritannien	82,9	(83,3)	(84,2)
Kanada	80,2	(79,3)	(78,4)
Indien	67,7	(66,1)	(56,5)

Erdöl Förderung (einschl. Naturbenzin, Kondensate, Flüssiggas und Öl aus Teersanden) 1996 (z. T. vorläufig) (1995) (1990) in Mio.

	1996	(1995)	(1990)
Saudi-Arabien*	400,9	(399,7)	(321,9)
USA	400,3	(402,0)	(414,5)
GUS (1990: UdSSR)	352,1	(349,3)	(569,3)
Iran*	184,3	(180,2)	(157,1)
Mexiko	162,5	(152,7)	(147,7)
Norwegen	157,6	(145,7)	(81,8)
VR China	155,5	(148,9)	(137,6)
Venezuela*	153,9	(135,7)	(110,6)
Großbritannien	136,5	(128,9)	(91,6)
Kanada	119,1	(117,0)	(92,2)
Nigeria*	111,3	(99,5)	(90,7)
Ver. Arab. Emirate*	108,3	(113,0)	(102,0)
Kuwait*	100,7	(102,5)	(58,7)
Indonesien*	74,5	(74,2)	(70,1)
Libyen*	68,8	(68,0)	(66,0)
Algerien*	58,4	(54,7)	(56,7)
Ägypten	46,9	(46,1)	(44,9)
Oman	43,9	(42,7)	(32,9)
Brasilien	42,7	(37,3)	(32,1)
Argentinien	40,9	(37,0)	(25,0)
Angola	36,1	(31,4)	(23,6)
Malaysia	34,1	(36,0)	(30,0)
Kolumbien	33,2	(29,6)	(22,2)
Indien	31,8	(32,8)	(33,3)
Irak*	29,6	(31,8)	(100,7)
Australien	28,6	(27,0)	(26,8)
u. a. Deutschland	2,8	(2,9)	(3,6)
*Weltförderung***	3382,8	(3286,3)	

* = OPEC-Staaten
** davon über 1/3 aus untermeerischen Quellen (»off-shore«).

ralölsubstitution wesentlich langsamer als geplant. In manchen Ländern steigt der Erdölanteil am Energieverbrauch sogar wieder an, verursacht durch die Abkehr von Kernenergieplanungen und wegen der fortschreitenden Motorisierung. Für den Kfz-Verkehr ist bisher keine ins Gewicht fallende Alternative zum benzin- bzw. dieselbetriebenen Motor in Sicht.

Die bestätigten **Weltreserven** an Erdöl wurden für 1995 auf rund 135,864 Mrd. t berechnet, ohne das in Sanden und Schiefern enthaltene Mineralöl. Die Reserven, die durch Bohrungen geortet sind und mit der gegenwärtigen Technik wirtschaftlich gewonnen werden können, nahmen in den letzten Jahren leicht zu. Vor allem in Afrika, Lateinamerika und Südostasien wurde mehr Erdöl neu entdeckt als gefördert. Dagegen verringerten sich die Reserven in Nordamerika und in der Nordsee, da hier die Entdeckung und Erkundung neuer Fundorte nicht Schritt hielt mit der Förderung.
Saudi-Arabien ist nach wie vor das ölreichste Land; es verfügt mit rund 35,328 Mrd. t über 25,8% aller bestätigten Erdölreserven der Welt (Irak, Iran, Kuwait und Vereinigte Arabische Emirate je 9–10%). Bei gleichbleibender Jahresförderung würden die derzeit bekannten Reserven insgesamt noch 42 Jahre reichen, in Nordamerika nur 7–8 Jahre, in der GUS 22 Jahre, dagegen im Nahen Osten 97 und in Lateinamerika 44 Jahre. Seit Beginn der Erdölförderung 1859 sind bis 1996 rund 237 Mrd. t Erdöl entdeckt worden. Davon wurden bis Anfang 1997 rund 110,5 Mrd. t (= 46,8%) gefördert und verbraucht.

Außenhandel mit Erdöl 1994 in Mio. t

Bedeutendste Exporteure		*Bedeutendste Importeure*	
Saudi-Arabien	310,706	USA	354,977
Iran	132,237	Japan	226,849
Rußland	126,725	Deutschland	106,262
Norwegen	111,918	Rep. Korea	78,376
Ver. Arab. Emirate	93,936	Italien	75,225
Venezuela	87,110	Frankreich	74,644
Nigeria	79,500	Spanien	53,796
Großbritannien	77,466	Niederlande	52,415
Mexiko	67,974	Singapur	50,947
Libyen	54,116	Großbritannien	42,692
Kanada	48,280	Kanada	30,569

Gesamtexporte 1994 (1993) 1630,604 (1570,004) Mio. t.

Der **Mineralöl-Weltverbrauch** nahm seit dem bisherigen Höchststand von 1979 (3,178 Mrd. t) bis 1983 sowie 1985 (2,842 Mrd. t) jährlich ab. Seit 1986 ist wieder eine Steigerung zu verzeichnen. Auch 1995 stieg der Verbrauch weiter an und erreichte mit rd. 3,250 Mrd. t einen neuen Höchststand. Die Verbrauchszunahme entfiel nur zu einem kleinen Teil auf die großen Industriestaaten (sogar Rückgang in USA, Japan und einigen europäischen Staaten), sondern vor allem auf die in starkem Wachstum befindlichen Schwellenländer Ostasiens und auf China. Auch der (nach den USA) zweitgrößte Verbraucher, die GUS, zeigte nach mehreren Jahren des Rückgangs wieder einen Verbrauchszuwachs. Vom Weltverbrauch an Erdöl entfielen 1995

Rohöllieferanten Deutschlands 1996

Rohölimporte insgesamt 102,866 Mio. t

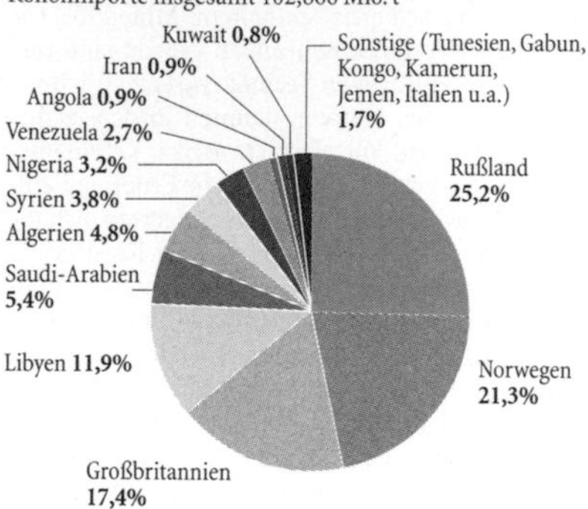

Quelle: Statistisches Bundesamt

allein 27,0% auf Nordamerika und 19,4% auf Westeuropa, aber nur 8,2% auf Mittel- und Südamerika sowie 3,4% auf Afrika.

Die **Welt-Raffineriekapazität** nahm in den letzten 3 Jahren leicht zu; sie betrug 1995 3,723 Mrd. Jahres-t. Die regionalen Veränderungen hielten an: Einem leichten Abbau von Kapazitäten in Europa und Nordamerika stand ein Ausbau in Ostasien und den großen Exportländern gegenüber, die die Ausfuhr von Fertigprodukten steigern wollen. So sank die Raffineriekapazität in Nordamerika von 904,8 (1989) auf 860,1 Mio. Jahres-t, während sie im Nahen Osten auf 301,8 Mio. Jahres-t (1995) zunahm (1980: 187,6).

Der **Anteil der OPEC-Länder** an der Welt-Erdölförderung, der 1973 noch 54% betragen hatte, sank in den 80er Jahren stark ab (1995: 29,7%), stieg aber 1996 wieder auf 40,6%. Auf die OPEC-Länder entfallen 77% der sicheren Welt-Erdölreserven; und wegen ihres relativ geringen Eigenverbrauchs stammten auch 1996 über 2/3 des international gehandelten Rohöls aus dem OPEC-Bereich. Der in den 70er Jahren beherrschende Einfluß dieser Länder auf das Welt-Energiepreisniveau besteht jedoch längst nicht mehr. Der Erdölmarkt war global gesehen auch 1996/97 ein Käufermarkt mit Angebotsüberschüssen, zumal durch die weitere wirtschaftliche Stagnation der GUS-Staaten zusätzliche Erdölmengen für den internationalen Handel zur Verfügung standen. Insgesamt zeigte der **Welt-Rohölmarkt** 1996 wegen verstärkter Nachfrage (kalte Winter, Industriekonjunktur) und aus einem gewissen spekulativen Element heraus beträchtliche Preissteigerungen, die allerdings bis Frühjahr 1997 teilweise wieder zurückgingen. Gegenüber dem OPEC-Richtpreis von 21 US-$ je Bar-

rel (b) stiegen die Preise 1996 von 16,80 auf 24 $. Das Öl war somit erheblich teurer als zur Zeit des letzten Tiefs 1988 (12,50 $), aber andererseits immer noch billiger als 1990 während des Golfkriegs (35,50 $). Für die Beurteilung der globalen Konjunkturlage ist wichtig, daß die Rohölpreise im Vergleich zur Preisentwicklung für Industrieprodukte auch 1996 wesentlich unter dem Preisniveau zu Beginn der 80er Jahre lagen. Für die erdölimportierenden Industriestaaten (Deutschland, Frankreich, Japan) bedeutet dies eine starke Stütze der Konjunktur; für die vom Ölexport abhängigen Volkswirtschaften wirken sich die Einnahmeverluste hemmend auf die weitere Wirtschaftsentwicklung aus.

In **Deutschland** erhöhte sich das Mineralölaufkommen 1995/96 um 2,2%. Sowohl die Rohöleinfuhr (102,9 Mio. t) als auch die Importe von Mineralölprodukten (45,8 Mio. t) nahmen zu, lediglich die Inlandsförderung nahm ab und betrug nur noch 2,8 Mio. t. Die wichtigsten einheimischen Fördergebiete waren die Regionen Weser-Ems, Elbe-Weser und Schleswig-Holstein.

Die Herkunft des importierten Rohöls hat sich gegenüber früheren Jahren stark gewandelt. Entfielen 1973 noch 96,4% der Importe von 100,493 Mio. t

Deutsche Erdölbilanz 1996 (1995) in Mio. t

	1996	(1995)
Mineralölprodukte insgesamt (Aufkommen)	153,5	(150,2)
davon: Exporte	16,1	(15,0)
Raffinerieverbrauch, Verarbeitungsverluste u.a.	9,0	(9,0)
Inlandsabsatz	128,4	(126,2)

Bedeutendste Absatzprodukte der Mineralölwirtschaft 1996 (1995) in Mio. t

	1996	(1995)
leichtes Heizöl (Zunahme durch kalte Winter)	38,555	(34,785)
Motorenbenzin (geringere Fahrleistung)	29,963	(30,134)
Dieselkraftstoff (Zunahme des LKW-Verkehrs, aber sparsamere Motoren)	26,083	(26,208)
schweres Heizöl (geringere Industrienachfrage)	6,958	(7,737)
Flugturbinenkraftstoff	5,921	(5,804)
sonstiges (Bitumen, Rohbenzin u.a.)	20,925	(21,542)

Mineralölabsatz nach Verbrauchsbereichen 1996 (1995)

	1996	(1995)
Verkehr	45%	(47%)
Haushalte und Kleinverbraucher	29%	(27%)
Industrie	25%	(24%)
öffentliche Kraftwerke und Militär	1%	(2%)

auf OPEC-Länder, so lieferten sie 1996 nur noch 29,7%. 38,7% entfielen dagegen auf Nordseeöl (1973: 0,3%). Außerdem erhielt durch die traditionellen Handelsbeziehungen zur ehemaligen DDR die GUS größere Bedeutung als Lieferant auch für Gesamtdeutschland (1996: 25,2% aus Rußland, das damit erstmals größter Einzellieferant war).

Die deutschen **Ausgaben für den Import** von Erdöl und -produkten erhöhten sich 1996 relativ stark, da sich sowohl der Rohöl-Weltmarktpreis im Jahresdurchschnitt erhöhte als auch der gefestigte $-Kurs die Importpreise verteuerte, und zwar auf rund 233 DM je t Rohöl (=160 DM je t SKE). Insgesamt wurden 1996 für den Import von Rohöl und Mineralölprodukten 36,0 Mrd. DM ausgegeben (1995: 28,0). Dies entsprach rund 3/4 aller Importe von Energierohstoffen. Die deutsche Raffineriekapazität von 104,7 Mio. t pro Jahr war 1996 zu 99,7% ausgelastet.

Steinkohle

Steinkohle Förderung 1995 (1994) (1990) in Mio. t (nach UNO)

	1995	(1994)	(1990)
VR China (inkl. Braunkohle)	1249,6	(1206,1)	(1050,6)
USA	851,4	(857,4)	(861,6)
(ehem.) UdSSR	335,2	(380,4)	(542,7)
Indien	270,0	(248,1)	(207,8)
Südafrika	200,1	(196,1)	(174,8)
Australien	186,6	(173,4)	(154,8)
Polen	134,9	(132,7)	(147,7)
DVR Korea (S)	65,0	(67,0)	(40,0)
Deutschland	58,9	(57,6)	(76,6)
Großbritannien	49,9	(47,8)	(89,3)
Kanada	39,1	(36,6)	(37,7)
Indonesien	29,0	(28,5)	(4,6)
Kolumbien (S)	21,0	(21,0)	(21,0)
(ehem.) ČSFR	20,9	(18,9)	(22,4)
Spanien	17,7	(17,9)	(19,6)
Mexiko (S)	11,0	(10,5)	(11,8)
Frankreich	7,0	(7,5)	(10,5)
Weltförderung	3609,7	(3567,7)	

Die **Weltreserven** werden auf rund 780 Mrd. t SKE geschätzt, davon USA 215, ehemalige UdSSR 175, China 100, Westeuropa 95, Südafrika 55, Osteuropa 50, Australien 45.
Steinkohle war bis 1966 weltweit der wichtigste Energielieferant und wurde dann vom Erdöl überholt. 1996 lieferte Steinkohle nur noch rund 28% der Welt-Primärenergie. Der internationale Handel mit Kohle stieg seit den 70er Jahren stark an, vor allem durch kostengünstige Angebote aus Übersee, gegenüber denen die früher dominierenden europäischen Kohleproduzenten nicht mehr konkurrieren konnten.

Außenhandel mit Steinkohle 1994 in Mio. t

Exporteure		*Importeure*	
Australien	128,762	Japan	116,171
USA	64,737	Rep. Korea	39,406
Südafrika	43,000	Rußland	27,198
Kanada	31,629	Italien	15,901
Polen	27,695	Deutschland	15,443
Indonesien	25,364	Belgien	12,659
VR China	24,144	Frankreich	12,190
Rußland	23,099	Spanien	11,504
Kolumbien	17,650	Brasilien	11,490

Exporte insgesamt 1994 (1993) 439,727 (428,424) Mio. t.

Die **Weltförderung** nahm auch 1996 hauptsächlich in überseeischen Ländern zu, in denen die Kohle teils zur Deckung des zunehmenden eigenen Energiebedarfs (China, Indien, Südafrika), teils für den Export gefördert wird (Australien, Südafrika, Kanada). In den EU-Ländern nahm die Steinkohleförderung dagegen auch 1996 weiter ab; sie betrug 1996 nur noch 129,000 Mio. t (1995: 133,400; 1993: 158,700; 1983: 244,700 Mio. t). Die EU-Länder konnten auch diese verringerte Fördermenge nur dank massiver Subventionen und Einfuhrkontingentierungen erhalten. Die europäische Steinkohle wurde auch 1996 von zwei Seiten bedrängt: von überseeischer Importkohle, die durch günstigere Abbaubedingungen und Transportkosten wesentlich billiger angeboten wird, und von Heizöl, Erdgas und Kernenergie, gegen die einheimische Kohle ebenfalls preislich nicht konkurrieren kann. Vor allem wegen der hohen Förderkosten (ungünstige Abbaubedingungen und hohe Arbeitslöhne) gehört die westeuropäische Steinkohle zu den teuersten Energielieferanten.
Wegen der seit Jahren relativ niedrigen Preise für Erdöl, Erdgas und Kernenergie wurden die zur Zeit der »Erdölkrisen« der 70er Jahre entworfenen Pläne zum verstärkten Einsatz der Steinkohle als Energielieferant in den meisten europäischen Staaten stark reduziert. Auch Pläne zum Bau von Kohleverflüssigungsanlagen zur Treibstoffgewinnung wurden aus Kostengründen – bis auf einige Versuchsanlagen – wieder storniert. Der dadurch hervorgerufene **Rückgang des Kohleverbrauchs** – zu dem auch noch die gesunkene Stahlproduktion kam (Kokskohle) – führte in allen westeuropäischen Kohleabbauländern zu starkem **Beschäftigungsabbau** und regional zu wirtschaftlichen Problemen und Arbeitslosigkeit. Umgekehrt stieg die Bedeutung der exportorientierten überseeischen Kohleproduzenten, vor allem von Australien und Südafrika.
Die **Weltmarktpreise** für Steinkohle sanken 1996 erneut. Importierte Kesselkohle wurde für durch-

schnittlich 74,28 DM je t SKE (frei deutsche Grenze) angeboten, verglichen mit rund 300 DM für einheimische Steinkohle. Ähnlich wie beim Erdöl herrschte auch bei der Kohle 1996 ein Überangebot auf dem Weltmarkt. Bei zunehmendem Kohlebedarf vor allem der ostasiatischen Wachstumsländer und weiterer Nachfrage der Europäer nach preisgünstiger Importkohle wird allerdings in den nächsten Jahren mit Preissteigerungen gerechnet.

In **Deutschland** sank die **Steinkohleförderung** 1996 um 10,0 % auf 48,205 Mio. t (1995: 53,565). Demgegenüber nahmen die Importe 1995–96 von 12,400 auf 13,646 Mio. t zu (ohne Bezüge aus der EU und ohne Koks, zusammen rund 4 Mio. t). Die wichtigsten Lieferanten waren (in Mio. t) 1996 Südafrika (5,359 Mio. t), Polen (3,104), Kolumbien (1,671) und die USA (1,649).

Der Beitrag der Steinkohle zur deutschen Energieversorgung **(Anteil am Primärenergieverbrauch)** betrug 1996 nur noch 13,9 % (1995: 14,5 %), der Anteil an der Stromerzeugung 27,2 (27,5) %. Die wichtigsten Kohleabnehmer waren 1996 Kraftwerke (50,5 Mio. t SKE), die Stahlindustrie (15,2), Haushalte und Gewerbe (3,8). In diesen Werten sind Kohle-»Veredelungsprodukte«, wie Koks (10,7) und Briketts (0,4), enthalten.

Die **Zahl der Beschäftigten im Steinkohlebergbau** ging 1996 auf 85 200 zurück, davon 48 380 unter Tage (1957: 605 000 Beschäftigte); ihre Leistung betrug durch den hohen Mechanisierungsgrad über 0,800 t Kohle je Mann unter Tage pro Stunde. Die Zahl der Zechen verringerte sich in den letzten Jahren weiter (Höchststand 1956: 175). 1996 förderten noch 19 Untertage-Schachtanlagen, davon 14 im Ruhrrevier (37,987 Mio. t, 65 620 Beschäftigte), 3 im Saarland (7,325 Mio. t, 15 047 Beschäftigte), eine im Aachener Revier (Anfang 1997 stillgelegt), eine in Ibbenbüren (1,600 Mio. t).

Die Steinkohleförderung und der Kohleeinsatz in Kraftwerken sind in Deutschland seit Jahrzehnten nur noch durch hohe **öffentliche Subventionen** aufrechtzuerhalten. Allein 1996 betrugen sie 11,2 Mrd. DM; 1973–1996 wurde die deutsche Steinkohle mit insgesamt 168,292 Mrd. DM subventioniert. Weitere Subventionierung oder ihr langsames Auslaufen – mit der Folge, daß der deutsche Steinkohlenbergbau eingestellt werden müßte – gehörten zu den wichtigsten Streitfragen der Verhandlungen über einen **»Energiekonsens«**, die in den letzten Jahren – ergebnislos – zwischen Bundesregierung, Opposition und Wirtschaft geführt wurden (→ Deutschland, Chronik). Die Situation wurde 1994/95 dadurch besonders kompliziert, daß das Bundesverfassungsgericht am 11. 10. 1994 die bisherige Hauptquelle der Kohlesubventionen, den **»Kohlepfennig«** als Zuschlag zur Stromrechnung, für verfassungswidrig erklärt hatte. Hinzu kam 1996/97 die zunehmende Finanzknappheit des Staates, die auch durch Reduzierung von Subventionen behoben werden soll. Nach großangelegten Protestdemonstrationen der Bergleute kam es im März 1997 zu einer Einigung zwischen der Bundesregierung, den Bergbauländern Nordrhein-Westfalen und Saarland, den Bergbaugesellschaften und den Gewerkschaften: Danach wird die Steinkohle-Subventionierung vorerst bis zum Jahr 2005 mit insgesamt 69,160 Mrd. DM fortgeführt (bis 2000 jährlich 8–9 Mrd. DM, dann Reduzierung auf 5,5 Mrd. DM im Jahr 2005). In dieser Zeit soll die Kohleproduktion auf rund 30 Mio. t reduziert werden (Schließung der Hälfte der bestehenden 19 Schachtanlagen, Verkleinerung der Zahl der Bergleute auf rund 36 000). Mit den Subventionen wird vor allem die Verstromung der Kohle gefördert (Verbilligung zum Einsatz in Verbrennungskraftwerken). Aus dem Wärmemarkt (Kohlenfeuerung), der nicht subventioniert wird, ist die heimische Steinkohle inzwischen weitgehend verdrängt worden.

Subventionen für die deutsche Steinkohle
seit 1973 (erste Ölkrise) in Mrd. DM; öffentliche Hilfen ohne Knappschaftsversicherung (nach Bundeswirtschaftsministerium/Handelsblatt)

Jahr	Mrd. DM	Jahr	Mrd. DM
1973	1,591	1990	10,746
1975	2,041	1992	10,689
1980	6,024	1994	10,338
1985	5,229	1996	11,200

Uran

Wegen der großen energiewirtschaftlichen und militärischen Bedeutung des Urans wurde in den 60er und 70er Jahren intensive Lagerstättenforschung betrieben. Als sich auf dem Weltmarkt ein Überangebot entwickelte, wurde jedoch der Abbau

Uran Gewinnung 1994 (1993) (1990) in t U

Land	1994	(1993)	(1990)
Kanada	9647	(9155)	(8729)
Südafrika/Namibia	1700	(1669)	(5698)
Niger	2975	(2914)	(2831)
Rußland	2350	(2399)	–
Kasachstan	2240	(2700)	–
Australien	2208	(2256)	(3530)
Usbekistan	2116	(2600)	–
USA	1290	(1180)	(3420)
Frankreich	1053	(1730)	(2841)
Ukraine	1000	(1000)	–
Gabun	650	(556)	(922)
Tschechische Rep.	541	(950)	–
u. a. Deutschland	47	(116)	(1207)
Weltproduktion	29552	(31296)	

Wirtschaft

Die größten Uranreserven (sicher und wahrscheinlich) in t U (nach IAEA) 1993

Australien	911000	Rußland	299700
Kasachstan	512300	Südafrika	444660
Kanada	475000	Brasilien	256000
Niger	471590	Usbekistan	230000
USA	366000		

in vielen Förderländern gedrosselt. 1996 stieg der Bedarf für Kernkraftwerke leicht an, doch längst nicht in dem Ausmaß, wie es in den 60er und 70er Jahren erwartet worden war. Seit längerem wird daher jährlich mehr Uran gefördert, als in Kernkraftwerken gebraucht wird, so daß derzeit ein Vorrat des 3–4fachen Welt-Jahresbedarfs existiert. Außerdem wurden in den letzten Jahren große Mengen an Uran frei, die für militärische Zwecke gehortet worden waren. Der Weltmarktpreis für Uran lag auch 1996 erheblich unter den Preisen der 70er Jahre.
In **Deutschland** bestehen abbauwürdige Lagerstätten im Schwarzwald (Menzenschwand), in Nordostbayern und im Erzgebirge. Von einer kommerziellen Nutzung wird abgesehen, da der Bedarf der deutschen Kraftwerke preisgünstig im Ausland gedeckt wird (Hauptlieferanten: USA, Südafrika, GUS-Staaten, Australien). Auch die in der ehemaligen DDR für den sowjetischen Bedarf betriebene Förderung im Erzgebirge wurde eingestellt. Die Halden mit Förderrückständen und die großflächig radioaktiv verseuchte Erde bilden ein enormes Sanierungsproblem, für dessen Beseitigung die Bundesregierung vermutlich mehrere Milliarden Mark wird aufbringen müssen.

Stromerzeugung

Für die Erzeugung der Sekundärenergie elektrischer Strom werden unterschiedliche Primärenergien verbraucht, wie Kohle, Erdöl, Erdgas und Uran. Ihre Anteile an der Elektrizitätserzeugung differieren in den einzelnen Ländern sehr stark.
Der **Anteil des Erdöls** an der Stromerzeugung ist in den arabischen Ländern (fast 100%), aber auch in Italien (über 50%) und Japan (rund 30%) relativ hoch. Einen hohen **Anteil des Erdgases** erreichen die Niederlande (rund 65%) und Irland (45%); die **Steinkohle** dominiert in Südafrika (90%), Dänemark (85%), Großbritannien (65%), den USA (fast 60%) und Spanien (über 40%), die **Braunkohle** in den neuen deutschen Bundesländern (rund 80%) und in Griechenland (rund 65%), **Stein- und Braunkohle** zusammen in der VR China (rund 75%) und in Deutschland (1996: 53,4%). Der Anteil der **Kernenergie** ist relativ hoch in Litauen (77%), Frankreich (76%), Belgien (56%), Schweden (51%), Ungarn (42%), Bulgarien (40%), Rep. China (38%), Schweiz (37%), Spanien (34%), Rep. Korea (32%), aber auch in Deutschland (1996: 29,5%). Der Anteil der **Wasserkraft** als wichtigster regenerativer Stromquelle erreicht relativ hohe Werte z.B. in Österreich (69%), der Schweiz (61%), Kanada (59%) sowie in vielen Entwicklungsländern (Ghana 99%, Brasilien 93%, Kenia 86%, Venezuela 60%, Südamerika zusammen 80%). (Derartige Berechnungen weichen in verschiedenen Quellen oft voneinander ab, je nachdem auf welcher Basis umgerechnet wird und ob nur die öffentliche oder auch die industrielle Stromerzeugung einbezogen wird.)
In **Deutschland** erhöhte sich auch 1995–96 die Elektrizitäterzeugung. Aus konjunkturellen Gründen, vor allem aber wegen der kühleren Witterung, stiegen **Erzeugung und Verbrauch** von elektrischem Strom leicht an, nämlich um rund 0,5%. Das Gesamtaufkommen 1996 betrug 545,9 Mrd. kWh (1995: 536,3) und setzte sich zusammen aus der inländischen Stromerzeugung von brutto 548,5 (534,9) bzw. netto (abzüglich Eigenverbrauch der Kraftwerke) 509,3 (496,6) Mrd. kWh und aus Stromimporten von 36,6 (39,7) Mrd. kWh. Vom Gesamtaufkommen 1996 entfielen 42,3 Mrd. kWh (1995: 34,9) auf Exporte sowie 28,8 (28,8) Mrd. kWh auf Pumpstromverbrauch der Kraftwerke und Netzverluste, so daß sich für 1996 (1995) ein **Netto-Stromverbrauch** von 474,8 (472,6) Mrd. kWh ergab.
Eine Aufgliederung nach **Nutzergruppen** für 1996

Elektrischer Strom Bruttostromerzeugung 1995 (1994) (1990) in Mio. kWh (öffentliche und industrielle Kraftwerke, nach UNO-Angaben)

	1995	(1994)	(1990)
USA	3560000	(334900)	(3040932)
VR China	983748	(903744)	(618000)
Japan	905000	(850000)	(857268)
Rußland	867492	(865000)	–
Kanada	560000	(534024)	(482028)
Deutschland	534169	(520691)	(566484)
Frankreich	492300	(475526)	(419219)
Indien	365000	(351000)	(264300)
Großbritannien	333369	(324220)	(318063)
Brasilien	275000	(261000)	(222192)
Italien	243258	(231829)	(216928)
Ukraine	204000	(203000)	–
Südafrika	188000	(182448)	(147240)
Rep. Korea	184656	(165048)	(107664)
Australien	165000	(162500)	(154572)
Spanien	163666	(156943)	(150585)
Schweden	147736	(142397)	(142008)
Mexiko	142000	(140000)	(122472)
Polen	138996	(134832)	(136320)
u.a. Schweiz	65000	(62664)	(55800)
Österreich	56568	(53307)	(50412)
Weltproduktion	12900	(12681)	

Stromerzeugung nach Energieträgern in Deutschland 1996

Gesamterzeugung 548,5 Mrd. kWh (brutto)

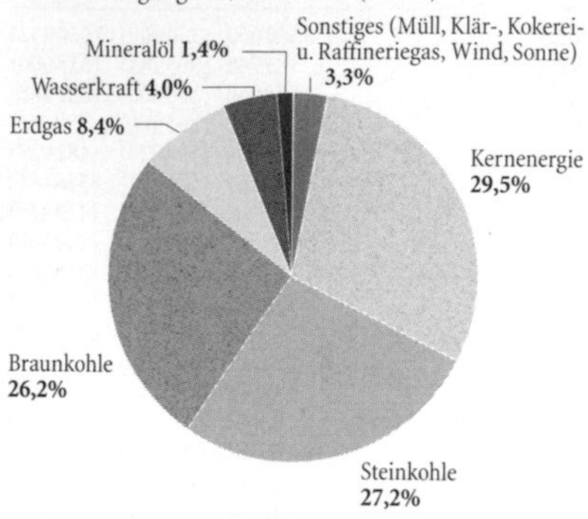

ergibt (in Mrd. kWh) für die Industrie 221,5 (46,7%), private Haushalte 131,0 (27,6%), sonstige Kleinverbraucher (Gewerbe, Landwirtschaft, öffentliche Einrichtungen) 106,0 (22,3%), Verkehr 16,3 (3,4%). Die Veränderungen im Stromverbrauch 1995–96 gingen überwiegend auf ein Wachstum im privaten und öffentlichen Bereich zurück, während der industrielle Verbrauch abnahm (Konjunkturschwäche der stark stromverbrauchenden Schwerindustrie). Vom Haushaltsstromverbrauch entfielen im Durchschnitt der letzten Jahre auf Raumheizung 25%, Kühlschrank und Gefriergerät 22%, Warmwasser (Küche, Bad) 7%, Fernseher, Radio, Videogerät, CD-Spieler, PC 7%, Beleuchtung 6%, Geschirrspüler 2%, Sonstiges 9% (nur alte Bundesländer).

Bei den **Einsatzenergien** für die deutsche Stromversorgung stehen Kernenergie (29,5%), Steinkohle (27,2%) und Braunkohle (26,2%) im Sinne eines »Energiemix« in vergleichbarer Stärke an der Spitze (→ Abbildung). Allerdings bestehen gravierende regionale Unterschiede: Während die Kernenergie allein in den westlichen Bundesländern genutzt wird und auch die Steinkohle ganz überwiegend in den alten Ländern verstromt wird, dient die Braunkohle sowohl in den west- wie in den ostdeutschen Revieren zur Stromerzeugung. Trotz der Stillegung einiger besonders stark umweltschädlicher Kraftwerke wurde 1996 in den neuen Ländern Strom zu fast 80% aus Braunkohle erzeugt. Öl- und Gaskraftwerke spielen in Deutschland nur eine untergeordnete Rolle; sie dienen hauptsächlich der kurzzeitigen »Spitzenstrom«-Erzeugung und werden als Sicherheitsreserve vorgehalten. Auf erneuerbare Energien entfielen 1996

lediglich 5,0% der deutschen Stromerzeugung, wovon der größte Teil (4,0%) durch Wasserkraftwerke gewonnen wurde. Wind- und Solarenergie und sonstige erneuerbare Energien (Biogas- und Holzverbrennung) erreichten einen Anteil von 1,0% an der Elektrizitätserzeugung.

Stromerzeugung durch Kernenergie

Kernkraftwerke Blöcke Anfang 1997

	in Betrieb Anzahl	*Bruttoleistung in MWe*	*im Bau Anzahl*
USA	109	105356	3
Frankreich	56	61130	4
Japan	52	44068	3
Großbritannien	35	15020	–
Rußland	29	21242	6
Kanada	21	15805	–
Deutschland	20	23451	–
Ukraine	14	12818	5
Schweden	12	10452	–
Rep. Korea	12	10315	8
Indien	10	2270	4
Spanien	9	7422	–
Belgien	7	5807	–
Rep. China	6	5144	–
Bulgarien	6	3760	2
Schweiz	5	3229	–

Kernkraftwerke in Deutschland Betriebsergebnisse 1996 (nach »atw«)

Kraftwerk (Bruttoleistung, Jahr der Inbetriebnahme)	*Bruttostromerzeugung in Mrd. kWh 1996*	*bisher insges.*
Obrigheim (357 MW, 1968)	2,920	67,170
Stade (672 MW, 1972)	5,312	118,505
Biblis A (1225 MW, 1974)	4,254	152,617
Biblis B (1300 MW, 1976)	8,390	150,420
Neckar-1 (840 MW, 1976)	6,514	118,038
Brunsbüttel (806 MW, 1976)	4,910	71,591
Isar-1 (Ohu; 907 MW, 1977)	6,077	106,486
Unterweser (Esenshamm; 1350 MW, 1978)	10,432	167,306
Philippsburg-1 (912 MW, 1979)	7,251	98,102
Grafenrheinfeld (1345 MW, 1981)	10,058	145,236
Krümmel (1316 MW, 1983)	8,631	112,321
Gundremmingen B (1344 MW, 1984)	9,865	113,541
Grohnde (1430 MW, 1984)	11,135	132,295
Gundremmingen C (1344 MW, 1984)	9,988	106,000
Philippsburg-2 (1424 MW, 1984)	11,472	124,877
Brokdorf (1395 MW, 1986)	11,125	102,476
Isar-2 (Ohu; 1440 MW, 1988)	10,880	90,495
Emsland (1363 MW, 1988)	11,137	94,396
Neckar-2 (1365 MW, 1989)	11,353	85,174
Gesamterzeugung	161,702	2157,046

Am 1. 2. 1997 waren weltweit in 31 Staaten 434 Kernkraftwerksblöcke mit einer Bruttoleistung von insges. 367 412 Megawatt (MW) in Betrieb, davon 342 Leichtwasserreaktoren. Die Stromerzeugung durch Kernkraftwerke stieg 1996 auf 2,388 Mio. GWh (ohne China und Kasachstan, für die keine Daten vorliegen). Kernenergie lieferte 1996 rund 18 % der Weltstromproduktion.
1996 wurden in 6 Ländern 8 Kernkraftwerksblöcke mit einer Bruttoleistung von 8793 MW in Betrieb genommen, davon je 2 in Japan und Südkorea, je einer in Frankreich, Rumänien, der Ukraine und den USA. Anfang 1997 waren 53 Blöcke in 17 Ländern im Bau. Endgültig stillgelegt wurden 1996 je ein Block in der Ukraine und in den USA. (Die Angaben über KKW unterscheiden sich, je nachdem, ob Forschungs- und Versuchsreaktoren oder zeitweilig abgeschaltete Kraftwerke einbezogen werden.)
Weitere KKW befinden sich in Finnland, Ungarn, der Slowakei, der Tschechischen Rep. (je 4), der VR China (3), Argentinien, Litauen, Mexiko, den Nie-

derlanden, Südafrika (je 2), Brasilien, Kasachstan, Pakistan, Slowenien (je 1). Zusätzlich zu diesen Ländern waren 1996/97 Anlagen im Bau in Armenien (Wiederaufbau) und Iran.
Gemessen an der Stromerzeugung waren auch 1996 **deutsche Kernkraftwerke** weltweit unter den leistungsfähigsten und zuverlässigsten. Nach der Bruttostromproduktion 1996 (in GWh) führten weltweit Philippsburg-2 (11 472), Palo Verde-3 (USA) (11 412), Neckar-2 (11 353), Emsland (11 137), Grohnde (11 135) und Brokdorf (11 125).
In **Deutschland** ging 1996/97 kein neues Kernkraftwerk in Betrieb, es war auch keines im Bau. Das betriebsfertige Kernkraftwerk Mülheim-Kärlich blieb aus baurechtlichen Gründen abgeschaltet, während die 5 KKW in den neuen Bundesländern bereits 1990 abgeschaltet worden waren. Die Stromerzeugung aus KKW stieg 1996 in Deutschland um 4,9 % auf 161,702 Mrd. kWh an (1995: 154,144) und erreichte einen Anteil von 29,5 % an der Stromproduktion bzw. von 12,1 % am gesamten Primärenergieverbrauch.

Welthandel

Entwicklungstendenzen und Probleme des Welthandels

Der Welthandel entwickelte sich in den letzten Jahren – den Konjunkturzyklen folgend – wellenförmig. Ein starkes **Wachstum** hatte in den 80er Jahren begonnen und bis 1990 angehalten. Dann zeigte der Welthandel parallel zur allgemeinen weltwirtschaftlichen Konjunkturschwäche eine nur leicht zunehmende bis stagnierende Entwicklung. Allerdings nahm 1992 und 1993 der Welthandel real stärker zu als das Sozialprodukt, wodurch sich die »Schrittmacherrolle« des Handels für die wirtschaftliche Entwicklung zeigte. 1994 und 1995 verstärkte sich das Wachstum des Welthandels weit über das weltwirtschaftliche Wachstum hinaus und erreichte 1995 9 % (real). 1996 reduzierte sich die Zuwachsrate entsprechend der Konjunkturschwäche in wichtigen Industrieländern (Deutschland, Frankreich) und von Abschwächungstendenzen in Ostasien auf real 6 %, ein Wert, der immer noch wesentlich über dem Gesamtwachstum der Weltwirtschaft von 4,0 % lag. Nach vorläufigen Berechnungen von GATT und UNO belief sich der Wert der weltweiten Exporte, also der Ausfuhren aller am Welthandel beteiligten Länder, 1996 auf 5,350 Billionen $ (1995: 4,926; Marktpreise, d. h. Zunahme einschließlich Preissteigerungen und Wechselkursänderungen).
Die **Zunahme des Welthandels** ging im Gegensatz zu früheren Jahren nur noch zum geringen Teil auf erhöhte Rohstoffeinfuhren der Industrieländer zurück, sondern hauptsächlich auf den verstärkten Handelsaustausch mit Industriegütern: einerseits im Handel zwischen den großen Industriestaaten, zunehmend aber auch zwischen den europäischen und nordamerikanischen Industrieländern und den »newly industrialized countries«, den Schwellenländern Asiens und Lateinamerikas. Insbesondere die weit fortgeschrittene Globalisierung der Wirtschaft mit weltweiten Produktions- und Han-

Welthandel (Exporte) 1980–1996 (in Mrd. US-$, nach UNO-Angaben)

	1980	*1982*	*1984*	*1986*	*1988*	*1990*	*1992*	*1994*	*1995*	*1996*
Volumen	1996,5	1857,6	1909,4	2129,4	2826,6	3426,7	3660,8	4167,0	4925,7	5350,0
Veränderung gegenüber Vorjahr										
nominal	+22%	–7%	+5%	+10%	+12%	+12%	+7%	+14%	+18%	+9%
real	+2%	–3%	+7%	+6%	+9%	+5%	+4%	+9%	+9%	+6%

delsbeziehungen (Verlagerung von Fertigungsprozessen aus Westeuropa nach Ostasien) ist eine wesentliche Ursache für das starke Wachstum des Welthandels.
Während die Globalisierung und **Internationalisierung der Wirtschaft** zu einer starken Ausweitung des Welthandels führten, zeigten sich auch 1996 kräftige Gegenentwicklungen. Der freie Welthandel wird durch die zunehmende Bildung von Wirtschaftsblöcken und Freihandelszonen sowie durch staatlichen **Protektionismus** stark behindert. Freihandelszonen, Wirtschafts- und Zollunionen, wie z. B. die → EU in Europa, → NAFTA in Nordamerika, Mercosur in Lateinamerika (Argentinien, Brasilien, Paraguay, Uruguay), ASEAN in Südostasien oder SACU in Südafrika fördern zwar die Integration ihrer Mitglieder und den Intra-Unions-Handel, wirken aber diskriminierend gegenüber Drittländern, denen der freie Marktzugang versperrt wird (→ Kap. Landwirtschaft).
Inzwischen macht der Handel innerhalb von Freihandelszonen und Zollunionen mehr als die Hälfte des Welthandels aus. Grundsätzlich wird hierdurch das Prinzip der Welthandelsorganisation (**WTO**), Gleichbehandlung und Nicht-Diskriminierung zu gewährleisten, massiv verletzt.
Hauptmotiv für **Protektionismus** ist in der Regel der Schutz der eigenen Wirtschaft vor billiger ausländischer Konkurrenz. Viele Entwicklungsländer versuchen, Einfuhren von Industriegütern zum Schutz der eigenen, im Aufbau begriffenen Industrie sowie zur Deviseneinsparung zu reglementieren bzw. zu verhindern. Aber auch viele Industrieländer bemühen sich, ihre eigene Industrie durch Importrestriktionen vor der Konkurrenz billiger produzierender Entwicklungsländer (besonders Schwellenländer wie Hongkong, Rep. China, Rep. Korea) zu schützen, um Arbeitsplätze zu erhalten (Schutz der westeuropäischen Textilindustrie durch das Welt-Textilabkommen, → Textil- und Bekleidungsindustrie).
Aber auch im Handel der Industrieländer untereinander, soweit sie verschiedenen Wirtschaftsblöcken angehören, nahm in den letzten Jahren Protektionismus zu. Besonders der japanischen Regierung wurden in den letzten Jahren von den USA und der EU immer wieder starke protektionistische Tendenzen vorgehalten, was bis zu »Handelskriegen« eskalierte (US-amerikanische »Strafzölle« gegen japanische Waren, um eine Öffnung des japanischen Marktes für US-Exporte zu erzwingen). Im Frühjahr 1996 wurde beispielsweise zwischen den USA und Japan über eine stärkere Öffnung der japanischen Märkte für ausländische Kraftfahrzeuge, Halbleiter und Versicherungen verhandelt. USA und EU verlangen eine Dere-

Die führenden Welthandelsländer
(Einfuhr cif, Ausfuhr fob)

1995	*(1994)*	*Einfuhr in Mrd. US$*	*1995*	*(1994)*
1.	(1.)	USA	771,272	(689,215)
2.	(2.)	Deutschland	448,219	(384,746)
3.	(3.)	Japan	335,988	(275,268)
4.	(4.)	Frankreich	275,550	(230,638)
5.	(5.)	Großbritannien	265,320	(226,172)
6.	(6.)	Italien	204,096	(167,694)
7.	(7.)	Hongkong	192,774	(161,777)
8.	(9.)	Niederlande	176,123	(141,410)
9.	(8.)	Kanada	168,053	(155,076)
10.	(10.)	Belgien-Luxemburg	136,000	(125,614)
11.	(13.)	Rep. Korea	135,119	(102,348)
12.	(11.)	VR China	129,113	(115,681)
13.	(12.)	Singapur	124,502	(102,670)
14.	(14.)	Spanien	114,972	(92,503)
15.	(15.)	Rep. China	103,560	(85,486)
16.	(16.)	Schweiz	77,006	(64,085)
17.	(20.)	Schweden	64,446	(51,732)
18.	(18.)	Österreich	61,200	(55,340)
19.	(19.)	Australien	60,317	(53,425)
20.	(23.)	Brasilien	53,783	(35,997)
1995	*(1994)*	*Ausfuhr in Mrd. US$*	*1995*	*(1994)*
1.	(1.)	USA	584,743	(512,627)
2.	(2.)	Deutschland	511,874	(429,075)
3.	(3.)	Japan	443,265	(397,048)
4.	(4.)	Frankreich	286,817	(236,072)
5.	(5.)	Großbritannien	242,038	(204,009)
6.	(6.)	Italien	231,260	(190,019)
7.	(9.)	Niederlande	195,526	(157,962)
8.	(7.)	Kanada	192,204	(165,380)
9.	(8.)	Hongkong	173,754	(151,395)
10.	(11.)	VR China	148,797	(121,047)
11.	(10.)	Belgien-Luxemburg	146,000	(137,245)
12.	(13.)	Rep. Korea	125,058	(96,013)
13.	(12.)	Singapur	118,263	(96,826)
14.	(14.)	Rep. China	111,364	(92,830)
15.	(15.)	Spanien	91,533	(73,288)
16.	(18.)	Schweden	79,918	(61,301)
17.	(17.)	Rußland	78,290	(64,236)
18.	(16.)	Schweiz	77,670	(66,238)
19.	(19.)	Australien	53,085	(47,525)
20.	(20.)	Österreich	52,000	(45,031)

gulierung der japanischen Wirtschaft und den Abbau diskriminierender Importhemmnisse, während Japan seine Wirtschaft vor ausländischer Konkurrenz schützen möchte.

Handelsbeschränkungen aus politischen Gründen waren 1996 mehrfach die Ursache für Streit zwischen den USA und der EU. Betroffen war der Handel mit Kuba bzw. mit Libyen und dem Iran. Die USA erließen 1996 zwei Gesetze (»Helms-Burton-Gesetz« und »D'Amato-Gesetz«), die den Handel mit diesen Staaten wegen ihrer Menschenrechtsverletzungen und terroristischen Umtriebe untersagen und Sanktionen gegen ausländische Staaten und Firmen vorsehen, die in diesen Ländern größere Investitionen vornehmen. Die EU hält die USA für nicht befugt, in den Außenhandel anderer Staaten einzugreifen, und brachte den Streitfall vor die WTO (→ Europäische Union, Chronik).

Die wichtigsten **Welthandelsströme** verliefen auch 1995 und 1996 in ähnlicher Stärke und Richtung wie in den vergangenen Jahren. Die westlichen Industrieländer (einschl. Japan) blieben die führenden Welthandelsmächte; auf sie entfielen 1995 Exporte von 3388,470 Mrd. $ (68,8% aller weltweiten Ausfuhren). Allerdings ging ihr Anteil in den letzten Jahren leicht zurück, da die Exporte der Schwellenländer noch stärker expandierten und diese ebenfalls eine starke Stellung im Welthandel ausbauen konnten.
Die Entwicklungsländer insgesamt exportierten 1995 Waren im Wert von 1366,812 Mrd. $ (27,7% aller Ausfuhren). Hiervon entfiel jedoch der größte Teil auf die ostasiatischen Schwellenländer, die auch 1995/96 ihre »Exportoffensive« fortsetzten. Die OPEC-Länder als Gruppe innerhalb der Entwicklungsländer konnten ihre frühere Bedeutung für den Weltexport mit Ausfuhren von 205,683 Mrd. $ nicht halten (4,2% aller Ausfuhren). Die ärmsten und am wenigsten entwickelten Länder (LDC) kamen nur auf rund 0,3% der Weltexporte. Auch die Transformationsländer Osteuropas haben mit 168,286 Mrd. $ (einschließlich der europäischen GUS-Staaten) nur einen relativ geringen Anteil am Welthandel (3,4% der Exporte). Dieser steigt jedoch mit zunehmender weltwirtschaftlicher Verflechtung wieder an, zumal in verstärktem Maße auch Industriegüter exportiert werden statt der bisherigen Ausrichtung auf Rohstoffexporte.
Die **führenden Welthandelsländer** waren 1995/96 die USA, Deutschland und Japan, gefolgt von Frankreich und Großbritannien. Auf den nächsten Plätzen standen wiederum die übrigen großen westlichen Industriestaaten Italien, Kanada, die Niederlande und Belgien (mit Luxemburg), zwischen die sich allerdings erneut Hongkong schieben konnte. Auf den folgenden Plätzen der Außenhandels-Rangliste ist die gefestigte Bedeutung Ost- und Südostasiens mit der VR China, der Rep. Korea, Singapur und der Rep. China bemerkenswert. Neben weiteren europäischen Industriestaaten wie Spanien, Schweden, Schweiz und Österreich folgen Industrie- und Schwellenländer unter den Rohstoffexporteuren (Australien, Brasilien) und auch Rußland, das als größter Nachfolgestaat der UdSSR ebenfalls vor allem durch seine Rohstoffexporte zu den 20 größten Ausfuhrländern zählt.
Nach ersten Schätzungen über den Welthandel 1996, die Mitte 1997 vorlagen, hat sich an der Rangordnung der wichtigsten Welthandelsländer nichts Wesentliches verändert.

Die wichtigsten deutschen Außenhandelspartner (Die Zahlen für 1996 sind vorläufig)

Einfuhr	*in Mrd. DM 1996*	*(1995)*	*in% 1996*
1. Frankreich	74,527	(73,086)	10,9
2. Niederlande	60,253	(58,176)	8,8
3. Italien	57,745	(56,825)	8,4
4. USA	48,980	(45,289)	7,1
5. Großbritannien	47,782	(43,569)	7,0
6. Belgien-Luxemburg	44,246	(43,965)	6,4
7. Japan	34,098	(35,411)	5,0
8. Schweiz	27,382	(28,150)	4,0
9. Österreich	26,413	(26,034)	3,8
10. Spanien	22,810	(20,837)	3,3
11. VR China	17,917	(15,917)	2,6
12. Rußland	15,402	(13,580)	2,2
13. Schweden	14,504	(13,938)	2,1
14. Norwegen	13,598	(11,200)	2,0
15. Dänemark	12,513	(12,785)	1,8
16. Polen	12,182	(12,413)	1,8
17. Tschech. Rep.	11,378	(10,620)	1,7
18. Türkei	8,445	(8,100)	1,2
19. Portugal	8,277	(7,006)	1,2
20. Rep. China	8,144	(7,867)	1,2
Ausfuhr	*in Mrd. DM 1996*	*(1995)*	*in% 1996*
1. Frankreich	86,460	(87,862)	11,0
2. Großbritannien	63,432	(61,912)	8,1
3. USA	60,112	(54,611)	7,7
4. Italien	58,970	(56,874)	7,5
5. Niederlande	58,924	(57,118)	7,5
6. Belgien-Luxemburg	49,458	(49,139)	6,3
7. Österreich	44,469	(41,702)	5,7
8. Schweiz	37,793	(39,675)	4,8
9. Spanien	28,349	(25,795)	3,6
10. Japan	21,191	(18,542)	2,7
11. Schweden	18,952	(18,399)	2,4
12. Polen	16,366	(12,695)	2,1
13. Dänemark	14,322	(14,363)	1,8
14. Tschech. Rep.	13,855	(11,820)	1,8
15. Rußland	11,458	(10,296)	1,5
16. Türkei	11,415	(9,280)	1,5
17. VR China	10,889	(10,679)	1,4
18. Rep. Korea	9,868	(8,751)	1,3
19. Ungarn	8,349	(7,200)	1,1
20. Portugal	8,112	(6,780)	1,0

Deutscher Außenhandel

Der deutsche Außenhandel zeigte 1996 eine geringere Zunahme als im Vorjahr, entwickelte sich jedoch bezüglich des Saldos sehr positiv. Während

1995 die Einfuhren um 7,7% und die Ausfuhren um 8,5% angestiegen waren, schwächte sich die Zunahme 1996 auf 3,4% (Importe) bzw. 4,6% (Exporte) ab. Die Abschwächung der Importzuwächse geht auf die nur sehr gedämpfte Inlandsnachfrage zurück, während andererseits die schwache Konjunkturentwicklung in wichtigen deutschen Auslandsmärkten (z. B. Frankreich, Italien) dafür sorgte, daß auch die Ausfuhren nur mäßig zunahmen. Dagegen erhöhten sich die Exporte in solche Länder, die eine stärkere wirtschaftliche Dynamik zeigten (USA, Ostasien).

Begünstigt wurde die deutsche Exportwirtschaft 1996 dadurch, daß sich die DM-Aufwertung von 1995 wieder weitgehend zurückbildete. Dagegen zeigten sich gerade beim Export die zunehmenden Probleme der deutschen Wirtschaft, aufgrund des Hochpreisniveaus im weltweiten Konkurrenzkampf zu bestehen. Ein Indikator für das deutsche Zurückfallen gegenüber dynamischeren Ländern ist darin zu sehen, daß der Welthandel insgesamt wesentlich stärker wuchs als der deutsche Außenhandel.

Insgesamt betrugen 1996 die **deutschen Exporte** 784,320 Mrd. DM, die **Importe** 686,738 Mrd. DM (vorläufige Angaben; 1995: 749,537 und 664,234 Mrd. DM). Wegen der geringen Zunahme der Einfuhren wuchs der **Exportüberschuß** weiter an und lag 1996 bei 97,582 Mrd. DM (1995: 85,303). Damit war der höchste Exportüberschuß seit der deutschen Wiedervereinigung erreicht; der positive Saldo reichte jedoch noch nicht wieder an die hohen Werte gegen Ende der 80er Jahre heran (1989: 134,539 Mrd. DM)

Wegen des günstigeren Außenhandelssaldos verbesserte sich auch die gesamte deutsche Leistungsbilanz gegenüber dem Ausland; sie blieb

aber im Negativen, vor allem wegen des sehr hohen Defizits im Urlaubsreiseverkehr und der Übertragungen an die EU. Der **Leistungsbilanzsaldo Deutschlands,** der 1989 noch 107,480 Mrd. DM betrug und seit 1991 negativ ist, belief sich 1996 auf −20,946 Mrd. DM (1995: −33,818 Mrd. DM). (→ Deutschland, Außenhandel)

Eine grobe regionale Gliederung der **Handelsströme** aus und nach Deutschland zeigt, daß die Bedeutung der EU-Partner und der überseeischen Industriestaaten (USA, Japan) für den deutschen Außenhandel auch 1996 überragend groß ist. Allerdings nahm nur der Handel mit den USA überproportional zu; der Handelsaustausch mit den EU-Partnern und mit Japan wuchs schwächer als der Außenhandel insgesamt, wohl infolge des geringeren Wirtschaftswachstums in diesen Ländern. Dagegen nahm der Handelsaustausch mit den ostasiatischen Entwicklungs- und Schwellenländern überdurchschnittlich zu, ebenso wie derjenige mit den östlichen Nachbarländern, die im Transformationsprozeß zur Marktwirtschaft stehen. Die Anteile dieser beiden Staatengruppen am deutschen Außenhandel stiegen daher an. Symptomatisch hierfür sind Steigerungsraten des deutschen Exports von mehr als 10%, wie z. B. nach Polen (29%), Ungarn und Slowakei (je 19%) oder in die Tschechische Rep. (17%). Demgegenüber verringerte sich auch 1996 der anteilige Handelsaustausch mit den rohstoffexportierenden Entwicklungsländern; auch in absoluten Zahlen (Menge und Wert) nahm er ab. Beispielhaft hierfür ist der Handel mit Afrika: Die deutschen Exporte dorthin zeigten mit −1,8% eine deutliche Abnahme der ohnehin geringen Ausfuhrmenge.

Deutschland war auch 1996, wie seit mehreren

Entwicklung des deutschen Außenhandels 1986-1996

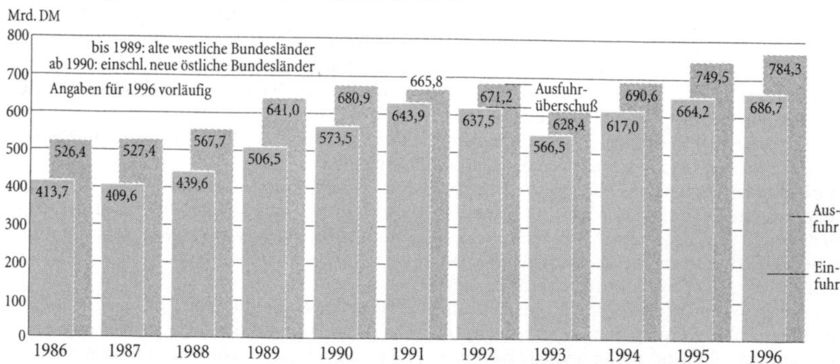

Quelle: Statistisches Bundesamt

Der deutsche Außenhandel nach Kontinenten und Staatengruppen

Liefer- bzw. Bezugsstaaten	*Importe*		*Exporte in Mrd. DM*		*Saldo*	
	1996	*(1995)*	*1996*	*(1995)*	*1996*	*(1995)*
Europa	499,515	(481,571)	557,057	(553,211)	+77,542	(+71,640)
davon EU-Staaten	386,503	(374,908)	447,936	(435,907)	+61,433	(+60,999)
Amerika	67,943	(65,660)	83,534	(77,494)	+15,591	(+11,834)
davon NAFTA-Staaten	54,970	(51,593)	68,179	(62,143)	+13,209	(+10,550)
Asien	101,175	(99,668)	99,758	(94,466)	-+1,417	(-5,202)
davon ASEAN-Staaten	18,368	(16,413)	22,014	(20,218)	+3,646	(+3,805)
Afrika	14,627	(13,724)	15,566	(15,858)	+0,939	(+2,134)
Australien u. Ozeanien	2,767	(2,981)	6,157	(6,571)	+3,390	(+3,590)
Insgesamt	686,738	(664,234)	784,320	(749,537)	+97,582	(+85,303)

(Der Gesamtwert stimmt wegen nicht zuzuordnender Handelsströme nicht völlig mit der Summe der Kontinente überein.)

Jahrzehnten, das **zweitwichtigste Welthandelsland** nach den USA und vor Japan, Frankreich und Großbritannien. Nach den vorläufigen Daten erhöhten sich die **Einfuhren** nominal um 3,4% auf 686,738 Mrd. DM (1995: 664,234). Die **Ausfuhren** nahmen um 4,6% auf 784,320 Mrd. DM zu (1995: 749,537).

Hohe **Überschüsse** erzielte Deutschland 1996 im Handel mit seinen EU-Partnern und Nachbarländern, so mit Österreich (18,056 Mrd. DM), Großbritannien (15,650), Frankreich (11,963), der Schweiz (10,411), Spanien (5,539) und Belgien-Luxemburg (5,212). Bei überseeischen Handelspartnern ergaben sich größere Überschüsse vor allem mit den USA (11,132), Australien (3,691), Mexiko (2,817), Südafrika (2,455), Saudi-Arabien (2,438) und Brasilien (2,358).

Größere **Außenhandelsdefizite** ergaben sich 1996 mit einigen Industriegüter- und Rohstofflieferanten, wie Japan (–12,907), VR China (–7,028), Norwegen (–6,943), Irland (–4,145), Rußland (–3,944) und Libyen (–2,022).

Der im Vergleich zum Vorjahr erhöhte Außenhandelsüberschuß Deutschlands resultierte auch 1996 überwiegend aus den positiven Salden im Warenaustausch mit den meisten industrialisierten europäischen Ländern sowie mit mehreren rohstoffexportierenden (und somit devisenstarken) Entwicklungsländern. Negative Salden traten im Handel mit einigen ostasiatischen Industrie- und Schwellenländern auf, die Industrieprodukte exportieren, sowie gegenüber den meisten Rohstofflieferanten unter den Entwicklungsländern (Erdöl, Kaffee, Erze).

Die wichtigsten **Außenhandelspartner** Deutschlands waren auch 1996 wie schon in den Vorjahren mit weitem Abstand die übrigen westlichen Industriestaaten, und zwar sowohl als Einkaufs- wie auch als Käuferländer (Ursprungs- und Bestimmungsländer). Auf sie entfielen 1996 rund 75% der deutschen Ausfuhren, und sie lieferten über 75% der Einfuhren. Allein die **EU-Partner** waren zu 57,1% an den deutschen Exporten und zu 56,3% an den Importen nach Deutschland beteiligt. Der Exportüberschuß im Außenhandel mit den übrigen EU-Staaten erhöhte sich 1996 auf 61,433 Mrd. DM (1995: 60,999).

Bei einer **Analyse nach einzelnen Ländern** zeigt sich, daß die vorderen Plätze in der Im- und Exportstatistik auch 1996 von EU-Staaten eingenommen werden. **Frankreich** behielt seinen 1. Rang als Abnehmerland mit einem Wert von 11,0% der deutschen Ausfuhren, und es blieb auch 1996 wichtigstes Lieferland mit 10,9% aller Importe nach Deutschland. Auf den nächsten Plätzen der Lieferanten für deutsche Importe folgten die EU-Partner **Italien**, die **Niederlande**, **Großbritannien** und **Belgien-Luxemburg**, nur durch die **USA** (an 4. Stelle) unterbrochen. Bei den wichtigsten deutschen Exportkunden standen 1996 die USA sogar an 3. Stelle nach Großbritannien und vor Italien, Niederlande und Belgien-Luxemburg.

Die **USA** waren mit 7,7% der deutschen Lieferungen und 7,1% der Käufe auch 1996 der wichtigste überseeische Handelspartner Deutschlands. Der deutsche Überschuß im USA-Handel, der zuletzt gegenüber den 80er Jahren stark geschrumpft war, konnte wieder auf 11,132 Mrd. DM gesteigert werden. Wichtigster überseeischer Handelspartner nach den USA war auch 1996 **Japan** mit einem 7. Rang unter den Liefer-, aber nur 10. Rang bei den Abnehmerländern. Da die deutschen Importe aus Japan 1995–96 leicht zurückgingen, während sich die Exporte dorthin um 12,5% erhöhten, nahm das traditionelle deutsche Außenhandelsdefizit mit Japan 1996 von 16,569 Mrd. DM (1995) auf 12,907 Mrd. DM ab.

Bei den **Waren und Gütern**, die im deutschen Ex- und Import gehandelt wurden, hat sich in den letzten Jahren wenig verändert. Auch 1995 und 1996 dominierte sehr stark der Außenhandel mit Waren

der gewerblichen Wirtschaft (Rohstoffe, Halb- und Fertigwaren); ihr Anteil betrug 1996 bei der Einfuhr 82,3%, bei der Ausfuhr sogar 90,3%. Der Anteil der Land- und Ernährungswirtschaft erreichte demnach nur 17,7% (Einfuhr) bzw. 9,7% des Außenhandels.
Die wichtigsten **Einfuhrgüter** waren 1995 in Deutschland elektrotechnische Erzeugnisse (73,087 Mrd. DM), Kraftfahrzeuge (64,593), Nahrungs- und Genußmittel und Getränke (64,194), Büromaschinen (28,204), Mineralölerzeugnisse und Erdgas (17,339), Rohöl (17,236), Kunststoffe (16,958), Luftfahrzeuge (13,617).

Bei den **Ausfuhrgütern** dominierten 1995 Kraftfahrzeuge (124,974 Mrd. DM), elektrotechnische Erzeugnisse (89,841), Nahrungs- und Genußmittel und Getränke (35,789), Kunststoffe (25,179), pharmazeutische Erzeugnisse (17,760), feinmechanische und optische Erzeugnisse (16,907) sowie Büromaschinen (16,122).
Der größte **Ausfuhrüberschuß** wurde wieder mit Kraftfahrzeugen erwirtschaftet, nämlich 60,381 Mrd. DM.
Den größten **Einfuhrüberschuß** ergab wie im Vorjahr wieder der Handel mit Nahrungs- und Genußmitteln (Saldo –28,405 Mrd. DM).

Verkehr und Kommunikation

Die Entwicklung des Personen-, Güter- und Nachrichtenverkehrs

Sämtliche Verkehrsbereiche zeigten 1996 weltweit – wie schon in den letzten Jahren – starke Zuwächse, da die Nachfrage unvermindert anstieg. Die konjunkturelle Situation in den wichtigsten Industriestaaten, insbesondere auch das starke Wirtschaftswachstum in den ostasiatischen Schwellenländern, sorgten für kräftige Zuwächse beim Güter- wie beim Personenverkehr, und zwar sowohl zu Lande als auch auf dem Wasser und in der Luft.
Beim **Güterverkehr** spielte, neben dem innerstaatlichen Wirtschaftsverkehr, vor allem die weiter zunehmende Globalisierung der Wirtschaft mit kräftigen Steigerungsraten des Außenhandels eine wichtige Rolle. Die Zunahme des **Personenverkehrs** ist besonders auf den Tourismus und generell den Freizeitverkehr und die allgemein wachsende Mobilität in den hochentwickelten Industrieländern zurückzuführen.
Weiterhin unterdurchschnittlich entwickelte sich – im weltweiten Maßstab gesehen – der Verkehr, besonders der Güterverkehr, in den meisten Ländern Osteuropas und der GUS wegen der in vielen Branchen unbefriedigenden Wirtschaftsentwicklung und des Lebensstandards, der bisher eine Massenmotorisierung verhindert. In den ärmeren Entwicklungsländern ist der Verkehr weiterhin relativ unbedeutend im Vergleich zu den Industriestaaten.

Eine Sonderstellung nahm auch 1996/97 der **Nachrichtenverkehr** ein, der durch den Einsatz der Computertechnik in allen Industriestaaten boomte, und zwar sowohl im geschäftlichen wie im privaten Bereich (Funktelefon, E-mail-Kommunikation, Online-Verbindungen, Internet u. a.).
In **Deutschland** setzten sich auch 1996 die Tendenzen der Vorjahre fort, doch erfolgte die weitere

Personenverkehr in Deutschland 1995
(nach Bundesverkehrsministerium)

Verkehrszweig	*beförderte Personen in Mio.*	*Personen-km in Mrd.*
Kfz (privat)	–	741,5
Straßenverkehr (öffentlich)	7878	77,4
davon Linienverkehr (einschl. U- und Straßenbahn)	7798	552,4
Ausflugs- u. ä. Verkehr	80	25
Eisenbahnverkehr	1656	63,6
davon Fernverkehr	139	30,9
Luftverkehr	90	25,5

Güterverkehr in Deutschland 1995
(nach Bundesverkehrsministerium)

Verkehrszweig	*beförderte Güter in Mio.t*	*Tonnen-km in Mrd.*
LKW-Nahverkehr	2522,3	71,0
LKW-Fernverkehr	760,1	200,1
Eisenbahnverkehr	326,6	69,8
Binnenschiffsverkehr	237,9	64,0
Seeverkehr (nach und von deutschen Seehäfen)	198,0	957,5
Luftverkehr	2,0	0,5
Rohrfernleitungen (nur Rohöl- und Mineralölprodukte)	94,1	16,1

Die größten Transport-, Verkehrs- und Touristikunternehmen Deutschlands 1996

	Umsatz in Mrd. DM	*Beschäftigte in Tsd.*
Deutsche Telekom	63,075	201,0
Deutsche Bahn AG	30,200	288,8
Deutsche Post-AG	26,702	284,9
Lufthansa	20,863	58,0
Kühne & Nagel (1995)	6,137	11,1
Hapag-Lloyd (1995)	4,355	8,9

Wirtschaft

Zunahme des Verkehrs entsprechend der Wirtschafts- und Konjunkturlage nur sehr abgeschwächt.

- Der Individualverkehr per PKW nahm nur noch um 0,5% auf rund 745 Mrd. Personen-km zu; der öffentliche Personenverkehr erhöhte sich um 1,4%.
- Im Eisenbahnverkehr wirkten sich die Maßnahmen zur Attraktivitätssteigerung aus; der Zuwachs betrug rund 3%.
- Den stärksten Zuwachs hatte wieder, wie in den Vorjahren, der Luftverkehr (+3,7%).
- Im Güterverkehr gab es wegen der Produktionsrückgänge in wichtigen Industrien eine Abnahme der beförderten Menge. Der Eisenbahngüterverkehr ging um 4,7% zurück, der Straßengüterverkehr um 0,6%. Lediglich der Luftfrachtverkehr nahm um 4,4% zu.

Kraftfahrzeugverkehr und -produktion

Kraftfahrzeugbestand

Der Weltbestand an Kraftfahrzeugen beträgt derzeit rund 640 Mio. Die letzten genaueren Zahlen ermittelte die UNO für 1993: 464,514 Mio. PKW und 144,681 Mio. Nutzfahrzeuge (LKW, Busse u. a.; jeweils ohne motorisierte Zweiräder, landwirtschaftliche Zugmaschinen, Anhänger, Polizei- und Militärfahrzeuge).

Kraftfahrzeugbestand 1994 (einschl. Kombi) in Mio., teilweise S

	PKW (einschl. Kombi)	*LKW und Busse*
USA (1993)	146,314	49,038
Japan	42,679	22,443
Deutschland	34,396	9,675
Italien	30,100	2,800
Frankreich	24,900	5,140
Großbritannien (ohne Nordirland)	21,904	3,040
Spanien	13,790	2,960
Kanada	13,478	7,189
Brasilien	12,500	2,600
(ehem.) UdSSR (1993)	11,518	–
Australien	8,050	2,090
Mexiko	8,014	3,662
Polen	7,135	1,483
Niederlande	5,884	1,388
Rep. Korea	5,149	2,256
u. a. Österreich	3,480	0,699
Schweiz	3,165	0,630
zum Vergleich:		
Indien	2,545	3,498
Thailand	1,265	3,517
Ägypten	1,229	0,490
Bolivien	0,357	0,190
Dem. Rep. Kongo (Zaire)	0,140	0,088
Bangladesch	0,052	0,062
Liberia	0,016	0,014

Bestand an Kraftfahrzeugen in Deutschland
Zugelassene Kfz. am 1.7.1996 (1995) (1990) in Mio. (nach Kraftfahrt-Bundesamt)

	1996	(1995)	(1990)
PKW und Kombi	40,499	(40,404)	(30,685)*
LKW	2,251	(2,215)	(1,389)*
Motorräder	2,304	(2,267)	(1,414)*
Traktoren	1,902	(1,900)	(1,757)*
Omnibusse	0,085	(0,086)	(0,070)*
Sonstige (Wohnmobile, Sonderfahrzeuge usw.)	0,617	(0,613)	(0,434)*
Mopeds, Mofas u. ä. (zulassungsfrei)	1,728	(1,667)	(0,954)*
Kfz.-Anhänger	4,175	(4,101)	(2,246)*

*nur westliche Bundesländer

Die **Motorisierung** ist nach wie vor sehr ungleich. Von den PKW entfielen allein rund 34% auf USA und Kanada, rund 40% auf Europa (mit GUS), fast 9% auf Japan und der Rest von nur 17% auf die übrige Welt.

Kraftfahrzeugproduktion

Die Weltproduktion von Kraftfahrzeugen belief sich 1996 auf rund 49 Mio., davon 37 Mio. PKW. Die Produktion stieg in allen wichtigen Erzeugerländern mäßig an. Auch 1996 waren, nach ersten vorläufigen Angaben, die USA wieder der größte Automobilproduzent mit 12,4 Mio. Fahrzeugen vor Japan (10,4 Mio.), Deutschland (4,8) und Frankreich.

In **Deutschland** konnte die **Kraftfahrzeugindustrie** 1996 ihre Produktion weiter steigern, so daß sie bei PKW wieder auf 93% der bisherigen Rekorderzeugung von 1992 kam. Die PKW-Produktion nahm um 4,1% zu; es wurden im Inland 1996 4,752 Mio. PKW und Kombi gebaut (1995: 4,507).

Produktion von Kraftfahrzeugen 1995 (1994)

	PKW		*LKW, Busse u. a. Nutzfahrzeuge*	
Japan	7,786	(8,014)	2,603	(2,764)
USA (1994/93)	6,614	(5,956)	4,090	(4,080)
Deutschland	4,538	(4,223)	0,307	(0,290)
Frankreich	3,042	(3,158)	0,442	(0,401)
Rep. Korea*	2,160	(1,756)	0,504	(0,491)
Spanien	1,920	(1,826)	0,180	(0,173)
Großbritannien	1,532	(1,466)	0,236*	(0,232*)
Italien (1994/93)	1,340	(1,117)	0,193	(0,150)
Kanada (1994/93)	1,051	(1,165)	0,960	(0,850)
Mexiko*	0,703	(0,832)	0,158	(0,163)

* = einschl. Montage

Neuzulassung von Kraftfahrzeugen 1995 (1994) in Mio. (nach UNO-Angaben)

	PKW		*LKW, Busse u. a. Nutzfahreuge*	
USA (1994/93)	8,500	(8,330)	5,600	(5,484)
Japan	4,245	(4,051)	0,843	(0,778)
Deutschland	3,314	(3,329)	0,294	(0,234)
Italien (1992/91)	2,319	(2,274)	0,151	(0,188)
Frankreich (1994/93)	1,800	(1,721)	0,300	(0,296)
Großbritannien (1992/91)	1,500	(1,666)	0,175	(0,203)
Spanien (1992/91)	1,009	(0,914)	0,243	(0,243)
Rep. Korea	0,863	(0,851)	0,021	(0,016)
Kanada (1992/91)	0,798	(0,873)	0,427	(0,415)
u. a. Österreich	0,280	(0,274)	0,026	(0,026)
Schweiz	0,266	(0,266)	0,020	(0,017)

Dagegen ging die Produktion von LKW, Bussen und sonstigen Nutzfahrzeugen um rund 3% auf 0,298 Mio. zurück.

Die Produktionszunahme bei PKW basierte größtenteils auf dem Exportgeschäft, das um 7,4% zunahm, während der Inlandsmarkt wegen weiter zunehmender Importe unterdurchschnittlich wuchs. Bei Nutzfahrzeugen ging sowohl der Inlands- wie der Auslandsabsatz leicht zurück. Bei PKW ist zu beachten, daß die Import-/Exportstatistik dadurch verfälscht wird, daß die deutschen Käufe im Ausland (Reimporte) sprunghaft angestiegen sind.

Weltweit lag Deutschland 1996 unter den Kfz-Produzenten – wie schon in den Vorjahren – an 3. Stelle nach USA und Japan. Im Export stand die deutsche Automobilindustrie mit 2,65 Mio. PKW und Kombi sogar an 2. Stelle hinter Japan und vor Frankreich. 71% der Exporte gingen in die EU-Partnerländer.

Im Inland gehörte die **Kraftfahrzeugindustrie** auch 1996 zu den bedeutendsten Industriebranchen, von der rund 20% des Sozialprodukts und etwa 14% der Arbeitsplätze abhingen (einschließlich Zulieferindustrie). Der Gesamtumsatz betrug 1996 rund 243 Mrd. DM (davon rund ²/₃ Kfz-Herstellung, der Rest Teile, Zubehör, Anhänger, Aufbauten u.ä.).

Unter den Industriebranchen ist die Kfz-Industrie besonders stark international orientiert. Sowohl Hersteller als auch Zulieferer bauen zunehmend Produktionsstätten im Ausland. Gründe für diese Verlagerungstendenzen: Einerseits zwingen vielfach Handelsbeschränkungen (z. B. hohe Einfuhrzölle) und das Bedürfnis nach Marktnähe dazu, in wichtigen Abnahmeländern direkt zu produzieren, andererseits hat der Produktionsstandort

Die 20 beliebtesten PKW-Modelle in Deutschland 1996
Anteile an Neuzulassungen in %
Neuzulassungen insges. 3,496 Mio.

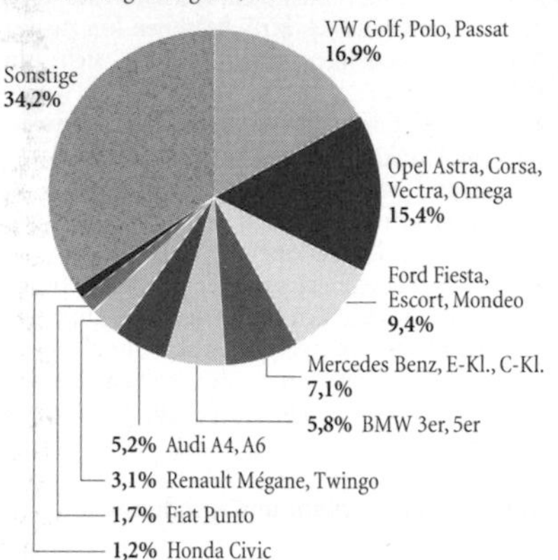

Deutschland durch besonders hohe Arbeitskosten, Steuern und staatliche Auflagen stark an Wettbewerbsfähigkeit eingebüßt. 1996 stammten 34% aller von deutschen Herstellern produzierten Autos aus ausländischer Fertigung. Unter den Neuzulassungen 1996 stieg der Anteil von PKW aus ausländischer Produktion deutscher Hersteller um 21% auf 235 000 Fahrzeuge.

Die **Neuzulassungen** von Kraftfahrzeugen in Deutschland nahmen 1996 mit 5,9% stärker als im Vorjahr zu und betrugen nach Angaben des Kraftfahrtbundesamts 4,046 Mio. fabrikneuer Kfz (+5,9%), darunter 3,496 Mio. PKW und Kombi (+5,5%). Der Anteil der ausländischen Fahrzeuge an den Neuzulassungen von PKW nahm 1996 auf 32,4% zu (1995: 32,0%). Neben den Neuzulassungen wurden 8,447 Mio. Besitzumschreibungen gebrauchter PKW registriert.

Straßenverkehr und Straßenbau

In Deutschland nahm 1996 der **Straßenverkehr** nicht mehr im gleichen Maße zu wie in den Vorjahren. Der Straßengüterverkehr nahm aus konjunkturellen Gründen um rund 3% ab; der **Individualverkehr** mit PKW stagnierte etwa auf dem Niveau des Vorjahres. Zwar erhöhte sich der PKW-Bestand weiter (durch Anpassung des ostdeutschen Motorisierungsgrades an denjenigen der alten Bundesländer), doch sank die durchschnittliche jährliche Fahrleistung pro PKW von 14200 km (1995) auf rund 14150 km. Der Benzin- und Dieselverbrauch nahm dadurch erneut leicht ab. Hinzu kommt, daß der spezifische Verbrauch weiter sank und 1996 im Durchschnitt nur noch 9,1 l je 100 km (Benzin) bzw. 7,5 l (Diesel) betrug. Nach dem umweltpolitischen Programm der Bundesregierung soll der durchschnittliche Kraftstoffverbrauch bis 2005 auf 5 l gesenkt werden. Eine ESSO-Studie erwartet 2010 einen Durchschnittsverbrauch von 7,1 l (Benzin) bzw. 5,9 l (Diesel). Der weiteren Senkung von Schadstoffemissionen soll der Einbau von geregelten Drei-Wege-Katalysatoren dienen, der ab 1993 für alle neuen PKW in den EU-Ländern Pflicht wurde. Erste Erfolge einer Senkung der Schadstoffemissionen sind darin zu sehen, daß die Stickoxid-Emissionen (NO_x) des Straßenverkehrs in Deutschland 1990–95 um ca. 7% zurückgegangen sind. Bei der Verminderung der Bleiemissionen ist Deutschland in Europa führend. Der Anteil des bleifreien Benzins am gesamten Benzinverbrauch lag 1995 bei 94,5% (zum Vergleich: Niederlande 80%, Großbritannien 55%, Frankreich 45%, Italien 20%, Spanien 15%).

Die Zahl der **Tankstellen** in Deutschland nahm in den letzten Jahren weiter ab bei gleichzeitiger Konzentration auf größere Betriebe. Anfang 1997 gab es in Deutschland rund 17800 Straßentankstellen, davon rund 1800 in den neuen Bundesländern.

Im **Straßenbau** wurden weltweit auch 1996/97 größere Projekte vor allem in großflächigen Staaten mit noch ungenügender Verkehrserschließung durchgeführt, so in China sowie in lateinamerikanischen und afrikanischen Entwicklungsländern. Generell nahm jedoch das Neubauvolumen in den letzten Jahren aus finanziellen Gründen ab, so daß verschiedene entwicklungspolitisch erwünschte Vorhaben nicht durchgeführt werden konnten. In den meisten Industriestaaten wurde der Straßenbau in den letzten Jahren deutlich eingeschränkt, weil der vordringliche Bedarf weitestgehend gedeckt ist und Gesichtspunkte des Natur- und Umweltschutzes gegen eine weitere Verdichtung des Straßennetzes sprechen.

Auch in **Deutschland** wurde der Straßenbau in den letzten Jahren deutlich reduziert (Lückenschließungen im Autobahnnetz und Ortsumgehungen); lediglich in den neuen Ländern besteht noch ein erheblicher Nachhol- und Reparaturbedarf.

Das deutsche Straßennetz umfaßte 1996 228900 km Straßen des überörtlichen Verkehrs, davon 11190 km Bundesautobahnen, 41700 km Bundesstraßen, 86700 km Landes- bzw. Staatsstraßen und 89300 km Kreisstraßen. Hinzu kommen rund 420500 km Gemeindestraßen (inner- und außerorts).

Eisenbahnverkehr

Streckennetz und Verkehrsentwicklung

Das **Streckennetz der Eisenbahn** (Personen- und Güterverkehr) umfaßte 1996/97 weltweit rund 1,25 Mio. km, davon rund 240000 km in Nordamerika und Kanada), 214000 km in den GUS-Staaten und 150000 km im Europäischen Wirtschaftsraum (EWR). In Europa hatten Anfang bis Mitte der 90er Jahre (Daten für 1993/94) die längsten Netze: Deutschland (40534 km), Frankreich (32579 km), Großbritannien (16536 km, ohne Nordirland), Italien (15942 km), Spanien (12601 km) und Schweden (10361 km).

Netzerweiterungen wurden 1996/97 in einigen **Entwicklungsländern** zur besseren Raumerschließung vorgenommen (China, Indien, Lateinamerika), doch konnten viele Pläne wegen Kapitalmangel nicht in Angriff genommen werden. Ein weiteres ernstes Problem ist der in der Regel sehr schlechte technische Zustand der meisten Eisenbahnlinien in Entwicklungsländern. Er ist die Hauptursache für die oft nur sehr begrenzte Leistungsfähigkeit, geringe Transportgeschwindigkeit und die häufigen Unfälle auf diesen Linien.

In den **westlichen Industriestaaten** war die Bereinigung und Neustrukturierung des veralteten Eisenbahnnetzes 1996/97 in vollem Gange. Hierzu gehört

- die Attraktivitätssteigerung (durch Taktfahrplan) oder anderenfalls Stillegung gering frequentierter Nebenstrecken im ländlichen Raum im Per-

Transportleistung der Eisenbahn 1995 (1994)
ohne Militär-, Post- und Gepäckbeförderung in Mio. km, ohne Straßen-, Industrie- u. Seilbahnen (nach UNO)

	Netto-Tonnen-km		*Passagier-km*	
USA (ohne Lokalv.)	1842456	(1759464)	8700	(9456)
VR China (1993/92)	1284936	(1154064)	354264	(315024)
Rußland	1213404	(1195164)	192204	(227100)
Indien	264396	(252588)	322872	(316728)
Kasachstan	124788	(146772)	15204	(17472)
Deutschland	69864	(70980)	62784	(61332)
Polen	69120	(65784)	26640	(27612)
Frankreich	48984	(49740)	55920	(57600)
Mexiko.	36540	(37464)	1788	(1836)
Rumänien.	27180	(24708)	18876	(18312)
Tschechische Rep.	25464	(24192)	8028	(47124)
Japan	23700	(26028)	394236	(405084)
Italien (1994/93). .	22536	(20232)	46600	(47124)
Schweden	19032	(19104)	6216	(5904)
Rep. Korea (1994/93)	14064	(14640)	30216	(33696)
Österreich.	13704	(13044)	10476	(9636)
Großbritannien (ohne Nordirland)	13392	(13272)	29712	(28776)
u. a. Schweiz	8760	(7308)	12024	(12108)

sonenverkehr (Umstellung auf Busse), teilweise auch im Güterverkehr;

- die Konzentration der Bahn als Massenverkehrsmittel auf stark befahrene Hauptstrecken und auf den Personenverkehr in den großstädtischen Verdichtungsräumen.

Hauptziele sind in den Städten die Zurückdrängung des umweltschädlichen PKW-Verkehrs zugunsten des öffentlichen Personennahverkehrs und auf den Hauptstrecken zwischen den wichtigen Wirtschaftszentren die Modernisierung, teilweise auch der Neubau der Bahnlinien, um den Verkehr zu beschleunigen und die Transportkapazität zu erhöhen. Die Bahn soll dadurch gegenüber der Konkurrenz von PKW, LKW und Flugzeug (auf Kurzstrecken) wieder attraktiver gemacht werden.
Nach der ersten Schnellfahrlinie in Japan (»Shinkansen«) sind inzwischen neu trassierte Schnellbahnen in vielen europäischen Ländern in Betrieb, im Bau oder in der Planung (Deutschland, Frankreich, Schweiz, Österreich, Italien, Spanien, Niederlande, Belgien, Großbritannien). Diese modernen Linien verzeichnen (im Gegensatz zum sonst eher stagnierenden Bahnverkehr) einen Verkehrszuwachs.
Das bisher aufwendigste europäische Neubauprojekt, der **»Eurotunnel«** unter dem Ärmelkanal zwischen Frankreich und England, wird seit 1995 regulär befahren. Zwischen den Kanalfähren und der Tunnelgesellschaft ist ein heftiger Wettbewerb ausgebrochen, der dem Tunnel bisher hohe Verluste brachte. 1996 benutzten 13 Mio. Passagiere (meist per PKW-Verladung) den Tunnel, was 50% Marktanteil entspricht. Beim Güterverkehr per LKW betrug der Anteil 47%.
Als zweitlängster europäischer Unterwasser-Eisenbahntunnel wurde Mitte 1997 die Verbindung zwischen Fünen und Seeland (Großer Belt in Dänemark) eröffnet. Sie besteht aus einer kombinierten Eisenbahn-/Straßenbrücke bis zur Insel Sprogø (6,6 km) und einem 8 km langen Eisenbahntunnel von Sprogø bis Seeland (Richtung

Kopenhagen). Für den Autoverkehr wird noch an einer Hochbrücke für den zweiten Teil der Strecke gebaut.

In **Deutschland** machte die Modernisierung der Eisenbahn 1996–97 weitere Fortschritte. Nachdem die ersten längeren Neubaustrecken seit dem Zweiten Weltkrieg (Schnellfahrstrecken Hannover–Würzburg und Mannheim–Stuttgart) zu einer Attraktivitätssteigerung der Bahn beigetragen haben, wird am Aus- bzw. Neubau weiterer Strecken für den Schnellverkehr gearbeitet. Im Bau oder in der Planung sind die Strecken Hannover–Berlin, Köln–Frankfurt rechtsrheinisch), München–Nürnberg–Erfurt–Berlin, Stuttgart–Ulm–Augsburg und Karlsruhe–Freiburg–Basel.
Als Ersatz für die bisher weitgehend unkoordinierten D-, FD- und Eilzug-Linien wurden in den letzten Jahren neue Netze für mittlere und weite Entfernungen aufgebaut, die im Taktfahrplan verkehren: ICE (»Intercity-Expreß«), IC und EC (»Intercity« und »Eurocity«), IR (»Interregio«).
In ähnlicher Weise wurde bis 1996 auch der Regionalverkehr durch den »Regionalexpreß« (RE) neu geordnet und weitgehend auf Taktfahrplan umgestellt. Der Nahverkehr wird derzeit durch eigene Gesellschaften ebenfalls auf eine neue Grundlage gestellt.
Auch im **Güterverkehr**, der seit langem starke Umsatzrückgänge zugunsten des LKW-Transports verzeichnet, soll durch Beschleunigung des Verkehrs und bessere Zusammenarbeit mit Speditionen (Haus-Haus-Service) das Verkehrsaufkommen der Bahn wieder erhöht werden.
Im Wettbewerb mit der herkömmlichen Bahn (Rad-Schiene-Technik) steht die Magnetschwebetechnik, die in den letzten Jahren in Deutschland entwickelt und auf einer Versuchsstrecke im Emsland erprobt wurde. Eine erste Strecke für den **»Transrapid«,** der Geschwindigkeiten bis 500 km pro h erreichen kann und von dem man sich Exporterfolge für die deutsche High-Tech-Industrie

Leistungen der Deutsche Bahn AG

	1996	*(1995)*
Konzernumsatz (in Mrd. DM)	30,200	(29,824)
davon		
im Personenfernverkehr	5,390	(5,200)
im Nahverkehr	11,050	(10,600)
im Güterverkehr	6,500	(7,800)
in der Touristik (Busgesellschaften u. a.)	6,100	(5,900)
Zahl der Mitarbeiter	294 500	(312 600)
Verkehrsleistungen 1995 (in Mrd. Pers.-/t-km)		
im Fernverkehr	30,944	
im Nahverkehr	31,997	
im Güterverkehr	70,480	

erhofft, soll nach einem Beschluß des Deutschen Bundestags zwischen Hamburg und Berlin (287 km) verkehren. Wegen ungeklärter Finanzierung (Investitionskosten von rund 10 Mrd. DM und laufende Betriebsdefizite) war jedoch bis Mitte 1997 die Realisierung des Projekts zweifelhaft.

In **Deutschland** wird **Schienenverkehr** durch die Deutsche Bahn AG (die am 1. 1. 1994 durch Fusion der Deutschen Bundesbahn und der Deutschen Reichsbahn der DDR entstanden ist und privatwirtschaftlich umorganisiert wurde) und 99 Regionaleisenbahngesellschaften betrieben, und zwar auf einer Streckenlänge von 44532 km (Anfang 1995). Der Anteil der elektrifizierten Strecken stieg auf 40,6 % an (18 085 km). Die Zahl der Bahnhöfe ging in den letzten Jahren stark zurück und betrug Anfang 1995 noch 5853, hinzu kamen 3104 Haltestellen.

An Fahrzeugen besaßen die Bahnen in Deutschland 1995 neben 3739 Elektroloks 6721 Dieselloks, 3949 Triebwagen, 15 504 Reisezugwagen und rund 282 000 Güterwagen. Folgende Transportleistungen wurden erbracht (1994): 1,656 Mrd. beförderte Personen (davon 1,517 Mrd. im Nahverkehr), 63,581 Mrd. geleistete Personen-km (4,7 % mehr als 1994) sowie 333,2 Mio. t beförderte Güter (−1,1 %).

Investitionen und Verbesserungen im Bahnverkehr betrafen 1996/97 hauptsächlich

- den Neu- und Ausbau weiterer Fernverkehrsstrecken, mit moderner Trassierung für schnelle und leistungsfähige Verkehrsbedienung;
- die Verbindung bisher getrennter Bahnlinien zwischen den beiden Teilen Deutschlands bei gleichzeitiger Modernisierung der Strecken der ehemaligen Reichsbahn der DDR (»Schienenverkehrsprojekte Deutsche Einheit«);
- die Verbesserung des Schienenverkehrs in den Verdichtungsräumen (vor allem weiterer S-Bahn-Ausbau);
- die Einführung besserer Bedienung (Taktfahrpläne) und modernerer Wagen im Regionalverkehr und auf Nebenstrecken, sofern diese nicht in den letzten Jahren durch Busse ersetzt worden sind.

Die Reform des deutschen Eisenbahnwesens wurde 1996/97 weitergeführt. Erste Schritte waren 1994 die Umwandlung der Bundesbahn und der Reichsbahn in eine Aktiengesellschaft (Deutsche Bahn AG) und die Übernahme der sozialen Aufgaben sowie der Schieneninfrastruktur in die Finanzierungspflicht des Bundes. Fahrweg und Verkehrsbetrieb wurden damit organisatorisch und finanziell getrennt; auch andere Gesellschaften können Schienenstrecken zur Benutzung mieten. Ab 1. 1. 1996 wurden Personenfern- und -nahverkehr

getrennt. Die Aufgaben- und Finanzverantwortung für den Nahverkehr ging vom Bund auf die Länder über (»Regionalisierung des Schienenpersonennahverkehrs«). Die Länder schließen mit der Deutschen Bahn und anderen Betreibern Verträge über Art und Umfang von Nahverkehrsleistungen.

Schiffahrt, Schiffbau

Binnenschiffahrt

Die Bedeutung der Binnenschiffahrt beschränkt sich heute auf Entwicklungsländer mit geeigneten Wasserstraßen. In den Industrieländern ist die zwar kostengünstige und umweltfreundliche, aber relativ langsame Binnenschiffahrt weitestgehend durch den flexibleren Eisenbahn- und Kfz-Verkehr verdrängt worden. Ausnahmen sind die Niederlande, Belgien und Deutschland, wo die Fluß- und Kanalschiffahrt im Güterverkehr noch eine bedeutende Rolle spielt (daneben im Personenverkehr in Deutschland für touristische Zwecke).

In **Deutschland** hatten die befahrbaren Binnenwasserstraßen (ohne Seen) 1995 eine Länge von 7467 km. Die Zahl der Schiffe der 1446 deutschen Binnenschiffahrtsunternehmen lag 1995 bei 2812 Güter- und 710 Fahrgastschiffen. Während die Zahl der Passagierschiffe in den letzten Jahren zunahm (für Freizeit- und Kreuzfahrten), ging die Zahl der Güterschiffe wegen des harten Konkurrenzkampfes in der EU auch 1995–96 zurück. Die EU unterstützte mit Beihilfen Abwrackaktionen zum Abbau von Überkapazitäten.

An der **Güterbeförderung** auf den deutschen Binnenwasserstraßen waren außer einheimischen Schiffen vor allem solche der Rhein-Anliegerstaaten, in geringerem Umfang auch Polens, der Tschechischen Rep., Österreichs und der übrigen Donau-Anlieger beteiligt. Der Binnenverkehr wird zu rund 83 % von deutschen Schiffen durchgeführt; der Gütertransport in das und aus dem Ausland zu 58 % von Schiffen der Niederlande und zu 28 % von deutschen Schiffen.

Die auf Binnenschiffen 1994 beförderte Menge betrug 235,007 Mio t. (1993: 218,331); die wichtigsten beförderten Güter waren 1994 Kraftstoffe und Heizöl (45,527 Mio. t) Erze (41,863), Sand, Kies, Bims, Ton (41,295), Kohle, Koks (25,844), Steine und Mineralien, Salz (14,339), Eisen und Stahl (12,283) sowie Nahrungs- und Genußmittel, vor allem Getreide (8,131).

Der Gesamtverkehr auf den deutschen Binnenwasserstraßen lag 1994 bei 61,772 Mio. t-km, davon entfielen 36,998 Mio. t-km auf Verkehr auf ausländischen Schiffen.

Wichtige Binnenwasserstraßen in Deutschland 1994

	Länge in km (in Deutschland)	beförderte Güter in Mio. t-km
Rhein	623	39778,9
Main mit Main-Donau-Kanal bis Kelheim	559	4132,1
Mittellandkanal mit Zweigkanälen	387	3360,3
Mosel	242	3250,7
Dortmund-Ems-Kanal mit Ems	303	2347,2
Elbe (nur Binnenverkehr)	728	1570,0
Neckar	201	1379,2
Wesel-Datteln-Kanal	60	1070,9
Rhein-Herne-Kanal	49	666,6
Weser (nur Binnenverkehr)	430	768,9
Elbe-Seitenkanal	115	694,8
Donau	213	747,5
Berliner Wasserstraßen	189	274,6

Wichtige Binnenhäfen in Deutschland

Umschlag in Mio. t 1994 (1993) (nach Angaben des Statistischen Bundesamts)

	1994	(1993)
Duisburger Häfen	45,691	(41,122)
Karlsruhe	11,324	(12,561)
Köln	10,190	(8,994)
Hamburg (nur Binnenverkehr)	9,646	(8,215)
Berliner Häfen	8,623	(8,981)
Ludwigshafen	8,190	(7,316)
Mannheim	7,097	(7,007)
Dortmund	5,397	(4,262)
Heilbronn	4,860	(4,968)
Neuss	4,782	(4,339)
Bremen (nur Binnenverkehr)	4,699	(4,605)
Frankfurt am Main	4,330	(4,527)
Wesseling	3,936	(3,500)
Saarlouis-Dillingen	3,930	(3,828)
Hamm	3,620	(3,093)

Das deutsche **Binnenwasserstraßennetz** wurde 1996/97 vor allem an den Schiffahrtswegen im Raum Berlin und in den neuen Bundesländern ausgebaut (Elbe, Mittellandkanal). Außerdem soll die seit 1992 (Fertigstellung des Main-Donau-Kanals) durchgehend befahrbare Rhein-Main-Donau-Wasserstraße durch Flußregulierungen an der Donau zwischen Straubing und Vilshofen leistungsfähiger gemacht werden. Entsprechende Baumaßnahmen wurden jedoch wegen des Widerstands von Naturschützern und aus finanziellen Gründen bis nach der Jahrtausendwende zurückgestellt.

Seeschiffahrt

Der **Welt-Seegüterverkehr** (geladene Güter im Außenhandel) belief sich 1995 (1994) auf 4,678 (4,506) Mrd. t.

Wichtige Güter im Welt-Seegüterverkehr

1995 (1994) in Mio. t

	1995	(1994)
Rohöl	1428	(1403)
Kohle	407	(383)
Eisenerz	400	(383)
Mineralölprodukte	380	(368)
Getreide	198	(184)

Die Welthandelsflotte 1996

Zahl und Größe der Schiffe in Mio. dwt (dead weight tons)

	Schiffe	Mio. dwt
Insgesamt	37015	702,343
davon u. a.: Stückgutfrachter	17308	100,414
Öltanker	6611	274,024
Massengut- und Erzfrachter	5560	232,651
Passagier- und Fährschiffe	3332	4,646
Containerschiffe	1747	43,234
Chemikalientanker	1283	8,066
Flüssiggastanker	952	14,604

Kanäle für den Seeschiffsverkehr

Transittonnage 1995 in Mio. t

Suez-Kanal	293,124
Panama-Kanal	179,722
Nord-Ostsee-Kanal	55,182
St.-Lorenz-Seeweg	48,124

Die Ladungsmengen im Seegüterverkehr erhöhten sich 1995 um 3,8 %, 1996 nach vorläufigen Berechnungen um rund 4 %. Der Zuwachs ist somit geringer als der wertmäßige Zuwachs des überseeischen Außenhandels, was auf gestiegene Preise der beförderten Güter hinweist.
Ende der 80er Jahre waren die Zuwachsraten zu einer Zeit wirtschaftlicher Hochkonjunktur in fast allen Industrieländern noch wesentlich höher (So lagen sie 1988 noch bei immerhin 6,2 %). Da sich in den letzten Jahren das Handelsvolumen stärker ausweitete als der Bestand an Handelsschiffen, ergab sich für die Schiffahrt eine günstige Erlössituation. Günstig wirkten sich zudem die niedrigen Ölpreise auf die Transportkosten aus.
Eine weitere Möglichkeit, Kosten zu sparen, sahen auch 1995/96 viele Reeder europäischer Hochlohnländer darin, ihre Schiffe »auszuflaggen«, d. h. unter **»Billigflaggen«** mit niedriger entlohnten ausländischen Seeleuten zu fahren.

Entwicklung der deutschen Seeschiffahrt

Die **deutsche Handelsflotte** bestand am 1. 1. 1996 aus 613 Schiffseinheiten mit 5,349 Mio. BRT (6,368 Mio. dwt), davon 329 Trockenfrachter, 147 Containerschiffe, 30 Öl-, 13 Flüssiggas- und 8 Chemikalientanker sowie 84 Fahrgastschiffe. In diesen

Die wichtigsten deutschen Seehäfen
Güterumschlag 1994 (1993) in Mio. t (nur Seeverkehr, ohne Binnenschiffahrt)

	Gesamtumschlag/Einladungen/Ausladungen			
Hamburg	62,525	(60,332)	23,776	38,749
Wilhelmshaven	34,527	(32,694)	6,957	27,570
Bremen	14,560	(13,360)	3,696	10,864
Rostock	14,319	(11,705)	6,533	7,786
Lübeck	13,917	(12,482)	5,663	8,254
Bremerhaven	13,304	(12,218)	7,122	6,128
Brunsbüttel	7,318	(7,910)	1,333	5,986
Puttgarden	7,036	(6,519)	3,439	3,598

Zahlen nicht enthalten sind die rund 550 nicht Handelszwecken dienenden Schiffe (Fischereifahrzeuge, Yachten usw.), die Schiffe der Bundesmarine sowie deutsche Schiffe, die unter fremder Flagge fahren (vor allem Liberia, Zypern und Panama). Deren Zahl ist in den letzten Jahren stark gestiegen besonders aus Gründen der Steuerersparnis. 1996 fuhren 777 in Deutschland beheimatete Schiffe mit 6,111 Mio. BRT unter fremder Flagge, rund 54 % des gesamten deutschen Schiffsbestandes. Um eine weitere »Ausflaggung« deutscher Schiffe zu verhindern, wurde am 1. 4. 1989 ein »Zweit-« oder »Zusatzregister« eingerichtet (**»Deutsches Internationales Schiffsregister«**), für das die strengen Vorschriften des Erstregisters nicht gelten. Auf Schiffen in diesem Zweitregister dürfen ausländische Seeleute zu den billigeren Löhnen ihrer Heimatländer beschäftigt werden. Die Zahl der **Beschäftigten** auf deutschen Schiffen sank vom Höchststand 48 000 (1971) auf nur noch 15 000 (1996).

Die **deutschen Seehäfen** meldeten auch 1996 wieder erhöhte Umschlagsmengen, da das Wirtschaftswachstum und vor allem das vermehrte Außenhandelsvolumen für ein höheres Transportaufkommen sorgten. Der **grenzüberschreitende Güterverkehr** über See mit deutschen Häfen betrug 1994 im **Versand** 64,975 Mio. t und im Empfang 124,826 Mio. t. Beim Versand waren die wichtigsten Güter Kraftstoffe und Heizöl (6,901 Mio. t), Getreide (4,912), chemische Düngemittel (4,111), elektrotechnische Erzeugnisse (2,844), Eisen- und Stahlschrott (2,714), Stahlbleche und Bandstahl (2,159) und Fahrzeuge (2,075). Beim **Empfang** dominierten Rohöl (32,960 Mio. t), Eisenerz (10,741), Kraftstoffe und Heizöl (9,823), Steine und Erden (9,493), Steinkohle (5,207), Futtermittel (3,091), sowie Zellstoff und Altpapier (2,759).

Schiffbau

Der **Welt-Schiffbau** belief sich 1995 (1994) auf 1565 (1466) fertiggestellte Handels- und Passagierschif-

fe mit 22,236 (18,845) Mio. BRT. Über den Bau von Kriegsschiffen liegen keine Daten vor.

Der bisherige Höchststand im Weltschiffbau war 1974 mit 34,624 Mio. BRT erzielt worden, vor allem durch den Bau von Großtankern für den Erdöltransport. Bis 1979 sank der Schiffbau dann auf lediglich 11,458 Mio. BRT ab und blieb auch in den folgenden Jahren auf niedrigem Niveau. Insbesondere der Bau großer Erdöltanker wurde wegen des verringerten Erdölverbrauchs und der Verkürzung der Transportwege (Nordseeöl) weitgehend unrentabel. Nach nur 10,909 Mio. BRT (1988) kam es Ende der 80er Jahre wieder zu verstärkter Neubautätigkeit; durch die Steigerung des überseeischen Welthandels und die zunehmende Überalterung des vorhandenen Schiffsbestandes erhöhte sich der Bedarf an Schiffsneubauten in den letzten Jahren kontinuierlich. Allerdings haben sich in den 70er und 80er Jahren die Schwerpunkte im Schiffbau weltweit radikal verschoben, da sich der sehr personalkostenintensive Schiffbau in Länder mit niedrigerem Lohnniveau verlagerte. Ehemals führende Schiffbaunationen, wie Großbritannien (in den 60er Jahren an 2. Stelle in der Welt), Norwegen oder Niederlande sind heute fast bedeutungslos. Der Schiffbau konzentrierte sich aus Kostengründen immer stärker auf Ostasien (1975: 52 %, 1995: über 80 % des Weltschiffbaus).

Trotz zunehmender Bestellungen für Schiffsneubauten bestanden auch 1996 weltweit hohe Überkapazitäten in der **Werftindustrie** von 20–25 %, obwohl in den letzten Jahren bereits viele Werften in Europa und Nordamerika stillgelegt wurden. Die globale Konkurrenzsituation wird sich jedoch in den nächsten Jahren weiter verschärfen, da derzeit in Japan, China und besonders in Südkorea die Schiffbaukapazitäten weiter erhöht werden.

Der Schiffbau überlebt in den meisten westlichen Industrieländern hauptsächlich durch staatliche

Fertiggestellte Handelsschiffe
1995 (1994) (1990) in Mio. gt (Brutto-t)

	1995	(1994)	(1990)
Japan	9,235	(8,560)	(6,824)
Rep. Korea	6,153	(4,091)	(3,460)
Deutschland	1,100	(1,007)	(0,856)
VR China (S)	1,080	(1,100)	(0,800)
Dänemark	1,005	(0,495)	(0,395)
Rep. China (S)	0,800	(0,900)	(0,800)
Polen	0,521	(0,514)	(0,104)
Italien	0,378	(0,514)	(0,372)
Finnland	0,316	(0,091)	(0,060)
Frankreich	0,253	(0,120)	(0,060)
Spanien	0,237	(0,202)	(0,363)
Niederlande	0,229	(0,188)	(0,163)
Brasilien	0,165	(0,294)	(0,256)
Norwegen	0,141	(0,148)	(0,080)
Großbritannien	0,126	(0,226)	(0,131)

Subventionen und militärische Aufträge (die allerdings zuletzt stark zurückgingen).

In **Deutschland** wurde das Geschäftsergebnis der Werften 1996 von Verbandsseite als »noch befriedigend« bezeichnet, da aufgrund demnächst auslaufender Subventionen viele Bestellungen vorgezogen wurden. Überschattet wurde die Situation vom Konkurs der größten deutschen Werft, der Bremer Vulkan Verbund AG. Andere Werften konnten ihre Kapazitäten nur durch Diversifizierung auslasten (Stahlbau, Reparaturen, Bau hochwertiger Spezialschiffe mit aufwendiger Technologie, Spezialisierung auf Containerschiffe und Kreuzfahrtschiffe). Ab 1997 wird mit zurückgehenden Aufträgen gerechnet, da steuerliche Subventionen (Sonderabschreibungen, Verlustzuweisungen) entfallen und das OECD-Übereinkommen, das staatliche Finanzhilfen für den Schiffbau untersagt, in Kraft tritt.
Deutschland war auch 1995 und 1996 die dritt- oder viertgrößte Schiffbaunation, je nach Berechnungsmodus. 1995 wurden 93 Seeschiffe mit 1,100 Mio. BRT fertiggestellt, darunter 34 Containerschiffe, 31 Frachtschiffe, 11 Passagierschiffe und Fähren, je 6 Tanker und Fischereifahrzeuge und 4 Massengutfrachter. Der **Umsatz der Werften** belief sich 1995 auf 10,033 Mrd DM; der Personalbestand im Schiffbau (einschließlich Binnenschiffwerften) sank 1995 auf 36 838 (1975 noch 111 900).

Wirtschaft

Luftverkehr und Flugzeugbau

Der **Welt-Luftverkehr** setzte auch 1996 das kräftige Wachstum der Vorjahre fort; er war erneut der am schnellsten wachsende Verkehrssektor. Insgesamt expandierte das Passagieraufkommen nach Angaben der Dachorganisation der Fluggesellschaften IATA um rund 5% und betrug 1996 2,3 Mrd. beförderte Personen, davon allein rund 1,1 Mrd. in Nordamerika und 650 Mio. in Europa. Im Luftfrachtverkehr gab es eine Steigerung um 8% auf rund 21,8 Mio. t Fracht.
Wegen der Zunahme der Passagierzahlen stieg bei den meisten Fluggesellschaften die Auslastung und damit auch die Ertragslage. Während zu Beginn der 90er Jahre fast alle in der IATA zusammengeschlossenen Fluggesellschaften mit Verlust gearbeitet hatten, wurden 1994/95 wieder Gewinne erwirtschaftet, die sich 1996 steigerten und auf insgesamt 5,5 Mrd. $ beliefen.

In **Deutschland** nahm der Flugverkehr 1996 nicht mehr so stark zu wie in den Vorjahren; der Inlandsflugverkehr sank sogar um 1,4%. Die deutschen Verkehrsflughäfen meldeten 110,993 Mio. beförderte Passagiere (ein Zuwachs von 2,7%, Ein- und Aussteiger). Der Frachtverkehr nahm um 5,6% auf 1,913 Mio. t zu (ein- und ausgeladene Fracht).
Um den wachsenden Flugverkehr zu bewältigen, wurden auch 1996 an mehreren deutschen Flughäfen Erweiterungsbauten durchgeführt (Frankfurt/Main, Leipzig, Dresden). In Berlin fiel 1996 die Entscheidung in der Frage eines künftigen leistungsfähigen Zentralflughafens. Der Bund und die Länder Berlin und Brandenburg einigten sich auf den Ausbau des bestehenden Flughafens Schönefeld, während Tempelhof und Tegel längerfristig geschlossen werden sollen.
1996 wurden im **gewerblichen Personenflugverkehr** in Deutschland 93,163 Mio. Passagiere gezählt (ohne Doppelzählungen im innerdeutschen Verkehr), 3,5% mehr als im Vorjahr; davon entfielen 15,918 Mio. auf den Verkehr innerhalb Deutschlands, 76,477 Mio. auf den Verkehr in das Ausland oder von dort und 0,768 Mio. auf Transitreisende. Größter **Flughafen** war wieder mit großem Abstand Frankfurt/Main; an 2. Stelle rückte erstmals München vor Düsseldorf.

Hauptziel von **Auslandsreisenden** war auch 1996 Spanien mit 7,130 Mio. Passagieren; es folgten die Türkei (3,611), Großbritannien (3,432), die USA (3,119), Griechenland (2,090), Italien (1,913) und Frankreich (1,833). Nach Zielen in Europa flogen insgesamt 28,835 Mio. Passagiere, nach Amerika 4,517 Mio., nach Asien 2,743 Mio., nach Afrika 1,928 Mio. und nach Australien 0,042 Mio. Die wichtigsten von Deutschland aus angeflogenen Flughäfen waren 1996 London (2,8 Mio. Passagiere), Palma de Mallorca (2,5), Paris (1,4), Las Palmas und Amsterdam (je 0,9), Zürich und New York (je 0,7).
Der **Luftfrachtverkehr** von und nach deutschen Flughäfen beschränkte sich ganz überwiegend auf Auslandsflüge. Insgesamt erhöhte sich die beförderte Frachtmenge 1996 um 4,8% auf den neuen Rekordwert von 1,859 Mio. t (An- und Abflug), davon 1,720 Mio. t im Verkehr mit dem Ausland.
Die an den deutschen Flughäfen angebotene **Beförderungskapazität** erhöhte sich 1996 um 4,2%. Die tatsächliche Beförderungsleistung betrug in der Passagierluftfahrt 26,2 Mrd. Personen-km (ein Plus von 2,9%), im Frachttransport 483 Mio. t-km (+5,3%). Die durchschnittliche Auslastung aller Flugzeuge betrug 59%, in der Passagierluftfahrt sank sie leicht auf 64%.
Insgesamt rund 540 Unternehmen betrieben 1995/96 **gewerblichen Luftverkehr** in Deutschland, davon über 200 ausländische. Zum Inlands-Linienverkehr war früher nur die Deutsche Lufthansa zugelassen. Im Zuge der Liberalisierung des Luftverkehrs im Rahmen der EU erhielten inzwi-

Verkehrsleistungen der deutschen Verkehrsflughäfen 1996 (1995) einschließlich Transit und nichtgewerbl. Verkehr (nach ADV)

Flughafen	*Flugzeugbewegungen*		*Fluggäste (an, ab, Transit)*		*Luftfracht insgesamt (t)*		*Luftpost insgesamt (t)*	
	1996	*(1995)*	*1996*	*(1995)*	*1996*	*(1995)*	*1996*	*(1995)*
Frankfurt a.M.	384971	(378388)	38761174	(38179543)	1366400	(1327857)	161541	(166398)
München	233254	(213951)	15686095	(14867922)	82948	(70519)	35102	(35787)
Berlin*	219861	(220641)	10949718	(11016467)	33783	(30643)	20642	(22088)
Düsseldorf	177883	(184018)	14422169	(15145638)	58695	(57775)	5785	(6224)
Hamburg	148696	(148979)	8194677	(8201463)	36467	(37613)	20943	(23010)
Köln/Bonn	139303	(133399)	5227128	(4740144)	322521	(281271)	28541	(31649)
Stuttgart.	135253	(125085)	6515223	(5158514)	18994	(14108)	18845	(18103)
Hannover	90283	(95413)	4420875	(4270832)	11478	(10204)	12863	(16036)
Nürnberg	78836	(79424)	2225005	(2250694)	45364	(40234)	11385	(12205)
Münster/Osnabrück	58342	(61052)	1027349	(925008)	704	(531)	5455	(7063)
Bremen	50201	(50054)	1580484	(1471533)	2643	(2186)	5561	(5699)
Leipzig/Halle	50088	(53530)	2177472	(2093522)	3069	(2490)	17910	(22001)
Dresden.	46514	(49581)	1671393	(1686583)	1476	(1300)	7049	(6085)
Saarbrücken	22098	(25076)	394535	(375887)	740	(654)	–	–
Insgesamt	1835583	(1818591)	113253497	(110383750)	1985282	(1877385)	351622	(372348)

* Flughäfen Tegel, Tempelhof und Schönefeld

schen weitere Unternehmen die Genehmigung; die meisten sind jedoch nur im Charterverkehr tätig. Die 268 deutschen Unternehmen mit wirtschaftlichem Schwerpunkt in der Luftfahrt erhöhten ihren Umsatz 1995 auf 24,950 Mrd. DM; sie verfügten über 44554 Beschäftigte und flogen mit insgesamt 1454 Maschinen. Darunter waren 196 Flugzeuge mit mehr als 75 t maximalem Startgewicht.

Flugzeugbau

Die **Luft- und Raumfahrtindustrie** meldete für 1996 einen kräftigen Konjunkturaufschwung. Wegen der seit 2 Jahren günstigeren finanziellen Lage der Luftfahrtunternehmen (steigende Gewinne) nahmen die Bestellungen neuer Maschinen kräftig zu, zumal die Flotten vielfach stark überaltert sind. Durch die steigenden Bestelleingänge für Verkehrsmaschinen konnten auch die Umsatzeinbußen für Militärflugzeuge mehr als ausgeglichen werden.

Auf dem Markt für **zivile Großflugzeuge** waren auch 1996 hauptsächlich drei große Hersteller tätig: der weltweit mit Abstand größte Flugzeugproduzent Boeing in Seattle (USA), der 1996 Aufträge über 717 Verkehrsflugzeuge für zusammen 53 Mrd. $ erhielt und 218 neue Maschinen auslieferte; der zweite US-amerikanische Hersteller McDonnell Douglas, der 1997 mit Boeing fusionierte; der multinationale europäische Hersteller Airbus mit Sitz in Toulouse (Frankreich), der 1996 insgesamt 326 Bestellungen erhielt und 126 Maschinen auslieferte.

Für die nächsten Jahre wird mit einer weiteren **Bedarfszunahme** gerechnet, vor allem durch beträchtlichen Neu- und Ersatzbedarf in Osteuropa und Ostasien. Boeing erwartet, daß den Luftverkehrsgesellschaften in den nächsten 20 Jahren über 16000 Jets im Wert von 1100 Mrd. $ verkauft werden können.

Post und Telekommunikation

Insgesamt gab es Anfang 1997 weltweit 730,184 Mio. **Telefon-Hauptanschlüsse**, davon 276,583 Mio. in Europa, 222,844 Mio. in Amerika, 204,918 Mio. in Asien, 13,813 Mio. in Afrika und 12,026 Mio. in Australien und Ozeanien. Der Zuwachs belief sich 1996 weltweit auf 6,7%, in Europa mit bereits stärkerer Marktsättigung auf 4,1%, dagegen in Asien auf 12,3%. Die Zahl aller Sprechstellen (mit Nebenstellen) dürfte sich 1996 auf etwa 1,2 Mrd. belaufen haben.

Die meisten Telefongespräche wurden 1995 in den USA geführt: 484,195 Mrd. Ortsgespräche, 94,030 Mrd. Inlandsfern- und 2,875 Mrd. Auslandsferngespräche. An dritter Stelle stand Deutschland mit (1995) 30,450 Mrd. Orts- und 23,515 Mrd. Ferngesprächen. Der Anteil der Selbstwählferngespräche an den Auslandsgesprächen beträgt inzwischen in allen westlichen Industrieländern über 98%.

Die Zahl der **Fernschreibanschlüsse** (**Telex**) ging 1996 weiter zurück, da diese Technik inzwischen

Telekommunikation 1996/97 Anschlüsse in Mio. (nach Siemens)

	Telefon (Hauptanschlüsse)	*ISDN**	*Bildschirmtext**	*Mobilfunkteilnehmer*
USA	169,100	1,914	–	43,000
Japan	62,680	0,829	–	18,000
VR China	54,100	–	0,002	6,800
Deutschland	45,800	2,744	0,965	5,800
Frankreich	32,580	1,270	6,500	2,500
Großbritannien	30,360	–	0,300	7,200
Rußland	25,900	–	–	–
Italien	25,210	0,161	0,169	6,400
Rep. Korea	19,650	0,004	0,631	3,300
Kanada	16,500	–	–	–
Spanien	15,400	0,136	0,620	3,000
Türkei	14,216	–	0,001	0,800
Brasilien	13,560	–	–	2,700
u. a. Schweiz	4,547	0,237	0,112	0,660
Österreich	3,850	0,048	0,028	0,600
Welt	730,184	–	–	136,080

– = keine Angaben, *1995/96

weitgehend durch das **Fernkopieren (Telefax)** ersetzt wurde, neuerdings auch durch die Kommunikation per Computer (**E-mail).**
Ein rasches Wachstum erlebte neben dem Telefax in vielen Ländern auch der Bildschirm- bzw. Videotext (**BTX**), in Deutschland neuerdings unter dem Namen **T-online**. Auch der Ausbau des **Mobilfunks** (Telefonieren mit »Handy«, schnurlosen Telefonen) schreitet seit einigen Jahren schnell voran, obwohl vielfach vor gesundheitlichen Gefahren durch »Elektrosmog« gewarnt wird. 1996 nahm die Zahl der Mobilfunkteilnehmer weltweit um 55% auf 136 Mio. zu; in Deutschland um Wachstum 54%, 1. 1. 1997 auf 5,8 Mio (Stand 1. 1. 1997). Besonders groß war die Zunahme der »Handy«-Benutzer in Entwicklungsländern mit ungenügend ausgebautem Telefonnetz.
In **Deutschland** breitete sich der Mobilfunk sehr rasch aus, als das Monopol der Post (C-Netz) 1991 beendet wurde. Seitdem betreiben Telekom und private Anbieter D- und E-Netze mit starken Zunahmen der Teilnehmerzahlen. Allein 1996 betrug das Wachstum 54% (2,023 Mio. neue »Handy«-Benutzer), die Teilnehmerzahl belief sich am 1. 1. 1997 auf 5,8 Mio. (71 Teilnehmer pro 1000 Einwohner).
Ähnlich wie beim Mobilfunk (Funktelefon) wird am 1. 1. 1998 auch beim leitungsgebundenen Telefon das Monopol der Telekom beendet. Dann können auch andere private Netzbetreiber entsprechende Dienste anbieten.
Ende 1995 wurde entschieden, daß auch bei einem Wechsel zu einem anderen Netzbetreiber

Wirtschaft

die bisherigen Rufnummern beibehalten werden sollen und der Teilnehmer durch Auswahlkennziffern einen beliebigen Netzbetreiber wählen kann.
Unter den weltweit führenden **Telekommunikationsunternehmen** steht die Deutsche Telekom mit einem Jahresumsatz 1995 von 46,531 Mrd. $ (1996: 63 Mrd. DM, 6 Mrd. DM Gewinn) an 3. Stelle nach NTT (Japan; 81,695 Mrd. US-$) und AT&T (USA). Unter den **Herstellern von Telekommunikationsgeräten und -technik** steht Siemens mit 10,624 Mrd. $ Umsatz (1995) weltweit an 2. Stelle nach Alcatel (Frankreich; 11,137 US-$). Bei privater Kommunikationstechnik steht Siemens mit einem Marktanteil von 11% (1996) weltweit an erster Stelle (Umsatz 8,6 Mrd. DM, weltweit 27800 Beschäftigte).
Noch schneller als beim Mobilfunk verläuft das Wachstum bei den Nutzern des **Internet**. 1995 nahm die Zahl weltweit um 48% auf 49,134 Mio. zu, davon 27,354 Mio. Nutzer in Nordamerika und 14,681 Mio. in Westeuropa. 1996 betrug der Zuwachs in Europa monatlich rund 10%. Die höchste Dichte (Nutzer pro Einwohner) besteht in den skandinavischen Ländern und in der Schweiz, die geringste in den Mittelmeerländern. **Deutschland** lag Ende 1996 mit 42 Nutzern auf 1000 Einwohner im Mittelfeld.
Unter Arbeitsmarktaspekten ist das Wachstum der sehr stark automatisierten Telekommunikationsdienste weniger positiv zu sehen. Die Telekom baute ihr Personal im Laufe des Jahres 1996 um 9000 auf 201000 Beschäftigte ab; bis 2000 soll auf 170000 Beschäftigte reduziert werden. In Zukunft wird Personal hauptsächlich im Entwicklungs- und im Marketingbereich benötigt. Die Geräte (»hardware«) werden zunehmend im Ausland bezogen; 1995 lag die Importquote schon bei über 50%.
Die **Deutsche Post AG** (»Gelbe Post«) modernisierte und rationalisierte ihren Betrieb 1996 weiter. Zur Kosteneinsparung wurde die Zahl der Postfilialen von 19200 (1994) auf rund 16000 (1996) verringert; statt dessen wurden weitere Postagenturen in Ladengeschäften eingerichtet (1996: 4500). Die Investitionen der Post von rund 2 Mrd. DM flossen vor allem in den Bau neuer Brief- und Frachtzentren, die der kostengünstigeren und schnelleren Verteilung der Brief- und Frachtpost dienen sollen. Von den bis 2000 vorgesehenen 83 Briefzentren waren 51 bis Ende 1996 in Betrieb. Im Zusammenhang damit steht die Neuorganisation der Briefpostbeförderung, die seit 1997 nur noch per LKW und Flugzeug vorgenommen wird (bisher per Bahn). Der Umsatz der Deutschen Post AG erhöhte sich 1996 leicht auf 28,6 Mrd. DM, der Ge-

winn stieg auf 560 Mio. DM vor Steuern. Ein Verlust wurde auch 1996 wieder im Bereich Frachtpost erwirtschaftet. Zur Kosteneinsparung wurde in allen Bereichen der Post weiter Personal abgebaut; die Zahl der Beschäftigten sank 1996 um 22 000 auf 285 000.
Nach der schon länger erfolgten Deregulierung im

Paketbereich fällt zum 31. 12. 1997 auch das Postmonopol bei der Briefbeförderung. Für Briefe bis 100 g Gewicht behält die Post jedoch übergangsweise bis Ende 2002 das alleinige Beförderungsrecht. Vor allem im Bereich der Massensendungen wird ab 1998 mit einem scharfen Wettbewerb gerechnet.

Tourismus (Fremdenverkehr)

Als »Tourist« wird nach den Richtlinien der World Tourism Organization (**WTO**) jeder Ausländer gezählt, der die Grenze überschreitet und sich mindestens 24 Stunden im Land aufhält (ohne Transitreisende und ausländische Arbeitnehmer u.ä.). Teilweise werden nur die Ankünfte in Hotels gezählt, oft nur Stichproben gemacht; die Daten sind daher vielfach ungenau und nur bedingt vergleichbar. Die Angaben über die Deviseneinnahmen sind meist Schätzungen oder erfassen nur den offiziellen Geldumtausch.
Der **Tourismus** war auch 1996 global gesehen einer der dynamischsten Wirtschaftszweige. Der Aufschwung der letzten Jahre setzte sich in nur wenig abgeschwächter Form fort; nach ersten Schätzungen der WTO ergab sich weltweit ein Zuwachs von rund 3 % auf etwa 575 Mio. Reisen ins Ausland (internationaler Tourismus; letzte genauere Zahl für 1994: 537 Mio.). Die Zahl aller Touristen (einschließlich Inland und Mehrfachzählungen) dürfte 1996 rund 4,8 Mrd. betragen haben.

Internationaler Touristenreiseverkehr 1994

Zahl der einreisenden Touristen (dar. Deutsche) (in Mio.)/Deviseneinnahmen aus dem internationalen Tourismus (in Mrd. US-$)

Land	Touristen	(dar. Deutsche)	Deviseneinnahmen
Spanien*	61,428	(9,679)	21,491
Frankreich	61,312	(10,724)	24,845
Italien*	51,814	(8,302)	23,754
USA	45,504	(1,705)	60,406
Ungarn*	21,425	(3,520)	1,500
Großbritannien	21,034	(2,517)	15,071
Österreich	18,100	(11,400)	13,161
Polen*	17,500	(11,200)	4,600
Mexiko	17,000	–	6,200
Kanada	15,971	(0,367)	6,309
Deutschland	14,400	–	10,817
Schweiz	12,420	(4,347)	7,360
Tschechische Rep.	11,600	–	1,620
Griechenland	10,713	(2,433)	3,858
Hongkong	9,331	(0,236)	8,130
Portugal	9,132	(0,804)	3,758
Malaysia	7,197	(0,070)	2,130
Singapur*	6,899	(0,203)	6,024
Türkei*	6,671	(0,994)	4,359
Thailand	6,166	(0,353)	5,385
Niederlande	5,824	(1,398)	4,743
VR China	5,128	(0,149)	–
Rußland*	4,643	(0,186)	0,240
Indonesien	4,006	(0,160)	–
Marokko	3,465	(0,214)	1,250
Australien	3,362	(0,123)	5,480

*einschl. Tagesausflügler, – = keine Angaben

Die **Ausgaben** bzw. **Einnahmen** im grenzüberschreitenden Tourismus 1993 betrugen 305,816 Mrd. $ (Deviseneinnahmen); für 1996 werden sie auf 380 Mrd. $ geschätzt, im Tourismus insgesamt auf 3,6 Bill. $, so daß der Fremdenverkehr zu den wirtschaftlich bedeutendsten Aktivitäten gehört (rund 12–13 % des weltweiten Bruttosozialprodukts). Die Zahl der **Arbeitsplätze** im Tourismusgewerbe (einschließlich Hotellerie und Gastronomie) beträgt nach OECD-Angaben weltweit rund 200 Mio. (= 12 % aller Arbeitsplätze).
Auch 1996 war Europa der am meisten von Touristen besuchte Erdteil. Von den weltweit rund 575 Mio. als »Gästeankünfte« gezählten **Auslandstouristen** entfielen fast 60 % (335 Mio.) auf europäische Staaten; die Einkünfte aus dem Auslandstourismus beliefen sich auf rund 176 Mrd. $. Nordamerika (mit Mittelamerika) erreichte 1996 rund 101 Mio. Touristenankünfte und Einnahmen von 93 Mrd. $. Die USA wurden zum beliebten Reiseziel für Europäer. Asien erreichte 1996 die höchsten Zuwachsraten (vor allem Ost- und Südostasien) und kam 1996 auf rund 102 Mio. einreisende Touristen und auf 71 Mrd. $ Deviseneinnahmen. Der überdurchschnittlich zunehmende Ferntourismus, der durch niedrige Flugpreise gefördert wurde, brachte Nordamerika und Asien beträchtliche Zuwachsraten. Die übrigen Kontinente (Südamerika, Afrika, Ozeanien) wiesen wesentlich geringere Einreisezahlen und touristische Einnahmen auf und zeigten auch 1996 nur mäßig zunehmenden Tourismus (z. B. Zunahme in Afrika nur rund 0,5 %).
In den Ländern Ost- und Südosteuropas und der GUS entwickelte sich der Tourismus auch 1996 in unterschiedlicher Weise. Mit der Verbesserung der Verkehrsinfrastruktur sowie des Gastronomie- und Hotellerieangebots nahm die Zahl der Urlaubsreisenden (einschließlich Kurzurlaube) aus

westlichen Ländern nach Ungarn, Polen, Slowenien, in die Tschechische Rep. und die Slowakei kräftig zu. Dagegen blieb die Zahl der Reisen in die GUS-Staaten, nach Bulgarien, Rumänien und Albanien wegen der nicht befriedigenden Sicherheitslage, der noch mangelnden Verkehrsinfrastruktur und der anhaltenden Versorgungsschwierigkeiten auf niedrigem Stand.
Wie schon in den Vorjahren wurden auch 1996 über 75 % aller Auslandsreisen von den westlichen Industrieländern aus unternommen; über 50 % aller Tourismusausgaben der Welt wurden in Europa getätigt. Die **wirtschaftliche Bedeutung des Tourismus** war allerdings für viele kleine Inselstaaten unter den Entwicklungsländern am größten, da nur geringe Alternativen für Arbeitsplätze und Deviseneinnahmen bestehen. So betrug der Anteil des Fremdenverkehrs am Bruttosozialprodukt in den letzten Jahren in verschiedenen karibischen Inselstaaten (Antigua und Barbuda, St. Lucia, Bahamas), auf den Malediven und Seyschellen und in Fidschi jeweils mehr als 30 %.

Tourismus in Deutschland

In Deutschland entwickelte sich der Fremdenverkehr 1996 ungünstig. Während die Gästeübernachtungen im Inland leicht zurückgingen, nahmen die deutschen touristischen Ausgaben im Ausland weiter zu. Das Defizit der deutschen Reiseverkehrsbilanz verschlechterte sich wegen der weiter zunehmenden Neigung der Deutschen, im Ausland Urlaub zu machen.

Für die **Beherbergungsstätten** im Inland stellte das Statistische Bundesamt 1996 eine Zunahme der Gästezahlen gegenüber dem Vorjahr um 2,4 % fest (von 88,134 Mio. auf 90,280 Mio.). Doch verringerte sich die durchschnittliche Aufenthaltsdauer deutlich. Die Zahl der **Gästeübernachtungen** nahm von 300,517 Mio. auf 299,992 Mio. leicht ab (–0,2 %). Besonders betroffen vom Rückgang war das »klassische« Urlaubsland Bayern (–2,5 %), während die neuen Bundesländer teilweise beachtliche Zuwachsraten verzeichneten (Sachsen 20,8 %). Der Rückgang der Übernachtungszahlen in Deutschland ging allein auf Inländer zurück (–0,3 %); die Zahlen für ausländische Gäste stiegen um 0,7 % an. Insgesamt entfielen aber nur 10,8 % aller touristischen Übernachtungen auf Ausländer. Zu den genannten Zahlen sind 1996 noch 21,275 Mio. Übernachtungen auf Campingplätzen hinzuzuzählen (ein Rückgang von 8,1 %), ferner Übernachtungen in Privatquartieren, die nicht gezählt werden.

Deutsche Reiseverkehrsbilanz 1990–1996
Saldo der Einnahmen und Ausgaben im Reiseverkehr mit dem Ausland (in Mrd. DM)

1990	–30,940	1994	–49,213
1992	–39,454	1995	–48,975
1993	–42,777	1996	–50,104

Wichtige Herkunftsländer ausländischer Touristen in Deutschland 1996

Herkunftsland	*Gästeübernachtungen in Mio.*	*Veränderung gegenüber 1995*	*Anteil an allen Ausländern*
Niederlande	5,111	1,1%	15,8%
USA	3,334	4,6%	10,3%
Großbritannien	2,947	–0,2%	9,1%
Italien	1,740	5,0%	5,4%
Schweiz	1,667	0,1%	5,2%
Frankreich	1,554	–0,2%	4,8%
Belgien	1,353	0,4%	4,2%
Japan	1,313	0,5%	4,1%
Österreich	1,313	2,0%	4,1%
Dänemark	1,057	–0,6%	3,3%
Schweden	0,965	1,1%	3,0%
Polen	0,923	–0,4%	2,9%
Insgesamt	32,252	0,7%	100,0%

Der Fremdenverkehr in Deutschland nach Bundesländern 1996 (nach Statist. Bundesamt)

Bundesland	*Betten in Hotels, Gaststätten u. a. in Tsd.*	*Zahl der Gästeübernachtungen in Mio.*	*Veränderungen gegenüber 1995*
Bayern	562,4	71,011	–2,5%
Baden-Württemberg	295,7	37,806	–2,9%
Nordrhein-Westfalen	269,5	36,018	0,1%
Niedersachsen	264,2	32,916	0,3%
Hessen	188,3	25,160	–4,4%
Schleswig-Holstein	182,9	21,597	–1,8%
Rheinland-Pfalz	152,8	17,282	–1,7%
Sachsen	111,5	12,256	20,8%
Mecklenburg-Vorpommern	103,3	10,809	8,8%
Thüringen	74,1	7,754	2,3%
Brandenburg	69,5	7,270	11,1%
Sachsen-Anhalt	50,7	5,285	5,5%
Berlin	49,7	7,398	–1,8%
Hamburg	27,2	4,227	1,5%
Saarland	15,4	2,132	1,8%
Bremen	8,3	1,071	1,2%
Deutschland	2425,5	299,992	–0,2%

Bedeutendste Fremdenverkehrsstadt war 1996 wiederum Berlin mit 7,398 Mio. Übernachtungen vor München (6,150 Mio.) und Hamburg (4,227 Mio.).

Umwelt

»Umwelt« ist die Gesamtheit aller Prozesse und Räume, in denen sich die Wechselwirkungen zwischen Natur und Zivilisation abspielen und umfaßt damit alle natürlichen Faktoren, welche von Menschen beeinflußt werden oder diese beeinflussen. Umweltveränderungen können natürliche oder anthropogene (menschliche) Ursachen haben. Vom Menschen verursachte Veränderungen zeichnen sich dabei durch eine im Vergleich zu natürlichen Prozessen hohe Geschwindigkeit aus. Sie überfordern dadurch in vielen Fällen die Anpassungsfähigkeit und die Reparaturmechanismen der natürlichen Systeme – mit ungewollt weitreichenden Folgen für die Stabilität und Verfügbarkeit der eigenen Lebensgrundlagen.
In Anerkennung des globalen Charakters der meisten Umweltprobleme hat sich die Umweltdiskussion in den 70er Jahren internationalisiert und institutionell in das System der Vereinten Nationen (UN) integriert. Vorläufiger Höhepunkt dieser Entwicklung war die »UN-Konferenz Umwelt und Entwicklung« (UNCED) 1992 in Rio de Janeiro (Brasilien). 178 Teilnehmerstaaten hoben dort die Idee von **»Sustainable Development«** (dt.: **Nachhaltige** oder **Zukunftsfähige Entwicklung**) in den Rang eines gemeinsamen politischen Leitbildes. Dieser normative Begriff bedeutet, daß die Lebenschancen der heutigen Generation verbessert werden sollen, ohne die gleichen Chancen zukünftiger Generationen einzuschränken. Sustainable Development als wechselseitiger Prozeß zwischen sozialer, ökologischer und ökonomischer Entwicklung sieht die globalen Umweltprobleme im Zusammenhang mit der Armuts- und Entwicklungsfrage und strebt gemeinsame Lösungen an.
Die internationale Umweltdebatte stand 1997, im fünften Jahr nach der »Rio-Konferenz« (auch »Erdgipfel«, »Umweltgipfel«), ganz im Zeichen einer kritischen Bilanz der Umsetzungsschritte. Aus diesem Anlaß finden in der folgenden Darstellung der globalen Umweltprobleme die **politischen Maßnahmen** besondere Beachtung, während für die jeweilige Situation und ihre Verursachung die wichtigsten Fakten bzw. neue Erkenntnisse zusammengestellt wurden.

I. Globale Umweltveränderungen

1. Rio+5 – Zwischenbilanz des Rio-Folgeprozesses

Vom 23. bis 27. 6. 1997 kamen in New York 115 Staats- und Regierungschefs aus aller Welt zu einer **Sondergeneralversammlung (SGV) der UN** zusammen, um die Erfolge und Rückschläge bei der Umsetzung der Beschlüsse des Erdgipfels von 1992 zu bilanzieren und die umwelt- und entwicklungspolitischen Prioritäten für die kommenden Jahre festzulegen.

Die Beschlüsse von Rio

Auf dem Erdgipfel wurden die **Klimarahmenkonvention** (→ 2. Atmosphäre) und die **Konvention über Biologische Vielfalt** (→ 5. Biologische Vielfalt) – beide völkerrechtlich verbindlich – sowie die **Walderklärung** (→ 4. Wälder), die **Rio-Deklaration** und die **Agenda 21** (ein umfangreiches Aktionsprogramm für das 21. Jahrhundert) – letztere drei völkerrechtlich nicht verbindlich – verabschiedet. Als neue Institution wurde die **Kommission für nachhaltige Entwicklung (CSD)** ins Leben gerufen und mit der Überwachung und Beförderung der Umsetzung der Rio-Beschlüsse betraut. Zur Finanzierung des Maßnahmenprogramms, dessen Kosten auf jährlich 600 Mrd. US-Dollar ($) geschätzt werden, wurde mit der **Globalen Umweltfazilität (GEF)** ein neuer Fonds geschaffen und bei der Weltbank (unter zusätzlicher Kontrolle des UN-Umweltprogramms UNEP und des UN-Entwicklungsprogramms UNDP) angesiedelt.

Stand der Umsetzung 1997 Die UN, andere internationale Organisationen, Regierungen und Nichtregierungsorganisationen (NRO) haben eine Fülle von bilanzierenden Studien und Berichten vorgelegt. Hinzu kommen an die 100 Länderberichte, in denen die Regierungen über die Umsetzung der Agenda 21 in ihrem Land Auskunft geben. Zur Vorbereitung auf die SGV hat das UN-Sekretariat 2 Berichte vorgelegt: Eine allgemeine Bilanz der Fortschritte sowie einen sog. »Trends-Report«, der die ökologischen und sozialen Entwicklungen der letzten 25 Jahre ins nächste Jahrhundert weiterschreibt. Wichtige Analysen liefert außerdem der erste Globale Umweltbericht von UNEP (Global Environment Outlook 1997, GEO-1). Ein weiterer themenübergreifender Bericht wurde vom **Hochrangigen Beirat für Nachhaltige Entwicklung des UN-Generalsekretärs** erstellt.

Alle Berichte stimmen darin überein, daß sich die Umweltsituation trotz Fortschritten in der letzten Dekade weiter verschlechtert hat, obwohl das Wissen und die Fähigkeit vorhanden wären, selbst schwierigste Umweltprobleme zu bewältigen. Politischer Wille und finanzielle Mittel seien jedoch völlig unzureichend, um die dringenden Aufgaben zu erfüllen:

- Die Ungleichheit zwischen arm und reich nimmt in den 90er Jahren ungebremst zu. Die Kluft zwischen dem reichsten und dem ärmsten Fünftel der Weltbevölkerung hat sich in den letzten 30 Jahren verdoppelt. 1,3 Mrd. Menschen verdienen weniger als 1 $, 60 % der Weltbevölkerung weniger als 2 $ pro Tag.
- Die Gesundheit von 1,5 Mrd. Menschen ist akut durch Luftverschmutzung bedroht, 1 Mrd. Menschen leben ohne sauberes Wasser, 2 Mrd. ohne sanitäre Einrichtungen.
- 80 % aller Auslandsinvestitionen fließen in ein Dutzend Staaten (meist Schwellenländer); nur 5 % fließen nach Afrika und nur 1 % in die am wenigsten entwickelten Länder (LDC's).
- Die Auslandsschuld der Entwicklungsländer wächst weiter und beträgt heute 2100 Mrd. $. In den afrikanischen Staaten südlich der Sahara übersteigt der Schuldendienst die Ausgaben für Gesundheit und Bildung.
- Die öffentliche Entwicklungshilfe (ODA) ist entgegen den Versprechungen von Rio seit 1993 kontinuierlich gesunken. Statt sich dem anvisierten 0,7 %-Ziel zu nähern, ist ihr Anteil am Bruttosozialprodukt in den OECD-Ländern mit durchschnittlich 0,3 % heute auf dem niedrigsten Stand seit 30 Jahren.
- Weniger als ein Viertel der Menschheit verbraucht drei Viertel der Ressourcen der Erde und verursacht drei Viertel aller festen Abfälle.
- Der Bestand von 13 der 15 für die menschliche Ernährung wichtigsten Meeresfische ist rückläufig.
- Die Emissionen von Kohlendioxid (CO_2), dem wichtigsten Treibhausgas, haben in vielen Entwicklungsländern in den 90er Jahren um 10–40 % zugenommen. Die globalen CO_2-Emissionen steigen ungebremst.
- 4,6 Mio. Hektar (ha) tropischer Regenwald verschwinden weiterhin jedes Jahr. 150–200 Arten verschwinden täglich und unwiederbringlich von der Erde.

Die Erfolge nehmen sich demgegenüber eher bescheiden aus. So sind in der Folge der Rio-Konferenz eine ganze Reihe wichtiger, völkerrechtlich verbindlicher Konventionen (nach Abschluß einer ausreichenden Zahl nationaler Ratifizierungsprozesse) in Kraft getreten, u. a. die bereits in Rio

selbst unterzeichnete Klimakonvention (3/1994) und die Konvention über biologische Vielfalt (12/1993) sowie die Wüstenkonvention (12/1996; → 3. Böden) und die im Rahmen der 3. UN-Seerechtskonferenz (UNCLOS) erarbeitete Seerechtskonvention (11/1994). Von den regelmäßigen Konferenzen der Vertragsstaaten kann eine schrittweise, wenngleich äußerst langsam ablaufende Konkretisierung der Handlungsverpflichtungen und damit zumindest mittelfristig eine Verbesserung der Umweltsituation erwartet werden.

Ein weiteres Zeichen der Hoffnung ist die wachsende Zahl lokaler Initiativen zur Nachhaltigkeit (»**Lokale Agenda 21**«), die das gewachsene Umweltbewußtsein in der Bevölkerung ausdrücken. (Auf der 5. CSD-Sitzung wurden 1800 Lokale Agenden aus 64 Ländern vorgestellt.) In Zeiten schwindender Staatsmacht wird darüber hinaus Initiativen und Kooperationen in der Privatwirtschaft eine zunehmende Bedeutung beigemessen. Organisationen wie der 1995 gegründete **World Business Council for Sustainable Development (WBCSD)** und der 1995 gegründete **World Business Council for a Sustainable Energy Future** erfahren wachsenden Zulauf und erhöhte Medienpräsenz.

Rio +5 – Sondergeneralversammlung (SGV) der Vereinten Nationen zur Würdigung der Umsetzung der Agenda 21

Die SGV bestätigte zwar die in zahlreichen Berichten festgehaltene nüchterne Bilanz der Umsetzungserfolge seit der Rio-Konferenz, konnte sich jedoch nicht dazu durchringen, ein starkes politisches Signal für entschiedeneres zukünftiges Handeln zu setzen. Die Verhandlungen über eine entsprechende Deklaration wurden am vorletzten Tag der Versammlung ergebnislos abgebrochen. Das Abschlußdokument bekundet statt dessen lediglich den Willen, an den Beschlüssen von Rio festzuhalten und weiterzuverhandeln. Der von Bundeskanzler Kohl eingebrachte Vorschlag der Gründung einer Weltumweltorganisation wurde verworfen; die Zuständigkeit bleibt bis auf weiteres bei dem (auf freiwillige Beitragszahler angewiesenen) Umweltprogramm der Vereinten Nationen (→ UNEP).

Als gravierendes Hemmnis erwies sich das verschlechterte Verhandlungsklima zwischen Industrie- und Entwicklungsländern. Angesichts der weiter rückläufigen Aufwendungen für die Entwicklungszusammenarbeit weigerten sich die Entwicklungsländer erstmals, über dieses Thema überhaupt zu verhandeln.

Eine – unverbindliche – Aufwertung erfuhren die Themen Schutz der Wälder, Wasserknappheit und Energiewirtschaft.

2. Atmosphäre

Die Atmosphäre der Erde ist ein Gemisch aus Gasen, Aerosolen (feste Schwebpartikel) und Wasser (Dampf, Tropfen oder Eispartikel). Ihre chemische Zusammensetzung ist für das Leben auf der Erde von großer Bedeutung: Die optischen Eigenschaften der einzelnen Komponenten sind zum einen maßgebend dafür, wieviel der gefährlichen solaren UV-Strahlung abgeschirmt wird und wieviel an der Erdoberfläche ankommt. Zum anderen beeinflussen die Spurenstoffe das Erdklima, indem sie die von der Erde zurückgeworfene Wärmestrahlung absorbieren und die Atmosphäre erwärmen. In den bodennahen Schichten ist die stoffliche Zusammensetzung der Atmosphäre ein wichtiger Faktor für den Ablauf biologischer Prozesse (z. B. Photosynthese, menschliche Atmung).
Menschliche Aktivitäten haben die Zusammensetzung der Atmosphäre im Zuge der Industrialisierung so weit verändert, daß die natürlichen Grundlagen für das (Über-)Leben auf der Erde heute ernsthaft gefährdet sind.

Treibhauseffekt

Der natürliche Treibhauseffekt beruht auf der Eigenschaft atmosphärischer Spurengase, die Wärmeabstrahlung der Erdoberfläche und unteren Atmosphäre zu verringern. Ohne diesen Effekt läge die bodennahe Weltmitteltemperatur heute nicht bei 15,5° C, sondern bei lebensfeindlichen –18° C. Daran sind als wichtigstes natürliches

Treibhausgas der Wasserdampf mit 62 %, Kohlendioxid (CO_2) mit 22 %, bodennahes Ozon (O_3) mit 7 % und andere Gase mit 9 % beteiligt.
Sowohl die atmosphärische Konzentration der Treibhausgase als auch die globale Mitteltemperatur sind natürlichen Schwankungen unterworfen, die jedoch zunehmend durch den Einfluß menschlicher Aktivitäten überlagert werden. Diese führen zur Anreicherung der Treibhausgase und zu einer globalen Erwärmung (**anthropogener Treibhauseffekt**).

Situation Die **globale Mitteltemperatur** ist seit Ende des letzten Jahrhunderts um 0,3 bis 0,6° C gestiegen. Der gleichzeitige Anstieg des Meeresspiegels um 10–25 cm hängt eng mit dieser Erwärmung zusammen. Das Jahr 1995 war nach Aussage der Weltorganisation für Meteorologie (WMO) das wärmste seit dem Beginn systematischer Messungen 1861. Der Wert lag um 0,4° C über dem Mittel der Jahre 1961–1990. Auch das zweitwärmste Jahr liegt in den 90er Jahren (1990: +0,36° C). Die Durchschnittstemperatur des Jahres 1996 war die achtwärmste seit Beginn der Aufzeichnungen und lag um 0,22° C über dem langjährigen Durchschnitt. Bis zum Jahr 2100 rechnet das Zwischenstaatliche Sachverständigengremium für Klimaveränderung IPCC (Intergovernmental Panel on Climate Change), ein von den UN beauftragtes gemischtes Gremium aus Wissenschaftlern und Politikern, mit einem weiteren Temperaturanstieg um 1–3,5° C und einem Meeresspiegelanstieg von 15–95 cm (beste Schätzung: +2° C, +50 cm).

Entwicklung der globalen Mitteltemperatur 1861-1996

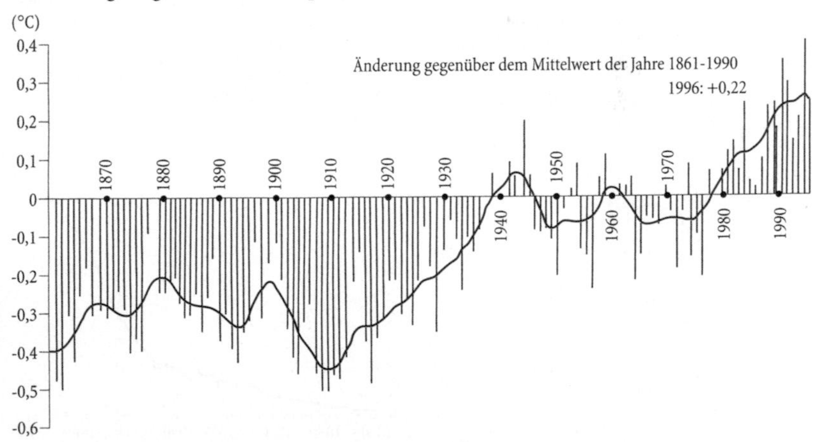

Quelle: Hadley-Centre,1997

Konzentrationsanstieg bei langlebigen Treibhausgasen

	vorindustriell	*heute*	*Zunahme (%)*
Kohlendioxid (CO_2) ..	280 ppm*	362 ppm (1996)	28,6
Methan (CH_4)........	700 ppb*	1666 ppb (1994)	138
Distickstoffoxid (N_2O)	285 ppb*	309 ppb (1994)	8,4

*ppm: parts per million, Millionstel Anteile
*ppb: parts per billion, Milliardstel Anteile
Quellen: WRI, 1996; WMO, 1996

Damit verbunden wären die Zunahme von Wetterextremen (Stürme, Dürren etc.), Ernteausfälle sowie die Überschwemmung niedriggelegener Inseln und Festlandsregionen.
Die **atmosphärische Konzentration langlebiger Treibhausgase** hat im Laufe der Industrialisierung stark zugenommen und liegt heute deutlich über den vorindustriellen Werten (Bezugsjahr ca. 1750).
Nachdem der Konzentrationsanstieg bei CO_2 und CH_4 sich 1992/93 aus bisher ungeklärten Gründen vorübergehend verlangsamt hatte, wurden für beide Gase laut WMO für 1996 Anstiegsraten gemessen, die mit dem Trend der 80er Jahre übereinstimmen. Die gegenwärtige CO_2-Konzentration liegt bei etwas über 360 ppm.

Wieviel einzelne Teibhausgase zur globalen Erwärmung beitragen können, ergibt sich aus der jeweiligen Stärke ihrer Konzentrationszunahme und dem Vermögen, von der Erde ausgehende Wärmestrahlung zu absorbieren (→ Grafik).
Erst seit kurzem weiß man, daß die Bildung von Aerosolen infolge der Verbrennung von fossilen Energieträgern und Biomasse durch die verstärkte Reflexion der Solarstrahlung potentielll abkühlend

Beitrag einzelner Gase zum anthropogenen Treibhauseffekt
Heutige Störung der Strahlungsbilanz im Vergleich zu 1750

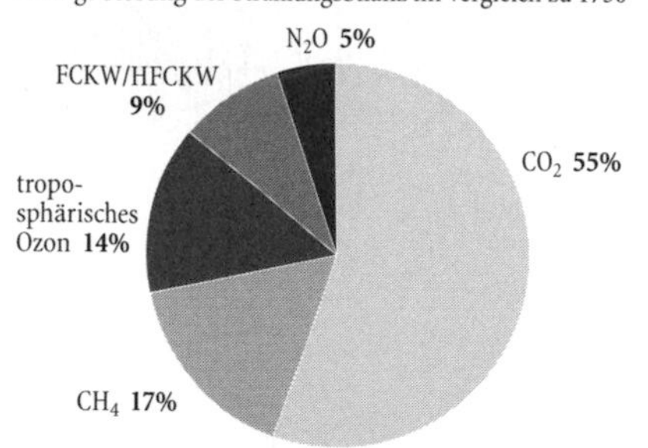

Quelle: IPCC, 1995

auf das Erdklima wirkt. Die Klimafolgen ansteigender Treibhausgaskonzentrationen werden dadurch zu etwa einem Fünftel »abgeschirmt«.
1996 war nach WMO-Angaben ein Jahr mit heftigen Wetterextremen. China erlebte die schlimmsten Überschwemmungen seit 50 Jahren im Mekong-Delta. Die Häufigkeit der Hurrikane lag 1996 wie 1995 deutlich über dem langjährigen Mittel.

Ursachen Über den Zusammenhang zwischen menschlichen Aktivitäten und beobachteter Erwärmung gibt es eine anhaltende wissenschaftliche Kontroverse. Der Ende 1995 durch die Staatengemeinschaft verabschiedete zweite Bericht des IPCC hält jedoch eindeutig fest, daß der Stand der wissenschaftlichen Erkenntnis nunmehr »einen erkennbaren Einfluß des Menschen auf das globale Klima nahelegt«. Neue Modellrechnungen ergeben eine hohe Wahrscheinlichkeit dafür, daß die Erwärmung durch den Anstieg anthropogener Treibhausgasemissionen zumindest mitverursacht wird. So hat sich der **globale Ausstoß des wichtigsten Treibhausgases CO_2** im Laufe der Industrialisierung durch den verstärkten Einsatz fossiler Energieträger von 342 Mio. t im Jahr 1860 auf 23,9 Mrd. t im Jahr 1996 (WEC) um mehr als den Faktor 70 erhöht. Einen zusätzlichen Beitrag zum Anstieg der atmosphärischen CO_2-Konzentrationen liefert die Abholzung von Waldflächen, die bei ihrem Wachstum CO_2 aus der Luft einbinden und deshalb im CO_2-Kreislauf als »Senke« fungieren. Anfang der 90er Jahre entsprach das Ausmaß der globalen Entwaldung einer zusätzlichen Emission von etwa 4,1 Mrd. t CO_2.
Die Beiträge einzelner Länder zu den globalen CO_2-Emissionen sind höchst ungleich verteilt: In den Industriestaaten sind die Pro-Kopf-Emissionen

Entwicklung der globalen Kohlendioxid (CO_2)-Emissionen 1860-1996
aus der Verbrennung fossiler Brennstoffe und der Zementproduktion

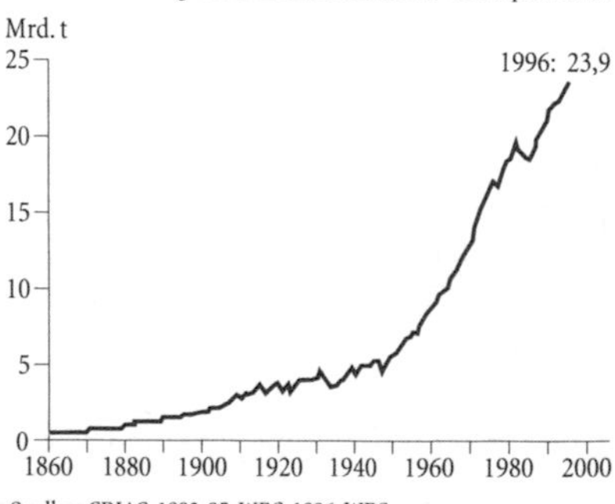

Quellen: CDIAC, 1993-95: WEC, 1996: WEC

CO_2-Emissionen ausgewählter Länder 1995

	Mrd. t	pro Kopf (t)	Anteil an globalen Emissionen (%)	Emissionszuwachs 1990–1995 (%)
USA	5111	19,4	22,9	6,2
Rußland	1602	8,4	7,2	-27,7
Japan	1107	8,8	5,0	8,7
Deutschland	858	10,6	3,8	-10,2
China	2959	2,6	13,3	27,5
Indien	839	1,1	3,8	27,7
Indonesien	205	1,1	0,9	38,8
Brasilien	227	1,5	1,0	19,8

Quelle: Worldwatch Institute, 1997

durchschnittlich viermal höher als in den Entwicklungsländern. In den 90er Jahren stiegen die CO_2-Emissionen – trotz eines Rückgangs um 30 % in Osteuropa – weltweit um 6,4 % an (WEC).

Die aus menschlichen Aktivitäten stammenden Emissionen von Methan (CH_4) wurden Anfang der 90er Jahre auf 270 Mio. t geschätzt, wobei 30 % aus der Tierhaltung, 25 % aus dem Naßreisanbau, 16 % aus der Öl- und Gasförderung, 16 % aus Mülldeponien sowie 13 % aus dem Kohlebergbau stammen. Das IPCC geht von einem weiteren Anstieg der Emissionen um 10–130 % bis zum Jahr 2100 aus.
Die Angaben für die anthropogenen Emissionen von Distickstoffoxid (N_2O) sehr unsicher. Für 1990 werden sie mit etwa 13 Mio. t beziffert. Wichtigste Quellen sind der Einsatz von Stickstoffdünger in der Landwirtschaft sowie die Verbrennung von Biomasse. Auch hier wird mit einem weiteren Anstieg der Emissionen um 10–50 % gerechnet. Für Fluorkohlenwasserstoffe (FCKW) und halogenierte FCKW (HFCKW) liegen keine globalen Emissionsdaten vor. Da diese Stoffe nicht nur klimawirksam sind, sondern auch zum Abbau der stratosphärischen Ozonschicht beitragen, ist der Ausstieg aus ihrer Produktion und Verwendung im Rahmen des Montrealer Protokolls (→ »Stratosphärischer Ozonabbau«) geregelt.

Politische Maßnahmen Die 1992 anläßlich der UNCED von mehr als 150 Staaten und der Europäischen Union (EU) unterzeichnete und bis Juni 1997 von 167 Staaten ratifizierte sog. Klimarahmenkonvention (KRK) soll die Treibhausgaskonzentrationen in der Atmosphäre auf einem Niveau stabilisieren, das eine gefährliche Störung des Klimasystems verhindert. Die bisherigen Verpflichtungen der Industriestaaten reichen aber nicht aus, um dieses anspruchsvolle Ziel zu erreichen. Die erste Vertragsstaatenkonferenz (VSK) der KRK im April 1995 in Berlin legte fest, daß bis zur dritten VSK im Dezember 1997 im japanischen Kyoto ein Ergänzungsprotokoll vorgelegt werden soll, das »quantifizierbare Begrenzungs- und Reduktionsziele für bestimmte Zeitrahmen« enthält. Die Europäische Union hat u. a. auf Betreiben der Bundesregierung im März 1997 vorgeschlagen, daß sich die Industriestaaten dazu verpflichten, ihre Emissionen von CO_2, CH_4 und N_2O um 7,5 % bis 2005 und um 15 % bis 2010 zu reduzieren. Die Sondergeneralversammlung der Vereinten Nationen vom 23.–27. Juni 1997 hat keine Empfehlungen für konkrete Klimaschutzziele ausgesprochen, sondern sich auf allgemeine Verlautbarungen beschränkt.

Stratosphärischer Ozonabbau

Mehr als 95 % des gesamten Ozons in der Atmosphäre werden, angetrieben durch photochemische Prozesse unter Einfluß solarer UV-Strahlung, über den Tropen gebildet. Durch Luftmassentransporte gelangt das Ozon in mittlere und höhere Breiten und verweilt dort in Höhen zwischen 10 und 50 km mit einem Konzentrationsmaximum bei etwa 20–25 km. Für das Leben auf der Erde hat Ozon eine wichtige Schutzschildfunktion, indem es die kurzwellige Solarstrahlung (UVB, UVC) absorbiert. Seit einigen Jahrzehnten nimmt jedoch der Ozongehalt der Stratosphäre ab – mit ernstzunehmenden Folgen für die biologischen Systeme.

Situation Der seit den 70er Jahren stattfindende **Ozonabbau** hält in den 90er Jahren unvermindert an und beträgt im globalen Mittel etwa 3–4 % pro Dekade, wobei dieser Trend sich aus regional und

Globaler Ozonabbau 1958-1993

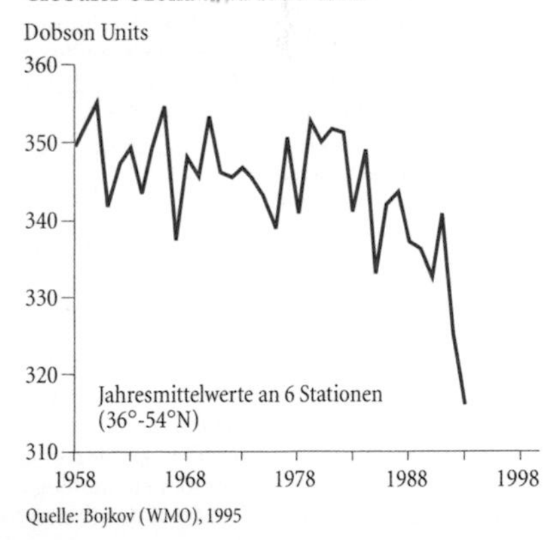

Quelle: Bojkov (WMO), 1995

zeitlich sehr unterschiedlichen Trends zusammensetzt: Während über den Tropen und Subtropen (30°N bis 30°S) bisher kein signifikanter Ozonabbau stattfindet, nehmen die Werte über den mittleren und hohen Breiten Europas mit etwa 5 % pro Dekade, auf der Südhalbkugel mit etwa 7 % pro Dekade ab. Der aufsummierte globale Ozonverlust der vergangenen 25 Jahre liegt (bezogen auf Ende 1995) laut WMO bei 10 %.

Besonders dramatisch ist der Ozonabbau über der Antarktis während des Frühsommers: In dieser Zeit fallen die Ozonkonzentrationen dort z. T. um die Hälfte, an einigen Tagen sogar um 70 % gegenüber dem Normalwert ab (»**Ozonloch**»). Im antarktischen Frühling (Mitte September bis Ende Oktober) war die Ozonschicht während der letzten Jahre in einer Höhe von 14–21 km laut WMO nahezu vollständig zerstört. 1996 trat das »Ozonloch« länger als je zuvor auf.
Über der Arktis waren erstmals im März 1995 Ozonprofile zu beobachten, die denen des »Ozonlochs« über der Antarktis vergleichbar sind. Von Januar bis März 1996 wurden über Grönland, Skandinavien und West-Sibirien Ozonkonzentrationen gemessen, die einem Abbau von 20- 30 % (im Monatsmittel) entsprechen. An einigen Tagen wurden Rekordverluste von 45 % gemessen.

Ursachen Auch im Falle des Ozonabbaus wird eine Beurteilung von Langzeittrends erschwert durch den zeitlich variablen Einfluß natürlicher Größen (Aktivität der Sonne, Vulkanismus, Änderungen der atmosphärischen Zirkulation). Dennoch herrscht ein wissenschaftlicher Konsens darüber, daß der Ozonabbau weitestgehend anthropogene Ursachen hat: Die Emission von halogenierten (chlor-, brom- oder fluorhaltigen) Kohlenwasserstoffen (u. a. FCKW, Halone, HFCKW) und Distickstoffoxid (N_2O) führt in der Stratosphäre unter Einwirkung von Sonneneinstrahlung zur Bildung von Chlor- und Bromatomen, die in einer Kettenreaktion Ozon abbauen. Die Atmosphäre enthält heute etwa 50 % mehr aktives Chlor als zu Beginn des Ozonabbaus.
Angesichts der Bedrohungen durch den Ozonschwund hat sich die Staatengemeinschaft im Montrealer Protokoll (→ »Stratosphärischer Ozonabbau«) und seinen Ergänzungen auf einen schrittweisen Ausstieg aus der Produktion und Verwendung von ozonabbauenden Stoffen geeinigt. Da die tatsächliche globale Freisetzung ozonschädigender Stoffe unbekannt ist, kann der Erfolg dieser Vereinbarung nur über die Messung der atmosphärischen Konzentrationen bestätigt werden: Er zeigt sich in rückläufigen Konzentrationen bzw. stagnierendem Wachstum für eine ganze Reihe ozonzerstörender Stoffe. Ein starker Anstieg ist jedoch seit 1992/93 für die HFCKW (FCKW-Ersatzstoffe mit geringerem Potential zum Ozonabbau) zu beobachten. Messungen in bodennahen Luftschichten ergaben trotzdem erstmalig seit Anfang 1994 ein insgesamt rückläufiges Potential zum Ozonabbau. Da die Stoffe etwa 3–4 Jahre für ihren Aufstieg in die Stratosphäre benötigen, wird das maximale Potential zum Ozonabbau dort jedoch erst für die Jahre 1997–1999 erwartet.

Politische Maßnahmen Im März 1985 unterzeichneten 20 Staaten (darunter Deutschland) und die EU die **Wiener Konvention zum Schutz der Ozonschicht**. Sie trat am 1. 8. 1988 in Kraft. Im Juni 1996 hatten 151 Staaten die Konvention ratifiziert. Als Folgevereinbarung wurde 1987 das »**Montrealer Protokoll** über Stoffe, die zu einem Ozonabbau führen«, unterzeichnet und zum 1. 1. 1989 in Kraft gesetzt. Im Juni 1997 hatten es 162 Staaten ratifiziert. Bei bisher 8 jährlich abgehaltenen Vertragsstaatenkonferenzen (zuletzt im November 1996 in San José, Costa Rica) wurden die Bestimmungen des Protokolls fortlaufend verschärft. Die 9. VSK im September 1997 bietet gleichzeitig die Gelegenheit, das 10jährige Bestehen des Montrealer Protokolls zu feiern. In den Industrieländern sind Produktion und Verwendung von Halonen seit Anfang 1994, die von FCKW, Tetrachlorkohlenstoff und Methylchloroform seit Anfang 1996 verboten. Ausstiegstermine wurden für HFCKW (bis 2030, nur für Verbrauch) und Methylbromid (bis 2010) vereinbart. Für die Entwicklungsländer gelten längere Ausstiegsfristen: FCKW, Halone und Tetrachlorkohlenstoff dürfen dort noch bis 2010, Methylchloroform bis 2015 und HFCKW bis 2040 (nur Verbrauch) produziert und eingesetzt werden. Für Methylbromid wurde auf der Wiener Vertragsstaatenkonferenz ein Einfrieren des Verbrauchs bis zum Jahr 2002 auf dem Niveau der Jahre 1995–1998 vereinbart. Zur Unterstützung der Entwicklungsländer bei der Umsetzung wurde ein multilateraler Fonds eingerichtet, der für 1997/99 mit 540 Mio. $ ausgestattet wurde.
Ein ernstes Problem stellt die Nichteinhaltung der Bestimmungen des Montrealer Protokolls in Ländern mit Ökonomien im Übergang zur Marktwirtschaft dar, v. a. in den Nachfolgestaaten der Sowjetunion. Es ist davon auszugehen, daß in einem nicht unbeträchtlichen Ausmaß verbotene Substanzen produziert und geschmuggelt werden. Ähnliche Probleme sind zu erwarten, wenn die Beschränkungen in den Entwicklungsländern gültig werden, in denen heute noch große Mengen an FCKW produziert werden.

Chinas Industrialisierung und die Folgen für die globale Umwelt

Die Wirtschaft der Volksrepublik China boomt. Seit Anfang der 80er Jahre wächst sie jährlich um durchschnittlich mehr als 10 %. Zwar gehört das Land nach seinem Pro-Kopf-Einkommen (1995: 620 $) nach wie vor zu den ärmsten Ländern der Welt; in der wirtschaftlichen Dynamik allerdings liegt es zusammen mit Hongkong, Singapur, der Rep. Korea und der Rep. China (Taiwan) weltweit an der Spitze. Die Kehrseite der wie entfesselt expandierenden »sozialistischen Marktwirtschaft« sind jedoch neben sozialen Problemen wie einer hohen (und weiter steigenden) Arbeitslosigkeit und einem anschwellenden Strom entwurzelter Wanderarbeiter aus dem ländlichen Raum, deren Zahl für 1997 auf 100 Mio. geschätzt wird, vor allem gravierende Umweltprobleme.

▶ **Luftqualität** Chinas Energieversorgung basiert zu 76 % auf Steinkohle, die vor allem in Kraftwerken und in der Industrie eingesetzt wird. In der Regel werden Flugasche, Schwefeldioxid und Stickoxide ohne Filteranlagen in die Luft abgegeben. Erkrankungen der Atemwege sind die häufigste Todesursache im Land. 1996 gab die Nationale Umweltbehörde NEPA bekannt, daß in den Jahren 1994 und 1995 3 Mio. Menschen an chronischer Bronchitis gestorben sind. Bei der Massenmotorisierung steht die Volksrepublik China noch am Anfang. Bislang kommen dort rund 1000 Menschen auf ein Automobil (in Deutschland kommen zwei Menschen auf ein Automobil).

▶ **Klimawandel** Obwohl die Pro-Kopf-Emissionen an Kohlendioxid in China nur bei gut 2 t liegen (in Deutschland bei gut 10 t, in Nordamerika bei rund 20 t), trägt das Riesenreich wegen seiner großen Bevölkerung schon heute mit mehr als 10 % zum weltweiten Ausstoß dieses Spurengases bei. Bei einem Anhalten der gegenwärtigen Trends im Energieverbrauch wird sich der chinesische Kohlendioxid-Ausstoß in 15 bis 20 Jahren verdoppelt haben.

▶ **Wälder** In den vergangenen 40 Jahren hat das ohnehin waldarme China eine Waldfläche abgeholzt, die zusammengenommen etwa der Größe Frankreichs und Deutschlands entspricht. Die beiden Hauptursachen für diese Tendenz liegen in großflächigen Kahlschlägen zur Gewinnung von neuem Ackerland und dem wachsenden Brennholzbedarf der Landbevölkerung. Bei Aufforstungsprogrammen greift man vor allem auf schnell wachsende Hölzer zurück, die in Monokulturen angebaut werden und sich durch eine sehr geringe biologische Vielfalt auszeichnen.

▶ **Wasserqualität** Die Qualität des chinesischen Wassers ist vielerorts sehr schlecht. Nach chinesischen Untersuchungen werden zwei Drittel der Bevölkerung mit gesundheitsschädlichem Trinkwasser versorgt. Die Industrieabwässer werden nur zu einem Drittel geklärt, und zwar – so die Weltbank – in sehr alten und unzureichenden Klärwerken. Der Rest wird direkt in die Flüsse geleitet und verseucht diese mit Schwermetallen, Chemikalien, Öl und Stickstoff. Der Gifteintrag mindert die Produktivität von Landwirtschaft und Fischerei erheblich.

▶ **Wasserverfügbarkeit** Neben mangelnder Qualität hat China beim Wasser auch mit einem Mengenproblem zu kämpfen, vor allem in den Städten. In der Hauptstadt Peking etwa stehen den Menschen pro Kopf und Jahr nur 400 Kubikmeter Frischwasser zur Verfügung (landesweit 2700 Kubikmeter, weltweit 12000 Kubikmeter). Die Erschließung der – regional sehr ungleich verteilten – Wasservorräte bleibt hinter dem Bedarf von Wirtschaft und Privathaushalten deutlich zurück.

▶ **Böden** China muß mit einem Siebtel der weltweiten Ackerfläche ein Fünftel der Weltbevölkerung ernähren. Beides – verfügbare Flächen und Anzahl der Menschen – entwickelt sich aber in China in die falsche Richtung. Die verfügbare Fläche schrumpft durch Erosion, wuchernde Städte, Übernutzung und Vergiftung der Böden, während die Anzahl der Menschen trotz einer relativ erfolgreichen Bevölkerungspolitik nach UN-Prognosen bis 2025 noch einmal um 230 Mio. Menschen wächst (auf dann 1,48 Mrd.). Schon heute kauft China auf den Weltgetreidemärkten jährlich erhebliche Mengen zu. Experten befürchten, daß dies mit wachsender außenwirtschaftlicher Stärke Chinas deutlich zunehmen wird, was die Versorgung wirtschaftlich schwacher Importländer gefährden könnte.

▶ **Umweltpolitik** In jüngerer Zeit räumt die chinesische Führung unter dem Ministerpräsidenten und ehemaligen Leiter der Staatlichen Umweltschutzkommission Li Peng dem Umweltschutz größere Priorität ein. Zwischen 1989 und 1994 wurden die staatlichen Ausgaben für den Umweltschutz auf 7,9 Mrd. Yuan (1,4 Mrd. DM) verdoppelt. Mit dem »Fünfjahresplan für die Verbesserung der ökologischen Bedingungen« – Investitionsvolumen 150 Mrd. Yuan (26 Mrd. DM) – und der »China Agenda 21« (als chinesischer Beitrag zur Umsetzung der Agenda 21) wurden z. T. ehrgeizige Programme verabschiedet. Besondere Bedeutung wird dabei der multilateralen Kooperation beigemessen, von der sich China finanzielle Hilfen und Know-how-Gewinn erhofft.

Bodennahes Ozon – Sommersmog

→ WA'97, Sp. 1128 ff.

3. Böden

Böden sind komplexe physikalische, chemische und biologische Systeme. Sie sind Lebensraum und Lebensgrundlage für eine Vielzahl von Pflanzen, Tieren und Mikroorganismen. Durch die Speicherung von Wasser, die Umwandlung und den Transport von Stoffen übernehmen sie wichtige Regelungsfunktionen im Naturhaushalt.

Durch den Einfluß von Witterung, Bodenorganismen, Vegetation und nicht zuletzt menschlichen Aktivitäten sind die Böden ständigen Veränderungen unterworfen. Zunehmende Wirtschaftstätigkeiten und globales Bevölkerungswachstum (→ 7. Bevölkerung) bedrohen heute die Böden in ihrer Existenz und ihrer Qualität. Insbesondere für die Sicherheit der Nahrungsmittelversorgung (→ unten) ist der Erhalt fruchtbarer Ackerböden von herausragender Bedeutung.

Situation Von den 130 Mio. km² eisfreier Landoberfläche der Erde waren laut Welternährungsorganisation (FAO) 1994 32% von Forstflächen, 11% von Äckern und 26% von Weiden belegt. Zu den restlichen 31% gehören u. a. nicht landwirtschaftlich genutztes Grasland, Feuchtgebiete sowie die menschlichen Siedlungen und Verkehrsinfrastrukturen.

Nach der bisher einzigen weltweiten Untersuchung der Böden im Auftrag von UNEP waren 1990 auf nahezu 15% der eisfreien Landoberfläche deutliche Degradationserscheinungen zu beobachten, die durch den Menschen verursacht wurden. Betroffen sind 38% des Ackerlandes, 21% des Dauer-

Globale Flächennutzung 1994
(in Klammern Veränderung gegenüber 1980)

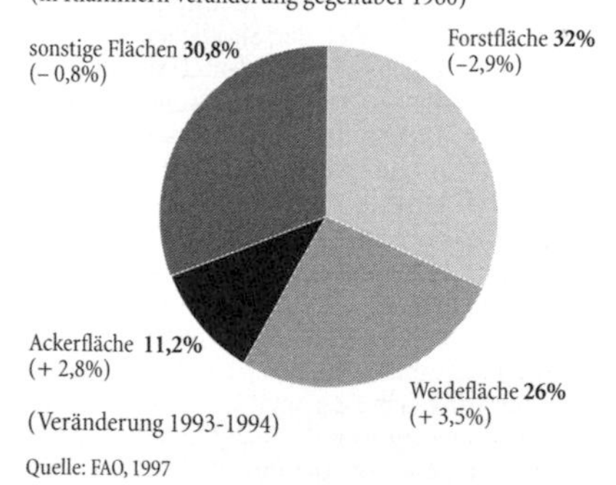

Quelle: FAO, 1997

grünlandes und 18% der Wälder und Savannen. Der größte Beitrag stammt dabei mit 56% von der Wassererosion, d. h. dem Abtrag von Bodensubstanz durch Niederschlag und Fließgewässer. 28% der Schädigungen entstehen durch Winderosion, d. h. der Verlagerung von Bodenmaterial durch Wind.

Durch Wasser- und Winderosion zusammen gehen jährlich 75 Mrd. t Boden verloren. Während sich in einem Jahr nur etwa 1–2 t Boden pro ha neubilden, werden in Europa und den USA im gleichen Zeitraum 17 t, in Asien, Afrika und Südamerika sogar 30–40 t Boden pro ha abgetragen. In vielen Regionen ist auf diese Weise in den letzten 150 Jahren die Hälfte des fruchtbaren Ackerbodens verlorengegangen.

Mit einem Anteil von 12% im globalen Durchschnitt von geringerer Bedeutung ist die chemische Degradation. Die Haupttypen sind:

- **Vergiftung** durch Überdüngung und Mißbrauch von Pestiziden, durch industrielle Aktivitäten und Mülldeponien sowie durch Schadstoffeintrag aus der Luft
- **Versauerung** durch Stoffeinträge aus der Luft (»saurer Regen«, Ammoniak aus der Tierhaltung)
- **Versalzung**, meist durch unsachgemäße Bewässerung
- **Nährstoff-/Humusverluste** durch unangepaßte landwirtschaftliche Praktiken.

Die kleinste Schadenskategorie ist mit 4% die physikalische Degradation der Böden durch

- **Verdichtung** (durch zu schweres landwirtschaftliches Gerät und Entfernung von Oberflächenvegetation),
- **Überdeckung**,
- **Versiegelung** (durch Verkehrs- und Gebäudeflächen) und
- **Bodenabsenkung** (z. B. durch bergbauliche Aktivitäten).

Art, Ausmaß und Ursachen der Bodendegradation weisen von Ort zu Ort sehr unterschiedliche Muster auf. So reicht der Anteil der degradierten Ackerflächen von einem Viertel in Europa (bzw. 16% in Ozeanien) bis zu drei Vierteln in Zentralamerika, beim Dauergründland von 11% in Nordamerika bis 31% in Afrika, bei Wäldern und Savannen von 1% in Nordamerika bis zu 38% in Zentralamerika.

Eine spezielle Form der Bodendegradation ist die **Desertifikation** (Wüstenbildung). Die UN schätzen, daß von den weltweit 5,2 Mrd. ha landwirtschaftlich genutzten Trockenböden bereits 70% von Desertifikation betroffen sind (30% der gesamten Landfläche). Betroffen sind davon Entwicklungsländer (v. a. in Afrika) und in zunehmendem Maße auch Nordamerika und Südeuropa. Vor

Umwelt

Kontinentale Verbreitung der Bodendegradation

	Landfläche (Mio. km²)	davon degradiert (%)	Anteil der Degradationsformen an der degradierten Gesamtfläche: Wasser-erosion (%)	Wind-erosion (%)	Physikal. Degradation (%)	Chem. Degradation (%)	Anteil der degradierten Flächen für verschiedene Nutzungsarten: Ackerland (%)	Dauergrünland (%)	Wälder und Savannen (%)
Afrika	29,66	17	46	38	4	12	65	31	19
Asien	42,56	18	58	30	2	10	38	20	27
Zentral- und Südamerika	21,91	14	55	15	4	25	51	14	14
Nordamerika	18,85	5	63	36	1	<1	26	11	1
Europa	9,5	23	52	19	17	12	25	35	26
Ozeanien	8,82	12	81	16	2	1	16	19	8
Welt	130,13	15	56	28	4	12	38	21	18

Quellen: WBGU, UNEP

allem in den südlichen Republiken der Russischen Föderation schreitet die Wüstenbildung voran. Die betroffene Fläche wurde 1996 auf 100 Mio. ha geschätzt. In der Republik Kalmykien bedeckt die laut UNEP »erste vom Menschen gemachte europäische Wüste« 80 % des Territoriums.

Ursachen Die Ursachen der Bodendegradation sind kleinräumig variabel, treten häufig gemeinsam auf und beeinflussen sich gegenseitig. Im globalen Durchschnitt und stark vereinfachend ergibt sich folgendes Bild: Über 90 % der weltweiten Bodendegradation werden – zu etwa gleichen Teilen – durch Abholzung von Wäldern (→ 4. Wälder), Überweidung und nicht angepaßtem Ackerbau verursacht (vgl. WA '97, Sp. 1133).

Folgen für die Sicherheit der Ernährung Die weltweite Verschlechterung der Bodenqualität stellt bei weiterhin wachsender Weltbevölkerung zunehmend die Sicherheit der Nahrungsmittelversorgung in Frage.

Ursachen der Bodendegradation nach Kontinenten (Anteile an der Gesamtdegradation in %)

	Entwaldung	*Übernutzung*	*Überweidung*	*Landwirt. Aktivitäten*	*Industr. Aktivitäten*
Afrika	14	13	49	24	<1
Asien	40	6	26	27	<1
Südamerika	41	5	28	26	<1
Zentralamerika	23	18	14	45	<1
Nordamerika	4	–	31	66	<1
Europa	38	<1	23	29	9
Ozeanien	12	–	80	8	<1
Welt	30	7	34	28	1

Quelle: WBGU, 1994

Bisher konnte die weltweite Zunahme der Nahrungsmittelproduktion das Bevölkerungswachstum überkompensieren: Das Kalorienangebot nahm von 2300 kcal pro Kopf und Tag Anfang der 60er Jahre auf ca. 2700 Mitte der 90er Jahre zu; der Prozentsatz chronisch unterernährter Menschen in Entwicklungsländern nahm im gleichen Zeitraum von 50 auf 20 % ab. Zu verdanken war dies der erfolgreichen Züchtung ertragreicher Sorten, der Ausweitung der Bewässerungslandwirtschaft (von 94 Mio. ha 1950 auf 248 Mio. 1993) sowie dem verstärkten Einsatz von Düngemitteln (Verbrauchsanstieg von 14 Mio. t 1950 auf 146 Mio. t 1989) und Pflanzenschutzmitteln – vor allem in den Ländern des Südens. Die jährlichen Getreideerträge stiegen von 1,06 t pro ha 1950 auf 2,54 t pro ha 1990 (+2,3 % pro Jahr).
Es gibt jedoch Indizien dafür, daß diese als »**grüne Revolution**« bezeichnete Entwicklung in den 90er Jahren an natürliche Grenzen stößt: So stiegen die Getreideerträge zwischen 1990 und 1996 mit nur noch 0,5 % pro Jahr dreimal langsamer als die Weltbevölkerung, die Weltgetreidevorräte sanken 1996 auf ein Rekordtief, die Weltmarktpreise für

Weltgetreideproduktion pro Kopf 1950-1996

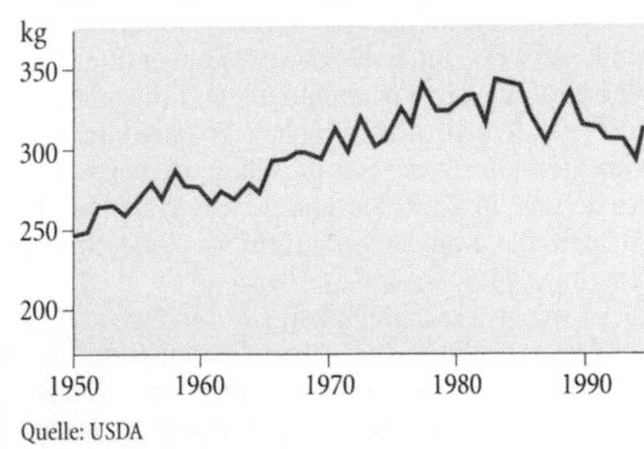

Quelle: USDA

Weizen und Mais verdoppelten sich binnen Jahresfrist.

Für diese **Stagnation** gibt es mehrere Ursachen:
- Zum einen gibt es kaum noch Böden, die für dauerhaften Ackerbau zusätzlich in Anspruch genommen werden könnten. Vor allem in den Schwellenländern werden landwirtschaftliche Flächen verstärkt in Flächen für Siedlungen und Verkehrsinfrastruktur umgewandelt.
- Jährlich fallen etwa 5–7 Mio. ha fruchtbarer Böden der Erosion, Versteppung, Versalzung, Urbanisierung und dem Straßenbau zum Opfer.
- Eine dauerhafte Ausweitung der Bewässerungslandwirtschaft erscheint nur noch sehr begrenzt möglich, weil dadurch schon heute vielerorts mehr Grundwasser verbraucht wird, als sich in der gleichen Zeit neu bildet (→ 6. Wasser).
- Die Ertragssteigerung durch erhöhte Düngergaben ist an den meisten Standorten ausgereizt, die physiologische Aufnahmefähigkeit der Pflanzen überschritten.

Über die zukünftige Sicherheit der Welternährung ist anläßlich des → Welternährungsgipfels Ende November 1996 in Rom in der Fachwelt und in den populären Medien eine Kontroverse entstanden. Während einige unabhängige Institute wie das Worldwatch Institute eine mit Blick auf die Tragekapazität der Ökosysteme warnende Haltung einnehmen, betrachten offizielle UN-Gremien das Ernährungsproblem primär als technisch lösbares Verteilungsproblem. Weltbank und UNDP halten eine Ausdehnung der Bewässerungslandwirtschaft in den Entwicklungsländern um 110 Mio. ha für möglich (bewässerte Fläche 1990: 152 Mio. ha), wodurch weltweit 1,5–2 Mrd. Menschen zusätzlich mit Getreide ernährt werden könnten.

Politische Maßnahmen Obwohl die Verknappung fruchtbarer Ackerböden bei ungebremstem Bevölkerungswachstum von wissenschaftlicher Seite als das dringlichste Umweltproblem der heutigen Zeit eingestuft wird, fehlen bislang weitreichende internationale Vereinbarungen zum Schutz der Böden. Die im Juli 1994 in Paris von 114 Staaten und der EU unterzeichnete »Konvention zur Bekämpfung der Wüstenbildung und Dürrefolgen insbesondere in Afrika« (kurz: **Wüstenkonvention**) trat am 26. 12. 1996, 90 Tage nach der 50. Ratifizierung, in Kraft. Bis zum 16. 7. 1997 hatten 106 Staaten die Konvention ratifiziert (Deutschland am 10. 7. 1996).

Der Vertragstext schreibt keine verbindlichen Programme oder finanziellen Transfers von Industrie- zu Entwicklungsländern fest, enthält aber völkerrechtlich neue Ansätze wie den »nachfrageorientierten Technologietransfer«: Betroffene Länder legen die geeignete Form der Problembekämpfung eigenständig fest und beziehen die lokale Bevölkerung in Entwicklung und Umsetzung nationaler Aktionspläne zur Bekämpfung der Wüstenbildung mit ein. Offene Fragen sind dabei u. a., wie die betroffenen Staaten bei der Erstellung von Aktionsplänen unterstützt werden können und wie die lokale Bevölkerung möglichst frühzeitig einbezogen werden kann. Bisher ohne Umsetzungsvorschlag blieb auch die in der Konvention erhobene Forderung nach Landreformen. Eine weiterreichende Konkretisierung der Konvention wird von der ersten Vertragsstaatenkonferenz erwartet, die nach Inkrafttreten der Konvention für September 1997 in Rom anberaumt wurde. Dort wird u. a. über den Arbeitsmodus und Ansiedlungsort des Konventionssekretariats (es liegen Bewerbungen von Bonn, Montreal und Murcia vor), die Einsetzung eines wissenschaftlich-technischen Beratungsgremiums sowie über den Finanzierungsmodus (»Globaler Mechanismus«) entschieden werden.

Trotz innovativer Elemente und der seit Inkrafttreten größeren öffentlichen Wahrnehmung bleibt fraglich, ob die Wüstenkonvention mit ihrem spezifischen Ansatz bei den Trockengebieten zu einer globalen Konvention zum Schutz der Böden ausgebaut werden kann.

Die Sicherung und Steigerung der Ertragskraft landwirtschaftlich genutzter Böden ist Ziel der auf dem **Welternährungsgipfel** Ende November 1996 verabschiedeten »Erklärung von Rom«. Gefordert wurde eine »zweite grüne Revolution«, die durch integrierte Schädlingsbekämpfung, selektive und effizientere Bewässerung sowie den Einsatz von Biotechnologie erneute Ertragssteigerungen ermöglicht und gleichzeitig die Umweltbelastungen minimiert. Dieser von den Regierungen favorisierte technikzentrierte Weg wird von den Nichtregierungsorganisationen und einigen wissenschaftlichen Instituten äußerst kritisch eingeschätzt. Sie fordern den verstärkten Anbau heimischer und an die jeweiligen Standortbedingungen optimal angepaßter Sorten sowie die Abkehr von der Konzentration aller Aktivitäten auf eine weitere Steigerung des Nahrungsmittelangebots. Die wenig beachteten neuen Herausforderungen liegen in der wachsenden Nachfrage nach veredelten Nahrungsmitteln wie Fleisch und Milch in den Schwellenländern Asiens – in China nahm z. B. der Fleischkonsum eines Durchschnittsstädters von 24,5 (1994) auf 30,8 Kilo (1995) zu – sowie in zunehmender Verschwendung von Nahrungsmitteln – in den Niederlanden, in Finnland, Japan und Schweden bleiben etwa 35 %, in den USA, in Belgien, Luxemburg, der Schweiz und in Italien sogar

Effizienz der Umwandlung von pflanzlicher in tierische Nahrung

Produkt	*kg Futter pro 1 kg Produkt*	*cal Futter pro 1 cal Produkt*
Rind	7	9,8
Schwein	6,5	7,1
Huhn	2,7	5,7
Milch	1	4,9

Quelle: Worldwatch Institute, 1996

60 % des Nahrungsmittelangebots ungenutzt. Da für die Erzeugung tierischer Nahrungsmittel ein Vielfaches an pflanzlicher Energie nötig ist, stehen somit immer weniger pflanzliche Kalorien für den direkten Konsum zur Verfügung. Obwohl ein Teil der Nutztiere Gras oder Abfälle frißt, landen schon heute 37 % der weltweiten Getreideernte in den Futtertrögen von 1,3 Mrd. Rindern, 1,8 Mrd. Schafen und Ziegen, 900 Mio. Schweinen und 17 Mrd. Hühnern, Gänsen, Enten und Puten.

Neben technischen Verbesserungen in der Landwirtschaft selbst wird die Sicherheit der globalen Nahrungsmittelversorgung deshalb zukünftig in verstärktem Maße von der Veränderung des Konsumverhaltens in den Industrie- und Schwellenländern bestimmt. (→ Wirtschaft, Ernährung)

4. Wälder

Das Erscheinungsbild und die Vielfalt der Wälder variieren insbesondere in Abhängigkeit vom Klima erheblich. Grob lassen sich drei große Waldökotypen unterscheiden:

- Die **borealen Wälder** der kaltgemäßigten nördlichen Breiten bestehen überwiegend aus Nadelbäumen. Sie nehmen derzeit gut ein Drittel der globalen Waldfläche ein.
- Die **Wälder der gemäßigten Zone** bestehen im wesentlichen aus sommergrünen Laub- und Mischwäldern im gemäßigten Klimabereich (etwa 18 % der globalen Waldfläche).
- Die **tropischen Wälder** umfassen die immergrünen oder regengrünen Laubwälder im Bereich der Tropen (knapp die Hälfte der globalen Waldfläche).

Situation Als Wald definiert die FAO eine von Bäumen dominierte Vegetationsform, wobei die Bäume im Reifestadium mindestens 10 % der Bodenoberfläche überschirmen müssen. Zusätzlich zu der so definierten Forstfläche existieren weitere 1,7 Mrd. ha gehölzbedeckte Flächen, die mit Büschen und Sträuchern bestockt sind. Diese sind z. T. durchaus von forstwirtschaftlicher Bedeutung

(etwa für die Brennholzversorgung). Derzeit liegt die **globale Waldfläche** bei etwa 3,45 Mrd. ha (1995). Das entspricht 26 % der weltweiten Landfläche. Pro Kopf der Weltbevölkerung stehen etwa 0,6 ha Wald zur Verfügung. Bezüglich der Anteile der Waldfläche an der gesamten Landfläche zeigt sich eine große Spannweite zwischen verschiedenen Staaten und Regionen.

Die Quantität der weltweiten **Biomasse** aus Holz wird von der FAO auf 440,5 Mrd. t (im Trockenzustand) geschätzt. 70 % dieser Biomasse sind in der tropischen Zone konzentriert, was die Bedeutung der Region für den globalen Kohlenstoffhaushalt verdeutlicht (→ 2. Atmosphäre).

Die Bedeutung der Wälder geht über ihre Funktion als Holzlieferanten für **Produkte** (z. B. Bauholz, Möbel, Grundstoff für Papier und Pappe), als **Energieträger** (Brennholz und Holzkohlegewinnung) und **Kohlenstoffspeicher** weit hinaus. Hinzu kommen weitere **ökologische, soziale und ökonomische Funktionen**: die Stabilisierung des lokalen und regionalen Klimas, der Schutz vor Bodenerosion, Überschwemmungen und Lawinen, die Abflußregulierung, Grundwasserneubildung und Filterung von Wasser, die Versorgung von Menschen mit Nahrungsmitteln und Rohstoffen. Hinsichtlich ihrer wirtschaftlichen Bedeutung oft unterschätzt werden die ästhetische Dimension der Wälder (Erholung, Tourismus) und die Nutzung von Nichtholzprodukten aus dem Wald (z. B. Kautschuk, Rattan, Harze, Nüsse, Wildfleisch). Letztere wird v. a. von den indigenen Völkern praktiziert und findet zumeist auf ökologisch verträgliche Weise statt. 62 Entwicklungsländer beziehen mehr als 20 % ihrer Proteinversorgung, 19 sogar mehr als 50 % über Wildfleisch von im Wald lebenden Wildtieren.

Die Waldfläche der Erde 1995

in 1000 ha, Anteil an **globaler Waldfläche** in %

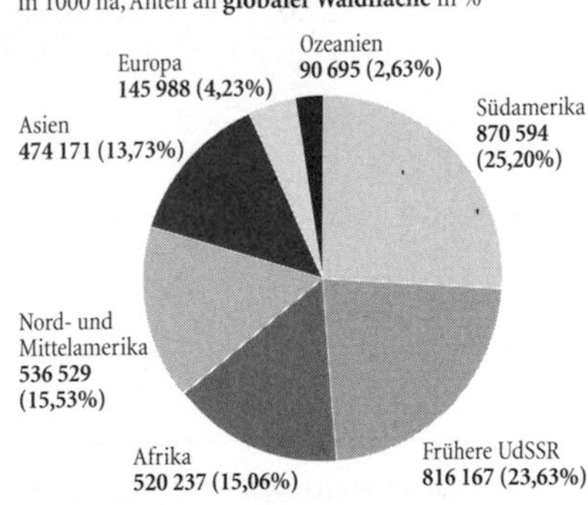

Quelle: FAO, 1997

Von besonderer Bedeutung sind die Wälder für den **Schutz der biologischen Vielfalt**. Es wird vermutet, daß etwa die Hälfte der auf der Erde lebenden Arten in den Wäldern der feuchten Tropen beheimatet ist (→ 5. Biologische Vielfalt). Da viele Arten nur auf kleinster Fläche und sehr speziellen Standorten vorkommen, geht mit der Vernichtung der Wälder auch die biologische Vielfalt unweigerlich zurück. Zudem wird das Potential verringert, neue Kulturpflanzen sowie medizinisch nutzbare Stoffe zu entdecken.

Ursachen Der FAO-Bericht über den »Zustand der Wälder 1997« zeigt den anhaltenden Schwund der Waldfläche im Weltmaßstab. Zwischen 1990 und 1995 schrumpfte die globale Waldfläche um 56,3 Mio. ha. Einem Rückgang der Waldfläche um 65,1 Mio. ha in den Entwicklungsländern stand ein moderater Anstieg um 8,8 Mio. ha in den Industriestaaten gegenüber. Gegenüber dem Zeitraum

1980–1990, in dem die globale Waldfläche um jährlich 15,5 Mio. ha schrumpfte, sank der jährliche Waldverlust zwischen 1990 und 1995 auf 13,7 Mio. ha.

In den **gemäßigten Breiten** existieren kaum noch Naturwälder. Hier haben das früh einsetzende Bevölkerungswachstum und die industrielle Entwicklung (Erzverhüttung, Salzsiederei, Schiffbau) bereits im Altertum und Mittelalter zu großflächigen Rodungen der Wälder geführt (v. a. in Europa und in Ostasien). Erst in den letzten 150 Jahren entwickelte sich eine Form der Forstwirtschaft, deren oberstes Ziel es ist, nicht mehr Holz zu nutzen als nachwächst (Ausnahme: China). So erholten sich die Waldbestände schrittweise und konnten mancherorts sogar ausgedehnt werden. Allerdings handelt es sich häufig um ökologisch instabile Reinbestände (insbesondere Fichte) mit geringer Artenvielfalt.

Entwaldung stellt heute in den gemäßigten Brei-

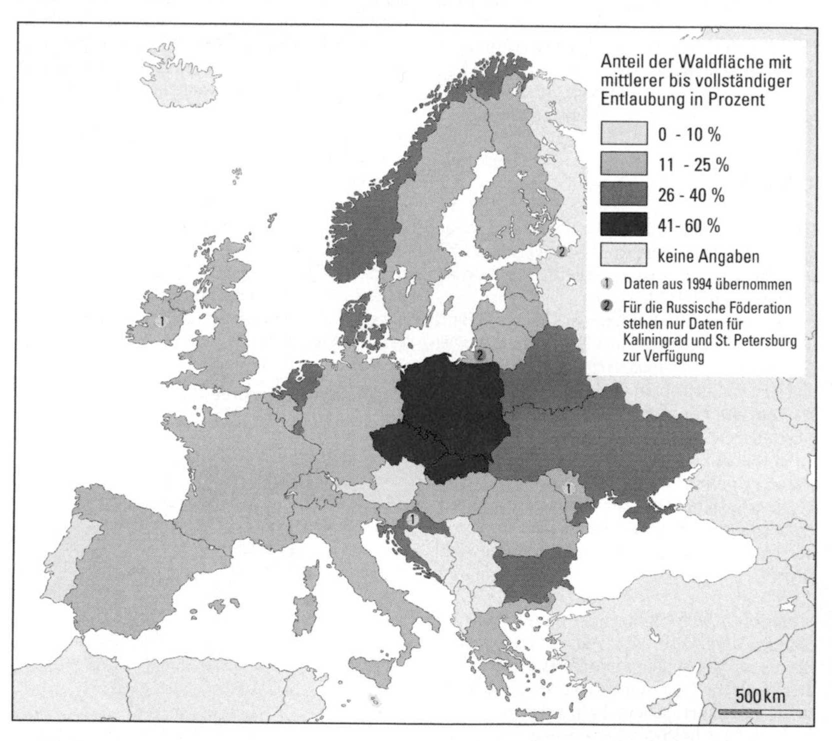

Waldschäden in Europa 1996

Quelle: UN/ECE, 1997

Umwelt

ten nicht das forstliche Hauptproblem dar. Probleme resultieren vielmehr aus einer reduzierten Vitalität der Wälder, gemeinhin als **neuartige Waldschäden** oder **Waldsterben** beschrieben.

Ursachen hierfür sind u. a. die Emissionen der säurebildenden Schadstoffe Schwefeldioxid (SO_2), Stickoxide (NO_x) und Ammoniak (NH_3), der Anstieg bodennaher Ozonkonzentrationen (→ 2. Atmosphäre), die Mobilisierung von Schwermetallen im Boden und der Hitzestreß. Mancherorts kommt zu hoher Wildbesatz als zusätzlicher Streßfaktor hinzu. Die genannten Faktoren bilden ein komplexes Wirkungsgefüge und schwächen die Widerstandskraft der Bäume (z. B. gegen Schädlingsbefall). Besonders in Monokulturen sind bei Wetterextremen (z. B. Orkane) große Schäden zu beobachten.

In den **borealen Wäldern** beschränkte sich die kommerzielle Forstwirtschaft lange Zeit auf das nördliche Skandinavien, den europäischen Teil der ehemaligen Sowjetunion und das südliche Kanada. Seit einigen Jahrzehnten dringt die **industrielle Forstwirtschaft** allerdings immer schneller nach Sibirien und Nordkanada vor, auch in den Fernen Osten Rußlands. US-amerikanische, japanische und südkoreanische Holzgesellschaften sind in großem Umfang an der Ausbeutung der sibirischen Holzvorräte beteiligt. Bislang gilt nur etwa ein Drittel der sibirischen Wälder als für kommerzielle Forstwirtschaft erschließbar. Durch den geplanten Bau neuer Straßen in den Fernen Osten Rußlands sollen zusätzliche Gebiete erschlossen werden.

In Rußland, auf dessen Territorium sich etwa 70 % der borealen Wälder finden, ist – soweit heute erkennbar – nicht der absolute Rückgang an Waldfläche problematisch, sondern die Plünderung einzigartiger Wälder in bestimmten Regionen. So stieg in den 80er Jahren zwar die Waldfläche der Sowjetunion insgesamt (um 10–20 Mio. ha), gleichzeitig wurden aber große Teile des südlichen Urals regelrecht verwüstet. Wo sich der Abbau von Bodenschätzen, Industrieanlagen und Kahlschlag-Forstwirtschaft konzentrieren, finden sich schon heute ökologische Notstandsgebiete. In der arktischen Stadt Norilsk hat die Luftverschmutzung einer großen Nickel-Hütte zum Absterben von 350000 ha Wald geführt. Dieses Werk emittiert jährlich 2,3 Mio. t SO_2, das entspricht dem Fünffachen der gesamten SO_2-Emissionen Schwedens.

In den **Tropen** sind nennenswerte Rodungen erst im Verlauf des letzten Jahrhunderts, vor allem für die Ausweitung von Plantagen, aufgetreten. Seit dem Zweiten Weltkrieg ist die Waldvernichtung in den Tropen stetig angestiegen; in den 80er Jahren erreichte sie bis zu 20 Mio. ha pro Jahr. Zwischen 1960 und 1990 ging die Fläche des Tropenwaldes

um 450 Mio. ha zurück (Afrika –18 %, Asien und Ozeanien –30 %, Lateinamerika und Karibik –18 %). Zwischen 1990 und 1995 lagen die jährlichen Entwaldungsraten im tropischen Lateinamerika bei 0,6 %, in Afrika bei 0,7 % und im tropischen Asien bei 1,1 %. Parallel zur Entwaldung stieg die Plantagenfläche in den Tropen dagegen steil an: um 75 % in Afrika; um 190 % in Asien; um 76 % in Lateinamerika (gegenüber 1980). Gleiches gilt für die Ausdehnung der Weidefläche. Der Export von Feldfrüchten (»cash crops«) und Rindfleisch war und ist ein wichtiger Grund für die Umwandlung von Primärwald in Sekundärwald. Andere Ursachen sind der Zuzug von Kleinbauern in Regenwaldgebiete, die übermäßige Beweidung der Niederwald- und Strauchgebiete in den trockenen Randtropen, das übermäßige Einschlagen von Brennholz, die Neugewinnung von Land zur Ausdehnung von Siedlungsflächen, der Export tropischer Hölzer in die Industrieländer und die »Schwellenländer« Asiens.

Nach Angaben der FAO sind in Afrika 70 % der Nutzungsumwandlungen des Waldes während der 80er Jahre auf Bevölkerungsdruck zurückzuführen; in Lateinamerika liegt die Hauptursache der Primärwaldzerstörung (60 %) im gezielten Betreiben von Großprojekten zur Landerschließung (Siedlungen, kommerzielle Land- und Forstwirtschaft), häufig in Form von Brandrodungen; in Asien hatten beide Faktoren – Bevölkerungsdruck und gezielte Nutzungsumwandlung – Einfluß auf die Zerstörung der Primärwälder.

Politische Maßnahmen Bislang existiert keine weltweite Konvention zum Schutz der Wälder. Allerdings wurden anläßlich der UNCED 1992 wichtige völkerrechtliche Dokumente mit Bezug zum Schutz der Wälder verabschiedet: die Klimarahmenkonvention (KRK), die Biodiversitätskonvention, die sog. **Wäldererklärung** und die Agenda 21 (→ 1. Rio+5). Die KRK (→ 2. Atmosphäre) erkennt die große Bedeutung der Wälder als Kohlenstoffspeicher an und betont ihre Schutzwürdigkeit. Im Zuge der gemeinsamen Umsetzung von Klimaschutzmaßnahmen von Industrie- und Entwicklungsländern gewinnen Projekte an Bedeutung, die den Erhalt des Regenwaldes zum Ziel haben (»Activities Implemented Jointly«). Die Biodiversitätskonvention (→ 5. Biologische Vielfalt) betont die herausragende Bedeutung der Wälder, vor allem der feuchten Tropenwälder, für den Schutz der Artenvielfalt. Auf den beiden ersten Vertragsstaatenkonferenzen (VSK) konnte jedoch keine Einigung darüber erzielt werden, die Bestimmungen der Biodiversitätskonvention und den Schutz der Wälder systematisch zu integrieren.

Im Rahmen des **Internationalen Tropenholzabkommens** (ITTA) wurde 1994 beschlossen, daß ab 2000 nur noch Holz aus nachhaltiger Forstwirtschaft gehandelt werden soll. Kritiker monieren aber das Zurückbleiben des Abkommens hinter den Beschlüssen der UNCED und befürchten, daß das »Ziel 2000« nicht erreicht wird. Die Kommission für Nachhaltige Entwicklung (CSD) richtete 1995 das Zwischenstaatliche Forstgremium (IPF) ein, dessen Vorschläge für eine nachhaltige Forstwirtschaft bislang jedoch keinen verbindlichen Charakter haben. Verschiedene freiwillige Programme richten sich auf die Zertifizierung von Holz gemäß ökologischer Kriterien, etwa das Forest Stewardship Council, oder auf die ökologisch verträgliche Nutzung der letzten Urwälder, etwa die Forest Frontiers Initiative des World Resources Institute. Ökologische Gruppen befürchten jedoch, daß dieses Instrument wegen der starken Preiskonkurrenz auf den Holzmärkten unwirksam bleibt.

Eine Verminderung der europäischen Waldschäden ist – neben anderem – Ziel der 1973 unterzeichneten **Genfer Luftreinhaltekonvention**, die mittlerweile von 40 Staaten unterzeichnet wurde (Stand Mitte 1997). Im Rahmen der ergänzenden Protokolle von Helsinki (1985) und Oslo (1994) verpflichteten sich 21 (28) Staaten, ihre SO_2-Emissionen zurückzuführen. Aus dem **Oslo-Protokoll** resultiert für Deutschland eine Reduktionspflicht von 83% bis zum Jahr 2000 und von 87% bis 2005 (gegenüber 1980). Ende 1994 waren 60% Reduktion erreicht. Das **Sofia-Protokoll** von 1988 ist von 25 Vertragsparteien ratifiziert worden (Stand Mitte 1997). Es sieht Reduktionen der NO_x-Emissionen vor (für Deutschland 30% bis 1998 gegenüber 1986, Ende 1994 waren bereits 33% erreicht). Das **Genfer Protokoll** von 1991 war bis Mitte 1997 von 23 Staaten gezeichnet und von 14 Staaten ratifiziert worden. Es sieht Reduktionen der flüchtigen organischen Verbindungen (VOC) vor (für Deutschland 30% bis 1999 gegenüber 1988, Ende 1994 waren 33% erreicht).

5. Biologische Vielfalt

»Biologische Vielfalt« umfaßt neben der Verschiedenheit aller Tier- und Pflanzenarten ebenso die Vielfalt der Ökosysteme wie die Vielfalt der Sorten jeder einzelnen Spezies. Das Ziel des Erhalts biologischer Vielfalt folgt zum einen aus der Anerkennung ihres **Eigenwerts** (→ Biodiversitätskonvention), zum anderen gründet es auf der Erkenntnis, daß die Vielfalt der Erscheinungsformen Grundvoraussetzung für die **Stabilität der Ökosysteme**

Schätzung der globalen Artenvielfalt 1995

Spezies	*Anzahl beschriebener Arten (Tausend)*	*Mittlere Schätzung der Anzahl lebender Arten (Tausend)*
Viren	4	400
Bakterien	4	1000
Pilze	72	1500
Einzeller	40	200
Algen	40	400
Pflanzen	270	320
Rundwürmer	25	400
Krebse	40	150
Spinnentiere	75	750
Insekten	950	8000
Weichtiere	70	200
Wirbeltiere	45	50
sonstige	115	250
Summe	1750	13 620

Quellen: UNEP, WRI

ist, von deren Leistungen letztendlich auch der Mensch abhängt. Nicht zuletzt stellt die Biodiversität auch eine **ökonomische Ressource** dar, um deren Nutzung heute mehr denn je gestritten wird. Trotz des Wissens um ihre zentrale Bedeutung setzt sich der Verlust an Biodiversität mit großer Geschwindigkeit fort.

Situation Seit Ende 1995 liegt erstmals eine umfassende, **globale Einschätzung der biologischen Vielfalt** vor. Der im Auftrag von UNEP erarbeitete Bericht geht für 1995 von 1,75 Mio. beschriebenen und wissenschaftlich benannten Arten aus. Jährlich kommen etwa 12000 neue Arten hinzu. Am vielfältigsten sind die Insekten mit ca. 950000 Arten, gefolgt von den Pflanzen mit 250000 Arten. Selbst die Vielfalt von Spinnen, Weichtieren und Pilzen ist jeweils fast doppelt so groß wie die der

Die 10 Länder mit der größten Vielfalt an bekannten Vogel- und Pflanzenarten

Vögel	*Zahl der Arten*	*Pflanzen*	*Zahl der Arten*
1. Kolumbien	1695	1. Brasilien	55 000
2. Peru	1678	2. Kolumbien	50 000
3. Brasilien	1635	3. China	30 000
4. Ecuador	1559	4. Indonesien	27 500
5. Indonesien	1531	5. Mexiko	25 000
6. Venezuela	1296	6. Südafrika	23 000
7. Bolivien	1274	7. Venezuela	20 000
8. China	1244	8. Ecuador	18 250
9. Indien	1219	9. USA	16 302
10. Kongo, Dem. Rep.	1096	10. Indien	15 000

Quellen: World Conservation Monitoring Centre, WRI

Wirbeltiere (45 000 bekannte Arten). Bekannt ist jedoch nur ein Bruchteil aller Arten. Schätzungen für die Gesamtzahl liegen in der Größenordnung von 10–100 Mio. und werden durch die Zahl der unbekannten Insektenarten dominiert.

Die globale Vielfalt an pfanzlichen und tierischen Lebensformen ist sehr inhomogen verteilt. Die feuchtwarmen tropischen Regenwälder, die nur etwa 7% der Landfläche bedecken, beherbergen bis zu 90 % der an Land vorkommenden Artenvielfalt.

U. a. aus Gesteinsabdrücken weiß man, daß eine Art etwa 1–10 Mio. Jahre existiert, bevor sie durch natürliche Faktoren wie z. B. Klimawechsel oder Auftreten einer neuen dominanten Art verdrängt wird. Daraus folgen **natürliche Aussterberaten** (Säugetiere: eine Art in 400 Jahren, Vögel: eine Art in 200 Jahren). Die in der zurückliegenden Zeit beobachteten Aussterberaten liegen um Größenordnungen über diesen Werten. So verschwanden in den letzten 400 Jahren 67 Säugetier- und 126 Vogelarten von der Erde. Die **tatsächlichen Aussterberaten** liegen noch höher, weil nur beschriebene Arten gezählt wurden. Schätzungen für den Artenverlust der nächsten 50 Jahre liegen zwischen 10 und 50% der Gesamtartenzahl. Der **tägliche Artenverlust** wird auf 70–300 Arten beziffert. Gegenüber der natürlichen Aussterberate bedeutet dies eine Beschleunigung um den Faktor 1000–10 000.

Auch innerhalb der Arten schwindet die Biodiversität. Betroffen sind davon nicht nur wilde Arten, sondern auch die in der Forst- und Landwirtschaft genutzten. Im Zuge der Verdrängung traditionell angebauter durch wenige Hochleistungssorten ist die genetische Vielfalt auf Äckern und Reisfeldern erheblich zurückgegangen (**Generosion** bei Kulturpflanzen). In den USA gingen auf diese Weise in den letzten hundert Jahren 95% der Kohlsorten, 91% der Maissorten, 94% der Erbsensorten und 81% der Tomatensorten verloren. Von den 1949 in China kultivierten 10 000 Weizensorten überlebten nur 1000 die siebziger Jahre. In Indien ging die Zahl der genutzten Reissorten von 30 000 in den fünfziger Jahren auf heute nur noch 50 zurück. Diese Entwicklung birgt enorme Gefahren für die Ernährungssicherheit, da der Verlust an genetischer Vielfalt die Anpassungsfähigkeit von Nutzpflanzen an veränderte Bedingungen wie Klimawechsel oder neue Krankheiten mindert.

Für den **Zusammenhang zwischen biologischer Vielfalt und Stabilität von Ökosystemen** gibt es noch keinen klaren Beweis – die Zahl von Experimenten, die diese These unterstützen, nimmt jedoch zu. Auf der Konferenz der American Association for the Advancement of Science (AAAS), die

Bekannte Ursachen des Artenverlustes seit 1600

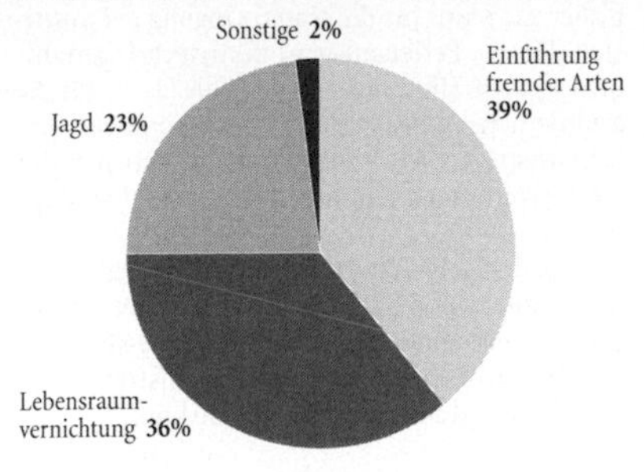

Quelle: WRI, 1994

die biologische Vielfalt auf ihrer Jahrestagung im Februar 1997 in Seattle zu einem Schlüsselthema machte, wurden Untersuchungen vorgestellt, die einen positiven Zusammenhang zwischen der Artenvielfalt auf Versuchsfeldern und der Resistenz gegen Wetterextreme (Dürren) sowie ihrer Produktivität und Effizienz der Nährstoffaufnahme ergaben. Ein noch ungelöstes Problem, das u. a. vom europäischen Forschungsprojekt »Biodepth« gelöst werden soll, ist die (umweltethisch nicht unproblematische) Frage, welche Arten für das Überleben von Ökosystemen wichtig und welche eventuell entbehrlich sind.

Ursachen Der Verlust biologischer Vielfalt wird durch den Menschen verursacht. Meist ist es eine Kombination von Einzelfaktoren, die den irreversiblen Verlust bedingt: Heutige Hauptursache ist die **Zerstörung, Veränderung oder Fragmentierung von Lebensräumen** aufgrund von Umwandlung in Weide, Acker, Siedlungs-, Verkehrs-, Gewerbe- oder Tourismusfläche (→ WA '97, Sp. 1143).

Im Berichtszeitraum wurde vor allem die wachsende Bedeutung internationaler **touristischer Aktivitäten** betont (vgl. auch Farbkarte XII im WA '97). Zunehmend werden Ökosysteme, die für den Erhalt der biologischen Vielfalt besonders wertvoll sind, wie Küsten, kleine Inseln, Korallenriffe, Dünen, aber auch Hochgebirge, Waldgebiete und Süßwasser-Ökosysteme, durch touristische Nutzung beansprucht. Im Mittelmeerraum, der mit 35% aller internationalen Touristen weltweit das wichtigste Ziel des Tourismus darstellt, sind die bisher eingetretenen Verluste natürlicher Lebensräume besonders dramatisch:

- Zwischen 1900 und 1990 hat Europa 43% seiner Küsten-Dünen verloren, wobei Italien mit 80% am stärksten betroffen ist, gefolgt von Spanien und Frankreich mit je 75%.

▸ Allein im nordwestlichen Mittelmeerraum sind bisher 2200 km² für die Unterbringung der Touristen (Hotels, Ferienanlagen) in Anspruch genommen worden. Hinzu kommt auch die Fläche für die erforderliche Infrastruktur (insbesondere Verkehrswege). Es wird angenommen, daß sich der Flächenverbrauch dadurch auf 4400 km² verdoppelt.

▸ 50 % der Hotels sind im direkten Küstenbereich des mediterranen Raumes angesiedelt. Die in Anspruch genommene Fläche von 2200 km² entspricht einem dichtbesiedelten Küstenstreifen von 1 km Tiefe und einer Länge von 2200 km.

Politische Maßnahmen Die bisher umfassendste Vereinbarung zum Schutz der biologischen Vielfalt ist das 1992 in Rio de Janeiro unterzeichnete Übereinkommen über die biologische Vielfalt (**Biodiversitätskonvention**/CBD). Ziele der Konvention sind über die Erhaltung der biologischen Vielfalt hinaus die nachhaltige Nutzung ihrer Bestandteile sowie die (zwischenstaatlich) ausgewogene Aufteilung der aus ihrer Nutzung resultierenden Vorteile (Gewinne). Ausdrücklich richtet sie sich nicht nur auf die an ihrem natürlichen Standort (in situ) vorkommenden Arten; eingeschlossen sind prinzipiell auch alle durch Auslese und Züchtung entstandenen Tierrassen und Pflanzensorten (letztere sind z. T. ex situ in Genbanken eingelagert). Das Ende 1993 in Kraft getretene Abkommen war bis zum 1. 6. 1997 von 169 Staaten ratifiziert. Für die laufende Betreuung und Verwaltung der

CBD ist in Montreal (Kanada) ein ständiges Sekretariat mit rund 20 Mitarbeitern eingerichtet worden.
Die Konvention ist auf vielfältige Weise mit bereits bestehenden Vereinbarungen zum Artenschutz (u. a. Washingtoner Artenschutzübereinkommen/CITES, Ramsar-Konvention zum Schutz von Feuchtgebieten, Bonner Konvention zum Schutz wandernder Tierarten) verwoben. Ihr Erfolg hängt in hohem Maße von Entwicklungen in anderen Umweltregimen ab, so z. B. beim globalen Schutz der Wälder, die einen Großteil der terrestrischen Biodiversität ausmachen.

6. Wasser

Das Vorhandensein von Wasser ist Grundvoraussetzung für die allermeisten biologischen Prozesse auf der Erde. Wasser ist an der Bildung von Böden und an der Formung von Landschaften beteiligt. Für den Menschen ist Süßwasser zugleich wichtigstes Lebensmittel und Grundlage für die Erzeugung aller Nahrungsmittel. Die weltweit zu beobachtende Verknappung der Süßwasserressourcen geht mit Schäden an den Ökosystemen einher, begrenzt die Ausweitung der Nahrungsmittelproduktion, bedroht die menschliche Gesundheit und ist Gegenstand regionaler Verteilungskonflikte. Die Verschmutzung von Grundwasser, Fließgewässern und Weltmeeren übt zusätzlichen Druck auf die Wasserressourcen aus.

Verflechtung der Biodiversitätskonvention mit anderen internationalen Verhandlungsregimen

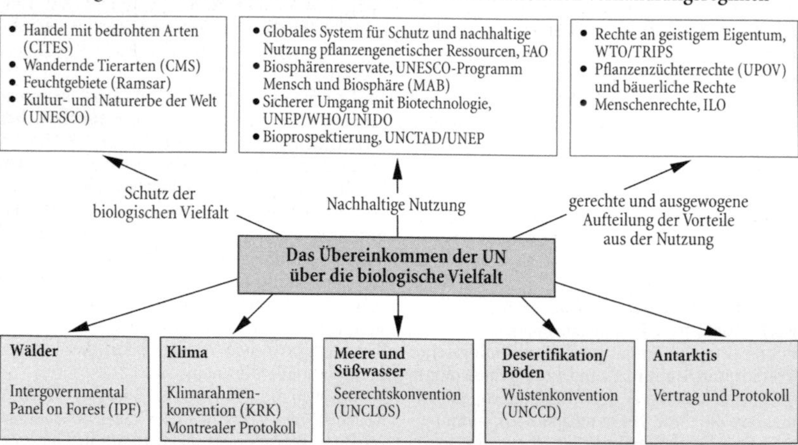

Quelle: Stiftung Entwicklung und Frieden, 1997

Umwelt

Die im Auftrag der UN durchgeführte und Anfang 1997 vorgelegte »Umfassende Bewertung der Globalen Süßwasserreserven« kommt zu dem Ergebnis, daß die in vielen Industrie- und Entwicklungsländern vorherrschenden Formen der Wassernutzung nicht nachhaltig sind und durch politische Maßnahmen auf nationaler, regionaler und internationaler Ebene dringend korrigiert werden müssen.

Wasserknappheit

Wasserverfügbarkeit 97,5 % der globalen Gesamtwassermenge ist Salzwasser. Von den 2,5 % Süßwasser sind 70 % in den Polkappen eingefroren, von den verbleibenden 30 % ist der Großteil als Bodenfeuchte oder Tiefenwasser für den Menschen unzugänglich. Nur 0,007 % allen Wassers auf der Erde befindet sich in Flüssen, Seen und Grundwasserreservoirs, die eine Nutzung durch den Menschen erlauben.

Von den 110 000 km^3 Niederschlag, die jährlich über den Kontinenten niedergehen, verdunstet ein Großteil sofort wieder, 42 700 km^3 durchströmen die Flüsse der Erde (dies entspricht ungefähr der gesamten Wassermenge, die in Baikalsee, Victoriasee und Tanganyikasee gespeichert ist). Für 1995 ergibt sich daraus eine Pro-Kopf-Verfügbarkeit an Süßwasser aus Flüssen von 7300 m^3, ein Wert, der aufgrund des Bevölkerungswachstums 37 % niedriger liegt als noch 1970.

Von den geschätzten 12 500 km^3, die der Menschheit zur direkten Nutzung jährlich zur Verfügung stehen, nutzt sie bereits heute nahezu die Hälfte. Angesichts der weiter wachsenden Bevölkerung

Zunahme der Bewässerungslandwirtschaft 1900-2000

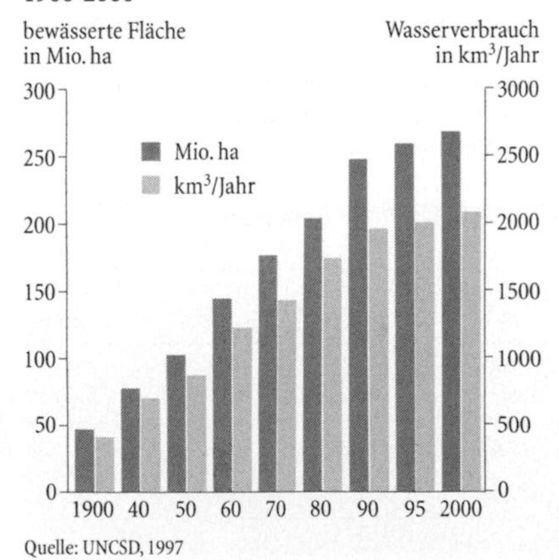

Quelle: UNCSD, 1997

Globale Wasserentnahme 1900-2000

in 1000 km^3/Jahr

Gesamtverbrauch
Landwirtschaft
Industrie
öffentliche Versorgung

1900 1940 50 60 70 80 90 2000

Quelle: UNCSD, 1997

und der gleichzeitigen Zunahme von Produktion und individuellen Ansprüchen wird sich diese Situation weiter verschärfen.

Wassernutzung Die Nutzung von Wasservorkommen durch den Menschen hat in diesem Jahrhundert dramatisch zugenommen. Zwischen 1900 und 1995 hat sich die globale Wasserentnahme mehr als versechsfacht und ist damit mehr als doppelt so schnell gewachsen wie die Weltbevölkerung.

Dieses schnelle Wachstum ist auf die Zunahme von Bewässerungslandwirtschaft sowie industrieller und privater Nutzung zurückzuführen. Die Landwirtschaft ist dabei mit 70 % der mit Abstand größte Nutzer. Der steigende Nahrungsmittelbedarf der Weltbevölkerung wird heute bereits zu 40 % von bewässerten Landwirtschaftsflächen gedeckt, die einen Anteil von nur 17 % an der gesamten Landwirtschaftsfläche haben. Ein Großteil der in den letzten Jahrzehnten erreichten Steigerung der Nahrungsmittelproduktion, einschließlich der sog. »Grünen Revolution«, wäre nicht ohne die Ausweitung der Bewässerung möglich gewesen. Der Wasserverbrauch der Landwirtschaft hat allein seit 1960 um 60 % zugenommen. Problematisch ist dabei die zunehmende Beanspruchung von Grundwasserreserven, die sich nur langsam erneuern und gleichzeitig die wichtigste Trinkwasserquelle für den Menschen darstellen.

Empirische Beobachtungen zeigen, daß **Wasserknappheit** in einem Land in etwa dann beginnt, wenn die Entnahme von Süßwasser 10 % des sich jährlich über Niederschlag und Zuflüsse aus anderen Ländern erneuernden Wasserangebots übersteigt. Mittelhohe Wasserknappheit liegt vor, wenn dieses Verhältnis zwischen 20 und 40 % liegt, bei mehr als 40 % spricht man von hoher Wasserknappheit.

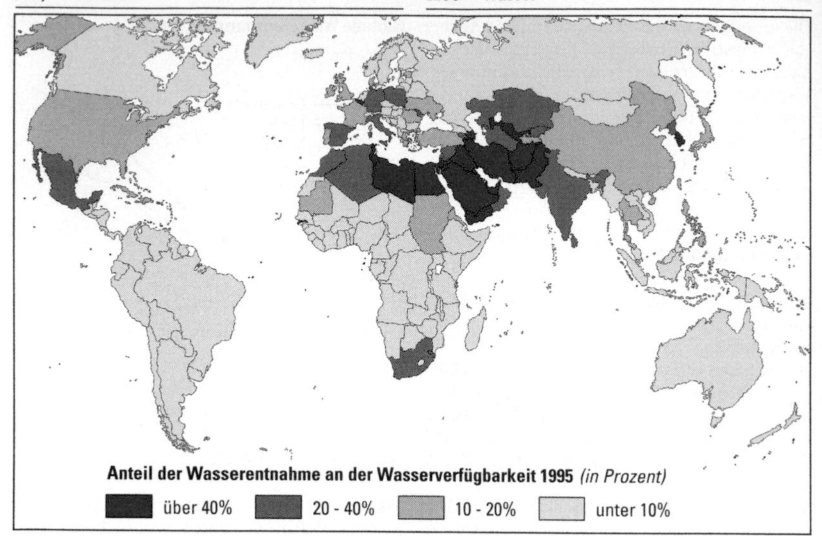

Wasserknappheit und Armut Etwa 460 Mio. Menschen (mehr als 8 % der Bevölkerung) leben in Ländern mit hoher, weitere 25 % der Weltbevölkerung in Ländern mit mittelhoher Wasserknappheit. Dieses Drittel der Menschheit lebt zu 80 % in Ländern mit niedrigem Pro-Kopf-Einkommen. Wasserknappheit ist damit ein Problem, das in besonderem Maße die ärmeren Regionen der Welt betrifft und der dort nötigen wirtschaftlichen Entwicklung z. T. enge Grenzen setzt.

Durch die Bestimmung der Wasserknappheit auf nationaler Ebene werden regional und lokal auftretende Knappheiten nicht berücksichtigt. So weist die Statistik die sehr trockene Sahelzone aufgrund der kurzzeitig auftretenden intensiven Niederschläge und der sie durchströmenden Flüsse Niger und Nil nicht als Region mit Wasserknappheit aus. Ebensowenig wird der Versorgungsgrad der Menschen mit sauberem Trinkwasser – der wichtigste Vorsorgefaktor für die menschliche Gesundheit – durch diese Statistik erfaßt. In vielen Ländern ist der individuelle Versorgungsgrad trotz (im nationalen Mittel) ausreichender Wasservorkommen und Verbesserungen der Leitungssysteme in den zurückliegenden Jahrzehnten gering. Insgesamt hat ein Viertel der Menschheit keinen Zugang zu sauberem Wasser, wobei auch hier die ärmeren Regionen in besonderem Maße betroffen sind.

Insbesondere in den Armutszonen der rasch wachsenden Metropolen der Entwicklungsländer sind viele Menschen von den öffentlichen Versorgungssystemen ausgeschlossen. Sauberes Wasser (mit nicht garantierter Qualität) ist dort oft nur von privaten Händlern zu horrenden Preisen zu haben.

Umweltzerstörung durch Staudämme Staudämme werden zur Ausdehnung der Bewässerungslandwirtschaft u. v. a. zur Energieerzeugung

Von Wasserknappheit betroffene Menschen (Mio) nach Grad der Knappheit und Pro-Kopf-Einkommen

	Wasserentnahme/Wasserverfügbarkeit				
Einkommen	*<10%*	*10–20%*	*20–40%*	*>40%*	*Summe*
niedrig (unter 795 $ pro Jahr)	806,18	1265,89	957,7	238,07	3267,84
niedrig bis mittel (796–2895 $ pro Jahr)	542,4	285,95	165,33	137,91	1131,59
mittel bis hoch (2896–8955 $ pro Jahr)	258,95	13,1	137,3	63,44	472,79
hoch (über 8956 $ pro Jahr)	108,44	514,41	181,25	19,74	[illegible]
Summe	1721,97	2079,35	1441,58	459,16	5696,06

Quellen: UNCSD 1997; Weltbank

Anschluß an öffentliche Wasserversorgung und Abwassersysteme (% der Bevölkerung)

	Länder mit niedrigem Pro-Kopf-Einkommen		*Länder mit mittlerem Pro-Kopf-Einkommen*		*Länder mit hohem Pro-Kopf-Einkommen*
	1975	*1990*	*1975*	*1990*	*1990*
Wasser	40	62	54	74	über 95
Abwasser	23	42	44	68	über 95

Quelle: Weltbank 1994

Wasserpreise in Metropolen des Südens
Preisverhältnis zwischen Kauf bei privaten Händlern und öffentlicher Versorgung

Stadt	*Wasserpreis (privat : öffentlich)*
Abidjan	5:1
Dhaka	12:1 bis 25:1
Istanbul	10:1
Kampala	4:1 bis 9:1
Karachi	28:1 bis 83:1
Lagos	4:1 bis 10:1
Lima	17:1
Lomé	7:1 bis 10:1
Nairobi	7:1 bis 11:1
Port-au-Prince	17:1 bis 100:1
Surabaya	20:1 bis 60:1
Tegucigalpa	16:1 bis 34:1

Quelle: HABITAT, 1996

Abhängigkeit von zufließendem Süßwasser
(Anteil an allen Fließgewässern in %)

Turkmenistan	98	Syrien	79
Ägypten	97	Sudan	77
Ungarn	95	Niger	68
Mauretanien	95	Irak	66
Botswana	94	Bangladesch	42
Bulgarien	91	Thailand	39
Usbekistan	91	Jordanien	36
Niederlande	89	Senegal	34
Gambia	86	Israel*	21
Kambodscha	82		

*einschl. besetzte Gebiete
Quelle: Postel, 1996

gebaut. Dies ist jedoch z. T. mit erheblichen sozialen und ökologischen Konsequenzen verbunden. In Brasilien oder China (→ Chinas Industrialisierung) werden ganze Regionen in den aufgestauten Fluten verschwinden. Allein in Brasilien wird eine Fläche von der Größe der Bundesrepublik verschwinden. Mit 12600 Megawatt ist dort das bislang größte Wasserkraftwerk ans Netz gegangen. Weitere 136 Dämme sollen folgen. Am chinesischen Jangtse sollen dem Bau des »Drei-Schluchten-Staudamms« mit 18000 Megawatt 1,4 Mio. Menschen weichen. Nach dem Rückzug US-amerikanischer Investoren aus diesem ökologisch fragwürdigen Mega-Projekt wird der Bau nun z. T. mit deutschem Kapital fortgesetzt, wobei das Risiko in Form von Hermes-Bürgschaften von den Steuerzahlern mitgetragen wird.

Politische Maßnahmen Im Gegensatz zum globalen Klima oder der stratosphärischen Ozonschicht handelt es sich bei den **Süßwasserreserven** um nationale oder regionale Güter. Zu ihrem Schutz bedarf es nationaler und länderübergreifender Strategien, letzterer insbes. dann, wenn es sich um Flüsse handelt, die durch mehrere Länder fließen. Aus der Abhängigkeit von Süßwasserzuflüssen aus Nachbarstaaten können **Konflikte** resultieren, vor allem dann, wenn Wasserknappheit herrscht und die Nutzung des Flußwassers nicht über bi- oder multilaterale Verträge geregelt ist. Als solche Gefahrenherde müssen die Anrainerstaaten von Ganges, Nil, Jordan, Euphrat und Tigris sowie Amudarja und Syrdarja (Zentralasien) betrachtet werden.
Für die weltweit mindestens 214 Flüsse, die durch 2 oder mehrere Länder führen, wurden zwar bisher insgesamt mehr als 2000 zwischenstaatliche Abkommen geschlossen (einige reichen 900 Jahre zurück). Für keinen der genannten Krisenherde existiert jedoch ein Vertrag, der alle Anrainerstaaten einbezieht.
So teilt der 1959 zwischen Ägypten und Sudan geschlossene Vertrag fast 90% des **Nil**wassers zwischen den beiden Staaten auf, obwohl 86% dieser Menge aus Äthiopien stammen (→ WA'96, Sp. 61 f.). Ermutigend ist in diesem Fall, daß die Nilstaaten Anfang 1995 übereingekommen sind, ein Expertengremium mit der Ausarbeitung eines gerechten Verteilungsmodus zu beauftragen.
Schwieriger ist die Lage am **Ganges**, wo eine seit den siebziger Jahren bestehende Vereinbarung, in der Indien Bangladesch eine Mindestzuflußmenge während der Trockenzeit garantierte, nach 1988 nicht mehr verlängert wurde. Verhandlungsdruck könnte von der wachsenden Zahl von Flüchtlingen ausgehen, die sich auch aufgrund von Wasserknappheit ins östliche Indien begeben.
Um die ökologische Zerstörung des **Aralsees** zu verhindern (→ WA '96, Sp. 389), verabschiedeten die Präsidenten der 5 ehemaligen Sowjetrepubliken Turkmenistan, Kasachstan, Usbekistan, Kirgi-

sistan und Tadschikistan Anfang 1994 einen Aktionsplan, der ein regionales Wassermanagement zum Ziel hat. Angesichts der äußerst schwierigen wirtschaftlichen Lage in der Region ist die erfolgreiche Umsetzung des Plans jedoch mehr als fraglich, zumal darin keine Schutzkriterien für die Ökosysteme festgehalten werden.
Ein ökologisch vorbildliches regionales Wassermanagement existiert seit 1989 im Südosten Australiens. Die 3 Anrainerstaaten des **Murray-Darling-Rivers**, New South Wales, Victoria und South Australia, einigten sich auf ein System flexibler Quoten, das Wasserhandel zwischen den Staaten zuläßt und eine Mindestmenge festlegt, die der Fluß mindestens führen muß, um die Integrität des gesamten Ökosystems zu bewahren.
Die weltweite Verschärfung der Wasserprobleme ist seit einigen Jahren von Bemühungen begleitet, die Umsetzung von **nachhaltigen Formen des Wassermanagements** auf internationaler Ebene voranzubringen. Die Agenda 21, die 1993 reformierte Wasserpolitik der Weltbank und zuletzt der im April 1997 von 10 UN-Organisationen gemeinsam vorgelegte Bericht zu den globalen Süßwasserreserven fordern eine Orientierung an den bereits 1990 auf der Internationalen Konferenz Über Wasser und Umwelt in Dublin (Irland) formulierten Regeln:

- Süßwasser ist eine endliche Ressource, die für das Leben, die Entwicklung und die Umwelt unverzichtbar ist.
- Das Management der Wasserressourcen sollte alle Zielgruppen (u. a. Nutzer, Planer und Politiker) miteinbeziehen.
- Frauen spielen bei der Versorgung, dem Management und dem Schutz der Wasserreserven eine zentrale Rolle.
- Wasser sollte als wirtschaftliches Gut anerkannt werden.

Ähnliche Forderungen erhob das **1. Weltwasserforum**, das im März 1997 in Marrakesch (Marokko) stattfand. Der **Weltwasserrat** erhielt den Auftrag, eine globale Untersuchung zu Wasser und Umwelt zu erarbeiten. Auf dem für das Jahr 2000 geplanten 2. Weltwasserforum sollen den Regierungen konkrete Handlungsvorschläge vorgelegt werden.

Verschmutzung der Meere → WA '97, Sp. 1148 f.

7. Bevölkerung

Die Weltbevölkerung zählte Anfang 1997 5,85 Mrd. Menschen. Obwohl die Wachstumsrate gesunken ist und auch weiterhin sinken wird, vermehrt sich die Zahl der Menschen jährlich um mehr als 86 Millionen. Dauerte die Verdoppelung der Weltbevölkerung von einer Milliarde auf zwei Milliarden Menschen noch 123 Jahre, so folgte die nächste Milliarde in der immer kürzeren Zeit von 33, 14 und schließlich 13 Jahren. Die sechste Milliarde wird in einem Zeitraum von nur noch 11 Jahren hinzukommen und 1998 erreicht werden.
Während der letzten Jahre dieses kritischen Jahrzehnts werden die Nationen dieser Welt durch aktive Maßnahmen oder Passivität über ihre demographische Zukunft entscheiden. Die **UN-Bevölkerungsprognosen** gehen für das Jahr 2015 von mindestens 7,10 und höchstens 7,83 Mrd. Menschen aus. Die Differenz zwischen diesen unterschiedlichen Prognosevarianten von 730 Mio. für die kurze Zeitspanne von nur 20 Jahren entspricht etwa der heutigen Bevölkerung von ganz Afrika. Für das Jahr 2050 weisen die UN-Prognosen eine Weltbevölkerung von mindestens 7,9 Mrd. und höchstens 11,9 Mrd. Menschen aus.
Die **Bevölkerungsentwicklung** stellt sich **regio-**

Entwicklung der Weltbevölkerung 1997–2025

	Bevölkerung 1997 (in Mio.)	*Projektion für 2025 (in Mio.)*	*Zuwachs 1995–2000 (in %)*	*Städtische Bevölkerung (in %)*	*Zuwachs 1995–2000 (in %)*
Afrika	758,4	1453,9	2,6	34	4,3
Asien	3538,5	4784,8	1,4	35	3,2
Europa	729,2	701,1	0,0	74	0,5
Mittel- u. Südamerika	491,9	689,6	1,5	74	2,3
Nordamerika	301,7	369,0	0,8	76	1,2
Ozeanien	29,1	40,7	1,3	70	1,4
Welt	*5848,7*	*8039,1*	*1,4*	*45*	*2,5*
entwickelte Länder	1178,4	1220,3	0,3	75	0,7
weniger entwickelte Länder	4670,3	6818,9	1,8	38	3,3
am wenigsten entwickelte Länder	610,5	1159,3	2,7	22	5,2

Quelle: UN-Bevölkerungsfonds 1997

Die 25 größten Städte der Welt 1995

	Bevölkerung (in Mio.)	*Mittleres jährliches Wachstum 1990–1995 (%)*
Tokio (Japan)	26,8	1,41
São Paulo (Brasilien)	16,4	2,01
New York (USA)	16,3	0,34
Mexico City (Mexiko)	15,6	0,73
Mumbai (Indien)	15,1	4,22
Shanghai (VR China)	15,1	2,29
Los Angeles (USA)	12,4	1,60
Peking (VR China)	12,4	2,57
Kalkutta (Indien)	11,7	1,67
Seoul (Rep. Korea)	11,6	1,95
Jakarta (Indonesien)	11,5	4,35
Buenos Aires (Argentinien)	11,0	0,68
Tianjin (VR China)	10,7	2,88
Osaka (Japan)	10,6	0,23
Lagos (Nigeria)	10,3	5,68
Rio de Janeiro (Brasilien)	9,9	0,77
Delhi (Indien)	9,9	3,80
Karachi (Pakistan)	9,9	4,27
Kairo (Ägypten)	9,7	2,24
Paris (Frankreich)	9,5	0,29
Manila (Philippinen)	9,3	3,05
Moskau (Rußland)	9,2	0,40
Dhaka (Bangladesch)	7,8	5,74
Istanbul (Türkei)	7,8	3,67
Lima (Peru)	7,5	2,81

Quelle: UN-Bevölkerungsfonds 1997

nal unterschiedlich dar. In den Industriestaaten wird die Bevölkerung nur noch geringfügig zunehmen. In vielen Staaten wird sie in den nächsten Dekaden voraussichtlich zurückgehen, u.a. in Japan, Deutschland und Italien. Für die Russische Föderation wird für den Zeitraum 1995–2025 ein Bevölkerungsrückgang von 147 Mio. auf 131,4 Mio. prognostiziert. Eine bedeutende Ausnahme von diesem Trend bilden die Vereinigten Staaten. Ihre Bevölkerung wird zwischen 1997 und 2025 voraussichtlich von 271,6 Mio. auf 332,5 Mio. Menschen anwachsen. Vor allem aber wird das weltweite Bevölkerungswachstum zwischen 1995 und 2025 in den Entwicklungsländern stattfinden: in Afrika von 728 Mio. auf 1,45 Mrd., in Asien von 3,46 Mrd. auf 4,78 Mrd. Menschen.

In vielen Entwicklungsländern sinken aber die **Fruchtbarkeitsraten** (Anzahl der Kinder pro Frau) mit großer Geschwindigkeit und wesentlich schneller als in der Geschichte der Industriestaaten. In China, der Rep. Korea und Singapur liegt die Fruchtbarkeitsrate heute bei etwa 1,8, in Indonesien bei 2,6, in den großen Staaten Lateinamerikas bei etwa 3,1. Lediglich im Afrika südlich der Sahara ist die Fruchtbarkeitsrate gegenüber den 60er Jahren nur geringfügig zurückgegangen.

Das **Wachstum der Städte** ist der größte Einzelfaktor, der die Menschheitsentwicklung in der ersten Hälfte des 21. Jahrhunderts bestimmen wird. Heute leben 2,6 Mrd. Menschen (45 % der Weltbevölkerung) in Städten, davon 1,7 Mrd. in Entwicklungsländern. Die Stadtbevölkerung wächst – vor allem wegen der Zuwanderung aus dem ländlichen Raum – schneller als die Weltbevölkerung insgesamt. In zehn Jahren wird über die Hälfte der Menschen in Städten leben (3,3 von 6,59 Mrd.). Die Zunahme der Stadtbevölkerung wird sich zum größten Teil in den Entwicklungsländern vollziehen.

Vorgeburtliche Betreuung und begleitete Geburten (Anteil in %)

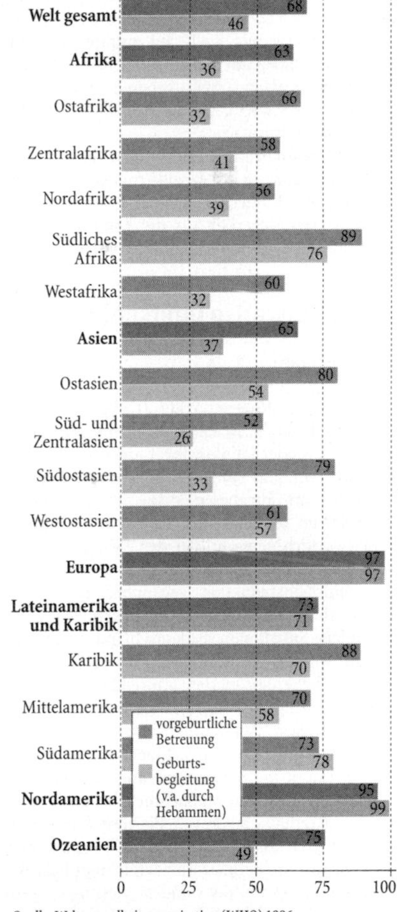

Quelle: Weltgesundheitsorganisation (WHO) 1996

Heute leben zwei Drittel der Stadtbevölkerung in Entwicklungsländern; bis 2015 werden es mehr als drei Viertel sein und bis 2025 fast vier Fünftel. Ein großer Teil dieses Wachstums wird in den ärmsten Ländern der Welt auftreten; viele der neuen Stadtbewohner, insbesondere Frauen und Kinder, werden zu den ärmsten Menschen der Welt gehören. Vor allem ist damit zu rechnen, daß der Anteil der Slumbewohner an der städtischen Gesamtbevölkerung zunehmen wird. Die Internationale Arbeitsorganisation (ILO) gibt diesen Anteil schon heute mit 20 % für Shanghai, 25 % für Mexico City, 34 % für Rio de Janeiro, 57 % für Mumbai, 58 % für Lagos und 84 % für Kairo an. Slums sind durch den Zerfall von Sozialstrukturen, Kriminalität, mangelhafte Hygiene und Umweltkatastrophen gekennzeichnet. Freier Raum ist in den städtischen Gebieten meist nur noch auf minderwertigen Flächen zu finden, an steilen Hängen, in Senken oder an Wasserläufen. Selbstgebaute Unterkünfte bieten wenig Schutz gegen Sturm, Überschwemmungen oder Erdrutsche.

Der **Weltbevökerungsbericht 1997** betont die Rolle der Frauen in der Bevölkerungspolitik. Ein Absinken der Kindersterblichkeit bewirkt wegen der größeren Sicherheit für die Familien einen Rückgang der Geburten pro Frau. Vorgeburtlicher

Betreuung und der Begleitung von Geburten (vor allem durch Hebammen) kommt deshalb große Bedeutung zu. Im Weltvergleich schwankt die Betreuung jedoch regional erheblich. In den Industrieländern liegt sie bei nahe 100 %, in den Entwicklungsländern bei 65 % (vorgeburtliche Betreuung) und 40 % (Geburtsbegleitung).

Politische Maßnahmen Zwei internationale UN-Konferenzen haben die Bevölkerungsproblematik und die Verstädterungsproblematik in der jüngeren Vergangenheit behandelt: die **Internationale Konferenz über Bevölkerung und Entwicklung (IPCD)** 1994 in Kairo und die **Zweite Weltsiedlungskonferenz (HABITAT II)** 1996 in Istanbul. Die IPCD hat verschiedene qualitative und quantitative Ziele bestimmt, die während der nächsten 20 Jahre erreicht werden sollen: Erweiterung des Zugangs zu Bildung vor allem für Mädchen; Senkung der Sterblichkeitsraten und Verbesserung des Zugangs zu qualitativ hochwertigen Leistungen im Bereich der reproduktiven Gesundheit einschließlich der Familienplanung (→ WA '96, Sp. 1128). Die wesentlichen Themen der HABITAT II-Konferenz waren das Recht auf menschenwürdiges Wohnen und die Nachhaltigkeit menschlicher Siedlungen (→ WA '97, Sp. 877 f.).

II. Die Umwelt in Deutschland

1. Atmosphäre

Der Ausstoß an Kohlendioxid (CO_2), dem wichtigsten Treibhausgas, ist in Deutschland 1996 erstmals in den 90er Jahren wieder angestiegen. Mit 910 Mio. t im Jahr 1996 lag er 10 Mio. t über dem Vorjahreswert. Für diesen Anstieg wird in erster Linie der im Vergleich zum Vorjahr kalte Winter verantwortlich gemacht, der den Primärenergieverbrauch um 3 % wachsen ließ.

Die Emissionsreduktion gegenüber 1990 von 10,5 % ist ausschließlich auf die besondere wirtschaftliche Situation in Ostdeutschland zurückzuführen, wo sich die Emissionen im betrachteten Zeitraum nahezu halbierten, während sie in den alten Bundesländern zwischen 1990 und 1995 sogar leicht anstiegen. In ihrem 2. Klimaschutzbericht, der Mitte April 1997 vom Kabinett verabschiedet wurde, räumt die Bundesregierung ein, daß die bisher beschlossenen Maßnahmen lediglich eine Emissionsreduktion von 15 % bis 2005 gegenüber 1990 erwarten lassen, womit das von Bundeskanzler Kohl auf dem Berliner Klimagipfel 1995 bekräftigte Reduktionsziel der Bundesregierung (–25 % von 1990 bis 2005) deutlich verfehlt würde.

Wichtigste CO_2-Emittenten waren 1995 Kraftwerke und Industriefeuerungen (55,7 %), der Verkehr (20,2 %) sowie die privaten Haushalte (15 %).

Kohlendioxid (CO_2)-Emissionen in Deutschland 1970-1996

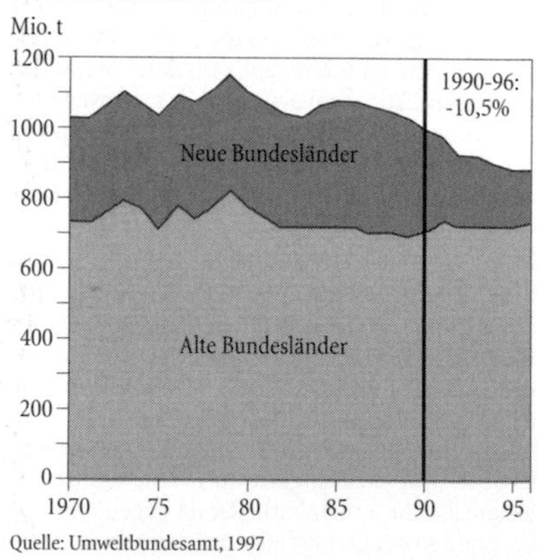

Quelle: Umweltbundesamt, 1997

Luftemissionen in Deutschland 1994/96
(in tausend Tonnen)

	1994	*1990–1994/96*	*AL*	*NL*
Kohlendioxid (CO_2) ..	910 000 *	–10,50 **%	k.A.	k.A.
Methan (CH_4)	5216	–9%	–9%	–9%
Distickstoffoxid (N_2O)	186	–12%	–3%	–48%
Stickoxide (NOx)	2211	–16%	–10%	–35%
Schwefeldioxid (SO_2) ..	2995	–44%	–1%	–52%
Ammoniak (NH_3)	622	–18%	–6%	–49%
Flüchtige organ. Verb. (o. Methan) (NMVOC)	2135	–32%	–19%	–63%
FCKW und Halone ..	8	–81%	–85%	–67%
Kohlenmonoxid (CO)	6738	–37%	–26%	–63%

*1996, **1990–1996; AL: Alte Bundesländer; NL: Neue Bundesländer
Quelle: Umweltbundesamt, 1997

Am 1. 3. 1997 trat die 23. Bundesimmissionsschutzverordnung (23. BImSchV, **Luftreinhalteverordnung**) in Kraft. Sie legt Schwellenwerte für die Schadstoffe Stickstoffdioxid (160µg/m³), Ruß (14µg/m³) und Benzol (15µg/m³) fest, bei deren Überschreitung die zuständigen Verkehrsbehörden luftverbessernde Maßnahmen prüfen müssen. Die Zahl der Ausnahmen ist jedoch ähnlich hoch wie im Falle des »Ozongesetzes« (→ WA'97, Sp. 1158), so daß verkehrsbeschränkende Maßnahmen als direkte Folge der Verordnung die Ausnahme bleiben dürften.

Am 1. 7. 1997 trat die **Reform der KFZ-Steuer** für PKW in Kraft. Für PKW, die die Euronorm 1 erfüllen, bleiben die Sätze unverändert; für die Erfüllung der anspruchsvolleren Norm EURO 2 sinkt der Steuersatz bei Benzin-PKW geringfügig, bei Dieselfahrzeugen deutlich. Besonders stark ist der Anstieg für Altfahrzeuge, die keine der Euronormen erfüllen. Die Steuersätze liegen für sie um das Zwei- bis Vierfache über denen der Euronorm 2. Das Gesetz wird vor allem zu einer rascheren Modernisierung der Fahrzeugflotte führen. Die umweltpolitisch ebenfalls wünschenswerte Senkung des Flottenverbrauchs wird damit jedoch nach Expertenmeinung nicht erreicht.

2. Böden

Aus ökologischer Sicht problematisch ist die **ungebremste Dynamik der Ausweitung von Siedlungs- und Verkehrsfläche**. Erscheinungsformen dieser Entwicklung sind die Ausdehnung der Ballungszentren und ihre zunehmende Vernetzung mit Verkehrswegen. Folgen sind u. a. der Verlust von Landwirtschaftsfläche, die zunehmende Versiegelung von Böden und die Zerschneidung von Naturräumen.

Flächennutzung in Deutschland 1993
Gesamtfläche: 35,7 Mio. ha

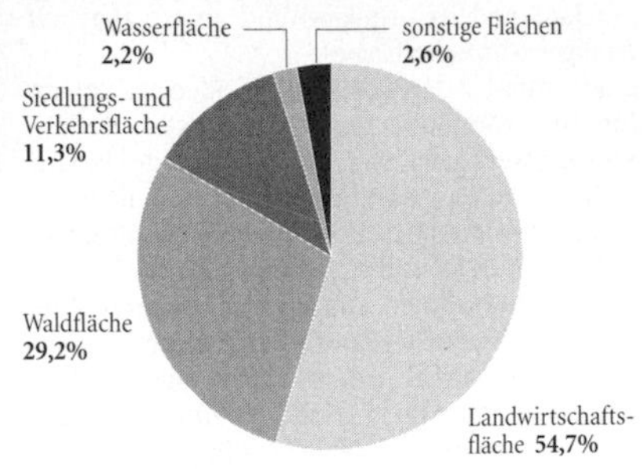

Quelle: Statistisches Bundesamt, 1994

In der Landwirtschaft ist weniger die Quantität als die Qualität bzw. **Intensität der Flächennutzung** von ökologischer Relevanz. Von Überdüngten, intensiv mit Pestiziden behandelten Flächen gehen Gefahren für Grund- und Fließgewässer aus. Nach einem Rückgang des Einsatzes von Handelsdüngern und Pflanzenschutzmitteln Anfang der 90er Jahre war in der Folgezeit eine erneute Intensivierung zu beobachten. Bei Pflanzenschutzmitteln stieg der Inlandsabsatz von 1994 auf 1995 deutlich um 16 % an.

Die im Februar 1996 in Kraft gesetzte Novelle der **Düngemittelverordnung** sieht zwar eine stärkere Orientierung der Düngepraxis am Grundwasserschutz vor, bleibt aber letztendlich laut SRU zu unkonkret, zu produktionsorientiert und ist deshalb nur ein sehr zögerlicher Schritt zur Senkung der

Verbrauch von Stickstoffdüngern und Pflanzenschutzmitteln in Deutschland 1970-1996
(Inlandsabsatz)

kg/ha landw. genutzter Fläche
140
120
100
80
60
40
20
0
3
2
1
0
Pflanzenschutzmittel
Stickstoffdünger
1970/71 80/81 90/91 93/94 94/95 95/96

Flächenbezogener Einsatz von Stickstoffdünger und Pflanzenschutzmitteln; 1970-1991: nur alte Bundesländer

Quelle: BMELF, 1996; eigene Berechnungen

Nährstoffemissionen in die Ökosysteme (die Verordnung begrenzt die Stickstoffdüngung auf 210 kg pro Jahr und ha Grünland und ab 1. 7. 1997 auf 170 kg pro ha Ackerfläche).
Dem umfassenden Schutz der Böden ist das im Juni 1997 vom Bundestag verabschiedete **Bodenschutzgesetz** gewidmet. Schwerpunkt des bis zur Sommerpause 1997 vom Bundesrat noch nicht gebilligten Gesetzentwurfs bildet die Altlastensanierung. Der Staat will hier künftig einen Teil der Kosten übernehmen, um die Reaktivierung von Industrieflächen zu ermöglichen. Die Länder lehnen den Entwurf ab, solange ihre voraussichtliche Kostenbelastung nicht geklärt ist. Umweltverbände kritisieren die geringe Bedeutung ökologischer Schutzziele gegenüber menschlichen Nutzungsinteressen.

3. Wälder

Der Zustand der deutschen Wälder hat sich gegenüber dem Vorjahr insgesamt leicht gebessert. 1996 wiesen im Bundesdurchschnitt 20 % (1995: 22, 1994: 25 %) aller Bäume deutliche Schäden auf.
Die leichte Besserung ist vor allem auf die Entwicklung in Ostdeutschland (Zusammenbruch der Schwerindustrie) sowie den kühl-feuchten Sommer zurückzuführen. Trotzdem war auch 1996 noch mehr als jeder zweite Baum krank, waren lediglich 43 % ohne Schadensanzeichen.
Im Südwesten hat sich die Situation des Waldes weiter verschlechtert. In Baden-Württemberg ging der Anteil gesunder Bäume von 29 auf 25 % zurück, in Hessen von 28 auf 26 %, in Rheinland-Pfalz von 39 auf 36 % und im Saarland von 52 auf 47 %.
Für die deutsche Eiche hat sich die Situation sprunghaft verschlechtert: 48 % sind inzwischen deutlich geschädigt (1991: 31 %).

Waldschäden in Deutschland 1991–1996

	Anteil der Schadstufen in %				
	0	*1*	*2*	*3*	*4*
1991	36	39	23	2	0,2
1992	32	41	24,5	1,8	0,4
1993	26	40	22	2	0,4
1994	36	39	22,7	1,6	0,4
1995	39	39	20,3	1,5	0,4
1996*	43	37	19	1,1	0,3

Schadstufen:
0: ohne Schadmerkmale; 1: schwach geschädigt;
2: mittelstark geschädigt; 3: stark geschädigt;
4: abgestorben
Quelle: BML, 1996

Wasserverbrauch in den privaten Haushalten Deutschlands 1970-1996
(einschl. Kleingewerbeanteil von ca. 10-15%)

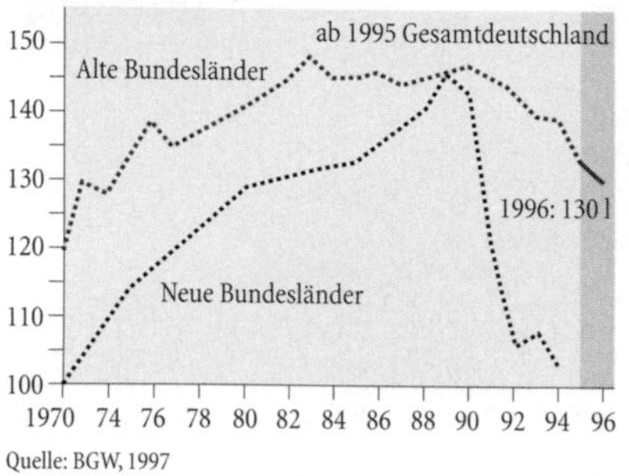

Quelle: BGW, 1997

4. Wasser

Die Wasserentnahme aus Fließgewässern, Seen und Grundwässern hat sich im früheren Bundesgebiet zwischen 1960 und 1980 verdoppelt und stagniert seitdem auf hohem Niveau. 1991 betrug die gesamtdeutsche **Wasserentnahme** 47,9 Mrd. m³. 60,1 % dieses Aufkommens werden in der Elektrizitätswirtschaft zur Kraftwerkskühlung verwendet, 23 % entfallen auf Bergbau und produzierendes Gewerbe, 13,6 % auf die öffentliche Versorgung, 3,3 % auf die Landwirtschaft.
Die **Entnahme von Grund- und Quellwasser** stellt weniger als ein Fünftel des gesamten Aufkommens. Wegen seiner hohen Qualität und seiner gleichzeitig nur relativ langsamen Erneuerungszyklen kommt der Nutzung des Grundwassers jedoch besondere Bedeutung zu. Aufgrund der im-

Wasserverbrauch 1996

In Liter je Einwohner und Tag, jeweils letzter verfügbarer Stand

Belgien	120
Deutschland	130
Dänemark	155
Frankreich	157
Österreich	170
Niederlande	171
Luxemburg	178
Norwegen	180
Schweden	203
Spanien	210
Schweiz	242
Italien	251
zum Vergleich: Indien	25

Quelle: IWSA, 1997

mer noch unzureichenden Qualität der Oberflächengewässer werden heute etwa 70 % des Trinkwassers aus Grundwasservorräten entnommen. Der in den zurückliegenden Jahrzehnten gestiegene Bedarf führt in Problemregionen zur Übernutzung des Grundwassers (z. B. im hessischen Ried, dem wichtigsten Ursprungsgebiet der Frankfurter Trinkwasserversorgung). Durch geändertes Verbraucherverhalten und Anwendung von Einspartechniken ist der Verbrauch in den privaten Haushalten rückläufig. Im europäischen Vergleich gehört Deutschland zu den Geringverbrauchern.
Die **Nährstoffbelastung der Nordsee** ist weiterhin besorgniserregend. Erhebliche Nährstoffeinträge haben in der Vergangenheit zu einer außergewöhnlichen Phytoplanktonblüte und einer Zunahme von Biomasse in der südlichen und östlichen Nordsee sowie in Skagerrak und Kattegat geführt. Die nachteiligen Wirkungen sind unter den Phänomenen Eurotrophierung und »Schwarze Flecken« bekannt (letztere wurden v. a. im Sommer 1996 beobachtet). Um das Überangebot an Nährstoffen in der Nordsee insgesamt zu verringern, hatten die Teilnehmerstaaten der 3. **Internationalen Nordseeschutzkonferenz** (INK) beschlossen, die Einträge von Stickstoff und Phosphor im Zeitraum von 1985–1995 um 50 % zu verringern. Deutschland konnte das Reduktionsziel für Phosphor v. a. durch Realisierung der 3. Reinigungsstufe bei den Klärwerken und den Übergang zu phosphatfreien Waschmitteln erreichen, die Stickstoffemissionen konnten jedoch im Einzugsbereich der Nordsee nur zu 25 % verringert werden (Industrie –40 %, Kläranlagen –30–40 %, Landwirtschaft –17 %). Vor allem die flächenhaften Einträge durch die Landwirtschaft stellen ein bisher ungelöstes Problem dar. Im Einzugsbereich der Ostsee konnte überhaupt keine Verbesserung erreicht werden.
Die Qualität des **Grundwassers** als Hauptquelle des Trinkwassers hat sich laut Mitteilung des BMU am »Tag des Wassers« (22. 3. 1997) in ganz Deutschland z. T. deutlich verschlechtert. Vor allem jahrzehntelange, schleichende Belastungen durch Nitrate, Pflanzenschutzmittel und Luftschadstoffe machen es den Wasserversorgern immer schwerer, die geforderte Trinkwasserqualität einzuhalten. So weist nach einem Bericht der Länderarbeitsgemeinschaft Wasser (LAWA) bereits ein Viertel aller Grundwasservorräte deutlich bis stark erhöhte Nitratgehalte auf.

5. Biologische Vielfalt

Die Vielfalt von Ökosystemen und Arten in Deutschland ist stark bedroht. In der neu erstellten **»Roten Liste» der gefährdeten Biotoptypen** werden von den insgesamt 509 unterschiedenen Biotoptypen mehr als zwei Drittel (69,4 %) und nahezu alle schutzwürdigen Biotoptypen (92 %) als gefährdet eingestuft. Insbesondere der hohe Anteil der von Vernichtung bedrohten Biotoptypen (15,4 %) gibt Anlaß zur Sorge.
Bei den **Biotopkomplexen** (Gruppe zusammengehöriger Lebensraumeinheiten/Biotope) wurden bisher nur die gefährdeten Typen untersucht. Von diesen sind demnach mehr als 40 % von vollständiger Vernichtung bedroht.
Die Gefährdung und Veränderung der Biotope durch Zerschneidung und direkten Flächenverlust sowie qualitative Veränderungen der Lebensräume haben auch den massiven Artenrückgang begünstigt. In der ersten gesamtdeutschen **Roten Liste der gefährdeten Wirbeltiere** werden 589 einheimische Arten erfaßt. Die Hälfte gilt als gefährdet einschließlich der 5,3 % bereits ausgestorbener Arten.
Die Zahl der **Naturschutzgebiete** in Deutschland hat in den letzten Jahren leicht zugenommen, während der Flächenanteil – die ökologisch aussagefähigere Größe – stagniert. Der Anteil an der Gesamtfläche betrug 1995 etwas weniger als 2 %. Zudem ist der Großteil der Schutzgebiete weiterhin kleiner als 50 ha. Zahl und Flächenanteil der Nationalparke (1994: 11, 2 %), Biosphärenreservate (1992: 12, 3,2 %), Landschaftsschutzgebiete (1992: 6200, 25 %) und Naturparke (1992: 67, 15,6 %) haben sich in den letzten Jahren nur unwesentlich verändert. Zwei bislang ungelöste Probleme der deutschen Naturschutzpolitik sind die Verinselung der Schutzgebiete und die Sicherung des Schutzniveaus. Um einen umfassenden Schutz von Natur und biologischer Vielfalt zu gewährleisten, wird (u. a. vom SRU) einerseits die stärkere Vernetzung der Gebiete (Biotopverbundsystem) gefordert. Um ihren Schutz auch qualitativ zu sichern, müssen zum einen Ausnahmen für menschliche Eingriffe strenger geregelt werden (Abschaffung des Nutzungsprivilegs für die Landwirtschaft). Darüber hinaus setzt sich mittlerweile die Erkenntnis durch, daß ein umfassender Schutz der Natur nur möglich ist, wenn sich umweltgerechte Landnutzungsformen auf der ganzen Fläche durchsetzen (u. a. weil die Schutzgebiete mit angrenzenden Arealen in stofflicher Wechselwirkung stehen).
Die im September 1996 vom Bundeskabinett gebilligte Novelle des **Bundesnaturschutzgesetzes** wird diesen Anforderungen nach Meinung von Ex-

Abfallaufkommen in Deutschland 1990–1993 (in tausend Tonnen)

	Beseitigung		*Verwertung*		*Summe*	
	1993	*1990–1993*	*1993*	*1990–1993*	*1993*	*1990–1993*
Hausmüll	30 516	–29,50%	12 970	90%	43 486	–13%
Bergbau	58 719	–25%	9 064	–15%	67 917	–24%
Produktionsabfälle	30 517	–42%	46 932	5%	77 451	–20%
Bauschutt	127 288	5,70%	15 807	35%	143 098	8%
Krankenhausabfälle	61	–24%	6	100%	68	–19%
Klärschlamm	4 448	–2,50%	1 027	5%	5 475	–1%
Summe	251 550	–16%	85 836	15%	337 392	–10%

Quelle: BMU 1996

perten nicht gerecht, v. a. weil keine klaren Anforderungen an die Landwirtschaft enthalten seien. Das Gesetz befand sich im Mai 1997 in der parlamentarischen Beratung. Die Länder wollen das Gesetz im Bundesrat ablehnen, weil die vorgesehenen und von ihnen aufzubringenden Ausgleichszahlungen an die Landwirtschaft für »naturschutzbedingte Nutzungsänderungen« sich auf mindestens 1,5–2 Mrd. DM belaufen werden.

6. Abfall

Das Abfallaufkommen ist in Deutschland von 1990 bis 1993 um 10% von 374 Mio. t auf 337 Mio. t zurückgegangen. Gleichzeitig erhöhte sich die Verwertungsquote von 20 auf 25%.

Die erreichte Gesamtreduktion ist zu großen Teilen auf die Schrumpfung des Bergbaus und den wirtschaftlichen Zusammenbruch in Ostdeutschland anfangs der 90er Jahre zurückzführen. Die Reduktion beim Hausmüll hängt direkt mit dem vorbildlichen Sammel- und Sortiereifer der Deutschen zusammen: 1996 wanderten 86% (1995: 79%) aller gebrauchten **Verkaufsverpackungen** aus Haushalten und Kleingewerbe in die gelben Tonnen – ein erneutes Rekordergebnis. Im Schnitt wurden 1996 71,2 kg (1995: 65,5 kg) Verpackungsabfall pro Kopf gesammelt

Am 7. 10. 1996 traten das bereits 1994 verabschiedete »Gesetz zur Förderung der Kreislaufwirtschaft und Sicherung der umweltverträglichen Beseitigung von Abfällen« (**Kreislaufwirtschaftsgesetz**, KrW-/AbfG) und das ergänzende untergesetzliche Regelwerk mit einer Reihe neuer Verordnungen in Kraft und ersetzte das Abfallgesetz von 1986. Das Gesetz schreibt die Hierarchie Vermeiden – Verwerten – Beseitigen vor und verpflichtet die Produzenten auf abfallvermeidende und recyclingfreundliche Herstellungsprozesse (»Produktverantwortung«). Mit dem Kreislaufwirtschaftsgesetz werden die Vorgaben des EG-Rechts umgesetzt und der weite EG-Abfallbegriff eingeführt. Dieser erfaßt nicht nur – wie nach altem Abfallgesetz – »Abfälle zur Beseitigung«, sondern auch die »Abfälle zur Verwertung«.

Das Gesetz wurde u. a. deshalb kritisiert, weil die in ihm betonte Produktverantwortung der Hersteller nicht gleichzeitig durch entsprechende Verordnungen etwa für Elektronikschrott, Batterien, Bauschutt und Altautos konkretisiert wurde. Statt dessen setzt die Bundesregierung auf das Instrument der **freiwilligen Selbstverpflichtung** der Unternehmen und verfehlt damit z. B. im Falle der Altautos das Gesetzesziel, wie eine vom Wirtschaftsministerium beauftragte Studie ergab. Die Selbstverpflichtung der Automobilindustrie, Altautos kostenlos zurückzunehmen, die nach Inkrafttreten der Verpflichtung zugelassen und nicht älter als 12 Jahre sind, dient mehr der Absatzförderung für Neuwagen als der Wahrnehmung der Produktverantwortung.

Arbeit und Umwelt

Umweltschutz gerät parallel zu den Konjunkturzyklen immer wieder in den Verdacht, den Ausbau der Beschäftigung zu hemmen oder gar Arbeitsplätze zu vernichten. Obwohl dieser Vorwurf bereits durch mehrere Studien Ende der 70er Jahre entkräftet wurde – schon zu dieser Zeit arbeiteten, je nach Methodik der Untersuchung, 250 000–370 000 Deutsche im Umweltschutz –, steht seit Mitte der 90er Jahre im Rahmen der sog. Standortdebatte Umweltschutz erneut als Kostenfaktor und Hemmnis für die Wettbewerbsfähigkeit der Unternehmen im Visier der Kritik. Verschärfend wirkt dabei das Schlagwort der Globalisierung, die vermeintlich das Ende nationaler Alleingänge bedeutet und eine Anpassung an deutlich niedrigere internationale Standards erfordert.

Arbeitgeber Umweltschutz
Geschätzte Zahl der Beschäftigten mit unmittelbaren Umweltschutzaufgaben **507 800**

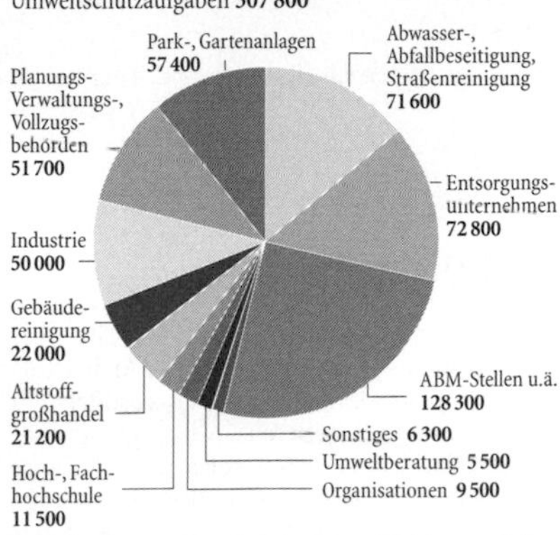

In der Erstellung von Umweltschutzgütern und Leistungen arbeiten weitere **448 000** Beschäftigte.

Quelle: DIW, ifo, IWH, RWI, Stand 1994

Eine ganze Reihe von Fakten steht dieser Stigmatisierung des Umweltschutzes entgegen:
Eine von 4 Wirtschaftsforschungsinstituten im Auftrag des Bundesumweltministeriums 1996 erstellte Studie ermittelte für 1994 fast eine Million Beschäftigte im Umweltschutz. Dies entspricht rund 2,7 % aller Erwerbstätigen.
Insgesamt bedeutet Umweltschutz inzwischen überwiegend Dienstleistungsherstellung; knapp 56 % der umweltschutzinduzierten Arbeitsplätze befinden sich in Dienstleistungssektoren. Relativ gering ist der Anteil der Beschäftigten, die im produzierenden Gewerbe unmittelbar Umweltschutzaufgaben wahrnehmen (10 %).
Der ganz überwiegende Teil der Arbeitsplätze ist bisher dem sog. **nachsorgenden Umweltschutz**

Öffentliche und private Umweltschutzausgaben (in % des Bruttoinlandsprodukts)

Dänemark	1,9
Deutschland	1,7
USA	1,6
Schweden	1,5
Schweiz	1,5
Großbritannien	1,4
Österreich	1,3
Niederlande	1,3
Japan	1,3
Kanada	1,2
Frankreich	1,1

Quelle: iw

Weltmarkt für Umwelttechnik 1993
(Anteile in %)

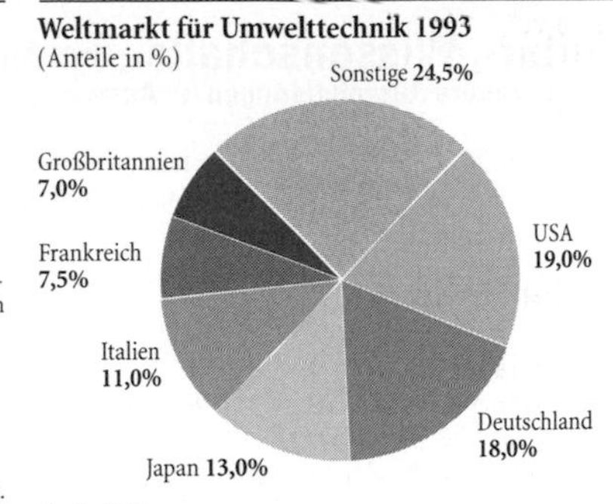

Quelle: RWI

(»end-of-the-pipe-Technologien« wie z. B. Filtertechnik oder Techniken zur Bodensanierung) zuzuordnen. Insbesondere wegen des Nachholbedarfs in den neuen Bundesländern kann in den nächsten 10 Jahren ein weiterer Anstieg der umweltschutzinduzierten Beschäftigung um 250 000 erwartet werden.
Wie sich der Übergang zum **integrierten Umweltschutz** (Vermeidung von Umweltbelastungen, z. B. durch Kreislaufführung von Stoffströmen) auf die Beschäftigung im Detail auswirkt, läßt sich mit den bisherigen Meßkonzepten nicht erfassen, weil dann eine ganze Reihe von Struktureffekten bilanziert werden müssen (u. a. Verschiebungen bei den Vorlieferanten, Wachstumseffekte durch verbesserte Wettbewerbssituation).
Eine im Auftrag von Greenpeace 1994 durchgeführte Studie des Deutschen Instituts für Wirtschaftsforschung hat ergeben, daß der von einer aufkommensneutralen **ökologischen Steuerreform** ausgelöste **ökologische Strukturwandel** einen positiven Netto-Effekt bei der Beschäftigung erwarten ließe. Bis 2005 würde sich die Zahl der Arbeitsplätze um 330 000 bis 800 000 erhöhen.
Die mit einem solchen Strukturwandel verbundenen Innovationsprozesse könnten die Spitzenstellung Deutschlands auf dem **Weltmarkt für Umwelttechnik** bestätigen und ausbauen helfen und damit zur Beschäftigungssicherung beitragen.
Fazit: Das hohe Niveau des deutschen Umweltschutzes hat sehr wohl seinen Preis. Mit 40,5 Mrd. DM an öffentlichen und privaten Umweltschutzausgaben lag Deutschland 1993 gemessen an der Wirtschaftskraft mit an der Spitze der Industriestaaten. Es ist jedoch auch Voraussetzung dafür, daß Deutschland auf einem der unbestrittenen Wachstumsmärkte der Zukunft eine hervorragende Startposition besitzt.

Kultur-, Wissenschafts-, Friedens- und Nobelpreise
sowie weitere Auszeichnungen (in Auswahl)

Hinter dem Namen des Preisträgers steht in Klammern im allgemeinen das Herkunftsland, sofern er im Land der Preisvergabe Ausländer ist (Stand 1. Juli 1997).

Bildende Kunst

Deutschland

Architekturpreis »Zukunft Wohnen« 1996 (50 000 DM) des Bundesverbandes der Deutschen Zementindustrie zu gleichen Teilen an die Architekturbüros *Claudia Hannibal-Scheuring* und *Andreas Scheuring* (Köln) für ein Stadthaus in Köln, an *Franz Oswald* und *Andreas Schneiter* (Schweiz) zusammen mit *Arnold Rupprecht* (Bochum) für die Wohnbebauung Prosper III in Bottrop und *Andreas Meck* (München) für das Projekt Nördliche Siemensstraße in Waldkraiburg und den sozialen Wohnungsbau Kellerstraße in München.

BDA-Preis für Architekturkritik 1997 (10 000 DM) an den Berliner Publizisten und Architekturkritiker *Wolfgang Kil.*

Max-Beckmann-Preis der Stadt Frankfurt am Main 1996 (50 000 DM) an die Architekten *Jacques Herzog* und *Pierre de Meuron* (beide Schweiz). Mit dem Preis wird ein »herausragendes Werk gewürdigt, das in höchstem Maße originär und zukunftsweisend« sei.

Darmstädter Kunstpreis 1996 (10 000 DM) an den Skulpteur, Installationskünstler, Objektgestalter und Zeichner *Olaf Metzel*, der laut Jury »aufrüttelnde und provozierende Signale gesetzt hat, um auf die Konfliktpotentiale der bundesrepublikanischen Großstadtgesellschaft hinzuweisen«.

»Design-Team des Jahres 97« des Design-Zentrums Nordrhein-Westfalen an das Design-Studio von *Michele De Lucchi* (Italien) für seine architektonischen Arbeiten und sein Industriedesign. Das Studio gestaltete nach dem Fall der Berliner Mauer die Filialen der Deutschen Bank in den neuen Bundesländern und erarbeitete die neuen Bahnhofskonzeptionen der Deutschen Bahn AG.

Goldene Letter 1997 des Leipziger Börsenvereins für den Deutschen Buchhandel, höchste Auszeichnung für Buchgestaltung, an *Hans Rudolf Lutz* (Schweiz) für sein Buch »Typoundso«.

Goslaer Kaiserring 1997, einer der renommiertesten Preise für moderne Kunst in Deutschland, an den Fotorealisten *Franz Gertsch* (Schweiz).

Alexej-von-Jawlensky-Preis 1996 (35 000 DM) der Stadt Wiesbaden zu Ehren des in Wiesbaden verstorbenen deutsch-russischen Malers *Jawlensky* (1864–1941) an den Maler *Robert Mangold* (USA) für sein Gesamtwerk.

Käthe-Kollwitz-Preis 1997 der Akademie der Künste Berlin-Brandenburg (10 000 DM) an die Kölner Fotografin *Astrid Klein.* Den Preis für **1996** erhielt posthum der Maler und Objektkünstler *Martin Kippenberger.*

Helmut-Kraft-Preis 1996 (50 000 DM) der gleichnamigen Stiftung in Stuttgart an den Medienkünstler *Stephan von Huene* (USA) für seine Klangskulpturen; Förderpreise (je 10 000 DM) an die Videokünstlerin *Ute Friedrike Jüss* und den Maler *Hinrich Weidemann.*

Kunstpreis München 1996 (100 000 DM), von der Kulturstiftung der Sparkasse München erstmals (künftig alle 3 Jahre) vergeben, an den Fotokünstler *Jeff Wall* (Kanada). Der Preis ist mit einer Ausstellung im Kunstbau und einer Gastprofessur der Akademie der Bildenden Künste verbunden.

Lucky Strike Designer Award 1996 der Raymond Loewy Stiftung zur Förderung von zeitgemäßem Industriedesign, seit 1991 vergeben und mit 60 000 DM höchstdotierter Designerpreis Europas, an den in Paris lebenden Mode- und Werbefotografen *Peter Lindbergh.*

Audi-Design-Förderpreis

Der Audi-Design-Förderpreis mit dem Titel »Leben in Bewegung« wurde 1996 von der Audi AG als Internationaler Design-Förderpreis gestiftet und soll Antworten auf die Herausforderungen unserer Zeit aufzeigen. Mit dem Preis sollen junge Designer die Möglichkeit erhalten, ihre Ideen zu verwirklichen. Der Preis ist mit insgesamt 150 000 $ dotiert. Der Betrag wird nicht in Form von Preisgeldern vergeben, sondern ist für die Realisierung der eingereichten Entwürfe bestimmt. Bewerben können sich Studenten und Berufsanfänger aus dem gesamten Designbereich: Mode-, Schmuck- oder Graphikerdesigner, Ingenieure sowie Architekten und Filmemacher. **1996** wurden von 372 Entwürfen aus 49 Staaten 37 förderungswürdige Arbeiten ausgezeichnet. Sie werden in einer Ausstellung der Öffentlichkeit präsentiert.

Peter-Weiss-Preis

Der Peter-Weiss-Preis der Stadt Bochum wird seit 1990 alle 2 Jahre vergeben und ist mit 25 000 DM dotiert. Der spartenübergreifende Preis, der an den Schriftsteller, Dramatiker, Maler und Filmautor *Peter Weiss* (1916–1982) erinnert, soll Schriftstellern, Künstlern, Theatermachern und Filmschaffenden Ansporn und Förderung sein, ihre Arbeit im Sinne eines humanistischen Engagements fortzuführen, für welches Gesamtwerk *Peter Weiss* beispielhaft steht. **1996** wurde der in Paris lebende bildende Künstler *Jochen Gerz* für sein Gesamtwerk ausgezeichnet, »das sich von Anfang an kritisch mit der Kunst und ihrem gesellschaftlichen Gebrauch auseinandergesetzt hat«. Bisherige Preisträger waren *George Tabori*, *Marcel Ophüls* und *Elfriede Jelinek*.

Montblanc de la Culture-Förderpreis 1997 (21 750 DM) an den Berliner Kunstmäzen und Unternehmer *Erich Marx*. Mit diesem Preis zeichnet das Unternehmen Montblanc seit 1992 in verschiedenen Ländern Mäzene aus, die sich um die Förderung von Kunst und Kultur verdient gemacht haben.

Rubenspreis der Stadt Siegen 1996 (10 000 DM), seit 1957 alle 5 Jahre vergeben, an den Maler *Lucian Freud* (Großbritannien).

Friedlieb-Ferdinand-Runge-Preis 1997 (27 000 DM) der Berlin Stiftung Preußische Seehandlung an den Kunsthistoriker und Ausstellungsmacher *Harald Szeemann* (Schweiz).

Schillerpreis der Stadt Marbach 1997 (10 000 DM) gemeinsam an den Direktor der Stuttgarter Staatsgalerie, *Christian von Holst*, und die Leiterin der Graphischen Sammlung des Museums, *Ulrike Gauss*.

Karl-Schmidt-Rottluff-Stipendien 1997, bedeutendster deutscher Nachwuchspreis für Bildende Kunst (je 60 000 DM; vergeben durch die Studienstiftung des deutschen Volkes in Bonn), an *Thomas Demand* (Berlin), *Dirk Löbbert* (Köln) und *Diemut Schilling* (Wuppertal).

Fritz-Schumacher-Preis 1996 (je 30 000 DM) der Hamburger Alfred Toepfer Stiftung F. V. S. (→ WA'96, Sp. 1211 ff) für herausragende Leistungen auf dem Gebiet der Architektur und Landschaftsgestaltung an den Architekten *Volkwin Marg* und den Bauhistoriker *Karl-Heinz Hüter*.

Senefelder-Lithographie-Preis 1996 der Stadt Offenbach – 1. Preis (15 000 DM) an *Jim Dine* (USA) für seine Litographie »The Passion«; 2. Preis (10 000 DM) an *Stefan Szczesny*, 3. Preis (5000 DM) an *Ingrid Ledent* (Belgien).

William-Shakespeare-Preis 1997 (40 000 DM) der Hamburger Alfred Toepfer Stiftung F. V. S. für den englischsprachigen Raum an den Maler *Howard Hodgkin* (Großbritannien).

Fred-Thieler-Preis 1996 der Berlinischen Galerie (30 000 DM) an den Maler des abstrakten Expressionismus *Jan Kotik* (Tschechische Rep.).

Thüringer Staatspreis für Architektur und Städtebau 1996 (30 000 DM) zu gleichen Teilen an den Architekten *Thomas van den Valentyn* und seinen Mitarbeiter *S. Mohammad Oreyzi* sowie an die Deutsche Bank als Bauherrin des Musikgymnasiums Schloß Belvedere in Weimar.

Albert-Weisgerber-Preis 1997 (30 000 DM) der Stadt St. Ingbert, ältester Kunstpreis des Saarlandes, alle 3 Jahre verliehen, an den Maler *Lukas Kramer*.

Europa

Mies-van-der-Rohe-Preis 1996 (50 000 ECU) an die von Architekt *Dominique Perrault* (Frankreich) entworfene und im Dezember 1996 eingeweihte französische Nationalbibliothek (benannt nach dem verstorbenen Staatspräsidenten *François Mitterrand*). Der Preis wird seit 1987 von der EU-Kommission, dem Europäischen Parlament und der Mies-van-der-Rohe-Stiftung in Barcelona verliehen.

Großbritannien

Königliche Goldmedaille für Architektur 1997, bedeutendste britische Architekturauszeichnung, an *Tadao Ando* (Japan).

Turner-Preis 1996 (20 000 £), seit 1984 von privaten Sammlern in Verbindung mit der Tate Gallery an einen Briten unter 50 Jahren für eine außerordentliche Ausstellung oder Präsentation vergeben, an den Schotten *Douglas Gordon*.

Israel

Ricardo-Wolf-Preis 1996 der gleichnamigen Jerusalemer Stiftung (100 000 $) zu gleichen Teilen an die Architekten *Frei Otto* (Deutschland) und *Aldo van Eyck* (Niederlande). Die Wolf Foundation Israel will mit ihrem Preis Wissenschaft und Kunst fördern. Sie wurde von dem Diplomaten *Ricardo Wolf* ins Leben gerufen. 1887 in Deutschland geboren, wanderte dieser noch vor dem Ersten Weltkrieg nach Kuba aus. 1961 wurde er kubanischer Botschafter in Israel, wo er bis zu seinem Tode lebte.

Japan

Praemium Imperale 1996 (je ca. 230 000 DM) an den Maler *Cy Twombly* (USA), den Bildhauer *César* (Frankreich) und den Architekten *Tadao Ando*.

Mexiko

Marco Prize 1996 (250 000 $), höchstdotierter Kunstpreis der Welt, vergeben vom Museo de Arte contemporáneo in Monterrey, an den Maler *Jörg Immendorff* (Deutschland) für sein Werk »Accumulation 2«.

Vereinigte Staaten von Amerika

Jay A. Pritzker-Preis für Architektur 1997 (100 000 $), gestiftet 1979 von dem Hotel- und Immobilienmagnaten *Jay A. Pritzker* und finanziert von der Hyatt Foundation, an den Architekten *Sverre Fehn* (Norwegen).

Fernsehen, Hörfunk, Presse

Deutschland

49. Bambi-Medienpreis 1996 der Zeitschriften »Bild + Funk« und »Bunte« (Burda-Verlag) – in der Sparte Film National an den Regisseur *Detlev Buck*, Sparte Film International an *Arnold Schwarzenegger* (USA), Sparte Klassik an den Opernsänger *Siegfried Jerusalem*, Sparte Kunst und Kultur an den Theaterregisseur *Leander Haußmann*, Sparte Pop National an die Band PUR, Sparte Pop International an die Sängerin *Céline Dion* (Kanada), Sparte Wirtschaft an den Vorstandschef der Mercedes-Benz AG, *Helmut Werner*, Sparte Newcomer an Fool's Garden, Sparte Sport an die deutsche Fußball-Nationalmannschaft; einen Charity-Bambi erhielt *Liz Mohn*, Sonder-Bambis für ihr Lebenswerk gingen an den Schauspieler *Peter Alexander* (Österreich) und den Lübecker Chirurgen *Jochen Hoyer*.

Bayerischer Fernsehpreis 1996 (je 30 000 DM) an *Michael von Dessauer* (Pro 7) für sein Natur-Magazin »Welt der Wunder«; an *Peter Kloeppel* für seine Moderationen als »Anchorman von RTL Aktuell«; an *Ekkehard Kuhn* und *Andrej Falber* für ihren »einfühlsamen und informativen« ZDF-Beitrag »Schlesien – Brücke in Europa« und an den Regisseur *Nico Hoffmann* für seinen Krimi »Der Sandmann«. Jury-Sonderpreise gingen an die Schauspieler *Siegfried Lowitz und Erni Singerl*.

Deutscher Kritikerpreis 1997 (undotiert) in der Sparte Fernsehen an den Dokumentarfilmer *Christoph Maria Fröhder*.

Ludwig-Erhard-Preis 1997 für Wirtschaftspublizistik (je 10 000 DM) der gleichnamigen Stiftung – Hauptpreis an den Chefredakteur der Wirtschaftswoche *Stefan Baron* und den ehemaligen neuseeländischen Finanzminister *Sir Roger Douglas*; Förderpreise (je 5000 DM) an *Stephanie Heise* und *Michael Braun* (Hamburger Abendblatt), *Karen I. Horn* (Frankfurter Allgemeine Zeitung) und *Angela Mans* (Institut für öffentliche Wirtschaft, Geld und Währung der Universität Frankfurt). **1996** ging der Hauptpreis an den Wirtschaftswissenschaftler *Jürgen B. Donges* (Mitglied des Sachverständigenrates zur Begutachtung der gesamtwirtschaftlichen Entwicklung) und an den leitenden Wirtschaftsredakteur der Neuen Zürcher Zeitung *Gerhard Schwarz*, die Förderpreise an *Stephan Bierling* und *Tasso Enzweiler*.

Goldene Kamera 1996, verliehen von der Programm-Illustrierten »HÖR ZU« in Berlin für die besten Leistungen des Jahres in Film, Fernsehen und Show an die Hollywoodstars *Shirley MacLaine*, *Arnold Schwarzenegger* und *Andie MacDowell* (alle USA), an den beliebtesten Serienstar *Kathrin Waligura* (»Für alle Fälle Stefanie«), an den Rocksänger *Joe Cocker* (Großbritannien) und das »Orchester des XX. Jahrhunderts«, an die Pop-Gruppe »Backstreet Boys«, an »Die Sendung mit der Maus« als beste Kindersendung, an den erfolgreichsten Musical-Komponisten *Sir Andrew Lloyd Webber* (Großbritannien), an den Profiboxer *Henry Maske* und den Tierfilmer *Manfred Karremann*. Die Lilli-Palmer-Gedächtnis-Kamera ging an die Fernsehentdeckung *Nina Hoss*. Für sein Lebenswerk wurde der Schauspieler *Günter Strack* geehrt.

Adolf-Grimme-Preis 1997, Fernsehpreis des Deutschen Volkshochschulverbandes in Marl für Produktionen des Jahres: Gold an »Der letzte Kurier« von Regisseur *Adolf Winkelmann* sowie Kameramann *David Slama* und die beiden Hauptdarsteller *Sissi Perlinger* und *Sergej Garmasch*; weitere Auszeichnungen in der Sparte Serien und Mehrteiler gingen an den ZDF-Dreiteiler »Der Schattenmann« von *Dieter Wedel* (Regie) sowie die Hauptakteure *Stefan Kurt* und *Heinz Hoenig*; an den Kabarettisten *Harald Schmidt* für seine Show in Sat.1, an die Schauspielerinnen *Katharina Thalbach* und *Corinna Harfouch* für die WDR-Produktion »Gefährliche Freundin«; geehrt wurden auch der Schauspieler *Dieter Pfaff* für die RTL-Serie »Bruder Esel« sowie deren Autor *Johannes Reben*, und die Schauspielerinnen *Renate Krößner* und *Miriam Horwitz*. Erstmals ins Ausland ging der Preis DVV für das Geschichtsepos »Die Elsässer«, das unter Federführung des französischen Senders La Sept, zusammen mit ARTE, France 3, SWF, SDR, WDR und TSI entstand.

Hörspielpreis der Kriegsblinden 1996 an den Schriftsteller *Ingomar von Kieseritzky* für sein Hörspiel »Compagnons und Concurrenten oder Die wahren Künste«.

Georg-von-Holtzbrinck-Preis 1996 für Wissen-

Goldener Löwe

Der Fernsehpreis Goldener Löwe wurde vom RTL-Geschäftsführer *Helmut Thoma* 1996 gestiftet und erstmals am 3. Oktober, dem Tag der Deutschen Einheit, verliehen. Es ist die erste Auszeichnung in Deutschland, mit der ausschließlich die Arbeit der Fernsehschaffenden in der ganzen Breite ihres Wirkens gewürdigt wird. Sie ist aus der Tradition der Goldenen Löwen von RTL Radio entstanden, der bisher als Hörfunkpreis verliehen wurde. Für den Fernsehpreis sind folgende 13 Kategorien vorgesehen: Fernsehfilm (Fernsehspiel, TV-Movie, Mehrteiler), Serie (Drama), Show/Show-Moderation, Informationssendung, Regie, Drehbuch, Schauspieler, Schauspielerin (jeweils im Fernsehen und -serie), Show/Act/Live-Act in Entertainment/Sport/Musik, außerdem Titelmusik/Song sowie Sportkommentierung/Sportmoderation. Ehrenpreise werden alljährlich ohne Nominierungen vergeben für hervorragende Nachwuchsleistungen und herausragende Verdienste im deutschen Fernsehen. Die Preise werden von einem Kuratorium vergeben, dem der frühere Sat.1-Filmberater *Peter Gerlach* vorsitzt. – **1996** gingen Auszeichnungen an den RTL 2-Film »Der Sandmann« in 3 Kategorien: bester Schauspieler an Hauptdarsteller *Götz George*, beste Regie an *Nico Hoffmann* und insgesamt als bester Fernsehfilm; *Tobias Moretti* (Österreich) erhielt den Preis für seine Rolle in der Sat.1-Serie »Kommissar Rex«; beste Schauspielerinnen in einem Fernsehfilm bzw. einer Serie wurden *Hannelore Hoger* für ihre Rolle im ZDF-Film »Bella Block – Liebestod« und *Mariele Millowitsch* in der ZDF-Serie »Girl friends«; als beste Serie wurde »Der Bulle von Tölz« in Sat.1 ausgezeichnet. Ein Ehrenlöwe ging an den Kabarettisten *Loriot – Vicco von Bülow*. Die beiden Nachwuchsförderpreise (je 25000 DM) erhielten *Karoline Eichhorn* und *Miguel Alexandre* (Frankreich).

schaftsjournalismus (10000 DM), gestiftet von der gleichnamigen Verlagsgruppe, an den Wissenschaftsjournalisten der Neuen Zürcher Zeitung, *Herbert Cerutti*.

Journalistenpreis 1996 der Friedrich-Deich-Stiftung zur Förderung des Medizinjournalismus – 1. Preis (10000 DM) an die Biologin *Anke Rupprecht* für ihren Beitrag über Brustkrebsgene (Main-Post); 2. Preis an die Journalistin *Barbara Reye* für ihren Artikel über die Erforschung der Schizophrenie (Bild der Wissenschaft); 3. Preis an *Daniel Rücker* für seinen Beitrag »Moose als Medizin« (Pharmazeutische Zeitung).

Journalistenpreis Entwicklungspolitik 1995 – 1. Preis (6000 DM) in der Sparte Fernsehen an *Bodo Witzke* für einen Bericht über amnesty international (ZDF/ARTE), 2. Preise (4000 DM) an *Thomas Weidenbach* und *Uwe Kerfken* für einen WDR-Beitrag über Tropenholz; in der Sparte Presse (je 5000 DM) an *Christan Wernicke* (Die Zeit) und an *Michael Gleich* für einen Artikel über Indien in der Zeitschrift Natur; in der Sparte Hörfunk (je 5000 DM) an *Mareile Kneisel* für ein Stück zum Sozialgipfel in Kopenhagen (MDR) und *Werner Bahlsen* für einen entwicklungspolitischen Rück- und Ausblick im Deutschlandradio.

Erich-Kästner-Fernsehpreis 1996 (50000 DM) der Hochschule für Film und Fernsehen in Potsdam-Babelsberg und der Gesellschaft zur Wahrnehmung von Film- und Fernsehrechten in München, erstmals vergeben an das Fernsehspiel »Svens Geheimnis« (WDR) von *Roland Suso Richter*; der Förderpreis (25000 DM) für den besten Absolventenfilm deutscher Medienhochschulen ging an »Das erste Mal« von *Connie Walther*.

Egon-Erwin-Kisch-Preis 1997 des Hamburger Magazins Stern für die besten deutschsprachigen Reportagen – 1. Preis (25000 DM) an den Redakteur der Wochenzeitung Die Zeit, *Kuno Kruse*, für einen Bericht über die Suche nach Kriegsverbrechern in Bosnien; 2. Preis (15000 DM) an *Carmen Butta* (Italien) für ein Feature in GEO-Spezial; 3. Preis (10000 DM) an den Spiegel-Reporter *Thomas Huetlin*.

Medien-Nachwuchspreis 1997 (20000 DM) der Otto-Sprenger-Stiftung an die Kölner Filmemacherin *Susanne Ofteringer*.

Gabriele-Münter-Preis 1997 (40000 DM) des Bundesministeriums für Familie, Senioren, Frauen und Jugend an die Medienkünstlerin *Valie Export* (Österreich), Professorin an der Kunsthochschule für Medien in Köln. Mit dem Preis wird das Lebenswerk professioneller Künstlerinnen ab 40 Jahren gewürdigt.

TeleStar 1996, Ehrenpreis für Fernsehunterhaltung von ARD und ZDF – Sparte Fernsehspiel an *Max Färberböck* als bester Regisseur für »Bella Block«; bester Unterhaltungsmoderator an *Dieter Hallervorden*; Sparte Moderator an *Martin Schulze* für »Bericht aus Bonn«; *Christine Neubauer* wurde beste Serien-Schauspielerin, bester Serien-Schauspieler *Dirk Bach*; für ihre beste schauspielerische Leistung wurden *Stefan Kurt* für seine Rolle in dem ZDF-Fünfteiler »Der Schattenmann« und *Cornelia Froboess* für ihre Rolle in »Angst hat eine kalte Hand« geehrt; als Produzentin wurden *Katharina Trebitsch* für die ZDF-Vorabendserie »Girl friends« und als Cutterin *Margarete Horz* für »Mythos Babylon« ausgezeichnet; den Preis in der Sparte Re-

Herbert-Quandt-Medienpreis

Der Herbert-Quandt-Medienpreis (insg. 100 000 DM) wurde 1985 von der der Johanna-Quandt-Stiftung, Bad Homburg, im Gedenken an den Unternehmer *Herbert Quandt* (1910–1982) errichtet. Er wird an Journalisten, Publizisten und Institutionen vergeben, die auf überzeugende Weise das Wirken und die Bedeutung von Unternehmerpersönlichkeiten, Unternehmen sowie das Konzept der sozialen Marktwirtschaft einer breiten Öffentlichkeit nahebringen. – **1997** wurden ausgezeichnet: (1.) Das Haus der Geschichte in Bonn für seine Ausstellung »Markt und Plan«, die auf hervorragende Weise die Wirtschaftsordnungen in Deutschland von 1945 bis 1961 beschreibe; (2.) Journalisten der Zeitungsgruppe Main-Post (Würzburg), die unter dem Stichwort »Chancen in Franken« in 128 Beiträgen der Frage nachgegangen sind, wie man neue Arbeitsplätze in Franken schaffen kann; (3.) der Redakteur *Ulrich Schäfer* (Der Spiegel) für seinen Beitrag »Die neue Gründerzeit«, in dem vor dem Hintergrund des 100. Geburtstages von *Ludwig Erhard* 15 Jungunternehmer porträtiert werden. **1996** ging der Preis an die Wirtschaftsredaktionen der Frankfurter Allgemeinen Zeitung und der Wochenzeitung Die Zeit, an den Journalisten *Wolfgang Herles* und an den Filmemacher *Robby Mörre*.

porter erhielt *Sonia Mikich* (ARD-Korrespondentin in Moskau), den Sonderpreis für sein Lebenswerk der Schauspieler *Harald Juhnke*.

Theodor-Wolff-Preis 1997 (je 9000 DM), vom Bundesverband Deutscher Zeitungsverleger (BDZV) in Erinnerung an den Publizisten (Chefredakteur des Berliner Tageblatts) *Theodor Wolff* (1868–1943) für hervorragenden Tageszeitungsjournalismus verliehen, in der Sparte »Allgemeines« an *Ralf Hoppe* für den feuilletonistischen Beitrag »Vater sein dagegen sehr« (Kölner Stadt-Anzeiger), *Reiner Luyken* für die Untersuchung »Die Protestmaschine« (Die Zeit) und *Andreas Wenderoth* für die Geschichte »Alfreds Welt« (Berliner Zeitung); für Lokaljournalismus an *Hans-Uli Thierer* für einen Artikel in der Südwest-Presse und *Peter Intelmann* für einen Beitrag in der Emder Zeitung. Für sein Gesamtwerk ausgezeichnet wurde der langjährige innenpolitische Redakteur der Frankfurter Allgemeinen Zeitung, *Friedrich Karl Fromme*. Der Preis für essayistischen Journalismus (11 000 DM) ging an *Guido Eckert* (Süddeutsche Zeitung); dieser Preis war **1996** erstmals verliehen und *Johannes Winter* (Frankfurter Rundschau) zuerkannt worden.

Europa

Prix Europa 1996, europäischer Fernsehpreis (je 6250 ECU) für die besten Fernsehproduktionen des Jahres, finanziert durch den Europarat, das Europäische Parlament, die EU-Kommission, den europäischen Kulturkanal Arte, die Europäische Kulturstiftung, das Land Berlin, den Sender Freies Berlin, den Ostdeutschen Rundfunk Brandenburg und die Medienregion Berlin-Brandenburg – in der Kategorie Fiction an den Film »Eßstäbchen« (Niederlande), in der Kategorie Non-fiction an »Tod durch Design« (Belgien/Deutschland/Frankreich), in der Kategorie Extra an »Wahre Geschichten« (Großbritannien), in der Kategorie Jugend an die Sendung »Moskito – Shalom« des Senders Freies Berlin. Der Spezialpreis ging an »Straßen im Feuer« (Bosnien-Herzegowina).

Frankreich

Großer Preis der Musikpresse 1996 des Verbandes der internat. Musikpresse in Paris an den Opernregisseur *Robert Carsen* (Kanada).

Prix Albert Londres 1997 an die Journalistin *Caroline Puel* für ihre Berichterstattung als Korrespondentin der Liberation in Peking; in der Kategorie Fernsehen an *Claude Sempère* von France 2 für eine Sondersendung über radikale Nationalisten auf Korsika.

Italien

Prix Italia 1996 an den Filmregisseur *Werner Herzog* (Deutschland) für seinen Fernsehfilm über den Komponisten *Carlo Gesualdo da Venosa* »Tod für fünf Stimmen«, dessen Produktion das ZDF in Auftrag gegeben hatte. Die Auszeichnung, die seit 1957 für herausragende Fernsehsendungen vergeben wird, gilt als einer der renommiertesten internationalen Fernsehpreise.

Rußland

Ostankino-Preis 1996 des internat. Hörspielwettbewerbs in Moskau an *Heiner Goebbels* (Deutschland) für sein Stück »Horatier«. **Grand Prix Ostankino 1996** für das beste Originalhörspiel an *Igor Likar* (Radio Slowenien) für sein Stück »Apostel und Sammler des Schreckens« und *Andrzej Mularczyk* (Polen) für seine Produktion »Balkon in der Hauptstraße«.

Schweiz

Goldene Rose von Montreux 1997, Internat. Fernsehwettbewerb für Unterhaltungssendungen (10 000 sfr), an die Komödie »Cold Feet« (Großbritannien), die auch die Silberne Rose für das beste Humorprogramm erhielt; die Produktion wurde außerdem für beste Spielshow und bestes Musik-

Prix Iris

Der Prix Iris wurde als Fernsehpreis für multikulturelles Engagement erstmals in Amsterdam verliehen. Die unter der Schirmherrschaft u. a. der Europäischen Kulturstiftung, des Europarates und der EU-Kommission stehende Auszeichnung ist mit 5000 ECU dotiert. Sie will auf Fernsehproduktionen aufmerksam machen, die sich für Gleichheit und Toleranz engagieren, also den Brückenschlag zwischen den unterschiedlichen Ethnien und Kulturen. – **1996** wurde der Preis aus über 130 Beiträgen aus 25 Ländern in der Kategorie Non-fiction an die Dokumentation »Black is beautiful« von *Ulf Hultberg* und *Asa Faringer* (beide Schweden) und in der Kategorie Fiction an den Film »Sa vie à elle« von *Romain Goupil* (Frankreich) vergeben.

programm ausgezeichnet. Der Sonderpreis der Presse ging an die Produktion »The Waiting Room« von *Regina Ziegler* (Deutschland); der Preis der Internat. Katholischen Vereinigung für Radio und Fernsehen ging an die RTL-Produktion »Nikola«.

Schweizerischer Pressefotopreis 1996 (10 000 sfr) an den Genfer Fotografen *Steeve Iunker* für sein Bild zum Thema »Neue Armut« in einem Genfer Obdachlosenheim.

Spanien

Premio Godó de Periodosmo 1996 (ca. 35 000 DM), Journalismuspreis der Fundación Conde de Barcelona, an den Mitherausgeber der Wochenzeitung Die Zeit, *Helmut Schmidt* (Deutschland), für seinen Leitartikel »Deutsches Störfeuer gegen Europa«.

Vereinigte Staaten von Amerika

International Press Freedom Award 1996 einer von US-Auslandskorrespondenten zum Schutz von Journalisten gegründeten New Yorker Menschenrechtsorganisation, an den zur Zeit inhaftierten Herausgeber der kurdischen Zeitung Ozgur Gundem, *Isik Yurtu*, den indischen Journalisten der Zeitung Asian Age, *Yusuf Jameel*, den Palästinenser und Gründer des Arabic Media Internet Network, *Daoud Kuttab*, und den Chefredakteur der mexikanischen Zeitschrift Zeta, *Jesus Blancornelas*. Ein Sonderpreis ging an den Herausgeber der New York Times, *Arthur Ochs Sulzberger*.

Film, Fotografie und Video

Afrika

15. Panafrikanisches Filmfestival 1996 in Ouagadougou (Burkina Faso) – Großer Preis der Jury an den Film »Buud Yam« von *Gaston Kaborée* (Burkina Faso); bestes Erstlingswerk an *Nadia Farès* (Schweiz) für den Film »Miel et cendres«.

Australien

Australischer Filmpreis 1996, vergeben vom Australischen Filminstitut und bedeutendster Filmpreis des Landes, an *Armin Mueller-Stahl* (Deutschland) für die beste Nebenrolle in »Shine«.

Deutschland

Bayerischer Filmpreis 1996 des Freistaates Bayern (insg. 800 000 DM) – Produzentenpreis (500 000 DM) an *Jakob Claussen, Thomas Wöbke, Luggi Waldleitner* für »Jenseits der Stille«; beste Regie (60 000 DM) an *Helmut Dietl* für »Rossini – oder die mörderische Frage, wer mit wem schlief«; beste Nachwuchsregie (40 000 DM) an *Caroline Link* für ihr Erstlingswerk »Jenseits der Stille«; bester Dokumentarfilm (50 000 DM) an *Stefan Schwietert* für »A Tickle in the Heart«. Darstellerpreise (je 30 000 DM) gingen an *Heiner Lauterbach* und *Corinna Harfouch* für ihre Leistung in »Irren ist männlich« *sowie an Jan Josef Liefers* (Nachwuchs je 20 000 DM) für seine Rolle in »Rossini – oder die mörderische Frage, wer mit wem schlief« und *Christiane Paul* für ihre Leistung in »Workaholic«; bestes Drehbuch (20 000 DM) an *Kit Hopkins*. Weitere Preise gingen an *Niki Reiser* für seine Filmmusik zu »Jenseits der Stille« und *Dani Levys* »Stille Nacht«, dessen Kameramann *Carl-F. Koschnick* ebenfalls ausgezeichnet wurde. Einen Sonderpreis erhielt *Wolfgang Panzer* für seinen Film »Broken Silence«. Der (undotierte) Ehrenpreis ging an die Schauspielerin *Marianne Hoppe*. Den Nachwuchsproduzentenpreis (100 000 DM) der Verwertungsgesellschaft für Nutzungsrechte (VGF) erhielten *Thomas Burnhauser* und *Simon Happ* für ihren Kinoerstling »Still Movin«.

Artur-Brauner-Preis 1996 der gleichnamigen Stiftung (50 000 DM) an den Film »A Tickle in the Heart« von *Stefan Schwietert*.

Hermann-Claasen-Preis 1995 (15 000 DM), seit 1986 alle 2 Jahre vergeben, an den Fotografen und Begründer des »Fotoforum Kassel« *Floris M. Neusüss*.

Lovis-Corinth-Preis 1997 (15 000 DM) des Bundesministeriums des Innern und der Künstlergilde Esslingen an den Maler *Lothar Quinte*; Sonderpreis

(7000 DM) an den Maler und Holzschneider *Gert Fabritius*. **1996** wurde die Fotokünstlerin *Katharina Sieverding* ausgezeichnet.

Deutscher Filmpreis 1997, verliehen vom Bundesminister des Innern: Filmband in Gold und eine Prämie von 900 000 DM für den besten deutschen Spielfilm an »Rossini – oder die mörderische Frage, wer mit wem schlief«; der Film erhielt noch 3 Einzelauszeichnungen (je 20 000 DM): das Filmband für beste Regie ging an *Helmut Dietl*, beste Darstellerin in einer Nebenrolle an *Martina Gedeck* und bester Schnitt an *Inez Regnier*. Filmbänder in Silber und eine Prämie von je 700 000 DM gingen an »Jenseits der Stille« von *Caroline Link* und »Das Leben ist eine Baustelle« von *Wolfgang Becker*. Filmbänder für hervorragende Einzelleistungen (je 20 000 DM) erhielten: als beste Darstellerin einer Hauptrolle *Sylvie Testud* (Frankreich) für »Jenseits der Stille«, als bester Darsteller in einer Hauptrolle *Jürgen Vogel* in »Das Leben ist eine Baustelle«, als bester Darsteller einer Nebenrolle *Moritz Bleibtreu* in »Knockin' on Heaven's Door«, für beste Kamera *Martin Langer* (»14 Tage lebensgefährlich« von *Roland Suso Richter*) und für die beste Musik *Niki Reiser* (»Jenseits der Stille«). Den Ehrenpreis für langes und hervorragendes Wirken im deutschen Film erhielt der Plakatmaler *Klaus Dill*. Ehrenpreise für ihre Gesamtwerke erhielten der Regisseur *Billy Wilder* und die Schauspielerin *Jennifer Jones* (beide USA).

Deutscher Kurzfilmpreis 1996, verliehen vom Bundesminister des Innern: Filmband in Gold (60 000 DM) an »Fremde Heimat« von *Damir Lukacevic* (Kroatien); Filmband in Silber (40 000 DM) an den Animationsfilm »Wir lebten im Gras« von *Andreas Hykade* sowie an »In Your Shoes« von *Christoph Röhl*.

Deutscher Jugend-Video-Preis 1996 (18 000 DM) in der Sparte Kindervideos an den Animationsfilm »Herzog Ernst« von *Lutz Dammbeck*, in der Sparte Jugendvideos an den Spielfilm »Die letzte Kriegerin« von *Lee Tamahori* (Neuseeland).

Deutscher Kamerapreis 1996 (10 000 DM), verliehen von der Deutschen Gesellschaft für Fotografie, zusammen mit der Stadt Köln, dem WDR und dem ZDF anläßlich der »photocina« – Kategorie Spielfilm an *Franz Rath* für seine Kameraführung in »Das Versprechen« und *Gisela Castronari* für den Schnitt von »Rohe Ostern«, Kategorie Fernsehfilm an *Rudolf Blahacek* für den Psychothriller »Angst hat eine kalte Hand«, Kategorie Dokumentation an *Rüdiger Kortz* für die Kamera und *Armin Riedel* für den Schnitt von »Topors Träume«. 2 Förderpreise der Filmstiftung NRW für den Deutschen Kamerapreis (ebenfalls je 10 000 DM) gingen an den Kameramann *Volker Tittel* für den Film »Paul Bowles Halbmond« und an *Dominique Faix* für seine Kameraführung in »Der Zeitreisende«. Ein Ehrenkameramann ging an *Michael Ballhaus*.

Kultur

Deutscher Videokunstpreis 1996 (30 000 DM), verliehen vom Karlsruher Zentrum für Kunst und Medientechnologie (ZKM) und dem Südwestfunk (SWF), an den Videokünstler *Robert Cahen* (Frankreich). Der Förderpreis ging an *Carlos Nader* (Brasilien).

Deutscher Videopreis 1997 (undotiert) an *Peter Ustinov* für sein filmisches Lebenswerk und an *Mario Adorf* in der Kategorie »European Award«. Der erstmals vom Land Bayern vergebene Nachwuchsförderpreis (10 000 DM) ging an *Nina Hoss* für ihre Titelrolle in dem Fernsehfilm »Das Mädchen Rosemarie«.

Deutscher Drehbuchpreis KunstSalon 1996 (50 000 DM) an die Berliner Romanistin *Eva Szybalski* für ihr Werk »Das Floß«.

Drehbuchpreis 1996, verliehen vom Bundesministerium des Innern (50 000 DM), an *Helmut Dietl und Patrick Süskind* für ihr Drehbuch zu dem Film »Rossini – oder die mörderische Frage, wer mit wem schlief«.

20. Duisburger Dokumentarfilmwoche 1996 (10 000 DM), Hauptpreis an den Regisseur *Werner Schroeter* für »Poussières d'Amour – Abfallprodukte der Liebe«; Dokumentarfilmpreis für den besten deutschsprachigen Film (ebenfalls 10 000 DM) an *Werner Schweizer* für »Noel Field – der erfundene Spion«.

Filmpreis der Gilde deutscher Filmkunsttheater 1996 in Rostock – beste ausländische Filme: Gold an »Der Postmann« von *Michael Radford* (Italien/Großbritannien), Silber an »Sinn und Sinnlichkeit« von *Ang Lee* (USA); beste deutsche Filme Gold an »Schlafes Bruder« von *Joseph Vilsmaier*, Silber an »Der Totmacher« von *Romuald Karmakar*. Die Gilde deutscher Filmkunsttheater ist ein Programmkinoverband mit mehr als 300 Mitgliedern.

Hypo-Regieförderpreis 1996, höchstdotierte private Auszeichnung für deutsche Nachwuchsregisseure (60 000 DM) des Münchner Filmfests, an »Die Mutter des Killers« von *Volker Einrauch*. Damit würdigte die Jury eine Billig-Produktion, die keinem der Klischees vom jungen deutschen Film entspricht.

45. Internationales Filmfestival Mannheim 1996 – Großer Preis für besten Spielfilm (30 000 DM) an »Am 18. Mai« von *Anders Rönnow-Klarlund* (Dänemark); Spezialpreise (10 000 DM) an »Weekend Lover« von *Lou Ye* (China) und »Feuer« von *Deepa Mehta* (Indien); Kurzfilmpreis an »Der Sohn« von *Ketil Kern* (Norwegen); Dokumentarfilmpreis des Süddeutschen Rundfunks (10 000

DM) an »Auf entgegengesetzten Wegen« von *John Webster* (Finnland); der Publikumspreis ging an die Tragikomödie »Der Liebeskranke aus der Nana-Straße« von *Savi Gabizon* (Israel).

47. Internationale Filmfestspiele Berlin 1997 – Goldener Bär (Großer Preis) an den Film »Larry Flint – Die nackte Wahrheit« von *Milos Forman* (USA); Silberner Bär als Spezialpreis der Jury an »Der Fluß« von *Tsai Ming-Liang* (Taiwan); Silberner Bär für die beste Regie an *Eric Heumann* für »Port Djema« (Frankreich); Silberner Bär an »Genealogien eines Verbrechens« (Frankreich) für den Regisseur *Raoul Ruiz*; Silberner Bär für den besten Darsteller an *Leonardo DiCaprio* (USA) für seine Rolle in »William Shakespeares Romeo und Julia« von *Baz Luhrmann* (USA); Silberner Bär für die beste Darstellerin an *Juliette Binoche* (Frankreich) für ihre Rolle in »Der englische Patient« von *Anthony Minghella* (Großbritannien); Silberner Bär für eine hervorragende Einzelleistung an *Zbigniew Preisner* (Polen) für die Musik in dem Film »Die Insel in der Vogelstraße« von Søren Kragh-Jacobsen (Dänemark/Großbritannien/Deutschland); Blauer Engel als Großer Preis der Europäischen Film- und Fernsehakademie an den Regisseur *Montxo Armendariz*; Goldener Bär für den besten Kurzfilm an »Neueste Nachrichten« von *Per Carleson* (Schweden); Silberner Bär für den besten Kurzfilm an »Late at Night« von *Stefanie Jordan*, *Stefanie Saghri* und *Claudia Zoller*; Alfred-Bauer-Preis an »William Shakespeares Romeo und Julia« von *Baz Luhrmann* (USA); Wolfgang-Staudte-Preis (20 000 DM) an »Der Sertao der Erinnerungen« von *José Araujo* (Brasilien) aus dem Internationalen Forum des Jungen Films; Kirchenpreis der ökumen. Jury (10 000 DM) an »Mit den Augen des Westens« von *Joseph Pitchhadze* (Israel) im Wettbewerb und »Nobody's Business« von *Alan Berliner* (USA) im Forum; Sonderpreis Berlinale Kamera an *Armin Mueller-Stahl*; Fipresci-Preis des Internat. Filmkritiker-Verbandes an »Der Fluß« von *Tsai Ming-Liang* (Taiwan) im Wettbewerb und »Nobody's Business« von *Alan Berliner* (USA) im Forum; Friedensfilmpreis (10 000 DM) an »Nach Saison« von *Mirjam Quinte* und *Pepe Danquart*; Lobende Erwähnung an die Filme »Das Leben ist eine Baustelle« von *Wolfgang Becker* und »Get on the Bus« von *Spike Lee* (USA); Preis der Internationalen UNICEF-Jury des Kinderfilmfestes an »Kannst Du pfeifen, Johanna« von *Rumle Hammerich* (Schweden); Preis der Gilde Deutscher Filmkunsttheater an »Get on the Bus« von *Spike Lee* (USA) im Wettbewerb; Preis des Internationalen Verbandes der Filmkunsttheater an »Mutter und Sohn« von *Aleksandr Sokurov* (Deutschland/Rußland) im Panorama und an »Der schlafende Mann« von *Kohei Oguri* (Japan) im Forum; Schwul-lesbischer Filmpreis »Teddy« an »All Over Me« von *Alex Sichel* (USA).

43. Internationale Kurzfilmtage 1997 der Stadt Oberhausen: Großer Preis (10 000 DM) an die Regisseurin *Jayne Parker* (Großbritannien) für ihren Film »Crystal Aquarium«; weitere Preise (je 5000 DM) gingen an *Jennifer Reeves* (USA) für ihren Film »Chronik« und *Aleksander Sokurov* (Rußland) für seinen Film »Hubert Robert – Ein glückliches Leben«.

Internationales Kinder- und Jugendfilmfestival 1996 in Frankfurt am Main: beste Kinderfilme an den Film »König der Masken« von *Wu Tian Ming* (China) und an die Produktion »Nie mehr dreizehn« von *Sirin Eide* (Norwegen); bester Jugendfilm an »Lauf, wenn du kannst« von *Vadim Jean* (Großbritannien).

Kulturpreis der Deutschen Gesellschaft für Fotografie 1996, seit 1959 bestehende Auszeichnung in Form einer vergoldeten Gloriole, an den in Paris lebenden Modedesigner *Karl Lagerfeld*.

Ernst-Lubitsch-Preis 1996 des Clubs der Filmjournalisten Berlin, an den Filmregisseur *Helmut Dietl* für seinen Film »Rossini – oder die mörderische Frage, wer mit wem schlief«.

38. Nordische Filmtage 1996 in Lübeck – Förderpreis des Norddeutschen Rundfunks (25 000 DM) an den Film »Der 18. Mai« von *Anders Rönnow-Klarlund* (Dänemark); Kinderfilmpreis an den Jugendfilm »Bert, die letzte Jungfrau« von *Thomas Alfredson* (Schweden).

Ökomedia 1996 des ökologischen Films in Freiburg i. Br. – beste künstlerische Leistung an den Trickfilm »Quest« von *Tyron Montgomery*, der auch den Sonderpreis des Umweltministeriums erhielt; beste journalistische Leistung an »The Dammed« von *Leo De Bock* (Belgien); bester Naturfilm an »Microcosmos« von *Claude Nuridsany* und *Marie Pérennou* (Schweiz/Frankreich/Italien); bester Jugendfilm an »Helmut Olsen« von *Liller Molter* (Dänemark). Der Förderpreis der Stadt Freiburg ging an »Amrit Beeja – Die ewige Stadt« von *Meera Dewan* (Indien); der Hoimar-von-Ditfurth-Preis für die beste Darstellung ökologischer Probleme an »Es war einmal in Australien« von *Nick Hilligos*.

Max-Ophüls-Preis 1997 der Landeshauptstadt Saarbrücken (30 000 DM sowie Preis einer Verleihfirma in gleicher Höhe) an den besten deutschsprachigen Nachwuchsfilm »Müde Weggefährten« von *Zoran Solomuns* (Kroatien); Filmpreis des saarländ. Ministerpräsidenten (20 000 DM) an den Film »Miel et cendres« von *Nadia Farès* (Schweiz); Produzentenpreis (Sachmittel in Höhe von 25 000 DM) an *Cathrin Schlösser* und *Frank Löprich* für den Film »Edgar« von *Karsten Laske*.

Der Publikumspreis ging an »Lea« von *Ivan Fila*; der Förderpreis (je 5000 DM) für beste Nachwuchsdarsteller an *Jule Ronstedt* in »Bandagistenglück« von *Maria Teresa Camoglio* und an *Lars Rudolph* in »Edgar« sowie seine Leistung in »Not a Love-Song« von *Jan Ralske*.

Erich-Salomon-Preis 1997 der Deutschen Gesellschaft für Fotografie für »vorbildliche Anwendung der Fotografie in der Publizistik« an den Bildjournalisten *Peter Hunter*.

Spectrum-Preis für Fotografie 1997 der Stiftung Niedersachsen in Zusammenarbeit mit dem Sprengel-Museum Hannover an *Thomas Struth* von der Hochschule für Gestaltung in Karlsruhe. Der Preis wird an Fotografen vergeben, in deren künstlerischer Arbeit auch soziales Engagement zum Ausdruck kommt. Anstelle einer Dotierung wird dem Preisträger eine Ausstellung mit Katalog gewidmet.

TV Movie Award 1996 (je 50 000 DM) anläßlich des 14. Filmfests in München – bestes ausländ. Werk an den spanischen Fernsehfilm »Eso« von *Fernando Colomo* (Antena 3), bester deutscher Beitrag an »Russenhuren – Visum in den Tod« von *Uwe Janson* und Produzent *Jürgen Kriwitz* (Sat.1).

Rodolfo-Valentino-Filmpreis 1996 – Goldene Statue, die an die Hollywood-Legende *Rodolfo Valentino* (1895–1926) erinnert – erstmals in Berlin verliehen, an die Schauspieler *Antonio Banderas* (Spanien), *Irene Papas* (Griechenland) und den Regisseur *Pedro Almodóvar* (Spanien); Spezialpreis an den Schauspieler *Alberto Sordi* (Italien).

Europa

Euroimages, 1988 gegründeter und derzeit mit insgesamt ca. 7,5 Mio. DM dotierter Filmfonds des Europarats (ihm gehören 24 der 40 Europaratsmitglieder an), förderte **1997** die Spielfilme »Feuerreiter« von *Nina Grosse* (Deutschland/Frankreich/Polen), »Zwei im Berg« von *Christoph Kuhn* (Schweiz/Deutschland/Österreich), »Romani Kris« von *Bence Gyöngyössy* (Ungarn/Deutschland/Bulgarien), »Jancsi und Juliska« von *Peter Gothar* (Ungarn/Frankreich/Österreich) und »On my Way« von *Erden Kiral* (Türkei/Ungarn/Tschechische Rep.).

European Publisher Award of Photography 1996 an den in Paris und New York lebenden *Bruce Gilden* für seine Reportage über die Slums auf Haiti.

Europäischer Filmpreis – Felix 1996, Verleihung in Berlin: bester europäischer Film an »Breaking the Waves« von *Lars von Trier* (Dänemark), für dessen weibliche Hauptrolle auch *Emily Watson* (Großbritannien) ausgezeichnet wurde; bester junger Schauspieler an *Sir Ian McKellen* (Großbritannien) für seine Leistung in »Richard III.« von *Richard Loncraines* (Großbritannien); bestes Drehbuch an das russische Autorenteam *Arif Alev, Sergeio Bodrov und Boris Giller* für »Gefangene des Kaukasus«; *Sir Alec Guinness* (Großbritannien) wurde für sein Lebenswerk geehrt. Als bester junger europäischer Film wurde »Some Mother's Son« von *Terry George* (Irland) ausgezeichnet. Der erstmals verliehene Screen International Five Continents Award für den besten nichteuropäischen Film ging an den Western »Dead Man« von *Jim Jarmusch* (USA). Den europäischen Dokumentarfilmpreis von ARTE erhielten *Jerzy Sladkowski* und *Stanislaw Krzeminski* (beide Polen).

24. Filmfestival 1996 in Brüssel – »Etoile Christal« (250 000 DM) für bestes europäisches Werk an den Film »Lea« (Deutschland) von *Ivan Fila*, der auch den Publikumspreis erhielt; beste europäische Schauspielerin an *Julie Gayet* (Frankreich) für ihre Rolle in »Select Hotel«, bester europäischer Schauspieler an *Steven MacIntosh* (Großbritannien) für seine Leistung in »Different for Girls«.

Frankreich

César der Akademie für Filmkunst und Kinotechnik 1997 in Paris für den besten französischen Film 1996 an »Ridicule« von *Patrice Leconte*, der dafür auch, gemeinsam mit *Bertrand Tavernier* (»Capitaine Conan«), für beste Regie sowie für beste Ausstattung und beste Kostüme ausgezeichnet wurde; 5 Césars gingen an den Film »Microcosmos«: beste Kamera, bester Ton, bester Schnitt und beste Musik, sowie bester Produzent an *Jacques Perrin*; bestes Drehbuch an »Un air de famille« von *Cédric Klapisch*, der 2 weitere Auszeichnungen für die besten Nebendarsteller *Catherine Front* und *Jean-Pierre Darroussin* erhielt. Bestes Debüt ging an *Sandrine Veyssets* »Y aura-t-il de la neige à Noël?«, beste Hauptdarstellerin an *Fanny Ardant* in »Pédale douce«, bester Hauptdarsteller an *Philippe Torreton* in »Capitaine Conan«, beste Nachwuchsdarsteller an *Laurence Côte* in »Les Voleurs« und *Mathieu Amalric* in »Comment je me suis dispute«. Ehren-Césars gingen an *Charles Aznavour* und *Andie MacDowell* (USA), bester ausländischer Film wurde »Breaking the Waves« von *Lars von Trier* (Dänemark).

1. Festival der Fotografie der drei Kontinente 1996 in Nantes – Preis an den Fotografen *Touhami Ennadre* für sein Buch »Lumiére noire« (Schwarzes Licht); weitere Preise gingen an *Angele Etoundi Essamba* (Kamerun), *Daniel Mordzinski* (Argentinien) und *Pablo Monasterio* (Mexiko).

50. Internationales Filmfestival in Cannes 1997 – Goldene Palme für den besten Film an »Unagi« (Der Aal) von Regisseur *Shohei Imamura* (Japan) und »Ta'm é guilass« (Der Geschmack der Kirsche) des Regisseurs *Abbas Kiarostami* (Iran); Sonderpreis des 50. Festivals an *Youssef Chahine* (Ägypten) für sein Gesamtwerk; beste Darsteller an *Sean Penn* (USA) für seine Rolle in »She's so Lovely« von *Nick Cassavetes* (USA) und *Cathy Burke* (Großbritannien) für ihre Rolle in »Nil by Mouth« von *Gary Oldman* (USA); Großer Jury-Preis an »The Sweet Hereafter« von *Atom Egoyan* (Kanada); Spezial-Preis der Jury an »Western« von *Manuel Poirier* (Frankreich); Preis für das beste Drehbuch an *Ang Lee* (USA) für »The Ice Storm« nach dem Roman von *Rick Moody* (USA); Preis für die beste Regie an *Wong Kar-wai* (Hongkong) für »Happy Together«; Großer Technik-Preis für »She's so Lovely« von *Nick Cassavetes* (USA) und »The Fifth Element« von *Luc Besson* (Frankreich); Goldene Kamera für das beste Erstlingswerk in allen Programmreihen des Festivals (von einer eigenen Jury vergeben) für »Sazuku« von *Naomi Kawase* (Japan).

Lumières de Paris 1997 (vergleichbar mit dem US-Filmpreis Golden Globe), von der ausländischen Presse in Frankreich vergeben, an »Ridicule« von Regisseur *Patrice Leconte* als bestem französischen Film.

18. Mittelmeer-Filmfestival 1996 in Montpellier – »Antigone d'or« an die schweizerisch-tunesische Koproduktion »Miel et cendres« von *Nadia Farès.*

Prix Louis Delluc 1996, benannt nach dem französischen Filmkritiker *Louis Delluc* (1890–1924) und von Journalisten und Filmleuten in Paris vergeben, an *Sandrine Veysset* für ihren ersten Langspielfilm »Y aura-t-il de la neige à Noël?«.

24. Salon International de la Bande Dessinée 1997 in Angoulême: Großer Preis der Stadt Angoulême wurde nicht vergeben; bestes Album an »Qui a tué l'idiot?« von *Nicolus Dumontheuil*; bestes ausländ. Album an »Le Silence de Malka« von *Ruben Pellejero* und *Jorge Zentner*; bestes Humor-Album an »Le Démon du Midi« von *Florence Cestac*; bestes Szenario an »Le Voyage« von *Baudoin* und Publikumspreis an »L'affaire Francis Blake« von *Van Hamme* und *Benoit.*

Großbritannien

Filmpreis 1997 der British Academy of Film and Television Arts für besten Film an »Der englische Patient« von *Anthony Minghella,* der auch für bestes Drehbuch und die beste weibliche Nebenrolle durch *Juliette Binoche* (Frankreich) ausgezeichnet wurde; der Film »Lügen und Geheimnisse« von *Mike Leigh* erhielt den Alex-Korda-Preis als bester britischer Film des Jahres und gewann außerdem in den Kategorien bestes Original-Drehbuch und beste weibliche Hauptrolle durch *Brenda Blethyn.*

Italien

Filmfestival 1996 in Locarno – Pardo d'Honneur an *Werner Schroeter* (Deutschland) für sein filmisches Werk.

53. Internationales Filmfestival 1996 in Venedig – Goldener Löwe für den besten Film an »Michael Collins« von *Neil Jordan* (Irland), Großer Spezialpreis der Jury an »Brigands« von *Otar Iosseliani* (Georgien/Frankreich), Coppa Volpi für die beste Schauspielerin an *Victoire Thivisol* (Frankreich) in »Ponette« von *Jacques Doillon* (Frankreich), für den besten Schauspieler an *Liam Neeson* (Großbritannien) in »Michael Collins«, für beste männliche Nebenrolle an *Chris Penn* in »The Funeral« von *Abel Ferrara* (USA); »Osella« in Gold für das beste Originaldrehbuch an *Paz Alicia Gardiadiego* für »Profundo carmesi« von *Arturo Ripstein* (Mexiko), der auch für die beste Musik (*David Mansfield*) und die beste Ausstattung (*Marisa Pecanins* und *Monica Chirinos*) ausgezeichnet wurde; Goldmedaille des Senatspräsidenten an »Carla's Song« von *Ken Loach* (Großbritannien); Goldener Ehren-Löwe für sein Lebenswerk an den Schauspieler *Dustin Hoffman* (USA), weitere Löwen an *Michèle Morgan* (Frankreich) und *Vittorio Gassman.*

Japan

9. Internationales Filmfestival in Tokyo 1996 – Großer Preis an den Regisseur *Jan Sverak* (Tschechische Rep.) für seinen Film »Kolya«; Spezialpreis der Jury an *Krzysztof Zanussi* (Polen) für »In vollem Galopp« und *Vicente Aranda* (Spanien); beste Schauspielerin an *Hildegunn Riise* und *Marie Theisen* (beide Norwegen) für »The Other Side of Sunday«, bester Schauspieler wurde *Wu Tian Ming* (China) für seine Rolle in »The King of Masks«; alle Hauptpreise sind undotiert. Im Wettbewerb für junge Regisseure erhielt *Amir Karakulow* (Kasachstan) die Goldmedaille und 20 Mio. Yen für »Last Holiday«.

Praemium Imperale 1996 (ca. 230 000 DM) an den Regisseur *Andrzej Wajda* (Polen).

Österreich

Internationaler Videokunstpreis 1996 (300 000 S) des ORF an den Videokünstler *Robert Cahen* (Frankreich) für sein Video »7 visions fugitives«; 2. Preis (70 000 S) an die Videokünstlerin *Trine Vester* (Dänemark) für die Film- und Computeranimation »Larm/Noise«. Der Förderpreis ging an *Markus Degen* für seine Porträtstudie »lightformed«.

Schweden

Victor-Hasselblad-Fotopreis 1996 (270 000 skr.) der Erna und Victor Hasselblad-Stiftung in Göteborg an den Fotografen und Filmer *Robert Frank* (USA).

Schweiz

9. Genfer Filmfestival 1996 – Preis für die beste europäische Nachwuchsdarstellerin (je 10 000 sfr) an *Magdalena Cielecka* (Polen) für ihre Rolle in »Pokuszenie«; bester Nachwuchsdarsteller an *Jason Fleming* (Großbritannien) für seine Rolle in »Indian Summer«; Spezialpreis der Jury der Stadt Genf (10 000 sfr) an *Oana Pellea* (Rumänien) für ihre Rolle in »Stare de Fapt«; besondere Erwähnung an *Marie Theisen* (Norwegen) für ihre Rolle in »Sondagsengler«; Publikumspreis (5000 sfr) an *Pascal Ulli* für seine Hauptrolle in »Nacht der Gaukler«. Das 1988 gegründete Genfer Filmfestival hat sich zum Ziel gesetzt, europäische »Sterne von morgen« zu entdecken.

Internationale Filmfestspiele in Locarno 1996 – Goldener Leopard (30 000 sfr) an den Film »Nenette et Boni« von *Claire* Denis (Frankreich), 2 Silberne Leoparden (je 12 500 sfr) an den Beitrag »Floating Life« (Australien) und die französisch-tschechische Koproduktion »Marian«. Die beiden Hauptdarsteller des Siegerfilms, *Gregoire Colin* und *Valeria Bruni-Tedeschi* (beide Frankreich), erhielten außerdem jeweils einen Spezialpreis.

16. Internationales Festival der Filmkomödie 1996 von Vevey – Der Hauptpreis Canne d'Or ging an »Ziehende Wolken« von *Aki Kaurismäki* (Finnland), der auch den erstmals verliehenen **Preis der Presse** erhielt; Publikumspreis an »Guantanamera« von *Tomas Gutierrez Alea* und *Juan Carlo Tabio* (beide Kuba); bester Kurzfilm an »Le réveil« von *Marc-Henri Wajnberg* (Belgien); lobende Erwähnung an »Jeffrey« von *Christopher Ashley* (USA); beste Regie an *Martin Sulik* (Slowakei) für »Der Garten«.

Innerschweizer Kulturpreis 1997 (20 000 sfr) der gleichnamigen Kulturstiftung an den Filmemacher *Fredi M. Murer.*

31. Solothurner Filmtage 1996 – »Suissimage« (25 000 sfr) für den besten Schweizer Kurzfilm an die Berner Videokünstlerin *Sabine Mooibroek* für ihre Videoarbeit »hoe deze genodigden praten – wi die gescht redet«, Thomas-Stanley-Förderpreis (je 10 000 sfr) an *Björn Kurt* und *Hélène Faucherre* für ihre Kurzfilme »Wölfe« und »Soir de fête«.

Waadtländer Grand Prix 1996 (100 000 sfr) der gleichnamigen Stiftung für die Förderung des künstlerischen Schaffens an den Regisseur *Benno Besson.* Weitere Preise (je 15 000 sfr) gingen an die Jazz-Pianistin *Sylvie Courvoisier*, den Fotografen *Philippe Pache*, die Malerin *Catherine Bolle* und den Videokünstler *Yves Kropf.*

Zuger Werkjahr 1996 (35 000 sfr) an den Fotografen *Guido Baselgia* für ein Projekt über das Verhältnis der Menschen zur Architektur in Zug.

Kultur

Spanien

44. Internationales Filmfestival von San Sebastian 1996 – Goldene Muschel (ca. 200 000 DM) an »Bwana« von *Imanol Uribe* und »Trojan Eddie« von *Gillies Mackinnon* (Irland), Silberne Muschel an »Bajo la piel« (Unter der Haut) von *Francisco Lombardi* (Peru), Sonderpreis für die Filmkritik an »Engelchen« von *Helke Misselwitz* (Deutschland).

41. Internationales Filmfestival von Valladolid 1996 – Goldene Ähre für den besten Dokumentarfilm an den Journalisten und Filmschaffenden *Andreas Hoessli* (Schweiz).

Premio Nacional 1996 (ca. 60 000 DM) an die Schauspielerin *Marisa Paredes.*

Vereinigte Staaten von Amerika

69. »Oscar« 1997 (Awards of Merit), seit 1929 alljährlich von der »Academy of Motion Picture Arts and Sciences« vergebener US-Filmpreis (→ WA '97 Sp. 1181) – bester Film: »Der englische Patient«, der auch für beste Regie (*Anthony Minghella*), beste Kamera (*John Seale*), beste Kostüme (*Ann Roth*), besten Filmschnitt (*Walter Murch*), beste Nebendarstellerin (*Juliette Binoche*), beste Ausstattung (*Stuart Craig*), besten Ton (*Chris Newman*) und beste Musik zu einem Drama (*Gabriel Yared*) ausgezeichnet wurde; bestes adaptiertes Drehbuch: *Billy Bob Thornton* für »Sling Blade«, beste visuelle Effekte: *Volker Engel*, *Douglas Smith*, *Clay Pinney* und *Joseph Viskocil* für »Independence Day« von *Roland Emmerich* (Deutschland); bestes Original-Drehbuch: *Ethan* und *Joel Coen* für »Fargo«; beste Hauptdarstellerin: *Frances McDormand* in »Fargo«; bester Hauptdarsteller: *Geoffrey Rush* (Australien) in »Shine« von *Scott Hicks*, bester Nebendarsteller: *Cuba Gooding Jr.* in »Jerry Maguire« von *Cameron Crowe*; bester Filmsong: »You Must Love Me« aus »Evita« von *Sir Andrew Lloyd Webber* und *Tim Rice*, beste Musik zu einer Komödie: *Rachel Portman* für »Emma« nach *Jane Austen* von *Douglas McGrath*; bester fremdsprach. Film: »Kolya« von *Jan Sverák* (Tschechische Rep.); bester Trickfilm: »Quest« von *Tyron Montgomery* und *Thomas Stellmach* (beide Deutschland); bester Dokumentarfilm: »When We Were Kings« von *Leon Gast* und *David Sonnenberg*, bester kurzer Dokumentarfilm: »Breathing Lessons: The Life and Work of Mark O'Brian«. Ehrenpreise erhielten der Produzent *Saul Zaentz*, der Choreograph *Michael Kidd* und die Firma Imax Corp.

Preis der US-Filmkritiker 1996 an die britisch-französische Produktion »Lügen und Geheimnis-

Golden Globe

Der »Golden Globe Award« wird von der 1943 gegründeten Hollywood Foreign Press Association (HFPA) vergeben. Im ersten Jahr bekamen die Sieger noch eine schlichte Urkunde, im Jahr darauf nahm der Globe seine heutige Form an: eine von einem Filmstreifen umwickelte goldene Weltkugel auf einem Podest. Bei den Golden Globe Awards wird – anders als beim »Oscar« (→ oben) – zwischen den Sparten Komödie/Musical und Drama unterschieden; außerdem werden auch Fernsehproduktionen ausgezeichnet. An Bedeutung gewann der »Globe« erst, als das Fernsehen seit Ende der 80er Jahre die Preisverleihungen zu übertragen begann. Heute gilt: Wer einen »Globe« erhält, hat auch gute Chancen auf einen »Oscar«. – Die **54. Golden Globe-Verleihung 1997** ergab: Bester Film (Komödie/Musical): »Evita«, bester Film (Drama): »Der englische Patient« von *Anthony Minghella* (Großbritannien); bester Regisseur: *Milos Forman* für »Larry Flint – Die nackte Wahrheit«, sowie bestes Drehbuch: *Scott Alexander* und *Larry Karaszewski*; bester Schauspieler (Drama): *Geoffrey Rush* (Australien) in »Shine« von *Scott Hicks*, bester Schauspieler (Komödie): *Tom Cruise* in »Jerry Maguire«, beste Schauspielerin (Komödie/Musical): *Madonna* für ihre Rolle der *Eva Péron* in »Evita«, die auch für den von ihr vorgetragenen besten Einzel-Song »You Must Love Me« ausgezeichnet wurde; beste Schauspielerin (Drama): *Brenda Blethyn* (Großbritannien) in »Lügen und Geheimnisse« von *Mike Leigh*; beste Filmmusik: *Gabriel Yared* für »Der englische Patient«; bester Nebendarsteller: *Edward Norton* in »Zwielicht«, beste Nebendarstellerin: *Lauren Bacall* in »Liebe hat zwei Gesichter« von *Barbra Streisand*; bester nicht englischsprachiger Film wurde die tschechische Produktion »Kolya« von *Jan Sverák* (Tschechische Rep.); die Hauptfernsehpreise gingen an die Serien »Akte X« (Drama) sowie »The Third Rock From The Sun« und »Rasputin«, für den auch *Alan Rickman* und *Ian McKellen* ausgezeichnet wurden; den Cecil B. deMille-Preis erhielt der Schauspieler *Dustin Hoffman* für sein Lebenswerk.

se« von *Mike Leigh* als bester Film des Jahres; sie wurde gleichzeitig für die beste Regie und die beste Schauspielerin, *Brenda Blethyn* (Großbritannien), ausgezeichnet; bester Schauspieler an *Geoffrey Rush* (Australien) für seine Leistung in »Shine«; bestes Drehbuch an die Brüder *Ethan* und *Joel Coen* für »Fargo«.

Vereinte Nationen

5. Internationales Kinderfilm-Festival 1996 der UNESCO und der Kinderhilfsorganisation der Organisation Amerikanischer Staaten (OAS) in Montevideo – Kinderfilmpreis an *Joseph Vilsmaier* (Deutschland) für den Film »Charlie & Louise – das doppelte Lottchen«.

Literatur

Belgien

Jean-Monnet-Preis 1996 für europäische Literatur (ca. 15 000 DM) an den Völkerrechtler und Schriftsteller *Pierre Mertens* für sein Werk »Une paix royale«.

Dänemark

Internationaler Hans-Christian-Andersen-Preis 1996 an den Kinder- und Jugendbuchillustrator *Klaus Ensikat*.

Deutschland

Konrad-Adenauer-Literaturpreis 1997 (25 000 DM) der gleichnamigen Stiftung an den Erzähler und Dramatiker *Thomas Hürlimann* (Schweiz), dessen Werk laut Jury »gegen Wertezerfall und Mitläufertum« gerichtet sei.

Bettina-von-Arnim-Preis 1997 für deutschsprachige Kurzprosa (25 000 DM) der Zeitschrift Brigitte an die Schriftstellerin *Christiane Krause* für ihre Erzählung »Platon«.

aspekte-Literaturpreis 1996 des ZDF-Kulturmagazins für Erstlingswerke in deutscher Sprache (15 000 DM) an die Schriftstellerin *Felicitas Hoppe* für ihren Erzählband »Picknick der Friseure«.

»Auslese«-Kulturpreis 1996 der Stiftung Lesen an das Berliner Zentrum für Kinder- und Jugendliteratur »LesArt«, eines der 5 Literaturhäuser Berlins, das seit 1993 Lesungen, Projekte und Aktionen rund um die Kinder- und Jugendliteratur organisiert.

»Autor des Jahres 1996« der deutschen Buchhändler an den Schriftsteller *Frank McCourt* (Irland) für sein Erstlingswerk »Die Asche meiner Mutter«, das gleichzeitig auch »Buch des Jahres« wurde.

Hugo-Ball-Kulturpreis 1996 der Stadt Pirmasens (20 000 DM), alle 3 Jahre verliehen und nach dem

Dadaisten *Hugo Ball* (1886–1927) benannt, an den Schriftsteller *Robert Menasse* (Österreich); Förderpreis (7500 DM) an den Essayisten und Übersetzer *Ralph Dutli.*

Bertelsmann-Literaturpreis 1996 (10 000 DM) an die Schriftstellerin *Lydia Mischkulnig* (Österreich) für ihre Erzählung »Bande«.

Horst-Bienek-Preis 1996 für Lyrik (20 000 DM) der Bayerischen Akademie der Schönen Künste an den walisischen Lyriker *R. S. Thomas* für sein Lebenswerk; Förderpreis (5000 DM) an den Lyriker und Übersetzer *Kevin Perryman.*

Heinrich-Böll-Preis 1997 (35 000 DM) der Stadt Köln an den Schriftsteller *W. G. Sebald* für seine Prosabände, in denen er laut Jury »die Leidens- und Unrechtsgeschichte der Menschen« zum Thema mache, »ohne je in Larmoyanz zu verfallen«.

Helmut-M.-Braem-Übersetzerpreis 1996 (15 000 DM), gestiftet vom Börsenverein des Deutschen Buchhandels und vom »Freundeskreis zur internationalen Förderung literarischer und wissenschaftlicher Übersetzungen« an den Journalisten, Übersetzer und Essayisten *Dieter E. Zimmer.*

Brandenburgischer Literaturpreis 1996 (20 000 DM) an den Schriftsteller *Günter de Bruyn* insbes. für seine autobiographischen Werke »Zwischenbilanz« und »Vierzig Jahre«; Förderpreis (10 000 DM) an die Philologin *Kerstin Hensel*; Ehrenpreis (10 000 DM) an den Altphilologen *Dietrich Ebener* für sein Lebenswerk.

Bremer Literaturpreis 1997 der Rudolf-Alexander-Schröder-Stiftung (30 000 DM) an den Schriftsteller *Michael Roes* für seinen Orient-Roman »Rub'al-Khali. Leeres Viertel«; Förderpreis (10 000 DM) an die Schriftstellerin *Stefanie Menzinger* für ihren Roman »Wanderungen im Innern des Häftlings«.

Clemens-Brentano-Förderpreis 1997 der Stadt Heidelberg (20 000 DM), seit 1992 in den jährlich wechselnden Sparten Erzählung, Essay, Roman und Lyrik vergeben, an den Schriftsteller *Daniel Zahno* für seinen Erzählband »Doktor Turban«.

Georg-Büchner-Preis 1997 (60 000 DM) der Deutschen Akademie für Sprache und Dichtung in Darmstadt (→ WA '97, Sp. 1185), höchstdotierte deutsche Literaturauszeichnung, an den Schriftsteller *H. C. Artmann* (Österreich) für sein Lebenswerk.

Paul-Celan-Übersetzerpreis 1996 (20 000 DM) des Deutschen Literaturfonds in Darmstadt an die Übersetzerin *Angela Praesent* für die Übertragung von Harold Brodkeys Roman »Die flüchtige Seele«.

Adelbert-von-Chamisso-Preis 1997 der Robert Bosch Stiftung in Stuttgart für fremdsprach. Autoren, deren Werk der deutschen Literatur zuzurechnen ist (30 000 DM), gemeinsam an den in Berlin lebenden Schriftsteller *Güney Dal* (Türkei) und den Lyriker *José F. A. Oliver* (Spanien); die Ehrengabe zum Chamisso-Preis erhielt der tschechische Schriftsteller und Botschafter seines Landes in Bonn, *Jiri Grusa*, für seine in deutscher Sprache geschriebenen Gedichtbände.

Ernst-Robert-Curtius-Preis 1997 für Essayistik (15 000 DM), 1984 vom Bonner Buchhändler und Verleger *Thomas Grundmann* zu Ehren des Romanistikprofessors und Essayisten *Curtius* (1886–1956) gestiftet, an den Lyriker und Dramatiker *Hans Magnus Enzensberger* für sein Gesamtwerk. Den Förderpreis (7500 DM) erhielt *Doron Rabinovici* (Israel/Österreich).

Dedalus-Preis für Neue Literatur 1996 (15 000 DM), vom Süddeutschen Rundfunk und dem Land Baden-Württemberg und 1996 erstmals verliehen an die in London lebende Schriftstellerin *Anne Duden.*

Deutscher Krimipreis 1997 (undotiert; für Neuerscheinungen des Vorjahres), vom Bochumer Krimiarchiv seit 1985 vergeben, an den Schriftsteller *Alexander Heimann* für seinen Roman »Dezemberföhn«.

Deutscher Jugendliteraturpreis

Der mit insgesamt 80 000 DM dotierte Deutsche Jugendliteraturpreis wird künftig regelmäßig bei der Frankfurter Buchmesse vergeben. Der einzige staatliche Preis dieser Art wurde in den vergangenen 39 Jahren an wechselnden Orten verliehen. Aus Anlaß des 40jährigen Jubiläums wird die Auszeichnung von 1996 an in Frankfurt am Main verliehen, weil »die weltweit größte Buchmesse dafür den optimalen Rahmen« biete. Vom Bundesministerium für Familie, Senioren, Frauen und Jugend werden Preisgelder in den Sparten Bilderbuch, Kinderbuch, Jugendbuch und Sachbuch von jeweils 15 000 DM bereitgestellt sowie weitere 20 000 DM als Sonderpreis für das Gesamtwerk eines deutschsprachigen Autors. Die Sieger wählt im Auftrag des Ministeriums der Arbeitskreis für Jugendliteratur in München aus. Der Preis ging **1996** in der Kategorie Bilderbuch an die Schriftstellerin *Anna Höglund* (Schweden) für »Feuerland ist viel zu heiß«, in der Kategorie Sachbuch an *Björn Sortland* und *Lars Elling* (beide Norwegen) für das Kunst-Sachbilderbuch »Rot, blau und ein bißchen gelb«; in der Kategorie Jugendbuch an *Mats Wahl* für »Winterbucht«, in der Kategorie Jugendbuch an die Schweizer *Jürg Schubiger* und *Rotraut Susanne Berner* (Illustration) für das Kinderbuch »Als die Welt noch jung war«; Sonderpreis an *Paul Maar* für sein Gesamtwerk.

Alfred-Döblin-Preis 1997 für unveröffentlichte und noch nicht fertiggestellte Manuskripte der gleichnamigen, von *Günter Grass* errichteten Stiftung (28 000 DM), an die Autoren *Ingomar von Kieseritzky* und *Michael Wildenhain.*

Heimito-von-Doderer-Literaturpreis 1996 (30 000 DM), erstmals vergeben, an den Schriftsteller *Ror Wolf*; Förderpreis (8000 DM) an *Stephan Wackwitz* für sein Prosadebüt »Walkers Gleichung«.

Annette-von-Droste-Hülshoff-Preis 1997, Westfälischer Literaturpreis (25 000 DM), seit 1952 im Andenken an die Dichterin *Droste-Hülshoff* (1797–1848) alle 2 Jahre vergeben, an die Schriftstellerin *Sarah Kirsch.*

Theodore-Fontane-Preis 1996 (30 000 DM) der Berliner Akademie der Künste an *Wolfgang Hilbig.*

Sigmund-Freud-Preis 1997 (20 000 DM) für wissenschaftliche Prosa, von der Deutschen Akademie für Sprache und Dichtung in Darmstadt verliehen, an den Ethno-Psychoanalytiker *Paul Parin*; für **1996** an *Peter Wapnewski.*

Stefan-George-Preis 1996 (15 000 FF) für Übersetzer, gestiftet vom Conseil international de la langue française, verliehen von der Heinrich-Heine-Universität in Düsseldorf, an *Mario Cocozza* für seine Übersetzungsarbeit am Roman »Cladestine« von *Anne Tristan.*

Friedrich-Gerstäcker-Preis 1996 (12 000 DM) der Stadt Braunschweig, älteste, alle 2 Jahre vergebene, bundesdeutsche Auszeichnung für Kinderliteratur – benannt nach dem Schriftsteller *Gerstäcker* (1816–1872) – an *Arnulf Zitelmann* für sein Buch »Unterwegs nach Bigorra«.

Friedrich-Glauser-Autorenpreis 1997 (10 000 DM) für den besten deutschen Kriminalroman des Jahres an *Hartmut Mechtel* für »Der unsichtbare Zweite«.

Jakob-und-Wilhelm-Grimm-Preis 1996 (10 000 DM) des Deutschen Akademischen Austauschdienstes (DAAD) an den Historiker und Politologen *Moshe Zimmermann* (Israel).

Großer Literaturpreis 1997 der Bayerischen Akademie der Schönen Künste (30 000 DM) an den Schriftsteller *Paul Wühr* für seine »unermüdliche Spracharbeit«.

Andreas-Gryphius-Preis 1997 (25 000 DM), vom Bundesinnenministerium gestiftet und von der Künstlergilde Esslingen vergeben, an den Essayisten und Übersetzer *Karl Dedecius.*

Friedrich-Gundolf-Preis 1997 der Deutschen Akademie für Sprache und Dichtung für die Vermittlung deutscher Kultur im Ausland (20 000 DM) an den Schriftsteller *Imre Kertész* (Ungarn) für sein Gesamtwerk.

Peter-Härtling-Preis 1997 der Stadt Weinheim

für Kinder- und Jugendliteratur (10 000 DM) an die Schriftstellerin *Nina Petrick* für ihren Roman »Die Regentrinkerin«.

Heine-Preis 1997 (25 000 DM), alle 2 Jahre von der Heinrich-Heine-Gesellschaft in Düsseldorf vergeben, an die Germanistin *Ruth Klüger*, deren Werk ein »Zeugnis der Leuchtkraft humanen und aufgeklärten Denkens in einem Jahrhundert der ideologischen Verblendung« sei.

Gottfried-von-Herder-Preis 1997 der Hamburger Alfred Toepfer Stiftung F. V. S. (7 Hauptpreise à 30 000 DM) zur Förderung der kulturellen Beziehungen zu Ost- und Südosteuropa, von der Universität Wien vergeben, an den Schriftsteller *Tassos Athanassiadis* (Griechenland), den aus Jugoslawien stammenden und in Wien lebenden Architekten *Bogdan Bogdanovic*, den Musikwissenschaftler *Oskar Elschek* (Slowakei), den Historiker *Ferenc Glatz* (Ungarn), den Kunsthistoriker *Lech Kalinowski* (Polen), den Schriftsteller *Jaan Kross* (Estland) und die Ethnologin *Dunja Rihtmann Augustin* (Kroatien).

E. T. A.-Hoffmann-Preis 1996 (10 000 DM), alle 2 Jahre von der Stadt Bamberg verliehen, an das Schriftsteller-Ehepaar *Tankred Dorst* und *Ursula Ehler.*

Friedrich-Hölderlin-Literaturpreis 1997 der Stadt Bad Homburg (25 000 DM) an die Lyrikerin *Doris Runge* für ihr lyrisches Gesamtwerk; Förderpreis (10 000 DM) an den Schriftsteller *Walle Sayer* für seine Erzählminiaturen.

Friedrich-Hölderlin-Preis 1997 der Stadt Tübingen (20 000 DM) an den Dichter, Kritiker und Übersetzer *Philippe Jacottet* (Schweiz) für die Herausgabe der französischen Hölderlin-Ausgabe der Pléiade.

Peter-Huchel-Preis 1997, gestiftet 1984 vom Südwestfunk und dem Land Baden-Württemberg (20 000 DM), an den Lyriker *Thomas Kling* für seinen Gedichtband »Morsch«.

Alfred-Kerr-Preis 1997 für Literaturkritik (10 000 DM), gestiftet vom Börsenblatt für den Deutschen Buchhandel, an den Literaturredakteur der Frankfurter Allgemeinen Zeitung *Paul Ingendaay.*

Else-Lasker-Schüler-Lyrikpreis 1996 (30 000 DM), vergeben von der Kulturstiftung Rheinland-Pfalz zur Förderung des deutschsprachigen Dramas und in Erinnerung an die Lyrikerin und Dramatikerin *Lasker-Schüler* (1869–1945), an die Lyrikerin *Friederike Mayröcker* (Österreich), weil sie sich in ihrem Werk im Dienste der poetischen Qualität konsequent modischen literarischen Trends verweigert habe; Förderpreis an den Lyriker *Christoph Wilhelm Aigner* (Österreich).

Gotthold-Ephraim-Lessing-Preis 1996 (25 000

DM) des Freistaats Sachsens, alle 2 Jahre auf dem Gebiet der Literatur, Literaturkritik und des Theaters vergeben, an den Schriftsteller *Wolfgang Hilbig*; Förderpreise (je 10 000 DM) gingen an die Autoren *Kerstin Hensel* und *Ulrich Zieger*.

LiBeraturpreis 1996 an die Schriftstellerin *Carmen Boullosa* (Mexiko) für ihr Buch »Die Wundertäterin«. Der Preis, der seit mehreren Jahren auf Schriftstellerinnen in Lateinamerika, Afrika, Asien und Ozeanien aufmerksam machen will, ist mit einem symbolischen Preisgeld von 1000 DM und einer Einladung zur Frankfurter Buchmesse verbunden.

Literatour Nord 1996/97 der DG Bank in Frankfurt am Main (20 000 DM) an den Schriftsteller *Robert Gernhardt* für seinen unveröffentlichen Gedichtzyklus »Herz in Not« und sein Gesamtwerk. Bei dieser Lesereihe handelt es sich um eine literarische Vierstädtetournee, bei der 6 deutschsprachige Schriftsteller in Oldenburg, Bremen, Hamburg und Hannover neue Werke vorstellen.

Literaturpreis der Jürgen Ponto-Stiftung 1996 für literarische Debüts (25 000 DM) an den Schriftsteller *Peter Henning* für seinen ersten Roman »Tod eines Eisvogels«.

Literaturpreis der Stadt Aachen 1996 (10 000 DM) an den Schriftsteller *Peter Rühmkorf*. Die Auszeichnung wird für literarische Arbeiten vergeben, »die in der künstlerischen Grundhaltung, durch die Themenwahl oder durch die literarische Form« an das Werk des in Aachen geborenen Schriftstellers *Walter Hasenclever* (1890–1940) anknüpfen.

Literaturpreis der Stadt Marburg 1996 (35 000 DM), verliehen alle 2 Jahre von der Stadt und dem Landkreis Marburg-Biedenkopf, an die Schriftsteller *Anne Duden* und *Ilija Trojanow* sowie den Übersetzer *Hans Wolf*.

Heinrich-Mann-Preis 1997 der Akademie der Künste Berlin-Brandenburg (16 000 DM) an den Schriftsteller *Michael Rutschky*.

Meersburger Droste-Preis 1997 (10 000 DM) an die Schriftstellerin *Friederike Mayröcker* (Österreich).

Johann-Heinrich-Merck-Preis für literarische Kritik und Essay 1997 (20 000 DM) an *Heinz Schafroth* (Schweiz); für **1996** an *Ulrich Weinzierl* (Österreich).

Mörike-Preis 1997 der Stadt Fellbach (20 000 DM), seit 1991 alle 3 Jahre vergeben, an den Schriftsteller *W. G. Sebald* (Österreich); Förderpreis (5000 DM) an den Übersetzer, Musikwissenschaftler und Autor *Wolfgang Schlüter*.

Preis für Europäische Poesie der Stadt Münster 1996 (25 000 DM) an den Lyriker *Zbigniew Herbert* (Polen) und seinen Übersetzer *Klaus Staemmler* für ihren Gedichtband »Rovigo«.

Kultur

Alexander-Puschkin-Preis 1996 (40 000 DM) der Hamburger Alfred Toepfer Stiftung F. V. S. für russische Literatur, an den Schriftsteller *Viktor Astafjew* (Rußland), dessen Werk in der Tolstoischen Tradition eines erzählerischen Realismus stehe.

Heinrich-Maria-Ledig-Rowohlt-Übersetzerpreis 1996 (25 000 DM) an *Angela Praesent;* Scatcherd-Preis 1996 (10 000 DM) in memoriam an *Ledig-Rowohlts* Ehefrau *Jane* an *Uli Aumüller*.

Hans-Sahl-Preis 1997 (20 000 DM), 1995 gestiftet vom Autorenkreis der Bundesrepublik in memoriam des nach 1933 in die USA emigrierten Autors *Hans Sahl* (1902–92), an die Schriftstellerin *Anja Lundholm*.

Jeanette-Schocken-Preis 1997 (10 000 DM), Bremerhavener Bürgerpreis für Literatur, alle 2 Jahre am 6. Mai, dem Datum der nationalsozialistischen Bücherverbrennung in Bremerhaven, verliehen, an den Schriftsteller *Imre Kertész* (Ungarn).

Richard-Schönfeld-Preis 1996 (20 000 DM) für literarische Satire, gestiftet von der Hamburgerin *Dorothea Liebeskind* und alle 2 Jahre von der Hamburgischen Kulturstiftung vergeben, erstmals verliehen an *Robert Gernhardt*.

Geschwister-Scholl-Preis 1996 der Stadt München und des Verbandes Bayerischer Verlage und Buchhandlungen (20 000 DM) an den in Mailand lebenden Autor *Hans Deichmann* für sein Buch »Gegenstände. Oggeti«.

Schubart-Literaturpreis 1997 der Stadt Aalen (20 000 DM) vergeben alle 2 Jahre in memoriam des Komponisten und Journalisten *Daniel Schubart* (1739–1791), an *Alice Schwarzer* für ihr publizistisches und verlegerisches Schaffen.

Anna-Seghers-Literaturpreis 1996 (10 000 DM) für junge Schriftsteller aus deutschsprachigen und lateinamerikan. Ländern, die zu »Toleranz und Hilfsbereitschaft von Menschen aller Kulturen beitragen«, an *Miguel Vitagliano* (Argentinien) für seinen Roman »Proteus der Pilger« und an *Michael Kleeberg* für sein Buch »So die Augen«.

Stadtschreiber-Literaturpreis von Mainz 1997, gewählt von der Stadt Mainz, dem ZDF und 3sat (24 000 DM), an den Schriftsteller *Friedrich Christian Delius*. Der Preis bietet dem Preisträger die Möglichkeit, für die Dauer eines Jahres eine Wohnung im Renaissance-Flügel des Mainzer Gutenberg-Museums zu beziehen.

Henrik-Steffens-Preis 1997 (40 000 DM) der Hamburger Alfred Toepfer Stiftung F. V. S. für hervorragende künstlerische und geisteswissenschaftliche Leistungen im skandinavischen Raum an die Erzählerin und Dramatikerin *Svava Jakobsdóttir* (Island), die maßgeblich zum Durchbruch der Moderne in der isländischen Prosa beigetragen und die Entwicklung der Literatur ihres Landes, insbesondere auf dem Gebiet der Kurzprosa, nachhaltig beeinflußt habe.

Übersetzerpreis der DVA-Stiftung 1997 zur Förderung des deutsch-französischen Kulturaustausches (je 20 000 DM) an *Andreas Knop* (Berlin) und *Christian Berner* (Frankreich).

Johann Heinrich-Voss-Preis 1997 für Übersetzung der Deutschen Akademie für Sprache und Dichtung (20 000 DM) an den Übersetzer *Hans-Horst Henschen*.

Aby M.-Warburg-Preis 1996 (30 000 DM), alle 4 Jahre von der Hansestadt Hamburg (als Hauptpreis: 20 000 DM und Stipendium: 10 000 DM) vergeben, an den Ethnologen und Soziologen *Claude Lévi-Strauss* (Frankreich). Der durch große ethnographisch-literarische Schriften und durch Reisen zu südamerikanischen Stämmen bekannt gewordene Wissenschaftler wurde für sein Lebenswerk ausgezeichnet. Das Stipendium erhielt die Hamburger Historikerin *Hedwig Röckelein*.

Weilheimer Literaturpreis 1996 (12 000 DM), seit 1988 in der Weilheimer Stadthalle von einer Schüler-Jury vergeben an einen zeitgenöss. Schriftsteller, den sie »Gleichaltrigen in besonderer Weise empfehlen«, an den Lyriker *Reiner Kunze*.

Europa

Europäischer Literaturpreis Aristeion 1996 der Europäischen Union (20 000 ECU) an den Schriftsteller *Christoph Ransmayr* (Österreich) für seinen Roman »Morbus Kitahara« und den Schriftsteller *Salman Rushdie* (Großbritannien) für »Des Mauren letzter Seufzer«.

Europäischer Übersetzerpreis 1996 (20 000 ECU) der Europäischen Union an *Thorkild Björnvig* (Dänemark).

Frankreich

»Deux-Magots«-Literaturpreis 1996 (50 000 FF), vergeben seit 63 Jahren vom Pariser »Café des Deux Magots«, an die Schriftstellerin *Eve de Castro* für ihren historischen Roman »Nous serons comme des Dieux«. Das »Deux Magots« im Stadtviertel Saint-Germain-des-Prés war das Stammcafé zahlreicher Schriftsteller und Künstler, darunter der Philosoph *Jean-Paul Sartre* und seine Lebensgefährtin *Simone de Beauvoir*.

Grand Prix du roman 1996 der Académie française (100 000 FF) an die französisch-kamerunische Autorin *Calixthe Beyala* für ihr Buch »Les honneurs perdus«.

Grand Prix Paul Morand 1996 (300 000 FF) der Académie française an den Schriftsteller und Kunstkritiker *Marcel Schneider*. Der Historiker *Jacques Le Goff* wurde für sein Buch »Saint-Louis« und sein Gesamtwerk ausgezeichnet. Weitere Preise gingen an den Herzspezialisten *Christian Cabrol* für sein Buch »Don de soi«, den Radiologen *Maurice Tubiana* für sein Buch »Les Chemins d'Esculape« sowie den Regisseur *Edouard Molinaro*. Der aus der kanad. Provinz Québec stammende *Robert Charlebois* erhielt die Große Medaille des französischen Chansons für sein Gesamtschaffen.

Ordre national des Arts et des Lettres 1996 – Chevalier – des französischen Kulturministers an den Verleger *Axel Matthes* (Deutschland).

Prix Fémina 1997 für französische Literatur an den Schriftsteller und Journalisten *Jean-Paul Kauffmann* für seinen Essay »Chambre Noire de Longwood«. Den Prix Femina 1997 für einen Erstlingsroman erhielt *Philippe Forest* für sein Buch »Hotel Crillon«.

Prix Femina Vacaresco 1997, seit 1994 jährlich von einer französischen Frauenjury für den besten ausländischen Roman vergeben, an den Schriftsteller *Javier Marias* (Spanien) für »Demain dans la bataille pense à moi«.

Prix Goncourt 1996 (symbolische 50 FF), angesehenster Literaturpreis Frankreichs, an die Schriftstellerin und Schauspielerin *Pascale Roze* für ihren Roman »Le Chasseur zéro«, der auch mit dem Prix Goncourt du premier roman 1996 ausgezeichnet wurde (→ unten). Den Gegenpreis **Prix Theophraste Renaudot** bekam der Schriftsteller *Albin Michel* für seinen Roman »Un silence d'environ une demi-heure«.

Prix Goncourt du premier roman 1997 (40 000 FF) für das beste französische Erstlingswerk an den Arzt und Schriftsteller *Jean-Christophe Rufin* für »L'Abyssin«; **1996** ging der Preis an die Schriftstellerin *Pascale Roze* für »Le Chasseur zéro«.

Prix Interallie 1996, seit 1930 von Journalisten an einen Kollegen verliehen, an den französisch-kubanischen Schriftsteller *Eduardo Manet* für seinen Roman »Rhapsodie cubaine«.

Prix Médicis 1996, angesehenster (nichtdotierter) französischer Preis für junge Literatur, an *Jacqueline Harpman* für ihren Roman »Orlanda« und an *Jean Rolin* für sein Buch »L'Organisation«.

Prix Médicis-étrangers 1996 (undotiert), an den Schriftsteller und Verleger *Michael Krüger* (Deutschland) für seinen Roman »Himmelfarb« und an *Ludmila Ulizkaja* (Rußland) für »Sonjetschka«.

Prix Novembre 1996, seit 1989 aus Protest gegen angebl. Manipulationen bei der Vergabe französischer Literaturpreise von unabhängiger Literaturexperten vergebene Auszeichnung (»Anti-Goncourt«; 200 000 FF), an den Schriftsteller und Berater des ehemaligen Präsidenten *François Mitter-*

rand, *Regis Debray*, für seine Memoiren »Loués soient nos seigneurs«. Für diesen Band erhielt er außerdem den Prix Aujourd'hui (5000 FF) einer Journalisten-Jury.

Großbritannien

Booker Prize 1996, angesehenste britische Literaturauszeichnung (20 000 £), an den Schriftsteller *Graham Swift* für sein Werk »Last Orders«.
David Cohen British Literature Prize 1997, alle 2 Jahre vergebener höchstdotierter britischer Literaturpreis (30 000 £), an die Schriftstellerin *Muriel Spark*.
Forward Poetry Prize 1996 (ca. 35 000 DM), wichtigster britischer Literaturpreis für Lyrik an *John Fuller* für seine Gedichtsammlung »Stones and Fires«; für das beste lyrische Debüt wurden *Kate Clanchy*, für das beste einzelne Gedicht *Kathleen Jamie* ausgezeichnet.
Jewish Quarterly-Literaturpreis 1997 (ca. 20 000 DM) der gleichnamigen Zeitschrift an den Schriftsteller *Binjamin Wilkomirski* (Schweiz) für sein Buch »Bruchstücke«.
Orange Prize 1997 (30 000 £) an die Schriftstellerin *Anne Michaels* (Kanada) für ihren Roman »Fluchtstücke«. Der 1996 erstmals vergebene, von der Mobiltelefonfirma Orange finanzierte Preis für englischsprachige Erzählungen und Prosa von Autorinnen soll ein Zeichen setzen gegen die Diskriminierung von Frauen bei Literaturehrungen.
Whitbread Literary Award 1997, gestiftet von der gleichnamigen Brauerei für das beste englischsprachige Werk des Vorjahres (21 500 £), an die Schriftstellerin *Beryl Bainbridge* für ihren Roman »Every Man for Himself«. Der Dichter *Seamus Heaney* (Irland) erhielt den Whitbread-Poesiepreis (2000 £) für seine Gedichtsammlung »The Spirit Level«; weitere Preise (je 2000 £) gingen an *Thomas Cranmer* für die beste Biographie und an *John Lanchester* für das beste Debüt.

Irland

Impac-Literaturpreis 1997 (100 000 Ir£), von einer US-Management-Beratergesellschaft gestiftet, an den Schriftsteller *Javier Marías* (Spanien) für seinen Roman »Mein Herz so weiß«.

Israel

Jerusalem-Preis 1996 für Literatur (5000 $), 1963 vom damaligen Bürgermeister *Teddy Kollek* geschaffen, an den Schriftsteller *Jorge Semprún* (Spanien).

Italien

Premio Bagutta 1996 (ca. 50 000 DM) des gleichnamigen Mailänder Restaurants an den Schriftsteller *Sergio Ferrero* für seinen Roman »Gli occhi del padre«; Preis für Erstlingswerk zu gleichen Teilen an *Antonio Riccardi* für »Il profitto domestico« und *Patrizia Veroll* für »Millos«.
Premio Chianti-Ruffino-Antico Fattore 1996 (15 Mio. Lire) an den Schriftsteller *Adolf Muschg* (Schweiz) für den Roman »Der Rote Ritter«.
Premio Alberto Moravia 1996 der gleichnamigen Stiftung in Rom an die Schriftstellerinnen *Sahar Khalifa* (Palästina) und *Ida Fink* (Israel).
Premio Nonino 1997 (ca. 20 000 DM), 1975 vom gleichnamigen Grappa-Produzenten in Friaul gegründet, an den Schriftsteller *Valerio Magrelli*.
Premio Strega 1996 an den Mediävisten *Alessandro Barbero* für sein Erstlingswerk »Bella vita e guerre altrui di Mr. Pyle, gentiluomo«; 2. Preis an den Schriftsteller und Historiker *Antonio Spinosa* für sein Werk »Piccoli sguardi«.

Kanada

Governor General's Award 1996 (10 000 $), wichtigster kanad. Literaturpreis, an den Schriftsteller *Guy Vanderhaeghe* für seinen Roman »The Englishman's Boy«.

Korea (Süd)

Deasan-Literaturpreis 1996 (ca. 60 000 DM) der gleichnamigen Stiftung, erstmals für eine deutsche Übersetzung vergeben, an das Übersetzerduo *Sylvia Bräsel* (Deutschland) und *Miy-He Kim* für ihre Übertragung des Lyrikzyklus »Windbestattung« von *Tong-gyu Kim*.

Lateinamerika

Juan-Rulfo-Literaturpreis 1996 (100 000 $) für lateinamerikanische und karibische Werke, vom mexikan. Kultusministerium seit 1991 zu Ehren des mexikan. Schriftsteller *Juan Rulfo* (1918–1986) vergeben, an den Schriftsteller *Augusto Monterroso* (Guatemala), der laut Jury in seinem Werk die klassische literarische Tradition im Lichte der Geschichte und Kultur Lateinamerikas neu interpretiert habe. Bisherige Preisträger sind *Nicanor Parra* (Chile), *Eliseo Diego* (Kuba), *Julio Ramón Ribeyro* (Peru) und *Nélida Piñon* (Brasilien).

Niederlande

»Autoren von heute«-Literaturpreis 1997 (40 000 hfl) des Amsterdamer Buchclubs ECI, erstmals verliehen, an den Schriftsteller *Wessel te Gussinko* für seinen Roman »Der Auftrag«.
P. C.-Hooft-Preis 1997, literarischer Staatspreis für Erzählprosa (125 000 hfl, wovon 50 000 hfl einem durch den Preisträger bestimmten literar. Zweck zugute kommen sollen), an die Schriftstellerin *Judith Herzberg*.

Nordischer Rat

Nordischer Literaturpreis 1997 (350 000 dkr), seit 1953 verliehen, an die Schriftstellerin *Dorrit Willumsen* (Dänemark) für ihren biographischen Roman über das Leben des Schriftstellers *Herman Bang* (1857–1929).

Österreich

Autor des Jahres 1996 des österreichischen Magazins »Buchkultur« an den Vorarlberger Schriftsteller *Michael Köhlmeier* (bekannt durch die Romane »Telemach« und »Bleib über Nacht« sowie Rundfunkadaptionen der »Sagen des klassischen Altertums«), Plätze 2 und 3 an *Leon de Winter* (Niederlande) und *Ilse Aichinger*.

21. Ingeborg-Bachmann-Wettbewerb 1997 für erzählende Prosa in Klagenfurt: Der als wichtigste Nachwuchs-Auszeichnung für deutschsprachige Literatur geltende **Ingeborg-Bachmann-Preis** (250 000 S) ging an den Schriftsteller *Norbert Niemann* (Deutschland) für den Text »Wie man's nimmt«. Den **Preis des Landes Kärnten** (120 000 S) erhielt *Steffen Kopetzky* (Deutschland) für seinen Text »Einbruch und Wahn – Ein Versuch über die Umtriebe der Anderen«. Den von 27 deutschen, Schweizer und österreichischen Verlagen gestifteten **Ernst-Willner-Preis** (100 000 S) erhielt *Bettina Galvagni* (Italien) für die Liebesgeschichte »Die letzte Ikone«. Das **3sat-Stipendium** (40 000 S) bekam *Zoë Jenny* (Schweiz).

Erich-Fried-Preis für Literatur und Sprache 1997 der gleichnamigen Gesellschaft in Wien und des Bundesministeriums für Unterricht und Kunst (200 000 S) an den Kärntner Schriftsteller *Gert Jonke*; **1996** wurde der in Paris lebende Schriftsteller *Paul Nizon* (Schweiz) ausgezeichnet.

Franz-Kafka-Literaturpreis 1997 (100 000 S), seit 1979 alle 2 Jahre vergeben, an den Schriftsteller *Gert Jonke*.

Preis der Salzburger Wirtschaft (WK) für Literatur 1996 (80 000 S) an den Schriftsteller *Erwin Einzinger*.

Preis der Stadt Wien für Literatur 1997 (100 000 S) an den Schriftsteller *Peter Rosei* für sein Lebenswerk.

Österreichischer Förderpreis für Kinderliteratur 1996 (70 000 S) an den Schriftsteller *Martin Auer*.

Österreichischer Förderpreis für Literatur 1996 (je 70 000 S) an die Schriftsteller *Walter Klier* und *Margit Hahn*.

Österreichischer Staatspreis für europäische Literatur 1996 (300 000 S) an den Schriftsteller und Übersetzer *Jürg Laederach* (Schweiz); **1995** an den Schriftsteller und Zeichner *Günter Brus*, Mitbegründer des »Wiener Aktionismus«.

Österreichischer Staatspreis für literarische Übersetzer 1996 (150 000 S) an *Miguel Sáenz* (Spanien). Der Preis wird für hervorragende Übersetzungen von Werken der zeitgenössischen österreichischen Literatur in eine Fremdsprache sowie für Übersetzungen von fremdsprachigen Werken der zeitgenössischen Literatur ins Deutsche vergeben.

Rauriser Literaturpreis 1997 (100 000 S) für das beste deutschsprachige Prosadebüt des Jahres, gestiftet vom Land Salzburg und anläßlich der Rauriser Literaturtage verliehen, an *Felicitas Hoppe* (Deutschland) für ihre Prosaminiaturen »Picknick der Friseure« und an die Übersetzerin *Katrin Seebacher* (Deutschland) für ihren Roman »Morgen oder Abend«.

Joseph-Roth-Preis 1996 (150 000 S) für Arbeiten aus dem Bereich Essayistik und Reportage an *Kuno Kruse* für seinen Artikel zum Völkermord in Bosnien.

Manès-Sperber-Preis 1996 (100 000 S), seit 1985 alle 2 Jahre vom Bundesministerium für Unterricht und Kunst verliehen, an den Schriftsteller *Fritz Habeck*.

Otto-Stoessl-Preis 1996 (50 000 S), der gleichnamigen Stiftung in Graz, alle 2 Jahre verliehen für unveröffentlichte Prosa von maximal 30 Seiten, an den Schriftsteller *Maxim Biller* für seine Erzählung »Auf Wiedersehen in Hasorea«.

Georg-Trakl-Preis 1997 für Lyrik (100 000 S) an *Günter Kunert*; Förderpreis (40 000 S) an *Robert Kleindienst*.

Anton-Wildgans-Preis 1997 (100 000 S) der österr. Industrie an den Schriftsteller *Michael Köhlmeier*.

Würdigungspreis für Kinderliteratur 1996 (100 000 S) an den Übersetzer und Autor *Wolf Harranth*; der Förderpreis (70 000 S) ging an *Martin Auer*

Polen

Janusz-Korczak-Preis 1996 an den Kinderbuchautor *Jostein Gaarder* (Norwegen).

Rußland

Russischer Booker-Preis 1996 (Booker Russian Novel Prize) des britischen Booker-Konzerns (12 500 $) an den Schriftsteller *Andrei Sergjew* für seinen Roman »Stamp Album«.

Schweiz

Basler Literaturpreis 1996 (20 000 sfr) an den Lyriker *Werner Lutz*.

Bilderbuch-Preis 1997 (6000 sfr) der Paul-Nußbaumer-Stiftung an die Illustratorin *Doris Lecher*; Förderpreis (4000 sfr) an *Maya Spuhler*.

Blaise-Cendrars-Preis 1997 (5000 sfr) an den Schriftsteller *Humberto Ak'Abal* (Guatemala). Der nach dem Schweizer Lyriker und Kosmopoliten *Blaise Cendrars* (1887–1961) benannte Preis wird von der Stadt Neuenburg an Lyriker verliehen, die in ihrer Heimat Werke aus anderen Kulturkreisen bekanntmachen.

Europäischer Essay-Preis 1996 der Stiftung Charles Veillon in Lausanne (20000 sfr) an die Schriftstellerin *Dubravka Ugresic* (Kroatien) für ihre Essaysammlung »Die Kultur der Lüge«.

Hermann-Ganz-Preis 1997 (je 10000 sfr), alle 2 Jahre vom Schweizerischen Schriftstellerinnen- und Schriftsteller-Verband (SSV) an Autoren verschiedener Schweizer Sprachregionen vergeben, an *Perikles Monioudis* für sein Buch »Die Forstarbeiter, die Lichtung« und an *Nicolas Couchepin* für seinen ersten Roman »Grefferic«.

Kulturpreis der Stadt Biel 1996 (10000 sfr) an die Schriftstellerin *Erica Pedretti*, die laut Jury mit ihren literarischen und bildnerischen Mitteln ein breites Werk mit einer eigenständigen und vielschichtigen Sprache geschaffen habe.

Edouard-Rod-Preis 1997 (7000 sfr), alle 2 Jahre in memoriam des Waadtländer Schriftstellers *Edouard Rod* von der Gemeinde Ropraz vergeben, an den Journalisten und Schriftsteller *Jean-Louis Kuffer*.

Solothurner Literaturpreis 1997 (20000 sfr) an den Schriftsteller *Christoph Ransmayr* (Österreich) für seine Kunst des Erzählens, in der sich laut Jury »apokalyptische Visionen mit wiederentdeckter Mythologie verbinden«.

Zuger Übersetzerstipendium 1997 (40000 sfr) des Vereins ZusammenZug, erstmals verliehen, an

Gabriele Leupold (Deutschland) für die Übertragung des Romans »Petersburg« von *Andrei Belyi* aus dem Russischen ins Deutsche.

Spanien

Premio Nacional de las Letras 1996 (ca. 60000 DM) des spanischen Kultusministeriums an den Dramatiker *Antonio Buero Vallejo*. Der Preis wird jährlich an einen Autor verliehen, der in einer der 4 in Spanien gesprochenen Sprachen schreibt.

Premio Nacional de Literatura Miguel de Cervantes 1996 des spanischen Kulturministeriums (15 Mio. Pta) für ein Gesamtwerk des spanischen Sprachraums an den Schriftsteller und Lyriker *José García Nieto*. Diese höchste Auszeichnung der spanischen Literatur wird jeweils am 23. April, dem Todestag des Dichters *Miguel de Cervantes Saavedra* (1547–1616), vom spanischen König überreicht.

Premio Nadal 1997 des Verlags Destino in Barcelona (3 Mio. Pta), 1944 für unveröffentlichte Roman-Manuskripte von Nachwuchsschriftstellern gestiftet, an den Politikwissenschaftler und Philosophieprofessor *Carlos Caneque* für sein Erstlingswerk »Quién«.

Premio Planeta 1996 des gleichnamigen Verlags in Barcelona (50 Mio. Pta) und einer der wichtigsten Literaturpreise Spaniens an den Nachrichtenmoderator *Fernando Schwartz* für sein Werk »Desencuentro«; den (mit 12 Mio. Pta dotierten) 2. Preis erhielt die Schriftstellerin *Zoe Valdés* (Kuba) für ihren Roman »Te di la vida entera«.

Prinz-von-Asturien-Preis für Literatur 1997 (5 Mio. Pta) der gleichnamigen Stiftung in Oviedo an den Lyriker *Alvaro Mutis* (Kolumbien).

Musik, Theater und Tanz

Deutschland

Deutscher Jugendtheaterpreis 1996 (insg. 90000 DM; je 15000 DM für den Autor und je 30000 DM für bis zu 3 Theater, die das prämierte Stück aufführen), vom Bundesfamilienministerium erstmals vergeben, an den Dramatiker *Oliver Bukowski* für sein Stück »Ob so oder so«; Kindertheaterpreis 1996 an den Schriftsteller *Rudolf Herfurtner* für sein Stück »Waldkinder«.

Deutscher Kabarettpreis 1996 (6000 DM), seit 1991 vom Nürnberger Burgtheater vergeben, an den Münchner Kabarettisten, Schauspieler und Regisseur *Jörg Hube*, einen »Ausnahmekabarettisten in bester bayerischer Volkskomödianten-Tradition«; Programmpreis (4000 DM) an den Kabarettisten *Thomas Maurer* (Österreich), ein Sonderpreis ging an das Berliner Duo *Thomas Pigor* & *Benedikt Eichhorn*.

Deutscher Kleinkunstpreis 1996 des Mainzer Forum-Theaters »unterhaus« (je 10000 DM) in der Sparte Kabarett an *Andreas Giebel*, in der Sparte Lied/Chanson an *Cora Frost*, in der Sparte Entertainer an *Lars Reichow*.

Deutscher Kritikerpreis 1997 (undotiert), in der Sparte Theater an die Dramaturgin *Konstanze Lauterbach*, in der Sparte Musik an den Intendanten des Konzerthauses Berlin, *Frank Schneider*, sowie in der Sparte Tanz an *Joachim Schlömer* vom Stadttheater Basel.

Deutscher Tanzpreis 1997 (undotiert) des Berufsverbandes für Tanzpädagogik und der Zeitschrift »Ballett-Journal/Das Tanzarchiv« an den

Industriellen und Gründer des Prix Lausanne, *Philippe Braunschweig* (Schweiz).

Boy-Gobert-Preis 1995/96 (10 000 DM), von der Körber-Stiftung 1980 für den Hamburger Schauspielernachwuchs gestiftet (→ WA'97, Sp. 1225 f), an *Sylvie Rohrer* (Schweiz).

Goethe-Preis der Stadt Frankfurt am Main 1997 (50 000 DM), seit 1927 verliehen, an den Dirigenten und Komponisten *Hans Zender* als herausragendem Vertreter der musikalischen Avantgarde.

Brüder-Grimm-Preis 1997 (20 000 DM) des Berliner Senats an das Berliner Grips-Theater.

Gerhart-Hauptmann-Preis 1996 des Vereins der Freien Volksbühne Berlin (je 7500 DM), vergeben seit 1953, an die Theaterautoren *Dominik Finkelde* und *Jens Roselt.*

Paul-Hindemith-Preis 1997 (25 000 DM) der Rudolf-und-Erika-Koch-Stiftung an den Berliner Komponisten *Helmut Oehring.*

Innovationspreis Kunst 1997 (10 000 DM) der Stiftung Ludwig an die Performance-Künstlerin, Komponistin, Musikerin, Sängerin und Dichterin *Laurie Anderson* (USA).

Internationaler Klavierwettbewerb 1996 Köln – Stiftung Tomassoni – 1. Preis (15 000 DM) an *Andrey Ponochevny* (Weißrußland), 2. Preis (10 000 DM) wurde nicht vergeben, drei 3. Preise (je 5000 DM) gingen an *Cristiano Burato* (Italien), der zugleich mit dem **Kurt-Aschenbrenner-Preis** (2000 DM) für die beste Chopin-Interpretation ausgezeichnet wurde, an *Aviram Reichert* (Israel) und *Naoya Seino* (Japan).

Internationaler Gordana-Kosanovic-Schauspielpreis 1996 (15 000 DM), alle 2 Jahre vom »Theater an der Ruhr« im Wechsel in Deutschland und im europäischen Ausland vergeben, an die Schauspielerin *Angela Winkler.*

45. Internat. Musikwettbewerb der ARD 1996 (insg. 279 000 DM) – im Fach Violoncello/Klavier 1. Preis an *Sennu Laine/Anastasia Injushina* (kein 2. Preis), 3. Preis an *Denis* und *Kirill Krotow* sowie an *Rafael* und *Marian Rosenfeld*; im Fach Gesang (kein 1. Preis) 2. Preis an *Anna Korondi,* 3. Preis an *Stanca-Maria Bogdan* und *Oana-Andra Ulieru* sowie an *Arutjun Kotchinian* und *Hanno-Müller Brachmann,* 3. Preis an *Xiaoliang Li*; Fach Oboe (kein 1. Preis) 2. Preis an *Stefan Schilli,* 3. Preis an *Dominik Wollenweber* und *Clara Dent*; im Fach Klavierduo (kein 1. Preis) 2. Preis an *Irene Alexeytchouk* und *Yuir Kot* sowie an *Liuben Dimitrov* und *Anglika Guenova*; im Fach Streichquartett 1. Preis an das *Artemis-Quartett,* 3. Preis an *Quatuor Castagnieri.*

5. Internationaler Pianistenwettbewerb 1996 in Ettlingen – Kategorie A (Teilnehmer bis zu 15 Jahren): 1. Preis an *Leonid Egorov* (Rußland), der auch

den Sonderpreis erhielt, 2. Preis an *Boris Giltburg* (Israel), 3. Preis an *Piotr Szychowski* (Polen); Kategorie B (Teilnehmer bis zu 20 Jahren): 1. Preis an *Eliane Reyes* (Belgien), die auch mit dem Sonderpreis ausgezeichnet wurde, 2. Preis an *Severin von Eckarstein,* 3. Preis an *Hisako Kawamura* (Japan).

ITI-Preis 1997 des Internationalen Theaterinstituts Berlin an den Schauspieler *Gert Voss.* Die undotierte Ehrung wird seit 1984 an Persönlichkeiten des deutschsprachigen Theaters verliehen, deren Arbeit eine hervorragende, Ländergrenzen übergreifende Wirkung hat.

Fritz-Kortner-Preis 1996 (10 000 DM), gestiftet 1987 von der Zeitschrift »Theater heute« und dem Verleger *Erhard Friedrich,* an den Regisseur *Peter Stein.* Der Preis wird an deutschsprachige Theaterkünstler vergeben, »deren Wagemut, Wahrhaftigkeit und ästhetische Neugier zeigen, daß das Beispiel *Fritz Kortners* (1892–1970) fortwirkt«.

Else-Lasker-Schüler-Dramatikerpreis 1996 (20 000 DM), vergeben von der Kulturstiftung Rheinland-Pfalz zur Förderung des deutschsprachigen Dramas und zur Erinnerung an die Lyrikerin und Dramatikerin *Else Lasker-Schüler* (1869–1945), an die Autoren *Werner Fritsch* für sein Stück »Es gibt keine Sünde im Süden des Herzens. Höllensturz« und an *Volker Lüdecke* für »Darja«.

Marlene-Preis 1996 (je 10 000 DM), benannt nach der Schauspielerin *Marlene Dietrich* (1901–1992) und vom Deutschen Theater in München anläßlich seines 100jährigen Bestehens gestiftet, erstmals verliehen an die Performance-Künstlerin *Laurie Anderson* (USA), den Allround-Entertainer *André Heller* (Österreich), die Schauspielerin *Hildegard Knef* und den Pantomimen *Marcel Marceau* (Frankreich). Der Preis soll alle 2 Jahre für herausragende Leistungen der Bühnenunterhaltung vergeben werden.

Montaigne-Preis 1996 der Hamburger Alfred Toepfer F. V. S. (Hauptpreis 40 000 DM, Stipendium 18 000 DM) für den romanischsprachigen Raum, von der Universität Tübingen verliehen, an den Direktor der Pariser Nationaloper, *Hugues Gall* (Frankreich).

Philip-Morris-Kunstpreis 1997 (10 000 DM), zum letzten Mal vergeben, an die Münchner Theatermacherin *Anna Maslowski* für ihre Produktion »5. 5423. Wittgenstein«.

Musikpreis der Stadt Frankfurt am Main 1997 des Bundesverbandes der deutschen Musikinstrumentenhersteller und der Messe Frankfurt (25 000 DM) an den Komponisten und Dirigenten *Hans Zender.*

Johann-Pachelbel-Preis 1996 (8000 DM) der 45. Internat. Orgelwoche Nürnberg an den Organisten *Peter Bannister* (Großbritannien).

Robert-Schumann-Preis 1997 der Stadt Zwickau (10 000 DM) an den Dirigenten *Nikolaus Harnoncourt* (Österreich); **1996** ging der Preis an den Pianisten *Mikhail Mordvino* (Rußland) und den Sänger *Henryk Böhm*, ein Sonderpreis wurde an die Liedpianistin *Irina Puryshinskaya* (Rußland) vergeben.

Ernst-von-Siemens-Musikpreis 1997 (250 000 DM; → WA'97, Sp. 1202) der gleichnamigen, 1972 gegründeten Stiftung in München, auch »Nobelpreis der Musik« genannt, an den Komponisten *Helmut Lachenmann*. Förderpreise (insg. 650 000 DM) an die Komponisten *Moritz Eggert* und *Mauricio Sotelo* (Spanien), an das Budapester Institut für Musikwissenschaft und den Verein für ostkirchische Musik in Hemmental (Schweiz). Ausgezeichnet wurden das Salzburger Zeitfluss Festival, das Gustav-Mahler-Jugendorchester in Wien und der Förderverein zur Wiederentdeckung NS-verfolgter Komponisten und ihrer Werke (musica reanimata). Gefördert wird auch ein China-Gastspiel von *Karlheinz Stockhausen*.

Theaterpreis Berlin 1997 (30 000 DM), vergeben seit 1988 für herausragende Verdienste um das deutschsprachige Theater von der Stiftung Preußische Seehandlung, an die Tänzerin und Choreographin *Pina Bausch*, Chefin des Wuppertaler Tanztheaters.

Weimar-Preis 1996 (10 000 DM) an den Musiker *Michael von Hintzenstern* für sein Wirken auf den Gebieten der zeitgenössischen, experimentellen und intuitiven Avantgardemusik.

Konrad-Wolf-Preis 1996 (10 000 DM) der Akademie der Künste Berlin-Brandenburg für herausragende Leistungen vornehml. auf dem Gebiet der Darstellenden Kunst (benannt nach dem 1982 verstorbenen ostdeutschen Filmregisseur und Akademiepräsidenten *Konrad Wolf*) an den Theaterautor, Regisseur und Komponisten *Christoph Marthaler* (Schweiz).

Europa

Europäischer Musikpreis für die Jugend 1996 in Dublin der Europäischen Union der Musikwettbewerbe für die Jugend (EMCY) – diesmal für die besten Pianisten – in der Junior-Kategorie (bis 17 Jahre) an *Herbert Schuch*, *Mathias Soucek* (Österreich), *Václav Mácha* (Tschechische Rep.) und *Martin Helmchen*; in der Senior-Kategorie (bis 22 Jahre) an *Balazs Reti* (Ungarn), *Finghín Collin* (Irland) und *Joakim Anselmby* (Schweden).

Grand Prix d'Eurovision de la Chanson 1997 – 1. Preis an die Popgruppe »Katrina and the Waves« (Großbritannien) für »Love Shine a Light«; 2. Preis an *Marc Roberts* (Irland) für die Ballade »Mysterious Woman«; 3. Preis an *Sebnem Paker* (Türkei) für die folkloristische Darbietung »Dinle«.

Denis-de-Rougemont-Preis 1996 (ca. 12 500 DM) für außergewöhnliche künstlerische Leistungen der Europäischen Festival-Vereinigung an den Tänzer und Choreographen *William Forsythe* (USA). Der Preis ist nach dem Schweizer Philosophen und Essayisten *Rougemont* (1906–1985) benannt, der die Vereinigung von 65 europäischen Musik-, Theater- und Tanz-Festivals gründete.

Frankreich

Milia-d'Or-Multimediapreis 1997 der Multimedia-Messe von Cannes an den Rocksänger *Peter Gabriel* (Deutschland) für seine CD-ROM-Produktion »Eve«.

Großbritannien

Angel Award des Edinburgh-Festivals 1996 an *Pina Bausch* (Deutschland) für ihre Tanzoper »Iphigenie auf Tauris« zusammen mit *Peter Stein* (Deutschland) für seine Produktion »Onkel Vanja«.

Grammophone Music Awards 1996 der renommierten Fachzeitschrift für klassische Musik »Gramophone« in London an *Franz Welser-Möst*, Chefdirigent des Zürcher Opernhauses für seine Einspielung der 4. Sinfonie des österr. Spätromantikers *Franz Schmidt*; außerdem wurde der Dirigent *Nicholas Cleobury*, Leiter zahlreicher Ballettaufführungen in Zürich, ausgezeichnet. Der Preis in der Sparte Solistenkonzerte ging an *David Pyatt* für seine Einspielung der Hornkonzerte von *Richard Strauss*.

Jazzpar-Preis 1996 (ca. 52 000 DM) an den Pianisten und Komponisten *Django Bates*. Der Preis, der von einer internationalen Experten-Jury verliehen wird, gilt als weltweit einträglichste Auszeichnung für Jazzmusiker.

Israel

Leonard-Bernstein-Preis 1996 (25 000 $), initiiert vom ehem. Jerusalemer Bürgermeister *Teddy Kollek*, an die Sopranistin *Kelley Nassief* (USA) und die Mezzosopranistin *Carmen Oprisanu* (Rumänien).

Japan

Kyoto-Preis 1997 (ca. 750 000 DM) an *Iannis Xenakis* (Frankreich), der als erster Komponist mit mathematischen Wahrscheinlichkeiten in der Musik (stochastische Musik) gearbeitet und elektronische Produktionsverfahren sowie ein eigenes Musikcomputersystem entwickelt hat. Der 1984 vom Gründer des Keramik-Konzerns Kyocera in Kyoto gestiftete und mit insgesamt ca. 2,25 Mio. DM ausgestattete Preis wird von der Iamori-Stif-

Josef-Kainz-Medaille

Die Josef-Kainz-Medaille der Stadt Wien ist nach dem österreichischen Schauspieler *Josef Kainz* (1858–1910) benannt und wird seit 1958 jährlich für herausragende Leistungen auf Wiener Bühnen in den Sparten Regie, Schauspiel und Bühnenbild vergeben. **1996** wurde der Regisseur *Peter Zadek* (Deutschland) für seine Inszenierung von *Anton Tschechows* »Kirschgarten« am Wiener Akademie-Theater und die beiden Hauptdarsteller *Josef Bierbichler* und *Angela Winkler* ausgezeichnet. Der Förderpreis für die Theatersaison **1995/96** ging an *Stefan Bachmann* (Deutschland) für seine Inszenierung von *Wolfgang Bauers* »Skizzenbuch« am Wiener Schauspielhaus.

tung jährlich zu gleichen Teilen an Persönlichkeiten aus den Bereichen Grundlagenforschung, Technologie und Künste für ihr Lebenswerk verliehen, deren Fachgebiete vom Nobelpreis nicht berücksichtigt werden (die weiteren Preisträger → Wissenschaft und Forschung).

Österreich

Nestroy-Ring 1996 »für außerordentliche und ungewöhnliche Leistungen in der Pflege der satirisch-kritischen Darstellung des Wesens Wien und seiner Bevölkerung« an *Brigitte Swoboda* und *H. C. Artmann.*

Österreichisches Ehrenzeichen für Wissenschaft und Kunst 1997, höchste österr. Auszeichnung im Bereich Kunst, an den ungarischstämmigen Theaterautor, Regisseur und Schauspieler *George Tabori.*

Polen

Vaslaw-Nijinsky-Medaille 1996 des polnischen Ministeriums für Kunst und Kultur an *John Neumeier* (Deutschland), Intendant und Chefchoreograph des Hamburger Balletts.

Schweden

Polar-Musikpreis 1997 (ca. 230 000 DM), gestiftet 1992 für herausragende musikalische Leistungen von *Stikkan Andersson*, ehemaliger Manager der Popgruppe »Abba«, vergeben von der Königlich-Schwedischen Akademie für Musik, zu gleichen Teilen an den Rockmusiker *Bruce Springsteen* (USA) und an den Chordirigenten und Komponisten *Eric Ericson.*

Schweiz

Bündner Kulturpreis 1996 (15 000 sfr) an den Komponisten *Giaon Antoni Derungs.*

Doron-Preis 1996 (je 100 000 sfr) an das Streichorchester »Festival Strings Lucerne« und seinen Leiter *Rudolf Baumgartner.*

33. Internationaler Chorwettbewerb Montreux 1997 – Großer Preis an das Vokalensemble »piacere vocale«; Publikumspreis an den Kinderchor »La Cigale« aus Lyon.

25. Prix de Lausanne 1997 (je 10 000 sfr), diesmal im Théâtre de Beaulieu ausgetragen: Goldmedaille wurde nicht vergeben, weitere Preise an *Antonio Carmena* (Spanien), *Alina Kojocaru* (Rumänien), *Mayo Sugano* (Japan) und *Andrei Vassiliev* (Rußland); Hoffnungspreise für sehr junge Tänzer (10 000 sfr) gingen an *Fabien Voranger* (Frankreich) und *Maiko Oisi* (Japan); den Preis des Schweizer Fernsehpublikums (2000 sfr) erhielt *Antonio Carmena.*

Hans-Reinhart-Ring 1997, 1957 vom Winterthurer Mäzen *Hans Reinhart* gestiftete Theaterauszeichnung, an den Regisseur *Luc Bondy.*

Vereinigte Staaten von Amerika

Grammy Awards 1997 der National Academy of Recording Arts and Sciences in Los Angeles – Grammys an *Celine Dion* (Kanada) für das Album des Jahres »Falling Into You«; an den besten Popsänger *Eric Clapton* für »Change The World«, die auch Platte des Jahres wurde; außerdem gingen dafür Grammys auch an *Gordon Kennedy*, *Wayne Kirkpatrick* & *Tommy Sims* für den Song des Jahres (eine Auszeichnung für die Songwriter); an *Hillary Clinton* für die Audio-Version ihres Bestsellers »It Takes A Village«; bester Rocksänger wurde *Beck* mit »Where It's At«, beste Rocksängerin *Sheryl Crow* mit »If It Makes You Happy«; Grammy für die beste Hard Rock Performance an die Gruppe Smashing Pumpkins für »Bullet With Butterfly Wings«, für das beste Contemporary Folk Album an *Bruce Springsteen* für »The Ghost Of Tom Joad«; als beste Popgruppe wurden die Beatles für ihren aus den Archiven ausgegrabenen Song »Free As A Bird« geehrt und erhielten 2 weitere Grammys für das beste kurze und lange Video (»Free As A Bird« und »The Beatles Anthology«); beste Popsängerin wurde *Toni Braxton* mit »Un-Break My Heart«, Preis für das beste Country-Album an *Lyle Lovett* für »The Road To Ensenada«; Grammys auch an die Country-Sängerin *Lee-Ann Rimes* für »Blue« als beste Sängerin ihres Genres und als beste Nachwuchssängerin; für »Blue« erhielt der Diskjockey *Bill Mack* Grammy für den besten Country-Song des Jahres; The Fugees wurden beste Rhythm & Blues-Gruppe für »Killing Me Softly«. Weitere Grammys gingen für den besten Rock Song »Give Me One Reason« an *Tracy Chapman*, für das beste Traditional Pop Vocal »Here's To The Ladies« an

Tony Bennett, für die Metal Performance »Tire Me« an Rage Against The Machine. Bestes Rhythm & Blues Album wurde »Words« von The Tony Rich Project; den Grammy für das beste Musical Show Album erhielt die Gruppe Riverdance.

Weltpianisten-Wettbewerb 1996 in New York: 1. Preis (15 000 $) an *Anton Mordasow* (Rußland), 2. Preis (3000 $) an *Andrej Scheltong* (Ukraine), 3. Preis an *Igor Resnianski* (Rußland).

Vereinte Nationen

Internationaler Musikpreis 1996 (je ca. 5000 DM) an die Paul-Sacher-Stiftung in Basel, den Komponisten *György Ligeti* (Ungarn) und die Sängerin *Mercedes Sosa* (Argentinien). Mit dem Preis werden seit 1975 jährlich Musiker und Institutionen ausgezeichnet, die zur Bereicherung der Musik und zur Verständigung der Völker beigetragen haben.

Wissenschaft und Forschung

Deutschland

Aachener und Münchener Preis für Technik und angewandte Naturwissenschaften 1996 (60 000 DM) an *Joachim Trümper* vom Max-Planck-Institut für extraterrestrische Physik in Garching, für seine Konzeption und Entwicklung des Röntgensatelliten Rosat.

Akademie-Preis 1996 (30 000 DM), gestiftet vom de Gruyter-Verlag, gemeinsam an den Duisburger China-Forscher *Carsten Herrmann-Pillath* und den Münsteraner Molekularbiologen *Dietmar Vestweber.*

Alcatel SEL-Förderpreis 1996 der gleichnamigen Stiftung für Kommunikationsforschung im Stifterverband für die Deutsche Wissenschaft (35 000 DM) an *Werner Wiesbeck* für seine Arbeiten auf dem Gebiet der optimalen Nutzung von Frequenzen in verschiedenen Bereichen der Kommunikationstechnik.

F. L.-Bauer-Preis 1996 (50 000 DM), gestiftet vom Bund der Freunde der TU München, an die Informatikerin *Anne Sjerp Troelstra* (Niederlande).

Otto-Bayer-Preis 1996 (60 000 DM), von der gleichnamigen Stiftung seit 1982 in memoriam des Forschungsleiters der Bayer AG, Prof. *Bayer*, vergeben, an den Molekularbiologen *Stefan Jentsch*, Universität Heidelberg, für seine molekularbiologischen Untersuchungen an Hefezellen.

Karl-Heinz-Beckurts-Preis 1996 (insg. 180 000 DM), verliehen von der gleichnamigen Stiftung im Stifterverband für die Deutsche Wissenschaft für herausragende wissenschaftlich-technische Leistungen, zu gleichen Teilen an *Timm Anke* und *Wolfgang Steglich* von der Universität Kaiserslautern bzw. der LMU in München für die Erforschung bislang unbekannter Naturstoffe aus Pilzen, an *Gerd Hirzinger* von der Deutschen Gesellschaft für Luft- und Raumfahrt in Oberpfaffenhofen für die Entwicklung von Sensortechniken und Steuerungsverfahren für Roboter sowie *Wolfgang Schlegel*, Deutsches Krebsforschungsinstitut Heidelberg, für die Entwicklung neuer Verfahren zur Strahlenbehandlung von Tumorpatienten. Mit dem Karl-Heinz-Beckurts-Preis für Lehrer zeichnet die Stiftung erstmals mit je 1000 DM 30 Pädagogen aus, die sich besonders verdient machten, ihre Schüler zu eigenen wissenschaftlichen Arbeiten anzuregen.

Emil-von-Behring-Preis 1996 der Universität Marburg (20 000 DM) an *Ralph M. Steinman* (USA), Zellforscher an der New Yorker Rockefeller University.

Benningsen-Foerder-Preis 1997 (insg. 1,1 Mio. DM), höchste wissenschaftliche Auszeichnung des Landes NRW, benannt nach dem verstorbenen Chef des Veba-Konzerns, *Rudolf von Benningsen-Foerder*. Mit dem 1989 erstmals vergebenen Preis werden richtungsweisende Forschungen junger Wissenschaftler gefördert. Ausgezeichnet wurden die Chemiker *Barbara Albert* (Bonn), *Burak Atakan* (Bielefeld) und *Rainer Pöttgen* (Münster), der Physiker *Torsten Gogolla* (Bochum), der Zellforscher *Nils Johnsson* (Köln), die Mediziner *Stefan Knecht* und *Frank Müller* (beide Münster) und *Norbert Wagner* (Bonn), der Philosoph *Albert Newen* (Bonn), der Biologe *Andreas Seidler* (Bochum) und der Ingenieurwissenschaftler *Torsten Wey* (Duisburg).

Paul-Ehrlich- und Ludwig-Darmstaedter-Preis 1997 (90 000 DM) der Stadt Frankfurt am Main, höchste wissenschaftliche Auszeichnung auf medizinischem Gebiet in Deutschland, an *J. Robin Warren* und *Barry J. Marshall* (beide Australien), die herausfanden, daß Magengeschwüre meistens durch Bakterien und nicht, wie allgemein angenommen, durch Streß und falsche Ernährung verursacht werden.

Forschungsförderpreis für Ethnologie 1996 der Frobenius-Gesellschaft (Jahresstipendium von 32 400 DM) erstmals vergeben an *Dorothea E. Schulz* in Anerkennung ihrer besonderen Leistung auf dem Gebiet ethnologischer Forschung.

Werner-Grüter-Preis 1997 (20 000 DM) der 1994 gegründeten Inge und Werner Grüter-Stiftung

Gerhard-Hess-Preis

Der mit bis zu je 200 000 DM dotierte Gerhard-Hess-Preis wird von der Deutschen Forschungsgemeinschaft (DFG) an 8 herausragend qualifizierte Nachwuchswissenschaftler verliehen. Die Preisgelder können flexibel für Forschungszwecke eingesetzt werden; sie erlauben es den jungen Wissenschaftlern, ihre Forschung auf längere Sicht zu planen und eine eigene Arbeitsgruppe aufzubauen. Die DFG will damit, angesichts knapper werdender Mittel an den Hochschulen, ein Zeichen der Ermutigung und Unterstützung setzen. Die Preisträger für **1997** sind im Bereich Geistes- und Sozialwissenschaften *Frauke Kraas* (Bonn); im Bereich Biowissenschaften und Medizin *Michael Baumann* (Dresden), *Nils Brose* (Göttingen) und *Markus Friedrich Neurath* (Mainz); im Bereich Naturwissenschaften *Walter Leitner* (Mülheim) *und Robert Weismantel* (Berlin); im Bereich Ingenieurwissenschaften *Horst Biermann* (Erlangen-Nürnberg) und *Wolfgang Kunz* (Potsdam).

erstmals vergeben an den Zoologen *Matthias Glaubrecht* für sein Buch »Der lange Atem der Schöpfung«. Mit diesem Preis will das Stifterpaar, der Neurologe und Psychiater *Werner Grüter* und die Pharmazeutin *Inge Grüter*, junge Forscher ermutigen, Wissenschaft für die Öffentlichkeit verständlich zu machen.

Otto-Hahn-Preis 1996 der Stadt Frankfurt am Main (25 000 DM) zu gleichen Teilen an *Gottfried Münzenberg* und *Sigurd Hofmann* für ihre Leistungen bei der Herstellung der künstlichen Elemente mit den Ordnungszahlen 107 bis 111.

Rudolf-Kaiser-Preis 1997 (50 000 DM) der gleichnamigen Stiftung an den Experimentalphysiker *Klaus Schmidt-Rohr*, University of Massachusetts, für seine Arbeiten auf dem Gebiet der multidimensionalen Festkörper-NMR zur Untersuchung der Struktur und Dynamik von Polymeren.

Robert-Koch-Preis 1996 (100 000 DM) der gleichnamigen Stiftung zu gleichen Teilen an die Immunologen *Klaus Rajewsky* (Köln) und *Fritz Melchers* (Basel) für ihre Arbeiten über die Entstehung und Reifung von Immunzellen. Die **Koch-Medaille 1996** in Gold ging an *Sir Gustav J. von Nossal* (Australien) für sein Lebenswerk.

Anna-Krüger-Preis 1996 (50 000 DM) des Wissenschaftskollegs zu Berlin an den Historiker *Ulrich Raulff* für sein Buch »Ein Historiker im 20. Jahrhundert: Marc Bloch«. Dieser Preis wird an einen Wissenschaftler verliehen, der ein hervorragendes Werk in einer guten und verständlichen Wissenschaftssprache geschrieben hat.

Landesforschungspreis 1996 (300 000 DM) des Landes Baden-Württemberg an die Molekularbiologin der Universität Konstanz *Regine Hengge-Aeronis.*

Gottfried-Wilhelm-Leibniz-Förderpreis 1997 (→ WA '97, Sp. 1209 f), von der Deutschen Forschungsgemeinschaft (DFG) zur Förderung besonders qualifizierter Wissenschaftler vergebener höchstdotierter deutscher Forschungspreis für Wissenschaftler aus den Natur- und Geisteswissenschaften (die Preisträger erhalten über einen Zeitraum von 5 Jahren jew. zwischen 1,5 und 3 Mio. DM für Forschungsarbeiten), an den Biologen *Thomas Boehm* (Krebsforschungszentrum Heidelberg), den Experimentalphysiker *Wolfgang Ertmer* (Universität Hannover), den Mikrobiologen *Georg Fuchs* (Universität Freiburg), den Chemiker *Paul Knochel* (Universität Marburg), den Altorientalisten *Stefan M. Mai* (Universität Heidelberg), die Neuropsychologin *Angela D. Friederici* (MPI und neuropsycholog. Forschung Leipzig), die Materialwissenschaftlerin *Jean Karen Gregory* (TU München), den Romanisten *Andreas Kablitz* (Universität Köln), den Fertigungstechniker *Matthias Kleiner* (TU Cottbus), die Genetikerin *Elisabeth Knust* (Universität Düsseldorf), den Physiker *Stephan W. Koch* (Universität Marburg), den Genetiker *Christian F. Lehner* (Universität Bayreuth), den Informatiker *Ernst Mayr* (TU München) und den Mineralogen *Gerhard Wörner* (Universität Göttingen).

Albert-Maucher-Preis 1996 für Geowissenschaften (20 000 DM) der Deutschen Forschungsgemeinschaft (DFG) an den Geophysiker *Franz Heider.* Der zum 10. Mal vergebene Preis wurde von dem Münchner Geologen *Maucher* gestiftet. Kurz vor seinem Tod 1981 stellte er der DFG 200 000 DM zur Verfügung, um aus diesen Mitteln junge Geowissenschaftler mit hervorragenden Forschungsergebnissen zu fördern.

Friedrich-Nietzsche-Preis 1996 (30 000 DM) des Landes Sachsen-Anhalt, erstmals verliehen, an den Philosophen *Wolfgang Müller-Lauter* für sein philosophisch-wissenschaftliches Gesamtwerk. Der Preis wird künftig alle 2 Jahre für ein deutschsprachiges essayistisches oder wissenschaftliches Werk zu philosophischen Grundproblemen vergeben.

Johann-David-Passavant-Preis 1996, gestiftet von einer Frankfurter Mäzenatenfamilie zur Würdigung wissenschaftlicher Veröffentlichungen, erstmals verliehen, an den Archäologen *Peter C. Bol* für seinen mehrbändigen Katalog der antiken Skulpturen.

Preis »Gesellschaftswissenschaften im Praxisbezug« 1996 (insg. 90 000 DM) der Schader-Stif-

1276 Wissenschaft und Forschung

Max-Planck-Forschungspreis für internationale Kooperation

Der Max-Planck-Forschungspreis für internationale Kooperation wird seit 1990 gemeinsam von der Alexander von Humboldt-Stiftung und der Max-Planck-Gesellschaft vergeben. Er ist mit bis zu 250 000 DM dotiert und kann an Wissenschaftler aller Fachrichtungen und Nationen verliehen werden. Ausgezeichnet werden jährlich bis zu 6 ausländische und deutsche Wissenschaftlerinnen und Wissenschaftler für besonders herausragende international anerkannte Leistungen. Mit der Verleihung des Max-Planck-Forschungspreises soll ein flexibler Rahmen zur Aufnahme, Vertiefung oder Erweiterung von Forschungskooperationen zwischen ausländischen und deutschen Wissenschaftlern geschaffen werden, um durch langfristige und intensivierte Zusammenarbeit neue internationale Spitzenleistungen in der Forschung zu ermöglichen. Die für eine Preisverleihung vorgeschlagenen Wisssenschaftler sollen bereits über Erfahrung in der internationalen Zusammenarbeit verfügen. Ausgezeichnet wurden **1996** im Bereich Biowissenschaften/Medizin *Michel Caboche* (Laboratoire de Biologie Cellulaire, INRA Versailles, Frankreich), *Klaus Rajewsky* (Institut für Genetik, Universität Köln), *Frank Schaeffel* (Universitäts-Augenklinik Tübingen); im Bereich Chemie *Hans-Joachim Werner* (Institut für Chemie, Universität Stuttgart), *Raphael D. Levine* (Fritz-Haber-Center for Molecular Dynamics, The Hebrew University of Jerusalem, Israel); im Bereich Physik *Michaela Danilov* (Institut für Theoretische und Experimentelle Physik, Moskau, Rußland), *Yuen Ron Shen* (Department of Physics, University of California, USA); im Bereich Mathematik *Donald Dawson* (Fields Institute for Mathematical Research, Toronto, Kanada), *Jean-Pierre Demailly* (Université de Grenoble, Saint-Martin d'Hèrnes, Frankreich); im Bereich Geistenswissenschaften *Jan Assmann* (Ägyptologisches Institut, Universität Heidelberg), *Robert Lerner* (Department of History, Northwestern University, USA); im Bereich Ingenieurwissenschaften *René de Borst* (Department of Civil Engineering, Delft University of Technology, Niederlande).

tung (in diesem Jahr zum Thema Verkehr) an *Werner Brög* für die erfolgreiche Umsetzung gesellschaftswissenschaftlicher Erkenntnisse in der Verkehrsplanung und *Markus Petersen* für die Realisierung des Car-sharing-Projekts »Statt Auto«. Die übrigen Preisträger sind *Ira Denkhaus, Florian Rötzer, Holger Fischer, Volker Zaborowski* und *Petra Thorbrietz*.

Eduard-Rhein-Preis 1996 (insg. bis zu 500 000 DM) der gleichnamigen Stiftung in Mayen, seit 1982 jährlich, für herausragende künstlerische oder journalistische Leistungen in deutschsprachigen Rundfunk-/Fernsehsendungen sowie für herausragende Forschungs- und/oder Entwicklungsleistungen auf den Gebieten der Rundfunk-, Fernseh- und Informationstechnik vergeben: Grundlagenpreis (200 000 DM) an *Richard W. Hamming* sowie Technologiepreis (200 000 DM) zu gleichen Teilen an *Jürgen Dethloff* und *Roland Moreno*. Der Ehrenring wurde *Lennart Graf Bernadotte af Wisborg* für sein jahrzehntelanges Bemühen um die Förderung der wissenschaftlichen Lehre in Deutschland verliehen.

Eugen und Ilse Seibold-Preis 1997 (je 20 000 DM), gestiftet von dem Meeresgeologen und ehem. Präsidenten der Deutschen Forschungsgemeinschaft (DFG) Professor *Eugen Seibold*. Damit sollen Forscher oder Forscherteams ausgezeichnet werden, die als Deutsche durch wissenschaftliche Arbeiten in oder über Japan oder als Japaner in oder über Deutschland Qualität bewiesen und auch dadurch zum besseren Verständnis des jeweils anderen Landes beitragen. Der Preis, erstmals verliehen, ging an *Zentaro Kitagawa,* Rechtswissenschaftler an der Meijo Universität, Nagoya und *Bruno Lewin*, Japanologe an der Ruhr-Universität Bochum.

Tierschutz-Forschungspreis 1995 (30 000 DM), verliehen vom Bundesministerium für Gesundheit für die Entwicklung einer Ersatzmethode zum Tierversuch, an *Günter Vollmer* vom Institut für Biochemische Endokrinologie der Medizinischen Universität Lübeck.

Wulf-Vater-Forschungspreis 1996 (50 000 DM) der gleichnamigen, 1996 zur Förderung der Forschung auf dem Gebiet der Dihydropyridine gegründeten Stiftung, erstmals vergeben an *Friedrich Boege*, Leiter des Klinisch-Chemischen Hauptlabors der Universität Würzburg.

Karl-Vossler-Preis 1996 des Bayerischen Kultusministeriums (25 000 DM) an den Historiker *Arnold Esch,* Direktor des Deutschen Historischen Instituts in Rom für seine Verdienste um die deutsche Sprache als Sprache der Wissenschaft. Der 1983 geschaffene Literaturpreis wird vom Freistaat Bayern im jährlichen Wechsel einmal als Karl-Vossler-Preis für wissenschaftliche Prosa und einmal als Jean-Paul-Preis für das Gesamtwerk eines deutschsprachigen Wissenschaftlers vergeben.

Carl-Zeiss-Forschungspreis 1996 (50 000 DM)

der gleichnamigen Stiftung, an *Eric A. Cornell* (USA) von der University of Colorado in Boulder für den Nachweis der Bose-Einstein-Kondensation von Atomen mit Hilfe der Laserkühlung und *Dieter W. Pohl* (Schweiz) vom IBM-Forschungslaboratorium Zürich für seine grundlegenden Beiträge zur optischen Nahfeld-Mikroskopie. Die Zeiss-Unternehmensstiftung hatte 1988 den Ernst Abbe-Fonds ins Leben gerufen und mit einem Vermögen von 2 Mio. DM ausgestattet. Daraus werden im jährlichen Wechsel der Carl-Zeiss- und der Otto-Schott-Forschungspreis finanziert.

Europa

Forschungspreis der Spa-Foundation 1996 (25 000 ECU), vergeben von der belgischen NFWO (entspricht der Deutschen Forschungsgemeinschaft/DFG), gemeinsam an *Jutta* und *Wolfgang Schaper* vom Max-Planck-Institut für physiologische und klinische Forschung.

New Europe Prize for Higher Education and Research 1996 (ca. 75 000 DM), seit 1993 von der amerikanischen MacArthur Foundation und europäischen Stiftungen an herausragende Wissenschaftler aus Ländern Ost- und Mitteleuropas verliehen, an den Biologen *Eörs Szathmary* (Ungarn). Der Preis soll dem Forscher zur Errichtung einer »New Europe School für Theoretical Biology« in Budapest dienen.

Japan

Behring-Kitasato-Preis 1996 (5 Mio. Yen), alle 2 Jahre an herausragende Forscher auf dem Gebiet der Immunologie in Tokyo vergeben, an *Peter Krammer* (Deutschland), Leiter der Abteilung Immungenetik des Deutschen Krebsforschungszentrums in Heidelberg.

Kyoto-Preise 1997 (je ca. 750 000 DM) an den Pionier auf dem Gebiet der tropischen Biologie, *Daniel Hunt Janzen* (USA), sowie an ein Erfinderteam des weltweit ersten Mikroprozessors, *Federico Faggin* (Italien), *Marcian Edward Hoff jr.* (USA), *Stanley Mazor* (USA) *und Masatoshi Shima* (Japan). Der 1984 vom Gründer des Keramik-Konzerns Kyocera in Kyoto gestiftete und mit insgesamt ca. 2,25 Mio. DM ausgestattete Preis wird von der Inamori-Stiftung jährlich zu gleichen Teilen an Persönlichkeiten aus den Bereichen Grundlagenforschung, Technologie und Künste für ihr Lebenswerk verliehen, deren Fachgebiete vom Nobelpreis nicht berücksichtigt werden.

Preis der Japanischen Stiftung für Wissenschaft und Technologie 1997 (je 50 Mio. Yen), gegründet 1983 von der japanischen Regierung und finanziert von der Industrie, an die Krebsforscher *Bruce Ames* (USA) und *Takashi Sugimura* für ihre Arbeiten über krebserregende Stoffe sowie an *Joseph Engelberger* (USA) und *Hiroyuki Yoshikawa* für ihre Pionierleistungen auf dem Gebiet der Roboter-Industrie.

Saudi-Arabien

King Faisal International Prize 1997 (je 200 000 $), seit 1979 jährlich in memoriam des ermordeten Königs *Faisal Ibn Abdel-Aziz Ibn Saud* in verschiedenen Sparten vergeben; in der Sparte »Service to Islam« an *Mahathir bin Mohammed* (Malaysia), in der Sparte »Islamic Studies« an *Abdulkareem Zaidan Baij* (Irak), in der Sparte »Medicine« an *Colin L. Masters* (Australien), *Konrad T. Beyreuther* (Deutschland) und *James F. Gusella* (Kanada) sowie in der Sparte »Science« an *Eric A. Cornell und Carl E. Wieman* (beide USA).

Schweiz

Robert-Wenner-Preis 1997, alle 2 Jahre von der Schweizerischen Krebsliga vergeben (300 000 sfr), an die Krebsforscher *Giulio Spagnoli* vom Kantonsspital Basel für seine Arbeit auf dem Gebiet der Tumorimpfung und *Eddy Roosnek* vom Kantonsspital Genf für seine Leistungen auf dem Gebiet der Knochenmarktransplantation.

Preise für Frieden und Verständigung, gesamtschöpferische Leistungen, Natur- und Umweltschutz, Landschafts- und Denkmalpflege

Deutschland

Aachener Friedenspreis 1997 (2000 DM) an den Journalisten *Uri Avnery* (Israel), Mitbegründer der jüdischen Aktionsinitiative »Gusch Schalom«, die sich für ein friedliches Zusammenleben von Israelis und Palästinensern einsetzt. **1996** ging der Preis an den Bürgerrechtler *Olisa Agbakoba* (Nigeria) und das internationale Deserteur-Netzwerk (Offenbach). Den 1988 von kirchlichen und gewerkschaftlichen Gruppen sowie Friedensinitiativen als Protest gegen die Verleihung des Aachener Karlspreises an den ehemaligen US-Außenminister *Henry Kissinger* gegründeten Preis erhalten Personen oder Organisationen, die mit Zivilcourage, Herz und Mut zur Verständigung der Menschen und Völker »von unten« beitragen.

Afrika-Preis 1996 (100 000 $), seit 1987 von der nichtstaatlichen Organisation »Hunger Projekt«, Berlin, vergeben, zu gleichen Teilen an die Frauenrechtlerin *Bisi Ogunleye* (Nigeria) und den Politiker *Amadou Toumani Touré* (Mali) für ihren Einsatz gegen Hunger, Armut, Umweltzerstörung und Ungerechtigkeit.

Hannah-Arendt-Preis 1997 (300 000 DM), 1994 von der Hamburger Körber-Stiftung (→ WA'97, Sp. 1225 f) gemeinsam mit dem Institut für die Wissenschaften vom Menschen in Wien ins Leben gerufen und an Hochschulen und Forschungsinstitutionen in Polen, Ungarn, der Slowakei und der Tschechischen Republik vergeben, die sich aus eigener Kraft auf den Weg demokratischer Reformen begeben haben, an das 1992 gegründete Invisible College (Láthatatlan Kollégium) in Budapest (Ungarn), in dessen Rahmen ungarische Studenten nach dem Tutorensystem von führenden Wissenschaftlern betreut werden – ein Netzwerk von Lehrenden und Lernenden. Mit dem Namen des Preises ehrt die Körber-Stiftung zugleich das Andenken an die US-Politikwissenschaftlerin und Soziologin deutscher Herkunft, *Hannah Arendt*.

Hannah-Arendt-Preis für politisches Denken 1996 (15 000 DM), 1994 von der Universität Bremen, dem Senator für Bildung, Wissenschaft, Kunst und Sport, sowie dem Bremer Bildungswerk Umwelt und Kultur initiiert, an den Historiker *François Furet* (Frankreich), insbesondere für sein Buch »Das Ende der Illusion«, das laut Jury »die erste große historische Synthese über den Kommunismus« darstelle. Der Preis soll nicht nur an die deutsch-jüdische Denkerin *Hannah Arendt* und ihre Rolle als eine der prägenden weiblichen Persönlichkeiten dieses Jahrhunderts erinnern, sondern auch die Aktualität ihres Denkens für die Diskussion von Gegenwartsproblemen fruchtbar machen.

Leo-Baeck-Preis 1997 des Zentralrats der Juden in Deutschland (20 000 DM) an Bundeskanzler *Helmut Kohl* für seine Verdienste um die Versöhnung von Christen und Juden sowie zwischen Deutschland und Israel. **1996** ging der Preis an die Frankfurter Zeitschrift »Tribüne« (→ WA'97, Sp. 1215 f).

Karl-Barth-Preis 1996 (20 000 DM), 1986 zum 100. Geburtstag des Schweizer Theologen *Karl Barth* (1886–1968) von der Evangelischen Kirche der Union (EKU) gestiftet und alle 2 Jahre verliehen, an den Kirchenpublizisten *Reinhard Henkys*.

Carl-Bertelsmann-Preis 1996 (300 000 DM; → WA'97, Sp. 1216) der gleichnamigen Stiftung in Gütersloh, seit 1988 jährlich in den Sparten Politische Kultur und Gesellschaftspolitische Fragestellung

vergeben, an den Durham Board of Education (Kanada). Diese ungewöhnliche Schulbehörde erhielt die Auszeichnung für das im internationalen Vergleich innovativste Schulsystem.

Ludwig-Börne-Preis 1997 (40 000 DM), von Bürgern in Frankfurt am Main in Erinnerung an den Schriftsteller und Journalisten *Ludwig Börne* (1786–1837) gestiftet, an den Berliner Theologen und Publizisten *Richard Schröder*, der unter dem DDR-Regime »Mut und Unabhängigkeit bewiesen und als SPD-Fraktionsvorsitzender der letzten, einzigen frei gewählten Volkskammer wesentlichen Anteil an der deutschen Vereinigung« gehabt habe.

Max-Brauer-Preis 1997 (25 000 DM) der Hamburger Alfred Toepfer Stiftung F. V. S. in Anerkennung ihrer Verdienste um das soziale Klima in der Hansestadt Hamburg an *Annemarie Dose*, Gründerin der »Hamburger Tafel«.

Demokratiepreis 1997 (10 000 DM) der Blätter für deutsche und internationale Politik und des Blätter-Fördervereins an den Schriftsteller *Daniel Jonah Goldhagen* (USA) für sein Buch »Hitlers willige Vollstrecker«, mit dem er laut Jury »kraft seiner Darstellung dem öffentlichen Bewußtsein in der Bundesrepublik Deutschland wesentliche Impulse gegeben« habe.

Deutscher Afrika-Preis 1996 für Politik und Wissenschaft der Deutschen Afrika-Stiftung (10 000 DM) an die Präsidentin des Verfassungsgerichtshofs von Benin, *Elisabeth Kayissan Pogon*, für ihren Einsatz für Demokratie, Rechtsstaatlichkeit und Menschenrechte.

Deutscher Kulturpreis 1996 (100 000 DM) an den Präsidenten des Deutschen Naturschutzrings, *Wolfgang Engelhardt*, für sein der Umwelt gewidmetes Lebenswerk. Ehrenpreis (10 000 DM) an den Dirigenten *Lorin Maazel* (USA); Sonderpreise (100 000 DM) gingen an die Kinder- und Jugendtheater »Pfütze« (Nürnberg), »Theater Waidspeicher« (Erfurt) und das »Grips-Theater« (Berlin) sowie die beiden Kinderkultur-Vereine »akki« (Düsseldorf) und »Haus Steinstraße« (Leipzig). Der vom Münchner Verleger *Roland Wolf* gestiftete Preis wird abwechselnd für herausragende Leistungen in den Bereichen Kultur und Naturschutz vergeben.

Deutscher Medienpreis 1996 der Media Control an den Präsidenten *Boris Jelzin* (Rußland) für seinen professionellen und medienwirksamen Wahlkampf, seinen Einsatz bei der Gestaltung des Reformprozesses in Rußland und seine Bemühungen, die partnerschaftlichen Kontakte seines Landes zur westlichen Welt in diesen Prozeß einzugliedern.

Deutscher Stifterpreis 1997 des Bundesverbandes Deutscher Stiftungen (undotiert) an den Tennisspieler *Michael Stich* für sein Engagement in der von ihm gegründeten Michael-Stich-Stiftung, die sich für HIV-infizierte Kinder einsetzt.

Deutscher Umweltpreis 1996 (1 Mio. DM), seit 1993 von der Deutschen Bundesstiftung in Osnabrück an Personen, Firmen oder Organisationen vergeben, die »entscheidend in vorbildhafter Weise zum Schutz und zur Erhaltung der Funktionsfähigkeit der Umwelt beigetragen haben bzw. in Zukunft zu einer deutlichen Umweltentlastung beitragen werden«, an den Wissenschaftler und früheren Umweltminister *Maciej Nowicki* (Polen) für seine Bemühungen um eine Verminderung der Luftverunreinigungen in den polnischen Industriezentren und an die niedersächsische Möbelfirma Wilkhahn, Wilkening und Hahne für eine verschwendungsarme Möbelgestaltung.

Europa-Preis für Denkmalpflege 1996 (30 000 DM) der Hamburger Alfred Toepfer Stiftung F. V. S. an den Architekten und Denkmalpfleger *Georgs Baumanis* (Lettland), »der in stürmischer Umbruchzeit einen entscheidenden Beitrag zur Wiederherstellung der Baudenkmäler Alt-Rigas geleistet hat«.

Friedenspreis des Deutschen Buchhandels 1997 (25 000 DM) an den Schriftsteller *Yasar Kemal* (Türkei); dieser habe – so die Begründung des Stiftungsrats in Frankfurt am Main – in seinen Romanen und Erzählungen die Realitäten seines Landes beschrieben und sich als »Anwalt der Menschenrechte« selbstlos für Arme, Ausgebeutete und aus politischen oder ethnischen Gründen Verfolgte eingesetzt und auch Gefängnishaft und Exil in Kauf genommen. Mit seinem 1955 erschienenen Erstlingswerk »Ince Mened« (dt. 1960: »Mehnet, mein Falke«) wurde er zum meistgelesenen Schriftsteller der Türkei.

Hansischer Goethe-Preis 1997 (50 000 DM), seit 1957 verliehen von der Hamburger Alfred Toepfer Stiftung F. V. S. für überragende völkerverbindende und humanitäre Leistungen im Sinne *Johann Wolfgang von Goethes*, an den Philologen *Harald Weinrich* für seine Verdienste als Romanist, Linguist und vergleichender Sprachwissenschaftler.

Hessischer Friedenspreis 1997 (50 000 DM) der Albert-Osswald-Stiftung an *Hans Koschnick* für seine Verdienste um das Zusammenleben von Moslems und Kroaten in Mostar. Der frühere Bremer Bürgermeister hatte 1994–1996 als EU-Administrator den Wiederaufbau von Mostar in Bosnien-Herzegowina geleitet. **1996** ging der Preis an den Weihbischof *Gregorio Rosa Chávez* (El Salvador) für seine aktive Rolle bei der Aussöhnung der Bürgerkriegsgegner in El Salvador.

Theodor-Heuss-Preis 1997 der gleichnamigen Stiftung zur Förderung der politischen Bildung und Kultur in Deutschland und Europa (20 000 DM) an das Mitglied des britischen Oberhauses, *Lord Ralf Dahrendorf* (Großbritannien/Deutschland), für seine politische und wissenschaftliche Lebensleistung.

Leopold-Lucas-Preis

Der mit 60 000 DM dotierte Leopold-Lucas-Preis wurde 1972 vom Ehrensenator der Universität Tübingen *Franz D. Lucas* zum 100. Geburtstag seines in Theresienstadt umgekommenen Vaters, des jüdischen Rabbiners *Leopold Lucas*, gestiftet. **1997** wurde dieser Preis an *Henryk Muszynski*, Erzbischof und Metropolit von Gnesen (Polen), in Anerkennung seiner Bemühungen um das Gespräch zwischen Polen und Juden und in Würdigung seines Engagements bei der Einführung judaistischer Studien an katholisch-theologischen Ausbildungsstätten in Polen verliehen. Der Preis würdigt jährlich hervorragende Leistungen auf dem Gebiet der Theologie, Geistesgeschichte, der Geschichtsforschung und der Philosophie und ehrt Persönlichkeiten, die zur Förderung der Beziehungen zwischen Menschen und Völkern wesentlich beigetragen und sich um die Verbreitung der Toleranz verdient gemacht haben. Zu den bisherigen Preisträgern gehören *Karl Rahner*, *Kurt Scharf*, *Sir Karl Raimund Popper*, *Leopold Senghor*, der *XIV. Dalai Lama*, *Sergej Sergeevic Averintsev* sowie das jüdische Gelehrtenpaar *Pnina Navé* und *Nathan Peter Levinson*.

Karlspreis der Stadt Aachen 1997 (5000 DM) und Karlspreismedaille mit dem Bild Karls des Großen an Bundespräsident *Roman Herzog*, weil er sich auf vielfältige Weise um ein »Europa der Bürger« verdient gemacht habe. Der Preis wird seit 1950 an Menschen und Gremien verliehen, die den Gedanken der abendländischen Einigung in politischer, wirtschaftlicher und geistiger Beziehung gefördert haben.

Heinz-Herbert-Karry-Preis 1997 (10 000 DM), alle 2 Jahre von der gleichnamigen Stiftung in memoriam des 1981 ermordeten hessischen Wirtschaftsministers *Karry* vergeben, an den früheren Stuttgarter Oberbürgermeister *Manfred Rommel* für sein Lebenswerk.

Kasseler Bürgerpreis »Glas der Vernunft« 1997 (20 000 DM) an den Dramatiker *Pavel Kohout* (Tschechische Rep.) für seinen Beitrag zur deutsch-tschechischen Aussöhnung. **1996** wurde der frühere Bremer Bürgermeister *Hans Koschnick* für sein Engagement als EU-Administrator in Mostar 1994–1996 ausgezeichnet.

Kunstpreis 1996 zur Förderung christlicher Kunst in Afrika, Asien, Ozeanien und Lateinamerika, seit 1993 vom internat. Katholischen Missionswerk »missio« vergeben, an *Dilip Rama Bahotha* (Indien) und *Wong Jing* (Hongkong).

Kunstpreis Ökologie 1997 der AEG Hausgeräte AG (insg. 80 000 DM) – 1. Preis (20 000 DM) an *Iris* Kettner von der Hochschule Kunst und Design in Halle; 2. Preis (je 15 000 DM) an die Ludwigsburger Kunststudentin *Kirstin Arndt* und *Stephan Gripp* aus Düsseldorf; Länderpreis Österreich (10 000 DM) an *Judith Huemer*, Länderpreis Schweiz (10 000 DM) an *Marie Kehl-Moundalek*; Sonderpreise gingen an schwedische Künstler, die Umwelt zu einem Thema der Kunst machten.

Leibniz-Ring 1997 (30 000 DM) des Presseclubs Hannover, erstmals vergeben, an den italienischen Innenminister *Giorgio Napolitano* für sein Lebenswerk.

Leipziger Buchpreis zur europäischen Verständigung 1997 des Freistaates Sachsen, der Stadt Leipzig und des Börsenvereins des Deutschen Buchhandels (20 000 DM), an den Schriftsteller *Imre Kertész* (Ungarn), der (mit 10 000 DM dotierte) Anerkennungspreis ging an *Antonin Liehm* als Herausgeber der Zeitschrift »Lettre Internationale«.

Nationalpreis 1997 (150 000 DM), erstmals von der Deutschen Nationalstiftung in Hamburg vergeben, an die Gesellschaft zur Förderung des Wiederaufbaus der Frauenkirche in Dresden. Mit dem Preis will die Stiftung eine Bürgerbewegung auszeichnen, »die sich für die Verwirklichung und den Wiederaufbau eines bedeutenden Bauwerks im östlichen Teil Deutschlands frühzeitig und erfolgreich eingesetzt hat«.

Carl-von-Ossietzky-Medaille 1996 der Internat. Liga für Menschenrechte (ILHR) an die Samstags-Frauen von Istanbul, die an jedem Samstag mit einer 30minütigen Sitzaktion an das Schicksal von »Verschwundenen« erinnern. Die Medaille wird seit 1962 jährlich an Personen und Gruppen verliehen, die sich um die Verteidigung der Menschenrechte verdient gemacht haben.

Wilhelm-Leopold-Pfeil-Preis 1996 (10 000 DM), alle 2 Jahre von der Hamburger Alfred Toepfer Stiftung F. V. S. für Forstwirtschaft verliehen, an *Hans-Jürgen Otto* von der Universität Göttingen.

Das Politische Buch 1997 (10 000 DM), Auszeichnung der Arbeitsgemeinschaft der Verleger, Buchhändler und Bibliothekare der Friedrich-Ebert-Stiftung, an die Enkeltochter des 1995 ermordeten israelischen Ministerpräsidenten *Jitzhak Rabin*, *Noa Ben Artzi-Pelossof*, für ihr Buch »Trauer und Hoffnung«. Für **1996** ging die Auszeichnung an den Publizisten und TV-Journalisten *Peter Merseburger* für seine Kurt-Schumacher-Biographie »Der schwierige Deutsche«.

Eric-M.-Warburg-Preis

Der Eric-M.-Warburg-Preis wird von der Atlantik Brücke e. V., Bonn und Berlin, verliehen und soll an die Verdienste Warburgs für die Völkerverständigung, für die Aussöhnung zwischen Amerikanern und Deutschen nach dem Zweiten Weltkrieg und für den Aufbau des freiheitlichen und demokratischen Deutschlands an der Seite des Westens erinnern. Der Preis trägt den Namen des 1990 verstorbenen jüdischen Bankiers, der 1938 von Hamburg in die USA emigrierte, 1945 als US-amerikanischer Oberstleutnant in seine Heimatstadt zurückkam und dort Einfluß auf die amerikanische Besatzungspolitik zugunsten seines deutschen Vaterlandes nahm, in dem er seit 1945 wieder lebte. Dabei setzte er sich insbesondere für den Ausbau des deutsch-amerikanischen Verhältnisses ein. Diesem Ziel diente auch die von ihm 1952 mitbegründete Atlantik-Brücke, der heute *Walther Leisler Kiep* vorsteht. Warburg selbst wurde (1988) kurz vor seinem Tod erster Träger des Preises. *Paul H. Nitze* (1990), *Henry A. Kissinger* (1992), *Manfred Wörner* (1994) folgten ihm. **1996** wurde Bundeskanzler *Helmut Kohl* ausgezeichnet.

Erich-Maria-Remarque-Friedenspreis 1997 (25 000 DM) der Stadt Osnabrück an den als Systemkritiker im Prager Frühling 1968 bekannt gewordenen Schriftsteller *Ludvík Vaculík* (Tschechische Rep.) für seine Bemühungen um die deutsch-tschechische Versöhnung. Der Sonderpreis (7500 DM) ging an die 1990 von den Regierungen in Bonn und Prag eingesetzte deutsch-tschechische Historikerkommission.

Schillerpreis der Stadt Mannheim 1996 (25 000 DM), alle 4 Jahre vergeben, an den aus Deutschland stammenden Politikwissenschaftler *Alfred Grosser* (Frankreich) für seinen Beitrag um die deutsch-französische Verständigung. Der Preis wird an Persönlichkeiten verliehen, die durch ihr gesamtes Schaffen oder ein einzelnes Werk von bedeutendem Rang zur kulturellen Entwicklung in hervorragender Weise beigetragen haben.

Karl-Friedrich-Schinkel-Ring 1996, höchste Auszeichnung für Denkmalschutz, an *Karl Graf von Schönborn-Wiesentheid* für die Sicherung der zahlreichen Schlösser der Familie »unter Hintanstellung wirtschaftlicher Überlegungen«.

Freiherr-vom-Stein-Preis 1997 (50 000 DM) der Hamburger Alfred Toepfer Stiftung F. V. S. an das Projekt FERROPOLIS (Gräfenhainichen/Sachsen-Anhalt), eine Baggerstadt aus Eisen, gigantisches

Technikmuseum und künftiger Veranstaltungsort. Das Projekt zeige auf, daß die Altlasten des Braunkohlebergbaus nicht nur zu entsorgen, sondern auch Ausgangspunkt für kreative Neugestaltung seien.

Vernon-A.-Walters-Preis 1997 an den Vorstandssprecher der Deutschen Bank *Rolf-E. Breuer*. Der seit 1993 jährlich von der Atlantik-Brücke e. V., Bonn und Berlin, und dem Armonk Institute für die Stärkung der deutsch-amerikanischen Beziehungen, New York, vergebene Preis zeichnet entweder eine deutsche oder US-Persönlichkeit in Anerkennung ihrer Leistungen zur Förderung der bilateralen Beziehungen aus.

Wartburg-Preis 1996 der gleichnamigen Stiftung zur Verständigung zwischen den Nationen Europas (10 000 DM), seit 1992 vergeben, an den Präsidenten des Goethe-Instituts *Hilmar Hoffmann*.

Ludwig-Wünsche-Preis 1996 (20 000 DM), seit 1995 von der gleichnamigen Stiftung in Hamburg für Verdienste um die Völkerverständigung und Förderung von Toleranz gegenüber Ausländern verliehen, an den früheren Bundespräsidenten *Richard von Weizsäcker*.

Europa

Andrej-Dimitrijewitsch-Sacharow-Preis 1996 des Europäischen Parlaments »für die Freiheit des Geistes« (15 000 ECU) an den Bürgerrechtler *Wei Jingsheng* (China).

Niederlande

Erasmus-Preis 1996 der gleichnamigen Stiftung in Amsterdam für Personen oder Institutionen, »die einen hervorragenden Beitrag für die Kultur, die Sozialwissenschaft oder die Wahrheit geleistet haben« (300 000 hfl), an den Historiker *William McNeill* (USA) für seine Pionierleistungen und Innovationsfähigkeit.

Österreich

Salzburger Landespreis für Zukunftsforschung 1996 (100 000 S) an die protestantische Theologin *Dorothee Sölle* (Deutschland) für ihr »unermüdliches Engagement für Frieden, Gerechtigkeit, Solidarität und die Bewahrung der Schöpfung«.

Schweden

Olof-Palme-Gedächtnispreis 1996 (100 000 skr) der gleichnamigen Stiftung in Stockholm für internat. Verständigung und gemeinsame Sicherheit in memoriam des 1986 ermordeten schwedischen Ministerpräsidenten (100 000 skr), an die »Casa Alianza«-Kinderhilfe Guatemala, die sich für die Straßenkinder in Lateinamerika einsetzt. Die Organisation, 1961 in den USA gegründet, arbeitet in 17 Bundesstaaten der USA, in Kanada und seit 1981 auch in Guatemala, Honduras und Mexiko.

Schweiz

Eugenio-Balzan-Preis 1996 der gleichnamigen italienisch-schweizerischen Stiftung für Verdienste auf humanitärem, künstlerischem, sozialem und wissenschaftlichem Gebiet (je 500 000 sfr; abwechselnd in Bern und Rom überreicht) in der Sparte Geschichte an den Mediävisten *Arno Borst* (Deutschland); in der Sparte Meteorologie an den Forscher *Arne Eliassen* (Norwegen); in der Sparte Politische Wissenschaften an *Stanley Hoffmann* (USA), Leiter des Center for European Studies 1969–95. Mit dem 1996 zusätzlich ausgeschriebenen »Preis für Menschlichkeit, Frieden und Brüderlichkeit der Völker« (1 Mio. sfr) wurde das Internationale Komitee vom Roten Kreuz (IKRK) für seine Rehabilitierungsprogramme für afghanische Kriegsopfer ausgezeichnet.

Doron-Preis 1996 (je 100 000 sfr) an die Schweizer Sektion der Organisation »Ärzte ohne Grenzen« (Médecins sans frontières), die laut Jury in besonderer Weise zum Erfolg der heute weltweit größten privaten medizinischen Nothilfeorganisation beigetragen habe.

Spanien

Prinz-von-Asturien-Preis 1996 (5 Mio. Pta) für internat. Zusammenarbeit der gleichnamigen Stiftung in Oviedo an Bundeskanzler *Helmut Kohl* (Deutschland) für sein stetiges Bemühen um die Einigung Europas und seine Verdienste um die Wiedervereinigung.

Vereinigte Staaten von Amerika

European Statesman Award 1997 des Institute for East West Studies (IEWS) in New York an die Präsidenten Deutschlands und der Tschechischen Rep., *Roman Herzog* und *Václav Havel*, in Anerkennung ihres Beitrags zur Normalisierung zwischen den beiden Staaten. Das IEWS setzt sich seit 1981 für die Überwindung der traumatischen Erblasten des 20. Jahrhunderts ein. Bisher wurden u. a. die Präsidenten der baltischen Staaten Estland, Lettland und Litauen ausgezeichnet.

Vereinte Nationen

Houphouët-Boigny-Friedenspreis 1996 der UNESCO (ca. 275 000 DM), benannt nach dem früheren Präsidenten der Elfenbeinküste, *Felix Houphouët-Boigny*, zu gleichen Teilen an den Staatspräsidenten *Alvaro Arzú Irigoyen* und an den ehemaligen Guerilla-Kommandanten *Rolando Morán* (beide Guatemala). Der Preis wird seit 1989 jährlich an Personen, Organisationen oder Institutionen vergeben, die sich in besonderer Weise um die Förderung, die Erforschung oder die Sicherung des Friedens bemühen.

UNESCO-Preis für Friedenserziehung 1996 (ca. 38 000 DM) an die Gründerin der katholischen Focolare-Bewegung, *Chiara Lubich* (Italien). Die Bewegung habe – so die Begründung – entscheidend dazu beigetragen, Frieden und Einheit zwischen unterschiedlichen Generationen, sozialen Klassen sowie Gläubigen und Nichtgläubigen zu schaffen. Sie ist heute in 180 Ländern aktiv und hat rund

100 000 Mitglieder. Sie betreut soziale Projekte in Afrika, Brasilien und auf den Philippinen. Zudem organisiert sie weltweit Tagungen zur christlichen Glaubenslehre und hat intensive Kontakte zu anderen christlichen Konfessionen und den Weltreligionen geknüpft.

UNESCO-Menschenrechtspreis 1997 (10 000 $), seit 1978 alle 2 Jahre vergeben, an den früheren Präsidenten *Jean-Bertrand Aristide* (Haiti) für seinen »außergewöhnlichen Einsatz für Menschenrechte und Demokratie in Haiti«.

Die Alfried Krupp von Bohlen und Halbach-Stiftung

Die gemeinnützige Stiftung ist das Vermächtnis von *Alfried Krupp von Bohlen und Halbach*, dem letzten persönlichen Inhaber der Firma Fried. Krupp. Testamentarisch legte er fest, »die Firma über eine Stiftung, die Ausdruck der dem Gemeinwohl verpflichteten Tradition des Hauses Krupp sein soll, in eine Kapitalgesellschaft umzuwandeln«. Mit seinem Tod am 30. 7. 1967 ging sein gesamtes Vermögen auf die von ihm errichtete Stiftung über, die ihre Tätigkeit am 1. 1. 1968 aufnahm. Nach dem Willen ihres Stifters hat die Alfried Krupp von Bohlen und Halbach-Stiftung seitdem die Aufgabe, die Einheit des Unternehmens zu wahren und die ihr daraus zufließenden Erträge ausschließlich und unmittelbar für gemeinnützige Zwecke zu verwenden. Heute ist die Alfried Krupp von Bohlen und Halbach-Stiftung Hauptaktionärin der Fried. Krupp AG Hoesch-Krupp. Mit ihren Erträgen fördert sie Projekte im In- und Ausland in fünf Satzungsbereichen: Wissenschaft in Forschung und Lehre, Erziehungs- und Bildungswesen, Gesundheitswesen, Sport sowie Literatur, Musik und Bildende Kunst. Die bisherige Gesamtförderung beträgt 465 Mio. DM. Sie verteilt sich wie folgt auf die einzelnen Satzungsbereiche: Wissenschaft 164 Mio. DM, Bildung 85 Mio. DM, Gesundheitswesen 148 Mio. DM, Sport 18 Mio. DM und Kultur 50 Mio. DM.

1. Wissenschaft in Forschung und Lehre

Der **Alfried Krupp-Förderpreis für junge Hochschullehrer** (850 000 DM) wird seit 1986 in der Regel jährlich an einen jungen C3-Professor einer wissenschaftlichen Hochschule in der Bundesrepublik Deutschland verliehen, der sich durch herausragende Forschungsleistungen im Bereich der Natur- oder Ingenieurwissenschaften ausgewiesen hat. Mit der auf fünf Jahre begrenzten Förderung soll er sich in Form von Personal- und Sachmitteln ein verbessertes Arbeitsumfeld schaffen. Die Preisträger **1990–1996** sind *Angela D. Friederici*, Psychologie/Kognitionswissenschaft (1990), *Lutz Heide*, Pharmazeutische Biologie (1991), *Albrecht Böttcher*, Harmonische Analysis und Operatortheorie (1992), *Klaus Martin Wegener*, Angewandte Physik (1993), *Christiane Gatz*, Pflanzliche Molekulargenetik (1994), *Onur Güntürkün*, Biopsychologie (1995) und *Roland A. Fischer*, Anorganische Chemie (1996).

Für das **Stipendienprogramm zur Förderung von Doktoranden auf dem Gebiet der Verkehrswissenschaften** (maximal zwei bis drei Jahre 2000 DM monatlich) können sich Doktoranden bewerben, die verkehrswissenschaftliche Dissertationen auf den Gebieten der Natur- und Ingenieurwissenschaften, der Wirtschafts-, Rechts- oder Politikwissenschaften anfertigen. Die Arbeiten sollen insbesondere Fragen aus den Themenbereichen Verkehrsvernetzung, -planung, -betrieb, -politik, -wirtschaft und aus benachbarten Gebieten behandeln.

Seit 1984 fördert die Stiftung den Aufbau der **privaten Universität Witten/Herdecke**. Sie errichtete den Stiftungslehrstuhl für Mikrobiologie und -virologie und unterstützt gegenwärtig das Zentrum für molekulare Biomedizin.

In den neuen Ländern unterstützt die Stiftung die **Universität Greifswald** in der strukturschwachen Region Mecklenburg-Vorpommern. Mit maßgeblicher Förderung der Stiftung wird gegenwärtig an der medizinischen Fakultät eine Klinik für Hämatologie/Onkologie errichtet.

Von der seit 1986 geförderten **Neuübersetzung des Justinianschen Corpus Iuris Civilis** sind mittlerweile die Bände »Institutionen« (1990) und »Digesten 1–10« (1995) erschienen.

Im Rahmen des Förderprojektes **Kommentierte Edition osteuropäischer Bibeln aus unedierten Handschriften und Altdrucken** wurden seit 1987

neun osteuropäische Bibeln des 16. Jahrhunderts ediert.
Weitere Förderprojekte: Gallex-Projekt der Max-Planck-Gesellschaft zur Messung der Sonnenneutrinos (seit 1985); Lexikon der Bioethik der Görres-Gesellschaft (seit 1993); Alfried Krupp von Bohlen und Halbach-Lehrstuhl für Europäische Außen- und Sicherheitspolitik am Europa Kolleg Brügge (seit 1996); Integrationsprogramm für junge Wissenschaftler aus den neuen Bundesländern (bis 1996); Stiftungsprofessur für Energiebetriebswirtschaftslehre, Universität GH Essen (bis 1992); Stipendienprogramm zur Förderung von Doktoranden auf dem Gebiet der Energieforschung (bis 1990); Alfried Krupp von Bohlen und Halbach-Preis für Energieforschung (bis 1983).

2. Erziehungs- und Bildungswesen
Fortbildung in Deutschland für Nachwuchskräfte der brasilianischen Wirtschaft, Ingenieure und Wissenschaftler (seit 1977); Praktikanten-Programme für Studenten aus Stanford, USA, in Deutschland (seit 1982); China-Studienprogramm für deutsche Studenten (seit 1986); Stipendien für polnische Studenten an der Europa-Universität Viadrina in Frankfurt an der Oder (seit 1992); Stipendienprogramm für Nachwuchswissenschaftler und junge Führungskräfte aus mittel- und osteuropäischen Ländern (seit 1994); Austauschprogramm für den John J. McCloy Fund am American Council on Germany, New York (bis 1990); Meisterschule in Brasilien (bis 1988); Integration von ausländischen Jugendlichen in Deutschland (bis 1987).

3. Gesundheitswesen
Ein bedeutender Förderschwerpunkt ist das **Alfried Krupp Krankenhaus** in Essen. 1971 hat die Stiftung die ehemaligen Kruppschen Krankenanstalten übernommen. 1980 wurde der Neubau des Krankenhauses fertiggestellt, das über 560 Betten in 11 Fachkliniken mit 1200 Mitarbeitern verfügt.

Weitere Förderprojekte: Arabisches Gesundheitszentrum Sheikh Jarrach in Jerusalem (seit 1978); Kuratorium ZNS für Unfallverletzte mit Schäden des zentralen Nervensystems (seit 1984); Soforthilfeprogramm für Krankenhäuser in Mecklenburg-Vorpommern (1989–90); Kindergesundheitszentrum Warschau (bis 1992); Seenotrettungskreuzer »Alfried Krupp« (1987, 1988, 1995).

4. Sport
Ausbildung junger Hochsee-Segler auf der Segelyacht »Germania VI« (seit 1972); Jugendarbeit in Essener Sportvereinen (seit 1989); Stiftungsprofessur für Sportpublizistik, Deutsche Sporthochschule Köln (bis 1994); Aufbau des Olympischen Museums Lausanne (bis 1990); Sportausbildung und -medizin in China (bis 1989); Jugendsport in Entwicklungsländern (bis 1987).

5. Literatur, Musik und Bildende Kunst
Seit 1984 Förderung der **Kulturstiftung Ruhr** bei der Durchführung der kunst- und kulturgeschichtlichen Ausstellungen in der Villa Hügel.
Seit 1982 förderte sie im Programm **Kataloge für junge Künstler** 86 deutsche und internationale Nachwuchskünstler durch die Übernahme der Kosten für einen repräsentativen Ausstellungskatalog. Die Auszeichnung ging **1996** an *Stan Douglas* (Vancouver), *Stefan Hoderlein* (Düsseldorf), *Fabrice Hybert* (Paris) und *Joep van Lieshout* (Rotterdam).
Weitere Förderprojekte: Alfried Krupp von Bohlen und Halbach-Stipendium für zeitgenössische deutsche Fotografie (seit 1982) und Museumspraxis und Fotografie (seit 1993); Stiftungsprofessur für Geschichte und Theorie der Fotografie, Universität GH Essen (seit 1993); Neubau des Museums Folkwang, Essen (1983 und 1996); Ausbau des Schauspielhauses der Stadt Essen (1990); Restaurierung und Erweiterung der Folkwang-Hochschule für Musik, Theater, Tanz in Essen-Werden (1987).

Nobelpreise 1996

Die mit jeweils 7,4 Mio. skr (= ca. 1,7 Mio. DM) dotierten Nobelpreise 1996 wurden am 10. 12. 1996 in Oslo (Norwegen) bzw. Stockholm (Schweden) verliehen.

Der **Friedensnobelpreis** des Nobelkomitees des norwegischen Parlaments in Oslo ging an 2 Hauptakteure des Unabhängigkeitskampfes in der von Indonesien 1976 annektierten ehemaligen portugiesischen Überseeprovinz Ost-Timor – den katholischen Bischof *Carlos Felipe Ximénes Belo* (* 3. 2. 1948 in Baucau/Ost-Timor) und den im Exil lebenden Bürgerrechtler *José Ramos Horta* (* 26. 12. 1949 in Dili/Ost-Timor). Das Osloer Komitee hebt in der Begründung hervor, daß sich beide unermüdlich um eine gerechte und friedliche Lösung des seit 2 Jahrzehnten schwelenden und teilweise blutig geführten Konflikts bemüht hätten. Bischof *Belo* habe unter Einsatz seines Lebens die Bevölkerung vor Übergriffen der indonesischen Machthaber zu schützen versucht und sich gleichzeitig für die Gewaltlosigkeit und den Dialog mit der indonesischen Regierung ausgesprochen. *Ramos Horta* habe mit der Anregung von Versöhnungsgesprächen und mit der Erarbeitung eines Friedensplans für die Region zur Entschärfung des Konflikts beigetragen. – *Belo* wurde 1980 zum Priester geweiht und 1988 von Papst *Johannes Paul II.* zum Bischof der überwiegend katholischen Bevölkerung Ost-Timors ernannt. – *Ramos Horta* war nach dem Abzug Portugals wenige Monate Außenminister des kurzfristig selbständigen Ost-Timor; beim Einmarsch indonesischer Truppen im Dezember 1975 floh er nach Australien. Er ist als Dozent für Journalismus und Diplomatie an der Universität von New South Wales in Sydney tätig und gilt als Sprecher des 1993 in Indonesien zu lebenslanger Haft verurteilten Anführers der osttimoresischen Befreiungsbewegung FRETELIN, *José Alexandre 'Xanana' Gusmão*.

Der **Nobelpreis für Literatur** der Schwedischen Akademie der Schönen Künste in Stockholm ging an die polnische Lyrikerin *Wislawa Szymborska* (* 2. 7. 1923 in Bnin bei Posen) für ihre Poesie, die »mit ironischer Präzision den historischen und biologischen Zusammenhang in Fragmenten menschlicher Wirklichkeit hervortreten läßt«. Seit 1931 lebt *Szymborska* in Krakau, wo sie Ende der 40er Jahre Polonistik und Soziologie studierte. Sie gilt als die bedeutendste Dichterin Polens. Ihr erstes Gedicht »Ich suche das Wort« veröffentlichte sie 1945. Später folgten die Gedichtbände »Warum wir leben« (1952), »Fragen an mich selbst« (1954), »Ruf an den Yeti« (1957), »Salz« (1962), »Hundert Tröste« (1967), »Alle Fälle« (1972), »Die große Zahl« (1976) sowie »Ende und Anfang« (1993). Ihre Werke wurden bislang in mehr als 10 Sprachen übersetzt.

Der **Nobelpreis für Chemie** der Schwedischen Akademie der Wissenschaften in Stockholm wurde an die US-Amerikaner *Robert Floyd Curl jr.* (* 23. 8. 1933 in Alice/Texas), *Richard Errett Smalley* (* 6. 6. 1943 in Akron/Ohio) und den Briten *Sir Harold Walter Kroto* (* 7. 10. 1939 in Wisbech/Cambridgeshire) für ihre Entdeckung der Fullerene, einer fußballförmigen Kohlenstoffstruktur, vergeben. Fullerene bestehen aus einer geraden, aber unterschiedlich großen Zahl von Kohlenstoffatomen; das interessanteste unter ihnen ist das sog. Buckminster-Fulleren aus 60 Kohlenstoffatomen, das wegen seiner geometrischen Schönheit nach den Kuppelbauten des US-Architekten *Richard Buckminster-Fuller* benannt wurde. – *Curl* promovierte 1957 an der University of California in Berkeley, wechselte danach als Research Fellow zur Harvard University in Cambridge/Massachusetts und lehrt seit 1958 an der Rice University in Houston/Texas, wo er seit 1967 als Professor das Department of Chemistry leitet. Mit einem Humboldt-Forschungspreis arbeitete er 1984/85 als Gastprofessor an der Universität Bonn. – *Smalley* promovierte 1973 an der Princeton University, arbeitete danach an der University of Chicago und ist seit 1976 an der Rice University tätig, wo er 1981 Professor für Chemie und 1990 zusätzlich Professor für Physik wurde. – *Kroto* promovierte 1964 an der University of Sheffield und wechselte nach kurzer Tätigkeit bei den AT&T Bell Laboratories (New Jersey) 1979 an die University of Sussex, wo er 1985 zum Professor für Chemie und 1991 zum Royal Society Research Professor ernannt wurde.

Der **Nobelpreis für Physik** der Schwedischen Akademie der Wissenschaften in Stockholm ging an die US-Amerikaner *David Morris Lee* (* 20. 1. 1931 in Rye/New York), *Douglas Dean Osheroff* (* 1. 8. 1945 in Aberdeen/Washington) und *Robert Coleman Richardson* (* 26. 6. 1937 in Washington D. C.) für die Entdeckung der Suprafluidität von flüssigem Helium-3. Bei diesem tritt bei einer Temperatur von zwei Tausendstel Grad über dem absoluten Nullpunkt das Phänomen der Suprafluidität auf, d. h. es verhält sich dann wie eine Quantenflüssigkeit, die keine innere Reibung mehr hat. – *Lee* promovierte 1959 an der Yale University. Er lehrt seitdem an der Cornell University in Ithaca, New York, wo er 1968 zum Professor für Physik ernannt wurde. – *Osheroff* studierte am California Institute of Technology und an der Cornell University, wo er 1973 promovierte. 1972–1987 war er bei den AT&T Bell Laboratories als Leiter der Forschungsabteilung für Festkörper- und Tieftemperaturphysik tätig. Anschließend lehrte er an der Stanford University, wo er 1993–1996 dem Department of Physics vorstand. – *Richardson* promovierte 1966 an der Duke University. Seit 1967 lehrt er an der Cornell University, wo er 1974 zum Professor für Physik ernannt wurde.

Der **Nobelpreis für Medizin oder Physiologie** der Nobelversammlung des Karolinischen Instituts in Stockholm wurde 2 Immunforschern verliehen, dem Australier *Peter Charles Doherty* (* 15. 10. 1940 in Queensland) und dem Schweizer *Rolf Martin Zinkernagel* (* 6. 1. 1944 in Basel) für die Entdeckung der »zellvermittelten Spezifität der Immunabwehr« – die Art und Weise, wie die Zellen des Immunsystems des Körpers virusinfizierte Zellen wiedererkennen und welche Abwehrreaktionen eingeleitet werden. In der klinischen Medizin werden dadurch große Fortschritte etwa in der Krebsforschung, aber auch bei der Bekämpfung rheumatischer Erkrankungen, Multipler Sklerose oder Diabetes ermöglicht und bei der Bekämpfung von Infektionskrankheiten die Entwicklung von Impfstoffen erleichtert. – *Doherty* promovierte an der University of Edinburgh; er war 1962–1967 im Queensland Department of Primary Industries und anschließend bis 1971 am Moredun Research Institute in Edinburgh tätig. Die preisgekrönten

Forschungen führte er 1972–1975 gemeinsam mit *Zinkernagel* an der University of Canberra durch. 1982 wurde er leitender Professor an der John Curtin School of Medical Research in Canberra, 1988 wechselte er zum St. Jude Children's Hospital in Memphis/ Tennessee, wo er heute am Department of Immunology tätig ist. – *Zinkernagel* studierte an der Universität Basel und promovierte 1975 an der University of Canberra. Ab 1976 arbeitete er an der Scripps Clinic and Research Foundation in La Jolla/Kalifornien, wo er 1979 eine Professur erhielt. 1979–1992 war er Professor am Institut für Pathologie des Universitätshospitals in Zürich, und seit 1992 leitet er das Institut für Experimentelle Immunologie der Universität Zürich.

Der **Nobel-Gedenkpreis für Wirtschaftswissenschaften** der Schwedischen Akademie der Wissenschaften in Stockholm ging an den Briten *James Alexander Mirrlees* (* 5. 7. 1936 in Minnigaff/ Schottland) und den Kanadier *William Spencer Vickrey* (* 21. 6. 1914 in Victoria/British Columbia; † 11. 10. 1996 in Boston) für ihre grundlegenden Beiträge zur Theorie der wirtschaftlichen Anreize bei asymmetrischer Informationsverteilung. Sie erarbeiteten Modelle zur Frage, wie sich Subjekte bei unvollständiger oder ungleicher Kenntnis der ökonomischen Bedingungen verhalten. Nach ihrer These führen Informationsasymmetrien zu Vorteilen für Individuen und können von diesen strategisch ausgenutzt werden. – *Mirrlees* lehrte 1968–1995 als Professor für Volkswirtschaftslehre an der University of Oxford und ist seither Professor für politische Ökonomie an der University of Cambridge. – *Vickrey* war ab 1958 Professor für Volkswirtschaftslehre an der Columbia University in New York.

Alternativer Nobelpreis 1996

Der als »Alternativer Nobelpreis« bekanntgewordene »Right Livelihood Award« wird von der 1980 durch den schwedisch-deutschen Journalisten *Jakob von Uexküll* gegründeten Right Livelihood Award Foundation/RLAF mit Sitz in Stockholm jährlich für herausragende Leistungen zur Lösung drängender Menschheitsprobleme – wie Umweltzerstörung und Armut in der Dritten Welt – vergeben. Er wird am 9. Dezember, dem Vortag der Nobelpreis-Verleihung, im Schwedischen Parlament überreicht. Der mit 250 000 US-$ dotierte Preis ging 1996 zu je einem Drittel

- an das Komitee der russischen Soldatenmütter für sein Bemühen um einen Frieden in Tschetschenien. Hunderte von Frauen waren nach Tschetschenien gereist, um ihre Söhne aus dem Krieg zu holen;
- an das indische Forum wissenschaftlicher Autoren (KSSP) im indischen Unionsstaat Kerala für sein Bemühen um die Verbreitung neuester Erkenntnisse in den Bereichen Gesundheit, Erziehung und Umwelt. Die 60 Mitglieder haben ein Gesundheitssystem aufgebaut, das die Kindersterblichkeit deutlich senkte;
- an den griechischen Arzt *Georgios Vithoulkas* für seinen Einsatz für die Homöopathie.

Den undotierten **Ehrenpreis** erhielt der US-Wirtschaftswissenschaftler *Herman Daly*, weil er Grundwerte wie Moral, Lebensqualität, Umwelt und Gemeinschaft in seine Forschungen integriere.

Verstorbene Persönlichkeiten

1996 (September – Dezember)

Abdelghani, *Mohammed Ben Ahmed* (69), alger. Politiker, 1979–84 Ministerpräsident, 19. 9. Paris
Agnew, *Spiro T.* (77), US-Republikaner, 1968–73 Vizepräsident unter *Richard Nixon*, 17. 9. Atlanta City
Allemann, *Fritz René* (86), Schweizer Journalist, Autor zahlreicher politischer Bücher und Kunstreiseführer, 29. 10. Kleinrinderfeld bei Würzburg
Annabella [eigentl. *Suzanne Charpentier*] (86), französ. Filmschauspielerin der 30er Jahre, 18. 9. Neuilly-sur-Seine

Baumgartner, *Hans* (85), Schweizer Fotograf, Langzeitreportagen, 28. 12. Frauenfeld
Bernardin, *Joseph* (68), US-Kardinal und langj. Erzbischof von Chicago, Gegner von Atomwaffen und der Todesstrafe, 14. 11. Chicago
Birkmayer, *Walther* (86), österr. Neurologe, seit 1988 Präsident des Instituts für Parkinson-Therapie, 10. 12. Wien
Bokassa, *Jean-Bedel* (75), zentralafrikan. Diktator, putschte sich 1965 an die Macht, krönte sich 1976 selbst zum »Kaiser«, wurde 1979 vom französ. Militär gestürzt, 3. 11. Bangui
Bonn, *Gisela* (87), dt. Journalistin, Schriftstellerin und Filmregisseurin, 11. 10. Stuttgart
Bouabid, *Maati* (70), marokkan. Politiker, 1979–83 Ministerpräsident, 1. 11. Casablanca
Bourassa, *Robert* (63), franko-kanad. Politiker, 1970–76 und 1985–94 Premierminister von Québec, 2. 10. Montreal
Brückner, *Christine* (75), dt. Schriftstellerin, schrieb zahlreiche Romane, Erzählungen, Reisenotizen, Essays und Kinderbücher, 21. 12. Kassel
Buchthal, *Hugo* (87), dt. Kunsthistoriker, erforschte die Buchmalerei in Orient, Byzanz und westl. Mittelmeer, 10. 11. London
Bundy, *McGeorge* (77), US-Politiker, Sicherheitsberater der Präsidenten *John F. Kennedy* und *Lyndon B. Johnson*, 16. 9. Boston
Busch, *Hans* (82), US-Musikwissenschaftler dt. Herkunft, 17. 9. Bloomington

Caesar, *Irving* (101), US-Songtexter, einer der bekanntesten Liedertexter der USA, 17. 12. New York
Carné, *Marcel* (90), französ. Regisseur, drehte 1943–45 Welterfolg »Kinder des Olymp«, 31. 10. Beclerc de Clamart
Carvalho, *Eleazar de* (84), brasilian. Dirigent, arbeitete mit dem Boston Symphony Orchestra, den Berliner und Wiener Philharmonikern, gründete 1971 das Staatsorchester von São Paulo und leitete es bis zu seinem Tode, September São Paulo
Casarès, *Maria* (74), span. Film- und Theaterschauspielerin, war als erste Ausländerin ständiges Mitglied der Comédie Française, 22. 11. La Verne
Castiglioni, *Niccolò* (63), italien. Komponist, Pianist, Schriftsteller und Kritiker, 7. 9. Mailand
Chariton, *Juli* (92), russ. Atomphysiker, einer der »Väter« der sowjet. Atombombe, 20. 12. Nischnij Nowgorod
Cherill, *Virginia* (88), US-Schauspielerin der Stummfilmzeit, 14. 11. Santa Barbara
Cray, *Seymour* (71), US-Computerpionier, »Vater der Supercomputer«, 5. 10. Colorado Springs

Denissow, *Edison Wassilijewitsch* (67), russ. Avantgarde-Komponist, einer der meistgespielten Komponisten der Zwölftonmusik, 24. 11. Paris
Dierichs, *Paul* (95), dt. Journalist und langj. Herausgeber der Hessischen Niedersächsischen Allgemeinen, Wegbereiter der Kasseler Gesamthochschule, 3. 11. Kassel
Doggett, *Bill* (80), US-Jazz-Pianist, Keyboard-Player und Blues-Komponist, 13. 11. New York
Donoso, *José* (72), chilen. Schriftsteller, lehrte englische Literatur, 7. 12. Santiago de Chile
Duby, *Georges Michel Claude* (77), französ. Kulturhistoriker, seit 1987 Mitglied der Académie Française, 3. 12. Aix-en-Provence
Ducaux, *Annie* (88), französ. Schauspielerin, seit 1946 Mitglied der Comédie Française, 31. 12. Champeaux
Dürig, *Günter* (76), dt. Staats- und Verfassungsrechtler, begründete mit *Theodor Maunz* das Standardwerk zum Grundgesetz, 22. 11. Tübingen
Dulles, *Eleanor* (101), US-Diplomatin, Wirtschaftsexpertin und Publizistin, spielte als »Patentante« Westberlins prägende Rolle beim Wiederaufbau der Stadt, 31. 10. Washington D. C.

Endo, *Shusaku* (73), japan. Schriftsteller und Romançier, setzte sich mit der Unvereinbarkeit des Katholizismus und der japan. Kultur auseinander, 30. 9. Tokyo
Engelmann, *Heinz* (85), dt. Schauspieler und Synchronsprecher, 26. 9. Tutzing
Erdmann, *Gunther* (57), dt. Komponist, schuf Vokalmusik für Kinder, u. a. »Märkischen Liederzyklus« und »Jiddisches Liederbuch«, 6. 10. Berlin

Felicani, *Rodolfo* (94), Schweizer Geiger und Konzertmeister, 25. 11. Basel

Fischer, *Erhard*, (74), dt. Regisseur, langj. Leiter der Deutschen Staatsoper Berlin, 1965–91 am ehemals ostdt. Haus, 20. 12. Berlin

Fischer-Lueg, *Konrad* (58), dt. Künstler und Avantgarde-Galerist, 24. 11. Düsseldorf

Flavin, *Dan* (63), US-Avantgarde-Künstler, Minimalist und Objektkünstler, setzte auf Raumwahrnehmung mittels Kunst-Licht (Neon-Kultur), 29. 11. Riverhead

Forck, *Gottfried* (73), dt. Theologe und Altbischof der Evang. Kirche Berlin-Brandenburg, besonders verdient um den Prozeß des Zusammenwachsens innerhalb der Kirche in Ost und West, 24. 12. Rheinsberg

Geisel, *Ernesto* (89), brasilian. Politiker, 1974–79 erster protestant. Präsident des Landes, lockerte den Zugriff des Militärs auf die Wirtschaft und förderte ausländ. Investitionen, 12. 9. Rio de Janeiro

Gidal, *Nachum Tim* [eigentl. *Nachum Ignaz Gidalewitsch*] (87), dt. Fotograf und Historiker, emigrierte 1936 nach Palästina, 1947 Lehrstuhl für visuelle Kommunikation in New York, hinterläßt Bildarchiv mit 40 000 Negativen, 4. 10. Jerusalem

Goldschmidt, *Berthold* (93), brit. Komponist dt. Herkunft, 17. 10. London

Górnicki, *Wislaw* (65), poln. Journalist und Armee-Hauptmann, Sprecher des Militärrats unter *Jaruzelski*, 7. 10. Warschau

Gruber, *Edmund* (60), dt. Fernseh- und Rundfunkjournalist, Korrespondent von ARD und ZDF, 1988–92 DLF-Intendant, 8. 11. München

Guttman, *Shmarjahu* (87), israel. Archäologe, beteiligt an Ausgrabungen der Festungen Massada und Gamla, Oktober im Kibbuz Naam bei Tel Aviv

Hahn, *Wilhelm* (87), dt. Kulturpolitiker und Theologe, 1964–78 Kultusminister in Baden-Württemberg, 9. 12. Heidelberg

Hartouch, *Mireille* (90), französ. Chansonsängerin, Gründerin und Leiterin des Pariser Chanson-Konservatoriums, 29. 12. Paris

Heißenbüttel, *Helmut* (75), dt. Essayist, Schriftsteller, schrieb Gedichte, Romane und Hörspiele, einer der wichtigsten Vertreter der konkreten Poesie in Deutschland, 19. 9. Glückstadt

Heuschele, *Otto* (96), dt. Schriftsteller, Lyriker und Essayist, 16. 9. Waiblingen

Hildenbrand, *Siegfried* (80), Schweizer Organist, 6. 9. Bottighofen am Bodensee

Hölscher, *Uvo* (82), dt. Altphilologe, international anerkannt durch Forschungen zur frühgriechischen Philosophie und Arbeiten zu *Hölderlin* und *Nietzsche*, 31. 12. München

Holm, *Claus* (78), dt. Film- und Theaterschauspieler, 21. 9. Berlin

Jayawardene, *Junius Richard* (90) srilank. Politiker, 1977 Regierungs-, 1978–89 Staats- und Regierungschef, 1. 11. Colombo

Johann, *A. E.* [eigentl. *Alfred Ernst Johann Wollschläger*] (95), dt. Schriftsteller, schrieb v. a. Reiseberichte, 8. 10. Oerrel

Jubany Arnau, *Narciso* (83), span. Theologe, 1971–90 Erzbischof von Barcelona, 26. 12. Barcelona

Karmal, *Babrak* (67), afghan. Politiker, 1979–86 Staatschef, 5. 12. Moskau

Katzman, *Leonard* (69), US-Produzent, Drehbuchautor und Regisseur, Fernsehserienproduzent (»Dallas«), 5. 9. Malibu

Kehrle, *Karl* [*»Bruder Adam«*] (98), brit. Benediktiner-Mönch dt. Herkunft, bekannt durch seine Bienenzucht und -forschung im Kloster von Buckfast (Denver), 1. 9.

Kemelman, *Harry* (88), US-Schriftsteller und Krimi-Autor (»Der Rabbi schlief am Freitag lang«), Dezember Marblehead

Kerr, *Walter* (83), US-Theaterkritiker (New York Herald Tribune, New York Times), 9. 10. Dobbs Ferry

Ketty, *Rina* (85), französ. Chanson-Sängerin, begann mit 11 Jahren als Straßensängerin in Paris, Dezember Cannes

Klein, *Hans »Johnny«* (65), dt. Journalist und CSU-Politiker, 1987–91 Bundesminister, Vizepräsident des Dt. Bundestags, 25. 11. Bonn

Kleint, *Boris* (93), dt. Maler, einer der wichtigsten Künstler des Konstruktivismus, 16. 12. Saarbrükken

Kobayashi, *Masaki* (80), japan. Regisseur, Antikriegsfilme (»Barfuß durch die Hölle«), 5. 10. Tokyo

Kokkonen, *Joonas* (74), finn. Komponist, studierte und lehrte an der Sibelius-Akademie, komponierte die Oper »Die letzten Versuchungen«, sowie Orchester-, Kammer- und Chorwerke, 2. 10. Järvenpää

Korene, *Vera* [eigentl. *Vera Korestskin*] (95), französ. Schauspielerin, langj. Leiterin des Pariser Theatre de la Renaissance, 19. 11. Paris

Kubler, *George* (84), US-Kunsthistoriker und Anthropologe, lehrte an der Yale University, bedeutendster Kenner der prä- und postkolumbianischen Kunst und Architektur, 3. 10.

Lacoste, *René* (92), französ. Tennisspieler und Textilunternehmer, gehörte zu den vier legendären »Musketieren«, die von 1927–32 den Daviscup gewannen, 12. 10. St.-Jean-de-Luz

Lamour, *Dorothy Douglas* [eigentl. *Mary Leta Dorothy Kaumeyer*] (81), US-Filmschauspielerin, 22. 9. Los Angeles

Leakey, *Mary* (83), brit. Archäologin und Anthropologin, machte in Süd- und Ostafrika bahnbrechende Entdeckungen über Ursprünge und Entwicklung des Frühmenschen, 9. 12. Nairobi

Lennep, *Emile van* (81), niederl. Wirtschaftsfachmann, 1969–84 Generalsekretär der OECD, 3. 10. Den Haag

List, *Hans* (100), österr. Unternehmer, Seniorchef und Gründer der Grazer Anstalt für Verbrennungskraftmaschinen List (AVL), lehrte in Shanghai, Graz und Dresden, baute nach dem Zweiten Weltkrieg sein Werk zum internat. führenden Unternehmen der Motorenforschung aus, 10. 9. Graz

Litto, *Maria* (77), dt. Schauspielerin und Tänzerin, 25. 10. Hamburg

Luening, *Otto Clarence* (96), US-Komponist und Pädagoge, Pionier der Elektronik, lehrte 1949–68 an der New Yorker Columbia University, gründete 1938 die American Composers Alliance, 1939 das American Music Center und 1954 die Composers Recordings Inc., 2. 9. New York

Lüttwitz, *Lidy* von (95), dt. Bildhauerin, 19. 10. Altenhohenau

Lukanow, *Andrej K.* (58), bulgar. Politiker, 1990 Ministerpräsident, 2. 10. Sofia (erschossen)

Luzian, *Tomás* (52), argentin. Komponist, 24. 10. Stuttgart

Magnani, *Franca* (71), italien. Journalistin und langj. ARD-Korrespondentin in Rom, 28. 10. Rom

Malpass, *Eric Lawson* (86), brit. Schriftsteller (»Morgens um sieben ist die Welt noch in Ordnung«), 16. 10. Bishop's Waltham

Mann, *Irene* (67), dt. Tänzerin, Schauspielerin und Choreographin, inszenierte und choreographierte mehrere Musicals und Operetten, 20. 9. München

Mastroianni, *Marcello* (72), italien. Filmschauspieler, drehte über 150 Filme und wurde zum Inbegriff des »Latin Lover«, erlangte 1960 mit Fellinis »La dolce vita« mit *Anita Ekberg* Weltruhm, 19. 12. Paris

Mayer, *Daniel* (87), französ. Sozialist, 1983–86 Verfassungsgerichtspräsident, Vorsitzender der französ. und internationalen Menschenrechts-Liga, 29. 12. Paris

Miedzyrzecki, *Artur* (74), poln. Lyriker, Essayist und Übersetzer, seit 1991 Vizepräsident des Internationalen PEN-Clubs, 29. 10. Warschau

Monroe, *Bill* (84), US-Country-Bluegrass-Sänger, seit 1970 Mitglied der Country Music Hall of Fame in Nashville, 9. 9. Springfield

Müren, *Zeki* (65), türk. Sänger, Komponist, Schauspieler und Unterhalter, »Pascha der türkischen Musik«, 24. 9. Izmir

Murray, *Ruby* (61), irische Sängerin, Publikumsliebling der 50er Jahre, 17. 12. Torquay

Najibullah, *Mohammed* (50), afghan. Politiker, 1987–92 Staatspräsident, 27. 9. Kabul (hingerichtet)

Nannen, *Henri*, (82), dt. Journalist, Verleger und Kunstmäzen, Gründer und langj. Chefredakteur der Illustrierten Stern, 13. 10. Hannover

Nassauer, *Rudolf* (72), brit. Schriftsteller dt. Herkunft, floh 1938 nach England, sein Roman »The Hooligan« zählte zu den Kultbüchern der 60er Jahre, 5. 12. London

Naujoks, *Eberhard* (81), dt. Neuhistoriker, lehrte in Tübingen, 13. 11. Tübingen

Nelson, *Gene* (76), US-Tänzer, Solotänzer zahlreicher Filme und Broadway-Musical-Produktionen, 19. 9. Calabasas

Nguyen Hu Tho (85), vietnames. Politiker, 1975–92 Vizepräsident, 26. 10. Ho-Tschi-Minh-Stadt

Otto, *Hans* (74), dt. Kantor und Organist, Präsident der Gottfried-Silbermann-Gesellschaft, 28. 10. Freiberg

Packard, *Vance* (82), US-Soziologe und Publizist, Kritiker der Industrie- und Konsumgesellschaft, v. a. der Wegwerfgesellschaft, 12. 12. auf Martha's Vineyard

Pillet, *Edgar* (84), französ. abstrakter Maler und Bildhauer, leitete bis 1950 die Revue »Kunst heute«, lehrte am Kunstinstitut Chicago, 9. 9. Paris

Poher, *Alain* (87), französ. MRP-Politiker, Senatspräsident 1968–92, 9. 12. Paris

Post, *Sir Laurens van der* (90), britisch-südafrikan. Naturforscher, Philosoph und Schriftsteller, wurde v. a. durch seine Kenntnisse von der Nomadenkultur der Buschmänner bekannt, 15. 12. London

Sagan, *Carl* (62), US-Astrophysiker, lehrte in Cambridge, Harvard und an der Cornell University, New York, gründete dort das Laboratory for Planetary Studies, 20. 12. Seattle

Salam, *Abdus* (70), pakistan. Physiker, einer der Väter der modernen physikalischen Theorie der Elementarteilchen, Nobelpreis 1979, 21. 11. Oxford

Schädel, *Hans* (86) dt. Architekt, Dom- und Diözesanbaumeister des Bistums Würzburg, Wegbereiter einer Synthese aus Tradition und Moderne im Sakralbereich, 31. 12. Randersacker bei Würzburg

Schmücker, *Toni* (75), dt. Industriemanager, 1975–81 VW-Vorstandsvorsitzender, 6. 11. Bergisch Gladbach

Schneider-Manzell, *Toni* (60), dt. Bildhauer, schuf v. a. sakrale Werke, 8. 11. Salzburg

Schulé, Bernard (87), Schweizer Komponist und Organist, schuf zahlreiche Filmmusiken und Orchesterwerke, 1. 11. Genf

Schwerin, *Christoph Graf von* (63), dt. Schriftstel-

ler und Journalist, arbeitete in Paris mit *Paul Celan*, Vermittler französ. Dichter für den dt. Sprachraum, 30. 12. Paris
Scott, *Ronnie* (69), brit. Saxophonist und Jazz-Musiker, 23. 12. London
Shah, *Idries* (72), brit. Schriftsteller und Islamexperte indischer Herkunft, Mitbegründer des »Club of Rome«, November London
Simmen, *Maria* (96), Schweizer Schriftstellerin, Kolumnistin der Neuen Luzerner Zeitung, 23. 12. Luzern
Simson, *Werner von* (88), dt. Rechtswissenschaftler und Europarechtler, 20. 9. Freiburg
Soden, *Wolfram von* (89), dt. Wissenschaftler, Nestor der Wissenschaft vom Alten Orient in Deutschland, trug maßgeblich dazu bei, babylonische und assyrische Texte zuverlässig zu umschreiben und grammatikalisch und lexikalisch zu analysieren, 6. 10. Münster
Sorescu, *Marin* (60), rumän. Dichter, setzte sich in seinen Theaterstücken mit der Diktatur *Ceausescus* auseinander, 1993–95 Kulturminister, 8. 12. Bukarest
Stimpfle, *Josef* (80), dt. Theologe, 1963–92 Bischof von Augsburg, 1981–92 Vorsitzender des Hilfswerks Misereor, 12. 9. Augsburg

Tim, *Tiny* (66), US-Popmusiker und Idol der Beatgeneration, 30. 11. Minneapolis
Todorow, *Stanko* (76), bulgar. Politiker, 1971–81 Ministerpräsident, 17. 12.
Tüllmann, *Abisag* (61), dt. Bildjournalistin, Fotografin von Reportagen, Schauspiel und Opern, 24. 9. Frankfurt a. M.

Vaillant-Couturier, *Marie Claude* (84), französ. Résistance-Kämpferin, 11. 12. Paris
Vickrey, *William S.* (82), kanad. Wirtschaftswissenschaftler, Nobelpreis 1996, 11. 10. Boston

Weiskirch, *Willi* (73), dt. CDU-Politiker, 1985–90 Wehrbeauftragter des Dt. Bundestags, 11. 9. Altenhundem
Wenzinger, *August* (92), Schweizer Altphilologe und Cellist, verkörperte seltene Einheit von praktischem Musiker, Wissenschaftler und interpretatorischem Pionier Alter Musik, 25. 12. Basel
Wideröe, *Rolf* (94), Schweizer Physiker norweg. Herkunft, 11. 10. Nussbaumen bei Baden
Wolff, *Etienne* (92), französ. Wissenschaftler, Pionier der Embryologie, 1947–75 Leiter des Instituts für Embryologie des Centre National de la Recherche Scientifique (CNRS), 19. 11. Paris

Zoitakis, *Georgios* (86), griech. General, 1967–74 Regent und Vizekönig, 20. 10. Athen

1997 (Januar – August)

Abosch, *Heinz* (79), dt. Journalist und Schriftsteller, trat in seinen Büchern und Artikeln für bewußten Widerstand, gegen autoritäre Bevormundung, gegen neuen Militarismus und das Vergessen der Nazi-Vergangenheit ein, 1. 3. Düsseldorf
Alavi, *Bozorg* (93), iran. Schriftsteller und Literaturwissenschaftler, 16. 2. Berlin
Allison, *Luther* (57), US-Bluesgitarrist und Sänger, verband Blues mit Rock- und Soulelementen, 12. 8. Madison
Almeido, *Antonio de* (69), argentin. Dirigent, Musikdirektor des Moskauer Symphonieorchesters, 18. 2. Pittsburgh
Amerio, *Romano* (91), Schweizer Philosoph und Philologe, 16. 1. Lugano
Ardenne, *Manfred von* (90), dt. Physiker und Erfinder (Elektronenraster-Mikroskop), arbeitete an der Entwicklung der sowjet. Atombombe mit, meldete über 600 Patente an, 26. 5. Dresden
Aspenström, *Werner* (78), schwed. Lyriker, einer der führenden Autoren des Kreises um die Zeitschrift »40-tal« (Vierziger Jahre), Januar Stockholm

Baker, *LaVern* (67), US-Rocksängerin der 50er Jahre, 10. 3. New York
Barco Vargas, *Virgilio* (75), kolumbian. Politiker und Ingenieur, 1986–90 Staatspräsident, 20. 5. Bogotá
Barényi, *Béla von* (90), dt. Ingenieur, bedeutendster Pionier der passiven Sicherheit im Automobilbau, 30. 5. Böblingen
Bauer, *Wolfgang* (66), dt. Sinologe, suchte nach den Gegenströmungen in der Geistesgeschichte Chinas, 14. 1. München
Becker, *Jurek* (59), dt. Schriftsteller und Drehbuchautor, einer der wichtigsten Repräsentanten der DDR-Literatur, (»Jakob der Lügner«), 14. 3. Berlin
Bismarck, *Klaus von* (85), dt. Medien- und Kulturmanager, 1965–76 WDR-Intendant, 1977–79 Präsident des Evangel. Kirchentags, 1977–89 Präsident des Goethe-Instituts, 22. 5. Hamburg
Blumenfeld, *Erik* (82), dt. CDU-Politiker, 1961–80 Mitglied des Dt. Bundestags, 1973–89 des Europäischen Parlaments, 1977–91 Präsident der Deutsch-Israelischen Gesellschaft, 10. 4. Hamburg
Brauksiepe, *Aenne* (84), dt. CDU-Politikerin, 1949–72 Mitglied des Dt. Bundestags, 1968–69 Bundesministerin für Familie und Jugend, 1. 1. Oelde
Burroughs, *William S.* (83), US-Schriftsteller (u. a. »Junkie«, »Naked Lunch«), als Vertreter der Beatgeneration wurde er 1983 Mitglied der American Academy of Arts and Letters, 2. 8. Lawrence

Callado, *Antonio* (80), brasilian. Schriftsteller und Journalist, 28. 1. Rio de Janeiro

Calvin, *Melvin* (85), US-Biochemiker, Nobelpreis 1961 für die Entdeckung der Photosynthese, 8. 1. Berkeley

Carow, *Heiner* (67), dt. Regisseur, drehte zeit- und realitätsbezogene Geschichten in Konflikt zu den DDR-Machthabern, 31. 1. Berlin

Constantin, *Jean* (73), französ. Komponist, schrieb mehr als 300 Chansons, Februar Creteil bei Paris

Copeland, *Johnny* (57), US-Bluesgitarrist, 3. 7. New York

Coromines, *Joan* (91), span. Sprachwissenschaftler, Verfasser des bedeutendsten Wörterbuchs der katalanischen Sprache, 2. 1.

Cousteau, *Jacques-Yves* (87), französ. Meeresforscher, Autor und Filmproduzent, berühmt durch seine Filme über die Unterwasserwelt, 25. 6. Paris

Cristofani, *Mauro* (56), ital. Archäologe, führender Etrusker-Forscher, 26. 8. Rom

Cunningham, *Arthur* (68), US-Komponist und Pianist, kombinierte klassische Elemente mit Rock und Jazz, 31. 3. Nyack

Czaja, *Herbert* (82), dt. CDU-Politiker, 1970–94 Präsident des Bundes der Vertriebenen, 18. 4. Stuttgart

Danilowa, *Alexandra* (93), US-Ballerina, Choreographin und Tanzpädagogin russ. Herkunft, 13. 7. New York

Deng Xiaoping (92), chines. Politiker, 1956–66, 1975/76 und seit 1977 Mitglied des Ständigen Ausschusses des Politbüros; 1973–75 stellv. Ministerpräsident, 1975–76 und erneut 1977–80 Erster stellv. Regierungschef, nach *Maos* Tod leitete er 1978 die Reformpolitik ein, 19. 2. Peking

De Santis, *Giuseppe* (80), italien. Filmregisseur, berühmt durch »Bitterer Reis«, 16. 5. Rom

Diana, *Prinzessin von Wales* [*Lady Diana Spencer*] (36), 1981–96 Ehefrau des brit. Thronfolgers Prinz *Charles*, 31. 8. Paris (Autounfall)

Drawicz, *Andrzej* (65), poln. Schriftsteller und Literaturkritiker, 14. 5. Warschau

Dréville, *Jean* (90), französ. Filmregisseur, drehte vorw. Dokumentarfilme, 5. 3. Vallangoujard

Dyk, *Peter von* (67), dt. Tänzer und Choreograph, 18. 1. Paris

Eccles, *Sir John C.* (94), austral. Hirnforscher und Philosoph, Nobelpreis für Medizin 1963, 2. 5. Locarno

Ehrenburg, *Irina* (86), russ. Journalistin und Übersetzerin, 17. 6. Moskau

Elwert, *W. Theodor* (90), dt. Romanist, Darstellungen der Metrik des Französischen und des Italienischen sind unübertroffene Handbücher der einschlägigen Lehre, Februar Mainz

Ewald, *Gerhard* (70), dt. Kunsthistoriker und Konservator, Direktor des Dt. Kunsthistorischen Instituts in Florenz, 8. 2. Florenz

Fend, *Werner* (70), österr. Tierfilmer, drehte 1965 erstmals in freier Wildbahn Dokumentation »Tiger vor der Kamera«, 1971 berühmt durch »Ich jagte die Menschenfresser«, 9. 3.

Fietz, *Gerhard* (86), dt. Maler, Wegbereiter der dt. Nachkriegsabstraktion, Gründungsmitglied der Münchner Künstlergruppe »Zen 49«, 4. 3. Göddingen a. d. Elbe

Fischer, *Helmut* (70), dt. Schauspieler, populär geworden als »Monaco-Franze« in der gleichnam. TV-Serie, 14. 6. Riedering am Chiemsee

Foccart, *Jacques* (83), französ. Politiker und Afrika-Berater dreier Staatspräsidenten, 19. 3. Paris

Forster, *Leonard* (84), brit. Germanist und Barockforscher, 18. 4. Cambridge

Freire, *Paulo* (75), brasilian. Erziehungswissenschaftler und Pädagoge, sah in der Alphabetisierung der Armen den Schlüssel zum allg. Erkenntnisgewinn, 2. 5. São Paulo

Fumagalli, *Vito* (59), italien. Mediävist und Autor zahlreicher Bücher, April Bologna

Furet, *François* (70), französ. Historiker, Mitglied der Académie Française, bekannt durch seine Werke über die Französische Revolution und über kommunistische Herrschaftssysteme, 12. 7. Paris

Gairy, *Sir Eric* (75), Premierminister von Grenada 1967–79, 23. 8.

Gascar, *Pierre* [eigentl. *Pierre Fournier*] (80), französ. Schriftsteller und Autor zahlreicher Film- und Fernsehdrehbücher, 20. 2. Lons-le-Saunier

Ginsberg, *Allen* (70), US-Lyriker, einer der Hauptvertreter der Beat generation und scharfer Kritiker der US-Gesellschaft, 5. 4. New York

Graham, *Robert*, SJ (84), US-Kirchenhistoriker, 11. 2. Los Gatos

Guillevic, *Eugène* (89), französ. Lyriker und Übersetzer, schrieb v. a. in breton. Sprache, 20. 3. Paris

Gurméndez, *Carlos* (80), span. Philosoph, Kritiker und Schriftsteller, 7. 2. Madrid

Güldenstein-Siebert, *Nora* (93), Schweizer Tänzerin und langj. Choreographin am Stadttheater Basel, 8. 1. Riehen

Habeck, *Fritz* (90), österr. Schriftsteller und Dramatiker, zeitkritischer Erzähler, 17. 2. Wien

Hahnemann, *Paul G.* (85), dt. Wirtschaftsmanager, früher Vertriebschef von BMW, 27. 1. München

Harriman, *Pamela* (76), US-Politikerin, seit 1993 Botschafterin in Paris, 5. 2. Paris

Hassel, *Kai-Uwe von* (84), dt. CDU-Politiker, 1954–63 Ministerpräsident Schleswig-Holsteins, 1963–66 Bundesminister für Verteidigung, 1966–69 für Vertriebene, Flüchtlinge und Kriegsgeschädigte, 1969–72 Präsident des Dt. Bundestags, 8. 5. Aachen

Heim, *Elsbeth* (80), Schweizer Pianistin, leistete konzertierend und pädagogisch Pionierarbeit für die Verbreitung neuerer Schweizer Klaviermusik, Januar St. Gallen

Heller, *Michail* (74), russ. Historiker, lehrte nach der Ausbürgerung an der Sorbonne, wurde durch Analysen über das totalitäre System der UdSSR bekannt, 3. 1. Paris

Herkenrath, *Norbert* (67), dt. Theologe, Hauptgeschäftsführer des Bischöfl. Hilfswerks Misereor, 7. 5. Aachen

Hermlin, *Stephan* (81), dt. Schriftsteller, Lyriker und Essayist, durch Engagement im Widerstand gegen Nationalsozialismus und Anteilnahme am sozialistischen Aufbau repräsentativer DDR-Autor, 6. 4. Berlin

Herzog, *Chaim* (78), israel. Jurist und Politiker, 1983–93 als Staatspräsident Vermittler zwischen den politischen und religiösen Extremen sowie zur arabischen Minderheit, 17. 4. Tel Aviv

Höngen, *Elisabeth* (90), dt. Altistin, 1943–71 Sängerin an der Wiener Staatsoper, Anfang August Wien

Hörnemann, *Werner* (76), dt. Verleger und Schriftsteller, 21. 2. Bonn

Holthusen, *Hans Egon* (83), dt. Schriftsteller, Essayist und Lyriker, gehörte zu den profilierten Intellektuellen in Deutschland, 21. 1. München

Hrabal, *Bohumil*, (82), tschech. Schriftsteller, neben *Vaclav Havel* bekanntester tschech. Autor der Gegenwart (u. a. »Ich habe den englischen König bedient«), nach dem Prager Frühling mit Publikationsverbot belegt, 3. 2. Prag (verunglückt)

Hu Chin Chuan [»*King Hu*«] (65), chines. Regisseur, Drehbuchautor und Produzent, Altmeister des Kung-Fu-Films, 13. 1. Taiwan

Huggins, *Charles B.* (96), US-Chirurg, Krebsforscher, Nobelpreis 1966, 12. 1. San Francisco

Huyghe, *René* (90), französ. Kunsthistoriker, Museumskonservator, 4. 2. Paris

Jaeger, *Klaus G.* (57), dt. Kulturmanager, Gründer des Filmforums in Düsseldorf, aus dem 1979 das Filminstitut und 1993 das Filmmuseum hervorgingen, 20. 1. Düsseldorf

Jagan, *Cheddi B.* (78), guayan. Politiker, 1992–97 Staatspräsident, 6. 3. Washington

Jauß, *Hans Robert* (75), dt. Romanist, begründete mit dem Anglisten *W. Iser* die Theorie der Rezeptionsästhetik (Konstanzer Schule), 1. 3. Konstanz

Jenni, *Adolfo* (85), Schweizer Literaturhistoriker, Autor von Prosa und Lyrik, 19. 2. Muri

Jensen, *Uwe Jens* (56), dt. Theaterregisseur, Dramaturg und Autor, 25. 5. Wien

Kätterer, *Lisbeth* (67), Schweizer Kinderbuchautorin, 20. 1. Beckenried

Kendrew, *John* (80), brit. Biochemiker, Nobelpreis 1962, 24. 8. Cambridge

Khuon, *Ernst von* (81), dt. Wissenschaftsjournalist, 1963–77 Chefreporter beim Südwestfunk, 1. 2. München

Kippenberger, *Martin* (44), dt. Maler und Bildhauer, einer der provokantesten und vielseitigsten zeitgenössischen Künstler, 7. 3. Wien

Kogelnik, *Kiki* (61), österr. Künstlerin, einzige bekannte österr. Pop-art-Vertreterin, 1. 2. Wien

Kooning, *Willem de* (92), US-Maler, beeinflußte zahllose Künstler der sog. New Yorker Schule, 19. 3. East Hampton

Kopelew, *Lew* (85), russ. Schriftsteller und Bürgerrechtler, setzte sich für bedrohte und inhaftierte Dissidenten in der UdSSR (u. a. *Alexander Solschenizyn* und *Andrej Sacharow*) und im damaligen Ostblock ein, lebte seit 1980 in Deutschland und wurde nach der Ausbürgerung durch die sowjet. Behörden (1981) dt. Staatsbürger, 18. 6. Köln

Kranz, *Kurt* (87), dt. Maler und Grafiker, Vertreter des Bauhauses, 22. 8. Hamburg

Krüss, *James* (71), dt. Kinderbuchautor, schrieb mehr als 160 Bücher (u. a. »Pan Tau«), die sich durch Sprachwitz und Phantasie auszeichnen, 2. 8. auf Gran Canaria

Kuczynski, *Jürgen* (92), dt. Philosoph und Wirtschaftswissenschaftler, gehörte zu den geistigen Gründungsvätern der DDR, 6. 8. Berlin

Kühnelt, *Hans Friedrich* (78), österr. Dramatiker und Lyriker, Februar Wien

Kuti, *Fela* (58), nigerian. Musiker, galt als »König« des Afro-Beat, 2. 8. Lagos

Landázuri Ricketts, *Juan* (83), peruan. Theologe und Kardinal, früher Erzbischof von Lima, 16. 1. Lima

Leburton, *Edmond* (82), belg. sozialist. Politiker, 1973–74 Ministerpräsident, 15. 6. Waremme

Leherbauer, *Helmut* [»*Maître Leherb*«] (64), österr. Maler, Mitbegründer der Wiener Schule des Phantastischen Realismus, 28. 6. Wien

Lewis, *Cecil* (98), brit. Flieger, Journalist und Drehbuchautor, 1922 Programmdirektor beim Vorläufer der BBC, kehrte im Zweiten Weltkrieg als Ausbilder zur Royal Air Force zurück, 27. 1. London

Lichtenfeld, *Manfred* (71), dt. Schauspieler, festes

Ensemblemitglied des Staatstheaters am Gärtnerplatz in München, 19. 1. Bad Honnef
Lindenberg, *Wladimir* (95), dt. Arzt russ. Herkunft, Philosoph, Schriftsteller und Künstler, 18. 3. Berlin
Liner, *Carl* (82), Schweizer Maler, 19. 4. Appenzell

Macapagal, *Diosdado* (86), philippin. Politiker und Jurist, 1962–65 Staatspräsident, 21. 4. Manila
Maillart, *Ella* (94), Schweizer Schriftstellerin und Weltenbummlerin, 27. 3. Chandolin
Majewski, *Hans-Martin* (85), dt. Filmkomponist, schrieb Melodien zu über 400 Film- und TV-Produktionen, sowie zu Theaterstücken und Hörspielen, 1. 1. Bötersen
Manley, *Michael* (72), jamaikan. Politiker, 1969–76 und 1989–92 Ministerpräsident, profilierte sich als Sprecher der Dritten Welt, 7. 3. Kingston
Maples, *William* (59), US-Anthropologe und Gerichtsmediziner, 27. 2. Gainsville
Marks, *Gerald* (96), US-Komponist, schrieb u. a. für *Louis Armstrong*, *Count Basie* und *Frank Sinatra* (»All of Me«), 27. 1. New York
Mayuzumi, *Toshiro* (68), japan. Komponist, 10. 4. Tokio
Meisner, *Sanford* (91), US-Schauspieler und Schauspiellehrer, 2. 2. Sherman Oaks
Migneco, *Giuseppe* (89), italien. figurativer Maler sozialer Themen, 28. 2. Mailand
Millo, *Yosef* (80), israel. Schauspieler, Regisseur und Übersetzer, Begründer des modernen israel. Theaters, Februar Tel Aviv
Mitchum, *Robert* (79), US-Schauspieler, spielte in über 100 Filmen (u. a. »Die Nacht des Jägers«), 1. 7. Santa Barbara
Misciano, *Alvinio* (81), italien. Tenor, Lehrer von *Luciano Pavarotti*, 10. 1. Mailand (verunglückt)
Mlynár, *Zdenek* (67), tschech. Politiker, eine der Schlüsselfiguren des Prager Frühlings, Mitunterzeichner der »Charta 77«, 15. 4. Wien

Nikulin, *Jurij W.* (75), russ. Komiker, Clown und Schauspieler, seit 1984 Leiter des Moskauer Staatszirkus, 21. 8. Moskau

Okudschawa, *Bulat* (72), russ. Schriftsteller und Liedermacher, 12. 6. Paris

Parker, *Tom* (87), US-Musikmanager, Mentor von *Elvis Presley*, Januar Las Vegas
Pauwels, *Louis* (76), französ. Journalist, Gründer und Leiter des Figaro Magazine, Chefredakteur von Combat, Arts und Marie-France, 28. 1.
Peng Zhen (95), chines. Politiker, ältester Vertreter der Revolutionäre um *Mao*, Verbannung während der Kulturrevolution, 1979 rehabilitiert,

1983–88 Vorsitzender des Nationalen Volkskongresses, 26. 4. Peking
Pinget, *Robert* (78), französ. Schriftsteller, führender Vertreter des »nouveau roman«, 25. 8. Tours
Poletti, *Ugo* (82), italien. Theologe und Kurienkardinal, 1973–91 Generalvikar von Rom, 25. 2. Rom
Pöschl, *Viktor* (87), dt. Philologe und Latinist, 1. 2. Heidelberg
Pritchett, *Sir Victor Sawdon* (96), brit. Literaturkritiker und Schriftsteller, 1974–76 Präsident des Internationalen PEN-Clubs, 20. 3. London
Purcell, *Edward* (84), US-Physiker, Nobelpreis 1952, 7. 3. Cambridge (USA)

Quest, *Hans* (81), dt. Schauspieler und Regisseur von 18 Spielfilmen und über 70 Fernsehproduktionen, 29. 3. München

Raab, *Riki* (98), österr. Tänzerin, Tanzwissenschaftlerin und Choreographin, 29. 5. Wien
Raupach, *Hans* (93), dt. Jurist und Sozialwissenschaftler, bis 1970 Direktor des Osteuropa-Instituts München, 1970–76 Präsident der Bayer. Akademie der Wissenschaften, trug maßgeblich zum Verständnis für Osteuropa bei, 12. 1. München
Ribeiro, *Darcy* (74), brasilian. Anthropologe, Kulturphilosoph und Schriftsteller, 17. 2. Brasilia
Richter, *Swjatoslaw* (82), russ. Konzertpianist, einer der bedeutendsten zeitgenöss. Interpreten v. a. der neueren russ. Musik, 1. 8. Moskau
Ridderbusch, *Karl* (65), dt. Opernsänger (Baß), bedeutender Wagner-Interpret, 21. 6. Wels (Österreich)
Riedt, *Heinz* (77), dt. Romanist und Übersetzer aus dem Italienischen, 3. 1. Insel Procida bei Neapel
Rodenstock, *Rolf* (79), dt. Optikunternehmer, 1966–79 Präsident des Instituts der deutschen Wirtschaft, 1978–84 Präsident des Bundesverbands der Deutschen Industrie (BDI), 6. 2. München
Rodriguez, *Andres* (73), paraguayan. General und Politiker, stürzte als Heereschef 1989 den Diktator *A. Stroessner* und leitete als Staatspräsident 1989–93 demokrat. Reformen ein, 21. 4. New York

Saadallah Wannous (56), syr. Schriftsteller und Dramatiker, 15. 5. Damaskus
Santanowski, *Robert* (79), poln. Dirigent, Generalintendant und -musikdirektor am Warschauer Wielki-Theater, 10. 8. Lodz
Sassine, *Williams* (53), guinean. Schriftsteller, Dramaturg und Journalist, Februar Conakry
Saw Maung (69), burmes. General, 1988–92 Vorsitzender der Militärjunta, stellte die spätere Nobelpreisträgerin *Aung San Suu Kyi* unter Hausarrest, 24. 7.

Segal, *Schmuel* (72), israel. Schauspieler, Mitbegründer der Theatergruppe »Die drei Schmuliks«, die zur Belebung des jiddischen Theaters im In- und Ausland beitrug, Februar Tel Aviv
Sinjawski, *Andrej* (71), russ. Literaturwissenschaftler, Regimekritiker und Exilschriftsteller, Symbol der Dissidentenbewegung, 25. 2. Fontenay-aux-Roses
Sorell, *Walter* (91), US-Schriftsteller und Übersetzer österr. Herkunft, Kulturhistoriker und Tanzkritiker, Professor für Drama und Tanz an der Columbia University, 21. 2. New York
Soriano, *Osvaldo* (54), argentin. Schriftsteller, galt als unermüdlicher Verfechter der Menschenrechte, 29. 1. Buenos Aires
Spira, *Camilla* (91), dt. Bühnen- und Filmschauspielerin, 25. 8. Berlin
Spitzer, *Lyman* (82), US-Astrophysiker, »Vater« des Weltraumteleskops »Hubble«, 31. 3. Princeton
Stoob, *Heinz* (78), dt. Mediävist der Nachkriegszeit, Sammelwerk »Die Hanse«, März Münster
Stewart, *James* [eigentl. *James Maitland*] (89), US-Schauspieler, spielte in mehr als 80 Hollywood-Filmen (u. a. »Das Fenster zum Hof«, »Die Nacht vor der Hochzeit«) und erhielt 2 Oscars, 2. 7. Beverly Hills

Tichonow, *Nikolai A.* (92), sowjet. Politiker, 1980–85 Ministerratsvorsitzender, 1. 6. Moskau
Todd, *Sir Alexander* (89), brit. Chemiker, gehört zu den Pionieren der Nukleinsäureforschung, Nobelpreis 1957, 10. 1. London
Topor, *Roland* (59), französ. Zeichner, Schriftsteller und Schauspieler, 16. 4. Paris
Trökes, *Heinz* (83), dt. Maler und Mitbegründer der ersten dt. Privatgalerie, schenkte rd. 2300 Zeichnungen der Berliner Nationalgalerie, 22. 4. Berlin
Tunon de Lara, *Manuel* (81), span. Historiker, veröffentlichte 28 Bücher insbesondere über die Arbeiterbewegung, die II. Republik und den Spanischen Bürgerkrieg, unter *Franco* eingekerkert, floh 1946 ins Exil nach Frankreich, 25. 1. Lejona
Tümmler, *Hans* (90), dt. Philologe und Goethe-Forscher, langj. Vizepräsident der Goethe-Gesellschaft, 13. 1.
Türkes, *Alparslan* (80), türk. Politiker und Oberst, langj. Führer der rechtsextremen Partei der nationalistischen Bewegung (MHP), 6. 4. Ankara
Tutuola, *Amos* (77), nigerian. Schriftsteller, wurde in Europa durch sein Buch »Der Palmweintrinker« bekannt, 8. 6. Ibadan

Vacano, *Otto Wilhelm von* (86), dt. Archäologe, veröffentlichte 1957 das Standardwerk »Die Etrusker in der Welt der Antike«, 20. 4. Tübingen

Vasarély, *Victor* (88), französ. Maler und Bildhauer ungar. Herkunft, Mitbegründer der Op Art, 15. 3. Paris
Végh, *Sándor* (84), französ.-ungar. Dirigent, Musikpädagoge und Mozartinterpret, lehrte in Basel, Freiburg und Düsseldorf, 6. 1. Salzburg
Versace, *Gianni* (50), italien. Modeschöpfer, 15. 7. Miami (ermordet)
Voicu, *Ion* (71), rumän. Geiger, gründete 1969 das Bukarester Kammerorchester, 1973 künstler. Direktor der Rumänischen Philharmonie, 24. 2. Bukarest
Voslensky, *Michael* (76), russ. Historiker und Politikwissenschaftler, setzte sich 1972 in den Westen ab und veröffentlichte 1980 das Buch »Nomenklatura«, 8. 2. Bonn

Wald, *George* (90), US-Biochemiker, Nobelpreis 1967 für Forschungen über die chemischen und physiologischen Grundlagen der Sehvorgänge im Auge, lehrte an der Harvard University, 12. 4. Cambridge (USA)
Wallraf, *Paul* (84), dt. Kunsthistoriker, entstammte der Familie des Kölner Museums-Stifters *Ferdinand Franz Wallraf*, langj. Chef der renommierten Altmeister-Abteilung im Kunsthaus Lempertz, 17. 2. Köln
Wandruszka, *Adam* (82), österr. Historiker, lehrte in Wien und Köln, umfangreiches wissenschaftl. Werk u. a. zur österr. Geschichte des 19. und 20. Jhdts. und zum Haus Habsburg, 9. 7. Wien
Weissgall, *Hugo* (84), US-Opernkomponist mähr. Herkunft, schrieb auch Klavier- und Ballettmusik, Orchesterwerke und Lieder, 11. 3. Manhasset
Widerberg, *Bo* (66), schwed. Regisseur, Roman- und Hörspielautor, drehte v. a. sozialkritische Kriminalfilme, 1. 5. Stockholm
Wolf, *Andreas* (78), dt. Bühnenschauspieler, langj. Mitglied des Wiener Burgtheaters, 3. 2. Kitzbühel
Wu, *Chien-Shiung* (83), US-Experimentalphysikerin, ehem. Präsidentin der American Physical Society, 16. 2. New York

Yepes, *Narciso* (69), span. Konzertgitarrist, Erfinder der 10saitigen Gitarre, 3. 5. Murcia

Zandt, *Townes van* (52), US-Country-, Blues- und Rockmusiker, 1. 1. Smyrna
Zinnemann, *Fred* (89), US-Filmregisseur österr. Herkunft, seine Filme (u. a. »High Noon«, »Verdammt in alle Ewigkeit«) erhielten mehr als 25 Oscars, 14. 3. London
Zipper, *Hans* (92), aus Wien stammender US-Komponist und Dirigent, gründete im KZ Dachau geheimes Orchester, gründete 1946 das Brooklyn Symphony Orchestra, 21. 4. Santa Monica

Personen- und Sachregister

Die Zahlen verweisen auf die linke oder rechte Spalte einer Seite. **Halbfetter Druck** deutet auf eine Hauptfundstelle hin, *kursiver Druck* auf eine Karte. Aus Platzgründen konnten nur wichtige Namen und Begriffe aufgenommen werden. So wurden z. B. die »Kulturpreise« (Sp. 1227 ff) nur mit einem Stichwort erfaßt, die »Verstorbenen Persönlichkeiten« (ab Sp. 1295 ff, dort in alphabetischer Reihenfolge) gar nicht berücksichtigt. Arabische Namen wie z. B. Al-Gaddafi werden unter Gaddafi eingeordnet.

Aachen 181
Abacha, S. 530 ff, **769**, 861
Abakan 596
Abbas, M. 368
Abbott, T. 321
Abchasien 300 ff
Abdel Aziz, M. 611, **769**
Abdou, A. 426
Abduladscharov, A. 693
Abdulkarim, M. T. 426
Abdullah, F. 341
Abfall 1223 f
Abidjan 264
Abiola, M. 769
Abou Demba, S. 489
Abrego, H. 495
Abu Dhabi 739
Abuja 529
Acapulco de Juárez 493
Accra 302
Achatz, H. 542
Achatz, K. 541
Ackerl, J. 542
Ad-Dawhah 413
Adams, G. 311
Adana 712
Addis Abeba 89
Adelaide 91
Aden 388
Adscharien 300
Adygeja, Republik 596
Afewerki, I. 268, **770**
Afghanistan 31 ff, **51 ff**, *53*
Agadir 484
Agaña 748
Agar, M. 714
Agenda 21 1173, 1176, 1198, 1211
Agentur zur Verhinderung von Kernwaffen in Lateinamerika (OPANAL) **907 f**
Agirre Lete, J. L. 669
Agnelli, S. 789
Agrarerzeugnisse 1043 ff
Agt, D. van 834
Aguirre, M. O. 969
Ägypten 31 ff, **56 ff**, *58*, 374
Ahern, B. P. 360 f, **770**, 779
Ahidjo, A. 777
Ahmad, S. 100
Ahmedsi, S. 52
Aho, E. 823
Ahomadegbé, J. 810
Ahtisaari, M. 276, **771**, 823
Aichinger, W. 542
Aidid, H. M. 661 ff, 826
Aidid, M. F. 662
Akajew, A. 417
Akaruru, I. 519
Akbulut, Y. 868
Akihito, Kaiser 384
Akmola 410
Akyeampong, I. K. 849
Alajuela 160
Alarcón Rivera, F. 260 ff, **771**
Alaska 745
Alatas, A. 344, 348
Alawi, Y. B. 536
Albanien 31 ff, **60 ff**, *64*, 382, 548
Albert II, König 104 f
Alborg 162
Albrecht, A. 213
Albright, M. J. 308, 449, 751, 753, 757, **771 f**
Aleksei II. 737
Aleksovskis, Z. 448
Alemán Lacayo, A. 521 ff, **772**
Alesana T. E. 616
Alexandria 57
Alfonsín, R. 833
Algerien 31 ff, **65 ff**
Algier 65
Alijew, H. A. 86 f, **772 f**
Allende, S. 144
Allon, Y. 368
Alm-Merk, H. 201
Alma Ata → Almaty
Almada 582
Almaty 410
Almeida Cabral, L. de 866
Alston, R. J. 322
Altaj, Republik 596
Althaus, D. 211
Alvarez Montalván, E. 521, 523
Amadora 582
Amat Fores, C. 451
Amerikanisch-Samoa 748
Amerikanische Jungferninseln 747
Amman 390
amnesty international 706
Amour, S. 697
Amsterdam 524
Andeng, A. 735
Andhra Pradesch 341
Andizan 733
Andorra 31 ff, **70 ff**, *71*
Andorra la Vella 70
Andreoli, B. 617
Andreotti, G. 381, 846
Andres, D. 627
Angola 31 ff, **72 ff**, *74*
Anguilla 317 f
Anjouan → Nzwani
Ankara 712
Annan, K. 74, 768, **773**, 850
Antalya 712
Antananarivo 473
Antarktis 75 f
Anthony, K. 674
Antigua und Barbuda 31 ff, **76 f**
Antonowitsch, I. 758, 760
Antwerpen 103
Anuradhapura 670
Apia 616
Aptidon, H. G. 259
Äquatorialguinea 31 ff, **77 f**
Aquino, C. 848
Arabische Liga **871 ff**
Arafat, J. 366 f, 375 f, 392, **773 f**
Aralsee 412
Arbenz, J. 325
Arboleda, S. 421
Ardzinba, W. 301
Arens, H.-W. 209
Arens, M. 840
Arequipa 570
Argentinien 31 ff, **79 ff**
Arhus 162
Arias Sánchez, O. 792
Arias, R. A. 565
Aristide, J.-B. 334, 845
Arktis 82 f
Armenien 31 ff, **83 ff**
Arron, H. 868
Arsumanjan, A. 83, 85
Artamonow, W. 597
Arteaga, R. 262 f
Artenverlust 1201 f
Artenvielfalt 1200
Arthur, O. 102
Aruba 525 f
Arzú Irigoyen, A. E. **774**
Asamoah, O. 303
Aschabad 718
ASEAN → Verband Südostasiatischer Staaten
ASEM → Asien-Europa-Gipfel
Aserbaidschan 31 ff, **87 ff**
Asgrimsson, H. 362
Asien-Europa-Gipfel (ASEM) 875 f
Asimov, J. 692
Asmara 267
Assad, H. 690, **774**
Astl, F. 544
Asunción 568
Athen 305
Äthiopien 31 ff, **89 ff**
Athos 306
Atmosphäre 1177 ff, 1215 ff
Attaf, A. 66
Atto, O. A. 663
Aubry, M. 283
Aubuisson, R. de 780
Auckland 517
Augsburg 181
Auken, S. 848
Aung San Suu Kyi 510 f
Auschew, R. 597
Ausserwinkler, M. 541
Australien 31 ff, **91 ff**, *93 f*, 1015, 1237
Axworthy, L. 406, 408, 453, **775**
Aylwin, P. 793
Azad, A. S. 100
Aznar López, J. M. 452, 664, 667, **775**, 830
Azoren 582
Az-Zu'bi, M. 690

Babangida, I. 769
Badaljan, S. 84
Badawi, A. A. 478
Baden Württemberg 185 f, **187 f**
Bagabandi, N. 505 f, **775**
Bagaza, J.-B. 142, 779
Bagdad 349
Bagger, H. 172
Bagpasch, S. 301
Bagratjan, G. 85, 817
Bahamas 31 ff, **96 f**
Bahrain 31 ff, **97 ff**
Bakejew, R. 596
Baker, J. 486
Bakerinsel 749
Baku 86
Balaguer, J. 792
Balala, K. 416
Balbao 664
Balconi Turcios, J. 326
Balladur, E. 782
Balleis, S. 184

Ballhausen, W. 208
Bamako 480
Banda, H. K. 837
Bandar Seri Begawan 134
Bandaranaike Kumaratunga, C. → Kumaratunga
Bandaranaike, S. R. D. 671, 819
Bandung 343
Bangemann, M. 969
Bangkok → Krung Thep
Bangladesch 31 ff, **99 ff**, 342
Bangui 762
Banguro, P. 650
Bani-Sadr, A. 357
Banja Luka 116
Banjul 295
Bánzer Suárez, H. 113, 115, **775 f**
Bar-on, R. 373
Barak, E. 372, 822
Barbados 31 ff, **102 f**
Barbuda → Antigua und Barbuda
Barcelona 664
Baré Maïnassara → Maïnassara, I. B.
Barranquilla 420
Barre, S. 826
Barrios de Chamorro, V. 523, 772
Barrios Zelada, H. M. 326
Barrow, D. O. 108
Bartenstein, M. 539
Barth, R. 213
Bartsch, D. 214
Barzani, M. 351
Barzel, R. 815
Baschkirien, Republik 596
Basel 629 f
Bashir, O. H. A. 682 ff, **776**
Basrah 349
Basri, D. 611
Bassajew, S. 609
Basse-Terre 288
Basseterre 672
Batdambang 399
Batista, F. 781
Batumi 298, 300
Bauer, B. 211
Bauindustrie 1091 ff
Baumeister, B. 212
Baumgarten, K. D. 221
Bayas, V. 262
Bayern 185 f, **188 ff**
Beatrix Wilhelmina Armgard, Königin 524
Beck, K. 203
Becker, J. 184
Becker, W. 182
Beckett, M. 312
Beckmeyer, U. 194
Bédié, H. K. 264, **776 f**
Beerfeltz, J. 214
Beermann, A. 174
Begin, M. 867
Beherens, F. 202
Behler, G. 202
Beiba, M. A. 611
Beijing → Peking
Beirut 461
Belarus → Weißrußland
Belfast 309
Belgien 25 ff, 31 ff, **103 ff**, 1249
Belgrad 393
Belhadj, A. 69
Belize 31 ff, **107 f**, *108*
Belize City 107
Belmont, J. 649
Belmopan 107
Belo Horizonte 128
Belo, C. 348
Beltrán, D. J. 975
Ben Ali, Z. 711, **777**
Bengasi 466
Benguela 72
Benhamouda, A. 68
Benin 31 ff, **109 f**
Benz, P. 182
Bérenger, P. 847
Beresowskij, B. 604
Berg-Karabach 87 ff
Bergbau 1069 ff
Bergbauerzeugnisse 1073 ff
Bergen 533
Bergier, J.-F. 632
Bergisch Gladbach 183
Bergmann, C. 180, 191
Bergner, C. 212
Berisha, S. 62 f, 830, 838
Berlin 165, 179, 185 f, **190 f**
Berlusconi, S. 381, 789, 846
Bermeitinger, H. 204
Bermuda 318
Bern 625, 629 f
Bethlehem 366
Beutel, J. 182
Bevölkerung 1212 ff
Bhumibol Adulyadej, König 698, 699
Bhutan 31 ff, **110 f**, *112 f*
Bhutto, B. 560 f, 821, 840
Bhutto, M. 561
Bidaya, T. 700
Biedenkopf, K. 206
Biel 625
Bielefeld 179
Biest, A. van der 106
Bignasca, G. 627
Bihac 116
Biko, S. 681
Bildende Kunst (Preise) **1227 ff**
Bildt, C. 121, 125
Bin Ghanem, F. S. 389
Biodiversitätskonvention (CBD) 1173, 1203
Bird, L. B. 77
Birendra Bir Bikram Sháh Dev, König 515 f
Birk, A. 210
Birkavs, V. 459

Birma → Myanmar
Birmingham 309
Bischkek 417
Bischof, H.-P. 544
Bisky, L. 214
Bissau 329
Biswas, A. R. 856, 866
Biya, P. 403 f, **777**
Bizimungu, P. 436, 586, **778**
Bjerregaard, R. 969
Blair, A. 310 f, 314, **778**, 787
Blais, J.-J. 404
Blanco, M. A. 669
Blaskic, T. 123
Blinnikow, S. P. 598
Bloch, R. 633
Blochberger, F. 542
Blüm, N. 171, 212
Bneijara, A. O. 860
Bo Mya 511
Bobbio, G. 572
Bobo-Dioulasso 138
Bochum 179
Bocklet, R. 189
Böden 1187 ff, 1217 ff
Bodendegradation 1189
Boggiano Sánchez, C. 573
Bogotá 419
Bohl, F. 168, 171
Böhm, J. 188
Böhme, R. 182
Böhrk, G. 210
Boisadam, P. 290
Bokassa, J. B. 843
Bökel, G. 197
Boley, G. 465
Bolger, J. B. 517 f, 520
Bolivien 31 ff, **112 ff**
Bolkiah, M., Prinz 135
Bolkiah, Sultan H. H. 135
Bologna 377
Bolongo, L. 430
Bombay → Mumbai
Bonaire 526
Bongo, O. 294, **778**
Bonino, E. 969
Bonn 165, 179
Bonnici, U. M. 482
Borchert, J. 171
Bordeaux 278
Borer, R. F. 627
Borggraefe, P. 182
Borna, B. 330
Borneo 347
Boross, P. 802
Borttscheller, R. H. 194
Bosch, J. 792
Bosic, B. 117, 119, **779**, 857
Bosniakisch-kroatische Föderation 117, 121 ff
Bosnien-Herzegowina 31 ff, **116 ff**, *121*, 225
Bossi, U. 379 f,
Bostwick, J. G. 96
Botero, F. 421
Bötsch, W. 172
Botsuana 31 ff, **126 f**
Bottrop 183
Boubacar Cissé, A. 527, 529
Boucsein, H. 190
Bourguiba, H. B. 777
Bourhan, A. A. 797
Bouteiller, M. 182
Bouterse, D. 687, 868
Boutros-Ghali, B. 325, 773
Boyle, J. 406
Bozlak, M. 717
Bräcklein, J. 182
Braga 582
Bragança Neto, R. 619
Brandenburg 185 f, **192 f**, 227
Brandt, D. 321
Brasilia 127
Brasilien 31 ff, **127 ff**
Brasov 589
Bratislava 656
Brauneder, W. 537
Brauner, R. 545
Braunschweig 181
Bräutigam, H. O. 192
Brazauskas, A. M. 469, 471
Brazzaville 434
Bregenz 539 f, 544
Bremen 179, 185 f, **193**
Bremerhaven 181
Breslau 578
Brick, M. 199
Bridgetown 192
Briones Dávila, J. 573
Brisbane 91
Britische Jungferninseln 318 f
Brittan, Sir L. 969
Brno 707
Broek, H. van den 969
Bromberg → Bydgoszcz
Bronfman, E. 633
Brown, G. 312
Brüderle, R. 204, 214
Brügge 104
Brundtland, G. H. 535, 805 f
Brunei 31 ff, **134 f**
Brünn → Brno
Brunn, A. 176, 202
Brunswick, W. 184
Brusca, G. 381
Brusis, I. 203
Brüssel 103
Bruton, J. 314, 770
Bucak, S. 714
Bucaram, A. 262 f, 771
Buchara 733
Büchel, M. 793
Buchleitner, G. 543
Bucuresti 589
Budapest 728
Budweis → Ceske Budejovice
Buenos Aires 79
Buhren, G. 184
Bujumbura 140
Bukarest → Bucuresti
Bukoshi, B. 395
Bulatovic, M 394, 398
Bulgarien 31 ff, **136 ff**

Bundesanstalt für Arbeit 175, 246
Bundesarbeitsgericht 174
Bundesfinanzhof 174
Bundesgerichtshof 173
Bundeskartellamt 175
Bundeskriminalamt 175
Bundesnachrichtendienst 175
Bundespatentgericht 174
Bundesrechnungshof 175
Bundessozialgericht 174
Bundesverband der Deutschen Industrie (BDI) 177
Bundesvereinigung der Deutschen Arbeitgeberverbände 176
Bundesverfassungsgericht 173
Bundesverwaltungsgericht 174
Bündnis 90/Die Grünen 213
Bur Sudan 682
Bur, D. 292
Burelli Rivas, M. A. 738
Burgenland 539 ff
Burger, N. 180
Burjatien, Republik 596
Burke, R. 314, 361, **779**
Burkert, G. 180
Burkina Faso 31 ff, **138 ff**
Burma → Myanmar
Bürmann, C. 201
Burokevicius, M. 471
Bursa 712
Burundi 31 ff, **140 ff**, 429
Buseck, E. 855
Bush, G. 785
Butare 586
Buthelezi, M. 680
Butler, R. 354
Büttner, S. 175
Butz, A. 190
Buyoya, P. 141, **779**
Bydgoszcz 578

Cabezas, J. L. 81
Caesar, P. 204
Cafiero, A. 833
Calcutta 337
Caldera Rodriguez, R. 738, **780**
Calderón Fournier, R. 792
Calderón Sol, A. 266 f, **780**
Calgary 405
Calí 420
Calle, H. de la 421
Caloocan 575
Camargo Muralles, S. 326
Campell, K. 783
Canberra 91
Cap-Haitien 332
Cape Town 678
Caracas 737
Cárdenas Solórzano, C. 494
Cardoso, F. H. 128, 130 f, 134, **780 f**
Carl XVI. Gustav, König 623
Carlisle, Sir J. B. 77
Carlsson, I. 802, 844
Carrillo Fuentes, A. 495
Cartagena 420
Cartago 160
Carter, J. 465, 771
Caruana, P. 320
Casablanca 484
Cascais 582
Cassoulides, Y. 766
Castillo Meza, T. 573
Castillo Peraza, C. 494
Castries 674
Castro Ruz, F. 145, 450 f, 572, **781**
Castro, J. F. 424
Çatli, A. 714
Cavallo, D. 81
Cayenne 286
Cayetano, B. 745
Ceboksary 603
Çem, I. 712
Cerkessk 597
Cerpa Cartolini, N. 572
Ceske Budejovice 707
Ceylon → Sri Lanka
Chaiyasarn, P. 698
Chakassien, Republik 596
Chan, J. 567 f, 858
Chand, L. B. 515 f
Chang Hsiao-yen 148
Chang Sy 803
Charette de la Contrie, H. de 866
Charif, M. A. 426
Charlotte Amalie 747
Chavalit Yongchaiyudh **781 f**
Che Guevara, E. 809
Chehem, M. M. 259
Chemische Industrie 1093 ff
Chemnitz 181
Chen Yun 823
Chetagurow, S. 598
Chevènement, J.-P. 286
Chia Sim 399
Chiang Ching-kuo 820
Chicago 742
Chiclayo 570
Chidambaram, P. 340
Chile 31 ff, **143 ff**
Chiluba, F. J. T. 615, **782**
China, Republik 31 ff, **146 ff**, 1185 f, 1028
China, Volksrepublik 31 ff, 148, **149 ff**, 315, 387 f, 440, 608 f, 753, 1044, 1185 f, 1026 f
Chirac, J. R. 157, 279, 282, 284 f, 330, 374, **782 f**, 808
Chisinau 499
Chissano, J. A. 507, **783**
Chittagong 99
Choe Kwang 440
Chongjin 437
Chorherr, C. 540

Chrétien, J. 406, 407, 775, **783**
Christensen, P. 174
Christlich Demokratische Union Deutschlands (CDU) 212
Christlich Soziale Union in Bayern (CSU) 213
Christopher, W. 772
Chubijew, W. I. 597
Chudoiberdijev, M. 694
Chung Doo Hwan 444 f
Chung Tae Soo 444
Çiller, T. 714, 716, 768, 868
Cimoszewicz, W. 578, **784**
Ciorbea, V. 589, 591, 592, 730, **784**
Cipriani, J. L. 572
Ciubuk, I. 499, 501, **785**
Ciudad Juárez 493
Claes, W. 859
Clement, W. 202
Clinton, B. 392, 451, 496, 592, 607, 730, 750 ff, 768, 772, **785**
Clodumar, K. 514
Cluj-Napoca 589
Cochabamba 113
Cockburn Town 323
Coderch Planos, J. 452
Cohen, W. 751
Coimbra 582
Collenette, D. 406
Colombo 670
Colonia Dignidad 145
Colosio, L. D. 869
Compaoré, B. 139, **786**
Comrat 500
Conakry 327
Concepción 143
Connerotte, J.-M. 105
Constanta 589
Constantine 65
Constantinescu, E. 589, 591, 592, 728, **786**
Conté, L. 328, **786 f**
Cook, R. 310, 312, **787**
Cooke, Sir H. F. H. 383
Cookinseln 518 f
Cools, A. 105 f
Cordet, J.-F. 288
Córdoba (Argentinien) 79
Córdoba (Spanien) 664
Cork 360
Correia, C. 330
Cossiga, F. 854
Costa Rica 31 ff, **160 f**
Costa, M. P. da 862
Côte d'Ivoire → Elfenbeinküste
Cottbus 183
Cotti, F. 119, 626 f, **787**
Coward, J. 317
Cozma, M. 592
Craiova 589
Craxi, B. 381, 854
Cresson, E. 969
Cristiani, A. 780
Cromme, G. 177, 223
Crvenkovski, B. 491
Csampai, S. 180
Cuadra Somariba, J. 523
Cuenca 260
Culiacán 493
Curaçao 526
Cuyaube, M. A. M. 990

Daddah, M. O. 860
Dagestan, Republik 596 f
Daioyu-Inseln → Japan, → China, VR
Dakar 647
Dalai Lama 148
Dallas 742
Damaskus → Dimashq
D'Amato, A. 632 f
Dammeyer, M. 203
Dänemark 25 ff, 31 ff, **161 ff**, 1249
Danilow-Daniljan, V. 604
Danzig → Gdansk
Dar es Salaam 695
Darboe, O. 297
Darling, Sir C. 96
Darmstadt 181
Dassault, S. 106
Däubler-Gmelin, H. 212
Daugavpils 458
Daunt, T. 317
Davao 575
Dayan, M. 867
Dayton-Abkommen → Bosnien-Herzegowina
Deane, Sir W. 92
Debré, J.-L. 282
Debrecen 729
Déby, I. 705 f, **787 f**
Dehaene, J.-L. 104, **788**
De Klerk, F. W. 681, 827
De Kock, E. 681
Delalay, E. 625
Delamuraz, J.-P. 627, 632
Delfim da Silva, F. 330
Delhi 337
Delors, J. 808, 854
Demirel, S. 308, 412, 712, 716 f, 768, **788 f**, 869
Deng Xiaoping 153, 315, 807, 823
Den Haag 524
Denktas, R. R. 767 f
Derie, A. 372
Derycke, E. 104, **789**
Detaille, M. 972
Detroit 742
Deuba, S. B. 516
Deubel, I. 182
Deufel, K. 184
Deutsche Angestellten-Gewerkschaft (DAG) 178, 219
Deutsche Bundesbank 175
Deutscher Bauernverband 177

Deutscher Beamtenbund (DBB) 178
Deutscher Gewerkschaftsbund (DGB) 177 f, 219, 223
Deutscher Handwerkskammertag (DHKT) 177
Deutscher Industrie- und Handelstag (DIHT) 177
Deutscher Städtetag 176
Deutschland 25 ff, 31 ff, 62, 114, 125, 156, **165 ff**, 284, 357 f, 707
Arbeitsmarkt 244 ff
Ausländer-, Flüchtlings- u. Asylpolitik 222 f
Außenhandel 166, 236 f, 1142 ff
Außenpolitik 225 f
Bevölkerung 223 ff
Bildung 232 f
Bundesbehörden 174 ff
Bundeshaushalt 215 f, 239 f
Bundesländer 187 ff
Bundespräsident 167
Bundesrat 169 f
Bundesregierung 170 ff
Bundestag 167 ff
Direktinvestitionen 1005 f
Eisenbahn 1156 ff
Energiekonsens 251 ff
Energiewirtschaft 166, 1116 ff
Ernährungslage 1035 ff
Großstädte 179 ff
Industrie 1085 ff
Justiz 220 ff
Kraftfahrzeugindustrie 1150 f
Kriminalität 233 ff
Kulturpreise 1227 ff, 1231 ff, 1237 ff, 1249 ff, 1263 ff, 1271 ff, 1277 ff
Oderhochwasser 227 f
Parteien 212 ff
Post und Telekom 123, 1168 f
Renten 219, 248, 249
Schiffahrt 1158, 1160 ff
Solidaritätszuschlag 217
Sozialpolitik 218 f, 248 ff
Staatshaushalt 241 ff
Steuereinnahmen 241 f
Steuerreform 217 f
Straßenbau 1153
Tourismus 166, 1171
Umweltsituation 1215 ff
Verkehr 1147 ff
Wirtschaft 166, 235 ff
Dewes, R. 211
Dhaka 99
Dharabi 357
Diaz Sotolongo, C. 451
Didikow, T. 597
Dieckmann, B. 180
Dieckmann, J. 176
Diehl, H. 182
Diepgen, E. 180, 190
Dietrich, T. 174
Dimashq 689
Dimitrow, F. 817, 859
Dinglreiter, A. 213
Dini, L. 378, 382, **789**, 847
Diouf, A. 647, **790**
Diyarbakir 712
Djajic, N. 122
Djindjic, Z. 396 f
Djukanovic, M. 394, 397 f
Dlamini, B. S. 688
Dnipropetrovs'k 724
Dnjestr-Republik 500 ff
Dobrew, N. 138
Doe, S. K. 466, 860
Dokmanovic, S. 448
Dole, B. 750, 785
Dominica 31 ff, **255 f**, *256*
Dominikanische Republik 31 ff, **256 ff**, *257*
Do Muoi 757
Donetsk 724
Dopheide, A. 180
Dörflinger, G. 543
Döring, W. 187
Dornbirn 537
Dortmund 179
Dostum, A. R. 52, 55 f
Douglas 317
Douglas, D. 673
Downer, A. 92
Draskovic, V. 396 f
Dregger, A. 168, 212
Dreher, B. 192
Dreifuss, R. 627
Drescher, B. 182
Dresden 179, 206
Drnovsek, J. 659 f
Drogenkartell von Calí → Kolumbien
Dschamirow, A. A. 596
Dschasray, P. 791
Dschibuti 31 ff, **258 f**
Dschumagulow, A. 417
Dubai 740
Dubcek, A. 818
Dublin 359
Dudajew, D. 828
Duhalde, E. 81
Duisburg 179
Duisenberg, W. **790**, 974
Dukakis, M. 772
Duncan, D. K. 264
Dúnem, F. J. F. 72 f
Dunn, D. 519
Durán, J. C. 115
Durban 678
Dürig, C. 212
Durrer, A. 627
Durres 60
Dusanbe 691
Düsseldorf 179, 201
Dutroux, M. 105
Duvalier, F. 845
Dzaoudzi 290

Eberle, F. 544
Ebtekar, M. 359
Ecevit, B. 717, 768, 788
Echeverri Mejía, G. 421
Eckel, I. 184
ECOMOG Friedenstruppe 465, 651, → Wirtschaftsgemeinschaft Westafrikanischer Staaten
ECOSOC → Wirtschafts- und Sozialrat
ECOWAS → Wirtschaftsgemeinschaft Westafrikanischer Staaten
ECU (Währungseinheit) 985 f
Ecuador 31 ff, **259 ff**, *263*
Ederer, B. 545
Edinburgh 309
Edlinger, R. 539, 547
Egal, M. I. 661, 663, 826
Eggert, R. 199
Eggly,. J.-S. 627
Eichel, H. 197
Eichhorn, R. 184
Einem, C. 539, 547
Eisenbahnverkehr 1154 ff
Eisenstadt 540
Eisl, S. 543
Eizenstat, S. E. 584, 632, 754
El Aaiun 611
El-Bakr, A. H. 851
Elektrotechnische und elektronische Industrie 1099 ff
Elfenbeinküste 35 ff, **264 f**
Elista 597
Elizabeth II., Königin 77, 92, 96, 102, 108, 304, 310, 312, 383, 406, 517, 566, 613, 673 f, 676, 721
Elleman-Jensen, U. 845
Ellenberger, I. 212
El Salvador 35 ff, **265 ff**
Eltschibei, A. 773
Eman, J. H. A. 526
Endara, G. 844
Energiewirtschaft **1109 ff**
Engelen-Kefer, U. 178
Engels, D. 175
Engster, D. 184
Enksaikhan, M. 505, **791**
Entwicklungsländer 995 f, 1089 f, 1020 ff
Erbakan, N. 714 ff, 868
Erbil 349 f
Erdemovic, D. 122
Erdgas 1123
Erdöl 1124 ff
Erfurt 181, 210
Eritrea 35 ff, **267 f**
Eriwan 83
Erlangen 183
Ernährung 1029 ff
Eroglu, D. 767
Ersbøll, N. 968
Ershad, H. M. 100, 855, 866
Eryani, A. 389
Esfahan 355
Esquivel, M. 108, **791**
Essen 179
Essy, A. 264
Estland 35 ff, **269 ff**, *272*
Etkin, T. 767
Eurokorps 896
Europäische Freihandelsassoziation (EFTA) **887 ff**
Europäische Gemeinschaft (EG) 955 f
Europäische Kommission (EU-Kommission) 768, 968 ff
Europäische Union (EU) 63, 308, 357, 460, 761, 768, 853 f, **953 ff**
Agrarpolitik 981 f
Aktuelle Entwicklungen 989 ff
Außen- u. Sicherheitspolitik (GASP) 956 ff
Außenhandel 983 f
Innen- u. Rechtspolitik 959 ff
Institutionen 965 ff
Mitglieder 959 ff
Organisationsstruktur 955 f
Personal u. Haushalt 975 f
Staaten 451
Währung 983 ff
Wirtschaft 975 ff
Wirtschafts- und Währungsunion (EWWU) 667, 986 ff
Europäischer Gerichtshof (EuGH) 970
Europäischer Rat (ER) 967
Europäischer Rechnungshof (EuRH) 971
Europäischer Wirtschafts- u. Sozialausschuß (WSA) 972
Europäischer Wirtschaftsraum (EWR) 888
Europäisches Parlament (EP) 277, 546, 965 ff
Europarat 448, 761, **889 ff**
Exner, A. 182
Eyadema, É. G. 701, **791 f**

Fahd Ibn Abdel-Aziz, König 621
Faisalabad 559
Fakaotimanava Lui, F. 519
Falkland-Inseln 319
Fallahian, A. 357, 359
Faltlhauser, K. 189
Famagusta → Gazimagusta
FAO → Vereinte Nationen
Faremo, G. 535
Farnleitner, J. 539
Färöer 163
Fasslabend, W. 539

Faymann, W. 545
FCKW 1179, 1183
Fedini, J. 288
Feige, K.-D. 213
Feldhege, H. 182
Fenech-Adami, E. 483, 853
Fernández Reyna, L. 333, **792**
Fernsehen (Preise) **1231 ff**
Ferrero Costa, E. 570, 573
Ferrero-Waldner, B. 539
Fidschi 35 ff, **273 f**, *274*
Figueres Olsen, J. M. 160, **792**
Filali, A. 485, **792 f**
Film (Preise) **1237 ff**
Fink, H. J. 208
Finnbógadottir, V. 798
Finnland 25 ff, 35 ff, **275 ff**, *276*
Fino, B. 62 f, 838
Fip, H.-J. 182
Fischer, H. 537
Fischer, J. 168
Fischer, P. 201
Fischer-Menzel, H. 196
Fischerei 1048 ff
Fischler, F. 969
Fjodorow, N. 603
Flackus, J. 205
Fleischproduktion 1050 ff
Florenz 377
Flosse, G. 291
Flynn, P. 969
Fokin, W. 820
Forné Molne, M. 71
Forschung (Preise) **1271 ff**
Forstwirtschaft 1058 f
Fort-de-France 288
Fortaleza 128
Fotografie (Preise) **1237 ff**
Francistown 126
Franco Bahamonde, F. 829
Franco, I. 781
Franke, H.-J. 184
Franke, I. 174
Frankfurt a. M. 179
Frankreich 25 ff, 35 ff, **278 ff**, 158, 736, 764 f
Außengebiete 286 ff
Außenpolitik 284
Kulturpreise 1236, 1244 f, 1257 ff, 1268
Wahlen 281 f
Wirtschaft 280, 1010 f
Franßen, E. 174
Frantschuk, A. 725
Franz, O. 177
Französisch-Polynesien 291 f
Französisch-Guyana 286 f
Fraser, M. 802
Freeport 96
Freetown 650
Frei Ruiz-Tagle, E. 144 f, **793**
Freibauer, E. 542
Freiburg i. Br. 181
Freie Demokratische Partei (F. D. P.) 214
Fribourg 629 f
Frick, M. 468, **793**
Friedenspreise **1277 ff**
Friedmann, B. 972
Friedrich, I. 213
Frisch, P. 175
Fritsche, K. D. 175
Frohn, R. 202
Frowick, R. 121
Fugmann-Heesing, A. 191
Fujimori, A. K. 570 ff, **793 f**
Fullbright, W. 785
Funke, K.-H. 201
Furrer, B. 535
Fürth 183

Gabmann, E. 542
Gaborone 126
Gabun 35 ff, **293 ff**
Gaddafi, M. 467, 717, **794 f**
Gaddum, J. W. 175
Gagausien 500
Gaidar, J. 862
Gaiger, J. 132
Galápagos-Inseln 263
Galasow, A. 598
Galati 589
Galway 360
Gama, J. 582, **794**
Gambia 35 ff, **295 ff**, *297*
Gamsachurdia, S. 855
Ganao, D. C. 434
Gäncä 87
Gandhi, I. 798
Gandhi, R. 839
Gansel, N. 182
Gansuri, K. A. 57, **794 f**
Garang, J. 684
Garreton, R. 433
Gärtner, K. 209
Gartz, H. 178
Gasana, A. 586
Gashim, H. al 851
Gasteiger, A. 543
Gatti, G. 617
Gayoom, M. A. 479
Gaza 366, 375
Gazimagusa 767
Gbezera-Bria, M. 763 f, **795**
Gdansk 578
Gehrer, E. 539
Gehrke, W. 214
Geiger, H. 175
Geiger, M. 168
Geil, R. 220
Geingob, H. G. 512, **795**
Geisler, H. 207
Geiß, K. 173
Gelbard, R. 121
Gelsenkirchen 179
Genève 629 f
Genfer Abrüstungskonferenz (CD) **877 ff**
Genscher, H.-D. 214, 812
Genua 377
George Town 320
Georgetown 331

Georgien 35 ff, **298 ff**, *299*
Gera 183
Gerhards, W. 212
Gerhardt, W. 214, 813
Gerster, F. 204
Getreideproduktion 1053 ff
Geyer, E. 178
Ghaforzai, A. 56
Ghana 35 ff, **302 f**
Gibraltar 320
Gidada, N. 90, **795**, 870
Giersch, N. 180
Giheno, J. 568
Gil-Robles Gil-Delgado, J. M. **796**, 967
Gilbert-Inseln 418
Gingrich, N. 750
Gintersdorfer, L. 545
Giscard d'Estaing, V. 782
Gise 57
Gisenyi 586
Glasgow 309
Gligorow, K. 491, **796 f**
Globalisierung 999
Glogowski, G. 200
Godal, B. T. 533
Goebel, H.-R. 214
Goh Chok Tong 654 ff
Göhner, R. 176
Golan 367
Goldbach, J. 221
Golembiowski, I. 604
Goll, U. 188
Gomel 758
Gonaives 332
Göncz, A. 729, **797**, 802
Gönner, I. 184
Gontschar, V. 759
González, C. 325
González Giner, A. E. 266
González Márquez, F. 397, 669, 775, 829, 859
González Mosquera, G. A. 421
Goppel, T. 190
Gorbach, H. 545
Gorbatschow, M. 806, 815, 824 f, 846, 854
Gorbunov, A. 864
Gordon, P. F. 318
Gore, A. 751, 753
Görg, B. 545
Göring-Eckhardt, K. 213
Gorno-Altajsk 596
Gortari, C. S. de 869
Gotavac, V. 448
Göteborg 623
Götte, R. 204
Göttingen 183
Gouled Aptidon, H. **797 f**
Gowda, H. D. D. 340, 798
Gozo 482
Gradin, A. 969
Grafé, J.-P. 106
Gramlich, H. 182
Grande Comore → Njazidja
Grandke, G. 184
Granic, M. 446
Grasser, K.-H. 541
Graz 539 f, 543
Grenada 35 ff, **304 f**
Griechenland 25 ff, 35 ff, **305 ff**
Tourismus 307
Griefahn, M. 201
Grimm, C. 203
Grimsson, O. R. **798**
Gromyko, A. 854
Grönland 164
Grosnyj 603
Großbritannien und Nordirland 25 ff, 35 ff, **308 ff**
Außengebiete 316 ff
Kulturpreise 1230, 1245, 1259, 1268
Wahlen 311 f
Wirtschaft 1011
Grunitzky, N. 792
Gruppe der Sieben (G-7) **891 ff**
Guadalajara 493
Guadeloupe 287 f, *287*
Guam 748 f
Guantánamo 449
Guantánamo Bay Naval Station 749
Guardia Fábrega, G. 565
Guatemala 35 ff, **323 ff**
Guatemala-Stadt 323
Guayaquil 260
Gugulia, G. 301
Guidotti, P. 82
Guigou, E. 283
Guinea 35 ff, **327 ff**, *327*
Guinea-Bissau 35 ff, **329 f**
Gujral, I. K. 338 ff, 516, **798**
Gukasjan, A. 87
Gulijew, F. 87
Gurirab, T.-B. 512
Gurría Treviño, J. A. 493
Gusljannikow, W. D. 598
Guterres, A. M. 582, 794, **798 f**
Gutierrez, C. T. C. 748
Gutiérrez Rebollo, J. 495
Guyana 35 ff, **331 f**
Guzman, K. 116
Gysi, G. 168

Haas, F. de 206
Haase, H. 190
HABITAT II 1216
Habré, H. 787
Habyarimana, J. 778
Hachani, A. 69
Hagen 181
Hagen, H. 173
Hahlen, J. 176
Haider, E. 542
Haider, J. 540
Haifa 364
Hai Phong 755
Haiti 35 ff, **332 ff**, 452

Haiveta, C. 566
Hajen, L. 196
Halab 690
Halifax 405
Halle/Saale 179
Haller, D. 541
Halonen, T. 276, **799**
Hamadou, B. G. 259
Hamburg 179, 185 f, **195**
Hamhung 437
Hamilton 318
Hamm-Brücher, H. 167
Hamzik, P. 658
Handziski, B. 491
Hanegbi, T. 373
Häni, G. 634
Hannover 179, 200
Hanoi 755
Hans-Adam II., Fürst 468
Hänsch, K. 796
Hanson, P. 94 f
Harald V., König 533, 535
Harare 652
Hardie Boys, M. 517
Hardraht, K. 206
Hariri, R. 461 f
Harney, M. 361
Harnisch, R. H. 214
Hart Dávalos, A. 451
Hartwich, H. 180
Haselsteiner, H.-P. 540
Hashimoto, R. 384 f, 386, 388, 572, **799 f**, 804
Hass, K. 381
Hassan II., König 485, 792, **800**
Hassane Maiyaki, I. 528
Hassanow, H. A. 86
Hata, T. 386
Hatoyama, Y. 385
Haugey, C. 770
Haugg, N. 175
Häupl, M. 545, 548
Hausmann, P. 171
Havanna 449
Havel, V. 226, 707, 709, **800**, 813
Hawaii 745
Haydallah, M. K. O. 860
Hebron 366, 376
Hebron-Abkommen 367 f
Heesen, P. 178
Heidecke, H. 208
Heidelberg 181
Heiduschka, W. 173
Heilbronn 183
Heitmann, S. 207
Hekmatyar, G. 55
Helms-Burton-Gesetz 145
Helsinki 275
Heng Samrin 856
Henkel, H.-O. 177
Henry, G. A. 519
Herat 51
Hermanus, M. 106
Hermoza Moya, C. 573
Herne 181
Herrera, L. A. L. de 853
Herrera, O. T. 844
Herrero Buitrago, H. P. 422
Herzog, C. 867
Herzog, J. 545
Herzog, R. 156, 165, 167, 225 f, 709, **800 f**
Hessen 185 f, **197**
Heye, U.-K. 200
Heyer, J. 209
Hiesl, F. 542
Hildebrandt, R. 193
Hildenbrand, G. 209
Hildesheim 183
Hinds, S. A. A. 331, **801**, 805
Hintze, P. 212
Hiroshima 384
Hirsch, B. 168
Hirschmann, G. 543
Hirzel, H. 167
Hisbollah 463
Hjelm-Wallén, L. 623, **801 f**
Ho, S. 585
Ho-Tschi-Minh-Stadt 755
Hobler, U. 214
Hochmair, f. 542
Hoffmann, H. 182
Hoffmann-Riem, W. 196
Hofinger, L. 542
Höger, E. 541
Hoher Kommissar für Flüchtlinge → UN
Hohlmeier, M. 213
Hohmann-Dennhardt, C. 198
Höhn, B. 202
Holbrooke, R. 120, 768
Holl, H. 200
Holt, A. 535
Hölz, P. 180
Holzapfel, H. 197
Honduras 35 ff, **335 f**, *336*
Hong In Kil 444
Hong Song Nam 437, 440
Hongkong 152 f, 158 ff, *159*, 315, 1028
Honiara 613
Hoole, A. 317
Hopp, H. 145
Höppner, R. 208
Hörfunk (Preise) **1231 ff**
Horn, G. 729 f, **802**
Horstmann, A. 202
Horta, J R. 348
Hostasch, E. 539
Houngbédji, A. 109
Houphouët-Boigny, F. 777
Houston 742
Howard, J. W. 92, 95, **802 f**
Howlandinsel 749
Hoyte, D. H. 801
Hradec Královć 707
Hrawi, E. **803**
Hrawi, W. 461
Huambo 72
Huber, E. 189
Hübner, B. 191
Huemer, F. 545
Hughes, H. 317
Hun Sen 399, 401 f, **803**, 864
Hundt, D. 176
Hussein II., König 374, 391 f, **804**, 825, 826
Hussein, A. 684
Hussein, U. 353
Husseinow, S. 88
Hwang Jang Yop 439
Hyderabad (Indien) 337
Hyderabad (Pakistan) 559

IAEO → Internationale Atomenergie-Organisation
Iasi 588
Ibrahim, A. 426 f
ICJ → Internationaler Gerichtshof
Ieng Sary 400
IFOR 118, 120, 898
IFRK → Internationale Föderation der Rotkreuz- und Rothalbmondgesellschaften
Ikeda, Y. 385, 386, **804**
Ikimi, T. 530, 652
Iliescu, I. 590, 591, 784, 786
Iljumschinow, K. 597
Iltgen, E. 206
Ilves, T. H. 270, 272
Inchon 441
Indien 35 ff, 101, 156, **336 ff**, 1028 ff, 1043 f
Bundesstaaten 338
Indonesien 35 ff, **343 ff**, *347*
Provinzen 345 f
Industrie 1081 ff
Ingolstadt 183
Ingraham, H. A. 96
Inguschetien, Republik 597
Innsbruck 539 f, 544
Inömü, E. 789
Insel Man 317
Insulza Salinas, J. M. 144
Internationale Atomenergie-Organisation (IAEO) 942
Internationale Föderation der Rotkreuz- und Rothalbmondgesellschaften (IFRK) 439
Internationaler Gerichtshof (ICJ) 929 f
Internationaler Militärgerichtshof in Den Haag (ITCY) 120, 122, 124, 448
Internationaler Währungsfonds (IWF) 91, 416, 449, 528, 561, 938 f
Internationales Tribunal für Krigsverbrechen in Ruanda (ITCR) 588
Internet 1167 ff
IPCD → Vereinte Nationen
Ipoh 477
Irak 35 ff, **349 ff**, *351 f*, 454
Iraklion 306
Iran 35 ff, 98, **354**, *355 f*, 226, 455
Irbid 391
Irian Jaya 348
Irigoyen, A. A. 324 f
Irland 25 ff, 35 ff, **359 ff**, 259
Islamabad 559
Island 25 ff, 35 ff, **362 f**
Israel 35 ff, **363 ff**, *369*, 691, 753, 1230, 1259, 1268
Issen, R. 178
Istanbul 712
Italien 25 ff, 35 ff, **377 ff**, *378*, 730, 1011 f, 1236, 1246, 1259 f
ITCY → Internationaler Militärgerichtshof in Den Haag
IWF → Internationaler Währungsfonds
Izetbegovic, A. 117, 119 f, **804 f**, 834, 857, 863
Izevsk 603
Izmir 712

Jaafar ibni Al-Marhum Abdul Rahman, König 478
Jack, D. 676
Jaffna 670
Jagan, C. 801, 805
Jagan, J. 331, **805**
Jäger, A. 180, 199
Jagland, T. 533, 535
Jagmetti, C. 633
Jagoda, B. 175
Jähnichen, R. 207
Jaipur 337
Jakarta 343
Jakutien, Republik 597
Jakutsk 597
Jamaika 35 ff, **382 f**
Jameel, F. 479
James, E. C. 255
Jamestown 322
Jammeh, Y. 296 f, **806**
Jammu und Kaschmir 341 ff
Jan Mayen 534
Jandarbijew, S. 609, 828
Japan 35 ff, 156, **384 ff**, 571 f, 1016 ff, 1043, 1230, 1246, 1268 f, 1277 f
Senkaku-Inseln 387 f, *387*
Wirtschaft 386
Jarnjack, I. 447
Jaruzelski, W. 581
Jarvisinsel 749
Jason Hu 147
Jassa, E. 81
Jawara, D. 297, 806
Jean, Großherzog 472
Jedid, C. B. 870
Jeknic, J. 394
Jellasitz, G. 540

Jelzin, B. N. 502, 594, 603, 604, 605, 607, 608, 610, 728, 753, 761 f, **806 f**, 824 f, 828, 846, 862
Jemen 35 ff, **388 ff**
Jena 183
Jenkins, T. 972
Jericho 366
Jerusalem 363
Jeyaretnam, J. B. 655
Jiang Zemin 151, 154, 156 ff, 315, 342, 607, **807 f**
Jiddah 620
Johannes Paul II. 125, 148, 463, 730, 736 f, **808**
Johannesburg 678
Johnson, R. 465
Johnson-Sirleaf, E. 465
Johnstonatoll 749
Johor Baharu 477
Jonas, N. 208
Jordanien 35 ff, **390 ff**, 374
Joskar-Ola 598
Jospin, L. 279, 281, 283, 783, **808 f**, 866
Juan Carlos I., König 664
Jugnauth, A. 847
Jugoslawien 35 ff, **393 ff**
Juncker, J.-C. 472, **809**
Jung, V. 177
Juppé, A. 281 ff

Kabardino-Balkarien, Republik 597
Kabariti, A. K. 374, 392, 826
Kabbah, A. A. T. 651, 816
Kabel, R. 169
Kabila, L.-D. 428 ff, 436, **809**
Kabua, I. 487
Kabul 51
Kadirgamar, L. 671
Kahlenberg, F. P. 175
Kähne, V. 190
Kahrs, B. 194
Kaifu, T. 799
Kaimaninseln 320 f
Kaimer, G. 182
Kairo 56
Kaiser, H. 211
Kaiserslautern 183
Kallas, S. 272 f
Kallmann, R. 184
Kalmykien, Republik 597
Kambanda, J. 588
Kambodscha 35 ff, **399 ff**
Kamerun 35 ff, **402 ff**, *403*
Kampala 722
Kan, N. 385
Kanada 35 ff, **405 ff**, *407*, 453, 1014, 1041, 1260
Kanalinseln 316, *316*
Kandahar 51
Kang Kyong Shik 445
Kang Song San 440
Kanther, M. 171, 227
Kanton 151
Kantor, M. 799
Kap Verde 35 ff, **408 f**
Kaplan, K. 541
Kapstadt → Cape Town
Karadzic, R. 120
Karaganda 410
Karaha, B. 428
Karamanlis, K. 859
Karas, O. 539
Karatschajewo-Tscherkessien, Republik 597
Karatschi 559
Karelien, Republik 597
Karimov, I. A. 693, 733, **810**
Karlsbad 707
Karlsruhe 179
Kärnten 539 f, 541
Karoui, H. 711
Kasachstan 35 ff, **410 ff**
Kaschegeldin, A. M. 410
Kaschmir → Jammu und Kaschmir
Kasper, H. 205
Kaspisches Meer 88
Kassel 181
Kassim as-Sahhaf, M. S. 350
Katar 35 ff, 99, **412 f**
Kategaya, E. 723
Kathmandu 515
Kattowitz 578
Kaud, A. M. 467
Kaufmann, S.-Y. 214
Kaunas 469
Kaunda, K. 615, 782
Kazan 598
Keating, P. 803
Kebzaboh, S. 705, 706
Keïta, I. B. 481
Keitel, K. 207
Keler, S. 199
Keller, R. 627
Kelly, J. 323
Kengo Wa Dondo, L. 430
Kenia 39 ff, **414 ff**
Kennedy, J. F. 785
Kenyatta, J. 835
Kérékou, A. 109, **810**
Kersten, K. U. 175
Kesri, S. 340
Kesselring, R. 175
Ketin Vidal, A. 573
Khalid, M. M. 561
Khalifa, I. S. 98
Khalifa, K. S. 98
Khalifa, M. M. H. 98
Khalili, K. 55
Khamenei, A. 357 f
Khan, A. R. 51 f
Khan, G. A. 560
Khan, G. I. 821, 840
Kharazi, K. 356, **810 f**
Kharkiv 724
Khartum 681
Khatami, Z. M. 356, 358, **811**
Khouna, A. O. M. 489
Khoza, A. 688
Khulna 99
Kiefer, R. 212

Kiel 181, 209
Kiew → Kyyiv
Kigali 586
Kijac, D. 121
Kikwete, J. M. 697
Kim Dae Jung 812
Kim Hyun Chul 444
Kim Il Sung → Kim Ir Sen
Kim Ir Sen 439 f, 811
Kim Jong Il 437, 440, **811 f**
Kim Jong Pil 812
Kim Kwang Jin 440
Kim Woo Suk 444
Kim Yong Nam 437
Kim Young Sam 441 f, 444, **812**, 814
Kingmanriff 749
Kingston 382
Kingstown 676
Kinkel, K. 156, 165, 170 f, 225, **812 f**
Kinnock, N. 778, 969
Kinshasa 428
Kirchhöfer, K.-W. 184
Kirgisistan 39 ff, 412, **417 f**,
Kiribati 39 ff, **418 f**
Kirovakan 83
Kisangani 428
Kislizyn, W. 598
Klagenfurt 539 f, 541
Klär, K.-H. 204
Klasnik, W. 543
Klaus, J. 813
Klaus, V. 707, 709, **813**
Klausenburg → Cluj-Napoca
Kleedehn, B. 199
Kleiber, G. 221
Kleine Antillen 525
Kleinschmidt, W. 184
Klemann, J. 191
Klemm, L. 198
Klerides, G. J. 766, 768, **813**
Klestil, T. 537, **813 f**
Klima, V. 538 ff, 546 ff, **814**
Klimarahmenkonvention (KRK) 943, 1173, 1181
Klose, H.-U. 168
Klutsé, K. 701
Kniola, F.-J. 202
Knoblich, H. 192
Knowles, T. 745
Kobe 384
Kobez, K. 607
Koblenz 183
Kocadag, H. 713
Koch, H. G. 187
Koch, H.-G. 180
Koch, U. 627
Koffi, A. 433
Koh Kun 441, 445, **814 f**
Kohl, H. 165, 170, 212, 215, 222, 801, **815**
Kohlendioxid (CO_2) 1179 ff, 1215 f
Koivisto, M. 771, 823
Kok, W. 524, 718, **815 f**
Kokosinseln 93
Kokow, W. M. 597
Kolelas, B. 435 f
Kolingba, A. 843
Koller, A. 626 f, 633 f, **816**
Köln 179
Kolumbien 39 ff, 225, **419 ff**
Komi, Republik 598
Komilov, A. H. 733
Kommission für nachhaltige Entwicklung (CSD) 1173
Komoren 39 ff, **425 ff**
Konaré, A. O. 480, **816**
Kongo, Demokratische Republik 428 ff, 435 f
Flüchtlinge 433, 587 f
Kongo, Republik 285, **434 ff**
Königgrätz → Hradec Králové
Königin-Maud-Land 534
Konitzer, U. 178
Konstanza → Constanta
Kontic, R. 394
Koolman, O. 526
Kopenhagen 161
Korea, Demokratische Volksrepublik 39 ff, **437 ff**, 442
Korea, Republik 39 ff, 437 ff, **441 ff**, 1260
Wirtschaft 443 f
Koroma, J. P. 650 ff, **816 f**
Koronewskij, W. 726
Koror 563
Korowi, W. 566
Korschakow, A. 604
Korsika 285 f
Kosice 656
Kosovo und Metohija 395
Kostow, I. J. 136, 138, **817**
Kosyrew, A. 846
Kotscharjan, R. 83, 85, 88 f, **817**
Kotte → Anuradhapura
Kovác, M. 656 f, **817 f**
Kovács, L. 729
Kowaljow, W. 605
Kraemer, D. 182
Kraftfahrzeuge 1149 ff
Krajci, G. 658
Krajewski, C. 206
Krajisnik, M. 117, 119, 805
Krakau 578
Kramplová, Z. 658
Krapp, M. 211
Krasney, O. E. 174
Krasts, G. 459 f, **818**
Kratky, G. 540
Krawtschuk, L. 820
Krefeld 181
Kremendahl, H. 180
Krenz, E. 221
Kretschmer, O. 211
Krim-Republik 725

Krings, J. 180
KRK → Klimarahmenkonvention
Kroatien 39 ff, **445 ff**
Kromah, A. 465
Kronstadt → Brasov
Krung Thep 698
KSZE → OSZE
KSZE-Schlußakte 911
Kuala Lumpur 477
Kuba 39 ff, **449** ff, 753
Kucan, M. 659, **818 f**
Kuessner, H. 199
Kulikow, A. 603, 606
Kuljis, I. 115
Kultusministerkonferenz 176
Kumaratunga, C. **670 ff, 819**
Kumasi 302
Kuppe, G. 208
Kurden 351 f, 454
Kurdistan 350
Kutaisi 298
Kutan, R. 352
Kutschma, L. D. 501 f, 581, 724, 725 ff, **819 f**, 847
Kuwait 39 ff, **453 ff**
Kuwait (Stadt) 453
Kwangju 441
Kwaschik, J. 184
Kwasniewski, A. 578, 581, 727, **820**
Kyoto 384
Kyprianou, S. 813
Kyyiv 724
Kyzyl 603

La Chaux-de-Fonds 625
Lafontaine, O. 205, 212
Lahore 559
Laibach → Ljubljana
Lambsdorff, O. G. 214, 812
Lamrani, K. 793
Landauer, K. 545
Landsbergis, V. 470
Landwirtschaft 1029 ff
Laos 39 ff, **456**
La Paz 112
Läpple, F. 205
Larnaka 765
La Romana 257
Larsen, R. 535
Lasarenko, P. 726 ff, 847
Laska, G. 545
Las Palmas de Gran Canaria 664
Lasso, J. A. 260
Latorre, E. 257
Laufhütte, H. 173
Lausanne 629 f
Le Duc Anh 757
Le Kha Phieu 756 f
Lebed, A. 603, 828
LeBlanc, R. 406
Lee Kuan Kew 656
Lee Soo Sung 443, 445, 814
Lee Sung Ho 444
Lee Teng-hui 147 ff, **820 f**, 856
Lee Yang Ho 443 f
Leeb, H. 189
Leeds 309
Leghari, S. F. A. K. 560 ff, **821**
LeGrand, L. A. 293
Lehmann-Grube, H. 180
Lehning, G. 174
Leipzig 179
Leitl, C. 542
Lekota, P. 681
Lemberg → L'viv
Lemos Simmonds, C. 421
Lengsavath, S. 456
Lenin, W. I. 607
León 493
Léon Carpio, R. de 774
Leonhardt, W. 206
Lesotho 39 ff, **457 f**
Letsie III., König 457, **821**
Lettland 39 ff, **458 ff**
Leuenberger, M. 627
Leven, K. 175
Lévêque, M. 503
Leverkusen 181
Levkosía 765
Levy, D. 364, 368, **821 f**, 840
Lewandowski, G. 182
Léyé, J.-M. 735
Leyendecker, K.-J. 182
Lhasa 151
Li, A. K. N. 315
Li Peng 151, 154, 156, 315, **822 f**, 864
Li Shouxan 822
Li Xiannian 807
Libanon 39 ff, 374, **461 ff**, 737
Liberec 707
Liberia 39 ff, **464 ff**
Libreville 293
Libyen 39 ff, **466 f**
Lichtenberger, E. 544
Lieb, W. 202
Lieberknecht, C. 211
Liechtenstein 39 ff, **467 f**
Lien Chang 148 f, 856
Ligatschow, J. 806
Liikanen, E. 969
Lilic, Z. 398, 835
Lilongwe 475
Lima 570
Limann, H. 849
Limassol 765
Limbach, J. 173
Limerick 360
Linde, J. 192
Linden, J. 182
Line-Inseln 418
Ling, S. S. 758, 760, **822**
Linz 539 f, 542
Lipponen, P. 276, **823**
Lissabon 582
Lissouba, P. 434 ff, 785, **823 f**
Litauen 39 ff, **469 ff**

Literatur (Preise) 1249 ff
Liu Xiabo 154
Ljubljana 658
Löchelt, E. 184
Lodz 578
Lohmann, K. 184
Lomas de Zamora 79
Lomé 701
London 308
Longchamp, F. 333, 452
Lopes, A. S. 409
Lorenzo, F. di 381
Los Angeles 742
Lovre, K. 395
Loza, R. 115
Lubbers, R. 816
Lübeck 181
Lublin 578
Lubumbashi 428
Luce, R. 320
Lucinschi, P. 499 ff, **824**
Ludewig, J. 220
Ludwigshafen 181
Luftverkehr 1163 ff
Lugger, J. 544
Lukanow, A. 137
Lukaschenko, A. G. 727, 758 ff, 822, **825**
Lüke, W. 182
Lumumba, P. 809
Lunacek, U. 540
Lusaka 614
Lutschounig, R. 541
Lüttich 104
Luxemburg 39 ff, **472 f**
Luxemburg (Stadt) 472
Luz, O. 326
Luzern 629 f
L'viv 724
Lyon 278

Macau 584 f
Machackala 596
Machala 260
Machel, S. 783
Machens, K. 184
Macías, F. 842
MacKillingin, D. 319
Madagaskar 39 ff, **473 ff**, *474*
Madani, A. 69
Madeira 582
Madjali, A. S. 391 f, **825 f**
Madras 337
Madrid 663
Madschali → Madjali
Magdeburg 181, 207
Magomedow, M. 596 f
Mahadi, S. 268
Mahathir Mohamad, D. S. 478, **826**
Mahdi Muhammad, A. 661 ff, **826**
Mahdi, S. 684, 776
Mailand 377
Maïnassara, I. B. 528 f, **827**
Mainz 181, 203
Maizière, T. de 198
Majkop 596
Major, J. 310 f, 313, 778
Makarios, Erzbischof 813
Maktoum Bin Raschid al Maktoum 740
Malabo 77
Malacca 477
Malachow, W. 502
Málaga 664
Malawi 39 ff, **475 f**
Malaysia 39 ff, **477 f**
Male' 479
Malediven 39 ff, **479 f**
Malherbe de León, O. 495
Mali 39 ff, **480 ff**, *481*
Malietoa Tanumafili II, König 616
Malik, A. 51
Malik, P. 55 f
Mallet, W. G. 674
Malmö 623
Malta 39 ff, **482 f**
Mamaloni, S. 613
Managua 520
Manama 97
Mancham, J. R. 850
Manchester 309
Mandalay 508
Mandela, N. R. 74, 148, 430, 679, 680, **827**
Manila 574
Mannheim 179
Männle, U. 190
Manuel, T. 681
Manuella, Sir T. 721
Manukjan, W. 84
Manutscharjan, A. 84
Mao Zedong 153, 807
Maope, K. A. 457
Maputo 507
Mara, R. S. K. 274
Maracaibo 738
Maraj, R. 704
Marasow, I. 137
Marboe, P. 545
Marcos, F. 848
Margrethe II., Königin 162
Mariam, M. H. 869
Marianen → Vereinigte Staaten von Amerika
Maribor 659
Marienfeld, C. 169
Marij El, Republik 598
Marin, M. 69
Marjanovic, M. 393
Marker, J. 348
Markovic, M. 395, 398
Marokko 39 ff, 430, **484 ff**
Marovic, S. 397
Marquardt, R. 199
Marrakech 484
Marseille 278
Marshallinseln 39 ff, **487 f**
Martens, W. 788
Marth, R. 334

Martini, C. 204
Martinique *287*, 288 f
Mas Ribo, M. 71
Mascarenhas Gomes Monteiro, A. 409, **828**
Maschadow, A. 603, 609, 610, **828 f**
Maschinenbau 1102 f
Masefield, T. 318
Maseru 457
Mashhad 355
Masire, K. 126, **829**
Maskat 535
Massemba-Débat, A. 824
Massonde, T. B. S. 426
Massud, A. 52, 55
Matata, J. 588
Matesa, Z. 446, **829**
Matiliauskas, R. 471
Matosinhos 582
Matutes Juan, A. 664, **829 f**
Maurer, U. 627
Mauretanien 39 ff, **488 f**
Maurice, R. 290
Mauritius 39 ff, **489 f**
Mauss, W. 225, 424
Mawsil 349
Mayer-Vorfelder, G. 188
Ma Ying-chiu 148
Mayor Oreja, J. 669
Mayotte 290
Mazedonien 39 ff, **491 f**
Mazo, A. del 494
Mba, L. 294, 778
Mbabane 688
Mbeki, T. M. 679
Mbuji-Mayi 428
McKinnon, D. 518
McVeigh, T. J. 754
Mdlalose, F. 680
Meciar, V. 656 f, 818, **830**
Mecklenburg-Vorpommern 185 f, **198**
Medan 343
Medellín 420
Medellín, C. E. 422
Medina 620
Meierhofer, H. 174
Meili, C. 633
Mejdani, R. O. 60, 64 f, **830, 833**, 838
Mejía Vélez, M. E. 420
Mekka 620
Meksi, A. 62
Melbourne 91
Melgarejo Lanzoni, R. 569
Melnik, W. 460
Menacher, P. 182
Menagharischwili, I. 298
Mende, W. 182
Menem, C. S. 79, 80, 82, 145, **833**
Mengistu, H. M. 90
Merafhe, M. 126
Meri, G. 833
Meri, L. 271, **833**, 857
Meridor, D. 373
Meriseit, L. 270
Merkel, A. 172, 212
Merz, E. 175
Meschkov, J. 725
Mesfin, S. 90
Mette-Yapende, J. 763
Metz, R. 193
Mexicali 493
Mexiko 39 ff, **492 ff**, 1024 f, 1231
Mexiko-Stadt 492
Meyer, G. 206
Meyer, H. J. 207
Meyer, R. 681
Michailowa, N. 136, 138
Michalek, N. 539
Midwayinseln 749
Mierlo, H. v. 524, **834**, 992
Miert, K. van 969
Mifsud Bonnici, U. **834**, 853
Mijukow, I. 726
Mikronesien 39 ff, **497 f**
Milbradt, G. 207
Milde, H. 200
Miller, B. 102
Milos, P. 60, 65
Milosevic, S. 394 f, 397 f, 805, **834 f**, 863
Milutinovic, M. 394
Minning, M. 572
Minsk 757
Mira, P. M. 972
Miriong, T. 567
Mironow, N. J. 603
Mirow, T. 195
Mirsabekow, A. 597
Miskolc 729
Misuari, N. 577
Mitchell, G. 314
Mitchell, J. F. 676
Mitchell, K. 304
Mitsotakis, K. 859
Mitsuzuka, H. 386
Mitterrand, F. 285, 782, 808, 865
Mittler, G. 204
Mkapa, B. W. 697, **835**
Mladic, R. 120
Mobutu Sese-Seko, K. 73, 430, 809
Mock, A. 855
Mock, U. 184
Mocumbi, P. M. 507
Modrow, H. 214, 220
Moers 183
Mogadischu → Muqdisho
Mohammed V. 792, 800
Mohélie → Mwali
Möhrer, F. 198
Moi, D. arap 415 ff, 662, **835**
Mokhehle, N. 457
Moldau 39 ff, **499 ff**, *502*
Möller, C. 210
Molterer, W. 539
Mombasa 414
Monaco 39 ff, **503 f**
Monaco-Ville 503
Moncaya, P. 262
Mönchengladbach 181
Mond, F. van den 182
Mondale, W. 772
Mongolei 39 ff, **504 ff**, *505 f*
Monrovia 464
Monsanto, P. 325
Monte Carlo 503
Montego Bay 383
Montenegro 393 f, 397 f
Monterrey 493
Montesinos, V. 573
Montevideo 730
Monti, M. 969
Montpellier 278
Montréal 405
Montrealer Protokoll 1184
Montserrat 315, 321
Morán, R. 325
Moratuwa 670
Moravcik, J. 830
Mordwinien, Republik 598
Morón 79
Moroni 425
Mosambik 39 ff, **507 f**
Moser, H. 210
Moshoeshoe II. 821
Moskau 593
Moskovitz, I. 372
Mostar 116
Motta, S. 132
Movimiento Revolucionario Túpac Amaru (MRTA) 571 f
Mowlam, M. 312, 314
Msawti III., König 688, **835 f**
Muawad, R. 803
Mubarak, M. H. 57 f, 374, 795, **836**
Mudenge, S. 653
Mugabe, R. G. 653, **836**
Muhammad, → Mahdi Muhamad
Mühlheim a. d. Ruhr 181
Mukubenow, M. 597
Mularoni, P. M. 617
Müller, K. 168
Muller, P. 487
Müller, R. 173
Muluzi, B. 476, **837**
Mumbai 337
Muñante Sanguinetti, R. 571
München 179, 188
Münster 181
Muntasir → Al-Muntasir
Muntasir, O. M. 467
Müntefering, F. 212
Muqdisho 661
Muratovic, H. 120, 857
Murayama, T. 799, 804
Murcia 664
Museveni, Y. K. 436, 723, **837 f**
Musik (Preise) **1263 ff**
Muskie, E. 771
Musoke, K. 723
Musonge Mafani, F. 403 f
Mussa, A. M. 57
Musyoka, S. K. 415
Mutabilow, A. 88
Mutunga, W. 416
Mwali 425, 427
Mwiniyi, A. H. 835
Myanmar 39 ff, **508 ff**, *510*, 700
Mykonos-Prozeß → Deutschland, → Iran, → Europäische Union

Nabijew, R. 847
Nachitschewan → Naxçivan
Nader, R. 750
Nagoya 384
Nahnah, Scheich 69
Nahost-Friedensprozeß 284, 367 ff
Nahrungs- und Genußmittelindustrie 1103 ff
Nairobi 414
Najibullah, M. 52
Nakajima, H. 353
Nakamura, K. 563
Namangan 733
Namibia 43 ff, **512 f**, *513*
Nano, F. 60, 62, 65, **838**
Nantes 278
Napolitano, G. 381
Naranjo Villalobos, F. 160
Narayanan, K. R. 338, 341, **838 f**
Narva 270
Nasabarjew, N. A. 410 ff, **839**
Nassau 96
Nasser, G. A. 59
Nateq Nuri, A. A. 358, 811
NATO → Nordatlantische Allianz
Naturschutzgebiete 1222
Nauru 43 ff, **514**
Navarro-Valls, J. 737
Navassa 749
Nawaz Sharif, M. 56, 342, **840**
Naxçivan 87
Nazarov, T. 692
Nazigold 583 f, 624, **631**
Nazran 597
Nazret 90
Ndadaye, M. 779
N'Djamena 705
Ndimara, P. F. 141
Neapel 377
Necker, T. 177
Nehm, K. 173
Nehru, J. 839
Neisser, H. 537
Nemzow, B. 604
Nena, J. 498
Nepal 43 ff, **515 ff**
Netanjahu, B. 364, 367 ff, 753, 822, **840 f**
Neto, A. A. 790
Neu-Delhi 336
Neukaledonien 292
Neuseeland 43 ff, **517 ff**

Neuss 181
Nevermann, K. 195
New Amsterdam 331
New York 741
Nezahualcóyotl 493
Nga Ntafu, G. 476
Ngoupandé, J.-C. 795
Nguema, F. M. 842
Nguyen Manh Cam 755, 757
Niamey 527
Niasse, M. 647
Nicaragua 43 ff, **520 ff**, *521*
Niederlande 25 ff, 43 ff, **524 ff**, 1012, 1260, 1285
Niederländische Antillen 527 f
Niederösterreich 539 f, 541
Niedersachsen 185 f, **200**
Niger 43 ff, **527 ff**
Nigeria 43 ff, **529 ff**, *531 f*
Nijasow, S. A. 719, **841**
Nikolajew, M. J. 597
Nilges, A. 213
Nimsch, M. 198
Nis 393
Niue 519
Niznij Novgorod 594
Nizza 278
Njazidja 425
Njie, O. 296
Nkomo, J. 836
Nkrumah, K. 836
Nobelpreise **1291 ff**
Nölle, U. 180, 194
Nolte, C. 172
Nordatlantische Allianz (NATO) **893 ff**
Osterweiterung 460, 901
Nordirland → Großbritannien u. Nordirland
Nord-Korea → Korea, Demokratische Volksrepublik
Nördliche Marianen 746
Nordossetien, Republik 598
Nordrhein-Westfalen 185 f, **201**
Nordsee 1221
Norfolkinsel 95 f
Noriega, M. A. 844
Norwegen 25 ff, 43 ff, **533 ff**
Nouakchott 488
Nouhak Phoumsavanh **841 f**
Nouméa 292
Novi Sad 393, 395
Novosibirsk 594
Ntibantunganya, S. 779
Nueva San Salvador 266
Nujoma, S. D. 512, 795, **842**
Nuku'alofa 702
Nuri, S. A. 693
Nürnberg 179
Nuuk 164
Nyala 682
Nyerere, J. 142, 835
Nzo, A. B. 679
Nzwani 425 ff

OAS → Organisation Amerikanischer Staaten
OAU → Organisation der Afrikanischen Einheit
Obame-Nguéma, P. 294
Oberhausen 181
Oberösterreich 539 f, 542
Obiang Nguema Mbasogo, T. 78, **842**
Obote, M. 837
Öcalan, A. 351
Oddsson, D. 362, **842**
Odense 162
Oderhochwasser → Deutschland, → Polen, → Tschech. Rep.
Odessa 724
Odlum, G. 674
OECD → Organisation für Wirtschaftliche Zusammenarbeit und Entwicklung
Oertling, P. 182
Oetker, A. 177
Offenbach a. M. 183
Offerhaus, K. 174
Ogata, S. 124
Ogi, A. 627
Ohira, M. 804
Okello, T. 837
Oldenburg 181
Olesky, J. 784
Oliveira Salazar, A. de 852
Olmert, E. 371
Olmütz 707
Olsen, A.-K. 534
Olympio, S. 792
Oman 43 ff, 411, **535 f**, *536*
Omsk 594
O'Neal, R. 319
Ong Teng Cheong 654 f, **842 f**
OPANAL → Agentur zur Verhinderung von Kernwaffen in Lateinamerikan
Opladen, M. T. 184
Oran 66
Oranjestad 525
Ordóñez, F. F. 859
Organisation Amerikanischer Staaten (OAS) **901 ff**
Organisation der Afrikanischen Einheit (OAU) 427, 433, **903 f**
Organisation für das Verbot von Chemiewaffen (OVCW) 754, **914 ff**
Organisation für Sicherheit und Zusammenarbeit in Europa (OSZE) 88 f 397, 448, **908 ff**
Organisation für Wirtschaftliche Zusammenarbeit und Entwicklung (OECD) **905 ff**

Orschak, S. 603
Ortega Lara, J. A. 669
Ortega Saavedra, D. 522 f, 772
Ortiz, A. B. 261
Osaka 384
Osborn, F. D. A. 975
Oschatz, G.-B. 170
Osho, P. 109
Oslo 533
Osnabrück 181
Ossenkamp, H. 178
Österreich 25 ff, 43 ff, **537 ff**
Arbeit und Soziales 554 ff
Asylbewerber 549 f
Ausbildung 550 f
Ausländer- und Asylrecht 547
Außenpolitik 547 f
Bevölkerung 549
Bundesländer 539 ff, 548
Bundesregierung 539 f, 546 f
Fremdenverkehr 551 ff
Haushalt 555 ff
Kriminalität 551
Kulturpreise 1246, 1261 f, 1269, 1285
Parteien 539 f, 546
Wahlen zum Europäischen Parlament 546
Wirtschaft 551 ff
Ost-Jerusalem 367
Ostrau 707
Ostslawonien 447 f
Osttimor 348 f
OSZE → Organisation für Sicherheit und Zusammenarbeit in Europa
Otschirbat, P. 506, 775, 791
Ottawa 405
Otunbajewa, R. 417
Ouado, N. 705, 706
Ouagadougou 138
Ouédraogo, A. 139
Ousmane, M. 528 f, 827
Ouyahia, A. 66, 69
OVCW → Organisation für das Verbot von Chemiewaffen
Owen, J. 320
Oyono Ndong Mifemu, M. 78
Oyono, F. L. 403
Özal, T. 789, 868
Ozon 1179, 1182 f

Paderborn 181
Paeniu, B. 721
Pago Pago 748
Pahlewi, R. 810
Paierl, H. 543
Pakistan 43 ff, **559 ff**, *562*
Pakpahan, M. 345
Palästina 753
Palästinensische Autonomiegebiete 375 f
Palau 43 ff, **563 f**
Palermo 377
Palermo Cabrejos, D. 572
Palikir 497
Palma de Mallorca 664
Palme, O. 801
Palmeira Lampreia, L. F. 128
Palmyra 749
Panama 43 ff, 424, **564 f**
Panamá (Stadt) 564
Panday, B. 704
Pangalos, T. 306, 308, **843**
Panou, K. 701
Papandreou, A. 858 f
Papantoniou, Y. 307
Papasjan, V. 85
Pape, U. 195
Papeete 291
Papierindustrie 1106 f
Papoutsis, C. 969
Papua-Neuguinea 43 ff, **566 ff**
Paraguay 43 ff, **568 f**
Paramaribo 685
Paris 278
Park Chung Hee 812
Parrinello, D. 326
Partei des Demokratischen Sozialismus (PDS) 214
Pasat, V. 501
Pastor Perafán, J. 421
Patassé, A.-F. 763 f, 795, **843**
Patras 306
Patten, C. 864
Patterson, P. J. 383
Pavlodar 410
Peking 149
Pelletreau, R. 354
Peña Gómez, J. F. 792
Pereira, A. M. 828
Peres, S. 372, 774, 822, 841, 867
Pérez Balladares, E. 565, **844**
Perez, A. G. 793
Perosevic, B. 395
Perot, R. 750
Perry, R. 465, 861
Perry, W. 454
Perschau, H. 194
Persic, V. 396
Persson, G. 623, 802, **844**
Perth 91
Peru 43 ff, **570 ff**
Peschel-Gutzeit, L. M. 191
Peter Port 316
Peter, A. 193
Petersen, N. H. 162, **844**
Peterson, D. 756
Petrovic, M. 540
Petrow, W. I. 596
Petrozavodsk 598
Pfeifer, A. 168, 171
Pfeifer, K. H. 174
Pforzheim 183
Phan Van Khai 755, 757
Philadelphia 742
Philipp, D. 177

Philippinen 43 ff, **574 ff**, *575 f*
Phnom Penh 399
Phoenix 742
Phomhivan, K. 842
Phönix-Inseln 418
Piëch, F. 177
Pieper, C. 214
Pierkhan, M. A. F. 686, 687
Pieroth, E. 191
Pierre, E. 333 f
Pietzsch, F.-M. 210
Pilsen 707
Pinheiro, J. de 970
Pinochet, A. 144
Piräus 306
Pirot, F. 106
Pitakaka, M. 613
Pitcairninseln 322
Pitta, S. 133
Pjöngjang 437
Platzeck, M. 193
Plavsic, B. 120
Plöger, E. 208
Plottnitz, R. v. 197
Plovdiv 136
Podgorica
Poeschel, J. 182
Pointek, G. 184
Pöker, A. 182
Pokop, L. 541
Pol Pot 400, 402
Polay Campos, V. 571
Polen 25 ff, 43 ff, 227, **578 ff**, 727, 737, 754, 1262, 1269
Polte, W. 182
Pöltl, E. 543
Pommies, R. 289
Pompidou, G. 782
Poos, J. 472, **845**, 994
Popov, M. 499, 501
Port-au-Prince 332
Port Elizabeth 678 f
Port Gentil 294
Port Louis 489
Port Moresby 566
Port of Spain 703
Port Said 57
Port Sudan → Bur Sudan
Port Vila 734
Porto 582
Porto Novo 109
Portoviejo 260
Portugal 25 ff, 43 ff, **582 f**
Posen 578
Post und Telekommunikation 1165 ff
Potapow, L. 596
Potsdam 181, 192
Pourier, M. A. 526
Prachtl, R. 198
Prag 707
Praia 408
Prammer, B. 539
Predeick, H.-U. 182
Preßburg → Bratislava
Presse (Preise) **1231 ff**
Pretoria 678
Prets, C. 540
Préval, R. 333 f, **845**
Price, G. 791
Priebke, E. 381
Priestley, J. 967
Prieto Jiménez, A. 451
Prignon, L. 106
Primakov, J. M. 273, 502, 595, **845 f**
Prinz, W. 545
Pristina 395
Prlic, J. 117
Prock, H. 544
Prodi, R. 378 ff, 382, 789, **846 f**
Pröll, E. 541
Protzner, B. R. 213
Prunskiene, K. 865
Püchel, M. 208
Pucnic, J. 819
Puebla 493
Puerto Rico 746 f
Pühringer, J. 542
Punakha 110
Pünder, T. 182
Punjab 341
Purryag, R. 490
Purtscher, M. 548
Pusan 441
Pustowojtenko, W. P. 724, 726, **847**
Pützhofen, D. 182
Pynsenyk, W. 726

Qabus Bin Said 536
Qian Qichen 151
Québec 405
Quellet, A. 775
Quezaltenango 324
Quezon City 575
Quito 259

Raab, R. 196
Rabat 484
Rabbani, B. 51 f, 56, 693
Rabbani, M. M. 51 f
Rabii, M. 358
Rabin, Y. 372, 774, 804
Rabuka, S. 274
Rachimow, M. 596
Rachmanov, I. S. 692, 693 f, **847**
Radhakishun, P. S. R. 686, 687
Radunski, P. 191
Rafsandschani, A. A. H. 56, 357 ff, 717, 723, 811
Rahman, M. F. 53
Rahman, M. H. 866
Rahman, S. M. 101, 866
Rainha, J. 131
Rainier III., Fürst 503
Rakotomavo, P. 474 f
Rakowski, M. 820
Ralph, R. 319
Ramgoolam, N. C. 490, **847**

Ramgoolam, S. 847
Ramos, A. 731
Ramos, F. V. 576 f, **848**
Ranariddh, N. 400 ff, 803, 864
Rangun → Yangon
Rao, N. 340
Raschid Abdullah al Nuaimi 740
Rashid, A. 352
Rasisade, A. 86
Rasmussen, P. N. 162, 164, 845, **848**
Ratsiraka, D. 474 f, **848 f**
Ratzinger, J. 736
Rau, J. 167, 202, 212
Rauch, R. 184
Rauch-Kallat, M. 539
Raudan, N. 455
Rauen, K. P. 180
Rauer, D. 180
Raus, O. 543
Rauter, W. 541
Ravera, D. 503
Rawalpindi 559
Rawlings, J. J. 303, 465, 651, **849**
Razafimahaleo, H. 474 f
Re, G. B. 736
Reck, K.-H. 209
Recklinghausen 181
Regensburg 183
Regenspurger, O. 178
Reich, J. 167
Reiche, S. 193
Reichenberg → Liberec
Rein, M. 545
Reina Idiaquez, C. R. 335, **850**
Reinartz, B. 182
Remscheid 183
René, F. A. R. 649, **850**
Ressel, H.-J. 543
Réunion 289
Reutlingen 183
Reval → Tallinn
Rexrodt, G. 171
Reyer, S. 182
Reykjavík 362
Reyna, L. F. 257
Reynolds, A. 361, 770
Rheinland-Pfalz 185 f, **203**
Riad 620
Richard, A. 283, 765
Richter, M. 182
Ricuarte, R. 262
Ridder-Melchers, I. 203
Rieder, A. 544
Rieder, S. 545
Rifkind, M. 787
Riga 458
Rijeka 446
Rio de Janeiro 128
Rio+5 1173 ff
Rita 487
Rittershaus, E. 180, 195
Rittsteuer, P. 541
Rivera Diaz, M. 572
Rivero, R. 452
Road Town 318
Robaina Conzález, R. 450, 452
Robinson, A. N. R. 704
Robinson, M. 360, **850 f**
Rocha Vieira, V. J. 584
Rocha, J. M. de la 113, 116
Rodionow, I. 607
Rodríguez, J. A. 80, 867
Rodriguez Iglesias, G. C. 971
Rodríguez Orjuela, G. 422
Rodríguez Orjuela, M. 422
Rogowski, M. 177
Roh Tae Woo 445, 812, 814
Rohee, C. J. 331
Röhlinger, P. 184
Rohstoffgewinnung 1069 ff
Rohstoffmärkte 1072 ff
Rom 377
Roman, P. 592
Romero, R. C. 850
Roncière, P. 291
Rong Yiren 151
Roosevelt, F. D. 750
Rosario 79
Rosati, D. 579
Roseau 255
Rosselló, P. 747
Rößler, M. 207
Röstel, G. 213
Rostock 181
Rote Khmer 400 ff
Roth, C. 993
Roth, P. 180
Rothenpieler, F. W. 189
Rotterdam 524
Ruanda 43 ff, 429, 433, 436, **586 ff**, *587*
Rückert, R. 184
Rudas, A. 539
Ruge, M. 182
Rugova, I. 395
Rühe, V. 172
Ruhengeri 586
Rühle, H. 213
Ruhuna, J. 141
Rukingama, L. 141
Rumänien 43 ff, **589 ff**, 728, 730
Runde, O. 196
Rupo, E. de 106
Ruschmeier, L. 180
Rushdie, S. 357
Russische Föderation 43 ff, 156, 273, 301 f, 411 f, 460, **593 ff**, *599 ff*, 727 f, 753, 761, 1236, 1262
Rüstungskontrolle 879 ff
Rüter, K. 203
Ruttenstorfer, W. 539
Rüttgers, J. 172
Rüütel, A. 271, 833
Rwigema, P. C. 586
Rybkin, I. 604

Saarbrücken 181, 205
Saarland 185 f, **205**
Sabah, Jaber. 454 f
Sabah, Saad 454 f
Sabah, Sabah 454
Sabirow, M. 598
Sachsen 185 f, **206**
Sachsen-Anhalt 185 f, **207**
Sadat, A. 836
Saddam Hussein el-Takriti 350, **851**
Sadirov, B. 694
Saganow, W. B. 596
Sagurna, M. 206
Sahara, Dem. Arab. Rep. 43 ff, 486, **611 f**
Saigon → Ho-Tschi-Minh-Stadt
Saint George's 304
Saint-Denis 289
Saint-Pierre 290
Saint-Pierre und Miquelon 290
Saitoti, G. 415
Saleh, A. A. 389, **851 f**
Saleh, J. M. 526
Saleki, M. S. O. 611
Salinas de Gortari, C. 494
Salomonen 43 ff, **613 f**
Saloniki 306
Salvador 128
Salvaterra, H. J. 619
Salzburg 539 f, 542
Salzgitter 183
Samara 594
Samarkand 733
Sambia 43 ff, **614 f**
Samoa 43 ff, **616 f**
Sampaio, J. F. B. de 74, 582, 799, **852**
Samper Pisano, E. 420 ff, **852**
Sam Rainsy 401
Samtlebe, G. 180
San Diego 742
San José 160
San Juan (Puerto Rico) 746
San Marino 43 ff, **617 f**
San Marino (Stadt) 617
San Pedro Sula 335
San Salvador 265
Sana 388
Sánchez de Lozada, G. 114
Sangheli, A. 501, 785
Sanguinetti Cairolo, J. M. 731, **853**
Sankara, T. 786
Sankawulo, W. 465
Sankoh, F. 651, 817
Sankt-Peterburg 594
Sant, A. 482 f, **853**
Santa Cruz de la Sierra 113
Santander 664
Santer, J. 809, 845, **853 f**, 969, 991
Santiago 257
Santiago de Chile 143
Santiago de Cuba 449
Santo Antao 409
Santo Domingo (Dom. Rep.) 256
Santo Domingo (Ecuador) 260
Santoni, F. 285 f
Santos Simao, L. 507
Santos, J. E. dos 72, 73, 132, **790**
Sao Paulo 128
Sao Tiago 409
Sao Tomé 618
Sao Tomé und Príncipe 43 ff, **618 f**, *619*
Sao Vicente 409
Sapporo 384
Sarajevo 116
Saransk 598
Sarkis, E. 803
Sarkisjan, A. 85, 86
Sarkuhi, F. 358
Sassou-Nguesso, D. 435 f, 824
Sato, S. 386
Saucedo Sánchez, C. 574
Saud al Faisal 621
Saudargas, A. 469, 471
Saudi-Arabien 43 ff, **620 ff**, *621 f*, 1278
Sausgruber, H. 544, 548
Savimbi, J. 73
Savisaar, E. 833
Sawgajew, D. 609
Scalfaro, O. L. 378 f, 789, 847, **854**
Schaath, N. 375
Schabowski, G. 221
Schachner-Balzizek, P. 543
Schaefer, W. 208
Schäfer, P. 145
Schaidinger, H. 184
Schaimijew, M. 598
Scharezki, S. 759
Scharping, R. 168, 212
Schäuble, T. 187
Schäuble, W. 168
Schaufler, H. 188
Schausberger, F. 542
Schavan, A. 187
Schedl, I. 178
Scheel, W. 214
Schelew, S. 860
Schengener Abkommen **917 f**
Scherf, H. 180, 194
Schewardnadse, E. A. 88, 298, 301 f, **854 f**
Schierwater, H. 184
Schiffahrt 1158 ff
Schimanek, H. J. 542
Schleswig-Holstein 185 f, **209**
Schleußer, H. 202
Schleyer, H.-E. 177
Schlitzberger, G. 176
Schlögl, K. 539, 547

Schlüter, P. 844, 848
Schmalstieg, H. 180
Schmalz-Jacobsen, C. 214
Schmeken, W. 182
Schmid, M. 544
Schmidbauer, B. 168, 171, 225
Schmidt, F. 213
Schmidt, H. 540
Schmidt, Helmut 815
Schmidt, K. 176
Schmidt, U. 201
Schmidt-Deguelle, K.-P. 197
Schmidt-Jortzig, E. 171
Schnegg, H. 174
Schneider, R. L. 747
Schnell, K. 543
Schnell, P. 184
Schnellecke, R. 184
Schöberl, M. 213
Scholz, L. 180
Schommer, K. 207
Schönbohm, J. 191
Schoser, F. 177
Schröder, G. 170, 200, 254
Schtygaschew, W. 596
Schubert, K. 208
Schuchardt, G. 211
Schuchardt, H. 201
Schucht, K. 209
Schulte, B. 194
Schulte, D. 178, 224
Schulte, W. 182
Schulte-Wissermann, E. 184
Schultes, S. 184
Schulz-Hardt, J. 176
Schumacher, W. 203
Schuschkjewitsch, S. 825
Schüssel, W. 538 ff, **855**
Schuster, F. 211
Schuster, W. 180
Schwärzler, E. 544
Schweden 25 ff, 43 ff, **623** f, 1012 f, 1246 f, 1269, 1285 f
Schwegmann, B. 174
Schweiz 25 ff, 43 ff, **625 ff**, 754
  Arbeitsmarkt 641 ff
  Ausländer 635 f
  Außenhandel 640 f
  Bevölkerung 635 ff
  Bildung 637 f
  Bundeshaushalt 643 ff
  Fremdenverkehr 639
  Kantone 629 f
  Kriminalität 638
  Kulturpreise 1236 f, 1247 f, 1262 f, 1269 f, 1278, 1286
  Parteien 627
  Wirtschaft 638 ff
Schwellenländer 995
  Industrie 1090
  wirtschaftliche Entwicklung 1022
Schwerin 183, 198
Schwientek, N. 174
Searell, W. 519
Sebastian, C. M. 673
Sedemund-Treiber, A. 174
Seehofer, H. 172, 213
Seidel, J. 199
Seidl, O. 173
Seifert, P. 182
Seiler, G. 176, 180
Seite, B. 198
Semjonow, W. 607
Semmler, J. 182
Senegal 43 ff, **647 f**
Senghor, L. S. 790
Senkaku-Inseln → Japan, → China, VR
Seoul 441
Serafin Seriche Dougan, A. 78
Serbien 393, 398
Serbische Republik 118 f, 120 f
Sergejew, I. 607
Severin, A. 589, 591
Sevilla 664
Seychellen 43 ff, **648 f**
Sfar, R. 777
SFOR 118, 120, 225, 899
Shahabuddin Ahmed, J. **855 f**
Shaker, S. S. I. 826
Shamir, Y. 840, 867
Shanghai 151
Shani 372
Shanmugam Jayakumar 654
Shara, F. 690
Sharg en-Nil 682
Sharif, N. 560 ff
Sharma, S. D. 341
Sharon, A. 371
Sheffield 309
Shenyang 151
Shikhmyradow, B. 719
Shimba, L. 615
Shonekan, E. 769
Siazon, D. 576
Sickl, E. 541
Sidki, A. M. N. 794
Sidr, Scheich T. 368
Siegen 183
Sierra Leone 43 ff, **650 f**
Siew, V. 147, **856**
Sihanouk, N. 399 ff, 803, **856 f**, 865
Siiman, M. 270, 272 f, **857**
Silajdzic, H. 117, 119, 121, 779, **857**
Silguy, Y.-T. de 970
Silpa-Archa, B. 699, 781
Silva Moura, V. da 72
Silva, A. C. 799, 852
Simbabwe 43 ff, **652 ff**
Simferopol 725
Simitis, K. 306 ff, 768, 843, **857 f**
Simon, W. 192
Singapore 654

Singapur 43 ff, **654 ff**
Singirok, J. 568
Sint Maarten 526
Siomnis, H. 209
Siphandone, K. 456
Sirivudh, N. 864
Sirleaf, M. 464
Sitai, D. 613
Sjenko, U. 760
Sjuganow, G. 807
Skate, B. 566, 568, **858**
Skele, A. 460, 818
Sklenar, V. 212
Skopje 491
Slowakei 43 ff, **656 ff**
Slowenien 43 ff, **658 ff**, 730
Smeets, M. 180
Smirnow, J. A. 500, 502, 596
Smith, J. 778
Smollman, D. 322
Snegur, M. I. 500, 824
Soares, M. 794, 852
Sobhuza II. 835
Sodano, A. 736
Södermann, J. 965
Soeuf, M. 427
Sofia 136
Sofiansky, S. 138, 817
Soglo, N. 810
Solana Madariaga, J. **858 f**
Solingen 181
Solms, H. O. 168, 214
Solomon, P. 268
Solorzano, C. 263
Somalia 47 ff, 90, **661 ff**, *662*
Somoza, A. 772
Sondergeld, K. 194
Sondergeneralversammlung (SGV) 1173 ff
Sonnleitener, G. 177
Sorhaindo, C. 255
Sorsa, K. 799
Soweto 678
Soyinka, W. 532
Sozialdemokratische Partei Deutschlands (SPD) 212, 217
Spanien 25 ff, 47 ff, **663 ff**, *667 f*, 1013, 1238, 1248, 1264, 1286
Regionen und Provinzen 665 f
Spanish Town 383
Specht, H.-G. 182
Spielmann, J. 627
Spiridonow, J. 598
Spitaels, G. 106
Spitzbergen 534
Split 446
Spranger, C.-D. 172
Spring, D. 779
Sri Lanka 47 ff, **670 ff**
St. Gallen 629 f
St. Helena 322
St. John's 76
St. Kitts and Nevis 47 ff, **672 ff**, *673*
St. Lucia 47 ff, **674 f**, *675*
St. Petersburg → Sankt-Peterburg
St. Pölten 539 f, 541
St. Vincent und die Grenadinen 47 ff, **676 f**, *677*
Staatsverschuldung 1006 f
Stahlindustrie 1097 ff
Stahmer, I. 191
Staiblin, G. 188
Staiger, D. 213
Stambolic, I. 834
Stamm, B. 190, 213
Stamm, J. 625
Stankevicius, M. 471, 865
Stanley 319
Starzacher, K. 197
Staszak, K. 199
Steenblock, R. 210
Steffens, W. 182
Steiermark 539 f, 543
Stein, E. 324
Steinbrück, P. 210
Steinegger, F. 627
Steiner, M. 125
Stemer, S. 545
Stepanow, W. 598
Stepaschin, S. 605
Stephanopoulos, K. 306, **859**
Stettin 578
Steyr 537
Stihl, H. P. 177
Stix, K. 540
Stockholm 623
Stockmann, K. 175
Stoiber, E. 189, 215
Stojanow, P. 136, 138, 817, **859 f**
Stolpe, M. 192, 220
Stolterfoht, B. 198
Straßburg 278
Straßen 1152
Straub, P. 187
Strauss-Kahn, D. 283
Strehl, D. 213
Streicher, R. 814
Streiter, K. 544
Strieder, P. 191
Stromerzeugung 1133 ff
Strube, J. 177
Stüber, E.-O. 180
Stuttgart 179, 187
Suchan, H. J. 197
Suchumi 298, 300
Suchurov, S. 694
Sucre 112
Südafrika 47 ff, **678 ff**
Sudan 47 ff, 268, **681 ff**, *683 f*
Süd-Georgien 322
Süd-Korea → Korea, Republik
Südossetien 300 ff
Suez 57
Suharto, H. M. 344, 348
Sujatmiko, B. 345 f
Sukarnoputri, M. 346
Sultanov, U. 733

Sumaye, F. 697
Sumgait 87
Sundquist, U. 823
Sunia, T. 748
Surabaya 343
Suriname 47 ff, **686 f**
Süssmuth, R. 168
Suva 273
Svalbard → Spitzbergen
Sverdlovsk 594
Svihalek, F. 545
Swasiland 47 ff, **688 f**
Sydney 91
Syktyvkar 598
Syngman Rhee 812
Syrien 47 ff, 374, 462, **689 ff**
Szeged 729
Szürös, M. 797

Tabatschnyk, D. 725
Tabone, V. 834
Tabriz 355
Tabunschik, G. 500
Tadic, D. 122
Tadschikistan 47 ff, 412, **691 ff**
Taegu 441
Taejon 441
Taha, A. O. M. 682
T'aichung 147
Taif 620
T'ainan 147
Taipeh 146
Taiwan → China, Republik
Takesy, A. R. 498
Taliban 53 ff
Tallinn 269
Tananarive → Antananarivo
Tanger 484
Tansania 47 ff, *695 f*, **695 ff**
Tanz (Preise) **1263 ff**
Tartu 270
Taschkent 732
Tatarstan, Republik 598
Tauber, J. 540
Taufa'ahau Tupou IV., König 703
Tauran, J.-L. 736
Taya, M. O. S. **860**
Taylor, C. G. 464 ff, **860 f**
Taylor, D. 323
Tegucigalpa 335
Teheran 354
Tel Aviv 364
Tella, G. di 80
Temeschburg → Timisoara
Tendick, G. 184
Tenorio, F. G. 746
Ter-Petrosjan, L. 83 ff, 817, **861**
Teufel, E. 170, 187, 212
Textil- und Bekleidungsindustrie 1107 ff
Thailand 47 ff, **698 ff**
Thaler, Z. 550
Thaller, R. 543
Thallmair, H. 189
Than Shwe 509
Thani, A. b. K. 413
Thani, H. b. J. b. J 413
Thapa, K. 515
The Valley 317
Theater (Preise) **1263 ff**
Thiam, H. 647
Thierse, W. 212
Thieser, D. 182
Thimphu 110
Thomas, E. 192
Thorn, G. 845
Thórshavn 163
Thun 625
Thür, H. 627
Thüringen 185 f, **210**
Tibet → China, VR
Tientsin 151
Tietmeyer, H. 175
Tiflis 298
Tijuana 493
Timbuktu 480
Timisoara 589
Tin U 511
Tirana 60
Tiraspol 500
Tirol 539 f, 544
Tlechas, M. 596
Togo 47 ff, **701 f**
Tokajew, K. K. 410
Tokelau 520
Tokyo 384
Tolbert, R. 860
Tomac, Z. 448
Tomic, D. 393, 398, 835
Tomuschat, C. 326
Tonga 47 ff, **702 f**
Töpfer, K. 172
Toronto 405
Torres, J.-J. 776
Toulouse 278
Toungui, P. 295
Touré, A. T. 764
Touré, S. 328, 787
Tourismus **1169 ff**
Transformationsländer (Reformstaaten) 996
Beziehungen zur EU 963 ff
Ernährungslage 1031 ff
Industrie 1087 f
wirtschaftliche Entwicklung 1015 ff
Traoré, D. 481
Trautvetter, A. 211
Treibhauseffekt 1177
Trinidad und Tobago 47 ff, **703 f**
Tripoli 461
Tripolis 466
Trittin, J. 213
Troge, A. 176
Trojan, C. 970
Trondheim 533
Tropenwälder 1197 f
Trotha, K. v. 188
Trovoada, M. 619, **861 f**

Trudeau, P. E. 408, 453, 783
Trujillo 570
Trujillo, C. G. 852
Tsatsy Bongou, D.-A. 434
Tschad 47 ff, **705 f**
Tschaptynow, W. 596
Tschechische Republik 25 ff, 47 ff, 227, **707 ff**, 737, 754
Tscherkessow, G. 597
Tschernomyrdin, V. S. 594, 610, 727, **862**
Tschetschenien, Republik 598, 603, 609 f
Tschibirow, L. 302
Tschigir, M. 760, 822
Tschimkent 410
Tschubais, A. 604
Tschumakow, A. 760
Tschuwaschien, Republik 603
Tsering, L. D. 111
Tshisekedi, E. 430
Tsur, Y. 370
Tudela v. Breugel Douglas, F. 571, 573
Tudjman, F. 446 f, 449, 805, 829, 834, **862 f**
Tufaili, S. 463
Tulio Espinoza, M. 326
Tunesien 47 ff, **710 f**
Tung Chee-Hwa 158, 315, **863**
Tunis 710
Tüns, M. 182
Tupouto'a, Kronprinz 703
Turin 377
Türkei 25 ff, 47 ff, 354, 412, **712 ff**, *715 f*, 768
Turkmenistan 47 ff, 412, **718 ff**, *719 f*
Turks- und Caicosinseln 322 f
Turner, J. 783
Tuvalu 47 ff, **721 f**
Tuwa, Republik 603
Tuzla 116

U Ohn Guaw 509
Ude, C. 180
Udmurtien, Republik 603
Udovenko, G. 724
UEMOA → Westafrikanische Wirtschafts- und Währungsunion
Ufa 596
Uganda 47 ff, 436, **722 f**
Ugeux, G. 974
Ugudow, M. 609
Ukraine 47 ff, 581, **724 f**, 727
Ulan-Bator 504
Ulan-Ude 596
Ulbrich, R. 184
Ulm 183
Ulmanis, G. 459 f, 818, **864**
Umweltschutz 1225 f
Umweltveränderungen 1173 ff
UN → Vereinte Nationen
UNDP → Vereinte Nationen
UNESCO → Vereinte Nationen
Ung Huot 399, 401, 803, **864 f**
UNGA → Vereinte Nationen
Ungarn 25 ff, 47 ff, **728 ff**, 736, 754
UNHCR → Vereinte Nationen
UNICEF → Vereinte Nationen
UNSC → Vereinte Nationen
Unwin, B. 973
Uppsala 623
Urbizo Panting, D. 335
Uruguay 47 ff, **730 ff**, *731*
Usbekistan 47 ff, **732 ff**
Uteem, C. 490, **865**
Utrecht 524
Uyl, J. den 815
Uz, G. 713

Vaatz, A. 207
Vacaroiu, N. 730
Vaduz 467
Vaea von Houma, Baron 703
Vagnorius, G.469, 471, **865**
Vähi, T. 271, 857
Vahrenholt, F. 196
Vaiaku 721
Valencia 664
Valentic, N. 829
Valladolid 664
Valletta 482
Valparaíso 143
Vancouver 405
Vandenbroucke, F. 789
Vanuatu 47 ff, **734 f**
Varna 136
Vásquez Velásquez, O. 421
Vásquez Villanueva, A. 573
Vassiliou, G. 813
Vatikanstadt 47 ff, 148, **735 ff**
Védrine, H. **865**, 279, 283
Velayati, A. A. 357, 259
Vella, G. 482
Venancio Escabor Fernandez, C. 326
Venedig 377
Venetiaan, R. 687, 868
Venezuela 47 ff, 424, **737 f**
Verband Südostasiatischer Staaten (ASEAN) 401, 511, **874 ff**
Verdicchio, G. 381
Vereinigte Arabische Emirate 47 ff, *739*, **739 ff**
Vereinigte Staaten von Amerika (USA) 47 ff, 53, 62, 119, 157, 373, 375, 408, 422 f, 439 f, 451 f, 465, 496, **741 ff**, 756

Bundesstaaten 743 f
Ernährungslage 1041
Kulturpreise 1232, 1238, 1248 f, 1270 f, 1286
Wirtschaft 1013 f
Vereinte Nationen (UN) 433, 465, 663, **919 ff**, 1250, 1272, 1286 ff
Entwicklungsprogramm UNDP 465, 929
Ernährungs- und Landwirtschaftsorganisation (FAO) 936, 1031
Friedensmissionen 935 ff
Friedenstruppen (Blauhelme) 74, 921
Generalsekretär 930
Generalversammlung (UNGA) 920
Hauptorgane 920 ff
Hoher Kommissar für Flüchtlinge (UNHCR) 70, 95, 262, 433, 932
Konferenz über Bevölkerung und Entwicklung (IPCD) 1216
Organisation für Erziehung, Wissenschaft und Kultur (UNESCO) 133, 939
Sicherheitsrat (UNSC) 301, 333, 353, 920 f
Sonderorgane und Programme 930 ff
Sonderorganisationen 936 ff
Welternährungsprogramm (WFP) 439
Welternährungsrat (WFC) 935
Weltgesundheitsorganisation (WHO) 353, 941
Weltkinderhilfswerk (UNICEF) 439, 933 ff
Verkehr und Kommunikation 1147 ff
Vertrag von Amsterdam 957 f
Vesper, M. 203
Vetter, E. 188
Vian, D. 286
Victoria 648
Video (Preise) **1237 ff**
Vieira, J. B. 330, **866**
Vientinae 456
Vietnam 47 ff, **755 ff**
Vila Nova de Gaia 582
Villach 537
Villamizar, S. 421
Villiger, K. 627
Vilnius 469
Vina del Mar 143
Vincent, A. 572
Virawan, A. 700
Vladikavkaz 598
Vo Van Kiet 757
Vogel, B. 211
Vogel, W. 220
Vogler, R. 631
Vogt, H.-J. 182
Vohor, S. 735
Vojvodina 395
Volcker, P. 632
Vollmer, A. 168
Volonte, A. 853
Vorarlberg 539 f, 544
Voronin, V. 501
Voscherau, H. 180, 195
Votruba, T. 542
Vranitzky, F. 62 f, 546 ff, 814
Vunibobo, B. 274

Wabro, G. 187
Wackernagel-Jacobs, B. 205
Wagner, E. 196
Wagner, E. 542
Wagner, H. W. 206
Wahnon de Carvalho Veiga, C. A. 409
Waibel, E. M. 545
Waigel, T. 171, 213, 215 ff
Waike, W. 200
Wajed, S. H. 100 f, 856, **866**
Wake 749
Wälder 1193 ff, 1219 f
Walderklärung 1173, 1198
Waldschäden (Waldsterben) 1197
Walesa, L. 784, 820
Wallis und Futuna 292 f
Walter, A. 205
Walter, G. 209
Wamalwa, M. K. 416
Wang Dan 155
Wang Xihe 154
Wangchuk, J. S. 111
Warren, J. 322
Warschau 578
Wartenberg, G. 190
Wartenberg, L. v. 177
Washington 741
Wasmosy Monti, J. C. 569, **866 f**
Wasser 1204 ff, 1220 ff
Wasserknappheit 1205 ff
Weber, B. 182
Weber, H. 205
Weber, J. 182
Weber, W. 200
Wedel, H. v. 175
Wee Kim Wee 843
Weihnachtsinsel 93
Weingartner, W. 544
Weinmann, M. 184
Weiss, C. 196
Weißrußland 47 ff, **757 ff**
Weizmann, E. 364, 392, **867**
Weizsäcker, R. v. 801
Wellington 517
Wels 537
Welt, J. 182
Weltbank 412, 449
Weltbankgruppe 940 f

Welternährungsgipfel 1031, 1192
Welthandel 1137 ff
Welthandelsorganisation (WTO) 451, **948 ff**
Weltwährungssystem 1003
Weltwirtschaftliche Entwicklung 995 ff
Weltwirtschaftsgipfel 754
Wenning, W. 184
Werner, P. 853 f
Wernstedt, R. 176, 200
Westafrikanische Wirtschafts- und Währungsunion (UEMOA) 436
Westendorp, C. 121, 125
Westerwelle, G. 214
Westeuropäische Union (WEU) **945 ff**
Westjordanland 366
Wettig-Danielmeier, I. 212
WEU → Westeuropäische Union
WFC → Welternährungsrat
WFP → Vereinte Nationen
WHO → Weltgesundheitsorganisation
Widder, G. 180
Widenow, S. 137
Wiebusch, D. 212
Wieczorek-Zeul, H. 212
Wieland, J. 182
Wien 537, 539 f, 545
Wiener Neustadt 537
Wienholtz, E. 210
Wiesbaden 181, 197
Wiesen, H. 210
Wiesheu, O. 189
Wijdenbosch, J. A. 685, 687, **868**
Wiktorow, W. 603
Wilkes, M. 317
Willemstad 526
Willi, A. 468
Williams, Sir D. 102, 304
Wilna → Vilnius
Wilson, R. 95
Wimmer, B. 182
Windhoek 512
Winnikowa, T. 760
Winnipeg 405
Winterthur 625
Wirtschafts- und Sozialrat (ECOSOC) 928 f
Wirtschaftsgemeinschaft Westafrikanischer Staaten (ECOWAS) 465
Friedenstruppe ECOMOG 465, 651
Wischer, C. 194
Wissenschaft (Preise) **1271 ff**
Wissmann, M. 172
Witten 183
Wittling, H. 205
Wittmann, P. 539
Wöhrl, D. 213
Wolf, D. 175
Wolfensohn, J. 606
Wolfsburg 183
Wrocklage, H. 196
WTO → Welthandelsorganisation
Wuhan 151

Wulf-Mathies, M. 970
Wulffen, M. v. 174
Wuppertal 179
Würzburg 181
Wurzel, G. 199
Wüstenkonvention 1191
WWU → Europäische Union

Xankändi 87
Xinjiang 155

Yabrán, A. 81
Yadav, L. P. 340
Yahia, A. A. 68
Yamoussoukro 264
Yang Shankun 808
Yangon 508
Yaounde 402
Yaren 514
Yhombi-Opango, J.-J. 435
Yilmaz, M. 712, 717, **868 f**
Yokohama 384
Yongchaiyudh, C. 698, 699
Yoo Chong Ha 441
Yoshiyama Tanaka, J. 573
Young, C. N. 108

Zafy, A. 475, 849
Zagreb 445
Zaire → Kongo, Demokratische Republik
Zamora, J. P. 115
Zamora, R. 780
Zanon, E. 544
Zaporizhzhya 724
Zaragoza 664
Zardari, A. 561
Zayid (Said) Bin Sultan al Nahayan 740
Zchinvali 301
Zedillo Ponce de León, E. 493 ff, **869**
Zehetmair, H. 189
Zenawi, M. 90, 796, **869 f**
Zenica 116
Zentani, Z. M. 467
Zentralafrikanische Republik 47 ff, 285, **762 ff**, *763 f*
Zerbo, S. 786
Zernatto, C. 541
Zéroual, L. 66, **870**
Zhao Ziyang 807, 823
Zhou Enlai 822
Zia ul-Huq 821
Zia, K. 840, 855, 866
Ziel, A. 192
Zieleniec, J. 707
Zierlein, K.-G. 173
Zies, H. 178
Zimmer, G. 214
Zimmermann, E. 193
Zöllner, J. 204
Zouari, A. 711
Zubak, K. 117, 119, 805
Zuber, W. 204
Zürich 629 f
Zwickau 183
Zwygart, O. 627
Zypern 47 ff, 308, **765 ff**

Stiftung Entwicklung und Frieden

Globale Trends 1998

Fakten Analysen Prognosen

Herausgegeben von
Ingomar Hauchler, Dirk Messner, Franz Nuscheler

Band 13800

Die **Globalen Trends 1998** liefern die Essenz des Wissens über wichtige Entwicklungstrends in der Weltgesellschaft. Gestützt auf die internationale Fachliteratur und auf eine große Menge von Daten, die in vielen internationalen Kompendien und »Weltberichten« verstreut sind, dokumentieren und analysieren sie Fakten, Trends und Zusammenhänge. Schaubilder verdeutlichen die Trends, Tabellen verdichten die Daten und bereiten sie auf, Texte analysieren und interpretieren die Zusammenhänge. Jedes Kapitel zieht Schlußfolgerungen aus den Problemanalysen und liefert Handlungsempfehlungen für die nationale und internationale Politik, aber auch für das Handeln der Bürger.
Namhafte Autoren aus den einzelnen Fachdisziplinen behandeln in 19 Kapiteln Entwicklungen, die häufig als »Weltprobleme« gewichtet werden: Sie reichen von den verschiedenen Dimensionen des Nord-Süd-Problems über Strukturentwicklungen in der Weltwirtschaft und Weltpolitik bis zu globalen Umweltproblemen und dem neuerdings wiederentdeckten »kulturellen Faktor« in den inner- und zwischenstaatlichen Beziehungen.

Diese vierte Ausgabe der **Globalen Trends** aktualisiert nicht nur die zentralen Kapitel der früheren Ausgaben, sondern greift auch neue Themen auf: das Welternährungsproblem, die Situation der Frauen in den verschiedenen Weltregionen und das Bedrohungsszenario von Kulturkonflikten. Zwei einführende Beiträge der Herausgeber leiten aus der Analyse der globalen Trends Perspektiven für eine Weltordnungspolitik *(Global Governance)* ab.
Herausgeber ist die 1986 auf Initiative von Willy Brandt gegründete **Stiftung Entwicklung und Frieden** (SEF), in der führende Persönlichkeiten aus Politik, Gesellschaft und Wissenschaft zusammenarbeiten, um Lösungen für die drängenden Weltprobleme zu erarbeiten und in die Gestaltung von Politik einzubringen. Prof. Ingomar Hauchler erarbeitete in Zusammenarbeit mit dem Duisburger **Institut für Entwicklung und Frieden** (INEF) unter Leitung von Prof. Franz Nuscheler und Dr. Dirk Messner das Konzept und die wissenschaftlichen Grundlagen.

Fischer Taschenbuch Verlag